Criminal Procedure Law

형사소송법

박찬걸

박영사

머리말

필자가 대구가톨릭대학교 경찰행정학과에 부임한 지 올해로 어느덧 10년이 되었다. 부임 전 육군3사관학교 법학과에서 3년의 교수생활과 한양대학교 등에서 2년여의 강사생활을 더해 보니 약 15년의 시간 동안 형사소송법을 매 학기 강의하게 되는 큰 축복을 누리게 되었다. 그러는 사이 필자의 강의안도 수정에 수정을 거듭하면서 어느 정도 축적이 되어 왔고, 아직도 많이 부족한 원고이지만 조금이라도 일찍 세상에 그 빛을 내어 놓기로 과감히 결심하였다. 형사절차와 관련된 소주제 하나하나가 평생을 연구하여도 제대로 이해할 수 없는 매우 난해한 쟁점으로 이루어져 있다는 사실은 필자로 하여금 현실에 안주하지 못하게 하는 원동력이 되고 있다. 이에 형사소송법의 세부적인 쟁점에 대한 필자 나름의 견해를 미약하나마 피력해 두는 것이야말로 향후 학문적 보완의 초석을 마련하는 일이라고 굳게 믿고 있다.

기존에 훌륭한 형사소송법 교과서가 다수 출판되어 있음에도 불구하고 본서를 출판하게 된 이유는 무엇보다도 대학에서 학생들을 위하여 보다 체계적으로 형사소송법을 강의하기 위한 교재로 활용하기 위함에 있다. 법학전문대학원이든 법학과이든 아니면 경찰행정학과이든 불문하고 대학에서의 강의는 적어도 수험에서의 강의와는 반드시 차별이 되어야 한다. 학설의 대립이 판례의 정립에 실질적으로 기여할 수 있는 토대를 만들기 위해서도 그러하다. 학계에서는 사법부의 판단에 대하여 항상 견제할 수 있는 합리적이고 건설적인 비판의 노력을 한시도 게을리 해서는 안 될 것이다. 이러한 점에 입각하여 가능한 한 최대한의 쟁점에서 학설의 대립상황과 판례의 태도를 비교하여 분석하였고, 필자 나름대로의 주장도 개진하였다. 특히 현재까지 필자가 집필한 총 120편의 논문 가운데 형사소송과 관련된 쟁점을 요약하여 본고에 수록함으로써 보다 심도 있는 논의를 하고자 노력하였다. 판례의 경우에도 2020. 7. 9.까지 대법원 공보에 게재된 대법원 판결을 수록하였을 뿐만 아니라 요지와 더불어 이해를 돕기 위하여 특정 사안의 경우에는 사실관계를 구체적으로 적시하기도 하였다. 또한 따름 판례를 자세하게 정리한 이유는 관련 부분에 대한 판례의 태도를 보다 명확하게 이해하는 데 도움을 주기 위함이다.

한편 2020. 2. 4. 소위 검·경 수사권조정 법안이라고 불리는 형사소송법 및 검찰청법 개정안이 공포되었다. 이는 1954. 9. 23. 형사소송법 제정 이래 지속되어 온 수사권조정의 문제에 대한 획기적인 결단으로 평가된다. 그런데 동법은 공포 후 6개월이 경과한 날부터 1년 내에 시행하되, 그 기간 내에 대통령령으로 정하는 시점부터 시행하도록 하고 있다. 이에 본서는 근시일 내에 시행이 예정되어 있는 개정법의 내용을 토대로 서술하였다. 다만 제312조 제1항의 개정규정은 공포 후 4년 내에 시행하도록 되어 있으므로, 현행법의 내용을 토대로 서술하였음을 미리 밝혀 둔다.

집필 과정에 내내 선학자들의 위대함과 대단함을 새삼 느끼게 되었다. 이와 같은 존경의 마음을 담아 선학자들의 독창적인 주장에 대해서는 일일이 각주처리를 하여 보다 자세하게 설명하고자 노력하였다. 이에 비하면 현재 필자의 수준이 많이 모자람에도 불구하고 용기를 내어 출간을 함에 부끄러움이 있는 것도 사실이지만, 학계의 많은 조언과 지적을 통하여 앞으로 조금씩 더 다듬어 나갈 예정이다.

이 자리를 통하여 감사의 마음을 꼭 전하고 싶은 분이 있다. 먼저 영원한 은사이신 한양대학교 법학전문대학원의 오영근 교수님은 필자가 끊임없이 학문의 길에 정진할 수 있도록 초석을 마련해 주셨을 뿐만 아니라 인생을 참되게 살아가는 방향으로 언제나 인도해 주시고 계시는 고마우신 분이다. 학식과 덕망으로 이미 최고의 경지에 이르신 분에게 수학하고 있는 것을 큰 영광으로 생각하며 살아가고 있다. 또한 대구가톨릭대학교 법학과의 정희철 교수님은 필자가 본교에 부임한 이래 지금까지 허물없이 시간을 할애해 주시고 아낌없는 조언을 해주시고 계신다. 자주 또는 가끔 술 한잔을 기울일 때마다 인생의 선배로서 이정표를 제시해 주심에 심심한 감사를 드린다. 끝으로 어려운 출판환경에도 불구하고 출판을 흔쾌히 수락해 주신 박영사 조성호 이사님, 장규식 과장님, 이승현 과장님께도 깊은 감사를 드린다.

2020년 8월

대구가톨릭대학교 법정대 연구실에서

박 찬 걸

차 례

제1편 서 론

제1장 형사소송법의 기초

제2장 형사소송법의 이념 및 구조

제 2 편 소송주체·소송행위·소송조건

제 1 장 소송주체

제 2 장 소송행위 및 소송조건

제 3 편 수사 및 공소의 제기

제 1 장 수 사

제 2 장 공소의 제기

제 4 편 공 판

제 1 장 공판절차

제2장 증 거

제3장 재 판

제5편 상소·비상구제절차·특별재판절차·재판의 집행

제1장 상 소

제 2 장 비상구제절차

제 3 장 특별재판절차

제 4 장 재판의 집행 및 형사보상

참고문헌

김인회, 「형사소송법(제 2 판)」, 피앤씨미디어, 2018. (김인회)

김정한, 「실무 형사소송법」, 준커뮤니케이션즈, 2020. (김정한)

배종대/홍영기, 「형사소송법」, 홍문사, 2018. (배종대/홍영기)

손동권/신이철, 「새로운 형사소송법(제 4 판)」, 세창출판사, 2019. (손동권/신이철)

송광섭, 「형사소송법(개정 2 판)」, 형설출판사, 2019. (송광섭)

신동운, 「간추린 신형사소송법(제12판)」, 법문사, 2020. (신동운)

신양균/조기영, 「형사소송법」, 박영사, 2020. (신양균/조기영)

이은모/김정환, 「형사소송법(제 7 판)」, 박영사, 2019. (이은모/김정환)

이재상/조균석, 「형사소송법(제12판)」, 박영사, 2019. (이재상/조균석)

이주원, 「형사소송법(제 2 판)」, 박영사, 2020. (이주원)

이창현, 「형사소송법(제 5 판)」, 정독, 2019. (이창현)

임동규, 「형사소송법(제14판)」, 법문사, 2019. (임동규)

정승환, 「형사소송법」, 박영사, 2018. (정승환)

정웅석/최창호, 「형사소송법」, 대명출판사, 2018. (정웅석/최창호)

최호진, 「형사소송법 강의」, 준커뮤니케이션, 2019. (최호진)

법률약어

「가정폭력범죄의 처벌 등에 관한 특례법」	(가정폭력특례법)
「검사의 사법경찰관리에 대한 수사지휘 및 사법경찰관리의 수사준칙에 관한 규정」	(수사지휘·준칙규정)
「고위공직자범죄수사처 설치 및 운영에 관한 법률」	(수사처법)
「국민의 형사재판 참여에 관한 법률」	(국민참여재판법)
「보호관찰 등에 관한 법률」	(보호관찰법)
「성매매알선 등 행위의 처벌에 관한 법률」	(성매매처벌법)
「성폭력범죄의 처벌 등에 관한 특례법」	(성폭력특례법)
「소송촉진 등에 관한 특례법」	(소송촉진특례법)
「아동·청소년의 성보호에 관한 법률」	(청소년성보호법)
「아동학대범죄의 처벌 등에 관한 특례법」	(아동학대특례법)
「전자장치 부착 등에 관한 법률」	(전자장치부착법)
「즉결심판에 관한 절차법」	(즉결심판절차법)
「치료감호 등에 관한 법률」	(치료감호법)
「특정강력범죄의 처벌에 관한 특례법」	(특정강력범죄특례법)
「특정범죄 가중처벌 등에 관한 법률」	(특정범죄가중처벌법)
「폭력행위 등 처벌에 관한 법률」	(폭력행위처벌법)
「형사보상 및 명예회복에 관한 법률」	(형사보상법)
「형의 실효 등에 관한 법률」	(형실효법)
「형의 집행 및 수용자의 처우에 관한 법률」	(형집행법)

제1편

서 론

제 1 장　형사소송법의 기초

제 1 절　형사소송법의 의의

Ⅰ. 형사소송법의 개념

'형사소송법'(刑事訴訟法)이란 국가형벌권의 구체적 실현을 위하여 필요한 법적 절차를 규율하는 법률을 말한다. 형사소송법과 형법은 공통적으로 넓은 의미의 형사법의 영역에 속한다. 하지만 형법이 범죄와 그에 대한 법률효과로서 형벌과 보안처분이라는 형사제재를 규율하고 있는 실체법이라고 한다면, 형사소송법은 형법에 기초하여 발생된 국가형벌권의 구체적인 실현을 위하여 필요한 법적 절차를 규율하고 있는 절차법이라는 점에서 구별된다. 또한 실체법인 형법이 소송의 객체로 되는 추상적인 범죄사실에 대해서 규정하는 법이라고 한다면, 절차법인 형사소송법은 실체법을 구체적 사건에 적용·실현하는 절차형식을 규정하는 법이라고 할 수 있다. 만약 형사소송법이 없다면 형법은 그 존재가치를 상실할 수밖에 없기 때문에 형법과 형사소송법은 아주 밀접한 관련성을 가지고 있다.

'좁은 의미의 형사소송법'이란 형사사건에 대하여 법원이 심판을 행하는 절차로서 공소를 제기한 때로부터 재판이 확정되기까지의 절차인 공판절차를 말한다. 반면에 '넓은 의미의 형사소송법'이란 공판절차 이외에 공소제기의 이전인 수사절차와 재판이 확정된 이후인 형집행절차를 포함하는 개념을 말한다. 일반적으로 형사소송법이라고 한다면 후자를 의미한다.

생각건대 '소송'(訴訟)이라는 용어는 '법률상의 판결을 법원에 요구하는 일 또는 그러한 절차'라는 의미인데, 이는 엄격한 의미에서 볼 때 공소제기 이후에 전개되는 공판절차만을 말하고, 수사절차는 포함되지 아니한다. 그러므로 수사과정에서부터 시작하여 공소제기절차·공판절차·형집행절차 등의 모든 단계를 규율하는 법규범을 지칭할 경우에는 '형사절차법'(刑事節次法)이라는 용어가 적절하다. 다만 이하에서는 우리나라에서 통용되고 있는 형사소송법이라는 용어를 그대로 사용하기로 한다.

Ⅱ. 형사소송법의 법원

1. 의 의

형사소송법의 '법원'(法源)이란 형사소송법의 존재근거를 말하는데, 형사절차법정주의에 따라 원칙적으로 형사절차는 법률에 의하여 규정되어야 한다. 하지만 헌법에서도 형사절차에 관한 기본적인 규정을 두고 있으며, 법률에 저촉되지 아니하는 범위 안에서 소송에 관한 절차의 규정을 대법원규칙에서도 정하고 있다. 형사소송법과 관련된 개별적인 헌법규정은 아래에서 논의되는 헌법적 형사소송법에서 별도로 살펴보기로 하고, 이하에서는 헌법 이외의 형사소송법의 법원에 대하여 살펴보기로 한다.

2. 형사소송법

'형식적 의미의 형사소송법'이란 1954. 9. 23. 법률 제341호로 제정된 형사소송법전을 말하고, '실질적 의미의 형사소송법'이란 형사소송과 관련된 법규의 총체를 말한다. 예를 들면 형법[1], 법원조직법, 「각급 법원의 설치와 관할구역에 관한 법률」, 검찰청법, 경찰법, 「경찰관 직무집행법」, 「사법경찰관리의 직무를 행할 자와 그 직무범위에 관한 법률」, 변호사법, 국민참여재판법, 소년법, 군사법원법, 가정폭력특례법, 성폭력특례법, 청소년성보호법, 아동학대특례법, 특정강력범죄특례법, 즉결심판절차법, 치료감호법, 조세범처벌절차법, 보호관찰법, 「형사소송비용 등에 관한 법률」, 「공무원범죄에 관한 몰수특례법」, 「마약류 불법거래 방지에 관한 특례법」, 「범죄수익은닉의 규제 및 처벌 등에 관한 법률」, 공직선거법, 형집행법, 형사보상법, 사면법, 형실효법, 소송촉진특례법, 국가보안법, 통신비밀보호법, 범죄피해자보호법, 「특정범죄신고자 등 보호법」, 「디엔에이신원확인정보의 이용 및 보호에 관한 법률」, 「형사소송비용 등에 관한 법률」 등이 그것이다.

3. 대법원규칙

대법원은 법률에 저촉되지 아니하는 범위 안에서 소송에 관한 절차, 법원의 내부규율과 사무처리에 관한 규칙을 제정할 수 있다(헌법 제108조). 이에 따라 제정된 대법원규칙으로 형사소송규칙, 「법정 좌석에 관한 규칙」, 「법정 방청 및 촬영 등에 관한 규칙」, 「법정 등의 질서유지를 위한 재판에 관한 규칙」, 소년심판규칙, 「형사소송비용 등에 관한 규칙」, 「소송촉진 등에 관한 특례규칙」, 「국민의 형사재판참여에 관한 규칙」 등이 있으며, 이는 실질적 의미의 형사소송법에 해당한다.

여기서 '법률에 저촉되지 아니하는 범위'의 해석과 관련하여, ① 현행 형사소송규칙은 법률내용을 기술적으로 구체화하고 있을 뿐만 아니라 법률에 없는 내용을 형성하는 규정(예를 들면 규칙 제141조(석명권))도 일부 포함하고 있다는 점, 엄격한 의미에서 형사절차의 법률유보는 피의자·피고인의 기본권을 제한하는 사항에 대해 적용되는 것이라는 점 등을 논거로 하여, 적극적으로 법률이나 소송의 기본구조에 반하지 아니하는 사항에 대해서는 대법원규칙으로 정할 수

1) 예를 들면 제312조(① 제308조와 제311조의 죄는 고소가 있어야 공소를 제기할 수 있다. ② 제307조와 제309조의 죄는 피해자의 명시한 의사에 반하여 공소를 제기할 수 없다.), 제318조(본장의 죄는 고소가 있어야 공소를 제기할 수 있다.), 제328조(① 직계혈족, 배우자, 동거친족, 동거가족 또는 그 배우자간의 제323조의 죄는 그 형을 면제한다. ② 제1항 이외의 친족간에 제323조의 죄를 범한 때에는 고소가 있어야 공소를 제기할 수 있다. ③ 전 2항의 신분관계가 없는 공범에 대하여는 전 2항을 적용하지 아니한다.) 등을 들 수 있다.

있다는 견해[1], ② 법률에 의한 구체적인 위임이 없다면 소송절차에 관한 기술적인 사항만을 규율할 수 있을 뿐 형사절차의 기본구조나 소송관계인의 권리·의무에 영향을 미치는 사항은 규정할 수 없다는 견해[2] 등의 대립이 있다. 생각건대 형사절차법정주의의 기본정신에 입각하여 형사절차의 본질적인 사항에 대해서는 법률의 형식에 의하여 규율하고, 이에 대한 구체적인 위임이 있는 경우에 한해서만 대법원규칙으로 정하는 것이 타당하다. 그러므로 재판장의 석명권이나 공소장일본주의 등과 같은 사항은 법률의 형식으로 격상시키는 것이 바람직하다.

4. 대법원예규

사법부 내부의 복무지침이나 업무처리의 통일성을 위하여 마련된 대법원예규가 있는데, 이는 소송관계인의 권리와 의무에 영향을 미쳐서 형사절차를 규율하는 효과가 없기 때문에 형사소송법의 직접적인 법원으로 파악할 수는 없다.[3]

5. 대통령령

2011. 12. 30. 대통령령으로 제정된 「검사의 사법경찰관리에 대한 수사지휘 및 사법경찰관리의 수사준칙에 관한 규정」[4]은 기존의 「사법경찰관리 집무규칙」의 내용을 대부분 그대로 규정하고 있으며, 그 실질이 수사기관 내부의 행위준칙에 불과하다는 점에서 형사소송법의 직접적인 법원이 될 수 없다.

6. 법무부령

수사기관 내부의 업무처리지침을 규정한 법무부령인 검찰사건사무규칙[5], 검찰압수물사무규칙, 검찰보고사무규칙, 검찰보존사무규칙[6], 「자유형 등에 관한 검찰집행사무규칙」, 「재산형

---

1) 정승환, 8면.

2) 김정한, 14면; 이은모/김정환, 9면; 이재상/조균석, 8면.

3) 이에 대하여 형사절차의 운영에 관한 대법원예규라고 하더라도 실질적으로 소송관계인의 권리·의무에 영향을 미치는 것이라면 일단은 법원성을 인정하고, 상위법규로의 입법화를 도모하는 등 후속적인 대책이 필요하다는 견해로는 송광섭, 9면; 정승환, 8면.

4) 동 규정의 제정 및 동 규정 부칙 제3조(이 규칙 시행 당시 다른 법령에서 종전의 「사법경찰관리 집무규칙」 또는 그 규정을 인용하고 있는 경우에 「검사의 사법경찰관리에 대한 수사지휘 및 사법경찰관리의 수사준칙에 관한 규정」 가운데 그에 해당하는 규정이 있을 때에는 종전의 「사법경찰관리 집무규칙」 또는 그 규정을 갈음하여 「검사의 사법경찰관리에 대한 수사지휘 및 사법경찰관리의 수사준칙에 관한 규정」 또는 그 해당 규정을 인용한 것으로 본다)로 인하여 기존의 「사법경찰관리 집무규칙」은 이에 흡수되었다.

5) 대법원 2007. 10. 25. 선고 2007도4961 판결(검찰사건사무규칙은 검찰청법 제11조의 규정에 따라 각급 검찰청의 사건의 수리·수사·처리 및 공판수행 등에 관한 사항을 정함으로써 사건사무의 적정한 운영을 기함을 목적으로 하여 제정된 것으로서 그 실질은 검찰 내부의 업무처리지침으로서의 성격을 가지는 것이다); 헌법재판소 1991. 7. 8. 선고 91헌마42 결정(재기수사의 명령이 있는 사건에 관하여 지방검찰청 검사가 다시 불기소처분을 하고자 하는 경우에는 미리 그 명령청의 장의 승인을 얻도록 한 검찰사건사무규칙의 규정은 검찰청 내부의 사무처리지침에 불과한 것일 뿐 법규적 효력을 가진 것이 아니다).

6) 대법원 2012. 6. 28. 선고 2011두16735 판결(검찰보존사무규칙이 검찰청법 제11조에 기하여 제정된 법무부령이기

등에 관한 검찰집행사무규칙」 등도 형사소송법의 직접적인 법원이 될 수 없다.

Ⅲ. 형사소송법과 헌법의 관계

1. 형사절차법정주의

'형사절차법정주의'(刑事節次法定主義)란 모든 형사절차를 규정함에 있어서 원칙적으로 국회가 제정한 형식적 의미의 법률에 의해야 한다는 원칙을 말한다. 이와 같이 형사절차법정주의는 형법에서 말하는 죄형법정주의와 상응하는 의미로 이해되는데, 법률에 의하지 아니하고는 국가기관이 형사절차에 있어서 피의자·피고인의 인권을 제한할 수 없다는 것이다. 헌법은 제12조 제1항에서 '누구든지 법률에 의하지 아니하고는 체포·구속·압수·수색 또는 심문을 받지 아니하며, 법률과 적법한 절차에 의하지 아니하고는 처벌·보안처분 또는 강제노역을 받지 아니한다.'라고 규정함으로써 이를 명시적으로 선언하고 있다.

한편 형사절차법정주의는 형사절차가 단순히 법률에 규정되어 있어야 한다는 것만을 의미하는 것(형식적 의미의 형사절차법정주의)이 아니라 법률에 규정된 형사절차가 적정한 절차일 것(실질적 의미의 형사절차법정주의)까지도 요구하고 있다.

2. 헌법적 형사소송법

'헌법적 형사소송법'이란 형사절차법정주의가 단순히 형사절차의 법률화를 의미하는 것이 아니라 헌법상의 적정절차의 원리를 실현하기 위한 실질적 지도원리로써 작용한다는 것을 말한다. 또한 헌법적 형사소송법은 단순히 헌법이념의 구체화라는 해석상의 지침을 넘어서 헌법에 규정된 형사절차에 관한 규정들이 바로 형사절차의 재판규범이 될 수 있음을 의미하기도 한다.

3. 형사소송과 관련된 헌법상의 규정

형사소송법의 상위법이자 국가의 최고법인 헌법에는 형사절차와 관련된 명문의 규정을 다수 두고 있다. 그 구체적인 내용을 살펴보면, 모든 국민은 신체의 자유를 가진다. 누구든지 법률에 의하지 아니하고는 체포·구속·압수·수색 또는 심문을 받지 아니하며, 법률과 적법한 절차에 의하지 아니하고는 처벌·보안처분 또는 강제노역을 받지 아니한다(제12조 제1항). 모든 국민은 고문을 받지 아니하며, 형사상 자기에게 불리한 진술을 강요당하지 아니한다(제12조 제2항).

는 하지만, 그 중 불기소사건기록의 열람·등사의 제한을 정하고 있는 위 규칙 제22조는 법률상의 위임근거가 없는 행정기관 내부의 사무처리준칙으로서 행정규칙에 불과하다); 헌법재판소 2008. 7. 22. 선고 2008헌마496 결정(이른바 행정규칙은 일반적으로 행정조직 내부에서만 효력을 가지는 것이고, 대외적인 구속력을 갖는 것이 아니어서 원칙적으로 헌법소원의 대상이 아니다. 그런데 검찰보존사무규칙 제20조의2는 비록 법무부령으로 되어 있으나, 위임근거가 없는 행정기관 내부의 사무처리준칙으로 행정규칙에 불과한 것일 뿐 법규적 효력을 가진 것이 아니므로 헌법소원심판청구의 대상이 될 수 없다); 대법원 2004. 9. 23. 선고 2003두1370 판결; 대법원 2004. 3. 12. 선고 2003두13816 판결; 헌법재판소 1991. 7. 8. 선고 91헌마42 결정.

체포·구속·압수 또는 수색을 할 때에는 적법한 절차에 따라 검사의 신청에 의하여 법관이 발부한 영장을 제시하여야 한다. 다만 현행범인인 경우와 장기 3년 이상의 형에 해당하는 죄를 범하고 도피 또는 증거인멸의 염려가 있을 때에는 사후에 영장을 청구할 수 있다(제12조 제3항). 누구든지 체포 또는 구속을 당한 때에는 즉시 변호인의 조력을 받을 권리를 가진다. 다만 형사피고인이 스스로 변호인을 구할 수 없을 때에는 법률이 정하는 바에 의하여 국가가 변호인을 붙인다(제12조 제4항). 누구든지 체포 또는 구속의 이유와 변호인의 조력을 받을 권리가 있음을 고지받지 아니하고는 체포 또는 구속을 당하지 아니한다. 체포 또는 구속을 당한 자의 가족 등 법률이 정하는 자에게는 그 이유와 일시·장소가 지체 없이 통지되어야 한다(제12조 제5항). 누구든지 체포 또는 구속을 당한 때에는 적부의 심사를 법원에 청구할 권리를 가진다(제12조 제6항). 피고인의 자백이 고문·폭행·협박·구속의 부당한 장기화 또는 기망 기타의 방법에 의하여 자의로 진술된 것이 아니라고 인정될 때 또는 정식재판에 있어서 피고인의 자백이 그에게 불리한 유일한 증거일 때에는 이를 유죄의 증거로 삼거나 이를 이유로 처벌할 수 없다(제12조 제7항). 모든 국민은 행위시의 법률에 의하여 범죄를 구성하지 아니하는 행위로 소추되지 아니하며, 동일한 범죄에 대하여 거듭 처벌받지 아니한다(제13조 제1항). 모든 국민은 헌법과 법률이 정한 법관에 의하여 법률에 의한 재판을 받을 권리를 가진다(제27조 제1항). 군인 또는 군무원이 아닌 국민은 대한민국의 영역 안에서는 중대한 군사상 기밀·초병·초소·유독음식물공급·포로·군용물에 관한 죄 중 법률이 정한 경우와 비상계엄이 선포된 경우를 제외하고는 군사법원의 재판을 받지 아니한다(제27조 제2항). 모든 국민은 신속한 재판을 받을 권리를 가진다. 형사피고인은 상당한 이유가 없는 한 지체 없이 공개재판을 받을 권리를 가진다(제27조 제3항). 형사피고인은 유죄의 판결이 확정될 때까지는 무죄로 추정된다(제27조 제4항). 형사피해자는 법률이 정하는 바에 의하여 당해 사건의 재판절차에서 진술할 수 있다(제27조 제5항). 형사피의자 또는 형사피고인으로서 구금되었던 자가 법률이 정하는 불기소처분을 받거나 무죄판결을 받은 때에는 법률이 정하는 바에 의하여 국가에 정당한 보상을 청구할 수 있다(제28조).

국회의원은 현행범인인 경우를 제외하고는 회기 중 국회의 동의 없이 체포 또는 구금되지 아니한다(제44조 제1항). 국회의원이 회기 전에 체포 또는 구금된 때에는 현행범인이 아닌 한 국회의 요구가 있으면 회기 중 석방된다(제44조 제2항). 국회의원은 국회에서 직무상 행한 발언과 표결에 관하여 국회외에서 책임을 지지 아니한다(제45조). 대통령은 내란 또는 외환의 죄를 범한 경우를 제외하고는 재직 중 형사상의 소추를 받지 아니한다(제84조).

사법권은 법관으로 구성된 법원에 속한다(제101조 제1항). 법원은 최고법원인 대법원과 각급법원으로 조직된다(제101조 제2항). 법관의 자격은 법률로 정한다(제101조 제3항). 대법원에 부를 둘 수 있다(제102조 제1항). 대법원에 대법관을 둔다. 다만 법률이 정하는 바에 의하여 대법관이 아닌 법관을 둘 수 있다(제102조 제2항). 대법원과 각급법원의 조직은 법률로 정한다(제102조 제3항). 법관은 헌법과 법률에 의하여 그 양심에 따라 독립하여 심판한다(제103조). 대법원장은 국회의 동의를 얻어 대통령이 임명한다(제104조 제1항). 대법관은 대법원장의 제청으로 국회의 동의를 얻어 대통령이 임명한다(제104조 제2항). 대법원장과 대법관이 아닌 법관은 대법관회의의 동의를 얻어 대법원장이 임명한다(제104조 제3항). 대법원장의 임기는 6년으로 하며, 중임할 수 없다(제105조 제1항). 대법관의 임기는 6년으로 하며, 법률이 정하는 바에 의하여 연임할 수 있다(제105조 제2항). 대법원장과 대법관이 아닌 법관의 임기는 10년으로 하며, 법률이 정하는 바에 의하여 연임할 수 있다(제105조 제3항). 법관의 정년은 법률로 정한다(제105조 제4항). 법관은 탄핵 또는 금고 이상의 형의 선고에 의하지 아니하고는 파면되지 아니하며, 징계처분에 의하지 아니하고는 정직·감봉 기타 불리한 처분을 받지 아니한다(제106조 제1항). 법관이 중대한 심신상의 장해로 직무를 수행할 수 없을 때에는 법률이 정하는 바에 의하여 퇴직하게 할 수 있다(제106조 제2항). 법률이 헌법에 위반되는 여부가 재판의 전제가 된 경우에는 법원은 헌법재판소에 제청하여 그 심판에 의하여 재판한다(제107조 제1항). 명령·규칙 또는 처분이 헌법이나 법률에 위반되는 여부가 재판의 전제가 된 경우에는 대법원은 이를 최종적으로 심사할 권한을 가진다(제107조 제2항). 재판의 전심절차로서 행정심판을 할 수 있다. 행정심판의 절차는 법률로 정하되, 사법절차가 준용되어야 한다(제107조 제3항). 대법원은 법률에 저촉되지 아니하는 범위 안에서 소송에 관한 절차, 법원의 내부규율과 사무처리에 관한 규칙을 제정할 수 있다(제108조). 재판의 심리와 판결은 공개한다. 다만 심리는 국가의 안전보장 또는 안녕질서를 방해하거나 선량한 풍속을 해할 염려가 있을 때에는 법원의 결정으로 공개하지 아니할 수 있다(제109조). 군사재판을 관할하기 위하여 특별법원으로서 군사법원을 둘 수 있다(제110조 제1항). 군사법원의 상고심은 대법원에서 관할한다(제110조 제2항). 군사법원의 조직·권한 및 재판관의 자격은 법률로 정한다(제110조 제3항). 비상계엄하의 군사재판은 군인·군무원의 범죄나 군사에 관한 간첩죄의 경우와 초병·초소·유독음식물공급·포로에 관한 죄 중 법률이 정한 경우에 한하여 단심으로 할 수 있다. 다만 사형을 선고한 경우에는 그러하지 아니하다(제110조 제4항).

제 2 절 형사소송법의 연혁

Ⅰ. 형사소송법의 제정

1. 제정 형사소송법 이전의 시기

(1) 1910년 이전

우리나라에 있어서의 형사소송은 전통적으로 중국의 영향을 많이 받았는데, 고려시대에는 당률(唐律)이, 조선시대에는 대명률(大明律)이 각각 사용되었다. 하지만 조선시대에는 경국대전·

속대전·대전통편 등을 통하여 고유의 독자적인 법령이 제정되기도 하였다.

1894. 6. 26. 갑오개혁 이후 1895. 3. 25. 재판소구성법, 1905. 4. 29. 형법대전 등이 각각 제정되었다. 재판소구성법에서는 재판전담기관으로 5가지 종류의 재판소를 설치하고, 재판소 직원으로 판사·검사·서기 및 정리를 배치하였다. 즉 이 당시 검사는 독립된 검찰청이 아니라 재판소 소속으로서, 재판을 담당하는 판사와 소추를 담당하는 검사로 구분하는 근대적 검찰제도가 도입된 것이다.

(2) 1945년 이전

일본은 1910. 8. 29. 한일강제병합조약 이후 1910. 10. 1. '조선총독부재판소령'(朝鮮總督府裁判所令)을 제정하였다. 1911년에는 조선총독부의 명령(命令), 제령(制令)에 법률과 같은 효력을 부여하는 '조선에 시행할 법령에 관한 법률'을 제정하여 식민지사법의 기초를 마련한 후, 조선총독부재판소령·조선형사령(朝鮮刑事令)·조선태형령(朝鮮笞刑令) 등을 통하여 우리나라 형사사법제도를 재편하였다.

특히 1912. 3. 18. 조선총독부제령 제11호 조선형사령에 의하여 일본의 형사소송법이 우리나라에 적용되었는데, 이를 '의용(依用) 형사소송법'이라고 한다. 동법은 1890년(明治 23年)에 프랑스의 형사소송법을 계수한 법이었다. 또한 1922년(大正 11年)에 일본의 형사소송법이 독일의 형사소송법을 계수하여 다시 제정되었고, 동법이 조선형사령에 의하여 우리나라에 적용되었다.

(3) 1954년 이전

1945. 8. 15. 해방 후 미군정이 실시되었고, 1945. 10. 9. 미군정법령 제11호에 의하여 범죄즉결례가 폐지되었고, 1948. 3. 20. 미군정법령 제176호 '형사소송법의 개정'을 통하여 영미의 형사소송법이 1954. 9. 23. 이전까지 우리나라에 적용되었다. 동법의 주요 내용으로는 구속적부심사제도 및 영장제도의 신설, 접견교통권의 보장, 보석제도의 강화 등이 있다.

2. 형사소송법의 제정

형사소송법은 1954. 9. 23. 법률 제341호로 제정되어 1954. 10. 14.부터 시행되었다. 동법은 영미법계의 당사자주의적 요소를 대폭 도입하면서도 대륙법계의 직권주의적 요소를 가미한 절충적인 구조를 채택하였다고 할 수 있다.

Ⅱ. 형사소송법의 개정

형사소송법은 1954. 9. 23. 제정된 이래 2020년 현재까지 총 34차례의 개정이 이루어졌다. 아래에서는 타법개정의 경우(제7차 개정(1994. 12. 22. 법률 제4796호), 제10차 개정(1997. 12. 13. 법률 제5454호), 제11차 개정(2002. 1. 26. 법률 제6627호), 제12차 개정(2004. 1. 20. 법률 제7078호), 제14차 개정(2005. 3. 31. 법률 제7427호), 제16차 개정(2007. 5. 17. 법률 제8435호), 제19차 개정(2009. 6. 9. 법률 제9765호), 제21차 개정(2011.

8. 4. 법률 제11002호), 제22차 개정(2012. 12. 18. 법률 11572호), 제23차 개정(2013. 4. 5. 법률 제11731호), 제29차 개정(2016. 1. 6. 법률 제13722호))를 제외한 개정의 주요 내용을 살펴보기로 한다.

1. 제1차 개정

1961. 9. 1. 법률 제705호로 단행된 제1차 개정은 공판시의 문답을 속기 또는 녹취할 수 있게 하고, 검사로 하여금 매월 1일 이상 피의자의 불법구속 여부를 조사하게 하고, 검사의 불기소처분에 대한 재정신청이 있으면 공소시효의 진행이 정지되게 하고, 영·미법하에서의 교호신문제도라는 새로운 방식을 규정하여 전문증거의 증거능력을 제한하고, 상소제도를 대폭 개정하여 사실심은 하급심에 맡기고, 헌법 및 법률심은 상급심에서 하도록 하고, 종래 복심의 성격을 가졌던 항소심에 사후심의 성격을 가미하여 상고이유를 제한하고자 하였다.

2. 제2차 개정

1963. 12. 13. 법률 제1500호로 단행된 제2차 개정은 항소이유와 상고이유를 '판결에 영향을 미친 헌법·법률·명령 또는 규칙의 위반이 있는 때'로 수정하는 등 신헌법에 부합하도록 필요한 조문을 수정·보완하였다.

3. 제3차 개정

1973. 1. 25. 법률 제2450호로 단행된 제3차 개정은 유신헌법에 의하여 구 헌법의 형사소송 관련 조항의 중요부분이 개정되었으므로 이에 부합하도록 해당 조항은 개정하고, 현행법의 운영을 통하여 발견된 미비점을 개정 및 보완하였다.

4. 제4차 개정

1973. 12. 20. 법률 제2653호로 단행된 제4차 개정은 ① 사형·무기징역 또는 10년 이상의 징역이나 금고에 해당하는 경우를 제외하고는 보석 청구를 허가하도록 하였다(제95조). ② 긴급구속은 사형·무기 또는 장기 3년 이상의 징역이나 금고에 해당하는 범죄의 경우에만 가능하도록 하였다(제206조).

5. 제5차 개정

1980. 12. 18. 법률 제3282호로 단행된 제5차 개정은 ① 제3차 개정시 폐지되었던 구속적부심사제도를 신설하였다(제214조). ② 공판의 재판편과 재판의 집행편에 있는 관계규정을 준용하도록 하였다(제219조). ③ 피고인은 유죄의 판결이 확정될 때까지는 무죄의 추정을 받는다는 규정을 신설하였다(제275조의2). ④ 공소기각 또는 면소의 재판을 할 것이 명백한 사건에 관하여는 피고인의 출두 없이 재판할 수 있도록 하여 사건의 공판장기미제화를 방지하고 피고인의 법적

안정을 도모하였다(제227조).

6. 제6차 개정

1987. 11. 28. 법률 제3955호로 단행된 제6차 개정은 ① 군법회의가 군사법원으로 명칭이 변경됨에 따라 그 용어를 정비하였다(제16조의2, 제256조의2). ② 체포 또는 구속된 자가 고지받을 사항과 그 가족 등이 통지받을 사항에 범죄사실 등 외에 체포 또는 구속의 이유를 추가하였다(제72조, 제87조, 제213조의2). ③ 피고인 및 피의자 구속시에 보장되는 변호인선임 의뢰권을 현행범 체포의 경우에도 인정하도록 하였다(제213조의2). ④ 구속적부심사청구에 있어 법률위반 또는 중대한 사정변경을 청구사유로 제한하는 규정과 국가보안법 위반사건 등과 검사인지사건을 청구대상에서 제외하는 규정을 삭제하여 모든 범죄에 대한 구속적부심사청구를 할 수 있도록 하였다(제214조의2). ⑤ 범죄피해자가 증인으로서 당해 사건의 공판절차에서 진술할 수 있도록 하였다(제294조의2).

7. 제8차 개정

1995. 12. 29. 법률 제5054호로 단행된 제8차 개정은 ① 체포제도를 도입하였다(제200조의2, 제200조의3, 제203조의2, 제214조의2 제1항). 이는 임의동행과 보호유치 등 탈법적 수사관행을 근절하고 적법한 수사절차를 확보하기 위하여 헌법에 규정된 체포제도를 도입한 것이다. 그리고 체포영장제도의 도입에 대응하여 긴급구속제도를 폐지하고 동일한 요건의 긴급체포제도를 도입하였다. 또한 체포 및 구인기간을 구속기간에 산입하도록 하였고, 체포된 자에 대하여도 적부심사청구를 인정하였다. ② 구속의 신중을 도모하기 위하여 판사가 피의자를 대면하여 심문할 수 있는 피의자심문제도를 신설하였다(제201조의2 제1항 및 동조 제2항). 체포된 피의자에 대하여는 구속영장 청구시 필요하다고 인정되는 때 피의자를 심문후 구속영장을 발부하도록 하였고, 체포되지 아니한 피의자로서 죄를 범하였다고 의심할 만한 이유가 있는 경우 필요하다고 인정되는 때에는 판사가 구인영장을 발부하여 심문 후 구속영장을 발부하도록 하였다. ③ 보석제도의 취지를 기소전 단계에까지 확대하기 위하여 구속적부심청구시 보증금의 납입을 조건으로 하는 피의자석방제도를 신설하였다(제214조의2 제4항 및 동조 제5항, 제214조의3). ④ 검사의 구속장소 감찰을 강화하여 감찰대상을 경찰서 외에도 모든 수사관서의 체포·구속장소로 확대하고 불법체포·구속된 자에 대한 검사의 즉시석방명령권을 부여함으로써 모든 수사기관의 부당한 인권침해에 대하여 즉각적인 시정을 할 수 있도록 하였다(제198조의2). ⑤ 방어권 신장을 위하여 피고인에게 공판조서 외에도 소송계속 중인 증거서류 등에 대한 열람·등사청구권을 인정하였고(제55조 제1항 및 제292조 제2항), 구속시 변호인 또는 가족에게 사건명, 구속의 이유 외에 범죄사실의 요지도 통지하도록 하였다(제87조 제1항). ⑥ 형벌권의 적정한 실현을 도모하였다. 국외도피사범의 공소시효정지범인이 형사처분을 면할 목적으로 국외에 있는 경우 그 기간 동안 공소시효를

정지하여 국외도피사범의 처벌모면을 방지하였고(제253조 제3항), 전문증거의 증거능력을 인정할 수 있는 예외사유로 원진술자의 사망·질병 외에 외국거주로 인하여 진술할 수 없는 경우도 추가하여 국제화 추세에 대응하도록 하였다(제314조 및 제316조). 또한 피해자·증인에게 해를 가하거나 가할 염려가 있는 경우를 보증금납입조건부 피의자석방 및 필요적 보석의 예외사유로 하였고, 보석 및 구속집행정지의 취소사유로 하여 범죄피해자보호 및 증거인멸을 방지하도록 하였다(제95조 제6호, 제102조 제1항 제4호, 제214조의2 제4항 제2호). ⑦ 대표변호인제도를 도입하였다. 수인의 변호인이 선임된 경우 3인 이내의 대표변호인을 지정할 수 있도록 하였고(제32조의2 제1항 및 제3항), 서류송달 및 통지의 대상을 대표변호인에게 한정하여 공판 및 수사절차의 지연을 방지하도록 하였다(제32조의2 제4항). ⑧ 합의부 관할사건도 피고인이 공판정에서 자백하는 경우 간이공판절차에 의하여 심판할 수 있도록 하여 자백사건의 신속한 재판을 도모하였다(제286조의2). ⑨ 궐석재판을 도입하였다. 구속피고인이 출정을 거부할 경우 궐석재판을 할 수 있도록 하였고(제277조의2), 약식명령에 대하여 정식재판을 청구한 피고인이 공판기일에 2회 불출석하는 경우 궐석재판을 할 수 있도록 하였다(제458조 제2항). ⑩ 소송지연의 목적임이 명백한 법관기피신청을 기각사유에 추가하여 기피신청의 남용을 방지하도록 하였다(제20조 제1항). ⑪ 판결서 기타 대법원규칙이 정하는 재판서 외에는 서명날인에 갈음하여 기명날인을 할 수 있도록 하여 재판업무의 능률향상을 도모하였다(제41조 제3항). ⑫ 위헌조항을 삭제하였다. 보석허가결정에 대하여 검사의 즉시항고를 인정하는 규정(제97조 제3항)을 삭제하였고, 무죄가 선고되어도 10년 이상 구형시 구속영장의 효력을 유지하도록 하는 규정(제331조)을 삭제하였다.

8. 제9차 개정

1997. 12. 13. 법률 제5435호로 단행된 제9차 개정은 ① 기존에는 구속영장을 청구받은 지방법원 판사는 구속의 사유를 판단하기 위하여 필요하다고 인정하는 때에는 피의자를 심문할 수 있도록 하고 있었으나, 피의자 또는 그 변호인, 법정대리인, 배우자, 직계친족, 형제자매, 호주, 가족이나 동거인 또는 고용주의 신청이 있을 때에는 심문할 수 있도록 하되, 피의자 이외의 자는 피의자의 명시한 의사에 반하여서도 그 심문을 신청할 수 있도록 하였다(제201조의2 제1항). ② 검사 또는 사법경찰관은 피의자에 대하여 구속전피의자심문을 신청할 수 있음을 고지하고, 원칙적으로 피의자신문조서에 판사의 심문을 신청하는지 여부를 기재하도록 하되, 피의자신문조서에 그 내용을 기재할 수 없는 특별한 사정이 있는 경우에는 피의자가 작성한 확인서 기타 피의자 의사를 표시한 서면으로 이를 갈음할 수 있도록 하였다(제201조의2 제2항). ③ 피의자심문을 하는 경우 법원이 구속영장청구서 등을 접수한 날로부터 구속영장을 발부하여 검찰청에 반환한 날까지의 기간은 구속기간에 산입하지 아니하였다(제201조의2 제8항).

9. 제13차 개정

2004. 10. 16. 법률 제7225호로 단행된 제13차 개정은 ① 체포·구속적부심사 청구 후 피의자에 대하여 공소제기가 있는 경우에도 법원에 의한 기각 또는 석방결정과 보증금납입조건부 석방결정의 근거를 각각 부여하였다(제214조의2 제3항 후단 신설·제4항). ② 상소제기기간 중의 판결 확정 전 구금일수(상소제기 후의 구금일수를 제외한다)를 전부 본형에 산입하는 근거를 두었다(제482조 제2항 신설).

10. 제15차 개정

2006. 7. 19. 법률 제7965호로 단행된 제15차 개정은 ① 구속영장심문을 받는 피의자, 구속 피의자 또는 구속 피고인을 필요적 국선변호 대상으로 하였다(제33조 제1항 제6호, 제201조의2 제10항 신설). ② 피고인의 권리보호를 위하여 필요하다고 인정하는 때에는 피고인의 명시적 의사에 반하지 않는 한 국선변호인을 선정하도록 하였다(제33조 제3항 신설).

11. 제17차 개정

2007. 6. 1. 법률 제8496호로 단행된 제17차 개정[1]은 ① 피고인 및 피의자의 방어권을 보장하였다(제201조의2, 제243조의2 및 제244조의3 신설). 구속영장청구를 받은 판사는 원칙적으로 모든 피의자를 심문하도록 하되, 구속영장이 청구된 날의 다음 날까지 피의자를 심문하도록 하는 한편, 수사기관의 조사·신문에 대한 피의자의 진술거부권을 구체적으로 규정함과 아울러 당해 조사·신문에 대한 변호인의 참여를 허용하였다. ② 인신구속제도 및 압수수색제도를 합리적으로 개편하였다(제70조 제2항 신설, 제92조, 제94조 및 제97조 내지 제100조, 제100조의2 신설, 제102조, 제103조, 제104조의2 신설, 제200조의4, 제200조의5 신설, 제214조의2, 제217조). 법원이 구속사유를 심사함에 있어서 범죄의 중대성, 재범의 위험성, 피해자·중요 참고인 등에 대한 위해 우려 등을 고려하도록 하였고, 충실한 심리와 피고인의 방어권 행사를 충분히 보장하기 위하여 법정 구속기간의 제한을 완화하였으며, 보석조건을 다양화함으로써 불구속 원칙의 확대와 실질적 평등원칙을 실현할 수 있게 하고, 개별 사안의 특성과 피고인이 처해있는 구체적 사정에 가장 적합한 조건을 정할 수 있도록 하였다. 또한 긴급체포제도를 개선하여, 긴급체포를 한 경우 지체 없이 구속영장을 청구하도록 하되 영장청구시간은 48시간을 초과할 수 없도록 하는 한편, 수사기관이 구속영장을

1) 대법원 2008. 10. 23. 선고 2008도2826 판결(형사소송법 부칙(2007. 6. 1.) 제2조는 형사절차가 개시된 후 종결되기 전에 형사소송법이 개정된 경우 신법과 구법 중 어느 법을 적용할 것인지에 관한 입법례 중 이른바 혼합주의를 채택하여 구법 당시 진행된 소송행위의 효력은 그대로 인정하되 신법 시행 후의 소송절차에 대하여는 신법을 적용한다는 취지에서 규정된 것이다. 따라서 항소심이 신법 시행을 이유로 구법이 정한 바에 따라 적법하게 진행된 제1심의 증거조사절차 등을 위법하다고 보아 그 효력을 부정하고 다시 절차를 진행하는 것은 허용되지 아니하며, 다만 이미 적법하게 이루어진 소송행위의 효력을 부정하지 않는 범위 내에서 신법의 취지에 따라 절차를 진행하는 것은 허용된다).

청구하지 아니하고 긴급체포한 피의자를 석방한 경우에는 사후통지하는 제도를 신설하였고, 긴급압수수색의 남용을 방지하고 긴급체포에 대한 긴급압수수색의 독자성을 인정하기 위하여, 긴급성 요건을 추가하고, 긴급압수수색이 허용되는 시간을 24시간으로 한정하며, 구속영장과는 별도로 지체 없이 압수수색영장을 청구하도록 하되 체포시로부터 48시간을 넘을 수 없도록 하였다. ③ 재정신청제도를 합리적으로 개선하였다(제260조 내지 제262조, 제262조의2·제262조의3 신설, 제262조의4, 제264조의2 신설). 재정신청의 대상범죄를 모든 범죄로 확대함으로써 국가형벌권 행사의 적정성을 제고하고, 재정신청의 남용을 방지하기 위하여 신청권자는 고소권자로 제한하되, 형법상 직권남용, 불법체포·감금 및 폭행·가혹행위의 죄와 특별법에서 재정신청 대상으로 규정한 죄의 경우에는 현행대로 고발사건을 포함하도록 하였다. 또한 재정신청 확대에 따른 피고소인의 장기간 법적 불안정 및 제도의 남용을 방지하기 위하여, 재정신청의 관할법원을 고등법원으로 조정하고[1], 재정신청인의 검찰 재항고 및 재정결정에 대한 불복을 금지하도록 하는 한편, 재정신청의 기각결정을 받은 자에 대한 비용부담제도를 도입하였으며, 법원은 재정신청이 이유 있다고 인정한 경우에는 공소제기를 결정하도록 하고, 공소의 제기는 검사가 수행하도록 하되, 이에 대하여는 공소취소를 할 수 없도록 하였고, 재정신청사건의 심리는 원칙적으로 공개하지 아니하도록 하고, 재정신청사건 기록의 열람·등사를 제한하였다. ④ 공판중심주의적 법정심리절차를 도입하였다(제266조의3 내지 제266조의16 신설, 제267조의2 및 제275조의3 신설, 제285조 내지 제287조, 제290조, 제290조의2 신설, 제292조, 제292조의2 및 제292조의3 신설, 제294조, 제308조의2 신설, 제312조, 제312조의2 신설, 제314조). 피고인 또는 변호인이 공소제기된 사건에 대한 서류 또는 물건의 열람·등사를 신청할 수 있도록 하는 증거개시제도를 도입하고, 이에 상응하여 검사도 피고인 또는 변호인에게 증거개시를 요구할 수 있도록 하였고, 공판기일 전에 쟁점정리 및 입증계획의 수립을 위하여 공판준비절차제도를 도입함으로써 심리를 효율적으로 운영할 수 있도록 하고, 심리에 2일 이상 필요한 경우에는 부득이한 사정이 없는 한 매일 계속하여 공판정을 개정하도록 함으로써 집중심리가 가능하도록 하였으며, 증거조사절차를 개선하여 증거서류·증거물 등에 대한 조사방식을 보완하고, 피고인신문은 원칙적으로 '증거조사 완료 후'에 검사 또는 변호인이 법원에 신청하여 하되, 재판장은 필요하다고 인정하는 경우 증거조사가 완료되기 전이라도 피고인신문을 허가할 수 있도록 하였다. 또한 조서의 증거능력과 관련하여, 검사가 피고인인 피의자의 진술을 기재한 조서로서 피고인이 진정성립을 부인하는 경우에는 영상녹화물 등 객관적 방법에 의하여 진정성립을 증명할 수 있도록 하며, 참고인의 진술을 기재한 조서도 이에 준하여 증거능력을 인정하되, 반대신문권의 보장요건을 추가하였고, 영상녹화절차 및 영상녹화의 증거능력과 관련하여 피의자의 경우에는 미리 이를 알려주고 영상녹화를 할 수 있도록 하되, 자의적인

---

1) 개정 전 형사소송법의 재판상 준기소절차에서는 재정신청에 대하여 고등법원이 부심판결정을 한 경우, 구법 제319조 단서에 의하여 지방법원은 관할권이 없더라도 관할위반의 선고를 할 수 없게 되어 관할권이 창설되는 것으로 보았다. 하지만 동 개정으로 인하여 관할권의 창설이 필요 없게 되었으며, 제319조 단서는 삭제되었다.

영상녹화를 방지하기 위하여 조사의 개시부터 종료시까지의 전과정 및 객관적 정황을 영상녹화하도록 하고, 참고인의 경우에는 동의를 얻어 영상녹화할 수 있도록 하며, 영상녹화물은 본증으로는 사용할 수 없도록 하였다. ⑤ 국민의 알권리를 보장하고 사법에 대한 국민의 신뢰를 제고하기 위하여 형사재판기록의 공개범위를 확대하였다(제59조의2).[1] ⑥ 무죄판결이 확정된 피고인이 지출한 소송비용을 보상하는 제도를 신설하였다(제194조의2 내지 제194조의5).

12. 제18차 개정

2007. 12. 21. 법률 제8730호로 단행된 제18차 개정은 ① 기간의 말일이 토요일인 경우 기간에 산입하지 아니하였다(제66조). ② 전문수사자문위원제도를 도입하였다(제245조의2부터 제245조의4까지). ③ 공소시효를 연장하였다(제249조). 공소시효의 기간을 사형에 해당하는 범죄에는 25년, 무기징역 또는 무기금고에 해당하는 범죄에는 15년, 장기 10년 이상의 징역 또는 금고에 해당하는 범죄에는 10년, 장기 10년 미만의 징역 또는 금고에 해당하는 범죄에는 7년, 장기 5년 미만의 징역 또는 금고, 장기 10년 이상의 자격정지 또는 벌금에 해당하는 범죄에는 5년, 장기 5년 이상의 자격정지에 해당하는 범죄에는 3년으로 연장하였고, 공소가 제기된 범죄는 판결의 확정이 없이 공소를 제기한 때로부터 25년을 경과하면 공소시효가 완성한 것으로 간주하였다. ④ 전문심리위원제도를 도입하였다(제279조의2부터 제279조의8까지). ⑤ 교도소 또는 구치소에 있는 피고인이 상소이유서 제출기간 이내에 교도소장 또는 구치소장에게 제출한 때에는 상소의 제기기간 내에 상소한 것으로 간주하였다(제361조의3, 제379조).

---

1) 제59조의2(재판확정기록의 열람·등사) ① 누구든지 권리구제·학술연구 또는 공익적 목적으로 재판이 확정된 사건의 소송기록을 보관하고 있는 검찰청에 그 소송기록의 열람 또는 등사를 신청할 수 있다. ② 검사는 다음 각 호의 어느 하나에 해당하는 경우에는 소송기록의 전부 또는 일부의 열람 또는 등사를 제한할 수 있다. 다만 소송관계인이나 이해관계 있는 제3자가 열람 또는 등사에 관하여 정당한 사유가 있다고 인정되는 경우에는 그러하지 아니하다. 1. 심리가 비공개로 진행된 경우 2. 소송기록의 공개로 인하여 국가의 안전보장, 선량한 풍속, 공공의 질서유지 또는 공공복리를 현저히 해할 우려가 있는 경우 3. 소송기록의 공개로 인하여 사건관계인의 명예나 사생활의 비밀 또는 생명·신체의 안전이나 생활의 평온을 현저히 해할 우려가 있는 경우 4. 소송기록의 공개로 인하여 공범관계에 있는 자 등의 증거인멸 또는 도주를 용이하게 하거나 관련 사건의 재판에 중대한 영향을 초래할 우려가 있는 경우 5. 소송기록의 공개로 인하여 피고인의 개선이나 갱생에 현저한 지장을 초래할 우려가 있는 경우 6. 소송기록의 공개로 인하여 사건관계인의 영업비밀(「부정경쟁방지 및 영업비밀보호에 관한 법률」 제2조 제2호의 영업비밀을 말한다)이 현저하게 침해될 우려가 있는 경우 7. 소송기록의 공개에 대하여 당해 소송관계인이 동의하지 아니하는 경우 ③ 검사는 제2항에 따라 소송기록의 열람 또는 등사를 제한하는 경우에는 신청인에게 그 사유를 명시하여 통지하여야 한다. ④ 검사는 소송기록의 보존을 위하여 필요하다고 인정하는 경우에는 그 소송기록의 등본을 열람 또는 등사하게 할 수 있다. 다만 원본의 열람 또는 등사가 필요한 경우에는 그러하지 아니하다. ⑤ 소송기록을 열람 또는 등사한 자는 열람 또는 등사에 의하여 알게 된 사항을 이용하여 공공의 질서 또는 선량한 풍속을 해하거나 피고인의 개선 및 갱생을 방해하거나 사건관계인의 명예 또는 생활의 평온을 해하는 행위를 하여서는 아니 된다. ⑥ 제1항에 따라 소송기록의 열람 또는 등사를 신청한 자는 열람 또는 등사에 관한 검사의 처분에 불복하는 경우에는 당해 기록을 보관하고 있는 검찰청에 대응한 법원에 그 처분의 취소 또는 변경을 신청할 수 있다. ⑦ 제418조 및 제419조는 제6항의 불복신청에 관하여 준용한다.

13. 제20차 개정

2011. 7. 18. 법률 제10864호로 단행된 제20차 개정은 ① 누구든지 확정된 형사사건의 판결서와 증거목록 등을 인터넷 등으로 열람·등사할 수 있도록 하되, 판결서 등에 기재된 개인정보가 공개되지 않도록 보호조치를 하도록 하였다(제59조의3 신설).[1] ② 법원의 압수·수색의 요건에 피고사건과의 관련성을 추가하였다(제106조 제1항, 제107조, 제109조). ③ 정보저장매체등에 관한 압수의 범위와 방법을 명시하고, 정보주체에게 해당 사실을 알리도록 하며, 영장에는 작성기간을 기재토록 명시하는 등 전기통신관련 압수·수색제도를 보완하였다(제106조 제3항·제4항, 제114조 제1항). ④ 사법경찰관의 수사개시권과 사법경찰관에 대한 검사의 수사지휘권을 명시하였다(제196조). ⑤ 수사기관의 압수·수색·검증의 요건에 피고사건과의 관련성과 피의자가 죄를 범하였다고 의심할 만한 정황이 있을 것을 추가하였다(제215조). ⑥ 압수물의 소유자, 소지자 등의 신청이 있을 경우 수사기관이 압수물을 환부 또는 가환부할 수 있도록 하고, 기존의 준용규정을 정비하였다(제218조의2, 제219조). ⑦ 재정신청의 대상을 형법 제126조의 죄에 대한 고발사건까지 확대하되 피공표자의 명시한 의사에 반하여는 할 수 없도록 단서를 두었다(제260조 제1항).

14. 제24차 개정

2014. 5. 14. 법률 제12576호로 단행된 제24차 개정은 상고이유서에 적법한 상고이유를 기재하도록 촉구하여 상고인의 상고심 심사를 받을 권리를 실질적으로 보장함과 아울러 상고의 남용을 방지하기 위하여 제380조 제2항을 '상고장 및 상고이유서에 기재된 상고이유의 주장이 제383조 각 호의 어느 하나의 사유에 해당하지 아니함이 명백한 때에는 결정으로 상고를 기각하여야 한다.'라고 신설하였다.

---

1) 제59조의3(확정 판결서등의 열람·복사) ① 누구든지 판결이 확정된 사건의 판결서 또는 그 등본, 증거목록 또는 그 등본, 그 밖에 검사나 피고인 또는 변호인이 법원에 제출한 서류·물건의 명칭·목록 또는 이에 해당하는 정보(이하 "판결서등"이라 한다)를 보관하는 법원에서 해당 판결서등을 열람 및 복사(인터넷, 그 밖의 전산정보처리시스템을 통한 전자적 방법을 포함한다. 이하 이 조에서 같다)할 수 있다. 다만 다음 각 호의 어느 하나에 해당하는 경우에는 판결서등의 열람 및 복사를 제한할 수 있다. 1. 심리가 비공개로 진행된 경우 2. 소년법 제2조에 따른 소년에 관한 사건인 경우 3. 공범관계에 있는 자 등의 증거인멸 또는 도주를 용이하게 하거나 관련 사건의 재판에 중대한 영향을 초래할 우려가 있는 경우 4. 국가의 안전보장을 현저히 해할 우려가 명백하게 있는 경우 5. 제59조의2 제2항 제3호 또는 제6호의 사유가 있는 경우. 다만 소송관계인의 신청이 있는 경우에 한정한다. ② 법원사무관등이나 그 밖의 법원공무원은 제1항에 따른 열람 및 복사에 앞서 판결서등에 기재된 성명 등 개인정보가 공개되지 아니하도록 대법원규칙으로 정하는 보호조치를 하여야 한다. ③ 제2항에 따른 개인정보 보호조치를 한 법원사무관등이나 그 밖의 법원공무원은 고의 또는 중대한 과실로 인한 것이 아니면 제1항에 따른 열람 및 복사와 관련하여 민사상·형사상 책임을 지지 아니한다. ④ 열람 및 복사에 관하여 정당한 사유가 있는 소송관계인이나 이해관계 있는 제3자는 제1항 단서에도 불구하고 제1항 본문에 따른 법원의 법원사무관등이나 그 밖의 법원공무원에게 판결서등의 열람 및 복사를 신청할 수 있다. 이 경우 법원사무관등이나 그 밖의 법원공무원의 열람 및 복사에 관한 처분에 불복하는 경우에는 제1항 본문에 따른 법원에 처분의 취소 또는 변경을 신청할 수 있다. ⑤ 제4항의 불복신청에 대하여는 제417조 및 제418조를 준용한다. ⑥ 판결서등의 열람 및 복사의 방법과 절차, 개인정보 보호조치의 방법과 절차, 그 밖에 필요한 사항은 대법원규칙으로 정한다.

15. 제25차 개정

2014. 10. 15. 법률 제12784호로 단행된 제25차 개정은 법원이 수명법관으로 하여금 제72조의 사전청문절차를 진행할 수 있도록 하는 내용의 규정을 신설함(제72조의2 신설)과 동시에 이에 대응하여 조문 체계정비를 위해 제80조에서 제72조를 삭제하였다.

16. 제26차 개정

2014. 12. 30. 법률 제12899호로 단행된 제26차 개정은 ① 무죄판결 비용보상 청구기간을 무죄판결이 확정된 사실을 안 날부터 3년, 무죄판결이 확정된 때부터 5년으로 연장하였고(제194조의3 제2항), ② '심신장애자'를 '심신장애인'으로 표현을 순화하였다(제438조 제2항 제1호·제2호).

17. 제27차 개정

2015. 7. 31. 법률 제13454호로 단행된 제27차 개정은 ① 보조인이 될 수 있는 자가 없거나 장애 등의 사유로 보조인으로서 역할을 할 수 없는 경우에는 피고인 또는 피의자와 신뢰관계 있는 자가 보조인이 될 수 있도록 하였다(제29조 제2항 신설). ② 법원의 구속집행정지 결정에 대한 검사의 즉시항고권을 삭제하였다(제101조 제3항 삭제). ③ 사람을 살해한 범죄(종범은 제외한다)로 사형에 해당하는 범죄에 대하여 공소시효를 폐지하고, 이 법 시행 전 행하여진 범죄로서 이 법 시행 당시 공소시효가 완성되지 아니한 범죄에 대하여도 이를 적용하도록 하였다(제253조의2 신설, 부칙 제2조). ④ 제471조 제1항 제1호의 형집행정지 및 그 연장에 관한 사항을 심의하기 위하여 각 지방검찰청에 형집행정지 심의위원회를 두도록 하였다(제471조의2 신설). ⑤ 판결 선고 후 판결 확정 전 미결구금일수(판결선고 당일의 구금일수를 포함한다) 전부를 본형에 산입하였다(제482조 제1항).

18. 제28차 개정

2016. 1. 6. 법률 제13720호로 단행된 제28차 개정은 ① 벌금, 과료, 추징, 과태료, 소송비용 또는 비용배상의 분할납부, 납부연기 및 납부대행기관을 통한 납부 등 납부방법에 필요한 사항은 법무부령으로 정하였다(제477조 제6항). ② 재정신청 기각결정에 대하여는 제415조에 따른 즉시항고를 할 수 있도록 하였다(제262조 제4항 전단). ③ 제260조에 따른 재정신청이 있으면 제262조에 따른 재정결정이 확정될 때까지 공소시효의 진행이 정지되도록 하였다(제262조의4 제1항).

19. 제30차 개정

2016. 5. 29. 법률 제14179호로 단행된 제30차 개정은 ① 재판장은 피해자, 증인 등 사건관계인의 생명 또는 신체의 안전을 현저히 해칠 우려가 있는 경우에는 소송계속 중의 관계 서류

또는 증거물의 열람·복사에 앞서 사건관계인의 성명 등 개인정보가 공개되지 아니하도록 보호조치를 할 수 있도록 하였다(제35조 제1항·제3항·제4항). ② 제313조 제1항 본문에도 불구하고 진술서(피고인 또는 피고인 아닌 자가 작성하였거나 진술한 내용이 포함된 문자·사진·영상 등의 정보로서 컴퓨터용디스크, 그 밖에 이와 비슷한 정보저장매체에 저장된 것을 포함한다)의 작성자가 공판준비나 공판기일에서 그 성립의 진정을 부인하는 경우에는 과학적 분석결과에 기초한 디지털포렌식 자료, 감정 등 객관적 방법으로 성립의 진정함이 증명되는 때에는 증거로 할 수 있도록 하되, 피고인 아닌 자가 작성한 진술서는 피고인 또는 변호인이 공판준비 또는 공판기일에 그 기재 내용에 관하여 작성자를 신문할 수 있었을 것을 요하도록 하였다(제313조 및 제314조). ③ 재심에서 무죄의 선고를 한 때 피고인 등 재심을 청구한 사람이 원하지 아니하는 경우에는 재심무죄판결을 공시하지 아니할 수 있도록 하였다(제440조).

20. 제31차 개정

2017. 12. 12. 법률 제15164호로 단행된 제31차 개정은 비공무원의 서류와 소환장의 본인확인 방법으로 기명날인 외에 서명도 허용하였다(제59조 전단 및 제74조).

21. 제32차 개정

2017. 12. 19. 법률 제15257호로 단행된 제32차 개정은 제457조의2(형종 상향의 금지 등)를 '① 피고인이 정식재판을 청구한 사건에 대하여는 약식명령의 형보다 중한 종류의 형을 선고하지 못한다. ② 피고인이 정식재판을 청구한 사건에 대하여 약식명령의 형보다 중한 형을 선고하는 경우에는 판결서에 양형의 이유를 적어야 한다.'라고 개정하였다.

22. 제33차 개정

2019. 12. 31. 법률 제16850호로 단행된 제33차 개정은 ① 제137조 중 '때에는'을 '때에는 미리 수색영장을 발부받기 어려운 긴급한 사정이 있는 경우에 한정하여'로 한다. ② 제216조 제1항 제1호 중 '捜査'를 '수색'으로 하고, 같은 호에 단서를 '다만 제200조의2 또는 제201조에 따라 피의자를 체포 또는 구속하는 경우의 피의자 수색은 미리 수색영장을 발부받기 어려운 긴급한 사정이 있는 때에 한정한다.'라고 신설한다. ③ 제405조 중 '3日'을 '7일'로 한다. ④ 제416조 제3항 중 '3日'을 '7일'로 한다.

23. 제34차 개정

2020. 2. 4. 법률 제16924호로 단행된 제34차 개정은 2018. 6. 21. 법무부장관과 행정안전부장관이 시대적 상황과 국민적 요구를 반영하여 발표한 「검·경 수사권 조정 합의문」을 수용하였다. 즉 수사, 공소제기 및 공소유지에 관하여 검찰과 경찰 양 기관을 상호 협력관계로 설정하

면서, 경찰에게는 1차 수사에서 보다 많은 자율권을 부여하고 검찰은 사법통제 역할을 더욱 충실히 함을 원칙으로 하고 있다. 이에 따라 경찰은 1차적 수사권 및 수사종결권을 가지고, 검찰은 기소권과 함께 특정 사건에 관한 직접수사권·송치 후 수사권·사법경찰관 수사에 대한 보완수사 및 시정조치요구권 등 사법통제 권한을 갖도록 하였다.

그 주요 내용을 살펴보면, 첫째, 제197조를 삭제하고, 제195조 및 제196조를 각각 제196조 및 제197조로 하며, 같은 편 제1장에 제195조를 '제195조(검사와 사법경찰관의 관계 등) ① 검사와 사법경찰관은 수사, 공소제기 및 공소유지에 관하여 서로 협력하여야 한다. ② 제1항에 따른 수사를 위하여 준수하여야 하는 일반적 수사준칙에 관한 사항을 대통령령으로 정한다.'라고 신설한다.

둘째, 제196조(종전의 제195조)를 '제196조(검사의 수사) 검사는 범죄의 혐의가 있다고 사료하는 때에는 범인, 범죄사실과 증거를 수사한다.'라고 한다.

셋째, 제197조(종전의 제196조) 제1항 및 제2항을 '제197조(사법경찰관리) ① 경무관, 총경, 경정, 경감, 경위는 사법경찰관으로서 범죄의 혐의가 있다고 사료하는 때에는 범인, 범죄사실과 증거를 수사한다. ② 경사, 경장, 순경은 사법경찰리로서 수사의 보조를 하여야 한다.'라고 하고, 같은 조 제3항부터 제6항까지를 삭제한다.

넷째, 제197조의2부터 제197조의4까지를 각각 다음과 같이 신설한다. 제197조의2(보완수사요구) ① 검사는 다음 각 호의 어느 하나에 해당하는 경우에 사법경찰관에게 보완수사를 요구할 수 있다. 1. 송치사건의 공소제기 여부 결정 또는 공소의 유지에 관하여 필요한 경우 2. 사법경찰관이 신청한 영장의 청구 여부 결정에 관하여 필요한 경우 ② 사법경찰관은 제1항의 요구가 있는 때에는 정당한 이유가 없는 한 지체없이 이를 이행하고, 그 결과를 검사에게 통보하여야 한다. ③ 검찰총장 또는 각급 검찰청 검사장은 사법경찰관이 정당한 이유 없이 제1항의 요구에 따르지 아니하는 때에는 권한 있는 사람에게 해당 사법경찰관의 직무배제 또는 징계를 요구할 수 있고, 그 징계 절차는 「공무원 징계령」 또는 「경찰공무원 징계령」에 따른다. 제197조의3(시정조치요구 등) ① 검사는 사법경찰관리의 수사과정에서 법령위반, 인권침해 또는 현저한 수사권 남용이 의심되는 사실의 신고가 있거나 그러한 사실을 인식하게 된 경우에는 사법경찰관에게 사건기록 등본의 송부를 요구할 수 있다. ② 제1항의 송부 요구를 받은 사법경찰관은 지체 없이 검사에게 사건기록 등본을 송부하여야 한다. ③ 제2항의 송부를 받은 검사는 필요하다고 인정되는 경우에는 사법경찰관에게 시정조치를 요구할 수 있다. ④ 사법경찰관은 제3항의 시정조치 요구가 있는 때에는 정당한 이유가 없으면 지체 없이 이를 이행하고, 그 결과를 검사에게 통보하여야 한다. ⑤ 제4항의 통보를 받은 검사는 제3항에 따른 시정조치 요구가 정당한 이유 없이 이행되지 않았다고 인정되는 경우에는 사법경찰관에게 사건을 송치할 것을 요구할 수 있다. ⑥ 제5항의 송치 요구를 받은 사법경찰관은 검사에게 사건을 송치하여야 한다. ⑦ 검찰총장 또는 각급 검찰청 검사장은 사법경찰관리의 수사과정에서 법령위반, 인권침해 또는 현저한 수사권 남용이 있었던 때에는 권한 있는 사람에게 해당 사법경찰관리의 징계를 요구할 수 있고, 그 징계 절차는 「공무원 징계령」 또는 「경찰공무원 징계령」에 따른다. ⑧ 사법경찰관은 피의자를 신문하기 전에 수사과정에서 법령위반, 인권침해 또는 현저한 수사권 남용이 있는 경우 검사에게 구제를 신청할 수 있음을 피의자에게 알려주어야 한다. 제197조의4(수사의 경합) ① 검사는 사법경찰관과 동일한 범죄사실을 수사하게 된 때에는 사법경찰관에게 사건을 송치할 것을 요구할 수 있다. ② 제1항의 요구를 받은 사법경찰관은 지체 없이 검사에게 사건을 송치하여야 한다. 다만 검사가 영장을 청구하기 전에 동일한 범죄사실에 관하여 사법경찰관이 영장을 신청한 경우에는 해당 영장에 기재된 범죄사실을 계속 수사할 수 있다.

다섯째, 제221조의5를 '제221조의5(사법경찰관이 신청한 영장의 청구 여부에 대한 심의) ① 검사가 사법경찰관이 신청한 영장을 정당한 이유 없이 판사에게 청구하지 아니한 경우 사법경찰관은 그 검사 소속의 지방검찰청 소재지를 관할하는 고등검찰청에 영장 청구 여부에 대한 심의를 신청할 수 있다. ② 제1항에 관한 사항을 심의하기 위하여 각 고등검찰청에 영장심의위원회를 둔다. ③ 심의위원회는 위원장 1명을 포함한 10명 이내의 외부 위원으로 구성하고, 위원은 각 고등검찰청 검사장이 위촉한다. ④ 사법경찰관은 심의위원회에 출석하여 의견을 개진할 수 있다. ⑤ 심의위원회의 구성 및 운영 등 그 밖에 필요한 사항은 법무부령으로 정한다.'라고 신설한다.

여섯째, 제245조의5부터 제245조의10까지를 각각 다음과 같이 신설한다. 제245조의5(사법경찰관의 사건송치 등) 사법경찰관은 고소·고발 사건을 포함하여 범죄를 수사한 때에는 다음 각 호의 구분에 따른다. 1. 범죄의 혐의가 있다고 인정되는 경우에는 지체 없이 검사에게 사건을 송치하고, 관계 서류와 증거물을 검사에게 송부하여야 한다. 2. 그 밖의 경우에는 그 이유를 명시한 서면과 함께 관계 서류와 증거물을 지체 없이 검사에게 송부하여야 한다. 이 경우 검사는 송부받은 날로부터 90일 이내에 사법경찰관에게 반환하여야 한다. 제245조의6(고소인 등에 대한 송부통지) 사법경찰관은 제245조의5 제2호의 경우에는 그 송부한 날로부터 7일 이내에 서면으로 고소인·고발인·피해자 또는 그 법정대리인(피해자가 사망한 경우에는 그 배우자·직계친족·형제자매를 포함한다.)에게 사건을 검사에게 송치하지 아니하는 취지와 그 이유를 통지하여야 한다. 제245조의7(고소인 등의 이의신청) ① 제245조의6의 통지를 받은 사람은 해당 사법 경찰관의 소속 관서의 장에게 이의를 신청할 수 있다. ② 사법경찰관은 제1항의 신청이 있는 때에는 지체 없이 검사에게 사건을 송치하고 관계 서류와 증거물을 송부하여야 하며, 처리결과와 그 이유를 제1항의 신청인에게 통지하여야 한다. 제245조의8(재수사요청 등) ① 검사는 제245조의5 제2호의 경우에 사법경찰관이 사건을 송치하지 아니한 것이 위법 또는 부당한 때에는 그 이유를 문서로 명시하여 사법경찰관에게 재수사를 요청할 수 있다. ② 사법경찰관은 제1항의 요청이 있는 때에는 사건을 재수사하여야 한다. 제245조의9(검찰청 직원) ① 검찰청 직원으로서 사법경찰관리의 직무를 행하는 자와 그 직무의 범위는 법률로 정한다. ② 사법경찰관의 직무를 행하는 검찰청 직원은 검사의 지휘를 받아 수사하여야 한다. ③ 사법경찰리의 직무를 행하는 검찰청 직원은 검사 또는 사법경찰관의 직무를 행하는 검찰청 직원의 수사를 보조하여야 한다. ④ 사법경찰관리의 직무를 행하는 검찰청 직원에 대하여는 제197조의2부터 제197조의4까지, 제221조의5, 제245조의5부터 제245조의8까지의 규정을 적용하지 아니한다. 제245조의10(특별사법경찰관리) ① 삼림, 해사, 전매, 세무, 군수사기관 기타 특별한 사항에 관하여 사법경찰관리의 직무를 행할 특별사법경찰관리와 그 직무의 범위는 법률로 정한다. ② 특별사법경찰관은 모든 수사에 관하여 검사의 지휘를 받는다. ③ 특별사법경찰관은 범죄의 혐의가 있다고 인식하는 때에는 범인, 범죄사실과 증거에 관하여 수사를 개시·진행하여야 한다. ④ 특별사법경찰관리는 검사의 지휘가 있는 때에는 이에 따라야 한다. 검사의 지휘에 관한 구체적 사항은 법무부령으로 정한다. ⑤ 특별사법경찰관은 범죄를 수사한 때에는 지체 없이 검사에게 사건을 송치하고, 관계 서류와 증거물을 송부하여야 한다. ⑥ 특별사법경찰관리에 대하여는 제197조의2부터 제197조의4까지, 제221조의5, 제245조의5부터 제245조의8까지의 규정을 적용하지 아니한다.

일곱째, 제312조 제1항을 '① 검사가 작성한 피의자신문조서는 적법한 절차와 방식에 따라 작성된 것으로서 공판준비, 공판기일에 그 피의자였던 피고인 또는 변호인이 그 내용을 인정할 때에 한하여 증거로 할 수 있다.'라고 하고, 같은 조 제2항을 삭제한다.

제 3 절 형사소송법의 적용범위

Ⅰ. 장소적 적용범위

1. 원 칙

형사소송법은 대한민국 영역 내에서 발생한 모든 사건에 대하여 당해 범죄를 범한 사람의 국적에 상관없이 적용하는 것이 원칙이다.

2. 예 외

대한민국의 영역 외라고 할지라도 영사재판권이 미치는 지역에서는 우리나라의 형사소송법이 적용되고, 대한민국의 영역 내라고 할지라도 국제법상 외교관계면제권이 있는 사람에 대해서는 우리나라 형사소송법이 적용되지 아니한다.[1]

1) 손동권/신이철, 12면; 송광섭, 14면; 이재상/조균석, 8면(대한민국 영역 내라 할지라도 국제법상의 치외법역에서는 형사소송법이 적용되지 않는다); 이창현, 10면; 임동규, 5면; 정승환, 9면; 정웅석/최창호, 9면; 최호진, 5면.

Ⅱ. 인적 적용범위

1. 원 칙

형사소송법은 대한민국 국민이 범한 모든 사건에 대하여 적용하는 것이 원칙이다. 그러므로 대한민국의 영역 외에서 죄를 범한 경우에도 대한민국 국민이라면 우리나라 법원의 재판권이 미치므로 형사소송법에 의하여 처벌받을 수 있다.

2. 국내법상의 예외

(1) 대통령의 불소추특권

대통령은 내란 또는 외환의 죄를 범한 경우를 제외하고는 재직 중 형사상의 소추를 받지 아니한다(헌법 제84조). 헌법이나 형사소송법 등의 법률에 대통령의 재직 중 공소시효의 진행이 정지된다고 명백히 규정되어 있지는 않다고 하더라도 대통령의 재직 중 형사상의 소추를 할 수 없는 범죄에 대한 공소시효의 진행은 정지되는 것으로 해석할 수 있다.

한편 대통령의 재임 중 수사가 가능한지 여부와 관련하여, ① 압수·수색은 허용되지만 체포·구속은 허용되지 않는다는 견해[1], ② 일체의 수사가 허용된다는 견해[2] 등의 대립이 있다. 생각건대 현행법상 대통령에 대한 수사를 일체 금지하고 있는 명문의 규정이 없다는 점, 형사상의 소추는 공소의 제기 및 그 유지를 의미하는 것이지 수사까지 포함하는 개념은 아니라는 점, 대통령의 임기 말 또는 탄핵소추 결정 이후 등과 같은 시기에 있어서는 수사의 필요성이 존재한다는 점 등을 논거로 하여, 재임기간 중 대통령에 대한 수사도 허용된다고 보는 것이 타당하다.

(2) 국회의원의 불체포특권

국회의원은 현행범인인 경우를 제외하고는 회기 중 국회의 동의 없이 체포 또는 구금되지 아니한다(헌법 제44조 제1항). 국회의원을 체포하거나 구금하기 위하여 국회의 동의를 받으려고 할 때에는 관할법원의 판사는 영장을 발부하기 전에 체포동의 요구서를 정부에 제출하여야 하며, 정부는 이를 수리한 후 지체 없이 그 사본을 첨부하여 국회에 체포동의를 요청하여야 한다(국회법 제26조 제1항). 국회의장은 이에 따른 체포동의를 요청받은 후 처음 개의하는 본회의에 이를 보고하고, 본회의에 보고된 때부터 24시간 이후 72시간 이내에 표결한다. 다만 체포동의안이 72시간 이내에 표결되지 아니하는 경우에는 그 이후에 최초로 개의하는 본회의에 상정하여 표결한다(국회법 제26조 제2항). 국회에서 체포동의안이 가결되더라도 법원의 구속영장실질심사를 받아야 하며, 이를 통하여 영장이 기각되는 경우도 발생할 수 있다.

한편 국회의원이 회기 전에 체포 또는 구금된 때에는 현행범인이 아닌 한 국회의 요구가

---

1) 신양균/조기영, 8면; 이재상/조균석, 9면.

2) 이창현, 8면.

있으면 회기 중 석방된다(헌법 제44조 제2항). 국회의원이 체포 또는 구금된 의원의 석방 요구를 발의할 때에는 재적의원 4분의 1 이상의 연서로 그 이유를 첨부한 요구서를 의장에게 제출하여야 한다(국회법 제28조). 헌법 제44조에 의하여 구속된 국회의원에 대한 석방요구가 있으면 당연히 구속영장의 집행이 정지된다(제101조 제4항). 이러한 석방요구의 통고를 받은 검찰총장은 즉시 석방을 지휘하고 그 사유를 수소법원에 통지하여야 한다(제101조 제5항).

(3) 국회의원의 면책특권

국회의원은 국회에서 직무상 행한 발언과 표결에 관하여 국회 외에서 책임을 지지 아니한다(제45조). 국회의원의 면책특권은 국회의원이 국민의 대표자로서 국회 내에서 자유롭게 발언하고 표결할 수 있도록 보장함으로써 국회가 입법 및 국정통제 등 헌법에 의하여 부여된 권한을 적정하게 행사하고 그 기능을 원활하게 수행할 수 있도록 보장하는 데 그 취지가 있다. 이러한 국회의원의 면책특권의 대상이 되는 행위는 국회의 직무수행에 필수적인 국회의원의 국회 내에서의 직무상 발언과 표결이라는 의사표현행위 자체에만 국한되지 않고, 이에 통상적으로 부수하여 행하여지는 행위까지 포함한다.[1] 또한 발언 내용 자체에 의하더라도 직무와는 아무런 관련이 없음이 분명하거나, 명백히 허위임을 알면서도 허위의 사실을 적시하여 타인의 명예를 훼손하는 경우 등까지 면책특권의 대상이 될 수는 없지만, 발언 내용이 허위라는 점을 인식하지 못하였다면 비록 발언 내용에 다소 근거가 부족하거나 진위 여부를 확인하기 위한 조사를 제대로 하지 않았다고 하더라도, 그것이 직무 수행의 일환으로 이루어진 것인 이상 이는 면책특권의 대상이 된다. 그리고 국회의원의 면책특권에 속하는 행위에 대하여는 공소를 제기할 수 없으며, 이에 반하여 공소가 제기된 것은 결국 공소권이 없음에도 공소가 제기된 것이 되어 제327조 제2호의 '공소제기의 절차가 법률의 규정에 위반하여 무효인 때'에 해당되므로 공소를 기각하여야 한다.[2]

판례에 의하면, ① 국회의원이 국회의 위원회나 국정감사장에서 국무위원·정부위원 등에 대하여 하는 질문이나 질의는 국회의 입법활동에 필요한 정보를 수집하고 국정통제기능을 수행하기 위한 것이므로 면책특권의 대상이 되는 발언에 해당함은 당연하고, 또한 국회의원이 국회 내에서 하는 정부·행정기관에 대한 자료제출의 요구는 국회의원이 입법 및 국정통제 활동을 수행하기 위하여 필요로 하는 것이므로 그것이 직무상 질문이나 질의를 준비하기 위한 것인 경우에는 직무상 발언에 부수하여 행하여진 것으로서 면책특권이 인정되어야 한다.[3] ② 국회의원이 국회 예산결산위원회 회의장에서 법무부장관을 상

1) 대법원 1992. 9. 22. 선고 91도3317 판결(원고의 내용이 공개회의에서 행할 발언내용이고(회의의 공개성), 원고의 배포시기가 당초 발언하기로 예정된 회의 시작 30분 전으로 근접되어 있으며(시간적 근접성), 원고 배포의 장소 및 대상이 국회의사당 내에 위치한 기자실에서 국회출입기자들만을 상대로 한정적으로 이루어지고(장소 및 대상의 한정성), 원고 배포의 목적이 보도의 편의를 위한 것(목적의 정당성)이라면, 국회의원이 국회본회의에서 질문할 원고를 사전에 배포한 행위는 면책특권의 대상이 되는 직무부수행위에 해당한다).

2) 대법원 2011. 5. 13. 선고 2009도14442 판결.

3) 대법원 1996. 11. 8. 선고 96도1742 판결(면책특권이 인정되는 국회의원의 직무행위에 대하여 수사기관이 그 직무행위가 범죄행위에 해당하는지 여부를 조사하여 소추하거나 법원이 이를 심리한다면, 국회의원이 국회에서 자

대로 대정부질의를 하던 중 대통령 측근에 대한 대선자금 제공 의혹과 관련하여 이에 대한 수사를 촉구하는 과정에서 한 발언은 면책특권의 대상이 된다.[1] ③ 국회의원인 피고인이, (구) 국가안전기획부 내 정보수집팀이 대기업 고위관계자와 중앙일간지 사주 간의 사적 대화를 불법 녹음한 자료를 입수한 후 그 대화 내용과, 전직 검찰간부인 피해자가 위 대기업으로부터 이른바 떡값 명목의 금품을 수수하였다는 내용이 게재된 보도자료를 작성하여 국회 법제사법위원회 개의 당일 국회 의원회관에서 기자들에게 배포한 사안에서, 피고인이 국회 법제사법위원회에서 발언할 내용이 담긴 위 보도자료를 사전에 배포한 행위는 국회의원 면책특권의 대상이 되는 직무부수행위에 해당하므로, 피고인에 대한 허위사실적시 명예훼손 및 통신비밀보호법 위반의 점에 대한 공소를 기각하여야 한다.[2]

(4) 그 밖의 경우

교원은 현행범인의 경우를 제외하고는 소속 학교장의 동의 없이 학원(學園)안에서 체포되지 아니하고(「교원의 지위 향상 및 교육활동 보호를 위한 특별법」 제4조, 사립학교법 제60조), 근로자는 쟁의행위 기간 중에는 현행범 외에는 「노동조합 및 노동관계조정법」 위반을 이유로 구속되지 아니한다(「노동조합 및 노동관계조정법」 제39조). 한편 소년에 대한 구속영장은 부득이한 경우가 아니면 발부하지 못한다(소년법 제55조 제1항).

3. 국제법상의 예외

(1) 외교관계의 특권

외국의 원수, 그 가족 및 대한민국 국민이 아닌 수행자, 신임 받는 외국의 사절과 그 직원 또는 가족에 대해서는 우리나라의 형사소송법이 적용되지 아니한다(외교관계에 관한 비엔나협약, 영사관계에 관한 비엔나협약).

(2) SOFA 협정상의 특권

미국 군대의 구성원이 대한민국의 영역 안에서 죄를 범하는 경우에는 미국과 대한민국이 공통적으로 재판권을 가지되, 미국 법령에 의하여만 처벌할 수 있는 범죄에 대하여는 미국이, 대한민국 법령에 의하여만 처벌할 수 있는 범죄에 대하여는 대한민국이 각각 전속적 재판권을 가진다. 다만 오로지 미국의 재산이나 안전, 미국 군대의 다른 구성원이나 군속 또는 그 가족의 신체나 재산에 대한 범죄와 공무집행 중의 작위·부작위에 의한 범죄에 대하여는 미국이 1차적

유롭게 발언하거나 표결하는데 지장을 주게 됨은 물론 면책특권을 인정한 헌법규정의 취지와 정신에도 어긋나는 일이 되기 때문에, 소추기관은 면책특권이 인정되는 직무행위가 어떤 범죄나 그 일부를 구성하는 행위가 된다는 이유로 공소를 제기할 수 없고, 또 법원으로서도 그 직무행위가 범죄나 그 일부를 구성하는 행위가 되는지 여부를 심리하거나 이를 어떤 범죄의 일부를 구성하는 행위로 인정할 수 없다).

1) 대법원 2007. 1. 12. 선고 2005다57752 판결.

2) 대법원 2011. 5. 13. 선고 2009도14442 판결(국회의원인 피고인이, 구 국가안전기획부 내 정보수집팀이 대기업 고위관계자와 중앙일간지 사주 간의 사적 대화를 불법 녹음한 자료를 입수한 후 그 대화내용과, 위 대기업으로부터 이른바 떡값 명목의 금품을 수수하였다는 검사들의 실명이 게재된 보도자료를 작성하여 자신의 인터넷 홈페이지에 게재하였다고 하여 통신비밀보호법 위반으로 기소된 사안에서, … 피고인이 위 녹음 자료를 취득하는 과정에 위법이 없었더라도 위 행위는 형법 제20조의 정당행위에 해당한다고 볼 수 없다).

재판권을 가지며, 그 밖의 범죄에 대하여는 대한민국이 1차적 재판권을 가진다(대한민국과 아메리카합중국 간의 상호방위조약 제4조에 의한 시설과 구역 및 대한민국에서의 합중국 군대의 지위에 관한 협정(Status of Forces Agreement) 제22조).

하지만 미합중국 군대의 군속 중 통상적으로 대한민국에 거주하고 있는 자는 위 협정이 적용되는 군속의 개념에서 배제되므로, 그에 대하여는 대한민국의 형사재판권 등에 관하여 위 협정에서 정한 조항이 적용될 여지가 없고[1], 한반도의 평시상태에서 미합중국 군 당국은 미합중국 군대의 군속에 대하여 형사재판권을 가지지 않으므로, 미합중국 군대의 군속이 범한 범죄에 대하여 대한민국의 형사재판권과 미합중국 군 당국의 형사재판권이 경합하는 문제는 발생할 여지가 없고, 미합중국 군대의 군속이 대한민국 영역 안에서 저지른 범죄로서 대한민국 법령에 의하여 처벌할 수 있는 범죄에 대한 형사재판권을 바로 행사할 수 있다.

Ⅲ. 시간적 적용범위

1. 원 칙

형사소송법은 그 시행 이후 발생한 사건에 대하여 적용하는 것이 원칙이다.

2. 예 외

형사소송법에 대하여 소급효금지의 원칙이 적용되는지 여부와 관련하여, 일반적으로 이를 부정하는 것이 다수의 견해[2]이다. 생각건대 공소시효가 이미 완성된 이후에 다시 소추할 수 있도록 법률로써 규정하는 것(진정소급입법)뿐만 아니라 공소시효가 진행 중인 경우에 소추기간을 연장하거나 폐지하는 등으로 소급하여 처벌하는 것(부진정소급입법)은 모두 형벌불소급의 원칙에 부합하지 아니한다.

---

1) 대법원 2006. 5. 11. 선고 2005도798 판결(미합중국 군대의 군속 중 통상적으로 대한민국에 거주하고 있는 자는 협정이 적용되는 군속의 개념에서 배제되므로, 그에 대하여는 대한민국의 형사재판권 등에 관하여 협정에서 정한 조항이 적용될 여지가 없다. 미합중국 국적을 가진 미합중국 군대의 군속인 피고인은 이 사건 교통사고 범행 당시 10년 넘게 대한민국에 머물면서 한국인 아내와 결혼하여 가정을 마련하고 직장생활을 하는 등 생활근거지를 대한민국에 두고 있었던 사실이 인정되므로, 피고인은 협정에서 말하는 통상적으로 대한민국에 거주하는 자에 해당한다고 볼 것인바, 결국 피고인에게는 협정에서 정한 미합중국 군대의 군속에 관한 형사재판권 관련 조항이 적용될 수 없다. 또한 한반도의 평시상태에서 미합중국 군 당국은 미합중국 군대의 군속에 대하여 형사재판권을 가지지 않으므로 미합중국 군대의 군속이 범한 범죄에 대하여 대한민국의 형사재판권과 미합중국 군 당국의 형사재판권이 경합하는 문제는 발생할 여지가 없고, 대한민국은 협정 제22조 제1항 (나)에 따라 미합중국 군대의 군속이 대한민국 영역 안에서 저지른 범죄로서 대한민국 법령에 의하여 처벌할 수 있는 범죄에 대한 형사재판권을 바로 행사할 수 있는 것이다).

2) 손동권/신이철, 12면; 송광섭, 18면; 신양균/조기영, 10면; 이은모/김정환, 10면; 이재상/조균석, 9면; 이창현, 10면; 임동규, 6면; 정웅석/최창호, 8면; 최호진, 5면.

제2장 형사소송법의 이념 및 구조

제1절 적법절차의 원칙

Ⅰ. 의 의

‘적법절차의 원칙’이란 공정한 법적 절차에 따라 국가의 형벌권이 실현되어야 한다는 원칙을 말한다. 헌법 제12조 제1항에 의하면 ‘모든 국민은 신체의 자유를 가진다. 누구든지 법률에 의하지 아니하고는 체포·구속·압수·수색 또는 심문을 받지 아니하며, 법률과 적법한 절차에 의하지 아니하고는 처벌·보안처분 또는 강제노역을 받지 아니한다.’라고 하여, 적법절차의 원칙을 천명하고 있다. 신체의 자유에 관한 헌법 제12조의 첫머리에 법률 이외에 ‘적법한 절차’를 규정한 취지는 법관이 인신의 구속에 관한 헌법과 법률의 규정들을 해석·적용함에 있어 국가형벌권보다 개인의 인권옹호에 우위를 두고 헌법과 법률을 해석·적용함으로써 개인의 인신구속에 신중을 기하여야 한다는 것이다.[1] 또한 진술거부권·영장주의·변호인의 조력을 받을 권리·무죄추정의 원칙 등도 같은 맥락에서 이해되고 있다.

적법절차의 원칙은 역사적으로 볼 때 1215년 영국의 Magna Charta(대헌장)[2] 제39조, 1335년의 에드워드 3세 제정법률, 1628년 권리청원 제4조를 거쳐 1791년 미국 수정헌법 제5조 제3문(‘누구든지 법의 적정절차(due process of law)에 의하지 아니하고는 생명·자유·재산을 침해받지 아니한다.’)을 통하여 연방정부의 의무로 수용하였고, 1868년 미국 수정헌법 제14조를 통하여 주정부에 대해서도 그 보장을 의무화하여 미국 헌법의 기본원리의 하나로 자리잡았다. 이후 모든 국가작용을 지배하는 일반원리로 해석·적용되는 중요한 원칙으로서, 오늘날에는 독일 등 대륙법계의 국가에서도 이에 상응하여 일반적인 법치국가원리 또는 기본권 제한에 관한 법률유보의 원리로 정립되게 되었다.

현행 헌법상 규정된 적법절차의 원칙을 어떻게 해석할 것인가에 대하여 표현의 차이는 있지만 대체적으로 적법절차의 원칙이 독자적인 헌법 원리의 하나로 수용되고 있으며, 이는 형식적인 절차뿐만 아니라 실체적 법률내용이 합리성과 정당성을 갖춘 것이어야 한다는 실질적 의미로 확대해석하고 있고[3], 나아가 형사소송절차와 관련시켜 적용함에 있어서는 형벌권의 실행

1) 대법원 2003. 11. 11.자 2003모402 결정.

2) 영국 귀족들이 국왕 존(John)의 잘못된 정치에 분노하여, 왕의 권한을 제한하고 국민의 자유와 권리를 보장하기 위해 왕에게 강요하여 받은 법률 문서를 말한다. 17세기에 이르러 국왕의 전제(專制)로부터 국민의 권리와 자유를 지키기 위한 전거로 받아들여, 권리청원(權利請願), 권리장전(權利章典) 등과 더불어 영국 입헌제의 기초가 되었다.

3) 이러한 의미에서 적법절차의 원칙에서 전제로 하고 있는 것은 ‘적정한 법률에 따른 절차’를 의미한다고 할 수

절차인 형사소송의 전반을 규율하는 기본원리로 이해된다.[1] 더구나 형사소송절차에 있어서 신체의 자유를 제한하는 법률과 관련시켜 적용함에 있어서는 법률에 따른 형벌권의 행사라고 할지라도 신체의 자유의 본질적인 내용을 침해하지 않아야 할 뿐만 아니라 비례의 원칙이나 과잉입법금지의 원칙에 반하지 아니하는 한도 내에서만 그 적정성과 합헌성이 인정될 수 있음을 특히 강조하고 있는 것으로 해석하여야 한다.

Ⅱ. 구체적인 내용

1. 공정한 재판의 원칙

'공정한 재판의 원칙'이란 형사절차가 헌법과 법률에 의하여 정의와 공평의 이념을 실현해야 한다는 것을 말한다. 공정한 재판을 위해서는 공평한 법원의 구성·피고인의 방어권 보장·실질적 당사자주의의 실현 등이 요구된다. 먼저 공정한 재판은 공평한 법원의 구성을 그 전제로 하고 있다. 이를 위해서 법관에 대한 제척·기피·회피 등의 제도(제17조 내지 제24조)를 두고 있고, 법관의 예단을 배제하여 백지상태에서 심판에 임하도록 하기 위하여 공소장일본주의를 두고 있으며(규칙 제118조 제2항), 법관이 외부적인 압력으로부터 자유로울 수 있도록 그 신분과 임기가 엄격하게 보장되어 있다.

다음으로 피고인의 방어권 보장을 위해서, 소송서류 및 증거물에 대한 열람·복사권(제35조), 압수·수색 등에의 참여권(제121조, 제219조), 증거보전청구권(제184조), 공소장부본을 송달받을 권리(제266조), 증거개시청구권(제266조의3), 제1회 공판기일의 유예기간(제269조), 공판기일출석권(제276조), 피고인의 진술권(제286조), 진술거부권(제283조의2), 증거신청권(제294조) 등을 인정하고 있다.

마지막으로 실질적 당사자주의의 실현을 위해서 무기평등의 원칙이 요구되는데, 피고인에게 변호인의 조력을 받을 권리를 인정하고 있을 뿐만 아니라 국선변호인제도를 두고 있다. 또한 검사에게는 객관의무를 부과하고 있다.

2. 비례성의 원칙

'비례성의 원칙'이란 국가형벌권의 실현을 위한 강제처분은 구체적인 사건의 중대성과 의미에 비추어 적합한 것이어야 하고, 다른 수단에 의해서는 그 목적을 달성할 수 없을 뿐만 아니

있다. 그러므로 굳이 적정절차의 원칙이라고 표현하지 않고 적법절차의 원칙이라고 하더라도 그 의미의 전달에 있어서는 별 다른 차이가 없는 것이다.

1) 이에 대하여 법의 적정절차의 원리는 현행 헌법의 직접적인 요청이고, 처벌위주의 실체적 진실주의는 법의 적정절차의 보장이라는 기본적 이념 아래에서 추구되는 하위목적이므로, 적정절차는 형사소송법에 있어서 최고의 상위이념이고, 실체적 진실주의는 그 이념의 제약 아래에서 작용하는 제2차적·잠재적 목적으로 후퇴되었다는 견해로는 송광섭, 20면.

라 이에 의한 침해가 사건의 의미와 범죄혐의의 정도에 비추어 상당해야 한다는 것을 말한다. 제199조 제1항에서 '수사에 관하여는 그 목적을 달성하기 위하여 필요한 조사를 할 수 있다. 다만 강제처분은 이 법률에 특별한 규정이 있는 경우에 한하며, 필요한 최소한도의 범위 안에서만 하여야 한다.'라고 하여, 임의수사와 강제수사에 있어서 비례성의 원칙을 명문으로 규정하고 있다.

3. 형사사법기관의 후견의무

형사사법기관은 형사절차에 참여한 피의자·피고인·증인 등에 대하여 자신들의 권리를 알고 행사할 수 있도록 도와주어야 할 의무가 있는데, 이를 '후견의무'(後見義務)라고 한다. 예를 들면 신체구속시의 범죄사실의 요지와 신체구속의 이유 및 변호인을 선임할 수 있다는 사실의 고지(제72조, 제200조의5, 제209조), 진술거부권의 고지(제283조의2), 증언거부권의 고지(제160조), 상소에 대한 고지(제324조), 증거조사결과에 대한 의견과 증거조사신청에 대한 고지(제293조), 퇴정한 피고인에 대한 증인·감정인 또는 공동피고인의 진술요지의 고지(제297조 제2항) 등이 이에 해당한다.

4. 재판의 공개

심리의 공개는 피고인의 권리가 침해되지 않고 법원이 절차를 공평하게 진행하고 있다는 것을 일반 대중이 감시하게 한다는 의미에서 공정한 재판을 보장하는 방안 중의 하나이다. 하지만 법원은 범죄로 인한 피해자를 증인으로 신문하는 경우 당해 피해자·법정대리인 또는 검사의 신청에 따라 피해자의 사생활의 비밀이나 신변보호를 위하여 필요하다고 인정하는 때에는 결정으로 심리를 공개하지 아니할 수 있다(제294조의3 제1항). 이러한 결정은 이유를 붙여 고지하며(제294조의3 제2항), 법원은 동 결정을 한 경우에도 적당하다고 인정되는 자의 재정을 허가할 수 있다(제294조의3 제3항). 이와 같이 피해자가 증인으로 신문받는 경우에 한해서 신청이 있을 때에만 재판의 비공개를 할 수 있기 때문에, 피해자나 증인이 재판 비공개신청을 하기 곤란한 경우, 다른 증인이 나와서 피해자의 사생활이나 신변을 언급하는 경우, 피해자가 아닌 증인이 그 자신에 관한 사생활 또는 신변에 관한 신문을 받을 경우 등에 있어서는 심리가 공개될 수밖에 없다.

한편 성폭력범죄에 대한 심리는 그 피해자의 사생활을 보호하기 위하여 결정으로써 공개하지 아니할 수 있고, 증인으로 소환받은 성폭력범죄의 피해자와 그 가족은 사생활보호 등의 사유로 증인신문의 비공개를 신청할 수 있다(성폭력특례법 제31조 제1항 및 동조 제2항). 즉 성폭력범죄에 대한 심리는 그것이 피해자에 대한 증인신문이 아니더라도 그 피해자의 사생활을 보호하기 위하여 결정으로 이를 공개하지 않을 수 있다.

5. 궐석재판의 원칙적 금지

검사와 피고인이 실질적으로 대등하기 위해서는 쌍방의 출석이 필요하고, 그 결과 쌍방은 증거를 수집하고 반대당사자가 소환한 증인에 대한 반대신문을 할 수 있기 때문에 궐석재판은 원칙적으로 금지된다. 이와 같이 원칙적으로 피고인이 출석하지 않으면 제1회 기일에는 개정하지 못하지만(제276조), ① 다액 500만원 이하의 벌금 또는 과료에 해당하는 사건, 공소기각 또는 면소의 재판을 할 것이 명백한 사건, 장기 3년 이하의 징역 또는 금고·다액 500만원을 초과하는 벌금 또는 구류에 해당하는 사건에서 피고인의 불출석허가신청이 있고 법원이 피고인의 불출석이 그의 권리를 보호함에 지장이 없다고 인정하여 이를 허가한 사건의 경우(제277조), ② 피고인이 법인인 사건에 있어서 법인의 대표자가 출석하지 아니하고 대리인도 출석하지 아니한 경우(제27조 제1항, 제276조 단서), ③ 피고인이 출석하지 아니하면 개정하지 못하는 경우에 구속된 피고인이 정당한 사유 없이 출석을 거부하고, 교도관에 의한 인치가 불가능하거나 현저히 곤란하다고 인정되는 경우(제277조의2 제1항), ④ 피고인이 항소심의 공판기일에 정당한 사유 없이 다시 정한 기일에 출정하지 아니한 경우(제365조), ⑤ 일단 피고인이 입정하여 개정한 후 재판장의 허가 없이 퇴정하거나 퇴정명령을 받은 경우(제330조)[1], ⑥ 사형·무기 또는 장기 10년이 넘은 징역이나 금고에 해당하는 사건이 아닌 제1심 공판절차에서 피고인에 대한 송달불능보고서가 접수된 때로부터 6개월이 경과하도록 소재조사촉탁, 구인장의 발부, 검사의 주소보정 등 필요한 조치에도 불구하고 피고인이 소재를 확인할 수 없어 공시송달에 의한 2회의 소환을 받고도 피고인이 출석하지 아니한 경우(소송촉진특례법 제23조), ⑦ 약식명령에 대하여 정식재판을 청구한 피고인이 정식재판절차의 공판기일에 2회 출석하지 아니한 경우(제458조 제2항, 제365조) 등에 있어서는 피고인의 출석 없이 공판절차를 진행할 수 있다.

Ⅲ. 한 계

적법절차의 원칙은 일반적으로 형사소송법의 또 다른 이념인 실체적 진실주의와 상호 충돌을 하게 된다. 왜냐하면 실체적인 진실을 발견하기 위해서는 부득이하게 피의자·피고인의 기본적인 인권을 침해하게 되는 반면에 이들의 인권을 강조하게 된다면 실체적 진실발견에 방해가 될 수도 있기 때문이다.[2] 이러한 경우에 있어서 어떠한 가치를 우선시할 것인지가 항상

1) 대법원 1991. 6. 28. 선고 91도865 판결(필요적 변호사건이라 하여도 피고인이 재판거부의 의사를 표시하고 재판장의 허가 없이 퇴정하고 변호인마저 이에 동조하여 퇴정해 버린 것은 모두 피고인측의 방어권의 남용 내지 변호권의 포기로 볼 수밖에 없는 것이므로 수소법원으로서는 제330조에 의하여 피고인이나 변호인의 재정 없이도 심리판결 할 수 있다); 대법원 1990. 6. 8. 선고 90도646 판결.

2) 이에 대하여 형사소송에서 이른바 실체적 진실은 발견되는 것이 아니라 절차적 과정에 의해 구성되는 것으로 파악되어야 하기 때문에 실체적 진실이 아니라 절차적 진실이 문제되어야 한다는 견해로는 정승환, 21면.

논란이 되는데, 상호 모순되면서 반비례관계에 있는 두 원리를 적절히 조화시키는 것이 형사소송법 전반에 걸친 쟁점들을 해석함에 있어서 관건이 된다.

제2절 실체적 진실주의

Ⅰ. 의 의

1. 개 념

'실체적 진실주의'란 법원이 소송의 실체에 관하여 객관적 진실을 발견하여 사안의 진상을 명백히 할 것을 요구하는 원칙을 말한다. 형사소송에서는 형식적 진실에 만족하지 않고, 당사자의 주장이나 입증에 구속됨이 없이 실체적 진실을 규명할 것이 요구된다.

2. 형식적 진실주의와의 구별

형사소송의 경우에는 실체적 진실주의가 지배하지만, 민사소송의 경우에는 형식적 진실주의가 지배한다. '형식적 진실주의'란 법원이 당사자의 사실상의 주장이나 제출한 증거에 구속되어 이를 기초로 하여 사실관계를 확정하고 법적인 판단을 내릴 것을 요구하는 원칙을 말한다. 사인 간의 분쟁해결을 목적으로 하는 민사소송에서는 당사자처분권주의에 따라 법원이 당사자의 소송활동을 기초로 사실관계를 확정하고 법적 판단을 하게 되는 것이다.

예를 들면 민사소송에서는 피고가 소장을 송달받은 날로부터 30일 이내에 답변서를 제출하지 아니한 때에는 청구의 원인이 된 사실을 자백한 것으로 보고 변론 없이 판결할 수 있고(민사소송법 제257조 제1항), 원고 또는 피고가 변론기일에 출석하지 아니하거나 출석하고서도 본안에 관하여 변론하지 아니한 때에는 그가 제출한 소장·답변서, 그 밖의 준비서면에 적혀 있는 사항을 진술한 것으로 보고 출석한 상대방에게 변론을 명할 수 있지만(민사소송법 제148조 제1항), 형사소송에서는 피고인이 공소사실을 다투지 않더라도 자백한 것으로 볼 수 없으며, 피고인이 불출석하더라도 의견서 내용대로 진술한 것으로 취급되지 아니한다.

Ⅱ. 구체적인 내용

1. 적극적 진실주의와 소극적 진실주의

'적극적 진실주의'란 범죄사실을 밝혀서 죄가 있는 자를 빠뜨림 없이 처벌하라는 형사소송의 적극적인 측면을 말하고, '소극적 진실주의'란 죄가 없는 자를 유죄로 하는 일이 없도록 하라는 형사소송의 소극적인 측면을 말한다. 양자 중 소극적 진실주의가 우위에 있다고 할 수 있는

데, '열 사람의 범인을 놓치는 한이 있더라도 한 사람의 죄 없는 사람을 벌하여서는 안 된다.'라는 법언이 이를 잘 설명해 주고 있다. 무죄추정의 원칙(제275조의2), 위법수집증거배제법칙(제308조의2), 자백배제법칙(제309조), 자백보강법칙(제310조), 전문법칙(제310조의2) 등은 모두 실체적 진실주의의 소극적인 측면을 강조하고 있는 원칙에 해당한다.

2. 소송구조와 실체적 진실주의

실체적 진실주의는 형사소송의 목적이기 때문에 직권주의적 소송구조와 당사자주의적 소송구조에 있어서 공통적인 이념으로 하고 있다. 다만 직권주의에서는 당사자의 주장이나 입증에 구속되지 않고 법원 스스로 사실심리와 증거조사를 하는데 반하여, 당사자주의에서는 당사자의 적극적인 소송활동을 기초로 법원이 제3자적 지위에서 판단을 행하는 방법론적인 차이가 있을 뿐이다.[1)]

Ⅲ. 한 계

1. 적법절차의 원칙에 의한 제한

실체적 진실의 발견은 적법한 절차를 통해서만 이루어져야 하며, 위법한 절차를 통해서는 이를 허용해서는 안 된다.

2. 신속한 재판의 원칙에 의한 제한

형사절차는 신속하게 이루어져야 하기 때문에 실체적 진실의 발견도 어느 정도 신속성이라는 가치 아래에서만 이루어져야 한다. 특히 상소제도를 두고 있으면서도 그 횟수와 요건을 엄격히 제한하고 있는 것은 무제한의 실체적 진실추구를 제약하는 것이다.

3. 사실상의 제한

법관도 인간으로서의 능력과 한계를 지니고 있기 때문에 객관적 진실을 발견하는데 있어서 일정한 제약이 따르기 마련이다.[2)] 그러므로 실체적 진실은 절대적이고 객관적인 진실의 규명이 불가능한데, 유죄판결의 기초가 되는 사실의 인정은 합리적인 의심이 없는 고도의 개연성(beyond reasonable of doubt)으로 만족할 수밖에 없다. 즉 범죄사실의 인정은 합리적인 의심이 없는

---

1) 이에 대하여 영미의 당사자주의는 원래 실체진실의 발견보다는 피고인에게 검사와 동일한 지위를 부여하여 개인의 존엄과 이에 근거한 권리를 보장하기 위한 제도라는 점에 참된 가치가 있고, 당사자 사이의 타협에 의하여 실체진실의 발견을 무의미하게 할 위험을 내포하고 있을 뿐만 아니라 당사자주의가 실체진실주의와 조화되기 위해서는 피고인과 검사 사이의 무기평등의 원칙이 전제되어야 하는데 실제에 있어서는 이러한 현실적 여건이 결여되어 있으므로 실체진실주의와 일치할 수 없다는 견해로는 이재상/조균석, 24면.

2) 이에 대하여 인간능력의 한계는 근본적인 한계이므로 실체적 진실주의의 제약이라고 정의할 필요는 없으며, 단지 국가공권력이 자신의 불완전함을 인식하고 겸손해야 한다는 점을 강조하는 견해로는 김인회, 15면.

정도의 증명에 이르러야 한다(제307조 제2항).

4. 이익의 비교형량에 의한 제한

실체적 진실의 발견이라는 형사소송의 목적은 다른 이익에 의하여 제한될 수가 있다. 예를 들면 군사상 비밀을 요하는 장소는 그 책임자의 승낙 없이는 압수 또는 수색할 수 없고(제110조 제1항), 공무원 또는 공무원이었던 자가 소지 또는 보관하는 물건에 관하여는 본인 또는 그 해당 공무소가 직무상의 비밀에 관한 것임을 신고한 때에는 그 소속공무소 또는 당해 감독관공서의 승낙 없이는 압수하지 못한다(제111조 제1항). 변호사·변리사·공증인·공인회계사·세무사·대서업자·의사·한의사·치과의사·약사·약종상·조산사·간호사·종교의 직에 있는 자 또는 이러한 직에 있던 자가 그 업무상 위탁을 받아 소지 또는 보관하는 물건으로 타인의 비밀에 관한 것은 압수를 거부할 수 있다(제112조 제1항). 또한 공무원 또는 공무원이었던 자가 그 직무에 관하여 알게 된 사실에 관하여 본인 또는 당해 공무소가 직무상 비밀에 속한 사항임을 신고한 때에는 그 소속공무소 또는 감독관공서의 승낙 없이는 증인으로 신문하지 못하고(제147조 제1항), 누구든지 자기나 친족 또는 친족관계가 있었던 자·법정대리인·후견감독인에 해당한 관계있는 자가 형사소추 또는 공소제기를 당하거나 유죄판결을 받을 사실이 발로될 염려 있는 증언을 거부할 수 있으며(제148조), 변호사·변리사·공증인·공인회계사·세무사·대서업자·의사·한의사·치과의사·약사·약종상·조산사·간호사·종교의 직에 있는 자 또는 이러한 직에 있던 자가 그 업무상 위탁을 받은 관계로 알게 된 사실로서 타인의 비밀에 관한 것은 증언을 거부할 수 있다(제149조).

특히 국민의 인간으로서의 존엄과 가치를 보장하는 것은 국가기관의 기본적인 의무에 속하는 것이고 이는 형사절차에서도 당연히 구현되어야 하는 것이지만, 국민의 사생활 영역에 관계된 모든 증거의 제출이 곧바로 금지되는 것으로 볼 수는 없으므로, 법원으로서는 효과적인 형사소추 및 형사소송에서의 진실발견이라는 공익과 개인의 인격적 이익 등의 보호이익을 비교 형량하여 그 허용 여부를 결정하여야 한다.[1] 이때 법원이 그 비교형량을 함에 있어서는 증거수집 절차와 관련된 모든 사정, 즉 사생활 내지 인격적 이익을 보호하여야 할 필요성 여부 및 정도, 증거수집 과정에서 사생활 기타 인격적 이익을 침해하게 된 경위와 침해의 내용 및 정도, 형사소추의 대상이 되는 범죄의 경중 및 성격, 피고인의 증거동의 여부 등을 전체적·종합적으로 고려하여야 하고, 단지 형사소추에 필요한 증거라는 사정만을 들어 곧바로 형사소송에서 진실발견이라는 공익이 개인의 인격적 이익 등 보호이익보다 우월한 것으로 섣불리 단정하여서

1) 대법원 2010. 9. 9. 선고 2008도3990 판결(피고인 甲, 乙의 간통 범행을 고소한 甲의 남편 丙이 甲의 주거에 침입하여 수집한 후 수사기관에 제출한 혈흔이 묻은 휴지들 및 침대시트를 목적물로 하여 이루어진 감정의뢰회보에 대하여, 丙이 甲의 주거에 침입한 시점은 甲이 그 주거에서의 실제상 거주를 종료한 이후이고, 위 회보는 피고인들에 대한 형사소추를 위하여 반드시 필요한 증거이므로 공익의 실현을 위해서 증거로 제출하는 것이 허용되어야 하고, 이로 말미암아 甲의 주거의 자유나 사생활의 비밀이 일정 정도 침해되는 결과를 초래하더라도 이는 甲이 수인하여야 할 기본권의 제한에 해당된다는 이유로, 위 회보의 증거능력을 인정한 원심판단을 수긍한 사례).

는 안 된다.[1)]

제 3 절 신속한 재판의 원칙

Ⅰ. 의 의

헌법 제27조 제3항 전단에 의하면 '모든 국민은 신속한 재판을 받을 권리를 가진다.'라고 하여 신속한 재판의 원칙을 선언하고 있다. '사법은 신선할수록 향기가 높다.', '재판의 지연은 재판의 거부와도 같다.' 등의 법언은 이를 잘 표현해 주고 있다.

신속한 재판의 원칙은 주로 피고인의 이익을 보호하기 위하여 인정되는 원칙이지만, 실체적 진실의 발견·소송경제·재판에 대한 국민의 신뢰확보·형벌목적의 달성 등과 같은 목적도 동시에 실현하고 있다. 하지만 졸속재판은 신속한 재판의 원칙에 반하므로 허용되어서는 안 된다.

Ⅱ. 구체적인 내용

1. 수사와 공소제기의 신속을 위한 제도

피의자의 구속기간 제한(제202조, 제203조), 기소편의주의(제247조 제1항), 공소취소제도(제255조), 공소시효제도(제249조) 등을 들 수 있다.

---

1) 대법원 2013. 11. 28. 선고 2010도12244 판결(○○시 △△동장 직무대리의 지위에 있던 피고인이 ○○시장 공소외 1에게 ○○시청 전자문서시스템을 통하여 △△1통장인 공소외 2 등에게 ○○시장 공소외 1을 도와 달라고 부탁하였다는 등의 내용을 담고 있는 이 사건 전자우편을 보낸 사실, 그런데 ○○시청 소속 공무원인 제3자가 권한 없이 전자우편에 대한 비밀 보호조치를 해제하는 방법을 통하여 이 사건 전자우편을 수집한 사실을 알 수 있다. 제3자가 위와 같은 방법으로 이 사건 전자우편을 수집한 행위는 정보통신망 이용촉진 및 정보보호 등에 관한 법률 제71조 제11호, 제49조 소정의 '정보통신망에 의하여 처리·보관 또는 전송되는 타인의 비밀을 침해 또는 누설하는 행위'로서 형사처벌되는 범죄행위에 해당할 수 있을 뿐만 아니라 이 사건 전자우편을 발송한 피고인의 사생활의 비밀 내지 통신의 자유 등의 기본권을 침해하는 행위에 해당한다는 점에서 일응 그 증거능력을 부인하여야 할 측면도 있어 보인다. 그러나 이 사건 전자우편은 ○○시청의 업무상 필요에 의하여 설치된 전자관리시스템에 의하여 전송·보관되는 것으로서 그 공공적 성격을 완전히 배제할 수는 없다고 할 것이다. 또한 이 사건 형사소추의 대상이 된 행위는 구 공직선거법 제255조 제3항, 제85조 제1항에 의하여 처벌되는 공무원의 지위를 이용한 선거운동행위로서 공무원의 정치적 중립의무를 정면으로 위반하고 이른바 관권선거를 조장할 우려가 있는 중대한 범죄에 해당한다. 여기에 피고인이 제1심에서 이 사건 전자우편을 이 사건 공소사실에 대한 증거로 함에 동의한 점 등을 종합하면, 이 사건 전자우편을 이 사건 공소사실에 대한 증거로 제출하는 것은 허용되어야 할 것이고, 이로 말미암아 피고인의 사생활의 비밀이나 통신의 자유가 일정 정도 침해되는 결과를 초래한다고 하더라도 이는 피고인이 수인하여야 할 기본권의 제한에 해당한다. 따라서 원심이 이 사건 전자우편과 그 내용에 터 잡아 수사기관이 참고인으로 소환하여 작성한 공소외 2, 3, 4에 대한 각 진술조서들의 증거능력을 인정한 조치는 정당하다).

2. 공판절차의 신속을 위한 제도

공판준비절차(제266조의5 이하)[1], 법원의 심판범위를 공소장에 기재된 공소사실로 제한하는 심판범위의 한정(불고불리(不告不理)의 원칙)[2], 집중심리주의(제267조의2, 특정강력범죄특례법 제10조), 재판장의 소송지휘권(제279조), 피고인의 구속기간 제한(제92조), 증거동의(제318조), 판결선고기간의 제한(제318조의4, 소송촉진특례법 제21조)[3], 소송지연목적 기피신청의 기각(제20조 제1항), 대표변호인 제도(제32조의2), 궐석재판제도(제277조의2, 제365조, 제458조 제2항) 등을 들 수 있다.

3. 상소심재판의 신속을 위한 제도

상소제기기간의 제한(제358조, 제374조), 상소기록송부기간의 제한(제361조, 제377조), 상소이유서제출기간의 제한(제361조의3, 제379조) 등을 들 수 있다. 또한 상고심을 순수한 사후심으로 하고, 항소심은 속심적 성질을 유지하면서 사후심적 요소를 가미한 것도 신속한 재판에 기여하고 있다.

4. 신속한 재판을 위한 특수절차

① 피고인이 공판정에서 공소사실에 대하여 자백한 때에는 법원은 그 공소사실에 한하여 간이공판절차에 의하여 심판할 것을 결정할 수 있다(제286조의2; 간이공판절차). ② 지방법원은 그 관할에 속한 사건에 대하여 검사의 청구가 있는 때에는 공판절차 없이 약식명령으로 피고인을 벌금·과료 또는 몰수에 처할 수 있다(제448조 내지 제458조; 약식절차). ③ 범증이 명백하고 죄질이 경미한 범죄사건을 신속·적정한 절차로 심판하기 위하여 즉결심판에 관한 절차를 두고 있는데, 지방법원, 지원 또는 시·군법원의 판사는 즉결심판절차에 의하여 피고인에게 20만원 이하

1) 이에 대하여 공판준비절차는 공판기일의 충실한 진행에는 도움을 주고 있지만, 전체적으로 재판이 지연되는 경우가 많아서 오히려 해당 피고인이 이를 원하지 않고 있는 형편이기에 신속한 재판에 기여하는 제도라고 보기 어렵다는 견해로는 이창현, 24면.

2) 대법원 2015. 4. 23. 선고 2015도686 판결(검사가 자동차 운전자인 피고인을 업무상과실치상에 의한 교통사고처리 특례법 위반, 무면허운전 및 업무상과실 재물손괴에 의한 도로교통법 위반, 의무보험 미가입에 의한 자동차손해배상 보장법 위반의 공소사실로 기소하였다가, 제1심 공판기일에서 무면허운전 부분의 공소를 취소하여, 제1심이 이에 대해 공소기각 결정을 한 사안에서, 무면허운전 부분은 심판의 대상에 해당하지 않음에도, 이 부분에 대한 형과 나머지 공소사실에 대한 형 사이에 경합범가중을 하여 피고인에 대한 형을 정한 원심판결에 불고불리의 원칙을 위반한 위법이 있다); 대법원 2011. 2. 24. 선고 2010도7404 판결(법정형에 징역형과 벌금형을 병과할 수 있도록 규정되어 있는 경우 법원은 공소장에 기재된 적용법조의 유무나 검사의 구형 여부와 관계없이 그 심리·확정한 사실에 대하여 재량으로 벌금형의 병과 여부를 정할 수 있으므로, 병과규정을 적용하여 벌금형을 병과한 것이 불고불리의 원칙에 위배된다고 할 수 없다); 대법원 2007. 5. 10. 선고 2007도2372 판결(상상적 경합의 관계에 있는 두 죄 중 어느 한 죄로만 공소가 제기된 경우에 법원이 공소장변경절차를 거치지 아니하고 다른 죄로 바꾸어 인정하거나 다른 죄를 추가로 인정하는 것은 불고불리의 원칙에 위배된다).

3) 이에 대하여 사건의 성질과 심리의 난이를 고려하지 않고 판결선고기간을 결정한다는 것은 졸속재판을 초래할 위험이 있으므로 입법론상 타당하다고 할 수 없으며, 이러한 기간도 훈시기간에 지나지 않다는 견해로는 이재상/조균석, 35면.

의 벌금, 구류 또는 과료에 처할 수 있다(즉결심판절차법 제2조 이하; 즉결심판절차).

한편 소송의 지연을 방지하고, 국민의 권리·의무의 신속한 실현과 분쟁처리의 촉진을 도모함을 목적으로 소송촉진특례법을 두고 있는데, 판결의 선고는 제1심에서는 공소가 제기된 날부터 6개월 이내에, 항소심 및 상고심에서는 기록을 송부받은 날부터 4개월 이내에 하여야 하며(소송촉진특례법 제21조), 약식명령은 제450조의 경우를 제외하고는 그 청구가 있은 날부터 14일 이내에 하여야 한다(소송촉진특례법 제22조). 또한 제1심 공판절차에서 피고인에 대한 송달불능보고서가 접수된 때부터 6개월이 지나도록 피고인의 소재를 확인할 수 없는 경우에는 대법원규칙으로 정하는 바에 따라 피고인의 진술 없이 재판할 수 있다. 다만 사형·무기 또는 장기 10년이 넘는 징역이나 금고에 해당하는 사건의 경우에는 그러하지 아니하다(소송촉진특례법 제23조).

Ⅲ. 한 계

1. 신속성 판단의 기준 미비

어느 정도의 재판의 지연이 신속한 재판의 원칙을 침해하는지 여부에 대한 명확한 기준을 제시하기는 사실상 불가능하다. 또한 형사소송법은 신속한 재판의 원칙에 위반한 경우를 구제하기 위한 별도의 규정을 두고 있지 않다.[1] 예를 들면 구속사건에 대해서는 법원이 구속기간 내에 재판을 하면 되는 것이고, 구속만기 25일을 앞두고 제1회 공판이 있었다고 하여 신속한 재판을 받을 권리를 침해한 것은 아니다.[2] 다만 공소가 제기된 범죄는 판결의 확정이 없이 공소를 제기한 때로부터 25년을 경과하면 공소시효가 완성한 것으로 간주하는 의제공소시효제도를 두고 있는데(제249조 제2항), 이 경우에는 면소판결의 사유가 된다. 그러므로 이에 이르지 아니한 경우에는 형식재판으로 소송을 종결시킬 수가 없고[3], 양형참작사유로 고려하는 것이 타당하다.[4]

---

1) 대법원 1972. 5. 23. 선고 72도840 판결(검사와 피고인이 제1심 판결에 대하여 항소제기를 하고 있는 이 사건에 있어서 제1심판결 선고형이 그대로 유지된다고 단정할 수 없을뿐만 아니라, 제1심이 통산한 미결 구금일수가 그대로 통산된다고 단정할 수도 없으니 제1심 선고형기를 경과한 후에 제2심 공판이 개정되었다고 하여 반드시 이를 위법이라고 할 수 없고, 또 신속한 재판을 받을 권리를 박탈한 것이라고 단정할 수도 없다). 하지만 현행법에 의하면 미결구금일수가 법정통산되므로 72도840의 사안은 신속한 재판을 받을 권리를 침해한 것으로 보아야 한다.

2) 대법원 1990. 6. 12. 선고 90도672 판결.

3) 신속한 재판의 원칙을 위반한 경우와 관련하여, 미국은 공소기각의 판결을 통하여(United States v. Strunk, 467 F.2nd 969, 1972), 일본은 면소판결을 통하여(日最判 1972. 12. 20. 刑集 29－10, 631), 독일은 양형참작사유를 통하여(BGHSt. 24, 239; BGHSt. 27, 274) 각각 해결하고 있다. 이에 대하여 입법론으로는 신속한 재판을 받을 권리가 특별히 중대하게 침해된 경우에는 형식재판을 할 수 있도록 하는 것이 바람직하다는 견해로는 신양균/조기영, 23면.

4) 同旨 손동권/신이철, 24면; 송광섭, 31면; 이은모/김정환, 24면; 이재상/조균석, 38면; 이창현, 25면; 정승환, 382면; 정웅석/최창호, 40면; 최호진, 14면.

2. 졸속재판의 우려

실무에 있어서 구속사건의 경우 가장 신경을 쓸 수밖에 없는 것이 구속기간이라고 할 수 있는데, 미결구금일수를 최소화해야 한다는 강박관념으로 인하여 구속사건의 공정하고 충실한 재판이 제대로 이루어지지 못할 가능성이 항상 상존하고 있다. 즉 구속기간에 얽매여서 증인신문 및 증거조사 등에 있어서 충실한 심리가 침해될 소지가 있는 것이다.

제 4 절 무죄추정의 원칙

Ⅰ. 의 의

헌법 제27조 제4항에 의하면 '형사피고인은 유죄의 판결이 확정될 때까지는 무죄로 추정된다.'라고 하여 무죄추정의 원칙을 선언하고 있다. 이에 따라 형사소송법도 제275조의2에서 '피고인은 유죄의 판결이 확정될 때까지는 무죄로 추정된다.'라고 규정하고 있다. 헌법과 형사소송법은 피고인에 대해서만 무죄의 추정을 규정하고 있지만, 피의자도 무죄로 추정된다고 보는 것이 일반적이다. 헌법재판소도 「공소가 제기된 형사피고인에게 무죄추정의 원칙이 적용되는 이상, 아직 공소제기조차 되지 아니한 형사피의자에게 무죄추정의 원칙이 적용되는 것은 너무도 당연한 일이며 이 무죄추정의 원칙은 언제나 불리한 처지에 놓여 인권이 유린되기 쉬운 피의자, 피고인의 지위를 옹호하여 형사절차에서 그들의 불이익을 필요한 최소한에 그치게 하자는 것으로서 인간의 존엄성 존중을 궁극의 목표로 하고 있는 헌법이념에서 나온 것이다. 이 무죄추정의 원칙으로 인하여 불구속수사, 불구속재판을 원칙으로 하고 예외적으로 피의자 또는 피고인이 도망할 우려가 있으나 증거를 인멸할 우려가 있는 때에 한하여 구속수사 또는 구속재판이 인정될 따름이다.」라고 판시[1]하여, 피의자에게도 당연히 무죄추정의 원칙이 적용된다고 보고 있다.[2]

이러한 무죄추정의 원칙은 증거법에 국한된 원칙이 아니라 수사절차에서 공판절차에 이르기까지 형사절차의 모든 과정을 지배하는 지도원리로서 인신의 구속 자체를 제한하는 원리로 작용한다. 유죄의 확정판결이 있을 때까지 국가의 수사권은 물론 공소권, 재판권, 행형권 등의 행사에 있어서 피의자 또는 피고인은 무죄로 추정되고 그 신체의 자유를 해하지 아니하여야 한다

1) 헌법재판소 1992. 1. 18. 선고 91헌마111 결정.

2) 김인회, 329면; 김정한, 84면; 손동권/신이철, 18면; 송광섭, 31면(하지만 피의자 중에는 유죄인이 많이 포함되어 있고, 공소가 제기되어 피고인이 되면 통계상 높은 유죄율이 나온다는 경험적 사리에서 보면 무죄추정보다도 유죄추정이 진실에 가깝다); 신동운, 37면; 신양균/조기영, 20면; 이은모/김정환, 87면; 이재상/조균석, 115면; 이주원, 37면; 이창현, 104면; 임동규, 13면; 정승환, 24면; 정웅석/최창호, 293면; 최호진, 41면.

는 무죄추정의 원칙은 인간의 존엄성을 기본권질서의 중심으로 보장하고 있는 헌법질서 내에서 형벌작용의 필연적인 기속원리가 될 수밖에 없다. 이러한 원칙이 제도적으로 표현된 것으로는 공판절차의 입증단계에서 거증책임을 검사에게 부담시키는 제도, 보석 및 체포·구속적부심사 등 인신구속의 제한을 위한 제도, 그리고 피의자 및 피고인에 대한 부당한 대우 금지 등이 있다.

1789년 프랑스 혁명 후 권리선언 제9조에서 '누구든지 범죄인으로 선고되기까지는 무죄로 추정된다.'고 규정하였고, 1948년 제정된 세계인권선언 제11조에서도 '범죄의 소추를 받은 자는 자기의 변호에 필요한 모든 것이 보장된 공개재판에서 법률에 따라 유죄의 입증이 있을 때까지는 무죄로 추정될 권리를 가진다.'고 규정하여 무죄추정의 원칙을 선언하고 있다.

Ⅱ. 구체적인 내용

1. '의심스러울 때에는 피고인의 이익으로' 원칙

피고인은 무죄로 추정되므로 유죄의 입증책임은 검사에게 있고, 피고인은 검사가 제출한 증거를 반박할 뿐 무죄를 입증할 필요가 없다. 만약 피고인의 유·무죄가 불분명한 경우에는 무죄를 선고해야만 하는데, 이를 '의심스러울 때에는 피고인의 이익으로(in dubio pro reo)' 원칙이라고 한다. 그러므로 법원이 피고인에 대하여 유죄판결을 하려면 증거에 의하여 합리적인 의심이 없을 정도로 범죄사실에 대한 심증을 형성하여야 하는데, 그렇지 못할 경우에는 피고인의 이익으로 판단하여 무죄판결을 해야 한다. 피고인의 변소가 불합리하여 거짓말 같다고 하여도 그것 때문에 피고인을 불리하게 할 수도 없다.[1] 이에 따라 형사재판에서 범죄사실의 인정은 법관으로 하여금 합리적인 의심을 할 여지가 없을 정도의 확신을 가지게 하는 증명력을 가진 엄격한 증거에 의하여야 하는 것이므로, 검사의 입증이 위와 같은 확신을 가지게 하는 정도에 충분히 이르지 못한 경우에는 비록 피고인의 주장이나 변명이 모순되거나 석연치 않은 면이 있는 등 유죄의 의심이 간다고 하더라도 피고인의 이익으로 판단하여야 한다.[2] 한편 법관은 반드시 직접증거로만 범죄사실에 대한 증명이 있는지를 판단하는 것은 아니고, 직접증거와 간접증거를 종합적으로 고찰하여 논리와 경험의 법칙에 따라 범죄사실에 대한 증명이 있는 것으로 판단할 수 있다.[3]

---

1) 대법원 2018. 6. 19. 선고 2015도3483 판결.

2) 대법원 2015. 5. 14. 선고 2015도119 판결; 대법원 2012. 10. 25. 선고 2012도1681 판결; 대법원 2012. 6. 28. 선고 2012도231 판결; 대법원 2012. 1. 27. 선고 2011도14247 판결; 대법원 2011. 12. 22. 선고 2011도12041 판결; 대법원 2011. 10. 27. 선고 2011도9884 판결; 대법원 2011. 4. 28. 선고 2010도14487 판결.

3) 대법원 2017. 1. 25. 선고 2016도15526 판결(피고인이 '1997. 4. 3. 21:50경 서울 용산구 이태원동에 있는 햄버거 가게 화장실에서 피해자 甲을 칼로 찔러 乙과 공모하여 甲을 살해하였다.'는 내용으로 기소된 사안에서, 甲은 피고인과 乙만 있던 화장실에서 칼에 찔려 사망하였고, 피고인과 乙은 서로 상대방이 甲을 칼로 찔렀고 자신은 우연히 그 장면을 목격하였을 뿐이라고 주장하나, 범행 현장에 남아 있던 혈흔 등에 비추어 乙의 주장에는 특별한 모순이 발견되지 않은 반면 피고인의 주장에는 쉽사리 해소하기 힘든 논리적 모순이 발생하는 점, 범행 이후의 정황에 나타난 여러 사정들 역시 피고인이 甲을 칼로 찌르는 것을 목격하였다는 乙의 진술의 신빙성을 뒷받침하

2. 강제처분의 제한

수사에 관하여는 그 목적을 달성하기 위하여 필요한 조사를 할 수 있지만, 강제처분은 형사소송법에 특별한 규정이 있는 경우에 한하며, 필요한 최소한도의 범위 안에서만 하여야 한다(제199조 제1항).[1] 이는 임의수사의 원칙과 강제수사법정주의를 규정한 것이다. 제199조 제1항은 강제수사의 법적 근거를 형사소송법에 국한시키고 있지만, 다른 법률로써도 그 근거를 규정해도 무방하다. 예를 들면 통신비밀보호법에서 통신제한조치를 구체적으로 규율하고 있는 것이 이에 해당한다.

3. 불이익한 처우의 금지

헌법상 무죄추정의 원칙에 따라, 유죄판결이 확정되기 전의 피고인은 아직 죄 있는 자가 아니므로 그들을 죄 있는 자에 준하여 취급함으로써 법률적·사실적 측면에서 유형·무형의 불이익을 주어서는 안 된다.[2] 이와 같이 피고인은 일반인과 마찬가지로 취급해야 하므로[3], 형사절차에서 이들에 대하여 유죄의 예단을 가지거나 진술을 강요할 수는 없다. 공판정에서는 원칙적으로 피고인의 신체를 구속하지 못한다(제280조 본문).[4] 공소장일본주의(규칙 제118조 제2항)는 예단금지의 원칙을 실현하는 제도이고, 진술거부권은 진술강요금지의 원칙을 실현하는 제도이

는 점 등 제반 사정을 종합하면, 피고인이 甲을 칼로 찔러 살해하였음이 합리적인 의심을 할 여지가 없을 정도로 충분히 증명되었다).

1) 대법원 2006. 7. 6. 선고 2005도6810 판결(제200조 제1항에 의하여 검사 또는 사법경찰관이 피의자에 대하여 임의적 출석을 요구할 수는 있겠으나, 그 경우에도 수사관이 단순히 출석을 요구함에 그치지 않고 일정 장소로의 동행을 요구하여 실행한다면 임의동행의 법리가 적용되어야 할 것이고, 한편 행정경찰 목적의 경찰활동으로 행하여지는 「경찰관 직무집행법」 제3조 제2항 소정의 질문을 위한 동행요구도 형사소송법의 규율을 받는 수사로 이어지는 경우에는 역시 임의동행의 법리가 적용되어야 할 것이다).

2) 헌법재판소 2011. 12. 29. 선고 2009헌마527 결정(형집행법 제45조는 종교행사 등에의 참석 대상을 '수용자'로 규정하고 있어 수형자와 미결수용자를 구분하고 있지도 아니하고, 무죄추정의 원칙이 적용되는 미결수용자들에 대한 기본권 제한은 징역형 등의 선고를 받아 그 형이 확정된 수형자의 경우보다는 더 완화되어야 할 것임에도, 피청구인이 수용자 중 미결수용자에 대하여만 일률적으로 종교행사 등에의 참석을 불허한 것은 미결수용자의 종교의 자유를 나머지 수용자의 종교의 자유보다 더욱 엄격하게 제한한 것이다); 헌법재판소 2010. 9. 2. 선고 2010헌마418 결정(이 사건 법률조항은 '금고 이상의 형이 선고되었다.'는 사실 자체에 주민의 신뢰가 훼손되고 자치단체장으로서 직무의 전념성이 해쳐질 것이라는 부정적 의미를 부여한 후, 그러한 판결이 선고되었다는 사실만을 유일한 요건으로 하여, 형이 확정될 때까지의 불확정한 기간 동안 자치단체장으로서의 직무를 정지시키는 불이익을 가하고 있으며, 그와 같이 불이익을 가함에 있어 필요최소한에 그치도록 엄격한 요건을 설정하지도 않았으므로, 무죄추정의 원칙에 위배된다).

3) 헌법재판소 1999. 5. 27. 선고 97헌마137 결정(수사 및 재판단계에서 유죄가 확정되지 아니한 미결수용자에게 재소자용 의류를 입게 하는 것은 미결수용자로 하여금 모욕감이나 수치심을 느끼게 하고, 심리적인 위축으로 방어권을 제대로 행사할 수 없게 하여 실체적 진실의 발견을 저해할 우려가 있으므로, 도주 방지 등 어떠한 이유를 내세우더라도 그 제한은 정당화될 수 없어 헌법 제37조 제2항의 기본권 제한에서의 비례원칙에 위반되는 것으로서, 무죄추정의 원칙에 반하고 인간으로서의 존엄과 가치에서 유래하는 인격권과 행복추구권, 공정한 재판을 받을 권리를 침해하는 것이다).

4) 다만 재판장은 피고인이 폭력을 행사하거나 도망할 염려가 있다고 인정하는 때에는 피고인의 신체의 구속을 명하거나 기타 필요한 조치를 할 수 있다(제280조 단서).

다. 모든 국민은 고문을 받지 아니하며(헌법 제12조 제2항), 피고인을 신문함에 있어서 그 진술을 강요하거나 답변을 유도하거나 위압적·모욕적 신문을 하여서는 아니 된다(규칙 제140조의2). 한편 공소가 제기되었다는 사실 그 자체만으로 공무원에 대한 징계처분을 하는 것도 무죄추정의 원칙에 위배된다.[1] 하지만 공무원에게 징계사유가 인정되는 이상 관련된 형사사건이 아직 유죄로 확정되지 아니하였거나 수사기관에서 이를 수사 중에 있다고 하여도 징계처분은 할 수 있다.[2]

4. 불구속수사의 원칙

무죄추정의 원칙으로 인하여 수사와 재판은 원칙적으로 불구속상태에서 이루어져야 한다. 그러므로 구속은 구속 이외의 방법에 의하여서는 범죄에 대한 효과적인 투쟁이 불가능하여 형사소송의 목적을 달성할 수 없다고 인정되는 예외적인 경우에 한하여 최후의 수단으로만 사용되어야 하며, 구속수사 또는 구속재판이 허용될 경우라도 그 구속기간은 가능한 한 최소한에 그쳐야 한다. 이처럼 신체의 자유를 규정한 헌법 제12조와 무죄추정의 원칙을 규정한 헌법 제27조 제4항의 정신에 비추어 당연하게 해석되어 온 일반원칙은 2007. 6. 1. 개정 형사소송법 제198조 제1항에서 '피의자에 대한 수사는 불구속 상태에서 함을 원칙으로 한다.'라고 하여 불구속수사의 원칙을 천명함으로써 입법화되었다. 또한 구속된 자라고 할지라도 구속기간은 최소화되어야 하므로 체포·구속적부심사제도와 보석제도 등이 운용되고 있다.

Ⅲ. 한 계

1. 시간적 한계

피고인이 무죄로 추정되는 시간적인 한계는 유죄판결이 확정될 때까지이다. 여기서의 유죄판결은 형선고의 판결뿐만 아니라 형의 면제와 선고유예의 판결을 모두 포함한다. 하지만 면소판결·공소기각의 재판·관할위반의 판결 등과 같은 형식재판이 확정된 경우에는 무죄의 추정이 깨어지지 아니한다.

한편 재심을 청구하려는 자에게는 무죄추정의 원칙이 적용되지 않지만[3], 일단 재심이 개시된 자에 대해서는 무죄추정의 원칙이 적용되어야 할 것이다. 판례도 「제34조는 '변호인 또는 변호인이 되려는 자는 신체구속을 당한 피고인 또는 피의자와 접견하고 서류 또는 물건을 수수할 수 있으며 의사로 하여금 진료하게 할 수 있다.'라고 규정하고 있는바, 이 규정은 형이 확정되어 집행 중에 있는 수형자에 대한 재심개시의 여부를 결정하는 재심청구절차에는 그대로 적

---

1) 헌법재판소 1994. 7. 29. 선고 93헌가3 결정.

2) 대법원 1984. 9. 11. 선고 84누110 판결.

3) 이에 대하여 재심청구인에게도 무죄추정의 원칙이 적용된다는 견해로는 정승환, 25면.

용될 수 없다.」라고 판시[1]하여, 재심개시결정의 전 단계에 있는 수형자에 대해서는 무죄추정의 원칙의 적용을 부정하고 있다.

2. 특정강력범죄사건의 피의자 신상정보 공개제도의 문제점

(1) 내 용

검사와 사법경찰관은 ① 범행수단이 잔인하고 중대한 피해가 발생한 특정강력범죄사건일 것, ② 피의자가 그 죄를 범하였다고 믿을 만한 충분한 증거가 있을 것, ③ 국민의 알권리 보장, 피의자의 재범방지 및 범죄예방 등 오로지 공공의 이익을 위하여 필요할 것, ④ 피의자가 「청소년 보호법」 제2조 제1호의 청소년에 해당하지 아니할 것 등의 요건을 모두 갖춘 특정강력범죄사건의 피의자의 얼굴, 성명 및 나이 등 신상에 관한 정보를 공개할 수 있다(특정강력범죄특례법 제8조의2 제1항). 그리고 검사와 사법경찰관은 성폭력범죄의 피의자가 죄를 범하였다고 믿을 만한 충분한 증거가 있고, 국민의 알권리 보장, 피의자의 재범 방지 및 범죄예방 등 오로지 공공의 이익을 위하여 필요할 때에는 얼굴, 성명 및 나이 등 피의자의 신상에 관한 정보를 공개할 수 있다. 다만, 피의자가 「청소년 보호법」 제2조 제1호의 청소년에 해당하는 경우에는 공개하지 아니한다(성폭력특례법 제25조 제1항).

한편 「경찰수사사건 등의 공보에 관한 규칙」(경찰청 훈령 제917호) 제16조 제1항에 의하면, 특정강력범죄특례법 제8조의2 제1항 각 호의 요건을 모두 충족하는 피의자에 대해서는 얼굴, 성명 및 나이 등 신상에 관한 정보를 공개할 수 있는데, 이에 따라 얼굴을 공개하는 때에는 얼굴을 드러내 보이기 위한 적극적인 조치를 하여서는 아니 되며, 얼굴을 가리는 조치를 취하지 않는 방식으로 행하여야 한다(동 규칙 제16조 제2항). 특정강력범죄특례법 제8조의2에 의하면 얼굴공개의 방식이 명확하게 규정되어 있지 않지만, 동 규칙 제16조 제2항에서는 얼굴 공개의 방식이 간략히 설명되어 있다는 점에 주목할 필요가 있다. 즉 피의자가 스스로 자신의 얼굴을 가릴 경우에 이를 강제적인 방법을 동원하여 적극적으로 노출할 수 있는 방안을 원천적으로 차단하고 있는 것이 그 특징이다. 이와 같이 피의자의 인권침해를 최소화하기 위하여 적극적인 공개를 하지 않고 경찰관서 등에서 호송되는 과정에서 모자나 마스크 등으로 얼굴을 가려주지 않는 소극적인 방식을 통하여 언론에 자연스럽게 촬영을 허용하고 있는 것이다.

경찰청에서는 강력범죄 피의자 신상공개의 일관성을 유지하고, 임의적인 공개로 인한 인권침해 등을 예방하기 위하여 2015년부터 「강력범 얼굴 및 신상 공개 지침」을 제정하여 운용하고 있다. 제정 당시의 지침에 의하면, 피의자 신상공개시 각 수사 주체(경찰서 또는 지방경찰청)별로 신상공개위원회를 개최하여 공개 여부를 결정하도록 하고 있다. 신상공개위원회는 위원장(경찰서장 또는 지방경찰청 과장)과 수사부서 담당 과장·계장, 청문감사관, 외부위원 등 5명 이상의 위원

1) 대법원 1998. 4. 28. 선고 96다48831 판결.

으로 구성되며, 공개의 여부에 대한 결정은 의결서의 형식으로 기록 및 관리하고, 공개 결정시에는 상급 관청인 지방경찰청 또는 경찰청에 보고하도록 하고 있다. 하지만 동 지침의 운용과정에서도 여러 가지 문제점이 지적되었는데, 이를 보완하기 위하여 2016. 6. 15. 다음과 같은 개정이 이루어졌다. 첫째, 피의자 신상공개의 요건을 40여 개 항목으로 구체화한 체크리스트에 의하여 판단하도록 하였다. 예를 들면 범죄의 잔인성 및 중대한 피해를 판단하기 위하여, 수법의 잔혹성(사체훼손, 장기적출, 토막살인 등), 범행의 동기, 흉기의 사용 여부, 범행의 치밀성(사전계획, 증거인멸 등), 사회적 약자 대상(아동, 여성, 노인 등) 등을 고려하고, 신상공개의 충분한 근거를 판단하기 위하여, 구속영장의 발부 여부, 범행의 자백 여부, 보강증거의 확보 여부 등을 고려하고 있다. 둘째, 신상공개의 판단기준이 일관되지 못하다는 지적을 반영하여 신상공개위원회 개최기관을 각 경찰서에서 지방경찰청으로 일원화하여 운영하도록 하였다. 이에 따라 현재에는 각 지방경찰청 형사과장(총경)을 위원장으로 하는 '흉악범 신상공개위원회'가 설치되어 있다. 셋째, 신상공개위원회의 전문성과 객관성을 강화하기 위하여 법률전문가·정신건강의학과 전문의 등 3명 이상의 외부인사가 참여하도록 의무화하였다. 이후 2017. 8. 기존의 경찰위원 4명, 외부전문가 3명이던 인적 구성을 외부전문가 4명, 경찰위원 3명으로 변경하였다. 넷째, 법원의 1차적인 판단이 반영될 수 있도록 신상공개의 시점을 기존 신상공개위원회의 결정시에서 원칙적으로 법원에 의한 구속영장 발부 이후에 공개하도록 변경하였다.

(2) 문제점

언론기관의 범죄보도는 법원의 판결이 있기 전인 혐의의 단계에서 이루어지는 것이 상례이고, 보도의 사실적 영향은 법적인 책임의 유무가 적법절차에 따라 확정되기 이전에 이미 관계인에 대하여 명예손상과 사회로부터의 배척을 받게 되는 법에 규정되지 아니한 사실상의 처벌을 가한다는 데에 있다. 즉 사회적 현실에 있어서는 범인이라는 추정 내지 단순한 범죄혐의만으로도 그 관계자의 명예는 손상된다. 일단 범죄의 혐의가 있다고 보도되면 그 무고함이 밝혀지더라도 그 보도의 효과는 쉽게 시정되지 않는다는 사실을 중시해야 한다. 더욱이 대중매체가 시사성을 위해 신속한 보도를 하는 과정에서 관련자의 신원을 밝힌다면 그것은 예단적 판결과 같은 폐해를 초래한다. 대부분의 대중매체는 범죄사건에 대하여 부정적 시각에서 일률적·반복적으로 다루는 경향을 벗어나지 않게 되므로 그 묘사는 절대다수의 대중의 생각에 집요한 영향을 미치게 된다. 이러한 폐단을 방지하기 위하여는 범죄보도에 있어서 객관적 사안의 보도와 그에 관계된 인물의 제시를 엄밀히 구분하여 그 관계 인물의 신원은 밝히지 않도록 할 필요가 있다. 관계한 인물의 신원에 관하여 언급함이 없이 그 범죄와 그 수사에 관하여 알리는 것이 가능함은 물론이다. 범죄보도에 관한 언론의 과업은 객관적인 범죄의 현상과 그에 대한 처벌 및 범죄에 대한 대책의 보도에 국한될 뿐이지 범죄를 탄핵하고 관계인에게 응징을 가하는 데 있는 것은 아니다. 특히 언론매체의 보도에 범죄혐의자를 명시하는 것은 그의 효과에 비추어 추후에 법원에 의해 부과된 형벌보다 더 가혹하게 작용할 수도 있다.[1] 이와 같이 강력범죄 피의자의 신상공개는 범죄피의사실에 대하여 민심에 영향을 주고, 각종 관련 범죄보도가 속출하게 됨에 따라 사법당국에 부당한 예단을 갖게 하여 공정한 재판을 그르칠 우려가 있다. 그러므로 유죄가 확정된 피고인의 신상정보를 제한적으로 공개하는 것이 아니라 무죄가 추정되는 피의자의 신상정보를 광범위하게 공개하는 것은 피의자를 유죄로 예단하게 할 수 있을 뿐만 아니라 인격권의 실질적인 침해를 초래하므로 무죄추정의 원칙에 반하는 것이다.

비록 강력범죄 피의자 신상공개제도의 합리적인 개선방안의 제시와 관련하여, 입법을 통해 동 제도를 폐지하는 것은 국민여론의 관점에서 현실성이 매우 부족하다는 점, 국민의 알권리 역시 헌법상 보장된 기본권이라는 점 등을 논거로 하여 현행 제도의 문제점을 최소화하고 다른 중요한 가치들과 비교·형량하여 적절하게 조화될 수 있도록 개선하는 것이 타당하다는 견해가 다수의 입장이기는 하지만, 전면적인 폐지를 주장하는 것도 전혀 불가능한 방안은 아니라고 판단된다. 특히 무죄추정의 원칙과 적법절차에 의한 피의자의 인권 보장이라는 형사법의 대원칙은 특정한 형사정책을 제도적·법리적으로 평가함에 있어서 핵심적인 기능을 수행하는 것인데, 일반적으로 제시되고 있는 피의자 신상공개의 목적인 재범방지, 범죄의 예방, 국민의 알권리 보장 등도 큰 설득력이 없다는 상황과 서로 결부시켜서 이해한다면, 더 이상 피의자 신상공개는 이루어지지 않는 것이 가장 이상적인 해결책이라고 판단된다.[2]

제 5 절 형사소송의 기본구조

Ⅰ. 규문주의와 탄핵주의

1. 규문주의

'규문주의'(糾問主義)란 법원이 스스로 형사절차를 개시하고 심리와 재판을 진행하는 소송구조를 말한다. 소추기관과 재판기관이 일치하는 소송구조인 규문주의에 따르면 소송의 주체는 법원이고, 피고인은 단순한 조사·심리의 객체에 머무를 수밖에 없다. 이에 따라 피고인에 대한 인권유린과 고문이 성행하였는데, 유럽 중세시대의 마녀재판이나 우리나라 조선시대의 사또재판을 보면 쉽게 이를 알 수 있다. 그리하여 규문주의의 부당함을 계기로 발생한 프랑스혁명을 계기로 규문주의는 역사 속에서 자취를 감추게 되었다.

---

1) 서울고등법원 1996. 2. 27. 선고 95나24946 판결.

2) 이에 대하여 보다 자세한 내용으로는 박찬걸, "강력범죄 피의자 신상공개제도에 대한 비판적 검토", 형사정책 제31권 제3호, 한국형사정책학회, 2019. 10, 33면 이하 참조.

2. 탄핵주의

'탄핵주의'(彈劾主義)란 재판기관과 소추기관이 분리되어 있는 소송구조를 말한다. 아무리 범죄가 발생하였다고 할지라도 소추기관의 공소제기가 없으면 법관은 이를 심판하지 못하는 탄핵주의에 따르면 불고불리(不告不理)의 원칙이 지배한다. 탄핵주의는 소추기관이 누구이냐에 따라 국가소추주의와 사인소추주의(피해자소추주의와 공중소추주의)로 구분되기도 하며, 소송의 주도적 지위가 누구에게 있느냐에 따라 영미법계의 당사자주의와 대륙법계의 직권주의로 다시 구분되기도 한다. 하지만 규문주의를 취할 경우에는 법원이 직권적으로 소송절차를 진행하게 되므로 직권주의가 될 수밖에 없다. 한편 탄핵주의에 의하면 피고인은 더 이상 조사·심리의 객체가 아니라 소송의 주체로서 기본적 인권과 방어권이 보장된다.

Ⅱ. 직권주의와 당사자주의

1. 직권주의

(1) 의 의

'직권주의'(職權主義)란 소송의 주도적인 지위를 법원에게 부여하는 소송구조를 말한다. 직권주의는 법원이 검사나 피고인의 주장 또는 입증에 구속되지 않고 직권으로 증거수집과 조사를 하는 직권탐지주의, 법원이 직권으로 사건을 심리하는 직권심리주의 등을 주요내용으로 하고 있다.

직권주의의 장점으로는 법원의 적극적인 개입으로 실체적 진실발견에 기여할 수 있다는 점, 법원의 소송지휘로 인하여 능률적이고 신속한 재판을 진행할 수 있다는 점, 법원이 피고인에 대한 후견적 임무까지 담당하여 피고인의 소송능력을 보충해 줄 수 있다는 점, 법원이 형사절차의 공정성을 담보하여 형사소송의 스포츠화를 방지할 수 있다는 점 등을 들 수 있다. 반면에 단점으로는 사건의 심리가 법원의 예단에 의하여 이루어질 위험성이 있다는 점, 피고인의 소송주체로서의 지위가 상대적으로 제한될 수 있다는 점, 법관의 자의나 독선에 의하여 재판이 진행될 수 있다는 점 등을 들 수 있다.

(2) 형사소송법의 직권주의적 요소

현행법상 직권주의의 요소로는 재판장의 증인신문권(제161조의2 제3항), 증거신청에 대한 결정권(제295조 전단), 법원에 의한 증거조사권(제295조 후단), 증거조사의 이의신청에 대한 결정권(제296조 제2항), 당사자의 신문이 끝난 후 재판장(또는 합의부원)도 피고인을 신문할 수 있는 피고인신문제도(제296조의2), 공소장변경허가권(제298조 제1항), 공소장변경요구권(제298조 제2항), 불필요한 변론의 제한(제299조)[1], 직권에 의한 변론의 재개(제305조) 등을 들 수 있다.

1) 이에 대하여 법원의 소송지휘권은 절차의 적정한 진행과 심리의 원칙을 위하여 인정되는 법원 고유의 권한이므

2. 당사자주의

(1) 의 의

'당사자주의'(當事者主義)란 검사와 피고인에게 당사자자격을 부여하여 양 당사자[1] 사이의 공격과 방어에 의하여 심리가 진행되고, 법원은 제3자의 입장에서 재판을 진행하는 소송구조를 말한다. 당사자주의는 당사자 중의 일방이 공소를 제기하는 탄핵주의, 증거의 수집·제출을 원칙적으로 당사자에게 부여하고 서로 공격과 방어를 하게 하는 당사자진행주의, 소송물을 당사자가 처분할 수 있는 당사자처분주의 등을 주요내용으로 하고 있다. 영미법계에서는 유죄답변협상(Plea bargaining)이나 기소사실인부(arraignment), 대륙법계에서는 공범증인면책제도 등을 두어 당사자처분주의도 수용하고 있지만, 우리나라에서의 당사자주의는 주로 당사자진행주의의 의미로 사용되고 있다.

당사자주의의 장점으로는 이해관계인의 적극적인 개입으로 실체적 진실발견에 기여할 수 있다는 점, 피고인을 소송의 주체로 파악함으로써 피고인의 인권과 방어권을 충실히 보장할 수 있다는 점, 이해관계자인 당사자가 자신을 위한 주장 및 입증을 주도하기 때문에 심리가 신속하고 능률적일 수 있다는 점 등을 들 수 있다. 반면에 단점으로는 일관되지 못한 재판의 진행으로 인하여 심리의 능률과 신속성이 제약될 수 있다는 점, 형사사법의 스포츠화 내지 합법적 도박을 초래할 수 있다는 점, 국가형벌권의 행사가 당사자 간의 타협이나 거래의 대상이 될 위험성이 있다는 점, 당사자의 이기적인 입증활동으로 인하여 실체적 진실에 대한 왜곡의 위험이 있을 수 있다는 점, 변호인이 없는 피고인에게는 매우 불리하다는 점 등을 들 수 있다.

한편 당사자주의 소송구조에서는 자기에게 유리한 주장이나 증거는 각자가 자신의 책임 아래 변론에 현출하여야 하는 것이고, 비록 자기가 상대방에게 유리한 증거를 가지고 있다거나 상대방에게 유리한 사실을 알고 있다고 하더라도 상대방을 위하여 이를 현출하여야 할 의무가 있다고 보기는 어려울 것이므로, 상대방에게 유리한 증거를 제출하지 않거나 상대방에게 유리한 사실을 진술하지 않는 행위만으로는 소송사기에 있어 기망이 된다고 할 수는 없다.[2]

(2) 형사소송법의 당사자주의적 요소

현행법상 당사자주의의 요소로는 법원의 공평한 제3자의 지위를 강조하고 있는 공소장일본주의를 통하여 법원의 예단을 배제하는 것(규칙 제118조 제2항), 증인신문에 있어서 교호신문제도(제161조의2), 당사자의 증인신문참여권(제163조), 당사자의 감정참여권(제176조), 증거보전청구권(제184조), 기소편의주의(제246조)[3], 공소사실을 특정하여 심판의 대상을 한정하는 것(제254조 제4

로 소송구조와는 직접적인 관련성이 없다는 견해로는 손동권/신이철, 28면; 이은모/김정환, 27~28면.

1) 이에 대하여 제한적이나마 피해자도 소송의 주체로 보아야 하며, 피해자의 지위를 소송의 참가인이나 당사자로까지 인정하는 방향으로 입법을 개선할 필요가 있다는 견해로는 이재상/조균석, 59면.

2) 대법원 2002. 6. 28. 선고 2001도1610 판결.

3) 이에 대하여 당사자주의와 직권주의는 기본적으로 공소를 제기한 이후부터의 공판절차에 있어서의 문제이므로

항), 당사자의 출석을 개정(開廷)요건으로 하고 있는 것(제275조 제2항, 제276조), 피고인의 진술거부권(제283조의2), 모두진술(冒頭陳述)시 검사가 공소사실 등을 낭독하게 하여 피고인의 방어태세준비에 도움을 주는 것(제285조), 피고인의 모두진술을 통하여 방어의 기회를 제공하는 것(제286조), 증거조사 이후에 피고인신문을 임의적인 절차로 변경한 것(제290조 및 제296조의2), 증거조사는 원칙적으로 당사자의 신청에 의하는 것(제294조), 당사자의 증거신청에 대한 이의신청권(제296조), 공소장변경제도를 통하여 심판의 대상을 한정하는 것(제298조), 최종변론권(제302조, 제303조), 전문법칙을 통하여 당사자의 반대신문권을 보장하는 것(제310조의2), 증거동의제도(제318조), 탄핵증거(제318조의2) 등을 들 수 있다.

3. 검 토

현행 형사소송법의 소송구조와 관련하여, ① 순수하게 당사자주의를 적용하고 있다는 견해, ② 당사자주의를 기본으로 하면서 직권주의를 보충적으로 적용하고 있다는 견해[1], ③ 실체적 진실발견을 위한 법원의 개입을 광범위하게 인정하고 있다는 점, 원칙적으로 직권주의를 채택하고 있다고 하여 피고인의 인권보장이 당사자주의보다 경시되는 것은 아니라는 점 등을 논거로 하여, 직권주의를 기본으로 하면서 당사자주의를 보충적으로 적용하고 있다는 견해[2] 등의 대립이 있다.

이에 대하여 헌법재판소는 「형사소송의 구조를 당사자주의와 직권주의 중 어느 것으로 할 것인가의 문제는 입법정책의 문제로서 우리나라 형사소송법은 그 해석상 소송절차의 전반에 걸쳐 기본적으로 당사자주의 소송구조를 취하고 있는 것으로 이해되는바, 당사자주의에 충실하려면 제1심 법원에서 항소법원으로 소송기록을 바로 송부함이 바람직하다.」라고 판시[3]한 바 있고, 대법원은 「형사소송에 있어서는 입증책임의 분배를 엄격하게 따질 수는 없다고 할 것이나 당사자주의를 그 소송구조로 하고 있는 현행 형사소송법 체계에서는 소송범죄사실 또는 피고인의 변소사실이 증거가 없거나 불충분한 경우에 불이익을 받을 당사자는 바로 검사이거나 피고인이므로 공소범죄사실에 대한 입증책임은 검사에게 있고 증거가 없거나 불충분하여 의심스러운 경우에는 피고인의 이익으로 판단하여야 한다.」라고 판시[4]하고 있다.

기소편의주의는 당사자주의적 요소라고 보기 어렵다는 견해로는 이창현, 29면.

1) 김인회, 21면; 손동권/신이철, 27면; 송광섭, 37면; 이은모/김정환, 28면; 이창현, 34면; 정웅석/최창호, 28면; 최호진, 17면.

2) 신양균/조기영, 26면; 이재상/조균석, 48면; 임동규, 17면; 정승환, 29면(한국에서 당사자주의는 공정한 재판의 이념을 실현하기 위한 제도들의 규합개념으로 이해되어야 한다).

3) 헌법재판소 1995. 11. 30. 선고 92헌마44 결정.

4) 대법원 1984. 6. 12. 선고 84도796 판결. 同旨 대법원 2009. 10. 22. 선고 2009도7436 전원합의체 판결(우리 형사소송법이 당사자주의의 기본구조에 직권주의적 요소를 가미한 것도 실체적 진실발견에 도움이 되고자 하는 것이므로 … 우리나라 형사소송법이 당사자주의와 공판중심주의 원칙 및 직접심리주의와 증거재판주의 원칙 등을 채택하고 있다는 점 …).

생각건대 우리나라의 형사소송구조는 당사자주의를 원칙으로 하면서도 예외적으로 직권주의를 가미하고 있다고 보아야 한다. 특히 2007. 6. 1. 형사소송법 개정을 통하여 당사자주의적 요소를 대폭 도입하였으며, 2008. 1. 1. 도입된 국민참여재판은 당사자주의의 결정체라고 평가할 수 있다.

제 2 편

소송주체 · 소송행위 · 소송조건

제 1 장 소송주체

제 1 절 법 원

Ⅰ. 법원의 종류 및 구성

1. 국법상 의미의 법원

(1) 의 의

'국법상 의미의 법원'이란 사법행정상 단위로서의 법원을 말하는 것으로, 대법원, 고등법원, 지방법원, 지방법원 지원, 시·군법원 등이 있다.[1] 법원조직법에서 말하는 법원은 대체로 국법상 의미의 법원을 의미한다. 이러한 국법상 의미의 법원 내에는 하나 또는 수개의 소송법상 의미의 법원이 설치되어 있으며, 세부적으로 관청(官廳)으로서의 법원과 관서(官署)로서의 법원으로 구별할 수 있다. 전자는 사법행정에 관한 의사표시의 주체라는 의미를 가지고 있고, 후자는 구체적인 재판을 행하기 위하여 필요한 인적·물적 설비의 총체라는 의미를 가지고 있다. 법원조직법 제5조 제3항 단서의 규정에 의하여 각급 법원에 배치할 판사의 수를 정하고 있다(「각급 법원에 배치할 판사의 수에 관한 규칙」 제1조).

〈각급 법원에 배치할 판사의 수〉

기준: 2020. 3. 4.

직위 / 법원별	고등법원 및 특허법원장	지방법원 가정법원 행정법원 및 회생법원장	고등법원 특허법원 부장판사 및 재판연구관	지원장	지방법원 가정법원 행정법원 및 회생법원 부장판사	재판연구관	고등법원 및 특허법원 판 사	지방법원 가정법원 행정법원 및 회생법원 판 사	계
합 계	7	28	139	41	1085	97	265	1552	3214
대법원			2			97			99
서울고등법원	1		75				133		209
대전고등법원	1		10				22		33
대구고등법원	1		8				17		26
부산고등법원	1		14				30		45
광주고등법원	1		10				25		36
수원고등법원	1		13				26		40
특허법원	1		6				12		19
서울중앙지방법원		1	1		156			223	381

1) 이에 대하여 헌법, 법원조직법에서 법원이라 함은 '헌법상 법원'을 말한다는 견해로는 최호진, 314면.

직 위 / 법원별	고등법원 및 특허법원장	지방법원 가정법원 행정법원 및 회생법원장	고등법원 특허법원 부장판사 및 재판연구관	지원장	지방법원 가정법원 행정법원 및 회생법원 부장판사	재판연구관	고등법원 및 특허법원 판 사	지방법원 가정법원 행정법원 및 회생법원 판 사	계
서울가정법원		1			12			35	48
서울행정법원		1			12			37	50
서울회생법원		1			5			33	39
서울동부지방법원		1			32			48	81
서울남부지방법원		1			41			61	103
서울북부지방법원		1			30			51	82
서울서부지방법원		1			30			43	74
의정부지방법원		1			32			69	102
고양지원				1	12			27	40
인천지방법원		1			41			95	137
인천가정법원		1			5			10	16
부천지원				1	10			24	35
수원지방법원		1			54			124	179
수원가정법원		1			5			10	16
성남지원				1	14			33	48
여주지원				1	4			9	14
평택지원				1	8			12	21
안산지원				1	12			29	42
안양지원				1	9			18	28
춘천지방법원		1			15			15	31
강릉지원				1	9			9	19
원주지원				1	6			7	14
속초지원				1	1			4	6
영월지원				1	1			6	8
대전지방법원		1			46			47	94
대전가정법원		1			3			6	10
홍성지원				1	6			6	13
공주지원				1	1			4	6
논산지원				1	1			4	6
서산지원				1	6			7	14
천안지원				1	16			11	28
청주지방법원		1			29			23	53
충주지원				1	4			6	11
제천지원				1	1			5	7
영동지원				1				3	4
대구지방법원		1			57			48	106
대구가정법원		1			6			6	13

직 위 / 법원별	고등법원 및 특허법원장	지방법원 가정법원 행정법원 및 회생법원장	고등법원 특허법원 부장판사 및 재판연구관	지원장	지방법원 가정법원 행정법원 및 회생법원 부장판사	재판연구관	고등법원 및 특허법원 판 사	지방법원 가정법원 행정법원 및 회생법원 판 사	계
서부지원				1	14			11	26
안동지원				1	3			5	9
경주지원				1	5			5	11
포항지원				1	8			5	14
김천지원				1	7			6	14
상주지원				1	1			4	6
의성지원				1				3	4
영덕지원				1				3	4
부산지방법원		1			57			48	106
부산가정법원		1			8			6	15
동부지원				1	16			13	30
서부지원				1	11			11	23
울산지방법원		1			29			24	54
울산가정법원		1			2			4	7
창원지방법원		1			37			40	78
마산지원				1	9			6	16
진주지원				1	8			10	19
통영지원				1	8			9	18
밀양지원				1	1			4	6
거창지원				1				3	4
광주지방법원		1			48			42	91
광주가정법원		1			3			5	9
목포지원				1	8			6	15
장흥지원				1				3	4
순천지원				1	11			12	24
해남지원				1	1			4	6
전주지방법원		1			27			21	49
군산지원				1	9			8	18
정읍지원				1	2			7	10
남원지원				1				3	4
제주지방법원		1			20			13	34

(2) 법원의 조직

1) 대법원

대법원은 최고법원으로서 서울특별시에 둔다(법원조직법 제11조, 제12조). 대법원에 대법원장을 두는데, 대법원장은 대법원의 일반사무를 관장하며, 대법원의 직원과 각급법원 및 그 소속기관의 사법행정사무에 관하여 직원을 지휘·감독한다. 대법원장이 궐위되거나 사고로 인하여 직무를 수행할 수 없을 때에는 선임대법관이 그 권한을 대행한다(동법 제13조). 대법관의 수는 대법원장을 포함하여 14명으로 한다(동법 제4조 제2항). 대법원은 ① 고등법원 또는 항소법원·특허법원의 판결에 대한 상고사건, ② 항고법원·고등법원 또는 항소법원·특허법원의 결정·명령에 대한 재항고사건, ③ 다른 법률에 따라 대법원의 권한에 속하는 사건을 종심(終審)으로 심판한다(동법 제14조). 대법원 재판서에는 합의에 관여한 모든 대법관의 의견을 표시하여야 한다(동법 제15조). 또한 대법원에 사법행정사무를 관장하기 위하여 법원행정처를, 판사의 연수와 사법연수생의 수습에 관한 사무를 관장하기 위하여 사법연수원을, 사법제도 및 재판제도의 개선에 관한 연구를 하기 위하여 사법정책연구원을, 법원직원·집행관 등의 연수 및 양성에 관한 사무를 관장하기 위하여 법원공무원교육원을, 재판사무의 지원 및 법률문화의 창달을 위한 판례·법령·문헌·사료 등 정보를 조사·수집·편찬하고 이를 관리·제공하기 위하여 법원도서관 등을 둔다(동법 제19조 내지 제22조).

2) 고등법원

고등법원에 고등법원장을 두고, 고등법원장은 판사로 보한다.[1] 고등법원장은 그 법원의 사법행정사무를 관장하며, 소속공무원을 지휘·감독하는데, 고등법원장이 궐위되거나 사고로 인하여 직무를 수행할 수 없을 때에는 수석판사·선임판사의 순서로 그 권한을 대행한다(법원조직법 제26조). 고등법원에 부를 둔다. 부의 구성원 중 1인은 그 부의 재판에서 재판장이 되며, 고등법원장의 지휘에 따라 그 부의 사무를 감독한다(동법 제27조).[2] 고등법원은 ① 지방법원 합의부·가정법원 합의부·회생법원 합의부 또는 행정법원의 제1심판결·심판·결정·명령에 대한 항소 또는 항고사건, ② 지방법원단독판사·가정법원단독판사의 제1심판결·심판·결정·명령에 대한 항소 또는 항고사건으로서 형사사건을 제외한 사건 중 대법원규칙으로 정하는 사건, ③ 다른 법률에 따라 고등법원의 권한에 속하는 사건을 심판한다(동법 제28조).

3) 지방법원·지방법원 지원

지방법원에 지방법원장을 두고, 지방법원장은 판사로 보한다. 지방법원장은 그 법원과 소속 지원, 시·군법원 및 등기소의 사법행정사무를 관장하며, 소속공무원을 지휘·감독한다(법원조직법 제29조). 지방법원의 지원과 가정지원에 지원장을 두고, 지원장은 판사로 보한다. 지원장은 소속 지방법원장의 지휘를 받아 그 지원과 관할구역 안에 위치한 시·군법원의 사법행정사무를 관장하며, 소속공무원을 지휘·감독한다(동법 제31조). 가정지원은 가정법원이 설치되지 아니한 지역에서 가정법원의 권한에 속하는 사항을 관할한다. 다만 가정법원 단독판사의 판결·심판·

1) 고등법원의 업무편의를 위하여 원외재판부를 인정하고 있는데, 춘천(서울고등법원), 청주(대전고등법원), 창원(부산고등법원), 전주와 제주(광주고등법원) 등이 그것이다.

2) 2020. 3. 24. 법원조직법 개정을 통하여 사실상 승진 개념으로 운용되어 법관의 관료화를 심화시킨다는 비판을 받아 온 고등법원 부장판사 직위를 폐지함으로써 대등한 지위를 가진 판사로 구성된 재판부를 통해 충실한 심리가 이루어지도록 하였다.

결정·명령에 대한 항소 또는 항고사건에 관한 심판에 해당하는 사항을 제외한다(동법 제31조의2).

4) 시·군법원

대법원장은 지방법원 또는 그 지원 소속 판사 중에서 그 관할구역 안에 있는 시·군법원의 판사를 지명하여 시·군법원의 관할사건을 심판하게 한다. 이 경우 1인의 판사를 둘 이상의 시·군법원의 판사로 지명할 수 있다. 시·군법원의 판사는 소속 지방법원장 또는 지원장의 지휘를 받아 시·군법원의 사법행정사무를 관장하며, 그 소속 직원을 지휘·감독한다(법원조직법 제33조). 특히 시·군법원은 20만원 이하의 벌금 또는 구류나 과료에 처할 범죄사건을 관할한다(동법 제34조 제1항 제3호).

2. 소송법상 의미의 법원

(1) 의 의

'소송법상 의미의 법원'이란 구체적 사건에 대하여 재판권을 행사하는 주체로서의 법원을 말한다. 소송법상 의미의 법원은 국법상 의미의 법원에 소속된 일정한 수의 법관으로 구성되며, 소송법상 의미의 법원이 구체적인 사건에 대하여 심리와 재판을 할 수 있는 권한을 '심판권'(審判權)이라고 한다. 국법상 의미의 법원은 대법원장을 비롯하여 각급 법원장의 지휘와 감독을 받게 되는 반면에 소송법상 의미의 법원은 개별 사건에 대한 재판기관으로서의 법원을 의미하므로 어느 누구로부터의 지휘나 감독을 받지 아니하고 독립하여 재판권을 행사한다는 점에서 차이가 있다. 그러므로 일반적으로 형사소송법에서 법원이라고 할 때에는 소송법상 의미의 법원을 일컫는다.

(2) 단독제와 합의제

'단독제'(單獨制)란 1인의 법관으로 구성된 것을 말하고, '합의제'(合議制)란 2인 이상의 법관으로 구성된 것을 말한다. 형사소송에 있어서 제1심 법원에는 단독제와 합의제가 병용되고 있으나, 단독제가 원칙이다. 즉 지방법원, 지방법원의 지원, 시·군법원의 심판권은 단독판사가 행사한다(법원조직법 제7조 제4항). 반면에 상소심의 경우에는 합의제에 의한다. 대법원의 심판권은 대법관 전원의 3분의 2 이상의 합의체에서 행사하며, 대법원장이 재판장이 된다. 다만 대법관 3명 이상으로 구성된 부에서 먼저 사건을 심리하여 의견이 일치한 경우에 한정하여 ① 명령 또는 규칙이 헌법에 위반된다고 인정하는 경우, ② 명령 또는 규칙이 법률에 위반된다고 인정하는 경우, ③ 종전에 대법원에서 판시한 헌법·법률·명령 또는 규칙의 해석적용에 관한 의견을 변경할 필요가 있다고 인정하는 경우, ④ 부에서 재판하는 것이 적당하지 아니하다고 인정하는 경우를 제외하고 그 부에서 재판할 수 있다(동법 제7조 제1항). 대법원장은 필요하다고 인정하는 경우에 특정한 부로 하여금 행정·조세·노동·군사·특허 등의 사건을 전담하여 심판하게 할 수 있다(동법 제7조 제2항). 고등법원과 지방법원 항소부의 심판권은 판사 3명으로 구성된 합의부에서 행사한다(동법 제7조 제3항). 지방법원, 지방법원의 지원에서 합의심판을 하여야 하는 경우에는 판사 3명으로 구성된 합의부에서 심판권을 행사한다(동법 제7조 제5항).

(3) 재판장 · 수명법관 · 수탁판사 · 수임판사

1) 재판장

법원이 합의제인 경우 그 구성원 중 1인이 재판장이 된다. 재판장에게는 공판기일지정권(제267조), 소송지휘권(제279조), 법정경찰권(제281조 제2항), 급속을 요하는 경우에 피고인을 소환·구속할 수 있는 권리(제80조) 등이 인정된다. 재판장의 이와 같은 권한은 소송절차의 진행과 관련하여 인정될 뿐이고, 피고사건의 심판에 있어서는 다른 법관과 동일한 권한을 가진다. 하지만 일반적으로 재판장이 합의부원과 비교하여 경력이 보다 많다는 점으로 인하여 심리와 재판을 주도하는 현상이 나타나고 있는데, 이러한 문제점을 보완하기 위하여 특정 중요사건의 경우에는 합의부의 구성원을 모두 부장판사로 구성하는 방식인 '대등재판부'(對等裁判部) 제도가 도입되어 시행되고 있다. 재판장 이외의 법관을 '합의부원'(合議部員) 또는 '배석판사'(陪席判事)라고 한다.

2) 수명법관

'수명법관'(受命法官)이란 합의제의 법원이 그 구성원인 법관에게 특정한 소송행위를 하도록 명령하였을 때 그 명령을 받은 법관을 말한다. 예를 들면 결정 또는 명령을 함에 필요한 사실조사를 명하는 경우(제37조 제4항), 압수·수색을 명하는 경우(제136조), 법정 외의 증인신문을 명하는 경우(제167조), 급속을 요하는 구속영장의 집행을 지휘하는 경우(제81조 제1항 단서), 체포·구속적부심의 심리를 명하는 경우(규칙 제105조 제4항), 공판준비기일이 진행을 명하는 경우(제266조의7 제3항) 등이 이에 해당한다. 이러한 경우 수명법관은 특정한 소송행위에 관하여 법원 또는 재판장과 동일한 권한이 있다.

3) 수탁판사

'수탁판사'(受託判事)란 하나의 법원이 다른 법원의 법관에게 일정한 소송행위를 하도록 촉탁하였을 때 그 촉탁을 받은 법관을 말한다. 예를 들면 결정 또는 명령을 함에 필요한 경우에는 사실을 조사할 수 있는데, 이를 다른 지방법원 판사에게 촉탁할 수 있다(제37조 제4항). 법원은 피고인의 현재지의 지방법원 판사에게 피고인의 구속을 촉탁할 수 있고(제77조 제1항), 수탁판사는 피고인이 관할구역 내에 현재하지 아니한 때에는 그 현재지의 지방법원 판사에게 전촉할 수 있다(제77조 제2항). 이 때 전촉을 받은 판사도 수탁판사이다. 수탁판사는 구속영장을 발부하여야 한다(제77조 제3항). 이러한 경우에 촉탁에 의하여 구속영장을 발부한 판사는 피고인을 인치한 때로부터 24시간 이내에 그 피고인임에 틀림없는가를 조사하여야 하고(제78조 제1항), 피고인임에 틀림없는 때에는 신속히 지정된 장소에 송치하여야 한다(제78조 제2항). 법원은 증인 현재지의 지방법원 판사에게 그 신문을 촉탁할 수 있는데(제167조 제1항), 수탁판사는 증인이 관할구역 내에 현재하지 아니한 때에는 그 현재지의 지방법원 판사에게 전촉할 수 있다(제167조 제2항). 수탁판사는 증인의 신문에 관하여 법원 또는 재판장에 속한 처분을 할 수 있다(제167조 제3항).

4) 수임판사

'수임판사'(受任判事)란 수소법원과 독립하여 소송법상의 권한을 행사할 수 있는 개개의 법관을 말한다. 예를 들면 수사기관의 청구에 의하여 각종의 영장을 발부하는 판사(제201조; 영장전담판사), 증거보전절차를 행하는 판사(제184조)[1], 참고인에 대한 수사상의 증인신문을 행하는 판사(제221조의2) 등이 이에 해당한다.

Ⅱ. 법원의 관할

1. 관할의 의의

(1) 의 의

'관할'(管轄)이란 각 법원에 대한 재판권의 분배, 즉 특정한 법원이 구체적인 피고사건을 재판할 수 있는 권한을 말한다. 구체적인 피고사건이 특정한 법원의 관할에 속하게 되면 그 법원은 당해 사건에 대한 심리와 재판의 권한을 가지게 된다. 법원조직법 제7조에서는 관할을 '심판권'(審判權)으로 표현하고 있다. 관할은 심리의 편의와 사건의 효율적인 처리를 위해서 뿐만 아니라 피고인의 출석과 방어권 행사를 위해서도 그 결정이 매우 중요하다.

(2) 구별개념

1) 재판권

'재판권'(裁判權)이란 법원이 사건에 대하여 심리와 재판을 할 수 있는 일반적·추상적 권한을 의미하는 국법상의 개념을 말한다.[2] 반면에 관할권은 재판권의 존재를 전제로 하여 특정한 사건에 대하여 특정한 법원이 재판권을 행사할 수 있는 구체적인 한계를 정하는 소송법상의 개념이다. 재판권의 문제는 우리나라 법원이 재판할 수 있는지 여부가 쟁점이 되는 것이라면, 관할권의 문제는 우리나라 법원 가운데 어느 법원이 재판할 수 있는지 여부가 쟁점이 되는 것이다. 형사사건에 관하여 재판권이 없는 경우에는 공소기각의 판결을 하지만(제327조 제1호), 관할권이 없는 경우에는 관할위반의 판결을 한다(제319조). 다만 실무에서는 관할위반의 판결을 하기보다는 관할이 있는 법원으로 이송하는 것이 일반적이다.

---

1) 수임판사가 행한 재판은 준항고의 방법으로 수소법원에 불복할 수 없는 것이 원칙이지만, 증거보전청구를 기각하는 결정에 대하여는 3일 이내에 항고할 수 있는 예외규정(제184조 제4항)을 두고 있다.

2) 대법원 2011. 8. 25. 선고 2011도6507 판결(형법 제5조, 제6조의 각 규정에 의하면, 외국인이 외국에서 죄를 범한 경우에는 형법 제5조 제1호 내지 제7호에 열거된 죄를 범한 때와 형법 제5조 제1호 내지 제7호에 열거된 죄 이외에 대한민국 또는 대한민국 국민에 대하여 죄를 범한 때에만 대한민국 형법이 적용되어 우리나라에 재판권이 있게 되고, 여기서 '대한민국 또는 대한민국 국민에 대하여 죄를 범한 때'란 대한민국 또는 대한민국 국민의 법익이 직접적으로 침해되는 결과를 야기하는 죄를 범한 경우를 의미한다. 이에 따라 캐나다 시민권자인 피고인이 캐나다에서 위조사문서를 행사하였다는 내용으로 기소된 사안에서, 형법 제234조의 위조사문서행사죄는 형법 제5조 제1호 내지 제7호에 열거된 죄에 해당하지 않고, 위조사문서행사를 형법 제6조의 대한민국 또는 대한민국 국민의 법익을 직접적으로 침해하는 행위라고 볼 수도 없으므로 피고인의 행위에 대하여는 우리나라에 재판권이 없다).

우리나라 법원의 형사재판권은 대한민국의 형벌권이 적용되는 모든 범죄사건에 미치는 것이 원칙이지만, 조약과 국제법에 의하여 제한이 되는 경우도 있다. 예를 들면 「대한민국과 아메리카합중국간의 상호방위조약 제4조에 의한 시설과 구역 및 대한민국에서의 합중국군대의 지위에 관한 협정」 제22조는 우리나라와 미합중국 군당국이 각각 전속적으로 재판권을 행사할 수 있는 경우와 양국의 재판권이 경합하는 경우에 그 우선순위를 정하고 있고, 「외교관계에 관한 비엔나협약」 제31조에 의하면 외교관은 접수국의 형사재판관할권으로부터 면제를 향유한다고 규정하고 있다.

2) 사무분배

관할권이 있는 법원 내부에 다수의 재판부가 존재하는 경우에 있어서 법원장은 사무분배의 기준을 정하고 특정한 재판부에 피고사건을 배당하게 된다. 이러한 사무분배와 사건배당은 재판을 위한 보조활동으로서 법원 내부의 사법행정사무에 해당하므로 관할과 구별된다. 다만 사건배당은 구체적 사건의 처리에 적지 않은 영향을 미칠 수 있으므로 행정편의나 자의적 기준이 아닌 관할에 준하는 일반적 기준의 설정이 필요하다.[1] 사무분배와 사건배당에 관하여는 「법관의 사무분담 및 사건배당에 관한 예규」에서 보다 자세하게 규정하고 있다.

(3) 관할의 종류

1) 사건관할과 직무관할

'사건관할'(事件管轄)이란 피고사건 자체의 심판에 관한 관할을 말하며, 일반적으로 관할이라고 하면 이를 의미한다. 반면에 '직무관할'(職務管轄)이란 피고사건과 관련된 특수한 절차의 심판에 관한 관할을 말하며, 재심(제423조), 비상상고(제441조)[2], 재정신청(제260조), 체포·구속적부심사청구(제214조의2) 등이 이에 해당한다.

2) 법정관할과 재정관할

사건관할은 법정관할과 재정관할로 다시 분류할 수 있는데, '법정관할'(法定管轄)이란 법률의 규정에 의하여 정하여지는 관할을 말하고, '재정관할'(裁定管轄)이란 법원의 재판에 의하여 정하여지는 관할을 말한다. 특히 재정관할은 법정관할이 없는 경우 또는 법정관할은 있으나 구체적 사정에 따라 관할을 지정·이전하여 창설하는 제도이다.

법정관할은 고유관할과 관련사건의 관할로 다시 분류할 수 있는데, '고유관할'(固有管轄)이란 구체적 피고사건에 대하여 직접적으로 규정되어 있는 관할을 말하고, '관련사건의 관할'이란 고유관할사건과 일정한 관계가 있기 때문에 인정되는 관할을 말한다. 고유관할은 사물관할·토지관할·심급관할 등으로 다시 분류할 수 있다.

---

1) 김인회, 312면; 이주원, 7면; 정승환, 293면.

2) 검찰총장은 판결이 확정한 후 그 사건의 심판이 법령에 위반한 것을 발견한 때에는 대법원에 비상상고를 할 수 있다.

2. 법정관할

(1) 고유관할

1) 사물관할

① 의 의

'사물관할'(事物管轄)이란 사건의 경중 또는 성질에 따른 제1심 법원에 있어서 관할의 분배를 말한다. 사물관할은 제1심 법원의 관할분배라는 점에서 심급관할과 구별된다. 제1심의 사물관할은 제1심 법원의 단독판사 또는 합의부에 속한다.

② 단독판사의 관할

지방법원, 지방법원의 지원, 시·군법원의 심판권은 단독판사가 행사한다(법원조직법 제7조 제4항). 시·군법원은 20만원 이하의 벌금 또는 구류나 과료에 처할 범죄사건을 즉결심판한다(법원조직법 제34조 제1항 제3호 및 동조 제3항). 다만 이에 대한 불복신청으로 제1심 법원에 계속하게 된 경우에는 그 지역을 관할하는 지방법원 또는 그 지원이 관할한다(법원조직법 제34조 제2항).

③ 합의부의 관할

지방법원·지방법원의 지원에서 합의심판을 하여야 하는 경우에는 판사 3명으로 구성된 합의부에서 심판권을 행사한다(법원조직법 제7조 제5항). 지방법원과 그 지원의 합의부는 ① 합의부에서 심판할 것으로 합의부가 결정한 사건[1], ② 사형·무기 또는 단기 1년 이상의 징역[2] 또는 금고에 해당하는 사건[3] 및 이와 동시에 심판할 공범사건, ③ 지방법원 판사에 대한 제척·기피사건, ④ 다른 법률에 따라 지방법원 합의부의 권한에 속하는 사건 등의 사건을 제1심으로 심판한다(법원조직법 제32조 제1항). 여기서 '다른 법률에 따라 지방법원 합의부의 권한에 속하는 사건'은 국민참여재판사건(국민참여재판법 제5조 제1항 및 제10조), 형사보상사건(형사보상법 제14조 제1항), 선거범죄사건(공직선거법 제269조)[4], 치료감호사건(치료감호법 제3조 제2항)[5] 등이 이에 해당한다.

---

1) 「법관의 사무분담 및 사건배당에 관한 예규」 제12조.

2) 대법원 2017. 6. 29. 선고 2016도18194 판결(형법 제264조, 제258조의2 제1항에 의하면 상습특수상해죄는 법정형의 단기가 1년 이상의 유기징역에 해당하는 범죄이고, 법원조직법 제32조 제1항 제3호 본문에 의하면 단기 1년 이상의 징역에 해당하는 사건에 대한 제1심 관할법원은 지방법원과 그 지원의 합의부이다).

3) 다만 다음 각 목의 사건은 제외한다.
  가. 형법 제258조의2(특수상해), 제331조(특수절도), 제332조(상습특수절도)(제331조의 상습범으로 한정한다)와 그 각 미수죄, 제350조의2(특수공갈)와 그 미수죄, 제363조(상습장물취득 등)에 해당하는 사건
  나. 폭력행위처벌법 제2조 제3항 제2호·제3호, 제6조(제2조 제3항 제2호·제3호의 미수죄로 한정한다) 및 제9조에 해당하는 사건
  다. 병역법 위반사건
  라. 특정범죄가중처벌법 제5조의3 제1항, 제5조의4 제5항 제1호·제3호 및 제5조의11에 해당하는 사건
  마. 「보건범죄 단속에 관한 특별조치법」 제5조에 해당하는 사건
  바. 「부정수표 단속법」 제5조에 해당하는 사건
  사. 도로교통법 제148조의2 제1항·제2항 제1호에 해당하는 사건

4) 대법원 2019. 8. 29. 선고 2018도14303 전원합의체 판결(전직 대통령인 피고인이 재임 중의 직무와 관련하여 뇌물을 수수하고 직권을 남용하여 강요행위를 하였다는 등의 특정범죄가중처벌법 위반(뇌물) 및 직권남용권리행사방

한편 지방법원 본원 합의부 및 춘천지방법원 강릉지원 합의부는 지방법원 단독판사의 판결·결정·명령에 대한 항소 또는 항고사건 중 법원조직법 제28조 제2호에 해당하지 아니하는 사건을 제2심으로 심판한다(법원조직법 제32조 제2항 본문).

2) 토지관할

① 의 의

'토지관할'(土地管轄)[1]이란 동등한 법원 상호간에 있어서 사건의 지역적 관계에 의한 관할의 분배를 말하는데, 이를 '재판적'(裁判籍)이라고도 한다. 형사사건의 관할은 심리의 편의와 사건의 능률적 처리라는 절차적 요구뿐만 아니라 피고인의 출석과 방어권 행사의 편의라는 방어상의 이익도 충분히 고려하여 결정하여야 하고, 특히 자의적인 사건처리를 방지하기 위하여 법률에 규정된 추상적 기준에 따라 획일적으로 결정하여야 한다. 이에 따라「각급 법원의 설치와 관할구역에 관한 법률」제4조 제1호에서는 [별표 3]을 통하여 각 고등법원·지방법원과 그 지원의 관할구역을 대등한 입장에서 서로 겹치지 않게 구분하여 규정하고 있다. 따라서 제1심 형사사건에 관하여 지방법원 본원과 지방법원 지원은 소송법상 별개의 법원이자 각각 일정한 토지관할 구역을 나누어 가지는 대등한 관계에 있으므로, 지방법원 본원과 지방법원 지원 사이의 관할의 분배도 지방법원 내부의 사법행정사무로서 행해진 지방법원 본원과 지원 사이의 단순한 사무분배에 그치는 것이 아니라 소송법상 토지관할의 분배에 해당한다. 그러므로 지방법원 본원에 제1심 토지관할이 인정된다고 볼 특별한 사정이 없는 한, 지방법원 지원에 제1심 토지관할이 인정된다는 사정만으로 당연히 지방법원 본원에도 제1심 토지관할이 인정된다고 볼 수는 없다.[2] 예를 들면 대구지방법원 본원의 관할구역은 대구광역시 중구·동구·남구·북구·수성구 및 경상북도 영천시·경산시·칠곡군·청도군 등이고, 대구지방법원 서부지원의 관할구역은 대구광역시 서구·달서구·달성군 및 경상북도 성주군·고령군 등으로 규정되어 있다.

해, 강요 등의 공소사실로 기소된 사안에서, 공직선거법 제18조 제1항 제3호, 제3항에 따르면 형법 제38조에도 불구하고 피고인이 재임 중의 직무와 관련하여 형법 제129조 내지 제132조(특정범죄가중처벌법 제2조에 의하여 가중처벌되는 경우를 포함한다)에 규정된 죄를 범한 경우에는 그에 속하는 죄와 다른 죄에 대하여 이를 분리 선고하여야 하므로, 이와 달리 원심이 피고인에게 유죄로 판단한 특정범죄가중처벌법 위반(뇌물)죄와 나머지 다른 죄에 대하여 형법 제38조를 적용하여 하나의 형을 선고한 조치에 공직선거법 제18조 제3항의 법리를 오해한 잘못이 있다).

5) 대법원 2009. 11. 12. 선고 2009도6946 판결(치료감호법은 제3조 제2항에서 '치료감호사건의 제1심 재판관할은 지방법원 합의부 및 지방법원지원 합의부로 한다. 이 경우 치료감호가 청구된 치료감호대상자에 대한 치료감호사건과 피고사건의 관할이 다른 때에는 치료감호사건의 관할에 따른다.'라고 규정하면서, 제4조 제5항에서 '검사는 공소제기한 사건의 항소심 변론종결 시까지 치료감호를 청구할 수 있다.'라고 규정하고, 제12조 제2항 본문에서 '치료감호사건의 판결은 피고사건의 판결과 동시에 선고하여야 한다.'라고 규정하고 있는데, 단독판사 관할 피고사건의 항소사건이 지방법원 합의부나 지방법원지원 합의부에 계속 중일 때 그 변론종결 시까지 청구된 치료감호사건의 관할법원은 고등법원이고, 피고사건의 관할법원도 치료감호사건의 관할을 따라 고등법원이 되며, 위와 같은 치료감호사건이 지방법원이나 지방법원지원에 청구되어 피고사건 항소심을 담당하는 합의부에 배당된 경우 그 합의부는 치료감호사건과 피고사건을 모두 고등법원에 이송하여야 한다).

1) 이에 대하여 심판권이 미치는 지역적 범위라는 의미에서 '지역관할'이라고 해야 한다는 견해로는 정승환, 295면.

2) 대법원 2015. 10. 15. 선고 2015도1803 판결.

② 결정기준

토지관할은 범죄지·피고인의 주소·거소 또는 현재지로 한다(제4조 제1항). 그러나 각 기준 사이에는 우열이 없으므로 하나의 피고사건에 대하여 수개의 법원이 토지관할을 가질 수 있다. 관할구역은 피고사건뿐만 아니라 사법행정권의 지역적 행사범위를 나타내는 개념인 반면에 토지관할은 피고사건에 대한 재판권의 지역적 행사범위를 나타낸다는 점에서 구별된다. 법원 또는 수명법관은 원칙적으로 관할구역 내에서만 소송행위를 할 수 있지만, 사실발견을 위하여 필요하거나 긴급을 요하는 때에는 관할구역 외에서 직무를 행하거나 사실조사에 필요한 처분을 할 수 있다(제3조).

㉠ **범죄지** '범죄지'(犯罪地)란 범죄사실의 전부 또는 일부가 발생한 장소를 말한다. 범죄지에는 일반적으로 범죄에 대한 증거가 존재하고, 심리의 능률과 신속에 도움이 된다는 점에서 토지관할의 기준으로 한 것이다. 범죄지는 실행행위지와 결과발생지는 물론 중간지도 포함된다. 예비지와 음모지는 원칙적으로 범죄지에 해당하지 않지만, 예비·음모를 처벌하는 규정이 있는 경우에는 예외적으로 범죄지에 해당한다. 공모공동정범의 경우에는 공모지도 범죄지에 해당한다. 간접정범의 경우에는 이용자가 이용행위를 한 장소뿐만 아니라 피이용자가 실행행위를 한 장소나 결과가 발생한 장소도 범죄지에 해당하고, 교사범 및 방조범의 경우에는 교사나 방조를 한 장소뿐만 아니라 정범의 실행행위지와 결과발생지도 범죄지에 해당한다.

㉡ **피고인의 주소와 거소** '주소'(住所)란 생활의 근거가 되는 곳을 말하고(민법 제18조), '거소'(居所)란 사람이 다소 계속적으로 거주하는 곳을 말한다(민법 제19조). 주소와 거소는 공소제기시에 법원의 관할구역 내에 있으면 족하고, 공소제기 이후에 주소와 거소의 변동이 있더라도 토지관할에는 영향을 미치지 아니한다.

㉢ **현재지** '현재지'(現在地)란 공소제기 당시 피고인이 현재한 장소를 말하는데, 임의에 의한 현재지뿐만 아니라 적법한 강제에 의한 현재지도 이에 해당한다.[1] 피고인의 현재지인 이상 범죄지 또는 주소지가 아니더라도 토지관할이 인정된다.[2] 현재지에 해당하는지의 여부는 공소제기시를 기준으로 판단하고, 공소제기 이후 피고인이 석방되거나 도주한 경우에도 토지관할에는 영향을 미치지 아니한다.

---

1) 대법원 2011. 12. 22. 선고 2011도12927 판결(소말리아해적사건)(소말리아 해적인 피고인들이 아라비아해 인근 공해상에서 대한민국 해운회사가 운항 중인 선박을 납치하여 대한민국 국민인 선원 등에게 해상강도 등 범행을 저질렀다는 내용으로 국군 청해부대에 의해 체포·이송되어 국내 수사기관에 인도된 후 구속·기소된 사안에서, 청해부대 소속 군인들이 피고인들을 현행범인으로 체포한 것은 검사 등이 아닌 이에 의한 현행범인 체포에 해당하고, 피고인들 체포 이후 국내로 이송하는 데에 약 9일이 소요된 것은 공간적·물리적 제약상 불가피한 것으로 정당한 이유 없이 인도를 지연하거나 체포를 계속한 경우로 볼 수 없으며, 경찰관들이 피고인들의 신병을 인수한 때로부터 48시간 이내에 청구하여 발부된 구속영장에 의하여 피고인들이 구속되었으므로, 피고인들은 적법한 체포, 즉시 인도 및 적법한 구속에 의하여 공소제기 당시 국내에 구금되어 있다고 할 것이어서 현재지인 국내법원에 토지관할이 있다). 동 판결에 대하여 관할제도를 무의미하게 한다는 점에서 부당하다는 견해로는 손동권/신이철, 33면.

2) 대법원 1984. 2. 28. 선고 83도3333 판결.

㉣ **국외에 있는 선박·항공기 내 범죄의 특칙** 국외에 있는 대한민국 선박 내에서 범한 죄에 관하여는 범죄지·피고인의 주소와 거소·현재지 이외에 선적지 또는 범죄 후의 선착지도 토지관할의 기준이 된다(제4조 제2항). 이는 국외에 있는 대한민국 항공기 내에서 범한 죄에 관하여 준용한다(제4조 제3항).

3) 심급관할

'심급관할'(審級管轄)이란 상소관계에 있어서의 관할을 말한다. 즉 상소심 법원의 심판권을 의미한다. 예를 들면 지방법원과 그 지원의 단독판사의 판결에 대한 항소사건은 지방법원 합의부 및 춘천지방법원 강릉지원 합의부에서 관할하고(법원조직법 제32조 제2항), 지방법원 합의부의 제1심판결에 대한 항소사건은 고등법원에서 관할한다(법원조직법 제28조 제1호). 그러므로 지방법원 단독판사의 판결에 대한 항소사건을 고등법원이 판단할 수는 없다.[1] 그리고 항소심판결에 대한 상고사건과 제1심판결에 대한 비약상고사건은 대법원이 관할한다(법원조직법 제14조 제1호).

(2) 관련사건의 관할

1) 의의 및 유형

'관련사건'(關聯事件)이란 수개의 사건이 서로 관련을 가진 경우를 말하는데, 관할이 인정된 하나의 피고사건을 전제로 그 사건과 주관적 또는 객관적으로 관련성이 인정되는 사건을 의미한다. 여기서 '주관적 관련'이란 1인이 범한 수죄를 말하고, '객관적 관련'이란 수인이 공동으로 범한 죄를 말하는데, 양자의 결합도 가능하다. 그리하여 본래 관할권이 없는 법원에 대해서도 관련사건에 대한 관할권을 인정하고 있다.

관련사건의 유형으로는 ① 1인이 범한 수죄, ② 수인이 공동으로 범한 죄, ③ 수인이 동시에 동일장소에서 범한 죄, ④ 범인은닉죄, 증거인멸죄, 위증죄, 허위감정·통역죄 또는 장물에 관한 죄와 그 본범의 죄 등이 있다(제11조).

① 1인이 범한 수죄

'1인이 범한 수죄'란 동일인이 범한 과형상의 수죄를 말한다. 따라서 실체적 경합범을 제외한 단순일죄·포괄일죄·과형상의 일죄인 상상적 경합범 등은 관련사건에 해당하지 아니한다. 이를 인정하는 이유는 가능한 하나의 법원이 이들 사건을 동시에 판결하도록 하여 분리심판으로 인한 피고인의 불이익을 방지하려는데 있다. 예를 들면 피고인이 여러 차례 절도를 범하여 절도죄로 재판을 받게 되는 경우에 있어서 하나의 법원에서 모든 절도죄에 대하여 실체적 경합범으로 재판을 한다면 경미한 절도죄가 희석되어 선고형에 제대로 반영되지 않겠지만, 그 경미한 절도죄를 다른 법원에서 독자적으로 재판을 하게 된다면 고유한 선고형이 선고되기 때문에 피고인에게 불리하게 영향을 미치게 되는 것이다.

---

1) 대법원 1997. 4. 8. 선고 96도2789 판결.

② 수인이 공동으로 범한 죄

'수인이 공동으로 범한 죄'란 형법에서 말하는 공범인 공동정범·교사범·종범·간접정범의 경우뿐만 아니라 필요적 공범·합동범 등을 포함한다. 그러나 이러한 관계가 없는 경우에는 단순히 피고인들이 친척이라는 사실만으로 관련사건에 해당한다고 할 수 없다.[1]

③ 수인이 동시에 동일장소에서 범한 죄

'수인이 동시에 동일장소에서 범한 죄'란 공범관계가 인정되지 않는 독립행위가 동시에 경합하는 경우로서 동시범[2]을 말한다.

④ 범인은닉죄, 증거인멸죄, 위증죄, 허위감정통역죄 또는 장물에 관한 죄와 그 본범의 죄

이들 범죄는 본범과의 사이에 공통되는 증거가 많다는 점, 동일한 법원에서 함께 심리를 하여 재판의 효율성과 통일성을 유지할 필요가 있다는 점 등을 고려하여 관련사건으로 규정하고 있는 것이다. 장물에 관한 죄는 형법상 장물에 관한 죄뿐만 아니라 관세법상의 관세장물범을 포함한다.

2) 관련사건의 병합관할

① 의 의

관련사건의 경우에는 고유의 법정관할이 없더라도 병합관할권을 가진다. 즉 관련사건의 일부에 대하여 관할권이 있는 법원은 그 전부에 대하여 관할권이 인정된다. 이는 주관적 관련에 있어서는 피고인이 분리심판으로 인한 불이익을 받지 않도록 하고, 객관적 관련에 있어서는 동일한 사건에 대하여 모순된 판결을 방지하도록 하는데 그 실익이 있다. 그리고 고유의 관할사건에 대하여 무죄·면소·공소기각의 재판 등이 선고된 경우에도 이미 발생한 관련사건의 관할은 소멸하지 아니한다.

② 사물관할의 병합관할

사물관할을 달리하는 수개의 사건이 관련된 때에는 법원 합의부는 병합관할한다(제9조 본문). 그러므로 검사가 합의부 사건과 단독판사 사건을 병합하여 하나의 공소장으로 기소하면 합의부는 두 사건을 병합하여 심판할 수 있다. 사물관할의 병합관할은 원칙적으로 제1심의 사물관할에 관한 규정이지만, 항소심의 경우에 있어서도 심급의 이익을 해하지 않는 한 이를 인정할 수 있을 것이다.[3] 고유의 관할사건에 대하여 무죄·면소 또는 공소기각의 재판이 선고된 경우에도 이미 발생한 관련사건의 관할은 소멸하지 아니한다.

③ 토지관할의 병합관할

토지관할을 달리하는 수개의 사건이 관련된 때에는 1개의 사건에 관하여 관할권있는 법원

1) 대법원 1978. 10. 10. 선고 78도2225 판결.

2) 형법 제19조(동시 또는 이시의 독립행위가 경합한 경우에 그 결과발생의 원인된 행위가 판명되지 아니한 때에는 각 행위를 미수범으로 처벌한다) 및 형법 제263조(독립행위가 경합하여 상해의 결과를 발생하게 한 경우에 있어서 원인된 행위가 판명되지 아니한 때에는 공동정범의 예에 의한다).

3) 송광섭, 76면; 이은모/김정환, 41면; 이재상/조균석, 68면; 이창현, 51면; 정승환, 298면.

은 다른 사건까지 관할할 수 있다(제5조). 그러므로 검사는 관련된 수개의 범죄사건을 병합관할권이 있는 어느 한 법원에 모두 기소할 수 있다. 토지관할의 병합관할은 이른바 고유관할사건 및 그 관련사건이 반드시 병합기소되거나 병합되어 심리될 것을 전제요건으로 하는 것은 아니고, 고유관할사건 계속 중 고유관할 법원에 관련사건이 계속된 이상 그 후 양 사건이 병합되어 심리되지 아니한 채 고유사건에 대한 심리가 먼저 종결되었다고 하더라도 관련사건에 대한 관할권은 여전히 유지된다.[1] 다만 토지관할의 병합관할은 사물관할이 동일한 사건에 대하여만 적용된다. 토지관할의 병합관할은 항소심에 대하여도 준용된다(규칙 제4조의2 제1항).

3) 관련사건의 병합심리

① 의 의

관련사건에 대해서는 소송계속 중이라도 심리의 편의를 위하여 이를 병합심리할 수 있다. 병합관할이 수개의 사건에 대한 관할권의 유무를 추상적으로 판단하는 것임에 반하여, 병합심리는 현실적으로 존재하는 수개의 소송계속을 전제로 하여 관할권의 유무를 판단하는 것이라는 점에서 차이가 있다.

② 사물관할의 병합심리

사물관할을 달리하는 수개의 관련사건이 각각 법원 합의부와 단독판사에 계속된 때에는 합의부는 결정으로 단독판사에 속한 사건을 병합하여 심리할 수 있다(제10조). 법원 합의부와 단독판사에 계속된 사건이 토지관할을 달리하는 경우에도 병합심리가 가능하다(규칙 제4조 제1항). 이 경우 단독판사는 그가 심리중인 사건과 관련된 사건이 합의부에 계속된 사실을 알게 된 때에는 즉시 합의부의 재판장에게 그 사실을 통지하여야 한다(규칙 제4조 제2항). 합의부에서 관련사건이 단독판사에 계속되어 있는 사실을 안 때에는 별다른 절차 없이 직권으로 병합심리결정을 할 수 있다. 합의부가 병합심리결정을 한 때에는 즉시 그 결정등본을 단독판사에게 송부하여야 하고, 단독판사는 그 결정등본을 송부받은 날로부터 5일 이내에 소송기록과 증거물을 합의부에 송부하여야 한다(규칙 제4조 제3항). 이 경우 단독판사는 별도로 이송결정을 할 필요가 없다.

사물관할의 병합심리는 항소심에서도 적용되는데, 사물관할을 달리하는 수개의 관련 항소사건이 각각 고등법원과 지방법원본원 합의부에 계속된 때에는 고등법원은 결정으로 지방법원본원 합의부에 계속한 사건을 병합하여 심리할 수 있다. 수개의 관련 항소사건이 토지관할을 달리하는 경우에도 같다(규칙 제4조의2 제1항). 지방법원본원 합의부의 재판장은 그 부에서 심리중인 항소사건과 관련된 사건이 고등법원에 계속된 사실을 알게 된 때에는 즉시 고등법원의 재판장에게 그 사실을 통지하여야 하고(규칙 제4조의2 제2항), 고등법원이 병합심리결정을 한 때에는 즉시 그 결정등본을 지방법원본원합의부에 송부하여야 하고, 지방법원본원합의부는 그 결정등본을 송부받은 날로부터 5일 이내에 소송기록과 증거물을 고등법원에 송부하여야 한다(규칙 제4

1) 대법원 2008. 6. 12. 선고 2006도8568 판결.

조의2 제3항).

③ 토지관할의 병합심리

토지관할을 달리하는 수개의 관련사건이 각각 다른 법원에 계속된 때에는 공통되는 직근(直近) 상급법원은 검사 또는 피고인의 신청에 의하여 결정[1]으로 1개 법원으로 하여금 병합심리하게 할 수 있다(제6조). 토지관할의 병합심리는 검사 또는 피고인의 신청을 요한다는 점에서 법원의 직권에 의하여 결정되는 사물관할의 병합심리와 구별된다. 여기서 '각각 다른 법원'이란 사물관할은 동일하지만 토지관할을 달리하는 수개의 제1심 법원들에 관련 사건이 계속된 경우를 말하고[2], '공통되는 직근 상급법원'은 그 성질상 형사사건의 토지관할 구역을 정해 놓은 「각급 법원의 설치와 관할구역에 관한 법률」 제4조에 기한 [별표 3]의 관할구역 구분을 기준으로 정하여야 한다. 형사사건의 제1심 법원은 각각 일정한 토지관할 구역을 나누어 가지는 대등한 관계에 있으므로, 그 상급법원은 정해진 제1심 법원들의 토지관할 구역을 포괄하여 관할하는 고등법원이 된다. 따라서 토지관할을 달리하는 수개의 제1심 법원들에 관련 사건이 계속된 경우에 그 소속 고등법원이 같은 경우에는 그 고등법원이, 그 소속 고등법원이 다른 경우에는 대법원이 제1심 법원들의 공통되는 직근 상급법원으로서 토지관할 병합심리 신청사건의 관할법원이 된다.[3] 예를 들면 서울남부지방법원과 서울동부지방법원의 공통되는 직근 상급법원은 서울고등법원이 되지만, 서울남부지방법원과 대구지방법원의 직근 상급법원은 고등법원을 달리하므로 대법원이 직근 상급법원이 된다.

4) 심리의 분리

사물관할을 달리하는 수개의 사건이 관련된 때에는 법원 합의부는 결정으로 관할권 있는 법원 단독판사에게 사건을 이송할 수 있다(제9조 단서). 이 경우 분리되어 이송되는 사건은 단독판사의 관할에 속하는 것에 한하며, 합의부의 관할사건은 이송의 대상이 되지 아니한다. 또한 토지관할을 달리하는 수개의 관련사건이 동일법원에 계속된 경우에 병합심리의 필요가 없는 때에는 법원은 결정으로 이를 분리하여 관할권 있는 다른 법원에 이송할 수 있다(제7조).

3. 재정관할

(1) 관할의 지정

1) 의 의

'관할의 지정'이란 검사가 법원의 관할이 명확하지 아니한 경우 또는 관할위반을 선고한 재판이 확정된 사건에 관하여 다른 관할법원이 없는 경우에 관계있는 제1심법원에 공통되는 직근

1) 실무상으로는 법원간의 자율적인 이송을 통하여 병합하며, 직근 상급법원의 결정을 통하여 병합되는 경우는 매우 드문 경우이다.

2) 대법원 1990. 5. 23.자 90초56 결정.

3) 대법원 2006. 12. 5.자 2006초기335 전원합의체 결정.

상급법원에 관할지정을 신청하여 직근 상급법원이 사건을 심판할 법원을 지정하는 것을 말한다(제14조 참조).

2) 사 유

① 법원의 관할이 명확하지 아니한 때(제14조 제1호)

'법원의 관할이 명확하지 아니한 경우'의 의미와 관련하여, ① 관할구역의 결정근거가 되는 행정구역 자체가 불명확한 경우를 의미한다는 견해[1], ② 관할의 경합에는 2개 이상의 법원이 관할권을 가진 경우인 적극적 경합과 서로 관할권이 없다고 판단하는 소극적 경합이 있는데, 현행법은 이를 구별하고 있지 않으므로 행정구역이 불명확한 경우뿐만 아니라 범죄사실이나 범죄지가 불명확하여 관할이 명확하지 아니한 경우를 포함한다는 견해[2] 등의 대립이 있다. 생각건대 범죄사실이나 범죄지가 불명확한 경우에는 공소사실의 불특정을 이유로 공소기각의 판결을 선고해야 하기 때문에 전자의 견해가 타당하다.

② 관할위반을 선고한 재판이 확정된 사건에 관하여 다른 관할법원이 없는 때(제14조 제2호)

이 경우 관할위반을 선고한 재판의 타당성 여부는 문제되지 아니한다.

3) 절 차

검사는 관할을 지정해야 할 사유가 있는 때에는 제1심 법원에 공통되는 직근 상급법원에 그 사유를 기재한 신청서를 제출하여야 한다(제14조, 제16조 제1항). 이 경우 검사는 피고인 또는 피의자의 수에 상응한 부본을 첨부하여야 한다(규칙 제5조 제1항). 신청서를 제출받은 법원은 지체 없이 검사의 신청서부본을 피고인 또는 피의자에게 송달하여야 한다(규칙 제5조 제2항 전단). 검사·피고인 또는 피의자는 신청서부본을 송부받은 날로부터 3일 이내에 의견서를 신청서를 제출받은 법원에 제출할 수 있다(규칙 제5조 제3항). 관할의 지정신청은 공소제기 전후를 불문하지만, 공소를 제기한 후 관할의 지정을 신청하는 때에는 즉시 공소를 접수한 법원에 통지하여야 한다(제16조 제2항). 법원은 그 계속 중인 사건에 관하여 관할지정신청이 제기된 경우에는 그 신청에 대한 결정이 있기까지 소송절차를 정지하여야 한다. 다만 급속을 요하는 경우에는 그러하지 아니하다(규칙 제7조). 관할지정신청을 받은 직근 상급법원은 신청이 이유 있다고 인정하면 관할법원을 정하는 결정을 하고, 그렇지 않을 경우에는 신청기각결정을 한다. 관할의 지정이 있으면 당연히 이송의 효과가 발생한다.

(2) 관할의 이전

1) 의 의

'관할의 이전'이란 관할법원이 법률상의 이유 또는 특별한 사정으로 재판권을 행할 수 없는 경우와 범죄의 성질·지방의 민심·소송의 상황 기타 사정으로 재판의 공평을 유지하기 어려운

1) 김인회, 315면; 배종대/홍영기, 48면; 손동권/신이철, 37면; 송광섭, 80면; 이은모/김정환, 43~44면; 정승환, 300면.

2) 이재상/조균석, 70면; 이창현, 56면; 임동규, 32면.

염려가 있는 경우에 검사 또는 피고인의 신청에 의하여 그 법원의 관할권을 관할권 없는 다른 법원에 옮기는 것을 말한다. 관할의 이전은 관할권 없는 다른 법원으로 관할을 옮긴다는 점에서 관할권 있는 다른 법원으로 관할을 이전하는 사건의 이송과는 구별된다. 또한 관할의 이전은 성질상 토지관할에 대해서만 인정되고, 제1심뿐만 아니라 항소심에서도 인정된다.

2) 사 유

① 관할법원이 법률상의 이유 또는 특별한 사정으로 재판권을 행할 수 없는 때(제15조 제1호)

'법률상의 이유'란 법관의 제척·기피·회피로 인하여 소송법상 의미의 법원을 구성할 수 없는 경우를 말하고, '특별한 사정'이란 천재지변 또는 법관의 질병·사망·출장 등으로 인하여 장기간 재판을 할 수 없는 경우를 말한다.

② 범죄의 성질 · 지방의 민심 · 소송의 상황 기타 사정으로 재판의 공평을 유지하기 어려운 염려가 있는 때(제15조 제2호)

불공정한 재판을 할 염려가 있는 경우는 그러한 사유에 있어서 객관적인 사정이 있어야 한다. 예를 들면 특정 지역의 주민들이 피고인 또는 피해자를 극심하게 증오·동정하여 재판에 영향을 미칠 수 있는 경우, 피고인인 판사가 소속된 법원이 재판을 진행하는 경우 등이 이에 해당한다. 하지만 법원이 검사의 공소장변경을 허용하였다고 하여 재판의 공평을 유지하기 어려울 염려가 있다고 인정되지 아니하므로 이를 이유로 한 관할이전의 신청은 이유가 없다.[1)]

3) 절 차

검사 또는 피고인은 관할을 이전해야 할 사유가 있는 때에는 제1심 법원에 공통되는 직근 상급법원에 그 사유를 기재한 신청서를 제출하여야 한다(제15조, 제16조 제1항). 피고인도 신청권을 가진다는 점에서 관할의 지정과 구별된다. 다만 검사의 신청은 필수적인 사항인 반면에, 피고인의 신청은 임의적인 사항이라는 점에서 차이가 있다(제15조 참조). 검사의 관할의 지정신청은 공소제기 전후를 불문하지만, 공소를 제기한 후 관할의 지정을 신청하는 때에는 즉시 공소를 접수한 법원에 통지하여야 한다(제16조 제2항). 다만 피고인은 공소제기 후에 한하여 관할이전의 신청을 할 수 있다.

4. 관할의 경합

(1) 의 의

'관할의 경합'이란 동일한 사건에 대하여 수 개의 법원이 동시에 관할권을 가지는 것을 말

1) 대법원 1984. 7. 24.자 84초45 결정; 同旨 대법원 1982. 12. 17.자 82초50 결정(신청인이 신청인에 대한 국가보안법 위반 피고사건의 담당법관에 대하여 기피신청을 하였고, 또 위 피고사건에서 위증을 한 공소외인 등에 대하여 대검찰청에 고소를 제기하여 대검찰청에서 이들을 조사하고 있는 중이라는 사실만으로는 위 피고사건의 관할법원인 수원지방법원이 그 재판권을 행사할 수 없다거나, 위 법원에서 위 피고사건에 대한 재판을 하면 재판의 공평을 유지하기 어려운 염려가 있다고 할 수 없다).

한다. 관할권이 있는 수 개의 법원 사이에는 서로 우열이 없기 때문에 검사는 어느 법원이든지 공소를 제기할 수 있는데, 어느 한 법원에 공소가 제기되었다고 하여 다른 법원의 관할권이 소멸되는 것은 아니다. 그러므로 공소가 제기되지 않은 법원이라고 할지라도 별도로 공소가 제기될 가능성은 여전히 존재하게 된다. 그러나 동일한 사건에 대하여 서로 다른 법원이 심판하여 이중적으로 판결을 선고하는 것은 소송경제에도 반할 뿐만 아니라 모순된 판결로 인하여 사법의 신뢰성마저도 저하시킬 위험성이 있다. 이러한 위험성을 방지하고자 형사소송법은 관할권이 경합하는 경우에 일정한 우선순위를 별도로 규정하고 있는 것이다. 관할의 경합이 하나의 사건에 대하여 2개 이상의 법원이 동시에 소송계속을 하는 경우임에 반하여, 관할의 병합은 2개 이상의 사건에 대하여 하나의 법원이 동시에 소송계속을 하는 경우라는 점에서 구별된다.

(2) 사물관할의 경합

동일사건이 사물관할을 달리하는 수개의 법원에 계속된 때에는 법원합의부가 심판한다(제12조). 예를 들면 동일사건이 A법원에서는 절도죄, B법원에서는 강도죄로 각각 기소된 경우가 이에 해당한다. 단독판사는 합의부에 소송이 계속된 사실을 알게 된 때에는 즉시 공소기각의 결정을 하여야 한다(제328조 제1항 제3호). 이는 수개의 소송계속이 모두 제1심에 있는 경우를 예정한 것이지만, 동일사건이 항소법원과 제1심 법원에 계속된 경우에도 이를 준용하여 항소법원이 심판하게 된다.

(3) 토지관할의 경합

동일사건이 사물관할을 같이하는 수개의 법원에 계속된 때에는 먼저 공소를 받은 법원이 심판한다(제13조 본문). 이를 '선착수'(先着手)의 원칙이라고 한다. 예를 들면 동일사건이 피고인의 현재지 관할인 A법원과 피고인의 주소지 관할인 B법원에 각각 기소된 경우가 이에 해당한다. 다만 각 법원에 공통되는 직근 상급법원은 검사 또는 피고인의 신청에 의하여 결정으로 뒤에 공소를 받은 법원으로 하여금 심판하게 할 수 있다(제13조 단서).

(4) 사건의 종결처리

① 사물관할 또는 토지관할의 경합으로 심판하지 않게 된 법원은 결정으로 공소를 기각하여야 한다(제328조 제1항 제3호). ② 나중에 공소가 제기된 법원에서 사건이 먼저 확정되었다면 먼저 공소가 제기된 사건에 대하여 면소판결을 하여야 한다(제326조 제1호). ③ 동일한 사건이 수개의 법원에서 판결이 되어 모두 확정되었다면 뒤에 확정된 판결은 당연무효가 된다.

5. 사건의 이송

(1) 의 의

'사건의 이송'이란 수소법원이 소송계속 중인 사건을 다른 관할권이 있는 법원이 심판하도록 소송계속을 이전하는 것을 말한다. 사건의 이송은 주로 결정의 형식으로 이루어지며, 당해 법원에서는 소송절차가 종결된다는 점에서 종국재판의 일종이라고 할 수 있다. 사건의 이송결정을 한 때에는 당해 사건에 관한 소송기록과 증거물을 다른 법원에 송부하여야 한다.

사건의 이송은 일정한 요건에 해당되면 반드시 이송해야 하는 필요적 이송과 법원의 재량에 따라 이송하는 임의적 이송으로 구분된다. 공소장변경으로 인한 합의부에의 이송(제8조 제2항), 관할의 지정·이전에 의한 이송(규칙 제6조 제3항), 군사법원에의 이송(제16조의2), 소년부 송치(소년법 제50조) 등은 전자에 해당하고, 현재지 관할법원에의 이송(제8조 제1항), 관련사건의 병합결정에 의한 이송(제6조, 제10조), 관련사건의 분리결정에 의한 이송(제7조) 등은 후자에 해당한다.

(2) 공소장변경으로 인한 합의부에의 이송

단독판사의 관할사건이 공소장변경에 의하여 합의부 관할사건으로 변경된 경우에 법원은 결정으로 관할권이 있는 법원에 이송한다(제8조 제2항). 이는 본래 사물관할권이 없어진 단독판사가 관할위반의 판결을 선고하고 검사가 다시 관할법원 합의부에 공소를 제기하여야 하지만 소송경제를 위하여 법원의 의무적 이송을 규정하고 있는 것이다. 항소심에서 공소장변경에 의하여 단독판사의 관할사건이 합의부 관할사건으로 된 경우에도 법원은 사건을 관할권이 있는 법원에 이송하여야 한다고 할 것이고, 항소심에서 변경된 위 합의부 관할사건에 대한 관할권이 있는 법원은 고등법원이다.[1]

한편 제1심에서 합의부 관할사건에 관하여 단독판사 관할사건으로 죄명·적용법조를 변경하는 공소장변경허가신청서가 제출되자, 합의부가 공소장변경을 허가하는 결정을 하지 않은 채 착오배당을 이유로 사건을 단독판사에게 재배당한 경우, 제8조 제2항에서 단독판사의 관할사건이 공소장변경에 의하여 합의부 관할사건으로 변경된 경우 합의부로 이송하도록 규정하고 있을 뿐 그 반대의 경우에 관하여는 규정하고 있지 아니하며, 「법관 등의 사무분담 및 사건배당에 관한 예규」에서도 이러한 경우를 재배당사유로 규정하고 있지 아니하므로, 사건을 배당받은 합의부는 공소장변경허가결정을 하였는지에 관계없이 사건의 실체에 들어가 심판하여야 한다.[2]

(3) 현재지 관할법원에의 이송

법원은 피고인이 그 관할구역 내에 현재하지 아니하는 경우에 특별한 사정이 있으면 결정으로 사건을 피고인의 현재지를 관할하는 동급 법원에 이송할 수 있다(제8조 제1항). 사건의 이송은 관할법원 상호간에 소송계속을 이전하는 것이라는 점에서 관할의 이전과는 구별된다. 즉 법원이 피고인에 대하여 관할권은 있으나, 피고인이 그 관할구역 내에 현재하지 아니한 경우에 심리의 편의와 피고인의 이익을 위하여 피고인의 현재지를 관할하는 동급법원에 이송할 수 있음을 규정한 것이다. 그러므로 피고인에 대하여 관할권이 없는 경우에도 필요적으로 이송하여야 한다는 뜻은 아니다.[3] 이송을 할 것인지의 여부는 심리의 편의와 피고인의 이익을 위하여

1) 대법원 2009. 11. 12. 선고 2009도6946 판결; 대법원 1997. 12. 12. 선고 97도2463 판결.

2) 대법원 2013. 4. 25. 선고 2013도1658 판결.

3) 대법원 1978. 10. 10. 선고 78도2225 판결.

법원의 재량에 의하여 결정된다. 이송결정이 확정되면 이송을 받은 법원에 소송계속이 이전되며, 이송을 받은 법원은 사정의 변경이 없는 한 재이송을 할 수는 없다.

(4) 군사법원에의 이송

법원은 공소가 제기된 사건에 대하여 군사법원이 재판권을 가지게 되었거나 재판권을 가졌음이 판명된 때에는 결정으로 사건을 재판권이 있는 같은 심급의 군사법원으로 이송한다. 이 경우에 이송 전에 행한 소송행위는 이송 후에도 그 효력에 영향이 없다(제16조의2).[1] 여기서 '공소가 제기된 사건에 대하여 군사법원이 재판권을 가지게 된 때'란 공소제기 후 피고인이 군에 입대하는 등의 이유로 군사법원이 피고인에 대한 재판권을 가지게 된 경우를 말하며, '공소가 제기된 사건에 관하여 군사법원이 재판권을 가졌음이 판명된 때'란 공소제기 당시에 이미 군사법원이 재판권을 가지고 있던 경우를 포함한다.[2] 반면에 군사법원은 공소가 제기된 사건에 대하여 군사법원이 재판권을 가지지 아니하게 되었거나 재판권을 가지지 아니하였음이 밝혀진 경우[3]에는 결정으로 사건을 재판권이 있는 같은 심급의 법원으로 이송하되, 고등군사법원에 계속된 사건 중 단독판사가 심판할 사건에 대한 항소사건은 지방법원 항소부로 이송한다. 이 경우 이송 전에 한 소송행위는 이송 후에도 그 효력에 영향이 없다(군사법원법 제2조 제3항).

원칙적으로 일반법원과 군사법원의 재판권의 분배는 관할의 문제가 아니라 재판권에 관한 문제이다. 이는 피고사건에 대하여 재판권이 없으면 공소를 기각하여야 하지만, 소송경제를 위하여 사건을 군사법원으로 이송하도록 예외를 규정한 것이다.[4] 그러므로 피고인이 군인이라는

---

1) 대법원 2016. 10. 13. 선고 2016도11317 판결(군사법원법 제2조 제1항 제1호에는 군형법 제1조 제4항에 규정된 사람이 범한 죄에 대하여 재판권을 가진다고 규정되어 있고, 군형법 제1조 제4항 제3호에는 군형법 제54조부터 제56조까지, 제58조, 제58조의2부터 제58조의6까지 및 제59조의 죄에 해당하는 죄를 범한 내국인과 외국인에 대하여도 군인에 준하여 군형법을 적용한다고 규정되어 있다. 따라서 군형법 제1조 제4항 제3호에서 정한 군형법상의 죄에 대하여는 그 죄를 범한 사람이 군인이든 군인이었다가 전역한 사람이든 그 신분에 관계없이 군사법원에 재판권이 있다. 따라서 군형법 제54조 제1호, 제56조 제1호에서 정한 적전초병특수폭행, 적전초병특수협박, 적전초병폭행죄로 기소된 이 사건에 대하여는 군사법원에 신분적 재판권이 있으므로, 위 각 법원은 제16조의2에 의하여 사건을 관할군사법원에 이송하였어야 한다).

2) 대법원 1982. 6. 22. 선고 82도1072 판결.

3) 대법원 2016. 6. 16.자 2016초기318 전원합의체 결정(군사법원이 군사법원법 제2조 제1항 제1호에 의하여 특정 군사범죄를 범한 일반 국민에 대하여 신분적 재판권을 가지더라도 이는 어디까지나 해당 특정 군사범죄에 한하는 것이지 이전 또는 이후에 범한 다른 일반 범죄에 대해서까지 재판권을 가지는 것은 아니다. 따라서 일반 국민이 범한 수 개의 죄 가운데 특정 군사범죄와 그 밖의 일반 범죄가 형법 제37조 전단의 경합범 관계에 있다고 보아 하나의 사건으로 기소된 경우, 특정 군사범죄에 대하여는 군사법원이 전속적인 재판권을 가지므로 일반 법원은 이에 대하여 재판권을 행사할 수 없다. 반대로 그 밖의 일반 범죄에 대하여 군사법원이 재판권을 행사하는 것도 허용될 수 없다. 이 경우 어느 한 법원에서 기소된 모든 범죄에 대해 재판권을 행사한다면 재판권이 없는 법원이 아무런 법적 근거 없이 임의로 재판권을 창설하여 재판권이 없는 범죄에 대한 재판을 하는 것이 되므로, 결국 기소된 사건 전부에 대하여 재판권을 가지지 아니한 일반 법원이나 군사법원은 사건 전부를 심판할 수 없다).

4) 제16조의2는 1973. 1. 25. 형사소송법 개정을 통하여 신설된 것이기 때문에 「피고인이 군에 입대한 경우에는 입대로 인하여 일반법원은 피고인에 대한 재판권을 상실하였다고 할 것이므로, 그 입대 후에 선고된 항소심판결은 물론 그 입대 전에 선고되었으나 미확정중인 제1심판결까지도 재판권이 없는 자에 대한 재판이었다고 할 것이니 그 판결들은 모두 파기를 면하지 못한다.」라고 판시한 기존의 대법원 1970. 5. 26. 선고 70도117 판결은 더 이상 효력을 유지할 수 없게 되었다.

사실이 인정되면 군사법원에 이송하여야 하며 공소기각의 판결을 선고해서는 안 된다.[1] 이송 전에 행한 소송행위는 이송 후에도 그 효력에 영향이 없으므로, 제1심 법원에 공소가 제기되기 이전부터 군법피적용자의 신분을 보유하고 있던 피고인에 대한 제1심 법원의 판결선고 후에 항소심사건을 이송받은 고등군법회의로서는 제1심 법원이 피고인에 대한 재판권이 없었다는 이유로 제1심판결을 파기할 수 없다.[2]

(5) 보호사건 송치

법원은 소년에 대한 피고사건을 심리한 결과 보호처분에 해당할 사유가 있다고 인정하면 결정으로써 사건을 관할 소년부에 송치하여야 한다(소년법 제50조). 소년부는 이에 따라 송치받은 사건을 조사 또는 심리한 결과 사건의 본인이 19세 이상인 것으로 밝혀지면 결정으로써 송치한 법원에 사건을 다시 이송하여야 한다(소년법 제51조). 또한 법원은 가정폭력행위자에 대한 피고사건을 심리한 결과 가정폭력특례법에 따른 보호처분을 하는 것이 적절하다고 인정하는 경우에는 결정으로 사건을 가정보호사건의 관할 법원에 송치할 수 있고(가정폭력특례법 제12조 본문), 법원은 성매매 사건의 심리 결과 성매매처벌법에 따른 보호처분을 하는 것이 적절하다고 인정할 때에는 결정으로 사건을 보호사건의 관할법원에 송치할 수 있다(성매매처벌법 제12조 제2항).

6. 관할위반의 효과

(1) 관할권의 직권조사

법원의 관할권은 소송조건에 해당하기 때문에 법원은 직권으로 관할을 조사하여야 한다(제1조). 관할권의 존재를 결정하는 시기는 토지관할에 있어서는 공소제기시를 기준으로 하지만 나중에 관할권이 생기면 그 하자는 치유된다. 반면에 사물관할에 있어서는 공소제기시부터 재판의 종결에 이르기까지 전체 심리과정에 관할권이 존재하여야만 한다.

(2) 관할위반의 판결

관할권이 없음이 명백한 때에는 판결로서 관할위반의 선고를 하여야 한다(제319조). 그러나 법원은 피고인의 신청이 없으면 토지관할에 관하여 관할위반의 선고를 하지 못한다(제320조 제1항). 왜냐하면 토지관할은 동등한 법원간에 있어서 업무부담의 기준이므로 토지관할이 다르더라도 피고인의 신청이 없으면 소송을 진행시키는 것이 능률적이기 때문이다. 이는 실질적으로 피고인에게 불이익을 가져올 염려가 없다. 여기서 피고인의 관할위반의 신청은 피고사건에 대한 진술 전에 하여야 한다(제320조 제2항). 따라서 피고사건에 대한 진술이 있으면 관할권 결여의 하자가 치유되어 법원은 그 사건에 대하여 관할권을 가지게 된다.

관할위반의 판결을 하더라도 그 절차를 조성하는 소송행위는 관할위반인 경우에도 그 효력에 영향이 없다(제2조). 이는 소송경제를 위하여 절차를 조성하는 개개의 소송행위가 유효하

---

1) 대법원 1973. 7. 24. 선고 73도1296 판결.

2) 대법원 1982. 6. 22. 선고 82도1072 판결.

다는 의미에 불과하기 때문에 관할권이 없는 법원에서는 실체판결을 할 수 없다.

(3) 관할위반에 대한 상소

관할위반에도 불구하고 법원이 판결을 선고한 경우에는 절대적 항소이유(제361조의5 제3호) 내지 상대적 상고이유(제383조 제1호)가 된다. 관할의 인정이 법률에 위반됨을 이유로 원심판결 또는 제1심판결을 파기하는 경우에는 판결로써 사건을 관할있는 법원에 이송하여야 하고(제394조), 관할위반의 인정이 법률에 위반됨을 이유로 원심판결 또는 제1심판결을 파기하는 경우에는 판결로써 사건을 원심법원 또는 제1심 법원에 환송하여야 한다(제395조). 관할위반의 재판이 법률에 위반됨을 이유로 원심판결을 파기하는 때에는 판결로써 사건을 원심법원에 환송하여야 한다(제366조). 관할인정이 법률에 위반됨을 이유로 원심판결을 파기하는 때에는 판결로써 사건을 관할법원에 이송하여야 한다. 다만 항소법원이 그 사건의 제1심 관할권이 있는 때에는 제1심으로 심판하여야 한다(제367조).

Ⅲ. 제척 · 기피 · 회피

1. 의 의

피고사건에 대한 법원의 심리와 재판은 공정해야 한다. 공정한 재판을 하기 위해서는 공평한 법원의 존재가 필수적으로 요구되는데, 이는 법관이 편파적인 재판을 할 위험성을 사전에 차단해야만 가능하다. 만약 법관이 사건 당사자와 특별한 이해관계가 결부되어 있다면 당해 재판의 불공정성은 물론 사법의 정당성 내지 신뢰성마저도 유지하기 어려울 것이다. 이와 같이 구체적인 사건에 있어서 편파적인 재판이 진행될 가능성이 농후한 경우에 당해 법관을 재판에서 배제시키는 제도가 제척·기피·회피라고 할 수 있다. 하지만 구체적인 사건에 있어서 담당검사에 대하여 제척·기피·회피 등을 인정할 수 있는 법적 근거는 마련되어 있지 않다.

2. 제 척

(1) 제척의 의의

'제척'(除斥)이란 법관이 구체적인 사건에 있어서 불공평한 재판을 할 우려가 있는 경우를 법률상 미리 한정적으로 열거하여 특정한 법관이 이에 해당하는 경우에 그 법관은 당연히 당해 사건의 심판에서 배제하는 제도를 말한다. 제척은 그 효과가 법률의 규정에 의하여 당연히 발생한다는 점에서 당사자 또는 법관 스스로의 신청이 있을 때 재판에 의하여 법관이 직무집행에서 배제되는 기피·회피와 구별된다. 또한 제척사유로 규정되어 있는 제17조의 7가지의 사유는 예시적인 사유가 아니라 제한적인 열거사유에 해당하는 것이기 때문에 아무리 불공평한 재판을 할 우려가 있는 경우라고 하더라도 제17조의 사유에 해당하지 않는다면 제척사유라고 할 수 없다. 다만 제척사유가 아니라고 할지라도 기피사유가 될 수 있는지 여부는 별개의 문제이다.

한편 제척은 피고사건을 심판하는 법관뿐만 아니라 일정한 경우 약식명령을 하는 판사에게도 적용된다.

(2) 제척사유

1) 법관이 피해자인 때(제17조 제1호)

여기서 피해자는 직접피해자만을 의미하고, 간접피해자는 포함하지 아니한다. 왜냐하면 간접피해자는 범위가 불명확하여 법적 안정성을 해할 염려가 있기 때문이다. 직접피해자라고 한다면 보호법익의 주체뿐만 아니라 행위의 객체도 포함된다. 만약 법관이 간접피해자일 경우에는 기피사유는 될 수 있다.

2) 법관이 피고인 또는 피해자의 친족 또는 친족관계가 있었던 자인 때(제17조 제2호)

친족의 개념은 민법에 의하여 결정되는데, 배우자·혈족 및 인척을 친족으로 한다(민법 제767조). 자기의 직계존속과 직계비속을 직계혈족이라고 하고, 자기의 형제자매와 형제자매의 직계비속, 직계존속의 형제자매 및 그 형제자매의 직계비속을 방계혈족이라고 한다(민법 제768조). 혈족의 배우자, 배우자의 혈족, 배우자의 혈족의 배우자를 인척으로 한다(민법 제769조). 친족관계로 인한 법률상 효력은 민법 또는 다른 법률에 특별한 규정이 없는 한 8촌 이내의 혈족, 4촌 이내의 인척, 배우자에 해당하는 자에 미친다(민법 제777조). 사실혼관계에 불과한 경우에는 제척사유에 해당하지 아니하지만[1], 기피사유는 될 수 있다.

3) 법관이 피고인 또는 피해자의 법정대리인·후견감독인인 때(제17조 제3호)

법정대리인 또는 후견감독인의 개념도 민법에 의하여 결정된다. 이와 같은 관계는 재판시에 존재하는 경우에 한하고, 그 관계가 해소된 경우에는 제척사유에 해당하지 아니한다.

4) 법관이 사건에 관하여 증인·감정인·피해자의 대리인으로 된 때(제17조 제4호)

'법관이 사건에 관하여 증인·감정인이 된 때'란 법관이 형사사건에 관하여 증인·감정인이 된 때를 말하므로, 범죄사실과 관련된 민사소송 기타의 절차에서 증인 또는 감정인이 된 경우는 제외된다. 그러나 당해 형사사건인 이상 피고사건뿐만 아니라 피의사건도 포함되므로 증거보전절차(제184조)나 증인신문절차(제221조의2)에서 증인 또는 감정인이 된 때에도 이에 해당한다. 또한 '증인 등이 된 때'란 증인으로 증언을 하는 등 실체형성에 관여한 때를 말하므로, 소환·출석·인정신문 등과 같이 단순한 절차형성에만 관여한 경우에는 제척사유에 해당하지 아니한다. 같은 맥락에서 수사기관에서 참고인으로 조사받거나 감정인으로 위촉된 경우에도 제척사유에 해당하지 아니한다. 한편 '법관이 사건에 관하여 피해자의 대리인이 된 때'란 법관이 고소대리인(제236조) 또는 재정신청의 대리인(제264조 제1항)이 된 때를 말한다.

5) 법관이 사건에 관하여 피고인의 대리인·변호인·보조인으로 된 때(제17조 제5호)

피고인의 대리인에는 피고인인 법인의 대표자(제27조)를 포함하며, 피고인의 변호인에는 사

---

1) 대법원 2011. 4. 14. 선고 2010도13583 판결.

선변호인, 국선변호인 및 특별변호인이 된 경우를 포함한다.

6) 법관이 사건에 관하여 검사 또는 사법경찰관의 직무를 행한 때(제17조 제6호)

법관이 법관으로 임용되기 이전에 사건에 관하여 검사 또는 사법경찰관의 직무를 행한 경우에는 제척사유에 해당한다. 선거관리위원장은 형사소송법이나 「사법경찰관리의 직무를 행할 자와 그 직무범위에 관한 법률」에 사법경찰관의 직무를 행할 자로 규정되어 있지 아니하고, 그 밖에 달리 사법경찰관에 해당한다고 볼 근거가 없으므로 선거관리위원장으로서 공직선거법 위반 혐의사실에 대하여 수사기관에 수사의뢰를 한 법관이 당해 형사피고사건의 재판을 하는 경우 그것이 적절하다고는 볼 수 없으나 제17조 제6호의 제척원인인 '법관이 사건에 관하여 사법경찰관의 직무를 행한 때'에 해당한다고 할 수 없다.[1] 한편 직업법관제도가 도입된 이후 동 제척사유는 증가할 것으로 예상된다.

7) 법관이 사건에 관하여 전심재판 또는 그 기초되는 조사·심리에 관여한 때(제17조 제7호)

① 전심재판

'전심재판'(前審裁判)이란 상소에 의하여 불복이 신청된 당해 사건의 재판을 말한다. 예를 들면 제2심에 대한 제1심, 제3심에 대한 제2심 또는 제1심이 전심재판에 해당하게 된다. 하지만 실질상 동일한 심급이고, 하급심이 아니라면 전심재판에 해당하지 아니한다. 이에 따라 환송판결 전의 원심에 관여한 재판관이 환송 후의 원심재판관으로 관여한 경우[2], 재심청구사건에 있어서 재심대상이 되는 사건인 확정판결에 관여한 원심재판장이 재심대상판결의 제1심에 관여한 경우[3] 등에 있어서는 제척사유에 해당하지 아니한다. 또한 전심재판은 당해 사건의 전심만을 의미하므로 공범사건의 경우라도 분리하여 심리된 다른 공범에 대한 사건에 관여하거나 동일한 피고인의 다른 사건에 관여한 경우에는 전심재판에 관여하였다고 볼 수 없다.

한편 약식명령이나 즉결심판을 담당한 법관이 이후 정식재판을 담당한 경우에도 제척사유에 해당하는지 여부와 관련하여[4], ① 약식명령이나 즉결심판은 정식재판과 심급을 같이 하는 재판이므로 약식명령이나 즉결심판을 한 법관이 정식재판을 담당하였다고 하여 전심재판에 관여하였다고 볼 수 없다고 하는 소극설[5], ② 약식명령이나 즉결심판의 경우에도 사건의 실체에

1) 대법원 1999. 4. 13. 선고 99도155 판결.

2) 대법원 1979. 2. 27. 선고 78도3204 판결; 대법원 1971. 12. 28. 선고 71도1208 판결; 대법원 1968. 6. 27. 선고 67도1112 판결.

3) 대법원 1982. 11. 15.자 82모11 결정.

4) 참고로 일본 형사소송법 제20조 제7호에서는 법관이 약식명령에 관여한 경우를 제척사유로 하고 있다.

5) 손동권/신이철, 46면; 송광섭, 53면; 신동운, 355면; 신양균/조기영, 430면; 이은모/김정환, 53면; 이재상/조균석, 79면; 이창현, 68면(그렇지만 당해 사건에 대한 법관의 예단이나 편견의 위험성 때문에 제척의 원인이 규정된 취지에 의하면 그 정식재판의 항소심에 관여한 경우는 제척의 원인이 되면서 정식재판에 관여한 경우는 제척의 원인이 될 수 없다는 것은 모순이라고 하겠으므로 약식명령을 한 판사가 정식재판에 관여하면 기피의 원인이 될 수는 있다); 임동규, 42면; 정승환, 284면; 정웅석/최창호, 271면.

관하여 조사·심리함으로서 사건에 대하여 예단을 가질 수 있으므로 전심재판에 관여한 것이라고 보아야 한다고 파악하는 적극설[1] 등의 대립이 있다. 이에 대하여 판례는 「약식절차와 피고인 또는 검사의 정식재판청구에 의하여 개시된 제1심 공판절차는 동일한 심급 내에서 서로 절차만 달리할 뿐이므로, 약식명령이 제1심 공판절차의 전심재판에 해당하는 것은 아니고, 따라서 약식명령을 발부한 법관이 정식재판절차의 제1심판결에 관여하였다고 하여 제17조 제7호에 정한 '법관이 사건에 관하여 전심재판 또는 그 기초되는 조사·심리에 관여한 때'에 해당하여 제척의 원인이 된다고 볼 수는 없다.」라고 판시[2]하여, 소극설의 입장을 취하고 있다. 생각건대 약식명령은 전심재판이 아님이 분명할 뿐만 아니라 약식절차에서는 피고인을 직접 신문하거나 증거조사를 하지 아니하고 서면심리에 의할 뿐이므로 소극설이 타당하다. 다만 약식명령을 발부한 법관이 그 정식재판절차의 항소심판결에 관여하였다면 제척의 원인이 된다.[3]

② 전심재판에 관여한 때

'전심재판에 관여한 때'란 전심재판의 내부적 성립에 실질적으로 관여한 때를 말한다. 그러므로 제4차 공판에는 관여한 바 있으나 제5차 공판에서 경질되어 원심판결에는 관여하지 아니하였다면 전심재판에 관하여 법관이 불복이 신청된 당해 사건의 재판에 관여하였다고 할 수 없다.[4] 또한 재판의 선고나 고지와 같은 외부적 성립에만 관여한 경우, 사실심리나 증거조사를 하지 않고 공판기일을 연기하는 재판에만 관여한 경우[5], 상고심에 관여한 법관이 판결정정신청사건에 관여한 경우[6] 등은 제척사유에 해당하지 아니한다.

③ 전심재판의 기초되는 조사 · 심리에 관여한 때

'전심재판의 기초되는 조사·심리에 관여한 때'란 전심재판의 내용형성에 영향을 미친 경우를 말한다. 그러므로 수사단계에서 피고인에 대하여 구속영장을 발부한 법관[7], 체포·구속적부심사에 관여한 법관[8], 보석허가결정에 관여한 법관, 원심 재판장에 대한 기피신청 사건의 심리와 기각결정에 관여한 원심 합의부원인 법관[9] 등은 전심재판의 실체형성을 위한 심리에 관여하지 않았기 때문에 이에 해당하지 않지만, 기소강제절차에서 공소제기 결정을 한 법관은 이에 해당한다.[10] 전심재판의 공판기일에서 후에 피고인에 대한 유죄의 증거로 사용된 피의자신문조

---

1) 김인회, 319면.

2) 대법원 2011. 4. 28. 선고 2011도17 판결; 대법원 2002. 4. 12. 선고 2002도944 판결.

3) 대법원 1985. 4. 23. 선고 85도281 판결; 대법원 1955. 10. 18. 선고 4288형상242 판결.

4) 대법원 1985. 4. 23. 선고 85도281 판결.

5) 대법원 1954. 8. 12. 선고 4286형상141 판결.

6) 대법원 1967. 1. 18. 선고 66초67 결정.

7) 대법원 1989. 9. 12. 선고 89도612 판결.

8) 대법원 1960. 7. 23. 선고 4293형상166 판결.

9) 대법원 2010. 12. 9. 선고 2007도10121 판결; 대법원 2001. 12. 24. 선고 2001도5126 판결.

10) 이에 반대하는 견해로는 이은모/김정환, 54면; 정웅석/최창호, 272면.

서·참고인진술조서 등에 대하여 증거조사를 한 법관은 공판절차의 진행 중에 경질되었다고 하더라도 제척사유에 해당한다.[1)]

한편 증거보전절차(제184조) 또는 수사상의 증인신문절차(제221조의2)를 행하는 법관에게도 제17조가 유추적용 되는지 여부와 관련하여, ① 제17조는 피고사건을 전제로 규정되어 있다는 점을 논거로 하는 소극설[2)], ② 증거보전절차에서 작성된 법관의 조서는 당연히 증거능력이 인정된다는 점(제311조 후단), 증거보전처분을 행하는 법관은 그 처분에 관하여 법원 또는 재판장과 동일한 권한을 가진다는 점(제184조 제2항), 판사가 증거보전절차에서 증거보전의 처분을 하면 그 사건에 대하여 예단이 생긴다는 점 등을 논거로 하는 적극설[3)] 등의 대립이 있다. 이에 대하여 판례는 「공소제기 전에 검사의 청구에 의하여 제184조에 의한 증인신문을 한 법관은 제17조 제7호에 이른바 전심재판 또는 그 기초되는 조사, 심리에 관여한 법관이라고 할 수 없다.」라고 판시[4)]하여, 소극설의 입장을 취하고 있다. 생각건대 공소제기 전에 행하여지는 증거보전절차나 증인신문절차의 경우 그 절차에서 작성된 조서는 절대적 증거능력이 인정되기 때문에 제척사유로 파악하는 것이 타당하다.

(3) 제척의 효과

제척사유에 해당하는 법관은 당해 사건의 직무집행에서 당연히 배제된다. 배제되는 직무집행의 범위는 당해 사건에 관한 일체의 소송행위에 미친다. 법원조직법 제32조 제1항 제5호에서는 지방법원 판사에 대한 제척사건을 합의부 관할로 규정하고 있지만, 이는 민사소송에서의 제척신청사건에 대한 관할(민사소송법 제42조)을 의미할 뿐 형사소송과는 무관하다. 제척사유가 있는 법관은 스스로 회피하여야 하며(제24조 제1항), 당사자도 기피신청을 할 수 있다(제18조 제1항). 제척사유가 있는 법관이 심판에 관여한 경우에는 법률상 그 재판에 관여하지 못할 판사가 그 사건의 심판에 관여한 때에 해당하여 절대적 항소이유가 되며(제361조의5 제7호), 판결에 영향을 미친 법률위반으로서 상대적 상고이유가 된다(제383조 제1호). 다만 제척사유가 있는 법관이 재판의 내부적 성립에 실질적으로 관여하지 않은 채 단순히 재판에 관여한 경우에는 상소이유에 해당하지 않음에 유의해야 한다.

3. 기 피

(1) 기피의 의의

'기피'(忌避)란 법관에게 제척사유 기타 불공평한 재판을 할 사정이 있는 경우에 당사자의 신청에 의하여 당해 법관을 그 직무집행으로부터 탈퇴하게 하는 제도를 말한다. 제척사유는 유

1) 대법원 1999. 10. 22. 선고 99도3534 판결.

2) 송광섭, 53면; 이주원, 17면.

3) 김인회, 318면; 배종대/홍영기, 43면; 손동권/신이철, 44면; 신양균/조기영, 432면; 이은모/김정환, 54면; 이재상/조균석, 80면; 이창현, 68면; 임동규, 43면; 정승환, 285면; 정웅석/최창호, 270면.

4) 대법원 1971. 7. 6. 선고 71도974 판결.

형적으로 제한되어 있고 그 효과가 법률의 규정에 의하여 당연히 발생하는데 반하여, 기피사유는 비유형적으로 되어 있고 그 효과가 당사자의 신청을 통한 법원의 결정에 의하여 발생한다는 점에서 구별된다. 그러므로 기피는 제척을 보충하는 제도로서 실무상 가장 많이 활용되는 제도라고 할 수 있다.

법관에 대한 기피신청제도는 당사자의 법관에 대한 불신감을 제거하고 재판의 공정을 보장하기 위해 법관이 어떤 특정한 사건을 재판함에 있어서 공정을 기대하기 어려운 사정이 있는 경우 재판에 대한 직무집행을 하지 못하도록 하는 제도이므로, 어떤 이유이든 법관이 해당사건에 관해 직무를 집행할 수 없게 되었을 경우에는 기피신청은 목적을 잃게 되어 이를 유지할 실익이 없게 된다.[1]

(2) 기피사유

1) 법관이 제척사유에 해당되는 때(제18조 제1항 제1호)

제척사유가 존재하면 법관은 법률의 규정에 의하여 당연히 직무집행에서 배제되기 때문에 제척사유의 존부는 직권으로 심리되어야 한다. 그럼에도 불구하고 이를 독자적인 기피사유로 규정하고 있는 것은 제척사유의 존부가 불분명하거나 법관이 이를 간과한 경우에 당사자의 신청에 의하여 법원이 제척사유의 유무를 심사하여 결정할 것을 강제한다는 점에서 제도의 실익이 있다. 한편 법관이 제척사유에 해당되는 때에는 기피결정을 하되 다만 그 효과는 제척의 원인이 발생한 때로 소급하여 적용하는 것이 타당하다.

2) 법관이 불공평한 재판을 할 염려가 있는 때(제18조 제1항 제2호)

'법관이 불공평한 재판을 할 염려가 있는 경우'란 당사자가 불공평한 재판이 될지도 모른다고 추측할 만한 주관적인 사정이 있는 때를 말하는 것이 아니라 통상인의 판단으로서 법관과 사건과의 관계상 불공평한 재판을 할 것이라는 의혹을 갖는 것이 합리적이라고 인정할 만한 객관적인 사정이 있는 때를 말한다.[2] 그러므로 법관이 심리 중 피고인으로 하여금 유죄를 예단하는 취지로 미리 법률판단을 한 경우[3], 법관이 증명되지 않은 사실을 언론을 통하여 발표한 경우, 법관이 피고인의 진술을 강요한 경우, 법관이 심리 중에 피고인에게 심히 모욕적인 말을 한 경우, 제척사유인 법관이 피고인 또는 피해자의 친족 또는 친족관계가 있었던 자인 때에 해당하지 않은 긴밀한 인적 관계가 있는 경우(예를 들면 8촌 이외의 혈족, 4촌 이외의 인척, 사돈관계, 연인관계, 친한 이웃 등) 등은 경우에 따라 불공평한 재판을 할 염려가 있는 경우에 해당될 수 있다. 한편 법관의 종교·성별·출신지·가족관계 등은 원칙적으로 기피사유가 되지 않으나, 예외적으로 기피사유가 되는 경우도 있을 것이다. 특히 법관과 변호인이 사법연수원 기수가 같은 경우, 동일한 대학교·대학원의 동일한 학과 동기일 경우, 고등학교 동문일 경우, 법원 등에서 함께 근무

---

1) 대법원 1986. 9. 24.자 86모48 결정.

2) 대법원 2001. 3. 21.자 2001모2 결정; 대법원 1996. 2. 9.자 95모93 결정; 대법원 1966. 7. 28. 선고 66도37 판결.

3) 대법원 1974. 10. 16.자 74모68 결정.

한 이력이 있는 경우 등에 해당하면 사건을 재배당하는 것이 실무의 태도이다.

하지만 ① 재판부가 당사자의 증거신청을 채택하지 아니하거나 이미 한 증거결정을 취소한 경우[1], ② 피고인의 증인에 대한 신문을 제지한 경우[2], ③ 검사의 피고인에 관한 공소장변경허가신청에 대하여 불허가 결정을 한 경우[3], ④ 법관이 피고인에게 공판기일에 출석하라고 촉구한 경우[4], ⑤ 제262조에 정한 기간 내에 재정신청사건의 결정을 하지 아니한 경우[5], ⑥ 피고인을 법정구속하면서 죄질이 나쁘다고 말한 경우[6], ⑦ 피고인의 소송기록열람신청에 대하여 국선변호인이 선정되어 있으니 국선변호인을 통하여 소송기록의 열람 및 등사신청을 하게 하거나 국선변호인에게 성실한 변론을 하도록 촉구하지 아니한 경우[7] 등에 있어서 그러한 사유만으로는 재판의 공평을 기대하기 어려운 객관적인 사정이 있다고 보기 어렵다.

(3) 기피신청의 절차

1) 신청권자

검사 또는 피고인은 법관의 기피를 신청할 수 있다(제18조 제1항). 변호인은 피고인의 명시한 의사에 반하지 아니하는 때에 한하여 법관에 대한 기피를 신청할 수 있다(제18조 제2항). 변호인의 기피신청권은 고유권이 아니라 대리권이므로 피고인이 기피신청권을 포기한 경우에는 변호인의 신청권도 소멸된다. 공소제기 전에 행하여지는 증거보전절차(제184조) 또는 참고인에 대한 증인신문절차(제221조의2)의 경우 판사는 그 처분에 관하여 법원 또는 재판장과 동일한 권한이 있고(제184조 제2항, 제221조의2 제4항), 그 절차에서 작성된 조서에는 당연히 증거능력이 인정되어(제311조 후단) 당해 사건의 실체형성에 실질적으로 영향을 줄 수 있기 때문에 이 경우에는 피의자도 법관에 대한 기피신청을 할 수 있다고 파악해야 한다.

한편 재정신청사건에서 피의자가 사건을 심리하는 법관에 대하여 기피신청을 할 수 있는지 여부와 관련하여, ① 재정결정도 재판의 일종이므로 제18조를 유추적용하여 기피신청을 인정해야 한다는 적극설[8], ② 재정결정은 당해 사건에 대한 실체판단이 아니므로 피의자의 기피신청은 이를 부정해야 한다는 소극설[9] 등의 대립이 있다. 생각건대 재정결정은 실체판단의 진행 여부를 결정하는데 중요한 기능을 수행하기 때문에 재판의 공정이 필수적으로 요구된다고 보아야 하므로 적극설이 타당하다. 같은 맥락에서 피의자는 영장실질심사의 영장전담판사에 대

---

1) 대법원 1995. 4. 3.자 95모10 결정; 대법원 1991. 12. 7.자 91모79 결정.
2) 대법원 1995. 4. 3.자 95모10 결정.
3) 대법원 2001. 3. 21.자 2001모2 결정.
4) 대법원 1969. 1. 6.자 68모57 결정.
5) 대법원 1990. 11. 2.자 90모44 결정.
6) 대법원 2004. 8. 13.자 2004모263 결정.
7) 대법원 1996. 2. 9.자 95모93 결정. 이에 대하여 피고인의 소송기록열람등사권에 대한 자의적인 침해라는 이유로 기피사유에 해당한다는 견해로는 정승환, 287면.
8) 김인회, 320면; 신양균/조기영, 434면; 이은모/김정환, 56면; 이창현, 71면; 임동규, 46면.
9) 정웅석/최창호, 273면(다만 입법론적으로는 기피신청권을 인정함이 타당할 것이다).

해서도 기피신청이 가능하다고 보아야 할 것이다.

2) 신청의 대상

기피신청의 대상은 불공평한 재판을 할 염려가 있다고 주장되는 법관이므로 합의부 자체에 대한 기피신청은 허용되지 아니 한다. 다만 합의부의 구성원인 법관 모두에 대한 기피신청은 가능하다. 또한 법원조직법 소정의 합의체를 구성할 수 있는 대법원 판사의 수를 제외하지 않고서는 대법원 판사에 대한 기피신청은 할 수 없다.[1] 왜냐하면 이를 판단할 법원을 구성할 수 없기 때문이다.

3) 신청의 방법

기피신청을 함에 있어서는 기피의 원인되는 사실을 구체적으로 명시하여야 한다(규칙 제9조 제1항). 만약 이에 위배된 기피신청이 있으면 신청을 받은 법원 또는 법관은 결정으로 이를 기각한다(규칙 제9조 제2항). 합의법원[2]의 법관에 대한 기피는 그 법관의 소속법원[3]에 신청하고 수명법관·수탁판사 또는 단독판사에 대한 기피는 당해 법관에게 신청하여야 한다(제19조 제1항). 기피사유는 신청한 날로부터 3일 이내에 서면으로 소명하여야 한다(제19조 제2항). 여기서 '소명'(疏明)이란 기피신청의 주장이 진실로 추정될 수 있는 자료의 제출을 말하며, 기피신청서에 기재된 이유만으로는 소명자료가 될 수 없다.[4]

4) 신청의 시기

기피신청의 시기와 관련하여, ① 형사소송법상 기피신청의 시기에 제한이 없다는 점, 변론종결시에 기피사유가 발생한 경우에는 변론종결 후에도 기피신청이 가능해야 한다는 점, 변론이 종결되었더라도 이후 변론이 재개될 수도 있다는 점 등을 논거로 하여, 판결을 선고하는 시점까지 가능하다는 판결선고시설[5], ② 기피신청의 남용을 방지할 필요가 있다는 점, 이미 변론이 종결되어 판결의 선고만 남은 경우에는 담당 재판부를 심리에서 배제하려는 목적의 소멸로 인하여 다툴 실익이 상실된다는 점 등을 논거로 하여, 변론을 종결하는 시점까지 가능하다는 변론종결시설[6] 등의 대립이 있다.

이에 대하여 판례는 「법관에 대한 기피신청이 있는 경우 제22조에 따라 정지되는 소송진행에 판결의 선고는 포함되지 아니한다.」라고 판시[7]하거나 「피고사건의 판결선고절차가 시작되어 재판장이 이유의 요지 중 상당부분을 설명하는 도중 피고인이 동 공판에 참여한 법원사무관

---

1) 대법원 1966. 4. 1.자 65주1 전원합의체 결정.

2) 이는 '합의부'를 의미한다.

3) 이는 '소속 합의부'를 의미한다.

4) 대법원 1987. 5. 28.자 87모10 결정.

5) 신양균/조기영, 435면; 이재상/조균석, 82면; 이주원, 20면; 이창현, 73면; 임동규, 46면.

6) 김인회, 321면; 배종대/홍영기, 45면; 송광섭, 55면; 정승환, 288면; 정웅석/최창호, 274면.

7) 대법원 2002. 11. 13. 선고 2002도4893 판결; 대법원 1995. 1. 9.자 94모77 결정(이미 종국판결이 선고되어 버리면 기피신청은 그 목적의 소멸로 재판을 할 이익이 상실되어 부적법하게 된다); 대법원 1987. 5. 28.자 87모10 결정.

에 대한 기피신청과 동시에 선고절차의 정지를 요구하는 것은 선고절차의 중단 등 소송지연만을 목적으로 한 것으로 부적법한 것이다.」라고 판시[1]하여, 변론종결시설의 입장을 취하고 있다. 생각건대 변론종결 이후의 기피신청이 소송지연을 목적으로 할 경우에는 간이기각결정으로 충분히 대처할 수 있기 때문에 판결선고시설이 타당하다.

(4) 기피신청의 재판

1) 간이기각결정

기피신청이 소송의 지연을 목적으로 함이 명백한 경우[2], 합의법원의 법관에 대한 기피에 있어서 그 법관의 소속법원에 신청하지 아니하거나 수명법관·수탁판사 또는 단독판사에 대한 기피에 있어서 당해 법관에게 신청하지 않은 경우, 기피사유를 신청한 날로부터 3일 이내에 서면으로 소명하지 않은 경우, 기피의 원인되는 사실을 구체적으로 명시하지 않은 경우에는 신청을 받은 법원 또는 법관은 결정으로 이를 기각한다(제20조 제1항).[3] 그 밖에도 기피신청권자가 아닌 자가 기피신청을 한 경우, 이미 당해 구체적 사건의 직무집행에서 배제되어 있는 법관에 대하여 기피신청을 한 경우[4], 기피신청사건에 대하여 이미 판결이 선고된 경우[5] 등에 있어서도 간이기각결정사유에 해당한다. 이와 같은 간이기각결정은 기피당한 법관이 자신에 대한 기피신청을 기각하는 일종의 자기심판제도로서 기피신청의 남용을 방지하여 형사소송절차의 신속성을 실현하기 위한 제도이다.[6]

기피신청이 소송의 지연을 목적으로 함이 명백한 경우에는 그 신청 자체가 부적법한 것이므로 신청을 받은 법원 또는 법관은 이를 결정으로 기각할 수 있는 것이고, 소송지연을 목적으로 함이 명백한 기피신청인지의 여부는 기피신청인이 제출한 소명방법에 의하여만 판단할 것은 아니고, 당해 법원에 현저한 사실이거나 당해 사건기록에 나타나 있는 제반 사정들을 종합하여 판단할 수 있다.[7]

간이기각결정에 대한 즉시항고는 일반적인 즉시항고와는 달리 재판의 집행을 정지하는 효력이 없다(제23조 제2항). 이는 소송의 지연을 방지하기 위한 제한규정인데, 간이기각결정에 대한 즉시항고에는 집행정지의 효력을 배제하며, 소송절차도 정지되지 않도록 규정하고 있는 것이다.[8]

---

1) 대법원 1985. 7. 23.자 85모19 결정.

2) 대법원 1985. 7. 23.자 85모19 결정.

3) 민사소송에서는 특정한 소송행위가 있는 경우, 형식적 요건을 충족하지 못한 경우에는 '부적법 각하', 내용적 요건을 충족하지 못한 경우에는 '이유 없으므로 기각'의 재판을 하지만, 형사소송에서는 '각하'라는 표현보다는 '기각'이라는 표현을 사용하고 있다.

4) 대법원 1986. 9. 24.자 86모48 결정.

5) 대법원 1995. 1. 9.자 94모77 결정.

6) 헌법재판소 2006. 7. 27. 선고 2005헌바58 결정.

7) 대법원 2001. 3. 21.자 2001모2 결정. 이에 대하여 기피신청을 받은 법원이 그 신청을 소송지연의 목적으로 보아 소명자료의 제출을 기다리지 않고 기각결정을 한 것은 위법하다고 할 수 없다는 견해로는 이주원, 20면.

8) 대법원 2009. 5. 28. 선고 2008도7449 판결.

일반적으로 구체적인 재판을 담당하는 법관에 대하여 기피신청이 있는 경우에 그러한 신청에 대한 재판을 담당하기 위하여 당해 법관을 배제시키고 새로운 재판부를 구성하여 기피신청에 대한 재판을 하게 하면서 그 재판이 확정될 때까지 소송절차의 진행을 정지시키는 것은 공정한 재판을 받을 권리를 보장하기 위하여 필요하고 적절한 조치라고 할 수 있다. 그러나 형사소송절차에서 당사자 일방의 기피신청이 소송의 지연을 목적으로 하는 것이 분명한 경우에도 공정한 재판절차를 진행할 경우에는 그로 인하여 소송절차가 지연될 것이고, 재판을 지연시킬 목적으로 기피신청을 남용하는 것을 방지하기 어려울 것이다. 이에 따라 기피신청이 소송절차 지연을 목적으로 하는 것임이 명백한 경우에는 소송절차를 그대로 진행시키고 당해 법관이 포함된 합의부 또는 당해 법관으로 하여금 기피신청을 기각할 수 있는 간이기각제도를 채택하고, 그 경우에 불복이 있더라도 소송절차를 정지하지 않고 속행할 수 있도록 허용한 것이다.[1]

한편 재판장 또는 수명법관이 기피신청을 기각한 재판을 고지한 경우에 불복이 있으면 그 법관 소속의 법원에 간이기각결정의 취소를 구하는 준항고를 할 수 있다(제416조 제1항 제1호). 간이기각결정에 대한 준항고는 집행정지의 효력이 인정되지 아니한다(제419조, 제409조 본문). 즉시항고 및 준항고를 기각하는 결정에 대하여는 재항고를 할 수 있다.

2) 소송진행의 정지

기피신청이 있는 때에는 간이기각결정의 경우를 제외한 이외에는 소송진행을 정지하여야 한다. 다만 급속을 요하는 경우에는 예외로 한다(제22조). 여기서 정지해야 할 소송의 진행은 본안의 소송절차를 의미하고[2], 구속기간의 갱신절차[3] 또는 판결의 선고[4]는 포함되지 아니한다. '급속을 요하는 경우'란 멸실될 우려가 있는 증거를 조사해야 하는 경우, 장기간의 해외출장을 앞두고 있거나 위독한 증인을 신문할 필요가 있는 경우, 구속기간의 만료가 임박한 경우[5] 등을 말한다. 기피신청을 받은 법관이 제22조에 위반하여 본안의 소송절차를 정지하지 않은 채 그대로 소송을 진행하여서 한 소송행위는 그 효력이 없고, 이는 그 후 그 기피신청에 대한 기각결정이 확정되었다고 하더라도 마찬가지이다.[6]

한편 기피신청에 의하여 공판절차가 정지된 기간은 법원의 구속기간에 산입하지 아니한다

---

1) 헌법재판소 2009. 12. 29. 선고 2008헌바124 결정.

2) 이에 대하여 본안에 대한 소송절차뿐만 아니라 모든 소송절차를 포함한다는 견해로는 김인회, 322면; 신양균/조기영, 436면; 이은모/김정환, 58면; 이재상/조균석, 83면; 이창현, 75면; 정승환, 289면; 정웅석/최창호, 275면.

3) 대법원 1987. 2. 3.자 86모57 결정.

4) 대법원 2002. 11. 13. 선고 2002도4893 판결; 대법원 1995. 1. 9.자 94모77 결정; 대법원 1987. 5. 28.자 87모10 결정. 이 경우 이미 종국판결이 선고되어 버리면 그 담당재판부를 사건 심리에서 배제하고자 하는 기피신청은 그 목적의 소멸로 재판을 할 이익이 상실되어 부적법하게 된다.

5) 대법원 1994. 3. 8. 선고 94도142 판결; 대법원 1990. 6. 8. 선고 90도646 판결. 다만 1995. 12. 29. 형사소송법 개정을 통하여 기피신청으로 인해 공판절차가 정지된 기간은 심급별 구속기간에 산입하지 않도록 하였으므로(제92조 제3항), 더 이상 급속을 요하는 경우에 해당하지 아니할 것이다.

6) 대법원 2012. 10. 11. 선고 2012도8544 판결.

(제92조 제3항, 제22조). 이는 불필요한 기피신청을 방지하여 본안의 심리기간을 확보하고자 하는 취지이다. 하지만 기피신청으로 인하여 소송절차가 정지된 상태의 구금기간은 판결선고 전의 미결구금일수에는 당연히 산입된다.[1] 생각건대 기피신청권의 남용은 간이기각결정을 통해서 충분히 방지될 수 있기 때문에, 기피신청권을 실질적으로 보장하고, 구속기간의 장기화를 방지하기 위하여 동 규정은 삭제하는 것이 타당하다.[2]

3) 의견서의 제출

기피당한 법관은 간이기각결정의 경우를 제외한 이외에는 지체 없이 기피신청에 대한 의견서를 제출하여야 한다(제20조 제2항). 이 경우에 기피당한 법관이 기피의 신청을 이유 있다고 인정하는 때에는 그 결정이 있은 것으로 간주한다(제20조 제3항).

4) 기피신청에 대한 재판

기피신청에 대한 재판은 기피당한 법관의 소속법원 합의부에서 결정으로 하여야 하는데(제21조 제1항), 기피당한 법관은 동 결정에 관여하지 못한다(제21조 제2항). 기피당한 판사의 소속법원이 합의부를 구성하지 못하는 때에는 직근 상급법원이 결정하여야 한다(제21조 제3항).

기피신청에 대한 재판은 결정의 형식으로 한다. 기피신청이 이유 없다고 인정한 때에는 기피신청을 기각하며, 기피신청을 기각한 결정에 대하여는 즉시항고를 할 수 있다(제23조 제1항). 이 경우의 즉시항고는 간이기각결정의 즉시항고와는 달리 재판의 집행을 정지하는 효력이 있다(제23조 제2항 및 제410조 참조). 반면에 합의부가 기피신청을 이유 있다고 인정하는 때에는 기피당한 법관을 당해 사건의 절차에서 배제하는 '제척' 결정[3]을 하여야 한다. 기피신청을 인용하는 결정이 있으면 당해 사건은 새로운 법관에게 재배당되며, 이 결정에 대하여는 항고하지 못한다(제403조).

(5) 기피의 효과

기피신청이 이유 있다는 결정이 있거나 기피신청을 당한 법관이 기피신청을 이유 있다고 인정하면 그 법관은 당해 사건의 직무집행으로부터 탈퇴한다. 당해 법관이 사건의 심판에 관여한 경우에는 법률상 그 재판에 관여하지 못할 판사가 그 사건의 판결에 관여한 때에 해당하여 절대적 항소이유가 되며(제361조의5 제7호), 판결에 영향을 미친 법률위반으로서 상대적 상고이유가 된다(제383조 제1호).

탈퇴의 효과가 발생하는 시기는 제척원인을 이유로 하는 경우에 있어서는 그 원인이 발생한 때에 소급하여 그 효력이 발생하지만, 불공평한 재판을 할 염려가 있는 경우에 있어서는 결정시부터 그 효력이 발생한다.[4]

---

1) 대법원 2005. 10. 14. 선고 2005도4758 판결.

2) 同旨 송광섭, 57면.

3) 예를 들면 '대구지방법원 소속 판사 甲을 같은 법원 2019고합0000사건의 직무집행으로부터 제척한다.'라는 형식이다.

4) 이에 대하여 이미 행한 소송행위에는 영향이 없으므로 발생시기를 소급하는 의미가 없고 그 원인을 정확히 구분

4. 회 피

(1) 회피의 의의

'회피'(回避)란 법관이 기피에 해당하는 사유가 있다고 사료한 경우에 자발적으로 직무집행에서 탈퇴하는 제도를 말한다. 법관이 제18조의 규정(기피의 원인)에 해당하는 사유가 있다고 사료한 때에는 회피하여야 한다(제24조 제1항). 법관이 스스로 기피사유가 있다고 판단한 때에는 사건의 재배당이나 합의부의 재구성 등 법원의 내부적 사무처리를 통해 해결하는 것이 일반적이지만, 이러한 내부적 해결이 어려운 경우에는 법관이 스스로 직무집행으로부터 물러날 수 있도록 한 것이다.

(2) 회피의 절차

회피는 소속법원에 서면으로 신청하여야 한다(제24조 제2항). 회피신청에 대한 재판은 회피당한 법관의 소속법원 합의부에서 결정으로 하여야 하며, 회피당한 법관은 동 결정에 관여하지 못한다. 회피당한 판사의 소속법원이 합의부를 구성하지 못하는 때에는 직근 상급법원이 결정하여야 한다(제24조 제3항 참조). 회피신청에 대한 법원의 결정에 대하여는 항고할 수 없으며, 법관이 회피신청을 하지 않은 것이 상소이유가 되는 것은 아니다.

5. 법원사무관 등에 대한 제척·기피·회피

직무의 성질상 제17조 제7호('법관이 사건에 관하여 전심재판 또는 그 기초되는 조사·심리에 관여한 때')를 제외한 법관의 제척·기피·회피에 대한 규정은 법원서기관·법원사무관·법원주사 또는 법원주사보와 통역인[1]에 준용한다(제25조 제1항). 이들은 사건을 직접 심판하지는 않지만 재판과 밀접한 관련을 가진 직무를 수행하므로 간접적으로 재판에 영향을 미칠 우려가 있다는 점을 고려한 것이다.

법원서기관·법원사무관·법원주사 또는 법원주사보와 통역인에 대한 기피재판은 그 소속법원이 결정으로 하여야 한다. 다만 기피신청이 소송지연을 목적으로 함이 명백하거나 형식적인 요건을 결하여 간이기각결정을 할 때에는 기피당한 자의 소속 법관이 기각결정을 한다(제25조 제2항). 이 경우 소속 법관의 간이기각결정은 법원으로서 한 결정이므로 이에 대한 불복방법은 준항고가 아니라 즉시항고가 된다. 따라서 법원사무관 등의 소속 법관은 항고법원에 항고장과 소송기록을 송부하여 항고법원의 판단을 받아야 한다.[2]

또한 제17조부터 제20조까지 및 제23조는 전문심리위원에게 준용한다(제279조의5 제1항). 제

할 수도 없을 뿐만 아니라 모두 해당될 수도 있으므로 효력발생시기는 그 원인의 구분 없이 결정시부터 발생한다고 보는 것이 타당하다는 견해로는 이창현, 76면.

1) 대법원 2011. 4. 14. 선고 2010도13583 판결(통역인이 사건에 관하여 증인으로 증언한 때에는 직무집행에서 제척되고, 제척사유가 있는 통역인이 통역한 증인의 증인신문조서는 유죄 인정의 증거로 사용할 수 없다).

2) 대법원 1984. 6. 20.자 84모24 결정.

척 또는 기피 신청이 있는 전문심리위원은 그 신청에 관한 결정이 확정될 때까지 그 신청이 있는 사건의 소송절차에 참여할 수 없다. 이 경우 전문심리위원은 해당 제척 또는 기피 신청에 대하여 의견을 진술할 수 있다(제279조의5 제2항).

한편 사법경찰관리는 피의자·피해자·그 밖의 사건관계인과 친족관계 또는 이에 준하는 관계로 인하여 수사의 공정성을 의심받을 염려가 있는 사건에 대해서는 소속 관서의 장의 허가를 받아 그 수사를 담당하지 아니하여야 하고(수사지휘·준칙규정 제15조), 국민참여재판에서 배심원으로 선정되고자 하는 자에 대해서도 제척 및 기피제도를 두고 있다(국민참여재판법 제19조 및 동법 제28조 참조).

제 2 절 검 사

Ⅰ. 검찰제도

1. 검찰제도의 연혁

(1) 대륙법계의 경우

검찰제도는 14세기 프랑스의 왕의 대관(代官)에서 유래한다. 이 당시 왕의 대관은 재정적 이익을 보호하는 역할을 수행하였는데, 벌금 징수·재산 몰수 등의 집행을 통하여 형사절차에 관여하게 되었다. 이후 16세기 왕권의 확장에 따라 왕의 대관 역시 권한이 확대되었고, 왕의 개인적 이익뿐만 아니라 국가적 및 사회적 이익을 보호하는 새로운 임무가 추가되었다. 이 제도는 1789년 프랑스혁명 이후에 영국의 기소배심제도의 도입에 의하여 폐지되었다가 1808년 '치죄법'(治罪法)의 제정에 따라 공화국의 대관으로 부활되어 형사절차에서 기소관 내지 소추관으로 등장하게 되었다. 검찰제도의 도입으로 규문주의의 중요한 결함이었던 법관의 절대적인 권력이 제한되어 형사사법에 있어서 권력분립이 가능하게 되었다. 즉 검찰제도는 소추권과 심판권을 법관에게 집중시키고 있던 규문절차를 폐지하기 위한 수단으로 등장한 것인데, 검사라는 국가기관을 만들어 수사와 공소제기의 권한을 검사에게 맡김으로써 법원이 공정한 심판자로서 재판을 할 수 있도록 한 것이다.

독일 역시 1848년 이후 대부분의 주에서 프랑스의 검찰제도를 계수하였고, 1879년 제국 형사소송법의 제정으로 규문주의를 타파하고 탄핵주의를 받아들이면서 검찰제도가 명문화되었다. 이러한 점에서 검찰제도는 규문관의 자의로부터 시민을 보호하기 위한 목적으로 도입된 대륙의 국가소추주의의 역사적 산물이라고 할 수 있다.

(2) 영미법계의 경우

영국의 Common Law에서는 범죄를 피해자인 개인에 대하여 범하는 불법행위로 파악하여,

피해자와 이해관계가 있는 제3자가 개인적으로 범인을 소추하였다. 이러한 사인소추제도에 의하면 형사재판을 국가형벌권의 행사과정으로 파악하지 않고 당사자 사이의 분쟁을 해결하는 과정으로 파악하기 때문에 검사는 필요하지 않았고, 피해자가 대리인으로 선임한 변호사나 경찰이 사인의 자격으로 소추업무를 담당하였다. 하지만 사인소추제도는 피해자가 경제력이 부족하거나 법률문외한인 경우에 많은 한계점을 노출하기 시작하면서 경찰이 점차적으로 소추행위를 대신하게 되었는데, 국민들로서도 경찰에서 비교적 정형화된 기준으로 형사사건을 처리하는 것이 효과적이라고 판단하였다. 이는 소추의 주체가 사인에서 경찰로 변경되었을 뿐 사인소추제도의 기본취지는 여전히 남아있는 것이다. 그러나 경찰에 의한 소추제도도 문제점이 나타났는데, 경찰의 업무부담 증가, 지방자치경찰인 관계로 인한 지역간에 있어서 사건처리결과의 불균형, 경찰이 직접 범죄를 수사하기 때문에 범인으로 속단하여 소추행위에 있어서 공정성의 시비, 경찰이 너무 많은 부적당한 사건을 기소하여 무죄사건이 증가하는 현상 등이 그것이었다. 이는 수사를 직접 담당하는 경찰이 소추하는 구조에 대한 회의로 이어졌고, 수사로부터 독립됨과 동시에 기소를 결정하는 독립된 법률전문가의 필요성이 제기되었다. 수사를 담당하는 경찰이 기소기능까지 수행하게 되면 공소권자에게 요구되는 독립성과 공정성을 해칠 수 있고, 경찰은 수사의 전문가이지 소추권을 행사하는 것보다는 수사에 초점을 맞추어야 한다는 것이다. 그리하여 새로운 기소기관의 설립이 대두되었는데, 수사권자와 소추권자의 관계설정과 관련하여 왕립형사절차위원회에서는 견제와 균형을 통해 협력하는 관계를 기본으로 하여 수사권자와 소추권자의 관계를 종속관계가 아닌 협력관계로 파악하였다. 국립기소청의 설립을 통하여 기존에 경찰이 수사권과 기소권을 독점하고 있었으나 이러한 권한의 집중으로 인한 폐해가 발생하게 되자 수사와 기소의 기능을 완전히 분리하게 된다. 경찰로부터 분리되고 독립된 국립기소청을 신설하여 공소제기를 맡긴 배경은 수사에 깊숙이 관여한 경찰이 기소의 여부도 결정하게 되면 객관적인 결정이 곤란하다는 점에 있다. 경찰이 수사관의 역할뿐만 아니라 검사의 역할을 수행함으로써 기소권의 남용이 초래되고, 더 나아가 기소절차에 대한 책임소재가 불분명해질 뿐만 아니라 통제 역시 원활하게 이루어지지 않는다고 본 것인데, 이는 영국 기소절차의 근간이었던 사인소추를 대신하여 공적소추제도가 형사절차에 도입된 획기적인 사건으로 평가된다.

2. 기존 검찰제도의 문제점

(1) 권한비대의 문제

1954년 형사소송법 제정 당시의 사정은 검찰보다는 경찰에 의한 권한남용이 더 우려되는 상황이었기 때문에 입법자들은 검사에게 공소제기·유지권뿐만 아니라 수사권을 주어 경찰의 수사를 지휘·통제하는 수사구조를 채택하였다. 이는 무엇보다도 일제 강점기에 있어서 경찰에 의한 극심한 인권침해와 부정부패 등 경찰에 대한 불신이 큰 영향을 미쳤던 것이다. 동시에 당시의 입법자들은 장기적으로 형사사법체계는 수사권과 기소권의 분리 내지 수사권이 조정되는 방향으로 나아가야 한다는 생각을 하였다.[1] 당시의 시점에서는 검사라는 법률전문가가 수사단계에서부터 경찰을 지휘·감독하도록 하여 경찰파쇼화를 방지하는 것이 더 낫다는 상황적 판단에 따른 입법자의 결단이었다. 그렇지만 기존의 우리나라 검찰은 수사지휘권과 수사종결권을 포함한 수사권, 독점적 영장청구권, 기소편의주의와 기소독점주의로 대변되는 공소제기권, 공소유지권, 공소취소권 등의 소추권, 재판절차참여권, 형집행권 등 형사절차의 전반에 대한 권한을 소유하고 있는 기관으로 평가되고 있었다.[2] 이러한 문제를 해결하기 위해서는 검찰권의 분산 및 견제와 균형을 통한 전체 형사사법체계의 합리화 및 민주화가 필요하다는 주장이 지속적으로 제기되어 왔으며, 검찰이 가지고 있는 권한과 재량권에 대한 적절한 통제가 검찰개혁의 핵심화두로 논의되어 왔다.

(2) 기소판단의 공정성과 관련한 수사지휘의 문제

수사의 목적은 범죄의 혐의 유무를 명백히 하여 공소제기의 여부를 결정하는 것에 있다. 국가형벌권의 발동이라는 사법작용의 측면에서 수사는 형사소송을 포함한 일련의 형사절차에서 공소제기 및 공판단계에 선행하여 공소제기 및 유지에 대한 검사의 판단에 대한 자료를 제공하고, 공판단계에서 유죄의 근거로 사용되는 증거를 수집하는 기능을 수행하는 것이므로 수사를 행하는 검사의 활동은 기소행위와 매우 밀접한 관계를 가질 수밖에 없다. 객관적인 기소결정을 해야 할 검사가 직접 수사를 하고 경찰에 대한 적극적인 수사지휘를 하도록 하는 현행 실무에 의하면, 소추관으로서 수사를 객관적으로 바라보아야 할 지위에 있는 검사가 적극적으로 수사를 지휘할 경우 피의자는 수사절차에 있어서 객체로 전락하게 될 우려가 크다는 점이 지적되었다. 아무리 검사가 객관의무에 충실하려고 하여도 수사과정에서 형성된 피의자에 대한 과도한 의심을 기소권자가 가지게 될 위험성을 피할 수 없게 되며, 수사를 담당한 검사가 기소결정을 하는 경우에는 수사과정에서의 예단이나 편견에 의하여 기소여부 판단에서 공정성을 잃을 위험성이 상존한다는 것이다. 스스로 적극적으로 수사를 행한 자가 소추기관으로서 요구되는 객관적이고 중립적인 기소판단을 수행하는 데에 있어서 공정한 기소판단기능이 저해되는 경우가 있을 수 있고, 검사가 사건을 객관적으로 판단하기보다는 혐의자가 범죄를 범했을 것이라는 편견에 빠질 가능성이 있을 수 있다.

(3) 피의자신문조서에 대한 증거능력 차등의 문제

현행 형사소송법에 의하면 검사 작성의 피의자신문조서는 성립의 진정이 인정되면 증거능

---

1) 당시 엄상섭 의원의 국회에서의 발언과 한격만 검찰총장의 발언 등을 종합해 보면, 장기적으로는 경찰에게 수사권을 부여하는 것이 합리적이라는 데에 의견의 일치를 보이고 있다. 1954. 1. 9. 형사소송법 제정을 위한 공청회에서 엄상섭 의원은 '우리나라 경찰이 중앙집권제로 되어 있는데, 경찰에 수사권을 전적으로 맡기면 경찰 팟쇼가 될 수 있는데, 이는 검찰 팟쇼보다 더욱 더 강력하지 않을까라고 생각되어 범죄수사의 주도권을 검찰이 가지는 것이 좋으나 장래에 있어서는 수사권과 기소권을 분리시키는 방향으로 나가는 것이 좋겠다.'라는 의견을 제시한 바 있다.

2) 이에 대하여 보다 자세한 내용으로는 박찬걸, "경찰권과 검찰권의 조정을 통한 '국가수사청' 설치에 대한 시론", 비교형사법연구 제20권 제1호, 한국비교형사법학회, 2018. 4, 199면 이하 참조.

력을 인정하고 있고, 사법경찰관 작성의 피의자신문조서는 피고인이 내용을 부인하면 증거능력을 부정하여, 신문의 주체에 따라 증거능력의 인정요건을 서로 다르게 규정하고 있다. 이와 같이 사법경찰관의 피의자신문과정에서 이루어진 피의자의 진술에 대하여는 그 피의자였던 피고인이 공판정에서 내용을 부인하기만 하면 증거능력이 부정되어 증명력을 판단하기도 전에 증거로서의 가치가 사라지게 된다. 이러한 이유로 인하여 경찰에서 피의자가 범행 일체를 자백한 송치사건에 있어서도 피고인이 경찰에서의 자백을 공판정에서 번복할 경우를 대비하여 일반적으로 검사가 경찰의 피의자신문조서의 내용과 대동소이한 내용으로 다시 피의자신문조서를 작성하고 있어 중복수사·이중수사·과잉수사의 논란이 일어나고 있다. 현행 형사소송법상 검사 작성 및 사법경찰관 작성 피의자신문조서의 증거능력에 대한 차별성 때문에 검찰은 피의자에 대하여 다시 출석을 요구하는 경우가 많고, 이러한 경우에도 경찰에서의 조사내용과 동일한 내용을 조사하는 것이 대부분이어서 사실상 검찰에서 재조사를 하였지만, 새로운 증거를 보완함이 없이 기소 여부를 결정하는 것이 통상적이다. 이와 같은 이중적 수사구조는 사회적 비용을 증가시킬 뿐만 아니라 막대한 수사력이 낭비되고 있으며, 그로 인하여 국민불편이 초래되고 있다. 결론적으로 범죄에 대한 수사는 되도록 한번으로 끝나야 국민들의 편익이 증대되는 것이다.

또한 피고인의 범행 부인에도 불구하고 검찰 작성의 피의자신문조서에 증거능력을 인정할 수 있도록 한 형사소송법은 현재 검찰에서 자백 위주의 수사관행을 부추기는 주요한 원인이 되고 있는 것으로 지목되고 있다. 외국의 입법례를 살펴보면, 미국·영국·일본·독일·프랑스 등의 경우 사법경찰단계의 피의자신문이 수사절차의 중심이 되고, 검찰단계에서의 피의자신문은 생략되거나 보충적 의미를 갖는데 불과하다. 특히 일본의 경우에는 검사와 경찰의 피의자신문조서에 대하여 증거능력에 차이를 두고 있지 아니하다(일본 형사소송법 제322조 제1항).[1] 독일의 경우에는 직접심리주의가 원칙이므로 수사단계에서의 서류는 법관이 작성한 것을 제외하고는 경찰 및 검찰의 피의자신문조서에 증거능력이 인정되지 아니한다. 다만 사법경찰관이 피의자를 신문한 뒤 당해 경찰관이 공판절차에서 증인으로 진술하고 그 진술을 증거로 채택할 수 있도록 하고 있다. 프랑스의 경우에는 검사의 피의자신문조서 작성권한에 관한 규정 자체가 존재하지 아니한다. 결국 사법경찰관이 작성한 피의자신문조서에 대한 증거능력을 검사가 작성한 피의자신문조서와 차등을 두는 것은 외국의 입법례에서도 찾아보기 어려운 것이며, 이러한 문제점에 대하여 사법경찰관 작성의 피의자신문조서의 증거능력을 검사 작성의 피의자신문조서와 대등하게 인정할 필요성이 제기되기도 한다.[2]

1) 또한 일본은 검사에게 소추권과 재판의 집행권을 인정하고 있지만, 수사에 있어서는 사법경찰관이 제1차적 수사의 주체이고, 검사는 제2차적·보충적인 수사의 주체에 지나지 아니한다.

2) 이에 대하여 검사 작성 피의자신문조서에 대해서도 사법경찰관 작성 피의자신문조서와 동일하게 규정되는 것이 바람직하다는 견해로는 김인회, 496면; 손동권/신이철, 611면. 이에 의하면 검사 작성 피의자신문조서에 대해 피고인이 그 내용을 부인하면 증거능력이 부정되어야 조서꾸미기 수사 및 조서재판의 실무 폐해가 극복되고 공판

3. 2020년 검·경 수사권조정의 의의

2020. 2. 4. 공포된 개정 형사소송법(법률 제16924호) 및 개정 검찰청법(법률 제16908호)은 2020. 1. 14. 공포된 「고위공직자범죄수사처 설치 및 운영에 관한 법률」(법률 제16863호)과 함께 소위 검찰개혁 내지 수사권조정 3대 입법으로 평가되고 있다. 하지만 이와 같은 일련의 개정법에서 검·경 수사권조정은 경찰측의 주장을 적극적으로 검토·반영하는 차원에서 이루어진 것이 아니라 검찰개혁의 일환으로 단행된 것이라는 점을 부인할 수는 없을 것이다. 왜냐하면 개정법의 제안이유에서도 알 수 있듯이 2018. 6. 21. 발표된 소위 '검·경 수사권조정 합의문'[1]의 문언과 취지가 그대로 반영되어 있는데, 동 합의문의 과정을 면밀히 살펴보면, 법무부와 행정안전부 그리고 청와대 사이의 정치적 타협과 합의라는 현 정부의 시대정신이 그대로 녹아 있음을 확인할 수 있다. 즉 결과론적으로는 기존 경찰측의 주장이 상당 부분 반영되었지만, 이러한 현상은 그 과정에 있어서 경찰측에서 주장하는 논거의 타당성 여부를 면밀하게 검토한 결과로 판단되기보다는 어떻게 해서든지 기존의 검찰권력을 분산해야 한다는 시대적·역사적·정치적 사명감의 일환으로 이루어 진 것이라고 평가할 수 있다.

개정법에서 제시된 검·경 수사권조정의 내용으로는, ① 검찰과 경찰을 상호협력관계로 설정하여 검사의 수사지휘권을 폐지하고, ② 경찰에게 불송치처분의 권한을 인정하여 1차적 수사종결권을 부여하고, ③ 검찰의 직접수사 범위를 대폭적으로 축소하고, ④ 사법경찰관이 신청한 각종 영장을 검사가 기각한 경우 이에 대한 불복을 고등검찰청에 설치된 영장심의위원회에 하도록 하고[2], ⑤ 검사 작성 피의자신문조서의 증거능력 인정요건을 사법경찰관 작성 피의자신문조서의 경우와 동일하게 한 것[3] 등을 주요 골자로 하고 있다. 한편 개정법 부칙에 따라 공포 후 6개월이 경과한 때로부터 1년 내에 시행하되, 그 기간 내에 대통령령으로 정하는 시점부터 시행한다.[4]

중심주의가 실현될 수 있으며, 탄핵증거제도도 활성화될 수 있다고 한다. 또한 피고인이 내용을 부인하여 사실인정을 위한 증거능력이 부정된다고 하더라도 피고인 법정진술의 증명력에 대한 탄핵증거로서는 사용될 수 있기 때문에 검찰수사서류가 결코 휴지가 되는 것은 아니라고 한다.

1) 당시 검찰의 대표로 법무부장관, 경찰의 대표로 행정안전부장관이 각각 합의하였다는 점에서 검·경 수사권조정 합의문이라고 일컬어지고 있지만, 과연 각 기관의 수장이 합의하였다고 하여 검찰과 경찰이 수사권조정에 대하여 '합의'하였다고 평가하는 것이 타당한지 매우 의문이 든다. 이는 합의문 발표 후 검찰과 경찰이 서로 합의문의 내용에 불만을 쏟아내고 있는 실정을 보아도 그러하다. 그러므로 합의문의 성격을 부여하기보다는 현 정부의 강력한 의지가 투영된 '권고안' 정도로 파악하는 것이 보다 적합한 용어의 사용이라고 본다.

2) 이에 대하여 보다 자세한 논의로는 박찬걸, "검사의 독점적 영장청구권 인정의 타당성 및 이에 대한 견제방안", 형사법의 신동향 제62호, 대검찰청, 2019. 3, 23~25면 참조.

3) 개정 형사소송법 제312조 제1항에서는 '검사가 작성한 피의자신문조서는 적법한 절차와 방식에 따라 작성된 것으로서 공판준비, 공판기일에 그 피의자였던 피고인 또는 변호인이 그 내용을 인정할 때에 한하여 증거로 할 수 있다.'라고 하여, 검사 작성 피의자신문조서의 증거능력 인정요건을 기존의 사법경찰관 작성 피의자신문조서의 경우와 동일하게 하여 한층 강화하였다. 이는 증거능력을 인정받기 위한 검사의 이중수사를 억제하고 공판중심주의에 기여하기 위한 조치로 평가된다.

4) 다만 개정법 부칙 단서에 의하면, 제312조 제1항의 개정규정은 공포(2020. 2. 4.) 후 4년 내에 시행하되, 그 기간 내에 대통령령으로 정하는 시점부터 시행한다.

개정법의 주요 내용을 통하여 알 수 있듯이, 외형적으로 보이는 수사권조정의 핵심은 검사의 수사지휘권 폐지와 사법경찰관의 1차적 수사종결권 인정이라고 할 수 있다. 이는 검·경 사이에 협력적 수사관계의 설정을 통하여 상호 견제와 균형을 바탕으로 국민에게 보다 인권친화적인 환경을 제공하기 위한 것이라는 점이 적어도 형식적으로는 공통되는 제안이유로 설명되고 있다.

생각건대 개정법을 통하여 정립된 수사권조정은 형사사법제도의 개선에만 그치는 것이 아니라 검·경으로 하여금 국민의 안전과 인권을 보호하고, 법치국가적 헌법질서를 수호하는 기관으로 거듭날 수 있도록 하는 것이 현 정부의 기본관념으로 판단된다. 개정법은 검사의 수사지휘권 폐지 및 직접수사 범위 축소, 사법경찰관의 제1차 수사종결권 보장 등을 통하여 현행법상 검사의 사법경찰관에 대한 수사지휘권으로 인한 수사기관 사이의 수직적인 관계가 협력적인 관계로 변모될 것이고, 이러한 협력관계의 변화로 인하여 사법경찰관 수사의 책임성과 전문성이 향상되고, 검사에 의한 기소의 객관성과 공정성이 담보된다는 것이 입법의 주된 취지이다. 또한 검사의 수사관여를 원칙적으로 차단함으로써 검사는 사법경찰관의 수사결과를 중립적·객관적인 시각으로 판단하여 기소권을 행사하게 되므로 국민의 인권이 더욱 두텁게 보호된다는 취지이다. 하지만 검찰개혁의 일환으로 진행되고 있는 검·경 수사권조정은 결코 국민여론이나 국민감정으로 밀어붙여서는 안 된다. 지금까지 유지해 온 국가의 형사사법시스템을 완전히 변경하는 작업은 합리적인 이성을 기초로 한 전문가의 엄격한 진단 아래 이루어져야 하는 것이다. 하지만 유권자의 표를 의식하는 정치권의 행태로 보았을 때 작금의 검찰개혁 작업은 국민여론에 힘을 입어 마치 브레이크 없는 질주를 하는 듯하여 앞으로 다가올 무수한 시행착오와 혼란, 그리고 갈등의 증폭을 도무지 헤아릴 수 없을 지경이다. 매우 위험한 일이 아닐 수 없다.

우리는 동일한 사실관계를 바라보는 시각이 어떠한 가치관을 가지고 있는지 여부에 따라 극명하게 달라지는 것을 흔히 정치의 영역에서 자주 접하게 된다. 하지만 형사소송법의 영역에서도 이러한 현상은 예외가 아니라고 할 수 있는데, 특정한 규정을 해석하는 시각에 따라 정반대의 결론이 도출되는 과정을 바라보면서 정치적 색채가 매우 강하게 느껴지는 인상은 그 누구라도 쉽게 수긍하고 있을 것이다. 이는 특히 검·경 수사권조정의 과정에 있어서 접할 수 있었던 다양한 논의들의 대체적이고 주요한 특징이라고 파악된다. 예를 들면 상대 진영측의 단점은 최대한 확대하여 부각시키는 침소봉대(針小棒大)에 매진하는 반면에 장점은 최대한 축소하여 희석시켜 버리고 마는 논리 아닌 논리를 접할 때마다 냉소를 자아냈던 경험이 너무나도 흔한 일이 되어 버렸다. 이성에 의한 합리적인 호소가 아닌 감정에 의한 집단적인 궤변에 지나지 않는 논거들의 주장은 논의의 진척은커녕 대화의 장 그 자체를 거부하는 듯한 태도에 불과한 것이다. 수사권조정과 관련된 외국의 입법례를 바라보는 시각의 차이는 더욱 가관이다. 주요 선진국에서의 수사와 기소가 분리되어 있는지 여부에 대한 명제를 논함에 있어 정반대의 결론이 도출되는 주장을 쉽게 찾아볼 수 있는 것도 같은 맥락이다. 궁극적으로 소추기관의 사법통제는 불가피한 것이고, 이러한 통제는 가급적 조기에 전방위적으로 진행되면 효과가 극대화된다. 특히 증거재판주의와 관련하여, 수사 초기에 관련 증거를 적정하게 확보하는 것이 소추 및 재판에 있어서의 관건이 되는 것이다. 결국 사법경찰관에 대한 검사의 사법통제는 보다 철저하게 이루어져야 하기 때문에 2020년 검·경 수사권조정과 관련된 일련의 개정법은 또 다른 개정의 대상이 되어야 할 것이다.

Ⅱ. 검사의 법적 성격

검사는 범죄수사로부터 재판의 집행에 이르기까지 형사절차의 대부분 과정에 관여하여 형사사법의 정의를 실현하는 검찰권을 행사하는 국가기관이다. 검사는 공익의 대표자로서 ① 범죄수사·공소의 제기 및 그 유지에 필요한 사항. 다만, 검사가 수사를 개시할 수 있는 범죄의 범위는 다음 각 목과 같다. 가. 부패범죄, 경제범죄, 공직자범죄, 선거범죄, 방위사업범죄, 대형참사 등 대통령령으로 정하는 중요 범죄, 나. 경찰공무원이 범한 범죄, 다. 가목·나목의 범죄 및 사법경찰관이 송치한 범죄와 관련하여 인지한 각 해당 범죄와 직접 관련성이 있는 범죄, ② 범죄수사에 관한 특별[1]사법경찰관리 지휘·감독, ③ 법원에 대한 법령의 정당한 적용 청구, ④ 재판 집행 지휘·감독, ⑤ 국가를 당사자 또는 참가인으로 하는 소송과 행정소송 수행 또는 그 수행에 관한 지휘·감독, ⑥ 다른 법령에 따라 그 권한에 속하는 사항[2] 등의 직무와 권한이 있다(검찰청법 제4조 제1항).

1. 준사법기관으로서의 성격

검사는 형식적으로는 법무부에 소속된 행정기관이기 때문에 국가의 행정목적을 위하여 활동한다. 그러나 검사는 범죄수사, 공소제기 및 유지, 재판의 집행이라는 사법작용을 수행한다. 특히 형사사건의 상당수가 검사의 불기소처분에 의하여 종결된다는 점에 비추어 볼 때 검찰권의 행사는 형사사법의 운용에 중대한 영향을 미치게 된다. 검찰권은 행정권이고 검사는 행정기관으로서 판사와 같은 독립성이 보장되고 있지 않으므로 재판권을 의미하는 사법기관이 아니

---

1) 2020. 2. 4. 개정 형사소송법에서는 검사의 범죄수사에 관한 지휘·감독 대상에서 일반사법경찰관리를 제외하고 있을 뿐 2020. 2. 4. 개정 검찰청법에 의하여 특별사법경찰관에 대한 검사의 수사지휘권은 기존의 방식 그대로 유지시키고 있다. 즉 검찰청법 제4조 제1항 제2호의 내용을 기존 '범죄수사에 관한 사법경찰관리 지휘·감독'에서 '범죄수사에 관한 특별사법경찰관리 지휘·감독'으로 개정한 것이다.

2) 예를 들면 민법 제10조(피성년후견인의 행위와 취소), 제11조(성년후견종료의 심판), 제12조(한정후견개시의 심판), 제13조(피한정후견인의 행위와 동의), 제14조(한정후견종료의 심판), 제14조의2(특정후견의 심판), 제22조(부재자의 재산관리), 제23조(관리인의 개임), 제24조(관리인의 직무), 제27조(실종의 선고), 제29조(실종선고의 취소) 등이 그것이다.

라는 점에서 출발하지만, 검찰권이 이러한 협의의 의미의 사법권과 밀접한 관계에 있고 사법권 독립의 정신은 검사에게도 요구된다. 따라서 검사를 사법기관에 준하는 기관[1]으로 파악하는 것이다.[2] 이와 같이 사법기관은 아니면서도 사법권과 밀접한 관련을 가지고 법원과 함께 형사사법에 공동으로 기여해야 하는 검사의 특수한 성격 때문에 검사에게는 법관과 같은 자격을 요구하고 그 신분을 보장하면서, 검사를 단독제의 관청으로 구성하고 있는 것이다. 또한 검사의 수사종결처분이나 기타 결정에 대한 불복은 통상의 행정심판이나 행정소송이 아닌 검찰항고, 재정신청 등의 절차에 의하고 있다.

2. 단독제의 관청으로서의 성격

검사는 검찰사무를 처리하는 단독제의 관청이다. 이러한 검찰사무는 모든 검사가 단독으로 처리하는 것이며, 검사는 검찰총장이나 검사장의 보조기관이 아니다. 따라서 검찰청에 2인 이상의 검사가 있는 경우에도 검사 각자가 독자적인 권한을 가지고 검찰청을 구성하는데 지나지 않기 때문에 합의제는 존재하지 아니한다. 또한 상관의 결재제도는 검찰내부에서 통용되는 절차에 불과하고 법적인 구속력은 없다. 그러므로 내부의 결재를 거치지 않고 행한 검사의 대외적인 의사표시는 소송행위의 효력에 아무런 영향을 미치지 아니한다.

Ⅲ. 검사의 조직

1. 검사의 자격과 신분보장

(1) 검사의 자격

1) 검사의 임명

검사는 사법시험에 합격하여 사법연수원 과정을 마친 사람 또는 변호사 자격이 있는 사람 중에서 임명한다(검찰청법 제29조). 검사의 임명과 보직은 법무부장관의 제청으로 대통령이 한다. 이 경우 법무부장관은 검찰총장의 의견을 들어 검사의 보직을 제청한다(검찰청법 제34조 제1항). 하지만 국가공무원법 제33조 각 호의 어느 하나에 해당하는 사람, 금고 이상의 형을 선고받은 사람, 탄핵결정에 의하여 파면된 후 5년이 지나지 아니한 사람, 대통령비서실 소속의 공무원으로서 퇴직 후 2년이 지나지 아니한 사람 중 어느 하나에 해당하는 사람은 검사로 임용될 수 없다(검찰청법 제33조). 검사의 임용·전보·그 밖의 인사에 관한 중요 사항을 심의하기 위하여 법무

1) 이에 대하여 검사를 사법기관이라고 하든 준사법기관이라고 하든 명칭 부여에 큰 의미가 있는 것은 아니라는 견해로는 배종대/홍영기, 52면. 반면에 검사의 준사법기관론은 이론적으로 공허하고 실제로는 유해하다는 견해로는 김인회, 31면.

2) 1894년 갑오경장으로 우리나라에 근대적 사법제도가 처음 도입될 당시에는 판사와 검사 모두가 사법부에 소속되어 있었다. 즉 1895년 재판소구성법이 제정되면서 검찰제도를 도입하였고, 각급 재판소에 검사국을 두고 검사를 배치하였던 것이다. 하지만 1948년 8월 미군정법령 제213호로 검찰청법이 제정되면서 검찰청이 법원으로부터 분리되었고, 이에 의하여 검사가 법무부 소속으로 변경되었다.

부에 검찰인사위원회를 두고(검찰청법 제35조 제1항), 검사(검찰총장은 제외한다)에 대하여는 임명 후 7년마다 적격심사를 하기 위하여 검사적격심사위원회를 둔다(검찰청법 제39조 제2항). 검찰청법 제36조 제1항에 따라 검사의 정원을 2,292명(2019. 8. 13. 기준)으로 하고 있다(검사정원법 제1조 및 검사정원법 시행령 제3조 참조).

한편 기존의 법조일원화는 법관임용의 영역에서 주로 논의되어 왔는데[1], 이를 법관임용의 영역에 국한시키고 검사임용의 영역에서 배제할 아무런 차이점을 발견할 수 없기 때문에 검사의 임용에 있어서도 법조일원화의 원칙을 실질적으로 확립할 필요성이 있다. 왜냐하면 법조일원화의 취지는 검찰과 법원의 관료적 폐쇄성을 시정하기 위한 것을 그 목적으로 하고 있기 때문이다. 특히 사법시험에 합격하여 사법연수원 과정을 마친 사람 또는 로스쿨을 졸업하여 변호사시험에 합격한 사람을 곧바로 검사로 임용하는 것은 검사로서 요구되는 기본적인 자질을 검증할 기회를 박탈함과 동시에 우리 사회에 대한 폭넓은 경험과 이해를 바탕으로 사건을 처리해야 하는 국가공무원으로서의 역할을 제대로 수행하기가 어려울 것이다.

2) 검찰총장의 임명

법무부장관과 대통령이 행사하는 검찰인사권이 불공정하고 편파적으로 행사된다면 검사의 업무의 공정성과 독립성을 보장하기 위한 노력을 무력화시킬 우려가 있다. 특히 검찰총장은 검찰의 정점에서 검찰사무를 지휘·감독하는데(검찰청법 제12조 제2항), 이러한 점에서 검찰의 정치적 중립성과 공정성의 확보는 검찰총장의 인사에서부터 시작된다고 해도 과언이 아니다. 현행법에 의하면, 검사의 임명과 보직은 법무부장관의 제청으로 대통령이 하는데, 대통령이 법무부장관의 제청으로 검찰총장을 임명할 때에는 국회의 인사청문을 거쳐야 한다(검찰청법 제34조 제2항). 이와 같이 검찰총장은 국회의 임명동의의 대상이 아니기 때문에 국회에서 의견서를 채택하는 정도로 청문절차가 끝나게 된다는 한계가 있다. 이러한 인사청문회의 한계를 보완하기 위하여 법무부장관이 제청할 검찰총장 후보자의 추천을 위하여 법무부에 검찰총장후보추천위원회를 두고 있다(검찰청법 제34조의2 제1항).

3) 검사의 직급

검사의 직급은 검찰총장과 검사로 구분한다(검찰청법 제6조).[2] 검찰총장은 15년 이상 ① 판사·검사 또는 변호사, ② 변호사 자격이 있는 사람으로서 국가기관, 지방자치단체, 국·공영기

---

1) 법원조직법 제42조(임용자격) ① 대법원장과 대법관은 20년 이상 다음 각 호의 직에 있던 45세 이상의 사람 중에서 임용한다. 1. 판사·검사·변호사 2. 변호사 자격이 있는 사람으로서 국가기관, 지방자치단체, 「공공기관의 운영에 관한 법률」 제4조에 따른 공공기관, 그 밖의 법인에서 법률에 관한 사무에 종사한 사람 3. 변호사 자격이 있는 사람으로서 공인된 대학의 법률학 조교수 이상으로 재직한 사람 ② 판사는 10년 이상 제1항 각 호의 직에 있던 사람 중에서 임용한다. 부칙 제2조(판사 임용을 위한 재직연수에 관한 경과조치) 제42조 제2항의 개정규정에도 불구하고 2013년 1월 1일부터 2017년 12월 31일까지 판사를 임용하는 경우에는 3년 이상 제42조 제1항 각 호의 직에 있던 사람 중에서, 2018년 1월 1일부터 2021년 12월 31일까지 판사를 임용하는 경우에는 5년 이상 제42조 제1항 각 호의 직에 있던 사람 중에서, 2022년 1월 1일부터 2025년 12월 31일까지 판사를 임용하는 경우에는 7년 이상 제42조 제1항 각 호의 직에 있던 사람 중에서 임용할 수 있다.

2) 2004. 1. 20. 개정 검찰청법에 의하여 검사의 직급제도 및 직급정년제가 폐지되었다.

업체, 「공공기관의 운영에 관한 법률」 제4조에 따른 공공기관 또는 그 밖의 법인에서 법률에 관한 사무에 종사한 사람, ③ 변호사 자격이 있는 사람으로서 대학의 법률학 조교수 이상으로 재직하였던 사람 중에서 임명한다(검찰청법 제27조). 고등검찰청 검사장, 대검찰청 차장검사 등 대통령령으로 정하는 대검찰청 검사급 이상 검사는 10년 이상 검찰청법 제27조 각 호의 직위에 재직하였던 사람 중에서 임용한다(검찰청법 제28조). 검찰청법 제28조에 해당하는 검사를 제외한 고등검찰청 검사, 지방검찰청과 지청의 차장검사·부장검사 및 지청장은 7년 이상 검찰청법 제27조 각 호의 직위에 재직하였던 사람 중에서 임용한다(검찰청법 제30조).

(2) 검사의 신분보장

사법권의 독립을 보장하기 위해서는 검찰권의 적정한 행사가 전제가 되므로 검사가 정치적 압력을 받지 않고 검찰권을 공정하게 행사하도록 하기 위하여 검사에 대하여도 법관과 유사한 신분보장을 인정하고 있다. 즉 검사는 탄핵이나 금고 이상의 형을 선고받은 경우를 제외하고는 파면되지 아니하며, 징계처분이나 적격심사에 의하지 아니하고는 해임·면직·정직·감봉·견책 또는 퇴직의 처분을 받지 아니한다(검찰청법 제37조). 다만 법관의 신분이 헌법에 의하여 보장되고 있음에 반하여, 검사의 신분보장은 검찰청법에 규정되어 있다. 검찰총장의 정년은 65세, 검찰총장 외의 검사의 정년은 63세로 한다(검찰청법 제41조). 검사가 중대한 심신상의 장애로 인하여 직무를 수행할 수 없을 때 대통령은 법무부장관의 제청에 의하여 그 검사에게 퇴직을 명할 수 있다(검찰청법 제39조의2).

한편 검사는 대통령실에 파견되거나 대통령실의 직위를 겸임할 수 없고, 검사로서 퇴직 후 1년이 지나지 아니한 사람은 대통령비서실의 직위에 임용될 수 없다(검찰청법 제44조의2). 또한 검사는 재직 중 ① 국회 또는 지방의회의 의원이 되는 일, ② 정치운동에 관여하는 일, ③ 금전상의 이익을 목적으로 하는 업무에 종사하는 일, ④ 법무부장관의 허가 없이 보수를 받는 직무에 종사하는 일의 행위를 할 수 없다(검찰청법 제43조).

2. 검찰청

검찰청은 검사의 사무를 통할하는 기관이다. 단독제의 관청인 검사의 검찰사무를 통합할 뿐이며, 그 자체로는 아무런 권한도 가지지 않는 관서에 불과하다. 검찰청은 검사의 사무를 총괄하며, 대검찰청, 고등검찰청 및 지방검찰청으로 한다(검찰청법 제2조). 대검찰청은 대법원에, 고등검찰청은 고등법원에, 지방검찰청은 지방법원과 가정법원에 대응하여 각각 설치한다. 지방법원 지원 설치지역에는 이에 대응하여 지방검찰청 지청을 둘 수 있다. 대검찰청의 위치와 대검찰청 외의 검찰청 및 지청의 명칭과 위치는 대통령령으로 정한다. 각급 검찰청과 지청의 관할구역은 각급 법원과 지방법원 지원의 관할구역에 따른다(검찰청법 제3조). 따라서 검찰청은 법원에 부속되는 보조기관이 아니라 법원에 대치하여 설치된 독립된 행정기관인 것이다. 검사는 법령에 특별한 규정이 있는 경우를 제외하고는 소속 검찰청의 관할구역에서 직무를 수행한다. 다만 수사에 필요할 때에는 관할구역이 아닌 곳에서 직무를 수행할 수 있다(검찰청법 제5조).

대검찰청에 검찰총장, 차장검사, 대검찰청 검사, 검찰연구관를 둔다. 검찰총장은 대검찰청의 사무를 맡아 처리하고 검찰사무를 총괄하며 검찰청의 공무원을 지휘·감독하며, 검찰총장의 임기는 2년으로 하며, 중임할 수 없다(검찰청법 제12조). 차장검사는 검찰총장을 보좌하며, 검찰총장이 부득이한 사유로 직무를 수행할 수 없을 때에는 그 직무를 대리한다(검찰청법 제13조 제2항).

고등검찰청에 고등검찰청 검사장, 차장검사, 검사를 둔다(검찰청법 제17조 제1항, 제18조 제1항, 제19조 제1항).[1] 고등검찰청 검사장은 그 검찰청의 사무를 맡아 처리하고 소속 공무원을 지휘·감독하고(검찰청법 제17조 제2항), 차장검사는 소속 검사장을 보좌하며, 소속 검사장이 부득이한 사유로 직무를 수행할 수 없을 때에는 그 직무를 대리한다(검찰청법 제18조 제2항).

지방검찰청에 지방검찰청 검사장을 두고, 지방검찰청 검사장은 그 검찰청의 사무를 맡아 처리하고 소속 공무원을 지휘·감독한다(검찰청법 제21조). 지청에 지청장을 두고, 지청장은 지방검찰청 검사장의 명을 받아 소관 사무를 처리하고 소속 공무원을 지휘·감독한다(검찰청법 제22조).

3. 검사동일체의 원칙

(1) 의 의

'검사동일체의 원칙'이란 검찰권을 행사하는 독립관청인 검사는 모두 검찰총장을 정점으로 지휘감독과 이행의 관계에 서서 전국적으로 일체불가분의 통일적인 계층의 조직체로서 활동하는 것을 말한다. 즉 모든 검사는 검찰총장을 정점으로 하는 피라미드형의 계층적 조직체를 형성하고 일체불가분의 유기적 통일체로서 활동하는 것이다. 이를 통해 단독제의 관청인 검사는 분리된 관청이 아니라 전체의 하나로서 검찰권을 행사할 수 있게 된다.[2]

검사동일체의 원칙의 인정취지는 범죄수사·소추·집행에 이르는 검찰권행사의 전국적 통일성과 공정성을 유지할 수 있는 점과 날로 지능화·과학화·기동화되고 있는 범죄에 대한 효율적인 수사의 효과를 거두기 위한 전국적 수사망확보의 필요성에서 요청된다.

(2) 내 용

1) 지휘감독과 이행의 관계

검사는 검찰사무에 관하여 소속 상급자의 지휘·감독에 따른다(검찰청법 제7조 제1항).[3] 이를 위하여 검사의 처분에는 상사의 결재를 받도록 내부적으로 규정하고 있다(검찰사건사무규칙 제58조). 검찰총장은 검찰사무를 총괄하며 검찰청의 공무원을 포괄적으로 지휘·감독하는 위치에 있

1) 이에 대하여 고등검찰청은 고소인 또는 고발인의 항고사건을 처리하는데, 이것만으로는 고등검찰청의 존재 이유로 불충분하며, 고등검찰청의 존재는 검사장 자리의 확대로 검찰권한 강화와 관련이 깊다는 견해로는 김인회, 33면.

2) 이에 대하여 검사동일체의 원칙을 유지하는 것이 검사 각자의 정의구현에 대한 의지나 창의성을 억누르고 조직 전체의 이익을 앞세울 수 있게 만드는 공식적인 방편이 될 수 있다는 견해로는 배종대/홍영기, 53~54면.

3) 이에 대하여 검사의 지휘·감독관계는 상명하복관계를 전제로 하는 것이라는 견해로는 이재상/조균석, 96면.

으며(검찰청법 제12조 제2항), 고등검찰청 검사장과 지방검찰청 검사장은 소속 검사들에 대한 지휘·감독권이 있기 때문에(검찰청법 제17조 및 동법 제21조) 결국 검찰총장을 정점으로 하는 피라미드식 지휘·감독체계가 이루어져 있는 것이다. 검사도 행정관청이므로 상사의 명령에 따라야 하는 것은 당연하다. 그러나 이러한 지휘·감독관계는 검찰청 내부에서만 효력을 가질 뿐이다. 검사는 단독제의 행정관청이기 때문에 결재를 받지 않고 행한 처분도 대외적 효력에는 아무런 영향이 없다. 또한 검사는 구체적 사건과 관련된 상급자의 지휘·감독의 적법성 또는 정당성 여부에 대하여 이견이 있는 때에는 이의를 제기할 수 있다(검찰청법 제7조 제2항). 이와 같이 검사의 지휘감독관계는 일반행정조직과 달리 단순한 상명하복의 관계가 아니라 적법한 검찰사무를 처리하기 위하여 상급자의 지휘·감독을 받는다는 의미로 이해된다.

검사는 상사의 적법하고 정당한 지휘에만 따라야 한다.[1] 그러므로 검사가 불기소처분하려는 것에 대해 상사가 공소제기를 명하는 경우, 특히 혐의가 불분명한 상태에서 상사가 공소제기를 명하는 경우에는 그 명령은 적법하므로 이에 따라야 한다. 또한 상사의 기소유예처분명령이 있는 경우에는 그 명령은 기소편의주의에 의하여 원칙적으로 적법하므로 이에 따라야 한다. 다만 조건부 기소유예처분에 대해 피의자가 그 조건을 이행한 경우에는 존속력이 발생하므로 피의자의 신뢰를 보호하여야 한다. 이 경우의 공소제기는 재기소금지를 규정한 제329조에 반하는 공소제기가 될 수 있으므로 이 명령에는 따를 의무가 없다.

반면에 상사의 수사중지명령이 있는 경우라고 할지라도 범죄의 혐의가 있으면 수사하여야 한다는 수사법정주의에 반하는 명령인 경우에는 이에 따르지 않아도 무방하다. 이 경우 검사가 특정사건을 수사대상에서 의식적으로 누락시킨 경우 직무유기죄가 성립한다. 또한 혐의 없는 것이 명백함에도 불구하고 공소를 제기하는 것은 공소권남용에 해당하므로, 이러한 경우에 있어서는 상사의 공소제기명령에 따를 의무가 없다. 다만 상관은 검사의 명령위반의 경우에 있어서 담당검사를 강제하는 것보다 직무승계권 또는 직무이전권을 행사하는 것이 바람직하다. 이 경우에도 검사가 이미 행한 처분은 설령 결재를 받지 않은 경우에도 외부적으로는 효력이 있다.

2) 직무승계권·직무이전권

검찰총장, 각급 검찰청의 검사장 및 지청장은 소속 검사의 직무를 자신이 처리하거나(직무승계권) 다른 검사로 하여금 처리하게 할 수 있다(직무이전권)[2](검찰청법 제7조의2 제2항). 이로써 검

---

1) 이는 군형법상 명령위반죄와 관련된 법리 중 상관의 적법한 명령뿐만 아니라 부당한 명령도 일단 이행해야 한다는 이론과 비교되는 것이라고 하겠다.

2) 대법원 2017. 10. 31. 선고 2014두45734 판결(백지구형지시사건)(검찰청법 제7조의2 제2항은 검찰총장, 각급 검찰청의 검사장 및 지청장(이하 '검찰청의 장'이라 한다)은 소속 검사의 직무를 다른 검사에게 이전할 수 있는 것으로 규정하고 있다. 그런데 같은 조 제1항은 검찰청의 장은 자신의 직무를 소속 검사에게 위임할 수 있는 것으로 규정하고 있고, 여기의 직무에는 같은 조 제2항에서 정한 직무이전에 관한 직무도 포함되므로, 검찰청의 장은 소속 검사에게 검사 직무의 이전에 관한 직무를 위임할 수 있다. 원래 검사 직무의 위임·이전 및 승계에 관한 규정은 상명하복의 검사동일체 원칙을 규정하고 있던 검찰청법 제7조에 함께 있었다. 그런데 위 조항이 2004. 1. 20. 법률

사의 지휘·감독관계는 실질적으로 보장받게 된다. 직무승계권 및 직무이전권은 검찰총장, 검사장 및 지청장이 가지며, 법무부장관에게는 이러한 권한이 인정되지 아니한다.

3) 직무위임권·직무대리권

검찰총장, 각급 검찰청의 검사장 및 지청장은 소속 검사로 하여금 그 권한에 속하는 직무의 일부를 처리하게 할 수 있다(직무위임권)(검찰청법 제7조의2 제1항). 이는 직무승계 및 직무이전의 권한을 역으로 구성해 놓은 것이다. 또한 각급 검찰청의 차장검사는 소속장에 사고가 있는 때 특별한 권한 없이 그 직무를 대리하는 권한을 가지는데(검찰청법 제13조 제2항, 제18조 제2항, 제23조 제2항), 이를 차장검사의 '직무대리권'(職務代理權)이라고 한다. 직무대리가 허용되는 범위는 검찰사무뿐만 아니라 검찰행정사무에도 미친다. 그 밖에도 검찰총장은 사법연수원장이 요청하면 사법연수생으로 하여금 일정 기간 지방검찰청 또는 지청 검사의 직무를 대리할 것을 명할 수 있고(검찰청법 제32조 제1항), 검찰총장은 필요하다고 인정하면 검찰수사서기관, 검찰사무관, 수사사무관 또는 마약수사사무관으로 하여금 지방검찰청 또는 지청 검사의 직무를 대리하게 할 수 있다(검찰청법 제32조 제2항).[1] 이에 따라 검사의 직무를 대리하는 사람은 법원조직법에 따른 합의부의 심판사건은 처리하지 못한다(검찰청법 제32조 제3항).[2]

제7078호로 개정되면서 상명하복이 검찰사무에 관한 지휘·감독으로 완화됨과 아울러 검사는 구체적 사건과 관련된 상급자의 지휘·감독의 적법성 또는 정당성에 대하여 이의를 제기할 수 있다는 규정이 새로이 추가되었고, 검사 직무의 위임·이전 및 승계에 관한 규정을 신설된 제7조의2에 옮겨 별도로 두게 되었다. 이러한 검찰청법의 개정 취지와 목적, 규정 체계에 비추어 보면, 검사가 구체적 사건과 관련된 상급자의 지휘·감독의 적법성 또는 정당성에 대하여 이의한 상황에서 검찰청의 장이 아닌 상급자가 그 이의를 제기한 사건에 관한 검사의 직무를 다른 검사에게 이전하기 위해서는 검사 직무의 이전에 관한 검찰청의 장의 구체적·개별적인 위임이나 그러한 상황에서의 검사 직무의 이전을 구체적이고 명확하게 정한 위임규정 등이 필요하다고 보아야 한다).

1) 대법원 2012. 6. 28. 선고 2012도3927 판결(검찰청법은 사법연수생이 검사직무대리로 되는 경우와 별도로 사법연수생이 아닌 자가 검사직무대리로 되는 경우를 정하면서, 사법연수생이 아닌 검사직무대리가 처리할 수 있는 사건에서 사법연수생인 검사직무대리와 마찬가지로 법원조직법에 따른 합의부의 심판사건을 제외시키고, 더 나아가 사법연수생인 검사직무대리와는 달리 대통령령에 의하여 그 직무 범위가 비로소 정해지는 것으로 규정하고 있다. 그에 따라 제정된 구 검사직무대리 운영규정(2012. 6. 5. 대통령령 제23831호로 개정되기 전의 것)은 제2조에서 여기에서 말하는 '검사직무대리'라 함은 검찰청법 제32조 제2항의 규정에 의하여 검찰총장으로부터 지방검찰청 또는 그 지청 검사의 직무를 대리하도록 지명받은 자, 즉 사법연수생이 아닌 검사직무대리를 의미한다고 분명히 한 다음, 제5조 각 항에서 그 검사직무대리가 처리할 수 있는 사건과 사무를 열거하되, 같은 조 제1항 제2호에서는 그 검사직무대리의 직무 범위에서 혐의없음 의견으로 송치된 사건을 제외시키고 있다. 위와 같은 법령의 내용에 비추어 보면, 혐의없음 의견으로 송치된 사건은 사법연수생이 아닌 검사직무대리의 직무 범위에서 제외될 뿐, 그것이 검사직무대리가 처리하지 못하는 합의부 심판사건이 아닌 이상, 사법연수생인 검사직무대리의 직무 범위에서 제외되지 않음은 명백하다).

2) 대법원 2012. 6. 28. 선고 2012도3927 판결(검찰청법이 검사직무대리의 직무 범위에서 합의부 심판사건을 제외한 취지는 검사가 아닌 자가 검사의 직무를 대리하는 예외성을 고려하여 검사직무대리의 직무 범위에서 난이도나 중요도가 높다고 법률상 명백히 인정되는 합의부 심판사건을 제외시키고자 하는 것이고, 법원조직법이 법률 자체로 합의부 심판사건임을 엄격히 특정한 사건 이외에 원래는 단독판사에게 심판권이 있는 사건임에도 합의부의 심판사건이 될 수 있는 재정합의사건 등을 규정하고 있는 취지는 구체적인 사안의 특성이나 관련사건의 존재 등 여러 사정을 고려하여 신중하고 효율적으로 사건을 심판하기 위해서라 할 것이다. 이러한 각 법률의 취지에 공소제기 후 합의부의 결정 등에 의하여 비로소 합의부 심판사건이 되는 경우 수사 당시에는 이를 전혀 예측할 수 없는 한계가 있음을 함께 고려하면, 검찰청법 제32조 제3항에 의하여 검사직무대리가 처리하지 못하는 '법원조직법에 따른 합의부의 심판사건'은 검사직무대리가 처리할 당시 법원조직법 등 법률 자체로 합의부의 심판사건에 해당하는 사건을 의미하고, 검사직무대리가 처리할 당시에는 법원조직법에 의하더라도 단독판사에게 심판권

(3) 효 과

1) 검사교체의 효과

검사가 교체되더라도 교체 전 검사가 행한 소송법상 효과에는 아무런 영향이 없다. 즉 검사가 교체되더라도 수사절차 및 공판절차의 갱신은 필요 없다. 이는 판사가 경질되면 반드시 공판절차의 갱신(제301조)이 요구되는 것과 구별된다.

2) 검사에 대한 제척·기피

법관에 대한 제척·기피제도가 검사에 대해서도 적용될 수 있는지 여부와 관련하여, ① 검찰사무를 공정하게 처리하고 이해관계인의 신뢰를 보호하기 위하여 공익의 대표자인 검사에 대해서도 제척·기피의 적용이 요구된다는 점을 논거로 하는 적극설[1], ② 현행법상 검사동일체의 원칙에 의하면 특정검사에 대해 제척·기피하여 동일체의 다른 검사로 교체시키는 것은 별다른 의미가 없다는 점, 이와 유사한 교체임용제도가 있기 때문에 검사에 대한 제척·기피제도는 규정되지 않은 것으로 해석하는 것이 타당하다는 점, 현행법은 검사에게 당자자의 지위를 인정하고 있다는 점 등을 논거로 하는 소극설[2] 등의 대립이 있다.

이에 대하여 판례는 「범죄의 피해자인 검사가 그 사건의 수사에 관여하거나, 압수·수색영장의 집행에 참여한 검사가 다시 수사에 관여하였다는 이유만으로 바로 그 수사가 위법하다거나 그에 따른 참고인이나 피의자의 진술에 임의성이 없다고 볼 수는 없다.」라고 판시[3]하여, 원칙적으로 소극설의 입장을 취하고 있다.

생각건대 입법론적으로는 검사의 제척·기피제도의 도입이 요구된다고 하겠다. 왜냐하면 아무리 사법부가 형사사건에 대한 최종적인 판단을 한다고 하지만, 그 이전 단계에서 검사가 불기소처분을 내리게 되면, 사법부에 의한 심사 자체가 박탈되는 현상이 발생하기 때문이다.

4. 법무부장관의 지휘·감독권

검사는 법무부에 소속된 공무원이므로 법무부장관이 검사에 대하여 지휘·감독권을 가진다는 것은 당연하지만 검사가 검찰사무에 관하여 법무부장관의 지휘·감독에 따르게 될 때에는 정치적 합목적성의 대리인으로 전락하게 될 위험성이 있다. 기소법정주의를 채택하는 경우에는 기소법정주의 그 자체가 바로 법무부장관의 지휘·감독권을 제한하는 기능을 하지만, 기소편의주의 아래에서는 검사의 지휘·감독관계에 의하여 정치권력의 영향을 받는 것을 방지하기 위해

이 있는 사건인데도 공소가 제기된 후에 합의부의 결정에 따라 비로소 합의부 심판사건으로 되는 재정합의사건과 같은 사건은 특별한 사정이 없는 한 여기에서 제외된다).

1) 김인회, 36면; 김정한, 70면; 송광섭, 99면; 신동운, 19면; 신양균/조기영, 454면; 이은모/김정환, 66면; 정승환, 50면; 정웅석/최창호, 60면.

2) 손동권/신이철, 55면(다만 입법론의 차원에서 검사의 제척·기피제도는 요구되는 것으로 보아야 한다); 이주원, 26면; 이재상/조균석, 99면; 이창현, 85면(다만 앞으로 입법을 통해 검사에 대한 제척 등의 제도를 두는 것이 바람직하다); 임동규, 54면; 최호진, 35면.

3) 대법원 2013. 9. 12. 선고 2011도12918 판결.

서는 법무부장관에 대한 검사의 독립성을 보장하지 않으면 안 된다. 그러므로 법무부장관은 검찰사무의 최고 감독자로서 일반적으로 검사를 지휘·감독하고, 구체적 사건에 대하여는 검찰총장만을 지휘·감독한다(검찰청법 제8조). 이와 같이 정무직 공무원인 법무부장관이 개별사건의 수사와 관련하여 지휘·감독을 하게 된다면 검찰권 행사의 공정성과 정치적 중립성을 훼손할 염려가 크기 때문에 구체적인 사건에 대해서는 검찰총장만을 지휘·감독할 수 있도록 규정하고 있는 것이다. 검사동일체의 원칙이 검사에 대한 내적 지휘·감독관계를 규정한 것인데 반하여, 이것은 검사에 대한 외적 지휘·감독관계에 관한 규정이다. 동 규정은 검찰총장을 완충지대로 하여 구체적 사건의 처리가 정치적 영향에 의하여 좌우되는 것을 막기 위한 취지에서 둔 것이다. 이에 따라 검사의 독립성은 오로지 검찰총장의 인격과 소신에 의하여 좌우되는 결과가 된다.[1] 이에 따라 법무부장관이 검찰총장에 대하여 구체적 사건까지도 지휘·감독할 수 있다는 것은 지휘·감독관계의 검사동일체의 원칙에 의하여 곧바로 사건담당검사를 법무부장관이 지휘·감독할 수 있는 것과 다름없기 때문에 폐지되어야 한다는 견해[2]가 다수의 입장을 차지하고 있다. 즉 법무부장관에게 검찰총장 및 검사에 대한 일반적인 지휘·감독권만을 인정하자는 것이다.

생각건대 구체적인 사건에 있어서 법무부장관이 검찰총장에 대해서만 지휘·감독을 할 수 있도록 하고, 개별 검사에 대해서는 직접적인 지휘·감독을 하지 못하도록 한 것은 검사의 독립적이고 공정한 사건처리를 보장함과 동시에 검찰권의 오·남용을 통제한다는 긍정적인 의미를 가지기도 하지만, 다른 한편으로는 검사동일체의 원칙이 관철되고 있는 상황에서 법무부장관의 검찰총장에 대한 지휘·감독권의 행사는 최종적으로 구체적인 사건에 있어서 개별 검사에 대한 지휘·감독권을 실질적으로 행사하는 것과 다를 것이 없다는 점에서 문제의 심각성이 있다. 이와 같이 법무부장관의 수사지휘권은 긍정적인 기능보다는 권력형 비리사건 및 정치적으로 민감한 사건 등에서 검찰에게 부당한 영향력을 행사하는 부정적인 기능이 훨씬 많은 것이다. 법무부장관의 일반적인 수사지휘권은 검찰권을 행정권으로 볼 경우 인정하지 않을 수 없는 것이지만, 법무부장관이라는 직책이 정치적인 영향에서 결코 자유로울 수 없는 정무직 공무원이라는 점에서 법무부장관의 검찰총장에 대한 구체적인 사건의 수사지휘권은 폐지하는 것이 타당하다.

---

1) 실제로 김○○ 전 검찰총장은 2005년 10월 '6·25전쟁은 통일전쟁, 맥아더는 전쟁광'이란 내용의 글을 기고한 혐의(국가보안법 위반)로 기소된 강○○ 교수 사건에 대한 당시 천○○ 법무부장관의 불구속 수사 지휘 파문으로 자진 사퇴한 전례가 있다.

2) 손동권/신이철, 55면; 이은모/김정환, 67면; 이재상/조균석, 99면; 이창현, 83면; 정웅석/최창호, 60면. 한편 법무부장관의 검찰총장에 대한 수사지휘권의 폐지가 현실적으로 어렵고 수사지휘권의 순기능을 고려한다면 구체적 사건수사에 대한 지휘권을 유지하되, 서면으로 수사지휘권을 행사하도록 하고 이를 사후에 공개하는 방안(김인회, 37면)도 제시되고 있다.

Ⅳ. 검사의 소송법상 지위

검사는 수사절차에서는 수사의 주체로서 경찰청 소속 일반사법경찰관리와 서로 협력하여 수사를 진행하고, 검찰청 소속 직원 가운데 사법경찰관리의 직무를 행하는 자 및 특별사법경찰관리[1]를 지휘·감독하고, 수사의 결과 공소제기 여부를 독점적으로 결정하고, 공판절차에서는 피고인에 대립되는 당사자로서 법원에 대하여 법령의 정당한 적용을 청구하고, 재판이 확정된 때에는 형의 집행을 지휘·감독하는 권한을 가진 국가기관이다.

1. 수사의 주체

(1) 수사권

검사는 범죄의 혐의가 있다고 사료하는 때에는 범인, 범죄사실과 증거를 수사한다(제196조). 이는 실체적 진실발견을 위해 검사에게 범죄에 대한 수사의무를 부과하는 수사법정주의가 원칙으로서 규정된 것이다. 이를 위해 검사는 피의자신문(제200조), 참고인조사(제221조) 등의 임의수사는 물론이고, 체포(제200조의2)·구속(제201조)·압수·수색·검증(제215조 내지 제218조) 등 법이 정한 범위 내에서의 강제수사도 할 수 있다. 특히 영장청구권(제200조의2, 제201조, 제215조), 증거보전청구권(제184조), 수사상 증인신문청구권(제221조의2) 등은 수사기관 중 검사에게만 인정된다. 하지만 검사가 직접 모든 사건의 수사를 하는 것은 아니다. 검사의 수사는 원칙적으로 특정사건에 제한되고 있으며(검사직수사건), 대부분의 범죄에 대한 수사의 개시는 사법경찰에 의해 이루어진다.

기존 형사소송법 및 「검사의 사법경찰관리에 대한 수사지휘 및 사법경찰관리의 수사준칙에 관한 규정」에서 검사의 직접수사에 관한 권한을 살펴보면, 검사는 수사의 주재자로서 직접 수사를 할 수 있는 권한을 갖고 있고, 이에 따라 검찰수사관 등 검찰 자체 수사인력을 활용하여 피의자신문 등 임의수사 및 체포·구속, 압수·수색 등 강제수사를 직접 수행하고 있으며, 사법경찰관이 수사를 진행하고 있는 사건도 검사가 필요하다고 인정하는 경우 수사중단을 명령하면서 송치하도록 지휘함으로써 직접 수사할 수 있었다. 대부분의 형사사건은 사법경찰관에 의한 직접수사 및 송치 전·후에 검사의 수사지휘의 형태로 이루어지지만, 여론의 관심이 집중된 일부 사건은 검사가 직접수사하는 관행이 오랫동안 유지되어 왔다. 그런데 검사에 의한 직접수사가 차지하는 비중이 1990년 초반 소위 '범죄와의 전쟁'을 기점으로 점차 확대되어 가면서 수사성과를 위한 무리한 수사, 정치권의 영향을 받는 편향된 수사 등의 문제가 심각하게 대두되었고, 이와 동시에 검찰 본연의 사무라고 할 수 있는 사법경찰관에 대한 수사지휘 및 기소권 행

1) 다만 수사처수사관은 고위공직자범죄등에 대한 수사에 관하여 형사소송법 제197조 제1항에 따른 사법경찰관의 직무를 수행하는(수사처법 제21조 제2항) 특별사법경찰관이지만, 수사처수사관은 수사처검사의 지휘·감독을 받아 직무를 수행하기 때문에(수사처법 제21조 제1항) 검찰청 소속 검사의 수사지휘를 받지 아니한다.

사에 소홀하다는 비판이 강하게 제기되었다. 이에 대처하기 위하여 2020. 2. 4. 개정 검찰청법은 검사의 직접수사 범위를 제한함으로써 수사권과 기소권을 모두 가지고 있는 검찰의 권한을 축소하여 권한 남용의 소지를 최소화하고, 경찰과 검찰이 상호 견제하여 수사기관에 대한 국민의 신뢰를 회복할 수 있도록 하였다. 이는 기존 검찰권 행사의 폐해 중 하나가 바로 과도한 직접수사의 확장에 있었는데, 개정법의 취지는 이를 대폭적으로 축소하기 위한 조치로 평가된다. 이를 보다 엄밀히 말하자면, 검찰청법 제4조 제1호 단서에 규정된 범죄에 대해서는 언제든지 검사가 직접 수사를 개시 및 진행할 수 있지만, 그 이외의 범죄에 대해서는 검사가 직접 수사를 개시하지는 못하고, 사법경찰이 개시한 수사를 이어받아 수사를 진행할 수는 있는 것으로 변경한 것이다.[1)]

(2) 수사협력요구권

1) 의 의

우리나라에서 그 동안 검사는 직접수사권, 수사지휘권, 수사종결권, 영장청구권, 기소독점권, 기소재량권, 공소유지권, 형집행권 등 수사와 재판에 걸쳐 사실상 모든 권한을 보유하고 있었다. 이와 같이 지나치게 과도한 검찰의 권한을 축소하여 남용의 소지를 없애야 하는 당위성의 측면에서 검찰의 수사권을 제한해야 한다는 점에 대한 국민적 공감대가 형성되어 왔는데, 이는 원래 검찰이 직접수사를 하는 기관이 아니라 경찰 등 1차적 수사기관의 권한 남용을 견제·감독하고 인권을 보장하기 위해 등장하였던 역사에도 부합하는 것이다. 이와 더불어 검찰에게 과대하게 집중된 권한을 악용한 각종 비위 사건이 적지 않게 발생하여, 국민들이 검찰에 대해 갖는 신뢰도가 매우 낮은 수준에 그치고 있는 만큼 형사사법절차에서의 수사구조를 재설계하여 상호 견제와 균형이라는 권력분립의 원리 아래, 수사에 대한 공정성과 신뢰성을 담보할 필요가 강하게 대두되었다. 이러한 시대상황을 반영하여 2020. 2. 4. 개정 형사소송법에서는 수사지휘에 관한 일반적인 규정이라고 할 수 있는 개정 전 제196조 제1항(수사관, 경무관, 총경, 경정, 경감, 경위는 사법경찰관으로서 모든 수사에 관하여 검사의 지휘를 받는다.) 및 제3항(사법경찰관리는 검사의 지휘가 있는 때에는 이에 따라야 한다. 검사의 지휘에 관한 구체적 사항은 대통령령으로 정한다.)을 삭제하여, 사법경찰관의 1차 수사, 즉 송치 전 수사에 대하여 검사의 수사지휘를 원칙적으로 폐지하였다. 사법경찰관에 대한 송치 전 검사에 의한 수사지휘의 원칙적 폐지는 검사와 사법경찰관의 관계를 기존의 지휘감독관계에서 상호협력관계로 전환하기 위한 시도이자 사법경찰관이 책임감 있는 수사를 하기 위한 기틀을 마련해 준 것으로 평가된다.

다만 송치 전이라고 할지라도 예외적으로 ① 사법경찰관이 신청한 영장의 청구 여부 결정에 관하여 필요한 경우에 사법경찰관에게 보완수사를 요구할 수 있고(제197조의2 제1항 제2호), ②

1) 이에 대하여 보다 자세한 내용으로는 박찬걸, "검·경 수사권조정에 대한 비판적 분석 — 2020. 2. 4.자 개정 형사소송법 및 검찰청법의 내용을 중심으로 —", 형사정책연구 제31권 제1호, 한국형사정책연구원, 2020. 3, 29면 이하 참조.

사법경찰관리의 수사과정에서 법령위반, 인권침해 또는 현저한 수사권 남용이 의심되는 사실의 신고가 있거나 그러한 사실을 인식하게 된 경우에는 사법경찰관에게 사건기록 등본의 송부를 요구할 수 있고, 송부를 받은 검사는 필요하다고 인정되는 경우에는 사법경찰관에게 시정조치를 요구할 수 있으며(제197조의3 제1항), ③ 검사는 사법경찰관과 동일한 범죄사실을 수사하게 된 때에는 사법경찰관에게 사건을 송치할 것을 요구할 수 있고(제197조의4 제1항), 이러한 요구를 받은 사법경찰관은 지체 없이 검사에게 사건을 송치하여야 한다(제197조의4 제2항 본문).

또한 송치처분 후에는 ④ 송치사건의 공소제기 여부 결정 또는 공소의 유지에 관하여 필요한 경우에 사법경찰관에게 보완수사를 요구할 수 있고(제197조의2 제1항 제1호), 불송치처분 후에는 ⑤ 사법경찰관이 사건을 송치하지 아니한 것이 위법 또는 부당한 때에는 그 이유를 문서로 명시하여 사법경찰관에게 재수사를 요청할 수 있으며(제245조의8 제1항), ⑥ 고소인 등에게 사건을 검사에게 송치하지 아니하는 취지와 그 이유를 통지하여야 하며(제245조의6), 이에 고소인 등이 해당 사법경찰관의 소속 관서의 장에게 이의신청을 하면 지체 없이 검사에게 사건을 송치하여야 한다(제245조의7).

이와 같이 2020. 2. 4. 개정 형사소송법은 검사의 사법경찰관에 대한 수사지휘권을 폐지하는 대신 송치 전 수사지휘에 대한 보완책으로 영장청구에 대한 보완수사요구권, 시정조치요구권, 송치요구권 등을 인정하고 있고, 송치 후 수사지휘에 대한 보완책으로 소추권행사를 위한 보완수사요구권을 인정하고 있으며, 불송치 후 수사지휘에 대한 보완책으로 재수사요구권, 고소인 등의 이의신청시 사건송치의무 등을 인정하고 있다.

2) 보완수사요구권

검사는 ① 송치사건의 공소제기 여부 결정 또는 공소의 유지에 관하여 필요한 경우, ② 사법경찰관이 신청한 영장의 청구 여부 결정에 관하여 필요한 경우 가운데 어느 하나에 해당하는 경우에 사법경찰관에게 보완수사를 요구할 수 있다(제197조의2 제1항). 사법경찰관은 이러한 요구가 있는 때에는 정당한 이유가 없는 한 지체없이 이를 이행하고, 그 결과를 검사에게 통보하여야 한다(제197조의2 제2항). 검찰총장 또는 각급 검찰청 검사장은 사법경찰관이 정당한 이유 없이 이러한 요구에 따르지 아니하는 때에는 권한 있는 사람에게 해당 사법경찰관의 직무배제 또는 징계를 요구할 수 있고, 그 징계 절차는 「공무원 징계령」 또는 「경찰공무원 징계령」에 따른다(제197조의2 제3항).

검사의 소추업무에 있어 공소제기 여부의 결정과 수사의 연관성으로 인해 소추관인 검사가 증거를 적정하게 수집되고 있는지 또는 보완할 것은 없는지 등을 검토하고 수사활동을 하는 사법경찰관에게 보완요청이나 방향제시를 하여 수사가 적정하게 진행될 수 있도록 이끌어야 할 필요성에 대해서는 재론의 여지가 없다. 현실적으로 대부분의 사건에 있어 검사가 처음부터 개입을 할 필요가 없다고 하더라도 특별한 경우에는 검사가 처음부터 방향설정을 하고 수사진행을 통제할 필요가 있는 것인데, 이와 같은 수사 관여는 사법경찰관이 수사를 종료하고 사건을 검사에게 송치한 후에도 이루어질 수 있고, 사법경찰관이 수사를 진행하는 중인 송치 전에도 이루어질 수 있다.[1] 여기서 보완수사요구의 대상이 되는 제197조의2 제1항 제1호에서 말하는 '송치사건'과 재수사의 대상이 되는 제245조의5 제2호에서 말하는 '불송치사건'은 법문의 규정상 매우 엄격하게 구별된다. 왜냐하면 '송치사건'이란 사법경찰관이 범죄를 수사한 후 범죄의 혐의가 있다고 인정되는 경우에 지체 없이 검사에게 사건을 송치하고, 관계 서류와 증거물을 검사에게 송부하는 것을 말하는 반면에, '불송치사건'이란 사법경찰관이 범죄를 수사한 후 송치사건에 해당하지 아니하는 그 밖의 경우에 해당할 때 그 이유를 명시한 서면과 함께 관계 서류와 증거물을 지체 없이 검사에게 송부하는 것을 말하기 때문이다.

3) 시정조치요구권

검사는 사법경찰관리의 수사과정에서 법령위반, 인권침해 또는 현저한 수사권 남용이 의심되는 사실의 신고가 있거나 그러한 사실을 인식하게 된 경우에는 사법경찰관에게 사건기록 등본의 송부를 요구할 수 있다(제197조의3 제1항). 이와 같은 송부 요구를 받은 사법경찰관은 지체 없이 검사에게 사건기록 등본을 송부하여야 하고(제197조의3 제2항), 송부를 받은 검사는 필요하다고 인정되는 경우에는 사법경찰관에게 시정조치를 요구할 수 있다(제197조의3 제3항). 사법경찰관은 검사의 시정조치 요구가 있는 때에는 정당한 이유가 없으면 지체 없이 이를 이행하고, 그 결과를 검사에게 통보하여야 한다(제197조의3 제4항). 이러한 통보를 받은 검사는 시정조치 요구가 정당한 이유 없이 이행되지 않았다고 인정되는 경우에는 사법경찰관에게 사건을 송치할 것을 요구할 수 있으며(제197조의3 제5항), 송치 요구를 받은 사법경찰관은 검사에게 사건을 송치하여야 한다(제197조의3 제6항). 검찰총장 또는 각급 검찰청 검사장은 사법경찰관리의 수사과정에서 법령위반, 인권침해 또는 현저한 수사권 남용이 있었던 때에는 권한 있는 사람에게 해당 사법경찰관리의 징계를 요구할 수 있고, 그 징계 절차는 「공무원 징계령」 또는 「경찰공무원 징계령」에 따른다(제197조의3 제7항). 한편 사법경찰관은 피의자를 신문하기 전에 수사과정에서 법령위반, 인권침해 또는 현저한 수사권 남용이 있는 경우 검사에게 구제를 신청할 수 있음을 피의자에게 알려주어야 한다(제197조의3 제8항).

시정조치요구권은 송치 전에 검사가 경찰수사에 개입할 수 있는 여지를 준 것으로서 수사지휘의 원칙적인 폐지로 인하여 발생할 수 있는 사법경찰에 의한 인권침해를 방지하기 위한 조치로 평가된다. 이러한 측면에서 시정조치요구권의 인정은 사법경찰관의 송치 전 수사에 대한 적절한 통제수단이 되어야 하는데, 이를 보완하기 위하여 다음의 점을 지적할 수 있다. 첫째, 현행법상 검사의 수사지휘권은 사법경찰관의 독자적 의사결정에 의한 자율적인 수사권 행사를 인정하면서, 법률전문가인 검사가 일반적 또는 구체적 지휘를 통해 사법경찰관의 수사활동을

---

1) 이에 대하여 보다 자세한 논의로는 박찬걸, "경찰권과 검찰권의 조정을 통한 '국가수사청' 설치에 대한 시론", 비교형사법연구 제20권 제1호, 한국비교형사법학회, 2018. 4, 212면 이하 참조.

법적으로 조정·통제하고, 검사와 사법경찰관의 의견이 일치하지 아니할 경우에는 검사의 법률적 판단에 따라 수사를 진행하고 사건을 처리하는 역할을 수행하여 왔다.[1] 여기서 일반적 수사지휘는 대검찰청 소관부서에서 각급 검찰청에 대하여 예규 또는 지침의 형식으로 지시하면 지방검찰청 검사장 또는 지청장이 관할 사법경찰관리에게 이를 시달하는 방법으로 이루어지고, 구체적 수사지휘는 특정 사건 또는 사안을 담당하는 주임검사가 사법경찰관리에게 지시하는 개별적 수사지휘인데, 이는 명문의 규정상으로는 사법경찰관리가 수행하는 모든 수사활동에 대하여 이루어진다. 하지만 검사는 모든 사건에 대하여 실제로 수사지휘를 하는 것이 아니라 예외적으로 행사하고 있었는데, 그 예외의 대표적인 예가 사법경찰에 의한 '법령위반, 인권침해 또는 현저한 수사권 남용'이라고 할 수 있다. 즉 수사지휘는 경찰권의 남용에 대한 견제의 수단으로서 수사에 있어서의 인권보장과 적정절차를 실현하기 위한 법치국가의 불가결한 요소라고 할 수 있는데, 개정법의 태도는 단지 수사'지휘'가 '시정조치요구'라는 용어의 변경으로 순화된 것에 불과하지, 그 본질은 수사지휘로서의 성격이 그대로 남아 있다고 평가된다. 즉 개정법에서 검·경의 관계를 상명하복이 아닌 상호협조관계로 파악해야 하는 대전제로 인하여 기존의 수사'지휘'라는 규정은 모두 삭제하고 있는 것이며, 그렇다고 하여 검사에 의한 사법경찰의 수사에 대한 개입이라는 법치국가적 통제기능을 외면할 수도 없는 노릇이니 보완수사요구, 시정조치요구, 재수사요청 등의 표현을 차용하여 기존 수사지휘의 명맥을 유지하고 있는 것이다. 참고로 일본의 경우 검찰관과 도도부현 공안위원회 및 사법경찰직원은 수사에 관하여 상호 협력하여야 한다(일본 형사소송법 제192조)라고 규정하고 있음에도 불구하고, 검찰관은 스스로 범죄를 수사하는 경우에 필요한 때에는 사법경찰직원을 지휘하여 수사의 보조를 하도록 할 수 있으며(일본 형사소송법 제196조 제3항), 이 경우에 사법경찰직원은 검찰관의 지시 또는 지휘에 따라야 한다(일본 형사소송법 제196조 제4항). 결국 검·경의 관계를 상호협력관계로 설정한다고 하더라도 검사에 의한 수사지휘가 절대적으로 불가능한 것은 결코 아닌 것이다.

둘째, 사법경찰관은 피의자를 신문하기 전에 수사과정에서 법령위반, 인권침해 또는 현저한 수사권 남용이 있는 경우 검사에게 구제를 신청할 수 있음을 피의자에게 알려주어야 하는데, 이는 기존의 제244조의3(진술거부권 등의 고지)을 보다 구체화한 것이라고 할 수 있다. 하지만 이러한 일련의 고지에도 불구하고 피의자가 법령위반 등을 인지하기란 현실적으로 매우 어렵기 때문에 변호인의 조력을 받을 권리가 보다 강화될 필요성이 있다.

셋째, '법령위반, 인권침해 또는 현저한 수사권 남용'이나 '정당한 이유'의 해석을 둘러싸고 검·경 사이에 갈등이 유발될 가능성을 배제할 수 없다. 또한 수사과정에서 법령위반, 인권침해 또는 현저한 수사권 남용에 해당하는 경우에 한하여 시정조치요구권이 인정되기 때문에 직무태만이나 소극적인 수사, 교묘한 직무유기 등에 대해서는 사실상 매우 제한적일 수밖에 없어

---

1) 대법원 2009. 4. 9. 선고 2007도9481 판결.

거의 무용지물이 될 소지가 많다.

4) 송치요구권

검사는 사법경찰관과 동일한 범죄사실을 수사하게 된 때에는 사법경찰관에게 사건을 송치할 것을 요구할 수 있고(제197조의4 제1항), 이러한 요구를 받은 사법경찰관은 지체 없이 검사에게 사건을 송치하여야 한다. 다만, 검사가 영장을 청구하기 전에 동일한 범죄사실에 관하여 사법경찰관이 영장을 신청한 경우에는 해당 영장에 기재된 범죄사실을 계속 수사할 수 있다(제197조의4 제2항).

개정 형사소송법에 의하면, 사법경찰관을 1차적 수사권자로 규정하면서도 검사의 직접수사를 배제하는 명문의 규정을 두고 있지 않다. 이에 따라 검사와 사법경찰간의 수사경합시 해결기준을 제197조의4에서 제시하고 있는 것이다. 즉 검사와 사법경찰관이 동일한 범죄사실을 수사하게 된 때에는 수사 혼선 및 과열을 방지하기 위하여 원칙적으로 검사가 사건 송치를 요구할 수 있도록 하면서, 예외적으로 검사가 영장을 청구하기 전에 동일한 범죄사실에 관하여 사법경찰관이 영장을 신청한 경우에는 사법경찰관이 해당 영장에 기재된 범죄사실을 계속 수사할 수 있도록 규정한 것이다. 이는 영장 단계에 이르게 되면 사법경찰관의 수사가 상당 부분 진행된 것으로 볼 수 있고, 사건 당사자에게 미치는 영향도 큰 점을 고려한 것으로서, 사법경찰관의 영장신청 시점을 기준으로 사법경찰관의 계속 수사를 인정하는 경우에는 수사경쟁으로 인한 영장청구·영장신청의 남발 등 인권침해 가능성도 배제할 수 없는 측면이 있는 것을 적절히 반영한 것이다.

(3) 검찰청 소속 일반사법경찰관 및 특별사법경찰관에 대한 수사지휘권

검찰청 직원으로서 사법경찰관리의 직무를 행하는 자와 그 직무의 범위는 법률로 정한다. 사법경찰관의 직무를 행하는 검찰청 직원은 검사의 지휘를 받아 수사하여야 한다. 사법경찰리의 직무를 행하는 검찰청 직원은 검사 또는 사법경찰관의 직무를 행하는 검찰청 직원의 수사를 보조하여야 한다. 사법경찰관리의 직무를 행하는 검찰청 직원에 대하여는 제197조의2부터 제197조의4까지, 제221조의5, 제245조의5부터 제245조의8까지의 규정을 적용하지 아니한다(제245조의9).

삼림, 해사, 전매, 세무, 군수사기관, 그 밖에 특별한 사항에 관하여 사법경찰관리의 직무를 행할 특별사법경찰관리와 그 직무의 범위는 법률로 정한다. 특별사법경찰관은 모든 수사에 관하여 검사의 지휘를 받는다. 특별사법경찰관은 범죄의 혐의가 있다고 인식하는 때에는 범인, 범죄사실과 증거에 관하여 수사를 개시·진행하여야 한다. 특별사법경찰관리는 검사의 지휘가 있는 때에는 이에 따라야 한다. 검사의 지휘에 관한 구체적 사항은 법무부령으로 정한다. 특별사법경찰관은 범죄를 수사한 때에는 지체 없이 검사에게 사건을 송치하고, 관계 서류와 증거물을 송부하여야 한다. 특별사법경찰관리에 대하여는 제197조의2부터 제197조의4까지, 제221조의

5, 제245조의5부터 제245조의8까지의 규정을 적용하지 아니한다(제245조의10).

(4) 최종적 수사종결권

검사는 공소제기의 여부를 결정할 수 있는 수사종결권을 가지고 있다(제246조, 제247조). 기존에 사법경찰관리는 자신이 인지한 사건[1]의 수사를 자체적으로 진행한 이후에 불기소처분에 해당하는 사건까지도 반드시 검사에게 송치하여야 했지만, 2020. 2. 4. 형사소송법 개정을 통하여 불송치처분의 권한을 행사할 수 있게 되었다. 이에 따라 검사의 독점적 수사종결권은 더 이상 유지될 수 없으며, 최종적 수사종결권으로 변모하였다.

2. 공소의 주체

(1) 공소제기의 독점자

우리나라는 사인소추가 전혀 허용되지 않고 국가소추만 인정되어 공소는 검사가 원칙적으로 독점하여 제기하는데(제246조), 이를 '기소독점주의'(起訴獨占主義)라고 한다. 다만 경찰서장에 의한 즉결심판의 청구와 법원의 재판을 통해 검사의 기소가 강제되는 재정신청에 따른 기소강제절차(제260조 이하)의 예외가 있다. 또한 우리나라는 검사에게 기소재량권을 인정하는 기소편의주의(제247조)와 제1심판결 선고 전까지 공소를 취소할 수 있는 기소변경주의(제255조)를 취하고 있어 검사에게 폭넓은 재량권을 인정하고 있다.

(2) 공소수행의 담당자

검사는 공판절차에서 공소사실을 입증하고 공소를 유지한다. 검사에게는 당사자지위가 인정되고, 이에 따라 검사는 피고인에 대해 공격과 방어를 수행하고 논고를 한다. 더 나아가 검사는 공판정출석권(제275조 제2항), 공판기일 변경신청권(제270조), 변론의 분리·병합·재개신청권(제300조, 제305조), 증거조사참여권 및 증인신문권(제161조의2, 제145조, 제176조), 증거조사에 대한 이의신청권(제296조) 등의 권리를 가진다.

3. 재판의 집행기관

재판의 집행은 검사가 지휘한다(제460조). 이는 형집행의 신속성과 기동성을 보장하기 위한 것이다. 다만 예외적으로 재판장, 수명법관, 수탁판사가 재판의 집행을 지휘할 수 있는 경우도

1) 대법원 2001. 10. 26. 선고 2000도2968 판결(검찰사건사무규칙 제2조 내지 제4조에 의하면, 검사가 범죄를 인지하는 경우에는 범죄인지서를 작성하여 사건을 수리하는 절차를 거치도록 되어 있으므로, 특별한 사정이 없는 한 수사기관이 그와 같은 절차를 거친 때에 범죄인지가 된 것으로 볼 것이나, 범죄의 인지는 실질적인 개념이고, 이 규칙의 규정은 검찰행정의 편의를 위한 사무처리절차 규정이므로, 검사가 그와 같은 절차를 거치기 전에 범죄의 혐의가 있다고 보아 수사를 개시하는 행위를 한 때에는 이 때에 범죄를 인지한 것으로 보아야 하고, 그 뒤 범죄인지서를 작성하여 사건수리 절차를 밟은 때에 비로소 범죄를 인지하였다고 볼 것이 아니며, 이러한 인지절차를 밟기 전에 수사를 하였다고 하더라도, 그 수사가 장차 인지의 가능성이 전혀 없는 상태하에서 행해졌다는 등의 특별한 사정이 없는 한, 인지절차가 이루어지기 전에 수사를 하였다는 이유만으로 그 수사가 위법하다고 볼 수는 없고, 따라서 그 수사과정에서 작성된 피의자신문조서나 진술조서 등의 증거능력도 이를 부인할 수 없다).

있다(제81조, 제115조). 피고인이 불구속으로 유죄확정 판결시에는 검사가 소환하고, 만약 피고인이 소환에 응하지 않으면 검사가 형집행장을 발부한다(제473조).[1] 검사가 발부한 형집행장은 구속영장과 동일한 효력이 있다. 벌금형에 따르는 노역장 유치는 실질적으로 자유형과 동일하므로, 그 집행에 대하여는 자유형의 집행에 관한 규정이 준용된다(제492조). 따라서 구금되지 아니한 당사자에 대하여 형의 집행기관인 검사는 그 형의 집행을 위하여 이를 소환할 수 있으나, 당사자가 소환에 응하지 아니한 때에는 형집행장을 발부하여 이를 구인할 수 있는데, 이 경우의 형집행장의 집행에 관하여는 제1편 제9장(제68조 이하)에서 정하는 피고인의 구속에 관한 규정이 준용된다(제475조). 여기서 '피고인의 구속에 관한 규정'은 '피고인의 구속영장의 집행에 관한 규정'을 의미한다고 할 것이므로, 형집행장의 집행에 관하여는 구속의 사유에 관한 제70조나 구속이유의 고지에 관한 제72조가 준용되지 아니한다.[2] 사법경찰관리가 벌금형을 받은 이를 그에 따르는 노역장 유치의 집행을 위하여 구인하려면, 검사로부터 발부받은 형집행장을 그 상대방에게 제시하여야 한다(제85조 제1항).[3]

4. 공익의 대표자

검사의 '객관의무'(客觀義務)란 검사가 단순한 당사자의 지위를 초월하여 피의자 또는 피고인의 정당한 이익도 함께 보호하여야 할 의무를 말한다.[4] 이는 검사를 공익의 대표자로서 진실과 정의의 원칙에 따라 실체적 진실을 추구하고, 법령의 정당한 적용을 청구하는 객관적 직분으로 보는 것을 전제로 한다. 법치국가원리의 실현을 위하여는 검사가 객관성을 유지하지 않으면 안

1) 대법원 2011. 9. 8. 선고 2009도13371 판결(사법경찰관리도 검사의 지휘를 받아 벌금미납자에 대한 노역장유치의 집행을 위하여 형집행장의 집행 등을 할 권한이 있으므로, 이 경우 벌금미납자에 대한 검거는 사법경찰관리의 직무범위에 속한다고 보아야 한다. 경찰관인 피고인이 벌금미납자로 지명수배되어 있던 甲을 세 차례에 걸쳐 만나고도 그를 검거하여 검찰청에 신병을 인계하는 등 필요한 조치를 취하지 않아 정당한 이유 없이 직무를 유기하였다는 내용으로 예비적으로 기소된 사안에서, 벌금미납자에 대한 노역장유치 집행을 위하여 검사의 지휘를 받아 형집행장을 집행하는 경우 벌금미납자 검거는 사법경찰관리의 직무범위에 속한다).

2) 대법원 2013. 9. 12. 선고 2012도2349 판결(사법경찰관리가 벌금형을 받은 사람을 그에 따르는 노역장유치의 집행을 위하여 구인하려면 검사로부터 발부받은 형집행장을 그 상대방에게 제시하여야 하지만(제85조 제1항 참조), 형집행장을 소지하지 아니한 경우에 급속을 요하는 때에는 그 상대방에 대하여 형집행 사유와 형집행장이 발부되었음을 고하고 집행할 수 있다(제85조 제3항 참조). 그리고 형집행장의 제시 없이 구인할 수 있는 '급속을 요하는 때'란 애초 사법경찰관리가 적법하게 발부된 형집행장을 소지할 여유가 없이 형집행의 상대방을 조우한 경우 등을 가리킨다).

3) 대법원 2010. 10. 14. 선고 2010도8591 판결(경찰관이 벌금형에 따르는 노역장 유치의 집행을 위하여 형집행장을 소지하지 아니한 채 피고인을 구인할 목적으로 그의 주거지를 방문하여 임의동행의 형식으로 데리고 가다가, 피고인이 동행을 거부하며 다른 곳으로 가려는 것을 제지하면서 체포·구인하려고 하자 피고인이 이를 거부하면서 경찰관을 폭행한 사안에서, 위와 같이 피고인을 체포·구인하려고 한 것은 노역장 유치의 집행에 관한 법규정에 반하는 것으로서 적법한 공무집행행위라고 할 수 없으며, 또한 그 경우에 형집행장의 제시 없이 구인할 수 있는 '급속을 요하는 경우'에 해당한다고 할 수 없고, 이는 피고인이 벌금미납자로 지명수배 되었다고 하더라도 달리 볼 것이 아니라는 이유로, 공무집행방해의 공소사실에 대하여 무죄를 선고하였다).

4) 이에 대하여 공평성이나 공정성 준수의무는 모든 국가기관에 공통된다는 점, 객관의무는 검사의 지위를 혼동시킨다는 점, 검사의 피의자·피고인 보호의무는 피의자·피고인의 주체성과 방어권을 약화시킬 수 있다는 점 등을 논거로 하여, 검사의 객관의무를 독특한 의무로 인정하지 않는 견해로는 김인회, 32면.

된다는 점을 고려할 때 검사의 객관의무를 인정하는 것은 당연하며, 검사의 객관의무는 실질적으로 당사자주의를 실현하기 위한 것이다. 이에 대하여 판례는 「인권침해의 소지가 가장 많은 수사 분야에서 국민의 인권과 자유를 보호하기 위하여 우리 헌법과 법률은 검사 제도를 두어 검사에게 준사법기관으로서의 지위를 부여하고 철저한 신분보장과 공익의 대변자로서 객관의무를 지워 사법경찰관리의 수사에 대한 지휘와 감독을 맡게 함과 동시에 전속적 영장청구권(헌법 제12조 제3항), 수사주재자로서 사법경찰관리에 대한 수사지휘(제196조), 체포·구속 장소 감찰(제198조의2) 등의 권한을 부여하여 절차법적 차원에서 인권보호의 기능을 수행하게 하고 있다.」라고 판시[1]하여, 검사의 객관의무를 인정하고 있다.

또한 검찰청법 제4조 제1항은 검사는 공익의 대표자로서 범죄수사·공소제기와 그 유지에 관한 사항 및 법원에 대한 법령의 정당한 적용의 청구 등의 직무와 권한을 가진다고 규정하고, 같은 조 제2항은 검사는 그 직무를 수행함에 있어 그 부여된 권한을 남용하여서는 안 된다고 규정하고 있는데, 검사는 공익의 대표자로서 실체적 진실에 입각한 국가형벌권의 실현을 위하여 공소제기와 유지를 할 의무뿐만 아니라 그 과정에서 피고인의 정당한 이익을 옹호하여야 할 의무를 진다고 할 것이고, 따라서 검사가 수사 및 공판과정에서 피고인에게 유리한 증거를 발견하게 되었다면 피고인의 이익을 위하여 이를 법원에 제출하여야 한다.[2]

검사의 객관의무의 주요 내용으로는 수사단계에서 피의자에게 불리한 증거뿐만 아니라 유리한 증거도 수집하고 제출하여야 하는 점, 피고인의 이익을 위하여 이익사실의 진술기회 보장(제242조)·상소(제338조 제1항)·재심청구(제424조)·비상상고(제441조) 등을 할 수 있는 점 등을 들 수 있으며, 고소권자 지정권(제228조) 및 성년·한정·특정후견의 개시·종료심판의 청구(민법 제9조 내지 제14조의2), 부재자 재산관리의 청구(민법 제22조), 실종선고의 청구(민법 제27조) 등 민사법적인 권리도 그 내용으로 하고 있다.

---

1) 대법원 2010. 10. 28. 선고 2008도11999 판결.

2) 대법원 2002. 2. 22. 선고 2001다23447 판결(검사는 원고를 기소한 후인 1996. 12. 30. 무렵 경찰을 통하여 정액양성반응을 보인 피해자의 팬티에서 검출된 유전자형은 원고나 그 피해자의 남편의 유전자형과 일치하지 않을 뿐 아니라 그 피해자의 유전자형과도 일치하지 않는다는 국립과학수사연구소의 감정서를 입수하게 되었다. 그런데 피해자는 범인이 자신의 팬티를 칼로 찢은 후 강간하였는데 당시 범인이 사정을 한 것 같다고 진술하고 있고, 그 피해자가 피해를 당한 그 날 바로 그 피해자의 팬티가 경찰에 압수되었으며, 그 팬티에 정액으로 보이는 얼룩이 있어 경찰이 국립과학수사연구소에 그 팬티에 대한 감정을 의뢰하였음을 알 수 있다. 그와 같은 피해자의 피해경위에 관한 진술과 그 피해자의 팬티의 압수 및 감정의뢰 경위 등을 감안할 때, 피해자의 팬티에 묻은 얼룩에서 검출된 남자의 유전자형이 원고 및 그 피해자의 남편의 그것과 다를 뿐 아니라 피해자의 그것과도 다르다는 감정결과는 제3의 범인의 존재를 강력하게 시사하는 것으로서, 원고가 범행을 강력하게 부인하고 있고 피해자들도 범인의 얼굴을 정확하게 보지 못한 이 사건에서는 원고의 무죄를 입증할 수 있는 결정적인 증거에 해당한다고 보이므로, 검사가 그 감정서를 법정에 제출하지 아니함으로써 제1심 법원이 원고에 대하여 일부 유죄를 인정하여 징역 15년의 형을 선고하게 하고, 항소심에서도 그 감정서를 제출하지 아니하여 항소심법원이 국립과학수사연구소에 직접 사실조회를 하여 비로소 위와 같은 감정 결과가 나온 사실을 알고서 그 원고에게 무죄판결을 선고하도록 하였으니, 검사는 공판과정에서 피고인인 원고에게 결정적으로 유리한 증거를 입수하고도 이를 법원에 제출하지 아니하고 은폐한 것으로서 그와 같은 검사의 행위는 도저히 그의 합리성을 긍정할 수 없는 정도에 이르러 위법할 뿐 아니라 평균적인 검사의 주의력을 기준으로 한다고 하더라도 검사가 그와 같은 감정서를 법정에 제출하지 아니한 데에는 과실이 있다).

제3절 피고인

Ⅰ. 피고인의 의의 및 특정

1. 피고인의 의의

'피고인'(被告人)이란 공소를 제기받은 자 또는 공소가 제기된 것으로 취급되는 자를 말한다. 그러므로 경찰서장에 의하여 즉결심판을 청구받은 자(즉결심판절차법 제3조 제2항)뿐만 아니라 공소가 제기되지 않았음에도 불구하고 피고인으로 출석하여 재판을 받고 있는 자도 피고인이 된다. 피고인은 공소가 제기된 이후에 있어서 범죄인을 부르는 개념으로서 공소가 제기되기 전(前)단계에서 수사가 개시된 범죄인으로 호칭되는 피의자와 구별되고, 확정판결 이후에 있어서 범죄인으로 호칭되는 수형자(受刑者)와도 구별된다. 또한 피의자는 수사가 개시되기 전(前)단계에서 수사 개시의 여부를 판단하기 위하여 조사가 개시된 피내사자 내지 용의자와도 구별된다.

한편 수인의 피고인이 동일한 소송절차에서 공동으로 심판을 받는 경우에 이를 공동피고인이라고 하며, 공동피고인 1인에 대하여 다른 피고인을 '상피고인'(相被告人)이라고 한다. 공동피고인은 단지 심리의 병합으로 인하여 수개의 사건이 동일한 법원에 계속된 것에 불과하여, 반드시 공범자임을 요하지는 아니한다.

2. 피고인의 특정

(1) 특정의 기준

'피고인의 특정'이란 구체적인 소송에서 피고인이 누구인지를 확정하는 것을 말한다. 검사는 공소장에 피고인의 성명 기타 피고인을 특정할 수 있는 사항을 기재하여야 하고(제254조 제3항 제1호), 검사가 피고인으로 지정한 자에 대해서만 공소제기의 효력이 미친다(제248조). 따라서 원칙적으로 공소장에 기재되어 있는 자가 피고인이라고 할 수 있다.

피고인을 특정하는 기준과 관련하여, ① 공소장에 피고인으로 기재된 자가 피고인이라는 표시설, ② 검사가 실제로 공소를 제기하려고 의도한 자가 피고인이라는 의사설[1], ③ 실제로 피고인으로 행위를 하거나 피고인으로 취급된 자가 피고인이라는 행위설, ④ 표시설·의사설·행위설 등을 결합하여 피고인을 특정해야 한다는 실질적 표시설[2] 등의 대립이 있다. 생각건대 피고인의 특정을 위한 기초적인 자료는 공소장의 기재사실이라고 보아야 하므로 표시설을 원칙으로 하되, 표시설을 통하여 합리적인 특정을 할 수 없는 예외적인 경우에 있어서 검사의 실질적인 의사 또는 피고인의 행위 등을 고려하여야 할 것이다.

---

1) 김정한, 77면.

2) 김인회, 250면; 배종대/홍영기, 221면; 손동권/신이철, 61면; 송광섭, 101면; 신동운, 282면; 신양균/조기영, 459면; 이은모/김정환, 72면; 이재상/조균석, 106면; 이주원, 29면; 이창현, 90면; 임동규, 60면; 정승환, 257면; 정웅석/최창호, 278면.

(2) 성명모용과 피고인의 특정

1) 의 의

'성명모용'(姓名冒用)이란 수사절차에서 피의자가 타인의 성명을 사용함으로써 타인의 이름으로 공소가 제기된 경우를 말한다. 예를 들면 피의자 甲이 수사기관에서 乙의 성명을 사용하였기 때문에 검사가 공소장에 乙을 피고인으로 기재한 경우가 이에 해당한다. 이 경우에 있어서 공소제기의 효력은 모용자에 대해서만 미치고 성명을 도용당한 피모용자에 대해서는 미치지 아니한다.[1] 다만 피모용자의 처리방법에 대해서는 다음과 같이 나누어서 살펴보아야 한다.

2) 성명모용의 사실이 공판심리 중에 판명된 경우

공판심리 중에 성명모용의 사실이 판명된 경우에는 검사가 공소장에 잘못 기재되어 있는 피고인의 표시를 정정하여 피고인의 표시상의 착오를 바로 잡아야 한다. 이와 같이 공소장정정절차에 의하여 공소장의 인적 사항의 기재를 정정하여 피고인을 다시 특정하여야 하며, 이에는 법원의 허가가 필요하지 아니한다. 따라서 검사가 공소장의 피고인표시를 정정하여 바로 잡은 경우에는 처음부터 모용자에 대한 공소의 제기가 있었고, 피모용자에 대한 공소의 제기가 있었던 것은 아니므로 법원은 모용자에 대하여 심리하고 재판을 하면 될 것이지, 원칙적으로는 피모용자에 대하여 심판할 것은 아니다.

다만 이와 같은 경우라도 피모용자가 약식명령을 송달받고 이에 대하여 정식재판의 청구를 하여 피모용자를 상대로 심리를 하는 과정에서 성명모용의 사실이 발각되고 검사가 공소장을 정정하는 등 사실상의 소송계속이 발생하고 형식상 또는 외관상 피고인의 지위를 갖게 된 경우에는 법원으로서는 피모용자에게 적법한 공소의 제기가 없었음을 밝혀주는 의미에서 제327조 제2호를 유추적용하여 공소기각의 판결을 함으로써 피모용자의 불안정한 지위를 명확히 해소해 주어야 할 것이다. 하지만 진정한 피고인인 모용자에게는 아직 약식명령의 송달이 없었다고 할 것이므로 검사는 공소장에 기재된 피고인 표시를 정정하고 법원은 이에 따라 약식명령의 피고인 표시를 정정하여 본래의 약식명령과 함께 이 경정결정을 모용자인 피고인에게 송달하면 이때야 비로소 위 약식명령은 적법한 송달이 있다고 볼 것이고, 이에 대하여 소정의 기간 내에 정식재판의 청구가 없으면 이 약식명령은 확정된다.[2] 그러나 검사가 피고인의 성명을 정정하지 아니한 경우에는 법원이 피고인의 불특정을 이유로 공소기각의 판결을 선고하여야 한다.[3]

---

1) 대법원 2006. 5. 11. 선고 2004도5972 판결; 대법원 1997. 11. 28. 선고 97도2215 판결; 대법원 1993. 1. 19. 선고 92도2554 판결; 대법원 1984. 9. 25. 선고 84도1610 판결; 대법원 1983. 6. 14. 선고 82도293 판결; 대법원 1961. 3. 31. 선고 4293형상637 판결.

2) 대법원 1997. 11. 28. 선고 97도2215 판결.

3) 대법원 1993. 1. 19. 선고 92도2554 판결; 대법원 1985. 6. 11. 선고 85도756 판결; 대법원 1982. 10. 12. 선고 82도2078 판결.

3) 성명모용의 사실이 판결확정 후에 판명된 경우

법원이 성명모용의 사실을 알지 못하여 피모용자에 대하여 유죄판결을 선고하거나 판결이 확정된 때에도 그 효력은 모용자에게만 미치고 피모용자에게는 미치지 아니한다. 다만 피모용자의 전과사실이 수형인명부와 수형인명표 등에 기재되는 불이익이 발생할 수 있다. 이에 대한 구제방법과 관련하여, ① 피고인의 특정이라는 소송조건의 결여를 간과한 위법이 있어 사건의 심판이 법령에 위반한 것이므로 비상상고를 통하여 판결을 파기하고 피고사건에 대하여 다시 판결해야 한다는 비상상고설[1], ② 피모용자가 검사에게 전과말소신청을 하여 검사의 결정으로 전과기록을 말소하여야 한다는 전과말소설[2] 등의 대립이 있다. 생각건대 비상상고는 검찰총장만이 청구할 수 있다는 점, 피모용자에 대한 판결이 확정되어도 그 효력이 피모용자에게 미치지 않는다는 점 등을 논거로 하여, 피모용자가 검사에게 전과말소신청을 하여 검사의 결정으로 전과기록을 말소하는 것이 타당하다.

(3) 위장출석과 피고인의 특정

1) 의 의

'위장출석'(僞裝出席)이란 검사가 피고인으로 공소장에 기재한 사람 대신 타인이 출석하여 재판을 받는 경우를 말한다. 예를 들면 검사가 공소장에 甲을 피고인으로 기재하였으나 실제 공판기일에는 乙이 출석하여 甲의 행세를 하며 재판을 받는 경우가 이에 해당한다. 이 경우 공소장에 기재된 피고인은 실질적 피고인이 되고, 위장출석한 자는 형식적 피고인이 되는데, 공소제기의 효력은 실질적 피고인에 대해서만 발생한다. 그러므로 실질적 피고인에 대해서는 이미 공소가 제기되어 있으므로 별도의 공소제기절차 없이 소환하여 절차를 진행하면 되지만, 형식적 피고인을 절차에서 어떻게 배제시킬 것인가와 관련하여서는 다음과 같이 나누어 살펴보아야 한다.

2) 위장출석의 사실이 공판심리 중에 판명된 경우

먼저 인정신문의 단계에서 위장출석의 사실이 판명된 경우에는 형식적 피고인을 퇴정시키고 실질적 피고인을 소환하여 절차를 진행하면 된다. 다음으로 사실심리의 단계에서 위장출석의 사실이 판명된 경우에는 형식적 피고인에 대해서도 사실상 소송계속의 효과가 발생하였으므로 제327조 제2호에 의한 공소기각의 판결을 선고하고, 실질적 피고인에 대해서는 절차를 새롭게 진행하면 된다.[3] 마지막으로 판결이 선고된 경우에는 판결의 효력이 형식적 피고인에게 미치게 되므로 상소에 의하여 공소기각의 판결을 구하여야 하며, 실질적 피고인에 대해서는 제

---

1) 김인회, 251면(형식적 피고인에게 비상상고의 신청권을 부여하는 제도적 개혁이 필요하다); 손동권/신이철, 64면.

2) 송광섭, 104면; 신양균/조기영, 461면; 이은모/김정환, 73면; 이재상/조균석, 107면; 이창현, 92면; 임동규, 62면; 정웅석/최창호, 281면; 최호진, 331면.

3) 이에 대하여 하나의 사건에 대하여 2개의 판결이 선고되는 것은 부적절하므로 형식적 피고인을 퇴정시키는 것으로 족하다는 견해로는 김정한, 80면.

1심부터 새롭게 절차를 진행하면 된다.

3) 위장출석의 사실이 판결확정 후에 판명된 경우

판결확정의 효력은 실질적 피고인에게 미치지 않으므로 실질적 피고인을 소환하여 공판절차를 다시 진행하여야 한다. 형식적 피고인에게는 판결의 효력이 미치므로 이 경우에는 유죄의 선고를 받은 자에 대하여 무죄 또는 면소를 인정할 명백한 증거가 새로 발견된 때(제420조 제5호) 준하여 재심으로 공소기각의 판결을 청구하여야 한다.[1)]

Ⅱ. 피고인의 당사자능력과 소송능력

1. 피고인의 당사자능력

(1) 의 의

'당사자능력'(當事者能力)이란 소송의 당사자로 될 수 있는 일반적·추상적 능력을 말한다. 형사소송에 있어서 당사자는 검사와 피고인을 의미하는데, 검사는 일정한 자격을 갖춘 국가기관이므로 당사자능력이 특별히 문제될 여지가 없지만, 피고인은 그렇지 않기 때문에 당사자능력이란 '피고인이 될 수 있는 일반적인 능력'을 의미한다고 보아야 한다.

(2) 당사자능력이 있는 자

1) 자연인

자연인은 언제나 당사자능력을 가진다. 소송법상의 능력인 당사자능력은 형법상의 책임능력과 구별되기 때문에 형사미성년자나 책임무능력자도 공소가 제기되면 당사자능력이 인정된다. 형사미성년자는 원칙적으로 책임능력이 없어서 공소제기가 실효성이 없지만, 예외적으로 담배사업법 제31조[2)]에 의하여 처벌되는 경우도 있기 때문에 당사자능력을 보유한다. 하지만 태아나 사망한 자에게는 당사자능력이 인정되지 아니한다. 다만 재심절차에서는 피고인의 사망이 영향을 미치지 아니한다(제424조 제4호, 제438조 제2항 제1호).

2) 법 인

법인에 대한 처벌규정이 존재하는 경우에는 법인의 당사자능력이 인정된다. 하지만 법인을 처벌하는 규정이 없는 경우에도 법인의 당사자능력을 인정할 것인지 여부와 관련하여, ① 당사자능력은 소송법상 당사자가 될 수 있는 일반적·추상적 능력을 의미한다는 점, 실체법에 법인

---

1) 이에 대하여 법원을 속인 위장출석자에게 재심청구권을 인정하는 것은 타당하지 않다는 점, 또 다시 피고인으로서 심판절차를 받을 실질적 피고인에게 자신의 무고함을 호소하는 재심청구를 하도록 하는 것은 타당하지 않다는 점, 실체판단을 구제하는 것이 아니라 형식적 소송조건의 흠결을 간과한 위법을 구제한다는 의미라는 점 등을 논거로 하여, 비상상고에 의하여 해결하는 것이 타당하다는 견해로는 김인회, 251면; 배종대/홍영기, 222면; 손동권/신이철, 65면; 송광섭, 105면; 이재상/조균석, 108면; 정승환, 259면.

2) 담배사업법 제31조(형법의 적용 제한) 이 법에서 정한 죄를 범한 자에 대해서는 형법 제9조, 제10조 제2항, 제11조, 제16조, 제32조 제2항, 제38조 제1항 제2호 중 벌금 경합에 관한 제한가중규정과 같은 법 제53조는 적용하지 아니한다. 다만 징역형에 처할 경우 또는 징역형과 벌금형을 병과할 경우의 징역형에 대해서는 그러하지 아니하다.

을 처벌하는 규정이 없는 경우라고 할지라도 법인에 대하여 공소가 제기되었다면 법원은 무죄 판결을 해야 하는데, 이는 법인을 대상으로 소송이 진행될 수 있음을 전제하고 있다는 점 등을 논거로 하는 적극설[1], ② 법인이 형사책임을 지는 것은 예외에 속하므로 명문의 규정이 없는 한 법인의 범죄능력은 물론 당사자능력도 인정할 수 없다는 소극설[2] 등의 대립이 있다. 생각건대 당사자능력은 구체적인 공소사실과는 관계없이 판단될 문제라는 점에서 적극설이 타당하다.

(3) 당사자능력의 소멸

피고인이 사망하거나 법인이 존속하지 않으면 당사자능력이 소멸하여 공소기각 결정의 사유가 된다(제328조 제1항 제2호). 법인이 그 청산종료의 등기가 경료되었다면 특단의 사정이 없는 한 그 법인격이 상실되어 법인의 당사자능력이 상실되었다고 추정할 것이지만, 법인세 체납행위가 법인의 존속 중에 있었던 일이고 이러한 법인세체납이 완전히 정리되지 아니하여 공소제기되어 그 피고사건의 공판계속 중에 비록 피고인 법인의 청산결료의 등기가 경료되었다고 하더라도 그 피고사건이 종결되지 아니하는 동안 피고인 법인의 청산사무는 실질적으로 종료된 것이라고 할 수 없고, 형사소송법상 법인의 당사자능력도 그대로 존속한다.[3]

한편 회사합병이 있는 경우 피합병회사의 권리·의무는 사법상의 관계나 공법상의 관계를 불문하고 모두 합병으로 인하여 존속하는 회사에 승계되는 것이 원칙이지만, 그 성질상 이전을 허용하지 않는 것은 승계의 대상에서 제외되어야 할 것이다. 이에 따라 양벌규정에 의한 법인의 처벌은 어디까지나 형벌의 일종으로서 행정적 제재처분이나 민사상 불법행위책임과는 성격을 달리하는 점, 제328조가 '피고인인 법인이 존속하지 아니하게 되었을 때'를 공소기각 결정의 사유로 규정하고 있는 것은 형사책임이 승계되지 않음을 전제로 한 것이라고 볼 수 있는 점 등에 비추어 보면, 합병으로 인하여 소멸한 법인이 그 종업원 등의 위법행위에 대해 양벌규정에 따라 부담하던 형사책임은 그 성질상 이전을 허용하지 않는 것으로서 합병으로 인하여 존속하는 법인에 승계되지 아니한다.

(4) 당사자능력의 흠결

당사자능력은 소송조건이기 때문에 법원은 직권으로 그 유무를 조사하여야 한다. 이에 따라 공소제기시에 당사자능력이 없으면 공소기각의 결정을 하여야 한다(제328조 제1항 제2호). 만약 공소제기 전에 이미 피고인에게 당사자능력이 소멸되었음에도 불구하고 공소가 제기된 경우의 처리방식과 관련하여, ① 공소제기의 절차가 법률의 규정에 위반하여 무효인 때에 해당하여 공소기각의 판결을 선고해야 한다는 견해, ② 제438조 제2항이 사망자를 위한 재심청구가 있을 때 공소기각결정의 규정을 적용하지 못하도록 하고 있는 것을 반대해석할 수 있다는 점을 논거

1) 김인회, 326면; 배종대/홍영기, 67면; 손동권/신이철, 71면; 신동운, 361면; 이은모/김정환, 77면; 이재상/조균석, 125면; 이주원, 33면; 이창현, 95면; 정웅석/최창호, 289면; 최호진, 338면.

2) 임동규, 65면.

3) 대법원 1986. 10. 28. 선고 84도693 판결; 대법원 1982. 3. 23. 선고 81도1450 판결; 대법원 1976. 4. 27. 선고 75도2551 판결.

로 하여, 제328조 제1항 제2호를 준용하여 공소기각의 결정을 해야 한다는 견해[1] 등의 대립이 있다. 생각건대 당사자능력이 소멸된 경우에는 공소기각의 결정을 하면서 처음부터 당사자능력이 없는 경우에는 공소기각의 판결을 해야 할 합리적인 이유가 없다는 점에서 공소기각의 결정을 하는 것이 타당하다.

2. 피고인의 소송능력

(1) 의 의

'소송능력'(訴訟能力)이란 피고인이 소송당사자로서 유효하게 소송행위를 할 수 있는 구체적인 능력을 말한다. 즉 피고인이 자기의 소송상의 지위와 이해관계를 이해하고, 이에 따라 방어행위를 할 수 있는 의사능력을 의미한다. 이와 같이 소송능력은 사실상의 의사능력으로 족하므로, 민법상 행위능력이 없는 자라고 할지라도 소송능력을 가질 수 있다. 소송능력은 소송조건이 아니라는 점에서 당사자능력과 구별되며, 소송능력이 있는 피고인이라고 할지라도 상고심에서는 변호인에게만 허용되는 변론능력(제387조)과도 구별된다. 특히 상고심의 공판기일에는 피고인의 출석을 요하지 아니하는데, 만약 피고인이 출석하여 재정하더라도 변론능력은 없으므로 수동적으로 재판부의 질문에 대한 답변은 할 수 있지만 적극적으로 이익되는 사실의 진술이나 최종 의견진술을 할 수는 없다.

(2) 소송능력 흠결의 효과

1) 공판절차의 정지

소송능력은 소송행위가 효력을 발생하기 위한 유효요건이다. 따라서 소송능력이 없는 피고인이 행한 소송행위는 무효이다. 다만 소송능력이 없는 자에 대하여 공소가 제기되었다고 하여 공소가 무효로 되는 것은 아니다. 이와 같이 소송능력은 소송조건이 아니라 소송행위의 유효요건에 불과하므로 그 흠결이 있는 경우에도 공소기각의 결정사유가 되지 아니하고, 공판절차의 정지사유가 될 수 있을 뿐이다. 이에 따라 피고인이 사물의 변별 또는 의사의 결정을 할 능력이 없는 상태에 있는 때에는 법원은 검사와 변호인의 의견을 들어서 결정으로 그 상태가 계속하는 기간 동안에 공판절차를 정지하여야 하며(제306조 제1항), 공판절차를 정지함에는 의사의 의견을 들어야 한다(제306조 제3항).

2) 공판절차정지의 특칙

피고사건에 대하여 무죄·면소·형의 면제 또는 공소기각의 재판을 할 것으로 명백한 때에는 피고인에게 소송능력이 없는 경우에도 피고인의 출정 없이 재판할 수 있다(제306조 제4항). 왜냐하면 이는 피고인에게 유리한 재판이기 때문이다.

책임능력에 관한 형법 제9조 내지 제11조의 적용을 받지 아니하는 범죄사건인 담배사업법

---

1) 김인회, 327면; 배종대/홍영기, 68면; 손동권/신이철, 72면; 신동운, 362면; 신양균/조기영, 464면; 이재상/조균석, 126면; 이창현, 97면; 임동규, 66면; 정승환, 310면; 정웅석/최창호, 290면.

제31조에 관하여 피고인 또는 피의자가 의사능력이 없는 때에는 그 법정대리인(제26조)[1] 또는 특별대리인(제28조)이 소송행위를 대리한다. 왜냐하면 책임능력에 관한 규정이 적용되지 않는 범죄사건에 한하여 피고인이 의사능력을 가지고 있지 않아도 형사절차를 진행해야 할 필요가 있기 때문이다.

법인이 피고인인 때에는 그 대표자가 소송행위를 대표하고, 수인이 공동하여 법인을 대표하는 경우에도 소송행위에 관하여는 각자가 대표한다(제27조). 피고인을 대리 또는 대표할 자가 없는 때에는 법원은 직권 또는 검사의 청구에 의하여 특별대리인을 선임하여야 하며, 피의자를 대리 또는 대표할 자가 없는 때에는 법원은 검사 또는 이해관계인의 청구에 의하여 특별대리인을 선임하여야 한다(제28조 제1항). 특별대리인은 피고인 또는 피의자를 대리 또는 대표하여 소송행위를 할 자가 있을 때까지 그 임무를 행한다(제28조 제2항).

Ⅲ. 피고인의 소송법상 지위

1. 당사자로서의 지위

(1) 수동적 당사자

피고인은 검사와 대등한 지위에서 소송절차에 참여하고, 검사의 공격에 대하여 자기를 방어할 수 있는 수동적[2] 당사자[3]에 해당한다. 이러한 의미에서 검사를 공소권의 주체, 피고인을 방어권의 주체라고도 한다. 이에 따라 형사절차에서 피고인에게는 여러 가지 종류의 방어권과 소송절차참여권이 보장되고 있다.

---

1) 대법원 2014. 11. 13. 선고 2013도1228 판결(피의자에게 의사능력이 있으면 직접 소송행위를 하는 것이 원칙이고, 피의자에게 의사능력이 없는 경우에는 형법 제9조 내지 제11조의 규정의 적용을 받지 아니하는 범죄사건에 한하여 예외적으로 그 법정대리인이 소송행위를 대리할 수 있다(제26조). 따라서 음주운전과 관련한 도로교통법 위반죄의 범죄수사를 위하여 미성년자인 피의자의 혈액채취가 필요한 경우에도 피의자에게 의사능력이 있다면 피의자 본인만이 혈액채취에 관한 유효한 동의를 할 수 있고, 피의자에게 의사능력이 없는 경우에도 명문의 규정이 없는 이상 법정대리인이 피의자를 대리하여 동의할 수는 없다. 미성년자인 피고인이 2011. 2. 24. 02:30경 오토바이를 운전하여 가다가 교통사고를 일으키고 의식을 잃은 채 병원 응급실로 후송된 사실, 병원 응급실로 출동한 경찰관은 사고 시각으로부터 약 1시간 20분 후인 2011. 2. 24. 03:50경 법원으로부터 압수·수색 또는 검증 영장이나 감정처분허가장을 발부받지 아니한 채 피고인의 아버지의 동의만 받고서 응급실에 의식을 잃고 누워 있는 피고인으로부터 채혈한 사실 등을 인정한 후, 위 채혈에 관하여 사후적으로라도 영장을 발부받지 아니하였으므로 피고인의 혈중알코올농도에 대한 국립과학수사연구소의 감정의뢰회보와 이에 기초한 다른 증거는 위법수집증거로서 증거능력이 없고, 피고인의 자백 외에 달리 이를 보강할 만한 증거가 없다는 이유로 이 부분 공소사실을 무죄로 판단하였다).

2) 이에 대하여 공판절차에서는 경우에 따라 피고인이 더욱 능동적으로, 검사는 오히려 수동적으로 소송을 수행하기도 하므로 검사와 피고인에게 '능동적' 또는 '수동적'이라는 용어를 대립적으로 사용하는 것은 적절하지 않다는 견해로는 이창현, 100면.

3) 이에 대하여 피고인을 당사자라고 표현하는 것은 검사와 대등한 지위에서 피고인이 자신의 방어권을 행사하는 주체라는 점을 부각시키기 위한 노력의 표현이라고 할 수 있는데, 소송법적 권리를 적극적·주도적으로 행사하는 주체라는 의미와 헌법이 보장하고 있는 각종 기본권의 향유주체라는 의미에서 보면 피고인을 소송주체라고 표현하는 것이 형사절차의 본질에 부합한다는 견해로는 신동운, 364면.

(2) 방어권의 주체

피고인의 방어준비를 위한 권리로서 공소장 기재사항의 법정(제254조), 공소장부본을 송달받을 권리(제266조), 제1회 공판기일의 유예기간에 대한 이의신청권(제269조), 공판기일변경신청권(제270조), 서류·증거물의 열람·복사권(제35조), 공판조서열람·등사권(제55조), 공소장변경제도(제298조), 증거개시제도(제266조의3) 등이 보장되고 있다.

피고인의 방어능력을 보장하기 위한 권리로서 변호인선임권(제30조) 변호인 선임의뢰권(제90조), 접견교통권(제34조, 제89조), 국선변호인제도(제33조), 필요적 변호제도(제282조, 제283조) 등이 보장되고 있다.

진술에 있어서는 진술거부권(제283조의2), 이익되는 사실의 진술권(제286조), 최후진술권(제303조) 등이 보장되고 있다.

증거조사에 있어서는 증거신청권(제294조), 의견진술권(제293조), 이의신청권(제296조), 증인신문권(제161조의2) 등이 보장되고 있다.

재판에 있어서는 상소권(제338조), 상소의 포기·취하권(제349조), 약식명령에 대한 정식재판의 청구권(제453조), 재판장의 소송지휘에 대한 이의신청권(제304조), 불이익변경의 금지(제368조, 제399조), 상소권회복청구권(제345조) 등이 보장되고 있다.

(3) 소송절차참여권의 보장

피고인이 법원의 구성에 관여할 수 있는 권리로서 기피신청권(제18조), 관할이전신청권(제15조), 관련사건에 대한 병합심리신청권(제6조), 변론의 분리·병합·재개신청권(제300조, 제305조), 토지관할위반 신청권(제320조) 등이 보장되고 있다.

공판절차의 진행에 관여할 수 있는 권리로서 공판정출석권(제276조), 소송지휘에 관한 재판장의 처분에 대한 이의신청권(제304조), 검사의 공소장변경신청에 대하여 방어준비를 위한 공판절차의 정지신청권(제298조 제4항) 등이 보장되고 있다.

증거조사의 진행에 관여할 수 있는 권리로서 증인신문·검증·감정 등에의 참여권(제145조, 제163조, 제176조, 제183조), 공판준비절차에서의 증거조사(제273조), 증거보전절차에서의 증거조사(제184조) 등이 보장되고 있으며, 강제처분절차의 진행에 관여할 수 있는 권리로서 압수·수색영장 집행에의 참여권(제121조), 법원의 검증에의 참여권(제145조) 등이 보장되고 있다.

2. 증거방법으로서의 지위

(1) 인적·물적 증거방법

피고인의 증거방법으로서의 지위는 당사자로서의 지위에 지장을 주지 않는 범위 내에서 인정되고 있는데, 예를 들면 인정신문(제286조)·피고인신문(제296조의2) 등을 통하여 피고인의 진술에 임의성이 인정될 경우에는 그 진술의 증거능력을 인정하고 있다. 이 경우에 있어서 피고인의 진술은 인적 증거방법이 된다. 그리고 피고인의 신체 또는 정신상태 등은 경우에 따라 검증(제139조)이나 감정(제172조 제3항)의 대상이 되기도 하는데, 이 경우에 있어서 피고인은 물적 증거방법이 된다.

(2) 피고인의 증인적격의 문제

피고인에게 증인적격을 인정하여 진술의무를 강제하는 것은 피고인에게 헌법상 보장된 진술거부권을 무의미하게 만드는 결과를 초래함과 동시에 피고인의 당사자지위를 현저히 침해하기 때문에 피고인 자신은 원칙적으로 증인적격이 부정된다. 다만 증인신문에 있어서 필요할 경우에는 피고인과 증인을 대질하게 할 수는 있다(제162조 제3항).

3. 절차의 대상으로서의 지위

(1) 강제처분의 대상이 되는 지위

피고인은 소환·구속·압수·수색 등 강제처분의 대상이 된다. 다만 피고인이 신체검사를 받을 경우 건강·명예를 훼손당하지 않을 권리가 있고(제141조 제1항), 여자피고인에 대한 신체검사 시에는 의사나 성년의 여자를 참여하게 해야 한다(제141조 제2항).

(2) 법정(法廷)질서에 복종해야 할 의무

피고인은 재판장에 의한 소송지휘권과 법정경찰권에 복종해야 한다.[1] 또한 피고인은 재판장의 허가 없이 퇴정하지 못하는데(제281조 제1항), 이를 '재정의무'(在廷義務)라고 한다.

Ⅳ. 진술거부권

1. 의 의

(1) 개 념

'진술거부권'(陳述拒否權)[2]이란 피고인 또는 피의자가 공판절차나 수사절차에서 법원이나 수사기관의 신문에 대하여 진술을 거부할 수 있는 권리를 말한다. 헌법 제12조 제2항에 의하면 '모든 국민은 고문을 받지 아니하며, 형사상 자기에게 불리한 진술을 강요당하지 아니한다.'라고 규정하여 형사책임에 관하여 자신에게 불이익한 진술을 강요당하지 아니할 것을 내용으로 하는 진술거부권을 헌법상의 권리로 인정하고 있고, 이에 따라 형사소송법도 피고인의 진술거부권(제283조의2)과 피의자의 진술거부권(제244조의3)을 별도로 규정하고 있다.[3] 하지만 불리한 진

1) 이에 대하여 법정질서에 복종해야 할 의무는 피고인 이외에 검사에게도 부과되는 것에 지나지 않으므로 이를 피고인의 지위로 파악하는 것은 타당하지 않다는 견해로는 이재상/조균석, 112면.

2) 진술거부권은 체포과정에서 피의사실 등을 고지해 주는 소위 미란다원칙(제200조의5; 검사 또는 사법경찰관은 피의자를 체포하는 경우에는 피의사실의 요지, 체포의 이유와 변호인을 선임할 수 있음을 말하고 변명할 기회를 주어야 한다)과 구별되는 개념이다.

3) 형사소송법은 피고인의 진술거부권을 명시적으로 보장하고 있고, 피의자에게는 진술거부권을 고지하도록 하는 수사기관의 고지의무만을 규정하고 있으나, 이는 진술거부권을 간접적으로 보장하고 있는 것으로 보아야 한다.

술을 진술거부권의 대상으로 규정하고 있는 헌법과는 달리 형사소송법에서 규정하고 있는 진술의 내용은 자기에게 불리한 것인가의 여부는 묻지 않고 있다. 이는 형사소송법상 진술거부권의 범위가 헌법상 진술거부권의 범위보다 더 넓어져 있음을 의미하므로, 자기에게 불리한 진술뿐만 아니라 자기에게 이익이 되는 진술에 대해서도 거부할 수 있다고 보아야 한다.[1] 이것은 피고인이나 피의자의 당사자로서의 지위와 소극적 자기방어권을 보장하려는 것에 있다.[2] 그러므로 진술거부권은 고문 등 폭행에 의한 강요는 물론 법률로써도 진술을 강요당하지 아니함을 의미한다.[3]

헌법이 진술거부권을 국민의 기본적 권리로 보장하는 것은 피고인 또는 피의자의 인권을 실체적 진실발견이나 사회정의의 실현이라는 국가이익보다 우선적으로 보호함으로써 인간의 존엄성과 가치를 보장하고, 나아가 형사책임과 관련하여 비인간적인 자백의 강요와 고문을 근절하려는데 있고, 피고인 또는 피의자와 검사 사이에 무기평등을 도모하여 공정한 재판의 이념을 실현하려는데 있다. 피고인에게 진실을 진술할 의무가 있다고 할 때에는 검사와 대등한 지위에서 소송에 임할 수 없게 되어 무기대등의 원칙은 실현될 수 없다.

(2) 연 혁

1) 규문주의에서 탄핵주의로의 변화

규문주의 아래에서 피고인·피의자는 단지 조사의 객체에 불과하였기 때문에 법관의 신문에 대해 진실을 말할 의무가 부여되었다. 심지어 법원이 일정한 경우에는 고문을 통하여 이들의 진술을 강요할 수 있는 것이 적법한 형사절차로 인식되었기 때문에 진술거부권이 인정될 여지는 전혀 없었다. 하지만 탄핵주의가 등장하여 피고인이 소송의 주체로 등장함에 따라 진술을 거부할 수 있는 권리가 고유의 권리로서 인식되기 시작하였다.

2) 자기부죄거부의 특권

'자기부죄거부(自己負罪拒否)의 특권'(Privilege against self-incrimination)이란 누구도 자기 자신의 죄를 인정할 의무가 없다는 원칙을 말한다. 피고인이 공판절차에서 적극적으로 참여할 수 있는 권리 못지않게 중요한 것은 결코 자기 자신의 유죄를 인정하는데 협력할 의무가 없다는 점에서 인정되는 원칙이다. 미국 수정헌법 제5조는 '누구든지 형사사건에 있어서 자기의 증인이 되는 것을 강요받지 아니한다(No Person shall be compelled in any criminal case to be a witness against himself).'라고 규정하여 처음으로 자기부죄거부의 특권을 명문화하였다. 특히 Miranda사건[4]은 연방대법원

1) 이는 증인의 증언거부권이 자기 또는 자기와 일정한 관계에 있는 자에게 불이익한 증언으로 제한하는 것과 구별된다. 이러한 차이는 증인과 피고인의 소송법상 지위의 차이에서 비롯되는데, 증인은 소송의 주체가 아니고 단지 증명방법인 반면에 피고인은 소송의 주체로서 진술 또는 침묵을 결정할 수 있는 것이다.

2) 피의자나 피고인에게 불리한 진술과 유리한 진술을 구분하게 하고 유리하다고 생각되는 진술에 대해서는 진술을 거부할 수 없다고 한다면 진술거부권의 보장이 불완전할 수밖에 없는 것은 자명하며, 이는 피고인의 경우에 소송주체 내지 당사자로서의 지위를 인정한 취지에도 반하게 되는 것이다(이창현, 109면).

3) 헌법재판소 1997. 3. 27. 선고 96헌가11 결정.

4) Miranda v. Arizona, 384 U.S. 436 (1966). 구금된 형사피의자에 대한 경찰의 신문과정에서 그 행동지침에 관한

이 피의자에게 진술거부권과 변호인선임권을 고지하지 않은 상태에서 얻어진 자백의 증거능력을 부정한 획기적인 판결로 인정되고 있다. 다만 자기부죄거부의 특권에는 피고인 또는 피의자의 진술거부권 이외에 증인의 증언거부권이 포함되어 있다는 점, 우리나라의 진술거부권과 달리 자기부죄거부의 특권은 포기가 가능하므로 미국법상 피고인은 증인이 될 수 있다는 점 등에 유의해야 한다.

2. 내 용

(1) 진술거부권의 주체

진술거부권의 주체는 피의자·피고인뿐만 아니라 외국인을 포함한 모든 사람이다. 피내사자 또는 참고인에게도 진술을 거부할 수 있는 권리가 인정됨은 물론이다. 또한 의사무능력자인 피고인 또는 피의자의 법정대리인(제26조)이나 특별대리인(제28조), 피의자 또는 피고인이 법인인 경우에 법인의 대표자(제27조) 등 모두에게 진술거부권이 보장된다. 특히 증인의 경우에는 증언의무가 있으므로 별도로 증언거부권의 형태로 이를 보장하고 있다(제149조 내지 제151조).

한편 새마을금고의 임직원이 장차 특정경제범죄가중처벌법에 규정된 죄로 처벌받을 수도 있는 사항에 관한 질문을 받고 거짓 진술을 한 경우에는 특별한 사정이 없는 한 특정경제범죄가중처벌법 제2조 제4항은 적용되지 아니한다.[1] 왜냐하면 이러한 경우까지 항상 처벌될 수 있다고 본다면, 이는 실질적으로 장차 형사피의자나 피고인이 될 가능성이 있는 자로 하여금 수사기관 앞에서 자신의 형사책임을 자인하도록 강요하는 것과 다르지 않기 때문이다.

(2) 진술거부권의 고지

1) 고지의무

진술거부권의 고지는 진술거부권 행사의 전제로서 매우 중요하다. 그러므로 피의자나 피고

결정을 남긴 미국의 연방대법원 판결로서, Warren Earl Burger 대법원장은 5 대 4로 결정된 다수의견을 집필해, 경찰에 구금된 상태의 신문에서는 최소한의 절차적 보장이 준수되지 않으면 피의자의 진술이 기소에 사용될 수 없다고 판시하였다. 법원은 '개인에게 수정헌법 제5조에 입각해 권리를 부여'하도록 보장하는 새로운 지침을 수립한 것이다. 미란다 고지라고 알려져 있는 이 지침은 신문에 앞서 체포된 자에게 묵비권을 행사할 수 있으며, 진술한 것이 불리한 증거로 사용될 수 있고, 변호사의 조력을 받을 수 있다는 것 등을 알려주어야 한다는 것을 내용으로 한다. Miranda v. Arizona 판결에서 법원은 유괴 및 강간죄로 기소된 에르네스토 미란다에 대한 애리조나 주법원의 유죄판결을 파기했다. 사건 경위는 다음과 같다. 경찰에서 용의자에 대한 목격자의 대질을 통해 지목된 미란다는 경찰의 신문을 받는 과정에서 자백했는데, 그는 변호인의 조력을 받을 권리 또는 묵비권이 있음을 고지받지 않은 채로 진술조서에 서명했다. 그 뒤 재판에서 그의 자백은 유죄의 증거로 사용되었다. 이에 법원은 경찰이 구금상태의 피의자가 자기부죄진술(自己負罪陳述)을 거부할 수 있는 수정헌법 제5조에 입각한 권리를 보장받는 데 필요한 몇 가지의 절차적 보장을 지키지 않았을 경우 경찰이 얻어낸 피의자의 진술은 기소에 사용될 수 없다고 판시하였다.

1) 대법원 2015. 5. 28. 선고 2015도3136 판결(새마을금고는 특정경제범죄가중처벌법 제2조 제1호의 '금융회사 등'에 해당하고, 특정경제범죄가중처벌법 제12조 제2항은 '금융회사 등의 장이나 감사 또는 검사의 직무에 종사하는 임직원 또는 감독기관의 감독업무에 종사하는 사람은 그 직무를 수행할 때 금융회사 등의 임직원이 그 직무에 관하여 이 법에 규정된 죄를 범한 정황을 알았을 때에는 지체 없이 수사기관에 알려야 한다.'고 규정하고 있으며, 동조 제4항은 '정당한 사유 없이 제2항을 위반한 사람은 200만원 이하의 벌금에 처한다.'라고 규정하고 있다).

인이 진술거부권을 행사하기 위해서는 자신에게 그러한 권리가 있음을 사전에 숙지하여야만 한다. 하지만 진술거부권이 보장되는 절차에서 진술거부권을 고지받을 권리가 헌법 제12조 제2항에 의하여 바로 도출된다고 할 수는 없고, 이를 인정하기 위해서는 입법적 뒷받침이 필요하다.[1] 이에 따라 형사소송법은 피의자와 피고인에게 진술거부권이 있음을 고지해 주도록 하는 명문의 규정을 두고 있다.[2] 다만 대법원은 「피의자에 대한 진술거부권의 고지는 피의자의 진술거부권을 실효적으로 보장하여 진술이 강요되는 것을 막기 위하여 인정되는 것인데, 이러한 진술거부권 고지에 관한 형사소송법의 규정내용 및 진술거부권 고지가 갖는 실질적인 의미를 고려하면 수사기관에 의한 진술거부권 고지의 대상이 되는 피의자의 지위는 수사기관이 조사대상자에 대한 범죄혐의를 인정하여 수사를 개시하는 행위를 한 때에 인정되는 것으로 봄이 상당하다.」라고 판시[3]하여, 피의자의 지위에 있지 아니한 자에 대하여는 진술거부권이 고지되지 아니하였다고 하더라도 그 진술의 증거능력을 부정할 것은 아니라고 한다. 한편 참고인조사단계에서는 진술거부권을 고지할 의무가 없지만, 조사과정에서 혐의가 드러나면 피의자로 전환될 가능성이 있으므로 그 때부터는 진술거부권이 고지되어야 한다.

---

1) 대법원 2014. 1. 16. 선고 2013도5441 판결(구 공직선거법은 제272조의2에서 선거범죄 조사와 관련하여 선거관리위원회 위원·직원이 관계자에게 질문·조사를 할 수 있다고 규정하면서도 진술거부권의 고지에 관하여는 별도의 규정을 두지 않았고, 수사기관의 피의자에 대한 진술거부권 고지를 규정한 제244조의3 제1항이 구 공직선거법상 선거관리위원회 위원·직원의 조사절차에 당연히 유추적용된다고 볼 수도 없다. 한편 2013. 8. 13. 법률 제12111호로 개정된 공직선거법은 제272조의2 제7항을 신설하여 선거관리위원회의 조사절차에서 피조사자에게 진술거부권을 고지하도록 하는 규정을 마련하였으나, 그 부칙 제1조는 '이 법은 공포한 날부터 시행한다.'고 규정하고 있어 그 시행 전에 이루어진 선거관리위원회의 조사절차에 대하여는 구 공직선거법이 적용된다. 결국 구 공직선거법 시행 당시 선거관리위원회 위원·직원이 선거범죄 조사와 관련하여 관계자에게 질문을 하면서 미리 진술거부권을 고지하지 않았다고 하여 단지 그러한 이유만으로 그 조사절차가 위법하다거나 그 과정에서 작성·수집된 선거관리위원회 문답서의 증거능력이 당연히 부정된다고 할 수는 없다).

2) 공판절차에서 피고인에 대한 진술거부권의 고지가 행해졌는가는 공판조서만으로 증명하지만(제56조), 수사절차에서 피의자신문조서에 부동문자로 '진술거부권을 고지하였다'라고 기재되어 있어도 현실적으로 진술거부권을 고지하였다는 사실이 증명되지 않는 한 피의자신문조서의 증거능력이 인정되지 아니한다. 실무에서는 피의자의 자필 서명을 받아 두어 이를 담보하고 있다.

3) 대법원 2015. 10. 29. 선고 2014도5939 판결; 대법원 2014. 4. 30. 선고 2012도725 판결; 대법원 2011. 11. 10. 선고 2011도8125 판결(이 사건 필로폰이 중국에서 국내로 반입되어 피고인들에게 전달되는 과정에서 공소외 3이 인천국제여객터미널에서 공소외 2로부터 필로폰이 은닉된 곡물포대를 건네받아 이를 피고인들에게 전달하는 역할을 하였다는 것이므로, 그에 의하면 공소외 3이 피고인들과 이 사건 필로폰의 수입 내지 매수에 관한 공범관계에 있을 가능성을 배제할 수는 없지만, 공소외 3이 피고인들과 공범관계에 있을 가능성만으로 공소외 3이 이 사건의 참고인으로서 검찰 조사를 받을 당시 또는 그 후라도 검사가 공소외 3에 대한 범죄혐의를 인정하고 수사를 개시하여 공소외 3이 피의자의 지위에 있게 되었다고 단정할 수 없고 그와 같이 볼 만한 아무런 객관적인 자료가 없으며, 검사가 공소외 3에 대한 수사를 개시할 수 있는 상태이었는데도 진술거부권 고지를 잠탈할 의도로 피의자 신문이 아닌 참고인 조사의 형식을 취한 것으로 볼 만한 사정도 기록상 찾을 수 없다. 오히려 피고인들이 이 사건 수사과정에서 이 사건 필로폰이 중국으로부터 수입되는 것인지 몰랐다는 취지로 변소하였기 때문에 피고인들의 수입에 관한 범의를 명백하게 하기 위하여 검사가 이 사건 필로폰이 은닉된 곡물포대를 받아 피고인들에게 전달한 공소외 3을 참고인으로 조사한 것이라면, 공소외 3이 수사기관에 의해 범죄혐의를 인정받아 수사가 개시된 피의자의 지위에 있었다고 할 수 없고, 공소외 3이 피의자로서의 지위가 아닌 참고인으로서 조사를 받으면서 수사기관으로부터 진술거부권을 고지 받지 않았다고 하더라도 그 이유만으로 그 진술조서가 위법수집증거로서 증거능력이 없다고 할 수 없다).

2) 고지의 방법

진술거부권은 피의자나 피고인이 진술거부권의 구체적이고 개별적인 내용을 알 수 있도록 명시적으로 고지되어야 한다. 이에 따라 검사 또는 사법경찰관은 피의자를 신문하기 전에 ① 일체의 진술을 하지 아니하거나 개개의 질문에 대하여 진술을 하지 아니할 수 있다는 것, ② 진술을 하지 아니하더라도 불이익을 받지 아니한다는 것, ③ 진술을 거부할 권리를 포기하고 행한 진술은 법정에서 유죄의 증거로 사용될 수 있다는 것, ④ 신문을 받을 때에는 변호인을 참여하게 하는 등 변호인의 조력을 받을 수 있다는 것을 알려주어야 한다(제244조의3 제1항). 또한 검사 또는 사법경찰관은 이에 따라 알려 준 때에는 피의자가 진술을 거부할 권리와 변호인의 조력을 받을 권리를 행사할 것인지의 여부를 질문하고, 이에 대한 피의자의 답변을 조서에 기재하여야 한다. 이 경우 피의자의 답변은 피의자로 하여금 자필로 기재하게 하거나 검사 또는 사법경찰관이 피의자의 답변을 기재한 부분에 기명날인 또는 서명하게 하여야 한다(제244조의3 제2항). 동일한 수사기관의 일련의 수사과정에서는 신문시마다 고지를 해야 하는 것은 아니지만, 상당한 기간이 경과하였거나 새로운 출석요구에 따라 신문하거나 조사자가 경질된 때에는 다시 고지하여야 한다.

한편 재판장은 피고인에게 진술하지 아니하거나 개개의 질문에 대하여 진술을 거부할 수 있음을 고지하여야 한다(제283조의2). 공판준비절차에서 법원이 피고인을 소환하거나 피고인이 스스로 공판준비절차에 출석한 경우에도 재판장은 출석한 피고인에게 진술을 거부할 수 있음을 알려주어야 하며(제266조의8 제6항), 공판절차를 갱신하는 경우에도 재판장은 피고인에게 진술거부권을 고지하여야 한다(규칙 제144조 제1항 제1호).

3) 불고지에 따른 효과

진술거부권을 고지하지 않은 상태로 피의자 또는 피고인에 대한 신문이 이루어지면 당해 신문은 위법한 것이 된다. 진술거부권을 고지하지 않은 상태에서 이루어진 진술내용이 자백에 해당하는 경우 그 증거능력을 부정하는 근거와 관련하여, ① 진술거부권을 불고지한 경우에도 자백의 임의성이 인정되는 경우가 있고, 그 반대로 진술거부권의 고지에 의해 바로 자백의 증거능력이 인정되는 것도 아니어서 양자의 관계가 필연적인 것은 아니라는 점, 진술거부권은 영국에서 종교재판소의 강제신문에 대한 반동으로 17세기에 확립된 것임에 반하여 자백배제법칙은 18세기 후반 보통법에 의하여 확립된 원칙으로서 그 역사적 연혁을 달리하고 있다는 점, 진술거부권이 국가기관의 강제적 신문의 억제에 중심을 두고 진술의 내용을 문제삼지 않음에 비하여 자백배제법칙은 진술자의 진술내용에 허위가 개입되지 않도록 하기 위한 증거법칙이라는 점에서 차이가 있다는 점, 진술거부권이 공판절차에서 의미를 가지는 데 반하여 자백배제법칙은 수사절차를 포함한 광범위한 절차에서 의미를 가진다는 점 등을 논거로 하여, 자백의 임의성은 인정되지만 위법수집증거로서 제308조의2에 의하여 증거능력을 부정하는 견해[1],

1) 김인회, 411면; 김정한, 86면; 이은모/김정환, 92면; 정웅석/최창호, 116면.

② 진술거부권의 보장과 자백배제법칙은 역사적 연혁을 달리하고 있을지라도 오늘날 적법절차를 통한 기본권 보장이라는 공통의 원리에 의하여 일체화되었다는 점, 자백배제법칙의 근거가 허위배제설에서 위법배제설로 발전되고 있다는 점, 진술거부권의 불고지는 제309조의 '기타 방법'과 '임의성에 의심이 있는 경우'에 해당한다는 점, 제309조의 자백배제법칙을 위법수집증거배제법칙의 강화된 실정법 규정으로 보는 것이 피의자나 피고인의 인권 내지 방어권을 확실하게 보장한다는 점, 진술거부권이 금지하고 있는 진술강요도 진실의무를 부담시키는 경우뿐만 아니라 사실상의 강요를 포함한다는 점, 현행법상 자백배제법칙과 진술거부권 모두가 피고인은 물론 피의자에게도 인정되고 있다는 점 등을 논거로 하여, 진술거부권의 고지라는 형식적 기준에 의하여 진술내용의 임의성 유무를 전적으로 판단할 수는 없으나, 진술거부권을 고지하지 않은 사실 자체는 진술의 자유를 침해하는 중대한 위법사유에 해당하므로 그 임의성에 의심이 있는 자백에 해당하여 자백배제법칙(제309조)에 의하여 증거능력을 부정하는 견해[1] 등의 대립이 있다.

이에 대하여 판례는 「피의자의 진술거부권은 헌법이 보장하는 형사상 자기에 불리한 진술을 강요당하지 않는 자기부죄거부의 권리에 터잡은 것이므로 수사기관이 피의자를 신문함에 있어서 피의자에게 미리 진술거부권을 고지하지 않은 때에는 그 피의자의 진술은 위법하게 수집된 증거로서 진술의 임의성이 인정되는 경우라도 증거능력이 부인되어야 한다.」라고 판시[2] 하여, 전자의 입장을 취하고 있다. 생각건대 현행법이 위법수집증거배제법칙을 명문화한 상황에서 진술거부권의 불고지는 이를 통하여 해결하는 것이 타당하다.

(3) 거부할 수 있는 진술의 범위

1) 진 술

'진술'(陳述)이란 생각·지식·경험사실 등을 정신작용의 일환을 언어를 통하여 표출하는 것을 말하는데, 진술인 이상 구두에 의한 진술뿐만 아니라 진술서의 제출과 같이 서면에 기재된 진술도 포함된다. 그러므로 수사기관이 요구하는 자술서의 제출도 거부할 수 있다. 하지만 지문이나 족형의 채취[3], 신체의 측정, 사진촬영, 신체검사 등은 진술이 아니므로 진술거부권의 범위에 속하지 아니한다. 또한 피의자 등의 동일성을 판단하기 위하여 행해지는 성문검사(聲紋檢査)는 검증이나 감정의 방법으로 행해지는데, 이 경우에도 진술의 내용 자체가 문제되는 것이 아니므로 진술거부권의 범위에 속하지 아니한다.

---

1) 이재상/조균석, 122면; 이창현, 114면; 임동규, 406면; 정승환, 319면. 그러나 자백 아닌 진술의 경우에는 위법수집증거배제법칙에 관한 제308조의2, 그리고 전문증거의 경우에는 진술의 임의성을 요구하는 제317조에 의하여 증거능력이 부정되어야 한다.

2) 대법원 2014. 4. 10. 선고 2014도1779 판결; 대법원 2011. 11. 10. 선고 2010도8294 판결; 대법원 2010. 5. 27. 선고 2010도1755 판결; 대법원 2009. 8. 20. 선고 2008도8213 판결; 대법원 1992. 6. 23. 선고 92도682 판결.

3) 「경범죄 처벌법」 제3조(경범죄의 종류) ① 다음 각 호의 어느 하나에 해당하는 사람은 10만원 이하의 벌금, 구류 또는 과료의 형으로 처벌한다. 34. (지문채취 불응) 범죄 피의자로 입건된 사람의 신원을 지문조사 외의 다른 방법으로는 확인할 수 없어 경찰공무원이나 검사가 지문을 채취하려고 할 때에 정당한 이유 없이 이를 거부한 사람.

2) 형사책임에 관한 진술

일반적으로 진술거부권의 대상이 되는 진술은 자신의 형사책임에 관한 것이어야 하므로, 민사책임이나 행정책임과 관련된 것에 대해서는 진술을 거부할 수 없다고 한다.[1] 다만 형사책임과 관련된 것이라면 범죄사실 자체뿐만 아니라 간접사실이나 범죄사실의 발견에 단서를 제공하는 사항에 관한 진술도 그 대상이 되며, 반드시 형사절차에서 행해진 것임을 요하지 아니한다.[2] 그러므로 형사절차뿐만 아니라 행정절차나 국회에서의 조사절차 등에서도 진술거부권은 보장된다.[3] 생각건대 형사책임뿐만 아니라 행정책임에 관한 경우에도 그 진술을 거부할 수 있도록 보장해 주는 것이 타당하다. 왜냐하면 경우에 따라 형사책임보다 행정책임이 당사자에게 훨씬 커다란 불이익을 주는 경우가 현실세계에서 너무나도 많이 존재하기 때문이다.

3) 음주측정의 경우

진술거부권의 침해와 관련하여 주취운전의 혐의자에게 호흡측정기에 의한 측정에 응할 것을 요구하는 것이 형사상 불리한 진술을 강요하는 것에 해당하는지의 여부가 문제될 수 있다. 먼저 호흡측정기에 의한 측정에 응하는 것이 형사상 불리한 것이 되는 것은 의문의 여지가 없다. 왜냐하면 호흡측정의 결과는 곧바로 주취운전죄라는 범죄의 직접적 증거로 활용되기 때문이다. 다음으로 호흡측정기에 입을 대고 호흡을 불어 넣도록 요구하고 이를 거부할 때 처벌하는 것이 진술강요에 해당하는 것인지 여부가 문제이다. 생각건대 호흡측정은 신체의 물리적·사실적 상태를 그대로 드러내는 행위에 불과하다. 또한 호흡측정은 진술서와 같은 진술의 등가물(等價物)로도 평가될 수 없는 것이고, 신체의 상태를 객관적으로 밝히는데 그 초점이 있을 뿐 신체의 상태에 관한 당사자의 의식·사고·지식 등과는 아무런 관련이 없는 것이다. 호흡측정에 있어 결정적인 것은 측정결과 밝혀질 객관적인 혈중알콜농도로서 이는 당사자의 의식으로부터 독립되어 있고, 당사자는 이에 대하여 아무런 지배력도 갖고 있지 아니한다. 따라서 호흡측정 행위는 진술이 아니므로 호흡측정에 응하도록 요구하고 이를 거부할 경우 처벌한다고 하여도 진술강요에 해당한다고 할 수는 없다.[4]

4) 인정신문의 경우

형사소송법은 인정신문(人定訊問)에 대한 피고인의 진술거부권에 대해서는 명시적으로 규정하고 있지 않다. 그리하여 피고인이 재판장의 인정신문에 대하여 진술을 거부할 수 있는지 여부와 관련하여, ① 진술거부권의 대상이 되는 진술에는 그 내용의 이익·불이익을 불문하고 제한이 없다는 점, 성명·직업 등의 진술이 불이익을 가져오는가의 판단은 피고인에게 맡길 수밖에 없으므로 절충설은 사실상 적극설과 같은 결과를 가져온다는 점, 진술거부권의 인정과 진술거부권의 고지는

1) 김인회, 409면; 신동운, 33면; 이은모/김정환, 89면; 이창현, 108면.

2) 헌법재판소 1990. 8. 27. 선고 89헌가118 결정.

3) 헌법재판소 1997. 3. 27. 선고 96헌가11 결정.

4) 헌법재판소 1997. 3. 27. 선고 96헌가11 결정.

동의어가 아니라는 점 등을 논거로 하여, 인정신문에 대하여도 진술을 거부할 수 있다는 적극설[1], ② 인정신문에 대한 답변은 피고인에게 불이익한 진술이 아니므로 인정신문에는 진술거부권이 적용되지 않는다는 소극설, ③ 제1회 공판기일에 재판장이 행하는 인정신문에 있어서는 진술거부권이 보장되지만, 변호인선임서의 제출이나 국선변호인선정신청 등과 같이 피고인이 각종 소송행위를 하는 경우에는 진술거부권이 보장되지 않는다고 파악하는 절충설[2] 등의 대립이 있다.

생각건대 형사소송법이 피고인에 대한 인정신문(제284조)에 앞서 피고인의 진술거부권(제283조의2)에 대한 규정을 두고 있다는 점, 형사소송규칙에서는 인정신문을 하기 전에 진술거부권을 고지하도록 규정하고 있다는 점(규칙 제127조) 등에 비추어 볼 때 적극설이 타당하다. 그러므로 공판절차의 인정신문단계에서 진술이 거부된 경우 재판장은 적당한 방법으로 피고인의 동일성을 확인하는 조치를 취하여야 하고, 공판조서에 진술이 거부되었음과 재판장이 피고인에게 취한 확인조치의 내용을 기재하는 수밖에 없다.

5) 교통사고신고의무의 경우

현행 도로교통법에 의하면, 차의 운전 등 교통으로 인하여 사람을 사상하거나 물건을 손괴(이하 '교통사고'라고 한다)한 경우에는 그 차의 운전자나 그 밖의 승무원은 즉시 정차하여 사상자를 구호하는 등 필요한 조치, 피해자에게 인적 사항(성명·전화번호·주소 등을 말한다) 제공의 조치를 하여야 하고(제54조 제1항), 이러한 경우 그 차의 운전자등은 경찰공무원이 현장에 있을 때에는 그 경찰공무원에게, 경찰공무원이 현장에 없을 때에는 가장 가까운 국가경찰관서에 사고가 일어난 곳, 사상자 수 및 부상 정도, 손괴한 물건 및 손괴 정도, 그 밖의 조치사항 등의 사항을 지체 없이 신고하여야 한다. 다만 차만 손괴된 것이 분명하고 도로에서의 위험방지와 원활한 소통을 위하여 필요한 조치를 한 경우에는 그러하지 아니하다(제54조 제2항). 만약 도로교통법 제54조 제2항에 따른 사고발생 시 조치상황 등의 신고를 하지 아니한 사람에 대하여는 30만원 이하의 벌금이나 구류에 처한다(도로교통법 제154조 제4호).

이에 따라 실제로 차량을 운전하다가 교통사고를 일으킨 자에 대해서 과실의 유무 및 정도에 따라 형사책임을 물어 교통사고처리특례법위반(업무상 과실치사상 및 업무상 재물손괴)으로 형사벌을 과하는 것과는 별도로 교통행정의 목적으로 운전자가 사고발생을 경찰에 신고하지 아니한 사실에 대하여 행정벌을 과하도록 하고 있다. 생각건대 법률이 범법자에게 자기의 범죄사실을 반드시 신고하도록 명시하고 그 미신고를 이유로 처벌하는 벌칙을 규정하는 것은 헌법상 보장된 국민의 기본권인 진술거부권을 침해하는 것이 된다. 특히 범죄구성요건 및 양형의 요소들을 신고하게 하는 것은 사실상 범죄발각의 단서를 제공하고 형사상 자기부죄(自己負罪)거부의 권

---

1) 김인회, 409면; 김정한, 90면; 배종대/홍영기, 63면; 송광섭, 203면; 이은모/김정환, 91면; 이재상/조균석, 120면; 이주원, 39면; 이창현, 111면; 임동규, 406면; 정승환, 320면; 정웅석/최창호, 115면; 최호진, 43면.

2) 손동권/신이철, 79면; 신동운, 368면(다만 피고인이 성명이나 직업 등을 진술함으로써 범인임이 확인되거나 증거수집의 기회를 제공하는 경우에는 예외적으로 진술거부권이 인정된다).

리를 침해하는 결과가 될 수 있다.[1] 그러므로 자신이 교통사고를 냈다고 하더라도 객관적인 사고 사실을 신고하는 것은 의무이지만, 자신이 사고와 관련되었다는 것을 말할 의무는 없다고 보아야 한다.

(4) 진술거부권 포기의 인정 여부

진술거부권의 포기를 인정할 수 있는지 여부와 관련하여, ① 진술거부권을 개별신문에 대하여 진술을 거부할 수 있는 권리로 파악하여 피고인이나 피의자가 진술거부권을 행사하지 않고 진술을 하는 것은 진술거부권의 포기를 의미한다는 적극설, ② 진술거부권은 헌법이 명문으로 인정하고 있는 기본권이라는 점에서 볼 때 신문절차에서의 전체적인 포기를 의미하는 진술거부권의 포기는 인정되지 않는다는 소극설[2] 등의 대립이 있다. 생각건대 개별 신문에 대한 진술거부권의 불행사와 진술거부권의 포기는 구별하여야 한다는 점에서 피고인이나 피의자는 개별 신문에 대하여 일단 진술을 한 경우라도 언제든지 다시 진술을 거부할 수 있다고 보아야 한다. 이와 같이 피고인은 진술거부권을 포기하고 진술의무를 지는 것이 허용되지 않으므로, 피고인은 증언의무를 지는 증인으로서 증언할 수 없고 증인적격도 인정되지 아니한다. 공범자인 공동피고인의 경우에도 피고인의 사건에 대하여 증인적격을 부정해야 할 것이다. 왜냐하면 공범자의 경우에는 일반적으로 본인의 면책이나 형의 감면을 보장받고 다른 공범자에게 불리한 진술을 하는 경우가 많으므로, 이에 대한 규제가 필요하기 때문이다.

3. 진술거부권 행사의 효과

(1) 증거능력의 부정

진술거부권을 고지하지 아니하고 피의자나 피고인을 신문하여 얻은 자백에 대하여는 임의성이 인정되는 경우라도 증거능력이 부정된다. 진술거부권을 침해하여 자백 이외의 증거를 획득한 경우나 자백을 통하여 별도의 증거를 수집한 경우에도 위법수집증거로서 증거능력이 부정된다.

(2) 불이익추정의 금지

1) 간접증거로의 사용금지

피고인이 범죄사실에 대한 신문에 대하여 진술을 거부하였다는 사실만으로 이를 피고인에게 불이익한 간접증거로 하거나 이를 근거로 유죄를 인정해서는 안 된다. 왜냐하면 이를 허용한다면 진술거부권을 기본권으로 하고 있는 헌법정신에 위배되기 때문이다. 이러한 의미에서 진술거부권의 행사는 자유심증주의에 대한 예외가 된다.

---

1) 同旨 손동권/신이철, 83면; 이은모/김정환, 90면; 이재상/조균석, 123면; 이창현, 110면; 정승환, 323면. 하지만 헌법재판소는 반대의 입장을 표명(헌법재판소 1990. 8. 27. 선고 89헌가118 결정)하고 있다.

2) 김인회, 407면; 김정한, 93면; 배종대/홍영기, 64면; 손동권/신이철, 82면; 송광섭, 205면; 신동운, 366면; 이은모/김정환, 92면; 이재상/조균석, 122면; 이주원, 40면; 이창현, 114면; 임동규, 407면; 정승환, 322면; 정웅석/최창호, 118면; 최호진, 45면.

2) 구속사유 또는 보석불허사유로의 사용 여부

진술거부권의 행사를 구속사유 또는 보석불허사유로서 증거인멸의 염려를 판단하는 자료로 사용할 수 있는지 여부와 관련하여, ① 진술거부 자체를 구속이나 보석의 결정 기준으로 삼을 수는 없지만, 구속과 보석 판단의 중요한 기준이 도주 또는 증거인멸의 우려이고, 진술 또는 자백의 여부는 도주 또는 증거인멸의 우려 판단의 중요한 자료로 사용될 수 있다는 점, 진술거부의 사실과 증거인멸의 염려가 있는지의 여부에 대한 판단은 별개의 문제라는 점 등을 논거로 하는 적극설[1], ② 실질적으로 구속의 위험으로 인하여 진술이 강제되는 결과를 가져올 수 있다는 점, 진술거부권의 행사와 도주 또는 증거인멸의 우려라는 구속사유와는 직접적인 관련성이 없다는 점 등을 논거로 하는 소극설[2] 등의 대립이 있다. 생각건대 진술거부권의 실질적인 보장을 위하여 그 행사를 구속사유 또는 보석불허사유로 참작하는 것은 타당하지 않다.

(3) 양형판단사유로의 고려 여부

진술거부권의 행사를 양형판단사유로 고려할 수 있는지 여부와 관련하여, ① 범인의 개전이나 회오는 범행 후의 정황으로서 양형에서 고려해야 할 사정인데, 자백에 의하여 개전의 정을 표시한 자와 진술을 거부한 자를 동일하게 처벌하는 것은 합리적이라고 할 수 없으므로 이를 양형상 불이익하게 고려할 수는 있다는 적극설[3], ② 피고인은 형사절차에서 법원에 대하여 진실의무를 부담하지 않는다는 점, 진술거부권을 행사한 사실이 양형에서 불리하게 작용한다면 진술거부권의 보장은 무의미해진다는 점, 진술의 자유를 보장하기 위하여 진술거부권을 기본권으로 보장한 헌법의 정신에 부합하지 않는다는 점, 진술거부권을 인정한다는 것은 그것을 행사하는 동기를 묻지 않고 자유롭게 행사할 수 있다는 것을 인정하고 있다는 점, 자백에 따른 유리한 양형효과의 결과로서 진술거부권의 행사가 상대적으로 양형상 불이익하게 취급되는 것은 타당하지 않다는 점 등을 논거로 하는 소극설[4], ③ 진술거부권의 행사를 가중적 양형의 조건으로 삼는 것은 원칙적으로 허용되지 아니하지만 일정한 경우에는 예외적으로 이를 양형의 조건으로 고려할 수 있다는 절충설[5] 등의 대립이 있다.

이에 대하여 판례는「형법 제51조 제4호에서 양형의 조건의 하나로 정하고 있는 범행 후의 정황 가운데에는 형사소송절차에서의 피고인의 태도나 행위를 들 수 있는데, 모든 국민은 형사상 자기에게 불리한 진술을 강요당하지 아니할 권리가 보장되어 있으므로(헌법 제12조 제2항), 형사소송절차에서 피고인은 방어권에 기하여 범죄사실에 대하여 진술을 거부하거나 거짓 진술을 할 수 있고, 이 경우 범죄사실을 단순히 부인하고 있는 것이 죄를 반성하거나 후회하고 있지 않

1) 김정한, 93면; 이재상/조균석, 123면; 이창현, 115면; 임동규, 407면.

2) 김인회, 412면; 손동권/신이철, 81면; 송광섭, 204면; 이은모/김정환, 93면; 정승환, 324면; 정웅석/최창호, 116면.

3) 이재상/조균석, 124면; 임동규, 407면; 정웅석/최창호, 117면.

4) 김인회, 413면; 배종대/홍영기, 66면; 송광섭, 204면; 이은모/김정환, 95면; 정승환, 324면.

5) 손동권/신이철, 82면(단순한 진술의 거부를 넘어 적극적 허위 진술을 하는 것은 진술거부권의 개념범위를 넘어가는 것으로서 양형상 불리하게 작용되어도 무방할 것이다); 이창현, 116면.

다는 인격적 비난요소로 보아 가중적 양형의 조건으로 삼는 것은 결과적으로 피고인에게 자백을 강요하는 것이 되어 허용될 수 없다고 할 것이나, 그러한 태도나 행위가 피고인에게 보장된 방어권 행사의 범위를 넘어 객관적이고 명백한 증거가 있음에도 진실의 발견을 적극적으로 숨기거나 법원을 오도하려는 시도에 기인한 경우에는 가중적 양형의 조건으로 참작될 수 있다.」라고 판시[1]하여, 절충설의 입장을 취하고 있다.

생각건대 진술거부권의 적극적인 행사는 당연히 보장되어야 하겠지만, 동시에 이러한 행위가 피고인의 반성이나 범죄 후의 정황이라는 양형참작사유에 중요한 기준이 될 수도 있기 때문에 절충설이 타당하다. 한편 진술거부권을 행사하지 않고 자백을 한 경우 이를 유리한 양형참작사유로 판단할 수 있을지 여부와 관련하여, ① 기본권을 포기하고 자발적으로 진술함으로써 형사사법에 협조한 피고인에 대하여 양형에서 특별히 유리하게 고려되는 것은 무방하다는 점, 피고인에게 유리한 효력을 금지할 이유가 없다는 점 등을 논거로 하는 적극설[2], ② 자백과 진술거부권 행사는 각각 독자적으로 그 의미와 효과를 판단해야 한다는 점, 모든 자백을 회오와 반성으로 이루어진 감정적 행위라고 파악하거나 진술거부권 행사를 책임을 회피하고 진실을 오도하려는 파렴치한 행위로 보는 것 자체가 문제라는 점 등을 논거로 하는 소극설[3] 등의 대립이 있다. 생각건대 양형참작사유 가운데 범죄 후의 정황을 고려할 수 있기 때문에 적극설이 타당하다.

Ⅴ. 접견교통권

1. 의 의

구속된 피고인은 법률의 범위 내에서 타인과 접견하고 서류 또는 물건을 수수하며 의사의 진료를 받을 수 있는데(제89조), 이를 피고인의 '접견교통권'(接見交通權)이라고 한다. 이러한 접견교통권은 제209조에 의하여 구속된 피의자에게도 준용된다. 피의자 또는 피고인이 가지는 접견교통권은 헌법(제12조 제4항)상 보장된 기본권으로의 법적 성질을 가지고 있다. 접견교통권의 주체는 체포·구속된 피의자 또는 피고인이며, 임의동행된 자도 포함된다.

2. 제 한

(1) 형사소송법상의 제한

법원은 도망하거나 또는 죄증을 인멸할 염려가 있다고 인정할 만한 상당한 이유가 있는 때에는 직권 또는 검사의 청구에 의하여 결정으로 구속된 피고인과 제34조에 규정한 이외의 타인

---

1) 대법원 2012. 1. 12. 선고 2011도14083 판결; 대법원 2001. 3. 9. 선고 2001도192 판결.

2) 손동권/신이철, 82면.

3) 이은모/김정환, 95면.

(비변호인)과의 접견을 금하거나 수수할 서류 기타 물건의 검열, 수수의 금지 또는 압수를 할 수 있다. 다만 의류·양식·의료품의 수수를 금지 또는 압수할 수 없다(제91조). 이러한 접견의 금지는 전면적 금지뿐만 아니라 개별적 금지도 가능하며, 조건부 또는 기한부 금지도 가능하다.

(2) 형집행법상의 제한

수용자는 교정시설의 외부에 있는 사람과 접견할 수 있지만, 형사 법령에 저촉되는 행위를 할 우려가 있는 때, 형사소송법이나 그 밖의 법률에 따른 접견금지의 결정이 있는 때, 수형자의 교화 또는 건전한 사회복귀를 해칠 우려가 있는 때, 시설의 안전 또는 질서를 해칠 우려가 있는 때 가운데 어느 하나에 해당하는 사유가 있으면 그러하지 아니하다(형집행법 제41조 제1항). 수용자의 접견은 접촉차단시설이 설치된 장소에서 하게 한다. 다만, 미결수용자(형사사건으로 수사 또는 재판을 받고 있는 수형자와 사형확정자를 포함한다)가 변호인과 접견하는 경우, 수용자가 소송사건의 대리인인 변호사와 접견하는 경우로서 교정시설의 안전 또는 질서를 해칠 우려가 없는 경우 가운데 어느 하나에 해당하는 경우에는 접촉차단시설이 설치되지 아니한 장소에서 접견하게 한다(형집행법 제41조 제2항). 그럼에도 불구하고 수용자가 미성년자인 자녀와 접견하는 경우, 그 밖에 대통령령으로 정하는 경우 가운데 어느 하나에 해당하는 경우에는 접촉차단시설이 설치되지 아니한 장소에서 접견하게 할 수 있다(형집행법 제41조 제3항). 소장은 범죄의 증거를 인멸하거나 형사 법령에 저촉되는 행위를 할 우려가 있는 때, 수형자의 교화 또는 건전한 사회복귀를 위하여 필요한 때, 시설의 안전과 질서유지를 위하여 필요한 때 가운데 어느 하나에 해당하는 사유가 있으면 교도관으로 하여금 수용자의 접견내용을 청취·기록·녹음 또는 녹화하게 할 수 있다(형집행법 제41조 제4항). 이에 따라 녹음·녹화하는 경우에는 사전에 수용자 및 그 상대방에게 그 사실을 알려 주어야 한다(형집행법 제41조 제5항). 수용자의 접견은 매일(공휴일 및 법무부장관이 정한 날은 제외한다) 「국가공무원 복무규정」 제9조에 따른 근무시간 내에서 한다(형집행법 시행령 제58조 제1항). 변호인(변호인이 되려고 하는 사람을 포함한다)과 접견하는 미결수용자를 제외한 수용자의 접견시간은 회당 30분 이내로 한다(형집행법 시행령 제58조 제2항).

교도관은 접견 중인 수용자 또는 그 상대방이 범죄의 증거를 인멸하거나 인멸하려고 하는 때, 금지물품을 주고받거나 주고받으려고 하는 때, 형사 법령에 저촉되는 행위를 하거나 하려고 하는 때, 수용자의 처우 또는 교정시설의 운영에 관하여 거짓사실을 유포하는 때, 수형자의 교화 또는 건전한 사회복귀를 해칠 우려가 있는 행위를 하거나 하려고 하는 때, 시설의 안전 또는 질서를 해하는 행위를 하거나 하려고 하는 때 가운데 어느 하나에 해당하면 접견을 중지할 수 있다(형집행법 제42조).

제 4 절 변호인

Ⅰ. 변호인제도의 의의

1. 변호인의 의의

(1) 변호인의 개념

'변호인'(辯護人)이란 피고인 또는 피의자의 방어능력을 보충하는 것을 그 임무로 하는 보조자를 말한다. 변호인은 소송의 주체는 아니지만 피고인 또는 피의자의 방어권 행사를 보조하는 소송관계인이라고 할 수 있다. 기존의 변호인은 범죄인의 방어권을 보장하기 위하여 존재하는 것이었지만, 최근에는 피해자를 위한 변호인이 등장하는 변화가 생기고 있다.

(2) 보조인과의 구별

'보조인'(補助人)이란 피고인 또는 피의자와 일정한 신분관계에 있는 자로서 피고인 또는 피의자의 이익을 보호하는 자를 말한다. 피고인 또는 피의자의 법정대리인·배우자·직계친족과 형제자매는 보조인이 될 수 있는데(제29조 제1항), 보조인이 되고자 하는 자는 심급별로 그 취지를 신고하여야 한다(제29조 제3항). 보조인이 될 수 있는 자가 없거나 장애 등의 사유로 보조인으로서 역할을 할 수 없는 경우에는 피고인 또는 피의자와 신뢰관계 있는 자가 보조인이 될 수 있다(제29조 제2항). 이에 따른 보조인의 신고는 보조인이 되고자 하는 자와 피고인 또는 피의자 사이의 신분관계[1]를 소명하는 서면을 첨부하여 이를 하여야 하며(규칙 제11조 제1항), 공소제기 전의 보조인 신고는 제1심에서도 그 효력이 있다(규칙 제11조 제2항). 이와 같이 보조인은 변호인과 달리 피고인 또는 피의자에 의한 선임절차를 요구하지 않고, 스스로 심급별로 그 취지를 신고하여야 한다. 보조인은 독립하여 피고인 또는 피의자의 명시한 의사에 반하지 아니하는 소송행위를 할 수 있다. 다만 법률에 다른 규정이 있는 때에는 예외로 한다(제29조 제4항). 보조인제도는 변호인제도를 보충하는데 그 의미가 있지만, 변호인제도가 확립됨에 따라 그 실효성은 점차 줄어들고 있는 것이 현실이다.

2. 변호인제도의 필요성

현행법은 피고인·피의자의 인권보장과 적정한 형사절차의 진행을 위하여 피고인·피의자가 향유할 수 있는 여러 가지 실체적·절차적 권리들을 규정하고 있다. 하지만 이와 같은 조치에도 불구하고 방어의 주체인 피고인·피의자는 공격의 주체인 검사를 상대로 대등한 지위에서 방어하기란 쉽지가 않은 것이 현실이다. 왜냐하면 일반적으로 방대한 조직과 전문적인 법률지식을 보유하고 있는 수사기관의 공격에 대하여 방어를 해야 하는 피고인·피의자는 법률의 문외한인 경우가 대부분이기 때문이다. 비록 피고인이 대법원장이나 검찰총장 등과 같이 법률적

1) 그러므로 일정한 신분관계가 없는 자는 보조인이 될 수 없다(대법원 1979. 5. 22. 선고 79도446 판결).

전문지식이 출중하더라도 반대당사자인 검사는 검사동일체의 원칙을 근간으로 하고 있는 국가기관이라는 점에서 변호인의 필요성을 결코 소홀히 해서는 안 되는 것이다. 특히 피고인·피의자가 신체구속된 경우라면 그 방어능력은 절감되는데, 이와 같은 현실에서 피고인·피의자의 실질적인 방어권 보장을 위해서 검사와 대등한 정도의 실력을 갖춘 법률전문가에 의한 조력을 통한 무기대등의 원칙이 실현될 것이 요구되는데, 이에 결정적으로 기여하는 것이 바로 변호인 제도이다.

3. 실질적 변호 및 형식적 변호

일반적으로 '실질적 변호'란 변호인 이외의 국가기관인 법원이나 검사가 공익적 차원에서 담당하는 변호활동을 말한다. 널리 피고인·피의자의 정당한 이익을 보호하기 위한 일체의 소송활동이라고 할 수 있는 변호는 반드시 변호인만이 할 수 있는 것이 아니라 다른 소송의 주체에 의해서도 이루어지는 경우가 있다. 예를 들면 법원은 피고인에게 이익이 되는 사실을 심리·재판하여야 하고, 검사는 공익의 대표자로서 피의자·피고인의 이익을 위한 객관의무를 부담하는 것이 그것이다. 법원과 검사가 위와 같은 실질적 변호활동을 일부 담당하고 있는 것은 사실이지만, 그것보다는 실체적 진실발견을 위한 해명이 그들의 고유한 임무라고 할 수 있으므로 이들에게서 진정한 변호활동을 기대하기란 쉽지가 않다. 그러므로 피고인·피의자를 위한 진정한 변호활동을 할 수 있는 변호인이 필요한 것이다.

이에 대하여 '형식적 변호'란 변호인이 보호자로서의 지위에 기하여 행하는 변호활동을 말한다. 즉 변호인은 피고인·피의자의 선임이나 법원의 선정에 의하여 피고인·피의자의 부족한 방어능력을 보충하는 것을 주된 임무로 하는 자라고 할 수 있다.

생각건대 일반적으로 설명되고 있는 '실질적 변호'와 '형식적 변호'의 정의는 오히려 역으로 전환하는 것이 타당하다. 왜냐하면 피고인 또는 피의자를 보호하기 위한 검사 또는 법원의 역할보다는 변호인의 역할이 훨씬 실질적인 도움이 되기 때문이다. 이러한 개념정의가 명문의 규정을 통해서 도출된 것이 아니라 의견이 분분할 수는 있겠지만, 실질적인 내용을 중심으로 정의하는 것이 개념의 활용에 혼란을 최소화 할 수 있을 것이다.

Ⅱ. 사선변호인의 선임

1. 선임의 법적 성질

'사선변호인'(私選辯護人)이란 피고인 또는 피의자, 그와 일정한 관계가 있는 사인이 선임한 변호인을 말한다. 사선변호인의 선임은 법원 또는 수사기관에 대한 소송행위이기 때문에 사건의뢰인과 변호인간의 사법상 계약 이외에 법원 또는 수사기관에 대하여 행하는 변호인선임을 통하여 변호인의 지위를 취득한다. 그러므로 사건의뢰인과 변호인 사이의 위임계약이 무효 또는 취소되었다고 하더라도 변호인선임의 효력에는 영향을 미치지 아니한다. 변호인선임서를 제출하여 법원이나 수사기관에 접수되어야 선임의 효과가 발생하므로, 변호인선임서가 접수되지 않은 상태에서 항소이유서나 상고이유서를 제출하더라도 효력이 없다.[1)]

2. 선임권자

(1) 고유의 선임권자

피고인 또는 피의자는 변호인을 선임할 수 있는데(제30조 제1항), 여기서 피고인 또는 피의자를 고유의 선임권자라고 한다. 이는 임의규정이기 때문에 변호인을 선임하지 않고도 얼마든지 형사재판을 할 수 있다. 특히 피의자를 체포·구속하는 때 또는 피고인을 구속한 때에는 변호인이 있는 경우에는 변호인에게, 변호인이 없는 경우에는 제30조 제2항에 규정한 자 중 체포·구속된 피의자 또는 피고인이 지정한 자에게 피(의)고사건명, 구속일시·장소, 범죄사실의 요지, 구속의 이유와 변호인을 선임할 수 있는 취지를 알려야 한다. 이러한 통지는 지체 없이 서면으로 하여야 한다(제87조, 제200조의5, 제209조). 피고인을 구속한 때에는 즉시 공소사실의 요지와 변호인을 선임할 수 있음을 알려야 한다(제88조). 체포·구속된 피의자 또는 구속된 피고인은 법원·교도소장 또는 구치소장 또는 그 대리자에게 변호사를 지정하여 변호인의 선임을 의뢰할 수 있다. 이러한 의뢰를 받은 법원·교도소장 또는 구치소장 또는 그 대리자는 급속히 체포·구속된 피의자 또는 피고인이 지명한 변호사에게 그 취지를 통지하여야 한다(제90조, 제200조의5, 제209조).

(2) 선임대리권자

피고인 또는 피의자의 법정대리인·배우자·직계친족과 형제자매는 독립하여 변호인을 선임할 수 있다(제30조 제2항). 동 규정은 한정적 열거규정으로 이해된다. 그러므로 선임권이 없는 자가 한 변호인선임은 효력이 없다.[2)] 선임대리권자가 변호인을 선임하는 때에는 그 자와 피고인 또는 피의자와의 신분관계를 소명하는 서면을 변호인과 선임자가 연명·날인한 서면에 첨부하여 제출하여야 한다(규칙 제12조). 제30조 제2항에서 말하는 '독립하여'란 본인의 명시 또는 묵시의 의사에 반해서도 선임할 수 있다는 독립대리권을 말한다. 그러므로 선임대리권자가 본인의 의사에 반하여 변호인을 선임한 경우에도 본인에게 선임의 효과가 발생한다. 이 경우 본인은 변호인을 해임할 수 있다. 그러나 선임과는 달리 선임대리권자는 본인의 의사에 반하여 변호인을 해임할 수는 없다.

---

1) 대법원 2005. 1. 20.자 2003모429 결정; 대법원 1969. 10. 4.자 69모68 결정.

2) 대법원 1994. 10. 28.자 94모25 결정(형사소송에 있어서 변호인을 선임할 수 있는 자는 피고인 및 피의자와 제30조 제2항에 규정된 자에 한정되는 것이고, 피고인이나 피의자로부터 그 선임권을 위임받은 자가 피고인이나 피의자를 대리하여 변호인을 선임할 수는 없는 것이므로, 피고인이 법인인 경우에는 제27조 제1항 소정의 대표자가 피고인인 당해 법인을 대표하여 피고인을 위한 변호인을 선임하여야 하며, 대표자가 제3자에게 변호인선임을 위임하여 제3자로 하여금 변호인을 선임하도록 할 수는 없는 것이다. 따라서 피고인의 대표자가 아닌 관리인이 선임한 변호인에 의하여 제기된 이 사건 항고를 법률상 방식에 위반한 것이라고 본 원심의 판단은 정당하다).

한편 선임대리권자 가운데 하나인 배우자의 범위와 관련하여, ① 변호인의 선임행위는 소송행위이므로 명확성의 원칙이 적용되기 때문에 법률상의 배우자만을 의미한다는 견해[1], ② 사실상의 배우자도 포함한다는 견해[2] 등의 대립이 있다. 생각건대 피고인 또는 피의자의 입장에서 보다 유리한 해석으로서 사실상의 배우자도 포함시키는 것이 타당하다. 다만 내연관계에 불과한 자는 이에 포함되지 아니한다.

(3) 선임의 방식

변호인의 선임은 변호인과 선임자가 연명·날인한 서면(변호인 선임신고서)을 공소제기 전에는 그 사건을 취급하는 검사 또는 사법경찰관에게 제출하고, 공소제기 후에는 그 법원에 제출하여야 한다(제32조 제1항). 변호사가 수사기관이나 수소법원에 변호인 선임신고서를 제출할 때에는 원칙적으로 사전에 소속 지방변호사회를 경유하여야 한다(변호사법 제29조). 여기서 말하는 변호인 선임신고서는 특별한 사정이 없는 한 원본을 의미한다고 할 것이고, 사본은 이에 해당하지 않는다.[3] 변호인 선임신고서를 제출하지 아니한 채 상고이유서만을 제출하고 상고이유서 제출기간이 경과한 후에 변호인 선임신고서를 제출하였다면 그 상고이유서는 적법·유효한 상고이유서가 될 수 없다.[4] 이는 그 변호인이 원심 변호인으로서 원심법원에 상고장을 제출하였더라도 마찬가지이다.[5] 또한 변호인 선임신고서를 제출하지 않은 변호인이 변호인 명의로 재항고장을 제출한 경우, 그 재항고장은 적법·유효한 재항고로서의 효력이 없다.[6]

3. 피선임자

(1) 변호인의 자격

변호인은 변호사 중에서 선임하여야 한다(제31조 본문). '변호사'(辯護士)란 ① 사법시험에 합격하여 사법연수원의 과정을 마친 자, ② 판사나 검사의 자격이 있는 자, ③ 변호사시험에 합격

1) 김인회, 45면; 이은모/김정환, 97면; 이재상/조균석, 130면; 이창현, 119면; 임동규, 75면; 정웅석/최창호, 297면.

2) 정승환, 327면(내연의 처라고 제외할 이유는 없다).

3) 대법원 2005. 1. 20.자 2003모429 결정.

4) 대법원 2015. 2. 26. 선고 2014도12737 판결(피고인이 상고장을 제출하고 2014. 10. 10. 대법원으로부터 소송기록 접수통지서를 송달받은 사실, 그런데 피고인의 원심 변호인은 변호인 선임서를 제출하지 않은 상태에서 2014. 10. 28. 상고이유서만을 제출한 후 상고이유서 제출기간이 지난 2014. 10. 31.에야 상고심에 관한 변호인 선임서를 제출한 사실이 인정되므로, 원심 변호인이 제출한 위 상고이유서는 권한이 있는 자가 제출한 서면이 아니어서 적법한 상고이유서가 되지 못한다. 한편 피고인은 상고이유서 제출기간 내에 상고이유서를 제출하지 않았고 상고장에도 상고이유를 적지 않았다. 따라서 이는 제380조 본문에서 정한 상고기각 사유에 해당한다); 대법원 2013. 4. 11. 선고 2012도15128 판결; 대법원 2005. 1. 20.자 2003모429 결정; 대법원 1969. 10. 4.자 69모68 결정.

5) 대법원 2014. 2. 13. 선고 2013도9605 판결(피고인의 원심 변호인이던 변호사가 상고기간 내에 그 명의의 상고장을 제출하였는데, 또 다른 원심 변호인이던 법무법인 동인은 피고인 명의의 변호인 선임서를 제출하지 아니한 채 상고이유서만을 제출하였고, 상고이유서 제출기간이 경과한 후에 비로소 피고인이 법무법인 동인과 연명날인한 변호인 선임서를 제출한 사실을 알 수 있으므로, 피고인의 상고이유서는 권한이 있는 자에 의하여 제출된 서면이 아니어서 적법한 상고이유서가 되지 못한다); 대법원 2013. 10. 14.자 2013도8165 결정.

6) 대법원 2017. 7. 27.자 2017모1377 결정; 대법원 2005. 1. 20.자 2003모429 결정.

한 자 중 어느 하나에 해당하는 자를 말하며(변호사법 제4조), 변호사로서 개업을 하려면 지방변호사회를 거쳐 대한변호사협회에 등록을 하여야 한다(변호사법 제7조 제1항 및 동조 제2항). 다만 대법원 이외의 법원은 특별한 사정이 있으면 변호사 아닌 자를 변호인으로 선임함을 허가할 수 있는데(제31조 단서), 이를 '특별변호인'(特別辯護人)이라고 한다. 하지만 법률심인 상고심에는 변호사 아닌 자를 변호인으로 선임하지 못한다(제386조).

(2) 변호인의 수와 대표변호인제도

원칙적으로 1인의 피고인·피의자가 선임할 수 있는 변호인의 수에는 제한이 없다. 다만 수인의 변호인이 있는 때에는 재판장은 피고인·피의자 또는 변호인의 신청에 의하여 대표변호인을 지정할 수 있고, 그 지정을 철회 또는 변경할 수 있다(제32조의2 제1항). 피고인·피의자 또는 변호인의 신청이 없는 때에는 재판장은 직권으로 대표변호인을 지정할 수 있고, 그 지정을 철회 또는 변경할 수 있다(제32조의2 제2항).[1] '대표변호인제도'란 기일 등의 통지나 소송서류의 송달을 간이하게 하고, 변호활동의 통일을 기하기 위하여 인정되는 제도를 말한다. 이 경우 대표변호인은 3인을 초과할 수 없다(제32조의2 제3항). 대표변호인의 지정, 지정의 철회와 변경의 신청은 그 사유를 기재한 서면으로 한다. 다만 공판기일에서는 구술로 할 수 있다(규칙 제13조의2). 대표변호인의 지정, 지정의 철회 또는 변경은 피고인 또는 피의자의 신청에 의한 때에는 검사 및 대표변호인에게, 변호인의 신청에 의하거나 직권에 의한 때에는 피고인 또는 피의자 및 검사에게 이를 통지하여야 한다(규칙 제13조의3).

대표변호인에 대한 통지 또는 서류의 송달은 변호인 전원에 대하여 효력이 있다(제32조의2 제4항). 제32조의2 제1항 내지 제4항의 규정은 피의자에게 수인의 변호인이 있는 때에 검사가 대표변호인을 지정하는 경우에 이를 준용한다(제32조의2 제5항). 이러한 대표변호인의 지정은 기소 후에도 그 효력이 있다(규칙 제13조의4). 이와 같은 대표변호인제도는 수사 및 공판절차의 지연을 방지하기 위한 것이므로 공판정에서 변호할 자격 자체를 제한하는 것은 아니다.

4. 선임의 효력

(1) 사건과의 관계

변호인의 선임은 사건을 단위로 하는 것이므로 선임의 효력은 공소사실의 동일성이 인정되는 사건의 전부에 미친다(객관적 불가분의 원칙). 따라서 공소장변경에 의하여 변경된 공소사실에도 선임의 효력은 미친다.

공소사실이 가분될 수 있는 경우에는 일부에 제한한 변호인선임도 원칙적으로 가능하다.[2]

---

1) 한편 제32조의2 제5항에서는 '제1항 내지 제4항의 규정은 피의자에게 수인의 변호인이 있는 때에 검사가 대표변호인을 지정하는 경우에 이를 준용한다.'라고 규정하고 있다. 이에 대하여 반대당사자인 검사에게 대표변호인 지정권을 부여한 것은 합리적이지 못하므로 변호인들이 결정하도록 해야 한다는 견해로는 김인회, 45면.

2) 이에 대하여 절차의 명확성과 사건의 가분 구별이 곤란하다는 점에서 조건부 변호인 선임은 타당하지 않다는 견해로는 김인회, 45면; 송광섭, 115~116면; 정승환, 329면.

그리고 하나의 사건에 관하여 한 변호인의 선임은 동일법원의 동일피고인에 대하여 병합된 다른 사건에 관하여도 그 효력이 있다. 다만 피고인 또는 변호인이 이와 다른 의사표시를 한 때에는 그러하지 아니하다(규칙 제13조).

(2) 심급과의 관계

변호인의 선임은 심급마다 변호인과 연명날인한 서면으로 제출하여야 한다(제32조 제1항). 따라서 변호인은 심급마다 선임하여야 한다. 심급의 범위는 당해 심급에서 상소에 의하여 이심(移審)의 효력이 발생할 때까지를 의미한다. 이는 원심의 변호인에게 상소권을 인정하고 있다는 점(제341조), 종국판결이 확정되거나 상소의 제기에 의하여 이심의 효과가 발생할 때까지 아직은 소송계속이 원심에 있다는 점, 종국판결시부터 이심의 효력이 발생할 때까지 변호인 없는 공백기간이 존재한다는 점 등을 논거로 하여, 당해 사건에 대한 소송계속이 발생한 때로부터 수소법원이 종국재판을 선고한 시점을 거쳐 상소에 의하여 소송계속이 상소심으로 이전될 때까지 또는 재판이 확정될 때까지를 말한다.

다만 공소제기 전의 변호인선임은 제1심에도 그 효력이 있고(제32조 제2항), 상소심이 원심판결을 파기하여 원심법원에 환송(제366조) 또는 이송(제367조)한 경우 원심법원에서의 변호인선임은 파기환송 또는 파기이송 후에도 효력이 있다(규칙 제158조). 왜냐하면 원심판결을 파기한 경우에 원심에서는 판결의 선고가 없는 상태로 돌아가 소송계속의 효과가 다시 이루어지므로 변호인선임의 효과가 유지되기 때문이다.

Ⅲ. 국선변호인의 선정

1. 선정의 법적 성질

'국선변호인'(國選辯護人)이란 피고인 또는 피의자가 사선변호인을 선임할 수 없는 경우에 있어서 변호권을 실질적으로 보장하기 위하여 국가에 의하여 선정된 변호인을 말하는데, 국선변호인의 선정은 재판장 또는 법원이 행하는 단독의 의사표시인 명령에 해당한다. 그러므로 국선변호인의 선정에 피선정자의 동의를 요구하지 않고, 법원의 고지만으로 그 효력이 발생하며, 선정된 변호인은 법원의 해임명령·선정의 취소·사임의 허가 등이 없으면 사임할 수 없다.

헌법 제12조 제4항 본문은 '누구든지 체포 또는 구속을 당한 때에는 즉시 변호인의 조력을 받을 권리를 가진다.'라고 규정하고 있는데[1], 이러한 변호인의 조력을 받을 권리는 구속 피의자·피고인뿐만 아니라 불구속 피의자·피고인에게도 당연히 인정되는 것이다.[2] 나아가 헌법은 제12조 제4항 단서에서 '다만 형사피고인이 스스로 변호인을 구할 수 없을 때에는 법률이 정하

1) 헌법재판소 2012. 8. 23. 선고 2008헌마430 결정(변호인의 조력을 받을 권리는 형사절차에서 피의자 또는 피고인의 방어권 보장을 위한 것으로서 출입국관리법상 보호 또는 강제퇴거의 절차에도 적용된다고 보기는 어렵다).

2) 헌법재판소 2004. 9. 23. 선고 2000헌마138 결정.

는 바에 의하여 국가가 변호인을 붙인다.'라고 규정함으로써 일정한 경우 형사피고인에게 국선변호인의 조력을 받을 권리가 있음을 밝히면서 이를 보장하는 것이 국가의 공적 의무임을 천명하고 있다. 그런데 이와 같이 헌법상 보장되는 '변호인의 조력을 받을 권리'는 변호인의 '충분한 조력'을 받을 권리를 의미하므로[1], 일정한 경우 피고인에게 국선변호인의 조력을 받을 권리를 보장하여야 할 국가의 의무에는 형사소송절차에서 단순히 국선변호인을 선정하여 주는 데 그치지 않고, 한 걸음 더 나아가 피고인이 국선변호인의 실질적인 조력을 받을 수 있도록 필요한 업무 감독과 절차적 조치를 취할 책무까지 포함된다.[2]

2. 국선변호인

(1) 국선변호인의 자격

국선변호인은 법원의 관할구역 안에 사무소를 둔 변호사, 그 관할구역 안에서 근무하는 「공익법무관에 관한 법률」에 의한 공익법무관(법무부와 그 소속기관 및 각급검찰청에서 근무하는 공익법무관을 제외한다) 또는 그 관할구역 안에서 수습중인 사법연수생 중에서 이를 선정한다(규칙 제14조 제1항). 이러한 변호사·공익법무관 또는 사법연수생이 없거나 기타 부득이한 때에는 인접한 법원의 관할구역 안에 사무소를 둔 변호사, 그 관할구역 안에서 근무하는 공익법무관 또는 그 관할구역 안에서 수습중인 사법연수생 중에서 이를 선정할 수 있다(규칙 제14조 제2항). 규칙 제14조 제1항 및 제2항의 변호사·공익법무관 또는 사법연수생이 없거나 기타 부득이한 때에는 법원의 관할구역 안에서 거주하는 변호사 아닌 자 중에서 이를 선정할 수 있다(규칙 제14조 제3항).[3]

한편 지방법원 또는 지원은 국선변호를 담당할 것으로 예정한 변호사·공익법무관·사법연수생 등을 일괄 등재한 국선변호인 예정자명부를 작성할 수 있다. 이 경우 국선변호 업무의 내용 및 국선변호 예정일자를 미리 지정할 수 있다. 명부가 작성된 경우 법원 또는 지방법원 판사는 특별한 사정이 없는 한 명부의 기재에 따라 국선변호인을 선정하여야 한다(규칙 제16조의2). 또한 법원은 기간을 정하여 법원의 관할구역 안에 사무소를 둔 변호사(그 관할구역 안에 사무소를 둘 예정인 변호사를 포함한다) 중에서 국선변호를 전담하는 변호사를 지정할 수 있는데(규칙 제15조의2), 이를 '국선전담변호사'라고 한다.

---

1) 대법원 2003. 11. 11.자 2003모402 결정.

2) 대법원 2012. 2. 16.자 2009모1044 전원합의체 결정(피고인과 국선변호인이 모두 법정기간 내에 항소이유서를 제출하지 아니하였다고 하더라도, 국선변호인이 항소이유서를 제출하지 아니한 데 대하여 피고인에게 귀책사유가 있음이 특별히 밝혀지지 않는 한, 항소법원은 종전 국선변호인의 선정을 취소하고 새로운 국선변호인을 선정하여 다시 소송기록접수통지를 함으로써 새로운 국선변호인으로 하여금 그 통지를 받은 때로부터 제361조의3 제1항의 기간 내에 피고인을 위하여 항소이유서를 제출하도록 하여야 한다).

3) 대법원 1974. 8. 30. 선고 74도1965 판결(제31조의 규정에 의하면 대법원 이외의 법원은 특별한 사정이 있으면 변호사 아닌 자를 변호인으로 선임함을 허가할 수 있다고 하고 있으므로 이 사건 제1심인 전주지방법원 남원지원에서 이 사건 국선변호인으로 변호사 아닌 법원사무관을 변호인으로 선임하였다고 하여 위법됨이 없다).

(2) 국선변호인의 수

국선변호인은 피고인 또는 피의자마다 1인을 선정한다. 다만 사건의 특수성에 비추어 필요하다고 인정할 때에는 1인의 피고인 또는 피의자에게 수인의 국선변호인을 선정할 수 있다. 피고인 또는 피의자 수인간에 이해가 상반되지 아니할 때에는 그 수인의 피고인 또는 피의자를 위하여 동일한 국선변호인을 선정할 수 있다(규칙 제15조).

한편 공범관계에 있지 않은 공동피고인들 사이에서도 공소사실의 기재 자체로 보아 어느 피고인에 대한 유리한 변론이 다른 피고인에 대하여는 불리한 결과를 초래하는 사건에 있어서는 공동피고인들 사이에 이해가 상반된다. 따라서 그 공동피고인들에 대하여 선정된 동일한 국선변호인이 공동피고인들을 함께 변론한 경우에는 형사소송규칙 제15조 제2항에 위반된다.[1] 그리고 그러한 공동피고인들 사이의 이해상반 여부의 판단은 모든 사정을 종합적으로 판단하여야 하는 것은 아니지만, 적어도 공동피고인들에 대하여 형을 정할 경우에 영향을 미친다고 보이는 구체적 사정을 종합하여 실질적으로 판단하여야 한다.[2]

3. 선정의 사유

(1) 피고인을 위한 선정사유

1) 필요적 변호사건에 대한 직권선정사유(필요국선)

피고인이 ① 구속된 때[3], ② 미성년자인 때, ③ 70세 이상인 때[4], ④ 농아자인 때, ⑤ 심신장애의 의심이 있는 때[5], ⑥ 사형·무기 또는 단기 3년 이상의 징역이나 금고에 해당하는 사건

---

1) 대법원 2015. 12. 23. 선고 2015도9951 판결(이해가 상반된 피고인들 중 어느 피고인이 법무법인을 변호인으로 선임하고, 법무법인이 담당변호사를 지정하였을 때, 법원이 담당변호사 중 1인 또는 수인을 다른 피고인을 위한 국선변호인으로 선정한다면, 국선변호인으로 선정된 변호사는 이해가 상반된 피고인들 모두에게 유리한 변론을 하기 어렵다. 결국 이로 인하여 다른 피고인은 국선변호인의 실질적 조력을 받을 수 없게 되고, 따라서 국선변호인 선정은 국선변호인의 조력을 받을 피고인의 권리를 침해하는 것이다); 대법원 2000. 11. 24. 선고 2000도4398 판결.

2) 대법원 2014. 12. 24. 선고 2014도13797 판결. 예를 들면 부부싸움 중 서로 상해를 가한 공동피고인에게 동일한 국선변호인을 선정한 것은 위법하다.

3) 대법원 2011. 3. 10. 선고 2010도17353 판결(제33조 제1항 제1호 소정의 '피고인이 구속된 때'라고 함은 피고인이 당해 형사사건에서 이미 구속되어 재판을 받고 있는 경우를 의미하는 것이므로, 불구속 피고인에 대하여 판결을 선고한 다음 법정구속을 하더라도 구속되기 이전까지는 위 규정이 적용된다고 볼 수 없다); 대법원 2009. 5. 28. 선고 2009도579 판결(제33조 제1항 제1호의 '피고인이 구속된 때'라고 함은, 원래 구속제도가 형사소송의 진행과 형벌의 집행을 확보하기 위하여 법이 정한 요건과 절차 아래 피고인의 신병을 확보하는 제도라는 점 등에 비추어 볼 때 피고인이 당해 형사사건에서 구속되어 재판을 받고 있는 경우를 의미하고, 피고인이 별건으로 구속되어 있거나 다른 형사사건에서 유죄로 확정되어 수형중인 경우는 이에 해당하지 아니한다).

4) 대법원 2006. 1. 13. 선고 2005도5925 판결; 대법원 2005. 5. 26. 선고 2004도1925 판결; 대법원 2002. 10. 25. 선고 2002도4724 판결.

5) 대법원 2019. 9. 26. 선고 2019도8531 판결(법원이 국선변호인을 반드시 선정해야 하는 사유로 형사소송법 제33조 제1항 제5호에서 정한 '피고인이 심신장애의 의심이 있는 때'라 함은 진단서나 정신감정 등 객관적인 자료에 의하여 피고인의 심신장애 상태를 확신할 수 있거나 그러한 상태로 추단할 수 있는 근거가 있는 경우는 물론 범행의 경위, 범행의 내용과 방법, 범행 전후 과정에서 보인 행동 등과 아울러 피고인의 연령·지능·교육 정도 등 소송기록과 소명자료에 드러난 제반 사정에 비추어 피고인의 의식상태나 사물에 대한 변별능력, 행위통제능력

으로 기소된 때[1] 가운데 어느 하나에 해당하는 경우에 변호인이 없는 때에는 법원은 직권으로 변호인을 선정하여야 한다(제33조 제1항). 제33조 제1항 각 호의 어느 하나에 해당하는 사건 및 제33조 제2항·제3항의 규정에 따라 변호인이 선정된 사건에 관하여는 변호인 없이 개정하지 못한다(제282조 본문).[2] 이 경우 변호인이 출석하지 아니한 때에는 법원은 직권으로 변호인을 선정하여야 한다(제283조).[3] 다만 판결만을 선고할 경우에는 예외로 한다(제282조 단서).

한편 비록 필요적 변호사건이라고 하더라도 피고인 및 변호인의 의견진술을 듣는 것 이외의 모든 절차가 종료된 상태에서 피고인이 재판절차의 진행을 저해할 의도로 허가 없이 퇴정하고 변호인들이 이에 동조하는 취지에서 재판장의 여러 차례에 걸친 의견진술촉구에도 불구하고 의견을 진술하지 아니한 채 퇴정한 경우에는 변호인이 그 소송절차상 가지고 있는 재정의 이익이 포기 또는 상실되었다고 볼 수밖에 없는 것으로서 제330조의 규정에 의하여 피고인의 진술 없이 판결할 수 있는 것과 마찬가지로 변호인의 진술 없이 소송절차를 진행하여 판결을 선고한 것은 위법하지 아니하다.[4]

2) 피고인의 청구에 의한 필요적 선정사유(청구국선)

법원은 피고인이 빈곤 그 밖의 사유로 변호인을 선임할 수 없는 경우에 피고인의 청구가 있는 때에는 변호인을 선정하여야 한다(제33조 제2항). 피고인이 국선변호인 선정신청을 하였음에도 불구하고 법원이 피고인의 신청에 대하여 결정을 하지 않는 것은 위법하다.[5] 국선변호인

이 결여되거나 저하된 상태로 의심되어 피고인이 공판심리단계에서 효과적으로 방어권을 행사하지 못할 우려가 있다고 인정되는 경우를 포함한다. … 항소심에서의 국선변호인 선정과 관련하여 대법원은, 제1심에서 피고인의 청구 또는 직권으로 국선변호인이 선정되어 공판이 진행된 경우 항소법원은 특별한 사정변경이 없는 한 국선변호인을 선정하는 것이 바람직하고, 특히 이 사건과 같이 제1심법원이 피고인에 대하여 벌금형을 선고하였으나 검사만이 양형부당으로 항소한 사안에서 항소법원이 변호인이 선임되지 않은 피고인에 대하여 검사의 양형부당 항소를 받아들여 형을 선고하는 경우에는 판결 선고 후 피고인을 법정구속한 뒤에 비로소 국선변호인을 선정하는 것보다는 공판심리단계에서부터 국선변호인의 선정을 적극적으로 고려하여야 한다는 점을 누차 강조해 왔다. 따라서 제282조, 제33조 제1항 제5호에서 정한 필요적 변호 사건에 해당한다고 볼 여지가 충분할 뿐만 아니라, 제33조 제3항에 따라 피고인의 명시적인 의사에 반하지 아니하는 범위 안에서 피고인의 권리 보호를 위해 직권으로 국선변호인을 선정하여야 할 필요성도 있는 이 사건에서, 변호인이 선임되지 않은 피고인에 대하여 국선변호인을 선정하지 아니한 채 공판절차를 진행한 원심의 조치는 그 소송절차가 형사소송법에 어긋나 위법하고, 위와 같이 위법한 공판절차에서 이루어진 소송행위는 무효로 보아야 한다).

1) 필요적 변호사건에 해당하는지의 여부는 법정형을 기준으로 결정하며, 유기징역 또는 유기금고의 단기가 3년을 하회하더라도 사형, 무기징역 또는 무기금고가 함께 규정되어 있으면 필요적 변호사건에 해당한다.

2) 대법원 2011. 9. 8. 선고 2011도6325 판결; 대법원 2002. 9. 24. 선고 2002도2544 판결; 대법원 2002. 6. 14. 선고 2002도1639 판결; 대법원 1995. 4. 25. 선고 94도2347 판결(제282조에 규정된 필요적 변호사건에 해당하는 사건에서 제1심의 공판절차가 변호인 없이 이루어져 증거조사와 피고인신문 등 심리가 이루어졌다면, 그와 같은 위법한 공판절차에서 이루어진 증거조사와 피고인신문 등 일체의 소송행위는 모두 무효이므로, 이러한 경우 항소심으로서는 변호인이 있는 상태에서 소송행위를 새로이 한 후 위법한 제1심판결을 파기하고, 항소심에서의 증거조사 및 진술 등 심리 결과에 기하여 다시 판결하여야 한다).

3) 대법원 1997. 2. 14. 선고 96도3059 판결(즉결심판을 받은 피고인이 정식재판청구를 함으로써 공판절차가 개시된 경우에는 통상의 공판절차와 마찬가지로 국선변호인의 선정에 관한 제283조의 규정이 적용된다).

4) 대법원 1991. 6. 28. 선고 91도865 판결; 대법원 1990. 6. 12. 선고 90도672 판결.

5) 대법원 1995. 2. 28. 선고 94도2880 판결.

이 선정된 사건에 관하여는 변호인 없이 개정하지 못하며(제282조 본문), 이러한 규정은 항소의 심판에 준용된다(제370조). 그리고 피고인이 제33조 제2항의 규정에 의하여 국선변호인 선정청구를 한 경우 법원은 지체 없이 국선변호인을 선정하도록 하고 있고(규칙 제17조 제3항)[1], 제33조 제2항에 의하여 국선변호인 선정을 청구하는 경우 피고인은 소명자료를 제출하여야 하지만, 기록에 의하여 그 사유가 소명되었다고 인정될 때에는 그러하지 아니하다(규칙 제17조의2).

한편 「국선변호에 관한 예규」 제8조 제1항에 의하면, 항소법원 및 상고법원은 피고인으로부터 제33조 제2항에 의한 국선변호인 선정청구가 있는 경우 즉시 국선변호인을 선정하고, 원심에서 피고인의 청구 또는 직권으로 국선변호인이 선정되어 공판이 진행된 경우에는 특별한 사정변경이 없는 한 국선변호인을 선정하도록 하고 있다.[2] 이와 같이 피고인이 빈곤 기타 사유로 변호인을 선임할 수 없는 때에 국선변호인을 선정하는 것은 피고인의 청구가 있는 경우에 한한다.[3] 법원으로서는 피고인에게 제33조 제2항에 기한 국선변호인 선정청구를 할 수 있음을 고지하여야 할 의무가 있는 것은 아니며[4], 국선변호인 선정청구를 기각한 결정은 판결전의 소송절차이므로 그 결정에 대하여 즉시항고를 할 수 있는 근거가 없는 이상 그 결정에 대하여는 항고도 할 수 없다는 것[5]이 판례의 입장이다. 그러나 형사소송규칙 제17조 제1항은 이에 대한

1) 대법원 2011. 3. 24. 선고 2010도18103 판결(피고인은 원심 제1회 공판기일이 개시되기 전인 2010. 9. 10. 원심법원에 대하여 자신이 지체(척추)4급 장애인으로서 국민기초생활수급자에 해당한다는 소명자료를 첨부하여 서면으로 제33조 제2항에 정한 빈곤을 사유로 한 국선변호인 선정청구를 한 사실, 그런데 원심은 2010. 9. 13. 피고인의 위 국선변호인 선정청구를 기각하는 결정을 하여 2010. 9. 17. 위 결정 정본이 피고인에게 송달된 사실, 그 후 원심은 피고인만 출석한 상태에서 심리를 진행한 끝에 원심판결을 선고한 사실을 인정할 수 있다. 그러나 위와 같이 피고인이 국선변호인 선정청구를 하면서 제출한 국민기초생활수급자 증명서 등의 소명자료에 의하면 피고인이 빈곤으로 인하여 변호인을 선임할 수 없는 경우에 해당하는 것으로 인정할 만한 여지가 충분하고 기록상 이와 달리 판단할 만한 사정을 찾아볼 수 없다).

2) 대법원 2013. 7. 11. 선고 2012도16334 판결(피고인은 항소이유서 제출기간 내에 서면으로 제33조 제2항에서 정한 빈곤을 사유로 한 국선변호인 선정청구를 하였고, 기록상 제1심의 국선변호인 선정결정과 달리 원심에서 피고인의 국선변호인 선정청구를 배척할 특별한 사정변경이 있다고 볼 만한 자료를 찾아볼 수 없을 뿐만 아니라 오히려 피고인의 경우는 빈곤 그 밖의 사유로 변호인을 선임할 수 없는 경우에 해당한다고 인정할 여지가 충분하다. 따라서 원심으로서는 특별한 사정이 없는 한 지체 없이 국선변호인 선정결정을 하여 선정된 변호인으로 하여금 공판심리에 참여하도록 하였어야 할 것임에도 국선변호인 선정청구에 대하여 아무런 결정도 하지 아니한 채 변호인 없이 피고인만 출석한 상태에서 공판기일을 진행하여 실질적 변론과 심리를 모두 마치고 난 뒤에야 국선변호인 선정청구를 기각하는 결정을 고지한 뒤 피고인의 항소를 기각하는 판결을 선고하였으니, 이러한 원심의 조치에는 국선변호인 선정에 관한 형사소송법의 규정을 위반함으로써 피고인이 국선변호인의 조력을 받지 못하고 효과적인 방어권을 행사하지 못한 결과를 가져오게 하여 판결에 영향을 미친 잘못이 있다); 대법원 2013. 7. 11. 선고 2013도351 판결(법원은 피고인으로부터 제33조 제2항에 의한 국선변호인 선정청구가 있는 경우 또는 직권으로 소송기록과 소명자료를 검토하여 피고인이 제33조 제2항 또는 제3항에 해당한다고 인정되는 경우 즉시 국선변호인을 선정하고, 소송기록에 나타난 자료만으로 그 해당 여부가 불분명한 경우에는 제1회 공판기일의 심리에 의하여 국선변호인의 선정 여부를 결정할 것이며, 제1심에서 피고인의 청구 또는 직권으로 국선변호인이 선정되어 공판이 진행된 경우에는 항소법원은 특별한 사정변경이 없는 한 국선변호인을 선정함이 바람직하다).

3) 대법원 1983. 10. 11. 선고 83도2117 판결(빈곤 기타 사유로 변호인을 선임할 수 없을 때 국선변호인을 선정하는 것은 피고인의 청구가 있는 경우에 한하는 것인바, 피고인이 원심변론종결시까지 국선변호인 선정을 청구한 일이 없다면 국선변호인을 선정함이 없이 진행한 공판절차는 위법이라고 할 수 없다).

4) 대법원 1994. 10. 25. 선고 94도1467 판결.

5) 대법원 1993. 12. 3.자 92모49 결정; 대법원 1986. 9. 5.자 86모40 결정.

고지의무를 규정하고 있고, 형사소송규칙 제141조는 법원의 석명의무를 규정하고 있으므로 법원에 의한 청구권의 고지가 없었기 때문에 청구되지 않은 상태에서 심판한 것은 위법하다고 보는 것이 타당하다.

기록을 송부받은 항소법원은 항소이유서 제출기간이 도과하기 전에 이루어진 제33조 제2항의 국선변호인 선정청구에 따라 변호인을 선정한 경우 그 변호인에게 소송기록 접수통지를 하여야 하기 때문에(규칙 제156조의2 제2항), 항소법원이 그와 같이 선정된 국선변호인에게 소송기록 접수통지를 하지 아니한 채 판결을 선고하는 것은 위법하다.[1] 항소법원이 피고인의 국선변호인 선정청구를 기각한 경우에는 피고인이 국선변호인 선정청구를 한 날부터 선정청구기각결정 등본을 송달받은 날까지의 기간을 제361조의3 제1항이 정한 항소이유서 제출기간에 산입하지 아니한다(규칙 제156조의2 제4항).

3) 피고인의 권리보호를 위한 상대적 직권선정사유(재량국선)

법원은 피고인의 연령·지능 및 교육 정도 등을 참작하여 권리보호를 위하여 필요하다고 인정하는 때[2]에는 피고인의 명시적 의사에 반하지 아니하는 범위 안에서 변호인을 선정하여야 한다(제33조 제3항).[3] 헌법상 변호인의 조력을 받을 권리 및 형사소송법상 국선변호인 제도의 취지와 점자자료로 작성된 소송계속 중의 관계 서류 등의 제공이 이루어지지 아니하는 현행 형사소송실무 등에 비추어 국선변호인을 선정하여 방어권을 보장해 줄 필요가 있다.[4]

---

1) 대법원 2011. 2. 10. 선고 2008도4558 판결(피고인이 제1심판결에 대하여 검사와 함께 항소를 제기하면서 항소이유서를 제출하지 않은 채 항소이유서 제출기간 내에 항소법원에 가정형편을 이유로 제33조 제2항의 국선변호인 선정을 청구하였는데, 항소법원이 그로부터 3개월여가 지나서야 국선변호인을 선정하면서 그에게 따로 소송기록 접수통지를 하지 아니한 채 변론을 종결한 다음 곧바로 항소이유서 미제출을 이유로 피고인의 항소를 기각하는 결정을 하고, 선고기일에는 검사의 항소이유를 받아들여 제1심판결을 파기하고 새로운 형을 선고한 것은 위법하다).

2) 대법원 2016. 11. 10. 선고 2016도7622 판결(피고인에 대하여 제1심 법원이 집행유예를 선고하였으나 검사만이 양형부당을 이유로 항소한 사안에서 항소심이 변호인이 선임되지 않은 피고인에 대하여 검사의 양형부당 항소를 받아들여 형을 선고하는 경우에는 판결 선고 후 피고인을 법정구속한 뒤에 비로소 국선변호인을 선정하는 것보다는, 피고인의 권리보호를 위해 판결 선고 전 공판심리 단계에서부터 제33조 제3항에 따라 피고인의 명시적 의사에 반하지 아니하는 범위 안에서 국선변호인을 선정해 주는 것이 바람직하다).

3) 대법원 2010. 6. 10. 선고 2010도4629 판결(피고인은 3급 청각장애인으로서 공판기일에서의 구술로 진행되는 변론과정이나 증거서류의 낭독 등 증거조사과정에서 방어권을 행사함에 있어 상당한 곤란을 겪는 정도인 사실, 피고인은 2010. 2. 11. 청각장애로 인해 제1심 재판장의 질문을 제대로 듣지 못한 상태에서 대충 답변을 하였다는 취지가 담긴 항소이유서와 국선변호인 선정청구서를 함께 제출하면서 장애인증명서를 이에 첨부한 사실, 그럼에도 원심은 피고인의 연령·지능·교육 정도를 비롯한 청각장애의 정도 등을 확인하여 그 권리보호를 위한 필요성이 인정되는지 여부를 심리하지 아니한 채 그 다음날인 2010. 2. 12. 피고인의 국선변호인 선정청구를 기각하는 결정을 한 다음 이후 공판심리과정에서도 변호인 없이 공판기일을 진행한 사실을 알 수 있는바, 그렇다면 이러한 원심판결에는 제33조 제3항에 관한 법리를 오해한 나머지 피고인의 방어권을 보장하기 위하여 국선변호인 선정이 필요한 경우인지 여부에 대하여 필요한 심리를 다하지 아니함으로써 판결에 영향을 미친 위법이 있다).

4) 대법원 2010. 4. 29. 선고 2010도881 판결(피고인은 2급 시각장애인으로서 점자자료가 아닌 경우에는 인쇄물 정보접근에 상당한 곤란을 겪는 수준인 사실을 알 수 있는바, 그렇다면 법원으로서는 제33조 제3항의 규정을 준용하여 피고인의 연령·지능·교육 정도를 비롯한 시각장애의 정도 등을 확인한 다음 그 권리보호를 위한 필요성이 인정되는 때에는 형사소송규칙 제17조에 따라 법원에 대하여 국선변호인의 선정을 희망하지 아니한다는 의사를 표시할 수 있다는 취지를 고지하고, 피고인의 명시적 의사에 반하지 아니하는 범위 안에서 국선변호인을 선정하

한편 제33조 제1항 및 제3항에서 법원이 직권으로 변호인을 선정하여야 하는 경우를 규정하면서, 제1항 각 호에 해당하는 경우에 변호인이 없는 때에는 의무적으로 변호인을 선정하도록 규정한 반면, 제3항에서는 피고인의 연령·지능 및 교육 정도 등을 참작하여 권리보호를 위하여 필요하다고 인정하는 때에 한하여 재량으로 피고인의 명시적 의사에 반하지 아니하는 범위 안에서 변호인을 선정하도록 정하고 있다.[1] 그러므로 제33조 제1항 각 호에 해당하는 경우가 아닌 한 법원으로서는 권리보호를 위하여 필요하다고 인정하지 않으면 국선변호인을 선정하지 아니할 수 있을 뿐만 아니라 국선변호인의 선정 없이 공판심리를 하더라도 피고인의 방어권이 침해되어 판결에 영향을 미쳤다고 인정되지 않는 경우에는 제33조 제3항을 위반한 위법이 있다고 볼 수 없다.[2]

4) 치료감호청구사건

치료감호의 청구가 있는 사건 중 일정한 사건은 변호인 없이 개정할 수 없는 필요적 변호사건이므로, 피치료감호청구인에게 변호인이 없거나 변호인이 출석하지 않을 때에는 국선변호인을 선정하여야 한다(치료감호법 제15조 제2항).

5) 재심사건

재심개시의 결정이 확정한 사건에 있어서 ① 사망자 또는 회복할 수 없는 심신장애자를 위하여 재심의 청구가 있는 때, ② 유죄의 선고를 받은 자가 재심의 판결 전에 사망하거나 회복할 수 없는 심신장애자로 된 때에 재심을 청구한 자가 변호인을 선임하지 아니한 때에는 재판장은 직권으로 변호인을 선임하여야 한다(제438조 제4항). 이 경우에는 피고인이 출정하지 아니하여도 심판을 할 수 있다. 다만 변호인이 출정하지 아니하면 개정하지 못한다(제438조 제3항). 한편 공판절차가 아닌 재심개시결정 전의 절차에서 재심청구인이 국선변호인선임청구를 할 수는 없으므로, 재심청구인의 국선변호인 선임청구를 기각한 조치는 타당하다.[3]

6) 군사법원법이 적용되는 사건

군사법원법이 적용되는 사건에 대해서 피고인에게 변호인이 없는 경우에는 군사법원은 직권으로 변호인을 선정하여야 한다(군사법원법 제62조 제1항). 이에 따라 선정하는 변호인은 변호사

는 절차를 취했어야 할 것이다). 同旨 대법원 2014. 8. 28. 선고 2014도4496 판결.

1) 제33조 제1항의 사유가 있는 경우에는 언제나 필요적 변호사건이지만, 제33조 제2항 및 동조 제3항의 사유가 있는 경우에는 국선변호인이 선정되어야만 필요적 변호사건이라는 점에서 국선변호인의 개념과 필요적 변호의 개념은 구별할 실익이 있다.

2) 대법원 2016. 8. 30. 선고 2016도7672 판결; 대법원 2013. 5. 9. 선고 2013도1886 판결(필요적 국선사건이 아님에도 제1심이 국선변호인을 선정하여 준 후 피고인에게 징역 1년의 형을 선고하면서 법정구속을 하지 않았는데, 피고인이 항소장만을 제출한 다음 국선변호인 선정청구를 하지 않은 채 법정기간 내에 항소이유서를 제출하지 아니하자 원심이 피고인의 항소를 기각한 사안에서, 피고인의 권리보호를 위하여 법원이 재량으로 국선변호인 선정을 해 줄 필요는 없다고 보아 국선변호인 선정 없이 공판심리를 진행한 원심의 판단과 조치 및 절차는 정당하고, 피고인이 피해자들과의 합의를 전제로 감형만을 구하였던 이상 원심이 국선변호인을 선정하여 주지 않은 것이 피고인의 방어권을 침해하여 판결에 영향을 미쳤다고 보기도 어렵다).

3) 대법원 1993. 12. 3.자 92모49 결정.

나 변호사 자격이 있는 장교 또는 군법무관시보로서 해당 사건에 관여하지 아니한 사람 중에서 선정하여야 한다. 다만 보통군사법원은 변호사 또는 변호사 자격이 있는 장교를 변호인으로 선정하기 어려울 때에는 법에 관한 소양이 있는 장교를 변호인으로 선정할 수 있다(군사법원법 제62조 제2항).

7) 공판준비기일이 지정된 사건

법원은 공판준비기일이 지정된 사건에 관하여 변호인이 없는 때에는 직권으로 변호인을 선정하여야 한다(제266조의8 제4항).

8) 국민참여재판사건

국민참여재판에 관하여 변호인이 없는 때에는 법원은 직권으로 변호인을 선정하지 않으면 안 된다(국민참여재판법 제7조). 이는 사건의 중대성 및 절차의 복잡성을 고려함과 동시에 배심원의 이해를 돕기 위한 조치이다.

9) 위치추적 전자장치 부착명령 청구사건

부착명령 청구사건에 관하여는 형사소송법 제282조 및 제283조를 준용한다(전자장치부착법 제11조).

10) 특정범죄사건에 대한 증인신문 등의 경우

재판장 또는 판사는 직권으로 또는 제5항(증인으로 소환된 범죄신고자등이나 그 친족등이 보복을 당할 우려가 있는 경우에는 검사, 범죄신고자등 또는 그 법정대리인은 법원에 피고인이나 방청인을 퇴정시키거나 공개법정 외의 장소에서 증인신문을 할 것을 신청할 수 있다)에 따른 신청이 상당한 이유가 있다고 인정할 때에는 피고인이나 방청인을 퇴정시키거나 공개법정 외의 장소에서 증인신문 등을 할 수 있는데, 이 경우 변호인이 없을 때에는 국선변호인을 선임하여야 한다(「특정범죄신고자 등 보호법」 제11조 제6항).

(2) 피의자를 위한 선정사유

1) 구속영장실질심사를 받는 경우

피의자가 구속영장실질심사를 받는 경우에 심문할 피의자에게 변호인이 없는 때에는 지방법원 판사는 직권으로 변호인을 선정하여야 한다. 이 경우 변호인의 선정은 피의자에 대한 구속영장 청구가 기각되어 효력이 소멸한 경우를 제외하고는 제1심까지 효력이 있다(제201조의2 제8항). 법원은 변호인의 사정이나 그 밖의 사유로 변호인 선정결정이 취소되어 변호인이 없게 된 때에는 직권으로 변호인을 다시 선정할 수 있다(제201조의2 제9항).

2) 체포·구속적부심사를 청구한 경우

체포·구속적부심사를 청구한 피의자에게 변호인이 없는 때에는 제33조의 규정을 준용한다(제214조의2 제10항). 그러나 구속적부심사의 경우에는 이미 그 이전 단계인 구속영장실질심사를 받을 때 국선변호인이 선정되기 때문에, 동조는 체포된 피의자가 체포적부심사를 청구한 경우에 그 의미를 가진다. 다만 피의자가 도망하거나 심문을 거부하는 등의 사유로 심문할 수 없어서 피의자를 심문하지 않고 구속하는 경우, 구속 후 변호인이 사임한 경우 등에 있어서는 구속적부심사의 경우에도 의미가 있을 수 있다.

(3) 피해자를 위한 선정사유

성폭력범죄의 피해자 및 그 법정대리인은 형사절차상 입을 수 있는 피해를 방어하고 법률적 조력을 보장하기 위하여 변호사를 선임할 수 있는데(성폭력특례법 제27조 제1항), 검사는 피해자에게 변호사가 없는 경우 국선변호사를 선정하여 형사절차에서 피해자의 권익을 보호할 수 있으며(성폭력특례법 제27조 제6항), 피해자의 변호사는 형사절차에서 피해자 등의 대리가 허용될 수 있는 모든 소송행위에 대한 포괄적인 대리권을 가진다(성폭력특례법 제27조 제5항).[1] 또한 검사는 아동·청소년대상 성범죄의 피해자가 형사절차상 입을 수 있는 피해를 방어하고 법률적 조력을 보장하기 위하여 피해자에게 변호사가 없는 경우 국선변호사를 선정할 수 있으며(청소년성보호법 제30조 제2항), 아동학대범죄사건의 피해아동에 대한 국선변호사를 선정에 관하여도 성폭력특례법 제27조를 준용한다(아동학대특례법 제16조).

4. 선정의 절차

(1) 선정의 고지

1) 구속 전 피의자심문과 체포·구속적부심사의 경우

법원 또는 지방법원 판사는 구속 전 피의자심문(구속영장실질심사)에 따라 심문할 피의자에게 변호인이 없거나 체포·구속적부심사가 청구된 피의자에게 변호인이 없는 때에는 지체 없이 국선변호인을 선정하고, 피의자와 변호인에게 그 뜻을 고지하여야 한다(규칙 제16조 제1항). 이 경우 국선변호인에게 피의사실의 요지 및 피의자의 연락처 등을 함께 고지할 수 있다(규칙 제16조 제2항). 선정의 고지는 서면 이외에 구술·전화·모사전송·전자우편·휴대전화 문자전송 그 밖에 적당한 방법으로 할 수 있다(규칙 제16조 제3항). 구속영장이 청구된 후 또는 체포·구속의 적부심사를 청구한 후에 변호인이 없게 된 때에도 같다(규칙 제16조 제4항).

2) 공소제기의 경우

재판장은 공소제기가 있는 때에는 변호인 없는 피고인에게 ① 제33조 제1항 제1호 내지 제6호의 어느 하나에 해당하는 때에는 변호인 없이 개정할 수 없는 취지와 피고인 스스로 변호인을 선임하지 아니할 경우에는 법원이 국선변호인을 선정하게 된다는 취지, ② 제33조 제2항에 해당하는 때에는 법원에 대하여 국선변호인의 선정을 청구할 수 있다는 취지, ③ 제33조 제3항에 해당하는 때에는 법원에 대하여 국선변호인의 선정을 희망하지 아니한다는 의사를 표시할 수 있다는 취지를 고지한다(규칙 제17조 제1항). 이 경우의 고지는 서면으로 하여야 한다(규칙 제17

1) 대법원 2019. 12. 13. 선고 2019도10678 판결(피해자의 변호사는 피해자를 대리하여 피고인에 대한 처벌을 희망하는 의사표시를 철회하거나 처벌을 희망하지 않는 의사표시를 할 수 있다).

조 제2항). 법원은 이와 같은 고지를 받은 피고인이 변호인을 선임하지 아니한 때 및 제33조 제2항의 규정에 의하여 국선변호인 선정청구가 있거나 제33조 제3항에 의하여 국선변호인을 선정하여야 할 때에는 지체 없이 국선변호인을 선정하고, 피고인 및 변호인에게 그 뜻을 고지하여야 한다(규칙 제17조 제3항). 공소제기가 있은 후 변호인이 없게 된 때에도 규칙 제17조 제1항 내지 제3항의 규정을 준용한다(규칙 제17조 제4항).

(2) 국선변호인의 선정

국선변호인의 선정은 법원의 직권에 의하지만, 제33조 제2항에 해당하는 피고인이 국선변호인의 선정을 청구하였을 때에는 법원은 그 소명자료를 검토하여 선정 여부를 결정하여야 한다. 그러므로 이러한 경우 법원이 아무런 결정을 하지 않은 것은 위법하다.[1] 다만 피고인이 선정청구를 하였으나 국선변호인을 선정할 수 없는 사유에 대하여서는 아무런 소명을 하지 않고 있고, 달리 피고인이 빈곤하여 국선변호인을 선임할 수 없었다고 인정할 만한 자료도 없다면 결국 피고인의 국선변호인 선정청구는 이유가 없으므로 법원이 아무런 결정을 하지 않은 위법은 판결 결과에는 영향이 없다. 또한 국선변호인 선정청구를 기각한 결정은 판결 전의 소송절차이므로 그 결정에 대하여는 항고를 할 수 없다.[2]

법원은 가급적 신속히 국선변호인을 선정하여 국선변호인이 변론준비를 위한 시간적 여유를 갖도록 하여야 한다. 다만 형사소송규칙 제16조 제1항 또는 형사소송법 제283조의 규정에 의하여 국선변호인을 선정할 경우에 이미 선임된 변호인 또는 선정된 국선변호인이 출석하지 아니하거나 퇴정한 경우에 부득이 한 때에는 피고인 또는 피의자의 의견을 들어 재정 중인 변호사 등 형사소송규칙 제14조에 규정된 사람을 국선변호인으로 선정할 수 있다. 이 경우에는 이미 선정되었던 국선변호인에 대하여 그 선정을 취소할 수 있다. 국선변호인이 공판기일 또는 피의자 심문기일에 출석할 수 없는 사유가 발생한 때에는 지체 없이 법원 또는 지방법원 판사에게 그 사유를 소명하여 통지하여야 한다(규칙 제19조). 제282조의 필요적 변호사건에 있어서 선임된 사선변호인에 대한 기일통지를 하지 아니함으로써 사선변호인의 출석 없이 제1회 공판기일을 진행하였더라도 그 공판기일에 국선변호인이 출석하였다면 변호인 없이 재판한 잘못이 있다고 할 수 없고, 또한 사선변호인이 제2회 공판기일부터는 계속 출석하여 변호권을 행사하였다면 사선변호인으로부터의 변호를 받을 기회를 박탈하였다거나 사선변호인의 변호권을 제한하였다고 할 수 없다.[3]

한편 법원은 체포·구속적부심사의 청구가 청구권자 아닌 자가 청구하거나 동일한 체포영장 또는 구속영장의 발부에 대하여 재청구한 때, 공범 또는 공동피의자의 순차청구가 수사방해의 목적임이 명백한 때 가운데 어느 하나에 해당하는 때에는 심문 없이 결정으로 청구를 기각

1) 대법원 1995. 2. 28. 선고 94도2880 판결.

2) 대법원 1993. 12. 3.자 92모49 결정; 대법원 1986. 9. 5.자 86모40 결정.

3) 대법원 1990. 9. 25. 선고 90도1571 판결.

할 수 있는데(제214조의2 제3항), 이러한 경우에도 국선변호인을 선정해야 한다.

5. 선정의 취소 및 사임

(1) 선정의 취소

법원 또는 지방법원 판사는 ① 피고인 또는 피의자에게 변호인이 선임된 때, ② 국선변호인이 형사소송규칙 제14조 제1항 및 제2항에 규정한 자격을 상실한 때, ③ 법원 또는 지방법원 판사가 국선변호인의 사임을 허가한 때 중 어느 하나에 해당하는 때에는 국선변호인의 선정을 취소하여야 한다(규칙 제18조 제1항). 그 밖에도 ① 국선변호인이 그 직무를 성실하게 수행하지 아니하는 때, ② 피고인 또는 피의자의 국선변호인 변경 신청이 상당하다고 인정하는 때, ③ 그 밖에 국선변호인의 선정결정을 취소할 상당한 이유가 있는 때 중 어느 하나에 해당하는 때에는 국선변호인의 선정을 취소할 수 있다(규칙 제18조 제2항).[1] 법원이 국선변호인의 선정을 취소한 때에는 지체 없이 그 뜻을 해당되는 국선변호인과 피고인 또는 피의자에게 통지하여야 한다(규칙 제18조 제3항). 한편 법원은 국선변호인이 그 임무를 해태하여 국선변호인으로서의 불성실한 사적이 현저하다고 인정할 때에는 그 사유를 대한변호사협회장 또는 소속 지방변호사회장에게 통고할 수 있다(규칙 제21조).

(2) 사 임

국선변호인은 ① 질병 또는 장기여행으로 인하여 국선변호인의 직무를 수행하기 곤란할 때, ② 피고인 또는 피의자로부터 폭행·협박 또는 모욕을 당하여 신뢰관계를 지속할 수 없을 때, ③ 피고인 또는 피의자로부터 부정한 행위를 할 것을 종용받았을 때, ④ 그 밖에 국선변호인으로서의 직무를 수행하는 것이 어렵다고 인정할 만한 상당한 사유가 있을 때 중 어느 하나에 해당하는 경우에는 법원 또는 지방법원 판사의 허가를 얻어 사임할 수 있다(규칙 제20조). 이러한 사유가 있으면 법원은 사임을 허가하고 국선변호인의 선정을 취소하여야 한다(규칙 제18조 제1항).

6. 국선변호인의 보수

국선변호인에게 지급할 일당, 여비 및 숙박료의 금액과 기준, 보수의 기준 및 금액은 대법원규칙으로 정하는 범위에서 법원이 정한다(「형사소송비용 등에 관한 법률」 제8조 제1항 및 동조 제2항). 국선변호인에게 지급하는 일당, 여비 및 숙박료는 국선변호인이 기일에 출석하거나 조사 또는 처분에 참여한 경우에만 지급한다(동법 제10조). 국선변호인의 보수는 매년 예산의 범위 안에서 대법관회의에서 정하며 그 보수는 심급별로 지급하되, 체포 또는 구속적부심에 있어서는 심급

1) 대법원 1997. 7. 22. 선고 97도1356 판결(형사소송규칙 제18조 제2항의 규정에 따르면 법원은 국선변호인이 그 직무를 성실히 수행하지 아니하거나 기타 상당한 이유가 있는 때에는 국선변호인의 선정을 취소할 수 있으나, 이는 임의적인 규정으로서 설령 법원이 그와 같은 권한을 적절하게 행사하지 아니하였다고 하더라도 그 사실만으로 바로 판결 결과에 영향을 미치는 위법이 있다고 할 수는 없다).

에 관계없이 별도로 지급하는데, 이러한 보수는 사안의 난이·국선변호인이 수행한 직무의 내용·사건처리에 소요된 시간 등을 참작하여 예산의 범위 안에서 당해 재판장이 이를 증액할 수 있다.[1] 한편 공익법무관 또는 사법연수생인 국선변호인에 대하여는 보수를 지급하지 아니한다. 다만 피고인 또는 피의자의 접견을 위한 비용 기타 재판장이 인정하는 실비를 변상할 수 있다(「형사소송비용 등에 관한 규칙」 제6조).

Ⅳ. 변호인의 소송법상 지위

1. 보호자적 지위: 보호의무 도출

(1) 보호자로서의 변호활동

변호인은 피고인 또는 피의자를 위하여 전문적인 법률지식을 제공하여 그들에게 부여된 정당한 이익을 보호하는 지위에 있다. 그리하여 변호인은 피고인·피의자의 이익을 위하여 접견교통하고, 유리한 증거를 수집·제출할 의무와 유리한 사실을 변론할 의무가 있지만, 불리한 증거의 수집·제출할 의무와 불리한 사실을 변론할 의무는 없다. 특히 변호인이 고소인이나 피해자를 직접 만나 합의나 고소의 취소를 유도하는 것도 정당한 변호활동에 속한다.

(2) 변호권 행사의 독립성

변호인은 원칙적으로 독립하여 소송행위를 할 수 있다. 다만 법률에 다른 규정이 있는 때에는 예외로 한다(제36조). 특히 피고인의 의사에 반해서도 그에게 유리한 입증이나 사실상의 주장 등의 소송행위를 할 수 있다.

(3) 비밀유지의무

보호의무로부터 변호인은 피고인 또는 피의자에 대해 비밀유지의무도 함께 부담하고 있다. 따라서 변호인이 직무상 알게 된 비밀을 함부로 누설해서는 안 되며, 만약 이를 위반할 경우에는 업무상 비밀누설죄(형법 제317조)로 처벌될 수 있고, 변호사법 제26조(비밀유지의무위반) 및 동법 제91조 제2항 제1호에 근거한 징계[2]도 받을 수 있다.

2. 공익적 지위: 진실의무 도출

변호인에게는 진실의무가 주어져 있다. 여기서 '진실의무'(眞實義務)란 변호인이 알고 있는 것을 모두 말할 필요는 없지만, 자신이 진술하는 것은 진실해야 한다는 것을 말한다. 즉 변호인의 진실의무는 변호인이 검사나 법관과 같이 객관적인 입장에서 실체적 진실발견에 기여해야 한다는 것을 의미하는 것이 아니라 법관 등에 의한 진실발견을 방해하지 않을 소극적 의미를

1) 현재 실무에서는 영장실질심사에 대한 국선변호사 비용은 15만원, 구공판사건에 대한 국선변호사 비용은 30만원을 지급하고 있다.

2) 변호사법 제90조(징계의 종류) 변호사에 대한 징계는 다음 다섯 종류로 한다. 1. 영구제명 2. 제명 3. 3년 이하의 정직 4. 3천만원 이하의 과태료 5. 견책.

갖는 것으로 이해해야 한다.

3. 보호자적 지위와 공익적 지위의 조화로운 해결

변호인은 보호의무와 진실의무가 충돌할 경우에 보호의무를 우선시해야 한다. 변호인의 공익적 지위는 보호자적 지위에 기한 업무수행의 본질을 침해하지 않는 범위 내에서 소극적으로만 요구될 수 있다. 이에 따라 증인에게 증언거부권의 행사를 권고하는 것, 유죄임을 안 경우에도 무죄를 변론하는 것, 고소인이나 피해자를 만나 합의나 고소취소를 권고하는 것 등의 행위가 인정된다. 특히 피고인이 변호인에게 사적으로 범행을 자백한 경우라도 변호인은 무죄의 변론을 할 수 있다. 예를 들면 형사절차의 하자를 이유로 형식재판의 선고를 구할 수 있고, 증거불충분을 이유로 무죄의 변론을 할 수 있는 것이다.

또한 변호사인 변호인에게는 변호사법이 정하는 바에 따라 진실의무가 인정되는 것이지만, 변호인이 신체구속을 당한 사람에게 법률적 조언을 하는 것은 그 권리이자 의무이므로 변호인이 적극적으로 피고인 또는 피의자로 하여금 허위진술을 하도록 하는 것이 아니라 단순히 헌법상 권리인 진술거부권이 있음을 알려 주고 그 행사를 권고하는 것을 가리켜 변호사로서의 진실의무에 위배되는 것이라고는 할 수 없다.[1] 이는 자백하려는 자에게 진술거부권을 권유하는 경우에도 마찬가지이다.

그러나 이러한 보호의무는 진실의무에 의한 제약을 통하여 무제한으로 인정되는 것은 아니므로, 변호인이 적극적으로 피고인 또는 피의자에게 허위의 진술을 지시하는 것, 증거를 인멸하는 것, 도망을 권유하는 것, 증인에게 위증을 교사하는 것 등은 인정되지 아니한다. 왜냐하면 변호사는 공공성을 지닌 법률 전문직으로서 독립하여 자유롭게 그 직무를 수행하여야 하고(변호사법 제2조), 그 직무를 수행함에 있어 진실을 은폐하거나 거짓 진술을 하여서는 안 되기 때문이다(변호사법 제24조 제2항).[2]

---

1) 대법원 2007. 1. 31.자 2006모656 결정(신체구속을 당한 피의자 또는 피고인이 범한 것으로 의심받고 있는 범죄행위에 해당 변호인이 관련되어 있다는 등의 사유에 기하여 그 변호인의 변호활동을 광범위하게 규제하는 변호인의 제척과 같은 제도를 두고 있지 아니한 우리 법제 아래에서는, 변호인의 접견교통의 상대방인 신체구속을 당한 사람이 그 변호인을 자신의 범죄행위에 공범으로 가담시키려고 하였다는 등의 사정만으로 그 변호인의 신체구속을 당한 사람과의 접견교통을 금지하는 것이 정당화될 수는 없다. 이러한 법리는 신체구속을 당한 사람의 변호인이 1명이 아니라 여러 명이라고 하여 달라질 수 없고, 어느 변호인의 접견교통권의 행사가 그 한계를 일탈한 것인지의 여부는 해당 변호인을 기준으로 하여 개별적으로 판단하여야 할 것이다).

2) 대법원 2012. 8. 30. 선고 2012도6027 판결(피고인 2는 변호인으로서 단순히 원심 공동피고인 2의 이익을 위한 적절한 변론과 그에 필요한 활동을 하는 데 그치지 아니하고, 원심 공동피고인 2와 피고인 1 사이에 부정한 거래가 진행 중이며, 원심 공동피고인 2 사건의 수임과 변론이 그 거래의 향배와 불가결한 관련이 있을 것임을 분명히 인식하고도 피고인 1로부터 원심 공동피고인 2 사건을 수임하고, 그들 사이의 합의가 성사되도록 도왔으며, 스스로 합의금의 일부를 예치하는 방안까지 용인하고 합의서를 작성하는 등으로 피고인 1과 원심 공동피고인 2 사이의 거래관계에 깊숙이 관여하였으므로, 이러한 행위를 정당한 변론권의 범위 내에 속한다고 평가할 수는 없다고 판단하였다. 그리고 나아가 변호인의 비밀유지의무는 변호인이 업무상 알게 된 비밀을 다른 곳에 누설하지 않을 소극적 의무를 말하는 것일 뿐, 이 사건과 같이 진범을 은폐하는 허위자백을 적극적으로 유지하게 한 행위가 변호인의 비밀유지의무에 의하여 정당화될 수는 없다).

V. 변호인의 권리

1. 대리권

(1) 의 의

변호인은 피고인 또는 피의자가 할 수 있는 소송행위 가운데 성질상 대리가 허용되는 모든 소송행위에 대하여 포괄적 대리권을 가진다. 반면에 피고인이나 피의자가 증거방법으로서의 지위에서 행하는 진술 등의 행위에는 성질상 대리가 허용되지 아니한다.

(2) 종속대리권의 종류

'종속대리권'(從屬代理權)이란 본인의 의사에 종속되는 대리권을 말한다. 예를 들면 토지관할의 병합심리신청권(제6조), 관할이전신청권(제15조), 기피신청권(제18조 제2항)[1], 검사 이외의 수사기관이 작성한 피의자신문조서에 대한 내용인정권(제312조 제3항), 증거동의권(제318조)[2], 토지관할위반신청권(제320조), 상소제기권(제341조 제2항), 상소취하권(제351조), 약식명령에 대한 정식재판청구권(제458조, 제341조 제2항), 약식명령에 대한 정식재판청구 취하권(제458조, 제351조) 등이 이에 해당한다. 한편 본인의 반대의사를 알고 있는 변호인이 이러한 반대의사가 표시되었는지 여부에 따라 대리행위를 할 수 있는지 여부가 달라지는 것은 타당하지 않기 때문에 명시적 의사에 반할 수 없는 경우에는 묵시적 의사에도 반할 수 없다고 해석하여 결국 종속대리권으로 파악하는 것이 타당하다.[3]

(3) 독립대리권의 종류

'독립대리권'(獨立代理權)이란 본인의 명시적 의사에 반하여 행사할 수 있는 대리권을 말한다. 대리권은 본인의 의사에 종속되는 것이 원칙이지만, 변호인의 보호자적 지위를 고려하여 일정한 경우에는 본인의 의사에 반하여도 대리할 수 있도록 하고 있는 것이다. 예를 들면 구속취소청구권(제93조), 보석청구권(제94조), 증거보전청구권(제184조 제1항), 체포·구속적부심사청구권(제214조의2), 공판기일변경신청권(제270조 제1항), 증거조사에 대한 이의신청권(제296조 제1항), 변론

---

1) 제18조(기피의 원인과 신청권자) ② 변호인은 피고인의 명시한 의사에 반하지 아니하는 때에 한하여 법관에 대한 기피를 신청할 수 있다.

2) 대법원 2013. 3. 28. 선고 2013도3 판결(제318조에 규정된 증거동의의 주체는 소송 주체인 검사와 피고인이고, 변호인은 피고인을 대리하여 증거동의에 관한 의견을 낼 수 있을 뿐이므로 피고인의 명시한 의사에 반하여 증거로 함에 동의할 수는 없다. 따라서 피고인이 출석한 공판기일에서 증거로 함에 부동의한다는 의견이 진술된 경우에는 그 후 피고인이 출석하지 아니한 공판기일에 변호인만이 출석하여 종전 의견을 번복하여 증거로 함에 동의하였다고 하더라도 이는 특별한 사정이 없는 한 효력이 없다); 대법원 2007. 7. 26. 선고 2007도3906 판결; 대법원 2005. 4. 28. 선고 2004도4428 판결; 대법원 1988. 11. 8. 선고 88도1628 판결(변호인은 피고인의 명시한 의사에 반하지 아니하는 한 피고인을 대리하여 증거로 함에 동의할 수 있으므로 피고인이 증거로 함에 동의하지 아니한다고 명시적인 의사표시를 한 경우 이외에는 변호인은 서류나 물건에 대하여 증거로 함에 동의할 수 있고, 이 경우 변호인의 동의에 대하여 피고인이 즉시 이의하지 아니하는 경우에는 변호인의 동의로 증거능력이 인정된다).

3) 同旨 김정한, 121면.

의 분리·병합·재개신청권(제300조, 제305조), 재판장의 처분에 대한 이의신청권(제304조) 등이 이에 해당한다.

2. 고유권

(1) 의 의

'고유권'(固有權)이란 변호인의 권리로 특별히 규정된 것 가운데 변호인이라는 지위에서 독자적으로 인정되는 권리를 말한다. 고유권은 피고인 또는 피의자의 권리가 소멸되어도 변호인의 권리에는 영향이 없는 점에서 독립대리권과 구별된다.

(2) 종 류

1) 협의의 고유권

'협의의 고유권'이란 피의자 또는 피고인에게는 인정되지 않고 변호인에게만 인정되는 권리를 말한다. 예를 들면 피고인 또는 피의자와의 접견교통권(제34조), 피의자신문참여권(제243조의2), 공판정에서의 피고인에 대한 신문권(제296조의2), 상고심에서의 변론권(제387조) 등이 이에 해당한다.

2) 피의자 또는 피고인과 중복하여 가지는 고유권

피의자 또는 피고인과 중복하여 가지는 고유권의 종류로는 서류·증거물의 열람·복사권(제35조 제1항), 증인신문권(제161조의2 제1항), 증거보전처분에 관한 서류 및 증거물의 열람·등사권(제185조), 증거개시신청권(제266조의3), 공판기일 전의 증거제출권(제274조), 공판기일출석권(제275조), 증거신청권(제294조 제1항), 최종의견진술권(제303조) 등의 공판관여권 및 압수·수색영장의 집행에 대한 참여권(제121조), 검증영장의 집행에 대한 참여권(제145조), 증인신문에 대한 참여권(제163조 제1항), 감정에 대한 참여권(제176조 제1항) 등의 절차참여권 등이 있다.

Ⅵ. 변호인의 접견교통권

1. 의 의

(1) 개 념

'변호인의 접견교통권'이란 변호인이 체포·구속된 피고인 또는 피의자와 접견하고, 서류나 물건을 수수하며, 의사의 진료를 받게 할 수 있는 권리를 말한다. 이는 변호인의 충분한 방어준비와 변론준비의 원활을 위하여 인정되는 권리라고 할 수 있다. 피의자 또는 피고인의 측면에서 보면, 변호인과의 접견을 통하여 심리적인 안정과 법적 조언을 청취할 수 있는 기회를 통해 충분한 방어권을 행사할 수 있을 것이다. 특히 변호인의 접견교통권은 신체구속되지 않은 피의자 또는 피고인보다 신체구속된 자를 위하여 그 가치가 높이 평가된다.

(2) 법적 성질

피의자 또는 피고인이 가지는 접견교통권은 헌법(제12조 제4항)상 보장된 기본권인 반면에, 기존에는 변호인이 가지는 접견교통권은 법률(형사소송법 제34조)상 보장된 권리라고 파악되었다. 즉 변호인의 구속된 피의자 또는 피고인과의 접견교통권은 피의자 또는 피고인 자신이 가지는 변호인과의 접견교통권과는 성질을 달리하는 것으로서 헌법상 보장된 권리라고는 할 수 없고, 제34조에 의하여 비로소 보장되는 권리이지만, 신체구속을 당한 피고인 또는 피의자의 인권보장과 방어준비를 위하여 필수불가결한 권리이므로, 법령에 의한 제한이 없는 한 수사기관의 처분은 물론 법원의 결정으로도 이를 제한할 수 없다는 것이었다.[1)]

하지만 최근 헌법재판소는 「변호인 선임을 위하여 피의자·피고인(이하 '피의자 등'이라 한다)이 가지는 '변호인이 되려는 자'와의 접견교통권은 헌법상 기본권으로 보호되어야 하고, '변호인이 되려는 자'의 접견교통권은 피의자 등이 변호인을 선임하여 그로부터 조력을 받을 권리를 공고히 하기 위한 것으로서, 그것이 보장되지 않으면 피의자 등이 변호인 선임을 통하여 변호인으로부터 충분한 조력을 받는다는 것이 유명무실하게 될 수밖에 없다. 이와 같이 '변호인이 되려는 자'의 접견교통권은 피의자 등을 조력하기 위한 핵심적인 부분으로서, 피의자 등이 가지는 헌법상의 기본권인 '변호인이 되려는 자'와의 접견교통권과 표리의 관계에 있다. 따라서 피의자 등이 가지는 '변호인이 되려는 자'의 조력을 받을 권리가 실질적으로 확보되기 위해서는 '변호인이 되려는 자'의 접견교통권 역시 헌법상 기본권으로서 보장되어야 한다.」라고 판시[2)]하여, 변호인이 가지는 접견교통권 역시 헌법상의 기본권으로 격상시켰다.

2. 주체 및 상대방

(1) 주 체

변호인 또는 변호인이 되려는 자는 신체구속을 당한 피고인 또는 피의자와 접견하고, 서류 또는 물건을 수수할 수 있으며, 의사로 하여금 진료하게 할 수 있다(제34조). 여기서의 변호인은 사선변호인은 물론 국선변호인·특별변호인 등을 모두 포함한다. '변호인이 되려는 자'란 변호인 선임의뢰를 받았으나 아직 변호인 선임신고가 되지 않은 자뿐만 아니라 스스로 변호인으로 활동하려는 자를 포함한다. 변호인이 되려는 변호사는 변호인이 되려는 의사를 표시함에 있어, 그 의사를 인식하는데 적당한 방법을 사용하면 되고, 반드시 문서로서 그 의사를 표시하여야 할 필요는 없다.[3)] 변호인이 되려는 의사를 표시한 자가 객관적으로 변호인이 될 가능성이 있다고 인정되는데도, 제34조에서 정한 '변호인 또는 변호인이 되려는 자'가 아니라고 보아 신체구

1) 대법원 2002. 5. 6.자 2000모112 결정; 헌법재판소 1991. 7. 8. 선고 89헌마181 결정; 대법원 1991. 3. 28.자 91모24 결정; 대법원 1990. 2. 13.자 89모37 결정.

2) 헌법재판소 2019. 2. 28. 선고 2015헌마1204 결정.

3) 대법원 2003. 1. 10. 선고 2002다56628 판결.

속을 당한 피고인 또는 피의자와 접견하지 못하도록 제한하여서는 안 된다.[1)]

(2) 상대방

변호인과의 접견교통권의 상대방은 구속영장에 의하여 구속된 자뿐만 아니라 체포영장에 의하여 체포된 자·긴급체포된 자·현행범인으로 체포된 자·감정유치에 의하여 구속된 자 등을 모두 포함한다. 변호인의 조력을 받을 권리를 실질적으로 보장하기 위해서는 변호인과의 접견교통권의 인정이 당연한 전제가 된다고 할 것이므로, 임의동행[2)]의 형식으로 수사기관에 연행된 피의자에게도 변호인 또는 변호인이 되려는 자와의 접견교통권은 당연히 인정되고, 임의동행의 형식으로 연행된 피내사자의 경우에도 마찬가지이다.[3)] 또한 불구속상태의 피의자에게도 접견교통권은 당연히 보장된다.

3. 내 용

(1) 피고인 · 피의자와의 접견

1) 자유로운 접견의 보장

신체구속을 당한 사람에 대하여 변호인의 충분한 조력을 받게 하기 위해서는 무엇보다도 먼저 신체구속을 당한 사람이 변호인과 충분한 상담을 할 수 있도록 해 주어야만 할 것이므로 변호인의 조력을 받을 권리의 필수적 내용은 신체구속을 당한 사람과 변호인과의 접견교통일 것이다. 변호인은 접견을 통하여 구속된 피의자 또는 피고인의 상태를 파악하여 그에 따른 적절한 대응책을 강구하고, 피의사실이나 공소사실의 의미를 설명해 주고 그에 관한 피의자 또는 피고인의 의견을 듣고 대책을 의논하며, 진술의 방법·정도·시기·내용 등에 대하여 변호인으로서의 의견을 말하고 지도도 하고, 진술거부권이나 서명날인거부권의 중요성과 유효적절한 행사방법을 가르치고 그것들의 유효적절한 행사에 의하여 억울한 죄를 면할 수 있다는 것을 인식시켜야 한다. 또한 수사기관에 의한 자백강요·사술(詐術)·유도(誘導), 고문 등이 있을 수 있다는 것을 알려 이에 대한 대응방법을 가르쳐 허위자백을 하지 않도록 권고하고, 피의자로부터 수사관의 부당한 조사 유무를 수시로 확인해야 하며, 피의자 또는 피고인의 불안·절망·고민·허세 등을 발견하면 그 감정의 동요에 따라 격려하여 용기를 주거나 위문하거나 충고하여야 할 것이다.

그런데 이러한 일은 구속된 자와 변호인의 대화내용에 대하여 비밀이 완전히 보장되고 어

---

1) 대법원 2017. 3. 9. 선고 2013도16162 판결.

2) 대법원 2016. 9. 28. 선고 2015도2798 판결(피고인이 술에 취한 상태에서 굴삭기를 운전하여 화물차에 적재하였다고 하여 도로교통법 위반(음주운전)으로 기소된 사안에서, 피고인이 음주측정을 위해 경찰서에 동행할 것을 요구받고 자발적인 의사로 경찰차에 탑승하였고, 경찰서로 이동 중 하차를 요구하였으나 그 직후 수사 과정에 관한 설명을 듣고 빨리 가자고 요구하였으므로, 피고인에 대한 임의동행이 적법하고, 그 후 이루어진 음주측정 결과가 증거능력이 있다).

3) 대법원 1996. 6. 3.자 96모18 결정.

떠한 제한·영향·압력 또는 부당한 간섭 없이 자유롭게 대화할 수 있는 접견을 통하여서만 가능하고, 이러한 자유로운 접견은 구속된 자와 변호인의 접견에 교도관이나 수사관 등 관계공무원의 참여가 없어야 가능할 것이다.[1] 만약 관계공무원이 가까이서 감시하면서 대화내용을 듣거나 녹취하거나 또는 사진을 찍는[2] 등 불안한 분위기를 조성[3]한다면 변호인의 이러한 활동은 방해될 수밖에 없고, 이는 변호인의 조력을 받을 권리나 진술거부권을 기본권으로 보장한 헌법정신에 크게 반하는 일이다.[4]

헌법 제12조 제4항 전문은 '누구든지 체포 또는 구속을 당한 때에는 즉시 변호인의 조력을 받을 권리를 가진다.'라고 규정하고 있고, 제34조는 위와 같은 권리를 실질적으로 보장하기 위하여 변호인의 피고인 또는 피의자와의 접견교통권을 규정하면서 이에 대하여는 절차상 또는 시기상의 별다른 제약을 두고 있지 않다. 그러므로 변호인의 접견교통권은 현행법상 최대한 보장된다. 예를 들면 수사상 필요에 의하여 변호인과의 접견을 제한한다거나 접견의 일시·장소를 지정하여 제한하는 것은 원칙적으로 금지된다. 또한 접견신청일이 경과하도록 접견이 이루어지지 아니한 것은 실질적으로 접견불허가처분이 있는 것과 동일시된다고 할 것이다.[5]

미결수용자와 변호인 간의 접견은 시간과 횟수를 제한하지 아니한다(형집행법 제84조 제2항). 또한 변호인의 접견은 비밀이 보장되어야 하므로, 미결수용자와 변호인(변호인이 되려고 하는 사람을 포함한다)과의 접견에는 교도관이 참여하지 못하며, 그 내용을 청취 또는 녹취하지 못한다. 다만 보이는 거리에서 미결수용자를 관찰할 수 있다(형집행법 제84조 제1항).

2) 접견 자체에 대한 제한

변호인과의 자유로운 접견은 신체구속을 당한 사람에게 보장된 변호인의 조력을 받을 권리의 가장 중요한 내용이어서 국가안전보장·질서유지 또는 공공복리 등 어떠한 명분으로도 제한될 수 있는 성질의 것이 아니다.[6] 여기서 어떠한 명분으로도 제한할 수 없다고 한 것은 구속된 자와 변호인 간의 접견이 실제로 이루어지는 경우에 있어서의 '자유로운 접견', 즉 '대화내용에 대하여 비밀이 완전히 보장되고 어떠한 제한·영향·압력 또는 부당한 간섭 없이 자유롭게

1) 헌법재판소 1995. 7. 21. 선고 92헌마144 결정.

2) 대법원 2003. 1. 10. 선고 2002다56628 판결(변호인이 피의자를 접견할 때 국가정보원 직원이 승낙 없이 사진촬영을 한 것은 접견교통권 침해에 해당한다).

3) 헌법재판소 2016. 4. 28. 선고 2015헌마243 결정(이 사건 CCTV 관찰행위는 금지물품의 수수나 교정사고를 방지하거나 이에 적절하게 대처하기 위한 것으로 교도관의 육안에 의한 시선계호를 CCTV 장비에 의한 시선계호로 대체한 것에 불과하므로 그 목적의 정당성과 수단의 적합성이 인정된다. CCTV 관찰행위로 침해되는 법익은 변호인접견 내용의 비밀이 폭로될 수 있다는 막연한 추측과 감시받고 있다는 심리적인 불안 내지 위축으로 법익의 침해가 현실적이고 구체화되어 있다고 보기 어려운 반면, 이를 통하여 구치소 내의 수용질서 및 규율을 유지하고 교정사고를 방지하고자 하는 것은 교정시설의 운영에 꼭 필요하고 중요한 공익이므로, 법익의 균형성도 갖추었다. 따라서 이 사건 CCTV 관찰행위가 청구인의 변호인의 조력을 받을 권리를 침해한다고 할 수 없다).

4) 헌법재판소 1992. 1. 28. 선고 91헌마111 결정.

5) 대법원 1991. 3. 28.자 91모24 결정.

6) 헌법재판소 1992. 1. 28. 선고 91헌마111 결정.

대화할 수 있는 접견'을 제한할 수 없다는 것이지, 변호인과의 접견 자체에 대해 아무런 제한도 가할 수 없다는 것을 의미하는 것은 아니다. 왜냐하면 변호인의 조력을 받을 권리 역시 다른 모든 헌법상 기본권과 마찬가지로 국가안전보장·질서유지 또는 공공복리를 위하여 필요한 경우에는 법률로써 제한할 수 있는 것이기 때문이다.

체포 또는 구속된 자와 변호인 간의 접견은 변호인의 조력을 받을 권리의 필수적인 내용이므로 미결수용자와 변호인 간의 접견은 가능한 한 충분히 보장되어야 함은 물론이다. 그러나 변호인의 조력을 받을 권리를 보장하는 목적은 피의자 또는 피고인의 방어권 행사를 보장하기 위한 것이므로, 미결수용자 또는 변호인이 원하는 특정한 시점에 접견이 이루어지지 못하였다고 하더라도 그것만으로 곧바로 변호인의 조력을 받을 권리가 침해되었다고 단정할 수는 없다. 변호인의 조력을 받을 권리가 침해되었다고 하기 위해서는 접견이 불허된 특정한 시점을 전후한 수사 또는 재판의 진행 경과에 비추어 보아, 그 시점에 접견이 불허됨으로써 피의자 또는 피고인의 방어권 행사에 어느 정도는 불이익이 초래되었다고 인정할 수 있어야만 하며, 그 시점을 전후한 변호인 접견의 상황이나 수사 또는 재판의 진행 과정에 비추어 미결수용자가 방어권을 행사하기 위해 변호인의 조력을 받을 기회가 충분히 보장되었다고 인정될 수 있는 경우에는, 비록 미결수용자 또는 그 상대방인 변호인이 원하는 특정 시점에는 접견이 이루어지지 못하였다고 하더라도 변호인의 조력을 받을 권리가 침해되었다고 할 수 없는 것이다.[1)]

하지만 형집행법 시행령 제102조에 의하면 소장은 미결수용자의 처우를 위하여 특히 필요하다고 인정하면 접견 시간대 외에도 접견하게 할 수 있다고 규정하고 있어, 접견 시간대(평일 근무시간대) 이외의 시간대에서도 미결수용자가 변호인과 접견할 수 있는 제도는 마련되어 있다. 그런데 현재 교정시설의 운영 실태를 살펴보면, 미결수용자와 변호인의 접견이 공휴일에 이루어지는 사례는 거의 찾아보기 어렵다. 이러한 현상은 토요일과 공휴일에는 변호인 역시 휴무를 하는 경우가 많기 때문인 것으로 볼 수도 있고, 토요일과 공휴일에는 원칙적으로 접견이 실시되지 않는다는 사실을 알고 미리 공휴일을 피해 접견 신청을 하기 때문인 것으로 볼 수도 있을 것이다.

따라서 토요일이나 공휴일이라는 이유로 무조건 접견을 금지할 것이 아니라 미결수용자와 변호인의 접견은 특별한 사정이 없는 한 미결수용자의 처우를 위하여 특히 필요한 경우로 보아 토요일과 공휴일에도 그 접견을 가능한 한 허용해 줄 필요가 있다. 다만 토요일과 공휴일과 같은 휴무일에도 미결수용자와 변호인의 접견을 적극적으로 허용하게 되면 교정시설의 운영에 필요한 예산이나 인력의 부담이 증가할 수는 있을 것이다. 그러나 이러한 문제는 토요일과 공

1) 헌법재판소 2011. 5. 26. 선고 2009헌마341 결정(청구인은 사기 등의 죄로 2009. 3. 3. 기소되어 선고기일인 5. 1.에 이르기까지 불구속 상태로 공판을 받았고, 선고기일에 불출석하여 5. 27. 구속되었고, 그 후 20여일이 지난 6. 19. 공판기일이 다시 열렸으며, 그로부터 5일 후인 6. 24. 판결이 선고되었다. 한편 청구인이 구속된 후 6. 1. 청구인의 국선변호인이 선정되었고, 그 국선변호인은 6. 5. 청구인에 대한 접견을 신청하였는데, 접견을 희망한 6. 6.이 현충일로 공휴일이라는 이유로 접견이 거부되었고, 이로부터 이틀 후인 6. 8. 청구인과 변호인의 접견이 실시되었다. 국선변호인이 희망한 6. 6. 청구인에 대한 접견이 이루어지지 못하였다고 해서 청구인의 방어권 행사에 어떠한 불이익이 있었다고 보기는 어렵다).

휴일의 접견에 있어서는 그 시간대를 평일에 비해 단축하거나(예컨대 오전 중에만 실시하거나 오후에만 실시하는 방법), 그 횟수를 미결수용자별로 제한하는 방법(예컨대 미결수용자별로 토요일이나 공휴일에 접견할 수 있는 총 횟수를 제한하는 방법) 또는 미결수용자가 처음 실시하는 변호인접견에 한하여 원칙적으로 허용해 주고 그 이후에는 필요하다고 인정되는 경우에만 허용해 주는 방법 등을 통해 완화할 수 있을 것이다.[1)]

(2) 서류 또는 물건의 수수

미결수용자와 변호인 간의 편지는 교정시설에서 상대방이 변호인임을 확인할 수 없는 경우를 제외하고는 검열할 수 없다(형집행법 제84조 제3항). 이와 같이 변호인과 신체구속된 피고인·피의자 사이의 서류 또는 물건에 대한 검열은 금지된다. 하지만 변호인과 피고인·피의자와의 서류 또는 물건의 수수가 비밀을 보장받기 위해서는 다음과 같은 조건을 갖추어야 한다.

첫째, 교도소측에서 상대방이 변호인 또는 변호인이 되려는 자라는 사실을 확인할 수 있어야 한다. 왜냐하면 변호인이 피의자나 피고인을 면회하는 경우에는 교도관이 그 신분을 직접 확인할 수 있지만, 서류나 물건의 경우에는 이를 확인할 수 없어서 제3자가 변호인이라고 사칭하거나 수감자가 제3자를 변호인으로 칭하여 서류나 물건을 교환하면서, 도주·증거인멸·수용시설의 규율과 질서의 파괴·기타 위법행위 등을 도모할 수도 있기 때문이다.

둘째, 미결수용자의 변호인과의 사이의 서류나 물건임이 확인되었다고 하더라도, 이를 통하여 마약 등 금지물품[2)]의 반입을 도모한다든가, 그 내용에 도주·증거인멸·수용시설의 규율과 질서의 파괴·기타 형벌법령에 저촉되는 내용이 기재되어 있다고 의심할 만한 합리적인 이유가 있는 경우가 아니어야 한다. 왜냐하면 이러한 불법을 도모한다고 의심할 만한 사정이 있는 경우에도 단지 변호인과의 서신(편지)이라는 이유만으로 검열을 하지 못한다고 한다면 이는 변호인의 조력을 받을 권리를 빙자하여 행하여지는 불법을 방치하는 결과가 될 수 있기 때문이다.[3)]

(3) 의사의 진료

변호인은 의사로 하여금 미결수용중인 피고인이나 피의자를 진료하게 할 수 있다. 이는 피고인이나 피의자에 대한 인도적 배려에서 요청될 뿐만 아니라 신체적·정신적 건강상태를 확인하여 인권침해를 방지하기 위함이다. 한편 미결수용자가 외부의사의 진료를 받는 경우에는 교도관이 참여하고 그 경과를 수용기록부에 기록하여야 한다(형집행법 시행령 제106조). 이는 피고인 또는 피의자의 신병을 보호·관리해야 하는 수용기관의 입장에서 수진과정에서 발생할지도 모

1) 헌법재판소 2011. 5. 26. 선고 2009헌마341 결정 중 재판관 조대현, 재판관 이동흡, 재판관 목영준의 보충의견.

2) 형집행법 제92조(금지물품) ① 수용자는 다음 각 호의 물품을 지녀서는 아니 된다. 1. 마약·총기·도검·폭발물·흉기·독극물, 그 밖에 범죄의 도구로 이용될 우려가 있는 물품 2. 무인비행장치, 전자·통신기기, 그 밖에 도주나 다른 사람과의 연락에 이용될 우려가 있는 물품 3. 주류·담배·화기·현금·수표, 그 밖에 시설의 안전 또는 질서를 해칠 우려가 있는 물품 4. 음란물, 사행행위에 사용되는 물품, 그 밖에 수형자의 교화 또는 건전한 사회복귀를 해칠 우려가 있는 물품 ② 제1항에도 불구하고 소장이 수용자의 처우를 위하여 허가하는 경우에는 제1항 제2호의 물품을 지닐 수 있다.

3) 헌법재판소 1995. 7. 21. 선고 92헌마144 결정.

르는 돌발상황이나 피고인 또는 피의자의 신체에 대한 위급상황을 예방하거나 대처하기 위한 것으로서 그 합리성이 인정된다.[1)]

4. 침해에 대한 구제방법

(1) 수사절차상의 준항고

검사 또는 사법경찰관의 구금·압수 또는 압수물의 환부에 관한 처분과 제243조의2에 따른 변호인의 참여 등에 관한 처분에 대하여 불복이 있으면 그 직무집행지의 관할법원 또는 검사의 소속검찰청에 대응한 법원에 그 처분의 취소 또는 변경을 청구할 수 있다(제417조). 그러므로 수사단계에서 변호인의 피의자에 대한 접견교통권을 침해한 경우에는 준항고를 제기할 수 있다. 왜냐하면 변호인의 접견교통권을 침해하는 처분은 '검사 또는 사법경찰관의 구금에 관한 처분'으로 볼 수 있기 때문이다. 하지만 제417조의 준항고는 형사절차에서 이루어지는 검사 또는 사법경찰관의 처분에 대한 불복절차로서 구치소장의 접견불허 처분에 대해서는 적용될 수 없고, 구치소장의 접견불허 처분은 행정심판이나 행정소송[2)]을 통해 다툴 수 있을 뿐이다.[3)] 하지만 구치소장의 접견불허 처분에 있어서 접견시간의 경과로 인하여 소송의 이익이 없어 부적법할 것이므로 직접 헌법소원을 청구할 수도 있다.[4)]

(2) 공판절차상의 항고

법원의 처분에 의하여 변호인의 접견교통권이 침해된 경우에는 판결 전 소송절차에 있어서 구금에 관한 결정에 해당하기 때문에 항고를 할 수 있다(제403조 제2항). 그러므로 수소법원이 공소제기 이후의 단계에서 변호인의 피고인에 대한 접견교통권을 침해한 경우에는 항고를 제기할 수 있다. 다만 재판장의 처분에 의하여 변호인의 접견교통권이 침해된 경우에는 준항고를 제기할 수 있다(제416조 제1항 제2호).

(3) 헌법소원

변호인의 접견교통권은 피의자 등을 조력하기 위한 핵심적인 부분으로서, 피의자 등이 가지는 헌법상의 기본권인 변호인과의 접견교통권과 표리의 관계에 있다. 따라서 피의자 등이 가지는 변호인의 조력을 받을 권리가 실질적으로 확보되기 위해서는 변호인의 접견교통권 역시 헌법상 기본권으로서 보장되어야 한다.[5)] 그러므로 변호인의 접견교통권이 침해된 경우에도 헌

---

1) 대법원 2002. 5. 6.자 2000모112 결정(국가정보원 사법경찰관이 서초경찰서 유치장에 구금되어 있던 사건외인에 대하여 의사의 진료를 받게 할 것을 신청한 그 변호인에게 국가정보원이 추천하는 의사의 참여를 요구한 것은 적법하다).

2) 이에 대하여 교정공무원의 자체 판단에 따른 것이라도 준항고가 가능하도록 입법적인 보완이 필요하다는 견해로는 이창현, 143면.

3) 대법원 1992. 8. 7.자 92두30 결정.

4) 헌법재판소 2011. 5. 26. 선고 2009헌마341 결정.

5) 헌법재판소 2019. 2. 28. 선고 2015헌마1204 결정.

법소원이 가능하다.

(4) 증거능력의 배제

피의자신문조서가 단순히 변호인의 접견 전에 작성되었다는 이유만으로 증거능력이 부정되는 것은 아니지만[1], 헌법상 보장된 변호인과의 접견교통권이 위법하게 제한된 상태에서 얻어진 피의자의 자백은 그 증거능력을 부인하는 유죄의 증거에서 실질적이고 완전하게 배제하여야 한다. 그러므로 피고인이 구속되어 국가안전기획부에서 조사를 받다가 변호인의 접견신청이 불허되어 이에 대한 준항고를 제기 중에 검찰로 송치되어 검사가 피고인을 신문하여 제1회 피의자신문조서를 작성한 후 준항고절차에서 위 접견불허처분이 취소되어 접견이 허용된 경우에는 검사의 피고인에 대한 위 제1회 피의자신문은 변호인의 접견교통을 금지한 위법상태가 계속된 상황에서 시행된 것으로 보아야 할 것이므로 그 피의자신문조서는 증거능력이 없다.[2] 또한 검사 작성의 피고인에 대한 피의자신문조서가 만약 검사가 변호인의 접견을 부당하게 제한하고 있는 동안에 작성된 것이라면 그 조서의 증거능력은 부정된다.[3]

Ⅶ. 변호인의 소송기록 열람·복사권

1. 의 의

피고인과 변호인은 소송계속 중의 관계 서류 또는 증거물을 열람하거나 복사[4]할 수 있으며(제35조 제1항), 피고인 또는 변호인은 검사에게 공소제기된 사건에 관한 서류 또는 물건의 목록과 공소사실의 인정 또는 양형에 영향을 미칠 수 있는 서류 등의 열람·등사 또는 서면의 교부를 신청할 수 있다(제266조의3 제1항). 이와 같은 변호인의 기록 열람·복사권은 국가기관이 가지고 있는 각종 기록에 대한 알권리를 충족시켜 준다는 점, 기록을 열람·복사함으로써 피고인에 대한 방어전략을 수립할 수 있다는 점, 검사의 기습적인 공격을 방지할 수 있다는 점 등에서 공정한 재판을 보장하는 기능을 수행하고 있다.

2. 법원이 보관하고 있는 기록의 열람·복사

(1) 신청권자

피고인과 변호인은 소송계속 중의 관계 서류 또는 증거물을 열람하거나 복사할 수 있다(제

---

1) 대법원 1990. 9. 25. 선고 90도1613 판결.

2) 대법원 1990. 9. 25. 선고 90도1586 판결.

3) 대법원 1990. 8. 24. 선고 90도1285 판결. 다만 검사의 접견금지 결정으로 피고인들의 접견이 제한된 상황하에서 피의자신문조서가 작성되었다는 사실만으로 바로 그 조서가 임의성이 없는 것이라고는 볼 수 없다(대법원 1984. 7. 10. 선고 84도846 판결).

4) 기존에는 '등사'라는 개념을 사용하고 있었으나, 2016. 5. 29. 형사소송법 개정을 통하여 '복사'라는 개념으로 변경하였다. 형사소송법의 다른 규정에서도 모두 '복사'라는 용어로의 변경이 필요하다.

35조 제1항). 피고인의 법정대리인·특별대리인·보조인 또는 피고인의 배우자·직계친족·형제자매로서 피고인의 위임장 및 신분관계를 증명하는 문서를 제출한 자도 소송계속 중의 관계 서류 또는 증거물을 열람하거나 복사할 수 있다(제35조 제2항). 변호인이 소송기록과 증거물을 열람·복사하는 경우에는 재판장의 허가를 요하지 아니한다.

(2) 열람·복사의 대상

법원이 보관하고 있는 서류 등에 대한 피고인과 변호인의 열람·복사권의 대상에는 제한이 없다. 하지만 2016. 5. 29. 형사소송법 개정을 통하여 재판장은 피해자·증인 등 사건관계인의 생명 또는 신체의 안전을 현저히 해칠 우려가 있는 경우에는 열람·복사에 앞서 사건관계인의 성명 등 개인정보가 공개되지 아니하도록 보호조치를 할 수 있으며(제35조 제3항), 이에 따른 개인정보 보호조치의 방법과 절차, 그 밖에 필요한 사항은 대법원규칙으로 정한다(제35조 제4항).

(3) 불복절차

변호인의 기록열람·복사권이 침해된 경우에는 법원에 이의신청을 제기할 수 있다. 이의신청의 대상이 되는 행위는 법원과 소송관계인의 작위뿐만 아니라 부작위도 포함된다.

3. 공소제기 후 검사가 보관하고 있는 기록의 열람·등사

(1) 의 의

'증거개시'(證據開示)란 검사 또는 피고인·변호인이 보유하고 있는 증거를 상대방에게 열람·등사하게 하는 것을 말한다. 이는 피고인의 방어권을 보장함과 동시에 신속한 재판을 위하여 고안된 제도인데, 피고인 또는 변호인은 검사에게 공소제기된 사건에 관한 서류 또는 물건의 목록과 공소사실의 인정 또는 양형에 영향을 미칠 수 있는 서류 또는 물건의 열람·등사 또는 서면의 교부를 신청할 수 있고, 일정한 경우에는 피고인 또는 변호인이 가지고 있는 증거에 대한 검사의 증거개시청구도 허용하고 있다.

검사는 국가의 방대한 인적·물적 조직을 활용하여 피의자나 그 변호인에 비하여 월등하게 우월한 증거수집 능력을 갖게 되고, 수사과정에서 많은 자료를 확보하여 일건 수사기록을 완성한다. 이러한 수사기록 중 피고인 이외의 공동피고인이나 참고인들의 진술을 기재한 서류는 피고인의 방어권 행사와 관련하여 중요한 의미를 갖게 되는데, 그러한 수사서류에 대하여 피고인이나 변호인의 접근이 허용되지 않는다면 피고인의 방어활동이 충분히 보장되기 어렵고, 실질적 당사자 대등이 이루어진 공정한 재판을 기대하기 곤란하게 된다. 또한 수사서류에 대한 사전 열람·등사의 거부는 증거조사절차의 지연을 가져와 신속한 재판을 저해하게 할 수도 있다. 따라서 검사가 보관하는 수사서류에 대한 변호인의 열람·등사는 실질적인 당사자 대등을 확보하고, 피고인의 신속·공정한 재판을 받을 권리를 실현하기 위하여 필요불가결하다.[1] 한편

---

1) 대법원 2012. 11. 15. 선고 2011다48452 판결(甲 등이 乙지방검찰청 검사에게 수사서류의 열람·등사를 신청하였으나 거부당하자 법원에 제266조의4 제1항에 따라 수사서류의 열람·등사를 허용하도록 해줄 것을 신청하였고,

형사소송법은 수사절차에서의 수사서류 등에 대한 열람·등사권에 대해서는 규정을 두고 있지 않다.

(2) 신청권자

피고인 또는 변호인은 검사에게 공소제기된 사건에 관한 서류 등의 열람·등사 또는 서면의 교부를 신청할 수 있다. 다만 피고인에게 변호인이 있는 경우에는 피고인은 열람만을 신청할 수 있다(제266조의3 제1항). 왜냐하면 피고인에게 소송서류 등을 등사 및 교부해 줄 경우 이를 다른 목적으로 사용하는 등 남용할 가능성을 배제할 수 없기 때문이다. 또한 피고인은 변호인을 통하여 얼마든지 등사·교부가 가능하다는 점도 고려한 것이다. 이러한 신청은 ① 사건번호·사건명·피고인, ② 신청인 및 피고인과의 관계, ③ 열람 또는 등사할 대상 등의 사항을 기재한 서면으로 하여야 한다(규칙 제123조의2). 다만 피고인 또는 변호인은 공판준비기일 또는 공판기일에서는 법원의 허가를 얻어 구두로 서류·물건의 열람 또는 등사를 신청할 수 있다(규칙 제123조의5 제1항).

(3) 열람 · 등사의 대상

1) 공소제기된 사건에 관한 서류 또는 물건의 목록

'공소제기된 사건에 관한 서류 또는 물건의 목록'이란 당해 사건과 관련하여 검사가 보관중인 서류나 물건에 대한 전체 목록을 말한다. 검사는 제266조의3 제2항에도 불구하고 서류 또는 물건의 목록에 대하여는 열람 또는 등사를 거부할 수 없다(제266조의3 제5항). 이와 같이 증거목록을 필수적 증거개시의 대상으로 한 것은 열람·등사 신청의 대상을 특정할 수 있도록 하여 증거개시제도의 실효성을 확보하기 위한 것이다. 여기서 증거목록은 공소제기 후 검사가 법원에 증거로 신청할 서류 등의 목록만을 의미하는 것이 아니라 공소제기된 사건에 관한 수사자료 전부에 대한 기록목록 내지 압수물목록을 의미한다. 또한 증거개시의 대상을 검사가 신청할 예정인 증거에 한정하지 아니하고, 피고인에게 유리한 증거까지를 포함한 전면적인 증거개시를 원칙으로 하고 있다. 이에 따라 검사·사법경찰관리와 그 밖에 직무상 수사에 관계있는 자는 수사과정에서 수사와 관련하여 작성하거나 취득한 서류 또는 물건에 대한 목록을 빠짐없이 작성하여야 한다(제198조 제3항).

2) 공소사실의 인정 또는 양형에 영향을 미칠 수 있는 서류

'공소사실의 인정 또는 양형에 영향을 미칠 수 있는 서류'란 ① 검사가 증거로 신청할 서류 등, ② 검사가 증인으로 신청할 사람의 성명·사건과의 관계 등을 기재한 서면 또는 그 사람이 공판기일 전에 행한 진술을 기재한 서류 등, ③ 제1호 또는 제2호의 서면 또는 서류 등의 증명

이에 대하여 법원은 신청이 이유 있다고 인정하여 서류에 대한 열람·등사를 허용할 것을 명하는 결정을 하였는데도 검사가 일부 서류의 열람·등사를 거부한 사안에서, 법원이 검사의 열람·등사 거부처분에 정당한 사유가 없다고 판단하여 수사서류의 열람·등사를 허용하도록 명한 이상, 법에 기속되는 검사로서는 당연히 법원의 그러한 결정에 지체 없이 따라야 하는데도 법원의 결정에 반하여 수사서류의 열람·등사를 거부하였다는 이유로, 열람·등사 거부행위 당시 검사에게 국가배상법 제2조 제1항에서 정한 과실이 인정된다).

력과 관련된 서류 등, ④ 피고인 또는 변호인이 행한 법률상·사실상 주장과 관련된 서류 등(관련 형사재판확정기록, 불기소처분기록 등을 포함한다)을 말한다(제266조의3 제1항). 열람·등사를 신청할 수 있는 서류 등에는 도면·사진·녹음테이프·비디오테이프·컴퓨터용 디스크, 그 밖에 정보를 담기 위하여 만들어진 물건으로서 문서가 아닌 특수매체를 포함한다. 이 경우 특수매체에 대한 등사는 필요 최소한의 범위에 한한다(제266조의3 제6항). 왜냐하면 특수매체는 사생활 침해 및 전파가능성이 매우 높기 때문이다. 수사기관이 참고인의 진술(제221조)이나 피의자의 진술(제244조의2)을 영상녹화한 영상녹화물에 대한 열람·등사는 원본과 함께 작성된 부본에 의하여 이를 행할 수 있다(규칙 제123조의3). 한편 수사기록에 편철된 서류와 물건은 특별한 사정이 없는 한 당해 공소사실의 인정이나 양형에 영향을 미칠 수 있는 것으로 추정함이 상당하다.

(4) 열람 · 등사의 제한

증거개시의 목록과는 달리 검사는 국가안보, 증인보호의 필요성, 증거인멸의 염려, 관련 사건의 수사에 장애를 가져올 것으로 예상되는 구체적인 사유 등 열람·등사 또는 서면의 교부를 허용하지 아니할 상당한 이유가 있다고 인정하는 때에는 열람·등사 또는 서면의 교부를 거부하거나 그 범위를 제한할 수 있다(제266조의3 제2항). 검사는 열람·등사 또는 서면의 교부를 거부하거나 그 범위를 제한하는 때에는 지체 없이 그 이유를 서면으로 통지하여야 한다(제266조의3 제3항). 검사는 형사소송법 제266조의3 제2항에 따라 국가안보, 증인보호의 필요성, 증거인멸의 염려, 관련사건의 수사에 장애를 가져올 것으로 예상되는 구체적인 사유가 있거나 사건관계인의 명예나 사생활의 비밀 또는 생명·신체의 안전이나 생활의 평온을 현저히 해칠 우려가 있는 경우, 법령상 타인에게 제공 또는 누설하거나 목적 외 사용이 금지된 정보·자료 또는 수사방법상의 기밀을 보호할 필요가 있는 경우, 수사기관의 의견 또는 법률판단 등을 기재한 내부문서인 경우, 열람·등사 대상 서류 등이 없거나 특정되지 아니한 경우, 형사소송법 제266조의3 제1항 제3호 또는 제4호 소정의 관련성이 인정되지 아니하는 경우 등과 같이 열람·등사 또는 서면의 교부를 허용하지 아니할 상당한 이유가 있는 때에는 서류등의 목록을 제외한 나머지 서류등에 대하여 열람·등사 또는 서면의 교부를 거부하거나 그 범위를 제한할 수 있으며, 이 경우 지체 없이 열람·등사 거부 또는 범위제한 통지서를 작성하여 신청인에게 통지하여야 한다(검찰사건사무규칙 제112조의3 제1항). 검사가 관련 사건의 수사에 장애를 가져올 것이 예상된다는 이유로 열람·등사 또는 서면의 교부를 거부하거나 그 범위를 제한하기 위하여는 열람·등사 거부 또는 범위제한 통지서에 관련 사건을 표시함과 아울러 공범관계에 있는 자 등의 증거인멸 또는 도주우려 등 수사에 장애가 예상되는 사유를 구체적으로 기재하여야 한다(검찰사건사무규칙 제112조의3 제2항). 검사는 열람·등사 또는 서면의 교부를 거부하거나 그 범위를 제한하는 경우에는 열람·등사 또는 서면 교부의 시기 및 방법을 지정하거나 조건·의무를 부과할 수 있다(검찰사건사무규칙 제112조의3 제3항).

피고인 또는 변호인은 검사가 열람·등사 또는 서면의 교부 신청을 받은 때부터 48시간 이내에 열람·등사 또는 서면의 교부를 거부하거나 그 범위를 제한하는 통지를 하지 아니하는 때에는 법원에 그 서류 등의 열람·등사 또는 서면의 교부를 허용하도록 할 것을 신청을 할 수 있다(제266조의3 제4항).

(5) 열람 · 등사된 서류 등의 남용금지

피고인 또는 변호인(피고인 또는 변호인이었던 자를 포함한다)은 검사가 열람 또는 등사하도록 한 서면 및 서류 등의 사본을 당해 사건 또는 관련 소송의 준비에 사용할 목적이 아닌 다른 목적으로 다른 사람에게 교부 또는 제시(전기통신설비를 이용하여 제공하는 것을 포함한다)하여서는 아니 된다(제266조의16 제1항). 피고인 또는 변호인이 이를 위반하는 때에는 1년 이하의 징역 또는 500만원 이하의 벌금에 처한다(제266조의16 제2항).

(6) 검사의 증거개시 거부 또는 제한에 대한 불복절차

1) 법원에 대한 증거개시의 신청

피고인 또는 변호인은 검사가 서류 등의 열람·등사 또는 서면의 교부를 거부하거나 그 범위를 제한한 때에는 법원에 그 서류 등의 열람·등사 또는 서면의 교부를 허용하도록 할 것을 신청할 수 있다(제266조의4 제1항). 이러한 신청은 열람 또는 등사를 구하는 서류 등의 표목과 열람 또는 등사를 필요로 하는 사유를 기재한 서면으로 하여야 하며(규칙 제123조의4 제1항), 신청서에는 ① 검사에 대한 열람·등사신청서 사본, ② 검사의 열람·등사 불허 또는 범위 제한 통지서(다만 검사가 서면으로 통지하지 않은 경우에는 그 사유를 기재한 서면), ③ 신청서 부본 1부를 첨부하여야 한다(규칙 제123조의4 제2항). 법원은 이러한 신청이 있는 경우에는 즉시 신청서 부본을 검사에게 송부하여야 하고, 검사는 이에 대한 의견을 제시할 수 있다(규칙 제123조의4 제3항).

이와 같이 형사소송법이 행정처분에 대한 항고소송과 유사한 형태로 별도의 권리구제 절차를 마련한 것은 일반적인 행정소송에 의하여 권리구제를 받도록 하는 것이 신속한 권리구제의 필요성 등에 비추어 적당하지 않다는 입법자의 정책적 판단에 따른 것으로서, 피고인 측의 수사서류 열람·등사권이 헌법상의 신속·공정한 재판을 받을 권리 및 변호인의 조력을 받을 권리의 중요한 내용인 점을 감안하여 종전 헌법소원심판이나 정보공개법상의 행정쟁송 절차 등과 같은 우회적인 권리구제수단 대신에 보다 신속하고 실효적인 권리구제 절차를 마련하기 위한 것이다.

2) 법원의 결정

법원은 증거개시의 신청이 있는 때에는 열람·등사 또는 서면의 교부를 허용하는 경우에 생길 폐해의 유형·정도, 피고인의 방어 또는 재판의 신속한 진행을 위한 필요성 및 해당 서류 등의 중요성 등을 고려하여 검사에게 열람·등사 또는 서면의 교부를 허용할 것을 명할 수 있다. 이 경우 열람 또는 등사의 시기·방법을 지정하거나 조건·의무를 부과할 수 있다(제266조의4

제2항). 법원은 증거개시의 결정을 하는 때에는 검사에게 의견을 제시할 수 있는 기회를 부여하여야 한다(제266조의4 제3항). 법원은 필요하다고 인정하는 때에는 검사에게 해당 서류 등의 제시를 요구할 수 있고, 피고인이나 그 밖의 이해관계인을 심문할 수 있다(제266조의4 제4항).

3) 법원의 결정에 대한 불복

제402조는 '법원의 결정에 대하여 불복이 있으면 항고를 할 수 있다. 단, 이 법률에 특별한 규정이 있는 경우에는 예외로 한다.'라고 규정하고, 제403조 제1항은 '법원의 관할 또는 판결 전의 소송절차에 관한 결정에 대하여는 특히 즉시항고를 할 수 있는 경우 외에는 항고하지 못한다.'라고 규정하고 있다. 그런데 제266조의4에 따라 법원이 검사에게 수사서류 등의 열람·등사 또는 서면의 교부를 허용할 것을 명한 결정은 피고사건 소송절차에서의 증거개시와 관련된 것으로서 제403조에서 말하는 '판결 전의 소송절차에 관한 결정'에 해당하는데, 위 결정에 대하여는 형사소송법에서 별도로 즉시항고에 관한 규정을 두고 있지 않으므로 제402조에 의한 항고의 방법으로 불복할 수는 없다.[1] 이와 같이 형사소송법은 검사의 열람·등사 거부처분에 대하여 법원이 그 허용 여부를 결정하도록 하면서도, 법원의 열람·등사 허용 결정에 대하여 집행정지의 효력이 있는 즉시항고 등의 불복절차를 별도로 규정하고 있지 않으므로, 이러한 법원의 열람·등사 허용 결정은 그 결정이 고지되는 즉시 집행력이 발생한다.[2] 왜냐하면 증거개시결정에 대하여 불복절차를 마련하게 될 경우 공판준비과정에 너무 많은 노력이 낭비되기 때문이다.

4) 법원결정의 효력

검사는 열람·등사 또는 서면의 교부에 관한 법원의 결정을 지체 없이 이행하지 아니하는 때에는 해당 증인 및 서류 등에 대한 증거신청을 할 수 없다(제266조의4 제5항). 그런데 이는 검사가 그와 같은 불이익을 감수하기만 하면 법원의 열람·등사 결정을 따르지 않을 수도 있다는 의미가 아니라 피고인의 열람·등사권을 보장하기 위하여 검사로 하여금 법원의 열람·등사에 관한 결정을 신속히 이행하도록 강제하는 한편, 이를 이행하지 아니하는 경우에는 증거신청상의 불이익도 감수하여야 한다는 의미로 해석하여야 할 것이다. 그러므로 법원이 검사의 열람·등사 거부처분에 정당한 사유가 없다고 판단하고 그러한 거부처분이 피고인의 헌법상 기본권을 침해한다는 취지에서 수사서류의 열람·등사를 허용하도록 명한 이상, 법치국가와 권력분립의 원칙상 검사로서는 당연히 법원의 그러한 결정에 지체 없이 따라야 할 것이다. 만약 법원의 열람·등사 허용 결정에도 불구하고 검사가 이를 신속하게 이행하지 아니하는 경우에는 해당 증인 및 서류 등을 증거로 신청할 수 없는 불이익을 받는 것에 그치는 것이 아니라 그러한 검사의 거부행위는 피고인의 열람·등사권을 침해하고, 나아가 피고인의 신속·공정한 재판을 받을

1) 대법원 2013. 1. 24.자 2012모1393 결정. 이에 대하여 이는 판결 전 소송절차에 관한 규정이 아니라 제402조에서 규정하는 일반규정으로서의 법원의 결정이므로 보통항고가 허용된다는 견해로는 송광섭, 479면; 이재상/조균석, 152면. 그러나 보통항고를 허용하더라도 나중에 상급심에서 그 증거개시 허용결정을 부당한 것으로 판단하여 원결정을 취소하는 경우에는 이미 그 증거가 개시된 상태를 개시 이전의 상태로 되돌릴 수 없는 문제가 발생한다.

2) 대법원 2012. 11. 15. 선고 2011다48452 판결; 헌법재판소 2010. 6. 24. 선고 2009헌마257 결정(용산철거민사건).

권리 및 변호인의 조력을 받을 권리까지 침해하게 되는 것이다.[1)]

4. 공소제기 전에 수사 중인 기록의 열람·등사

공소제기 전에 수사 중인 기록의 열람·등사는 원칙적으로 인정되지 아니한다. 왜냐하면 공소에 관한 서류는 공판의 개정 전에는 공익상 필요 기타 상당한 이유가 없으면 공개하지 못하기 때문이다(제47조). 예를 들면 고소장의 경우에는 여기에 나열된 증거방법이 변호인에게 공개되면 이에 대한 수사기관의 조사에 앞서 변호인측에서 이에 대한 불법적인 작용을 시도하여 실체적 진실발견을 위한 수사가 방해될 수 있다는 우려가 있다. 그러나 고소장에 증거방법이 나열되지 않은 경우도 있고, 나열되어 있다고 하여도 이를 제외하고 공개하는 것도 가능하며, 증거방법에 대한 불법적 작용은 변호사의 윤리와 실정법을 위반하는 것인데, 변호사와 같은 고도의 윤리적 주체가 범죄적 행위에까지 나아갈 것을 전제로 하여 제도를 설정할 수는 없는 것이므로 이러한 우려는 고소장을 피의자신문조서와 달리 취급할 정당한 사유가 될 수 없다. 그러므로 보다 충실한 방어준비를 위해서는 수사절차에서도 기록의 열람·등사권을 인정하는 것이 타당하다. 피의자심문에 참여할 변호인은 지방법원 판사에게 제출된 구속영장청구서 및 그에 첨부된 고소·고발장, 피의자의 진술을 기재한 서류와 피의자가 제출한 서류를 열람할 수 있도록 하고 있는 것(규칙 제96조의21 제1항)은 참고가 될 수 있다. 즉 형사피의사건의 구속적부심절차에서 피구속자의 변호를 맡은 변호인으로서는 피구속자에 대한 고소장과 경찰의 피의자신문조서를 열람하여 그 내용을 제대로 파악하지 못한다면 피구속자가 무슨 혐의로 고소인의 공격을 받고 있는 것인지, 이와 관련하여 피구속자가 수사기관에서 무엇이라고 진술하였는지, 어느 점에서 수사기관 등이 구속사유가 있다고 보았는지 등을 제대로 파악할 수 없게 되고, 그 결과 구속적부심절차에서 피구속자를 충분히 조력할 수 없음이 명백하므로 위 서류들의 열람은 피구속자를 충분히 조력하기 위하여 변호인인 청구인에게 그 열람이 반드시 보장되지 않으면 안 되는 핵심적 권리로서 청구인의 기본권에 속한다.[2)]

다만 「사건기록 열람·등사에 관한 업무처리 지침」(대검예규 제972호) 제3조(기소전 기록의 열람·등사의 허용범위)에 의하면, 사건관계인 또는 참고인은 수사중인 기록, 진정·내사중인 기록, 불기소기록(기소중지·참고인중지기록, 항고·재항고기록을 포함한다), 종결된 진정·내사 기록 중 본인진술서류 및 본인제출서류의 전부 또는 일부에 대하여 열람·등사를 신청할 수 있고, 항고인·재항고인 또는 변호인은 항고·재항고이유서를 작성하기 위하여 필요한 경우에는 그 사유를 소명하고 검사의 불기소이유서(경찰의견서를 원용한 경우에는 그 의견서) 및 비진술서류의 전부 또는 일부

1) 헌법재판소 2010. 6. 24. 선고 2009헌마257 결정(용산철거민사건).

2) 헌법재판소 2003. 3. 27. 선고 2000헌마474 결정. 동 결정을 통하여 「공공기관의 정보공개에 관한 법률」을 근거로 수사절차에서 기록열람·등사가 가능해졌으나, 이는 피의자의 방어권보장이 아닌 정보공개 차원에서 허용된 것이라는 점에서 한계가 있다.

에 대하여 열람·등사를 신청할 수 있으며, 피고소인·피고발인 또는 변호인은 필요한 사유를 소명하고 고소·고발장, 항고장, 재항고장의 열람·등사를 신청할 수 있다(다만 고소·고발장, 항고장, 재항고장에 첨부된 제출서류는 제외한다).[1)]

5. 피고인 또는 변호인이 보관하고 있는 서류 등의 열람·등사

(1) 의 의

검사는 피고인 또는 변호인이 공판기일[2)] 또는 공판준비절차에서 현장부재·심신상실 또는 심신미약 등 법률상·사실상의 주장을 한 때에는 피고인 또는 변호인에게 ① 피고인 또는 변호인이 증거로 신청할 서류 등, ② 피고인 또는 변호인이 증인으로 신청할 사람의 성명, 사건과의 관계 등을 기재한 서면, ③ 제1호의 서류 등 또는 제2호의 서면의 증명력과 관련된 서류 등, ④ 피고인 또는 변호인이 행한 법률상·사실상의 주장과 관련된 서류 등의 열람·등사 또는 서면의 교부를 요구할 수 있다(제266조의11 제1항). 2007. 6. 1. 형사소송법 개정을 통하여 증거개시제도가 도입되었는데, 검사는 공소제기된 사건에 관한 서류 또는 물건의 목록과 공소사실의 인정 또는 양형에 영향을 미칠 수 있는 서류를 개시할 의무를 지게 되었다. 이에 피고인측도 일정한 범위에서 보관하고 있는 자료를 개시하는 것이 형평에 부합하기 때문에 규정한 것이라고 볼 수 있다. 검사의 증거개시가 사실상 전면적 개시인데 반하여, 피고인 또는 변호인의 증거개시는 일정한 사유를 전제로 한 제한적 개시라는 점에서 차이가 있다. 피고인의 증거개시는 공소사실의 입증과 관련된 것이 아니다. 왜냐하면 만약 공소사실의 입증과 관련한 사실을 증거개시의 대상으로 한다면 피고인의 진술거부권을 부정하는 결과가 되기 때문이다. 즉 진술거부권이 인정되고 거증책임을 부담하지 않는 피고인에게 검사와 동일한 정도의 증거개시의무를 부과하는 것은 타당하지 않기 때문에 피고인의 방어권보장이라는 측면에서 검사의 경우와는 달리 증거개시의 사유를 제한하고 있는 것이다.

(2) 증거개시의 거부

피고인 또는 변호인은 검사가 제266조의3 제1항에 따른 서류 등의 열람·등사 또는 서면의 교부를 거부한 때에는 제1항에 따른 서류 등의 열람·등사 또는 서면의 교부를 거부할 수 있다. 다만 법원이 제266조의4 제1항에 따른 신청을 기각하는 결정을 한 때에는 그러하지 아니하다(제266조의11 제2항). 검사는 피고인 또는 변호인이 제1항에 따른 요구를 거부한 때에는 법원에 그

---

1) 이에 대하여 입법론으로는 수사서류에 대해서도 피의자신문조서, 피의자가 제출한 증거 및 전문가의 감정서 등 일정한 서류에 대해서는 변호인의 열람·등사를 허용하는 것이 타당하다는 견해로는 이재상/조균석, 150면. 또한 수사단계에서 원활한 방어권 행사를 위하여 공소제기 전 피의자라 하더라도 수사기록 열람·등사를 인정할 필요가 있다는 견해로는 신양균/조기영, 48면.

2) 이에 대하여 증거개시제도는 공판기일에서의 불의의 공격을 방지하면서 집중심리를 가능하게 하기 위하여 마련한 장치인데, 공판기일에 증거개시신청을 허용하게 되면 개시신청에 대한 결정과 개시결정 후 증거의 열람·등사를 위하여 공판기일이 공전되므로 공판기일에서의 증거개시신청은 배제하는 것이 바람직하다는 견해로는 신동운, 386~387면.

서류 등의 열람·등사 또는 서면의 교부를 허용하도록 할 것을 신청할 수 있다(제266조의11 제3항). 제266조의4 제2항부터 제5항까지의 규정은 제266조의11 제3항의 신청이 있는 경우에 준용한다(제266조의11 제4항).

제2장 소송행위 및 소송조건

제1절 소송행위의 내용

Ⅰ. 소송행위의 의의

'소송행위'(訴訟行爲)란 소송절차를 형성하는 행위로서 일정한 소송법적 효과가 인정되는 것을 말한다. 형사소송절차는 소송의 주체 또는 소송관계인이 행하는 다수의 소송행위의 연속이라고 할 수 있는데, 하나의 소송행위는 절차의 발전단계에 따라 이미 행하여진 소송행위를 바탕으로 행해지기 때문에 이전의 소송행위가 무효가 되면 이를 기초로 이루어진 이후의 소송행위도 역시 무효가 되는 것이 원칙이다. 하지만 이를 그대로 관철시킬 경우에는 형사사법의 비경제를 초래하게 되므로 일정한 소송행위의 하자에 대해서는 치유를 인정하여 소송절차가 유지되도록 할 필요성이 있는데, 이를 '절차유지의 원칙'이라고 한다.

소송행위를 분설해 보면, 소송행위는 소송절차를 조성하는 행위이기 때문에 법관의 임면과 같은 사법행정상의 행위는 소송에 관계가 있는 행위이지만 소송절차 자체를 형성하는 행위가 아니므로 소송행위가 아니다. 다음으로 소송행위는 일정한 소송법적 효과가 있는 행위이기 때문에 법정경위의 법정정리 또는 개정준비행위는 사실상 소송진행에 기여하는 행위이지만 소송법적 효과가 인정되지 않으므로 소송행위가 아니다.

Ⅱ. 소송행위의 분류

1. 주체에 의한 분류

(1) 법원의 소송행위

법원의 소송행위는 피고사건에 대한 심리와 재판이 그 주된 내용을 이루고 있다. 하지만 법원이 재판을 하기 위하여 필요한 경우에 행하는 강제처분과 증거조사도 이에 포함된다. 재판장·수명법관·수탁판사의 소송행위와 법원사무관이 공판절차에서 조서를 작성하는 행위도 법원의 소송행위에 준한다.

(2) 당사자의 소송행위

'당사자의 소송행위'란 검사 및 피고인의 소송행위를 말하지만, 변호인·대리인·보조인의 소송행위도 당사자의 소송행위에 준한다. 당사자의 소송행위의 종류에는 신청(또는 청구)·입증·진술 등이 있다. ① '신청'(申請)이란 법원에 대한 일정한 재판을 구하는 소송행위를 말하는데,

검사의 공소제기·기피신청·보석의 청구·증거조사의 신청·증거조사에 대한 이의신청·관할이전의 신청·상소의 제기 등이 이에 해당한다. ② '입증'(立證)이란 증명에 관한 소송행위를 말하는데, 증거제출·증거조사의 신청·증인신문·감정인신문 등이 이에 해당한다. ③ '진술'(陳述)이란 법원에 대하여 사실을 보고하거나 사실상·법률상의 의견을 밝히는 것을 말하는데, 검사의 논고와 구형·변호인의 변론·피고인의 진술 등이 이에 해당한다.

(3) 제3자의 소송행위

'제3자의 소송행위'란 소송의 주체나 그 보조자 이외의 자가 행하는 소송행위를 말한다. 예를 들면 고소·고발, 참고인의 진술, 증인의 증언, 감정인의 감정, 피고인 아닌 자가 행하는 압수물에 대한 환부·가환부의 청구 등이 이에 해당한다.

2. 성질에 의한 분류

(1) 법률행위적 소송행위

'법률행위적 소송행위'란 일정한 소송법적 효과발생을 지향하는 의사표시를 그 본질적 요소로 하는 소송행위를 말하는데, 고소·공소의 제기·재판의 선고·상소의 제기·영장의 발부·기피의 신청·보석의 청구·상소권 회복의 청구 등이 이에 해당한다. 법률행위적 소송행위는 의사표시를 근거로 하면서도 그 내용대로 효과가 발생하지 아니하고, 소송법이 정한 정형적인 효과가 발생한다는 점에서 사법상의 법률행위와 구별된다. 그러므로 착오·사기·강박 등의 의사표시에 관한 사법상의 법률행위 이론이 그대로 적용되지 아니하고, 행위자의 효과의사와 표시행위가 불일치하는 경우에는 원칙적으로 표시행위에 따른 소송법적 효과가 발생한다. 또한 대리·조건 등이 허용되지 않는 경우가 많다.

(2) 사실행위적 소송행위

'사실행위적 소송행위'란 행위자의 의사와 관계없이 소송행위 자체에 대하여 일정한 소송법적 효과가 부여되는 소송행위를 말하는데, 이는 표시행위와 순수한 사실행위로 구별된다. '표시행위'란 일정한 의사의 외부적 표현을 수반하는 소송행위이지만 그에 상응하는 소송법적 효과가 인정되지 않는 것을 말하며, 논고·구형·변론·증언·감정·통역·번역 등이 이에 해당한다. '순수한 사실행위'란 순수한 사실행위 그 자체를 말하며, 강제처분을 위한 각종 영장의 집행·피고인의 퇴정 등이 이에 해당한다. 참고로 영장의 발부는 법률행위적 소송행위이지만 영장의 집행은 사실행위적 소송행위이므로, 구속은 법률행위와 사실행위를 포함한 복합적 소송행위에 해당한다.

3. 목적에 의한 분류

(1) 실체형성행위

'실체형성행위'란 실체면의 형성에 직접적인 역할을 담당하는 소송행위를 말하는데, 실체판단을 행하는 법관의 심증형성에 영향을 미치는 행위를 의미한다. 예를 들면 증거조사·피고인의 진술·검사의 논고·변호인의 변론·증인의 증언·법원의 검증 등이 이에 해당한다.

(2) 절차형성행위

'절차형성행위'란 절차면의 형성을 목적으로 하는 소송행위를 말하는데, 형사절차의 진행 자체와 관련된 소송행위를 의미한다. 예를 들면 공소의 제기·공판기일의 지정·소송관계인의 소환·증거조사의 신청·상소의 제기 등이 이에 해당한다.

4. 기능에 의한 분류

(1) 효과요구적 소송행위

'효과요구적 소송행위'(취효적(取效的) 소송행위)란 행위 자체만으로는 행위자가 원하는 소송법적 효과가 발생하지 않고 다른 소송주체의 소송행위, 특히 법원의 개입이 요구되는 소송행위를 말한다. 예를 들면 공소의 제기, 증거조사의 신청, 관할위반의 신청, 변론의 분리·병합·재개신청 등이 이에 해당한다.

(2) 효과부여적 소송행위

'효과부여적 소송행위'(여효적(與效的) 소송행위)란 다른 소송주체의 소송행위, 특히 법원의 개입을 기다리지 않고 소송행위에 내재되어 있는 의사표시에 의하여 곧바로 소송법적 효과가 나타나는 소송행위를 말한다. 예를 들면 상소의 포기 또는 취하, 정식재판청구의 취하, 고소의 취소, 공소의 취소, 증거동의, 변호인의 선임 등이 이에 해당한다.

Ⅲ. 소송행위의 일반적 요소

1. 소송행위의 주체

(1) 소송행위적격

'소송행위적격'(訴訟行爲適格)이란 행위의 주체가 그의 이름으로 소송행위를 할 수 있는 자격을 말하는데, 이는 일반소송행위적격과 특별소송행위적격으로 구별된다. 먼저 '일반소송행위적격'이란 소송행위 일반에 대하여 요구되는 행위적격을 말하는데, 소송행위의 주체가 되려면 소송능력이 있어야 하며, 소송행위를 대리할 경우에는 대리권이 있어야 한다. 다음으로 '특별소송행위적격'이란 개개의 소송행위에 대하여 요구되는 행위적격을 말하는데, 검사 아닌 자가 한 공소제기, 법관 아닌 자가 한 재판 등은 소송행위의 개념요소로 일정한 주체가 특정되어 있는 경우이므로 소송행위적격이 없는 자의 행위는 소송행위로서 성립하지 아니한다. 반면에 고소권자 아닌 자가 한 고소, 상소권자 아닌 자가 한 상소 등은 소송행위를 일정한 자의 권한으로 하고 있는 경우이므로 소송행위적격이 없는 자의 행위는 일단 소송행위로서 성립하지만 무효로 된다는 점에서 차이가 있다.

(2) 소송행위의 대리

1) 의 의

'소송행위의 대리'란 본인 이외의 제3자가 본인을 위하여 소송행위를 하지만, 그 효과는 직접 본인에게 귀속하는 것을 말한다. 이는 원칙적으로 의사표시를 본질적 요소로 하는 법률행위적 소송행위에 대하여 허용된다. 따라서 증인의 증언·피고인의 진술·감정인의 감정 등에 대해서는 대리가 허용된다. 다만 압수·수색·검증절차에 보조인이나 대리인이 참여하는 것은 사실행위적 소송행위이지만 피의자·피고인의 이익을 위하여 허용된다. 법원의 소송행위와 검사의 소송행위는 그 주체가 법률에 엄격히 제한되어 있어 대리를 인정할 여지가 없기 때문에 소송행위의 대리는 피고인 및 제3자의 소송행위에 대해서만 문제가 된다.

2) 대리의 허용범위

대리의 허용범위와 관련하여, ① 사실행위적 소송행위에 대하여는 의사표시의 대리가 아니라 사실행위의 대행이나 보조가 될 뿐이라는 점을 논거로 하여, 법률행위적 소송행위에 대하여만 가능하다는 견해[1], ② 소송절차에서 법률행위적 소송행위라고 하여 의사표시한 대로 효과가 발생하는 것이 아니기 때문에 소송행위의 대리는 실체법과 달리 법률행위적 소송행위뿐만 아니라 사실행위적 소송행위도 그 대상으로 한다는 견해[2] 등의 대립이 있다. 생각건대 후자의 견해가 타당하다.

3) 명문의 규정이 있는 경우

법률에 대리를 허용하는 명문의 규정이 있는 경우에는 당연히 그에 관한 소송행위의 대리는 허용되는데, 이는 포괄적 대리를 허용하는 규정과 개별적 대리를 허용하는 규정으로 구별된다. 포괄적 대리를 허용하는 규정으로는 법정대리인에 의한 의사무능력자의 소송행위의 대리(제26조), 법인의 대표자가 행하는 소송행위의 대리(제27조), 의사무능력자·법인의 특별대리인(제28조), 변호인·보조인에 의한 소송행위의 대리(제29조, 제36조), 경미사건에 있어서 피고인출석의 대리(제277조) 등이 있고, 개별적 대리를 허용하는 규정으로는 변호인선임의 대리(제30조 제2항), 체포·구속적부심사청구의 대리(제214조의2), 고소 또는 그 취소의 대리(제236조), 재정신청의 대리(제264조 제1항), 상소의 대리(제340조, 제341조) 등이 있다.

4) 명문의 규정이 없는 경우

형사소송법에 대리를 허용하는 명문의 규정이 없음에도 불구하고 대리를 허용할 것인지의 여부와 관련하여, ① 형사소송법이 일정한 경우에 대리를 허용하는 규정을 두었다고 할지라고 명문의 규정이 없으면 언제나 대리가 허용되지 않는다고 해석하는 것은 타당하지 않다는 점, 대리인의 권한을 명확히 하면 형사소송의 형식적 확실성을 해할 염려가 없다는 점, 대리의 허용 여부는 개별적인 소송행위의 의미와 목적에 따라 결정해야 한다는 점, 피고인의 진술이나

1) 김정한, 136면; 송광섭, 154면; 정승환, 350면; 정웅석/최창호, 396면.

2) 손동권/신이철, 120면; 이재상/조균석, 160면.

증인의 증언과 같은 비대체적인 소송행위에 대하여는 대리가 허용되지 않겠지만 피고인의 이익을 위하여 절차형성행위에 대한 대리를 허용하는 것이 타당하다는 점 등을 논거로 하는 적극설[1], ② 형사소송법상 대리를 인정하는 명문의 규정을 둔 것은 이러한 규정이 없는 경우에는 대리가 허용되지 않는다는 취지로 해석하여야 한다는 점, 소송행위는 일신전속적 성질을 지니고 있으므로 대리에 친하지 않다는 점, 실체적 진실발견에 지장을 초래할 수 있다는 점 등을 논거로 하는 소극설[2] 등의 대립이 있다.

이에 대하여 판례는 「음주운전과 관련한 도로교통법 위반죄의 범죄수사를 위하여 미성년자인 피의자의 혈액채취가 필요한 경우에도 피의자에게 의사능력이 있다면 피의자 본인만이 혈액채취에 관한 유효한 동의를 할 수 있고, 피의자에게 의사능력이 없는 경우에도 명문의 규정이 없는 이상 법정대리인이 피의자를 대리하여 동의할 수는 없다.」라고 판시[3]하여, 소극설의 입장을 취하고 있다. 생각건대 소송행위의 대리를 인정하는 것은 대리권의 유무와 관련해서 형사소송의 형식적 확실성을 해할 수 있다는 점에서 소극설이 타당하다.

5) 대리권의 행사

대리권의 행사는 원칙적으로 본인의 의사에 따라야 한다. 하지만 피의자·피고인에 대한 후견적 견지에서 이들의 명시적 또는 묵시적 의사에 반하여 대리권을 행사할 수 있도록 하는 경우(제30조 제2항, 제340조, 제341조 제2항)가 있다. 또한 변호인은 법률에 다른 규정이 있는 경우를 제외하고는 독립하여 피의자·피고인의 소송행위를 대리할 수 있다(제36조). 대리권을 행사할 때에는 적법한 대리권자에 의한 대리행위임을 표시하여야 한다. 대리권이 없는 자의 대리행위 또는 본인의 의사에 따를 것을 요하는 경우에 본인의 의사에 반하여 행한 대리행위는 무효이다. 다만 본인의 추인이 있는 경우에는 무효의 치유가 가능하다.

2. 소송행위의 내용

(1) 내용의 명확성

소송행위에 있어서는 표시의 내용이 소송행위 자체에 의하여 명시되고 특정되지 않으면 안된다. 다만 형식적 확실성과 절차의 진행을 해하지 아니하는 범위 내에서 다른 서면에 기재된 내용을 인용하는 것은 가능하다. 예를 들면 상소심의 재판서를 기재할 때 원심판결에 기재된 사실과 증거를 인용할 수 있다(제369조, 제399조). 그러므로 항소심판결은 항소이유에 대한 판단을 기재함으로써 충분하고, 제1심판결을 파기하여 유죄의 판결을 하는 경우 외에는 판결이유에 범죄

---

1) 김인회, 281면; 송광섭, 155면; 신양균/조기영, 502면; 이은모/김정환, 126면; 이재상/조균석, 161면; 정웅석/최창호, 398면. 이에 의하면 대리가 허용되는지의 여부는 소송행위의 의미와 목적에 따라 결정하지 않으면 안 된다. 그러므로 소송행위 가운데 증인의 증언 또는 피고인의 진술 등과 같은 비대체적인 소송행위는 대리가 허용되지 않지만, 절차형성행위 특히 소송주체로서의 소송행위에 대하여는 원칙적으로 대리가 허용된다고 한다.

2) 손동권/신이철, 121면; 이창현, 161면; 임동규, 108면; 정승환, 351면; 최호진, 349면. .

3) 대법원 2014. 11. 13. 선고 2013도1228 판결; 대법원 1953. 6. 9. 선고 4286형상3 판결.

사실이나 증거의 요지는 물론이고, 그에 관한 법령의 적용을 따로 기재할 필요가 없다.[1)]

(2) 소송행위의 부관

'부관'(附款)이란 주된 행위의 효과를 제한하거나 요건을 보충하기 위하여 주된 행위에 부가된 규율을 말하는데, 조건·기한·부담 등이 그 예이다. 소송행위에 대하여 부관을 허용할 것인지 여부와 관련하여, ① 소송행위에는 특별히 형식적 확실성이 요구된다는 점, 공소제기의 예비적·택일적 기재(제245조 제5항)와 같이 법령에 의하여 허용된 경우 이외에는 부관을 허용할 수 없다는 점 등을 논거로 하는 소극설[2)], ② 소송행위의 형식적 확실성을 해하지 아니하고 피고인의 의사에 중대한 영향을 미치지 않는 범위에서는 예외적으로 조건부 소송행위도 허용된다는 점, 실무에서 재판 진행의 편의상 조건부 또는 택일적 증거신청이 허용되고 있다는 점 등을 논거로 하는 제한적 적극설[3)], ③ 여효적 소송행위에는 조건이 허용되지 않지만 취효적 소송행위에 대하여는 법원의 심리·재판을 불안정하게 하지 않는 한도에서 허용된다는 이원설[4)] 등의 대립이 있다. 생각건대 소송행위에 부관을 허용하지 않는 것이 원칙이지만, 예외적으로 가능하다는 점에서 제한적 적극설이 타당하다. 그러므로 공소장의 적용법조 기재에서 예비적·택일적 기재가 가능하고, 조건부·택일적 증거신청도 가능하다.

3. 소송행위의 방식

(1) 구두주의

'구두주의'(口頭主義)란 소송행위를 구두로 행하게 하는 방식을 말하는데, 공판정에서의 소송행위 중 실체형성행위에 대한 원칙적인 방식에 해당한다(제275조의3). 예를 들면 판결의 선고(제43조)·증인신문(제161조의2)·재판장의 소송지휘(제281조)·피고인에 대한 진술거부권의 고지(제238조의2)·재판장의 인정신문(제284조), 검사의 모두진술(제285조)·피고인의 모두진술(제286조)·피고인신문(제296조의2)·불필요한 변론의 제한(제299조)·검사의 의견진술(제302조)·변호인 및 피고인의 최종의견진술(제303조) 등의 실체형성행위는 구두의 방식으로 진행하여야 한다. 그러므로 법정에서 진술되지 아니한 변호인의 변론요지서에 대하여 법원이 별도로 판단할 필요는 없다.[5)]

(2) 서면주의

'서면주의'(書面主義)란 소송행위를 서면의 형태로 진행하게 하는 방식을 말하는데, 형식적 확실성을 요하는 절차형성행위에 있어서의 원칙적인 방식에 해당한다. 예를 들면 공소의 제기(제

---

1) 대법원 2009. 5. 28. 선고 2008도7449 판결; 대법원 2002. 7. 12. 선고 2002도2134 판결; 대법원 1992. 7. 28. 선고 92도371 판결.

2) 김정한, 138면; 정승환, 352면.

3) 김인회, 282면; 손동권/신이철, 121면; 송광섭, 157면; 신양균/조기영, 503면; 이은모/김정환, 127면; 이재상/조균석, 162면; 이창현, 162면; 임동규, 109면; 최호진, 350면.

4) 정웅석/최창호, 399면.

5) 대법원 1970. 9. 22. 선고 70도1513 판결.

254조)·불기소처분의 고지(제258조)·불기소처분이유의 고지(제259조)·상소의 제기(제343조 제1항)·준항고의 제기(제418조)·재심청구(규칙 제166조)·비상상고(제442조)·변호인선임신고(제32조 제1항)·증거보전신청(규칙 제92조)·재정신청(제260조)·공소장변경신청(규칙 제142조 제1항) 등이 이에 해당한다.

(3) 병행주의

고소·고발 및 그 취소(제237조 제1항, 제239조), 공소의 취소(제255조), 상소의 포기·취하(제352조), 정식재판청구의 포기·취하(제458조, 제352조) 등은 서면 또는 구두의 방식 모두에 의해서 가능한데, 특히 법률이 이를 명시적으로 규정한 경우이다. 하지만 명문의 규정이 별도로 없는 경우에도 구두주의 또는 서면주의 모두가 가능할 수 있다.

또한 법원 또는 판사에 대한 신청 기타 진술은 형사소송법 및 형사소송규칙에 다른 규정이 없으면 서면 또는 구술로 할 수 있다(규칙 제176조 제1항). 따라서 기피신청(제18조)·국선변호인 선정청구(제33조 제2항)·증거조사신청(제294조)·증거조사에 대한 이의신청(제296조)·변론의 분리·병합·재개신청(제300조, 제305조) 등은 구두 또는 서면 중 어느 방식에 의해서도 모두 가능하다. 다만 구술에 의하여 신청 기타의 진술을 할 때에는 법원사무관 등의 면전에서 하여야 하고, 이 경우 법원사무관 등은 조서를 작성하고 기명날인하여야 한다(규칙 제176조 제2항 및 동조 제3항).

하지만 재판은 법관이 작성한 재판서에 의하여야 한다. 다만 결정 또는 명령을 고지하는 경우에는 재판서를 작성하지 아니하고 조서에만 기재하여 할 수 있다(제38조). 재판의 선고 또는 고지는 공판정에서는 재판서에 의하여야 하고, 기타의 경우에는 재판서등본의 송달 또는 다른 적당한 방법으로 하여야 한다(제42조). 판결을 선고함에는 주문을 낭독하고 이유의 요지를 설명하여야 한다(제43조).

4. 소송행위의 일시

(1) 기 일

'소송행위의 기일(期日)'이란 소송관계인이 소송행위를 하기 위해 정해진 때를 말하며, 일(日)과 시(時)로써 정해진다. 기일은 지정된 시각에 개시되지만 그 종기(終期)에는 제한이 없다. 예를 들면 공판준비기일·공판기일·증인신문기일·검증기일·선고기일 등이 이에 해당한다.

(2) 기 간

'소송행위의 기간'이란 소송행위를 할 수 있도록 시기(始期)와 종기(終期)에 의하여 구획된 시간의 길이를 말한다.

1) 기간의 종류

① 행위기간과 불행위기간

'행위기간'(行爲期間)이란 적법하게 소송행위를 할 수 있는 일정한 기간을 말하는데, 고소기간(제230조)·상소제기기간(제358조, 제374조) 등이 이에 해당한다. 반면에 '불행위기간'(不行爲期間)이란 일정한 기간 내에는 소송행위를 할 수 없는 기간을 말하는데, 제1회 공판기일의 유예기간(제

269조)·제1회 공판기일 소환장송달의 유예기간(규칙 제123조) 등이 이에 해당한다.

② 법정기간과 재정기간

'법정기간'(法定期間)이란 기간의 길이가 법률에 정해져 있는 기간을 말하는데, 구속기간(제92조, 제202조, 제203조)·상소제기기간(제358조, 제374조)·즉시항고의 제기기간(제405조) 등이 이에 해당한다. 반면에 '재정기간'(裁定期間)이란 재판에 의하여 정하여지는 기간을 말하는데, 영장의 유효기간(제75조)·구속기간의 연장(제205조)·감정유치기간(제172조 제3항, 제221조의3) 등이 이에 해당한다.

③ 불변기간과 훈시기간

'불변기간'(不變期間)이란 기간의 경과 후에 행한 소송행위가 무효가 되는 경우의 기간을 말하는데, 고소기간(제230조)·재정신청기간(제260조)·상소제기기간(제358조, 제374조)·상소이유서 및 답변서 제출기간(제361조의3, 제379조)·즉시항고의 제기기간(제405조) 등이 이에 해당한다. 반면에 '훈시기간'(訓示期間)이란 기간이 경과한 후에 소송행위를 하더라도 그 효력에 영향이 없는 기간을 말하는데, 공판조서의 정리기간(제54조), 고소 또는 고발사건의 처리기간(제257조)·재정결정기간(제262조)·상소사건에 있어서 소송기록 및 증거물의 송부기간(제361조, 제377조)·판결선고기간(제318조의4)·사형집행명령의 발동기간(제465조) 등이 이에 해당한다.

2) 기간의 계산방법

기간의 계산에 관하여는 시(時)로써 계산하는 것은 즉시부터 기산하고, 일·월 또는 연으로써 계산하는 것은 초일을 산입하지 아니한다. 따라서 상소제기기간의 기산일은 재판을 선고 또는 고지한 날의 다음날부터이다. 다만 시효와 구속기간의 초일은 시간을 계산함이 없이 1일로 산정한다(제66조 제1항). 연 또는 월로써 정한 기간은 역서(曆書)에 따라 계산한다(제66조 제2항). 그러므로 연 또는 월에 따라 1~3일의 차이가 발생할 수도 있다. 기간의 말일이 공휴일 또는 토요일에 해당하는 날은 기간에 산입하지 아니한다. 다만 시효와 구속의 기간에 관하여서는 예외로 한다(제66조 제3항).

3) 법정기간의 연장

불변기간인 법정기간은 그 기간의 경과에 따라 소송행위를 할 수 있는 권리가 소멸되기 때문에 소송관계인의 지위에 중대한 영향을 미칠 수 있다. 이에 따라 법정기간은 소송행위를 할 자의 주거 또는 사무소의 소재지와 법원 또는 검찰청 소재지와의 거리 및 교통통신의 불편정도에 따라 대법원규칙으로 이를 연장할 수 있는데(제67조), 소송행위를 할 자가 국내에 있는 경우 주거 또는 사무소의 소재지와 법원 또는 검찰청 소재지와의 거리에 따라 해로는 100km, 육로는 200km마다 각 1일을 부가한다. 그 거리의 전부 또는 잔여가 기준에 미달할지라도 50km 이상이면 1일을 부가한다.[1] 다만 법원은 홍수·천재지변 등 불가피한 사정이 있거나 교통통신의

1) 대법원 2007. 1. 26. 선고 2006도3329 판결(피고인의 주거지(포항)와 법원소재지(대구) 간의 원거리(육로 96.5km)로 인하여 항소이유서 제출기간이 1일 연장되어 피고인의 항소이유서가 적법한 기간 내에 제출되었다고 본 사례).

불편정도를 고려하여 법정기간을 연장함이 상당하다고 인정하는 때에는 이를 연장할 수 있다(규칙 제44조 제1항). 또한 소송행위를 할 자가 외국에 있는 경우의 법정기간에는 그 거주국의 위치에 따라 아시아주 및 오세아니아주는 15일, 북아메리카주 및 유럽주는 20일, 중남아메리카주 및 아프리카주는 30일의 기간을 부가한다(규칙 제44조 제2항).

이러한 기간의 연장은 피고인의 행위기간에 대해서만 적용되는데, 즉시항고의 제출기간[1]·상고제기기간[2]·항소이유서의 제출기간[3] 등이 이에 해당한다. 반면에 법원이나 검사의 행위기간에 대하여는 그 연장이 인정되지 않는데, 상고를 제기한 검찰청 소속 검사가 그 이름으로 상고이유서를 제출하여도 유효한 것으로 취급되지만, 이 경우 상고를 제기한 검찰청이 있는 곳을 기준으로 법정기간인 상고이유서 제출기간이 제67조에 따라 연장될 수 없다.[4]

5. 소송행위의 장소

공판기일의 소송행위는 원칙적으로 법원 또는 지원의 건조물 내에 있는 법정(공판정)에서 행한다(제275조 제1항). 그러나 예외적으로 필요한 경우에는 법원장이 법원 이외의 장소에서 개정하게 할 수 있다(법원조직법 제56조 제2항). 기타의 소송행위도 법원 이외에 별도의 적당한 장소에서 할 수 있는데, 피고인의 지정장소에의 동행(제79조)·검증(제139조)·법정 외에서의 증인신문과 감정(제165조, 제172조 제1항) 등이 이에 해당한다.

Ⅳ. 소송서류

1. 소송서류의 의의

'소송서류'(訴訟書類)란 특정한 소송에 관하여 작성된 일체의 서류를 말하는데, 법원에서 작성한 서류뿐만 아니라 법원에 제출된 서류도 포함된다. 소송서류는 특정한 형사사건에 관하여 작성되는 서류이므로, 압수된 서류는 증거물이지 소송서류가 아니다. 그리고 소송서류를 소송절차의 진행순서에 따라 편철한 것을 '소송기록'(訴訟記錄)이라고 한다. 이러한 소송기록에는 소송서류뿐만 아니라 단순히 증거로 제출됨에 불과한 비소송서류(진단서·지도·사진 등)도 포함될 수 있다.

소송에 관한 서류는 공판의 개정 전에는 공익상 필요 기타 상당한 이유가 없으면 공개하지 못하는데(제47조), 이는 피고인 또는 이해관계인의 명예를 보호하고 재판에 대한 외부의 영향을 방지하기 위한 것이다. 여기서 '공판의 개정 전'이란 제1회 공판기일 전에 국한되지 않기 때문에 제2회 공판기일의 개정 전에도 전 공판기일에 공개하지 않았던 서류나 그 후에 작성된 서류

1) 대법원 1983. 1. 22.자 82모52 결정.
2) 대법원 1979. 9. 27.자 76모56 결정; 대법원 1976. 9. 27.자 76모58 결정.
3) 대법원 1985. 10. 27.자 85모47 결정.
4) 대법원 2003. 6. 26.자 2003도2008 결정.

는 공개하지 못한다.[1] 다만 피고인과 변호인 등은 소송계속 중의 관계 서류 또는 증거물을 열람하거나 복사할 수 있다(제35조).

2. 소송서류의 종류

(1) 의사표시적 문서와 보고적 문서

'의사표시적 문서'란 의사표시를 내용으로 하는 문서를 말하는데, 이는 소송행위자의 일방적 의사표시를 기재한데 불과하므로 증거능력이 없으며, 고소장 · 고발장 · 공소장[2] · 상소장 · 변호인선임서 등이 이에 해당한다. 다만 고소장 · 고발장의 내용 가운데 범죄사실을 신고하는 보고부분을 범죄사실의 입증에 사용하는 경우에는 이를 피고인 아닌 자가 작성한 진술서(제313조 제1항)로 보아 증거능력이 인정될 수 있다.[3] 반면에 '보고적 문서'란 일정한 사실의 보고를 내용으로 하는 서류를 말하는데, 공판조서 · 검증조서 · 진술서 · 각종 신문조서 등이 이에 해당한다. 보고적 문서는 일정한 조건 하에 증거능력이 인정된다는 점에서 의사표시적 문서와 구별된다.

(2) 공무원의 서류와 비공무원의 서류

공무원이 작성하는 서류에는 법률에 다른 규정[4]이 없는 때에는 작성 연월일과 소속공무소를 기재하고 기명날인 또는 서명하여야 하며(제57조 제1항)[5], 서류에는 간인(間印)하거나 이에 준하는 조치를 하여야 한다(제57조 제2항). 공무원이 서류를 작성함에는 문자를 변개하지 못하며(제58조 제1항), 삽입 · 삭제 · 난외기재를 할 때에는 이 기재한 곳에 날인하고 그 자수(字數)를 기재하여야 한다. 다만 삭제한 부분은 해득할 수 있도록 자체(字體)를 존치하여야 한다(제58조 제2항). 속기록 · 녹음물 · 영상녹화물 또는 녹취서는 전자적 형태로 이를 보관할 수 있으며, 재판이 확정되면 폐기한다. 다만 속기록 · 녹음물 · 영상녹화물 또는 녹취서가 조서의 일부가 된 경우에는 그러하지 아니하다(규칙 제39조 제1항). 이에 따라 속기록 · 녹음물 · 영상녹화물 · 녹취서를 조서의 일부로 한 경우라도 재판장은 법원사무관 등으로 하여금 피고인 · 증인 · 그 밖의 소송관계인의 진술 중 중요한 사항을 요약하여 조서의 일부로 기재하게 할 수 있다(규칙 제39조 제2항).

공무원 아닌 자가 작성하는 서류에는 연월일을 기재하고 기명날인 또는 서명[6]하여야 한다.

---

1) 同旨 이은모/김정환, 139면; 이재상/조균석, 163면; 이창현, 167면; 정웅석/최창호, 402면.

2) 대법원 1978. 5. 23. 선고 78도575 판결(검사의 공소장은 법원에 대하여 형사재판을 청구하는 서류로서 그 기재내용이 실체적 사실인정의 증거자료가 될 수는 없다).

3) 대법원 2012. 7. 26. 선고 2012도2937 판결.

4) 대법원 2007. 10. 25. 선고 2007도4961 판결(검찰사건사무규칙은 검찰청법 제11조의 규정에 따라 각급 검찰청의 사건의 수리 · 수사 · 처리 및 공판수행 등에 관한 사항을 정함으로써 사건사무의 적정한 운영을 기함을 목적으로 하여 제정된 것으로서 그 실질은 검찰 내부의 업무처리지침으로서의 성격을 가지는 것이므로, 이를 형사소송법 제57조의 적용을 배제하기 위한 '법률의 다른 규정'으로 볼 수 없다). 한편 판결서(제41조)와 각종 영장(규칙 제25조의2)에 대해서는 반드시 서명날인을 하여야 한다.

5) '서명'(署名)이란 자기의 성명을 자필하는 것을 말하고, '기명'(記名)이란 방식에 제한 없이 성명을 기재하는 것이므로 자필 이외에 타인이 기재하거나 고무인, 인쇄, 타자 등 어느 방식이든 가능하다.

6) 형사소송 서류에 대한 본인확인 방법과 관련하여 공무원이 아닌 사람이 작성하는 서류를 공무원이 작성하는

인장(印章)이 없으면 지장(指章)으로 한다(제59조). 여기에서 '기명날인'(記名捺印)은 공무원 아닌 사람이 작성하는 서류에 관하여 그 서류가 작성자 본인의 진정한 의사에 따라 작성되었다는 것을 확인하는 표식으로서 형사소송절차의 명확성과 안정성을 도모하기 위한 것이다.[1] 공무원이 아닌 자가 서명날인을 하여야 할 경우에 서명을 할 수 없으면 타인이 대서한다. 이 경우에는 대서한 자가 그 사유를 기재하고 기명날인 또는 서명하여야 한다(규칙 제41조).

3. 조 서

(1) 조서의 의의

'조서'(調書)란 보고적 문서 중 일정한 절차 또는 사실을 인증(認證)하기 위하여 작성된 공권적 문서를 말한다. 조서는 수사기관이 작성하는 조서와 법원이 작성하는 조서로 구별할 수 있으며, 법원이 작성하는 조서는 다시 공판기일에 행하여진 소송절차의 진행경과와 내용을 기재한 공판조서와 그 이외의 조서로 구별할 수 있다.

(2) 공판조서

1) 의 의

'공판조서'(公判調書)란 공판기일의 소송절차에 관하여 법원사무관 등이 작성한 조서를 말한다(제51조 제1항). 공판기일의 소송절차로서 공판조서에 기재된 것은 그 조서만으로써 증명한다(제56조). 이는 다른 자료에 의한 반증이 허용되지 않는 절대적 증명력이 있음을 의미한다. 또한 공판기일에 피고인이나 피고인 아닌 자의 진술을 기재한 공판조서는 법원면전조서로서 제311조에 의하여 당연히 증거능력이 인정된다.

2) 공판조서의 기재사항

공판조서에는 ① 공판을 행한 일시와 법원, ② 법관·검사·법원사무관 등의 관직·성명[2], ③ 피고인·대리인·대표자·변호인·보조인과 통역인의 성명, ④ 피고인의 출석 여부, ⑤ 공개의 여부와 공개를 금한 때에는 그 이유, ⑥ 공소사실의 진술 또는 그를 변경하는 서면의 낭독, ⑦ 피고인에게 그 권리를 보호함에 필요한 진술의 기회를 준 사실과 그 진술한 사실, ⑧ 피고인·증인·감정인·통역인 또는 번역인의 진술 및 증인 등이 선서를 하지 아니한 때에는 그 사유, ⑨ 증거조사를 한 때에는 증거될 서류, 증거물과 증거조사의 방법, ⑩ 공판정에서 행한 검증 또는

서류와 달리 적용할 이유가 없고, 생활저변에 서명이 보편화되는 추세에 따라 행정기관에 제출되는 서류의 본인확인 표식으로 인장이나 지장뿐만 아니라 서명도 인정될 필요성이 높아짐에 따라, 이를 고려하여 2017. 12. 12. 개정 형사소송법에서는 제59조에서도 본인확인 방법으로 기명날인 외에 서명을 허용하였다.

1) 대법원 2019. 11. 29.자 2017모3458 결정(이 사건 정식재판청구서에는 피고인의 자필로 보이는 이름이 기재되어 있고 그 옆에 서명이 되어 있어 위 서류가 작성자 본인인 피고인의 진정한 의사에 따라 작성되었다는 것을 명백하게 확인할 수 있으며 형사소송절차의 명확성과 안정성을 저해할 우려가 없으므로, 이 사건 정식재판청구는 적법하다고 보아야 한다. 피고인의 인장이나 지장이 찍혀 있지 않다고 해서 이와 달리 볼 것이 아니다).

2) 대법원 1970. 9. 22. 선고 70도1312 판결(공판조서에 그 공판에 관여한 법관의 성명이 기재되어 있지 아니하다면 공판절차가 법령에 위반되어 판결에 영향을 미친 위법이 있다).

압수, ⑪ 변론의 요지, ⑫ 재판장이 기재를 명한 사항 또는 소송관계인의 청구에 의하여 기재를 허가한 사항, ⑬ 피고인 또는 변호인에게 최종 진술할 기회를 준 사실과 그 진술한 사실, ⑭ 판결 기타의 재판을 선고 또는 고지한 사실 등의 사항 기타 모든 소송절차를 기재하여야 한다(제51조 제2항).

3) 기명날인 또는 서명

공판조서에는 재판장과 참여한 법원사무관 등이 기명날인 또는 서명하여야 한다(제53조 제1항).[1] 재판장이 기명날인 또는 서명할 수 없는 때에는 다른 법관이 그 사유를 부기하고 기명날인 또는 서명하여야 하며, 법관 전원이 기명날인 또는 서명할 수 없는 때에는 참여한 법원사무관 등이 그 사유를 부기하고 기명날인 또는 서명하여야 한다(제53조 제2항). 법원사무관 등이 기명날인 또는 서명할 수 없는 때에는 재판장 또는 다른 법관이 그 사유를 부기하고 기명날인 또는 서명하여야 한다(제53조 제3항).

4) 공판심리의 속기·녹음·영상녹화

법원은 검사·피고인 또는 변호인의 신청이 있는 때에는 특별한 사정이 없는 한 공판정에서의 심리의 전부 또는 일부를 속기사로 하여금 속기하게 하거나 녹음장치 또는 영상녹화장치를 사용하여 녹음 또는 영상녹화(녹음이 포함된 것을 말한다)하여야 하며, 필요하다고 인정하는 때에는 직권으로 이를 명할 수 있다(제56조의2 제1항). 속기·녹음 또는 영상녹화의 신청은 공판기일의 1주일 전까지 하여야 한다. 다만 지정된 공판기일부터 1주일이 남지 않은 시점에서 공판기일 지정의 통지가 있는 경우에는 통지받은 다음날까지 신청할 수 있다(규칙 제30조의2 제1항). 피고인·변호인 또는 검사의 신청이 있음에도 불구하고 특별한 사정이 있는 때에는 속기·녹음 또는 영상녹화를 하지 아니하거나 신청하는 것과 다른 방법으로 속기·녹음 또는 영상녹화를 할 수 있다. 다만 이 경우 재판장은 공판기일에 그 취지를 고지하여야 한다(규칙 제30조의2 제2항).

속기를 하게 한 경우에 재판장은 법원사무관 등으로 하여금 속기록의 전부 또는 일부를 조서에 인용하고 소송기록에 첨부하여 조서의 일부로 하게 할 수 있다(규칙 제33조). 속기를 하게 한 경우 속기록 기재내용의 정확성 여부에 대한 확인절차의 이행은 법원사무관 등 또는 법원에 소속되어 있거나 법원이 선정한 속기능력소지자로 하여금 속기록의 내용을 읽어주게 하거나 진술자에게 속기록을 열람하도록 하는 방법에 의한다(규칙 제34조).

재판장은 필요하다고 인정하는 때에는 법원사무관 등 또는 속기사 등에게 녹음 또는 영상녹화된 내용의 전부 또는 일부를 녹취할 것을 명할 수 있고, 법원사무관 등으로 하여금 작성된 녹취서의 전부 또는 일부를 조서에 인용하고 소송기록에 첨부하여 조서의 일부로 하게 할 수

1) 대법원 1983. 2. 8. 선고 82도2940 판결(공판조서에 서명날인 할 재판장은 당해 공판기일에 열석한 재판장이어야 하므로 당해 공판기일에 열석하지 아니한 판사가 재판장으로서 서명날인한 공판조서는 적식의 공판조서라고 할 수 없어 이와 같은 공판조서는 소송법상 무효라고 할 것이므로 공판기일에 있어서의 소송절차를 증명할 공판조서로서의 증명력이 없다). 하지만 공판조서에 간인이 없다는 사유만으로는 조서를 무효라고 할 수 없다(대법원 1960. 1. 29. 선고 4292형상747 판결).

있다(규칙 제38조). 법원은 속기록·녹음물 또는 영상녹화물을 공판조서와 별도로 보관하여야 하며(제56조의2 제2항), 검사·피고인 또는 변호인은 비용을 부담하고 속기록·녹음물 또는 영상녹화물의 사본을 청구할 수 있다(제56조의2 제3항). 이에 따라 속기록·녹음물 또는 영상녹화물의 사본을 교부받은 사람은 그 사본을 당해 사건 또는 관련 소송의 수행과 관계없는 용도로 사용하여서는 아니 된다(규칙 제38조의2 제2항). 하지만 재판장은 피해자 또는 그 밖의 소송관계인의 사생활에 관한 비밀 보호 또는 신변에 대한 위해 방지 등을 위하여 특히 필요하다고 인정하는 경우에는 속기록·녹음물 또는 영상녹화물의 사본의 교부를 불허하거나 그 범위를 제한할 수 있다(규칙 제38조의2 제1항). 속기록·녹음물·영상녹화물 또는 녹취서는 전자적 형태로 이를 보관할 수 있으며, 재판이 확정되면 폐기한다. 다만 속기록·녹음물·영상녹화물 또는 녹취서가 조서의 일부가 된 경우에는 그러하지 아니하다(규칙 제39조).

5) 공판조서의 정리와 고지

'공판조서의 정리'란 법원사무관 등이 공판조서를 작성하여 그 조서 말미에 기명날인 또는 서명한 다음 그 기재의 정확성을 인증하기 위하여 재판장의 기명날인 또는 서명을 받는 것을 말한다. 이후 공판조서는 각 공판기일 후 신속히 정리하여야 한다(제54조 제1항). 다음 회의 공판기일에 있어서는 전회의 공판심리에 관한 주요사항의 요지를 조서에 의하여 고지하여야 한다. 다만 다음 회의 공판기일까지 전회의 공판조서가 정리되지 아니한 때에는 조서에 의하지 아니하고 고지할 수 있다(제54조 제2항). 이 경우에 검사·피고인 또는 변호인은 공판조서의 기재에 대하여 변경을 청구하거나 이의를 제기할 수 있으며(제54조 제3항), 이에 따른 청구나 이의가 있는 때에는 그 취지와 이에 대한 재판장의 의견을 기재한 조서를 당해 공판조서에 첨부하여야 한다(제54조 제4항). 공판조서의 기재에 대하여 변경청구나 이의제기가 있는 경우, 법원사무관 등은 신청의 연월일 및 그 요지와 그에 대한 재판장의 의견을 기재하여 조서를 작성한 후 당해 공판조서 뒤에 이를 첨부하여야 한다(규칙 제29조의2).

6) 공판조서의 열람·등사권

피고인은 공판조서의 열람 또는 등사를 청구할 수 있는데(제55조 제1항), 이는 공판조서의 열람 또는 등사를 통하여 피고인으로 하여금 진술자의 진술내용과 그 기재된 조서의 기재내용의 일치 여부를 확인할 수 있도록 기회를 줌으로써 공판조서의 정확성을 담보함과 아울러 피고인의 방어권을 충실하게 보장하려는 목적에서 규정된 것이다. 만약 피고인이 공판조서를 읽지 못하는 때에는 공판조서의 낭독을 청구할 수 있으며(제55조 제2항), 피고인의 낭독청구가 있는 때에는 재판장의 명에 의하여 법원사무관 등이 낭독하거나 녹음물 또는 영상녹화물을 재생한다(규칙 제30조). 이와 같은 청구에 응하지 아니한 때에는 그 공판조서를 유죄의 증거로 할 수 없다(제55조 제3항). 뿐만 아니라 공판조서에 기재된 당해 피고인이나 증인의 진술도 증거로 할 수 없다.[1] 다

---

1) 대법원 2003. 10. 10. 선고 2003도3282 판결.

만 그러한 증거들 이외에 적법하게 채택하여 조사한 다른 증거들만에 의하더라도 범죄사실을 인정하기에 충분하고, 또한 당해 공판조서의 내용 등에 비추어 보아 공판조서의 열람 또는 등사에 응하지 아니한 것이 피고인의 방어권이나 변호인의 변호권을 본질적으로 침해한 정도에 이르지는 않은 경우, 판결에서 공판조서 등을 증거로 사용하였다고 하더라도 그러한 잘못이 판결에 영향을 미친 위법이라고 할 수는 없다.[1] 같은 맥락에서 비록 피고인이 차회 공판기일 전 등 원하는 시기에 공판조서를 열람·등사하지 못하였다고 하더라도 그 변론종결 이전에 이를 열람·등사한 경우에는 그 열람·등사가 늦어짐으로 인하여 피고인의 방어권 행사에 지장이 있었다는 등의 특별한 사정이 없는 한 제55조 제1항 소정의 피고인의 공판조서의 열람·등사청구권이 침해되었다고 볼 수 없어, 그 공판조서를 유죄의 증거로 할 수 있다.[2]

(3) 공판기일 이외의 절차에 관한 조서

1) 신문조서

공판기일 외에서의 피고인·피의자·증인·감정인·통역인 또는 번역인을 신문하는 때에는 참여한 법원사무관 등이 조서를 작성하여야 한다(제48조 제1항). 신문조서에는 피고인·피의자·증인·감정인·통역인 또는 번역인의 진술 및 증인·감정인·통역인 또는 번역인이 선서를 하지 아니한 때에는 그 사유를 기재하여야 한다(제48조 제2항). 조서는 진술자에게 읽어주거나 열람하게 하여 기재내용의 정확여부를 물어야 한다(제48조 제3항). 진술자가 증감변경의 청구를 한 때에는 그 진술을 조서에 기재하여야 한다(제48조 제4항). 신문에 참여한 검사·피고인·피의자 또는 변호인이 조서의 기재의 정확성에 대하여 이의를 진술한 때에는 그 진술의 요지를 조서에 기재하여야 하며(제48조 제5항), 이 경우에는 재판장 또는 신문한 법관은 그 진술에 대한 의견을 기재하게 할 수 있다(제48조 제6항). 조서에는 진술자로 하여금 간인한 후 서명날인하게 하여야 한다. 다만 진술자가 서명날인을 거부한 때에는 그 사유를 기재하여야 한다(제48조 제7항). 공판조서 및 공판기일 이외의 증인신문조서에는 제48조 제3항 내지 제7항의 규정에 의하지 아니한다. 다만 진술자의 청구가 있는 때에는 그 진술에 관한 부분을 읽어주고 증감변경의 청구가 있는 때에는 그 진술을 기재하여야 한다(제52조).

신문조서에는 조사 또는 처분의 연월일시와 장소를 기재하고 그 조사 또는 처분을 행한 자와 참여한 법원사무관 등이 기명날인 또는 서명하여야 한다. 다만 공판기일 외에 법원이 조사 또는 처분을 행한 때에는 재판장 또는 법관과 참여한 법원사무관 등이 기명날인 또는 서명하여야 한다(제50조).

2) 압수·수색·검증조서

공판기일 외에서의 검증·압수 또는 수색에 관하여는 조서를 작성하여야 한다(제49조 제1항). 참고로 공판기일에서의 검증과 압수는 공판조서에 기재된다(제51조 제2항 제10호). 검증조서에는

---

1) 대법원 2012. 12. 27. 선고 2011도15869 판결.

2) 대법원 2007. 7. 26. 선고 2007도3906 판결.

검증목적물의 현상을 명확하게 하기 위하여 도화나 사진을 첨부할 수 있다(제49조 제2항). 압수조서에는 품종, 외형상의 특징과 수량을 기재하여야 한다(제49조 제3항).

압수·수색·검증조서에는 조사 또는 처분의 연월일시와 장소를 기재하고 그 조사 또는 처분을 행한 자와 참여한 법원사무관 등이 기명날인 또는 서명하여야 한다. 다만 공판기일 외에 법원이 조사 또는 처분을 행한 때에는 재판장 또는 법관과 참여한 법원사무관 등이 기명날인 또는 서명하여야 한다(제50조).

3) 심문조서

결정이나 명령을 위한 사실조사로서 심문을 행한 경우에 그 결과를 기재한 심문조서가 이에 해당한다.

Ⅴ. 소송서류의 송달

1. 송달의 의의

'송달'(送達)이란 당사자 기타 소송관계인에 대하여 법률에 정한 방식에 의하여 소송서류의 내용을 알리는 법원 또는 법관의 소송행위를 말한다. 송달은 법률에 정한 방식에 따른 요식행위라는 점에서 일정한 방식을 요하지 아니하는 통지(通知)와 구별되며, 특정인에 대한 것이라는 점에서 공시(公示) 또는 공고(公告)와도 구별된다. 송달은 법원의 공권적 행위로서 적법하게 송달이 행해지면 송달받을 사람이 현실적으로 서류의 내용을 이해하였는지 여부와 상관없이 법적 효과가 발생한다. 소송서류의 송달에 관하여 법률에 다른 규정이 없는 때에는 민사소송법을 준용한다(제65조).

2. 송달의 대상

(1) 본 인

송달은 특별한 규정이 없으면 송달받을 본인, 즉 피고인이나 증인 등에게 서류의 등본 또는 부본을 교부하여야 한다(민사소송법 제178조 제1항). 그러므로 재판장은 피고인에 대한 인정신문을 마친 뒤 피고인에 대하여 그 주소의 변동이 있을 때에는 이를 법원에 보고할 것을 명하고, 피고인의 소재가 확인되지 않는 때에는 그 진술 없이 재판할 경우가 있음을 경고하여야 한다(소송촉진특례법 제18조 제1항). 다만 소송무능력자에게 할 송달은 그의 법정대리인에게 하며(민사소송법 제179조), 여러 사람이 공동으로 대리권을 행사하는 경우의 송달은 그 가운데 한 사람에게 하면 된다(민사소송법 제180조).

(2) 송달영수인

피고인·대리인·대표자·변호인 또는 보조인이 법원 소재지에 서류의 송달을 받을 수 있는 주거 또는 사무소를 두지 아니한 때에는 법원 소재지에 주거 또는 사무소 있는 자를 송달영수인으로 선임하여 연명한 서면으로 신고하여야 한다(제60조 제1항). 여기서 말하는 법원소재지는 당해 법원이 위치한 특별시·광역시·시 또는 군(다만 광역시 내의 군은 제외)으로 한다(규칙 제42조). 송달영수인은 송달에 관하여 본인으로 간주하고, 그 주거 또는 사무소는 본인의 주거 또는 사무소로 간주한다(제60조 제2항). 송달영수인의 선임은 같은 지역에 있는 각 심급법원에 대하여 효력이 있다(제60조 제3항). 다만 이러한 규정들은 신체구속을 당한 자에게 적용하지 아니한다(제60조 제4항). 신체구속을 당한 자에 대해서는 교도소장 또는 구치소장에게 서류를 송달하면 된다는 점을 고려하여, 그 피고인의 주소 또는 사무소가 법원소재지에 없는 경우에도 신고의무가 면제된다. 여기서 신체구속을 당한 자는 그 사건에서 신체를 구속당한 자를 의미하며, 다른 사건으로 신체구속을 당한 자는 포함하지 아니한다.[1)]

한편 형사소송법은 피고인을 소환함에 있어서는 법률이 정한 방식에 따라 작성된 소환장을 송달하여야 하는데, 소환장에는 피고인의 성명, 주거, 죄명, 출석일시, 장소와 정당한 이유 없이 출석하지 아니하는 때에는 도망할 염려가 있다고 인정하여 구속영장을 발부할 수 있음을 기재하고 재판장 또는 수명법관이 기명날인 또는 서명하여야 한다(제74조). 다만 피고인이 기일에 출석한다는 서면을 제출하거나 출석한 피고인에 대하여 차회기일을 정하여 출석을 명한 때, 구금된 피고인에 대하여 교도관을 통하여 소환통지를 한 때, 법원의 구내에 있는 피고인에 대하여 공판기일을 통지한 때 등에는 소환장의 송달과 동일한 효력을 인정하고 있다(제76조 제2항 내지 제5항, 제268조). 이에 따라 피고인에 대한 공판기일 소환은 형사소송법이 정한 소환장의 송달 또는 이와 동일한 효력이 있는 방법에 의하여야 하고, 그 밖의 방법에 의한 사실상의 기일의 고지 또는 통지 등은 적법한 피고인 소환이라고 할 수 없다.[2)] 같은 취지에서 법원이 피고인에게 휴대폰 문자메시지로 공판기일 변경 사실을 통보한 것은 적법한 피고인 소환방법에 해당하지 아니한다.[3)]

(3) 검 사

검사에 대한 송달은 서류를 소속 검찰청에 송부하여야 한다(제62조).[4)] 검찰청과 법원은 동일한 구내에 있으므로 우편에 의하지 않고 서류를 인편으로 검찰청에 송부하는 방법에 의한다.

---

1) 대법원 1976. 11. 10.자 76모69 결정.

2) 대법원 2018. 11. 29. 선고 2018도13377 판결(검사가 피고인의 주소로서 보정한 공소외 1 변호사의 사무소는 피고인의 주소, 거소, 영업소 또는 사무소 등의 송달장소가 아니고, 피고인이 제60조에 따라 송달영수인과 연명하여 서면으로 신고한 송달영수인의 주소에도 해당하지 아니하며, 달리 그곳이 피고인에 대한 적법한 송달장소에 해당한다고 볼 자료가 없다. 따라서 피고인에 대한 공판기일소환장 등을 위 변호사 사무소로 발송하여 그 사무소의 직원이 수령하였다고 하더라도 형사소송법이 정한 적법한 방법으로 피고인의 소환이 이루어졌다고 볼 수 없다); 대법원 2011. 10. 27. 선고 2010도16591 판결.

3) 대법원 2019. 5. 10. 선고 2018도18934 판결.

4) 대법원 1966. 12. 27. 선고 66도1488 판결(항소한 검사에게 소송기록접수통지를 하지 않고 원심에 대응하는 고등검찰청 검사에게 그 접수통지를 보내었다고 하더라도 검사동일체의 원칙에 따라 그 통지는 적법하다).

(4) 재감자에 대한 특칙

교도소·구치소 또는 국가경찰서의 유치장에 체포·구속 또는 유치된 사람에게 할 송달은 교도소·구치소 또는 국가경찰서의 장에게 한다(제65조, 민사소송법 제182조). 교도소·구치소 또는 국가경찰서의 장에게 송달하면 체포·구속 또는 유치된 자에게 전달된 여부와 관계없이 효력이 생긴다.[1] 하지만 재감자에 대한 송달을 교도소 등의 장에게 하지 아니하였다면 그 송달은 부적법하여 무효이다.[2] 그러므로 재감자에 대한 재심기각결정의 송달을 교도소 등의 장에게 하지 아니하였다면 부적법하여 무효이고, 즉시항고 제기기간의 기산일을 정하게 되는 송달 자체가 부적법한 이상 재감자인 피고인이 재심기각결정이 고지된 사실을 다른 방법으로 알았다고 하더라도 송달의 효력은 여전히 발생하지 아니한다.[3] 또한 피고인이 구속되어 있는 교도소가 아닌 다른 교도소의 장에게 한 송달도 무효로 된다.[4]

3. 송달의 방법

(1) 교부송달의 원칙

송달은 서류를 받을 자에게 교부하는 교부송달이 원칙이다(민사소송법 제178조 제1항). 송달할 장소는 송달받을 자의 주소·거소·영업소 또는 사무소이다. 다만 법정대리인에게 할 송달은 본인의 영업소나 사무소에서도 할 수 있다(민사소송법 제183조 제1항).

(2) 보충송달·유치송달

근무장소 외의 송달할 장소에서 송달받을 사람을 만나지 못한 때에는 그 사무원·피용자 또는 동거인으로서 사리를 분별할 지능이 있는 사람에게 서류를 교부할 수 있으며(민사소송법 제186조 제1항), 근무장소에서 송달받을 사람을 만나지 못한 때에는 송달받을 사람이 고용·위임 그 밖의 법률상 행위로 취업하고 있는 다른 사람 또는 그 법정대리인이나 피용자 그 밖의 종업원으로서 사리를 분별할 지능이 있는 사람이 서류의 수령을 거부하지 아니하면 그에게 서류를 교부할 수 있다(민사소송법 제186조 제2항). 이를 '보충송달'(補充送達) 또는 '대리인송달'(代理人送達)이라

---

1) 대법원 1995. 1. 12. 선고 94도2687 판결; 대법원 1992. 3. 10. 선고 91도3272 판결; 대법원 1972. 2. 18.자 72모3 결정.

2) 대법원 2017. 9. 22.자 2017모1680 결정(구치소에 재감 중인 재항고인이 제1심판결에 대하여 항소하였는데, 항소심법원이 구치소로 소송기록접수통지서를 송달하면서 송달받을 사람을 구치소의 장이 아닌 재항고인으로 하였고 구치소 서무계원이 이를 수령한 사안에서, 송달받을 사람을 재항고인으로 한 송달은 효력이 없고, 달리 재항고인에게 소송기록접수의 통지가 도달하였다는 등의 사정을 발견할 수 없으므로, 소송기록접수의 통지는 효력이 없다).

3) 대법원 2009. 8. 20.자 2008모630 결정(제1심 법원이 재심청구기각결정을 재항고인에게 송달한 후 다시 구치소장에게 송달한 사안에서, 위 결정을 구치소장이 아닌 재항고인에게 송달한 것은 부적법하여 무효이고 송달받을 사람을 구치소장으로 하여 다시 송달한 때 비로소 그 송달의 효력이 발생하는 것이어서, 그로부터 3일의 즉시항고 기간 내에 제기된 재항고인의 즉시항고는 적법함에도 불구하고, 재항고인의 결정등본 수령일을 기준으로 즉시항고 제기기간을 기산하여 재항고인의 즉시항고를 기각한 원심의 결정은 위법하다); 대법원 1995. 6. 14.자 95모14 결정.

4) 대법원 1969. 4. 30.자 69모20 결정.

고 한다. 여기서 사리를 변식할 지능이 있다고 하기 위하여는 사법제도 일반이나 소송행위의 효력까지 이해할 필요는 없더라도 송달의 취지를 이해하고 영수한 서류를 수송달자에게 교부하는 것을 기대할 수 있는 정도의 능력이 있으면 족하다.[1)]

한편 서류를 송달받을 사람 또는 서류를 넘겨받을 사람이 정당한 사유 없이 송달받기를 거부하는 때에는 송달할 장소에 서류를 놓아둘 수 있는데(민사소송법 제186조 제3항), 이를 '유치송달'(留置送達)이라고 한다.

(3) 우편송달

주거·사무소 또는 송달영수인의 선임을 신고하여야 할 자가 그 신고를 하지 아니하는 때에는 법원사무관 등은 서류를 우체에 부치거나 기타 적당한 방법에 의하여 송달할 수 있는데, 서류를 우체에 부친 경우에는 도달된 때에 송달된 것으로 간주한다(제61조). 이와 같이 우편송달의 경우에 민사소송법은 발신주의를 취하고 있지만(민사소송법 제189조), 형사소송법은 도달주의를 취하고 있는 점에서 구별된다.

(4) 공시송달

1) 공시송달의 사유

'공시송달'(公示送達)이란 다른 방법으로는 송달할 수 없을 때에 한하여 법원사무관 등이 송달할 서류를 보관하면서 그 사유를 법원게시장에 공시하는 방식의 송달을 말한다. 즉 피고인의 주거·사무소와 현재지를 알 수 없는 때에는 공시송달을 할 수 있으며(제63조 제1항), 피고인이 재판권이 미치지 아니하는 장소에 있는 경우에 다른 방법으로 송달할 수 없는 경우(제63조 제2항) 및 제1심 공판절차에서 피고인에 대한 송달불능보고서가 접수된 때부터 6개월이 지나도록 피고인의 소재를 확인할 수 없는 경우(소송촉진특례법 제23조)에도 공시송달을 할 수 있다. 법원은 공시송달의 사유가 있다고 인정한 때에는 직권으로 결정에 의하여 공시송달을 명한다(규칙 제43조).

판례에 의하면, ① 공시송달을 명하기에 앞서 피고인이 송달받을 수 있는 장소를 찾아보는 조치들을 다하지 아니한 채 공소장 기재의 주거나 주민등록부의 주소로 우송한 공판기일소환장 등이 이사불명·폐문부재 등의 이유로 송달불능되었다는 사정이 있는 경우[2)], ② 공시송달 명령을 하기에 앞서 피고인의

---

1) 대법원 2000. 2. 14.자 99모225 결정.

2) 대법원 2015. 2. 12. 선고 2014도16822 판결; 대법원 2006. 2. 8.자 2005모507 결정(피고인이 소송이 계속된 사실을 알면서 법원에 거주지 변경 신고를 하지 않은 잘못을 저질렀다고 하더라도, 상소제기기간이란 상소의 대상이 되는 판결의 선고일자를 기준으로 정해지는 것인데, 공판의 진행과 판결의 선고에 절차상 위법이 없었다면 그 판결이 그 날짜에 선고될 수는 없는 이치로서, 그러한 법원의 직무상 위법과 피고인이 상소제기기간을 지키지 못한 것 사이에 관련이 없다고 보기 어렵고, 공판과 판결의 절차에 명백한 위법이 있음에도 거주지 변경 신고의무의 해태라는 본인의 잘못을 이유로 불복의 기회를 박탈한다면, 이는 비단 피고인의 권익 보호 차원에서 부당할 뿐만 아니라 소송절차상 위법의 통제라는 형사 상소제도의 목적에도 반하며, 형사소송법 제345조의 '자기 또는 대리인이 책임질 수 없는 사유'라 함은 본인 또는 대리인에게 귀책사유가 전혀 없는 경우는 물론, 본인 또는 대리인의 귀책사유가 있더라도 그와 상소제기기간의 도과라는 결과 사이에 다른 독립한 원인이 개입된 경우를 배제한다고

직장 주소로 송달을 실시하여 보거나 피고인의 어머니의 전화번호로 연락하여 피고인이 송달받을 장소를 찾아보는 등의 시도를 해 보았어야 함에도 불구하고 이러한 조치를 취하지 아니한 경우[1], ③ 피고인 남편의 주소지가 기록상 나타나 있고, 피고인이 경찰에서 남편의 휴대전화번호를 진술하고 있다면, 공시송달결정을 함에 앞서 피고인 남편의 주소지로 송달이 가능한지 여부를 살펴보거나 휴대전화번호로 연락하여 송달받을 장소를 확인하여 보는 등의 조치를 취하지 아니한 경우[2], ④ 피고인의 항소장에 그 휴대전화번호가 기재되어 있고, 수사기록에는 피고인의 주민등록지와 함께 그 처와 자녀의 주소지와 피고인의 집 전화번호까지 모두 기재되어 있어 피고인에게 연락이 가능할 수 있는 상황에서, 공시송달명령을 함에 앞서 피고인의 처와 자녀의 주소지로 송달이 가능한지 여부를 살펴보거나 전화번호들로 연락하여 송달받을 장소를 확인하여 보는 등의 시도를 하지 아니한 경우[3], ⑤ 제1회 공판기일에 출석하지 아니한 피고인에 대하여 소재탐지촉탁, 구속영장 발부, 지명수배 의뢰 등의 절차를 거쳤다고 하더라도 공소장에 피고인의 주거로 기재된 장소로 공소장 부본을 송달하였으나 이미 2회에 걸쳐 이사불명으로 송달불능되었던 피고인의 휴대전화로 전화를 걸어 통화하면서 피고인이 서류를 송달받을 수 있는 장소를 확인하는 등의 시도를 하지 아니한 채 단순히 제1회 공판기일에 출석할 것을 통지하는 데 그친 경우[4], ⑥ 우편집배원 작성의 주소불명을 이유로 한 소송기록접수통지서의 송달불능보고서를 근거로 피고인의 주거를 알 수 없다고 판단하여 공시송달의 결정을 하였으나, 주소불명을 이유로 송달불능이라고 한 장소가 제1심 판결문상의 피고인의 주거지이고 피고인의 주민등록표상의 주소인 경우[5], ⑦ 기록 곳곳에 특정 주소지가 피고인의 실제 주거로 기재되어 있음에도 불구하고, 특정 주소지에 대하여는 한 번도 피고인 소환장을 보내거나 소재탐지 등의 조치를 취한 바 없는 경우[6] 등에 있어서 피고인의 주거·사무소와 현재지를 알 수 없다고 단정하여 곧바로 공시송달의 방법에 의한 송달을 하고 피고인의 진술 없이 판결을 한 것은 소송절차가 법령에 위배되어 판결에 영향을 미친 때에 해당한다.

2) 공시송달의 절차

공시송달은 대법원규칙의 정하는 바에 의하여 법원이 명한 때에 한하여 할 수 있다(제64조 제1항). 공시송달의 사유가 있다고 인정한 때에는 직권으로 결정에 의하여 공시송달을 명한다(규칙 제43조). 공시송달은 법원사무관 등이 송달할 서류를 보관하고 그 사유를 법원게시장에 공시하여야 한다(제64조 제2항). 법원은 공시송달의 사유를 관보나 신문지상에 공고[7]할 것을 명할 수 있다(제64조 제3항).

보기 어려우므로, 위법한 공시송달에 터 잡아 피고인의 진술 없이 공판이 진행되고, 피고인이 출석하지 않은 기일에 판결이 선고된 이상, 피고인은 자기 또는 대리인이 책임질 수 없는 사유로 인하여 상소제기기간 내에 상소를 하지 못한 것으로 봄이 상당하다).

1) 대법원 2012. 4. 26. 선고 2012도986 판결.

2) 대법원 2014. 5. 16. 선고 2014도3037 판결.

3) 대법원 2005. 2. 25. 선고 2004도7145 판결.

4) 대법원 2011. 5. 13. 선고 2011도1094 판결.

5) 대법원 1991. 1. 25.자 90모70 결정.

6) 대법원 1999. 12. 24. 선고 99도3784 판결.

7) 대법원 1966. 7. 26. 선고 66도599 판결(공고 여부는 법원의 재량이므로 공시하지 아니한 경우에도 그 공시송달은 적법·유효하다).

3) 공시송달의 효력

최초의 공시송달은 공시를 한 날로부터 2주일을 경과하면 그 효력이 생긴다. 다만 제2회 이후의 공시송달은 5일을 경과하면 그 효력이 생긴다(제64조 제4항). 하지만 공시송달의 방법에 의한 피고인의 소환이 부적법하여 피고인이 공판기일에 출석하지 않은 가운데 진행된 제1심의 절차가 위법하고 그에 따른 제1심판결이 파기되어야 한다면, 다시 적법한 절차에 의하여 소송행위를 새로이 한 후 진술과 증거조사 등 심리 결과에 기초하여 다시 판결하여야 할 것이다.[1] 이러한 법리는 피고인이 항소심에 소송이 계속된 사실을 알면서도 법원에 거주지 변경신고를 하지 않아 그로 인하여 송달이 되지 아니하자 법원이 공시송달의 방법에 의한 송달을 한 경우에도 마찬가지로 적용된다. 왜냐하면 법원의 공시송달 절차가 명백히 위법함에도 불구하고 피고인에게 거주지 변경신고를 하지 아니한 잘못이 있다고 하여 위법한 공시송달 절차에 기한 재판이 적법하게 되는 것은 아니기 때문이다.[2]

또한 제1심이 위법한 공시송달결정에 터잡아 피고인에게 공소장 부본 및 공판기일 소환장 등을 송달하고 피고인이 2회 이상 출석하지 아니하였다고 보아 피고인의 진술 없이 심리·판단한 이상, 이는 피고인에게 진술의 기회를 주지 아니한 것이 되어 그 소송절차는 위법하고, 항소법원은 판결에 영향을 미친 사유에 관하여는 항소이유서에 포함되지 아니한 경우에도 직권으로 심판할 수 있으므로, 원심으로서는 검사만이 양형부당을 이유로 항소하였더라도 마땅히 직권으로 제1심의 위법을 시정하는 조치를 취했어야 한다. 즉 이러한 경우 항소심으로서는 다시 피고인 또는 변호인에게 공소장 부본을 송달한 후 적법한 절차에 의하여 소송행위를 새로이 한 다음 항소심에서의 진술과 증거조사 등 심리 결과에 기초하여 다시 판결하여야 한다.[3]

특히 피고인이 구치소나 교도소 등에 수감 중에 있는 경우는 제63조 제1항에 규정된 '피고인의 주거·사무소·현재지를 알 수 없는 때' 또는 소송촉진특례법 제23조에 규정된 '피고인의 소재를 확인할 수 없는 경우'에 해당한다고 할 수 없으므로, 법원이 수감 중인 피고인에 대하여 공소장 부본과 피고인소환장 등을 종전 주소지 등으로 송달한 경우는 물론 공시송달의 방법으로 송달하였더라도 이는 위법하다. 따라서 법원은 주거·사무소·현재지 등 소재가 확인되지 않는 피고인에 대하여 공시송달을 할 때에는 검사에게 주소보정을 요구하거나 기타 필요한 조치를 취하여 피고인의 수감 여부를 확인할 필요가 있다.[4]

---

1) 대법원 2004. 2. 27. 선고 2002도5800 판결.

2) 대법원 2010. 1. 28. 선고 2009도12430 판결; 대법원 2007. 7. 12. 선고 2006도3892 판결.

3) 대법원 2014. 10. 27. 선고 2014도11273 판결; 대법원 2014. 6. 12. 선고 2012도2936 판결; 대법원 2010. 7. 29. 선고 2010도6823 판결; 대법원 2004. 2. 27. 선고 2002도5800 판결.

4) 대법원 2013. 6. 27. 선고 2013도2714 판결.

제 2 절 소송행위에 대한 가치판단

Ⅰ. 소송행위의 성립과 불성립

1. 의 의

'소송행위의 성립'이란 소송행위의 본질적 구성요소를 구비하여 소송행위로서의 외관을 갖춘 경우를 말하며, 그렇지 못한 경우를 소송행위의 불성립이라고 한다. 즉 소송행위가 성립하기 위해서는 소송행위에 요구되는 소송법상의 정형을 충족하기 위한 본질적 개념요소를 구비하여야 한다. 예를 들면 공소의 제기는 법원에 대하여 특정한 형사사건의 심판을 요구하는 검사의 법률행위적 소송행위로서 검사에 의한 공소장의 제출은 공소의 제기라는 소송행위가 성립하기 위한 본질적 요소라고 보아야 할 것이므로, 이러한 공소장의 제출이 없는 경우에는 소송행위로서의 공소제기가 성립되었다고 할 수 없다.[1] 또한 검사가 아닌 자에 의한 공소의 제기, 판사가 아닌 자에 의한 판결의 선고 등은 소송행위의 불성립에 해당한다.

소송행위의 성립·불성립은 소송행위 자체에 대한 일반적·추상적 판단임에 반하여, 소송행위의 유효·무효는 소송행위의 성립을 전제로 한 구체적·개별적 판단이라는 점에서 구별된다.

2. 구별의 실익

소송행위가 불성립한 경우에는 이를 무시하고 그대로 두어도 상관이 없지만, 일단 성립한 소송행위에 대하여 법원은 무효라고 할지라도 그대로 방치할 수 없기 때문에 어떠한 형태로든 판단을 내려야 한다. 이와 같이 소송행위로서 요구되는 본질적인 개념요소가 결여되어 소송행위로 성립되지 아니한 경우에는 소송행위가 성립되었으나 무효인 경우와는 달리 하자의 치유문제는 발생하지 않지만, 추후 당해 소송행위가 적법하게 이루어진 경우에는 그 때부터 소송행위가 성립된 것으로 볼 수 있다.[2] 반면에 소송행위가 일단 성립하면 일정한 법률효과가 발생한다. 예를 들면 공소의 제기가 법률의 규정에 위반되어 무효라고 할지라도 공소시효 정지의 효력이 발생하는 것이다.

---

1) 대법원 2003. 11. 14. 선고 2003도2735 판결(법원이 경찰서장의 즉결심판 청구를 기각하여 경찰서장이 사건을 관할 지방검찰청으로 송치하였으나 검사가 이를 즉결심판에 대한 피고인의 정식재판청구가 있은 사건으로 오인하여 그 사건기록을 법원에 송부한 경우, 공소제기의 본질적 요소라고 할 수 있는 검사에 의한 공소장의 제출이 없는 이상 기록을 법원에 송부한 사실만으로 공소제기가 성립되었다고 볼 수 없다).

2) 대법원 2003. 11. 14. 선고 2003도2735 판결(원래 공소제기가 없었음에도 피고인의 소환이 이루어지는 등 사실상의 소송계속이 발생한 상태에서 검사가 약식명령을 청구하는 공소장을 제1심법원에 제출하고, 위 공소장에 기하여 공판절차를 진행한 경우 제1심법원으로서는 이에 기하여 유·무죄의 실체판단을 하여야 한다).

Ⅱ. 소송행위의 적법과 부적법

1. 의 의

‘소송행위의 적법·부적법’이란 소송행위의 형식적·객관적 요건과 방식에 대한 가치판단을 말한다. 적법·부적법도 소송행위의 성립을 전제로 한다는 점에서 소송행위의 유효·무효와 동일하다. 하지만 적법·부적법은 소송행위의 전제조건과 방식에 관한 사전판단임에 반하여, 유효·무효는 그 본래적 효력을 인정할 것인지의 여부에 대한 사후판단이라는 점에서 구별된다.

소송행위의 요건에는 효력규정과 훈시규정이 있으며, 소송행위가 적법하려면 원칙적으로 효력규정과 훈시규정에서 정한 요소를 모두 구비하여야 한다. 효력규정에 위반한 소송행위는 무효이지만, 훈시규정에 위반한 소송행위는 부적법함에도 불구하고 그 효력에는 영향이 없다. 다만 관할권 없는 법원의 소송행위(제2조)는 효력규정에 위반되는 것이기는 하지만, 제320조 제1항(법원은 피고인의 신청이 없으면 토지관할에 관하여 관할위반의 선고를 하지 못한다)과 같이 그 효력발생의 방식에 특칙이 있는 경우에는 그 특칙에 따라 효력 여부가 결정되는 경우도 있다.

이와 같이 소송행위의 적법·부적법의 문제는 효력규정의 위반이냐 아니면 훈시규정의 위반이냐의 문제로 귀결된다. 훈시규정의 위반의 경우에는 소송법상 특별히 문제될 것이 없고, 효력규정의 위반의 경우에는 소송행위의 유효·무효의 문제로 다시 귀결된다.

2. 소송행위의 이유 유무

‘소송행위의 이유 유무’란 소송행위에 대하여 그 의사표시의 내용이 정당한지 여부에 대한 가치판단을 말하는데, 이는 소송행위가 적법할 것을 전제로 하는 판단이다. 또한 소송행위의 이유 유무는 법률행위적 소송행위 가운데 법원의 재판을 구하는 효과요구적 소송행위에 대하여만 내려지는 가치판단이다. 왜냐하면 효과부여적 소송행위는 그 자체로 의도한 소송법적 효과를 발생시키므로 이유 유무의 판단을 받지 않기 때문이다.

법원은 소송행위의 내용을 검토하여 타당성이 없으면 ‘이유없다’라고 판단하여 기각하고, 타당성이 있으면 ‘이유있다’라고 판단하여 소송행위가 의도하는 효과를 부여하면 된다. 다만 재판의 경우에는 상소가 불허된 결정·명령이 아니라면 이유를 명시하여야 하므로(제39조), 단순히 ‘이유있다’ 또는 ‘이유없다’라고만 판단해서는 아니 되고, 그와 같은 결론에 도달하게 된 구체적인 이유를 표시하여야 한다. 특히 형의 선고를 하는 때에는 판결이유에 범죄될 사실, 증거의 요지와 법령의 적용을 명시하여야 한다(제323조 제1항). 한편 항소가 부적법한 경우에는 항소기각의 결정을 하지만(제360조, 제361조의4), 항소가 이유 없으면 항소기각의 판결을 하고(제364조), 이러한 법리는 상고심의 경우(제380조, 제399조)에도 마찬가지이다.

Ⅲ. 소송행위의 유효와 무효

1. 의 의

소송행위의 유효·무효는 소송행위가 성립된 것을 전제로 소송행위가 의도하는 본래적 효력을 인정할 수 있는지 여부에 대한 가치판단의 문제이다. 소송행위가 무효인 경우에는 본래적 효력이 발생하지 않지만, 그 밖의 법적인 효력이 발생할 수가 있다. 예를 들면 무효인 공소의 제기에 대하여는 실체재판을 할 수 없으므로 법원은 공소기각의 판결을 하여야 하지만, 일단 공소제기의 외관을 갖추고 있으므로 공소시효 정지의 효력이 인정되는 것이다.

무효의 원인이 있으면 당사자가 무효를 주장하거나 법원이 무효선언을 하지 아니하더라도 당연히 무효가 되는 것이 원칙이다. 이를 '당연무효'(當然無效)라고 하는데, 공소장에 기재사항을 전혀 기재하지 않은 공소제기, 동일사건에 대한 이중판결, 상소 취하 후의 상소심판결 등이 이에 해당한다. 상소의 포기 또는 취하가 부존재 또는 무효임을 주장하는 자는 그 포기 또는 취하 당시 소송기록이 있었던 법원에 절차속행의 신청을 할 수 있고, 법원은 신청이 이유 있다고 인정하는 때에는 신청을 인용하는 결정을 하고 절차를 속행하여야 하며, 신청이 이유 없다고 인정하는 때에는 결정으로 신청을 기각하여야 한다(규칙 제154조). 한편 무효인 소송행위가 소송계속이나 공소시효의 정지 등과 같은 일정한 소송법적 효과를 발생시킨 경우에는 소송절차의 확실성을 도모하기 위하여 무효선언을 할 필요가 있다.

2. 무효의 원인

(1) 행위주체에 관한 무효의 원인

1) 소송행위적격이 없는 자의 소송행위

소송행위에 일정한 행위적격을 요하는 때에는 그러한 행위적격이 없는 자의 행위는 무효이다. 예를 들면 상소권자 이외의 상소, 고소권자 이외의 고소, 상고심에서 변호인 아닌 자의 변론, 위장출석한 피고인의 진술 등이 이에 해당한다.

2) 소송능력이 없는 자의 소송행위

소송능력이 없는 자의 절차형성행위는 당연히 무효이다. 하지만 소송능력이 없는 자의 실체형성행위가 무효로 되는지 여부와 관련하여, ① 선서무능력자의 증언이라고 할지라도 무효가 되는 것은 아니라는 점, 소아(小兒)가 자신의 증언이 소송에서 어떠한 의미를 가지는지를 알지 못한 채 자신의 기억대로만 증언하였다고 하더라도 증거능력 또는 증명력의 문제가 될 뿐이지 증언 자체가 무효로 되는 것은 아니라는 점 등을 논거로 하여, 소송능력이 없는 자의 실체형성행위가 언제나 무효로 되지는 않는다는 견해[1], ② 의사능력이 결여된 자의 소송행위에 효력을

1) 김정한, 149면; 신양균/조기영, 509면; 이은모/김정환, 133면; 이재상/조균석, 171면; 임동규, 114면; 정웅석/최창

인정하는 것은 소송행위의 주체인 본인의 이익보호를 위하여 불합리하다는 점, 실체적 진실발견에도 도움이 되지 않는다는 점 등을 논거로 하여, 소송능력이 없는 자의 실체형성행위는 언제나 무효가 된다는 견해[1] 등의 대립이 있다.

이에 대하여 판례는 「피해자 공소외 1(1999. 7. 14.생으로서 이 사건 사고 당시 만 3세 3개월 내지 만 3세 7개월 가량)이 아동센터에서 정신과 전문의 공소외 2로부터 진료를 받을 당시(2004. 7. 7.)와 연세의료원에서 임상심리전문가 공소외 3으로부터 심리평가를 받을 당시(2004. 7. 15.) 및 사회복지사 공소외 4와 대화시(2004. 8. 5.경)에는 각 만 5세 가량, 경찰에서 진술 당시(2005. 4. 20.)에는 만 5세 9개월 남짓 된 여아이나, 위 피해자가 경험한 사실이 '피고인이 피해자의 발가락을 빨고 가슴을 만졌으며, 또한 음부에 피고인의 손가락을 넣거나 성기를 집어넣었다.'는 비교적 단순한 것으로서 피해자 연령 정도의 유아라고 하더라도 별다른 사정이 없는 한 이를 알고 그 내용을 표현할 수 있는 범위 내의 것일 뿐만 아니라 그 진술이 그 연령의 유아 수준의 표현이라고 보여 지며, 위 공소외 3의 심리평가 결과 위 피해자가 그 심리평가 무렵 평균 수준의 지능, 어휘력 및 지각적 조직화 능력(비언어적 의사소통능력)을 가지고 있어 자신이 경험하는 일들에 대하여 적절히 보고하는 능력이 있는 것으로 나타나는 등, 기록에 나타난 위 피해자의 진술내용과 진술태도, 표현방식 등을 종합해 보면, 위 피해자는 위 각 대화 내지 진술 당시 증언능력에 준하는 능력을 갖추었던 것으로 인정되고, 나아가 그 각 진술의 신빙성도 인정된다.」라고 판시[2]하여, 전자의 입장을 취하고 있다. 생각건대 절차형성행위와 실체형성행위를 구별하여 전자의 경우에는 당연무효이지만, 후자의 경우에는 언제나 무효가 되는 것은 아니기 때문에 구체적인 사안에 따라 개별적으로 판단해야 한다.

3) 하자있는 의사표시에 의한 소송행위

실체형성적 소송행위는 소송행위자의 주관적 의사가 중요한 것이 아니라 실체관계에 합치하는지 여부가 중요한 것이므로 기망이나 착오 등에 의한 실체형성적 소송행위라고 할지라도 그 효력에는 아무런 영향이 없다. 예를 들면 소정의 대가를 제공하겠다는 기망에 의하여 증언을 하였더라도 그 증언은 유효하다.

하지만 절차형성적 소송행위가 착오·사기·강박 등으로 인하여 행하여진 경우, 절차의 형식적 확실성을 강조하면서도 피고인의 이익과 정의의 희생이 커서는 안 된다는 측면에서 그 소송행위의 효력을 고려할 필요가 있다. 그러므로 이러한 하자에 의한 절차형성적 소송행위가 무효로 되기 위하여서는 ① 통상인의 판단을 기준으로 하여 만일 착오·사기·강박 등이 없었다면 그러한 소송행위를 하지 않았으리라고 인정되는 중요한 점에 관하여 착오·사기·강박 등이 있고, ② 착오·사기·강박 등이 행위자 또는 대리인이 책임질 수 없는 사유로 인하여 발생하였으

호, 407면; 최호진, 352면.

1) 손동권/신이철, 134면; 송광섭, 178면.

2) 대법원 2006. 4. 14. 선고 2005도9561 판결.

며, ③ 그 행위를 유효로 하는 것이 현저히 정의에 반한다고 인정될 것 등 세 가지 요건을 필요로 한다.[1] 이에 따라 교도관이 내어 주는 상소권포기서를 항소장으로 잘못 믿은 나머지 이를 확인하여 보지도 않고 서명무인하였다는 점에 있어서는 재항고인에게 과실이 없다고 보기는 어렵기 때문에 재항고인의 항소포기는 유효하다.[2]

(2) 소송행위 자체에 관한 무효의 원인

1) 내용상 무효의 원인

소송행위의 내용이 법률상·사실상 불능인 경우 또는 이익이 없거나 내용이 불명확한 경우에는 소송행위 자체가 무효로 된다. 예를 들면 허무인에 대한 공소의 제기, 위장출석 상태에서의 판결의 선고, 법정형의 범위를 벗어난 형의 선고, 존재하지 않는 재판에 대한 상소의 제기, 공소사실을 특정하지 않은 공소의 제기 등이 이에 해당한다.

2) 방식상 무효의 원인

소송행위의 방식에 하자가 있는 경우에는 그 방식이 요구되는 목적과 필요성을 고려하여 개별적으로 판단해야 한다. 예를 들면 구두에 의한 공소의 제기, 판결서를 작성하지 아니한 판결의 선고 등과 같이 효력규정인 소송행위의 방식을 위반한 경우에는 그 소송행위가 무효로 된다. 하지만 피고인들의 제1심 변호인에게 변호사법 제31조 제1호의 수임제한 규정을 위반한 위법이 있다고 하여도, 피고인들 스스로 위 변호사를 변호인으로 선임한 사건에 있어서 다른 특별한 사정이 없는 한 위와 같은 위법으로 인하여 그 소송절차가 무효로 된다고 볼 수는 없다.[3]

3. 무효의 치유

(1) 의 의

'무효의 치유(治癒)'란 소송행위의 주체·내용·방식 등의 하자로 인하여 소송행위가 행위 당시에는 무효였지만, 소송행위 이후의 사정변경으로 인하여 유효가 되는 것을 말한다.

(2) 소송행위의 하자를 보완하여 무효가 치유되는 경우

1) 보정적 추완

'보정적 추완'이란 소송행위가 하자로 인하여 처음에는 무효이지만, 그 후의 새로운 소송행위로 그 하자를 제거·보정함으로써 당해 소송행위를 유효로 만드는 것을 말한다. 형사절차의 동적·발전적 성격과 소송경제를 고려하여 소송절차의 진행에 지장을 가져오지 않는 범위에서

---

1) 대법원 1992. 3. 13.자 92모1 결정(보호감호를 선고받은 피고인이 보호감호가 선고된 것으로 알고 일단 상고를 제기하였다가 보호감호청구가 기각되었다는 취지의 교도관의 말과 공판출정 교도관이 작성한 판결선고결과보고서의 기재를 믿은 나머지 착오에 빠져 판결등본송달을 기다리지 않고 상고취하를 함으로써 위 보호감호처분이 확정된 경우 위 상고취하에 피고인의 과실이 없었다고 단정할 수 없어 이를 무효로 볼 수 없다는 이유로 피고인의 상소절차속행신청을 기각한 사례).

2) 대법원 1995. 8. 17.자 95모49 결정.

3) 대법원 2009. 2. 26. 선고 2008도9812 판결.

보정적 추완을 인정할 수 있지만, 구체적인 범위에 대해서는 개별적인 검토를 요한다.

판례에 의하면, ① 변호인선임계를 제출치 아니한 채 상소이유서만을 제출하고 동 이유서 제출기간 경과 후에 동 선임계를 제출하였다면 이는 적법·유효한 변호인의 상소이유서로 볼 수 없다.[1] ② 변호인선임신고서를 제출하지 아니한 변호인이 변호인 명의로 정식재판청구서만 제출하고, 정식재판청구기간 경과 후에 비로소 변호인선임신고서를 제출한 경우, 변호인 명의로 제출한 위 정식재판청구서는 적법·유효한 정식재판청구로서의 효력이 없다.[2] ③ 공소의 제기가 제254조에 규정된 형식적 요건을 갖추지 못하고 공소장변경신청서에 기하여 이루어졌을 뿐만 아니라 공소장부본 송달 등의 절차 없이 공판기일에서 공소장변경신청서로 공소장을 갈음한다는 검사의 구두진술에 의한 것이라서, 그 공소제기의 절차에는 법률의 규정에 위반하여 무효라고 볼 정도의 현저한 방식위반이 있다고 봄이 상당하고, 피고인과 변호인이 그에 대하여 이의를 제기하지 않았다고 하여 그 하자가 치유된다고 볼 수는 없다.[3] ④ 세무공무원의 고발 없이 조세범칙사건의 공소가 제기된 후에 세무공무원이 고발을 하여도 그 공소절차의 무효가 치유된다고 할 수 없다.[4]

하지만 ① 공갈죄의 수단으로서 한 협박은 공갈죄에 흡수될 뿐 별도로 협박죄를 구성하지 않으므로, 범죄사실에 대한 피해자의 고소는 결국 공갈죄에 대한 것이라고 할 것이어서, 그 후 고소가 취소되었다고 하여 공갈죄로 처벌하는 데에 아무런 장애가 되지 아니하며, 공소를 제기할 당시에는 범죄사실을 협박죄로 구성하여 기소하였다고 하더라도 그 후 공판 중에 기본적 사실관계가 동일하여 공소사실을 공갈미수로 공소장 변경이 허용된 이상 그 공소제기의 하자는 치유된다.[5] ② 법원이 피고인에게 증인신문의 시일과 장소를 미리 통지함이 없이 증인들의 신문을 시행하였음은 위법이지만, 그 후 증인등 신문결과를 증인등 신문조서에 의하여 소송관계인에게 고지하였던바, 피고인이나 변호인이 이의를 하지 않았다면 위의 하자는 책문권의 포기로 치유된다.[6] ③ 공소를 제기한 검사가 공소장에 기명날인 또는 서명을 추완하는 등의 방법에 의하여 공소의 제기가 유효하게 될 수 있다.[7]

2) 단순추완

'단순추완'(單純追完)이란 소송행위 가운데 특별히 법정기간이 정해져 있는 경우, 그 기간 내에 필요한 소송행위를 제대로 하지 못하였다가 그 후의 추완행위로써 법정기간 내에 소송행위를 한 것과 동일한 효과를 나타내는 것을 말한다. 예를 들면 상소기간 만료 후의 상소권 회복청

1) 대법원 2014. 2. 13. 선고 2013도9605 판결; 대법원 1969. 10. 4.자 69모68 결정; 대법원 1961. 6. 7. 선고 60형상923 판결.

2) 대법원 2005. 1. 20.자 2003모429 결정; 대법원 2001. 11. 1.자 2001도4839 결정; 대법원 1969. 10. 4.자 69모68 결정. 이에 대하여 변호인이 실제적으로 피고인을 위하여 행위를 한 것이 인정된다면 피고인의 이익과 절차유지의 원칙상 보정적 추완을 인정해야 한다는 견해로는 손동권/신이철, 137면; 송광섭, 176면; 신양균/조기영, 514면; 이재상/조균석, 173면; 정승환, 367면; 정웅석/최창호, 413면; 최호진, 355면.

3) 대법원 2009. 2. 26. 선고 2008도11813 판결.

4) 대법원 1970. 7. 28. 선고 70도942 판결.

5) 대법원 1996. 9. 24. 선고 96도2151 판결.

6) 대법원 1974. 1. 15. 선고 73도2967 판결.

7) 대법원 2012. 9. 27. 선고 2010도17052 판결.

구(제345조), 정식재판청구기간 만료 후의 약식명령에 대한 정식재판청구권 회복청구(제458조) 등이 이에 해당한다.

한편 명문의 규정이 없는 경우에도 단순추완을 인정할 것인지 여부와 관련하여, ① 소송절차의 형식적 확실성과 법적 안정성을 침해하지 않는 범위 내에서는 구체적 타당성을 위하여 이를 인정하는 것이 타당하다는 적극설[1], ② 형사절차의 동적·발전적 성격과 다른 소송관계인의 이익을 보호해야 한다는 점, 단순추완이 가능한 경우를 명문으로 규정한 것은 그 밖의 경우에는 추완을 인정하지 않겠다는 것으로 이해해야 한다는 점 등을 논거로 하는 소극설[2] 등의 대립이 있다. 생각건대 적극설이 타당하다. 그러므로 상소권회복에 관한 규정은 소송비용집행면제의 신청(제487조)에 대하여도 준용된다고 해석해야 한다.

(3) 시간의 경과로 무효를 다툴 방법이 소멸하여 무효가 치유되는 경우

'시간의 경과로 무효를 다툴 방법이 소멸하여 무효가 치유되는 경우'란 소송행위에 하자가 있어도 그 이후 상당한 정도의 절차가 진행되면 그러한 하자의 중대성과 소송경제를 함께 고려하여 더 이상 그 하자를 문제 삼지 못하게 함으로써 결과적으로 하자가 치유되는 경우를 말한다. 예를 들면 판결이 확정되면 심판절차에 하자가 있어도 재심이나 비상상고 등의 비상구제절차에 의하지 않고서는 그 판결을 다툴 수 없는 경우, 토지관할에 대한 관할위반의 신청은 피고인의 본안에 대한 진술 이전에만 허용되는 경우 등이 이에 해당한다.

판례에 의하면, ① 피고인에 대하여 공소장의 부본이 송달되지 아니하였다고 하여도 피고인이 법정에서 기소사실에 관하여 충분히 진술하고 변론한 이상 판결 결과에는 영향이 없다.[3] ② 공소장 기재의 방식에 관하여 피고인 측으로부터 아무런 이의가 제기되지 아니하였고 법원 역시 범죄사실의 실체를 파악하는 데 지장이 없다고 판단하여 그대로 공판절차를 진행한 결과 증거조사절차가 마무리되어 법관의 심증형성이 이루어진 단계에서는 더 이상 공소장일본주의 위배를 주장하여 이미 진행된 소송절차의 효력을 다툴 수는 없다.[4] ③ 검사가 제1심 증인신문 과정에서 증인에게 주신문을 하면서 형사소송규칙상 허용되지 않는 유도신문을 하였다고 볼 여지가 있었는데, 그 다음 공판기일에 재판장이 증인신문 결과 등을 각 공판조서(증인신문조서)에 의하여 고지하였음에도 피고인과 변호인이 '변경할 점과 이의할 점이 없다'고 진술한 경우에는 주신문의 하자가 치유되었다고 볼 수 있다.[5]

---

1) 손동권/신이철, 136면; 송광섭, 174면; 신양균/조기영, 513면; 이은모/김정환, 135면; 이재상/조균석, 172면; 이창현, 181면; 정웅석/최창호, 412면.

2) 임동규, 116면; 정승환, 366면.

3) 대법원 2003. 11. 14. 선고 2003도2735 판결; 대법원 1962. 11. 22. 선고 62도155 판결.

4) 대법원 2012. 8. 30. 선고 2012도5220 판결; 대법원 2009. 10. 22. 선고 2009도7436 전원합의체 판결.

5) 대법원 2012. 7. 26. 선고 2012도2937 판결.

4. 소송행위의 취소 및 철회

(1) 소송행위의 취소

'소송행위의 취소'란 소송행위의 효력을 소급하여 소멸시키는 것을 말한다. 소송행위의 취소가 허용될 수 있는지 여부와 관련하여, ① 절차유지의 원칙상 소송행위의 취소는 인정되지 않는다는 점, 고소의 취소·재정신청의 취소·공소의 취소·상소의 취소 등은 법문상 취소라는 표현을 하고 있더라도 그 성질은 철회로 보아야 한다는 점 등을 논거로 하는 소극설[1], ② 절차형성행위에 대하여는 절차유지의 원칙상 취소가 인정되지 않지만, 실체형성행위에 대하여는 실체적 진실발견의 요청에 의하여 취소가 인정된다고 하는 이분설[2] 등의 대립이 있다.

이에 대하여 판례는 「피고인이나 그 변호인이 검사 작성의 당해 피고인에 대한 피의자신문조서의 성립의 진정함을 인정하는 진술을 하였다 하더라도, 그 피의자신문조서에 대하여 제292조에서 정한 증거조사가 완료되기 전에는 최초의 진술을 번복함으로써 그 피의자신문조서를 유죄 인정의 자료로 사용할 수 없도록 할 수 있으나, 그 피의자신문조서에 대하여 위의 증거조사가 완료된 뒤에는 그와 같은 번복의 의사표시에 의하여 이미 인정된 조서의 증거능력이 당연히 상실되는 것은 아니다. 다만, 적법절차 보장의 정신에 비추어 성립의 진정함을 인정한 최초의 진술에 그 효력을 그대로 유지하기 어려운 중대한 하자가 있고 그에 관하여 진술인에게 귀책사유가 없는 경우에 한하여 예외적으로 증거조사 절차가 완료된 뒤에도 그 진술을 취소할 수 있고, 그 취소 주장이 이유 있는 것으로 받아들여지게 되면 법원은 형사소송규칙 제139조 제4항의 증거배제결정을 통하여 그 조서를 유죄 인정의 자료에서 제외하여야 한다.」라고 판시[3]하여, 이분설의 입장을 취하고 있다.

생각건대 절차형성행위에 대하여는 절차유지의 원칙에 따라 취소가 인정되지 않지만, 실체형성행위에 대하여는 실체적 진실발견의 요청에 의하여 취소가 인정된다고 하는 이분설이 타당하다. 그러므로 고소의 취소(제232조), 공소의 취소(제255조), 재정신청의 취소(제264조 제2항) 등에서 말하는 취소는 실제로 철회를 의미한다고 보아야 한다.

(2) 소송행위의 철회

'소송행위의 철회'란 유효한 소송행위의 효력을 장래에 향하여 소멸시키는 것을 말한다. 예를 들면 고소의 취소(제232조), 공소의 취소(제255조), 재정신청의 취소(제264조 제2항), 상소의 취하(제349조), 재심청구의 취하(제429조), 정식재판청구의 취하(제454조), 재판의 집행에 대한 불복신청의 취하(제490조) 등이 이에 해당한다. 여기서의 '취소' 또는 '취하'라는 표현은 철회를 의미하는

---

1) 손동권/신이철, 139면; 이은모/김정환, 138면; 이재상/조균석, 175면; 이창현, 186면; 임동규, 118면; 정웅석/최창호, 409면; 최호진, 356면.

2) 송광섭, 182면; 신양균/조기영, 516면; 정승환, 369면.

3) 대법원 2008. 7. 10. 선고 2007도7760 판결.

것으로 보아야 한다. 이와 같이 명문의 규정이 있는 경우에는 당연히 소송행위의 철회가 인정되며, 명문의 규정이 없는 경우에도 소송절차의 안정을 해하지 않는 범위 내에서 소송행위의 철회가 허용될 수 있다. 예를 들면 보석을 청구하였다가 이에 대한 재판이 있기 전에 철회하는 경우, 증거동의 후 증거조사가 완료되기 전에 철회하는 경우[1], 증거신청 후 이에 대한 결정이 있기 전에 철회하는 경우 등이 이에 해당한다. 반면에 실체형성행위에 대하여는 철회가 허용되지 아니한다.

제 3 절 소송조건

Ⅰ. 소송조건의 의의

1. 개 념

'소송조건'(訴訟條件)이란 전체로서의 소송이 성립·유지·발전하기 위한 기본조건을 말한다. 소송조건은 법원이 피고사건의 실체와 형벌권의 존부에 대하여 심판하기 위한 실체재판의 전제조건이라고도 할 수 있는데, 만약 소송조건이 결여되면 실체적 소송관계가 존재하지 않으므로 형벌권의 존부에 대한 판단은 불가능하게 된다. 실체에 대한 심판은 공소제기의 본래적 효력이라는 점에서 볼 때 소송조건은 공소제기의 유효조건이라고 할 수 있고, 소송이 진행되는 도중에 소송조건이 결여되면 형식재판으로 소송을 종결시키고, 그 후 소송의 존속·발전은 허용되지 않는다는 점에서 볼 때 소송조건은 소송의 존속·발전을 위한 조건이라고 할 수 있다.

2. 구별개념

(1) 처벌조건

소송조건은 실체재판을 위한 전제조건이라는 점에서 실체법상의 형벌권발생조건인 처벌조건과 구별된다. 처벌조건이 결여되면 무죄판결 또는 유죄판결의 하나인 형면제의 실체판결을 하여야 하지만, 소송조건이 결여되면 관할위반·면소·공소기각 등의 형식재판으로써 소송을 종결시킨다. 예를 들면 형법 제328조 제1항의 친족상도례에서 친족관계가 있는 경우에는 형의 면제판결을 하지만, 형법 제328조 제2항의 친족상도례에서 고소가 없거나 취소될 경우에는 공소기각의 판결을 한다.

(2) 소송행위의 유효조건

소송조건은 전체로서의 소송이 허용되기 위한 조건이라는 점에서 개별적인 소송행위가

1) 대법원 1983. 4. 26. 선고 83도267 판결.

특정한 소송법적 효과를 발생시키기 위하여 갖추어야 할 요건인 소송행위의 유효조건과 구별된다.

(3) 공판절차의 정지

'공판절차의 정지'란 기피신청이 있는 경우의 소송절차의 정지(제22조), 공소장변경이 있는 경우의 필요시 공판절차의 정지(제298조 제4항), 피고인의 심신상실로 인한 공판절차의 정지(제306조 제1항) 등과 같이 소송계속 중에 일시적으로 공판절차를 정지하는 것을 말한다. 소송조건은 소송의 존속 자체에 영향을 미쳐서 소송조건이 결여되면 절차가 종료된다는 점에서 단순히 소송절차를 일시적으로 정지시키는데 불과한 공판절차의 정지와 구별된다.

Ⅱ. 소송조건의 분류

1. 일반적 소송조건과 특별소송조건

'일반적 소송조건'이란 일반사건에 공통적으로 필요한 소송조건을 말하며, 법원의 재판권·관할권 등이 이에 해당한다. '특별소송조건'이란 특정한 사건에 대해서만 요구되는 소송조건을 말하며, 친고죄에 있어서 고소, 반의사불벌죄에 있어서 처벌불원 의사표시의 부존재 등이 이에 해당한다.

2. 절대적 소송조건과 상대적 소송조건

'절대적 소송조건'이란 법원이 공익을 위하여 이를 갖추지 못한 경우 언제나 소송조건 흠결의 효과가 발생하는 소송조건으로서, 법원이 직권으로 조사해야 하는 소송조건을 말한다. 반면에 '상대적 소송조건'이란 이를 갖추지 못하더라도 당사자의 이의 또는 신청을 기다려 소송조건 흠결의 효과가 발생하는 소송조건을 말한다. 대부분의 소송조건은 절대적 소송조건이지만, 토지관할(제320조)은 예외적으로 상대적 소송조건에 해당한다.

3. 적극적 소송조건과 소극적 소송조건

'적극적 소송조건'이란 일정한 사실의 존재가 소송조건이 되는 경우를 말하는데, 관할권이나 재판권의 존재 등이 이에 해당한다. '소극적 소송조건'이란 일정한 사실의 부존재가 소송조건이 되는 경우를 말하는데, 동일사건에 관하여 확정판결이 없을 것, 동일사건에 관하여 이중의 공소제기가 없을 것, 공소시효가 완성되지 않았을 것, 반의사불벌죄에 있어서 처벌불원의 의사표시가 없을 것[1] 등이 이에 해당한다. 특히 소극적 소송조건이 구비된 경우를 가리켜 '소

---

1) 대법원 2009. 12. 10. 선고 2009도9939 판결(반의사불벌죄에 있어서 처벌불원의 의사표시의 부존재는 소위 소극적 소송조건으로서 직권조사사항이라고 할 것이므로 당사자가 항소이유로 주장하지 아니하였다고 하더라도 원심은 이를 직권으로 조사·판단하여야 한다); 대법원 2001. 4. 24. 선고 2000도3172 판결.

송장애사유'라고 한다.

4. 형식적 소송조건과 실체적 소송조건

'형식적 소송조건'이란 소송의 절차에 관한 사유를 소송조건으로 하는 경우를 말한다. 예를 들면 재판권의 존재, 관할권의 존재, 친고죄에 있어서 고소의 존재, 이중기소의 부존재 등과 같이 사건의 절차적 사유가 문제로 되는 경우가 이에 해당한다. 형식적 소송조건이 결여되면 공소기각의 판결(제327조), 공소기각의 결정(제328조), 관할위반의 판결(제319조) 등의 방법으로 소송을 종결시킨다. 그리고 결여된 형식적 소송조건이 사후에 보완된 경우에는 동일한 범죄사실에 대하여 다시 기소하는 것이 가능하다.

'실체적 소송조건'이란 소송의 실체에 관한 사유를 소송조건으로 하는 경우를 말한다. 사건의 실체에 대하여 심판하기 위해서는 절차적인 형식적 소송조건을 구비할 뿐만 아니라 실체형성을 행할 이익이 존재하고, 실체형성을 진행시키는 것을 부적당하게 할 사유가 존재하지 않아야 한다. 확정판결이 있은 때, 사면이 있은 때, 공소시효가 완성되었을 때, 범죄 후의 법령개폐로 형이 폐지되었을 때 등은 실체형성의 이익이 없어 실체적 소송조건을 결여하는 경우에 해당한다. 실체적 소송조건이 결여되면 면소판결(제326조)의 선고를 통하여 소송을 종결시킨다. 면소판결은 그것이 단순한 절차상의 하자를 이유로 하는 것이 아니라 중대한 내용상의 하자라고 할 수 있는 실체형성의 이익의 결여를 이유로 하는 것이기 때문에 면소판결이 선고된 경우에는 일사부재리의 효력이 인정된다. 그러므로 결여된 실체적 소송조건이 사후에 보완될 수 없는 것이다.

Ⅲ. 소송조건의 조사와 증명

1. 직권조사의 원칙

법원은 소송조건의 존부에 대하여 직권으로 조사하여야 한다.[1] 다만 법원은 피고인의 신청이 없으면 토지관할에 관하여 관할위반의 선고를 하지 못한다(제320조 제1항). 소송조건의 존부에 대한 조사는 제1심뿐만 아니라 항소심과 상고심에서도 하여야 한다. 이에 따라 상소법원은 상소인이 상소이유서에 소송조건의 결여에 대하여 다투지 않더라도 이를 조사하여야 한다.[2]

2. 소송조건의 판단기준

소송조건은 소송의 모든 과정에서 구비되어야 하므로 법원은 절차의 모든 단계에서 소송조건의 유무를 조사하여야 한다. 그리고 소송조건의 존부는 공소사실을 기준으로 판단하여야

1) 대법원 2014. 7. 10. 선고 2014도224 판결(고발이 있어야 공소를 제기할 수 있는 범죄에서 그 고발은 적극적 소송조건으로서 직권조사사항에 해당하므로 당사자가 항소이유로 주장하지 않았다고 하더라도 원심은 이를 직권으로 조사·판단하여야 한다).

2) 대법원 2002. 3. 15. 선고 2002도158 판결.

하며, 공소장이 변경된 경우에는 변경된 공소사실을 기준으로 판단해야 한다. 그러므로 단독판사 관할사건이 공소장변경에 의하여 합의부 관할사건으로 된 경우, 원칙적으로 단독판사는 피고사건에 대한 사물관할의 결여를 이유로 관할위반의 판결을 선고하여야 할 것이다. 다만 소송경제를 도모하기 위하여 이 경우에 있어서는 예외적으로 관할권 있는 법원에 이송하는 방법을 취하고 있다(제8조 제2항). 또한 토지관할은 상대적 소송조건으로서 공소제기시에만 존재하면 족하며, 토지관할 위반의 신청도 피고사건에 대한 진술 전에 하여야 하므로(제320조 제2항) 법원도 피고사건에 대한 피고인의 진술 후에는 토지관할의 존재 여부를 조사·판단할 수 없게 된다. 한편 공소장이 변경된 경우에 공소시효는 공소제기에 의하여 정지되므로 공소시효의 완성 여부는 공소장을 변경한 시점이 아니라 공소를 제기한 시점을 기준으로 판단하여야 한다.[1)]

3. 소송조건의 증명

소송조건의 존부는 소송법적 사실이므로 자유로운 증명으로 족하다.[2)] 따라서 법원은 소송조건의 존부를 판단하기 위하여 증거능력이 있는 증거에 의한 정식의 증거조사절차를 거칠 필요는 없다. 또한 소송조건의 존부가 증명되지 않으면 실체법적 사실의 경우와 마찬가지로 의심스러운 때에는 피고인의 이익으로의 원칙을 적용하여 형식재판으로 절차를 종결시켜야 한다. 즉 소송조건에 대한 거증책임은 검사에게 있다.

Ⅳ. 소송조건의 결여

1. 형식재판에 의한 종결

소송이 계속된 사건에 대하여 소송조건이 존재하지 않으면 유죄·무죄의 실체재판을 할 수 없고, 형식재판으로 절차를 종결해야 한다. 형식적 소송조건을 결여한 경우에는 공소기각의 판결(제327조)[3)], 공소기각의 결정(제328조), 관할위반의 판결(제319조)을 하며, 실체적 소송조건을 결여한 경우에는 면소의 판결(제326조)을 선고한다. 소송조건은 실체재판의 조건이므로 소송조건을 결여한 사건에 대하여 무죄판결을 선고할 수는 없다.[4)]

1) 대법원 1992. 4. 24. 선고 91도3150 판결.

2) 이에 대하여 형사소송법이 명문으로 예외를 허용하지 않는 한 자유로운 증명이란 허용되지 않는다는 취지에서 소송조건의 구비 여부가 문제된 경우에도 검사는 엄격한 증명을 하여야 한다는 견해로는 김정한, 159면.

3) 대법원 2015. 11. 17. 선고 2013도7987 판결(법원은 검사가 공소를 제기한 범죄사실을 심판하는 것이지 고소권자가 고소한 내용을 심판하는 것이 아니므로, 고소권자가 비친고죄로 고소한 사건이더라도 검사가 사건을 친고죄로 구성하여 공소를 제기하였다면 공소장 변경절차를 거쳐 공소사실이 비친고죄로 변경되지 아니하는 한, 법원으로서는 친고죄에서 소송조건이 되는 고소가 유효하게 존재하는지를 직권으로 조사·심리하여야 한다. 그리고 이 경우 친고죄에서 고소와 고소취소의 불가분 원칙을 규정한 제233조는 당연히 적용되므로, 만일 공소사실에 대하여 피고인과 공범관계에 있는 사람에 대한 적법한 고소취소가 있다면 고소취소의 효력은 피고인에 대하여 미친다).

4) 대법원 2002. 7. 12. 선고 2001도6777 판결.

또한 형식재판에 대하여 피고인이 무죄를 주장하여 상소하는 것도 허용되지 아니한다. 즉 피고인을 위한 상소는 피고인에게 불이익한 재판을 시정하여 이익된 재판을 청구함을 그 본질로 하는 것이므로, 피고인은 재판이 자기에게 불이익하지 아니하면 이에 대한 상소권이 없다. 그러므로 공소기각의 판결이 있으면 피고인은 유죄판결의 위험으로부터 벗어나는 것이므로 그 판결은 피고인에게 불이익한 재판이라고 할 수 없고[1], 따라서 피고인의 상고는 부적법하여 받아들일 수 없다.[2]

2. 소송조건 결여의 경합

소송조건의 결여가 경합한 경우에는 논리상의 순서와 판단의 난이도에 따라 형식재판의 내용을 결정하여야 한다. 따라서 형식적 소송조건의 결여와 실체적 소송조건의 결여가 경합된 경우에는 형식적 소송조건의 결여를 이유로 재판하여야 하며, 수개의 형식적 소송조건의 결여가 경합된 경우에는 하자의 정도가 중대한 것을 이유로 하는 재판에 의하여 소송을 종결시켜야 할 것이다. 예를 들면 공소기각의 사유와 관할위반의 사유가 경합한 경우에는 공소기각의 재판을 해야 하고, 공소기각의 판결 사유와 공소기각의 결정 사유가 경합한 경우에는 공소기각의 결정을 해야 한다.

1) 대법원 1988. 11. 8. 선고 85도1675 판결; 대법원 1987. 6. 9. 선고 87도941 판결.
2) 대법원 1997. 8. 22. 선고 97도1211 판결.

제 3 편

수사 및 공소의 제기

제 1 장 수 사

제 1 절 수사의 기본개념

Ⅰ. 수사의 의의

1. 의 의

'수사'(搜査)란 형사사건에 관하여 범죄의 혐의 유무를 명백히 하여 공소의 제기 및 유지 여부를 결정하기 위하여 범인을 발견·확보하고 증거를 수집·보전하는 수사기관의 활동을 말한다.[1] 이러한 수사활동이 연속적으로 이루어지는 과정을 수사절차라고 하며, 공소제기 이후의 절차인 공판절차와 더불어 형사절차의 일부를 구성하고 있다. 여기서 '수사기관'(搜査機關)이란 법률상 수사할 권한이 인정되어 있는 국가기관을 말하는데, 이에는 사법경찰관과 검사가 있다.

피의자에 대한 수사는 불구속 상태에서 함을 원칙으로 한다(제198조 제1항). 검사·사법경찰관리와 그 밖에 직무상 수사에 관계있는 자는 피의자 또는 다른 사람의 인권을 존중하고 수사과정에서 취득한 비밀을 엄수하며 수사에 방해되는 일이 없도록 하여야 한다(제198조 제2항). 검사·사법경찰관리와 그 밖에 직무상 수사에 관계있는 자는 수사과정에서 수사와 관련하여 작성하거나 취득한 서류 또는 물건에 대한 목록을 빠짐없이 작성하여야 한다(제198조 제3항).

2. 구별개념으로서 내사

'내사'(內査)란 수사기관의 인지 전 수사활동으로서 범죄에 관한 신문 기타 출판물의 기사, 익명의 신고, 풍설, 첩보의 입수, 고소·고발·자수 이외의 수사단서가 있는 경우에 일단 그 진상을 확인하는 조사활동을 말한다. 조사활동 후 범죄의 혐의가 있다고 인정할 경우에는 입건하여 수사를 개시하지만, 범죄의 혐의가 없거나 입건의 필요성이 없는 경우에는 내사를 종결한다. 내사단계에서 범죄의 혐의를 받는 자를 '피내사자'(被內査者) 또는 '용의자'(容疑者)라고 한다. 내사는 수사기관이 통상의 수사절차를 본격적으로 개시하기 전 범죄혐의의 유무를 확인하기 위하여 행하는 조사절차라는 점에서 수사와 구별된다. 임의동행의 형식으로 피내사자를 동행시킨 경우에는 실질적으로 입건되었다고 보기 어렵기 때문에 아직 피의자로 파악하기에는 다소 무리가 있다.[2] 또한 내사는 범죄혐의의 유무를 확인하기 위하여 범죄인지 전에 행해지는 수사기관 내부의 조사활동에 불과하므로, 그 과정에서 피내사자의 기본권을 제한하는 별도의 처분이 있었음을 구체적으로 특정하여 다투지 않는 이상, 단지 내사 그 자체만으로는 피내사자에게 어

---

1) 대법원 1999. 12. 7. 선고 98도3329 판결.

2) 대법원 1996. 6. 3.자 96모18 결정.

떠한 의무를 부과하거나 피내사자의 기본권에 직접적이고 구체적인 침해를 가한다고 볼 수 없으므로, 헌법소원심판의 대상이 되는 공권력 행사로 보기 어렵다.[1)]

수사의 대상인 피의자는 헌법과 형사소송법이 정한 피의자의 권리를 충분히 행사할 수 있는데 반하여, 내사의 대상자인 피내사자는 단순한 혐의자 내지 용의자에 불과하여 이러한 권리를 행사하는데 일정한 제한을 받는다. 따라서 피내사자는 증거보전(제184조)을 청구할 수 없으며[2)], 진정에 기하여 이루어진 내사사건에서 내사종결처분이 내려지더라도 진정인은 고소사건의 고소인과는 달리 재정신청을 청구할 수 없다.[3)] 왜냐하면 내사사건의 종결처리는 수사기관의 내부적인 사건처리방식에 지나지 않기 때문이다. 그러므로 수사와 구별되는 내사의 개념을 인정하여 형사소송법상에 명문의 규정을 두는 것이 시급한 과제라고 할 수 있다.

이를 통해 ① 수사영역의 무한한 확대를 방지할 수 있다. 내사를 수사의 일부로 파악하면 수사가 범죄혐의 이전까지 확대되어 수사단계에만 가능한 강제수사 등의 수단이 내사단계에도 적용될 여지가 있기 때문에 수사와 내사를 엄격히 분리하여 규정할 필요성이 있다. ② 피내사자의 기본권 보장에 도움이 된다. 피의자가 아닌 피내사자는 지문채취를 피할 수 있으며, 수사자료표를 작성하지 않아도 되며, 입건을 피할 수 있어 피의자라는 지위에서 수반되는 부작용을 최소화 할 수 있다. ③ 실질적으로 내사에 해당하는 것은 수사가 아니기 때문에 검사는 사법경찰에게 내사를 지휘할 수 없다.[4)] ④ 내사사건 피해자의 이의제기권이 보장될 수 있다. 내사는 수사절차에 진입하기 이전의 단계이므로 수사기관의 내사종결처분이 있더라도 피해자는 고소·고발 등을 통해서만 이의제기가 가능하다.

Ⅱ. 수사의 주체 및 객체

1. 수사의 주체

(1) 사법경찰관리

1) 경찰청 소속 일반사법경찰관리

일반사법경찰관리는 경찰직과 검찰직으로 구분할 수 있는데, 우선 경찰공무원 가운데 경무관[5)]·총경·경정·경감·경위는 사법경찰관으로서 범죄의 혐의가 있다고 사료하는 때에는 범인,

1) 헌법재판소 2011. 2. 15. 선고 2011헌마30 결정(진정은 그 자체가 법률의 규정에 의하여 법률상의 권리행사로서 인정되는 것이 아니고, 진정을 기초로 하여 수사소추기관의 적의 처리를 요망하는 의사표시에 지나지 아니한 것인 만큼, 진정에 의하여 이루어진 공람종결처분이라는 것은 구속력이 없는 진정사건에 대한 수사기관의 내부적 사건처리방식에 지나지 아니하는 것이며, 진정인의 권리행사에 아무런 영향을 미치는 것이 아니므로 이는 헌법소원심판의 대상이 되는 공권력의 행사라고 할 수 없다).

2) 대법원 1979. 6. 12. 선고 79도792 판결.

3) 대법원 1991. 11. 5.자 91모68 결정; 헌법재판소 1990. 12. 26. 선고 89헌마277 결정.

4) 손동권/신이철, 152면.

5) 다만 경찰청에 근무하는 경무관은 경찰공무원법 부칙 제6조에 의하여 사법경찰관에서 제외된다고 보아야 한다.

범죄사실과 증거를 수사한다(제197조 제1항). 경사·경장·순경은 사법경찰리[1]로서 수사의 보조를 하여야 한다(제197조 제2항). 경찰공무원법 제2조에 규정된 경찰계급에 해당하는 모든 경찰공무원이 사법경찰관리가 되는 것이 아니라 구체적으로 범죄수사의 임무에 종사하는 경우에 한하여 사법경찰관리가 된다. 또한 경찰계급의 일종인 치안총감·치안정감·치안감은 사법경찰관이 아니고 경찰관일 뿐이다. 2018. 12. 31. 현재 총 118,651명의 경찰공무원이 있는데, 경찰 계급별 인력구성은 다음과 같다.

〈경찰 계급별 인력구성〉

기준: 2018. 12. 31.

치안총감	치안정감	치안감	경무관	총경	경정	경감	경위	경사	경장	순경
1	6[2]	27	63[3]	539	2,609	8,622	16,062	25,049	31,000	34,673

출처: https://www.police.go.kr/www/open/publice/publice02.jsp

2) 검찰청 소속 일반사법경찰관리

검찰청 직원으로서 사법경찰관리의 직무를 행하는 자와 그 직무의 범위는 법률로 정한다(제245조의9 제1항). 사법경찰관의 직무를 행하는 검찰청 직원은 검사의 지휘를 받아 수사하여야 한다(제245조의9 제2항). 사법경찰리의 직무를 행하는 검찰청 직원은 검사 또는 사법경찰관의 직무를 행하는 검찰청 직원의 수사를 보조하여야 한다(제245조의9 제3항). 사법경찰관리의 직무를 행하는 검찰청 직원에 대하여는 제197조의2부터 제197조의4까지, 제221조의5, 제245조의5부터 제245조의8까지의 규정을 적용하지 아니한다(제245조의9 제4항). 이와 같이 2020. 2. 4. 개정 형사소송법 제245조의9에서는 경찰청 소속이 아닌 검찰청 소속 일반사법경찰관리에 대해서는 검사의 수사지휘권을 그대로 존속시키고 있다.

이에 따라 검찰공무원 가운데 검찰수사서기관·수사사무관 및 마약수사사무관은 검사를 보좌하며 형사소송법 제245조의9 제2항에 따른 사법경찰관으로서 그 지휘를 받아 범죄수사를 행한다(검찰청법 제46조 제2항). 검찰총장 또는 각급 검찰청 검사장의 지명을 받은 사람은 소속 검찰청 또는 지청에서 접수한 사건에 관하여 검찰주사·마약수사주사·검찰주사보 및 마약수사주사

1) 헌법재판소 2001. 10. 25. 선고 2001헌바9 결정(사법경찰리는 독자적으로 수사를 할 권한은 없고, 검사나 사법경찰관으로부터 특정 사건에 관한 구체적 명령을 받고 그 지휘 하에서 수사를 보조한다고 할 것이며, 이 사건 법률조항의 '수사의 보조'는 그와 같은 의미임을 알 수 있다. 그리고 확립된 대법원 판례는 피의자에 대한 신문이나 그 조서작성도 이와 같은 구체적 명령과 지휘 하에서 수사의 보조업무로서 할 수 있다고 해석하여 왔다).

2) 경찰청 차장, 경찰대학장, 서울·경기남부·부산·인천지방경찰청장 등 6인

3) 치안수요가 많은 곳에 중심경찰서 제도를 도입하면서 수원남부, 분당, 청주흥덕, 전주완산, 창원중부경찰서 5곳은 2012. 11. 경무관 서장이 처음 임명되었고, 서울송파경찰서는 2013년, 부천원미경찰서는 2014년, 대구성서경찰서는 2017. 2., 서울강서, 인천남동, 광주광산, 부산해운대경찰서는 2017. 12.에 경무관 서장이 각각 부임하게 되었다.

보는 형사소송법 제245조의9 제2항에 따른 사법경찰관의 직무, 검찰서기·마약수사서기·검찰서기보 및 마약수사서기보는 형사소송법 제245조의9 제3항에 따른 사법경찰리의 직무를 각각 수행한다(검찰청법 제47조 제1항).[1] 검찰청 소속 사법경찰관리는 행정조직상 경찰청이 아니라 검찰청에 소속되어 있다는 점에서 경찰청 소속 사법경찰관리와 구별되며, 범죄수사의 대상에 제한이 없다는 점에서 특별사법경찰관리와 구별된다.

3) 특별사법경찰관리

삼림, 해사, 전매, 세무, 군수사기관 기타 특별한 사항에 관하여 사법경찰관리의 직무를 행할 특별사법경찰관리와 그 직무의 범위는 법률로 정한다(제245조의10 제1항). 특별사법경찰관은 모든 수사에 관하여 검사의 지휘를 받는다(제245조의10 제2항). 특별사법경찰관은 범죄의 혐의가 있다고 인식하는 때에는 범인, 범죄사실과 증거에 관하여 수사를 개시·진행하여야 한다(제245조의10 제3항). 특별사법경찰관리는 검사의 지휘가 있는 때에는 이에 따라야 한다. 검사의 지휘에 관한 구체적 사항은 법무부령으로 정한다(제245조의10 제4항). 특별사법경찰관은 범죄를 수사한 때에는 지체 없이 검사에게 사건을 송치하고, 관계 서류와 증거물을 송부하여야 한다(제245조의10 제5항). 특별사법경찰관리에 대하여는 제197조의2부터 제197조의4까지, 제221조의5, 제245조의5부터 제245조의8까지의 규정을 적용하지 아니한다(제245조의10 제6항). 특별사법경찰은 원칙적으로 행정영역의 전문가이기 때문에 일반행정공무원이라고 할 수 있다. 하지만 사항적 전문성과 장소적 특수성을 고려하여 수사권을 행사할 수 있도록 특별사법경찰의 신분을 부여하여 예외적으로 범죄수사를 할 수 있도록 한 것이다. 그런데 일반사법경찰과 달리 특별사법경찰은 수사에 있어서의 전문성이 많이 부족하기 때문에 기존의 방식과 마찬가지로 검사의 지휘·감독관계의 대상으로 설정한 것이다.

(2) 검 사

검사는 범죄의 혐의 있다고 사료하는 때에는 범인, 범죄사실과 증거를 수사한다(제196조). 하지만 수사는 1차적으로 사법경찰관이 담당하므로, 검사의 직접수사는 검찰청법 제4조 제1항 제1호 단서에서 정한 범위 내에서 허용되는데, 가. 부패범죄, 경제범죄, 공직자범죄, 선거범죄, 방위사업범죄, 대형참사 등 대통령령으로 정하는 중요 범죄, 나. 경찰공무원이 범한 범죄, 다. 가목·나목의 범죄 및 사법경찰관이 송치한 범죄와 관련하여 인지한 각 해당 범죄와 직접 관련성이 있는 범죄 등이 이에 해당한다. 이와 같이 검사는 검찰청법 제4조 제1항 제1호 단서의 특정범죄에 대해서는 수사를 직접 개시하여 진행할 수 있다. 반면에 그 이외의 범죄에 대해서는 직접 수사를 개시하지 못하지만, 사법경찰관에 의하여 송치된 사건에 대해서는 직접 수사를 할 수 있어 수사의 진행 및 종결권을 행사할 수 있다.

---

1) 2018년 기준 검찰청 소속 공무원 10,696명(검사 2,252명 포함) 가운데 약 6,000여 명이 이에 해당한다.

(3) 수사처검사

1) 수사처 신설의 의의

① 고위공직자범죄등에 관한 수사, ② 대법원장·대법관·검찰총장·판사·검사·경무관 이상의 경찰공무원에 해당하는 고위공직자로 재직 중에 본인 또는 본인의 가족이 범한 고위공직자범죄 및 관련범죄의 공소제기와 그 유지에 필요한 직무를 수행하기 위하여 2020. 7. 15.부터 고위공직자범죄수사처를 설치 및 운영하고 있다(수사처법[1] 제3조 제1항 참조). 그 동안 수많은 검찰개혁의 방안이 제시되어 실제로 시행되었음에도 불구하고, 검찰개혁이 완수되기는커녕 오히려 갈수록 그 필요성이 더욱 대두되는 형국에 이르렀다. 특히 야심차게 도입된 특별검사제도는 그 한시적 기능과 대상의 한정성 등 여러 가지 원인으로 말미암아 실패에 실패를 거듭하였고, 이는 보다 폭넓은 고위공직자범죄를 대상으로 상시적으로 수사를 할 수 있는 독립된 수사기관의 창설에 이르는 결과를 초래하였다. 검찰 자신에 대한 수사를 비롯하여 검찰에게 어느 정도 영향력을 행사할 수 있는 고위공직자에 대한 수사는 검찰 스스로 담당하는 것에 구조적인 한계가 있기 마련이다. 이러한 문제를 해결하기 위하여 검찰 내·외부에서 다양한 방법론을 시도해 보기는 하였으나, 궁극적이고 본질적인 해결책의 수준으로는 항상 미흡하였다. 무엇보다도 가장 근본적인 해결책은 고위공직자범죄에 대한 행정부의 지휘·감독을 받지 않게 하기 위하여 검찰청 소속 검사의 개입이 처음부터 배제되어야 할 것인데, 이러한 점에서 수사처 설치의 당위성은 점점 더 부각되어 왔으며, 결국 행정부·입법부·사법부 그 어디에도 소속되지 않는 법률상 독립기구의 창설을 맞이하였다. 즉 기존의 검찰청이라는 조직을 그대로 둔 채 적어도 검찰청보다는 독립성과 정치적 중립성 차원에서 우위에 있다고 평가할 수 있는 별도의 국가기관을 신설한 것이다.[2]

수사처는 그 권한에 속하는 직무를 독립하여 수행하며(수사처법 제3조 제2항), 대통령, 대통령비서실의 공무원은 수사처의 사무에 관하여 업무보고나 자료제출 요구, 지시, 의견제시, 협의, 그 밖에 직무수행에 관여하는 일체의 행위를 하여서는 아니 된다(수사처법 제3조 제3항). 수사처 소속 공무원은 정치적 중립을 지켜야 하며, 그 직무를 수행함에 있어 외부로부터 어떠한 지시나 간섭을 받지 아니한다(수사처법 제22조). 이에 따라 처장, 차장, 수사처검사는 탄핵이나 금고 이상의 형을 선고받은 경우를 제외하고는 파면되지 아니하며, 징계처분에 의하지 아니하고는 해임·면직·정직·감봉·견책 또는 퇴직의 처분을 받지 아니한다(수사처법 제14조).

---

1) 기존에는 일반적으로 '공수처법'이라고 표현하는 경우가 많았지만, 「고위공직자범죄수사처 설치 및 운영에 관한 법률」 제3조 제1항에 의하면 고위공직자범죄수사처를 '수사처'라고 축약하여 표현하고 있으므로 '수사처법'이라고 칭하는 것이 보다 타당하다.

2) 이에 대하여 보다 자세한 내용으로는 박찬걸, "고위공직자범죄수사처의 독립성 및 정치적 중립성 확보방안 검토", 형사정책 제32권 제1호, 한국형사정책학회, 2020. 4, 131면 이하 참조.

2) 고위공직자 및 고위공직자범죄등

① 고위공직자의 범위

'고위공직자'란 가. 대통령[1], 나. 국회의장 및 국회의원, 다. 대법원장 및 대법관, 라. 헌법재판소장 및 헌법재판관, 마. 국무총리와 국무총리비서실 소속의 정무직공무원, 바. 중앙선거관리위원회의 정무직공무원, 사. 「공공감사에 관한 법률」 제2조 제2호에 따른 중앙행정기관[2]의 정무직공무원, 아. 대통령비서실·국가안보실·대통령경호처·국가정보원 소속의 3급 이상 공무원, 자. 국회사무처, 국회도서관, 국회예산정책처, 국회입법조사처의 정무직공무원, 차. 대법원장비서실, 사법정책연구원, 법원공무원교육원, 헌법재판소사무처의 정무직공무원, 카. 검찰총장, 타. 특별시장·광역시장·특별자치시장·도지사·특별자치도지사 및 교육감, 파. 판사 및 검사, 하. 경무관 이상 경찰공무원, 거. 장성급 장교, 너. 금융감독원 원장·부원장·감사, 더. 감사원·국세청·공정거래위원회·금융위원회 소속의 3급 이상 공무원 가운데 어느 하나의 직(職)에 재직 중인 사람 또는 그 직에서 퇴직한 사람을 말한다(수사처법 제2조 제1호 본문). 다만, 장성급 장교는 현역을 면한 이후도 포함된다(수사처법 제2조 제1호 단서).

② 고위공직자범죄등의 개념

'고위공직자범죄등'이란 '고위공직자범죄'와 '관련범죄'를 말하는데(수사처법 제2조 제5호 참조), 여기서 '고위공직자범죄'란 고위공직자로 재직 중에 본인 또는 본인의 가족[3]이 범한 가. 형법 제122조부터 제133조까지의 죄(다른 법률에 따라 가중처벌되는 경우를 포함한다), 나. 직무와 관련되는 형법 제141조, 제225조, 제227조, 제227조의2, 제229조(제225조, 제227조 및 제227조의2의 행사죄에 한정한다), 제355조부터 제357조까지 및 제359조의 죄(다른 법률에 따라 가중처벌되는 경우를 포함한다), 다. 「특정범죄 가중처벌 등에 관한 법률」 제3조의 죄, 라. 변호사법 제111조의 죄, 마. 정치자금법 제45조의 죄, 바. 국가정보원법 제18조, 제19조의 죄, 사. 국회에서의 증언·감정 등에 관한 법률 제14조 제1항의 죄, 아. 가목부터 마목까지의 죄에 해당하는 범죄행위로 인한 「범죄수익은닉의 규제 및 처벌 등에 관한 법률」 제2조 제4호의 범죄수익등과 관련된 같은 법 제3조 및 제4조의 죄 가운데 어느 하나에 해당하는 죄를 말한다. 다만, 가족의 경우에는 고위공직자의 직무와 관련하여 범한 죄에 한정한다(수사처법 제2조 제3호).

---

1) 현직 대통령의 경우 내란 또는 외환의 죄를 제외하고는 헌법 제84조에 의하여 재직 중 형사상의 소추가 불가능한 것이지 수사가 불가능한 것은 아니므로 전·현직을 불문하고 고위공직자의 범위에 포함시키는 것이 타당하다.

2) 정부조직법 제2조에 따른 부·처·청과 감사원, 국가인권위원회, 국민권익위원회, 공정거래위원회, 금융위원회, 방송통신위원회 및 그 밖에 대통령령으로 정하는 기관(1. 한국은행법에 따른 한국은행, 「금융위원회의 설치 등에 관한 법률」 제24조에 따른 금융감독원, 2. 국가 또는 지방자치단체가 자본금의 2분의 1 이상을 출자한 법인(다만, 직원의 정원이 100명 미만인 법인은 제외한다), 3. 다른 법률에 따라 감사원의 회계검사를 받도록 규정된 기관 또는 단체, 4. 그 밖에 감사원법 제23조에 따른 감사원 감사 대상기관 중 관장 사무, 예산 규모 및 부패행위 발생 가능성 등을 고려하여 감사원이 지정하는 기관 또는 단체(다만, 직원의 정원이 100명 미만인 기관 또는 단체는 제외한다))을 말한다.

3) '가족'이란 배우자, 직계존비속을 말한다. 다만, 대통령의 경우에는 배우자와 4촌 이내의 친족을 말한다(수사처법 제2조 제2호).

다음으로 '관련범죄'란 가. 고위공직자와 형법 제30조부터 제32조까지의 관계에 있는 자가 범한 제3호 각 목의 어느 하나에 해당하는 죄, 나. 고위공직자를 상대로 한 자의 형법 제133조(뇌물공여등), 제357조 제2항(배임증재)의 죄, 다. 고위공직자범죄와 관련된 형법 제151조 제1항(범인은닉), 제152조(위증), 제154조부터 제156조까지의 죄(허위감정·통역·번역, 증거인멸, 무고) 및 국회에서의 증언·감정 등에 관한 법률 제14조 제1항의 죄, 라. 고위공직자범죄 수사 과정에서 인지한 그 고위공직자범죄와 직접 관련성이 있는 죄로서 해당 고위공직자가 범한 죄 가운데 어느 하나에 해당하는 죄를 말한다(수사처법 제2조 제4호).[1]

3) 조직의 구성

① 처장의 자격 및 임명

수사처에 처장 1명을 두고, 특정직공무원으로 보한다(수사처법 제4조 제1항 참조). 처장은 15년 이상 ① 판사, 검사 또는 변호사, ② 변호사 자격이 있는 사람으로서 국가기관, 지방자치단체, 「공공기관의 운영에 관한 법률」 제4조에 따른 공공기관 또는 그 밖의 법인에서 법률에 관한 사무에 종사한 사람, ③ 변호사 자격이 있는 사람으로서 대학의 법률학 조교수 이상으로 재직하였던 사람 중[2]에서 고위공직자범죄수사처장후보추천위원회가 2명을 추천하고, 대통령이 그 중 1명을 지명한 후 인사청문회를 거쳐 임명한다(수사처법 제5조 제1항 참조). 수사처법 제5조 제1항 각 호에 규정된 둘 이상의 직에 재직한 사람에 대해서는 그 연수를 합산한다(수사처법 수사처법 제5조 제2항). 처장의 임기는 3년으로 하고 중임할 수 없으며, 정년은 65세로 한다(수사처법 제5조 제3항). 처장이 궐위된 때에는 제1항에 따른 절차를 거쳐 60일 이내에 후임자를 임명하여야 한다. 이 경우 새로 임명된 처장의 임기는 새로이 개시된다(수사처법 제5조 제4항). 처장의 보수와 대우는 차관의 예에 준한다(제수사처법 12조 제1항). 한편 처장은 수사처검사의 직을 겸하며(수사처법 제17조 제5항), 수사처의 예산 관련 업무를 수행하는 경우에 국가재정법 제6조 제2항에 따른 중앙관서의 장으로 본다(수사처법 제17조 제6항).

처장후보자의 추천을 위하여 국회에 고위공직자범죄수사처장후보추천위원회(이하 '추천위원회'라고 한다)를 두는데(수사처법 제6조 제1항), 추천위원회는 위원장 1명을 포함하여 7명의 위원으로

---

1) 공직비리의 대다수는 민간부문의 부패와 밀접한 연관성을 가지고 있는데, 관련범죄의 설정으로 말미암아 고위공직자범죄와 연루된 민간인, 고위공직자 이외의 공직자 등에 대한 수사를 가능하도록 하는 기능을 수행한다. 이는 수사처가 수사대상범죄에 대한 수사 중에 인지한 사건까지도 대상사건으로 포섭시킴으로써 사건 단위가 가진 한계를 보완하고 있는 것이다. 그러므로 고위공직자에 해당하지 않는 일반공직자나 민간인의 경우에도 수사처의 수사대상이 될 수 있다.

2) 일각에서는 처장후보자의 확장성을 이유로 변호사 자격을 가지지 않은 자의 경우에도 이를 포함시키는 것이 타당하다는 견해가 있기는 하지만, 처장의 기본적인 요건으로서 15년 이상의 변호사 경력을 요구하는 현행법의 태도가 보다 적절하다. 왜냐하면 비록 극히 드문 경우이기는 하겠지만 처장이 수사처검사의 역할을 경우에 따라 직접 수행할 수도 있다는 점, 이 경우 강제수사의 권한으로서 영장청구권도 독자적으로 행사할 수 있는 자격을 갖추고 있어야 한다는 점, 총원이 25명으로 제한되어 있는 수사처검사에 대하여 필수적으로 변호사 자격을 10년 이상 보유한 자로 구성하고 있는 구조와 매우 강력한 수사처검사동일체의 원칙이 관철될 것이 예상되는 상황 등을 종합적으로 고려하면, 보다 원활한 지휘·감독을 위해서라도 변호사의 자격이 요구될 수밖에 없기 때문이다.

구성한다(수사처법 제6조 제2항). 국회의장은 ① 법무부장관, ② 법원행정처장, ③ 대한변호사협회장, ④ 대통령이 소속되거나 소속되었던 정당의 교섭단체가 추천한 2명, ⑤ 제4호의 교섭단체 외의 교섭단체가 추천한 2명의 사람을 위원으로 임명하거나 위촉하며(수사처법 제6조 제4항), 위원장은 위원 중에서 호선한다(수사처법 제6조 제3항). 추천위원회는 국회의장의 요청 또는 위원 3분의 1 이상의 요청이 있거나 위원장이 필요하다고 인정할 때 위원장이 소집하고, 위원 6인 이상의 찬성으로 의결한다(수사처법 제6조 제5항). 추천위원회 위원은 정치적으로 중립을 지키고 독립하여 그 직무를 수행한다(수사처법 제6조 제6항). 추천위원회가 처장후보자를 추천하면 해당 추천위원회는 해산된 것으로 본다(수사처법 제6조 제7항). 그 밖에 추천위원회의 운영 등에 필요한 사항은 국회규칙으로 정한다(수사처법 제6조 제8항).

② 차장의 자격 및 임명

수사처에 차장 1명을 두고, 특정직공무원으로 보한다(수사처법 제4조 제1항 참조). 차장은 10년 이상 수사처법 제5조 제1항 각 호의 직에 재직하였던 사람 중에서 처장의 제청으로 대통령이 임명한다(수사처법 제7조 제1항). 수사처법 제5조 제2항은 차장의 임명에 준용한다(수사처법 제7조 제2항). 차장의 임기는 3년으로 하고 중임할 수 없으며, 정년은 63세로 한다(수사처법 제7조 제3항). 차장의 보수와 대우는 고위공무원단 직위 중 가장 높은 직무등급의 예에 준한다(수사처법 제12조 제2항). 한편 차장은 수사처검사의 직을 겸한다(수사처법 제18조 제2항).

③ 수사처검사의 자격 및 임명

수사처검사는 변호사 자격을 10년 이상 보유한 자로서 재판, 수사 또는 수사처규칙으로 정하는 조사업무의 실무를 5년 이상 수행한 경력이 있는 사람 중에서 인사위원회의 추천을 거쳐 대통령이 임명한다. 이 경우 검사의 직에 있었던 사람은 수사처검사 정원의 2분의 1을 넘을 수 없다(수사처법 제8조 제1항). 수사처검사는 특정직공무원으로 보하고, 처장과 차장을 포함하여 25명 이내로 한다(수사처법 제8조 제2항). 수사처검사의 임기는 3년으로 하고, 3회에 한정하여 연임할 수 있으며, 정년은 63세로 한다(수사처법 제8조 제3항). 수사처검사는 직무를 수행함에 있어서 검찰청법 제4조에 따른 검사의 직무 및 군사법원법 제37조에 따른 군검사의 직무를 수행할 수 있으며(수사처법 제8조 제4항), 보수와 대우는 검사의 예에 준한다(수사처법 제12조 제3항).

처장과 차장을 제외한 수사처검사의 임용, 전보, 그 밖에 인사에 관한 중요 사항을 심의·의결하기 위하여 수사처에 인사위원회를 둔다(수사처법 제9조 제1항). 인사위원회는 위원장 1명을 포함한 7명의 위원으로 구성하고, 인사위원회의 위원장은 처장이 된다(수사처법 제9조 제2항). 인사위원회 위원 구성은 ① 처장, ② 차장, ③ 학식과 덕망이 있고 각계 전문 분야에서 경험이 풍부한 사람으로서 처장이 위촉한 사람 1명, ④ 대통령이 소속되거나 소속되었던 정당의 교섭단체가 추천한 2명, ⑤ 제4호의 교섭단체 외의 교섭단체가 추천한 2명으로 한다(수사처법 제9조 제3항). 처장과 차장을 제외한 위원의 임기는 3년으로 한다(수사처법 제9조 제4항). 인사위원회는 재적위원

과반수의 찬성으로 의결한다(수사처법 제9조 제5항). 그 밖에 인사위원회의 구성과 운영 등에 필요한 사항은 수사처규칙으로 정한다(수사처법 제9조 제6항).

수사처검사의 자격과 임명에 대해서는 다음의 점을 살펴 볼 필요가 있다. 첫째, 검사의 경우 퇴직 후 3년이 지나지 아니하면 처장이 될 수 없고, 퇴직 후 1년이 지나지 아니하면 차장이 될 수 없지만(수사처법 제13조 제2항 참조), 퇴직 후 곧바로 수사처검사가 되는 것에는 아무런 지장이 없다. 검사의 직에 있었던 사람은 수사처검사 정원의 2분의 1을 넘을 수 없도록 하고 있기 때문에(수사처법 제8조 제1항 참조), 최대 12명까지만 검사 출신으로 임명할 수 있는 구조이다. 무엇보다도 정규직 공무원인 현직 검사가 기간제 공무원인 수사처검사로 곧바로 전직하는 경우는 퇴직 직전이 아니고서는 극히 드물 것이다. 이와 같이 최대 12명의 수사처검사를 모두 퇴직 후 1년도 채 안 된 검사 출신만으로 오롯이 구성하는 것은 수사처에 기대하고 있는 국민적 열망과 사회적인 감시망을 고려한다면 현실적으로 거의 불가능하다. 게다가 퇴직 직후의 검사 출신이라고 하더라도 독립된 기관으로 소속이 변경됨에 따라 맡은 바 소임을 다할 것이라는 신뢰를 부여할 필요가 있는데, 조직이라는 환경의 변화가 구성원의 체질 변화에 결정적인 역할을 한다는 점을 결코 간과해서는 안 될 것이다. 또한 소위 '살아있는 권력'이라고 불리는 고위공직자에 대한 수사가 과거와 비교하여 상당히 투명하게 진행될 수 있다는 사례가 최근 들어 자주 등장하고 있다. 결국 검사의 경우 퇴직 후 1년이 지나지 아니하면 수사처검사가 될 수 없다는 별도의 규정은 둘 필요가 없다고 판단된다.

둘째, 검사의 임명, 보직, 전보 등 인사가 대통령과 법무부장관을 위시한 행정부에 의해 종속되어 있는 것이 독립성과 관련된 기존 검찰의 가장 큰 문제점이었다. 특히 기존 검찰청 소속 검사의 인사는 행정부가 정기적으로 단행하기 때문에 정치적 상황의 추이에 따라 변동의 규모와 대상이 결정될 수 있는 치명적인 단점이 있다. 하지만 수사처검사의 인사는 정치적 상황변화에 따른 인사에서 어느 정도 정치적 독립성을 확보할 수 있도록 설정되어 있다. 이와 같은 수사처검사에 대한 임기제 및 신분보장은 가장 강력하게 독립성 및 정치적 중립성을 확보할 수 있는 방안이라고 할 수 있는데, 1998년 검찰청법의 개정으로 검찰총장에 대한 임기제를 도입한 것과 같이 정치적 외압으로부터의 독립을 위한 조치로 평가된다. 반면에 임기제는 수사처검사가 가지고 있는 권력에 대한 통제작용으로서의 기능도 동시에 수행하기도 한다. 수사처 역시 권한에 대한 통제장치가 반드시 마련되어야 한다는 점에서 위와 같은 임기제는 이중적인 기능을 수행하고 있는 것이다.

셋째, 임명 전 결격사유를 통한 독립성 및 정치적 중립성의 확보방안으로서, 대통령비서실 소속의 공무원으로서 퇴직 후 2년이 지나지 아니한 사람은 처장, 차장, 수사처검사, 수사처수사관으로 임명될 수 없고(수사처법 제13조 제1항 제5호), 검사의 경우 퇴직 후 3년이 지나지 아니하면 처장이 될 수 없고, 퇴직 후 1년이 지나지 아니하면 차장이 될 수 없다(수사처법 제13조 제2항). 또한 검찰의 정치화는 승진이나 보직과 같은 인사상의 혜택과 정부 요직, 정계 진출 가능성과 관련이 있으므로, 수사처 인사가 퇴직 후 일정한 정무직에 임용되는 것을 제한할 필요가 있다. 이에 따라 퇴직 후 공직임용 등의 제한을 두고 있는데, 처장과 차장은 퇴직 후 2년 이내에 헌법재판관(대한민국헌법 제111조 제3항에 따라 임명되는 헌법재판관은 제외한다), 검찰총장, 국무총리 및 중앙행정기관·대통령비서실·국가안보실·대통령경호처·국가정보원의 정무직공무원으로 임용될 수 없고(수사처법 제16조 제1항), 처장, 차장, 수사처검사는 퇴직 후 2년이 지나지 아니하면 검사로 임용될 수 없으며(수사처법 제16조 제2항), 수사처검사로서 퇴직 후 1년이 지나지 아니한 사람은 대통령비서실의 직위에 임용될 수 없다(수사처법 제16조 제3항). 특히 수사처에 근무하였던 사람은 퇴직 후 1년 동안 수사처의 사건을 변호사로서 수임할 수 없다(수사처법 제16조 제4항).

④ 수사처수사관 등의 자격 및 임명

수사처수사관은 ① 변호사 자격을 보유한 사람, ② 7급 이상 공무원으로서 조사, 수사업무에 종사하였던 사람, ③ 수사처규칙으로 정하는 조사업무의 실무를 5년 이상 수행한 경력이 있는 사람 가운데 어느 하나에 해당하는 사람 중에서 처장이 임명한다(수사처법 제10조 제1항). 수사처수사관은 일반직공무원으로 보하고, 40명 이내로 한다. 다만, 검찰청으로부터 검찰수사관을 파견받은 경우에는 이를 수사처수사관의 정원에 포함한다(수사처법 제10조 제2항). 수사처수사관의 임기는 6년으로 하고, 연임할 수 있으며, 정년은 60세로 한다(수사처법 제10조 제3항). 수사처수사관의 보수와 대우는 4급 이하 7급 이상의 검찰직공무원의 예에 준한다(수사처법 제12조 제4항). 한편 수사처의 행정에 관한 사무처리를 위하여 필요한 직원을 둘 수 있는데(수사처법 제11조 제1항), 이에 따른 직원의 수는 20명 이내로 한다(수사처법 제11조 제2항).

4) 직무와 권한

① 처장의 직무와 권한

㉠ **소속 직원에 대한 지휘·감독권** 처장은 수사처의 사무를 통할하고, 소속 직원을 지휘·감독한다(수사처법 제17조 제1항). 이와 같은 처장의 지휘·감독권을 보장하기 위한 조치로써, 처장은 수사처검사로 하여금 그 권한에 속하는 직무의 일부를 처리하게 할 수 있다(수사처법 제19조 제1항; 직무위임권). 또한 처장은 수사처검사의 직무를 자신이 처리하거나 다른 수사처검사로 하여금 처리하게 할 수 있다(수사처법 제19조 제2항; 직무이전권 및 직무승계권). 하지만 수사처검사는 구체적 사건과 관련된 지휘·감독의 적법성 또는 정당성에 대하여 이견이 있을 때에는 이의를 제기할 수 있다(수사처법 제20조 제3항).

㉡ **외부기관 상호간의 협조의무** 처장은 국회에 출석하여 수사처의 소관 사무에 관하여 의견을 진술할 수 있고, 국회의 요구가 있을 때에는 수사나 재판에 영향을 미치지 않는 한 국회에 출석하여 보고[1]하거나 답변하여야 한다(수사처법 제17조 제2항). 처장은 소관 사무와 관련

1) 이에 대하여 수사처에 대한 국회 차원의 견제장치로서, 수사처가 매년 정기국회에 사업보고서와 사업계획안을 제출하는 식으로 국회에의 보고의무를 법으로 규정하는 것이 필요하다는 지적(임지봉, "고위공직자비리수사처

된 안건이 상정될 경우 국무회의에 출석하여 발언할 수 있으며, 그 소관 사무에 관하여 법무부장관에게 의안의 제출을 건의할 수 있다(수사처법 제17조 제3항). 처장은 그 직무를 수행함에 있어서 필요한 경우 대검찰청, 경찰청 등 관계 기관의 장에게 고위공직자범죄등과 관련된 사건의 수사기록 및 증거 등 자료의 제출과 수사활동의 지원 등 수사협조를 요청할 수 있다(수사처법 제17조 제4항).

㉢ **검사의 불기소결정에 대한 재정신청권** 처장은 수사처법 제26조 제2항에 따라 검사로부터 공소를 제기하지 아니한다는 통보를 받은 때에는 그 검사 소속의 지방검찰청 소재지를 관할하는 고등법원(이하 '관할 고등법원'이라 한다)에 그 당부에 관한 재정을 신청할 수 있다(수사처법 제30조 제1항). 처장은 재정신청을 하려는 경우 공소를 제기하지 아니한다는 통보를 받은 날부터 30일 이내에 지방검찰청 검사장 또는 지청장에게 재정신청서를 제출하여야 한다(수사처법 제30조 제2항). 이에 따라 재정신청서를 제출받은 지방검찰청 검사장 또는 지청장은 재정신청서를 제출받은 날부터 7일 이내에 재정신청서, 의견서, 수사 관계 서류 및 증거물을 관할 고등검찰청을 경유하여 관할 고등법원에 송부하여야 한다. 다만, 신청이 이유 있는 것으로 인정하는 때에는 즉시 공소를 제기하고 그 취지를 관할 고등법원과 처장에게 통지한다(수사처법 제30조 제4항). 재정신청서에는 재정신청의 대상이 되는 사건의 범죄사실 및 증거 등 재정신청을 이유 있게 하는 사유를 기재하여야 한다(수사처법 제30조 제3항). 수사처법에서 정한 사항 외에 재정신청에 관하여는 형사소송법 제262조, 제262조의2 및 제262조의4의 규정을 준용한다. 이 경우 '지방검찰청 검사장 또는 지청장'은 '처장', '검사'는 '수사처검사'로 본다(수사처법 제30조 제5항).

㉣ **이첩요청권** 수사처의 범죄수사와 중복되는 다른 수사기관의 범죄수사에 대하여 처장이 수사의 진행 정도 및 공정성 논란 등에 비추어 수사처에서 수사하는 것이 적절하다고 판단하여 이첩을 요청하는 경우 해당 수사기관은 이에 응하여야 한다(수사처법 제24조 제1항). 수사처에 의한 이첩요청권의 실효성을 위하여 다른 수사기관이 범죄를 수사하는 과정에서 고위공직자범죄등을 인지한 경우 그 사실을 즉시 수사처에 통보하여야 한다(수사처법 제24조 제2항). 이에 따라 고위공직자범죄등 사실의 통보를 받은 처장은 통보를 한 다른 수사기관의 장에게 수사처규칙으로 정한 기간과 방법으로 수사개시 여부를 회신하여야 한다(수사처법 제24조 제4항).

㉤ **사건이첩권** 처장은 피의자, 피해자, 사건의 내용과 규모 등에 비추어 다른 수사기관이 고위공직자범죄등을 수사하는 것이 적절하다고 판단될 때에는 해당 수사기관에 사건을 이첩할 수 있다(수사처법 제24조 제3항). 한편 처장은 수사처검사의 범죄 혐의를 발견한 경우에 관련 자료와 함께 이를 대검찰청에 통보하여야 한다(수사처법 제25조 제1항).

② **수사처검사의 직무와 권한**

㉠ **수사권** 수사처검사는 고위공직자범죄의 혐의가 있다고 사료하는 때에는 범인, 범죄

법안들에 대한 입법평론", 입법학연구 제15권 제2호, 한국입법학회, 2018. 8, 66면)이 있는데, 정치적 중립성을 보장받기 위하여 설치되어야 하는 수사처가 사업계획을 사전 및 사후에 국회에 보고해야 것은 모순이라고 판단된다.

사실과 증거를 수사하여야 한다(수사처법 제23조). 동 규정이 수사처검사의 임의수사에 대한 근거조항으로서의 기능을 수행함에 대해서는 아무런 이론(異論)이 없다. 하지만 수사처검사가 검찰청 소속 검사와 마찬가지로 강제수사를 할 수 있는가의 문제, 즉 수사처검사가 독자적으로 영장청구권을 행사할 수 있는지 여부가 문제될 수 있는데, 다음과 같은 이유에서 '수사처검사의 청구'도 가능하다고 판단된다. 첫째, 경찰이 아닌 다른 수사기관에게 영장청구권을 인정하는 것은 이미 우리나라의 다른 법률에서도 허용되고 있다. 예를 들면 각종 사건에 대한 개별적인 특별검사 설치법에서 규정하고 있었던 특별검사, 군사법원법에서 규정하고 있는 군검사 등이 이에 해당한다.

둘째, 검찰청법에 의하면, 검사는 사법시험에 합격하여 사법연수원 과정을 마친 사람 또는 변호사 자격이 있는 사람 가운데 대통령이 임명한다(검찰청법 제29조 및 동법 제34조 제1항 참조). 그리고 수사처법에 의하면, 수사처검사는 변호사 자격을 10년 이상 보유한 자로서 재판, 수사 또는 수사처규칙으로 정하는 조사업무의 실무를 5년 이상 수행한 경력이 있는 사람 중에서 (인사위원회의 추천을 거쳐) 대통령이 임명한다(수사처법 제8조 제1항 본문). 이와 같이 검찰청법이나 수사처법 모두 검사의 최소 임명요건으로서 변호사의 자격을 공통적으로 요구하고 있는데, 이는 법률전문가로 하여금 다른 수사기관의 무분별한 영장신청을 막아 국민의 기본권을 보호하기 위한 것이다. 그렇다면 수사처법의 규정과 마찬가지로 헌법이 아닌 법률을 개정하여 변호사의 자격을 가지고 있는 '경찰'이 법원에 영장을 직접 청구할 수 있는 것인가? 이것은 불가능하다. 왜냐하면 '다른 수사기관의 무분별한 영장신청'에서 말하는 '다른 수사기관'의 전형적인 유형은 영장신청권이 인정되고 있는 경찰을 말하는데, 이와 같이 검사에 대한 영장'신청'권이 있는 경찰이 변호사의 자격을 보유하고 있다고 하여 법관에 대한 영장'청구'권까지도 동시에 행사할 수 있다고 한다면 영장신청과 영장청구를 별개의 구별개념으로 파악하고 있는 취지를 완전히 몰각시키는 결과를 초래하기 때문이다.

셋째, 수사처검사는 직무를 수행함에 있어서 검찰청법 제4조에 따른 검사의 직무 및 군사법원법 제37조에 따른 군검사의 직무를 수행할 수 있다(수사처법 제8조 제4항). 검찰청법 제4조 및 군사법원법 제37조에 의하면 범죄수사, 공소의 제기 및 그 유지에 필요한 사항을 검찰청 소속 검사 및 군검사의 대표적인 직무와 권한으로 규정하고 있는데, 여기서 말하는 '범죄수사'에는 임의수사뿐만 아니라 강제수사까지도 당연히 포함되는 것으로 해석된다. 즉 수사처검사는 직무를 수행함에 있어서 「경찰관 직무집행법」 제2조에 따른 경찰관의 직무가 아니라 검찰청법 제4조에 따른 검사의 직무 및 군사법원법 제37조에 따른 군검사의 직무를 수행할 수 있으므로, 독자적인 강제수사권이 부정되는 「경찰관 직무집행법」 제2조 제2호에 규정된 범죄수사의 범위를 초월하여 강제수사를 독자적으로 할 수 있는 것이다.

㉡ **수사처수사관에 대한 지휘·감독권** 수사처검사는 처장의 지휘·감독에 따르며, 수사

처수사관을 지휘·감독한다(수사처법 제20조 제2항).

㉢ **사건의 송부** 수사처검사는 수사처법 제3조 제1항 제2호에서 정하는 사건을 제외한 고위공직자범죄등에 관한 수사를 한 때에는 관계 서류와 증거물을 지체 없이 서울중앙지방검찰청 소속 검사에게 송부하여야 한다(수사처법 제26조 제1항). 여기서 수사처검사로부터 사건을 송부받은 서울중앙지방검찰청 소속 검사에게는 수사처검사에 대하여 보완수사를 요구할 수 있는 명문의 권한이 없기 때문에 당해 사건의 공소제기 여부를 판단하기 위하여 필연적으로 직접 수사가 가능하다고 보아야 한다. 이후 관계 서류와 증거물을 송부받아 사건을 처리하는 검사는 처장에게 해당 사건의 공소제기 여부를 신속하게 통보하여야 한다(수사처법 제26조 제2항). 이는 수사처검사가 모든 고위공직자범죄등에 대하여 최종적인 수사종결권을 행사하는 것이 아니라 제3조 제1항 제2호에서 정하는 사건에 한해서만 수사종결 및 기소유지를 할 수 있다는 점을 의미한다. 즉 수사처에 대하여 판사, 검사 등을 제외한 고위공직자범죄에 대한 수사권독점이나 전속적 관할을 인정하는 것이 아니라 우선적 관할권이 인정될 뿐이다. 다만 수사처 외의 다른 수사기관이 검사의 고위공직자범죄 혐의를 발견한 경우 그 수사기관의 장은 사건을 수사처에 이첩하여야 하는데(수사처법 제25조 제2항), 이는 검사가 범한 고위공직자범죄의 경우에는 수사처의 전속적 관할을 인정하고 있는 특별한 규정이다.

한편 처장은 고위공직자범죄에 대하여 불기소 결정을 하는 때에는 해당 범죄의 수사과정에서 알게 된 관련범죄 사건을 대검찰청에 이첩하여야 한다(수사처법 제27조). 고소·고발인은 수사처검사로부터 공소를 제기하지 아니한다는 통지를 받은 때에는 서울고등법원에 그 당부에 관한 재정을 신청할 수 있다(수사처법 제29조 제1항). 이에 따른 재정신청을 하려는 사람은 공소를 제기하지 아니한다는 통지를 받은 날부터 30일 이내에 처장에게 재정신청서를 제출하여야 한다(수사처법 제29조 제2항). 재정신청서를 제출받은 처장은 재정신청서를 제출받은 날부터 7일 이내에 재정신청서, 의견서, 수사 관계 서류 및 증거물을 서울고등법원에 송부하여야 한다. 다만, 신청이 이유 있는 것으로 인정하는 때에는 즉시 공소를 제기하고 그 취지를 서울고등법원과 재정신청인에게 통지한다(수사처법 제29조 제4항). 재정신청서에는 재정신청의 대상이 되는 사건의 범죄사실 및 증거 등 재정신청을 이유 있게 하는 사유를 기재하여야 한다(수사처법 제29조 제3항). 수사처법에서 정한 사항 외에 재정신청에 관하여는 형사소송법 제262조 및 제262조의2부터 제262조의4까지의 규정을 준용한다. 이 경우 관할법원은 서울고등법원으로 하고, '지방검찰청 검사장 또는 지청장'은 '처장', '검사'는 '수사처검사'로 본다(수사처법 제29조 제5항).

㉣ **소추권** 수사처는 수사처법에 규정된 모든 고위공직자범죄에 대하여 소추권을 행사할 수 있는 것이 아니라 대법원장, 대법관, 검찰총장, 판사, 검사, 경무관 이상 경찰공무원으로 재직 중에 본인 또는 본인의 가족이 범한 고위공직자범죄 및 관련범죄의 공소제기와 그 유지(수사처법 제3조 제1항 제2호)를 담당하는 것을 그 업무로 한다. 이후 수사처검사가 공소를 제기하는

고위공직자범죄등 사건의 제1심 재판은 서울중앙지방법원의 관할로 한다. 다만, 범죄지, 증거의 소재지, 피고인의 특별한 사정 등을 고려하여 수사처검사는 형사소송법에 따른 관할 법원에 공소를 제기할 수 있다(수사처법 제31조). 하지만 수사처검사가 공소를 제기하는 고위공직자범죄등 사건에 관한 재판이 확정된 경우 제1심 관할지방법원에 대응하는 검찰청 소속 검사가 그 형을 집행한다(수사처법 제28조 제1항). 이 경우 처장은 원활한 형의 집행을 위하여 해당 사건 및 기록 일체를 관할 검찰청의 장에게 인계한다(수사처법 제28조 제2항).

생각건대 고위공직자 가운데 특히 판사, 검사 등의 경우에는 기존 수사기관과의 직·간접적인 관련성이 매우 강하기 때문에 소추업무까지도 검찰이 아닌 수사처의 관여가 특히 요구된다. 이는 정치권력으로부터의 독립뿐만 아니라 검찰로부터의 독립성 확보라는 점이 부각되는 부분이라고 하겠다. 수사처의 소추권 행사에 대해서는 다음의 점을 살펴 볼 필요가 있다. 첫째, '수사처검사는 제3조 제1항 각 호에 따른 수사와 공소의 제기 및 유지에 필요한 행위를 한다.'라고 규정하고 있는 수사처법 제20조 제1항의 자구에 대한 수정이 불가피하다. 왜냐하면 수사처법 제20조 제1항에서 말하는 '제3조 제1항 각 호'는 제3조 제1항 제1호(고위공직자범죄등에 관한 수사) 및 제3조 제1항 제2호(제2조 제1호 다목, 카목, 파목, 하목에 해당하는 고위공직자로 재직 중에 본인 또는 본인의 가족이 범한 고위공직자범죄 및 관련범죄의 공소제기와 그 유지)를 말하는데, '제3조 제1항 각 호에 따른 수사' 또는 '제3조 제1항 각 호에 따른 공소의 제기 및 유지에 필요한 행위'라는 문장은 성립할 수 없는 구조이기 때문이다. 그러므로 '수사처검사는 제3조 제1항 제1호에 따른 수사 및 제3조 제1항 제2호에 따른 공소의 제기 및 유지에 필요한 행위를 한다.'라고 수사처법 제20조 제1항을 개정하는 것이 타당하다.

둘째, 입법자가 수사처에 의하여 수사만 가능한 범죄군과 기소까지 가능한 범죄군으로 양분한 이유를 파악해 볼 필요가 있는데, 가장 현실적인 이유는 수사처검사의 인력이 매우 한정되어 있다는 측면을 고려한 것이라고 판단된다. 또한 이는 제20대 국회 초반에 제출된 수사처 관련 법안들이 대부분 수사처에 모든 고위공직자범죄에 대한 수사권과 기소권을 모두 부여하고 있었던 것에 대한 반대측의 맹렬한 공격을 다소 방어하기 위한 전략적 판단이라고도 볼 수 있다. 만약 수사처검사가 모든 고위공직자범죄에 대한 수사뿐만 아니라 소추업무까지 담당하게 된다면, 고위직 사건의 경우 거의 대부분이 대법원까지 갈 것인데, 25명의 수사처검사라는 한정된 인력으로 대형사건 2~3개만 터지면 상당수가 상당한 기간 동안 공소유지에 매달려야 하는 상황이 예상될 수밖에 없는 노릇이다. 이러한 점을 고려하여 수사처법에서는 수사만 가능한 범죄군을 설정하여 이후의 보완수사 및 소추권 행사는 다시 검찰에게 맡기고 있는 형식을 취하고 있는 것이라고 생각한다. 수사처의 범죄수사와 중복되는 다른 수사기관의 범죄수사에 대하여 처장이 수사의 진행 정도 및 공정성 논란 등에 비추어 수사처에서 수사하는 것이 적절하다고 판단하여 이첩을 요청하는 경우 해당 수사기관은 이에 응하여야 하는데(수사처법 제24조 제1항),

이를 반대해석하면 고위공직자범죄라고 할지라도 다른 수사기관을 통한 수사가 적절하다고 처장이 판단하면 굳이 이첩요구를 하지 않아도 무방한 것이다. 또한 처장은 피의자, 피해자, 사건의 내용과 규모 등에 비추어 다른 수사기관이 고위공직자범죄등을 수사하는 것이 적절하다고 판단될 때에는 해당 수사기관에 사건을 이첩할 수도 있다(수사처법 제24조 제3항). 이 역시도 수사처 조직의 한정적인 인력구성을 적절히 고려한 것이라고 볼 수 있다.

셋째, 수사처검사가 수사 및 소추권을 동시에 행사하는 것은 기존의 검사가 이를 동시에 행사한 것과는 차원이 다른 시각에서 접근해야 한다. 그 기저에는 기관의 독립성이 존재한다. 고위공직자가 연루된 범죄의 경우 검사의 입장에서는 소신과 사명감을 가지고 아무리 철저한 수사를 하여 기소권을 행사하더라도 이를 바라보는 제3자의 시각에서는 정치적 중립성이나 공정성의 측면에서 의문을 제기할 수밖에 없는 구조가 기존의 검찰수사임을 부인할 수 없다. 그것은 기존의 검찰청이 기본적으로 상명하복 관계를 바탕으로 한 행정부의 외청에 불과하여 행정부에 의한 인사권에 종속되어 있다는 사실에 기인한다. 하지만 수사처는 이러한 기존의 관계설정을 탈피하여 외부의 간섭을 최대한 차단할 수 있도록 설정된 독립기관이다. 또한 향후 소수에 불과한 수사처검사가 담당하는 고위공직자범죄에 대한 수사는 사실상 수사실명제로 운영될 수밖에 없을 것이기 때문에 항상 외부의 감시의 눈이 지켜볼 수밖에 없을 것이다.

③ 수사처수사관의 직무와 권한

수사처수사관은 수사처검사의 지휘·감독을 받아 직무를 수행한다(수사처법 제21조 제1항). 수사처수사관은 고위공직자범죄등에 대한 수사에 관하여 형사소송법 제197조 제1항에 따른 사법경찰관의 직무를 수행한다(수사처법 제21조 제2항).

2. 수사의 객체

(1) 피의자의 의의

'피의자'(被疑者)란 수사기관에 의하여 범죄의 혐의를 받아 수사의 대상으로 되어 있는 자를 말한다. 피의자는 수사개시 이후의 개념으로서 수사가 개시되기 전에 범죄의 혐의를 확인하기 위하여 수사기관이 내부적으로 조사 중인 자인 피내사자 또는 용의자와 구별되며, 수사의 종결 이후에 검사가 법원에 대하여 공소를 제기한 자를 의미하는 피고인과도 구별된다.

피의자로 되는 시점은 수사기관이 범죄의 혐의를 인정하여 수사를 개시한 때이다.[1] 수사

1) 대법원 2015. 10. 29. 선고 2014도5939 판결; 대법원 2013. 7. 25. 선고 2012도8698 판결(피의자의 진술을 기재한 서류 또는 문서가 수사기관에서의 조사 과정에서 작성된 것이라면, 그것이 '진술조서, 진술서, 자술서'라는 형식을 취하였다고 하더라도 피의자신문조서와 달리 볼 수 없고, 수사기관에 의한 진술거부권 고지의 대상이 되는 피의자의 지위는 수사기관이 범죄인지서를 작성하는 등의 형식적인 사건수리 절차를 거치기 전이라도 조사대상자에 대하여 범죄의 혐의가 있다고 보아 실질적으로 수사를 개시하는 행위를 한 때에 인정되는 것으로 봄이 상당하다. 특히 조사대상자의 진술내용이 단순히 제3자의 범죄에 관한 경우가 아니라 자신과 제3자에게 공동으로 관련된 범죄에 관한 것이거나 제3자의 피의사실뿐만 아니라 자신의 피의사실에 관한 것이기도 하여 그 실질이 피의자신문조서의 성격을 가지는 경우에 수사기관은 그 진술을 듣기 전에 미리 진술거부권을 고지하여야 한다).

기관이 사건을 직접 인지한 경우에는 인지를 한 시점에서 피의자로 되며, 고소·고발사건의 경우에는 고소·고발이 있는 때가 기준이 된다. 수사에 착수할 때에는 검사는 범죄인지서를 작성하고(검찰사건사무규칙 제4조 제2항), 사법경찰관은 범죄인지서를 작성하고 범죄사건부에 기재하는 등 사건수리절차를 거치게 되는데(수사지휘·준칙규정 제17조 제1항), 실무상 이를 '입건'(立件)이라고 한다. 피의자의 단계에 이르면 사법경찰관은 원칙적으로 피의자에 대한 수사자료표를 작성하여 경찰청에 송부하여야 한다(형실효법 제5조 제1항).

하지만 사법경찰관이 범죄를 인지하는 경우에는 범죄인지서를 작성하는 절차를 거치도록 되어 있으므로 특별한 사정이 없는 한 수사기관이 그와 같은 절차를 거친 때에 범죄 인지가 된 것으로 볼 수 있겠으나, 사법경찰관이 그와 같은 절차를 거치기 전에 범죄의 혐의가 있다고 보아 수사에 착수하는 행위를 한 때에는 이때에 범죄를 인지한 것으로 보아야 하고, 그 뒤 범죄인지서를 작성한 때에 비로소 범죄를 인지하였다고 볼 것은 아니다.[1] 또한 검찰사건사무규칙 제2조 내지 제4조에 의하면, 검사가 범죄를 인지하는 경우에는 범죄인지서를 작성하여 사건을 수리하는 절차를 거치도록 되어 있으므로, 특별한 사정이 없는 한 수사기관이 그와 같은 절차를 거친 때에 범죄인지가 된 것으로 볼 것이나, 범죄의 인지는 실질적인 개념이고, 이 규칙의 규정은 검찰행정의 편의를 위한 사무처리절차 규정이므로, 검사가 그와 같은 절차를 거치기 전에 범죄의 혐의가 있다고 보아 수사를 개시하는 행위를 한 때에는 이때에 범죄를 인지한 것으로 보아야 하고, 그 뒤 범죄인지서를 작성하여 사건수리 절차를 밟은 때에 비로소 범죄를 인지하였다고 볼 것이 아니다.[2] 그러므로 입건 이전이라도 임의동행의 형식으로 상대방을 연행하거나 긴급체포 또는 현행범체포 등을 한 경우에 있어서는 이미 수사가 개시되어 상대방은 피의자의 지위를 얻었다고 보아야 한다. 또한 압수·수색·검증 등을 집행한 경우에도 이미 수사가 개시되었다고 보아야 한다. 왜냐하면 내사단계에서는 강제수사가 허용될 수 없기 때문이다. 이와 같이 피의자라고 하기 위해서는 수사기관에 의하여 범죄의 인지 등으로 수사가 개시되어 있을 것을 필요로 하고, 그 이전의 단계에서는 장차 형사입건될 가능성이 크다고 하더라도 그러한 사정만으로 피의자에 해당한다고 볼 수는 없다.

한편 피의자의 지위는 검사의 공소제기 또는 경찰서장의 즉결심판청구가 있거나 검사의 불기소처분이 있는 경우에 소멸한다. 그러나 검사의 불기소처분에 대하여 고소인 또는 고발인이 검찰항고·재정신청 등을 한 경우에는 그 절차가 종결되기 전까지는 피의자의 지위가 소멸하지 아니한다.

(2) 피의자의 소송법상 지위

공소의 제기 전에는 아직 피의자를 소송의 당사자라고 할 수는 없으나 장차 피고인으로서

1) 대법원 2014. 4. 30. 선고 2012도725 판결; 대법원 2010. 6. 24. 선고 2008도12127 판결; 대법원 2001. 10. 26. 선고 2000도2968 판결; 대법원 1989. 6. 20. 선고 89도648 판결.

2) 대법원 2011. 11. 10. 선고 2010도8294 판결.

당사자가 될 가능성이 농후한 자라는 점과 수사절차에서의 방어활동과 인권보장의 중요성을 감안하여 현행법은 피의자에게 다양한 권리를 인정하고 있다. 예를 들면 고문을 받지 않을 권리(헌법 제12조 제2항 전단), 진술거부권(제244조의3), 변호인의 조력을 받을 권리(제34조, 제90조, 제243조의2 등), 증거보전청구권(제184조), 압수·수색·검증에의 참여권(제219조, 제121조, 제145조), 체포·구속적부심사청구권(제214조의2), 체포·구속취소청구권(제200조의6), 불구속수사의 원칙(제198조 제1항) 등이 이에 해당한다.

한편 피의자는 수사기관의 적법한 수사활동에 협력할 의무가 있기 때문에 적법한 강제수사에 대하여는 수인의무가 주어진다. 하지만 임의수사에는 응할 의무가 없기 때문에 피의자신문을 위한 수사기관의 출석요구를 거부할 수 있고, 피의자신문을 받는 장소에서 언제든지 퇴거할 자유가 주어진다.

Ⅲ. 수사의 조건

1. 의 의

'수사의 조건'이란 수사절차의 개시와 실행에 필요한 전제조건으로서, 공판절차의 개시와 진행 및 유지에 필요한 전제조건인 소송조건에 대응하는 개념이라고 할 수 있다. 수사는 인권침해의 위험을 수반하는 절차이므로 일정한 조건을 전제로 하여 진행되어야만 적법한 절차의 진행이 이루어질 수 있다. 여기서 일반적인 수사의 조건으로는 수사의 필요성과 상당성을 들 수 있다. 수사에 관하여는 그 목적을 달성하기 위하여 필요한 조사를 할 수 있다(제199조 제1항 본문).[1] 동 조항은 임의수사의 근거조문이라고 할 수 있는데, 임의수사의 방법은 필요성과 상당성을 갖춘다면 합목적성의 관점에서 다양하게 허용될 수 있다.

2. 수사의 필요성

'수사의 필요성'이란 수사의 목적을 달성하기 위하여 필요한 경우에만 할 수 있다는 원칙을 말한다. 수사는 수사기관이 범죄의 혐의가 있다고 사료하는 때에 개시하므로(제196조, 제197조 제1항), 수사기관의 주관적 혐의에 의하여 개시하며, 이러한 범죄혐의의 존재는 수사의 조건이 된다. 수사절차는 수사기관의 주관적 혐의가 점진적으로 객관적 혐의로 발전하는 과정이라고 할 수 있기 때문에 수사의 개시요건으로서 혐의는 반드시 객관적 혐의일 필요는 없다. 그러나 이러한 혐의는 적어도 구체적 사실에 근거를 둔 혐의일 것을 요한다. 형사소송법은 피의자신문의

---

1) 대법원 2020. 5. 14. 선고 2020도398 판결(경찰관은 당시 피고인의 정신 상태, 신체에 있는 주사바늘 자국, 알콜솜 휴대, 전과 등을 근거로 피고인의 마약류 투약 혐의가 상당하다고 판단하여 경찰서로 임의동행을 요구하였고, 동행장소인 경찰서에서 피고인에게 마약류 투약 혐의를 밝힐 수 있는 소변과 모발의 임의제출을 요구하였음을 알 수 있다. 그렇다면 이 사건 임의동행은 마약류 투약 혐의에 대한 수사를 위한 것이어서 제199조 제1항에 따른 임의동행에 해당한다).

필요성(제200조), 피의자에 대한 체포의 필요성(제200조의2 제2항, 제200조의3 제1항), 피의자에 대한 구속의 필요성(제201조 제2항), 압수·수색·검증의 필요성(제215조), 참고인조사와 감정·통역 또는 번역의 위촉 필요성(제221조) 등에 대하여 명문으로 수사의 필요성을 규정하고 있다.

수사의 필요성과 관련하여 친고죄에 있어서 고소가 없는 경우 또는 전속고발사건에 있어서 관계 공무원의 고발이 없는 경우에 수사가 허용될 수 있는지 여부가 문제될 수 있다. 이에 대하여 판례는 「친고죄나 세무공무원 등의 고발이 있어야 논할 수 있는 죄에 있어서 고소 또는 고발은 이른바 소추조건에 불과하고 당해 범죄의 성립요건이나 수사의 조건은 아니므로, 위와 같은 범죄에 관하여 고소나 고발이 있기 전에 수사를 하였다고 하더라도, 그 수사가 장차 고소나 고발이 있을 가능성이 없는 상태하에서 행해졌다는 등의 특단의 사정이 없는 한, 고소나 고발이 있기 전에 수사를 하였다는 이유만으로 그 수사가 위법하다고 볼 수는 없다.」라고 판시[1]하여, 제한적 허용설[2]의 입장을 취하고 있으며, 「조세범처벌법 제6조의 세무종사 공무원의 고발은 공소제기의 요건이고 수사개시의 요건은 아니므로 수사기관이 고발에 앞서 수사를 하고 피고인에 대한 구속영장을 발부받은 후 검찰의 요청에 따라 세무서장이 고발조치를 하였다고 하더라도 공소제기 전에 고발이 있은 이상 조세범처벌법 위반사건 피고인에 대한 공소제기의 절차가 법률의 규정에 위반하여 무효라고 할 수 없다.」라고 판시[3]하여, 고소의 가능성이 있을 경우에는 강제수사도 허용하고 있다. 생각건대 공소제기의 유효조건인 소송조건과 수사개시의 유효조건인 수사의 조건은 명백히 구별되는 개념이라는 점에서 고소기간의 경과, 고소의 취소, 고소를 하지 않겠다는 의사표시가 명백히 표시된 경우 등과 같이 고소의 가능성이 없는 경우에 한해서 수사를 허용하지 않는 것이 타당하다.

한편 수사는 공소제기의 가능성이 있음을 그 요건으로 해야 하기 때문에 공소제기의 가능성이 전혀 없는 경우에는 수사가 허용되지 아니한다.[4] 이러한 점에서 화성연쇄살인사건의 진범에 대한 수사는 수사의 기본체계를 무시하는 매우 부적절한 처사라고 판단된다.

3. 수사의 상당성

'수사의 상당성'이란 수사의 필요성이 인정된다고 하더라도 그 방법과 정도가 상당한 범위 내에서 이루어져야 한다는 원칙을 말한다. 이와 같이 수사는 목적의 달성을 위하여 적합한 것으로서 목적달성을 위하여 필요최소한의 범위 내에서 이루어져야 하며, 수사결과 얻어지는 이익과 수사에 의한 법익침해가 현저히 균형을 잃지 않도록 하여야 한다. 이를 '수사비례의 원칙'이라고도 한다. 또한 수사는 신의칙에 반하는 방법으로 행해져서는 안 되는데, 수사의 신의칙

1) 대법원 2011. 3. 10. 선고 2008도7724 판결; 대법원 1995. 2. 24. 선고 94도252 판결.

2) 이에 대하여 고소 등이 없는 경우에도 수사가 허용되고 예외적인 경우에 한하여 수사가 허용되지 않는다는 점에서 '원칙적 허용설'이라는 명칭이 보다 적절하다는 견해로는 신양균/조기영, 51면; 이창현, 211면.

3) 대법원 1995. 3. 10. 선고 94도3373 판결.

4) 同旨 김인회, 67면; 신양균/조기영, 51면; 이재상/조균석, 191면; 최호진, 59면.

과 관련하여 논란이 되는 영역이 함정수사의 문제라고 할 수 있다.

Ⅳ. 함정수사

1. 함정수사의 의의

형사소송법의 두 가지 이념이라고 할 수 있는 적법절차의 준수를 통한 피고인의 인권보장과 효율적인 수사를 통한 실체적 진실발견이 서로 상충하고 있는 대표적인 분야가 함정수사[1]이다.[2] 단속과 처벌이라는 측면에서 보면 그 필요성이 인정되지만, 국가기관이 수사의 신의칙에 위반하여 사술행위를 이용하는 방법은 상당성이 결여된 것이라고 볼 여지가 있다. 일반적인 수사의 경우와는 달리 사후대응이 아니라 일정한 범죄적 성향을 가진 잠재적 범인에 대한 사전대응적 수사의 전형이 함정수사인데, 외국의 경우와 달리 우리나라는 현행법상 명시적으로 함정수사를 허용하는 규정은 존재하지 아니한다. 그렇다고 하여 함정수사를 강제수사의 일종으로 파악하여 강제수사법정주의를 근거로 곧바로 함정수사를 위법하다고 볼 것은 아니다. 일반적인 함정수사는 직접 강제력을 사용하지 아니하고, 상대방의 의사의 자유나 권리를 침해하는 것은 아니므로 함정수사는 임의수사의 한 방법으로 보아야 한다. 다만 범죄의 예방과 방지를 그 임무로 하는 국가기관이 함정을 이용하여 일반 국민(피유인자)의 범죄를 유발하는 측면이 있기 때문에 수사의 신의칙과 국가행위의 청렴성의 관점에서 그 적법성이 검토되어야 한다.

2. 함정수사의 개념

(1) 기존의 논의

'함정수사'(陷穽搜査)란 수사기관 또는 수사기관의 사주나 의뢰를 받은 자(하수인·정보원·협력자 등)가 신분을 숨긴 채로 제3자에게 범죄의 기회를 제공하거나 범의를 유발하고, 그 제3자가 범죄의 실행에 착수하는 것을 기다렸다가 범인을 체포하고 필요한 증거를 수집하는 수사방법을 말하는데[3], 이는 범의유발형 수사와 기회제공형 수사 모두를 함정수사의 범위에 포함시켜 개념정의를 하는 것이다. 이에 대하여 판례는 「함정수사라 함은 본래 범의를 가지지 아니한 자에 대하여 수사기관이 사술이나 계략 등을 써서 범죄를 유발하게 하여 범죄인을 검거하는 수사방법을 말하는 것이므로, 범의를 가진 자에 대하여 범행의 기회를 주거나 단순히 사술이나 계략 등을 써서 범죄인을 검거하는 데 불과한 경우 또는 범행을 용이하게 한 것에 불과한 경우에는 이를 함정수사라고 할 수 없다.」라고 판시[4]하여, 기본적으로 범죄자에게 범죄의사가 없는 상태

1) 현실세계에서 자주 활용되고 있는 '함정'수사라는 부정적인 이미지를 상쇄하기 위하여 '위장'수사라는 용어를 사용하는 것이 보다 적절하다.

2) 이에 대하여 보다 자세한 내용으로는 박찬걸, "함정수사의 허용요건과 법적 효과 — 대법원 2008. 10. 23. 선고 2008도7362 판결을 중심으로 —", 홍익법학 제12권 제3호, 홍익대학교 법학연구소, 2011. 10, 221면 이하 참조.

3) 손동권/신이철, 163면; 이은모/김정환, 174면; 이재상/조균석, 193면; 이창현, 212면.

에서 수사기관이 범죄를 유발한 경우만을 위법한 함정수사로 파악하고 있는데, 이는 함정수사의 개념을 좁게 해석하여 수사기관의 행위가 범의유발이라고 인정되지 않는 경우에는 비록 피고인을 기망하는 수사방법일지라도 위법하지 않다고 파악한다. 이러한 판례의 입장은 1963년에 선고된 함정수사에 관한 최초의 대법원 판결[1] 이후 적어도 2005년까지는 변함없이 유지되었다.

하지만 최근에는「범의를 가진 자에 대하여 단순히 범행의 기회를 제공하거나 범행을 용이하게 하는 것에 불과한 수사방법이 경우에 따라 허용될 수 있음은 별론으로 하고, 본래 범의를 가지지 아니한 자에 대하여 수사기관이 사술이나 계략 등을 써서 범의를 유발케 하여 범죄인을 검거하는 함정수사는 위법함을 면할 수 없고, 이러한 함정수사에 기한 공소제기는 그 절차가 법률의 규정에 위반하여 무효인 때에 해당한다.」라고 판시[2]하고 있는데, 이는 기회제공형 수사의 경우라고 할지라도 '모든 경우'에 있어서 허용되는 것이 아니라 '일정한 경우에 따라'서만 허용될 수 있다는 취지로 판단된다. 또한「범의를 가진 자에 대하여 단순히 범행의 기회를 제공하는 것에 불과한 경우에는 위법한 함정수사라고 단정할 수 없다.」라고 판시[3]하고 있는데, 이는 기회제공형 수사로 판단되기만 하면 곧바로 위법한 함정수사가 아니라는 결론으로 연결되는 것이 아니라 단지 위법한 함정수사로 '단정'할 수 없을 뿐이지 다른 사유가 있을 경우 위법한 함정수사로 평가될 수도 있다는 것을 의미한다고 보아야 한다. 그러므로 기회제공형 수사라고 할지라도 경우에 따라 위법한 수사방법에 해당할 여지가 있다는 것을 인정하는 것으로 보여 진다.

(2) 검 토

학설의 경우 과거에는 범의유발형 함정수사는 위법, 기회제공형 함정수사는 적법이라는 도식이 주류를 이루었던 것이 사실이다. 하지만 범의유발형 함정수사만을 위법한 것으로 보고, 기회제공형 함정수사는 항상 적법한 것으로 본다면, 범죄의사를 이미 가진 자에 대한 수사의 범위가 무제한적으로 확장될 수 있다는 문제점과 동시에 범죄의사를 가지지 않은 자에 대한 수사의 경우에 있어서는 활용할 수 있는 수사기법이 극히 제한된다는 문제점을 야기시킬 수 있다. 이미 범의를 가진 자라고 할지라도 반드시 수사기관의 함정을 감수해야 할 이유는 없다. 왜냐하면 동일한 수사방법이 범의의 유무에 따라 위법의 유무가 달라지는 것은 타당하지 않기 때문이다. 만약 범의유발형 함정수사가 허용되지 않는 이유가 국가에 의한 범죄의 창출·조장이

---

4) 대법원 2007. 7. 26. 선고 2007도4532 판결; 대법원 2004. 5. 14. 선고 2004도1066 판결; 대법원 1992. 10. 27. 선고 92도1377 판결; 대법원 2000. 10. 24. 선고 2000도3490 판결; 대법원 1983. 4. 12. 선고 82도2433 판결.

1) 대법원 1963. 9. 12. 선고 63도190 판결(마약사범을 단속하는 공무원이 정보원을 앞세워서 피고인으로부터 마약을 매수케 하여 본건 범죄를 행하게 한 것이라고 하더라도 전혀 범의가 없는 피고인으로 하여금 본건 범행을 유발케 하였다는 아무런 흔적이 엿보이지 않는 본건에 있어서는 위 사실만 가지고 피고인의 본건 소위가 범죄가 안 된다거나 공소제기절차 내지 공소권에 흠이 있는 경우라고는 볼 수 없고 또 그와 같은 수사행위는 이를 도의적으로 비난함은 별문제로서 그로 말미암아 피고인의 기본적 인권이 침해된 것이라고도 보기 어려우므로 논지는 채용할 수 없다).

2) 대법원 2008. 10. 23. 선고 2008도7362 판결; 대법원 2007. 7. 13. 선고 2007도3672 판결; 대법원 2006. 9. 28. 선고 2006도3464 판결; 대법원 2005. 10. 28. 선고 2005도1247 판결.

3) 대법원 2007. 5. 31. 선고 2007도1903 판결.

라는 데에 있다면 기회제공형 함정수사도 마찬가지로 허용되지 않아야 하는 것이 논리일관적이다. 또한 함정수사를 범의유발형 함정수사와 기회제공형 함정수사로 구별하는 것은 피유인자의 주관에 기초하고 있어 명확한 구별이 쉽지 않은 문제점도 발생한다.

한편 판례의 경우 함정수사의 유형 구별 자체를 부정하고, 범의유발형의 경우만을 함정수사로 보는 입장을 취하고 있는데, 함정수사가 범죄수사의 중요한 기법으로서 광범위하게 사용되고 있는 수사방법이라는 점을 고려할 때 이는 부당하다. 예를 들면 주간이 아닌 야간에 집중적으로 수사하는 '밤샘'수사, 10여 시간 이상 장시간 수사하는 '마라톤'수사, 주말이나 공휴일에 수사하는 '휴일'수사 등은 원칙적으로 인정되지 않는 수사방법이지만, 경우에 따라 허용될 수도 있다. '함정'수사도 이와 마찬가지로 단어의 수식이 말해주는 것처럼 범죄자를 함정에 빠뜨려서 수사를 하는 것이므로, 원칙적으로 위법한 것으로 평가할 수 있다. 하지만 함정을 사용해서라도 범죄인을 검거해야 할 필요성이 있고, 범죄의 특성상 함정을 사용하지 않으면 범죄의 예방 및 진압이 현저히 곤란한 상황이 인정되어 불가피한 경우에 있어서는, 수사기관이 활용할 수 있는 여러 가지 함정의 방법 중에서 피고인의 인권보장 차원에서 적정한 수준을 유지하는 기법을 사용한다면 비록 함정수사일지라도 허용될 수 있을 것이다.

그러므로 기회제공형 함정수사라고 할지라도 일정한 한계를 일탈하는 경우에 있어서는 위법한 것으로 평가할 필요성이 있으며[1], 범의유발형 함정수사라고 할지라도 수사의 필요성과 상당성을 충족시키는 경우에 있어서는 적법한 것으로 평가되어야 한다. 즉 국가에게 요구되는 수사의 염결성 및 적법절차의 원칙에 반하는 '위법한' 함정수사와 수사기법상 그 상당성이 인정되는 '적법한' 함정수사의 구분이 필요한 것인데, 함정수사에 대하여 '범의유발형'과 '기회제공형'을 기준으로 구분하는 도식보다는 '위법'과 '적법'을 기준으로 함정수사의 허용 여부를 구체적으로 판단하는 것이 보다 바람직하다. 결론적으로 수사기법의 하나로 사용되는 함정수사는 적법한 함정수사와 위법한 함정수사로 구별하는 것이 가장 타당하다.

3. 위법한 함정수사와 적법한 함정수사의 구별기준

(1) 학설의 입장

1) 주관적 기준설

주관적 기준설은 범죄인의 범죄의사 유무에 따라 위법한 함정수사와 적법한 함정수사를 구별하는 견해[2]이다. 이에 의하면 함정수사의 핵심은 '범인의 내심에 의한 범의유발'이고, 수사기관의 수사방법 등은 판단기준이 될 수 없다. 주관적 기준설은 먼저 범죄가 수사기관에 의하

1) 同旨 이은모/김정환, 175면.

2) 김인회, 69면. 미국 연방대법원(Sorrells v. United States, 287 U.S. 435 (1932); Sherman v. United States, 356 U.S. 369 (1958); United States v. Russell, 411 U.S. 423 (1973); Hampton v. United States, 425 U.S. 484 (1976); Mathews v. United States, 485 U.S. 58 (1988); Jacobson v. United States, 503 U.S. 540 (1992))의 기본적인 입장이기도 하다.

여 유인되었는지 여부를 심사하고, 다음으로 피고인이 기소된 것과 같은 종류의 범죄를 범할 성향이 사전에 있었는지 여부를 심사한다.

하지만 동설에 대하여는 다음과 같은 비판이 제기된다. ① 수사기관이 수사를 개시하기 전에 범죄인이 이미 범의를 가지고 있었는지 여부가 핵심기준이 된다면, 수사의 상당성과 위법성의 판단은 전적으로 범죄인의 내심과 성향에 의존하게 되고, 수사를 위하여 동원된 수사기관의 수법이나 범죄에 대한 관여 정도 등은 전혀 고려되지 않는다. ② 수사기관의 올바르지 못한 행위가 피고인의 범의에 의하여 상쇄될 수는 없다. ③ 범의유발과 기회제공이라는 판단기준이 그렇게 명확한 기준이 아닐 수도 있다. ④ 피고인의 범의를 파악함에 있어서 피고인의 행위가 아니라 피고인의 과거의 행동 또는 성향에 초점을 맞추기 때문에 피고인의 현재의 행위에 대한 유·무죄의 판단이 사실상 피고인의 과거의 성향에 따라 결정되는 불합리가 있다. 즉 전과가 있는 피고인에 대한 함정수사는 많은 경우에 범의유발형에 해당하지 않게 되어 피고인에게 불리한 결과를 가져올 수 있고, 피고인의 성격이나 사전 경향을 입증하기 위하여 전과·세평 등을 증거로 사용하는 것은 통상의 증거법칙을 무시하는 것이다. ⑤ 수사기관이 동일한 정도의 사술을 사용한 경우에 피교사자의 주관에 따라 위법의 유무를 구별해야 할 합리적인 근거가 없다.

2) 객관적 기준설

객관적 기준설은 수사의 객관적 정당성을 기준으로 함정수사의 적법성 유무를 판단하는데, 수사기관이 범죄에 대하여 얼마나 부당하게 관여하였는지가 기준이 되어야 한다는 견해[1]이다. 이는 수사기관이 동원한 기망적 방법 그 자체만을 판단의 기준으로 하고, 범인에게 존재하는 범의는 고려하지 않는다. 그러므로 수사기관의 행위가 객관적으로 범죄를 유발하기에 충분하지 않다고 평가되는 경우에는 비록 실제로는 범죄의사가 그로 인해 유발된 경우라고 하더라도 수사기관의 행위는 적법한 수사행위에 해당한다. 또한 수사기관의 유인행위가 행위자의 입장에서 일반인에게 얼마나 영향을 미쳤을 것인지에 초점을 맞춘다. 일반인이라도 피고인과 같은 입장에 처했더라면 범죄를 저지를 만한 정도의 실질적 위험을 야기하는 유인수단을 수사기관이 사용하여 범죄를 유인하거나 조장한 경우에는 위법한 함정수사라고 한다.

하지만 동설에 대하여는 다음과 같은 비판이 제기된다. ① 수사기관의 행위태양을 판단기준으로 하고 판단자료로서 일반인을 기준으로 하기 때문에 사람에 대한 개별적 의지의 차이를 전혀 고려하지 않아 마음이 약한 사람은 범죄자가 될 가능성이 높은 반면에, 위험한 상습범은 그렇지 못한 경우가 생길 수 있다. ② 피교사자가 사전에 범죄경향이 있었는지의 여부는 수사

1) 미국에서도 수사기관이 사용한 유혹의 방법 자체를 문제 삼아 범죄에 관여할 의사가 없는 자를 범죄에 관여하게 할 위험을 발생하게 할 정도의 설득 내지 유혹의 방법을 사용한 경우에는 위법하다는 판례(Grossman v. States, 457 P.2d 226 (Alaska 1969))와 객관설도 주장되고 있다(Lafave · Israel · King, Criminal Procedure(Fourth Edition), Thomson West, 2004, p.302). 연방대법원이 주관설을 취하고 있음에도 불구하고, 일부의 州법원과 학설은 객관설을 취하고 있는 것이다. 또한 미국에서 함정수사의 문제는 통상 절차법상의 문제가 아니라 실체법상의 무죄의 항변문제로 파악되고 있다.

기관이 수사방법을 선택할 때 중요한 판단자료가 됨에도 불구하고 이를 전적으로 무시하고 있다. ③ 피교사자가 함정수사의 입증책임을 부담하게 되므로 부당하다.

3) 종합적 기준설

종합적 기준설은 피고인의 범의와 수사기관이 행한 법집행의 정당성을 동시에 고려하는 견해[1]이다. 이는 범의 없는 일반인을 보호하는 주관적 기준설을 원칙적인 판단기준으로 하면서[2], 수사기관이 채택한 함정수사의 기법이 일반인도 유혹이 될 정도로 강한 매력을 제공하지 않았는지도 함께 판단한다. 그 결과 범의가 없는 자에게 수사기관이 범의를 유발하였다고 판단된다면 당연히 위법한 함정수사에 해당하고, 범의가 있는 자라고 할지라도 수사기관이 사용한 수사기법이 적법절차의 원리를 위반하였거나 일반인도 범죄를 범할 수밖에 없는 상황을 만든 것으로 인정된다면 역시 위법한 함정수사에 해당한다. 종합적 기준설이 객관적 기준설과 다른 점은 상대방의 범의를 유발한 이상 아무리 허용되는 수사기법을 사용한 경우라고 하더라도 국가가 개인을 수사목적의 도구로 삼는 것 자체가 금지되므로 위법한 것이라는 결론을 도출하는 데 있다.

4) 이원설

이원설은 범죄의 종류에 따라 함정수사의 기준을 달리하는 견해[3]이다. 먼저 범의유발형 함정수사는 어떠한 경우에도 인정되지 아니한다. 다음으로 마약범죄·풍속범죄·뇌물범죄·조직범죄 등의 수사에 있어서는 기회제공형 함정수사가 허용되지만, 재산범죄·폭력범죄 등의 경우에는 특별한 수사방법이 필요한 것이 아니므로 함정수사가 허용되지 않는다. 이는 주관적인 측면과 객관적인 측면을 종합하여 함정수사의 한계를 판단해야 한다고 하므로 절충설로 볼 여지가 있으나, 범죄의 유형별로 함정수사의 허용 여부를 이원화시키고 있기 때문에 이원설로 보는 것이 타당하다.

하지만 동설에 대하여는 다음과 같은 비판이 제기된다. ① 함정수사가 마약범죄와 밀수범죄의 수사에 폭넓게 사용되고 있는 수사기법이지만, 적법성의 기준을 범죄의 종류에 따라 달리 해석하는 것은 적절하지 못하다. ② 함정수사의 필요성이 주로 마약범죄나 조직범죄 등에서 인정된다는 점에서 볼 때, 이러한 유형의 범죄수사에 있어서 기회제공형 함정수사가 허용된다는 견해는 기회제공형 함정수사의 대부분을 적법한 것으로 인정하는 결과가 되어 타당하지 않다.

---

1) 배종대/홍영기, 109면; 손동권/신이철, 165면; 이은모/김정환, 176면; 이주원, 96면; 이창현, 225면; 임동규, 133면; 정웅석/최창호, 50면.

2) 만약 종합적 기준설이 주관적·객관적 기준 모두를 충족하여야 이를 위법한 함정수사로 인정한다면, 수사기관의 사술 등에 의하여 비로소 범죄의사를 형성한 경우에도 수사기관이 사용한 함정수사의 기법이나 정도에 따라서는 위법한 함정수사에 해당하지 않는 경우가 있게 되어 피고인에게 불리한 결과를 초래하게 된다.

3) 이재상/조균석, 195면.

(2) 판례의 입장

함정수사의 위법성을 판단하는 기준에 관하여, 기존 판례의 입장은 피고인에게 사전범의가 있었는지 유무를 핵심적인 기준으로 판단하여 왔다.[1] 하지만 최근 판례에 의하면 「구체적인 사건에 있어서 위법한 함정수사에 해당하는지 여부는 해당 범죄의 종류와 성질, 유인자의 지위와 역할, 유인의 경위와 방법, 유인에 따른 피유인자의 반응, 피유인자의 처벌 전력 및 유인행위 자체의 위법성 등을 종합하여 판단하여야 한다.」는 전제하에 「수사기관과 직접 관련이 있는 유인자가 피유인자와의 개인적인 친밀관계를 이용하여 피유인자의 동정심이나 감정에 호소하거나, 금전적·심리적 압박이나 위협 등을 가하거나, 거절하기 힘든 유혹을 하거나, 또는 범행방법을 구체적으로 제시하고 범행에 사용될 금전까지 제공하는 등으로 과도하게 개입함으로써 피유인자로 하여금 범의를 일으키게 하는 것은 위법한 함정수사에 해당하여 허용되지 않지만, 유인자가 수사기관과 직접적인 관련을 맺지 않은 상태에서 피유인자를 상대로 단순히 수차례 반복적으로 범행을 부탁하였을 뿐 수사기관이 사술이나 계략 등을 사용하였다고 볼 수 없는 경우는, 설령 그로 인하여 피유인자의 범의가 유발되었다고 하더라도 위법한 함정수사에 해당하지 않는다.」라고 판시[2]하여, 세부적인 기준들을 비교적 상세하게 제시하고 있는 특징을 보이고 있다. 하지만 주관적 기준설에 치우쳐 있는 기본입장에는 변화가 없는 것으로 보인다.[3]

---

1) 대법원 2000. 10. 24. 선고 2000도3490 판결; 대법원 1987. 6. 9. 선고 87도915 판결; 대법원 1983. 4. 12. 선고 82도2433 판결(피고인이 미국으로부터 물품을 밀수입할 것을 먼저 데이비드엘·영에게 제의하였음을 알 수 있으니 피고인은 본래 범의를 가진 자라 할 것이니 여기에 함정수사라는 관념이 개재할 수 없으며 기록에 의하여 본건 범죄가 외국기관에 의하여 연출되었다고 볼 증거는 발견되지 아니한다); 대법원 1982. 6. 8. 선고 82도884 판결(이른바 함정수사에 의하여 피고인의 범의가 비로소 야기된 것이거나 함정수사에 의하여 이 사건 범행이 이루어진 것은 아니므로 피고인의 행위가 함정수사에 의한 것으로서 처벌할 수 없다는 주장은 이유 없다).

2) 대법원 2013. 3. 28. 선고 2013도1473 판결; 대법원 2008. 7. 24. 선고 2008도2794 판결; 대법원 2008. 3. 13. 선고 2007도10804 판결; 대법원 2007. 11. 29. 선고 2007도7680 판결; 대법원 2007. 7. 12. 선고 2006도2339 판결.

3) 대법원 2007. 5. 31. 선고 2007도1903 판결(부축빼기함정수사사건)(경찰관들은 지하철경찰대 소속으로서 사당역 인근에서 만취한 취객을 상대로 한 이른바 부축빼기 수법의 범죄가 빈발한다는 첩보를 입수하고 지하철 막차 근무를 마친 후 함께 범행장소인 까치공원으로 갔는데, 그 곳 공원 옆 인도에 만취한 피해자가 누워 자고 있는 것을 보고서 "그 장소에서 사건이 계속 발생하다 보니 잡아야겠다는 생각"으로 일부러 잠복을 하기로 결심하고, 차량을 피해자로부터 약 10m거리인 길 옆 모퉁이에 주차하고 머리를 숙이고 있던 중 피고인(51세)이 접근하는 것을 발견하였고, 이어 피고인이 위와 같은 범행에 이르자 즉석에서 피고인을 현행범으로 체포하기에 이른 사실을 알 수 있다. 위와 같이 노상에 정신을 잃고 쓰러져 있는 피해자를 발견한 경찰관들로서는 「경찰관 직무집행법」 제4조에 규정된 바에 따라 보건의료기관 또는 공공구호기관에 긴급구호를 요청하거나 경찰관서에 보호하는 등의 적당한 보호조치를 하였어야 마땅할 것인데도, 오히려 그러한 피해자의 상태를 이용하여 범죄수사에 나아간 것이고, 이는 지극히 부적절한 직무집행이라 할 것이다. 나아가, 국가경찰은 국민의 생명·신체 및 재산의 보호와 범죄의 예방·진압을 가장 우선적인 사명으로 삼고 있는바(경찰법 제3조 참조), 범죄 수사의 필요성을 이유로 일반 국민인 피해자의 생명과 신체에 대한 위험을 의도적으로 방치하면서까지 수사에 나아가는 것은 허용될 수 없고, 또 수사에 국민의 협조가 필요한 경우라 할지라도 본인의 동의 없이 국민의 생명과 신체의 안전에 대한 위험을 무릅쓰고 이른바 미끼로 이용하여 범죄수사에 나아가는 것을 두고 적법한 경찰권의 행사라고 보기도 어려울 것이다. 이 사건에서도 피해자의 상태나 저항 유무에 따라서는 잠재적 범죄자가 단순한 절도 범행이 아닌 강도의 범행으로 급작스럽게 나아갈 개연성도 배제할 수 없고, 더구나 정신을 잃고 노상에 쓰러져 있는 시민을 발견하고도 적절한 조치를 강구하지 아니하고 오히려 그러한 상태를 이용하여 이 사건과 같이 잠재적 범죄행위에 대한 단속 및 수사에 나아가는 것은, 경찰의 직분을 도외시하여 범죄수사의 한계를 넘어선 것이라 하지 아니할 수 없다. 그러나 위와 같은 사유들은 어디까지나 피해자에 대한 관계에서 문제될 뿐으로서, 위 경찰관들의 행위는 단지

(3) 검 토

위법한 함정수사와 적법한 함정수사의 구별은 수사기관에 의한 기망행위의 한계를 과연 어느 범위까지 인정할 수 있는지의 문제로 귀결된다. 우리나라에서 함정수사 법리가 등장한 초기에는 주관적 기준설에 따라 피유인자의 범의 유무를 절대적인 기준으로 하여 함정수사의 적법성 여부를 판단하였다. 하지만 이후 주관적이며 내심적인 요소인 피유인자의 의도 파악이 쉽지 않으며, 수사기관이 행하는 수사기법 자체에 대한 검증을 행할 필요성이 대두되면서 객관적 기준설이 등장하였고, 주관적 요소와 객관적 요소를 모두 고려하자는 종합적 기준설도 등장하기에 이르렀다. 판례도 이러한 학설의 흐름과 맥을 같이 하는데, 최근에는 당해 사안이 함정수사에 해당하는지 여부에 대한 구체적인 기준들을 병렬적으로 나열하고 있다.

생각건대 함정수사의 적법성 여부를 판단함에 있어서, 위와 같은 학설의 대립상황에서 어떠한 학설이 보다 우월한 것인지를 판단하여 당해 학설에 동조한다는 입장을 피력하기보다 더 중요한 것은, 구체적인 사안에서 위법과 적법을 명확히 구별할 수 있는 객관적인 기준을 정립하는 데에 있다. 이러한 점에서 최근 판례가 구체적인 기준들을 비교적 상세히 적시하고 있는 점은 바람직한 태도로 보인다. 하지만 대법원은 '해당 범죄의 종류와 성질, 유인자의 지위와 역할, 유인의 경위와 방법, 유인에 따른 피유인자의 반응, 피유인자의 처벌 전력 및 유인행위 자체의 위법성' 등을 종합하여 판단하여야 한다고 할 뿐, 이들 판단요소에 대한 보다 세부적인 부연설명은 전무한 실정이다. '종합적으로 고려하여 개별적으로 판단한다'는 표현이 항상 그러하듯이, 단순한 판단기준의 나열은 오히려 함정수사의 적법성 여부에 대한 심사를 함에 있어 실질적으로 더 곤란한 상황을 야기할 수도 있음에 유의해야 한다. 그러므로 보다 세부적이고 실질적인 판단기준의 정립이 필요한데, 판례가 제시한 기준들을 중심으로 이를 살펴보면 다음과 같다.

1) 해당 범죄의 종류와 성질

수사기관이 함정수사를 할 수 있는 범죄를 무제한적으로 인정하는 것이 아니라 해당 범죄의 성질에 따라 일정한 종류의 범죄로 그 적용대상을 한정하여야 한다고 보는 것이 일반적이다. 독일의 경우에는 형사소송법 제110조의a 내지 제110조의e에서 신분위장수사관의 투입에 관한 규정을 두면서, 투입할 수 있는 범죄군으로 '신분위장수사관은 금지된 마약류 거래 또는 무기거래 및 통화나 유가증권위조범죄의 영역, 국가안보의 영역에서 업무상 또는 상습적으로 또는 범죄단체 기타 조직을 결성하여 행하는 범죄, 재범의 위험성이 있는 중죄, 특별히 중대한 중죄의 경우 등 다른 방법으로는 진상규명의 희망이 없거나 현저히 곤란한 경우'로 한정을 하고 있으며[1], 독

피해자 근처에 숨어서 지켜보고 있었던 것에 불과하고, 피고인은 피해자를 발견하고 스스로 범의를 일으켜 이 사건 범행에 나아간 것이어서, 앞서 본 법리에 의할 때 잘못된 수사방법에 관여한 경찰관에 대한 책임은 별론으로 하고, 스스로 범행을 결심하고 실행행위에 나아간 피고인에 대한 이 사건 기소 자체가 위법하다고 볼 것은 아니라고 할 것이다).

1) 한편 위장수사관의 투입은 검사의 동의가 있어야 하는데, 특정 피의자에 관한 경우와 일반인에게 개방되어 있지 않은 주거에 위장수사관을 투입하는 경우에는 판사의 동의가 있어야 한다. 이러한 경우 위장수사관은 가공의 신분을 설정 또는 유지하기 위하여 불가피한 경우 이에 필요한 문서의 작성, 변경, 사용이 허용되며, 가공신분을

일 연방대법원[1]도 '인적 결합을 기초로 한 조직적 범죄 또는 직업적 범죄와 선발된 조직형태, 복잡한 판매시스템 및 부분적으로는 공모에 관련되는 행위형태에 의하여 특히 위험하거나 해명 곤란한 범죄'의 수사를 위하는 경우에 한하여 함정수사를 허용하고 있다. 또한 일본 최고재판소는 「적어도 직접적인 피해자가 없는 약물범죄 등의 수사에 있어서, 통상의 수사방법만으로는 당해 범죄의 적발이 곤란한 경우에, 기회가 있으면 범죄를 행할 의사가 있다고 의심되는 자를 대상으로 함정수사를 행하는 것은 … 임의수사로서 허용되는 것으로 해석하여야 한다.」라고 판시[2]하여, 함정수사의 대상을 한정하고 있다.

이와 같이 함정수사가 허용되는 범죄를 한정하는 기준이 되는 것은 해당 범죄의 성질에서 기인하는데, 대표적으로 마약범죄·성매매범죄[3]·밀수범죄·뇌물범죄·장물범죄·조직범죄·도박범죄·풍속범죄[4] 등과 같은 합의에 의한 범죄 또는 피해자 없는 범죄는 당사자 상호간의 의사합치로 인하여 가해자와 피해자 사이에 이해의 대립이 없어 수사하기 곤란할 뿐만 아니라 매우 은밀하고 교묘하게 이루어지기 때문에 범인의 검거와 증거의 수집이 다른 범죄와 비교해 볼 때 상대적으로 용이하지 않다. 또한 범죄가 발생한 후에 사후에 대응하는 방식으로는 수사의 실효성을 확보하기 어렵고, 일정한 한도 내에서 피의자를 미리 수사의 대상으로 끌어들이는 방법을 사용하는 것이 불가피한 경우도 있다. 이와 같이 특수한 범죄들의 경우 기존의 전통적인 수사방법으로는 그 단속의 효과를 거두기가 쉽지 않기 때문에 함정수사를 이용하고 있는 것이다.

생각건대 함정수사의 대상범죄를 사전에 미리 규정하는 것은 함정수사의 위법성 시비를 사전에 차단할 수 있는 기능을 할 것이다. 입법을 통한 법령에의 규정이 어렵다면, 판례 및 학

가지고 법률행위를 할 수 있다. 또한 위장수사관의 신분은 그 투입이 종료된 후에도 비밀로 유지된다. 마지막으로 위장수사관을 투입하여 얻은 개인 신상과 관련된 정보를 형사절차에서 증거로 사용할 수 있다. 이와 관련하여 함정수사의 시행에 대한 내부적 통제절차로서, 그 필요성을 느끼는 수사기관 개인이 행하여서는 곤란하고, '검사의 동의 등' 조직 내부의 논의과정을 거쳐 계획적·조직적으로 시행되어야 한다는 주장(임상규, "미수의 교사와 함정수사", 형사법연구 제22권 제2호, 한국형사법학회, 2010. 6, 270면)이 있다.

1) BGH Urt. Vom 10. 6. 1975, GA 1975, S. 333f; BGH NJW 1980, S. 1761.

2) 일본 최고재판소 2004. 7. 12. 결정, 형집 제7권 제5호, 333면.

3) 성매매의 단속업무는 주로 수사기관이 성구매남성으로 가장하여 잠입한 다음 성매매행위가 이루어지는 것이 확인되면 단속팀이 들어가 증거를 수집하는 방식으로 이루어지고 있다. 즉 범행계획과 범행실행의 의사를 상당한 정도로 가지고 있지만, 범행의 대상이 특정되지 아니한 상태에 있는 자에 대하여 수사기관이 범행대상자로 신분을 가장하고 범죄의 실행을 준비하는 과정에 응함으로써 범죄자를 체포하는 것이다. 예를 들면 유흥주점의 사업주가 업장에 손님으로 위장하여 단속 나온 남성 경찰관의 요구에 따라 접대부로 하여금 음주 이후에 근처 숙박업소로 옮겨가 남자 손님과 성매매를 하도록 주선하자마자 단속 경찰관에 의해 즉시 체포된 경우(서울중앙지방법원 2016. 6. 20. 선고 2015고정3871 판결(항소기각, 상고기각), 울산지방법원 2016. 10. 14. 선고 2016고단1178 판결(항소기각, 상고기각)), 손님으로 가장한 경찰관으로부터 유사성교행위의 대가로 현금 10만원을 받고 밀실로 안내한 후 유사성교행위를 하게 하기 위하여 성매매여성을 밀실로 들여보냄으로써 성매매를 알선한 마사지업소 운영자를 검거한 경우(대법원 2015. 9. 10. 선고 2015도10759 판결) 등이 이에 해당한다. 이에 대하여 보다 자세한 내용으로는 박찬걸, "성매매 조장 사이트 규제의 집행력 강화를 위한 제언", 형사정책연구 제30권 제4호, 한국형사정책연구원, 2019. 12, 105면 이하 참조.

4) 대법원 2005. 4. 14. 선고 2005도499 판결(불법영업에 관한 민원 제기로 노래방 단속이 이루어졌고, 피고인이나 종업원이 아무런 이의 없이 즉시 술을 가져다주었으며, 10분 정도 후에 여자 도우미가 바로 도착한 경우에는 적법한 함정수사에 해당한다).

설을 통하여 대상범죄의 기준을 마련해 두고 이에 부합하는 적용을 지속적으로 함으로서 위법한 함정수사의 사전 통제 기능을 할 수 있을 것이다. 이에 따라 함정수사의 방법이 특별히 요구되지 않는 통상의 범죄에 대해서는 단순히 기회를 제공한 데 그치는 경우라도 위법한 함정수사라고 보아야 한다.

2) 유인자의 지위와 역할

형사소송법상 수사는 일반 사인이 아니라 수사기관만이 할 수 있는 것이기 때문에, 함정'수사'의 경우에도 수사기관의 개입이 반드시 있어야 한다.[1] 하지만 일반적인 수사의 경우와 달리 함정수사에 있어서는 반드시 수사기관이 직접적으로 나서야 하는 것은 아니고, 수사기관과 직접적인 관련이 있는 제3자(정보원·끄나풀 등)를 통하여 수사가 진행되더라도 무방하다. 반면에 수사기관과 직접적인 관련이 없는 제3자가 타인에게 반복적으로 범행을 부탁하여 그로 인해 타인에게 범의가 유발된 경우는 위법한 함정수사와 아무런 관련이 없다.[2] 즉 유인자가 수사기관과 직접적인 관련을 맺지 아니한 상태에서 피유인자를 상대로 단순히 수차례 반복적으로 범행을 교사하였을 뿐, 수사기관이 사술이나 계략 등을 사용하였다고 볼 수 없는 경우에는 설령 그로 인하여 피유인자의 범의가 유발되었다고 하더라도 위법한 함정수사에 해당하지 아니한다.[3]

3) 유인의 경위와 방법

함정수사에 있어서 유인의 경위 내지 목적은 다음과 같은 경우로 제한되어야 한다. ① 근시일 내에 당해 범죄가 발생할 것이 객관적인 정황 등으로 미루어 보아 충분히 인정되는 경우, ② 제보·첩보·풍문·기사 등을 통하여 당해 범죄사실에 대한 지속적인 현상이 유지되고 있다고 파악되는 경우 등이 그것이다. 왜냐하면 함정수사도 단순한 예방적 범죄투쟁이 아니라 과거에 자행된 범죄의 진압과 일정한 관련성을 가지고 있어야 하기 때문이다. 반면에 수사기관이 단속실적을 높이기 위하여 유인을 한다거나 정보원이 수사기관으로부터 일정한 편의제공을 대가로 유인하는 것은 절대적으로 금지되어야 한다.[4] 또한 수사의 개시는 범죄의 혐의가 존재해

---

1) 대법원 1994. 4. 12. 선고 93도2535 판결(자가용버스의 운전기사가 단속원이 승차하기 전부터 유상운송을 하여 왔다면 그 후 단속원이 유상으로 버스에 승차한 다음 운전기사의 유상운송행위를 적발하여 고발하였다 하여도 그것이 범죄의 함정을 파놓고 그 곳으로 밀어넣는 행위와 다를 바 없어 운전기사의 유상운송행위가 비난가능성이 없다고 할 수 없다).

2) 대법원 2008. 7. 24. 선고 2008도2794 판결(피고인 1이 2005. 5. 25. 공소외 2에게 필로폰 약 0.03g이 든 1회용 주사기를 교부하고, 같은 달 28. 18:00 무렵 필로폰 약 0.03g을 1회용 주사기에 넣고 생수로 희석한 다음 자신의 팔에 주사하여 투약하였는바, 공소외 2가 같은 달 29. 위 사실을 검찰에 신고하여 위 피고인이 체포되도록 하였다. 그러나 공소외 2가 수사기관과 관련을 맺은 상태에서 위 피고인으로 하여금 위와 같이 필로폰을 교부하도록 하거나 필로폰을 투약하도록 유인했다고 볼 아무런 자료가 없으므로, 위 피고인의 필로폰 투약 등이 함정수사에 의한 것이라고 할 수 없다); 대법원 1987. 6. 9. 선고 87도915 판결(물품반출업무담당자가 소속회사에 밀반출행위를 사전에 알리고 그 정확한 증거를 확보하기 위하여 피고인의 밀반출행위를 묵인하였다는 것이므로 이는 이른바 함정수사에 비유할 수는 없는 것이다).

3) 대법원 2008. 3. 13. 선고 2007도10804 판결.

4) 대법원 2008. 10. 23. 선고 2008도7362 판결(노래방도우미함정수사사건)(피고인은 노래연습장을 운영하는 자인바, 노래연습장업자는 접대부를 고용·알선하거나 호객행위를 하지 아니하여야 함에도 불구하고, 2006. 11. 1. 00:05경 안산시 상록구 ㅇㅇ동 소재 ㅇㅇㅇ노래연습장 7번방에서, 남자손님인 공소외 이ㅇㅇ에게 시간당 2만원을

야만 가능하므로, 구체적 사실에 근거를 둔 수사기관의 주관적 혐의 없이 범죄예방이라는 차원에서 범행의 기회를 제공하거나 범의를 유발하는 수사방법은 허용되지 아니한다.

유인의 방법과 관련해서는 일반적으로 수사기관과 직접 관련이 있는 유인자가 피유인자와의 개인적인 친밀관계를 이용하여 피유인자의 동정심이나 감정에 호소하는 경우가 많은데, 이 때에도 유인의 적정한 정도를 유지해야만 적법한 함정수사로 인정될 것이다. 만약 수사기관의 행위가 범죄행위를 창조하는 정도에 이르러 범죄를 기꺼이 범할 준비가 되어 있는 자 이외에 일반인이라고 할지라도 피고인이 처한 상황에서 범죄를 저질렀을 것이라고 인정된다면 위법한 것이 된다. 예를 들면 금전적·심리적 압박이나 위협을 가하는 경우, 과도한 이익을 제공하는 방법을 통하여 거절하기 힘든 유혹을 하는 경우, 범행방법을 구체적으로 제시하고 범행에 사용될 금전까지 제공하여 과도하게 개입하는 경우, 주저함을 무력하게 만들 수 있는 정도의 끈질기고 집요한 제안이 있는 경우[1], 피고인의 행위가 불법이 아니라고 하면서 범죄를 부추기는 경우, 범행의사가 없는 피유인자에게 범행이 불가피한 상황을 창출한 경우[2], 수사기관에 발각되지 않을 것이라고 보장하는 경우, 경미한 범죄를 수사하기 위하여 범행의 기회를 제공하는 등의 적극적인 기망행위를 하는 경우, 단순히 범행의 기회를 제공하면 충분함에도 적극적으로 범죄를 권유하여 범의를 유발시키는 정도에 이르는 경우, 함정수사에 의하여 제공된 기회가 유일무이하여 만약 수사기관의 기회제공이 없었다면 범행 자체를 저지를 수 없는 상황인 경우 등이라면 함정수사가 정당화될 수 없다. 또한 함정행위를 개시하여 범죄행위자가 범죄의 실행에 이르기까지의 시간이 지나치게 많은 시간이 소요되지 않아야 한다. 이 경우에는 범죄실행을 한 자가 수사기관의 함정에 빠졌을 가능성이 많은 것으로 추정되기 때문에 위법하다. 하지만 피고인이 수사기관의 사술이나 계략 등에 의하여 범행을 유발한 것이 아니라 이미 범행을 저지른

받기로 하고, 속칭 '노래방도우미'인 공소외 최○○(여, 25세)을 불러주어 함께 노래하게 하여 접대부를 알선하였는데, 이에 대하여 대법원은 이 사건의 경우 경찰관들이 단속 실적을 올리기 위하여 손님을 가장하고 들어가 도우미를 불러 줄 것을 요구하였던 점, 피고인측은 평소 자신들이 손님들에게 도우미를 불러 준 적도 없으며, 더군다나 이 사건 당일 도우미를 불러달라는 다른 손님들이 있었으나 응하지 않고 모두 돌려보낸 바 있다고 주장하는데, 위 노래방이 평소 손님들에게 도우미 알선 영업을 해 왔다는 아무런 자료도 없는 점, 위 경찰관들도 그와 같은 제보나 첩보를 가지고 이 사건 노래방에 대한 단속을 한 것이 아닌 점, 위 경찰관들이 피고인측으로부터 한 차례 거절당하였으면서도 다시 위 노래방에 찾아가 도우미를 불러 줄 것을 요구하여 도우미가 오게 된 점 등 여러 사정들을 종합해 보면, 이 사건 단속은 수사기관이 사술이나 계략 등을 써서 피고인의 범의를 유발케 한 것으로서 위법하고, 이러한 함정수사에 기한 이 사건 공소제기 또한 그 절차가 법률의 규정에 위반하여 무효인 때에 해당한다).

1) 대법원 2007. 10. 12. 선고 2007도5571 판결(피고인은 당초 이 사건 필로폰을 매매하거나 투약할 생각이 없었는데 경찰관의 지시를 받은 甲이 여러 날에 걸쳐 집요하게 피고인에게 필로폰을 구해 달라고 요청한 끝에 피고인이 이에 응하게 되었고 甲이 피고인에게 지급한 필로폰 구입대금도 경찰관이 마련하여 준 경우에는, 피고인의 이 사건 범행은 당초 범죄의사가 없었던 피고인에게 경찰관과 甲이 공모한 계략에 의하여 범의를 일으키게 한 함정수사로 유발된 범죄에 해당한다).

2) 대법원 2009. 7. 23. 선고 2009도3934 판결(대리기사가 이면도로에 피고인 차량을 주차한 다음 경찰이 차적조회를 하여 면허정지 사실을 확인 한 후 공사도 없고 교통장애도 없음에도 불구하고 '공사로 차량이동 바란다'는 문자를 2회 보내어 피고인이 급히 나와 차량을 20m 가량 이동시키자 무면허운전으로 현행범 체포한 경우에는 위법한 함정수사에 해당한다).

피고인을 검거하기 위하여 수사기관이 정보원을 이용하여 피고인을 검거장소로 유인한 것에 불과한 경우[1] 등은 피고인의 범행이 위법한 함정수사에 의한 것으로 볼 수 없다.

4) 유인에 따른 피유인자의 반응

유인자의 유인행위와 피유인자의 반응을 상호 비교해 볼 때, 유인을 통한 반응이 수사기관이 당초 목표로 하였던 것보다 크게 나올 경우에는 적법한 함정수사일 가능성이 높다. 예를 들면 수사기관이 단순히 필로폰의 수수를 유인하였다고 가정해 보자. 이 경우 피유인자가 필로폰의 양과 가격 조건을 정하는 경우, 직접 필로폰을 구하여 판매하려 하는 경우, 수사기관이 적정한 이익을 약속하여 거래의 상대방을 가장한데 불과하고 다른 모든 것은 피고인에게 맡겨져 있는 경우, 필로폰 판매가 성공하였을 경우 분배되는 이익도 훨씬 더 많이 가져갈 것으로 예상되는 경우, 마약의 대량입수가 가능하다는 등 피고인의 의사표현으로 보다 중대한 혐의의 기초가 입증되는 경우 등 단순한 마약투약자를 넘어 마약거래선의 일부로 나아갔다면 적법한 함정수사의 대상범죄인 마약판매·수수와 밀접한 관련이 있다고 판단할 수 있다.

5) 피유인자의 처벌 전력

피고인에게 기회가 주어지기만 하면 언제라도 기소된 것과 같은 범죄를 당시에 자진해서 저질렀을 것이라고 인정되면 그에게 사전 범의가 있는 것으로 볼 수 있다. 하지만 사전 범의는 주관적 요소이기 때문에 피교사자가 이를 인정하지 않는 이상 외부로 드러나는 객관적 정황에 의하여 사후적으로 판단할 수밖에 없다. 여기서 객관적 정황은 피교사자의 전과, 범죄성향, 대상범죄와 피교사자 간의 거리(밀접성), 범행의 동기 내지 피교사자가 범행으로 얻는 이익, 수사기관의 교사 기술과 방법, 수사기관이 함정수사를 하게 된 경위 등으로 이를 종합적으로 고려하여 피교사자의 사전 범의를 추단해야 한다. 함정수사의 위법성은 수사기관의 행위태양이나 정도 등을 판단기준으로 하여야 하지만, 판단자료로서는 일반인이 아닌 구체적 피고인을 대상으로 하여야 한다. 그러므로 피고인의 개별적인 능력에 대한 심사가 필요하다. 이 중 피유인자의 처벌 전력은 객관적 정황을 판단하는데 있어서 상당한 영향력을 행사하고 있는데, 그렇기 때문에 상대방의 사전 범의 유무를 확인하기 위하여 수사기관측은 동종의 전과기록, 피고인이 이전에 동종의 행위를 감행한 사례 및 경력 등의 증거를 수집하여 제출하게 된다.

하지만 피유인자의 사전범의를 인정하기 위해서는 동일·유사한 범죄에 대한 추상적인 범죄의사가 존재한다는 것만으로는 부족하고, 해당범죄에 대한 구체적인 고의가 이미 존재하는 것으로 인정할 수 있어야 할 것이다. 또한 단순히 동종범죄의 전과자라는 이유만으로 함정수사를 해서는 안 된다. 왜냐하면 당해 행위의 구체적 특징이 아니라 과거의 행동에 대한 평가로 피고인의 범죄성향을 결정하는 것은 공정하지 못하기 때문이다. 적어도 다른 정황증거를 통해 특정인이 수사기관이 해명하려고 하는 범죄사실과 구체적 관련이 있다는 점이 밝혀져야 한다.

---

1) 대법원 2007. 7. 26. 선고 2007도4532 판결.

6) 유인행위 자체의 위법성

수사기관에서 공범이나 장물범의 체포 등을 위하여 범인의 체포시기를 조절하는 등 여러 가지 수사기법을 사용한다는 점을 고려하면, 수사기관이 피고인의 범죄사실을 인지하고도 피고인을 바로 체포하지 않고, 추가적인 범행을 지켜보고 있다가 범죄사실이 많이 늘어난 뒤에야 피고인을 체포하였다는 사정만으로는 피고인에 대한 수사와 공소제기가 위법하다거나 함정수사에 해당한다고 할 수 없다.[1] 하지만 수사관들이 특진이나 수상 등 개인적인 이익을 위하여 고의적으로 체포를 지연시켰다고 볼 만한 자료가 인정된다면 유인행위 자체의 위법성이 인정될 수 있다.

4. 위법한 함정수사를 통한 기소의 소송법상 처리

(1) 위법한 함정수사를 기초로 한 증거의 증거능력

위법한 함정수사에 의하여 수집한 증거는 수사의 조건을 갖추지 못하였기 때문에 증거능력이 부정되어야 한다. 이에 따라 위법한 함정수사를 통하여 획득한 증거의 증거능력과 관련하여 위법수집증거배제법칙에 의해 증거로 사용할 수 없는 것이다. 하지만 증거능력의 배제는 위법수집증거배제법칙이 적용된 결과일 뿐 함정수사의 문제에 대한 근본적인 해결책이라고는 할 수 없고, 이를 통해 함정수사의 위법성이 전면적으로 해소되는 것도 아니다. 또한 위법한 함정수사에 의하여 얻은 증거에 대하여 단순히 증거능력을 배제하는 것만으로는 위법수사에 대한 충분한 사전통제 및 사후대처에 미흡하다. 왜냐하면 위법한 함정수사를 직접적인 계기로 해서 수집된 증거의 증거능력은 배제된다고 하더라도 함정에 빠진 자의 가벌성이 전적으로 부정된다는 보장이 없을 뿐만 아니라 이후의 보강수사에서 수집된 증거의 증거능력 여부는 여전히 문제가 될 수 있기 때문이다. 원칙적으로 위법한 함정수사를 통해 얻어진 범죄혐의에 대해 검사는 수사를 개시해서도 안 되고 공소를 제기해서도 안 된다. 하지만 위법한 함정수사를 토대로 피고인이 실제로 기소가 되는 경우가 종종 발생하고 있으며, 이에 따라 피고인의 가벌성을 배제하고자 하는 다음과 같은 이론적인 시도들이 제시되고 있다.

(2) 위법한 함정수사에 의한 기소의 통제방안

1) 유죄판결설

유죄판결설은 함정에 빠졌다는 것만으로 위법성이나 책임이 조각되지 않고 범의를 유발당한 자가 자유로운 의사로 범죄를 실행한 이상 실체법상 이를 처벌할 수 있다는 견해[2]이다. 동설은 수사의 불법과 소송제기의 불법 또는 무효는 구별해야 한다는 점, 수사가 불법이라는 것과 사술에 의하여 죄를 범한 자의 행위가 범죄를 구성하는지는 별개의 문제라는 점, 범의를 유발하는 수사방법은 공정성을 결하였다고 할 것이므로 위법수집증거배제법칙을 적용하는 것은

1) 대법원 2007. 6. 29. 선고 2007도3164 판결.

2) 이재상/조균석, 198면.

별론으로 하고 함정수사를 소송조건 또는 범죄의 성립을 조각하는 사유로 인정할 수는 없다는 점, 교사자가 사인이 아니고 수사기관이라는 사실만 가지고 피교사자에 대한 공소제기의 절차가 위법하다거나 공소권을 소멸시킬 수 없다는 점, 범인이 함정에 빠졌다는 사실은 수사의 상당성과는 별개의 문제라는 점, 동설에 의하는 경우에는 함정수사가 수사의 신의칙에 반한다는 점을 무시했다고 할 수 있으나, 신의칙에 반하는 수사의 소송법적 고려는 증거배제와의 관계에서 고려하면 족하다는 점, 함정교사와 통상의 교사를 다르게 볼 이유가 없다는 견지에서 함정수사의 피교사자도 통상적인 교사의 피교사자와 마찬가지로 정범으로 처벌되어야 한다는 점 등을 논거로 제시하고 있다. 이와 같이 동설은 위법한 함정수사의 경우라도 유죄판결을 내려야 한다고 하지만, 함정수사의 위법성을 형벌감경사유 또는 양형참작사유[1]로서 고려할 수 있다고 하여 피고인의 입장도 어느 정도 대변하고 있다.

하지만 피고인의 자유에 의한 범의가 강한 유혹이나 동기를 부여한 국가의 사술에 의하여 발현되었고, 함정 자체가 공정한 법 적용에 대한 국민의 기대와 신뢰를 깨뜨린 것이므로 오히려 비난받아야 할 대상은 수사기관이며, 이것은 곧 적정절차를 무시한 결과로서 형벌권행사가 불가능하다는 점, 함정수사에 대하여 증거능력을 부정하는 사유 또는 양형참작사유로만 고려할 경우 함정에 빠진 피고인의 이익보호 및 위법한 함정수사의 사전억제라는 측면에 미흡하다는 점, 위법한 수사행위로 함정에 빠진 자를 구제하려는 문제의식이 없어 함정수사의 상대방에게 지나치게 가혹하다는 점, 비록 함정에 빠진 자가 자유의사로 범죄를 저질렀지만 이 경우의 자유의사는 순수한 자유의사가 아니라 수사기관의 유혹의 결과인 자유의사라는 점을 간과해서는 안 된다는 점 등의 비판이 제기되고 있다.

2) 무죄판결설

무죄판결설은 함정수사를 가장 엄격하게 금지하려는 견해[2]이다. 이에 의하면 타인의 강한 유혹에 빠져 범행을 저지르는 경우에는 통상의 경우보다 행위자에 대한 비난가능성이 약하다고 할 수 있는데, 이와 더불어 수사권남용이라는 국가에 대한 압도적 비난가능성을 아울러 고려하면 피고인의 책임이 조각된다는 점, 수사기관이 제공한 범죄의 동기나 기회를 일반인이 뿌리칠 수 없었다는 범죄인 개인의 특수한 상황으로 인하여 범인에 대한 사회적 반감이 적고 오히려 동정할 수 있는 경우이므로 가벌적 위법성이 결여된다는 점, 국가가 법치국가 원리에 명백히 반하는 형태로 실체를 해명하는 조치를 취한 경우에는 이미 형벌권이 상실된다고 보아야 한다는 점, 함정수사 여부에 대한 실체심리를 한 경우에는 피고인의 인권보장에도 더욱 철저하

1) 독일의 경우 함정수사가 위법한 경우라고 할지라도 바로 피고사건에 대한 소송장애를 인정하여 공소기각을 할 것이 아니라 그 위법의 정도가 경미한 경우에는 양형단계에서 형의 감경을 고려하면 족하다는 판례(BGHSt 32, 345, 349, 350, 355; BGH StV 1985, 309; BGH StV 2001, 494)가 있다. 즉 적법절차 위반이 상소이유는 되어도 소송장애를 가져오는 것은 아니라고 한다. 소송장애는 구체적 사실의 유무에 따라 명확하게 판단할 수 있어야 하는데, 함정수사가 법치국가적 한계를 넘어섰는지의 판단은 사실판단이 아니라 일종의 가치판단이라고 한다.

2) 심희기/양동철, 114면.

고 다양한 형태의 함정수사에 대한 탄력적 규제가 가능하도록 형식재판보다는 무죄판결이 타당하다는 점, 미국의 경우에도 함정수사의 구제방법으로 배심원단에 의한 무죄방면을 인정하고 있다는 점,[1] 수사가 위법하면 그 실체를 뒷받침하는 증거의 증거능력이 부정될 수 있고, 이 경우 실체가 유죄이더라도 이를 뒷받침하는 증거능력 있는 증거가 없다는 점, 반국가적·반사회적인 범죄로 그 폐해가 극심한 마약·밀수·도박·인신매매 등은 그 범죄 성격상 함정수사에 의하지 아니하고는 범인을 검거하기 불가능한 정황이 인정되는 경우에 한하여 정당행위로서 위법성이 조각된다는 점, 함정수사에 대한 실체심리가 실제적으로 수반되는 현실에서 피고인에게 (확실한 기판력을 인정한다는 측면에서) 가장 유리한 무죄판결을 해야 한다는 점 등을 그 논거로 제시하고 있다.

하지만 수사기관의 함정에 빠졌다는 것만으로 고의가 조각될 수는 없으며, 책임이 감경될 수는 있어도 조각된다고 할 수 없다는 점, 수사기관의 행위가 '저항할 수 없는 폭력 또는 협박'의 정도에 이르러 피교사자의 행위가 형법 제10조의 강요된 행위로 책임조각이 되는 극히 예외적인 경우를 제외하고 단순히 함정수사가 있었다는 이유로 책임을 조각시킬 수는 없다는 점, 교사자가 수사기관인가 사인인가에 따라 범죄의 성부를 달리 해석해야 할 이유가 없다는 점, 범죄의 성립요건이 충족됨에도 법치국가의 원리 위배·적법절차의 원리 위배·불법과 책임의 약화 등을 이유로 범죄가 성립하지 않는다는 논리는 형식적 범죄개념과 모순된다는 점 등의 비판이 제기되고 있다.

3) 공소기각판결설

공소기각판결설은 함정수사에 의한 공소는 적정절차에 위배되는 수사에 의한 공소이므로 공소제기의 절차가 법률의 규정에 위배하여 무효인 때에 해당하여 소송조건의 흠결 또는 소송장애를 이유로 공소기각의 판결을 해야 한다고 하는 견해[2]이다. 이에 의하면 제327조 제2호는 동조의 다른 사유와 달리 단순히 검사의 공소제기를 둘러싼 형식적 요건의 심사에 한정되는 규정이 아니라 다양한 형태의 소송법적 관심사항을 소송조건으로 정형화하여 형사재판에 반영될 수 있는 법적 근거를 마련하기 위한 입법자의 배려에서 나온 일반조항의 성격을 갖는다는 점, 이러한 일반조항으로서의 성격 때문에 위법한 함정수사에 기한 공소제기는 제327조 제2호의 사유에 해당할 수 있다는 점, 함정수사의 위법성이 인정될 경우에는 더 이상 실체판결로 나아갈 것이 아니라 형식재판으로 소송을 종결시키는 것이 피고인의 인권보장에 도움이 된다는 점 등을 그 논거로 제시하고 있다.

대법원도 「함정수사에 기한 공소제기는 그 절차가 법률의 규정에 위반하여 무효인 때에

1) '부당한 권유'(improper solicitation)에 대해서는 무죄판결이 구제방법이며, 배심원에 함정항변을 제출하지 못하게 한 원심판결은 재심을 요한다(Sorrells v. U.S. 287 U.S. 435 (1932); Sherman v. U.S. 356 U.S. 369 (1958)).

2) 김인회, 70면; 배종대/홍영기, 110면; 송광섭, 198면; 신양균/조기영, 55면; 이은모/김정환, 179면; 임동규, 133면; 정승환, 92면; 정웅석/최창호, 52면.

해당한다.」라고 판시[1]하여, 공소기각판결설의 입장을 취하고 있다. 대법원은 함정수사에 기한 공소제기를 검사의 소추재량에 위반한 일종의 공소권남용의 한 형태[2]로 파악하는 것으로 보인다.

하지만 형사소송법 제327조 제2호는 공소제기 그 자체에 위법이 있는 경우에 한정하는 것이므로 여기에 수사절차의 위법을 문제 삼아 공소를 기각한다는 것은 타당하지 않다는 점, 수사절차에 위법이 있다고 할지라도 그것이 반드시 공소제기의 효력을 상실하게 하는 것은 아니라는 점, 공소제기의 절차에 수사절차가 포함된다고 하는 것은 지나친 논리의 비약이라는 점, 함정수사는 어떤 형식으로 피고인을 소추하는가 하는 단순한 절차의 문제가 아니라 오히려 국가가 피고인을 처벌할 수 있는가 하는 실체법의 문제라고 할 수 있기 때문에 함정수사의 실체적 측면을 충분히 고려하지 못한다는 점, 공소기각판결이 반드시 피고인의 인권보장을 담보하는 유일한 수단은 아니라는 점, 비난받을 행위를 한 국가로부터 피고인을 가장 확고하게 보호하는 구제방법은 무죄판결이라는 점 등의 비판이 제기되고 있다.

4) 검 토

유죄판결설은 헌법상 적법절차의 원리에 위배될 뿐만 아니라 국가기관의 공정한 법집행에 대한 국민의 신뢰를 배반한 행위임에도 불구하고 형벌권을 행사하는 것은 피고인에게 불합리하다는 점에서 받아들이기가 힘들다. 비록 함정에 빠진 자가 자유의사로 범죄를 저질렀다고는 하지만 수사기관의 불법적인 행위로 말미암아 유발된 범죄이기 때문에 '강제된' 의사라고도 평가할 수 있다.

공소기각판결설의 최대 난점은 수사절차의 위법을 어떻게 공소제기절차의 위법으로 상호 연결시킬 것인가에 있다. 왜냐하면 위법한 함정수사를 이유로 공소제기의 위법성이 인정될 때 비로소 제327조 제2호를 적용할 수 있기 때문이다. 이에 대하여 ① 모든 수사는 공소제기의 주

---

1) 의정부지방법원 2019. 4. 18. 선고 2018노1311 판결; 대법원 2008. 10. 23. 선고 2008도7362 판결; 대법원 2007. 7. 13. 선고 2007도3672 판결; 대법원 2007. 5. 31. 선고 2007도1903 판결; 대법원 2006. 9. 28. 선고 2006도3464 판결; 대법원 2005. 10. 28. 선고 2005도1247 판결(피고인 2의 메스암페타민 매수, 교부 공소사실 및 피고인 1의 메스암페타민 수수, 수입 공소사실과 관련하여 그 채용 증거들에 의하여 판시와 같은 사실을 인정한 다음, 이에 의하면 이미 범의를 가지고 있던 피고인들의 범행에 관한 정보를 알아내어 검거하였을 뿐이라는 취지의 검찰 마약수사주사 공소외 1과 제보자 공소외 2의 각 진술은 믿기 어렵고, 오히려 원래 중국까지 가서 메스암페타민을 구해 올 생각이 없었는데 공소외 1과 공소외 2의 함정수사를 위한 이른바 '작업'에 의하여 비로소 이 사건 범행에 대한 범의를 일으켰다고 하는 피고인들의 진술이 더 신빙성이 있을 뿐 아니라, 공소외 2의 유발행위 이전부터 피고인들에게 메스암페타민을 중국으로부터 수입하려는 구체적인 범의가 있었다거나 피고인 1이 예정했던 것보다 하루 일찍 인천공항을 통해 귀국한 것만으로 공소외 1, 공소외 2와 같이 계획했던 것과는 별개의 범의를 일으켜 메스암페타민 수입 범행을 감행하였다고 볼 수 없다고 판단하여, 결국 이 부분 공소는 범의를 가지지 아니한 사람에 대하여 수사기관이 범행을 적극 권유하여 범의를 유발케 하고 범죄를 행하도록 한 뒤 범행을 저지른 사람에 대하여 바로 그 범죄행위를 문제 삼아 공소를 제기하는 것으로서 적법한 소추권의 행사로 볼 수 없으므로 제327조 제2호에 규정된 공소제기의 절차가 법률의 규정에 위반하여 무효인 때에 해당한다는 이유로 공소기각 판결을 선고하였다).

2) 소추재량권의 자의적 행사를 억제하기 위하여 인정되고 있는 공소권남용론도 형식재판인 공소기각의 판결로 사건을 종결시키고 있기 때문에 공소기각판결설과 결론을 같이 한다고 볼 수 있다.

체인 검사의 지휘 아래에 있고, 수사결과는 검사의 공소제기와 직결된다는 점, ② 위법한 함정수사에 기한 공소제기는 헌법상 적법절차 원칙의 위반으로 평가할 수 있다는 점, ③ 위법한 함정수사로 인해 검사는 공소를 제기하지 않을 의무가 부여되는데, 그럼에도 불구하고 공소를 제기할 경우에는 공소권의 남용으로 볼 수 있다는 점, ④ 함정수사에서 수사기관이 범죄행위의 생성에 관여하는 목적이 바로 자신이 관여하여 생성된 당해 범죄행위에 대한 공소제기에 있다는 점에서 함정수사는 공소제기와 불가분의 일체를 이루고 있으므로 통상의 수사절차와는 달리 함정수사의 위법성이 바로 공소제기의 위법성으로 평가될 수 있는 구조라는 점 등을 논거로 연결고리를 찾으려는 시도가 있다. 하지만 적법절차 원칙의 위배, 공소권의 남용, 수사와 공소의 일체불가분성 등은 위법한 함정수사가 아닌 다른 경우에도 적용될 수 있다는 점에서 고유의 연결고리라고 판단하기에는 무리가 있다.

생각건대 위법한 함정수사에 대한 피고인의 구제는 무죄판결설로 해결하는 것이 타당하다. 기존의 무죄판결설은 위법한 함정수사가 과연 형사소송법 제325조 전단의 사유에 해당하는지 여부에 초점을 맞추고 있었다. 그리하여 피고인의 행위가 구성요건해당성·위법성·책임성 등 범죄의 성립요건 중 일부를 충족시키지 못하는 개별 논거를 제시하였던 것이다. 하지만 형사소송법 제325조는 '피고사건이 범죄로 되지 아니하거나 범죄사실의 증명이 없는 때에는 판결로써 무죄를 선고하여야 한다.'라고 규정하여, 무죄판결을 선고할 수 있는 방법으로 두 가지를 상정하고 있다. 첫 번째는 범죄의 성립요건 중 일부를 충족시키지 못하는 경우이고, 두 번째는 범죄의 성립요건을 모두 충족하더라도 범죄사실의 증명이 없는 경우이다. 이를 위법한 함정수사와 관련시켜 보면, 무죄판결을 선고할 수 없는 첫 번째 이유는 충족할 수 없다고 판단된다. 하지만 두 번째 이유는 사정이 다르다. 제307조 제1항은 '사실의 인정은 증거에 의하여야 한다.'라고 하여 증거재판주의를 명시적으로 밝히고 있기 때문에, 모든 범죄사실의 증명은 증거에 의해서만 할 수 있다. 그러므로 위법한 함정수사에 빠져 실제로 범행을 저지른 피고인이 있다고 하더라도, 위법한 함정수사를 통하여 수집한 증거가 위법수집증거를 이유로 범죄사실을 증명할 수 있는 증거로 활용될 수 없다면 법원은 무죄판결을 할 수밖에 없는 것이다. 다른 증거에 의하여 범행의 입증이 가능하다고도 주장할 수 있겠으나, 피유인자의 범죄행위 자체가 함정수사에 의하여 창출된 이상 범죄행위를 입증하는 모든 증거는 결국 함정수사와 관련이 되어 있을 수밖에 없기 때문에, 위법수집증거가 아닌 적법한 증거의 제시는 불가능하다. 또한 무죄판결설을 취할 경우 (범죄의 성립 또는) 공소사실을 뒷받침할 수 있는 증거의 증거능력에 대한 입증책임이 검사에게 있음은 자명하다. 결론적으로 제325조 후단의 사유를 논거로 하는 무죄판결설이 타당하다.[1)]

1) 同旨 손동권/신이철, 166면; 이창현, 228면.

제 2 절 수사의 단서

Ⅰ. 의 의

검사는 범죄의 혐의가 있다고 사료하는 때에는 범인·범죄사실과 증거를 수사하며(제196조), 경무관, 총경, 경정, 경감, 경위는 사법경찰관으로서 범죄의 혐의가 있다고 사료하는 때에는 범인·범죄사실과 증거를 수사한다(제197조 제1항).[1] 사법경찰관은 범죄의 혐의가 있다고 인식하는 때에는 수사를 개시하고, 지체 없이 범죄인지서를 작성하여 수사기록에 편철하여야 하는데, 범죄인지서에는 피의자의 성명·주민등록번호·직업·주거·범죄경력·죄명·범죄사실의 요지·적용법조 및 수사의 단서와 범죄 인지 경위를 적어야 한다(수사지휘·준칙규정 제17조). 이와 같이 수사는 수사기관의 주관적 혐의에 기초하여 개시되는데, 수사기관이 범죄의 혐의가 있다고 판단하게 된 원인을 '수사의 단서'라고 한다.

수사의 단서는 수사기관 자신의 체험에 의한 경우와 타인의 체험에 의한 경우로 나눌 수 있는데, 현행범인의 체포·변사자의 검시·불심검문·언론의 보도·기사·풍설·다른 사건 수사 중 여죄의 발견 등은 전자의 예이고, 고소·고발·자수·진정·탄원·투서·범죄신고·다른 공공기관에 의하여 이첩된 자료 등은 후자의 예에 해당한다. 이들 가운데 일부는 곧바로 수사의 단서가 되기도 하지만, 일부는 경우에 따라 내사의 단서가 되기도 한다.

Ⅱ. 고 소

1. 고소의 의의

(1) 고소의 개념

'고소'(告訴)란 범죄의 피해자 또는 그와 일정한 관계에 있는 고소권자가 수사기관에 대하여 범죄사실을 신고하여 범인의 처벌을 구하는 의사표시를 말한다.[2] 제246조는 검사만이 공소를 제기할 수 있도록 규정하여 사인소추주의를 배제하고, 국가소추주의 및 기소독점주의를 채택하고 있다. 헌법 제27조 제5항에서 '형사피해자는 법률이 정하는 바에 의하여 당해 사건의 재판절차에서 진술할 수 있다.'라고 규정하여 형사피해자의 재판절차진술권을 보장하고 있는 것도 국

---

1) 2020. 2. 4. 형사소송법 개정 전의 '수사관'이라는 직급은 현재 존재하지 아니한다. 1954년 형사소송법 제정 당시에 사법경찰관리의 수사활동을 통일적으로 지휘·감독하기 위하여 대검찰청에 '수사관'을 두어 배속시키기로 예정되어 있었지만, 후속 입법의 미비로 '수사관'을 대검찰청에 두지 않아 결국 사문화되었는데, 2020. 2. 4. 형사소송법 개정을 통하여 결국 삭제하였다.

2) 대법원 2015. 11. 12. 선고 2013도8417 판결(하수급인의 처벌을 희망하지 아니하는 근로자의 의사표시가 있을 경우에는 여러 사정을 참작하여 여기에 직상 수급인의 처벌을 희망하지 아니하는 의사표시도 포함되어 있다고 볼 수 있는지를 살펴보아야 하고, 직상 수급인을 배제한 채 오로지 하수급인에 대하여만 처벌을 희망하지 아니하는 의사를 표시한 것으로 쉽사리 단정할 것은 아니다); 대법원 2008. 11. 27. 선고 2007도4977 판결.

가소추주의를 전제로 한 것이다. 이와 같이 국가기관이 공소권을 독점하고 있는 법제도 아래에서는, 범죄로 인한 피해자의 고소권 행사를 보장하고, 고소인의 권리를 두텁게 인정하여, 이들에 대한 보호가 충분히 이루어지도록 할 필요가 있다.[1] 자신의 법익을 침해한 범죄에 대하여 형사고소를 할 수 있는 것은 헌법상 명문으로 규정된 기본권이 아니라고 하더라도 재판절차진술권의 직접적 전제가 되는 권리라고 할 수 있으므로, 고소권의 침해 논의는 재판절차진술권이라는 기본권의 침해에 대한 논의로 이어져야 한다.

(2) 고소능력

고소를 함에 있어서는 범인의 처벌을 구하는 의사표시가 있어야 하므로, 단순한 피해사실을 신고하는 것에 그치고 범인의 처벌을 구하는 의사표시를 하지 않은 도난신고는 고소라고 할 수 없다.[2] 특히 진정·탄원·투서 등은 처벌희망의 의사표시가 명시되어 있지 않다는 이유로 실무상 내사사건으로 취급되고 있다(검찰사건사무규칙 제141조 제1항). 그러므로 고소를 함에 있어서 소송행위능력, 즉 고소능력이 있어야 하는데, 고소능력은 피해를 받은 사실을 이해하고 고소에 따른 사회생활상의 이해관계를 알아차릴 수 있는 사실상의 의사능력으로 충분하므로[3], 민법상의 행위능력이 없는 사람이라도 위와 같은 능력을 갖춘 사람이면 고소능력이 인정된다.[4] 그리고 친고죄에서 이와 같은 적법한 고소가 있었는지 여부는 자유로운 증명의 대상이 된다.[5]

(3) 고소와 친고죄의 관계

'친고죄'(親告罪)란 공소의 제기를 위하여 고소권자의 고소가 있을 것을 요하는 범죄를 말한다. 친고죄는 피해자의 명예보호·침해법익의 경미성·가족관계의 특성 등을 고려하여 피해자의 의사를 존중하기 위하여 인정되는 제도이다. 친고죄는 사자명예훼손죄(형법 제308조), 모욕죄(형법 제311조), 비밀침해죄(형법 제316조), 업무상 비밀누설죄(형법 제317조) 및 저작권법 제140조 본문·특허법 제225조 제2항·실용신안법 제45조 제2항 위반죄 등과 같이 피해자와 범인간의 신분관계를 묻지 않고 범죄의 성질 그 자체로서 인정되는 절대적 친고죄와 일정한 범죄에 있어서 피해자와 범인간의 일정한 신분관계를 요구하는 상대적 친고죄(형법 제328조 제2항)로 나누어진다. 한편 반의사불벌죄의 경우에는 피해자의 고소가 없더라도 공소를 제기할 수 있으나, 피해자가 처벌을 원하지 않는다는 명시적인 의사표시를 한 경우에 처벌을 할 수 없다는 점에서 친고죄와

---

1) 헌법재판소 1999. 1. 28. 선고 98헌마85 결정.

2) 대법원 2008. 11. 27. 선고 2007도4977 판결.

3) 대법원 2013. 9. 26. 선고 2012도568 판결(피해자가 의식을 회복하지 못하고 있는 이상 피해자에게 반의사불벌죄에서 처벌희망 여부에 관한 의사표시를 할 수 있는 소송능력이 있다고 할 수 없고, 피해자의 아버지가 피해자를 대리하여 피고인에 대한 처벌을 희망하지 아니한다는 의사를 표시하는 것 역시 허용되지 아니할 뿐만 아니라 피해자가 성년인 이상 의사능력이 없다는 것만으로 피해자의 아버지가 당연히 법정대리인이 된다고 볼 수도 없으므로, 피해자의 아버지가 피고인에 대한 처벌을 희망하지 아니한다는 의사를 표시하였더라도 그것이 반의사불벌죄에서의 처벌희망 여부에 관한 피해자의 의사표시로서 소송법적으로 효력이 발생할 수는 없다고 판단하였다).

4) 대법원 2007. 10. 11. 선고 2007도4962 판결; 대법원 2004. 4. 9. 선고 2004도664 판결; 대법원 1999. 2. 9. 선고 98도2074 판결.

5) 대법원 2011. 6. 24. 선고 2011도4451 판결; 대법원 1999. 2. 9. 선고 98도2074 판결.

구별된다. 반의사불벌죄의 예로는 폭행죄(형법 제260조), 협박죄(형법 제283조), 명예훼손죄(형법 제307조 및 동법 제309조), 과실치상죄(형법 제266조) 및 「부정수표 단속법」 제2조 제4항·근로기준법 제109조 제2항·「교통사고처리 특례법」 제3조 제2항 본문 및 동법 제4조 제1항 본문 위반죄 등을 들 수 있다.

비친고죄에서의 고소는 수사의 단서에 불과하기 때문에 고소의 유무는 공소의 제기에 크게 영향을 미치지 아니한다. 하지만 친고죄에서의 고소는 소송조건에 해당하기 때문에 공소의 제기는 고소에 의하여 좌우된다.

2. 고소의 주체

(1) 피해자

범죄로 인한 피해자는 고소할 수 있다(제223조). 여기서 피해자는 범죄로 인하여 직접적으로 피해를 입은 자만을 의미하므로, 간접적으로 피해를 입은 자는 제외된다. 직접적으로 피해를 입은 자이면 자연인뿐만 아니라 법인이나 법인격 없는 사단 및 재단 등도 피해자가 될 수 있다. 법인 등이 피해자인 경우에는 그 대표자가 피해자로서 고소할 수 있다. 또한 피해자는 보호법익의 주체뿐만 아니라 범죄행위의 객체가 된 자도 포함된다.[1] 그러므로 공무집행방해죄에 있어서 폭행·협박의 대상이 된 공무원, 방화죄에서 소훼된 건물의 소유자 등도 피해자의 지위에서 고소를 할 수 있다. 하지만 외국 저작물에 대하여 국내에서 이용할 수 있는 권리가 부여된 자라고 할지라도 독자적인 고소권을 인정하지 않고 있다.[2]

고소권은 일신전속적 권리이기 때문에 상속이나 양도의 대상이 되지 아니한다. 다만 특허권·저작권[3] 등과 같은 권리에 대한 범죄가 계속되는 경우에는 권리의 이전에 따라 그 이전 전

---

1) 헌법재판소 1993. 7. 29. 선고 92헌마262 결정.

2) 대법원 2006. 12. 22. 선고 2005도4002 판결(피고인들에 대한 이 부분 공소는 피해자(저작재산권자)의 고소가 있어야 논할 사건이고, 그 공소사실에는 이 사건 애니메이션 '원피스'에 등장하는 캐릭터에 대한 저작재산권자가 일본국 도에이애니메이션 주식회사(이하 '도에이'라 한다)로 기재되어 있는데, 도에이가 고소를 제기하였다는 자료는 기록에 나타나 있지 않다. 다만 수사기록에는 대원씨앤에이홀딩스 주식회사(이하 '대원'이라 한다)가 고소하였다는 자료가 있으나, 대원은 이 사건 '원피스' 애니메이션 및 캐릭터에 대하여 도에이와 사이에 국내 상품화 계약을 체결한 자로서, 저작권법 제42조 제1항에 의해 저작물의 이용을 허락받은 자에 해당할 수는 있다고 하더라도 저작재산권자로 볼 수는 없으므로 저작재산권침해에 관하여 독자적으로 고소할 수 있는 권한이 있다고 할 수 없다). 同旨 대법원 2007. 1. 25. 선고 2005다11626 판결(저작권법은 특허법이 전용실시권제도를 둔 것과는 달리 침해정지청구권을 행사할 수 있는 이용권을 부여하는 제도를 마련하고 있지 아니하여, 이용허락계약의 당사자들이 독점적인 이용을 허락하는 계약을 체결한 경우라도 그 이용권자가 독자적으로 저작권법상의 침해정지청구권을 행사할 수는 없다. 따라서 이용허락의 목적이 된 저작권법이 보호하는 재산권의 침해가 발생하는 경우에도 그 권리자가 스스로 침해정지청구권을 행사하지 아니하는 때에는 독점적인 이용권자로서는 이를 대위하여 행사하지 아니하면 달리 자신의 권리를 보전할 방법이 없을 뿐만 아니라 저작권법이 보호하는 이용허락의 대상이 되는 권리들은 일신전속적인 권리도 아니어서 독점적인 이용권자는 자신의 권리를 보전하기 위하여 필요한 범위 내에서 권리자를 대위하여 저작권법 제91조에 기한 침해정지청구권을 행사할 수 있다).

3) 대법원 2013. 3. 28. 선고 2010도8467 판결(구 컴퓨터프로그램 보호법에서 보호하는 '컴퓨터프로그램저작물'(이하 '프로그램'이라 한다)이란 특정한 결과를 얻기 위하여 컴퓨터 등 정보처리능력을 가진 장치 안에서 직접 또는 간접으로 사용되는 일련의 지시·명령으로 표현된 창작물을 의미하므로, 프로그램저작권 침해 여부를 가리기 위하

에 이루어진 범죄에 대한 고소권도 함께 이전될 수 있다.[1)]

(2) 피해자의 법정대리인

피해자의 법정대리인은 독립하여 고소할 수 있다(제225조 제1항). 여기서 법정대리인은 미성년자의 친권자 또는 후견인 등과 같이 민법상 제한능력자의 행위를 일반적으로 대리할 수 있는 자를 의미하므로, 일반적 대리권이 없는 재산관리인·파산관재인·법인의 대표자 등은 고소권자가 될 수 없다. 이와 같은 법정대리인의 지위는 고소를 할 당시에 존재하면 족하므로, 범죄행위 당시에 그 지위에 있지 않았거나 고소 후에 그 지위를 상실하더라도 고소의 효력에는 영향이 없다. 모자관계는 (구) 호적에 입적되어 있는 여부와는 관계없이 자의 출생으로 법률상 당연히 생기는 것이므로 고소 당시 이혼한 생모라도 피해자의 법정대리인으로서 독립하여 고소할 수 있다.[2)]

피해자의 법정대리인에게 인정되는 고소권에서 말하는 '독립하여'의 의미와 관련하여, ① 불기소처분이나 공소기각의 판결과 같이 중요한 소송법적 효과를 발생시키는 고소권의 행사를 제한능력자의 판단에만 맡길 수 없다는 점, 법정대리인은 피해자 본인의 명시적·묵시적 의사에 반하여 고소할 수 있고, 피해자 본인은 법정대리인의 고소를 취소할 수 없다는 점, 법정대리인의 고소권은 제한능력자를 보호하기 위하여 특별히 마련된 것이라는 점 등을 논거로 하여, 피해자의 법정대리인이 가지는 고소권을 제한능력자를 보호하기 위하여 특별히 주어진 고유권으로 파악하는 고유권설[3)], ② 판단능력이 부족한 피해자 보호를 위하여 고소권은 원래 피해자의 일신전속적인 권리라는 점, 친고죄에 있어서 법률관계의 불안정을 피하기 위해서는 피해자의 고소권이 소멸하면 법정대리인의 고소권도 소멸된다고 해석하는 것이 타당하다는 점, 피해자 본인은 법정대리인이 한 고소를 취소할 수 있다는 점 등을 논거로 하여, 피해자의 법정대리인이 가지는 고소권은 피해자의 고소권의 존재 여부에 좌우된다고 파악하는 독립대리권설[4)] 등의 대립이 있다.

이에 대하여 판례는 「제225조 제1항이 규정한 법정대리인의 고소권은 무능력자의 보호를 위하여 법정대리인에게 주어진 고유권이므로, 법정대리인은 피해자의 고소권 소멸 여부에 관계없이 고소할 수 있고, 이러한 고소권은 피해자의 명시한 의사에 반하여도 행사할 수 있다.」라고

여 두 프로그램저작물 사이에 실질적 유사성이 있는지를 판단할 때에도 창작적 표현형식에 해당하는 것만을 가지고 대비하여야 한다. 구 컴퓨터프로그램 보호법 제48조는 '프로그램저작권자 또는 프로그램배타적발행권자' 등의 고소가 있어야 공소를 제기할 수 있다고 규정하고 있는데, 프로그램저작권이 명의신탁된 경우 대외적인 관계에서는 명의수탁자만이 프로그램저작권자이므로 제3자의 침해행위에 대한 구 컴퓨터프로그램 보호법 제48조에서 정한 고소 역시 명의수탁자만이 할 수 있다).

1) 대법원 1995. 9. 26. 선고 94도2196 판결.

2) 대법원 1987. 9. 22. 선고 87도1707 판결.

3) 김인회, 77면; 배종대/홍영기, 97면; 손동권/신이철, 184면; 신양균/조기영, 62면; 이은모/김정환, 183면; 이창현, 238면; 임동규, 140면; 정승환, 68면; 정웅석/최창호, 79면; 최호진, 89면.

4) 송광섭, 219면; 이재상/조균석, 209면.

판시[1]하거나 「법정대리인의 고소기간은 법정대리인 자신이 범인을 알게 된 날로부터 진행한다.」라고 판시[2]하여, 고유권설의 입장을 취하고 있다.

생각건대 고유권설을 취하든 독립대리권설을 취하든 법정대리인이 피해자의 명시적인 의사표시에 반하여 고소를 할 수 있다는 점에서 견해를 같이 하고 있다. 다만 피해자의 고소권이 소멸한 경우에 법정대리인의 고소권도 소멸하는지의 여부와 법정대리인이 행한 고소를 피해자가 취소할 수 있는지의 여부에 대하여 견해를 달리 하고 있는 것이다. 제한능력자인 피해자를 특별히 보호하기 위해서는 제한능력자에게 독자적으로 소송행위의 취소를 할 수 없도록 할 필요가 있다. 또한 가정폭력특례법 제6조 제1항에 의하면, 일정한 가정폭력범죄의 경우에 '피해자 또는 그 법정대리인'은 행위자를 고소할 수 있다고 규정하여 피해자의 고소권과 법정대리인의 고소권을 동일선상에서 파악하고 있는 것을 알 수 있다. 그러므로 고유권설이 타당하다.

(3) 피해자의 배우자 및 친족

1) 피해자가 사망한 경우

피해자가 사망한 때에는 그 배우자·직계친족 또는 형제자매는 고소할 수 있다. 다만 피해자의 명시한 의사에 반하지 못한다(제225조 제2항). 고소권을 행사하기 위한 신분관계는 피해자의 사망시점을 기준으로 한다.[3] 이 경우 피해자가 사망하여 그 권리가 소멸되었음에도 불구하고 인정되는 것이므로 고소권의 성질은 고유권으로 파악해야 한다.[4] 제225조 제2항 단서에서 피해자의 명시한 의사에 반하지 못한다고 규정한 것은, 피해자 본인이 이미 사망하였기 때문에 고소하지 않겠다는 의사를 생존 중에 명시적으로 표시하였다면 그 의사를 존중하도록 한 것에 불과하다.

2) 법정대리인 등이 피의자인 경우

피해자의 법정대리인이 피의자이거나 법정대리인의 친족이 피의자인 때에는 피해자의 친족은 독립하여 고소할 수 있다(제226조).[5] 예를 들면 미성년자인 피해자의 母가 피해자의 법정대리인인 父를 고소한 경우가 이에 해당한다.[6] 이 경우 친족의 고소권은 피해자의 보호를 위하여 인정되는 고유권으로 파악해야 한다.[7]

---

1) 대법원 1999. 12. 24. 선고 99도3784 판결.

2) 대법원 1987. 6. 9. 선고 87도857 판결; 대법원 1984. 9. 11. 선고 84도1579 판결.

3) 대법원 1967. 8. 29. 선고 67도878 판결.

4) 同旨 손동권/신이철, 185면; 송광섭, 219면; 신양균/조기영, 63면; 이은모/김정환, 184면; 이재상/조균석, 209면; 이창현, 238면; 임동규, 141면; 정승환, 68면; 정웅석/최창호, 79면. 반면에 독립대리권으로 파악하는 견해로는 신동운, 74면.

5) 대법원 2010. 4. 29. 선고 2009도12446 판결(피고인의 배우자 공소외 1이 식물인간 상태가 되어 금치산선고를 받아 피고인이 후견인으로 된 사실, 공소외 1의 어머니인 공소외 2가 이 사건 고소를 제기한 사실을 알 수 있는바, 위 법리에 의하면, 공소외 2에 의하여 제기된 고소는 간통죄의 공소제기 요건으로서 적법하다).

6) 대법원 1986. 11. 11. 선고 86도1982 판결.

7) 반면에 독립대리권으로 파악하는 견해로는 송광섭, 220면.

3) 사자명예훼손죄의 경우

사자의 명예를 훼손한 범죄에 대하여는 그 친족 또는 자손은 고소할 수 있다(제227조). 이 경우 친족이나 자손은 사자의 고소권을 대리행사하는 것이 아니라 고유권으로서 고소권을 행사하는 것이다. 한편 제225조 내지 제227조의 규정에 의하여 고소할 때에는 고소인과 피해자와의 신분관계를 소명하는 서면을 제출하여야 한다(규칙 제116조 제1항).

(4) 지정고소권자

친고죄에 대하여 고소할 자가 없는 경우에 이해관계인의 신청이 있으면 검사는 10일 이내에 고소할 수 있는 자를 지정하여야 한다(제228조). 이는 친고죄의 경우에 있어서 고소권자가 없어 공소제기를 하지 못하는 상황을 방지하기 위한 규정이다. 만약 고소할 수 있는 자로 지정된 자가 실제로 고소를 하지 않는 경우에는 다른 고소권자를 지정하는 방법을 통하여 해결해야 할 것이다. 검사의 지정을 받은 고소인이 고소할 때에는 그 지정받은 사실을 소명하는 서면을 제출하여야 한다(규칙 제116조 제2항). 여기서 '고소할 자가 없는 경우'는 법률상의 이유이든 사실상의 이유이든 묻지 아니한다. 다만 고소권자가 고소권을 상실하거나 고소하지 아니할 의사를 명백히 표현하고 사망한 경우는 제외된다. 왜냐하면 지정고소권은 고소권자가 없는 경우에 한하여 보충적으로 인정되는 제도이기 때문이다. 한편 이해관계인은 법률상 또는 사실상 이해관계를 가진 자를 의미한다.

3. 고소의 절차

(1) 고소의 방법

1) 고소의 방식

고소는 서면[1] 또는 구술로써 검사 또는 사법경찰관에게 하여야 한다(제237조 제1항).[2] 그러므로 수사기관이 아닌 법원에 대하여 진정서를 제출하거나 피고인의 처벌을 바란다고 증언하는 것은 고소라고 할 수 없다.[3] 범죄사실의 신고는 그 대상이 특정되어야 하는데, 그 특정의 정

---

1) 대법원 2007. 3. 15. 선고 2006도9453 판결(고소당한 범죄가 유죄로 인정되는 경우에, 고소를 당한 사람이 고소인에 대하여 '고소당한 죄의 혐의가 없는 것으로 인정된다면 고소인이 자신을 무고한 것에 해당하므로 고소인을 처벌해 달라'는 내용의 고소장을 제출하였다면 설사 그것이 자신의 결백을 주장하기 위한 것이라고 하더라도 방어권의 행사를 벗어난 것으로서 고소인을 무고한다는 범의를 인정할 수 있다).

2) 대법원 2012. 2. 23. 선고 2010도9524 판결(피해자가 경찰청 인터넷 홈페이지를 통해 이 사건 신고민원을 접수한 것은 형사소송법에 따른 적법한 고소가 아니라고 판단하여 이 사건 공소제기의 절차가 법률의 규정에 위반하여 무효인 때에 해당한다고 보아 이 사건 공소사실에 대하여 공소기각을 선고한 것은 정당하다); 대법원 2008. 11. 27. 선고 2007도4977 판결(비록 고소인이 사건 당일 간통의 범죄사실을 신고하면서 현장에 출동한 경찰관에게 고소장을 교부하였다고 하더라도, 송파경찰서에 도착하여 최종적으로 고소장을 접수시키지 아니하기로 결심하고 고소장을 반환받은 것이라면, 고소장이 수사기관에 적법하게 수리되어 고소의 효력이 발생되었다고 할 수 없다. 나아가 고소인이 당시 피고인들에 대하여 처벌 불원의 의사를 표시하였다고 하더라도, 애초 적법한 고소가 없었던 이상, 그로부터 3개월이 지나 제기된 이 사건 고소가 재고소의 금지를 규정한 제232조 제2항에 위반된다고 볼 수도 없다).

3) 대법원 1984. 6. 26. 선고 84도709 판결.

도는 고소인의 의사가 구체적으로 어떤 범죄사실을 지정하여 범인의 처벌을 구하고 있는지를 확정할 수만 있으면 되는 것이고, 고소인 자신이 직접 범행의 일시·장소·방법 등까지 구체적으로 상세히 지적하여 범죄사실을 특정할 필요까지는 없고[1], 범인의 성명이 불명이거나 오기가 있었다거나 범행의 일시·장소·방법 등이 명확하지 않거나 틀리는 곳이 있다고 하더라도 그 효력에는 아무런 영향이 없다.[2] 또한 고소는 범죄사실의 신고이므로 범인이 누구인지 나아가 범인 중 처분을 구하는 자가 누구인지를 적시할 필요도 없다.[3] 다만 친족상도례와 같은 상대적 친고죄의 경우에는 범죄의 특수성에 비추어 범인과의 신분관계를 적시하여야 한다. 그리고 범행기간을 특정하고 있는 고소에 있어서는 그 기간 중의 어느 특정범죄에 대하여 범인의 처벌을 원하지 않는 고소인의 의사가 있다고 볼 만한 특별한 사정이 없는 이상 그 고소는 특정한 기간 중에 저지른 모든 범죄에 대하여 범인의 처벌을 구하는 의사표시라고 봄이 상당하다.[4]

한편 검사 또는 사법경찰관이 구술에 의한 고소를 받은 때에는 조서를 작성하여야 한다(제237조 제2항). 이 경우 조서가 반드시 독립된 고소조서일 필요는 없기 때문에 수사기관이 고소권자를 증인 또는 피해자로서 신문한 경우에 그 진술에 범인의 처벌을 요구하는 의사표시가 포함되어 있고, 그 의사표시가 참고인진술조서에 기재되었다면 고소는 적법하게 이루어진 것이다.[5] 이와 같이 고소에 해당하는지 여부는 실질적인 내용을 기준으로 판단하여야 하는데, 수사기관에 진정서 등의 명칭으로 처벌희망의 의사표시가 나타난 경우에는 그 내용을 검토하여 범죄사실을 신고하면서 처벌을 바란다는 취지로 해석되면 고소로 취급하여야 할 것이다. 하지만 전화·팩시밀리·전보 등의 방법에 의한 고소는 조서가 작성되지 않는 한 유효한 고소라고 할 수 없다. 왜냐하면 친고죄에서 고소의 유무는 불기소처분이나 공소기각판결 등 소송법상 중요한 효과를 발생하기 때문에 특정한 서류에 직접 표시되어야 하기 때문이다. 그리고 사법경찰관이 고소를 받은 때에는 신속히 조사하여 관계서류와 증거물을 검사에게 송부하여야 한다(제238조).

2) 고소의 대리

고소는 대리인으로 하여금 하게 할 수 있다(제236조). 대리인에 의한 고소는 대리권이 정당한 고소권자에 의하여 수여되었음이 실질적으로 증명되면 충분하고, 그 방식에 특별한 제한은 없으므로 고소를 할 때 반드시 위임장을 제출한다거나 '대리'라는 표시를 하여야 하는 것은 아니다.[6] 하지만 수사지휘·준칙규정 제55조에 의하면 사법경찰관리는 대리인이 고소를 하거나

1) 대법원 2008. 10. 9. 선고 2008도7506 판결; 대법원 2003. 10. 23. 선고 2002도446 판결; 대법원 1999. 3. 26. 선고 97도1769 판결.

2) 대법원 1999. 4. 23. 선고 99도576 판결; 대법원 1984. 10. 23. 선고 84도1704 판결.

3) 대법원 1996. 3. 12. 선고 94도2423 판결.

4) 대법원 2008. 11. 27. 선고 2008도4094 판결; 대법원 2000. 2. 11. 선고 99도4123 판결; 대법원 1988. 10. 25. 선고 87도1114 판결; 대법원 1985. 7. 23. 선고 85도1213 판결.

5) 대법원 2011. 6. 24. 선고 2011도4451 판결; 대법원 1985. 3. 12. 선고 85도190 판결; 대법원 1966. 1. 31. 선고 65도1089 판결; 대법원 1959. 1. 31. 선고 4288형상370 판결.

6) 대법원 2001. 9. 4. 선고 2001도3081 판결.

고소를 취소할 때에는 본인의 위임장을 제출받아야 한다고 규정하고 있다.

고소대리의 허용범위와 관련하여, ① 고소대리는 고소절차를 용이하게 하는데 지나지 않기 때문에 고소 여부에 대한 결정권까지 위임하는 것은 아니라는 점, 현행법이 고소권자의 범위를 한정하고 있다는 점, 친고죄이든 비친고죄이든 고소 여부의 결정을 타인에게 위임하는 것은 고소권의 일신전속성에 반한다는 점, 비친고죄라면 제3자가 고발을 하면 족할 것이라는 점 등을 논거로 하여, 본인의 의사표시를 단순히 대리할 수 있다는 표시대리설[1], ② 형사소송법이 명문으로 고소의 대리를 허용하고 있다는 점, 대리는 본래 의사대리를 포함하는 개념이라는 점, 고소의 대리는 친고죄에서 특히 의미를 가지므로 이를 제외할 이유가 없다는 점 등을 논거로 하여, 표시대리 뿐만 아니라 의사표시의 결정 그 자체를 대리하는 의사대리도 포함된다고 하는 의사대리설[2], ③ 친고죄의 고소는 당사자 사이의 자율적인 갈등해소가 실패하였다는 것을 의미하므로 갈등당사자가 아닌 대리인이 고소 여부를 결정하는 것은 부당하기 때문에 표시대리설을 취해야 하지만, 비친고죄에서 고소는 수사단서에 불과하므로 의사대리설을 취해도 무방하다고 하는 구별설[3] 등의 대립이 있다.

이에 대하여 판례는 「형사소송법상의 소송능력이 있는 미성년의 피해자를 대리하여 법정대리인인 부모가 처벌 불원의 의사결정 자체를 할 수 있다는 원심의 판시는 적절하지 아니하다.」라고 판시[4]하여, 표시대리설의 입장을 취하고 있다.

생각건대 표시대리설이 타당하다. 다만 의사대리설을 취하더라도 대리인에 의한 고소가 피해자의 의사에 반할 경우에는 고발로서의 효력이 인정된다고 보아야 한다.

3) 조건부 고소

고소를 함에 있어서 피고소인을 사형·집행유예·벌금 500만원 이상 등의 형벌에 처할 것을 요구하는 것과 같이 고소에 일정한 조건을 붙일 수 있는지 여부와 관련하여, ① 고소에 조건을 붙인다면 형사절차의 획일성을 해치고 국가형벌권의 행사를 지나치게 개인의 의사에 좌우하게 된다는 점을 논거로 하는 소극설[5], ② 고소제도는 피해자의 의사를 존중하려는 것이므로 소송의 진행에 영향을 미치지 않는 범위 내에서라면 그 효력을 인정하여도 무방하다는 점을 논거로 하는 적극설[6] 등의 대립이 있다.

생각건대 공범관계에 있는 피고인들 가운데 일부만을 처벌해 줄 것을 조건으로 고소를 하

---

1) 김인회, 79면; 김정한, 192면; 배종대/홍영기, 98면; 손동권/신이철, 186면; 신양균/조기영, 65면; 이주원, 80면; 이창현, 241면; 임동규, 142면; 최호진, 91면.

2) 이은모/김정환, 185면; 이재상/조균석, 210면.

3) 정승환, 71면; 정웅석/최창호, 81면.

4) 대법원 2010. 11. 11. 선고 2010도11550 판결.

5) 김인회, 78면; 배종대/홍영기, 98면; 신동운, 78면; 신양균/조기영, 65면; 이은모/김정환, 185면; 정승환, 70면.

6) 손동권/신이철, 187면; 이재상/조균석, 210면; 이창현, 241면; 임동규, 142면; 정웅석/최창호, 82면(다만 친고죄의 경우에는 동시에 소송조건이 되므로 고소의 의사를 좌우하는 조건부고소는 허용되지 않는다); 최호진, 91면.

는 경우 또는 범죄사실의 일부에 대해서만 유죄로 인정해 달라는 조건으로 고소를 하는 경우 등과 같이 고소불가분의 원칙에 위배되는 것을 조건으로 하는 고소는 현행법상 부적법하다. 또한 일정한 형벌을 조건으로 고소를 하는 경우에도 그 형벌의 확정이라는 조건은 적어도 제1심 판결 선고 후에나 성취되는 것이므로, 이러한 경우에는 고소를 취소할 수 있는 시기를 도과한 경우에 해당하여 당해 고소를 취소할 수 없을 것이다. 그러므로 소극설이 타당하다.

(2) 고소의 기간

1) 의 의

비친고죄에 있어서는 고소의 기간과 관련하여 특별한 제한이 없기 때문에 공소시효가 완성될 때까지 언제든지 고소를 할 수 있다. 하지만 친고죄에 대하여는 범인을 알게 된 날로부터 6월을 경과하면 고소하지 못한다(제230조 제1항 본문).[1] 이와 같이 친고죄에 있어서 일정한 고소의 기간을 정해두고 있는 이유는, 친고죄의 고소는 소송조건이기 때문에 공소제기의 여부를 개인의 의사에 오랫동안 맡겨 둘 경우 초래되는 법률관계의 불확정상태로 말미암아 국가형벌권의 발동 여부가 불안정해지는 것을 최소화하기 위함이다.

2) 고소기간의 기산일

고소기간의 기산일은 범인을 알게 된 날이다.[2] 여기서 말하는 범인은 정범뿐만 아니라 교사범과 방조범을 포함하며, 수인의 공범이 있는 경우에는 공범 중 1인을 아는 것으로 충분하다. '범인을 알게 된 날'이란 단순히 범죄사실을 알게 된 것뿐만 아니라 범인이 누구인지 특정할 수 있을 정도로 알게 된 날을 말한다. 이는 일반인의 입장에서 보아 고소권자가 고소를 할 수 있을 정도로 범죄사실과 범인을 아는 것을 의미하고, 범죄사실을 안다는 것은 고소권자가 친고죄에 해당하는 범죄의 피해가 있었다는 사실관계에 관하여 확정적인 인식이 있음을 말한다.[3] 그러

---

1) 대법원 2018. 6. 28. 선고 2014도13504 판결(구 성폭력특례법(2012. 12. 18. 법률 제11556호로 전부 개정되기 전의 것) 제2조 제1항 제3호는 형법 제298조(강제추행) 등을 성폭력범죄로 규정하고, 제18조 제1항 본문에서 성폭력범죄 중 친고죄의 고소기간을 '형사소송법 제230조 제1항의 규정에 불구하고 범인을 알게 된 날부터 1년'으로 규정하였는데(이하 '이 사건 특례조항'이라 한다), 이 사건 특례조항은 2013. 4. 5. 법률 제11729호 개정으로 삭제되었다. 그런데 개정 성폭력특례법은 부칙에서 이 사건 특례조항 삭제에 관련된 경과규정을 두고 있지 않아 그 시행일 이전에 저지른 친고죄인 성폭력범죄의 고소기간에 이 사건 특례조항이 적용되는지 여부가 문제 된다. 구 형법 제306조를 삭제한 것은 친고죄로 인하여 성범죄에 대한 처벌이 합당하게 이루어지지 못하고 피해자에 대한 합의 종용으로 인한 2차 피해가 야기되는 문제를 해결하기 위한 것이었고, 구 형법 제306조가 삭제됨에 따라 이 사건 특례조항을 유지할 실익이 없게 되자 개정 성폭력특례법에서 이 사건 특례조항을 삭제한 것이다. 위와 같은 개정 경위와 취지를 고려하면, 개정 성폭력특례법 시행일 이전에 저지른 친고죄인 성폭력범죄의 고소기간은 이 사건 특례조항에 따라서 '범인을 알게 된 날부터 1년'이라고 보는 것이 타당하다).

2) 대법원 1985. 7. 9. 선고 84도2249 판결.

3) 대법원 2010. 7. 15. 선고 2010도4680 판결; 대법원 2009. 2. 12. 선고 2008도8310 판결; 대법원 2005. 2. 18. 선고 2004도7996 판결; 대법원 2001. 10. 9. 선고 2001도3106 판결(고소인이 처와 상간자 간에 성관계가 있었다는 사실을 알게 되었으나 처가 상간자와의 성관계는 강간에 의한 것이라고 주장하며 상간자를 강간죄로 고소하였고 이에 대하여 검찰에서 무혐의결정이 나자 이들을 간통죄로 고소한 경우, 고소인으로서는 그 강간 고소사건에 대한 검찰의 무혐의결정이 있은 때 비로소 처와 상간자 간의 간통사실을 알았다고 봄이 상당하므로, 그 때로부터 고소기간을 기산하여야 한다).

나 범인의 동일성을 식별할 수 있을 정도로 인식함으로써 족하며, 범인의 성명·주소·연령 등 구체적인 인적 사항까지 알아야 할 필요는 없다.[1] 또한 상대적 친고죄는 신분관계 있는 범인을 알게 된 날로부터 고소기간이 진행되며[2], 대리인에 의한 고소의 경우(제236조)에는 대리고소인이 아니라 고유의 고소권자를 기준으로 고소권자가 범인을 알게 된 날로부터 고소기간을 기산한다.[3] 하지만 법정대리인의 고소기간은 법정대리인 자신이 범인을 알게 된 날로부터 진행된다.[4]

한편 '범인을 알게 된 날'은 범죄행위가 종료된 후에 범인을 알게 된 날을 가리키는 것으로서, 고소권자가 범죄행위가 계속되는 도중에 범인을 알았다고 하여도, 그 날부터 곧바로 친고죄의 고소기간이 진행된다고 볼 수는 없다. 이러한 경우 고소기간은 범죄행위가 종료된 때부터 계산하여야 하며, 동종행위의 반복이 당연히 예상되는 영업범 등 포괄일죄의 경우에는 최후의 범죄행위가 종료한 때에 전체 범죄행위가 종료된 것으로 보아야 한다.[5]

3) 고소기간의 연장

친고죄의 고소기간을 산정함에 있어서 고소할 수 없는 불가항력의 사유가 있는 경우에는 그 사유가 없어진 날로부터 기산한다(제230조 제1항 단서). 여기서 불가항력의 사유는 객관적인 사유를 의미하는 것으로서, 범행 당시 고소능력이 없던 피해자가 그 후에 비로소 고소능력이 생겼다면 그 고소기간은 고소능력이 생긴 때로부터 기산하지만[6], 단순히 직장에서 해고될 것이 두려워 고소를 하지 않은 경우[7] 또는 피고소인의 주소를 알지 못하였던 경우[8] 등은 이에 해당하지 아니한다.

한편 고소할 수 있는 자가 수인인 경우에는 1인의 기간의 해태는 타인의 고소에 영향이 없다(제231조). 여기서 '고소할 수 있는 자가 수인인 경우'는 고유의 고소권자가 수인인 경우를 의미하는 것이지 고소권의 대리권자가 수인인 경우를 의미하는 것은 아니다.

---

1) 대법원 1999. 4. 23. 선고 99도576 판결.

2) 대전지방법원 2015. 1. 29. 선고 2014노1768 판결('신분관계가 있는 범인을 알게 된 날'이라 함은 피해자가 범인이 누구인지를 특정할 수 있을 정도로 알게 되는 것 외에 '그 범인이 피해자와 신분관계가 있음을 알게 되는 것'도 포함한다(즉, 범인이 친족관계에 있을 경우 6개월의 고소기간 동안만 형사사법권의 발동 여부를 범죄피해자 등 고소권자 개인에게 주고 그 이후에는 국가가 개인의 가정사에 관여하지 않겠다는 것이 상대적 친고죄에 있어서의 고소기간의 제한을 둔 취지인데, 피해자가 처음부터 범인이 자신과 친족관계에 있음을 알지 못하였다면 이러한 취지 자체가 무색해짐)).

3) 대법원 2001. 9. 4. 선고 2001도3081 판결.

4) 대법원 1984. 9. 11. 선고 84도1579 판결.

5) 대법원 2004. 10. 28. 선고 2004도5014 판결.

6) 대법원 2007. 10. 11. 선고 2007도4962 판결(강간 피해 당시 14세의 정신지체아가 범행일로부터 약 1년 5개월 후 담임교사 등 주위 사람들에게 피해사실을 말하고 비로소 그들로부터 고소의 의미와 취지에 대하여 설명을 듣고 고소에 이른 경우, 위 설명을 들은 때 고소능력이 생겼다); 대법원 1995. 5. 9. 선고 95도696 판결; 대법원 1987. 9. 22. 선고 87도1707 판결(11살의 피해자 나이는 고소능력이 없는 경우에 해당한다); 대법원 1985. 9. 10. 선고 85도1273 판결.

7) 대법원 1985. 9. 10. 선고 85도1273 판결.

8) 대법원 1977. 3. 8. 선고 77도421 판결.

4) 고소의 추완

'고소의 추완(追完)'이란 고소가 소송조건에 해당하는 친고죄에 있어서 고소가 없음에도 불구하고 공소를 제기한 후에 비로소 고소가 있는 경우를 말한다. 이러한 고소의 추완에 의하여 공소제기가 적법하게 될 수 있는지 여부와 관련하여, ① 형사소송의 발전적 성격에 비추어 당해 사건이 친고죄인지의 여부는 처음부터 분명한 것이 아니라 공판절차의 진행에 따라 비로소 판명되는 경우가 있으므로 공소제기시에 고소의 존재가 절대적으로 필요하다고 하는 것은 적합하지 않다는 점, 이 경우 일단 공소를 기각하고 다시 공소제기를 기다려 심리를 새롭게 진행하는 것은 소송경제에 반한다는 점 등을 논거로 하는 적극설, ② 친고죄에 있어서 고소는 공소제기의 적법·유효조건이므로 고소가 없는 공소제기는 무효로 된다는 점, 공소제기는 절차의 형식적 확실성이 강하게 요청되는 소송행위이므로 무효의 치유를 인정해서는 안 된다는 점, 피고인을 절차로부터 조속히 해방시키는 것이 절차유지의 원칙이나 소송경제보다 우월한 가치라는 점, 구속된 피고인에 대한 공소기각 판결의 선고는 구속영장의 효력을 상실시키는 결과를 가져 와서 피고인의 이익보호에 도움이 된다는 점 등을 논거로 하여, 고소의 추완을 부정하여 법원은 공소제기시에 고소가 없음을 이유로 공소를 기각해야 한다는 소극설[1], ③ 고소의 추완을 인정하는 것은 검사의 공소제기에 비난할 점이 없는 경우로 제한되어야 한다는 이유로 공소제기시에 공소사실이 친고죄임에도 불구하고 고소가 없는 경우에는 고소의 추완을 인정할 수 없으나, 비친고죄로 공소제기 된 사건이 심리결과 친고죄로 판명되거나 친고죄가 추가된 때에는 고소의 추완을 인정해야 한다는 절충설 등의 대립이 있다.

이에 대하여 판례는 「기소 이후의 고소의 추완은 허용되지 아니한다고 할 것이며, 이는 비친고죄로 기소되었다가 친고죄로 공소장이 변경되는 경우에도 동일하다. 비친고죄의 공소사실을 친고죄로 변경한 후에 이르러 비로소 피해자의 父가 고소장을 제출한 경우에는 친고죄의 공소제기절차는 법률의 규정에 위반하여 무효인 때에 해당한다.」라고 판시[2]하여, 소극설의 입장을 취하고 있다. 생각건대 소송조건은 공소제기시부터 지속적으로 유효해야 하기 때문에 소극설이 타당하다.

(3) 직계존속에 대한 고소의 금지

자기 또는 배우자의 직계존속을 고소하지는 못한다(제224조). 동 조항은 유교적인 윤리관인 부모 또는 조부모에 대한 효도사상에 기초를 둔 규범으로, 자손은 설사 부모 또는 조부모의 행위로 피해를 입더라도 감수하는 것이 미풍양속에 합치하며 이들을 형사고소하는 것은 인륜에 반한다는 전통적 관념에 뿌리를 두고 있다. 그러나 현행법에 의하면 피해자의 법정대리인이 피

1) 손동권/신이철, 139면; 송광섭, 175면; 신양균/조기영, 76면; 이은모/김정환, 136면; 이재상/조균석, 174면; 이주원, 87면; 임동규, 154면.

2) 대법원 1982. 9. 14. 선고 82도1504 판결; 대법원 1970. 7. 28. 선고 70도942 판결(세무공무원의 고발 없이 조세범칙사건의 공소가 제기된 후에 세무공무원이 고발을 하여도 그 공소절차의 무효가 치유된다고 할 수 없다).

의자이거나 법정대리인의 친족이 피의자인 때에는 피해자의 친족이 독립하여 고소할 수 있고(제226조), 일정한 성폭력범죄와 일정한 가정폭력범죄에 대하여는 자기 또는 배우자의 직계존속을 고소할 수 있다(성폭력특례법 제18조, 가정폭력특례법 제6조 제2항). 특히 성폭력특례법 제5조에서는 친족관계인 사람(4촌 이내의 혈족, 인척, 동거하는 친족을 의미하며, 사실상의 관계에 의한 친족을 포함한다)이 강간·강제추행·준강간·준강제추행 등의 범죄를 저지른 경우에는 가중처벌하고 있다. 그러므로 아버지가 딸을 강간한 경우에 있어서 형법 및 형사소송법의 규정에 의하면 딸은 아버지를 고소할 수 없어, 법정대리인을 통하여 고소가 가능하지만, 성폭력특례법의 규정에 의하면 딸이 직접 아버지를 고소할 수 있게 된다.

한편 범죄피해자의 고소권은 그 자체로 헌법상의 기본권의 성격을 갖는 것이 아니라 형사절차상의 법적인 권리에 불과하지만, 한편으로는 국민의 재판절차진술권 행사의 전제가 되기도 하므로, 이 점에서 제224조가 직계비속인 범죄피해자의 재판절차진술권 행사에 중대한 제한을 초래하는 것인지 여부에 대한 판단이 필요하다.[1]

(4) 고소사건의 처리

1) 사법경찰관에 의한 고소사건의 처리

사법경찰관이 고소를 받은 때에는 신속히 조사하여 관계서류와 증거물을 검사에게 송부하여야 한다(제238조). 다만 사법경찰관은 고소·고발 사건을 포함하여 범죄를 수사한 경우, ① 범죄의 혐의가 있다고 인정되는 경우에는 지체 없이 검사에게 사건을 송치하고, 관계 서류와 증거물을 검사에게 송부하여야 하고, ② 그 밖의 경우에는 그 이유를 명시한 서면과 함께 관계 서류와 증거물을 지체 없이 검사에게 송부하여야 한다. 이 경우 검사는 송부받은 날부터 90일 이내에 사법경찰관에게 반환하여야 한다(제245조의5). 검사는 제245조의5 제2호의 경우에 사법경찰관이 사건을 송치하지 아니한 것이 위법 또는 부당한 때에는 그 이유를 문서로 명시하여 사법경찰관에게 재수사를 요청할 수 있으며, 사법경찰관은 이러한 요청이 있는 때에는 사건을 재수사하여야 한다(제245조의8).

사법경찰관은 제245조의5 제2호의 경우에는 그 송부한 날부터 7일 이내에 서면으로 고소인·고발인·피해자 또는 그 법정대리인(피해자가 사망한 경우에는 그 배우자·직계친족·형제자매를 포함한다)에게 사건을 검사에게 송치하지 아니하는 취지와 그 이유를 통지하여야 한다(제245조의6). 이러한 통지를 받은 사람은 해당 사법경찰관의 소속 관서의 장에게 이의를 신청할 수 있으며, 사법경찰관은 이러한 신청이 있는 때에는 지체 없이 검사에게 사건을 송치하고 관계 서류와 증거물을 송부하여야 하며, 처리결과와 그 이유를 신청인에게 통지하여야 한다(제245조의7).

---

1) 헌법재판소 2011. 2. 24. 선고 2008헌바56 결정(범죄피해자의 고소권은 그 자체로 헌법상 기본권의 성격을 갖는 것이 아니라 형사절차상의 법적인 권리에 불과하므로, 이에 관하여는 원칙적으로 입법자가 그 나라의 고유한 사법문화와 윤리관, 문화전통을 고려하여 합목적적으로 결정할 수 있는 넓은 입법형성권을 갖는다).

2) 검사에 의한 고소사건의 처리

검사가 고소 또는 고발에 의하여 범죄를 수사할 때에는 고소 또는 고발을 수리한 날로부터 3월 이내에 수사를 완료하여 공소제기 여부를 결정하여야 하지만(제257조), 동 규정은 실무에서 훈시규정으로 파악되고 있다.

검사는 고소에 의한 사건에 관하여 공소를 제기하거나 제기하지 아니하는 처분, 공소의 취소 또는 타관송치를 한 때에는 그 처분한 날로부터 7일 이내에 서면으로 고소인에게 그 취지를 통지하여야 한다(제258조 제1항). 또한 검사가 불기소처분을 한 경우에 고소인의 청구가 있는 때에는 7일 이내에 고소인에게 그 이유를 서면으로 설명하여야 한다(제259조). 한편 검사는 불기소 또는 타관송치의 처분을 한 때에는 피의자에게 즉시 그 취지를 통지하여야 한다(제258조 제2항).

4. 고소불가분의 원칙

(1) 객관적 불가분의 원칙

1) 의 의

친고죄의 고소에 있어서 '객관적 불가분의 원칙'이란 일죄의 관계에 있는 범죄사실의 일부분에 대한 고소 또는 그 취소는 그 일죄의 범죄사실 전부에 대하여 효력이 미친다는 것을 말한다.[1] 이는 국가형벌권의 행사가 피해자의 자의적인 의사에 좌우되어 형사사법의 공평성과 객관성이 상실되는 것을 방지하기 위한 제도이다. 왜냐하면 고소를 함에 있어서 범죄사실의 신고는 부정확할 수 있고, 고소권자에 의한 범죄사실의 신고가 처벌의 범위까지 결정할 수는 없기 때문이다. 객관적 불가분의 원칙은 주관적 불가분의 원칙과 달리 이를 인정하는 명문의 규정은 존재하지 않고, 해석상 인정되고 있는 제도이다.[2]

1) 대법원 2011. 6. 24. 선고 2011도4451 판결(친고죄인 이 부분 공소사실, 즉 간음 목적 미성년자 약취 범행과 관련하여, 당시 피해자는 11세 남짓한 초등학교 6학년생으로서 그 정신능력과 수사기관 조사에서의 진술 태도 등에 비추어 자신이 피해를 받은 사실을 이해하고 고소에 따른 사회생활상의 이해관계를 알아차릴 수 있는 사실상의 의사능력이 있었던 것으로 보이고, 피해자는 고소장을 제출하지는 아니하였으나 경찰에서 피해자 진술조서를 작성할 당시 사법경찰리에게 위 범행 당일 02:30경 간음 목적으로 피해자를 주차장으로 끌고 간 약취 범행 등을 이유로 피고인 겸 피부착명령청구인을 형사처벌하여 달라는 의사표시를 분명히 하여 그 의사표시가 피해자 진술조서에 기재되었으며, 위 진술조서에 대해서는 피고인의 변호인이 제1심 공판기일에서 증거동의하여 증거조사가 마쳐진 사실을 알 수 있는바, 이 부분 공소사실에 대하여는 고소능력이 있는 피해자 본인이 고소를 하였다고 보아야 할 것이고 한편 이 부분 공소사실에는 피고인이 간음 목적으로 위 범행 당일 02:30경 피해자를 주차장으로 끌고 간 다음 같은 날 02:40경 다시 피해자를 그 부근의 빌딩 2층으로 끌고 간 약취 범죄사실이 포함되어 있으나 이들은 서로 일죄의 관계에 있으므로 친고죄인 이 부분 공소사실에 대한 공소제기 요건은 충족되었다고 보아야 할 것이다. 한편 기록에 의하면 피고인이 제출한 합의서에 피해자의 성명이 기재되어 있기는 하나 피해자의 날인은 없고, 피해자의 법정대리인인 父 공소외인의 무인 및 인감증명서가 첨부되어 있을 뿐이어서 피해자 본인이 고소를 취소한다는 의사표시가 여기에 당연히 포함되어 있다고 볼 수는 없고, 그 밖에 기록을 살펴보아도 피해자 본인이 제1심판결 선고 전에 이 부분 공소사실에 대한 고소 취소의 의사표시를 하였다거나 그 법정대리인이 피해자의 의사에 따라 고소를 취소하였다고 볼 아무런 자료가 없다. 그렇다면 설령 피해자의 법정대리인인 父 공소외인의 고소는 취소되었다고 하더라도 피해자 본인의 고소가 취소되지 아니한 이상 이 부분 공소사실에 대한 공소제기 요건은 여전히 충족되고 있다); 대법원 2005. 1. 14. 선고 2002도5411 판결(주위적 공소사실에 대하여 한 고발의 효력은 그와 일죄의 관계에 있는 예비적 공소사실에도 미친다).

2) 이에 대하여 고소에 있어서 객관적 불가분의 원칙은 이론상 당연히 인정되는 것이 아니라 구체적 사례에 따른

2) 적용범위

① 단순일죄

단순일죄에 있어서는 객관적 불가분의 원칙이 예외 없이 인정된다.[1] 예를 들면 상대적 친고죄가 적용되는 일정한 신분관계에 있는 사람 사이에서 공갈죄의 수단인 폭행이나 협박에 대해서만 고소가 있더라도 당해 고소는 공갈죄 전부에 대하여 효력이 미친다.[2] 만약 친고죄에 대하여 고소가 없이 기소된 경우에는 제327조 제2호에 의하여[3], 기소 이후에 고소의 취소가 있는 경우에는 제327조 제5호에 의하여 각각 공소기각의 판결이 선고된다.

② 과형상 일죄

먼저 과형상 일죄의 각 부분이 모두 친고죄이고, 피해자가 같은 경우에 있어서는 객관적 불가분의 원칙이 적용된다. 예를 들면 다른 환자들 앞에서 수술결과에 불만을 품고 거칠게 항의하는 환자 乙에 대하여 의사 甲이 욕설을 하면서 동시에 업무상 지득한 乙에 대한 비밀을 누설한 경우, 모욕에 대한 乙의 고소는 업무상 비밀누설에 대해서도 그 효력이 미친다.[4]

다음으로 과형상 일죄의 각 부분이 모두 친고죄이고, 피해자가 다른 경우에 있어서는 객관적 불가분의 원칙이 적용되지 아니한다. 이 경우에는 고소권자가 수인이 되고, 1인의 피해자가 한 고소의 효력은 다른 피해자에 대한 범죄사실에는 영향을 미치지 아니한다. 예를 들면 하나의 행위로 여러 사람을 모욕한 경우에 있어서 그 중 1인의 고소는 다른 피해자에 대한 모욕죄에 효력을 미치지 아니한다.

마지막으로 과형상 일죄의 일부분만이 친고죄이고, 다른 부분은 비친고죄인 경우에 있어서는 객관적 불가분의 원칙이 적용되지 아니한다. 예를 들면 강제추행이 공공연히 행해짐으로써 모욕행위에도 해당하는 경우, 강제추행죄에 대한 피해자의 고소는 모욕죄에 대하여 효력이 미치지 않으며, 모욕죄에 대하여 고소의 취소가 있더라도 강제추행죄에 대해서는 그 효력을 인정

법적용자의 합리적 판단에 맡긴 것으로 해석하는 것이 타당하다는 견해로는 손동권/신이철, 199면.

1) 이에 대하여 피해자가 명시적으로 전체 범죄에 대한 처벌은 원하지 않고, 일부 범죄에 대해서만 처벌을 원한 경우에는 고소가분을 인정하는 것이 타당하다는 견해로는 손동권/신이철, 200면.

2) 대법원 1996. 9. 24. 선고 96도2151 판결(공갈죄의 수단으로서 한 협박은 공갈죄에 흡수될 뿐 별도로 협박죄를 구성하지 않으므로, 그 범죄사실에 대한 피해자의 고소는 결국 공갈죄에 대한 것이라 할 것이어서 그 후 고소가 취소되었다 하여 공갈죄로 처벌하는 데에 아무런 장애가 되지 아니하며, 검사가 공소를 제기할 당시에는 그 범죄사실을 협박죄로 구성하여 기소하였다 하더라도, 그 후 공판 중에 기본적 사실관계가 동일하여 공소사실을 공갈미수로 공소장 변경이 허용된 이상 그 공소제기의 하자는 치유된다).

3) 대법원 2002. 5. 16. 선고 2002도51 전원합의체 판결(강간죄의 경우, 고소가 없거나 고소가 취소된 경우 또는 강간죄의 고소기간이 경과된 후에 고소가 있는 때에는 강간죄로 공소를 제기할 수 없음은 물론, 나아가 그 강간범행의 수단으로 또는 그에 수반하여 저질러진 폭행·협박의 점 또한 강간죄의 구성요소로서 그에 흡수되는 법조경합의 관계에 있는 만큼 이를 따로 떼어내어 폭행죄·협박죄 또는 폭력행위처벌법 위반의 죄로 공소제기할 수 없다고 해야 마땅하고, 이는 만일 이러한 공소제기를 허용한다면, 강간죄를 친고죄로 규정한 취지에 반하기 때문이므로 결국 그와 같은 공소는 공소제기의 절차가 법률에 위반되어 무효인 경우로서 제327조 제2호에 따라 공소기각의 판결을 하여야 한다).

4) 이에 대하여 가분적 고소를 긍정하는 것이 오히려 타당하다는 견해로는 손동권/신이철, 200면.

할 수 없다.[1)]

③ 과형상 수죄

객관적 불가분의 원칙은 하나의 범죄사실을 전제로 인정되기 때문에 과형상 수죄인 실체적 경합관계에 있어서는 적용되지 아니한다. 그러므로 실체적 경합관계에 있는 범죄의 일부에 대한 고소 또는 그 취소의 효력은 다른 범죄에 대하여 영향을 미치지 아니한다. 예를 들면 수회의 모욕행위가 경합관계에 있는 경우, 그 중 하나의 모욕행위에 대한 고소는 다른 모욕행위에 대하여 효력이 미치지 아니한다.

(2) 주관적 불가분의 원칙

1) 의 의

친고죄의 고소에 있어서 '주관적 불가분의 원칙'이란 친고죄의 공범 중 그 1인 또는 수인에 대한 고소 또는 그 취소는 다른 공범자에 대하여도 효력이 미친다는 것을 말한다(제233조). 이는 친고죄의 공범자 사이에 있어서 처벌의 공평성을 유지하기 위한 제도이다. 여기서의 공범에는 형법총칙상의 공범뿐만 아니라 필요적 공범도 포함된다.[2)]

입법론적으로는 주관적 가분의 원칙을 도입하는 것도 고려해 볼 만하다. 왜냐하면 공범 가운데 피해자와 밀접한 관련이 있는 자가 있는 경우, 공범의 가담 정도가 극히 경미하여 동일하게 형사절차를 진행하는 것이 오히려 비례성의 원칙에 반하게 되는 경우, 공범 가운데 특정인이 피해자에 대한 피해의 배상을 위하여 적극적인 노력을 하는 경우 등과 같은 상황이 발생하였을 때에는 피해자가 처벌의 대상을 임의로 선택하는 것이 오히려 정의의 관념에 부합할 수도 있기 때문이다.

2) 적용범위

① 절대적 친고죄

범인의 신분과 상관없이 친고죄가 되는 절대적 친고죄에 있어서는 주관적 불가분의 원칙이 예외 없이 인정된다. 그러므로 절대적 친고죄의 공범 중 일부에 대하여만 처벌을 구하고, 나머지에 대하여는 처벌을 원하지 않는 내용의 고소는 적법한 고소가 될 수 없다.[3)] 그리고 절대

---

1) 同旨 대법원 1983. 4. 26. 선고 83도323 판결(형법 제40조의 소위 상상적 경합은 1개의 행위가 수개의 죄에 해당하는 경우에는 과형상 1죄로서 처벌한다는 것이고, 또 가장 중한 죄에 정한 형으로 처벌한다는 것은 경한 죄는 중한 죄에 정한 형으로 처단된다는 것이지, 경한 죄는 그 처벌을 면한다는 것은 아니므로, 이 사건에서 중한 강간미수죄가 친고죄로서 고소가 취소되었다 하더라도 경한 감금죄(폭력행위처벌법 위반)에 대하여는 아무런 영향을 미치지 않는다).

2) 대법원 1985. 11. 12. 선고 85도1940 판결.

3) 대법원 2015. 11. 17. 선고 2013도7987 판결(법원은 검사가 공소를 제기한 범죄사실을 심판하는 것이지 고소권자가 고소한 내용을 심판하는 것이 아니므로, 고소권자가 비친고죄로 고소한 사건이더라도 검사가 사건을 친고죄로 구성하여 공소를 제기하였다면 공소장 변경절차를 거쳐 공소사실이 비친고죄로 변경되지 아니하는 한, 법원으로서는 친고죄에서 소송조건이 되는 고소가 유효하게 존재하는지를 직권으로 조사·심리하여야 한다. 그리고 이 경우 친고죄에서 고소와 고소취소의 불가분 원칙을 규정한 제233조는 당연히 적용되므로, 만일 공소사실에 대하여 피고인과 공범관계에 있는 사람에 대한 적법한 고소취소가 있다면 고소취소의 효력은 피고인에 대하여 미친다); 대법원 2009. 1. 30. 선고 2008도7462 판결(친고죄에서 공소제기 전에 고소의 취소가 있었다면 법원은 직권으로

적 친고죄의 경우에 있어서 행위자의 범죄에 대한 고소가 있으면 양벌규정에 의하여 처벌받는 자에 대하여 별도의 고소를 필요로 하지 아니한다.[1)]

② 상대적 친고죄

직계혈족·배우자·동거친족·동거가족 또는 그 배우자간이 아닌 친족 사이에 적용되는 친족상도례(형법 제328조 제2항)와 같이 범인과 피해자 사이에 일정한 신분관계가 있는 경우에만 친고죄가 되는 상대적 친고죄에 있어서, 비신분자에 대한 고소는 신분자에게 효력이 없으며, 신분자에 대한 고소의 취소는 비신분자에게 효력이 없다.[2)] 왜냐하면 비신분자에 대한 고소는 친고죄의 고소가 아니므로 처음부터 고소불가분의 원칙과는 관계가 없기 때문이다. 다만 수인의 원친(遠親)이 모두 공범관계에 있을 경우에 1인의 원친에 대한 고소 또는 그 취소의 효력은 공범자인 다른 원친에게도 미치므로 주관적 불가분의 원칙이 적용된다.

③ 반의사불벌죄

주관적 불가분의 원칙이 반의사불벌죄에 대하여도 적용되는지 여부와 관련하여, ① 반의사불벌죄에 있어서는 주관적 불가분의 원칙을 준용한다는 규정이 없다는 점, 반의사불벌죄는 친고죄보다 법익의 침해가 더 중하기 때문에 범죄인을 특정하여 처벌을 희망하지 아니하는 의사표시를 할 수 있도록 함이 적절하다는 점, 불처벌의 명시적 의사표시는 일반적으로 깊이 반성하거나 피해변상을 통해 합의한 범죄인을 위해 피해자가 행하는 것인데, 그러한 범죄인을 그러하지 못한 범죄인과 차별적으로 취급하는 것이 오히려 더 합리적이라는 점, 반의사불벌죄는 개인적인 분쟁해결을 존중하는 입법취지에 따라 고소와 구별하여 만들어진 제도라는 점 등을 논거로 하는 소극설[3)], ② 반의사불벌죄와 친고죄는 그 성격이 유사한 범죄임에도 불구하고 반의사불벌죄에서는 친고죄와는 달리 고소의 주관적 불가분의 원칙을 적용하지 않는다면 피해자의 자의에 의해 국가형벌권의 행사가 좌우되는 불공평한 결과가 발생할 수 있다는 점, 반의사불벌죄의 경우가 친고죄의 경우보다 소극적이라는 점에 비추어 볼 때 친고죄에 비해서 더욱 엄격하게 국가형벌권이 행사되어야 할 반의사불벌죄에 있어서 오히려 사인의 의사가 중시되는 것은 법논리적으로 모순이라는 점, 고소불가분의 원칙을 배제함으로써 반의사불벌죄의 경우에 형사절차를 민사배상의 수단으로 악용하는 폐해를 더욱 악화시킬 수 있다는 점 등을 논거로 하는 적극설[4)] 등의 대립이 있다.

이에 대하여 판례는 「형사소송법이 고소와 고소취소에 관한 규정을 하면서 제232조 제1항, 제2항에서 고소취소의 시한과 재고소의 금지를 규정하고 제3항에서는 반의사불벌죄에 제1항,

이를 심리하여 공소기각의 판결을 선고하여야 한다).

1) 대법원 1996. 3. 12. 선고 94도2423 판결.

2) 대법원 1964. 12. 15. 선고 64도481 판결.

3) 김인회, 80면; 배종대/홍영기, 101면; 손동권/신이철, 197면; 이재상/조균석, 214면; 이주원, 83면; 이창현, 247면; 임동규, 146면; 정승환, 73면; 정웅석/최창호, 85면.

4) 김정한, 196면; 신양균/조기영, 69면; 이은모/김정환, 190면.

제2항의 규정을 준용하는 규정을 두면서도, 제233조에서 고소와 고소취소의 불가분에 관한 규정을 함에 있어서는 반의사불벌죄에 이를 준용하는 규정을 두지 아니한 것은 처벌을 희망하지 아니하는 의사표시나 처벌을 희망하는 의사표시의 철회에 관하여 친고죄와는 달리 공범자간에 불가분의 원칙을 적용하지 아니하고자 함에 있다.」라고 판시[1]하여, 소극설의 입장을 취하고 있다.

생각건대 주관적 불가분의 원칙을 적용 또는 준용할 것인지 여부는 기본적으로 입법정책의 문제라고 할 수 있는데, 현행법상 반의사불벌죄에 있어서 주관적 불가분의 원칙을 적용 또는 준용한다는 명문의 규정이 없다는 점에서 소극설이 타당하다.

5. 고소의 취소 및 포기

(1) 고소의 취소

1) 고소의 취소권자

고소를 취소할 수 있는 자는 원칙적으로 고소를 제기한 고소인이다.[2] 또한 고소의 취소는 대리인으로 하여금 하게 할 수도 있다(제236조). 고소권자가 대리인을 통하여 고소를 한 경우에 있어서 고소권자는 대리인의 고소를 취소할 수 있지만, 대리인은 고소권자로부터 고소취소의 권한을 수여받지 않는 한 고소권자가 한 고소를 취소할 수 없다.[3] 또한 피해자가 사망한 때에는 그 배우자, 직계친족 또는 형제자매가 고소할 수 있지만, 피해자의 명시한 의사에 반하지 못한다(제225조 제2항). 그러므로 피해자가 고소를 제기한 후 사망한 경우에 피해자의 아버지가 고소를 취소하더라도 이는 적법한 고소취소라고 할 수 없다.[4] 사법경찰관은 고소의 취소가 있을 때에는 그 사유를 명백히 조사하여야 한다(수사지휘·준칙규정 제58조 제1항).

한편 반의사불벌죄라고 하더라도 피해자인 청소년에게 의사능력이 있는 이상, 단독으로 피고인 또는 피의자의 처벌을 희망하지 않는다는 의사표시 또는 처벌희망 의사표시의 철회를 할 수 있고, 거기에 법정대리인의 동의가 있어야 하는 것으로 볼 것은 아니다.[5] 같은 취지에서 폭

1) 대법원 1994. 4. 26. 선고 93도1689 판결.

2) 대법원 2009. 12. 24. 선고 2009도11859 판결(이 사건 합의서의 작성명의자는 공소외 2(母)로 되어 있으나, 그 이전에 공소외 2가 피고인에 대한 처벌의사를 별도로 표시한 바가 없고, 이 사건 합의서에 기재된 합의내용도 '피해자 공소외 1(女)은 가해자측으로부터 50만원을 받아 합의를 하였기에 차후 이 사건으로 민·형사상의 이의를 제기하지 않겠다.'는 취지로 작성되어 있어 처벌불원의 의사표시의 주체가 공소외 1임을 명시하고 있는 점, 공소외 1은 1995. 2. 21.생으로서 이 사건 합의서 작성 당시 14세에 불과하였던 점, 공소외 2는 제1심판결 선고 전에 처벌을 원하지 않는다는 합의가 이루어졌음을 확인한다는 내용의 탄원서를 2009. 10. 8. 원심법원에 추가로 제출한 점을 알 수 있고, 이에 의하면 비록 이 사건 합의서는 공소외 2의 명의로 작성되었지만 거기에는 공소외 1 자신의 처벌불원의사가 포함되어 있는 것이라고 볼 여지가 없지 않다).

3) 대법원 1987. 9. 22. 선고 87도1707 판결.

4) 대법원 1969. 4. 29. 선고 69도376 판결.

5) 대법원 2010. 10. 14. 선고 2010도5610 판결; 대법원 2009. 11. 19. 선고 2009도6058 전원합의체 판결(형사소송법상 소송능력이라 함은 소송당사자가 유효하게 소송행위를 할 수 있는 능력, 즉 피고인 또는 피의자가 자기의 소송상의 지위와 이해관계를 이해하고 이에 따라 방어행위를 할 수 있는 의사능력을 의미한다. 의사능력이 있으면

행죄는 피해자의 명시한 의사에 반하여 공소를 제기할 수 없는 반의사불벌죄로서 처벌불원의 의사표시는 의사능력이 있는 피해자가 단독으로 할 수 있는 것이고, 피해자가 사망한 후 그 상속인이 피해자를 대신하여 처벌불원의 의사표시를 할 수는 없다.[1)]

2) 고소취소의 시기

① 제1심판결 선고 전

친고죄에 있어서의 고소는 제1심판결 선고 전까지 취소할 수 있다(제232조 제1항).[2)] 이와 같이 범인과 피해자 사이의 화해가능성, 범인의 처벌에 대한 피해자의 태도변화 등을 고려하여 고소의 취소를 인정하면서도, 고소취소의 시기를 제한하고 있는 것은 국가형벌권과 국가소추주의에 대한 국민 일반의 가치관과 법감정, 범죄피해자의 이익보호 등을 종합적으로 고려하여 정할 수 있는 입법정책의 문제이다. 친고죄에 있어서 고소취소가 가능한 시기를 제1심판결 선고 전까지로 제한한 제232조 제1항은 피해자와 피고인 사이에 자율적인 화해가 이루어질 수 있도록 어느 정도의 시간을 보장함으로써 국가형벌권의 남용을 방지하는 동시에 국가형벌권의 행사가 전적으로 피해자의 의사에 의해 좌우되는 것을 방지하기 위함에 그 취지가 있다. 이러한 취지는 반의사불벌죄에 있어서 범인의 처벌을 희망하는 의사표시의 철회에 관하여도 준용된다(제232조 제3항).[3)]

그러므로 친고죄에 있어서 피고인에 대한 제1심판결이 선고된 후에 피해자가 고소를 취소하더라도 고소취소로서의 효력이 발생하지 않으며[4)], 반의사불벌죄에 있어서도 제1심판결이 선고된 후에 피해자가 처벌희망의 의사표시를 철회하더라도 그 효력이 발생하지 아니한다.[5)] 다

소송능력이 있다는 원칙은 피해자 등 제3자가 소송행위를 하는 경우에도 마찬가지라고 보아야 한다. 따라서 반의사불벌죄에 있어서 피해자의 피고인 또는 피의자에 대한 처벌을 희망하지 않는다는 의사표시 또는 처벌을 희망하는 의사표시의 철회는, 위와 같은 형사소송절차에 있어서의 소송능력에 관한 일반원칙에 따라, 의사능력이 있는 피해자가 단독으로 이를 할 수 있고, 거기에 법정대리인의 동의가 있어야 한다거나 법정대리인에 의해 대리되어야만 한다고 볼 것은 아니다).

1) 대법원 2010. 5. 27. 선고 2010도2680 판결.

2) 참고로 일본 형사소송법 제237조 제1항에 의하면 공소제기 전까지만 고소를 취소할 수 있도록 규정하고 있다.

3) 대법원 2016. 11. 25. 선고 2016도9470 판결(제1심 법원이 반의사불벌죄로 기소된 피고인에 대하여 소송촉진특례법 제23조에 따라 피고인의 진술 없이 유죄를 선고하여 판결이 확정된 경우, 만일 피고인이 책임을 질 수 없는 사유로 공판절차에 출석할 수 없었음을 이유로 소송촉진특례법 제23조의2에 따라 제1심 법원에 재심을 청구하여 재심개시결정이 내려졌다면 피해자는 재심의 제1심판결 선고 전까지 처벌을 희망하는 의사표시를 철회할 수 있다. 그러나 피고인이 제1심 법원에 소송촉진특례법 제23조의2에 따른 재심을 청구하는 대신 항소권회복청구를 함으로써 항소심 재판을 받게 되었다면 항소심을 제1심이라고 할 수 없는 이상 항소심 절차에서는 처벌을 희망하는 의사표시를 철회할 수 없다); 대법원 2014. 10. 15. 선고 2014도9423 판결(경찰·검찰의 수사단계에서부터 제1심판결 선고 전까지의 기간이 피해자와 피고인 상호간에 숙고된 합의를 이루어낼 수 없을 만큼 부당하게 짧은 기간이라고 하기 어렵고, 현행 형사소송법상 제1심과 제2심이 모두 사실심이기는 하나 제2심은 제1심에 대한 항소심인 이상 두 심급이 근본적으로 동일하다고 볼 수는 없다. 따라서 제232조 제3항이 항소심 단계에서 피해자가 처벌을 희망하는 의사표시의 철회를 한 피고인을 자의적으로 차별하는 것이라고 할 수는 없으므로 평등의 원칙을 규정한 헌법 제11조에 위반된다고 할 수 없다).

4) 대법원 2012. 2. 23. 선고 2011도17264 판결; 대법원 1985. 2. 8. 선고 84도2682 판결.

5) 대법원 1996. 1. 26. 선고 95도1971 판결(부정수표단속법 제2조 제4항에서 부정수표가 회수된 경우 공소를 제기할 수 없도록 하는 취지는 부정수표가 회수된 경우에는 수표소지인이 부정수표 발행자 또는 작성자의 처벌을

만 상급심에서 파기되어 제1심에 환송된 상태에서 이루어진 고소의 취소는 유효하다.[1] 고소권자가 서면 또는 구술로써 수사기관 또는 법원에 고소를 취소하는 의사표시를 하였다고 보여 지는 이상 그 고소는 적법하게 취소되었다고 할 것이고, 그 후 고소취소를 철회하는 의사표시를 다시 하였다고 하여도 그것은 효력이 없다.[2] 또한 피해자가 고소장을 제출하여 처벌을 희망하는 의사를 분명히 표시한 후 고소를 취소한 바 없다면 비록 고소 전에 피해자가 처벌을 원하지 않았다고 하더라도 그 후에 한 피해자의 고소는 유효하다.[3] 한편 친고죄 또는 반의사불벌죄가 아닌 범죄에 있어서 공소시효가 완성되지 아니하는 한 고소의 취소는 시기의 제한이 없다.

② 공범자에 대한 제1심판결 선고 후 다른 공범자에 대한 고소취소

공범자 중 1인에 대하여 제1심판결이 선고되어 그에 대한 고소를 취소하더라도 소송조건에 아무런 영향을 미칠 수 없는 경우[4]에 있어서 아직 제1심판결이 선고되지 아니한 다른 공범자에 대하여 고소를 취소할 수 있는지 여부와 관련하여, ① 제1심판결 선고를 받은 자에게는 고소취소의 효력이 미치지 않지만 친고죄에서 피해자의 의사를 존중하여 판결을 선고받지 않

희망하지 아니하는 것과 마찬가지로 보아 같은 조 제2항 및 제3항의 죄를 이른바 반의사불벌죄로 규정한 취지라고 해석함이 상당하다. 수표가 지급을 위한 제시가 되었으나 지급거절된 후 그 수표가 제권판결에 의하여 무효로 되어 수표소지인이 발행인 등에게 수표금의 지급을 구할 수 없게 되었다는 것만으로는 수표소지인이 부정수표 발행자 또는 작성자에 대한 처벌을 희망하지 아니하는 것으로 보기 어렵다고 할 것이고 따라서 수표가 부도된 후 그 수표에 대한 제권판결이 있었다는 사유는 같은 법 제2조 제4항에 공소를 제기할 수 없는 사유로 규정하고 있는 '수표가 회수된 경우'나 '수표소지인이 처벌을 희망하지 아니하는 의사를 명시한 경우'에 준하여 취급할 수 없다); 대법원 1995. 2. 3. 선고 94도3122 판결; 대법원 1983. 2. 8. 선고 82도2860 판결. 한편 부정수표가 공범에 의하여 회수된 경우에도 공소기각의 판결을 선고하여야 한다(대법원 2009. 12. 10. 선고 2009도9939 판결; 대법원 2005. 10. 7. 선고 2005도4435 판결).

1) 대법원 2011. 8. 25. 선고 2009도9112 판결.

2) 대법원 2007. 4. 13. 선고 2007도425 판결(고소인 공소외인은 검사의 "피의자들에 대한 처벌을 원합니까."라는 질문에 "처벌을 원하지 않습니다."라고 답한 사실, 공소외인은 제1심법정에서 검찰조사를 받으면서 위와 같이 진술하였으나 고소를 취하한다는 의미가 아니라 신앙인으로서 피고인을 꼭 처벌하기보다는 사실 자체가 완전히 드러나기만 하면 된다는 생각을 했기 때문에 피고인을 처벌하는 것은 원치 않는다는 것이었다고 진술한 사실을 인정한 다음, 검사의 항소이유 주장 자체에 의하더라도 고소인 공소외인은 이 사건 공소제기 전에 검사에게 친고죄인 저작권법 위반의 점에 대한 피고인의 처벌을 구하는 의사표시를 철회하는 의사표시를 한 것이고, 그 의사표시 당시 고소인에게 앞에서 인정한 것과 같은 내심의 진정한 의사가 있었다고 하더라도 친고죄에서 처벌을 구하는 의사표시의 철회는 수사기관이나 법원에 대한 공법상의 의사표시로서 내심의 조건부 의사표시는 허용되지 않는 것이므로, 위 의사표시로서 저작권법 위반의 점에 대한 고소인의 고소는 적법하게 취소되었다고 할 것이다).

3) 대법원 2008. 11. 27. 선고 2007도4977 판결.

4) 대부분의 교과서에서는 '공범자 중 1인에 대하여 제1심판결이 선고되어 고소를 취소할 수 없게 되었을 경우'라고 서술하고 있지만 이는 정확한 표현이 아니다. 왜냐하면 친고죄라고 할지라도 제1심판결이 선고된 후에도 얼마든지 고소를 취소할 수는 있기 때문이다. 이러한 경우에 있어서는 범죄 후의 정황 등을 고려하여 피고인에게 유리한 양형 참작사유로 작용할 수 있다. 즉 제232조 제1항에서 고소의 취소시기를 제1심판결 선고 전까지라고 규정하고 있는 것은 친고죄에 있어서의 고소취소가 제1심판결 선고 전에 있을 경우에 소송조건의 결여로 인하여 공소기각의 판결을 할 수 있다는 취지이지, 제1심판결 선고 후에는 어떠한 경우에 있어서도 친고죄에서의 고소취소를 할 수 없다고 해석하는 것은 불합리하다. 제232조 제1항이 고소취소의 시기를 제1심판결 선고 전까지로 한정한 것은 국가형벌권의 행사가 피해자의 의사에 의하여 좌우되는 현상을 장기간 방치하지 않으려는 목적에 연유하기 때문에, 만약 공소기각의 판결과 같은 형식재판으로 재판을 종결시키는 것이 아니라 재판은 계속 진행하면서도 단지 선고공판에서 양형의 사유로 참작하는 정도로 고려하는 것과 같이 피해자의 의사로 인하여 국가형벌권의 행사에 중대한 지장을 초래하지 않는다면 제1심판결 선고 후일지라도 고소의 취소는 얼마든지 가능하다고 해석해야 한다.

은 공범자에게는 고소취소가 가능한 것으로 파악하는 적극설, ② 고소권자의 선택에 따라 불공평한 결과가 초래된다는 점, 형사사법권의 발동이 사인의 의사에 지나치게 좌우되는 위험성이 있다는 점, 고소의 주관적 불가분의 원칙에 위반된다는 점 등을 그 논거로 하여, 공범자 중 1인에 대한 제1심판결 선고가 있으면 다른 공범자에 대한 고소취소는 불가능한 것으로 파악하는 소극설[1] 등의 대립이 있다.

이에 대하여 판례는 「친고죄의 공범 중 그 일부에 대하여 제1심판결이 선고된 후에는 제1심판결 선고 전의 다른 공범자에 대하여는 그 고소를 취소할 수 없고, 그 고소의 취소가 있다고 하더라도 그 효력을 발생할 수 없으며, 이러한 법리는 필요적 공범이나 임의적 공범이나 구별함이 없이 모두 적용된다.」라고 판시[2]하여, 소극설의 입장을 취하고 있다. 생각건대 소극설이 타당하다.

③ 항소심에서의 공소장변경과 고소취소

비친고죄로 공소가 제기되어 제1심판결이 선고된 후 항소심에 이르러 친고죄로 공소장이 변경된 경우에 항소심에서의 고소취소를 유효한 고소취소로 인정할 수 있는지 여부와 관련하여, ① 제232조 제1항은 고소취소의 시기를 획일적으로 제1심판결 선고시까지로 한정한 것이라는 점, 제1심의 개념을 항소심으로 확장하는 해석은 문리해석의 한계를 벗어난다는 점, 이 경우에는 공소권남용에 해당하는지 여부를 개별적으로 판단하면 족하다는 점, 친고죄에서 범죄자가 공소기각의 판결을 받는 것은 피해자 보호의 반사적 이익에 불과하다는 점 등을 논거로 하여, 항소심에서는 친고죄에 대하여 고소의 취소가 있더라도 그 효력이 없다고 파악하는 소극설[3], ② 제232조 제1항은 현실적 심판대상이 된 공소사실을 기준으로 당해 심급의 판결선고시까지 고소인이 고소를 취소할 수 있다는 의미라는 점, 항소심에서 현실적 심판대상이 친고죄로 변경된 경우에 고소취소의 효력을 인정하지 않는 것은 검사나 법원의 잘못된 판단의 불이익을 피고인에게 전가하는 결과가 된다는 점 등을 논거로 하여, 항소심에서도 고소취소의 효력을 인정해야 한다고 파악하는 적극설[4], ③ 제232조 제1항은 친고죄에만 적용되므로 고소취소의 시점이 항소심이라고 하더라도 친고죄로 공소장이 변경되기 이전에 한 고소취소는 효력이 있다고 파악하는 절충설[5] 등의 대립이 있다.

이에 대하여 판례는 「원래 고소의 대상이 된 피고소인의 행위가 친고죄에 해당할 경우 소송요건인 그 친고죄의 고소를 취소할 수 있는 시기를 언제까지로 한정하는가는 형사소송절차 운영에 관한 입법정책상의 문제이기에 형사소송법의 그 규정은 국가형벌권의 행사가 피해자의

---

1) 배종대/홍영기, 101면; 손동권/신이철, 198면; 신양균/조기영, 73면; 이은모/김정환, 190면; 이재상/조균석, 215면; 이주원, 87면; 이창현, 252면; 임동규, 150면; 정승환, 77면; 정웅석/최창호, 83면.

2) 대법원 1985. 11. 12. 선고 85도1940 판결; 대법원 1975. 6. 10. 선고 75도204 판결.

3) 손동권/신이철, 191면; 신양균/조기영, 74면; 임동규, 149면; 정승환, 76면.

4) 김인회, 80면; 이은모/김정환, 193면.

5) 천진호, "항소심에서의 공소장변경과 고소취소의 효력", 형사판례연구 제8권, 451면.

의사에 의하여 좌우되는 현상을 장기간 방치하지 않으려는 목적에서 고소취소의 시한을 획일적으로 제1심판결 선고시까지로 한정한 것이고, 따라서 그 규정을 현실적 심판의 대상이 된 공소사실이 친고죄로 된 당해 심급의 판결선고시까지 고소인이 고소를 취소할 수 있다는 의미로 볼 수는 없다고 할 것이어서, 항소심에서 공소장의 변경에 의하여 또는 공소장변경절차를 거치지 아니하고 법원 직권에 의하여 친고죄가 아닌 범죄를 친고죄로 인정하였더라도 항소심을 제1심이라 할 수는 없는 것이므로, 항소심에 이르러 비로소 고소인이 고소를 취소하였다면 이는 친고죄에 대한 고소취소로서의 효력은 없다.」라고 판시[1]하여, 소극설의 입장을 취하고 있다. 또한 항소심에서 반의사불벌죄로 공소장이 변경되었다고 하더라도 처벌희망 의사표시의 철회는 그 효력이 발생하지 아니한다.[2]

생각건대 친고죄에 있어서 고소나 고소의 취소와 같은 소송조건의 구비 여부는 현실적 심판대상이 된 공소사실을 기준으로 판단하여야 하다는 점에서 적극설이 타당하다. 그러므로 친고죄가 아닌 죄로 공소가 제기되어 제1심에서 친고죄가 아닌 죄의 유죄판결을 선고받은 경우, 제1심에서 친고죄의 범죄사실은 현실적 심판대상이 되지 아니하였으므로 그 판결을 친고죄에 대한 제1심판결로 볼 수는 없고, 따라서 친고죄에 대한 제1심판결은 없었다고 할 것이므로 그 사건의 항소심에서도 고소를 취소할 수 있는 것으로 보아야 한다.

3) 고소취소의 방법

고소취소의 방법은 고소의 경우와 동일하다(제239조). 그러므로 고소인과 피고소인 사이에 합의서가 작성된 사정만으로는 고소취소라고 할 수 없고[3], 관련 민사사건에서 '이 사건과 관련하여 서로 상대방에 대하여 제기한 형사고소사건 일체를 모두 취하한다.'는 내용이 포함된 조정이 성립된 것만으로는 고소 취소의 의사표시를 한 것으로 보기 어렵지만[4], 합의서가 수사기관에 제출된 경우에는 고소를 취소한 것으로 볼 수 있다.[5] 또한 피해자가 검사로부터 참고인조사를 받으면서 고소취소의 의사를 진술한 경우에도 그 고소의 취소는 유효하다.[6] 이러한 고소취

1) 대법원 2007. 3. 15. 선고 2007도210 판결; 대법원 1999. 4. 15. 선고 96도1922 전원합의체 판결.

2) 대법원 1988. 3. 8. 선고 85도2518 판결; 대법원 1983. 7. 26. 선고 83도1399 판결.

3) 대법원 1983. 9. 27. 선고 83도516 판결.

4) 대법원 2004. 3. 25. 선고 2003도8136 판결.

5) 대법원 2008. 2. 29. 선고 2007도11339 판결(피해자는 피고인의 제1심 국선변호인을 통하여 2007. 10. 11. "가해자와 피해자 간에 원만한 합의를 하였으므로 이 건을 차후 민·형사상 어떠한 이의도 제기치 않을 것을 서약하면서 합의서를 제출합니다."라는 내용과 "합의금 이백 중 나머지 일백만원은 11월부터 매월 10만원씩 송금하기로 함"이라는 내용이 기재된 합의서를 제1심법원에 제출하였음을 알 수 있는바, 그렇다면 위 피해자는 위 합의서를 제출함으로써 피고인에 대한 처벌을 희망하지 아니한다는 의사를 명시적으로 표시한 것으로 봄이 상당하다); 대법원 2002. 7. 12. 선고 2001도6777 판결(피해자가 경찰에 강간치상의 범죄사실을 신고한 후 경찰관에게 가해자의 처벌을 원한다는 취지의 진술을 하였다가, 그 다음에 가해자와 합의한 후 '이 사건 전체에 대하여 가해자와 원만히 합의하였으므로 피해자는 가해자를 상대로 이 사건과 관련한 어떠한 민·형사상의 책임도 묻지 아니한다.'는 취지의 가해자와 피해자 사이의 합의서가 경찰에 제출되었다면, 위와 같은 합의서의 제출로써 피해자는 가해자에 대하여 처벌을 희망하던 종전의 의사를 철회한 것으로서 공소제기 전에 고소를 취소한 것으로 봄이 상당하다).

6) 대법원 1983. 7. 26. 선고 83도1431 판결.

소의 의사표시는 명시적이어야 하고, 피해자가 단순히 관대한 처벌을 바란다는 취지의 진술을 한 것만으로는 고소를 취소한 것이라고 보기 어렵다.[1] 하지만 합의서가 당사자 간에 원만히 합의되어 민·형사상 문제를 일체 거론하지 않기로 화해되었으므로 합의서를 제1심 재판장 앞으로 제출한다는 취지이고, 탄원서는 피고인들에게 중형을 내리기보다는 법의 온정을 베풀어 사회에 봉사할 수 있도록 관대한 처분을 바란다는 취지라면, 이는 결국 제1심 법원에 대하여 피고인들의 처벌을 희망하던 종전 의사를 철회하겠다는 의사표시를 한 것으로 해석된다.[2] 한편 고소인과 피고인 사이에 작성된 '상호간에 원만히 해결되었으므로 이후에 민·형사간 어떠한 이의도 제기하지 아니할 것을 합의한다.'는 취지의 합의서가 제1심 법원에 제출되었으나 고소인이 제1심에서 고소취소의 의사가 없다고 증언하였다면 위 합의서의 제출로 고소취소의 효력이 발생하지 아니한다.[3]

여기서 한 가지 주의해야 할 점은 공소제기 후에는 법원에 대하여 서면이나 구술로서 고소를 취소할 수 있다는 것이다. 즉 고소의 취소나 처벌을 희망하는 의사표시의 철회는 수사기관 또는 법원에 대한 법률행위적 소송행위이므로 공소제기 전에는 고소사건을 담당하는 수사기관에, 공소제기 후에는 수소법원에 대하여 이루어져야 한다.[4]

4) 고소취소의 효과

친고죄에 있어서 고소를 취소한 자는 다시 고소하지 못한다(제232조 제2항).[5] 그러므로 친고죄에 있어서 고소의 취소가 있으면 소송조건이 결여되기 때문에, 공소제기 전이라면 검사가 공소권 없음을 이유로 불기소처분을 하여야 하고(검찰사건사무규칙 제69조 제3항 제4호), 공소제기 후라면 수소법원이 소송조건의 결여를 이유로 공소기각의 판결을 하여야 한다.[6] 또한 고소의 취소

---

1) 대법원 1981. 1. 13. 선고 80도2210 판결.

2) 대법원 1981. 11. 10. 선고 81도1171 판결.

3) 대법원 1981. 10. 6. 선고 81도1968 판결.

4) 대법원 2012. 2. 23. 선고 2011도17264 판결(2011. 4. 27.자 합의서는 이 사건과 별건인 피고인에 대한 형사사건의 검찰 수사과정에서 작성된 것으로 보이는데, 위 합의서에는 2011. 4. 27. 전의 피고인에 대한 모든 민·형사상 고소, 고발, 진정 등을 취소한다는 취지의 기재가 있으므로 이 사건 공소사실 중 명예훼손의 점에 관하여 처벌을 희망하는 의사표시를 철회하고 모욕의 점에 관하여 고소를 취소하는 내용이 포함되어 있는 것으로 볼 여지가 있다. 그러나 2011. 4. 27.자 합의서에 이 사건 공소사실에 관한 고소취소 및 처벌의사의 철회로 볼 내용이 있다 하더라도, 고소사건에 관한 이 사건 공소제기 후에 작성된 2011. 4. 27.자 합의서는 이 사건 공소가 제기되어 있는 제1심법원에 제1심판결 선고 전까지 제출되어야만 고소취소 및 처벌의사의 철회로서의 효력이 있다. 그런데 기록을 살펴보아도 이 사건 합의서가 제1심판결 선고 전에 제1심법원에 제출되었다고 볼 아무런 자료가 없고, 그 밖에 공소외인이 제1심판결 선고 전에 제1심법원에 이 사건 공소사실에 관한 고소를 취소하고 처벌의사를 철회하였다고 볼 만한 자료도 없다. 오히려 공소외인은 제1심법정에 증인으로 출석하여 2011. 4. 27.자 합의건을 거론하면서 그것은 이 사건과는 별도의 문제이고 이 사건에 대하여는 피고인의 처벌을 희망한다는 취지로 증언하였고, 원심법정에 증인으로 출석하여 피고인이 더 이상 행패를 부리지 않는다면 그간의 일을 용서해 주겠다는 의미로 합의서를 작성한 것인데 피고인이 합의서 작성 후에도 달라지지 않았으므로 이 사건에 관한 피고인의 처벌을 원한다는 의사를 명백히 한 점을 고려하면 이 사건 공소사실에 관한 고소취소 및 처벌의사의 철회가 있었다고 할 수 없다).

5) 실무에 있어서는 제232조 제2항에서 규정하고 있는 재고소금지의 원칙을 비친고죄에도 적용하고 있다.

6) 대법원 2011. 8. 25. 선고 2009도9112 판결(제232조 제1항은 고소를 제1심판결 선고 전까지 취소할 수 있도록 규정함으로써 친고죄에서 고소취소의 시한을 한정하고 있다. 그런데 상소심에서 제366조 또는 제393조 등에 의하

에 대하여도 고소불가분의 원칙이 적용되므로, 공범자 중 1인에 대한 고소의 취소는 다른 공범자에 대하여도 효력이 있고, 하나의 범죄사실의 일부에 대한 고소의 취소는 범죄사실 전부에 대하여 효력이 있다. 친고죄에서 피해자의 고소가 없거나 고소가 취소되었음에도 친고죄로 기소되었다가 그 후 당초에 기소된 공소사실과 동일성이 인정되는 비친고죄로 공소장변경이 허용된 경우 그 공소제기의 흠은 치유되고[1], 친고죄로 기소된 후에 피해자의 고소가 취소되더라도 제1심이나 항소심에서 당초에 기소된 공소사실과 동일성이 인정되는 범위 내에서 다른 공소사실로 공소장을 변경할 수 있으며 이러한 경우 변경된 공소사실에 대하여 심리·판단하여야 하는데[2], 이는 반의사불벌죄에서 피해자의 '처벌을 희망하지 아니하는 의사표시' 또는 '처벌을 희망하는 의사표시의 철회'가 있는 경우에도 마찬가지로 보아야 한다.[3]

반의사불벌죄에 있어서 피해자가 처벌을 희망하지 아니하는 의사표시 또는 그 처벌을 희망하는 의사표시를 철회한 경우에는 피해자의 진실한 의사가 명백하고 믿을 수 있는 방법으로 표명되어야 하며[4], 피해자에 대한 처벌불원의 의사표시를 한 경우에는 이를 철회할 수 없다. 또한 피해자가 나이 어린 미성년자인 경우 그 법정대리인이 피고인 등에 대하여 밝힌 처벌불원의 의사표시에 피해자 본인의 의사가 포함되어 있는지는 대상 사건의 유형 및 내용, 피해자의 나이, 합의의 실질적인 주체 및 내용, 합의 전후의 정황, 법정대리인 및 피해자의 태도 등을 종합적으로 고려하여 판단하여야 할 것이다.[5] 한편 증거능력이 없는 수사보고서를 피해자들의 처벌희망 의사표시 철회의 효력 여부를 판단하는 증거로 사용한 것 자체는 정당하다.[6]

여 제1심의 공소기각판결이 법률에 위배됨을 이유로 이를 파기하고 사건을 제1심법원에 환송함에 따라 다시 제1심 절차가 진행된 경우, 종전의 제1심판결은 이미 파기되어 그 효력을 상실하였으므로, 환송 후의 제1심판결 선고 전에는 고소취소의 제한사유가 되는 제1심판결 선고가 없는 경우에 해당한다).

1) 대법원 1996. 9. 24. 선고 96도2151 판결.

2) 대법원 1990. 1. 25. 선고 89도1317 판결.

3) 대법원 2011. 5. 13. 선고 2011도2233 판결.

4) 대법원 2010. 11. 11. 선고 2010도11550 판결; 대법원 2009. 12. 24. 선고 2009도11610 판결(피해자가 '이씨가 상해를 가한 것만 처리해줬으면 한다. 상해한 것만 고소하겠다.'고 경찰에 진술한 것만으로는 피해자가 피고인에 대해 명예훼손의 공소사실에 관한 처벌을 희망하지 않는 의사를 표시했다거나 처벌을 희망하는 의사를 철회했다고 볼 수 없다); 대법원 2001. 6. 15. 선고 2001도1809 판결.

5) 대법원 2010. 5. 13. 선고 2009도5658 판결(피해자의 법정대리인 父 공소외인은 이 사건 발생 다음날인 2008. 11. 4. 피고인을 피해자에 대한 강간죄로 고소한 후 이 사건 공소제기 후로서 제1심판결 선고 전인 2009. 2. 12. 제1심법원에 피고인에 대하여 처벌을 원하지 않는다는 의사를 표시하였는바, 이 사건은 13세인 중학교 1학년 여자 청소년을 대상으로 한 구 청소년성보호법 제7조 제4항 소정의 청소년대상 성범죄로서 같은 법 제16조에 의하여 피해자의 명시한 의사에 반하여 처벌할 수 없는 점, 비록 피고인에 대하여 처벌을 원하지 않는다는 내용으로 제1심법원에 제출된 합의서의 형식이 피해자를 대리하여 그 법정대리인인 父 공소외인이 작성명의인으로 되어 있기는 하나 그 내용은 피해자 본인이 피고인의 처벌을 원하지 않는다는 것인 점, 한편 피해자는 수사기관 및 법원에 위 공소외인과 함께 출석하여 위 공소외인이 지켜보는 가운데 진술하는 등 이 사건 수사 및 재판 과정에서 법정대리인인 父의 실질적인 보호를 받은 것으로 보이는 점, 달리 그러한 합의가 피해자의 의사에 반하는 것이었다거나 피해자에게 불이익한 것이라는 등의 사정을 찾아볼 수 없고, 피해자가 그러한 합의에 대하여 어떠한 이의도 제기하지 않고 있는 사정 등을 종합하여 보면, 위와 같은 피고인에 대한 처벌불원의 의사표시에는 피해자 본인의 의사가 포함되어 있다고 볼 수 있다).

6) 대법원 2010. 10. 14. 선고 2010도5610 판결(반의사불벌죄에서 피고인 또는 피의자의 처벌을 희망하지 않는다는

(2) 고소권의 포기

'고소권의 포기'란 친고죄의 고소기간 내에 장차 고소권을 행사하지 아니한다는 의사표시를 하는 것을 말한다. 이와 같은 고소권의 포기는 고소권의 불행사와 구별되는 개념인데, '고소권의 불행사'란 친고죄의 고소기간 내에 고소권자가 고소권을 사실상 행사하지 아니하는 것을 말하는데, 이 경우 고소기간이 경과하면 고소권이 소멸되는 효과가 나타난다.

고소권의 포기를 인정할 수 있는지 여부와 관련하여, ① 고소의 취소를 인정하고 있으므로 고소의 포기도 인정해야 한다는 점, 고소의 포기를 인정하여도 피해가 발생하지 않는다는 점, 친고죄에 대한 수사를 신속하게 종결시킬 수 있다는 점, 고소권을 포기하는 과정에서 일어나는 폐단은 고소를 못하게 하거나 취소를 종용하는 과정에서도 일어난다는 점, 주관적 공권인 상소권도 포기가 가능하다는 점, 권리는 권리를 포기할 권한까지 포함한다는 점 등을 논거로 하는 적극설[1], ② 고소의 취소와는 달리 고소의 포기에 대한 명문의 규정이 없다는 점, 고소권은 공법상의 권리이기 때문에 사적인 처분이 허용되지 않는다는 점, 고소권의 포기를 인정하면 고소권을 소멸시키기 위한 온갖 폐단이 우려된다는 점 등을 논거로 하는 소극설[2], ③ 고소와 고소의 취소를 동시에 진행한다면 고소권을 포기하는 효과가 발생한다는 점, 협박 등에 의하여 고소권의 포기가 강요될 여지가 있기 때문에 수사기관에 의한 고소권 포기의사의 확인이 필요하다는 점 등을 논거로 하여, 고소권의 포기를 인정하지만 그 방법으로서 고소의 취소와 같이 수사기관 또는 법원에 대하여 서면 또는 구술로 고소권을 포기한다는 내용의 의사표시를 하는 경우에 한해서만 인정해야 한다고 하는 절충설[3] 등의 대립이 있다.

이에 대하여 판례는 「피해자의 고소권은 형사소송법상 부여된 권리로서, 친고죄에 있어서 고소의 존재는 공소의 제기를 유효하게 하는 것이며, 공법상의 권리라고 할 것이므로 그 권리의 성질상 법이 특히 명문으로 인정하는 경우를 제외하고는 자유처분을 할 수 없다고 함이 상당할 것이다. 그런데 제232조에 의하면, 일단 한 고소는 취소할 수 있도록 규정하였으나, 고소권의 포기에 관하여서는 아무러한 규정이 없으므로 고소 전에 고소권을 포기할 수는 없다.」라고 판시[4]하여, 소극설의 입장을 취하고 있다. 생각건대 고소권의 포기도 고소권자의 자유로운 의사가 전제되었을 때 이를 허용할 수 있기 때문에 고소의 취소와 같이 수사기관 또는 법원에 대하여 서면 또는 구술로 고소권을 포기한다는 내용의 의사표시를 하는 경우에 한하여 인정해

의사표시 또는 처벌희망 의사표시 철회의 유무나 그 효력 여부에 관한 사실은 엄격한 증명의 대상이 아니라 증거능력이 없는 증거나 법률이 규정한 증거조사방법을 거치지 아니한 증거에 의한 증명, 이른바 자유로운 증명의 대상이다).

1) 김인회, 81면.

2) 배종대/홍영기, 100면; 송광섭, 229면; 이재상/조균석, 217면; 이주원, 87면; 이창현, 253면; 정웅석/최창호, 90면; 최호진, 100면.

3) 김정한, 199면; 손동권/신이철, 194면; 신양균/조기영, 76면; 이은모/김정환, 195면; 임동규, 152면; 정승환, 78면.

4) 대법원 1967. 5. 23. 선고 67도471 판결.

도 무방하다는 점에서 절충설이 타당하다.

Ⅲ. 고 발

1. 의 의

'고발'(告發)이란 고소권자와 범인 이외의 자가 수사기관에 대하여 범죄사실을 신고하여 범인의 처벌을 구하는 의사표시를 말한다. 고발의 효력은 고발장에 기재된 범죄사실과 동일성이 인정되는 사실 모두에 미치므로, 범칙사건에 대한 고발이 있는 경우 그 고발의 효과는 범칙사건에 관련된 범칙사실의 전부에 미치고, 한 개의 범칙사실의 일부에 대한 고발은 그 전부에 대하여 효력이 생긴다.[1] 이러한 고발은 일반적으로 수사의 단서에 불과하지만, 일정한 법률에서는 전속고발제도를 운영하여 소송조건으로서의 기능을 하는 경우도 있다. 단순한 범죄사실의 신고는 고발이 아니다. 그러나 반드시 범인을 지적할 필요는 없고, 고발을 통하여 지정한 범인이 진범인이 아니더라도 고발의 효력에는 영향이 없다.[2]

2. 내 용

누구든지 범죄가 있다고 사료하는 때에는 고발할 수 있다(제234조 제1항). 하지만 공무원은 그 직무를 행함에 있어 범죄가 있다고 사료하는 때에는 고발하여야 한다(제234조 제2항). 따라서 공무원이라도 직무집행과 관계없이 우연히 알게 된 범죄에 대하여는 고발의무가 없다. 원칙적으로 누구든지 범죄가 있다고 생각하는 때에는 고발할 수 있는 것이므로 어떤 사람이 범죄를 고발하였다는 사실이 주위에 알려졌다고 하여 그 고발사실 자체만으로 고발인의 사회적 가치나 평가가 침해될 가능성이 있다고 볼 수는 없다. 다만 그 고발의 동기나 경위가 불순하다거나 온당하지 못하다는 등의 사정이 함께 알려진 경우에는 고발인의 명예가 침해될 가능성이 있다.[3]

한편 고발의 경우에 있어서는 일반적으로 고소와 관련된 규정을 준용하고 있다(제235조, 제237조, 제238조, 제239조). 다만 대리인에 의한 고발은 인정되지 않는다는 점(제236조 참조)[4], 고발기

1) 대법원 2009. 7. 23. 선고 2009도3282 판결(조세범처벌법에 의한 고발은 고발장에 범칙사실의 기재가 없거나 특정이 되지 아니할 때에는 부적법하나, 반드시 공소장 기재요건과 동일한 범죄의 일시·장소를 표시하여 사건의 동일성을 특정할 수 있을 정도로 표시하여야 하는 것은 아니고, 조세범처벌법이 정하는 어떠한 태양의 범죄인지를 판명할 수 있을 정도의 사실을 일응 확정할 수 있을 정도로 표시하면 족하다. 또한 고발사실의 특정은 고발장에 기재된 범칙사실과 세무공무원의 보충진술 기타 고발장과 같이 제출된 서류 등을 종합하여 판단하여야 한다. … 동일한 부가가치세의 과세기간 내에 행하여진 조세포탈기간이나 포탈액수의 일부에 대한 조세포탈죄의 고발이 있는 경우 그 고발의 효력은 그 과세기간 내의 조세포탈기간 및 포탈액수 전부에 미친다. 따라서 일부에 대한 고발이 있는 경우 기본적 사실관계의 동일성이 인정되는 범위 내에서 조세포탈기간이나 포탈액수를 추가하는 공소장변경은 적법하다).

2) 대법원 1994. 5. 13. 선고 94도458 판결.

3) 대법원 2009. 9. 24. 선고 2009도6687 판결.

4) 대법원 1989. 9. 26. 선고 88도1533 판결(고발은 피해자 본인 및 고소권자를 제외하고는 누구나 할 수 있는 것이어서 고발의 대리는 허용되지 아니하고 고발의 의사를 결정하고 고발행위를 주재한 자가 고발인이라고 할 것이

간에 제한이 없다는 점, 고발을 취소한 후에도 다시 고발할 수 있다는 점[1], 주관적 불가분의 원칙이 적용되지 아니한다는 점 등은 고소의 경우와 다른 점이다.

Ⅳ. 전속고발

1. 전속고발의 개념

'전속고발'(專屬告發)이란 일정한 범죄에 대하여 소추기관인 검사가 공소를 제기하려면 반드시 전제되어야 하는 특정 행정기관에 의한 고발을 말한다.[2] 전속고발은 비록 고발이라는 용어를 사용하고 있지만, 일반적인 고발과는 전혀 다른 법적 성격을 가지고 있다. 일반적인 고발은 원칙적으로 수사의 단서에 불과하지만, 예외적으로 관계공무원의 고발이 있어야 공소를 제기할 수 있는 전속고발사건에 있어서의 고발은 소송조건이 된다. 이러한 점에서 전속고발의 법적 성격은 친고죄에 있어서의 고소와 유사하다.

대법원은 공정거래법에서 금지하고 있는 부당한 공동행위와 관련하여, 당해 사안의 적용법조인 공정거래법 제66조(벌칙)의 죄는 공정거래위원회의 고발이 있어야 공소를 제기할 수 있다(동법 제71조 제1항)는 점에서 다른 일반적인 범죄와 구별되는 특징을 가지고 있다고 판시[3]한 바 있다. 이러한 차이점에 기인하여 친고죄에 관한 고소의 주관적 불가분의 원칙을 규정하고 있는 제233조가 공정거래위원회의 고발에도 유추적용되는지 여부가 문제되는데, 대법원은 전속고발범죄의 일종에 해당하는 조세범처벌법 위반사건에서 판시[4]한 바와 같이 소극적인 입장을 확인하고 있다. 또한 대법원은 공정거래법 제70조의 양벌규정에 따라 처벌되는 법인이나 개인에 대한 고발의 효력이 그 대표자나 대리인·사용인 등으로서 행위자인 사람에게까지 미친다고 볼 수 없다고 판시[5]하였다. 그러므로 고발의 구비 여부는 양벌규정에 의하여 처벌받는 자연인인

다). 이에 대하여 고소대리의 허용범위를 표시대리로 보고, 고발대리의 경우에도 마찬가지로 표시대리로 한정한다면 대리고발을 인정하여도 무방하다는 견해로는 이창현, 257면.

1) 이창현, 256면. 한편 전속고발은 고발과 그 취소에 있어서 전문적인 판단을 전제로 하기 때문에 이를 고려하여 고소와 달리 재고발을 허용해야 한다는 견해로는 신양균/조기영, 82면.

2) 이에 대하여 보다 자세한 내용으로는 박찬걸, "공정거래법상 전속고발과 관련된 법리의 검토", 서울법학 제20권 제1호, 서울시립대학교 법학연구소, 2012. 5, 371면 이하 참조.

3) 대법원 2010. 9. 30. 선고 2008도4762 판결.

4) 대법원 1962. 1. 11. 선고 4293형상883 판결.

5) 대법원 2011. 7. 28. 선고 2008도5757 판결(공정거래법은 제71조 제1항에서 '제66조 제1항 제9호 소정의 부당한 공동행위를 한 죄는 공정거래위원회의 고발이 있어야 공소를 제기할 수 있다'고 규정함으로써 그 소추조건을 명시하고 있는데, 이와 관련하여 공정거래위원회가 공정거래법 위반행위자 중 일부에 대하여만 고발을 한 경우에 그 고발의 효력이 나머지 위반행위자에게도 미치는지 여부, 즉 고발의 주관적 불가분 원칙의 적용 여부에 관하여는 아무런 명시적 규정을 두지 않고 있고, 친고죄에 관한 고소의 주관적 불가분 원칙을 규정한 제233조도 공정거래법 제71조 제1항의 고발에 준용된다고 볼 아무런 명문의 근거가 없으며, 죄형법정주의의 원칙에 비추어 그 유추적용을 통하여 공정거래위원회의 고발이 없는 위반행위자에 대해서까지 형사처벌의 범위를 확장하는 것도 허용될 수 없으므로, 위반행위자 중 일부에 대하여 공정거래위원회의 고발이 있다고 하여 나머지 위반행위자에 대하여도 위 고발의 효력이 미친다고 볼 수 없고, 나아가 공정거래법 제70조의 양벌규정에 따라 처벌되는 법인

행위자와 법인에 대하여 개별적으로 논하여야 한다. 이는 친고죄의 경우 양벌규정에 고소불가분의 원칙을 적용하고 있는 대법원의 태도[1]와 구별된다.

2. 전속고발제도의 기능

전속고발 대상범죄에서의 전속고발과 같이 소송조건의 역할을 하는 것으로서 친고죄에서의 고소와 반의사불벌죄에서의 처벌불원의 의사표시가 있다. 이러한 제도들은 모두 소송조건으로서의 기능을 하고 있지만, 그 인정취지는 상이하다. 친고죄에서 고소를 반드시 요구하는 이유로는 피해자의 명예를 보호해야 한다는 점, 침해된 법익이 경미하다는 점, 법은 가능한 한 가정에 개입해서는 안 된다는 점 등을 들 수 있고, 반의사불벌죄에서 피해자의 처벌불원의 의사표시가 있으면 불기소처분이나 공소기각의 판결을 하는 이유로는 피해자의 신속한 피해배상을 촉진한다는 점, 가해자와 피해자간의 자율적 분쟁해결을 존중한다는 점 등을 들 수 있다. 이와 같이 친고죄와 반의사불벌죄에서는 범죄피해자인 사인의 이익을 우선적으로 보호하고 그 의사를 존중하는 것이 본질적인 제도의 취지이다. 그렇기 때문에 친고죄와 반의사불벌죄에 해당하는 범죄군은 그 보호법익이 개인적 법익에 국한된다.

하지만 전속고발 대상범죄는 사회적·국가적 법익을 그 보호법익으로 하고 있는데, 예를 들면 관세법, 출입국관리법, 「조세범 처벌법」, 「독점규제 및 공정거래에 관한 법률」, 「하도급거래 공정화에 관한 법률」, 「표시·광고의 공정화에 관한 법률」, 「물가안정에 관한 법률」, 「의무경찰대 설치 및 운영에 관한 법률」, 「국회에서의 증언·감정 등에 관한 법률」[2] 등에서 전속고발 대상범죄를 규정하고 있는 것에서 이를 알 수 있다. 또한 전속고발 대상범죄를 규율하고 있는 법률들은 법의 실효성을 확보하기 위하여 공통적으로 형사처벌 이외에 범칙금·과징금·과태료·시정명령·징계 등의 여러 가지 제재수단을 동시에 마련하고 있으며, 실무에서는 형사처벌 이외의 다른 제재수단이 보다 많이 활용되고 있다.

이와 같이 현행법이 친고죄와 반의사불벌죄라는 형사절차상의 특칙을 규정한 것에 그치지 않고 전속고발이라는 또 다른 성격의 특칙을 규정하여 관계 공무원으로 하여금 형사처벌의 여

이나 개인에 대한 고발의 효력이 그 대표자나 대리인, 사용인 등으로서 행위자인 사람에게까지 미친다고 볼 수도 없다).

1) 대법원 1996. 3. 12. 선고 94도2423 판결(친고죄의 경우에 있어서 행위자의 범죄에 대한 고소가 있으면 족하고, 나아가 양벌규정에 의하여 처벌받는 자에 대하여 별도의 고소를 요한다고 할 수는 없다).

2) 대법원 2018. 5. 17. 선고 2017도14749 전원합의체 판결(국회증언감정법 제14조 제1항 본문은 같은 법에 의하여 선서한 증인이 허위의 진술을 한 때에는 1년 이상 10년 이하의 징역에 처한다고 규정하고, 제15조 제1항 본문은 본회의 또는 위원회는 증인이 제14조 제1항 본문의 죄를 범하였다고 인정한 때에는 고발하여야 한다고 규정하며, 제15조 제2항은 제1항의 규정에 불구하고 범죄가 발각되기 전에 자백한 때에는 고발하지 아니할 수 있다고 규정하고 있다. … 국회증언감정법은 국정감사나 국정조사에 관한 국회 내부의 절차를 규정한 것으로서 국회에서의 위증죄에 관한 고발 여부를 국회의 자율권에 맡기고 있고, 위증을 자백한 경우에는 고발하지 않을 수 있게 하여 자백을 권장하고 있으므로 국회증언감정법 제14조 제1항 본문에서 정한 위증죄는 같은 법 제15조의 고발을 소추요건으로 한다).

부에 대한 우선적인 판단권을 인정하고 있는 이유는 다음과 같다. ① 전속고발 대상범죄는 그 내용이 매우 복잡하고 기술적이기 때문에 대상범죄에 관한 전문적인 지식과 숙련된 경험을 가지고 있는 행정기관이 그 적발과 증거수집을 담당하는 것이 보다 효율적이다. ② 전속고발제도는 형사처벌의 필요성에 대한 판단을 검사가 아니라 담당 행정기관에 우선적으로 부여함으로써 일종의 국가기관간의 권력분립을 통해 형사사법기관의 업무부담을 경감시켜준다. ③ 담당 행정기관이 그 소관사무와 관계된 법위반행위에 대하여 국가형벌권을 즉각 발동하는 것보다는 우선적으로 자율적·행정적 제재수단을 활용하여 처리하는 것이 상대적으로 효율적이다. ④ 경제형법이나 조세형법의 영역에서는 국민경제상 또는 재정상의 손해가 상당하지 않을 경우 그에 상응하는 금액을 즉시 징수하거나 벌금상당액을 납부하도록 강제하는 것으로서 징세권의 조속한 회복이 가능하고, 결과적으로 징수확보의 목적을 달성할 수 있기 때문에 굳이 형사절차를 통하지 않고서도 국민경제상 또는 재정상의 손해를 보전할 수 있다.

3. 전속고발과 공소의 제기

(1) 전속고발 전의 수사

전속고발은 공소제기의 요건이지 수사개시의 요건은 아니므로 수사기관이 고발에 앞서 수사를 하고 피고인에 대한 구속영장을 발부받은 후 검찰의 요청에 따라 관계공무원이 고발조치를 하였다고 하더라도 공소제기 전에 고발이 있은 이상 피고인에 대한 공소제기의 절차가 법률의 규정에 위반하여 무효라고 할 수는 없다.[1] 이와 같이 법률에 의하여 고소나 고발이 있어야 논할 수 있는 죄에 있어서 고소 또는 고발은 이른바 소추조건[2]에 불과하고, 당해 범죄의 성립요건이나 수사의 조건은 아니므로, 이러한 범죄에 관하여 고소나 고발이 있기 전에 수사를 하였다고 하더라도, 그 수사가 장차 고소나 고발이 있을 가능성이 없는 상태하에서 행해졌다는 등의 특단의 사정이 없는 한, 고소나 고발이 있기 전에 수사를 하였다는 이유만으로 그 수사가 위법하게 되는 것은 아니다.[3]

1) 대법원 1995. 3. 10. 선고 94도3373 판결.

2) 대법원 2014. 9. 24. 선고 2013도5758 판결(특정범죄가중처벌법 제8조의2 제1항의 죄는 조세범 처벌법 제10조 제3항 및 제4항 전단의 죄 중 영리의 목적이 있고 공급가액 등의 합계액이 일정금액 이상인 경우를 가중 처벌하는 것에 불과하여 조세범 처벌법 규정에 의하여 규율되지 아니하는 새로운 유형의 범죄를 신설한 것으로 볼 수 없으므로, 법률에 별도의 규정이 없는 한 조세범 처벌법 제21조에 따라 국세청장, 지방국세청장 또는 세무서장의 고발이 없으면 공소를 제기할 수 없다. 그런데 특정범죄가중처벌법 제16조는 예외적으로 고소 또는 고발 없이 공소를 제기할 수 있는 범죄로 특정범죄가중처벌법 제6조, 제8조의 죄만을 열거하고 있을 뿐이고, 그 밖에 다른 예외 규정을 두고 있지 아니하므로, 특정범죄가중처벌법 제8조의2 제1항의 죄는 조세범 처벌법 제21조에 따라 국세청장 등의 고발을 소추조건으로 한다).

3) 대법원 2011. 3. 10. 선고 2008도7724 판결(출입국관리법 제101조는 제1항에서 출입국관리사무소장 등의 전속적 고발권을 규정함과 아울러, 제2항에서 일반사법경찰관리가 출입국사범을 입건한 때에는 지체 없이 사무소장 등에게 인계하도록 규정하고 있고, 이는 그 규정의 취지에 비추어 제1항에서 정한 사무소장 등의 전속적 고발권 행사의 편의 등을 위한 것이라고 봄이 상당하므로 일반사법경찰관리와의 관계에서 존중되어야 할 것이지만, 이를 출입국관리공무원의 수사 전담권에 관한 규정이라고까지 볼 수는 없는 이상 이를 위반한 일반사법경찰관리의

(2) 불기소처분 이전에 존재한 고발의 유효성 여부

검사의 불기소처분에는 확정재판에 있어서의 확정력과 같은 효력이 없어 일단 불기소처분을 한 후에도 공소시효가 완성되기 전이면 언제라도 공소를 제기할 수 있다. 그러므로 전속고발 대상범죄에 관하여 일단 불기소처분이 있었더라도 관계공무원 등이 종전에 한 고발은 여전히 유효하고, 이에 따라 나중에 공소를 제기함에 있어 관계공무원 등의 새로운 고발이 있어야 하는 것은 아니다.[1)]

(3) 전속고발 없이 공소가 제기된 경우의 소송법적 효과

전속고발 대상사건은 관계공무원의 고발을 기다려 논하게 되어 있으므로 고발 없이 공소가 제기된 경우에는 소추요건의 결여로 그 공소의 제기가 법률의 규정에 위반하여 무효인 경우에 해당한다는 이유로 공소기각 판결을 선고해야 한다.[2)] 또한 관계공무원의 고발 없이 전속고발 대상사건의 공소가 제기된 후에 관계공무원이 고발을 하였다고 하더라도 그 공소제기 절차의 무효가 치유되지 않기 때문에[3)], 고발 없이 공소제기된 경우에는 사후고발이 있다고 하더라도 공소기각 판결을 해야 한다.

한편 포탈세액이 연간 10억원 이상인 때에 적용되는 특정범죄가중처벌법 제8조 제1항 제1호 위반죄로 기소되었으나, 동일한 공소사실 범위 내에서 포탈세액을 감축하여 인정한 다음 조세범처벌법 제9조 제1항 제3호 위반죄로 의율한 사안에서, 특정범죄가중처벌법 제8조 제1항 제1호 위반죄는 같은 법 제16조에 의하여 기소함에 있어서 고발을 요하지 아니하지만, 조세범처벌법 제9조 제1항 제3호 위반죄는 같은 법 제6조에 의하여 국세청장 등의 고발을 기다려 논할 수 있는 죄이므로, 국세청장 등의 고발이 없음에도 법원이 이를 조세범처벌법 제9조 제1항 제3호 위반죄로 인정한 것은 위법하다.[4)]

(4) 전속고발의 취소시기 제한

고발이 단순히 수사의 단서에 그치는 것이 아니라 소송조건으로 작용하는 전속고발에 있어서 친고죄나 반의사불벌죄와 마찬가지로 고발권자가 고발 이후의 사정변경을 이유로 고발을 취소할 수 있는지 여부가 문제된다. 과거 전속고발 대상범죄에 대하여는 고발의 취소시기에 대한 별도의 규정이 없었다. 이에 대하여 판례는 「조세범처벌법 위반 사건에 대한 세무공무원의

수사가 소급하여 위법하게 되는 것은 아니다); 대법원 1995. 2. 24. 선고 94도252 판결.

1) 대법원 2009. 10. 29. 선고 2009도6614 판결(서초세무서장이 수사기관에 피고인의 2002년도 및 2003년도 국세체납 부분에 관하여 고발하였으나 불기소처분된 사실, 그 후 서초세무서장이 다시 피고인의 2004년도 국세체납 부분에 관하여 고발하자, 검사는 2004년도 국세체납 부분과 함께 종전에 불기소처분하였던 2002년도 및 2003년도 국세체납 부분도 공소를 제기할 수 있는 사실을 알 수 있는바, 이 사건 공소사실 중 2002년도 및 2003년도 국세체납 부분에 관한 고발은 검사의 불기소처분 후에도 여전히 유효하므로, 이 부분 공소사실이 조세범처벌법 제6조에 의한 고발 없이 공소제기 되었다고 볼 수는 없다).

2) 대법원 1961. 2. 8. 선고 4293형상56 판결.

3) 대법원 1970. 7. 28. 선고 70도942 판결.

4) 대법원 2008. 3. 27. 선고 2008도680 판결.

고발취소는 제1심판결 선고 전에 한하여 취소할 수 있다고 해석함이 타당하다.」라고 판시[1]하거나 헌법재판소는 「공정거래위원회의 고발은 통상의 친고죄에 있어서의 고소와 같이 제1심판결 선고 전까지는 언제든지 이를 취소할 수 있다고 해석할 수밖에 없다.」라고 결정[2]한 바 있다. 이후 1996. 12. 30. 공정거래법 개정으로 '공정거래위원회는 공소가 제기된 후에는 고발을 취소하지 못한다.'(공정거래법 제71조 제4항)라고 하여 명문의 규정을 신설하였고, 이후 같은 맥락에서 2011. 3. 29. 「하도급거래 공정화에 관한 법률」 제32조 제4항에서도 '공정거래위원회는 공소가 제기된 후에는 고발을 취소할 수 없다.'라는 규정을 신설하였다.

이와 같이 전속고발의 경우에는 친고죄나 반의사불벌죄의 경우와 달리 그 취소를 공소의 제기 이후에는 하지 못하도록 하고 있는데, 그 이유는 다음과 같다. 첫째, 친고죄나 반의사불벌죄의 경우와 달리 전속고발은 일반사인이 아닌 국가기관이 행한다는 점에 기인한다. 전자의 소송조건에 대하여 제1심판결 선고 전까지 그 취소를 인정하고 있는 취지는, 사인의 경우에 있어서 개인적 법익을 침해하는 죄에 대하여 고소의 취소 등을 수단으로 복잡한 형사절차를 거치지 않고 원만한 해결 내지 합의를 볼 수 있도록 유도하는 것이라고 할 수 있다. 하지만 후자의 소송조건에 대하여 그 취소를 인정하는 실익을 원만한 해결 내지 합의를 볼 수 있도록 유도하는 기능에서 찾을 수는 없다. 왜냐하면 전속고발 대상범죄는 개인적 법익을 침해하는 범죄가 아니라 사회적·국가적 법익을 침해하는 범죄이기 때문에 관계공무원과 범죄인 사이의 합의가 원칙적으로 처벌의 여부에 영향을 줄 수 없기 때문이다. 이에 공소가 제기되어 법원에 의한 개입이 이루어진 이후에는 고발을 취소하여 소송조건을 결여시킬 수가 없다.

둘째, 일반사인이 행하는 고소 등과는 달리 국가기관이 행하는 고발의 경우에 있어서는 보다 신중한 판단을 거친 결과라는 점을 중요시할 필요성이 있다. 예를 들면 공정거래위원회는 '독점규제 및 공정거래에 관한 법률 등의 위반행위의 고발에 관한 공정거래위원회의 지침'이라는 고발권 행사에 관한 행정예규를 1997. 6. 17. 제정하였는데, 이에 의하면 행위유형별로 위반행위의 내용 및 정도를 기준으로 세부평가기준을 마련하여 일정한 기준 이상인 경우에는 고발함을 원칙으로 하고 있다. 이와 같이 친고죄 등의 경우에 있어서 고소 등은 범죄의 피해자 또는 피해자와 이해관계 있는 자에 의하여 감정적인 복수심이나 사사로운 이익 등을 위하여 비교적 경솔하게 이루어지는 경우도 있으나, 전속고발은 기술성과 전문성이 담보되고 있는 실무경험이 풍부한 행정기관에 의하여 공정하고 자유로운 경쟁의 촉진, 창의적인 기업활동 조장, 소비자 보호, 국민경제의 균형있는 발전 도모 등을 위하여 신중하게 이루어진다는 점에서 그 취소권의 행사가 빈번하게 발생하지 아니한다.

(5) 본안심판과의 관계

공정거래위원회가 사업자에게 공정거래법의 규정을 위반한 혐의가 있다고 인정하여 공정

1) 대법원 1957. 3. 29. 선고 4290형상58 판결.

2) 헌법재판소 1995. 7. 21. 선고 94헌마136 결정.

거래법 제71조에 따라 사업자를 고발하였다면 이로써 소추의 요건은 충족되며 공소가 제기된 후에는 고발을 취소하지 못함에 비추어 보면, 법원이 본안에 대하여 심판한 결과 공정거래법의 규정에 위반되는 혐의 사실이 인정되지 아니하거나 그 위반 혐의에 관한 공정거래위원회의 처분이 위법하여 행정소송에서 취소된다고 하더라도 이러한 사정만으로는 그 고발을 기초로 이루어진 공소제기 등 형사절차의 효력에 영향을 미치지 아니한다.[1]

4. 전속고발에 대하여 고소불가분의 원칙을 유추적용할 수 있는지의 여부

(1) 객관적 불가분의 원칙의 적용 여부

일반적으로 고발은 고소와 마찬가지로 범죄사실을 신고하여 수사기관에 범인의 처벌을 구하는 의사표시로서 소송행위의 성질을 가지는데, 이와 같은 소송행위는 원칙적으로 당해 형사사건의 동일성을 단위로 하여 그 효력범위가 결정된다. 즉 고발은 범죄사실에 대한 소추를 요구하는 의사표시로서 그 효력은 고발장에 기재된 범죄사실과 동일성이 인정되는 사실 모두에 미치므로, 범칙사건에 대한 고발이 있는 경우 그 고발의 효과는 범칙사건에 관련된 범칙사실의 전부에 미치고 한 개의 범칙사실의 일부에 대한 고발은 그 전부에 대하여 효력이 생긴다. 그러므로 동일한 부가가치세의 과세기간 내에 행하여진 조세포탈기간이나 포탈액수의 일부에 대한 조세포탈죄의 고발이 있는 경우 그 고발의 효력은 그 과세기간 내의 조세포탈기간 및 포탈액수 전부에 미친다. 따라서 일부에 대한 고발이 있는 경우 기본적 사실관계의 동일성이 인정되는 범위 내에서 조세포탈기간이나 포탈액수를 추가하는 공소장변경은 적법하다.[2] 그러나 수 개의 범칙사실 중 일부만을 범칙사건으로 하는 고발이 있는 경우 고발장에 기재된 범칙사실과 동일성이 인정되지 않는 다른 범칙사실에 대해서까지 고발의 효력이 미칠 수는 없다.[3]

(2) 주관적 불가분의 원칙의 적용 여부

친고죄의 경우에는 공범 중 그 1인 또는 수인에 대한 고소 또는 그 취소는 다른 공범자에 대하여도 효력이 있는데(제233조), 명문의 규정이 없는 전속고발사건에도 이와 같은 주관적 불가분의 원칙이 '유추'적용될 수 있는지 여부와 관련하여, 적극설[4]은 ① 친고죄에 있어서의 고소와 전속고발범죄에 있어서의 전속고발은 모두 소송조건이기 때문에 주관적 불가분의 원칙이 동일하게 적용되어야 하기 때문에 입법론적인 규정의 흠결에도 불구하고 해석론적으로 인정되어야

1) 대법원 2015. 9. 10. 선고 2015도3926 판결; 대법원 2015. 5. 28. 선고 2012두13252 판결; 대법원 2014. 10. 15. 선고 2013도5650 판결.

2) 대법원 2009. 7. 23. 선고 2009도3282 판결.

3) 대법원 2014. 10. 15. 선고 2013도5650 판결(조세범 처벌절차법에 즉시고발을 할 때 고발사유를 고발서에 명기하도록 하는 규정이 없을 뿐만 아니라 원래 즉시고발권을 세무공무원에게 부여한 것은 세무공무원으로 하여금 때에 따라 적절한 처분을 하도록 할 목적으로 특별사유의 유무에 대한 인정권까지 세무공무원에게 일임한 취지라고 볼 것이므로, 조세범칙사건에 대하여 관계 세무공무원의 즉시고발이 있으면 그로써 소추의 요건은 충족되는 것이고, 법원은 본안에 대하여 심판하면 되는 것이지 즉시고발 사유에 대하여 심사할 수 없다).

4) 김정한, 196면.

한다는 점, ② 전속고발 대상범죄를 규율하고 있는 법률에 특별한 규정이 없다면 형사소송법이 일반법의 성격으로서 준용되어야 한다는 점, ③ 전속고발 대상범죄에 대한 형사처벌과 관련하여 사실상 기소협상을 인정하는 결과를 초래할 수 있다는 점, ④ 일부에 대한 고발로 전체 범죄자에 대한 적법한 공소제기가 가능하기 때문에 소송경제에 이바지할 수 있다는 점, ⑤ 중대한 법규위반으로 형사처벌의 필요성이 인정되는 범죄자들에게 행정기관이 재량에 따라 고발을 하는 것은 재량권의 남용이라고 할 수 있는데, 주관적 불가분의 원칙은 이러한 남용을 방지하기 위하여 확립된 원칙이라는 점, ⑥ 검찰이 자체적으로 전속고발 대상범죄에 대한 전문성을 강화함과 동시에 적절한 기소재량을 행사한다면 과도한 형벌권행사는 억제될 것이라는 점, ⑦ 특별히 기소의 요건에 해당하지 않는 자 이외에는 공범을 일괄 고발한 후 기소 여부에 대하여는 검사의 판단을 받게 하는 것이 보다 적절하다는 점 등을 논거로 제시하고 있다.

반면에 소극설[1]은 ① 전속고발 대상범죄는 행정기관의 고발을 소송조건으로 하면서 동시에 통고처분제도 등의 행정제재를 두고 있어 범칙자가 통고처분 등을 이행하면 일사부재리의 효력이 인정되는데, 만약 전속고발 대상범죄의 경우에 주관적 불가분의 원칙을 적용하게 된다면 통고처분 등에서 누락된 범칙자로서는 통고처분을 이행함으로서 형사처벌을 면하고 일사부재리의 이익을 얻을 수 있는 기회가 정당한 이유 없이 박탈되는 결과를 감수할 수밖에 없기 때문에 형평에 어긋난다는 점, ② 전속고발제도는 독립적으로 구성된 행정기관으로 하여금 당사자가 아닌 제3자의 지위에 있는 법집행기관으로서 위반행위의 경중을 판단하고 시정조치나 과징금 등의 행정조치만으로 이를 규제함이 상당할 것인지 아니면 더 나아가 형벌까지 적용하여야 할 것인지의 여부를 결정하도록 함으로써 법률의 목적을 달성하고자 하는데 그 취지가 있는데[2], 행정기관이 법률에 규정된 전속고발권을 행사함에 있어 법인만을 고발대상자로 명시하고 그 대표자나 행위자를 고발하지 않은 경우 또는 수인의 공범 중 일부 행위자만을 고발하고 나머지 행위자를 고발하지 않은 경우에는 고발 대상에서 명시적으로 누락된 행위자에 대해서는 고발권자의 소추의 의사표시가 있다고 볼 수 없다는 점[3], ③ 자의적인 고발권 행사의 문제에 대해서는 고발요청 및 고발의무 규정을 통해서도 충분히 해결할 수 있으며, 검찰과 행정기관 사이의 원활한 의사소통을 지속적으로 유지하는 것도 자의적 고발권행사를 통제하는 하나의 수단이 될 것이라는 점, ④ 비록 대법원이 친고죄의 경우 양벌규정에 의하여 처벌받는 자에 대하여 별도의 고소를 요하지 않는다고 판시[4]한 바 있지만, 이를 양벌규정에 의하여 처벌받는 자

1) 신양균/조기영, 82면; 이재상/조균석, 214면; 이창현, 256면; 정웅석/최창호, 92면.

2) 헌법재판소 2003. 7. 24. 선고 2001헌가25 결정; 헌법재판소 1995. 7. 21. 선고 94헌마136 결정.

3) 대법원 1992. 7. 24. 선고 92도78 판결(건설부장관이 검찰의 고발의뢰에 따라 건설업법위반으로 고발하면서 법인만을 고발대상자로 명시한 경우 비록 범죄사실에 법인 대표자의 범죄사실이 기재되어 있다고 하더라도 이는 고발대상자인 법인의 범죄사실을 적시하면서 부수적으로 기재된 것에 불과하고, 법인 대표자에 대한 소추를 구하는 의사표시까지 포함된 것으로 보기는 어렵다).

4) 대법원 1996. 3. 12. 선고 94도2423 판결.

에 대하여 고발이 있는 경우 실제 행위자에 대하여 별도의 고발을 요하지 않는다는 의미로 확대하여 해석할 수는 없다는 점, ⑤ 전속고발이 친고죄에서의 고소와 유사한 점이 있음은 부정할 수 없으나, 전속고발과 같이 '처벌과 직결되는 소송조건'에 대한 유추적용은 죄형법정주의의 원칙상 신중을 기할 필요가 있고, 현실적으로 유추적용의 필요성이 인정된다고 하더라도 이는 입법적으로 해결하는 것이 타당하다는 점, ⑥ 만약 자진신고 및 조사협조 등을 하더라도 형사책임을 감수해야 한다면 불법행위에 가담한 자는 불법행위를 은폐하려고 할 가능성이 있기 때문에 이들을 구제해야 할 제도를 둘 필요성이 있는데, 범죄자에 대하여 일부 처벌을 포기하더라도 자진신고를 유발하여 적발률을 높이는 것이 시장경제질서를 유지하는데 기여할 수 있을 것이고, 자진신고자에 대한 형사처벌을 면제함으로서 희생되는 이익보다는 적발률을 높여 불법행위를 적발함으로서 얻게 되는 이익을 우선시하는 것이 바람직하다는 점 등을 논거로 제시하고 있다.

이에 대하여 판례는 「공정거래법은 고발의 주관적 불가분원칙의 적용 여부에 관하여는 명시적으로 규정하고 있지 아니하고, 형사소송법도 제233조에서 친고죄에 관한 고소의 주관적 불가분원칙을 규정하고 있을 뿐 고발에 대하여 그 주관적 불가분의 원칙에 관한 규정을 두고 있지 않고, 제233조를 준용하고 있지도 아니하다. 이와 같이 명문의 근거규정이 없을 뿐만 아니라 소추요건이라는 성질상의 공통점 이외에 그 고소·고발의 주체와 제도적 취지 등이 상이함에도 불구하고 친고죄에 관한 고소의 주관적 불가분원칙을 규정하고 있는 제233조가 공정거래위원회의 고발에도 유추적용된다고 해석한다면 이는 공정거래위원회의 고발이 없는 행위자에 대해서까지 형사처벌의 범위를 확장하는 것으로서, 결국 피고인에게 불리하게 형벌법규의 문언을 유추해석한 경우에 해당하므로 죄형법정주의에 반하여 허용될 수 없다.」라고 판시[1]하여, 소극설의 입장을 취하고 있다.[2]

생각건대 고소가 소추요건이 되는 친고죄의 취지는, 범죄를 기소하여 일반인에게 알림으로써 피해자에게 이중으로 불이익을 가져 올 우려가 있거나 비교적 경미한 범죄이므로 피해자의 의사나 감정을 무시해서까지 소추할 필요가 없다고 인정되는 경우에 피해자의 의사를 특히 존중하고자 하는 것이다. 반면에 전속고발권은 법률에 의하여 처벌의 필요성에 대한 판단의 우선권을 전문적 행정기관에 부여하고 있다. 이와 같이 전속고발은 친고죄에서의 고소와 소송조건

1) 대법원 2010. 9. 30. 선고 2008도4762 판결; 대법원 1994. 4. 26. 선고 93도1689 판결(제233조에서 고소와 고소취소의 불가분에 관한 규정을 함에 있어서는 반의사불벌죄에 이를 준용하는 규정을 두지 아니한 것은 처벌을 희망하지 아니하는 의사표시나 처벌을 희망하는 의사표시의 철회에 관하여 친고죄와는 달리 공범자간에 불가분의 원칙을 적용하지 아니하고자 함에 있다고 볼 것이지, 입법의 불비로 볼 것은 아니다); 대법원 1971. 11. 23. 선고 71도1106 판결.

2) 하지만 이러한 결론에 전적으로 동의할 수 없는 부분이 있는데, 제233조 중 '친고죄의 경우에는 공범 중 그 1인 또는 수인에 대한 고소의 취소는 다른 공범자에 대하여도 효력이 있다.'라고 하는 부분을 전속고발에 유추적용하는 것은 피고인에게 유리한 유추해석이기 때문에 가능한 해석이라는 점이다. 즉 고소의 경우와 달리 고소의 취소의 경우에는 이를 유추적용하여도 무방하고, 오히려 유추적용하는 것이 바람직한 결론에 이를 수 있는 경우가 있다.

이라는 점에서만 일치할 뿐 입법취지·주체·대상 등 여러 가지 점에서 다르다. 또한 고발의무가 생기는 기준인 법위반의 중대성·명백성 등은 동일한 범죄사실에 참여한 각 사업자라도 시장지배율·참여정도 등에 따라 달라질 수 있으므로, 공범관계에 있는 여러 주체별로 고발의무 여부가 달라질 수 있고, 이렇게 본다면 행정기관이 고발을 하지 않을 권한에는 공범 중 일부에 대하여만 고발을 면제하는 권한도 포함된다고 볼 수 있다. 결론적으로 전속고발권을 인정한 입법자의 의도는 관련 전문기관으로 하여금 법위반행위의 경중·경제상황·불법행위에 참여한 주체의 위법성의 정도 등에 따라 행정조치로 규제할 것인지 형사처벌로 규제할 것인지의 여부, 형벌을 적용함에 있어서도 공범 모두를 고발할 것인지 일부만 고발할 것인지 등에 관하여 결정하도록 하여 관련법의 목적을 달성하도록 함에 있는 것이므로 소극설이 타당하다.

Ⅴ. 자 수

1. 의 의

'자수'(自首)란 범인이 스스로 수사기관에 대하여 자신의 범죄사실을 신고하여 범인의 처벌을 구하는 의사표시를 말한다. ① 자수는 자신의 범죄사실을 신고한다는 점에서 타인의 범죄사실을 신고하는 고소·고발과 구별된다. ② 자수는 자발적이라는 점[1)]에서 가령 수사기관의 직무상의 질문 또는 조사에 응하여 범죄사실을 진술하는 것은 자백일 뿐 자수가 아니다.[2)] ③ 자수는 수사기관에 대하여 범죄사실을 신고한다는 점에서 피해자의 의사에 반하여 처벌할 수 없는 죄에 있어서 피해자에게 자신의 범죄를 고백하는 '자복'(自服)(형법 제52조 제2항)과 구별된다.

2. 절 차

(1) 주 체

자수의 주체는 범인 그 자신이지만, 자수의 신고방법에는 법률상 특별한 제한이 없으므로 제3자를 통하여서도 이를 할 수 있다.[3)] 하지만 법인의 직원 또는 사용인이 위반행위를 하여 양

---

1) 대법원 1999. 4. 13. 선고 98도4560 판결(피고인이 사실상 사법경찰관리의 직무를 보조하는 세관 검색원에게 이 사건 대마 수입 범행을 시인하였지만, 이는 피고인이 자발적으로 한 것이 아니라 금속탐지기에 의하여 이미 대마초 휴대 사실이 곧 발각될 상황에서 세관 검색원의 추궁에 못 이겨 한 것이므로, 이는 자발성이 결여되어 자수라고 할 수 없다).

2) 대법원 2006. 9. 21. 선고 2006도4883 판결(경찰관이 피고인의 강도상해 등의 범행에 관하여 수사를 하던 중 국립과학수사연구소의 유전자검색감정의뢰회보 등을 토대로 피고인의 여죄를 추궁한 끝에 피고인이 강도강간의 범죄사실과 특수강도의 범죄사실을 자백하였음을 알 수 있으므로 이를 자수라고 할 수 없다); 대법원 2004. 6. 24. 선고 2004도2003 판결; 대법원 2002. 6. 25. 선고 2002도1893 판결; 대법원 1992. 8. 14. 선고 92도962 판결(경찰관이 순찰근무하던 중 피고인 일행이 오토바이 여러 대를 타고 가는 것을 발견하고 불심검문했으나 도주하여 인근 경찰서로 무전연락, 바리케이트를 설치하여 피고인을 검거한 후 범죄사실을 추궁한 끝에 이사건 범죄사실을 자백하였음을 알 수 있으므로 이를 자수라고 할 수 없다); 대법원 1982. 9. 28. 선고 82도1965 판결.

3) 대법원 1964. 8. 31. 선고 64도252 판결.

벌규정에 의하여 법인이 처벌받는 경우, 법인에게 자수감경에 관한 형법 제52조 제1항의 규정을 적용하기 위하여는 법인의 이사 기타 대표자가 수사책임이 있는 관서에 자수한 경우에 한하고, 그 위반행위를 한 직원 또는 사용인이 자수한 것만으로는 위 규정에 의하여 형을 감경할 수 없다.[1]

(2) 상대방

자수의 상대방은 수사기관이다. 그러므로 피고인이 경찰에 검거되기 전에 친구에게 전화를 걸어 자수의사를 전달하였다는 것만으로는 자수로 볼 수 없다.[2] 또한 제3자에게 자수의사를 경찰서에 전달하여 달라고 말한 경우에도 자수로 볼 수 없다.[3] 자수는 범인이 수사기관에 의사표시를 함으로써 성립하는 것이므로 내심적 의사만으로는 부족하고[4], 외부로 표시되어야 이를 인정할 수 있다.[5]

(3) 시 기

자수는 범죄나 범죄인이 발각되기 전후를 불문하고 가능하다.[6] 비록 범죄사실과 범인이 누구인가가 발각된 후라거나 수사기관에 의해 지명수배를 받은 후라고 하더라도 범인이 체포되기 전에 자발적으로 자기의 범죄사실을 수사기관에 신고한 이상 자수로 보아야 할 것이다.[7] 신문지상에 혐의사실이 보도되기 시작하였는데도 수사기관으로부터 공식소환이 없으므로 자진출석하여 사실을 밝히고 처벌을 받고자 담당 검사에게 전화를 걸어 조사를 받게 해달라고 요청하여 출석시간을 지정받은 다음 자진출석하여 혐의사실을 모두 인정하는 내용의 진술서를 작성하고 검찰 수사과정에서 혐의사실을 모두 자백한 경우 피고인은 수사책임 있는 관서에 자기

---

1) 대법원 1995. 7. 25. 선고 95도391 판결.

2) 대법원 1985. 9. 24. 선고 85도1489 판결.

3) 대법원 1967. 1. 24. 선고 66도1662 판결.

4) 대법원 1986. 6. 10. 선고 86도792 판결(법률상 자수가 성립하려면 범인이 수사기관에 대하여 자발적으로 자기의 범죄사실을 신고하여야 하는 것이므로 내심으로 자수할 것을 결심한 바 있었다 하여 자수로 볼 수 없다).

5) 대법원 2004. 10. 14. 선고 2003도3133 판결.

6) 대법원 1997. 3. 20. 선고 96도1167 전원합의체 판결(공직선거및선거부정방지법 제262조가 제230조(매수 및 이해유도죄) 제1항 등 금품이나 이익 등의 수수에 의한 선거부정관련 범죄에 대하여 자수한 경우에 필요적 형면제를 규정한 주된 입법 취지는, 이러한 범죄유형은 당사자 사이에 은밀히 이루어져 그 범행발견이 어렵다는 점을 고려하여 금품 등을 제공받은 사람으로 하여금 사실상 신고를 하도록 유도함으로써 금품 등의 제공자를 효과적으로 처벌하려는 데 있다. 형법 제52조나 국가보안법 제16조 제1호에서도 공직선거법 제262조에서와 같이 모두 '범행발각 전'이라는 제한 문언 없이 자수라는 단어를 사용하고 있는데 형법 제52조나 국가보안법 제16조 제1호의 자수에는 범행이 발각되고 지명수배 된 후의 자진출두도 포함되는 것으로 판례가 해석하고 있으므로 이것이 자수라는 단어의 관용적 용례라고 할 것인바, 공직선거법 제262조의 자수를 '범행발각 전에 자수한 경우'로 한정하는 풀이는 자수라는 단어가 통상 관용적으로 사용되는 용례에서 갖는 개념 외에 '범행발각 전'이라는 또 다른 개념을 추가하는 것으로서 결국은 언어의 가능한 의미를 넘어 공직선거법 제262조의 자수의 범위를 그 문언보다 제한함으로써 공직선거법 제230조 제1항 등의 처벌범위를 실정법 이상으로 확대한 것이 되고, 따라서 이는 단순한 목적론적 축소해석에 그치는 것이 아니라 형면제 사유에 대한 제한적 유추를 통하여 처벌범위를 실정법 이상으로 확대한 것으로서 죄형법정주의의 파생원칙인 유추해석금지의 원칙에 위반된다). 이에 반하여 범죄사실이나 범인이 누구인지가 발각되기 이전의 경우로 한정해야 한다는 견해로는 임동규, 156면.

7) 대법원 1968. 7. 30. 선고 68도754 판결: 대법원 1965. 10. 5. 선고 65도597 판결.

의 범죄사실을 자수한 것으로 보아야 하고 법정에서 수수한 금원의 직무관련성에 대하여만 수사기관에서의 자백과 차이가 나는 진술을 하였다고 하더라도 자수의 효력에는 영향이 없다.[1] 이와 같이 일단 자수가 성립한 이상 자수의 효력은 확정적으로 발생하고, 그 후에 수사기관이나 법정에서 범행을 부인한다고 하더라도 일단 발생한 자수의 효력이 소멸하는 것은 아니다.[2]

(4) 내 용

자수가 인정되기 위해서는 범죄인이 죄를 뉘우치고 있어야 한다.[3] 또한 자수를 위하여는 범인이 자기의 범행으로서 범죄성립요건을 갖춘 객관적 사실을 자발적으로 수사관서에 신고하여 그 처분에 맡기는 것으로 족하고, 더 나아가 법적으로 그 요건을 완전히 갖춘 범죄행위라고 적극적으로 인식하고 있을 필요까지는 없다.[4] 그리고 자기의 범죄사실을 신고한 이상 그 신고에 있어 범죄사실의 세부적인 형태에 있어 다소의 차이가 있다 하여도 이를 자수로 보았음에 위법이 있다고 할 수 없다.[5] 하지만 신고의 내용이 되는 '자신의 범죄사실'이란 자기의 범행으로서 범죄성립요건을 갖춘 객관적 사실을 의미하는 것으로서, 위와 같은 객관적 사실을 자발적으로 수사기관에 신고하여 그 처분에 맡기는 의사표시를 함으로써 자수는 성립하게 되는 것이므로, 수사기관에의 신고가 자발적이라고 하더라도 그 신고의 내용이 자기의 범행을 명백히 부인하는 등의 내용으로 자기의 범행으로서 범죄성립요건을 갖추지 아니한 사실일 경우에는 자수는 성립하지 않고[6], 일단 자수가 성립하지 아니한 이상 그 이후의 수사과정이나 재판과정에서 범행을 시인하였다고 하더라도 새롭게 자수가 성립할 여지는 없다.[7]

---

1) 대법원 1994. 9. 9. 선고 94도619 판결. 同旨 대법원 1994. 12. 27. 선고 94도618 판결(피고인이 그의 뇌물수수사실과 전혀 연관이 없는 회사에 대한 세무조사와 관련하여 수사기관에 자진출석하여 금원을 수수하였다는 내용의 자술서를 스스로 작성하여 제출하고 수사과정에서 수뢰혐의사실을 모두 자백하였다면, 피고인은 수사책임 있는 관서에 자기의 범죄사실을 자수한 것으로 보아야 할 것이고, 또 피고인이 검찰에서 피의자로 신문을 받으면서 그 범죄사실을 시인하는 내용의 진술을 한 이상, 피고인이 법정에서 수수한 금원의 직무관련성에 대하여만 수사기관에서의 자백과 차이가 나는 진술을 하였다 하더라도 피고인이 한 자수의 효력에는 영향을 미칠 것이 못된다).

2) 대법원 2011. 12. 22. 선고 2011도12041 판결; 대법원 2002. 8. 23. 선고 2002도46 판결; 대법원 1999. 7. 9. 선고 99도1695 판결; 대법원 1999. 4. 13. 선고 98도4560 판결.

3) 대법원 1994. 10. 14. 선고 94도2130 판결(형법 제52조 제1항 소정의 자수란 범인이 자발적으로 자신의 범죄사실을 수사기관에 신고하여 그 소추를 구하는 의사표시로서 이를 형의 감경사유로 삼는 주된 이유는 범인이 그 죄를 뉘우치고 있다는 점에 있으므로 범죄사실을 부인하거나 죄의 뉘우침이 없는 자수는 그 외형은 자수일지라도 법률상 형의 감경사유가 되는 진정한 자수라고는 할 수 없는 것이다); 대법원 1993. 6. 11. 선고 93도1054 판결(비록 피고인 2가 수사기관에 임의로 출석하기는 하였으나 조사를 받으면서 1차 범행을 부인한 점에 비추어 볼 때 위 출석 당시 자수의 의사가 있었다고 보기 어려워 자수로 인정할 수 없다고 판단한 것은 옳다); 대법원 1983. 3. 8. 선고 82도3248 판결.

4) 대법원 1995. 6. 30. 선고 94도1017 판결.

5) 대법원 1969. 4. 29. 선고 68도1780 판결.

6) 대법원 1999. 9. 21. 선고 99도2443 판결.

7) 대법원 2004. 10. 14. 선고 2003도3133 판결; 대법원 2002. 8. 23. 선고 2002도46 판결; 대법원 1999. 7. 9. 선고 99도1695 판결; 대법원 1993. 6. 11. 선고 93도1054 판결.

3. 효 과

죄를 범한 후 수사책임이 있는 관서에 자수한 때에는 그 형을 감경 또는 면제할 수 있다(형법 제52조 제1항). 자수는 수사의 단서로서의 기능을 수행하고 있으며, 자수가 인정되면 원칙적으로 임의적 감면의 효과를 발생시킨다. 그러므로 피고인이 자수하였다고 하더라도 자수한 자에 대하여는 법원이 임의로 형을 감경할 수 있음에 불과한 것으로서 자수감경을 하지 아니하였다고 하여 위법하다고 할 수 없고[1], 피고인의 자수감경 주장에 대하여 판단을 하지 아니하였다고 하여 위법하다고 할 수 없다.[2] 한편 수개의 범죄사실 중 일부에 관하여만 자수한 경우에는 그 부분 범죄사실에 대하여만 자수의 효력이 있다.[3]

Ⅵ. 변사자의 검시

1. 의 의

'변사자'(變死者)란 범죄로 인한 사망의 의심이 있는 사체를 말한다. 그러므로 자연사·병사(病死)·사고사(事故死) 등이 명백한 경우에는 변사자가 아니다.[4] '변사자의 검시(檢視)'란 범죄로 인한 사망인지 여부를 판단하기 위하여 수사기관이 변사자 또는 변사의 의심 있는 사체에 대하여 오관(五官)으로 상황을 조사하는 것을 말한다. 검시는 수사활동이 아니라 수사 전의 처분으

---

1) 대법원 2006. 9. 22. 선고 2006도4883 판결; 대법원 2004. 6. 11. 선고 2004도2018 판결; 대법원 1992. 8. 14. 선고 92도962 판결.

2) 대법원 2011. 12. 22. 선고 2011도12041 판결(피고인이 금융기관 직원인 자신의 업무와 관련하여 금품을 수수하였다고 하여 특정경제범죄 가중처벌 등에 관한 법률 위반(수재)죄로 기소된 사안에서, 피고인이 수사기관에 자진 출석하여 처음 조사를 받으면서는 돈을 차용하였을 뿐이라며 범죄사실을 부인하다가 제2회 조사를 받으면서 비로소 업무와 관련하여 돈을 수수하였다고 자백한 행위를 자수라고 할 수 없고, 설령 자수하였다고 하더라도 자수한 이에 대하여는 법원이 임의로 형을 감경할 수 있음에 불과한 것으로서 원심이 자수의 착오 주장에 대하여 판단하지 아니하였다고 하여 위법하다고 할 수 없다).

3) 대법원 2008. 12. 24. 선고 2008도9294 판결; 대법원 1969. 7. 22. 선고 69도779 판결(자수 그 자체는 범죄사실이 아니고 형의 감면사유라 그 범죄사실을 수사기관에 자진신고하면 그로써 그 요건을 구비한다고 할 것이므로 피고인의 자수 동기가 투명치 않고, 또 자수 후에 공범을 두둔하였다 하여 그 자수가 효력이 없다고 할 수 없고, 또 경합죄의 일부에 대해서 자수한 경우에는 그 자수한 부분에 대해서는 자수의 효력이 있다 할 것이므로 피고인이 월북했다가 잠입한 후의 일부 범행사실을 신고하지 않았다 하여 그 자수한 부분에 영향이 있다고 할 수 없고, 그 자수하지 않은 부분은 따로 처벌 대상으로 남아있다 할 것이며, 또 기록상 북괴의 지령에 의하여 자수 하였다고 볼 자료가 없는 이상 이러한 이유는 공소의 보류처분을 취소할 사유가 된다는 것은 몰라도 재판상 그 절대적 자수 주장을 배척할 이유는 될 수 없다고 본다. 만일 이러한 자수를 인정하지 않는다면 범인의 자수를 권장하고, 수사기관의 번잡을 피하려는 그 제도의 취지는 말살되고 말 것이다).

4) 대법원 2003. 6. 27. 선고 2003도1331 판결(형법 제163조의 변사자라 함은 부자연한 사망으로서 그 사인이 분명하지 않은 자를 의미하고 그 사인이 명백한 경우는 변사자라 할 수 없으므로, 범죄로 인하여 사망한 것이 명백한 자의 사체는 같은 법조 소정의 변사체검시방해죄의 객체가 될 수 없다). 이에 대하여 변사자란 자연사가 아닌 부자연사로서 범죄로 인한 사망이 아닌가 하는 의심이 있는 사체를 말하고, 변사의 의심이 있는 사체란 자연사인지 부자연사인지 불명한 사체로서 부자연사의 의심이 있고, 범죄로 인한 것인지 여부가 불분명한 사체를 말한다는 견해로는 송광섭, 211면.

로 검시 결과 범죄혐의가 인정되면 비로소 수사가 개시된다. 그러므로 검시는 수사의 단서에 불과하기 때문에 범죄의 혐의가 인정되어 수사가 개시된 이후에 이루어지는 수사상의 처분인 검증과 구별된다. 또한 검시(檢視)는 검시(檢屍)와 구별된다. '검시'(檢屍)란 사망에 대한 의학적 판단을 위하여 시체에 대하여 전문의가 행하는 검안과 부검을 말한다. 여기서 '검안'(檢案)이란 시체를 손괴하지 않고 외표검사를 통하여 검사하는 행위를 말하고, '부검'(剖檢)이란 사망의 종류 및 사안을 알아내기 위하여 시체를 해부하여 검사하는 행위를 말한다.

2. 절 차

변사자 또는 변사의 의심 있는 사체가 있는 때에는 그 소재지를 관할하는 지방검찰청 검사가 검시하여야 하는데(제222조 제1항), 검시로 범죄의 혐의를 인정하고 긴급을 요할 때에는 영장 없이 검증을 할 수 있다(제222조 제2항). 검사는 사법경찰관에게 위와 같은 처분을 명할 수도 있다(제222조 제3항). 사법경찰관리는 변사자 또는 변사한 것으로 의심되는 사체가 있으면 변사사건 발생 보고 및 지휘 건의서 또는 교통사고 변사사건 발생 보고 및 지휘 건의서를 작성하여 즉시 관할 지방검찰청 또는 지청의 검사에게 보고하고 지휘를 받아야 한다. 이 경우 검사는 신속하게 지휘하여야 한다. 사법경찰관리는 변사사건에 대한 검사의 지휘 내용 등에 대하여 조사를 마쳤을 때에는 변사사건 처리결과 및 지휘 건의서를 작성하여 관할 지방검찰청 또는 지청의 검사에게 보고하고 지휘를 받아야 한다(수사지휘·준칙규정 제51조). 사법경찰관리는 검시에 착수하기 전에 변사자의 위치, 상태 등이 변하지 아니하도록 현장을 보존하여야 한다. 변사자의 소지품이나 그 밖에 변사자가 남겨 놓은 물건이 수사에 필요하다고 인정될 때에는 이를 보존하는 데에 유의하여야 한다. 검시할 때에는 잠재지문 및 변사자의 지문을 채취하는 데에 유의하고 의사로 하여금 사체검안서를 작성하게 하여야 한다(수사지휘·준칙규정 제52조). 사법경찰관리는 검시에 특별한 지장이 없다고 인정하면 변사자의 가족·친족·이웃사람·친구, 시·군·구·읍·면·동의 공무원이나 그 밖에 필요하다고 인정하는 자를 참여시켜야 한다(수사지휘·준칙규정 제53조). 사법경찰관리는 자살한 사람을 검시할 때에는 자살을 교사하거나 방조한 자가 있는지를 조사하여야 하며, 유서가 있으면 그 진위를 조사하여야 한다(수사지휘·준칙규정 제54조). 실무상 사체해부를 '부검'(剖檢)이라고 하며, 검증영장에 의하고 있다.

Ⅶ. 불심검문

1. 의 의

'불심검문'(不審檢問)[1]이란 경찰관이 거동이 수상한 자(거수자)를 발견한 때에 이를 정지시켜

1) 이러한 표현은 과거 행동이 수상한 사람에 대한 강제연행을 인정하였던 일본의 불심검문제도의 잔재라는 이유로, 동 제도의 임의처분적 성격을 명확히 하기 위하여 '직무질문'이라는 표현이 보다 적합하다는 견해로는 신양

질문을 하는 것을 말한다. 경찰관은 수상한 거동 기타 주위의 사정을 합리적으로 판단하여 어떠한 죄를 범하였거나 범하려 하고 있다고 의심할 만한 상당한 이유가 있는 자 또는 이미 행하여진 범죄나 행하여지려고 하는 범죄행위에 관하여 그 사실을 안다고 인정되는 자를 정지시켜 질문할 수 있다(「경찰관 직무집행법」 제3조 제1항).[1] 또한 사법경찰관리가 범인을 체포하는 등 그 직무를 수행할 때에 17세 이상인 주민의 신원이나 거주 관계를 확인할 필요가 있으면 주민등록증의 제시를 요구할 수 있다. 이 경우 사법경찰관리는 주민등록증을 제시하지 아니하는 자로서 신원을 증명하는 증표나 그 밖의 방법에 따라 신원이나 거주 관계가 확인되지 아니하는 자에게는 범죄의 혐의가 있다고 인정되는 상당한 이유가 있을 때에 한정하여 인근 관계 관서에서 신원이나 거주 관계를 밝힐 것을 요구할 수 있다(주민등록법 제26조 제1항). 사법경찰관리는 이에 따라 신원 등을 확인할 때 친절과 예의를 지켜야 하며, 정복근무 중인 경우 외에는 미리 신원을 표시하는 증표를 지니고 이를 관계인에게 내보여야 한다(주민등록법 제26조 제2항).

경찰관이 「경찰관 직무집행법」 제3조 제1항에 규정된 대상자의 해당 여부를 판단함에 있어 불심검문 당시의 구체적 상황은 물론 사전에 얻은 정보나 전문적 지식 등에 기초하여 불심검문 대상자인지 여부를 객관적·합리적인 기준에 따라 판단하여야 할 것이다.[2] 하지만 반드시 불심검문 대상자에게 형사소송법상 체포나 구속에 이를 정도의 혐의가 있을 것을 요한다고 할 수는 없다.[3] 경찰관은 불심검문 대상자에게 질문을 하기 위하여 범행의 경중·범행과의 관련성·상황의 긴박성·혐의의 정도·질문의 필요성 등에 비추어 그 목적 달성에 필요한 최소한의 범위 내에서 사회통념상 용인될 수 있는 상당한 방법으로 그 대상자를 정지시킬 수 있고, 질문에 수반하여 흉기의 소지 여부도 조사할 수 있다.[4]

균/조기영, 84면; 이은모/김정환, 199면; 이재상/조균석, 200면.

1) 또한 의무경찰은 임무수행에 필요하다고 인정할 때에는 경비지역에서 검문을 할 수 있다(「의무경찰대 설치 및 운영에 관한 법률」 제2조의2).

2) 대법원 2014. 12. 11. 선고 2014도7976 판결.

3) 대법원 2014. 2. 27. 선고 2011도13999 판결(이 사건 당시 경찰관들이 피고인을 불심검문하려던 장소는 이 사건 발생 하루 및 이틀 전에 각 발생한 강도강간미수 사건이 발생한 지역이었고, 시간대도 위 강도강간미수 사건이 발생하였던 시각과 비슷한 무렵이었던 사실, 위 강도강간미수 사건의 용의자에 관하여 '20~30대 남자, 신장 170cm 가량, 뚱뚱한 체격, 긴 머리, 둥근 얼굴, 상의 흰색 티셔츠, 하의 검정색 바지, 검정색 신발 착용' 및 '키 175cm 가량, 마른 체형, 안경 착용'이라는 등으로 그 인상착의가 대략적으로 신고되었던 사실, 경찰관들은 위 강도강간미수 사건의 피의자와 관련된 사전 정보를 지득하고 있었는데, 피고인의 인상착의가 경찰관들이 지득하고 있던 사전 정보와 상당 부분 일치하였던 사실을 알 수 있다. 경찰관들이 피고인을 불심검문 대상자로 삼은 조치는 피고인에 대한 불심검문 당시의 구체적 상황과 자신들의 사전 지식 및 경험칙에 기초하여 객관적·합리적 판단과정을 거쳐 이루어진 것으로서, 가사 피고인의 인상착의가 미리 입수된 용의자에 대한 인상착의와 일부 일치하지 않는 부분이 있다고 하더라도 그것만으로 경찰관들이 피고인을 불심검문 대상자로 삼은 조치가 위법하다고 볼 수는 없다).

4) 대법원 2012. 9. 13. 선고 2010도6203 판결(경위 공소외 1, 경사 공소외 2, 순경 공소외 3이 2009. 2. 15. 01:00경 경찰관 정복 차림으로 검문을 하던 중, '01:00경 자전거를 이용한 핸드백 날치기 사건발생 및 자전거에 대한 검문 검색 지령'이 01:14경 무전으로 전파되면서, 범인의 인상착의가 '30대 남자, 찢어진 눈, 짧은 머리, 회색바지, 검정 잠바 착용'이라고 알려진 사실, 위 경찰관들은 무전을 청취한 직후인 01:20경 자전거를 타고 검문 장소로 다가오는 피고인을 발견한 사실, 공소외 2가 피고인에게 다가가 정지를 요구하였으나, 피고인은 자전거를 멈추지 않은

2. 법적 성격

불심검문의 법적 성격과 관련하여, ① 불심검문이 수사와 밀접한 관련이 있다는 점을 인정하면서도 범죄수사와는 엄격히 구별하여 범죄의 혐의가 발견되기 전까지는 행정경찰작용에 불과하다는 견해[1], ② 죄를 범하였다고 의심되거나 이에 대하여 알고 있다고 인정되는 자에 대한 불심검문은 처음부터 사법경찰작용이고, 죄를 범하려 하고 있다고 의심되거나 이에 대하여 알고 있다고 인정되는 자에 대한 불심검문은 행정경찰작용이라고 보는 견해[2] 등의 대립이 있다.

이에 대하여 판례는 「행정경찰 목적의 경찰활동으로 행하여지는 경찰관 직무집행법 제3조 제2항 소정의 질문을 위한 동행요구도 형사소송법의 규율을 받는 수사로 이어지는 경우 …」라고 판시[3]하여, 기본적으로 전자의 입장을 취하고 있다.

생각건대 불심검문의 법적 성격은 경찰관의 입장에서 수사개시 이전까지의 단계는 범죄의 예방과 진압이라는 행정경찰작용으로 보고, 수사개시 이후의 단계는 형사소송법에 의한 사법경찰작용으로 이해하는 것이 타당하다.

3. 내 용

(1) 정 지

'정지'(停止)란 질문을 위한 수단으로서 거동이 수상한 자를 불러 세우는 것을 말한다. 상대방이 자발적으로 이에 응할 경우에는 별다른 문제가 발생하지 않지만, 불응할 경우에 이에 대

채 공소외 2를 지나쳤고, 이에 공소외 3이 경찰봉으로 피고인의 앞을 가로막고 자전거를 세워 줄 것을 요구하면서 소속과 성명을 고지하고, '인근 경찰서에서 자전거를 이용한 날치기가 있었는데 인상착의가 비슷하니 검문에 협조해 달라.'는 취지로 말하였음에도 피고인은 평상시 그곳에서 한 번도 검문을 받은 바 없다고 하면서 검문에 불응하고 그대로 전진한 사실, 이에 공소외 3은 피고인을 따라가서 피고인이 가지 못하게 앞을 막고 검문에 응할 것을 요구한 사실, 이와 같은 제지행위로 더 이상 자전거를 진행할 수 없게 된 피고인은 경찰관들이 자신을 범인 취급한다고 느껴 공소외 3의 멱살을 잡아 밀치고 공소외 1, 2에게 욕설을 하는 등 거세게 항의한 사실, 이에 위 경찰관들은 피고인을 공무집행방해죄와 모욕죄의 현행범인으로 체포한 사실을 인정한 다음, 이 사건 범행 장소 인근에서 자전거를 이용한 날치기 사건이 발생한 직후 검문을 실시 중이던 경찰관들이 위 날치기 사건의 범인과 흡사한 인상착의의 피고인을 발견하고 앞을 가로막으며 진행을 제지한 행위는 그 범행의 경중, 범행과의 관련성, 상황의 긴박성, 혐의의 정도, 질문의 필요성 등에 비추어 그 목적 달성에 필요한 최소한의 범위 내에서 사회통념상 용인될 수 있는 상당한 방법으로 제3조 제1항에 규정된 자에 대하여 의심되는 사항에 관한 질문을 하기 위하여 정지시킨 것으로 보아야 한다).

1) 배종대/홍영기, 103면; 손동권/신이철, 171면; 신양균/조기영, 84면(「경찰관 직무집행법」은 '어떠한 죄를 범하였거나 범하려 하고 있다고 의심할 만한 상당한 이유가 있는 사람'을 직무질문의 대상자로 규정하고 있으나, 여기서 범죄는 피의자와 범죄사실이 특정된 것임을 전제로 하지 않는 점에서 특정한 범죄의 혐의를 전제로 하는 수사와는 구별된다); 이재상/조균석, 200면; 이주원, 90면; 이창현, 260면; 정승환, 80면.

2) 김정한, 180면; 송광섭, 213면; 이은모/김정환, 200~201면(다만 주의할 것은 이미 일정한 범죄혐의가 있다는 판단을 전제로 하여 이루어지는 불심검문이 사법경찰작용에 해당한다고 하여 이것이 곧 수사의 개시를 의미하는 것은 아니라는 점이다. … 이렇게 볼 때 실질적인 수사활동에 의하여 수사가 개시되기 전까지는 불심검문에 대하여 「경찰관 직무집행법」이 적용될 뿐 형사소송법이 적용되는 것은 아니며, 또한 불심검문의 대상자가 피의자로 되는 것도 아니다); 임동규, 158면; 정웅석/최창호, 69면; 최호진, 77면.

3) 대법원 2006. 7. 6. 선고 2005도6810 판결.

한 대응이 문제된다. 즉 이 경우에 있어서 어느 정도의 실력 행사가 가능한지가 문제되는데, 불심검문이 임의처분이라는 점을 감안하면 원칙적으로 정지를 위한 실력행사는 허용되지 않는다고 보아야 한다. 다만 예외적으로 가볍게 신체에 손을 대는 행위, 정지하지 않는 상대방의 앞을 일시적으로 막는 행위, 정지 및 질문을 위하여 일시적으로 추적하는 행위 등은 불심검문의 실효성을 위해서 어느 정도 허용할 필요성이 있다.[1]

(2) 질 문

'질문'(質問)이란 거동이 수상한 자에게 행선지·성명·주소·연령 등을 묻고, 필요한 경우에는 소지품의 내용에 대하여 질의하는 것을 말한다. 질문할 경우 경찰관은 당해인에게 자신의 신분을 표시하는 증표를 제시하면서 소속과 성명을 밝히고 그 목적과 이유를 설명하여야 한다(「경찰관 직무집행법」 제3조 제4항). 하지만 불심검문을 하게 된 경위, 불심검문 당시의 현장상황과 검문을 하는 경찰관들의 복장, 피고인이 공무원증 제시나 신분 확인을 요구하였는지 여부 등을 종합적으로 고려하여, 검문하는 사람이 경찰관이고 검문하는 이유가 범죄행위에 관한 것임을 피고인이 충분히 알고 있었다고 보이는 경우에는 신분증을 제시하지 않았다고 하여 그 불심검문이 위법한 공무집행이라고 할 수 없다.[2] 한편 상대방은 그 의사에 반하여 답변을 강요당하지 아니한다(「경찰관 직무집행법」 제3조 제7항 후단).

(3) 동행요구

'동행요구'(同行要求)란 정지한 장소에서 질문을 하는 것이 당해인에게 불리하거나 교통의 방해가 된다고 인정되는 때에는 질문하기 위하여 부근의 경찰서·지구대·파출소 또는 출장소에 동행할 것을 요구할 수 있는 것을 말하며, 이 경우 당해인은 경찰관의 동행요구를 거절할 수 있다(「경찰관 직무집행법」 제3조 제2항). 당해인은 형사소송에 관한 법률에 의하지 아니하고는 신체를 구속당하지 아니한다(「경찰관 직무집행법」 제3조 제7항). 동행을 요구할 경우 경찰관은 당해인에게 자신의 신분을 표시하는 증표를 제시하면서 소속과 성명을 밝히고 그 목적과 이유를 설명하여야 하며, 동행장소를 밝혀야 한다(「경찰관 직무집행법」 제3조 제4항).

---

1) 이에 대하여 아직 수사에 착수하지도 않은 상태에서 영장주의가 적용될 여지가 없음을 고려한다면, 아무런 법적 근거 없이 강제력 행사와 구분되지 않은 실력행사를 허용하는 것은 수긍하기 어렵다는 견해로는 신양균/조기영, 85~86면.

2) 대법원 2014. 12. 11. 선고 2014도7976 판결(112신고를 받고 현장에 출동한 순경 공소외 1, 경사 공소외 2는 그곳 여종업원과 여사장으로부터 피고인이 술값을 내지 않고 가려다 여종업원과 실랑이가 있었다고 들었고 여종업원이 피묻은 휴지를 얼굴에 대고 있는 것을 보게 되자, 공소외 1이 피고인에게 확인하려고 질문을 시도하였으나, 피고인은 질문에 응하지 않고 계산대 쪽으로 피했다가 재차 질문을 받자 출입문 쪽으로 나가려 한 사실, 공소외 1이 피고인의 앞을 막아선 다음 다시 상황을 설명해 달라고 하자 피고인이 욕설하며 공소외 1의 멱살을 잡은 사실, 그때 공소외 2가 피고인을 제지하기 위해 뒤쪽에서 피고인의 어깨를 잡자 피고인이 '넌 뭐야'라고 말하고 머리와 몸을 돌리면서 오른쪽 팔꿈치로 공소외 2의 턱을 1회 때렸고, 이에 경찰관들은 피고인에게 피의사실의 요지 및 현행범인 체포의 이유와 변호인을 선임할 수 있음을 고지하고 변명의 기회를 제공한 다음 피고인을 공무집행방해죄 현행범으로 체포하였다. 당시 출동한 공소외 1, 2는 경찰 정복차림이었고, 피고인이 경찰관들에게 신분증 제시 등을 요구한 적도 없으며, 욕설을 하며 바깥으로 나가려고 하다가 제지하는 경찰관들을 폭행한 사실을 알 수 있다).

동행을 한 경우 경찰관은 당해인의 가족 또는 친지 등에게 동행한 경찰관의 신분·동행장소·동행목적과 이유를 고지하거나 본인으로 하여금 즉시 연락할 수 있는 기회를 부여하여야 하며, 변호인의 조력을 받을 권리가 있음을 고지하여야 한다(「경찰관 직무집행법」 제3조 제5항). 동행을 한 경우 경찰관은 당해인을 6시간을 초과하여 경찰관서에 머물게 할 수 없다(「경찰관 직무집행법」 제3조 제6항). 임의동행은 상대방의 동의 또는 승낙을 그 요건으로 하는 것이므로 경찰관으로부터 임의동행 요구를 받은 경우 상대방은 이를 거절할 수 있을 뿐만 아니라 임의동행 후 언제든지 경찰관서에서 퇴거할 자유가 있다. 그러므로 「경찰관 직무집행법」 제3조 제6항이 임의동행한 경우 당해인을 6시간을 초과하여 경찰관서에 머물게 할 수 없다고 규정하고 있다고 하여 그 규정이 임의동행한 자를 6시간 동안 경찰관서에 구금하는 것을 허용하는 것은 아니다.[1] 또한 이러한 동행요구는 강제되어서는 안 된다.[2]

수사관이 수사과정에서 당사자의 동의를 받는 형식으로 피의자를 수사관서 등에 동행하는 것은, 상대방의 신체의 자유가 현실적으로 제한되어 실질적으로 체포와 유사한 상태에 놓이게 됨에도, 영장에 의하지 아니하고 그 밖에 강제성을 띤 동행을 억제할 방법도 없어서 제도적으로는 물론 현실적으로도 임의성이 보장되지 않을 뿐만 아니라 아직 정식의 체포·구속단계 이전이라는 이유로 상대방에게 헌법 및 형사소송법이 체포·구속된 피의자에게 부여하는 각종의 권리보장 장치가 제공되지 않는 등 형사소송법의 원리에 반하는 결과를 초래할 가능성이 크므로, 수사관이 동행에 앞서 피의자에게 동행을 거부할 수 있음을 알려 주었거나 동행한 피의자가 언제든지 자유로이 동행과정에서 이탈 또는 동행장소로부터 퇴거할 수 있었음이 인정되는 등 오로지 피의자의 자발적인 의사에 의하여 수사관서 등에의 동행이 이루어졌음이 객관적인 사정에 의하여 명백하게 입증된 경우에 한하여 그 적법성이 인정된다.[3] 제200조 제1항에 의하여 검사 또는 사법경찰관이 피의자에 대하여 임의적 출석을 요구할 수는 있겠으나, 그 경우에도 수사관이 단순히 출석을 요구함에 그치지 않고 일정 장소로의 동행을 요구하여 실행한다면 위에서 본 법리가 적용되어야 할 것이고, 한편 행정경찰 목적의 경찰활동으로 행하여지는 「경찰관 직무집행법」 제3조 제2항 소정의 질문을 위한 동행요구도 형사소송법의 규율을 받는 수사로 이어지는 경우에는 역시 위에서 본 법리가 적용되어야 할 것이다.

---

1) 대법원 1997. 8. 22. 선고 97도1240 판결(피고인이 송도파출소까지 임의동행한 후 조사받기를 거부하고 파출소에서 나가려고 하다가 경찰관이 이를 제지하자 이에 항거하여 그 경찰관을 폭행한 사실을 인정한 다음, 경찰관이 임의동행한 피고인을 파출소에서 나가지 못하게 한 것은 적법한 공무집행행위라고 볼 수 없고, 따라서 피고인이 그 경찰관을 폭행한 행위는 공무집행방해죄가 성립하지 않는다).

2) 대법원 2006. 7. 6. 선고 2005도6810 판결(사법경찰관이 피고인을 수사관서까지 동행한 것이 사실상의 강제연행, 즉 불법체포에 해당하고, 불법체포로부터 6시간 상당이 경과한 후에 이루어진 긴급체포 또한 위법하므로 피고인이 불법체포된 자로서 형법 제145조 제1항에 정한 '법률에 의하여 체포 또는 구금된 자'가 아니어서 도주죄의 주체가 될 수 없다).

3) 대법원 2012. 9. 13. 선고 2012도8890 판결.

4. 소지품검사

(1) 의 의

'소지품검사'(所持品檢査)란 불심검문을 하는 과정에서 흉기의 소지 여부나 범죄의 단서를 발견하기 위하여 거동이 수상한 자의 의복이나 휴대품을 조사하는 것을 말한다. 이러한 소지품검사는 일반적으로 소지품의 외부관찰, 소지품의 내용질문, 소지품의 외표검사, 소지품의 내용개시 요구, 개시된 소지품의 검사 등의 단계를 통하여 이루어진다. 그런데 이러한 절차가 상대방의 동의에 따라 행해지는 경우에는 아무런 문제가 없다. 또한 소지품의 외부관찰이나 소지품의 내용질문은 폭넓게 허용될 수 있다. 그러므로 소지품의 외표검사, 소지품의 내용개시 요구, 개시된 소지품의 검사 등의 단계에서 상대방이 불응할 경우가 주로 문제된다.

(2) 흉기소지검사

경찰관은 거동이 수상한 자에 대하여 질문을 할 때에 흉기의 소지 여부를 조사할 수 있다(「경찰관 직무집행법」 제3조 제3항). 흉기소지의 검사는 거동이 수상한 자의 의복이나 휴대품을 가볍게 손으로 만져서 흉기의 존재 여부를 확인하고, 흉기 소지의 혐의가 있는 경우에는 상대방으로 하여금 이를 제출하게 하거나 경찰관이 이를 직접 꺼내는 조사방법을 말한다.[1] 흉기소지검사는 공무를 집행중인 당해 경찰관이나 그 주변에 있는 제3자의 생명·신체의 안전을 확보하기 위한 긴급행위로서 인정되는 것이다. 따라서 흉기 소지 여부에 대한 검사는 상대방이 흉기를 소지하였다는 고도의 개연성이 존재하고, 이로 인하여 경찰관이나 제3자의 생명·신체에 대한 안전이 위협받는 경우에 한하여 가능하다. 그리고 이러한 혐의가 인정되는 경우에는 외표검사(frisk)뿐만 아니라 경찰관 스스로가 소지품을 개피하여 내용을 조사하는 것도 허용되는데, 이는 무영장 수색의 한 형태라고 보아야 한다.

(3) 일반소지품검사

흉기 이외의 일반소지품에 해당하는 마약류·장물·위조통화·음란물 등에 대한 검사가 가능한지 여부와 관련하여, ① 불심검문의 안전과 질문의 실효성을 논거로 하는 적극설[2], ② 법규정의 엄격한 해석과 영장주의의 실효성을 논거로 하는 소극설[3] 등의 대립이 있다. 생각건대

---

1) 강도의 의심이 있는 자를 검문하면서 의복 외부를 만져 권총을 발견하고 무기휴대죄로 기소한 사안(Terry v. Ohio, 392 U.S. 1 (1968))에 대하여는 합리적 수색이라고 한 반면에, 상습마약사범과 대화를 나누고 있는 자를 불러내어 주머니에 손을 넣어 마약을 발견한 사안(Sibron v. N.Y., 392 U.S. 40 (1968))에 대하여는 합리적인 수색이 아니라고 판단하고 있다.

2) 이재상/조균석, 204면(다만 범죄수사를 위한 소지품검사는 경찰관 직무집행법의 범위를 벗어난다); 임동규, 161면; 정웅석/최창호, 74면(소지품검사의 필요성과 긴급성이라는 요건을 충족하는 경우에는 준현행범인 체포절차에 준하여 상대방의 의사에 반한 외표검사도 허용되어야 할 것이다).

3) 김인회, 74면; 김정한, 183면; 배종대/홍영기, 105면; 손동권/신이철, 179면(경찰관 직무집행법에 근거가 없는 이상 강제적인 frisk도 금지된다. 다만 허용된 검사절차를 통해 위험물이나 금제품이 발견된 경우 경찰관은 정식 형사소송법에 따라서 압수할 수 있을 것이다); 송광섭, 216면(다만 흉기소지에 부수하여 다른 소지품이 검사되는 경우는 있을 수 있으나 이는 흉기소지검사에 따르는 당연한 결과이다); 신동운, 69면; 신양균/조기영, 86면; 이은

상대방의 신체나 소지품에 함부로 손을 대는 것은 사생활의 비밀을 침해하는 것이기 때문에 이러한 행위는 명문의 규정이 없는 상황에서 인정하기는 어렵다. 그러므로 상대방의 동의가 없는 한 흉기 이외의 일반소지품을 검사하는 행위뿐만 아니라 외표검사도 허용해서는 아니 될 것이다. 왜냐하면 이를 허용하게 된다면 영장주의를 회피하는 수단으로 악용될 소지가 크기 때문이다.

5. 자동차검문

'자동차검문'(自動車檢問)이란 범죄예방과 범인검거를 위하여 통행 중인 자동차를 정지하게 하여 운전자 또는 동승자에게 질문하는 것을 말한다. 이러한 자동차검문의 유형으로는 교통검문·경계검문·긴급수배검문 등이 있다. ① '교통검문'(交通檢問)이란 음주운전·무면허운전 등 도로교통법 위반사범의 단속을 위한 검문을 말하는데, 전형적인 행정경찰작용에 해당한다. 경찰공무원은 자동차의 운전자가 무면허운전·음주운전·과로운전 등의 금지규정을 위반하여 자동차를 운전하고 있다고 인정되는 경우에는 자동차를 일시정지시키고 그 운전자에게 자동차 운전면허증을 제시할 것을 요구할 수 있다(도로교통법 제47조 제1항). 하지만 동 조항은 불특정 다수의 차량에 대한 검문의 법적 근거가 되기에는 다소 부적합한 측면이 있다.[1] ② '경계검문'(警戒檢問)이란 일반범죄의 예방과 검거를 목적으로 하는 검문을 말하는데, 행정경찰작용에 해당한다. 모든 차량을 대상으로 하는 일제(一齊)경계검문 역시 정당성의 근거를 찾기는 쉽지 않다.[2] ③ '긴급수배검문'(緊急手配檢問)이란 특정범죄가 발생한 때 범인검거와 수사정보의 수집을 목적으로 하는 검문을 말하는데, 구체적 범죄에 대한 수사활동의 일환이므로 사법경찰작용에 해당한다.

모/김정환, 206면; 이주원, 93면; 이창현, 266면; 정승환, 84면.

1) 헌법재판소 2004. 1. 29. 선고 2002헌마293 결정(음주운전이 초래하는 위험성과 폐해가 극심하다는 것은 췌언을 요하지 않는 것이어서, 이를 규제하여야 하는 공익의 중요성은 말할 수 없이 크다. 그럼에도 불구하고 음주운전은 암수적 위법행위로서, 외형적으로 쉬 드러나지 않은 채, 그러나 사고발생에의 훨씬 더 높은 위험성을 지닌 채 행해진다. 개별 운전자의 외관, 태도, 운전행태 등의 객관적 사정을 종합하여 볼 때 음주운전으로 인한 위험발생의 징후가 구체적으로 인정되는 경우에만 위험방지의 경찰작용이 발동될 수 있다고 하여서는 음주운전 행위의 포착률이 현저히 낮아지며, 설사 포착하여도 적시의 위험방지 조치가 행해질 수 없는 경우 또한 적지 않을 것이다. 반면 도로를 차단하여 불특정 다수의 운전자를 상대로 차량을 정차시켜 음주측정을 요구할 수 있는 기회가 제공된다면, 비록 음주운전자가 그 중 아주 적은 수에 불과하다할지라도 적어도 음주운전자의 운전행위는 차단되고, 이로써 당해 운전자, 나아가서는 그로 인하여 교통사고에 얽혀 들 수도 있었을 불특정의 잠재적인 다른 운전자 또는 보행자 등의 생명·신체·재산에 대한 위해가 방지되는 것이다. 이러한 방식의 음주단속은 일반예방적 효과도 보다 탁월할 것이다. 언제, 어느 곳에서 도로차단식 일제단속이 행해질지 예측하기 어려워, 운전자들로 하여금 애초에 음주운전의 시도 자체를 포기케 하는 효과가 있기 때문이다).

2) 同旨 신양균/조기영, 86면; 정승환, 85면; 최호진, 81면. 반면에 자동차문명의 발달과 자동차를 이용한 범죄의 증가라는 현실에 비추어 자동차검문을 모두 위법한 것으로 단정하는 것은 타당하지 않기 때문에 경계검문은 경찰관 직무집행법 제3조 제1항에 근거를 가지며(이러한 의미에서 경계검문도 수사의 단서가 될 수 있다), 긴급수배검문은 동법과 형사소송법 제199조의 임의수사에 관한 규정에 근거를 가진다는 견해로는 송광섭, 216면; 신동운, 70면; 이재상/조균석, 206면; 정웅석/최창호, 75면.

제3절 수사의 방법

Ⅰ. 임의수사와 강제수사

1. 의 의

수사는 범죄혐의의 유무를 명백히 하여 공소제기의 여부·유지를 결정하기 위하여 범인을 발견·확보하며 증거를 수집·보전하는 것에 그 목적이 있다. 수사의 이러한 목적을 효과적으로 달성할 수 있게 하기 위해서는 신속성과 기동성이 필수적이므로 수사의 방법 및 그 범위 등은 수사기관의 재량과 독자적인 판단에 의하여 결정되는 것을 원칙으로 한다. 다만 수사를 하는 과정에 있어서는 수사기관에 의한 피의자 기타 관계인들에 대한 인권의 침해나 권한남용의 우려가 있으므로 임의수사의 원칙을 벗어나 강제처분을 수반하는 때에는 법률이 정한 바에 따라 법관의 영장을 발부받게 하는 등의 사법적 통제를 받도록 하고 있다.

이와 같이 수사는 원칙적으로 임의수사에 의하고, 강제수사는 예외적으로 허용된다. 이에 따라 피의자에 대한 수사는 불구속 상태에서 함을 원칙으로 하고 있다(제198조 제1항). 또한 검사·사법경찰관리와 그 밖에 직무상 수사에 관계있는 자는 피의자 또는 다른 사람의 인권을 존중하고 수사과정에서 취득한 비밀을 엄수하며 수사에 방해되는 일이 없도록 하여야 하고(제198조 제2항), 검사·사법경찰관리와 그 밖에 직무상 수사에 관계있는 자는 수사과정에서 수사와 관련하여 작성하거나 취득한 서류 또는 물건에 대한 목록을 빠짐없이 작성하여야 한다(제198조 제3항).

2. 임의수사와 강제수사의 구별

(1) 형식설

형식설에 의하면 형사소송법이 영장을 요한다고 하여 강제처분으로 규정한 유형만이 강제수사이고, 그렇지 않은 유형은 모두 임의수사라고 한다. 하지만 동 견해는 감청, 기지국수사[1),

1) '기지국수사'란 특정 시간대 특정 기지국에서 발신된 모든 전화번호 등을 통신사실 확인자료로 제공받는 수사방식을 말하는데, 주로 수사기관이 용의자를 특정하기 어려운 연쇄범죄가 발생하거나 동일 사건 단서가 여러 지역에서 시차를 두고 발견된 경우, 사건발생지역 기지국에서 발신된 전화번호들을 추적하여 용의자를 좁혀나가는 수사기법으로 활용된다. 실체진실의 발견과 국가형벌권의 적정한 행사를 위하여 이러한 기지국수사를 일정 요건하에 허용할 필요성이 있다. 이에 수사를 위하여 필요한 경우 수사기관으로 하여금 법원의 허가를 얻어 전기통신사업자에게 특정 시간대 특정 기지국에서 발신된 모든 전화번호의 제공을 요청할 수 있도록 하고 있어 정보주체인 청구인의 개인정보자기결정권과 통신의 자유를 제한하므로 과잉금지원칙 위반 여부가 문제된다. 헌법재판소는 2018. 6. 28. 선고 2012헌마538 결정에서 '이 사건 요청조항은 수사활동을 보장하기 위한 목적에서 범죄수사를 위해 필요한 경우 수사기관이 법원의 허가를 얻어 전기통신사업자에게 해당 가입자에 관한 통신사실 확인자료의 제공을 요청할 수 있도록 하고 있으므로, 입법목적의 정당성과 수단의 적정성이 인정된다. ① 이동전화의 이용과 관련하여 필연적으로 발생하는 통신사실 확인자료는 비록 비내용적 정보이지만, 여러 정보의 결합과 분석을 통해 정보주체에 관한 정보를 유추해낼 수 있는 민감한 정보인 점, ② 수사기관의 통신사실 확인자료 제공요청에 대해 법원의 허가를 거치도록 규정하고 있으나 '수사의 필요성'만을 그 요건으로 하고 있어 제대로 된 통제가 이루어지기 어려운 현실인 점, ③ 기지국수사의 허용과 관련하여서는 유괴·납치·성폭력범죄 등 강력범죄나 국가안보를

이메일 검색, 거짓말탐지기 조사, 최면이나 마취분석, 사진촬영, 채혈이나 채뇨 등과 같이 형사소송법에서 직접적으로 규율하고 있지 아니한 수사방법을 모두 임의수사로 포섭해야 하는 문제점이 있다.

(2) 실질설

실질설은 다시 ① 물리적 강제력을 행사하는지 여부에 따라 구별하는 강제력행사기준설, ② 기본권을 침해할 우려가 있는 수사는 강제수사이고, 그 나머지는 임의수사라고 파악하는 기본권침해기준설[1], ③ 상대방의 의사에 반하여 실질적으로 그의 법익을 침해하는 내용의 수사가 강제수사이고, 그 나머지는 임의수사라고 파악하는 상대방의사기준설[2], ④ 수사기관의 처분이 헌법상 개별적으로 명시된 기본권을 침해하거나 명시되지 아니하였더라도 법공동체가 공유하고 있는 최저한도의 기본적 인권마저도 침해할 우려가 있는 것인 때에는 강제수사이고, 그와 같은 요구범위에 들지 않는다면 임의수사라고 파악하는 적법절차기준설[3] 등의 대립이 있다.

(3) 검 토

생각건대 형식설에 의하면 형사소송법에 강제수사로 규정하고 있지 않은 새로운 유형의 수사방법에 대한 적절한 대응을 못한다는 난점이 있다. 실질설 가운데 강제력행사기준설은 물리적인 강제력이 아닌 심리적인 강제력에 대한 대응의 문제점이 있고, 기본권침해기준설 및 적법절차기준설은 강제수사뿐만 아니라 임의수사에도 공통적으로 적용되는 기준이라는 점에서 타당하지 않다. 결국 상대방의사기준설이 타당하다.

3. 강제수사에 대한 통제방안

(1) 강제수사법정주의

'강제수사법정주의'(强制搜査法定主義)란 강제수사는 사전에 법률에 규정이 있는 경우에 한해서만 가능하다는 원칙을 말한다.[4] 즉 수사에 관하여는 그 목적을 달성하기 위하여 필요한 조사를 할 수 있지만, 강제처분은 형사소송법에 특별한 규정이 있는 경우에 한하며, 필요한 최소한도의 범위 안에서만 하여야 한다(제199조 제1항). 제199조 제1항은 강제수사의 법적 근거를 형사

위협하는 각종 범죄와 같이 피의자나 피해자의 통신사실 확인자료가 반드시 필요한 범죄로 그 대상을 한정하는 방안, 위 요건에 더하여 다른 방법으로는 범죄수사가 어려운 경우(보충성)를 요건으로 추가하는 방안 등을 검토함으로써 수사에 지장을 초래하지 않으면서도 불특정 다수의 기본권을 덜 침해하는 수단이 존재하는 점을 고려할 때, 이 사건 요청조항은 침해의 최소성과 법익의 균형성이 인정되지 아니한다. 따라서 이 사건 요청조항은 과잉금지원칙에 반하여 청구인의 개인정보자기결정권과 통신의 자유를 침해한다.'라고 판시하여 헌법불합치 결정을 하였다.

1) 김정한, 203면; 신양균/조기영, 94면; 정승환, 94면.

2) 김인회, 85면; 배종대/홍영기, 106면; 손동권/신이철, 203면; 송광섭, 236면; 이은모/김정환, 211면; 이재상/조균석, 219면; 이창현, 273면; 임동규, 166면; 정웅석/최창호, 120면; 최호진, 113면.

3) 신동운, 91면.

4) 이에 대하여 수사의 방법을 임의수사, 법률의 근거를 요하는 강제수사, 법률의 근거와 함께 영장주의가 요구되는 강제수사 등으로 3분하는 견해로는 신양균/조기영, 95면.

소송법에 국한시키고 있지만, 다른 법률로써도 그 근거를 규정해도 무방하다. 예를 들면 통신비밀보호법에서 통신제한조치를 구체적으로 규율하고 있는 것이 이에 해당한다. 입법자는 과학기술의 발달로 인한 새로운 수사기법이 등장하고, 이러한 수사의 방식이 국민의 기본권을 제한할 경우를 대비하여 적극적이고 선제적인 입법적 조치를 취해야 할 의무가 있다.

(2) 영장주의

1) 의 의

체포·구속·압수 또는 수색을 할 때에는 적법한 절차에 따라 검사의 신청에 의하여 법관이 발부한 영장을 제시하여야 한다(헌법 제12조 제3항 본문). 또한 주거에 대한 압수나 수색을 할 때에는 검사의 신청에 의하여 법관이 발부한 영장을 제시하여야 한다(헌법 제16조 후단). '영장주의'(令狀主義)란 적법절차의 원칙에서 도출되는 원리로서, 형사절차와 관련하여 체포·구속·압수·수색 등의 강제처분을 함에 있어서는 사법권의 독립에 의하여 신분이 보장되는 법관이 발부한 영장에 의하지 않으면 안 된다는 원칙을 말한다. 따라서 영장주의의 본질은 강제처분을 함에 있어서는 중립적인 법관이 구체적 판단을 거쳐 발부한 영장에 의하여야만 한다는 데에 있다.[1] 수사단계이든 공판단계이든 수사나 재판의 필요상 구속 등 강제처분을 하지 않을 수 없는 경우는 있게 마련이지만, 강제처분을 받는 피의자나 피고인의 입장에서 보면 심각한 기본권의 침해를 받게 되므로 헌법은 강제처분의 남용으로부터 국민의 기본권을 보장하기 위한 수단으로 영장주의를 천명한 것이다. 특히 강제처분 중에서도 중립적인 심판자로서의 지위를 갖는 법원에 의한 강제처분에 비하여 수사기관에 의한 강제처분의 경우에는 범인을 색출하고 증거를 확보한다는 수사의 목적상 적나라하게 공권력이 행사됨으로써 국민의 기본권을 침해할 가능성이 큰 만큼 수사기관의 인권침해에 대한 사법권독립에 의하여 신분이 보장되는 법관의 사전적·사법적 억제를 통하여 수사기관의 강제처분 남용을 방지하고 인권보장을 도모한다는 면에서 영장주의의 의미가 크다.

이와 같은 헌법상 영장주의를 관철하기 위하여 형사소송법은 강제수사에 있어서 영장주의를 보다 구체화하고 있는데, 피의자가 죄를 범하였다고 의심할 만한 상당한 이유가 있고, 정당한 이유 없이 제200조의 규정에 의한 출석요구에 응하지 아니하거나 응하지 아니할 우려가 있는 때에는 검사는 관할 지방법원 판사에게 청구하여 체포영장을 발부받아 피의자를 체포할 수 있고, 사법경찰관은 검사에게 신청하여 검사의 청구로 관할 지방법원 판사의 체포영장을 발부받아 피의자를 체포할 수 있고(제200조의2 제1항 본문), 피의자가 죄를 범하였다고 의심할 만한 상당한 이유가 있고 제70조 제1항 각 호의 1에 해당하는 사유가 있을 때에는 검사는 관할 지방법원 판사에게 청구하여 구속영장을 받아 피의자를 구속할 수 있고 사법경찰관은 검사에게 신청하여 검사의 청구로 관할 지방법원 판사의 구속영장을 받아 피의자를 구속할 수 있다(제201조 제

1) 헌법재판소 2018. 4. 26. 선고 2015헌바370 결정.

1항 본문). 또한 검사는 범죄수사에 필요한 때에는 피의자가 죄를 범하였다고 의심할 만한 정황이 있고 해당 사건과 관계가 있다고 인정할 수 있는 것에 한정하여 지방법원 판사에게 청구하여 발부받은 영장에 의하여 압수·수색 또는 검증을 할 수 있고(제215조 제1항), 사법경찰관이 범죄수사에 필요한 때에는 피의자가 죄를 범하였다고 의심할 만한 정황이 있고 해당 사건과 관계가 있다고 인정할 수 있는 것에 한정하여 검사에게 신청하여 검사의 청구로 지방법원 판사가 발부한 영장에 의하여 압수·수색 또는 검증을 할 수 있다(제215조 제2항). 이와 같이 현행 헌법과 형사소송법에 의하면 형사피의자에 대한 강제수사를 하기 위해서는 사법경찰관은 독자적으로 영장을 법관에게 청구할 수 없고, 검사에게 영장의 발부를 신청만 할 수 있으며, 사법경찰관의 영장신청에 대하여 검사가 이를 판단한 후 검사만이 법관에게 영장을 청구할 수 있도록 하고 있다.

2) 영장주의의 변천과정

1948. 7. 17. 제정된 헌법에서부터 영장주의가 천명되어 오늘에 이르기까지 변모되어 왔는데[1], 우선 제헌헌법 제9조 제2문에서는 '체포·구금·수색에는 법관의 영장이 있어야 한다.'라고 규정하였고, 동법 제10조에서는 '모든 국민은 법률에 의하지 아니하고는 거주와 이전의 자유를 제한받지 아니하며 주거의 침입 또는 수색을 받지 아니한다.'라고 규정하여, 영장의 청구권자를 별도로 규정하고 있지 않았다. 하지만 1962. 12. 26. 공포된 제5차 개정헌법 제10조 제3항에서는 '체포·구금·수색·압수에는 검찰관의 신청에 의하여 법관이 발부한 영장을 제시하여야 한다. 다만 현행범인인 경우와 장기 3년 이상의 형에 해당하는 죄를 범하고 도피 또는 증거인멸의 염려가 있을 때에는 사후에 영장을 청구할 수 있다.'라고 규정하여, 당시 형사소송법 차원에서 우선적으로 도입된 검사의 독점적 영장청구권을 헌법의 차원으로 격상시켰다. 제5차 개정헌법이 구속영장의 발부에 관하여 '검찰관의 신청'이라는 요건을 추가한 이유는 1961. 9. 1. 개정된 형사소송법과 관련하여 이해할 수 있다. 즉 형사소송법이 처음 제정(1954. 9. 23. 법률 제341호)될 당시에는 수사기관의 영장신청에 관하여 '피의자가 죄를 범하였다고 의심할 만한 상당한 이유가 있고 제70조 제1항 각 호의 1에 해당하는 사유가 있을 때에는 검사 또는 사법경찰관은 관할 지방법원 판사의 구속영장을 받어 피의자를 구속할 수 있다.'(제201조 제1항 본문)라고 규정함으로써 검사뿐만 아니라 사법경찰관에게도 영장신청권을 주고 있던 것이 1961. 9. 1. 형사소송법 개정으로 '피의자가 죄를 범하였다고 의심할 만한 상당한 이유가 있고 제70조 제1항 각 호의 1에 해당하는 사유가 있을 때에는 검사는 관할 지방법원 판사의 구속영장을 받아 피의자를 구속할 수 있다.'(제201조 제1항 본문)로 개정되어 영장신청권자를 검사로 한정하였는데, 위와 같은 형사소송법의 개정내용이 1962년의 헌법개정에 반영된 것이다. 이와 같이 제5차 개정헌법이 영장의

1) 1948. 3. 31. 공포된 미군정법령 제180호(형사소송법의 보충규정)에 의하면, 검사는 직접 법원에 영장을 청구하되, 사법경찰관은 검사를 경유하여 법원에 청구할 것을 최초로 규정하였다. 다만 법원, 검찰청이 설치되어 있지 않은 지역은 사법경찰관이 영장발부권한을 부여받은 특별심판원(치안관)에게 직접 영장발부를 신청할 수 있도록 하였다.

발부에 관하여 '검찰관의 신청'이라는 요건을 규정한 취지는 검찰의 다른 수사기관에 대한 수사지휘권을 확립시켜 종래 빈번히 야기되었던 검사 아닌 다른 수사기관의 영장신청에서 오는 인권유린의 폐해를 방지하고자 함에 있다. 따라서 현행 헌법 제12조 제3항 중 '검사의 신청'이라는 부분의 취지도 모든 영장의 발부에 검사의 신청이 필요하다는 것이 아니라 수사단계에서 영장의 발부를 신청할 수 있는 자를 검사로 한정한 것으로 해석함이 타당하다. 즉 수사단계에서 영장신청을 함에 있어서는 반드시 법률전문가인 검사를 거치도록 함으로써 다른 수사기관의 무분별한 영장 신청을 막아 국민의 기본권을 침해할 가능성을 줄이고자 함에 그 취지가 있는 것이다.[1)]

한편 제5차 개정헌법 제14조에서는 '모든 국민은 주거의 침입을 받지 아니한다. 주거에 대한 수색이나 압수에는 법관의 영장을 제시하여야 한다.'라고 하여, '검사의 신청에 의하여'라는 문구는 생략하고 있었다. 그러므로 최소한 헌법상의 규정으로는 주거에 대한 압수·수색에 있어서 영장청구는 검사의 신청을 경유하지 않더라도 된다는 해석이 가능한 것으로 볼 여지가 있었지만, 제5차 개정헌법 제10조 제3항의 취지에 의거하여 주거에 대한 압수·수색에도 검찰관의 신청에 의하여 법관이 발부한 영장을 제시하는 것으로도 충분히 해석이 가능하다.

하지만 1972. 12. 27. 공포된 제7차 개정헌법 제10조 제3항에서는 '체포·구금·압수·수색에는 검사의 요구에 의하여 법관이 발부한 영장을 제시하여야 한다.', 동법 제14조 후단에서는 '주거에 대한 압수나 수색에는 검사의 요구에 의하여 법관이 발부한 영장을 제시하여야 한다.'라고 하여, '검사의 신청'을 '검사의 요구'로 변경하였고, 주거에 대한 압수·수색에 있어서도 '검사의 요구'를 추가하였다. 이는 경찰에 대한 검사의 지휘권한을 강화하고, 검사의 지위를 법관과 대등한 수준으로 높이는 근거로 평가되고 있다.

이후 1980. 10. 27. 공포된 제8차 개정헌법 제11조 제3항 본문에서는 '체포·구금·압수·수색에는 검사의 신청에 의하여 법관이 발부한 영장을 제시하여야 한다.', 동법 제15조 후단에서는 '주거에 대한 압수나 수색에는 검사의 신청에 의하여 법관이 발부한 영장을 제시하여야 한다.'라고 하여, '검사의 요구'를 다시 종전대로 '검사의 신청'로 변경하였다. 이는 영장요구권자라고 하는 검사가 영장의 효력 유지 여부에 대해서도 법원의 판단에 앞서는 결정권한을 가진다면 영장주의의 본질에 반한다고 하는 반성적 고려에 기인한 것이다.

마지막으로 1987. 10. 29. 공포된 현행 헌법은 제12조 제3항에서 체포·구속·압수·수색시의 영장 발부에 대하여 기존의 문구인 '검사의 신청에 의하여' 앞부분에 적법절차를 추가하여 '적법한 절차에 따라 검사의 신청에 의하여'로 개정하고, 동법 제16조에서 주거에 대한 압수·수색 관련 규정은 제8차 개정헌법의 내용과 동일하게 유지하였다. 결국 제5차 개정헌법 이래 현행 헌법에 이르기까지 검사에게 영장청구권을 독점시키고 있는 점에는 변함이 없다.

---

1) 헌법재판소 1997. 3. 27. 선고 96헌바28 결정.

3) 독점적 영장청구권 인정의 타당성

① 기존의 논의

검사에게 헌법상 독점적 영장청구권[1]을 인정하는 것의 타당성 여부와 관련하여, ① 일제 강점기와 건국 초기 경찰이 인신구속과 체포를 남발하여 헌법적 차원에서 이를 통제하기 위한 것인데, 이와 같이 영장발부절차와 영장청구절차를 헌법에 동시에 규정한 것은 역사적 경험을 바탕으로 생성된 헌법적 결단이며, 헌법에 명시적으로 규정된 내용을 비본질적인 부분으로 치부할 수는 없다는 점[2], ② 법률상의 영장주의만으로 담보할 수 없었던 인권보장의 사각(死角)을 없애기 위하여 영장청구권자를 헌법적 사항으로 그 지위와 효력을 증강시킴으로써 법률변경에 따른 권한의 남용사태를 미연에 방지하며, 법관에 준하는 법률전문가인 검사를 영장발부 절차에 관여시켜 국민의 인신구속에 신중을 도모하는 이중의 인권보호 장치를 헌법에 확립시켜 놓은 것이라는 점, ③ 검사는 준사법기관으로서의 지위와 공익의 대표자로서의 지위를 가지기 때문에 경찰 등 다른 수사기관과 본질적으로 차이가 있으며, 특히 경찰에 의한 강제수사의 적법성을 담보하기 위한 통제장치로서의 역할을 한다는 점[3], ④ 영장발부시 검사와 법원의 이중적인 판단을 거치도록 하여 영장발부에 신중을 기하며, 검사 단계에서 사법경찰관의 영장 신청이 기각되어 피의자가 즉시 석방되는 경우도 적지 않으므로 이로써 피의자의 인권이 더욱 보장된다는 점 등을 논거로 하여, 현행법의 입장을 유지하는 것이 타당하다는 견해가 있다.

반면에 ① 영장주의 규정 자체는 실질적 의미의 헌법에 해당하지만, 영장청구권을 누구에게 귀속시킬 것인가의 문제는 헌법적 사항이 아니라 사법제도의 발전에 따라 법률의 차원에서 다루는 것이 더 바람직하다는 점, ② 통신비밀보호법에서는 통신사실확인자료제공의 요청권자로서 검사 이외에 사법경찰관도 주체로 설정하고 있다는 점, ③ 수사기관 중 영장청구를 누가 하느냐의 문제가 중요한 것이 아니라 누가 청구하더라도 오직 법관에 의한 사법판단에 의하여 영장 발부가 이루어질 때 비로소 헌법이 보장하고 있는 재판받을 권리가 실질적으로 보장된다는 점[4], ④ 제5차 개정헌법을 발의한 정치세력이 자신의 민주적 정당성이 희박하여 검찰의 권

---

1) 이에 대하여 보다 자세한 논의로는 박찬걸, "검사의 독점적 영장청구권 인정의 타당성 및 이에 대한 견제방안", 형사법의 신동향 제62호, 대검찰청, 2019. 3, 1면 이하 참조.

2) 당시 경찰은 범죄즉결례 제1조 및 제2조 제1항에 의하여, 재판절차를 거치지 아니하고 경찰서장이 3개월 이하의 징역 또는 구류, 100원 이하의 벌금이나 과료형을 즉결로 언도할 수 있었고, 조선태형령(1920. 3. 폐지) 제2조 및 제6조에 의하여, 3개월 이하의 징역 또는 구류, 100원 이하의 벌금이나 과료에 처할 사건에 대하여 그 처벌 대신에 태형을 가할 수 있도록 규정하고 있었다. 또한 조선형사령 제14조에 의하여, 사법경찰관도 예심판사와 마찬가지로 피의자나 증인을 신문하고 조서를 작성할 수 있었으며, 그 조서는 판사의 조서와 동일한 증거능력을 인정되어 고문에 의한 피의자신문조서 작성으로 말미암아 인권침해가 심각하였다.

3) 독일 형사소송법 제125조 제1항에 의하면 '공소제기 전에는 재판적이 있는 지역 또는 피범행혐의자가 체류하는 지역의 구법원 법관이 검찰의 신청에 따라 또는 검사에게 연락할 수 없고 지체하면 위험할 우려가 있는 경우에는 직권으로 구속명령을 발령한다.'라고 하여, 수사절차에서는 검사에게만 구속영장청구권을 인정하고, 사법경찰관에게는 이를 인정하지 않고 있는데, 이와 같이 독일의 형사절차에서 검사에게만 구속영장청구권이 인정되고 있는 것은 검사가 사실상 수사를 담당하지 않기 때문에 경찰수사에 대한 법률적 통제의 기능을 맡긴 것으로 분석된다.

4) 김인회, 89면.

한을 강화함으로써 정권의 통치체제를 공고히 할 목적으로 독점적 영장청구권을 신설하였다는 점[1], ⑤ 검찰의 영장청구권은 검찰권 강화의 수단으로 활용되어 검사의 사법경찰관에 대한 지휘권의 확보 내지 유력한 통제수단으로 이용되고 있는데, 특히 수사대상이 검찰과 이해관계가 있는 경우에 경찰의 영장신청이 검사에게 기각되는 일이 자주 발생하여 경찰의 수사를 중단 또는 지연시키고 있다는 점, ⑥ 형사사건의 대부분을 경찰이 담당하고 있는 현실에서 영장청구권을 검사에게 독점적으로 부여하는 것은 경찰수사의 신속성을 저해하고, 피의자확보 및 증거확보에 어려움을 겪게 하여 실체적 진실의 발견에 어려움을 줄 수 있다는 점 등을 논거로 하여, 헌법상 인정되고 있는 검사의 독점적 영장청구권 관련 조항은 하루빨리 삭제되어야 할 것이며, 영장청구의 주체를 누구로 할 것인지의 문제는 향후 입법기관인 국회를 통하여 해결되어야 한다는 견해가 있다.

같은 맥락에서 헌법개정이 쉽지 않으므로 현행법이 검찰청 소속의 검사가 아닌 특별검사나 군검사에게 영장청구권을 부여하고 있는 것처럼 예를 들면 '검사의 영장청구권한은 변호사 자격을 가진 사법경찰관에게 준용한다.'라는 방식의 형사소송법 개정을 통해서도 사법경찰관의 독립적인 영장청구가 가능하다는 견해, 체포·압수·수색·검증 등의 영장은 사법경찰관이 법원에 직접 청구하고, 구속영장은 검사가 법원에 청구할 수 있도록 하고 있는 일본의 입법례[2]를 참고하여, 경찰의 구속기간이 최대 10일로서 비교적 장기간인 점을 감안하여 구속영장의 경우에는 현행대로 유지한다고 할지라도 체포·압수·수색·검증 등의 영장청구는 주로 초동수사단계에서 원활한 수사의 진행을 담보하는데 의미가 있으므로 굳이 검사가 개입할 필요가 없다는 견해 등도 영장청구의 주체를 경찰에게도 확대하자는 주장으로 분류될 수 있다.

② 검 토

생각건대 현행법의 입장을 유지하는 것이 타당하다는 결론을 도출하기 위하여 반대 견해의 구체적인 논거를 비판해보면 다음과 같다. 첫째, 영장청구권의 주체를 헌법에 직접적으로 명시하고 있는 입법례가 극히 드물다는 주장과 관련하여, 영장청구권자를 헌법상의 규정으로

---

1) 김인회, 90면.

2) 일본 형사소송법 제199조 제2항에 의하면, '재판관은 피의자가 죄를 범하였다고 의심할 만한 상당한 이유가 있다고 인정하는 때에는 검찰관 또는 사법경찰원(경찰관인 사법경찰원에 대하여는 국가공안위원회 또는 도도부현 공안위원회가 지정하는 경부(警部) 이상의 자에 한함)의 청구에 의하여 전항의 체포장을 발부한다.'라고 규정하여, 체포영장의 청구권자에 대하여는 검사와 우리나라의 경감 이상에 해당하는 사법경찰관에게만 이를 인정하고 있다. 여기서 한걸음 더 나아가 긴급체포의 경우에 있어서도 긴급체포 후 즉시 재판관의 체포장을 청구하는 절차를 거쳐야 하는데, 이 역시 검찰관·검찰사무관 또는 사법경찰직원의 권한으로 규정하여(동법 제210조 제1항), 통상적인 체포와 달리 긴급체포에 있어서는 사후적인 체포영장청구권의 주체를 직제에 차등 없이 사법순사도 가능하도록 하고 있다. 또한 검찰관·검찰사무관 또는 사법경찰직원은 범죄의 수사를 함에 있어서 필요한 때에는 재판관이 발부하는 영장에 의하여 압수·수색 또는 검증할 수 있는데(동법 제218조 제1항), 이러한 영장은 검찰관·검찰사무관 또는 사법경찰직원의 청구에 의하여 발부한다(동법 제218조 제3항). 다만 검찰관은 제203조의 규정에 의하여 '송치된 피의자를 인수한 때에는 변명의 기회를 부여하고, 유치의 필요가 없다고 사료될 때에는 즉시 이를 석방하고, 유치의 필요가 있다고 사료되는 때에는 피의자를 인수한 때부터 24시간 이내에 재판관에게 피의자의 구류(구속)를 청구하여야 한다.'라고 규정하여, 구속영장을 청구할 수 있는 권한은 검사에게만 인정하고 있는 것이 특징이다.

명문화하고 있지 않은 외국의 입법례를 기준으로 하여 우리나라의 헌법규정이 바람직하지 못하다는 평가를 내리는 것은 타당하지 않다는 반박이 가능하다. 왜냐하면 세계 각국에서는 그 나라마다의 고유한 역사적 배경에 따라 형사절차 가운에 특별히 중요한 규정으로 합의한 사항에 대해서는 헌법에 수록하는 경향이 있기 때문이다. 외국의 입법례에서는 영장주의를 규정하고 있지만, 수사기관에 의한 강제수사의 적법성을 심사하는 주체로서 법관을 규정하고 있을 뿐 영장의 청구권자를 특별히 정하고 있지 않는 것은 사실이다. 하지만 외국의 헌법 가운데에서는 검찰제도, 검찰총장, 검사의 지위 및 권한, 신분보장과 정년 등을 비교적 자세하게 규정하고 있는 입법례도 다수 존재하고 있다. 이들 국가에서는 오히려 검찰의 권한 가운데 하나인 영장청구권만을 유독 별도로 헌법에 규정하는 것이 부자연스러운 입법방식이라고 할 수 있다. 검사의 수사 또는 수사지휘에 대한 권한을 명시하고 있는 외국의 헌법규정은 영장신청권에 관한 규정과 비교하여 검사가 수사 전반을 주재하도록 할 뿐만 아니라 사법경찰의 수사를 통제하도록 하는 보다 강력하고도 포괄적인 수권규정이라고 할 수 있다. 그러므로 수사 또는 수사지휘에 관한 포괄적인 권한을 규정하는 마당에 그 권한에서 파생되는 권한에 불과한 영장신청권에 관한 규정은 따로 둘 필요가 없는 것이다. 예를 들면 독일 기본법상의 경찰 구금기간 제한 규정(제104조 제2항)[1] 및 양심상 병역거부와 대체복무 규정(제12a조 제2항), 미국 연방수정헌법상의 배심제 규정(제6조) 및 무기소지허용 규정(제2조), 멕시코 헌법 제21조·스페인 헌법 제126조·오스트리아 헌법 제90조a·이탈리아 헌법 제109조·헝가리 헌법 제29조·벨기에 헌법 제151조·칠레 헌법 제83조 및 제84조 등의 헌법에 명시된 검사의 직무에 관한 규정 등을 들 수 있다. 특히 멕시코 헌법 제16조(수색영장은 검사의 요청에 따라 사법기관만이 발부할 수 있다) 및 제102조(연방검찰청은 모든 연방범죄를 법원에 기소하고, 피의자에 대한 체포영장을 청구할 권한이 있다)에서는 영장청구의 주체를 검사로 한정하고 있는 조항을 두고 있다.[2] 결국 단순한 비교의 관점에서 영장청구권 조항의 유무를 가지고서 현행 헌법상의 조문을 폄하하는 것은 지양되어야 할 것이다.

둘째, 현행 헌법상의 영장청구권 규정이 정상적인 입법절차를 거친 것이 아니라 국가재건

---

1) 독일 기본법 제104조 제2항에 의하면, '자유박탈의 허용과 계속은 법관이 결정한다. 법관의 지시에 의하지 않은 모든 자유박탈은 지체 없이 법관의 결정을 받아야 한다. 경찰은 자신의 절대적 권력으로 누구도 체포 익일이 종료 후까지 구금할 수 없다.'라고 규정하고 있고, 동법 제104조 제3항에서는 '범죄혐의로 인하여 임시 체포된 사람은 누구나 체포된 다음 날이 지나기 전에 법관에게 인치되어야 한다.'라고 규정하고 있는데, 이는 나치 정부하에서 경찰의 불법구금을 경험한 독일 국민이 경찰의 구금기간을 법률로 연장하지 못하도록 정한 헌법적 결단으로 평가되고 있다.

2) 한편 그리스 헌법 제14조(표현과 언론의 자유)에서는 '① 모든 사람은 법률을 준수하는 한 자신의 생각을 구두, 서면 및 언론을 통해 표현하고 전파할 수 있다. ② 언론은 자유롭다. 검열 기타 모든 예방적 조치는 금지된다. ③ 유포 전 또는 후에 신문 및 다른 출판물을 압수하는 것은 금지된다. 배포 후 검사의 명령에 의한 압수는 다음과 같은 경우 예외적으로 허용된다.'라고 규정하고 있는데, 동 규정은 표현과 언론의 자유에 관한 부분 중 신문과 출판물의 예외적 압수에 관한 규정으로 영장 및 영장청구권에 관한 규정이 아니라고 할 수 있다. 오히려 그리스 헌법은 제6조(제6조 ① 누구도 이유를 기재한 판사의 영장 없이는 체포되거나 구속될 수 없으며, 현행범으로 체포되는 경우를 제외하고 체포시 또는 재판 전 구금시 영장을 제시해야 한다. ② 현행범으로 체포되거나 영장이 발부된 사람은 늦어도 체포 후 24시간 이내에 관할 예심판사의 심문에 회부되어야 한다)에서 영장에 관한 규정을 두고 있는데, 검사의 영장청구권에 관하여는 전혀 언급하고 있지 않다.

최고회의라는 비정상적인 입법을 통하여 신설된 것이기 때문에 정당성을 부여받기 어렵다는 주장과 관련하여, 국민의 대표성이나 민주적 정당성과는 별론으로 당시 국가재건최고회의에서 의결된 모든 법안들이 당연무효라고 하는 것은 지나친 주장이라는 반박이 가능하다. 물론 헌법재판소의 결정을 통하여 당시 여러 입법작용에 대한 위헌을 선언한 규정이라면 당연무효가 됨에 아무런 이견이 없을 것이다. 하지만 그렇지 않은 규정들을 모두 위와 같은 당연무효로 파악하는 것도 지나친 해석이라는 점을 명심해야 한다. 특히 제5차 개정헌법에서는 고문금지 규정 및 인간의 존엄과 가치 규정도 신설되었다는 점도 고려할 필요가 있다.

셋째, 검사의 독점적 영장청구권 규정이 인권보장의 기능과 무관하다는 주장과 관련하여, 검사는 사법경찰관으로부터 신청받은 영장을 실질적으로 심사하면서 부당한 강제수사의 염려가 있을 경우 이를 기각하여 국민의 인권보장에 기여하고 있다는 반박이 가능하다. 왜냐하면 검사의 영장기각을 통한 수사지휘가 장차 예상될 것이기 때문에 위법하거나 무리한 경찰의 수사가 사전에 통제될 수 있는 심리적 위축현상이 나타날 수 있기 때문이다.

넷째, 검사의 부당한 수사지휘권 행사를 통하여 경찰의 수사가 방해되거나 지연되고 있다는 주장과 관련하여, 영장주의의 취지는 수사의 신속성을 지향하는 것이 아니라 수사의 적법성 내지 인권보호에 우위를 두고 있다는 반박이 가능하다. 특히 영장의 적법성 심사를 거치는 것을 두고서 수사의 '방해'라고 표현하는 것은 다소 무리가 있으며, 수사의 '신중'을 기울인다는 표현이 오히려 더 정확하다. 특히 경찰이 대부분의 수사를 담당한다고 주장되고 있으나, 실제 영장이 발부되는 형사사건은 최근 들어 전체의 2%에 불과한 수준에 머무르고 있다는 점에서 그 논지가 희박하다.

다섯째, 영장주의는 법원의 실질적인 영장심사를 통하여 충분히 그 기능이 수행될 수 있다는 주장과 관련하여, 영장주의의 본질은 국민의 기본권 보장을 최대한 보장하기 위하여 강제수사를 최대한 억제함에 있어서 사법부의 사전적 통제작용의 일환으로 파악해야 할 것이다. 즉 인신의 자유에 대한 모든 제한 여부를 반드시 법관이 판단하라는 취지가 아니라 불구속으로 수사가 진행되는 것이 보다 타당하다고 판단된다면 법관 이전의 단계라고 할지라도 영장의 발부를 억제할 수도 있는 것으로 충분히 해석이 가능하다. 그러므로 이를 가지고서 행정권에 속하는 검사에 의하여 사실상 법관의 사법권한이 잠탈되는 것으로 파악하는 것은 타당하지 않다. 검사는 순수한 행정기관인 경찰과 달리 준사법기관으로서의 역할을 수행한다는 측면에서 더욱 그러하다. 한 걸음 양보하여 검사에 의한 영장심사가 사법통제가 아니라 행정통제라고 할지라도 이러한 행정통제가 전혀 불가능하다는 주장도 타당하지 않다. 오히려 검사에 의한 행정통제를 통하여 법원의 영장심사에 대한 업무부담이 감경되는 측면이 있음을 인식해야 한다. 왜냐하면 각 지방법원 단위로 소수의 영장전담판사가 영장발부 여부를 판단하고 있는 상황에서 개별사건을 담당하고 있는 다수의 담당검사가 일차적으로 영장의 발부가능성 여부를 심사하는 단계를 거쳐서 영장전담판사의 업무량을 감소시키기 때문이다.

여섯째, 통신사실확인자료제공의 요청권자로서 검사 이외에 사법경찰관도 주체로 설정하고 있다는 주장과 관련하여, 통신제한조치의 경우에는 검사만을 청구의 주체로 설정하고 있다는 반박이 가능하다. 양자의 차이는 국민의 기본권 제한의 정도라고 할 수 있는데, 통신제한조치의 경우 사생활의 비밀과 통신의 자유에 대한 심각한 제한이기 때문에 청구권자로서 검사만을 인정하고 있는 반면에, 통신사실확인자료의 경우에는 기본권 침해의 정도가 상대적으로 적다는 점에서 청구의 주체를 확장하고 있다는 분석이 가능하다.

결론적으로 현행 헌법에는 명문의 규정으로 검사에게 독점적 영장청구권을 인정하고 있기 때문에 하위법률의 개정을 통하여 이를 변경하는 것은 허용될 수 없다. 그러므로 현행 헌법의 체계 아래에서 사법경찰관에게 독자적인 영장청구권을 인정하거나 영장청구의 주체를 검사만이 아닌 사법경찰관도 포함시키는 방안 등은 위헌의 소지가 매우 강하다고 판단된다. 왜냐하면 신체의 자유를 제한하는 처분의 대표적인 예가 바로 수사상 행해지는 강제처분인데, 이러한 강제처분의 발동 여부를 청구할 수 있는 국가기관으로 검사만을 한정하고 있는 규정을 확대하여 사법경찰관의 경우에도 포함시키는 하위법률의 신설은 헌법의 취지에 부합하지 않기 때문이다. 소수의 검사가 아니라 다수의 사법경찰에게 영장청구권을 인정한다면 보다 많은 국민이 강제수사의 대상에 포섭될 위험성이 있다. 영장청구권의 주체를 헌법에 명문화한 실익은 헌법 개정 없이는 이를 변경할 수 없게 한 데 있다. 하지만 현행법체계 내지 제도에서 운영되고 있는 검사를 통한 영장경유의 원칙에서 나타나고 있는 문제점을 그대로 간과하는 것도 영장주의의 본질에 부합하는 것은 아니라고 판단된다. 그러므로 현행 헌법상 검사의 독점적 영장청구권 조항을 기본전제로 두고서 이를 견제할 수 있는 합리적인 대안을 강구하는 것이 보다 바람직하다.

4) 사법경찰관이 신청한 영장의 청구 여부에 대한 심의

① 내 용

검사가 사법경찰관이 신청한 영장을 정당한 이유 없이 판사에게 청구하지 아니한 경우 사법경찰관은 그 검사 소속의 지방검찰청 소재지를 관할하는 고등검찰청에 영장 청구 여부에 대한 심의를 신청할 수 있다(제221조의5 제1항). 이에 대한 사항을 심의하기 위하여 각 고등검찰청에 영장심의위원회를 두며(제221조의5 제2항), 영장심의위원회는 위원장 1명을 포함한 10명 이내의 외부 위원으로 구성하고, 위원은 각 고등검찰청 검사장이 위촉한다(제221조의5 제3항). 사법경찰관은 심의위원회에 출석하여 의견을 개진할 수 있다(제221조의5 제4항). 심의위원회의 구성 및 운영 등 그 밖에 필요한 사항은 법무부령으로 정한다(제221조의5 제5항).

② 영장심의위원회 운영의 개선방안

사법경찰관이 신청한 영장의 청구 여부에 대한 심의를 영장심의위원회에서 담당하는 것과 관련해서는 다음과 같은 개선방안을 지적할 수 있다. 첫째, 검사가 신청한 영장청구를 지방법원판사가 발부하지 아니할 때에는 청구서에 그 취지 및 이유를 기재하고 서명날인하여 청구한 검사에게 교부하도록 되어 있지만(형사소송법 제200조의2 제3항 및 제201조 제4항 후단 참고), 검사는 사법경찰관의 영장청구 신청을 받아들이지 않는데 대하여 '그 취지 및 이유를 기재하고 서명날인하여 신청한 사법경찰관에게 교부'하여야 하는 규정이 없기 때문에 경찰의 영장청구 신청에 대하여 검사는 별다른 심리적 부담을 느끼지 않고 있는 실정이다. 물론 검사가 정당한 이유 없이 영장청구라는 직무수행을 거부하거나 유기하게 되면 형법 제122조의 직무유기죄에 해당한다고 볼 여지가 있지만, 단순히 이를 이유로 기소가 될 가능성은 극히 희박하다. 하지만 고등검찰청에 사법경찰관이 검사의 영장기각처분에 대한 이의를 제기하기 위해서는 이의제기신청서에 그 이유를 기재하여야 함은 자명한 일이겠고, 이를 위해서는 기각의 구체적인 이유에 대한 소명이 필요한 부분인 것이다. 그러므로 검사가 사법경찰관의 신청에 따른 영장을 청구하지 아니할 때에는 반드시 그 취지와 이유를 기재한 서면으로 통지하도록 하는 방식의 도입이 요구된다.

둘째, 영장심의위원회가 보다 실효적으로 운영될 수 있도록 영장심의위원회의 결정에 일정 정도의 기속력을 부여하는 것이 바람직하다. 물론 외부위원들로 구성된 영장심의위원회의 영장청구 심의 결과를 검사에게 기속시킬 경우에는 검사가 그 책임으로 영장을 청구한다는 헌법 규정의 취지와 다소 어울리지 않을 수 있다는 점도 있겠지만, 위헌에 이르는지의 여부는 심의위원회 결정의 기속 정도에 따라 다르게 판단될 수 있을 것이다. 왜냐하면 위원회의 결정이 '청구의무를 부여하는지', '청구를 권고하는지', '불청구의 당부만을 판단하는지' 등에 따라 검사의 영장청구권에 영향을 미치는 정도가 다르기 때문이다. 가령 위원회의 결정이 '부당함을 확인하고, 청구를 권고'하는 정도라면 검사는 여전히 자신의 판단 하에 영장청구 여부를 결정할 수 있으므로 영장청구권이 침해되지 않는다. 한편 검사의 무분별한 영장기각을 방지하기 위하여 영장심의위원회의 판단 결과를 검사의 인사고과에 활용하는 방안도 적극적으로 검토해 볼 수 있을 것이다.

셋째, 검사의 부당한 영장기각에 대하여 이를 시정할 수 있는 기회를 제공하는 것은 경찰과 검찰간의 일치하지 않는 구속기준의 간극을 매울 수 있고, 합리적이고 객관적인 구속기준을 확립하여 구속의 예측가능성을 높이고, 피의자의 인권보호에도 도움이 될 것이며, 궁극적으로는 국민의 불신을 해소하여 형사사법의 공정성을 확보하는데 기여할 것이다. 이러한 점에서 법원의 양형기준과 마찬가지로 검사의 영장청구 여부에 대한 판단을 객관적이고 통상적인 범위로 제한할 수 있는 구체적인 기준의 마련이 필요하다. 이러한 방안은 검사의 자의적 불청구를 제한할 뿐만 아니라 경찰 또는 사건관계인의 예측가능성 확보에 도움이 되어 경찰의 수사효율을 높이고 피의자의 방어권을 보장하는 효과도 있다.

넷째, 영장심의위원회의 운영과 관련하여 위에서 제시한 개선방안이 도입된다고 하더라도 영장심의위원회의 소속기관이 고등검찰청 산하로 되어 있다는 점은 심의위원회의 본질적인 한계라고 할 수 있다. 이는 검사의 불기소처분에 대한 불복방법으로서 검찰항고가 규정되어 있지만, 내부적인 통제라는 한계로 인하여 법원에 의한 별도의 재정신청제도가 마련되어 있는 것과 같은 이치이다. 심의위원회의 구성이 아무리 중립적인 외부인사로 채워진다고 하더라도 기본적으로 고등검찰청 검사장의 권한으로 그 구성이 이루어질 수밖에 없고, 아무리 객관적인 심의를 한다고 하더라도 이견이 있는 입장에서는 당해 결과를 그대로 수용하기가 쉽지 않을 것이다. 결국 법원이 아닌 고등검찰청 소속의 심의위원회에 의한 심의는 또 다른 불복수단을 강구할 수밖에 없는 구조라고 판단된다.

Ⅱ. 임의수사의 방법

1. 피의자신문

(1) 개념 및 취지

검사 또는 사법경찰관은 수사에 필요한 때에는 피의자의 출석을 요구하여 진술을 들을 수 있는데(제200조), 이 때 수사기관이 피의자를 신문하여 피의자로부터 진술을 받는 일련의 절차를 '피의자신문'(被疑者訊問)이라고 한다. 피의자신문은 수사기관이 범죄의 혐의를 받고 있는 피의자의 진술을 통하여 직접 증거를 수집하는 절차일 뿐만 아니라 피의자가 자기에게 유리한 사실을 주장할 수 있는 기회를 제공하는 의미도 가지고 있다. 수사방법의 하나로서 피의자에 대한 신문은 기능상 피의자에 대한 공격으로서의 성격을 지니고 있다. 그러므로 되도록이면 피의자에 대한 신문 이외의 방법으로 공소제기 및 유지를 위한 증거를 수집하도록 하여야 하고, 피의자의 신문은 그것이 사안의 진상규명을 위하여 필요하고, 그 필요성이 구체적 사실에 근거할 때에만 하도록 하는 것이 바람직하다. 제200조 제1항이 '검사 또는 사법경찰관은 수사에 '필요한' 때에는 피의자의 출석을 요구하여 진술을 들을 수 있다.'라고 규정하고 있는 것도 바로 이 점을 밝히고 있는 것이다. 이와 달리 수사기관이 수사를 할 때에는 반드시 피의자를 신문하여야 한다고 하면, 고소사실 자체에 범죄가 될 만한 사실이 포함되어 있지 않는 경우나 진상규명을 위하여 필요하지 않은 경우에는 오히려 피의자의 인권을 부당하게 침해하는 결과가 될 수도 있다. 뿐만 아니라 혐의 유무를 불문하고 수사기관에서 피의자로서 신문을 받았다는 사실 그 자체만으로도 불명예스러운 것으로 인식될 수 있는 현실에서는 피고소인의 명예손상만을 노린 터무니없는 고소나 고발이 조장되어 인권침해를 초래할 수도 있게 된다.[1)]

(2) 법적 성격

피의자신문의 법적 성격은 임의수사로 파악해야 한다.[2)] 왜냐하면 진술거부권이 보장되어

---

1) 헌법재판소 1990. 4. 2. 선고 88헌마25 결정.

2) 김인회, 95면; 김정한, 206면; 배종대/홍영기, 114면; 손동권/신이철, 226면; 송광섭, 238면; 신동운, 111면(그러나 출석불응을 사유로 하는 체포영장제도에 의하여 사실상 수사기관의 출석요구에 강제적 측면이 강하게 부각되고

있는 피의자에 대하여 진술을 강제할 수는 없기 때문이다. 이에 대하여 판례는 「제200조는 '검사 또는 사법경찰관은 수사에 필요한 때에는 피의자의 출석을 요구하여 진술을 들을 수 있다.'고 하여, 수사의 목적을 달성하기 위하여 임의수사의 한 방법으로 피의자신문을 할 수 있음을 규정하고 있다.」라고 판시[1]하여, 같은 입장을 취하고 있다. 이와 같은 수사기관의 출석요구에 대하여 피의자는 응할 의무가 없기 때문에 정당한 이유가 없더라도 출석을 거부할 수 있으며, 출석을 한 경우라도 언제든지 퇴거할 수 있다. 하지만 정당한 이유가 없음에도 불구하고 계속하여 출석요구에 응하지 않을 경우에는 영장에 의한 체포의 가능성이 매우 크기 때문에 엄밀한 의미에서의 임의수사로 파악하는 것도 다소 무리가 있는 것이 사실이다. 이러한 이유에서 참고인조사가 완전한 의미에서의 임의수사로 파악된다. 한편 형사소송법은 피의자신문의 과정에서 수사기관이 자백을 획득하기 위하여 진술을 강요할 위험성이 크다는 점을 고려하여, 아래에서 보는 바와 같이 피의자신문의 절차와 피의자의 권리에 대하여 자세하게 규정하고 있다.

(3) 피의자신문의 절차

1) 출석요구

수사기관이 피의자를 신문하기 위해서는 피의자의 출석을 요구하여야 하는데, 그 방법에는 제한이 없다. 실무에서는 수사기관에 의한 출석요구를 '소환'(召喚)이라고 한다. 사법경찰관이 피의자에게 출석을 요구할 때에는 출석요구서를 발부하여야 한다. 이 경우 출석요구서에는 출석요구의 취지를 명백하게 적어야 한다(수사지휘·준칙규정 제19조 제1항). 사법경찰관은 신속한 출석요구 등을 위하여 필요할 때에는 전화·팩스·그 밖의 상당한 방법으로 출석을 요구할 수 있다(수사지휘·준칙규정 제19조 제2항). 사법경찰관은 출석요구서를 발부하였을 때에는 그 사본을 수사기록에 첨부하여야 하며, 출석요구서 외의 방법으로 출석을 요구하였을 때에는 그 취지를 적은 수사보고서를 수사기록에 첨부하여야 한다(수사지휘·준칙규정 제19조 제3항).

검사가 서면으로 피의자에게 출석을 요구하는 경우에는 출석요구서에 따르고, 피의자 외의 사람에게 출석을 요구하는 경우에는 참고인출석요구서에 따른다(검찰사건사무규칙 제12조 제1항 본문). 검사는 필요한 경우에 전화·모사전송 기타 상당한 방법으로 피의자 등의 출석을 요구할 수 있다(검찰사건사무규칙 제12조 제2항). 검사는 피의자에게 출석을 요구하는 경우 피의자에게 변호인이 선임되어 있으면 변호인에게도 피의자의 출석 일시와 장소를 통지해야 한다(검찰사건사무규칙 제12조 제3항). 이 경우 변호인이 출석요구 일시에 참여할 수 없는 등 부득이한 사유가 있으면 검사는 변호인의 요청에 따라 출석 일시를 조정하는 등 변호인이 참여할 수 있도록 필요한 조치를 해야 한다(검찰사건사무규칙 제12조 제4항).

출석을 요구하는 장소가 반드시 수사관서일 필요는 없으며, 경우에 따라 수사기관이 피의

있다); 신양균/조기영, 106면; 이은모/김정환, 217면; 이재상/조균석, 234면; 이주원, 104면; 이창현, 285면; 임동규, 172면; 정승환, 104면; 정웅석/최창호, 99면; 최호진, 129면.

1) 대법원 2013. 7. 1.자 2013모160 결정.

자가 있는 장소에 방문하여 그 곳에서 신문하여도 무방하다. 사법경찰관이 치료 중인 피의자가 있는 곳에서 '임상신문'(臨床訊問)할 때에는 상대방의 건강상태를 충분히 고려하여야 하며, 수사에 중대한 지장이 없으면 가족·의사·그 밖의 적당한 사람을 참여시켜야 한다(수사지휘·준칙규정 제27조).

한편 수사기관이 관할 지방법원 판사가 발부한 구속영장에 의하여 피의자를 구속하는 경우, 그 구속영장은 기본적으로 장차 공판정에의 출석이나 형의 집행을 담보하기 위한 것이지만, 이와 함께 제202조, 제203조에서 정하는 구속기간의 범위 내에서 수사기관이 제200조, 제241조 내지 제244조의5에 규정된 피의자신문의 방식으로 구속된 피의자를 조사하는 등 적정한 방법으로 범죄를 수사하는 것도 예정하고 있다. 따라서 구속영장 발부에 의하여 적법하게 구금된 피의자가 피의자신문을 위한 출석요구에 응하지 아니하면서 수사기관 조사실에 출석을 거부한다면 수사기관은 그 구속영장의 효력에 의하여 피의자를 조사실로 구인할 수 있다.[1] 다만 이러한 경우에도 그 피의자신문 절차는 어디까지나 제199조 제1항 본문, 제200조의 규정에 따른 임의수사의 한 방법으로 진행되어야 하므로, 피의자는 헌법 제12조 제2항과 제244조의3에 따라 일체의 진술을 하지 아니하거나 개개의 질문에 대하여 진술을 거부할 수 있고, 수사기관은 피의자를 신문하기 전에 그와 같은 권리를 알려주어야 한다.[2]

2) 진술거부권 등의 고지

검사 또는 사법경찰관은 피의자를 신문하기 전에 ① 일체의 진술을 하지 아니하거나 개개의 질문에 대하여 진술을 하지 아니할 수 있다는 것, ② 진술을 하지 아니하더라도 불이익을 받지 아니한다는 것, ③ 진술을 거부할 권리를 포기하고 행한 진술은 법정에서 유죄의 증거로 사용될 수 있다는 것, ④ 신문을 받을 때에는 변호인을 참여하게 하는 등 변호인의 조력을 받을 수 있다는 것 등의 사항을 알려주어야 한다(제244조의3 제1항). 또한 사법경찰관은 피의자를 신문하기 전에 수사과정에서 법령위반, 인권침해 또는 현저한 수사권 남용이 있는 경우 검사에게 구제를 신청할 수 있음을 피의자에게 알려주어야 한다(제197조의3 제8항). 이와 같은 구제신청의 고지는 검찰청 직원인 사법경찰관리나 특별사법경찰관리가 피의자를 신문하는 경우에는 적용되지 아니한다(제245조의9 제4항 및 제245조의10 제6항 참조).

피의자에 대한 진술거부권 등의 고지는 피의자의 진술거부권과 변호인의 조력을 받을 권리를 실효적으로 보장하여 진술이 강요되는 것을 막기 위하여 인정되는 것이다. 수사기관에 의한 진술거부권 고지 대상이 되는 피의자 지위는 수사기관이 조사대상자에 대한 범죄혐의를 인

---

1) 반면에 체포·구속은 절차를 확보하기 위한 것이지 피의자를 신문하기 위한 것이 아니며, 신체구속 중의 피의자에게 출석 및 체류의무를 인정하면 진술의 의무가 없다고 하여도 실질적으로는 피의자에게 진술을 강요하는 결과를 초래하여 묵비권을 침해하고, 신체구속 상태에서 피의자를 조사할 목적으로 이용되는 별건체포·구속의 문제를 해결하기 위해서라도 신체구속의 피의자에게 출석 및 체류의무를 부정해야 한다는 견해로는 신양균/조기영, 108면; 이은모/김정환, 218면.

2) 대법원 2013. 7. 1.자 2013모160 결정.

정하여 수사를 개시하는 행위를 한 때 인정되는 것으로 보아야 한다. 따라서 이러한 피의자 지위에 있지 아니한 자에 대하여는 진술거부권이 고지되지 아니하였더라도 진술의 증거능력을 부정할 것은 아니다.[1]

피의자가 거부할 수 있는 진술의 내용에는 제한이 없으며, 진술거부권은 신문하기 전에 한 차례 고지하는 것으로 족하고 신문할 때마다 이를 고지해야 하는 것은 아니다. 하지만 동일한 수사기관이 수회에 걸쳐 피의자를 신문하는 경우에는 신문할 때마다 진술거부권을 고지해야 할 필요가 없지만, 신문 사이에 시간적 간격이 길거나 조사관이 경질된 때에는 다시 고지를 해야 할 것이다. 또한 체포 또는 구속시에 진술거부권을 고지하였다고 하더라도 피의자를 신문할 때에는 다시 별도로 이를 고지하여야 한다. 사법경찰관이 사건을 검사에게 송치하여 검사가 피의자를 신문할 때에는 신문 전에 다시 진술거부권을 고지하여야 한다. 만약 수사기관이 피의자를 신문함에 있어서 피의자에게 미리 진술거부권을 고지하지 않은 때에는 그 피의자의 진술은 위법하게 수집된 증거로서 진술의 임의성이 인정되는 경우라도 증거능력이 부정되어야 한다.[2]

검사 또는 사법경찰관은 진술거부권 등을 알려 준 때에는 피의자가 진술을 거부할 권리와 변호인의 조력을 받을 권리를 행사할 것인지의 여부를 질문하고, 이에 대한 피의자의 답변을 조서에 기재하여야 한다. 이 경우 피의자의 답변은 피의자로 하여금 자필로 기재하게 하거나 검사 또는 사법경찰관이 피의자의 답변을 기재한 부분에 기명날인 또는 서명하게 하여야 한다(제244조의3 제2항). 진술거부권 행사 여부에 대한 피의자의 답변이 자필로 기재되어 있지 아니하거나 그 답변 부분에 피의자의 기명날인 또는 서명이 되어 있지 아니한 피의자신문조서는 적법한 절차와 방식에 따라 작성된 조서라고 할 수 없으므로 그 증거능력을 인정할 수 없다.[3]

3) 피의자신문의 방법

① 신문의 주체

피의자신문의 주체는 검사 또는 사법경찰관이지만, 피의자신문조서는 참여한 검찰청 수사관 또는 서기관이나 서기, 사법경찰리가 작성한다. 한편 형사소송법은 '검사 또는 사법경찰관' 만을 명시적인 피의자신문의 주체로 규정하고 있기 때문에 과연 사법경찰리가 피의자신문을 할 수 있는지 여부가 문제될 수 있다. 이에 대하여 판례는 「사법경찰리가 작성한 진술조서 및 피의자신문조서는 관련 법령에 의하여 사법경찰리가 검사의 지휘를 받고 수사사무를 보조하기 위하여 작성한 서류라고 할 것이므로 이를 근거 없는 자의 조서라고 할 수 없다.」라고 판시[4]하여, 사법경찰리도 피의자를 신문할 수 있다고 파악한다. 이 경우 사법경찰리를 실무상 '사법경

---

1) 대법원 2011. 11. 10. 선고 2011도8125 판결.

2) 대법원 2011. 11. 10. 선고 2010도8294 판결; 대법원 2010. 5. 27. 선고 2010도1755 판결; 대법원 2009. 8. 20. 선고 2008도8213 판결; 대법원 1992. 6. 23. 선고 92도682 판결.

3) 대법원 2013. 3. 28. 선고 2010도3359 판결.

4) 대법원 1982. 12. 28. 선고 82도1080 판결; 대법원 1982. 3. 9. 선고 82도63 판결; 대법원 1981. 6. 9. 선고 81도1357 판결; 대법원 1969. 12. 9. 선고 69도1884 판결; 대법원 1962. 12. 9. 선고 69도1884 판결.

찰관사무취급'이라고 한다.

생각건대 대법원은「외관상 검사가 작성한 것으로 되어 있는 피고인에 대한 피의자신문조서라고 할지라도 검찰주사와 검찰주사보가 사건을 담당한 검사가 임석하지 아니한 상태에서 피의자였던 피고인을 번갈아가며 신문한 끝에 작성하고, 피의사실에 관하여 검사가 피고인을 직접·개별적으로 신문한 것이 아니라면, 제312조 제1항 소정의 '검사가 피고인이 된 피의자의 진술을 기재한 조서'로 볼 수 없다.」라고 판시[1]하고 있다는 점, 제200조에서는 사법경찰'관리'가 아니라 사법경찰'관'이라고 규정하고 있다는 점, 제200조 및 제48조 제1항에서 피의자신문의 주체와 피의자신문조서 작성의 주체를 구별하여 규정하고 있다는 점 등에 비추어 볼 때, 사법경찰리는 독자적으로 피의자신문조서를 작성할 수 없다고 보아야 한다.

② 인정신문

검사 또는 사법경찰관이 피의자를 신문함에는 먼저 그 성명·연령·등록기준지·주거와 직업을 물어 피의자임에 틀림없음을 확인하여야 하는데(제241조), 이를 '인정신문'(人定訊問)이라고 한다. 피의자는 인정신문에 대하여도 진술거부권을 행사할 수 있다. 한편 2015년 이후 피의자가 공무원에 해당하는 경우에는 그 신분에 대한 실질적인 조회가 가능하게 되었다.

③ 피의자에 대한 조사

검사 또는 사법경찰관은 피의자에 대하여 범죄사실과 정상에 관한 필요사항을 신문하여야 하며, 그 이익되는 사실을 진술할 기회를 주어야 한다(제242조). 검사 또는 사법경찰관은 피의자를 신문함에 있어서 범죄사실에 관한 사항으로 범행의 일시·장소·수단과 방법·객체·결과뿐만 아니라 그 동기와 공범관계, 범행에 이르게 된 경과 등 범행 전후의 여러 정황도 함께 신문하여야 한다.[2] 특히 사법경찰관리가 피의자를 상대로 조사를 하면서 ① 피의자의 성명·나이·주민등록번호·등록기준지·주거·직업 및 전과·기소유예나 선고유예 등의 처분을 받은 사실 유무, 피의자가 외국인인 경우에는 국적·주거·출생지·입국연월일·입국목적 및 외국인등록번호, 피의자가 법인 또는 단체인 경우에는 명칭·상호·소재지·대표자의 성명 및 주거·설립목적 및 그 기구, ② 피의자가 자수하거나 자복하였을 때에는 그 동기와 경위, ③ 피의자의 훈장·기장·포장·연금의 유무, ④ 피의자의 병역관계, ⑤ 피의자의 환경·교육·경력·가족상황·재산 정도·생활수준 및 종교관계, ⑥ 범죄의 동기·원인·성질·일시·장소·방법 및 결과[3], ⑦ 피해자

1) 대법원 2003. 10. 9. 선고 2002도4372 판결.

2) 대법원 2007. 11. 30. 선고 2005다40907 판결.

3) 대법원 2020. 4. 29. 선고 2015다224797 판결(피고 소속 경찰관이 소년인 원고 3, 6에 대한 피의자신문조서를 작성하면서, 실제 신문 및 진술 내용은 범행 일시, 장소, 범행 전 행적, 범행을 공모하고 준비하게 된 과정 및 내용, 범행의 세부내용 등에 관한 구체적인 수사기관의 질문에 대하여 단답형으로 한 대답이 대다수임에도, 문답의 내용을 바꾸어 기재함으로써 마치 피의자로부터 자발적으로 구체적인 진술이 나오게 된 것처럼 조서를 작성하여 조서의 객관성을 유지하지 못한 직무상 과실이 있고, 이는 영장실질심사 단계 및 이후 검찰수사 과정에서 위 원고들을 비롯하여 또 다른 소년이자 공범인 원고 1, 9의 피의자로서의 방어권 행사에 불이익하게 작용하였다고 보아, 피고의 원고들에 대한 위자료책임을 인정하였다).

의 주거·직업·성명 및 나이, ⑧ 피의자와 피해자가 친족관계이거나 그 밖의 특수관계인인 경우에는 죄의 성립 여부, 형의 경중이 있는 사건에 대해서는 그 사항, ⑨ 피의자의 처벌로 인하여 그 가정에 미치는 영향, ⑩ 범죄로 인하여 피해자 및 사회에 미치는 영향, ⑪ 피해의 상태·손해액·피해회복의 여부 및 처벌희망의 유무, ⑫ 피의자에게 이익이 될 만한 사항, ⑬ 제1호부터 제12호까지의 사항을 증명할 만한 사항 등에 유의하여야 한다. 피의자의 진술은 피의자신문조서에 적어야 하며, 조서 끝 부분에 피의자로부터 기명날인 또는 서명을 받아야 한다(수사지휘·준칙규정 제20조).

피의자가 출석하였을 때에는 지체 없이 진술을 들어야 하며, 오랫동안 기다리게 하는 일이 없도록 하여야 한다(수사지휘·준칙규정 제19조 제4항). 외국인을 조사할 때에는 국제법과 국제조약에 위배되는 일이 없도록 유의하여야 한다(수사지휘·준칙규정 제19조 제5항).

④ 대질신문

검사 또는 사법경찰관이 사실을 발견함에 필요한 때에는 피의자와 다른 피의자 또는 피의자 아닌 자와 대질하게 할 수 있는데(제245조), 이를 '대질신문'(對質訊問)이라고 한다. 피의자의 진술과 참고인 등의 진술이 서로 일치하지 않는 경우, 이를 확인하기 위해서 대질신문을 진행할 수 있다.

4) 피의자신문과 참여자

① 보조자의 참여

검사가 피의자를 신문함에는 검찰청 수사관[1] 또는 서기관이나 서기를 참여하게 하여야 하고[2], 사법경찰관이 피의자를 신문함에는 사법경찰관리를 참여하게 하여야 한다(제243조). 이는 조서기재의 정확성과 신문절차의 적법성을 보장하기 위한 것이다. 하지만 실무에서는 보조자의 참여 없이 피의자신문을 진행하는 경우가 상당수 존재하는데, 제도의 개선이 요구된다. 한편 참고인 조사의 경우에는 보조자의 참여가 요구되지 아니한다.

② 변호인의 참여

㉠ 의 의 기존에는 피의자신문시 변호인의 참여가 가능한지 여부에 대한 명문의 규정이 없어 논란이 있었으나, 대법원은 「신체구속을 당한 사람은 수사기관으로부터 피의자신문을 받는 도중에라도 언제든지 변호인과 접견교통하는 것이 보장되고 허용되어야 할 것이고, 이를

1) 검찰청 수사관은 일반적으로 검사실에서 수사를 하는 검찰공무원을 통칭하는 용어로 사용된다. 이에는 6급(검찰주사), 7급(검찰주사보), 8급(검찰서기), 9급(검찰서기보) 등이 있다.

2) 대법원 1973. 12. 24. 선고 73도2361 판결(검사가 피고인을 신문하고 그 내용을 기록할 때에 각 입회서기는 시종 입회하여 신문내용을 듣고 신문과 기록이 완료된 후 이를 피의자에게 읽어주고, 조서에 간인하고 그 말미에 입회서기 자신이 하등의 이의 없이 서명날인 한 사실이 분명하다. 검사가 피의자를 신문할 때 검찰청 서기가 참여하여야 한다고 규정한 제243조는 피의자의 신문기록의 객관성, 공정성을 담보하고, 입회서기의 직무의 독립성을 해하지 아니하기 위한 것임은 소론과 같으나, 검사가 위와 같은 상황 하에서 검찰서기가 기록할 신문내용을 직접 검사가 대필하였다는 사유만으로서는 그 조서가 전혀 입회서기에 의하여 작성된 것이 아니라거나 입회서기가 참여하지 아니한 채 작성된 것이라 할 수 없고, 동 입회서기의 직무의 독립성이 침해된 채 작성된 것이라고도 할 수 없다).

제한하거나 거부하는 것은 신체구속을 당한 사람의 변호인과의 접견교통권을 제한하는 것으로서 위법」한 것이라고 판시[1]하여, 피의자신문시 변호인의 참여가 신체구속을 당한 사람에 대하여 변호인의 조력을 받을 권리를 기본권으로 보장하고 있는 것의 핵심적인 내용이라고 하였으며, 이후 헌법재판소도 「불구속 피의자가 피의자신문시 조언과 상담을 구하기 위하여 자신의 변호인을 대동하기를 원한다면, 수사기관은 특별한 사정이 없는 한 이를 거부할 수 없다.」라고 판시[2]하여, 신체구속을 당하지 않은 사람에 대하여도 피의자신문시 변호인의 참여요구권을 헌법상의 기본권으로 보장하였다. 이에 2007. 6. 1. 형사소송법 개정을 통하여 피의자신문시 변호인참여권을 명문으로 규정하기에 이른다.

㉡ **내 용** 검사 또는 사법경찰관은 피의자 또는 그 변호인·법정대리인·배우자·직계친족·형제자매의 신청에 따라 변호인을 피의자와 접견하게 하거나 정당한 사유가 없는 한 피의자에 대한 신문에 참여하게 하여야 한다(제243조의2 제1항). 여기서 '정당한 사유'란 변호인이 피의자신문을 방해하거나 수사기밀을 누설할 염려가 있음이 객관적으로 명백한 경우 등을 말하는 것이므로(수사지휘·준칙규정 제21조 제1항)[3], 수사기관이 피의자신문을 하면서 이와 같은 정당한 사유가 없음에도 불구하고 변호인에 대하여 피의자로부터 떨어진 곳으로 옮겨 앉으라고 지시를 한 다음 이러한 지시에 따르지 않았음을 이유로 변호인의 피의자신문 참여권을 제한하는 것은 허용될 수 없다.[4] 또한 수사기관이 피의자신문시 변호인에 대한 후방착석행위를 요구하는 것은 이를 정당화하는 사유가 존재하지 않는 한 단순히 변호인의 직업수행방법을 제한하는 것이 아니라 변호인의 자유로운 피의자신문참여를 제한함으로써 피의자의 변호인으로부터 조력을 받을 권리와 표리의 관계에 있는 변호인의 변호권을 제한하는 것이다.[5] 변호인에게 참여의 기회를 제공하면 족하고, 참여를 신청한 변호인이 신문장소에 출석하지 아니하거나 출석을 거부할 때에는 변호인의 참여가 없더라도 얼마든지 신문이 가능하다.

사법경찰관은 신청인으로 하여금 변호인 참여 전에 변호인선임에 관한 서면을 제출하도록 하여야 한다(수사지휘·준칙규정 제21조 제2항). 만약 변호인 참여 신청을 받았을 때에도 변호인이 상당한 시간 내에 출석하지 아니하거나 출석할 수 없으면 변호인의 참여 없이 피의자를 신문할 수 있다(수사지휘·준칙규정 제21조 제3항). 사법경찰관은 변호인의 참여로 인하여 ① 사법경찰관의 승인 없이 부당하게 신문에 개입하거나 모욕적인 말과 행동 등을 하는 경우, ② 피의자를 대신하여 답변하거나 특정한 답변 또는 진술 번복을 유도하는 경우, ③ 형사소송법 제243조의2 제3항 단서에 반하여 부당하게 이의를 제기하는 경우, ④ 피의자신문 내용을 촬영·녹음·기록하는

1) 대법원 2003. 11. 11.자 2003모402 결정(송○율교수사건).
2) 헌법재판소 2004. 9. 23. 선고 2000헌마138 결정(박○순낙선운동사건).
3) 대법원 2005. 5. 9.자 2004모24 결정; 대법원 2003. 11. 11.자 2003모402 결정.
4) 대법원 2008. 9. 12.자 2008모793 결정.
5) 헌법재판소 2017. 11. 30. 선고 2016헌마503 결정.

경우(다만 기록의 경우 피의자에 대한 법적 조언을 위하여 변호인이 기억을 되살리기 위해 하는 간단한 메모는 제외한다) 중 어느 하나의 사유가 발생하여 신문 방해, 수사기밀 누설 등 수사에 현저한 지장이 있을 때에는 피의자신문 중이라도 변호인의 참여를 제한할 수 있다(수사지휘·준칙규정 제21조 제4항). 하지만 변호인은 신문 전 또는 신문 도중 피의자에게 진술거부권의 행사를 권고할 수 있으며, 피의자의 요청으로 변호인과 상의하여 피의자가 신문에 답하게 하는 것도 허용된다.

검사는 제243조의2 제1항에 따라 피의자 또는 그 변호인·법정대리인·배우자·직계친족·형제자매의 신청이 있는 경우 변호인의 참여로 인하여 신문 방해, 수사기밀 누설 등 수사에 현저한 지장을 초래할 우려가 있다고 인정되는 정당한 사유가 있는 경우를 제외하고는 피의자에 대한 신문에 변호인을 참여하게 해야 한다(검찰사건사무규칙 제9조의2 제1항). 이와 같은 신청은 서면 또는 구술로 할 수 있다(검찰사건사무규칙 제9조의2 제2항). 피의자나 피의자신문에 참여하려는 변호인은 변호인의 피의자신문 참여 전에 검사에게 변호인선임에 관한 서면을 제출해야 한다(검찰사건사무규칙 제9조의2 제3항). 검사는 변호인 참여 신청이 있는 경우에도 피의자 또는 변호인이 변호인의 참여를 명시적으로 원하지 않는 경우 또는 변호인이 상당한 시간 내에 출석하지 않거나 출석할 수 없는 경우 가운데 어느 하나에 해당하는 경우에는 변호인의 참여 없이 피의자를 신문할 수 있다(검찰사건사무규칙 제9조의2 제4항). 검사는 변호인의 참여로 인하여 ① 검사의 승인 없이 부당하게 신문에 개입하거나 모욕적인 언동 등을 행하는 경우, ② 피의자를 대신하여 답변하거나 특정한 답변 또는 진술 번복을 유도하는 경우, ③ 제243조의2 제3항 단서에 반하여 이의를 제기하는 경우, ④ 신문 내용을 촬영·녹음하거나 전자기기를 이용하여 기록하는 경우, ⑤ 증거의 인멸·은닉·조작, 조작된 증거의 사용, 공범 도주 원조의 위험이 구체적으로 드러난 경우, ⑥ 피해자나 해당 사건의 수사·재판에 필요한 사실을 알고 있다고 인정되는 사람 또는 그 친족의 생명·신체나 재산에 대한 침해의 위험이 구체적으로 드러난 경우 가운데 어느 하나에 해당하는 사유가 발생하여 신문 방해, 수사기밀 누설 등 수사에 현저한 지장을 초래하는 경우에는 피의자신문 중이라도 변호인의 참여를 제한할 수 있다. 이 경우 검사는 피의자와 변호인에게 변호인 참여를 제한하는 처분에 대해 제417조에 따른 준항고를 제기할 수 있다는 사실을 고지해야 한다(검찰사건사무규칙 제9조의2 제5항). 검사는 이에 따라 피의자신문 중에 변호인의 참여를 제한하는 경우 피의자에게 다른 변호인을 참여시킬 기회를 주어야 한다(검찰사건사무규칙 제9조의2 제6항). 검사는 피의자의 옆에 신문에 참여하는 변호인의 좌석을 마련해야 한다. 다만, 조사인원, 조사공간, 피의자의 의사 등으로 인하여 부득이한 경우 변호인의 동의를 받아 변호인의 조력에 장애가 되지 않는 범위에서 변호인의 좌석 위치를 조정할 수 있다(검찰사건사무규칙 제9조의2 제7항). 검사의 피혐의자·피내사자·피해자·참고인에 대한 조사 시 변호인의 참여에 관하여는 제1항부터 제7항까지의 규정을 준용한다(검찰사건사무규칙 제9조의2 제8항). 검사는 피의자·피혐의자·피내사자·피해자·참고인의 변호인이 변론을 요청하는 경우 특별한 사정이 없으면 일정, 시간, 방식 등을 협의하여 변론할 기회를 보장해야 한다(검찰사건사무규칙 제9조의6).

한편 검사는 ① 신문 내용을 촬영·녹음하거나 전자기기를 이용하여 기록하는 경우, ② 수사 지연, 신문 방해 또는 수사기밀 누설 등 수사에 지장을 초래할 우려가 있는 경우, ③ 신문을 종료한 후 피의자신문조서의 내용을 옮겨 쓰는 경우, ④ 다른 사람의 개인정보 유출 등 사생활의 비밀 또는 자유를 침해할 우려가 있는 경우 가운데 어느 하나에 해당하는 경우를 제외하고는 피의자 및 신문에 참여한 변호인이 신문 내용을 손으로 써서 기록하는 것을 제한해서는 안 된다. 이 경우 검사는 피의자 또는 변호인이 기록할 수 있도록 적절한 조치를 해야 한다(검찰사건사무규칙 제13조의10 제1항).

신문에 참여한 변호인은 신문 후 의견을 진술할 수 있다. 다만 신문 중이라도 부당한 신문방법에 대하여 이의를 제기할 수 있고[1], 검사 또는 사법경찰관의 승인을 얻어 의견을 진술할 수 있다(제243조의2 제3항). 이에 따라 변호인의 의견이 기재된 피의자신문조서는 변호인에게 열람하게 한 후 변호인으로 하여금 그 조서에 기명날인 또는 서명하게 하여야 한다(제243조의2 제4항). 검사 또는 사법경찰관은 변호인의 신문참여 및 그 제한에 관한 사항을 피의자신문조서에 기재하여야 한다(제243조의2 제5항). 한편 신문에 참여하고자 하는 변호인이 2인 이상인 때에는 피의자가 신문에 참여할 변호인 1인을 지정한다. 지정이 없는 경우에는 검사 또는 사법경찰관이 이를 지정할 수 있다(제243조의2 제2항).

㉢ 참여의 제한에 대한 불복방법 검사 또는 사법경찰관의 변호인의 피의자신문 참여에 관한 처분에 대하여 불복이 있으면 그 직무집행지의 관할법원 또는 검사의 소속 검찰청에 대응한 법원에 그 처분의 취소 또는 변경을 청구할 수 있다(제417조). 준항고에 대한 법원의 결정에 대해서는 재항고가 가능하다(제419조, 제415조). 그리고 검사 또는 사법경찰관이 정당한 사유 없이 변호인의 참여를 제한하는 행위는 헌법상 기본권인 변호인의 변호권을 침해하는 공권력의 행사로서 헌법소원의 대상이 되기도 한다.[2]

한편 피의자가 변호인의 참여를 원한다는 의사를 명백하게 표시하였음에도 수사기관이 정당한 사유 없이 변호인을 참여하게 하지 아니한 채 피의자를 신문하여 작성한 피의자신문조서는 제312조에 정한 '적법한 절차와 방식'에 위반된 증거일 뿐만 아니라 제308조의2에서 정한

1) 대법원 2020. 3. 17.자 2015모2357 결정(검사 또는 사법경찰관의 부당한 신문방법에 대한 이의제기는 고성, 폭언 등 그 방식이 부적절하거나 또는 합리적 근거 없이 반복적으로 이루어지는 등의 특별한 사정이 없는 한, 원칙적으로 변호인에게 인정된 권리의 행사에 해당하며, 신문을 방해하는 행위로는 볼 수 없다. 따라서 검사 또는 사법경찰관이 그러한 특별한 사정없이, 단지 변호인이 피의자신문 중에 부당한 신문방법에 대한 이의제기를 하였다는 이유만으로 변호인을 조사실에서 퇴거시키는 조치는 정당한 사유 없이 변호인의 피의자신문 참여권을 제한하는 것으로서 허용될 수 없다. … 준항고인 1의 변호인인 준항고인 2가 인정신문을 시작하기 전 검사에게 준항고인 1의 수갑을 해제하여 달라고 계속 요구하자, 검사가 수사에 현저한 지장을 초래한다는 이유로 준항고인 2를 퇴실시킨 것은 변호인의 피의자신문 참여권을 침해하여 위법하다).

2) 헌법재판소 2017. 11. 30. 선고 2016헌마503 결정.

'적법한 절차에 따르지 아니하고 수집한 증거'에 해당하므로 이를 증거로 할 수 없다.[1)]

③ 신뢰관계에 있는 자의 동석

검사 또는 사법경찰관은 피의자를 신문하는 경우 ① 피의자가 신체적 또는 정신적 장애로 사물을 변별하거나 의사를 결정·전달할 능력이 미약한 때, ② 피의자의 연령·성별·국적 등의 사정을 고려하여 그 심리적 안정의 도모와 원활한 의사소통을 위하여 필요한 경우 중 어느 하나에 해당하는 때에는 직권 또는 피의자·법정대리인의 신청에 따라 피의자와 신뢰관계에 있는 자를 동석하게 할 수 있다(제244조의5). 여기서 피의자와 동석할 수 있는 신뢰관계에 있는 사람은 피의자의 직계친족·형제자매·배우자·가족·동거인·보호시설 또는 교육시설의 보호 또는 교육담당자 등 피의자의 심리적 안정과 원활한 의사소통에 도움을 줄 수 있는 사람을 말한다(수사지휘·준칙규정 제22조 제1항).

피의자나 법정대리인이 신뢰관계자의 동석 신청을 하였을 때에는 사법경찰관은 신청인으로부터 동석신청서 및 동석 대상자와 피의자의 관계를 소명할 수 있는 자료를 제출받아 기록에 편철하여야 한다. 다만 동석신청서를 작성할 시간적 여유가 없는 경우 등에는 이를 작성하게 하지 아니하고 수사보고서나 조서에 그 취지를 적는 것으로 갈음할 수 있으며, 조사의 긴급성 또는 동석의 필요성 등이 현저한 경우에는 동석 조사 이후에 동석 대상자와 피의자의 관계를 소명할 자료를 제출받아 기록에 편철할 수 있다(수사지휘·준칙규정 제22조 제2항). 사법경찰관은 이에 따른 신청이 없더라도 동석의 필요성이 있다고 인정되면 피의자와의 신뢰관계 유무를 확인한 후 직권으로 신뢰관계자를 동석하게 할 수 있다. 이 경우 그 취지를 수사보고서나 조서에 적어야 한다(수사지휘·준칙규정 제22조 제3항). 사법경찰관은 신문 방해, 수사기밀 누설 등으로 수사에 부당한 지장을 줄 우려가 있다고 인정할 만한 상당한 이유가 있으면 신뢰관계자의 동석을 거부할 수 있다(수사지휘·준칙규정 제22조 제4항). 피의자신문에 동석하는 신뢰관계자는 피의자의 심리적 안정과 원활한 의사소통에 도움을 주는 행위 외의 불필요한 행위를 하여서는 아니 되고, 사법경찰관은 신문 방해, 수사기밀 누설 등으로 수사에 부당한 지장을 줄 우려가 있다고 인정할 만한 상당한 이유가 있거나 신뢰관계자가 부당하게 수사의 진행을 방해할 때에는 피의자신문 도중에 동석을 중지하게 할 수 있다(수사지휘·준칙규정 제22조 제5항).

신뢰관계에 있는 자의 동석은 사회적 약자들이 심리적 위축 등 방어권을 충분히 행사하지 못하는 것을 고려한 규정이다. 구체적인 사안에서 신뢰관계에 있는 자의 동석을 허락할 것인지는 원칙적으로 검사 또는 사법경찰관이 피의자의 건강 상태 등 여러 사정을 고려하여 재량에 따라 판단하여야 할 것이다. 그러나 이를 허락하는 경우에도 동석한 사람으로 하여금 피의자를 대신하여 진술하도록 하여서는 안 되는데, 만약 동석한 사람이 피의자를 대신하여 진술한 부분이 조서에 기재되어 있다면 그 부분은 피의자의 진술을 기재한 것이 아니라 동석한 사람의 진

1) 대법원 2013. 3. 28. 선고 2010도3359 판결.

술을 기재한 조서에 해당하므로, 그 사람에 대한 진술조서로서의 증거능력을 취득하기 위한 요건을 충족하지 못하는 한 이를 유죄 인정의 증거로 사용할 수 없다.[1]

5) 피의자신문조서의 작성 및 그 증거능력

① 피의자신문조서의 작성

피의자의 진술은 조서에 기재하여야 하는데(제244조 제1항), 이를 '피의자신문조서'(被疑者訊問調書)라고 한다. 피의자의 진술을 녹취 내지 기재한 서류 또는 문서가 수사기관에서의 조사과정에서 작성된 것이라면, 그것이 '진술조서·진술서·자술서' 등의 형식을 취하였다고 하더라도 피의자신문조서와 달리 볼 수 없다.[2]

피의자신문조서는 피의자에게 열람하게 하거나 읽어 들려주어야 하며, 진술한 대로 기재되지 아니하였거나 사실과 다른 부분의 유무를 물어 피의자가 증감 또는 변경의 청구 등 이의를 제기하거나 의견을 진술한 때에는 이를 조서에 추가로 기재하여야 한다. 이 경우 피의자가 이의를 제기하였던 부분은 읽을 수 있도록 남겨두어야 한다(제244조 제2항). 수사기관이 피의자신문조서를 작성함에 있어서는 그것을 열람하게 하거나 읽어 들려야 하는 것은 제244조의 규정에 비추어 명백하지만 그 절차가 비록 행해지지 안 했다고 하더라도 그것만으로 그 피의자신문조서가 증거능력이 없게 된다고는 할 수 없고[3], 또한 피의자신문조서를 작성함에 있어 피의자에게 그 조서의 기재내용을 알려 주지 아니하였다고 하더라도 그 사실만으로는 피의자신문조서의 증거능력이 없다고 할 수 없다.[4]

피의자가 조서에 대하여 이의나 의견이 없음을 진술한 때에는 피의자로 하여금 그 취지를 자필로 기재하게 하고, 조서에 간인한 후 기명날인 또는 서명하게 한다(제244조 제3항). 이는 조서의 신뢰성을 높이기 위하여 어떤 부분에 이의가 있었는지 알 수 있게 남겨두고, 조서의 정정과정을 드러나게 하기 위함이다.

② 피의자신문조서의 증거능력

피의자신문조서는 일정한 요건 하에 증거능력이 인정된다(제312조 제1항 내지 제3항). 하지만 형사소송법은 공무원이 작성하는 서류에는 법률에 다른 규정이 없는 때에는 작성년월일과 소속공무소를 기재하고 서명날인 또는 서명하여야 한다고 규정하고 있는데(제57조 제1항), 그 서명날인은 공무원이 작성하는 서류에 관하여 그 기재 내용의 정확성과 완전성을 담보하는 것이므로 검사 작성의 피의자신문조서에 작성자인 검사의 서명날인이 되어 있지 아니한 경우, 그 피의자신문조서는 공무원이 작성하는 서류로서의 요건을 갖추지 못한 것으로서 제57조 제1항에 위반되어 무효이다. 따라서 이에 대하여 증거능력을 인정할 수 없다고 보아야 할 것이며, 그 피

1) 대법원 2009. 6. 23. 선고 2009도1322 판결.

2) 대법원 2009. 8. 20. 선고 2008도8213 판결; 대법원 2004. 9. 3. 선고 2004도3588 판결.

3) 대법원 1988. 5. 10. 선고 87도2716 판결.

4) 대법원 1993. 5. 14. 선고 93도486 판결.

의자신문조서에 진술자인 피고인의 서명날인이 되어 있다거나 피고인이 법정에서 그 피의자신문조서에 대하여 진정성립과 임의성을 인정하였다고 하여 달리 볼 것은 아니다.[1] 또한 피의자신문조서 말미에 피의자의 기명만이 있고 그 날인이나 무인이 되어 있지 않은 경우 그 피의자신문조서는 그 증거능력이 없고[2], 그 날인이나 간인이 없는 것이 피고인이 그 날인이나 간인을 거부하였기 때문이어서 그러한 취지가 조서 말미에 기재되었다거나 피고인이 법정에서 그 피의자신문조서의 임의성을 인정하였다고 하여 달리 볼 것은 아니다.[3]

한편 피고인이 피의자신문조서에 기재된 피고인 진술의 임의성을 다투면서 그것이 허위자백이라고 다투는 경우, 법원은 구체적인 사건에 따라 피고인의 학력·경력·직업·사회적 지위·지능 정도·진술의 내용·피의자신문조서의 형식 등 제반 사정을 참작하여 자유로운 심증으로 진술이 임의로 된 것인지 여부를 판단할 수 있다.[4]

6) 조사과정의 기록

검사 또는 사법경찰관은 피의자가 조사장소에 도착한 시각, 조사를 시작하고 마친 시각, 그 밖에 조사과정의 진행경과를 확인하기 위하여 필요한 사항을 피의자신문조서에 기록하거나 별도의 서면에 기록한 후 수사기록에 편철하여야 한다(제244조의4 제1항). 이에 따라 사법경찰관은 피의자를 조사하면서 수사과정 확인서에 수사과정을 기록하고, 확인서를 조서의 끝 부분에 편철하여 조서와 함께 간인(間印)함으로써 조서의 일부로 하거나 별도의 서면으로 기록에 편철하여야 한다(수사지휘·준칙규정 제28조 제1항). 수사과정을 기록할 때에는 조사장소에 도착한 시각, 조사의 시작 및 종료 시각 등을 적고, 조사장소에 도착한 시각과 조사를 시작한 시각에 상당한 시간적 차이가 있으면 그 구체적인 이유 등을 적으며, 조사가 중단되었다가 재개되면 그 이유와 중단 시각 및 재개 시각 등을 구체적으로 적는 등 조사과정의 진행 경과를 확인하기 위하여 필요한 사항을 적어야 한다(수사지휘·준칙규정 제28조 제2항).

이와 같이 형사소송법은 수사과정을 투명하게 함과 동시에 피의자신문조서의 작성절차의 적법성과 진술의 임의성을 보장하기 위하여 신문과정에서 나타난 피의자의 행적을 자세히 기록하도록 하고 있다. 여기서 '그 밖의 조사과정의 진행경과'란 피고인이 조사 중간에 휴식을 취한 시각, 식사를 한 시각, 대질신문의 경위 및 시간, 조사 중간에 진술서를 작성하게 한 경우에 있어서 그 경위와 시간 등을 말한다.

---

1) 대법원 2001. 9. 28. 선고 2001도4091 판결. 同旨 대법원 1993. 4. 23. 선고 92도2908 판결(말미에 서명 또는 기명날인이 되어 있지 아니한 피고인에 대한 진술조서는 증거능력을 인정할 수 없다).

2) 대법원 1992. 6. 23. 선고 92도954 판결; 대법원 1981. 10. 27. 선고 81도1370 판결; 대법원 1967. 9. 5. 선고 67도959 판결.

3) 대법원 1999. 4. 13. 선고 99도237 판결.

4) 대법원 2011. 2. 24. 선고 2010도14720 판결.

(4) 피의자진술의 영상녹화

1) 의 의

피의자진술의 영상녹화제도는 수사과정의 투명성 재고와 적법절차의 준수 여부를 확인하기 위한 제도라고 할 수 있다. 형사소송법은 피의자진술에 대한 영상녹화의 절차를 규정하면서, 영상녹화물을 본증으로 사용하지 못하게 하고 있다. 왜냐하면 영상녹화물을 직접 증거로 사용할 수 있게 하면 법정에서 수사과정의 영상녹화물을 재생하여 이로써 법관이 심증을 형성할 가능성이 커져 공판중심주의에 반하는 결과를 초래하기 때문이다.[1)]

다만 영상녹화물을 검사 작성의 피의자신문조서와 검사와 사법경찰관 작성의 참고인진술조서의 진정성립을 인정하는 방법으로 사용하고(제312조 제2항 및 제4항), 피고인 또는 피고인이 아닌 자의 진술을 내용으로 하는 영상녹화물은 공판준비 또는 공판기일에 피고인 또는 피고인이 아닌 자가 진술함에 있어서 기억이 명백하지 아니한 사항에 관하여 기억을 환기시켜야 할 필요가 있다고 인정되는 때에 한하여 피고인 또는 피고인이 아닌 자에게 재생하여 시청하게 할 수 있게 함으로써(제318조의2 제2항), 진술자의 기억이 불명확한 경우에 기억환기용으로 사용할 수 있게 하고 있다.

2) 절 차

① 영상녹화의 진행절차

피의자의 진술을 영상녹화할 경우 미리 영상녹화사실을 알려주어야 하며, 조사의 개시부터 종료까지의 전 과정 및 객관적 정황을 영상녹화하여야 한다(제244조의2 제1항). 사법경찰관은 피의자에 대한 조사과정을 영상녹화할 때에는 피의자에게 ① 조사자·참여자의 성명과 직책, ② 영상녹화 사실 및 장소, 시작 및 종료 시각, ③ 제244조의3에 따른 진술거부권 등, ④ 조사를 중단·재개하는 경우 중단 이유와 중단 시각, 중단 후 재개하는 시각 등의 사항을 고지하여야 한다(수사지휘·준칙규정 제25조 제4항). 참고인조사와 달리 피의자에게 영상녹화한다는 사실을 알려주면 족하고, 피의자 또는 변호인의 동의를 받을 필요는 없다. 생각건대 피의자의 동의를 받지 않고 영상녹화를 하는 것은 사실상 불가능하다고 보아야 한다. 왜냐하면 피의자가 영상녹화의 실시에 명시적으로 거부의 의사표시를 한 경우에는 실제 피의자신문과정에서도 진술거부권을 행사하여 자신의 주장을 관철할 가능성이 매우 높기 때문이다.

사법경찰관은 영상녹화를 할 때 조사실 전체를 확인할 수 있고 조사받는 사람의 얼굴과 음성을 식별할 수 있도록 하여야 한다(수사지휘·준칙규정 제25조 제6항). 사법경찰관은 피의자에 대한 조사과정을 영상녹화할 때에는 제243조의 참여 규정을 준수하여야 하며, 이 때 참여자는 반드시 조사실에 동석하여야 한다(수사지휘·준칙규정 제25조 제7항).

사법경찰관은 조사과정을 영상녹화할 때에는 그 조사의 시작부터 조서에 기명날인 또는

---

1) 이에 대하여 제244조의2는 영상녹화물을 증거법상 조서와 동등한 지위에 있는 것을 전제하고 규정한 것으로 해석하는 것이 타당하다는 견해로는 정웅석/최창호, 108면.

서명을 마치는 시점까지의 모든 과정을 영상녹화하여야 한다. 다만 조사 도중 영상녹화의 필요성이 발생하였을 때에는 그 시점에서 진행 중인 조사를 종료하고, 그 다음 조사의 시작부터 조서에 서명날인 또는 서명을 마치는 시점까지의 모든 과정을 영상녹화하여야 한다(수사지휘·준칙규정 제25조 제2항). 조사과정에서의 일부만을 선별하여 영상녹화하는 방법은 허용되지 않지만, 여러 차례의 조사가 이루어진 경우 최초 조사부터 모두 영상녹화하지 않으면 그 영상녹화물을 사용할 수 없는 것은 아니다. 하지만 사법경찰관은 조사를 마친 후 조서 정리에 오랜 시간이 필요할 때에는 조서 정리과정을 영상녹화하지 아니하고, 조서 열람 시부터 영상녹화를 재개할 수 있다(수사지휘·준칙규정 제25조 제3항).

영상녹화가 완료된 때에는 피의자 또는 변호인 앞에서 지체 없이 그 원본을 봉인하고 피의자로 하여금 기명날인 또는 서명하게 하여야 한다(제244조의2 제2항). 이 경우에 피의자 또는 변호인의 요구가 있는 때에는 영상녹화물을 재생하여 시청하게 하여야 한다. 피의자 또는 변호인이 그 내용에 대하여 이의를 진술하는 때에는 그 취지를 기재한 서면을 첨부하여야 한다(제244조의2 제3항).

② 영상녹화물의 제작

사법경찰관은 영상녹화를 하였을 때에는 영상녹화용 컴퓨터에 저장된 영상녹화 파일을 이용하여 영상녹화물(CD, DVD 등을 말한다) 2개를 제작하고, 그 중 하나는 조사받는 사람의 기명날인 또는 서명을 받아 조사받는 사람 또는 변호인의 면전에서 봉인(封印)하여 보관하고, 나머지 하나는 수사기록에 편철한다(수사지휘·준칙규정 제26조 제1항). 사법경찰관은 영상녹화물을 제작한 후 영상녹화용 컴퓨터에 저장되어 있는 영상녹화 파일을 데이터베이스 서버에 전송하여 보관할 수 있다(수사지휘·준칙규정 제26조 제2항). 사법경찰관은 손상 또는 분실 등으로 인하여 영상녹화물을 사용할 수 없을 때에는 데이터베이스 서버에 저장되어 있는 영상녹화 파일을 이용하여 다시 영상녹화물을 제작할 수 있다(수사지휘·준칙규정 제26조 제3항). 사법경찰관은 영상녹화물을 생성한 후 영상녹화물 관리대장에 등록하여야 한다(수사지휘·준칙규정 제26조 제4항).

2. 참고인조사

(1) 의 의

검사 또는 사법경찰관은 수사에 필요한 때에는 피의자가 아닌 자의 출석을 요구하여 진술을 들을 수 있다. 이 경우 그의 동의를 받아 영상녹화할 수 있다(제221조 제1항). 여기서 수사기관에 대하여 진술하는 피의자 아닌 제3자를 '참고인'(參考人)이라고 한다. 이와 같이 참고인은 수사기관에 대하여 진술하는 자라는 점에서 법원 또는 법관에 대하여 진술하는 제3자인 증인과 구별된다.

(2) 출석요구

참고인조사는 임의수사이기 때문에 참고인은 수사기관에 대하여 출석의무 또는 진술의무를 부담하지 아니한다. 따라서 참고인은 증인과는 달리 소환 또는 구인의 대상이 되지 않으며, 불출석에 따른 과태료나 감치 등의 제재도 받지 아니한다. 다만 중요참고인의 소환불응에 대하여는 수사상 증인신문제도를 활용할 수 있는데, 범죄의 수사에 없어서는 아니 될 사실을 안다고 명백히 인정되는 참고인이 출석 또는 진술을 거부한 경우 검사는 제1회 공판기일 전에 한하여 판사에게 그에 대한 증인신문을 청구할 수 있다(제221조의2 제1항). 이러한 청구를 함에는 서면으로 그 사유를 소명하여야 하며(제221조의2 제3항), 청구를 받은 판사는 증인신문에 관하여 법원 또는 재판장과 동일한 권한이 있다(제221조의2 제4항). 이 경우에는 참고인이 아닌 증인으로서 과태료·구인·감치 등의 제재를 받을 수 있다.

한편 검사 또는 사법경찰관으로부터 국가보안법에 정한 죄의 참고인으로 출석을 요구받은 자가 정당한 이유 없이 2회 이상 출석요구에 불응한 때에는 관할법원 판사의 구속영장을 발부받아 구인할 수 있다(국가보안법 제18조 제1항). 이러한 구속영장에 의하여 참고인을 구인하는 경우에 필요한 때에는 근접한 경찰서 기타 적당한 장소에 임시로 유치할 수 있다(국가보안법 제18조 제2항).

(3) 참고인조사의 방법

참고인조사는 참고인의 진술을 듣는 절차로서 조사의 방법 및 진술조서의 작성은 피의자신문의 경우에 준한다. 다만 피의자에 대한 진술거부권의 고지는 피의자의 진술거부권을 실효적으로 보장하여 진술이 강요되는 것을 막기 위하여 인정되는 것을 고려하면, 수사기관에 의한 진술거부권 고지의 대상이 되는 피의자의 지위는 수사기관이 조사대상자에 대한 범죄혐의를 인정하여 수사를 개시하는 행위를 한 때에 인정된다. 이와 같이 수사기관에 의한 진술거부권 고지의 대상이 되는 피의자의 지위는 수사기관이 범죄인지서를 작성하는 등의 형식적인 사건수리 절차를 거치기 전이라도 조사대상자에 대하여 범죄의 혐의가 있다고 보아 실질적으로 수사를 개시하는 행위를 한 때에 인정된다. 특히 조사대상자의 진술 내용이 단순히 제3자의 범죄에 관한 경우가 아니라 자신과 제3자에게 공동으로 관련된 범죄에 관한 것이거나 제3자의 피의사실뿐만 아니라 자신의 피의사실에 관한 것이기도 하여 실질이 피의자신문조서의 성격을 가지는 경우에 수사기관은 진술을 듣기 전에 미리 진술거부권을 고지하여야 한다.[1] 따라서 이러한 피의자의 지위에 있지 아니한 참고인에 대하여는 진술거부권이 고지되지 아니하였다고 하더라도 그 진술의 증거능력을 부정할 것은 아니다.[2] 하지만 수사기관이 공범의 혐의를 받고 있는 사람에 대하여 수사를 개시할 수 있는 상태임에도 불구하고 진술거부권의 고지를 잠탈할 의도로 피의자신문이 아닌 참고인조사의 형식을 취하는 것은 허용되지 아니한다.[3] 그러므로 이 경우에는 진술거부권을 고지해 주어야 한다.

---

1) 대법원 2015. 10. 29. 선고 2014도5939 판결.

2) 대법원 2014. 4. 30. 선고 2012도725 판결.

3) 대법원 2011. 11. 10. 선고 2011도8125 판결.

사법경찰관리가 참고인의 진술을 들을 때에는 제317조에 따라 증거로 사용될 수 있도록 그 진술의 임의성을 보장하여야 하며, 조금이라도 진술을 강요하는 일이 있어서는 안 된다. 참고인의 진술은 진술조서에 적어야 하며, 조서 끝 부분에 참고인으로부터 기명날인 또는 서명을 받아야 한다. 진술사항이 복잡하거나 참고인이 서면진술을 원할 때에는 진술서를 작성하여 제출하게 할 수 있다. 이 경우에는 가능하면 자필로 작성할 것을 권고하여야 하며 수사담당 사법경찰관리가 대필하지 아니하도록 한다(수사지휘·준칙규정 제24조).

한편 원래 수사기관은 범죄사건을 수사함에 있어서 피의자나 참고인의 진술 여하에 불구하고 피의자를 확정하고 그 피의사실을 인정할 만한 객관적인 제반 증거를 수집·조사하여야 할 권한과 의무가 있는 것이므로, 참고인이 수사기관에서 범인에 관하여 조사를 받으면서 그가 알고 있는 사실을 묵비하거나 허위로 진술하였다고 하더라도, 그것이 적극적으로 수사기관을 기만하여 착오에 빠지게 함으로써 범인의 발견 또는 체포를 곤란 내지 불가능하게 할 정도의 것이 아니라면 범인도피죄를 구성하지 아니한다.[1] 왜냐하면 참고인이 수사기관에서 허위의 진술을 하였다고 하여 그 자체를 처벌하거나 이를 수사방해 행위로 처벌하는 규정이 없는 이상 범인도피죄의 인정 범위를 함부로 확장해서는 안 될 것이기 때문이다.[2]

(4) 신뢰관계 있는 자의 동석

제163조의2 제1항부터 제3항까지는 검사 또는 사법경찰관이 범죄로 인한 피해자를 조사하는 경우에 준용하는데(제221조 제3항), 법원은 범죄로 인한 피해자를 증인으로 신문하는 경우 증인의 연령, 심신의 상태, 그 밖의 사정을 고려하여 증인이 현저하게 불안 또는 긴장을 느낄 우려가 있다고 인정하는 때에는 직권 또는 피해자·법정대리인·검사의 신청에 따라 피해자와 신뢰관계에 있는 자를 동석하게 할 수 있다(제163조의2 제1항). 법원은 범죄로 인한 피해자가 13세 미만이거나 신체적 또는 정신적 장애로 사물을 변별하거나 의사를 결정할 능력이 미약한 경우에 재판에 지장을 초래할 우려가 있는 등 부득이한 경우가 아닌 한 피해자와 신뢰관계에 있는 자를 동석하게 하여야 한다(제163조의2 제2항). 이에 따라 동석한 자는 법원·소송관계인의 신문 또는 증인의 진술을 방해하거나 그 진술의 내용에 부당한 영향을 미칠 수 있는 행위를 하여서는 아니 된다(제163조의2 제3항).

제221조 제3항에서 준용하는 제163조의2에 따라 피해자와 동석할 수 있는 신뢰관계에 있는 사람은 피해자의 직계친족·형제자매·배우자·가족·동거인·보호시설 또는 교육시설의 보호 또는 교육담당자 등 피해자의 심리적 안정과 원활한 의사소통에 도움을 줄 수 있는 사람을 말한다(수사지휘·준칙규정 제23조 제1항). 또한 사법경찰관이 치료 중인 참고인이 있는 곳에서 임상신문할 때에는 상대방의 건강상태를 충분히 고려하여야 하며, 수사에 중대한 지장이 없으면 가족·의사·그 밖의 적당한 사람을 참여시켜야 한다(수사지휘·준칙규정 제27조).

1) 대법원 2003. 2. 14. 선고 2002도5374 판결.

2) 대법원 2013. 1. 10. 선고 2012도13999 판결.

(5) 변호인의 참여

검사의 피혐의자·피내사자·피해자·참고인에 대한 조사 시 변호인의 참여에 관하여는 검찰사건사무규칙 제9조의2 제1항부터 제7항까지의 규정을 준용한다(검찰사건사무규칙 제9조의2 제8항). 또한 검사의 피혐의자·피내사자·피해자·참고인 조사 시 피혐의자 등과 조사에 참여한 변호인이 하는 기록에 관하여는 검찰사건사무규칙 제13조의10 제1항을 준용한다(검찰사건사무규칙 제13조의10 제2항).

(6) 참고인진술조서의 작성 및 그 증거능력

수사기관이 참고인의 진술을 들을 때에는 조서를 작성하여야 한다. 검사 또는 사법경찰관이 참고인의 진술을 기재한 조서는 적법한 절차와 방식에 따라 작성된 것으로서 그 조서가 검사 또는 사법경찰관 앞에서 진술한 내용과 동일하게 기재되어 있음이 원진술자의 공판준비 또는 공판기일에서의 진술이나 영상녹화물 또는 그 밖의 객관적인 방법에 의하여 증명되고, 피고인 또는 변호인이 공판준비 또는 공판기일에 그 기재 내용에 관하여 원진술자를 신문할 수 있었던 때에는 증거로 할 수 있다. 다만 그 조서에 기재된 진술이 특히 신빙할 수 있는 상태하에서 행하여졌음이 증명된 때에 한한다(제312조 제4항).

(7) 조사과정의 기록

참고인을 조사하는 경우에도 피의자신문의 경우와 마찬가지로 조사과정을 기록하여야 한다(제244조의4 제3항). 그러므로 검사 또는 사법경찰관은 참고인이 조사장소에 도착한 시각, 조사를 시작하고 마친 시각, 그 밖에 조사과정의 진행경과를 확인하기 위하여 필요한 사항을 참고인진술조서에 기록하거나 별도의 서면에 기록한 후 수사기록에 편철하여야 한다. 이와 같은 참고인에 대한 수사과정확인서는 참고인진술의 임의성과 신용성에 대한 판단자료로 사용될 수 있다. 만약 참고인이 수사과정에서 진술서를 작성하였지만 수사기관이 그에 대한 조사과정을 기록하지 아니하여 제244조의4 제3항 및 제1항에서 정한 절차를 위반한 경우에는, 특별한 사정이 없는 한 '적법한 절차와 방식'에 따라 수사과정에서 진술서가 작성되었다고 할 수 없으므로 증거능력을 인정할 수 없다.[1)]

(8) 참고인진술의 영상녹화

제221조 제1항에서 수사기관은 참고인의 동의를 얻어 그의 진술을 영상녹화할 수 있는 절차를 두고 있는데, 제312조 제4항에서 영상녹화물과 별도로 검사 또는 사법경찰관이 참고인의 진술을 기재한 조서가 작성됨을 전제로 하여 영상녹화물로 그 진술조서의 실질적 진정성립을 증명할 수 있도록 규정하고 있다. 또한 증거로 할 수 없는 서류나 진술이라도 공판준비 또는 공판기일에서 피고인 또는 참고인 진술의 증명력을 다투기 위한 증거로 사용될 수 있도록 정한 제318조의2 제1항과 별도로 제318조의2 제2항을 두어 참고인의 진술을 내용으로 하는 영상녹화물은 공판준비 또는 공판기일에 참고인이 진술함에 있어서 기억이 명백하지 아니한 사항에

1) 대법원 2015. 4. 23. 선고 2013도3790 판결.

관하여 기억을 환기시켜야 할 필요가 있다고 인정되는 때에 한하여 참고인에게 재생하여 시청하게 할 수 있다.

한편 성폭력범죄의 피해자가 19세 미만이거나 신체적인 또는 정신적인 장애로 사물을 변별하거나 의사를 결정할 능력이 미약한 경우에는 피해자의 진술 내용과 조사 과정을 비디오녹화기 등 영상물 녹화장치로 촬영·보존하여야 하는데(성폭력특례법 제30조 제1항)[1], 이러한 영상물 녹화는 피해자 또는 법정대리인이 이를 원하지 아니하는 의사를 표시한 경우에는 촬영을 하여서는 아니 된다. 다만 가해자가 친권자 중 일방인 경우는 그러하지 아니하다(성폭력특례법 제30조 제2항). 이에 따라 촬영한 영상물에 수록된 피해자의 진술은 공판준비기일 또는 공판기일에 피해자나 조사 과정에 동석하였던 신뢰관계에 있는 사람 또는 진술조력인의 진술에 의하여 그 성립의 진정함이 인정된 경우에 증거로 할 수 있다는 점(성폭력특례법 제30조 제6항)이 참고인진술에 대한 영상녹화제도와 구별된다. 이와 같은 성폭력특례법상 영상녹화물의 증거사용에 대한 특례는 청소년성보호법 제26조 제6항에 의해서도 동일하게 인정되고 있다. 또한 범죄신고자 등에 대하여 제184조(증거보전의 청구) 또는 제221조의2(증인신문의 청구)에 따른 증인신문을 하는 경우 판사는 직권으로 또는 검사의 신청에 의하여 그 과정을 비디오테이프 등 영상물로 촬영할 것을 명할 수 있는데, 이에 따라 촬영한 영상물에 수록된 범죄신고자 등의 진술도 이를 증거로 할 수 있다(「특정범죄신고자 등 보호법」 제10조 참조).

이와 같이 수사기관에 의한 참고인 진술의 영상녹화는 그 용도를 참고인에 대한 진술조서의 실질적 진정성립을 증명하거나 참고인의 기억을 환기시키기 위한 것으로 한정하고 있는 현행 형사소송법의 규정 내용을 영상물에 수록된 성범죄 피해자의 진술에 대하여 독립적인 증거능력을 인정하고 있는 성폭력특례법 제30조 제6항, 청소년성보호법 제26조 제6항, 아동학대특례법 제17조 등의 규정과 대비하여 보면, 수사기관이 참고인을 조사하는 과정에서 작성한 영상녹화물은, 다른 법률에서 달리 규정하고 있는 등의 특별한 사정이 없는 한, 공소사실을 직접 증명할 수 있는 독립적인 증거로 사용될 수는 없다.[2] 왜냐하면 영상녹화물에 대하여 독립된 증거능력을 인정할 경우에는 수사절차가 비디오 촬영절차가 되고 공판절차는 비디오 상영장으로 변질될 위험성이 있을 뿐만 아니라 수사단계에서 촬영한 영상녹화물의 상영에 의하여 법관의 심증이 형성되어 공판중심주의가 무의미하게 될 수 있고, 영상녹화물에 대한 증거조사는 공판절차를 과도하게 지연시킬 수 있기 때문이다.[3]

---

1) 대법원 2009. 12. 24. 선고 2009도11575 판결(성폭력범죄의 처벌 및 피해자보호 등에 관한 법률 제21조의3에 따라 촬영한 영상물에 수록된 성폭력 범죄 피해자의 진술은 조사 과정에 동석하였던 신뢰관계 있는 자의 진술에 의하여 성립의 진정함이 인정된 때에는 증거로 할 수 있다. 그리고 위와 같이 촬영한 영상에 피해자가 피해상황을 진술하면서 보충적으로 작성한 메모도 함께 촬영되어 있는 경우, 이는 영상물에 수록된 피해자 진술의 일부와 다름없으므로, 위 법률에 따라 조사과정에 동석하였던 신뢰관계 있는 자의 진술에 의하여 성립의 진정함이 인정된 때에는 증거로 할 수 있다).

2) 대법원 2014. 7. 10. 선고 2012도5041 판결.

3) 이에 대하여 형사소송법이 진실발견에 유용한 과학적 증거방법의 증거능력을 부인하는 것은 타당하지 않기

3. 수사상 감정·통역·번역의 위촉

검사 또는 사법경찰관은 수사에 필요한 때에는 감정·통역 또는 번역을 위촉할 수 있다(제221조 제2항). 위촉을 받은 자는 이를 수락할 의무가 없으며, 감정 등을 위하여 출석하였다고 할지라도 자유로운 퇴거가 보장되어 있다. 왜냐하면 이러한 업무는 대체성을 가지고 있어 특정인에 대하여 이를 강제할 필요가 없기 때문이다.

'감정'(鑑定)이란 특수한 지식이나 경험을 가진 자가 그의 지식이나 경험에 기하여 알 수 있는 법칙 또는 그 법칙을 적용하여 얻은 판단을 보고하는 것을 말한다. 여기서 감정을 위촉받은 자를 '감정수탁자'(鑑定受託者)라고 하는데, 법원 또는 법관으로부터 감정의 명을 받은 감정인과 구별된다. 감정인과 달리 감정수탁자는 선서의무가 없고, 허위감정에 따른 제재도 받지 아니하며, 소송관계인에 대하여 참여권이나 반대신문권의 기회도 부여되지 아니한다. 감정의 결과는 감정서(제313조 제2항), 감정인신문(제171조, 제179조의2) 등의 형태로 현출된다.

검사는 감정을 위촉하는 경우에 제172조 제3항의 유치처분이 필요할 때에는 판사에게 이를 청구하여야 한다(제221조의3 제1항). 판사는 이러한 청구가 상당하다고 인정할 때에는 감정유치장을 발부하여 유치처분을 하여야 한다(제221조의3 제2항). 감정의 위촉을 받은 자는 판사의 허가를 얻어 제173조 제1항[1)]에 규정된 처분을 할 수 있는데, 이러한 허가의 청구는 검사가 하여야 한다. 판사는 이러한 청구가 상당하다고 인정할 때에는 허가장을 발부하여야 한다(제221조의4).

이와 같이 감정의 위촉은 임의수사에 해당하지만, 감정과정에 강제처분이 사용되는 경우가 적지 않은데, 이에 대하여는 판사로부터 감정허가장 또는 감정유치장을 발부받아 처분하여야 한다. 여기서 '감정유치'(鑑定留置)란 피고인 또는 피의자의 정신 또는 신체를 감정하기 위하여 일정기간 병원 기타 적당한 장소에 유치하는 강제처분을 말한다. 감정유치의 기간에는 제한이 없고, 감정유치된 기간은 미결구금일수에 산입된다. 다만 구속 중인 피의자 또는 피고인에 대한 감정유치의 경우 유치기간은 구속집행이 정지된 것으로 간주되어 구속기간에 포함되지 아니한다.

4. 공무소 등에의 조회

수사에 관하여는 공무소 기타 공사단체에 조회하여 필요한 사항의 보고를 요구할 수 있는

때문에 영상녹화물도 제312조의 요건을 충족할 때에는 증거능력을 인정해야 한다는 견해로는 이재상/조균석, 627면.

1) 제173조(감정에 필요한 처분) ① 감정인은 감정에 관하여 필요한 때에는 법원의 허가를 얻어 타인의 주거, 간수자 있는 가옥, 건조물, 항공기, 선차 내에 들어 갈 수 있고 신체의 검사, 사체의 해부, 분묘발굴, 물건의 파괴를 할 수 있다. ② 전항의 허가에는 피고인의 성명, 죄명, 들어갈 장소, 검사할 신체, 해부할 사체, 발굴할 분묘, 파괴할 물건, 감정인의 성명과 유효기간을 기재한 허가장을 발부하여야 한다. ③ 감정인은 제1항의 처분을 받는 자에게 허가장을 제시하여야 한다. ④ 전2항의 규정은 감정인이 공판정에서 행하는 제1항의 처분에는 적용하지 아니한다. ⑤ 제141조, 제143조의 규정은 제1항의 경우에 준용한다.

데(제199조 제2항), 이를 '사실조회'(事實照會)라고도 한다. 전과조회·신원조회·통신자료 제공요청 등 조회할 수 있는 사항에는 제한이 없지만, 일정한 개인정보에 대한 사실조회의 경우에는 다른 법률상의 제한을 받게 된다. 특히 최근에는 정보통신기술의 발달과 더불어 개인정보 내지 민감정보의 중요성이 날로 부각됨에 따라 필요한 범위 내에서 제한적으로 조회를 해야 할 것이다.[1)]

한편 법원의 제출명령 또는 법관이 발부한 영장에 따른 거래정보 등[2)]의 제공에 해당하는 경우로서 그 사용 목적에 필요한 최소한의 범위에서 거래정보 등을 제공하거나 그 제공을 요구하는 경우 이외에는 금융회사 등에 종사하는 자는 명의인의 서면상의 요구나 동의를 받지 아니하고는 그 금융거래의 내용에 대한 정보 또는 자료를 타인에게 제공하거나 누설하여서는 아니 되며, 누구든지 금융회사 등에 종사하는 자에게 거래정보 등의 제공을 요구하여서는 안 되기 때문에(「금융실명거래 및 비밀보장에 관한 법률」 제4조 제1항 제1호), 수사상 금융거래정보조회는 강제수사의 일종으로 파악해야 한다. 다만 긴급한 경우 영장 없이 행하는 긴급계좌추적은 허용되지 아니한다.

5. 통신자료 제공요청

전기통신사업자는 법원·검사 또는 수사관서의 장(군 수사기관의 장, 국세청장 및 지방국세청장을 포함한다), 정보수사기관의 장이 재판·수사(「조세범 처벌법」 제10조 제1항·제3항·제4항의 범죄 중 전화, 인터넷 등을 이용한 범칙사건의 조사를 포함한다), 형의 집행 또는 국가안전보장에 대한 위해를 방지하기 위한 정보수집을 위하여 ① 이용자의 성명, ② 이용자의 주민등록번호[3)], ③ 이용자의 주소, ④

---

1) 헌법재판소 2018. 8. 30. 선고 2014헌마368 결정(서울용산경찰서장은 청구인들을 검거하기 위해서 국민건강보험공단에게 청구인들의 요양급여내역을 요청한 것인데, 서울용산경찰서장은 그와 같은 요청을 할 당시 전기통신사업자로부터 위치추적자료를 제공받는 등으로 청구인들의 위치를 확인하였거나 확인할 수 있는 상태였다. 따라서 서울용산경찰서장이 청구인들을 검거하기 위하여 청구인들의 약 2년 또는 3년이라는 장기간의 요양급여내역을 제공받는 것이 불가피하였다고 보기 어렵다. 한편 급여일자와 요양기관명은 피의자의 현재 위치를 곧바로 파악할 수 있는 정보는 아니므로, 이 사건 정보제공행위로 얻을 수 있는 수사상의 이익은 없었거나 미약한 정도였다. 반면 서울용산경찰서장에게 제공된 요양기관명에는 전문의의 병원도 포함되어 있어 청구인들의 질병의 종류를 예측할 수 있는 점, 2년 내지 3년 동안의 요양급여정보는 청구인들의 건강 상태에 대한 총체적인 정보를 구성할 수 있는 점 등에 비추어 볼 때, 이 사건 정보제공행위로 인한 청구인들의 개인정보자기결정권에 대한 침해는 매우 중대하다. 그렇다면 이 사건 정보제공행위는 이 사건 정보제공조항 등이 정한 요건을 충족한 것으로 볼 수 없고, 침해의 최소성 및 법익의 균형성에 위배되어 청구인들의 개인정보자기결정권을 침해하였다).

2) 조세에 관한 법률에 따라 제출의무가 있는 과세자료 등의 제공과 소관 관서의 장이 상속·증여 재산의 확인, 조세탈루의 혐의를 인정할 만한 명백한 자료의 확인, 체납자(체납액 5천만원 이상인 체납자의 경우에는 체납자의 재산을 은닉한 혐의가 있다고 인정되는 다음 각 목에 해당하는 사람을 포함한다)의 재산조회, 「국세징수법」 제14조 제1항 각 호의 어느 하나에 해당하는 사유로 조세에 관한 법률에 따른 질문·조사를 위하여 필요로 하는 거래정보 등의 제공 가. 체납자의 배우자(사실상 혼인관계에 있는 사람을 포함한다) 나. 체납자의 6촌 이내 혈족 다. 체납자의 4촌 이내 인척(「금융실명거래 및 비밀보장에 관한 법률」 제4조 제1항 제2호).

3) 개정된 「정보통신망 이용촉진 및 정보보호 등에 관한 법률」에 따르면 전기통신사업자는 더 이상 주민등록번호를 저장할 수 없기 때문에 앞으로 전기통신사업자는 이용자의 주민등록번호를 통신자료의 일환으로서 제공할 수 없을 것으로 보인다.

이용자의 전화번호, ⑤ 이용자의 아이디(컴퓨터시스템이나 통신망의 정당한 이용자임을 알아보기 위한 이용자 식별부호를 말한다)[1], ⑥ 이용자의 가입일 또는 해지일의 자료의 열람이나 제출(이하 '통신자료제공'[2]이라고 한다)을 요청하면 그 요청에 따를 수 있다(전기통신사업법 제83조 제3항).[3] 이에 따른 통신자료제공 요청은 요청사유, 해당 이용자와의 연관성, 필요한 자료의 범위를 기재한 서면(이하 '자료제공요청서'라고 한다)[4]으로 하여야 한다. 다만 서면으로 요청할 수 없는 긴급한 사유가 있을 때에는 서면에 의하지 아니하는 방법으로 요청할 수 있으며, 그 사유가 해소되면 지체 없이 전기통신사업자에게 자료제공요청서를 제출하여야 한다(전기통신사업법 제83조 제4항).[5] 현행 전기통신사업법에 따르면 검사나 법원, 수사관서의 장이 전기통신사업자에게 법원 허가 등의 절차 없이 통신자료제공을 요청하면 전기통신사업자는 이에 자율적으로 응할 수 있도록 규정하고 있고, 통신비밀보호법에 따르면 수사기관 등이 지방법원 등의 허가를 받은 후에 통신사실확인자료를 요청할 수 있도록 규정하고 있다. 이는 가입자의 전기통신 일시, 발·착신 통신번호, 사용도수 등 구체적인 통신행위에 관련된 정보인 통신사실확인자료의 이용에 대해서는 영장주의[6]를 적

1) 이용자ID란 컴퓨터시스템이나 통신망의 정당한 이용자를 식별하기 위한 이용자 식별부호를 의미하므로 본 아이디는 인터넷 가입시 필수사항으로 기재하는 아이디가 바로 통신자료에서 명시된 아이디로 해석되고 있다.

2) 통신자료는 '가입자의 성명, 주민등록번호, 주소, 전화번호, 아이디, 가입 또는 해지일자'와 같은 전기통신서비스를 제공하기 위한 대상의 특정에 필요한 정보로서 가입자정보라고 할 수 있으므로 통신의 방식 또는 내용에 관한 자료로 혼동 내지 해석이 가능한 '통신자료'라는 용어의 타당성에 관한 검토가 필요한데, '통신자료'를 '가입자정보'로 변경하는 것이 타당하다.

3) 헌법재판소 2012. 8. 23. 선고 2010헌마439 결정(통신자료 취득행위는 수사기관이 전기통신사업자에게 이용자에 관한 통신자료 취득에 대한 협조를 요청한 데 대하여 전기통신사업자가 임의로 통신자료를 제공함으로써 이루어지는 것이다. 그런데 수사기관과 전기통신사업자 사이에는 어떠한 상하관계도 없고, 전기통신사업자가 수사기관의 통신자료제공 요청을 거절한다고 하여 어떠한 형태의 사실상 불이익을 받을 것인지도 불분명하며, 수사기관이 압수·수색영장을 발부받아 통신자료를 취득한다고 하여 전기통신사업자의 사업수행에 지장을 초래할 것으로 보이지도 않는다. 또한 통신자료 취득행위의 근거가 된 법률조항은 "전기통신사업자는 … 요청받은 때에 이에 응할 수 있다."라고 규정하고 있어 전기통신사업자에게 이용자에 관한 통신자료를 수사관서의 장의 요청에 응하여 합법적으로 제공할 수 있는 권한을 부여하고 있을 뿐이지 어떠한 의무도 부과하고 있지 않다. 따라서 전기통신사업자는 수사관서의 장의 요청이 있더라도 이에 응하지 아니할 수 있고, 이 경우 아무런 제재도 받지 아니한다. 그러므로 통신자료 취득행위는 강제력이 개입되지 아니한 임의수사에 해당하는 것이다).

4) 현행 전기통신사업법상의 '서면'에 의한 제출방식을 '서면 또는 전기통신매체 등의 방법'으로 변경할 필요성이 있다. 현재는 경찰청 훈령에 의하여 서면 이외의 제출방식이 가능하도록 규정되어 있으나, 이는 상위법인 법률에서 통신자료 제공요청행위를 엄격하게 규율하고 있는 것과 비교하여 볼 때 그 기본취지에 어긋나는 형식이기 때문에 실제의 관행을 유지하기 위해서라도 상위법인 법률을 통한 규율방식이 보다 적합한 방법이라고 판단된다.

5) 이에 대하여 보다 자세한 내용으로는 박찬걸, "전기통신사업법상 통신자료 제공제도의 문제점과 개선방안", 법과정책연구 제14집 제1호, 한국법정책학회, 2014. 3, 9면 이하 참조.

6) 엄밀한 의미에서 영장주의라고 표현하는 것은 다소 무리가 있어 보인다. 왜냐하면 통신비밀보호법상 통신사실확인자료 제공절차에서 요구되어 지는 법원의 관여방식은 '영장'이 아니라 '허가장'이기 때문이다. 즉 영장과 허가장은 동일한 형식이라고 할 수 없는데, 그 이유는 첫째, (수사절차에서 적용되는) 영장주의는 헌법 제12조 제3항에 근거하기 때문에 반드시 검사의 청구에 의한 법관의 발부라는 절차를 거치게 되지만, 허가장의 경우에는 검사 이외의 수사기관이라고 할지라도 직접적으로 법원에 그 발부를 요청할 수 있다는 점, 둘째, 영장의 발부를 요건으로 하는 강제수사에 있어서는 범죄의 (객관적) 혐의성, 즉 피의자가 죄를 범하였다고 의심할 만한 상당한 이유가 있을 것이 반드시 요구되지만, 허가장의 발부에 있어서는 이러한 범죄의 객관적 혐의성이 인정되는 경우가 아니라 단지 범죄의 주관적 혐의성이 요구되는 수사의 개시 이전의 단계에서 행해지는 경우가 많기 때문에 그 청구요건이 상대적으로 엄격하지 않다는 점 등에서 찾을 수 있다.

용하여 엄격하게 통제하는 한편, 이용자의 성명·주민등록번호·주소·전화번호 등 신상정보에 해당하는 통신자료의 이용에 대해서는 수사기관의 실무적인 협조요청만으로도 가능하도록 한 것이다.

전기통신사업법 제83조에서 규정하고 있는 수사기관의 통신자료 요청[1]은 수사를 위한 정보 수집을 위하여 전기통신이용자 가운데 어떠한 인물을 특정하기 위함에 그 목적이 있다고 할 수 있는데, 이는 이미 특정된 인물이 어떠한 통신을 하였는지에 대한 사실 확인을 하는 과정에 앞서 그 인물이 누구인지 특정하여 수사의 단서로 파악할 것인지를 결정하는 과정이라고 할 수 있다. 그러므로 대부분의 통신자료취득행위는 수사 초기단계에서 이루어 질 수밖에 없는 구조로 되어 있다. 현재 또는 과거에 이루어진 전기통신의 내용이나 외형적 정보에 대하여는 법원의 허가나 법관의 영장에 의하여만 이를 제공받을 수 있도록 한 반면, 이용자의 인적 사항에 관한 정보에 해당하는 통신자료에 대하여는 수사기관의 서면요청만으로도 전기통신사업자가 이를 제공할 수 있도록 하고 있는데, 이는 수사상 신속과 다른 범죄의 예방 등을 위하여 해당 개인정보의 내용과 성격 등에 따라 통신자료에 대하여는 법원의 허가나 법관의 영장 없이도 일정한 사항을 기재한 수사기관의 자료제공요청서라는 서면요청에 의해 통신자료를 제공하여 수사에 협조할 수 있도록 한 것이다. 따라서 이러한 형식적·절차적 요건 이외에 별도로 전기통신사업자에게 실질적 심사의무를 부과하는 것은 입법 취지에도 부합하지 않는다.

결국 검사 또는 수사관서의 장이 수사를 위하여 전기통신사업자에게 통신자료의 제공을 요청하고, 이에 전기통신사업자가 법에서 정한 형식적·절차적 요건을 심사하여 검사 또는 수사관서의 장에게 이용자의 통신자료를 제공하였다면, 검사 또는 수사관서의 장이 통신자료의 제공 요청 권한을 남용하여 정보주체 또는 제3자의 이익을 부당하게 침해하는 것임이 객관적으로 명백한 경우와 같은 특별한 사정이 없는 한, 이로 인하여 해당 이용자의 개인정보자기결정권이나 익명표현의 자유 등이 위법하게 침해된 것이라고 볼 수 없다.[2]

6. 출국금지

법무부장관은 형사재판에 계속 중인 사람, 징역형이나 금고형의 집행이 끝나지 아니한 사람, 대통령령으로 정하는 금액 이상의 벌금이나 추징금을 내지 아니한 사람 등에 해당하는 국

---

1) 통신자료 제공의 협조현황은 지속적으로 증가하고 있는데, 이러한 결과의 원인으로서는, ① 최근에는 전기통신을 이용한 범죄뿐만 아니라 일반 범죄에 대해서도 이용자의 전화번호 또는 아이디 등과 같은 단서를 이용하여 용의자를 특정하고, 수사의 범위를 축소해 나가기 위하여 통신자료를 활발하게 이용하고 있는 실정으로서 범죄에 대한 수사기법이 휴대전화의 사용내역 및 인터넷 사용내역 등을 중심으로 활발하게 이루어지고 있다는 점, ② 통신제한조치와 통신사실확인자료 제공제도와는 달리 통신자료의 제공요청은 법원의 개입이 없이 수사기관이 자체적이고 독립적으로 행할 수 있다는 점, ③ 언론에 보도된 강력범죄에 대한 대처의 일환으로서 초동수사의 중요성이 부각됨에 따라 통신자료의 확보 필요성이 강조되고 있다는 점 등에서 통신자료 요구의 건수를 급증시킨 이유를 찾을 수 있다.

2) 대법원 2016. 3. 10. 선고 2012다105482 판결.

민에 대하여는 6개월 이내의 기간을 정하여 출국을 금지할 수 있고(출입국관리법 제4조 제1항), 법무부장관은 범죄 수사를 위하여 출국이 적당하지 아니하다고 인정되는 사람에 대하여는 1개월 이내의 기간을 정하여 출국을 금지할 수 있다. 다만 소재를 알 수 없어 기소중지결정이 된 사람 또는 도주 등 특별한 사유가 있어 수사진행이 어려운 사람은 3개월 이내, 기소중지결정이 된 경우로서 체포영장 또는 구속영장이 발부된 사람은 영장의 유효기간 이내 등에서 정한 기간으로 한다(출입국관리법 제4조 제2항). 이에 따라 출입국관리공무원은 출국심사를 할 때에 출국이 금지된 사람을 출국시켜서는 아니 된다(출입국관리법 제4조 제4항). 법무부장관은 출국금지기간을 초과하여 계속 출국을 금지할 필요가 있다고 인정하는 경우에는 그 기간을 연장할 수 있다(출입국관리법 제4조의2 제1항).[1)]

출국금지는 행정처분의 일종이지만, 그 실질적인 기능이 범죄수사와 밀접하게 연관되어 있으므로 사실상 사법처분이라고 할 수 있다. 하지만 그 절차가 검사의 요청에 의한 법무부장관의 처분을 통하여 이루어진다는 점에서 강제수사의 일종으로 분류할 수는 없다.

7. 거짓말탐지기에 의한 검사

거짓말탐지기에 의한 검사는 상대방의 동의에 의하여 이루어지는 한 그 조사 자체는 일단 적법한 것으로 볼 수 있다. 거짓말탐지기의 검사 결과에 대하여 사실적 관련성을 가진 증거로서 증거능력을 인정할 수 있으려면, ① 거짓말을 하면 반드시 일정한 심리상태의 변동이 일어나고, ② 그 심리상태의 변동은 반드시 일정한 생리적 반응을 일으키며, ③ 그 생리적 반응에 의하여 피검사자의 말이 거짓인지 아닌지가 정확히 판정될 수 있다는 등의 전제요건이 충족되어야 할 것이다. 특히 마지막 생리적 반응에 대한 거짓 여부 판정은 거짓말탐지기가 검사에 동의한 피검사자의 생리적 반응을 정확히 측정할 수 있는 장치이어야 하고, 질문사항의 작성과 검사의 기술 및 방법이 합리적이어야 하며, 검사자가 탐지기의 측정내용을 객관성 있고 정확하게 판독할 능력을 갖춘 경우라야만 그 정확성을 확보할 수 있는 것이므로, 이상과 같은 여러 가지 요건이 충족되지 않는 한 거짓말탐지기 검사 결과에 대하여 형사소송법상 증거능력을 부여할 수는 없다.[2)] 이와 같이 거짓말탐지기 검사 결과의 엄격성으로 인하여 현실적으로 증거능력

---

1) 대법원 2007. 11. 30. 선고 2005다40907 판결(출국금지기간 만료 전에 수사가 종결되어 종국처분을 하는 경우 등 출국금지사유가 소멸하였다면, 출국금지를 요청한 수사기관은 즉시 출국금지해제신청을 하여야 한다. 그러나 수사가 종결되어 종국처분을 하기 전에 피내사자 등에 대한 구속영장 청구가 기각되었다는 사정만으로 출국금지사유가 소멸하여 출국금지조치가 위법하다고 단정할 수는 없다).

2) 대법원 2005. 5. 26. 선고 2005도130 판결; 대법원 1987. 7. 21. 선고 87도968 판결(거짓말탐지기의 검사는 그 기구의 성능, 조작기술 등에 있어 신뢰도가 극히 높다고 인정되고 그 검사자가 적격자이며, 검사를 받는 사람이 검사를 받음에 동의하였으며 검사서가 검사자 자신이 실시한 검사의 방법, 경과 및 그 결과를 충실하게 기재하였다는 등의 전제조건이 증거에 의하여 확인되었을 경우에만 제313조 제2항에 의하여 이를 증거로 할 수 있는 것이고 위와 같은 조건이 모두 충족되어 증거능력이 있는 경우에도 그 검사결과는 검사를 받는 사람의 진술의 신빙성을 가늠하는 정황증거로서의 기능을 하는데 그치는 것이다); 대법원 1986. 11. 25. 선고 85도2208 판결; 대법원 1984. 2. 14. 선고 83도3146 판결(거짓말탐지기의 검사는 그 기구의 성능, 조작기술 등에 있어 신뢰도가 극히 높다고

을 인정하는 것은 불가능한 상황이다. 또한 거짓말탐지기 검사 결과가 항상 진실에 부합한다고 단정할 수 없을 뿐만 아니라 검사를 받는 사람의 진술의 신빙성을 가늠하는 정황증거로서 기능을 하는 데 그칠 뿐이다.[1] 이와 같이 거짓말탐지기의 검사결과는 증거능력이 인정되지 않아 유죄인정의 자료로 삼을 수 없다고 하더라도 검사결과의 정확성과 신뢰성이 인정되는 요건이 충족된다면 피진술자의 신빙성을 판단하는 탄핵증거로 사용하는 것은 가능하다.[2] 한편 거짓말탐지기에 의한 검사에서도 진술거부권이 보장되어야 한다.

8. 사진촬영

누구든지 자기의 얼굴 기타 모습을 함부로 촬영당하지 않을 자유를 가지고 있다.[3] 하지만 이러한 자유도 국가권력의 행사로부터 무제한으로 보호되는 것은 아니고, 국가의 안전보장·질서유지·공공복리를 위하여 필요한 경우에는 상당한 제한이 따르는 것이다. 수사기관이 범죄를 수사함에 있어 현재 범행이 행하여지고 있거나 행하여진 직후이고, 증거보전의 필요성 및 긴급성이 있으며, 일반적으로 허용되는 상당한 방법에 의하여 촬영을 한 경우라면 촬영이 영장 없이 이루어졌다고 하여 이를 위법하다고 단정할 수는 없다.[4] 특히 무인장비에 의한 제한속도 위반차량 단속은 수사활동의 일환으로서 도로에서의 위험을 방지하고 교통의 안전과 원활한 소통을 확보하기 위하여 도로교통법령에 따라 정해진 제한속도를 위반하여 차량을 주행하는 범

인정되고 그 검사자가 적격자이며 검사를 받는 사람이 검사를 받음에 동의하였으며 검사서가 검사자 자신이 실시한 검사의 방법, 경과 및 그 결과를 충실하게 기재하였다는 여러 가지 점이 증거에 의하여 확인되었을 경우에는 제313조 제2항에 의하여 이를 증거로 할 수 있다고 할 것이나 그와 같은 경우에도 그 검사, 즉 감정의 결과는 검사를 받는 사람의 진술의 신빙성을 가늠하는 정황증거로서의 기능을 다하는데 그치는 것이다); 대법원 1983. 9. 13. 선고 83도712 판결; 대법원 1979. 5. 22. 선고 79도547 판결.

1) 대법원 2017. 1. 25. 선고 2016도15526 판결(거짓말탐지기 검사 결과, 피고인의 진술에 대하여는 거짓으로 진단할 수 있는 특이한 반응이 나타나지 않은 반면, 공소외 1의 진술에 대하여는 거짓으로 진단할 수 있는 현저한 반응이 나타났다. 그러나 거짓말탐지기 검사 결과가 항상 진실에 부합한다고 단정할 수 없을 뿐 아니라 검사를 받는 사람의 진술의 신빙성을 가늠하는 정황증거로서 기능을 하는 데 그치므로, 그와 같은 검사결과만으로 범행 당시의 상황이나 범행 이후 정황에 부합하는 공소외 1 진술의 신빙성을 부정할 수 없다).

2) 이에 대하여 거짓말탐지기의 사용은 인격권에 대한 중대한 침해이므로 거짓말탐지기 검사결과는 처음부터 제308조의2에 의하여 증거능력이 부정되어야 한다는 견해로는 신동운, 613면.

3) 이에 대하여 사진촬영의 법적 성격을 강제수사의 일종으로 파악하면서도 일정한 요건 아래 영장주의의 예외를 허용할 필요성이 있다는 견해로는 이은모/김정환, 346면; 이재상/조균석, 235면; 이창현, 285면; 임동규, 267면; 정승환, 100면.

4) 대법원 1999. 9. 3. 선고 99도2317 판결(이 사건 비디오촬영은 피고인들에 대한 범죄의 혐의가 상당히 포착된 상태에서 그 회합의 증거를 보전하기 위한 필요에서 이루어진 것이고 공소외인의 주거지 외부에서 담장 밖 및 2층 계단을 통하여 공소외인의 집에 출입하는 피고인들의 모습을 촬영한 것으로 그 촬영방법 또한 반드시 상당성이 결여된 것이라고는 할 수 없다). 同旨 대법원 2013. 7. 26. 선고 2013도2511 판결(피고인들이 일본 또는 중국에서 북한 공작원들과 회합하는 모습을 동영상으로 촬영한 것은 피고인들이 회합한 증거를 보전할 필요가 있어서 이루어진 것이고, 피고인들이 반국가단체의 구성원과 회합 중이거나 회합하기 직전 또는 직후의 모습을 촬영한 것으로 그 촬영 장소도 차량이 통행하는 도로 또는 식당 앞길, 호텔 프런트 등 공개적인 장소인 점 등을 알 수 있으므로, 이러한 촬영이 일반적으로 허용되는 상당성을 벗어난 방법으로 이루어졌다거나, 영장 없는 강제처분에 해당하여 위법하다고 볼 수 없다).

죄가 현재 행하여지고 있고, 그 범죄의 성질·태양으로 보아 긴급하게 증거보전을 할 필요가 있는 상태에서 일반적으로 허용되는 한도를 넘지 않는 상당한 방법에 의한 것이라고 판단되므로, 이를 통하여 피고인 운전 차량의 차량번호 등을 촬영한 사진을 두고 위법하게 수집된 증거로서 증거능력이 없다고 말할 수는 없다.[1)]

제 4 절 대인적 강제처분

Ⅰ. 피의자에 대한 체포

1. 영장에 의한 체포

(1) 의 의

피의자가 죄를 범하였다고 의심할 만한 상당한 이유가 있고, 정당한 이유 없이 출석요구에 응하지 아니하거나 응하지 아니 할 우려가 있는 때에는 검사는 관할 지방법원 판사에게 청구하여 체포영장을 발부받아 피의자를 체포할 수 있고, 사법경찰관은 검사에게 신청하여 검사의 청구로 관할 지방법원 판사의 체포영장을 발부받아 피의자를 체포할 수 있다(제200조의2 제1항 본문). '체포'(逮捕)란 피의자의 신병을 확보하기 위하여 단기간 동안 수사관서 등 일정한 장소에 인치하는 강제처분을 말한다. 체포는 상대적으로 요건이 완화되어 있다는 점, 그 기간이 단기간이라는 점, 피고인에 대해서는 할 수 없다는 점, 법관에 의한 대면심문을 거치지 않는다는 점 등에서 구속과 구별된다. 하지만 체포는 구속과 유사한 측면이 많으므로 법원의 구속에 관한 규정을 준용하고 있다(제200조의6).

영장에 의한 체포는 1995. 12. 29. 형사소송법 개정을 통하여 도입된 제도이다. 개정 전 형사소송법에 의하면 피의자를 인치하여 구금하기 위해서는 엄격한 구속사유가 인정되어야 하기 때문에 수사의 초기단계에서 피의자의 신병확보를 위하여 임의동행[2)]이나 보호실유치[3)] 등과

1) 대법원 1999. 12. 7. 선고 98도3329 판결.

2) 대법원 2012. 12. 13. 선고 2012도11162 판결(경찰관 직무집행법 제4조 제1항 제1호(이하 '이 사건 조항'이라 한다)에서 규정하는 술에 취한 상태로 인하여 자기 또는 타인의 생명·신체와 재산에 위해를 미칠 우려가 있는 피구호자에 대한 보호조치는 경찰 행정상 즉시강제에 해당하므로, 그 조치가 불가피한 최소한도 내에서만 행사되도록 발동·행사 요건을 신중하고 엄격하게 해석하여야 한다. 따라서 이 사건 조항의 '술에 취한 상태'란 피구호자가 술에 만취하여 정상적인 판단능력이나 의사능력을 상실할 정도에 이른 것을 말하고, 이 사건 조항에 따른 보호조치를 필요로 하는 피구호자에 해당하는지는 구체적인 상황을 고려하여 경찰관 평균인을 기준으로 판단하되, 그 판단은 보호조치의 취지와 목적에 비추어 현저하게 불합리하여서는 아니 되며, 피구호자의 가족 등에게 피구호자를 인계할 수 있다면 특별한 사정이 없는 한 경찰관서에서 피구호자를 보호하는 것은 허용되지 않는다. 이 사건 조항의 보호조치 요건이 갖추어지지 않았음에도, 경찰관이 실제로는 범죄수사를 목적으로 피의자에 해당하는 사람을 이 사건 조항의 피구호자로 삼아 그의 의사에 반하여 경찰관서에 데려간 행위는, 달리 현행범체포나 임의동행 등의 적법 요건을 갖추었다고 볼 사정이 없다면, 위법한 체포에 해당한다고 보아야 한다).

3) 종래 수사사무실의 구석에 설치되어 있던 소위 보호실은 2012년에 모두 폐지되었다.

같은 탈법적인 수사관행이 비일비재하였다.[1] 이러한 불법적인 관행을 근절하고 인신구속의 적법한 수사절차를 확립하기 위하여 체포를 구속에서 분리하면서 긴급구속을 긴급체포로 변경하고, 헌법상 체포제도를 구체화한 것이 현행 체포제도이다. 하지만 체포제도의 도입은 신병확보를 위한 수사를 더욱 정착시킴으로서 물증 중심의 수사를 소홀히 한다는 점, 피의자신문을 위한 출석을 강제하는 결과를 가져온다는 점, 인신구속이라는 본질은 동일함에도 불구하고 체포영장은 구속영장보다 가벼운 처분이라는 상대적 인식에 따라 법원이 영장발부를 쉽게 할 수 있다는 점[2] 등에서 비판적인 시각도 있는 것이 사실이다.

(2) 체포영장 발부의 요건

1) 범죄의 혐의

피의자를 체포하기 위해서는 피의자가 죄를 범하였다고 의심할 만한 상당한 이유가 있어야 한다. 이 경우 피의자가 죄를 범하였다는 점에 대한 수사기관의 주관적 혐의만으로는 부족하고, 객관적 혐의가 있어야 한다. 체포영장의 발부요건으로서의 범죄혐의와 구속영장의 발부요건으로서의 범죄혐의가 동일한 정도인지 여부와 관련하여, ① 형사소송법상 체포영장의 발부를 위한 범죄혐의의 정도와 구속영장의 발부를 위한 범죄혐의의 정도가 모두 '죄를 범하였다고 의심할 만한 상당한 이유'라고 규정되어 있다는 점, 압수·수색·검증시에는 '죄를 범하였다고 의심할 만한 정황'이라는 완화된 요건을 요구하고 있다는 점, 체포가 구속으로 이어질 수 있다는 것을 고려해야 한다는 점 등을 논거로 하여, 동일한 것으로 파악하는 적극설[3], ② 체포는 구속의 전 단계에서 주로 수사 초기에 신속한 대응을 위하여 이루어지는 것이 일반적인데 반하여 구속에 대하여는 영장청구시 피의자심문 등 엄격한 사법적 심사가 이루어진다는 점, 체포는 피의자 소환조사의 필요성 때문에 이루어지는 단기간의 임시적 강제처분이라는 점, 구속이 필요하면 별도의 구속영장을 발부받아야 한다는 점, 제200조의4 제1항에 의하면 피의자를 체포한 경우에 '피의자를 구속하고자 할 때에는'이라고 규정되어 있는데, 이는 이미 체포되어 있는 피의자에게 구속까지 필요하다고 판단하여 그 평가의 차원을 달리하는 것이며 판단 변경의 핵심은 범죄혐의 정도의 변화라고 할 것이라는 점 등을 논거로 하여, 체포영장의 발부를 위한 범죄혐의의 정도는 구속영장의 발부를 위한 범죄혐의의 정도와 비교하여 그 심증의 정도가 약한 것

---

1) 대법원 1994. 3. 11. 선고 93도958 판결(경찰서에 설치되어 있는 보호실은 영장대기자나 즉결대기자 등의 도주방지와 경찰업무의 편의 등을 위한 수용시설로서 사실상 설치, 운영되고 있으나 현행법상 그 설치근거나 운영 및 규제에 관한 법령의 규정이 없고, 이러한 보호실은 그 시설 및 구조에 있어 통상 철창으로 된 방으로 되어 있어 그 안에 대기하고 있는 사람들이나 그 가족들이 출입이 제한되는 등 일단 그 장소에 유치되는 사람은 그 의사에 기하지 아니하고 일정장소에 구금되는 결과가 되므로, 경찰관 직무집행법상 정신착란자, 주취자, 자살기도자 등 응급의 구호를 요하는 자를 24시간을 초과하지 아니하는 범위 내에서 경찰관서에 보호조치할 수 있는 시설로 제한적으로 운영되는 경우를 제외하고는 구속영장을 발부받음이 없이 피의자를 보호실에 유치함은 영장주의에 위배되는 위법한 구금으로서 적법한 공무수행이라고 볼 수 없다).

2) 이에 대하여 체포영장제도를 폐지하고 체포영장과 구속영장을 일원화하는 것이 타당하다는 견해로는 정승환, 120면.

3) 김인회, 114면; 배종대/홍영기, 121면; 송광섭, 279면; 이은모/김정환, 234면; 이재상/조균석, 245면.

이라고 파악하는 소극설[1] 등의 대립이 있다. 생각건대 체포영장의 청구시에도 구속영장의 청구시와 같은 정도의 소명을 요구하는 것은 체포제도를 별도로 규정하고 있는 현행법의 규정에 부합하지 않으므로 소극설이 타당하다.

2) 출석요구 불응 또는 불응우려

피의자를 체포하기 위해서는 피의자가 정당한 이유 없이 출석요구에 응하지 아니하거나 응하지 아니 할 우려가 있어야 한다. 여기서 정당한 이유는 피의자가 천재지변·질병·법률상의 사무처리·해외출장·해외여행 등으로 인하여 출석요구에 응할 수 없는 경우를 의미하며, 출석요구에 응하지 아니 할 우려는 피의자가 도망하거나 지명수배중인 경우 등을 의미한다.

경미사건의 경우에는 체포영장의 발부요건이 제한되는데, 다액 50만원 이하의 벌금·구류 또는 과료에 해당하는 사건에 관하여는 피의자가 일정한 주거가 없는 경우 또는 정당한 이유 없이 출석요구에 응하지 아니한 경우에 한하여 체포할 수 있다(제200조의2 제1항 단서). 이 경우 출석요구에 응하지 아니할 우려가 있다는 장래의 사유는 체포사유에 해당하지 아니한다.

3) 체포의 필요성

피의자를 체포하기 위해서 구속사유인 도망이나 증거인멸의 우려가 별도로 요구되는지 여부와 관련하여, ① 이론상 체포의 요건을 구속의 요건과 달리 보아야 할 근거가 희박하다는 점을 논거로 하여, 형사소송법에 규정된 체포의 요건을 갖춘 경우라고 할지라도 명백히 체포의 필요성이 인정되지 않는다면 체포하여서는 안 된다고 파악하는 적극설, ② 구속사유의 존재가 체포의 적극적 요건으로 되는 것은 아니라고 파악하는 소극설[2] 등의 대립이 있다.

생각건대 구속사유의 부존재가 명백한 경우에 한하여 피의자를 체포할 수 없으므로 구속사유는 체포의 소극적 요건에 불과하다. 왜냐하면 체포영장의 청구를 받은 판사는 체포의 사유가 있다고 인정되는 경우에도 피의자의 연령과 경력, 가족관계나 교우관계, 범죄의 경중 및 태양 기타 제반 사정에 비추어 피의자가 도망할 염려가 없고 증거를 인멸할 염려가 없는 등 명백히 체포의 필요가 없다고 인정되는 때에는 체포영장의 청구를 기각하여야 하기 때문이다(규칙 제96조의2). 이와 같이 체포의 필요성은 체포의 적극적 요건이 아니라 그 부존재가 명백한 경우에 한하여 체포를 허용하지 않는 소극적 요건에 불과하므로 소극설이 타당하다.

(3) 체포영장 발부의 절차

1) 체포영장의 청구

체포영장의 청구권자는 검사이다. 즉 검사는 관할 지방법원 판사에게 청구하여 체포영장을 발부받아 피의자를 체포할 수 있고, 사법경찰관은 검사에게 신청하여 검사의 청구로 관할 지방

1) 김정한, 233면; 손동권/신이철, 238면; 신양균/조기영, 131면; 이주원, 113면; 이창현, 301면; 임동규, 183면; 정승환, 120면; 정웅석/최창호, 127면; 최호진, 141면.

2) 김인회, 114면; 김정한, 233면; 배종대/홍영기, 121면; 손동권/신이철, 238면; 신양균/조기영, 132면; 이은모/김정환, 236면; 이재상/조균석, 246면; 이창현, 302면; 임동규, 183면; 정승환, 120면; 정웅석/최창호, 128면; 최호진, 142면.

법원 판사의 체포영장을 발부받아 피의자를 체포할 수 있다(제200조의2 제1항 본문). 이와 같이 체포영장의 청구권자를 검사로만 제한한 취지는 사법경찰관에 의한 신체구속의 남용을 억제하기 위한 것이다. 그러므로 사법경찰관의 체포영장 신청에 대하여 검사는 이를 받아들이지 않고, 판사에게 체포영장의 청구를 하지 않아도 무방하다. 하지만 검사의 부적절한 영장신청기각을 통제할 필요성이 있는데, 이를 위하여 검사가 사법경찰관이 신청한 영장을 정당한 이유 없이 판사에게 청구하지 아니한 경우 사법경찰관은 그 검사 소속의 지방검찰청 소재지를 관할하는 고등검찰청에 영장 청구 여부에 대한 심의를 신청할 수 있으며(제221조의5 제1항), 이에 관한 사항을 심의하기 위하여 각 고등검찰청에 영장심의위원회를 둔다(제221조의5 제2항).

영장의 청구는 서면으로 하여야 하는데(규칙 제93조 제1항), 청구서에는 범죄사실의 요지를 따로 기재한 서면 1통(수통의 영장을 청구하는 때에는 그에 상응하는 통수)을 첨부하여야 한다(규칙 제93조 제2항). 영장에는 그 영장을 청구한 검사의 성명과 그 검사의 청구에 의하여 발부한다는 취지를 기재하여야 한다(규칙 제94조). 체포영장의 청구서에는 ① 피의자의 성명(분명하지 아니한 때에는 인상·체격·그 밖에 피의자를 특정할 수 있는 사항)·주민등록번호 등·직업·주거, ② 피의자에게 변호인이 있는 때에는 그 성명, ③ 죄명 및 범죄사실의 요지, ④ 7일을 넘는 유효기간을 필요로 하는 때에는 그 취지 및 사유, ⑤ 여러 통의 영장을 청구하는 때에는 그 취지 및 사유, ⑥ 인치구금할 장소, ⑦ 체포의 사유, ⑧ 동일한 범죄사실에 관하여 그 피의자에 대하여 전에 체포영장을 청구하였거나 발부받은 사실이 있는 때에는 다시 체포영장을 청구하는 취지 및 이유(이는 제200조의2 제4항에도 동일하게 규정되어 있다), ⑨ 현재 수사 중인 다른 범죄사실에 관하여 그 피의자에 대하여 발부된 유효한 체포영장이 있는 경우에는 그 취지 및 그 범죄사실 등의 사항을 기재하여야 한다(규칙 제95조). 또한 체포영장의 청구에는 체포의 사유 및 필요를 인정할 수 있는 자료를 제출하여야 한다(규칙 제96조 제1항).

한편 체포영장과 관련하여 제208조 제1항(검사 또는 사법경찰관에 의하여 구속되었다가 석방된 자는 다른 중요한 증거를 발견한 경우를 제외하고는 동일한 범죄사실에 관하여 재차 구속하지 못한다.) 및 제200조의4 제3항(긴급체포하였다가 석방된 자는 영장 없이는 동일한 범죄사실에 관하여 체포하지 못한다.)은 준용되지 아니한다.

2) 체포영장의 심사

체포영장을 발부할 때에는 구속의 경우와는 달리 피의자심문을 요하지 아니한다. 다만 필요한 경우에는 사실을 조사할 수 있는데(제37조 제3항), 이 경우에는 증인을 신문하거나 감정을 명할 수 있다(규칙 제24조 제1항). 하지만 이 경우에도 체포영장 청구사건의 신속성과 밀행성에 반하지 아니하는 범위 안에서 하여야 한다(「인신구속사무의 처리에 관한 예규」 제13조 내지 제16조). 그리하여 체포영장의 청구를 받은 지방법원 판사는 먼저 형식적 요건을 심사하고, 영장청구서의 기재사항에 흠결이 있는 경우에는 전화 기타 신속한 방법으로 영장을 청구한 검사에게 그 보정을 요구할 수 있다(규칙 제96조 제4항). 체포영장의 청구를 받은 지방법원 판사는 법률의 위헌 여부가 영장청구사건 재판의 전제가 된 경우에는 법률의 위헌 여부의 심판을 헌법재판소에 제청할 수 있고(헌법재판소법 제41조 제1항), 회기 중에 있는 국회의원 기타 법률에 따라 체포에 관하여 소속 기관의 동의가 필요한 피의자에 대하여는 체포영장 발부 전에 체포동의요구서에 판사가 서명 날인하여 대응 검찰청에 송부하는 방법으로 체포동의요구를 하여야 한다. 이후 체포사유와 체포의 필요성 등 실질적 요건을 엄격하게 심사하여야 한다.

3) 체포영장의 발부 여부에 대한 법원의 결정

① 체포영장의 발부

체포영장의 청구를 받은 지방법원 판사는 상당하다고 인정할 때에는 체포영장을 발부한다. 다만 명백히 체포의 필요가 인정되지 아니하는 경우에는 그러하지 아니하다(제200조의2 제2항). 체포영장에 기재될 사항은 구속영장의 기재사항에 관한 규정이 준용되는데(제200조의6, 제75조), 체포영장에는 피의자의 성명·주거·죄명·공소사실의 요지·인치 또는 구금할 장소·발부연월일·그 유효기간과 그 기간을 경과하면 집행에 착수하지 못하며 영장을 반환하여야 할 취지를 기재하고 재판장 또는 수명법관이 서명날인하여야 한다. 또한 피의자의 성명이 분명하지 아니한 때에는 인상·체격·기타 피고인을 특정할 수 있는 사항으로 피의자를 표시할 수 있다. 만약 피의자의 주거가 분명하지 아니한 때에는 그 주거의 기재를 생략할 수 있다.

체포영장의 유효기간은 7일로 한다. 다만 법원 또는 법관이 상당하다고 인정하는 때에는 7일을 넘는 기간을 정할 수 있다(규칙 제178조). 피의자의 소재가 파악되어 있는 경우에는 유효기간을 7일로 정함이 상당하고, 피의자의 소재가 파악되어 있지 않은 경우에는 사안에 따라 유효기간을 1개월 내지 3개월로 정하는 것이 상당할 것이다. 그리고 검사가 피의자를 기소중지처분하면서 지명수배를 하는 경우에는 유효기간을 공소시효 만료일까지로 정하는 것이 타당하다. 검사는 체포영장의 유효기간을 연장할 필요가 있다고 인정하는 때에는 그 사유를 소명하여 다시 체포영장을 청구하여야 한다(규칙 제96조의4).

② 기각결정

체포영장의 청구를 받은 지방법원 판사가 체포영장을 발부하지 아니할 때에는 청구서에 그 취지 및 이유를 기재하고 서명날인하여 청구한 검사에게 교부한다(제200조의2 제3항). 기각의 사유로는 ① 체포영장 청구서의 형식적 요건에 대한 흠결이 보정되지 아니하거나 보정에도 불구하고 흠결이 치유되지 아니한 경우, ② 체포사유에 대한 소명이 부족한 경우, ③ 체포사유에 대한 소명이 충분하여도 명백히 체포의 필요가 없다고 인정되는 경우, ④ 동일한 범죄사실에 관하여 그 피의자에 대하여 전에 체포영장을 청구하였으나 기각된 이후에 다시 체포영장을 청구하는 취지가 설명이 제대로 되지 않은 경우, ⑤ 회기 중에 있는 국회의원에 대하여 체포동의안이 부결된 경우 등을 들 수 있다. 기각결정에 대하여 검사는 기각결정을 한 취지 및 이유를 시정하여 체포영장을 다시 청구할 수 있는데, 재체포영장 청구서에는 재체포영장의 청구라는 취지와 재체포의 이유를 기재하여야 한다(규칙 제99조 제1항).

(4) 체포영장 집행의 절차

1) 집행기관

체포영장은 검사의 지휘에 의하여 사법경찰관리가 집행한다(제200조의6, 제81조 제1항 본문). 검사는 필요에 의하여 관할구역 외에서 체포영장의 집행을 지휘할 수 있고 또는 당해 관할구역의 검사에게 집행지휘를 촉탁할 수 있으며(제83조 제1항), 사법경찰관리는 필요에 의하여 관할구역 외에서 체포영장을 집행할 수 있고 또는 당해 관할구역의 사법경찰관리에게 집행을 촉탁할 수 있다(제83조 제2항). 사법경찰관리가 관할구역 외에서 수사하거나 관할구역 외의 사법경찰관리의 촉탁을 받아 수사할 때에는 관할 지방검찰청 검사장 또는 지청장에게 보고하여야 한다. 다만 제200조의3, 제212조, 제214조, 제216조와 제217조의 규정에 의한 수사를 하는 경우에 긴급을 요할 때에는 사후에 보고할 수 있다(제210조). 교도소 또는 구치소에 있는 피의자에 대하여 발부된 체포영장은 검사의 지휘에 의하여 교도관이 집행한다(제81조 제3항).

2) 집행의 절차

① 체포영장의 제시

체포영장을 집행함에는 피의자에게 반드시 이를 제시하여야 한다(제85조 제1항). 여기서 제시하는 체포영장은 사본이 아니라 원본이어야 한다.[1] 다만 체포영장을 소지하지 아니한 경우에 급속을 요하는 때에는 피의자에 대하여 피의사실의 요지와 영장이 발부되었음을 고하고 집행할 수 있다(제85조 제3항). 이 경우에 집행을 완료한 후에는 신속히 체포영장을 제시하여야 한다(제85조 제4항).

② 체포이유의 고지

검사 또는 사법경찰관은 피의자를 체포하는 경우에는 피의사실의 요지, 체포의 이유와 변호인을 선임할 수 있음을 말하고, 변명할 기회를 주어야 한다(제200조의5). 이와 같은 고지는 체포를 위한 실력행사에 들어가기 이전에 미리 하여야 하는 것이 원칙이지만, 달아나는 피의자를 쫓아가 붙들거나 폭력으로 대항하는 피의자를 실력으로 제압하는 경우에는 붙들거나 제압하는 과정에서 하거나 그것이 여의치 않은 경우에라도 일단 붙들거나 제압한 후에 지체 없이 행하여야 한다.[2] 하지만 피고인이 경찰관들과 마주하자마자 도망가려는 태도를 보이거나 먼저 폭력을 행사

---

1) 同旨 대법원 2017. 9. 7. 선고 2015도10648 판결(수사기관이 이메일에 대한 압수수색영장을 집행할 당시 피압수자인 네이버 주식회사에 팩스로 영장 사본을 송신했을 뿐 그 원본을 제시하지 않았고, 압수조서와 압수물 목록을 작성하여 피압수·수색 당사자에게 교부하였다고 볼 수도 없다면, 이러한 방법으로 압수된 이메일은 위법수집증거에 해당한다); 대법원 1997. 1. 24. 선고 96다40547 판결.

2) 대법원 2012. 2. 9. 선고 2011도7193 판결; 대법원 2010. 6. 24. 선고 2008도11226 판결; 대법원 2008. 10. 9. 선고 2008도3640 판결; 대법원 2008. 7. 24. 선고 2008도2794 판결; 대법원 2008. 2. 14. 선고 2007도10006 판결; 대법원 2007. 11. 29. 선고 2007도7961 판결(경찰관들이 피고인이 처와 함께 모텔에 투숙하였음을 확인한 후 도주나 자해 우려를 이유로 방안으로 검거하러 들어가서 피고인의 이름을 부른 다음, 그 지명수배사실 및 범죄사실을 말하고 신분증 제시를 요구하였는데, 피고인이 자신이 동생인 공소외 2라고 주장하면서 공소외 2 명의의 운전면허증을 제시하는 경우라면, 경찰관으로서는 체포하려는 상대방이 피고인 본인이 맞는지를 먼저 확인한 후에 이른바 미란

하며 대항한 바 없는 등 경찰관들이 체포를 위한 실력행사에 나아가기 전에 체포영장을 제시하고 미란다 원칙을 고지할 여유가 있었음에도 애초부터 미란다 원칙을 체포 후에 고지할 생각으로 먼저 체포행위에 나선 행위는 적법한 공무집행이라고 보기 어렵다.[1] 사법경찰관리는 피의자를 체포할 때에는 피의자에게 피의사실의 요지, 체포의 이유와 변호인을 선임할 수 있음을 알려주고, 변명할 기회를 준 후 피의자로부터 확인서를 받아 수사기록에 편철하여야 한다. 다만 피의자가 확인서에 기명날인 또는 서명하기를 거부할 때에는 피의자를 체포하는 사법경찰관리는 확인서 끝 부분에 그 사유를 적고 기명날인 또는 서명하여야 한다(수사지휘·준칙규정 제31조 제5항).

③ 체포에 수반되는 강제처분

㉠ 체포·구속 목적의 피의자 수색 검사 또는 사법경찰관은 제200조의2·제200조의3·제201조 또는 제212조의 규정에 의하여 피의자를 체포 또는 구속하는 경우에 필요한 때에는 영장 없이 타인의 주거나 타인이 간수하는 가옥·건조물·항공기·선차 내에서의 피의자 수색을 할 수 있다. 다만 제200조의2(영장에 의한 체포) 또는 제201조(구속)에 따라 피의자를 체포 또는 구속하는 경우의 피의자 수색은 미리 수색영장을 발부받기 어려운 긴급한 사정[2]이 있는 때에 한정한다(제216조 제1항 제1호).[3] 제216조의 규정에 의한 처분을 하는 경우에 급속을 요하는 때에는 제123조 제2항(주거주, 간수자 또는 이에 준하는 자의 참여), 제125조(야간집행의 제한)의 규정에 의함을 요하지 아니한다(제220조).

제216조 제1항 제1호의 수색[4]은 체포영장이 발부된 피의자가 타인의 가옥·건조물·항공기·선차 내에 소재하고 있다고 소명되는 경우에 수사기관으로 하여금 별도의 영장 없이 그 장소에서 피의자 수색을 할 수 있도록 한 것으로서, 피의자의 신병을 조속히 확보함으로써 국가형벌권을 적정히 실현하는 것을 목적으로 한다. 그러므로 피의자를 실제로 체포하였는지 여부는 문제되지 않으며, 사후 수색영장도 요구되지 아니한다. 또한 동 규정은 피의자를 발견하기

다 원칙을 고지하여야 하는 것이지, 그 상대방이 피고인인지 공소외 2인지를 확인하지 아니한 채로 일단 체포하면서 미란다 원칙을 고지할 것은 아니라고 보아야 한다); 대법원 2004. 11. 26. 선고 2004도5894 판결; 대법원 2004. 8. 30. 선고 2004도3212 판결; 대법원 2000. 7. 4. 선고 99도4341 판결.

1) 대법원 2017. 9. 21. 선고 2017도10866 판결.

2) 긴급체포(제200조의3)와 현행범체포(제212조)의 경우에는 그 자체로 이미 긴급성의 요건이 충족되어 있기 때문에 별도로 제216조 제1항 제1호 단서를 적용할 필요가 없다.

3) 헌법재판소 2018. 4. 26. 선고 2015헌바370 결정(헌법 제16조의 영장주의에 대해서도 그 예외를 인정하되, 이는 ① 그 장소에 범죄혐의 등을 입증할 자료나 피의자가 존재할 개연성이 소명되고, ② 사전에 영장을 발부받기 어려운 긴급한 사정이 있는 경우에만 제한적으로 허용될 수 있다고 보는 것이 타당하다. … 동 조항은 체포영장을 발부받아 피의자를 체포하는 경우에 필요한 때에는 영장 없이 타인의 주거 등 내에서 피의자 수사를 할 수 있다고 규정함으로써, 별도로 영장을 발부받기 어려운 긴급한 사정이 있는지 여부를 구별하지 아니하고 피의자가 소재할 개연성만 소명되면 영장 없이 타인의 주거 등을 수색할 수 있도록 허용하고 있다. 이는 체포영장이 발부된 피의자가 타인의 주거 등에 소재할 개연성은 소명되나, 수색에 앞서 영장을 발부받기 어려운 긴급한 사정이 인정되지 않는 경우에도 영장 없이 피의자 수색을 할 수 있다는 것이므로, 헌법 제16조의 영장주의 예외 요건을 벗어나는 것으로서 영장주의에 위반된다).

4) 기존의 법문상으로는 '수사'라고 되어 있었지만, 2019. 12. 31. 형사소송법 개정을 통하여 '수색'으로 변경하였다.

위한 경우에만 적용된다. 따라서 피의자를 추적하던 중 피의자를 따라 주거·건조물 등에 들어가는 것은 체포·구속 자체에 해당하고, 동 규정이 적용되지 아니한다. 피의자의 수색은 체포 전에 행해져야 하며, 체포한 후에는 동 규정에 의한 수색은 인정되지 아니한다. 물론 수색과 체포는 시간적으로 근접해야 할 필요는 없다. 수색할 수 있는 범위는 피의자와 제3자의 주거 등인데, 제3자의 주거 등에 대하여는 그 곳에 피의자가 소재한다는 개연성이 있어야 한다.

한편 검사·사법경찰관리 또는 법원사무관 등이 구속영장을 집행할 경우에 필요한 때에는 미리 수색영장을 발부받기 어려운 긴급한 사정이 있는 경우에 한정하여 타인의 주거·간수자 있는 가옥·건조물·항공기·선차 내에 들어가 피고인을 수색할 수 있는데(제137조), 이는 피고인의 발견을 위한 수색이 수사상의 처분이 아니라 재판상의 처분이라는 점에서 수사편이 아니라 총칙편에서 별도로 규정하고 있는 것이다.

ⓛ **피의자에 대한 체포(구속)현장에서의 압수·수색·검증** 검사 또는 사법경찰관은 제200조의2·제200조의3·제201조 또는 제212조의 규정에 의하여 피의자를 체포 또는 구속하는 경우에 필요한 때에는 영장 없이 체포현장에서의 압수·수색·검증 등의 처분을 할 수 있다(제216조 제1항 제2호). 제216조의 규정에 의한 처분을 하는 경우에 급속을 요하는 때에는 제123조 제2항(주거주, 간수자 또는 이에 준하는 자의 참여), 제125조(야간집행의 제한)의 규정에 의함을 요하지 아니한다(제220조).

여기서의 압수·수색·검증은 피의자를 체포·구속하는 현장에서 증거의 수집을 하기 위한 것이다. 제216조 제1항 제2호의 법적 성격과 관련하여, ① 체포·구속에 의하여 자유권이 제한되는 상황에서 그보다 경미한 법익이라고 할 수 있는 사생활의 자유 또는 재산권의 제한도 영장 없이 할 수 있도록 한다는 점에서 부수처분으로 파악하는 부수처분설[1], ② 일반적으로 체포·구속의 기본권 침해성이 가장 중한 것은 사실이지만, 구체적인 모든 경우에 있어서 언제나 압수·수색·검증보다 기본권 침해성이 더 중하다고 단정할 수는 없다는 점, 설사 기본권 침해성이 더 중하다고 하더라도 침해성이 약한 강제처분을 언제나 수반한다고도 할 수 없다는 점, 대물적 강제처분을 대인적 강제처분의 부수처분으로 파악하는 것은 타당하지 않다는 점, 부수처분설에 의하면 영장에 의하지 아니한 대물적 강제처분이 부당하게 확대될 위험성이 있다는 점 등을 논거로 하여, 체포·구속을 집행하는 자의 안전을 위하여 흉기를 빼앗고 피의자가 증거를 멸실·은닉하는 것을 예방하기 위한 긴급행위로 파악하는 긴급행위설[2], ③ 재산에 대한 지배권을 빼앗는 압수에 있어서는 긴급행위설로 파악하고, 개인의 사생활을 침해하는 수색에 있어서는 부수처분설로 파악하는 이분설[3] 등의 대립이 있다. 생각건대 체포영장이나 구속영장의

1) 신동운, 181면.

2) 김인회, 164면; 김정한, 311면; 배종대/홍영기, 161면; 손동권/신이철, 319면; 송광섭, 339면; 신양균/조기영, 265면; 이재상/조균석, 324면; 임동규, 254면; 정승환, 186면; 최호진, 242면.

3) 정웅석/최창호, 216면.

집행과정에 당연히 압수·수색이 전제되는 것은 아니기 때문에 긴급행위설이 타당하다.

압수·수색의 대상이 되는 물건은 체포자에게 위해를 줄 수 있는 무기 기타의 흉기, 도주의 수단이 될 수 있는 물건, 체포원인이 되는 범죄사실에 대한 증거물에 한한다. 또한 압수·수색은 일반적으로 그 대상을 특정해야 하므로 대상을 특정하지 않고 일반탐색의 형태로 수색을 하는 것은 허용되지 아니한다. 현실적인 체포가 이루어져야 체포현장이 되는지 여부와 관련하여, ① 압수 등의 행위가 체포행위와 시간적·장소적으로 근접해 있으면 체포 전후를 불문하고 체포현장으로 파악하는 체포근접설[1], ② 압수 등의 당시에 피의자가 현장에 있어야만 체포현장으로 파악하는 체포현장설[2], ③ 피의자가 압수 등의 장소에 있고 체포가 현실적으로 착수되어야 체포현장으로 파악하는 체포착수설[3], ④ 피의자가 현실적으로 체포되어야 체포현장으로 파악하는 체포실현설, ⑤ 피의자가 수사기관에 인지되고 체포의 실행착수가 있었거나 있을 수 있었던 체포의 상황에서는 피의자가 현장에 머물러 있는지 여부와 관계없이 영장 없는 압수 등이 허용되는 것으로 파악하는 체포상황설[4] 등의 대립이 있다. 이에 대하여 판례는「현행범 체포에 착수하지 아니한 상태여서 제216조 제1항 제2호, 제212조가 정하는 '체포현장에서의 압수·수색' 요건을 갖추지 못하였으므로, 영장 없는 압수·수색업무로서의 적법한 직무집행으로 볼 수 없다.」라고 판시[5]하여, 체포착수설의 입장을 취하고 있다. 생각건대 체포근접설은 시간적·장소적 근접성을 객관적으로 판단하기 어려워 영장주의의 예외가 지나치게 확대될 위험성이 있으며, 체포현장설은 제216조 제3항에서 별도로 '범죄장소'를 요건으로 설정하고 있다는 점에서 피의자가 범죄현장에서 이탈하는 상황에 대처할 필요가 있으므로 적절하지 않으며, 체포실현설은 체포현장에서의 압수·수색에 대한 적법성 여부를 우연에 의존한다는 점에서 타당하지 않다. 그러므로 체포의 전후나 그 성공 여부를 불문하는 체포착수설이 타당하다.

한편 검사 또는 사법경찰관은 압수한 물건을 계속 압수할 필요가 있는 경우에는 지체 없이 압수·수색영장을 청구하여야 한다. 이 경우 압수·수색영장의 청구는 체포한 때부터 48시간 이내에 하여야 하며(제217조 제2항), 청구한 압수·수색영장을 발부받지 못한 때에는 압수한 물건을 즉시 반환하여야 한다(제217조 제3항). 그러므로 압수·수색영장을 발부받지 못하였음에도 불구하고 즉시 반환하지 아니한 압수물은 유죄 인정의 증거로 사용될 수 없다.[6]

---

1) 임동규, 255면.

2) 김정한, 312면; 손동권/신이철, 319면; 정승환, 187면; 정웅석/최창호, 217면. 서울중앙지방법원 2006. 10. 31. 선고 2006노2113 판결(현행범 체포행위에 선행하는 압수·수색은 허용되지 아니하고, 현행범으로 체포된 자가 압수·수색의 현장에 있음을 요한다).

3) 김인회, 165면; 송광섭, 340면; 신동운, 182면; 신양균/조기영, 267면; 이은모/김정환, 332면; 이재상/조균석, 325면; 최호진, 242면.

4) 배종대/홍영기, 162~163면.

5) 대법원 2017. 11. 29. 선고 2014도16080 판결.

6) 대법원 2009. 12. 24. 선고 2009도11401 판결; 대법원 2009. 5. 14. 선고 2008도10914 판결(정보통신망법상 음란물 유포의 범죄혐의를 이유로 압수·수색영장을 발부받은 사법경찰리가 피고인의 주거지를 수색하는 과정에서 대마

④ 피의자의 인치

체포영장의 집행을 받은 피의자를 신속히 지정된 장소에 인치하여야 한다(제85조 제1항). 체포영장의 집행을 받은 피의자를 호송할 경우에 필요한 때에는 가장 접근한 교도소 또는 구치소에 임시로 유치할 수 있다(제86조). 검사는 체포영장을 발부받은 후 피의자를 체포하기 이전에 체포영장을 첨부하여 판사에게 인치·구금할 장소의 변경을 청구할 수 있다(규칙 제96조의3).

⑤ 체포서류의 작성

체포영장집행사무를 담당한 자가 체포영장을 집행한 때에는 체포영장에 집행일시와 장소를, 집행할 수 없었을 때에는 그 사유를 각 기재하고 기명날인하여야 한다(규칙 제100조 제1항 및 규칙 제49조 제1항). 체포영장의 집행에 관한 서류는 집행을 지휘한 검사를 경유하여 발부한 법원에 이를 제출하여야 한다(규칙 제100조 제1항 및 규칙 제49조 제2항).

3) 국회의원의 불체포특권

국회의원은 현행범인인 경우를 제외하고는 회기 중 국회의 동의 없이 체포 또는 구금되지 아니한다(헌법 제44조 제1항). 국회의원이 회기 전에 체포 또는 구금된 때에는 현행범인이 아닌 한 국회의 요구가 있으면 회기 중 석방된다(헌법 제44조 제2항). 국회의 동의를 받아 체포한 국회의원에 대해 다시 구속영장을 청구하여 구속하는 경우에는 별도로 동의를 요하지 아니한다(「인신구속사무의 처리에 관한 예규」 제8조 제1항 제1호).

(5) 체포영장 집행 후의 절차

피의자를 체포한 때에는 변호인이 있는 경우에는 변호인에게, 변호인이 없는 경우에는 변호인선임권자 중 피의자가 지정한 자에게 피의사건명, 체포일시·장소, 피의사실의 요지, 체포의 이유와 변호인을 선임할 수 있는 취지를 알려야 하며, 이러한 통지는 지체 없이 서면으로 하여야 한다(제200조의6, 제87조). 체포의 통지는 체포를 한 때로부터 늦어도 24시간 이내에 서면으로 하여야 하는데, 통지를 하지 못한 경우에는 그 취지를 기재한 서면을 기록에 철하여야 한다(규칙 제51조 제2항, 규칙 제100조 제1항). 급속을 요하는 경우에는 체포되었다는 취지 및 체포의 일시·장소를 전화 또는 모사전송기 기타 상당한 방법에 의하여 통지할 수 있다. 다만 이 경우에도 체포통지는 다시 서면으로 하여야 한다(규칙 제51조 제3항, 규칙 제100조 제1항). 또한 피의자를 체포한 검사 또는 사법경찰관은 체포된 피의자와 체포적부심사청구권자 중에서 피의자가 지정하는 자에게 체포적부심사를 청구할 수 있음을 알려야 한다(제214조의2 제2항). 체포된 피의자, 그 변호인, 법정대리인, 배우자, 직계친족, 형제자매나 동거인 또는 고용주는 체포영장 또는 그 청구서를 보관하고 있는 검사, 사법경찰관 또는 법원사무관 등에게 그 등본의 교부를 청구할 수 있다(규칙 제101조).

를 발견하자, 피고인을 「마약류관리에 관한 법률」 위반죄의 현행범으로 체포하면서 대마를 압수하였으나, 그 다음날 피고인을 석방하였음에도 사후 압수수색영장을 발부받지 않은 사안에서, 위 압수물과 압수조서는 형사소송법상 영장주의를 위반하여 수집한 증거로서 증거능력이 부정된다).

(6) 구속 여부에 대한 결정

체포한 피의자를 구속하고자 할 때에는 체포한 때부터 48시간 이내에 구속영장을 청구하여야 하고, 그 기간 내에 구속영장을 청구하지 아니하거나 구속영장의 청구가 기각된 때에는 피의자를 즉시 석방하여야 한다(제200조의2 제5항). 체포의 경우에는 구속의 경우와는 달리 체포기간의 연장이 허용되지 아니한다. 48시간 이내에 구속영장을 청구하면 족하고, 반드시 구속영장이 발부될 것을 요하는 것은 아니다. 피의자가 체포영장에 의하여 체포된 후 구속영장에 의하여 구속된 경우의 구속기간은 피의자를 체포한 날부터 기산한다(제203조의2). 만약 체포영장의 발부를 받은 후 피의자를 체포하지 아니하거나 체포한 피의자를 석방한 때에는 지체 없이 검사는 영장을 발부한 법원에 그 사유를 서면으로 통지하여야 한다(제204조). 제204조의 규정에 의한 통지는 ① 피의자를 체포 또는 구속하지 아니하거나 못한 경우, ② 체포 후 구속영장 청구기간이 만료하거나 구속 후 구속기간이 만료하여 피의자를 석방한 경우, ③ 체포 또는 구속의 취소로 피의자를 석방한 경우, ④ 체포된 국회의원에 대하여 헌법 제44조의 규정에 의한 석방요구가 있어 체포영장의 집행이 정지된 경우, ⑤ 구속집행정지의 경우 가운데 어느 하나에 해당하는 사유가 발생한 경우에 이를 하여야 한다(규칙 제96조의19 제1항).

한편 지방검찰청 검사장 또는 지청장은 불법체포·구속의 유무를 조사하기 위하여 검사로 하여금 매월 1회 이상 관하 수사관서의 피의자의 체포·구속장소를 감찰하게 하여야 한다. 감찰하는 검사는 체포 또는 구속된 자를 심문하고 관련서류를 조사하여야 한다(제198조의2 제1항). 검사는 적법한 절차에 의하지 아니하고 체포 또는 구속된 것이라고 의심할 만한 상당한 이유가 있는 경우에는 즉시 체포 또는 구속된 자를 석방하거나 사건을 검찰에 송치할 것을 명하여야 한다(제198조의2 제2항).

2. 긴급체포

(1) 의 의

검사 또는 사법경찰관은 피의자가 사형·무기 또는 장기 3년 이상의 징역이나 금고에 해당하는 죄를 범하였다고 의심할 만한 상당한 이유가 있고, ① 피의자가 증거를 인멸할 염려가 있는 때, ② 피의자가 도망하거나 도망할 우려가 있는 때 중 어느 하나에 해당하는 사유가 있는 경우에 긴급을 요하여 지방법원 판사의 체포영장을 받을 수 없는 때에는 그 사유를 알리고 영장 없이 피의자를 체포할 수 있다(제200조의3 제1항). 이와 같이 '긴급체포'(緊急逮捕)란 중대한 범죄의 경우에 긴급을 요하여 지방법원 판사의 체포영장을 발부받을 수 없는 때 수사기관이 영장 없이 피의자를 체포하는 것을 말한다. 이는 현행범인의 체포와 함께 영장주의의 예외가 인정되는 경우이다. 사법경찰관이 긴급체포를 할 때에는 피의자의 나이·경력·범죄성향이나 범죄의 경중·태양, 그 밖의 여러 사정을 고려하여 인권의 침해가 없도록 신중히 하여야 한다(수사지휘·준칙규정 제35조 제1항). 다만 긴급체포는 그 대상사건이 중대한 범죄에 한정되어 있고, 범행과 체포 사이에 시간적 근접성 및 범행의 명백성을 요구하지 아니한다는 점에서 현행범인의 체포와 구별된다. 또한 영장에 의한 체포는 소환조사의 필요성이 중요한 의미를 갖지만, 긴급체포는 조사의 필요성과 함께 신병확보의 요구에도 부합하는 제도라는 점에서 상대적으로 구속영장의 청구로 이어질 가능성이 높다. 긴급체포는 1995. 12. 29. 형사소송법 개정 이전의 긴급구속제도를 대체한 것이다.

(2) 요 건

1) 범죄의 중대성

피의자가 사형·무기 또는 장기 3년 이상의 징역이나 금고에 해당하는 죄를 범하였다고 의심할 만한 상당한 이유가 있어야 한다. 긴급체포와 영장에 의한 체포에 있어서 그 범죄혐의의 정도에 차이가 있는 것은 아니다. 하지만 법정형이 장기 3년 미만인 형법상의 범죄는 과실치사상죄·단순폭행죄·낙태죄·영아유기죄·명예훼손죄·주거침입죄·음화제조죄·공연음란죄·단순도박죄 등 극히 일부에 불과하여 긴급체포를 제한하는 역할을 크게 하는 것은 아니라고 판단된다.[1)]

2) 체포의 필요성

피의자가 증거를 인멸할 염려가 있는 경우 또는 도망하거나 도망할 우려가 있는 경우 중 어느 하나에 해당하는 사유가 있어야 한다. 이와 같이 긴급체포를 하기 위해서는 구속사유가 존재할 것을 요구하고 있는데, 긴급체포의 경우에 체포영장을 받을 것을 요하지 않는 대신 긴급체포의 남용을 억제하기 위하여 그 요건을 엄격히 한 것으로 볼 수 있다. 하지만 구속사유 가운데 주거부정은 제외시키고 있다.

3) 체포의 긴급성

긴급을 요하여 지방법원 판사의 체포영장을 받을 수 없는 경우이어야 한다. 여기서 '긴급을 요한다'는 것은 피의자를 우연히 발견한 경우 등과 같이 체포영장을 받을 시간적 여유가 없는 때를 말한다.[2)]

---

1) 이에 대하여 긴급체포의 대상이 되는 범죄의 법정형을 대폭 상향하는 것이 타당하다는 견해로는 김인회, 117면; 이창현, 309면. 또한 거의 대부분의 범죄에 대하여 긴급체포를 할 수 있으므로 결국 범죄의 중대성이라는 요건은 별다른 의미를 가지지 못한다는 견해로는 최호진, 149면.

2) 대법원 2016. 10. 13. 선고 2016도5814 판결(피고인이 필로폰을 투약한다는 제보를 받은 경찰관이 제보된 주거지에 피고인이 살고 있는지 등 제보의 정확성을 사전에 확인한 후에 제보자를 불러 조사하기 위하여 피고인의 주거지를 방문하였다가, 현관에서 담배를 피우고 있는 피고인을 발견하고 사진을 찍어 제보자에게 전송하여 사진에 있는 사람이 제보한 대상자가 맞다는 확인을 한 후, 가지고 있던 피고인의 전화번호로 전화를 하여 차량 접촉사고가 났으니 나오라고 하였으나 나오지 않고, 또한 경찰관임을 밝히고 만나자고 하는데도 현재 집에 있지 않다는 취지로 거짓말을 하자 피고인의 집 문을 강제로 열고 들어가 피고인을 긴급체포한 사안에서, 피고인이 마약에 관한 죄를 범하였다고 의심할 만한 상당한 이유가 있었더라도, 경찰관이 이미 피고인의 신원과 주거지 및 전화번호 등을 모두 파악하고 있었고, 당시 마약 투약의 범죄 증거가 급속하게 소멸될 상황도 아니었던 점 등의 사정을 감안하면, 긴급체포가 미리 체포영장을 받을 시간적 여유가 없었던 경우에 해당하지 않아 위법하다).

4) 긴급체포 요건의 판단

긴급체포의 요건을 갖추었는지 여부는 사후에 밝혀진 사정을 기초로 판단하는 것이 아니라 체포 당시의 상황을 기초로 판단하여야 하고, 이에 관한 검사나 사법경찰관 등 수사주체의 판단에는 상당한 재량[1]의 여지가 있다. 그러나 긴급체포 당시의 상황으로 보아서도 그 요건의 충족 여부에 관한 검사나 사법경찰관의 판단이 경험칙에 비추어 현저히 합리성을 잃은 경우에는 그 체포는 위법한 체포라고 할 것이다.[2]

또한 긴급체포는 영장주의 원칙에 대한 예외인 만큼 제200조의3 제1항의 요건을 모두 갖춘 경우에 한하여 예외적으로 허용되어야 하고, 요건을 갖추지 못한 긴급체포는 법적 근거에 의하지 아니한 영장 없는 체포로서 위법한 체포에 해당한다. 이러한 위법은 영장주의에 위배되는 중대한 것이니 그 체포에 의한 유치 중에 작성된 피의자신문조서는 위법하게 수집된 증거로서 특별한 사정이 없는 한 이를 유죄의 증거로 할 수 없다.[3]

(3) 긴급체포의 절차

1) 긴급체포권자

긴급체포를 할 수 있는 자는 검사 또는 사법경찰관으로 규정되어 있다(제200조의3 제1항). 긴급체포는 수사기관만이 할 수 있다는 점에서 현행범인의 체포와 구별된다. 그리하여 사법경찰리는 검사 또는 사법경찰관의 지휘를 받아 수사의 보조를 하는 자이므로 독자적인 긴급체포권을 행사할 수 없다. 하지만 영장에 의한 체포와 달리 긴급체포의 경우에는 검사 또는 사법경찰관의 구체적인 지시에 따른 집행이라고 볼 수 없는 경우가 훨씬 많을 것이다. 이와 같이 형사절차상 사법경찰관과 사법경찰리의 역할에 차이점을 두어 형사소송법 및 형사소송규칙에 규정하고 있는 경우를 곳곳에서 찾아볼 수 있다. 하지만 법문상 사법경찰관에게만 그 권한이 인정되는 경우라고 할지라도 실무에서는 오히려 사법경찰리가 그 역할수행을 더 많이 하고 있는 것이 현실이다. 그러므로 이에 대한 현실을 반영하는 규정의 정비가 필요하다.

---

1) 이에 대하여 수사기관의 판단이 현저히 합리성을 잃은 경우에만 체포가 위법하게 된다고 축소할 수는 없고, 일반인의 눈으로 보았을 때 합리성을 상실한 경우이면 체포가 위법하다고 보아야 한다는 견해로는 김인회, 118면.

2) 대법원 2008. 3. 27. 선고 2007도11400 판결; 대법원 2007. 1. 12. 선고 2004도8071 판결; 대법원 2006. 9. 8. 선고 2006도148 판결(피고인 2는 참고인 조사를 받는 줄 알고 검찰청에 자진출석하였는데 예상과는 달리 갑자기 피의자로 조사한다고 하므로 임의수사에 의한 협조를 거부하면서 그에 대한 위증 및 위증교사 혐의에 대하여 조사를 시작하기도 전에 귀가를 요구한 것이므로, 공소외 1검사가 피고인 2를 긴급체포하려고 할 당시 피고인 2가 위증 및 위증교사의 범행을 범하였다고 의심할 만한 상당한 이유가 있었다고 볼 수 없고, 피고인 2의 소환 경위, 피고인 2의 직업 및 혐의사실의 정도, 피고인 1의 위증교사죄에 대한 무죄선고, 피고인 1의 위증교사 사건과 관련한 피고인 2의 종전 진술 등에 비추어 보면 피고인 2가 임의수사에 대한 협조를 거부하고 자신의 혐의사실에 대한 조사가 이루어지기 전에 퇴거를 요구하면서 검사의 제지에도 불구하고, 퇴거하였다고 하여 도망할 우려가 있다거나 증거를 인멸할 우려가 있다고 보기도 어려우므로, 위와 같이 긴급체포를 하려고 한 것은 그 당시 상황에 비추어 보아 제200조의3 제1항의 요건을 갖추지 못한 것으로 쉽게 보여져 이를 실행한 검사 등의 판단이 현저히 합리성을 잃었다고 할 것이다); 대법원 2005. 11. 10. 선고 2004도42 판결; 대법원 2003. 3. 27.자 2002모81 결정; 대법원 2002. 6. 11. 선고 2000도5701 판결.

3) 대법원 2002. 6. 11. 선고 2000도5701 판결.

2) 긴급체포 이유 등의 고지

검사 또는 사법경찰관이 긴급체포를 함에 있어서는 피의자에게 그 사유를 알리고 영장 없이 체포할 수 있고(제200조의3 제1항), 피의사실의 요지, 체포의 이유와 변호인을 선임할 수 있음을 말하고 변명할 기회를 주어야 한다(제200조의5).

3) 긴급체포에 수반되는 강제처분

검사 또는 사법경찰관은 피의자를 긴급체포하는 경우에 필요한 때에는 영장 없이 ① 타인의 주거나 타인이 간수하는 가옥·건조물·항공기·선차 내에서의 피의자수색, ② 체포현장에서의 압수·수색·검증 등의 처분을 할 수 있다(제216조 제1항). 또한 검사 또는 사법경찰관은 긴급체포된 자가 소유·소지 또는 보관하는 물건에 대하여 긴급히 압수할 필요가 있는 경우에는 체포한 때부터 24시간 이내에 한하여 영장 없이 압수·수색 또는 검증을 할 수 있다(제217조 제1항).[1] 이는 수사기관이 피의자를 긴급체포한 상황에서 피의자가 체포되었다는 사실이 공범이나 관련자들에게 알려짐으로써 관련자들이 증거를 멸실시키거나 은닉하는 것을 방지하고, 범죄사실과 관련된 증거물을 신속히 확보할 수 있도록 하기 위한 것이다. 이 규정에 따른 압수·수색 또는 검증은 체포현장에서의 압수·수색 또는 검증을 규정하고 있는 제216조 제1항 제2호와 달리, 체포현장이 아닌 장소에서도 긴급체포된 자가 소유·소지 또는 보관하는 물건을 대상으로 할 수 있다.[2] 또한 오직 긴급체포의 경우에만 허용될 뿐, 영장에 의한 체포·현행범 체포·구속 등의 절차에서는 허용되지 아니한다.

한편 검사 또는 사법경찰관은 압수한 물건을 계속 압수할 필요가 있는 경우에는 지체 없이 압수수색영장을 청구하여야 한다. 이 경우 압수수색영장의 청구는 체포한 때부터 48시간 이내에 하여야 하는데(제217조 제2항), 청구한 압수수색영장을 발부받지 못한 때에는 압수한 물건을 즉시 반환하여야 한다(제217조 제3항). 만약 이에 위반하여 압수수색영장을 청구하여 이를 발부받지 아니하고도 즉시 반환하지 아니한 압수물은 이를 유죄 인정의 증거로 사용할 수 없는 것이고, 피고인이나 변호인이 이를 증거로 함에 동의하였다고 하더라도 달리 볼 것은 아니다.[3] 어

1) 이에 대하여 영장도 없이 행하는 긴급체포에 수반하여 다시 장소적 제한을 받지 않는 압수·수색·검증을 인정하는 것은 비록 긴급성을 요구하고 있다고 하더라도 수사상의 편의를 위하여 영장주의를 실질적으로 제한하는 제도라는 점에서 제217조의 폐지를 주장하는 견해로는 이은모/김정환, 337면; 정승환, 189면.

2) 대법원 2017. 9. 12. 선고 2017도10309 판결(서울지방경찰서 소속 경찰관들은 2016. 10. 5. 20:00 경기 광주시 (주소 1 생략) 앞 도로에서 위장거래자와 만나서 마약류 거래를 하고 있는 피고인을 긴급체포한 뒤 현장에서 피고인이 위장거래자에게 건네준 메트암페타민 약 9.50g이 들어 있는 비닐팩 1개(증제1호)를 압수하였다. 위 경찰관들은 같은 날 20:24경 영장 없이 체포현장에서 약 2km 떨어진 경기 광주시 (주소 2 생략)에 있는 피고인의 주거지에 대한 수색을 실시해서 작은 방 서랍장 등에서 메트암페타민 약 4.82g이 들어 있는 비닐팩 1개(증제2호) 등을 추가로 찾아내어 이를 압수하였다. 이후 사법경찰관은 압수한 위 메트암페타민 약 4.82g이 들어 있는 비닐팩 1개(증제2호)에 대하여 감정의뢰 등 계속 압수의 필요성을 이유로 검사에게 사후 압수수색영장 청구를 신청하였고, 검사의 청구로 서울지방법원 영장전담판사로부터 2016. 10. 7. 사후 압수수색영장을 발부받았다. 수사기관이 피고인의 주거지에서 긴급 압수한 메트암페타민 4.82g은 긴급체포의 사유가 된 범죄사실 수사에 필요한 범위 내의 것으로서 제217조에 따라 적법하게 압수되었다고 할 것이다).

3) 대법원 2009. 12. 24. 선고 2009도11401 판결; 대법원 2009. 5. 14. 선고 2008도10914 판결.

떤 물건이 긴급체포의 사유가 된 범죄사실 수사에 필요한 최소한의 범위 내의 것으로서 압수의 대상이 되는 것인지는 당해 범죄사실의 구체적인 내용과 성질·압수하고자 하는 물건의 형상과 성질·당해 범죄사실과의 관련 정도와 증거가치·인멸의 우려는 물론 압수로 인하여 발생하는 불이익의 정도 등 압수 당시의 여러 사정을 종합적으로 고려하여 객관적으로 판단하여야 한다.[1]

(4) 긴급체포 후의 절차

1) 긴급체포서의 작성

검사 또는 사법경찰관은 피의자를 긴급체포한 경우에는 즉시 긴급체포서를 작성하여야 하는데(제200조의3 제3항), 긴급체포서에는 범죄사실의 요지, 긴급체포의 사유 등을 기재하여야 한다(제200조의3 제4항).

2) 검사의 승인

사법경찰관이 피의자를 긴급체포한 경우에는 즉시 검사의 승인을 얻어야 한다(제200조의3 제2항). 사법경찰관은 긴급체포 후 12시간 내에 관할 지방검찰청 또는 지청의 검사에게 긴급체포를 승인해 달라는 건의를 하여야 한다. 다만 기소중지된 피의자를 해당 수사관서가 위치하는 특별시·광역시·도 또는 특별자치도 외의 지역에서 긴급체포하였을 때에는 24시간 내에 긴급체포에 대한 승인 건의를 할 수 있다(수사지휘·준칙규정 제35조 제3항). 만약 검사의 승인을 얻지 못한 경우에는 피의자를 즉시 석방하여야 한다. 이는 사법경찰관에 의한 긴급체포의 남용을 방지하기 위한 규정이다. 사법경찰관이 검사에게 긴급체포된 피의자에 대한 긴급체포 승인 건의와 함께 구속영장을 신청한 경우, 검사는 긴급체포의 승인 및 구속영장의 청구가 피의자의 인권에 대한 부당한 침해를 초래하지 않도록 긴급체포의 적법성 여부를 심사하면서 수사서류 뿐만 아니라 피의자를 검찰청으로 출석시켜 직접 대면조사할 수 있는 권한을 가진다. 따라서 이와 같은 목적과 절차의 일환으로 검사가 구속영장 청구 전에 피의자를 대면조사하기 위하여 사법경찰관리에게 피의자를 검찰청으로 인치할 것을 명하는 것은 적법하고 타당한 수사지휘 활동에 해당하고, 수사지휘를 전달받은 사법경찰관리는 이를 준수할 의무를 부담한다.

다만 체포된 피의자의 구금 장소가 임의적으로 변경되는 점, 법원에 의한 영장실질심사 제도를 도입하고 있는 현행 형사소송법하에서 체포된 피의자의 신속한 법관 대면권 보장이 지연될 우려가 있는 점 등을 고려하면, 위와 같은 검사의 구속영장 청구 전 피의자 대면조사는 긴급체포의 적법성을 의심할 만한 사유가 기록 기타 객관적 자료에 나타나고 피의자의 대면조사를 통해 그 여부의 판단이 가능할 것으로 보이는 예외적인 경우에 한하여 허용될 뿐, 긴급체포의 합당성이나 구속영장 청구에 필요한 사유를 보강하기 위한 목적으로 실시되어서는 안 된다. 나아가 검사의 구속영장 청구 전 피의자 대면조사는 강제수사가 아니므로 피의자는 검사의 출석

1) 대법원 2008. 7. 10. 선고 2008도2245 판결(이 사건 중 제1호 내지 제4호는 피고인이 보관하던 다른 사람의 주민등록증, 운전면허증 및 그것이 들어있던 지갑으로서, 피고인이 이른바 전화사기죄의 범행을 저질렀다는 범죄사실 등으로 긴급체포된 직후 압수되었는바, 그 압수 당시 위 범죄사실의 수사에 필요한 범위 내의 것으로서 전화사기 범행과 관련된다고 의심할 만한 상당한 이유가 있었다고 보이므로, 적법하게 압수되었다).

요구에 응할 의무가 없고, 피의자가 검사의 출석 요구에 동의한 때에 한하여 사법경찰관리는 피의자를 검찰청으로 호송하여야 한다.[1)]

3) 구속영장의 청구

검사 또는 사법경찰관이 피의자를 긴급체포한 경우 피의자를 구속하고자 할 때에는 지체 없이[2)] 검사는 관할 지방법원 판사에게 구속영장을 청구하여야 하고, 사법경찰관은 검사에게 신청하여 검사의 청구로 관할 지방법원 판사에게 구속영장을 청구하여야 한다. 이 경우 구속영장은 피의자를 체포한 때부터 48시간 이내에 청구하여야 하며, 긴급체포서를 첨부하여야 한다(제200조의4 제1항). 비록 구속영장이 48시간 이내에 청구된 경우에도 지체 없이 청구되었는지 여부는 별도로 심사해야 한다. 이에 의하여 구속영장을 청구하지 아니하거나 발부받지 못한 때에는 피의자를 즉시 석방하여야 한다(제200조의4 제2항).[3)] 이 때 석방된 자는 영장 없이는 동일한 범죄사실에 관하여 체포하지 못한다(제200조의4 제3항).[4)] 그러므로 수사기관은 긴급체포 후 석방된 피의자에 대하여 동일한 범죄사실을 이유로 다시 긴급체포할 수는 없지만, 판사로부터 체포영장을 발부받은 때에는 다시 체포할 수 있다.

한편 긴급체포 이후 구속영장이 청구된 경우에 있어서 긴급체포가 위법하게 이루어졌다면 구속영장이 반드시 기각되어야 하는지 여부와 관련하여, ① 긴급체포와 구속영장의 발부는 일련의 연결된 절차라는 점, 긴급체포에 대하여 사후의 체포영장을 요구하지 않는 현행법에서는 구속영장의 발부단계에서 법원의 사법적 심사를 통하여 위법한 긴급체포를 통제할 필요가 있다는 점, 제200조의4 제1항에서 구속영장을 청구할 때에는 긴급체포서를 첨부하도록 규정하고 있다는 점 등을 논거로 하여, 긴급체포의 위법성은 구속영장 발부 여부에 반드시 고려되어야 한다는 견해[5)], ② 긴급체포에 중대한 위법이 있다면 이로 인하여 취득한 증거를 구속 여부의 판단자료로 삼아서는 안 된다는 점을 논거로 하여, 긴급체포에 중대한 위법이 있는 경우에 한정하여 고려해야 한다는 견해[6)], ③ 체포와 구속은 별개의 제도라는 점, 현행법은 체포전치주의

1) 대법원 2010. 10. 28. 선고 2008도11999 판결.

2) 구법하에서는 48시간 내에 영장을 청구하도록 함으로써 사실상 48시간 동안 영장 없이 체포했다가 석방할 수 있는 여지를 제공하고 있다는 비판이 제기되어 이를 '지체 없이'로 개정한 것이다. 이에 대하여 최종적인 청구시한은 결국 48시간이므로 이는 하나마나한 불필요한 개정이라는 견해로는 정승환, 125면; 최호진, 156면.

3) 이에 대하여 긴급체포한 이후 지체 없이 체포영장을 청구하여 발부받도록 하는 입법의 보완이 필요하다는 견해로는 신동운, 95면; 이은모/김정환, 245면; 이재상/조균석, 252면; 이창현, 325면; 정승환, 125면; 최호진, 155면(긴급체포에 대한 사후적 사법적 통제가 없다는 점, 긴급체포 후 48시간 동안에는 사실상 무영장주의를 인정한 것으로 볼 수 있는 점, 48시간이 지난 후에 구속영장조차 청구하지 않은 경우에 이를 통제할 수 있는 방법이 없다는 점, 긴급체포 후 영장없이 압수·수색이 가능하다는 점을 고려한다면 탈법적인 긴급체포제도가 운영될 소지가 다분하다).

4) 대법원 2001. 9. 28. 선고 2001도4291 판결(제200조의4 제3항은 영장 없이는 긴급체포 후 석방된 피의자를 동일한 범죄사실에 관하여 체포하지 못한다는 규정으로, 위와 같이 석방된 피의자라도 법원으로부터 구속영장을 발부받아 구속할 수 있음은 물론이다).

5) 김인회, 120면; 송광섭, 290면; 이은모/김정환, 245면; 정승환, 126면.

6) 김정한, 241면; 정웅석/최창호, 137면.

를 채택하고 있지 않기 때문에 긴급체포의 위법성을 구속영장 발부시에 고려할 필요가 없다는 점 등을 논거로 하여, 구속영장의 발부는 구속의 요건 구비 여부에 의해서만 판단해야 한다는 견해 등의 대립이 있다. 생각건대 수사과정에 있어서 선행행위에 중대한 위법이 있으면 후행행위에 영향을 미칠 수밖에 없다는 점을 감안하여, 긴급체포에 중대한 위법이 있는 경우라면 구속영장 발부시에 이를 고려하는 것이 타당하다.

4) 검사의 통지의무

검사가 구속영장을 청구하지 아니하고 피의자를 석방한 경우에는 석방한 날부터 30일 이내에 서면으로 ① 긴급체포 후 석방된 자의 인적사항, ② 긴급체포의 일시·장소와 긴급체포하게 된 구체적 이유, ③ 석방의 일시·장소 및 사유, ④ 긴급체포 및 석방한 검사 또는 사법경찰관의 성명 등의 사항을 법원에 통지하여야 한다. 이 경우 긴급체포서의 사본을 첨부하여야 한다(제200조의4 제4항). 하지만 피고인이 긴급체포되어 조사를 받고 구속영장이 청구되지 아니하여 석방되었음에도 검사가 그로부터 30일 이내에 석방통지를 법원에 하지 아니한 경우라고 할지라도 피고인에 대한 긴급체포 당시의 상황과 경위, 긴급체포 후 조사 과정 등에 특별한 위법이 있다고 볼 수 없는 이상, 단지 사후에 석방통지가 법에 따라 이루어지지 않았다는 사정만으로 그 긴급체포에 의한 유치 중에 작성된 피고인에 대한 피의자신문조서들의 작성이 소급하여 위법하게 된다고 볼 수는 없다.[1] 한편 사후통지에 대한 법원의 구체적인 조치에 대하여는 아무런 규정이 없다는 점에서 문제가 있다.

5) 사법경찰관의 보고의무

사법경찰관은 긴급체포한 피의자에 대하여 구속영장을 신청하지 아니하고 석방한 경우에는 즉시 검사에게 보고하여야 한다(제200조의4 제6항). 이 경우에도 보고를 받은 검사는 직접 석방한 경우와 마찬가지로 그 사실을 서면으로 법원에 통지하여야 할 것이다.

6) 관련서류 등의 열람등사권

긴급체포 후 석방된 자 또는 그 변호인·법정대리인·배우자·직계친족·형제자매는 통지서 및 관련 서류를 열람하거나 등사할 수 있다(제200조의4 제5항). 이는 긴급체포로 인한 위법행위의 시정이나 손해배상 등을 청구하여 침해된 법익의 회복을 구하는데 사용될 수 있도록 하기 위한 규정이다.

3. 현행범인의 체포

(1) 의 의

범죄의 실행중이거나 실행의 즉후(卽後)인 자를 '현행범인'(現行犯人)[2]이라고 하는데(제211조

1) 대법원 2014. 8. 26. 선고 2011도6035 판결.

2) '현행범인'이란 범인의 일종을 의미하는 것이 아니라 일정한 시간적 단계에 있는 범인을 말하는데 지나지 아니한다는 견해로는 이재상/조균석, 253면.

제1항), 현행범인에 대한 체포는 그 범죄가 명백하여 수사기관에 의한 권한남용의 위험성이 적고, 긴급한 필요성이 인정되기 때문에 영장주의의 예외가 인정된다. 현행범인은 영장 없이 체포할 수 있을 뿐만 아니라 구속의 계속을 위한 사후 구속영장을 요구할 뿐 사후 체포영장을 요구하지 않는다는 점에서 긴급체포의 경우와 동일하다.

(2) 현행범인의 개념

1) 고유한 의미의 현행범인

① 범죄의 실행중인 자

'범죄의 실행 중'이란 범죄의 실행에 착수하여 종료하지 못한 상태를 말한다. 미수범 처벌규정이 있는 경우에는 실행의 착수가 있으면 족하지만, 예비·음모 처벌규정이 있는 경우에는 예비·음모가 실행행위가 된다.[1] 교사범과 방조범의 경우에는 정범의 실행행위를 전제로 하므로, 정범의 실행행위가 개시된 때에 현행범인이 된다. 다만 교사행위가 예비·음모에 준하여 처벌되는 경우(형법 제31조 제2항 및 동조 제3항)에는 교사행위도 실행행위가 된다.

간접정범의 경우에 있어서 실행행위 여부를 결정하는 기준과 관련하여, ① 형법에서도 이용행위시를 실행의 착수로 파악하고 있다는 점을 논거로 하여, 이용자의 이용행위가 있을 때 간접정범의 실행행위성을 인정할 수 있다고 하는 이용자의 행위기준설[2], ② 이용행위 자체는 구성요건적 정형성이 없다는 점, 간접정범의 성립에는 범죄행위의 결과발생이 요구된다는 점, 일반인의 입장에서 정범의 이용행위를 확인하기 어렵다는 점, 결과적으로 현행범인의 범위를 넓히는 결과로 이어질 수 있다는 점 등을 논거로 하여, 피이용자의 행위를 기준으로 실행행위를 결정해야 한다는 피이용자의 행위기준설[3] 등의 대립이 있다. 생각건대 피이용자의 행위기준설이 타당하다.

② 범죄의 실행 즉후인 자

'범죄의 실행 즉후(卽後)'란 범죄의 실행행위를 종료한 직후를 말한다. 제211조 제1항에서 고유한 의미의 현행범인에 관하여 규정하면서 '범죄의 실행의 즉후인 자'를 '범죄의 실행 중인 자'와 마찬가지로 현행범인으로 보고 있고, 제211조 제2항에서는 현행범인으로 간주되는 준현행범인에 관하여 별도로 규정하고 있는 점 등으로 미루어 볼 때, '범죄의 실행행위를 종료한 직후'란 범죄행위를 실행하여 끝마친 순간 또는 이에 아주 접착된 시간적 단계를 말하는데, 이는 일반인이 아니라 '체포하는 자의 입장에서' 볼 때 명백한 경우로 해석된다. 또한 '범죄의 실행 즉후'는 결과발생의 유무와 관계없고, 실행행위를 전부 종료하였을 것도 요하지 아니한다. 이와 같이 현행범인은 시간적 단계의 개념이지만, 범인이 범행장소를 이탈한 때에는 시간적 접착성

1) 이에 대하여 절차기준이 반드시 실체형법에 종속되어야 하는 것은 아닐 뿐만 아니라 현행범체포를 통하여 범죄를 예방해야 한다는 목적도 있으므로 이러한 제한이 타당하지 않다는 견해로는 배종대/홍영기, 125면.

2) 김정한, 243면; 손동권/신이철, 247면; 이재상/조균석, 253면; 최호진, 160면.

3) 송광섭, 273면; 신양균/조기영, 146면; 이은모/김정환, 247면; 이주원, 119면; 이창현, 327면; 임동규, 192면; 정웅석/최창호, 138면.

도 인정되지 않으므로 동시에 장소적 접착성도 필요하다.[1] 그리하여 시간적으로나 장소적으로 보아 체포를 당하는 자가 방금 범죄를 실행한 범인이라는 점에 관한 죄증이 명백히 존재하는 것으로 인정되는 경우에만 현행범인으로 볼 수 있다.[2]

2) 준현행범인

'준현행범인'(準現行犯人)이란 ① 범인으로 호창(呼唱)되어 추적되고 있는 자, ② 장물이나 범죄에 사용되었다고 인정함에 충분한 흉기 기타의 물건을 소지하고 있는 자[3], ③ 신체 또는 의복류에 현저한 증적이 있는 자, ④ 누구임을 물음에 대하여 도망하려 하는 자 등을 말한다(제211조 제2항). '누구임을 물음에 대하여 도망하려 하는 자'는 주로 「경찰관 직무집행법」에 의한 불심검문을 받고 도망하려는 자를 의미하지만, 일반인이 묻는 경우도 포함한다. 하지만 이러한 경우는 범행에 대한 직접적인 관련성이 희박하기 때문에 다른 상황을 종합적으로 고려하여 그 요건을 판단하여야 한다. 헌법 제12조 제3항이 영장주의의 예외로서 현행범인을 규정하고 있는 것에 비추어 볼 때, 형사소송법이 현행범인 이외에 준현행범인이라는 개념을 인정하여 그 예외의 성립범위를 확대하는 것은 최대한 엄격하게 해석해야 할 것이다.

---

1) 헌법재판소 2012. 5. 31. 선고 2010헌마672 결정.

2) 대법원 2008. 11. 13. 선고 2007도8839 판결; 대법원 2007. 4. 13. 선고 2007도1249 판결(음주운전을 종료한 후 40분 이상이 경과한 시점에서 길가에 앉아 있던 운전자를 술냄새가 난다는 점만을 근거로 음주운전의 현행범으로 체포한 것은 적법한 공무집행으로 볼 수 없다); 대법원 2006. 2. 10. 선고 2005도7158 판결(술에 취한 피고인이 목욕탕 탈의실에서 09:10경 피해자를 구타하였고, 경찰관이 현장에 출동하였을 때 피고인은 탈의실에서 옷을 입고 있었던 사실, 경찰관이 탈의실에 있는 피고인을 상해죄의 현행범인으로 체포한다고 하면서 미란다 원칙을 고지하고 피고인을 강제로 연행하려고 하자, 피고인이 잘못한 일이 없다고 하면서 탈의실 바닥에 누워 한동안 체포에 불응한 사실, 09:40경 공소외 1은 피고인을 들고 목욕탕 밖으로 나와 112 순찰차량의 뒷좌석에 태운 사실을 인정한 다음, 공소외 1이 피고인을 현행범인으로 체포한 시기는 피고인이 피해자에 대한 상해행위를 종료한 순간과 아주 접착된 시간적 단계에 있다고 볼 수 있을 뿐만 아니라 피고인을 체포한 장소도 피고인이 상해범행을 저지른 목욕탕 탈의실이어서, 공소외 1이 피고인을 체포할 당시는 피고인이 방금 범죄를 실행한 범인이라고 볼 죄증이 명백히 존재하는 것으로 인정할 수 있는 상황이었다고 할 것이므로, 피고인을 현행범인으로 볼 수 있다); 대법원 2002. 5. 10. 선고 2001도300 판결; 대법원 1995. 5. 9. 선고 94도3016 판결; 대법원 1993. 8. 13. 선고 93도926 판결; 대법원 1991. 9. 24. 선고 91도1314 판결(피고인이 교장실에 들어가 불과 약 5분 동안 식칼을 휘두르며 교장을 협박하는 등의 소란을 피웠는데, 신고를 받고 출동한 경찰관들이 위 피고인을 체포하려고 한 것은, 위와 같은 범죄의 실행행위가 종료된 때로부터 무려 40여분 정도가 지난 후 일뿐더러, 경찰관들이 위 피고인을 체포한 장소도 범죄가 실행된 교장실이 아닌 서무실로서, 출동한 경찰관들이 그 학교 교감과 서무주임을 만난 다음 서무실에 앉아 있던 위 피고인을 연행하려고 하자 위 피고인이 구속영장의 제시를 요구하면서 동행을 거부하였음을 알 수 있는바, 사실관계가 이와 같다면 경찰관들이 위 피고인을 체포할 당시 그 학교의 교사로서 서무실에 앉아 있던 위 피고인을 방금 범죄를 실행한 범인이라는 죄증이 체포자인 경찰관들에게 명백히 인식될 만한 상황이었다고 단정하기 어렵다).

3) 대법원 2000. 7. 4. 선고 99도4341 판결(甲경장과 乙순경이 112차량을 타고 순찰 근무를 하던 중 이 사건 교통사고가 발생한 지 4분만에 경찰서 지령실로부터 교통사고를 일으킨 검정색 그랜져 승용차가 경찰서 방면으로 도주하였다는 무전연락을 받고 삼익아파트 쪽으로 진행하고 있었는데, 다시 도보 순찰자인 丙순경으로부터 검정색 그랜져 승용차가 펑크가 난 상태로 삼익아파트 뒷골목으로 도주하였다는 무전연락을 받고 그 주변을 수색하던 중 삼익아파트 뒤편 철로 옆에 세워져 있던 검정색 그랜져 승용차에서 피고인이 내리는 것을 발견하였고, 그 승용차의 운전석 범퍼 및 펜더 부분이 파손된 상태였다는 것인바, 사정이 이와 같다면 피고인으로서는 제211조 제2항 제2호의 '장물이나 범죄에 사용되었다고 인정함에 충분한 흉기 기타의 물건을 소지하고 있는 때'에 해당한다고 볼 수 있으므로, 준현행범인으로서 영장 없이 체포할 수 있는 경우에는 해당한다).

(3) 요 건

1) 범죄의 명백성

피의자가 체포 당시의 상황에 비추어 특정범죄를 범한 범인임이 명백하여야 한다. 그리하여 일반적으로 구성요건해당성이 배제되는 경우[1], 위법성조각사유가 있는 경우, 책임조각사유가 있는 경우 등 범죄의 불성립이 명백한 경우에는 현행범인으로 체포할 수 없다.[2] 예를 들면 형사미성년자임이 명백한 경우에는 현행범인이라는 이유로 체포할 수 없는 것이다.[3] 하지만 소년법상 보호처분은 만 10세 이상이면 가능하다는 점, 부모의 책임 등과 같은 민법상 불법행위책임을 묻기 위해서는 당사자의 신병을 어느 정도 확보해야 할 필요성이 있다는 점 등을 논거로 하여, 형사미성년자를 체포하는 것 자체가 위법이라고 할 수는 없다. 다만 그 체포의 인정근거는 형사소송법상 현행범인의 체포의 법리가 아니라 형법상 정당행위 내지 자구행위에서 도출해야 할 것이다.

친고죄의 경우에 있어서 피해자의 고소가 없더라도 현행범인을 체포할 수 있다. 다만 범행현장에서 피해자가 처벌을 원하지 않는 의사표시를 명백히 한 경우와 같이 고소의 가능성이 전혀 없다면 현행범인의 체포는 불가능하다.

2) 체포의 필요성

현행범인의 체포에 있어서 피의자의 도망이나 증거인멸의 우려 등과 같은 구속사유가 필요한지 여부와 관련하여, ① 구속사유의 존재를 요구하는 것은 현행범인 체포의 인정범위를 제한하는 기능을 하기 때문에 피고인에게 유리한 해석이라는 점, 현행범인의 체포는 영장주의의 중대한 예외이므로 요건을 엄격하게 적용하는 것이 바람직하다는 점, 도망이나 증거인멸의 우려가 없는 경우에는 사전영장에 의하여 체포하는 것이 타당하다는 점 등을 논거로 하는 적극설[4], ② 현행범인의 체포는 통상적인 체포(영장에 의한 체포)의 예외적인 경우에 해당한다는 점, 현행범이라는 신분 자체에 도주의 우려가 잠재되어 있다는 점, 통상적인 체포시에도 구속사유가 존재할 필요는 없다는 점, 일반인에게도 현행범인에 대한 체포권이 인정되고 있는데 이들에게 도주 또는 증거인멸의 우려 여부를 판단하게 하는 것은 무리라는 점, 긴급체포와 달리 구속

---

1) 현행범인 체포의 적법성은 체포 당시의 구체적 상황을 기초로 객관적으로 판단하여야 하고, 사후에 범인으로 인정되었는지에 의할 것은 아니다(대법원 2013. 8. 23. 선고 2011도4763 판결). 그러므로 사후적으로 구성요건해당성이 부정되어 무죄로 판단되더라도 범행 당시에 객관적으로 보아 현행범인이라고 인정할 만한 충분한 이유가 있으면 적법한 체포가 될 수 있다.

2) 김인회, 123면; 김정한, 244면; 손동권/신이철, 248면; 송광섭, 274면; 이은모/김정환, 248면; 이재상/조균석, 255면; 이창현, 328면; 임동규, 193면; 정승환, 127면; 정웅석/최창호, 139면; 최호진, 161면.

3) 이에 대하여 책임능력이 있는지의 여부는 일반인의 입장에서 명백히 인식하기 어렵고, 책임무능력자라도 형사절차에서 감정 등의 대상이 되므로 책임능력의 존재는 현행범인 성립의 전제조건이 아니라는 견해로는 배종대/홍영기, 125면(이러한 경우에 가벌성이 명확하게 확인된 때에만 현행범체포가 가능하다고 볼 것이 아니라, 가벌성 없음을 수사기관이 알고도 현행범으로 체포해서는 안 된다는 소극적 기준을 적용하는 것이 타당하다); 신양균/조기영, 146면.

4) 김인회, 123면; 배종대/홍영기, 125면; 신동운, 140면; 이창현, 331면; 임동규, 194면; 최호진, 162면.

사유가 필요하다는 명문의 규정이 없다는 점 등을 논거로 하는 소극설[1], ③ 도망의 염려가 있거나 신분이 확인될 수 없는 것은 현행범인 체포의 요건이 되지만 증거인멸의 위험은 그 요건이 될 수 없다고 하는 절충설[2], ④ 체포는 수사를 위해 범죄자의 행동의 자유를 일시적으로 박탈하는 것이기 때문에 구속과는 구별하여야 할 것이지만, 신원이 확실하고 도주 및 증거인멸의 우려가 명백히 없는 경우에는 현행범인 체포도 할 수 없다는 소극적 요건으로는 요구되어야 한다는 견해[3] 등의 대립이 있다.

이에 대하여 판례는 「현행범인은 누구든지 영장 없이 체포할 수 있는데, 현행범인으로 체포하기 위하여는 행위의 가벌성, 범죄의 현행성·시간적 접착성, 범인·범죄의 명백성 이외에 체포의 필요성, 즉 도망 또는 증거인멸의 염려가 있어야 하고, 이러한 요건을 갖추지 못한 현행범인 체포는 법적 근거에 의하지 아니한 영장 없는 체포로서 위법한 체포에 해당한다.」라고 판시[4]하여, 적극설의 입장을 취하고 있다.

---

1) 김정한, 245면(다만 수사기관이 도주 및 증거인멸의 우려 없음이 명백한 자에 대하여 현행범인으로 체포하거나 인수한 현행범인의 체포상태를 유지하는 것은 비례성의 원칙에 어긋난 위법이라고 해석된다); 송광섭, 275면; 이은모/김정환, 248면; 이재상/조균석, 256면; 정웅석/최창호, 140면.

2) 정승환, 129면.

3) 손동권/신이철, 249면.

4) 대법원 2017. 4. 7. 선고 2016도19907 판결(피고인이 전날 늦은 밤 시간까지 마신 술 때문에 미처 덜 깬 상태였던 것으로 보이기는 하나, 술을 마신 때로부터 이미 상당한 시간이 경과한 뒤에 운전을 하였으므로 도로교통법위반(음주운전)죄를 저지른 범인임이 명백하다고 쉽게 속단하기는 어렵고, 피고인은 지구대로부터 차량을 이동하라는 전화를 받고 빌라 주차장까지 가 차량을 2m 가량 운전하였을 뿐 피고인 스스로 운전할 의도를 가졌다거나 차량을 이동시킨 후에도 계속하여 운전할 태도를 보인 것도 아니어서 사안 자체가 경미하며, 당시는 아침 시간이었던 데다가 위 주차장에서 피고인에게 차량을 이동시키라는 등 시비를 하는 과정에서 경찰관 등도 피고인이 전날 밤에 술을 마셨다는 얘기를 들었으므로, 당시는 술을 마신 때로부터 상당한 시간이 지난 후라는 것을 충분히 알 수 있었을 뿐만 아니라 피고인이 음주감지기에 의한 확인 자체를 거부한 사정이 있기는 하나, 경찰관들로서는 음주운전 신고를 받고 현장에 출동하였으므로 음주감지기 외에 음주측정기를 소지하였더라면 임의동행이나 현행범 체포 없이도 현장에서 곧바로 음주측정을 시도할 수 있었을 것으로 보이는 사정을 위 정황들과 함께 종합적으로 살펴보면, 피고인이 현장에서 도망하거나 증거를 인멸하려 하였다고 단정하기도 어려워, 경찰관이 피고인을 현행범으로 체포한 것은 그 요건을 갖추지 못한 것이어서 위법하다); 대법원 2016. 2. 18. 선고 2015도13726 판결; 대법원 2014. 5. 29. 선고 2013도5686 판결; 대법원 2011. 5. 26. 선고 2011도3682 판결(피고인은 2009. 9. 6. 01:45경 서울 마포구 서교동 빌라 주차장에서 술에 취한 상태에서 전화를 걸다가 인근 지역을 순찰하던 경찰관인 공소외 1, 2로부터 불심검문을 받게 되자 공소외 2에게 자신의 운전면허증을 교부한 사실, 공소외 2가 피고인의 신분조회를 위하여 순찰차로 걸어간 사이에, 피고인은 위 불심검문에 항의하면서 공소외 1에게 큰 소리로 욕설을 한 사실, 이에 공소외 1은 피고인에게 모욕죄의 현행범으로 체포하겠다고 고지한 후 피고인의 오른쪽 어깨를 붙잡았고, 피고인은 이에 강하게 반항하면서 공소사실 기재와 같이 공소외 1에게 상해를 가한 사실 등을 알 수 있다. 위 사실관계에 의하면, 공소외 1이 피고인을 현행범인으로 체포할 당시 피고인이 이 사건 모욕 범행을 실행 중이거나 실행행위를 종료한 직후에 있었다고 하더라도, 피고인은 공소외 1, 2의 불심검문에 응하여 이미 운전면허증을 교부한 상태이고, 공소외 1뿐 아니라 인근 주민도 피고인의 욕설을 직접 들었으므로, 피고인이 도망하거나 증거를 인멸할 염려가 있다고 보기는 어려울 것이다. 또한 피고인의 이 사건 모욕 범행은 불심검문에 항의하는 과정에서 저지른 일시적, 우발적인 행위로서 사안 자체가 경미할 뿐 아니라 고소를 통하여 검사 등 수사 주체의 객관적 판단을 받지도 아니한 채 피해자인 경찰관이 범행현장에서 즉시 범인을 체포할 급박한 사정이 있다고 보기도 어렵다. 따라서 공소외 1이 피고인을 체포한 행위는 현행범인 체포의 요건을 갖추지 못하여 적법한 공무집행이라고 볼 수 없으므로 공무집행방해죄의 구성요건을 충족하지 아니하고, 피고인이 그 체포를 면하려고 반항하는 과정에서 공소외 1에게 상해를 가한 것은 불법체포로 인한 신체에 대한 현재의 부당한 침해에서 벗어나기 위한 행위로서 정당방위에 해당하여 위법성이 조각된다); 대법원 1999. 1. 26.

생각건대 범죄의 명백성이 인정되는 경우라고 할지라도 체포의 필요성이 부정되는 경우를 충분히 상정할 수 있는데, 예를 들면 도망의 염려가 전혀 없는 경우, 신원이 명백히 확인되어 별도의 신원확인을 위한 절차가 불필요한 경우, 목격자의 증언이나 CCTV의 녹화 등 일정한 방법으로 증거의 멸실을 충분히 방지할 수 있는 경우 등이 이에 해당한다. 또한 헌법 제12조 제3항 단서에서는 현행범인의 체포와 긴급체포를 영장에 의한 체포의 예외적인 경우로서 인정하면서, '현행범인인 경우와 장기 3년 이상의 형에 해당하는 죄를 범하고 도피 또는 증거인멸의 염려가 있을 때에는 사후에 영장을 청구할 수 있다.'라고 규정하고 있다. 즉 긴급체포에 있어서는 명문의 규정을 통하여 명백히 체포의 필요성을 요구하고 있지만, 현행범인의 체포에 있어서는 적어도 명문의 규정으로는 이를 요구하지 않고 있기는 하다. 하지만 헌법규정과는 달리 현행범인의 체포에 있어서 그 요건 중의 하나로서 체포의 필요성을 요구하는 것은 피고인에게 유리하게 해석을 하는 것이기 때문에 불가능한 해석은 아니라는 점, 구속사유의 요구를 통하여 수사기관에 의한 현행범 체포를 최대한 억제할 수 있다는 점 등을 논거로 하여, 적극설이 타당하다.

한편 현행범인 체포의 요건을 갖추었는지 여부는 체포 당시의 상황을 기초로 판단하여야 하고, 이에 관한 수사주체의 판단에는 상당한 재량의 여지가 있다. 따라서 체포 당시의 상황에서 보아 그 요건에 관한 수사주체의 판단이 경험칙에 비추어 현저히 합리성이 없다고 인정되지 않는 한 수사주체의 현행범인 체포를 위법하다고 단정할 것은 아니다.[1]

3) 경미사건에 대한 특례

경미사건, 즉 다액 50만원 이하의 벌금·구류 또는 과료에 해당하는 죄의 현행범인에 대하여는 범인의 주거가 분명하지 아니한 때에 한하여 현행범인으로 체포할 수 있다(제214조). 그러므로 「경범죄 처벌법」상 60만원 이하의 벌금·구류 또는 과료에 해당하는 관공서주취소란죄 및 거짓신고죄를 제외한 경범죄의 경우에는 주거부정이 아닌 한 현행범인으로 체포할 수 없다.

(4) 체포의 절차

1) 체포권자

현행범인은 누구든지 영장 없이 체포할 수 있다(제212조). 그러므로 검사 또는 사법경찰관리는 물론 일반인도 현행범인을 체포할 수 있다. 하지만 사인의 경우에는 체포의 의무가 없이 권한만을 가지고 있기 때문에 현행범인을 체포하지 않아도 무방하다. 만약 검사 또는 사법경찰관리 아닌 자가 현행범인을 체포한 때에는 즉시 검사 또는 사법경찰관리에게 인도하여야 한다(제213조 제1항). 체포한 자가 체포권을 남용할 우려가 있기 때문에 사인이라도 일단 체포한 이상 임의로 현행범인을 석방할 수는 없다.[2] 여기서 '즉시'란 반드시 체포시점과 시간적으로 밀착된 시

선고 98도3029 판결.

1) 대법원 2016. 2. 18. 선고 2015도13726 판결; 대법원 2012. 11. 29. 선고 2012도8184 판결.

2) 김인회, 124면; 손동권/신이철, 250면; 신양균/조기영, 151면; 이은모/김정환, 249면; 이재상/조균석, 257면; 이주

점이어야 하는 것이 아니라 '정당한 이유 없이 인도를 지연하거나 체포를 계속하는 등으로 불필요한 지체를 함이 없이'라는 뜻으로 볼 것이다.[1)]

사법경찰관리가 현행범인의 인도를 받은 때에는 체포자의 성명·주거·체포의 사유를 물어야 하고, 필요한 때에는 체포자에 대하여 경찰관서에 동행함을 요구할 수 있다(제213조 제2항). 체포한 자는 현행범인의 피의사건에 있어서 중요한 참고인이 될 수 있다는 점을 고려하여 동행요구를 할 수 있음을 명시한 것이다. 하지만 동 규정은 일반인에 의한 현행범인의 인도를 규정하면서, 인도를 받을 수 있는 자로서 사법경찰관리만을 규정하고 있는데, 검사의 경우에도 이를 행할 수 있으므로 입법적인 보완이 필요하다. 사법경찰관리가 현행범인을 인도받았을 때에는 체포한 사람으로부터 그 성명·주민등록번호·직업·주거 및 체포의 일시·장소·사유를 청취한 후 현행범인 인수서를 작성하여야 한다(수사지휘·준칙규정 제37조 제2항).

2) 현행범인 체포이유의 고지

검사 또는 사법경찰관리가 현행범인을 체포하거나 현행범인을 인도받은 경우[2)]에는 피의사실의 요지·체포의 이유와 변호인을 선임할 수 있음을 말하고 변명할 기회를 주어야 한다(제213조의2, 제200조의5). 변명할 기회를 준 후 피의자로부터 확인서를 받아 수사기록에 편철하여야 한다. 다만 피의자가 확인서에 기명날인 또는 서명하기를 거부할 때에는 피의자를 체포하는 사법경찰관리는 확인서 끝 부분에 그 사유를 적고 기명날인 또는 서명하여야 한다(수사지휘·준칙규정 제31조 제5항). 현행범인 체포이유의 고지는 체포를 위한 실력행사에 들어가기 이전에 미리 하여야 하는 것이 원칙이지만, 달아나는 피의자를 쫓아가 붙들거나 폭력으로 대항하는 피의자를 실력으로 제압하는 경우에는 붙들거나 제압하는 과정에서 하거나, 그것이 여의치 않은 경우에라도 일단 붙들리거나 제압한 후에는 지체 없이 행하여야 한다.[3)] 사법경찰관리가 현행범인을 체

원, 122면; 이창현, 334면; 정웅석/최창호, 141면.

1) 대법원 2011. 12. 22. 선고 2011도12927 판결(피고인들은 2011. 1. 21. 06:00경 소말리아 가라카드에서 북동방으로 약 670마일 떨어진 공해상에서 국군 청해부대 소속 군인에 의하여 해상강도 등 범행의 현행범인으로 체포되어 삼호주얼리호에 격리 수용되었다. 청해부대는 장거리 호송에 따른 여러 문제점, 피고인들 입장에서도 자국에 가까운 곳에서 재판을 받는 것이 방어권 행사에 유리하다는 소송절차적 측면 등을 고려하고, 소말리아 인근 해역에서의 해적문제에 관하여 국제적인 공동 대응과 협력을 촉구하는 국제연합 안전보장이사회의 결의 내용 등에 따라 인접국들의 우호적인 태도를 기대하여, 오만 등 인접국들을 대상으로 피고인들 신병인도를 위한 협의를 진행하였다. 그러나 위 인접국들이 다른 국가들로부터도 동일한 요구를 받을 가능성, 수용시설 여건 등을 이유로 신병인수를 거절함에 따라 청해부대는 피고인들을 국내로 이송하기로 하였고, 이후 항공편 마련이 여의치 아니하던 중 아랍에미리트연합의 협조를 받아 그 전용기 편으로 2011. 1. 30. 04:00경 부산 김해공항으로 피고인들을 이송하여 남해지방해양경찰청 소속 경찰관들이 그 무렵 피고인들을 인도받았다. 검사는 피고인들이 국내에 도착하기 직전인 2011. 1. 29. 20:30경 부산지방법원에 피고인들에 대한 구속영장을 청구하였고, 부산지방법원은 같은 날 23:30경 피고인들에 대한 심문용 구인영장을 발부하였으며, 2011. 1. 30. 08:00경 피의자심문을 거친 후 같은 날 10:40경 구속영장을 발부한 것이다. 이에 법원은 위 인정사실에 기하여 청해부대 소속 군인들이 피고인들을 현행범인으로 체포한 것은 검사 등이 아닌 이에 의한 현행범인 체포에 해당하고, 피고인들 체포 이후 국내로 이송하는 데에 약 9일이 소요된 것은 공간적·물리적 제약상 불가피한 것으로 정당한 이유 없이 인도를 지연하거나 체포를 계속한 경우로 볼 수 없다고 판단하였다).

2) 대법원 2012. 2. 9. 선고 2011도7193 판결.

3) 대법원 2017. 3. 15. 선고 2013도2168 판결(전투경찰대원들이 조합원들을 체포하는 과정에서 체포의 이유 등을

포하는 경우에는 반드시 범죄사실의 요지·구속의 이유와 변호인을 선임할 수 있음을 말하고 변명할 기회를 주어야 할 것임이 명백하므로, 경찰관이 이러한 적법절차를 준수하지 아니한 채 실력으로 현행범인을 연행하려고 하였다면 적법한 공무집행이라고 할 수 없고[1], 경찰관의 현행범 체포행위가 적법한 공무집행을 벗어나 불법하게 체포한 것으로 볼 수밖에 없다면, 현행범이 그 체포를 면하려고 반항하는 과정에서 경찰관에게 상해를 가한 것은 불법 체포로 인한 신체에 대한 현재의 부당한 침해에서 벗어나기 위한 행위로서 정당방위에 해당하여 위법성이 조각된다.[2] 한편 사인이 현행범인을 체포하는 경우에 있어서는 이러한 고지가 요구되지 아니한다.

3) 현행범인 체포에 수반되는 강제처분

검사 또는 사법경찰관은 현행범인을 체포하는 경우에 필요한 때에는 영장 없이 ① 타인의 주거나 타인이 간수하는 가옥·건조물·항공기·선차 내에서의 피의자수색, ② 체포현장에서의 압수·수색·검증 등의 처분을 할 수 있다(제216조 제1항). 이와 같이 압수한 물건을 계속 압수할 필요가 있는 경우에는 체포한 때부터 48시간 이내에 지체 없이 압수영장을 청구하여야 한다(제216조 제1항 제2호, 제217조 제2항). 수사기관이 제216조 제1항 제1호에 의하여 현행범인의 체포를 위하여 타인의 주거를 수색할 수는 있으나, 일반 사인은 현행범인의 체포를 위하여 타인의 주거를 수색할 수는 없다.[3] 왜냐하면 일반인이 타인의 주거를 수색할 수 있는 권리까지 인정할 경우에는 타인의 주거에 대한 사실상의 평온을 저해할 뿐만 아니라 이 과정에서 발생할 수도 있는 인질극의 상황, 재산의 피해 등이 우려되기 때문이다.

그리고 검사 또는 사법경찰관이 범행 중 또는 범행 직후의 범죄 장소에서 긴급을 요하여 판사의 영장을 받을 수 없는 때에는 영장 없이 압수·수색 또는 검증을 할 수 있으나, 이 경우에는 사후에 지체 없이 영장을 받아야 한다(제216조 제3항). 이는 피의자의 체포·구속을 전제로 하지 않는다는 점에서 긴급압수·수색·검증을 명문화한 것이며, 범죄현장에서의 증거물의 은닉과 산일을 방지하기 위한 규정이다. 그러므로 범행 중 또는 범행 직후의 범죄 장소에 해당한다면 피의자가 현장에 있거나 체포되었을 것을 요건으로 하지 아니한다. 제216조 제3항의 요건 중 어느 하나라도 갖추지 못한 경우에 그러한 압수·수색 또는 검증은 위법하며, 이에 대하여 사후에 법원으로부터 영장을 발부받았다고 하여 그 위법성이 치유되지 아니한다.[4] 다만 제218

제대로 고지하지 않다가 30~40분이 지난 후 피고인 등의 항의를 받고 나서야 비로소 체포의 이유 등을 고지한 것은 형사소송법상 현행범인 체포의 적법한 절차를 준수한 것이 아니므로 적법한 공무집행이라고 볼 수 없다); 대법원 2010. 6. 24. 선고 2008도11226 판결; 대법원 2008. 7. 24. 선고 2008도2794 판결; 대법원 2000. 7. 4. 선고 99도4341 판결.

1) 대법원 2004. 11. 26. 선고 2004도5894 판결.

2) 대법원 2006. 11. 23. 선고 2006도2732 판결; 대법원 2000. 7. 4. 선고 99도4341 판결.

3) 배종대/홍영기, 126면; 손동권/신이철, 250면; 송광섭, 339면; 신양균/조기영, 263면(다만 정당방위나 긴급피난에 의해 정당화될 수는 있다); 이재상/조균석, 257면; 이주원, 122면; 이창현, 334면; 임동규, 253면; 정웅석/최창호, 214면; 최호진, 164면.

4) 대법원 2017. 11. 29. 선고 2014도16080 판결(경찰관들이 노래연습장에서의 주류 판매에 대한 신고를 받고 현장에 출동하여 위반 사실을 확인하기 위해 노래연습장 내부를 수색하자, 영업주가 물리력을 행사해 저지한 행위를

조에 의하면 검사 또는 사법경찰관은 피의자 등이 유류한 물건이나 소유자·소지자 또는 보관자가 임의로 제출한 물건은 영장 없이 압수할 수 있으므로, 현행범 체포 현장이나 범죄 장소에서도 소지자 등이 임의로 제출하는 물건은 제218조에 의하여 영장 없이 압수할 수 있고, 이 경우에는 검사나 사법경찰관이 사후에 영장을 받을 필요가 없다.[1] 한편 수색만 하고 압수할 물건이 없는 경우에도 사후수색영장이 필요하며, 사후압수영장을 발부받지 못한 경우에 압수한 물건이 있다면 이를 즉시 반환하여야 한다.[2]

(5) 체포 후의 절차

1) 현행범인 체포서의 작성

검사 또는 사법경찰관리가 현행범인을 체포하였을 때에는 체포의 경위를 상세히 적은 현행범인 체포서를 작성하여야 한다(검찰사건사무규칙 제32조 제1항, 수사지휘·준칙규정 제37조 제1항). 체포 장소와 시간·체포사유 등 경찰관의 현행범인 체포경위 및 그에 대한 현행범인 체포서와 범죄사실의 기재에 다소 차이가 있다고 하더라도 그러한 차이가 체포대상이 된 일련의 피고인의 범행이 장소적·시간적으로 근접한 것에 기인한 것으로서 그 장소적·시간적인 동일성을 해치지 아니하는 정도에 불과하다면 논리와 경험칙상 그러한 사유로 경찰관의 현행범인 체포행위를 부적법한 공무집행이라고는 할 수 없다.[3] 사법경찰관리가 현행범인을 체포하거나 현행범인을 인도받았을 때에는 특히 인권의 침해가 없도록 신중히 하여야 하며, 현행범인 체포원부에 그 내용을 적어야 한다(수사지휘·준칙규정 제37조 제3항).

2) 현행범인의 조사 및 석방

사법경찰관리가 현행범인을 체포하거나 인수하였을 때에는 약물 복용 또는 음주 등으로 인하여 조사가 현저히 곤란한 경우가 아니면 지체 없이 조사하고, 계속 구금할 필요가 없다고 인정할 때에는 즉시 석방하여야 한다(수사지휘·준칙규정 제38조 제1항). 이에 따라 사법경찰관은 현행범인을 석방하였을 때에는 피의자석방보고서에 석방일시와 석방사유를 적어 지체 없이 그 사실을 검사에게 보고하여야 하며, 그 문서의 사본을 수사기록에 편철하여야 한다(수사지휘·준칙

공무집행방해죄로 기소한 사건에서, 경찰관들의 행위에 대하여, 제216조 제3항이 정한 '긴급을 요하여 법원 판사의 영장을 받을 수 없는 때'의 요건을 갖추지 못하였고, 현행범 체포에 착수하지 아니한 상태여서 제216조 제1항 제2호, 제212조가 정하는 '체포현장에서의 압수·수색' 요건을 갖추지 못하였으므로, 영장 없는 압수·수색업무로서의 적법한 직무집행으로 볼 수 없다); 대법원 2012. 2. 9. 선고 2009도14884 판결.

1) 대법원 2020. 4. 9. 선고 2019도17142 판결(휴대전화기임의제출사건)(피고인과 변호인은 이 사건 휴대전화기 제출의 임의성 여부에 대하여 다투지 않았고, 이 사건 공소사실을 모두 유죄로 판단한 제1심판결에 대하여 항소하지 않았다. … 원심으로서는 전혀 쟁점이 되지 않았던 이 사건 휴대전화기 제출의 임의성 여부를 직권으로 판단하기 전에 추가적인 증거조사를 하거나 그와 같은 임의성에 대하여 증명할 필요성을 느끼지 못하고 있는 검사에게 증명을 촉구하는 등의 방법으로 더 심리하여 본 후 판단하였어야 한다); 대법원 2019. 11. 14. 선고 2019도13290 판결; 대법원 2016. 2. 18. 선고 2015도13726 판결.

2) 대법원 1984. 3. 13. 선고 83도3006 판결(사법경찰관 사무취급이 행한 검증이 사건발생 후 범행장소에서 긴급을 요하여 판사의 영장 없이 시행된 것이라면 이는 제216조 제3항에 의한 검증이라 할 것임에도 불구하고 기록상 사후영장을 받은 흔적이 없다면 이러한 검증조서는 유죄의 증거로 할 수 없다).

3) 대법원 2008. 10. 9. 선고 2008도3640 판결.

규정 제38조 제2항). 체포한 현행범인을 석방할 때에는 현행범인 체포원부에 석방일시 및 석방사유를 적어야 한다(수사지휘·준칙규정 제38조 제3항).

3) 구속영장의 청구

체포한 피의자를 구속하고자 할 때에는 체포한 때부터 48시간 이내에 구속영장을 청구하여야 하고, 그 기간 내에 구속영장을 청구하지 아니하는 때에는 피의자를 즉시 석방하여야 한다(제213조의2, 제200조의2 제5항). 이는 영장에 의하지 아니한 체포 상태가 부당하게 장기화되어서는 안 된다는 인권보호의 요청과 함께 수사기관에서 구속영장 청구 여부를 결정하기 위한 합리적이고 충분한 시간을 보장해 주려는 데에 그 입법취지가 있다.[1] 그러므로 수사기관에 의하여 현행범인이 체포된 경우에는 체포한 때로부터 48시간 이내에 구속영장을 청구하여야 하며, 수사기관이 아닌 자에 의하여 현행범인이 체포된 후 불필요한 지체 없이 수사기관에게 인도된 경우에 있어서 48시간의 기산점은 체포시가 아니라 수사기관이 현행범인을 인도받은 때라고 할 것이고[2], 만약 수사기관이 아닌 자에 의하여 현행범인이 체포된 후 불필요한 지체를 하면서 수사기관에게 인도된 경우에 있어서 48시간의 기산점은 수사기관이 현행범인을 인도받은 때가 아니라 체포 후 불필요한 지체가 시작된 시점이라고 해야 할 것이다.

피의자를 현행범인의 체포에 의하여 체포한 경우에 있어서 사후에 구속영장을 발부받아 구속한 경우, 구속기간은 피의자를 체포한 날로부터 기산한다(제203조의2). 사인이 현행범인을 체포한 경우에 구속기간의 기산점은 사인이 현행범인을 체포한 때가 아니라 사인이 현행범인을 수사기관에 인도한 때이다.[3] 왜냐하면 피의자의 구속기간은 수사기관에 의한 강제수사를 허용하는 최소한의 기간이기 때문에 실제 수사를 할 수 있는 시점부터 기산해야 한다는 점, 미결구금일수의 산정은 체포시를 기준으로도 얼마든지 할 수 있다는 점 등을 논거로 제시할 수 있기

---

1) 헌법재판소 2012. 5. 31. 선고 2010헌마672 결정(우리나라의 현행범인 체포 이후의 형사절차를 보면, 사법경찰관이 현행범인을 체포한 경우에는 체포의 경위를 상세히 기재한 현행범인체포서를 작성하도록 하고, 사법경찰관리가 현행범인을 인도받은 때에는 체포한 사람으로부터 그 성명·주민등록번호·직업·주거 및 체포의 일시·장소·사유를 청취하여 현행범인인수서를 작성하도록 하며(수사지휘·준칙규정 제37조), 구속영장을 신청하는 경우 그 현행범인체포서 또는 현행범인인수서를 제출하도록 하고, 구속사유 심사에 필요한 범죄의 중대성, 재범의 위험성, 피해자 및 중요 참고인 등에 대한 위해우려 등의 고려사항이 있는 경우 이를 기재하도록 하는 등(같은 규정 제29조), 구속영장청구에 일정한 절차와 형식을 요구하고 있다. 나아가 체포된 현행범인에 대한 구금은 수사의 첫 단계이므로, 구금된 자에 대한 신원확인절차를 거쳐 그 혐의사실을 확인하고 이에 대한 증거를 확보하며 구속영장 청구 여부를 결정하기 위해서는 상당한 시간이 필요하다. 이와 같은 현행범인의 특수성, 현행범인 체포에 따른 구금의 성격, 형사절차에 불가피하게 소요되는 시간 및 수사현실 등을 종합적으로 고려하면, 체포한 때부터 48시간 이내를 사후영장의 청구기간으로 정한 입법자의 정책적 판단이 입법재량을 현저히 일탈한 것으로 보기는 어렵다. 특히 현행범인은 '범인과 범증의 명백성'이 외부적으로 명백하여 부당한 체포의 가능성이 낮으므로, 사후영장 청구기간을 체포한 때부터 48시간 이내로 정하였다고 하여 헌법상 영장주의에 반한다고 볼 수 없다).

2) 대법원 2011. 12. 22. 선고 2011도12927 판결(구속영장 청구기간인 48시간의 기산점은 경찰관들이 피고인들의 신병을 인수한 2011. 1. 30. 04:30경부터 진행된다).

3) 김인회, 124면; 배종대/홍영기, 127면; 손동권/신이철, 251면; 송광섭, 277면; 신동운, 142면; 이재상/조균석, 257면; 이주원, 123면; 이창현, 336면; 임동규, 196면; 정웅석/최창호, 142면; 최호진, 165면.

때문이다.

한편 현행범인인 피의자를 체포하여 조사한 결과 구금을 계속할 필요가 없다고 판단하여 48시간 이내에 석방하는 경우까지도 반드시 체포영장발부절차를 밟게 한다면, 이는 실무상 피의자·수사기관 및 법원 모두에게 시간과 노력의 비경제적인 소모를 초래할 가능성이 있고, 외국의 입법례에도 현행범인에 대한 사후체포영장제도는 없다. 특히 현행범인은 그 개념 자체에 의하여 범행과의 시간적·장소적 접착성 및 범행의 명백성이라는 요건을 요구하고 있을 뿐만 아니라 여기에서의 '범인과 범증의 명백성'은 누구든지 알 수 있을 정도로 외부적으로 명백한 경우를 의미하므로, 현행범인을 체포할 때에 수사기관의 주관적인 판단이 개입할 여지는 적어 체포의 부당성에 대한 법원의 사후통제 필요성도 크지 않다. 따라서 현행범인 체포에 대한 사후체포영장제도를 규정하지 않았다고 해서 헌법상 영장주의에 위반된다고 볼 수는 없다.[1)]

Ⅱ. 피의자 및 피고인에 대한 구속

1. 구속의 의의

(1) 구속의 개념

'구속'(拘束)이란 피의자 또는 피고인의 신체의 자유를 체포와 비교하여 상대적으로 장기간에 걸쳐 제한하는 대인적 강제처분을 말한다. 피의자의 구속은 검사의 청구에 의하여 법관이 발부한 구속영장에 의하여 행해지며, 피고인의 구속은 법원이 직권으로 발부한 구속영장에 의하여 행해지는데, 후자의 경우를 '법정구속'(法廷拘束)이라고 한다. 구속은 사전에 발부된 구속영장에 의해서만 가능하다는 점에서 예외적으로 사전영장이 없어도 가능한 체포의 경우와 구별된다. 이에 따라 구속의 경우는 모두 사전구속영장에 의하고 있다.

(2) 구인과 구금

일본과 달리 우리나라의 경우는 체포전치주의를 채택하고 있지 않기 때문에 체포절차를 거친 후에 행해지는 구속과 체포절차를 거치지 않고 곧바로 행해지는 구속으로 나누어진다. 영장실질심사와 관련하여 체포절차를 거친 후에 행한 구속의 경우에는 피의자를 법관의 면전에 인치하기 위한 별도의 장치가 필요하지 않지만, 체포절차를 거치지 않고 행한 구속의 경우에는 법관이 구인을 하기 위한 구속영장을 발부하여 피의자를 구인하여야 비로소 심문이 가능하다. 이와 같이 피의자에 대한 구인은 구속 전 피의자심문을 위한 경우에 인정되는데, 체포되지 않은 피의자에 대하여 구속영장을 청구 받은 판사는 피의자가 죄를 범하였다고 의심할 만한 이유가 있는 경우에 구인을 위한 구속영장을 발부하여 피의자를 구인한 후 심문하여야 한다. 다만 피의자가 도망하는 등의 사유로 심문할 수 없는 경우에는 그러하지 아니하다(제201조의2 제2항). 그러므로 구속은 '구인'(拘引)과 '구금'(拘禁)을 포함하고(제69조), 구속영장은 구인을 위한 구속영

1) 헌법재판소 2012. 5. 31. 선고 2010헌마672 결정.

장과 구금을 위한 구속영장으로 나누어진다. 구인은 피의자 또는 피고인을 법원 기타 일정한 장소에 인치하는 강제처분이고[1], 구금은 피의자 또는 피고인을 교도소 또는 구치소 등에 감금하는 강제처분이다. 구인한 피의자 또는 피고인을 인치한 경우에 구금할 필요가 없다고 인정한 때에는 그 인치한 때로부터 24시간 이내에 석방하여야 한다(제71조, 제201조). 이와 같이 구인은 피의자 또는 피고인을 일정한 장소에 인치할 수 있을 뿐이고 구금까지 행할 수 없으나 구금은 인치의 효력까지 당연히 포함된다.

한편 현행법상 구인이 허용되는 사유에는 ① 구속영장실질심사를 하기 위하여 피의자를 법정에 강제로 소환하는 경우(제201조의2 제2항), ② 불출석 피고인을 법정에 강제로 소환하는 경우(제71조), ③ 증인을 법정에 강제로 소환하는 경우(제152조), ④ 국가보안법에 규정된 범죄와 관련하여 참고인을 강제로 소환하는 경우(국가보안법 제18조) 등이 있다.

(3) 구속의 필요성

피의자에 대한 수사는 불구속 상태에서 함을 원칙으로 한다(제198조 제1항). 왜냐하면 피의자 또는 피고인이 구속될 경우 여러 가지 불이익이 초래될 수 있기 때문이다. 만약 신체의 자유가 제한된다면 가정과 사회에서의 행복추구권이 상실되고, 고용관계와 사업관계 등 경제생활은 물론 사회적·정신적인 모든 생활면이 파괴되며, 세인으로부터 유죄의 추정을 받아 개인의 명예와 장래의 취업에도 지울 수 없는 낙인이 찍히게 되는 수도 있고, 형사소추에 관련하여서는 자기에게 유리한 증거수집 등 방어준비를 충분히 할 수 없게 되고, 유·무죄의 판단에 있어서 법원으로 하여금 편견을 가지게 할 우려가 있으며, 수사나 재판과정에서도 빨리 신체의 자유를 얻기 위하여 본의 아닌 자백을 함으로써 공정한 재판을 저해하는 수도 있고, 가족의 생활도 곤궁에 빠지게 되는 등 그 손실은 이루 말할 수가 없다.[2] 이와 같은 불구속수사의 원칙에도 불구하고 구속이 행해지고 있는 이유는 경우에 따라 형사절차의 진행과 형벌의 집행을 확보할 필요성이 있기 때문이다. 즉 피의자 또는 피고인의 출석을 확보하고 증거인멸의 위험을 방지하며 형벌의 집행을 실현할 필요가 있는 것이다.

---

1) 대법원 2013. 7. 1.자 2013모160 결정(수사기관이 관할 지방법원 판사가 발부한 구속영장에 의하여 피의자를 구속하는 경우, 그 구속영장은 기본적으로 장차 공판정에의 출석이나 형의 집행을 담보하기 위한 것이지만, 이와 함께 제202조, 제203조에서 정하는 구속기간의 범위 내에서 수사기관이 제200조, 제241조 내지 제244조의5에 규정된 피의자신문의 방식으로 구속된 피의자를 조사하는 등 적정한 방법으로 범죄를 수사하는 것도 예정하고 있다. 따라서 구속영장 발부에 의하여 적법하게 구금된 피의자가 피의자신문을 위한 출석요구에 응하지 아니하면서 수사기관 조사실에 출석을 거부한다면 수사기관은 그 구속영장의 효력에 의하여 피의자를 조사실로 구인할 수 있다고 보아야 한다. 다만 이러한 경우에도 그 피의자신문 절차는 어디까지나 제199조 제1항 본문, 제200조의 규정에 따른 임의수사의 한 방법으로 진행되어야 하므로, 피의자는 헌법 제12조 제2항과 형사소송법 제244조의3에 따라 일체의 진술을 하지 아니하거나 개개의 질문에 대하여 진술을 거부할 수 있고, 수사기관은 피의자를 신문하기 전에 그와 같은 권리를 알려주어야 한다).

2) 헌법재판소 1993. 12. 23. 선고 93헌가2 결정.

〈연도별 구속인원 및 구속률〉

단위: 명, %

구 분 연 도	처리인원	구속인원	구속률
2007	1,442,228	35,202	2.4
2008	1,787,657	39,987	2.2
2009	1,750,661	41,180	2.4
2010	1,384,690	27,676	2.0
2011	1,259,096	24,431	1.9
2012	1,320,630	24,410	1.8
2013	1,310,546	23,229	1.8
2014	1,269,507	23,418	1.8
2015	1,264,762	26,800	2.1
2016	1,327,988	27,225	2.1
2017	1,206,975	24,650	2.0
2018	1,100,313	21,805	2.0

출처: 법무연수원, 「2019 범죄백서」, 2020.

〈2018년도 구속 및 불구속의 세부적인 현황〉

단위: 명(%)

계	구 속					불 구 속					
	소계	현행범 체포	긴급 체포	사전 영장	체포	소계	불구속 입건	영장요구		적부심 석방	검사 구속 취소
								검사 기각	판사 기각		
1,110,313 (100)	21,805 (2.0)	5,440 (0.5)	5,086 (0.5)	3,946 (0.4)	7,333 (0.7)	1,078,508 (98.0)	1,074,802 (97.7)	1,584 (0.1)	2,000 (0.2)	108 (0.0)	14 (0.0)

출처: 대검찰청, 「2019 범죄분석」, 2019, 223면.

2. 구속의 요건

(1) 범죄의 혐의

피의자 또는 피고인에게 죄를 범하였다고 의심할 만한 상당한 이유가 있어야 한다(제70조 제1항, 제201조 제1항). 체포영장 발부요건으로서 범죄의 혐의(제200조의2 제1항)와 비교하여 구속영장 발부요건으로서 범죄의 혐의(제201조 제1항)는 상대적으로 엄격하게 판단해야 한다. 왜냐하면 범죄혐의의 정도에 따라 체포에서 구속으로 진행되는 것이 일반적이기 때문이다. 피의자 또는 피고인이 유죄판결을 받을 고도의 개연성이 요구되므로 위법성조각사유 또는 책임조각사유가 있는 경우는 물론 소송조건이 결여된 경우에도 범죄혐의의 상당성은 인정되지 아니한다. 다만 심신상실로 인한 책임조각사유가 있는 경우에는 치료감호를 청구할 수 있으므로 검사는 관할 지방법원 판사에게 청구하여 치료감호영장을 발부받아 보호구속을 할 수는 있다(치료감호법 제6조).

(2) 구속사유

1) 주거부정

'주거부정'(住居不定)이란 주소와 거소가 없는 것을 말하는데, 이를 판단함에 있어서는 주거의 종류·주거기간·주민등록의 유무·피의자의 직업·가족관계 등을 종합적으로 고려하여야 한다. 하지만 원칙적으로 주거부정은 도망할 염려가 있는 경우를 판단하는 중요한 참고자료에 해당할 뿐 구속사유로서의 독자적인 의미는 크다고 할 수 없다.[1] 다만 다액 50만원 이하의 벌금·구류 또는 과료에 해당하는 사건에 관하여는 피의자가 일정한 주거가 없는 경우에 한하여 구속영장을 청구할 수 있도록 함으로서(제70조 제3항, 제201조 제1항 단서), 주거부정이 경미범죄에 대한 유일한 구속사유가 된다는 점에서 독자적인 의미를 가질 뿐이다.[2] 그러므로 경미범죄에 있어서는 도망이나 증거인멸의 염려가 있는 경우라고 할지라도 피의자 또는 피고인의 주거가 일정하면 구속할 수가 없다.

2) 증거인멸의 염려

'증거인멸의 염려'란 피의자 또는 피고인을 구속하지 않으면 증거방법을 멸실·훼손·변경·위조·변조하거나 공범자·참고인·증인·감정인 등에게 부정한 영향력을 행사하거나 제3자로 하여금 이러한 행위를 하게 하여 실체적 진실발견을 곤란하게 할 위험성이 있는 경우를 말한다. 그러므로 아직 수사가 종결되지 않은 경우, 피의자가 범죄사실을 다투거나 부인하는 경우, 자백을 거부하는 경우, 방어를 위하여 유리한 증거를 수집하는 경우, 진술거부권을 행사하는 경우 등에 있어서는 증거인멸의 염려를 인정하기가 어렵다.

3) 도망 또는 도망할 염려

'도망'(逃亡)이란 형사절차나 형의 집행을 회피하기 위하여 장기간에 걸쳐 숨는 것을 말한다. 수사기관이나 피고인을 소환할 수 있는 법원(제68조)에서 연락을 하지 못하도록 주거를 떠나 새로운 거처를 정하지 않거나 돌아오지 않을 의사로서 외국으로 도피하는 것이 대표적인 예이다. 또한 자해를 하거나 약물을 복용하는 등 소송능력을 상실하게 하는 것도 포함된다.[3] '도망할 염려'란 범죄의 경중·피의자의 전과와 가족관계·경제적 지위·직장·유죄증거의 정도·장차 예

1) 이에 대하여 주거부정을 구속사유에서 삭제하는 것이 바람직하다는 견해로는 손동권/신이철, 253면; 이재상/조균석, 262면; 이주원, 125면; 정승환, 133면.

2) 이에 대하여 경미범죄임에도 불구하고 구속할 수 있다는 것은 신체의 자유에 대한 헌법적 가치와 구속이 가지는 사회적 의미를 고려할 때 경미범죄에 대해서는 구속할 수 없도록 하는 것이 바람직하다는 견해로는 송광섭, 279면; 최호진, 170면.

3) 배종대/홍영기, 128면; 손동권/신이철, 253면; 이재상/조균석, 261면; 임동규, 197~198면.

상되는 형량 등 여러 가지 사정을 종합하여 판단하여 볼 때 형사절차나 형의 집행을 회피할 고도의 개연성이 있는 것을 말한다. 예를 들면 선고될 형량이 중하거나 실형의 선고가 충분히 예상되는 경우에는 도망할 염려가 인정될 가능성이 높지만, 피해자와 합의를 하거나 자수를 한 경우에는 상대적으로 도망할 염려가 인정될 가능성이 낮다고 볼 수 있다.

4) 구속사유 심사시 고려사항

법원은 구속사유를 심사함에 있어서 범죄의 중대성·재범의 위험성·피해자 및 중요 참고인 등에 대한 위해우려 등을 고려하여야 한다(제70조 제2항, 제209조). 이러한 사유들은 독립된 구속사유가 아니라 구속사유를 심사함에 있어서 일반적으로 고려해야 할 사항에 해당한다.[1] 그러므로 구속사유가 인정되지 않는 경우에 범죄의 중대성·재범의 위험성·피해자 및 중요 참고인 등에 대한 위해우려·상습성 등을 이유로 구속할 수는 없다. 하지만 이러한 사유들은 구속사유를 심사함에 있어 중요한 참고자료가 되기 때문에 엄격히 구별하기란 쉽지는 않을 것이다. 일반적으로 범죄의 중대성과 재범의 위험성은 도망할 염려를 판단할 적극적 요소가 되며, 피해자 및 중요 참고인 등에 대한 위해우려는 증거인멸의 우려를 판단하는 중요한 기준이 된다.

참고로 자백강요나 수사편의를 위한 수단으로 구속을 활용하는 것이 대표적인 구속 불허용 사유라고 할 수 있는데, 별건구속이 이에 해당한다. '별건구속'(別件拘束)이란 수사기관이 본래 수사하고자 하는 사건인 본건에 대한 구속의 요건이 구비되어 있지 않은 경우에 본건의 수사에 이용할 목적으로 구속의 요건이 구비된 별개의 사건을 이유로 피의자를 구속하는 것을 말한다. 별건구속은 본건에 대한 수사의 기회에 구속된 피의자에 대하여 행하는 '여죄수사'(餘罪搜査)와 구별된다. 이러한 별건구속은 본건에 대한 영장실질심사가 이루어지지 않았다는 점, 별건구속 후의 본건수사를 통해 본건에 대한 구속이 다시 예상되므로 구속기간을 제한한 법의 취지에도 부합하지 않다는 점, 구속영장은 어디까지나 영장에 기재된 사안인 별건에 대하여 효력을 갖는 것이기 때문에 이로써 본건을 수사하는 것은 영장주의를 무의미하게 만든다는 점 등을 논거로 하여, 이를 허용되어서는 안 된다.[2] 하지만 실무에서는 여죄수사와 별건구속의 구별이 쉽지 않은 것이 현실이다.

3. 피의자에 대한 구속

(1) 구속영장의 청구

1) 청구권자

검사는 관할 지방법원 판사에게 청구하여 구속영장을 받아 피의자를 구속할 수 있고, 사법

---

1) 헌법재판소 2010. 11. 25. 선고 2009헌바4 결정.

2) 이에 대하여 본건이든 별건이든 어느 한쪽의 범죄사실에 구애됨이 없이 수사할 목적이 있음이 종합적으로 판단되는 경우에는 별건에 대한 구속의 이유 및 필요성이 인정된다면 별건구속 후 본건에 대한 수사는 위법하지 않다는 견해로는 송광섭, 283면.

경찰관은 검사에게 신청하여 검사의 청구로 관할 지방법원 판사의 구속영장을 받아 피의자를 구속할 수 있다(제201조). 사법경찰관이 체포한 피의자에 대하여 구속영장을 신청할 때에는 체포영장·긴급체포서·현행범인 체포서 또는 현행범인 인수서를 제출하여야 한다(수사지휘·준칙규정 제29조 제1항). 사법경찰관은 피의자에 대하여 구속영장을 신청하면서 제70조 제2항의 필요적 고려사항이 있을 때에는 구속영장 신청서에 적어야 한다(수사지휘·준칙규정 제29조 제2항). 검사가 사법경찰관으로부터 구속영장의 신청을 받아 구속영장을 청구하는 경우에 구속의 사유를 판단하기 위하여 필요하다고 인정하는 때에는 피의자를 조사할 수 있다(검찰사건사무규칙 제39조 제2항).

여기서 만약 인신구속에 관한 직무를 행하는 자 또는 이를 보조하는 자가 피해자를 구속하기 위하여 진술조서 등을 허위로 작성한 후 이를 기록에 첨부하여 구속영장을 신청하고, 진술조서 등이 허위로 작성된 정을 모르는 검사와 영장전담판사를 기망하여 구속영장을 발부받은 후 그 영장에 의하여 피해자를 구금하였다면 형법 제124조 제1항의 직권남용감금죄의 간접정범이 성립한다.[1)]

2) 청구의 방식

영장의 청구는 서면으로 하여야 하며, 구속영장의 청구서에는 범죄사실의 요지를 따로 기재한 서면 1통(수통의 영장을 청구하는 때에는 그에 상응하는 통수)을 첨부하여야 한다(규칙 제93조 제1항 및 동조 제2항). 검사의 청구에 의하여 발부하는 영장에는 그 영장을 청구한 검사의 성명과 그 검사의 청구에 의하여 발부한다는 취지를 기재하여야 한다(규칙 제94조). 구속영장의 청구서에는 ① 피의자의 성명(분명하지 아니한 때에는 인상, 체격, 그 밖에 피의자를 특정할 수 있는 사항), 주민등록번호 등, 직업, 주거, ② 피의자에게 변호인이 있는 때에는 그 성명, ③ 죄명 및 범죄사실의 요지, ④ 7일을 넘는 유효기간을 필요로 하는 때에는 그 취지 및 사유, ⑤ 여러 통의 영장을 청구하는 때에는 그 취지 및 사유, ⑥ 인치구금할 장소[2)], ⑦ 구속의 사유, ⑧ 피의자의 체포 여부 및 체포

---

1) 대법원 2006. 5. 25. 선고 2003도3945 판결(피고인들이 상해죄만으로는 구속되기 어려운 공소외 3에 대하여 허위의 진술조서를 작성하고, 공소외 3의 혐의없음이 입증될 수 있는 유리한 사실의 확인결과, 참고자료 및 공용서류인 공소외 4에 대한 참고인 진술조서 등을 구속영장신청기록에 누락시키는 한편, 공소외 3에게 사문서위조 및 동행사, 360만원 상당의 신용카드대금 편취, 200만원 갈취, 4,000만원 상당의 PC방 갈취의 혐의가 인정된다는 허위내용의 범죄인지보고서를 작성한 다음, 2001. 8. 8. 위와 같은 범죄사실로 구속영장을 신청하여 그 정을 모르는 담당 검사로 하여금 구속영장을 청구하게 하고, 같은 해 8. 9. 수사서류 등이 허위작성되거나 누락된 사실을 모르는 부산지방법원 영장전담판사로부터 구속영장을 발부받아 같은 날부터 공소외 3이 검사의 구속취소에 의하여 석방된 같은 해 9. 4.까지 구속·수감되게 함으로써 직권을 남용하여 공소외 3을 감금하였다).

2) 대법원 1992. 8. 7.자 92두30 결정(헌법상의 영장주의의 원칙은 구속의 전과정에 있어서 일관하여 적용되는 것이고 형사소송법은 구속영장에 피고인 또는 피의자의 인치구금할 장소를 기재하도록 하고 있으며 구금장소는 피의자 또는 피고인의 방어권 행사에 영향을 미치는 요소의 하나이고 구금장소의 임의적 변경은 피의자 또는 피고인을 심리적으로 위축시킬 우려가 있다. 그러나 그러한 사정만으로 구속영장상에 피고인 또는 피의자의 인치구금할 장소를 반드시 기재하도록 한 것이 법원 이외의 다른 기관의 일방적 처분에 기한 미결수용자의 구금장소의 변경은 법률상 명문의 규정이 있는 경우 외에는 이를 허용하지 아니하는 취지라거나 또는 법률상 명문의 규정이 없이도 구속된 피고인 또는 피의자의 구금장소를 변경함에 있어서도 법원의 사전허가를 받아야 한다고는 볼 수 없다. 그러므로 미결수용자를 수용하고 있는 교도소장 등은 미결수용자의 수용이나 처우상 특히 필요하다고 인정할 때에는 법무부장관의 승인을 얻어 미결수용자를 다른 수용시설로 이송할 수 있다고 보아야 할 것이며 다만 미결수용자의 특성상 작업이나 교화 등의 필요를 이유로 미결수용자를 다른 수용시설로 이송할 수는 없고, 또한 제

된 경우에는 그 형식, ⑨ 피의자가 지정한 사람에게 체포이유 등을 알린 경우에는 그 사람의 성명과 연락처 등의 사항을 기재하여야 한다(규칙 제95조의2).

구속영장의 청구에는 구속의 필요를 인정할 수 있는 자료를 제출하여야 하고(제201조 제2항), 피의자나 체포·구속적부심사를 청구할 권한이 있는 자도 구속영장의 청구를 받은 판사에게 유리한 자료를 제출할 수 있다(규칙 제96조 제3항). 체포영장에 의하여 체포된 자 또는 현행범인으로 체포된 자에 대하여 구속영장을 청구하는 경우에는 구속의 필요를 인정할 수 있는 자료 이외에 피의자가 체포영장에 의하여 체포된 자인 때에는 체포영장, 피의자가 현행범인으로 체포된 자인 때에는 그 취지와 체포의 일시 및 장소가 기재된 서류를 제출하여야 하며(규칙 제96조 제2항), 긴급체포를 한 자의 경우에는 긴급체포서를 첨부하여야 한다(제200조의4 제1항). 검사가 동일한 범죄사실에 관하여 그 피의자에 대하여 전에 구속영장을 청구하거나 발부받은 사실이 있을 때에는 다시 구속영장을 청구하는 취지 및 이유를 기재하여야 한다(제201조 제5항).

(2) 구속전피의자심문

1) 의 의

'구속전피의자심문'(拘束前被疑者審問)이란 구속영장의 청구를 받은 판사가 영장의 발부 여부에 대한 결정을 하기 위하여 피의자를 직접 심문[1]하여 구속사유를 판단하는 것을 말하는데, 이를 '영장실질심사'(令狀實質審査)라고도 한다. 이는 기존에 검사가 제출한 서류만을 근거로 판단한 형식심사와 대비되는 개념이다. 1995. 12. 29. 형사소송법 개정을 통하여 임의적 절차의 형식으로 도입되었으며, 2007. 6. 1. 형사소송법 개정을 통하여 필요적으로 운영하여 피의자심문조서의 작성을 의무화하고 있다.

2) 심문기일의 지정 및 통지

제200조의2·제200조의3 또는 제212조에 따라 체포된 피의자에 대하여 구속영장을 청구받은 판사는 지체 없이 피의자를 심문하여야 하는데, 이 경우 특별한 사정이 없는 한 구속영장이 청구된 날의 다음날까지 심문하여야 한다(제201조의2 제1항). 체포되지 않은 피의자에 대하여 구속영장을 청구받은 판사는 피의자가 죄를 범하였다고 의심할 만한 이유가 있는 경우에 구인을 위한 구속영장을 발부하여 피의자를 구인한 후 심문하여야 한다. 그러므로 체포된 피의자와 달리 반드시 구속영장이 청구된 날의 다음날까지 심문하여야 할 필요는 없고, 피의자의 충분한 방어권 행사를 위하여 일정한 기간이 지난 이후의 시점에 심문하는 것도 가능하다. 다만 피의자가 도망하는 등의 사유로 심문할 수 없는 경우에는 그러하지 아니하다(제201조의2 제2항). 이 경우 판사는 제1항의 경우에는 즉시, 제2항의 경우에는 피의자를 인치한 후 즉시 검사·피의자 및

361조 제3항과 같은 명문의 규정에 저촉되어서는 안 될 것이다). 이에 대하여 구속장소의 변경은 수소법원만이 할 수 있다는 견해로는 김인회, 420면.

1) '신문'(訊問)은 형사절차에서 대상자에게 묻고 답을 들음으로써 사안과 관련된 정보를 알아내는 증거수집 및 조사의 일반적인 방법인 반면에, '심문'(審問)은 대상자에게 물어 그의 사정을 경청한다는 의미에 더 가깝다(배종대/홍영기, 130면).

변호인에게 심문기일과 장소를 통지하여야 한다. 검사는 피의자가 체포되어 있는 때에는 심문기일에 피의자를 출석시켜야 하고(제201조의2 제3항), 사법경찰관은 검사로부터 심문기일과 장소를 통지받으면 검사의 지휘를 받아 지정된 기일과 장소에 체포된 피의자를 출석시켜야 한다(수사지휘·준칙규정 제29조 제3항).

체포된 피의자 외의 피의자에 대한 심문기일은 관계인에 대한 심문기일의 통지 및 그 출석에 소요되는 시간 등을 고려하여 피의자가 법원에 인치된 때로부터 가능한 한 빠른 일시로 지정하여야 한다(규칙 제96조의12 제2항). 심문기일의 통지는 서면 이외에 구술·전화·모사전송·전자우편·휴대전화 문자전송 그 밖에 적당한 방법으로 신속하게 하여야 한다. 이 경우 통지의 증명은 그 취지를 심문조서에 기재함으로써 할 수 있다(규칙 제96조의12 제3항). 판사는 지정된 심문기일에 피의자를 심문할 수 없는 특별한 사정이 있는 경우에는 그 심문기일을 변경할 수 있다(규칙 제96조의22). 지방법원 또는 지원의 장은 구속영장청구에 대한 심사를 위한 전담법관을 지정할 수 있는데(규칙 제96조의5), 이에 의하여 지정된 법관을 '영장전담판사'(令狀專擔判事)라고 한다.

3) 피의자의 출석 및 인치

판사가 구속 전에 피의자를 심문하기 위해서는 피의자를 출석시켜야 한다. 피의자가 체포되어 있는 경우에는 검사가 피의자를 심문기일에 출석시켜야 하며, 체포되지 않은 경우에는 판사가 인치를 위한 구인을 하여야 한다. 법원은 인치받은 피의자를 유치할 필요가 있는 때에는 교도소·구치소 또는 경찰서 유치장에 유치할 수 있다. 이 경우 유치기간은 인치한 때부터 24시간을 초과할 수 없다(제71조의2, 제201조의2 제10항). 이는 특히 체포되지 않은 피의자에 대하여 구속전피의자심문이 종결된 후 구속영장의 발부 여부가 결정될 때까지 피의자를 교도소·구치소 또는 경찰서 유치장에 유치하기 위한 근거규정으로서의 의미를 가진다.

한편 판사는 피의자가 심문기일에의 출석을 거부하거나 질병 그 밖의 사유로 출석이 현저하게 곤란하고, 피의자를 심문 법정에 인치할 수 없다고 인정되는 때에는 피의자의 출석 없이 심문절차를 진행할 수 있다(규칙 제96조의13 제1항). 이에 의하여 심문절차를 진행할 경우에는 출석한 검사 및 변호인의 의견을 듣고, 수사기록 그 밖에 적당하다고 인정하는 방법으로 구속사유의 유무를 조사할 수 있다(규칙 제96조의13 제3항). 검사는 피의자가 심문기일에의 출석을 거부하는 때에는 판사에게 그 취지 및 사유를 기재한 서면을 작성 제출하여야 한다(규칙 제96조의13 제2항).

4) 신뢰관계 있는 자의 동석

판사는 피의자를 심문하는 경우 피의자가 신체적 또는 정신적 장애로 사물을 변별하거나 의사를 결정·전달할 능력이 미약한 경우, 피의자의 연령·성별·국적 등의 사정을 고려하여 그 심리적 안정의 도모와 원활한 의사소통을 위하여 필요한 경우 가운데 어느 하나에 해당하는 때에는 직권 또는 피의자·법정대리인·검사의 신청에 따라 피의자와 신뢰관계에 있는 자를 동석하게 할 수 있다(제201조의2 제10항, 제276조의2).

5) 국선변호인의 선정

심문할 피의자에게 변호인이 없는 때에는 지방법원 판사는 직권으로 변호인을 선정하여야 한다. 이 경우 변호인의 선정은 피의자에 대한 구속영장 청구가 기각되어 효력이 소멸한 경우를 제외하고는 제1심까지 효력이 있다(제201조의2 제8항). 법원은 변호인의 사정이나 그 밖의 사유로 변호인 선정결정이 취소되어 변호인이 없게 된 때에는 직권으로 변호인을 다시 선정할 수 있다(제201조의2 제9항). 변호인은 구속영장이 청구된 피의자에 대한 심문 시작 전에 피의자와 접견할 수 있으며(규칙 제96조의20 제1항), 피의자심문에 참여할 변호인은 지방법원 판사에게 제출된 구속영장청구서 및 그에 첨부된 고소·고발장, 피의자의 진술을 기재한 서류와 피의자가 제출한 서류를 열람할 수 있다(규칙 제96조의21 제1항). 그러므로 열람 이외에 복사는 불가능하다. 검사는 증거인멸 또는 피의자나 공범 관계에 있는 자가 도망할 염려가 있는 등 수사에 방해가 될 염려가 있는 때에는 지방법원 판사에게 제1항에 규정된 서류(구속영장청구서는 제외한다)의 열람 제한에 관한 의견을 제출할 수 있고, 지방법원 판사는 검사의 의견이 상당하다고 인정하는 때에는 그 전부 또는 일부의 열람을 제한할 수 있으며(규칙 제96조의21 제2항) 지방법원 판사는 그 열람에 관하여 그 일시·장소를 지정할 수 있다(규칙 제96조의21 제3항).

6) 심문기일의 절차

① 심문의 비공개

피의자에 대한 심문절차는 공개하지 아니한다. 다만 판사는 상당하다고 인정하는 경우에는 피의자의 친족·피해자 등 이해관계인의 방청을 허가할 수 있다(규칙 제96조의14). 피의자의 심문은 법원청사 내에서 하여야 한다. 다만 피의자가 출석을 거부하거나 질병 기타 부득이한 사유로 법원에 출석할 수 없는 때에는 경찰서·구치소 기타 적당한 장소에서 심문할 수 있다(규칙 제96조의15).

② 심문의 방식

판사는 피의자에게 구속영장청구서에 기재된 범죄사실의 요지를 고지하고, 피의자에게 일체의 진술을 하지 아니하거나 개개의 질문에 대하여 진술을 거부할 수 있으며, 이익 되는 사실을 진술할 수 있음을 알려주어야 한다(규칙 제96조의16 제1항). 판사는 구속 여부를 판단하기 위하여 필요한 사항에 관하여 신속하고 간결하게 심문하여야 한다. 증거인멸 또는 도망의 염려를 판단하기 위하여 필요한 때에는 피의자의 경력·가족관계나 교우관계 등 개인적인 사항에 관하여 심문할 수 있다(규칙 제96조의16 제2항). 검사와 변호인은 심문기일에 출석하여 의견을 진술할 수 있는데(제201조의2 제4항), 판사의 심문이 끝난 후에 의견을 진술할 수 있다. 다만 필요한 경우에는 심문 도중에도 판사의 허가를 얻어 의견을 진술할 수 있다(규칙 제96조의16 제3항).[1] 검사와

1) 형사소송규칙의 개정 전에는 검사와 변호인도 판사의 심문이 끝난 후 판사의 허가를 받아 피의자를 심문할 수 있었으나 개정 규칙은 이를 허용하지 않고 있다.

변호인은 의견을 진술할 수 있을 뿐이고, 문답형식으로 피의자를 심문하는 것은 허용되지 아니한다. 왜냐하면 문답형식으로 신문을 할 경우 영장실질심사가 사실상 본안재판화 될 가능성이 있기 때문이다. 피의자는 판사의 심문 도중에도 변호인에게 조력을 구할 수 있다(규칙 제96조의16 제4항). 판사는 구속 여부의 판단을 위하여 필요하다고 인정하는 때에는 심문장소에 출석한 피해자 그 밖의 제3자를 심문할 수 있다(규칙 제96조의16 제5항). 구속영장이 청구된 피의자의 법정대리인·배우자·직계친족·형제자매나 가족·동거인 또는 고용주는 판사의 허가를 얻어 사건에 관한 의견을 진술할 수 있다(규칙 제96조의16 제6항). 판사는 심문을 위하여 필요하다고 인정하는 경우에는 호송경찰관 기타의 자를 퇴실하게 하고 심문을 진행할 수 있다(규칙 제96조의16 제7항).

③ 피의자심문조서의 작성

법원이 피의자를 심문하는 경우 법원사무관 등은 심문의 요지 등을 조서로 작성하여야 하는데(제201조의2 제6항), 이를 '피의자심문조서'(被疑者審問調書)라고 한다. 피의자심문조서는 일반적인 조서의 작성방법(제48조) 및 공판조서의 기재요건(제51조)에 따라 작성되어야 한다(제201조의2 제10항). 피의자심문조서는 제311조가 규정한 '공판준비 또는 공판기일에 피고인이나 피고인 아닌 자의 진술을 기재한 조서'에는 해당하지 않지만, 법관 면전 조서이므로 제315조 제3호의 '기타 특히 신용할 만한 정황에 의하여 작성된 문서'에 해당하여 당연히 증거능력을 가지게 된다.[1)]

(3) 법원의 결정

1) 구속영장의 발부결정

구속영장의 청구를 받은 지방법원 판사는 신속히 구속영장의 발부 여부를 결정하여야 하는데(제201조 제3항), 이 때 지방법원 판사는 상당하다고 인정할 때에는 구속영장을 발부한다(제201조 제4항 제1문). 구속영장에는 피의자의 성명·주거·죄명·공소사실의 요지·인치구금할 장소·발부연월일·그 유효기간과 그 기간을 경과하면 집행에 착수하지 못하며 영장을 반환하여야 할 취지를 기재하고 재판장 또는 수명법관이 서명날인하여야 한다(제75조 제1항, 제209조). 피의자의 성명이 분명하지 아니한 때에는 인상·체격·기타 피고인을 특정할 수 있는 사항으로 피고인을 표시할 수 있으며(제75조 제2항, 제209조), 피의자의 주거가 분명하지 아니한 때에는 그 주거의 기재를 생략할 수 있다(제75조 제3항, 제209조). 구속영장은 수통을 작성하여 사법경찰관리 수인에게 교부할 수 있으며, 이 경우에는 그 사유를 구속영장에 기재하여야 한다(제82조, 제209조). 구속

1) 이에 대하여 피의자심문조서의 증거능력을 배제하는 것이 타당하다는 견해로는 김인회, 132면(증거능력을 인정하게 되면 영장실질심사절차가 사실상 공판절차를 대체하기 때문이다. 영장실질심사시 검사가 피의자의 진술을 법관 면전의 진술로서 획득함으로써 사실상 결정적인 증거를 확보하는 계기가 될 수 있다. 이렇게 되면 피의자를 두텁게 보호하고자 하는 영장실질심사가 오히려 피의자를 불리한 위치로 빠뜨리게 된다); 손동권/신이철, 256~257면(제315조는 범죄와 관계없이 통상 업무적으로 작성되는 서류를 규정한 것으로 보아야 하기 때문에 피의자 신분으로 진술한 것을 기재한 구속전피의자심문조서를 여기에 포함시키지 않고, 제313조 제1항이 규정한 피고인의 진술을 기재한 기타 서류로 해석하는 것이 타당하다. 구속에 직면한 피의자가 이를 피하기 위하여 행한 진술에는 완전한 진정성이 인정되기 어렵기 때문에 구속전피의자심문조서에 대해서는 전문법칙의 원칙에 따라 증거능력을 부정하는 것이 가장 타당하다).

영장의 유효기간은 7일로 한다. 다만 법원 또는 법관이 상당하다고 인정하는 때에는 7일을 넘는 기간을 정할 수 있다(규칙 제178조).

한편 피의자의 구속을 위하여 발부되는 구속영장의 법적 성격은 허가장으로 파악하는 것이 타당하다. 왜냐하면 피의자에 대한 구속영장은 수사기관이 수사를 하는 도중에 피의자가 구속의 요건에 해당되어 구속할 필요가 있다고 판단되는 경우에 검사의 청구에 의한다는 점, 구속영장이 발부되면 검사는 재판의 집행자가 아니라 수사의 주재자로서 구속영장을 집행한다는 점, 피의자에 대한 구속영장의 발부는 강제수사에 대한 사법적 통제일 뿐이라는 점, 구속영장이 발부된 이후 피의자를 구속하지 아니하거나 구속한 피의자를 석방할 수도 있다는 점 등을 그 논거로 들 수 있기 때문이다.

2) 구속영장의 기각결정

① 기각결정

구속영장의 청구를 받은 판사가 이를 발부하지 아니할 때에는 청구서에 그 취지 및 이유를 기재하고 서명날인하여 청구한 검사에게 교부한다(제201조 제4항 제2문). 체포된 피의자에 대한 구속영장청구가 기각된 때에는 피의자를 즉시 석방하여야 한다(제200조의4 제2항).

② 기각결정에 대한 불복

지방법원 판사가 검사의 구속영장청구를 기각하는 경우에 있어서 기각결정에 대하여 항고 또는 준항고의 방법으로 불복할 수 있는지를 둘러싸고 견해의 대립이 있다.[1] 형사소송법은 지방법원 판사가 체포영장 또는 구속영장을 발부하지 아니한 데 대하여 따로 불복할 수 있다는 규정은 두고 있지 아니한 반면에, 제214조의2에서는 체포영장 또는 구속영장에 의하여 체포 또는 구속된 피의자 등이 관할법원에 체포 또는 구속의 적부심사를 청구할 수 있다고 규정하는 한편, 체포 또는 구속적부심사의 청구를 인용하거나 기각하는 재판에 대하여는 항고하지 못한다고 규정(동조 제8항)하고 있다. 한편 제402조 본문은 '법원의 결정에 대하여 불복이 있으면 항고를 할 수 있다.'라고 규정하고, 제416조 제1항은 '준항고'라는 제명 아래, '재판장 또는 수명법관이 다음 각 호의 1에 해당하는 재판을 고지한 경우에 불복이 있으면 그 법관 소속의 법원에 재판의 취소 또는 변경을 청구할 수 있다.'라고 규정하면서 그 제2호에서 '구금에 관한 재판'을 규정하고 있다. 그런데 형사소송법은 제37조에서 재판의 종류를 '판결', '결정', '명령'으로 나누어서 규정하는 한편, 재판의 종류와 성질에 따라 이를 담당할 주체를 '법원', '법원합의부', '단독판사', '재판장', '수명법관', '수탁판사', '판사 또는 지방법원 판사', '법관' 등으로 엄격히 구분하여 규정하면서, 검사의 체포영장 또는 구속영장의 청구에 대하여는 '지방법원 판사'가 그 발부 여부에 대한 재판을 하도록 규정하고 있다. 이들 규정을 종합하여 볼 때, 검사의 체포영장 또는 구속영장 청구에 대한 지방법원 판사의 재판은 제402조의 규정에 의하여 항고의 대상이 되는

1) 이에 대하여 구속영장 기각결정에 대한 불복수단으로 보통항고를 인정하는 것이 타당하다는 견해로는 정웅석/최창호, 147면.

'법원의 결정'에 해당되지 아니하고, 제416조 제1항의 규정에 의하여 준항고의 대상이 되는 '재판장 또는 수명법관의 구금 등에 관한 재판'에도 해당되지 아니함이 분명하다.[1)]

헌법과 형사소송법의 이러한 규정들은, 신체의 자유와 관련한 기본권의 침해는 부당한 구속 등에 의하여 비로소 생길 수 있고 검사의 영장청구가 기각된 경우에는 이로 인한 직접적인 기본권침해가 발생할 여지가 없다는 점 및 피의자에 대한 체포영장 또는 구속영장의 청구에 관한 재판 자체에 대하여 항고 또는 준항고를 통한 불복을 허용하게 되면 그 재판의 효력이 장기간 유동적인 상태에 놓여 피의자의 지위가 불안하게 될 우려가 있으므로 그와 관련된 법률관계를 가급적 조속히 확정시키는 것이 바람직하다는 점 등을 고려하여, 체포영장 또는 구속영장에 관한 재판 그 자체에 대하여 직접 항고 또는 준항고를 하는 방법으로 불복하는 것은 이를 허용하지 아니하는 대신에, 체포영장 또는 구속영장이 발부된 경우에는 피의자에게 체포 또는 구속의 적부심사를 청구할 수 있도록 하고 그 영장청구가 기각된 경우에는 검사로 하여금 그 영장의 발부를 재청구할 수 있도록 허용함으로써, 간접적인 방법으로 불복할 수 있는 길을 열어 놓고 있는 데에 그 취지가 있다.[2)]

(4) 구속영장의 집행

1) 집행기관

구속영장은 검사의 지휘에 의하여 사법경찰관리가 집행하며, 교도소 또는 구치소에 있는 피의자에 대하여 발부된 구속영장은 검사의 지휘에 의하여 교도관이 집행한다(제209조, 제81조). 검사는 필요에 의하여 관할구역 외에서 구속영장의 집행을 지휘할 수 있고 또는 당해 관할구역의 검사에게 집행지휘를 촉탁할 수 있으며, 사법경찰관리는 필요에 의하여 관할구역 외에서 구속영장을 집행할 수 있고 또는 당해 관할구역의 사법경찰관리에게 집행을 촉탁할 수 있다(제209조, 제83조). 구속영장의 발부를 받은 후 피의자를 구속하지 아니하거나 구속한 피의자를 석방한 때에는 지체 없이 검사는 영장을 발부한 법원에 그 사유를 서면으로 통지하여야 한다(제204조). 이러한 통지는 ① 피의자를 구속하지 아니하거나 못한 경우, ② 구속 후 구속기간이 만료하여 피의자를 석방한 경우, ③ 구속의 취소로 피의자를 석방한 경우, ④ 구속집행정지의 경우에 해당하는 사유가 발생한 경우에 이를 하여야 한다(규칙 제96조의19 제1항).

2) 집행절차

구속영장을 집행함에는 피의자에게 반드시 이를 제시하여야 하고, 신속히 지정된 법원 기타 장소에 인치하여야 하며, 구속영장을 소지하지 아니한 경우에 급속을 요하는 때에는 피의자에 대하여 피의사실의 요지와 영장이 발부되었음을 고하고 집행할 수 있다. 이 경우 집행을 완

1) 同旨 대법원 1958. 3. 14. 선고 4290형항9 판결(구속영장의 신청을 기각할 때에 관한 제201조 제3항의 규정은 우리 현행 형사소송의 기본정신 및 제201조 제6항의 배열상의 위치와 문리해석상으로 보아 구속영장 신청을 기각한 결정에 대하여 항고나 재항고를 불허한다고 해석함이 정당하다).

2) 대법원 2006. 12. 18.자 2006모646 결정; 대법원 2005. 3. 31.자 2004모517 결정; 대법원 1997. 6. 16.자 97모1 결정.

료한 후에는 신속히 구속영장을 제시하여야 한다(제209조, 제85조). 검사 또는 사법경찰관은 피의자를 구속하는 경우에는 피의사실의 요지, 체포의 이유와 변호인을 선임할 수 있음을 말하고 변명할 기회를 주어야 한다(제209조, 제200조의5). 사법경찰관리는 영장을 신속하고, 정확하게 집행하여야 한다(수사지휘·준칙규정 제31조 제1항). 구속영장의 집행을 받은 피의자를 호송할 경우에 필요한 때에는 가장 접근한 교도소 또는 구치소에 임시로 유치할 수 있는데(제209조, 제86조), 이를 '호송 중의 가유치'라고 한다. 구속영장에는 청구인을 구금할 수 있는 장소로 특정 경찰서 유치장으로 기재되어 있었는데, 청구인에 대하여 구속영장에 의하여 경찰서 유치장에 구속이 집행되었다가 그 신병이 조사차 국가안전기획부 직원에게 인도된 후 경찰서 유치장에 인도된 바 없이 계속하여 국가안전기획부 청사에 사실상 구금되어 있다면, 청구인에 대한 이러한 사실상 구금장소의 임의적 변경은 청구인의 방어권이나 접견교통권의 행사에 중대한 장애를 초래하는 것이므로 위법하다.[1)]

한편 검사 또는 사법경찰관은 피의자를 구속하는 경우에 필요한 때에는 영장 없이 타인의 주거나 타인이 간수하는 가옥·건조물·항공기·선차 내에서의 피의자 수색을 할 수 있다. 다만 이에 따라 피의자를 구속하는 경우의 피의자 수색은 미리 수색영장을 발부받기 어려운 긴급한 사정이 있는 때에 한정한다(제216조 제1항 제1호).

3) 집행 후의 절차

피의자를 구속한 때에는 변호인이 있는 경우에는 변호인에게, 변호인이 없는 경우에는 변호인선임권자 중 피의자가 지정한 자에게 피의사건명, 구속일시·장소, 범죄사실의 요지, 구속의 이유와 변호인을 선임할 수 있는 취지를 알려야 하며, 이러한 통지는 지체 없이 서면으로 하여야 한다(제209조, 제87조). 피고인을 구속한 때에 그 변호인이 없는 경우에는 피고인이 지정하는 자 1인에게 위의 사항을 통지하여야 하고(규칙 제51조 제1항), 구속의 통지는 구속을 한 때로부터 늦어도 24시간 이내에 서면으로 하여야 한다(규칙 제51조 제2항). 급속을 요하는 경우에는 구속되었다는 취지 및 구속의 일시·장소를 전화 또는 모사전송기 기타 상당한 방법에 의하여 통지할 수 있다. 다만 이 경우에도 구속통지는 다시 서면으로 하여야 한다(규칙 제51조 제3항). 그러므로 피의자가 통지에 대한 거부의사를 밝히더라도 구속의 사실은 반드시 통지되어야 한다.

구속된 피의자는 법률의 범위 내에서 타인과 접견하고 서류 또는 물건을 수수하며 의사의 진료를 받을 수 있다(제209조, 제89조). 구속된 피의자는 법원·교도소장 또는 구치소장 또는 그 대리자에게 변호사를 지정하여 변호인의 선임을 의뢰할 수 있고, 이러한 의뢰를 받은 법원·교도소장 또는 구치소장 또는 그 대리자는 급속히 피의자가 지명한 변호사에게 그 취지를 통지하여야 한다(제209조, 제90조).

---

1) 대법원 1996. 5. 15.자 95모94 결정.

(5) 피의자의 구속기간

1) 원 칙

사법경찰관이 피의자를 구속한 때에는 10일 이내에 피의자를 검사에게 인치하지 아니하면 석방하여야 한다(제202조). 검사가 피의자를 구속한 때 또는 사법경찰관으로부터 피의자의 인치를 받은 때에는 10일 이내에 공소를 제기하지 아니하면 석방하여야 한다(제203조). 다만 지방법원 판사는 검사의 신청에 의하여 수사를 계속함에 상당한 이유가 있다고 인정한 때에는 10일을 초과하지 아니하는 한도에서 구속기간의 연장을 1차에 한하여 허가할 수 있는데(제205조 제1항), 동 신청에는 구속기간의 연장의 필요를 인정할 수 있는 자료를 제출하여야 한다(제205조 제2항). 구속기간연장의 신청은 서면으로 하여야 하는데, 동 서면에는 수사를 계속하여야 할 상당한 이유와 연장을 구하는 기간을 기재하여야 한다(규칙 제97조). 구속기간의 연장을 허가하지 아니하는 지방법원 판사의 결정에 대하여는 제402조, 제403조가 정하는 항고의 방법으로는 불복할 수 없고, 나아가 그 지방법원 판사는 수소법원으로서의 재판장 또는 수명법관도 아니므로 그가 한 재판은 제416조가 정하는 준항고의 대상이 되지도 아니한다.[1] 구속기간연장허가결정이 있은 경우에 그 연장기간은 제203조의 규정에 의한 구속기간만료 다음날로부터 기산한다(규칙 제98조).

2) 국가보안법상의 특칙

지방법원 판사는 국가보안법 제3조 내지 제10조의 죄로서 사법경찰관이 검사에게 신청하여 검사의 청구가 있는 경우에 수사를 계속함에 상당한 이유가 있다고 인정한 때에는 형사소송법 제202조의 구속기간의 연장을 1차에 한하여 허가할 수 있고, 검사의 청구에 의하여 수사를 계속함에 상당한 이유가 있다고 인정한 때에는 형사소송법 제203조의 구속기간의 연장을 2차에 한하여 허가할 수 있는데, 동 기간의 연장은 각 10일 이내로 한다(국가보안법 제19조). 그러므로 국가보안법 제7조(찬양·고무) 및 제10조(불고지)를 제외[2]한 범죄에 대한 구속기간은 최대 50일이 된다.

3) 구속기간의 기산

피의자가 제200조의2·제200조의3·제201조의2 제2항 또는 제212조의 규정에 의하여 구인된 경우에 구속기간은 피의자를 체포 또는 구인한 날부터 기산한다(제203조의2). 구속기간의 초일은 시간을 계산함이 없이 1일로 산정하고(제66조 제1항 단서), 기간의 말일이 공휴일 또는 토요일에 해당하는 날에도 이를 기간에 산입한다(제66조 제3항 단서).

4) 구속기간의 불산입

구속전피의자심문을 하는 경우 법원이 구속영장청구서·수사 관계 서류 및 증거물을 접수한 날부터 구속영장을 발부하여 검찰청에 반환한 날까지의 기간은 구속기간에 이를 산입하지

1) 대법원 1997. 6. 16.자 97모1 결정.

2) 헌법재판소 1992. 4. 14. 선고 90헌마82 결정.

아니한다(제201조의2 제7항). 이는 영장실질심사로 인하여 구속기간이 실질적으로 단축되어 수사에 지장을 초래할 수 있다는 점을 고려한 것이다.[1] 구속영장을 청구받은 판사가 피의자심문을 한 경우 법원사무관등은 구속영장에 구속영장청구서·수사관계서류 및 증거물을 접수한 시각과 이를 반환한 시각을 기재하여야 한다. 다만 체포된 피의자 외의 피의자에 대하여는 그 반환 시각을 기재한다(규칙 제96조의18). 또한 체포·구속적부심사에서 법원이 수사관계서류와 증거물을 접수한 때부터 기각결정 후 검찰청에 반환한 때까지의 기간(제214조의2 제13항) 및 감정유치기간(제172조의2)도 수사기관의 구속기간에 산입하지 아니한다.

(6) 재구속의 제한

검사 또는 사법경찰관에 의하여 구속되었다가 석방된 자는 다른 중요한 증거를 발견한 경우를 제외하고는 동일한 범죄사실에 관하여 재차 구속하지 못한다. 이 경우에는 1개의 목적을 위하여 동시 또는 수단·결과의 관계에서 행하여진 행위는 동일한 범죄사실로 간주한다(제208조). 여기서 '구속되었다가 석방된 자'란 구속영장에 의하여 구속되었다가 석방된 경우를 말하는 것이지, 긴급체포나 현행범으로 체포되었다가 사후영장발부 전에 석방된 경우는 포함되지 아니한다.[2] 다른 중요한 증거를 발견한 경우에는 재구속이 가능하므로 검사가 동일한 범죄사실에 관하여 제출하는 재구속영장의 청구서에는 재구속영장의 청구라는 취지와 함께 제208조 제1항 또는 제214조의3에 규정한 재구속의 사유를 기재하여야 한다(규칙 제99조 제2항).

재구속의 제한은 동일사건에 대한 수사기관의 중복적 구속을 방지하기 위한 규정이므로, 항소법원은 항소피고사건의 심리 중 또는 판결선고 후 상고제기 또는 판결확정에 이르기까지 수소법원으로서 제70조 제1항 각호의 사유가 있는 불구속 피고인을 구속할 수 있고, 또한 수소법원의 구속에 관하여는 검사 또는 사법경찰관이 피의자를 구속함을 규율하는 제208조의 규정은 적용되지 아니하므로, 구속기간의 만료로 피고인에 대한 구속의 효력이 상실된 후 항소법원이 피고인에 대한 판결을 선고하면서 피고인을 구속하였다고 하여 제208조의 규정에 위배되는 재구속 또는 이중구속이라고 할 수는 없다.[3] 또한 피의자로서 구속되었다가 석방된 사실이 있는 피고인을 수소법원이 구속하는 경우에도 제208조가 적용되지 아니한다.[4] 이와 같이 재구속의 제한은 피의자를 구속하는 경우에만 적용되고, 법원이 피고인을 구속하는 경우에는 적용되지 아니한다. 한편 재구속의 제한은 구속 자체의 효력에 관한 문제이지 공소제기의 효력에는 영향을 미치지 않으므로 재구속의 제한에 위반하더라도 공소제기 자체가 무효로 되는 것은 아

1) 이에 대하여 영장실질심사를 청구한 피의자에게 불리하게 작용하는 것이므로 입법론적으로는 폐지할 것이 요청된다는 견해로는 손동권/신이철, 259면.

2) 대법원 2001. 9. 28. 선고 2001도4291 판결(제200조의4 제3항은 영장 없이는 긴급체포 후 석방된 피의자를 동일한 범죄사실에 관하여 체포하지 못한다는 규정으로, 위와 같이 석방된 피의자라도 법원으로부터 구속영장을 발부받아 구속할 수 있음은 물론이다).

3) 대법원 1985. 7. 23.자 85모12 결정.

4) 대법원 1969. 5. 27. 선고 69도509 판결.

니다.[1)]

4. 피고인에 대한 구속

(1) 구속의 주체

피고인에 대한 구속의 주체는 수소법원이다(제70조 제1항). 다만 재판장은 급속을 요하는 경우에는 구속을 할 수 있고 또는 합의부원으로 하여금 처분을 하게 할 수 있다(제80조). 피고인의 구속은 수소법원이 직권으로 행하기 때문에 검사의 신청은 요구되지 아니한다. 따라서 검사는 구속영장을 청구할 수 없고, 수소법원의 직권발동을 촉구할 수 있을 뿐이다.[2)] 헌법 제12조 제3항은 '… 구속 … 을 할 때에는 … 검사의 신청에 의하여 법관이 발부한 영장을 제시하여야 한다.'라고 규정하고 있는데, 이는 수사단계에서 피의자를 구속함에 있어서는 법관으로부터 영장을 발부받아야 하는데 이때 수사기관 중 검사만이 영장을 신청할 수 있다는 취지를 규정한 것으로 해석해야 한다.[3)]

한편 법원은 피고인의 현재지의 지방법원 판사에게 피고인의 구속을 촉탁할 수 있는데, 수탁판사는 피고인이 관할구역 내에 현재하지 아니한 때에는 그 현재지의 지방법원 판사에게 전촉할 수 있으며, 수탁판사는 구속영장을 발부하여야 한다(제77조). 이와 같은 촉탁에 의하여 구속영장을 발부한 판사는 피고인을 인치한 때로부터 24시간 이내에 그 피고인임에 틀림없는가를 조사하여야 하고, 피고인임에 틀림없는 때에는 신속히 지정된 장소에 송치하여야 한다(제78조).

---

1) 대법원 1966. 11. 22. 선고 66도1288 판결.

2) 헌법재판소 1996. 11. 28. 선고 96헌마256 결정; 대법원 1996. 8. 12.자 96모46 결정.

3) 헌법재판소 1997. 3. 27. 선고 96헌바28·31·32 결정(수사단계이든 공판단계이든 수사나 재판의 필요상 구속 등 강제처분을 하지 않을 수 없는 경우는 있게 마련이지만 강제처분을 받는 피의자나 피고인의 입장에서 보면 심각한 기본권의 침해를 받게 되므로 헌법은 강제처분의 남용으로부터 국민의 기본권을 보장하기 위한 수단으로 영장주의를 천명한 것이다. 특히 강제처분 중에서도 중립적인 심판자로서의 지위를 갖는 법원에 의한 강제처분에 비하여 수사기관에 의한 강제처분의 경우에는 범인을 색출하고 증거를 확보한다는 수사의 목적상 적나라하게 공권력이 행사됨으로써 국민의 기본권을 침해할 가능성이 큰 만큼 수사기관의 인권침해에 대한 법관의 사전적·사법적 억제를 통하여 수사기관의 강제처분 남용을 방지하고 인권보장을 도모한다는 면에서 영장주의의 의미가 크다고 할 것이다(이러한 면에서 법원이 직권으로 발부하는 영장과 수사기관의 청구에 의하여 발부하는 구속영장의 법적 성격은 갖지 않다. 즉, 전자는 명령장으로서의 성질을 갖지만 후자는 허가장으로서의 성질을 갖는 것으로 이해되고 있다). 그런데 헌법 제12조 제3항은 "… 구속 … 을 할 때에는 … 검사의 신청에 의하여 법관이 발부한 영장"이라고 규정함으로써 마치 모든 구속영장의 발부에는 검사의 신청이 필요한 것처럼 규정하고 있다. 수사단계에서 영장신청을 함에 있어서는 반드시 법률전문가인 검사를 거치도록 함으로써 다른 수사기관의 무분별한 영장 신청을 막아 국민의 기본권을 침해할 가능성을 줄이고자 함에 그 취지가 있는 것이다. 영장주의는 헌법 제12조 제1항 및 제3항의 규정으로부터 도출되는 것이고, 그 중 헌법 제12조 제3항이 "… 구속 … 을 할 때에는 … 검사의 신청에 의하여 법관이 발부한 영장"이라고 규정한 취지는 수사단계에서의 영장주의를 특히 강조함과 동시에 수사단계에서의 영장신청권자를 검사로 한정한 데 있다고 해석된다(공판단계에서의 영장발부에 관한 헌법적 근거는 헌법 제12조 제1항이다). 그렇지 아니하고 헌법 제12조 제3항의 규정 취지를 공판단계에서의 영장발부에도 검사의 신청이 필요한 것으로 해석하는 것은 신체의 자유를 보장하기 위한 사법적 억제의 대상인 수사기관이 사법적 억제의 주체인 법관을 통제하는 결과를 낳아 오히려 영장주의의 본질에 반한다고 할 것이기 때문이다).

(2) 사전 청문절차

법원은 피고인에 대하여 범죄사실의 요지·구속의 이유와 변호인을 선임할 수 있음을 말하고 변명할 기회를 준 후가 아니면 구속할 수 없다. 다만 피고인이 도망한 경우에는 그러하지 아니하다(제72조). 법원은 합의부원으로 하여금 이러한 절차를 이행하게 할 수 있다(제72조의2). 이는 피고인을 구속함에 있어 법관에 의한 사전 청문절차를 규정한 것으로서, 구속영장을 집행함에 있어 집행기관이 취하여야 하는 절차가 아니라 구속영장 발부함에 있어 수소법원 등 법관이 취하여야 하는 절차라고 할 것이므로, 법원이 피고인에 대하여 구속영장을 발부함에 있어 사전에 이러한 절차를 거치지 아니한 채 구속영장을 발부하였다면 그 발부결정은 위법하다.

한편 동 규정은 피고인의 절차적 권리를 보장하기 위한 규정이므로 이미 변호인을 선정하여 공판절차에서 변명과 증거의 제출을 다하고 그의 변호 아래 판결을 선고받은 경우 등과 같이 위 규정에서 정한 절차적 권리가 실질적으로 보장되었다고 볼 수 있는 경우에는 이에 해당하는 절차의 전부 또는 일부를 거치지 아니한 채 구속영장을 발부하였다고 하더라도 이러한 점만으로 그 발부결정을 위법하다고 볼 것은 아니지만[1], 위와 같이 사전 청문절차의 흠결에도 불구하고 구속영장 발부를 적법하다고 보는 이유는 공판절차에서 증거의 제출과 조사 및 변론 등을 거치면서 판결이 선고될 수 있을 정도로 범죄사실에 대한 충분한 소명과 공방이 이루어지고 그 과정에서 피고인에게 자신의 범죄사실 및 구속사유에 관하여 변명을 할 기회가 충분히 부여되기 때문이므로, 이와 동일시할 수 있을 정도의 사유가 아닌 이상 함부로 청문절차 흠결의 위법이 치유된다고 해석하여서는 안 된다.[2]

법원 또는 법관은 제72조의 규정에 의한 고지를 할 때에는 법원사무관 등을 참여시켜 조서를 작성하게 하거나 피고인 또는 피의자로 하여금 확인서 기타 서면을 작성하게 하여야 한다(규칙 제52조). 법원은 피고인이 출석하고 있는 경우에는 그 기회에 고지 및 청문을 행하고, 피고인이 출석하고 있지 않은 경우에는 소환 및 구인의 방법에 의하여 피고인을 법정에 인치한 후 이를 행하여야 한다.

(3) 구속영장의 발부

피고인을 구인 또는 구금함에는 구속영장을 발부하여야 한다(제73조 후단).[3] 피고인에 대한 구속영장의 법적 성격은 수사기관에 대한 명령장으로 보는 것이 타당하다.[4] 그러므로 수사기

---

1) 대법원 2001. 5. 29. 선고 2001도1154 판결; 대법원 2000. 11. 10.자 2000모134 결정.

2) 대법원 2016. 6. 14.자 2015모1032 결정(제1심법원은 제2차 구속영장을 발부하기 전에 제72조에 따른 절차를 따로 거치지 아니하였는데, 그 전 공판기일에서 검사가 모두진술에 의하여 공소사실 등을 낭독하고 피고인과 변호인이 모두진술에 의하여 공소사실의 인정 여부 및 이익이 되는 사실 등을 진술하였다는 점만으로는 위 규정에서 정한 절차적 권리가 실질적으로 보장되었다고 보기는 어렵다).

3) 한편 피고인을 소환함에는 소환장을 발부하여야 하는데(제73조 전단), 소환장에는 피고인의 성명, 주거, 죄명, 출석일시, 장소와 정당한 이유 없이 출석하지 아니하는 때에는 도망할 염려가 있다고 인정하여 구속영장을 발부할 수 있음을 기재하고 재판장 또는 수명법관이 기명날인 또는 서명하여야 한다(제74조).

4) 이에 대하여 피의자를 구속하기 위하여 발부되는 구속영장의 법적 성격에 대해서도 명령장으로 파악해야 한다

관은 이를 집행할 의무가 있으며, 구속영장의 집행은 재판의 집행을 의미한다. 구속영장에는 피고인의 성명·주거·죄명·공소사실의 요지·인치구금할 장소·발부연월일·그 유효기간과 그 기간을 경과하면 집행에 착수하지 못하며 영장을 반환하여야 할 취지를 기재하고 재판장 또는 수명법관이 서명날인하여야 한다(제75조 제1항). 피고인의 성명이 분명하지 아니한 때에는 인상·체격·기타 피고인을 특정할 수 있는 사항으로 피고인을 표시할 수 있다(제75조 제2항). 피고인의 주거가 분명하지 아니한 때에는 그 주거의 기재를 생략할 수 있다(제75조 제3항). 구속영장은 수통을 작성하여 사법경찰관리 수인에게 교부할 수 있다(제82조 제1항). 이러한 경우에는 그 사유를 구속영장에 기재하여야 한다(제82조 제2항).

(4) 구속영장의 집행

1) 집행기관

구속영장은 검사의 지휘에 의하여 사법경찰관리가 집행하며, 교도소 또는 구치소에 있는 피고인에 대하여 발부된 구속영장은 검사의 지휘에 의하여 교도관이 집행한다. 다만 급속을 요하는 경우에는 재판장·수명법관 또는 수탁판사가 그 집행을 지휘할 수 있는데, 이 경우에는 법원사무관 등에게 그 집행을 명할 수 있다. 이 경우에 법원사무관 등은 그 집행에 관하여 필요한 때에는 사법경찰관리·교도관 또는 법원경위에게 보조를 요구할 수 있으며 관할구역 외에서도 집행할 수 있다(제81조). 수소법원이 불구속 상태로 재판을 받은 피고인에게 유죄판결을 선고하면서 법정구속을 행하는 경우가 대표적인 예이다. 피고인의 현재지가 분명하지 아니한 때에는 재판장은 고등검찰청 검사장 또는 지방검찰청 검사장에게 그 수사와 구속영장의 집행을 촉탁할 수 있다(제84조). 검사의 지휘에 의하여 구속영장을 집행하는 경우에는 구속영장을 발부한 법원이 그 원본을 검사에게 송부하여야 한다(규칙 제48조).

2) 집행절차

구속영장을 집행함에는 피고인에게 반드시 이를 제시하여야 하며, 신속히 지정된 법원 기타 장소에 인치하여야 한다(제85조 제1항). 수탁판사가 구속영장을 발부하는 경우에는 영장을 발부한 판사에게 인치하여야 한다(제85조 제2항). 구속영장을 소지하지 아니한 경우에 급속을 요하는 때에는 피고인에 대하여 공소사실의 요지와 영장이 발부되었음을 고하고 집행할 수 있다(제85조 제3항). 이 경우의 집행을 완료한 후에는 신속히 구속영장을 제시하여야 한다(제85조 제4항). 특이한 점은 피의자에 대한 영장의 집행절차와 달리 피고인에 대한 구속영장의 집행에 있어서는 범죄사실의 요지, 구속의 이유와 변호인을 선임할 수 있음을 말하고 변명할 기회를 주어야 한다는 명문의 규정을 두고 있지 않다는 것이다. 왜냐하면 피의자와 달리 피고인은 이미 공소가 제기되어 있으므로 자신의 범죄사실에 대한 충분한 이해가 있으며, 변호인의 선임 등과 관련된 권리도 이미 고지받은 상태이기 때문이다.

는 견해로는 김인회, 416면; 이은모/김정환, 260면; 정승환, 136면.

3) 피고인에 대한 구속현장에서의 압수·수색·검증

검사 또는 사법경찰관이 피고인에 대한 구속영장의 집행을 할 때에는 영장 없이 체포현장에서의 압수·수색·검증 등의 처분을 할 수 있다(제216조 제2항). 피고인에 대한 구속영장의 집행은 재판의 집행기관으로 행하는 것이지만, 집행현장에서의 압수·수색·검증은 수사기관의 수사에 속하는 처분이므로, 그 결과를 법관에게 보고하거나 압수물을 제출해야 할 필요는 없다.

4) 집행 후의 절차

피고인을 구속한 때에는 즉시 공소사실의 요지와 변호인을 선임할 수 있음을 알려야 한다(제88조). 이는 사후 청문절차에 관한 규정으로서 이를 위반하였다고 하여 구속영장의 효력에 어떠한 영향을 미치는 것은 아니다.[1] 법원 또는 법관은 고지를 할 때에는 법원사무관 등을 참여시켜 조서를 작성하게 하거나 피고인으로 하여금 확인서 기타 서면을 작성하게 하여야 한다(규칙 제52조). 피고인을 구속한 때에는 변호인이 있는 경우에는 변호인에게, 변호인이 없는 경우에는 변호인선임권자 중 피고인이 지정한 자에게 피고사건명, 구속일시·장소, 범죄사실의 요지, 구속의 이유와 변호인을 선임할 수 있는 취지를 알려야 하며, 이러한 통지는 지체 없이 서면으로 하여야 한다(제87조). 구속의 통지는 구속을 한 때로부터 늦어도 24시간 이내에 서면으로 하여야 한다(규칙 제51조 제2항). 이는 변호인선임권자 등에게 자신의 신병에 관한 사실을 알림과 동시에 방어권의 행사에 도움을 주기 위한 것이다.

5) 구속영장의 효력

구속의 효력은 구속영장에 기재된 범죄사실 및 그와 동일성이 인정되는 사실에 대하여 미치는데, 이를 '사건단위의 원칙'이라고 한다. 그러므로 구속기간이 만료될 무렵에 종전 구속영장에 기재된 범죄사실과는 다른 범죄사실로 피고인을 구속하였다는 사정만으로는 피고인에 대한 구속이 위법하다고 단정할 수 없다.[2] 이와 같이 이미 구속영장이 발부되어 집행이 이루어진 피의자 또는 피고인에 대하여 다른 범죄사실로 다시 구속영장을 발부받아 집행하는 '이중구속'(二重拘束)은 허용된다.[3] 이와 같은 이중구속은 구속영장의 효력이 중복되어 있다는 것일 뿐 피의자의 권리침해가 증대되는 것은 아니다.[4]

---

1) 대법원 2000. 11. 10.자 2000모134 결정.

2) 대법원 2000. 11. 10.자 2000모134 결정; 대법원 1996. 8. 12.자 96모46 결정.

3) 반면에 '인단위설'은 신체구속된 사람을 기준으로 하여 그에게 혐의가 가해지는 모든 범죄사실에 대하여 구속영장의 효력이 미치는 것으로 보는데, 이에 의하면 이중구속을 허용하지 아니한다(신동운, 154면).

4) 이에 대하여 이미 구속되어 있는 자를 다시 구속할 필요는 없으므로 사건단위설을 취한다고 하여 구속의 이유 없는 구속까지 허용된다고 할 수 없고, 구속된 피고인 또는 피의자의 석방에 대비하기 위하여는 석방 전에 구속영장을 발부받아 두었다가 구속된 피고인 또는 피의자의 구속영장의 집행에 관한 규정에 의하여 구속영장을 집행하면 된다고 할 것이므로 이중구속은 허용되지 않는다는 견해로는 김인회, 127면; 송광섭, 375면; 이재상/조균석, 275면; 정승환, 142면. 즉 구속되어 있는 자에게 다른 범죄사실로 구속영장을 발부받을 수는 있어도 동일인에게 동시에 수개의 구속영장을 집행할 수는 없다고 한다. 한편 이미 여러 개의 범죄사실을 확인한 관계로 하나의 영장을 청구하여 수사를 진행할 수 있었음에도 불구하고 구속기간을 연장하기 위한 편법으로 범죄사실별로 나누어 구속영장을 청구할 경우에는 이중구속이 허용되지 않는다는 견해로는 최호진, 183면.

(5) 피고인의 구속기간

1) 구속기간과 갱신

피고인에 대한 구속기간은 2개월로 한다(제92조 제1항). 하지만 특히 구속을 계속할 필요가 있는 경우에는 심급마다 2개월 단위로 2차에 한하여 결정으로 갱신할 수 있다. 다만 상소심은 피고인 또는 변호인이 신청한 증거의 조사, 상소이유를 보충하는 서면의 제출 등으로 추가 심리가 필요한 부득이한 경우에는 3차에 한하여 갱신할 수 있다(제92조 제2항).[1] 따라서 피고인이 대한 구속은 제1심에서 6개월, 제2심 및 제3심에서 각각 4개월까지 가능하지만, 상소심에서 추가심리가 부득이한 경우에는 각각 6개월까지 연장할 수 있다.

2) 구속기간의 기산점 및 불산입기간

제1심 구속기간의 기산점은 공소제기시이다. 다만 수소법원이 공소제기 후 불구속피고인을 구속하는 경우에는 구속영장을 집행하는 피고인을 사실상 구속한 날을 구속기간의 기산점으로 한다. 제22조(기피신청), 제298조 제4항(공소장변경), 제306조 제1항 및 제2항(피고인의 심신상실 또는 질병)의 규정에 의하여 공판절차가 정지된 기간 및 공소제기 전의 체포·구인·구금기간은 구속기간에 산입하지 아니한다(제92조 제3항). 수소법원이 헌법재판소에 피고사건의 전제가 된 법률의 위헌 여부의 심판을 제청하여 재판절차가 정지된 기간도 마찬가지이다(헌법재판소법 제42조). 한편 판결선고 전 미결구금일수는 그 전부가 본형에 산입된다.[2] 그리고 수개의 공소사실로 공소가 제기된 피고인이 그 중 일부의 범죄사실만으로 구속영장이 발부되어 구금되어 있었고, 법원이 그 수개의 범죄사실을 병합심리한 끝에 피고인에게 구속영장이 발부된 일부 범죄사실에 관한 죄의 형과 나머지 범죄사실에 관한 죄의 형으로 나누어 2개의 형을 선고할 경우에 일부 범죄사실에 의한 구금의 효과는 피고인의 신병에 관한 한 나머지 범죄사실에도 미친다고 보아 그 구금일수를 어느 죄에 관한 형에 산입할 것인가의 문제는 법원의 재량에 속하는 사항이라고 할 것이므로, 법원이 판결선고 전의 구금일수를 구속영장이 발부되지 아니한 다른 범죄사실에 관한 죄의 형에 산입할 수도 있다.[3]

3) 상소와 구속기간의 갱신

판결선고 후에 상소기간 중 또는 상소 중의 사건에 관한 구속기간의 갱신결정은 소송기록이 원심법원에 있는 때에는 원심법원이 하여야 한다(제105조, 규칙 제57조 제1항). 상소제기 후 소송기록이 상소법원에 도달하지 않고 있는 사이에는 피고인을 구속할 필요가 있는 경우에도 기록

---

1) 종전에는 상소심의 경우에도 2차까지만 구속기간을 갱신할 수 있었으나, 상소심의 경우 상소기간, 상소기록의 송부기간, 상소이유서 제출기간 등으로 인하여 실제로 심리를 할 수 있는 기간이 3개월 정도로 지나치게 짧았다는 점에 대한 반성적인 고려로, 상소심의 경우 3차까지 갱신할 수 있도록 개정되었다.

2) 헌법재판소 2009. 6. 25. 선고 2007헌바25 결정. 이에 대하여 보다 자세한 내용으로는 박찬걸, "미결구금일수의 법정통산에 따른 개선방안에 대한 검토", 교정연구 제56호, 한국교정학회, 2012. 9, 135면 이하 참조.

3) 대법원 2009. 6. 11. 선고 2009도2684 판결; 대법원 1996. 5. 10. 선고 96도800 판결; 대법원 1986. 12. 9. 선고 86도1875 판결.

이 없는 상소법원에서 구속의 요건이나 필요성 여부에 대한 판단을 하여 피고인을 구속하는 것이 실질적으로 불가능하다는 점을 고려하면, 상소기간 중 또는 상소 중의 사건에 관한 피고인의 구속을 소송기록이 상소법원에 도달하기까지는 원심법원이 하도록 한 것이다.[1] 여기서 '상소기간 중'이란 판결선고 후에 7일간의 상소제기기간 사이에 아직 상소가 제기되지 않은 기간을 말하고, '상소 중'이란 상소가 제기되었으나 아직 소송기록이 상소법원에 도달하기 전까지의 기간을 말한다. 또한 이송·환송의 재판이 있은 후의 사건에 관한 구속기간갱신결정도 소송기록이 이송·환송받을 법원에 도달하기까지는 그 이송·환송의 재판을 한 법원이 이를 하여야 한다(규칙 제57조 제2항).

5. 구속의 집행정지 및 실효

(1) 구속의 집행정지

1) 의 의

'구속의 집행정지'란 구속영장의 효력을 유지시킨 채 잠정적으로 구속의 집행만을 정지하여 피의자·피고인을 석방하는 제도를 말한다. 구속집행정지는 구속영장의 효력이 유지된다는 점에서 구속의 취소와 구별되며, 보증금납입 등을 조건으로 하지 않는다는 점에서 피고인 보석제도 또는 보증금납입조건부 피의자 석방제도와도 구별된다. 보증금 등을 조건으로 하지 않고 피고인이나 변호인 등에게 신청권이 인정되지 않고 직권에 의하여 행해지므로, 가사 신청이 있더라도 법원의 직권 발동을 촉구하는 의미밖에 없다. 실무에서는 중병에 대한 치료, 가족의 장례참석, 현저히 건강을 잃거나 생명을 보전하기 어려운 경우, 70세 이상 고령이거나 임신 중 또는 출산 직후인 경우, 직계 가족을 간병하거나 보호할 다른 친족이 없을 때, 기타 중대한 사유가 있을 때 등 긴급하게 피의자·피고인을 석방할 필요가 있는 경우 등에 주로 사용되고 있다(「보석·구속집행정지 및 적부심 등 사건의 처리에 관한 예규」 제16조 제1항 참조). 이와 같이 구속집행정지는 피의자·피고인의 긴급한 개인적 사정에 초점을 맞추어 이용되고 있으며 보석제도를 보충하는 기능을 한다.

2) 절 차

법원·검사[2] 등은 상당한 이유가 있는 때에는 결정으로 구속된 피의자·피고인을 친족·보호단체 기타 적당한 자에게 부탁하거나 피의자·피고인의 주거를 제한하여 구속의 집행을 정지할 수 있다(제101조 제1항, 제209조). 이러한 결정을 함에는 검사의 의견을 물어야 한다. 다만 급속을 요하는 경우에는 그러하지 아니하다(제101조 제2항, 제209조). 검사는 법원으로부터 구속집행정지에 관한 의견 요청이 있으면 의견서와 소송서류 및 증거물을 지체 없이 법원에 제출하여야

1) 대법원 2007. 7. 10.자 2007모460 결정.

2) 제101조 제2항이 피의자에 대한 구속집행정지에 대해서는 준용되지 않는다는 점(제209조 참조)에서 피의자에 대한 구속집행정지는 검사의 권한으로 파악해야 한다.

한다(규칙 제54조). 법원의 구속집행정지결정에 대하여 검사의 즉시항고는 인정되지 아니하고[1], 보통항고(제403조 제2항)만이 인정될 뿐이다. 그런데 피의자에 대한 구속집행정지는 법원뿐만 아니라 검사도 할 수 있음에 유의해야 한다(검찰사건사무규칙 제48조 참조). 왜냐하면 검사에게는 구속영장을 집행하지 않거나 구속피의자를 석방할 권한이 있고(제204조), 구속장소감찰권의 내용으로 피의자에 대한 즉시석방권이 인정되고 있기 때문이다(제198조의2 제2항). 검사가 구속의 집행을 정지한 경우에는 지체 없이 구속영장을 발부한 지방법원 판사에게 그 사유를 서면으로 통지하여야 한다(제204조, 규칙 제96조의19 제1항 제5호).

한편 헌법 제44조에 의하여 구속된 국회의원에 대한 석방요구가 있으면 당연히 구속영장의 집행이 정지되는데(제101조 제4항), 이러한 석방요구의 통고를 받은 검찰총장은 즉시 석방을 지휘하고, 그 사유를 수소법원에 통지하여야 한다(제101조 제5항). 체포된 국회의원에 대하여도 국회가 석방을 요구하면 체포영장의 집행이 정지되는 것은 마찬가지이다(제200조의6). 국회의원에 대한 구속의 집행정지는 회기 중에만 효력이 있으므로, 회기가 종료하면 다시 체포·구속이 집행된다.

3) 구속집행정지의 취소

구속집행정지의 취소사유·청구 및 재판·취소에 의한 재구금절차 등은 모두 보석취소의 경우와 동일하다(제102조 제2항 단서, 규칙 제56조). 법원은 피고인이 ① 도망한 때, ② 도망하거나 죄증을 인멸할 염려가 있다고 믿을 만한 충분한 이유가 있는 때, ③ 소환을 받고 정당한 사유 없이 출석하지 아니한 때, ④ 피해자, 당해 사건의 재판에 필요한 사실을 알고 있다고 인정되는 자 또는 그 친족의 생명·신체·재산에 해를 가하거나 가할 염려가 있다고 믿을 만한 충분한 이유가 있는 때, ⑤ 법원이 정한 조건을 위반한 때 가운데 어느 하나에 해당하는 경우에는 직권 또는 검사의 청구에 따라 결정으로 피고인에 대한 구속의 집행정지를 취소할 수 있다(제102조 제2항). 그리고 구속된 피의자에 대하여는 지방법원 판사 또는 검사가 결정으로 구속의 집행정지를 취소할 수 있다(제209조, 제102조 제2항).

(2) 구속의 실효

1) 구속의 취소

구속의 사유가 없거나 소멸된 때에는 법원은 직권 또는 검사·피고인·변호인과 제30조 제2항에 규정한 자(변호인선임권자)의 청구에 의하여 결정으로 피고인의 구속을 취소하여야 한다(제93조). 구속취소청구서에는 ① 사건번호, ② 구속된 피고인의 성명·주민등록번호 등·주거, ③ 청구의 취지 및 청구의 이유, ④ 청구인의 성명 및 구속된 피고인과의 관계 등을 기재하여야 하고, 검사 아닌 자가 구속취소의 청구를 할 때에는 그 청구서의 부본을 첨부하여야 하며, 법원은 구속취소에 관하여 검사의 의견을 물을 때에는 이러한 부본을 첨부하여야 한다(규칙 제53조). 법

1) 헌법재판소 2012. 6. 27. 선고 2011헌가36 결정.

원은 특별한 사정이 없는 한 구속취소의 청구를 받은 날부터 7일 이내에 그에 관한 결정을 하여야 한다(규칙 제55조). 여기서 '구속의 사유가 없어진 때'란 구속사유가 처음부터 존재하지 않았던 것이 판명된 경우를 말하고, '구속의 사유가 소멸된 때'란 기존에 존재하였던 구속사유가 사후에 없어진 경우를 말한다. 예를 들면 친고죄에 있어서 고소의 취소, 비친고죄에 있어서 합의서의 제출, 불기소사유의 판명 등이 이에 해당한다. 하지만 체포·구금 당시에 헌법 및 형사소송법에 규정된 사항(체포, 구금의 이유 및 변호인의 조력을 받을 권리) 등을 고지 받지 못하였고, 그 후의 구금기간 중 면회거부 등의 처분을 받았다고 하더라도 이와 같은 사유는 제93조 소정의 구속취소사유에는 해당하지 아니한다.[1] 한편 구속취소의 결정에 의하여 구속영장이 실효되기 때문에 구속영장의 효력이 존속하고 있음을 전제로 하는 것이고, 다른 사유로 이미 구속영장이 실효된 경우에는 피고인이 계속 구금되어 있더라도 구속의 취소 결정을 할 수는 없다.[2]

피의자에 대하여는 검사가 직권 또는 사법경찰관의 신청이나 피의자·변호인·변호인선임권자의 청구에 의하여 결정으로 구속을 취소하여야 한다(제93조 및 제209조 참조). 피의자에 대한 구속의 취소는 관할 지방법원 판사의 권한이지만, 신체의 자유에 대한 제한을 조속히 해소시킨다는 점을 고려하면 검사도 구속을 취소할 수 있다고 보아야 한다. 다만 체포영장 또는 구속영장의 발부를 받은 후 피의자를 체포 또는 구속하지 아니하거나 체포 또는 구속한 피의자를 석방한 때에는 지체 없이 검사는 영장을 발부한 법원에 그 사유를 서면으로 통지하여야 한다(제204조). 한편 법원 또는 지방법원 판사의 구속취소결정에 대하여 검사는 즉시항고를 할 수 있는데(제97조 제4항, 제209조, 제93조), 삭제하는 것이 타당하다.

2) 구속의 당연실효

① 구속기간의 만료

구속기간이 만료되면 구속영장의 효력은 당연히 상실되며, 구속된 피의자·피고인을 즉시 석방하여야 한다.

② 구속영장의 실효

무죄, 면소, 형의 면제, 형의 선고유예, 형의 집행유예, 공소기각 또는 벌금이나 과료를 과하는 판결이 선고된 때에는 구속영장은 효력을 잃는다(제331조). 이 경우 무죄 등의 판결이 선고되면 그 판결의 확정을 기다리지 않고 구속영장의 효력이 상실된다. 다만 판결 선고 후 피고인이 소지품을 수령하는 등 교도소에서의 석방절차를 완료하기 위하여 임의로 교도관과 동행하는 것은 상관이 없지만, 피고인의 동의를 얻지 않고 교도소까지 구속상태로 연행하는 것은

---

1) 대법원 1991. 12. 30.자 91모76 결정.

2) 대법원 1999. 9. 7.자 99초355 결정(형법 제37조 전단의 경합범 중 일부에 대하여 무죄, 일부에 대하여 유죄를 선고한 항소심판결에 대하여 검사만이 무죄 부분에 대하여 상고한 경우, 피고인과 검사가 상고하지 아니한 유죄판결 부분은 상고심에 이심되지 아니하고 따로 확정되고, 한편 구속 중인 피고인에 대하여 자유형(실형)의 판결이 확정된 때에는 구속영장은 실효되므로, 위 경우 자유형이 선고된 유죄 부분이 확정되면 그 때에 구속영장은 실효되고(따라서 피고인을 계속 구금하기 위하여는 확정된 유죄 부분에 대한 형집행의 절차를 취하여야 한다), 구속영장이 이미 실효된 이상 법원이 제93조에 의한 구속의 취소 결정을 할 수는 없다).

허용되지 아니한다. 하지만 관할위반의 선고가 있는 때에는 구속영장의 효력이 상실되지 아니한다.

한편 소년부 송치결정이 있는 경우에는 소년을 구금하고 있는 시설의 장은 검사의 이송 지휘를 받은 때로부터 법원 소년부가 있는 시·군에서는 24시간 이내에, 그 밖의 시·군에서는 48시간 이내에 소년을 소년부에 인도하여야 한다. 이 경우 구속영장의 효력은 소년부 판사가 소년의 감호에 관한 결정을 한 때에 상실한다(소년법 제52조 제1항). 여기서 '구속영장이 효력을 상실한다'는 것은 구속취소의 결정이 없더라도 판결이나 결정이 내려짐과 동시에 구속영장의 효력이 실효된다는 뜻이기 때문에[1] 무죄판결 등을 선고받은 피고인은 구치소 등으로 돌아가서 검사의 석방지휘 등 별도의 절차를 거칠 필요 없이 바로 석방되어야 한다.

③ 사형 또는 자유형의 확정

사형 또는 자유형의 판결이 확정된 때에도 구속영장의 효력이 상실된다. 사형확정자는 그 집행이 있을 때까지 교도소 또는 구치소에 수용되지만(형집행법 제11조 제1항 제4호), 이것은 구속영장의 효력에 근거한 것이 아니라 확정판결 자체의 효력에 근거한 것이다.

Ⅲ. 신체구속된 피의자·피고인의 권리

1. 피의자의 체포·구속적부심사청구권

(1) 의 의

'체포·구속적부심사제도'란 체포 또는 구속된 피의자에 대하여 법원이 체포 또는 구속의 적법 내지 부당 여부와 그 계속의 필요성 여부를 심사하여 피의자를 석방하는 제도를 말한다. 헌법 제12조 제6항에서는 '누구든지 체포 또는 구속을 당한 때에는 적부의 심사를 법원에 청구할 권리를 가진다.'라고 하여 체포·구속적부심사청구권을 피의자의 기본권으로 규정하고 있으며, 제214조의2에서는 이를 구체화하고 있다. 체포·구속적부심사는 체포·구속된 피의자 또는 그 변호인 등의 청구로 수사기관과는 별개의 독립기관인 법원에 의하여 행하여지는 것으로서, 체포·구속된 피의자에 대하여 피의사실과 체포·구속사유 등을 알려 그에 대한 자유로운 변명의 기회를 주어 체포·구속의 적부를 심사함으로써 피의자의 권리보호에 이바지하는 제도이다.[2] 특히 피의자에 대한 체포의 경우에는 형식적 심사를 거친 체포영장의 발부를 법원의 심사에 의하여 규제하는 기능도 수행하고 있다.

보석은 법원이 피고인을 석방하는 제도라는 점에서 구별되고, 구속취소는 법원 또는 수사기관이 스스로 피의자·피고인을 석방하는 제도라는 점에서 구별된다. 또한 체포·구속적부심은 영장의 효력을 소멸시키고 피의자를 석방한다는 점에서 영장의 효력을 유지하면서 피고인을

1) 헌법재판소 1992. 12. 24. 선고 92헌가8 결정.

2) 외국의 관련 제도에 대하여 보다 자세한 소개로는 이재상/조균석, 285~287면 참조.

석방하는 보석과 구별된다.

(2) 체포 · 구속적부심사의 청구

1) 청구권자

체포 또는 구속된 피의자는 체포·구속적부심사를 청구할 수 있다. 따라서 영장에 의하여 체포 또는 구속된 피의자뿐만 아니라 긴급체포 또는 현행범인 체포 등으로 체포된 피의자, 임의동행의 형식으로 사실상 신체구속상태에 있는 피의자도 체포·구속적부심사를 청구할 수 있다.[1] 그 밖에도 형사소송법은 체포 또는 구속된 피의자뿐만 아니라 그 변호인·법정대리인·배우자·직계친족·형제자매나 가족·동거인 또는 고용주는 관할법원에 체포 또는 구속의 적부심사를 청구할 수 있다(제214조의2 제1항)고 규정하여 청구권자의 범위를 넓히고 있는 것이 특징이다. 하지만 피고인은 체포·구속적부심사를 청구할 수 없다.[2] 왜냐하면 체포·구속적부심사의 본래적 의미는 수사절차상의 인신구속에 대하여 법원이 통제를 하기 위한 것인데, 법원에 의한 피고인의 구속에 대해서는 그러한 필요성이 없기 때문이다. 다만 위법한 행정처분 또는 사인에 의한 시설에의 수용으로 인하여 부당하게 인신의 자유를 제한당하고 있는 개인의 구제는 인신보호법에 의거하여 다루고 있다.[3]

한편 피의자를 체포 또는 구속한 검사 또는 사법경찰관은 체포 또는 구속된 피의자와 그 변호인·법정대리인·배우자·직계친족·형제자매나 가족·동거인 또는 고용주 중에서 피의자가 지정하는 자에게 적부심사를 청구할 수 있음을 알려야 한다(제214조의2 제2항). 그리고 구속영장이 청구되거나 체포 또는 구속된 피의자·그 변호인[4]·법정대리인·배우자·직계친족·형제자매나 동거인 또는 고용주는 긴급체포서·현행범인체포서·체포영장·구속영장 또는 그 청구서를 보관하고 있는 검사·사법경찰관 또는 법원사무관 등에게 그 등본의 교부를 청구할 수 있다(규칙 제101조). 또한 체포 또는 구속의 적부심사청구서에는 ① 체포 또는 구속된 피의자의 성명·주민등록번호 등·주거, ② 체포 또는 구속된 일자, ③ 청구의 취지 및 청구의 이유, ④ 청구인의 성명 및 체포 또는 구속된 피의자와의 관계 등의 사항을 기재하여야 한다(규칙 제102조).

2) 청구사유

체포·구속적부심사의 대상은 체포 또는 구속의 적부(適否)이다. 체포·구속의 요건이나 절

---

1) 대법원 1997. 8. 27.자 97모21 결정.

2) 이에 대하여 피고인도 구속적부심사를 청구할 수 있도록 해야 한다는 견해로는 이재상/조균석, 294면; 정승환, 158면.

3) 이 법에서 '피수용자'란 자유로운 의사에 반하여 국가, 지방자치단체, 공법인 또는 개인, 민간단체 등이 운영하는 의료시설·복지시설·수용시설·보호시설에 수용·보호 또는 감금되어 있는 자를 말한다. 다만, 형사절차에 따라 체포·구속된 자, 수형자 및 출입국관리법에 따라 보호된 자는 제외한다(인신보호법 제2조 제1항).

4) 대법원 2012. 9. 13. 선고 2010다24879 판결(체포영장과 같은 소송서류에 대한 등사신청이나 그 등본의 수령행위는 단순한 사실행위에 불과하여 신청권자의 위임을 받은 대리인 내지 사자가 대신 행사한다고 하여 그 내용이 달라지는 것도 아니어서 변호인이 반드시 이를 직접 행사하여야 할 필요가 없으며, 신청권자 본인만이 등사신청을 할 수 있는 것으로 제한하는 근거 규정도 없으므로 변호인은 직접 수사기관에 체포영장에 대한 등사를 신청하는 대신에 그 직원 등 사자를 통해서 이를 신청할 수 있다).

차에 있어서 위법뿐만 아니라 부당도 청구사유에 포함되는지 여부와 관련하여, ① 부당도 청구사유에 포함된다는 견해[1], ② 체포·구속 당부심이 아니라 적부심이라는 점, 부당한 체포·구속의 경우 부당의 정도에 따라 부당에 그칠 수도 있고 위법할 수도 있으므로 모든 부당한 체포·구속에 대하여 석방 여부를 결정할 것은 아니라는 점, 비례성의 원칙이 구속의 요건이라고 보는 경우에는 위법한 구속이라고 표현하는 것이 타당하다는 점 등을 논거로 하여, 위법만이 청구사유가 된다는 견해[2] 등의 대립이 있다. 생각건대 체포·구속의 적부에는 체포·구속의 집행 당시에 발생한 불법 여부뿐만 아니라 부당, 즉 신체구속 계속의 필요성에 대한 판단도 포함된다.

불법한 체포·구속은 체포·구속이 적법한 절차에 의하지 않고 이루어진 경우를 말하고, 부당한 체포·구속은 체포·구속이 일단 적법하게 이루어진 이후에 피해자와의 합의, 고소의 취소 등과 같은 사정의 변경으로 인하여 더 이상 체포·구속을 유지할 필요성이 없어진 경우를 말한다. 이와 같은 체포·구속의 적법 여부는 체포·구속시가 아니라 체포·구속의 적부심사시를 기준으로 판단한다. 실무에서는 체포·구속이 불법한 경우보다는 부당한 경우를 원인으로 하여 적부심이 청구되는 경우가 많다.

(3) 법원의 심사

1) 심문 전 절차

① 심문기일의 지정 및 통지

체포·구속적부심사의 청구를 받은 법원은 청구서가 접수된 때부터 48시간 이내에 체포 또는 구속된 피의자를 심문하고 수사관계서류와 증거물을 조사하여 그 청구가 이유 없다고 인정한 때에는 결정으로 이를 기각하고, 이유 있다고 인정한 때에는 결정으로 체포 또는 구속된 피의자의 석방을 명하여야 한다(제214조의2 제4항 전단). 청구권자는 피의사건의 관할법원에 체포·구속의 적부심사를 청구하여야 하는데, 체포·구속적부심사 청구사건은 단독판사가 담당한다. 다만 구속적부심사 청구사건은 재정합의결정을 거쳐 합의부가 담당할 수 있다(「보석·구속집행정지 및 적부심 등 사건의 처리에 관한 예규」 제21조). 체포 또는 구속의 적부심사의 청구를 받은 법원은 지체 없이 청구인·변호인·검사 및 피의자를 구금하고 있는 관서(경찰서, 교도소 또는 구치소 등)의 장에게 심문기일과 장소를 통지하여야 하는데(규칙 제104조 제1항), 이러한 통지는 서면 외에 전화·모사전송·전자우편·휴대전화 문자전송 그 밖에 적당한 방법으로 할 수 있다. 이 경우 통지의 증명은 그 취지를 심문조서에 기재함으로써 할 수 있다(규칙 제104조 제3항, 규칙 제54조의2 제3항).

② 국선변호인의 선정

체포 또는 구속된 피의자에게 변호인이 없는 때에는 제33조의 규정(국선변호인)을 준용하여

---

1) 김인회, 142면; 손동권/신이철, 277면; 송광섭, 314면; 신동운, 156면; 신양균/조기영, 194면; 이은모/김정환, 280면; 이재상/조균석, 288면; 이주원, 137면; 이창현, 372면; 임동규, 220면; 정웅석/최창호, 168면; 최호진, 191면.

2) 정승환, 155면.

국선변호인을 선정하여야 하고, 피의자와 변호인에게 그 뜻을 고지하여야 한다(제214조의2 제10항, 규칙 제16조 제1항). 이는 체포·구속의 적부심사를 청구한 후에 변호인이 없게 된 때에도 마찬가지이다(규칙 제16조 제4항). 이러한 경우 국선변호인에게 피의사실의 요지 및 피의자의 연락처 등을 함께 고지할 수 있으며(규칙 제16조 제2항), 동 고지는 서면 이외에 구술·전화·모사전송·전자우편·휴대전화 문자전송 그 밖에 적당한 방법으로 할 수 있다(규칙 제16조 제3항).

③ 기 타

사건을 수사 중인 검사 또는 사법경찰관은 심문기일까지 수사관계서류와 증거물을 법원에 제출하여야 하고, 피의자를 구금하고 있는 관서의 장은 심문기일에 피의자를 출석시켜야 한다. 법원사무관 등은 체포적부심사청구사건의 기록표지에 수사관계서류와 증거물의 접수 및 반환의 시각을 기재하여야 한다(규칙 제104조 제2항). 그리고 피의자심문에 참여할 변호인은 지방법원 판사에게 제출된 구속영장청구서 및 그에 첨부된 고소·고발장, 피의자의 진술을 기재한 서류와 피의자가 제출한 서류를 열람할 수 있다(규칙 제96조의21 제1항). 검사는 증거인멸 또는 피의자나 공범 관계에 있는 자가 도망할 염려가 있는 등 수사에 방해가 될 염려가 있는 때에는 지방법원 판사에게 규칙 제96조의21 제1항에 규정된 서류(구속영장청구서는 제외한다)의 열람 제한에 관한 의견을 제출할 수 있고, 지방법원 판사는 검사의 의견이 상당하다고 인정하는 때에는 그 전부 또는 일부의 열람을 제한할 수 있다(규칙 제96조의21 제2항). 지방법원 판사는 이러한 열람에 관하여 그 일시·장소를 지정할 수 있다(규칙 제96조의21 제3항).

2) 심문기일의 절차

① 피의자에 대한 심문

심문절차는 공판절차가 아니므로 법정에서 진행할 필요가 없기 때문에 별도로 마련된 심문실에서 행해지거나 판사실 기타 적당한 장소에서도 할 수 있다. 법원은 체포 또는 구속된 피의자를 심문하고 수사관계서류와 증거물을 조사하여야 한다. 피의자의 출석은 절차개시의 요건이며, 법원은 피의자의 심문을 하는 경우 공범의 분리심문이나 그 밖에 수사상의 비밀보호를 위한 적절한 조치를 취하여야 한다(제214조의2 제11항). 검사·변호인·청구인은 심문기일에 출석하여 의견을 진술할 수 있다(제214조의2 제9항). 심문기일에 출석한 검사·변호인·청구인은 법원의 심문이 끝난 후 의견을 진술할 수 있다. 다만 필요한 경우에는 심문 도중에도 판사의 허가를 얻어 의견을 진술할 수 있다. 피의자는 판사의 심문 도중에도 변호인에게 조력을 구할 수 있다. 체포 또는 구속된 피의자·변호인·청구인은 피의자에게 유리한 자료를 낼 수 있으며, 법원은 피의자의 심문을 합의부원에게 명할 수 있다(규칙 제105조).

② 심문조서의 작성

심문기일에 피의자를 심문하는 경우에는 법원사무관 등은 심문의 요지 등을 조서로 작성하여야 한다(제214조의2 제14항, 제201조의2 제6항). 법원 또는 합의부원·검사·변호인·청구인이 체포·구속된 피의자를 심문하고 그에 대한 피의자의 진술 등을 기재한 체포·구속적부심문조서는 제311조가 규정한 문서에는 해당하지 않는다고 할 것이지만, 특히 신용할 만한 정황에 의하여 작성된 문서라고 할 것이므로 특별한 사정이 없는 한, 피고인이 증거로 함에 부동의하더라도 제315조 제3호('기타 특히 신용할 만한 정황에 의하여 작성된 문서')에 의하여 당연히 그 증거능력이 인정된다. 하지만 피의자는 체포·구속적부심사에서의 자백의 의미나 자백이 수사절차나 공판절차에서 가지는 중요성을 제대로 헤아리지 못한 나머지 허위자백을 하고라도 자유를 얻으려는 유혹을 받을 수가 있으므로, 법관은 체포·구속적부심문조서의 자백의 기재에 관한 증명력을 평가함에 있어 이러한 점에 각별히 유의를 하여야 한다.[1)]

③ 구속기간의 불산입

법원이 수사 관계 서류와 증거물을 접수한 때부터 결정 후 검찰청에 반환된 때까지의 기간은 제200조의2 제5항(제213조의2에 따라 준용되는 경우를 포함한다) 및 제200조의4 제1항의 적용에 있어서는 그 제한기간에 산입하지 아니하고, 제202조·제203조 및 제205조의 적용에 있어서는 그 구속기간에 산입하지 아니한다(제214조의2 제13항). 이 경우 체포는 48시간의 제한을 받기 때문에 체포적부심은 시 단위로 계산되고, 구속은 10일의 제한을 받기 때문에 구속적부심은 일 단위로 계산된다. 이와 같은 체포·구속적부심사에 소요된 시간의 구속기간 불산입과 관련하여, ① 체포·구속적부심사청구권을 기본권으로 보장한 헌법의 취지에 반한다는 점, 결정과 증거물이나 수사관계서류를 반환하는 기간은 법원의 사정에 따라 달라질 수 있다는 점 등을 논거로 하여, 타당하지 않다는 견해[2)], ② 수사기관에게 허용된 체포·구속의 기간이 짧은 현실을 감안해야 한다는 점, 전격기소의 폐해를 방지할 수 있다는 점, 감정유치기간을 수사 및 재판에서의 구속기간에서도 제외하고 있다는 점 등을 논거로 하여, 타당하다는 견해[3)] 등의 대립이 있다. 생각건대 체포·구속적부심사청구권의 남용을 방지하고, 사실상 수사기간의 단축을 보완한다는 측면에서 구속기간의 불산입이 타당하다.

(4) 법원의 결정

체포 또는 구속의 적부심사청구에 대한 결정은 체포[4)] 또는 구속된 피의자에 대한 심문이 종료된 때로부터 24시간 이내에 이를 하여야 한다(규칙 제106조).[5)] 체포영장 또는 구속영장을 발

1) 대법원 2004. 1. 16. 선고 2003도5693 판결.

2) 김인회, 145면; 송광섭, 317면; 이재상/조균석, 294면; 정승환, 161면(피의자의 이익과 수사의 연속적 효율성이라는 두 가지 상충되는 이익을 고려하여 구속기간산입 여부를 법원에서 결정하도록 하는 것이 타당하다).

3) 김정한, 278면; 이창현, 376면; 정웅석/최창호, 170면.

4) 체포적부심의 경우 피의자가 체포된 후 아무리 빨리 체포적부심을 청구하고 법원이 48시간 이내에 심문을 한 후 24시간 이내에 적부의 결정을 하더라도 사실상 구속영장 청구 여부가 결정된 이후일 가능성이 많으며, 구속영장이 청구된다면 영장실질심사의 기회에 부적법한 체포에 대하여 판단을 받을 기회가 충분히 있으므로 체포적부심제도를 별도로 존치할 실익이 없다는 견해로는 김정한, 278면.

5) 헌법재판소 2010. 9. 30. 선고 2008헌마628 결정(체포에 대하여는 헌법과 형사소송법이 정한 체포적부심사라는 구제절차가 존재함에도 불구하고, 체포적부심사절차를 거치지 않고 헌법소원심판을 청구한 것은 법률이 정한 구제절차를 거치지 않고 제기된 것으로서 보충성의 원칙에 반하여 부적법하다. 한편 법원은 체포적부심사를 청구받

부한 법관은 심문·조사·결정에 관여하지 못한다. 다만 체포영장 또는 구속영장을 발부한 법관 외에는 심문·조사·결정을 할 판사가 없는 경우에는 그러하지 아니하다(제214조의2 제12항). 한편 법원은 심사청구 후 피의자에 대하여 공소제기가 있는 소위 '전격기소'(電擊起訴)의 경우에도 이에 대한 결정을 하여야 한다(제214조의2 제4항 후단). 동 조항은 헌법재판소의 헌법불합치결정[1]으로 신설된 것이다.

1) 기각결정

법원은 심사 결과 그 청구가 이유 없다고 인정한 때에는 결정으로 청구를 기각하여야 한다(제214조의2 제4항). 특히 법원은 ① 청구권자 아닌 자가 청구하거나 동일한 체포영장 또는 구속영장의 발부에 대하여 재청구한 때, ② 공범 또는 공동피의자의 순차청구가 수사방해의 목적임이 명백한 때 가운데 어느 하나에 해당하는 때에는 심문 없이 결정으로 청구를 기각할 수 있는데(제214조의2 제3항), 이를 '간이기각결정'(簡易棄却決定)이라고 한다. 법원의 기각결정에 대하여는 항고하지 못한다(제214조의2 제8항).

2) 석방결정

법원은 심사 결과 청구가 이유 있다고 인정한 때에는 결정으로 체포 또는 구속된 피의자의 석방을 명하여야 한다(제214조의2 제4항). 석방결정을 하는 경우에 주거의 제한, 법원 또는 검사가 지정하는 일시·장소에 출석할 의무 기타 적당한 조건을 부가할 수 있다(제214조의2 제6항). 석방결정은 그 결정서 등본이 검찰청에 송달된 때에 효력을 발생하며(제42조), 이에 따라 검사의 석방지휘에 의해 피의자는 구금되어 있는 관서에서 석방된다.

한편 법원의 석방결정에 대하여 검사는 항고하지 못한다(제214조의2 제8항). 체포 또는 구속적부심사결정에 의하여 석방된 피의자가 도망하거나 죄증을 인멸하는 경우를 제외하고는 동일한 범죄사실에 관하여 재차 체포 또는 구속하지 못한다(제214조의3 제1항).

은 때로부터 48시간 이내에 심문하도록 되어 있고(제214조의2 제4항), 심문을 종료한 때부터 24시간 이내에 체포의 적부에 관한 결정을 하게 되어 있으므로(규칙 제106조), 규범적으로는 체포적부심사를 청구한 때부터 석방 여부의 결정시까지 최대 72시간이 걸릴 수 있지만, 이는 체포적부심사가 주말에 청구되는 경우 등에 대비하여 최대한의 시간을 규정한 것일 뿐 실무상으로는 사건 접수 후 3시간 이내에 심문기일을 정하여 통지하여야 하는 등 체포적부심사를 청구한 때로부터 대개 6시간 내지 30시간 이내에 석방 여부가 결정되고 있다. 그러므로 자신이 부당하게 체포 또는 구금되었다고 주장하는 피의자에게 체포적부심사절차를 이행하도록 하는 것이 그 절차로 권리가 구제될 가능성이 거의 없거나 대단히 우회적인 절차를 요구하는 것밖에 되지 않는 경우에 해당한다고 볼 수 없다. 만일 청구인들이 석방 시기가 48시간을 초과할 지도 모른다는 우려 때문에 헌법과 형사소송법상 인정된 체포적부심사를 청구하지 않은 것을 보충성의 예외로 인정한다면, 이는 헌법과 형사소송법이 정한 체포적부심사제도를 유명무실하게 만드는 결과를 초래할 수밖에 없다).

1) 헌법재판소 2004. 3. 25. 선고 2002헌바104 결정(적부심사청구권이 이미 행사된 이후에 이루어진 검사의 전격기소와 이러한 권리의 행사 이전에 이루어진 선제적 기소는 본질적으로 차이가 있음을 간과하여서는 안 된다. 수사단계에서 구속된 피의자가 이미 구속적부심사청구권을 행사한 사안에서는 그 청구인에게 당해 절차에서 구속의 헌법적 정당성에 대하여 법원으로부터 심사를 받을 수 있는 절차적 지위를 인정할 수 있는 반면에, 위와 같은 권리를 행사하지 아니한 피의자에게는 이러한 절차적 지위를 인정할 여지가 없기 때문이다. 결국 검사의 전격기소가 있는 경우 구속 자체의 헌법적 정당성 여부에 관하여 결정할 권한이 없는 검사의 일방적인 행위로 인하여 법원으로부터 실질적인 심사를 받고자 하는 청구인의 절차적 기회가 박탈되는 결과가 초래되므로, 이 부분에 있어서 법적인 공백상태가 발생하는 것이다).

3) 보증금납입조건부 석방결정

① 의 의

보증금납입조건부 석방결정은 보석제도를 구속된 피의자에게까지 확대한 것으로서, 기소 전 수사절차에서 피의자의 신체의 자유를 보장하고 방어권을 보장하기 위한 제도라고 할 수 있다. 이를 '기소 전 보석' 또는 '피의자보석'(被疑者保釋)이라고도 한다. 구속된 피의자는 보석을 원하는 경우에도 보증금납입조건부 피의자석방을 직접 청구할 수 없고, 구속적부심사를 청구할 수 있을 뿐이라는 점에서 피고인보석과 구별된다. 한편 형사소송법은 수사단계에서의 체포와 구속을 명백히 구별하고 있고 이에 따라 체포와 구속의 적부심사를 규정한 제214조의2에서 체포와 구속을 구별되는 개념으로 사용하고 있다. 그런데 보증금 납입을 조건으로 한 석방의 대상자가 '구속된 피의자'라고 명시되어 있고, 제214조의3 제2항의 취지를 체포된 피의자에 대하여도 보증금 납입을 조건으로 한 석방이 허용되어야 한다는 근거로 보기는 어렵다고 할 것이어서 현행법상 체포된 피의자에 대하여는 보증금 납입을 조건으로 한 석방이 허용되지 아니한다.[1]

② 내 용

법원은 구속된 피의자(심사청구 후 공소제기된 자를 포함한다)에 대하여 피의자의 출석을 보증할 만한 보증금의 납입을 조건으로 하여 결정으로 석방을 명할 수 있다. 다만 ① 죄증을 인멸할 염려가 있다고 믿을 만한 충분한 이유가 있는 때, ② 피해자, 당해 사건의 재판에 필요한 사실을 알고 있다고 인정되는 자 또는 그 친족의 생명·신체나 재산에 해를 가하거나 가할 염려가 있다고 믿을 만한 충분한 이유가 있는 때 가운데 어느 하나에 해당하는 경우에는 그러하지 아니하다(제214조의2 제5항).[2] 이에 따라 석방된 피의자에 대하여 ① 도망한 때, ② 도망하거나 죄증을 인멸할 염려가 있다고 믿을 만한 충분한 이유가 있는 때, ③ 출석요구를 받고 정당한 이유 없이 출석하지 아니한 때, ④ 주거의 제한 기타 법원이 정한 조건을 위반한 때 가운데 어느 하나에 해당하는 사유가 있는 경우를 제외하고는 동일한 범죄사실에 관하여 재차 체포 또는 구속하지 못한다(제214조의3 제2항). 그 밖의 보증금의 결정 및 피의자석방의 집행절차에 대해서는 보석에 관한 규정이 준용된다.

③ 보증금의 몰수 및 환부

법원은 ① 석방된 자를 제214조의3 제2항에 열거된 사유로 재차 구속할 때, ② 공소가 제기된 후 법원이 제214조의2 제5항에 따라 석방된 자를 동일한 범죄사실에 관하여 재차 구속할 때에 해당하는 경우에 직권 또는 검사의 청구에 의하여 결정으로 납입된 보증금의 전부 또는 일

---

1) 대법원 1997. 8. 27.자 97모21 결정. 이에 대하여 비록 법문에는 구속이라는 용어가 쓰였다고 하더라도 그것에 대해 체포, 구인 및 구금을 포함하는 넓은 의미로 해석하여서 체포된 피의자에게 기소 전 보석을 허용하는 방향으로 나아가야 한다는 견해로는 김인회, 145면; 손동권/신이철, 281면; 정웅석/최창호, 173면.

2) 이에 대하여 입법론으로 '도망하거나 도망할 염려가 있다고 믿을 만한 충분한 이유가 있는 때'도 제외사유로 추가할 필요가 있다는 견해로는 이창현, 378면.

부를 몰수할 수 있다(제214조의4 제1항; 임의적 몰수). 그러나 법원은 석방된 자가 동일한 범죄사실에 관하여 형의 선고를 받고 그 판결이 확정된 후, 집행하기 위한 소환을 받고 정당한 이유 없이 출석하지 아니하거나 도망한 때에는 직권 또는 검사의 청구에 의하여 결정으로 보증금의 전부 또는 일부를 몰수하여야 한다(제214조의4 제2항; 필요적 몰수). 한편 검사가 보증금납입조건부로 석방된 피의자에 대하여 공소제기를 하지 아니하거나 구속의 취소 또는 구속기간의 만료 등으로 구속영장의 효력이 소멸된 때에는 법원이 몰수하지 아니한 보증금을 보증금납입자가 청구한 날로부터 7일 이내에 환부하여야 한다(제104조 참조).

④ 불복방법

보증금납입조건부 석방결정에 대해서는 항고할 수 있다.[1] 왜냐하면 제402조의 규정에 의하면, 법원의 결정에 대하여 불복이 있으면 항고를 할 수 있으나 다만 같은 법에 특별한 규정이 있는 경우에는 예외로 하도록 되어 있는바, 체포 또는 구속적부심사절차에서의 법원의 결정에 대한 항고의 허용 여부에 관하여 제214조의2 제8항은 제3항과 제4항의 기각결정 및 석방결정에 대하여 항고하지 못하는 것으로 규정하고 있을 뿐이고 제5항에 의한 석방결정에 대하여 항고하지 못한다는 규정은 없을 뿐만 아니라 제214조의2 제4항의 석방결정은 체포 또는 구속이 불법이거나 이를 계속할 사유가 없는 등 부적법한 경우에 피의자의 석방을 명하는 것임에 비하여, 제214조의2 제5항의 석방결정은 구속의 적법을 전제로 하면서 그 단서에서 정한 제한사유가 없는 경우에 한하여 출석을 담보할 만한 보증금의 납입을 조건으로 하여 피의자의 석방을 명하는 것이어서 제214조의2 제4항의 석방결정과 제5항의 석방결정은 원래 그 실질적인 취지와 내용을 달리 하는 것이다. 또한 기소 후 보석결정에 대하여 항고가 인정되는 점에 비추어 그 보석결정과 성질 및 내용이 유사한 기소 전 보증금 납입 조건부 석방결정에 대하여도 항고할 수 있도록 하는 것이 균형에 맞는 측면도 있다.

2. 피고인을 위한 보석제도

(1) 의 의

'보석'(保釋)이란 일정한 보증금의 납부 등을 조건으로 구속의 집행을 정지하여 구속된 피고인을 석방하는 제도를 말하는데, 피고인, 피고인의 변호인·법정대리인·배우자·직계친족·형제자매·가족·동거인 또는 고용주는 법원에 구속된 피고인의 보석을 청구할 수 있다(제94조). 보석은 구속영장의 효력을 유지시키면서 구속의 집행만을 정지시키는 제도이기 때문에 구속영장의 효력을 실효시키는 구속의 취소와 구별되고, 그 주체가 법원이라는 점에서 법원뿐만 아니라 수사기관도 주체가 되는 구속집행의 정지 또는 구속의 취소와도 구별된다. 또한 보석은 피고인의

1) 대법원 1997. 8. 27.자 97모21 결정. 이에 대하여 피의자에게 보석청구권이 없고 법원의 재량에 의한 결정인데 검사의 항고까지 인정하면 피의자의 석방가능성이 너무 낮아지므로 검사의 항고는 허용되지 않는다고 파악하는 견해로는 김인회, 146면.

석방을 위한 제도라는 점에서 피의자를 석방하기 위한 제도인 체포·구속적부심사제도와 다르지만, 형사소송법은 구속적부심사절차에서 법원이 보증금납입조건부 석방결정을 할 수 있도록 함으로써 구속피의자에 대한 보석도 실무에서는 활용되고 있다.

형사소송법은 원칙적으로 불구속재판주의를 채택하고 있다. 그러므로 구속재판은 최대한 제한적으로 운용해야 하지만, 사안에 따라서는 구속의 필요성이 인정되는 경우도 있다. 하지만 구속의 집행 도중이라고 할지라도 구속의 사유가 해소되었다면 다시 원칙으로 돌아가 불구속재판을 진행하여도 무방할 것이다. 즉 보석은 보증금의 몰취 등을 수단으로 심리적 압박을 가하여 피고인의 공판절차 출석을 담보하여 원활한 재판을 진행하는 동시에 피고인을 자유로운 상태로 두어 방어권의 충실한 보장이라는 당사자주의의 이념에도 부합하는 제도로 평가된다. 또한 불필요한 행형비용 지출, 범죄의 학습 및 전이현상 등 미결구금의 폐해로부터 피고인을 해방시킬 수 있다는 이점도 가지고 있다.

(2) 보석의 유형

1) 필요적 보석

① 의 의

'필요적 보석'이란 일정한 제외사유가 없는 한 법원이 이를 허가해야 할 의무가 있는 보석을 말한다. 형사소송법은 제95조에서 '보석의 청구가 있는 때에는 다음 이외의 경우에는 보석을 허가하여야 한다.'라고 규정하여 원칙적으로 필요적 보석주의를 채택하고 있다. 필요적 보석은 청구보석에 대해서만 인정되므로, 필요적 보석사유에 해당된다고 할지라도 보석의 청구가 없으면 직권보석의 여부는 법원의 재량에 달려 있다. 또한 필요적 보석주의는 보석이 취소된 이후에 다시 보석의 청구가 있는 때에도 적용된다.[1)]

② 필요적 보석의 제외사유

㉠ 피고인이 사형·무기 또는 장기 10년이 넘는 징역이나 금고에 해당하는 죄를 범한 때(제95조 제1호) 동 제외사유는 중한 형벌의 선고가 예상되는 경우에 있어서 도주 또는 증거인멸의 염려가 크다는 점을 고려한 것이다. 피고인이 범한 죄는 공소장에 기재된 죄를 기준으로 하며, 사형·무기 또는 장기 10년이 넘는 징역이나 금고에 해당하는 죄는 법정형을 기준으로 한다. 예비적·택일적 공소사실이 있는 경우에는 그 가운데 하나가 이에 해당하면 족하며, 공소장의 변경이 있는 경우에는 변경된 공소사실을 기준으로 한다. 여기서 '10년이 넘는' 징역이나 금고는 10년을 초과하는 자유형을 의미하기 때문에 형법상 사기죄 등은 이에 해당하지 아니한다.

㉡ 피고인이 누범에 해당하거나 상습범인 죄를 범한 때(제95조 제2호) 동 제외사유는

---

1) 이에 대하여 보석이 취소된 사유에 따라 개별적으로 살펴보아야 하는데, 피고인이 도망한 경우와 같은 보석취소사유의 경우에는 필요적 보석의 제외사유에 해당되므로 다시 보석청구를 하는 것이 아무런 의미가 없다는 견해로는 이창현, 385면.

재범의 위험성과 실형 선고의 개연성이 높다는 점을 고려한 것이다. 여기서 말하는 상습범의 성질과 관련하여, ① 누범과의 균형을 고려해야 한다는 점, 법문의 문리해석을 고려해야 한다는 점 등을 논거로 하여, 법률상의 상습범에 국한된다는 견해[1], ② 사실상의 상습범도 포함된다는 견해[2] 등의 대립이 있다. 생각건대 동 규정이 피고인에게 불리한 규정이라는 점을 감안하면 법률상의 상습범에 국한하는 것이 타당하다.

한편 피고인이 집행유예의 기간 중에 있어 집행유예의 결격자라고 하여 보석을 허가할 수 없는 것은 아니고, 제95조는 그 제1호 내지 제5호 이외의 경우에는 필요적으로 보석을 허가하여야 한다는 것이지 여기에 해당하는 경우에는 보석을 허가하지 아니할 것을 규정한 것이 아니므로 집행유예기간 중에 있는 피고인의 보석을 허가한 것이 누범과 상습범에 대하여는 보석을 허가하지 아니할 수 있다는 제95조 제2호의 취지에 위배되어 위법이라고 할 수 없다.[3]

㉢ 피고인이 죄증을 인멸하거나 인멸할 염려가 있다고 믿을 만한 충분한 이유가 있는 때(제95조 제3호) 형사소송법이 구속의 사유로서 '증거를 인멸할 염려'라고 규정하고 있는데 반하여, 필요적 보석의 제외사유로서 '죄증을 인멸할 염려가 있다고 믿을 만한 충분한 이유가 있는 때'라고 규정한 것은 구속의 사유보다 더 강화된 조건을 의미하는 것이라고 보아야 한다. 이 때 죄증을 인멸한 염려는 당해 범죄의 객관적 사정, 공판진행과정, 피고인의 지위와 활동 등을 고려하여 구체적으로 결정해야 한다.

㉣ 피고인이 도망하거나 도망할 염려가 있다고 믿을 만한 충분한 이유가 있는 때(제95조 제4호) 동 제외사유는 보증금 등에 의하여도 피고인의 출석을 확보할 수 없는 경우를 고려한 것이다. 왜냐하면 보석이 도망의 위험을 언제나 제거한다고 할 수는 없고, 보증금의 몰수가 이를 전적으로 담보하지도 않기 때문이다. 하지만 도망의 우려 여부에 대한 판단은 전적으로 법관의 재량사항이기 때문에 형식적으로는 필요적 보석이지만 실질적으로는 임의적 보석으로 운용될 위험성을 내포하고 있다. 또한 구속된 피고인에 대한 도망의 우려는 오히려 자연스러운 현상이기 때문에 도망의 우려는 극히 제한적인 범위 내에서 인정되어야 한다.

㉤ 피고인의 주거가 분명하지 아니한 때(제95조 제5호) 동 제외사유는 법원이 피고인의 주소를 알 수 없는 경우를 의미한다.[4] 만약 피고인이 주거에 대하여 진술거부권을 행사하고 있더라도 법원이 피고인의 주거를 알고 있다면 주거불명으로 볼 수는 없다.

㉥ 피고인이 피해자, 당해 사건의 재판에 필요한 사실을 알고 있다고 인정되는 자 또는 그 친족의 생명·신체나 재산에 해를 가하거나 가할 염려가 있다고 믿을 만한 충분한 이유가 있는

1) 김인회, 423면; 이은모/김정환, 288면; 이창현, 386면; 임동규, 435면.

2) 송광섭, 297면; 이재상/조균석, 298면.

3) 대법원 1990. 4. 18.자 90모22 결정.

4) 이에 대하여 주거불명은 도망의 염려를 판단하는 데에 고려할 수 있는 여러 참작사유 중 하나에 불과하므로 독립하여 필요적 보석의 제외사유로 규정되는 것은 타당하지 않다는 견해로는 김인회, 423면; 송광섭, 306면; 이재상/조균석, 299면; 이창현, 389면.

때(제95조 제6호) 동 제외사유는 증인의 보호라는 형사정책적인 목적을 강조하기 위한 유형에 해당한다.

2) 임의적 보석

법원은 제95조의 규정에 불구하고 상당한 이유가 있는 때에는 직권 또는 제94조에 규정한 자(보석청구권자)의 청구에 의하여 결정으로 보석을 허가할 수 있다(제96조). 필요적 보석이 원칙이지만 예외적으로 법원의 재량에 의한 임의적 보석을 보충적으로 두고 있다. 필요적 보석과 달리 청구보석뿐만 아니라 직권보석도 인정하고 있는 것이 특징이다. 예를 들면 피고인의 건강을 이유로 보석을 허가하는 이른바 '병보석'(病保釋)이 이에 해당한다.

(3) 보석의 절차

1) 보석의 청구

피고인, 피고인의 변호인·법정대리인·배우자·직계친족·형제자매·가족·동거인 또는 고용주는 법원에 구속된 피고인의 보석을 청구할 수 있다(제94조). 또한 법원은 직권 또는 제94조에 규정한 자(보석청구권자)의 청구에 의하여 결정으로 보석을 허가할 수 있다(제96조). 보석청구서에는 다음 사항을 기재하여야 하는데, ① 사건번호, ② 구속된 피고인의 성명·주민등록번호 등·주거, ③ 청구의 취지 및 청구의 이유, ④ 청구인의 성명 및 구속된 피고인과의 관계 등이 그것이다(규칙 제53조 제1항). 보석의 청구인은 적합한 보석조건에 관한 의견을 밝히고 이에 관한 소명자료를 낼 수 있고, 보석조건을 결정함에 있어 이행가능한 조건인지 여부를 판단하기 위하여 필요한 범위 내에서 피고인(피고인이 미성년자인 경우에는 그 법정대리인 등)의 자력 또는 자산 정도에 관한 서면을 제출하여야 한다(규칙 제53조의2).

한편 보석청구는 원칙적으로 공소제기 후 재판의 확정 전까지는 심급을 불문하고 할 수 있으며, 상소기간 중에도 가능하다(제105조). 피고인이 구속집행 정지 중인 때에도 보석의 청구가 가능하지만, 감정유치 중인 때에는 보석의 청구가 불가능하다(제172조 제7항 단서). 보석의 청구는 그 결정이 있기 전까지는 철회할 수 있다.

2) 검사의 의견 청취

재판장은 보석에 관한 결정을 하기 전에 검사의 의견을 물어야 한다(제97조 제1항). 법원은 보석에 관하여 검사의 의견을 물을 때에는 보석청구서의 부본을 첨부하여야 한다(규칙 제53조 제3항). 검사는 이에 따른 의견요청에 대하여 지체 없이 의견을 표명하여야 하는데(제97조 제3항), 검사는 법원으로부터 보석에 관한 의견요청이 있을 때에는 의견서와 소송서류 및 증거물을 지체 없이 법원에 제출하여야 한다. 이 경우 특별한 사정이 없는 한 의견요청을 받은 날의 다음날까지 제출하여야 한다(규칙 제54조 제1항). 보석에 대한 의견요청을 받은 검사는 보석허가가 상당하지 아니하다는 의견일 때에는 그 사유를 명시하여야 하며(규칙 제54조 제2항), 보석허가가 상당하다는 의견일 때에는 보석조건에 대하여 의견을 나타낼 수 있다(규칙 제54조 제3항).

한편 공소제기된 피고인의 구속상태를 계속 유지할 것인지 여부에 관한 판단은 전적으로 당해 수소법원의 전권에 속하는 것이다. 법원이 보석에 관한 결정을 함에 있어 검사의 의견을 듣도록 한 제97조 제1항의 규정은 검사에게 구속 계속의 필요성에 관한 이유와 자료를 법원에 제출할 수 있는 기회를 부여하고 법원으로 하여금 그 제출된 자료 등을 참고하게 하여 결정의 적정을 기하려는 것을 목적으로 하는 것일 뿐만 아니라 검사의 의견 또한 법원에 대하여 구속력을 가지는 것이 아니다. 따라서 검사의 의견청취의 절차는 보석에 관한 결정의 본질적 부분이 되는 것은 아니므로, 설사 법원이 검사의 의견을 듣지 아니한 채 보석에 관한 결정을 하였다고 하더라도 그 결정이 적정한 이상, 절차상의 하자만을 들어 그 결정을 취소할 수는 없다.[1)]

3) 법원의 심문

보석의 청구를 받은 법원은 지체 없이 심문기일을 정하여 구속된 피고인을 심문하여야 한다. 다만 ① 청구권자 이외의 사람이 보석을 청구한 때, ② 동일한 피고인에 대하여 중복하여 보석을 청구하거나 재청구한 때, ③ 공판준비 또는 공판기일에 피고인에게 그 이익되는 사실을 진술할 기회를 준 때, ④ 이미 제출한 자료만으로 보석을 허가하거나 불허가할 것이 명백한 때 가운데 어느 하나에 해당하는 때에는 그러하지 아니하다(규칙 제54조의2 제1항).

심문기일을 정한 법원은 즉시 검사·변호인·보석청구인 및 피고인을 구금하고 있는 관서의 장에게 심문기일과 장소를 통지하여야 하고, 피고인을 구금하고 있는 관서의 장은 위 심문기일에 피고인을 출석시켜야 한다. 이러한 통지는 서면 이외에 전화·모사전송·전자우편·휴대전화 문자전송 그 밖에 적당한 방법으로 할 수 있다. 이 경우 통지의 증명은 그 취지를 심문조서에 기재함으로써 할 수 있다. 피고인·변호인·보석청구인은 피고인에게 유리한 자료를 낼 수 있으며, 검사·변호인·보석청구인은 심문기일에 출석하여 의견을 진술할 수 있다. 한편 법원은 피고인·변호인 또는 보석청구인에게 보석조건을 결정함에 있어 필요한 자료의 제출을 요구할 수 있다. 법원은 피고인의 심문을 합의부원에게 명할 수 있다(규칙 제54조의2 제2항 내지 제7항). 이러한 법원의 심문은 보석사유와 보석조건의 심리에 집중되어야 하며, 불필요하게 본안에 대하여 심리해서는 안 된다.

4) 법원의 결정

법원은 특별한 사정이 없는 한 보석의 청구를 받은 날부터 7일 이내에 그에 관한 결정을 하여야 한다(규칙 제55조). 하지만 동 규정은 실무에서 훈시규정으로 운영되고 있다. 보석의 청구가 부적법하거나 이유 없는 때에는 보석청구를 기각하여야 한다. 다만 필요적 보석의 경우에는 제외사유에 해당하지 않는 한 청구를 기각할 수 없다. 보석을 허가하지 아니하는 결정을 하는 때에는 결정이유에 제95조 각호 중 어느 사유에 해당하는지를 명시하여야 한다(규칙 제55조의2).

---

1) 대법원 1997. 11. 27.자 97모88 결정.

피고인 등은 보석청구를 기각하는 결정에 대하여 항고를 할 수 있다(제403조 제2항).

반면에 필요적 보석의 제외사유에 해당하지 않거나 제외사유에 해당하는 경우라도 보석을 허가할 이유가 있다고 인정하는 때에는 법원은 보석을 허가하는 결정을 한다. 보석허가결정에 대한 검사의 즉시항고는 허용되지 않지만[1], 보통항고의 방법으로 불복하는 것은 가능하다.[2]

(4) 보석의 조건

법원은 보석을 허가하는 경우에는 필요하고 상당한 범위 안에서 여러 가지 조건 중 하나 이상의 조건을 정하여야 한다(제98조). 법원은 보석의 조건을 정함에 있어서 ① 범죄의 성질 및 죄상(罪狀), ② 증거의 증명력, ③ 피고인의 전과·성격·환경 및 자산, ④ 피해자에 대한 배상 등 범행 후의 정황에 관련된 사항 등을 고려하여야 하며(제99조 제1항), 피고인의 자력 또는 자산 정도로는 이행할 수 없는 조건을 정할 수 없다(제99조 제2항). 여기서 말하는 자산에는 피고인 개인의 재산뿐만 아니라 피고인의 신용과 보호자의 자산도 고려한다. 법원이 보석을 허가함에 있어서 피고인에게 부과할 수 있는 보석의 조건은 다음과 같다.

1) 법원이 지정하는 일시·장소에 출석하고 증거를 인멸하지 아니하겠다는 서약서를 제출할 것(제98조 제1호)

서약서 제출의 경우는 보석조건 가운데 가장 약한 정도의 담보력을 지니고 있기 때문에 독립적인 조건으로 운영되기보다는 다른 보석의 조건과 병과되어 운영될 수밖에 없다.

2) 법원이 정하는 보증금 상당의 금액을 납입할 것을 약속하는 약정서를 제출할 것(제98조 제2호)

여기서 말하는 약정서는 '정당한 이유 없이 재판기일에 출석하지 아니하는 경우 법원이 보석조건을 변경하여 보증금 납입을 명하는 경우 이를 납입하겠다는 약정서'로 해석되고 있다.

3) 법원이 지정하는 장소로 주거를 제한하고 이를 변경할 필요가 있는 경우에는 법원의 허가를 받는 등 도주를 방지하기 위하여 행하는 조치를 수인할 것(제98조 제3호)

법원은 이러한 보석조건으로 석방된 피고인이 보석조건을 이행함에 있어 피고인의 주거지를 관할하는 경찰서장에게 피고인이 주거제한을 준수하고 있는지 여부 등에 관하여 조사할 것을 요구하는 등 보석조건의 준수를 위하여 적절한 조치를 취할 것을 요구할 수 있다(규칙 제55조의3 제1항). 동 조건은 출석을 담보하기 위한 조건이라기보다는 피고인이 석방된 후 준수해야 할 행동조건에 불과하다.

---

1) 헌법재판소 1993. 12. 23. 선고 93헌가2 결정.

2) 대법원 1997. 4. 18.자 97모26 결정(개정된 형사소송법(1995. 12. 29. 법률 제5054호, 1997. 1. 1. 시행) 제97조 제3항이 구 형사소송법(1995. 12. 29. 법률 제5054호로 개정되기 전의 것) 제97조 제3항에서 인정하던 보석허가결정에 대한 검사의 즉시항고권을 삭제하였으나, 개정된 형사소송법이 시행된 이후에도 검사가 제403조 제2항에 의한 보통항고의 방법으로 보석허가결정에 대하여 불복하는 것은 허용된다).

4) 피해자, 당해 사건의 재판에 필요한 사실을 알고 있다고 인정되는 자 또는 그 친족의 생명·신체·재산에 해를 가하는 행위를 하지 아니하고 주거·직장 등 그 주변에 접근하지 아니할 것(제98조 제4호)

동 조건은 출석을 담보하기 위한 조건이라기보다는 피고인이 석방된 후 준수해야 할 행동조건에 불과하다. 하지만 성폭력범죄나 가정폭력범죄의 피고인에게는 유용하게 활용될 수 있다.

5) 피고인 외의 자가 작성한 출석보증서를 제출할 것(제98조 제5호)

법원은 이러한 보석허가결정에 따라 석방된 피고인이 정당한 사유 없이 기일에 불출석하는 경우에는 결정으로 그 출석보증인에 대하여 500만원 이하의 과태료를 부과할 수 있고(제100조의2 제1항), 이러한 결정에 대하여는 즉시항고를 할 수 있다(제100조의2 제2항).

6) 법원의 허가 없이 외국으로 출국하지 아니할 것을 서약할 것(제98조 제6호)

법원은 이러한 보석조건을 정한 경우 출입국사무를 관리하는 관서의 장에게 피고인에 대한 출국을 금지하는 조치를 취할 것을 요구할 수 있다(규칙 제55조의3 제2항). 동 조건은 출석을 담보하기 위한 조건이라기보다는 피고인이 석방된 후 준수해야 할 행동조건에 불과하다.

7) 법원이 지정하는 방법으로 피해자의 권리회복에 필요한 금원을 공탁하거나 그에 상당한 담보를 제공할 것(제98조 제7호)

이는 피해자와 합의에 이르지 못한 피고인의 보석을 허가하는데 있어서의 현실적인 한계를 극복하기 위한 보석조건으로 평가된다.

8) 피고인 또는 법원이 지정하는 자가 보증금을 납입하거나 담보를 제공할 것(제98조 제8호)

전형적인 보석조건으로 평가된다. 보증금은 피고인의 출석을 확보함에 상당한 금액이어야 하고, 피고인의 자산 정도로는 납입하기 불가능한 보증금액을 정할 수는 없다.

9) 그 밖에 피고인의 출석을 보증하기 위하여 법원이 정하는 적당한 조건을 이행할 것(제98조 제9호)

이는 피고인이 처한 구체적인 상황에 따라 다양한 보석조건을 활용할 수 있도록 하기 위한 규정으로 평가된다. 예를 들면 법원이 지정하는 관공서 또는 공무원에게 정기적으로 소재지 등을 보고할 것, 일정 기간 이상 여행을 할 경우에는 미리 법원에 신고하여 허가를 받을 것, 법원이 지정하는 관공서에 여권 기타 피고인의 신분을 증명하는 서류를 맡겨둘 것, 범죄의 공범 기타 법원이 특정하는 사람들과 만나거나 접촉하지 아니할 것, 법원이 지정하는 의료기관에 입원하여 의료기관 등에 의한 검사나 치료조치를 받을 것 등이 이에 해당한다.

한편 2020. 2. 4. 개정되어 2020. 8. 5. 시행된 전자장치부착법에 의하면, 법원은 제98조 제9호에 따른 보석조건으로 피고인에게 전자장치 부착을 명할 수 있다(전자장치부착법 제31조의2 제1항). 법원은 전자장치 부착을 명하기 위하여 필요하다고 인정하면 그 법원의 소재지 또는 피고인의 주거지를 관할하는 보호관찰소의 장에게 피고인의 직업, 경제력, 가족상황, 주거상태, 생활환경 및 피해회복 여부 등 피고인에 관한 사항의 조사를 의뢰할 수 있는데(전자장치부착법 제31조의2 제2항), 이러한 의뢰를 받은 보호관찰소의 장은 지체 없이 조사하여 서면으로 법원에 통보하여야 하며, 조사를 위하여 필요한 경우에는 피고인이나 그 밖의 관계인을 소환하여 심문하거나 소속 보호관찰관에게 필요한 사항을 조사하게 할 수 있다(전자장치부착법 제31조의2 제3항). 보호관찰소의 장은 조사를 위하여 필요하다고 인정하면 국공립 기관이나 그 밖의 단체에 사실을 알아보거나 관련 자료의 열람 등 협조를 요청할 수 있다(전자장치부착법 제31조의2 제4항). 법원은 제31조의2 제1항에 따라 전자장치 부착을 명한 경우 지체 없이 그 결정문의 등본을 피고인의 주거지를 관할하는 보호관찰소의 장에게 송부하여야 한다(전자장치부착법 제31조의3 제1항). 제31조의2 제1항에 따라 전자장치 부착명령을 받고 석방된 피고인은 법원이 지정한 일시까지 주거지를 관할하는 보호관찰소에 출석하여 신고한 후 보호관찰관의 지시에 따라 전자장치를 부착하여야 한다(전자장치부착법 제31조의3 제2항). 보호관찰소의 장은 제31조의2 제1항에 따른 피고인의 보석조건 이행 여부 확인을 위하여 적절한 조치를 하여야 한다(전자장치부착법 제31조의3 제3항).

보호관찰소의 장은 제31조의2 제1항에 따른 피고인의 보석조건 이행 상황을 법원에 정기적으로 통지하여야 한다(전자장치부착법 제31조의4 제1항). 보호관찰소의 장은 피고인이 제31조의2 제1항에 따른 전자장치 부착명령을 위반한 경우 및 전자장치 부착을 통하여 피고인에게 부과된 주거의 제한 등 형사소송법에 따른 다른 보석조건을 위반하였음을 확인한 경우 지체 없이 법원과 검사에게 이를 통지하여야 한다(전자장치부착법 제31조의4 제2항). 이에 따른 통지를 받은 법원은 형사소송법 제102조에 따라 피고인의 보석조건을 변경하거나 보석을 취소하는 경우 이를 지체 없이 보호관찰소의 장에게 통지하여야 한다(전자장치부착법 제31조의4 제3항). 제31조의2 제1항에 따른 전자장치의 부착은 ① 구속영장의 효력이 소멸한 경우, ② 보석이 취소된 경우, ③ 형사소송법 제102조에 따라 보석조건이 변경되어 전자장치를 부착할 필요가 없게 되는 경우 가운데 어느 하나에 해당하는 경우에 그 집행이 종료된다(전자장치부착법 제31조의5).

(5) 보석의 집행

보석허가결정도 재판의 일종이므로 그 집행은 재판집행의 일반원칙에 따라 검사가 지휘하게 된다(제460조). 제98조 제1호·제2호·제5호·제7호 및 제8호의 조건은 이를 이행한 후가 아니면 보석허가결정을 집행하지 못하며, 법원은 필요하다고 인정하는 때에는 다른 조건에 관하여도 그 이행 이후 보석허가결정을 집행하도록 정할 수 있다(제100조 제1항). 보석허가결정은 검사가 집행하며, 보증금은 검사에게 납부하여야 한다. 법원은 보석청구자 이외의 자에게 보증금의 납입을 허가할 수 있다(제100조 제2항).

보증금납입을 조건으로 보석을 허가한 경우에 보석보증금은 현금으로 납입하여야 한다. 그러나 현금납입의 원칙에는 예외가 인정되는데, 법원은 유가증권 또는 피고인 외의 자가 제출한 보증서로써 보증금에 갈음함을 허가할 수 있고(제100조 제3항), 이러한 보증서에는 보증금액을 언제든지 납입할 것을 기재하여야 한다(제100조 제4항). 따라서 법원은 보석허가결정의 집행 전후를 불문하고 보증서제출인에게 보증금의 납부를 명할 수 있고, 보증서제출인은 보증금을 납입할 의무를 진다. 현재의 실무에서는 보석보증보험증권을 첨부한 보증서를 제출하는 것이 일반적이다. 법원은 보석허가결정에 따라 석방된 피고인이 보석조건을 준수하는데 필요한 범위 안에서 관공서나 그 밖의 공사단체에 대하여 적절한 조치를 취할 것을 요구할 수 있다(제100조 제5항). 예를 들면 제98조 제3호의 규정에 따라 피고인의 주거를 병원으로 제한한 때에는 지방경찰청장 또는 경찰서장에게 피고인의 도망을 방지할 조치를 요구할 수 있고, 제98조 제6호의 조건을 부과한 때에는 출입국관리를 담당하는 기관에 출국금지조치를 요구할 수 있다.

한편 법원은 직권 또는 보석청구권자의 신청에 따라 결정으로 피고인의 보석조건을 변경[1]하거나 일정기간 동안 당해 조건의 이행을 유예할 수 있다(제102조 제1항). 법원은 보석을 허가한 후에 보석의 조건을 변경하거나 보석조건의 이행을 유예하는 결정을 한 경우에는 그 취지를 검사에게 지체 없이 통지하여야 한다(규칙 제55조의4).

(6) 보석의 취소 및 실효

1) 보석의 취소

법원은 피고인이 ① 도망한 때, ② 도망하거나 죄증을 인멸할 염려가 있다고 믿을 만한 충분한 이유가 있는 때, ③ 소환을 받고 정당한 사유 없이 출석하지 아니한 때, ④ 피해자, 당해 사건의 재판에 필요한 사실을 알고 있다고 인정되는 자 또는 그 친족의 생명·신체·재산에 해를 가하거나 가할 염려가 있다고 믿을 만한 충분한 이유가 있는 때, ⑤ 법원이 정한 조건을 위반한 때 가운데 어느 하나에 해당하는 경우에는 직권 또는 검사의 청구에 따라 결정으로 보석을 취소할 수 있다(제102조 제2항). 보석의 취소 여부는 법원의 재량에 속하지만, 이러한 사유는 보석 후에 발생하였을 것을 요한다. 보석취소 결정에 대하여는 항고할 수 있다(제403조 제2항). 보석취소의 결정이 있는 때에는 검사는 그 취소결정의 등본에 의하여 피고인을 재구금하여야 한다. 다만 급속을 요하는 경우에는 재판장·수명법관 또는 수탁판사가 재구금을 지휘할 수 있다(규칙 제56조 제1항). 보석이 허가되더라도 구속영장의 효력이 소멸하는 것은 아니므로 보석취소에 따라 새로운 구속영장 없이 기존의 구속영장으로 재구금하게 되며, 보석취소결정을 피고인에게 송달하지 않아도 된다.[2]

한편 법원은 피고인이 정당한 사유 없이 보석조건을 위반한 경우에는 결정으로 피고인에 대하여 1천만원 이하의 과태료를 부과하거나 20일 이내의 감치에 처할 수 있고(제102조 제3항), 이에 대하여는 즉시항고를 할 수 있다(제102조 제4항). 과태료의 부과나 감치처분은 보석허가결정

1) 이에 대하여 보증금액의 변경도 가능하다는 견해로는 손동권/신이철, 289면; 이재상/조균석, 304면; 정웅석/최창호, 499면.

2) 대법원 1983. 4. 21.자 83모19 결정.

을 취소하지 않는 경우에도 할 수 있는데, 이는 경미한 보석조건의 위반에 대한 경고적인 조치로 활용되고 있다.

2) 보석의 실효

보석은 구속영장의 효력을 유지하면서 피고인을 석방시키는 제도이기 때문에 구속영장의 효력이 소멸하거나 보석이 취소된 경우, 보석조건은 즉시 그 효력을 상실한다(제104조의2 제1항 및 동조 제2항). 따라서 무죄·면소·형의 면제·형의 선고유예 또는 집행유예·공소기각·벌금 또는 과료의 재판 등이 선고된 때는 물론 자유형이나 사형이 확정된 경우에도 구속영장이 실효되므로 보석도 효력을 상실한다. 다만 사형이나 자유형이 확정된 자가 형집행을 위한 소환에 불응하면 검사가 발부한 형집행장에 의하여 구금된다. 보석 중인 피고인에 대하여 하급심에서 실형이 선고되었다고 할지라도 아직 판결이 확정되지 아니하였으면 보석이 취소되지 않는 한 보석의 효력은 그대로 유지된다. 보석이 취소되더라도 제98조 제8호의 조건은 예외로 하기 때문에(제104조의2 제2항) 납입된 보증금이나 담보는 몰취할 수 있고, 이에 대한 보석조건은 그 효력을 잃지 아니한다.

(7) 보증금 또는 담보의 몰취 및 환부

1) 보증금 또는 담보의 몰취

① 임의적 몰취

법원은 보석을 취소하는 때에는 직권 또는 검사의 청구에 따라 결정으로 보증금 또는 담보의 전부 또는 일부를 몰취할 수 있다(제103조 제1항). 이는 법원의 재량이기 때문에 법원이 보석을 취소하면서 보증금 등을 전혀 몰취하지 않을 수도 있다. 이는 보석취소사유가 있어 보석취소결정을 할 경우에는 보석보증금의 전부 또는 일부를 몰수하는 것도 가능하다는 의미로 해석될 뿐, 문언상 보석보증금의 몰수는 반드시 보석취소와 동시에 결정하여야 한다는 취지라고 단정하기는 어려운 점, 제103조에서 보석된 자가 유죄판결 확정 후의 집행을 위한 소환에 불응하거나 도망한 경우 보증금을 몰수하도록 규정하고 있어 보석보증금은 형벌의 집행 단계에서의 신체 확보까지 담보하고 있으므로, 보석보증금의 기능은 유죄의 판결이 확정될 때까지의 신체 확보도 담보하는 취지로 봄이 상당한 점, 보석취소결정은 그 성질상 신속을 요하는 경우가 대부분임에 반하여, 보증금몰수결정에 있어서는 그 몰수의 요부(보석조건위반 등 귀책사유의 유무) 및 몰수 금액의 범위 등에 관하여 신중히 검토하여야 할 필요성도 있는 점 등을 아울러 고려하여 보면, 보석보증금을 몰수하려면 반드시 보석취소와 동시에 하여야만 가능한 것이 아니라 보석취소 후에 별도로 보증금몰수결정을 할 수도 있다.[1]

1) 대법원 2001. 5. 29.자 2000모22 전원합의체 결정. 이에 대하여 보석취소 후에 보증금을 몰취할 수 있다는 규정이 없다는 점, 몰취와 같은 불이익을 과하는 요건은 엄격하게 해석해야 한다는 점 등을 논거로 하여, 보석취소결정과 동시에 보증금 등 몰취결정을 하는 것이 타당하다는 견해로는 김인회, 428면; 이재상/조균석, 307면; 이창현, 408면; 정승환, 170면; 정웅석/최창호, 501면.

② 필요적 몰취

법원은 보증금의 납입 또는 담보제공을 조건으로 석방된 피고인이 동일한 범죄사실에 관하여 형의 선고를 받고 그 판결이 확정된 후 집행하기 위한 소환을 받고 정당한 사유 없이 출석하지 아니하거나 도망한 때에는 직권 또는 검사의 청구에 따라 결정으로 보증금 또는 담보의 전부 또는 일부를 몰취하여야 한다(제103조 제2항). 이 경우에도 전부를 몰취할 것인가 아니면 일부를 몰취할 것인가는 법원의 재량에 속한다. 보증금의 몰취는 법원의 결정에 의하여 검사에게 결정서를 교부 또는 송달함으로써 즉시 집행할 수 있다.

2) 보증금 또는 담보의 환부

법원은 구속 또는 보석을 취소하거나 구속영장의 효력이 소멸된 때에는 몰취하지 아니한 보증금 또는 담보를 청구한 날로부터 7일 이내에 환부하여야 한다(제104조). 보석취소결정을 할 때 보증금이나 담보에 대하여 몰취의 결정이 없으면 보증금이나 담보의 전부를 환부하여야 한다. 보석취소결정과 함께 보증금이나 담보의 일부만을 몰취하는 결정이 있으면 잔액을 환부한다. 그러나 구속을 취소하거나 구속영장의 효력이 소멸된 때에는 보증금의 전부를 환부하여야 한다.

Ⅳ. 수사상의 감정유치

1. 의 의

'감정유치'(鑑定留置)란 피의자나 피고인의 정신 또는 신체를 감정하기 위하여 일정한 기간 동안 병원 기타 적당한 장소에 피의자 또는 피고인을 유치하는 강제처분을 말한다(제172조 제3항, 제221조의3). 피고인에 대한 감정유치는 수소법원이 행하지만, 피의자에 대한 감정유치는 검사의 청구에 의하여 판사가 행한다(제221조의3 제2항). 피의자에 대한 수사상의 감정유치는 검사의 청구를 전제로 하는 점을 제외하면 수소법원이 행하는 감정유치와 유사하므로, 피의자의 감정유치에 대해서는 법원의 피고인에 대한 감정유치에 관한 규정을 준용하도록 하고 있다(제221조의3 제2항).

2. 대상 및 요건

(1) 감정유치의 대상

수사상의 감정유치는 피의자를 대상으로 한다. 그러므로 피의자가 아닌 제3자에 대해서는 감정유치를 청구할 수 없고, 피의자의 구속 여부는 문제 삼지 아니한다. 또한 피고인에 대해서도 감정유치를 할 수는 없다.

(2) 감정유치의 요건

감정유치를 청구하기 위해서는 피의자에게 범죄혐의가 있어야 할 뿐만 아니라 감정유치의 필요성이 있어야 한다. 그러므로 피의자를 병원 등에 유치하지 않고 통원을 통하여 감정을 할 수 있는 경우에는 감정유치가 허용되지 아니한다. 다만 감정유치의 필요성은 구속의 필요성과 구별되므로 감정유치를 하기 위하여 구속사유가 있어야 할 필요는 없다.

3. 절 차

(1) 감정유치의 청구

검사는 감정을 위촉하는 경우에 유치처분이 필요할 때에는 판사에게 이를 청구하여야 한다(제221조의3 제1항). 감정유치청구서에는 ① 피의자의 성명(분명하지 아니한 때에는 인상·체격·그 밖에 피의자를 특정할 수 있는 사항)·주민등록번호 등·직업·주거, ② 피의자에게 변호인이 있는 때에는 그 성명, ③ 죄명 및 범죄사실의 요지, ④ 7일을 넘는 유효기간을 필요로 하는 때에는 그 취지 및 사유, ⑤ 여러 통의 영장을 청구하는 때에는 그 취지 및 사유, ⑥ 유치할 장소 및 유치기간, ⑦ 감정의 목적 및 이유, ⑧ 감정인의 성명·직업의 사항을 기재하여야 한다(규칙 제113조, 규칙 제95조).

(2) 감정유치장의 발부

판사는 검사의 청구가 이유 없다고 인정하는 경우에는 감정유치의 청구를 기각하는 결정을 내리고, 청구가 상당하다고 인정할 때에는 감정유치장을 발부하여야 한다(제221조의3 제2항, 제172조 제4항). 감정유치장에는 피고인의 성명, 주민등록번호 등, 직업, 주거, 죄명, 범죄사실의 요지, 유치할 장소, 유치기간, 감정의 목적 및 유효기간과 그 기간 경과 후에는 집행에 착수하지 못하고 영장을 반환하여야 한다는 취지를 기재하고 재판장 또는 수명법관이 서명날인하여야 한다(규칙 제115조, 규칙 제85조 제1항).

한편 수사상 감정유치장의 법적 성격과 관련하여, ① 수사상 구속을 검사의 처분이라고 하면서 수사상 감정유치를 판사의 처분이라고 하는 것은 모순이라는 점, 감정유치 상태의 관리책임이 수사기관에 부여되어 있다는 점 등을 논거로 하여, 수사상 구속영장의 경우와 마찬가지로 허가장으로 파악하는 견해[1], ② 제221조의3에 의하면 수사상 감정유치는 법원의 처분이라는 점을 논거로 하여, 감정유치장을 명령장으로 파악하는 견해 등의 대립이 있다. 생각건대 피의자에 대한 감정유치는 강제수사의 일종에 해당하므로 허가장으로 파악하는 것이 타당하다. 그러므로 수사기관이 감정유치 기간의 만료 전에 유치의 필요성이 없다고 인정한 경우에는 피의자를 독자적으로 석방할 수도 있다.

(3) 감정유치장의 집행

감정유치장의 집행에 관하여는 구속영장의 집행에 관한 규정이 준용된다(제221조의3 제2항, 제172조 제7항). 감정유치를 함에 있어서 필요한 때에는 판사는 직권 또는 검사의 청구에 의하여 사

1) 김정한, 325면; 손동권/신이철, 336면; 송광섭, 311면; 신양균/조기영, 302면; 이재상/조균석, 338면.

법경찰관리에게 피의자의 간수를 명할 수 있다(제221조의3 제2항, 제172조 제5항). 이 경우 신청은 피의자의 간수를 필요로 하는 사유를 명시하여 서면으로 하여야 한다(규칙 제86조).

(4) 유치기간 및 장소의 변경

감정유치장에는 감정유치에 필요한 유치기간을 정해야 하는데, 그 기간에는 제한이 없다. 판사는 결정으로 감정유치장에 기재된 유치기간을 단축하거나 검사의 청구에 의하여 유치기간을 연장할 수 있다(제221조의3 제2항, 제172조 제6항). 감정이 완료되면 유치기간 중이라고 하더라도 유치를 즉시 해제하여야 한다(제221조의3 제2항, 제172조 제3항).

감정유치의 장소는 병원 기타 적당한 장소이다. 여기서 '기타 적당한 장소'란 감정이 가능하고, 시설의 측면에서 계호가 가능한 장소를 말한다. 유치장소의 변경은 검사의 청구에 의하여 판사가 결정한다(규칙 제85조 제2항). 실무에서는 주로 국립 법무병원(치료감호소)에 한 달 정도의 기간 동안 감정유치하고 있다.

4. 효 력

감정유치된 피의자는 접견교통권을 가지며, 미결구금일수의 산입에 있어서 유치기간은 구속기간으로 간주된다(제221조의3 제2항, 제172조 제8항). 다만 구속 중인 피의자에 대하여 감정유치장이 집행되었을 때에는 피의자가 유치되어 있는 기간 동안 구속은 그 집행이 정지된 것으로 간주한다(제221조의3 제2항, 제172조의2 제1항). 그러므로 수사상 감정유치기간은 피의자의 구속기간에 산입되지 아니한다. 감정유치처분이 취소되거나 유치기간이 만료된 때에는 구속의 집행정지가 취소된 것으로 간주한다(제221조의3 제2항, 제172조의2 제2항).

제 5 절 대물적 강제처분

Ⅰ. 압수·수색

1. 압수·수색의 의의

'압수'(押收)란 수사기관 또는 법원이 물건의 점유를 취득하는 강제처분을 말하는데, 압수의 유형으로는 압류·영치·제출명령 등이 있다. 먼저 '압류'(押留)란 물건의 점유를 점유자 또는 소유자의 의사에 반하여 강제적으로 취득하는 강제처분[1)]을 말하며, 좁은 의미의 압수는 압류를

1) 대법원 2017. 7. 18. 선고 2014도8719 판결(세관공무원이 수출입물품을 검사하는 과정에서 마약류가 감추어져 있다고 밝혀지거나 그러한 의심이 드는 경우, 검사는 마약류의 분산을 방지하기 위하여 충분한 감시체제를 확보하고 있어 수사를 위하여 이를 외국으로 반출하거나 대한민국으로 반입할 필요가 있다는 요청을 세관장에게 할 수 있고, 세관장은 그 요청에 응하기 위하여 필요한 조치를 할 수 있다(마약류 불법거래 방지에 관한 특례법 제4조 제1항). 그러나 이러한 조치가 수사기관에 의한 압수·수색에 해당하는 경우에는 영장주의 원칙이 적용된다. 물론 수출입물품 통관검사절차에서 이루어지는 물품의 개봉, 시료채취, 성분분석 등의 검사는 수출입물품에 대한

의미한다. 이에 따라 법원이 필요한 때에는 피고사건과 관계가 있다고 인정할 수 있는 것에 한정[1]하여 증거물 또는 몰수할 것으로 사료하는 물건을 압수할 수 있다. 다만 법률에 다른 규정이 있는 때에는 예외로 한다(제106조 제1항).

다음으로 '영치'(領置)란 소유자·소지자 또는 보관자 임의로 제출한 물건이나 유류한 물건[2]에 대하여 점유를 계속하는 경우를 말하는데(제218조)[3], 영장을 요하지 않으나(제108조) 일단 영치된 물건에 대하여는 강제적인 점유가 계속되어 상대방이 수인의무를 진다는 점에서 압수의 일종에 해당한다.

마지막으로 '제출명령'(提出命令)이란 법원이 압수할 물건을 지정하여 소유자·소지자 또는 보관자에게 제출을 명하는 것을 말한다(제106조 제2항). 이에 응하여 물건이 제출되었을 때에는 압수의 효력이 발생하고, 이에 응하지 않으면 압수할 수 있다는 점에서 압수의 일종에 해당한다. 다만 제출명령은 법원이 행하는 압수의 한 형태라는 점에서 수사상의 압수에는 인정되지 아니한다. 한편 제219조는 제106조를 준용하고 있어 수사기관이 행하는 압수에도 제출명령이 포함되는 것처럼 규정되어 있지만, 수사기관의 압수에는 원칙적으로 법관의 영장을 요하므로

적정한 통관 등을 목적으로 조사를 하는 것으로서 이를 수사기관의 강제처분이라고 할 수 없으므로, 세관공무원은 압수·수색영장 없이 이러한 검사를 진행할 수 있다. 세관공무원이 통관검사를 위하여 직무상 소지하거나 보관하는 물품을 수사기관에 임의로 제출한 경우에는 비록 소유자의 동의를 받지 않았더라도 수사기관이 강제로 점유를 취득하지 않은 이상 해당 물품을 압수하였다고 할 수 없다. 그러나 마약류 불법거래 방지에 관한 특례법 제4조 제1항에 따른 조치의 일환으로 특정한 수출입물품을 개봉하여 검사하고 그 내용물의 점유를 취득한 행위는 위에서 본 수출입물품에 대한 적정한 통관 등을 목적으로 조사를 하는 경우와는 달리, 범죄수사인 압수 또는 수색에 해당하여 사전 또는 사후에 영장을 받아야 한다); 대법원 2013. 9. 26. 선고 2013도7718 판결(우편물 통관검사절차에서 이루어지는 우편물의 개봉, 시료채취, 성분분석 등의 검사는 수출입물품에 대한 적정한 통관 등을 목적으로 한 행정조사의 성격을 가지는 것으로서 수사기관의 강제처분이라고 할 수 없으므로, 압수·수색영장 없이 우편물의 개봉, 시료채취, 성분분석 등 검사가 진행되었다고 하더라도 특별한 사정이 없는 한 위법하다고 볼 수 없다).

1) 대법원 2014. 1. 16. 선고 2013도7101 판결(수사기관이 피의자 甲의 공직선거법 위반 범행을 영장 범죄사실로 하여 발부받은 압수·수색영장의 집행 과정에서 乙, 丙 사이의 대화가 녹음된 녹음파일을 압수하여 乙, 丙의 공직선거법 위반 혐의사실을 발견한 사안에서, 압수·수색영장에 기재된 '피의자'인 甲이 녹음파일에 의하여 의심되는 혐의사실과 무관한 이상, 수사기관이 별도의 압수·수색영장을 발부받지 아니한 채 압수한 녹음파일은 제219조에 의하여 수사기관의 압수에 준용되는 제106조 제1항이 규정하는 '피고사건' 내지 제215조 제1항이 규정하는 '해당사건'과 '관계가 있다고 인정할 수 있는 것'에 해당하지 않으므로, 녹음파일은 제308조의2에서 정한 '적법한 절차에 따르지 아니하고 수집한 증거'로서 증거로 쓸 수 없고, 그 절차적 위법은 헌법상 영장주의 내지 적법절차의 실질적 내용을 침해하는 중대한 위법에 해당하여 예외적으로 증거능력을 인정할 수도 없다).

2) '유류한 물건'은 유실물보다 넓은 개념으로서 범죄현장에서 발견된 범인이 버리고 간 흉기, 혈흔, 족적, 지문은 물론 범인이 쓰레기통에 버리고 간 쓰레기도 이에 해당하는데, 이는 결국 자의에 의한 유기물을 포함한다. 또한 자동차 사고 현장에서 발견된 차량의 엔진오일 유출흔적, 차량의 잔해 등도 이에 해당한다.

3) 대법원 2011. 5. 26. 선고 2011도1902 판결(이 사건 강판조각은 제218조에 규정된 유류물에, 이 사건 차량에서 탈거 또는 채취된 이 사건 보강용 강판과 페인트는 위 차량의 보관자가 감정을 위하여 임의로 제출한 물건에 각 해당함을 알 수 있다. 따라서 이 사건 강판조각과 보강용 강판 및 차량에서 채취된 페인트는 제218조에 의하여 영장 없이 압수할 수 있으므로 위 각 증거의 수집 과정에 영장주의를 위반한 잘못이 있다 할 수 없고, 나아가 이 사건 공소사실과 위 각 증거와의 관련성 및 그 내용 기타 이 사건 수사의 개시 및 진행 과정 등에 비추어, 비록 위 각 증거의 압수 후 압수조서의 작성 및 압수목록의 작성·교부 절차가 제대로 이행되지 아니한 잘못이 있다고 하더라도, 그것이 적법절차의 실질적인 내용을 침해하는 경우에 해당한다거나 위법수집증거의 배제법칙에 비추어 그 증거능력의 배제가 요구되는 경우에 해당한다고 볼 수는 없다).

수사기관이 독자적인 제출명령권을 가진다고 할 수는 없다.

'수색'(搜索)이란 압수할 물건이나 피의자·피고인을 발견하기 위하여 사람의 신체[1]·물건 또는 주거 기타의 장소에 대하여 행하는 강제처분을 말한다. 수색은 주로 압수를 위하여 행하여지며, 실무상으로도 압수·수색영장이라는 단일의 영장이 일반적으로 사용되고 있다. 그러나 피의자 또는 피고인을 발견하기 위한 경우에 있어서는 수색만으로도 수사의 목적을 달성할 수 있으므로 수색만이 독자적으로 행해지기도 한다.

한편 고소인 또는 고발인 그 밖의 일반국민이 검사에 대하여 영장청구 등의 강제처분을 위한 조치를 취하도록 요구하거나 신청할 수 있는 권리를 가진다고 할 수 없고, 검사가 수사과정에서 영장의 청구 등 강제처분을 위한 조치를 취하지 아니함으로 말미암아 고소인 또는 고발인 그 밖의 일반국민의 법률상의 지위가 직접적으로 어떤 영향을 받는다고도 할 수 없다. 따라서 검사가 수사과정에서 증거수집을 위한 압수·수색영장의 청구 등 강제처분을 위한 조치를 취하지 아니하고 그로 인하여 증거를 확보하지 못하고 불기소처분에 이르렀다면, 그 불기소처분에 대하여 형사소송법상의 재정신청이나 검찰청법상의 항고·재항고 등으로써 불복하는 것은 별론으로 하고, 검사가 압수·수색영장의 청구 등 강제처분을 위한 조치를 취하지 아니한 것 그 자체를 제417조 소정의 '압수에 관한 처분'으로 보아 이에 대해 준항고로써 불복할 수는 없다.[2] 또한 검사의 불기소처분에 대하여 검찰청법의 규정에 따른 항고 또는 재항고의 결과, 고등검찰청 검사장 등이 하는 이른바 재기수사명령은 검찰 내부에서의 지휘권의 행사에 지나지 아니하므로, 그 재기수사명령에서 증거물의 압수·수색이 필요하다는 등의 지적이 있었다고 하여 달리 볼 것은 아니다.

2. 압수·수색의 요건

(1) 범죄의 혐의

압수·수색도 강제수사의 일종이므로 이를 행하기 위해서는 범죄의 혐의가 인정되어야 한다. 하지만 여기서 말하는 범죄혐의의 정도는 체포·구속의 경우와 비교하여 상대적으로 낮은 구체적 혐의로 족하다.[3] 왜냐하면 체포·구속사유로서의 범죄혐의는 상당한 이유를 요구하고 있지만, 압수·수색사유로서의 범죄혐의는 '죄를 범하였다고 의심할 만한 정황'을 요구하고 있다는 점, 구속영장에는 죄명뿐만 아니라 피의사실의 요지까지도 기재하지만, 압수·수색영장에는 죄명만을 기재하도록 요구하고 있다는 점, 압수·수색은 수사 초기에 대체적으로 이루어진다는 점, 신체의 구속은 되도록 피하고 가능한 한 과학수사를 지향해야 한다는 점 등이 그 이유

1) 이에 대하여 신체 그 자체를 구속대상으로 하는 처분과 신체에서 범죄흔적을 비롯한 일정한 물건을 찾아내려고 하는 처분은 구별해야 하므로 수색을 대물적 강제처분으로만 파악해야 한다는 견해로는 정승환, 174면.

2) 대법원 2007. 5. 25.자 2007모82 결정.

3) 이에 대하여 적어도 체포를 위해 필요한 정도의 혐의보다 높거나 동등한 정도의 혐의로 파악해야 한다는 견해로는 신양균/조기영, 220면.

이다.

(2) 필요성

압수·수색은 그 필요성이 인정되는 경우에 한하여 할 수 있는데, 여기서 말하는 필요성은 압수·수색에 의하여 취득하는 목적물의 증거로서의 가치 및 중요성을 의미한다. 이와 같은 필요성 여부를 판단하기 위해서는 범죄의 형태와 경중, 대상물의 증거가치, 대상물의 중요성 및 멸실의 우려, 처분을 받는 자의 불이익 정도 등을 종합적으로 고려해야 한다. 하지만 어떠한 목적물에 압수·수색의 필요성이 인정된다고 하여 바로 압수·수색이 허용되는 것은 아니다. 이러한 점에서 목적물에 대한 압수·수색의 필요성은 압수·수색에 대한 최소한의 관련성을 담보할 수 있는 정도에 이르지 않으면 안 된다.

(3) 사건과의 관련성

법원은 필요한 때에는 피고사건과 관계가 있다고 인정할 수 있는 것에 한정하여 압수·수색을 할 수 있으며(제106조 제1항, 제109조 제1항), 검사는 범죄수사에 필요한 때에는 피의자가 죄를 범하였다고 의심할 만한 정황이 있고 해당 사건과 관계가 있다고 인정할 수 있는 것에 한정하여 압수·수색을 할 수 있다(제215조 제1항). 따라서 영장 발부의 사유로 된 범죄 혐의사실과 무관한 별개의 증거를 압수하였을 경우 이는 원칙적으로 유죄 인정의 증거로 사용할 수 없다.[1] 그러나 압수·수색의 목적이 된 범죄나 이와 관련된 범죄의 경우에는 그 압수·수색의 결과를 유죄의 증거로 사용할 수 있다.

여기서 압수·수색영장의 범죄 혐의사실과 관계있는 범죄라는 것은 압수·수색영장에 기재한 혐의사실과 객관적 관련성이 있고 압수·수색영장 대상자와 피의자 사이에 인적 관련성이 있는 범죄를 의미한다. 먼저 혐의사실과의 객관적 관련성은 압수·수색영장에 기재된 혐의사실 자체 또는 그와 기본적 사실관계가 동일한 범행과 직접 관련되어 있는 경우는 물론 범행 동기와 경위, 범행 수단과 방법, 범행 시간과 장소 등을 증명하기 위한 간접증거나 정황증거 등으로 사용될 수 있는 경우에도 인정될 수 있다. 그 관련성은 압수·수색영장에 기재된 혐의사실의 내용과 수사의 대상, 수사 경위 등을 종합하여 구체적·개별적 연관관계가 있는 경우에만 인정되고, 혐의사실과 단순히 동종 또는 유사 범행이라는 사유만으로 관련성이 있다고 할 것은 아니다.[2] 다음으로 피의자와 사이의 인적 관련성은 압수·수색영장에 기재된 대상자의 공동정범이

1) 대법원 2016. 3. 10. 선고 2013도11233 판결.

2) 대법원 2020. 2. 13. 선고 2019도14341 판결(이 사건 압수·수색영장에는 범죄사실란에 피해자 공소외 1에 대한 간음유인미수 및 통신매체이용음란의 점만이 명시되었으나, 법원은 위 영장에서 계속 압수·수색·검증이 필요한 사유로서 영장 범죄사실에 관한 혐의의 상당성 외에도 추가 여죄수사의 필요성을 포함시켰다. 이 사건 압수·수색영장에 기재된 혐의사실은 미성년자인 공소외 1에 대하여 간음행위를 하기 위한 중간 과정 내지 그 수단으로 평가되는 행위에 관한 것이고 나아가 피고인은 형법 제305조의2 등에 따라 상습범으로 처벌될 가능성이 완전히 배제되지 아니한 상태였으므로, 이 사건 추가 자료들로 밝혀지게 된 공소외 2, 공소외 3, 공소외 4에 대한 범행은 이 사건 압수·수색영장에 기재된 혐의사실과 기본적 사실관계가 동일한 범행에 직접 관련되어 있는 경우라고 볼 수 있다. 실제로 2017. 12.경부터 2018. 4.경까지 사이에 저질러진 위 추가 범행들은, 이 사건 압수·수색영장에 기재된 혐의사실의 일시인 2018. 5. 7.과 시간적으로 근접한 것일 뿐만 아니라, 피고인이 자신의 성적 욕망을 해소

나 교사범 등 공범이나 간접정범은 물론 필요적 공범 등에 대한 피고사건에 대해서도 인정될 수 있다.[1)]

3. 압수·수색의 대상

(1) 압수의 대상

1) 증거물 또는 몰수대상물

법원은 필요한 때에는 피고사건과 관계가 있다고 인정할 수 있는 것에 한정하여 증거물 또는 몰수할 것으로 사료하는 물건을 압수할 수 있다(제106조 제1항 본문, 제219조). 증거물에 대한 압수는 절차확보를 위한 것임에 반하여, 몰수대상물에 대한 압수는 판결집행의 확보라는 의미를 가진다는 점에서 구별된다. 증거물은 동산[2)]에 한하지 않고 부동산도 포함되지만[3)], 사람의 신체는 수색 또는 검증의 대상이지 압수의 대상이 되지 아니한다. 다만 신체로부터 분리된 모발·체모·손톱·혈액·정액·소변 등은 압수의 대상이 된다. '몰수할 것으로 사료되는 물건'이란 당해 사건에 대한 판결에서 몰수가 선고될 가능성이 있는 물건을 말하며, 필요적 몰수의 대상인 물건뿐만 아니라 임의적 몰수의 대상인 것도 포함된다.

2) 정보저장매체

기존 형사소송법은 압수의 대상을 '증거물 또는 몰수할 것으로 사료하는 물건'으로 규정하

하기 위하여 미성년자인 피해자들을 대상으로 저지른 일련의 성범죄로서 범행 동기, 범행대상, 범행의 수단과 방법이 공통된다는 점에서 그러하다. 이 사건 추가 자료들은 이 사건 압수·수색영장의 범죄사실 중 간음유인죄의 '간음할 목적'이나 성폭력범죄의 처벌 등에 관한 특례법 위반(통신매체이용음란)죄의 '자기 또는 다른 사람의 성적 욕망을 유발하거나 만족시킬 목적'을 뒷받침하는 간접증거로도 사용될 수 있었다. 나아가 이 사건 추가 자료들은 피고인이 위 영장 범죄사실과 같은 범행을 저지른 수법 및 준비과정, 계획 등에 관한 정황증거에 해당할 뿐 아니라, 영장 범죄사실 자체에 대하여 피고인이 하는 진술의 신빙성을 판단할 수 있는 자료로도 사용될 수 있었다. 앞서 본 법리와 위와 같은 사정들을 종합하면, 이 사건 추가 자료들로 인하여 밝혀진 피고인의 공소외 2, 공소외 3, 공소외 4에 대한 범행은 이 사건 압수·수색영장의 범죄사실과 단순히 동종 또는 유사 범행인 것을 넘어서서, 이와 구체적·개별적 연관관계가 있는 경우로서 객관적·인적 관련성을 모두 갖추었다고 봄이 타당하다); 대법원 2017. 1. 25. 선고 2016도13489 판결.

1) 대법원 2017. 12. 5. 선고 2017도13458 판결(1차 압수·수색영장에 기재된 허위사실공표 사건의 혐의사실은 피고인이 2016. 4. 11. 선거운동과 관련하여 자신의 페이스북에 허위의 글을 게시하였다는 것이다. 이 사건 공소사실은 피고인이 2016. 3. 30.경 선거운동과 관련하여 자신의 페이스북에 선거홍보물 게재 등을 부탁하면서 공소외 1에게 금품을 제공하였다는 것이다. 이 사건 공소사실은 1차 압수·수색영장 기재 혐의사실에 대한 범행의 동기와 경위, 범행 수단과 방법, 범행 시간과 장소 등을 증명하기 위한 간접증거나 정황증거 등으로 사용될 수 있는 경우에 해당하므로, 1차 압수·수색영장 기재 혐의사실과 객관적 관련성이 있다. 또한 이 사건 공소사실과 1차 압수·수색영장 기재 혐의사실은 모두 피고인이 범행 주체가 되어 페이스북을 통한 선거운동과 관련된 내용이므로 인적 관련성 역시 인정된다).

2) 대법원 1991. 2. 26.자 91모1 결정(출판에 대한 사전검열이 헌법상 금지된 것으로서 어떤 이유로도 행정적인 규제방법으로 사전검열을 하는 것은 허용되지 않으나 출판내용에 형벌법규에 저촉되어 범죄를 구성하는 혐의가 있는 경우에 그 증거물 또는 몰수할 물건으로서 압수하는 것은 재판절차라는 사법적 규제와 관련된 것이어서 행정적인 규제로서의 사전검열과 같이 볼 수 없고, 다만 출판 직전에 그 내용을 문제 삼아 출판물을 압수하는 것은 실질적으로 출판의 사전검열과 같은 효과를 가져 올 수도 있는 것이므로 범죄혐의와 강제수사의 요건을 엄격히 해석하여야 할 것이다).

3) 이에 대하여 부동산은 압수의 대상이 되지 않는다는 견해로는 배종대/홍영기, 151면.

고 있었는데, 이와 관련하여 전자기록 등 정보저장매체에 대한 압수가 가능한지 여부가 문제되었다. 범죄와 관련된 기록이나 정보가 컴퓨터 또는 전자적 기록매체에 남아 있는 경우에 이러한 전자적 정보를 확보하는 것은 수사상 매우 중요한 일이지만, 전자적 정보를 재물로 간주되는 관리할 수 있는 동력으로 파악하여 이를 증거물로 보기에는 무리가 있다. 또한 현실적으로 무체정보를 증거로서 확보하기 위해서는 정보를 유체물인 USB 등에 저장하거나 프린터에 의해 출력하여 압수하는 방법에 의할 수밖에 없다고 하더라도 이는 무체물인 전자적 정보를 압수하기 위한 수단에 불과할 뿐 그 대상물은 여전히 전자적 정보 그 자체라고 보아야 한다. 결국 기존의 법에 따르면 압수의 객체는 유체물이고, 전자적 정보는 무체물이므로 전자적 정보 자체를 확보하기 위한 수단으로서의 압수는 허용되지 않는다고 보아야 했다. 이러한 불합리한 점을 시정하기 위하여 2011. 7. 18. 형사소송법 개정을 통하여 수사기관 또는 법원은 압수의 목적물이 컴퓨터용디스크, 그 밖에 이와 비슷한 정보저장매체인 경우에는 기억된 정보의 범위를 정하여 출력하거나 복제하여 제출받아야 한다. 다만 범위를 정하여 출력 또는 복제하는 방법이 불가능하거나 압수의 목적을 달성하기에 현저히 곤란하다고 인정되는 때에는 정보저장매체 등을 압수할 수 있으며(제106조 제3항, 제219조)[1], 수사기관 또는 법원은 이에 따라 정보를 제공받은 경우 개인정보보호법 제2조 제3호에 따른 정보주체에게 해당 사실을 지체 없이 알려야 한다(제106조 제4항, 제219조)고 새롭게 규정하였다.

수사기관의 전자정보에 대한 압수·수색영장의 집행에 있어서는 원칙적으로 영장 발부의 사유로 된 혐의사실과 관련된 부분만을 문서 출력물로 수집하거나 수사기관이 휴대한 저장매

---

1) 대법원 2017. 11. 29. 선고 2017도9747 판결(인터넷서비스이용자는 인터넷서비스제공자와 체결한 서비스이용계약에 따라 인터넷서비스를 이용하여 개설한 이메일 계정과 관련 서버에 대한 접속권한을 가지고, 해당 이메일 계정에서 생성한 이메일 등 전자정보에 관한 작성·수정·열람·관리 등의 처분권한을 가지며, 전자정보의 내용에 관하여 사생활의 비밀과 자유 등의 권리보호이익을 가지는 주체로서 해당 전자정보의 소유자 내지 소지자라고 할 수 있다. 또한 인터넷서비스제공자는 서비스이용약관에 따라 전자정보가 저장된 서버의 유지·관리책임을 부담하고, 해당 서버 접속을 위해 입력된 아이디와 비밀번호 등이 인터넷서비스이용자가 등록한 것과 일치하면 접속하려는 자가 인터넷서비스이용자인지를 확인하지 아니하고 접속을 허용하여 해당 전자정보를 정보통신망으로 연결되어 있는 컴퓨터 등 다른 정보처리장치로 이전, 복제 등을 할 수 있도록 하는 것이 일반적이다. 따라서 수사기관이 인터넷서비스이용자인 피의자를 상대로 피의자의 컴퓨터 등 정보처리장치 내에 저장되어 있는 이메일 등 전자정보를 압수·수색하는 것은 전자정보의 소유자 내지 소지자를 상대로 해당 전자정보를 압수·수색하는 대물적 강제처분으로 형사소송법의 해석상 허용된다. 나아가 압수·수색할 전자정보가 압수·수색영장에 기재된 수색장소에 있는 컴퓨터 등 정보처리장치 내에 있지 아니하고 그 정보처리장치와 정보통신망으로 연결되어 제3자가 관리하는 원격지의 서버 등 저장매체에 저장되어 있는 경우에도, 수사기관이 피의자의 이메일 계정에 대한 접근권한에 갈음하여 발부받은 영장에 따라 영장 기재 수색장소에 있는 컴퓨터 등 정보처리장치를 이용하여 적법하게 취득한 피의자의 이메일 계정 아이디와 비밀번호를 입력하는 등 피의자가 접근하는 통상적인 방법에 따라 원격지의 저장매체에 접속하고 그곳에 저장되어 있는 피의자의 이메일 관련 전자정보를 수색장소의 정보처리장치로 내려받거나 그 화면에 현출시키는 것 역시 피의자의 소유에 속하거나 소지하는 전자정보를 대상으로 이루어지는 것이므로 그 전자정보에 대한 압수·수색을 위와 달리 볼 필요가 없다. 비록 수사기관이 위와 같이 원격지의 저장매체에 접속하여 그 저장된 전자정보를 수색장소의 정보처리장치로 내려받거나 그 화면에 현출시킨다 하더라도, 이는 인터넷서비스제공자가 허용한 피의자의 전자정보에 대한 접근 및 처분권한과 일반적 접속 절차에 기초한 것으로서, 특별한 사정이 없는 한 인터넷서비스제공자의 의사에 반하는 것이라고 단정할 수 없다).

체에 해당 파일을 복사하는 방식으로 이루어져야 하고, 집행현장의 사정상 위와 같은 방식에 의한 집행이 불가능하거나 현저히 곤란한 부득이한 사정이 있더라도 그 같은 경우에 그 저장매체 자체를 직접 또는 하드카피나 이미징 등 형태로 수사기관 사무실 등 외부로 반출하여 해당 파일을 압수·수색할 수 있도록 영장에 기재되어 있고 실제 그와 같은 사정이 발생한 때에 한하여 예외적으로 허용될 수 있을 뿐이다. 또한 이러한 일련의 과정에서 제219조, 제121조에서 규정하는 피압수자 또는 변호인에게 참여의 기회를 보장하고[1] 혐의사실과 무관한 전자정보의 임의적인 복제 등을 막기 위한 적절한 조치를 취하는 등 영장주의 원칙과 적법절차를 준수하여야 한다. 만약 그러한 조치가 취해지지 않았다면 피압수자 측이 참여하지 아니한다는 의사를 명시적으로 표시하였거나 절차 위반행위가 이루어진 과정의 성질과 내용 등에 비추어 피압수자 측에 절차 참여를 보장한 취지가 실질적으로 침해되었다고 볼 수 없을 정도에 해당한다는 등의 특별한 사정이 없는 이상 압수·수색이 적법하다고 평가할 수 없고, 비록 수사기관이 저장매체 또는 복제본에서 혐의사실과 관련된 전자정보만을 복제·출력하였다고 하더라도 달리 볼 것은 아니다.[2] 하지만 수사기관이 정보저장매체에 기억된 정보 중에서 키워드 또는 확장자 검색 등을 통해 범죄 혐의사실과 관련 있는 정보를 선별한 다음 정보저장매체와 동일하게 비트열 방식으로 복제하여 생성한 파일(이하 '이미지 파일'이라 한다)을 제출받아 압수하였다면 이로써 압수의 목적물에 대한 압수·수색 절차는 종료된 것이므로, 수사기관이 수사기관 사무실에서 위와 같

1) 이에 대하여 저장매체의 압수 또는 관련정보의 출력이나 복제가 이루어지는 시점에 압수영장이 종료된다고 보아야 하며, 이후에 압수물의 내용을 탐색하는 행위는 압수물의 내용을 알기 위한 수사기관의 내부적인 확인행위에 불과하므로 압수 종료 이후에 피압수자의 참여를 인정하는 것은 법률에 의한 당연한 권리로 보기 어렵다는 견해로는 정웅석/최창호, 188면.

2) 대법원 2017. 9. 21. 선고 2015도12400 판결; 대법원 2015. 7. 16.자 2011모1839 전원합의체 결정(전자정보에 대한 압수·수색 과정에서 이루어진 현장에서의 저장매체 압수·이미징·탐색·복제 및 출력행위 등 수사기관의 처분은 하나의 영장에 의한 압수·수색 과정에서 이루어진다. 그러한 일련의 행위가 모두 진행되어 압수·수색이 종료된 이후에는 특정단계의 처분만을 취소하더라도 그 이후의 압수·수색을 저지한다는 것을 상정할 수 없고 수사기관에게 압수·수색의 결과물을 보유하도록 할 것인지가 문제 될 뿐이다. 그러므로 이 경우에는 준항고인이 전체 압수·수색 과정을 단계적·개별적으로 구분하여 각 단계의 개별 처분의 취소를 구하더라도 준항고법원은 특별한 사정이 없는 한 구분된 개별 처분의 위법이나 취소 여부를 판단할 것이 아니라 당해 압수·수색 과정 전체를 하나의 절차로 파악하여 그 과정에서 나타난 위법이 압수·수색 절차 전체를 위법하게 할 정도로 중대한지 여부에 따라 전체적으로 압수·수색 처분을 취소할 것인지를 가려야 한다. 여기서 위법의 중대성은 위반한 절차조항의 취지, 전체과정 중에서 위반행위가 발생한 과정의 중요도, 위반사항에 의한 법익침해 가능성의 경중 등을 종합하여 판단하여야 한다. 검사가 압수·수색영장을 발부받아 甲주식회사 빌딩 내 乙의 사무실을 압수·수색하였는데, 저장매체에 범죄혐의와 관련된 정보(이하 '유관정보'라 한다)와 범죄혐의와 무관한 정보(이하 '무관정보'라 한다)가 혼재된 것으로 판단하여 甲회사의 동의를 받아 저장매체를 수사기관 사무실로 반출한 다음 乙측의 참여하에 저장매체에 저장된 전자정보파일 전부를 '이미징'의 방법으로 다른 저장매체로 복제(이하 '제1처분'이라 한다)하고, 乙측의 참여 없이 이미징한 복제본을 외장 하드디스크에 재복제(이하 '제2처분'이라 한다)하였으며, 乙측의 참여 없이 하드디스크에서 유관정보를 탐색하는 과정에서 甲회사의 별건 범죄혐의와 관련된 전자정보 등 무관정보도 함께 출력(이하 '제3처분'이라 한다)한 사안에서, 제1처분은 위법하다고 볼 수 없으나, 제2·3처분은 제1처분 후 피압수·수색 당사자에게 계속적인 참여권을 보장하는 등의 조치가 이루어지지 아니한 채 유관정보는 물론 무관정보까지 재복제·출력한 것으로서 영장이 허용한 범위를 벗어나고 적법절차를 위반한 위법한 처분이며, 제2·3처분에 해당하는 전자정보의 복제·출력 과정은 증거물을 획득하는 행위로서 압수·수색의 목적에 해당하는 중요한 과정인 점 등 위법의 중대성에 비추어 위 영장에 기한 압수·수색이 전체적으로 취소되어야 한다); 대법원 2015. 10. 15.자 2013모1969 결정.

이 압수된 이미지 파일을 탐색·복제·출력하는 과정에서도 피의자 등에게 참여의 기회를 보장하여야 하는 것은 아니다.[1)]

한편 저장매체 자체를 수사기관 사무실 등으로 옮긴 후 영장에 기재된 범죄 혐의 관련 전자정보를 탐색하여 해당 전자정보를 문서로 출력하거나 파일을 복사하는 과정 역시 전체적으로 압수·수색영장 집행에 포함된다.[2)] 따라서 그러한 경우 문서출력 또는 파일복사의 대상 역시 혐의사실과 관련된 부분으로 한정되어야 함은 영장주의의 원칙상 당연하다. 그러므로 수사기관 사무실 등으로 옮긴 저장매체에서 범죄혐의와 관련성에 대한 구분 없이 저장된 전자정보 중 임의로 문서출력 또는 파일복사를 하는 행위는 특별한 사정이 없는 한 영장주의의 원칙에 반하는 위법한 집행이 된다.[3)]

3) 우체물 또는 전기통신

수사기관 또는 법원은 필요한 때에는 피의사건 또는 피고사건과 관계가 있다고 인정할 수 있는 것에 한정하여 우체물 또는 통신비밀보호법 제2조 제3호에 따른 전기통신에 관한 것으로서 체신관서, 그 밖의 관련 기관 등이 소지 또는 보관하는 물건의 제출을 명하거나 압수를 할 수 있으며(제107조 제1항, 제219조), 이에 따른 처분을 할 때에는 발신인이나 수신인에게 그 취지를 통지하여야 한다. 다만 심리에 방해될 염려가 있는 경우에는 예외로 한다(제107조 제3항, 제219조). 우체물이나 전기통신 관련 물건은 개봉하여 그 내용을 확인하기 전에는 증거물이나 몰수대상물에 해당하는지 여부를 파악할 수 없다는 특징이 있다. 그러므로 우체물이나 전기통신 등은 피의사건 또는 피고사건과의 관련성만 인정된다면 반드시 증거물 또는 몰수할 것으로 사료되는 물건이 아니더라도 압수할 수 있도록 특칙을 규정한 것이다.

(2) 수색의 대상

수색의 대상은 사람의 신체·물건 또는 주거 기타의 장소이다(제109조 제1항, 제219조). 피의자 또는 피고인에 대한 수색은 널리 허용되지만, 피의자 또는 피고인 아닌 자의 신체·물건·주거 기타 장소에 관하여는 압수할 물건이 있음을 인정할 수 있는 경우에 한하여 수색할 수 있다(제109조 제2항, 제219조). 이와 같이 제3자를 대상으로 하는 수색에 있어서는 그 요건이 보다 엄격하게 규정되어 있다.

---

1) 대법원 2018. 2. 8. 선고 2017도13263 판결.

2) 대법원 2012. 3. 29. 선고 2011도10508 판결.

3) 대법원 2014. 2. 27. 선고 2013도12155 판결; 대법원 2011. 5. 26.자 2009모1190 결정. 하지만 파일변환 및 복호화 작업은 범죄혐의와 관련된 정보를 탐색하는 과정 그 자체라기보다는 탐색을 위한 준비과정에 불과하여 참여권이 가지는 의미가 상대적으로 크다고 보기 어려운 점에서, 파일변환 및 복호화 작업 시 참여권이 보장되지 않았다고 하더라도 그것이 압수·수색영장에 기한 압수·수색 과정 전체를 위법하게 할 정도로 중대하다고 보기는 어렵다 (대법원 2015. 10. 15.자 2013모1969 결정).

4. 압수·수색의 제한

(1) 군사상 비밀과 압수

군사상 비밀을 요하는 장소는 그 책임자의 승낙 없이는 압수 또는 수색할 수 없으며, 그 책임자는 국가의 중대한 이익을 해하는 경우를 제외하고는 승낙을 거부하지 못한다(제110조, 제219조). 군사상 비밀에 대하여는 공무상 비밀 또는 업무상 비밀의 경우와 달리 압수뿐만 아니라 수색도 제한된다는 점에서 차이가 있다.

(2) 공무상 비밀과 압수

공무원 또는 공무원이었던 자가 소지 또는 보관하는 물건에 관하여는 본인 또는 그 해당 공무소가 직무상의 비밀에 관한 것임을 신고한 때에는 그 소속공무소 또는 당해 감독관공서의 승낙 없이는 압수하지 못한다. 소속공무소 또는 당해 감독관공서는 국가의 중대한 이익을 해하는 경우를 제외하고는 승낙을 거부하지 못한다(제111조, 제219조). 군사상 비밀에 대한 압수와 달리 승낙 이외에 신고절차가 규정되어 있고, 압수만 거부할 수 있을 뿐 수색은 거부할 수 없다는 점에서 차이가 있다.

(3) 업무상 비밀과 압수

변호사·변리사·공증인·공인회계사·세무사·대서업자·의사·한의사·치과의사·약사·약종상·조산사·간호사·종교의 직에 있는 자 또는 이러한 직에 있던 자가 그 업무상 위탁을 받아 소지 또는 보관하는 물건으로 타인의 비밀에 관한 것은 압수를 거부할 수 있다. 다만 그 타인의 승낙이 있거나 중대한 공익상 필요가 있는 때에는 예외로 한다(제112조, 제219조). 이와 달리 형사소송법 및 기타 법령상 교도관이 그 직무상 위탁을 받아 소지 또는 보관하는 물건으로서 재소자가 작성한 비망록을 수사기관이 수사 목적으로 압수하는 절차에 관하여 특별한 절차적 제한을 두고 있지 않으므로, 교도관이 재소자가 맡긴 비망록을 수사기관에 임의로 제출하였다면 그 비망록의 증거사용에 대하여도 재소자의 사생활의 비밀 기타 인격적 법익이 침해되는 등의 특별한 사정이 없는 한 반드시 그 재소자의 동의를 받아야 하는 것은 아니다. 따라서 검사가 교도관으로부터 그가 보관하고 있던 피고인의 비망록을 뇌물수수 등의 증거자료로 임의로 제출받아 이를 압수한 경우, 그 압수절차가 피고인의 승낙 및 영장 없이 행하여졌다고 하더라도 이에 적법절차를 위반한 위법이 있다고 할 수 없다.[1)]

(4) 비변호인과의 접견시 압수

법원 또는 수사기관은 도망하거나 또는 죄증을 인멸할 염려가 있다고 인정할 만한 상당한 이유가 있는 때에는 구속된 피고인·피의자와 비변호인과의 접견을 금하거나 수수할 서류 기타 물건의 검열·수수의 금지 또는 압수를 할 수 있다. 다만 의류·양식·의료품의 수수를 금지 또는 압수할 수 없다(제91조, 제209조).

---

1) 대법원 2008. 5. 15. 선고 2008도1097 판결.

5. 압수·수색의 절차

(1) 압수·수색영장의 청구

1) 청구권자

검사는 범죄수사에 필요한 때에는 피의자가 죄를 범하였다고 의심할 만한 정황[1]이 있고 해당 사건과 관계가 있다고 인정할 수 있는 것에 한정하여 지방법원 판사에게 청구하여 발부받은 영장에 의하여 압수·수색을 할 수 있다(제215조 제1항). 일단 공소가 제기된 후에는 그 피고사건에 관하여 검사로서는 제215조에 의하여 압수·수색을 할 수 없다고 보아야 하며, 그럼에도 불구하고 검사가 공소제기 후 제215조에 따라 수소법원 이외의 지방법원 판사에게 청구하여 발부받은 영장에 의하여 압수·수색을 하였다면, 그와 같이 수집된 증거는 기본적 인권 보장을 위해 마련된 적법한 절차에 따르지 않은 것으로서 원칙적으로 유죄의 증거로 삼을 수 없다.[2]

사법경찰관이 범죄수사에 필요한 때에는 피의자가 죄를 범하였다고 의심할 만한 정황이 있고 해당 사건과 관계가 있다고 인정할 수 있는 것에 한정하여 검사에게 신청하여 검사의 청구로 지방법원 판사가 발부한 영장에 의하여 압수·수색을 할 수 있다(제215조 제2항). 사법경찰관이 이를 위반하여 영장 없이 물건을 압수한 경우 그 압수물은 물론 이를 기초로 하여 획득한 2차적 증거 역시 유죄 인정의 증거로 사용할 수 없는 것이고, 이와 같은 법리는 헌법과 형사소송법이 선언한 영장주의의 중요성에 비추어 볼 때 위법한 압수가 있은 직후에 피고인으로부터 작성받은 그 압수물에 대한 임의제출동의서도 특별한 사정이 없는 한 마찬가지라고 할 것이다.[3] 한편 검사가 사법경찰관이 신청한 영장을 정당한 이유 없이 판사에게 청구하지 아니한 경우 사법경찰관은 그 검사 소속의 지방검찰청 소재지를 관할하는 고등검찰청에 영장 청구 여부에 대한 심의를 신청할 수 있다(제221조의5 제1항).

2) 청구의 방식

압수·수색영장의 청구를 할 때에는 피의자에게 범죄의 혐의가 있다고 인정되는 자료와 압수·수색 또는 검증의 필요 및 해당 사건과의 관련성을 인정할 수 있는 자료를 제출하여야 하며(규칙 제108조 제1항), 피의자 아닌 자의 신체·물건·주거 기타 장소의 수색을 위한 영장의 청구를 할 때에는 압수하여야 할 물건이 있다고 인정될 만한 자료를 제출하여야 한다(규칙 제108조 제2

1) 체포와 구속에 있어서는 범죄혐의의 상당한 이유를 요구하는 반면에 압수와 수색에 있어서는 '죄를 범하였다고 의심할 만한 정황'만을 요구하는 것은, 압수·수색이 대체적으로 수사의 초기 단계에서 체포·구속에 앞서 활용되는 점에 기인한다.

2) 대법원 2011. 4. 28. 선고 2009도10412 판결.

3) 대법원 2010. 7. 22. 선고 2009도14376 판결(경찰이 피고인의 집에서 20m 떨어진 곳에서 피고인을 체포하여 수갑을 채운 후 피고인의 집으로 가서 집안을 수색하여 칼과 합의서를 압수하였을 뿐만 아니라 적법한 시간 내에 압수수색영장을 청구하여 발부받지도 않았음을 알 수 있는바, 칼과 합의서는 임의제출물이 아니라 영장 없이 위법하게 압수된 것으로서 증거능력이 없고, 따라서 이를 기초로 한 2차 증거인 임의제출동의서, 압수조서 및 목록, 압수품 사진 역시 증거능력이 없다).

항). 압수·수색을 위한 영장의 청구서에는 ① 피의자의 성명(분명하지 아니한 때에는 인상·체격·그 밖에 피의자를 특정할 수 있는 사항)·주민등록번호 등·직업·주거[1], ② 피의자에게 변호인이 있는 때에는 그 성명, ③ 죄명 및 범죄사실의 요지, ④ 7일을 넘는 유효기간을 필요로 하는 때에는 그 취지 및 사유, ⑤ 여러 통의 영장을 청구하는 때에는 그 취지 및 사유, ⑥ 압수할 물건, 수색 또는 검증할 장소·신체나 물건, ⑦ 압수·수색 또는 검증의 사유, ⑧ 일출 전 또는 일몰 후에 압수·수색 또는 검증을 할 필요가 있는 때에는 그 취지 및 사유, ⑨ 제216조 제3항에 따라 청구하는 경우에는 영장 없이 압수·수색 또는 검증을 한 일시 및 장소, ⑩ 제217조 제2항에 따라 청구하는 경우에는 체포한 일시 및 장소와 영장 없이 압수·수색 또는 검증을 한 일시 및 장소, ⑪ 통신비밀보호법 제2조 제3호에 따른 전기통신을 압수·수색하고자 할 경우 그 작성기간 등의 사항을 기재하여야 한다(규칙 제107조 제1항).

(2) 압수·수색영장의 발부

수소법원이 압수·수색을 할 때에는 직권으로 영장을 발부하여야 한다. 다만 공판정 외에서 압수 또는 수색을 함에는 영장을 발부하여 시행하여야 한다(제113조). 이는 법원이 검증을 함에 있어서 공판정 외에서도 영장 없이 시행할 수 있는 점(제139조)과 비교된다. 이와 같이 법원이 공판정에서 압수·수색을 하는 경우에는 영장을 요하지 아니한다. 공판정에서 압수·수색을 할 때에는 이를 공판조서에 기재하여야 하며(제51조 제2항 제10호), 그 공판조서에는 압수물의 품종·외형상의 특징과 수량을 기재하여야 한다(제49조 제3항). 하지만 공판정 외에서도 임의제출물[2]이나 유류물의 압수(제108조), 구속영장 집행을 위한 피고인 수색(제137조) 등의 경우에는 영장을 요하지 아니한다.

법원은 압수 또는 수색을 합의부원에게 명할 수 있고, 그 목적물의 소재지를 관할하는 지방법원 판사에게 촉탁할 수 있다(제136조 제1항). 수탁판사는 압수 또는 수색의 목적물이 그 관할구역 내에 없는 때에는 그 목적물 소재지지방법원 판사에게 전촉할 수 있다(제136조 제2항). 수명법관·수탁판사가 행하는 압수 또는 수색에 관하여는 법원이 행하는 압수 또는 수색에 관한 규정을 준용한다(제136조 제3항).

한편 제416조는 재판장 또는 수명법관이 한 재판에 대한 준항고에 관하여 규정하고 있는데, 여기에서 말하는 '재판장 또는 수명법관'이란 수소법원의 구성원으로서의 재판장 또는 수명법관만을 가리키는 것이어서, 수사기관의 청구에 의하여 압수영장 등을 발부하는 독립된 재판기관인 지방법원 판사가 이에 해당된다고 볼 수 없으므로, 지방법원 판사가 한 압수영장발부의 재판에 대하여는 위 조항에서 정한 준항고로 불복할 수 없고, 나아가 제402조, 제403조에서 규

1) 피의자의 주거지가 주민등록표상의 주거지와 다른 곳으로 기재되어 청구되는 경우에는 그 장소가 피의자의 실제 주거지에 해당한다는 점에 대한 별도의 소명자료가 필요하다.

2) 의정부지방법원 2019. 8. 22. 선고 2018노2757 판결(휴대전화기가 임의제출된 것이라도 거기에 기억된 저장정보에 대한 탐색과 증거추출이 진행된다면, 압수수색절차는 휴대전화 제출 당시에 종료된 것이 아니라 탐색과정까지 계속되는 것이므로, 참여권 보장과 관련성 요건과 같은 적법절차 원칙이 지켜져야 한다).

정하는 항고는 법원이 한 결정을 그 대상으로 하는 것이므로 법원의 결정이 아닌 지방법원 판사가 한 압수영장발부의 재판에 대하여 그와 같은 항고의 방법으로도 불복할 수 없다.[1)]

1) 영장의 기재사항

압수·수색영장에는 피고인 또는 피의자의 성명, 죄명, 압수할 물건·수색할 장소·신체·물건·발부년월일·유효기간과 그 기간을 경과하면 집행에 착수하지 못하며 영장을 반환하여야 한다는 취지, 압수·수색의 사유를 기재하고 피고인에 대한 영장의 경우에는 재판장 또는 수명법관이, 피의자에 대한 영장의 경우에는 지방법원 판사가 각각 서명날인하여야 한다.[2)] 다만 압수·수색할 물건이 전기통신에 관한 것인 경우에는 작성기간을 기재하여야 한다(제114조 제1항, 제219조). 피의자 또는 피고인의 성명이 분명하지 아니한 때에는 인상·체격·기타 피의자 또는 피고인을 특정할 수 있는 사항으로 이를 표시할 수 있다(제114조 제2항, 제75조 제2항, 제219조).

2) 압수·수색할 대상의 특정

① 특정의 정도

압수·수색의 대상은 압수·수색영장에 반드시 특정되어야 한다. 이와 같이 압수·수색영장에 대상물을 특정할 것을 요구하는 것은 영장을 집행하는 수사기관의 권한범위를 명확히 함으로써 남용을 방지하는데 그 목적이 있다.[3)] 법관이 압수·수색영장을 발부하면서 '압수할 물건'을 특정하기 위하여 기재한 문언은 엄격하게 해석하여야 하고, 함부로 피압수자 등에게 불리한 내용으로 확장 또는 유추해석하여서는 안 된다. 따라서 영장에는 개별적으로 압수할 물건의 명칭·형상·특징 등을 구체적으로 기재하는 것이 가장 바람직하므로, 압수·수색영장에서 압수할 물건을 '압수장소에 보관중인 물건'이라고 기재하고 있는 것을 '압수장소에 현존하는 물건'으로 해석할 수는 없다. 다만 수사의 실제에 있어서는 목적물 존재의 개연성은 인정되지만 구체적인 품명·수량·형상까지는 자세히 알 수 없는 경우가 있다는 점을 고려할 때 대상물에 대한 어느 정도의 개괄적인 기재는 허용되는 것으로 보아야 한다. 또한 수색할 장소의 기재도 압수·수색영장을 집행할 때 다른 장소와 합리적으로 구별될 수 있을 정도로 특정되어야 한다. 특히 회사·단체·공공기관 등의 사무실이 수색장소인 경우에는 범죄사건과 관련된 장소로 엄격히 제한하여 수색장소를 특정할 필요가 있다.

② 전자적 정보의 특정

압수·수색의 대상이 컴퓨터 기록 등 전자적 정보에 해당하는 때에는 그 특정에 있어서 유체 증거물에 대한 압수·수색의 경우와는 다른 문제가 발생한다. 왜냐하면 전자적 정보는 가시성·가독성이 없어 유체물과 같이 외형에 의하여 이를 구분하기가 곤란하고, 유체물을 기준으

---

1) 대법원 1997. 9. 29.자 97모66 결정.

2) 서명날인에 갈음하여 기명날인할 수 없는 재판서는 판결과 각종 영장(감정유치장 및 감정처분허가장을 포함한다)을 말한다(규칙 제25조의2).

3) 대법원 2009. 3. 12. 선고 2008도763 판결.

로 하는 장소적인 의미를 그대로 적용하기도 어려우며, 하나의 정보저장매체에 범죄사실과 관련된 정보가 그렇지 않은 정보와 혼재되어 있는 경우가 일반적이고, 저장매체를 여러 사람이 사용하는 경우에는 피의자가 아닌 타인의 정보도 포함되어 있는 경우도 있는 등 압수·수색의 현장에서 범죄사실과 관련된 정보만을 선별하여 특정하는데 어려움이 있기 때문이다.

압수물인 컴퓨터용 디스크 그 밖에 이와 비슷한 정보저장매체에 입력하여 기억된 문자정보 또는 그 출력물(이하 '출력 문건'이라 한다)을 증거로 사용하기 위해서는 정보저장매체 원본에 저장된 내용과 출력 문건의 동일성이 인정되어야 하고, 이를 위해서는 정보저장매체 원본이 압수시부터 문건 출력 시까지 변경되지 않았다는 사정, 즉 무결성이 담보되어야 한다. 특히 정보저장매체 원본을 대신하여 저장매체에 저장된 자료를 '하드카피' 또는 '이미징'[1]한 매체로부터 출력한 문건의 경우에는 정보저장매체 원본과 '하드카피' 또는 '이미징'한 매체 사이에 자료의 동일성도 인정되어야 할 뿐만 아니라 이를 확인하는 과정에서 이용한 컴퓨터의 기계적 정확성, 프로그램의 신뢰성, 입력·처리·출력의 각 단계에서 조작자의 전문적인 기술능력과 정확성이 담보되어야 한다.

이 경우 출력 문건과 정보저장매체에 저장된 자료가 동일하고 정보저장매체 원본이 문건 출력 시까지 변경되지 않았다는 점은, 피압수·수색 당사자가 정보저장매체 원본과 '하드카피' 또는 '이미징'한 매체의 해쉬(Hash) 값이 동일하다는 취지로 서명한 확인서면을 교부받아 법원에 제출하는 방법에 의하여 증명하는 것이 원칙이나, 그와 같은 방법에 의한 증명이 불가능하거나 현저히 곤란한 경우에는, 정보저장매체 원본에 대한 압수, 봉인, 봉인해제, '하드카피' 또는 '이미징' 등 일련의 절차에 참여한 수사관이나 전문가 등의 증언에 의해 정보저장매체 원본과 '하드카피' 또는 '이미징'한 매체 사이의 해쉬 값이 동일하다거나 정보저장매체 원본이 최초 압수시부터 밀봉되어 증거 제출 시까지 전혀 변경되지 않았다는 등의 사정을 증명하는 방법 또는 법원이 그 원본에 저장된 자료와 증거로 제출된 출력 문건을 대조하는 방법 등으로도 그와 같은 무결성·동일성을 인정할 수 있으며, 반드시 압수·수색 과정을 촬영한 영상녹화물 재생 등의 방법으로만 증명하여야 한다고 볼 것은 아니다.[2] 생각건대 수사기관이 현장에서의 수색을 통하여 피의사실과 관련이 있는 전자적 정보만을 압수하는 것이 바람직하지만, 이를 현장에서

---

1) 여기서 '하드카피'란 컴퓨터에서 처리된 결과나 화면 내용을 출력한 정보가 있을 때 그 정보를 원래의 출력장치와 분리해서도 볼 수 있도록 만든 출력 형태를 말하며, '이미징'이란 컴퓨터 하드디스크의 각종 정보를 압축된 파일 또는 이미지로 변경하여 다른 하드디스크 등에 복사하고 저장한 형태를 말한다. 특히 이미징은 개개의 파일을 복사하는 것이 아니라 여러 파일이 디스크의 각 섹터에 분산 및 저장되어 있는 원형 그대로 복사하는 것을 의미한다.

2) 대법원 2013. 7. 26. 선고 2013도2511 판결; 대법원 1999. 9. 3. 선고 99도2317 판결(컴퓨터 디스켓에 들어 있는 문건이 증거로 사용되는 경우 그 컴퓨터 디스켓은 그 기재의 매체가 다를 뿐 실질에 있어서는 피고인 또는 피고인 아닌 자의 진술을 기재한 서류와 크게 다를 바 없고, 압수 후의 보관 및 출력과정에 조작의 가능성이 있으며, 기본적으로 반대신문의 기회가 보장되지 않는 점 등에 비추어 그 기재내용의 진실성에 관하여는 전문법칙이 적용된다고 할 것이고, 따라서 제313조 제1항에 의하여 그 작성자 또는 진술자의 진술에 의하여 그 성립의 진정함이 증명된 때에 한하여 이를 증거로 사용할 수 있다).

분류하는 것이 곤란한 특별한 사정이 있는 경우에는 예외적으로 피의사실과의 관련성이 의심되는 기록매체에 대한 어느 정도의 포괄적인 압수를 허용해 줄 필요성이 있다.

(3) 압수 · 수색영장의 집행

1) 집행기관

압수·수색영장은 검사의 지휘에 의하여 사법경찰관리가 집행한다. 다만 수소법원의 압수·수색의 경우에 필요한 때에는 재판장은 법원사무관 등에게 그 집행을 명할 수 있다(제115조 제1항, 제219조). 검사는 관할구역 외에서 영장의 집행을 지휘하거나 당해 관할구역의 검사에게 집행지휘를 촉탁할 수 있고, 사법경찰관리도 마찬가지로 압수·수색영장을 집행할 수 있다(제115조 제2항, 제83조). 법원사무관 등은 압수·수색영장의 집행에 관하여 필요한 때에는 사법경찰관리에게 보조를 구할 수 있다(제117조).

2) 집행의 방법

① 영장의 사전제시

압수·수색영장은 처분을 받는 자에게 반드시 제시하여야 한다(제118조, 제219조). 이는 법관이 발부한 영장 없이 압수·수색을 하는 것을 방지하여 영장주의 원칙을 절차적으로 보장하고, 압수·수색영장에 기재된 물건·장소·신체에 대해서만 압수·수색을 하도록 하여 개인의 사생활과 재산권의 침해를 최소화하는 한편, 준항고 등 피압수자의 불복신청의 기회를 실질적으로 보장하기 위한 것이다. 그러므로 압수·수색영장을 집행하는 수사기관은 피압수자로 하여금 법관이 발부한 영장에 의한 압수·수색이라는 사실을 확인함과 동시에 형사소송법이 압수·수색영장에 필요적으로 기재하도록 정한 사항이나 그와 일체를 이루는 사항을 충분히 알 수 있도록 압수·수색영장을 제시하여야 한다.[1] 압수·수색영장의 제시에 관한 제118조는 사후에 영장을 받아야 하는 경우에 관한 제216조에 대하여는 적용되지 아니한다.[2]

한편 압수·수색영장은 반드시 사전에 제시하여야 하며, 체포나 구속의 경우와 같이 영장을 소지하기 아니하고 급속을 요하는 경우에 집행 후에 영장을 제시하는 긴급집행은 인정되지 아니한다. 압수·수색영장은 처분을 받는 자에게 반드시 제시하여야 하는바, 현장에서 압수·수색을 당하는 사람이 여러 명일 경우에는 그 사람들 모두에게 개별적으로 영장을 제시해야 하는 것이 원칙이다. 수사기관이 압수·수색에 착수하면서 그 장소의 관리책임자에게 영장을 제시하였다고 하더라도, 물건을 소지하고 있는 다른 사람으로부터 이를 압수하고자 하는 때에는 그 사람에게 따로 영장을 제시하여야 한다.[3] 또한 제118조는 영장제시가 현실적으로 가능한 상황

---

1) 대법원 2017. 9. 21. 선고 2015도12400 판결.

2) 대법원 2014. 9. 4. 선고 2014도3263 판결.

3) 대법원 2009. 3. 12. 선고 2008도763 판결(수사기관이 압수·수색에 착수하면서 사무실에 있던 제주도지사 비서실장에게 압수·수색영장을 제시하였다고 하더라도 그 뒤 그 사무실로 압수물을 들고 온 제주도지사 비서관으로부터 이를 압수하면서 따로 압수·수색영장을 제시하지 않은 이상, 위 압수절차는 형사소송법이 정한 바에 따르지 않은 것이다).

을 전제로 한 규정으로 보아야 하고, 피처분자가 현장에 없거나 현장에서 그를 발견할 수 없는 경우 등 영장제시가 현실적으로 불가능한 경우에는 영장을 제시하지 아니한 채 압수·수색을 하더라도 위법하다고 볼 수 없다.[1)]

② 집행을 위해 필요한 처분

압수·수색영장의 집행에 있어서는 자물쇠(鍵錠)를 열거나 개봉 기타 필요한 처분[2)]을 할 수 있으며, 이는 압수물에 대하여도 할 수 있다(제120조, 제219조). 압수·수색영장의 집행 중에는 타인의 출입을 금지할 수 있으며, 이에 위배한 자에게는 퇴거하게 하거나 집행종료시까지 간수자를 붙일 수 있다(제119조, 제219조). 또한 압수·수색영장의 집행을 중지한 경우에 필요한 때에는 집행이 종료될 때까지 그 장소를 폐쇄하거나 간수자를 둘 수 있다(제127조, 제219조). 한편 압수·수색영장의 집행에 있어서는 타인의 비밀을 보지(保持)하여야 하며, 처분받은 자의 명예를 해하지 아니하도록 주의하여야 한다(제116조, 제219조).

3) 당사자·책임자 등의 참여

① 당사자의 참여

검사·피고인·피의자[3)]·변호인은 압수·수색영장의 집행에 참여할 수 있다(제121조, 제219조).[4)] 그러므로 압수·수색영장을 집행함에는 미리 집행의 일시와 장소를 검사·피고인·피의

1) 대법원 2015. 1. 22. 선고 2014도10978 전원합의체 판결.

2) 대법원 2017. 11. 29. 선고 2017도9747 판결(수색장소에 있는 정보처리장치를 이용하여 정보통신망으로 연결된 원격지의 저장매체에 접속하는 것이 형사소송법의 규정에 위반하여 압수·수색영장에서 허용한 집행의 장소적 범위를 확대하는 것이라고 볼 수 없다. 수색행위는 정보통신망을 통해 원격지의 저장매체에서 수색장소에 있는 정보처리장치로 내려받거나 현출된 전자정보에 대하여 위 정보처리장치를 이용하여 이루어지고, 압수행위는 위 정보처리장치에 존재하는 전자정보를 대상으로 그 범위를 정하여 이를 출력 또는 복제하는 방법으로 이루어지므로, 수색에서 압수에 이르는 일련의 과정이 모두 압수·수색영장에 기재된 장소에서 행해지기 때문이다. 피의자의 이메일 계정에 대한 접근권한에 갈음하여 발부받은 압수·수색영장에 따라 원격지의 저장매체에 적법하게 접속하여 내려받거나 현출된 전자정보를 대상으로 하여 범죄 혐의사실과 관련된 부분에 대하여 압수·수색하는 것은, 압수·수색영장의 집행을 원활하고 적정하게 행하기 위하여 필요한 최소한도의 범위 내에서 이루어지며 그 수단과 목적에 비추어 사회통념상 타당하다고 인정되는 대물적 강제처분 행위로서 허용되며, 제120조 제1항에서 정한 압수·수색영장의 집행에 필요한 처분에 해당한다. 그리고 이러한 법리는 원격지의 저장매체가 국외에 있는 경우라고 하더라도 그 사정만으로 달리 볼 것은 아니다).

3) 수사는 밀행주의가 원칙이므로 피수색자와 동일하게 피의자에게도 참여권을 보장할 필요가 없다는 견해로는 김정한, 302면. 독일 형사소송법 제106조 및 일본 형사소송법 제222조도 마찬가지이다.

4) 대법원 2015. 7. 16.자 2011모1839 전원합의체 결정(전자정보에 대한 압수·수색에 있어 저장매체 자체를 외부로 반출하거나 하드카피·이미징 등의 형태로 복제본을 만들어 외부에서 저장매체나 복제본에 대하여 압수·수색이 허용되는 예외적인 경우에도 혐의사실과 관련된 전자정보 이외에 이와 무관한 전자정보를 탐색·복제·출력하는 것은 원칙적으로 위법한 압수·수색에 해당하므로 허용될 수 없다. 그러나 전자정보에 대한 압수·수색이 종료되기 전에 혐의사실과 관련된 전자정보를 적법하게 탐색하는 과정에서 별도의 범죄혐의와 관련된 전자정보를 우연히 발견한 경우라면, 수사기관은 더 이상의 추가 탐색을 중단하고 법원에서 별도의 범죄혐의에 대한 압수·수색영장을 발부받은 경우에 한하여 그러한 정보에 대하여도 적법하게 압수·수색을 할 수 있다. 나아가 이러한 경우에도 별도의 압수·수색 절차는 최초의 압수·수색 절차와 구별되는 별개의 절차이고, 별도 범죄혐의와 관련된 전자정보는 최초의 압수·수색영장에 의한 압수·수색의 대상이 아니어서 저장매체의 원래 소재지에서 별도의 압수·수색영장에 기해 압수·수색을 진행하는 경우와 마찬가지로 피압수·수색 당사자(이하 '피압수자'라 한다)는 최초의 압수·수색 이전부터 해당 전자정보를 관리하고 있던 자라 할 것이므로, 특별한 사정이 없는 한 피압수자에게 제219조, 제121조, 제129조에 따라 참여권을 보장하고 압수한 전자정보 목록을 교부하는 등 피압수자의 이

자·변호인에게 통지하여야 한다. 다만 검사·피고인·피의자·변호인이 참여하지 아니한다는 의사를 명시한 때 또는 급속을 요하는 때에는 예외로 한다(제122조, 제219조). 여기서 '급속을 요하는 때'란 압수·수색영장 집행 사실을 미리 알려주면 증거물을 은닉할 염려 등이 있어 압수·수색의 실효를 거두기 어려울 경우라고 해석해야 한다.[1] 한편 검사가 압수·수색을 함에는 검찰청 수사관 또는 서기관이나 서기를 참여하게 하여야 하고, 사법경찰관이 압수·수색을 함에는 사법경찰관리를 참여하게 하여야 한다(규칙 제110조).

② 책임자의 참여

공무소·군사용의 항공기 또는 선차(선박과 차량) 내에서 압수·수색영장을 집행함에는 그 책임자에게 참여할 것을 통지하여야 한다. 이외의 타인의 주거·간수자 있는 가옥·건조물·항공기 또는 선차 내에서 압수·수색영장을 집행함에는 주거주·간수자 또는 이에 준하는 자를 참여하게 하여야 한다. 이상의 자를 참여하게 하지 못할 때에는 인거인(隣居人) 또는 지방공공단체의 직원을 참여하게 하여야 한다(제123조, 제219조).[2]

③ 여자의 신체수색과 참여

여자의 신체에 대하여 수색할 때에는 성년의 여자를 참여하게 하여야 한다(제124조, 제219조). 신체수색의 상대방이 성년의 여자를 참여시킬 필요가 없다는 의사를 표시하더라도 참여시켜야 한다.

4) 야간집행의 제한

일출 전·일몰 후에는 압수·수색영장에 야간집행을 할 수 있는 기재가 없으면 그 영장을 집행하기 위하여 타인의 주거·간수자 있는 가옥·건조물·항공기 또는 선차 내에 들어가지 못한다(제125조, 제219조). 그러나 도박 기타 풍속을 해하는 행위에 상용된다고 인정하는 장소 또는 여관·음식점 기타 야간에 공중이 출입할 수 있는 장소(다만 공개한 시간 내에 한한다)에서 압수·수색영장을 집행함에는 이러한 제한을 받지 아니한다(제126조, 제219조). 한편 영장의 집행이 일몰 전에 시작되었으나 일몰 후까지 종료하지 못한 경우에는 계속 진행할 수 있다고 보아야 한다.

5) 영장의 유효기간과 중복집행의 금지

압수·수색영장의 유효기간은 원칙적으로 7일이지만, 판사가 상당하다고 인정하는 때에는

익을 보호하기 위한 적절한 조치가 이루어져야 한다).

1) 대법원 2012. 10. 11. 선고 2012도7455 판결.

2) 대법원 2015. 1. 22. 선고 2014도10978 전원합의체 판결(수사관들이 피고인 4의 거소지인 서울 마포구 (주소 생략)로 들어간 2013. 8. 28. 06:58경부터 피고인 4의 보좌관이자 임대차계약서상 위 거소지의 임차인인 공소외 1이 수사관들로부터 연락을 받고 현장에 도착한 같은 날 08:19경까지는 주거주, 간수자 또는 이에 준하는 자의 참여가 없었고, 인거인 또는 지방공공단체 직원의 참여도 없어 이 부분 압수·수색은 제219조, 제123조 제2항, 제3항에 위배되나, 수사관들은 거소지에 진입한 이후 30분가량 참여인 없이 수색절차를 진행하다가 곧바로 공소외 1에게 연락하여 참여할 것을 고지하였고, 공소외 1이 현장에 도착한 08:19경부터는 압수물 선별 과정, 디지털 포렌식 과정, 압수물 확인 과정에 공소외 1과 변호인의 적극적이고 실질적인 참여가 있었으며, 압수·수색의 전 과정이 영상녹화된 점 등 그 판시와 같은 사정을 들어, 위 압수·수색과정에서 수집된 증거들은 유죄 인정의 증거로 사용할 수 있는 예외적인 경우에 해당한다).

7일을 넘는 유효기간을 정할 수 있다(규칙 제178조). 영장의 유효기간은 집행에 착수할 수 있는 종기를 의미할 뿐이므로 영장의 유효기간이 남아 있다고 하더라도 동일한 영장으로 여러 차례 같은 장소에서 중복적으로 압수·수색을 할 수는 없다. 그러므로 수사기관이 압수·수색영장을 제시하고 집행에 착수하여 압수·수색을 실시하고 그 집행을 종료하였다면 이미 그 영장은 목적을 달성하여 효력이 상실되는 것이고, 동일한 장소 또는 목적물에 대하여 다시 압수·수색할 필요가 있는 경우라면 그 필요성을 소명하여 법원으로부터 새로운 압수·수색영장을 발부 받아야 하는 것이지, 앞서 발부 받은 압수·수색영장의 유효기간이 남아있다고 하여 이를 제시하고 다시 압수·수색을 할 수는 없다.[1)]

(4) 집행 후의 조치

1) 압수조서·압수목록의 작성

증거물 또는 몰수할 물건을 압수하였을 때에는 압수조서 및 압수목록을 작성하여야 한다(제49조 제1항). 압수조서에는 압수경위를, 압수목록에는 물건의 특징을 각각 구체적으로 기재하여야 한다(제49조 제3항).[2)] 다만 피의자신문조서·진술조서·검증조서 또는 실황조사서에 압수의 취지를 적어 압수조서를 갈음할 수 있다(수사지휘·준칙규정 제44조 제3항). 압수조서에는 조사 또는 처분의 연월일시와 장소를 기재하고, 그 조사 또는 처분을 행한 자와 참여한 사법경찰관리 등이 기명날인 또는 서명하여야 한다(제50조).

2) 수색증명서·압수목록의 교부

수색한 경우에 증거물 또는 몰취할 물건이 없는 때에는 그 취지의 증명서를 교부하여야 한다(제128조, 제219조). 압수한 경우에는 목록을 작성하여 소유자·소지자·보관자 기타 이에 준할 자에게 교부하여야 한다(제129조, 제219조).[3)] 공무원인 수사기관이 작성하여 피압수자 등에게 교부해야 하는 압수물 목록에는 작성연월일을 기재하고, 그 내용은 사실에 부합하여야 한다. 압수물 목록은 피압수자 등이 압수물에 대한 환부·가환부신청을 하거나 압수처분에 대한 준항고를 하는 등 권리행사절차를 밟는 가장 기초적인 자료가 되므로, 수사기관은 이러한 권리행사에 지장이 없도록 압수 직후 현장에서 바로 작성하여 교부해야 하는 것이 원칙이다.[4)] 이러한 압수물 목록 교부 취지에 비추어 볼 때, 압수된 정보의 상세목록에는 정보의 파일 명세가 특정되어

---

1) 대법원 1999. 12. 1.자 99모161 결정.

2) 대법원 2010. 6. 24. 선고 2008도11226 판결(피고인들을 비롯한 경찰관들이 현행범으로 체포한 도박혐의자 17명에 대해 현행범인체포서 대신에 임의동행동의서를 작성하게 하고, 그나마 제대로 조사도 하지 않은 채 석방하였으며, 현행범인 석방사실을 검사에게 보고도 하지 않았고, 석방일시·사유를 기재한 서면을 작성하여 기록에 편철하지도 않았으며, 압수한 일부 도박자금에 관하여 압수조서 및 목록도 작성하지 않은 채 검사의 지휘도 받지 않고 반환하였고, 일부 도박혐의자의 명의도용 사실과 도박 관련 범죄로 수회 처벌받은 전력을 확인하고서도 아무런 추가조사 없이 석방한 사안에서, 이는 단순히 업무를 소홀히 수행한 것이 아니라 정당한 사유 없이 의도적으로 수사업무를 방임 내지 포기한 것이라고 봄이 상당하다).

3) 대법원 2019. 3. 14. 선고 2018도2841 판결.

4) 대법원 2009. 3. 12. 선고 2008도763 판결.

있어야 하고, 수사기관은 이를 출력한 서면을 교부하거나 전자파일 형태로 복사해 주거나 이메일을 전송하는 등의 방식으로도 할 수 있다.[1)]

6. 압수물의 처리

(1) 압수물의 보관

압수물은 압수한 법원 또는 수사기관의 청사로 운반하여 보관하는 것이 원칙인데, 이를 '자청보관'(自廳保管)이라고 한다. 압수물에 대하여는 그 상실 또는 파손 등의 방지를 위하여 상당한 조치를 하여야 한다(제131조, 제219조). 하지만 운반 또는 보관에 불편한 압수물에 관하여는 간수자를 두거나 소유자 또는 적당한 자의 승낙을 얻어 보관하게 할 수 있는데(제130조 제1항, 제219조), 이를 '위탁보관'(委託保管)이라고 한다.

몰수하여야 할 압수물로서 멸실·파손·부패 또는 현저한 가치 감소의 염려가 있거나 보관하기 어려운 압수물은 매각하여 대가를 보관할 수 있다(제132조 제1항, 제219조). 이를 '대가보관'(代價保管) 또는 '환가처분'(換價處分)이라고 하며, 몰수하여야 할 압수물에는 필요적 몰수뿐만 아니라 임의적 몰수의 대상도 포함된다. 만약 형사 본안사건에서 무죄가 선고되어 확정되었다면 제332조에 의하여 검사가 압수물을 제출자나 소유자 기타 권리자에게 환부하여야 할 의무는 당연히 발생하는 것이고, 검사가 몰수할 수 있는 물건으로 보고 압수한 물건이 멸실·손괴 또는 부패의 염려가 있거나 보관하기 불편하여 이를 매각하는 환가처분을 한 경우 그 매각대금은 압수물과 동일시 할 수 있는 것이므로, 국가는 압수물의 환가처분에 의한 매각대금 전액을 압수물의 소유자 등에게 반환할 의무가 있다.[2)] 하지만 증거물은 대가보관할 수 없다.[3)] 환부하여야 할 압수물 중 환부를 받을 자가 누구인지 알 수 없거나 그 소재가 불명한 경우로서 그 압수물의 멸실·파손·부패 또는 현저한 가치 감소의 염려가 있거나 보관하기 어려운 압수물은 매각하여 대가를 보관할 수 있다(제132조 제2항, 제219조). 대가보관을 함에는 검사·피해자·피고인 또는 변호인에게 미리 통지하여야 한다(제135조, 제219조).

(2) 압수물의 폐기

위험발생의 염려가 있는 압수물은 폐기할 수 있다(제130조 제2항, 제219조). 법령상 생산·제조·소지·소유 또는 유통이 금지된 압수물로서 부패의 염려가 있거나 보관하기 어려운 압수물은 소유자 등 권한 있는 자의 동의를 받아 폐기할 수 있다(제130조 제3항, 제219조). 폐기처분은 개인의 재산권에 대한 중대한 침해이므로 신중히 이루어져야 한다. 따라서 폭발물이나 오염된 어패류·육류 등과 같이 위험발생의 개연성이 매우 높은 압수물이거나 금제품으로서 부패나 보관곤란 등의 사유가 있는 압수물에 한해서 폐기처분이 인정된다. 압수물을 폐기하는 경우에는 폐

---

1) 대법원 2018. 2. 8. 선고 2017도13263 판결.

2) 대법원 2000. 1. 21. 선고 97다58507 판결; 대법원 1996. 11. 12. 선고 96도2477 판결.

3) 대법원 1965. 1. 19. 선고 64다1150 판결.

기조서를 작성하고 사진을 촬영하여 수사기록에 첨부하여야 한다(수사지휘·준칙규정 제46조 제2항).

(3) 압수물의 가환부 및 환부

1) 의 의

압수한 서류 또는 물품에 대하여 몰수의 선고가 없는 때에는 압수를 해제한 것으로 간주하기 때문에(제332조) 피압수자 등에게 반환하여야 한다. 그러나 수소법원의 종국재판 전이라도 압수물에 대한 이해관계인의 입장에서는 재산권을 신속히 회복하여 이를 활용할 필요성이 있게 된다. 이에 형사소송법은 일정한 경우에 수사절차 또는 공판절차가 종료되기 전이라고 할지라도 압수물을 피압수자나 피해자에게 돌려줄 수 있도록 하여 압수물의 소유자 또는 소지자 등 권리자가 신속하게 재산권을 행사할 수 있도록 하고 있다.

2) 압수물의 가환부

① 의 의

'가환부'(假還付)란 압수의 효력을 존속시키면서 압수물의 경제적 이용을 위하여 소유자·소지자·보관자 또는 제출인에게 잠정적으로 돌려주는 제도를 말한다.

② 대 상

가환부의 대상은 증거로 사용될 압수물, 즉 증거물에 한한다(제133조 제1항, 제219조). 그러므로 몰수의 대상이 되는 물건은 가환부할 수 없다고 보아야 한다. 하지만 제133조 제1항 후단이, 제2항의 '증거에만 공할' 목적으로 압수할 물건과는 별도로 '증거에 공할' 압수물에 대하여 법원의 재량에 의하여 가환부할 수 있도록 규정한 것을 보면, '증거에 공할 압수물'에는 증거물로서의 성격과 몰수할 것으로 사료되는 물건으로서의 성격을 가진 압수물이 포함되어 있다고 해석함이 상당하다. 그러므로 몰수할 것이라고 사료되어 압수한 물건 중 법률의 특별한 규정에 의하여 필요적으로 몰수할 것에 해당하거나 누구의 소유도 허용되지 아니하여 몰수할 것에 해당하는 물건에 대한 압수는 몰수재판의 집행을 보전하기 위하여 한 것이라는 의미도 포함된 것이므로 그와 같은 압수 물건은 가환부의 대상이 되지 않지만[1], 그 밖의 형법 제48조(임의적 몰수)에 해당하는 물건에 대하여는 이를 몰수할 것인지는 법원의 재량에 맡겨진 것이므로 특별한 사정이 없다면 수소법원이 피고본안사건에 관한 종국판결에 앞서 이를 가환부함에 법률상의 지장이 없는 것으로 보아야 한다.[2]

공소제기 전에는 압수물에 대한 가환부 처분을 수사기관이 하지만, 공소제기 후에는 수소법원이 압수물에 대한 가환부 결정을 하게 된다. 검사 또는 사법경찰관은 증거에 사용할 압수물에 대하여 공소제기 전이라도 소유자·소지자·보관자 또는 제출인의 청구가 있는 때에는 가환부하여야 한다(제218조의2 제1항). 이 경우 사법경찰관은 검사의 지휘를 받아야 한다(제218조의2 제4항). 검사는 증거에 사용할 압수물에 대하여 가환부의 청구가 있는 경우 가환부를 거부할 수

1) 대법원 1984. 7. 24.자 84모43 결정; 대법원 1966. 1. 28.자 65모21 결정.

2) 대법원 1998. 4. 16.자 97모25 결정.

있는 특별한 사정이 없는 한 가환부에 응하여야 한다(필요적 가환부). 한편 법원은 압수물을 증거에 공할 물건인 경우에는 피고사건 종결 전이라도 소유자·소지자·보관자 또는 제출인의 청구에 의하여 가환부할 수 있다(제133조 제1항 후단). 이 경우 압수물의 가환부 여부는 법원의 재량에 속한다(임의적 가환부). 증거에 공할 압수물을 가환부할 것인지의 여부는 범죄의 태양·경중·압수물의 증거로서의 가치·압수물의 은닉·인멸·훼손될 위험·수사나 공판수행상의 지장 유무·압수에 의하여 받는 피압수자 등의 불이익의 정도 등 여러 사정을 검토하여 종합적으로 판단하여야 할 것이다.[1] 또한 법원은 증거에만 공할 목적으로 압수한 물건으로서 그 소유자 또는 소지자가 계속 사용하여야 할 물건은 사진촬영 기타 원형보존의 조치를 취하고 신속히 가환부하여야 한다(제133조 제2항). 이 경우 법원의 가환부는 필요적이다.

③ 절 차

가환부는 소유자·소지자·보관자 또는 제출인의 청구에 의한 수사기관의 처분(제218조의2) 또는 법원의 결정(제133조)에 의해 이루어진다. 수사기관 또는 법원이 가환부의 처분 또는 결정을 함에는 검사·피해자·피고인 또는 변호인에게 미리 통지하여야 한다(제135조, 제219조). 그러므로 피고인에게 의견을 진술할 기회를 주지 아니한 채 한 가환부 결정은 위법한 것이 된다.[2]

가환부의 청구에 대하여 검사가 이를 거부하는 경우에는 신청인은 해당 검사의 소속 검찰청에 대응한 법원에 압수물의 가환부 결정을 청구할 수 있으며, 이러한 청구에 대하여 법원이 가환부를 결정하면 검사는 신청인에게 압수물을 가환부하여야 한다. 이는 사법경찰관의 가환부 처분에 관하여도 준용하는데, 이 경우 사법경찰관은 검사의 지휘를 받아야 한다(제218조의2). 가환부에 관한 법원의 결정에 대해서는 보통항고를 제기할 수 있다(제403조 제2항).

④ 효 력

가환부를 하더라도 압수 자체의 효력은 유지된다. 그러므로 가환부를 받은 자는 압수물을 임의로 처분할 수 없고, 보관의무를 지며, 수사기관 또는 법원의 요구가 있는 때에는 이를 제출하여야 한다. 수소법원이 종국재판 선고시에 가환부한 장물에 대하여 별단의 선고가 없는 때에는 환부의 선고가 있는 것으로 간주한다(제333조 제3항).

3) 압수물의 환부

① 의 의

'환부'(還付)란 압수를 계속할 필요성이 없게 된 경우에 압수의 효력을 소멸시키고, 종국적으로 압수물을 소유자·소지자·보관자 또는 제출인에게 반환하는 제도를 말한다.

② 대 상

수사기관은 사본을 확보한 경우 등 압수를 계속할 필요가 없다고 인정되는 압수물에 대하여 공소제기 전이라도 소유자·소지자·보관자 또는 제출인의 청구가 있는 때에는 환부하여야

1) 대법원 2017. 9. 29.자 2017모236 결정; 대법원 1998. 4. 16.자 97모25 결정; 대법원 1994. 8. 18.자 94모42 결정.
2) 대법원 1980. 2. 5.자 80모3 결정.

한다(제218조의2 제1항 및 제4항). 법원은 압수를 계속할 필요가 없다고 인정되는 압수물은 피고사건 종결 전이라도 결정으로 환부하여야 한다(제133조 제1항 전단).

검사 또는 사법경찰관이 체포영장 또는 긴급체포에 의하여 피의자를 체포하거나 현행범인을 체포하는 경우에 체포현장에서 압수한 물건(제216조 제1항 제2호) 및 긴급체포된 자가 소유·소지 또는 보관하는 물건으로서 긴급히 압수할 필요가 있어 압수된 물건(제217조 제1항)은 법관으로부터 압수영장을 발부받지 못한 때에는 즉시 반환하여야 한다(제217조 제3항).

검사가 피의사건에 대하여 불기소처분을 하는 경우에도 압수를 계속할 필요가 없으므로 압수물을 피압수자 등에게 환부하여야 한다.[1] 다만 검사는 불기소처분된 고소·고발사건에 관한 압수물 중 중요한 증거가치가 있는 압수물에 관하여는 그 사건에 대한 검찰항고 또는 재정신청절차가 종료된 후에 압수물 환부절차를 취하여야 한다(검찰압수물사무규칙 제56조 제1항).

③ 절 차

수사기관의 압수물의 환부는 수사기관의 처분에 의하며, 사법경찰관이 환부하는 경우에는 검사의 지휘를 받아야 한다(제218조의2 제1항 및 제4항). 소유자 등의 청구에 대하여 수사기관이 이를 거부하는 경우에는 신청인은 해당 검사의 소속 검찰청에 대응한 법원에 압수물의 환부결정을 청구할 수 있다(제218조의2 제2항 및 제4항). 이 청구에 대하여 법원이 환부를 결정하면 수사기관은 신청인에게 압수물을 환부하여야 한다(제218조의2 제3항 및 제4항). 이는 수사기관의 환부에 대한 처분에 대하여 불복이 있으면 준항고제도를 이용하여 구제를 받을 수 있는 점에 비추어 볼 때(제417조 참조), 특칙이라고 할 수 있다.

법원이 압수물을 환부하는 경우에는 결정에 의한다(제133조 제1항 전단). 환부에 관한 법원의 결정에 대해서는 보통항고를 제기할 수 있다(제403조 제2항). 법원 또는 수사기관이 환부의 결정을 함에는 미리 검사·피해자·피의자·피고인 또는 변호인에게 통지하여야 한다(제135조, 제219조).

압수물의 환부를 받을 자의 소재가 불명하거나 기타 사유로 인하여 환부를 할 수 없는 경우에는 검사는 그 사유를 관보에 공고하여야 한다. 공고한 후 3월 이내에 환부의 청구가 없는 때에는 그 물건은 국고에 귀속한다. 동 기간 내에도 가치 없는 물건은 폐기할 수 있고, 보관하기 어려운 물건은 공매하여 그 대가를 보관할 수 있다(제486조, 제219조).

④ 효 력

환부에 의하여 압수는 그 효력을 상실한다. 그러나 압수물의 환부가 환부를 받을 자에게 환부목적물에 대한 소유권 기타 실체법상의 권리를 부여하거나 이러한 권리를 확인시키는 효력을 가지는 것은 아니다. 따라서 압수물의 환부가 있더라도 이해관계인은 민사소송절차에 따라 압수물에 대한 권리를 주장할 수 있다(제333조 제4항 참조). 압수한 서류 또는 물품에 대하여 몰수의 선고가 없는 때에는 압수를 해제한 것으로 간주한다(제332조). 따라서 이 경우에는 압수한

---

1) 대법원 1996. 8. 16.자 94모51 전원합의체 결정.

물건을 피압수자 등에게 환부하여야 한다.

⑤ 실체법상의 권리 또는 환부청구권의 포기

피압수자 등 환부를 받을 자가 압수 후 그 소유권을 포기하는 등에 의하여 실체법상의 권리를 상실하더라도 그 때문에 압수물을 환부하여야 할 수사기관의 의무에 어떠한 영향을 미칠 수 없다. 또한 수사기관에 대하여 형사소송법상의 환부청구권을 포기한다는 의사표시를 하더라도 그 효력이 없어 그에 의하여 수사기관의 필요적 환부의무가 면제된다고 볼 수는 없다. 즉 압수물의 환부는 환부를 받는 자에게 환부된 물건에 대한 소유권 기타 실체법상의 권리를 부여하거나 그러한 권리를 확정하는 것이 아니라 단지 압수를 해제하여 압수 이전의 상태로 환원시키는 것뿐으로서, 이는 실체법상의 권리와 관계없이 압수 당시의 소지인에 대하여 행하는 것이므로, 실체법인 민법(사법)상 권리의 유무나 변동이 압수물의 환부를 받을 자의 절차법인 형사소송법(공법)상 지위에 어떠한 영향을 미친다고는 할 수 없다. 그리고 형사사법권의 행사절차인 압수물 처분에 관한 준항고절차에서 민사분쟁인 소유권포기의사의 존부나 그 의사표시의 효력 및 하자의 유무를 가리는 것은 적절하지 아니하고 이는 결국 민사소송으로 해결할 문제이므로, 피압수자 등 환부를 받을 자가 압수 후에 그 소유권을 포기하는 등에 의하여 실체법상의 권리를 상실하는 일이 있다고 하더라도, 그로 인하여 압수를 계속할 필요가 없는 압수물을 환부하여야 하는 수사기관의 의무에 어떠한 영향을 미친다고 할 수는 없으니, 그에 대응하는 압수물의 환부를 청구할 수 있는 절차법상의 권리가 소멸하는 것은 아니다.[1)]

제332조에 의하면 압수한 서류 또는 물품에 대하여 몰수의 선고가 없는 때에는 압수를 해제한 것으로 간주한다고 규정되어 있으므로 어떠한 압수물에 대한 몰수의 선고가 포함되지 않은 판결이 선고되어 확정되었다면 검사에게 그 압수물을 제출자나 소유자 기타 권리자에게 환부하여야 할 의무가 당연히 발생하는 것이고, 권리자의 환부신청에 의한 검사의 환부결정 등 어떤 처분에 의하여 비로소 환부의무가 발생하는 것은 아니다.[2)]

4) 압수장물의 피해자환부

압수한 장물은 피해자에게 환부할 이유가 명백한 때에는 수사가 종결되기 전이라도 수사기관의 결정으로 피해자에게 환부할 수 있고, 피고사건의 종결 전이라도 법원의 결정으로 피해자에게 환부할 수 있다(제134조, 제219조). 여기서 '환부할 이유가 명백한 때'란 사법상 피해자가 그 압수된 물건의 인도를 청구할 수 있는 권리가 있음이 명백한 경우를 의미하고, 위 인도청구

---

1) 대법원 1996. 8. 16.자 94모51 전원합의체 결정(외국산 물품을 관세장물의 혐의가 있다고 보아 압수하였다고 하더라도 그것이 언제, 누구에 의하여 관세포탈된 물건인지 알 수 없어 기소중지 처분을 한 경우에는 그 압수물은 관세장물이라고 단정할 수 없어 이를 국고에 귀속시킬 수 없을 뿐만 아니라 압수를 더 이상 계속할 필요도 없다); 대법원 1991. 4. 22.자 91모10 결정; 대법원 1988. 12. 14.자 88모55 결정(세관이 시계행상이 소지하고 있던 외국산 시계를 관세장물의 혐의가 있다고 하여 압수하였던 것을 검사가 그것이 관세포탈품인지를 확인할 수 없어 그 사건을 기소중지처분하였다면 위 압수물은 관세장물이라고 단정할 수 없으므로 국고에 귀속시킬 수 없음은 물론 압수를 더 이상 계속할 필요도 없다); 대법원 1984. 12. 21.자 84모61 결정.

2) 대법원 2001. 4. 10. 선고 2000다49343 판결.

권에 관하여 사실상·법률상 다소라도 의문이 있는 경우에는 환부할 명백한 이유가 있는 경우라고 할 수 없다.[1] 압수장물에 대한 피해자환부의 결정을 함에 있어서는 검사·피해자·피고인 또는 변호인에게 미리 통지하여야 한다(제135조, 제219조).

수사절차 또는 공판절차에서 피해자에게 환부되지 않은 압수장물은 종국재판에 의하여 그 환부가 이루어진다. 압수한 장물로서 피해자에게 환부할 이유가 명백한 것은 판결로써 피해자에게 환부하는 선고를 하여야 하는데, 이 경우에 장물을 처분하였을 때에는 판결로써 그 대가로 취득한 것을 피해자에게 교부하는 선고를 하여야 한다. 가환부한 장물에 대하여 별단의 선고가 없는 때에는 환부의 선고가 있는 것으로 간주한다(제333조).

Ⅱ. 수사상의 검증

1. 검증의 의의

'수사상의 검증(檢證)'이란 수사기관이 사람의 신체, 장소, 물건의 존재·형상·성질을 오관의 작용에 의하여 인식하는 강제처분을 말한다. 법원의 검증은 증거조사의 일종으로서 영장을 요하지 않지만(제139조, 제184조)[2], 수사기관의 검증은 증거를 수집·보전하기 위한 강제처분의 일종이므로 원칙적으로 법관의 영장에 의하지 아니하면 안 된다(제215조). 수사상의 검증에 관하여는 법원의 검증에 관한 규정이 준용된다(제219조).

2. 검증의 절차

(1) 영장주의

검사는 범죄수사에 필요한 때에는 피의자가 죄를 범하였다고 의심할 만한 정황이 있고 해당 사건과 관계가 있다고 인정할 수 있는 것에 한정하여 지방법원 판사에게 청구하여 발부받은 영장에 의하여 검증을 할 수 있고(제215조 제1항), 사법경찰관이 범죄수사에 필요한 때에는 피의자가 죄를 범하였다고 의심할 만한 정황이 있고 해당 사건과 관계가 있다고 인정할 수 있는 것에 한정하여 검사에게 신청하여 검사의 청구로 지방법원 판사가 발부한 영장에 의하여 검증을 할 수 있다(제215조 제2항). 검사가 영장을 청구할 때에는 피의자에게 범죄혐의가 있다고 인정되는 자료와 검증의 필요 및 해당사건과의 관련성을 인정할 수 있는 자료를 제출하여야 한다(규칙 제108조 제1항). 검증영장의 청구·발부·영장의 기재사항·집행방법 등은 압수·수색의 경우와 같다.

1) 대법원 1984. 7. 16.자 84모38 결정.

2) 인식작용뿐만 아니라 검증대상물의 확보를 위한 처분적 활동까지를 포함하여 검증이라고 한다. 인식작용 자체는 증거조사로서의 의미가 강하고, 확보과정은 증거수집의 의미가 강한데, 법원의 검증은 대부분 증거조사 과정에 해당하므로 강제처분성이 약하기 때문에 영장을 요하지 않은 것으로 규정하고 있는 것이다.

(2) 부수처분

검증을 함에는 신체의 검사·사체의 해부·분묘의 발굴·물건의 파괴 기타 필요한 처분을 할 수 있다(제140조, 제219조). 사체의 해부 또는 분묘의 발굴을 하는 때에는 예(禮)를 잊지 아니하도록 주의하고 미리 유족에게 통지하여야 한다(제141조 제4항, 제219조).

(3) 검증조서의 작성

검증에 관하여는 조서를 작성하여야 한다(제49조 제1항). 검증조서에는 검증목적물의 현상을 명확하게 하기 위하여 도화나 사진을 첨부할 수 있다(제49조 제2항). 검증조서에는 조사 또는 처분의 연월일시와 장소를 기재하고 그 조사 또는 처분을 행한 자와 참여한 법원사무관 등이 기명날인 또는 서명하여야 한다(제50조 본문). 검사 또는 사법경찰관이 검증의 결과를 기재한 조서는 적법한 절차와 방식에 따라 작성된 것으로서 공판준비 또는 공판기일에서의 작성자의 진술에 따라 그 성립의 진정함이 증명된 때에는 증거로 할 수 있다(제312조 제6항). 수사기관이 작성한 검증조서에 대하여 그 작성자의 진술에 의하여 성립의 진정을 요건으로 하는 것은 법원 또는 법관의 검증조서와 그 성질에는 차이가 없어도 당사자의 참여권이 인정되지 않은 점을 고려한 것이다.[1)]

3. 신체검사

(1) 의 의

신체검사는 원칙적으로 검증으로서의 성질을 가지는 강제처분이다. 예를 들면 피의자의 지문을 채취하는 경우, 신장을 측정하는 경우, 신체의 문신·상처부위를 확인하는 경우 등이 이에 해당한다. 하지만 검증으로서의 신체검사는 신체 그 자체를 검사의 대상으로 하는 점에서 신체외부와 의복에서 증거물을 찾는 신체수색과는 구별된다.

(2) 절 차

신체검사는 원칙적으로 검증영장에 의하여야 한다. 신체검사를 내용으로 하는 검증을 위한 영장의 청구서에는 검증영장청구서의 일반적인 기재사항 외에 신체검사를 필요로 하는 이유와 신체검사를 받을 자의 성별·건강상태를 기재하여야 한다(규칙 제107조 제2항).

---

1) 대법원 2007. 4. 26. 선고 2007도1794 판결(사법경찰관이 작성한 검증조서 중 피고인의 진술 부분을 제외한 기재 및 사진의 각 영상에는 이 사건 범행에 부합되는 피의자이었던 피고인이 범행을 재연하는 사진이 첨부되어 있으나, 기록에 의하면 행위자인 피고인이 위 검증조서에 대하여 증거로 함에 부동의하였고 공판정에서 검증조서 중 범행을 재연한 부분에 대하여 그 성립의 진정 및 내용을 인정한 흔적을 찾아 볼 수 없고 오히려 이를 부인하고 있으므로 그 증거능력을 인정할 수 없는바, 원심으로서는 위 검증조서 중 피고인의 진술 부분 뿐만 아니라 범행을 재연한 부분까지도 제외한 나머지 부분만을 증거로 채용하여야 함에도 이를 구분하지 아니한 채 피고인의 진술 부분을 제외한 나머지를 유죄의 증거로 인용한 조치는 위법하다); 대법원 1998. 3. 13. 선고 98도159 판결(사법경찰관 작성의 검증조서에 대하여 피고인이 증거로 함에 동의만 하였을 뿐 공판정에서 검증조서에 기재된 진술내용 및 범행을 재연한 부분에 대하여 그 성립의 진정 및 내용을 인정한 흔적을 찾아 볼 수 없고 오히려 이를 부인하고 있는 경우에는 그 증거능력을 인정할 수 없으므로, 위 검증조서 중 범행에 부합되는 피고인의 진술을 기재한 부분과 범행을 재연한 부분을 제외한 나머지 부분만을 증거로 채용하여야 함에도 이를 구분하지 아니한 채 그 전부를 유죄의 증거로 인용한 항소심의 조치는 위법하다).

제216조와 제217조에 의하여 체포현장이나 긴급체포시의 신체검사는 영장 없이 할 수 있다. 또한 체포 또는 구속된 피의자에 대하여 지문 또는 족형을 채취하거나 신장과 체중을 측정하는 것, 사진을 촬영하는 것도 신체를 구속하는 처분에 실질적으로 포함된 피의자를 특정하기 위한 처분이므로 영장 없이 할 수 있다. 하지만 체포·구속되지 않은 피의자가 지문날인 등을 거부하는 경우에는 검증영장을 발부받아야 한다.

신체의 검사에 관하여는 검사를 당하는 자의 성별·연령·건강상태 기타 사정을 고려하여 그 사람의 건강과 명예를 해하지 아니하도록 주의하여야 한다. 피고인 아닌 자의 신체검사는 증적의 존재를 확인할 수 있는 현저한 사유가 있는 경우에 한하여 할 수 있다. 여자의 신체를 검사하는 경우에는 의사나 성년의 여자를 참여하게 하여야 한다(제141조 제1항 내지 제3항, 제219조).

(3) 체내검사

1) 의 의

'체내검사'(體內檢查)란 신체검사의 특수한 유형으로서 신체의 내부에 대하여 침해를 가하여 일정한 증거를 수집하는 것을 말한다. 체내검사는 헌법이 보장한 인격권 및 인간의 존엄성을 침해할 위험성이 매우 높다는 점에서 피검사자의 건강을 현저히 침해하지 않는 범위 내에서 허용되어야 한다.

2) 체내강제수사

'체내강제수사'(體內强制搜查)이란 질·구강·항문 등의 내부를 관찰하여 증거물을 찾는 강제처분을 말한다. 신체내부에 대한 수색은 검증의 성격도 가지므로, 수사기관은 압수·수색영장과 함께 검증영장을 발부받아야 한다.

3) 연하물에 대한 강제수사

'연하물'(嚥下物)이란 입으로 꿀떡 삼켜서 넘긴 물건을 말하는데, 이에 대하여는 X-ray의 촬영, 구토제나 설사제를 이용한 강제배출, 외과적 수술 등의 방법이 강구될 수 있다. X-ray의 촬영 및 강제배출은 수색영장 이외에 감정처분허가장에 의하여 필요최소한의 범위 내에서 허용할 수 있겠지만, 외과적 수술은 인간의 존엄을 해하는 처분이기 때문에 허용될 수 없다.

4) 강제채혈

강제채혈은 주로 주취운전 여부를 판단하기 위하여 사용되지만, 강력범죄의 수사상 혈액형 또는 DNA 검사를 위하여 이용되기도 한다. 교통사고 등의 상황에서 운전자의 혈중알콜농도를 측정하기 위하여 강제채혈이 필요한 경우에는 압수·수색영장과 감정처분허가장을 동시에 요구해야 할 것이다. 수사기관이 법원으로부터 영장 또는 감정처분허가장을 발부받지 아니한 채 피의자의 동의 없이 피의자의 신체로부터 혈액을 채취하고 사후에도 지체 없이 영장을 발부받지 아니한 채 강제채혈한 피의자의 혈액 중 알코올농도에 관한 감정을 의뢰하였다면, 이러한 과정을 거쳐 얻은 감정의뢰회보 등은 형사소송법상 영장주의 원칙을 위반하여 수집하거나 그에 기초하여 획득한 증거로서, 원칙적으로 그 절차위반행위가 적법절차의 실질적인 내용을 침해하여 피고인이나 변호인의 동의가 있더라도 유죄의 증거로 사용할 수 없다.[1)]

수사기관이 범죄 증거를 수집할 목적으로 피의자의 동의 없이 피의자의 혈액을 취득·보관하는 행위는 법원으로부터 감정처분허가장을 받아 제221조의4 제1항, 제173조 제1항에 의한 '감정에 필요한 처분'으로도 할 수 있지만, 제219조, 제106조 제1항에 정한 압수의 방법으로도 할 수 있고, 압수의 방법에 의하는 경우 혈액의 취득을 위하여 피의자의 신체로부터 혈액을 채취하는 행위는 그 혈액의 압수를 위한 것으로서 제219조, 제120조 제1항에 정한 '압수영장의 집행에 있어 필요한 처분'에 해당한다. 그런데 음주운전 중 교통사고를 야기한 후 피의자가 의식불명 상태에 빠져 있는 등으로 도로교통법이 음주운전의 제1차적 수사방법으로 규정한 호흡조사에 의한 음주측정이 불가능하고 혈액 채취에 대한 동의를 받을 수도 없을 뿐만 아니라 법원으로부터 혈액 채취에 대한 감정처분허가장이나 사전 압수영장을 발부받을 시간적 여유도 없는 긴급한 상황이 생길 수 있다. 이러한 경우 피의자의 신체 내지 의복류에 주취로 인한 냄새가 강하게 나는 등 제211조 제2항 제3호가 정하는 범죄의 증적이 현저한 준현행범인으로서의 요건이 갖추어져 있고 교통사고 발생 시각으로부터 사회통념상 범행 직후라고 볼 수 있는 시간 내라면, 피의자의 생명·신체를 구조하기 위하여 사고현장으로부터 곧바로 후송된 병원 응급실 등의 장소는 제216조 제3항의 범죄 장소에 준한다고 할 것이므로, 검사 또는 사법경찰관은 피의자의 혈중알코올농도 등 증거의 수집을 위하여 의료법상 의료인의 자격이 있는 자로 하여금 의료용 기구로 의학적인 방법에 따라 필요최소한의 한도 내에서 피의자의 혈액을 채취하게 한 후 그 혈액을 영장 없이 압수할 수 있다. 다만 이 경우에도 사후에 지체 없이 강제채혈에 의한 압수의 사유 등을 기재한 영장청구서에 의하여 법원으로부터 압수영장을 받아야 한다.[2)]

---

1) 대법원 2011. 5. 13. 선고 2009도10871 판결(피고인이 2008. 7. 11. 22:50경 피고인 소유의 승용차를 운전하여 가다가 도로 우측 갓길에 정차해 있던 중 같은 방향으로 진행하던 화물차에 추돌당하는 사고가 발생하였고, 피고인은 위 사고로 약 8주간의 치료를 요하는 상해를 입고 응급실로 호송된 사실, 그런데 위 사고신고를 받고 응급실로 출동한 경찰관은 2008. 7. 12. 00:27경 법원으로부터 압수·수색 또는 검증 영장이나 감정처분허가장을 발부받지 아니한 채 피고인의 처로부터 채혈동의를 받고서 간호사로 하여금 의식을 잃고 응급실에 누워있는 피고인으로부터 채혈을 하도록 한 사실 등을 알 수 있는바, 이 사건 채혈이 법관으로부터 영장을 발부받지 않은 상태에서 이루어졌고, 사후에 영장을 발부받지도 아니하였다는 등의 이유로 피고인의 혈중알코올농도에 대한 국립과학수사연구소 중부분소의 감정의뢰회보와 이에 기초한 수사보고 및 주취운전자적발보고서는 위법수집증거로서 증거능력이 없고, 피고인 소유의 승용차에 동승한 공소외인에 대한 경찰 진술조서의 진술기재만으로는 주위적 공소사실을 인정하기에 부족하며, 달리 주위적 공소사실을 인정할 만한 증거가 없고, 이 사건 채혈이 피고인의 처의 동의를 얻어서 이루어졌다는 사정만으로는 이를 달리 볼 수 없다는 이유로 주위적 공소사실을 무죄로 판단하였다); 대법원 2011. 4. 28. 선고 2009도2109 판결.

2) 대법원 2016. 12. 27. 선고 2014두46850 판결(음주운전 여부에 대한 조사 과정에서 운전자 본인의 동의를 받지 아니하고 또한 법원의 영장도 없이 채혈조사를 한 결과를 근거로 한 운전면허 정지·취소 처분은 도로교통법 제44조 제3항을 위반한 것으로서 특별한 사정이 없는 한 위법한 처분으로 볼 수밖에 없다); 대법원 2012. 11. 15. 선고 2011도15258 판결(피고인이 2011. 3. 5. 23:45경 판시 장소에서 오토바이를 운전하여 가다가 선행 차량의 뒷부분을 들이받는 교통사고를 야기한 후 의식을 잃은 채 119 구급차량에 의하여 병원 응급실로 후송된 사실, 사고 시각으로부터 약 1시간 후인 2011. 3. 6. 00:50경 사고신고를 받고 병원 응급실로 출동한 경찰관은 법원으로부터 압수·수색 또는 검증영장을 발부받지 아니한 채 피고인의 아들로부터 동의를 받아 간호사로 하여금 의식을 잃고

한편 경찰관이 간호사로부터 진료 목적으로 이미 채혈되어 있던 피고인의 혈액 중 일부를 주취운전 여부에 대한 감정을 목적으로 임의로 제출 받아 이를 압수한 경우, 당시 간호사가 위 혈액의 소지자 겸 보관자인 병원 또는 담당의사를 대리하여 혈액을 경찰관에게 임의로 제출할 수 있는 권한이 없었다고 볼 특별한 사정이 없는 이상, 그 압수절차가 피고인 또는 피고인의 가족의 동의 및 영장 없이 행하여졌다고 하더라도 이에 적법절차를 위반한 위법이 있다고 할 수 없다.[1] 또한 형사소송법 및 기타 법령상 의료인이 진료 목적으로 채혈한 혈액을 수사기관이 수사 목적으로 압수하는 절차에 관하여 특별한 절차적 제한을 두고 있지 않으므로, 의료인이 진료 목적으로 채혈한 환자의 혈액을 수사기관에 임의로 제출하였다면 그 혈액의 증거사용에 대하여도 환자의 사생활의 비밀 기타 인격적 법익이 침해되는 등의 특별한 사정이 없는 한 반드시 그 환자의 동의를 받아야 하는 것은 아니다. 따라서 경찰관이 간호사로부터 진료 목적으로 이미 채혈되어 있던 피고인의 혈액 중 일부를 주취운전 여부에 대한 감정을 목적으로 임의로 제출 받아 이를 압수한 경우, 당시 간호사가 혈액의 소지자 겸 보관자인 병원 또는 담당의사를 대리하여 혈액을 경찰관에게 임의로 제출할 수 있는 권한이 없었다고 볼 특별한 사정이 없는 이상, 그 압수절차가 피고인 또는 피고인의 가족의 동의 및 영장 없이 행하여졌다고 하더라도 적법절차를 위반한 위법이 있다고 할 수 없다.[2]

5) 강제채뇨

'강제채뇨'(强制採尿)란 피의자가 임의로 소변을 제출하지 않는 경우 피의자에 대하여 강제력을 사용해서 도뇨관(catheter)을 요도를 통하여 방광에 삽입한 뒤 체내에 있는 소변을 배출시켜 소변을 취득·보관하는 행위를 말한다. 수사기관이 범죄 증거를 수집할 목적으로 하는 강제채뇨는 피의자의 신체에 직접적인 작용을 수반할 뿐만 아니라 피의자에게 신체적 고통이나 장애를 초래하거나 수치심이나 굴욕감을 줄 수 있다. 따라서 범죄 수사를 위해서 강제채뇨가 부득이하다고 인정되는 경우에 최후의 수단으로 적법한 절차에 따라 허용된다. 이때 의사·간호사·그 밖의 숙련된 의료인 등으로 하여금 소변 채취에 적합한 의료장비와 시설을 갖춘 곳에서 피의자의 신체와 건강을 해칠 위험이 적고 피의자의 굴욕감 등을 최소화하는 방법으로 소변을 채취하여야 한다. 혈액과 달리 뇨액은 시간의 흐름에 따라 자연스럽게 신체의 외부로 배출되기 때문에 당사자가 협조를 한다면 임의수사의 방법으로도 얼마든지 압수할 수 있지만, 당자사가 거부하는 경우에는 강제로 채집하는 것이 곤란한 상황이 발생할 수 있다. 하지만 마약류

응급실에 누워 있는 피고인으로부터 채혈을 하도록 한 사실 등을 인정하였다. 그리고 나아가 이 사건 채혈은 법관으로부터 영장을 발부받지 않은 상태에서 이루어졌고 사후에 영장을 발부받지도 아니하였으므로 피고인의 혈중알코올농도에 대한 국립과학수사연구소의 감정의뢰회보 및 이에 기초한 주취운전자 적발보고서, 주취운전자 정황보고서 등의 증거는 위법수집증거로서 증거능력이 없으므로, 피고인의 자백 외에 달리 이를 보강할 만한 증거가 없다는 이유로 이 사건 공소사실을 무죄로 판단하였다).

1) 대법원 1999. 9. 3. 선고 98도968 판결.

2) 대법원 1999. 9. 3. 선고 98도968 판결.

는 일정기간 소변에 남아있기 때문에 피의자가 임의로 소변을 제출하지 않으면 마약의 사용 여부에 대한 증거를 확보하기 위해서 강제적인 소변검사가 필요한 경우가 있다.

수사기관이 범죄 증거를 수집할 목적으로 피의자의 동의 없이 피의자의 소변을 채취하는 것은 법원으로부터 감정허가장을 받아 제221조의4 제1항, 제173조 제1항에서 정한 '감정에 필요한 처분'으로 할 수 있지만(피의자를 병원 등에 유치할 필요가 있는 경우에는 제221조의3에 따라 법원으로부터 감정유치장을 받아야 한다), 제219조, 제106조 제1항, 제109조에 따른 압수·수색의 방법으로도 할 수 있다. 이러한 압수·수색의 경우에도 수사기관은 원칙적으로 제215조에 따라 판사로부터 압수·수색영장을 적법하게 발부받아 집행해야 한다. 압수·수색의 방법으로 소변을 채취하는 경우 압수대상물인 피의자의 소변을 확보하기 위한 수사기관의 노력에도 불구하고, 피의자가 인근 병원 응급실 등 소변 채취에 적합한 장소로 이동하는 것에 동의하지 않거나 저항하는 등 임의동행을 기대할 수 없는 사정이 있는 때에는 수사기관으로서는 소변 채취에 적합한 장소로 피의자를 데려가기 위해서 필요 최소한의 유형력을 행사하는 것이 허용되는데, 이는 제219조, 제120조 제1항에서 정한 '압수·수색영장의 집행에 필요한 처분'에 해당한다. 그렇지 않으면 피의자의 신체와 건강을 해칠 위험이 적고 피의자의 굴욕감을 최소화하기 위하여 마련된 절차에 따른 강제 채뇨가 불가능하여 압수영장의 목적을 달성할 방법이 없기 때문이다.[1)]

Ⅲ. 통신제한조치

1. 통신제한조치의 내용

'통신제한조치'(通信制限措置)란 우편물의 검열 또는 전기통신의 감청을 포함하는 개념인데, 이러한 조치는 범죄수사 또는 국가안전보장을 위하여 보충적인 수단으로 이용되어야 하며, 국민의 통신비밀에 대한 침해가 최소한에 그치도록 노력하여야 한다(통신비밀보호법 제3조 제2항).[2)] 여기서 '통신'(通信)이란 우편물 및 전기통신을 말하는데, '우편물'(郵便物)이란 우편법에 의한 통상우편물과 소포우편물을 말하고[3)], '전기통신'(電氣通信)이란 전화·전자우편·회원제정보서비스·모사전송·무선호출 등과 같이 유선·무선·광선 및 기타의 전자적 방식에 의하여 모든 종류[4)]

1) 대법원 2018. 7. 12. 선고 2018도6219 판결.

2) 이에 대하여 보다 자세한 내용으로는 박찬걸, "통신제한조치 현황 및 그 개선방안", 법학연구 제31권 제1호, 한양대학교 법학연구소, 2014. 3, 245면 이하; 박찬걸, "통신제한조치의 집행에 관한 법정책적 검토", 법과정책 제20권 제1호, 제주대학교 법과정책연구원, 2014. 3, 315면 이하 참조.

3) 그러므로 발송 전 또는 도착 후의 편지 등은 이에 해당하지 아니하고, 압수·수색의 대상이 될 뿐이다.

4) 대법원 2003. 11. 13. 선고 2001도6213 판결(무전기와 같은 무선전화기를 이용한 통화가 통신비밀보호법에서 규정하고 있는 전기통신에 해당함은 전화통화의 성질 및 규정 내용에 비추어 명백하므로 이를 같은 법 제3조 제1항 소정의 '타인간의 대화'에 포함된다고 할 수 없다. 렉카 회사가 무전기를 이용하여 한국도로공사의 상황실과 순찰차간의 무선전화통화를 청취한 경우 무전기를 설치함에 있어 한국도로공사의 정당한 계통을 밟은 결재가 있었던 것이 아닌 이상 전기통신의 당사자인 한국도로공사의 동의가 있었다고는 볼 수 없으므로 통신비밀보호법상의 감청에 해당한다).

의 음향·문언·부호 또는 영상을 송신하거나 수신하는 것을 각각 말한다(통신비밀보호법 제2조 제1호 내지 제3호).[1] 그리고 '검열'(檢閱)이란 우편물에 대하여 당사자의 동의 없이 이를 개봉하거나 기타의 방법으로 그 내용을 지득 또는 채록하거나 유치하는 것을 말하고, '감청'(監聽)이란 전기통신에 대하여 당사자의 동의 없이 전자장치·기계장치 등을 사용[2]하여 통신의 음향·문언·부호·영상을 청취·공독하여 그 내용을 지득 또는 채록하거나 전기통신의 송·수신을 방해하는 것을 말한다(통신비밀보호법 제2조 제6호 및 제7호).[3]

누구든지 통신비밀보호법과 형사소송법 또는 군사법원법의 규정에 의하지 아니하고는 우편물의 검열·전기통신의 감청을 하거나 공개되지 아니한 타인간의 대화를 녹음 또는 청취하지 못하는데(통신비밀보호법 제3조 제1항), 만약 이를 위반하여 불법검열에 의하여 취득한 우편물이나 그 내용 및 불법감청에 의하여 지득 또는 채록된 전기통신의 내용은 재판 또는 징계절차에서 증거로 사용할 수 없을 뿐만 아니라(통신비밀보호법 제4조), 우편물의 검열 또는 전기통신의 감청을 하거나 공개되지 아니한 타인간의 대화를 녹음 또는 전자장치 또는 기계적 수단을 이용하여 청취한 자(제1호) 또는 이에 따라 알게 된 통신 또는 대화의 내용을 공개하거나 누설한 자(제2호)는 1년 이상 10년 이하의 징역과 5년 이하의 자격정지에 처한다(통신비밀보호법 제16조 제1항).

판례에 의하면, ① 대화에 원래부터 참여하지 않는 제3자가 일반 공중이 알 수 있도록 공개되지 아니한 타인간의 발언을 녹음하거나 전자장치 또는 기계적 수단을 이용하여 청취하는 것은 특별한 사정이 없는 한 통신비밀보호법 제3조 제1항에 위반된다.[4] ② 행위자가 불법 감청·녹음 등에 관여하지 아니하

1) '통신'의 일반적인 속성으로는 '당사자간의 동의', '비공개성', '당사자의 특정성' 등을 들 수 있는바, 이를 염두에 둘 때 '통신'의 의미는 '비공개를 전제로 하는 쌍방향적인 의사소통'이라고 할 수 있다. 한편 감청의 대상인 전기통신에 관하여 통신비밀보호법 제2조 제3호는 "유선·무선·광선 및 기타의 전자적 방식에 의하여 모든 종류의 음향·문언·부호 또는 영상을 송신하거나 수신하는 것"이라고만 정의하고 있어, 긴급조난신호와 같이 공개된 의사소통도 감청에 포함되는 것이 아닌가 하는 의문이 있을 수 있다. 그러나 감청이라는 것은 헌법 제18조에서 보장하고 있는 통신의 비밀에 대한 침해행위 중의 한 유형으로 이해하여야 할 것이며, 감청의 대상으로서의 전기통신은 헌법상 '통신'의 개념을 전제로 하고 있다고 보아야 할 것이다. 통신비밀보호법은 '통신 및 대화의 비밀과 자유에 대한 제한은 그 대상을 한정하고 엄격한 법적 절차를 거치도록 함으로써 통신비밀을 보호하고 통신의 자유를 신장함을 목적으로' 제정된 것으로서, 통신의 비밀을 보장하려는 헌법 제18조의 취지를 구체적으로 실현하기 위한 입법적 수단이라 할 수 있기 때문이다. 이와 같이 이해할 때 전기통신은 '비공개를 전제로 하는 쌍방향적인 의사소통'이라는 통신의 개념을 전제하고 있는 것이므로, 긴급조난신호와 같이 공개된 의사소통은 감청의 대상이 될 수 없다. 그 밖에도 감청은 당사자의 동의 없이 이루어져야 한다는 점 때문에도 긴급조난신호의 청취가 감청에 해당하기는 어렵다.

2) 그러므로 단순히 엿듣는 행위는 감청에 해당하지 아니한다.

3) 대법원 2012. 11. 29. 선고 2010도9007 판결('전기통신의 감청'은 현재 이루어지고 있는 전기통신의 내용을 지득·채록하는 경우와 통신의 송·수신을 직접적으로 방해하는 경우를 의미하는 것이지 전자우편이 송신되어 수신인이 이를 확인하는 등으로 이미 수신이 완료된 전기통신에 관하여 남아 있는 기록이나 내용을 열어보는 등의 행위는 포함하지 않는다. 이는 행위의 태양으로 보면 오히려 통신비밀보호법에서 우편물에 대하여 당사자의 동의 없이 개봉하는 등의 행위를 규정한 '검열'에 가까운 것이지만, 전자우편의 검열은 통신제한조치 허가 등 위 법에 의한 규율대상에 포함되지 않음이 법문의 규정상 명백하다); 대법원 2012. 10. 25. 선고 2012도4644 판결; 대법원 2012. 7. 26. 선고 2011도12407 판결.

4) 대법원 2016. 5. 12. 선고 2013도15616 판결(피고인이 ○○○신문사 빌딩에서 휴대폰의 녹음기능을 작동시킨 상태로 공소외 1 재단법인(이하 '공소외 1 법인'이라고 한다)의 이사장실에서 집무 중이던 공소외 1 법인 이사장인

고 다른 경로를 통하여 그 통신 또는 대화의 내용을 알게 되었더라도 불법 감청·녹음 등이 이루어진 사정을 알면서 이를 공개·누설하는 경우에는 통신비밀보호법 위반죄가 성립한다.[1] ③ 통신비밀보호법에서 보호하는 타인 간의 '대화'는 원칙적으로 현장에 있는 당사자들이 육성으로 말을 주고받는 의사소통행위를 가리킨다. 따라서 사람의 육성이 아닌 사물에서 발생하는 음향은 타인 간의 '대화'에 해당하지 않는다. 또한 사람의 목소리라고 하더라도 상대방에게 의사를 전달하는 말이 아닌 단순한 비명소리나 탄식 등은 타인과 의사소통을 하기 위한 것이 아니라면 특별한 사정이 없는 한 타인 간의 '대화'에 해당한다고 볼 수 없다.[2] ④ 통신비밀보호법에서 말하는 '대화'에는 당사자가 마주 대하여 이야기를 주고받는 경우뿐만 아니라 당사자 중 한 명이 일방적으로 말하고 상대방은 듣기만 하는 경우도 포함되므로, 강연과 토론·발표 등은 대상자와 상대방 사이의 대화에 해당되고, 따라서 회합에 대한 녹음은 각 허가서의 대상 및 범위에 포함되는 것으로 적법하며, 별도로 사후허가를 받을 필요가 없다.[3] ⑤ 택시 운전기사인 피고인이 자신의 택시에 승차한 피해자들에게 질문하여 피해자들의 지속적인 답변을 유도하는 등의 방법으로 피해자들과의 대화를 이어나가면서 그 대화 내용을 공개하였다는 것인데, 피고인이 피해자들 사이의 대화에서 완전히 벗어나 있었다는 사정을 찾아볼 수 없고, 기록에 의하면 피해자들이 피고인의 질문에 응하여 답변하면서 자신들의 신상에 관련된 내용을 적극적으로 이야기한 사실을 알 수 있다. 피고인 역시 피해자들과 함께 3인 사이에 이루어진 대화의 한 당사자로 보일 뿐 그 대화에 참여하지 않은 제3자라고 하기는 어려울 것이고, 피고인이 주로 질문을 하면서 듣는 등으로 그 발언 분량이 적었다거나 대화의 주제가 피해자들과 관련된 내용이고 피고인이 대화 내용을 공개할 의도가 있었다고 하여 달리 볼 것은 아니다. 따라서 피해자들의 발언은 피고인에 대한 관계에서 통신비밀보호법 제3조 제1항에서 정한 '타인 간의 대화'에 해당한다고 할 수 없으므로, 피고인이 피해자들 몰래 피해자들의 대화를 소형 촬영기와 무선통신장치를 이용하여 실시간으로 중계하는 방식으로 인터넷을 통하여 불특정 다수의 시청자에게 공개하였다고 하더라도, 피해자들에 대하여 초상권 등의 부당한 침해로 인한 민사상의 손해배상책

공소외 2의 휴대폰으로 전화를 걸어 공소외 2와 약 8분간의 전화통화를 마친 후 상대방에 대한 예우 차원에서 바로 전화통화를 끊지 않고 공소외 2가 전화를 먼저 끊기를 기다리던 중, 평소 친분이 있는 △△방송 기획홍보본부장 공소외 3이 공소외 2와 인사를 나누면서 △△방송 전략기획부장 공소외 4를 소개하는 목소리가 피고인의 휴대폰을 통해 들려오고, 때마침 공소외 2가 실수로 휴대폰의 통화종료 버튼을 누르지 아니한 채 이를 이사장실 내의 탁자 위에 놓아두자, 공소외 2의 휴대폰과 통화연결상태에 있는 자신의 휴대폰 수신 및 녹음기능을 이용하여 이 사건 대화를 몰래 청취하면서 녹음한 사실을 인정한 다음, 피고인은 이 사건 대화에 원래부터 참여하지 아니한 제3자이므로, 통화연결상태에 있는 휴대폰을 이용하여 이 사건 대화를 청취·녹음하는 행위는 작위에 의한 통신비밀보호법 제3조의 위반행위로서 같은 법 제16조 제1항 제1호에 의하여 처벌된다).

1) 대법원 2011. 5. 13. 선고 2009도14442 판결(국회의원인 피고인이, 구 국가안전기획부 내 정보수집팀이 대기업 고위관계자와 중앙일간지 사주 간의 사적 대화를 불법 녹음한 자료를 입수한 후 그 대화 내용과, 전직 검찰간부인 피해자가 대기업으로부터 이른바 떡값 명목의 금품을 수수하였다는 내용이 게재된 보도자료를 작성하여 국회 법제사법위원회 개의 당일 국회 의원회관에서 기자들에게 배포한 사안에서, 피고인이 국회 법제사법위원회에서 발언할 내용이 담긴 위 보도자료를 사전에 배포한 행위는 국회의원 면책특권의 대상이 되는 직무부수행위에 해당하므로, 피고인에 대한 허위사실적시 명예훼손 및 통신비밀보호법 위반의 점에 대한 공소를 기각하여야 한다); 헌법재판소 2011. 8. 30. 선고 2009헌바42 결정(현행법에 의하면 위법하게 취득된 타인간의 대화내용을 지득한 후 그 대화내용을 공개하거나 누설한 자도 타인간의 공개되지 않은 대화내용을 위법하게 취득한 자와 동일한 법정형(10년 이하의 징역과 5년 이하의 자격정지)에 해당하도록 규정하고 있는데, 이는 대화내용을 위법하게 취득한 행위 못지않게 위법하게 취득된 대화내용을 전파하는 행위도 그 수단 및 시기, 공개대상의 범위 등에 따라서 대화의 비밀을 침해하는 정도가 상당할 수 있기 때문이다). 하지만 법정형으로 징역형만을 규정하는 것은 행위태양의 다양성에도 불구하고 처단형에 한계가 있게 되기 때문에 벌금형을 병과형으로 추가하는 것이 타당하다.

2) 대법원 2017. 3. 15. 선고 2016도19843 판결.

3) 대법원 2015. 1. 22. 선고 2014도10978 전원합의체 판결.

임을 질 수는 있을지언정, 이를 두고 피고인이 통신비밀보호법 제3조 제1항에 위반하여 지득한 타인 간의 대화 내용을 공개한 것으로서 통신비밀보호법 제16조 제1항 제2호에 해당한다고 볼 수는 없다.[1] ⑥ 전기통신의 감청은 제3자가 전기통신의 당사자인 송신인과 수신인의 동의를 받지 아니하고 전기통신 내용을 녹음하는 등의 행위를 하는 것만을 말한다고 풀이함이 상당하다고 할 것이므로, 전기통신에 해당하는 전화통화 당사자의 일방이 상대방 모르게 통화 내용을 녹음하는 것은 감청에 해당하지 아니하지만, 제3자의 경우는 설령 전화통화 당사자 일방의 동의를 받고 그 통화 내용을 녹음하였다고 하더라도 그 상대방의 동의가 없었던 이상, 이는 감청에 해당하여 법 제3조 제1항 위반이 되고, 이와 같이 법 제3조 제1항에 위반한 불법감청에 의하여 녹음된 전화통화의 내용은 법 제4조에 의하여 증거능력이 없다. 그리고 사생활 및 통신의 불가침을 국민의 기본권의 하나로 선언하고 있는 헌법규정과 통신비밀의 보호와 통신의 자유 신장을 목적으로 제정된 통신비밀보호법의 취지에 비추어 볼 때 피고인이나 변호인이 이를 증거로 함에 동의하였다고 하더라도 달리 볼 것은 아니다.[2] ⑦ 통신비밀보호법 제3조 제1항이 '공개되지 아니한 타인간의 대화를 녹음 또는 청취하지 못한다.'라고 정한 것은, 대화에 원래부터 참여하지 않는 제3자가 그 대화를 하는 타인들 간의 발언을 녹음해서는 안 된다는 취지이다. 3인 간의 대화에 있어서 그 중 한 사람이 그 대화를 녹음하는 경우에 다른 두 사람의 발언은 그 녹음자에 대한 관계에서 '타인 간의 대화'라고 할 수 없으므로, 이와 같은 녹음행위가 통신비밀보호법 제3조 제1항에 위배된다고 볼 수는 없다.[3] ⑧ 피고인이 범행 후 피해자에게 전화를 걸어오자 피해자가 증거를 수집하려고 그 전화내용을 녹음한 경우, 그 녹음테이프가 피고인 모르게 녹음된 것이라고 하여 이를 위법하게 수집된 증거라고 할 수 없다.[4]

2. 통신제한조치의 절차

(1) 범죄수사를 위한 통신제한조치

1) 대 상

통신제한조치는 중범죄[5]를 계획 또는 실행하고 있거나 실행하였다고 의심할 만한 충분한

---

1) 대법원 2014. 5. 16. 선고 2013도16404 판결.

2) 대법원 2010. 10. 14. 선고 2010도9016 판결. 이에 대하여 대화자 모두의 동의가 없는 한 비밀녹음은 그것이 당사자녹음이든 당사자 일방의 동의를 얻은 제3자 녹음이든 원칙적으로 증거능력을 부정해야 한다는 견해로는 정웅석/최창호, 568면.

3) 대법원 2006. 10. 12. 선고 2006도4981 판결. 이에 대하여 대화정보의 자기결정권과 기본권의 대사인적 효력에 비추어 볼 때 이 경우의 비밀녹음도 적법한 절차에 위배하여 수집된 증거로 보아 제308조의2에 기하여 증거능력을 배제하는 것이 타당하다는 견해로는 신동운, 609면.

4) 대법원 1997. 3. 28. 선고 97도240 판결.

5) 1. 형법 제2편 중 제1장 내란의 죄, 제2장 외환의 죄 중 제92조 내지 제101조의 죄, 제4장 국교에 관한 죄 중 제107조, 제108조, 제111조 내지 제113조의 죄, 제5장 공안을 해하는 죄 중 제114조, 제115조의 죄, 제6장 폭발물에 관한 죄, 제7장 공무원의 직무에 관한 죄 중 제127조, 제129조 내지 제133조의 죄, 제9장 도주와 범인은닉의 죄, 제13장 방화와 실화의 죄 중 제164조 내지 제167조·제172조 내지 제173조·제174조 및 제175조의 죄, 제17장 아편에 관한 죄, 제18장 통화에 관한 죄, 제19장 유가증권, 우표와 인지에 관한 죄 중 제214조 내지 제217조, 제223조(제214조 내지 제217조의 미수범에 한한다) 및 제224조(제214조 및 제215조의 예비·음모에 한한다), 제24장 살인의 죄, 제29장 체포와 감금의 죄, 제30장 협박의 죄 중 제283조 제1항, 제284조, 제285조(제283조 제1항, 제284조의 상습범에 한한다), 제286조[제283조 제1항, 제284조, 제285조(제283조 제1항, 제284조의 상습범에 한한다)의 미수범에 한한다]의 죄, 제31장 약취, 유인 및 인신매매의 죄, 제32장 강간과 추

이유가 있고 다른 방법으로는 그 범죄의 실행을 저지하거나 범인의 체포 또는 증거의 수집이 어려운 경우에 한하여 허가할 수 있다(통신비밀보호법 제5조 제1항). 통신제한조치는 통신비밀보호법 제5조 제1항의 요건에 해당하는 자가 발송·수취하거나 송·수신하는 특정한 우편물이나 전기통신 또는 그 해당자가 일정한 기간에 걸쳐 발송·수취하거나 송·수신하는 우편물이나 전기통신을 대상으로 허가될 수 있다(통신비밀보호법 제5조 제2항). 하지만 통신비밀보호법 제5조 제2항 중 '인터넷회선을 통하여 송·수신하는 전기통신'에 관한 부분은 헌법에 합치되지 아니하여[1], 2020. 3. 24. 통신비밀보호법 개정을 통하여 수사기관이 인터넷 회선을 통하여 송신·수신하는 전기통신에 대한 통신제한조치로 취득한 자료에 대해서는 집행 종료 후 범죄수사나 소추 등에

행의 죄 중 제297조 내지 제301조의2, 제305조의 죄, 제34장 신용, 업무와 경매에 관한 죄 중 제315조의 죄, 제37장 권리행사를 방해하는 죄 중 제324조의2 내지 제324조의4·제324조의5(제324조의2 내지 제324조의4의 미수범에 한한다)의 죄, 제38장 절도와 강도의 죄 중 제329조 내지 제331조, 제332조(제329조 내지 제331조의 상습범에 한한다), 제333조 내지 제341조, 제342조[제329조 내지 제331조, 제332조(제329조 내지 제331조의 상습범에 한한다), 제333조 내지 제341조의 미수범에 한한다]의 죄, 제39장 사기와 공갈의 죄 중 제350조, 제350조의2, 제351조(제350조, 제350조의2의 상습범에 한정한다), 제352조(제350조, 제350조의2의 미수범에 한정한다)의 죄, 제41장 장물에 관한 죄 중 제363조의 죄

2. 군형법 제2편중 제1장 반란의 죄, 제2장 이적의 죄, 제3장 지휘권 남용의 죄, 제4장 지휘관의 항복과 도피의 죄, 제5장 수소이탈의 죄, 제7장 군무태만의 죄 중 제42조의 죄, 제8장 항명의 죄, 제9장 폭행·협박·상해와 살인의 죄, 제11장 군용물에 관한 죄, 제12장 위령의 죄 중 제78조·제80조·제81조의 죄
3. 국가보안법에 규정된 범죄
4. 군사기밀보호법에 규정된 범죄
5. 「군사기지 및 군사시설 보호법」에 규정된 범죄
6. 「마약류관리에 관한 법률」에 규정된 범죄 중 제58조 내지 제62조의 죄
7. 폭력행위처벌법에 규정된 범죄 중 제4조 및 제5조의 죄
8. 「총포·도검·화약류 등의 안전관리에 관한 법률」에 규정된 범죄 중 제70조 및 제71조 제1호 내지 제3호의 죄
9. 특정범죄가중처벌법에 규정된 범죄 중 제2조 내지 제8조, 제11조, 제12조의 죄
10. 특정경제범죄가중처벌법에 규정된 범죄 중 제3조 내지 제9조의 죄
11. 제1호와 제2호의 죄에 대한 가중처벌을 규정하는 법률에 위반하는 범죄
12. 「국제상거래에 있어서 외국공무원에 대한 뇌물방지법」에 규정된 범죄 중 제3조 및 제4조의 죄

1) 헌법재판소 2018. 8. 30. 선고 2016헌마263 결정(통신비밀보호법 제5조 제2항 중 '인터넷회선을 통하여 송·수신하는 전기통신'에 관한 부분은 헌법에 합치되지 아니한다. 위 법률조항은 2020. 3. 31.을 시한으로 개정될 때까지 계속 적용한다. '패킷감청'의 방식으로 이루어지는 인터넷회선 감청은 수사기관이 실제 감청 집행을 하는 단계에서는 해당 인터넷회선을 통하여 흐르는 불특정 다수인의 모든 정보가 패킷 형태로 수집되어 일단 수사기관에 그대로 전송되므로, 다른 통신제한조치에 비하여 감청 집행을 통해 수사기관이 취득하는 자료가 비교할 수 없을 정도로 매우 방대하다는 점에 주목할 필요가 있다. 불특정 다수가 하나의 인터넷회선을 공유하여 사용하는 경우가 대부분이므로, 실제 집행 단계에서는 법원이 허가한 범위를 넘어 피의자 내지 피내사자의 통신자료뿐만 아니라 동일한 인터넷회선을 이용하는 불특정 다수인의 통신자료까지 수사기관에 모두 수집·저장된다. 따라서 인터넷회선 감청을 통해 수사기관이 취득하는 개인의 통신자료의 양을 전화감청 등 다른 통신제한조치와 비교할 바는 아니다. 인터넷회선 감청은 집행 및 그 이후에 제3자의 정보나 범죄수사와 무관한 정보까지 수사기관에 의해 수집·보관되고 있지는 않는지, 수사기관이 원래 허가받은 목적, 범위 내에서 자료를 이용·처리하고 있는지 등을 감독 내지 통제할 법적 장치가 강하게 요구된다. 그런데 현행법은 수사기관이 감청 집행으로 취득하는 막대한 양의 자료의 처리 절차에 대해서 아무런 규정을 두고 있지 않다. 현행법상 전기통신 가입자에게 집행 통지는 하게 되어 있으나 집행 사유는 알려주지 않아야 되고, 수사가 장기화되거나 기소중지 처리되는 경우에는 감청이 집행된 사실조차 알 수 있는 길이 없도록 되어 있어(법 제9조의2), 더욱 객관적이고 사후적인 통제가 어렵다. 또한 현행법상 감청 집행으로 인하여 취득된 전기통신의 내용은 법원으로부터 허가를 받은 범죄와 관련되는 범죄를 수사·소추하거나 그 범죄를 예방하기 위하여도 사용이 가능하므로(법 제12조 제1호) 특정인의 동향 파악이나 정보수집을 위한 목적으로 수사기관에 의해 남용될 가능성도 배제하기 어렵다).

사용하거나 사용을 위하여 보관하고자 하는 때에는 보관 등이 필요한 전기통신을 선별하여 법원으로부터 보관 등의 승인을 받도록 하고, 승인 청구를 하지 아니한 전기통신 등의 폐기 절차를 마련함으로써 합헌성을 제고하였다.

이에 따라 검사는 인터넷 회선을 통하여 송신·수신하는 전기통신을 대상으로 제6조 또는 제8조(제5조 제1항의 요건에 해당하는 사람에 대한 긴급통신제한조치에 한정한다)에 따른 통신제한조치를 집행한 경우 그 전기통신을 제12조 제1호에 따라 사용하거나 사용을 위하여 보관(이하 이 조에서 '보관등'이라 한다)하고자 하는 때에는 집행종료일부터 14일 이내에 보관등이 필요한 전기통신을 선별하여 통신제한조치를 허가한 법원에 보관등의 승인을 청구하여야 한다(통신비밀보호법 제12조의2 제1항). 사법경찰관은 인터넷 회선을 통하여 송신·수신하는 전기통신을 대상으로 제6조 또는 제8조(제5조 제1항의 요건에 해당하는 사람에 대한 긴급통신제한조치에 한정한다)에 따른 통신제한조치를 집행한 경우 그 전기통신의 보관등을 하고자 하는 때에는 집행종료일부터 14일 이내에 보관등이 필요한 전기통신을 선별하여 검사에게 보관등의 승인을 신청하고, 검사는 신청일부터 7일 이내에 통신제한조치를 허가한 법원에 그 승인을 청구할 수 있다(통신비밀보호법 제12조의2 제2항). 제1항 및 제2항에 따른 승인청구는 통신제한조치의 집행 경위, 취득한 결과의 요지, 보관등이 필요한 이유를 기재한 서면으로 하여야 하며, ① 청구이유에 대한 소명자료, ② 보관등이 필요한 전기통신의 목록, ③ 보관등이 필요한 전기통신(다만, 일정 용량의 파일 단위로 분할하는 등 적절한 방법으로 정보저장매체에 저장·봉인하여 제출하여야 한다)의 서류를 첨부하여야 한다(통신비밀보호법 제12조의2 제3항). 법원은 청구가 이유 있다고 인정하는 경우에는 보관등을 승인하고 이를 증명하는 서류(이하 이 조에서 '승인서'라 한다)를 발부하며, 청구가 이유 없다고 인정하는 경우에는 청구를 기각하고 이를 청구인에게 통지한다(통신비밀보호법 제12조의2 제4항). 검사 또는 사법경찰관은 제1항에 따른 청구나 제2항에 따른 신청을 하지 아니하는 경우에는 집행종료일부터 14일(검사가 사법경찰관의 신청을 기각한 경우에는 그 날부터 7일) 이내에 통신제한조치로 취득한 전기통신을 폐기하여야 하고, 법원에 승인청구를 한 경우(취득한 전기통신의 일부에 대해서만 청구한 경우를 포함한다)에는 제4항에 따라 법원으로부터 승인서를 발부받거나 청구기각의 통지를 받은 날부터 7일 이내에 승인을 받지 못한 전기통신을 폐기하여야 한다(통신비밀보호법 제12조의2 제5항). 검사 또는 사법경찰관은 제5항에 따라 통신제한조치로 취득한 전기통신을 폐기한 때에는 폐기의 이유와 범위 및 일시 등을 기재한 폐기결과보고서를 작성하여 피의자의 수사기록 또는 피내사자의 내사사건기록에 첨부하고, 폐기일부터 7일 이내에 통신제한조치를 허가한 법원에 송부하여야 한다(통신비밀보호법 제12조의2 제6항).

2) 절 차

검사(군검사를 포함한다)는 통신비밀보호법 제5조 제1항의 요건이 구비된 경우[1]에는 법원(군사

1) 통신비밀보호법 제5조 제1항의 규정에도 불구하고 특정성이라는 요건 자체가 모호하게 되어 있어 포괄적인 감청의 가능성을 전적으로 배제할 수는 없을 것이다. 이러한 문제점과 관련하여 허가장이 발부된 합법적인 감청이

법원을 포함한다)에 대하여 각 피의자별 또는 각 피내사자별로 통신제한조치를 허가하여 줄 것을 청구할 수 있다(통신비밀보호법 제6조 제1항). 사법경찰관(군사법경찰관을 포함한다)은 통신비밀보호법 제5조 제1항의 요건이 구비된 경우에는 검사에 대하여 각 피의자별 또는 각 피내사자별로 통신제한조치에 대한 허가를 신청하고, 검사는 법원에 대하여 그 허가를 청구할 수 있다(통신비밀보호법 제6조 제2항). 이와 같은 통신제한조치 청구사건의 관할법원은 그 통신제한조치를 받을 통신당사자의 쌍방 또는 일방의 주소지·소재지, 범죄지 또는 통신당사자와 공범관계에 있는 자의 주소지·소재지를 관할하는 지방법원 또는 지원(보통군사법원을 포함한다)으로 한다(통신비밀보호법 제6조 제3항). 또한 통신제한조치청구는 필요한 통신제한조치의 종류·그 목적·대상·범위·기간·집행장소·방법 및 당해 통신제한조치가 통신비밀보호법 제5조 제1항의 허가요건을 충족하는 사유 등의 청구이유를 기재한 서면으로 하여야 하며, 청구이유에 대한 소명자료를 첨부하여야 한다. 이 경우 동일한 범죄사실에 대하여 그 피의자 또는 피내사자에 대하여 통신제한조치의 허가를 청구하였거나 허가받은 사실이 있는 때에는 다시 통신제한조치를 청구하는 취지 및 이유를 기재하여야 한다(통신비밀보호법 제6조 제4항).

법원은 청구가 이유 있다고 인정하는 경우에는 각 피의자별 또는 각 피내사자별로 통신제한조치를 허가하고, 이를 증명하는 서류를 청구인에게 발부하며(통신비밀보호법 제6조 제5항), 허가서에는 통신제한조치의 종류·그 목적·대상·범위·기간 및 집행장소와 방법을 특정하여 기재하여야 한다(통신비밀보호법 제6조 제6항). 반면에 법원은 청구가 이유 없다고 인정하는 경우에는 청구를 기각하고 이를 청구인에게 통지한다(통신비밀보호법 제6조 제9항).

3) 기 간

통신제한조치의 기간은 2월을 초과하지 못하고, 그 기간 중 통신제한조치의 목적이 달성되었을 경우에는 즉시 종료하여야 한다(통신비밀보호법 제6조 제7항 본문). 다만 통신비밀보호법 제5조 제1항의 허가요건이 존속하는 경우에는 소명자료를 첨부하여 통신비밀보호법 제6조 제1항 또는 제2항에 따라 2개월의 범위에서 통신제한조치기간의 연장을 청구[1]할 수 있다(통신비밀보호법 제6조 제7항 단서).[2] 이에 따라 검사 또는 사법경찰관이 통신제한조치의 연장을 청구하는 경우에 통신제한조치의 총 연장기간은 1년을 초과할 수 없다. 다만 ① 형법 제2편 중 제1장 내란의 죄, 제2장 외환의 죄 중 제92조부터 제101조까지의 죄, 제4장 국교에 관한 죄 중 제107조, 제108조,

---

라고 할지라도 사후적으로 허가장에 기재된 범죄수사와 합리적 관련이 없는 내용에 대하여는 과감하게 증거능력을 박탈하도록 하여 수사기관에 의해 비정상적으로 이루어지는 합법을 가장한 감청행위를 줄일 필요성이 있다.

1) 법원은 청구가 이유없다고 인정하는 경우에는 청구를 기각하고 이를 청구인에게 통지한다(통신비밀보호법 제6조 제9항).

2) 기존의 통신비밀보호법 제6조 제7항 단서에서는 '통신비밀보호법 제5조 제1항의 허가요건이 존속하는 경우에는 통신비밀보호법 제6조 제1항 및 제2항의 절차에 따라 소명자료를 첨부하여 2월의 범위 안에서 통신제한조치기간의 연장을 청구할 수 있다.'라고 규정하고 있는데, 동 조항은 헌법재판소 2010. 12. 28. 선고 2009헌가30 결정을 통하여 헌법불합치 결정을 받았다. 그런데 입법부는 헌법재판소가 제시한 개정시한인 2011. 12. 31.을 도과하여 2019. 12. 31.에 와서야 개정을 한 바 있다.

제111조부터 제113조까지의 죄, 제5장 공안을 해하는 죄 중 제114조, 제115조의 죄 및 제6장 폭발물에 관한 죄, ② 군형법 제2편 중 제1장 반란의 죄, 제2장 이적의 죄, 제11장 군용물에 관한 죄 및 제12장 위령의 죄 중 제78조·제80조·제81조의 죄, ③ 국가보안법에 규정된 죄, ④ 군사기밀보호법에 규정된 죄, ⑤「군사기지 및 군사시설보호법」에 규정된 죄 가운데 어느 하나에 해당하는 범죄의 경우에는 통신제한조치의 총 연장기간이 3년을 초과할 수 없다(통신비밀보호법 제6조 제8항).

(2) 국가안전보장 또는 대테러활동을 위한 통신제한조치

대통령령이 정하는 정보수사기관의 장은 국가안전보장에 상당한 위험이 예상되는 경우 또는「국민보호와 공공안전을 위한 테러방지법」 제2조 제6호의 대테러활동에 필요한 경우에 한하여 그 위해를 방지하기 위하여 이에 관한 정보수집이 특히 필요한 때에는 통신제한조치를 할 수 있다. 이 때 통신의 일방 또는 쌍방당사자가 내국인인 때에는 고등법원 수석판사의 허가를 받아야 한다(다만, 군용전기통신법 제2조의 규정에 의한 군용전기통신(작전수행을 위한 전기통신에 한한다)에 대하여는 그러하지 아니하다). 하지만 대한민국에 적대하는 국가, 반국가활동의 혐의가 있는 외국의 기관·단체와 외국인, 대한민국의 통치권이 사실상 미치지 아니하는 한반도내의 집단이나 외국에 소재하는 그 산하단체의 구성원의 통신인 때 및 군용전기통신(작전수행을 위한 전기통신에 한한다)의 경우에는 서면으로 대통령의 승인을 얻어야 한다(통신비밀보호법 제7조 제1항).

이러한 통신제한조치의 기간은 4월을 초과하지 못하고, 그 기간 중 통신제한조치의 목적이 달성되었을 경우에는 즉시 종료하여야 하되, 제1항의 요건이 존속하는 경우에는 소명자료를 첨부하여 고등법원 수석판사의 허가 또는 대통령의 승인을 얻어 4월의 범위 이내에서 통신제한조치의 기간을 연장할 수 있다.[1] 다만 제1항 제1호 단서의 규정에 의한 통신제한조치는 전시·사변 또는 이에 준하는 국가비상사태에 있어서 적과 교전상태에 있는 때에는 작전이 종료될 때까지 대통령의 승인을 얻지 아니하고 기간을 연장할 수 있다(통신비밀보호법 제7조 제2항).

(3) 긴급통신제한조치

검사·사법경찰관 또는 정보수사기관의 장은 국가안보를 위협하는 음모행위, 직접적인 사망이나 심각한 상해의 위험을 야기할 수 있는 범죄 또는 조직범죄 등 중대한 범죄의 계획이나 실행 등 긴박한 상황에 있고, 제5조 제1항 또는 제7조 제1항 제1호의 규정에 의한 요건을 구비한 자에 대하여 제6조 또는 제7조 제1항 및 제3항의 규정에 의한 절차를 거칠 수 없는 긴급한 사유가 있는 때에는 법원의 허가 없이 통신제한조치를 할 수 있다(통신비밀보호법 제8조 제1항). 이에 의한 긴급통신제한조치의 집행 착수 후 지체 없이 법원에 허가청구를 하여야 하며, 그 긴급통신제한조치를 한 때부터 36시간 이내에 법원의 허가를 받지 못한 때에는 즉시 이를 중지하여

---

1) 대법원 1999. 9. 3. 선고 99도2317 판결(통신제한조치에 대한 기간연장결정은 원 허가의 내용에 대하여 단지 기간을 연장하는 것일 뿐 원 허가의 대상과 범위를 초과할 수 없다고 할 것이므로 통신제한조치허가서에 의하여 허가된 통신제한조치가 '전기통신 감청 및 우편물 검열'뿐인 경우 그 후 연장결정서에 당초 허가 내용에 없던 '대화녹음'이 기재되어 있다고 하더라도 이는 대화녹음의 적법한 근거가 되지 못한다).

야 한다(통신비밀보호법 제8조 제2항). 사법경찰관이 긴급통신제한조치를 할 경우에는 미리 검사의 지휘를 받아야 한다. 다만 특히 급속을 요하여 미리 지휘를 받을 수 없는 사유가 있는 경우에는 긴급통신제한조치의 집행 착수 후 지체 없이 검사의 승인을 얻어야 한다(통신비밀보호법 제8조 제3항). 긴급통신제한조치가 단시간내에 종료되어 법원의 허가를 받을 필요가 없는 경우에는 그 종료 후 7일 이내에 관할 지방검찰청검사장은 이에 대응하는 법원장에게 긴급통신제한조치를 한 검사, 사법경찰관 또는 정보수사기관의 장이 작성한 긴급통신제한조치통보서를 송부하여야 한다(통신비밀보호법 제8조 제5항 본문).

정보수사기관의 장은 국가안보를 위협하는 음모행위, 직접적인 사망이나 심각한 상해의 위험을 야기할 수 있는 범죄 또는 조직범죄 등 중대한 범죄의 계획이나 실행 등 긴박한 상황에 있고 제7조 제1항 제2호에 해당하는 자에 대하여 대통령의 승인을 얻을 시간적 여유가 없거나 통신제한조치를 긴급히 실시하지 아니하면 국가안전보장에 대한 위해를 초래할 수 있다고 판단되는 때에는 소속 장관(국가정보원장을 포함한다)의 승인을 얻어 통신제한조치를 할 수 있다(통신비밀보호법 제8조 제8항). 이에 의하여 긴급통신제한조치를 한 때에는 지체 없이 대통령의 승인을 얻어야 하며, 36시간 이내에 대통령의 승인을 얻지 못한 때에는 즉시 그 긴급통신제한조치를 중지하여야 한다(통신비밀보호법 제8조 제9항).

3. 통신제한조치의 집행

(1) 직접집행 또는 위탁집행

통신제한조치는 이를 청구 또는 신청한 검사·사법경찰관 또는 정보수사기관의 장이 집행한다. 이 경우 체신관서 기타 관련기관 등에 그 집행을 위탁하거나 집행에 관한 협조를 요청할 수 있다(통신비밀보호법 제9조 제1항). 통신제한조치를 집행하는 자와 이를 위탁받거나 이에 관한 협조요청을 받은 자는 당해 통신제한조치를 청구한 목적과 그 집행 또는 협조일시 및 대상을 기재한 대장을 대통령령이 정하는 기간 동안 비치하여야 한다(통신비밀보호법 제9조 제3항). 여기에서 체신관서 기타 관련기관 등에 대한 집행위탁이나 협조요청 및 대장 비치의무 등을 규정하고 있는 것은 우편물의 검열 또는 전기통신의 감청의 경우 해당 우편이나 전기통신의 역무를 담당하는 통신기관 등의 협조가 없이는 사실상 집행이 불가능하다는 점 등을 고려하여 검사·사법경찰관 또는 정보수사기관의 장이 통신기관 등에 집행을 위탁하거나 집행에 관한 협조를 요청할 수 있음을 명확히 하는 한편 통신기관 등으로 하여금 대장을 작성하여 비치하도록 함으로써 사후 통제를 할 수 있도록 한 취지이다.[1] 한편 통신기관 등은 통신제한조치허가서 또는 긴급감

1) 대법원 2015. 1. 22. 선고 2014도10978 전원합의체 판결('대화의 녹음·청취'에 관하여 통신비밀보호법 제14조 제2항은 통신비밀보호법 제9조 제1항 전문을 적용하여 집행주체가 집행한다고 규정하면서도, 통신기관 등에 대한 집행위탁이나 협조요청에 관한 같은 법 제9조 제1항 후문을 적용하지 않고 있으나, 이는 '대화의 녹음·청취'의 경우 통신제한조치와 달리 통신기관의 업무와 관련이 적다는 점을 고려한 것일 뿐이므로, 반드시 집행주체가 '대화의 녹음·청취'를 직접 수행하여야 하는 것은 아니다. 따라서 집행주체가 제3자의 도움을 받지 않고서는 '대화의

청서 등에 기재된 통신제한조치 대상자의 전화번호 등이 사실과 일치하지 않을 경우에는 그 집행을 거부할 수 있으며, 어떠한 경우에도 전기통신에 사용되는 비밀번호를 누설할 수 없다(통신비밀보호법 제9조 제4항).

(2) 집행에 관한 통지 및 그 유예

검사는 통신제한조치를 집행한 사건에 관하여 공소를 제기하거나 공소의 제기 또는 입건을 하지 아니하는 처분(기소중지 결정을 제외한다)을 한 때에는 그 처분을 한 날부터 30일 이내에 우편물 검열의 경우에는 그 대상자에게, 감청의 경우에는 그 대상이 된 전기통신의 가입자에게 통신제한조치를 집행한 사실과 집행기관 및 그 기간 등을 서면으로 통지하여야 한다(통신비밀보호법 제9조의2 제1항). 사법경찰관은 통신제한조치를 집행한 사건에 관하여 검사로부터 공소를 제기하거나 제기하지 아니하는 처분(기소중지 결정을 제외한다)의 통보를 받거나 내사사건에 관하여 입건하지 아니하는 처분을 한 때에는 그 날부터 30일 이내에 우편물 검열의 경우에는 그 대상자에게, 감청의 경우에는 그 대상이 된 전기통신의 가입자에게 통신제한조치를 집행한 사실과 집행기관 및 그 기간 등을 서면으로 통지하여야 한다(통신비밀보호법 제9조의2 제2항). 정보수사기관의 장은 통신제한조치를 종료한 날부터 30일 이내에 우편물 검열의 경우에는 그 대상자에게, 감청의 경우에는 그 대상이 된 전기통신의 가입자에게 통신제한조치를 집행한 사실과 집행기관 및 그 기간 등을 서면으로 통지하여야 한다(통신비밀보호법 제9조의2 제3항).

하지만 통신제한조치를 통지할 경우 국가의 안전보장·공공의 안녕질서를 위태롭게 할 현저한 우려가 있는 때 또는 통신제한조치를 통지할 경우 사람의 생명·신체에 중대한 위험을 초래할 염려가 현저한 때에는 그 사유가 해소될 때까지 통지를 유예할 수 있다(통신비밀보호법 제9조의2 제4항). 검사 또는 사법경찰관은 통지를 유예하고자 하는 경우에는 소명자료를 첨부하여 미리 관할 지방검찰청 검사장의 승인을 얻어야 한다. 다만 군검사 및 군사법경찰관이 통지를 유예하고자 하는 경우에는 소명자료를 첨부하여 미리 관할 보통검찰부장의 승인을 얻어야 한다(통신비밀보호법 제9조의2 제5항). 검사, 사법경찰관 또는 정보수사기관의 장은 유예의 사유가 해소된 때에는 그 사유가 해소된 날부터 30일 이내에 통지를 하여야 한다(통신비밀보호법 제9조의2 제6항).

(3) 집행의 협조의무

통신비밀보호법에 의하면 전기통신사업자에게 수사기관의 통신제한조치 집행에 협조할 의무를 규정하고 있지만, 통신제한조치 집행의 협조를 위한 구체적인 요구사항 또는 기술과 관련된 조치에 대하여는 함구하고 있다. 그렇기 때문에 전기통신사업자가 협조를 위한 장비 등을 구비하고 있지 않은 경우에는 아무리 수사기관으로부터 협조의 요구가 있다고 할지라도 이를

녹음·청취'가 사실상 불가능하거나 곤란한 사정이 있는 경우에는 비례의 원칙에 위배되지 않는 한 제3자에게 집행을 위탁하거나 그로부터 협조를 받아 '대화의 녹음·청취'를 할 수 있다고 봄이 타당하고, 그 경우 통신기관 등이 아닌 일반 사인에게 대장을 작성하여 비치할 의무가 있다고 볼 것은 아니다).

제대로 수행하기가 어려운 상황이 발생할 수가 있는 것이다.[1] 이러한 원인으로 말미암아 최근의 스마트폰 감청을 집행할 수 있는 장비가 구축되어 있지 않기 때문에 이에 대한 통신제한조치가 불가능하다는 견해가 주장되고 있으며, 이러한 현상은 새로운 정보통신기기의 발달로 인하여 더욱 심화될 것으로 보인다. 하지만 외국의 경우에 있어서는 광범위하게 휴대전화 또는 인터넷전화[2] 등에 대한 통신제한조치가 이루어지고 있으며, 이에 대한 전기통신사업자의 설비구축의무도 강제하고 있는 현실에서 우리나라의 경우에도 전기통신사업자에게 감청협조설비의 구축에 대한 의무를 부과하자는 논의가 전개되고 있다.

Ⅳ. 통신사실 확인자료의 요청

1. 통신사실 확인자료 요청의 의의

'통신사실 확인자료'(通信事實 確認資料)란 ① 가입자의 전기통신일시, ② 전기통신개시·종료시간, ③ 발·착신 통신번호 등 상대방의 가입자번호, ④ 사용도수, ⑤ 컴퓨터통신 또는 인터넷의 사용자가 전기통신역무를 이용한 사실에 관한 컴퓨터통신 또는 인터넷의 로그기록자료, ⑥ 정보통신망에 접속된 정보통신기기의 위치를 확인할 수 있는 발신기지국의 위치추적자료[3], ⑦

1) 대법원 2016. 10. 13. 선고 2016도8137 판결(허가된 통신제한조치의 종류가 전기통신의 '감청'인 경우, 수사기관 또는 수사기관으로부터 통신제한조치의 집행을 위탁받은 통신기관 등은 통신비밀보호법이 정한 감청의 방식으로 집행하여야 하고 그와 다른 방식으로 집행하여서는 안 된다. 한편 수사기관이 통신기관 등에 통신제한조치의 집행을 위탁하는 경우에는 그 집행에 필요한 설비를 제공하여야 한다(통신비밀보호법 시행령 제21조 제3항). 그러므로 수사기관으로부터 통신제한조치의 집행을 위탁받은 통신기관 등이 그 집행에 필요한 설비가 없을 때에는 수사기관에 그 설비의 제공을 요청하여야 하고, 그러한 요청 없이 통신제한조치허가서에 기재된 사항을 준수하지 아니한 채 통신제한조치를 집행하였다면, 그러한 집행으로 인하여 취득한 전기통신의 내용 등은 헌법과 통신비밀보호법이 국민의 기본권인 통신의 비밀을 보장하기 위해 마련한 적법한 절차를 따르지 아니하고 수집한 증거에 해당하므로(제308조의2), 이는 유죄 인정의 증거로 할 수 없다. 수사기관은 카카오에 이 사건 통신제한조치허가서 사본을 교부하고 이 사건 대상자들에 대한 통신제한조치의 집행을 위탁하였는데, 카카오는 카카오톡 대화를 실시간 감청할 수 있는 설비를 보유하고 있지 않았다. 당시 카카오톡은 가입자들이 문언 등을 송·수신하며 대화하는 과정에서 그 내용이 전자정보의 형태로 서버에 저장되었다가 3~7일 후에 삭제되는 방식으로 운영되었다. 이에 카카오는 이 사건 위 통신제한조치허가서에 기재된 기간 동안 3~7일마다 정기적으로 서버에 저장된 위 전자정보 중 이 사건 대상자들의 대화내용 부분을 추출한 다음 이를 보안 이메일에 첨부하거나 저장매체에 담아 수사기관에 제공하였다. 위 사실을 앞서 본 법리에 비추어 살펴보면, 이 사건 통신제한조치허가서에 기재된 통신제한조치의 종류는 전기통신의 '감청'이므로, 수사기관으로부터 집행위탁을 받은 카카오는 통신비밀보호법이 정한 감청의 방식, 즉 전자장치 등을 사용하여 실시간으로 이 사건 대상자들이 카카오톡에서 송·수신하는 음향·문언·부호·영상을 청취·공독하여 그 내용을 지득 또는 채록하는 방식으로 통신제한조치를 집행하여야 하고 임의로 선택한 다른 방식으로 집행하여서는 안 된다고 할 것이다).

2) 인터넷전화를 비롯한 IP 응용서비스의 감청은 ① 패킷형태의 음성데이터가 일반 데이터와 함께 공중 인터넷망을 통해 흐르기 때문에 인터넷전화를 감청하려면 해당 호의 패킷주소를 모아서 음성으로 복원해야 하는 점, ② 인터넷망 상에서 음성 데이터가 여러 경로로 분산되어 흐른다는 점, ③ IP장비가 고정 IP주소가 아닌 유동 IP주소를 이용할 경우에는 통화시 달라지는 IP주소에 대해 통화자를 식별하는 것이 어렵다는 점 등과 같은 기술적 특성으로 말미암아 기존의 유·무선전화와 비교하여 어려움이 있다.

3) 헌법재판소 2018. 6. 28. 선고 2012헌마191 결정(이 사건 요청조항은 수사활동을 보장하기 위한 목적에서, 범죄수사를 위해 필요한 경우 수사기관이 법원의 허가를 얻어 전기통신사업자에게 정보주체인 전기통신가입자의 위치정보 추적자료의 제공을 요청할 수 있도록 하고 있으므로, 입법목적의 정당성과 수단의 적정성이 인정된다. ①

컴퓨터통신 또는 인터넷의 사용자가 정보통신망에 접속하기 위하여 사용하는 정보통신기기의 위치를 확인할 수 있는 접속지의 추적자료[1] 가운데 어느 하나에 해당하는 전기통신사실에 관한 자료를 말한다(통신비밀보호법 제2조 제11호).[2] 통신사실 확인자료 요청제도는 통신자료 제공제도와 비교할 때 상대적으로 기본권의 침해가 심각하다고 평가할 수 있기 때문에 통신제한조치와 마찬가지로 법원의 통제를 통하여 동 제도가 운영되고 있으며, 통신제한조치와 관련된 다수의 규정을 준용하고 있다.

2. 통신사실 확인자료 요청의 절차

통신사실 확인자료의 협조요청기관으로는 검사·사법경찰관(군사법경찰관을 포함한다)·법원[3]·정보수사기관[4]의 장 등이 있는데, 이 가운데 검사 또는 사법경찰관은 수사 또는 형의 집행을 위하여 필요한 경우 전기통신사업법에 의한 전기통신사업자에게 통신사실 확인자료의 열람이나 제출(이하 '통신사실 확인자료제공'이라고 한다)을 요청할 수 있다(통신비밀보호법 제13조 제1항).[5] 검사 또는 사법경찰관은 제13조 제1항에도 불구하고 수사를 위하여 통신사실확인자료 중 ① 정보통신망에 접속된 정보통신기기의 위치를 확인할 수 있는 발신기지국의 위치추적자료 및 컴퓨터통신 또는 인터넷의 사용자가 정보통신망에 접속하기 위하여 사용하는 정보통신기기의 위치를 확인할 수 있는 접속지의 추적자료 중 실시간 추적자료, ② 특정한 기지국에 대한 통신사실확인자료의 어느 하나에 해당하는 자료가 필요한 경우에는 다른 방법으로는 범죄의 실행을 저지하기 어렵거나 범인의 발견·확보 또는 증거의 수집·보전이 어려운 경우에만 전기통신사업자

수사기관은 위치정보 추적자료를 통해 특정 시간대 정보주체의 위치 및 이동상황에 대한 정보를 취득할 수 있으므로, 위치정보 추적자료는 충분한 보호가 필요한 민감한 정보에 해당되는 점, ② 그럼에도 이 사건 요청조항은 수사기관의 광범위한 위치정보 추적자료 제공요청을 허용하여 정보주체의 기본권을 과도하게 제한하고 있는 점, ③ 위치정보 추적자료의 제공요청과 관련하여서는 실시간 위치추적 또는 불특정 다수에 대한 위치추적의 경우 보충성 요건을 추가하거나, 대상범죄의 경중에 따라 보충성 요건을 차등적으로 적용함으로써 수사에 지장을 초래하지 않으면서도 정보주체의 기본권을 덜 침해하는 수단이 존재하는 점, ④ 수사기관의 위치정보 추적자료 제공요청에 대해 법원의 허가를 거치도록 규정하고 있으나 '수사의 필요성'만을 그 요건으로 하고 있어 절차적 통제마저도 제대로 이루어지기 어려운 현실인 점 등을 고려할 때, 이 사건 요청조항은 침해의 최소성과 법익의 균형성이 인정되지 아니한다. 따라서 이 사건 요청조항은 과잉금지원칙에 반하여 청구인들의 개인정보자기결정권과 통신의 자유를 침해한다).

1) 특정시간, 특정유동IP를 전기통신사업자에게 제시하고 가입자 정보만을 요구하는 경우에는 전기통신사업법상 '통신자료'의 요청에 해당한다.

2) 이에 대하여 보다 자세한 내용으로는 박찬걸, "통신사실확인자료 제공제도의 현황 및 개선방안", 형사법의 신동향 제44호, 대검찰청, 2014. 9, 196면 이하 참조.

3) 법원은 재판상 필요한 경우에는 민사소송법 제294조 또는 형사소송법 제272조의 규정에 의하여 전기통신사업자에게 통신사실확인자료제공을 요청할 수 있다(통신비밀보호법 제13조의2).

4) '정보수사기관'이란 국가정보원, 국군기무사령부 등을 말하는데, 정보수사기관의 장은 국가안전보장에 대한 위해를 방지하기 위하여 정보수집이 필요한 경우 전기통신사업자에게 통신사실 확인자료제공을 요청할 수 있다(통신비밀보호법 제13조의4 제1항).

5) 전기통신사업자가 통신사실 확인자료의 열람이나 제출을 요청받은 경우에는 전기통신의 정상적인 업무에 상당한 지장을 초래하는 등 정당한 사유가 있는 경우를 제외하고는 적극적으로 협조하여야 하며, 특히 국가안전보장, 생명 또는 신체에 대한 위험이 현존하는 경우에는 지체 없이 협조하여야 한다.

에게 해당 자료의 열람이나 제출을 요청할 수 있다. 다만 제5조 제1항 각 호의 어느 하나에 해당하는 범죄 또는 전기통신을 수단으로 하는 범죄에 대한 통신사실확인자료가 필요한 경우에는 제1항에 따라 열람이나 제출을 요청할 수 있다(통신비밀보호법 제13조 제2항).

이와 같이 통신사실 확인자료제공을 요청하는 경우[1]에는 요청사유, 해당 가입자와의 연관성 및 필요한 자료의 범위를 기록한 서면으로 관할 지방법원(보통군사법원을 포함한다) 또는 지원의 허가를 받아야 한다. 다만 관할 지방법원 또는 지원의 허가를 받을 수 없는 긴급한 사유가 있는 때에는 통신사실 확인자료제공을 요청한 후 지체 없이 그 허가를 받아 전기통신사업자에게 송부하여야 한다(통신비밀보호법 제13조 제3항). 만약 긴급한 사유로 통신사실 확인자료를 제공받았으나 지방법원 또는 지원의 허가를 받지 못한 경우에는 지체 없이 제공받은 통신사실 확인자료를 폐기하여야 한다(통신비밀보호법 제13조 제4항).[2]

통신사실 확인자료 제공요청에 의하여 취득한 통화내역 등 통신사실 확인자료를 범죄의 수사·소추를 위하여 사용하는 경우 그 대상 범죄는 통신사실 확인자료 제공요청의 목적이 된 범죄 및 이와 관련된 범죄에 한정되어야 한다.[3] 여기서 통신사실 확인자료 제공요청의 목적이 된 범죄와 관련된 범죄라 함은 통신사실 확인자료 제공요청허가서에 기재한 혐의사실과 객관적 관련성이 있고 자료제공 요청대상자와 피의자 사이에 인적 관련성이 있는 범죄를 의미한다.[4] 검사 또는 사법경찰관은 통신사실 확인자료제공을 받은 때에는 해당 통신사실 확인자료 제공요청사실 등 필요한 사항을 기재한 대장과 통신사실 확인자료제공요청서 등 관련자료를 소속기관에 비치하여야 한다(통신비밀보호법 제13조 제5항).

3. 통신사실 확인자료 제공사실의 통지

검사 또는 사법경찰관은 통신사실 확인자료제공을 받은 사건에 관하여 ① 공소를 제기하거나, 공소의 제기 또는 입건을 하지 아니하는 처분(기소중지결정·참고인중지결정은 제외한다)을 한

---

1) 전기통신사업자를 상대로 통신사실 확인자료를 제공받는 시간에 대한 대책으로서 수사기관이 구비조건을 완비하여 통신사실 확인자료를 요청하면 전기통신사업자는 이를 접수한 시간으로부터 24시간 이내에 그 결과를 요청기관에 통지하도록 강제할 필요성이 있다. 특히 토요일이나 공휴일이 겹치는 경우에 있어서는 전기통신사업자가 신속히 이를 제공해 주지 않는 경우가 많은데, 강력범죄에 대한 초기대응의 현실성을 위하여 휴일수사의 보장이 이루어져야 하겠다.

2) 하지만 이 경우에도 이를 폐기하지 않은 경우에 대한 처벌규정이 없어 그 실효성에는 의문이 간다.

3) 대법원 2014. 10. 27. 선고 2014도2121 판결(통신사실 확인자료의 사용제한에 관하여 통신비밀보호법 제12조 제1호를 준용하도록 한 같은 법 제13조의5에 의하면, 통신사실 확인자료 제공요청에 의하여 취득한 통신사실 확인자료를 범죄의 수사·소추 또는 예방을 위하여 사용하는 경우 그 대상범죄는 통신사실 확인자료 제공요청의 목적이 된 범죄나 이와 관련된 범죄에 한정된다. 이 사건 통화내역은 공소외 1과 공소외 2에 대한 공직선거법위반 사건의 수사과정에서 에스케이텔레콤 주식회사가 강원정선경찰서장에게 제공한 것으로서, 검사가 이를 취득하는 과정에서 통신비밀보호법 제13조 제2항 또는 제3항에 의한 지방법원 또는 지원의 허가를 받았더라도 피고인에 대한 이 사건 공소사실은 공소외 1과 공소외 2의 공직선거법 위반죄와는 아무 관련이 없으므로 이를 이 사건 공소사실에 대한 증거로 사용할 수 없다).

4) 대법원 2017. 1. 25. 선고 2016도13489 판결.

경우: 그 처분을 한 날부터 30일 이내, ② 기소중지결정·참고인중지결정 처분을 한 경우: 그 처분을 한 날부터 1년(제6조 제8항 각 호의 어느 하나에 해당하는 범죄인 경우에는 3년)이 경과한 때부터 30일 이내, ③ 수사가 진행 중인 경우: 통신사실 확인자료제공을 받은 날부터 1년(제6조 제8항 각 호의 어느 하나에 해당하는 범죄인 경우에는 3년)이 경과한 때부터 30일 이내에 통신사실 확인자료제공을 받은 사실과 제공요청기관 및 그 기간 등을 통신사실 확인자료제공의 대상이 된 당사자에게 서면으로 통지하여야 한다(통신비밀보호법 제13조의3 제1항). 통신비밀보호법 제13조의3 제1항 제2호 및 제3호에도 불구하고 ① 국가의 안전보장, 공공의 안녕질서를 위태롭게 할 우려가 있는 경우, ② 피해자 또는 그 밖의 사건관계인의 생명이나 신체의 안전을 위협할 우려가 있는 경우, ③증거인멸, 도주, 증인 위협 등 공정한 사법절차의 진행을 방해할 우려가 있는 경우, ④ 피의자, 피해자 또는 그 밖의 사건관계인의 명예나 사생활을 침해할 우려가 있는 경우 가운데 어느 하나에 해당하는 사유가 있는 경우에는 그 사유가 해소될 때까지 같은 항에 따른 통지를 유예할 수 있다(통신비밀보호법 제13조의3 제2항). 검사 또는 사법경찰관은 통지를 유예하려는 경우에는 소명자료를 첨부하여 미리 관할 지방검찰청 검사장의 승인을 받아야 한다(통신비밀보호법 제13조의3 제3항). 검사 또는 사법경찰관은 통신비밀보호법 제13조의3 제2항 각 호의 사유가 해소된 때에는 그 날부터 30일 이내에 통신비밀보호법 제13조의3 제1항에 따른 통지를 하여야 한다(통신비밀보호법 제13조의3 제4항).

위와 같이 검사 또는 사법경찰관으로부터 통신사실 확인자료제공을 받은 사실 등을 통지받은 당사자는 해당 통신사실 확인자료제공을 요청한 사유를 알려주도록 서면으로 신청할 수 있으며(통신비밀보호법 제13조의3 제5항), 이에 따라 신청을 받은 검사 또는 사법경찰관은 통신비밀보호법 제13조의3 제2항 각 호의 어느 하나에 해당하는 경우를 제외하고는 그 신청을 받은 날부터 30일 이내에 해당 통신사실 확인자료제공 요청의 사유를 서면으로 통지하여야 한다(통신비밀보호법 제13조의3 제6항).

제 6 절 판사에 대한 강제처분의 청구

Ⅰ. 증거보전

1. 증거보전의 의의

검사·피고인·피의자 또는 변호인은 미리 증거를 보전하지 아니하면 그 증거를 사용하기 곤란한 사정이 있는 때에는 제1회 공판기일 전이라도 판사에게 압수·수색·검증·증인신문 또는 감정을 청구할 수 있다(제184조 제1항). 이와 같이 '증거보전'(證據保全)이란 수사절차나 제1회 공판기일 이전의 공판절차에서 이해관계인의 청구에 의하여 판사가 미리 증거를 수집·보전하거나 증거조사를 하여 그 결과를 보전하는 제도를 말한다. 검사는 수사단계에서 유죄의 증명에 필요한 증거를 수집 및 보전할 수 있는 다양한 수단이 있는 반면에 피의자는 그러한 가능성이 제한되어 있는 상황에서, 특히 피의자에게 유리한 증거를 공판 전에 미리 조사하고 보전하기 위하여 법원에 도움을 구하는 것은 무기대등의 원칙을 실현하는데 기여한다.[1] 증거보전은 공판기일 전 증거조사와 구별해야 하는데, 법원은 검사·피고인 또는 변호인의 신청에 의하여 공판준비에 필요하다고 인정한 때에는 공판기일 전에 피고인 또는 증인을 신문할 수 있고 검증·감정 또는 번역을 명할 수 있다(제273조). 제1회 공판기일 전까지는 증거보전제도를 활용할 수 있다는 점에서 공판기일 전 증거조사는 제1회 공판기일 이후에만 적용된다고 해석해야 한다.

한편 피해자나 그 법정대리인 또는 경찰은 피해자가 공판기일에 출석하여 증언하는 것에 현저히 곤란한 사정이 있을 때에는 그 사유를 소명하여 촬영된 영상물 또는 그 밖의 다른 증거에 대하여 해당 성폭력범죄를 수사하는 검사에게 형사소송법 제184조 제1항에 따른 증거보전의 청구를 할 것을 요청할 수 있다. 이 경우 피해자가 16세 미만이거나 신체적인 또는 정신적인 장애로 사물을 변별하거나 의사를 결정할 능력이 미약한 경우에는 공판기일에 출석하여 증언하는 것에 현저히 곤란한 사정이 있는 것으로 본다. 이러한 요청을 받은 검사는 그 요청이 타당하다고 인정할 때에는 증거보전의 청구를 할 수 있다(성폭력특례법 제41조).

2. 증거보전의 요건

(1) 증거보전의 필요성

증거보전을 위해서는 미리 증거를 보전하지 않으면 그 증거를 사용하기 곤란한 사정, 즉 증거보전의 필요성이 있어야 한다. '증거보전의 필요성이 있는 경우'란 공판정에서의 증거조사가 곤란한 경우뿐만 아니라 증거의 증명력에 변화가 예상되는 경우를 말한다. 예를 들면 증거물이나 감정대상의 멸실·은닉·훼손·분산의 위험성, 증인의 사망·질병·장기해외체류, 현장 보존이 불가능한 상황, 진술번복의 우려[2], 감정인을 증인으로 신문하지 못할 염려 등이 이에 해당한다.

---

1) 同旨 배종대/홍영기, 173면; 송광섭, 348면; 신양균/조기영, 304면; 이재상/조균석, 341면(강제처분권이 인정되지 않는 피의자 또는 피고인이 증거를 보전함에는 법원의 힘을 빌리지 않을 수 없다. 이러한 의미에서 증거보전절차는 검사뿐만 아니라 피의자와 피고인이 판사에 대하여 강제처분을 청구하여 이에 의하여 판사가 강제처분을 행하는 절차를 말한다고 할 수 있다); 정승환, 201면; 정웅석/최창호, 229면. 같은 맥락에서 수사권이 있는 검사를 청구권자로 한 것은 다소 문제라는 지적으로는 김인회, 176면; 손동권/신이철, 330면; 송광섭, 350면; 신양균/조기영, 308면. 참고로 일본 형사소송법 제179조에서는 피고인 또는 피의자에게, 독일 형사소송법 제166조에서는 피의자에 대하여만 증거보전청구권을 인정하고 있다.

2) 이에 대하여 피의자나 피고인의 경우에는 제221조의2에 따른 증인신문청구권이 없으므로 증인이 정당한 이유없이 진술을 거부하거나 번복할 염려가 있는 경우에는 증거보전의 필요성이 인정되지만, 검사의 경우에는 진술을 번복할 염려가 있는 때라도 증거보전보다 수사를 원활하게 하는데 목적이 있는 경우가 많으므로 이를 부정하는 것이 타당하다는 견해로는 신양균/조기영, 306면.

(2) 제1회 공판기일 전

증거보전은 제1회 공판기일 전에 한하여 할 수 있다. 왜냐하면 제1회 공판기일 후에는 수소법원에서의 증거조사가 가능하므로 판사에게 증거보전을 청구할 실익이 전혀 없기 때문이다. 여기서 말하는 제1회 공판기일은 수소법원에서의 증거조사가 가능한 단계를 의미한다. 이는 형식적으로 파악할 것이 아니라 피고인의 모두진술이 시작되기 전까지를 의미한다고 보아야 한다.[1] 하지만 형사입건이 되기 전에는 증거보전을 청구할 수 없다. 한편 제1회 공판기일 전은 제1심의 제1회 공판기일 전을 의미하므로, 상소심이나 파기환송 후의 절차 또는 재심청구사건에서의 증거보전은 허용되지 아니한다.[2] 또한 제1회 공판기일 전에 청구가 있더라도 제1회 공판기일 이후에는 증거보전절차를 행할 수 없다.

3. 증거보전의 절차

(1) 증거보전의 청구

증거보전의 청구를 함에는 서면으로 그 사유를 소명하여야 한다(제184조 제3항). 증거보전청구서에는 사건의 개요, 증명할 사실, 증거 및 보전의 방법, 증거보전을 필요로 하는 사유를 기재하여야 한다(규칙 제92조 제1항). 증거보전절차에서 피의자 또는 피고인의 신문을 청구할 수는 없다.[3] 다만 증거보전절차에서 공범자인 공동피의자 또는 공동피고인에 대하여 증인신문을 행하는 것은 가능하다.[4]

압수에 관하여는 압수할 물건의 소재지, 수색 또는 검증에 관하여는 수색 또는 검증할 장소·신체 또는 물건의 소재지, 증인신문에 관하여는 증인의 주거지 또는 현재지, 감정에 관하여는 감정대상의 소재지 또는 현재지 등의 지역을 관할하는 지방법원 판사에게 증거보전의 청구를 하여야 한다(규칙 제91조 제1항). 다만 감정의 청구는 감정함에 편리한 지방법원 판사에게 할 수 있다(규칙 제91조 제2항).

(2) 청구에 대한 심사

증거보전의 청구를 받은 판사는 청구가 적법하고 필요하다고 인정할 때에는 증거보전을 하여야 한다. 이 경우에는 별도의 재판을 요하지 않고 곧바로 청구한 증거보전처분을 행한다.

---

1) 손동권/신이철, 329면; 송광섭, 349면; 신동운, 215면; 신양균/조기영, 307면; 이은모/김정환, 347면; 이재상/조균석, 342면; 이창현, 507면. 반면에 제1회 공판기일은 수소법원에서 실질적인 증거조사가 가능한 단계를 의미하므로 증거조사가 개시되기 전이라고 파악하는 견해로는 정승환, 202면.

2) 대법원 1984. 3. 29.자 84모15 결정.

3) 대법원 1979. 6. 12. 선고 79도792 판결(피의자를 그 스스로의 피의사실에 대한 증인으로 바로 신문한 것으로 위법하여 같은 피고인에 대한 증거능력이 없음은 물론 그 신문내용 가운데 다른 공범에 관한 부분의 진술이 있다고 하더라도 그 공범이 또한 그 신문 당시 형사입건되어 있지 않았다면 그 공범에 관한 증거보전의 효력도 인정할 수 없는 것이다); 대법원 1972. 11. 28. 선고 72도2104 판결; 대법원 1968. 12. 3. 선고 68도1458 판결.

4) 대법원 1988. 11. 8. 선고 86도1646 판결(공동피고인과 피고인이 뇌물을 주고받은 사이로 필요적 공범관계에 있다고 하더라도 검사는 수사단계에서 피고인에 대한 증거를 미리 보전하기 위하여 필요한 경우에는 판사에게 공동피고인을 증인으로 신문할 것을 청구할 수 있다); 대법원 1966. 5. 17. 선고 66도276 판결.

그러나 청구가 부적법하거나 필요성이 인정되지 않는 경우에는 청구를 기각하는 결정을 하여야 한다. 증거보전의 청구를 기각하는 결정에 대하여는 3일 이내에 항고할 수 있다(제184조 제4항). 왜냐하면 수임판사는 증거보전절차에서 수소법원 또는 재판장과 동일한 권한을 가지므로 그 결정에 대한 불복이 가능하기 때문이다. 다만 통상의 항고는 제기기간이 별도로 정해져 있지 않지만, 제184조 제4항의 (보통)항고는 3일이라는 기간을 정하고 있는 특이점이 있다.[1)]

(3) 증거보전의 실시

증거보전의 청구를 받은 판사는 그 처분에 관하여 법원 또는 재판장과 동일한 권한이 있다(제184조 제2항). 따라서 공소제기 후 수소법원이 행하는 압수·수색·검증·증인신문 및 감정에 관한 규정은 증거보전에 준용된다. 판사는 증인신문의 전제가 되는 소환·구인을 할 수 있고, 압수·수색이 필요한 경우에는 영장을 발부하여 증거보전을 행한다. 판사가 증거보전절차로 증인신문을 하는 경우에는 검사·피의자 또는 변호인에게 증인신문의 시일과 장소를 미리 통지하여 증인신문에 참여할 수 있는 기회를 주어야 한다(제163조).[2)] 그러므로 증거보전절차에서 증인신문을 하면서 증인신문의 일시와 장소를 피의자 및 변호인에게 미리 통지하지 아니하여 증인신문에 참여할 수 있는 기회를 주지 아니하였고, 변호인이 제1심 공판기일에 증인신문조서의 증거조사에 관하여 이의신청을 하였다면, 증인신문조서는 증거능력이 없고, 그 증인이 후에 법정에서 그 조서의 진정성립을 인정한다고 하여 다시 그 증거능력을 취득한다고 볼 수도 없다.[3)] 하지만 참여의 기회를 주지 아니한 경우라도 피고인과 변호인이 증인신문조서를 증거로 할 수 있음에 동의하여 별다른 이의 없이 적법하게 증거조사를 거친 경우에는 위 증인신문조서는 증인신문절차가 위법하였는지의 여부에 관계없이 증거능력이 부여된다.[4)]

한편 범죄신고자 등에 대하여 제184조(증거보전의 청구) 또는 제221조의2(증인신문의 청구)에 따른 증인신문을 하는 경우 판사는 직권으로 또는 검사의 신청에 의하여 그 과정을 비디오테이프 등 영상물로 촬영할 것을 명할 수 있으며, 이에 따라 촬영한 영상물에 수록된 범죄신고자 등의 진술은 이를 증거로 할 수 있다(「특정범죄신고자 등 보호법」 제10조).

4. 증거보전 후의 절차

(1) 압수한 물건 또는 작성한 서류의 보관

증거보전절차를 통하여 압수한 물건 또는 작성한 서류는 증거보전을 행한 판사가 소속한 법원에서 보관한다. 그러므로 검사가 청구인인 경우에도 증인신문의 청구와 달리 증거보전의 결과를 검사에게 송부하지 아니한다.

---

1) 이에 대하여 2019. 12. 31. 형사소송법 개정의 취지에 따라 증거보전청구를 기각하는 재판에 대해서도 7일 이내에 항고할 수 있다고 보는 견해로는 신동운, 216면.

2) 대법원 1965. 12. 10. 선고 65도826 판결.

3) 대법원 1992. 2. 28. 선고 91도2337 판결.

4) 대법원 1988. 11. 8. 선고 86도1646 판결.

(2) 서류 및 증거물의 열람 · 등사

검사·피고인·피의자 또는 변호인은 판사의 허가를 얻어 증거보전의 처분에 관한 서류와 증거물을 열람 또는 등사할 수 있다(제185조). 증거보전을 청구한 자뿐만 아니라 그 상대방에게도 열람·등사권이 인정되지만, 공동피의자는 피고인이 된 때에 비로소 열람·등사권이 인정된다. 그리고 열람·등사를 청구할 수 있는 시기에는 제한이 없다.

(3) 증거보전절차에서 작성된 조서의 증거능력

증거보전절차에서 작성된 조서는 법원 또는 법관의 조서로서 당연히 증거능력이 인정된다(제311조).[1] 다만 검사·피고인 또는 그 변호인은 이를 증거로 이용하기 위해서는 수소법원에 증거신청을 하여야 하고, 이에 따라 수소법원은 증거를 보관 중인 법원으로부터 기록을 송부받아서 증거조사를 하여야 할 것이다.

Ⅱ. 수사상 증인신문

1. 수사상 증인신문의 의의

증인이 아닌 참고인에 대한 조사는 임의수사이므로 참고인은 수사기관의 출석요구에 대하여 출석의무가 없다. 그러나 실체적 진실발견을 위하여 참고인의 진술을 강제할 필요가 있는 경우에 참고인에 대한 증인신문제도를 활용할 수 있는데, 이를 '수사상 증인신문' 또는 '제1회 공판기일 전 증인신문'이라고 한다. 이는 검사의 참고인 조사를 법원이 대행해 주는 역할을 하고 있는 것이다. 수사상 증인신문은 판사의 참고인에 대한 증인신문이므로 공판절차 등에서 수소법원이 행하는 증인신문과 구별된다.

2. 수사상 증인신문의 요건

범죄의 수사에 없어서는 아니 될 사실을 안다고 명백히 인정되는 참고인이 출석 또는 진술을 거부한 경우에는 검사는 제1회 공판기일 전에 한하여 판사에게 그에 대한 증인신문을 청구할 수 있다(제221조의2 제1항). 증거보전의 청구와 달리 수사상 증인신문의 청구는 검사만이 할 수 있고, 이러한 청구를 함에는 서면으로 그 사유를 소명하여야 한다(제221조의2 제3항).

'범죄의 수사에 없어서는 아니 될 사실'이란 범죄의 성부에 관한 사실뿐만 아니라 정상에 관한 사실로서 형의 양정에 중대한 영향을 미치는 사실도 포함된다. 하지만 진술번복의 우려를 이유로 증인신문을 할 수는 없다.[2] 증거보전의 경우와 마찬가지로 공범자 내지 공동피의자에 대하여도 증인신문을 청구할 수 있다. 증언거부권이 있는 자에 대하여도 일단 증인신문을 청구할 수 있다.

증인신문청구를 하려면 증인의 진술로서 증명할 대상인 피의사실이 존재하여야 하고, 피의

1) 대법원 1966. 5. 17. 선고 66도276 판결.

2) 헌법재판소 1996. 12. 26. 선고 94헌바1 결정.

사실은 수사기관이 어떤 자에 대하여 내심으로 혐의를 품고 있는 정도의 상태만으로는 존재한다고 할 수 없고, 고소·고발 또는 자수를 받거나 또는 수사기관 스스로 범죄의 혐의가 있다고 보아 수사를 개시하는 범죄의 인지 등 수사의 대상으로 삼고 있음을 외부적으로 표현한 때에 비로소 그 존재를 인정할 수 있다.[1] 그러므로 수사개시 전에는 증인신문을 청구할 수 없다.

3. 수사상 증인신문의 절차

(1) 증인신문의 청구

검사가 증인신문을 청구할 때에는 서면으로 그 사유를 소명하여야 한다(제221조의2 제3항). 증인신문 청구서에는 ① 증인의 성명, 직업 및 주거, ② 피의자 또는 피고인의 성명, ③ 죄명 및 범죄사실의 요지, ④ 증명할 사실, ⑤ 신문사항, ⑥ 증인신문청구의 요건이 되는 사실, ⑦ 피의자 또는 피고인에게 변호인이 있는 때에는 그 성명 등의 사항을 기재하여야 한다(규칙 제111조).

(2) 청구에 대한 심사

청구가 적법하고 필요하다고 인정될 경우 청구를 받은 (수임)판사는 증인신문을 하면 되고, 청구를 인용한다는 별도의 재판을 할 필요는 없다. 하지만 청구가 부적법하거나 필요 없다고 인정되는 경우에는 청구기각의 결정을 내려야 한다. 청구를 기각한 결정에 대하여는 즉시항고는 물론 항고나 준항고도 할 수 없다.

(3) 증인신문의 실시

청구를 받은 판사는 증인신문에 관하여 법원 또는 재판장과 동일한 권한이 있다(제221조의2 제4항). 판사는 청구에 따라 증인신문기일을 정한 때에는 피고인·피의자 또는 변호인에게 이를 통지하여 증인신문에 참여할 수 있도록 하여야 하는데(제221조의2 제5항), 피고인·피의자 또는 변호인에게 신문기일과 장소 및 증인신문에 참여할 수 있다는 취지를 통지하여야 한다(규칙 제112조).

4. 수사상 증인신문 후의 절차

증인신문을 한 때에는 지체 없이 이에 관한 서류를 검사에게 송부하여야 한다(제221조의2 제6항). 증거보전의 경우와는 달리 피의자·피고인 또는 변호인에게 증인신문에 관한 서류의 열람·등사권은 인정되지 아니한다. 이러한 점에서 증거보전 절차와 달리 수사기밀의 유지가 용이하다. 다만 피고인과 변호인은 공소제기 이후에는 검사에게 증거개시를 신청할 수 있고(제266조의3), 법원에 제출된 후에는 소송계속 중의 관계서류로서 이를 열람하거나 복사할 수는 있다(제35조 제1항).

증인신문절차에서 작성된 증인신문조서는 법관의 면전조서로서 당연히 증거능력이 인정된다(제311조).[2] 다만 검사는 이를 증거로 이용하기 위해서는 수소법원에 제출하여 증거조사를 하

1) 대법원 1989. 6. 20. 선고 89도648 판결.

2) 대법원 1976. 9. 28. 선고 76도2143 판결.

여야 한다. 공판기일 전 증인신문절차마다 피고인이 피의자로서 참석하였으나 그에게 공격·방어할 수 있는 기회가 충분히 보장되었다고 보기 어려운 사정이 있었다면, 검사가 증인들의 진술번복을 우려하여 제1회 공판기일 전 증인신문을 청구하여 작성된 증인신문조서는 비록 그 신문이 법관의 면전에서 행하여졌지만 결과적으로 헌법 제27조가 보장하는 공정하고 신속한 공개재판을 받을 권리를 침해하여 수집된 증거로서 증거능력이 없다.[1)]

제 7 절 수사의 종결

Ⅰ. 의 의

1. 불송치사건에 대한 사법경찰관의 1차적 수사종결권

(1) 의 의

기존 형사소송법 제196조 제4항에서는 '사법경찰관은 범죄를 수사한 때에는 관계 서류와 증거물을 지체 없이 검사에게 송부하여야 한다.'라고 하여, 전건송치주의를 규정하고 있었지만, 2020. 2. 4. 개정 형사소송법에서는 이를 삭제하는 대신 제245조의5에서 '사법경찰관은 고소·고발 사건을 포함하여 범죄를 수사한 때에는 다음 각 호의 구분에 따른다. 1. 범죄의 혐의가 있다고 인정되는 경우에는 지체 없이 검사에게 사건을 송치하고, 관계 서류와 증거물을 검사에게 송부하여야 한다. 2. 그 밖의 경우에는 그 이유를 명시한 서면과 함께 관계 서류와 증거물을 지체 없이 검사에게 송부하여야 한다. 이 경우 검사는 송부받은 날로부터 90일 이내에 사법경찰관에게 반환하여야 한다.'라고 하여, 사법경찰관에게 불송치사건에 대한 1차적 수사종결권을 인정하고 있다. 이는 수사의 개시부터 종결에 이르기까지 사법경찰관의 책임성이 증대되어, 보다 신중하고 인권친화적인 수사를 하기 위한 조치로 도입된 것이다.

하지만 사법경찰관의 1차적 수사종결권은 최종적인 판단이 아니라 잠정적인 판단에 불과한데, 사법경찰관은 제245조의5 제2호(불송치처분)의 경우에는 그 송부한 날로부터 7일 이내에 서면으로 고소인·고발인·피해자 또는 그 법정대리인(피해자가 사망한 경우에는 그 배우자·직계친족·형제자매를 포함한다.)에게 사건을 검사에게 송치하지 아니하는 취지와 그 이유를 통지하여야 하고(제245조의6), 이러한 통지를 받은 사람은 해당 사법경찰관의 소속 관서의 장에게 이의를 신청할 수 있으며, 사법경찰관은 이러한 신청이 있는 때에는 지체 없이 검사에게 사건을 송치하고 관계 서류와 증거물을 송부하여야 하며, 처리결과와 그 이유를 신청인에게 통지하여야 한다(제245조의7). 또한 검사는 제245조의5 제2호(불송치처분)의 경우에 사법경찰관이 사건을 송치하지 아니

1) 대법원 1997. 12. 26. 선고 97도2249 판결.

한 것이 위법 또는 부당한 때에는 그 이유를 문서로 명시하여 사법경찰관에게 재수사를 요청할 수 있으며, 사법경찰관은 이러한 요청이 있는 때에는 사건을 재수사하여야 한다(제245조의8). 이와 같은 고소인 등에 대한 송부 통지, 고소인 등의 이의신청시 사건송치의 의무화, 재수사의 요청 등의 제도를 도입함으로써 사법경찰관의 1차적 수사종결권을 견제하고 있다.

(2) 평 가

사법경찰관에게 1차적 수사종결권을 인정하여 기존과 다른 새로운 형사사법시스템에서의 관계설정은 어디까지나 수사권조정의 궁극적인 목적이라고 할 수 있는 국민의 인권보장 및 수사의 효율성 증대라는 이념과 상충하지 않는 한도 내에서 그 정당성이 인정될 수 있을 것이다. 이러한 측면에서 수사와 기소의 엄격한 분리를 통하여 수사의 영역에 있어서 검사를 절대적으로 배제하는 방안은 타당하지 않다. 왜냐하면 경찰의 부적절한 수사활동에 대하여 검찰의 시의적절한 개입이 존재하지 않는다면 수사의 효율성이 저하될 수 있을 뿐만 아니라 국민의 인권이 침해될 가능성도 농후하기 때문이다. 사법경찰에게 독자적인 수사개시권을 인정하고 있음에도 불구하고 검사에게만 수사종결권을 인정하고 있는 것은 경찰에 의한 수사권의 남용으로 인한 국민의 인권침해를 방지하기 위한 통제장치를 마련하기 위함이다. 이는 강력한 국가경찰체제 아래에서 국민의 인권에 직접적 영향을 미칠 수 있는 막대한 정보를 축적하고 이를 이용할 수 있는 조직과 장비를 갖추고 있는 경찰에 대하여 적절한 통제가 없는 경우에 발생할 수 있는 위험성을 방지하기 위하여 검사에게 감시적 기능을 부여한 것으로 이해된다. 수사는 범죄의 혐의를 밝혀내는 사실상의 행위임과 동시에 법정에 증거를 현출하기 위한 법률상의 행위이기도 하므로, 양자가 서로 조화롭게 협력을 해야 하는 것이지, 일방이 타방을 완전히 배척할 수 있는 성질의 것이 결코 아니다. 수사와 기소의 완벽한 분리를 주장하는 사법경찰관에게 일종의 기소·불기소의 결정권과 유사한 권한인 불송치처분권을 인정하는 것은 모순이다. 수사종결권은 단순히 수사를 종결할 수 있는 권한에 불과한 것을 넘어 당해 사건의 기소 또는 불기소를 결정할 수 있는 사법작용으로 파악해야 한다. 이는 결국 준사법기관에 해당하는 검사의 권한 가운데 본질적인 내용을 구성하는 것이다. 이러한 측면에서 개정법의 태도는 다음과 같은 문제점을 반드시 시정해야 할 것이다.

첫째, 도박, 성매매, 마약, 뇌물 등과 같이 은밀하게 이루어짐과 동시에 직접적인 피해자가 없는 범죄의 경우에는 고소인, 고발인, 피해자 또는 그 법정대리인 등이 전혀 존재하지 않을 수 있는데, 이에 대한 사법경찰관의 불송치처분은 검사의 사전·사후 통제가 전혀 이루어지지 않은 상태에서 궁극적으로 사건이 종결되는 결과를 초래할 수 있다. 사법경찰관이 사건을 송치하지 아니한 것이 위법 또는 부당한 때에는 그 이유를 문서로 명시하여 사법경찰관에게 재수사를 요청할 수 있고, 사법경찰관은 이와 같은 요청이 있는 때에는 사건을 재수사하여야 하지만, 실제로 재수사를 하지 않거나 부실하게 하거나 미온적일 경우에 이를 제재할 수단이 전혀 마련되어 있지 않다. 생각건대 불송치한 사건에 대한 검토 후 검사의 직접수사가 가능하도록 하는 방안은 검사의 직접수사 범위를 기존의 방식과 동일하게 유지할 수 있는 결과를 초래하기 때문에 수사권조정의 취지에 정면으로 위배될 소지가 다분하다. 하지만 수사종결권은 단지 수사를 종결할 수 있는 권한에 불과한 것이 아니라 기소권과 직결된 것이기에 경찰의 불송치처분으로 사건이 검찰에 의해서가 아니라 경찰에 의하여 종결될 수 있는 것은 법치국가적 이념을 뒤흔들 수 있다. 결국 사법경찰관의 불송치처분에 대한 통제 미흡은 현행법의 기소독점주의와 기소편의주의를 침해할 소지가 있는데, 기소뿐만 아니라 불기소 역시 사법적 결정의 성격을 가지고 있고 양자는 논리적으로 밀접하게 연관되어 있으므로, 검사가 준사법기관으로서 최종적으로 수사종결권을 행사할 수 있는 보다 실질적인 방안을 마련하는 것이 바람직하다. 예를 들면 고소인 등의 이의신청 이외에도 피해자 없는 범죄에 대한 통제가 필요한 점을 고려하여, 사건관계인이 없는 사건에 대해서는 해당 법익의 주관 행정기관에게 수사결과를 통지하여 해당기관이 이의신청하는 제도로 해결하는 방안을 고려해 볼 수 있다. 이와 더불어 일정한 사회적·국가적 법익을 해하는 범죄군에 있어서는 사법경찰관의 불송치처분에 대한 견제의 역할을 전문적·의도적으로 수행하기 위한 고발단체 내지 고발인이 등장할 가능성도 배제할 수 없을 것이다.

둘째, 일각에서는 경찰단계에서의 수사종결권 행사를 통하여 사건관계인의 불안정한 지위가 조기에 해소되고, 검사에 의한 이중조사도 줄어들어 국민불편이 감소할 것이라고 한다. 하지만 현실적으로 사법경찰관의 불송치처분에 대하여 피의자와 대립관계에서 사건관계인의 반대축을 담당하고 있는 고소인·고발인·피해자 또는 그 법정대리인이 이를 그대로 수용할 가능성은 현저히 낮아 보인다. 왜냐하면 우리나라의 고소율이 지극히 비정상적으로 높은 상황 및 민사사건의 형사화 현상이 심화되는 상황을 고려하면 이의제기를 하는 고소인 등의 비율이 상당할 것이 예상되기 때문이다. 특히 종국적인 수사종결이 아닌 잠정적인 수사종결에 대하여 고소인 등이 그대로 승복할 것을 기대하는 것이 오히려 더 모순적인 상황이라고도 평가할 수 있다. 그러므로 피의자에게는 사법경찰관의 불송치처분이 신속하게 형사절차에서 벗어나는 기회가 될 수 있겠지만, 고소인 등의 이의신청으로 인하여 검사에 의한 수사를 다시 받을 수 있는 여지는 항상 존재하여 그 지위가 불안정하게 된다. 그렇다면 이중수사의 부담(?)[1]을 경감시키기 위한 일련의 조치가 퇴색하게 되는 결과가 되는데, 이에 대한 대책의 마련이 시급하다. 이는 결국 검사가 아닌 사법경찰관에게 1차적 수사종결권을 인정한 것은 고소인 등에게 이의신청이라는 절차의 번잡만을 가중시킨 것에 지나지 아니한다.

셋째, 사법경찰관은 불송치의 경우 그 이유를 명시한 서면[2]과 함께 관계 서류와 증거물을

1) 물론 소위 '이중수사' 내지 '중복수사'라는 것이 반드시 인권침해라는 점에 대해서도 동의하지 않는다. 왜냐하면 사법경찰관에 의한 수사 이후 검사의 기소 여부 판단을 위한 수사가 필연적인 것은 아니지만 경우에 따라서는 반드시 요구되는 경우도 충분히 상정할 수 있을 뿐만 아니라 사법경찰관에 의한 단 한 번의 수사만으로 피의자 또는 피해자 등의 인권이 무조건적으로 보장된다는 주장 역시 설득력이 부족하기 때문이다.

2) 사법경찰관이 불송치처분을 하는 경우에는 불송치처분문을 작성하도록 요구하고 있는데, 검사의 재수사 요청을

지체 없이 검사에게 송부하여야 하고, 사법경찰관이 사건을 송치하지 아니한 것이 위법 또는 부당한 때에는 그 이유를 문서로 명시하여 사법경찰관에게 재수사를 요청할 수 있는데, 직접수사의 가능성이 배제되어 있는 상황에서 검사가 사건기록만으로 불송치의 위법 또는 부당 여부를 심사하는 것에는 한계가 있을 수밖에 없다. 또한 검사의 업무 차원에서, 불기소의견으로 송치된 사건을 검토하는 현재의 경우와 불송치처분에 대하여 사후점검을 하는 개정법의 태도를 비교해 보면, 후자의 경우 현저히 부실하게 될 가능성이 크다. 또한 사법경찰관이 존재하는 사건기록을 부실하게 송부한다고 하여도 이를 검증할 방법이 없으며, 수사과정에서 부실수사 또는 지연수사를 함으로 인하여 송치처분 또는 불송치처분의 결정 자체를 차일피일하는 경우에도 이를 통제할 방안이 미흡하다. 원래 본 규정은 '경찰이 종결하는 기록은 등본을 만들어 검찰에 송부'하도록 하는 것이었다. 이는 기록의 변개나 조작이 있었는지 여부를 확인하기 위한 것이지 그 기록을 검사에게 다시 검토하라는 취지가 아니었던 것이다. 하지만 사개특위의 논의과정에서 등본 복사 업무가 과중할 것이라는 경찰측의 문제제기가 있었고, 이에 법무부장관이 20일간 원본을 검찰에 송부하자고 제안하였으며, 국회논의 과정에서 60일에서 90일로 변화되어 개정법에 들어오게 된 것이다.

넷째, 검사의 재수사 요청에 대하여 사법경찰관이 응하지 않을 경우 사건을 검사에게 송치하도록 하거나 기타 제재를 가할 수 있는 근거가 존재하지 아니한다. 또한 재수사 요청을 받은 사법경찰관이 이미 내린 결론에 대하여 다시금 충실하게 재수사를 할 것이라는 점도 담보되어 있지 않다. 검사는 재수사의 요청만을 할 수 있을 뿐, 직접적으로 재수사를 할 수는 없다. 이에 의하면 이미 사법경찰관이 내린 불송치처분을 검사가 재수사를 요청한다고 하여 최선을 다하여 다시 재수사하는 것을 기대하기는 어렵다. 사법경찰관은 재수사 요청에 따라 재수사를 하고 사건을 기소의견으로 검찰에 송치하거나 재차 불송치처분을 할 수도 있다. 즉 사건을 기소하지 않고 종결할 권한이 여전히 사법경찰관에게 유보되어 있다. 만약 사법경찰관이 재차 불송치처분을 할 경우에도 검사가 재차 재수사를 요청하는 것 이외의 견제장치는 존재하지 아니한다. 물론 사법경찰관이 정당한 이유 없이 그에 따르지 않을 경우에는 징계권자에게 징계를 요구할 수도 있겠지만, 정당한 이유에 대한 판단이 추상적이라는 점, 그에 대한 판단의 주체가 기본적으로 경찰청 소속이라는 점, 경찰의 징계요구만이 가능하고 이에 응하지 않을 경우의 제재수단이 전무하다는 점 등의 문제점이 지적된다. 더욱이 현행 검찰청법 제54조에서는 징계요구권보다 완화된 교체임용요구권이 있음에도 불구하고 해당 조문이 적용된 사례가 거의 없다는 점을 참고할 필요가 있다.

최대한 줄이기 위해서는 불송치처분문의 내용 작성에 심혈을 기울여야 한다. 그러므로 경찰 내부에서 불송치에 대한 법률적인 판단과정을 반드시 거치도록 할 필요성이 있는데, 변호사 자격을 가진 사법경찰관으로 하여금 불송치처분문 작성 과정에서 필수적으로 심사하도록 하는 방안이 좋은 예가 될 것이다.

2. 검사의 최종적 수사종결권

검사는 공소제기 여부를 결정할 수 있을 정도로 범죄사실이 명백하게 입증되었거나 수사를 계속할 필요가 없는 경우에는 피의사건에 대한 수사를 최종적으로 종결한다. 일반적으로 수사는 공소의 제기 또는 불기소의 형태로 종결되지만, 수사를 종결하더라도 검사는 공소제기 후에 공소유지를 위하여 수사를 계속할 수 있고, 불기소처분을 하더라도 수사를 재개할 수 있기 때문에(이른바 '재기수사'(再起捜査)) 수사의 종결은 수사기관의 측면에서 최종적인 것이지만, 수사절차의 측면에서는 확정적인 것이 아닌 잠정적인 처분이라고 할 수 있다. 검사가 사건의 수사를 종결할 때에는 ① 공소제기, ② 불기소, ③ 기소중지, ④ 참고인중지, ⑤ 공소보류, ⑥ 이송, ⑦ 소년보호사건 송치, ⑧ 가정보호사건 송치, ⑨ 성매매보호사건 송치 등의 구분에 따라 결정을 하여야 하고(검찰사건사무규칙 제57조 제1항), 1건으로 수리한 사건 중 피의자가 수인이거나 피의사실이 수개인 경우에 분리결정할 사유가 있는 때에는 그 중 일부에 대하여 결정할 수 있다(검찰사건사무규칙 제57조 제2항).

〈검찰의 사건처리 내용별 현황〉

단위: 명(%)

연 도	전 체	처리내용				
		기 소	불기소	기소중지	참고인중지	보호사건 송치
2007	1,989,862 (100)	1,042,477 (52.4)	754,006 (37.9)	145,766 (7.3)	21,685 (1.1)	25,928 (1.3)
2008	2,472,893 (100)	1,268,627 (51.3)	993,363 (40.2)	155,211 (6.3)	21,507 (0.9)	34,185 (1.4)
2009	2,519,236 (100)	1,154,371 (45.8)	1,148,642 (45.6)	156,106 (6.2)	21,665 (0.9)	38,452 (1.5)
2010	1,954,331 (100)	877,420 (44.9)	921,619 (47.2)	105,638 (5.4)	15,605 (0.8)	34,049 (1.7)
2011	1,907,641 (100)	817,289 (42.8)	925,049 (48.5)	115,297 (6.0)	14,875 (0.8)	35,131 (1.8)
2012	1,907,900 (100)	766,287 (40.2)	963,016 (50.5)	122,783 (6.4)	14,937 (0.8)	40,877 (2.1)
2013	1,886,147 (100)	752,411 (39.9)	953,552 (50.6)	129,726 (6.9)	14,257 (0.8)	36,201 (1.9)
2014	1,846,606 (100)	704,387 (38.1)	950,422 (51.5)	145,225 (7.9)	13,358 (0.7)	33,214 (1.8)
2015	1,914,233 (100)	704,160 (36.8)	1,028,483 (53.7)	128,283 (6.7)	9,745 (0.5)	43,562 (2.3)
2016	1,982,859 (100)	768,382 (38.8)	1,050,520 (53.0)	106,625 (5.4)	8,379 (0.4)	48,953 (2.5)
2017	1,917,280 (100)	798,793 (41.7)	997,257 (52.0)	68,186 (3.6)	6,558 (0.3)	46,486 (2.4)
2018	1,755,435 (100)	704,758 (40.1)	893,943 (50.9)	104,930 (6.0)	5,430 (0.3)	46,374 (2.6)

출처: 법무연수원, 「2019 범죄백서」, 2020.

3. 고위공직자범죄수사처 검사의 수사종결권

(1) 수사대상사건에 대한 사건송부

수사처검사는 수사처법 제3조 제1항 제2호에서 정하는 사건을 제외한 고위공직자범죄등(수사대상사건)에 관한 수사를 한 때에는 관계 서류와 증거물을 지체 없이 서울중앙지방검찰청 소속 검사에게 송부하여야 한다(수사처법 제26조 제1항). 이에 따라 관계 서류와 증거물을 송부받아 사건을 처리하는 검사는 처장에게 해당 사건의 공소제기 여부를 신속하게 통보하여야 한다(수사처법 제26조 제2항).

처장은 검사로부터 공소를 제기하지 아니한다는 통보를 받은 때에는 그 검사 소속의 지방검찰청 소재지를 관할하는 고등법원에 그 당부에 관한 재정을 신청할 수 있다(수사처법 제30조 제1항). 처장은 이에 따라 재정신청을 하려는 경우 공소를 제기하지 아니한다는 통보를 받은 날부터 30일 이내에 지방검찰청검사장 또는 지청장에게 재정신청서를 제출하여야 한다(수사처법 제30조 제2항). 재정신청서에는 재정신청의 대상이 되는 사건의 범죄사실 및 증거 등 재정신청을 이유 있게 하는 사유를 기재하여야 한다(수사처법 제30조 제3항). 재정신청서를 제출받은 지방검찰청 검사장 또는 지청장은 재정신청서를 제출받은 날부터 7일 이내에 재정신청서, 의견서, 수사 관계 서류 및 증거물을 관할 고등검찰청을 경유하여 관할 고등법원에 송부하여야 한다. 다만, 신청이 이유 있는 것으로 인정하는 때에는 즉시 공소를 제기하고 그 취지를 관할 고등법원과 처장에게 통지한다(수사처법 제30조 제4항). 수사처법에서 정한 사항 외에 재정신청에 관하여는 형사소송법 제262조, 제262조의2 및 제262조의4의 규정을 준용한다(수사처법 제30조 제5항).

(2) 기소대상사건에 대한 수사종결처분

대법원장·대법관·검찰총장·판사·검사·경무관 이상의 경찰공무원에 해당하는 고위공직자로 재직 중에 본인 또는 본인의 가족이 범한 고위공직자범죄 및 관련범죄(기소대상사건)에 대하여는 고위공직자범죄수사처의 검사가 공소의 제기 및 유지를 수행한다(수사처법 제3조 제1항 제2호). 수사처검사가 공소를 제기하는 고위공직자범죄등 사건의 제1심 재판은 서울중앙지방법원의 관할로 한다. 다만, 범죄지, 증거의 소재지, 피고인의 특별한 사정 등을 고려하여 수사처검사는 형사소송법에 따른 관할 법원에 공소를 제기할 수 있다(수사처법 제31조). 처장은 고위공직자범죄에 대하여 불기소 결정을 하는 때에는 해당 범죄의 수사과정에서 알게 된 관련범죄 사건을 대검찰청에 이첩하여야 한다(수사처법 제27조).

고소·고발인은 수사처검사로부터 공소를 제기하지 아니한다는 통지를 받은 때에는 서울고등법원에 그 당부에 관한 재정을 신청할 수 있다(수사처법 제29조 제1항). 이에 따른 재정신청을 하려는 사람은 공소를 제기하지 아니한다는 통지를 받은 날부터 30일 이내에 처장에게 재정신청서를 제출하여야 한다(수사처법 제29조 제2항). 재정신청서에는 재정신청의 대상이 되는 사건의 범죄사실 및 증거 등 재정신청을 이유 있게 하는 사유를 기재하여야 한다(수사처법 제29조 제3항). 재정신청서를 제출받은 처장은 재정신청서를 제출받은 날부터 7일 이내에 재정신청서, 의견서, 수사 관계 서류 및 증거물을 서울고등법원에 송부하여야 한다. 다만, 신청이 이유 있는 것으로 인정하는 때에는 즉시 공소를 제기하고 그 취지를 서울고등법원과 재정신청인에게 통지한다(수사처법 제29조 제4항). 수사처법에서 정한 사항 외에 재정신청에 관하여는 형사소송법 제262조 및 제262조의2부터 제262조의4까지의 규정을 준용한다(수사처법 제29조 제5항).

Ⅱ. 수사종결처분의 내용

1. 공소의 제기

(1) 정식기소

공소는 검사가 제기하여 수행한다(제246조).[1] 이와 같이 검사는 수사결과 범죄의 객관적 혐의가 충분하고 소송조건이 갖추어져 유죄판결의 가능성이 있는 경우에는 공소를 제기하여 수사를 종결한다. 공소를 제기함에는 공소장을 관할법원에 제출하여야 한다(제254조 제1항). 이처럼 형사소송법이 공소제기에 관하여 서면주의와 엄격한 요식행위를 채용한 것은 앞으로 진행될 심판의 대상을 서면에 명확하게 기재하여 둠으로써 법원의 심판 대상을 명백하게 하고 피고인의 방어권을 충분히 보장하기 위한 것이므로, 서면인 공소장의 제출은 공소제기라는 소송행위가 성립하기 위한 본질적 요소라고 보아야 한다. 따라서 서면인 공소장의 제출 없이 공소를 제기한 경우에는 이를 허용하는 특별한 규정이 없는 한 공소제기에 요구되는 소송법상의 정형을 갖추었다고 할 수 없어 소송행위로서의 공소제기가 성립되었다고 볼 수 없다.[2] 검사가 공소를

---

1) 헌법재판소 2012. 7. 26. 선고 2011헌바268 결정(검사의 기소처분은 공소가 제기된 이후에는 법원의 재판절차에 흡수되고 그 적법성에 대하여 충분한 사법적 심사를 받을 수 있으므로 독자적인 합헌성 심사의 필요가 없어 독립하여 헌법소원의 대상이 될 수 없는 것이다).

2) 대법원 2017. 2. 15. 선고 2016도19027 판결(컴퓨터와 인터넷이 보편적으로 사용되고 정보통신기술이 급속히 발달하고 있는 상황에 대응하여, 형사소송절차에서 정보저장매체에 저장된 문자 등의 전자정보를 증거로 사용하는 법적 근거를 마련하고(제313조 제1항, 제314조), 그에 관한 증거조사방법이나 강제처분절차도 규정하는 등(제292조의3, 제106조 등)으로 전자정보의 활용을 법적으로 뒷받침하기 위한 조치가 증가하고 있다. 그러나 공소제기에 관하여 전자문서나 전자매체를 이용할 수 있도록 한 입법적 조치는 마련되어 있지 않다. 그러므로 검사가 공소사실의 일부인 범죄일람표를 컴퓨터 프로그램을 통하여 열어보거나 출력할 수 있는 전자적 형태의 문서(이하 '전자문서'라 한다)로 작성한 다음 종이문서로 출력하지 않은 채 저장매체 자체를 서면인 공소장에 첨부하여 제출한 경우에는, 서면에 기재된 부분에 한하여 적법하게 공소가 제기된 것으로 보아야 한다. 전자문서나 저장매체를 이용한 공소제기를 허용하는 법규정이 없는 상태에서 저장매체나 전자문서를 형사소송법상 공소장의 일부인 '서면'으로 볼 수 없기 때문이다. 이는 공소사실에 포함시켜야 할 범행 내용이나 피해 목록이 방대하여 전자문서나 CD 등 저장매체를 이용한 공소제기를 허용해야 할 현실적인 필요가 있다거나 피고인과 변호인이 이의를 제기하지 않고 변론에 응하였다고 하여 달리 볼 수 없다. 또한 일반적인 거래관계에서 전자문서나 전자매체를 이용하는 것이 일상화되고 있더라도 그것만으로 전자문서나 전자매체를 이용한 공소제기가 허용된다고 보는 것은 형사소송법 규정의 문언이나 입법 취지에 맞지 않는다. 따라서 검사가 전자문서나 저장매체를 이용하여 공소를 제기한 경우, 법원은 저장매체에 저장된 전자문서 부분을 제외하고 서면인 공소장에 기재된 부분만으로 공소사실을 판단하여야 한다. 만일 그 기재 내용만으로는 공소사실이 특정되지 않은 부분이 있다면 검사에게 특정을 요구하여야 하고, 그런데도 검사가 특정하지 않는다면 그 부분에 대해서는 공소를 기각할 수밖에 없다); 대법원 2016. 12. 15. 선고 2015도3682 판결.

제기하는 경우에는 공소장에 의하는데, 이 경우에 피의자가 구속된 때에는 구속영장, 구속기간이 연장된 경우에는 구속기간연장결정서, 체포된 경우에는 체포영장, 긴급체포 또는 현행범인 체포인 경우에는 긴급체포서·현행범체포서·현행범인인수서, 변호인이 선임된 경우에는 변호인선임서를 첨부하여야 한다(검찰사건사무규칙 제61조 제2항).

(2) 약식기소

약식명령의 청구는 공소의 제기와 동시에 서면으로 하여야 한다(제449조). 검사가 약식명령을 청구하는 경우에는 공소장에 의하며, 공소장에 사건기록을 편철하여 법원에 제출하여야 한다. 다만 일건 수명의 피의자 중 일부 피의자에 대하여 공판을 청구하고, 일부 피의자에 대하여 약식명령을 청구하는 때에는 약식명령공소장에 사건기록을 편철하지 아니할 수 있다(검찰사건사무규칙 제65조 제1항). 검사는 구속 중인 피의자에 관하여 약식명령의 청구를 하는 경우에는 석방지휘서에 의하여 피의자를 석방하여야 한다(검찰사건사무규칙 제65조 제3항). 검사가 약식명령에 대하여 정식재판을 청구하는 경우에는 정식재판청구서에 의한다(검찰사건사무규칙 제67조).

(3) 즉결심판청구

즉결심판은 관할경찰서장 또는 관할해양경찰서장이 지방법원, 지원 또는 시·군법원에 이를 청구한다(즉결심판절차법 제3조 제1항). 즉결심판청구는 공소제기와 동일한 성격을 가진다. 다만 약식명령의 청구와 동시에 공소를 제기하여야 하는 약식기소와 달리 별도의 공소제기를 요하지 아니한다. 이러한 의미에서 경찰서장의 즉결심판청구는 검사의 기소독점주의에 대한 중대한 예외가 된다.

2. 불기소처분

(1) 의 의

'불기소처분'(不起訴處分)이란 수사 결과 검사가 공소를 제기하지 않기로 판단하여 내리는 처분을 말한다. 검사의 불기소처분은 확정판결과 달리 기판력이 없기 때문에 사정변경이 있을 경우 수사를 재개하거나 결정을 변경함에 있어서 아무런 문제가 없다. 검사가 사건을 불기소처분하는 경우에는 불기소 사건기록 및 불기소 결정서에 부수처분과 압수물처분을 기재하고, 불기소 결정서에 피의사실의 요지와 수사의 결과 및 공소를 제기하지 아니하는 이유를 기재하여야 한다. 다만 간단하거나 정형적인 사건의 경우에는 불기소 사건기록 및 불기소 결정서 양식을 사용할 수 있다(검찰사건사무규칙 제69조 제1항). 불기소결정의 주문은 ① 기소유예, ② 혐의없음(가. 혐의없음(범죄인정안됨), 나. 혐의없음(증거불충분)), ③ 죄가안됨, ④ 공소권없음, ⑤ 각하 등으로 한다(검찰사건사무규칙 제69조 제3항). 이 중에서 혐의없음·죄가안됨·공소권없음·각하 등을 일반적으로 '협의의 불기소처분'이라고 일컫는다.

(2) 기소유예

1) 의 의

검사는 피의사건에 대하여 범죄혐의가 있고 소송조건이 구비된 경우라고 할지라도 형법 제51조의 사항을 참작하여 공소를 제기하지 아니할 수 있다(제247조). 즉 '기소유예'(起訴猶豫)란 피의사실이 인정됨에도 불구하고 형법 제51조 각호의 사항을 참작하여 소추를 필요로 하지 아니하는 경우를 말한다(검찰사건사무규칙 제69조 제3항 제1호). 기소유예는 검사가 기소편의주의에 근거하여 공소를 제기하지 아니하는 처분으로서, 공소를 제기하고 유지하기에 충분한 범죄의 혐의가 있고 소추요건이 모두 갖추어져 있음에도 불구하고 공소권자인 검사가 형사정책적인 재량에 의하여 행하는 불기소처분이라는 점에서, 범죄의 혐의가 불충분하거나 소추요건을 갖추지 못하는 등의 객관적인 소추장애사유로 인하여 행하는 그 밖의 불기소처분과는 본질적으로 성격이 다르다. 이에 따라 범죄의 혐의와 유죄판결의 가능성을 전제로 하는 기소유예처분은 협의의 불기소처분사유와 경합될 수 없다. 이와 같이 기소유예처분을 함에 있어서는 비록 사안 자체가 가볍다고 하더라도 피의사실을 인정함에 있어 신중을 기하여야 하며 현출된 증거가 유죄를 인정하기에 부족하다면 단순히 재량적, 심정적 판단으로 혐의를 인정할 것이 아니라 무죄추정의 원칙 및 형사 증거법의 원칙에 따라 피의사실 인정 여부를 판단하거나 추가적인 조사를 통하여 사실을 규명하는 것이 헌법상 원칙에 부합한다.[1] 그러므로 검사는 협의의 불기소처분사유가 존재하면 반드시 협의의 불기소처분으로 수사를 종결하여야지 기소유예처분을 하여서는 안 된다.[2] 하지만 기소중지처분의 사유가 있더라도 협의의 불기소처분이나 기소유예를 할 수 있다.

2) 내 용

검사가 기소유예의 결정을 하는 경우에는 피의자를 엄중히 훈계하고 개과천선 할 것을 다짐하는 서약서를 받아야 한다. 다만 경미한 사건의 경우에는 그러하지 아니하다. 이 경우에는 감호자·연고자 또는 범죄예방자원봉사위원에게 신병인도조치를 하거나 한국법무보호복지공단 등 보호단체에 보호를 알선할 수 있다. 검사가 소년인 피의자에 관하여 선도조건부 기소유예결정을 하는 경우에는 선도보호에 필요한 조치를 하여야 한다(검찰사건사무규칙 제71조). 이와 같이 검사는 소년인 피의자에 대하여 범죄예방자원봉사위원의 선도, 소년의 선도·교육과 관련된 단체·시설에서의 상담·교육·활동 등에 해당하는 선도 등을 받게 하고, 피의사건에 대한 공소를 제기하지 아니할 수 있다. 이 경우 소년과 소년의 친권자·후견인 등 법정대리인의 동의를 받아야 한다(소년법 제49조의3). 또한 성인에 대하여도 일정기간 보호관찰관의 선도를 조건으로 그 소추를 유예하는 보호관찰관 선도조건부 기소유예제도가 도입되어 있고(보호관찰법 제15조 제3호),

1) 헌법재판소 2020. 5. 27. 선고 2019헌마1419 결정; 헌법재판소 2019. 6. 28. 선고 2017헌마882 결정.

2) 대법원 1985. 7. 29.자 85모16 결정(수사기관이 피의자를 수사하는 과정에서 구속영장 없이 피의자를 함부로 구금하여 피의자의 신체의 자유를 박탈하였다면 직권을 남용한 불법감금의 죄책을 면할 수 없고, 수사의 필요상 피의자를 임의동행한 경우에도 조사 후 귀가시키지 아니하고 그의 의사에 반하여 경찰서 조사실 또는 보호실 등에 계속 유치함으로써 신체의 자유를 속박하였다면 이는 구금에 해당한다).

가정폭력사건에 있어서 일정한 상담을 조건으로 하여 기소유예처분을 할 수 있는 상담조건부 기소유예제도가 시행되고 있다(가정폭력특례법 제8조의2).[1]

(3) 혐의없음

'혐의없음'이란 피의사실이 범죄를 구성하지 아니하거나 인정되지 아니하는 경우(범죄인정안됨) 또는 피의사실을 인정할 만한 증거가 없는 경우(증거불충분)를 말한다(검찰사건사무규칙 제69조 제3항 제2호). 이는 제325조에서 규정하고 있는 전단의 무죄 및 후단의 무죄에 대응하는 개념이라고 할 수 있다. 검사가 고소 또는 고발사건에 관하여 혐의없음의 결정을 하는 경우에는 고소인 또는 고발인의 무고혐의의 유무에 대하여 판단하여야 한다(동 규칙 제70조).

(4) 죄가안됨

'죄가안됨'이란 피의사실이 범죄구성요건에 해당하나 법률상 범죄의 성립을 조각하는 사유가 있어 범죄를 구성하지 아니하는 경우를 말한다(검찰사건사무규칙 제69조 제3항 제3호). 즉 위법성조각사유나 책임조각사유가 존재할 경우에 행해지는 처분이다. 수사는 공소의 제기 및 유지를 위하여 범인과 증거를 발견·수집·보전하는 일련의 절차이기 때문에 공소를 제기할 수 없는 장애사유가 있는 경우에는 그 사유가 무엇이든 간에 불기소의 결정을 하면 족한 것이지 장애사유의 내용에 따라 반드시 결정의 형식을 달리하여야만 할 것이 형사소송법이나 검찰청법상 요구되는 것은 아니다. 다만 검찰사건사무규칙은 소추장애사유가 있는 경우 그 사유가 범죄혐의를 인정할 수 없는 것인지, 피의자가 형사미성년자 또는 심신상실자이거나 정당방위 등 범죄의 성립을 조각하는 다른 사유가 있는 것인지 등에 따라 불기소처분의 주문을 '혐의없음', '죄가안됨' 등으로 세분함으로써 수사검사의 결정이나 결재권자의 결재업무처리의 편의성을 도모하고 있는 것이다. 그러므로 불기소결정의 주문에 어떤 법적 구속력이나 확정력은 인정되지 않는데, 이러한 점에 비추어 보면 '혐의없음'에 대하여 '죄가안됨' 결정을 하는 검찰의 사무처리 방식이 잘못되었다고 할 수는 없다.[2]

(5) 공소권없음

'공소권없음'이란 ① 확정판결이 있는 경우, ② 통고처분이 이행된 경우, ③ 소년법·가정폭력특례법·성매매처벌법에 의한 보호처분이 확정된 경우(보호처분이 취소되어 검찰에 송치된 경우를 제외한다), ④ 사면이 있는 경우, ⑤ 공소의 시효가 완성된 경우, ⑥ 범죄 후 법령의 개폐로 형이 폐지된 경우, ⑦ 법률의 규정에 의하여 형이 면제된 경우, ⑧ 피의자에 관하여 재판권이 없는 경우, ⑨ 동일사건에 관하여 이미 공소가 제기된 경우(공소를 취소한 경우를 포함한다. 다만 다른 중요한 증거를 발견한 경우에는 그러하지 아니하다), ⑩ 친고죄 및 공무원의 고발이 있어야 논하는 죄의 경우에 고소 또는 고발이 없거나 그 고소 또는 고발이 무효 또는 취소된 때, ⑪ 반의사불벌죄의 경

1) 이에 대하여 보다 자세한 내용으로는 박찬걸, "가정폭력행위자 대상 상담조건부 기소유예처분의 문제점 및 개선방안", 형사법의 신동향 제42호, 대검찰청, 2014. 3, 152면 이하 참조.

2) 헌법재판소 1996. 11. 28. 선고 93헌마229 결정.

우 처벌을 희망하지 아니하는 의사표시가 있거나 처벌을 희망하는 의사표시가 철회된 경우, ⑫ 피의자가 사망하거나 피의자인 법인이 존속하지 아니하게 된 경우(검찰사건사무규칙 제69조 제3항 제4호) 등의 사유가 발생할 경우에 행해지는 처분이다.

(6) 각 하

'각하'(却下)란 ① 고소 또는 고발이 있는 사건에 관하여 고소인 또는 고발인의 진술이나 고소장 또는 고발장에 의하여 검찰사건사무규칙 제69조 제3항 제2호 내지 제4호의 사유에 해당함이 명백한 경우, ② 고소·고발이 제224조(직계존속고소금지), 제232조 제2항(재고소금지) 또는 제235조(직계존속고발금지)에 위반한 경우, ③ 동일사건에 관하여 검사의 불기소처분이 있는 경우(다만 새로이 중요한 증거가 발견된 경우에 고소인 또는 고발인이 그 사유를 소명한 때에는 그러하지 아니하다), ④ 고소권자가 아닌 자가 고소한 경우, ⑤ 고소·고발장 제출 후 고소인 또는 고발인이 출석요구에 불응하거나 소재불명되어 고소·고발사실에 대한 진술을 청취할 수 없는 경우, ⑥ 고소·고발 사건에 대하여 사안의 경중 및 경위, 고소·고발인과 피고소·피고발인의 관계 등에 비추어 피고소·피고발인의 책임이 경미하고 수사와 소추할 공공의 이익이 없거나 극히 적어 수사의 필요성이 인정되지 아니하는 경우, ⑦ 고발이 진위 여부가 불분명한 언론 보도나 인터넷 등 정보통신망의 게시물, 익명의 제보, 고발 내용과 직접적인 관련이 없는 제3자로부터의 전문이나 풍문 또는 고발인의 추측만을 근거로 한 경우 등으로서 수사를 개시할 만한 구체적인 사유나 정황이 충분하지 아니한 경우(검찰사건사무규칙 제69조 제3항 제5호) 등의 사유가 발생할 경우에 행해지는 처분이다.

3. 기소중지

검사가 '피의자'의 소재불명 또는 참고인중지 이외의 사유로 수사를 종결할 수 없는 경우에는 그 사유가 해소될 때까지 불기소·기소중지·참고인중지 사건기록에 의하여 기소중지의 결정을 할 수 있다(검찰사건사무규칙 제73조). 검사가 기소중지결정 또는 참고인중지결정을 하는 경우에는 불기소·기소중지·참고인중지 사건기록에 공소시효 만료일을 명백히 기재하여야 한다. 다만 수인의 피의자 중 일부에 대하여 공소를 제기하고 일부에 대하여 기소중지 또는 참고인중지 결정을 하는 경우에는 공소제기되는 피의자의 기소일자를 기재하여야 한다(검찰사건사무규칙 제75조 제1항). 검사는 송치관서의 의견과 달리 피의자의 소재불명을 사유로 하여 기소중지결정을 하거나 검찰에서 직접 수사한 고소·고발 및 인지사건 등에 대하여 피의자의 소재불명을 사유로 하여 기소중지결정을 하는 경우에는 지명수배요구서를 작성하여 사건사무담당책임자(각급 검찰청·지청의 사건과장 또는 사무과장)에게 송부하여야 한다(검찰사건사무규칙 제75조 제2항). 기소중지사건의 소재수사지휘사무담당직원은 기소중지자명부에 의하여 매 분기 1회 이상 기소중지자에 대한 소재수사를 행하여야 한다. 다만 기소중지자가 국외출국상태에 있거나 주민등록이 말소되어 있는 경우(가족의 주민등록이 등재되어 있는 경우를 제외한다)에는 소재수사를 행하지 아니할 수 있다(검찰사건사무규칙 제75조 제4항). 이러한 경우 소재수사지휘사무담당직원은 지휘일자와 지휘관서 및 지휘관서로부터의 보고일자와 보고내용을 기소중지자명부에 기재하여야 한다(검찰사건사무규칙 제75조 제5항).

수사기관이 고소사건을 수사함에 있어서 당연히 의심을 가지고 조사하여야 할 사항들에 대하여 현저히 조사를 소홀히 하고, 형평에 반하는 자의적인 수사와 판단에 따라 기소중지처분을 한 것은 헌법상 보장된 평등권과 재판절차진술권을 침해한 것으로 헌법소원을 제기할 수 있다.[1] 또한 기소중지는 가급적 억제되어야 하는 것으로서 이미 피의자신문을 마쳐 그의 진술을 충분히 청취하였거나 또는 피의자신문은 아니하였다고 하더라도 그 밖의 증거자료에 의하여 공소제기나 불기소처분 등 종국처분을 하기에 부족함이 없는 경우에는 기소중지처분을 하여서는 안 되고 원칙에 좇아 종국처분을 하여야 한다. 그러므로 검사가 사건을 수사함에 있어 재기수사 전후에 걸쳐 피의자신문을 비롯하여 더 이상 수사를 할 필요가 없을 만큼 충분한 수사가 되어 있어 종국결정을 하기에 부족함이 없음에도 불구하고 피의자 중의 한 사람이 단순히 현재 소재불명이라는 이유로 그에 대하여서 뿐만 아니라 다른 피의자까지도 기소중지처분을 하는 것은 형평을 잃은 처사로서 기소중지권의 남용에 해당한다.[2]

4. 참고인중지

검사가 참고인·고소인·고발인 또는 같은 사건 피의자의 소재불명으로 수사를 종결할 수 없는 경우에는 그 사유가 해소될 때까지 불기소·기소중지·참고인중지 사건기록에 의하여 참고인중지의 결정을 할 수 있다(검찰사건사무규칙 제74조). 참고인중지는 참고인의 소재가 불분명함에도 불구하고 피의자에 대해 기소중지를 하는 것은 피의자가 마치 도피중인 것으로 오해받을 수 있기 때문에 마련된 제도이다. 이와 같이 기소중지와 참고인중지는 수사의 종결처분이라기보다는 수사의 중지처분으로서 공소제기의 여부에 대한 결정을 유보한 것에 해당한다. 그러므로 중지사유가 소멸된 경우에는 즉시 재기수사하여 공소제기의 여부를 결정해야 한다.

5. 공소보류

검사는 국가보안법의 죄를 범한 자에 대하여 형법 제51조의 사항을 참작하여 공소제기를 보류할 수 있다(국가보안법 제20조 제1항). 이에 의하여 공소보류를 받은 자가 공소의 제기 없이 2년을 경과한 때에는 소추할 수 없다(국가보안법 제20조 제2항). 공소보류를 받은 자가 법무부장관이 정한 감시·보도에 관한 규칙에 위반한 때에는 공소보류를 취소할 수 있는데(국가보안법 제20조 제3항), 이에 의하여 공소보류가 취소된 경우에는 형사소송법 제208조의 규정에도 불구하고 동일한 범죄사실로 재구속할 수 있다(국가보안법 제20조 제4항). 이와 같이 공소보류는 공소제기를 유보한다는 점에서 기소유예와 그 법적 성격이 유사하지만, 그 대상이 국가보안법 위반사건으로 한

1) 헌법재판소 1995. 2. 23. 선고 94헌마54 결정.

2) 헌법재판소 1991. 4. 1. 선고 90헌마115 결정.

정되어 있고, 일정한 유예기간이 설정되어 있다는 점에서 구별된다.

6. 타관송치

(1) 관할검찰청송치

검사는 사건이 그 소속 검찰청에 대응한 법원의 관할에 속하지 아니한 때에는 사건을 서류와 증거물과 함께 관할법원에 대응한 검찰청 검사에게 송치하여야 하는데(제256조), 이를 '타관송치'(他關送致) 또는 '이송'(移送)이라고 한다. 이러한 경우에는 반드시 이송해야 한다는 점(필요적 이송사유)에서, 검찰실무에서 관련사건 또는 피의자의 거주지이전 등 사유의 제한 없이 검찰사무의 편의에 따라 행해지는 임의적 이송과 구별된다. 타관송치는 피의사건에 관한 검사들간의 수평적 이동을 의미하므로 역송이나 전송도 가능하다. 수평적 이동이라는 점에서 사법경찰관이 검사에게 사건을 송치하는 경우와 구별되고, 검사들간의 이동이라는 점에서 소년사건이 벌금 이하의 형에 해당하는 범죄이거나 보호처분에 해당하는 사유가 있다고 인정한 때에 사건을 관할소년부에 송치하는 것(소년법 제49조 제1항)과도 구별된다.

타관송치를 한 경우라도 송치 전에 검사가 행한 처분의 효력에는 영향을 미치지 아니한다. 그러므로 송치 전에 작성된 조서의 증거능력은 그대로 인정되고, 송치 전의 구속기간은 그대로 송치 후에 산입된다. 검사는 피의자가 구속되어 있는 사건을 타관송치에 의하여 송치하는 경우에는 이감지휘서에 의하여 피의자가 재소하고 있는 구치소·교도소 또는 경찰서의 장에게 이감할 것을 지휘하여야 한다(검찰사건사무규칙 제82조). 만약 타관송치를 해야 함에도 불구하고 공소를 제기한 경우에는 법률에 위반한 공소제기로서 법원은 공소기각의 판결을 선고한다. 그러나 타관송치의 사유가 있는 경우라고 할지라도 불기소처분의 사유에 해당하면 사건을 이송하지 않고 불기소처분을 할 수 있다.

(2) 군검사송치

검사는 사건이 군사법원의 재판권에 속하는 때에는 사건을 서류와 증거물과 함께 재판권을 가진 관할군사법원 검찰부 검사에게 송치하여야 한다. 이 경우에 송치 전에 행한 소송행위는 송치 후에도 그 효력에 영향이 없다(제256조의2). 군검사에의 송치의 경우에는 타관송치의 경우와는 달리 불기소처분의 사유가 있더라도 송치하지 않고 불기소처분을 할 수는 없다. 왜냐하면 군사법원 관할사건의 경우에는 검사에게 재판권이 없음을 이유로 공소권 없음의 불기소처분을 내릴 수 없기 때문이다. 한편 군검사는 사건이 군사법원의 재판권에 속하지 아니한 때에는 사건을 관할법원에 대응한 검찰청의 검사에게 송치하여야 한다(군사법원법 제286조).

7. 보호사건 송치

검사가 소년법 제49조[1] 제1항 또는 가정폭력특례법 제11조 또는 성매매처벌법 제12조 제1

1) 소년법 제49조(검사의 송치) ① 검사는 소년에 대한 피의사건을 수사한 결과 보호처분에 해당하는 사유가 있다

항의 규정에 의하여 관할법원에 송치결정을 하는 경우에는 검찰사건사무규칙 제81조의 규정을 준용한다(검찰사건사무규칙 제83조 제1항). 이 경우 검사는 소년보호사건·가정보호사건·성매매보호사건송치서에 의한다(검찰사건사무규칙 제83조 제2항). 검사는 구속 중에 있는 소년, 가정폭력행위자 또는 성매매를 한 자에 대하여 소년보호사건 송치, 가정보호사건 송치[1] 또는 성매매보호사건 송치의 결정을 하는 경우에는 당해 소년, 가정폭력행위자 또는 성매매를 한 자를 구금하고 있는 시설의 장에게 이송지휘서에 의하여 관할법원에 인도할 것을 지휘하여야 한다(검찰사건사무규칙 제84조). 한편 검사는 아동학대범죄로서 ① 사건의 성질·동기 및 결과, ② 아동학대행위자와 피해아동과의 관계, ③ 아동학대행위자의 성행 및 개선 가능성, ④ 원가정보호의 필요성, ⑤ 피해아동 또는 그 법정대리인의 의사 등의 사유를 고려하여 보호처분을 하는 것이 적절하다고 인정하는 경우에는 아동보호사건으로 처리할 수 있다(아동학대특례법 제27조 제1항).

〈불기소 등 처분 이유별 처리 현황〉

단위: 명(%)

연도	불기소 등 계	불기소						소년 보호 송치	가정 보호 송치	성매매 보호 송치	아동 보호 송치
		기소 유예	혐의 없음	죄가 안됨	공소권 없음	기소 중지	참고인 중지				
2007	947,384 (47.6/100)	253,615 (26.8)	225,053 (23.8)	1,662 (0.2)	273,675 (28.9)	145,766 (15.4)	21,685 (2.3)	21,754 (2.3)	3,845 (0.4)	329 (0.0)	–
2008	1,204,265 (48.7/100)	362,760 (30.1)	269,098 (22.3)	4,058 (0.3)	357,446 (29.7)	155,211 (12.9)	21,507 (1.8)	29,056 (2.4)	4,726 (0.4)	400 (0.0)	–
2009	1,364,863 (54.2/100)	465,455 (34.1)	310,953 (22.8)	3,514 (0.3)	368,718 (27.0)	156,106 (11.4)	21,665 (1.6)	33,349 (2.4)	4,519 (0.3)	584 (0.0)	–
2010	1,076,911 (55.1/100)	351,939 (32.7)	263,740 (24.5)	2,145 (0.2)	303,795 (28.2)	105,638 (9.8)	15,605 (1.4)	30,737 (2.9)	3,080 (0.3)	232 (0.0)	–

고 인정한 경우에는 사건을 관할 소년부에 송치하여야 한다. ② 소년부는 제1항에 따라 송치된 사건을 조사 또는 심리한 결과 그 동기와 죄질이 금고 이상의 형사처분을 할 필요가 있다고 인정할 때에는 결정으로써 해당 검찰청 검사에게 송치할 수 있다. ③ 제2항에 따라 송치한 사건은 다시 소년부에 송치할 수 없다.

1) 대법원 2019. 5. 30.자 2018어21 결정(가정보호사건을 송치받은 가정법원 판사는 원활한 조사·심리 또는 피해자 보호를 위하여 필요하다고 인정하는 경우에는 결정으로 가정폭력특례법 제29조가 정한 임시조치를 할 수 있고, 조사·심리를 거쳐 가정폭력특례법 제40조가 정한 보호처분 결정이나 가정폭력특례법 제37조가 정한 처분을 하지 아니하는 결정을 할 수 있다. 가정폭력특례법 제49조 제1항은 보호처분 결정에 있어서 그 결정에 영향을 미칠 법령위반이 있거나 중대한 사실오인이 있는 경우 또는 그 결정이 현저히 부당한 경우 검사, 가정폭력행위자, 법정대리인 또는 보조인이 가정법원 본원합의부에 항고할 수 있다고 규정하고, 가정폭력특례법 제49조 제2항은 처분을 하지 아니하는 결정에 대하여 그 결정이 현저히 부당할 때에는 검사, 피해자 또는 그 법정대리인은 항고할 수 있다고 규정한다. 이를 종합해 보면, 검사가 청구한 임시조치를 기각한 결정에 대하여 피해자가 항고할 수는 없다. 결국 항고법원이 제1심의 임시조치 결정을 파기하고, 검사의 청구를 기각하는 결정을 하는 경우 피해자가 재항고할 수 없다).

단위: 명(%)

연도	불기소 등 계	불기소						소년보호송치	가정보호송치	성매매보호송치	아동보호송치
		기소유예	혐의없음	죄가안됨	공소권없음	기소중지	참고인중지				
2011	1,090,352 (57.2/100)	343,233 (31.5)	255,315 (23.4)	2,810 (0.3)	323,691 (29.7)	115,297 (10.6)	14,875 (1.4)	31,976 (2.9)	2,950 (0.3)	205 (0.0)	–
2012	1,141,613 (59.8/100)	351,441 (30.8)	292,936 (25.7)	2,913 (0.3)	315,726 (27.7)	122,783 (10.8)	14,937 (1.3)	36,970 (3.2)	3,682 (0.3)	225 (0.0)	–
2013	1,133,736 (60.1/100)	333,483 (29.4)	303,980 (26.8)	2,685 (0.2)	313,404 (27.6)	129,726 (11.4)	14,257 (1.3)	29,533 (2.6)	6,471 (0.6)	197 (0.0)	–
2014	1,142,219 (61.9/100)	318,686 (27.9)	316,391 (27.7)	3,095 (0.3)	312,249 (27.3)	145,225 (12.7)	13,583 (1.2)	23,789 (2.1)	9,203 (0.8)	222 (0.0)	–
2015	1,210,073 (63.2/100)	354,805 (29.3)	332,439 (27.5)	2,964 (0.2)	338,273 (28.0)	128,283 (10.6)	9,745 (0.8)	23,655 (2.0)	19,515 (1.6)	392 (0.0)	–
2016	1,214,477 (61.2/100)	357,185 (29.4)	350,457 (28.9)	3,287 (0.3)	339,591 (28.0)	106,625 (8.8)	8,379 (0.7)	23,953 (2.0)	21,613 (1.8)	1,343 (0.1)	2,044 (0.2)
2017	1,118,487 (58.3/100)	330,793 (29.6)	326,457 (29.2)	3,440 (0.3)	336,567 (30.1)	68,186 (6.1)	6,558 (0.6)	24,521 (2.2)	18,609 (1.7)	846 (0.1)	2,510 (0.2)
2018	1,050,677 (59.9/100)	268,731 (25.6)	293,558 (27.9)	3,666 (0.3)	327,988 (31.2)	104,930 (10.0)	5,430 (0.5)	23,544 (2.2)	19,589 (1.9)	459 (0.0)	2,782 (0.3)

출처: 법무연수원, 「2019 범죄백서」, 2020.

Ⅲ. 불기소처분의 효과

1. 재기소의 허용

일사부재리의 효력은 확정재판이 있을 때에 발생하는 것이므로 검사가 무혐의결정을 하였다가 다시 공소를 제기하였다고 하여도 이를 두고 일사부재리의 원칙에 위배된 것이라고는 할 수 없다.[1] 즉 불기소처분 자체에는 기판력 내지 일사부재리의 효력이 없기 때문에, 수사기관은 불기소처분을 내린 사건에 대하여 재기수사를 하거나 다시 공소를 제기할 수 있다.

2. 불기소처분의 통지

(1) 고소인 등에 대한 통지

검사는 고소 또는 고발이 있는 사건에 관하여 공소를 제기하거나 제기하지 아니하는 처분, 공소의 취소 또는 타관송치를 한 때에는 그 처분한 날로부터 7일 이내에 서면으로 고소인 또는

1) 대법원 1987. 11. 10. 선고 87도2020 판결; 대법원 1984. 11. 27. 선고 84도1545 판결; 대법원 1983. 12. 27. 선고 83도2686 판결; 대법원 1966. 11. 29. 선고 66도1416 판결.

고발인에게 그 취지를 통지하여야 한다(제258조 제1항). 검사는 고소 또는 고발이 있는 사건에 관하여 공소를 제기하지 아니하는 처분을 한 경우에 고소인 또는 고발인의 청구가 있는 때에는 7일 이내에 고소인 또는 고발인에게 그 이유를 서면으로 설명하여야 한다(제259조). 이러한 서면을 '공소 부제기 이유 고지서'라고 하는데, 이는 검찰항고 또는 재정신청을 위한 것이다.

(2) 피의자에 대한 통지

검사는 불기소 또는 타관송치의 처분을 한 때에는 피의자에게 즉시 그 취지를 통지하여야 한다(제258조 제2항). 제258조 제2항이 고소관련 조항들 가운데 규정되어 있기는 해도 제258조 제1항과 달리 제258조 제2항은 법문 자체가 고소·고발 있는 사건에 대한 불기소처분으로 한정하고 있지 아니하므로 제258조 제2항 소정의 불기소처분을 고소·고발 있는 사건에 대한 불기소처분만을 의미한다고 보아야 할 이유는 없다. 그러므로 검사는 불기소처분을 하는 경우 모든 피의자에게 불기소처분의 취지를 통지하여야 할 것이다.[1] 하지만 기소의 경우에는 공소장 부본이 송달되기 때문에 별도의 통지를 할 필요는 없다.

(3) 피해자 등에 대한 통지

검사는 범죄로 인한 피해자 또는 그 법정대리인(피해자가 사망한 경우에는 그 배우자·직계친족·형제자매를 포함한다)의 신청이 있는 때에는 당해 사건의 공소제기 여부, 공판의 일시·장소, 재판결과, 피의자·피고인의 구속·석방 등 구금에 관한 사실 등을 신속하게 통지하여야 한다(제259조의2). 신청에 의해서만 통지하도록 한 것은 피해사실이나 소송 관련사항이 외부에 알려지는 것을 피하고 싶은 피해자의 사정을 고려한 것이다. 피해자 등에 대한 통지제도는 공소제기 여부뿐만 아니라 공판절차와 구금 등에 관한 사실 등 형사절차 전반의 진행상황을 그 내용으로 한다.

Ⅳ. 불기소처분에 대한 불복방법

1. 검찰항고

(1) 의 의

검사의 불기소처분에 불복하는 고소인이나 고발인은 그 검사가 속한 지방검찰청 또는 지청을 거쳐 서면으로 관할 고등검찰청 검사장에게 항고할 수 있다(검찰청법 제10조 제1항).

(2) 항고권자

검찰항고를 할 수 있는 자는 검사의 불기소처분에 불복이 있는 고소인 또는 고발인이다(검찰청법 제10조 제1항). 그러므로 피의자는 물론이고 고소인·고발인 이외의 제3자는 항고할 수 없다.

(3) 항고의 대상

검찰항고는 검사의 불기소처분에 대해서만 인정된다. 여기서의 불기소처분은 협의의 불기

1) 헌법재판소 2001. 12. 20. 선고 2001헌마39 결정.

소처분은 물론이고 기소유예처분이나 기소중지·참고인중지처분도 포함된다(검찰사건사무규칙 제90조 제1항 참조). 그러나 검사가 부당하게 공소를 제기한 경우에는 원칙적으로 공소의 취소 또는 법원의 무죄판결을 통해 구제할 수밖에 없다.

(4) 항고의 절차

검사의 불기소처분에 불복하는 고소인이나 고발인은 그 검사가 속한 지방검찰청 또는 지청을 거쳐 서면으로 관할 고등검찰청 검사장에게 항고할 수 있다. 이 경우 해당 지방검찰청 또는 지청의 검사는 항고가 이유 있다고 인정하면 그 처분을 경정하여야 한다(검찰청법 제10조 제1항). 또한 고등검찰청 검사장은 항고가 이유 있다고 인정하면 소속 검사로 하여금 지방검찰청 또는 지청 검사의 불기소처분을 직접 경정하게 할 수 있다. 이 경우 고등검찰청 검사는 지방검찰청 또는 지청의 검사로서 직무를 수행하는 것으로 본다(검찰청법 제10조 제2항). 한편 검사의 불기소처분이나 그에 대한 항고 또는 재항고결정에 대하여는 행정소송을 제기할 수 없다.[1)]

(5) 항고의 기간

항고는 불기소처분의 통지를 받은 날부터 30일 이내에 하여야 한다(검찰청법 제10조 제4항). 다만 항고를 한 자가 자신에게 책임이 없는 사유로 정하여진 기간 이내에 항고를 하지 못한 것을 소명하면 그 항고 또는 재항고 기간은 그 사유가 해소된 때부터 기산한다(검찰청법 제10조 제6항). 기간이 지난 후 접수된 항고는 기각하여야 한다. 다만 중요한 증거가 새로 발견된 경우 고소인이나 고발인이 그 사유를 소명하였을 때에는 그러하지 아니하다(검찰청법 제10조 제7항).

(6) 항고에 대한 판단

1) 지방검찰청 또는 지청에서의 처리

지방검찰청 또는 지청의 장은 불기소처분에 대하여 항고가 있는 경우, 항고가 이유 있는 것으로 인정되거나 재수사에 의하여 항고인의 무고혐의에 대한 판단이 다시 필요하다고 인정될 경우에는 불기소사건 재기서에 의하여 재기수사하고 그 결과를 항고·재항고 사건처리결과 보고서에 의하여 고등검찰청의 장에게 보고하여야 한다. 이 경우 재기수사한 사건을 다시 불기소처분하려 할 때에는 미리 항고사건 불기소처분 승인 요청서에 의하여 고등검찰청의 장의 승인을 받아야 한다. 그리고 항고가 이유 없는 것으로 인정될 경우에는 수리한 날로부터 20일 이내에 불기소처분 항고·재항고 기록송부서에 항고장, 불기소처분 결과 송달보고서, 항고에 대한 의견서 및 사건기록을 첨부하여 고등검찰청의 장에게 송부하여야 한다. 다만 사건기록을 송부할 수 없는 사유가 있는 때에는 불기소처분 항고·재항고 기록송부서의 비고란에 그 사유를 기재하여야 한다(검찰사건사무규칙 제90조 제1항).

2) 고등검찰청에서의 처리

고등검찰청 검사장은 항고가 이유 있으면 소속 검사로 하여금 직접 경정하게 하거나 항고

1) 대법원 1989. 10. 10. 선고 89누2271 판결.

사건결정서의 등본과 사건기록을 첨부하여 지방검찰청 또는 지청의 장에게 송부하여야 하고, 항고가 이유 없으면 항고사건기각결정서에 의하여 결정으로 항고를 기각하여야 한다.

(7) 재항고

1) 의 의

항고를 기각하는 처분에 불복하거나 항고를 한 날부터 항고에 대한 처분이 이루어지지 아니하고 3개월이 지났을 때에는 그 검사가 속한 고등검찰청을 거쳐 서면으로 검찰총장에게 재항고할 수 있다(검찰청법 제10조 제3항). 이와 관련하여 2008. 1. 1.부터 형사소송법의 개정으로 모든 고소인은 검사의 불기소처분에 대하여 법원에 재정신청을 할 수 있게 된 반면, 대검찰청에 재항고를 제기할 수 없게 되었다. 다만 검찰에서는 그 동안 「재정신청권자의 재항고를 검찰총장의 지휘감독권 발동을 요청하는 진정으로 취급하여 처리하는 제도」를 운영함으로써 법 개정으로 인한 불편을 최소화하여 왔으나, 개정 형사소송법이 널리 알려지고 재정신청이 활성화됨에 따라 2012. 12. 1.부터 법 규정에 충실하도록 고소인 등 재정신청권자에 의한 재항고제도를 폐지하였다. 따라서 재정신청권이 있는 사람은 고등검찰청의 항고기각결정에 불복하는 경우 통지를 받은 날로부터 10일 이내에 재정신청을 하여야 하고, 더 이상 대검찰청에 재항고를 제기할 수 없게 되었다. 결국 현행법상 재항고를 할 수 있는 사람은 형법 제123조 내지 제126조 이외의 범죄에 대한 고발인으로 제한된다.

2) 재항고기간

재항고는 항고기각 결정을 통지받은 날 또는 항고 후 항고에 대한 처분이 이루어지지 아니하고 3개월이 지난 날부터 30일 이내에 하여야 한다(검찰청법 제10조 제5항). 재항고를 한 자가 자신에게 책임이 없는 사유로 정하여진 기간 이내에 재항고를 하지 못한 것을 소명하면 그 재항고 기간은 그 사유가 해소된 때부터 기산한다(검찰청법 제10조 제6항).

3) 고등검찰청에서의 처리

재항고는 항고를 기각한 검사가 소속된 고등검찰청을 경유하여야 하며, 이 경우 해당 고등검찰청의 검사는 재항고가 이유 있다고 인정하면 그 처분을 경정하여야 한다(검찰청법 제10조 제3항 제2문). 그리고 고등검찰청의 장은 재항고가 있는 경우, 재항고가 이유 있는 것으로 인정되거나 재수사를 통하여 재항고인의 무고혐의에 대한 판단이 다시 필요하다고 인정되어 재기수사명령, 공소제기명령 또는 주문변경명령 등의 결정을 한 때에는 불기소처분 항고·재항고사건기록반환서에 결정서의 등본과 사건기록을 첨부하여 지방검찰청 또는 지청의 장에게 송부하고, 그 결과를 항고·재항고사건 처리결과보고서에 의하여 검찰총장에게 보고하여야 한다. 그리고 재항고가 이유 없는 것으로 인정될 경우에는 수리한 날로부터 20일 이내에 검찰총장에게 불기소처분 항고·재항고 기록송부서에 항고기각처분결과 송달보고서, 재항고장, 재항고에 대한 의견서 및 사건기록 등을 첨부하여 송부하여야 한다(검찰사건사무규칙 제90조 제2항).

4) 검찰총장의 처리

검찰총장은 재항고가 이유있는 것으로 인정되거나 재수사를 통하여 재항고인의 무고혐의에 대한 판단이 다시 필요하다고 인정되어 재기수사명령, 공소제기명령 또는 주문변경명령등의 결정을 한 때에는 불기소처분 항고·재항고 기록반환서에 결정서의 등본과 사건기록을 첨부하여 고등검찰청의 장을 거쳐 지방검찰청 또는 지청의 장에게 송부하여야 한다. 반면에 재항고가 이유없는 것으로 인정될 경우에는 결정으로 재항고를 기각하고 불기소처분 항고·재항고 기록반환서에 결정서의 등본과 사건기록을 첨부하여 고등검찰청의 장을 거쳐 지방검찰청 또는 지청의 장에게 송부하여야 한다(검찰사건사무규칙 제91조 제2항). 이와 같이 고발인의 재항고에 대하여 검찰총장은 불복대상 처분을 경정하거나 재항고를 기각하는 처분을 내리게 되는데, 고발인의 재항고에 대한 검찰총장의 기각처분은 재정신청의 대상이 되지 아니한다. 또한 고발인은 헌법소원도 제기할 수 없게 되어 더 이상의 불복방법은 존재하지 아니한다.

2. 재정신청

(1) 의 의

'재정신청'(裁定申請)이란 검사의 불기소처분에 불복하는 고소인 등의 신청에 대하여 고등법원이 이를 심리하여 공소제기의 여부를 결정하는 절차를 말하는데, 이를 '재판상 기소강제절차'라고도 한다. 검사의 기소독점주의와 기소편의주의를 규제하기 위한 제도로서 검찰청법상의 항고제도가 마련되어 있으나 이는 검찰 내부의 시정장치라는 점에서 일정한 한계를 지닐 수밖에 없다. 이에 법원으로 하여금 검사의 불기소처분을 규제할 필요성이 있는 것인데, 이를 위하여 마련된 제도가 재정신청이라고 할 수 있다. 기소편의주의를 채택하고 있는 현행법 아래에서 검사는 범죄의 혐의가 충분하고 소송조건이 구비되어 있는 경우에도 구체적 사안에 따라 형법 제51조에 정한 사항을 참작하여 불기소처분을 할 수 있는 재량을 갖고 있기는 하지만, 그 재량에도 스스로 합리적인 한계가 있는 것으로서 이 한계를 초월하여 기소를 하여야 할 극히 상당한 이유가 있는 사안을 불기소처분한 경우, 이는 기소편의주의의 법리에 어긋나는 부당한 조처라고 하지 않을 수 없고, 이러한 부당한 처분을 시정하기 위한 방법의 하나가 재정신청제도인 것이다.[1)]

한편 재정신청심리절차의 구조와 관련하여, ① 공소제기 전의 절차이므로 수사의 일종이며, 신청인의 절차관여는 배제되어야 한다고 파악하는 수사설, ② 불기소처분의 당부를 심판대상으로 하는 행정소송법상의 항고소송에 준하는 절차이며, 신청인과 검사는 대립 당사자의 지위를 가지고 절차에 관여하게 된다고 파악하는 항고소송설[2)], ③ 수사와 항고소송의 성격을 모두 가진다고 파악하는 절충설, ④ 본질은 재판절차이지만, 공소제기 전의 절차로서 수사와 유

1) 대법원 1988. 1. 29.자 86모58 결정(부천서성고문재정신청사건).

2) 정승환, 266면.

사하다는 특성에 의하여 밀행성의 원칙과 직권주의가 지배한다고 파악하는 형사소송유사설[1] 등의 대립이 있다. 생각건대 제262조 제2항이 재정신청사건을 항고절차에 준하여 결정하도록 규정하고 있으므로 형사항고에 유사한 형사소송절차로 파악하는 형사소송유사설이 타당하다. 다만 공소제기 전의 절차이며 수사와 유사한 성격을 가지고 있으므로 당사자가 대립하는 소송구조의 절차가 아니라 밀행성의 원칙과 직권주의가 지배하는 소송절차이다. 그러므로 재정신청사건의 심리 중에는 관련 서류 및 증거물을 열람 또는 등사할 수 없다(제262조의2 본문).

(2) 절 차

1) 신청권자

고소권자로서 고소를 한 자(형법 제123조부터 제126조까지의 죄[2]에 대하여는 고발을 한 자를 포함한다[3])는 검사로부터 공소를 제기하지 아니한다는 통지를 받은 때에는 그 검사 소속의 지방검찰청 소재지를 관할하는 고등법원에 그 당부에 관한 재정을 신청할 수 있다. 다만 형법 제126조의 죄에 대하여는 피공표자의 명시한 의사에 반하여 재정을 신청할 수 없다(제260조 제1항). 결국 공무원의 직권남용죄 이외의 범죄에 관한 검사의 불기소처분에 대하여 고발인은 검찰항고나 재항고를 신청할 수 있을 뿐이다. 고소·고발을 취소한 자는 재정신청을 할 수 없으며, 고소권자라도 고소를 하지 아니하면 재정신청을 할 수 없다.

2) 재정신청의 대상

재정신청의 대상은 모든 범죄[4]에 대한 검사의 불기소처분이다. 불기소처분의 이유에는 제한이 없으므로 협의의 불기소처분뿐만 아니라 기소유예에 대하여도 재정신청을 할 수 있다.[5] 하지만 진정사건에 대하여 내사종결로 처리된 경우에는 재정신청을 할 수 없으며[6], 일

1) 김인회, 206면; 배종대/홍영기, 185면; 손동권/신이철, 365면; 신양균/조기영, 337면; 이은모/김정환, 412면; 이재상/조균석, 388면; 이창현, 527면; 임동규, 342면; 정웅석/최창호, 338면.

2) 제123조(직권남용) 공무원이 직권을 남용하여 사람으로 하여금 의무 없는 일을 하게 하거나 사람의 권리행사를 방해한 때에는 5년 이하의 징역, 10년 이하의 자격정지 또는 1천만원 이하의 벌금에 처한다.
제124조(불법체포, 불법감금) ① 재판, 검찰, 경찰 기타 인신구속에 관한 직무를 행하는 자 또는 이를 보조하는 자가 그 직권을 남용하여 사람을 체포 또는 감금한 때에는 7년 이하의 징역과 10년 이하의 자격정지에 처한다.
② 전항의 미수범은 처벌한다.
제125조(폭행, 가혹행위) 재판, 검찰, 경찰 기타 인신구속에 관한 직무를 행하는 자 또는 이를 보조하는 자가 그 직무를 행함에 당하여 형사피의자 또는 기타 사람에 대하여 폭행 또는 가혹한 행위를 가한 때에는 5년 이하의 징역과 10년 이하의 자격정지에 처한다.
제126조(피의사실공표) 검찰, 경찰 기타 범죄수사에 관한 직무를 행하는 자 또는 이를 감독하거나 보조하는 자가 그 직무를 행함에 당하여 지득한 피의사실을 공판청구 전에 공표한 때에는 3년 이하의 징역 또는 5년 이하의 자격정지에 처한다.

3) 한편 공직선거법, 군사법원법, 「부패방지 및 국민권익위원회의 설치와 운영에 관한 법률」, 「헌정질서 파괴범죄의 공소시효 등에 관한 특례법」, 「의문사진상규명에 관한 특별법」, 「5·18민주화운동 등에 관한 특별법」 등에서도 고발인에 대하여 재정신청을 인정하고 있다.

4) 이에 대하여 민사사건의 개연성이 큰 재산범죄에 대해서는 재정신청의 대상에서 제외하는 입법론이 타당하다는 견해로는 손동권/신이철, 366면.

5) 대법원 1988. 1. 29.자 86모58 결정.

6) 대법원 2005. 2. 1.자 2004모542 결정; 대법원 1991. 11. 5.자 91모68 결정; 헌법재판소 1990. 12. 26. 선고 89헌마

단 공소가 제기된 이후에는 공소가 취소된 경우에도 재정신청을 할 수 없다.[1)]

한편 기소중지와 참고인중지에 대하여 재정신청이 허용되는지 여부와 관련하여, ① 기소중지와 참소인중지가 중간처분이라고 하여도 제260조 제1항에서 '공소를 제기하지 아니한다는 통지를 받은 때'라고 규정하여 이를 불기소처분의 통지로 본다면 기소중지와 참고인중지도 이에 해당한다는 점, 검찰항고의 대상과 동일하게 취급하는 것이 적절하다는 점 등을 논거로 하는 적극설[2)], ② 종국처분이 아닌 수사중지처분에 대하여는 검찰항고와는 달리 재정신청이 허용되지 않는다는 소극설[3)] 등의 대립이 있다. 생각건대 후자의 견해가 타당하다.

3) 검찰항고전치주의

재정신청을 하려면 검찰청법 제10조에 따른 항고를 거쳐야 한다(제260조 제2항 본문). 이는 재정신청권자에게 재정신청 전에 상대적으로 신속한 권리구제의 기회를 부여하고 검사에게 자체적인 시정의 기회를 제공하기 위한 것이다. 그러므로 고소인 등은 검찰항고에 대한 고등검찰청 검사장의 항고기각처분이 있을 때 비로소 고등법원에 재정신청을 할 수 있다. 다만 ① 항고 이후 재기수사가 이루어진 다음에 다시 공소를 제기하지 아니한다는 통지를 받은 경우, ② 항고신청 후 항고에 대한 처분이 행하여지지 아니하고 3개월이 경과한 경우, ③ 검사가 공소시효 만료일 30일 전까지 공소를 제기하지 아니하는 경우의 어느 하나에 해당하는 경우에는 그러하지 아니하다(제260조 제2항 단서). 그리고 재정신청을 할 수 있는 자는 검찰청법에 의한 재항고를 할 수 없다(검찰청법 제10조 제3항).[4)]

4) 재정신청의 방식

재정신청을 하려는 자는 항고기각결정을 통지받은 날 또는 제260조 제2항 각 호의 사유가 발생한 날부터 10일 이내에 지방검찰청 검사장 또는 지청장에게 재정신청서를 제출하여야 한

---

277 결정.

1) 이에 대하여 검사가 공소취소권을 남용하게 되면 통제가 어렵기 때문에 공소취소도 재정신청의 대상으로 하여야 한다는 견해로는 김정한, 401면.

2) 김인회, 204면; 신동운, 235면; 이창현, 522면.

3) 손동권/신이철, 366면; 신양균/조기영, 333면; 이은모/김정환, 409면; 임동규, 339면; 정웅석/최창호, 339면(다만 피의자의 소재가 분명함에도 불구하고 기소중지처분을 하는 경우에는 재정신청의 대상이 된다).

4) 헌법재판소 2014. 2. 27. 선고 2012헌마983 결정(불기소처분에 관한 통제방법으로서 어느 범위에서 검찰청법상의 재항고를 인정할 것인지 또는 형사소송법상의 재정신청제도와의 관계를 어떻게 설정할 것인지의 문제는 입법자에게 광범위한 재량이 부여되어 있는 영역이다. 만일 재정신청과 재항고를 병존적으로 유지하는 경우 불기소처분의 항고기각처분에 대한 불복절차가 이원화되어 절차상의 혼란이 불가피해지고, 유사하거나 동질적인 사안에 관하여 검찰과 법원의 판단이 모순 저촉될 우려가 있게 된다. 또한 재정신청에 앞서 항고뿐 아니라 재항고까지 필수적으로 거치게 하는 방법을 택하는 경우에도 불기소처분을 받은 피의자의 법률상 지위가 지나치게 장기간 불안정해지고, 고소인 또는 고발인의 권리구제가 심각하게 지연되는 폐단이 초래될 수 있다. 나아가 재정신청은 독립한 사법기관에 의하여 중립적이고 객관적으로 불기소처분의 당부가 심사되는 절차로서, 심리결과 그 기소가 강제되는 등의 강력한 법적 효과가 부여되므로, 재항고권 대신 재정신청권만을 인정하였다고 하여서 고소·고발인의 권리구제에 부족함이 있다고 할 수 없다. 따라서 재정신청을 할 수 있는 고소·고발인에 대하여 재항고권을 부여하지 않은 것에는 합리적인 이유가 있다고 인정되므로, 이 사건 법률조항(검찰청법 제10조 제3항)은 청구인의 평등권을 침해하지 않는다).

다.[1] 다만 제260조 제2항 제3호의 경우에는 공소시효 만료일 전날까지 재정신청서를 제출할 수 있다(제260조 제3항). 신청기간은 불변기간이므로 기간을 도과한 신청은 허용되지 아니한다.[2] 이와 같이 재정신청은 서면으로 불기소처분을 한 검사 소속의 지방검찰청 검사장 또는 지청장을 경유하여 그 검사 소속의 지방검찰청 소재지를 관할하는 고등법원에 신청하여야 한다. 재정신청서는 불기소처분을 한 검사가 소속한 지방검찰청 검사장 또는 지청장에게 제출하여야 한다. 고소인 등이 재정신청서를 직접 고등법원에 제출한 경우에는 고등법원은 그 재정신청서를 불기소처분을 한 검사가 소속한 지방검찰청 또는 지청으로 송부하여야 하며, 이 경우 재정신청기간의 경과 여부는 재정신청서가 지방검찰청 또는 지청에 접수된 때를 기준으로 하여야 한다.

재정신청서에는 재정신청의 대상이 되는 사건의 범죄사실 및 증거 등 재정신청을 이유 있게 하는 사유를 기재하여야 한다(제260조 제4항).[3] 재정신청서에 대하여는 제344조 제1항과 같은 특례규정이 없으므로 재정신청서는 제260조 제2항이 정하는 기간 내에 불기소처분을 한 검사가 소속한 지방검찰청의 검사장 또는 지청장에게 도달하여야 하고, 설령 구금중인 고소인이 재정신청서를 그 기간 안에 교도소장 또는 그 직무를 대리하는 사람에게 제출하였다고 하더라도 재정신청서가 위의 기간 내에 불기소처분을 한 검사가 소속한 지방검찰청의 검사장 또는 지청장에게 도달하지 아니한 이상 이를 적법한 재정신청서의 제출이라고 할 수 없다.[4]

5) 지방검찰청 검사장 등의 처리

재정신청서를 제출받은 지방검찰청 검사장 또는 지청장은 재정신청서를 제출받은 날부터 7일 이내에 재정신청서·의견서·수사 관계 서류 및 증거물을 관할 고등검찰청을 경유하여 관할 고등법원에 송부하여야 한다. 다만 제260조 제2항 각 호의 어느 하나에 해당하는 경우(검찰항고를 거치지 않고 재정신청을 할 수 있는 경우)에는 지방검찰청 검사장 또는 지청장은 신청이 이유 있는 것으로 인정하는 때에는 즉시 공소를 제기하고 그 취지를 관할 고등법원과 재정신청인에게 통지하고, 신청이 이유 없는 것으로 인정하는 때에는 30일 이내에 관할 고등법원에 송부한다(제261조).

6) 재정신청의 효력

재정신청은 대리인에 의하여 할 수 있으며, 공동신청권자 중 1인의 신청은 그 전원을 위하여 효력을 발생한다(제264조 제1항). 재정신청이 있으면 그에 따른 재정결정이 확정될 때까지 공소시효의 진행이 정지된다(제262조의4 제1항). 또한 공소제기의 결정이 있는 때에는 공소시효에 관하여 그 결정이 있는 날에 공소가 제기된 것으로 본다(제262조의4 제2항).

---

1) 대법원 1997. 4. 22.자 97모30 결정(재정신청 제기기간이 경과된 후에 재정신청보충서를 제출하면서 원래의 재정신청에 재정신청 대상으로 포함되어 있지 않은 고발사실을 재정신청의 대상으로 추가한 경우, 그 재정신청보충서에서 추가한 부분에 관한 재정신청은 법률상 방식에 어긋난 것으로서 부적법하다).

2) 대법원 1967. 3. 8.자 65모59 결정.

3) 대법원 2002. 2. 23.자 2000모216 결정(재정신청의 제기기간 내에 법원의 심판에 부칠 사건의 범죄사실 및 증거 등 재정신청을 이유 있게 하는 사유를 기재하지 아니한 경우에 해당하여 법률의 방식에 위배된다는 이유로 재정신청을 기각한 원심이 정당하다고 한 사례).

4) 대법원 2015. 7. 16.자 2013모2347 전원합의체 결정; 대법원 1998. 12. 14.자 98모127 결정.

7) 재정신청의 취소

재정신청은 고등법원의 재정결정이 있을 때까지 취소할 수 있고, 취소한 자는 다시 재정신청을 할 수 없다(제264조 제2항). 이러한 취소는 관할 고등법원에 서면으로 하여야 한다. 다만 기록이 관할 고등법원에 송부되기 전에는 그 기록이 있는 검찰청 검사장 또는 지청장에게 하여야 한다(규칙 제121조 제1항). 취소서를 제출받은 고등법원의 법원사무관 등은 즉시 관할 고등검찰청 검사장 및 피의자에게 그 사유를 통지하여야 한다(규칙 제121조 제2항). 하지만 이러한 취소는 다른 공동신청권자에게 효력을 미치지 아니한다(제264조 제3항).

(3) 재정신청사건의 심리

1) 항고절차의 준용

법원은 재정신청서를 송부받은 때에는 송부받은 날부터 10일 이내에 피의자 및 재정신청인에게 그 사실을 통지하여야 한다(제262조 제1항, 규칙 제120조).[1] 법원은 재정신청서를 송부받은 날부터 3개월 이내에 항고의 절차에 준하여 신청이 법률상의 방식에 위배되거나 이유 없는 때에는 신청을 기각하고, 신청이 이유 있는 때에는 사건에 대한 공소제기를 결정한다(제262조 제2항 제1문).[2] 여기서 3개월의 기간은 훈시기간이므로, 그 기간을 경과한 후에 재정결정을 한 경우에도 결정 자체가 위법이 되는 것은 아니다.[3]

2) 증거조사

법원이 필요한 때에는 증거를 조사할 수 있는데(제262조 제2항 제2문), 이는 직권에 의한 증거조사에 해당한다.[4] 그러므로 법원은 증인신문·감정·검증 등을 할 수 있으며, 피의자신문을 할 수도 있다. 또한 제262조 제2항에서 재정신청사건의 심리를 항고의 절차에 준하여 진행하도록 하고 있으므로 강제처분도 직접 행할 수 있다.[5] 한편 재정신청이 이유가 있는지의 여부는 재정결정을 하는 시점을 기준으로 판단하여야 하기 때문에 불기소처분 이후에 발견된 증거나 사실도 판단의 자료로 활용될 수 있다. 하지만 재정신청인과 피의자의 증거신청권은 인정되지 아니한다.

---

1) 대법원 2017. 3. 9. 선고 2013도16162 판결(법원이 재정신청서를 송부받았음에도 송부받은 날부터 제262조 제1항에서 정한 기간 안에 피의자에게 그 사실을 통지하지 아니한 채 제262조 제2항 제2호에서 정한 공소제기결정을 하였더라도, 그에 따른 공소가 제기되어 본안사건의 절차가 개시된 후에는 다른 특별한 사정이 없는 한 본안사건에서 위와 같은 잘못을 다툴 수 없다).

2) 대법원 2017. 11. 14. 선고 2017도13465 판결(법원이 재정신청 대상 사건이 아님에도 이를 간과한 채 제262조 제2항 제2호에 따라 공소제기결정을 하였더라도, 그에 따른 공소가 제기되어 본안사건의 절차가 개시된 후에는 다른 특별한 사정이 없는 한 본안사건에서 위와 같은 잘못을 다툴 수 없다).

3) 대법원 1990. 12. 13.자 90모58 결정.

4) 이에 대하여 불기소처분의 당부 내지 재정신청의 이유 유무를 법원의 증거조사만으로 판단하는 데에는 한계가 있으므로 법원이 사건을 담당했던 검사에게 수사재개를 명하거나 의뢰하는 방안이나 별도의 변호사가 담당하는 보완수사명령제도를 도입할 필요가 있다는 견해로는 신양균/조기영, 338면.

5) 이에 대하여 공소제기 후 수소법원의 경우와 달리 재정신청사건 심리법원의 강제처분은 본질적으로 공소제기 전의 수사의 성격을 갖는 처분이므로 강제처분을 할 수 없다는 견해로는 정웅석/최창호, 342면.

3) 심리의 비공개

재정신청사건의 심리는 특별한 사정이 없는 한 공개하지 아니한다(제262조 제3항). 이는 심리의 보안을 유지하여 적정한 재정결정이 이루어지게 하고, 무죄추정을 받는 관련자의 사생활 침해를 방지할 수 있도록 하기 위한 것이다.

4) 열람·등사의 제한

재정신청사건의 심리 중에는 관련 서류 및 증거물을 열람 또는 등사할 수 없다(제262조의2 본문). 이는 민사소송 제출용 증거서류를 확보하려는 목적으로 재정신청을 남용하는 사례를 방지하기 위한 것이다. 재정법원의 심리는 기소여부 결정을 위하여 행하여지는 수사에 준하는 성격을 일부 가지고 있으며, 검찰이 불기소 판단을 내린 사건에 대한 재심리 절차인 점을 고려할 때 비밀을 보장하고 피의자를 더욱 보호할 필요가 있는데, 재정신청사건의 심리를 공개하고 관련 서류 및 증거물에 대한 열람·등사를 제한 없이 허용한다면 피의자의 사생활이 침해되고, 수사의 비밀을 해칠 우려가 있으며, 민사사건에 악용하기 위하여 재정신청을 남발하는 문제 등이 발생할 수 있기 때문에 이를 방지하기 위한 조치로 평가된다.[1] 다만 법원은 제262조 제2항 후단의 증거조사과정에서 작성된 서류의 전부 또는 일부의 열람 또는 등사를 허가할 수 있다(제262조의2 단서).

(4) 고등법원의 재정결정

1) 기각결정

법원은 재정신청이 법률상의 방식에 위배되거나 이유 없는 때에는 신청을 기각한다(제262조 제2항 제1호). 예를 들면 재정신청권이 없는 자가 재정신청을 한 경우, 재정신청기간이 경과한 후에 재정신청을 한 경우, 재정신청서에 범죄사실과 증거 등 재정신청을 이유 있게 하는 사유를 기재하지 않은 경우 등이 법률상의 방식에 위배된 때에 해당한다. 그리고 '재정신청이 이유 없는 때'란 검사의 불기소처분이 정당하다고 인정된 경우를 말한다. 기각 여부의 결정은 불기소처분시가 아니라 재정결정시를 기준으로 판단하여야 한다. 그러므로 불기소처분 후에 발견된 증거도 판단의 자료로 삼을 수 있다. 법원은 검사의 무혐의 불기소처분이 위법하다고 하더라도 제반 사정을 고려하여 기소유예의 불기소처분을 할 만한 사건이라고 인정되는 경우에는 재정신청을 기각할 수 있으며[2], 검사의 불기소처분 당시에 공소시효가 완성되어 공소권이 없는 경우에는 불기소처분에 대한 재정신청은 허용되지 아니한다.[3] 법원이 기각결정을 한 때에는 즉시 그 정본을 재정신청인·피의자와 관할 지방검찰청 검사장 또는 지청장에게 송부하여야 한다(제262조 제5항).

법원의 기각결정에 대하여는 제415조에 따른 즉시항고를 할 수 있고[4], 기각결정이 확정된

1) 헌법재판소 2011. 11. 24. 선고 2008헌마578 결정.

2) 대법원 1997. 4. 22.자 97모30 결정; 대법원 1996. 3. 11.자 96모1 결정.

3) 대법원 1990. 7. 16.자 90모34 결정.

4) 대법원 2015. 7. 16.자 2013모2347 전원합의체 결정(형사소송절차에서 법원에 제출하는 서류는 법원에 도달하여야 제출의 효과가 발생하며, 각종 서류의 제출에 관하여 법정기간의 준수 여부를 판단할 때에도 당연히 해당 서류

사건에 대하여는 다른 중요한 증거를 발견한 경우를 제외하고는 소추할 수 없다(제262조 제4항). 이는 법원의 판단에 의하여 재정신청 기각결정이 확정되었음에도 불구하고 검사의 공소제기를 제한 없이 허용할 경우 피의자를 지나치게 장기간 불안정한 상태에 두게 되고 유죄판결이 선고될 가능성이 낮은 사건에 사법인력과 예산을 낭비하게 되는 결과로 이어질 수 있음을 감안하여 재정신청 기각결정이 확정된 사건에 대한 검사의 공소제기를 제한하면서, 다른 한편으로 재정신청사건에 대한 법원의 결정에는 일사부재리의 효력이 인정되지 않는 만큼 피의사실을 유죄로 인정할 명백한 증거가 발견된 경우에도 재정신청 기각결정이 확정되었다는 이유만으로 검사의 공소제기를 전적으로 금지하는 것은 사법정의에 반하는 결과가 된다는 점을 고려한 것이다.[1] 여기에서 '다른 중요한 증거를 발견한 경우'란 재정신청 기각결정 당시에 제출된 증거에 새로 발견된 증거를 추가하면 충분히 유죄의 확신을 가지게 될 정도의 증거가 있는 경우를 말하고, 단순히 재정신청 기각결정의 정당성에 의문이 제기되거나 범죄피해자의 권리를 보호하기 위하여 형사재판절차를 진행할 필요가 있는 정도의 증거가 있는 경우는 여기에 해당하지 아니한다. 그리고 관련 민사판결에서의 사실인정 및 판단은, 그러한 사실인정 및 판단의 근거가 된 증거자료가 새로 발견된 증거에 해당할 수 있음은 별론으로 하고, 그 자체가 새로 발견된 증거라고 할 수는 없다.[2] 한편 재정결정도 재판의 일종이므로 피의자는 법관에 대하여 기피신청을 할 수 있다.[3]

2) 공소제기결정

법원은 재정신청이 이유 있는 때에는 사건에 대한 공소제기를 결정한다(제262조 제2항 제2호).

가 법원에 도달한 시점을 기준으로 하여야 한다. 한편 형사소송법은 이러한 도달주의 원칙에 대한 예외로서, 교도소 또는 구치소에 있는 피고인(이하 '재소자 피고인'이라 한다)이 제출하는 상소장에 대하여 상소의 제기기간 내에 교도소장이나 구치소장 또는 그 직무를 대리하는 사람에게 이를 제출한 때에 상소의 제기기간 내에 상소한 것으로 간주하는 재소자 피고인에 대한 특칙(제344조 제1항, 이하 '재소자 피고인 특칙'이라 한다)을 두고 있다. 그런데 형사소송법은 상소장 외에 재소자가 제출하는 다른 서류에 대하여는 재소자 피고인 특칙을 일반적으로 적용하거나 준용하지 아니하고, 상소권회복의 청구 또는 상소의 포기나 취하(제355조), 항소이유서 및 상고이유서 제출(제361조의3 제1항, 제379조 제1항), 재심의 청구와 취하(제430조), 소송비용의 집행면제 신청, 재판의 해석에 대한 의의신청과 재판의 집행에 대한 이의신청 및 취하(제490조 제2항) 등의 경우에 개별적으로 재소자 피고인 특칙을 준용하는 규정을 두고 있으며, 재정신청절차에 대하여는 재소자 피고인 특칙의 준용 규정을 두고 있지 아니하다. … 재정신청 기각결정에 대한 재항고나 그 재항고 기각결정에 대한 즉시항고로서의 재항고에 대한 법정기간의 준수 여부는 도달주의 원칙에 따라 재항고장이나 즉시항고장이 법원에 도달한 시점을 기준으로 판단하여야 하고, 거기에 재소자 피고인 특칙은 준용되지 아니한다).

1) 대법원 2015. 9. 10. 선고 2012도14755 판결(제262조 제4항 후문에서 말하는 '제2항 제1호의 결정이 확정된 사건'은 재정신청사건을 담당하는 법원에서 공소제기의 가능성과 필요성 등에 관한 심리와 판단이 현실적으로 이루어져 재정신청 기각결정의 대상이 된 사건만을 의미한다고 해석함이 타당하다. 따라서 재정신청 기각결정의 대상이 되지 않은 사건은 제262조 제4항 후문에서 말하는 '제2항 제1호의 결정이 확정된 사건'이라고 할 수 없고, 설령 재정신청 기각결정의 대상이 되지 않은 사건이 고소인의 고소내용에 포함되어 있었다고 하더라도 이와 달리 볼 수 없다).

2) 대법원 2018. 12. 28. 선고 2014도17182 판결.

3) 손동권/신이철, 369면; 이은모/김정환, 414면; 이재상/조균석, 389면; 이창현, 529면; 임동규, 343면; 정승환, 267면; 정웅석/최창호, 341면.

여기서 '재정신청이 이유 있는 때'란 공소를 제기하는 것이 상당함에도 소추재량의 한계를 넘어서 불기소 처분한 위법이 인정되는 경우를 말한다.[1] 공소제기를 결정하는 때에는 죄명과 공소사실이 특정될 수 있도록 이유를 명시하여야 한다(규칙 제122조). 이는 검사가 공소제기할 내용을 구체적으로 강제한다는 의미이다. 따라서 법원은 재정신청서에 재정신청을 이유 있게 하는 사유가 기재되어 있지 않은 경우에는 그 재정신청을 기각하여야 한다. 그런데 법원이 재정신청서에 재정신청을 이유 있게 하는 사유가 기재되어 있지 않음에도 이를 간과한 채 공소제기결정[2]을 한 관계로 그에 따른 공소가 제기되어 본안사건의 절차가 개시된 후에는, 다른 특별한 사정이 없는 한 이제 그 본안사건에서 위와 같은 잘못을 다툴 수 없다. 왜냐하면 그렇지 아니하고 위와 같은 잘못을 본안사건에서 다툴 수 있다고 한다면 이는 재정신청에 대한 인용결정에 대하여 불복할 수 없도록 한 제262조 제4항의 규정취지에 위배하여 형사소송절차의 안정성을 해칠 우려가 있기 때문이다. 또한 위와 같은 잘못은 본안사건에서 공소사실 자체에 대하여 무죄·면소·공소기각 등을 할 사유에 해당하는지를 살펴 무죄 등의 판결을 함으로써 그 잘못을 바로잡을 수 있는 것이다. 뿐만 아니라 본안사건에서 심리한 결과 범죄사실이 유죄로 인정되는 때에는 이를 처벌하는 것이 오히려 형사소송의 이념인 실체적 정의를 구현하는 데 보다 충실하다는 점도 고려하여야 한다.[3] 같은 취지에서 재정법원이 제262조 제2항 제2호에 위반하여 재정신청의 대상인 고소사실이 아닌 사실에 대하여 공소제기결정을 한 관계로 그에 따른 공소가 제기되어 본안사건의 절차가 개시된 후에는, 다른 특별한 사정이 없는 한 이제 그 본안사건에서 위와 같은 잘못을 다툴 수는 없다.[4]

법원이 공소제기결정을 한 때에는 즉시 그 정본을 재정신청인·피의자와 관할 지방검찰청 검사장 또는 지청장에게 송부하여야 하고, 관할 지방검찰청 검사장 또는 지청장에게 사건기록을 함께 송부하여야 한다(제262조 제5항). 공소제기결정에 따른 재정결정서를 송부받은 관할 지방

1) 대법원 1988. 1. 29.자 86모58 결정.

2) 대법원 2012. 10. 29.자 2012모1090 결정(제262조 제2항, 제4항은 검사의 불기소처분에 따른 재정신청에 대한 법원의 재정신청기각 또는 공소제기의 결정에 불복할 수 없다고 규정하고 있는데, 제262조 제2항 제2호의 공소제기결정에 잘못이 있는 경우에는 그 공소제기에 따른 본안사건의 절차가 개시되어 본안사건 자체의 재판을 통하여 대법원의 최종적인 판단을 받는 길이 열려 있으므로, 이와 같은 공소제기의 결정에 대한 재항고를 허용하지 않는다고 하여 재판에 대하여 최종적으로 대법원의 심사를 받을 수 있는 권리가 침해되는 것은 아니고, 따라서 제262조 제2항 제2호의 공소제기결정에 대하여는 제415조의 재항고가 허용되지 않는다고 보아야 한다. 제415조에 규정된 재항고 절차에 관하여는 법에 아무런 규정을 두고 있지 아니하므로 성질상 상고에 관한 규정을 준용하여야 하고, 한편 상고에 관한 제376조 제1항에 의하면 상고의 제기가 법률상의 방식에 위반하거나 상고권 소멸 후인 것이 명백한 때에는 원심법원은 결정으로 상고를 기각하여야 하는데, 재항고의 대상이 아닌 공소제기의 결정에 대하여 재항고가 제기된 경우에는 재항고의 제기가 법률상의 방식에 위반한 것이 명백한 때에 해당하므로 원심법원은 결정으로 이를 기각하여야 한다).

3) 대법원 2010. 11. 11. 선고 2009도224 판결(재정신청서에 제260조 제4항에 정한 사항의 기재가 없어서 법원으로서는 그 재정신청이 법률상의 방식에 위배된 것으로서 이를 기각하여야 함에도, 심판대상인 사기 부분을 포함한 고소사실 전부에 관하여 공소제기결정을 한 잘못이 있고 나아가 그 결정에 따라 공소제기가 이루어졌다 하더라도, 공소사실에 대한 실체판단에 나아간 제1심판결을 유지한 원심의 조치는 정당하다).

4) 대법원 2010. 11. 25. 선고 2009도3563 판결.

검찰청 검사장 또는 지청장은 지체 없이 담당 검사를 지정하고 지정받은 검사는 공소를 제기하여야 하며(제262조 제6항)[1], 검사는 공소제기결정에 따라 공소를 제기한 때에는 이를 취소할 수 없다(제264조의2). 이는 재정신청제도의 실효성을 유지하기 위한 것인데, 같은 맥락에서 공소사실이나 적용법조의 철회는 허용되지 아니하지만 추가는 허용된다고 보아야 한다. 공소제기결정이 있는 때에는 공소시효에 관하여 그 결정이 있는 날에 공소가 제기된 것으로 본다(제262조의4 제2항). 한편 이러한 공소제기결정에 대하여는 불복할 수 없다(제262조 제4항).

3) 비용의 부담

재정신청제도의 전면 확대로 인한 남용을 방지하기 위하여, 법원은 제262조 제2항 제1호의 결정 또는 제264조 제2항의 취소가 있는 경우에는 결정으로 재정신청인에게 신청절차에 의하여 생긴 비용의 전부 또는 일부를 부담하게 할 수 있다(제262조의3 제1항). 이에 따른 비용은 증인·감정인·통역인·번역인에게 지급되는 일당·여비·숙박료·감정료·통역료·번역료, 현장검증 등을 위한 법관·법원사무관 등의 출장경비, 그 밖에 재정신청 사건의 심리를 위하여 법원이 지출한 송달료 등 절차진행에 필요한 비용에 해당하는 것으로 한다(규칙 제122조의2). 이에 따른 재판의 집행에 관하여는 제477조의 규정을 준용하며, 비용의 부담을 명하는 재판에 그 금액을 표시하지 아니한 때에는 집행을 지휘하는 검사가 산정한다(규칙 제122조의3).

또한 법원은 직권 또는 피의자의 신청에 따라 재정신청인에게 피의자가 재정신청절차에서 부담하였거나 부담할 변호인선임료 등 비용의 전부 또는 일부의 지급을 명할 수 있다(제262조의3 제2항). 이와 관련한 비용은 피의자 또는 변호인이 출석함에 필요한 일당·여비·숙박료, 피의자가 변호인에게 부담하였거나 부담하여야 할 선임료, 기타 재정신청 사건의 절차에서 피의자가 지출한 비용으로 법원이 피의자의 방어권행사에 필요하다고 인정한 비용에 해당하는 것으로 한다(규칙 제122조의4 제1항). 이러한 비용을 계산함에 있어 선임료를 부담하였거나 부담할 변호인이 여러 명이 있은 경우에는 그 중 가장 고액의 선임료를 상한으로 하고(규칙 제122조의4 제2항), 변호사 선임료는 사안의 성격·난이도, 조사에 소요된 기간 그 밖에 변호인의 변론활동에 소요된 노력의 정도 등을 종합적으로 고려하여 상당하다고 인정되는 금액으로 정한다(규칙 제122조의4 제3항). 한편 제262조의3 제1항 및 동조 제2항의 결정에 대하여는 즉시항고를 할 수 있다(제262조의3 제3항).

---

1) 이에 대하여 재정결정사건의 공소유지는 별도로 선임된 지정변호사가 담당하는 것이 타당하다는 견해로는 김인회, 209면; 송광섭, 406면; 신양균/조기영, 342면.

〈재정신청 접수 및 처리현황〉

단위: 건(%)

연도 \ 구분	법원 접수			법원 처리				
	계	구수	신수	계	신청 기각	공소 제기 결정	신청 취소	미제
2012	9,528	1,789	7,739	7,071 (100)	6,903 (97.6)	105 (1.5)	63 (0.9)	2,457
2013	11,408	2,457	8,951	7,881 (100)	7,743 (98.2)	96 (1.2)	42 (0.5)	3,527
2014	13,266	3,527	9,739	9,294 (100)	9,106 (98.0)	114 (1.2)	74 (0.8)	3,972
2015	13,824	3,972	9,852	10,025 (100)	9,834 (98.1)	121 (1.2)	70 (0.7)	3,799
2016	13,390	3,799	9,591	9,032 (100)	8,867 (98.2)	73 (0.8)	92 (1.0)	4,358
2017	14,025	4,358	9,667	9,540 (100)	9,294 (97.4)	112 (1.2)	134 (1.4)	4,485
2018	14,726	4,485	10,241	9,638 (100)	9,461 (98.2)	80 (0.8)	97 (1.0)	5,088

출처: 법무연수원, 「2019 범죄백서」, 2020.

3. 헌법소원

(1) 의 의

공권력의 행사 또는 불행사로 인하여 헌법상 보장된 기본권을 침해받은 자는 법원의 재판을 제외하고는 헌법재판소에 헌법소원심판을 청구할 수 있다. 다만 다른 법률에 구제절차가 있는 경우에는 그 절차를 모두 거친 후에 청구할 수 있다(헌법재판소법 제68조 제1항). 그러므로 검사의 불기소처분으로 인하여 헌법상 보장된 기본권을 침해받은 자는 헌법재판소에 헌법소원을 제기할 수 있다.

(2) 청구권자

1) 피해자

범죄피해자는 그가 고소를 제기한 바 없었어도 검사의 불기소처분에 대하여 헌법소원심판을 청구할 자격이 있는 한편, 그는 고소인이 아니므로 불기소처분에 대하여 검찰청법에 정한 항고·재항고의 제기에 의한 구제를 받을 방법이 없고, 고소권자로서 고소한 자에 해당하지 않아 제260조 제1항 소정의 재정신청 절차를 취할 수도 없으므로 곧바로 헌법소원심판을 청구할 수 있다.[1] 그러므로 검사의 불기소처분이 적절하게 행사되지 못하거나 자의적으로 행사된 경

1) 헌법재판소 2010. 6. 24. 선고 2008헌마716 결정(피해자의 고소가 아닌 수사기관의 인지 등에 의해 수사가 개시된 피의사건에서 검사의 불기소처분이 이루어진 경우, 고소하지 아니한 피해자로 하여금 별도의 고소 및 이에 수반

우, 형사피해자는 헌법 제27조 제5항에 정한 형사피해자의 재판절차에서의 진술권의 침해와 아울러 헌법 제11조에 정한 평등권을 침해했다고 주장할 수 있다.[1)]

2) 고소인

헌법소원을 제기하려면 다른 법률에 정하여진 구제절차를 모두 마친 이후에만 가능하다. 고소인은 검사의 불기소처분에 대하여 검찰항고를 거쳐 고등법원에 재정신청을 할 수 있다. 그런데 재정신청에 대한 고등법원의 기각결정은 법원의 재판이므로 헌법소원이 인정되지 아니한다. 그러므로 고소인은 헌법소원을 청구할 수 없다. 한편 피해자인 고소인이 고소 후에 사망한 경우에 피보호법익인 재산권의 상속인은 자신이 따로 고소할 것 없이 피해자의 지위를 수계하여 바로 헌법소원을 청구할 수 있다.[2)]

3) 고발인

고발인은 헌법소원청구의 요건인 자기관련성이 인정되지 않고, 재판절차진술권은 범죄피해자에게만 인정되기 때문에 고발인이 직접 헌법소원을 청구할 수는 없다.[3)]

4) 피의자

불기소처분 중 기소유예처분에 대해 무죄를 주장하는 피의자는 재정신청권자인 고소인이 아니므로 평등권 및 행복추구권의 침해를 이유로 헌법소원의 심판을 청구할 수 있다.[4)] 특히 체

되는 권리구제절차를 거치게 하는 방법으로는 종래의 불기소처분 자체의 취소를 구할 수 없고 당해 수사처분 자체의 위법성도 치유될 수 없다는 점에서 이를 본래 의미의 사전 권리구제절차라고 볼 수 없고, 고소하지 아니한 피해자는 검사의 불기소처분을 다툴 수 있는 통상의 권리구제수단도 경유할 수 없으므로, 그 불기소처분의 취소를 구하는 헌법소원의 사전 권리구제절차라는 것은 형식적·실질적 측면에서 모두 존재하지 않을 뿐만 아니라 별도의 고소 등은 그에 수반되는 비용과 권리구제가능성 등 현실적인 측면에서 볼 때에도 불필요한 우회절차를 강요함으로써 피해자에게 지나치게 가혹할 수 있으므로, 고소하지 아니한 피해자는 예외적으로 불기소처분의 취소를 구하는 헌법소원심판을 곧바로 청구할 수 있다); 헌법재판소 2008. 11. 27. 선고 2008헌마399 결정.

1) 헌법재판소 1989. 4. 17. 선고 88헌마3 결정.

2) 헌법재판소 1993. 7. 29. 선고 92헌마234 결정.

3) 헌법재판소 1989. 12. 22. 선고 89헌마145 결정.

4) 헌법재판소 2020. 2. 27. 선고 2018헌마964 결정(휴대폰충전기절도사건)(청구인이 충전기를 사용하던 2018. 2. 9.은 해당 독서실을 두 번째 이용하던 날이었다. 청구인은 해당 독서실이 익숙하지 않아 휴대폰 충전기가 꽂힌 책상이 특정 이용자에게 할당된 지정좌석이 아니라 비어있으면 누구든지 앉아도 되는 자유좌석으로 착오하였을 가능성이 있고, 그러한 좌석에 꽂혀 있는 충전기라면 특정인의 소유가 아니라 독서실 공용으로 제공되어 임의로 가져다 사용하여도 되는 충전기라고 오인하였을 가능성도 충분히 인정된다. 독서실 관리자 및 피해자조차도 당시 피해자 소유의 충전기를 공용충전기로 인식할 수 있다고 진술하는 등, 일반인도 독서실 내 피해자 자리에 놓여 있는 충전기를 공용충전기로 생각할 개연성이 충분하였다. 청구인은 충전기를 사용한 뒤 서랍에 두고 나간 다음 날인 2. 10.에도 같은 독서실에 나와서 그 전날과 다른 좌석에 앉아 공부를 하였던 점을 보더라도 그에게 절취의 범의를 인정하기 어렵다. 청구인은 위 충전기를 일시 사용하다가 원래 자리에 돌려놓지 않고 자신이 이용하던 독서실 책상 서랍에 넣어두고 갔으나, 청구인은 청구인의 모가 기차역에 도착하였다는 연락을 받고 마중 나가기 위하여 급히 독서실에서 퇴실하느라 이를 원래 자리에 옮겨놓지 않았던 사정이 있었다. 청구인이 충전기를 놓고 나간 곳은 지정석 아닌 자유석 책상 서랍이었으므로 매일 독서실 운영이 종료되면 독서실 관리자에 의하여 수거될 수 있는 상태였다. 위 충전기는 청구인의 배타적인 점유상태 하에 이전된 것이 아니라 독서실 관리자의 지배가 능한 장소적 범위 내에 머물러 있었으며, 실제로 피해자가 독서실 관리자를 통하여 이를 되찾았다. 그리고 충전기를 일시 사용함에 따른 가치의 소모는 무시할 수 있을 정도로 경미하였다. 결국 청구인에게 절도의 범의가 있었다거나 불법영득의사가 있었다고 단정하기는 어렵다. 그럼에도 불구하고 피청구인은 청구인에 대하여 절도죄의 범의 및 불법영득의사가 인정됨을 전제로 이 사건 기소유예처분을 하였는바, 이는 그 결정에 영향을 미친 중대한

포·구속되었다가 기소유예로 석방되는 피의자는 형사보상을 청구할 수 없지만, 검사로부터 (기소유예를 제외한) 공소를 제기하지 아니하는 처분을 받은 자는 국가에 대하여 그 구금에 대한 보상을 청구할 수 있기 때문에 헌법소원의 실익이 존재한다. 또한 불기소처분에 대하여는 기판력이 발생하지 않기 때문에 피의자는 재수사 및 기소에 대한 불안감을 가질 수 있는데, 이에 대한 우려를 불식시키는 방법으로도 헌법소원을 활용할 수 있다. 한편 참고인중지 처분을 받은 피의자도 헌법소원을 청구할 수 있지만[1], 공소권없음 처분을 받은 피의자는 헌법소원을 청구할 수 없다.[2]

5) 피내사자

내사의 대상으로 되는 진정이라고 하더라도 진정 그 자체가 법률의 규정에 의하여 법률상의 권리행사로서 인정되는 것은 아니고, 진정을 기초로 하여 수사소추기관의 적의 처리를 요망하는 의사표시에 지나지 아니한 것 인만큼 진정에 기하여 이루어진 내사사건의 종결처리라는 것은 구속력이 없는 진정사건에 대한 수사기관의 내부적 사건처리방식에 지나지 아니한다. 따라서 그 처리결과에 대하여 불만이 있으면 진정인은 따로 고소나 고발을 할 수 있는 것으로서 진정인의 권리행사에 아무런 영향을 미치는 것이 아니므로, 이는 헌법소원심판의 대상이 되는 공권력의 행사라고 할 수 없는 것이다.[3]

(3) 대 상

1) 불기소처분

헌법소원의 대상이 되는 불기소처분에는 협의의 불기소처분뿐만 아니라 기소유예처분도 포함된다.[4] 예를 들면 협의의 불기소처분에 해당하는 사건을 기소유예처분하는 경우 또는 기소유예처분 자체가 검사가 가지는 소추재량권의 일탈이나 남용에 해당하는 경우에는 헌법소원을 청구할 수 있다.

2) 기소중지처분

검사가 기소중지처분을 한 사건에 관하여 고소인이나 피의자가 기소중지사유가 해소되었음을 이유로 수사재기신청을 하였는데도 검사가 재기불요결정을 하였다면, 재기불요결정은 실질적으로는 그 결정시점에 있어서의 제반사정 내지 사정변경 등을 감안한 새로운 기소중지처분으로 볼 수 있으므로 이 재기불요결정도 헌법소원의 대상이 되는 공권력의 행사에 해당한다.[5]

수사미진 및 법리오해의 잘못이 있으므로 자의적인 검찰권의 행사라 아니할 수 없고, 이로 말미암아 헌법상 보장된 청구인의 평등권과 행복추구권이 침해되었다); 헌법재판소 2017. 5. 25. 선고 2017헌마1 결정; 헌법재판소 2016. 2. 25. 선고 2014헌마1105 결정; 헌법재판소 1989. 10. 27. 선고 89헌마56 결정.

1) 헌법재판소 1997. 2. 20. 선고 95헌마362 결정.

2) 헌법재판소 2003. 2. 27. 선고 2002헌마309 결정.

3) 헌법재판소 1990. 12. 26. 선고 89헌마277 결정.

4) 헌법재판소 2004. 5. 27. 선고 2004헌마27 결정.

5) 헌법재판소 2009. 9. 24. 선고 2008헌마210 결정.

3) 수사 중인 사건

현재 수사 중인 사건의 경우에는 공권력의 행사 또는 불행사가 존재하지 않기 때문에 헌법소원의 대상이 되지 아니한다.[1] 다만 수사기관이 고소사건에 대하여 특별한 사정이 없음에도 불구하고 수사를 장기간 착수하지 않거나 검사가 수사종결처분을 현저히 부당하게 미루는 경우에는 공권력의 불행사에 해당하므로 헌법소원의 대상이 될 수 있다.[2]

(4) 절 차

1) 청 구

헌법소원의 심판은 그 사유가 있음을 안 날부터 90일 이내에, 그 사유가 있는 날부터 1년 이내에 청구하여야 한다. 다만 다른 법률에 따른 구제절차를 거친 헌법소원의 심판은 그 최종 결정을 통지받은 날부터 30일 이내에 청구하여야 한다(헌법재판소법 제69조 제2항). 헌법소원의 심판청구에는 재정신청의 경우와 달리 공소시효 정지의 효력이 인정되지 아니한다.[3] 왜냐하면 검사의 불기소처분에 대한 헌법소원의 심리기간은 재정신청과 달리 상당히 장기간의 시간이 소요되기 때문이다.

2) 결 정

헌법재판소는 기본권 침해의 원인이 된 공권력의 행사를 취소하거나 그 불행사가 위헌임을 확인할 수 있다(헌법재판소법 제75조 제3항).[4] 또한 헌법재판소가 공권력의 불행사에 대한 헌법소원을 인용하는 결정을 한 때에는 피청구인은 결정 취지에 따라 새로운 처분을 하여야 한다(헌법재판소법 제75조 제4항).[5] 그러므로 헌법재판소는 검사의 불기소처분을 취소하는 결정을 할 수 있을 뿐이고, 최종적으로 당해 사건에 대하여 재기수사하여 공소제기 여부를 판단하는 권한은 여전히 검사에게 부여되어 있다.

1) 헌법재판소 1989. 9. 11. 선고 89헌마169 결정.

2) 同旨 김인회, 210면; 임동규, 289면.

3) 헌법재판소 1993. 9. 27. 선고 92헌마284 결정.

4) 헌법재판소 2015. 2. 26. 선고 2013헌마66 결정(청구인은 '육○○'라는 상호의 일반음식점을 운영하는 자인바, 청소년유해업소의 업주는 청소년을 고용하여서는 아니됨에도 불구하고, 위 업소에 청소년 김○○(여, 만 16세)을 종업원으로 고용하여 일하게 하였다. 청구인은 이 사건 기소유예처분이 청구인의 평등권 등을 침해한다고 주장하면서 2013. 2. 1. 그 취소를 구하는 이 사건 헌법소원심판을 청구하였다. 피청구인이 2012. 11. 5. 대전지방검찰청 2012년 형제39072호 사건에서 청구인에 대하여 한 기소유예처분은 청구인의 평등권과 행복추구권을 침해한 것이므로 이를 취소한다).

5) 이에 대하여 헌법재판소는 검사의 불기소처분을 취소하는 결정을 할 수 있을 뿐만 아니라 재기수사명령이나 공소제기명령을 할 수도 있다는 견해로는 김인회, 211면; 손동권/신이철, 350면.

〈불기소처분에 대한 헌법소원 심판사건 접수·인용 현황〉

단위: 건

연 도 \ 구 분	접 수	인 용	인용률
2012	321	38	11.8%
2013	276	42	15.2%
2014	340	28	8.2%
2015	256	46	18.0%
2016	412	56	13.6%
2017	660	34	5.2%
2018	638	48	7.5%

출처: 법무연수원, 「2019 범죄백서」, 2020.

제8절 공소제기 후의 수사

Ⅰ. 의 의

공소제기 후에도 공소유지를 위하여 수사를 계속할 필요가 있을 수 있는데[1], 예를 들면 공판과정에서 공소사실이 추가된 경우, 짧은 구속기간 또는 공소시효 완료 임박 등의 사정으로 인하여 충분한 수사가 이루어지지 못한 상황에서 기소된 경우, 공범이나 진범이 검거된 경우, 피고인이 공판정에서 알리바이를 주장하여 그 진실성을 확인해야 하는 경우 등에 있어서 이러한 필요성이 인정된다. 하지만 수사의 객체에 불과하던 피의자는 공소의 제기로 인하여 소송의 당사자인 피고인의 지위를 가지면서 검사와 대등한 위치에서 소송절차에 참여하게 되고, 수사밀행주의가 공개재판주의로 전환되기 때문에 공소제기 후의 수사를 무제한적으로 허용할 수는 없다. 이에 공소제기 후의 수사필요성은 인정되지만, 그 범위를 제한하고 있다.

Ⅱ. 공소제기 후의 강제수사

1. 구 속

피고인의 구속은 법원의 권한에 속하므로(제70조), 불구속으로 기소된 피고인에 대하여 구속의 필요성이 인정된다고 할지라도 검사는 수소법원에 대하여 구속을 촉구할 수 있을 뿐 구속영장을 직접적으로 청구할 수는 없다. 왜냐하면 피고인은 공판절차에서 검사와 대등한 당사자의 지위를 가지므로 검사에게 피고인을 구속할 권한을 인정할 수 없기 때문이다. 다만 체포는 피

1) 판결이 확정된 후에도 재심과의 관계에서 수사기관은 증거를 수집할 수 있으며, 재심청구의 시기에는 제한이 없으므로 수사의 시간적 제한도 일률적으로 정할 성질은 아니다(이재상/조균석, 355면).

의자에게만 인정되기 때문에 여기서는 논외로 할 수밖에 없다.

2. 압수·수색·검증

수사기관이 공소제기 후에 압수·수색·검증을 할 수 있는지 여부와 관련하여, ① 제215조는 수사기관의 압수 등에 대하여 영장청구의 시기를 명시하고 있지 않다는 점, 압수 등을 허용하더라도 피고인의 방어활동에 불이익을 주지 않는다는 점, 수소법원도 제1회 공판기일 이전에는 예단배제의 원칙상 증거조사의 일환으로 스스로 강제수사를 할 수 없다는 점 등을 논거로 하는 적극설[1], ② 제215조는 인권보장적 측면에서 제한적으로 해석해야 한다는 점, 공소가 제기되면 사건이 법원에 계속되므로 압수 등도 당연히 법원의 권한에 속하게 된다는 점, 공소제기 후 제1회 공판기일 전에 압수 등을 해야 할 긴급한 사정이 있다면 증거보전절차를 활용할 수 있다는 점, 현행법이 수사절차에서의 압수 등과 공판절차에서의 압수 등을 구분하고 있다는 점, 규칙 제107조에서 수사기관이 영장을 청구할 때에는 피의사실의 요지를 기재하도록 하고 있는데, 이는 수소법원의 예단을 배제하려는 공소장일본주의에 위배된다는 점 등을 논거로 하는 소극설[2] 등의 대립이 있다.

이에 대하여 판례는 「제215조에서 검사가 압수·수색 영장을 청구할 수 있는 시기를 공소제기 전으로 명시적으로 한정하고 있지는 아니하나, … 일단 공소가 제기된 후에는 그 피고사건에 관하여 검사로서는 제215조에 의하여 압수·수색을 할 수 없다고 보아야 하며, 그럼에도 불구하고 검사가 공소제기 후 제215조에 따라 수소법원 이외의 지방법원 판사에게 청구하여 발부받은 영장에 의하여 압수·수색을 하였다면, 그와 같이 수집된 증거는 기본적 인권 보장을 위해 마련된 적법한 절차에 따르지 않은 것으로서 원칙적으로 유죄의 증거로 삼을 수 없다.」라고 판시[3]하여, 소극설의 입장을 취하고 있다.

생각건대 피의자에게 인정된 강제처분이 피고인에게 당연히 허용된다고 할 수는 없다는 점에서 원칙적으로 소극설이 타당하다. 다만 수사기관이 피고인에 대한 구속영장을 집행하는 경우에 그 집행현장에서 영장 없이 압수·수색·검증을 하는 경우(제216조 제2항) 및 공소제기 후 피고인이나 제3자가 피고사건에 대한 증거물을 수사기관에 임의제출하는 경우(제218조)에는 이를 압수할 수 있는 예외적인 경우가 있다.

---

1) 다만 제1회 공판기일 이후에는 법원이 압수 등을 할 수 있으므로 수사기관으로서는 그 이전에만 가능하다고 한다.

2) 김인회, 247면; 손동권/신이철, 412면; 송광섭, 367면; 신양균/조기영, 354면; 이은모/김정환, 363면; 이재상/조균석, 358면; 이창현, 543면; 임동규, 292면; 정승환, 216면; 정웅석/최창호, 243면; 최호진, 271면.

3) 대법원 2011. 4. 28. 선고 2009도10412 판결.

Ⅲ. 공소제기 후의 임의수사

1. 피고인 조사

수사기관이 공소제기 후에 피고인 조사를 할 수 있는지 여부와 관련하여, ① 피고인 조사는 임의수사의 일종이라는 점, 제199조에 의하면 임의수사의 시간적인 제한을 두고 있지 않다는 점, 피고인에게 진술거부권이 보장되어 있다는 점, 공범 중 일부가 먼저 검거되어 기소된 후 나머지 공범이 검거되었는데 그 조사과정에서 이미 기소된 공범의 진술이 필요한 경우와 같이 법정에서의 피고인 신문절차와 달리 수사기관 주재 아래 피고인을 조사할 현실적인 필요성이 있다는 점, 피고인이 자발적으로 검사에게 신문을 요구하는 경우뿐만 아니라 진범인의 발견으로 인하여 공소를 취소할 필요가 생길 수 있다는 점 등을 논거로 하는 적극설[1], ② 기소 후에도 수사기관이 피고인을 조사할 수 있도록 하면 피고인의 당사자적 지위나 공판중심주의의 원칙에 반한다는 점, 제200조에서 신문의 대상을 피의자로 한정하고 있다는 점, 공판기일의 피고인신문절차가 유명무실하게 될 우려가 있다는 점, 피고인에게는 사실상 공소제기 후 제1회 공판기일이 자신의 방어권을 준비할 수 있는 유일한 시간이 되므로 그 기간에 피고인신문을 허용하는 것은 피고인의 당사자지위를 위축시키는 것이라는 점, 수사기관에 의한 피고인신문에는 공판절차에서 변호인이 가지는 반대신문권을 행사할 수 없다는 점, 피고인의 진술이 필요하면 공판절차상 피고인신문을 이용하면 충분하다는 점 등을 논거로 하는 소극설[2], ③ 제1회 공판기일 전에는 법원에 의한 피고인신문이 불가능하다는 점, 피고인의 당사자로서의 지위는 제1회 공판기일 이후에 현실화된다는 점 등을 논거로 하여, 공소제기 후라고 할지라도 제1회 공판기일 전에는 수사기관에 의한 피고인 조사가 가능하다는 절충설 등의 대립이 있다.

이에 대하여 판례는 「검사 작성의 피고인에 대한 진술조서가 공소제기 후에 작성된 것이라는 이유만으로는 곧 그 증거능력이 없다고 할 수 없다.」라고 판시[3]하여, 적극설의 입장을 취하고 있다.

생각건대 피고인 조사는 원칙적으로 임의수사이기 때문에 피고인의 자발적인 동의가 없는 경우에는 제대로 이루어 질 수 없는데, 이러한 동의가 있음에도 불구하고 조사를 제한할 필요

1) 김정한, 363면(다만 제310조의2의 취지와 제312조 제1항과 제4항의 구조 등을 고려할 때 증거능력을 인정하기는 어려울 것이다. 결국 범죄정보를 수집하여 향후 수사계획 수립과 재판 진행에 참고할 수 있을 뿐이다); 이창현, 538면.

2) 김인회, 247면; 배종대/홍영기, 189면; 손동권/신이철, 414면; 송광섭, 369면; 신양균/조기영, 351면; 이은모/김정환, 363면; 이재상/조균석, 362면; 이주원, 204면; 정승환, 218면; 정웅석/최창호, 244면; 최호진, 272면. 다만 소극설의 입장에서도 피고인의 당사자적 지위와 충돌되지 아니하는 예외적인 경우, 즉 피고인이 자발적으로 검사의 면접을 요구한 경우, 진범인의 발견으로 공소를 취소할 필요가 생긴 경우, 피고인에 대한 별개의 추가 범죄사실이 발견된 경우 등에 있어서는 예외적으로 피고인신문을 허용하고 있다.

3) 대법원 1984. 9. 25. 선고 84도1646 판결; 대법원 1982. 6. 8. 선고 82도754 판결.

는 없다는 점, 피고인 조사는 피고인에게 불리한 경우도 있겠지만, 경우에 따라 피고인의 이익을 위한 경우도 충분히 상정할 수 있다는 점, 제200조에서 신문의 대상을 피의자로 한정하고 있고 있지만, 신문이 아닌 조사의 형태로 피고인을 소환하는 것은 얼마든지 가능하다는 점, 공판기일에서의 피고인신문 전에 검사가 피고인을 조사함으로써 소송경제에 도움이 될 수 있다는 점 등을 논거로 하여 적극설이 타당하다. 특히 소극설에서도 위와 같은 경우에는 예외적으로 피고인신문을 허용하고 있다.

2. 참고인 조사

참고인 조사는 제1회 공판기일 전후를 불문하고 허용된다. 하지만 공판준비 또는 공판기일에서 이미 증언을 마친 증인을 검사가 소환한 후 피고인에게 유리한 그 증언 내용을 추궁하여 이를 일방적으로 번복시키는 방식으로 작성한 진술조서를 유죄의 증거로 삼는 것은 당사자주의·공판중심주의·직접주의를 지향하는 현행 형사소송법의 소송구조에 어긋나는 것일 뿐만 아니라 헌법 제27조가 보장하는 기본권, 즉 법관의 면전에서 모든 증거자료가 조사·진술되고 이에 대하여 피고인이 공격·방어할 수 있는 기회가 실질적으로 부여되는 재판을 받을 권리를 침해하는 것이므로, 이러한 진술조서는 피고인이 증거로 할 수 있음에 동의하지 아니하는 한 그 증거능력이 없다. 이러한 법리는 검사가 공판준비기일 또는 공판기일에서 이미 증언을 마친 증인을 소환하여 피고인에게 유리한 그 증언 내용을 추궁한 다음 진술조서를 작성하는 대신 그로 하여금 본인의 증언 내용을 번복하는 내용의 진술서를 작성하도록 하여 법원에 제출한 경우[1] 및 검사가 공판준비 또는 공판기일에서 이미 증언을 마친 증인에게 수사기관에 출석할 것을 요구하여 그 증인을 상대로 위증의 혐의를 조사한 내용을 담은 피의자신문조서의 경우[2]에도 마찬가지이다. 그 후 원진술자인 종전 증인이 다시 법정에 출석하여 증언을 하면서 그 진술조서의 성립의 진정함을 인정하고 피고인측에 반대신문의 기회가 부여되었다고 하더라도 그 증언 자체를 유죄의 증거로 할 수 있음은 별론으로 하고 위와 같은 진술조서의 증거능력이 없다는 결론은 달리할 것이 아니다.[3]

3. 그 밖의 임의수사

감정·통역·번역의 위촉(제221조), 공무소에의 조회(제199조 제2항) 등은 제1회 공판기일 전후를 불문하고 허용된다.

---

1) 대법원 2012. 6. 14. 선고 2012도534 판결.

2) 대법원 2013. 8. 14. 선고 2012도13665 판결.

3) 대법원 2000. 6. 15. 선고 99도1108 전원합의체 판결.

제 2 장 공소의 제기

제 1 절 공소와 공소권

Ⅰ. 의 의

1. 공소의 의의

'공소'(公訴)란 특정한 형사사건에 대하여 법원에 유죄판결을 구하는 검사의 법률행위적 소송행위를 말한다. 검사는 수사결과 범죄의 객관적 혐의가 인정되고 유죄의 판결을 받을 수 있다고 판단할 때에는 수사를 종결하고 공소를 제기하게 된다. 검사의 공소제기에 의하여 법원의 심판이 시작되므로, 공소의 제기는 수사의 종결과 공판절차의 개시라는 이중적인 의미를 지니고 있다. 또한 피의자는 피고인의 신분으로 전환되고, 검사는 수사의 주체에서 소송의 당사자로 전환된다. 불고불리의 원칙상 검사의 공소제기가 없으면 법원이 심판할 수 없고, 법원은 검사가 공소제기한 사건에 한하여 심판을 하여야 하므로, 검사는 공소장의 공소사실과 적용법조 등을 명백히 함으로써 공소제기의 취지를 명확히 하여야 하는데, 검사가 어떠한 행위를 기소한 것인지는 기본적으로 공소장의 기재 자체를 기준으로 하되, 심리의 경과 및 검사의 주장내용 등도 고려하여 판단하여야 한다. 공소제기의 취지가 명료할 경우 법원이 이에 대하여 석명권을 행사할 필요는 없으나, 공소제기의 취지가 오해를 불러일으키거나 명료하지 못한 경우라면 법원은 형사소송규칙 제141조에 의하여 검사에 대하여 석명권을 행사하여 그 취지를 명확하게 하여야 한다.[1]

2. 공소권의 이론

'공소권'(公訴權)이란 검사가 가지는 공소제기 및 유지의 권한을 말한다. 공소권은 공소를 제기·수행하는 소송법상의 권리이므로 실체법상의 형벌권과 구별된다. 그리고 '공소권의 이론'이란 공소권의 구체적 의미와 내용을 어떻게 파악할 것인지에 대한 이론을 말한다.

(1) 추상적 공소권설

추상적 공소권설은 공소권을 구체적 사건과 관계없이 검사가 형사 일반에 대하여 공소제기할 수 있는 권한으로 이해한다. 이에 의하면 검사가 보유하고 있는 추상적 공소권은 국가소추주의 및 기소독점주의를 규정하고 있는 제246조를 근거로 인정되는 국법상의 권한을 의미한다.

(2) 구체적 공소권설

구체적 공소권설[2]은 공소권을 검사가 구체적 사건에 대하여 공소를 제기하여 유죄의 판결

---

1) 대법원 2017. 6. 15. 선고 2017도3448 판결.

2) 김인회, 217면; 배종대/홍영기, 194면; 손동권/신이철, 352면; 신동운, 245면; 신양균/조기영, 361면; 이은모/김정

을 받아 낼 수 있는 권한으로 이해하는데, 이를 '유죄판결 청구권설'이라고도 한다. 이에 의하면 공소권은 형식적 공소권과 실체적 공소권으로 구별된다. 형식적 공소권은 공소제기를 위한 형식적인 적법요건을 구비한 경우의 공소권을 의미하는데, 예를 들면 법원이 해당 사건에 대하여 재판권과 관할권을 가질 것, 공소제기의 절차가 법률의 규정에 위반되지 않을 것, 친고죄에 있어서 고소가 있을 것 등과 같은 형식적 소송조건이 구비된 경우의 공소권을 말한다. 그리고 실체적 공소권은 실체적으로 범죄의 혐의가 충분하고 유죄판결을 받은 법률상의 이익이 존재하는 경우의 공소권을 의미하는데, 예를 들면 확정판결이 없을 것, 공소시효가 완성되지 않았을 것 등과 같은 실체적 소송조건이 구비된 경우의 공소권을 말한다. 그리하여 형식적 공소권이 없는 공소제기에 대하여는 관할위반 또는 공소기각의 재판을 하고, 실체적 공소권이 없는 공소제기에 대하여는 면소의 재판을 해야 한다는 것이다. 결국 검사의 공소권 남용을 억제할 수 있고, 이를 통해 피고인을 형사소추권의 남용으로부터 보호하는 것이 가능하다. 또한 검사는 유죄판결에 대한 고도의 개연성이 있는 경우에만 공소권이 인정되므로, 심리 후 판시된 무죄판결에 대한 공소권도 충분히 설명이 가능하다.

(3) 실체판결 청구권설

실체판결 청구권설[1]은 공소권을 검사가 구체적 사건에 대하여 공소를 제기하여 유죄 또는 무죄의 실체판결을 받아낼 수 있는 권한으로 이해한다. 이에 의하면 통상의 소송조건이 구비되면 검사에게 유·무죄의 판단을 법원에 대하여 구할 수 있는 공소권이 발생한다.

(4) 공소권이론 부인론

공소권이론 부인론[2]은 공소권은 소송조건에 지나지 않으므로 공소권이론은 소송조건이론으로 해소시켜야 한다는 견해이다. 즉 공소권을 검사가 구체적인 사건에 대하여 법원에 형사재판을 청구하는 권한으로 보고, 범죄의 객관적 혐의가 인정되면서 소송조건이 갖추어진 경우에 공소권을 행사할 수 있는 것으로 이해한다.

(5) 검 토

생각건대 구체적 공소권설이 타당하다. 우선 추상적 공소권설은 기소독점주의의 의미를 풀이한 것에 지나지 않다는 점, 공소권의 구체적 내용을 밝히지 못하여 공소권의 이론의 가치를 드러내지 못한다는 점 등에서 타당하지 않다. 다음으로 실체판결 청구권설은 형벌권을 실현하는 절차인 형사절차에 민사소송의 본안판결청구권설의 논리를 도입함으로써 민사소송과 형사소송의 본질적 차이를 간과하고 있다는 점, 검사는 무죄판결을 받기 위한 공소권도 가지고 있다는 결론을 도출하기 때문에 검사의 공소권이 지나치게 확대되어 공소권의 남용을 방지하기 어렵다는 점, 형사소송법이 규정하고 있는 형식재판을 설명하기 어렵다는 점 등에서 타당하지

환, 367면; 이주원, 214면; 임동규, 297면; 최호진, 276면.

1) 송광섭, 390면; 이재상/조균석, 366면; 정웅석/최창호, 322면.

2) 이창현, 545면.

않다. 그리고 공소권이론 부인론은 공소제기의 유효요건인 소송조건에 공소권이 해소된다는 것은 적절하지 않다는 점, 수소법원의 관점만을 중시하여 공소제기가 가지는 소송행위로서의 동적인 측면을 도외시한다는 점, 검사의 공소권을 피고인의 방어권에 대립시켜 양 당사자의 권리로 파악할 때에는 검사의 공소권행사를 억제하는 기능을 수행할 수 있다는 점 등에서 타당하지 않다.

이에 대하여 판례는 「검사는 수사기관으로서 피의사건을 조사하여 진상을 명백히 하고, 죄를 범하였다고 의심할 만한 상당한 이유가 있는 피의자에게 증거인멸 및 도주의 염려 등이 있을 때에는 법관으로부터 영장을 발부받아 피의자를 구속할 수 있으며, 나아가 수집·조사된 증거를 종합하여 객관적으로 볼 때, 피의자가 유죄판결을 받을 가능성이 있는 정도의 혐의를 가지게 된 데에 합리적인 이유가 있다고 판단될 때에는 피의자에 대하여 공소를 제기할 수 있으므로 그 후 형사재판 과정에서 범죄사실의 존재를 증명함에 충분한 증거가 없다는 이유로 무죄판결이 확정되었다고 하더라도 그러한 사정만으로 바로 검사의 구속 및 공소제기가 위법하다고 할 수 없고, 그 구속 및 공소제기에 관한 검사의 판단이 그 당시의 자료에 비추어 경험칙이나 논리칙상 도저히 합리성을 긍정할 수 없는 정도에 이른 경우에만 그 위법성을 인정할 수 있다.」라고 판시[1]하여, 구체적 공소권설의 입장을 취하고 있다.

Ⅱ. 공소권의 남용이론

1. 의 의

'공소권의 남용'이란 공소권 행사가 형식적으로는 적법하지만 실질적으로는 부당한 경우를 말한다. 이와 같이 공소권이 남용된 경우에는 공소제기의 방식과 절차가 적법하더라도 유죄 또는 무죄의 실체판결이 아니라 공소기각 또는 면소의 형식재판을 통하여 소송을 종결시켜야 한다는 이론을 '공소권의 남용이론'이라고 한다. 이는 잘못된 공소제기로부터 피고인을 조기에 형사절차에서 해방시키고, 검사의 부당한 공소권의 행사를 통제하기 위한 이론이다. 우리 헌법은 공소제기의 주체·방법·절차·사후통제 등에 관하여 직접적인 규정을 두고 있지 아니하며, 검사의 자의적인 불기소처분에 대한 통제방법에 관하여도 헌법에 아무런 규정을 두고 있지 않기 때문에 어떠한 방법으로 어느 범위에서 그 남용을 통제할 것인가 하는 문제 역시 기본적으로 입법자의 재량에 속하는 입법정책의 문제이다.

생각건대 아래에서 보는 바와 같이 실무에서는 원칙적으로 공소권남용을 극히 예외적인 경우에 한하여 엄격하게 인정하고 있다고 판단된다. 왜냐하면 검사가 '자의적으로' 공소권을 행사하여 피고인에게 '실질적인' 불이익을 줌으로써 소추재량권을 '현저히' 일탈한 경우에 한하여 이를 공소권의 남용으로 파악하고 있기 때문이다. 특히 여기서 말하는 자의적인 공소권의 행사

1) 대법원 2002. 2. 22. 선고 2001다23447 판결.

란 단순히 직무상의 과실에 의한 것만으로는 부족하고 적어도 미필적이나마 어떤 의도가 있어야 한다.[1)]

2. 무혐의사건에 대한 기소

'무혐의사건에 대한 기소'란 범죄의 객관적 혐의가 없음에도 불구하고 검사가 공소를 제기한 경우를 말한다. 이와 관련하여 ① 공소장에 기재된 사실이 진실이라고 하더라도 범죄가 될 만한 사실이 포함되지 아니한 때에 해당하므로 제328조 제1항 제4호에 의하여 공소기각의 결정을 해야 한다는 견해, ② 공소제기의 유효조건을 재구성하여 현행법상 한정되어 있는 공소기각의 사유를 확장하려는 점에 공소권남용론의 취지가 있다는 점, 객관적으로 범죄혐의가 충분하지 못한 공소제기를 실체판단에 들어가기 전에 미리 배제하는 것이 피고인 보호에 도움이 된다는 점 등을 논거로 하여, 공소제기의 절차가 법률의 규정에 위반하여 무효인 때에 해당하므로 제327조 제2호에 의하여 공소기각의 판결을 해야 한다는 견해[2)], ③ 피고사건이 범죄로 되지 아니하거나 범죄사실의 증명이 없는 때에 해당한다는 점, 실제 혐의가 없는 사건인지 여부를 확인하기 위해서는 어쩔 수 없이 증거조사를 하여 결국 실체판단을 할 수밖에 없다는 점, 피고인을 조금 빨리 형사절차에서 해방시키는 것보다는 오히려 기판력이 있을 뿐만 아니라 피고인에게도 종국적인 만족을 줄 수 있다는 점 등을 논거로 하여, 혐의 없는 사건에 대해서는 제325조에 의하여 무죄판결을 선고해야 한다는 견해[3)] 등의 대립이 있다.

이에 대하여 판례는 「공소제기된 피고인의 범죄사실 중 일부에 대하여 검사의 일차 무혐의 결정이 있었고, 이에 대하여 그 고소인이 항고 등 아무런 이의를 제기하지 않고 있다가 그로부터 약 3년이 지난 뒤에야 뒤늦게 다시 피고인을 동일한 혐의로 고소함에 따라, 검사가 새로이 수사를 재기하게 된 것이라고 하더라도, 검사가 그 수사결과에 터잡아 재량권을 행사하여 공소를 제기한 것은 적법하다고 아니할 수 없으며, 이를 가리켜 공소권을 남용한 경우로서 그 공소제기의 절차가 무효인 때에 해당한다고 볼 수는 없다.」라고 판시[4)]하여, 원칙적으로 무죄판결설

---

1) 대법원 2018. 9. 28. 선고 2018도10447 판결; 대법원 2017. 8. 23. 선고 2016도5423 판결; 대법원 2014. 8. 26. 선고 2011도6035 판결; 대법원 2014. 7. 24. 선고 2014도2918 판결; 대법원 2011. 10. 27. 선고 2011도9243 판결(검사는 이른바 '선거쟁점'에 해당하는 사항에 대하여는 과거부터 논란이 있었고 이와 관련한 정부 및 단체의 활동이 계속되어 왔다고 하더라도 선거가 임박한 시점에서는 그에 관한 정부 및 단체의 활동이 공직선거법에 저촉될 수 있다는 중앙선거관리위원회의 유권해석을 존중하여 피고인의 이 사건 각 행위에 관하여 공소를 제기한 것으로 보일 뿐 달리 자의적으로 공소권을 행사하려는 어떠한 의도가 있다고 볼 자료를 발견할 수 없으므로, 검사의 이 사건 공소제기가 공소권 남용에 해당한다는 상고이유 주장은 받아들일 수 없다); 대법원 2008. 2. 14. 선고 2007도9737 판결; 대법원 2001. 9. 7. 선고 2001도3026 판결; 대법원 1999. 12. 10. 선고 99도577 판결.

2) 김인회, 226면; 손동권/신이철, 353면; 신동운, 258면; 이은모/김정환, 369면. 한편 예외적 공소기각설을 주장하는 견해로는 신양균/조기영, 363면.

3) 배종대/홍영기, 197면; 송광섭, 392면; 이재상/조균석, 369면; 이주원, 215면; 이창현, 547면; 임동규, 299면; 정승환, 223면; 정웅석/최창호, 324면.

4) 대법원 1995. 3. 10. 선고 94도2598 판결.

의 입장을 취하고 있다.

생각건대 검사가 객관적 혐의가 없는 소위 '무혐의사건'에 대하여 기소를 하게 된 경우에는 공판절차가 개시되어 유·무죄의 실체판결이 선고되기 때문에 유효한 공소제기라고 보아야 한다.[1] 설사 사후에 무혐의가 확정된다고 하더라도, 이는 무죄판결을 통하여 확인되기 때문에 무분별한 무혐의사건에 대한 기소는 충분히 억제될 수 있다고 판단된다.

3. 기소유예를 해야 할 사건에 대한 기소

'기소유예를 해야 할 사건에 대한 기소'란 검사가 기소유예처분을 함이 상당한 사건임에도 불구하고 공소를 제기한 경우를 말한다. 이와 관련하여 ① 검사의 소추재량은 기속재량이므로 위법한 공소권 행사에 대한 법원의 규제가 기소편의주의의 반한다고 볼 수 없다는 점, 기소유예처분에 대하여는 재정신청이 허용되어 기소유예사유도 법원의 심판대상이 될 수 있다는 점, 실체에 관계되는 사실이라도 소송조건이 될 수 없는 것은 아니므로 정상사실을 절차중단의 사유로 고려하는 것이 불가능한 것은 아니라는 점 등을 논거로 하여, 소추재량을 남용한 공소제기는 공소제기의 절차가 법률의 규정에 위반하여 무효인 때에 해당하므로 제327조 제2호에 의하여 공소기각의 판결을 해야 한다는 견해[2], ② 기소유예의 여부는 검사의 재량에 속하기 때문에 법원이 소추재량의 당부를 판단하는 것은 적절하지 않다는 점, 소추재량의 남용은 공소기각의 사유에 해당하지 않는다는 점, 기소유예의 정상은 사건의 실체에 관한 문제이기 때문에 이를 소송조건으로 다루는 것은 타당하지 않다는 점, 법원은 피고인에 대한 여러 정상을 참작하여 유죄판결 중에서 형의 선고유예·집행유예·형의 면제판결 등을 선고할 수 있다는 점 등을 논거로 하여, 유죄판결을 해야 한다는 견해[3] 등의 대립이 있다.

이에 대하여 헌법재판소는 「검사가 소추권을 행사함에 있어서 참작하여야 할 형법 제51조에 규정된 사항 중 기소방향으로 작용하는 사유, 즉 기소하여야 할 사유와 불기소방향으로 작용하는 사유, 즉 기소를 유예할 만한 사유가 서로 경합할 경우에 어느 사유를 선택할 것인지는 원칙적으로 검사의 재량의 범위에 속한다. 다만 그와 같은 선택에 명백하게 합리성이 결여된 경우, 예컨대 기소방향으로 작용하는 참작사유가 중대한 데 비하여 불기소방향으로 작용하는 사유는 경미함에도 불구하고 기소를 유예하거나 그 반대로 기소방향으로 작용하는 사유가 불기소방향으로 작용하는 사유에 비하여 경미한 것이 객관적으로 명백함에도 기소를 하는 것은, 어느 것이나 소추재량권의 남용으로서 기소편의주의의 내재적 한계를 넘는 자의적인 처분이라고 보아야 할 것이다.」라고 판시[4]하고 있다.

1) 대법원 1997. 4. 17. 선고 96도3376 전원합의체 판결.

2) 김인회, 227면; 송광섭, 392면; 이은모/김정환, 371면.

3) 배종대/홍영기, 197면; 손동권/신이철, 354면; 신양균/조기영, 365면; 이재상/조균석, 370면; 이주원, 215면; 이창현, 548면; 임동규, 299면; 정승환, 224면; 정웅석/최창호, 326면.

4) 헌법재판소 1995. 1. 20. 선고 94헌마246 결정.

생각건대 헌법재판소가 설시하고 있는 명백한 소추재량권의 남용사례는 현실세계에서 발생하기 매우 어렵고, 실제로 이를 인정하고 있는 사례도 쉽게 찾아볼 수 없다. 기소유예는 범죄의 성립 및 객관적인 처벌조건 등이 모두 구비되어 유죄판결의 가능성이 있음에도 불구하고 검사의 재량에 의한 선택의 문제이므로, 기소유예에 대한 재정신청이나 헌법소원이 받아들여지지 않는 이상 유죄판결을 하더라도 아무런 문제가 없다고 파악해야 한다.

4. 선별기소

'선별(選別)기소'란 범죄의 성질과 내용이 비슷한 여러 피의자들 가운데 일부만을 선별하여 공소를 제기하고, 다른 피의자에 대하여는 수사에 착수하지도 않거나 기소유예처분을 하는 것을 말한다. 이와 관련하여 ① 검사의 선별기소는 헌법이 규정한 평등의 원칙에 위반되는 공소의 제기이기 때문에 공소제기의 절차가 법률의 규정에 위반하여 무효인 때에 해당하므로 제327조 제2호에 의하여 공소기각의 판결을 해야 한다는 견해[1], ② 기소편의주의에 입각하여 검사에게 공소권 행사의 재량권을 인정하고 있다는 점, 선별기소를 공소기각의 사유로 할 경우에는 공소가 제기되지 않은 사건까지 심리의 대상에 포함시키지 않을 수 없어 불고불리의 원칙에 반한다는 점 등을 논거로 하여, 검사의 선별기소가 불합리한 경우에도 유죄 또는 무죄의 실체판결을 해야 한다는 견해[2] 등의 대립이 있다.

이에 대하여 판례는 「검사에게는 범죄의 구성요건에 해당하는 경우에 피의자의 연령, 성행, 지능과 환경, 피해자에 대한 관계, 범행의 동기, 수단과 결과, 범행 후의 정황 등의 사항을 참작하여 공소를 제기할 것인지의 여부를 결정할 수 있는 재량권이 부여되어 있는바, 위와 같은 재량권의 행사에 따른 공소의 제기는 소추재량권을 현저히 일탈하였다고 인정되지 않는 이상 공소권을 남용한 경우에 해당한다고 할 수 없다. 따라서 어떤 사람에 대하여 공소가 제기된 경우 그 공소가 제기된 사람과 동일하거나 다소 중한 범죄구성요건에 해당하는 행위를 하였음에도 불기소된 사람이 있다는 사유만으로는 그 공소의 제기가 평등권 내지 조리에 반하는 것으로서 공소권 남용에 해당한다고 할 수 없다.」라고 판시[3]하여, 원칙적으로 실체판결설의 입장을

---

1) 김인회, 228면; 신동운, 258면(다만 공소기각판결설을 취하더라도 단순히 자기와 동일한 범죄구성요건에 해당하는 행위를 하였음에도 불구하고 공소가 제기되지 않은 다른 사람이 있다는 사유만으로는 공소권남용을 주장할 수 없다); 이은모/김정환, 372면; 정승환, 224면(검사가 같은 사건의 피의자 중에서 일부에 대해서만 공소를 제기하는 것이 헌법 제11조 제1항에서 금지하고 있는 차별적 취급에 해당하고, 그러한 차별취급에 자의적 의도가 개입되어 있다면 이는 검사가 소추재량권을 현저히 일탈하여 공소권을 남용한 것이다); 정웅석/최창호, 327면.

2) 배종대/홍영기, 198면; 손동권/신이철, 355면; 송광섭, 393면; 이재상/조균석, 371면; 이주원, 215면; 이창현, 549면; 임동규, 300면.

3) 대법원 2013. 1. 31. 선고 2011도1701 판결; 대법원 2012. 7. 12. 선고 2010도9349 판결; 대법원 2007. 6. 11. 선고 2007도2144 판결; 대법원 2006. 12. 22. 선고 2006도1623 판결(검사가 새천년민주당 대통령후보 경선에 끝까지 참여한 다른 사람들의 위법한 정치자금 수수혐의에 대해서는 문제 삼지 않으면서 중도 사퇴한 피고인의 정치자금수수에 대해서만 공소를 제기하였다고 하더라도, 그러한 사정만으로는 이 사건 공소제기가 소추재량권을 일탈한 것이라거나 피고인의 평등권을 침해하는 것이라고 볼 수 없다); 대법원 1999. 12. 10. 선고 99도577 판결; 대법원 1990. 6. 8. 선고 90도646 판결(똑같은 범죄구성요건에 해당하는 행위라고 하더라도 그 행위자 또는 그 행위

취하고 있다.

생각건대 불법의 영역에서는 평등의 원칙이 적용되지 아니하기 때문에 실체판결설이 타당하다. 특히 공소기각판결설이 논거로 제시하고 있는 자의적인 헌법위반은 현실적으로 발생하기 쉽지 않을 뿐만 아니라 입증하기도 매우 어려울 것이다.

5. 직무태만으로 인한 분리기소

'직무태만으로 인한 분리기소'란 검사가 동시에 수사하여 함께 기소함이 상당한 사건의 일부를 누락하여 먼저 기소한 사건에 대하여 항소심판결이 선고된 후에 누락된 사건을 기소한 경우를 말한다. 이는 검사가 동시에 기소하였다면 피고인에 대하여 하나의 형이 선고될 수 있는데도 관련사건의 항소심판결 선고 후에 누락된 사건을 분리기소한다면 피고인은 각각의 형을 선고받게 되는 불이익을 입게 되기 때문에 실무상 문제가 되고 있다. 이와 관련하여 ① 누락사건의 기소는 이중위험금지의 원칙에 위반하는 공소제기에 해당한다는 점, 병합심리로 인한 양형상의 이익을 침해한다는 점, 피고인에게 중복적으로 절차에 관여해야 하는 불이익을 준다는 점 등을 논거로 하여, 공소기각의 판결을 해야 한다는 견해[1], ② 검사에게 동시소추의 의무가 있다고 할 수는 없으므로 보복기소에 해당하지 않는 한 직무태만에 의한 분리기소를 공소권남용으로 볼 수 없기 때문에 실체판결을 해야 한다는 견해[2] 등의 대립이 있다.

생각건대 검사에게 무제한적인 소추권을 부여한 것이 아니라 검사의 소추권은 헌법과 형사소송법의 근본이념에 벗어나지 않도록 적정하게 행사되어야 하며, 공소권의 행사가 형식적으로는 적법하지만 실질적으로는 소추재량을 현저히 일탈하여 적정성을 결여한 경우에는 헌법상 적정절차의 보장이념에 비추어 공소권의 남용으로서 공소제기의 절차가 무효인 경우에 해당한다. 특히 피고인은 자신이 저지른 일련의 범죄행위에 대하여는 동시에 재판을 받을 정당한 이익이 있는 것이므로, 일련의 범죄행위 중 일부 범죄행위에 대하여만 이미 구속되어 있는 피고인에 대한 나머지 범죄행위에 관한 검사의 이시(異時)추가기소는 헌법상의 신속한 재판을 받을 권리의 보장이념과 관련하여서도 공소권 행사의 실질적 적정성이 요구된다.

피고인이 판결 확정 전에 범하여진 일련의 범죄행위에 대하여 동시에 재판을 받지 못함으로써 두 번의 형을 선고받게 된 것이 검사가 피의자가 범한 일련의 범죄행위 중 일부에 대하여 이미 구속기소된 사실을 알면서도 정당한 이유 없이 나머지 범죄행위에 대하여 신속한 수사 및 소추권 행사를 하지 아니한 검사의 태만 내지 위법한 부작위에 의한 공소권 행사에 기인한 것이고, 또한 동시에 재판을 받지 못한 점에 대하여 피고인에게 중대한 귀책사유가 없는 경우에

당시의 상황에 따라서 위법성이 조각되거나 책임이 조각되는 경우도 있을 수 있는 것이므로, 자신이 행위가 범죄구성요건에 해당한다는 이유로 공소가 제기된 사람은 단순히 자신과 동일한 범죄구성요건에 해당하는 행위를 하였음에도 불구하고 불기소된 사람이 있다는 사유만으로는 평등권이 침해되었다고 주장할 수는 없다).

1) 김인회, 229면; 손동권/신이철, 357면; 이은모/김정환, 373면; 임동규, 302면; 정승환, 225면.

2) 송광섭, 394면.

는, 이시추가소추권 행사는 특별한 사정이 없는 한 피고인의 신속한 재판을 받을 권리를 침해하는 것으로서 공소권 남용에 해당한다.[1] 또한 검사가 피고인에게 불이익을 주기 위한 미필적인 의도로 누락기소하였다면 공소권 남용에 해당한다.

하지만 공소가 종전 사건의 항소심판결 선고 전에 제기되지 아니하여 피고인이 관련사건과 병합하여 재판을 받지 못하게 된 불이익을 받게 되었다고 하더라도 그것이 검사가 자의적으로 공소권을 행사하여 소추재량권을 현저히 일탈한 위법으로 인한 것으로는 볼 수 없다면, 그 공소가 공소권을 남용하여 제기된 것이라고는 볼 수 없다.[2] 이에 따라 검사가 피고인의 여러 범죄행위를 일괄하여 기소하지 아니하고 수사진행 상황에 따라 여러 번에 걸쳐 나누어 분리기소하였다고 하여 검사의 공소제기가 소추재량권을 현저히 일탈한 것으로 볼 수는 없다.[3]

한편 검사가 누락사건을 뒤늦게 추가기소하는 분리기소로 인하여 피고인이 사건을 병합하여 재판을 받지 못하는 바람에 먼저 기소된 사건으로 집행유예를 선고받고 그 유예기간 중에 다시 추가로 기소된 사건으로 재판을 받게 되어 집행유예 결격자가 되는 등 피고인에게 심각한 불이익이 발생되는 경우가 종종 있었다. 이에 2005년 형법 개정을 통하여 '집행유예의 선고를 받은 자가 유예기간 중 고의로 범한 죄로 금고 이상의 실형을 선고받아 그 판결이 확정된 때'에 비로소 집행유예가 실효되게 되고(형법 제63조), '경합범 중 판결을 받지 아니한 죄가 있는 때에는 그 죄와 판결이 확정된 죄를 동시에 판결할 경우와 형평을 고려하여 그 죄에 대하여 형을 감경 또는 면제할 수 있게' 됨에 따라(형법 제39조 제1항) 입법적인 해결이 이루어졌다.

---

1) 대구지방법원 의성지원 1998. 11. 7. 선고 98고단200 판결.

2) 대법원 2004. 7. 8. 선고 2004도2189 판결(경찰은 종전 사건의 항소심 변론종결일 2일 전에 피고인에 대한 피의자신문을 하고, 검찰은 종전 사건의 항소심 변론종결일 이후에야 이 사건을 송치 받아 종전 사건의 항소심판결이 확정된 후에야 제1회 피의자신문을 한 것이므로 비록 불구속으로 송치된 다음날에 종전 사건의 제1심판결이 선고된 사정을 알았다고 하더라도 검찰로서는 종전 사건에 대한 항소심판결 선고일 이전에 이 사건 범행에 대한 공소를 제기하여 두 사건이 병합되게 하여 함께 재판을 받도록 하는 것이 시간적으로 용이하지 아니하였을 것임이 명백하다고 할 것이고, 기록상 검사가 자의적으로 이 사건 범행에 대한 수사와 공소의 제기를 지연하다가 종전사건에 대한 항소심판결이 선고된 후에야 비로소 공소를 제기하였음을 인정할 아무런 자료를 발견할 수가 없다. 그렇다면 이 사건 공소가 종전 사건의 항소심판결 선고일 이후에야 제기되는 바람에 피고인이 이 사건과 종전사건에 대하여 병합하여 재판을 받지 못하게 된 불이익을 받게 되었다고 하더라도 그것이 검사가 자의적으로 공소권을 행사하여 소추재량권을 현저히 일탈한 위법으로 인한 것으로는 볼 수 없으므로 이 사건 공소가 공소권을 남용하여 제기된 것이라고는 볼 수 없다); 대법원 2004. 4. 27. 선고 2004도482 판결(기업들에 대하여 막강한 영향력을 가지고 있던 국세청의 고위 공무원들과 공모하여 기업들로부터 거액의 정치자금을 모금한 행위는 정치자금의 투명한 조달을 왜곡하고 공정한 선거를 방해할 뿐만 아니라 기업들에 대하여는 막중한 경제적 부담을 지우는 것으로서, 검찰이 수사와 기소 단계에서 제15대 대통령 선거의 당선자측과 낙선자측을 불평등하게 취급하는 정치적인 고려가 있었다고 하더라도, 그 범죄행위에 상응한 책임을 묻는 검사의 공소제기가 소추재량권을 현저히 일탈하였다고 볼 수 없다); 대법원 1998. 7. 10. 선고 98도1273 판결; 대법원 1996. 9. 24. 선고 96도1730 판결; 대법원 1996. 2. 13. 선고 94도2658 판결.

3) 대법원 2007. 12. 27. 선고 2007도5313 판결(형법 제37조의 경합범관계에 있는 수죄가 별개로 기소되어 별개의 절차에서 재판을 받게 된 결과 어느 하나의 사건에서 먼저 집행유예가 선고되어 그 형이 확정된 경우, 그 집행유예기간의 도과 여부를 불문하고 나중에 기소된 범죄사실에 대하여 형의 집행유예를 선고할 수 있음은 형법 제62조 제1항의 규정 문언과 취지에 비추어 명백하다).

판례에 의하면, ① 검사가 구속영장기재의 범죄사실(선행사건)로 피고인을 신문할 당시 피고인이 여죄의 사실(후행사건)도 자백하였으나 경찰에서 후행사건의 수사관계로 선행사건과 분리하여 뒤늦게 따로 송치한 관계로 선행사건의 기소 당시에는 후행사건은 검찰에 송치되기 전이었고 불구속으로 송치된 후행사건에 대하여 검사가 제1회 피의자신문을 할 당시 선행사건의 유죄판결이 의외로 빨리 확정된 경우에 있어서 검사의 후행사건에 대한 기소[1], ② 검사가 사기죄에 대하여 약식명령의 청구를 한 다음, 피고인이 약식명령의 고지를 받고 정식재판의 청구를 하여 그 사건이 제1심법원에 계속 중일 때, 사기죄의 수단의 일부로 범한 사문서위조 및 동행사죄에 대하여 추가로 공소를 제기한 경우[2], ③ 사기 사건에 대한 항소심판결 선고 이후 동종의 사기 사건의 다른 피해자들이 진정서 및 고소장을 제출함에 따라 그 때 비로소 수사가 개시된 경우[3] 등에 있어서는 공소권의 남용에 해당하지 아니한다.

하지만 ① 피고인이 절취한 차량을 무면허로 운전하다가 적발되어 절도 범행의 기소중지자로 검거되었음에도 무면허 운전의 범행만이 기소되어 유죄의 확정판결을 받고 그 형의 집행 중 가석방되면서 다시 그 절도 범행의 기소중지자로 긴급체포되어 절도 범행과 이미 처벌받은 무면허 운전의 일부 범행까지 포함하여 기소된 경우[4], ② 기소유예처분을 번복하고 기소할 만한 의미 있는 사정변경이 없는데다 피고인이 간첩사건에서 무죄를 선고 받게 되자 이미 기소유예 처분된 외국환관리법위반 혐의에 대하여 4년 만에 다시 공소를 제기한 경우 등에 있어서는 공소권의 남용에 해당한다.[5]

제2절 공소제기의 기본원칙

Ⅰ. 국가소추주의

1. 의 의

'국가소추주의'(國家訴追主義)란 공소제기의 권한을 국가기관이 행사하는 제도를 말한다. 우리나라에 있어서 공소는 검사가 제기하여 수행하며(제246조), 즉결심판은 관할 경찰서장 또는 관할 해양경찰서장이 관할법원에 이를 청구하며(즉결심판절차법 제3조 제1항), 대법원장·대법관·검찰총장·판사·검사·경무관 이상의 경찰공무원에 해당하는 고위공직자로 재직 중에 본인 또는 본인의 가족이 범한 고위공직자범죄 및 관련범죄에 대하여는 고위공직자범죄수사처의 검사가 공소의 제기 및 유지를 수행하여(수사처법 제3조 제1항 제2호), 국가소추주의를 명시하고 있다.

1) 대법원 1999. 12. 10. 선고 99도577 판결.

2) 대법원 1990. 2. 23. 선고 89도2102 판결.

3) 대법원 1997. 6. 27. 선고 97도508 판결(검사가 종전 사건에 대한 항소심판결 선고 이전에 관련 사건에 대한 공소를 제기하여 피고인으로 하여금 두 사건을 병합하여 한꺼번에 재판받도록 하는 것은 시간적으로 불가능함이 명백하다).

4) 대법원 2001. 9. 7. 선고 2001도3026 판결.

5) 서울고등법원 2016. 9. 1. 선고 2015노2312 판결.

2. 인접개념으로서 사인소추주의

'사인소추주의'(私人訴追主義)란 범죄로 인하여 피해를 입은 피해자가 직접 법원에 소추하여 범인에 대한 처벌을 구하는 제도를 말한다. 하지만 사인소추주의를 원칙으로 할 수는 없기 때문에 대부분의 국가에서는 국가소추주의를 원칙으로 하면서 사인소추주의를 예외로서 인정하고 있다. 예를 들면 독일에서는 국가소추주의를 원칙으로 하면서 주거침입죄·비밀침해죄·모욕죄 등과 같은 경미한 범죄에 대해서는 예외적으로 피해자소추를 허용하고 있다. 한편 사인소추를 허용하고 있는 독일·영국 등에서도 증거수집의 한계, 비용부담, 사인소추절차의 복잡성 등과 같은 장애요소로 인하여 사인소추제도의 이용률이 미미한 실정이다.

형사피해자에게 자신이 관련된 사건의 처리과정에서 자신의 정당한 이익과 기대를 반영할 수 있는 기회가 주어져야 한다는 점에서 사인소추의 필요성이 제기되기도 하지만, 사인소추제도는 법질서의 안정이라는 공공의 이익을 위하여 실현되어야 할 형벌권을 피해자의 사적 응보관념에 의존하게 만들어 형벌의 목적에 부합하지 아니할 뿐만 아니라 실체적 진실의 발견보다는 형사피해자 및 피의자·피고인의 책임 아래 형사소송이 좌우됨으로써 실체적 진실의 발견과 신속한 재판을 그 이념으로 하는 형사소송체계와도 일치하지 아니한 측면이 있다. 현실적으로도 사인이 소추하는 경우 피해자는 강제수사를 비롯한 수사권한이 없기 때문에 범죄의 혐의를 입증하기 위한 자료를 수집하느라 소송수행에 있어 현저한 부담을 갖게 되고, 또한 사인소추가 허용될 경우 남소로 인한 법원의 업무량 폭증이 예상되고 그로 인해 신속한 재판을 받을 국민의 권리가 침해되는 상황이 발생할 우려도 있다.

Ⅱ. 기소독점주의

1. 의 의

'기소독점주의'(起訴獨占主義)란 국가소추주의를 전제로 국가기관 중에서도 검사만이 공소를 제기하고 수행할 권한을 갖는 것을 말한다. 제246조에 의하면 '공소는 검사가 제기하여 수행한다.'라고 하고 있으며, 검찰청법 제4조 제1항에서 검사의 직무와 권한 중 하나로서 공소제기와 그 유지를 규정하여 국가소추주의와 함께 원칙적으로 검사에 의한 기소독점주의를 채택하고 있다.

검사는 공익의 대표자로서 범죄수사 및 공소제기와 그 유지에 필요한 사항, 재판집행의 지휘·감독, 국가를 당사자 또는 참가인으로 하는 소송과 행정소송의 수행 또는 그 수행에 관한 지휘·감독 등을 그 직무로 함과 아울러 이를 수행함에 있어 국민 전체에 대한 봉사자로서 정치적 중립을 지켜야 하며 부여된 권한을 남용하여서는 아니되도록 그 공익적 지위와 객관의무를 부여받고 있다. 뿐만 아니라 법관과 동일한 자격조건에 의하여 임명되고 정당한 법령의 적용청구와 피고인의 이익을 위하여도 상소할 수 있는 준사법기관적 성격을 가지고 있다. 따라서 이러한 검사로 하여금 공소의 제기 및 유지활동을 하게 하는 것이 피해자의 개인적 감정이나 집단적 이해관계 또는 여론에 좌우되지 아니하고 국가형벌권 내지 형사소추권을 객관적으로 행사할 수 있어 형사소추의 적정성 및 합리성을 기할 수 있다고 보았기 때문에 검사에 의한 기소독점주의를 채택하고 있는 것이다.[1] 또한 검사 전체가 전국적으로 통일된 기준에 의하여 공소권을 행사하게 되어 공소제기의 적정성에 기여할 수 있고, 공익의 대표자이자 법률전문가인 검사에게 공소권을 부여함으로써 공정한 공소제기를 기대할 수 있다.

그러나 기소독점주의는 공소권이 검사의 자의와 독선에 따라 행사될 위험성이 있다는 점, 검찰의 정치적 중립성이 확보되지 않으면 공소권행사가 정치권력에 의하여 영향을 받을 가능성이 있다는 점 등의 비판이 제기되기도 한다. 이러한 점을 보완하기 위하여 다음과 같은 기소독점주의에 대한 예외 및 제한이 등장하게 되는 것이다.

2. 기소독점주의의 예외 및 제한

(1) 기소독점주의의 예외

1) 경찰서장의 즉결심판청구

기소독점주의의 예외로서 경찰서장의 즉결심판청구권이 있다. '즉결심판청구권'(卽決審判請求權)이란 즉결심판절차법에 의거하여 20만원 이하의 벌금·구류·과료에 처할 사건에 대하여 경찰서장이 법원에 그 처벌을 구하는 권한을 말한다. 즉결심판으로 처리되는 사건의 범위는 법정형이 아니라 선고형을 기준으로 정해진다는 점에서 경찰서장은 현실적으로 광범위한 소추재량권을 가진다고 할 수 있다.

2) 고위공직자범죄수사처 검사의 소추

대법원장·대법관·검찰총장·판사·검사·경무관 이상의 경찰공무원에 해당하는 고위공직자로 재직 중에 본인 또는 본인의 가족이 범한 고위공직자범죄 및 관련범죄에 대하여는 고위공직자범죄수사처의 검사가 공소의 제기 및 유지를 수행한다(수사처법 제3조 제1항 제2호).

(2) 기소독점주의의 제한

1) 고소권 및 처벌불원 의사표시의 행사

형사소송법은 형사피해자에게 고소권을 인정함과 아울러(제223조) 검사는 범죄로 인한 피해자 또는 그 법정대리인(피해자가 사망한 경우에는 그 배우자·직계친족·형제자매를 포함한다)의 신청이 있는 때에는 당해 사건의 공소제기 여부, 공판의 일시·장소, 재판결과, 피의자·피고인의 구속·석방 등 구금에 관한 사실 등을 신속하게 통지하여야 한다(제259조의2). 또한 고소에 대한 사법경찰관의 조치의무(제238조)와 고소인 등에의 처분고지 및 공소부제기이유고지(제258조 제1항, 제259조)

1) 헌법재판소 2007. 7. 26. 선고 2005헌마167 결정.

규정을 두어 형사피해자의 고소권행사를 보장하고 있다. 고소권은 국가소추주의로 인하여 형사소추권이 인정되지 않는 피해자가 공소제기권한을 가지고 있는 검사에게 범죄자를 소추하여 달라고 요구할 수 있는 권한으로 사인의 소추요구를 반영하고 있다고 볼 수 있다. 이러한 제도는 재정신청과 항고의 기초를 제공하고 검사의 불기소처분을 억제하는 기능을 수행한다. 특히 친고죄에 있어서 고소권의 행사는 검사의 공소제기권이라는 기소독점주의를 제한하는 기능을 수행하고 있으며, 반의사불벌죄에 있어서 피해자의 처벌불원 의사표시는 검사의 공소제기권뿐만 아니라 공소유지권이라는 기소독점주의를 제한하는 기능을 수행하고 있다.

2) 검찰항고

고소인 또는 고발인은 검사의 불기소처분이 자의적이고 불공정하다고 판단되면 그에 불복하여 항고를 할 수 있다(검찰청법 제10조).

3) 재정신청

고소권자로서 고소를 한 자(형법 제123조부터 제126조까지의 죄에 대하여는 고발을 한 자를 포함한다)는 검사로부터 공소를 제기하지 아니한다는 통지를 받은 때에는 그 검사 소속의 지방검찰청 소재지를 관할하는 고등법원에 그 당부에 관한 재정을 신청할 수 있는데(제260조 제1항), 고등법원의 결정에 따른 재정결정서를 송부받은 관할 지방검찰청 검사장 또는 지청장은 지체 없이 담당 검사를 지정하고 지정받은 검사는 공소를 제기하여야 한다(제262조 제6항). 재정신청제도는 기소독점주의 및 기소편의주의에 따른 검사의 형사소추권 행사의 남용을 방지하고 그 행사의 적정성을 확보하기 위한 것으로서 고소권자 등은 재정신청을 통하여 검사의 공소제기를 강제할 수 있으므로 실질적으로는 사인소추의 역할을 하고 있다. 2007년 개정 형사소송법 이전에는 법원의 부심판결정에 의하여 공소제기가 의제되었기 때문에 기소독점주의의 예외로 평가되었지만, 현행법에서는 법원의 공소제기 결정에 따라 검사가 공소제기를 의무적으로 해야 하기 때문에 기소독점주의의 제한으로 평가되고 있다.[1)]

4) 헌법소원

검사의 불기소처분이 자의적으로 행사된 경우 형사피해자는 헌법 제27조 제5항에 규정된 재판절차진술권과 헌법 제11조에 규정된 평등권의 침해를 주장하여 헌법재판소법 제68조 제1항에 따라 헌법소원심판을 청구할 수 있으며, 형사피의자도 헌법 제11조에 규정된 평등권의 침해를 주장하여 헌법소원심판을 청구할 수 있다.

5) 특별검사제도

특별검사제도는 검찰의 기소독점주의 및 기소편의주의에 대한 제도적 견제장치로서 권력형 부정사건 및 정치적 성격이 강한 사건에서 대통령이나 정치권력으로부터 독립된 특별검사에 의하여 수사 및 공소제기·공소유지가 되게 함으로써 법의 공정성 및 사법적 정의를 확보하

---

1) 이에 대하여 재정신청제도를 기소독점주의의 예외로 파악하는 견해로는 신동운, 229면; 신양균/조기영, 372면.

기 위한 것이다. 우리나라에서는 1999. 9. 30. 도입되었는데, 이를 구체적으로 보면 ① 한국조폐공사 노동조합 파업유도 및 전 검찰총장 부인에 대한 옷로비 의혹사건 진상규명을 위한 특별검사의 임명 등에 관한 법률(1999. 9. 30.), ② 주식회사 지앤지 대표이사 이용호의 주가조작·횡령사건 및 이와 관련된 정·관계 로비의혹사건 등의 진상규명을 위한 특별검사의 임명 등에 관한 법률(2001. 11. 26.), ③ 남북정상회담 관련 대북뒷거래의혹사건 등의 진상규명을 위한 특별검사임명등에 관한 법률(2003. 3. 15.), ④ 노무현대통령의 측근 최도술·이광재·양길승 관련권력형 비리사건 등의 진상규명을 위한 특별검사의 임명 등에 관한 법률(2003. 12. 6.), ⑤ 한국철도공사 등의 사할린 유전개발사업 참여 관련 권력형 외압과 불법뒷거래 등의 의혹사건 진상규명을 위한 특별검사의 임명 등에 관한 법률(2005. 7. 21.), ⑥ 삼성 비자금 의혹 관련 특별검사의 임명 등에 관한 법률(2007. 12. 10.), ⑦ 한나라당 대통령후보 이명박의 주가조작 등 범죄혐의의 진상규명을 위한 특별검사의 임명 등에 관한 법률(2007. 12. 28.), ⑧ 검찰고위간부 박기준·한승철 등의 불법자금 및 향응수수사건 진상규명을 위한 특별검사의 임명 등에 관한 법률(2010. 7. 12.), ⑨ 2011. 10. 26. 재보궐선거일 중앙선거관리위원회와 박원순 서울시장 후보 홈페이지에 대한 사이버테러 진상규명을 위한 특별검사의 임명 등에 관한 법률(2012. 2. 22.), ⑩ 이명박 정부의 내곡동 사저부지 매입의혹사건 진상규명을 위한 특별검사의 임명 등에 관한 법률(2012. 9. 21.), ⑪ 박근혜 정부의 최순실 등 민간인에 의한 국정농단 의혹 사건 규명을 위한 특별검사의 임명 등에 관한 법률(2016. 11. 22.), ⑫ 드루킹의 인터넷상 불법 댓글 조작 사건과 관련된 진상규명을 위한 특별검사의 임명 등에 관한 법률(2018. 5. 29.) 등이 그것이다. 이와 같이 과거 우리나라에서 운영되어 온 특별검사제도는 일반적인 사항에 대하여 전반적으로 수사를 하는 것이 아니라 개별적이고 구체적인 사항에 대하여 한정된 범위 내에서의 수사를 하는 것을 그 특징으로 하고 있다.

한편 개별 법률을 제정하는 것보다 특별검사제도의 발동 경로와 수사대상, 임명 절차 등을 미리 법률로 제정해 두고 문제가 된 사건이 발생되면 곧바로 특별검사를 임명하여 최대한 공정하고 효율적으로 수사할 수 있도록 하는 상설특별검사제도의 도입 근거를 마련하고 특별검사에게 국회가 본회의에서 의결한 사건 등에 대한 수사권한 등을 부여하기 위하여 2014. 6. 19. 「특별검사의 임명 등에 관한 법률」을 제정하였다. 하지만 이는 인적·물적 조직이 전혀 없는 무늬만 '상설'인 특별검사에 불과하여, 이에 의하여 특별검사가 임명된 사례는 아직까지 단 한 차례도 없고, 오히려 개별 특별검사가 이후에도 계속해서 임명되고 있는 실정이다.

Ⅲ. 기소편의주의

1. 의 의

'기소편의주의'(起訴便宜主義)란 검사의 공소권 행사에 있어서 어느 정도의 재량을 인정하는 것을 말한다. 제247조에 의하면 '검사는 형법 제51조의 사항을 참작하여 공소를 제기하지 아니할 수 있다.'라고 규정하여 기소편의주의를 명시하고 있다. 그리하여 수사의 결과 범죄의 객관적인 혐의가 존재하고 소송조건이 구비되어 있는 경우라고 할지라도 검사는 재량에 따라 불기소를 결정할 수 있다.

기소편의주의는 형사사법의 탄력적인 운용을 통하여 구체적인 정의를 실현할 수 있다는 점, 범죄인에게 조기개선의 기회를 제공함으로서 형사정책적으로 타당한 결과를 가져올 수 있다는 점, 불필요한 기소를 억제함으로서 소송경제에 기여할 수 있다는 점 등의 장점이 있으나, 공소제기에 대한 검사의 자의와 정치적 영향을 배제할 수 없다는 점, 형사사법에 대한 국민의 신뢰를 확보하는데 장애가 될 수 있다는 점 등의 단점이 있다.

2. 인접개념으로서 기소법정주의

'기소법정주의'(起訴法定主義)란 범죄의 객관적인 혐의가 인정되고 소송조건이 구비되어 있는 경우에는 반드시 공소를 제기할 것을 요구하는 입법주의를 말한다. 독일은 경미사건이나 국가보호사건을 제외하고는 원칙적으로 기소법정주의를 채택하고 있다(독일 형사소송법 제152조 제2항).

기소법정주의는 검사의 소추재량을 박탈함으로서 공소제기에 대한 검사의 자의와 정치적 영향을 배제할 수 있다는 점, 형사사법의 획일적인 운영에 의하여 법적 안정성이 유지된다는 점 등의 장점이 있으나, 형사사법의 경직을 초래하여 구체적 타당성을 잃게 된다는 점, 불필요한 심리의 진행으로 소송경제에 반하는 결과를 초래한다는 점, 처벌의 필요가 없는 경우에도 공소를 제기하게 되어 형사정책적으로 불합리하다는 점 등의 단점이 있다.

생각건대 일상생활에서 흔히 발생할 수 있는 경미한 범죄 또는 민생치안범죄의 영역에서까지 기소법정주의를 도입할 수는 없겠지만[1], 적어도 권력형 범죄사건이나 정치적 범죄사건 등의 일정한 영역에서는 기소법정주의를 채택하는 방안을 고려해 볼 수 있다. 즉 검사에 의한 기소재량이 실제로 오·남용되고 있고, 그러할 개연성이 높은 일정한 영역의 범죄에 대해서는 기소재량을 박탈하여 기소를 강제하는 방안을 생각해 보아야 하는 것이다.[2] 예를 들면 뇌물사건, 정치자금사건, 선거사건, 경제사건, 공무원이 관련된 사건 등은 정치적·경제적 영향력으로부터의 외압이 충분히 가능한 사건이므로 아무리 검사가 충실한 수사를 수행하였다고 할지라도 그에 대한 불기소처분에 대해서는 회의적인 시각이 상존할 것이다. 그러므로 권력형 범죄사건에 대해서는 검사의 기소재량을 박탈하여 기소법정주의를 도입할 필요성이 있는 것이다. 유사한 취지에서 우리나라는 고위공직자에 의한 부정부패 관련 범죄를 별도로 수사하여 소추할 수 있는 기관으로서 2020. 7. 15.부터 고위공직자범죄수사처를 독립적으로 운영하고 있다.

---

1) 기소법정주의를 채택하고 있는 독일의 경우에도 예외적으로 기소편의주의를 인정하여 법원의 업무량 폭주와 검사의 엄격한 기소의무를 완화시키고 있다. 예를 들면 경미사건, 주거침입, 서신비밀침해, 상해, 협박, 재물손괴, 지적재산권침해 범죄 등의 영역에서는 기소편의주의를 인정하고 있는데, 이러한 범죄들의 공통적인 특징은 비권력형 범죄라는 점은 우리에게 주는 시사점이 있다.

2) 이에 대하여 독일식의 기소법정주의를 도입하자는 견해로는 손동권/신이철, 360면; 신양균/조기영, 374면.

3. 기소편의주의의 내용

(1) 공소제기에 있어서의 재량: 기소유예

1) 의 의

제247조 제1항은 사인의 소추를 허용하지 아니하고, 공소는 오로지 공익의 대표자인 검사만이 제기하여 수행하도록 공소권자를 검사로 한정함과 아울러 원칙적으로 검사는 형법 제51조의 사항을 참작하여 공소를 제기하지 아니할 수 있도록 규정하고 있다. 기소유예는 기소편의주의에 근거하여 공소를 제기하지 아니하는 처분으로서, 공소를 제기하고 유지하기에 충분한 범죄의 혐의가 있고 소추요건이 모두 갖추어져 있음에도 불구하고 공소권자인 검사가 형사정책적인 재량에 의하여 행하는 불기소처분이라는 점에서, 범죄의 혐의가 불충분하거나 소추요건을 갖추지 못하는 등의 객관적인 소추장애사유 때문에 행하는 그 밖의 불기소처분과는 근본적으로 성격이 다르다.

2) 기 준

기소편의주의를 규정한 제247조 제1항에 따르면 '검사는 형법 제51조의 사항을 참작하여 공소를 제기하지 아니할 수 있다.'라고 규정하고 있을 뿐 다른 제한은 가하지 않고 있으므로, 공소를 제기할 것인지의 여부는 기본적으로 검사의 재량에 속한다. 그러나 모든 국민의 법률 앞에서의 평등권(헌법 제11조 제1항), 형사피해자의 재판절차에서의 진술권(헌법 제27조 제5항) 등을 보장하고 있는 헌법정신과 검사의 불편부당한 공소권행사에 대한 국민적 신뢰를 기본적 전제로 하는 기소편의주의제도 자체의 취지와 목적에 비추어 보면, 이와 같은 검사의 소추재량권은 그 운용에 있어 자의가 허용되는 무제한의 자유재량이 아니라 그 스스로 내재적인 한계를 가지는 합목적적 자유재량으로 이해함이 마땅하다.

한편 형법 제51조에는 검사가 공소를 제기할 것인지의 여부를 결정함에 있어서 판단의 기준이 될 사항으로 '① 범인의 연령, 성행, 지능과 환경, ② 피해자에 대한 관계, ③ 범행의 동기, 수단과 결과, ④ 범행후의 정황'이라고 규정하고 있지만, 형법 제51조에 규정된 사항들은 단지 예시적인 것에 불과하고 피의자의 전과 및 전력, 법정형의 경중, 범행이 미치는 사회적 영향, 사회정세 및 가벌성에 대한 평가의 변화, 법령의 개폐, 공범의 사면, 범행 후 시간의 경과 등과 같이 형법 제51조에 예시되지 아니한 사항도 참작의 요소가 될 수 있다. 또한 형법 제51조에 규정된 네 가지 유형의 사항 가운데 다의적 개념인 '범행 후의 정황'은 범행 후 판결 선고에 이르기까지의 피고인의 행태, 범행 후 범인의 태도, 범행 후의 회오, 피해회복 또는 피해회복을 위한 노력, 소송 중 피고인의 태도 등도 포함하는 개념으로 이해해야 한다.[1]

1) 헌법재판소 1995. 1. 20. 선고 94헌마246 결정.

3) 효 과

기소유예는 검사의 종국처분이기 때문에 법원의 확정판결과는 달리 확정력이 인정되지 아니한다. 그리하여 검사가 일단 기소유예의 처분을 한 것을 그 후 다시 재기하여 기소하였다고 하더라도 기소의 효력에 아무런 영향이 없는 것이고[1], 법원이 그 기소사실에 대하여 유죄판결을 선고하였다고 하여 그것이 일사부재리의 원칙에 반하는 것이라고 할 수 없다.[2]

4) 기소재량권 남용의 문제

기소독점주의와 기소편의주의를 채택하고 있는 현행 형사소송절차에서 검사의 불기소처분에 대한 불복 방법으로는 ① 검찰항고(검찰청법 제10조), ② 재정신청(형사소송법 제260조), ③ 헌법소원(헌법재판소법 제68조 제1항) 등이 있다. 하지만 검찰항고는 검찰 조직 내부의 자기통제장치라는 점에서 검사의 공소권 행사의 적정성을 보장하기에는 근본적인 한계가 있다. 참고로 항고사건 가운데 재기수사명령이 내려진 경우는 약 10% 수준에 머무르고 있다. 다음으로 재정신청은 고소·고발이 없는 사건에 대해서 인정되지 않는다는 점, 재정법원의 기각결정에 대하여 불복할 수 없다는 점, 법원의 낮은 인용률로 인하여 검찰에 대한 불신이 사법에 대한 불신으로 전이된다는 점, 공소유지전담변호사가 아닌 검사가 공소제기 및 수행을 담당함으로써 발생하는 불성실한 태도가 제도의 효율성을 저해할 수 있다는 점 등에서 미흡한 점이 드러나고 있다. 참고로 재정신청사건 가운데 공소제기결정이 내려진 경우는 약 1~2% 수준에 머무르고 있다. 마지막으로 헌법소원은 재정신청대상사건의 전면적인 확대로 인하여 접수가능사건의 수가 대폭적으로 축소되었다는 점, 고발인에 대하여 헌법소원을 인정하고 있지 않다는 점, 검사의 기소처분은 그 대상이 아니라는 점, 헌법재판소의 인용결정으로 검사의 기소를 직접적으로 강제할 수는 없다는 점 등에서 역시 미흡한 점은 마찬가지이다. 참고로 불기소처분에 대한 헌법소원 심판사건 가운데 인용이 된 경우는 약 10%의 수준에 머무르고 있다. 이와 같이 기소편의주의에 근거한 검사의 기소재량권을 통제하기 위한 현행의 제도는 주로 사후적 견제의 수단에 그치고 있는 실정이며, 이마저도 각 제도의 미비점으로 인하여 적절한 통제기능을 제대로 수행하지 못하고 있다. 하지만 보다 결정적인 결함은 이 모든 통제기능의 수행에 있어서 국민의 참여가 전적으로 배제되어 있다는 점에서 민주적 정당성과 신뢰성의 심각한 결손현상을 보이고 있다는 점이라고 할 수 있다.

5) 검찰시민위원회를 통한 견제

검사의 공소제기·불기소 처분·구속취소·구속영장 청구 및 재청구 등에 관한 의사결정 과정에 국민의 의견을 직접 반영하여 검찰권 행사의 공정성과 투명성을 제고하고 국민의 인권을 보장하기 위하여 설치할 검찰시민위원회의 심의대상·구성·심의절차 등에 관하여 필요한 사항

---

1) 이에 대하여 기소유예의 기간을 정하여 그 기간이 지나면 재기소를 엄격히 제한하는 내용의 입법을 검토할 필요가 있다는 견해로는 정승환, 230면.

2) 대법원 1983. 12. 27. 선고 83도2686 판결.

을 규정함을 목적으로 「검찰시민위원회 운영지침」(대검예규 제965호)이 시행되고 있다. 이에 의하면 각 지방검찰청 및 지청에 검찰시민위원회를 설치하는데(지침 제2조), 검사는 ① 고위 공직자의 금품·향응 수수, 불법 정치자금 수수, 권력형 비리, 지역 토착 비리 등 부정부패 사건, ② 피해자가 불특정 다수인 사기·횡령·배임 등 금융·경제 범죄 사건, ③ 조직폭력, 마약, 살인, 성폭력 등 중요 강력 사건, ④ 사회적 이목이 집중된 사건, ⑤ 기타 지방검찰청 등의 장이 위원회의 심의가 필요하다고 지정한 사건 등에 관하여 심의가 필요하다고 인정되는 때에는 사전에 위원회에 심의를 요청한다(지침 제3조 제1항). 위원회는 검사의 요청에 따라 ① 공소제기의 적정성, ② 불기소 처분의 적정성, ③ 구속취소의 적정성, ④ 구속영장 청구 및 재청구의 적정성, ⑤ 수사절차 이의에 관한 진정사건 처분의 적정성, ⑥ 구형 의견의 적정성, ⑦ 소송비용 청구 여부의 적정성, ⑧ 항소 여부의 적정성, ⑨ 기타 지방검찰청 등의 장이 위원회에 부의하는 사항을 심의한다(지침 제3조 제2항).[1)]

위원회는 11명 이상 60명 이하의 위원으로 구성한다(지침 제4조 제1항). 지방검찰청 등의 장은 필요한 경우 복수의 위원회를 구성할 수 있지만, 이 경우 각 위원회 위원들을 합한 위원 수는 60명을 초과할 수 없다(지침 제4조 제2항). 검사는 위원회의 심의의견을 최대한 존중하여야 한다. 다만 위원회의 의견은 검사의 결정을 기속하지 아니한다(지침 제18조 제1항). 검사는 위원회의 의견과 다른 결정을 할 때에는 서면 또는 구두로 심의에 참여한 위원들에게 그 이유를 고지하여야 한다(지침 제18조 제2항).

(2) 공소유지에 있어서의 재량: 공소의 취소

1) 의 의

① 제도의 취지

'공소의 취소'란 검사가 법원에 대하여 이미 제기한 공소를 철회하는 것을 말하는데, 이를 채택한 것을 '기소변경주의'(起訴變更主義)라고 한다.[2)] 공소의 취소는 검사의 잘못된 공소제기에 대한 내부적 시정제도이자 공소제기 후 발생한 새로운 사정을 고려하기 위한 형사정책적 기능을 수행하고 있다. 공소의 취소는 검사가 공소를 제기한 후에도 제1심판결 선고 전에는 언제든지 공소를 취소하여 피고인을 조기에 소송절차에서 해방시키고 소송경제를 도모하는 장점이 있지만, 자의적으로 공소를 취소하고 새로운 증거를 빌미로 재기소하는 등의 방법으로 피고인의 재판받을 권리와 법원의 재판권을 침해할 수 있는 단점이 있다. 특히 현행법은 공소의 취소에 대하여 불기소처분과 달리 아무런 사후통제방안을 마련하고 있지 않다.[3)]

---

1) 이에 대하여 보다 자세한 내용으로는 박찬걸, "기소재량의 통제방안으로써 검찰시민위원회의 합리적인 운영방안", 한양법학 제28권 제3호, 한양법학회, 2017. 8, 81면 이하 참조.

2) 독일 형사소송법 제156조에 의하면 '공소는 공판의 개시 후에 취소될 수 없다.'라고 규정하여 기소불변경주의를 채택하고 있다.

3) 헌법재판소 2005. 5. 31. 선고 2005헌마481 결정(공소취소처분의 취소를 구하는 심판청구는 인용될 경우에도 그 인용결정이 제420조 소정의 재심사유에 해당되지 아니하므로, 결국 원래의 공소제기로 인한 소송계속상태가 회

② 공소사실의 철회와의 구별

공소의 취소는 특정한 범죄사실에 대한 공소제기 자체를 철회하는 행위라는 점에서 공소사실의 동일성이 인정되는 범위 내에서 공소사실의 일부만을 철회하는 공소사실의 철회와 구별된다. 또한 공소의 취소는 1개 또는 수개의 사건에 대한 공소제기 자체를 철회하는 소송행위로서 서면 또는 구두에 의하여 가능하지만, 공소사실의 철회는 단일한 범죄사실의 일부에 대한 판단 요구를 철회하는 것으로서 원칙적으로 서면에 의한 공소장변경에 의한다. 공소의 취소가 있을 경우에는 죄의 수가 감소하지만, 공소사실의 철회에 있어서는 그러하지 아니하다. 다만 공소사실의 전부를 철회하는 것은 공소사실의 철회가 아니라 공소의 취소에 해당한다.

공소장변경의 방식에 의한 공소사실의 철회는 공소사실의 동일성이 인정되는 범위 내의 일부 공소사실에 한하여 가능한 것이므로, 공소장에 기재된 수개의 공소사실이 서로 동일성이 없고 실체적 경합관계에 있는 경우에 그 일부를 소추대상에서 철회하려면 공소장변경의 방식에 의할 것이 아니라 공소의 일부 취소절차에 의하여야 한다. 또한 실체적 경합관계에 있는 수개의 공소사실 중 어느 한 공소사실을 전부 철회하는 검사의 공판정에서의 구두에 의한 공소장변경신청이 있는 경우 이것이 그 부분의 공소를 취소하는 취지가 명백하다면 비록 공소취소신청이라는 형식을 갖추지 아니하였더라도 이를 공소취소로 보아 공소기각결정을 하여야 할 것이다.[1] 반면에 포괄일죄, 상상적 경합 등 과형상 일죄의 관계에 있는 공소사실 중 일부에 대하여 검사가 구두로 공소취소를 하는 경우 이에 대하여 공소취소결정을 할 것이 아니라 공소장변경의 절차에 따라야 한다.

한편 공소사실의 동일성이 인정되지 아니하고 실체적 경합관계에 있는 수개의 공소사실의 전부 또는 일부를 철회하는 공소취소의 경우 그에 따라 공소기각의 결정이 확정된 때에는 그 범죄사실에 대하여는 제329조의 규정에 의하여 다른 중요한 증거가 발견되지 않는 한 재기소가 허용되지 아니하지만, 이와 달리 포괄일죄로 기소된 공소사실 중 일부에 대하여 제298조 소정의 공소장변경의 방식으로 이루어지는 공소사실의 일부 철회의 경우에는 그러한 제한이 적용되지 아니한다.[2]

2) 절 차

공소의 취소는 검사만이 할 수 있지만, 재정신청에 대한 고등법원의 공소제기결정에 따라 공소를 제기한 때에는 공소를 취소할 수 없다(제264조의2). 공소의 취소는 이유를 기재한 서면으로 하여야 한다. 다만 공판정에서는 구술로써 할 수 있다(제255조 제2항). 이 경우에 법원은 그 취지를 공판조서에 기재하여야 한다. 공소를 취소한 때에는 7일 이내에 그 사실을 고소인 또는

복될 수 있는 가능성이 없다고 할 것이므로 이 부분에 대한 심판청구는 권리보호의 이익이 없어 부적법하다).

1) 대법원 1992. 4. 24. 선고 91도1438 판결; 대법원 1988. 3. 22. 선고 88도67 판결; 대법원 1986. 9. 23. 선고 86도1487 판결; 대법원 1982. 3. 23. 선고 81도3073 판결.

2) 대법원 2004. 9. 23. 선고 2004도3203 판결.

고발인에게 통지하여야 한다(제258조 제1항). 그리고 공소는 제1심판결의 선고 전까지 취소할 수 있다(제255조 제1항). 여기서 말하는 제1심판결은 유·무죄의 실체판결뿐만 아니라 면소·공소기각 등의 형식재판도 포함한다. 제1심판결의 선고는 제1심 절차에서의 판결선고를 의미하므로 항소심 또는 상고심의 파기환송이나 이송의 판결에 의하여 제1심 공판절차가 진행된 경우에는 공소취소를 할 수 없다. 또한 제1심판결이 선고되고 동 판결이 확정되어 이에 대한 재심소송절차가 진행 중에 있는 경우에는 공소의 취소를 할 수 없다.[1] 왜냐하면 검사의 처분에 의하여 재판의 효력이 좌우되어서는 안 되기 때문이다. 하지만 약식명령에 대하여 정식재판의 청구로 공판절차가 개시된 경우에는 공소취소가 가능하다.

3) 효 과

검사가 공소를 취소하면 법원은 결정으로 공소를 기각하여야 한다(제328조 제1항 제1호). 공소취소의 효력은 공소사실과 동일성이 인정되는 사실의 전부에 미친다. 법원의 공소기각결정에 대해서는 즉시항고를 할 수 있다(제328조 제2항).

공소취소에 의한 공소기각의 결정이 확정된 때에는 공소취소 후 그 범죄사실에 대한 다른 중요한 증거를 발견한 경우에 한하여 다시 공소를 제기할 수 있다(제329조). 이는 공소취소와 재기소의 반복을 방지하기 위한 조치이다. 이를 위반하여 다시 공소가 제기된 경우에는 판결로써 공소기각의 선고를 하여야 한다(제327조 제4호). 제329조에서 말하는 '다른 중요한 증거가 발견된 경우'란 공소취소 전에 검사가 가지고 있던 증거 이외의 증거로서, 공소취소 전의 증거만으로는 증거불충분으로 무죄가 선고될 가능성이 있으나 새로 발견된 증거를 추가하면 충분히 유죄의 확신을 가지게 될 정도의 증거가 발견된 경우를 말한다.[2] 이는 단순일죄인 범죄사실에 대하여 공소가 제기되었다가 공소취소에 의한 공소기각결정이 확정된 후 다시 종전 범죄사실 그대로 재기소하는 경우뿐만 아니라 범죄의 태양, 수단, 피해의 정도, 범죄로 얻은 이익 등 범죄사실의 내용을 추가 변경하여 재기소하는 경우에도 마찬가지로 적용된다. 따라서 단순일죄인 범죄사실에 대하여 공소취소로 인한 공소기각결정이 확정된 후에 종전의 범죄사실을 변경하여 재기소하기 위하여는 변경된 범죄사실에 대한 다른 중요한 증거가 발견되어야 한다.[3]

---

1) 대법원 1976. 12. 28. 선고 76도3203 판결.
2) 대법원 1977. 12. 27. 선고 77도1308 판결.
3) 대법원 2009. 8. 20. 선고 2008도9634 판결.

제3절 공소제기의 방식

Ⅰ. 공소장의 제출

공소를 제기함에는 공소장을 관할법원에 제출하여야 한다(제254조 제1항). 소송행위가 성립하기 위하여는 소송행위에 요구되는 소송법상의 정형을 충족하기 위한 본질적 개념요소를 구비하여야 할 것이고, 공소제기는 법원에 대하여 특정한 형사사건의 심판을 요구하는 검사의 법률행위적 소송행위로서, 형사소송법이 공소의 제기에 관하여 서면주의와 엄격한 요식행위를 채용한 것은 공소의 제기에 의해서 법원의 심판이 개시되므로, 심판을 구하는 대상(공소사실 및 피고인)을 명확하게 하고 피고인의 방어권을 보장하기 위한 것이다. 따라서 검사에 의한 공소장의 제출은 공소제기라는 소송행위가 성립하기 위한 본질적 요소라고 보아야 할 것이므로, 이러한 공소장의 제출이 없는 경우에는 소송행위로서의 공소제기가 성립되었다고 할 수 없다.[1] 다만 검사가 제448조에 따라 약식명령을 청구할 수 있는 사건 중 피의자가 전자적 처리절차에 따를 것을 동의한 도로교통법 제148조의2 제2항, 제152조 제1호 및 제154조 제2호에 해당하는 사건 및 이에 해당하는 사건과 관련되는 도로교통법 제159조에 해당하는 사건 가운데 어느 하나에 해당하는 사건에 관하여 약식명령을 청구할 경우에는 시스템을 통하여 전자문서로 하여야 한다(「약식절차 등에서의 전자문서 이용 등에 관한 법률」 제3조 제1항 및 동법 제5조 제2항).

공소장에는 피고인의 수에 상응한 부본(副本)을 첨부하여야 하며(제254조 제2항), 법원은 공소의 제기가 있는 때에는 지체 없이 공소장의 부본을 피고인 또는 변호인에게 송달하여야 하는데, 제1회 공판기일 전 5일까지 송달하여야 한다(제266조).[2] 공소장에는 ① 피고인의 성명 기타 피고인을 특정할 수 있는 사항, ② 죄명, ③ 공소사실, ④ 적용법조 등의 사항을 기재하여야 하며(제254조 제3항), 이외에도 피고인의 주민등록번호 등·직업·주거 및 등록기준지(다만 피고인이 법인인 때에는 사무소 및 대표자의 성명과 주소)·피고인이 구속되어 있는지 여부 등의 사항을 기재하여야 하는데(규칙 제117조 제1항), 이러한 사항이 명백하지 아니할 때에는 그 취지를 기재하여야 한다(규칙 제117조 제2항). 또한 공소장에는, 공소제기 전에 변호인이 선임되거나 보조인의 신고가 있는 경우 그 변호인선임서 또는 보조인신고서를, 공소제기 전에 특별대리인의 선임이 있는 경우 그 특별대리인 선임결정등본을, 공소제기 당시 피고인이 구속되어 있거나 체포 또는 구속된 후 석방된 경우 체포영장·긴급체포서·구속영장 기타 구속에 관한 서류를 각각 첨부하여야 한다(규칙 제118조 제1항).

---

1) 대법원 2003. 11. 14. 선고 2003도2735 판결.

2) 대법원 2009. 2. 26. 선고 2008도11813 판결(엄격한 형식과 절차에 따른 공소장의 제출은 공소제기라는 소송행위가 성립하기 위한 본질적 요소라고 할 것이므로, 공소의 제기에 현저한 방식 위반이 있는 경우에는 공소제기의 절차가 법률의 규정에 위반하여 무효인 경우에 해당하고, 위와 같은 절차위배의 공소제기에 대하여 피고인과 변호인이 이의를 제기하지 아니하고 변론에 응하였다고 하여 그 하자가 치유되지는 않는다).

한편 제57조 제1항은 '공무원이 작성하는 서류에는 법률에 다른 규정이 없는 때에는 작성연월일과 소속공무소를 기재하고 기명날인 또는 서명하여야 한다.'라고 규정하고 있는데, 여기서 '공무원이 작성하는 서류'에는 검사가 작성하는 공소장이 포함되므로, 검사의 기명날인 또는 서명이 없는 상태로 관할법원에 제출된 공소장은 제57조 제1항에 위반된 서류라고 할 것이다. 그리고 이와 같이 법률이 정한 형식을 갖추지 못한 공소장 제출에 의한 공소의 제기는 특별한 사정이 없는 한 그 절차가 법률의 규정에 위반하여 무효인 때(제327조 제2호)에 해당한다.[1] 다만 이 경우 공소를 제기한 검사가 공소장에 기명날인 또는 서명을 추완하는 등의 방법에 의하여 공소의 제기가 유효하게 될 수 있다.[2] 공소장은 재판서가 아니므로 반드시 검사의 서명날인이 요구되지는 아니한다.

Ⅱ. 공소장의 기재사항

1. 필요적 기재사항

(1) 피고인의 성명 기타 피고인을 특정할 수 있는 사항

피고인을 특정할 수 있는 사항으로는 피고인의 성명 이외에 주민등록번호 등·직업·주거 및 등록기준지 등이 있는데, 피고인이 법인인 때에는 사무소 및 대표자의 성명과 주소도 피고인을 특정할 수 있는 사항이다(규칙 제117조 제1항 제1호). 다만 이러한 사항이 명백하지 아니할 때에는 그 취지를 기재하여야 한다(규칙 제117조 제2항). 피고인이 성명 등을 묵비하기 때문에 그 성명 등이 불상인 경우에는 피고인의 인상·체격 등을 묘사하거나 사진의 첨부·구속피고인의 유치번호의 기재 등을 통하여 피고인을 특정할 수도 있다.[3]

한편 제248조에 의하여 공소는 검사가 피고인으로 지정한 이외의 다른 사람에게 그 효력이 미치지 아니하는 것이므로 공소제기의 효력은 검사가 피고인으로 지정한 자에 대하여만 미치는 것이다. 따라서 피의자가 다른 사람의 성명을 모용한 탓으로 공소장에 피모용자가 피고인으

---

1) 대법원 2012. 9. 27. 선고 2010도17052 판결.

2) 대법원 2016. 12. 15. 선고 2015도3682 판결; 대법원 2007. 10. 25. 선고 2007도4961 판결(공소장에 대하여도 형사소송법 제57조, 형사소송규칙 제40조가 적용되어 서명날인을 기명날인으로 갈음할 수 있는 것으로 보아야 하므로 검사의 기명날인이 된 공소장이 법률이 정한 형식을 갖추지 못한 것으로 볼 수 없을 뿐만 아니라 위 공소장이 통상적인 경우와는 달리 기명 및 서명날인이 아닌 기명날인만 된 채 제1심법원에 제출되었더라도 공소제기 검사가 제1심의 제1회 공판기일에 공판검사로 출석하여 기소요지를 진술하고 기명날인이 된 공소장에 서명을 추가함으로써 그 공소제기의 의사를 명확히 하였다면 위 공소의 제기는 위 검사의 의사에 의하여 적법하게 이루어진 것으로 인정된다).

3) 대법원 2009. 2. 26. 선고 2008도11813 판결(엄격한 형식과 절차에 따른 공소장의 제출은 공소제기라는 소송행위가 성립하기 위한 본질적 요소라고 할 것이므로, 공소의 제기에 현저한 방식 위반이 있는 경우에는 공소제기의 절차가 법률의 규정에 위반하여 무효인 경우에 해당하고, 위와 같은 절차위배의 공소제기에 대하여 피고인과 변호인이 이의를 제기하지 아니하고 변론에 응하였다고 하여 그 하자가 치유되지는 않는다. 검사가 공판기일에서 피고인 등이 특정되어 있지 않은 공소장변경허가신청서를 공소장에 갈음하는 것으로 구두진술하고 피고인과 변호인이 이의를 제기하지 않은 사안에서, 이를 적법한 공소제기로 볼 수 없다고 본 사례).

로 표시되었다고 하더라도 이는 당사자의 표시상의 착오일 뿐이고 검사는 모용자에 대하여 공소를 제기한 것이므로, 모용자가 피고인이 되고 피모용자에게 공소의 효력이 미친다고 할 수는 없을 것이다. 그러므로 이와 같은 경우 검사는 공소장의 인적 사항의 기재를 정정하여 피고인의 표시를 바로 잡아야 하는데, 이는 피고인의 표시상의 착오를 정정하는 것이지 공소장을 변경하는 것이 아니므로, 제298조에 따른 공소장변경의 절차를 밟을 필요는 없고 법원의 허가도 필요로 하지 아니한다.[1]

그러나 검사가 이와 같은 피고인의 표시를 정정하여 그 모용관계를 바로 잡지 아니한 경우에는 외형상 피모용자 명의로 공소가 제기된 것으로 되어 있고, 이는 공소제기의 방식이 제254조의 규정에 위반하여 무효라고 할 것이므로 법원은 공소기각의 판결을 선고하여야 할 것이다.[2] 그리고 검사가 공소장의 피고인 표시를 정정하여 바로잡은 경우에는 처음부터 모용자에 대한 공소의 제기가 있었고 피모용자에 대한 공소의 제기가 있었던 것은 아니므로, 법원은 모용자에 대하여 심리하고 재판을 하면 될 것이지, 원칙적으로는 피모용자에 대하여 심판을 할 것이 아니다. 그러나 이와 같은 경우라도 피모용자가 약식명령에 대하여 정식재판의 청구를 하여 피모용자를 상대로 심리를 하는 과정에서 성명모용 사실이 발각되어 검사가 공소장을 정정하는 등 사실상의 소송계속이 발생하고 형식상 또는 외관상 피고인의 지위를 갖게 된 경우에는 법원으로서는 피모용자에게 적법한 공소의 제기가 없었음을 밝혀 주는 의미에서 제327조 제2호를 유추적용하여 공소기각의 판결을 함으로써 피모용자의 불안정한 지위를 명확히 해소해 주어야 할 것이다.[3]

(2) 죄 명

'죄명'(罪名)이란 범죄의 유형적 성질을 나타내는 명칭을 말하는데, 적용법조의 기재와 함께 심판대상을 법률적으로 구성하는 중요한 역할을 수행하기 때문에 구체적으로 표시하여야 한다. 대검찰청의 「공소장 및 불기소장에 기재할 죄명에 관한 예규」(대검예규 제1072호)에 따라 형법범 및 군형법범의 죄명은 각각 형법죄명표 및 군형법죄명표에 의하여 표시하고, 특별법범의 죄명은 '성폭력범죄의처벌등에관한특례법위반'과 같이 특별법의 명칭 다음에 위반이라는 문자를 더하여 표시한다. 다만 도로교통법이나 폭력행위처벌법 등과 같이 실무상 자주 사용되고, 당해 법률 내부에 다양한 범죄유형이 포함되어 있는 경우에는 특별법의 명칭 다음에 다시 괄호를 추가하여 상세한 범죄유형을 표시한다. 하지만 심판대상의 법률적 구성은 수소법원의 권한이고, 공소장의 죄명 기재는 이를 촉구함에 그치므로 죄명의 기재가 다소 잘못되었다고 할지라도 피고인의 방어권 행사에 지장을 초래하지 않는 한 공소제기의 효력에는 영향이 없다.[4] 그리하여

1) 대법원 1993. 1. 19. 선고 92도2554 판결.

2) 대법원 1985. 6. 11. 선고 85도756 판결; 대법원 1982. 10. 12. 선고 82도2078 판결.

3) 대법원 1991. 9. 10. 선고 91도1689 판결; 대법원 1981. 7. 7. 선고 81도182 판결.

4) 대법원 2006. 4. 28. 선고 2005도4085 판결.

공소사실이 복수인 때에는 명시된 공소사실의 죄명을 모두 표시해야 하지만, 다수의 공소사실에 대하여 죄명을 일괄 표시했다고 하여 죄명이 특정되지 않았다고 할 수는 없다.[1)]

(3) 공소사실

'공소사실'(公訴事實)이란 검사가 법원에 대하여 심판을 청구한 사실로서, 범죄의 구성요건을 충족하는 구체적인 사실을 말한다. 공소사실은 범죄의 특별구성요건을 충족하는 구체적 사실을 말하며 공소장에 공소사실을 기재함에 있어서 범죄의 일시와 장소 및 방법을 명시하여 범죄의 특별구성요건 해당사실을 특정할 수 있도록 하여야 하는데, 만일 공소장에 범죄의 방법에 관한 기재가 없어서 범죄 사실을 뚜렷이 특정할 수 없을 경우에는 그 공소제기의 절차는 무효라고 할 것이다.[2)] 이러한 공소사실의 기재는 범죄의 시일·장소와 방법을 명시하여 사실을 특정할 수 있도록 하여야 한다(제254조 제4항). 이는 심판의 대상을 한정함으로써 이중기소나 시효저촉의 여부를 판별하여 심판의 능률과 신속을 꾀함과 동시에 피고인의 방어의 범위를 특정하여 피고인의 방어권 행사를 쉽게 해주기 위한 것이므로[3)], 공소사실은 이러한 요소를 종합하여 구성요건해당사실을 다른 사실과 구별할 수 있을 정도로 기재하면 족하고 공소장에 범죄의 일시·장소·방법 등이 구체적으로 적시되지 않았더라도 공소사실을 특정하도록 한 법의 취지에 반하지 아니하고, 공소범죄의 성격에 비추어 그 개괄적 표시가 부득이한 경우에는, 피고인의 방어권 행사에 지장이 없다면 그 공소내용이 특정되지 않아 공소제기가 위법하다고 할 수 없다.[4)]

하지만 공소범죄의 성격에 비추어 범죄의 일시·장소 등에 관한 개괄적인 표시가 부득이한 경우가 있다고 하더라도, 검사는 가능한 한 기소나 공소장변경 당시의 증거에 의하여 이를 특정하여야 할 것이고, 이에 이르지 아니함으로써 사실상 피고인의 방어권 행사에 지장을 가져오는 경우에는 제254조 제4항에서 정하고 있는 구체적인 범죄사실의 기재가 있는 공소장이라고 할 수 없다.[5)] 이에 따라 공소사실 중 공소사실이 특정되지 아니한 부분이 있다면 공소의 제기가 법률에 위반하여 무효인 때에 해당하므로 제327조 제2호에 의하여 공소를 기각하여야 할 것이고, 공소사실이 특정된 부분에 대하여는 심리를 통하여 유·무죄를 확정한 다음 주문에서 그에 따른 선고를 하여야 할 것이다.[6)] 그러나 공소사실의 취지가 명료하면 법원이 이에 대하여 석명권을 행사할 필요가 없으나, 공소사실의 기재가 오해를 불러일으키거나 명료하지 못한 경

1) 대법원 1969. 9. 23. 선고 69도1219 판결.

2) 대법원 1984. 5. 22. 선고 84도471 판결.

3) 대법원 2016. 5. 26. 선고 2015도17674 판결; 대법원 2011. 6. 9. 선고 2011도3801 판결; 대법원 2010. 9. 30. 선고 2008도7678 판결; 대법원 2007. 6. 14. 선고 2004도5561 판결; 대법원 2005. 12. 9. 선고 2005도7465 판결; 대법원 2004. 3. 26. 선고 2003도8077 판결; 대법원 2002. 10. 11. 선고 2002도2939 판결.

4) 대법원 2017. 3. 15. 선고 2016도19659 판결; 대법원 2014. 4. 10. 선고 2013도1615 판결; 대법원 1992. 9. 14. 선고 92도1532 판결; 대법원 1964. 10. 27. 선고 64도413 판결.

5) 대법원 2017. 2. 21. 선고 2016도19186 판결; 대법원 2007. 8. 23. 선고 2006도5041 판결; 대법원 2002. 6. 14. 선고 2002도1538 판결; 대법원 2000. 11. 24. 선고 2000도2119 판결; 대법원 2000. 10. 27. 선고 2000도3082 판결.

6) 대법원 2007. 1. 11. 선고 2004도3870 판결.

우에는 규칙 제141조에 의하여 검사에 대하여 석명권을 행사하여 그 취지를 명확하게 하여야 할 것이다.[1] 즉 공소장의 기재사실 중 일부가 명확하지 아니한 경우에는 법원은 검사에게 석명을 구하여 만약 이를 명확하게 하지 아니한 때에는 공소사실의 불특정을 이유로 공소를 기각함이 상당하다.[2] 따라서 석명권(釋明權)을 행사하지 아니하고 곧바로 공소사실의 불특정을 이유로 공소기각의 판결을 하는 것은 심리미진의 위법이 있다.[3]

한편 공소사실의 특정방법을 정한 제254조 제4항에서 말하는 범죄의 '시일'은 이중기소나 시효에 저촉되지 않는 정도의 기재를 요하고, '장소'는 토지관할을 가름할 수 있는 정도의 기재를 필요로 하며, '방법'은 범죄의 구성요건을 밝히는 정도의 기재를 요하는 것이고, 이와 같은 공소범죄사실의 세 가지 특정요소를 갖출 것을 요구하고 있는 법의 취지는 결국 피고인의 방어의 범위를 한정시켜 방어권을 쉽게 해주게 하기 위한 데 있는 것이므로, 공소사실은 위 세 가지의 특정요소를 종합하여 범죄구성요건에 해당하는 구체적 사실을 다른 사실과 판별할 수 있는 정도로 기재하여야 한다.[4] 특히 포괄일죄에 있어서는 그 일죄의 일부를 구성하는 개개의 행위에 대하여 구체적으로 특정되지 아니하더라도 그 전체 범행의 시기와 종기, 범행방법, 피해자나 상대방, 범행횟수나 피해액의 합계 등을 명시하면 그로써 범죄사실은 특정되는 것이며[5], 포괄일죄인 상습사기의 공소사실에 있어서 그 범행의 모든 피해자들의 성명이 명시되지 않았다고 하여 범죄사실이 특정되지 아니하였다고 볼 수 없다.[6] 하지만 사기죄에 있어서 수인의 피해자에 대하여 각별로 기망행위를 하여 각각 재물을 편취한 경우에 그 범의가 단일하고 범행방법이 동일하다고 하더라도 포괄일죄가 되는 것이 아니라 피해자별로 1개씩의 죄가 성립하는 것으로 보아야 할 것이고, 이러한 경우 그 공소사실은 각 피해자와 피해자별 피해액을 특정할 수 있도록 기재하여야 할 것이다.[7]

---

1) 대법원 2017. 6. 15. 선고 2017도3448 판결; 대법원 2017. 2. 15. 선고 2016도19027 판결; 대법원 2016. 12. 15. 선고 2015도3682 판결; 대법원 2015. 12. 23. 선고 2014도2727 판결; 대법원 2011. 11. 10. 선고 2011도10468 판결; 대법원 2006. 5. 11. 선고 2004도5972 판결; 대법원 1994. 12. 9. 선고 94도1680 판결; 대법원 1993. 7. 13. 선고 93도113 판결; 대법원 1983. 6. 14. 선고 83도293 판결. 이에 대하여 공소사실의 특정은 공소제기의 유효조건으로서 일반적인 소송조건들과 마찬가지로 공소제기의 시점을 기준으로 결정해야 할 것이기 때문에 공소사실이 불특정인 경우에는 공소기각 판결의 대상이라고 하여야 하며, 공소장보정에 의한 하자의 사후적인 추완은 허용되지 않는다는 견해로는 이은모/김정환, 385면.

2) 대법원 2019. 12. 24. 선고 2019도10086 판결.

3) 대법원 1983. 6. 14. 선고 83도293 판결.

4) 대법원 2004. 12. 23. 선고 2004도7421 판결; 대법원 1994. 9. 23. 선고 94도1853 판결; 대법원 1989. 6. 13. 선고 89도112 판결.

5) 대법원 2017. 2. 21. 선고 2016도19186 판결; 대법원 2012. 9. 13. 선고 2010도17418 판결; 대법원 2012. 9. 13. 선고 2010도16001 판결; 대법원 2010. 12. 23. 선고 2008도2182 판결; 대법원 2008. 12. 24. 선고 2008도9414 판결; 대법원 2006. 10. 12. 선고 2004도4896 판결; 대법원 2006. 4. 27. 선고 2004도1130 판결; 대법원 2005. 11. 10. 선고 2004도1164 판결; 대법원 2005. 1. 14. 선고 2004도6646 판결; 대법원 1999. 11. 12. 선고 99도2934 판결; 대법원 1997. 5. 30. 선고 97도414 판결.

6) 대법원 1990. 6. 26. 선고 90도833 판결.

7) 대법원 1996. 2. 13. 선고 95도2121 판결. 同旨 대법원 2011. 2. 24. 선고 2010도13801 판결(수개의 업무상횡령

이와 같이 공소사실의 특정을 지나치게 엄격하게 요구하면 공소의 제기와 유지에 지장을 초래할 수 있기 때문에 범죄의 일시·장소·방법 등의 기재는 구체적인 사안에 따라 피고인의 방어권 행사에 실질적인 불이익을 주지 않는 범위 내에서 어느 정도 완화할 필요성이 있다.

(4) 적용법조

'적용법조'(適用法條)란 공소사실에 적용된 법적 평가를 말하며, 죄명과 함께 공소의 범위를 확정짓는 역할을 수행한다. 공소장에 적용법조를 기재하는 이유는 공소사실의 법률적 평가를 명확히 하여 공소의 범위를 확정하는 데 보조기능을 하도록 하고, 피고인의 방어권을 보장하고자 함에 있을 뿐이고[1], 법률의 해석 및 적용 문제는 법원의 전권이라 할 것이므로, 공소사실이 아닌 어느 처벌조항을 준용할지에 관한 해석 및 판단에 있어서는 법원은 검사의 공소장 기재 적용법조에 구속되지 아니한다.[2]

적용법조는 구성요건을 규정한 형법각칙 및 특별형법[3]의 본조와 함께 총칙상의 미수·공범·누범·죄수 등에 관한 법조도 기재하여야 한다. 공소장에 적용법조를 기재하는 이유는 공소사실의 법률적 평가를 명확히 하여 피고인의 방어권을 보장하고자 함에 있는 것이므로, 적용법

행위라고 하더라도 피해법익이 단일하고, 범죄의 태양이 동일하며, 단일 범의의 발현에 기인하는 일련의 행위로 인정되는 경우는 포괄하여 1개의 범죄라고 할 것이지만, 피해자가 수인인 경우는 피해법익이 단일하다고 할 수 없으므로 포괄일죄의 성립을 인정하기 어렵고, 특정경제범죄 가중처벌 등에 관한 법률 제3조 제1항에서 정한 이득액은 단순일죄의 이득액이나 포괄일죄의 이득액 합산액을 의미하는 것이지 경합범으로 처벌될 수죄의 이득액을 합한 금액을 말한다고 볼 수는 없으므로, 횡령행위를 포괄하여 특정경제범죄 가중처벌 등에 관한 법률 위반(횡령)죄로 의율하려면 원칙적으로 피해자 및 피해자별 피해액에 관한 공소사실의 특정이 필요하다); 대법원 2006. 10. 26. 선고 2006도5147 판결(조세범처벌법 제11조의2 제4항 소정의 무거래 세금계산서 교부죄는 각 세금계산서마다 하나의 죄가 성립하므로, 세금계산서마다 그 공급가액이 공소장에 기재되어야 개개의 범죄사실이 구체적으로 특정되었다고 볼 수 있고, 세금계산서의 총 매수와 그 공급가액의 합계액이 기재되어 있다고 하여 공소사실이 특정되었다고 볼 수는 없다); 대법원 2004. 7. 22. 선고 2004도2390 판결; 대법원 2003. 4. 8. 선고 2003도382 판결.

1) 대법원 2006. 4. 14. 선고 2005도9743 판결.

2) 대법원 2018. 7. 24. 선고 2018도3443 판결(원심은 '피고인이 승용차를 운전하여 가던 중 피해자가 타고 가던 자전거 앞으로 승용차의 진로를 변경한 후 급하게 정차하여 충돌을 피하려는 피해자의 자전거를 땅바닥에 넘어지게 함으로써, 위험한 물건인 자동차를 이용하여 피해자를 폭행하여 약 2주간의 치료를 요하는 상해를 입게 하였다'는 특수폭행치상의 공소사실에 대하여 형법 제257조 제1항의 예에 의해 벌금형을 선택한 제1심판결을 파기하고, 형법 제258조의2의 예에 따라 징역형을 선택하고 말았다. 형법 제262조는 형법 제258조의2의 적용을 배제하고 있지 않고, 특수폭행치상죄를 특수상해죄의 예에 따라 처벌하더라도 형벌체계상의 부당함이나 불균형이 있어 보이지 않는다. 검사가 이 사건 공소사실에 대하여 형법 제257조 제1항이 아닌 제258조의2 제1항의 예에 의하여 처벌해 달라고 기소한 이상, 검사의 공소장 변경 없이 형법 제257조 제1항을 적용하여 처벌할 수 없다).

3) 대법원 2011. 10. 13. 선고 2009도5698 판결(집시법 제20조 제1항에 따라 해산명령을 할 수 있는 집회 또는 시위의 종류와 태양이 다양하므로, 검사가 집시법상의 해산명령 위반의 점으로 공소를 제기함에 있어서는 공소의 범위를 확정하고 피고인의 방어권 행사를 보장할 수 있도록 피고인이 집시법 제20조 제1항 각 호 중 어느 사유로 해산명령을 받았는지를 특정할 수 있을 정도로 공소사실과 적용법조를 기재하여야 한다); 대법원 2009. 8. 20. 선고 2009도9 판결(집시법상 해산명령위반의 공소사실에 대한 적용법조로 처벌규정인 같은 법 제24조 제5호, 제20조 제2항만을 기재한 사안에서, 해산명령의 근거가 되는 규정과 이에 관한 사실을 기재하지 않은 것은 피고인의 방어권 행사에 실질적인 불이익을 주는 것이어서 공소제기의 절차가 무효인 경우에 해당하고, 검사가 제1심 변론종결 후 해산명령의 근거조항을 제시하였다고 하더라도 공소장변경의 절차를 밟지 아니한 이상 위 공소제기 절차상의 위법이 치유된다고 할 수 없다).

조의 기재에 오기나 누락이 있는 경우라고 할지라도 이로 인하여 피고인의 방어에 실질적인 불이익을 주지 않는 한 공소제기의 효력에는 영향이 없고[1], 법원으로서도 공소장 변경의 절차를 거침이 없이 곧바로 공소장에 기재되어 있지 않은 법조를 적용할 수 있다.[2] 하지만 공소장에 기재된 적용법조를 단순한 오기나 누락으로 볼 수 없고, 구성요건이 충족됨에도 법원이 공소장 변경의 절차를 거치지 아니하고 임의적으로 다른 법조를 적용하여 처단할 수는 없다.[3]

2. 임의적 기재사항

(1) 예비적 · 택일적 기재

공소장에는 수개의 범죄사실과 적용법조를 예비적 또는 택일적으로 기재할 수 있다(제254조 제5항). 여기서 '예비적 기재'란 수개의 범죄사실 또는 적용법조에 대하여 심판의 순서를 정하여 선순위의 범죄사실이나 적용법조가 인정되지 않는 경우에 후순위의 범죄사실이나 적용법조에 대하여 심판을 구한다는 취지로 기재하는 것을 말한다. 이 경우 선순위의 공소사실을 본위적(本位的) 공소사실 또는 주위적(主位的) 공소사실이라고 하고, 후순위의 공소사실을 예비적(豫備的) 공소사실이라고 한다. 반면에 '택일적 기재'란 수개의 범죄사실이나 적용법조에 대하여 심판의 순서를 정하지 않고 어느 것을 심판하여 인정해도 좋다는 취지로 기재하는 것을 말한다. 다만 피고인에 대한 예비적·택일적 기재는 허용되지 아니한다.

이와 같이 예비적·택일적 기재를 인정하는 이유는 검사가 공소제기시에 공소사실에 대한 충분한 실체적 진실발견을 하지 못하여 이에 대한 법률적 구성을 확정할 수 없는 경우에도 공소제기를 가능하게 함으로써 공소제기의 편의를 도모하고자 함에 있다. 예를 들면 살인죄인지, 과실치사죄인지 또는 상해치사죄인지, 폭행치사죄인지 또는 강간죄인지 강간치상죄인지 등에 대하여 검사의 심증이 불분명한 경우에도 공소제기를 가능하게 하는 것이다. 또한 법원에 대해서는 사건에 대한 또 다른 법률적 문제점을 미리 예고하여 심판에 신중을 유도하는 기능도 수행한다.

한편 범죄사실의 동일성이 인정되는 범위 내에서만 예비적·택일적 기재가 가능한 것인지 여부와 관련하여, ① 어차피 경합범 기소의 형태로 동일성 범위 밖의 범죄사실도 추가할 수 있는 만큼 예비적·택일적 변경을 허용하지 않는 것은 절차의 번잡만을 초래한다는 점, 수개의 범죄사실을 처음부터 경합범으로 기소한 경우와 비교하여 피고인의 방어부담을 가중시키는 것으로 볼 수 없다는 점, 공소장에 기재되지 아니한 사실을 공판정에서 심리하는 것이 피고인에게 불리한 것이지 예비적·택일적으로 기재된 범죄사실에 동일성이 있지 아니한 것 때문에 피고인

1) 대법원 2001. 2. 23. 선고 2000도6113 판결; 대법원 1976. 11. 23. 선고 75도363 판결; 대법원 1972. 2. 22. 선고 71도2099 판결.

2) 대법원 2006. 4. 28. 선고 2005도4085 판결; 대법원 1996. 8. 23. 선고 96도1231 판결.

3) 대법원 2015. 11. 12. 선고 2015도12372 판결.

이 방어활동에 불이익을 받는 것은 아니라는 점, 공소장의 예비적·택일적 기재는 엄격한 실체적 진실의 규명보다는 적정한 형벌이 확보되는 한도 내에서 소송경제를 도모할 목적으로 기소편의주의의 연장선상에서 인정되는 제도라는 점 등을 논거로 하여, 동일성이 없는 경우에도 허용된다는 비한정설[1], ② 비한정설에 의하면 별개의 범죄에 대한 조건부 공소제기를 허용함으로써 불확정적인 공소제기를 인정하는 부당한 결과가 된다는 점, 동일성 범위 밖의 범죄사실은 경합범으로 기소하거나 추가기소하는 것이 타당하다는 점, 피고인에게 과중한 부담을 초래한다는 점, 비한정설에 의하면 공소제기시에는 별개의 범죄에 대하여도 예비적·택일적 기재가 가능하지만 공소장변경시에는 동일성 범위 내에서만 예비적·택일적 기재가 가능하다는 모순이 발생한다는 점, 예비적·택일적으로 기재된 공소사실은 모두 잠재적 심판의 대상이 되고 기판력이 미친다고 보아야 하는데 동일성 범위 밖의 범죄에 대하여도 기판력이 미친다고 할 수 있는지는 의문이라는 점, 예비적 기재의 경우 본위적 공소사실을 유죄로 인정한 때에는 예비적 공소사실에 대하여 심리·판단할 필요가 없다는 결론이 되므로 실체적 경합범의 법리에 반한다는 점 등을 논거로 하여, 동일성이 있는 경우에만 허용된다는 한정설[2] 등의 대립이 있다. 다만 한정설에 의하더라도 검사가 공소사실의 동일성이 인정되지 않는 사실을 공소장에 예비적·택일적으로 기재한 경우에 법원이 이를 어떻게 처리할 것인지와 관련하여, ① 형사소송의 형식적 확실성과 소송경제의 면을 고려하여 검사로 하여금 공소장을 경합범으로 보정하게 해야 한다는 입장[3], ② 공소제기의 절차가 법률의 규정에 위반하여 무효인 때에 해당하는 것으로 보아 공소기각의 판결을 해야 한다는 입장[4] 등의 견해로 다시 나누어진다.

이에 대하여 판례는 「검사가 공소를 제기함에 있어 수개의 범죄사실과 적용법조를 예비적 또는 택일적으로 기재하여 그 중 어느 하나의 범죄사실만의 처벌을 구할 수 있다. 그들 수개의 범죄사실간의 범죄사실의 동일성이 인정되는 범위 내에서 예비적 또는 택일적으로 기재할 수 있음은 물론이나 그들 범죄사실 상호간에 범죄의 일시·장소·수단·객체 등이 달라서 수개의 범죄사실로 인정되는 경우에도 이들 수개의 범죄사실을 예비적 또는 택일적으로 기재할 수 있다고 해석할 것이며, 이렇게 본다고 하여도 공소장에 수개의 범죄사실을 특정하여 기재하고 있기 때문에 피고인의 방어권행사에 경합범으로 기소된 경우에 비하여 더 지장이나 불이익을 준다고 볼 수 없을 것이다. 뿐만 아니라 택일적 또는 예비적 기소는 검사의 기소편의주의의 입장에서도 법률상 용인될 것임이 명백할 것이며, 검사가 수개의 범죄사실을 택일적으로 기소한 경우에는 법원으로서는 수개의 범죄사실 중 어느 하나만에 대하여 심리하여 유죄로 인정하면 이에 대한 유죄판결을 할 것이고, 만일 유죄로 인정되지 않는다면 다른 공소사실을 심리하여 이

1) 배종대/홍영기, 204면; 송광섭, 413면; 신동운, 268면; 이주원, 223면; 이창현, 568면; 임동규, 314면; 최호진, 292면.

2) 김인회, 235면; 손동권/신이철, 384면; 신양균/조기영, 392면; 이은모/김정환, 388면; 이재상/조균석, 399면; 정웅석/최창호, 358면.

3) 손동권/신이철, 384면; 정승환, 239면; 정웅석/최창호, 358면.

4) 김인회, 235면; 이은모/김정환, 389면; 이재상/조균석, 400면.

에 대한 재판을 할 것이다.」라고 판시[1]하여, 비한정설의 입장을 취하고 있다. 생각건대 공소장 변경의 경우에는 제298조에서 공소사실의 동일성을 요구하고 있는 반면에 제254조 제5항은 '수개의 범죄사실과 적용법조'라고만 규정하고 있을 뿐 공소사실의 동일성에 관한 명시적인 요구가 없다는 점에서 비한정설이 타당하다.

(2) 법원의 심판

1) 심판의 대상

예비적·택일적 기재의 경우에는 공소장에 기재된 모든 범죄사실이 법원의 현실적 심판의 대상이 된다. 원래 주위적·예비적 공소사실의 일부에 대한 상소제기의 효력은 나머지 공소사실 부분에 대하여도 미치는 것이고, 동일한 사실관계에 대하여 서로 양립할 수 없는 적용법조의 적용을 주위적·예비적으로 구하는 경우에는 예비적 공소사실만 유죄로 인정되고 그 부분에 대하여 피고인만 상소하였다고 하더라도 주위적 공소사실까지 함께 상소심의 심판대상에 포함된다.[2] 또한 공소사실과 적용법조가 택일적으로 기재되어 공소가 제기된 경우에 그 중 어느 하나의 범죄사실만에 관하여 유죄의 선고가 있은 제1심판결에 대하여 항소가 제기되었을 때 항소심에서 항소이유 있다고 인정하여 제1심판결을 파기하고 자판을 하는 경우에는 다시 사건 전체에 대하여 판결을 하는 것이어서 택일적으로 공소제기된 범죄사실 가운데 제1심판결에서 유죄로 인정된 이외의 다른 범죄사실이라도 그것이 철회되지 아니하는 한 당연히 항소심의 심판의 대상이 된다.[3]

2) 심판의 순서

검사가 수개의 범죄사실을 예비적으로 기소한 경우에는 검사의 청구에 따라 심리순서가 제한되어 검사가 기재한 순서에 따라 심리와 판단을 행하여야 한다. 따라서 법원은 본위적 공소사실에 대하여 먼저 심판을 하여야 하고, 본위적 공소사실이 유죄로 인정되지 아니하는 경우에 한하여 예비적 공소사실에 대하여 심판할 수 있다. 법원이 본위적 공소사실을 판단하지 아니하고 예비적 공소사실만을 판단하는 것은 위법하며 상소이유가 된다.[4] 하지만 본위적 공소사실에 대하여 판단함이 없이 바로 예비적 공소사실에 대하여 심리판단한 위법이 있는 경우라도, 그 위법은 본위적 공소사실을 인정할 증거가 없는 한 판결결과에 영향이 없는 것이다.[5]

이에 반하여 택일적 기재의 경우에는 법원의 심판의 순서에 아무런 제한이 없다. 그러므로 본래의 강도살인죄에 택일적으로 살인 및 절도죄를 추가하는 공소장변경을 하여 법원이 택일

---

1) 대법원 1966. 3. 24. 선고 65도114 전원합의체 판결.

2) 대법원 2006. 5. 25. 선고 2006도1146 판결(검사가 주위적으로 뇌물공여죄, 예비적으로 배임증재죄로 기소한 사안에서, 항소심이 뇌물공여죄 부분은 무죄로 판단하고 배임증재죄 부분을 유죄로 인정한 경우, 피고인만 예비적 공소사실 부분에 대하여 상고하였더라도 주위적 공소사실 부분 역시 상고심의 심판대상에 포함된다).

3) 대법원 1975. 6. 24. 선고 70도2660 판결.

4) 대법원 1976. 5. 26. 선고 76도1126 판결.

5) 서울고등법원 1974. 6. 4. 선고 74노180 판결(확정).

적으로 공소제기된 살인 및 절도죄에 대하여 유죄로 인정한 이상 검사는 중한 강도살인죄를 유죄로 인정하지 아니한 것이 위법이라는 이유로 상소할 수 없다.[1] 왜냐하면 검사의 기소 취지가 모두 달성되어 상소의 이익이 없기 때문이다.

3) 법원의 판단

예비적 기재에 있어서 주위적 공소사실을 유죄로 인정한 때에는 판결주문에 유죄를 선고하고 판결이유에서도 예비적 공소사실에 대한 판단은 필요 없다. 반면에 주위적 공소사실은 무죄이나 예비적 공소사실을 유죄로 인정한 때에는 판결주문에서 유죄를 선고하고 판결이유에서는 주위적 공소사실을 판단해야 한다. 그리고 주위적 공소사실과 예비적 공소사실에 대하여 모두 무죄를 선고하는 경우에는 판결이유에서도 모두 판단해야 한다.[2]

택일적 기재에 있어서 법원이 어느 하나의 사실로 유죄를 선고할 때에는 판결주문에 유죄만을 선고하면 족하고 다른 사실에 대한 판단을 요하지 아니한다. 그러나 택일적으로 기재된 모든 공소사실에 대하여 무죄를 선고하는 경우에는 모든 범죄사실 또는 적용법조에 대한 판단을 요한다.

Ⅲ. 공소장일본주의

1. 의 의

(1) 개 념

'공소장일본주의'(公訴狀一本主義)[3]란 검사가 공소를 제기할 때 원칙적으로 공소장에는 규칙 제118조 제1항에 규정한 서류 이외에 사건에 관하여 법원에 예단이 생기게 할 수 있는 서류 기타 물건을 첨부하거나 그 내용을 인용하여서는 아니 된다는 원칙을 말한다(규칙 제118조 제2항).[4] 공소장에 법령이 요구하는 사항 이외의 사실로서 법원에 예단이 생기게 할 수 있는 사유를 나열하는 것이 허용되지 않는다는 것도 이른바 '기타 사실의 기재 금지'로서 공소장일본주의의 내용에 포함된다.[5] 공소장일본주의는 형사소송절차의 원칙을 공소제기의 단계에서부터 실현할 것을 목적으로 하는 제도적 장치로서 우리나라 형사소송구조의 한 축을 이루고 있다.[6]

---

1) 대법원 1981. 6. 9. 선고 81도1269 판결. 同旨 대법원 2006. 12. 22. 선고 2004도7232 판결.

2) 대법원 2006. 12. 22. 선고 2004도7232 판결.

3) 이에 대하여 '공소장일본주의'는 일본식 표현으로서 한 책, 한 권을 의미하므로 '공소장한장주의'라는 용어가 타당하다는 견해로는 김인회, 236면.

4) 공소장일본주의는 戰後 일본의 형사소송법이 미군정의 영향으로 당사자주의를 대폭 도입하면서 도입된 제도인데, 1982. 12. 31. 이러한 일본의 규정을 우리나라 형사소송규칙에 도입하여 현재에 이르고 있다. 직권주의를 취하는 독일은 검사가 공소를 제기하면 증거자료가 될 수 있는 수사기록을 공소장과 함께 법원에 송부한다(독일 형사소송법 제199조 제2항).

5) 대법원 2012. 4. 19. 선고 2010도6388 전원합의체 판결; 대법원 2009. 10. 22. 선고 2009도7436 전원합의체 판결; 대법원 1994. 3. 11. 선고 93도3145 판결.

6) 이에 대하여 간이공판절차 등에 의하여 단 1회의 공판기일로 변론을 종결하는 경우 법원은 법정에서 사건의

(2) 이론적 근거

1) 당사자주의 소송구조의 강화

종래 우리나라의 형사재판 실무는 검사가 제1회 공판기일 이전에 수사기록 일체를 법원에 제출하는 것이 관행이었다. 그리하여 법원에 따라서는 제1회 공판기일에 들어가기 이전에 검사로부터 제출받은 수사기록을 살펴보고 사안을 미리 파악하기도 하는 등 실무상 혼란이 없지 않았고, 이에 대해서는 예단배제를 위한 공소장일본주의의 취지에 반한 것이라는 비판이 있었다.[1] 하지만 1982. 12. 31. 도입된 공소장일본주의에도 불구하고 위와 같은 실무관행은 2006. 4. 1. 개정된 대법원 재판예규에 의하여 전국적으로 증거분리제출제도가 시행됨으로써 획기적인 변화가 이루어지게 되었다. 이 제도의 시행으로 검사는 피고인이 자백하든 부인하든 제1회 공판기일 이후 증거조사에 들어가서야 비로소 증거서류를 법정에서 제출하게 된 것이다. 또한 2007. 6. 1.「국민의 형사재판 참여에 관한 법률」의 제정으로 국민참여재판제도가 도입되어 직업법관이 아닌 배심원이 국민참여재판을 하는 사건에 관하여 사실의 인정, 법령의 적용 및 형의 양정에 관한 의견을 제시할 권한을 가지게 됨으로써 공판절차에서 법관이나 배심원이 공평한 제3자의 입장에서 심리에 관여할 수 있도록 제도적 장치를 보완할 필요가 생겼다. 이러한 사정을 반영하여 2007. 6. 1. 개정 형사소송법은 공판절차에 관한 규정을 개정하여, 재판장은 증거조사를 하기에 앞서 검사 및 변호인으로 하여금 공소사실 등의 증명과 관련된 주장 및 입증계획 등을 진술하게 할 수 있으나, 다만 증거로 할 수 없거나 증거로 신청할 의사가 없는 자료에 기초하여 법원에 사건에 대한 예단 또는 편견을 발생하게 할 염려가 있는 사항은 진술할 수 없도록 하였고(제287조 제2항), 공판절차의 순서를 바꾸어 증거조사를 피고인신문에 앞서서 실시하도록 규정하는(제290조, 제296조의2) 등 당사자주의 소송구조를 강화하였다.[2]

2) 예단배제의 원칙

형사피고인은 유죄의 판결이 확정될 때까지는 무죄로 추정된다는 헌법 제27조 제4항의 규정상 형사피고인에 대하여 법관이 가질 수 있는 유죄의 예단을 차단할 필요가 있다. '예단배제의 원칙'이란 구체적인 사건의 심판에서 법관의 예단과 편견을 방지하여 공정한 재판을 보장하려는 원칙을 말하는데, 공소장일본주의는 법원이 사건에 대하여 예단을 가지지 않고 백지의 심증상태에서 공판심리에 임하여 진실을 발견하여야 한다는 요청을 절차상으로 반영한 것이다.

실체를 제대로 파악하지 못하여 오히려 수사기록에 의존하여 심증을 형성하여야 하는 부작용이 발생할 우려가 크며, 즉일 선고제도(제318조의4 제1항)와 결합하는 경우 그 우려는 더 클 뿐만 아니라 피고인측이 제1회 공판기일 전에 증거관계 등에 대한 의견서를 제출하는 점과도 조화되지 않다는 견해로는 김정한, 387면.

1) 대법원 2009. 10. 22. 선고 2009도7436 전원합의체 판결.

2) 반면에 직권주의를 취하고 있는 독일에서는 공소장에 수사의 중요한 결과와 증거방법을 기재하고, 공소제기와 동시에 법원에 수사기록을 제출하도록 하고 있다(독일 형사소송법 제199조 제2항 및 제200조 참조).

3) 공판중심주의

우리나라 형사소송법은 피고사건에 대한 실체심리가 공개된 법정에서 검사와 피고인 양 당사자의 공격·방어활동에 의하여 행해질 것을 요구하는 공판중심주의를 취하고 있다. 즉 법관의 심증형성은 법관의 면전에서 직접 조사한 증거만을 기초로 이루어져야 한다는 직접심리주의와 구두변론주의가 지배하는 공판기일의 심리에 의하여야 한다. 그런데 공소장에 수사서류나 증거물 등이 첨부되면 법관은 공판기일의 심리를 거치기 전에 증거자료에 접촉하여 사실상 유죄의 심증을 형성할 가능성이 크기 때문에 공소장일본주의를 인정하고 있는 것이다.

4) 증거재판주의

수사기록은 전문증거(傳聞證據)로서 공판기일에서 증거능력이 인정되지 않을 수도 있다. 그런데 공판 전에 법원이 수사기록을 접하게 되면 증거능력이 없는 증거에 의하여 심증을 형성하게 될 가능성이 있으므로 증거재판주의를 실현하기 위해서는 공소장일본주의가 필요한 것이다.

(3) 판단기준

우리나라의 형사소송구조상 공소장일본주의가 인정된다고 하더라도, 형사소송법은 과연 어떤 경우에 검사의 공소제기가 공소장일본주의에 위배되었다고 볼 것인지에 관하여 아무런 규정을 두고 있지 않다. 형사소송법은 국가형벌권의 구체적 실현을 위하여 필요한 법적 절차를 규율하는 법률로서 법공동체가 추구하는 이상과 좌절의 역사적 체험을 담은 그 시대 사회적·문화적 상황의 산물이므로 여기에는 필연적으로 상충되는 법원칙이 혼재하여 있게 마련이다. 공소장일본주의 역시 우리나라 형사절차에 있어서 당사자주의적 요소를 반영하는 원칙의 하나인데, 형사소송법에는 그와 상호충돌 관계에 있는 직권주의적 요소에 관한 여러 규정들이 있으므로 이러한 규정들과 조화를 이루도록 해석할 필요가 있고 나아가 공소장일본주의가 형사재판의 운용 전반에 미치는 영향 등도 고려하여야 할 것이므로 이러한 제반 사정을 감안하여 공소범죄사건에서 실체적 진실발견과 적법절차보장이라는 형사소송이념을 실현할 수 있도록 그 구체적인 기준을 설정하지 않으면 안 된다.

한편 공소장일본주의는 공소사실 특정의 필요성이라는 또 다른 요청에 의하여 필연적으로 제약을 받을 수밖에 없는 것이므로, 양자의 취지와 정신이 조화를 이룰 수 있는 선에서 공소사실 기재 또는 표현의 허용범위와 한계가 설정되어야 한다는 점, 공판준비절차는 공판중심주의와 집중심리의 원칙을 실현하려는 데 그 주된 목적이 있으므로 공소장일본주의 위배를 포함한 공소제기 절차상의 하자는 이 단계에서 점검함으로써 위법한 공소제기에 기초한 소송절차가 계속 진행되지 않도록 하는 것이 바람직하다는 점, 형사소송법상 인정되는 공소장변경제도는 실체적 진실발견이라는 형사소송이념을 실현하기 위한 직권주의적 요소로서 형사소송법이 절차법으로서 가지는 소송절차의 발전적·동적 성격과 소송경제의 이념 등을 반영하고 있는 것이므로, 이러한 점에서도 공소장일본주의의 적용은 공소제기 이후 공판절차가 진행된 단계에서는 필연적으로 일정한 한계를 가질 수밖에 없다는 점 등을 종합하여 보면, 공소장일본주의의 위배 여부는 공소사실로 기재된 범죄의 유형과 내용 등에 비추어 볼 때에 공소장에 첨부 또는 인용된 서류 기타 물건의 내용, 그리고 법령이 요구하는 사항 이외에 공소장에 기재된 사실이 법관 또는 배심원에게 예단을 생기게 하여 법관 또는 배심원이 범죄사실의 실체를 파악하는데 장애가 될 수 있는지 여부를 기준으로 당해 사건에서 구체적으로 판단하여야 한다.

2. 내 용

(1) 첨부 및 인용의 금지

사건에 관하여 법원의 예단을 발생시킬 수 있는 수사서류나 증거물 등과 같은 서류 기타 물건을 첨부하는 것이 금지되고, 공소장에 증거 기타 예단을 발생시킬 수 있는 문서내용을 인용하는 것이 금지된다. 첨부가 금지되는 것은 사건의 실체심리 이전에 법관의 심증형성에 영향을 줄 수 있는 자료이다. 공소사실을 증명하는 수사서류나 증거물 등의 증거는 물론 증거가 아니라도 법관의 심증형성에 영향을 줄 수 있는 자료는 첨부할 수 없다.

하지만 공소사실의 기재는 본질적으로 역사적으로 이미 발생한 사실을 그에 관한 자료를 기초로 범죄사실로 재구성하여 표현하는 것이어서 그 정도의 차이가 있을 뿐 필연적으로 장차 증거로 제출될 서류 기타 물건에 담긴 정보를 기술하는 형식에 의하게 되고, 특히 명예훼손·모욕·협박 등과 같이 특정한 표현의 구체적인 내용에 따라 범죄의 성부가 판가름되는 경우나 특허권·상표권 침해사범처럼 사안의 성질상 도면 등에 의한 특정이 필요한 경우 등에는 서류 기타 물건의 내용을 직접 인용하거나 요약 또는 사본하여 첨부할 수밖에 없다.[1)]

(2) 여사기재의 금지

1) 의 의

'여사기재'(餘事記載)란 공소장의 기재사항 이외의 사항을 공소장에 기재하는 것을 말한다. 여사기재에는 법관의 예단을 발생시킬 수 있는 여사기재와 그렇지 않은 여사기재로 구분할 수 있는데, 전자는 허용되지 않지만, 후자는 허용된다고 보아야 한다.

2) 전과의 기재

전과(前科)는 원칙적으로 공소장에 기재해서는 안 된다. 하지만 예외적으로 전과가 범죄구성요건에 해당하는 경우, 상습성 인정의 자료가 되는 경우, 누범과 같이 형의 가중사유가 되는 경우에는 공소장에 반드시 전과가 기재되어야 하고[2)], 형의 선고유예나 집행유예의 결격사유 또는 실효대상이 되는 경우[3)], 전과를 수단으로 하는 공갈과 같이 사실상 범죄사실의 내용을 이

---

1) 대법원 2009. 10. 22. 선고 2009도7436 전원합의체 판결.

2) 이에 대하여 누범가중사유에 해당하는 전과라고 할지라도 피고인이 범법자라는 예단을 형성하게 되므로 공소장에 기재해서는 안 된다는 견해로는 배종대/홍영기, 208면.

3) 이에 대하여 유예 여부는 광의의 양형에 해당하는 사항이기 때문에 이를 공소장에 기재하여 제1회 공판기일 이전에 미리 법관이 알게 할 필요는 없다는 견해로는 손동권/신이철, 389면.

루는 경우 등에 있어서도 전과를 기재할 필요가 있다.

3) 나쁜 경력의 기재

전과 이외에 피고인의 나쁜 경력이나 성격을 기재하는 것도 그것이 범죄의 구성요건요소가 되는 경우이거나 구성요건적 행위와 밀접불가분 관계에 있는 경우를 제외하고는 기재를 허용해서는 안 된다. 공소장에는 법령이 요구하는 사항만 기재할 것이고 공소사실의 첫머리에 공소사실과 관계없이 법원의 예단만 생기게 할 사유를 불필요하게 나열하는 것은 옳다고 할 수 없으며, 공소사실과 관련이 있는 것도 원칙적으로 범죄의 구성요건에 적어야 할 것이고, 이를 첫머리 사실로서 불필요하게 길고 장황하게 나열하는 것은 적절하다고 할 수 없다.[1] 하지만 공소장에 기재된 첫머리 사실이 공소사실의 범의나 공모관계, 공소범행에 이르게 된 동기나 경위 등을 명확히 나타내기 위하여 적시한 것으로 보이는 때에는 공소제기의 방식이 공소장일본주의에 위배되어 위법하다고 할 수 없다.[2] 공소장의 공소사실 첫머리에 피고인이 전에 받은 소년부송치처분과 직업 없음을 기재하였다고 하더라도 이는 제254조 제3항 제1호에서 말하는 피고인을 특정할 수 있는 사항에 속하는 것이어서 그와 같은 내용의 기재가 있다고 하여 공소제기의 절차가 법률의 규정에 위반된 것이라고 할 수 없고, 헌법상의 형사피고인에 대한 무죄추정조항이나 평등조항에 위배되는 것도 아니다.[3]

4) 범죄동기의 기재

범죄의 동기나 원인은 범죄사실이 아니므로 일반적으로 기재하지 않는 것이 원칙이지만, 살인죄나 방화죄 등과 같이 동기가 공소사실과 밀접한 관련이 있고 공소사실을 명확하게 하기 위하여 필요한 경우에는 이를 기재하는 것이 허용된다.[4] 이러한 취지에서 설사 범죄의 직접적인 동기가 아닌 경우에도 동기의 기재는 공소장의 효력에 영향을 미치지 아니한다.[5]

5) 여죄의 기재

심판의 대상이 되는 범죄사실 이외의 여죄를 기재하는 것은 허용되지 아니한다. 다만 여죄 기재에 대한 처리와 관련하여, ① 구체적 범죄사실의 기재가 없는 여죄의 존재에 대한 지적은 단순한 여사기재로서 삭제를 명하면 족하다는 견해[6], ② 무죄추정의 원칙과 예단배제의 요청에 비추어 볼 때 모든 여죄의 기재는 공소기각 판결의 대상이 된다는 견해[7] 등의 대립이 있다.

---

1) 대법원 2015. 1. 29. 선고 2012도2957 판결.

2) 대법원 1999. 5. 14. 선고 99도202 판결; 대법원 1994. 3. 11. 선고 93도3145 판결; 대법원 1992. 9. 22. 선고 92도1751 판결.

3) 대법원 1990. 10. 16. 선고 90도1813 판결; 대법원 1966. 7. 29. 선고 66도793 판결. 이에 대하여 소년보호처분을 받은 사실의 기재도 금지된다는 견해로는 김인회, 241면; 손동권/신이철, 390면.

4) 이에 대하여 동기가 특별히 범의를 추단케 하는 간접사실의 경우가 아니라면 양형자료에 불과하며, 예단의 결정적 요인이 되므로 공소장에 기재하지 않는 것이 바람직하다는 견해로는 김정한, 389면; 배종대/홍영기, 209면.

5) 대법원 2017. 11. 9. 선고 2014도15129 판결; 대법원 2007. 5. 11. 선고 2007도748 판결.

6) 임동규, 320면; 정웅석/최창호, 363면.

7) 김인회, 241면; 손동권/신이철, 391면; 신양균/조기영, 397면; 이은모/김정환, 394면; 이창현, 576면; 정승환, 242면.

이에 대하여 판례는 「제254조 제3항은 공소장에 동항 소정의 사항들을 필요적으로 기재하도록 한 규정에 불과하고 그 이외의 사항의 기재를 금지하고 있는 규정이 아니므로 공소시효가 완성된 범죄사실을 공소범죄 사실 이외의 사실로 기재한 공소장이 제254조 제3항의 규정에 위배된다고 볼 수 없다.」라고 판시[1]하여, 여죄의 기재를 위법하지 않다고 파악하고 있다.

생각건대 83도1979 판결은 공소장일본주의를 규정하고 있는 형사소송규칙 제118조를 직접적인 대상으로 하고 있지 않다는 점에서 적절한 인용이 될 수는 없다. 심판의 대상이 되는 범죄사실 이외의 여죄를 기재하여 법관으로 하여금 심증형성에 기여를 하였다면 피고인의 공정한 재판을 받을 권리를 침해하는 결과를 초래한 것이므로 단순히 여사기재를 삭제하는 것에 그치지 않고 공소기각의 판결로서 사건을 종결하는 것이 타당하다.

3. 적용범위

(1) 제1회 공판기일 전

일반적으로 공소장일본주의는 제1회 공판기일 전에 한하여 인정된다고 한다. 하지만 제1회 공판기일 이후에 재판부의 구성이 변경되는 일련의 절차에 있어서도 법관은 공정한 재판을 위하여 백지의 상태를 유지해야 한다는 점에서, 공판절차 갱신 후의 절차, 상소심의 절차, 파기환송 후의 절차 등에 있어서 공소장일본주의가 적용되지 아니한다는 결론에는 찬성하기가 어려운 부분이 있다.

한편 형사소송법은 법원의 공판기일 전의 증거조사(제273조) 및 당사자의 공판기일 전의 증거제출(제274조)을 인정하고 있다. 그러나 공판기일 전의 증거조사 및 당사자의 공판기일 전의 증거제출이 제1회 공판기일 전에도 허용된다면 법원의 예단을 배제하기 위하여 인정되고 있는 공소장일본주의가 형해화될 수 있다. 그러므로 증거조사와 증거제출이 가능한 공판기일 전이란 제1회 공판기일 이후의 공판기일 전을 의미한다고 축소해석하여야 한다.

(2) 정식재판절차

공소장일본주의는 정식재판절차에서만 적용된다. 그러므로 검사가 약식명령을 청구하는 때에는 약식명령의 청구와 동시에 약식명령을 하는 데 필요한 증거서류 및 증거물을 법원에 제출하여야 하는데(규칙 제170조), 이는 약식절차가 서면심리에 의한 재판이어서 공소장일본주의의 예외를 인정한 것이므로 약식명령의 청구와 동시에 증거서류 및 증거물이 법원에 제출되었다고 하여 공소장일본주의를 위반하였다 할 수 없다. 또한 그 후 약식명령에 대한 정식재판청구가 제기되었음에도 법원이 증거서류 및 증거물을 검사에게 반환하지 않고 보관하고 있다고 하여 그 이전에 이미 적법하게 제기된 공소제기의 절차가 위법하게 된다고 할 수도 없다.[2]

---

1) 대법원 1983. 11. 8. 선고 83도1979 판결.

2) 대법원 2007. 7. 26. 선고 2007도3906 판결. 이에 대하여 약식명령의 청구가 있는 경우에도 법원이 약식명령을 할 수 없거나 부적당하다고 인정하여 공판절차에 의하여 심판하거나(제450조) 정식재판의 청구가 있는 때에는(제

(3) 즉결심판절차

즉결심판절차법에 의하면, 즉결심판은 관할 경찰서장 또는 관할 해양경찰서장이 청구하고(동법 제3조 제1항), 경찰서장은 즉결심판의 청구와 동시에 즉결심판을 함에 필요한 서류 또는 증거물을 판사에게 제출하여야 한다(동법 제4조). 또한 즉결심판의 청구가 있는 때에는 판사는 사건이 즉결심판을 할 수 없거나 즉결심판절차에 의하여 심판함이 적당하지 아니하다고 인정되어 결정으로 즉결심판의 청구를 기각하는 경우를 제외하고 즉시 심판을 하여야 한다(동법 제6조). 이와 같이 즉결심판절차법이 즉결심판의 청구와 동시에 판사에게 증거서류 및 증거물을 제출하도록 한 것은 즉결심판이 범증이 명백하고 죄질이 경미한 범죄사건을 신속·적정하게 심판하기 위한 입법적 고려에서 공소장일본주의가 배제되도록 한 것이다.

또한 피고인이 즉결심판에 대하여 정식재판을 청구한 경우 판사는 정식재판청구서를 받은 날부터 7일 이내에 경찰서장에게 정식재판청구서를 첨부한 사건기록과 증거물을 송부하고, 경찰서장은 지체 없이 관할 지방검찰청 또는 지청의 장에게 이를 송부하여야 하며, 관할 지방검찰청 또는 지청의 장은 지체 없이 관할 법원에 이를 송부하여야 한다(동법 제14조 제3항). 이에 따라 법원은 즉결심판에 대한 정식재판의 청구가 적법한 때에는 공판절차에 의하여 심판하여야 하는바(동법 제14조 제4항, 형사소송법 제455조 제3항), 위 규정에 따라 정식재판청구에 의한 제1회 공판기일 전에 사건기록 및 증거물이 경찰서장, 관할 지방검찰청 또는 지청의 장을 거쳐 관할 법원에 송부된다고 하여 그 이전에 이미 적법하게 제기된 경찰서장의 즉결심판청구의 절차가 위법하게 된다고 볼 수 없고, 그 과정에서 정식재판이 청구된 이후에 작성된 피해자에 대한 진술조서 등이 사건기록에 편철되어 송부되었다고 하더라도 달리 볼 것은 아니다.[1)]

4. 위반의 효과

공소장일본주의에 위배된 공소제기라고 인정되는 때에는 그 절차가 법률의 규정에 위반하여 무효인 때에 해당하는 것으로 보아 공소기각의 판결을 선고하는 것이 원칙이다(제327조 제2호).[2)] 그러나 공소장 기재의 방식에 관하여 피고인 측으로부터 아무런 이의가 제기되지 아니하였고 법원 역시 범죄사실의 실체를 파악하는 데 지장이 없다고 판단하여 그대로 공판절차를 진행한 결과 증거조사절차가 마무리되어 법관의 심증형성이 이루어진 단계에서는 소송절차의 동적 안정성 및 소송경제의 이념 등에 비추어 볼 때 이제는 더 이상 공소장일본주의 위배를 주장하여 이미 진행된 소송절차의 효력을 다툴 수는 없다.[3)] 하지만 피고인 측으로부터 이의가 유효

453조) 다시 공소장일본주의가 적용되어야 한다는 견해로는 김인회, 243면; 배종대/홍영기, 210면; 이은모/김정환, 395면; 이재상/조균석, 407면; 정승환, 243면; 최호진, 299면.

1) 대법원 2011. 1. 27. 선고 2008도7375 판결.

2) 대법원 2017. 11. 9. 선고 2014도15129 판결.

3) 대법원 2012. 8. 30. 선고 2012도5220 판결; 대법원 2009. 10. 22. 선고 2009도7436 전원합의체 판결. 이에 대하여 공소장일본주의 위배 여부는 관할법원에 공소장이 제출된 때로부터 공판준비절차를 거쳐 공판기일의 본안심리까

하게 제기되어 있는 이상 공판절차가 진행되어 법관의 심증형성의 단계에 이르렀다고 하여 공소장일본주의 위배의 하자가 치유된다고 볼 수 없다.[1]

제4절 공소제기의 효과

Ⅰ. 소송계속

1. 의 의

'소송계속'(訴訟繼續)이란 피고사건이 수소법원의 심리와 재판의 대상이 되는 상태가 되는 것을 말한다. 소송계속이 발생하면 수소법원은 피고사건에 대하여 독자적인 판단으로 심리와 재판을 진행하고, 검사는 수사의 주재자에서 공격의 당사자로 변모하게 된다. 또한 피의자는 피고인의 지위로 전환되어 검사와 함께 소송의 주체가 된다.

2. 내 용

(1) 실체적 소송계속

'실체적 소송계속'이란 실체적·형식적 소송조건을 모두 구비하여 수소법원이 유·무죄의 실체판결을 행할 수 있는 상태의 소송계속을 말한다.

(2) 형식적 소송계속

'형식적 소송계속'이란 실체적 소송조건이 결여되어 수소법원이 면소판결을 해야 할 경우 또는 형식적 소송조건이 결여되어 관할위반 또는 공소기각의 재판을 해야 할 경우의 소송계속을 말한다.

지 법원 스스로 자발적이면서 적극적으로 검토해야 한다는 점, 공조장일본주의 위배가 있는데도 불구하고 법원이 해당 공소제기를 기각하지 않고 진행한 것은 공평한 심리를 주재해야 하는 법원이 그 과제를 담당하지 않은 것이라는 점, 피고인이 이를 문제 삼지 않았다고 하여 법원 스스로 흠결이 없어졌다고 평가하는 것은 자신의 의무해태 결과를 피고인의 탓으로 돌리면서 절차를 유지하려 하는 불합리한 태도라는 점 등을 논거로 하여, 하자의 치유가 인정되지 않는다는 견해로는 배종대/홍영기, 211면; 손동권/신이철, 392면; 신양균/조기영, 399면.

1) 대법원 2015. 1. 29. 선고 2012도2957 판결(이 사건 공소장에 기재된 죄명과 적용법조에 비추어, 이 부분 공소사실을 범죄 구성요건 사실의 특정에 필요한 정도로 적절히 기재한다면 공소장에 기재된 [범죄사실] 이하 1항, 2항 부분이 될 것인데, 이 사건 공소장의 모두 사실에 ['○○역전식구' 세력화 이전 ○○지역 폭력배의 이합집산], ['○○역전식구'의 세력화 배경], [운영자금 조달], [조직적 지휘, 통솔체계 확립 시도], [조직의 단합과 결속 도모] 등을 장황하게 기재하고 있다. … 피고인의 변호인이 제1심 제1회 공판기일 전에 제출한 의견서에서 이 사건 공소장이 공소장일본주의에 위배된다고 기재하였고 제1심 제1회 공판기일에서 공소사실 낭독 후에 그 의견서를 진술하여 공소장 기재 방식에 대하여 이의를 한 이상, 공소장일본주의 위배 여부는 공소장에 기재된 사실이 법관에게 예단을 생기게 하여 법관이 범죄사실의 실체를 파악하는 데 장애가 될 수 있는지 여부를 기준으로 판단하여야 하며, 비록 제1심 법원이 공판절차 초기 쟁점정리 과정에서 이 사건 공소장 중 모두 사실은 범죄의 구성요건과 상관이 없어 심리하지 않겠다고 고지하고 증거조사 등의 공판절차를 진행하였다 하더라도 공소장 기재 방식의 하자가 치유된다고 볼 수 없다).

3. 효 과

(1) 적극적 효과

공소제기에 의하여 법원은 당해 사건을 심리하고 재판할 수 있는 권한과 의무를 가지게 되고, 검사와 피고인은 당사자로서 심리에 관여하고 법원의 심판을 받아야 하는 지위를 가지게 된다. 이러한 적극적 효과는 공소가 제기된 사건 자체에 대하여 발생하는 효과라는 점에서 공소제기의 내부적 효과라고도 한다.

(2) 소극적 효과

하나의 사건에 대하여 이중기소가 되면 소송경제에 반할 뿐만 아니라 재판에 대한 신뢰가 무너질 수 있다. 그러므로 공소제기가 있는 때에는 동일사건에 대하여 다시 기소할 수 없다. 이러한 소극적 효과는 공소제기가 당해 피고사건 이외의 다른 형사사건에 대하여 소송장애의 사유로 기능한다는 점에서 공소제기의 외부적 효과라고도 한다. 만약 동일한 사건이 동일한 법원에 이중기소되면 법원은 먼저 기소된 사건을 심판하고 나머지 사건에 대하여는 공소기각의 판결을 하여야 하며(제327조 제3호), 수개의 법원에 대하여 이중기소되면 사물관할을 달리하는 법원 사이에는 합의부가 심판하고(제12조), 사물관할을 같이하는 법원 사이에는 먼저 공소를 제기받은 법원이 심판하며(제13조), 심판할 수 없게 된 법원은 공소기각의 결정을 하여야 한다(제328조 제1항 제3호).

Ⅱ. 심판대상의 특정

1. 심판대상

공소제기에 의하여 법원이 심판할 인적·물적 대상이 특정된다. 인적으로는 공소장에 기재된 피고인에게, 물적으로는 공소사실과 단일성 또는 동일성이 인정되는 사실 전부에 대하여 그 영향이 미치게 된다. 여기서 단일성이란 일정한 시점을 기준으로 한 공소사실의 자기동일성을 말하고, 동일성이란 시간의 흐름을 반영한 공소사실의 역사적 동일성을 말한다. 그러므로 공소가 제기되지 아니한 사람이나 공소사실에 대하여는 심판할 수 없는데, 이를 '불고불리(不告不理)의 원칙'이라고 한다. 이와 같이 심판대상을 공소장에 기재된 피고인이나 공소사실로 한정하는 것은 피고인의 방어권 보장을 위한 것이다. 특히 심판대상의 문제는 공소제기의 효력 범위, 수소법원의 심판 범위, 공소장변경의 허용 범위, 확정판결의 효력 범위 등을 결정하는 중요한 기준으로 작용된다.

2. 심판대상 특정의 효력범위

(1) 인적 효력범위

공소는 검사가 피고인으로 지정한 사람 외의 다른 사람에게는 그 효력이 미치지 아니한다(제248조 제1항). 그러므로 공소제기 후에 진범이 발견되어도 공소제기의 효력은 진범에게 미치지 아니하고, 공범 중 1인에 대한 공소제기가 있어도 다른 공범자에게 효력이 미치지 아니한다.

(2) 물적 효력범위

범죄사실의 일부에 대한 공소는 그 전부에 대하여 효력이 미친다(제248조 제2항). 그러므로 공소제기의 효력은 단일사건 전체에 미치고, 사건의 동일성이 인정되는 한 그 효력은 유지되는데, 이를 '공소불가분의 원칙'이라고 한다. 여기에서 '공소사실의 단일성'이란 소송법적 행위의 단일성을 말하고, '공소사실의 동일성'이란 기본사실의 동일성을 의미한다. 다만 법원은 현실적 심판의 대상인 공소장에 기재된 공소사실에 대하여만 심판할 수 있고, 공소장변경이 없는 한 공소사실과 단일성·동일성이 인정되는 사실이라도 법원의 잠재적 심판의 대상이 되는데 그친다. 한편 공소제기의 물적 효력범위는 기판력의 객관적 범위와도 일치한다.

(3) 일죄의 일부에 대한 공소제기

하나의 행위가 여러 범죄의 구성요건을 동시에 충족하는 경우, 공소제기권자는 자의적으로 공소권을 행사하여 소추 재량을 현저히 벗어났다는 등의 특별한 사정이 없는 한 증명의 난이 등 여러 사정을 고려하여 그 중 일부 범죄에 관해서만 공소를 제기할 수도 있다.[1] 예를 들면 하나의 행위가 부작위범인 직무유기죄와 작위범인 허위공문서작성·행사죄의 구성요건을 동시에 충족하는 경우, 공소제기권자는 재량에 의하여 작위범인 허위공문서작성·행사죄로 공소를 제기하지 않고 부작위범인 직무유기죄로만 공소를 제기할 수 있다.[2] 또한 영리약취·유인 등에 관한 특정범죄가중처벌법 제5조의2 제2항 제1호는 '취득'과 '요구'를 별도의 행위태양으로 규정하고 있으므로, 미성년자를 약취한 자가 그 부모에게 재물을 요구하였으나 취득하지 못한 경우 검사는 이를 '재물요구죄'로 기소할 수 있음은 물론, '재물취득'의 점을 중시하여 '재물취득 미수죄'로 기소할 수도 있다.[3] 하지만 일죄의 일부만을 기소한 경우에도 일죄의 전부에 대하여 공

1) 대법원 2017. 12. 5. 선고 2017도13458 판결. 이에 대하여 검사의 일부기소는 원칙적으로 허용되지 않지만 검사가 수개의 범죄사실 중 일부의 범죄사실이나 적용법조, 또는 하나의 범죄사실 중 부분사실이나 적용법조를 예비적·택일적으로 공소장에 기재하여 일부기소의 의사를 명시한 경우에는 소송경제의 이익을 도모하기 위하여 예외적으로 일부기소가 허용된다는 견해로는 신동운, 293면.

2) 대법원 2008. 2. 14. 선고 2005도4202 판결. 同旨 대법원 1999. 11. 26. 선고 99도1904 판결(하나의 행위가 부작위범인 직무유기죄와 작위범인 범인도피죄의 구성요건을 동시에 충족하는 경우 공소제기권자는 재량에 의하여 작위범인 범인도피죄로 공소를 제기하지 않고 부작위범인 직무유기죄로만 공소를 제기할 수도 있다).

3) 대법원 2008. 7. 10. 선고 2008도3747 판결(미성년자 약취 후 재물을 요구하였으나 취득하지는 못한 범인을 '미성년자 약취 후 재물취득 미수'에 의한 특정범죄가중처벌법 위반죄로 공소제기 하였는데, 법원이 공소장변경 없이 '미성년자 약취 후 재물요구 기수'에 의한 같은 법 위반죄로 인정하여 미수감경을 배제하는 것은 피고인의 방어권 행사에 실질적인 불이익을 초래한다).

소제기의 효력이 미친다(제248조 제2항). 그러므로 공소를 제기하지 않은 나머지 부분에 대해서 다시 공소를 제기할 수 없고, 만일 공소를 제기하게 되면 이중기소에 해당하므로 법원은 공소기각의 판결을 선고하여야 한다. 다만 법원의 현실적 심판의 대상은 공소장에 기재되어 있는 일죄의 일부에 한정되므로 법원이 일죄의 전부에 대하여 심판하기 위해서는 공소장변경이 있어야 한다.

Ⅲ. 공소시효의 정지

공소시효는 공소의 제기로 진행이 정지되고, 공소기각 또는 관할위반의 재판이 확정된 때로부터 진행한다(제253조 제1항). 이는 비록 소송조건을 구비하고 있지 않아도 마찬가지이다. 공범의 1인에 대하여 공소가 제기되면 이로 인한 공소시효의 정지는 다른 공범자에 대해서도 효력이 미친다(제253조 제2항). 이는 공범사건의 획일적 처리를 위한 것이다.

제 5 절 공소시효

Ⅰ. 공소시효의 의의 및 본질론

1. 의 의

(1) 개 념

'공소시효'(公訴時效)란 범죄행위가 종료된 후 공소의 제기가 없이 일정한 기간이 경과되면 그 범죄에 대한 공소권이 소멸하는 제도를 말한다. 즉 공소시효제도는 시간의 경과에 의한 범죄의 사회적 영향이 약화되어 가벌성이 소멸되었다는 주된 실체적 이유에서 일정한 기간의 경과로 국가가 형벌권을 포기함으로써 결과적으로 국가형벌권의 소멸과 공소권의 소멸로 범죄인으로 하여금 소추와 처벌을 면하게 함으로써 형사피의자의 법적 지위의 안정을 법률로써 보장하는 형사소송조건에 관한 제도이다. 비록 절차법인 형사소송법에 규정되어 있으나 그 실질은 국가형벌권의 소멸이라는 점에서 형의 시효와 마찬가지로 실체법적 성격을 갖고 있는 것이다.[1] 공소시효는 확정판결 전에 형사소추권이 소멸되는 형사소송법상 제도라는 점에서 확정판결 후에 형벌권이 소멸되는 형법상 제도인 형의 시효(형법 제77조 내지 제80조)와 구별된다. 형의 시효가 완성[2]되면 형의 집행이 면제되지만, 공소시효가 완성되면 면소판결사유(제326조 제3호)에

1) 헌법재판소 1995. 1. 20. 선고 94헌마246 결정(12·12 내란사건).

2) 형법 제78조(시효의 기간) 시효는 형을 선고하는 재판이 확정된 후 그 집행을 받음이 없이 다음의 기간을 경과함으로 인하여 완성된다. 1. 사형은 30년 2. 무기의 징역 또는 금고는 20년 3. 10년 이상의 징역 또는 금고는 15년 4. 3년 이상의 징역이나 금고 또는 10년 이상의 자격정지는 10년 5. 3년 미만의 징역이나 금고 또는 5년 이상의

해당한다.

한편 공소시효는 그 적용범위와 기간을 어떻게 정할 것인지, 공소시효를 모든 범죄에 대하여 일률적으로 적용할 것인지, 그 적용을 배제하는 범죄를 인정할 것인지 등의 문제는 근본적으로 입법자가 우리의 역사와 문화, 형사사법 체계와의 관계, 범죄의 실태, 국민의 가치관 내지 법 감정, 특히 사회와 국민의 법적 안정성과 범인에 대한 처벌의 필요성 등 제반 사정을 고려하여 구체적으로 결정하여야 할 입법정책에 관한 사항으로서 입법형성의 자유에 속하는 분야라고 할 것이다. 따라서 공소시효 제도를 어떻게 정할 것인가의 판단은 원칙적으로 입법자의 폭넓은 재량에 속하므로 그 입법재량권이 헌법규정에 위반하여 자의적으로 행사된 경우가 아닌 한 헌법에 위반된다고 할 수는 없다.[1)]

(2) 존재이유

공소시효제도는 시간의 경과에 따른 처벌필요성의 감소, 피해자 등 참고인의 사망 및 소재불명 등으로 인한 증거의 멸실 또는 산일에 따른 적정한 재판의 실현곤란, 국가의 태만으로 인한 책임을 범인에게만 전가할 수 없다는 반성, 일정한 기간이 경과한 후의 범죄에 대한 사회적 감정의 변화, 피해의 치유, 범인의 장기간의 도피생활로 인한 고통 및 개선의 추측 등이 그 존재이유로 거론되고 있다.

생각건대 6·25 전사자에 대한 유해발굴사업의 경우를 보더라도 과학수사기법의 동원으로 말미암아 과거의 범죄현장에 대한 증거 및 상황을 복원하는 기법은 날로 발전하고 있다. 2007. 12. 21. 개정 형사소송법에서 공소시효의 기간을 일률적으로 연장한 것은 이를 반영한 것이다. 또한 특정 강력범죄의 경우에는 시간이 아무리 지난다고 할지라도 범죄인에 대한 처벌의 요구가 전혀 감소되지 않는 경우도 있기 때문에 공소시효의 존재이유가 사라지기도 한다. 2015. 7. 31. 개정 형사소송법에서 살인죄에 대한 공소시효를 배제한 것은 이를 반영한 것이다.

2. 본질론

(1) 학설의 입장

1) 실체법설

공소시효의 본질[2)]과 관련하여 실체법설은 일정한 시간이 경과하면 범죄인에 대한 사회의

자격정지는 7년 6. 5년 미만의 자격정지, 벌금, 몰수 또는 추징은 5년 7. 구류 또는 과료는 1년

1) 헌법재판소 2012. 2. 23. 선고 2011헌바154 결정; 헌법재판소 2003. 2. 27. 선고 2001헌바22 결정; 헌법재판소 1995. 7. 21. 선고 95헌마8 결정.

2) 공소시효의 본질론은 공소시효의 규정을 실체법인 형법에서 규정하고 있는 독일에서 공소시효의 기간을 연장하는 법률개정이 소급효를 가질 수 있는지 여부와 관련하여 논하여졌던 문제이다. 이에 의하면 우리나라의 경우에는 공소시효제도가 형사소송법에 규정되어 있으므로 죄형법정주의와 관련된 소급효의 논란 여지는 처음부터 배제되어 있다고 하나, 죄형법정주의의 실질적인 의미에 비추어 볼 때, 어떠한 제도가 실체법에 규정되어 있는가 아니면 절차법에 규정되어 있는가는 그리 중요하지 않다. 왜냐하면 소송법적 규정이라고 하더라도 공소시효와 같이 범죄의 성립과 처벌에 관련된 실체법적 효과를 좌우하는 규정에 대해서는 소급효를 인정하지 않는 것이 바람직하기 때문이다.

처벌 욕구가 감소하거나 범죄인이 심리적으로 처벌받은 것과 동일한 정도의 고통을 받기 때문에 국가의 형벌권이 소멸한다고 파악하는 견해이다. 즉 일정한 기간이 경과하면 국가가 형벌권을 포기하여 형사피의자의 법적 안정성을 보장하려고 하는 장치가 공소시효제도라는 것이다. 이에 의하면 공소시효규정의 유추적용을 금지하고, 법률상 인정된 사유가 아닌 사실상의 소추장애사유에 의한 공소시효의 정지를 불허하며, 사후적으로 공소시효를 연장하는 법률을 제정하거나 이를 소급적용하는 것은 허용되지 아니한다. 하지만 실체법설에 대해서는 공소시효의 완성으로 인하여 국가형벌권이 소멸되었다고 한다면 면소판결이 아니라 무죄판결을 선고하여야 할 것인데, 형사소송법의 태도는 그렇지 않다는 점[1], 시간이 경과하였다고 하여 실체법상의 형벌권이 아주 소멸하는 것으로 보기는 어렵다는 점 등의 비판이 제기된다.

2) 소송법설

소송법설은 일정한 시간이 경과함으로써 발생하는 증거의 멸실로 인한 입증의 어려움, 현실적인 형사소추의 곤란성, 국가기관의 임무태만에 대하여 책임을 묻는다는 점 등을 논거로 하여, 공소시효는 형벌권과는 관계없이 시간의 경과에 따라 국가의 소추권만 상실시키는 소극적 소송조건으로 파악하는 견해[2]이다. 공소시효제도는 어차피 처벌받아야 할 범죄에 대해 소추기관 등이 이를 장기간 방치하였을 때에 법적 안정성의 유지를 위하여 소추를 면제함으로써 죄를 범한 자가 입게 되는 반사적 이익이지 이를 두고 헌법상 보호해 주어야 하는 범죄인의 기본권으로 보기는 어렵다고 할 것이므로, 범죄인의 입장을 지나치게 존중할 것은 아니라고 한다. 이에 의하면 공소시효 규정은 소송법상의 규범이므로 유추적용이 가능하며, 법률상의 사유는 물론 국가기관이 형사소추권을 행사할 수 없었던 사실상의 장애사유가 존재하더라도 공소시효의 정지를 인정하며, 공소시효는 소급효금지의 원칙과 무관하기 때문에 범죄 후 사후적으로 공소시효를 정지·연장·배제하는 법률을 제정하거나 이를 소급적용하는 것도 가능하게 된다. 하지만 소송법설에 대해서는 증거가 멸실되는 시간이 범죄에 따라 차이가 있는 것이 아님에도 불구하고 공소시효의 기간이 구성요건에 규정된 법정형을 기준으로 하고 있다는 점, 공소시효의 완성의 경우 일사부재리의 효력이 인정되는 면소판결을 한다는 점 등의 비판이 제기된다.

3) 결합설

결합설은 공소시효는 가벌성을 감소시키는 사유인 동시에 증거멸실로 인한 소추권의 소멸을 가져오는 소극적 소송조건으로 파악하는 견해[3]이다. 즉 공소시효는 실체면에서는 미확정 형벌권의 소멸사유로서 처벌제한의 성격을 가지고, 절차면에서는 소송조건으로 작용하여 소추

---

1) 헌법재판소 1995. 1. 20. 선고 94헌마246 결정의 소수의견. 이에 대하여 실체법설은 실체법적 형벌권의 소멸은 형사절차의 실체면과 관련되기 때문에 공소시효의 완성은 실체적 소송조건으로서 실체판결을 저지하는 효력을 가진다고 재반박한다.

2) 이재상/조균석, 418면; 정웅석/최창호, 374면.

3) 김인회, 221면; 손동권/신이철, 401면; 신동운, 248면; 신양균/조기영, 401면; 이은모/김정환, 398면; 이주원, 232면; 임동규, 329면; 정승환, 249면.

제한의 성격을 가진다고 한다. 결합설은 공소시효규정에 대한 소급효금지의 원칙 적용 여부와 관련해서 또 다시 견해가 나누어져 있다.[1)]

(2) 검 토

생각건대 제249조는 공소시효의 기간을 구성요건에 명시된 법정형을 기준으로 하고 있으므로 실체법적 요소가 있음을 부인할 수가 없으며, 또한 제328조 제3호는 공소시효가 완성된 경우 무죄판결이 아니라 면소판결을 하도록 규정하고 있으므로 소송법적 요소도 있음을 부인할 수 없으므로 결합설이 타당하다. 하지만 최근에는 공소시효의 기간을 구성요건에 명시된 법정형만을 기준으로 하지 않고, 미성년자 대상 성범죄자에 대한 처벌의 욕구, 성범죄 예방의 효과, 과학적인 수사기법의 발달 등으로 인하여 공소시효 기간의 정지·연장·배제 등이 활발하게 이루어지고 있기 때문에 소송법적 요소가 좀 더 부각되고 있다.

결합설을 취한 이후의 문제는 죄형법정주의의 파생원칙인 소급효금지의 원칙의 적용범위에 대한 해결책을 제시하는 것이라고 할 수 있는데, 아직 공소시효가 완성되지 아니한 경우의 부진정소급효에 대해서는 변경된 공소시효를 사후에 소급하여 적용하는 것이 가능하다고 보는 것은 타당하지 않다. 공소시효를 정지·연장·배제하고자 하는 특례규정을 신설한 경우에도 반드시 지켜야 할 점은 당해 신설조항에 대한 소급효를 인정해서는 안 된다는 것인데, 허용되지 않는 소급효의 범위에 대해서는 진정소급효뿐만 아니라 부진정소급효도 포함되어야 한다. 특히 공소시효의 완성이 임박한 경우에 있어서 피의자가 누리는 불가벌성에 대한 기대는 공소시효가 완성된 이후의 경우와 거의 대동소이하기 때문에 부진정소급효의 인정은 불합리하다. 또한 공소시효의 정지·연장·배제를 인정한다는 것과 공소시효의 정지·연장·배제의 소급효를 인정한다는 것은 명확히 구별해서 파악해야 한다. 즉 전자를 법률로서 인정한다고 하더라도 이는 어디까지나 그 효과를 장래에 향해서만 인정해야 하는 것으로 파악해야 하는 것이다.

Ⅱ. 공소시효의 기간

1. 공소시효기간의 유형

공소시효는 개별 구성요건이 규정하고 있는 법정형을 기준으로 다음의 기간이 경과하면 완성된다(제249조 제1항). ① 사형에 해당하는 범죄에는 25년, ② 무기징역 또는 무기금고에 해당하는 범죄에는 15년, ③ 장기 10년 이상의 징역 또는 금고에 해당하는 범죄에는 10년, ④ 장기 10년 미만의 징역 또는 금고에 해당하는 범죄에는 7년, ⑤ 장기 5년 미만의 징역 또는 금고, 장기 10년 이상의 자격정지 또는 벌금에 해당하는 범죄에는 5년, ⑥ 장기 5년 이상의 자격정지에

1) 그 밖에도 형사절차의 실체형성 내지 처벌의 장애요인이라는 관점이 아니라 법의 적정절차의 보장이라는 관점에서 신소송법설을 주장하는 견해(차용석/최용성, 323면), 공소시효는 형벌권에 구체적인 시간적 한계를 설정함으로써 국가형벌권의 효력범주를 명확하게 하고, 비로소 형벌권을 국가가 운영할 수 있는 구체적인 도구로 생각될 수 있게 하는 필수적인 장치라는 견해(배종대/홍영기, 216면) 등도 주장되고 있다.

해당하는 범죄에는 3년, ⑦ 장기 5년 미만의 자격정지·구류·과료 또는 몰수에 해당하는 범죄에는 1년의 경과로 각각 공소시효가 완성된다. 2007. 12. 21. 개정 형사소송법을 통하여 실체적 진실발견과 강력범죄에 대한 시효연장으로 인한 범죄예방의 필요성이 요구되어 공소시효를 연장하면서, 그 이전에 범한 죄에 대해서는 종전의 규정을 적용하도록 하였다(부칙 제3조).

한편 공소가 제기된 범죄는 판결의 확정이 없이 공소를 제기한 때로부터 25년을 경과하면 공소시효가 완성한 것으로 간주한다(제249조 제2항). 이를 '의제공소시효'(擬制公訴時效)라고 하는데, 영구미제사건을 종결처리하기 위한 규정이다. 원심판결 선고 당시에 이미 공소제기일로부터 25년이 경과하였다면 공소제기의 각 범죄는 그 공소시효가 완성된 것으로 간주됨으로써 제326조 제3호에 의하여 피고인에게 면소의 판결을 하여야 한다.[1]

2. 공소시효기간의 기준

(1) 법정형

공소시효기간의 기준이 되는 형은 처단형이 아니라 법정형이다. 2개 이상의 형을 병과하거나 2개 이상의 형에서 그 1개를 과할 범죄에는 중한 형을 기준으로 공소시효기간을 결정한다(제250조). 여기서 '2개 이상의 형을 병과하는 경우'란 2개 이상의 주형이 병과되는 경우를 말하고, '2개 이상의 형에서 그 1개를 과할 범죄'란 수개의 형이 선택적으로 규정되어 있는 범죄를 말한다.

형법에 의하여 형을 가중·감경할 경우에는 가중·감경하지 않은 형을 기준으로 공소시효기간을 결정한다(제251조). 그러나 특별법에 의하여 형을 가중·감경할 경우에는 그 특별법상에 정한 법정형을 기준으로 공소시효기간을 결정한다.[2] 교사범·종범의 경우 정범의 법정형을 기준으로 한다. 그러나 필요적 공범은 개별적 행위자를 기준으로 한다.

한편 양벌규정에 의하여 행위자 이외에 법인이나 사업주를 처벌하는 경우에 있어서의 공소시효기간과 관련하여, ① 행위자 본인과 사업주의 처벌에 일관성을 유지해야 한다는 점을 논거로 하여, 행위자 본인에 대한 법정형을 기준으로 한다는 행위자기준설[3], ② 형사책임은 각자에게 개별적인 것이라는 점, 법인에게 부과되는 것은 재산형벌이고, 그 공소시효기간은 비교적 짧기 때문에 피고인에게 유리하게 해석해야 한다는 점, 법인의 책임은 과실책임에 근거해야 한다는 점 등을 논거로 하여, 양벌규정의 구성요건상 행위주체가 되는 사업자에 대한 법정형인 벌금형을 기준으로 한다는 사업자기준설[4] 등의 대립이 있다. 이에 대하여 판례는 「저작권법 제

1) 대법원 1986. 11. 25. 선고 86도2106 판결; 대법원 1981. 1. 13. 선고 79도1520 판결.

2) 대법원 1982. 5. 25. 선고 82도535 판결; 대법원 1980. 10. 14. 선고 80도1959 판결; 대법원 1979. 6. 12. 선고 78도694 판결; 대법원 1979. 4. 24. 선고 77도2752 판결; 대법원 1973. 3. 13. 선고 72도2976 판결.

3) 김인회, 222면; 송광섭, 425면; 신양균/조기영, 405면; 정승환, 250면.

4) 손동권/신이철, 402면; 이은모/김정환, 401면; 이재상/조균석, 421면; 이창현, 586면; 임동규, 330면; 정웅석/최창호, 376면.

103조의 양벌규정은 직접 위법행위를 한 자 이외에 아무런 조건이나 면책조항 없이 그 업무의 주체 등을 당연하게 처벌하도록 되어 있는 규정으로서 당해 위법행위와 별개의 범죄를 규정한 것이라고는 할 수 없으므로, 친고죄의 경우에 있어서도 행위자의 범죄에 대한 고소가 있으면 족하고, 나아가 양벌규정에 의하여 처벌받는 자에 대하여 별도의 고소를 요한다고 할 수는 없다.」라고 판시[1]하여, 행위자기준설의 입장을 취하고 있다. 생각건대 행위자기준설이 타당하다.

(2) 법정형 판단의 기초가 되는 범죄사실

법정형 판단의 기초가 되는 범죄사실은 원칙적으로 공소장에 기재된 공소사실을 기준으로 한다. 공소장에 수개의 범죄사실이 예비적·택일적으로 기재되는 경우에도 공소시효는 각 범죄사실을 단위로 개별적으로 결정한다. 왜냐하면 과형상 수죄에 대해서도 공소사실의 예비적·택일적 기재가 가능하기 때문이다. 과형상 일죄는 실체법상 수죄이므로 각 범죄사실을 단위로 개별적으로 공소시효를 결정한다.[2]

공소장 변경이 있는 경우에 공소시효의 완성 여부는 당초의 공소제기가 있었던 시점을 기준으로 판단할 것이고, 공소장 변경시를 기준으로 삼을 것은 아니다.[3] 또한 공소장변경절차에 의하여 공소사실이 변경됨에 따라 그 법정형에 차이가 있는 경우에는 변경된 공소사실에 대한 법정형이 공소시효기간의 기준이 된다. 그러므로 공소제기 당시의 공소사실에 대한 법정형을 기준으로 하면 공소제기 당시 아직 공소시효가 완성되지 않았으나 변경된 공소사실에 대한 법정형을 기준으로 하면 공소제기 당시 이미 공소시효가 완성된 경우에는 공소시효의 완성을 이유로 면소판결을 선고하여야 한다.[4] 이러한 법리는 법원이 공소장을 변경하지 않고도 인정할 수 있는 사실에 대한 법정형을 기준으로 하면 공소제기 당시 이미 공소시효가 완성된 경우에도 마찬가지로 적용된다.[5]

한편 범죄 후 법률의 개정에 의하여 법정형이 가벼워진 경우에는 형법 제1조 제2항에 의하여 당해 범죄사실에 적용될 가벼운 신법의 법정형이 공소시효기간의 기준으로 된다.[6]

---

1) 대법원 1996. 3. 12. 선고 94도2423 판결.

2) 대법원 2006. 12. 8. 선고 2006도6356 판결(1개의 행위가 여러 개의 죄에 해당하는 경우 형법 제40조는 이를 과형상 일죄로 처벌한다는 것에 지나지 아니하고, 공소시효를 적용함에 있어서는 각 죄마다 따로 따져야 할 것인바, 공무원이 취급하는 사건에 관하여 청탁 또는 알선을 할 의사와 능력이 없음에도 불구하고 청탁 또는 알선을 한다고 기망하여 금품을 교부받은 경우에 성립하는 사기죄와 변호사법 위반죄는 상상적 경합의 관계에 있으므로 변호사법 위반죄의 공소시효가 완성되었다고 하여 그 죄와 상상적 경합관계에 있는 사기죄의 공소시효까지 완성되는 것은 아니다).

3) 대법원 2004. 7. 22. 선고 2003도8153 판결; 대법원 2002. 10. 11. 선고 2002도2939 판결; 대법원 2002. 1. 22. 선고 2001도4014 판결; 대법원 1992. 4. 24. 선고 91도3150 판결; 대법원 1982. 5. 25. 선고 82도535 판결; 대법원 1981. 2. 10. 선고 80도3245 판결.

4) 대법원 2004. 7. 22. 선고 2003도8153 판결; 대법원 2003. 3. 11. 선고 2003도585 판결; 대법원 2001. 8. 24. 선고 2001도2902 판결.

5) 대법원 2013. 7. 26. 선고 2013도6182 판결.

6) 대법원 2008. 12. 11. 선고 2008도4376 판결; 대법원 1987. 12. 22. 선고 87도84 판결.

(3) 공소시효의 기산점

1) 범죄행위 종료시

공소시효는 범죄행위가 종료된 때로부터 진행한다(제252조 제1항). 여기서 '범죄행위가 종료된 때'란 구성요건에 해당하는 행위를 한 때가 아니라 구성요건에 해당하는 결과가 발생한 때를 말한다.[1] 공범의 경우에는 최종행위 종료시부터 전(全) 공범에 대한 공소시효를 기산한다(제252조 제2항). 이는 공범에 대한 시효를 획일적으로 하여 처벌의 형평을 도모하기 위한 것인데, 여기서의 공범에는 임의적 공범뿐만 아니라 필요적 공범도 포함된다.[2]

판례에 의하면, ① 결과적 가중범인 업무상 과실치사상죄의 공소시효는 피해자가 사상에 이른 결과가 발생한 때부터[3], ② 계속범은 법익침해행위가 종료한 때부터[4], ③ 범죄단체구성죄와 같은 즉시범[5]은 범죄를 목적으로 한 단체 또는 집단을 구성한 때부터[6], ④ 포괄일죄는 최종의 범죄행위가 종료한 때부터[7], ⑤ 결과의 발생을 요구하지 않는 거동범은 실행행위시부터[8], ⑥ 공무원이 그 직무에 관하여 금전을 무

1) 대법원 2003. 9. 26. 선고 2002도3924 판결(구 문화재보호법(1999. 1. 29. 법률 제5719호로 개정되기 전의 것) 제92조 제3호의 '문화재관리국에 등록하지 아니한 자로 하여금 지정문화재를 수리하게 한' 죄가 성립하기 위해서는 미등록 문화재수리업자 등에게 그 수리를 하게 하는 도급 등의 행위뿐만 아니라 이에 따라 미등록 문화재수리업자 등이 실제로 수리하는 행위가 있어야 하므로, 수리하게 하는 행위 및 이에 따른 그 결과로서의 수리행위 전체를 하나의 구성요건 실현행위로 보아야 하고, 따라서 미등록 문화재수리업자 등이 수리에 착수한 때 곧바로 범죄행위가 종료된 것으로 볼 것은 아니고 그 수리가 완료되거나 중단되는 등으로 사실상 마쳐질 때 그 범죄행위로서의 수리하게 하는 행위의 결과 발생이 종료되어 범죄행위가 종료된 것으로 보아야 한다).

2) 대법원 2007. 12. 13. 선고 2007도8217 판결.

3) 대법원 2008. 10. 9. 선고 2008도7636 판결; 대법원 2007. 3. 15. 선고 2006도963 판결; 대법원 1997. 11. 28. 선고 97도1740 판결(성수대교붕괴사건); 대법원 1996. 8. 23. 선고 96도1231 판결(삼풍백화점붕괴사건); 대법원 1994. 3. 22. 선고 94도35 판결.

4) 대법원 2010. 9. 30. 선고 2008도7678 판결; 대법원 2006. 9. 22. 선고 2004도4751 판결(공익법인이 주무관청의 승인을 받지 않은 채 수익사업을 하는 행위는 시간적 계속성이 구성요건적 행위의 요소로 되어 있다는 점에서 계속범에 해당한다고 보아야 할 것인 만큼 승인을 받지 않은 수익사업이 계속되고 있는 동안에는 아직 공소시효가 진행하지 않는다); 대법원 2004. 2. 12. 선고 2003도6215 판결; 대법원 2001. 9. 25. 선고 2001도3990 판결(건축법상 허가를 받지 아니하거나 또는 신고를 하지 아니한 경우 처벌의 대상이 되는 건축물의 용도변경행위는 유형적으로 용도를 변경하는 행위뿐만 아니라 다른 용도로 사용하는 것까지를 포함하며, 이와 같이 허가를 받지 아니하거나 신고를 하지 아니한 채 건축물을 다른 용도로 사용하는 행위는 계속범의 성질을 가지는 것이어서 허가 또는 신고 없이 다른 용도로 계속 사용하는 한 가벌적 위법상태는 계속 존재하고 있다고 할 것이므로, 그러한 용도변경행위에 대하여는 공소시효가 진행하지 아니하는 것으로 보아야 한다); 대법원 1999. 3. 9. 선고 98도4582 판결; 대법원 1981. 10. 13. 선고 81도1244 판결.

5) 대법원 2018. 6. 28. 선고 2017도7937 판결; 대법원 2014. 6. 26. 선고 2013도16368 판결(정당법 제53조, 제22조 제1항에서 규정하는 공무원이나 사립학교 교원이 정당의 당원이 된 죄와 국가공무원법 제84조, 제65조 제1항에서 규정하는 공무원이 정당 그 밖의 정치단체에 가입한 죄는 공무원이나 사립학교 교원 등이 정당 등에 가입함으로써 즉시 성립하고 그와 동시에 완성되는 즉시범이므로 그 범죄성립과 동시에 공소시효가 진행한다); 대법원 2014. 5. 16. 선고 2012도12867 판결; 대법원 2011. 6. 30. 선고 2011도1651 판결; 대법원 2009. 4. 9. 선고 2008도11572 판결.

6) 대법원 2005. 9. 9. 선고 2005도3857 판결; 대법원 1995. 1. 20. 선고 94도2752 판결.

7) 대법원 2012. 9. 27. 선고 2012도4637 판결; 대법원 2009. 10. 29. 선고 2009도8069 판결; 대법원 2008. 2. 15. 선고 2006도7881 판결; 대법원 2006. 4. 28. 선고 2005도756 판결; 대법원 2002. 10. 11. 선고 2002도2939 판결; 대법원 1996. 10. 25. 선고 96도1088 판결.

8) 대법원 2007. 10. 25. 선고 2006도346 판결.

이자로 차용한 경우에는 그 차용 당시에 금융이익 상당의 뇌물을 수수한 것으로 보아야 하므로 금전을 무이자로 차용한 때부터[1], ⑦ 미수범의 범죄행위는 행위를 종료하지 못하였거나 결과가 발생하지 아니하여 더 이상 범죄가 진행될 수 없는 때부터[2], ⑧ 공무원이 뇌물로 투기적 사업에 참여할 기회를 제공받은 경우에는 투기적 사업에 참여하는 행위가 종료한 때부터[3], ⑨ 거짓이나 그 밖의 부정한 방법으로 「북한이탈주민의 보호 및 정착지원에 관한 법률」에 따른 보호 및 지원을 받은 경우에는 북한이탈주민법에 의한 보호 또는 지원을 최종적으로 받은 때부터[4], ⑩ 배임죄에 있어서는 현실적 손해가 발생하거나 그러한 실해 발생의 위험이 초래되었다고 볼 수 있는 때부터[5], ⑪ 무고죄는 신고한 때부터[6], ⑫ 병역법 제89조의2 제1호에 정한 공익근무요원의 복무이탈죄는 정당한 사유 없이 계속적 혹은 간헐적으로 행해진 통산 8일 이상의 복무이탈행위 전체가 하나의 범죄를 구성하는 것이고, 그 공소시효는 위 전체의 복무이탈행위 중 최종의 복무이탈행위가 마쳐진 때부터[7], ⑬ 강제집행면탈죄는 채권자의 권리 실현의 이익을 보호법익으로 하는데, 강제집행 면탈의 목적으로 채무자가 그의 제3채무자에 대한 채권을 허위로 양도한 경우에 제3채무자에게 채권 양도의 통지가 행하여짐으로써 통상 제3채무자가 채권 귀속의 변동을 인식할 수 있게 된 시점에서는 채권 실현의 이익이 해하여질 위험이 실제로 발현되었다고 할 것이므로, 늦어도 그 통지가 있는 때부터[8], ⑭ 공정거래법 제19조 제1항 제1호 소정의 가격결정 등의 합의 및 그에 기한 실행행위가 있었던 경우 부당한 공동행위가 종료한 날은 그 합의가 있었던 날이 아니라 그 합의에 기한 실행행위가 종료한 날을 의미하므로, 그 실행행위가 종료한 날부터[9] 각각 공소시효가 진행된다.

2) 공소시효의 계산방법

공소시효기간의 초일은 시간 계산 없이 1일로 산정하고(제66조 제1항 단서), 공소시효기간의 말일이 공휴일 또는 토요일에 해당하는 날이라도 공소시효기간에 산입한다(제66조 제3항 단서). 이는 피의자·피고인의 이익을 보호하기 위하여 기간계간의 일반원칙에 대한 예외를 인정한 것이다.

(4) 선거범죄에 있어서 단기공소시효

공직선거법 제268조 제1항, 수산업협동조합법 제178조 제4항, 산림조합법 제132조 제3항, 국민투표법 제122조, 교육공무원법 제58조 제5항 등에서는 각종 선거범죄에 대하여 일반범죄와

1) 대법원 2012. 2. 23. 선고 2011도7282 판결; 대법원 2006. 7. 7. 선고 2005도9763 판결; 대법원 2004. 5. 28. 선고 2004도1442 판결.

2) 대법원 2017. 7. 11. 선고 2016도14820 판결.

3) 대법원 2011. 7. 28. 선고 2009도9122 판결.

4) 대법원 2015. 10. 29. 선고 2014도5939 판결.

5) 대법원 2011. 11. 24. 선고 2010도11394 판결.

6) 대법원 2008. 3. 27. 선고 2007도11153 판결.

7) 대법원 2007. 3. 29. 선고 2005도7032 판결.

8) 대법원 2011. 10. 13. 선고 2011도6855 판결.

9) 대법원 2015. 9. 10. 선고 2015도3926 판결; 대법원 2012. 9. 13. 선고 2010도16001 판결; 대법원 2007. 12. 13. 선고 2007두2852 판결.

달리 공소시효를 단축하는 규정을 두고 있는데, 이러한 공소시효의 특칙은 선거와 관련된 범죄 사건을 조속히 처리하여 선거로 인한 법적 불안정 상태를 신속히 해소하려는 입법자의 형사정책적인 결단에서 비롯되었다고 할 수 있다. 특히 선거에 의하여 선출된 자가 안정적으로 업무를 수행할 수 있도록 하기 위하여 당해 선거와 관련하여 선거일까지 발생한 선거범죄에 대하여는 그 범행일이 언제인지를 묻지 아니하고 선거일까지는 공소시효가 진행되지 않도록 하였다가 선거일 다음 날부터 그 공소시효가 일괄하여 진행되도록 하려는 데 있다. 이러한 취지에서 공소시효의 기산일을 범죄행위 종료시가 아닌 선거일로부터 하면서 그 공소시효기간을 동일한 법정형의 일반 범죄에 비하여 훨씬 짧은 '선거일 후[1] 6개월'로 규정하고 있고, 선거범죄의 실효성 있는 단속을 위하여 선거일 후에 이루어진 범죄를 처벌하면서도 마찬가지로 '그 행위를 한 날로부터 6개월'의 단기공소시효를 두고 있는 것이다.[2]

특히 공직선거법 제268조 제1항은 선거범죄의 공소시효와 관련하여 '이 법에 규정한 죄의 공소시효는 당해 선거일[3] 후 6월(선거일 후에 행하여진 범죄는 그 행위가 있는 날부터 6월)을 경과함으로써 완성한다. 다만 범인이 도피한 때나 범인이 공범 또는 범죄의 증명에 필요한 참고인을 도피시킨 때에는 그 기간은 3년으로 한다.'라고 규정하고 있다. 다만 공직선거법 제268조 제1항 본문은 공소시효에 관하여, 선거일 전의 범죄에 대해서는 법적 안정성을 우선적으로 고려하여 개별적인 범죄 일시와 관계없이 일률적으로 '당해 선거일 후 6월'로 규정하면서도 선거일 후의 범죄에 대해서는 '그 행위가 있는 날부터 6월'로 규정하고 있는데, '선거일 후에 행하여진 범죄'는 선거일 후에 행하여진 일체의 선거범죄를 말한다.[4]

(5) 「조세범 처벌법」에 있어서 공소시효의 특칙

「조세범 처벌법」 제3조부터 제14조까지에 규정된 범칙행위의 공소시효는 7년이 지나면 완성된다. 다만 제18조(양벌규정)에 따른 행위자가 특정범죄가중처벌법 제8조의 적용을 받는 경우에는 제18조에 따른 법인에 대한 공소시효는 10년이 지나면 완성된다.

(6) 공소시효기간의 연장

일정한 경우에는 공소시효의 기간을 연장하는 특별규정도 존재하는데, 성폭력특례법 제21조 제2항에 의하면 '제2조 제3호 및 제4호의 죄와 제3조부터 제9조까지의 죄는 디엔에이(DNA)

1) 대법원 2012. 10. 11. 선고 2011도17404 판결(수산업협동조합법에 규정된 선거범죄 중 선거일까지 발생한 범죄에 대하여는 '선거일 후'부터, 선거일 후에 발생한 범죄에 대하여는 '그 행위가 있었던 날' 즉, 범죄행위 종료일부터 각 공소시효가 진행되도록 하고 있다. 여기서 선거일까지 발생한 범죄의 공소시효 기산일인 '선거일 후'는 '선거일 당일'이 아니라 '선거일 다음 날'을 의미한다고 해석하는 것이 우선 이 사건 조항의 문언에 부합한다).

2) 헌법재판소 2012. 2. 23. 선고 2011헌바154 결정.

3) 대법원 2019. 5. 30. 선고 2019도2767 판결(여기서 말하는 '당해 선거일'이란 그 선거범죄와 직접 관련된 선거의 투표일을 의미하는 것이므로, 그 선거범죄를 당해 선거일 전에 행하여진 것으로 보고 그에 대한 단기 공소시효의 기산일을 당해 선거일로 할 것인지 아니면 그 선거범죄를 당해 선거일 후에 행하여진 것으로 보고 그에 대한 단기 공소시효의 기산일을 행위가 있는 날로 할 것인지 여부는 그 선거범죄가 범행 전후의 어느 선거와 관련하여 행하여진 것인지에 따라 좌우된다).

4) 대법원 2012. 9. 27. 선고 2012도4637 판결.

증거 등 그 죄를 증명할 수 있는 과학적인 증거가 있는 때에는 공소시효가 10년 연장된다.'라고 규정하고 있고, 청소년성보호법 제20조 제2항에서도 '제7조의 죄(아동·청소년에 대한 강간·강제추행 등)는 디엔에이(DNA)증거 등 그 죄를 증명할 수 있는 과학적인 증거가 있는 때에는 공소시효가 10년 연장된다.'라고 규정하고 있다. 여기서 '그 죄를 증명할 수 있는 과학적인 증거가 있는 때'란 DNA 감정 결과, 사진 또는 문서의 복원, CCTV 등 영상자료의 확보, 성문분석의 결과, 지문 또는 족적의 확보 등을 통한 과학적인 증거의 획득으로 말미암아 실체적 진실발견이 가능한 경우라고 해석할 수 있다.

Ⅲ. 공소시효의 정지

1. 인정근거

'공소시효의 정지'란 일정한 사유로 인하여 공소시효의 진행이 정지되는 것을 말한다. 따라서 일정한 사유가 없어지면 나머지 시효기간이 다시 진행된다.[1] 이러한 공소시효 정지의 인정근거는 다음과 같다.[2] 첫째, 공소시효는 본래 소추가능기간을 의미하므로 그 기간 동안 정상적인 소추권의 행사가 가능할 것을 전제로 하는 것이기 때문에 소추기관이 유효하게 공소권을 행사할 수 있었음에도 불구하고 이를 행사하지 아니한 채 공소시효기간을 경과하였을 것을 요건으로 한다. 따라서 공소시효는 소추기관이 유효하게 공소권을 행사하는데 법적·제도적 장애가 없을 때에만 진행할 수 있다고 해석하여야 한다.

둘째, 공소시효의 기간은 대상범죄의 법정형뿐만 아니라 대상범죄의 성격에 따라 매우 다양한 기간을 정할 수도 있고, 그 기간을 정지할 수도 있다. 공소시효제도는 헌법이 마련하고 있는 제도가 아니라 법률상에서 규정되고 있는 제도이기 때문에 형사절차상 당연한 원리로 이해해서는 안 된다. 그러므로 여러 가지 형사정책적 고려를 반영하여 다양하게 공소시효기간을 변경하거나 정지시키는 것이 절대적으로 불가능한 일이 아니다. 물론 법정형의 차이가 범죄의 성격과 일반적으로 비례한다고 볼 수도 있겠지만, 동일한 법정형에 속하더라도 달리 취급하여야 할 사정은 얼마든지 생길 수 있다.

셋째, 비록 헌법이나 법률에 명문의 규정은 없다고 하여도 법제도와 법률 자체의 기능 및 법집행이 왜곡되는 등의 사유로 형사소추가 불가능한 경우는 단순한 사실상의 장애를 넘어 법규범 내지 법치국가적 제도 자체에 장애가 있다고 보아야 하며, 이러한 장애로 불처벌로 남아있을 수밖에 없는 상태로 있는 기간 동안에는 공소시효가 정지된다고 보아야 한다.

---

1) 이와 비교해야 할 제도로서 '공소시효의 중단'이란 진행된 기간을 전부 무효화하고 새로운 시효기간의 진행을 요구하는 제도인데, 우리나라의 경우 (구) 형사소송법에서는 인정하였으나, 현행 형사소송법은 이를 인정하지 않고 있다. 한편 형의 시효에 있어서는 중단이 인정된다(형법 제80조 참조).

2) 이에 대하여 보다 자세한 내용으로는 박찬걸, "공소시효의 정지·연장·배제에 관한 최근의 논의", 형사법의 신동향 제34호, 대검찰청, 2012. 3, 86면 이하 참조.

2. 공소시효 정지사유

(1) 공소의 제기

1) 의 의

공소시효는 공소의 제기로 진행이 정지되고, 공소기각 또는 관할위반의 재판이 확정된 때로부터 진행된다(제253조 제1항).[1] 공소제기는 공소장이 법원에 도달한 때 효력이 발생하고, 일반적인 경우 법원직원이 공소장에 접수인을 찍은 날짜가 공소제기일로 추정된다.[2] 여기서의 공소제기는 적법·유효할 것을 요하지는 아니한다. 또한 피고인의 신병이 확보되기 전에 공소가 제기되었다고 하더라도 그러한 사정만으로 공소제기가 부적법한 것이 아니고, 이에 의하여 공소가 제기되면 공소시효의 진행이 정지된다.[3] 그리고 공소기각 또는 관할위반의 재판이 확정되는 경우에도 상소권회복의 결정(제347조)이 있으면 공소시효의 진행은 정지된다.

2) 공범에 대한 공소시효 정지의 특례

공범의 1인에 대한 전항의 시효정지는 다른 공범자에게 대하여 효력이 미치고, 당해 사건의 재판이 확정된 때로부터 진행한다(제253조 제2항). 이와 같이 형사소송법은 공범 사이의 처벌에 형평을 기하기 위하여 공범 중 1인에 대한 공소의 제기로 다른 공범자에 대하여도 공소시효가 정지되도록 규정하고 있지만, 공범의 개념이나 유형에 관하여는 아무런 규정을 두고 있지 아니하다. 따라서 제253조 제2항의 공범을 해석할 때에는 공소제기 효력의 인적 범위를 확장하는 예외를 마련하여 놓은 것이므로 원칙적으로 엄격하게 해석하여야 하고, 피고인에게 불리한 방향으로 확장하여 해석해서는 안 된다. 뇌물공여죄와 뇌물수수죄 사이와 같은 이른바 대향범 관계에 있는 자는 강학상으로는 필요적 공범이라고 불리고 있으나, 서로 대향된 행위의 존재를 필요로 할 뿐 각자 자신의 구성요건을 실현하고 별도의 형벌규정에 따라 처벌되는 것이어서, 2인 이상이 가공하여 공동의 구성요건을 실현하는 공범관계에 있는 자와는 본질적으로 다르며, 대향범 관계에 있는 자 사이에서는 각자 상대방의 범행에 대하여 형법 총칙의 공범규정이 적용되지 아니한다. 그러므로 제253조 제2항에서 말하는 '공범'에는 뇌물공여죄와 뇌물수수죄 사이와 같은 대향범 관계에 있는 자는 포함되지 아니한다.[4]

한편 제253조 제2항은 공범 중 1인에 대한 공소의 제기로 다른 공범자에 대한 공소시효까지 정지한다고 규정하면서도 다시 공소시효가 진행하는 시점에 관해서는 제253조 제1항과 달

---

1) 독일의 경우 공소의 제기는 공소시효의 중단사유로 규정되어 있지만(독일 형법 제78조c 제1항 제6호), 우리나라 형사소송법은 공소시효의 중단사유에 대하여 규정하고 있지 않다. 이는 형법상 형의 시효에 관하여 시효중단이 인정되는 것과 대조적인 것인데, 형의 시효의 경우에는 이미 형이 확정판결에 의하여 확정된 상태이기 때문에 공소시효의 경우보다 법적 안정성의 기대가 미약하다는 점에 근거한다. 그러므로 공소시효제도는 법적 안정성의 측면에 비중을 두고 있는 것으로 파악된다.

2) 대법원 2002. 4. 12. 선고 2002도690 판결.

3) 대법원 2017. 1. 25. 선고 2016도15526 판결.

4) 대법원 2015. 2. 12. 선고 2012도4842 판결.

리 공소가 제기된 당해 사건의 재판이 확정된 때라고만 하고 있을 뿐 그 판결이 공소기각 또는 관할위반의 재판인 경우로 한정하고 있지 않다.[1] 따라서 공범 중 1인에 대한 공소의 제기로 다른 공범자에 대한 공소시효의 진행이 정지되더라도 공소가 제기된 공범 중 1인에 대한 재판이 확정되면, 그 재판의 결과가 제253조 제1항이 규정한 공소기각 또는 관할위반인 경우뿐만 아니라 유죄, 무죄, 면소인 경우에도 그 재판이 확정된 때로부터 다시 공소시효가 진행된다고 볼 것이고, 이는 약식명령이 확정된 때에도 마찬가지라고 할 것이다. 그리고 공범 중 1인에 대해 약식명령이 확정되고 그 후 정식재판청구권이 회복되었다고 하는 것만으로는, 그 사이에 검사가 다른 공범자에 대한 공소를 제기하지 못할 법률상 장애사유가 있다고 볼 수 없을 뿐만 아니라 그 기간 동안 다른 공범자에 대한 공소시효가 정지된다고 볼 아무런 근거도 찾을 수 없다.[2] 더욱이 정식재판청구권이 회복되었다는 사정이 약식명령의 확정으로 인해 다시 진행된 공소시효기간을 소급하여 무효로 만드는 사유가 된다고 볼 수도 없다. 또한 공범 중 1인에 대해 약식명령이 확정된 후 그에 대한 정식재판청구권회복결정이 있었다고 하더라도 그 사이의 기간 동안에는, 특별한 사정이 없는 한, 다른 공범자에 대한 공소시효는 정지함이 없이 계속 진행한다.

(2) 형사처분을 면할 목적의 국외도피

범인이 형사처분을 면할 목적으로 국외에 있는 경우 그 기간 동안 공소시효는 정지된다(제253조 제3항).[3] 이는 1995. 12. 29. 형사소송법 개정을 통하여 신설된 규정이다. 동 규정의 입법취지는 범인이 우리나라의 사법권이 실질적으로 미치지 못하는 국외에 체류한 것이 도피의 수단으로 이용된 경우에 그 체류기간 동안은 공소시효가 진행되는 것을 저지하여 범인을 처벌할 수 있도록 하여 형벌권을 적정하게 실현하고자 하는 데 있다. 따라서 '범인이 형사처분을 면할 목적으로 국외에 있는 경우'는 범인이 국내에서 범죄를 저지르고 형사처분을 면할 목적으로 국외로 도피한 경우에 한정되지 아니하고, 범인이 국외에서 범죄를 저지르고 형사처분을 면할 목적으로 국외에서 체류를 계속하는 경우도 포함된다.[4] 국외도피로 인한 공소시효 정지의 효력은 본인에게만 미치고, 다른 공범에게는 미치지 아니한다.

여기서 '형사처분을 면할 목적'이란 오로지 형사처분을 면할 목적만으로 국외 체류하는 것

1) 대법원 1999. 3. 9. 선고 98도4621 판결(제253조 제2항 소정의 공범관계의 존부는 현재 시효가 문제되어 있는 사건을 심판하는 법원이 판단하는 것으로서 법원조직법 제8조의 경우를 제외하고는 다른 법원의 판단에 구속되는 것은 아니라고 할 것이고, 제253조 제2항 소정의 재판이라 함은 종국재판이면 그 종류를 묻지 않는다고 할 것이나, 공범의 1인으로 기소된 자가 구성요건에 해당하는 위법행위를 공동으로 하였다고 인정되기는 하나 책임조각을 이유로 무죄로 되는 경우와는 달리 범죄의 증명이 없다는 이유로 공범 중 1인이 무죄의 확정판결을 선고받은 경우에는 그를 공범이라고 할 수 없어 그에 대하여 제기된 공소로써는 진범에 대한 공소시효정지의 효력이 없다).

2) 대법원 2012. 3. 29. 선고 2011도15137 판결.

3) 일본 형사소송법 제254조에 의하면 공소의 제기로 시효의 진행은 정지되지만, 일본 형사소송법 제255조에 의하면 범인이 국외에 있는 경우 또는 범인이 도주하여 은닉하고 있기 때문에 유효하게 공소장 등본의 송달 혹은 약식명령의 고지를 할 수 없는 경우에는 그 국외에 있는 기간 또는 도주하여 은닉하고 있는 기간 동안에는 공소시효의 진행어 정지된다.

4) 대법원 2015. 6. 24. 선고 2015도5916 판결.

에 한정되는 것은 아니고, 범인이 가지는 여러 가지 국외체류 목적 중 형사처분을 면할 목적이 포함되어 있으면 족하다.[1] 따라서 범인이 국외에 있는 것이 형사처분을 면하기 위한 방편이었다면 국외 체류기간 동안에는 별다른 사정이 없는 한 '형사처분을 면할 목적'이 있었다고 볼 수 있고, '형사처분을 면할 목적'과 양립할 수 없는 범인의 주관적 의사가 명백히 드러나는 객관적 사정이 존재하지 않는 한 '형사처분을 면할 목적'은 계속 유지된다고 볼 것이다.[2] 그러나 국외로 도피할 당시뿐만 아니라 국외에 체류하고 있는 기간 중에도 그 도피의 목적이 유지되어야 함은 문언상 명백하고, 제253조 제3항은 원칙적인 공소시효의 진행을 정지시키는 예외규정인 만큼 이를 해석함에 있어서는 공소시효제도의 본질 및 취지를 해하지 않는 범위 내에서 제한적으로 이루어져야 할 것이다. 따라서 국외에 있는 동안 도피목적이 소멸되었다거나 그에 상당하는 특별한 사정이 발생하였다면 정지된 공소시효는 다시 진행된다. 하지만 피고인이 당해 사건으로 처벌받을 가능성이 있음을 인지하였다고 보기 어려운 경우라면 피고인이 다른 고소사건과 관련하여 형사처분을 면할 목적으로 국외에 있은 경우라고 하더라도 당해 사건의 형사처분을 면할 목적으로 국외에 있었다고 볼 수 없다.[3]

한편 국외에 체류 중인 범인에게 '형사처분을 면할 목적'이 계속 존재하였는지가 의심스러운 사정이 발생한 경우, 그 기간 동안 '형사처분을 면할 목적'이 있었는지 여부는 당해 범죄의 공소시효의 기간, 범인이 귀국할 수 없는 사정이 초래된 경위, 그러한 사정이 존속한 기간이 당해 범죄의 공소시효의 기간과 비교하여 도피 의사가 인정되지 않는다고 보기에 충분할 만큼 연속적인 장기의 기간인지, 귀국 의사가 수사기관이나 영사관에 통보되었는지, 피고인의 생활근거지가 어느 곳인지 등의 제반 사정을 참작하여 판단하여야 한다.[4] 이러한 기준에 의하여 볼 때, 통상 범인이 외국에서 다른 범죄로 외국의 수감시설에 수감된 경우, 그 범행에 대한 법정형이 당해 범죄의 법정형보다 월등하게 높고, 실제 그 범죄로 인한 수감기간이 당해 범죄의 공소시효 기간보다도 현저하게 길어서 범인이 수감기간 중에 생활근거지가 있는 우리나라로 돌아오려고 했을 것으로 넉넉잡아 인정할 수 있는 사정이 있다면 그 수감기간에는 '형사처분을 면할 목적'이 유지되지 않았다고 볼 여지[5]가 있고, 그럼에도 그러한 목적이 유지되고 있었다는

---

1) 대법원 2010. 12. 9. 선고 2009도6411 판결; 대법원 2009. 5. 28. 선고 2009도1446 판결; 대법원 2007. 2. 8. 선고 2006도8277 판결; 대법원 2005. 12. 9. 선고 2005도7527 판결; 대법원 2003. 1. 24. 선고 2002도4994 판결.

2) 대법원 2013. 6. 27. 선고 2013도2510 판결.

3) 대법원 2014. 4. 24. 선고 2013도9162 판결.

4) 대법원 2012. 7. 26. 선고 2011도8462 판결(피고인이 출국에 필요한 유효한 증명 없이 대한민국 외의 지역으로 밀항하였다는 이 사건 공소사실에 대하여 피고인의 출국 자체가 형사처분을 면할 목적이 아니라 생업에 종사하기 위함이었고, 피고인이 의도했던 국외 체류기간이나 실제로 체류한 기간이 모두 이 사건 공소사실 기재 범죄의 법정형이나 공소시효기간에 비하여 매우 장기인 점, 피고인이 다시 국내로 입국하게 된 경위 등 그 판시와 같은 사정을 들어 피고인이 이 사건 공소사실 기재 범죄에 대한 형사처분을 면할 목적으로 일본에 있었다고 인정하기에 부족하다는 이유로 그 공소시효가 정지되었다는 검사의 주장을 배척하고, 이 사건 공소제기 당시에 공소시효가 완성되었다는 이유로 피고인에게 면소를 선고한 원심판결을 그대로 유지하였다).

5) 왜냐하면 이러한 경우 국가는 당해 국가 주재 총영사관 등을 통하여 피고인의 현재지를 파악할 수 있고 따라서

점은 검사가 입증하여야 할 것이다.[1)]

(3) 재정신청

제260조에 따른 재정신청이 있으면 제262조에 따른 재정결정이 확정될 때까지 공소시효의 진행이 정지된다(제262조의4 제1항). 기존에는 재정신청에 의하여 공소시효의 진행이 정지되더라도 재정결정이 내려지면 공소시효는 다시 진행하게 되었지만, 2016. 1. 6 형사소송법 개정을 통하여 재정결정이 확정될 때까지 공소시효의 진행이 정지되는 것으로 변경되었다. 재정신청절차에서 고등법원의 공소제기결정이 있는 때에는 공소시효에 관하여 그 결정이 있는 날에 공소가 제기된 것으로 보게 되므로(제262조의4 제2항), 공소제기의 효과에 의하여 공소시효의 진행은 다시 정지된다. 다만 기각결정을 한 경우에는 그 결정이 확정된 때부터 공소시효가 다시 진행된다. 이 경우에도 재판에 영향을 미친 헌법·법률·명령 또는 규칙의 위반이 있음을 이유로 하는 때에는 대법원에 즉시항고를 할 수 있으므로(제262조 제4항), 즉시항고에 따라 재정결정의 확정시까지 공소시효의 진행이 정지되는 것이다.

한편 검사의 불기소처분에 대하여 검찰항고를 제기하는 것만으로는 공소시효를 정지하는 효력이 발생하지 아니한다. 그런데 제260조 제2항에 의하면 재정신청을 하려면 검찰청법 제10조에 따른 항고를 거쳐야 하고(검찰항고전치주의), 이에 따라 재정신청을 하려는 자는 지방검찰청 검사장 또는 지청장에게 재정신청서를 제출하여야 한다. 여기서 검찰항고를 제기하는 시점에서 공소시효가 정지되는지 여부가 문제될 수 있지만, 검사가 공소시효 만료일 30일 전까지 공소를 제기하지 아니하는 경우에 곧바로 고등법원에 재정신청을 할 수 있도록 하고 있는 점(제260조 제2항 제3호)에 비추어 볼 때 공소시효의 정지를 인정할 실익은 없다. 또한 재정신청에 대하여 공소시효를 정지하는 효력을 인정한 형사소송법의 규정을 헌법소원심판의 청구에 유추적용하는 것은 피의자의 법적 지위의 안정을 법률상의 근거 없이 침해하는 것이므로 허용되지 아니한다.[2)]

(4) 대통령이 범한 내란 또는 외환 이외의 죄

대통령은 내란 또는 외환의 죄를 범한 경우를 제외하고는 재직 중 형사상의 소추를 받지 아니한다(헌법 제84조). 헌법이나 형사소송법 등의 법률에 대통령의 재직 중 공소시효의 진행이 정지된다고 명백히 규정되어 있지는 않다고 하더라도 헌법 제84조의 근본취지를 대통령의 재직 중 형사상의 소추를 할 수 없는 범죄에 대한 공소시효의 진행은 정지되는 것으로 해석할 수 있다.[3)]

사법공조 등의 절차에 따라 피고인의 인도를 요청하는 등 형벌권의 행사가 불가능하다고 할 수 없기 때문이다.

1) 대법원 2008. 12. 11. 선고 2008도4101 판결(법정최고형이 징역 5년인 부정수표단속법 위반죄를 범한 사람이 중국으로 출국하여 체류하다가 그곳에서 징역 14년을 선고받고 8년 이상 복역한 후 우리나라로 추방되어 위 죄로 공소제기된 사안에서, 위 수감기간 동안에는 제253조 제3항의 '형사처분을 면할 목적'을 인정할 수 없어 공소시효의 진행이 정지되지 않는다).

2) 헌법재판소 1993. 9. 27. 선고 92헌마284 결정.

3) 이에 대하여 형사소송법에는 대통령의 재직 기간 중의 공소시효 정지규정이 없기 때문에 헌법 또는 형사소송법에 명문으로 대통령의 재직기간 중에는 공소시효의 진행이 정지된다는 규정이 필요하다는 견해로는 송광섭, 428면.

따라서 내란죄나 외환죄의 경우를 제외하면, 대통령이 범한 죄에 대하여는 재직기간 동안 공소시효의 진행이 정지된다. 즉 헌법 제84조는 공소시효 진행의 소극적 사유가 되는 국가의 소추권행사의 법률상 장애사유에 해당하므로 대통령의 재직 중에는 공소시효의 진행이 당연히 정지되는 것으로 보아야 한다.[1)]

(5) 보호사건 등

소년보호사건에 관하여 소년부 판사가 심리개시의 결정을 한 때에는 그 사건에 대한 보호처분의 결정이 확정될 때까지 공소시효의 진행이 정지된다(소년법 제54조). 또한 가정폭력특례법이 규정한 가정폭력범죄에 대한 공소시효는 해당 가정보호사건이 법원에 송치된 때부터 시효 진행이 정지된다(동법 제17조 제1항).[2)] 동 규정은 성매매처벌법 제17조 제1항에 따라 성매매보호사건의 경우 및 아동학대특례법 제34조 제2항에 따라 아동보호사건에도 적용된다. 한편 「군의문사 진상규명 등에 관한 특별법」 제31조에 의하면 조사개시결정이 있은 때부터 이의신청의 절차를 종료할 때까지 공소시효의 진행이 정지된다.

(6) 미성년자(청소년)에 대한 성폭력범죄

미성년자에 대한 성폭력범죄의 공소시효는 형사소송법 제252조 제1항 및 군사법원법 제294조 제1항에도 불구하고 해당 성폭력범죄로 피해를 당한 미성년자가 성년에 달한 날부터 진행한다(성폭력특례법 제21조 제1항). 또한 아동·청소년대상 성범죄의 공소시효는 형사소송법 제252조 제1항에도 불구하고 해당 성범죄로 피해를 당한 아동·청소년이 성년에 달한 날부터 진행한다(청소년성보호법 제20조 제1항).

생각건대 성폭력특례법의 경우에는 '미성년자'가 성년이 되는 날까지 공소시효가 정지되는데 반해, 청소년성보호법의 경우에는 '청소년'이 성년이 되는 날까지 공소시효가 정지된다. 청소년은 19세 미만의 자를 의미하는데, 특히 19세에 달하는 해의 1월 1일이 지난 자의 경우에는 청소년이 아닌 것으로 보는데, 민법상 성년의 연령인 만 19세 이상의 경우와 차이점이 발생하는 문제가 있으므로 입법적인 보완이 필요하다.[3)]

(7) 아동학대범죄

아동학대범죄의 공소시효는 형사소송법 제252조에도 불구하고 해당 아동학대범죄의 피해아동이 성년에 달한 날부터 진행한다(아동학대특례법 제34조 제1항). 이는 아동학대범죄가 피해아동의 성년에 이르기 전에 공소시효가 완성되어 처벌대상에서 벗어나지 못하도록 진행을 정지시킴으로써 보호자로부터 피해를 입은 18세 미만 아동을 실질적으로 보호하려는 취지이다. 그러

1) 헌법재판소 1998. 6. 25. 선고 95헌마100 결정; 헌법재판소 1995. 1. 20. 선고 94헌마246 결정.

2) 다만 다음 각 호의 어느 하나에 해당하는 경우에는 그 때부터 진행된다. 1. 해당 가정보호사건에 대한 제37조 제1항의 처분을 하지 아니한다는 결정(제1호의 사유에 따른 결정만 해당한다)이 확정된 때 2. 해당 가정보호사건이 제27조 제2항, 제37조 제2항 및 제46조에 따라 송치된 때

3) 이에 대하여 보다 자세한 내용으로는 박찬걸, "아동대상 강력범죄 방지를 위한 최근의 입법에 대한 검토", 소년보호연구 제14호, 한국소년정책학회, 2010. 6, 188면 참조.

므로 비록 아동학대특례법이 제34조 제1항의 소급적용 등에 관하여 명시적인 경과규정을 두고 있지는 아니하지만, 위 규정은 완성되지 아니한 공소시효의 진행을 일정한 요건 아래에서 장래를 향하여 정지시키는 것으로서, 시행일인 2014. 9. 29. 당시 범죄행위가 종료되었으나 아직 공소시효가 완성되지 아니한 아동학대범죄에 대하여도 적용된다.[1)]

(8) 조세범칙행위에 대한 통고처분

지방국세청장 또는 세무서장은 조세범칙행위의 확증을 얻었을 때에는 대통령령으로 정하는 바에 따라 그 대상이 되는 자에게 그 이유를 구체적으로 밝히고 1. 벌금에 해당하는 금액, 2. 몰수 또는 몰취에 해당하는 물품, 3. 추징금에 해당하는 금액이나 물품을 납부할 것을 통고하여야 하는데(「조세범 처벌절차법」 제15조 제1항 본문), 이에 따른 통고처분이 있는 경우에는 공소시효의 진행이 중단된다(동법 제16조). 법문상으로는 '중단'이라고 되어 있지만, 이는 공소시효의 정지를 의미하는 것으로 보아야 한다.

(9) 헌정질서 파괴범죄

「5·18 민주화운동 등에 관한 특별법」(1995. 12. 21. 제정) 제2조에 의하면 1979년 12월 12일과 1980년 5월 18일을 전후하여 발생한 헌정질서파괴범죄의공소시효등에관한특별법 제2조의 헌정질서파괴범죄행위에 대하여 국가의 소추권행사에 장애사유가 존재한 기간은 공소시효의 진행이 정지된 것으로 본다. 여기서 '국가의 소추권행사에 장애사유가 존재한 기간'이란 당해 범죄행위의 종료일부터 1993년 2월 24일까지의 기간을 말한다고 규정하여, 헌정질서파괴범죄에 대하여 공소시효를 정지하였다.[2)]

Ⅳ. 공소시효의 배제

1. 인정근거

'공소시효의 배제'란 일정한 범죄에 대하여 일정한 사유를 근거로 하여 공소시효의 규정을 적용하는 않는 특별한 규정을 인정하는 것을 말하는데, 이러한 공소시효 배제의 인정근거는 다음과 같다. 첫째, 일정한 범죄의 경우 공소시효가 완성되었다고 하여 더 이상의 소추를 하지 않는 것이 실질적 정의의 관점에 부합하지 않는 측면이 있다. 범죄행위가 있으면 그에 대하여 형벌이 부과되는 것은 정의의 요청이라고 할 수 있다. 그럼에도 불구하고 공소시효제도가 인정되는 이유는 법적 안정성의 요청이 크고, 상대적으로 정의의 요청이 그에 비하여 작게 평가되는 경우에 인정되고 있는 것이다. 정의와 법적 안정성을 비교·형량하는 과정에서 경우에 따라서는 정의의 훼손이 매우 심각하여 형량 자체가 불가능한 상황이 발생할 수 있다. 이러한 경우에도 법적 안정성을 우선시킨다면 오히려 정의에 대한 요구로 인하여 법적 불안정성을 초래할 수

1) 대법원 2016. 9. 28. 선고 2016도7273 판결.

2) 헌법재판소 1996. 2. 16. 선고 96헌가2 결정.

가 있기 때문에 공소시효의 배제를 받아들일 수가 있다.

둘째, 시간의 경과로 인하여 범죄의 사회적 관심이 미약해져 가벌성이 감소한다는 공소시효의 인정논거가 희박한 경우가 있다. 이러한 경우에는 범인이 범죄 후 일정한 기간동안 기소되지 아니함으로써 형성된 사실상의 상태를 존중하여 법적 안정을 도모하고 형벌권의 적정을 기하려는 존재이유가 몰각될 수 있다.

셋째, 범인이 장기간 도피생활을 하면서 정신적 고통을 받을 것이라는 공소시효의 인정논거가 희박한 경우가 있다. 통상적인 범죄자는 공소시효의 경과로 인한 처벌불가능을 미리 예상할 수 있기 때문에 공소시효기간 동안 여러 가지 측면에서 고통을 받는다고 볼 수 있다. 하지만 권력적 불법을 저지른 범법자는 형사소추가 애초부터 불가능함을 알고 있기 때문에 이를 피하기 위한 고통도 당하지 않을 수 있고, 어떤 범죄자들은 그에 상응한 대가도 받지 않은 채 일상을 향유하기도 한다. 또한 범죄자의 인권도 보호해야 하겠지만 여기서의 전제는 '오래 전에 사소한 범죄를 저지른' 범죄자의 인권이라고 할 수 있다. 최근 범죄자의 인권뿐만 아니라 피해자의 인권도 강조되고 있는 것도 공소시효 배제의 정당성에 설득력을 부여하고 있다.

넷째, 공소시효의 배제는 밝혀지지 않은 사안의 진상규명에도 도움을 준다. 사건 발생 초기에 나타나지 않은 증거 또는 증인이 수십년 후에 갑자기 나타날 수 있을 것이라는 가정을 배제할 수 없는 상황을 고려한다면 일정한 범죄군에 대하여는 오히려 공소시효의 배제가 사안의 진상규명에 도움을 준다고 볼 수 있다. 또한 과학기술의 발달로 인한 수사기법의 과학화도 실체적 진실발견에 도움을 줄 수 있다.

2. 공소시효 배제사유

(1) 헌정질서 파괴범죄

1995. 12. 21. 제정된 「헌정질서 파괴범죄의 공소시효 등에 관한 특례법」은 헌법의 존립을 해치거나 헌정질서의 파괴를 목적으로 하는 헌정질서 파괴범죄에 대한 공소시효의 배제 등에 관한 사항을 규정함으로써 헌법상 자유민주적 기본질서를 수호함을 목적으로 하고 있다(동법 제1조). 여기서 '헌정질서 파괴범죄'란 형법 제2편 제1장 내란의 죄, 제2장 외환의 죄와 군형법 제2편 제1장 반란의 죄, 제2장 이적의 죄를 말하는데(제2조), 이러한 헌정질서 파괴범죄와 형법 제250조의 죄로서 「집단살해죄의 방지와 처벌에 관한 협약」에 규정된 집단살해에 해당하는 범죄에 대하여는 공소시효를 적용하지 아니한다(제3조).

(2) 집단살해죄등

2007. 12. 21. 제정된 「국제형사재판소 관할 범죄의 처벌 등에 관한 법률」은 인간의 존엄과 가치를 존중하고 국제사회의 정의를 실현하기 위하여 「국제형사재판소에 관한 로마규정」에 따른 국제형사재판소의 관할 범죄를 처벌하고 대한민국과 국제형사재판소 간의 협력에 관한 절차를 정함을 목적으로 하고 있다(동법 제1조). 동법에 의하면 집단살해죄등에 대하여는 공소시효

에 관한 규정을 적용하지 아니하는데(제6조), '집단살해죄등'이란 집단살해죄(제8조), 인도에 반한 죄(제9조), 사람에 대한 전쟁범죄(제10조), 재산 및 권리에 대한 전쟁범죄(제11조), 인도적 활동이나 식별표장 등에 관한 전쟁범죄(제12조), 금지된 방법에 의한 전쟁범죄(제13조), 금지된 무기를 사용한 전쟁범죄(제14조) 등을 말한다.

(3) 13세 미만의 사람 및 신체적인 또는 정신적인 장애가 있는 사람에 대한 특정 성폭력범죄

13세 미만의 사람 및 신체적인 또는 정신적인 장애가 있는 사람에 대하여 ① 형법 제297조(강간), 제298조(강제추행), 제299조(준강간, 준강제추행), 제301조(강간등 상해·치상), 제301조의2(강간등 살인·치사) 또는 제305조(미성년자에 대한 간음, 추행)의 죄, ② 성폭력특례법 제6조 제2항, 제7조 제2항 및 제5항, 제8조, 제9조의 죄, ③ 청소년성보호법 제9조 또는 제10조의 죄를 범한 경우에는 형사소송법 제249조부터 제253조까지 및 군사법원법 제291조부터 제295조까지에 규정된 공소시효를 적용하지 아니한다(성폭력특례법 제21조 제3항).[1] 특히 형법 제305조의 죄는 소위 'n번방 사건'을 계기로 2020. 5. 19. 성폭력특례법의 개정을 통하여 추가된 것이다.

(4) 사람을 살해한 범죄로 사형에 해당하는 범죄

2015. 7. 31. 개정된 제253조의2(공소시효의 적용 배제)에 의하면 '사람을 살해한 범죄(종범은 제외한다)로 사형에 해당하는 범죄에 대하여는 제249조부터 제253조까지에 규정된 공소시효를 적용하지 아니한다.'라고 규정하여 일정한 살인범죄에 대해서 공소시효의 적용을 배제하고 있다. 한편 동법 부칙 제2조(공소시효의 적용 배제에 관한 경과조치)에 의하면 '제253조의2의 개정규정은 이 법 시행 전에 범한 범죄로 아직 공소시효가 완성되지 아니한 범죄에 대하여도 적용한다.'라고 규정하여 부진정 소급입법을 허용하고 있다.

(5) 군무이탈죄에 대한 사실상 공소시효의 배제

각군 참모총장은 4년 11개월마다 정기적으로 군무이탈자에 대한 복귀명령을 발하고 있었다. 여기서 4년 11개월을 주기로 복귀명령을 내리는 이유는 명령위반죄의 공소시효가 5년으로

1) 대법원 2015. 5. 28. 선고 2015도1362 판결(공소시효를 정지·연장·배제하는 내용의 특례조항을 신설하면서 소급적용에 관한 명시적인 경과규정을 두지 아니한 경우에 그 조항을 소급하여 적용할 수 있다고 볼 것인지에 관하여는 이를 해결할 보편타당한 일반원칙이 존재할 수 없는 터이므로 적법절차원칙과 소급금지원칙을 천명한 헌법 제12조 제1항과 제13조 제1항의 정신을 바탕으로 하여 법적 안정성과 신뢰보호원칙을 포함한 법치주의 이념을 훼손하지 아니하도록 신중히 판단하여야 한다. 이 사건 법률을 통하여 피고인에게 불리한 내용의 공소시효 배제조항을 신설하면서 신법을 적용하도록 하는 경과규정을 두지 아니한 경우 그 공소시효 배제조항의 시적 적용범위에 관하여는 보편타당한 일반원칙이 존재하지 아니하므로 각국의 현실과 사정에 따라 그 적용 범위를 달리 규율할 수 있는데, 2007. 12. 21. 법률 제8730호로 개정된 형사소송법이 종전의 공소시효 기간을 연장하면서도 그 부칙 제3조에서 '이 법 시행 전에 범한 죄에 대하여는 종전의 규정을 적용한다.'라고 규정함으로써 소급효를 인정하지 아니한다는 원칙을 밝힌 점, 특별법에 소급적용에 관한 명시적인 경과규정이 없는 경우에는 일반법에 규정된 경과규정이 적용되어야 하는 점 등에 비추어 공소시효가 피고인에게 불리하게 변경되는 경우에는 피고인에게 유리한 종전 규정을 적용하여야 하고, 이 사건 법률에는 소급적용에 관한 명시적인 경과규정이 없어 이 사건 장애인 준강간의 점에 대하여는 이 사건 법률 제20조 제3항을 소급하여 적용할 수 없으므로 그 범행에 대한 공소가 범죄행위 종료일부터 7년이 경과한 후에 제기되어 공소시효가 완성되었다는 이유로, 이를 유죄로 판단한 제1심판결을 파기하고 이 부분 공소사실에 대하여 면소를 선고하였다).

되어 있기 때문이다. 동 명령은 군무이탈자에 대한 조기 복귀의 권유를 하는 측면도 있지만, 다른 한편 군무이탈자가 군무이탈죄의 공소시효인 10년을 경과한 후에 체포될 경우 처벌의 공백을 명령위반죄로 메우려는 측면이 보다 강하다. 즉 이러한 경우에는 군무이탈죄의 공소시효가 완성되어 처벌할 수 없지만, 군무이탈을 한 자에 대한 복귀명령을 위반한 죄(명령위반죄)의 공소시효는 완성되지 않아 처벌을 할 수 있게 된다. 왜냐하면 군무이탈자에 대하여 자수하라는 명령은 군무이탈죄에 대한 공소시효가 완성된 자에 대하여도 정당한 명령이 되기 때문이다.[1)]

생각건대 위와 같이 공소시효의 완성으로 인한 처벌의 공백을 방지하기 위하여 군무이탈자 복귀명령을 반복적으로 행하는 것은 사후입법금지의 원칙에 반한다. 즉 군무이탈자에 대한 복귀명령은 군무이탈죄의 공소시효가 완성되기 전의 경우에만 정당한 명령이고, 군무이탈죄의 공소시효가 완성된 후의 경우에는 부당한 명령이라고 보아야 한다. 이러한 형태는 다음과 같은 두 가지의 문제점이 있을 수 있다.[2)] 우선 군무이탈죄의 공소시효가 진행 중일 때라면, 한 번의 군무이탈행위로 인하여 군형법 제30조 제1항 소정의 순수군무이탈죄로 처벌을 받게 되고, 정당한 사유 없이 상당한 기간 내에 복귀하지 아니하면 동법 제30조 제2항 소정의 미복귀죄로 처벌을 받게 되며, 복귀명령에 위반하면 계속 군무이탈상태에 있으면서도 군형법 제47조 소정의 명령위반죄로 처벌받게 되므로, 1회의 범행으로 2중·3중의 처벌을 받을 위험이 있다.[3)] 다음으로 군무이탈죄의 공소시효가 완성된 이후일 때에는, 군무이탈행위가 군사법원법 제291조와 헌법 제12조 제1항 소정의 적법절차규정에 의하여 처벌될 수 없음에도 불구하고 복귀명령이 이탈행위자의 평생 동안에 계속 발하여 진다면, 행위자는 비록 적어도 군무이탈죄로는 처벌을 받지 아니한다고 하더라도 군무이탈의 군인이라는 신분은 존속하는 것이므로 명령위반의 주체가 되며, 그로 인하여 평생 동안 명령위반죄로 처벌을 받을 위험이 있다. 그렇다면 군무이탈자는 명령으로 인하여 아무런 이유 없이 군무이탈죄에 대한 공소시효규정의 혜택을 사실상 박탈당하는 것이 되어, 군사법원법 제291조 규정 중 군무이탈죄 부분에 관한 공소시효의 규정을 사실상 사문화시키는 결과를 초래한다.

V. 공소시효 완성의 효과

1. 불기소처분

수사 중인 피의사건에 대하여 공소시효가 완성되면 공소제기의 유효요건이 결여되므로 검사는 공소권 없음을 이유로 불기소처분을 한다(검찰사건사무규칙 제69조 제3항 제4호). 이 경우 불기

1) 대법원 1969. 4. 15. 선고 68도1833 판결.

2) 이에 대하여 보다 자세한 내용으로는 박찬걸, “군형법상 군무이탈죄와 관련된 문제점과 개선방안”, 형사정책 제22권 제1호, 한국형사정책학회, 2010. 6, 224~225면 참조.

3) 군무이탈자가 군무이탈죄의 공소시효기간 내에 체포된 경우에는 군무이탈죄와 명령위반죄 양자가 모두 성립되지만, 이 둘의 관계는 상상적 경합의 관계이므로 군무이탈죄 일죄로 처벌하면 족하다.

소처분을 하지 않고 공소를 제기하면 위법한 공소제기가 되어 무효로 된다.

2. 면소판결

공소가 제기된 피고사건에 대하여 후에 공소시효가 완성된 것이 판명되면 법원은 면소판결을 한다(제326조 제3호). 이 경우 면소판결을 하지 않고 실체판결을 하면 위법한 것으로서 상소이유가 된다(제361조의5 제1호, 제383조 제1호).[1] 공소시효가 완성된 사실을 간과한 채 피고인에 대하여 약식명령을 발령한 원판결은 법령을 위반한 잘못이 있고[2], 또한 피고인에게 불이익하다고 할 것이므로 비상상고의 사유가 된다.[3]

1) 대법원 1986. 11. 25. 선고 86도2106 판결.

2) 대법원 1963. 1. 10. 선고 62오4 판결; 대법원 1957. 5. 3. 선고 4289형비상1 판결.

3) 대법원 2006. 10. 13. 선고 2006오2 판결.

제 4 편

공　　판

제 1 장 공판절차

제 1 절 공판절차의 기본원칙

Ⅰ. 공개주의

1. 의 의

'공개주의'(公開主義)란 일반인에게 재판의 방청을 허용하는 원칙을 말한다. 그러므로 공개주의는 일체의 방청을 허용하지 않고, 비밀리에 재판을 진행하는 밀행주의나 일정한 소송관계인에게만 방청을 허용하는 당사자공개주의와 구별되는 개념이다. 공개주의는 법치국가원리에 기초한 것으로서 재판에 대한 국민의 통제를 가능하게 하고, 이를 통해 재판의 공정성을 확보하기 위하여 인정되는 원칙이다. 헌법 제27조 제3항은 공개재판을 받을 권리를 국민의 기본권으로 인정하고 있고, 헌법 제109조에서도 '재판의 심리와 판결은 공개한다. 다만 심리는 국가의 안전보장 또는 안녕질서를 방해하거나 선량한 풍속을 해할 염려가 있을 때에는 법원의 결정으로 공개하지 아니할 수 있다.'라고 규정하여 재판공개의 원칙을 선언하고 있다.[1] 만약 이러한 공개주의를 위반하게 되면 절대적 항소이유(제361조의5 제9호) 또는 상고이유(제383조 제1호)가 된다.

2. 내 용

공개주의는 누구나 재판과정을 방청할 수 있다는 것을 의미한다. 따라서 일반인이 공판의 기일과 장소에 대한 충분한 정보를 얻을 수 있어야 하고, 당해 재판에 관심이 있는 사람들의 공판정출입을 보장하여야 한다. 그러나 이러한 정보와 출입기회의 보장은 일반적인 가능성의 보장이지 모든 사람에 대한 현실적인 보장이 이루어질 필요는 없다.

3. 제 한

(1) 법정질서유지를 위한 제한

재판장은 법정의 존엄과 질서를 해할 우려가 있는 자의 입정금지 또는 퇴정을 명하거나 기타 법정의 질서유지에 필요한 명령을 발할 수 있다(법원조직법 제58조 제2항). 재판장은 법정질서를 유지하기 위하여 필요하다고 인정한 때에는 방청에 관하여 ① 방청석 수에 해당하는 방청권을

1) 대법원 2008. 12. 24. 선고 2006도1427 판결(헌법 제109조는 재판공개의 원칙을 규정하고 있는 것으로서 검사의 공소제기절차에는 적용될 여지가 없고, 따라서 공소가 제기되기 전까지 피고인이 그 내용이나 공소제기 여부를 알 수 없었다거나 피고인의 소송기록 열람·등사권이 제한되어 있었다고 하더라도 그 공소제기절차가 위 헌법 규정에 위반되는 것이라고는 할 수 없다).

발행케 하고 그 소지자에 한하여 방청을 허용하는 것, ② 법원경위로 하여금 방청인의 의복 또는 소지품을 검사케 하고 위험물 기타 법정에서 소지함이 부적당하다고 인정되는 물품을 가진 자의 입정을 금하게 하는 것, ③ ①과 ②의 조치에 따르지 아니한 자, 보호자 동행 없는 12세 미만의 아동, 단정한 의복을 착용하지 아니한 자, 법정에서 법원 또는 법관의 직무집행을 방해하거나 부당한 행동을 할 염려가 있다고 믿을 만한 현저한 사정이 인정되는 자의 입정을 금하게 하는 것 등의 조치를 할 수 있다(「법정방청 및 촬영 등에 관한 규칙」 제2조). 또한 재판장은 ① 재판장의 허가 없이 녹음·녹화·촬영·중계방송 등을 하는 자, ② 음식을 먹거나 흡연을 하는 자, ③ 법정에서 떠들거나 소란을 피우는 등 재판에 지장을 주는 자에 대하여 이를 제지하거나 또는 퇴정을 명할 수 있다(「법정방청 및 촬영 등에 관한 규칙」 제3조).

(2) 특정사건의 비공개

재판의 심리와 판결은 공개하는 것이 원칙이지만, 심리가 국가의 안전보장·안녕질서 또는 선량한 풍속을 해할 우려가 있는 때에는 결정으로 이를 공개하지 아니할 수 있다(법원조직법 제57조 제1항).[1] 비공개 결정을 한 경우에는 그 이유를 개시하여 선고하고(법원조직법 제57조 제2항)[2], 재판장은 비공개 결정을 한 경우에도 적당하다고 인정되는 자의 재정을 허가할 수 있다(법원조직법 제57조 제3항). 소년보호사건에 대한 심리는 비공개를 원칙으로 하고 있고(소년법 제24조 제2항), 성폭력범죄에 대한 심리는 그 피해자의 사생활을 보호하기 위하여 결정으로써 공개하지 아니할 수 있다(성폭력특례법 제31조 제1항). 그러나 판결의 선고는 어떠한 경우에도 공개하여야 한다.

(3) 언론공개의 배제

공개주의는 공판정의 공개를 의미하는 것이지 텔레비전이나 라디오 등 언론의 중계에 의한 공개를 뜻하는 것이 아니다. 왜냐하면 언론의 공개를 널리 허용할 경우에는 형사절차에서 보호되어야 할 피고인의 인격권을 중대하게 침해하는 결과를 가져오며 피고인의 사회복귀에도 큰 장애가 되기 때문이다. 이에 따라 누구든지 법정 안에서는 재판장의 허가 없이 녹화·촬영·중계방송 등의 행위를 하지 못한다(법원조직법 제59조). 이 경우에 있어서 재판장의 허가를 받고자 하는 자는 촬영 등 행위의 목적·종류·대상·시간 및 소속기관명 또는 성명을 명시한 신청서를 재판기일 전날까지 제출하여야 하고, 재판장은 피고인의 동의가 있는 때에 한하여 전항의 신청에 대한 허가를 할 수 있다. 다만 피고인의 동의 여부에 불구하고 촬영 등 행위를 허가함이 공공의 이익을 위하여 상당하다고 인정되는 경우에는 그러하지 아니하다(「법정방청 및 촬영 등에 관한 규칙」 제4조). 재판장이 촬영에 대하여 허가를 할 때에는 '① 촬영 등 행위는 공판 또는 변론

---

1) 대법원 2013. 7. 26. 선고 2013도2511 판결(법원조직법 제57조 제1항에서 정한 공개금지사유가 없음에도 불구하고 재판의 심리에 관한 공개를 금지하기로 결정하였다면 그러한 공개금지결정은 피고인의 공개재판을 받을 권리를 침해한 것으로서 그 절차에 의하여 이루어진 증인의 증언은 증거능력이 없고, 변호인의 반대신문권이 보장되었더라도 달리 볼 수 없으며, 이러한 법리는 공개금지결정의 선고가 없는 등으로 공개금지결정의 사유를 알 수 없는 경우에도 마찬가지이다).

2) 이유설시는 공개배제사유를 특정하는 것만으로 충분하고, 그러한 사유를 인정하게 된 구체적인 사실이나 사정에 대하여는 설명하지 않아도 된다.

의 개시 전에 한한다. ② 법단 위에서 촬영 등 행위를 하여서는 아니 된다. ③ 촬영 등 행위로 소란케 하여서는 아니 된다. ④ 구속피고인에 대한 촬영 등 행위는 수갑 등을 푼 상태에서 하여야 한다. ⑤ 소년에 대하여는 성명, 연령, 직업, 용모 등에 의하여 당해 본인임을 알아볼 수 있을 정도로 촬영 등 행위를 하여서는 아니 된다.' 등의 제한을 하여야 한다(「법정방청 및 촬영 등에 관한 규칙」 제5조).

Ⅱ. 구두변론주의

1. 의 의

공판정에서의 변론은 구두로 해야 하는데(제275조의3), '구두변론주의'(口頭辯論主義)란 법원이 소송관계인의 구두에 의한 공격·방어를 기초로 심리·재판을 해야 한다는 원칙을 말한다. 판결은 법률에 다른 규정이 없으면 구두변론에 의거하여야 하고(제37조 제1항), 결정 또는 명령은 구두변론에 의거하지 아니할 수 있다(제37조 제2항).

2. 구두주의

'구두주의'(口頭主義)란 구술에 의하여 행해진 주장이나 입증자료를 기초로 재판을 해야 한다는 원칙을 말한다. 구두주의는 공개주의의 정신과 부합하고, 실체형성에 있어서 법관에게 신선한 인상을 부여하고 법관으로 하여금 소송관계인이 행한 진술의 진의를 알아차릴 수 있게 해준다. 구두주의는 실체형성에 도움을 주는 장점이 있는 반면에 시간의 경과에 따라 기억이 흐려져 변론내용을 증명하기 곤란하다는 단점이 있다. 따라서 현행법은 이를 보완하기 위하여 공판정에서 진술한 사항에 대해서는 공판조서를 작성하도록 하고 있다(제51조 제1항). 그리고 형식적 확실성이 요구되는 절차형성행위에 대해서는 서면주의를 취하고 있다.

3. 변론주의

'변론주의'(辯論主義)란 당사자의 주장과 입증에 의해서 재판하는 원칙을 말한다. 민사소송에 있어서 변론주의는 소송자료의 제출책임을 원고와 피고에게 맡겨 당사자가 제출한 소송자료만을 재판의 기초로 삼고 나아가 당사자에게 심판의 대상에 대한 처분권까지 인정한다. 그러나 형사소송에 있어서 변론주의는 법원 이외의 소송의 주체에게 실체적 진실발견을 위하여 최대한의 공격·방어를 행할 수 있는 기회를 부여함을 그 내용으로 하고 있을 뿐, 심판대상에 대한 당사자의 처분권은 인정하지 않고 있다. 예를 들면 검사의 유죄주장에 대하여 피고인이 다투지 않는다고 하더라도 법원은 증거조사를 하여야 하고, 피고인이 주장하지 않고 있는 유리한 사실에 대하여도 심리·판단하여야 하는 것이다. 그러므로 형사절차에 있어서 변론주의는 직권탐지주의와 상호보완적 관계를 유지하고 있다. 그리고 피고인의 자백이 있더라도 보강증거가 요구되며(제310조), 증거동의도 증거의 진정성이 인정되는 경우에 한하여 그 효력이 있다(제318조 제1항). 이러한 변론주의는 법원이 아닌 당사자에게 공격과 방어의 주도적 지위를 부여하는 당사자주의적 심리방식에 해당한다.

현행법상 변론주의를 실현하는 규정으로는 검사·피고인의 출석(제275조 제3항), 국선변호인제도(제33조), 필요적 변호(제282조), 증인신문에서의 교호신문제도(제161조의2), 공소장변경제도(제298조), 검사의 모두진술(제285조), 피고인의 모두진술(제286조), 당사자의 증거신청권(제294조), 증거조사에 대한 이의신청권(제296조), 검사의 의견진술권(제302조), 피고인과 변호인의 최후진술권(제303조), 심신상실 피고인에 대한 공판절차의 정지(제306조) 등이 이에 해당한다.

한편 변론주의를 보충하는 취지에서 법원의 소송지휘권을 인정하고 있으며, 특히 재판장은 검사·피고인 또는 변호인의 변론에 대하여 석명권을 행사할 수 있다(규칙 제141조 제1항).[1] 그러나 다른 한편으로는 실체적 진실발견을 위해 법원의 개입을 인정함으로써 변론주의를 제한하고 있는데, 예를 들면 법원의 직권에 의한 증거조사(제295조), 법관에 의한 증인신문(제161조의2), 법원의 공소장변경요구(제298조 제2항) 등이 이에 해당한다.

Ⅲ. 직접주의

1. 의 의

'직접주의'(直接主義)란 법원이 공판기일에 공판정에서 직접 조사한 원본증거만을 재판의 기초로 삼는 원칙을 말하는데[2], 이를 '직접심리주의'(直接審理主義)라고도 한다. 직접주의는 법관이

---

1) 대법원 2005. 7. 8. 선고 2005도279 판결(공소장변경 절차 없이도 법원이 심리·판단할 수 있는 죄가 한 개가 아니라 여러 개인 경우에는, 법원으로서는 그 중 어느 하나를 임의로 선택할 수 있는 것이 아니라 검사에게 공소사실 및 적용법조에 관한 석명을 구하여 공소장을 보완하게 한 다음 이에 따라 심리·판단하여야 할 것이다. 헌법재판소의 위헌결정으로 실효된 폭력행위처벌법 제3조 제2항 중 '야간에 흉기 기타 위험한 물건을 휴대하여 형법 제283조 제1항(협박)의 죄를 범한 자' 부분을 적용하여 기소된 공소사실에 관하여 폭력행위처벌법 제2조 제2항, 형법 제283조 제1항 위반죄(야간협박)만 성립할 수 있다고 판단한 후 제327조 제6호에 의하여 이 부분 공소를 기각한 원심판결을, 위 공소사실 중에는 폭력행위처벌법 제3조 제1항, 형법 제283조 제1항 위반죄(흉기휴대협박) 등 다른 죄의 공소사실이 포함되어 있으므로, 검사에게 공소사실 및 적용법조에 관한 석명을 구한 후 보완된 공소사실에 대하여 심리·판단하였어야 한다는 이유로 파기한 사례).

2) 대법원 2013. 8. 14. 선고 2012도13665 판결(공판준비 또는 공판기일에서 이미 증언을 마친 증인을 검사가 소환한 후 피고인에게 유리한 증언 내용을 추궁하여 이를 일방적으로 번복시키는 방식으로 작성한 진술조서를 유죄의 증거로 삼는 것은 당사자주의·공판중심주의·직접주의를 지향하는 현행 형사소송법의 소송구조에 어긋나는 것일 뿐만 아니라 헌법 제27조가 보장하는 기본권, 즉 법관의 면전에서 모든 증거자료가 조사·진술되고 이에 대하여 피고인이 공격·방어할 수 있는 기회가 실질적으로 부여되는 재판을 받을 권리를 침해하는 것이므로, 이러한 진술조서는 피고인이 증거로 할 수 있음에 동의하지 아니하는 한 증거능력이 없고, 그 후 원진술자인 종전 증인이 다시 법정에 출석하여 증언을 하면서 그 진술조서의 성립의 진정함을 인정하고 피고인 측에 반대신문의 기회가 부여되었다고 하더라도 그 증언 자체를 유죄의 증거로 할 수 있음은 별론으로 하고 위와 같은 진술조서의 증거능력이 없다는 결론은 달리할 것이 아니다. 이는 검사가 공판준비 또는 공판기일에서 이미 증언을 마친 증인에게 수사기관에 출석할 것을 요구하여 그 증인을 상대로 위증의 혐의를 조사한 내용을 담은 피의자신문조서의 경우도 마찬가지이다).

법정에서 직접 원본 증거를 조사하는 방법을 통하여 사건에 대한 신선하고 정확한 심증을 형성할 수 있고, 피고인에게 원본 증거에 관한 직접적인 의견진술의 기회를 부여함으로써 실체적 진실을 발견하고 공정한 재판을 실현하는데 기여하고 있다.

2. 내 용

(1) 형식적 직접주의

'형식적 직접주의'란 법원이 공판기일에 공판정에서 직접 증거조사를 해야 한다는 원칙을 말한다. 그러므로 수소법원이 아닌 수명법관이나 수탁판사에 의한 증거조사(제167조), 공판정 밖에서 행하는 법원의 증거조사(제165조), 공판기일 전에 행하는 법원의 증거조사(제273조) 등은 예외적으로 인정될 뿐이다. 또한 공판정 개정 후 판사의 경질이 있으면 공판절차를 갱신하도록 한 것(제301조), 물적 증거에 대한 증거조사를 위해 소송관계인이 서류나 물건을 개별적으로 지시·설명하도록 한 것(제291조) 등도 형식적 직접주의의 표현이라고 할 수 있다.

(2) 실질적 직접주의

'실질적 직접주의'란 법원이 원본증거를 사용하여 사실의 증명 여부를 판단하여야 한다는 원칙을 말한다. 증거조사에 소송관계인의 참여를 보장하고 전문증거의 증거능력을 원칙적으로 배제하는 것(제310조의2)은 실질적 직접주의의 간접적인 표현이라고 할 수 있다. 형사소송법은 형사사건의 실체에 대한 유죄·무죄의 심증 형성은 법정에서의 심리에 의하여야 한다는 공판중심주의의 한 요소로서, 법관의 면전에서 직접 조사한 증거만을 재판의 기초로 삼을 수 있고, 증명 대상이 되는 사실과 가장 가까운 원본증거를 재판의 기초로 삼아야 하며, 원본증거의 대체물 사용은 원칙적으로 허용되어서는 안 된다는 실질적 직접심리주의를 채택하고 있다. 형사소송절차를 주재하는 법원으로서는 형사소송절차의 진행과 심리 과정에서 법정을 중심으로 특히, 당사자의 주장과 증거조사가 이루어지는 원칙적인 절차인 제1심의 법정에서 실질적 직접심리주의의 정신이 충분하고도 완벽하게 구현될 수 있도록 하여야 할 것이다.[1)]

Ⅳ. 집중심리주의

1. 의 의

'집중심리주의'(集中審理主義)란 법원이 하나의 공판기일에 사건을 집중적으로 심리하고, 공판기일을 연장하는 경우에는 시간적 간격을 두지 않고 계속적으로 심리해야 한다는 원칙을 말한다. 집중심리주의는 심리의 중단으로 인해 법관의 심증형성이 약화되는 것을 방지하고, 소송촉진과 신속한 재판을 실현하는데 기여한다. 따라서 공판중심주의를 실현하기 위해서는 집중심

1) 대법원 2012. 6. 14. 선고 2011도5313 판결; 대법원 2011. 11. 10. 선고 2011도11115 판결; 대법원 2006. 11. 24. 선고 2006도4994 판결.

리주의가 요구된다. 하지만 피고인의 입장에서는 시간적 간격이 거의 없는 공판일정으로 인하여 방어권 행사를 제대로 하지 못할 우려가 있으므로, 집중심리주의를 취하더라도 공판에 대한 준비활동을 충분히 보장함으로써 피고인의 방어권을 충분히 고려해야 할 것이다.

2. 내 용

(1) 집중심리

공판기일의 심리는 집중되어야 한다(제267조의2 제1항). 심리에 2일 이상이 필요한 경우에는 부득이한 사정이 없는 한 매일 계속 개정하여야 한다(제267조의2 제2항).[1] 재판장은 여러 공판기일을 일괄하여 지정할 수 있는데(제267조의2 제3항), 이에 의하여 여러 공판기일을 일괄하여 지정할 경우에는 검사·피고인 또는 변호인의 의견을 들어야 한다(규칙 제124조의2). 또한 재판장은 부득이한 사정으로 매일 계속 개정하지 못하는 경우에도 특별한 사정이 없는 한 전회의 공판기일부터 14일 이내로 다음 공판기일을 지정하여야 한다(제267조의2 제4항).

한편 법원은 특정강력범죄사건의 심리를 하는 데에 2일 이상이 걸리는 경우에는 가능하면 매일 계속 개정하여 집중심리를 하여야 하는데, 재판장은 특별한 사정이 없으면 직전 공판기일부터 7일 이내로 다음 공판기일을 지정하여야 한다. 재판장은 소송 관계인이 공판기일을 준수하도록 요청하여야 하며, 이에 필요한 조치를 할 수 있다(특정강력범죄특례법 제10조).

(2) 소송관계인에 대한 조치

소송관계인은 기일을 준수하고 심리에 지장을 초래하지 아니하도록 하여야 하며, 재판장은 이에 필요한 조치를 할 수 있다(제267조의2 제5항). 소송관계인이 공판기일을 준수하지 않거나 증거신청을 늦게 하는 등 심리에 지장을 초래하는 경우에 재판장은 신청된 증거를 채택하지 않거나 증거조사를 취소하는 등 적절한 조치를 취할 수 있다. 또한 증인을 신청한 자는 증인이 출석하도록 합리적인 노력을 할 의무가 있다(제150조의2 제2항). 증인이 정당한 사유 없이 출석하지 아니하는 때에는 과태료 또는 감치의 제재를 받을 수 있다(제151조).

(3) 판결의 즉일선고

판결의 선고는 변론을 종결한 기일에 해야 한다(제318조의4 제1항). 변론을 종결한 기일에 판결을 선고하는 경우에는 판결의 선고 후에 판결서를 작성할 수 있다(제318조의4 제2항). 다만 특별한 사정이 있는 때에는 따로 선고기일을 지정할 수 있는데, 이 경우의 선고기일은 변론종결 후 14일 이내로 지정되어야 한다(제318조의4 제3항).

---

1) 하지만 집중심리주의는 피고인의 공판준비활동을 어렵게 한다는 점, 졸속재판의 우려가 있다는 점에서 문제점이 없는 것이 아니다.

제 2 절 공소장변경

I. 공소장변경의 의의 및 가치

1. 의 의

'공소장변경'(公訴狀變更)이란 검사가 공소사실의 동일성을 해하지 않는 범위 안에서 법원의 허가를 얻어 공소장에 기재된 공소사실 또는 적용법조를 추가, 철회 또는 변경하는 것을 말한다(제298조 제1항). 공소장변경은 공소사실의 동일성이 인정되는 범위 안에서 별도의 공소제기 없이 공소사실 및 적용법조를 변경하는 제도라는 점에서 새로운 범죄사실에 대하여 심판을 구하는 추가기소와 구별되며, 소송절차를 유지하면서 심판대상만 변경하는 제도라는 점에서 수개의 공소사실이 경합범으로 기소된 상태에서 그 일부사실에 대해 법원의 소송계속을 종결시키는 공소취소(제255조)[1]와도 구별된다. 특히 공소장변경에 따른 공소사실 또는 적용법조의 철회는 공소사실의 동일성이 인정되는 범위에서 심판대상만 변경하는 것이라는 점에서 공소사실의 동일성이 인정되지 않는 수개의 공소사실 중 일부에 대하여 법원의 소송계속을 종결시키는 공소취소와 구별된다. 또한 공소장변경은 법원의 심판대상에 실질적인 변경을 가하는 점에서 법원의 허가 없이 행하여지고 공소장의 명백한 오기나 누락을 보충하는데 그치는 공소장정정이나 검사의 청구 없이 법원이 직권으로 행하는 하자의 보정과도 구별된다.

한편 의용 형사소송법 아래에서는 법원이 공소사실의 동일성이 인정되는 범위 안에서 공소장에 기재된 공소사실 또는 적용법조에 구애받지 않고 그와 다른 범죄사실을 인정할 수 있었다. 이후 1954. 9. 23. 형사소송법을 제정하면서 피고인의 방어권을 강화하기 위하여 공소장변경제도를 도입하여 공소사실과 동일성이 인정되는 사실일지라도 공소장변경절차를 거치지 않는 한 심판할 수 없도록 하였다.

2. 심판대상에 관한 이론

(1) 의 의

현행법상 심판대상은 공소제기의 효력범위, 수소법원의 심판범위, 공소장변경의 허용범위, 확정판결의 효력범위 등에 영향을 미치게 되는데, 이와 같이 심판대상의 범위에 따라 소송주체의 이해관계는 확연히 달라진다. 예를 들면 심판대상을 넓게 인정할 경우 피고인의 입장에서 보면 방어권을 행사하는데 어려움이 있는 반면에 일단 판결이 확정되면 일사부재리의 효력을 인정받는 범위가 확대됨에 따라 이익을 누릴 수 있다. 그리고 법원에 입장에서 보면 심판대상이 넓을수록 하나의 재판으로 해결되는 범위가 확대되어 소송경제를 도모할 수 있는 반면에 검사의 입장에서 보면 법원의 심리가 누락된 범죄사실에 대해서까지 미치게 되는 결과를 초래한

---

1) 대법원 1992. 4. 24. 선고 91도1438 판결.

다. 또한 심판대상을 좁게 인정할 경우에는 위에서 살펴 본 반대의 문제점이 발생하게 된다. 그러므로 심판대상의 범위를 합리적으로 설정하는 것은 소송에 있어서 중요한 영향을 미칠 수밖에 없는데, 이와 관련하여 다음과 같은 학설의 대립이 있다.

(2) 범죄사실대상설

범죄사실대상설[1]은 공소불가분의 원칙에 근거하여 공소장에 기재된 범죄사실과 단일성·동일성이 인정되는 모든 사실을 심판대상으로 파악한다. 심판대상의 문제와 공소장변경의 문제는 별개라고 파악하여, 공소장변경제도는 잠재적 심판대상을 현실적 심판대상으로 전환시키기 위한 장치가 아니라 이미 제시된 심판대상의 초점변경에 대비하여 직권주의적 관점에서 피고인의 방어권 보장을 위하여 마련된 제도라고 설명한다. 이에 따르면 공소제기의 효력범위와 법원의 현실적 심판범위 및 확정판결의 효력범위가 일치하게 된다. 범죄사실의 일부에 대한 공소의 효력이 전부에 미친다(제248조 제2항)는 것은 범죄사실 전체가 법원의 현실적 심판의 대상이 된다고 파악하는데, 법원은 현실적으로 범죄사실 전체에 대하여 심판할 수 있으므로 공소장변경에 의하여 비로소 동일성이 인정되는 사실이 법원의 심판대상이 되는 것은 아니다. 이에 따라 공소장에 범죄사실의 전부를 기재하지 않고, 공소사실이 일부사실만으로 기재되었다고 하더라도 '그 기재사실로 대표되는 전체사실'이 기소된 것으로 본다. 동설은 공소제기 이후 실체발견의 권한과 책임을 법원에 일임하는 직권주의적 소송구조를 기초로 하고 있다.

하지만 공소불가분의 원칙에만 치중한 나머지 공소사실의 특정(제254조 제4항)과 공소장변경제도(제298조)의 취지를 제대로 살리지 못한다는 점, 검사가 공소사실을 특정하여 기재할 필요도 없다는 점, 공소장변경이 소송물 자체에 영향을 미치지 않아 그 역할도 제한될 뿐만 아니라 법원이 적극적으로 공소장에 기재되지 않은 사실까지 심리할 수 있기 때문에 공소장변경을 요구할 필요도 없다는 점, 법원의 판단이 공소사실에 구속될 필요가 없기 때문에 공소장일본주의가 무의미해진다는 점, 법원의 심판범위를 공소사실과 동일성이 인정되는 범죄사실 전체로 파악하여 피고인의 방어권을 침해할 소지가 크다는 점 등의 비판이 제기된다.

(3) 소인대상설

소인대상설은 소인(訴因)이라는 개념을 설정하여 심판대상은 공소사실 자체가 아니라 소인이며, 공소사실의 동일성은 소인 변경의 한계에 불과하다고 한다. 여기서 '소인'이란 검사가 범죄구성요건에 해당하는 구체적인 사실을 법률적으로 재구성한 것을 말한다. 이에 의하면 공소사실은 공소장변경의 한계가 되는 공소사실의 동일성을 판단할 때에만 의미를 가지는 일종의 기능개념에 불과하다고 한다. 또한 검사가 공소장에 기재한 사실적 측면뿐만 아니라 법률적 평가의 측면도 심판대상을 제한하는 요소로 보는 점에 특징이 있다.

하지만 소인이라는 개념은 일본 형사소송법(제256조 제3항)에서만 인정되는 제도이지 우리나

---

1) 신동운, 288면.

라에서는 소인이 아니라 공소사실의 특정을 요구하고 있다는 점, 소인은 당사자주의의 실현과 직접적인 관련이 없다는 점, 공소사실 자체가 사실적 개념인 범죄사실을 법률적으로 재구성한 것일 뿐만 아니라 이를 법적으로 평가한 적용법조와 죄명까지 기재되기 때문에 별도의 법률적 개념인 소인은 불필요하다는 점, 공소사실이 아닌 소인을 심판의 대상으로 보기 때문에 공소불가분의 원칙과 확정판결의 효력범위가 공소사실의 동일성을 기준으로 하는 것을 설명하기 어렵다는 점 등의 비판이 제기된다.

(4) 이원설

이원설[1]에 의하면 현실적 심판대상은 공소장에 기재된 공소사실이고, 잠재적 심판대상은 공소사실과 동일성이 인정되는 사실이라고 파악한다. 즉 공소사실과 동일성이 인정되는 범위 내에서만 공소장변경이 가능하며, 공소장변경을 통하여 비로소 현실적 심판의 대상이 된다. 결국 잠재적 심판대상은 공소장변경의 한계가 됨과 동시에 기판력의 객관적 범위가 된다.

이에 대하여 판례는 「법원은 공소장에 기재된 공소사실과 적용법조를 기초로 하여 형식적 또는 실체적 심판을 행하는 것이나 반드시 공소제기 당시의 공소사실과 적용법조에 구속되는 것이 아니라 소송의 진행을 거쳐 사실심리의 가능성 있는 최종시점인 판결 선고시를 기준으로 하여 이때 특정된 공소사실과 적용법조가 현실적인 심판의 대상이 된다.」라고 판시[2]하거나 「형사재판에 있어서 법원의 심판대상이 되는 것은 공소장에 기재된 공소사실과 예비적 또는 택일적으로 기재된 공소사실, 그리고 소송의 발전에 따라 추가 또는 변경된 사실에 한하는 것이고, 공소사실과 동일성이 인정되는 사실이라 할지라도 위와 같은 공소장이나 공소장변경신청서에 공소사실로 기재되어 현실로 심판의 대상이 되지 아니한 사실은 법원이 그 사실을 인정하더라도 피고인의 방어에 실질적 불이익을 초래할 염려가 없는 경우가 아니면 법원이 임의로 공소사실과 다르게 인정할 수 없는 것이며, 이와 같은 사실을 인정하려면 공소장변경을 요한다.」라고 판시[3]하여, 이원설의 입장을 취하고 있다. 생각건대 이원설이 타당하다. 이에 의하면 공소장변경제도는 잠재적 심판대상을 현실적 심판대상으로 전환시킨다는 점에서 소송물의 처분으로서의 성격과 함께 피고인의 방어권 보장이라는 성격을 아울러 가지게 된다.

3. 공소장변경의 제도적 가치

(1) 의 의

동적·발전적인 소송절차의 성격상 심리가 진행됨에 따라 공소제기 당시 공소장에 기재된 사실관계와 소송과정에서 드러나는 사실관계에 차이가 발생할 수 있다. 한편 형사재판이 실체적으

1) 김인회, 255면; 김정한, 424면; 배종대/홍영기, 232면; 손동권/신이철, 426면; 송광섭, 443면; 신양균/조기영, 531면; 이은모/김정환, 435면; 이재상/조균석, 442면; 이주원, 242면; 이창현, 619면; 정승환, 387면; 정웅석/최창호, 424면; 최호진, 377면.

2) 대법원 1989. 2. 14. 선고 85도1435 판결.

3) 대법원 1991. 5. 28. 선고 90도1977 판결.

로 확정되면 동일한 범죄에 대하여 거듭 처벌할 수 없고(헌법 제13조 제1항), 범죄사실의 일부에 대한 공소제기는 그 효력이 전부에 미치며(제248조 제2항), 확정판결이 있는 사건과 동일사건에 대하여 공소제기가 있는 경우에는 면소판결을 하여야 하고(제326조 제1호)[1], 공소가 제기된 사건에 대하여 다시 공소가 제기되었을 때에는 공소기각판결을 하여야 한다(제327조 제3호).[2] 이와 같이 공소제기의 효력과 판결의 기판력은 공소장에 기재된 공소사실은 물론 그 공소사실과 동일성이 인정되는 사건의 전부에 미친다. 공소장변경제도는 공소제기의 효력과 판결의 기판력이 공소사실과 동일성이 인정되는 사건의 전부에 미친다는 점에 비추어, 공소장에 기재된 공소사실과 동일성이 인정되는 사실도 법원의 심판의 대상이 될 수 있는 길을 열어 줌으로써 형벌권의 적정한 실현과 소송경제를 도모하는 한편, 공소사실과 동일성이 인정되는 사실일지라도 공소장변경절차를 통해서만 심판할 수 있도록 함으로써 피고인의 방어권을 보장하는 데에 그 제도적 가치가 있다.

(2) 공소장변경의 허용한계: 공소사실의 동일성

공소장변경은 공소사실의 동일성이 인정되는 범위 내에서만 허용되고, 공소사실의 동일성이 인정되지 아니한 범죄사실을 공소사실로 추가하는 취지의 공소장변경신청이 있는 경우에는 법원은 그 변경신청을 기각하여야 하는데, 공소사실의 동일성은 그 사실의 기초가 되는 사회적 사실관계가 기본적인 점에서 동일하면 그대로 유지되는 것이다. 즉 공소장에 기재한 공소사실과 법원이 인정한 범죄사실을 비교하여 기본적 사실관계가 동일하면 사실관계의 지엽적인 점이 동일하지 않더라도 사건은 동일하다고 판단된다. 하지만 이러한 기본적 사실관계의 동일성을 판단함에 있어서는 그 사실의 동일성이 갖는 기능을 염두에 두고 피고인의 행위와 그 사회적인 사실관계를 기본으로 하되 규범적 요소도 아울러 고려[3]하여야 한다.[4]

---

1) 대법원 2008. 11. 13. 선고 2006도4885 판결(제326조 제1호에 정한 면소사유인 '확정판결이 있는 때'에는 공소가 제기된 공소사실을 확정판결이 있는 종전 사건의 공소사실과 비교해서 그 사실의 기초가 되는 자연적·사회적 사실관계가 기본적인 점에서 동일한 경우도 포함된다); 대법원 2008. 5. 29. 선고 2008도2099 판결(타인의 신용카드 정보를 자신의 메일계정에 보유한 행위에 대해서 여신전문금융업법 제70조 제1항 제6호 위반죄로 처벌받은 후 계속하여 위 신용카드 정보를 보유한 경우, 별개의 범죄로서 종전 확정판결의 기판력이 미치지 않는다); 대법원 1990. 1. 25. 선고 89도252 판결.

2) 대법원 2012. 1. 26. 선고 2011도15356 판결(검사가 단순일죄라고 하여 존속상해 범행을 먼저 기소하고 다시 포괄일죄인 폭력행위처벌법 위반(상습존속상해) 범행을 추가로 기소하였는데 이를 병합하여 심리하는 과정에서 전후에 기소된 각각의 범행이 모두 포괄하여 하나의 폭력행위처벌법 위반(상습존속상해)죄를 구성하는 것으로 밝혀진 경우, 이중기소에 대하여 공소기각판결을 하도록 한 제327조 제3호의 취지는 동일사건에 대하여 피고인으로 하여금 이중처벌의 위험을 받지 아니하게 하고 법원이 2개의 실체판결을 하지 아니하도록 함에 있으므로, 위와 같은 경우 법원이 각각의 범행을 포괄하여 하나의 폭력행위처벌법 위반(상습존속상해)죄로 인정한다고 하여 이중기소를 금하는 위 법의 취지에 반하는 것이 아닌 점과 법원은 실체적 경합범으로 기소된 범죄사실에 대하여 그 범죄사실을 그대로 인정하면서 다만 죄수에 관한 법률적인 평가만을 달리하여 포괄일죄로 처단하더라도 이는 피고인의 방어에 불이익을 미치는 것이 아니므로 공소장변경 없이도 포괄일죄로 처벌할 수 있는 점에 비추어 보면, 비록 폭력행위처벌법 위반(상습존속상해)죄의 포괄일죄로 공소장을 변경하는 절차가 없었다거나 추가기소의 공소장의 제출이 포괄일죄를 구성하는 행위로서 먼저 기소된 공소장에 누락된 것을 추가·보충하는 취지의 것이라는 석명절차를 거치지 아니하였다 하더라도, 법원은 전후에 기소된 범죄사실 전부에 대하여 실체판단을 할 수 있고, 추가기소된 부분에 대하여 공소기각판결을 할 필요는 없다).

3) 이에 대하여 법관의 자의가 개입될 여지가 있다는 점에서 기본적 사실관계의 동일성 여부를 판단하는데 있어서 규범적 요소를 고려하는 소위 '수정된 기본적 사실동일설'에 대한 비판적인 견해로는 김인회, 263면; 배종대/홍영

이와 같이 공소사실의 동일성의 의미에 관하여는 공소장변경제도의 입법목적, 공소장변경의 의의, 공소사실의 동일성이 갖는 소송법적 효과, 소송절차의 성격 등에 비추어 볼 때 '공소사실의 기초가 되는 행위의 기본적인 점이 동일한 것'이라는 예측이 가능하고, 대법원의 확립된 판례에 의해 '피고인의 행위 및 그 사회적인 사실관계와 규범적 요소를 고려하여 공소사실의 기초가 되는 사회적 사실관계가 기본적인 점에서 동일한 것'이라는 의미로 해석되고 있다. 따라서 공소장변경의 한계로 일반적·추상적 개념인 '공소사실의 동일성'이라는 개념을 사용하고 있지만, 법관의 통상적인 해석작용에 의해 충분히 보완될 수 있고, 달리 법관의 자의적 해석의 위험성이 없으므로, 명확성의 원칙에 위반된다고 할 수 없다.[1] 왜냐하면 범죄의 종류와 그 적용법률이 매우 다양하고, 같은 죄명의 범죄라도 구체적인 사실관계는 사안별로 전부 다르기 때문이다. 그러므로 '공소사실의 동일성'에 관한 유형이나 기준을 입법자가 세분하여 구체적으로 한정하는 것은 입법기술상 불가능하거나 현저히 곤란하다.

판례에 의하면, ① 피고인이 공공의 안녕질서에 직접적인 위협을 끼칠 것이 명백하다는 등의 이유로 금지통고된 집회를 주최하였다는 집회 및 시위에 관한 법률 위반 공소사실로 기소되었는데, 선행 사건에서 위 집회와 그 이후 계속된 폭력적인 시위에 참가하였다는 이른바 질서위협 집회 및 시위 참가로 인한 같은 법 위반죄 등으로 유죄 확정판결을 받은 사안에서, 위 공소사실과 선행 확정판결의 공소사실은 기본적 사실관계가 동일한 것으로 평가할 수 있다.[2] ② 검사가 공소사실 중 임차권 양도계약 중개수수료 교부자를 甲에서 乙로 변경하는 공소장변경 신청을 하고 원심이 이를 허가한 사안에서, 그와 같이 공소장을 변경하더라도 피고인이 공소사실 기재 일시 장소에서 위 계약을 중개한 후 법정 수수료 상한을 초과한 중개수수료를 교부받았다는 사실에는 변함이 없으므로, 공소사실의 동일성이 인정된다.[3]

반면에 ① 피고인이 '1997. 4. 3. 21:50경 서울 용산구 이태원동에 있는 햄버거 가게 화장실에서 피해자 甲을 칼로 찔러 乙과 공모하여 甲을 살해하였다'는 내용으로 기소되었는데, 선행사건에서 '1997. 2. 초순부터 1997. 4. 3. 22:00경까지 정당한 이유 없이 범죄에 공용될 우려가 있는 위험한 물건인 휴대용 칼을 소지하였고, 1997. 4. 3. 23:00경 乙이 범행 후 햄버거 가게 화장실에 버린 칼을 집어 들고 나와 용산 미8군영 내 하수구에 버려 타인의 형사사건에 관한 증거를 인멸하였다'는 내용의 범죄사실로 유죄판결을 받아 확정된 사안에서, 살인죄의 공소사실과 선행사건에서 유죄로 확정된 폭력행위처벌법 위반(우범자)죄와 증거인멸죄(이하 '증거인멸죄 등'이라고 한다)는 범행의 일시, 장소와 행위 태양이 서로 다르고, 살인죄는

기, 245면; 손동권/신이철, 431면; 이은모/김정환, 441면; 이재상/조균석, 450면; 이주원, 246면(규범적 요소를 고려하게 되면 밀접한 비양립의 관계상 결코 경합범이 될 수 없는 1개의 동일한 사실을 억지로 2개의 다른 사실로 의제하여 경합범으로 취급하는 불합리한 결과를 야기할 수 있다. 즉 사회적으로 동일한 사건을 규범적이라는 이름 아래 별개의 사건으로 분리하는 불합리한 결과가 된다); 정승환, 396면; 최호진, 383면.

4) 대법원 2011. 10. 27. 선고 2011도8109 판결; 대법원 2010. 6. 24. 선고 2009도9593 판결; 대법원 2002. 3. 29. 선고 2002도587 판결; 대법원 1999. 5. 14. 선고 98도1438 판결; 대법원 1964. 12. 29. 선고 64도664 판결(장물취득죄와 절도죄 사이에는 공소사실의 동일성이 있다).

1) 헌법재판소 2012. 5. 31. 선고 2010헌바128 결정.

2) 대법원 2017. 8. 23. 선고 2015도11679 판결.

3) 대법원 2010. 6. 24. 선고 2009도9593 판결.

폭력행위처벌법 위반(우범자)죄나 증거인멸죄와는 보호법익이 서로 다르며 죄질에서도 현저한 차이가 있으므로, 살인죄의 공소사실과 증거인멸죄 등의 범죄사실 사이에 기본적 사실관계의 동일성이 없다.[1] ② 유죄로 확정된 장물취득죄와 이 사건 강도상해죄는 범행일시가 근접하고 위 장물취득죄의 장물이 이 사건 강도상해죄의 목적물 중 일부이기는 하나, 그 범행의 일시, 장소가 서로 다르고, 강도상해죄는 피해자를 폭행하여 상해를 입히고 재물을 강취하였다는 것인 데 반하여 위 장물취득죄는 위와 같은 강도상해의 범행이 완료된 이후에 강도상해죄의 범인이 아닌 피고인이 다른 장소에서 그 장물을 교부받았음을 내용으로 하는 것으로서 그 수단, 방법, 상대방 등 범죄사실의 내용이나 행위가 별개이고, 행위의 태양이나 피해법익도 다르고 죄질에도 현저한 차이가 있어, 위 장물취득죄와 이 사건 강도상해죄 사이에는 동일성이 있다고 보기 어렵고, 따라서 피고인이 장물취득죄로 받은 판결이 확정되었다고 하여 강도상해죄의 공소사실에 대하여 면소를 선고하여야 한다거나 피고인을 강도상해죄로 처벌하는 것이 일사부재리의 원칙에 어긋난다고는 할 수 없다.[2]

Ⅱ. 공소장 직권변경의 필요성

1. 의 의

공소사실의 동일성이 인정되면 공소장변경이 가능하지만, 공소장변경이 가능하다고 할지라도 공소사실의 사소한 변경에 대해서까지 언제나 공소장변경절차를 거칠 필요는 없다. 이는 심리의 지연을 초래하고 소송경제에도 반하기 때문에 피고인의 방어권 행사에 지장을 초래하지 않는 범위 내에서, 법원이 직권으로 공소장변경절차 없이 공소장에 기재된 공소사실과 다른 사실을 인정할 수 있도록 할 필요성이 있다.[3] 여기서 피고인의 방어권 행사에 있어서 실질적인 불이익을 초래할 염려가 존재하는지 여부는 공소사실의 기본적 동일성이라는 요소 이외에도 법정형의 경중 및 그러한 경중의 차이에 따라 피고인이 자신의 방어에 들일 노력·시간·비용에 관한 판단을 달리할 가능성이 뚜렷한지 여부 등의 여러 요소를 종합하여 판단해야 한다. 그러므로 법원은 공소사실의 동일성이 인정되는 범위 내에서 심리의 경과에 비추어 피고인의 방어권 행사에 실질적인 불이익을 초래할 염려가 없는 경우에는 공소장변경절차를 거치지 아니하고 다르게 사실을 인정하거나 오기임이 분명한 것을 증거에 의하여 바로잡아 인정하거나 적용법조를 수정하더라도 불고불리의 원칙에 위배되지 아니한다.[4] 이와 같은 경우 공소가 제기된

1) 대법원 2017. 1. 25. 선고 2016도15526 판결.

2) 대법원 1994. 3. 22. 선고 93도2080 전원합의체 판결.

3) 대법원 2012. 5. 24. 선고 2012도535 판결; 대법원 2007. 12. 27. 선고 2007도6650 판결; 대법원 2006. 3. 24. 선고 2005도6433 판결; 대법원 2003. 10. 24. 선고 2003도4027 판결; 대법원 2003. 5. 13. 선고 2003도1366 판결; 대법원 2002. 11. 22. 선고 2000도4419 판결.

4) 대법원 2014. 5. 16. 선고 2012도12867 판결; 대법원 2014. 3. 27. 선고 2013도13567 판결; 대법원 2013. 12. 12. 선고 2013도12803 판결; 대법원 2011. 6. 30. 선고 2011도1651 판결; 대법원 2011. 2. 10. 선고 2010도14391 판결; 대법원 2009. 10. 15. 선고 2009도5655 판결; 대법원 2007. 12. 27. 선고 2007도4749 판결; 대법원 2006. 6. 15. 선고 2006도1667 판결; 대법원 2002. 7. 12. 선고 2002도2134 판결; 대법원 2001. 6. 29. 선고 2001도1091 판결; 대법원

범죄사실과 대비하여 볼 때 실제로 인정되는 범죄사실의 사안이 가볍지 아니하여 공소장이 변경되지 않았다는 이유로 이를 처벌하지 않는다면 적정절차에 의한 신속한 실체적 진실의 발견이라는 형사소송의 목적에 비추어 현저히 정의와 형평에 반하는 것으로 인정되는 경우라면 법원으로서는 직권으로 그 범죄사실을 인정하여야 한다.

결국 법원이 공소사실의 동일성이 인정되는 범위 내에서 구체적으로 어느 범위까지 공소장변경 없이 공소장에 기재된 사실과 다른 사실을 인정할 수 있는지 여부가 문제된다. 여기서 간과해서는 안 될 중요한 것은 공소장변경의 요부는 죄명에 따라 획일적으로 판단할 수는 없으며, 구체적인 개별 사안에 따라 피고인의 실질적인 방어활동을 고려하여 결정해야 한다는 점이다.

2. 필요성 판단의 구체적인 기준

(1) 구성요건이 동일한 경우

1) 범죄의 일시와 장소

일반적으로 범죄의 일시와 장소는 공소사실의 특정을 위한 요건이지 범죄사실의 기본적 요소는 아니므로 법원이 공소장변경절차를 거치지 않고 그 일시와 장소를 공소장기재와 다소 다르게 인정할 수도 있다.[1] 하지만 일시와 장소의 차이가 단순한 착오기재가 아니라 사안의 성질상 일시를 달리하는 각 범죄사실이 별개의 범죄사실로서 양립가능한 것이고, 법원이 공소사실 기재 일시 및 장소와 다른 일시 및 장소의 범죄사실을 유죄로 인정하는 것이 피고인에게 예기치 않은 타격을 주어 그 방어권의 행사에 실질적인 불이익을 줄 우려가 있는 경우에는 공소장변경절차를 거쳐야 한다.[2] 그리고 확정된 판결의 공소사실과 공소가 제기된 공소사실 간에 그 일시만 달리하는 경우 사안의 성질상 두 개의 공소사실이 양립할 수 있다고 볼 사정이 있는 경우에는 그 기본인 사회적 사실을 달리할 위험이 있다고 할 것이므로 기본적 사실은 동일하다고 볼 수 없다고 할 것이지만, 일방의 범죄가 성립되는 때에는 타방의 범죄의 성립은 인정할 수 없다고 볼 정도로 양자가 밀접한 관계에 있는 경우에는 양자의 기본적 사실관계는 동일하다고 봄이 상당하다.[3]

2001. 2. 9. 선고 2000도5358 판결; 대법원 1996. 5. 10. 선고 96도755 판결.

1) 대법원 2008. 3. 27. 선고 2007도11400 판결(공소장변경절차를 거치지 아니한 채 피해자 공소외 2에 대한 협박죄의 범죄사실 중 그 범죄일시를 '2006. 9. 22.경'에서 '2006. 9. 23.경'으로 변경한 제1심판결을 유지한 것이나, 피해자 공소외 3에 대한 공갈죄의 범죄사실 중 그 범죄시각을 '03:30경'에서 '02:30경'으로 변경한 것은 모두 공소사실과 기본적 사실이 동일한 범위 내에서의 변경으로서 피고인의 방어권 행사에 실질적인 불이익을 초래할 염려가 없는 경우에 해당한다).

2) 대법원 2017. 1. 25. 선고 2016도17679 판결; 대법원 2009. 5. 14. 선고 2008도10771 판결; 대법원 2005. 7. 14. 선고 2003도1166 판결; 대법원 1993. 1. 15. 선고 92도2588 판결; 대법원 1992. 12. 22. 선고 92도2596 판결(피고인이 1985. 5. 중순경 범죄단체에 가입하였다는 공소사실에 대하여 법원이 가입시기를 1986. 5.경으로 인정하기 위하여는 공소장변경절차를 거쳐야 한다); 대법원 1992. 10. 27. 선고 92도1824 판결; 대법원 1991. 6. 11. 선고 91도723 판결; 대법원 1982. 12. 28. 선고 82도2156 판결.

3) 대법원 2012. 5. 24. 선고 2010도3950 판결; 대법원 2007. 5. 10. 선고 2007도1048 판결(특정경제범죄가중처벌법

2) 범죄의 수단과 방법

범죄의 수단과 방법은 공소사실을 특정하기 위한 요소이고, 피고인의 방어권행사에 실질적으로 영향을 미치는 사실이기 때문에 이를 달리 인정하기 위해서는 원칙적으로 공소장변경을 통해야만 한다.[1] 하지만 ① 변제할 의사와 능력 없이 피해자로부터 금원을 편취하였다고 기소된 사실을 피해자에게 제3자를 소개케 하여 동액의 금원을 차용하고 피해자에게 그에 대한 보증채무를 부담케 하여 재산상의 이익을 취득하였다고 인정하는 경우[2], ② 피고인이 甲 명의 부동산 월세계약서 1매를 위조하였다고 기소된 사실을 피고인은 그 정을 모르는 피고인의 직원인 乙로 하여금 甲 명의의 계약서 1매를 위조하였다고 인정하는 경우[3] 등에 있어서는 공소장변경을 필요로 하지 아니한다.

3) 범죄의 객체와 결과

범죄의 객체와 결과도 공소사실을 특정하기 위한 요소이고, 피고인의 방어권행사에 실질적으로 영향을 미치는 사실이기 때문에 이를 달리 인정하기 위해서는 원칙적으로 공소장변경을 통해야만 한다.[4] 하지만 기소된 공소사실의 재산상 피해자와 공소장에 기재된 피해자가 다른

위반(사기)죄에 관한 공소사실의 범행 일시와 편취 금액만을 변경하는 내용의 공소장변경은 적법하다); 대법원 1982. 12. 28. 선고 82도2156 판결.

1) 대법원 2013. 6. 27. 선고 2013도3983 판결(폭력행위처벌법 제3조 제1항은 "단체나 다중의 위력으로써 또는 단체나 집단을 가장하여 위력을 보임으로써 제2조 제1항에 열거된 죄를 범한 자 또는 흉기 기타 위험한 물건을 휴대하여 그 죄를 범한 자는 제2조 제1항 각 호의 예에 따라 처벌한다."고 규정하고 있다. 여기서 "단체나 다중의 위력으로써 또는 단체나 집단을 가장하여 위력을 보임으로써"(이하 '다중의 위력 등의 방법'이라 한다) 범행하는 경우와 "흉기 기타 위험한 물건을 휴대하여"(이하 '흉기 등 휴대의 방법'이라 한다) 범행하는 경우는 비록 같은 조항에서 함께 규정되어 있기는 하지만, 그 행위태양이 전혀 다르고 그에 대응할 피고인의 방어행위 역시 달라질 수밖에 없으므로, 흉기 등 휴대의 방법으로 타인의 재물을 갈취하였다는 공소사실을 법원이 다중의 위력 등의 방법으로 타인의 재물을 갈취하였다는 것으로 인정하려면 공소장변경의 절차를 거쳐야 할 것이다); 대법원 2010. 4. 29. 선고 2010도2414 판결('토지 소유자와 토지매매계약을 체결하기로 약정한 사실이 없음에도 피해자를 기망하였다'는 공소사실과 '의사들로부터 건물을 분양받아 병·의원을 개업하겠다는 제안을 받고 분양계약체결만 앞두고 있는 것처럼 피해자를 기망하였다'는 원심 인정의 범죄사실은 그 기망의 내용이나 태양을 달리하는 것이어서, 공소장의 변경 없이 직권으로 공소사실과 다른 위 범죄사실을 유죄로 인정한 원심의 조치는 위법하다); 대법원 2009. 6. 11. 선고 2008도11042 판결(정당의 공직후보자 추천과 관련하여 '금품을 수수하였다'는 공소사실에 대하여, 법원이 공소장변경절차를 거치지 않고 직권으로 '금원을 대여함으로써 금융이익 상당의 재산상 이익을 수수하였다'는 범죄사실을 유죄로 인정한 것은, 금품수수 행위에 금융이익 상당의 재산상 이익의 수수행위가 포함된 것으로 볼 수 없고 그 범죄행위의 내용 내지 태양이 서로 달라 그에 대응할 피고인들의 방어행위 역시 달라질 수밖에 없으므로, 피고인들의 방어권 행사에 실질적인 불이익을 초래한 것으로 위법하다).

2) 대법원 1984. 9. 25. 선고 84도312 판결.

3) 대법원 1990. 3. 13. 선고 90도94 판결.

4) 대법원 2011. 1. 27. 선고 2009도10701 판결(원심이 공소장변경 없이도 직권으로 피고인에 대한 배임의 공소사실에 피해자로 기재된 丙이 아닌 乙의 상속인들을 피해자로 보아 배임죄 성립을 인정하였어야 한다는 취지의 검사의 상고이유 주장에 대하여, 공소사실과 달리 乙의 상속인들을 피해자로 인정할 경우 그에 대응할 피고인의 방어방법이 달라질 수밖에 없어 그의 방어권 행사에 실질적인 불이익을 초래할 염려가 있다고 보일 뿐만 아니라 원심이 직권으로 乙의 상속인들을 피해자로 인정하지 아니한 것이 현저하게 정의와 형평에 반한다고 볼 수도 없다는 이유로, 공소제기된 대로 丙을 피해자로 한 배임죄에 관하여만 판단하여 무죄를 선고한 원심의 조치를 정당하다); 대법원 2008. 2. 28. 선고 2007도8705 판결(공소사실의 피해자를 주식회사 ○○○에서 △△ 디자인으로 변경한다고 하더라도 피고인이 공소사실 기재 일시 장소에서 저작권 침해행위를 하였다는 사실과 침해행위의 태양 및 침해된 저작권이 어떠한 저작물에 대한 것인지에 변함이 없는 이상, 공소장변경 전후의 공소사실은 상호 동일성

것이 판명된 경우에는 공소사실의 동일성을 해하지 않고 피고인의 방어권 행사에 실질적 불이익을 주지 않는 한 공소장변경절차 없이 직권으로 공소장 기재의 피해자와 다른 실제의 피해자를 적시하여 이를 유죄로 인정하여야 한다.[1]

(2) 구성요건이 동일하지 않은 경우

1) 일반론

공소사실과 법원이 인정하는 범죄사실 사이에 구성요건을 달리하는 때에는 사실의 변경과 함께 적용법조도 변경되는데, 이는 피고인의 방어에 실질적 불이익을 초래하므로 공소장변경절차를 취해야 하는 것이 원칙이다. 예를 들면 ① 살인죄를 폭행치사죄로[2], ② 특수절도죄를 장물운반죄로[3], ③ 장물보관죄를 업무상 과실장물보관죄로[4], ④ 특수강도죄를 특수공갈죄로[5], ⑤ 강간치상죄를 강제추행치상죄로[6], ⑥ 명예훼손죄를 모욕죄로[7], ⑦ 강도상해교사죄를 공갈교사죄로[8], ⑧ 단순사기죄를 상습사기죄로[9], ⑨ 강제집행면탈죄를 권리행사방해죄로[10], ⑩ 정신장애로 인하여 항거불능 상태에 있는 피해자를 간음 또는 추행하는 행위를 심신미약자에 대하여 위력으로 간음 또는 추행하는 행위로[11], ⑪ 강간미수죄를 강제추행죄로[12] 각각 변경하는

을 인정할 수 있어 그 공소장변경은 적법하다); 대법원 1984. 10. 23. 선고 84도1803 판결(이 사건 공소사실에는 피해자가 입은 상해의 정도를 약 4개월간의 치료를 요하는 것으로 적시되어 있고 한편 원심은 그 거시증거에 의하여 그 상해정도를 위 공소사실과는 달리 약 8개월간의 치료를 요하는 것으로 인정하였음은 소론과 같으나, 위와 같은 상해정도의 차이만 가지고 기본적 사실의 동일성이 깨어진다고 볼 수 없으므로 원심이 공소장변경절차에 의함이 없이 위와 같이 인정한 원심조치가 불고불리의 원칙에 위반된다는 논지는 이유 없다).

1) 대법원 2017. 6. 19. 선고 2013도564 판결(피고인이 피해자 甲에 대한 대여금 채권이 없음에도 甲 명의의 차용증을 허위로 작성하고 甲 소유의 부동산에 관하여 피고인 앞으로 근저당권설정등기를 마친 다음, 그에 기하여 부동산임의경매를 신청하여 배당금을 교부받아 편취하였다는 내용으로 기소된 사안에서, 공소사실과 동일성이 인정되고 피고인의 방어권 행사에 불이익을 주지 않는 이상 피해자가 공소장에 기재된 甲이 아니라고 하여 곧바로 피고인에게 무죄를 선고할 것이 아니라 진정한 피해자를 가려내어 그 피해자에 대한 사기죄로 처벌하여야 하고, 공소사실에 따른 실제 피해자는 부동산 매수인 乙이므로 乙에 대한 관계에서 사기죄가 성립함에도, 이와 달리 진정한 피해자가 누구인지를 가려내지 않은 채 공소사실을 무죄로 판단한 원심판결에 공소사실의 동일성과 심판범위에 관한 법리오해의 잘못이 있다); 대법원 2002. 8. 23. 선고 2001도6876 판결; 대법원 1987. 12. 22. 선고 87도2168 판결.

2) 대법원 2001. 6. 29. 선고 2001도1091 판결; 대법원 1981. 7. 28. 선고 81도1489 판결.

3) 대법원 1965. 1. 26. 선고 64도681 판결.

4) 대법원 1984. 2. 28. 선고 83도3334 판결. 이와 같이 고의범의 공소사실은 과실범의 공소사실을 포함한다고 볼 수 없으므로 고의범을 과실범으로 변경하는 경우에도 공소장변경을 요한다(대법원 1981. 12. 8. 선고 80도2824 판결).

5) 대법원 1968. 9. 19. 선고 68도995 전원합의체 판결.

6) 대법원 1968. 9. 29. 선고 68도776 판결.

7) 대법원 1972. 5. 31. 선고 70도1859 판결.

8) 대법원 1993. 4. 27. 선고 92도3156 판결.

9) 대법원 2000. 2. 11. 선고 99도4797 판결; 대법원 1977. 9. 13. 선고 77도2233 판결.

10) 대법원 1972. 5. 31. 선고 72도1090 판결.

11) 대법원 2014. 3. 27. 선고 2013도13567 판결.

12) 대법원 2008. 9. 11. 선고 2008도2409 판결.

경우에는 공소장변경이 요구된다.

그러나 공소가 제기된 구성요건과 비교하여 법정형이 동일하거나 가벼운 구성요건을 적용하는 것은 공소장의 변경 없이 가능하다. 예를 들면 ① 장물취득죄를 장물보관죄로[1], ② 뇌물수수죄를 뇌물약속죄로[2] 각각 변경하는 경우에는 공소장변경이 요구되지 아니한다.

2) 축소사실의 인정

법원은 공소사실의 동일성이 인정되는 범위 내에서 공소가 제기된 범죄사실보다 가벼운 범죄사실이 인정되는 경우에, 그 심리의 경과 등에 비추어 볼 때 피고인의 방어에 실질적인 불이익을 주지 아니한다면 공소장변경 없이 직권으로 가벼운 범죄사실을 인정할 수 있다.[3] 즉 구성요건을 달리하는 사실이 공소사실에 이미 포함되어 있는 경우에는 공소장변경을 요하지 아니한다. 예를 들면 ① 강도강간죄를 강간죄로[4], ② 특수절도죄를 절도죄로[5], ③ 허위사실적시에 의한 명예훼손죄를 사실적시에 의한 명예훼손죄로[6], ④ 배임죄를 횡령죄로[7], ⑤ 횡령죄를 배임죄로[8], ⑥ 강간치상죄를 준강제추행죄로[9], ⑦ 강제추행을 위력에 의한 추행으로[10], ⑧ 강간죄를 위계등간음죄로 또는 강체추행죄를 위계등추행죄로[11], ⑨ 강간치상죄를 강간죄로[12], ⑩ 수뢰후부정처사죄를 수뢰죄로[13], ⑪ 강제추행치상죄를 강제추행죄로[14], ⑫ 강간치사죄를 강간미수죄로[15], ⑬ 특정범죄가중처벌법상 상습절도죄를 형법상 단순절도죄로[16], ⑭ 폭력행위처벌법상

1) 대법원 2003. 5. 13. 선고 2003도1266 판결.

2) 대법원 1988. 11. 22. 선고 86도1223 판결.

3) 대법원 1993. 7. 27. 선고 93도658 판결(특정범죄가중처벌법 제8조 제1항 제1호와 제2호의 차이는 전자가 포탈세액 등이 연간 5억원 이상인 때에는 무기 또는 5년 이상의 징역에 처하는 반면 후자는 포탈세액 등이 연간 2억원 이상 5억원 미만인 때에는 3년 이상의 유기징역에 처한다는 것으로 포탈세액 등의 액수에 따라 양형을 달리하고 있을 뿐이어서 위 제1호 소정의 액수를 포탈하였다고 기소된 공소사실 중 포탈세액 등만이 위 제2호 소정의 액수로 적게 인정되는 경우에는 위 제2호를 적용하더라도 피고인의 방어권행사에 실질적인 불이익을 초래할 염려가 전혀 없다고 할 것이므로 공소장변경의 절차를 거치지 아니하고 위 제2호를 적용하여 처단할 수 있다).

4) 대법원 1987. 5. 12. 선고 87도792 판결.

5) 대법원 1973. 7. 24. 선고 73도1256 판결.

6) 대법원 2011. 5. 13. 선고 2009도14442 판결; 대법원 2008. 10. 9. 선고 2007도1220 판결. 이 경우 허위사실적시에 의한 명예훼손에 대하여 무죄를 선고하여도 위법한 것은 아니다.

7) 대법원 2008. 11. 13. 선고 2008도6982 판결; 대법원 1999. 11. 26. 선고 99도2651 판결; 대법원 1990. 3. 27. 선고 89도1083 판결; 대법원 1975. 4. 22. 선고 75도123 판결; 대법원 1957. 6. 7. 선고 4290형상102 판결.

8) 대법원 2015. 10. 29. 선고 2013도9481 판결; 대법원 2000. 9. 8. 선고 2000도258 판결.

9) 대법원 2008. 5. 29. 선고 2007도7260 판결.

10) 대법원 2013. 12. 12. 선고 2013도12803 판결.

11) 대법원 2014. 10. 15. 선고 2014도9315 판결.

12) 대법원 2002. 7. 12. 선고 2001도6777 판결; 대법원 1980. 7. 8. 선고 80도1227 판결; 대법원 1976. 5. 11. 선고 74도1898 판결.

13) 대법원 1999. 11. 9. 선고 99도2530 판결.

14) 대법원 1999. 4. 15. 선고 96도1922 전원합의체 판결.

15) 대법원 1969. 2. 18. 선고 68도1601 판결.

16) 대법원 1984. 2. 28. 선고 84도34 판결.

야간흉기휴대주거침입죄를 형법상 주거침입죄로[1], ⑮ 강간치상죄를 강제추행치상죄로[2], ⑯ 강간치상죄를 준강제추행죄로[3], ⑰ 강도상해죄를 절도죄와 상해죄로[4], ⑱ 강도상해죄를 주거침입죄와 상해죄로[5], ⑲ 특정범죄가중처벌법 위반죄(도주차량)를 교통사고처리특례법 위반죄로[6], ⑳ 폭행치사죄를 폭행죄로[7] 각각 변경하는 경우에는 공소장변경을 요하지 아니한다. 또한 공동정범으로 기소된 범죄사실을 방조사실로 인정할 수 있으며[8], 실체적 경합으로 기소된 것을 포괄일죄로 인정[9]하거나 상상적 경합으로 인정[10]하는 경우뿐만 아니라 포괄일죄로 기소된 것을 실체적 경합으로 인정할 수도 있다.[11]

한편 공소가 제기된 범죄사실과 대비하여 볼 때 실제로 인정되는 범죄사실의 사안이 중대하여 공소장이 변경되지 않았다는 이유로 이를 처벌하지 않는다면 적정절차에 의한 신속한 실체적 진실의 발견이라는 형사소송의 목적에 비추어 현저히 정의와 형평에 반하는 것으로 인정되는 경우가 아닌 한 법원이 직권으로 그 범죄사실을 인정하지 아니하였다고 하여 위법한 것이라고까지 볼 수는 없다.[12]

3) 불법평가를 변경하는 경우

공소사실 자체를 축소하는 것이 아니라 이에 대한 불법평가를 변경하는 경우에는 원칙적으로 공소장변경을 요한다. 예를 들면 기수·미수·예비의 구성요건 사이에 있어서 공소사실보

---

1) 대법원 1990. 4. 24. 선고 90도401 판결.

2) 대법원 2001. 10. 30. 선고 2001도3867 판결.

3) 대법원 2008. 5. 29. 선고 2007도7260 판결.

4) 대법원 1965. 10. 26. 선고 65도599 판결.

5) 대법원 1996. 5. 10. 선고 96도755 판결.

6) 대법원 2007. 4. 12. 선고 2007도828 판결.

7) 대법원 1965. 12. 21. 선고 65도852 판결.

8) 대법원 2018. 9. 13. 선고 2018도7658 판결; 대법원 2012. 6. 28. 선고 2012도2628 판결; 대법원 2011. 11. 24. 선고 2009도7166 판결; 대법원 2004. 6. 24. 선고 2002도995 판결; 대법원 1982. 6. 8. 선고 82도884 판결.

9) 대법원 2007. 8. 23. 선고 2007도2595 판결; 대법원 1987. 7. 21. 선고 87도546 판결.

10) 대법원 1984. 2. 28. 선고 84도34 판결; 대법원 1980. 12. 9. 선고 80도2236 판결.

11) 대법원 2005. 10. 28. 선고 2005도5996 판결; 대법원 1982. 6. 22. 선고 82도938 판결.

12) 대법원 2016. 8. 30. 선고 2013도658 판결; 대법원 2015. 9. 10. 선고 2015도9937 판결(특정 범죄자에 대한 보호관찰 및 전자장치 부착 등에 관한 법률(이하 '전자장치부착법'이라 한다) 제8조 제1항 및 전자장치부착법 시행령 제5조 제1항에 의하면, 부착명령 청구서에는 죄명, 청구의 원인이 되는 사실과 함께 적용법조를 기재하여야 한다. 다만 이와 같이 부착명령 청구서에 부착명령 청구 원인사실, 적용법조를 기재하는 이유는 부착명령 청구 원인사실의 법률적 평가를 명확히 하여 피고인의 방어권을 보장하려는 것이므로, 부착명령 청구서에 기재된 적용법조에 오기나 누락이 있는 경우라 할지라도 이로 인하여 피고인의 방어에 실질적인 불이익을 주지 않는 경우에는 부착명령 청구의 효력에는 영향이 없다고 할 수 있고, 법원으로서도 부착명령 청구서 변경의 절차를 거치지 않고 부착명령 청구 원인사실 및 부착명령 요건에 해당하는 법조를 적용할 수 있다); 대법원 2009. 5. 14. 선고 2007도616 판결(원심으로서는 검사의 공소장 변경이 없더라도 공소제기된 살인죄의 범죄사실에 포함된 그보다 가벼운 다른 범죄사실인 폭행이나 상해, 체포·감금 등의 죄에 해당하는지를 판단하여 그 죄로 처단하였어야 할 것임에도, 원심은 이에 이르지 아니한 채 피고인에게 무죄를 선고하였으니, 이러한 원심판결에는 공소장 변경 없이 심판할 수 있는 범위에 관한 법리를 오해한 위법이 있고, 이는 판결결과에 영향을 미쳤음이 분명하다); 대법원 2003. 9. 5. 선고 2002도7055 판결; 대법원 2001. 12. 11. 선고 2001도4013 판결; 대법원 1993. 12. 28. 선고 93도3058 판결.

다 중한 사실을 인정하기 위해서는 공소장변경이 요구되고, 미수의 공소사실을 예비로 변경하는 경우에도 공소장변경이 요구된다.[1] 왜냐하면 미수와 예비는 행위의 태양을 달리하므로 피고인의 방어방법에 차이가 있기 때문이다. 그러나 미수의 공소사실은 기수의 공소사실에 포함되어 있기 때문에 기수의 공소사실을 미수로 인정하는 경우에는 공소장변경을 요하지 아니한다. 또한 상습특수협박죄는 특수협박죄보다 가중하여 처벌하도록 규정되어 있으므로, 특별한 사정이 없는 한 불고불리의 원칙상 법원이 특수협박죄로 공소가 제기된 범죄사실을 공소장변경 없이 상습특수협박죄로 처벌할 수 없다.[2] 하지만 단독범으로 기소된 것을 다른 사람과 공모하여 동일한 내용의 범행을 한 것으로 인정하는 경우에는 이 때문에 피고인에게 불의의 타격을 주어 그 방어권의 행사에 실질적 불이익을 줄 우려가 있지 아니하는 경우에는 반드시 공소장변경을 필요로 한다고 할 수 없다.[3] 한편 검사가 실체적 경합관계에 있는 두 개의 범죄 중 하나만을 기소하였다면 법원은 검사의 기소내용에 따라 당해 범죄로 처벌을 할 뿐 기소된 바 없는 다른 범죄로 처벌할 수는 없다.[4]

약식명령이 확정된 의료법 위반죄의 '무자격자 안마행위'와 성매매처벌법 위반죄의 '유사성교행위'라는 공소사실 상호간[5], 약식명령이 확정된 무등록 석유판매행위로 인한 석유 및 석유대체연료 사업법 위반죄의 범죄사실과 밀수입품 알선행위로 인한 관세법 위반죄의 공소사실 상호간[6], 상해의 공소사실에 폭력행위처벌법 위반(집단·흉기 등 협박) 등의 공소사실을 추가하여 공소장변경신청을 한 경우[7] 등에 있어서는 그 기초가 되는 사회적 사실관계가 동일한 것이라고 평가할 수 없지만, 기본적 사실관계는 동일하고 적용법조에 형법 제30조만을 추가하여 공동정범으로 변경한 공소장 변경 전후의 두 공소사실 사이에는 동일성이 인정된다.[8]

4) 적용법조의 변경

공소장에 적용법조를 기재하는 이유는 공소사실의 법률적 평가를 명확히 하여 공소의 범위를 확정하는 데 보조기능을 하도록 하고, 피고인의 방어권을 보장하고자 함에 있으므로, 적

1) 대법원 1983. 4. 12. 선고 82도2939 판결.

2) 대법원 2016. 10. 27. 선고 2016도11880 판결; 대법원 2006. 11. 24. 선고 2006도6451 판결.

3) 대법원 2018. 7. 12. 선고 2018도5909 판결; 대법원 2013. 10. 24. 선고 2013도5752 판결; 대법원 2012. 6. 28. 선고 2012도2628 판결(법원은 공소사실의 동일성이 인정되는 범위 내에서 공소가 제기된 범죄사실보다 가벼운 범죄사실이 인정되는 경우에, 그 심리의 경과 등에 비추어 볼 때 피고인의 방어에 실질적인 불이익을 주지 아니한다면 공소장변경 없이 직권으로 가벼운 범죄사실을 인정할 수 있다고 할 것이므로, 공동정범으로 기소된 범죄사실을 방조사실로 인정할 수 있다); 대법원 2007. 4. 26. 선고 2007도309 판결(공소장에 기재된 공소사실은 피고인별로 별항으로 구성되어 있으나 피고인 甲에 대하여 피고인 乙의 공소사실을 그대로 원용하는 형태로 되어 있어 실질적으로는 피고인들의 공모관계를 전제한 것임이 명백하고, 공모의 점을 다투어 증인조사까지 시행되었다면 공소장변경 없이 피고인들을 공동정범으로 인정할 수 있다); 대법원 1999. 7. 23. 선고 99도1911 판결.

4) 대법원 2006. 1. 26. 선고 2005도7281 판결.

5) 대법원 2009. 1. 30. 선고 2008도9207 판결.

6) 대법원 2009. 3. 12. 선고 2008도7689 판결.

7) 대법원 2008. 12. 11. 선고 2008도3656 판결.

8) 대법원 2009. 1. 30. 선고 2008도8138 판결.

용법조의 기재에 오기나 누락이 있는 경우라고 할지라도 이로 인하여 피고인의 방어에 실질적인 불이익을 주지 않는 한 공소제기의 효력에는 영향이 없고, 법원으로서도 공소장변경의 절차를 거침이 없이 곧바로 공소장에 기재되어 있지 않은 법조를 적용할 수 있다. 그리고 일반법과 특별법이 동일한 구성요건을 가지고 있고 그 구성요건에 해당하는 어느 범죄사실에 대하여 검사가 그 중 형이 가벼운 일반법의 법조를 적용하여 그 죄명으로 기소하였는데 그 일반법과 특별법을 적용한 때 형의 범위가 차이 나는 경우에는, 비록 그 공소사실에 변경이 없고 적용법조의 구성요건이 완전히 동일하다고 하더라도, 그러한 적용법조의 변경이 피고인의 방어권 행사에 실질적인 불이익을 초래한다고 보아야 하며[1], 따라서 법원은 공소장변경 없이는 형이 더 무거운 특별법의 법조를 적용하여 특별법 위반의 죄로 처단할 수 없지만[2], 이러한 경우가 아니라면 공소장의 적용법조의 오기나 누락으로 잘못 기재된 적용법조에 규정된 법정형보다 법원이 그 공소장의 적용법조의 오기나 누락을 바로잡아 직권으로 적용한 법조에 규정된 법정형이 더 무겁다는 이유만으로 그 법령적용이 불고불리의 원칙에 위배되어 위법하다고 할 수 없다.[3]

포괄일죄에 있어서는 공소장변경을 통한 종전 공소사실의 철회 및 새로운 공소사실의 추가가 가능한 점에 비추어 그 공소장변경허가 여부를 결정함에 있어서는 포괄일죄를 구성하는 개개 공소사실별로 종전 것과의 동일성 여부를 따지기보다는 변경된 공소사실이 전체적으로 포괄일죄의 범주 내에 있는지 여부, 즉 단일하고 계속된 범의 아래 동종의 범행을 반복하여 행하고 그 피해법익도 동일한 경우에 해당한다고 볼 수 있는지 여부에 초점을 맞추어야 한다.[4] 한편 항소심에서 공소장변경을 허가하고 변경된 공소사실에 관하여 심리를 하였더라도 결국 변경된 공소사실에 대하여 제1심대로 무죄를 선고하였을 것임이 분명한 경우, 공소장변경을 허가하지 아니한 위법이 판결 결과에 영향을 미쳤다고 보기 어렵다.[5]

---

1) 대법원 2019. 6. 13. 선고 2019도4608 판결(도로교통법 제44조 제1항은 술에 취한 상태에서 자동차 등의 운전을 금지하고, 도로교통법 제148조의2 제1항 제1호는 '제44조 제1항을 2회 이상 위반한 사람'으로서 다시 같은 조 제1항을 위반하여 술에 취한 상태에서 자동차 등을 운전한 사람을 무겁게 처벌하고 있다. 그러나 이 사건에서 검사는 도로교통법 제148조의2 제1항 제1호를 적용하지 않고 형이 가벼운 "도로교통법 제148조의2 제2항 제2호, 제44조 제1항"을 적용하여 공소를 제기하였다. 따라서 법원이 공소장변경 없이 직권으로 그보다 형이 무거운 "도로교통법 제148조의2 제1항 제1호, 제44조 제1항"을 적용하여 처벌하는 것은 불고불리의 원칙에 반하여 피고인의 방어권 행사에 실질적인 불이익을 초래한다).

2) 대법원 2008. 3. 14. 선고 2007도10601 판결; 대법원 2007. 12. 27. 선고 2007도4749 판결(절취행위에 대하여 형법 제332조, 제329조, 제330조를 적용하여 형법상의 상습절도죄로 기소한 경우, 비록 구성요건이 동일하더라도 공소장변경 없이 형이 더 무거운 특정범죄가중처벌법 제5조의4 제1항, 형법 제329조, 제330조를 적용하여 처벌할 수 없다).

3) 대법원 2006. 4. 14. 선고 2005도9743 판결(검사가 특정범죄가중처벌법 제5조의3 제1항 제2호, 형법 제268조를 적용법조로 하여 기소하였으나, 법원이 공소사실의 내용 등에 비추어 특정범죄가중처벌법 제5조의3 제1항 제1호, 제2호, 형법 제268조를 적용한 뒤 그 법정형에 따라 처단한 경우, 불고불리의 원칙에 위배되거나 법령적용을 잘못한 위법이 있다고 할 수 없다).

4) 대법원 2018. 10. 25. 선고 2018도9810 판결.

5) 대법원 2006. 4. 27. 선고 2006도514 판결.

Ⅲ. 공소장변경의 절차

1. 검사의 신청에 의한 공소장변경

(1) 공소장변경의 신청

공소장변경은 검사의 신청에 의한다(제298조 제1항). 검사가 공소장에 기재한 공소사실 또는 적용법조의 추가·철회 또는 변경을 하고자 하는 때에는 그 취지를 기재한 공소장변경허가신청서를 법원에 제출하여야 한다(규칙 제142조 제1항). 다만 법원은 피고인이 재정하는 공판정에서는 피고인에게 이익이 되거나 피고인이 동의하는 경우 구술에 의한 공소장변경을 허가할 수 있다(규칙 제142조 제5항).[1] 따라서 검사가 형사소송규칙 제142조 제1항에 따라 서면으로 공소장변경신청을 하는 경우에는 같은 조 제5항은 적용될 여지가 없다.[2] 그리고 검사가 구술에 의한 공소장변경허가신청을 하는 경우에도 변경하고자 하는 공소사실의 내용은 서면에 의하여 신청을 할 때와 마찬가지로 구체적으로 특정하여 진술하여야 하므로, 검사가 구술로 공소장변경허가신청을 하면서 변경하려는 공소사실의 일부만 진술하고 나머지는 전자적 형태의 문서로 저장한 저장매체를 제출하였다면, 공소사실의 내용을 구체적으로 진술한 부분에 한하여 공소장변경허가신청이 된 것으로 볼 수 있을 뿐이다. 그 경우 저장매체에 저장된 전자적 형태의 문서는 공소장변경허가신청이 된 것이라고 할 수 없고, 법원이 그 부분에 대해서까지 공소장변경허가를 하였더라도 적법하게 공소장변경이 된 것으로 볼 수 없다.[3] 검사는 공소사실 등을 예비적·택일적으로도 변경할 수 있으며, 이 경우 법원의 판단순서도 검사의 기소순위에 제한된다.

(2) 피고인 등에 대한 고지

법원은 공소사실 또는 적용법조의 추가·철회 또는 변경이 있을 때에는 그 사유를 신속히 피고인 또는 변호인에게 고지하여야 한다(제298조 제3항). 고지는 공소장변경허가신청서의 부본을 송달하는 방법에 의하며, 부본의 송달은 피고인의 방어준비를 위하여 법원의 허가재판을 기다리지 않고 즉시 하여야 한다(규칙 제142조 제3항 참조). 공소장변경허가신청서에는 피고인의 수에 상응한 부본을 첨부하여야 하며(규칙 제142조 제2항), 법원은 부본을 피고인 또는 변호인에게 즉시 송달하여야 한다(규칙 제142조 제3항). 이는 피고인과 변호인 모두에게 부본을 송달하여야 하는 취지가 아니므로, 공소장변경신청서 부본을 피고인과 변호인 중 어느 한 쪽에 대해서만 송달하였

1) 이에 대하여 공소장의 변경신청은 특히 형식적 확실성이 요구되는 중요한 소송행위라는 점, 공소장변경신청서의 작성에 오랜 시간이 소요되지 않는다는 점, 절차의 신속과 경제성만이 아니라 절차의 신중과 공정성을 도모해야 한다는 점 등을 논거로 하여, 구술에 의한 공소장의 변경신청은 허용하지 않는 것이 타당하다는 견해로는 송광섭, 460면; 정승환, 397면.

2) 대법원 2017. 6. 8. 선고 2017도5122 판결.

3) 대법원 2016. 12. 29. 선고 2016도11138 판결.

다고 하여 절차상 잘못이 있다고 할 수 없다.[1] 한편 피고인에 대하여 공소장변경의 부본이 공판정에서 교부되었다고 하더라도 피고인이 그 법정에서 변경된 기소사실에 대하여 충분히 진술한 이상 판결결과에는 영향이 없다.[2]

(3) 법원의 결정

검사의 공소장 변경신청이 공소사실의 동일성을 해하지 아니하는 한 법원은 이를 허가하여야 한다.[3] 따라서 일죄의 관계에 있는 여러 범죄사실 중 일부에 대한 기판력은 현실적으로 심판대상이 되지 아니한 다른 부분에도 미치므로, 그 일부의 범죄사실에 대하여 공소가 제기된 뒤에 항소심에서 나머지 부분을 추가하였다고 하여 공소사실의 동일성을 해하는 것이라고 볼 수 없으므로 법원은 이를 허가하여야 한다.[4] 다만 검사의 공소장변경신청이 현저히 늦은 시기에 이루어진 경우라면 신청을 기각할 수 있는데, 적법하게 공판의 심리를 종결하고 판결선고기일까지 고지한 후에 이르러서 한 검사의 공소장변경에 대하여는 그것이 변론재개신청과 함께 된 것이라고 하더라도 법원이 종결한 공판의 심리를 재개하여 공소장변경을 허가할 의무는 없다.[5]

법원의 허가결정은 판결 전의 소송절차에 관한 결정이므로 그 결정에 대하여 독립하여 항고할 수는 없고(제403조 제1항), 다만 허가결정의 위법이 판결에 영향을 미친 경우에 한하여 그 판결에 대하여 상소를 제기할 수 있을 뿐이다.[6] 공소사실의 동일성이 인정되지 않는 등의 사유로 공소장변경허가결정에 위법사유가 있는 경우에는 공소장변경허가를 한 법원이 스스로 이를 취소할 수 있다.[7] 법원이 공소장변경을 허가하였다고 하더라도 변경된 공소사실에 대한 증거관계 역시 종전 공소사실에 대한 것과 별다른 차이가 없어 보이고, 종전 공소사실을 인정할 증거가 부족한 것과 마찬가지로 변경된 공소사실을 인정할 증거 역시 부족하다고 보이며 달리 변경된 공소사실을 입증할 만한 증거가 보이지 않으므로, 설령 법원이 공소장변경을 허가하지 않은 것이 공소장변경에 관한 법리를 오해한 것이라고 하더라도 그러한 위법은 판결 결과에 영향을 미쳤다고 보기 어렵다.[8]

---

1) 대법원 2015. 2. 16. 선고 2014도14843 판결; 대법원 2013. 7. 12. 선고 2013도5165 판결; 대법원 2001. 4. 24. 선고 2001도1052 판결.

2) 대법원 1995. 2. 17. 선고 94도3297 판결; 대법원 1986. 9. 23. 선고 85도1041 판결.

3) 대법원 2018. 10. 25. 선고 2018도9810 판결; 대법원 2013. 9. 12. 선고 2012도14097 판결; 대법원 2012. 4. 13. 선고 2010도16659 판결; 대법원 1999. 5. 14. 선고 98도1438 판결; 대법원 1999. 4. 13. 선고 99도375 판결; 대법원 1975. 10. 23. 선고 75도2712 판결.

4) 대법원 2016. 1. 14. 선고 2013도8118 판결; 대법원 1992. 12. 22. 선고 92도2047 판결.

5) 대법원 2010. 4. 29. 선고 2007도6553 판결; 대법원 2007. 6. 29. 선고 2007도984 판결; 대법원 2003. 12. 26. 선고 2001도6484 판결; 대법원 2000. 4. 11. 선고 2000도565 판결; 대법원 1994. 10. 28. 선고 94도1756 판결.

6) 대법원 1987. 3. 28.자 87모17 결정.

7) 대법원 2001. 3. 27. 선고 2001도116 판결.

8) 대법원 2007. 1. 25. 선고 2006도6912 판결; 대법원 1999. 5. 14. 선고 98도1438 판결.

(4) 허가결정 이후의 공판절차

1) 검사의 낭독

공소장의 변경이 허가된 때에는 검사는 공판기일에 공소장변경허가신청서에 의하여 변경된 공소사실·죄명 및 적용법조를 낭독하여야 한다. 다만 재판장은 필요하다고 인정하는 때에는 공소장변경의 요지를 진술하게 할 수 있다(규칙 제142조 제4항).

2) 공판절차의 정지

법원은 공소사실 또는 적용법조의 추가·철회 또는 변경이 피고인의 불이익을 증가할 염려가 있다고 인정한 때에는 직권 또는 피고인이나 변호인의 청구에 의하여 피고인으로 하여금 필요한 방어의 준비를 하게 하기 위하여 결정으로 필요한 기간 공판절차를 정지할 수 있다(제298조 제4항). 여기서 공소장의 변경이 피고인의 불이익을 증가시킬 염려가 있는지 여부에 대한 판단은 기본적으로 법원의 재량에 속한다.[1] 그러므로 공소사실의 일부 변경이 있고 법원이 그 변경을 이유로 공판절차를 정지하지 않았다고 하더라도 공판절차의 진행상황에 비추어 그 변경이 피고인의 방어권 행사에 실질적 불이익을 주지 않는 것으로 인정되는 경우에는 이를 위법하다고 할 수는 없다.[2] 그리고 공소장변경으로 인하여 공판절차가 정지된 기간은 법원의 구속기간에 산입하지 아니한다(제92조 제3항).

2. 법원의 공소장변경요구

(1) 의 의

법원은 심리의 경과에 비추어 상당하다고 인정할 때에는 공소사실 또는 적용법조의 추가 또는 변경을 요구하여야 하는데(제298조 제2항), 이를 법원의 '공소장변경요구'(公訴狀變更要求)라고 한다. 법원은 공소장에 기재된 사실에 대해서만 현실적으로 심판할 수 있으므로 공소사실을 추가 또는 변경해야 할 경우에도 검사가 공소장변경을 신청하지 않으면 법원이 이를 현실적으로 심판할 수 없게 되고, 이로 인하여 형벌권의 적정한 실현이 어렵게 될 수 있다는 점을 고려한 제도이다. 즉 법원이 공소사실과 다른 사실에 대하여 확신을 가졌음에도 불구하고 피고사건에 대하여 무죄를 선고해야 하는 불합리한 결과를 방지하고자 하는데 제도의 목적이 있다. 이에 따라 법원이 공소장변경을 요구하는 경우에 있어서 공소사실의 일부철회는 제외되어 있는데, 이는 공소사실에 대하여 무죄판결이 내려지는 경우가 아니라는 점에서 판결에 영향이 없기 때문이다.

---

1) 대법원 1985. 8. 13. 선고 85도1193 판결(공소장변경허가신청의 요지가 경합범으로 기소되었던 수개의 범죄사실을 상습범으로 변경한 정도라면 이는 공판절차를 정지할 정도로 피고인들의 방어권행사에 불이익을 초래하는 것이라 할 수 없어 공소장변경허가를 한 후 공판기일을 상당기간 연기하지 않은 것이라든지 사선변호인의 출정 없이 공판한 것이 위법이라고 할 수 없다).

2) 대법원 2005. 12. 23. 선고 2005도6402 판결; 대법원 1991. 10. 25. 선고 91도2085 판결.

(2) 법적 성격

공소장변경요구의 법적 성격과 관련하여, ① 제298조 제2항의 문리해석상 요구하여야 한다는 점, 국가형벌권의 적정한 행사를 위하여 법원의 심판대상에 대한 직권개입을 보충적으로 인정한 제도의 취지에 부합한다는 점 등을 논거로 하여, 법원의 의무라고 파악하는 의무설[1], ② 심판대상의 결정은 본질적으로 검사의 권한에 속한다는 점, 법원은 검사가 제시한 공소사실의 범위 내에서 판결하면 족하다는 점 등을 논거로 하여, 법원의 권리일 뿐이고 의무는 아니라고 파악하는 재량설[2], ③ 원칙적으로 법원의 재량에 속하지만, 공소장변경 요구를 하지 않고 무죄판결을 하는 것이 현저히 정의에 반하는 경우에는 예외적으로 의무가 된다고 파악하는 예외적 의무설[3] 등의 대립이 있다.

이에 대하여 판례는 「법원이 검사에게 공소장 변경을 요구할 것인지 여부는 재량에 속하는 것이므로, 법원이 검사에게 공소장의 변경을 요구하지 아니하였다고 하여 위법하다고 할 수 없다.」라고 판시[4]하여, 원칙적으로 재량설의 입장을 취하고 있다. 하지만 「법원은 공소사실의 동일성이 인정되는 범위 내에서 공소가 제기된 범죄사실에 포함된 보다 가벼운 범죄사실이 인정되는 경우에 심리의 경과에 비추어 피고인의 방어권행사에 실질적 불이익을 초래할 염려가 없다고 인정되는 때에는 공소장이 변경되지 않았더라도 직권으로 공소장에 기재된 공소사실과 다른 범죄사실을 인정할 수 있지만, 이와 같은 경우라고 하더라도 공소가 제기된 범죄사실과 대비하여 볼 때 실제로 인정되는 범죄사실의 사안이 중대하여 공소장이 변경되지 않았다는 이유로 이를 처벌하지 않는다면 적정절차에 의한 신속한 실체적 진실의 발견이라는 형사소송의 목적에 비추어 현저히 정의와 형평에 반하는 것으로 인정되는 경우가 아닌 한 법원이 직권으로 그 범죄사실을 인정하지 아니하였다고 하여 위법한 것이라고까지 볼 수는 없다.」라고 판시[5]하여, 예외적으로 예외적 의무설의 입장을 취하기도 한다. 생각건대 예외적 의무설이 타당하다.

---

1) 신양균/조기영, 553면; 이창현, 680면.

2) 이재상/조균석, 459면.

3) 김인회, 269면; 배종대/홍영기, 248면; 손동권/신이철, 451면; 송광섭, 462면; 이은모/김정환, 452면; 임동규, 378면; 정승환, 399면; 정웅석/최창호, 436면.

4) 대법원 2011. 1. 13. 선고 2010도5994 판결; 대법원 2009. 5. 14. 선고 2007도616 판결; 대법원 2006. 9. 14. 선고 2005도2518 판결; 대법원 2004. 12. 10. 선고 2004도5652 판결; 대법원 1999. 12. 24. 선고 99도3003 판결; 대법원 1985. 7. 23. 선고 85도1092 판결; 대법원 1984. 2. 28. 선고 83도334 판결; 대법원 1981. 3. 10. 선고 80도1418 판결; 대법원 1979. 11. 27. 선고 79도2410 판결.

5) 대법원 2014. 4. 24. 선고 2013도9162 판결; 대법원 2006. 4. 13. 선고 2005도9268 판결(공소가 제기된 범죄사실과 대비하여 볼 때 실제로 인정되는 범죄사실의 사안이 중대하여 공소장이 변경되지 않았다는 이유로 이를 처벌하지 않는다면 적정절차에 의한 신속한 실체적 진실의 발견이라는 형사소송의 목적에 비추어 현저히 정의와 형평에 반하는 것으로 인정되는 경우라면 법원으로서는 직권으로 그 범죄사실을 인정하여야 한다. 피고인이 공범과 공모하여 사문서위조죄를 저지른 것으로 공소제기되었으나, 피고인이 제3자가 실제 사문서를 위조하였다고 주장함에 따라 그에 관하여 증거조사 등 심리를 진행한 결과 피고인이 공범 및 위 제3자와 함께 공모하여 사문서위조 범행을 저지른 것으로 밝혀졌다면, 원심으로서는 따로 공소장변경절차 없이도 직권으로 피고인, 공범 및 위 제3자의 공모에 의한 사문서위조죄를 인정하였어야 한다는 이유로, 이 부분 공소사실에 대하여 무죄를 선고한 원심판결을 파기한 사례).

(3) 효 력

공소장변경요구가 법원의 소송지휘권의 행사라는 점에 비추어 볼 때 검사에게 복종의무를 인정하는 것이 타당하다. 하지만 검사가 법원의 공소장변경요구에 응하지 않는 경우에 자동적으로 공소장변경의 효력이 인정되는지 여부와 관련하여, 심판의 대상에 대한 결정권은 기본적으로 검사의 권한으로 보아야 한다는 점과 공소장변경요구에 응하지 않음으로써 무죄판결을 받게 되는 것 자체가 검사에 대한 제재로서의 의미를 가진다는 점 등을 고려할 때, 법원이 공소장변경요구를 하였음에도 불구하고 검사가 공소장변경신청을 하지 않는 경우에 법원은 공소사실에 따라 심판할 수밖에 없다.

3. 항소심에서의 공소장변경 허용 여부

법률심이자 사후심인 상고심에서는 공소장변경이 허용되지 않지만, 항소심에서의 공소장변경 허용 여부는 항소심의 구조와 직접 관련되는 문제라고 할 수 있다. 현행 형사소송법상 항소심의 구조와 관련하여, 제1심의 공판에 관한 규정을 항소심의 심리에 준용하도록 함으로써 항소심에서 증거조사와 사실심리를 하는 것을 인정하고 있는 점(제370조), 제1심 법원에서 증거로 할 수 있었던 증거는 항소법원에서도 증거로 할 수 있다고 규정한 점(제364조 제3항), 사실오인과 양형부당을 항소이유로 삼고 있고, 원심판결 후에 행해지는 피해보상 등의 사유를 고려하여 피고인의 불이익을 구제할 필요가 있는 점 등을 논거로 하여, 항소심의 성격은 기본적으로 속심이기 때문에 항소심에서 공소장변경이 가능하다.[1] 이는 상고심에서 파기환송된 사건에 대한 항소심의 심리에 있어서도 마찬가지이다.[2]

한편 친고죄에서 피해자의 고소가 없거나 고소가 취소되었음에도 친고죄로 기소되었다가 그 후 당초에 기소된 공소사실과 동일성이 인정되는 비친고죄로 공소장변경이 허용된 경우 그 공소제기의 흠은 치유되고[3], 친고죄로 기소된 후에 피해자의 고소가 취소되더라도 제1심이나 항소심에서 당초에 기소된 공소사실과 동일성이 인정되는 범위 내에서 다른 공소사실로 공소장을 변경할 수 있으며 이러한 경우 변경된 공소사실에 대하여 심리·판단하여야 하는데[4], 이는 반의사불벌죄에서 피해자의 '처벌을 희망하지 아니하는 의사표시' 또는 '처벌을 희망하는 의사표시의 철회'가 있는 경우에도 마찬가지로 보아야 한다.[5]

---

1) 대법원 2016. 1. 14. 선고 2013도8118 판결; 대법원 2014. 1. 16. 선고 2013도7101 판결; 헌법재판소 2012. 5. 31. 선고 2010헌바128 결정; 대법원 2008. 9. 25. 선고 2008도7052 판결; 대법원 1999. 9. 21. 선고 99도2484 판결; 대법원 1995. 2. 17. 선고 94도3297 판결.

2) 대법원 2004. 7. 22. 선고 2003도8153 판결; 대법원 2001. 3. 9. 선고 2001도192 판결.

3) 대법원 1996. 9. 24. 선고 96도2151 판결.

4) 대법원 1990. 1. 25. 선고 89도1317 판결.

5) 대법원 2011. 5. 13. 선고 2011도2233 판결(이 사건 공소사실 중 피해자 공소외인에 대한 상해의 점은 당초에 공소장에 죄명은 상해로, 적용법조는 형법 제257조 제1항으로 기재되어 있었으나 공소사실은 폭행으로 기재되어 있었던 사실, 위 피해자가 제1심에 피고인의 처벌을 희망하지 아니하는 의사표시를 하였으나 제1심은 공소장에

제 3 절 공판준비절차

Ⅰ. 제도의 의의

'공판준비절차'(公判準備節次)란 공판기일에서의 심리를 준비하기 위하여 수소법원이 행하는 일련의 절차를 말한다. 이는 제1회 공판기일 전의 절차뿐만 아니라 제2회 공판기일 이후의 공판기일 전의 절차도 포함한다. 그러나 공판준비절차는 수소법원이 행하는 절차이므로, 지방법원 판사가 행하는 증거보전·증인신문·각종의 영장발부 등은 이에 해당하지 아니한다. 또한 피고인이나 변호인의 사실상 소송 준비행위도 이에 해당하지 아니한다. 공판중심주의가 실현되기 위해서 실체형성은 공판정에서의 당사자의 주장과 입증을 통해 이루어져야 하므로 공판기일의 심리가 공판절차의 중심이 되게 된다. 여기서 공판기일의 심리를 효율적으로 진행하기 위해서는 그 전제로서 충분한 준비절차가 필요하게 되는데, 이러한 의미에서 공판준비절차는 공판기일의 심리를 신속하고 능률적으로 하기 위한 절차인 것이다. 공판준비절차는 넓은 의미의 공판준비절차와 좁은 의미의 공판준비절차로 나눌 수 있는데, 전자는 공판기일의 공판을 준비하는 일련의 모든 절차를 의미하고, 후자는 공판기일의 집중심리를 위하여 일정한 형식의 준비절차(제266조의5 이하)를 의미한다.

하지만 공판준비절차에서 행하는 심리에 집중하여 공판기일의 심리절차가 형해화되어서는 아니 되며, 특히 공판기일 전의 증거조사는 공판중심주의의 요청에 비추어 가능한 한 제한된 범위 내에서 이루어져야 한다. 또한 의견서의 제출·공판준비기일의 진행 등으로 말미암아 예단형성이 가능한 주장이나 자료가 제출되어 공소장일본주의에 저촉되는 일이 없도록 유의해야 한다.

Ⅱ. 넓은 의미의 공판준비절차

1. 공소장부본의 송달

법원은 공소의 제기가 있는 때에는 지체 없이 공소장의 부본(副本)을 피고인 또는 변호인에게 송달하여야 한다. 단 제1회 공판기일 전 5일까지 송달하여야 한다(제266조). 이는 피고인이 공소장부본을 통해 공소사실을 확인하고 방어에 필요한 준비를 할 수 있도록 하기 위한 것이다. 피고인에 대한 제1회 공판기일소환장은 공소장부본의 송달 전에는 이를 송달하여서는 아니 된다(규칙 제123조). 피고인이 법인인 경우에는 그 대표자에게, 의사무능력자인 경우에는 법정대리

기재된 적용법조와 공소사실을 그대로 원용하여 유죄판결을 선고한 사실, 그 후 피고인의 항소로 진행된 원심에서 검사가 위 공소사실을 상해로 변경하는 내용의 공소장변경허가신청을 하여 원심이 이를 허가한 후 위 변경된 공소사실에 관하여 심리·판단한 사실을 알 수 있다. 피해자가 1심에서 처벌을 희망하지 아니하는 의사표시를 하였음에도 원심이 변경된 공소사실인 상해의 점에 대하여 심리·판단하여 이를 유죄로 인정한 것은 정당하다).

인에게 송달하여야 한다. 피고인이 국어에 능통하지 아니한 외국인이라고 할지라도 공소장의 번역문을 첨부하여야 할 의무는 없다.

공소장부본의 송달이 없거나 제1회 공판기일 전 5일의 유예기간을 두지 아니한 송달이 있는 경우에 피고인은 모두(冒頭)진술단계에서 심리개시에 대하여 이의신청을 할 수 있다. 이 때 법원은 공소장을 다시 송달하거나 공판기일을 변경하여야 한다. 하지만 제1심이 공소장 부본을 피고인 또는 변호인에게 송달하지 아니한 채 공판절차를 진행하였다면 이는 소송절차에 관한 법령을 위반한 경우에 해당한다. 이러한 경우에도 피고인이 제1심 법정에서 이의함이 없이 공소사실에 관하여 충분히 진술할 기회를 부여받았다면 판결에 영향을 미친 위법이 있다고 할 수 없으나[1], 제1심이 공시송달의 방법으로 피고인을 소환하여 피고인이 공판기일에 출석하지 아니한 가운데 제1심의 절차가 진행되었다면 그와 같은 위법한 공판절차에서 이루어진 소송행위는 효력이 없으므로, 이러한 경우 항소심은 피고인 또는 변호인에게 공소장 부본을 송달하고 적법한 절차에 의하여 소송행위를 새로이 한 후 항소심에서의 진술과 증거조사 등 심리결과에 기초하여 다시 판결하여야 한다.[2]

2. 의견서의 제출

피고인 또는 변호인은 공소장 부본을 송달받은 날부터 7일 이내에 공소사실에 대한 인정 여부[3], 공판준비절차에 관한 의견 등을 기재한 의견서를 법원에 제출하여야 한다. 다만 피고인이 진술을 거부하는 경우에는 그 취지를 기재한 의견서를 제출할 수 있다. 법원은 의견서가 제출된 때에는 이를 검사에게 송부하여야 한다(제266조의2). 이는 피고인에게 공소사실에 대한 의견을 미리 밝힐 수 있도록 함으로써 법원이 심리계획의 수립을 용이하게 하기 위한 것이다. 그러나 피고인은 진술거부권을 가지므로 의견서를 의무적으로 제출해야 하는 것은 아니며, 피고인이 의견서를 제출한 경우에도 공판기일에서 의견서와 다른 내용을 진술하는데 있어서 아무런 제한을 받지 아니한다.

3. 국선변호인 선정에 관한 고지

재판장은 공소제기가 있는 때에는 변호인 없는 피고인에게 제33조 제1항 제1호 내지 제6호의 어느 하나에 해당하는 때에는 변호인 없이 개정할 수 없는 취지와 피고인 스스로 변호인을

---

1) 이에 대하여 공소사실을 알리는 것은 방어권 행사의 전제이고, 일반인인 피고인이 공소장의 송달에 대한 항변가능성을 모르는 때가 많을 것이므로 이의제기가 없다고 하여 하자가 치유된다고 볼 수 없다는 견해로는 배종대/홍영기, 254면.

2) 대법원 2014. 4. 24. 선고 2013도9498 판결.

3) 이에 대하여 공소사실 인정 여부에 대한 의견을 구하는 것은 무죄추정의 원칙에 반할 수 있으므로 공소사실의 '인정 여부'에 대한 의견이 아니라 '공소사실'에 대한 의견을 기재하도록 하는 것이 타당하다는 견해로는 신양균/조기영, 571면.

선임하지 아니할 경우에는 법원이 국선변호인을 선정하게 된다는 취지, 제33조 제2항에 해당하는 때에는 법원에 대하여 국선변호인의 선정을 청구할 수 있다는 취지, 제33조 제3항에 해당하는 때에는 법원에 대하여 국선변호인의 선정을 희망하지 아니한다는 의사를 표시할 수 있다는 취지를 서면으로 고지하여야 한다(규칙 제17조 제1항 및 동조 제2항). 법원은 이러한 고지를 받은 피고인이 변호인을 선임하지 아니한 때 및 제33조 제2항의 규정에 의하여 국선변호인 선정청구가 있거나 제33조 제3항에 의하여 국선변호인을 선정하여야 할 때에는 지체 없이 국선변호인을 선정하고, 피고인 및 변호인에게 그 뜻을 고지하여야 한다(규칙 제17조 제3항).

4. 공판기일의 지정 및 변경

(1) 공판기일의 지정

재판장은 공판기일을 정하여야 하는데(제267조 제1항), 가능한 한 각 사건에 대한 공판개정시간을 구분하여 지정하여야 한다(규칙 제124조). 재판장은 소년에 대한 형사사건에 관하여 공소가 제기되면 다른 사건에 우선하여 최대한 빨리 제1회 공판기일을 지정하여야 한다(소년심판규칙 제55조). 이후 공판기일은 검사·변호인과 보조인에게 통지하여야 하고(제267조 제3항)[1], 공판기일에는 피고인·대표자 또는 대리인을 소환하여야 한다(제267조 제2항). 다만 법원의 구내에 있는 피고인에 대하여 공판기일을 통지한 때에는 소환장송달의 효력이 있다(제268조). 공판기일에 소환 또는 통지서를 받은 자가 질병 기타의 사유로 출석하지 못할 때에는 의사의 진단서 기타의 자료를 제출하여야 한다(제271조). 한편 제1회 공판기일은 소환장의 송달 후 5일 이상의 유예기간을 두어야 하지만, 피고인이 이의 없는 때에는 이러한 유예기간을 두지 아니할 수 있다(제269조). 피고인에 대한 공판기일 소환은 형사소송법이 정한 소환장의 송달 또는 이와 동일한 효력이 있는 방법에 의하여야 하고, 그 밖의 방법에 의한 사실상의 기일의 고지 또는 통지 등은 적법한 피고인 소환이라고 할 수 없다.

(2) 공판기일의 변경

재판장은 직권 또는 검사·피고인이나 변호인의 신청에 의하여 공판기일을 변경할 수 있는데(제270조 제1항), 이러한 공판기일 변경신청에는 공판기일의 변경을 필요로 하는 사유와 그 사유가 계속되리라고 예상되는 기간을 명시하여야 하며, 진단서 기타의 자료로써 이를 소명하여야 한다(규칙 제125조). 공판기일 변경신청을 기각한 명령은 송달하지 아니한다(제270조 제2항). 공판기일의 변경은 먼저 지정한 공판기일을 취소하고 새로운 공판기일을 지정하는 것을 말한다.

한편 기일이 도래하여 일단 공판을 개정한 후 실질적 심리에 들어가지 않고 다음 기일을

1) 대법원 2000. 9. 26. 선고 2000도2879 판결(법원은 피고인이 공판기일에 출정하지 아니하여 다시 기일을 정하였음에도 그 기일마저 정당한 사유 없이 출정하지 아니한 경우 피고인의 진술 없이 판결을 선고할 수 있는 것이고, 일단 적법하게 판결 선고를 위한 공판기일이 지정·고지된 이상 그 기일에 당사자가 출석하지 아니한 상태에서 다시 새로운 기일이 지정·고지되었다 하여도 그와 같은 기일 고지는 출석하지 아니한 당사자에게 효력이 미치는 만큼 그 기일을 해태한 당사자에게 별도로 새로운 기일의 통지를 하여야 하는 것은 아니다).

지정하는 것을 '기일의 연기'라고 하는데, 이 역시 공판기일의 변경에 해당한다. 이는 개정하여 실질적 심리에 들어간 후 심리를 계속하기 위하여 다음 기일을 지정하는 '기일의 속행'과는 구별된다.

5. 공판기일 전의 증거조사

공판기일의 신속한 심리를 위해서는 공판기일 전에도 일정한 범위 내에서 증거를 수집·조사할 필요성이 있다. 이에 따라 법원은 직권 또는 검사·피고인이나 변호인의 신청에 의하여 공무소 또는 공사단체에 조회하여 필요한 사항의 보고 또는 그 보관서류의 송부를 요구할 수 있고[1], 이러한 신청을 기각함에는 결정으로 하여야 한다(제272조). 이에 따른 보관서류의 송부요구신청은 법원·검찰청·기타의 공무소 또는 공사단체가 보관하고 있는 서류의 일부에 대하여도 할 수 있고(규칙 제132조의4 제1항), 신청을 받은 법원이 송부요구신청을 채택하는 경우에는 서류를 보관하고 있는 법원 등에 대하여 그 서류 중 신청인 또는 변호인이 지정하는 부분의 인증등본을 송부하여 줄 것을 요구할 수 있다(규칙 제132조의4 제2항). 이러한 요구를 받은 법원 등은 당해서류를 보관하고 있지 아니하거나 기타 송부요구에 응할 수 없는 사정이 있는 경우를 제외하고는 신청인 또는 변호인에게 당해서류를 열람하게 하여 필요한 부분을 지정할 수 있도록 하여야 하며, 정당한 이유 없이 이에 대한 협력을 거절하지 못한다(규칙 제132조의4 제3항). 이와 같이 법원이 송부를 요구한 서류에 대하여 변호인 등이 열람·지정할 수 있도록 한 것은 피고인의 방어권과 변호인의 변론권 행사를 위한 것으로서 실질적인 당사자 대등을 확보하고 피고인의 신속·공정한 재판을 받을 권리를 실현하기 위한 것이다. 따라서 그 서류의 열람·지정을 거절할 수 있는 '정당한 이유'는 엄격하게 제한하여 해석할 것이다. 특히 그 서류가 관련 형사재판확정기록이나 불기소처분기록 등으로서 피고인 또는 변호인이 행한 법률상·사실상 주장과 관련된 것인 때에는, '국가안보, 증인보호의 필요성, 증거인멸의 염려, 관련 사건의 수사에 장애를 가져올 것으로 예상되는 구체적인 사유'에 준하는 사유가 있어야만 그에 대한 열람·지정을 거절할 수 있는 정당한 이유가 인정될 수 있다. 서류의 송부요구를 받은 법원 등이 당해서류를 보관하고 있지 아니하거나 기타 송부요구에 응할 수 없는 사정이 있는 때에는 그 사유를 요구법원에 통지하여야 한다(규칙 제132조의4 제4항).

또한 법원은 검사·피고인 또는 변호인의 신청에 의하여 공판준비에 필요하다고 인정한 때에는 공판기일 전에 피고인 또는 증인을 신문할 수 있고 검증·감정 또는 번역을 명할 수 있는

1) 대법원 2014. 6. 26. 선고 2014도753 판결(법원이 제272조 제1항에 의하여 송부요구한 서류가 피고인의 무죄를 뒷받침할 수 있거나 적어도 법관의 유·무죄에 대한 심증을 달리할 만한 상당한 가능성이 있는 중요증거에 해당하는데도 정당한 이유 없이 피고인 또는 변호인의 열람·지정 내지 법원의 송부요구를 거절하는 것은, 피고인의 신속·공정한 재판을 받을 권리와 변호인의 조력을 받을 권리를 중대하게 침해하는 것이다. 따라서 이러한 경우 서류의 송부요구를 한 법원으로서도 해당 서류의 내용을 가능한 범위에서 밝혀보아 그 서류가 제출되면 유·무죄의 판단에 영향을 미칠 상당한 개연성이 있다고 인정될 경우에는 공소사실이 합리적 의심의 여지없이 증명되었다고 보아서는 안 된다); 대법원 2012. 5. 24. 선고 2012도1284 판결.

데(제273조 제1항), 재판장은 부원으로 하여금 이러한 행위를 하게 할 수 있다(제273조 제2항). 동 신청을 기각함에는 결정으로 하여야 한다(제273조 제3항). 그리고 검사·피고인 또는 변호인은 공판기일 전에 서류나 물건을 증거로 법원에 제출할 수 있다(제274조). 여기서 주의할 것은 공판기일 전의 증거조사나 피고인신문이 제1회 공판기일 전에도 허용된다면 법원의 예단을 배제하기 위하여 인정되고 있는 공소장일본주의가 형해화될 우려가 크다는 점이다. 그러므로 공판기일 전의 증거조사나 피고인신문이 가능한 공판기일은 제1회 공판기일 이후의 공판기일을 의미한다고 해석하여야 한다.[1)]

Ⅲ. 좁은 의미의 공판준비절차

1. 의 의

넓은 의미의 공판준비절차 가운데 특히 일정한 형식적 절차에 따라 법원이 행하는 준비절차를 좁은 의미의 공판준비절차라고 하는데, 재판장은 효율적이고 집중적인 심리를 위하여 사건을 공판준비절차에 부칠 수 있다(제266조의5 제1항). 공판준비절차는 주장 및 입증계획 등을 서면으로 준비하게 하거나 공판준비기일을 열어 진행한다(제266조의5 제2항). 또한 공판준비절차는 제1회 공판기일 전에 열리는 기일전 공판준비절차와 제1회 공판기일 이후에 열리는 기일간 공판준비절차로 나누어지는데, 이 가운데 전자가 원칙적인 운용의 형태라고 할 수 있다. 그러므로 법원은 쟁점 및 증거의 정리를 위하여 필요한 경우에는 제1회 공판기일 후에도 사건을 공판준비절차에 부칠 수 있는데, 이 경우에는 기일전 공판준비절차에 관한 규정을 준용한다(제266조의15). 한편 일반적인 형사사건에 있어서 좁은 의미의 공판준비절차는 법원이 필요하다고 인정하는 경우에 임의적으로 선택할 수 있지만, 국민참여재판사건에 있어서 재판장은 피고인이 국민참여재판을 원하는 의사를 표시한 경우에 사건을 공판준비절차에 부쳐야 한다(국민참여재판법 제36조 제1항). 이에 따라 법원은 주장과 증거를 정리하고 심리계획을 수립하기 위하여 공판준비기일을 지정하여야 한다(국민참여재판법 제37조 제1항).

2. 서면제출에 의한 공판준비절차

검사·피고인 또는 변호인은 법률상·사실상 주장의 요지 및 입증취지 등이 기재된 서면을 법원에 제출할 수 있다(제266조의6 제1항). 또한 재판장은 검사·피고인 또는 변호인에 대하여 기한을 정하여 제1항에 따른 서면의 제출을 명할 수 있고(제266조의6 제2항, 규칙 제123조의9 제2항), 검사·피고인 또는 변호인에게 기한을 정하여 공판준비 절차의 진행에 필요한 사항을 미리 준비

1) 배종대/홍영기, 256면; 손동권/신이철, 466면; 송광섭, 469면; 신양균/조기영, 576면; 이은모/김정환, 459면; 이재상/조균석, 463면; 정승환, 406면. 반면에 제1회 공판기일 전 증거조사도 포함되는 것으로 해석해야 한다는 견해로는 김정한, 457면; 이창현, 689면; 임동규, 386면.

하게 하거나 그 밖에 공판준비에 필요한 명령을 할 수 있다(규칙 제123조의9 제1항). 서면에는 필요한 사항을 구체적이고 간결하게 기재하여야 하고, 증거로 할 수 없거나 증거로 신청할 의사가 없는 자료에 기초하여 법원에 사건에 대한 예단 또는 편견을 발생하게 할 염려가 있는 사항을 기재하여서는 아니 되며(규칙 제123조의9 제3항), 피고인이 서면을 낼 때에는 1통의 부본을, 검사가 서면을 낼 때에는 피고인의 수에 1을 더한 수에 해당하는 부본을 함께 제출하여야 한다. 다만 여러 명의 피고인에 대하여 동일한 변호인이 선임된 경우에는 검사는 변호인의 수에 1을 더한 수에 해당하는 부본만을 낼 수 있다(규칙 제123조의9 제4항).

이후 법원은 서면이 제출된 때에는 그 부본을 상대방에게 송달하여야 한다(제266조의6 제3항). 재판장은 검사·피고인 또는 변호인에게 공소장 등 법원에 제출된 서면에 대한 설명을 요구하거나 그 밖에 공판준비에 필요한 명령을 할 수 있다(제266조의6 제4항).

3. 공판준비기일에 의한 공판준비절차

(1) 공판준비기일의 실시

1) 공판준비기일의 지정

법원은 검사·피고인 또는 변호인의 의견을 들어 공판준비기일을 지정할 수 있다(제266조의7 제1항). 검사·피고인 또는 변호인은 법원에 대하여 공판준비기일의 지정을 신청할 수 있다. 이 경우 당해 신청에 관한 법원의 결정에 대하여는 불복할 수 없다(제266조의7 제2항). 검사·피고인 또는 변호인은 부득이한 사유로 공판준비기일을 변경할 필요가 있는 때에는 그 사유와 기간 등을 구체적으로 명시하여 공판준비기일의 변경을 신청할 수 있다(규칙 제123조의10). 법원은 검사·피고인 및 변호인에게 공판준비기일을 통지하여야 한다(제266조의8 제3항).

2) 소송관계인의 출석

공판준비기일에는 검사 및 변호인이 출석하여야 한다(제266조의8 제1항). 법원은 공판준비기일이 지정된 사건에 관하여 변호인이 없는 때에는 직권으로 지체 없이 변호인을 선정하여야 하고, 피고인 및 변호인에게 그 뜻을 고지하여야 한다(제266조의8 제4항, 규칙 제123조의11 제1항). 이는 공판준비기일이 지정된 후에 변호인이 없게 된 때에도 같다(규칙 제123조의11 제2항). 법원은 서면 이외에 전화·모사전송·전자우편·휴대전화 문자전송 그 밖에 적당한 방법으로 검사·피고인 또는 변호인에게 공판준비와 관련된 의견을 요청하거나 결정을 고지할 수 있다(규칙 제123조의6).

법원은 필요하다고 인정하는 때에는 피고인을 소환할 수 있으며, 피고인은 법원의 소환이 없는 때에도 공판준비기일에 출석할 수 있다(제266조의8 제5항). 재판장은 출석한 피고인에게 진술을 거부할 수 있음을 알려주어야 한다(제266조의8 제6항).

3) 공판준비기일의 진행

법원은 합의부원으로 하여금 공판준비기일을 진행하게 할 수 있다. 이 경우 수명법관은 공판준비기일에 관하여 법원 또는 재판장과 동일한 권한이 있다(제266조의7 제3항). 공판준비기일에는 법원사무관등이 참여한다(제266조의8 제2항). 공판준비기일은 공개한다. 다만 공개하면 절차의 진행이 방해될 우려가 있는 때에는 공개하지 아니할 수 있다(제266조의7 제4항).

(2) 공판준비기일에서의 행위

법원은 공판준비절차에서 ① 공소사실 또는 적용법조를 명확하게 하는 행위, ② 공소사실 또는 적용법조의 추가·철회 또는 변경을 허가하는 행위, ③ 공소사실과 관련하여 주장할 내용을 명확히 하여 사건의 쟁점을 정리하는 행위, ④ 계산이 어렵거나 그 밖에 복잡한 내용에 관하여 설명하도록 하는 행위, ⑤ 증거신청을 하도록 하는 행위, ⑥ 신청된 증거와 관련하여 입증취지 및 내용 등을 명확하게 하는 행위, ⑦ 증거신청에 관한 의견을 확인하는 행위, ⑧ 증거 채부(採否)의 결정을 하는 행위, ⑨ 증거조사의 순서 및 방법을 정하는 행위, ⑩ 서류 등의 열람 또는 등사와 관련된 신청의 당부를 결정하는 행위, ⑪ 공판기일을 지정 또는 변경하는 행위, ⑫ 그 밖에 공판절차의 진행에 필요한 사항을 정하는 행위 등의 행위를 할 수 있다(제266조의9 제1항).

검사·피고인 또는 변호인은 증거를 미리 수집·정리하는 등 공판준비절차가 원활하게 진행될 수 있도록 협력하여야 한다(제266조의5 제3항). 사건이 공판준비절차에 부쳐진 때에는 검사는 증명하려는 사실을 밝히고 이를 증명하는데 사용할 증거를 신청하여야 하고, 피고인 또는 변호인은 검사의 증명사실과 증거신청에 대한 의견을 밝히고, 공소사실에 관한 사실상·법률상 주장과 그에 대한 증거를 신청하여야 하며, 검사·피고인 또는 변호인은 필요한 경우 상대방의 주장 및 증거신청에 대하여 필요한 의견을 밝히고, 그에 관한 증거를 신청할 수 있다(규칙 제123조의7). 또한 법원은 사건을 공판준비절차에 부친 때에는 집중심리를 하는데 필요한 심리계획을 수립하여야 하고, 검사·피고인 또는 변호인은 특별한 사정이 없는 한 필요한 증거를 공판준비절차에서 일괄하여 신청하여야 하며, 법원은 증인을 신청한 자에게 증인의 소재, 연락처, 출석 가능성 및 출석이 가능한 일시 등 증인의 신문에 필요한 사항의 준비를 명할 수 있다(규칙 제123조의8). 그리고 제296조(증거조사에 대한 이의신청 및 법원의 결정) 및 제304조(재판장의 처분에 대한 이의신청 및 법원의 결정)는 공판준비절차에 관하여 준용한다(제266조의9 제2항).

(3) 공판준비절차의 종결

1) 공판준비기일 종결의 사유

법원은 ① 쟁점 및 증거의 정리가 완료된 때, ② 사건을 공판준비절차에 부친 뒤 3개월이 지난 때, ③ 검사·변호인 또는 소환받은 피고인이 출석하지 아니한 때 중 어느 하나에 해당하는 사유가 있는 때에는 공판준비절차를 종결하여야 한다. 다만 ② 또는 ③에 해당하는 경우로서 공판의 준비를 계속하여야 할 상당한 이유가 있는 때에는 그러하지 아니하다(제266조의12). 법원은 필요하다고 인정한 때에는 직권 또는 검사·피고인이나 변호인의 신청에 의하여 결정으로 종결한 변론을 재개할 수 있다(제266조의14, 제305조).

2) 공판준비기일 결과의 고지와 조서의 작성

법원은 공판준비기일을 종료하는 때에는 검사·피고인 또는 변호인에게 쟁점 및 증거에 관한 정리결과를 고지하고, 이에 대한 이의의 유무를 확인하여야 한다(제266조의10 제1항). 법원이 공판준비기일을 진행한 경우에는 참여한 법원사무관 등이 쟁점 및 증거에 관한 정리결과를 공판준비기일조서에 기재하여야 한다(제266조의10 제2항 및 규칙 제123조의12 제1항). 공판준비기일조서에 확인된 쟁점 및 증거의 정리결과만을 기재하도록 한 것은 공판준비기일조서가 공판조서와 같이 자세하게 작성될 경우에는 공판준비기일이 공판기일화되어 공판기일의 심리절차가 형식적인 절차로 유명무실하게 될 우려가 있기 때문이다. 공판준비기일조서에는 피고인·증인·감정인·통역인 또는 번역인의 진술의 요지와 쟁점 및 증거에 관한 정리결과 그 밖에 필요한 사항을 기재하여야 하고(규칙 제123조의12 제2항), 동 조서에는 재판장 또는 법관과 참여한 법원사무관 등이 기명날인 또는 서명하여야 한다(규칙 제123조의12 제3항). 공판준비기일조서는 제311조에 의하여 증거능력이 인정된다.

3) 공판준비기일 종결의 효과

공판준비기일에서 신청하지 못한 증거는 그 신청으로 인하여 소송을 현저히 지연시키지 아니하는 때 또는 중대한 과실 없이 공판준비기일에 제출하지 못하는 등 부득이한 사유를 소명한 때의 어느 하나에 해당하는 경우에 한하여 공판기일에 신청할 수 있는데(제266조의13 제1항), 이를 '실권효'(失權效)라고 한다. 다만 실체적 진실을 발견하기 위하여 법원은 직권으로 증거를 조사할 수 있다(제266조의13 제2항).

제 4 절 공판정의 심리

Ⅰ. 공판정의 구성

공판준비절차가 종료되면 공판기일의 심리에 들어가는데, 공판기일에는 공판정에서 심리한다(제275조 제1항). '공판정'(公判廷)이란 공판을 행하는 법정(法廷)을 말하는데, 공판정에서의 심리는 공개를 원칙으로 한다. 공판정을 구성하는 것은 법정이라는 물리적 공간을 구성하는 것이 아니라 소송의 당사자가 출석하여 소송이 가능한 구조를 형성하는 것을 의미한다.

공판정은 판사와 검사·법원사무관 등이 출석하여 개정한다(제275조 제2항). 검사의 좌석과 피고인 및 변호인의 좌석은 대등하며, 법대의 좌우측에 마주 보고 위치하고, 증인의 좌석은 법대의 정면에 위치한다. 다만 피고인신문을 하는 때에는 피고인은 증인석에 좌석한다(제275조 제3항). 법관의 좌석은 법정 단상 정면으로 하고 법원사무관 등의 좌석은 법대 아래 중앙으로 한다(「법정 좌석에 관한 규칙」 제2조 제1항). 검사와 변호인의 좌석은 법관을 향하여 검사는 좌측, 변호인은 우측에 배치한다. 피고인의 좌석은 재판장의 정면에 배치한다. 변호인은 피고인의 방어권의 행사를 위하여 필요하다고 인정하는 때에는 피고인의 옆에 착석할 수 있다. 증언대는 법대와 검사석·변호인석 및 피고인석 사이에 두되, 법대 중앙의 재판장석을 향하게 한다. 피고인과 방청인의 분리를 위하여 차단시설을 설치할 수 있다. 상고심에서의 검사와 변호인의 좌석은 법대를 향하여 검사는 좌측, 변호인은 우측으로 하되 정좌하여 배치한다(「법정 좌석에 관한 규칙」 제3조).

공판정에서는 피고인의 신체를 구속하지 못한다. 다만 재판장은 피고인이 폭력을 행사하거나 도망할 염려가 있다고 인정하는 때에는 피고인의 신체의 구속을 명하거나 기타 필요한 조치를 할 수 있다(제280조).

Ⅱ. 소송관계인의 출석

1. 피고인의 출석

(1) 피고인의 출석권 및 출석의무

피고인이 공판기일에 출석하지 아니한 때에는 특별한 규정이 없으면 개정하지 못한다. 다만 피고인이 법인인 경우에는 대리인을 출석하게 할 수 있다(제276조). 대리인의 출석을 허용하는 것은 법인의 대표자보다도 사건의 내용을 잘 아는 실무자를 출석시키는 것이 보다 효과적인 경우가 많다는 점을 고려한 것인데, 피고인이 공판기일에 대리인을 출석하게 할 때에는 그 대리인에게 대리권을 수여한 사실을 증명하는 서면을 법원에 제출하여야 한다(규칙 제126조). 피고인의 출석은 공판개정의 요건이므로 공판기일에 피고인이 출석하지 않으면 원칙적으로 공판기일을 연기하여야 한다. 피고인의 공판정출석은 권리인 동시에 의무로서의 성격을 가지며, 출석한 피고인에게는 재정의무(在廷義務)가 인정된다. 그리하여 피고인은 재판장의 허가 없이 퇴정하지 못하며, 재판장은 피고인의 퇴정을 제지하거나 법정의 질서를 유지하기 위하여 필요한 처분을 할 수 있다(제281조).

(2) 피고인의 출석 없이 재판할 수 있는 경우

1) 피고인이 불출석하는 경우

① 구속된 피고인의 출석거부

피고인이 출석하지 아니하면 개정하지 못하는 경우에 구속된 피고인이 정당한 사유 없이 출석을 거부하고, 교도관에 의한 인치가 불가능하거나 현저히 곤란하다고 인정되는 때에는 피고인의 출석 없이 공판절차를 진행할 수 있다(제277조의2 제1항).[1] 이에 따라 공판절차를 진행할

---

1) 대법원 2001. 6. 12. 선고 2001도114 판결(제277조의2의 규정에 의하여 피고인의 출석 없이 공판절차를 진행하기 위해서는 단지 구속된 피고인이 정당한 사유 없이 출석을 거부하였다는 것만으로는 부족하고 더 나아가 교도관리에 의한 인치가 불가능하거나 현저히 곤란하다고 인정되어야 하는 것이므로, 구속된 피고인이 출석하지 않는 경우에 법원이 위 조문에 따라 피고인의 출석 없이 공판절차를 진행하기 위해서는 피고인의 출석거부사유가 정당한 것인지 여부뿐만 아니라 교도관에 의한 인치가 불가능하거나 현저히 곤란하였는지 여부 등 위 조문에 규정

경우에는 출석한 검사 및 변호인의 의견을 들어야 한다(제277조의2 제2항). 이러한 사유가 발생하는 경우에는 교도소장은 즉시 그 취지를 법원에 통지하여야 한다(규칙 제126조의4). 법원이 이에 따라 피고인의 출석 없이 공판절차를 진행하고자 하는 경우에는 미리 그 사유가 존재하는가의 여부를 조사하여야 하는데(규칙 제126조의5 제1항), 법원이 조사를 함에 있어서 필요하다고 인정하는 경우에는 교도관리 기타 관계자의 출석을 명하여 진술을 듣거나 그들로 하여금 보고서를 제출하도록 명할 수 있다(규칙 제126조의5 제2항). 법원은 합의부원으로 하여금 동 조사를 하게 할 수 있다(규칙 제126조의5 제3항). 피고인의 출석 없이 공판절차를 진행하는 경우에 재판장은 공판정에서 소송관계인에게 그 취지를 고지하여야 한다(규칙 제126조의6).

② 피고인의 소재불명

재판장은 피고인에 대한 인정신문을 마친 뒤 피고인에 대하여 그 주소의 변동이 있을 때에는 이를 법원에 보고할 것을 명하고, 피고인의 소재가 확인되지 않는 때에는 그 진술 없이 재판할 경우가 있음을 경고하여야 한다(소송촉진특례규칙 제18조 제1항). 피고인에 대한 송달이 불능인 경우에 재판장은 그 소재를 확인하기 위하여 소재조사촉탁, 구인장의 발부 기타 필요한 조치를 취하여야 한다(소송촉진특례법 제18조 제2항). 공소장에 기재된 피고인의 주소가 특정되어 있지 아니하거나 그 기재된 주소에 공소제기 당시 피고인이 거주하지 아니한 사실이 인정된 때에는 재판장은 검사에게 상당한 기간을 정하여 그 주소를 보정할 것을 요구하여야 한다(소송촉진특례법 제18조 제3항). 피고인에 대한 송달불능보고서가 접수된 때로부터 6월이 경과하도록 소송촉진특례규칙 제18조 제2항 및 제3항의 규정에 의한 조치에도 불구하고 피고인의 소재가 확인되지 아니한 때에는 그 후 피고인에 대한 송달은 공시송달의 방법에 의한다(소송촉진특례법 제19조 제1항). 피고인이 공시송달에 의한 공판기일의 소환을 2회 이상 받고도 출석하지 아니한 때에는 피고인의 진술 없이 재판할 수 있다(소송촉진특례법 제19조 제2항).

이와 같이 제1심 공판절차에서 피고인에 대한 송달불능보고서가 접수[1)]된 때부터 6개월이 지나도록 피고인의 소재를 확인할 수 없는 경우에는 대법원규칙으로 정하는 바에 따라 피고인의 진술 없이 재판할 수 있다. 다만 사형·무기 또는 장기 10년이 넘는 징역이나 금고에 해당하는 사건의 경우에는 그러하지 아니하다(소송촉진특례법 제23조). 이는 미해결사건의 적체를 방지하기 위한 것이다. 그러나 피고인에게 책임 없는 사유로 인한 불출석의 경우까지 불출석재판을

된 사유가 존재하는가의 여부를 조사하여야 한다. 구속된 피고인이 출석하지 아니하자 그 출석거부사유만을 조사한 후 교도관에 의한 인치가 불가능하거나 현저히 곤란하였는지 여부에 대한 조사를 아니한 채 바로 피고인의 출석 없이 공판절차를 진행한 경우, 제277조의2의 규정을 위반하였다).

1) 대법원 2014. 10. 16.자 2014모1557 결정(피고인 주소지에 피고인이 거주하지 아니한다는 이유로 구속영장이 여러 차례에 걸쳐 집행불능되어 반환된 바 있었다고 하더라도 이를 소송촉진특례법이 정한 '송달불능보고서의 접수'로 볼 수는 없다. 반면에 소재탐지불능보고서의 경우는 경찰관이 직접 송달 주소를 방문하여 거주자나 인근 주민 등에 대한 탐문 등의 방법으로 피고인의 소재 여부를 확인하므로 송달불능보고서보다 더 정확하게 피고인의 소재 여부를 확인할 수 있기 때문에 송달불능보고서와 동일한 기능을 한다고 볼 수 있으므로 소재탐지불능보고서의 접수는 소송촉진특례법이 정한 '송달불능보고서의 접수'로 볼 수 있다).

허용하는 것은 문제가 있으므로, 불출석재판에 의하여 유죄판결을 받고 그 판결이 확정된 자가 책임을 질 수 없는 사유로 공판절차에 출석할 수 없었던 경우에 제424조에 규정된 자는 그 판결이 있었던 사실을 안 날부터 14일 이내(재심청구인이 책임을 질 수 없는 사유로 위 기간에 재심청구를 하지 못한 경우에는 그 사유가 없어진 날부터 14일 이내)에 제1심 법원에 재심을 청구할 수 있으며, 이에 따른 청구가 있을 때에는 법원은 재판의 집행을 정지하는 결정을 하여야 한다(소송촉진특례법 제23조의2 제1항 및 제2항).

③ 항소심 · 상고심에서의 불출석

피고인이 항소심의 공판기일에 출정하지 아니한 때에는 다시 기일을 정하여야 하며, 피고인이 정당한 사유 없이 다시 정한 기일에 출정하지 아니한 때에는 피고인의 진술 없이 판결을 할 수 있다(제365조).[1] 한편 상고심의 공판기일에는 피고인의 소환을 요하지 아니한다(제389조의2). 왜냐하면 상고심은 법률심이므로 변호인이 아니면 변론할 수 없기 때문이다. 다만 상고심에서 사실오인에 대한 판단을 하는 경우에는 피고인의 출석을 명할 수 있는데, 이 경우에는 항소심에서의 불출석재판에 관한 제365조가 준용된다.

④ 정식재판청구에 의한 공판절차에서의 피고인의 불출석

약식명령에 대하여 정식재판을 청구한 피고인이 정식재판절차의 공판기일에 2회 출석하지 아니한 경우에는 피고인의 출석 없이 심판할 수 있다(제458조 제2항, 제365조). 이 경우 소송촉진특례법 제23조가 적용되지 아니하므로 6개월이 경과하지 않아도 무방하다.[2]

2) 피고인이 퇴정하거나 퇴정명령을 받은 경우

① 임의퇴정 및 퇴정명령

피고인이 진술하지 아니하거나 재판장의 허가 없이 퇴정하거나 재판장의 질서유지를 위한 퇴정명령을 받은 때에는 피고인의 진술 없이 판결할 수 있다(제330조).

② 일시퇴정

재판장은 증인 또는 감정인이 피고인 또는 어떤 재정인의 면전에서 충분한 진술을 할 수 없다고 인정한 때에는 그를 퇴정하게 하고 진술하게 할 수 있다. 피고인이 다른 피고인의 면전에서 충분한 진술을 할 수 없다고 인정한 때에도 같다(제297조 제1항). 이에 의하여 피고인을 퇴

---

1) 대법원 2019. 10. 31. 선고 2019도5426 판결(피고인이 제1심에서 도로교통법 위반(음주운전)죄로 유죄판결을 받고 항소한 후 원심 제1회, 제2회 공판기일에 출석하였고, 제3회 공판기일에 변호인만이 출석하고 피고인은 건강상 이유를 들어 출석하지 않았으나, 제4회 공판기일에 변호인과 함께 출석하자 원심은 변론을 종결하고 제5회 공판기일인 선고기일을 지정하여 고지하였는데, 피고인과 변호인이 모두 제5회 공판기일에 출석하지 아니하자 원심이 피고인의 출석 없이 공판기일을 개정하여 피고인의 항소를 기각하는 판결을 선고한 사안에서, 피고인이 고지된 선고기일인 제5회 공판기일에 출석하지 않았더라도 제4회 공판기일에 출석한 이상 2회 연속으로 정당한 이유 없이 출정하지 않은 경우에 해당하지 않아 제365조 제2항에 따라 제5회 공판기일을 개정할 수 없다는 이유로, 그런데도 피고인의 출석 없이 제5회 공판기일을 개정하여 판결을 선고한 원심의 조치에 소송절차에 관한 제365조에 반하여 판결에 영향을 미친 잘못이 있다); 대법원 2016. 4. 29. 선고 2016도2210 판결; 대법원 2012. 6. 28. 선고 2011도16166 판결; 대법원 2006. 2. 23. 선고 2005도9291 판결.

2) 대법원 2013. 3. 28. 선고 2012도12843 판결.

정하게 한 경우에 증인·감정인 또는 공동피고인의 진술이 종료한 때에는 퇴정한 피고인을 입정하게 한 후 법원사무관 등으로 하여금 진술의 요지를 고지하게 하여야 한다(제297조 제2항). 재판장은 증인이 피고인의 면전에서 충분한 진술을 할 수 없다고 인정한 때에는 피고인을 퇴정하게 하고 증인신문을 진행함으로써 피고인의 직접적인 증인 대면을 제한할 수 있지만, 이러한 경우에도 피고인의 반대신문권을 배제하는 것은 허용될 수 없다.[1)]

3) 피고인에게 출석의무가 없는 경우

① 다액 500만원 이하의 벌금 또는 과료에 해당하는 사건, ② 공소기각 또는 면소의 재판을 할 것이 명백한 사건[2)], ③ 장기 3년 이하의 징역 또는 금고, 다액 500만원을 초과하는 벌금 또는 구류에 해당하는 사건에서 피고인의 불출석허가신청이 있고 법원이 피고인의 불출석이 그의 권리를 보호함에 지장이 없다고 인정하여 이를 허가한 사건(다만 제284조에 따른 절차를 진행하거나 판결을 선고하는 공판기일에는 출석하여야 한다), ④ 피고인만이 정식재판의 청구를 하여 판결을 선고하는 사건(이는 선고기일만을 의미한다) 가운데 어느 하나에 해당하는 사건에 관하여는 피고인의 출석을 요하지 아니한다. 이 경우 피고인은 대리인을 출석하게 할 수 있다(제277조). 이는 피고인에게 출석의무가 없다는 의미이지 여전히 출석권은 보장되므로 법원은 피고인을 소환하여야 한다. 제277조 제3호에 규정한 불출석허가신청은 공판기일에 출석하여 구술로 하거나 공판기일 외에서 서면으로 할 수 있는데(규칙 제126조의3 제1항), 법원은 피고인의 불출석허가신청에 대한 허가 여부를 결정하여야 한다(규칙 제126조의3 제2항). 법원은 피고인의 불출석을 허가한 경우에도 피고인의 권리보호 등을 위하여 그 출석이 필요하다고 인정되는 때에는 불출석 허가를 취소할 수 있다(규칙 제126조의3 제3항).

4) 피고인이 의사무능력자인 경우

형법 제9조 내지 제11조의 규정의 적용을 받지 아니하는 범죄사건에 관하여 피고인 또는 피의자가 의사능력이 없는 때에는 그 법정대리인이 소송행위를 대리한다(제26조). 이에 의하여 피고인을 대리 또는 대표할 자가 없는 때에는 법원은 직권 또는 검사의 청구에 의하여 특별대리인을 선임하여야 하며, 피의자를 대리 또는 대표할 자가 없는 때에는 법원은 검사 또는 이해관계인의 청구에 의하여 특별대리인을 선임하여야 하는데[3)], 특별대리인은 피고인 또는 피의자

---

1) 대법원 2010. 1. 14. 선고 2009도9344 판결(제297조에 따라 변호인이 없는 피고인을 일시 퇴정하게 하고 증인신문을 한 다음 피고인에게 실질적인 반대신문의 기회를 부여하지 아니한 채 이루어진 증인의 법정진술은 위법한 증거로서 증거능력이 없다고 볼 여지가 있으나, 그 다음 공판기일에서 재판장이 증인신문 결과 등을 공판조서(증인신문조서)에 의하여 고지하였는데 피고인이 '변경할 점과 이의할 점이 없다'고 진술하여 책문권 포기 의사를 명시함으로써 실질적인 반대신문의 기회를 부여받지 못한 하자가 치유되었다고 한 사례).

2) 피고인이 사물의 변별 또는 의사의 결정을 할 능력이 없는 상태에 있는 때 또는 피고인이 질병으로 인하여 출정할 수 없는 때에는 법원은 검사와 변호인의 의견 (또는 의사의 의견)을 들어서 결정으로 그 상태가 계속하는 기간 공판절차를 정지하여야 하지만, 피고사건에 대하여 무죄, 면소, 형의 면제 또는 공소기각의 재판을 할 것으로 명백한 때에는 이러한 사유가 있는 경우에도 피고인의 출정 없이 재판할 수 있다(제306조).

3) 피의자의 특별대리인 선임청구는 그 피의사건을 수사 중인 검사 또는 사법경찰관이 소속된 관서의 소재지를 관할하는 지방법원에 이를 하여야 한다(규칙 제10조).

를 대리 또는 대표하여 소송행위를 할 자가 있을 때까지 그 임무를 행한다(제28조). 그러므로 이러한 경우에는 피고인의 출석이 공판개정의 요건이 아니라 그 법정대리인이나 특별대리인의 출석이 공판개정의 요건이 된다. 한편 법원은 피치료감호청구인이 형법 제10조 제1항에 따른 심신장애로 공판기일에의 출석이 불가능한 경우에도 피치료감호청구인의 출석 없이 개정할 수 있다(「치료감호 등에 관한 법률」 제9조).

2. 변호인의 출석

변호인은 소송의 주체가 아니기 때문에 원칙적으로 그 출석이 공판개정의 요건이 되지 아니한다. 그러나 제33조 제1항 각 호의 어느 하나에 해당하는 사건 및 제33조 제2항·제3항의 규정에 따라 변호인이 선정된 사건에 관하여는 변호인 없이 개정하지 못하므로(제282조 본문), 변호인이 출석하지 아니한 때에는 법원은 직권으로 변호인을 선정하여야 한다(제283조). 다만 판결만을 선고할 경우에는 예외로 한다(제282조 단서).

필요적 변호사건에 해당하는 사건에서 제1심의 공판절차가 변호인 없이 이루어져 증거조사와 피고인신문 등 심리가 이루어졌다면, 그와 같은 위법한 공판절차에서 이루어진 증거조사와 피고인신문 등 일체의 소송행위는 모두 무효이므로, 이러한 경우 항소심으로서는 변호인이 있는 상태에서 소송행위를 새로이 한 후 위법한 제1심판결을 파기하고, 항소심에서의 증거조사 및 진술 등 심리 결과에 기하여 다시 판결하여야 한다.[1] 이와 같이 필요적 변호사건에서 변호인 없이 개정하여 심리를 진행하고 판결한 것은 소송절차의 법령위반에 해당하지만, 피고인의 이익을 위하여 만들어진 필요적 변호의 규정 때문에 피고인에게 불리한 결과를 가져오게 할 수는 없으므로 그와 같은 법령위반은 무죄판결에 영향을 미친 것으로는 되지 아니한다.[2] 또한 필요적 변호사건이라고 하여도 변호인이 재판거부의 의사를 표시하고 재판장의 허가 없이 퇴정해 버린 경우에는 변호권의 포기로 볼 수밖에 없는 것이므로 수소법원으로서는 제330조에 의하여 변호인의 재정 없이도 심리·판결할 수 있다.[3]

3. 검사의 출석

검사의 출석은 공판개정의 요건이기 때문에(제275조 제2항), 검사의 출석 없이 공판기일을 개정하지 못하며, 검사의 출석이 없는 상태에서 개정하는 것은 소송절차에 관한 법령위반으로 상소이유가 된다(제361조의5 제1호, 제383조 제1호).[4] 그러나 검사가 공판기일의 통지를 2회 이상 받고

1) 대법원 2011. 9. 8. 선고 2011도6325 판결; 대법원 2008. 6. 12. 선고 2008도2621 판결; 대법원 2002. 9. 24. 선고 2002도2544 판결; 대법원 2002. 6. 14. 선고 2002도1639 판결; 대법원 1995. 4. 25. 선고 94도2347 판결.

2) 대법원 2003. 3. 25. 선고 2002도5748 판결.

3) 대법원 1991. 6. 28. 선고 91도865 판결. 이에 대하여 피고인이 무단퇴정이나 퇴정명령이 내려지는 상황은 피고인이 재판의 공정성에 회의를 품는 경우가 대부분이므로, 제318조 제2항에 의한 증거동의를 의제하는 것은 타당하지 않다는 견해로는 신양균/조기영, 597면; 정승환, 418면; 정웅석/최창호, 457면.

출석하지 아니하거나 판결만을 선고하는 때에는 검사의 출석 없이 개정할 수 있다(제278조). 이는 검사의 불출석으로 공판절차의 진행이 지연되는 것을 방지하기 위한 것이다. 여기서 '2회 이상'이란 계속된 2회만을 의미하는 것이 아니므로, 검사가 합계 2회에 걸쳐 불출석한 때에는 그 기일에 바로 개정할 수 있다.[1] 검사의 출석 없이 공판절차를 진행하는 경우에 재판장은 공판정에서 소송관계인에게 그 취지를 고지하여야 한다(규칙 제126조의6). 하지만 검사에게 선고기일 통지를 하지 아니하였다고 하여 판결에 영향을 미친 절차법규의 위반이 있다고 보기 어렵다.[2]

4. 전문심리위원의 참여

(1) 의 의

'전문심리위원제도'(專門審理委員制度)란 건축·의료·지적재산권·첨단산업분야 등과 관련된 사건을 심리할 경우에 이러한 특수 분야에 대한 전문적인 지식과 경험을 가진 전문가를 소송절차에 참여하게 하여 법원의 충실하고 신속한 심리에 도움을 주기 위한 제도를 말한다. 이에 따라 법원은 소송관계를 분명하게 하거나 소송절차를 원활하게 진행하기 위하여 필요한 경우에는 직권으로 또는 검사·피고인 또는 변호인의 신청에 의하여 결정으로 전문심리위원을 지정하여 공판준비 및 공판기일 등 소송절차에 참여하게 할 수 있다(제279조의2 제1항).

(2) 전문심리위원의 지정

전문심리위원을 소송절차에 참여시키는 경우 법원은 검사·피고인 또는 변호인의 의견을 들어 각 사건마다 1인 이상의 전문심리위원을 지정한다(제279조의4 제1항). 법원은 전문심리위원 규칙에 따라 정해진 전문심리위원 후보자 중에서 전문심리위원을 지정하여야 한다(규칙 제126조의7). 법원은 전문심리위원을 소송절차에 참여시키는 경우 전문심리위원 후보자 명단에서 전문심리위원으로 지정할 후보자를 선정하여 그 후보자로부터 전문심리위원으로서 참여할 수 있는지를 확인한 다음, 전자우편 또는 팩시밀리 등을 활용하여 검사·피고인 또는 변호인(이하 '당사자'라고 한다)에게 그 후보자의 이름·전문분야·경력 등을 기재한 의견청취서를 보내거나 그 밖의 적절한 방법으로 당사자로부터 전문심리위원의 지정에 관한 의견을 들어 전문심리위원을 지정해야 한다(「전문심리위원의 소송절차 참여에 관한 예규」 제4조 제1항).

(3) 심리에의 참여

전문심리위원은 전문적인 지식에 의한 설명 또는 의견을 기재한 서면을 제출하거나 기일에 전문적인 지식에 의하여 설명이나 의견을 진술할 수 있다. 다만 재판의 합의에는 참여할 수 없다(제279조의2 제2항). 법원은 이에 따라 전문심리위원이 제출한 서면이나 전문심리위원의 설명 또는 의견의 진술에 관하여 검사·피고인 또는 변호인에게 구술 또는 서면에 의한 의견진술의

4) 대법원 1966. 5. 17. 선고 66도276 판결.

1) 대법원 1967. 2. 21. 선고 66도1710 판결; 대법원 1966. 11. 29. 선고 66도1415 판결.

2) 대법원 2008. 7. 10. 선고 2008도3435 판결.

기회를 주어야 한다(제279조의2 제4항). 전문심리위원은 기일에 재판장의 허가를 받아 피고인 또는 변호인·증인 또는 감정인 등 소송관계인에게 소송관계를 분명하게 하기 위하여 필요한 사항에 관하여 직접 질문할 수 있다(제279조의2 제3항). 수명법관 또는 수탁판사가 소송절차를 진행하는 경우에는 법원 및 재판장의 직무는 그 수명법관이나 수탁판사가 행한다(제279조의6).

재판장이 기일 외에서 전문심리위원에게 설명 또는 의견을 요구할 때에는 질문의 내용·질문의 순서 등에 관하여 당사자와 사전에 협의할 수 있고, 기일 외에서 설명 또는 의견을 요구한 사항이 소송관계를 분명하게 하는 데 중요한 사항일 때에는 당사자에게 그 사항을 통지해야 한다(규칙 제126조의8, 예규 제5조). 전문심리위원이 설명이나 의견을 기재 한 서면을 제출한 경우에는 법원사무관 등은 검사·피고인 또는 변호인에게 그 사본을 보내야 한다(규칙 제126조의9). 재판장은 전문심리위원을 소송절차에 참여시키기 위하여 필요하다고 인정한 때에는 쟁점의 확인 등 적절한 준비를 지시할 수 있다(규칙 제126조의10 제1항). 재판장이 이러한 준비를 지시한 때에는 법원사무관 등은 검사·피고인 또는 변호인에게 그 취지를 통지하여야 한다(규칙 제126조의10 제2항). 재판장은 전문심리위원의 말이 증인의 증언에 영향을 미치지 않게 하기 위하여 필요하다고 인정할 때에는 직권 또는 검사·피고인 또는 변호인의 신청에 따라 증인의 퇴정 등 적절한 조치를 취할 수 있다(규칙 제126조의11). 전문심리위원이 공판준비기일 또는 공판기일에 참여한 때에는 조서에 그 성명을 기재하여야 하고, 전문심리위원이 재판장·수명법관 또는 수탁판사의 허가를 받아 소송관계인에게 질문을 한 때에는 조서에 그 취지를 기재하여야 한다(규칙 제126조의12).

한편 형사소송법과 형사소송규칙 등에서 전문심리위원의 형사소송절차 참여와 관련하여 위와 같이 상세한 규정을 마련한 것은, 전문심리위원의 전문적 지식이나 경험에 기초한 설명이나 의견이 법원의 심증형성에 상당한 영향을 미칠 가능성이 있음을 고려한 다음 그에 대응하여 전문심리위원이 지정되는 단계, 전문심리위원의 설명이나 의견의 대상 내지 범위를 정하는 과정, 그의 설명이나 의견을 듣는 절차에 피고인 등 당사자가 참여할 수 있도록 한 것이다. 그럼으로써 형사재판에 대한 당사자의 신뢰의 기초가 될 '형사재판의 절차적 공정성과 객관성'이 확보될 수 있기 때문이다. 따라서 형사재판의 담당 법원은 전문심리위원에 관한 위 각각의 규정들을 지켜야 하고 이를 준수함에 있어서도 적법절차원칙을 특별히 강조하고 있는 헌법 제12조 제1항을 고려하여 전문심리위원과 관련된 절차 진행 등에 관한 사항을 당사자에게 적절한 방법으로 적시에 통지하여 당사자의 참여 기회가 실질적으로 보장될 수 있도록 세심한 배려를 하여야 한다.[1)]

(4) 참여의 제한

제17조부터 제20조까지(제척) 및 제23조(기피)는 전문심리위원에게 준용한다(제279조의5 제1항). 제척 또는 기피 신청이 있는 전문심리위원은 그 신청에 관한 결정이 확정될 때까지 그 신청이

1) 대법원 2019. 5. 30. 선고 2018도19051 판결.

있는 사건의 소송절차에 참여할 수 없다. 이 경우 전문심리위원은 해당 제척 또는 기피 신청에 대하여 의견을 진술할 수 있다(제279조의5 제2항).

법원은 상당하다고 인정하는 때에는 검사·피고인 또는 변호인의 신청이나 직권으로 전문심리위원 참여결정을 취소할 수 있으며, 법원은 검사와 피고인 또는 변호인이 합의하여 전문심리위원 참여결정을 취소할 것을 신청한 때에는 그 결정을 취소하여야 한다(제279조의3). 전문심리위원 참여결정의 취소 신청은 기일에서 하는 경우를 제외하고는 서면으로 하여야 하며, 이러한 신청을 할 때에는 신청 이유를 밝혀야 한다. 다만 검사와 피고인 또는 변호인이 동시에 신청할 때에는 그러하지 아니하다(규칙 제126조의13).

(5) 비밀누설의 금지 및 공무원의 의제

전문심리위원 또는 전문심리위원이었던 자가 그 직무수행 중에 알게 된 다른 사람의 비밀을 누설한 때에는 2년 이하의 징역이나 금고 또는 1천만원 이하의 벌금에 처한다(제279조의7). 전문심리위원은 형법 제129조부터 제132조까지의 규정에 따른 벌칙의 적용에서는 공무원으로 본다(제279조의8).

Ⅲ. 소송지휘권

1. 의 의

'소송지휘권'(訴訟指揮權)이란 소송의 진행을 질서 있게 하고 심리를 원활하게 하기 위하여 법원이 합목적적 활동을 할 수 있는 권한을 말한다. 소송지휘권은 원래 수소법원의 권한에 속하는 것이지만, 신속하고 적절한 소송지휘를 위하여 공판기일의 소송지휘는 재판장이 한다(제279조). 소송지휘권은 법률에 의하여 비로소 부여되는 권한이 아니라 질서 있고 효율적인 소송진행을 위하여 법원이 가지는 고유한 권한이며, 사법권에 내재하는 본질적인 권한이라고 할 수 있다. 그러므로 법원은 법률이나 규칙에서 규정하고 있는 처분에 한하지 않고, 사건의 내용이나 심리의 진행상황에 따라 필요한 조치를 적절히 취할 수 있다. 이와 같이 재판장은 소송지휘의 일환으로 검사·피고인 또는 변호인에게 석명을 구하거나 입증을 촉구할 수 있다.[1)]

2. 내 용

(1) 재판장의 소송지휘권

1) 공판기일의 지정과 변경

재판장은 공판기일을 정하여야 하고(제267조 제1항), 직권 또는 검사·피고인이나 변호인의 신청에 의하여 공판기일을 변경할 수 있다(제270조 제1항).

1) 대법원 2011. 2. 10. 선고 2010도14391 판결.

2) 피고인에 대한 인정신문

재판장은 피고인의 성명·연령·등록기준지·주거와 직업을 물어서 피고인임에 틀림없음을 확인하여야 한다(제284조).

3) 증인신문의 방식 결정

증인은 신청한 검사·변호인 또는 피고인이 먼저 이를 신문하고 다음에 다른 검사·변호인 또는 피고인이 신문하며, 재판장은 이러한 신문이 끝난 뒤에 신문할 수 있다. 하지만 재판장은 필요하다고 인정하면 어느 때나 신문할 수 있으며 신문순서를 변경할 수 있다(제161조의2 제1항 내지 제3항). 또한 법원이 직권으로 신문할 증인이나 범죄로 인한 피해자의 신청에 의하여 신문할 증인의 신문방식은 재판장이 정하는 바에 의한다(제161조의2 제4항).

4) 불필요한 변론의 제한

재판장은 소송관계인의 진술 또는 신문이 중복된 사항이거나 그 소송에 관계없는 사항인 때에는 소송관계인의 본질적 권리를 해하지 아니하는 한도에서 이를 제한할 수 있다(제299조).

5) 석명권의 행사

'석명'(釋明)이란 사건의 소송관계를 명확하게 하기 위하여 당사자에 대하여 사실상 및 법률상의 사항에 관하여 질문을 하고, 그 진술 내지 주장을 보충 또는 정정할 기회를 부여하는 것을 말한다.[1)] 그러므로 어떤 사항에 대한 당사자의 진술 내지 주장이 명확한 경우 그 사항은 석명의 대상이 되지 아니하고, 구석명을 포함한 소송지휘권의 행사는 신속하고 공평한 재판을 그 지표로 삼아야 마땅할 것이다.[2)] 재판장은 소송관계를 명료하게 하기 위하여 검사·피고인 또는 변호인에게 사실상과 법률상의 사항에 관하여 석명을 구하거나 입증을 촉구할 수 있고, 합의부원은 재판장에게 고하고 이러한 조치를 할 수 있으며, 검사·피고인 또는 변호인은 재판장에 대하여 석명을 위한 발문(發問)을 요구할 수 있다(규칙 제141조). 한편 공소장의 기재사실 중 일부가 명확하지 아니한 경우에는 법원은 검사에게 석명을 구하여 만약 이를 명확하게 하지 아니한 때에는 공소사실의 불특정을 이유로 공소를 기각해야 한다. 그러므로 석명권을 행사하지 아니하고 곧바로 공소사실의 불특정을 이유로 공소기각의 판결을 하는 것은 심리미진의 위법이 있다.[3)]

(2) 법원의 소송지휘권

법원의 소송지휘권은 신속하고 적절한 소송지휘를 위하여 포괄적으로 재판장이 행사하고 있다. 그러나 공판기일에서의 소송지휘라고 하더라도 피고인의 방어권 행사나 실체적 진실의 발견을 위하여 중요한 의미가 있는 사항은 법률에 의하여 법원에 유보되어 있는데, 예를 들면 국선변호인의 선정(제33조, 제283조), 특별대리인의 선임(제28조), 증거신청에 대한 결정(제295조), 증

1) 대법원 2011. 2. 10. 선고 2010도14391 판결.
2) 대법원 1999. 6. 11. 선고 99도1238 판결.
3) 대법원 1983. 6. 14. 선고 83도293 판결.

거조사에 대한 이의신청의 결정(제296조 제2항), 재판장의 처분에 대한 이의신청의 결정(제304조 제2항), 공소장변경의 허가 및 요구(제298조 제1항 및 제2항), 공판절차의 정지신청에 대한 결정(제298조 제4항, 제306조 제1항 및 제2항), 변론의 분리·병합·재개(제300조, 제305조) 등이 이에 해당한다.

3. 소송지휘권의 행사

재판장의 소송지휘권은 법률의 규정이 있는 경우에는 이에 따라 행사하여야 하며, 그렇지 않은 경우에는 법원(합의부)의 의사에 반하지 않는 범위 내에서 행사하여야 한다. 왜냐하면 소송지휘권은 본래 법원의 권한이기 때문이다. 그리고 법원의 소송지휘는 결정의 형식으로 이루어지며, 재판장의 소송지휘는 명령의 형식으로 이루어진다. 하지만 재판장이 결정에 의하여 소송지휘권을 행사하는 것이 금지되는 것은 아니다.

소송지휘권의 행사는 철회 또는 변경될 수 있다. 소송지휘권의 행사는 일정한 사항에 대한 최종적인 판단이 아니라 절차의 진행 내지 심리방법에 대한 조치이므로 일단 행사한 후라고 할지라도 사정에 따라 이를 변경하는 것이 가능하다. 또한 소송지휘권의 행사에 대하여는 당해 소송절차에 관계있는 모든 사람이 이에 복종하여야 하는데, 이에는 소송관계인뿐만 아니라 방청인도 포함된다.

4. 소송지휘권의 행사에 대한 불복

(1) 재판장의 소송지휘권에 대한 불복

검사·피고인 또는 변호인은 재판장의 처분에 대하여 이의신청을 할 수 있는데, 이의신청이 있는 때에는 법원은 결정을 하여야 한다(제304조). 다만 이러한 이의신청은 법령의 위반이 있음을 이유로 하여서만 이를 할 수 있다(규칙 제136조). 그러므로 처분의 합목적성에 대한 불복을 이유로 하는 이의신청은 허용되지 아니한다.

법원의 증거조사에 대한 이의신청은 법령의 위반이 있거나 상당하지 아니함을 이유로 하여 이를 할 수 있다. 다만 법원의 증거결정에 대한 이의신청은 법령의 위반이 있음을 이유로 하여서만 이를 할 수 있다(규칙 제135조의2). 이의신청은 개개의 행위·처분 또는 결정시마다 그 이유를 간결하게 명시하여 즉시 이를 하여야 하며(규칙 제137조), 이의신청에 대한 법원의 결정은 이의신청이 있은 후 즉시 이를 하여야 한다(규칙 제138조). 시기에 늦은 이의신청, 소송지연만을 목적으로 하는 것임이 명백한 이의신청은 결정으로 이를 기각하여야 한다. 다만 시기에 늦은 이의신청이 중요한 사항을 대상으로 하고 있는 경우에는 시기에 늦은 것만을 이유로 하여 기각하여서는 아니된다(규칙 제139조 제1항). 이의신청이 이유 없다고 인정되는 경우에는 결정으로 이를 기각하여야 하며(규칙 제139조 제2항), 이의신청이 이유 있다고 인정되는 경우에는 결정으로 이의신청의 대상이 된 행위, 처분 또는 결정을 중지, 철회, 취소, 변경하는 등 그 이의신청에 상응하는 조치를 취하여야 한다(규칙 제139조 제3항). 증거조사를 마친 증거가 증거능력이 없음을 이유로 한 이의신청을 이유 있다고 인정할 경우에는 그 증거의 전부 또는 일부를 배제한다는 취지의 결정을 하여야 한다(규칙 제139조 제4항). 이의신청에 대한 결정에 의하여 판단이 된 사항에 대하여는 다시 이의신청을 할 수 없다(규칙 제140조).

(2) 법원의 소송지휘권에 대한 불복

법원의 소송지휘권 행사는 판결 전 소송절차에 관한 결정이므로 특히 즉시항고를 할 수 있는 경우 이외에는 항고가 허용되지 아니한다(제403조 제1항).

Ⅳ. 법정경찰권

1. 의 의

'법정경찰권'(法廷警察權)이란 법정질서를 유지하고 심판의 방해를 예방 및 제지하기 위하여 행하는 법원의 권력작용을 말한다. 법정경찰권도 본래 법원의 권한이지만, 질서유지의 신속성과 기동성을 위하여 재판장이 행사하도록 하고 있다. 즉 법정의 질서유지는 재판장이 이를 행한다(법원조직법 제58조 제1항). 다만 감치처분은 법원의 권한이다(법원조직법 제61조). 법정경찰권은 넓은 의미에서 보면 소송지휘권의 내용에 속한다고 볼 수 있지만, 사건의 심리내용이나 소송의 실질과는 무관하다는 점에서 소송지휘권과 구별된다.

2. 내 용

(1) 질서유지를 위한 재판장의 처분

1) 피고인에 대한 처분

공판정에서는 피고인의 신체를 구속하지 못하지만, 재판장은 피고인이 폭력을 행사하거나 도망할 염려가 있다고 인정하는 때에는 피고인의 신체의 구속을 명하거나 기타 필요한 조치를 할 수 있다(제280조). 여기서 신체의 구속이란 수갑을 채우는 등 신체의 자유를 직접적으로 제한하는 조치를 말하므로, 구속영장에 의한 구속과는 다른 의미이다. 재판장은 피고인이 법정을 소란케 하는 경우에는 피고인에 대하여 퇴정을 명할 수 있으며, 이 경우 피고인의 진술 없이 심리를 진행하거나 판결을 선고할 수 있다(제330조). 피고인은 재판장의 허가 없이 퇴정하지 못하는데, 재판장은 피고인의 퇴정을 제지하거나 법정의 질서를 유지하기 위하여 필요한 처분을 할 수 있다(제281조). 이러한 퇴정제지처분은 주로 불구속 피고인에 대하여 적용된다. 한편 검사·피고인 또는 변호인은 재판장의 법정경찰권에 의한 처분에 대하여 이의신청을 할 수 있다(제304조 제1항). 그러나 방청인 등은 재판장의 처분에 대하여 이의신청을 할 수 없다.

2) 방청인에 대한 처분

재판장은 법정의 존엄과 질서를 해할 우려가 있는 자의 입정금지 또는 퇴정을 명하거나 기타 법정의 질서유지에 필요한 명령을 발할 수 있다(법원조직법 제58조 제2항). 또한 누구든지 법정안에서는 재판장의 허가 없이 녹화·촬영·중계방송 등의 행위를 하지 못한다(법원조직법 제59조).

3) 경찰관의 파견요구

재판장은 법정에서의 질서유지를 위하여 필요하다고 인정할 때에는 개정 전후에 상관없이 관할 경찰서장에게 국가경찰공무원의 파견을 요구할 수 있고, 이러한 요구에 따라 파견된 국가경찰공무원은 법정 내외의 질서유지에 관하여 재판장의 지휘를 받는다(법원조직법 제60조).

(2) 감치 또는 과태료의 제재

법원은 직권으로 법정 내외에서 법원조직법 제58조 제2항의 명령 또는 법원조직법 제59조를 위반하는 행위를 하거나 폭언·소란 등의 행위로 법원의 심리를 방해하거나 재판의 위신을 현저하게 훼손한 사람에 대하여 결정으로 20일 이내의 감치에 처하거나 100만원 이하의 과태료를 부과할 수 있다. 이 경우 감치와 과태료는 병과할 수 있다(법원조직법 제61조 제1항). 이러한 재판에 대하여는 항고 또는 특별항고를 할 수 있다(법원조직법 제61조 제5항). 이는 형법 제138조의 법정모욕죄와는 달리 검사의 공소제기를 기다리지 않고 법원이 직접 제재를 가한다는 측면에서 사법행정상의 질서벌의 일종에 해당한다.

법원은 감치를 위하여 법원직원·교도관 또는 국가경찰공무원으로 하여금 즉시 행위자를 구속하게 할 수 있으며, 구속한 때로부터 24시간 이내에 감치에 처하는 재판을 하여야 하고, 이를 하지 아니하면 즉시 석방을 명하여야 한다(법원조직법 제61조 제2항). 감치는 경찰서유치장·교도소 또는 구치소에 유치함으로써 집행한다(법원조직법 제61조 제3항). 감치는 감치대상자에 대한 다른 사건으로 인한 구속 및 형에 우선하여 집행하며, 감치의 집행 중에는 감치대상자에 대한 다른 사건으로 인한 구속 및 형의 집행이 정지되고, 감치대상자가 당사자로 되어 있는 본래의 심판사건의 소송절차는 정지된다. 다만 법원은 상당한 이유가 있는 경우에는 소송절차를 계속하여 진행하도록 명할 수 있다(법원조직법 제61조 제4항).

3. 한 계

법정경찰권의 행사는 심리의 방해를 제거하기 위한 것이므로 원칙적으로 심리가 개시된 때부터 종료될 때까지의 시간적인 범위 내에서 허용된다. 다만 심리와 직접 이어져 있는 전후의 시점은 이에 포함된다.

법정경찰권은 심리가 진행되고 있는 법정 내에 미치는 것이 원칙이지만, 법정에서의 심리와 질서유지에 영향을 미치는 범위에서는 법정 이외에 대하여도 미친다. 그리고 법관이 법정 이외의 장소에서 직무를 행할 때에는 그 장소에도 법정경찰권이 미친다(법원조직법 제63조).

제 5 절 공판기일의 절차

Ⅰ. 모두(冒頭)절차

1. 진술거부권의 고지

피고인은 진술하지 아니하거나 개개의 질문에 대하여 진술을 거부할 수 있는데, 이를 위하여 재판장은 인정신문을 하기 전에 피고인에게 진술을 거부할 수 있음과 이익 되는 사실을 진술할 수 있음을 알려 주어야 한다(제283조의2, 규칙 제127조). 현행법은 피고인의 방어권을 강화하기 위하여 인정신문을 하기 전에 진술거부권을 고지하도록 하고 있다. 그러므로 피고인은 인정신문에 대하여도 진술거부권을 행사할 수 있다. 한편 수사단계에 있어서는 진술거부권의 고지대상이 확대되어 있는데(제244조의3 참조), 이는 공판단계와 비교하여 수사단계에서 진술거부권의 침해에 대한 우려가 크기 때문이다.

2. 인정신문

'인정신문'(人定訊問)이란 재판장이 피고인으로 출석한 자가 공소장에 기재된 피고인과 동일인인지 여부를 확인하는 절차를 말한다. 재판장은 피고인의 성명·연령·등록기준지·주거와 직업을 물어서 피고인임에 틀림없음을 확인하여야 한다(제284조). 재판장은 피고인에 대한 인정신문을 마친 뒤 피고인에 대하여 그 주소의 변동이 있을 때에는 이를 법원에 보고할 것을 명하고, 피고인의 소재가 확인되지 않는 때에는 그 진술 없이 재판할 경우가 있음을 경고하여야 한다(「소송촉진 등에 관한 특례규칙」 제18조 제1항).

3. 검사의 모두진술

검사는 공소장에 의하여 공소사실·죄명 및 적용법조를 낭독하여야 한다. 다만 재판장은 필요하다고 인정하는 때에는 검사에게 공소의 요지[1]를 진술하게 할 수 있다(제285조). 검사의 모두진술은 사건의 심리에 들어가기 전에 사건의 개요와 쟁점을 명백히 하여 법원의 소송지휘를 가능하게 하고, 피고인에게 방어준비의 기회를 제공할 뿐만 아니라 방청인들이 사건실체의 윤곽을 파악하는데 기여함으로써 공개주의에 부합하는 제도이다. 다만 항소심 또는 상고심에서는 검사의 모두진술을 요구하지 아니한다. 한편 검사가 2회의 공판기일 통지를 받고도 출석하지 아니하여 검사의 출석 없이 개정하는 경우에는 공소장의 기재대로 진술한 것으로 간주하는 규정(제302조)을 유추적용해야 할 것이다.

---

1) 이미 재판장뿐만 아니라 피고인도 공소장부본의 송달을 통하여 공소장의 내용을 모두 알고 있기 때문에 실무상 낭독하는 경우보다는 대부분 공소요지의 진술에 의하고 있다.

4. 피고인의 모두진술

(1) 공소사실에 관한 진술

피고인은 검사의 모두진술이 끝난 뒤에 공소사실의 인정 여부를 진술하여야 한다. 다만 피고인이 진술거부권을 행사하는 경우에는 그러하지 아니하다(제286조 제1항). 이를 위하여 재판장은 검사의 모두진술 절차를 마친 뒤에 피고인에게 공소사실을 인정하는지 여부에 관하여 물어야 한다(규칙 제127조의2 제1항). 만약 피고인이 공판정에서 공소사실에 대하여 자백한 때에는 법원은 그 공소사실에 한하여 간이공판절차에 의하여 심판할 것을 결정할 수 있는데(제286조의2), 법원이 이러한 결정을 하고자 할 때에는 재판장은 미리 피고인에게 간이공판절차의 취지를 설명하여야 한다(규칙 제131조). 하지만 법원은 동 결정을 한 사건에 대하여 피고인의 자백이 신빙할 수 없다고 인정되거나 간이공판절차로 심판하는 것이 현저히 부당하다고 인정할 때에는 검사의 의견을 들어 그 결정을 취소하여야 한다(제286조의3).

(2) 이익되는 사실에 관한 진술

피고인 및 변호인은 공소에 관한 의견 그 밖에 이익이 되는 사실 등을 진술할 수 있다(제286조 제2항, 규칙 제127조의2 제2항). 이와 같은 피고인의 의견진술권은 검사의 모두진술에 대응하는 독립된 절차에 관한 규정으로서의 의미를 가질 뿐만 아니라 공판절차 전반에 걸쳐서 적용되는 피고인의 권리를 보호하기 위한 규정으로 이해된다. 그러므로 피고인은 공판의 어느 단계에서나 적극적으로 자신에게 이익되는 사실을 진술할 수 있고, 재판장도 그 진술이 중복된 것이거나 소송과 관계없는 것이 아닌 이상 그 진술을 제한할 수 없다. 여기서 '이익이 되는 사실'이란 알리바이의 주장, 범행의 동기, 정상참작사유, 피해자와의 합의, 공범의 존재 등 피고인에게 유리한 모든 사실을 말한다. 이러한 진술은 의무적인 것이 아니기 때문에 피고인에게 현실적으로 진술의 기회를 부여하면 족하고, 반드시 피고인이 진술할 것을 요구하지는 아니한다.

(3) 소송절차에 관한 진술

피고인은 모두절차를 이용하여 관할이전의 신청(제15조), 기피신청(제18조), 국선변호인의 선정청구(제35조 제2항), 공판기일의 변경신청(제270조), 변론의 분리와 병합의 신청(제300조) 등을 할 수 있다. 또한 피고인은 모두절차를 이용하여 그 이전에 이루어진 절차상의 하자를 주장할 수 있는데, 토지관할위반의 신청(제320조 제2항), 공소장부본송달의 하자에 대한 이의신청(제266조), 제1회 공판기일의 유예기간에 대한 이의신청(제269조 제2항) 등은 늦어도 이 단계에서는 하여야 한다. 만약 피고인이 이때까지 이의신청을 하지 않는다면 당해 절차상의 하자는 치유되어 더 이상 다툴 수 없게 된다.

5. 재판장의 쟁점정리 및 검사·변호인의 증거관계 등에 대한 진술

재판장은 피고인의 모두진술이 끝난 다음에 피고인 또는 변호인에게 쟁점의 정리를 위하여 필요한 질문을 할 수 있다(제287조 제1항). 또한 재판장은 증거조사를 하기에 앞서 검사 및 변호인으로 하여금 공소사실 등의 증명과 관련된 주장 및 입증계획 등을 진술하게 할 수 있다. 다만 증거로 할 수 없거나 증거로 신청할 의사가 없는 자료에 기초하여 법원에 사건에 대한 예단 또는 편견을 발생하게 할 염려가 있는 사항은 진술할 수 없다(제287조 제2항). 단서의 규정은 증거조사에 들어가기 전에 법원이 증거능력이 없는 자료에 의하여 미리 심증이 형성되거나 예단을 가지는 것을 방지하기 위한 것이다. 현행법에서는 피고인신문이 증거조사 이후에 이루어지므로 증거조사절차에서의 심리를 효율적으로 진행하기 위해서는 당사자의 진술을 통하여 사건의 쟁점을 정리하고 입증계획 등을 검토하는 절차가 중요한 것으로 평가된다.

Ⅱ. 사실심리절차

1. 증거조사

증거조사는 재판장의 쟁점정리 및 검사·변호인의 증거관계 등에 대한 진술이 끝난 후에 실시한다(제290조). '증거조사'(證據調査)란 법원이 피고사건의 사실인정과 형의 양정에 관한 심증을 얻기 위하여 인증·서증·물증 등 각종의 증거방법을 조사하여 그 내용을 감지하는 소송행위를 말한다. 법원은 증거조사를 통하여 사건에 대한 심증을 형성하므로 증거조사의 주체는 법원이 된다.

기존의 사실심리절차는 피고인신문을 먼저 한 후 증거조사를 하도록 되어 있어서 피고인신문을 중심으로 사실심리절차가 운영되어 당사자인 피고인을 마치 법원의 심리객체로 취급하는 듯한 인상을 주었다. 그리하여 2007. 6. 1. 형사소송법 개정을 통하여 피고인의 진술에 의존하는 심증형성에서 벗어나 객관적인 증거자료를 통한 심증형성을 도모하기 위하여 증거조사를 먼저 실시하고, 증거조사에서 불충분한 부분에 한하여 피고인신문에서 그 내용을 확인하도록 심리의 순서를 변경하였다.

2. 피고인신문

(1) 의 의

'피고인신문'(被告人訊問)이란 피고인에 대하여 공소사실과 그 정상에 관한 필요한 사항을 신문하는 절차를 말한다. 피고인신문으로 인하여 피고인의 당사자로서의 지위가 침해되어서는 안되기 때문에 피고인에게는 증인과는 달리 진술거부권이 인정된다(제283조의2). 이러한 피고인신문은 증거조사의 일종에 해당하며, 검사가 피고인의 진술을 통하여 공소사실을 입증하는 절차임과 동시에 피고인이 자신에게 유리한 사항을 입증하는 절차로서의 성격도 가지고 있다. 피고인신문은 임의절차이기 때문에 반드시 진행해야 하는 것은 아니다.

(2) 신문의 순서

검사 또는 변호인은 증거조사 종료 후에 순차로 피고인에게 공소사실 및 정상에 관하여 필요한 사항을 신문할 수 있다. 다만 재판장은 필요하다고 인정하는 때에는 증거조사가 완료되기 전이라도 이를 허가할 수 있다(제296조의2 제1항). 재판장은 필요하다고 인정하는 때에는 피고인을 신문할 수 있다(제296조의2 제2항). 피고인은 신청한 검사 또는 변호인이 먼저 이를 신문하고 다음에 다른 검사 또는 변호인이 신문하며, 재판장은 이러한 신문이 끝난 뒤에 신문할 수 있다. 하지만 재판장은 필요하다고 인정하면 어느 때나 신문할 수 있으며 신문순서를 변경할 수 있다(제161조의2 제1항 내지 제3항). 합의부원은 재판장에게 고하고 피고인을 신문할 수 있다(제161조의2 제5항). 이와 같이 피고인신문은 증인신문에 준하여 교호신문(交互訊問)의 방식으로 진행된다.

(3) 신문의 방법

피고인을 신문함에 있어서 그 진술을 강요하거나 답변을 유도하거나 그 밖에 위압적·모욕적 신문을 하여서는 아니 된다(규칙 제140조의2). 피고인신문을 하는 때에는 피고인은 증인석에 좌석한다(제275조 제3항). 재판장은 증인 또는 감정인이 피고인 또는 어떤 재정인의 면전에서 충분한 진술을 할 수 없다고 인정한 때에는 그를 퇴정하게 하고 진술하게 할 수 있다. 피고인이 다른 피고인의 면전에서 충분한 진술을 할 수 없다고 인정한 때에도 같다(제297조 제1항). 피고인을 퇴정하게 한 경우에 증인·감정인 또는 공동피고인의 진술이 종료한 때에는 퇴정한 피고인을 입정하게 한 후 법원사무관 등으로 하여금 진술의 요지를 고지하게 하여야 한다(제297조 제2항).

한편 재판장 또는 법관은 피고인을 신문하는 경우에 피고인이 신체적 또는 정신적 장애로 사물을 변별하거나 의사를 결정·전달할 능력이 미약한 경우 또는 피고인의 연령·성별·국적 등의 사정을 고려하여 그 심리적 안정의 도모와 원활한 의사소통을 위하여 필요한 경우의 어느 하나에 해당하는 때에는 직권 또는 피고인·법정대리인·검사의 신청에 따라 피고인과 신뢰관계에 있는 자를 동석하게 할 수 있다(제276조의2 제1항). 피고인과 동석할 수 있는 신뢰관계에 있는 자는 피고인의 배우자·직계친족·형제자매·가족·동거인·고용주 그 밖에 피고인의 심리적 안정과 원활한 의사소통에 도움을 줄 수 있는 자를 말하며(규칙 제126조의2 제1항), 동석 신청에는 동석하고자 하는 자와 피고인 사이의 관계, 동석이 필요한 사유 등을 밝혀야 한다(규칙 제126조의2 제2항). 피고인과 동석한 신뢰관계에 있는 자는 재판의 진행을 방해하여서는 아니 되며, 재판장은 동석한 신뢰관계 있는 자가 부당하게 재판의 진행을 방해하는 때에는 동석을 중지시킬 수 있다(규칙 제126조의2 제3항).

(4) 조서의 작성

피고인을 신문하는 때에는 참여한 법원사무관 등이 공판조서를 작성하여야 한다(제48조 제1항). 이러한 조서에는 피고인의 진술 등을 기재하여야 하는데(제48조 제2항), 구체적으로 피고인의 성명과 출석 여부, 피고인에게 그 권리를 보호함에 필요한 진술의 기회를 준 사실과 그 진술한 사실 등을 기재하여야 한다(제51조).

3. 최종변론

최종변론은 검사의 의견진술과 피고인 및 변호인의 최종진술의 순서로 진행되는데, 재판장은 필요하다고 인정하는 경우 검사·피고인 또는 변호인의 본질적인 권리를 해치지 아니하는 범위 내에서 의견진술의 시간을 제한할 수 있다(규칙 제145조).

먼저 증거조사와 피고인신문이 종료한 때[1]에는 검사는 사실과 법률적용에 관하여 의견을 진술하여야 한다. 다만 검사의 출석 없이 개정한 경우에는 공소장의 기재사항에 의하여 검사의 의견진술이 있는 것으로 간주한다(제302조). 이를 검사의 '논고'(論告)라고 하며, 특히 양형에 관한 검사의 의견을 '구형'(求刑)이라고 한다. 실무상 중형을 구형하는 경우에만 별도의 논고문에 의한 논고를 행한다. 검사가 양형에 관한 의견진술을 하지 않았다고 하더라도 이로써 판결에 영향을 미친 법률위반이 있는 경우에 해당한다고 할 수 없고[2], 검사의 구형은 양형에 관한 의견진술에 불과하여 법원이 그 의견에 구속된다고 할 수 없다.[3] 한편 검사는 그의 객관의무에 기초하여 피고인의 무죄를 구하는 의견을 진술하는 것도 가능하다.[4]

다음으로 재판장은 검사의 의견을 들은 후 피고인과 변호인에게 최종의 의견을 진술할 기회를 주어야 한다(제303조). 실무상 변호인의 최종변론이 있은 후 피고인에게 최후진술의 기회를 주는 것이 일반적이다. 이러한 최종의견 진술의 기회는 피고인과 변호인의 소송법상 권리로서 피고인과 변호인이 사실관계의 다툼이나 유리한 양형사유를 주장할 수 있는 마지막 기회이므로, 피고인이나 변호인에게 최종의견 진술의 기회를 주지 아니한 채 변론을 종결하고 판결을 선고하는 것은 소송절차의 법령위반에 해당한다.[5] 다만 피고인이 진술하지 아니하거나 재판장의 허가 없이 퇴정하거나 재판장의 질서유지를 위한 퇴정명령을 받은 때에는 피고인의 진술 없이 판결할 수 있다(제330조). 또한 필요적 변호사건이 아닌 사건에서 변호인이 공판기일 통지서를 받고서도 공판기일에 출석하지 않아서 변호인 없이 변론을 종결한 경우라면 변호인에게 변론기회를 주지 않았다고 할 수 없다.[6] 이는 필요적 변호사건이 아닌 사건의 경우에 변호인의

1) 법문에는 '피고인 신문과 증거조사가 종료한 때에는'이라고 규정되어 있지만, 이는 2007. 6. 1. 형사소송법 개정 전의 규정에 불과하므로 순서를 변경하여 규정하는 것이 타당하다.

2) 대법원 1977. 5. 10. 선고 74도3293 판결(결심공판에 출석한 검사가 사실과 법률적용에 관하여 의견을 진술하지 않더라도 공판절차가 무효로 되는 것은 아니며 위 공판조서에 검사의 의견진술이 누락되어 있다고 하여도 이로써 판결에 영향을 미친 법률위반이 있는 경우에 해당한다고는 볼 수 없다).

3) 대법원 2011. 2. 24. 선고 2010도7404 판결; 대법원 2001. 11. 30. 선고 2001도5225 판결; 대법원 1984. 4. 24. 선고 83도1789 판결.

4) 이에 대하여 항소심, 재심, 기소강제절차에 의한 기소 등의 경우가 아니라면 공소를 취소하는 것이 타당하다는 견해로는 김정한, 483면.

5) 대법원 2018. 3. 29. 선고 2018도327 판결; 대법원 1975. 11. 11. 선고 75도1010 판결.

6) 대법원 1977. 7. 26. 선고 77도835 판결; 대법원 1977. 2. 22. 선고 76도4376 판결.

최종변론은 필수적인 절차가 아님을 의미한다.

4. 변론의 종결 및 재개

피고인의 최종의견진술이 끝나면 피고사건에 대한 구두변론이 종결되는데, 실무에서는 이를 '결심'(結審)이라고 한다. 하지만 법원은 필요하다고 인정한 때에는 직권 또는 검사·피고인이나 변호인의 신청에 의하여 결정으로 종결한 변론을 재개할 수 있다(제305조). 변론종결 후 변론재개신청이 있는 경우에도 종결한 변론을 재개하느냐의 여부는 법원의 재량에 속하므로[1], 검사나 피고인에게 주장 및 입증을 위한 충분한 기회를 부여하였다가 변론을 종결한 이상 다른 특별한 사정이 없는 한 그 후에 이루어진 변론재개신청을 법원이 받아들이지 아니하였다고 하여 이를 위법하다고 할 수는 없다.[2]

Ⅲ. 판결선고절차

1. 판결을 위한 심의

피고사건에 대한 심리가 종료되면 법원은 판결을 위한 심의를 한다. 이러한 심판의 합의는 공개하지 아니한다(법원조직법 제65조). 다만 대법원의 판결에서는 각 대법관의 의견이 모두 판결서에 표시된다. 단독판사인 경우에는 별도의 심의 절차가 필요 없지만, 합의부인 경우에는 판결 내용을 결정하기 위한 심의가 필요하며, 이를 '합의'라고 한다. 합의는 헌법 및 법률에 다른 규정이 없으면 과반수로 결정하지만, 합의에 관한 의견이 3개 이상의 설로 나뉘어 각각 과반수에 이르지 못할 때에는 과반수에 이르기까지 피고인에게 가장 불리한 의견의 수에 차례로 유리한 의견의 수를 더하여 그 중 가장 유리한 의견을 합의의견으로 정한다(법원조직법 제66조).

2. 양형자료의 조사

(1) 양형조사관에 의한 자료 수집

양형자료는 검사·피고인 또는 변호인이 제출할 수도 있고, 당사자가 직접 수집하여 제출하기 곤란하거나 필요하다고 인정되는 경우에는 법원이 직권으로 수집·조사할 수도 있다. 조사관은 법관의 명을 받아 법률 또는 대법원규칙으로 정하는 사건에 관한 심판에 필요한 자료를 수집·조사하고, 그 밖에 필요한 업무를 담당하는데(법원조직법 제54조의3 제2항), 법원은 조사관으로 하여금 양형자료를 수집·조사하게 할 수 있다.

(2) 판결 전 조사

법원은 피고인에 대하여 형법 제59조의2 및 제62조의2에 따른 보호관찰·사회봉사 또는 수

1) 대법원 1986. 6. 10. 선고 86도769 판결.

2) 대법원 2014. 4. 24. 선고 2014도1414 판결; 대법원 2009. 1. 15. 선고 2008도10365 판결.

강을 명하기 위하여 필요하다고 인정하면 그 법원의 소재지 또는 피고인의 주거지를 관할하는 보호관찰소의 장에게 범행 동기·직업·생활환경·교우관계·가족상황·피해회복 여부 등 피고인에 관한 사항의 조사를 요구할 수 있다. 이러한 요구를 받은 보호관찰소의 장은 지체 없이 이를 조사하여 서면으로 해당 법원에 알려야 한다. 이 경우 필요하다고 인정하면 피고인이나 그 밖의 관계인을 소환하여 심문하거나 소속 보호관찰관에게 필요한 사항을 조사하게 할 수 있다. 법원은 위의 요구를 받은 보호관찰소의 장에게 조사진행상황에 관한 보고를 요구할 수 있다(보호관찰법 제19조).

3. 판결의 선고

(1) 판결선고기일

판결의 선고는 변론을 종결한 기일에 하여야 한다. 다만 특별한 사정이 있는 때에는 따로 선고기일을 지정할 수 있다(제318조의4 제1항). 이 경우 선고기일은 변론종결 후 14일 이내로 지정되어야 한다(제318조의4 제3항). 이는 훈시규정으로서 변론종결 후 14일 이내의 기간을 초과하여 판결을 선고하였다고 하더라도 위법이라고 할 수는 없다.

(2) 피고인의 출석

판결선고기일도 공판기일이므로 원칙적으로 피고인이 출석하여야 한다. 그러나 판결선고기일에는 필요적 변호사건이라도 변호인의 출석을 요하지 않으며(제282조 단서), 검사의 출석도 요구되는 것은 아니다(제278조).

(3) 판결선고의 형식

재판의 선고 또는 고지는 공판정에서는 재판서에 의하여야 하고, 기타의 경우에는 재판서 등본의 송달 또는 다른 적당한 방법[1])으로 하여야 한다. 다만 법률에 다른 규정이 있는 때에는 예외로 한다(제42조). 변론을 종결한 기일에 판결을 선고하는 경우에는 판결의 선고 후에 판결서를 작성할 수 있다(제318조의4 제2항). 이 경우에는 선고 후 5일 이내에 판결서를 작성하여야 한다(규칙 제146조).

판결의 선고는 재판장이 하며, 판결을 선고함에는 주문(主文)을 낭독하고 이유의 요지를 설명하여야 한다(제43조).[2]) 하지만 실무에서는 이유의 요지를 먼저 설명한 후 주문을 낭독하는 방

---

1) 대법원 2004. 8. 12.자 2004모208 결정(재판서 등본을 모사전송의 방법으로 송부하는 것은 제42조에서 정한 재판을 고지하는 '다른 적당한 방법'에 해당한다 할 것이며, 한편 재판을 받는 자가 그 재판의 내용을 알 수 있는 상태에 이른 경우라면 현실적으로 재판의 내용을 알았는지 여부에 관계없이 그 재판이 고지되었다고 보아야 할 것이므로, 위 조항 소정의 다른 적당한 방법에 의하여 재판을 고지하는 경우라고 하여 재판서 등본의 송달의 경우와는 달리 재판을 받는 자가 반드시 재판의 내용을 현실적으로 알게 되었을 때 비로소 재판이 고지되었다고 볼 것은 아니며, 나아가 재판을 받는 자가 구치소에 수용되어 있는 경우 재판서 등본이 모사전송의 방법으로 구치소장에게 송부되었다면 구치소장에게는 이를 수용중인 재판을 받는 자에게 전달할 의무가 있으므로 이로써 재판을 받는 자가 그 재판의 내용을 알 수 있는 상태에 이르렀다고 봄이 상당하고, 따라서 재판서 등본이 모사전송의 방법으로 구치소장에게 송부된 때 그 재판이 고지되었다고 보아야 한다).

2) 의정부지방법원 2017. 2. 14. 선고 2016노2606 판결(판결의 선고는, 재판장이 판결의 주문을 낭독하고, 이유의

법으로 선고하고 있다. 판결을 선고한 사실은 공판조서에 기재하여야 한다(제51조의 제2항 제14호). 재판장은 판결을 선고함에 있어서 피고인에게 적절한 훈계를 할 수 있다(규칙 제147조). 형을 선고하는 경우에는 재판장은 피고인에게 상소할 기간과 상소할 법원을 고지하여야 한다(제324조).

4. 판결선고 후의 조치

법원은 피고인에 대하여 판결을 선고한 때에는 선고일로부터 7일 이내에 피고인에게 그 판결서 등본을 송달하여야 한다. 다만 피고인이 동의하는 경우에는 그 판결서 초본을 송달할 수 있다(규칙 제148조 제1항). 하지만 불구속 피고인과 무죄, 면소, 형의 면제, 형의 선고유예, 형의 집행유예, 공소기각 또는 벌금이나 과료를 과하는 판결이 선고되어 구속영장의 효력이 상실된 구속 피고인에 대하여는 피고인이 송달을 신청하는 경우에 한하여 판결서 등본 또는 판결서 초본[1)]을 송달한다(규칙 제148조 제2항).

판결의 선고로써 상소기간이 진행된다. 상소기간 중 또는 상소중의 사건에 관한 피고인의 구속, 구속기간의 갱신, 구속의 취소, 보석, 보석의 취소, 구속의 집행정지[2)]와 그 정지의 취소의 결정은 소송기록이 상소법원에 도달하기까지는 원심법원이 이를 하여야 한다(제105조, 규칙 제57조 제1항).

제6절 증거조사

Ⅰ. 증거조사의 의의

1. 증거조사의 개념

'증거조사'(證據調査)란 법원이 피고사건의 사실인정과 형의 양정에 관한 심증을 형성하기 위하여 인증·서증·물증 등 각종의 증거방법을 조사하여 그 내용을 감지하는 소송행위를 말한다. 증거조사는 피고사건에 대한 법원의 심증형성을 위하여 행하는 것이지만, 당사자에 대하여는 증거의 내용을 알게 하여 공격과 방어의 기회를 제공하는 역할도 수행한다.

요지를 설명한 다음 피고인에게 상소기간 등을 고지하고, 필요한 경우 피고인에게 훈계까지 마친 후 피고인의 퇴정을 허가하여 피고인이 법정 바깥으로 나가 선고를 위한 공판기일이 종료될 때까지는 끝난 것이 아니고, 따라서 그때까지는 발생한 모든 사정을 참작하여 일단 선고한 판결의 내용을 변경하여 다시 선고하는 것도 유효·적법하다).

1) '등본'(謄本)이란 원본(原本)의 기재내용 전부를 복사한 문서로 원본과 동일하다는 취지의 인증을 부여한 문서를 말하고, '초본'(抄本)이란 원본의 내용 중 일부만 복사하여 인증한 문서를 말한다.

2) 헌법재판소 2012. 6. 27. 선고 2011헌가36 결정.

2. 증거조사의 주체

증거조사의 주체는 법원이다. 따라서 수소법원 이외의 법관이 공판정 외에서나 공판기일 외에 증거조사를 한 경우에는 그 결과를 기재한 서면이나 증거물을 수소법원에 제출하여 수소법원에 의한 증거조사를 거쳐야 한다. 예를 들면 수명법관이나 수탁판사에 의한 증인신문(제167조)·검증(제145조, 제136조)·감정(제177조, 제167조)·통역·번역(제183조, 제177조), 증거보전을 위해 판사가 행하는 증인신문·검증·감정(제184조), 증인신문의 청구에 의해 판사가 행하는 증인신문(제221조의2) 등이 이에 해당한다. 이와 같이 공판정 외에서 일정한 증거방법을 조사한 다음 그 결과를 공판기일에 현출시켜 증거조사를 하는 것도 가능하다.

3. 증거조사의 대상

증거조사는 엄격한 증명의 자료가 되는 증거에 대해서 뿐만 아니라 자유로운 증명의 자료가 되는 증거에 대해서도 행하여져야 한다. 다만 엄격한 증명의 경우에는 증거능력이 있는 증거에 의하여 법에서 정한 절차와 방식에 따라 증거조사가 이루어져야 하지만, 자유로운 증명의 경우에는 증거능력을 요하지 않을 뿐만 아니라 증거조사의 방법도 법원이 상당하다고 인정하는 방법으로 하면 된다는 점에서 구별된다.

4. 증거조사의 장소

증거조사는 공판기일에 공판정에서 법원이 행하는 것이 원칙이지만, 공판정 외에서의 증거조사도 허용되는데, 법원은 증인의 연령·직업·건강상태 기타의 사정을 고려하여 검사·피고인 또는 변호인의 의견을 묻고 법정 외에 소환하거나 현재지에서 신문할 수 있다(제165조). 또한 법원이 현장검증을 실시하고 검증조서를 작성하여 공판기일에 그 서면에 대한 증거조사를 행할 수도 있다.

5. 증거조사의 방법

증거조사에는 당사자의 신청에 의한 증거조사와 직권에 의한 증거조사가 있는데, 전자가 원칙적인 방법이다. 법원은 검사가 신청한 증거를 조사한 후 피고인 또는 변호인이 신청한 증거를 조사하고, 이후 직권으로 결정한 증거를 조사한다. 다만 법원은 직권 또는 검사·피고인·변호인의 신청에 따라 증거조사의 순서를 변경할 수 있다(제291조의2). '직권에 의한 증거조사'란 법원 스스로 증거로 될 서류나 물건을 수집하거나 증인·감정인·통역인 또는 번역인을 증거방법으로 선정하여 이를 조사하는 것을 말한다. 하지만 이는 보충적인 성격을 지니고 있기 때문에 법원이 당사자의 증거신청을 미루어 두고 처음부터 직권에 의한 증거조사를 하는 것은 허용되지 아니한다. 또한 법원은 실체적 진실발견이라는 책무가 있으므로 직권에 의한 증거조사는 법원의 권한인 동시에 의무라고 할 수 있다. 그러므로 법원이 직권에 의한 증거조사를 적절히 하지 않은 경우에는 심리미진의 위법이 인정되어 상대적 항소이유(제361조의5 제1호) 또는 상고이유(제383조 제1호)가 된다.

Ⅱ. 당사자의 신청에 의한 증거조사

1. 당사자의 신청

(1) 신청권자

검사·피고인 또는 변호인은 서류나 물건을 증거로 제출할 수 있고, 증인·감정인·통역인 또는 번역인의 신문을 신청할 수 있다(제294조 제1항). 법원은 범죄로 인한 피해자 또는 그 법정대리인(피해자가 사망한 경우에는 배우자·직계친족·형제자매를 포함한다. 이하 '피해자등'이라고 한다)의 신청이 있는 때에는 그 피해자등을 증인으로 신문하여야 한다. 다만 피해자등이 이미 당해 사건에 관하여 공판절차에서 충분히 진술하여 다시 진술할 필요가 없다고 인정되는 경우 또는 피해자등의 진술로 인하여 공판절차가 현저하게 지연될 우려가 있는 경우의 어느 하나에 해당하는 경우에는 그러하지 아니하다(제294조의2 제1항). 법원은 이에 따라 피해자등을 신문하는 경우 피해의 정도 및 결과, 피고인의 처벌에 관한 의견, 그 밖에 당해 사건에 관한 의견을 진술할 기회를 주어야 한다(제294조의2 제2항). 법원은 동일한 범죄사실에서 제294조의2 제1항에 따른 신청인이 여러 명인 경우에는 진술할 자의 수를 제한할 수 있다(제294조의2 제3항). 제294조의2 제1항에 의한 신청인이 출석통지를 받고도 정당한 이유 없이 출석하지 아니한 때에는 그 신청을 철회한 것으로 본다(제294조의2 제4항).

(2) 신청의 시기와 순서

증거조사를 신청하는 시기에는 제한이 없기 때문에 공판기일에는 물론 공판기일 전에도 가능하다(제273조 참조). 특히 공판준비기일에서 신청하지 못한 증거는 특별한 사유가 없으면 공판기일에 증거신청을 할 수 없도록 제한함으로써(제266조의13 제1항) 공판기일에서의 집중적이고 효율적인 사실심리를 도모하고 있다. 하지만 법원은 검사·피고인 또는 변호인이 고의로 증거를 뒤늦게 신청함으로써 공판의 완결을 지연하는 것으로 인정할 때에는 직권 또는 상대방의 신청에 따라 결정으로 이를 각하할 수 있다(제294조 제2항).

증거신청은 검사가 먼저 이를 한 후 다음에 피고인 또는 변호인이 이를 하는데(규칙 제133조), 이는 검사가 거증책임을 진다는 점을 고려한 것이다. 하지만 공판기일 외에 증거신청이 이루어지는 경우에는 이러한 순서에 의할 필요가 없다. 그리고 제312조 및 제313조에 따라 증거로 할 수 있는 피고인 또는 피고인 아닌 자의 진술을 기재한 조서 또는 서류가 피고인의 자백진술을 내용으로 하는 경우에는 범죄사실에 관한 다른 증거를 조사한 후에 이를 조사하여야 한다(규칙 제135조). 이는 피고인의 자백진술을 내용으로 하는 증거를 다른 증거보다 먼저 조사하는 경우에는 자칫 유죄에 대한 예단이 생길 수 있다는 점과 피고인의 충실한 방어권 행사를 보장하기 위한 규정이다.

(3) 신청의 방법

1) 신청의 방식

증거신청은 구두 또는 서면으로 할 수 있다(규칙 제176조). 하지만 법원은 필요하다고 인정할 때에는 증거신청을 한 자에게, 신문할 증인·감정인·통역인 또는 번역인의 성명·주소·서류나 물건의 표목 및 입증취지와 증거로 할 부분의 특정에 관한 사항을 기재한 서면의 제출을 명할 수 있다(규칙 제132조의2 제4항).

2) 증거방법의 특정

증거조사의 신청을 할 때에는 증거신청의 대상인 증거방법을 특정하여야 한다. 이에 따라 서류나 물건의 일부에 대한 증거신청을 함에 있어서는 증거로 할 부분을 특정하여 명시하여야 한다(규칙 제132조의2 제3항). 제311조부터 제315조까지 또는 제318조에 따라 증거로 할 수 있는 서류나 물건이 수사기록의 일부인 때에는 검사는 이를 특정하여 개별적으로 제출함으로써 그 조사를 신청하여야 한다. 수사기록의 일부인 서류나 물건을 자백에 대한 보강증거나 피고인의 정상에 관한 증거로 낼 경우 또는 제274조에 따라 공판기일 전에 서류나 물건을 낼 경우에도 이와 같다(규칙 제132조의3 제1항). 이를 '증거분리제출제도'(證據分離提出制度)라고 하는데, 이에 따라 수사기관이 작성한 수사보고에 문서가 첨부되어 있는 경우에는 수사보고와 그 첨부문서의 내용을 정확하게 확인하여 증거를 특정하여야 한다.[1] 또한 피고인 또는 변호인이 검사 작성의 피고인에 대한 피의자신문조서에 기재된 내용이 피고인이 진술한 내용과 다르다고 진술할 경우, 피고인 또는 변호인은 당해 조서 중 피고인이 진술한 부분과 같게 기재되어 있는 부분과 다르게 기재되어 있는 부분을 구체적으로 특정하여야 한다(규칙 제134조 제3항).

3) 입증취지의 명시

검사·피고인 또는 변호인이 증거신청을 함에 있어서는 그 증거와 증명하고자 하는 사실과의 관계를 구체적으로 명시하여야 한다(규칙 제132조의2 제1항). 여기서 증거와 증명하고자 하는 요증사실과의 관계를 '입증취지'(立證趣旨)라고 한다. 입증취지의 구체화는 법원이 증거결정을 하

---

1) 대법원 2011. 7. 14. 선고 2011도3809 판결(검찰관이 공판기일에 제출한 증거 중 뇌물공여자 甲이 작성한 고발장에 대하여 피고인의 변호인이 증거 부동의 의견을 밝히고, 같은 고발장을 첨부문서로 포함하고 있는 검찰주사보 작성의 수사보고에 대하여는 증거에 동의하여 증거조사가 행하여졌는데, 원심법원이 수사보고에 대한 증거동의의 효력이 첨부된 고발장에도 당연히 미친다고 보아 이를 유죄의 증거로 삼은 사안에서, 수사기관이 수사과정에서 수집한 자료를 기록에 현출시키는 방법으로 자료의 의미, 성격, 혐의사실과의 관련성 등을 수사보고의 형태로 요약·설명하고 해당 자료를 수사보고에 첨부하는 경우, 수사보고에 기재된 내용은 수사기관이 첨부한 자료를 통하여 얻은 인식·판단·추론이거나 자료의 단순한 요약에 불과하여 원 자료로부터 독립하여 공소사실에 대한 증명력을 가질 수 없고, 피고인이나 변호인도 수사보고의 증명력을 위와 같은 취지로 이해하여 공소사실을 부인하면서도 수사보고의 증거능력을 다투지 않은 것으로 보이는 등의 제반 사정에 비추어, 위 고발장은 군사법원법에 따른 적법한 증거신청·증거결정·증거조사 절차를 거쳤다고 볼 수 없거나 공소사실을 뒷받침하는 증명력을 가진 증거가 아니므로 이를 유죄의 증거로 삼을 수 없다).

는데 참고가 될 뿐만 아니라 상대방의 방어권 행사에도 도움이 된다. 그러나 법원은 당해 증거를 통하여 요증사실을 인정함에 있어서 신청자의 입증취지에 구속되지 아니한다. 이와 같이 입증취지는 구속력이 인정되지 아니하므로 당해 증거를 기초로 하여 다른 사실을 인정하는 것도 허용된다. 피고인의 자백을 보강하는 증거나 정상에 관한 증거는 보강증거 또는 정상에 관한 증거라는 취지를 특히 명시하여 그 조사를 신청하여야 한다(규칙 제132조의2 제2항).

4) 일괄신청

검사·피고인 또는 변호인은 특별한 사정이 없는 한 필요한 증거를 일괄하여 신청하여야 한다(규칙 제132조). 이는 당사자 사이의 공격방어의 대상을 명확히 하고 효율적이고 집중적인 심리를 가능하게 하기 위한 것이다. 하지만 증거능력의 판단이나 당사자의 증거동의는 개별적으로 행해져야 하며, 증거 전체에 대한 포괄적 동의는 허용되지 아니한다. 왜냐하면 제311조부터 제315조까지 또는 제318조에 따라 증거로 할 수 있는 서류나 물건이 수사기록의 일부인 때에는 검사는 이를 특정하여 개별적으로 제출함으로써 그 조사를 신청하여야 하고, 수사기록의 일부인 서류나 물건을 자백에 대한 보강증거나 피고인의 정상에 관한 증거로 낼 경우 또는 제274조에 따라 공판기일전에 서류나 물건을 낼 경우에도 이와 같으며, 이러한 규정에 위반한 증거신청은 이를 기각할 수 있기 때문이다(규칙 제132조의3 참조). 동 규정은 1989. 6. 7. 신설된 조문으로서, 이후 증거분리제출제도가 정착하게 된 것이다. 이에 따라 「개개의 증거에 대하여 개별적인 증거조사방식을 거치지 아니하고 검사가 제시한 모든 증거에 대하여 피고인이 증거로 함에 동의한다는 방식으로 이루어진 것이라고 하여도 증거동의로서의 효력을 부정할 이유가 되지 못한다.」라고 판시[1]한 대법원의 태도는 더 이상 그 효력을 유지할 수 없게 되었다.[2]

5) 영상녹화물의 조사신청

검사는 피고인이 된 피의자의 진술을 영상녹화한 사건에서 피고인이 그 조서에 기재된 내용이 피고인이 진술한 내용과 동일하게 기재되어 있음을 인정하지 아니하는 경우 그 부분의 성립의 진정을 증명하기 위하여 영상녹화물의 조사를 신청할 수 있다(규칙 제134조의2 제1항). 검사는 이러한 신청을 함에 있어 ① 영상녹화를 시작하고 마친 시각과 조사 장소, ② 피고인 또는 변호인이 진술과 조서 기재내용의 동일성을 다투는 부분의 영상을 구체적으로 특정할 수 있는 시각을 기재한 서면을 제출하여야 한다(규칙 제134조의2 제2항). 조사를 신청한 영상녹화물은 조사가 개시된 시점부터 조사가 종료되어 피의자가 조서에 기명날인 또는 서명을 마치는 시점까지 전(全) 과정이 영상녹화된 것으로서, ① 피의자의 신문이 영상녹화되고 있다는 취지의 고지, ② 영상녹화를 시작하고 마친 시각 및 장소의 고지, ③ 신문하는 검사와 참여한 자의 성명과 직급의 고지, ④ 진술거부권·변호인의 참여를 요청할 수 있다는 점 등의 고지, ⑤ 조사를 중단·재개하는 경우 중단 이유와 중단 시각, 중단 후 재개하는 시각, ⑥ 조사를 종료하는 시각 등의 내

---

1) 대법원 1983. 3. 8. 선고 82도2873 판결.

2) 同旨 이은모/김정환, 709면.

용을 포함하는 것이어야 한다(규칙 제134조의2 제3항). 또한 영상녹화물은 조사가 행해지는 동안 조사실 전체를 확인할 수 있도록 녹화된 것으로 진술자의 얼굴을 식별할 수 있는 것이어야 하며(규칙 제134조의2 제4항), 영상녹화물의 재생 화면에는 녹화 당시의 날짜와 시간이 실시간으로 표시되어야 한다(규칙 제134조의2 제5항). 이는 검사가 피고인이 아닌 피의자의 진술에 대한 영상녹화물의 조사를 신청하는 경우에 준용한다(규칙 제134조의2 제6항).

검사는 피의자가 아닌 자가 공판준비 또는 공판기일에서 조서가 자신이 검사 또는 사법경찰관 앞에서 진술한 내용과 동일하게 기재되어 있음을 인정하지 아니하는 경우 그 부분의 성립의 진정을 증명하기 위하여 영상녹화물의 조사를 신청할 수 있다(규칙 제134조의3 제1항). 검사는 이에 따라 영상녹화물의 조사를 신청하는 때에는 피의자가 아닌 자가 영상녹화에 동의하였다는 취지로 기재하고 기명날인 또는 서명한 서면을 첨부하여야 한다(규칙 제134조의3 제2항).

(4) 신청의 철회

증거조사를 신청한 자는 이미 채택결정이 된 경우에도 증거조사가 실시되기 전까지 그 신청을 철회할 수 있다. 범죄피해자 등의 증인신문 신청도 마찬가지이며, 그 신청인이 출석통지를 받고도 정당한 이유 없이 출석하지 아니한 때에는 그 신청을 철회한 것으로 본다(제294조의2 제4항). 한편 증인은 법원이 직권에 의하여 신문할 수도 있고 증거의 채부는 법원의 직권에 속하는 것이므로 피고인이 철회한 증인을 법원이 직권으로 신문하고 이를 채증하더라도 위법이 아니다.[1)]

2. 증거신청에 대한 법원의 결정

(1) 의 의

법원은 당사자의 증거신청에 대하여 결정을 하여야 한다(제295조 전단). 당사자가 증거조사를 신청한 경우에 당해 증거를 조사하기로 한 때에는 채택결정을 하고, 거부하는 때에는 기각결정을 한다. 이와 같이 당사자가 신청한 증거에 대하여 필요하다고 인정되는 범위에서 법원이 조사를 하도록 하고 있지만, 그 필요성 여부의 판단은 법관의 자의적 판단에 따르는 것이 아니라 내재적 한계가 있다. 증거신청이 법령을 위반한 경우, 신청된 증거가 증거능력이 없거나 당해 사건과 관련성이 없는 경우, 증거조사가 법률상 또는 사실상 불가능한 경우 등은 증거조사가 불필요한 예로 들 수 있을 것이다. 또한 법원이 요증사실에 관하여 충분히 증명되었다고 인정하는 경우에 같은 사실을 증명하기 위하여 중복하여 증거조사를 할 필요는 없다. 그러나 이 경우의 법원의 심증은 쌍방의 증거를 충분히 조사한 결과일 것을 요하며, 일방의 증거만을 믿고 예단을 가지거나 증명력이 박약하다는 예단만으로 증거신청을 기각해서는 안 된다. 결국 법원의 증거결정도 증거평가에 대한 법관의 자유심증과 같이 일정한 한계가 있는바, 증거결정은 공

---

1) 대법원 1983. 7. 12. 선고 82도3216 판결.

정한 재판의 이념과 무기대등의 원칙을 고려하면서 최량(最良) 증거에 의하여 신속하고 경제적인 소송진행이 가능하도록 하여야 한다.

법원으로 하여금 당사자가 신청하는 모든 증거를 조사하지 아니하고 법원의 재량에 의하여 필요하다고 인정하는 것에 대하여만 증거조사를 할 수 있도록 한 것은 소송절차의 신속·원활한 진행을 도모하고, 소송과 무관하거나 왜곡된 증거가 제출·조사됨으로써 부당한 결론이 도출되는 것을 방지하고자 하는 데에 그 취지가 있다. 만약 당사자가 신청하는 모든 증거에 대하여 법원이 이를 조사하여야 한다면, 당사자는 쟁점과 무관하거나 심지어 위조된 증거를 법원에 제출하여 그 조사를 요구함으로써 소송결과를 왜곡시키려 할 가능성이 높다. 또한 소송에서 불리한 당사자가 불필요한 증거에 대해서까지 법원에 조사를 요구함으로써 소송을 최대한 지연시키려는 것을 제재하기 어렵다. 뿐만 아니라 당사자가 신청하는 모든 증거를 조사하여야 한다면 불필요한 증거조사로 말미암아 막대한 인적·물적 낭비가 초래되며, 특히 형사소송의 경우에는 국가가 소송비용을 부담하게 될 수 있어, 결국 그 비용은 국민의 부담으로 돌아갈 수밖에 없다. 특히 당사자가 당해 소송과 전혀 무관한 제3자를 증인으로 신청하는 경우에는 그 제3자가 법정에 출석 및 진술하게 됨으로써 권리침해 또는 불이익을 받게 될 수도 있다. 그러므로 법원에 증거 채택 여부에 관하여 재량권을 부여한 것은 신속한 재판 실현과 실체적 진실에 합치하는 공정한 재판 실현이라는 헌법적 요청에 부합한다.[1)]

그러므로 증거결정은 법원의 소송지휘권에 근거한 것이므로 법원이 증거조사를 실시하는지의 여부는 원칙적으로 법원의 재량사항이라고 할 수 있다. 즉 증거신청의 채택 여부는 법원의 재량으로서 법원이 필요하지 아니하다고 인정할 때에는 이를 조사하지 아니할 수 있고[2)], 법원이 적법하게 공판의 심리를 종결한 뒤에 피고인이 증인신청을 하였다고 하여 반드시 공판의 심리를 재개하여 증인신문을 하여야 하는 것은 아니다.[3)] 또한 법원은 소송당사자의 신청이 없더라도 직권으로 증거조사를 하는 결정을 할 수 있다. 법원의 증거결정은 결정의 형식으로 하며, 이를 고지하여야 한다.

한편 제39조에서는 '재판에는 이유를 명시하여야 한다. 다만 상소를 불허하는 결정 또는 명령은 예외로 한다.'라고 규정하고 있으나, 그 이유 기재의 정도에 관하여는 제323조가 유죄판결에 명시될 이유에 관하여 규정하고 있을 뿐 다른 규정은 없으므로, 어느 재판에 어느 정도의 이유 기재를 요하느냐는 그 재판의 성격에 따라 결정할 수밖에 없다.[4)] 그러므로 증거조사신청의 기각결정 등 판결 전의 소송절차에 관한 재판에는 재판의 간결성의 원칙에 따라 그 사유의 존

1) 헌법재판소 2012. 5. 31. 선고 2010헌바403 결정.

2) 대법원 2016. 2. 18. 선고 2015도16586 판결; 대법원 2011. 1. 27. 선고 2010도7947 판결; 대법원 2010. 1. 14. 선고 2009도9963 판결; 대법원 2008. 9. 25. 선고 2008도6985 판결; 대법원 2003. 10. 10. 선고 2003도3282 판결; 대법원 1995. 6. 13. 선고 95도826 판결; 대법원 1983. 7. 12. 선고 83도1419 판결; 대법원 1977. 4. 26. 선고 77도814 판결.

3) 대법원 2014. 2. 27. 선고 2013도12155 판결.

4) 대법원 1987. 2. 3.자 86모57 결정; 대법원 1986. 9. 29.자 86모34 결정; 대법원 1985. 7. 23.자 85모12 결정.

부에 관하여 자세하고 구체적인 설명을 생략하고 그 신청의 당부에 대한 이유를 다만 신청의 이유가 있다 또는 그 이유가 없다고 간단히 밝히면 된다.[1)]

(2) 증거결정을 함에 있어서 의견진술

법원은 증거결정을 함에 있어서 필요하다고 인정할 때에는 그 증거에 대한 검사·피고인 또는 변호인의 의견을 들을 수 있다(규칙 제134조 제1항; 임의적 의견진술). 이와 같은 임의적 의견진술은 증거신청이 이루어진 경우뿐만 아니라 법원이 직권으로 증거결정을 하는 경우에도 행해질 수 있다. 반면에 법원은 서류 또는 물건이 증거로 제출된 경우에 이에 관한 증거결정을 함에 있어서는 제출한 자로 하여금 그 서류 또는 물건을 상대방에게 제시하게 하여 상대방으로 하여금 그 서류 또는 물건의 증거능력 유무에 관한 의견을 진술하게 하여야 한다(규칙 제134조 제2항 본문; 필요적 의견진술). 다만 제318조의3의 규정(간이공판절차의 결정)에 의하여 동의가 있는 것으로 간주되는 경우에는 그러하지 아니하다(규칙 제134조 제2항 단서). 여기서 '증거능력 유무에 관한 의견'이란 내용의 인정 여부, 진정성립의 인정 여부, 진술의 임의성의 인정 여부, 위법수집증거의 해당 여부, 증거동의의 여부 등을 말한다.

또한 법원은 검사가 영상녹화물의 조사를 신청한 경우 이에 관한 결정을 함에 있어 피고인 또는 변호인으로 하여금 그 영상녹화물이 적법한 절차와 방식에 따라 작성되어 봉인된 것인지 여부에 관한 의견을 진술하게 하여야 한다(규칙 제134조의4 제1항). 신청대상 영상녹화물이 피고인 아닌 자의 진술에 관한 것인 때에는 원진술자인 피고인 아닌 자도 이와 같은 의견을 진술하여야 한다(규칙 제134조의4 제2항).

(3) 증거결정의 내용

1) 채택결정 및 직권결정

법원은 신청인의 증거신청에 대하여 명백히 불합리한 경우가 아닌 한 원칙적으로 채택결정을 하여야 한다. 그리고 법원은 증거조사가 필요하다고 판단하면 직권으로 증거결정을 할 수도 있다(제295조).

2) 기각결정

① 증거의 신청방식에 법령위반이 있는 경우

검사·피고인 또는 변호인이 증거신청을 함에 있어서는 그 증거와 증명하고자 하는 사실과의 관계를 구체적으로 명시하여야 하고, 피고인의 자백을 보강하는 증거나 정상에 관한 증거는 보강증거 또는 정상에 관한 증거라는 취지를 특히 명시하여 그 조사를 신청하여야 하고, 서류나 물건의 일부에 대한 증거신청을 함에 있어서는 증거로 할 부분을 특정하여 명시하여야 하고, 법원은 필요하다고 인정할 때에는 증거신청을 한 자에게, 신문할 증인, 감정인, 통역인 또는 번역인의 성명, 주소, 서류나 물건의 표목 및 규칙 제132조의5 제1항 내지 제3항에 규정된 사항

---

1) 대법원 1996. 11. 14.자 96모94 결정.

을 기재한 서면의 제출을 명할 수 있는데(규칙 제132조의5 제1항 내지 제4항), 이러한 규정에 위반한 증거신청은 이를 기각할 수 있다(규칙 제132조의2 제5항). 또한 수사기록의 일부에 대한 증거신청 방식에 위반한 증거신청은 이를 기각할 수 있다(규칙 제132조의3 제2항). 다만 부적법한 증거신청이라고 할지라도 실체적 진실발견을 위하여 필요한 경우에는 법원은 보정을 명하거나 직권으로 증거조사를 할 수 있다. 또한 기각결정을 받은 이후에 위반된 부분을 보정하여 다시 증거신청을 할 수도 있다.

② 증거능력이 없는 경우

신청된 서류 또는 물건에 대하여 증거능력이 인정되지 않는 경우에는 기각결정을 하여야 한다. 또한 증거조사를 위해서는 당해 증거가 요증사실을 증명하는데 필요한 최소한도의 증명력을 가지고 있어야 하므로, 이것이 인정되지 않는 증거에 대하여도 증거신청을 기각하여야 한다.

③ 증거조사의 가능성이나 필요성이 없는 경우

증거조사가 불가능한 경우 또는 필요성이 없는 경우에도 증거신청을 기각하여야 한다. 예를 들면 법원이 요증사실에 관하여 충분히 증명되었다고 인정하는 경우에는 같은 사실을 증명하기 위하여 중복하여 증거조사를 할 필요가 없다. 다만 이 경우 법원의 심증은 쌍방의 증거를 충분히 조사해서 이루어진 합리적인 결과일 것을 요한다. 또한 범죄피해자 등의 증인신문신청이 있는 경우에도 피해자 등의 진술로 인하여 공판절차가 현저하게 지연될 우려가 있는 경우(제294조의2 제1항 제3호), 신청한 증인이 사망하거나 외국으로 출국하여 소재확인이 되지 않는 경우, 신청한 증거가 사건과의 관련성이 전혀 인정되지 않는 경우, 공지의 사실과 같이 증거조사가 필요하지 않은 내용과 관련된 증거신청의 경우 등에 있어서도 기각결정의 사유가 될 수 있다.

3) 각하결정

법원은 검사·피고인 또는 변호인이 고의로 증거를 뒤늦게 신청함으로써 공판의 완결을 지연하는 것으로 인정할 때에는 직권 또는 상대방의 신청에 따라 결정으로 이를 각하할 수 있다(제294조 제2항). 한편 공판준비기일을 거친 사건의 경우 공판준비기일에서 신청하지 못한 증거는 ① 그 신청으로 인하여 소송을 현저히 지연시키지 아니하는 때, ② 중대한 과실 없이 공판준비기일에 제출하지 못하는 등 부득이한 사유를 소명한 때, ③ 법원이 직권으로 증거를 조사할 필요가 있다고 인정할 때를 제외하고는 공판기일에서 신청할 수 없으므로(제266조의13), 이러한 경우에도 각하결정의 사유가 될 수 있다.

4) 증거서류 또는 증거물의 반환

법원은 증거신청을 기각·각하하거나 증거신청에 대한 결정을 보류하는 경우에는 증거신청인으로부터 당해 증거서류 또는 증거물을 제출받아서는 아니 된다(규칙 제134조 제4항). 일단 제출받은 경우라고 할지라도 후에 증거능력이 없음이 밝혀진 경우에는 이를 반환하여야 한다.

(4) 증거결정에 대한 불복

증거결정은 법원의 판결 전 소송절차에 관한 결정이므로 이에 대하여는 항고를 할 수 없고(제403조 제1항), 증거결정으로 말미암아 사실을 오인하여 판결에 영향을 미치게 된 경우에만 이를 상소의 이유로 삼을 수 있을 뿐이다(제361조의5 제1호, 제383조 제1호).[1] 하지만 검사·피고인 또는 변호인은 증거조사에 관하여 이의신청을 할 수 있고(제296조 제1항), 법원은 이러한 신청에 대하여 결정을 하여야 한다(제296조 제2항). 이의신청은 증거조사절차에서 행하여지는 모든 행위·처분·결정을 그 대상으로 한다. 예를 들면 증거신청, 증거결정, 증거조사의 순서와 방법, 증거능력의 유무 등이 이에 해당한다. 일반적인 이의신청이 재판장의 위법한 처분에 대하여만 가능한 것과는 달리 증거조사에 대한 이의신청은 증거조사가 위법한 경우뿐만 아니라 부당한 경우에도 할 수 있다. 다만 증거신청에 대한 채부결정과 피해자 진술신청에 대한 결정에 대한 이의신청은 법령의 위반이 있음을 이유로 하여서만 이를 할 수 있다(규칙 제135조의2).

증거조사에 대한 이의신청은 개개의 행위·처분 또는 결정시마다 그 이유를 간결하게 명시하여 즉시 하여야 하고(규칙 제137조), 법원은 이의신청이 있은 후 즉시 결정하여야 한다(규칙 제138조). 법원은 시기에 늦은 이의신청, 소송지연만을 목적으로 하는 것임이 명백한 이의신청 및 이의신청이 이유 없다고 인정되는 때에는 결정으로 기각하여야 하고, 이의신청이 이유 있다고 인정되는 때에는 이의신청의 대상이 된 행위, 처분 또는 결정을 중지·철회·취소·변경하는 등 그 이의신청에 상응하는 조치를 취하여야 하며, 증거조사를 마친 증거가 증거능력이 없음을 이유로 한 이의신청을 이유 있다고 인정할 경우에는 그 증거의 전부 또는 일부를 배제한다는 취지의 결정을 하여야 한다. 다만 시기에 늦은 이의신청이 중요한 사항을 대상으로 하고 있는 경우에는 시기에 늦은 것만을 이유로 하여 기각하여서는 아니 된다(규칙 제139조 제1항 내지 제4항).

Ⅲ. 증거조사의 방식

1. 서류 및 물건 등에 대한 증거조사

(1) 서류 및 물건에 대한 지시설명

소송관계인이 증거로 제출한 서류나 물건 또는 제272조(공무소 등에 대한 조회), 제273조(공판기일 전의 증거조사)의 규정에 의하여 작성 또는 송부된 서류[2]는 검사·변호인 또는 피고인이 공판정에서 개별적으로 지시설명(指示說明)하여 조사하여야 한다(제291조 제1항).[3] 재판장은 직권으로 제291조 제1항의 서류나 물건을 공판정에서 조사할 수 있다(제291조 제2항). 또한 법원이 직권으

1) 대법원 1990. 6. 8. 선고 90도646 판결.

2) 증거는 공판정에서 조사하여야 하므로 공판기일 전에 작성 또는 수집된 증거에 대하여 공판기일에 증거조사를 거치지 아니하면 공소사실을 인정하는 증거로 사용할 수 없다.

3) 대법원 2010. 5. 27. 선고 2008도2344 판결(형사소송법에 규정된 절차에 따른 증거조사를 거치지 않은 서류는 증거능력이 없는 것이어서 이를 사실인정의 자료로 삼을 수 없다).

로 조사하는 증거에 대하여는 재판장이 지시설명하여야 할 것이다.

지시설명은 서류 또는 물건의 표목(標目)을 특정하여 증거별로 이루어져야 하므로 포괄적인 증거조사는 허용되지 않게 되며, 이러한 의미에서 개별적인 지시설명은 증거조사의 대상을 보다 명확히 하는 기능을 가진다. 또한 지시설명은 증거신청인 자신이 제출한 개개의 증거를 특정하면서 서류 또는 물건과 당해 사건의 쟁점사항과의 관련성 및 입증취지 등을 진술한 뒤 각 증거방법에 따른 본격적인 증거조사방식을 진행하도록 하는 제도이다.

(2) 증거서류의 조사방식

'증거서류'(證據書類)란 서류에 기재된 의미내용만이 증거로 되는 보고적 문서를 말하며, 서류 자체의 존재나 형식은 증거자료로서의 의미를 가지지 않는 것을 가리킨다. 검사·피고인 또는 변호인의 신청에 따라 증거서류를 조사하는 때에는 신청인이 이를 낭독하여야 한다(제292조 제1항). 법원이 직권으로 증거서류를 조사하는 때에는 소지인 또는 재판장이 이를 낭독하여야 한다(제292조 제2항). 재판장은 필요하다고 인정하는 때에는 낭독 대신에 내용을 고지하는 방법으로 조사할 수 있다(제292조 제3항). 여기서 증거서류 내용의 고지는 그 요지를 고지하는 방법으로 한다(규칙 제134조의6 제1항).[1] 그리고 재판장은 법원사무관 등으로 하여금 제292조 제1항부터 제3항까지의 규정에 따른 낭독이나 고지를 하게 할 수 있다(제292조 제4항). 재판장은 필요하다고 인정하는 때에는 제292조 제1항·제2항·제4항의 낭독에 갈음하여 그 요지를 진술하게 할 수 있다(규칙 제134조의6 제2항). 그러나 재판장은 열람이 다른 방법보다 적절하다고 인정하는 때에는 증거서류를 제시하여 열람하게 하는 방법으로 조사할 수 있다(제292조 제5항). 예를 들면 재무제표·회계장부·도표·교통사고 실황조사서 등과 같이 낭독이나 내용의 고지가 용이하지 아니하거나 부적절한 경우에는 당해 서류를 제시하여 열람하게 하는 방법이 보다 적절한 조사방법이 될 수 있다.

(3) 증거물의 조사방식

'증거물'(證據物)이란 물건의 존재 또는 상태가 증거자료로 되는 것을 말한다. 예를 들면 범행에 사용된 흉기가 이에 해당한다. 검사·피고인 또는 변호인의 신청에 따라 증거물을 조사하는 때에는 신청인이 이를 제시하여야 한다(제292조의2 제1항). 법원이 직권으로 증거물을 조사하는 때에는 소지인 또는 재판장이 이를 제시하여야 한다(제292조의2 제2항). 재판장은 법원사무관 등으로 하여금 증거물의 제시를 하게 할 수 있다(제292조의2 제3항).

(4) 증거물인 서면의 조사방식

'증거물인 서면'이란 그 본질은 증거물이지만 증거서류로서의 성질도 아울러 가지고 있는 것을 말한다. 예를 들면 위조문서·협박편지 등이 이에 해당한다. 이러한 증거물인 서면을 조사

1) 대법원 2008. 6. 12. 선고 2007도7671 판결(증거로 채택된 증거서류에 대한 증거조사의 실시는 요지를 고지하는 방식으로 행하고, 증거조사를 실시하는 단계에서 다시 증거서류를 제시할 필요는 없다 할 것이므로, 검사 작성의 피고인에 대한 제3회 피의자신문조서의 증거조사절차에 그 제시가 행하여지지 않은 위법이 있다는 상고이유의 주장은 받아들일 수 없다).

하기 위해서는 증거서류의 조사방식인 낭독·내용고지 또는 열람의 절차와 증거물의 조사방식인 제시의 절차가 함께 이루어져야 하므로, 원칙적으로 증거신청인으로 하여금 그 서면을 제시하면서 낭독하게 하거나 이에 갈음하여 그 내용을 고지 또는 열람하도록 하여야 한다.[1)]

(5) 정보저장물의 조사방식

'정보저장물'(情報貯藏物)이란 정보를 담기 위하여 만들어진 물건으로서 문서가 아닌 증거를 말한다. 이에는 도면이나 사진 등과 같은 비전자적 증거도 있지만, 대부분은 테이프나 디스크 등과 같이 전자적 증거의 형태로 존재한다. 도면·사진·녹음테이프·비디오테이프·컴퓨터용디스크 그 밖에 정보를 담기 위하여 만들어진 물건으로서 문서가 아닌 증거의 조사에 관하여 필요한 사항은 대법원규칙으로 정한다(제292조의3).

1) 영상녹화물에 대한 조사방식

법원은 공판준비 또는 공판기일에서 봉인을 해체하고 영상녹화물의 전부 또는 일부를 재생하는 방법으로 조사하여야 한다. 이 때 영상녹화물은 그 재생과 조사에 필요한 전자적 설비를 갖춘 법정 외의 장소에서 이를 재생할 수 있다(규칙 제134조의4 제3항). 재판장은 조사를 마친 후 지체 없이 법원사무관 등으로 하여금 다시 원본을 봉인하도록 하고, 원진술자와 함께 피고인 또는 변호인에게 기명날인 또는 서명하도록 하여 검사에게 반환한다. 다만 피고인의 출석 없이 개정하는 사건에서 변호인이 없는 때에는 피고인 또는 변호인의 기명날인 또는 서명을 요하지 아니한다(규칙 제134조의4 제4항).

기억 환기를 위한 영상녹화물의 재생은 검사의 신청이 있는 경우에 한하고, 기억의 환기가 필요한 피고인 또는 피고인 아닌 자에게만 이를 재생하여 시청하게 하여야 한다(규칙 제134조의5 제1항). 이는 법관이 영상녹화물에 의하여 심증형성에 영향을 받을 여지를 차단하기 위한 것이다. 규칙 제134조의2 제3항부터 제5항까지와 규칙 제134조의4는 검사가 제318조의2 제2항에 의하여 영상녹화물의 재생을 신청하는 경우에 준용한다(규칙 제134조의5 제2항).

2) 컴퓨터용디스크 등에 기억된 문자정보 등에 대한 조사방식

컴퓨터용디스크 그 밖에 이와 비슷한 정보저장매체에 기억된 문자정보를 증거자료로 하는 경우에는 읽을 수 있도록 출력하여 인증한 등본을 낼 수 있다(규칙 제134조의7 제1항). 그러나 출력된 문서를 독립된 증거로 신청하는 경우와는 달리 증거자료가 되는 것은 문자정보 자체이므로 출력문서에 대하여 별도의 증거조사를 해야 하는 것은 아니다. 컴퓨터디스크 등에 기억된 문자정보를 증거로 하는 경우에 증거조사를 신청한 당사자는 법원이 명하거나 상대방이 요구한 때에는 컴퓨터디스크 등에 입력한 사람과 입력한 일시, 출력한 사람과 출력한 일시를 밝혀야 한다(규칙 제134조의7 제2항). 이는 출력문서의 진정성립과 내용의 정확성을 담보하고 이에 관하여 다툼이 있는 경우에 증인으로 신문하거나 감정에 필요한 정보를 제공하도록 하기 위한 것이다.

1) 대법원 2013. 7. 26. 선고 2013도2511 판결.

컴퓨터디스크 등에 기억된 정보가 도면·사진 등에 관한 것인 때에는 규칙 제134조의7 제1항과 제2항의 규정을 준용한다(규칙 제134조의7 제3항).

압수물인 디지털 저장매체로부터 출력된 문건이 증거로 사용되기 위해서는 디지털 저장매체 원본에 저장된 내용과 출력된 문건의 동일성이 인정되어야 할 것인데, 그 동일성을 인정하기 위해서는 디지털 저장매체 원본이 압수된 이후 문건 출력에 이르기까지 변경되지 않았음이 담보되어야 하고, 특히 디지털 저장매체 원본에 변화가 일어나는 것을 방지하기 위해 디지털 저장매체 원본을 대신하여 디지털 저장매체에 저장된 자료를 '하드카피'·'이미징'한 매체로부터 문건이 출력된 경우에는 디지털 저장매체 원본과 '하드카피'·'이미징'한 매체 사이에 자료의 동일성도 인정되어야 한다. 나아가 법원 감정을 통해 디지털 저장매체 원본 혹은 '하드카피'·'이미징'한 매체에 저장된 내용과 출력된 문건의 동일성을 확인하는 과정에서 이용된 컴퓨터의 기계적 정확성, 프로그램의 신뢰성, 입력·처리·출력의 각 단계에서 조작자의 전문적인 기술능력과 정확성이 담보되어야 한다. 그리고 압수된 디지털 저장매체로부터 출력된 문건이 진술증거로 사용되는 경우에는 그 기재 내용의 진실성에 관하여 전문법칙이 적용되므로, 제313조 제1항에 의하여 그 작성자 또는 진술자의 진술에 의하여 그 성립의 진정함이 증명된 때에 한하여 이를 증거로 사용할 수 있다.[1)]

3) 녹음·녹화매체 등에 대한 조사방식

녹음·녹화매체 등에 대한 증거조사는 녹음·녹화매체 등을 재생하여 청취 또는 시청하는 방법으로 한다(규칙 제134조의8 제3항). 녹음·녹화매체 등에 대한 증거조사를 신청한 당사자는 법원이 명하거나 상대방이 요구한 때에는 녹음·녹음매체 등의 녹취서, 그 밖에 그 내용을 설명하는 서면을 제출하여야 한다(규칙 제134조의8 제2항). 피고인들이 금지통고된 옥외집회를 진행하던 중 3회에 걸쳐 자진 해산명령을 받고도 이에 불응하였다고 하여 경찰공무원에 의해 체포되어 기소된 사안에서, 검사가 피고인들의 체포장면이 녹화된 동영상 CD를 별도의 증거로 제출하지 아니하고 CD의 내용을 간략히 요약한 수사보고서에 CD를 첨부하여 수사보고서만을 서증으로 제출하고, CD를 재생하여 청취 또는 시청하지 않은 것은 위법하다.[2)]

녹음·녹화테이프, 컴퓨터용디스크, 그 밖에 이와 비슷한 방법으로 음성이나 영상을 녹음 또는 녹화하여 재생할 수 있는 매체에 대한 증거조사를 신청하는 때에는 음성이나 영상이 녹음·녹화 등이 된 사람, 녹음·녹화 등을 한 사람 및 녹음·녹화 등을 한 일시·장소를 밝혀야 한다(규칙 제134조의8 제1항).

4) 도면·사진 등에 대한 조사방식

도면·사진 그 밖에 정보를 담기 위하여 만들어진 물건으로서 문서가 아닌 증거의 조사에 관하여는 특별한 규정이 없으면 제292조(증거서류에 대한 조사방식), 제292조의2(증거물에 대한 조사방

---

1) 대법원 2007. 12. 13. 선고 2007도7257 판결.

2) 대법원 2011. 10. 13. 선고 2009도13846 판결.

식)의 규정을 준용한다(규칙 제134조의9). 따라서 조사대상인 도면 또는 사진 등의 성격이 증거서류인지 증거물인지 또는 증거물인 서면에 해당하는지에 따라 낭독·내용의 고지·열람이나 제시의 방법 또는 양자를 병행하는 방법으로 조사한다.

2. 증인신문

(1) 의 의

'증인'(證人)이란 법원 또는 법관에 대하여 자기가 과거에 체험한 사실을 진술하는 제3자를 말한다. 체험사실 자체에 대한 진술뿐만 아니라 그 사실로부터 추측한 사실을 진술하는 자도 증인에 해당한다. 그러나 증인은 수사기관에 대하여 자기가 과거에 체험한 사실을 진술하는 제3자인 참고인과는 구별된다. 또한 증인은 자기의 체험사실을 진술하는 자라는 점에서 특별한 지식이나 경험에 속하는 법칙이나 이를 구체적인 사실에 적용하여 얻은 판단을 보고하는 감정인과도 구별된다. 증인은 구인(拘引)이 가능하지만(제152조), 감정인은 그러하지 아니한데, 이는 증인이 비대체적인 반면에 감정인은 대체적이라는 차이점에서 기인한다.

한편 특별한 지식에 의하여 알게 된 과거의 사실을 진술하는 제3자인 '감정증인'(鑑定證人)도 대체성이 없다는 점에서 증인에 속한다고 볼 수 있다. 예를 들면 화재의 현장을 감식한 소방관이 화재의 원인 등에 대하여 진술하는 경우, 피해자를 치료한 의사가 치료 당시 환자의 상태 등에 대하여 진술하는 경우 등이 이에 해당한다. 이에 따라 감정증인에 대해서는 감정보고의 절차가 아니라 증인신문절차에 의하여 신문하도록 하고 있다(제179조).

'증인신문'(證人訊問)이란 증인으로부터 그 체험사실의 진술을 듣는 증거조사절차를 말한다. 이러한 증인신문은 공판절차에서 이루어지는 것이 원칙이다. 증인신문의 유형으로는 검사·피고인 또는 변호인의 신청에 의하여 법원이 행하는 경우(제294조), 법원이 직권으로 행하는 경우(제295조), 범죄로 인한 피해자의 신청에 의해 행하는 경우(제294조의2) 등이 있다. 또한 증인신문은 판사의 증거보전처분으로서 행하는 경우(제184조, 제221조의2), 공판기일 전에 검사·피고인 또는 변호인의 신청에 의하여 법원이 행하는 경우(제273조) 등이 있으며, 법원은 증인의 연령·직업·건강상태 기타의 사정을 고려하여 검사·피고인 또는 변호인의 의견을 묻고 법정 외에 소환하거나 현재지에서 신문할 수 있다(제165조).

(2) 증인적격

1) 의 의

'증인적격'(證人適格)이란 특정사건에서 증인이 될 수 있는 형식적인 자격을 말한다. 법원은 법률에 다른 규정이 없으면 누구든지 증인으로 신문할 수 있기 때문에(제146조), 원칙적으로는 누구에게나 증인적격이 인정된다. 그러므로 아동·책임무능력자·피고인의 배우자 등 친족·피고인과 우호관계 또는 적대관계에 있는 자 등도 증인이 될 수 있다. 다만 증언의 공정성 또는 공익의 보호를 위하여 아래와 같이 법률상 공무원에게 증인거부권이 인정되는 경우와 이론상 증인적격이 제한되는 경우가 있다.

2) 공무원의 증인거부권

공무원 또는 공무원이었던 자가 그 직무에 관하여 알게 된 사실에 관하여 본인 또는 당해 공무소가 직무상 비밀에 속한 사항임을 신고한 때에는 그 소속공무소 또는 감독관공서의 승낙 없이는 증인으로 신문하지 못한다(제147조 제1항). 다만 그 소속공무소 또는 당해 감독관공서는 국가에 중대한 이익을 해하는 경우를 제외하고는 승낙을 거부하지 못한다(제147조 제2항).

3) 담당법관의 증인적격

법관은 자신이 담당하고 있는 사건의 증인이 될 수 없다. 법관도 그 직무에서 탈퇴하면 증인이 될 수 있지만, 증인으로 된 후에는 제척사유에 해당하여(제17조 제4호), 당연히 당해 사건의 직무집행에서 배제된다. 이는 당해 재판에 관여하는 법원서기관 등의 경우에도 마찬가지이다(제25조).

4) 공판관여검사의 증인적격

당해 사건의 공판에 관여하고 있는 검사에게 증인적격이 인정될 수 있는지 여부와 관련하여, ① 검사의 증인적격을 부정하는 명문의 규정이 없다는 점, 실체적 진실발견을 위하여 검사의 증인적격을 인정해야 할 필요가 있을 수 있다는 점, 검사가 증언한 후에도 공소유지의 직무수행이 가능하다는 점, 실무에서 중요한 사건은 수사검사가 공소유지를 한다는 점 등을 논거로 하는 적극설[1], ② 소송당사자인 검사는 제3자인 증인이 될 수 없다는 점, 증인신문을 받은 검사가 공소유지의 직무를 수행하기 어렵다는 점 등을 논거로 하는 소극설[2] 등의 대립이 있다. 생각건대 당해 사건의 공판에 관여하고 있는 검사는 소송의 당사자이기 때문에 제3자라고 볼 수 없다는 점, 검사를 증인으로 신문하게 되면 검사가 공판관여검사로서의 직무를 제대로 수행할 수 없게 된다는 점 등을 논거로 하여 공판관여검사의 증인적격은 이를 부정하는 것이 타당하다. 그러므로 실체적 진실발견을 위하여 검사를 증인으로 신문할 필요가 있다면, 그를 공판관여검사의 지위로부터 벗어나게 하여야 할 것이다.

한편 수사만 담당하고 공판에 관여하지 않은 검사는 소송의 당사자가 아니므로 증인적격에 아무런 문제가 없다.[3] 또한 검찰주사·사법경찰관리[4] 등은 소송당사자가 아니므로 그 직무

---

1) 김인회, 383면; 임동규, 643면. 다만 검사가 증인이 되어 증언을 했다면 공소유지업무에서 배제되는 것이 타당하다고 한다.

2) 손동권/신이철, 485면; 송광섭, 515면; 신양균/조기영, 643면; 이은모/김정환, 506면; 이재상/조균석, 495면; 이주원, 299면; 이창현, 740면; 정승환, 447면(다만 예외적으로 진실발견을 위해서 검사를 증인으로 신문해야 할 필요성이 있는 때에 한하여 증인적격을 인정할 수 있다); 정웅석/최창호, 476면; 최호진, 418면.

3) 반면에 수사를 담당한 검사가 기소를 한 점 및 검사동일체의 이념을 고려하면 수사검사 역시 실질적인 당사자이므로 증인적격을 부정해야 한다는 견해로는 김정한, 502면.

4) 헌법재판소 2001. 11. 29. 선고 2001헌바41 결정(형사소송에 있어서 경찰 공무원은 당해 피고인에 대한 수사를 담당하였는지의 여부에 관계없이 그 피고인에 대한 공판과정에서는 제3자라고 할 수 있어 수사 담당 경찰 공무원이라 하더라도 증인의 지위에 있을 수 있음을 부정할 수 없고, 이러한 증인신문 역시 공소사실과 관련된 실체적 진실을 발견하기 위한 것이지 피고인을 유죄로 추정하기 때문이라고 인정할 만한 아무런 근거도 없다는 점에서,

상 취급한 사건에 관하여 증인이 됨에 아무런 제한이 없다. 예를 들면 조사자 증언제도가 이에 해당할 수 있다.

5) 변호인의 증인적격

피고인의 변호인에게 증인적격이 인정될 수 있는지 여부와 관련하여, ① 변호인의 증인적격을 부정하는 명문의 규정이 없다는 점, 실체적 진실발견과 피고인의 이익보호를 위하여 변호인에 대한 증인신문이 필요한 경우가 있다는 점, 변호인은 증언거부권을 행사하여 피고인에게 불리한 증언을 거부함으로써 그에 대한 신뢰관계를 유지할 수 있다는 점 등을 논거로 하는 적극설[1], ② 변호인은 피고인의 보호자로서 당해 소송에서 실질적으로 제3자의 지위에 있다고 볼 수 없다는 점, 변호인에게 피고인에 대한 이익 되는 사실만을 진술하도록 하는 것은 타당하지 않다는 점, 변호인은 피고인의 보호자로서 피고인의 이익을 위하여 활동해야 한다는 점, 변호인에게 증인적격을 인정하더라도 피고인에게 불리한 사실에 대해서는 증언거부권을 행사할 수 있어 증인신문이 사실상 어렵게 된다는 점 등을 논거로 하는 소극설[2], ③ 원칙적으로 변호인은 사임한 후에 증인적격이 인정되지만, 변호인에게 증언거부권이 인정되고, 실체심리에 관한 중요한 사항에 대하여 다른 증명방법이 없고, 피고인에게 유리한 사항을 증언하는 경우 등에 한정하여 변호인과 피고인이 이의가 없는 것을 전제로 하여 예외적으로 변호인에 대하여 증인적격을 인정하는 절충설[3] 등의 대립이 있다. 생각건대 변호인의 진술을 통하여 피고인에게 불리한 사실을 획득하는 것은 변호인의 기본적인 임무에 위배되는 것이므로 소극설이 타당하다.

6) 당사자의 증인적격

증인능력이 없는 사람은 증인이 될 수 없는데, 민사소송의 당사자는 증인능력이 없으므로 증인으로 선서하고 증언하였다고 하더라도 증인적격이 인정될 수 없고, 이러한 법리는 민사소송에서의 당사자인 법인의 대표자의 경우에도 마찬가지로 적용된다.[4] 다만 민사소송법에 따르면 법원은 직권으로 또는 당사자의 신청에 따라 당사자 본인을 신문할 수 있고, 이 경우 당사자에게 선서를 하게 하여야 하는데(민사소송법 제367조), 만약 선서한 당사자가 거짓 진술을 한 때에는 법원은 결정으로 500만원 이하의 과태료에 처하고 있다(민사소송법 제370조 제1항). 또한 피고인이 자신의 사건에 대하여 증인으로 선서하고 위증을 하였다고 하더라도 이러한 형사소송의 당사자인 피고인은 증인적격이 부정되기 때문에 위증죄의 주체가 될 수 없다.[5] 특히 피고인은 헌

이 사건 법률조항은 무죄추정의 원칙에 반하지 아니한다).

1) 신동운, 417면(다만 변호인이 피고인에게 불리한 증언을 해야 하는 경우에는 변호인의 지위를 사임하는 것이 바람직할 것이다); 임동규, 644면; 정승환, 448면.

2) 김인회, 384면; 김정한, 503면; 손동권/신이철, 486면; 신양균/조기영, 644면; 이은모/김정환, 507면; 이재상/조균석, 496면; 이주원, 299면; 이창현, 741면; 정웅석/최창호, 475면; 최호진, 419면.

3) 송광섭, 514면.

4) 대법원 2012. 12. 13. 선고 2010도14360 판결; 대법원 1998. 3. 10. 선고 97도1168 판결.

5) 헌법재판소 2001. 11. 29. 선고 2001헌바41 결정.

법상 보장된 진술거부권을 행사할 수 있는 위치에 있는데, 이를 포기하고 선서하여 진술을 강제하는 것은 헌법정신에도 위배되는 것이다.

7) 공동피고인의 증인적격

① 공범 아닌 공동피고인의 경우

피고인과 별개의 범죄사실로 기소되어 병합심리중인 공동피고인, 즉 공범 아닌 공동피고인은 피고인의 범죄사실에 관하여는 실질적인 이해관계가 인정되기 어렵기 때문에 증인의 지위에 있다.[1] 이에 따라 피고인과 별개의 범죄사실로 기소되어 병합심리중인 공동피고인은 피고인의 범죄사실에 관하여는 증인의 지위에 있다고 할 것이므로 선서 없이 한 공동피고인의 법정진술이나 피고인이 증거로 함에 동의한 바 없는 공동피고인에 대한 피의자신문조서는 피고인의 공소 범죄사실을 인정하는 증거로 할 수 없다.[2] 또한 공동피고인인 절도범과 그 장물범은 서로 다른 공동피고인의 범죄사실에 관하여는 증인의 지위에 있다고 할 것이므로, 피고인이 증거로 함에 동의한 바 없는 공동피고인에 대한 피의자신문조서는 공동피고인의 증언에 의하여 그 성립의 진정이 인정되지 아니하는 한 피고인의 공소 범죄사실을 인정하는 증거로 할 수 없다.[3]

② 공범인 공동피고인의 경우

공범인 공동피고인의 증인적격 여부의 문제는 기본적으로 당사자로서의 지위와 제3자로서의 지위를 겸유하고 있는 공범인 공동피고인의 지위 중 어떤 부분을 우선시할 것인지의 문제라고 할 수 있는데, 공범인 공동피고인은 당해 소송절차에서는 피고인의 지위에 있어 다른 공동피고인에 대한 공소사실에 관하여 증인이 될 수 없으나, 소송절차가 분리되어 피고인의 지위에서 벗어나게 되면 다른 공동피고인에 대한 공소사실에 관하여 증인이 될 수 있다.[4] 왜냐하면 공동피고인 상호간에 이해관계를 공통으로 하는 공범관계가 인정되는 경우에 있어서 당해 공동피고인들은 모두 피고인으로서의 성질을 가지며 그들에게는 진술거부권이 인정되는 결과 피고인의 지위에서의 허위의 진술은 처벌의 대상이 되지 않는 반면 증인의 지위에서의 허위의 진술은 처벌의 대상이 되므로 만약 위와 같이 상호간에 이해관계를 공통으로 하는 공범관계에 있는 피고인에게까지 증인적격을 인정한다면 피고인의 방어권과 진술거부권을 보장하기 위해 피고인의 증인적격을 인정하지 않는 것과 배치될 뿐만 아니라 법원이 진술거부권을 갖는 피고인

1) 대법원 1982. 9. 14. 선고 82도1000 판결; 대법원 1982. 6. 22. 선고 82도898 판결; 대법원 1979. 3. 27. 선고 78도1031 판결.

2) 대법원 1982. 9. 14. 선고 82도1000 판결.

3) 대법원 2006. 1. 12. 선고 2005도7601 판결.

4) 대법원 2012. 12. 13. 선고 2010도10028 판결; 대법원 2012. 3. 29. 선고 2009도11249 판결; 대법원 2008. 6. 26. 선고 2008도3300 판결; 대법원 2007. 11. 29. 선고 2007도2661 판결; 대법원 1999. 9. 17. 선고 99도2449 판결. 이에 대하여 동일한 공동피고인의 진술을 변론의 병합이나 분리라는 형식적 절차에 따라 피고인의 진술이 되거나 증인의 진술이 된다고 보는 것은 형식적·기술적 절차에 따라 좌우되는 것이므로 타당하지 않다는 견해로는 최호진, 421면.

에게 그 진술거부권을 포기하고 선서하여 진실을 말하도록 강제하는 모순된 요구를 하는 것이 되어 부당한 결과를 초래하기 때문이다. 그러므로 소송절차가 분리된 공범인 공동피고인에 대하여 증인적격을 인정하고 그 자신의 범죄사실에 대하여 신문한다고 하더라도 피고인으로서의 진술거부권 내지 자기부죄거부특권을 침해한다고 할 수 없다. 따라서 증인신문절차에서 증언거부권이 고지되었음에도 불구하고 공범인 공동피고인이 자기의 범죄사실에 대하여 증언거부권을 행사하지 아니한 채 허위로 진술하였다면 위증죄가 성립된다.[1)]

한편 이미 유죄의 확정판결을 받은 경우에는 헌법 제13조 제1항에 정한 일사부재리의 원칙에 의해 다시 처벌받지 아니하므로 자신에 대한 유죄판결이 확정된 증인은 공범에 대한 사건에서 증언을 거부할 수 없고, 설령 증인이 자신에 대한 형사사건에서 시종일관 범행을 부인하였더라도 그러한 사정만으로 증인이 진실대로 진술할 것을 기대할 수 있는 가능성이 없는 경우에 해당한다고 할 수 없으므로 허위의 진술에 대하여 위증죄 성립을 부정할 수 없다.[2)] 같은 맥락에서 자신에 대한 유죄판결이 확정된 증인이 재심을 청구한다고 하더라도, 이미 유죄의 확정판결이 있는 사실에 대해서는 일사부재리의 원칙에 의하여 거듭 처벌받지 않는다는 점에 변함이 없고, 형사소송법상 피고인의 불이익을 위한 재심청구는 허용되지 아니하며(제420조), 재심사건에는 불이익변경 금지의 원칙이 적용되어 원판결의 형보다 중한 형을 선고하지 못하므로(제439조), 자신의 유죄 확정판결에 대하여 재심을 청구한 증인에게 증언의무를 부과하는 것이 형사소추 또는 공소제기를 당하거나 유죄판결을 받을 사실이 발로될 염려 있는 증언을 강제하는 것이라고 볼 수는 없다. 따라서 자신에 대한 유죄판결이 확정된 증인이 공범에 대한 피고사건에서 증언할 당시 앞으로 재심을 청구할 예정이라고 하여도, 이를 이유로 증인에게 제148조에 의한 증언거부권이 인정되지 아니한다.[3)]

(3) 증인의 의무

1) 출석의무

① 의 의

증인은 법원이 소환하면 출석해야 할 의무가 있다. 이러한 출석의무는 공판기일의 증인신문에 소환받은 증인뿐만 아니라 공판기일 전의 증거조사절차(제273조), 증거보전절차(제184조), 수사상의 증인신문절차(제221조의2) 등의 증인신문에 소환받은 증인에게도 인정된다. 증인의 출석의무는 소환이 적법한 경우에 한하여 인정된다. 증인거부권을 가지는 자는 출석의무가 없으나 증언거부권자는 증언을 거부할 수 있을 뿐이고 출석 자체를 거부할 수는 없다. 이에 따라 증인을 신청한 자는 증인이 출석하도록 합리적인 노력을 할 의무가 있다(제150조의2 제2항).

---

1) 대법원 2012. 10. 11. 선고 2012도6848 판결.

2) 대법원 2008. 10. 23. 선고 2005도10101 판결.

3) 대법원 2011. 11. 24. 선고 2011도11994 판결.

② 증인의 소환

법원은 소환장의 송달·전화·전자우편·모사전송·휴대전화 문자전송 그 밖의 상당한 방법으로 증인을 소환한다(제150조의2 제1항, 규칙 제67조의2 제1항). 증인을 신청하는 자는 증인의 소재, 연락처와 출석 가능성 및 출석 가능 일시 그 밖에 증인의 소환에 필요한 사항을 미리 확인하는 등 증인 출석을 위한 합리적인 노력을 다하여야 한다(제150조의2 제2항, 규칙 제67조의2 제2항).

소환장에 의한 증인의 소환에 관하여는 피고인의 소환에 관한 규정이 준용된다(제153조). 증인에 대한 소환장에는 그 성명·피고인의 성명·죄명·출석일시 및 장소·정당한 이유 없이 출석하지 아니할 경우에는 과태료에 처하거나 출석하지 아니함으로써 생긴 비용의 배상을 명할 수 있고 또 구인할 수 있음을 기재하고 재판장이 기명날인하여야 한다(규칙 제68조 제1항). 증인에 대한 소환장은 늦어도 출석할 일시 24시간 이전에 송달하여야 한다. 다만 급속을 요하는 경우에는 그러하지 아니하다(규칙 제70조). 그러나 이미 증인이 법원의 구내에 있는 때에는 소환함이 없이 신문할 수 있다(제154조). 증인에 대한 소환장이 송달불능된 경우 증인을 신청한 자는 재판장의 명에 의하여 증인의 주소를 서면으로 보정하여야 하고, 이 때 증인의 소재, 연락처와 출석가능성 등을 충분히 조사하여 성실하게 기재하여야 한다(규칙 제70조의2). 증인이 출석요구를 받고 기일에 출석할 수 없을 경우에는 법원에 바로 그 사유를 밝혀 신고하여야 한다(규칙 제68조의2).

③ 증인에 대한 동행명령

법원은 필요한 때에는 결정으로 지정한 장소에 증인의 동행을 명할 수 있다(제166조 제1항). 이는 원래 법원 내에서 신문할 예정으로 소환한 증인을 법정 외에서 신문할 필요가 있을 경우에 행하는 것이다. 그러므로 동행명령은 증인을 처음부터 법정 외로 소환한 경우와는 구별된다. 만약 증인이 정당한 사유 없이 동행을 거부하는 때에는 구인할 수 있다(제166조 제2항).

④ 출석의무 위반에 대한 제재

㉠ 소송비용의 부담 및 과태료의 부과 법원은 소환장을 송달받은 증인이 정당한 사유 없이 출석하지 아니한 때에는 결정으로 당해 불출석으로 인한 소송비용을 증인이 부담하도록 명하고, 500만원 이하의 과태료를 부과할 수 있다. 소환장의 송달과 동일한 효력이 있는 경우에도 또한 같다(제151조 제1항). 과태료와 소송비용 부담의 재판절차에 관하여는 비송사건절차법 제248조, 제250조(다만 제248조 제3항 후문과 검사에 관한 부분을 제외한다)를 준용한다(규칙 제68조의3). 증인의 출석의무는 소환이 적법한 경우에 한하여 인정되므로 소환방법이 위법하거나 무효인 경우에는 과태료 등을 부과할 수 없다. 소송비용의 부담 및 과태료의 부과는 증인의 소환불응에만 적용되고, 동행명령을 거부한 경우에는 적용되지 아니한다. 증인은 소송비용의 부담이나 과태료 부과결정에 대하여 즉시항고를 할 수 있지만, 집행정지의 효력은 인정되지 아니한다(제151조 제8항).

㉡ 구 인 정당한 사유 없이 소환에 응하지 아니하는 증인은 구인할 수 있다(제152조).

또한 증인이 정당한 사유 없이 동행을 거부하는 때에도 구인할 수 있다(제166조 제2항). 증인의 구인에는 피고인의 구인에 관한 규정이 대부분 준용된다(제155조, 규칙 제69조).

㉢ **감치결정** 법원은 증인이 과태료 재판을 받고도 정당한 사유 없이 다시 출석하지 아니한 때에는 결정으로 증인을 7일 이내의 감치에 처한다(제151조 제2항). 이러한 감치는 증인이 과태료부과 결정을 받은 후에도 정당한 이유 없이 불출석한 경우로 한정되므로 선서거부나 증언거부로 인하여 과태료부과 결정을 받은 경우에는 적용되지 아니하다. 감치재판절차는 법원의 감치재판개시결정에 따라 개시된다. 이 경우 감치사유가 발생한 날부터 20일이 지난 때에는 감치재판개시결정을 할 수 없다(규칙 제68조의4 제1항). 감치재판절차를 개시한 후 감치결정 전에 그 증인이 증언을 하거나 그 밖에 감치에 처하는 것이 상당하지 아니하다고 인정되는 때에는 법원은 불처벌결정을 하여야 한다(규칙 제68조의4 제2항). 감치재판개시결정과 불처벌결정에 대하여는 불복할 수 없다(규칙 제68조의4 제3항). 법원은 감치재판기일에 증인을 소환하여 출석불응에 정당한 사유가 있는지의 여부를 심리하여야 한다(제151조 제3항).

감치는 그 재판을 한 법원의 재판장의 명령에 따라 사법경찰관리·교도관·법원경위 또는 법원사무관 등이 교도소·구치소 또는 경찰서유치장에 유치하여 집행한다(제151조 제4항). 감치에 처하는 재판을 받은 증인이 감치시설에 유치된 경우 당해 감치시설의 장은 즉시 그 사실을 법원에 통보하여야 한다(제151조 제5항). 법원은 이러한 통보를 받은 때에는 지체 없이 증인신문기일을 열어야 한다(제151조 제6항). 법원은 감치의 재판을 받은 증인이 감치의 집행 중에 증언을 한 때에는 즉시 감치결정을 취소하고 그 증인을 석방하도록 명하여야 한다(제151조 제7항). 법원의 감치결정에 대하여는 즉시항고를 할 수 있다. 다만 집행정지의 효력은 인정되지 아니한다(제151조 제8항).

2) 선서의무

① 의 의

'선서'(宣誓)란 증인 또는 감정인이 법원에 대하여 진실을 말할 것을 맹세하는 것을 말하는데, 출석한 증인은 신문 전에 선서를 하여야 한다. 만약 증인이 선서한 후에 거짓진술을 하면 위증죄로 처벌받게 된다. 그러므로 선서는 위증의 벌에 의한 심리적 강제를 통하여 증언의 진실성과 확실성을 담보하기 위한 절차라고 할 수 있다. 선서능력 있는 증인이 선서를 하지 않고 증언한 때에는 그 증언은 증거능력이 인정되지 아니한다.[1)]

② 선서무능력자

선서무능력자에게는 선서의무가 없다. 그리하여 증인이 16세 미만의 자이거나 선서의 취지를 이해하지 못하는 자에 해당한 때에는 선서하게 하지 아니하고 신문하여야 한다(제159조). 증인이 선서의 취지를 이해할 수 있는가에 대하여 의문이 있는 때에는 선서 전에 그 점에 대하여

---

1) 대법원 1979. 3. 27. 선고 78도1031 판결.

신문하고, 필요하다고 인정할 때에는 선서의 취지를 설명하여야 한다(규칙 제72조). 선서무능력자에게 선서시키고 증언하도록 하더라도 그의 선서는 효력이 없으며, 위증죄는 성립하지 아니한다. 그러나 증언능력이 있는 한 그 증언 자체의 효력이 부정되는 것은 아니다.[1]

③ 선서의 방법

증인에게는 신문 전에 선서하게 하여야 한다. 다만 법률에 다른 규정이 있는 경우에는 예외로 한다(제156조). 여기서 말하는 '법률에 다른 규정'의 대표적인 예가 앞에서 살펴 본 선서무능력자 규정(제159조)이다. 또한 재판장은 선서할 증인에 대하여 선서 전에 위증의 벌을 경고하여야 한다(제158조).[2] 선서는 선서서에 의하여야 하는데, 선서서에는「양심에 따라 숨김과 보탬이 없이 사실 그대로 말하고 만일 거짓말이 있으면 위증의 벌을 받기로 맹세합니다.」라고 기재하여야 한다. 재판장은 증인으로 하여금 선서서를 낭독하고 기명날인 또는 서명하게 하여야 한다. 다만 증인이 선서서를 낭독하지 못하거나 서명을 하지 못하는 경우에는 참여한 법원사무관등이 이를 대행한다. 선서는 기립하여 엄숙히 하여야 한다(제157조 제1항 내지 제4항). 그리고 선서는 각 증인마다 하여야 하고, 대표선서는 이론상 허용되지 아니한다. 하지만 실무에서는 동일사건의 여러 증인을 한 기일에 신문하는 경우에 각 증인의 동일성을 확인하고 재판장이 한꺼번에 위증의 벌을 경고한 다음 그 중 1인에게 대표로 선서서를 낭독하게 하는 것임을 고지한 후에 그 대표에게 선서서를 낭독하게 하는 것이 일반적이다. 그리고 증인이 당해 사건에 대하여 1회 선서를 한 경우에는 신문 도중에 신문을 중단하고 다음 회에 속행하는 때는 물론이고 일단 신문을 종료한 후에 새로 증인으로 채택하여 신문하는 때에도 이전 기일의 신문시에 행한 선서의 효력이 계속 유지되고 있음을 증인에게 고지하기만 하면 충분하고 다시 선서하게 할 필요는 없다.

④ 선서의무 위반에 대한 제재

증인이 정당한 이유 없이 선서를 거부한 때에는 결정으로 50만원 이하의 과태료에 처할 수 있다(제161조 제1항). 동 결정에 대하여는 즉시항고를 할 수 있다(제161조 제2항).

3) 증언의무

① 의 의

선서한 증인은 신문받은 사항에 대하여 증언할 의무가 있다. 증인은 법원이나 법관의 신문뿐만 아니라 검사와 변호인 또는 피고인의 신문에 대하여도 증언하여야 하며, 주신문뿐만 아니라 반대신문에 대해서도 증언하여야 한다. 만약 일방의 신문에 대하여만 증언하고 타방의 신문에 대하여 증언하지 아니한 경우라면 반대신문의 기회가 보장되지 않는 것과 동일한 결과가 되

---

1) 대법원 2006. 4. 14. 선고 2005도9561 판결; 대법원 1957. 3. 8. 선고 4290형상23 판결.

2) 대법원 2010. 1. 21. 선고 2008도942 전원합의체 판결(재판장이 선서할 증인에 대하여 선서 전에 위증의 벌을 경고하지 않았다는 등의 사유는 그 증인신문절차에서 증인 자신이 위증의 벌을 경고하는 내용의 선서서를 낭독하고 기명날인 또는 서명한 이상 위증의 벌을 몰랐다고 할 수 없을 것이므로 증인 보호에 사실상 장애가 초래되었다고 볼 수 없기 때문에 위증죄의 성립에 지장이 없다).

어 증거능력을 인정할 수 없다(제312조 제4항).

② 증언능력

증인이 증인적격이 있는 자라고 할지라도 증언능력이 없는 때에는 그 증언을 증거로 할 수 없다. 여기서 '증언능력'(證言能力)이란 증인 자신이 과거에 경험한 사실을 그 기억에 따라 공술할 수 있는 정신적인 능력을 말한다. 그러므로 형사미성년자나 선서무능력자라고 할지라도 증언능력이 있을 수 있다. 유아의 증언능력에 관해서도 그 유무는 단지 공술자의 연령만에 의할 것이 아니라 그의 지적 수준에 따라 개별적이고 구체적으로 결정되어야 함은 물론 공술의 태도 및 내용 등을 구체적으로 검토하고, 경험한 과거의 사실이 공술자의 이해력·판단력 등에 의하여 변식될 수 있는 범위 내에 속하는가의 여부도 충분히 고려하여 판단하여야 한다.[1)]

③ 증언의무 위반에 대한 제재

증인이 정당한 이유 없이 증언을 거부한 때에는 결정으로 50만원 이하의 과태료에 처할 수 있다(제161조 제1항). 동 결정에 대하여는 즉시항고를 할 수 있다(제161조 제2항). 여기서 말하는 '정당한 이유'란 증인거부권이나 증언거부권이 인정되는 경우와 같이 법률상 증언을 거부할 수 있는 경우를 말한다.

(4) 증인의 권리

1) 증언거부권

① 내 용

형사소송법은 자신에 대한 소송절차가 아님에도 불구하고 법정에 출석하여 선서하고 경험한 사실을 진술하여야 하는 의무를 부담하는 증인을 위하여 일정한 경우에는 진술 대신 침묵할

1) 대법원 2006. 4. 14. 선고 2005도9561 판결(피해자 공소외 1(1999. 7. 14.생으로서 이 사건 사고 당시 만 3세 3개월 내지 만 3세 7개월 가량)이 아동센터에서 정신과 전문의 공소외 2로부터 진료를 받을 당시(2004. 7. 7.)와 연세의료원에서 임상심리전문가 공소외 3으로부터 심리평가를 받을 당시(2004. 7. 15.) 및 은평시립병원에서 (명칭 생략)집의 사회복지사 공소외 4와 대화시(2004. 8. 5.경)에는 각 만 5세 가량, 경찰에서 진술 당시(2005. 4. 20.)에는 만 5세 9개월 남짓 된 여아이나, 위 피해자가 경험한 사실이 '피고인이 피해자의 발가락을 빨고 가슴을 만졌으며, 또한 음부에 피고인의 손가락을 넣거나 성기를 집어넣었다.'는 비교적 단순한 것으로서 피해자 연령 정도의 유아라고 하더라도 별다른 사정이 없는 한 이를 알고 그 내용을 표현할 수 있는 범위 내의 것일 뿐만 아니라 그 진술이 그 연령의 유아 수준의 표현이라고 보여 지며, 위 공소외 3의 심리평가 결과 위 피해자가 그 심리평가 무렵 평균 수준의 지능, 어휘력 및 지각적 조직화 능력(비언어적 의사소통능력)을 가지고 있어 자신이 경험하는 일들에 대하여 적절히 보고하는 능력이 있는 것으로 나타나는 등, 기록에 나타난 위 피해자의 진술내용과 진술태도, 표현방식 등을 종합해 보면, 위 피해자는 위 각 대화 내지 진술 당시 증언능력에 준하는 능력을 갖추었던 것으로 인정되고, 나아가 그 각 진술의 신빙성도 인정된다); 대법원 2004. 9. 13. 선고 2004도3161 판결(이 사건 및 비디오테이프 촬영 당시 피해자 1은 만 4년 6개월 남짓, 피해자 2는 만 3년 7개월 남짓 된 여아들이나 피해자들이 경험한 사실이 '피고인이 피해자들의 팬티를 내리고 손으로 음부를 만졌다.'는 비교적 단순한 것으로서 피해자들 연령 정도의 유아라고 하더라도 별다른 사정이 없는 한 이를 알고 그 내용을 표현할 수 있는 범위 내의 것이라고 보여지고, 피해자 1은 상담자인 최문주가 '할아버지가 서서 했어, 앉아서 했어?'라는 유도성 질문을 하였음에도 스스로 '누워서요.'라고 하거나 '바닥에'라고 하는 등 질문에서 주어지지 않은 제3의 답변을 자발적으로 끄집어내고 있으며, 피해자 2는 반복하여 '원장 할아버지가 (성기 부분을) 때렸다.'고 진술하고 있는데 이는 그 연령의 유아 수준의 표현이라고 보여지며, 그 외 피해자들의 진술내용과 진술태도, 표현방식 등을 종합해 보면, 피해자들의 증언능력이나 그 진술의 신빙성이 인정된다); 대법원 1999. 11. 26. 선고 99도3786 판결; 대법원 1984. 9. 25. 선고 84도619 판결.

수 있는 증언거부권 제도를 두고 있다. 즉 자기나 친족 또는 친족관계가 있었던 자, 법정대리인, 후견감독인에 해당한 관계있는 자가 형사소추[1] 또는 공소제기[2]를 당하거나 유죄판결을 받을 사실이 발로될 염려 있는 경우(제148조)[3]와 변호사·변리사·공증인·공인회계사·세무사·대서업자·의사·한의사·치과의사·약사·약종상·조산사·간호사·종교의 직에 있는 자 또는 이러한 직에 있던 자가 그 업무상 위탁을 받은 관계로 알게 된 사실로서 타인의 비밀에 관한 것 가운데 본인의 승낙이 있거나 중대한 공익상 필요 있는 때에 해당하지 않는 경우(제149조)에는 증언을 거부할 수 있는데, 이러한 경우에 재판장은 신문 전에 증언을 거부할 수 있음을 설명하여야 한다(제160조). 이러한 증언거부권은 증인의 권리일 뿐이므로 증인은 이를 행사하지 아니하고 증언할 수도 있음은 물론이다.

② 증인선서절차와 증인신문절차의 구별

증언거부권의 고지시기와 관련하여, 형사소송법은 '신문 전'이라고 규정하고 있는데(제160조 참조), 증인선서의 경우에도 '신문 전'에 해야 하는 상황(제156조 참조)에서 증인선서와 증언거부권 고지 사이의 시간적인 선후관계가 문제될 수 있다.[4] 즉 증언거부권을 고지받지 않고 선서한 증인을 위증죄의 주체로 파악할 수 있는지 여부와 관련하여, ① 증언거부권은 '선서 전'이 아니라 '신문 전'에 고지하도록 규정하고 있다는 점, 선서를 하게 되면 형사소송법의 규정에 의하여 이미 선서를 한 증인이 되기 때문에 증언거부권의 고지는 증인선서절차가 아니라 증인신문절차에 속한다는 점, 증언거부권을 고지받지 못하고 증언을 한 증인은 '적법한 절차에 의해 신문받지 못한 증인'이라고 할 수는 있어도 '법률에 의해 선서한 증인'에는 해당한다는 점 등을 논거로 하여, 증인선서절차에서 적법한 절차에 의하여 선서가 이루어졌다면 증언거부권의 고지 여부와는 관계없이 위증죄의 주체가 된다는 견해, ② 증언거부권의 고지는 증언거부권에 대한 절차적 보장이므로 이를 고지하지 않은 채 선서를 하게 하고 증인신문을 한 경우에 선서는 적정절차의 원칙에 대한 위반이므로 법률에 의한 유효한 선서가 있다고 볼 수 없다는 점을 논거로 하여, 위증죄의 성립을 부정하는 견해[5] 등의 대립이 있다.

---

1) 대법원 2011. 12. 8. 선고 2010도2816 판결(제148조에서 '형사소추'는 증인이 이미 저지른 범죄사실에 대한 것을 의미한다고 할 것이므로, 증인의 증언에 의하여 비로소 범죄가 성립하는 경우에는 제160조, 제148조 소정의 증언거부권 고지대상이 된다고 할 수 없다).

2) 이에 대하여 형사소추 이외에 별도로 공소제기를 규정한 것이 불필요하다는 견해로는 신양균/조기영, 647면.

3) 대법원 2012. 12. 13. 선고 2010도10028 판결(형사소송법에서 증언거부권의 대상으로 규정한 '공소제기를 당하거나 유죄판결을 받을 사실이 발로될 염려 있는 증언'에는 자신이 범행을 한 사실뿐 아니라 범행을 한 것으로 오인되어 유죄판결을 받을 우려가 있는 사실 등도 포함된다고 할 것이다. 따라서 범행을 하지 아니한 자가 범인으로 공소제기가 되어 피고인의 지위에서 범행사실을 허위자백하고, 나아가 공범에 대한 증인의 자격에서 증언을 하면서 그 공범과 함께 범행하였다고 허위의 진술을 한 경우에도 그 증언은 자신에 대한 유죄판결의 우려를 증대시키는 것이므로 증언거부권의 대상은 된다).

4) 이에 대하여 보다 자세한 내용으로는 박찬걸, "위증죄에 관한 실체법적 및 절차법적 쟁점", 형사법의 신동향 제49호, 대검찰청, 2015. 12, 1면 이하 참조.

5) 김인회, 389면; 이은모/김정환, 514면; 이창현, 751면.

생각건대 현행법상 위증의 벌 경고 → 증인선서 → 증인신문 등의 순서로 행해지는 규정(제156조, 제157조)과 증언거부권의 고지는 단순히 신문 전에 행해져야 한다는 규정(제160조)을 종합해 보면, 증인선서 후에 증언거부권을 고지하더라도 위증죄의 주체가 됨에 아무런 영향을 미치지 않는다고 보아야 한다. 다만 입법론적으로는 선서 전에 위증의 벌을 경고함과 동시에 증언거부권을 고지하는 것이 증인 보호에 보다 충실한 태도라고 판단된다.

③ 증언거부권 미고지의 법적 효과

형사소송법에 규정된 증언거부권 제도는 증인에게 증언의무의 이행을 거절할 수 있는 권리를 부여한 것이고, 증언거부권의 고지 제도는 증인에게 그러한 권리의 존재를 확인시켜 침묵할 것인지 아니면 진술할 것인지에 관하여 심사숙고할 기회를 충분히 부여함으로써 침묵할 수 있는 권리를 보장하기 위한 것이다. 제148조는 피고인의 자기부죄거부특권을 보장하기 위하여 자기가 유죄판결을 받을 사실이 발로될 염려 있는 증언을 거부할 수 있는 권리를 인정하고 있고, 그와 같은 증언거부권 보장을 위하여 제160조는 재판장이 신문 전에 증언거부권을 고지하여야 한다고 규정하고 있는 것이다. 그러므로 소송절차에서 증인으로 선서하기 전에, 재판장이 피고인에게 당해 피고인이 제148조에 해당하여 증언을 거부할 수 있음을 설명한 사실이 인정된다면 이후의 위증에 대하여 처벌하는 것은 별 무리가 없다.[1)]

하지만 증언거부권자에 해당하는 증인에게 증언거부권을 고지하지 않고 진술하게 한 경우에 있어서의 법적인 효과는 문제될 수 있다. 이에 대하여 판례는 「증인신문절차에서 법률에 규정된 증인 보호를 위한 규정이 지켜진 것으로 인정되지 않은 경우에는 증인이 허위의 진술을 하였다고 하더라도 위증죄의 구성요건인 '법률에 의하여 선서한 증인'에 해당하지 아니한다고 보아 이를 위증죄로 처벌할 수 없는 것이 원칙이다. 다만 법률에 규정된 증인 보호절차라고 하더라도 개별 보호절차 규정들의 내용과 취지가 같지 아니하고, 당해 신문 과정에서 지키지 못한 절차규정과 그 경위 및 위반의 정도 등 제반 사정이 개별 사건마다 각기 상이하므로, 이러한 사정을 전체적·종합적으로 고려하여 볼 때, 당해 사건에서 증인 보호에 사실상 장애가 초래되었다고 볼 수 없는 경우에까지 예외 없이 위증죄의 성립을 부정할 것은 아니라고 할 것이다. 재판장이 신문 전에 증인에게 증언거부권을 고지하지 않은 경우에도 당해 사건에서 증언 당시 증인이 처한 구체적인 상황, 증언거부사유의 내용, 증인이 증언거부사유 또는 증언거부권의 존재를 이미 알고 있었는지, 증언거부권을 고지받았더라도 허위진술을 하였을 것이라고 볼 만한 정황이 있는지 등을 전체적·종합적으로 고려하여 증인이 침묵하지 아니하고 진술한 것이 자신의 진정한 의사에 의한 것인지를 기준으로 위증죄의 성립 여부를 판단하여야 한다. 그러므로 헌법 제12조 제2항에 정한 불이익 진술의 강요금지 원칙을 구체화한 자기부죄거부특권에 관한 것이

1) 이 경우에 있어서 법원이 위증공소사실을 유죄로 인정하여 형의 선고를 하는 때 판결이유에 범죄된 사실을 명시함에 있어서 피고인이 위증을 한 당해 사건의 재판장이 피고인에게, 피고인의 제148조에 해당하여 증언을 거부할 수 있음을 설명한 사실까지 기재할 필요는 없다(대법원 1990. 2. 23. 선고 89도1212 판결).

거나 기타 증언거부사유가 있음에도 증인이 증언거부권을 고지받지 못함으로 인하여 그 증언거부권을 행사하는 데 사실상 장애가 초래되었다고 볼 수 있는 경우에는 위증죄의 성립을 부정하여야 할 것이다.」라고 판시[1]함으로써, 증언거부권 미고지의 법적인 효과를 구성요건해당성이 없는 것으로 파악하면서, 증언거부권을 고지하지 않은 상황이라고 할지라도 경우에 따라 위증죄의 성립이 가능하다고 판단하고 있다.

생각건대 판례에서와 같이 '당해 사건에서 증인 보호에 사실상 장애가 초래되었다고 볼 수 있는지' 또는 '증인이 침묵하지 아니하고 진술한 것이 자신의 진정한 의사에 의한 것인지' 등을 기준으로 하여 위증죄의 성부를 판단하는 것은 당해 증인에게 불리하게 작용할 수 있다. 왜냐하면 '사실상 장애의 초래 여부'라는 기준에서 말하는 '사실상'의 범위는 무한히 확대될 수 있으며, '진정한 의사'라는 순수한 내심의 영역에 속하는 기준은 정확한 판단이 매우 어렵기 때문이다. 이와 같은 애매모호한 판단기준을 바탕으로 위증죄의 성부를 결정하는 판례의 태도는 비판받아 마땅하다. 특히 증언거부권을 고지하지 아니하였다는 명백한 불법이 피고인의 증언거부권이 사실상 침해당한 것으로 평가할 수는 없다는 전혀 다른 관점의 판단으로 둔갑해 버린 것은 재판부의 실책을 피고인에게 위증죄를 부과함으로서 피해가는 형국에 불과하다.

그러므로 모든 국민은 형사상 자기에게 불리한 진술을 강요당하지 아니한다는 자기부죄거부특권을 인정하고 있는 헌법 제12조 제2항의 정신에 비추어 볼 때, 재판장의 증언거부권 고지의무는 강행법규적인 의무라고 파악해야 한다. 이는 수사기관이 피의자를 신문함에 있어서 피의자에게 미리 진술거부권을 고지하지 않은 때에는 그 피의자의 진술은 위법하게 수집된 증거로서 진술의 임의성이 인정되는 경우라도 증거능력이 부인되어야 한다는 논리[2]와 일맥상통하는 부분이다. 그러므로 증인신문절차에 있어서 증언거부권의 미고지라는 절차위반으로 말미암아 증언거부권을 고지 받지 못한 증인에게 자기부죄의 우려 때문에 허위진술을 하지 아니할 것을 기대하기 어렵다고 인정되는 경우에는 적법행위의 기대가능성이 없어 위증죄로 처벌할 수 없다고 보아야 한다.[3] 또한 증언거부권을 고지 받지 못한 상황에서 얻은 증거는 헌법상 적법절차의 원칙에 대한 위반임과 동시에 제308조의2(위법수집증거배제법칙)의 위반이기 때문에 증거능력을 부정해야 하겠다.

다만 민사소송법[4]이나 「국회에서의 증언·감정 등에 관한 법률」[5] 등에서는 증언거부권 제도를 두고 있으면서도 증언거부권의 고지에 관한 규정을 두고 있지 아니한다. 이는 각각의 절

---

1) 대법원 2013. 5. 23. 선고 2013도3284 판결; 대법원 2010. 2. 25. 선고 2009도13257 판결; 대법원 2010. 1. 21. 선고 2008도942 전원합의체 판결.

2) 대법원 2011. 11. 10. 선고 2010도8294 판결.

3) 과거에 이러한 입장을 취한 판결로는 대법원 1987. 7. 7. 선고 86도1724 판결; 대법원 1961. 7. 13. 선고 4294형상194 판결.

4) 대법원 2011. 7. 28. 선고 2009도14928 판결.

5) 대법원 2012. 10. 25. 선고 2009도13197 판결.

차에 존재하는 목적·적용원리 등의 차이를 염두에 둔 입법적 선택으로 파악되기 때문에 증언거부권을 고지받을 권리가 형사상 자기에게 불리한 진술을 강요당하지 아니함을 규정한 헌법 제12조 제2항에 의하여 바로 국민의 기본권으로 보장받아야 한다고 볼 수는 없다. 그러므로 증언거부권 고지 규정을 두지 아니한 것이 입법의 불비라거나 증언거부권 있는 증인의 침묵할 수 있는 권리를 부당하게 침해하는 입법이라고 볼 수도 없다. 그렇다면 민사소송절차 또는 국회에서의 증언절차에서 증인에게 증언거부권을 고지하지 아니하였다고 하여 절차위반의 위법이 있다고 할 수는 없다. 따라서 현행법상 적법한 선서절차를 마쳤는데도 허위진술을 한 증인에 대해서는 달리 특별한 사정이 없는 한 위증죄가 성립한다고 보아야 하겠지만, 입법론적으로는 민사소송법과 「국회에서의 증언·감정 등에 관한 법률」에서도 형사소송법과 마찬가지로 증언거부권 고지제도를 신설하는 것이 타당하다.

2) 비용청구권

소환받은 증인은 법률의 규정한 바에 의하여 여비·일당과 숙박료를 청구할 수 있다. 다만 정당한 사유 없이 선서 또는 증언을 거부한 자는 예외로 한다(제168조). 비용청구권은 소환받은 증인에게만 인정되는 권리이기 때문에 구내증인에게는 비용청구권이 없다. 그러나 구인된 증인이나 재감중인 증인이 출석한 경우에도 비용청구권이 인정된다. 증언을 거부한 자에는 증언의 일부를 거부한 자도 포함된다.

3) 신변보호청구권

특정강력범죄사건의 증인과 성폭력범죄사건의 증인은 피고인 기타의 사람으로부터 생명·신체에 해를 받거나 받을 염려가 있다고 인정되는 때에는 검사에게 신변안전을 위한 필요한 조치를 취해 줄 것을 청구할 수 있다(특정강력범죄특례법 제7조 제2항, 성폭력특례법 제22조).[1] 증인으로 소환받은 성폭력범죄의 피해자와 그 가족은 사생활보호 등의 사유로 증인신문의 비공개를 신청할 수 있다(성폭력특례법 제31조 제2항).

(5) 증인신문의 절차 및 방법

1) 증인의 동일성 확인 등

재판장은 증인으로부터 주민등록증 등 신분증을 제시받거나 그 밖의 적당한 방법으로 증인임이 틀림없음을 확인하여야 한다(규칙 제71조). 피고인과 달리 증인의 사생활 보호 등을 위하여 증인에 대한 인정신문을 요구하지 아니하고, 주민등록증 등 신분증에 의한 증인의 동일성만을 확인하도록 하고 있다. 재판장은 증인의 동일성을 확인한 다음 선서할 증인에 대하여 선서전에 위증의 벌을 경고하여야 한다(제158조). 증인이 제148조, 제149조에 해당하는 경우에는 재판장은 신문 전에 증언을 거부할 수 있음을 설명하여야 한다(제160조).

---

1) 이에 대하여 일반 형사사건에 있어서도 생명이나 신체에 위해를 느끼는 증인은 신변보호를 청구할 수 있도록 입법화하는 것이 바람직하다는 견해로는 손동권/신이철, 496면; 임동규, 653면.

2) 당사자의 참여

검사·피고인 또는 변호인은 증인신문에 참여할 수 있다(제163조 제1항). 이에 따라 증인신문의 시일과 장소는 제163조 제1항에 의하여 참여할 수 있는 자에게 미리 통지하여야 한다. 다만 참여하지 아니한다는 의사를 명시한 때에는 예외로 한다(제163조 제2항). 피고인 본인 또는 그 변호인이 미리 증인신문에 참여하게 하여 달라고 신청한 경우, 변호인이 참여하겠다고 하여도 피고인의 참여 없이 실시한 증인신문은 위법하다.[1]

검사·피고인 또는 변호인이 증인신문에 참여하지 아니할 경우에는 법원에 대하여 필요한 사항의 신문을 청구할 수 있고, 피고인 또는 변호인의 참여 없이 증인을 신문한 경우에 피고인에게 예기하지 아니한 불이익의 증언이 진술된 때에는 반드시 그 진술내용을 피고인 또는 변호인에게 알려주어야 한다(제164조). 실무상 먼 곳에서 증인이 출석하였는데 피고인이 불출석한 상황에서 증인에게 다음 기일에 출석하지 못할 사유가 있는 경우, 증인의 재소환이 불편하거나 불응할 우려가 있는 경우, 공판기일에 증인신문하기로 하였으나 공동피고인 중 일부가 불출석한 경우 등에 있어서 주로 활용하고 있는데, 이를 '공판기일 외 (증인)신문'이라고 한다. 그러므로 법원이 공판기일에 증인을 채택하여 다음 공판기일에 증인신문을 하기로 피고인에게 고지하였는데 그 다음 공판기일에 증인은 출석하였으나 피고인이 정당한 사유 없이 출석하지 아니한 경우에는 이미 출석하여 있는 증인에 대하여 공판기일 외의 신문으로서 증인신문을 하고 다음 공판기일에 그 증인신문조서에 대한 서증조사를 하는 것은 증거조사절차로서 적법하다.[2]

당사자의 참여 없이 증인신문이 이루어지거나 증인신문의 일시와 장소를 당사자에게 통지하지 않고 행한 증인신문절차는 위법하므로 당해 절차에서 행한 증언은 위법수집증거이므로 이를 증거로 사용할 수 없다.[3] 하지만 피고인에게 증인신문의 시일과 장소를 미리 통지함이 없이 증인들의 신문을 시행한 것은 위법하지만, 이후 증인의 신문결과를 증인신문조서에 의하여 소송관계인에게 고지하였음에도 피고인이나 변호인이 이의를 하지 않았다면 위의 하자는 책문권의 포기로 치유되었다고 할 것이다.[4]

3) 신뢰관계에 있는 자의 동석

법원은 범죄로 인한 피해자를 증인으로 신문하는 경우 증인의 연령·심신의 상태·그 밖의 사정을 고려하여 증인이 현저하게 불안 또는 긴장을 느낄 우려가 있다고 인정하는 때에는 직권 또는 피해자·법정대리인·검사의 신청에 따라 피해자와 신뢰관계에 있는 자를 동석하게 할 수 있다(제163조의2 제1항; 임의적 동석). 하지만 법원은 범죄로 인한 피해자가 13세 미만이거나 신체적

1) 대법원 1969. 7. 25. 선고 68도1481 판결; 대법원 1955. 7. 15. 선고 4288형상128 판결.
2) 대법원 2000. 10. 13. 선고 2000도3265 판결.
3) 대법원 1992. 2. 28. 선고 91도2337 판결.
4) 대법원 1974. 1. 15. 선고 73도2967 판결; 대법원 1967. 7. 4. 선고 67도613 판결.

또는 정신적 장애로 사물을 변별하거나 의사를 결정할 능력이 미약한 경우에 재판에 지장을 초래할 우려가 있는 등 부득이한 경우가 아닌 한 피해자와 신뢰관계에 있는 자를 동석하게 하여야 한다(제163조의2 제2항; 필요적 동석).

피해자와 동석할 수 있는 신뢰관계에 있는 사람은 피해자의 배우자·직계친족·형제자매·가족·동거인·고용주·변호사·그 밖에 피해자의 심리적 안정과 원활한 의사소통에 도움을 줄 수 있는 사람을 말한다(규칙 제84조의3 제1항). 동석 신청에는 동석하고자 하는 자와 피해자 사이의 관계, 동석이 필요한 사유 등을 명시하여야 한다(규칙 제84조의3 제2항). 동석한 자는 법원·소송관계인의 신문 또는 증인의 진술을 방해하거나 그 진술의 내용에 부당한 영향을 미칠 수 있는 행위를 하여서는 아니 되는데(제163조의2 제3항), 재판장은 동석한 자가 부당하게 재판의 진행을 방해하는 때에는 동석을 중지시킬 수 있다(규칙 제84조의3 제3항).

4) 진술조력인의 참여

법원은 성폭력범죄의 피해자가 13세 미만 아동이거나 신체적인 또는 정신적인 장애로 의사소통이나 의사표현에 어려움이 있는 경우 원활한 증인신문을 위하여 직권 또는 검사·피해자·그 법정대리인 및 변호사의 신청에 의한 결정으로 진술조력인으로 하여금 증인신문에 참여하여 중개하거나 보조하게 할 수 있다(성폭력특례법 제37조 제1항). 법원은 증인이 이에 해당하는 경우에는 신문 전에 피해자·법정대리인 및 변호사에게 진술조력인에 의한 의사소통 중개나 보조를 신청할 수 있음을 고지하여야 한다(성폭력특례법 제37조 제2항). 진술조력인은 수사 및 재판과정에 참여함에 있어 중립적인 지위에서 상호간의 진술이 왜곡 없이 전달될 수 있도록 노력하여야 한다(성폭력특례법 제38조 제1항). 진술조력인은 그 직무상 알게 된 피해자의 주소·성명·나이·직업·학교·용모·그 밖에 피해자를 특정하여 파악할 수 있게 하는 인적사항과 사진 및 사생활에 관한 비밀을 공개하거나 다른 사람에게 누설하여서는 아니 되는데(성폭력특례법 제38조 제2항), 만약 이를 위반한 경우에는 2년 이하의 징역 또는 500만원 이하의 벌금에 처한다(성폭력특례법 제50조 제2항 제1호).

5) 증인에 대한 신문방식

① 개별신문과 대질

증인신문은 각 증인에 대하여 신문하여야 한다(제162조 제1항). 신문하지 아니한 증인이 재정(在廷)한 때에는 퇴정을 명하여야 한다(제162조 제2항). 이는 후에 증언할 증인이 먼저 증언하는 증인의 진술에 영향을 받는 것을 방지하기 위한 것이다. 하지만 법원으로서 다른 증인의 면전에서 증인을 신문함으로써 위증에 위험성을 억제하여 진실을 발견할 수 있다고 인정하며, 증인 상호간 또는 증인과 피고인과의 대질로서 진술자의 태도와 진술에 있어서의 자연성 및 부자연성으로서 자유심증의 형성에 있어서의 자료를 얻고자 생각한 경우에는 법원으로서 그 어느 방법을 택하느냐 함은 오로지 사실심인 원심의 자유재량에 일임된 것이라고 해석되므로 다른 증인의 면전에서 증인을 신문하였다고 하더라도 이를 위법이라고 할 수는 없다.[1] 이와 같이 필요한 때에는 증인과 다른 증인 또는 피고인과 대질하게 할 수 있다(제162조 제3항). 여기서 '대질'(對質)이란 증인 상호간의 증언 또는 증인의 증언과 피고인의 진술이 일치하지 아니하는 경우에 수명의 증인 또는 증인과 피고인을 함께 재정시켜 서로 모순되는 부분에 대하여 설명하게 하는 신문방식을 말한다.

② 피고인 등의 퇴정

재판장은 증인 또는 감정인이 피고인 또는 어떤 재정인의 면전에서 충분한 진술을 할 수 없다고 인정한 때에는 그를 퇴정하게 하고 진술하게 할 수 있다. 피고인이 다른 피고인의 면전에서 충분한 진술을 할 수 없다고 인정한 때에도 같다(제297조 제1항). 피고인을 퇴정하게 한 경우에 증인·감정인 또는 공동피고인의 진술이 종료한 때에는 퇴정한 피고인을 입정하게 한 후 법원사무관 등으로 하여금 진술의 요지를 고지하게 하여야 한다(제297조 제2항). 동 조항은 증인의 자유로운 진술을 보장하여 실체적 진실발견에 필요한 정확한 증언을 확보하려는데 그 취지가 있다. 즉 피고인이 일시 퇴정하게 되면 증인은 그와 대면하지 않은 상태에서 진술할 수 있어 심리적으로 안정된 상태에서 증언을 할 수 있고, 증인에 대한 보복행위를 미연에 예방하는 효과가 있다. 따라서 증인이 피고인의 면전에서 충분한 진술을 할 수 없다고 인정한 때에는 형사절차에서 소환된 증인이 안심하고 자발적으로 진술할 수 있도록 증인을 실질적으로 보호함으로써, 증인의 진술을 제약하는 요소를 제거하고 이를 통해 실체적 진실의 발견을 용이하게 하기 위한 것이다. 형사소송법은 증인이 피고인의 면전에서 충분한 진술을 할 수 없다고 인정한 때에는 피고인을 퇴정시키고 증인신문할 수 있도록 하는 한편, 증인신문 종료 후 피고인에게 증언의 요지를 고지하도록 함으로써 피고인의 방어권 보장과 증인의 보호 사이에 조화를 이루고 있다.[2]

그러므로 재판장은 증인이 피고인의 면전에서 충분한 진술을 할 수 없다고 인정한 때에는 피고인을 퇴정하게 하고 증인신문을 진행함으로써 피고인의 직접적인 증인 대면을 제한할 수 있지만, 이러한 경우에도 피고인의 반대신문권을 배제하는 것은 허용될 수 없다.[3] 하지만 그 다음 공판기일에서 재판장이 증인신문 결과 등을 공판조서(증인신문조서)에 의하여 고지하였는데 피고인이 '변경할 점과 이의할 점이 없다'고 진술하여 책문권 포기 의사를 명시하였다면 실질적인 반대신문의 기회를 부여받지 못한 하자는 치유되었다고 할 수 있다.[4]

③ 포괄적 신문 등의 금지

증인에 대한 신문은 원칙적으로 구두로 하여야 한다. 하지만 증인이 들을 수 없는 때에는

1) 대법원 1961. 3. 15. 선고 4292형상725 판결.
2) 헌법재판소 2012. 7. 26. 선고 2010헌바62 결정.
3) 대법원 2012. 2. 23. 선고 2011도15608 판결.
4) 대법원 2010. 1. 14. 선고 2009도9344 판결.

서면으로 묻고, 말할 수 없는 때에는 서면으로 답하게 할 수 있다(규칙 제73조). 재판장은 증인신문을 행함에 있어서 증명할 사항에 관하여 가능한 한 증인으로 하여금 개별적이고 구체적인 내용을 진술하게 하여야 한다(규칙 제74조 제1항). 그러므로 증인신문은 일문일답식이어야 하며, 2개 이상의 사항을 하나의 질문으로 묻는 복합질문이나 포괄적이고 막연한 질문은 허용되지 아니한다. 또한 위협적이거나 모욕적인 신문, 전의 신문과 중복되는 신문, 의견을 묻거나 의논에 해당하는 신문, 증인이 직접 경험하지 아니한 사항에 해당하는 신문 등을 하여서는 아니되지만, 전의 신문과 중복되는 신문, 의견을 묻거나 의논에 해당하는 신문, 증인이 직접 경험하지 아니한 사항에 해당하는 신문 등에 관하여 정당한 이유가 있는 경우에는 그러하지 아니하다(규칙 제74조 제2항).

④ 서류 또는 물건 등의 사용

증인에 대하여 서류 또는 물건의 성립, 동일성 기타 이에 준하는 사항에 관한 신문을 할 때에는 그 서류 또는 물건을 제시할 수 있다(규칙 제82조 제1항). 그 서류 또는 물건이 증거조사를 마치지 않은 것일 때에는 먼저 상대방에게 이를 열람할 기회를 주어야 한다. 다만 상대방이 이의하지 아니할 때에는 그러하지 아니한다(규칙 제82조 제2항).

증인의 기억이 명백하지 아니한 사항에 관하여 기억을 환기시켜야 할 필요가 있을 때에는 재판장의 허가를 얻어 서류 또는 물건을 제시하면서 신문할 수 있다(규칙 제83조 제1항). 이 경우에는 제시하는 서류의 내용이 증인의 진술에 부당한 영향을 미치지 아니하도록 하여야 한다(규칙 제83조 제2항). 그 서류 또는 물건이 증거조사를 마치지 않은 것일 때에는 먼저 상대방에게 이를 열람할 기회를 주어야 한다. 다만 상대방이 이의하지 아니할 때에는 그러하지 아니한다(규칙 제83조 제3항).

증인의 진술을 명확히 할 필요가 있을 때에는 도면·사진·모형·장치 등을 이용하여 신문할 수 있다(규칙 제84조 제1항). 이 경우에도 제시하는 서류의 내용이 증인의 진술에 부당한 영향을 미치지 아니하도록 하여야 한다(규칙 제84조 제2항).

6) 교호신문제도

① 의 의

증인은 신청한 검사·변호인 또는 피고인이 먼저 이를 신문하고, 그 다음에 반대당사자가 신문하며, 재판장은 당사자의 신문이 끝난 뒤에 신문할 수 있다(제161조의2 제1항 및 제2항). 이와 같이 재판장이 아닌 당사자의 상호신문을 통하여 증인신문을 행하는 방식을 '교호신문'(交互訊問) 또는 '상호신문'(相互訊問)이라고 한다. 교호신문제도는 당사자주의적 증인신문방식으로서 당사자의 공격과 방어에 의하여 실체적 진실을 발견하고, 당사자의 반대신문권을 보장하는데 그 취지가 있다. 따라서 교호신문제도에 있어서의 증인신문은 주신문 → 반대신문 → 재주신문 → 추가신문의 순서로 진행된다.[1)]

---

1) 참고로 독일 형사소송법 제69조는 증인에게 먼저 알고 있는 사실을 진술하도록 하고, 일본 형사소송법 제304조는 재판장이 먼저 증인을 신문하도록 하고 있다.

교호신문제도는 당사자들이 각자의 주장을 뒷받침하는 증언에 대하여 직접 그 주장의 결함과 문제점을 지적하여 증인의 진술내용을 보충·탄핵함으로써 구두변론주의의 내실화를 기하고 피고인에게 소송주체성을 강화해 주는 장점이 있다. 그러나 피고인이 변호인의 조력을 충분히 받지 못할 경우 검사의 일방적인 신문으로 진행될 위험이 있고, 증인의 인격이나 사생활에 침해를 가져올 신문이 행하여질 우려도 있다.

② 방 식

㉠ 주신문 '주신문'(主訊問)이란 증인을 신청한 당사자가 하는 신문을 말한다. 당사자 쌍방이 동시에 신청한 증인의 경우에는 입증책임을 지는 당사자가 먼저 주신문을 한다. 주신문은 증인을 신청한 당사자가 자신에게 유리한 증언을 얻으려는데 그 목적이 있는데, 주신문은 증명할 사항과 이에 관련된 사항 및 증언의 증명력을 다투기 위하여 필요한 사항에 관하여 한다(규칙 제75조 제1항, 규칙 제77조 제1항). 여기서 '증명할 사항'이란 증인신문을 신청한 입증취지를 의미하며, '이에 관련된 사항'이란 증언의 증명력을 보강하거나 다투기 위하여 필요한 사항을 말한다. 증언의 증명력을 다투기 위하여 필요한 사항의 신문은 증인의 경험, 기억 또는 표현의 정확성 등 증언의 신빙성에 관한 사항 및 증인의 이해관계, 편견 또는 예단 등 증인의 신용성에 관한 사항에 관하여 한다. 다만 증인의 명예를 해치는 내용의 신문을 하여서는 아니 된다(규칙 제77조 제2항).

'유도신문'(誘導訊問)이란 신문자가 원하는 내용을 진술하도록 증인에게 암시하면서 행하는 신문을 말하는데, 주신문에 있어서는 유도신문을 하여서는 아니 된다(규칙 제75조 제2항 본문).[1] 왜냐하면 주신문에서 증인은 보통의 경우 신문자와 우호적인 관계에 있는데, 유도신문을 허용하면 신문자의 질문에 영합하는 진술을 할 위험성이 크기 때문이다. 그러나 ① 증인과 피고인과의 관계, 증인의 경력, 교우관계 등 실질적인 신문에 앞서 미리 밝혀둘 필요가 있는 준비적인 사항에 관한 신문의 경우, ② 검사, 피고인 및 변호인 사이에 다툼이 없는 명백한 사항에 관한 신문의 경우, ③ 증인이 주신문을 하는 자에 대하여 적의 또는 반감을 보일 경우, ④ 증인이 종전의 진술과 상반되는 진술을 하는 때에 그 종전 진술에 관한 신문의 경우, ⑤ 기타 유도신문을 필요로 하는 특별한 사정이 있는 경우에는 그러하지 아니하다(규칙 제75조 제2항 단서). 재판장은 규칙 제75조 제2항 단서의 각호에 해당하지 아니하는 경우의 유도신문은 이를 제지하여야 하고, 유도신문의 방법이 상당하지 아니하다고 인정할 때에는 이를 제한할 수 있다(규칙 제75조 제3항). 또한 검사·피고인 또는 변호인은 주신문에서 유도신문이 행하여질 경우에 이의신청을 할 수 있으며(제296조 제1항 참조), 법원은 이에 대하여 결정을 하여야 한다(제296조 제2항).

---

1) 대법원 2012. 7. 26. 선고 2012도2937 판결(검사가 제1심 증인신문 과정에서 증인 甲 등에게 주신문을 하면서 형사소송규칙상 허용되지 않는 유도신문을 하였다고 볼 여지가 있었는데, 그 다음 공판기일에 재판장이 증인신문 결과 등을 각 공판조서(증인신문조서)에 의하여 고지하였음에도 피고인과 변호인이 '변경할 점과 이의할 점이 없다'고 진술한 사안에서, 피고인이 책문권 포기 의사를 명시함으로써 유도신문에 의하여 이루어진 주신문의 하자가 치유되었다고 한 사례).

㉡ **반대신문** '반대신문'(反對訊問)이란 주신문 후에 반대당사자가 하는 신문을 말한다. 반대신문은 주신문의 모순된 점을 지적하고 주신문에서 누락된 부분을 질문하여 반대당사자에게 유리한 사항을 이끌어내며, 증인의 신용성을 탄핵하여 증언의 증명력을 감쇄시키는데 그 목적이 있다. 반대신문은 주신문에 나타난 사항과 이에 관련된 사항 및 증언의 증명력을 다투기 위하여 필요한 사항에 관하여 한다(규칙 제76조 제1항, 규칙 제77조 제1항). 반대신문의 기회에 주신문에 나타나지 아니한 새로운 사항에 관하여 신문하고자 할 때에는 재판장의 허가를 받아야 한다(규칙 제76조 제4항). 이 경우 허가받은 신문은 그 사항에 관하여는 주신문으로 본다(규칙 제76조 제5항).

반대신문에 있어서 필요할 때에는 유도신문을 할 수 있지만(규칙 제76조 제2항), 재판장은 유도신문의 방법이 상당하지 아니하다고 인정할 때에는 이를 제한할 수 있다(규칙 제76조 제3항). 왜냐하면 반대신문에 있어서는 증인과 신문자 사이에 우호관계가 없는 것이 일반적이고, 주신문에서의 왜곡된 증언을 바로잡기 위해서는 유도신문의 필요성이 인정되기 때문이다.

㉢ **재주신문** 주신문을 한 검사·피고인 또는 변호인은 반대신문이 끝난 후 반대신문에 나타난 사항과 이와 관련된 사항에 관하여 다시 신문을 할 수 있는데(규칙 제78조 제1항), 이를 '재주신문'(再主訊問)이라고 한다. 재주신문은 주신문의 예에 의하지만(규칙 제78조 제2항), 재주신문의 기회에 반대신문에 나타나지 아니한 사항에 관하여 신문하고자 할 때에는 재판장의 허가를 얻어야 한다(규칙 제78조 제3항).

㉣ **추가신문** 검사·피고인 또는 변호인은 주신문·반대신문 및 재주신문이 끝난 후에도 재판장의 허가를 얻어 다시 신문을 할 수 있는데(규칙 제79조), 이를 '추가신문'(追加訊問)이라고 한다. 추가신문을 함에 있어서 재판장의 허가를 얻도록 한 것은 계속적인 신문으로 말미암아 소송이 지연되는 것을 방지하는데 그 이유가 있다.

③ **교호신문제도의 수정**

교호신문제도는 증인신문에 있어서 당사자의 주도적인 지위를 인정하고 있는데, 이러한 방식은 피고인이 변호인의 조력을 충분히 받지 못하는 경우에는 오히려 피고인에게 불리한 결과를 초래할 수 있을 뿐만 아니라 당사자의 이해관계에 따른 신문으로 인하여 절차의 지연이나 증인에 대한 인격권 침해 등의 문제를 야기할 수도 있다. 그리하여 효율적인 증인신문과 피고인의 보호를 위하여 직권주의적인 요소를 가미하여 이를 수정할 수 있는 권한을 재판장에게 부여하고 있다. 즉 재판장은 필요하다고 인정하면 어느 때나 신문할 수 있으며 신문순서를 변경할 수 있다(제161조의3 제3항). 재판장이 검사·피고인 및 변호인에 앞서 신문을 한 경우에 있어서 그 후에 하는 검사·피고인 및 변호인의 신문에 관하여는 이를 신청한 자와 상대방의 구별에 따라 주신문·반대신문·재주신문 등의 순서로 신문을 행한다(규칙 제80조 제1항). 재판장이 신문순서를 변경한 경우의 신문방법은 재판장이 정하는 바에 의한다(규칙 제80조 제2항). 법원이 직권으로 신문할 증인이나 범죄로 인한 피해자의 신청에 의하여 신문할 증인의 신문방식은 재판장이 정하는 바에 의한다(제161조의2 제4항). 이 경우 증인에 대하여 재판장이 신문한 후 검사·피고인 또는 변호인이 신문하는 때에는 반대신문의 예에 의한다(규칙 제81조). 또한 합의부원은 재판장에게 고하고 신문할 수 있다(제161조의2 제5항). 한편 간이공판절차에서의 증인신문은 교호신문방식이 아니라 법원이 상당하다고 인정하는 방법으로 증거조사를 할 수 있다(제297조의2).

④ 증인신문사항의 제출

재판장은 피해자·증인의 인적 사항의 공개 또는 누설을 방지하거나 그 밖에 피해자·증인의 안전을 위하여 필요하다고 인정할 때에는 증인의 신문을 청구한 자에 대하여 사전에 신문사항을 기재한 서면의 제출을 명할 수 있고(규칙 제66조), 법원은 이러한 명을 받은 자가 신속히 그 서면을 제출하지 아니한 경우에는 증거결정을 취소할 수 있다(규칙 제67조).[1]

⑤ 법정 외의 증인신문

증인신문은 공판기일에 공판정에서 하는 것이 원칙이다. 하지만 법원은 증인의 연령·직업·건강상태 기타의 사정을 고려하여 검사·피고인 또는 변호인의 의견을 묻고 법정 외에 소환하거나 현재지에서 신문할 수 있다(제165조).[2] 법원은 필요한 때에는 결정으로 지정한 장소에 증인의 동행을 명할 수 있다. 이 경우 증인이 정당한 사유 없이 동행을 거부하는 때에는 구인할 수 있다(제166조). 법원은 합의부원에게 법정 외의 증인신문을 명할 수 있고 또는 증인현재지의 지방법원 판사에게 그 신문을 촉탁할 수 있다. 수탁판사는 증인이 관할구역 내에 현재하지 아니한 때에는 그 현재지의 지방법원 판사에게 전촉할 수 있다. 수명법관 또는 수탁판사는 증인의 신문에 관하여 법원 또는 재판장에 속한 처분을 할 수 있다(제167조). 법정 외의 증인신문을 한 경우 다음 공판기일에서 그 조서를 현출시켜 그 증인신문조서에 대하여 낭독 등의 방법으로 서증조사절차를 거쳐야 증거로 사용할 수 있다. 그러므로 소송관계인의 참여 없이 법정 외에서 시행한 증인신문조서에 대하여 공판기일에서 증거조사 자체를 하지 않았다면 그 증인신문조서는 증거능력이 없다.[3]

⑥ 중계시설이나 차폐시설을 통한 증인신문

범죄피해자나 증인이 피고인이나 방청인 앞에서 증언하는 경우에 입게 될 심리적 ·정신적

---

1) 이에 대하여 교호신문의 본래 기능을 퇴색하게 하고, 직접주의 또는 구술주의의 취지에 역행한다는 비판으로는 정승환, 461면.

2) 증인신문의 장소가 '법정 외'라도 그 시간이 공판기일인 경우에는 '공판기일의 신문'이 된다. 이와 같이 법원 외에서 공판기일을 열려면 법원장의 허가가 필요하다(법원조직법 제56조 제2항). 이 때 그 기일은 기본적으로 공판기일이므로 당사자의 출석이 요구된다. 그리고 다음 공판기일에 당연히 그 조서에 대한 서증조사를 별도로 거쳐야 할 필요가 없다. 반면에 증인신문의 장소가 법정 외이고 그 시간이 공판기일이 아닌 경우에는 다른 공판절차는 진행할 수 없고, 단지 증인신문만 가능한 순수한 의미의 증인신문기일에 불과하므로 결국 '공판기일 외 신문'이 된다. 따라서 당사자의 현실적 출석은 요하지 아니하고 단지 증인신문기일을 미리 통지하면 충분하다(제163조 제2항). 한편 증인신문의 장소가 법정 내라도 공판기일이 아닌 경우에는 '공판기일 외 신문'이 된다. 따라서 증인신문기일을 미리 통지하면 충분하고 당사자의 출석은 요하지 아니한다. 결국 '공판기일 내(內)인지 외(外)인지'의 문제가 '법정 외 신문'인지 여부에 선행한다. 그리하여 공판기일 외 신문은 제163조에, 법정 외 신문은 제165조에 순차적으로 규정되어 있는 것이다(이주원, 315면).

3) 대법원 1967. 7. 4. 선고 67도613 판결.

압박과 고통을 완화하기 위하여 일정한 범죄피해자나 증인에 대한 신문을 중계시설이나 차폐시설에 의하도록 배려하고 있다. 즉 법원은 ① 아동복지법 제71조 제1항 제1호부터 제3호까지에 해당하는 죄의 피해자, ② 청소년성보호법 제7조, 제8조, 제11조부터 제15조까지 및 제17조 제1항의 규정에 해당하는 죄의 대상이 되는 아동·청소년 또는 피해자, ③ 범죄의 성질·증인의 연령·심신의 상태·피고인과의 관계·그 밖의 사정으로 인하여 피고인 등과 대면하여 진술하는 경우 심리적인 부담으로 정신의 평온을 현저하게 잃을 우려가 있다고 인정되는 자의 어느 하나에 해당하는 자를 증인으로 신문하는 경우 상당하다고 인정하는 때에는 검사와 피고인 또는 변호인의 의견을 들어 비디오 등 중계장치에 의한 중계시설을 통하여 신문하거나 차폐(遮蔽)시설 등을 설치하고 신문할 수 있다(제165조의2).[1] 이와 같이 중계시설이나 차폐시설을 통하여 증인을 신문하게 되면 피고인의 증인대면권이 제한되기는 하지만 반대신문권 자체가 제한되는 것은 아니다.

증인이 대면하여 진술함에 있어 심리적인 부담으로 정신의 평온을 현저하게 잃을 우려가 있는 상대방은 피고인인 경우가 대부분일 것이지만, 증인이나 피고인과의 관계에 따라서는 방청인 등 다른 사람도 상대방이 될 수 있다. 이에 따라 제165조의2 제3호도 대상을 '피고인 등'이라고 규정하고 있으므로, 법원은 제165조의2 제3호의 요건이 충족될 경우 피고인뿐만 아니라 검사·변호인·방청인 등에 대하여도 차폐시설 등을 설치하는 방식으로 증인신문을 할 수 있으며, 이는 형사소송규칙 제84조의9에서 피고인과 증인 사이의 차폐시설 설치만을 규정하고 있다고 하여 달리 볼 것이 아니다.[2]

법원은 신문할 증인이 제165조의2 제1호부터 제3호까지에서 정한 자에 해당한다고 인정될 경우, 증인으로 신문하는 결정을 할 때 비디오 등 중계장치에 의한 중계시설 또는 차폐시설을 통한 신문 여부를 함께 결정하여야 한다. 이 때 증인의 연령, 증언할 당시의 정신적·심리적 상태, 범행의 수단과 결과 및 범행 후의 피고인이나 사건관계인의 태도 등을 고려하여 판단하여야 한다. 법원은 증인신문 전 또는 증인신문 중에도 비디오 등 중계장치에 의한 중계시설 또는 차폐시설을 통하여 신문할 것을 결정할 수 있다(규칙 제84조의4).

법원은 비디오 등 중계장치에 의한 중계시설을 통하여 증인신문을 할 때 증인을 법정 외의

---

1) 또한 법원은 성폭력특례법 제2조 제1항 제3호부터 제5호까지의 범죄의 피해자를 증인으로 신문하는 경우 검사와 피고인 또는 변호인의 의견을 들어 비디오 등 중계장치에 의한 중계를 통하여 신문할 수 있다(성폭력특례법 제40조 제1항).

2) 대법원 2015. 5. 28. 선고 2014도18006 판결(다만 증인이 변호인을 대면하여 진술함에 있어 심리적인 부담으로 정신의 평온을 현저하게 잃을 우려가 있다고 인정되는 경우는 일반적으로 쉽게 상정할 수 없고, 피고인뿐만 아니라 변호인에 대해서까지 차폐시설을 설치하는 방식으로 증인신문이 이루어지는 경우 피고인과 변호인 모두 증인이 증언하는 모습이나 태도 등을 관찰할 수 없게 되어 그 한도에서 반대신문권이 제한될 수 있으므로, 변호인에 대한 차폐시설의 설치는, 특정범죄신고자 등 보호법 제7조에 따라 범죄신고자 등이나 친족 등이 보복을 당할 우려가 있다고 인정되어 조서 등에 인적사항을 기재하지 아니한 범죄신고자 등을 증인으로 신문하는 경우와 같이, 이미 인적사항에 관하여 비밀조치가 취해진 증인이 변호인을 대면하여 진술함으로써 자신의 신분이 노출되는 것에 대하여 심한 심리적인 부담을 느끼는 등의 특별한 사정이 있는 경우에 예외적으로 허용될 수 있을 뿐이다).

장소로서 비디오 등 중계장치가 설치된 증언실에 출석하게 하고, 영상과 음향의 송수신에 의하여 법정의 재판장·검사·피고인·변호인과 증언실의 증인이 상대방을 인식할 수 있는 방법으로 증인신문을 한다. 다만 중계장치를 통하여 증인이 피고인을 대면하거나 피고인이 증인을 대면하는 것이 증인의 보호를 위하여 상당하지 않다고 인정되는 경우 재판장은 검사·변호인의 의견을 들어 증인 또는 피고인이 상대방을 영상으로 인식할 수 있는 장치의 작동을 중지시킬 수 있다. 증언실은 법원 내에 설치하고, 필요한 경우 법원 외의 적당한 장소에 설치할 수 있다(규칙 제84조의5).

법원은 비디오 등 중계장치에 의한 중계시설 또는 차폐시설을 통하여 증인을 신문하는 경우, 증인의 보호를 위하여 필요하다고 인정하는 경우에는 결정으로 이를 공개하지 아니할 수 있다. 증인으로 소환받은 증인과 그 가족은 증인보호 등의 사유로 증인신문의 비공개를 신청할 수 있다. 재판장은 이러한 신청이 있는 때에는 그 허가 여부 및 공개, 법정외의 장소에서의 신문 등 증인의 신문방식 및 장소에 관하여 결정하여야 한다. 비공개의 결정을 한 경우에도 재판장은 적당하다고 인정되는 자의 재정을 허가할 수 있다(규칙 제84조의6).

법원은 비디오 등 중계장치에 의한 중계시설을 통하여 증인신문을 하는 경우, 제163조의2의 규정에 의하여 신뢰관계에 있는 자를 동석하게 할 때에는 규칙 제84조의5에 정한 증언실에 동석하게 한다. 법원은 법원 직원으로 하여금 증언실에서 중계장치의 조작과 증인신문 절차를 보조하게 하여야 한다(규칙 제84조의7).

제165조의2에 따라 증인신문을 하는 경우, 증인은 증언을 보조할 수 있는 인형, 그림 그 밖에 적절한 도구를 사용할 수 있다. 증인은 증언을 하는 동안 담요, 장난감, 인형 등 증인이 선택하는 물품을 소지할 수 있다(규칙 제84조의8). 법원은 제165조의2에 따라 차폐시설을 설치함에 있어 피고인과 증인이 서로의 모습을 볼 수 없도록 필요한 조치를 취하여야 한다(규칙 제84조의9).

⑦ 피해자의 의견진술

법원은 필요하다고 인정하는 경우에는 직권으로 또는 피해자등의 신청에 따라 피해자등을 공판기일에 출석하게 하여 범죄사실의 인정에 해당하지 않는 사항에 관하여 증인신문에 의하지 아니하고 의견을 진술하게 할 수 있다. 재판장은 재판의 진행상황 등을 고려하여 피해자등의 의견진술에 관한 사항과 그 시간을 미리 정할 수 있다. 재판장은 피해자등의 의견진술에 대하여 그 취지를 명확하게 하기 위하여 피해자등에게 질문할 수 있고, 설명을 촉구할 수 있으며, 합의부원은 재판장에게 알리고 이러한 행위를 할 수 있다. 검사·피고인 또는 변호인은 피해자등이 의견을 진술한 후 그 취지를 명확하게 하기 위하여 재판장의 허가를 받아 피해자등에게 질문할 수 있다. 재판장은 피해자등이나 피해자 변호사가 이미 해당 사건에 관하여 충분히 진술하여 다시 진술할 필요가 없다고 인정되는 경우, 의견진술 또는 질문으로 인하여 공판절차가 현저하게 지연될 우려가 있다고 인정되는 경우, 의견진술과 질문이 해당 사건과 관계없는 사항에 해당된다고 인정되는 경우, 범죄사실의 인정에 관한 것이거나, 그 밖의 사유로 피해자등의 의견진술로서 상당하지 아니하다고 인정되는 경우 가운데 어느 하나에 해당하는 경우에는 피해자등의 의견진술이나 검사·피고인 또는 변호인의 피해자등에 대한 질문을 제한할 수 있다(규칙 제134조의10).

재판장은 재판의 진행상황, 그 밖의 사정을 고려하여 피해자등에게 의견진술에 갈음하여 의견을 기재한 서면을 제출하게 할 수 있다. 피해자등의 의견진술에 갈음하는 서면이 법원에 제출된 때에는 검사 및 피고인 또는 변호인에게 그 취지를 통지하여야 한다. 이에 따라 서면이 제출된 경우 재판장은 공판기일에서 의견진술에 갈음하는 서면의 취지를 명확하게 하여야 한다. 이 경우 재판장은 상당하다고 인정하는 때에는 그 서면을 낭독하거나 요지를 고지할 수 있다(규칙 제134조의11). 한편 규칙 제134조의10 제1항에 따른 진술과 규칙 제134조의11 제1항에 따른 서면은 범죄사실의 인정을 위한 증거로 할 수 없다(규칙 제134조의12).

⑧ 증인신문조서의 작성과 열람 · 등사

법원이나 법관이 증인신문을 하는 때에는 그 증인신문에 참여한 법원사무관 등이 증인신문조서를 작성하여야 한다(제48조 제1항). 공판기일 외에서 증인신문이 행하여지는 경우에도 마찬가지이다. 다만 공판기일 외의 증인신문조서는 공판기일에 공판정에 제출하여 증거서류의 일종으로서 이를 낭독하는 방법으로 다시 증거조사를 하여야 한다(제292조 제1항).

피고인과 변호인은 증인신문조서를 열람 또는 복사할 수 있다(제35조). 피해자도 소송기록 열람·등사권을 가지므로 재판장의 허가를 얻어 증인신문조서를 열람 또는 등사할 수 있다(제294조의4). 또한 증인도 자신에 대한 증인신문조서 및 그 일부로 인용된 속기록·녹음물·영상녹화물 또는 녹취서의 열람·등사 또는 사본을 청구할 수 있다(규칙 제84조의2).

3. 검 증

(1) 검증의 의의

'검증'(檢證)이란 법원 또는 법관이 감각기관의 작용에 의하여 물건이나 신체 또는 장소의 존재와 상태를 직접 인식하는 증거조사방법을 말한다. 특히 범죄현장 또는 법원 이외의 일정한 장소에서 행하는 검증을 '임검'(臨檢) 또는 '현장검증'(現場檢證)이라고 한다. 검증은 그 상대방에게 일정한 수인의무를 부과하고 강제력을 수반하기도 한다는 점에서 강제처분의 성격도 동시에 가지고 있다. 그러나 수사기관의 검증과는 달리 법원이 증거조사로써 행하는 검증에는 영장주의가 적용되지 아니한다. 왜냐하면 다른 강제처분과 비교하여 기본권 침해의 성질이 상대적으로 적기 때문이다.

(2) 검증의 주체

법원은 사실을 발견함에 필요한 때에는 검증을 할 수 있다(제139조). 수소법원은 검증을 합의부원에게 명할 수 있고 그 목적물의 소재지를 관할하는 지방법원 판사에게 촉탁할 수 있으며, 수탁판사는 검증의 목적물이 그 관할구역 내에 없는 때에는 그 목적물 소재지지방법원 판사에게 전촉할 수 있다. 수명법관, 수탁판사가 행하는 검증에 관하여는 법원이 행하는 검증에 관한 규정을 준용한다(제145조, 제136조).

(3) 검증의 절차

공판기일의 검증에는 별도의 절차를 요하지 않지만, 공판기일 외의 일정한 장소에서 검증을 하기 위해서는 검증기일을 지정하여야 한다. 검사·피고인 또는 변호인은 검증에 참여할 권리를 가진다(제145조, 제121조). 따라서 재판장은 미리 그들에게 검증의 일시와 장소를 통지하여야 한다. 다만 참여권자가 참여하지 아니한다는 의사를 명시한 때 또는 급속을 요하는 때에는 예외로 한다(제145조, 제122조).

검증을 함에는 신체의 검사·사체의 해부·분묘의 발굴·물건의 파괴 기타 필요한 처분을 할 수 있다(제140조). 사체의 해부 또는 분묘의 발굴을 하는 때에는 예를 잊지 아니하도록 주의하고 미리 유족에게 통지하여야 한다(제141조 제4항).

일출 전·일몰 후에는 가주·간수자 또는 이에 준하는 자의 승낙이 없으면 검증을 하기 위하여 타인의 주거·간수자 있는 가옥·건조물·항공기·선차 내에 들어가지 못한다. 다만 일출 후에는 검증의 목적을 달성할 수 없을 염려가 있는 경우에는 예외로 한다(제143조 제1항). 일몰 전에 검증에 착수한 때에는 일몰 후라도 검증을 계속할 수 있다(제143조 제2항). 하지만 야간의 압수·수색이 허용되는 장소에는 검증시간의 제한을 받지 아니한다(제143조 제3항). 검증을 함에 필요한 때에는 사법경찰관리에게 보조를 명할 수 있다(제144조).

(4) 신체검사

'신체검사'(身體檢査)란 사람의 신체가 검증의 대상이 되는 경우를 말한다. 법원은 피고인의 신체를 검사하기 위하여 피고인을 소환할 수 있으며(제68조), 법원은 신체를 검사하기 위하여 피고인 아닌 자를 법원 기타 지정한 장소에 소환할 수 있다(제142조). 다만 명문의 규정이 없으므로 소환에 불응하더라도 구인이나 과태료 등의 제재를 부과할 수는 없다. 피고인에 대한 신체검사를 하기 위한 소환장에는 신체검사를 하기 위하여 소환한다는 취지를 기재하여야 하고(규칙 제64조), 피고인이 아닌 자에 대한 신체검사를 하기 위한 소환장에는 그 성명 및 주거·피고인의 성명·죄명·출석일시 및 장소와 신체검사를 하기 위하여 소환한다는 취지를 기재하고 재판장 또는 수명법관이 기명날인하여야 한다(규칙 제65조). 신체의 검사에 관하여는 검사를 당하는 자의 성별·연령·건강상태 기타 사정을 고려하여 그 사람의 건강과 명예를 해하지 아니하도록 주의하여야 한다(제141조 제1항). 피고인 아닌 자의 신체검사는 증적의 존재를 확인할 수 있는 현저한 사유가 있는 경우에 한하여 할 수 있다(제141조 제2항). 여자의 신체를 검사하는 경우에는 의사나 성년의 여자를 참여하게 하여야 한다(제141조 제3항).

(5) 검증조서의 작성

검증에 관하여는 검증의 결과를 기재한 검증조서를 작성하여야 한다(제49조 제1항). 검증조서에는 검증목적물의 현상을 명확하게 하기 위하여 도화나 사진을 첨부할 수 있다(제49조 제2항). 다만 공판정에서 행한 검증은 별도의 조서를 작성하지 않고 공판조서에 기재되며(제51조 제2항 제10호), 법원이 검증으로 취득한 결과는 곧바로 증거자료가 된다. 즉 수소법원이 공판기일에 검증을 행한 경우에는 법원이 오관의 작용에 의하여 판단한 결과가 바로 증거가 되고, 그 검증의 결과를 기재한 검증조서가 서증으로서 증거가 되는 것은 아니다.[1]

반면에 공판기일 외에서 행한 검증의 결과를 기재한 검증조서는 법원 또는 법관의 조서로서 절대적으로 증거능력이 인정되지만(제311조), 공판중심주의·공개주의·직접주의 등의 원칙으로 인하여 공판기일에 공판정에서 낭독 등의 방법으로 증거조사를 실시하여야 한다(제292조). 이는 증거보전절차에서 작성된 검증조서의 경우에도 마찬가지이다. 수소법원이 직접 검증한 경우에는 검증을 통하여 인식한 내용 자체가 증거가 되겠지만, 상급심 또는 법관의 경질 등을 통하여 법원이 바뀐 경우에는 검증조서를 증거로 할 필요성이 있다. 한편 수사기관의 검증조서는 공판기일에 작성자에 의하여 성립의 진정함이 인정된 때에 한하여 증거능력이 부여된다(제312조 제6항).

4. 감 정

(1) 감정의 의의

'감정'(鑑定)이란 특수한 지식이나 경험을 가진 제3자가 그의 전문적인 지식이나 경험에 의하여 알 수 있는 법칙 또는 그 법칙을 적용하여 얻은 판단을 법원에 보고하는 것을 말한다. 그리고 법원 또는 법관으로부터 이러한 감정의 명을 받은 자를 '감정인'(鑑定人)이라고 한다. 형사재판에서 감정이 필요한 경우로는 정신감정, 신체감정 이외에도 필적·성문(聲紋)·문서·인영·문자·지문·시가·측량·음란성·이적성 등에 대한 감정이 있다. 증인은 비대체적인데 반하여 감정인은 대체적이므로 서로 구별되며, 이에 따라 감정의 경우에는 증인신문에 관한 규정이 준용되지만, 구인에 관한 규정은 제외된다(제177조). 또한 특별한 전문지식에 의하여 알게 된 과거의 사실에 관하여 신문받는 자를 '감정증인'(鑑定證人)이라고 하는데, 감정증인도 증인의 일종이므로 증인에 관한 규정이 적용된다(제179조). 한편 감정인은 수사기관으로부터 감정을 위촉받은 '감정수탁자'(鑑定受託者) 또는 '수탁감정인'(受託鑑定人)과도 구별된다(제221조 제2항). 감정수탁자는 선서의무가 없으므로 허위감정죄(형법 제154조)로 처벌받지 않으며, 감정수탁자가 행하는 감정절차에는 소송관계인의 참여권이 인정되지 아니한다. 법원이 감정을 명할 것인지 여부는 원칙적으로 재량이라고 할 수 있지만, 사실인정을 위하여 감정을 명하는 것이 합리적이라고 판단되는 경우

---

1) 대법원 2009. 11. 12. 선고 2009도8949 판결.

에는 예외적으로 법원은 감정을 명할 의무가 있다.[1)]

(2) 감정의 절차

1) 감정인의 지정 및 소환

법원은 학식과 경험이 있는 자에게 감정을 명할 수 있다(제169조).[2)] 공정한 감정을 위하여 소송당사자가 감정인을 특정할 수는 없다.[3)] 다만 법원은 감정인을 특정하는 당사자의 신청이 있을 경우 참작을 하는 것은 가능하다. 감정은 개인에게 명하는 것이 원칙이지만, 일정한 기관에 의뢰하는 것도 가능하다. 법원은 필요하다고 인정하는 때에는 공무소·학교·병원 기타 상당한 설비가 있는 단체 또는 기관에 대하여 감정을 촉탁할 수 있다. 이 경우 선서에 관한 규정은 이를 적용하지 아니한다(제179조의2 제1항). 그러므로 선서 및 다음의 감정인신문을 위하여 공무소 등이 지정한 자가 법원에 출석할 필요가 없다. 또한 법원은 당해 공무소·학교·병원·단체 또는 기관이 지정한 자로 하여금 감정서의 설명을 하게 할 수 있는데(제179조의2 제2항), 이를 '감정촉탁제도'(鑑定囑託制度)라고도 한다.

법원은 감정인이 지정되면 신문을 위하여 감정인을 출석시켜야 한다. 법원은 지정된 감정인의 출석을 위하여 소환이나 동행명령을 발할 수 있으나, 증인과는 달리 대체성이 인정되기 때문에 구인은 허용되지 아니한다(제177조). 그러므로 감정인이 소환이나 동행명령에 불응한 경우에는 과태료 및 비용배상을 명할 수 있을 뿐이다(제177조, 제151조). 단체 또는 기관에 대하여 감정을 위촉한 경우에는 감정인의 소환은 행하여지지 아니한다.

2) 감정인의 선서

감정인에게는 감정 전에 선서하게 하여야 하는데(제170조 제1항), 선서는 선서서에 의하여야 한다(제170조 제2항). 선서서에는 「양심에 따라 성실히 감정하고 만일 거짓이 있으면 허위감정의 벌을 받기로 맹서합니다.」라고 기재하여야 한다(제170조 제3항). 선서의 취지를 이해할 수 없는 감정인이란 있을 수 없으므로 모든 감정인은 신문 전에 반드시 선서하여야 하며, 선서하지 않고 한 감정은 증거능력이 없다.

---

1) 대법원 2002. 11. 8. 선고 2002도5109 판결(피고인의 범행 동기나 수법, 범행의 전후 과정에서 보인 태도, 범행 당시 음주정도, 피고인의 성장배경·학력·가정환경·사회경력 등을 통하여 추단되는 피고인의 지능정도와 인성 등에 비추어 볼 때, 피고인이 강간살인 범행을 저지를 당시 자기 통제력이나 판단력, 사리분별력이 저하된 어떤 심신장애의 상태가 있었던 것은 아닌가 하는 의심이 드는데도 전문가에게 피고인의 정신상태를 감정시키는 등의 방법으로 심신장애 여부를 심리하지 아니한 채 선고한 원심판결을 심리미진과 심신장애에 관한 법리오해의 위법이 있다).

2) 대법원 1983. 12. 13. 선고 83도2266 판결(형사소송법상 감정은 특정한 분야에 특별한 학식과 경험을 가진 사람으로 하여금 그 학식과 경험에 의하여 알고 있거나 또는 그 전문적 학식과 경험에 의하여 얻은 일정한 원리 또는 판단을 법원에 진술 보고하게 하는 증거방법이므로 감정인은 그 감정에 필요한 학식과 경험이 있는 사람이면 되고 그 감정인이 공무소 등에 소속되지 않고 직업이 없거나 또는 임의단체등 사법인에 속한다고 하여 그 감정에 특별히 신빙성이 희박하다고 할 이유가 없다).

3) 이에 대하여 당사자가 자신이 희망하는 감정인에 대한 신문을 증거신청의 일환으로 신청할 경우, 법원은 증거신청기각사유가 존재하지 않는 한 이를 허가하여야 한다는 견해로는 김인회, 400면; 정승환, 471면.

3) 감정의 실시

법원은 필요한 때에는 감정인으로 하여금 법원 외에서 감정하게 할 수 있다(제172조 제1항). 이러한 경우에는 감정을 요하는 물건을 감정인에게 교부할 수 있다(제172조 제2항). 법원 외에서 감정을 하게 한다는 것은 감정에 필요한 사실행위를 법원 외에서 하게 한다는 것인데, 실제로 감정에 필요한 사실행위를 법원 내에서 하는 경우는 거의 없기 때문에 오히려 이러한 방법이 원칙이라고 할 수 있다. 재판장은 필요하다고 인정하는 때에는 감정인에게 소송기록에 있는 감정에 참고가 될 자료를 제공할 수 있다(규칙 제89조의2).

감정인은 감정에 관하여 필요한 때에는 법원의 허가를 얻어 타인의 주거·간수자 있는 가옥·건조물·항공기·선차 내에 들어 갈 수 있고, 신체의 검사·사체의 해부·분묘발굴·물건의 파괴를 할 수 있다(제173조 제1항). 감정인은 동 처분을 받는 자에게 허가장을 제시하여야 한다(제173조 제3항). 이러한 허가에는 피고인의 성명·죄명·들어갈 장소·검사할 신체·해부할 사체·발굴할 분묘·파괴할 물건·감정인의 성명과 유효기간을 기재한 허가장을 발부하여야 한다(제173조 제2항). 다만 감정인이 공판정에서 행하는 처분에 대하여는 허가장을 요하지 아니한다(제173조 제4항).

감정인은 감정에 관하여 필요한 경우에는 재판장의 허가를 얻어 서류와 증거물을 열람 또는 등사하고 피고인 또는 증인의 신문에 참여할 수 있다(제174조 제1항). 감정인은 피고인 또는 증인의 신문을 구하거나 재판장의 허가를 얻어 직접 발문(發問)할 수 있다(제174조 제2항). 법원은 합의부원으로 하여금 감정에 관하여 필요한 처분을 하게 할 수 있다(제175조). 검사·피고인 또는 변호인은 감정에 참여할 수 있다(제176조 제1항). 감정을 집행함에는 미리 집행의 일시와 장소를 검사·피고인 또는 변호인에게 통지하여야 한다. 다만 검사·피고인 또는 변호인이 참여하지 아니한다는 의사를 명시한 때 또는 급속을 요하는 때에는 예외로 한다(제176조 제2항, 제122조). 한편 감정인은 법률의 정하는 바에 의하여 여비·일당·숙박료 외에 감정료와 체당금의 변상을 청구할 수 있다(제178조).

4) 감정유치

피고인의 정신 또는 신체에 관한 감정에 필요한 때에는 법원은 기간을 정하여 병원 기타 적당한 장소에 피고인을 유치하게 할 수 있고, 감정이 완료되면 즉시 유치를 해제하여야 한다(제172조 제3항). 이러한 유치를 함에는 감정유치장을 발부하여야 하고(제172조 제4항), 감정유치장에는 피고인의 성명·주민등록번호 등·직업·주거·죄명·범죄사실의 요지·유치할 장소·유치기간·감정의 목적 및 유효기간과 그 기간 경과 후에는 집행에 착수하지 못하고 영장을 반환하여야 한다는 취지를 기재하고 재판장 또는 수명법관이 서명날인하여야 한다(규칙 제85조 제1항). 법원은 감정하기 위하여 피고인을 병원 기타 장소에 유치한 때에는 그 관리자의 청구에 의하여 입원료 기타 수용에 필요한 비용을 지급하여야 한다(규칙 제87조).

유치를 함에 있어서 필요한 때에는 법원은 직권 또는 피고인을 수용할 병원 기타 장소의 관리자의 신청에 의하여 사법경찰관리에게 피고인의 간수를 명할 수 있다(제172조 제5항). 이러한 신청은 피고인의 간수를 필요로 하는 사유를 명시하여 서면으로 하여야 한다(규칙 제86조).

감정유치는 미결구금일수의 산입에 있어서는 이를 구속으로 간주한다(제172조 제8항). 법원은 필요한 때에는 유치기간을 연장하거나 단축할 수 있다(제172조 제6항). 감정유치기간의 연장이나 단축 또는 유치할 장소의 변경 등은 결정으로 한다(규칙 제85조 제2항). 구속에 관한 규정은 이 법률에 특별한 규정이 없는 경우에는 제3항의 유치에 관하여 이를 준용한다. 다만 보석에 관한 규정은 그러하지 아니하다(제172조 제7항). 구속 중인 피고인에 대하여 감정유치장이 집행되었을 때에는 피고인이 유치되어 있는 기간 구속은 그 집행이 정지된 것으로 간주한다(제172조의2 제1항). 이러한 경우에 제172조 제3항의 유치처분이 취소되거나 유치기간이 만료된 때에는 구속의 집행정지가 취소된 것으로 간주한다(제172조의2 제2항).

5) 감정서의 제출 및 감정인신문

감정의 경과와 결과는 감정인으로 하여금 서면으로 제출하게 하여야 한다(제171조 제1항). 감정인이 수인인 때에는 각각 또는 공동으로 제출하게 할 수 있다(제171조 제2항). 감정의 결과에는 그 판단의 이유를 명시하여야 한다(제171조 제3항). 이러한 감정서에 대하여는 제313조 제3항에 의하여 증거능력이 인정된다. 형사소송에서는 서면에 의한 감정서의 제출만이 인정될 뿐 구술에 의한 보고는 인정되지 아니한다(서면보고의 원칙). 하지만 예외적으로 필요한 때에는 감정인에게 설명하게 할 수 있는데(제171조 제4항), 일반적으로 신문의 형태로 진행하므로 이를 '감정인신문'이라고 한다. 감정인을 신문하는 때에는 증인신문의 경우와 마찬가지로 참여한 법원사무관 등이 감정인신문조서를 작성하여야 한다(제48조 제1항). 감정인신문에는 구인에 관한 규정을 제외하고는 증인신문에 관한 규정이 준용된다(제177조).

(3) 감정결과의 효력

감정인의 감정결과는 법원이 사실을 판단하는데 있어서 보조적인 역할을 한다. 특정한 사실에 관한 감정인의 전문적 판단은 증거자료의 하나에 불과하므로 법원은 감정인의 감정결과에 반드시 구속되지 아니한다. 하지만 공소사실을 뒷받침하는 과학적 증거방법은 전제로 하는 사실이 모두 진실인 것이 입증되고, 추론의 방법이 과학적으로 정당하여 오류 가능성이 전혀 없거나 무시할 정도로 극소한 것으로 인정되는 경우라야 법관이 사실인정을 하는 데 상당한 정도로 구속력을 가진다. 이를 위해서는 그 증거방법이 전문적인 지식·기술·경험을 가진 감정인에 의하여 공인된 표준 검사기법으로 분석을 거쳐 법원에 제출된 것이어야 할 뿐만 아니라 채취·보관·분석 등 모든 과정에서 자료의 동일성이 인정되고 인위적인 조작·훼손·첨가가 없었다는 것이 담보되어야 한다.[1)]

1) 대법원 2011. 5. 26. 선고 2011도1902 판결.

5. 통역·번역

국어에 통하지 아니하는 자의 진술에는 통역인으로 하여금 통역하게 하여야 한다(제180조).[1] 농자 또는 아자의 진술에는 통역인으로 하여금 통역하게 할 수 있다(제181조). 국어 아닌 문자 또는 부호는 번역하게 하여야 한다(제182조). 법정에서는 국어를 사용하도록 하고 있으므로(법원조직법 제62조), 외국인에게는 통역이 필요하고, 외국어로 된 서류는 번역을 요한다. 통역이나 번역도 특별한 언어지식에 기하여 행하는 보고라는 점에서 감정과 유사하므로 감정에 관한 규정이 준용된다(제183조).

Ⅳ. 증거조사에 대한 이의신청 및 증거조사 후의 조치

1. 증거조사에 대한 이의신청

(1) 의 의

검사·피고인 또는 변호인은 증거조사에 관하여 이의신청을 할 수 있고(제296조 제1항), 법원은 이러한 신청에 대하여 결정을 하여야 한다(제296조 제2항). 여기서 '이의신청'(異議申請)이란 소송관계인이 법원 또는 다른 소송관계인의 소송행위가 위법 또는 부당함을 주장하여, 그 시정을 구하거나 다른 조치를 취할 것을 법원에 청구하는 소송행위를 말한다.

(2) 이의신청의 대상 및 사유

증거조사에 대한 이의신청은 증거신청, 증거결정, 증거조사의 순서와 방법, 증거능력의 유무 등 증거조사에 관한 모든 절차와 처분에 대한 이의신청을 포함한다. 또한 이의신청의 대상이 되는 행위에는 재판장의 행위, 합의부원의 행위 기타 소송관계인의 행위가 모두 포함된다.

이의신청의 사유에는 법령의 위반이 있다는 것(위법)과 상당하지 아니하다는 것(부당)의 두 가지가 있지만, 증거결정에 대한 이의신청은 법령의 위반이 있음을 이유로 하여서만 이를 할 수 있다(규칙 제135조의2). 증거조사에 대한 이의신청은 개개의 행위·처분 또는 결정시마다 그 이유를 간결하게 명시하여 즉시 이를 하여야 한다(규칙 제137조).

(3) 이의신청에 대한 결정

이의신청은 개개의 행위·처분 또는 결정시마다 그 이유를 간결하게 명시하여 즉시 이를 하여야 한다(규칙 제137조). 이의신청에 대한 제296조 제2항 또는 제304조 제2항의 결정은 이의신

---

1) 대법원 2008. 1. 18. 선고 2007도9327 판결(제180조는 국어에 통하지 아니하는 자의 진술에는 통역인으로 하여금 통역하게 하여야 한다고 규정하고 있으므로 국어에 통하지 아니하는 피고인에게 진술하게 함에 있어 통역인을 붙이지 아니하고 공판심리를 진행하여 유죄판결을 선고한 때에는 상고이유가 될 수 있음은 소론과 같으나, 위 규정상의 '국어에 통하지 아니하는 자'라 함은 국어에 의한 일상적 회화에 상당히 지장이 있는 자를 말하고, 외국인이라도 국어에 통하는 자인 경우에는 통역하게 할 필요가 없으나 대한민국 국민이라도 국어에 통하지 아니하면 통역하게 하여야 한다).

청이 있은 후 즉시 이를 하여야 한다(규칙 제138조). 시기에 늦은 이의신청, 소송지연만을 목적으로 하는 것임이 명백한 이의신청은 결정으로 이를 기각하여야 한다. 다만 시기에 늦은 이의신청이 중요한 사항을 대상으로 하고 있는 경우에는 시기에 늦은 것만을 이유로 하여 기각하여서는 아니 된다(규칙 제139조 제1항). 이의신청이 이유 없다고 인정되는 경우에도 결정으로 이를 기각하여야 한다(규칙 제139조 제2항). 이의신청이 이유 있다고 인정되는 경우에는 결정으로 이의신청의 대상이 된 행위, 처분 또는 결정을 중지·철회·취소·변경하는 등 그 이의신청에 상응하는 조치를 취하여야 한다(규칙 제139조 제3항). 증거조사를 마친 증거가 증거능력이 없음을 이유로 한 이의신청을 이유 있다고 인정할 경우에는 그 증거의 전부 또는 일부를 배제한다는 취지의 결정을 하여야 한다(규칙 제139조 제4항). 이의신청에 대한 결정에 의하여 판단이 된 사항에 대하여는 다시 이의신청을 할 수 없다(규칙 제140조).

한편 이의신청에 대한 법원의 결정은 판결 전 소송절차에 관한 결정이므로 이에 대하여는 항고를 할 수 없다(제403조 제1항). 그러므로 당사자의 증거신청에 대한 법원의 채택 여부의 결정은 이의신청을 하는 외에는 달리 불복할 수 있는 방법이 없고, 다만 그로 말미암아 사실을 오인하여 판결에 영향을 미친 경우에만 이를 상소의 이유로 삼을 수 있을 뿐이다.[1)]

2. 증거조사 후의 조치

재판장은 피고인에게 각 증거조사의 결과에 대한 의견을 묻고, 권리를 보호함에 필요한 증거조사를 신청할 수 있음을 고지하여야 한다(제293조). 증거조사의 결과에 대하여 피고인의 의견을 묻는 것은 법원이 그 증거조사에 의한 심증을 형성함에 있어서 피고인의 의견을 참고하기 위한 것이고, 필요한 증거조사를 신청할 수 있음을 고지하는 것은 피고인의 증거조사신청권(제294조)을 절차적으로 보장하기 위한 것이다.

제 7 절 공판절차의 특칙

Ⅰ. 간이공판절차

1. 간이공판절차의 의의

'간이공판절차'(簡易公判節次)란 피고인이 공판정에서 자백한 경우에 형사소송법이 규정한 증거조사절차를 간편하게 하고, 증거능력에 대한 제한을 완화함으로써 신속한 재판과 소송경제를 도모하려는 제도를 말한다. 피고인이 공판정에서 공소사실에 대하여 자백한 때에는 법원은 그 공소사실에 한하여 간이공판절차에 의하여 심판할 것을 결정할 수 있다(제286조의2). 간이공판절

1) 대법원 1990. 6. 8. 선고 90도646 판결.

차는 다툼이 없는 사건을 간이한 절차에 의하여 신속하게 처리하기 위한 제도일 뿐 소송물에 대한 처분권을 당사자에게 인정하는 제도는 아니다. 영미의 기소사실인부절차(Arraignment)는 배심재판에 들어가기 전에 법원이 피고인에게 유·무죄의 답변을 구하고, 이에 피고인이 유죄의 답변(plea of guilty)을 하면 법원은 이러한 답변에 배심원단이 행하는 유죄의 평결과 같은 효력을 부여하여 증거조사를 포함한 사실심리절차를 생략하고 곧바로 양형절차로 넘어가지만[1], 우리나라의 간이공판절차는 증거조사절차가 생략되지 않는 점에서 구별된다.

2. 간이공판절차의 개시요건

(1) 제1심 관할사건

간이공판절차는 지방법원 또는 지원의 제1심 관할사건에 대하여 인정된다. 따라서 항소심이나 상고심에서는 간이공판절차가 인정되지 않으며, 제1심 관할사건인 때에는 단독사건은 물론 합의부사건에 대하여도 인정된다.[2]

(2) 피고인이 공판정에서 자백한 사건

1) 피고인의 자백

간이공판절차를 개시하기 위해서는 피고인이 공판정에서 공소사실에 대하여 자백하여야 한다. 이와 같이 자백은 공판정에서 할 것을 요하므로, 수사절차나 공판준비절차에서 자백하였다는 사실만으로 간이공판절차에 의하여 심판할 수는 없다. 여기서 피고인의 자백은 피고인 본인의 자백만을 의미한다. 따라서 변호인이 대신 자백하거나 피고인의 출석 없이 개정할 수 있는 사건에서 대리인이 자백한 경우에는 이에 해당하지 아니한다. 다만 피고인이 법인인 경우에 법인의 대표자가 자백하는 것은 피고인의 자백이라고 할 수 있다. 피고인이 무능력자인 경우에 피고인의 법정대리인이나 특별대리인이 자백한 경우에도 간이공판절차가 개시될 수 있다.[3]

'공소사실에 대한 자백'이란 공소장에 기재된 범죄사실을 전부 인정하고, 위법성이나 책임을 다투지 않는 경우를 말한다. 다만 공소장의 기재사실을 인정하고 나아가 위법성조각사유 또는 책임조각사유가 되는 사실을 진술하지 아니하는 것으로 충분하고[4], 명시적으로 유죄를 자인하는 진술이 있어야 하는 것은 아니다.[5] 그러므로 피고인이 범의를 부인하거나 공소사실을

---

1) 이로 인하여 미국에서는 대부분의 사건에서 배심재판을 생략하게 하는 중요한 기능을 수행함과 동시에 소수의 사건을 중심으로 엄격한 증거법칙을 적용하여 진행되는 배심재판을 유지하고 있는 것이다.

2) 이에 대하여 중죄사건인 합의부 관할사건에 있어서는 신속한 재판을 위하여 적정한 재판이 희생되어서는 안 될 것이므로 단독사건에 대해서만 간이공판절차에 의한 심판을 허용하는 입법이 바람직하다는 견해로는 송광섭, 553면; 이은모/김정환, 543면; 이재상/조균석, 521면. 또한 간이공판을 폐지하거나 적어도 경미한 범죄유형에 국한하여 적용해야 한다는 견해로는 김인회, 437면; 정승환, 476면.

3) 이에 대하여 자백은 피고인의 재판 받을 권리에 대한 본질적 침해라는 이유로 부정하는 것이 타당하다는 견해로는 신양균/조기영, 691면.

4) 대법원 1981. 6. 9. 선고 81도775 판결.

5) 대법원 1987. 8. 18. 선고 87도1269 판결; 대법원 1981. 11. 24. 선고 81도2422 판결.

인정하면서 위법성조각사유나 책임조각사유를 주장하는 경우에는 이에 해당하지 아니한다.[1] 또한 피고인이 폭행사실을 인정하면서 상습성을 부인하는 경우에는 상습폭행죄에 대한 자백이 아니므로 간이공판절차에 의하여 심판할 수 없다.[2] 검사의 신문에는 자백하다가 변호인의 반대신문시 부인한 경우에도 그 대상이 아니다.[3] 그러나 피고인이 공소사실을 인정하고 죄명이나 적용법조만을 다투는 경우 또는 형면제사유나 정상에 관한 사유만을 다투는 경우에는 자백에 해당한다.

한편 경합범의 경우에 피고인이 수개의 공소사실 가운데 일부에 대해서만 자백한 경우에는 자백한 공소사실에 대해서만 간이공판절차를 개시할 수 있다. 하지만 포괄일죄, 상상적 경합범, 예비적·택일적 공소사실 중 일부에 대하여만 자백하는 경우에는 그 부분만 간이공판절차에 회부할 수 없고, 전체를 일반 형사소송절차에 따라 진행하여야 한다. 왜냐하면 이러한 경우에 절차를 분리하는 것은 심리를 어렵게 하기 때문이다. 그리고 공동피고인들 중에서 일부 피고인은 자백을 하고 나머지 피고인은 부인하는 경우, 자백하는 피고인에 대해서만 간이공판절차를 개시할 수도 있다. 하지만 공동피고인이 공범관계에 있는 경우에는 절차의 분리 없이 자백한 공동피고인에 대해서만 간이공판절차를 개시하는 것은 불가능하다.

2) 신빙성 있는 자백

공판정에서의 자백이라고 할지라도 자백은 신빙성이 있어야 하고, 그 진실성에 의심이 있는 자백을 이유로 간이공판절차를 개시하여서는 안 된다. 왜냐하면 자백에 신빙성이 없는 때에는 간이공판절차의 취소사유에 해당하기 때문이다(제286조의3).

3) 자백의 시기

간이공판절차로 회부될 수 있는 요건으로서 자백의 시기와 관련하여, ① 자백의 시기에 관한 규정이 없다는 점을 논거로 하여, 공판절차 개시부터 변론종결시까지 언제나 가능하다는 견해[4], ② 피고인은 공판진행 중에 언제든지 자백할 수 있다는 점, 증거조사 중에 자백한 경우에도 간이공판절차를 진행할 수 있다는 점 등을 논거로 하여, 증거조사절차 종료시까지 가능하다는 견해[5], ③ 피고인신문을 통하여 자백의 신빙성 여부가 결정된다는 점을 논거로 하여, 피고

1) 대법원 2004. 7. 9. 선고 2004도2116 판결(피고인이 법정에서 '공소사실은 모두 사실과 다름없다.'고 하면서 술에 만취되어 기억이 없다는 취지로 진술한 경우에, 피고인이 음주상태로 운전하다가 교통사고를 내었고, 또한 사고 후에 도주까지 하였다고 하더라도 피고인이 술에 만취되어 사고 사실을 몰랐다고 범의를 부인함과 동시에 그 범행 당시 심신상실 또는 심신미약의 상태에 있었다는 주장으로서 제323조 제2항에 정하여진 법률상 범죄의 성립을 조각하거나 형의 감면의 이유가 되는 사실의 진술에 해당하므로 피고인은 적어도 공소사실을 부인하거나 심신상실의 책임조각사유를 주장하고 있는 것으로 볼 여지가 충분하므로 간이공판절차에 의하여 심판할 대상에 해당하지 아니한다).

2) 대법원 2006. 5. 11. 선고 2004도6176 판결.

3) 대법원 1998. 2. 27. 선고 97도3421 판결.

4) 이재상/조균석, 522면; 임동규, 452면. 다만 심리가 충분히 행해진 후에는 자백이 있어도 간이공판절차를 개시할 실익이 적다.

5) 송광섭, 553면; 신양균/조기영, 692면; 이창현, 776면.

인신문 종결시까지 가능하다는 견해[1], ④ 증거조사절차를 모두 거친 후에 간이공판절차로 진행할 실익이 없다는 점, 공판기일 전에 이미 피고인에게 공소사실에 대한 인정 여부 등을 기재한 의견서를 제출하도록 하고 있다는 점(제266조의2), 피고인 자신의 모두진술절차에서 공소사실의 인정 여부를 진술하도록 하고 있다는 점(제286조 제1항) 등을 논거로 하여, 피고인의 모두진술시까지 가능하다는 견해[2] 등의 대립이 있다.

이에 대하여 판례는 「제1심 제5회 공판조서의 기재에 의하면, 피고인은 그 전까지의 진술중 부인하였던 점은 잘못된 진술이며 공소사실과 같이 범행을 하였던 것이 틀림이 없다고 이 사건 공소사실 전부에 대하여 자백을 하고 있고, 위법성이나 책임의 조각사유가 되는 사실의 진술을 한 흔적을 찾아볼 수 없으므로 이 사건을 간이공판절차에 의하여 심판할 것을 결정한 제1심의 결정은 정당하다.」라고 판시[3]하여, 피고인의 자백은 변론종결시까지 가능하다는 입장을 취하고 있다.

생각건대 ①설의 경우 자백의 시기를 변론종결시까지 확장할 경우 간이공판절차로 회부할 실익이 별로 없다는 점, ②설 및 ③설의 경우 증거조사에 대한 특칙을 인정하는 것이 간이공판절차이므로 증거조사 완료 후에 해당 절차로 진행할 수 있도록 하는 것은 실익이 없다는 점에서 타당하지 않다. 그러므로 증거조사 절차 개시 전, 즉 피고인의 모두진술 종결시까지 자백이 있어야만 간이공판절차로 회부될 수 있다고 파악하여야 한다.

3. 간이공판절차의 개시결정

간이공판절차의 요건이 구비된 경우에 법원은 그 공소사실에 대하여 간이공판절차에 의하여 심판할 것을 결정할 수 있다(제286조의2). 그러므로 피고인이 자백한 제1심 관할사건에 대하여도 법원은 간이공판절차에 의하여 심판하지 않을 수 있다. 왜냐하면 자백의 신빙성과 간이공판절차의 상당성은 법원이 판단해야 할 사항이므로, 간이공판절차의 개시 여부에 대한 결정은 법원의 재량에 속하기 때문이다. 법원이 간이공판절차개시의 결정을 하고자 할 때에는 재판장은 미리 피고인에게 간이공판절차의 취지를 설명하여야 한다(규칙 제131조). 간이공판절차 개시결정은 공판정에서 구두로도 할 수 있으며, 이 경우 공판조서에 기재하여야 한다(제51조 제2항 제14호).

간이공판절차의 개시결정은 판결 전 소송절차에 관한 결정이므로 항고할 수 없다(제403조 제1항). 그러나 간이공판절차의 요건을 구비하지 못하였음에도 불구하고 이에 대하여 심판한 경우에는 판결에 영향을 미친 법령위반에 해당하므로 판결 자체에 대한 상소이유가 된다(제361조의5 제1호, 제383조 제1호).

---

1) 손동권/신이철, 510면.

2) 김인회, 439면; 김정한, 522면; 신동운, 449면; 이은모/김정환, 544면; 이주원, 325면; 정승환, 478면; 정웅석/최창호, 511면.

3) 대법원 1987. 8. 18. 선고 87도1269 판결.

4. 간이공판절차의 내용

(1) 증거능력에 관한 특칙

간이공판절차에서는 전문법칙이 적용되지 아니한다. 즉 전문법칙에 의하여 증거능력이 부인되는 증거에 대하여 제318조 제1항의 동의가 있는 것으로 간주한다(제318조의3 본문). 왜냐하면 피고인이 공판정에서 공소사실에 대하여 자백한 이상 공소사실을 증명하기 위한 개개의 증거에 대해서도 다툴 의사가 없는 것으로 추정되기 때문이다. 그러나 검사·피고인 또는 변호인이 증거로 함에 이의가 있는 때에는 증거동의의 효력이 인정되지 아니한다(제318조의3 단서).

한편 피고인이 제1심 법원에서 공소사실에 대하여 자백하여 제1심 법원이 이에 대하여 간이공판절차에 의하여 심판할 것을 결정하고, 이에 따라 제1심 법원이 제1심판결 명시의 증거들을 증거로 함에 피고인 또는 변호인의 이의가 없어 제318조의3의 규정에 따라 증거능력이 있다고 보고, 상당하다고 인정하는 방법으로 증거조사를 한 이상, 가사 항소심에 이르러 범행을 부인하였다고 하더라도 제1심 법원에서 증거로 할 수 있었던 증거는 항소법원에서도 증거로 할 수 있는 것이므로 제1심 법원에서 이미 증거능력이 있었던 증거는 항소심에서도 증거능력이 그대로 유지되어 심판의 기초가 될 수 있고, 다시 증거조사를 할 필요가 없다.[1)]

간이공판절차에서 증거능력의 제한이 완화되는 것은 전문증거에 한한다. 따라서 위법수집증거배제법칙이나 자백배제법칙에 의한 증거능력의 제한은 간이공판절차에서도 그대로 유지된다. 또한 증거능력에 관한 것이 아니라 증명력에 관한 자유심증주의나 자백보강법칙 등도 간이공판절차에서 그대로 적용된다.

(2) 증거조사에 관한 특칙

간이공판절차에서도 증거조사를 생략할 수는 없다. 그러나 간이공판절차의 결정이 있는 사건에 대하여는 증인신문의 방식(제161조의2), 증거조사의 시기와 방식(제290조 내지 제292조), 증거조사결과와 피고인의 의견(제293조), 증인신문시 피고인의 퇴정(제297조)에 관한 규정을 적용하지 아니하며, 법원이 상당하다고 인정하는 방법으로 증거조사를 할 수 있다(제297조의2). 여기서 '상당하다고 인정하는 방법'이란 공개주의 원칙에 비추어 볼 때 적어도 당사자나 방청인이 증거내용을 알 수 있도록 하는 것을 말한다.[2)] 그러나 증거조사와 관련된 그 밖의 규정인 증인의 선서(제156조), 당사자의 증인신문참여권(제163조), 당사자의 증거신청권(제294조), 증거조사에 대한 이의신청권(제296조) 등은 간이공판절차에서도 인정된다.

---

1) 대법원 2005. 3. 11. 선고 2004도8313 판결; 대법원 1998. 2. 27. 선고 97도3421 판결.

2) 대법원 1980. 4. 22. 선고 80도333 판결(간이공판절차에서의 증거조사는 증거방법을 표시하고 증거조사내용을 '증거조사함'이라고 표시하는 방법으로 하였다면 간이절차에서의 증거조사에서 법원이 인정·채택한 상당한 증거방법이라고 인정할 수 있다).

(3) 공판절차에 관한 규정의 적용

간이공판절차에서 증거능력과 증거조사에 관한 특칙 이외에는 공판절차에 대한 일반규정이 그대로 적용된다. 그러므로 간이공판절차에서도 공소장변경이 가능하며, 유죄판결은 물론 공소기각의 재판, 관할위반의 판결, 무죄판결 등도 얼마든지 선고할 수 있다.

5. 간이공판절차의 취소

법원은 간이공판절차에 의하여 심판할 것을 결정한 사건에 대하여 피고인의 자백이 신빙할 수 없다고 인정되거나 간이공판절차로 심판하는 것이 현저히 부당하다고 인정할 때에는 검사의 의견을 들어 그 결정을 취소하여야 한다(제286조의3). 여기서 '간이공판절차로 심판하는 것이 현저히 부당하다고 인정할 때'란 공판의 신속한 진행이라는 간이공판절차의 취지에 비추어 이를 그대로 진행하는 것이 현저히 부당한 경우를 말한다. 예를 들면 수인의 공동피고인 중 일부에 대하여 또는 수개의 공소사실 중 일부에 대하여 간이공판절차의 결정을 하였는데 이로 인하여 증거조사의 절차가 극히 복잡하게 되어 불편한 경우가 이에 해당한다. 하지만 자백에 대한 보강증거가 없는 경우에는 무죄를 선고하면 족하고, 간이공판절차를 취소할 필요는 없다.

간이공판절차의 결정이 취소된 때에는 공판절차를 갱신하여야 한다(제301조의2 본문). 공판절차를 갱신하면 통상의 공판절차에 의하여 다시 심판하여야 하므로, 증거조사를 포함한 사실심리절차 전체를 새롭게 진행하여야 한다. 이에 따라 진술거부권을 고지한 후 인정신문부터 다시 하여야 한다. 다만 검사·피고인 또는 변호인이 이의가 없는 때에는 갱신을 요하지 아니한다(제301조의2 단서). 이 경우에는 간이공판절차에서 행하여진 증거조사의 효력이 유지되고, 이미 조사된 전문증거의 증거능력도 그대로 인정된다. 이와 같이 이의 없다는 의사표시는 중대한 효과가 있으므로 적극적으로 명시함을 요한다.[1)]

Ⅱ. 공판절차의 정지 및 갱신

1. 공판절차의 정지

(1) 의 의

'공판절차의 정지(停止)'란 심리를 진행할 수 없는 일정한 사유가 발생한 경우에 법원이 결정으로 그 사유가 없어질 때까지 공판절차를 진행하지 않는 것을 말한다. 이는 피고인의 방어권을 실질적으로 보장하기 위한 제도이다. 공판절차의 정지는 법원의 결정에 의한다는 점에서 일정한 사유가 있으면 소송절차 전체가 당연히 정지되는 '소송절차의 정지'와 구별된다. 소송절차가 정지되는 관계로 인하여 공판절차도 정지되는 사유로는 기피신청(제22조), 소송이 계속 중인 사건에 대한 토지관할의 병합심리신청·관할지정신청·관할이전신청(규칙 제7조), 재심청구의

1) 이주원, 328면.

경합(규칙 제169조), 위헌법률심판의 제청(헌법재판소법 제42조 제1항) 등이 있다.

(2) 사 유

1) 피고인의 심신상실 또는 질병

피고인이 사물의 변별 또는 의사의 결정을 할 능력이 없는 상태에 있는 때에는 법원은 검사와 변호인의 의견을 들어서 결정으로 그 상태가 계속하는 기간 공판절차를 정지하여야 한다(제306조 제1항). 피고인이 질병으로 인하여 출정할 수 없는 때에는 법원은 검사와 변호인의 의견을 들어서 결정으로 출정할 수 있을 때까지 공판절차를 정지하여야 한다(제306조 제2항). 이와 같이 공판절차를 정지함에는 의사의 의견을 들어야 한다(제306조 제3항). 그러나 피고사건에 대하여 무죄·면소·형의 면제[1] 또는 공소기각의 재판을 할 것으로 명백한 때에는 피고인의 출정 없이 재판할 수 있다(제306조 제4항). 또한 경미사건 등에 있어서 대리인이 출정할 수 있는 경우에는 공판절차를 정지하지 아니한다(제306조 제5항).

2) 공소장의 변경

법원은 공소사실 또는 적용법조의 추가·철회 또는 변경이 피고인의 불이익을 증가할 염려가 있다고 인정한 때에는 직권 또는 피고인이나 변호인의 청구에 의하여 피고인으로 하여금 필요한 방어의 준비를 하게 하기 위하여 결정으로 필요한 기간 공판절차를 정지할 수 있다(제298조 제4항).

(3) 효 과

공판절차의 정지결정이 있으면 정지기간이 만료되거나 정지결정이 취소될 때까지 공판절차를 진행할 수 없다. 그러나 정지되는 것은 협의의 공판절차인 공판기일의 절차에 한정되므로, 구속 또는 보석에 관한 재판이나 공판준비는 이 기간 동안에도 할 수 있다. 또한 공판절차가 정지된 기간은 피고인에 대한 구속기간 및 구속갱신의 기간에 산입되지 아니한다(제92조 제3항).

공판절차의 정지결정이 취소되거나 정지기간이 만료되면 법원은 정지되었던 공판절차를 다시 진행하여야 한다. 다만 공판개정 후 제306조 제1항(심신상실)에 의하여 공판절차가 정지된 경우에는 그 정지사유가 소멸한 후의 공판기일에 공판절차를 갱신하여야 한다(규칙 제143조).

(4) 불 복

공판절차의 정지사유가 없음에도 불구하고 정지결정을 하였다고 하더라도 이는 판결 전의 소송절차에 관한 결정이므로 항고할 수 없지만(제403조), 이로 인하여 판결에 영향을 받았다면 항소 또는 상고할 수 있다(제361조의5 제1호, 제383조 제1호).

---

1) 이에 대하여 유죄판결의 일종인 형의 면제판결을 포함시킨 것은 타당하지 않다는 견해로는 김인회, 440면; 이재상/조균석, 526면; 정승환, 484면.

2. 공판절차의 갱신

(1) 의 의

'공판절차의 갱신(更新)'이란 법원이 이미 진행된 공판절차를 일단 무시하고, 다시 그 절차를 진행하는 것을 말한다. 이는 공판절차를 진행한 법원이 당해 피고사건에 대한 판결선고 이전에 공판심리절차를 다시 진행하는 것이므로, 상급법원의 파기환송 또는 이송판결 후에 하급법원이나 이송을 받은 법원이 다시 공판절차를 진행하는 경우는 이에 해당하지 아니한다. 공판절차의 갱신은 이미 진행된 공판절차를 다시 진행하게 되어 소송경제에 반하는 결과를 초래하지만, 실체적 진실발견을 위하여 부득이 인정되고 있다.

(2) 사 유

1) 판사의 경질

공판개정 후 판사의 경질이 있는 때에는 공판절차를 갱신하여야 한다(제301조 본문).[1] 단독판사가 경질된 경우뿐만 아니라 합의부 구성원 중 일부가 경질된 경우에도 마찬가지이다. 하지만 재판이 내부적으로 이미 성립되어 판결의 선고만을 하는 경우에는 공판절차를 갱신할 필요가 없다(제301조 단서). 판사의 경질이 있음에도 불구하고 공판절차를 갱신하지 않으면 절대적 항소이유(제361조의5 제8호) 또는 상대적 상고이유(제383조 제1호)가 된다. 우리나라에서 경향교류의 전국 단위 정기 순환보직제의 인사가 유지되고 있는 점은 공판절차의 갱신과 관련하여 심각한 문제라고 할 수 있다.

2) 간이공판절차의 취소

간이공판절차의 결정이 취소된 때에는 공판절차를 갱신하여야 한다. 왜냐하면 증거능력이나 증거조사의 방법에 변화가 발생하기 때문이다. 다만 직접주의 또는 구술주의와는 관계가 없으므로 검사·피고인 또는 변호인이 이의가 없는 때에는 그러하지 아니하다(제301조의2). 간이공판절차가 취소되었음에도 불구하고 공판절차를 갱신하지 않으면 판결에 영향을 미친 법령위반으로서 상대적 상소이유가 된다(제361조의5 제1호, 제383조 제1호).

3) 공판절차정지 후 심신상실 사유의 소멸

피고인의 심신상실을 이유로 공판절차가 정지된 경우에는 그 정지사유가 소멸한 후의 공판기일에 공판절차를 갱신하여야 한다(규칙 제143조). 왜냐하면 피고인이 정지 전의 소송행위를 충분히 기억하지 못할 뿐만 아니라 공판절차정지 전에 행한 피고인의 소송행위가 무효일 가능성이 높기 때문이다. 이 경우에 공판절차를 갱신하지 않으면 판결에 영향을 미친 법령위반으로서 상대적 상소이유가 된다(제361조의5 제1호, 제383조 제1호).

---

1) 서울고등법원 1977. 5. 26. 선고 77노434 판결(판사의 갱질이 있었으나 공판조서에 공판절차를 갱신하다는 기재가 없는 이상 공판절차를 갱신하지 않았다고 인정되고 그 결과 판사가 갱질되기 전 공판절차에 있어서 조사된 증거를 가지고 실체판단의 자료로 삼을 수 없다).

4) 국민참여재판에서 신규배심원의 참여

공판절차가 개시된 후 새로 재판에 참여하는 배심원 또는 예비배심원이 있는 때에는 공판절차를 갱신하여야 한다(국민참여재판법 제45조 제1항). 이러한 갱신절차는 새로 참여한 배심원 또는 예비배심원이 쟁점 및 조사한 증거를 이해할 수 있도록 하되, 그 부담이 과중하지 아니하도록 하여야 한다(국민참여재판법 제45조 제2항).

(3) 절 차

공판절차의 갱신은 공판절차를 다시 시작하는 것이므로 재판장은 원칙적으로 공판절차를 모두절차부터 다시 진행하여야 한다. 재판장은 피고인에게 진술거부권 등을 고지한 후 인정신문을 하여 피고인임에 틀림없음을 확인하여야 하고, 검사로 하여금 공소장 또는 공소장변경허가신청서에 의하여 공소사실, 죄명 및 적용법조를 낭독하게 하거나 그 요지를 진술하게 하여야 하며, 피고인에게 공소사실의 인정 여부 및 정상에 관하여 진술할 기회를 주어야 한다. 또한 재판장은 갱신 전의 공판기일에서의 피고인이나 피고인이 아닌 자의 진술 또는 법원의 검증결과를 기재한 조서에 관하여 증거조사를 하여야 하고, 갱신 전의 공판기일에서 증거조사된 서류 또는 물건에 관하여 다시 증거조사를 하여야 한다. 다만 증거능력 없다고 인정되는 서류 또는 물건과 증거로 함이 상당하지 아니하다고 인정되고 검사·피고인 및 변호인이 이의를 하지 아니하는 서류 또는 물건에 대하여는 그러하지 아니하다(규칙 제144조 제1항). 재판장은 규칙 제144조 제1항 제4호 및 제5호에 규정한 서류 또는 물건에 관하여 증거조사를 함에 있어서 검사·피고인 및 변호인의 동의가 있는 때에는 그 전부 또는 일부에 관하여 제292조·제292조의2·제292조의3에 규정한 방법에 갈음하여 상당하다고 인정하는 방법으로 이를 할 수 있다(규칙 제144조 제2항).

(4) 공판절차의 갱신 전 소송행위의 효력

공판절차의 갱신은 종래의 절차진행을 무효로 하고 처음부터 공판절차를 다시 진행하는 것이므로 갱신 전의 소송행위는 실체형성행위와 절차형성행위가 모두 그 효력을 상실한다. 다만 판사의 경질에 의하여 공판절차를 갱신하는 경우에는 공판절차갱신의 이유가 직접주의와 구두변론주의에 있다는 점에 비추어 볼 때 갱신 전의 실체형성행위는 그 효력을 잃게 되지만, 절차형성행위는 영향을 받지 않는다고 보아야 한다. 따라서 갱신 전의 공판절차에서 행한 소송관계인의 신청에 대하여는 갱신 후에도 법원은 결정을 내려야 한다. 또한 실체형성행위에 관한 것이더라도 종전 절차에서 증인신문·검증·피고인신문 등을 법원이 행한 경우에는 그 결과를 기재한 조서가 당연히 증거능력을 가지므로(제311조), 그 조서를 서증으로 조사하면 족하고 반드시 종전의 절차를 반복해야 하는 것은 아니다(규칙 제144조 제1항 제4호).

Ⅲ. 변론의 병합·분리·재개

1. 변론의 병합 및 분리

(1) 의 의

법원은 필요하다고 인정한 때에는 직권 또는 검사·피고인이나 변호인의 신청에 의하여 결정으로 변론을 분리하거나 병합할 수 있다(제300조). '변론의 병합'이란 수개의 관련사건이 사물관할을 같이 하는 동일한 법원 내의 동일 또는 별개의 재판부에 계속되어 있는 경우에 하나의 재판부가 하나의 공판절차에 수개의 사건을 병합하여 동시에 심리하는 것을 말한다. 여러 개의 관련사건이 법원조직법상의 법원을 달리하거나 사물관할을 달리하는 경우에는 관련사건의 병합심리의 문제가 되므로, 변론의 병합에 해당하지 아니한다.

'변론의 분리'란 변론이 병합된 수개의 사건을 분리하여 동일 또는 수개의 재판부에서 수개의 절차로 심리하는 것을 말한다. 이는 무리한 병합심리로 인하여 진실발견과 공정한 재판을 저해하는 것을 방지하기 위한 것이다. 특히 공동피고인의 일부가 법정에 출석하지 않은 경우 출석한 피고인에 대해서 심리를 진행할 필요가 있을 때 주로 행해진다. 수개의 사건이 계속된 경우를 전제로 하므로 과형상 일죄나 포괄일죄와 같이 1개의 사건만이 존재하는 경우에는 변론의 분리가 허용되지 아니한다.

(2) 법원의 결정

법원은 공판기일 외에서 재판서를 작성하여 병합결정을 할 수도 있고, 공판기일에 구술로 병합결정을 고지할 수도 있다. 변론의 병합을 결정할 때에는 병합사건과 피병합사건의 관계를 명시하여야 한다. 병합대상사건이 동일한 재판부에 배당되지 않은 경우에는 내부적으로 재배당의 절차가 선행되어야 한다. 한편 변론을 병합 또는 분리할 것인지의 여부는 법원의 재량에 의하여 결정된다.[1] 그러므로 동일한 피고인에 대하여 각각 별도로 2개 이상의 사건이 공소제기되었을 경우에 반드시 병합심리하여 동시에 판결을 선고하여야만 되는 것은 아니다.[2] 하지만 변론의 병합으로 인하여 피고인은 과형상의 이익을 얻을 수 있으므로 특별한 사정이 없는 한 변론의 병합을 하는 것이 타당하다.

(3) 효 과

수인의 피고인에 대하여 변론을 병합한 경우에는 그 수인의 피고인은 공동피고인이 된다. 변론을 분리하거나 병합하는 경우에도 수소법원 자체에는 변동이 없으므로 병합 전 또는 분리 전 소송절차의 효력에 영향을 미치지 아니한다. 그러므로 공판절차의 갱신을 필요로 하지 아니

---

1) 대법원 1987. 6. 23. 선고 87도706 판결.

2) 대법원 2005. 12. 8. 선고 2004도5529 판결; 대법원 1994. 11. 4. 선고 94도2354 판결; 대법원 1984. 2. 14. 선고 83도3013 판결.

한다.

2. 변론의 재개

(1) 의 의

법원은 필요하다고 인정한 때에는 직권 또는 검사·피고인이나 변호인의 신청에 의하여 결정으로 종결한 변론을 재개할 수 있다(제305조). 이는 주로 새로운 주장이 제기되는 경우와 같이 추가심리의 필요성이 있거나 별건 기소된 사건을 병합하기 위한 경우 등에 있어서 활용된다.

(2) 법원의 결정

종결된 변론을 재개할 것인지의 여부는 법원의 재량에 의하여 결정된다.[1] 그러므로 법원이 변론종결 후 변호인의 변론재개신청을 받아들이지 아니하였다고 하여도 심리미진의 위법이 있는 것은 아니다.

(3) 효 과

변론이 재개되면 사건은 변론종결 전의 상태로 돌아가 재개된 변론이 이전의 변론과 일체를 이루게 된다. 변론이 재개되면 검사의 의견진술 이전의 상태로 돌아가게 되므로 필요한 증거조사를 마치고 다시 변론을 종결한 때에는 검사의 의견진술과 변호인의 최종변론 및 피고인의 최후진술이 다시 진행되어야 한다.

제 8 절 국민참여재판

Ⅰ. 의 의

1. 도입배경

국민참여재판법은 사법의 민주적 정당성과 신뢰를 높이기 위하여 국민이 형사재판에 참여하는 제도를 시행함에 있어서 참여에 따른 권한과 책임을 명확히 하고, 재판절차의 특례와 그 밖에 필요한 사항에 관하여 규정함을 목적으로 2008. 1. 1.부터 시행되고 있다. 국민참여재판은 국민의 건전한 상식과 경험을 재판내용에 반영하여 일반인들의 법감정에 합치되는 재판결과를 얻음으로써 재판의 정당성에 대한 국민의 신뢰를 높이고, 일반국민이 재판에 참여함에 따라 이른바 '조서재판'(調書裁判)의 형태에서 벗어나 공판중심주의를 실현하려는 취지에서 도입된 제도

1) 대법원 2014. 4. 24. 선고 2014도1414 판결; 대법원 2011. 1. 27. 선고 2010도7947 판결(변론종결 후에 피고인이 증인신청을 한 경우); 대법원 2003. 12. 26. 선고 2001도6484 판결(변론종결 후에 검사가 공소장변경신청을 한 경우); 대법원 2000. 4. 11. 선고 2000도565 판결; 대법원 1994. 10. 28. 선고 94도1756 판결(변론종결 후에 검사가 공소장변경신청을 한 경우); 대법원 1986. 10. 14. 선고 86도1691 판결; 대법원 1986. 6. 10. 선고 86도769 판결(변론종결 후에 선임된 변호인이 변론재개신청을 한 경우); 대법원 1983. 12. 13. 선고 83도2279 판결.

라고 평가할 수 있다.

2. 외국의 입법례

(1) 배심제

'배심제'(陪審制)란 일반국민으로 구성된 배심원단이 직업법관과 독립하여 형사사건에 대하여 유죄·무죄의 평결을 내리고, 법관은 그 평결에 구속되는 제도를 말한다. 배심제는 주로 미국·영국 등 영미법계 국가에서 채택하고 있다. 배심원의 유죄평결이 있는 경우에는 법관은 양형심리절차를 별도로 진행하여 형을 선고하게 된다. 배심재판에 의할 것인가의 여부는 피고인이 선택할 수 있으며, 배심원은 구체적인 사건마다 선임된다. 배심원이 인정한 사실판단에 대하여는 상소로써 다툴 수 없으며, 무죄판결에 대한 검사의 상소도 허용되지 아니하고, 다만 법령위반 또는 양형부당을 이유로 한 유죄판결에 대한 상소가 허용될 뿐이다. 한편 미국에서의 '대배심'(Grand Jury)이란 기소배심을 말하는데, 이는 우리나라의 검찰시민위원회와 유사한 역할을 수행한다.

(2) 참심제

'참심제'(參審制)란 일반국민인 참심원이 직업법관과 함께 재판에 관여하여 유죄·무죄의 판결뿐만 아니라 양형판단까지도 할 수 있는 제도를 말한다. 참심제는 주로 독일·프랑스 등 대륙법계 국가에서 채택하고 있다. 일정한 임기의 참심원이 법관과 함께 재판부를 구성한다는 점에서 배심제와 차이가 있으며, 피고인에게는 참심재판을 받을 것인지 여부를 결정할 권한이 없다. 참심제는 전문지식이 필요한 소송에서 전문가를 활용할 수 있는 장점이 있지만, 참심원이 직업법관의 영향을 받게 되는 단점이 있다.

3. 국민참여재판의 특징

우리나라의 국민참여재판은 순수한 배심제나 참심제와는 다른 독특한 형태의 한국형제도라고 평가할 수 있다. 배심원들은 원칙적으로 법관의 관여 없이 평의를 진행한 후 만장일치로 평결을 한다. 평결에 의하여 결정되는 것은 유죄·무죄의 판단이고, 양형에 대한 것은 아니다. 단지 양형에 대해서는 개인의 의견을 개진할 수 있을 뿐이다. 국민참여재판에 관하여 변호인이 없는 때에는 법원은 직권으로 변호인을 선정하여야 하기 때문에(국민참여재판법 제7조), 필요적 변호사건에 해당한다. 우리나라 국민참여재판의 가장 큰 특징은 배심원의 평결이 법관을 구속하지 못하고, 권고적 효력만을 가진다는 점이다.

한편 국민참여재판을 받을 권리가 헌법상 재판청구권으로서 보장되는지 여부와 관련하여, 연방헌법과 수정헌법 규정을 통하여 배심재판을 받을 권리를 헌법상 권리로 보장하고 있는 미국의 경우와 달리 우리 헌법에서는 그와 같은 명문규정이 없고, 단지 헌법 제27조 제1항에서 '모든 국민은 헌법과 법률이 정한 법관에 의하여 법률에 의한 재판을 받을 권리를 가진다.'라고 규정하고 있다. 모든 국민은 헌법과 법률이 정한 자격과 절차에 의하여 임명되고(헌법 제101조 제3항, 제104조, 법원조직법 제41조 내지 제43조), 물적 독립(헌법 제103조)과 인적 독립(헌법 제106조, 법원조직법 제46조)이 보장된 법관에 의하여 합헌적인 법률이 정한 내용과 절차에 따라 재판을 받을 권리를 보장하는 것이고, 여기서 말하는 재판은 구체적 사건에 관하여 사실의 확정과 그에 대한 법률의 해석적용을 보장한다는 것으로서 결국 법관이 사실을 확정하고 법률을 해석·적용하는 재판을 받을 권리를 보장한다는 것을 의미한다. 따라서 우리 헌법상 헌법과 법률이 정한 법관에 의한 재판을 받을 권리는 직업법관에 의한 재판을 주된 내용으로 하는 것이므로, 국민참여재판을 받을 권리가 헌법 제27조 제1항에서 규정한 재판을 받을 권리의 보호범위에 속한다고 볼 수는 없다.[1)]

〈국민참여재판의 처리현황〉

단위: 건(%)

연 도	접 수	처리				미제
		국민참여재판 선고	배제결정, 통상절차회부	피고인철회	계	
2012	756	274(40.5)	124(18.3)	278(41.1)	676(100)	145
2013	764	345(43.3)	118(14.8)	334(41.9)	797(100)	112
2014	608	271(44.4)	107(17.5)	233(38.1)	611(100)	109
2015	505	203(38.6)	106(20.2)	217(41.3)	526(100)	88
2016	860	305(38.9)	151(19.3)	328(41.8)	786(100)	164
2017	712	295(37.2)	195(24.6)	304(38.3)	794(100)	82
2018	665	180(28.8)	183(29.3)	261(41.8)	624(100)	123

출처: 법무연수원, 「2019 범죄백서」, 2020.

Ⅱ. 대상사건 및 개시절차

1. 대상사건

(1) 대상사건의 범위

국민참여재판은 제1심에 한하여 허용되며, 그 대상사건은 ① 법원조직법 제32조 제1항(제2호[2)] 및 제5호[3)]는 제외한다)에 따른 합의부 관할 사건[4)], ② 제1호에 해당하는 사건의 미수죄·교사

1) 헌법재판소 2009. 11. 26. 선고 2008헌바12 결정.

2) 민사사건에 관하여는 대법원규칙으로 정하는 사건.

3) 지방법원 판사에 대한 제척·기피사건.

4) 대법원 2014. 6. 12. 선고 2014도1894 판결(2012. 1. 17. 국민참여재판법이 개정되면서 제5조 제1항에서 합의부에서 심판하기로 하는 결정을 거친 사건도 국민참여재판의 대상사건에 포함되는 것으로 바뀌었으나, 위 법률 부칙에서 위 법률의 시행일인 2012. 7. 1. 후에 최초로 공소를 제기하는 사건부터 이를 적용하도록 명시하고 있으므로

죄·방조죄·예비죄·음모죄에 해당하는 사건, ③ 제1호 또는 제2호에 해당하는 사건과 형사소송법 제11조에 따른 관련 사건으로서 병합하여 심리하는 사건이다(국민참여재판법 제5조 제1항). 하지만 피고인이 국민참여재판을 원하지 아니하거나 국민참여재판법 제9조 제1항에 따른 배제결정이 있는 경우에는 국민참여재판을 하지 아니한다(국민참여재판법 제5조 제2항).

(2) 공소사실의 변경

법원은 공소사실의 일부 철회 또는 변경으로 인하여 대상사건에 해당하지 아니하게 된 경우에도 국민참여재판을 계속 진행한다. 다만 법원은 심리의 상황이나 그 밖의 사정을 고려하여 국민참여재판으로 진행하는 것이 적당하지 아니하다고 인정하는 때에는 결정으로 당해 사건을 지방법원 본원 합의부가 국민참여재판에 의하지 아니하고 심판하게 할 수 있다(국민참여재판법 제6조 제1항). 이러한 법원의 결정에 대하여는 불복할 수 없고(국민참여재판법 제6조 제2항), 당해 재판에 참여한 배심원과 예비배심원은 해임된 것으로 보며(국민참여재판법 제6조 제3항), 결정 전에 행한 소송행위는 그 결정 이후에도 그 효력에 영향이 없다(국민참여재판법 제6조 제4항). 한편 법원은 공소장 변경으로 대상사건이 된 사건에 대하여 피고인 또는 변호인에게 국민참여재판에 관한 안내서를 지체 없이 송달하여야 한다(국민참여재판규칙 제5조 제1항).

2. 피고인의 의사 확인

피고인이 국민참여재판을 원하지 아니하거나 배제결정이 있는 경우[1]에는 국민참여재판을 하지 아니한다(국민참여재판법 제5조 제2항). 법원은 대상사건의 피고인에 대하여 국민참여재판을 원하는지 여부에 관한 의사를 서면 등의 방법으로 반드시 확인하여야 한다.[2] 이 경우 피고인 의사의 구체적인 확인 방법은 대법원규칙으로 정하되, 피고인의 국민참여재판을 받을 권리가 최대한 보장되도록 하여야 한다(국민참여재판법 제8조 제1항). 피고인이 제출한 서면만으로는 피고인의 의사를 확인할 수 없는 경우에는 법원은 심문기일을 정하여 피고인을 심문하거나 서면 기타 상당한 방법으로 피고인의 의사를 확인하여야 한다(국민참여재판규칙 제4조 제1항). 법원은 심문기일을 정한 때에는 검사·피고인 또는 변호인·피고인을 구금하고 있는 관서의 장에게 심문기일과 장소를 통지하여야 하고, 피고인을 구금하고 있는 관서의 장은 위 심문기일에 피고인을

합의부에서 심판하기로 하는 결정을 거친 사건이라도 2012. 7. 1. 이전에 공소 제기된 사건은 국민참여재판의 대상사건에 포함되지 않는다).

1) 대법원 2011. 9. 8. 선고 2011도7106 판결(피고인이 법원에 국민참여재판을 신청하였음에도 불구하고 법원이 이에 대한 배제결정도 하지 않은 채 통상의 공판절차로 재판을 진행하는 것은 피고인의 국민참여재판을 받을 권리 및 법원의 배제결정에 대한 항고권 등의 중대한 절차적 권리를 침해한 것으로서 위법하다고 할 것이고, 국민참여재판제도의 도입 취지나 배제결정에 대한 즉시항고권을 보장한 취지 등에 비추어 이와 같이 위법한 공판절차에서 이루어진 소송행위는 무효라고 보아야 할 것이다).

2) 대법원 2018. 7. 20. 선고 2018도7036 판결(피고인의 국민참여재판 불희망 의사를 확인하였으나 당시 국민참여재판 안내서 등을 피고인에게 교부하거나 사전에 송달하는 등 국민참여재판 절차에 관한 충분한 안내를 하거나 그 희망 여부에 관한 상당한 숙고시간을 부여하지 않았다면 그 의사의 확인절차를 적법하게 거쳤다고 볼 수 없다).

출석시켜야 한다(국민참여재판규칙 제4조 제2항). 법원은 피고인의 심문을 합의부원에게 명할 수 있다(국민참여재판규칙 제4조 제4항).

피고인은 공소장 부본을 송달받은 날부터 7일 이내에[1] 국민참여재판을 원하는지 여부에 관한 의사가 기재된 서면을 제출하여야 한다. 이 경우 피고인이 서면을 우편으로 발송한 때, 교도소 또는 구치소에 있는 피고인이 서면을 교도소장·구치소장 또는 그 직무를 대리하는 자에게 제출한 때에 법원에 제출한 것으로 본다(국민참여재판법 제8조 제2항). 법원은 대상사건에 대한 공소의 제기가 있는 때에는 공소장 부본과 함께 피고인 또는 변호인에게 국민참여재판의 절차, 서면의 제출, 의사번복의 제한, 그 밖의 주의사항이 기재된 국민참여재판에 관한 안내서를 송달하여야 한다(국민참여재판규칙 제3조 제1항).[2] 피고인이 서면을 법원에 제출할 때에는 ① 피고인의 성명 기타 피고인을 특정할 수 있는 사항, ② 사건번호, ③ 피고인이 국민참여재판을 원하는지 여부의 사항을 기재하고, 기명날인 또는 서명하여야 한다(국민참여재판규칙 제3조 제2항). 이러한 서면이 제출된 때에는 법원은 검사에게 그 취지와 서면의 내용을 통지하여야 한다(국민참여재판규칙 제3조 제3항). 이러한 통지는 서면사본의 송달 외에 전화·모사전송·전자우편 그 밖에 상당한 방법으로 이를 할 수 있고(국민참여재판규칙 제3조 제4항), 통지의 증명은 그 취지를 기재한 법원서기관·법원사무관·법원주사 또는 법원주사보의 보고서로써 할 수 있다(국민참여재판규칙 제3조 제5항).

피고인이 서면을 제출하지 아니한 때에는 국민참여재판을 원하지 아니하는 것으로 본다(국민참여재판법 제8조 제3항). 피고인은 배제결정 또는 회부결정이 있거나 공판준비기일이 종결되거나 제1회 공판기일이 열린 이후에는 종전의 의사를 바꿀 수 없다(국민참여재판법 제8조 제4항).[3] 만일 이러한 규정에도 불구하고 법원에서 피고인이 국민참여재판을 원하는지에 관한 의사의 확인절차를 거치지 아니한 채 통상의 공판절차로 재판을 진행하였다면, 그 절차는 위법하고 이러한 위법한 공판절차에서 이루어진 소송행위도 무효라고 보아야 한다.[4]

그러나 국민참여재판은 피고인의 희망 의사의 번복에 관한 일정한 제한(제8조 제4항)이 있는 외에는 피고인의 의사에 반하여 할 수 없는 것이므로, 제1심법원이 국민참여재판의 대상이 되

1) 대법원 2011. 9. 8. 선고 2011도7106 판결(제1심법원이 피고인의 강간치상 사건에 대하여 공소장 부본 송달일로부터 7일이 경과하기 전에 제1회 공판기일을 진행하면서 국민참여재판 신청 의사를 확인하지 않고, 피고인이 공판기일 전날 구치소장에게 제출한 국민참여재판 신청서가 공판기일이 진행된 후에 법원에 접수되었으나 신청에 대해 배제결정도 하지 않은 채 통상의 공판절차로 재판을 진행한 사안에서, 피고인이 국민참여재판을 받을 권리를 침해당하였을 뿐 아니라 이를 위해 배제결정에 대하여 즉시항고할 권리조차 박탈당한 위법한 공판절차에서 이루어진 소송행위는 무효라고 보아야 한다).

2) 대법원 2012. 9. 13. 선고 2012도7760 판결.

3) 대법원 2009. 10. 23.자 2009모1032 결정(공소장 부본을 송달받은 날부터 7일 이내에 의사확인서를 제출하지 아니한 피고인도 제1회 공판기일이 열리기 전까지는 국민참여재판 신청을 할 수 있고 법원은 그 의사를 확인하여 국민참여재판으로 진행할 수 있다).

4) 대법원 2013. 1. 31. 선고 2012도13896 판결; 대법원 2012. 4. 26. 선고 2012도1225 판결; 대법원 2011. 9. 8. 선고 2011도7106 판결.

는 사건임을 간과하여 이에 관한 피고인의 의사를 확인하지 아니한 채 통상의 공판절차로 재판을 진행하였더라도, 피고인이 항소심에서 국민참여재판을 원하지 아니한다고 하면서 위와 같은 제1심의 절차적 위법을 문제삼지 아니할 의사를 명백히 표시하는 경우에는 그 하자가 치유되어 제1심 공판절차는 전체로서 적법하게 된다. 다만 국민참여재판제도의 취지와 피고인의 국민참여재판을 받을 권리를 실질적으로 보장하고자 하는 관련 규정의 내용에 비추어 위 권리를 침해한 제1심 공판절차의 하자가 치유된다고 보기 위해서는 피고인에게 국민참여재판절차 등에 관한 충분한 안내가 이루어지고 그 희망 여부에 관하여 숙고할 수 있는 상당한 시간이 사전에 부여되어야 할 것이다.[1)]

3. 법원의 결정

(1) 배제결정

법원은 공소제기 후부터 공판준비기일이 종결된 다음 날까지 ① 배심원·예비배심원·배심원후보자 또는 그 친족의 생명·신체·재산에 대한 침해 또는 침해의 우려가 있어서 출석의 어려움이 있거나 직무를 공정하게 수행하지 못할 염려가 있다고 인정되는 경우, ② 공범 관계에 있는 피고인들 중 일부가 국민참여재판을 원하지 아니하여 국민참여재판의 진행에 어려움이 있다고 인정되는 경우, ③ 성폭력특례법 제2조의 범죄로 인한 피해자 또는 법정대리인이 국민참여재판을 원하지 아니하는 경우[2)], ④ 그 밖에 국민참여재판으로 진행하는 것이 적절하지 아니하다고 인정되는 경우 가운데 어느 하나에 해당하는 경우에는 국민참여재판을 하지 아니하기로 하는 결정을 할 수 있다(국민참여재판법 제9조 제1항). 법원은 이러한 결정을 하기 전에 검사·피고인 또는 변호인의 의견을 들어야 하고(국민참여재판법 제9조 제2항), 동 결정에 대하여는 즉시항고를 할 수 있다(국민참여재판법 제9조 제3항). 법원은 배제결정을 하기 전에 기간을 정하여 검사·피고인 또는 변호인에게 배제결정에 관한 의견을 제출하도록 통지하여야 한다(국민참여재판규칙 제6조 제1항). 이러한 의견은 서면으로 제출되어야 한다. 다만 심문기일이나 공판준비기일을 연 경우에는 구술로 할 수 있다(국민참여재판규칙 제6조 제2항).

---

1) 대법원 2012. 9. 13. 선고 2012도7760 판결; 대법원 2012. 6. 14. 선고 2011도15484 판결; 대법원 2012. 4. 26. 선고 2012도1225 판결.

2) 대법원 2016. 3. 16.자 2015모2898 결정(이는 성폭력범죄에 대하여 국민참여재판을 하는 과정에서 성폭력범죄 피해자에게 인격이나 명예 손상, 사생활에 관한 비밀의 침해, 성적 수치심, 공포감 유발 등과 같은 추가적인 피해가 발생할 수 있음을 고려하여 성폭력범죄 피해자나 법정대리인이 국민참여재판을 원하지 아니하는 경우 이를 반영하여 법원이 재량으로 국민참여재판을 하지 아니하기로 하는 결정을 할 수 있도록 한 것이다. 그런데 국민참여재판을 도입한 취지나 국민참여재판을 받을 피고인의 권리 등에 비추어 볼 때, 피고인이 국민참여재판을 원하는 사건에서 국민참여재판법 제9조 제1항 제3호를 근거로 국민참여재판 배제결정을 하기 위해서는 성폭력범죄 피해자나 법정대리인이 국민참여재판을 원하지 아니하는 구체적인 이유가 무엇인지, 피고인과 피해자의 관계, 피해자의 나이나 정신상태, 국민참여재판을 할 경우 형사소송법과 성폭력특례법 및 청소년성보호법 등에서 피해자 보호를 위해 마련한 제도를 활용하더라도 피해자에 대한 추가적인 피해를 방지하기에 부족한지 등 여러 사정을 고려하여 신중하게 판단하여야 한다. 따라서 이러한 사정을 고려함이 없이 성폭력범죄 피해자나 법정대리인이 국민참여재판을 원하지 아니한다는 이유만으로 국민참여재판 배제결정을 하는 것은 바람직하다고 할 수 없다).

(2) 지방법원 지원 합의부의 회부결정

피고인이 국민참여재판을 원하는 의사를 표시한 경우 지방법원 지원 합의부가 배제결정을 하지 아니하는 경우에는 국민참여재판절차 회부결정을 하여 사건을 지방법원 본원 합의부로 이송하여야 한다(국민참여재판법 제10조 제1항). 지방법원 본원 합의부는 국민참여재판의 대상사건을 피고인의 의사에 따라 국민참여재판으로 진행하면 되고, 별도의 국민참여재판 개시결정을 할 필요는 없다.[1] 지방법원 지원 합의부가 심판권을 가지는 사건 중 지방법원 지원 합의부가 회부결정을 한 사건에 대하여는 지방법원 본원 합의부가 관할권을 가진다(국민참여재판법 제10조 제2항). 지방법원 지원 합의부는 국민참여재판절차 회부결정을 한 날부터 3일 이내에 소송기록과 증거물을 지방법원 본원 합의부로 송부하여야 하는데(국민참여재판규칙 제7조 제1항), 이러한 송부를 받은 법원은 지체 없이 그 법원에 대응하는 검찰청 검사에게 그 사실을 통지하여야 한다(국민참여재판규칙 제7조 제2항). 피고인이 교도소 또는 구치소에 있는 경우에는 지방법원 본원에 대응한 검찰청 검사는 위의 통지를 받은 날부터 7일 이내에 피고인을 지방법원 본원 소재지의 교도소나 구치소로 이감한다(국민참여재판규칙 제7조 제3항).

(3) 통상절차의 회부결정

법원은 피고인의 질병 등으로 공판절차가 장기간 정지되거나 피고인에 대한 구속기간의 만료, 성폭력범죄 피해자의 보호, 그 밖에 심리의 제반 사정에 비추어 국민참여재판을 계속 진행하는 것이 부적절하다고 인정하는 경우에는 직권 또는 검사·피고인·변호인이나 성폭력범죄 피해자 또는 법정대리인의 신청에 따라 결정으로 사건을 지방법원 본원 합의부가 국민참여재판에 의하지 아니하고 심판하게 할 수 있다(국민참여재판법 제11조 제1항). 통상절차의 회부결정은 국민참여재판 진행 중에 후발적인 사정에 따라 국민참여재판을 더 이상 계속 하지 않기로 하는 결정인 점에서 처음부터 국민참여재판을 하지 않기로 하는 배제결정과 구별된다. 법원은 이러한 결정을 하기 전에 검사·피고인 또는 변호인의 의견을 들어야 하며(국민참여재판법 제11조 제2항), 동 결정에 대하여는 불복할 수 없다(국민참여재판법 제11조 제3항). 검사·피고인 또는 변호인이 국민참여재판법 제11조 제1항에 따른 통상절차회부 신청을 하는 때에는 그 사유를 적은 신청서를 제출하여야 하며(국민참여재판규칙 제8조 제1항), 법원은 이러한 신청이 있는 때에는 그 취지를 상대방에게 통지하여야 한다(국민참여재판규칙 제8조 제2항). 이후 신청인의 상대방은 통지를 받은 날부터 3일 이내에 의견서를 법원에 제출하여야 한다(국민참여재판규칙 제8조 제4항). 국민참여재판규칙 제8조 제1항에 불구하고 검사·피고인 또는 변호인은 공판준비기일 또는 공판기일에 구술로 그 사유를 주장하여 통상회부신청을 할 수 있다. 이 경우 법원사무관등은 통상회부신청의 취지와 그 사유의 요지를 공판준비기일 또는 공판기일 조서에 기재하여야 하고, 출석하지 아니한 상대방에게 조서의 등본을 송달하여야 한다(국민참여재판규칙 제8조 제5항).

---

1) 대법원 2009. 10. 23.자 2009모1032 결정.

Ⅲ. 배심원

1. 의 의

'배심원'(陪審員)이란 국민참여재판법에 따라 형사재판에 참여하도록 선정된 사람을 말하는데(국민참여재판법 제2조 제1호), 이러한 배심원이 참여하는 형사재판을 국민참여재판이라고 한다(국민참여재판법 제2조 제2호). 배심원은 국민참여재판을 하는 사건에 관하여 사실의 인정, 법령의 적용 및 형의 양정에 관한 의견을 제시할 권한이 있다(국민참여재판법 제12조 제1항). 하지만 평결과 의견은 법원을 기속하지 아니한다(국민참여재판법 제46조 제5항). 배심원이 심리에 관여한 판사와 함께 양형에 관하여 토의하고 의견을 개진하도록 한 것과 배심원의 평결에 법원이 구속되지 않도록 한 것은 영미법계의 배심제도와 다른 점이다.

배심원은 법령을 준수하고 독립하여 성실히 직무를 수행하여야 하고(국민참여재판법 제12조 제2항), 직무상 알게 된 비밀을 누설하거나 재판의 공정을 해하는 행위를 하여서는 아니 된다(국민참여재판법 제12조 제3항).

2. 배심원의 자격

(1) 원 칙

배심원은 만 20세 이상의 대한민국 국민 중에서 국민참여재판법으로 정하는 바에 따라 선정된다(국민참여재판법 제16조). 지방법원장 또는 재판장은 국가·지방자치단체·공공단체·그 밖의 법인·단체에 배심원후보자·배심원·예비배심원의 선정 또는 해임에 관한 판단을 위하여 필요한 사항의 보고 또는 그 보관서류의 송부를 요구할 수 있다(국민참여재판법 제21조).

(2) 결격사유

① 피성년후견인 또는 피한정후견인, ② 파산선고를 받고 복권되지 아니한 사람, ③ 금고 이상의 실형을 선고받고 그 집행이 종료(종료된 것으로 보는 경우를 포함한다)되거나 집행이 면제된 후 5년을 경과하지 아니한 사람, ④ 금고 이상의 형의 집행유예를 선고받고 그 기간이 완료된 날부터 2년을 경과하지 아니한 사람, ⑤ 금고 이상의 형의 선고유예를 받고 그 선고유예기간 중에 있는 사람, ⑥ 법원의 판결에 의하여 자격이 상실 또는 정지된 사람 중 어느 하나에 해당하는 사람은 배심원으로 선정될 수 없다(국민참여재판법 제17조).

(3) 제외사유

① 대통령, ② 국회의원·지방자치단체의 장 및 지방의회의원, ③ 입법부·사법부·행정부·헌법재판소·중앙선거관리위원회·감사원의 정무직 공무원, ④ 법관·검사, ⑤ 변호사·법무사, ⑥ 법원·검찰 공무원, ⑦ 경찰·교정·보호관찰 공무원, ⑧ 군인·군무원·소방공무원 또는 향토예비군설치법에 따라 동원되거나 교육훈련의무를 이행 중인 향토예비군 중 어느 하나에 해당

하는 사람을 배심원으로 선정하여서는 아니 된다(국민참여재판법 제18조).

(4) 제척사유

① 피해자, ② 피고인 또는 피해자의 친족이나 이러한 관계에 있었던 사람, ③ 피고인 또는 피해자의 법정대리인, ④ 사건에 관한 증인·감정인·피해자의 대리인, ⑤ 사건에 관한 피고인의 대리인·변호인·보조인, ⑥ 사건에 관한 검사 또는 사법경찰관의 직무를 행한 사람, ⑦ 사건에 관하여 전심 재판 또는 그 기초가 되는 조사·심리에 관여한 사람 중 어느 하나에 해당하는 사람은 당해 사건의 배심원으로 선정될 수 없다(국민참여재판법 제19조).

(5) 면제사유

법원은 직권 또는 신청에 따라 ① 만 70세 이상인 사람, ② 과거 5년 이내에 배심원후보자로서 선정기일에 출석한 사람, ③ 금고 이상의 형에 해당하는 죄로 기소되어 사건이 종결되지 아니한 사람, ④ 법령에 따라 체포 또는 구금되어 있는 사람, ⑤ 배심원 직무의 수행이 자신이나 제3자에게 위해를 초래하거나 직업상 회복할 수 없는 손해를 입게 될 우려가 있는 사람, ⑥ 중병·상해 또는 장애로 인하여 법원에 출석하기 곤란한 사람, ⑦ 그 밖의 부득이한 사유로 배심원 직무를 수행하기 어려운 사람 중 어느 하나에 해당하는 사람에 대하여 배심원 직무의 수행을 면제할 수 있다(국민참여재판법 제20조).

(6) 배심원의 수

법정형이 사형·무기징역 또는 무기금고에 해당하는 대상사건에 대한 국민참여재판에는 9인의 배심원이 참여하고, 그 외의 대상사건에 대한 국민참여재판에는 7인의 배심원이 참여한다. 다만 법원은 피고인 또는 변호인이 공판준비절차에서 공소사실의 주요내용을 인정한 때에는 5인의 배심원이 참여하게 할 수 있다(국민참여재판법 제13조 제1항). 법원은 사건의 내용에 비추어 특별한 사정이 있다고 인정되고 검사·피고인 또는 변호인의 동의가 있는 경우에 한하여 결정으로 배심원의 수를 7인과 9인 중에서 제1항과 달리 정할 수 있다(국민참여재판법 제13조 제2항).

법원은 배심원의 결원 등에 대비하여 5인 이내의 예비배심원을 둘 수 있다(국민참여재판법 제14조 제1항). 배심원에 대한 사항은 그 성질에 반하지 아니하는 한 예비배심원에 대하여 준용한다(국민참여재판법 제14조 제2항). 대법원규칙으로 정하는 바에 따라 배심원·예비배심원 및 배심원후보자에게 여비·일당 등을 지급한다(국민참여재판법 제15조). 참고로 2020년 기준 배심원에 대한 여비는 1일 최대 24만원이다.[1)]

1) 일당·여비 지급 기준에 따르면 1일 기준인 12만원에서 재판이 오후 6~9시 사이에 끝나면 4만원을 추가 지급해 총 16만원을, 오후 9~12시까지는 8만원을 추가 지급해 총 20만원, 자정 12시, 즉 하루가 지날 경우에는 1일 기준 금액인 12만원을 추가 지급해 총 24만원을 받게 된다.

3. 배심원의 선정절차

(1) 배심원후보예정자명부의 작성

지방법원장은 배심원후보예정자명부를 작성하기 위하여 행정안전부장관에게 매년 그 관할 구역 내에 거주하는 만 20세 이상 국민의 주민등록정보에서 일정한 수의 배심원후보예정자의 성명·생년월일·주소 및 성별에 관한 주민등록정보를 추출하여 전자파일의 형태로 송부하여 줄 것을 요청할 수 있다(국민참여재판법 제22조 제1항). 이러한 요청을 받은 행정안전부장관은 30일 이내에 주민등록자료를 지방법원장에게 송부하여야 한다(국민참여재판법 제22조 제2항). 지방법원장은 매년 주민등록자료를 활용하여 배심원후보예정자명부를 작성한다(국민참여재판법 제22조 제3항). 주민등록자료는 무작위로 추출되어야 하고, 배심원후보예정자의 성별 및 생년월일은 주민등록번호의 기재로 갈음할 수 있다(국민참여재판규칙 제12조 제2항).

(2) 배심원후보자의 결정 및 출석통지

법원은 배심원후보예정자명부 중에서 필요한 수의 배심원후보자를 무작위 추출 방식으로 정하여 배심원과 예비배심원의 선정기일을 통지하여야 한다(국민참여재판법 제23조 제1항). 이러한 통지를 받은 배심원후보자는 선정기일에 출석하여야 한다(국민참여재판법 제23조 제2항). 법원은 통지 이후 배심원의 직무 종사 예정기간을 마칠 때까지 제17조부터 제20조까지에 해당하는 사유가 있다고 인정되는 배심원후보자에 대하여는 즉시 그 출석통지를 취소하고 신속하게 당해 배심원후보자에게 그 내용을 통지하여야 한다(국민참여재판법 제23조 제3항). 법원은 선정기일 통지서와 함께 질문표를 송달할 수 있다(국민참여재판규칙 제16조 제2항).

(3) 선정기일의 진행

1) 선정기일의 참여자와 진행

법원은 합의부원으로 하여금 선정기일의 절차를 진행하게 할 수 있다. 이 경우 수명법관은 선정기일에 관하여 법원 또는 재판장과 동일한 권한이 있다(국민참여재판법 제24조 제1항). 선정기일은 공개하지 아니한다(국민참여재판법 제24조 제2항). 선정기일에서는 배심원후보자의 명예가 손상되지 아니하고 사생활이 침해되지 아니하도록 배려하여야 한다(국민참여재판법 제24조 제3항). 법원은 선정기일의 속행을 위하여 새로운 기일을 정할 수 있다. 이 경우 선정기일에 출석한 배심원후보자에 대하여 새로운 기일을 통지한 때에는 출석통지서의 송달이 있었던 경우와 동일한 효력이 있다(국민참여재판법 제24조 제4항). 법원은 검사·피고인 또는 변호인에게 선정기일을 통지하여야 한다(국민참여재판법 제27조 제1항). 검사와 변호인은 선정기일에 출석하여야 하며, 피고인은 법원의 허가를 받아 출석할 수 있다(국민참여재판법 제27조 제2항). 법원은 변호인이 선정기일에 출석하지 아니한 경우 국선변호인을 선정하여야 한다(국민참여재판법 제27조 제3항).

2) 배심원후보자에 대한 질문과 질문표

법원은 배심원후보자가 국민참여재판법 제28조 제1항에서 정하는 사유에 해당하는지의 여부를 판단하기 위하여 질문표를 사용할 수 있다(국민참여재판법 제25조 제1항). 배심원후보자는 정당한 사유가 없는 한 질문표에 기재된 질문에 답하여 이를 법원에 제출하여야 한다(국민참여재판법 제25조 제2항). 법원은 선정기일의 2일 전까지 검사와 변호인에게 배심원후보자의 성명·성별·출생연도가 기재된 명부를 송부하여야 한다(국민참여재판법 제26조 제1항). 법원은 선정절차에 질문표를 사용하는 때에는 선정기일을 진행하기 전에 배심원후보자가 제출한 질문표 사본을 검사와 변호인에게 교부하여야 한다(국민참여재판법 제26조 제2항).

법원은 배심원후보자가 국민참여재판법 제17조부터 제20조까지의 사유에 해당하는지 여부 또는 불공평한 판단을 할 우려가 있는지 여부 등을 판단하기 위하여 배심원후보자에게 질문을 할 수 있다. 검사·피고인 또는 변호인은 법원으로 하여금 필요한 질문을 하도록 요청할 수 있고, 법원은 검사 또는 변호인으로 하여금 직접 질문하게 할 수 있다(국민참여재판법 제28조 제1항). 배심원후보자는 이러한 질문에 대하여 정당한 사유 없이 진술을 거부하거나 거짓 진술을 하여서는 아니 된다(국민참여재판법 제28조 제2항).

3) 기피신청 및 무이유부기피신청

법원은 배심원후보자가 국민참여재판법 제17조부터 제20조까지의 사유에 해당하거나 불공평한 판단을 할 우려가 있다고 인정되는 때에는 직권 또는 검사·피고인·변호인의 기피신청에 따라 당해 배심원후보자에 대하여 불선정결정을 하여야 한다. 검사·피고인 또는 변호인의 기피신청을 기각하는 경우에는 이유를 고지하여야 한다(국민참여재판법 제28조 제3항). 이러한 기피신청을 기각하는 결정에 대하여는 즉시 이의신청을 할 수 있다(국민참여재판법 제29조 제1항). 이의신청에 대한 결정은 기피신청 기각결정을 한 법원이 한다(국민참여재판법 제29조 제2항). 이의신청에 대한 결정에 대하여는 불복할 수 없다(국민참여재판법 제29조 제3항).

검사와 변호인은 각자 ① 배심원이 9인인 경우는 5인, ② 배심원이 7인인 경우는 4인, ③ 배심원이 5인인 경우는 3인의 범위 내에서 배심원후보자에 대하여 이유를 제시하지 아니하는 기피신청(이하 '무이유부기피신청'이라고 한다)을 할 수 있다(국민참여재판법 제30조 제1항). 무이유부기피신청이 있는 때에는 법원은 당해 배심원후보자를 배심원으로 선정할 수 없다(국민참여재판법 제30조 제2항). 법원은 검사·피고인 또는 변호인에게 순서를 바꿔가며 무이유부기피신청을 할 수 있는 기회를 주어야 한다(국민참여재판법 제30조 제3항).

검사와 변호인은 무이유부기피신청을 함에 있어 편견에 기초하거나 배심원후보자들을 의도적으로 차별해서는 아니 된다. 법원은 피고인이 2인 이상인 때에는 피고인별로 국민참여재판법 제30조 제1항 각 호의 범위 내에서 무이유부기피신청을 할 수 있는 인원을 정할 수 있다. 다만, 이 때에 피고인별로 무이유부기피신청할 수 있는 인원은 같아야 한다. 이 경우 검사는 법원이 정한 피고인별 무이유부기피신청 인원을 합한 총수의 범위 내에서 무이유부기피신청할 수 있다. 검사와 변호인은 배심원을 추가선정하는 때에는 각자 국민참여재판법 제30조 제1항에 따른 무이유부기피신청 인원에서 선정기일에 행사한 무이유부기피신청 인원을 공제한 나머지 인원의 범위 내에서 배심원후보자에 대하여 무이유부기피신청을 할 수 있다(국민참여재판규칙 제21조).

4) 배심원의 선정 및 불선정

법원은 출석한 배심원후보자 중에서 당해 재판에서 필요한 배심원과 예비배심원의 수에 해당하는 배심원후보자를 무작위로 뽑고 이들을 대상으로 직권, 기피신청 또는 무이유부기피신청에 따른 불선정결정을 한다(국민참여재판법 제31조 제1항). 불선정결정이 있는 경우에는 그 수만큼 제1항의 절차를 반복한다(국민참여재판법 제31조 제2항). 이와 같은 절차를 거쳐 필요한 수의 배심원과 예비배심원 후보자가 확정되면 법원은 무작위의 방법으로 배심원과 예비배심원을 선정한다. 예비배심원이 2인 이상인 경우에는 그 순번을 정하여야 한다(국민참여재판법 제31조 제3항). 법원은 배심원과 예비배심원에게 누가 배심원으로 선정되었는지 여부를 알리지 아니할 수 있다(국민참여재판법 제31조 제4항). 또한 검사·피고인 또는 변호인에게 누가 배심원 또는 예비배심원으로 선정되었는지를 변론종결시까지 알리지 아니할 수 있다(국민참여재판규칙 제22조).

(4) 배심원의 해임 및 사임

법원은 ① 배심원 또는 예비배심원이 제42조 제1항의 선서를 하지 아니한 때, ② 배심원 또는 예비배심원이 제41조 제2항 각 호의 의무를 위반하여 그 직무를 담당하게 하는 것이 적당하지 아니하다고 인정되는 때, ③ 배심원 또는 예비배심원이 출석의무에 위반하고 계속하여 그 직무를 행하는 것이 적당하지 아니한 때, ④ 배심원 또는 예비배심원에게 제17조부터 제20조까지의 사유에 해당하는 사실이 있거나 불공평한 판단을 할 우려가 있는 때, ⑤ 배심원 또는 예비배심원이 질문표에 거짓 기재를 하거나 선정절차에서의 질문에 대하여 정당한 사유 없이 진술을 거부하거나 거짓의 진술을 한 것이 밝혀지고 계속하여 그 직무를 행하는 것이 적당하지 아니한 때, ⑥ 배심원 또는 예비배심원이 법정에서 재판장이 명한 사항을 따르지 아니하거나 폭언 또는 그 밖의 부당한 언행을 하는 등 공판절차의 진행을 방해한 때 중 어느 하나에 해당하는 때에는 직권 또는 검사·피고인·변호인의 신청에 따라 배심원 또는 예비배심원을 해임하는 결정을 할 수 있다(국민참여재판법 제32조 제1항). 이러한 결정을 함에 있어서는 검사·피고인 또는 변호인의 의견을 묻고 출석한 당해 배심원 또는 예비배심원에게 진술기회를 부여하여야 하며(국민참여재판법 제32조 제2항), 결정에 대하여는 불복할 수 없다(국민참여재판법 제32조 제3항).

배심원과 예비배심원은 직무를 계속 수행하기 어려운 사정이 있는 때에는 법원에 사임을 신청할 수 있다(국민참여재판법 제33조 제1항). 법원은 이러한 신청에 이유가 있다고 인정하는 때에는 당해 배심원 또는 예비배심원을 해임하는 결정을 할 수 있는데(국민참여재판법 제33조 제2항), 동 결정을 함에 있어서는 검사·피고인 또는 변호인의 의견을 들어야 하며(국민참여재판법 제33조 제3항), 동 결정에 대하여는 불복할 수 없다(국민참여재판법 제33조 제4항).

국민참여재판법 제32조 및 제33조에 따라 배심원이 부족하게 된 경우 예비배심원은 미리 정한 순서에 따라 배심원이 된다. 이 때 배심원이 될 예비배심원이 없는 경우 배심원을 추가로 선정한다(국민참여재판법 제34조 제1항). 국민참여재판 도중 심리의 진행 정도에 비추어 배심원을 추가선정하여 재판에 관여하게 하는 것이 부적절하다고 판단되는 경우 법원은 1인의 배심원이 부족한 때에는 검사·피고인 또는 변호인의 의견을 들어야 하고, 2인 이상의 배심원이 부족한 때에는 검사·피고인 또는 변호인의 동의를 받은 다음 남은 배심원만으로 계속하여 국민참여재판을 진행하는 결정을 할 수 있다. 다만 배심원이 5인 미만이 되는 경우에는 그러하지 아니하다(국민참여재판법 제34조 제2항).

배심원과 예비배심원의 임무는 ① 종국재판을 고지한 때, ② 통상절차 회부결정을 고지한 때 중 어느 하나에 해당하면 종료한다(국민참여재판법 제35조 제1항).

(5) 배심원의 보호

누구든지 배심원·예비배심원 또는 배심원후보자인 사실을 이유로 해고하거나 그 밖의 불이익한 처우를 하여서는 아니 된다(국민참여재판법 제50조). 누구든지 당해 재판에 영향을 미치거나 배심원 또는 예비배심원이 직무상 취득한 비밀을 알아낼 목적으로 배심원 또는 예비배심원과 접촉하여서는 아니 된다(국민참여재판법 제51조 제1항). 누구든지 배심원 또는 예비배심원이 직무상 취득한 비밀을 알아낼 목적으로 배심원 또는 예비배심원의 직무에 종사하였던 사람과 접촉하여서는 아니 된다. 다만 연구에 필요한 경우는 그러하지 아니하다(국민참여재판법 제51조 제2항).

법령으로 정하는 경우를 제외하고는 누구든지 배심원·예비배심원 또는 배심원후보자의 성명·주소와 그 밖의 개인정보를 공개하여서는 아니 된다(국민참여재판법 제52조 제1항). 배심원·예비배심원 또는 배심원후보자의 직무를 수행하였던 사람들의 개인정보에 대하여는 본인이 동의하는 경우에 한하여 공개할 수 있다(국민참여재판법 제52조 제2항).

재판장은 배심원 또는 예비배심원이 피고인이나 그 밖의 사람으로부터 위해를 받거나 받을 염려가 있다고 인정하는 때 또는 공정한 심리나 평의에 지장을 초래하거나 초래할 염려가 있다고 인정하는 때에는 배심원 또는 예비배심원의 신변안전을 위하여 보호·격리·숙박·그 밖에 필요한 조치를 취할 수 있다(국민참여재판법 제53조 제1항). 검사·피고인·변호인·배심원 또는 예비배심원은 재판장에게 위의 조치를 취하도록 요청할 수 있다(국민참여재판법 제53조 제2항). 재판장은 배심원·예비배심원을 격리하는 경우에 신문·방송 시청 금지, 전화·인터넷 사용 금지 등의 필요한 조치를 취할 수 있다(국민참여재판규칙 제45조 제1항).

Ⅳ. 국민참여재판절차

1. 공판준비절차

재판장은 피고인이 국민참여재판을 원하는 의사를 표시한 경우에 사건을 공판준비절차에 부쳐야 한다. 다만 공판준비절차에 부치기 전에 배제결정이 있는 때에는 그러하지 아니하다(국민참여재판법 제36조 제1항). 공판준비절차에 부친 이후 피고인이 국민참여재판을 원하지 아니하는 의사를 표시하거나 배제결정이 있는 때에는 공판준비절차를 종결할 수 있다(국민참여재판법 제36조 제2항). 지방법원 본원 합의부가 지방법원 지원 합의부로부터 이송받은 사건에 대하여는 이미 공판준비절차를 거친 경우에도 필요한 때에는 공판준비절차에 부칠 수 있다(국민참여재판법 제36조 제3항). 검사·피고인 또는 변호인은 증거를 미리 수집·정리하는 등 공판준비절차가 원활하게 진행되도록 협력하여야 한다(국민참여재판법 제36조 제4항).

법원은 주장과 증거를 정리하고 심리계획을 수립하기 위하여 공판준비기일을 지정하여야 한다(국민참여재판법 제37조 제1항). 법원은 합의부원으로 하여금 공판준비기일을 진행하게 할 수 있다. 이 경우 수명법관은 공판준비기일에 관하여 법원 또는 재판장과 동일한 권한이 있다(국민참여재판법 제37조 제2항). 공판준비기일은 공개한다. 다만 법원은 공개함으로써 절차의 진행이 방해될 우려가 있는 때에는 공판준비기일을 공개하지 아니할 수 있다(국민참여재판법 제37조 제3항). 공판준비기일에는 배심원이 참여하지 아니한다(국민참여재판법 제37조 제4항).

2. 공판절차

(1) 공판기일의 통지

공판기일은 배심원과 예비배심원에게 통지하여야 한다(국민참여재판법 제38조). 재판장은 특별한 사정이 없는 한 배심원선정기일이 종료된 후 연속하여 제1회 공판기일이 진행되도록 기일을 지정하여야 하므로(국민참여재판규칙 제29조), 배심원후보자에게 배심원과 예비배심원의 선정기일을 통지하면서 공판기일도 함께 통지하게 된다.

(2) 소송관계인의 좌석

공판정은 판사·배심원·예비배심원·검사·변호인이 출석하여 개정한다(국민참여재판법 제39조 제1항). 검사와 피고인 및 변호인은 대등하게 마주 보고 위치한다. 다만 피고인신문을 하는 때에는 피고인은 증인석에 위치한다(국민참여재판법 제39조 제2항). 배심원과 예비배심원은 재판장과 검사·피고인 및 변호인의 사이 왼쪽에 위치한다(국민참여재판법 제39조 제3항). 증인석은 재판장과 검사·피고인 및 변호인의 사이 오른쪽에 배심원과 예비배심원을 마주 보고 위치한다(국민참여재판법 제39조 제4항).

(3) 공판정에서의 속기·녹취

법원은 특별한 사정이 없는 한 공판정에서의 심리를 속기사로 하여금 속기하게 하거나 녹음장치 또는 영상녹화장치를 사용하여 녹음 또는 영상녹화하여야 한다(국민참여재판법 제40조 제1항). 이에 따른 속기록·녹음테이프 또는 비디오테이프는 공판조서와는 별도로 보관되어야 하며, 검사·피고인 또는 변호인은 비용을 부담하고 속기록·녹음테이프 또는 비디오테이프의 사본을 청구할 수 있다(국민참여재판법 제40조 제2항).

(4) 배심원의 절차상 권리 및 의무

배심원과 예비배심원은 ① 피고인·증인에 대하여 필요한 사항을 신문하여 줄 것을 재판장에게 요청하는 행위, ② 필요하다고 인정되는 경우 재판장의 허가를 받아 각자 필기를 하여 이를 평의에 사용하는 행위를 할 수 있다(국민참여재판법 제41조 제1항). 신문요청은 피고인 또는 증인에 대한 신문이 종료된 직후 서면에 의하여 하여야 하며, 재판장은 공판의 원활한 진행을 위하여 필요한 때에는 배심원 또는 예비배심원에 의하여 요청된 신문 사항을 수정하여 신문하거나 신문하지 아니할 수 있다(국민참여재판규칙 제33조). 재판장은 공판 진행에 지장을 초래하는 등 필요하다고 인정되는 경우에는 허용한 필기를 언제든지 다시 금지할 수 있으며, 재판장은 필기를 하여 이를 평의에 사용하도록 허용한 경우에는 배심원과 예비배심원에게 평의 도중을 제외한 어떤 경우에도 자신의 필기 내용을 다른 사람이 알 수 없도록 할 것을 주지시켜야 한다(국민참여재판규칙 제34조).

배심원과 예비배심원은 ① 심리 도중에 법정을 떠나거나 평의·평결 또는 토의가 완결되기 전에 재판장의 허락 없이 평의·평결 또는 토의 장소를 떠나는 행위, ② 평의가 시작되기 전에 당해 사건에 관한 자신의 견해를 밝히거나 의논하는 행위, ③ 재판절차 외에서 당해 사건에 관한 정보를 수집하거나 조사하는 행위, ④ 국민참여재판법에서 정한 평의·평결 또는 토의에 관한 비밀을 누설하는 행위 등을 하여서는 아니 된다(국민참여재판법 제41조 제2항).

(5) 기 타

배심원과 예비배심원은 법률에 따라 공정하게 그 직무를 수행할 것을 다짐하는 취지의 선서를 하여야 한다(국민참여재판법 제42조 제1항). 재판장은 배심원과 예비배심원에 대하여 배심원과 예비배심원의 권한·의무·재판절차·그 밖에 직무수행을 원활히 하는데 필요한 사항을 설명하여야 한다(국민참여재판법 제42조 제2항). 이와 같이 재판장의 공판기일에서의 최초 설명의무를 규정하고 있는데, 이러한 재판장의 최초 설명은 재판절차에 익숙하지 아니한 배심원과 예비배심원을 배려하는 차원에서 피고인에게 진술거부권을 고지하기 전에 이루어지는 것으로, 원칙적으로 설명의 대상에 검사가 아직 공소장에 의하여 낭독하지 아니한 공소사실 등이 포함된다고 볼 수 없다.[1)]

---

1) 대법원 2014. 11. 13. 선고 2014도8377 판결.

국민참여재판에는 형사소송법 제286조의2(간이공판절차)를 적용하지 아니한다(국민참여재판법 제43조). 왜냐하면 간이공판절차에 의하여 법원이 상당하다고 인정하는 방법으로 증거조사를 실시하게 되면 배심원이 증거의 내용을 제대로 파악할 수 없기 때문이다. 또한 배심원 또는 예비배심원은 법원의 증거능력에 관한 심리에 관여할 수 없다(국민참여재판법 제44조). 왜냐하면 배심원이 증거능력에 관한 심리에 관여하게 되면 증거능력이 인정되지 않는 증거의 영향을 받을 수 있기 때문이다. 한편 공판절차가 개시된 후 새로 재판에 참여하는 배심원 또는 예비배심원이 있는 때에는 공판절차를 갱신하여야 한다(국민참여재판법 제45조 제1항). 갱신절차는 새로 참여한 배심원 또는 예비배심원이 쟁점 및 조사한 증거를 이해할 수 있도록 하되, 그 부담이 과중하지 아니하도록 하여야 한다(국민참여재판법 제45조 제2항).

3. 평의·평결·토의 및 판결 선고

(1) 재판장의 최종 설명

재판장은 변론이 종결된 후 법정에서 배심원에게 공소사실의 요지와 적용법조, 피고인과 변호인 주장의 요지, 증거능력, 그 밖에 유의할 사항에 관하여 설명하여야 한다. 이 경우 필요한 때에는 증거의 요지에 관하여 설명할 수 있다(국민참여재판법 제46조 제1항). 재판장이 국민참여재판법 제46조 제1항에 따라 배심원에게 그 밖에 유의할 사항에 관한 설명을 할 때에는 ① 형사소송법 제275조의2(피고인의 무죄추정), 제307조(증거재판주의), 제308조(자유심증주의)의 각 원칙, ② 피고인의 증거제출 거부나 법정에서의 진술거부가 피고인의 유죄를 뒷받침하는 것으로 해석될 수 없다는 점, ③ 형사소송법 제2편 제3장 제2절의 각 규정에 의하여 증거능력이 배제된 증거를 무시하여야 한다는 점, ④ 국민참여재판법 제41조 제2항 제1호 및 제4호의 각 의무, ⑤ 평의 및 평결의 방법, ⑥ 배심원 대표를 선출하여야 하는 취지 및 그 방법 등의 내용을 포함한다(국민참여재판규칙 제37조 제1항). 또한 검사·피고인 또는 변호인은 재판장에게 당해 사건과 관련하여 설명이 필요한 법률적 사항을 특정하여 설명에 포함하여 줄 것을 서면으로 요청할 수 있다(국민참여재판규칙 제37조 제2항). 이러한 재판장의 최종 설명은 배심원이 올바른 평결에 이를 수 있도록 지도하고 조력하는 기능을 담당하는 것으로서 배심원의 평결에 미치는 영향이 크므로, 재판장이 설명의무가 있는 사항을 설명하지 않는 것은 원칙적으로 위법한 조치이다.

그러나 재판장이 최종 설명 때 공소사실에 관한 설명을 일부 빠뜨렸거나 미흡하게 한 잘못이 있다고 하더라도, 이를 두고 그 전까지 절차상 아무런 하자가 없던 소송행위 전부를 무효로 할 정도로 판결에 영향을 미친 위법이라고 쉽게 단정할 것은 아니고, 설명이 빠졌거나 미흡한 부분이 공판 진행과정에서 이미 드러났던 것인지, 공판 진행과정에서 이미 드러났던 것이라면 그 시점과 재판장의 최종 설명 때까지 시간적 간격은 어떠한지, 재판장의 설명 없이는 배심원이 이해할 수 없거나 이해하기 어려운 사항에 해당하는지, 재판장의 최종 설명에 대한 피고인 또는 변호인의 이의가 있었는지, 평의 과정에서 배심원들의 의견이 일치하지 않아 재판장이 국민참여재판법 제46조 제3항에 따라 의견을 진술하면서 최종 설명을 보충할 수 있었던 사안인지 및 최종 설명에서 누락된 부분과 최종 평결과의 관련성 등을 종합적으로 고려하여, 위와 같은 잘못이 배심원의 평결에 직접적인 영향을 미쳐 피고인의 국민참여재판을 받을 권리 등을 본질적으로 침해하고 판결의 정당성마저 인정받기 어려운 정도에 이른 것인지를 신중하게 판단하여야 한다.[1)]

(2) 평의 · 평결 · 토의 등

심리에 관여한 배심원은 재판장의 최종 설명을 들은 후 유·무죄에 관하여 평의하고, 전원의 의견이 일치하면 그에 따라 평결한다.[2)] 다만 배심원 과반수의 요청이 있으면 심리에 관여한 판사의 의견을 들을 수 있다(국민참여재판법 제46조 제2항). 배심원은 유·무죄에 관하여 전원의 의견이 일치하지 아니하는 때에는 평결을 하기 전에 심리에 관여한 판사의 의견을 들어야 한다. 이 경우 유·무죄의 평결은 다수결의 방법으로 한다. 심리에 관여한 판사는 평의에 참석하여 의견을 진술한 경우에도 평결에는 참여할 수 없다(국민참여재판법 제46조 제3항). 평결이 유죄인 경우 배심원은 심리에 관여한 판사와 함께 양형에 관하여 토의하고, 그에 관한 의견을 개진한다. 즉 배심원은 양형에 관하여 평결하는 것이 아니고, 단지 개별적인 양형의견을 개진할 뿐이다. 재판장은 양형에 관한 토의 전에 처벌의 범위와 양형의 조건 등을 설명하여야 한다(국민참여재판법 제46조 제4항). 하지만 평결과 의견은 법원을 기속하지 아니한다(국민참여재판법 제46조 제5항). 배심원은 평의·평결 및 토의 과정에서 알게 된 판사 및 배심원 각자의 의견과 그 분포 등을 누설하여서는 아니 된다(국민참여재판법 제47조).

(3) 판결의 선고

판결의 선고는 변론을 종결한 기일에 하여야 한다. 다만 특별한 사정이 있는 때에는 따로 선고기일을 지정할 수 있는데, 선고기일은 변론종결 후 14일 이내로 정하여야 한다(국민참여재판법 제48조 제1항 및 동조 제3항). 변론을 종결한 기일에 판결을 선고하는 경우에는 판결서를 선고 후에 작성할 수 있다(국민참여재판법 제48조 제2항). 재판장은 판결선고 시 피고인에게 배심원의 평결

---

1) 대법원 2014. 11. 13. 선고 2014도8377 판결.

2) 대법원 2010. 3. 25. 선고 2009도14065 판결(배심원이 증인신문 등 사실심리의 전 과정에 함께 참여한 후 증인이 한 진술의 신빙성 등 증거의 취사와 사실의 인정에 관하여 만장일치의 의견으로 내린 무죄의 평결이 재판부의 심증에 부합하여 그대로 채택된 경우라면, 이러한 절차를 거쳐 이루어진 증거의 취사 및 사실의 인정에 관한 제1심의 판단은 위에서 본 실질적 직접심리주의 및 공판중심주의의 취지와 정신에 비추어 항소심에서의 새로운 증거조사를 통해 그에 명백히 반대되는 충분하고도 납득할 만한 현저한 사정이 나타나지 않는 한 한층 더 존중될 필요가 있다. 그런데 원심은 피해자에 대하여만 증인신문을 추가로 실시한 다음, 그 진술의 신빙성이 인정된다는 이유 등을 들어, 제1심이 증거의 증명력을 판단함에 있어 경험칙과 논리법칙에 어긋나는 판단을 함으로써 자유심증주의에 관한 법리를 오해하거나 사실을 오인한 위법이 있다고 보아 제1심판결을 파기하고 위 강도상해의 공소사실에 관하여 유죄로 판단하였다. 피해자 등 진술의 신빙성 및 그에 기초한 위 강도상해의 공소사실에 대한 제1심의 판단을 뒤집어 이를 유죄라고 인정한 원심의 판단에는, 실질적 직접심리주의와 공판중심주의의 원칙 아래 국민참여재판의 형식으로 이루어진 형사공판절차를 통해 제1심이 한 증거의 취사와 사실의 인정을 합리적 근거 없이 뒤집음으로써 공판중심주의와 실질적 직접심리주의의 원칙을 위반하고 그 결과 범죄사실의 인정은 합리적인 의심이 없는 정도의 증명에 이르러야 한다고 하는 증거재판주의에 관한 법리를 오해한 위법이 있으며, 이는 판결에 영향을 미쳤음이 명백하므로 그대로 유지될 수 없다).

결과를 고지하여야 하며, 배심원의 평결결과와 다른 판결을 선고하는 때에는 피고인에게 그 이유를 설명하여야 한다(국민참여재판법 제48조 제4항).

판결서에는 배심원이 재판에 참여하였다는 취지를 기재하여야 하고, 배심원의 의견을 기재할 수 있다(국민참여재판법 제49조 제1항). 배심원의 평결결과와 다른 판결을 선고하는 때에는 판결서에 그 이유를 기재하여야 한다(국민참여재판법 제49조 제2항).

〈국민참여재판의 선고현황〉

단위: 건(%)

연 도	유 죄	일부 무죄	전부 무죄	기 타	합 계
2012	238(86.9)	18(6.6)	17(6.2)	1(0.4)	274(100)
2013	287(83.2)	18(5.2)	36(10.4)	4(1.2)	345(100)
2014	204(75.3)	34(12.5)	27(10.0)	6(2.2)	271(100)
2015	172(84.7)	9(4.4)	19(9.4)	3(1.5)	203(100)
2016	220(72.2)	33(10.8)	44(14.4)	8(2.6)	305(100)
2017	220(74.6)	18(6.1)	54(18.3)	3(1.0)	205(100)
2018	136(75.6)	7(3.9)	37(20.6)	0(0.0)	180(100)

출처: 법무연수원, 「2019 범죄백서」, 2020.

제 2 장 증 거

제 1 절 증거법의 기초이론

Ⅰ. 증거의 의의 및 종류

1. 증거 및 증거법

형사절차는 사실관계를 확정하고, 이에 대하여 형벌규정을 적용함으로써 국가형벌권을 실현하는 과정이다. 따라서 형벌권 실현을 위해서는 무엇보다도 형벌법규 적용의 전제가 되는 사실관계의 확정이 필요한데, 이러한 사실관계를 인정하는데 사용되는 자료를 '증거'(證據)라고 하고, 증거에 의하여 사실관계를 확인해 가는 과정을 '증명'(證明)이라고 한다. 이와 같이 사실의 인정은 증거에 의하여야 하고(제307조 제1항), 범죄사실의 인정은 합리적인 의심이 없는 정도의 증명에 이르러야 한다(제307조 제2항).

형사소송법상 증거라는 용어는 증거방법과 증거자료의 두 가지 의미로 사용되고 있다. '증거방법'(證據方法)이란 사실인정에 사용되는 유형물 그 자체를 말하는데, 증거조사의 대상이 되는 수단이나 방법으로서의 증인·증거물·증거서류·정보저장물 등이 이에 해당한다. 반면에 '증거자료'(證據資料)란 증거방법을 조사하여 얻어진 내용을 말하는데, 증인신문을 통하여 얻게 된 증인의 증언, 증거물을 조사하여 알게 된 증거물의 성질·형상 또는 증거서류의 내용 등이 이에 해당한다.[1)]

증거를 통한 사실관계의 확정을 내용으로 하는 법규범의 총체를 '증거법'(證據法)이라고 한다. 실체적 진실발견이라는 형사소송의 임무는 바로 증거법에 의해 수행된다고 할 수 있다. 이러한 증거법은 증거를 수집하고 조사하는 절차에 관한 규정과 개별적인 증거의 증거능력 및 증명력에 관한 규정으로 다시 나누어진다.

2. 증거의 종류

(1) 직접증거와 간접증거

증거는 '요증사실'(要證事實), 즉 증명을 요하는 사실과의 관계에 따라 직접증거와 간접증거로 분류된다. 요증사실의 존부를 직접적으로 증명하는데 사용되는 증거가 직접증거이고, 요증사실의 존부를 간접적으로 추인하게 하는 사실인 간접사실을 증명하는데 사용되는 증거가 간

1) 이에 대하여 증거방법 중에서 직접 증거가 되는 요소, 즉 실질적인 증거조사의 대상을 의미하는 '증거요소'라는 개념을 설정할 필요성이 있다는 견해로는 김정한, 543면.

접증거이다. 형사재판에 있어 유죄의 인정은 법관으로 하여금 합리적인 의심을 할 여지가 없을 정도로 공소사실이 진실한 것이라는 확신을 가지게 할 수 있는 증명력을 가진 증거에 의하여야 하고, 이러한 정도의 심증을 형성하는 증거가 없다면 피고인이 유죄라는 의심이 간다고 하더라도 피고인의 이익으로 판단할 수밖에 없다.[1] 그러나 그와 같은 심증이 반드시 직접증거에 의하여 형성되어야만 하는 것은 아니고 경험칙과 논리법칙에 위반되지 아니하는 한 간접증거에 의하여 형성되어도 되는 것이며, 간접증거가 개별적으로는 범죄사실에 대한 완전한 증명력을 가지지 못하더라도 전체 증거를 상호 관련하에 종합적으로 고찰할 경우 그 단독으로는 가지지 못하는 종합적 증명력이 있는 것으로 판단되면 그에 의하여도 범죄사실을 인정할 수 있다.[2]

간접증거는 요증사실을 추인하게 하는 각종의 정황에 관한 사실을 증명하는 증거라는 점에서 '정황증거'(情況證據)라고도 한다. 예를 들면 피고인의 자백이나 범행현장이 녹화된 CCTV 등은 직접증거에 해당하고, 범행현장에서 발견된 피고인의 모발·정액·지문·족적 등은 피고인이 그 장소에 있었다는 간접사실을 증명하는 간접증거에 해당한다. 자백에 대한 보강증거는 범죄사실의 전부 또는 중요 부분을 인정할 수 있는 정도가 되지 아니하더라도 피고인의 자백이 가공적인 것이 아닌 진실한 것임을 인정할 수 있는 정도만 되면 충분하다. 또한 직접증거가 아닌 간접증거나 정황증거도 보강증거가 될 수 있고, 자백과 보강증거가 서로 어울려서 전체로서 범죄사실을 인정할 수 있으면 유죄의 증거로 충분하며[3], 공모에 대하여는 직접증거가 없더라도 정황사실과 경험법칙에 의하여 이를 인정할 수 있다.[4]

범행에 관한 간접증거만이 존재하고 더구나 그 간접증거의 증명력에 한계가 있는 경우, 범인으로 지목되고 있는 자에게 범행을 저지를 만한 동기가 발견되지 않는다면, 만연히 무엇인가 동기가 분명히 있는데도 이를 범인이 숨기고 있다고 단정할 것이 아니라 반대로 간접증거의 증명력이 그 만큼 떨어진다고 평가하는 것이 형사증거법의 이념에 부합하는 것이다. 따라서 별다른 동기도 없는 피고인이 잔인한 방법으로 피해자를 살해하였다고 단정하는 것은 매우 무리한 추리라고 할 수밖에 없다.[5] 고의는 내심의 사실이므로, 피고인들이 이를 부정하는 경우에는 사물의 성질상 이와 상당한 관련성이 있는 간접사실을 증명하는 방법에 의하여 입증할 수밖에 없고, 이때 무엇이 상당한 관련성이 있는 간접사실에 해당할 것인가는 정상적인 경험칙에 바탕을 두고 치밀한 관찰력이나 분석력에 의하여 사실의 연결상태를 합리적으로 판단하여 정하여야

1) 대법원 2010. 11. 11. 선고 2010도9633 판결.

2) 대법원 2015. 5. 14. 선고 2015도119 판결; 대법원 2013. 6. 27. 선고 2013도4172 판결(사체없는살인사건); 대법원 2010. 2. 25. 선고 2009도14263 판결; 대법원 2008. 3. 27. 선고 2008도507 판결; 대법원 2004. 9. 13. 선고 2004도3163 판결; 대법원 2001. 11. 27. 선고 2001도4392 판결.

3) 대법원 2018. 3. 15. 선고 2017도20247 판결; 대법원 2011. 9. 29. 선고 2011도8015 판결; 대법원 2010. 12. 23. 선고 2010도11272 판결; 대법원 2008. 5. 29. 선고 2008도2343 판결; 대법원 2006. 1. 27. 선고 2005도8704 판결.

4) 대법원 2005. 11. 10. 선고 2004도1164 판결.

5) 대법원 2006. 3. 9. 선고 2005도8675 판결.

한다.[1)]

한편 살인죄 등과 같이 법정형이 무거운 범죄의 경우에도 직접증거 없이 간접증거만에 의하여 유죄를 인정할 수 있으나, 그러한 유죄 인정에 있어서는 공소사실에 대한 관련성이 깊은 간접증거들에 의하여 신중한 판단이 요구된다. 특히 간접증거에 의한 간접사실의 인정에 있어서도 그 증명은 합리적인 의심을 허용하지 않을 정도에 이르러야 하고, 그 하나하나의 간접사실은 그 사이에 모순·저촉이 없어야 함은 물론 논리와 경험칙·과학법칙에 의하여 뒷받침되어야 할 것이다.[2)] 이와 같이 현행 형사소송법은 자백에 대한 증거능력 및 증명력의 제한, 피의자 및 피고인의 진술거부권, 강제처분의 제한 등으로 말미암아 간접증거에 의하여 범죄사실을 입증하여야 할 경우가 과거에 비해 훨씬 많아졌다고 할 수 있다.

(2) 인적 증거와 물적 증거

'인적 증거'란 사람이 진술하는 내용이 증거로 되는 경우를 말하며, '인증'(人證) 또는 '구술증거'(口述證據)[3)]라고도 한다. 예를 들면 증인의 증언, 피고인의 진술, 감정인의 진술, 통역인의 통역, 번역인의 번역 등이 이에 해당한다.

'물적 증거'란 물건의 존재 또는 상태가 증거로 되는 경우를 말하며, '물증'(物證) 또는 '증거물'(證據物)이라고도 한다. 예를 들면 범행에 사용된 흉기, 절도죄에 있어서의 장물, 범행현장에 남아 있는 족적이나 지문 등이 이에 해당한다. 지문과 같이 사람의 신체 일부라도 그 존재 또는 상태가 증거로 되는 경우에는 일종의 물적 증거라고 할 수 있다.

증거조사에 있어서 인적 증거에 대해서는 증인신문·피고인신문 등과 같이 신문의 방식으로 이루어지지만, 물적 증거에 대해서는 제시의 방식으로 이루어진다는 점에서 구별의 실익이 있다.

(3) 증거물인 서면과 증거서류

물적 증거로서의 서류에는 그 존재 또는 상태만이 증거로 되는 통상의 증거물 이외에 그 내용도 증거가 되는 '증거물인 서면'이 있다. 예를 들면 무고의 사실이 기재된 허위의 고소장, 명예훼손의 사실이 기재된 문서, 협박문서, 위조문서, 음란문서, 부정수표단속법 위반죄의 수표[4)], 국

1) 대법원 2009. 2. 12. 선고 2007도300 판결; 대법원 2008. 9. 11. 선고 2006도4806 판결.

2) 대법원 2017. 5. 30. 선고 2017도1549 판결; 대법원 2010. 12. 9. 선고 2010도10895 판결.

3) 진술내용을 증거로 하는 경우를 진술증거라고 하는데, 이에는 구술증거뿐만 아니라 진술을 기재한 서면도 포함된다.

4) 대법원 2015. 4. 23. 선고 2015도2275 판결(피고인이 수표를 발행하였으나 예금부족 또는 거래정지처분으로 지급되지 아니하게 하였다는 부정수표단속법위반의 공소사실을 증명하기 위하여 제출되는 수표는 그 서류의 존재 또는 상태 자체가 증거가 되는 것이어서 증거물인 서면에 해당하고 어떠한 사실을 직접 경험한 사람의 진술에 갈음하는 대체물이 아니므로, 증거능력은 증거물의 예에 의하여 판단하여야 하고, 이에 대하여는 제310조의2에서 정한 전문법칙이 적용될 여지가 없다. 이때 수표 원본이 아니라 전자복사기를 사용하여 복사한 사본이 증거로 제출되었고 피고인이 이를 증거로 하는 데 부동의한 경우 위 수표 사본을 증거로 사용하기 위해서는 수표 원본을 법정에 제출할 수 없거나 제출이 곤란한 사정이 있고 수표 원본이 존재하거나 존재하였으며 증거로 제출된 수표 사본이 이를 정확하게 전사한 것이라는 사실이 증명되어야 한다).

가보안법 위반죄의 이적표현물[1] 등이 이에 해당한다. 증거물인 서면은 증거물이면서도 동시에 증거서류의 성질을 가지고 있어 서류의 존재, 상태 및 의미내용이 모두 증거로 사용되는 경우이다. 하지만 서류의 경우에도 절도죄에 있어서의 장물인 서류는 단순히 물적 증거로서의 성질만을 가진다.

반면에 서류에 기재된 의미와 내용만이 증거로 되는 보고적 문서를 '증거서류'(證據書類)라고 한다. 예를 들면 법원이 작성한 공판조서·검증조서, 수사기관이 작성한 피의자신문조서·진술조서·검증조서, 의사가 작성한 진단서 등이 이에 해당한다.

이러한 증거물인 서면과 증거서류를 '서증'(書證)이라고 부르는데, 양자는 증거조사의 방식에 있어서 차이가 있다. 먼저 증거서류에 대한 원칙적인 조사방법은 낭독이며, 그 제시를 요하지는 아니한다. 검사·피고인 또는 변호인의 신청에 따라 증거서류를 조사하는 때에는 신청인이 이를 낭독하여야 하고(제292조 제1항), 법원이 직권으로 증거서류를 조사하는 때에는 소지인 또는 재판장이 이를 낭독하여야 한다(제292조 제2항). 다만 재판장은 필요하다고 인정하는 때에는 내용을 고지하는 방법으로 조사할 수 있다(제292조 제3항). 또한 재판장은 열람이 다른 방법보다 적절하다고 인정하는 때에는 증거서류를 제시하여 열람하게 하는 방법으로 조사할 수 있다(제292조 제5항).

그러나 증거물인 서면은 이러한 증거서류에 대한 증거조사방법 이외에도 제시를 필요로 한다. 검사·피고인 또는 변호인의 신청에 따라 증거물을 조사하는 때에는 신청인이 이를 제시하여야 하고(제292조의2 제1항), 법원이 직권으로 증거물을 조사하는 때에는 소지인 또는 재판장이 이를 제시하여야 한다(제292조의2 제2항).

(4) 본증과 반증

'본증'(本證)이란 거증책임을 지는 당사자가 제출하는 증거이고, '반증'(反證)이란 그 반대당사자가 본증에 의하여 증명하려는 사실의 존재를 부정하기 위하여 제출하는 증거를 말한다. 반증은 알리바이의 입증과 같이 본증의 신빙성을 탄핵하기 위하여 사용되기도 하지만, 일반적으로는 사실상 추정을 깨뜨리기 위하여 사용되며, 본증과 같은 정도의 입증에 이르지 못하여도 법관으로 하여금 의심케 하는 정도로 족하다. 한편 반증과 유사한 개념으로 '반대사실의 입증'이 있는데, 이는 법률상 추정의 불이익을 받는 자가 이러한 추정을 깨뜨리기 위하여 행하는 입증으로서 본증의 일종에 해당한다.

(5) 진술증거와 비진술증거

'진술증거'(陳述證據)란 사람의 진술내용이 증거로 되는 경우를 말한다. 진술증거에는 구두에 의한 진술증거(구술증거)와 서면에 의한 진술증거(진술기재서면)가 모두 포함된다. 진술증거는 자

---

1) 대법원 2013. 7. 26. 선고 2013도2511 판결(원심은 제1심법원이 피고인 1, 피고인 3이 이적표현물로 소지하였다는 책자들을 증거로 채택하였고, 위 책자들에 대한 제시, 내용 고지의 방식에 의하여 증거조사를 실시한 사정 등에 비추어 그 조사방식이 위법하다거나 위 책자들의 증거능력을 부인할 수 없다고 판단하였다).

신이 직접 경험한 사실을 진술하는 '원본증거'(原本證據) 또는 '본래증거'(本來證據)와 타인으로부터 전해들은 사실을 진술하는 '전문증거'(傳聞證據)로 다시 구분되며, 이러한 진술증거는 신문의 방법으로 조사한다.

반면에 '비진술증거'(非陳述證據)란 진술을 내용으로 하지 않는 서면과 물적 증거를 말한다. 비진술증거는 신청인이 이를 제시하는 방법으로 조사한다. 특히 진술증거와 비진술증거의 구별 실익은 전문법칙이 진술증거에 대해서만 적용된다는 점에 있다.

(6) 실질증거와 보조증거

'실질증거'(實質證據)란 요증사실의 존부를 직접·간접으로 증명하기 위하여 사용되는 증거를 말하고, '보조증거'(補助證據)란 실질증거의 증명력을 증가 또는 감소시키기 위하여 사용되는 증거를 말한다. 보조증거는 다시 증거의 증명력을 보강하기 위한 '보강증거'(補强證據) 또는 '증강증거'(增强證據)와 증거의 증명력을 감쇄하기 위한 '탄핵증거'(彈劾證據)[1]로 나누어진다. 보강증거는 보조증거로 분류되고 있지만, 이를 통하여 실질증거의 증명력이 상승되므로 그 기능에 있어서는 실질증거와 크게 차이가 없다.

Ⅱ. 증거능력과 증명력

1. 증거능력

'증거능력'(證據能力)이란 증거가 엄격한 증명의 자료로 사용될 수 있는 법률상의 자격을 말한다. 따라서 자유로운 증명의 자료가 되기 위해서는 증거능력을 요하지 아니한다. 증거재판주의는 이와 같이 엄격한 증명의 법리를 입법화한 것이다. 증거능력은 미리 법률에 의하여 형식적으로 결정되어 있으며, 증거능력이 없는 증거는 실질적으로 아무리 증거가치가 높다고 할지라도 이를 사실인정의 자료로 삼을 수는 없다. 또한 증거능력이 없는 증거에 대하여는 증거조사도 허용되지 아니한다.

증거능력의 제한에는 절대적인 것과 상대적인 것이 있는데, 자백배제법칙과 위법수집증거배제법칙에 의한 증거능력의 제한은 절대적인 제한에 해당하고, 전문법칙에 의한 증거능력의 제한은 당사자의 동의가 있는 때에는 해제되므로 상대적 제한에 해당한다. 한편 공동피고인의 자백은 이에 대한 피고인의 반대신문권이 보장되어 있어 증인으로 신문한 경우와 다를 바 없으므로 독립한 증거능력이 있다.[2]

---

1) 대법원 2012. 10. 25. 선고 2011도5459 판결; 대법원 1996. 9. 6. 선고 95도2945 판결(탄핵증거는 진술의 증명력을 감쇄하기 위하여 인정되는 것이고, 범죄사실 또는 그 간접사실의 인정의 증거로서는 허용되지 않는다).

2) 대법원 1987. 7. 7. 선고 87도973 판결.

2. 증명력

(1) 의 의

‘증명력’(證明力)이란 요증사실을 증명할 수 있는 증거의 실질적 가치를 말한다. 증거능력이 법률에 의하여 형식적으로 결정되어 있음에 반하여, 증명력은 원칙적으로 법관의 자유판단에 의하고 있다(제308조). 이와 같이 자유심증주의는 증거법의 핵심원칙이다. 증거능력과 증명력은 구별되는 개념이지만, 증거로 사용함에 필요한 최소한의 증명력이 없으면 자연적 관련성이 부정되어 증거능력이 인정되지 아니한다. 또한 자백보강법칙(제310조), 공판조서의 증명력(제56조) 등에 관한 규정은 자유로운 증명력 판단을 제한하는 예외에 해당한다.

(2) 증거공통의 원칙

증거능력이 있는 증거가 제출된 이후 이에 대한 판단은 법관의 자유심증에 의하여 이루어지므로 제출자나 신청자의 입증취지에 구속되지 아니한다. 그러므로 당해 증거가 제출자에게 유리하게 사용되는 것이 일반적이지만, 오히려 제출자에게 불리하게도 사용될 수 있는데, 이를 증거공통의 원칙이라고 한다. 즉 ‘증거공통의 원칙’이란 증거의 증명력은 그 제출자나 신청자의 입증취지에 구속되지 않는다는 것을 의미한다. 하지만 증거의 증거능력이나 증거에 관한 조사절차를 불필요하게 할 수 있는 힘은 없으므로 피고인이나 변호인이 무죄에 관한 자료로 제출한 서증 가운데 도리어 유죄임을 뒷받침하는 내용이 있다고 하여도 법원은 상대방의 동의가 없는 한 그 서류의 진정성립 여부 등을 조사하고, 아울러 그 서류에 대한 피고인이나 변호인의 의견과 변명의 기회를 준 다음이 아니면 그 서증을 유죄인정의 증거로 쓸 수는 없다.[1)]

3. 증거능력과 증명력의 관계

검찰에서의 피고인의 자백이 임의성이 있어 그 증거능력이 부여된다고 하여 자백의 진실성과 신빙성까지도 당연히 인정되어야 하는 것은 아니므로 그 자백이 증명력이 있다고 하기 위해서는 그 자백의 진술내용 자체가 객관적인 합리성을 띠고 있는가, 그 자백의 동기나 이유 및 자백에 이르게 된 경위가 어떠한가, 자백 외의 정황증거 중 자백과 저촉되거나 모순되는 것이 없는가 하는 점을 합리적으로 따져 보아야 한다.[2)] 증거의 증명력은 법관의 자유판단에 맡겨져

---

1) 대법원 1989. 10. 10. 선고 87도966 판결.

2) 대법원 2007. 9. 6. 선고 2007도4959 판결(검찰에서 피고인이 강간 범의로 이 사건 범행을 저질렀다고 한 내용의 피의자신문조서가 작성되어 있으나, 제1심 증인 공소외 2의 증언에 의하면, 증인이 이 사건 당시 파출소에서 경찰관들로부터 피고인이 음주단속을 피해 외진 길로 들어와서 피해자를 충격하게 된 것이라고 말하는 것을 들었다고 증언하였을 뿐 아니라 피고인 역시 검찰 조사 당시 강간 범의를 부인하였다는 것인데, 피고인이 강간 범의를 부인하는 내용의 조서는 전혀 작성된 바 없이 바로 범행사실을 자백하는 취지의 피의자신문조서가 작성되어 있고, 더욱이 검찰에서 피고인이 처음부터 사망의 결과를 용인한 것인지, 강간 범의만을 가지고 있었던 것인지, 아니면 사후에 살해의 범의도 가지게 된 것인지 등에 대하여 의심을 가지고 추궁하는 방법으로 수사가 진행된 것이라면, 피고인으로서는 살인죄로 처벌될 것을 두려워한 나머지 자포자기의 심정으로 상대적으로 중죄의 책임을 모면하고자 수사기관의 추궁에 따라 강간 범의로 피해자를 충격한 것이라고 허위의 자백을 하였을 가능성도 배

있으나 그 판단은 논리와 경험칙에 합치하여야 하고, 형사재판에 있어서 유죄로 인정하기 위한 심증형성의 정도는 합리적 의심을 할 여지가 없을 정도여야 한다. 하지만 이는 모든 가능한 의심을 배제할 정도에 이를 것까지 요구하는 것은 아니며, 증명력이 있는 것으로 인정되는 증거를 합리적 근거가 없는 의심을 일으켜 이를 배척하는 것은 자유심증주의의 한계를 벗어나는 것으로 허용될 수 없다.[1] 여기에서 말하는 '합리적 의심'이란 요증사실과 양립할 수 없는 사실의 개연성에 대한 논리와 경험칙에 기한 의문을 말하는데, 피고인에게 유리한 정황을 사실인정과 관련하여 파악한 이성적 추론에 그 근거를 둔 것이어야 하므로, 단순히 관념적인 의심이나 추상적인 가능성에 기초한 의심은 합리적 의심에 포함된다고 할 수 없다.[2]

Ⅲ. 증거재판주의

1. 의 의

'증거재판주의'(證據裁判主義)란 사실의 인정은 증거에 의하여야 한다는 원칙을 말한다. 이는 형사소송에서 법관의 자의에 의한 사실인정을 배제하고 공정한 재판을 실현하기 위하여 요구되는 원칙인데, 제307조 제1항은 '사실의 인정은 증거에 의하여야 한다.'라고 규정함으로써 동 원칙을 천명하고 있고, 제307조 제2항에서는 '범죄사실의 인정은 합리적인 의심이 없는 정도의 증명에 이르러야 한다.'라고 규정하여 사실인정을 위한 심증형성의 엄격성을 요구하고 있다. 제307조 제1항에서 말하는 '사실'은 법원이 판결이유에 설시해야 하는 제323조 제1항의 '범죄될 사실'을 의미하는 것이고, 동조에서의 '증거'는 증거능력이 있고 적법한 증거조사를 거친 증거만을 의미한다. 그러므로 증거재판주의는 규범적 의미에서 범죄될 사실은 엄격한 증명을 요한다는 의미를 지닌다. 이와 동시에 범죄될 사실 이외에 정상관계사실과 같은 사항에 관하여는 법관을 엄격한 증명으로부터 해방시키는 기능을 수행한다.

한편 민사소송에서 '법원은 변론 전체의 취지와 증거조사의 결과를 참작하여 자유로운 심증으로 사회정의와 형평의 이념에 입각하여 논리와 경험의 법칙에 따라 사실주장이 진실한지 아닌지를 판단한다.'(민사소송법 제202조)라고 규정하여, 증거 이외에 변론 전체의 취지도 사실인정의 자료로 할 수 있지만, 형사소송에서는 증거조사의 결과에 의해서만 사실 여부를 인정해야 한다. 또한 민사소송에서는 당사자가 자백한 사실, 즉 다툼이 없는 사실에 대하여는 증명을 필

제할 수 없는바, 이와 같은 제반 정황에 비추어 볼 때, 강간 범의로 이 사건 범행을 저지른 것이라고 자백한 검찰에서의 피고인의 진술은 그 신빙성이 극히 의심스러워 믿기 어렵다고 할 것이다); 대법원 2003. 2. 11. 선고 2002도6110 판결; 대법원 1986. 8. 19. 선고 86도1075 판결.

1) 대법원 2018. 10. 25. 선고 2018도7709 판결(피해자 등의 진술은 그 진술 내용의 주요한 부분이 일관되며, 경험칙에 비추어 비합리적이거나 진술 자체로 모순되는 부분이 없고, 또한 허위로 피고인에게 불리한 진술을 할 만한 동기나 이유가 분명하게 드러나지 않는 이상, 그 진술의 신빙성을 특별한 이유 없이 함부로 배척해서는 안 된다).

2) 대법원 2008. 8. 21. 선고 2008도3570 판결.

요로 하지 않지만(민사소송법 제288조), 실체적 진실주의를 이념으로 하는 형사소송에서는 피고인이 자백한 사실이라도 그 사실은 증거에 의하여만 인정될 수 있다.

2. 증 명

(1) 의 의

'증명'(證明)이란 요증사실의 존부에 관하여 법관이 합리적인 의심이 없을 정도의 확실한 심증(proof beyond a reasonable doubt)을 형성하거나 법관으로 하여금 이러한 심증을 형성하게 하는 소송관계인의 활동을 말한다. 증거재판주의의 요청에 따라 이러한 심증형성은 증거를 통하여 이루어져야 하므로, 결국 증거에 의해 일정한 사실을 밝히는 것을 증명이라고 할 수 있다.

한편 소송법적 사실 중에서 특별히 신속한 처리가 요구되는 사항에 등에 대해서는 소명으로 족한 경우가 있다. '소명'(疎明)이란 법관에게 요증사실에 대하여 확신을 갖도록 할 필요가 없이 사실일 것이라는 일응의 심증형성 내지 추측을 하게 함으로써 족한 경우를 말한다. 예를 들면 기피사유의 소명(제19조 제2항), 증언거부사유의 소명(제150조), 증거보전청구사유의 소명(제184조 제3항), 판사에 대한 증인신문청구사유의 소명(제221조의2 제3항), 상소권회복청구사유의 소명(제346조 제2항) 등이 이에 해당하며, 소명의 대상은 법률에 개별적으로 규정되어 있다. 이와 같은 소명을 위해서는 엄격한 방식이나 절차가 요구되지 아니한다.

(2) 증명의 정도

범죄사실의 인정은 합리적인 의심이 없는 정도의 증명에 이르러야 한다(제307조 제2항). 형사재판에서 범죄사실의 인정은 법관으로 하여금 합리적인 의심을 할 여지가 없을 정도의 확신을 가지게 하는 증명력을 가진 엄격한 증거에 의하여야 하므로, 검사의 증명이 위와 같은 확신을 가지게 하는 정도에 충분히 이르지 못한 경우에는 비록 피고인의 주장이나 변명이 모순되거나 석연치 않은 면이 있는 등 유죄의 의심이 간다고 하더라도 피고인의 이익으로 판단하여야 한다.[1)]

---

1) 대법원 2019. 1. 10. 선고 2016도19464 판결; 대법원 2017. 5. 30. 선고 2017도1549 판결; 대법원 2012. 6. 28. 선고 2012도231 판결(부검은 사망 이전의 질병 경과나 사망을 초래한 직접 혹은 간접적 요인들을 자세한 관찰 및 검사를 통하여 규명하는 것으로서, 사망원인의 인정 내지 추정을 위하여는 단편적인 개별 소견을 종합하여 최종 사인에 관한 판단에 이르는 추론의 과정을 거쳐야 한다. 따라서 부검의가 사체에 대한 부검을 실시한 후 어떤 것을 유력한 사망원인으로 지시한다고 하여 그 밖의 다른 사인이 존재할 가능성을 가볍게 배제하여서는 아니 되고, 특히 형사재판에서 부검의의 소견에 주로 의지하여 유죄의 인정을 하기 위해서는 다른 가능한 사망원인을 모두 배제하기 위한 치밀한 논증의 과정을 거치지 않으면 안 된다. 더구나 사체에 대한 부검이 사망으로부터 상당한 시간이 경과한 후에 실시되고 그 과정에서 사체의 이동·보관에 따른 훼손·변화 가능성이 있는 경우에는 그 판단에 오류가 포함될 가능성을 전적으로 배제할 수 없다. 대학 부속병원 전공의인 피고인이 자신의 집에서 배우자의 목을 졸라 살해하였다는 내용으로 기소된 사안에서, 사건의 쟁점인 甲의 사망원인이 손에 의한 목눌림 질식사(액사)인지와 피고인이 사건 당일 오전 집을 나서기 전에 甲을 살해하였다고 볼 수 있는 정황이나 증거가 존재하는지에 관하여 치밀한 검증 없이 여러 의문점이 있는 부검소견이나 자료에만 의존하여 공소사실이 합리적 의심을 배제할 정도로 증명되었다고 보아 유죄를 인정한 원심판결에 형사재판에서 요구되는 증명의 정도에 관한 법리를 오해하여 필요한 심리를 다하지 아니하는 등 위법이 있다).

또한 형사재판에 있어 심증형성은 반드시 직접증거에 의하여 형성되어야만 하는 것은 아니고 간접증거에 의할 수도 있는 것이며, 간접증거는 이를 개별적·고립적으로 평가하여서는 아니 되고 모든 관점에서 빠짐없이 상호 관련시켜 종합적으로 평가하고, 치밀하고 모순 없는 논증을 거쳐야 한다. 법원이 범죄사실의 존부에 대하여 심리를 다하였음에도 불구하고 합리적인 의심을 할 여지가 없을 정도의 심증형성에 이르지 못한 경우에는 '의심스러운 때에는 피고인의 이익으로'의 원칙에 의하여 무죄를 선고하여야 한다. 한편 형사재판에 있어서 이와 관련된 다른 형사사건의 확정판결에서 인정된 사실은 특별한 사정이 없는 한 유력한 증거자료가 되는 것이지만, 당해 형사재판에서 제출된 다른 증거 내용에 비추어 관련 형사사건의 확정판결에서의 사실판단을 그대로 채택하기 어렵다고 인정될 경우에는 이를 배척할 수 있다.[1)]

(3) 엄격한 증명과 자유로운 증명

'엄격한 증명'이란 법률상 증거능력이 있고 적법한 증거조사를 거친 증거에 의한 증명을 말하고, '자유로운 증명'이란 증거능력이 없거나 적법한 증거조사를 요하지 않는 증거에 의한 증명을 말한다.[2)] 이에 따라 자유로운 증명의 경우에는 증거능력을 요하지 않을 뿐만 아니라 증거조사의 방법도 법관의 재량에 맡겨져 있으므로 반드시 공판정에서의 증거조사가 요구되는 것은 아니다. 또한 법원은 변론종결 후에 기록을 조사한다든지 전화에 의하여 확인하는 등 임의적인 방법으로 자유로운 증명의 대상인 사실을 인정할 수도 있다. 한편 엄격한 증명과 자유로운 증명은 증거능력의 유무와 증거조사의 방법에 차이가 있을 뿐이고, 사실인정을 위하여 요구되는 심증형성의 정도에 차이가 있는 것은 아니므로 '모든 가능한 의심을 배제할 정도'가 아닌 '합리적인 의심을 배제할 정도'의 증명을 요하는 점에서는 일치한다.

---

1) 대법원 2014. 3. 27. 선고 2014도1200 판결; 대법원 2012. 6. 14. 선고 2011도15653 판결(수원노숙녀 살해사건)(피고인이 공소외 1, 2 등과 공동하여 ㅇㅇ고등학교에서 공소외 3을 때려 사망에 이르게 하였음에도 공소외 2 등에 대한 상해치사 등 피고사건에서 증인으로 출석하여 '피고인은 ㅇㅇ고등학교에서 공소외 3을 때린 사실이 없고, 피고인과 공소외 1은 공소외 3의 사망과 아무런 관련이 없다'는 취지로 허위의 진술을 하여 위증하였다는 이 부분 공소사실에 대하여, '피고인과 공소외 1이 성명불상자 2인과 공동하여 공소외 3을 수원역에서 ㅇㅇ고등학교로 끌고 가 폭행하고, 피고인은 공소외 3을 마구 때려 외상성 경막하출혈로 사망에 이르게 하였다'는 내용의 유죄판결이 확정되기는 하였으나, 위 유죄의 확정판결이 내려지게 된 결정적인 증거는 피고인과 공소외 1의 수사기관 및 제1심 법정에서의 자백 진술과 공소외 1의 항소심 증언이 유일한데, 위와 같은 피고인과 공소외 1의 자백 진술은 범행에 이르게 된 동기, 수원역에서 ㅇㅇ고등학교까지 가게 된 경위 내지 과정, ㅇㅇ고등학교에 도착한 이후부터 사건 현장에 이르기까지의 이동 방식 및 그 경로, 폭행 당시의 구체적인 행동 양태와 범행 이후의 제반 정황, 폭행 시각과 사망추정 시각의 불일치, 피고인과 공소외 1이 자백을 번복하게 된 경위 등 그 판시와 같은 여러 사정에 비추어 그 신빙성을 쉽사리 인정하기 어렵고, 달리 피고인의 이 부분 증언이 합리적인 의심의 여지가 없을 정도로 허위의 진술이라고 인정할 만한 충분한 증거가 없다고 보아 이 부분 공소사실을 무죄로 판단하였다).

2) 이에 대하여 증거능력과 증거조사방법에 관하여 법이 특별한 규정을 두지 않는 한 모든 증명은 엄격한 증명이라고 보아야 할 것이고, 소송법적 사실이나 정상관계 사실과 같이 증거조사방법이나 증거능력에서 달리 취급할 필요가 있는 영역에 대해서는 특별한 규정을 마련하는 것이 바람직하다는 견해로는 김정한, 552면.

3. 엄격한 증명의 대상

(1) 공소범죄사실

공소장에 기재된 범죄사실은 형사처벌의 기초를 이루는 주요사실이므로 엄격한 증명의 대상이 된다. 여기서 '공소범죄사실'(公訴犯罪事實)이란 범죄의 특별구성요건을 충족하는 구체적 사실로서 위법하고 유책한 것을 말한다. 공소범죄사실의 부존재를 증명하기 위하여 피고인이 제출하는 증거인 반증도 본증과 마찬가지로 증거능력이 있고 적법한 증거조사절차를 거친 증거일 것을 요한다.[1] 다만 판례는 반증의 경우에는 성립의 진정이나 증거로 함에 대한 상대방의 동의가 없어도 증거로 할 수 있다고 하여 반증에는 전문법칙의 적용이 없는 것으로 보고 있다.[2] 즉 유죄의 자료가 되는 것으로 제출된 증거의 반대증거 서류에 대하여는 그것이 유죄사실을 인정하는 증거가 되는 것이 아닌 이상 반드시 그 진정성립이 증명되지 아니하거나 이를 증거로 함에 있어서의 상대방의 동의가 없다고 하더라도 증거판단의 자료로 할 수 있다.[3]

1) 구성요건해당사실

특별구성요건에 해당하는 사실은 그것이 객관적 구성요건요소이든 주관적 구성요건요소이든 불문하고 모두 엄격한 증명의 대상이 된다. 따라서 행위의 주체, 객체, 결과의 발생, 범죄의 일시[4], 인과관계, 특정범죄가중처벌법상 뇌물죄에서의 수뢰액[5], 병역기피죄에 있어서 정당한 사유가 없다는 사실[6] 등의 객관적 구성요건요소를 이루는 사실뿐만 아니라 고의[7], 과실, 목적[8], 공모공동정범에서의 공모[9], 합동범에서의 공모나 모의[10], 불법영득의사[11], 「독점규제 및 공정거

---

1) 대법원 1996. 1. 26. 선고 95도2526 판결(적법한 증거조사를 거치지 아니한 피의자신문조서는 사실인정의 자료로 삼을 수 없다).

2) 대법원 1981. 12. 22. 선고 80도1547 판결; 대법원 1972. 1. 31. 선고 71도2060 판결.

3) 대법원 2009. 5. 14. 선고 2008도10182 판결; 대법원 1994. 11. 11. 선고 94도1159 판결.

4) 대법원 2013. 9. 26. 선고 2012도3722 판결(공소사실의 내용 자체로 전후 연속되거나 견련되어 있는 여러 범죄사실에 대하여 그 중 일부는 무죄로 판단하면서도 나머지는 유죄로 인정하려면, 그와 같이 무죄로 본 근거가 되는 사정들이 나머지 부분의 유죄 인정에 방해가 되지 않는다는 점이 합리적으로 설명될 수 있어야 한다).

5) 대법원 2011. 5. 26. 선고 2009도2453 판결(뇌물죄에서 수뢰액은 다과에 따라 범죄구성요건이 되므로 엄격한 증명의 대상이 되고, 특정범죄가중처벌법에서 정한 범죄구성요건이 되지 않는 단순 뇌물죄의 경우에도 몰수·추징의 대상이 되는 까닭에 역시 증거에 의하여 인정되어야 하며, 수뢰액을 특정할 수 없는 경우에는 가액을 추징할 수 없다).

6) 대법원 2020. 7. 9. 선고 2019도17322 판결.

7) 대법원 2017. 12. 22. 선고 2017도11616 판결; 대법원 2011. 10. 27. 선고 2011도8109 판결; 대법원 2010. 3. 25. 선고 2008도4228 판결; 대법원 2003. 12. 12. 선고 2001도606 판결.

8) 대법원 2015. 1. 22. 선고 2014도10978 전원합의체 판결; 대법원 2014. 9. 26. 선고 2014도9030 판결; 대법원 2013. 11. 14. 선고 2013도8121 판결(횡령죄의 경우 피해자 등이 목적과 용도를 정하여 금전을 위탁한 사실과 그 목적과 용도가 무엇인지는 엄격한 증명의 대상이라고 보아야 한다); 대법원 2013. 9. 12. 선고 2012도3529 판결; 대법원 2010. 7. 23. 선고 2010도1189 전원합의체 판결(행위자에게 이적행위를 할 목적이 있었다는 점은 검사가 증명하여야 하며, 행위자가 이적표현물임을 인식하고 제5항의 행위를 하였다는 사실만으로 그에게 이적행위를 할 목적이 있었다고 추정해서는 안 된다).

9) 대법원 2018. 4. 19. 선고 2017도14322 전원합의체 판결; 대법원 2012. 8. 30. 선고 2012도5220 판결; 대법원 2012.

래에 관한 법률」상 부당한 공동행위의 합의[1] 등의 주관적 구성요건요소인 사실도 엄격한 증명의 대상이 된다. 이와 같이 형사재판에서 공소가 제기된 범죄의 구성요건을 이루는 사실은 그것이 주관적 요건이든 객관적 요건이든 그 입증책임이 검사에게 있다.[2] 엄격한 증명의 대상에는 검사가 공소장에 기재한 구체적 범죄사실이 모두 포함되고, 특히 공소사실에 특정된 범죄의 일시는 피고인의 방어권 행사의 주된 대상이 되므로 엄격한 증명을 통해 그 특정한 대로 범죄사실이 인정되어야 하며, 그러한 증명이 부족한데도 다른 시기에 범행을 하였을 개연성이 있다는 이유로 범죄사실에 대한 증명이 있다고 인정하여서는 안 된다.[3] 또한 공소사실의 내용 자체

---

5. 24. 선고 2012도535 판결; 대법원 2011. 12. 22. 선고 2011도9721 판결; 대법원 2011. 5. 13. 선고 2011도2996 판결; 대법원 2008. 9. 11. 선고 2007도6706 판결(공모관계를 인정하기 위해서는 엄격한 증명이 요구되지만, 피고인이 범죄의 주관적 요소인 공모의 점을 부인하는 경우에는, 사물의 성질상 이와 상당한 관련성이 있는 간접사실 또는 정황사실을 증명하는 방법에 의하여 이를 입증할 수밖에 없으며, 이때 무엇이 상당한 관련성이 있는 간접사실에 해당할 것인가는 정상적인 경험칙에 바탕을 두고 치밀한 관찰과 분석을 통하여 사실의 연결상태를 합리적으로 판단하는 방법에 의하여야 할 것이다); 대법원 2007. 4. 27. 선고 2007도236 판결(공모공동정범에 있어서 공모 또는 모의는 '범죄될 사실'의 주요부분에 해당하는 이상, 가능한 한 이를 구체적이고 상세하게 특정하여야 할 뿐 아니라 엄격한 증명의 대상에 해당한다 할 것이나, 범죄의 특성에 비추어 부득이한 예외적인 경우라면 형사소송법이 공소사실을 특정하도록 한 취지에 반하지 않는 범위 내에서 공소사실 중 일부가 다소 개괄적으로 기재되었다고 하여 위법하다고 할 수는 없다); 대법원 2003. 1. 24. 선고 2002도6103 판결; 대법원 1989. 6. 27. 선고 88도2381 판결; 대법원 1988. 9. 13. 선고 88도1114 판결.

10) 대법원 2001. 12. 11. 선고 2001도4013 판결(형법 제334조 제2항 소정의 합동범에 있어서의 공모나 모의는 반드시 사전에 이루어진 것만을 필요로 하는 것이 아니고, 범행현장에서 암묵리에 의사상통하는 것도 포함되나, 이와 같은 공모나 모의는 그 '범죄될 사실'이라 할 것이므로 이를 인정하기 위하여는 엄격한 증명에 의하지 않으면 안 된다).

11) 대법원 2009. 2. 26. 선고 2007도4784 판결; 대법원 2008. 8. 21. 선고 2007도9318 판결.

1) 대법원 2008. 5. 29. 선고 2006도6625 판결.

2) 대법원 2012. 8. 30. 선고 2012도7377 판결(피고인이 피해자가 13세 미만의 여자임을 알면서 그를 강간하였다는 사실이 검사에 의하여 입증되어야 한다. 그러나 피해자가 13세 미만의 여자라는 객관적 사실로부터 피고인이 그 사실을 알고 있었다는 점이 추단된다고 볼 만한 경험칙 기타 사실상 또는 법적 근거는 이를 어디서도 찾을 수 없다. 그렇다면 "피해자가 13세 미만의 여자인 이상 그 당시의 객관적인 정황에 비추어 피고인이 피해자가 13세 미만의 여자라는 사실을 인식하였더라면 강간행위로 나아가지 아니하였으리라고 인정할 만한 합리적인 근거를 찾을 수 없다면" 이 사건 법조항에서 정하는 강간죄에 관한 미필적 고의가 인정될 수 있다고 하는 법리는 범죄의 주관적 구성요건사실 역시 객관적 구성요건사실과 마찬가지로 검사에 의하여 입증되어야 한다는 형사소송법상의 중요한 원칙을 정당한 이유 없이 광범위한 범위에서 훼손하는 것으로서 쉽사리 용납될 수 없다. 설사 이 사건 법조항이 원심이 이해하는 대로 신체적 또는 정신적으로 미숙한 단계인 13세 미만 미성년자의 정상적인 성적 발달을 특별히 보호하기 위한 규정이라고 하더라도, 그것이 13세 미만의 여자라는 사실에 대한 피고인의 인식에 관한 검사의 입증책임을 완화하기에 충분한 이유가 되지 아니하는 것이다. 따라서 13세 미만의 여자에 대한 강간죄에 있어서 피해자가 13세 미만이라고 하더라도 피고인이 피해자가 13세 미만인 사실을 몰랐다고 범의를 부인하는 경우에는 다른 범죄의 경우와 마찬가지로 상당한 관련성이 있는 간접사실 또는 정황사실에 의하여 그 입증 여부가 판단되어야 한다).

3) 대법원 2011. 4. 28. 선고 2010도14487 판결(금품수수 여부가 쟁점이 된 사건에서 금품공여자나 금품수수자로 지목된 피고인의 진술이 각기 일부는 진실을, 일부는 허위나 과장·왜곡·착오를 포함하고 있을 수 있으므로, 형사재판을 담당하는 사실심 법관으로서는 금품공여자와 피고인 사이의 상반되고 모순되는 진술들 가운데 허위·과장·왜곡·착오를 배제한 진실을 찾아내고 그 진실들을 조합하여 사건의 실체를 파악하는 노력을 기울여야 하며, 이러한 노력 없이 금품공여자의 진술 중 일부 진술에 신빙성이 인정된다고 하여 그가 한 공소사실에 부합하는 진술은 모두 신빙하고 이와 배치되는 피고인의 주장은 전적으로 배척한다면, 이는 피고인의 진술에 일부 신빙성이 있는 부분이 있다고 하여 공소사실을 부인하는 피고인의 주장 전부를 신빙할 수 있다고 보는 것과 다를 바 없는 논리의 비약에 지나지 않아서 그에 따른 결론이 건전한 논증에 기초하였다고 수긍하기 어렵다).

로 전후 연속되거나 견련되어 있는 여러 범죄사실에 대하여 그 중 일부는 무죄로 판단하면서도 나머지는 유죄로 인정하려면, 그와 같이 무죄로 본 근거가 되는 사정들이 나머지 부분의 유죄 인정에 방해가 되지 않는다는 점이 합리적으로 설명될 수 있어야 한다.[1)]

금품수수 여부가 쟁점이 된 사건에서 금품수수자로 지목된 피고인이 수수사실을 부인하고 있고 이를 뒷받침할 금융자료 등 객관적 물증이 없는 경우 금품을 제공하였다는 사람의 진술만으로 유죄를 인정하기 위해서는 그 진술이 증거능력이 있어야 하는 것은 물론 합리적인 의심을 배제할 만한 신빙성이 있어야 하고, 신빙성이 있는지 여부를 판단할 때에는 진술 내용 자체의 합리성, 객관적 상당성, 전후의 일관성뿐만 아니라 그의 인간됨, 그 진술로 얻게 되는 이해관계 유무, 특히 그에게 어떤 범죄의 혐의가 있고 그 혐의에 대하여 수사가 개시될 가능성이 있거나 수사가 진행 중인 경우에는 이를 이용한 협박이나 회유 등의 의심이 있어 그 진술의 증거능력이 부정되는 정도에까지 이르지 않는 경우에도 그로 인한 궁박한 처지에서 벗어나려는 노력이 진술에 영향을 미칠 수 있는지 여부 등도 아울러 살펴보아야 한다.[2)] 그리고 이러한 이치는 피고인의 금품제공 여부가 쟁점이 된 사건에서 금품제공자로 지목된 피고인이 제공사실을 부인하고 있고 이를 뒷받침할 금융자료 등 객관적 물증이 없는 경우 금품을 제공받았다는 사람의 진술만으로 유죄를 인정하는 경우에도 마찬가지로 적용된다.[3)]

2) 위법성과 책임의 기초사실

구성요건에 해당하는 사실이 증명되면 위법성과 책임의 기초가 되는 사실은 사실상 추정된다. 그러나 다툼이 있어 증명이 필요한 경우에는 위법성조각사유와 책임조각사유의 부존재도 엄격한 증명의 대상이 된다. 다만 명예훼손죄의 특수한 위법성조각사유인 형법 제310조의 요건에 대한 증명은 거증책임의 전환을 완화하여 엄격한 증거에 의하여야 하는 것은 아니므로 엄격한 증명의 대상에 해당하지 아니한다.[4)]

---

1) 대법원 2013. 9. 26. 선고 2012도3722 판결.

2) 대법원 2016. 6. 23. 선고 2016도2889 판결(금품수수 여부가 쟁점이 된 사건에서 여러 차례에 걸쳐 금품을 제공하였다고 주장하는 사람의 진술을 신뢰할 수 있는지에 관하여 심사해 본 결과 그중 상당한 진술 부분을 그대로 믿을 수 없는 객관적인 사정 등이 밝혀짐에 따라 그 부분 진술의 신빙성을 배척하는 경우라면, 여러 차례에 걸쳐 금품을 제공하였다는 진술의 신빙성은 전체적으로 상당히 약해졌다고 보아야 할 것이므로, 비록 나머지 일부 금품제공 진술 부분에 대하여는 이를 그대로 믿을 수 없는 객관적 사정 등이 직접 밝혀지지 않았다고 하더라도, 그 진술만을 내세워 함부로 나머지 일부 금품수수 사실을 인정하는 것은 원칙적으로 허용될 수 없다고 보아야 한다. 나머지 일부 금품수수 사실을 인정할 수 있으려면, 신빙성을 배척하는 진술 부분과는 달리 그 부분 진술만은 신뢰할 수 있는 근거가 확신할 수 있을 정도로 충분히 제시되거나, 그 진술을 보강할 수 있는 다른 증거들에 의하여 충분히 뒷받침되는 경우 등과 같이 합리적인 의심을 해소할 만한 특별한 사정이 존재하여야 한다); 대법원 2014. 4. 10. 선고 2014도1779 판결; 대법원 2009. 1. 15. 선고 2008도8137 판결.

3) 대법원 2014. 5. 29. 선고 2012도14295 판결.

4) 대법원 2004. 5. 28. 선고 2004도1497 판결(공연히 사실을 적시하여 사람의 명예를 훼손한 행위가 형법 제310조의 규정에 따라서 위법성이 조각되어 처벌 대상이 되지 않기 위하여는 그것이 진실한 사실로서 오로지 공공의 이익에 관한 때에 해당된다는 점을 행위자가 증명하여야 하는 것이고, 법원이 적법하게 증거를 채택하여 조사한 다음 형법 제310조 소정의 위법성조각사유의 요건이 입증되지 않는다면 그 불이익은 피고인이 부담하는 것이다).

(2) 형벌권의 범위에 관한 사실

1) 법률상 형의 가중·감면사유가 되는 사실

법률상 형의 가중·감면의 근거가 되는 사실은 공소범죄사실은 아니지만 법정형의 범위를 변경시켜서 피고인의 이익에 중대한 영향을 미치기 때문에 엄격한 증명의 대상이 된다. 예를 들면 누범전과·상습범에 있어서의 상습성·중지미수·불능미수·장애미수·자수·자복 등에 관한 사실이 이에 해당한다. 이에 대하여 판례는 「형법 제10조 소정의 심신장애의 유무 및 정도를 판단함에 있어서 반드시 전문가의 감정에 의존하여야 하는 것이 아니고, 범행의 경위·수단·범행 전후의 피고인의 행동 등 기록에 나타난 관계 자료와 피고인의 법정 태도 등을 종합하여 법원이 독자적으로 판단할 수 있으므로 자유로운 증명으로 족하다.」라고 판시[1]하여, 반대의 입장을 취하고 있다. 한편 누범전과나 상습범가중의 사유로 되는 전과가 아닌 단순한 전과는 정상관계사실로서 자유로운 증명으로 족하다.

2) 처벌조건인 사실

처벌조건은 그 자체가 공소범죄사실은 아니지만 형벌권의 존부를 결정하는데 중요한 의미를 가지므로 엄격한 증명의 대상이 된다. 따라서 파산범죄에 있어서 파산선고의 확정 사실, 친족상도례 및 범인은닉죄·증거인멸죄에 있어서 친족관계의 존재 여부 등은 엄격한 증명의 대상이 된다.

3) 몰수·추징에 관한 사실

몰수나 추징은 부가형으로서 형벌의 일종이므로 엄격한 증명의 대상이 되어야 하지만[2], 판례[3]는 몰수나 추징의 대상이 되는지 여부나 추징액의 인정은 자유로운 증명으로 족하다고 한다. 즉 몰수대상이 되는지 여부나 추징액의 인정 등 몰수 및 추징의 사유는 범죄구성요건 사실에 관한 것이 아니어서 엄격한 증명은 필요 없지만 역시 증거에 의하여 인정되어야 한다. 추징의 대상이 되는지 여부는 엄격한 증명을 필요로 하는 것은 아니지만, 그 대상이 되는 범죄수익을 특정할 수 없는 경우에는 추징할 수 없고[4], 「범죄수익은닉의 규제 및 처벌 등에 관한 법률」 제10조 소정의 추징은 임의적인 것이므로 그 추징의 요건에 해당되는 재산이라도 이를 추징할 것인지의 여부는 법원의 재량에 맡겨져 있다.[5]

한편 추징도 몰수에 대신하는 처분으로서 몰수와 마찬가지로 형에 준하여 평가하여야 할

---

1) 대법원 1998. 3. 13. 선고 98도159 판결; 대법원 1961. 10. 26. 선고 4294형상590 판결.

2) 김인회, 450면; 배종대/홍영기, 296면; 송광섭, 577면; 신양균/조기영, 741면; 이재상/조균석, 545면; 이주원, 355면; 임동규, 478면; 정승환, 530면. 반면에 자유로운 증명으로 족하다는 견해로는 정웅석/최창호, 527면.

3) 대법원 2015. 4. 23. 선고 2015도1233 판결; 대법원 2014. 7. 10. 선고 2014도4708 판결; 대법원 2008. 1. 17. 선고 2006도455 판결; 대법원 2006. 4. 7. 선고 2005도9858 전원합의체 판결; 대법원 1993. 6. 22. 선고 91도3346 판결; 대법원 1987. 4. 11. 선고 87도399 판결; 대법원 1982. 2. 9. 선고 81도3040 판결; 대법원 1981. 2. 10. 선고 80도2722 판결.

4) 대법원 2010. 4. 15. 선고 2009도14295 판결.

5) 대법원 2007. 6. 14. 선고 2007도2451 판결.

것이므로 그에 관하여도 불이익변경금지의 원칙이 적용되고[1], 추징은 일종의 형으로서 검사가 공소를 제기함에 있어 관련 추징규정의 적용을 빠뜨렸다고 하더라도 법원은 직권으로 이를 적용하여야 한다.[2]

(3) 간접사실

'간접사실'(間接事實)이란 요증사실의 존부를 간접적으로 추인하게 하는 사실을 말하는데, 요증사실이 주요사실인 경우에는 간접사실도 엄격한 증명의 대상이 된다. 예를 들면 음주운전죄를 적용함에 사용되는 위드마크공식의 경우 그 적용을 위한 자료인 음주량·음주시각·체중 등의 자료는 엄격한 증명이 요구된다.[3] 한편 알리바이(현장부재)의 증명에 대해서 엄격한 증명이 요구되는지 여부와 관련하여, ① 알리바이의 증명은 주요사실의 반대되는 간접사실의 증명이라는 점, 알리바이의 증명을 반증이라고 볼 때에 본증과 마찬가지로 증거능력이 있고 적법한 증거조사를 거친 증거가 요구된다는 점 등을 논거로 하는 적극설[4], ② 알리바이의 주장은 공소범죄사실에 대한 부인에 해당되므로 자유로운 증명으로 족하다는 견해[5] 등의 대립이 있다. 생각건대 알리바이는 간접사실에 불과한데, 엄격하게 증명되어야 하는 것은 알리바이의 존재, 즉 현장에 부존재하였다는 사실이 아니라 현장에 피고인이 존재하였다는 사실이다. 그러므로 피고인은 알리바이를 주장할 수 있을 뿐이며, 이에 대응하여 검사는 피고인이 현장에 존재하였음을 엄격하게 증명하여야 한다.

(4) 보조사실

'보조사실'(補助事實)이란 증거의 증명력에 영향을 미치는 사실을 말한다. 예를 들면 증인의 전력이나 시각·청각 등의 상태와 같이 증언의 신빙성에 영향을 미치는 사실이 이에 해당한다. 보조사실이 적극적으로 증거의 증명력을 증강시키는 경우이고, 그 증거를 통하여 증명하려는 사실이 엄격한 증명을 요하는 사실이라면 보조사실도 엄격한 증명을 요한다.[6] 그러나 보조사실이 증거의 증명력을 감쇄시키는 경우에는 엄격한 증명을 요하지 아니하며, 증거능력이 없는 탄핵증거를 가지고도 보조사실을 입증할 수 있다.[7] 이와 같이 탄핵증거는 범죄사실을 인정하

1) 대법원 2006. 11. 9. 선고 2006도4888 판결.

2) 대법원 2007. 1. 25. 선고 2006도8663 판결; 대법원 1989. 2. 14. 선고 88도2211 판결; 대법원 1978. 6. 13. 선고 78도1033 판결.

3) 대법원 2000. 6. 27. 선고 99도128 판결.

4) 김인회, 450면; 배종대/홍영기, 299면; 손동권/신이철, 527면; 송광섭, 577면; 신동운, 491면; 신양균/조기영, 741면; 이재상/조균석, 543면; 이창현, 796면; 임동규, 484면.

5) 정웅석/최창호, 527면.

6) 대법원 2010. 5. 27. 선고 2008도2344 판결(구성요건에 해당하는 사실은 엄격한 증명에 의하여 이를 인정하여야 하고, 증거능력이 없는 증거는 구성요건 사실을 추인하게 하는 간접사실이나 구성요건 사실을 입증하는 직접증거의 증명력을 보강하는 보조사실의 인정자료로도 사용할 수 없다); 대법원 2006. 12. 8. 선고 2006도6356 판결.

7) 이에 대하여 증인의 신빙성에 관한 보조사실도 간접적으로 범죄사실의 증명에 영향을 미치는 사실이기 때문에 자기모순의 진술에 의하여 공판정에서의 진술의 증명력을 다투는 경우를 제외하고는 보조사실이 증거의 증명력을 감쇄시키는 사실인 경우에도 이에 대하여는 엄격한 증명을 요한다고 해야 한다는 견해로는 이은모/김정환,

는 증거가 아니므로 엄격한 증거조사를 거쳐야 할 필요가 없음은 제318조의2의 규정에 따라 명백하지만, 법정에서 이에 대한 탄핵증거로서의 증거조사는 필요하다.[1)]

(5) 경험법칙

'경험법칙'(經驗法則)이란 사실 자체가 아니라 사실을 판단하는 전제가 되는 지식을 말한다. 일반적인 경험법칙은 공지의 사실이기 때문에 증명을 요하지 않지만, 경험법칙의 내용이 명백하지 아니한 때에는 증명의 필요가 있으며, 그것이 엄격한 증명의 대상인 사실의 인정에 필요한 때에는 엄격한 증명의 대상이 된다. 범죄구성요건사실의 존부를 알아내기 위해 과학공식 등의 경험칙을 이용하는 경우에 그 법칙 적용의 전제가 되는 개별적이고 구체적인 사실에 대하여는 엄격한 증명을 요하는바, 위드마크 공식의 경우 그 적용을 위한 자료로 섭취한 알코올의 양, 음주 시각, 체중 등이 필요하므로 그런 전제사실에 대한 엄격한 증명이 요구된다.[2)] 또한 범죄

580면.

1) 대법원 2006. 5. 26. 선고 2005도6271 판결(공소사실에 부합하는 증거인 피해자의 진술을 탄핵하는 증거로 삼은 변호인 제출의 신용카드 사용내역승인서 사본 및 현금서비스 취급내역서 사본에 관하여 살펴보면, 변호인은 항소이유서에 현금서비스 취급내역서 사본을 첨부하여 제출하면서 2004. 4. 2.자 공소사실을 탄핵하였고, 원심 제1회 공판기일에는 피고인반대신문을 하면서 신용카드 사용내역승인서 사본과 함께 다시 이를 제시하여 2004. 3. 15.자 공소사실까지 아울러 탄핵하였는바, 비록 증거목록에 기재되지 않았고 증거결정이 있지 아니하였다 하더라도 공판과정에서 그 입증취지가 구체적으로 명시되고 제시까지 된 이상 위 각 서증들에 대하여 탄핵증거로서의 증거조사는 이루어졌다고 보아야 할 것이다); 대법원 2005. 8. 19. 선고 2005도2617 판결(증거신청의 방식에 관하여 규정한 형사소송규칙 제132조 제1항의 취지에 비추어 보면 탄핵증거의 제출에 있어서도 상대방에게 이에 대한 공격방어의 수단을 강구할 기회를 사전에 부여하여야 한다는 점에서 그 증거와 증명하고자 하는 사실과의 관계 및 입증취지 등을 미리 구체적으로 명시하여야 할 것이므로, 증명력을 다투고자 하는 증거의 어느 부분에 의하여 진술의 어느 부분을 다투려고 한다는 것을 사전에 상대방에게 알려야 한다. 피고인이 내용을 부인하여 증거능력이 없는 사법경찰리 작성의 피의자신문조서에 대하여 비록 당초 증거제출 당시 탄핵증거라는 입증취지를 명시하지 아니하였지만 피고인의 법정 진술에 대한 탄핵증거로서의 증거조사절차가 대부분 이루어졌다고 볼 수 있는 점 등의 사정에 비추어 위 피의자신문조서를 피고인의 법정 진술에 대한 탄핵증거로 사용할 수 있다); 대법원 1998. 2. 27. 선고 97도1770 판결.

2) 대법원 2008. 8. 21. 선고 2008도5531 판결(피고인은 2007. 10. 13. 22:15경 술을 마신 상태에서 소나타 승용차를 운전하다가 공소외인 운전의 오토바이를 충격하는 사고를 낸 사실(이하 '이 사건 사고'라 한다), 피고인은 이 사건 사고 직후 인근에 있는 '부부닭한마리'라는 상호의 식당에서 참이슬 소주 1병을 사서, 그 중 3분지 2 정도를 마신 사실, 경찰은 같은 날 22:25경 피고인으로 하여금 물로 입안을 헹구게 하지 아니한 채 음주측정기로 피고인의 혈중알코올농도를 측정하였는데, 그 혈중알코올농도가 0.109%로 측정된 사실, 경찰은 피고인이 이 사건 사고 후 알코올도수 0.21%의 소주 260㎖를 마셨다는 것을 기초로 하여, 체내흡수율 70%, 피고인의 체중과 관련한 위드마크인수 0.86을 각 적용한 위드마크공식에 의하여 피고인이 이 사건 사고 후 마신 술에 의한 혈중알코올농도를 0.047%로 계산한 다음, 위 측정수치 0.109%에서 위 0.047%를 감한 0.062%를 이 사건 사고 당시 피고인의 혈중알코올농도로 계산한 사실 등을 알 수 있다. 위 법리에 비추어 살펴보면, 피고인에 대한 음주측정은 피고인이 음주한 후 불과 10분도 경과되지 아니한 시기에 피고인으로 하여금 물로 입안을 헹구게 하는 등 구강 내 잔류 알코올 등으로 인한 과다측정을 방지하기 위한 조치를 취하지 않은 상태에서 이루어진 것이므로, 구강 내 잔류 알코올로 인하여 과다측정되었을 가능성을 배제할 수 없어 유죄의 증거로 사용할 수 없고, 또한 경찰은 피고인이 이 사건 사고 후 마신 술에 의한 혈중알코올농도를 추산하기 위하여 위드마크공식을 사용하면서 피고인의 체중과 관련한 위드마크인수로 0.86을 적용하였으나, 기록상 피고인의 신체적 조건 등이 위 수치를 적용하기에 적합하다고 볼 아무런 자료가 없고, 이미 알려진 신빙성 있는 통계자료 중 피고인의 체중과 관련한 위드마크인수로 위 0.86 대신에 이 사건에서 피고인에게 가장 유리한 0.52를 적용하여 피고인이 이 사건 사고 후 마신 술에 의한 혈중알코올농도를 계산해보면 0.077%[={260㎖ × 0.21(참이슬 소주의 알콜도수) × 0.7894g/㎖(알코올의 비중) × 0.7(체내흡수율)}/{75kg × 0.52 × 10}]가 되므로, 이 사건 사고 당시 피고인의 혈중알코올농도는 0.032%(=0.109% − 0.077%)에 불과하게 되어, 결국 어느 모로 보나 피고인이 이 사건 사고 당시 혈중알코올농도 0.05% 이상의 주취상

구성요건에 해당하는 사실을 증명하기 위한 근거가 되는 과학적인 연구 결과는 적법한 증거조사를 거친 증거능력 있는 증거에 의하여 엄격한 증명으로 증명되어야 한다.[1)]

(6) 법 규

법규의 존재와 그 내용은 법원의 직권조사사항에 속하므로 증명의 대상이 되지 아니한다. 그러나 외국법·관습법·자치법규·실효된 법 등과 같이 법규의 내용이 명확하지 아니한 때에는 증명을 요하고, 그것이 엄격한 증명을 요하는 사실을 인정하는 전제가 되는 때에는 엄격한 증명의 대상이 된다.[2)] 그러므로 형법 제6조 본문에 의하여 외국인이 대한민국 영역 외에서 대한민국 국민에 대하여 범죄를 저지른 경우 우리나라 형법이 적용되지만, 같은 조 단서에 의하여 행위지 법률에 의하여 범죄를 구성하지 아니하거나 소추 또는 형의 집행을 면제할 경우에는 우리나라 형법을 적용하여 처벌할 수 없고, 이 경우 행위지 법률에 의하여 범죄를 구성하는지는 엄격한 증명에 의하여 검사가 이를 증명하여야 한다.[3)]

4. 자유로운 증명의 대상

(1) 정상관계사실

'자유로운 증명'이란 증거능력이 없는 증거를 사용하거나 법령이 규정한 증거조사방식을 거치지 아니하고 상당한 방법으로 사실을 증명하는 방법을 말한다. 피고사건과 관련되는 모든 사실의 인정을 엄격한 증명에 의하도록 요구하면 절차의 지연을 초래하여 소송경제의 요청에 반하게 되므로, 피고인의 보호와 소송경제의 요청에 부합하기 위한 범위에서 일정한 사실들에 대해서는 자유로운 증명을 허용할 필요성이 있다.

이러한 측면에서 피고인의 경력·성격·환경·범죄 후의 정황 등 형의 선고유예·집행유예·양형 등의 기초가 되는 사실은 자유로운 증명으로 족하다.[4)] 양형의 기초가 되는 정상(情狀)관계사실은 형벌권의 범위와 관련된 사실이기는 하지만, 복잡하고 비유형적이므로 소송경제의 관점을 무시할 수 없다는 점과 양형은 그 성질상 법관의 재량사항이라는 점을 그 논거로 한다.[5)]

태에 있었다고 단정할 수 없고, 달리 이를 인정할 수 있는 어떠한 자료도 보이지 않는다); 대법원 2003. 4. 25. 선고 2002도6762 판결.

1) 대법원 2010. 2. 11. 선고 2009도2338 판결.

2) 이에 대하여 법규는 판단의 대상이 되는 사실이 아니라 판단된 사실에 적용하는 도구이기 때문에 처음부터 증명의 대상이 되지 않는다는 견해로는 김정한, 555면.

3) 대법원 2011. 8. 25. 선고 2011도6507 판결; 대법원 2008. 7. 24. 선고 2008도4085 판결; 대법원 1989. 12. 12. 선고 89도1253 판결; 대법원 1973. 5. 1. 선고 73도289 판결.

4) 대법원 2010. 4. 29. 선고 2010도750 판결(법원은 범죄의 구성요건이나 법률상 규정된 형의 가중·감면의 사유가 되는 경우를 제외하고는, 법률이 규정한 증거로서의 자격이나 증거조사방식에 구애됨이 없이 상당한 방법으로 조사하여 양형의 조건이 되는 사항을 인정할 수 있다. 나아가 형의 양정에 관한 절차는 범죄사실을 인정하는 단계와 달리 취급하여야 하므로, 당사자가 직접 수집하여 제출하기 곤란하거나 필요하다고 인정되는 경우 등에는 직권으로 양형조건에 관한 형법 제51조의 사항을 수집·조사할 수 있다).

5) 이에 대하여 형의 경중 가운데 피고인에게 뚜렷하게 불리한 관건이 되는 것은 엄격한 증명을 요하는 것으로 보아야 한다는 견해로는 배종대/홍영기, 296면; 정승환, 530면.

(2) 소송법적 사실

'소송법적 사실'이란 공소범죄사실이나 양형사실 이외의 것으로서 형사절차와 관련된 사실을 말한다. 이러한 소송법적 사실에는 소송조건의 존부 및 절차진행의 적법성에 관한 사실(순수한 소송법적 사실)과 증거능력 인정을 위한 기초사실 등이 있다.

1) 순수한 소송법적 사실

소송조건의 존부 및 절차진행의 적법성에 관한 사실은 자유로운 증명으로 족하다. 따라서 친고죄에 있어서 고소 및 그 취소의 유무[1], 피고인의 구속기간, 공소의 제기 또는 공판의 개시, 증거조사 또는 피고인신문의 적법성 유무, 공소시효의 완성 여부 등은 엄격한 증명을 요하지 아니한다.

2) 증거능력 인정을 위한 기초사실

피고인의 자필로 작성된 진술서의 경우에는 서류의 작성자가 동시에 진술자이므로 진정하게 성립된 것으로 인정되어 제313조 단서에 의하여 그 진술이 특히 신빙할 수 있는 상태하에서 행하여진 때에는 증거능력이 있고, 이러한 특신상태는 증거능력의 요건에 해당하므로 검사가 그 존재에 대하여 구체적으로 주장·입증하여야 하는 것이지만, 이는 소송상의 사실에 관한 것이므로, 엄격한 증명을 요하지 아니하고 자유로운 증명으로 족하다.[2] 또한 피고인이 피의자신문조서에 기재된 피고인의 진술 및 공판기일에서의 피고인의 진술의 임의성을 다투면서 그것이 허위자백이라고 다투는 경우, 법원은 구체적인 사건에 따라 피고인의 학력, 경력, 직업, 사회적 지위, 지능정도, 진술의 내용, 피의자신문조서의 경우 그 조서의 형식 등 제반 사정을 참작하여 자유로운 심증으로 위 진술이 임의로 된 것인지의 여부를 판단하면 된다.[3]

5. 불요증사실

(1) 의 의

재판의 기초가 되는 사실은 그것이 실체법적 사실이든 절차법적 사실이든 증명을 요하는 것이 원칙이다. 그러나 일정한 경우에는 사실 자체의 성질에 비추어 별도의 증명이 필요 없는 경우가 있는데, 이러한 사실을 '불요증사실'(不要證事實)이라고 하고, '공지의 사실'과 '추정된 사

---

1) 대법원 2011. 6. 24. 선고 2011도4451 판결; 대법원 1999. 5. 14. 선고 99도947 판결.

2) 대법원 2012. 7. 26. 선고 2012도2937 판결; 대법원 2007. 6. 14. 선고 2004도5561 판결; 대법원 2001. 9. 4. 선고 2000도1743 판결.

3) 대법원 2012. 11. 29. 선고 2010도3029 판결; 대법원 2011. 10. 27. 선고 2009도1603 판결; 대법원 2011. 2. 24. 선고 2010도14720 판결; 대법원 2003. 5. 30. 선고 2003도705 판결; 대법원 1986. 11. 25. 선고 83도1718 판결; 대법원 1984. 3. 13. 선고 83도3228 판결. 반면에 임의성의 기초가 되는 사실의 존재 여부는 자백의 증거능력 유무를 결정하는 것에 의하여 피고인의 유죄 인정에 결정적인 역할을 하게 되므로 피고인의 이익보호라는 관점에서 임의성의 기초사실에 대한 증명은 엄격한 증명에 의하여야 한다는 견해로는 김인회, 451면; 송광섭, 578면; 이은모/김정환, 626면; 정웅석/최창호, 552면. 한편 고문 등 자백의 임의성을 의심하게 하는 사유가 없는 경우에는 자백의 임의성을 자유로운 증명으로 판단할 수 있겠지만, 자백의 임의성을 의심하게 하는 사유를 피고인이 주장하면 그러한 사유가 없었다는 것이 엄격한 증명의 방법으로 증명되어야 한다는 견해로는 정승환, 565면.

실'이 이에 해당한다. 불요증사실과 구별되는 개념으로 '증명금지사실'(證明禁止事實)이 있는데, 이는 증명으로 인하여 얻는 소송법적 이익보다 증명으로 침해되는 다른 이익이 더 크기 때문에 증명이 금지된 사실을 말한다. 예를 들면 공무원 또는 공무원이었던 자의 직무상의 비밀에 속하는 사실이 이에 해당한다(제147조). 이와 같은 증명금지사실은 일정한 사실을 증명의 대상에서 제외할 뿐이고 증명의 필요도 없이 그 사실을 인정할 수 있다는 의미가 아니라는 점에서 불요증사실과 구별된다.

(2) 공지의 사실

'공지(公知)의 사실'이란 일반적으로 널리 알려져 있는 사실, 즉 보통의 지식이나 경험이 있는 사람이면 누구나 의심하지 않는 사실을 말한다. 예를 들면 역사적으로 명백한 사실[1], 자연계의 현저한 사실 등이 이에 해당한다. 공지의 사실은 증거에 의하여 인정하지 않아도 공정한 사실인정을 해하지 아니하므로 증명을 요하지 아니한다. 그리고 공지의 사실인지의 여부는 상대적인 성격을 지니므로 반드시 모든 사람에게 알려져 있는 사실임을 요하지 않고, 특정한 지역에 살거나 특정한 직업에 종사하는 사람들이 일반적으로 알고 있는 사실이라도 공지의 사실이 될 수 있다. 공지의 사실은 거증책임을 부담하는 측에서 굳이 증명할 필요가 없을 뿐 상대방은 반증을 들어 다툴 수 있으며, 변론의 대상에서 제외되는 것도 아니므로 법원은 공지의 사실에 대하여도 피고인에게 그에 대한 의견 진술의 기회를 주어야 한다.

공지의 사실과 구별되는 개념으로 법원에 현저한 사실이 있다. '법원에 현저한 사실'이란 당해 재판부에서 이전에 판단하였던 사건의 결과와 같이 수소법원이 직무상 명백히 알고 있는 사실을 말한다.[2] 법원이 직무상 명백히 알고 있는 사실이라도 공정한 재판과 재판에 대한 국민의 신뢰확보를 위해서 증명을 요한다.[3] 다만 그 증명의 정도는 자유로운 증명으로 족할 뿐이다.

(3) 추정된 사실

1) 법률상 추정된 사실

'법률상 추정'이란 전제사실이 인정되면 반대증명이 없는 한 일정한 사실을 인정하도록 법률에 규정되어 있는 경우를 말한다. 따라서 추정된 사실이 반대증거에 의해서 부인되지 않는 한 법원은 추정사실의 존재를 인정하여야 한다. 그리고 법률상 추정을 깨뜨리는 반증은 증거능력이 있는 증거에 의하여 적법한 증거조사를 거쳐서 행하여져야 한다. 예를 들면 「마약류 불법거래 방지에 관한 특례법」 제17조[4], 「환경범죄 등의 단속 및 가중처벌에 관한 법률」 제11조[5],

1) 대법원 1985. 3. 12. 선고 83도2501 판결.

2) 대법원 2016. 2. 18. 선고 2015도17115 판결(대한민국과 호주 양국 간에는 1992. 8. 25. 형사사법공조 양자조약이 체결되어 1993. 12. 29. 발효된 것은 이 법원에 현저하다).

3) 이에 대하여 법원이 직무상의 경험으로 명백히 알고 있는 사실에 대하여는 증명을 요하지 않으며, 다만 법원이 직무 외에서 알게 된 사실은 판단의 객관성과 공정성을 담보할 수 없기 때문에 증명을 필요로 한다는 견해로는 송광섭, 581면; 임동규, 481면.

4) 제6조의 죄에 관계된 불법수익을 산정할 때에 같은 조에 따른 행위를 업으로 한 기간에 범인이 취득한 재산으로서 그 가액이 그 기간 동안 범인의 재산 운용 상황 또는 법령에 따른 지급금의 수령 상황 등에 비추어 현저하게

「공무원범죄에 관한 몰수 특례법」 제7조[1], 「불법정치자금 등의 몰수에 관한 특례법」 제7조[2] 등이 이에 해당한다.

2) 사실상 추정된 사실

'사실상 추정'이란 전제사실로부터 일정한 사실을 추정하는 것이 경험법칙이나 논리법칙에 비추어 합리적인 경우를 말한다. 예를 들면 검사가 구성요건해당사실의 존재를 증명하면 그 행위의 위법성과 행위자의 책임은 사실상 추정되어 증명을 요하지 아니한다. 그러나 사실상 추정된 사실에 대하여 당사자의 다툼이 있어 의심이 생긴 때에는 추정의 효과는 상실되고, 검사는 그 행위가 위법하거나 유책하다는 사실을 증명하여야 한다. 다만 사실상 추정된 사실에 대하여는 반드시 법률상 추정된 사실에 있어서와 같이 반증의 형식에 의하여 다툴 필요는 없다.

Ⅳ. 거증책임

1. 의 의

'거증책임'(擧證責任)[3]이란 일정한 요증사실의 존부에 대하여 증명이 불충분한 경우에 그로 인하여 불이익을 받을 당사자의 법적 지위를 말한다.[4] 법원은 당사자가 제출한 증거와 직권으로 조사한 증거에 의하여 사실의 존부에 관한 심증을 형성한다. 그러나 이러한 증거에 의하여도 법원이 확신을 가지지 못할 경우에는 증명곤란으로 인한 불이익을 당사자의 어느 일방에게 부담시킴으로써 재판불능의 상태를 해결할 수밖에 없다. 이 때 불이익한 판단을 받을 위험부담

고액이라고 인정되고, 그 취득한 재산이 불법수익 금액 및 재산 취득 시기 등 모든 사정에 비추어 같은 조의 죄를 범하여 얻은 불법수익으로 형성되었다고 볼 만한 상당한 개연성이 있는 경우에는 그 죄에 관계된 불법수익 등으로 추정한다.

5) 사람의 생명·신체, 상수원 또는 자연생태계 등에 위해를 끼칠 정도로 오염물질을 불법배출한 사업자가 있는 경우 그 오염물질의 불법배출에 의하여 위해가 발생할 수 있는 지역에서 같은 종류의 오염물질로 인하여 생명·신체 등에 위해가 발생하고 그 불법배출과 발생한 위해 사이에 상당한 개연성이 있는 때에는 그 위해는 그 사업자가 불법배출한 물질로 인하여 발생한 것으로 추정한다.

1) 특정공무원범죄 후 범인이 취득한 재산으로서 그 가액이 취득 당시의 범인의 재산 운용 상황 또는 법령에 따른 지급금의 수령 상황 등에 비추어 현저하게 고액이고, 그 취득한 재산이 불법수익 금액 및 재산 취득시기 등 모든 사정에 비추어 특정공무원범죄로 얻은 불법수익으로 형성되었다고 볼 만한 상당한 개연성이 있는 경우에는 특정공무원범죄로 얻은 불법수익이 그 재산의 취득에 사용된 것으로 인정할 수 있다.

2) 제2조 제1호에 규정된 죄의 범행 후 범인이 취득한 재산으로서 그 가액이 취득 당시의 범인의 재산운용상황 또는 법령에 기한 급부의 수령상황 등에 비추어 현저하게 고액이고 그 취득한 재산이 불법정치자금 등의 금액·재산취득시기 등 제반사정에 비추어 불법정치자금 등으로 형성되었다고 볼 만한 상당한 개연성이 있는 경우에는 불법정치자금 등이 그 재산의 취득에 사용된 것으로 인정할 수 있다.

3) 요증사실의 진위불명 사태에 대비한 그 불이익의 위험부담 책임은 보다 실질적인 문제라는 점을 이유로 '거증책임'이라는 용어보다는 '증명책임'이라는 용어의 사용이 보다 바람직하다는 견해로는 배종대/홍영기, 289면; 이주원, 347면; 정승환, 518면. 또한 '거증책임'이라는 용어보다는 '입증책임'이라는 용어의 사용이 보다 바람직하다는 견해로는 임동규, 482면.

4) 최근의 판례에서는 '거증책임'이라는 용어보다는 오히려 '증명책임'이라는 용어를 자주 사용하고 있다. 예를 들면 대법원 2018. 11. 15. 선고 2018도11378 판결; 대법원 2018. 6. 19. 선고 2015도3483 판결; 대법원 2017. 9. 21. 선고 2017도7687 판결; 대법원 2015. 10. 29. 선고 2015도5355 판결.

을 거증책임이라고 하며, 입증의 부담을 의미하는 '형식적 거증책임'과 구별하여 '실질적 거증책임'이라고도 한다.

'입증의 부담'이란 증거를 제출하지 않으면 현실적으로 불이익한 판단을 받을 염려가 있는 상황에 처한 당사자가 그 불이익을 면하기 위하여 당해 사실을 증명할 증거를 제출할 사실상의 부담을 말하며, 이를 '형식적 거증책임'이라고도 한다. 거증책임은 종국판결시에 존재하는 위험부담을 의미하기 때문에 소송의 개시부터 종결시까지 고정되어 있음에 반하여, 입증의 부담은 소송의 진행에 따라 당사자들 사이에서 변경될 수 있는 특징을 가지고 있다. 예를 들면 검사가 구성요건해당사실을 입증하면 위법성과 책임은 사실상 추정되므로 위법성조각사유 및 책임조각사유에 대하여는 피고인이 입증의 부담을 가지는 반면에, 피고인이 알리바이를 입증할 만한 증거를 제출하는 경우에는 검사가 이를 번복할 입증의 부담을 가진다. 다만 검사와 피고인의 입증의 부담은 정도의 차이가 있는데, 검사는 법관에게 유죄확신을 갖게 할 정도의 증명부담을 지지만, 피고인은 법관에게 심증형성을 방해할 정도, 즉 의심을 일으키게 할 정도로만 증명하면 족하다.

2. 거증책임의 분배

(1) 의 의

본래 거증책임은 형평의 관점에서 당사자 사이에 분배하는 것이 원칙이다. 그러나 형사소송법에서는 법치국가의 원리에 따라 무죄추정의 원칙 내지 의심스러운 때에는 피고인의 이익으로의 원칙이 적용되기 때문에 검사가 거증책임을 부담하고 있다. 따라서 형벌권의 존부와 범위에 관한 사실에 대해서는 원칙적으로 소추관인 검사가 거증책임을 부담한다. 예를 들면 선행차량에 이어 피고인 운전 차량이 피해자를 연속하여 역과하는 과정에서 피해자가 사망한 경우에 있어서, 피고인이 일으킨 후행 교통사고 당시에 피해자가 생존해 있었다는 증거가 없다면 설령 피고인에게 유죄의 의심이 있다고 하더라도 피고인의 이익으로 판단할 수밖에 없다.[1]

(2) 공소범죄사실

공소범죄사실에 대한 거증책임은 검사에게 있다.[2] 공소범죄사실에 속하는 사실에 대해서는 구성요건에 해당하는 사실은 물론이고 위법성과 책임의 기초가 되는 사실에 대해서도 검사에게 거증책임이 있다.[3] 따라서 피고인이 위법성조각사유나 책임조각사유를 주장하는 경우에

1) 대법원 2014. 6. 12. 선고 2014도3163 판결.

2) 대법원 2018. 7. 12. 선고 2015도464 판결(형사재판에서 공소가 제기된 범죄의 구성요건을 이루는 사실에 대한 증명책임은 검사에게 있으므로 행위자에게 '부정한 이익을 얻거나 그 대상기관에 손해를 가할 목적'과 '외국에서 사용하거나 사용되게 할 목적'이 있었다는 점은 검사가 증명하여야 한다. 따라서 행위자가 산업기술임을 인식하고 산업기술보호법 제14조 각호의 행위를 하거나, 외국에 있는 사람에게 산업기술을 보냈다는 사실만으로 그에게 위와 같은 목적이 있었다고 추정해서는 안 된다).

3) 대법원 2006. 4. 27. 선고 2006도735 판결.

는 검사가 그 부존재에 대하여 거증책임을 진다. 특히 민사재판이었더라면 입증책임을 지게 되었을 피고인이 그 쟁점이 된 사항에 대하여 자신에게 유리한 입증을 하지 못하고 있다고 하여도 형사재판에서는 공소가 제기된 범죄사실에 대한 증명책임은 검사에게 있다.[1)]

(3) 처벌조건인 사실

처벌조건은 인적 처벌조각사유이든 객관적 처벌조건이든 모두 형벌권 발생의 요건이 되므로 검사가 거증책임을 진다.

(4) 법률상 형의 가중·감면사유가 되는 사실

누범전과사실과 같이 형의 가중사유가 되는 사실뿐만 아니라 심신장애·친족상도례·자수 등과 같이 형의 감면사유가 되는 사실도 형벌권의 범위에 영향을 미치는 사유이므로 그 부존재에 대하여 검사에게 거증책임이 있다. 그러므로 피고인이 심신미약을 주장하는 경우 검사가 심신미약의 부존재에 대한 거증책임을 진다.

(5) 소송법적 사실

1) 소송조건인 사실

소송조건은 공소제기의 적법·유효요건이므로 실체법적 사실과 마찬가지로 검사에게 거증책임이 있다. 그러므로 친고죄에 있어서의 고소, 공소시효의 완성, 사면 등에 관한 사실의 증명이 불분명한 경우에는 검사에게 그 불이익이 돌아가게 된다.

2) 증거능력의 전제가 되는 사실

증거능력의 전제가 되는 사실에 대한 거증책임은 그 증거를 제출한 당사자에게 있다. 왜냐하면 증거를 자기의 이익으로 이용하려는 당사자가 이에 대한 거증책임을 부담하는 것이 공평의 이념에 부합하기 때문이다. 그리하여 검사가 의사의 진단서 또는 서증을 증거로 제출한 경우에 그 증거능력을 부여할 거증책임은 검사에게 있고[2)], 자백의 임의성의 기초사실에 대하여도 자백을 피고인의 유죄인정의 자료로 사용하고자 하는 검사가 거증책임을 지게 된다.[3)] 반면에 피고인이 타인의 진술서를 증거로 제출한 경우에 그 진술서의 성립의 진정에 관한 거증책임은 피고인이 부담한다.

3) 양형의 기초사실

양형의 기초가 되는 사실에 관하여도 검사에게 거증책임이 있다.

---

1) 대법원 2003. 12. 26. 선고 2003도5255 판결.

2) 대법원 1970. 11. 24. 선고 70도2109 판결.

3) 대법원 2012. 11. 29. 선고 2010도3029 판결; 대법원 2006. 11. 23. 선고 2004도7900 판결; 대법원 1998. 4. 10. 선고 97도3234 판결.

3. 거증책임의 전환

(1) 의 의

'거증책임의 전환'이란 검사가 부담하는 실체법적 사실에 대한 거증책임이 법률의 규정을 근거로 하여 예외적으로 피고인에게 전환되는 경우를 말한다. 거증책임의 전환은 무죄추정의 원칙에 대한 예외를 인정하는 것이기 때문에 합리적인 근거가 있고, 법률에 명문의 규정이 있는 경우에 한하여 예외적으로 인정된다.

(2) 상해죄의 동시범 특례

형법 제263조에 의하면 '독립행위가 경합하여 상해의 결과를 발생하게 한 경우에 원인된 행위가 판명되지 아니한 때에는 공동정범의 예에 의한다.'라고 규정하고 있다. 동 규정은 상해죄의 동시범의 경우 검사가 그 인과관계를 증명하는 것이 곤란하다는 이유에서 피고인에게 거증책임을 전환한 규정이라고 보아야 한다.[1] 따라서 피고인이 자신의 행위로 상해의 결과가 발생하지 않았다는 점을 증명하지 못하면 공동정범에 준해서 처벌되는 결과가 된다.

(3) 명예훼손죄에 있어서 사실의 증명

형법 제310조에 의하면 '형법 제307조 제1항의 행위가 진실한 사실로서 오로지 공공의 이익에 관한 때에는 처벌하지 아니한다.'라고 규정하고 있다. 이에 따라 공연히 사실을 적시하여 사람의 명예를 훼손한 행위가 형법 제310조의 규정에 따라 위법성이 조각되어 처벌대상이 되지 않기 위해서는 그것이 진실한 사실로서 오로지 공공의 이익에 관한 때에 해당된다는 점을 행위자가 증명하여야 한다.[2] 하지만 그 증명은 유죄의 인정에 있어 요구되는 것과 같이 법관으로 하여금 의심할 여지가 없을 정도의 확신을 가지게 하는 증명력을 가진 엄격한 증거에 의하여야 하는 것은 아니므로, 이 경우 전문증거에 대한 증거능력의 제한을 규정한 제310조의2는 적용될 여지가 없다.[3] 결국 형법 제310조의 법적 성격은 거증책임의 전환규정으로 파악해야 하며, 다만 피고인의 입증부담을 완화하기 위하여 적시된 사실의 공익성과 진실성에 대하여는 엄격한 증명을 요하지 아니한다.

---

1) 헌법재판소 2018. 3. 29. 선고 2017헌가10 결정.

2) 대법원 2007. 5. 10. 선고 2006도8544 판결; 대법원 2004. 5. 28. 선고 2004도1497 판결. 이에 대하여 형법 제310조는 '벌하지 아니한다'라고 규정하고 있을 뿐이지 증명에 관하여는 아무런 내용이 없으므로, 거증책임의 전환에 관한 규정이 아니라는 견해로는 김인회, 458면; 송광섭, 584면; 신양균/조기영, 751면; 이재상/조균석, 553면; 정승환, 524면; 정웅석/최창호, 538면; 최호진, 460면(사실에 대한 수사권한이 없는 피고인에게 진실성에 대한 입증을 하라는 것은 다소 가혹하다고 볼 여지가 있다).

3) 대법원 1996. 10. 25. 선고 95도1473 판결.

제 2 절 위법수집증거배제법칙

Ⅰ. 의 의

1. 내 용

'위법수집증거배제법칙'(違法蒐集證據排除法則)이란 위법한 절차에 의하여 수집된 증거와 그 증거를 원인으로 하여 얻어진 파생증거의 증거능력을 부정하는 증거법상의 원칙을 말한다. 위법수집증거는 법원의 증거수집 및 조사절차에 위법이 있는 경우를 포함하여 다양한 형태로 나타날 수 있지만, 주로 문제가 되는 것은 수사기관이 체포·구속·압수·수색 등의 강제수사과정에서 법적 절차에 위반하여 증거를 수집한 경우라고 할 수 있다. 이에 위법한 방법으로 증거를 수집한 경우에 이를 증거로 사용하지 못하게 함으로써 수사기관 등에 의한 위법한 증거수집의 유혹을 근원적으로 차단하기 위한 원칙인 것이다. 또한 위법수집증거에 해당하여 증거능력이 부정되면 당사자의 동의와 상관없이 증거로 사용할 수 없으며, 이러한 위법수집증거는 탄핵증거로도 사용할 수 없다.

2. 비교법적 고찰

(1) 미국의 위법수집증거배제법칙

위법수집증거배제법칙은 판례를 통해 형성된 미국 증거법에서 유래한다. 보통법에서는 본래 증거수집방법의 위법이 증거의 허용성에 영향을 미치지 않았으며, 이러한 경향은 미국에서도 20세기 초[1]까지 계속되었다. 그 후 1914년 Weeks사건[2]에서 위법하게 압수한 물건을 증거로 사용하는 것을 인정한다면 불합리한 압수·수색을 받지 않을 권리를 보장하는 수정헌법 제4조를 무의미하게 한다는 이유로 그 사용을 배제하는 연방법칙을 확립하였으며, 1961년 Mapp사건[3]을 통하여 법원은 위법행위에 가담하지 않는다는 입장에서 이를 주(州)사건에 대하여도 적용함으로써 위법수집증거배제법칙이 미국 증거법에 확고한 원칙으로서 자리 잡게 되었다. 위법수집증거배제법칙은 수사기관이 위법하게 증거를 수집한 경우에만 적용된다. 그러므로 개인이 타인의 주거에 침입하여 수집한 증거를 검사에게 제출한 경우 그 증거의 증거능력은 부정되지 아니한다. 또한 위법수집증거배제법칙은 형사소송절차에서만 적용되고, 민사소송 또는 행정소송절차에서는 적용되지 아니한다.

한편 위법수집증거배제법칙은 독수의 과실이론으로 그 적용범위가 확대되었다. 독수의 과실도 증거능력이 배제된다는 원칙은 1920년 Silverthorne사건[4]에서 처음 인정되기 시작하여

---

1) 대표적으로 Boyd v. U.S., 116 U.S. 616 (1886).

2) Weeks v. U.S., 232 U.S. 388 (1914).

3) Mapp v. Ohio, 367 U.S. 643 (1961).

4) Silverthorne Lumber Co v. U.S., 251 U.S. 385 (1920).

1939년 Nardone사건[1]에서 그 용어가 처음 사용되었다. 1963년 Wong Sun사건[2]에서 위법한 압수·수색뿐만 아니라 위법한 체포로 얻은 자백과 증거물의 증거능력을 부정하였으며, 1964년 Escobedo사건[3]에서 수정헌법 제6조에 의한 변호권을 침해하여 얻은 진술을 기초로 하여 수집한 증거에 대하여 독수의 과실에 해당한다고 판시하였다. 그러나 1970년대에 들어와서는 범죄의 증가 및 신용성 있는 증거의 상실 등에 따라 이러한 법칙에 대한 비판이 강하게 제기되었고, 판례도 독수의 과실이론에 제약을 가하여 이에 대해 불가피한 발견의 예외와 선의의 예외를 인정하기에 이르렀다.

(2) 독일의 증거금지론

독일에서는 증거의 수집과 사용을 제한하는 증거금지라는 개념을 통하여 위법수집증거배제법칙을 실질적으로 실현하고 있다. 여기서 증거금지란 위법한 절차에 의한 증거수집을 제한하고 증거수집과정에 위법성이 있는 경우 그 증거의 사용을 금지하는 것을 말한다. 독일 형사소송법 제136조의a(금지된 신문방법)에서는 피의자 또는 피고인의 의사결정과 의사활동의 자유를 침해하는 일체의 행위를 금지하고 있을 뿐만 아니라 이에 위반하여 얻은 진술의 증거능력을 절대적으로 부정하고 있다. 이와 같이 법률에 그 근거를 두고 있는 경우는 물론이고, 그 이외의 경우에도 학설이나 판례를 통하여 그 적용범위를 점차 확대해 나가고 있다. 예를 들면 증언의 증거능력에 대한 증언거부권 고지의무 위반의 효과와 관련하여, 증거수집이 형사소송법에 위반하여 이루어진 경우에 그 위반이 피의자·피고인의 권리영역을 본질적으로 침해하는 것일 때 그것을 증거로 할 수 없다는 권리영역이론이 등장하였고[4], 사적 대화를 비밀리에 녹음한 경우에는 증거능력이 인정되지 아니한다.[5] 또한 독일 연방헌법재판소가 제시한 3단계이론에 의하면, ① 절대적으로 보호되어야 할 사적 영역의 본질적인 부분을 침해하는 경우에는 당연히 증거사용이 금지되고, ② 사회적 관련성을 맺고 있는 사적 영역을 침해하는 경우에는 사적 이익과 공적 이익을 비교·형량하여 증거사용 금지의 여부를 판단하며, ③ 그 외의 경우에는 증거사용이 허용된다.[6] 한편 위법하게 수집되어 증거사용이 금지된 1차 증거에 의하여 적법하게 발견된 2차 증거에도 증거사용금지의 효력이 미치는데, 이를 '증거금지의 파급효과'라고 하고, 이를 개별적인 사안에서 인정하면서도 그 효과를 제한하고 있다.

3. 기존의 논의

판례는 종래 진술거부권을 고지하지 아니하거나 변호인이 접견교통권을 침해하여 획득한

1) Nardone v. U.S., 308 U.S. 338 (1939).
2) Wong Sun v. U.S., 371 U.S. 471 (1963).
3) Escobedo v. Illinois, 378 U.S. 478 (1964).
4) BGHSt 11, 213, 215.
5) BGHSt 14, 258.
6) BVerfG 23, 328.

피의자신문조서의 증거능력은 부정하면서도, 영장주의에 위반하여 압수한 비진술증거인 증거물에 관하여는「압수물은 압수절차가 위법하다고 하더라도 물건 자체의 성질·형상에 변경을 가져오는 것이 아니므로 그 형상 등에 대한 증거가치에는 변함이 없다 할 것이므로 증거능력이 있다.」라고 판시[1]하여, 그 증거능력을 인정하는 태도를 취하여 왔다. 이것은 ① 비진술증거는 자백과 같은 진술증거와는 달리 설령 그 수집절차에 위법이 있더라도 증거가치에 영향을 미치지 않고, ② 증거물의 압수절차에 위법이 있다고 하여 그 증거능력을 부정하게 되면 당연히 처벌되어야 할 자가 처벌을 면하게 되어 형사소송에 있어서의 실체적 진실주의의 요청에 반하며, ③ 위법하게 증거를 수집한 수사기관에 대해서는 형사·민사·행정상의 책임을 물으면 된다는 사고에 기초한 것이었다.

그러나 다수의 학설은 헌법이 규정하고 있는 적정절차와 인권보장의 정신을 실현하고 수사기관에 의한 위법수사를 억제하기 위해서는 비진술증거인 증거물에 대하여도 위법수집증거의 증거능력을 부정해야 한다고 주장하였다.[2] 이후 2007. 6. 1. 형사소송법 개정을 통하여 제308조의2에서 '적법한 절차에 따르지 아니하고 수집한 증거는 증거로 할 수 없다.'라고 규정하여[3], 위법수집증거배제법칙을 명문으로 인정하게 되었으며, 대법원도 그 후「헌법과 형사소송법이 정한 절차에 따르지 아니하고 수집한 증거는 기본적 인권 보장을 위해 마련된 적법한 절차에 따르지 않는 것으로서 원칙적으로 유죄 인정의 증거로 삼을 수 없다.」라고 판시[4]하여, 비진술증거에 대해서도 위법수집증거배제원칙을 인정하게 되었다.

Ⅱ. 위법수집증거의 배제범위

1. 증거배제의 기준

위법수집증거배제의 기준은 기본적으로 이 법칙의 근거인 적정절차의 원리와 위법수사의 억제에서 찾을 수 있다. 즉 증거물의 압수 등의 절차에 헌법과 형사소송법상 허용될 수 없는 중대한 위법이 존재하고, 이를 증거로서 허용하는 것이 장래의 위법수사의 억제라는 견지에서 볼 때 상당하지 않다고 인정되는 경우에 그 증거능력이 부정되게 된다. 이에 대하여 판례는「법이 정한 절차에 따르지 아니하고 수집된 압수물의 증거능력 인정 여부를 최종적으로 판단함에 있

1) 대법원 2006. 7. 27. 선고 2006도3194 판결; 대법원 2002. 11. 26. 선고 2000도1513 판결; 대법원 1996. 5. 14.자 96초88 결정; 대법원 1994. 2. 8. 선고 93도3318 판결; 대법원 1987. 6. 23. 선고 87도705 판결; 대법원 1968. 9. 17. 선고 68도932 판결.

2) 이에 대하여 범죄가 중대하다든가 하여 실체적 진실규명의 무게가 커지는 경우에는 비진술증거의 증거능력을 배제하는 것이 쉽게 받아들여지기 어려운 면이 있다는 견해로는 정웅석/최창호, 555면.

3) 다만 '위법하게 수집한 증거'가 아니라 '적법한 절차에 의하지 아니하고 수집한 증거'라고 규정하여 위법수집증거배제의 범위에 관한 법원의 판단에 재량을 인정하고 있다. 특히 전자의 경우에는 어떠한 절차의 위법이라도 있으면 증거로서 모두 배제한다는 의미로 해석될 위험성이 있다.

4) 대법원 2007. 11. 15. 선고 2007도3061 전원합의체 판결.

어서는, 실체적 진실 규명을 통한 정당한 형벌권의 실현도 헌법과 형사소송법이 형사소송절차를 통하여 달성하려는 중요한 목표이자 이념이므로, 형식적으로 보아 정해진 절차에 따르지 아니하고 수집된 증거라는 이유만을 내세워 획일적으로 그 증거의 증거능력을 부정하는 것 역시 헌법과 형사소송법이 형사소송에 관한 절차조항을 마련한 취지에 맞는다고 볼 수 없다는 것을 고려해야 한다. 따라서 수사기관의 증거수집 과정에서 이루어진 절차위반행위와 관련된 모든 사정 즉, 절차조항의 취지와 그 위반의 내용 및 정도, 구체적인 위반경위와 회피가능성, 절차조항이 보호하고자 하는 권리 또는 법익의 성질과 침해정도 및 피고인과의 관련성, 절차위반행위와 증거수집 사이의 인과관계 등 관련성의 정도, 수사기관의 인식과 의도 등을 전체적·종합적으로 살펴 볼 때, 수사기관의 절차위반행위가 적법절차의 실질적인 내용을 침해하는 경우에 해당하지 아니하고, 오히려 그 증거의 증거능력을 배제하는 것이 헌법과 형사소송법이 형사소송에 관한 절차조항을 마련하여 적법절차의 원칙과 실체적 진실 규명의 조화를 도모하고 이를 통하여 형사사법정의를 실현하려 한 취지에 반하는 결과를 초래하는 것으로 평가되는 예외적인 경우라면, 법원은 그 증거를 유죄인정의 증거로 사용할 수 있다. 이는 적법한 절차에 따르지 아니하고 수집된 증거를 기초로 하여 획득된 2차적 증거의 경우에도 마찬가지여서, 절차에 따르지 아니한 증거수집과 2차적 증거수집 사이의 인과관계 희석 또는 단절 여부를 중심으로 2차적 증거수집과 관련된 모든 사정을 전체적·종합적으로 고려하여 예외적인 경우에는 유죄인정의 증거로 사용할 수 있는 것이다.」라고 판시[1]하여, 위법수집증거와 2차적 증거의 증거능력의 유무를, 수사기관의 압수·수색 등의 절차위반행위를 행위 당시의 사정 하에서 전체적·종합적으로 검토하여 이것이 헌법 및 형사소송법이 정한 적법절차의 실질적인 내용을 침해한 점이 있는지의 여부에 따라 판단하고 있다. 이러한 법리는 수사기관이 위법한 압수물을 기초로 하여 피고인의 자백을 얻은 경우에도 마찬가지이다.[2] 따라서 수사기관의 위법행위가 있더라도 이것이 적법절차의 실질적인 내용을 침해하지 않는 경우에는 증거능력이 부정되지 아니한다. 대법원이 제시하는 수사기관의 절차위반행위가 적법절차의 실질적인 내용을 침해하는 경우라는 기준은 그 의미와 내용이 명확한 것이 아니지만, 결국 수사기관의 증거수집 과정에 중대한 위법이 존재하고 이를 증거로서 허용하는 것이 위법수사의 억지라는 관점에서 상당하지 않은 경우라고 할 수 있을 것이다. 또한 수사기관이 피고인 아닌 자를 상대로 적법한 절차에 따르지 아니하고 수집한 증거는 원칙적으로 피고인에 대한 유죄 인정의 증거로 삼을 수 없다.[3] 나아가 수사기관의 절차 위반행위에도 불구하고 이를 유죄 인정의 증거로 사용할 수 있는 예외적인 경우에 해당한다고 볼 수 있으려면, 그러한 예외적인 경우에 해당한다고 볼 만한 구체적이고 특별한 사

1) 대법원 2018. 5. 11. 선고 2018도4075 판결; 대법원 2018. 4. 26. 선고 2018도2624 판결; 대법원 2014. 1. 16. 선고 2013도7101 판결; 대법원 2013. 3. 28. 선고 2012도13607 판결; 대법원 2007. 11. 15. 선고 2007도3061 전원합의체 판결.

2) 대법원 2012. 3. 29. 선고 2011도10508 판결.

3) 대법원 2011. 6. 30. 선고 2009도6717 판결.

정이 존재한다는 것을 검사가 증명하여야 한다.[1]

2. 개별적 검토

(1) 영장주의에 위반하여 수집한 증거

영장주의에 실질적으로 위반하여 수집한 증거물은 그 증거능력이 부정된다.[2] 긴급체포는 영장주의에 대한 예외인 만큼 제200조의3 제1항의 요건을 모두 갖춘 경우에 한하여 예외적으로 허용되어야 하고, 요건을 갖추지 못한 긴급체포는 법적 근거에 의하지 아니한 영장 없는 체포로서 위법한 체포에 해당하는 것이다.[3] 또한 영장 없이 압수·수색·검증한 증거물이나 영장에 기재되지 않은 물건에 대한 압수·수색·검증 그리고 체포현장의 요건을 결여한 압수·수색·검증이나 불심검문에 수반하여 허용된 한계를 벗어난 소지품검사 등에 의하여 수집한 물건에 대해서는 증거능력을 인정할 수 없다.[4] 통신비밀보호법상의 요건을 구비하지 못한 도청행위의 결과도 마찬가지이다. 다만 영장의 기재방식[5]이나 집행방식에 있어서의 단순한 위법[6]은 증거능력에 영향이 없다.

(2) 적정절차에 위반하여 수집한 증거

법치국가원리나 적정절차에 위반하여 수집한 증거도 위법수집증거로서 증거능력이 인정되지 아니한다. 예를 들면 피의자의 진술거부권[7] 또는 변호인과의 접견교통권을 침해하여 얻은

1) 대법원 2017. 9. 21. 선고 2015도12400 판결; 대법원 2011. 4. 28. 선고 2009도10412 판결.

2) 대법원 2015. 7. 16.자 2011모1839 전원합의체 결정; 대법원 2013. 3. 28. 선고 2012도13607 판결.

3) 대법원 2008. 3. 27. 선고 2007도11400 판결; 대법원 2002. 6. 11. 선고 2000도5701 판결.

4) 대법원 2006. 11. 9. 선고 2004도8404 판결(교통안전과 위험방지를 위한 필요가 없음에도 주취운전을 하였다고 인정할 만한 상당한 이유가 있다는 이유만으로 이루어지는 음주측정은 이미 행하여진 주취운전이라는 범죄행위에 대한 증거 수집을 위한 수사절차로서의 의미를 가지는 것인데, 도로교통법상의 규정들이 음주측정을 위한 강제처분의 근거가 될 수 없으므로 위와 같은 음주측정을 위하여 당해 운전자를 강제로 연행하기 위해서는 수사상의 강제처분에 관한 형사소송법상의 절차에 따라야 하고, 이러한 절차를 무시한 채 이루어진 강제연행은 위법한 체포에 해당한다. 이와 같은 위법한 체포 상태에서 음주측정요구가 이루어진 경우, 음주측정요구를 위한 위법한 체포와 그에 이은 음주측정요구는 주취운전이라는 범죄행위에 대한 증거 수집을 위하여 연속하여 이루어진 것으로서 개별적으로 그 적법 여부를 평가하는 것은 적절하지 않으므로 그 일련의 과정을 전체적으로 보아 위법한 음주측정요구가 있었던 것으로 볼 수밖에 없고, 운전자가 주취운전을 하였다고 인정할 만한 상당한 이유가 있다 하더라도 그 운전자에게 경찰공무원의 이와 같은 위법한 음주측정요구에 대해서까지 그에 응할 의무가 있다고 보아 이를 강제하는 것은 부당하므로 그에 불응하였다고 하여 음주측정거부에 관한 도로교통법 위반죄로 처벌할 수 없다).

5) 대법원 2019. 7. 11. 선고 2018도20504 판결.

6) 대법원 2014. 8. 26. 선고 2011도6035 판결(공소외 7이 2009. 11. 2. 22:00경 긴급체포되어 조사를 받고 구속영장이 청구되지 아니하여 2009. 11. 4. 20:10경 석방되었음에도 검사가 그로부터 30일 이내에 제200조의4에 따른 석방통지를 법원에 하지 아니한 사실을 알 수 있으나, 공소외 7에 대한 긴급체포 당시의 상황과 경위, 긴급체포 후 조사과정 등에 특별한 위법이 있다고 볼 수 없는 이상, 단지 사후에 석방통지가 법에 따라 이루어지지 않았다는 사정만으로 그 긴급체포에 의한 유치 중에 작성된 공소외 7에 대한 피의자신문조서들의 작성이 소급하여 위법하게 된다고 볼 수는 없다).

7) 대법원 2014. 4. 10. 선고 2014도1779 판결; 대법원 2010. 5. 27. 선고 2010도1755 판결; 대법원 2009. 8. 20. 선고 2008도8213 판결; 대법원 1992. 6. 23. 선고 92도682 판결(형사소송법이 보장하는 피의자의 진술거부권은 헌법이 보장하는 형사상 자기에 불리한 진술을 강요당하지 않는 자기부죄거부의 권리에 터잡은 것이므로 수사기관이

진술, 당사자의 참여권을 보장하지 않은 검증과 감정의 결과, 당사자의 참여권과 신문권을 침해한 증인신문의 결과, 의사나 성년의 여자를 참여시키지 않고 행한 여자의 신체검사의 결과, 야간압수·수색금지규정에 위반한 압수·수색의 결과, 증언거부권을 침해하여 획득한 증언 등은 증거로 할 수 없다.

판례에 의하면, ① 제218조는 '사법경찰관은 소유자, 소지자 또는 보관자가 임의로 제출한 물건을 영장 없이 압수할 수 있다.'라고 규정하고 있는데, 동 규정을 위반하여 소유자, 소지자 또는 보관자가 아닌 자로부터 제출받은 물건을 영장 없이 압수한 경우 그 압수물 및 압수물을 찍은 사진은 이를 유죄 인정의 증거로 사용할 수 없는 것이고, 영장주의의 중요성에 비추어 볼 때 피고인이나 변호인이 이를 증거로 함에 동의하였다고 하더라도 달리 볼 것은 아니다.[1] ② 선거관리위원회 위원·직원이 관계인에게 진술이 녹음된다는 사실을 미리 알려 주지 아니한 채 진술을 녹음하였다면, 그와 같은 조사절차에 의하여 수집한 녹음파일 내지 그에 터 잡아 작성된 녹취록은 제308조의2에서 정하는 '적법한 절차에 따르지 아니하고 수집한 증거'에 해당하여 원칙적으로 유죄의 증거로 쓸 수 없다.[2] ③ 사문서위조·위조사문서행사 및 소송사기로 이어지는 일련의 범행에 대하여 피고인을 형사소추하기 위해서는 이 사건 업무일지가 반드시 필요한 증거로 보이므로, 설령 그것이 제3자에 의하여 절취된 것으로서 소송사기 등의 피해자측이 이를 수사기관에 증거자료로 제출하기 위하여 대가를 지급하였다고 하더라도, 공익의 실현을 위하여는 이 사건 업무일지를 범죄의 증거로 제출하는 것이 허용되어야 하고, 이로 말미암아 피고인의 사생활 영역을 침해하는 결과가 초래된다고 하더라도 이는 피고인이 수인하여야 할 기본권의 제한에 해당된다.[3] ④ 이 사건 사진은 피고인의 동의에 의하여 촬영된 것임을 쉽게 알 수 있어 사진의 존재만으로 피고인의 인격권과 초상권을 침해하는 것으로 볼 수 없고, 가사 이 사건 사진을 촬영한 위 공소외인이 이 사건 사진을 이용하여 피고인을 공갈할 의도였다고 하더라도 이 사건 사진의 촬영이 임의성이 배제된 상태에서 이루어진 것이라고 할 수는 없으며, 이 사건 사진은 범죄현장의 사진으로서 피고인에 대한 형사소추를 위하여 반드시 필요한 증거로 보이므로, 공익의 실현을 위하여는 이 사건 사진을 범죄의 증거로 제출하는 것이 허용되어야 하고, 이로 말미암아 피고인의 사생활의 비밀을 침해하는 결과를 초래한다고 하더라도 이는 피고인이 수인하여야 할 기본권의 제한에 해당된다.[4] ⑤ 수사관이 수사과정에서 당사자의 동의를 받는 형식으로 피의자를 수사관서 등에 동행하는 것은, 상대방의 신체의 자유가 현실적으로 제한되어 실질

피의자를 신문함에 있어서 피의자에게 미리 진술거부권을 고지하지 않은 때에는 그 피의자의 진술은 위법하게 수집된 증거로서 진술의 임의성이 인정되는 경우라도 증거능력이 부인되어야 한다).

1) 대법원 2010. 1. 28. 선고 2009도10092 판결(충청남도 금산경찰서 소속 경사 공소외 1은 피고인 소유의 쇠파이프를 피고인의 주거지 앞 마당에서 발견하였으면서도 그 소유자, 소지자 또는 보관자가 아닌 피해자 공소외 2로부터 임의로 제출받는 형식으로 위 쇠파이프를 압수하였고, 그 후 압수물의 사진을 찍은 사실, 공판조서의 일부인 제1심 증거목록상 피고인이 위 사진을 증거로 하는 데 동의한 것으로 기재되어 있는 사실을 알 수 있는바, 이 사건 압수물과 그 사진은 형사소송법상 영장주의 원칙을 위반하여 수집하거나 그에 기초한 증거로서 그 절차위반행위가 적법절차의 실질적인 내용을 침해하는 정도에 해당한다고 할 것이므로, 피고인의 증거동의에도 불구하고 위 사진은 이 사건 범죄사실을 유죄로 인정하는 증거로 사용할 수 없다).

2) 대법원 2014. 10. 15. 선고 2011도3509 판결.

3) 대법원 2008. 6. 26. 선고 2008도1584 판결.

4) 대법원 1997. 9. 30. 선고 97도1230 판결(여성나체사진사건). 하지만 사인에 의한 위법수집증거에 대해서도 위법수집증거배제법칙이 적용되어야 하므로, 본 사건에서 사진의 증거능력을 인정한 것은 여성의 인격권을 지나치게 침해한 것으로서 비판받아 마땅하다.

적으로 체포와 유사한 상태에 놓이게 됨에도, 영장에 의하지 아니하고 그 밖에 강제성을 띤 동행을 억제할 방법도 없어서 제도적으로는 물론 현실적으로도 임의성이 보장되지 않을 뿐만 아니라 아직 정식의 체포·구속단계 이전이라는 이유로 상대방에게 헌법 및 형사소송법이 체포·구속된 피의자에게 부여하는 각종의 권리보장 장치가 제공되지 않는 등 형사소송법의 원리에 반하는 결과를 초래할 가능성이 크므로, 수사관이 동행에 앞서 피의자에게 동행을 거부할 수 있음을 알려 주었거나 동행한 피의자가 언제든지 자유로이 동행과정에서 이탈 또는 동행장소로부터 퇴거할 수 있었음이 인정되는 등 오로지 피의자의 자발적인 의사에 의하여 수사관서 등에의 동행이 이루어졌음이 객관적인 사정에 의하여 명백하게 입증된 경우에 한하여 그 적법성이 인정된다.[1] 제200조 제1항에 의하여 검사 또는 사법경찰관이 피의자에 대하여 임의적 출석을 요구할 수는 있겠으나, 그 경우에도 수사관이 단순히 출석을 요구함에 그치지 않고 일정 장소로의 동행을 요구하여 실행한다면 위에서 본 법리가 적용되어야 하고, 한편 행정경찰 목적의 경찰활동으로 행하여지는 「경찰관 직무집행법」 제3조 제2항 소정의 질문을 위한 동행요구도 형사소송법의 규율을 받는 수사로 이어지는 경우에는 역시 위에서 본 법리가 적용되어야 한다.[2]

(3) 형사소송법의 효력규정에 위반하여 수집한 증거

증거조사절차가 위법하여 무효인 경우에는 이로 인하여 수집한 증거는 증거능력이 없다. 따라서 선서 없이 행한 증인신문·감정·통역·번역의 결과는 증거로 할 수 없다. 다만 증인의 소환절차에 사소한 잘못이 있거나 위증의 벌을 경고하지 않고 선서한 증인의 증언은 증거능력에 영향이 없다.

---

1) 대법원 2011. 6. 30. 선고 2009도6717 판결(성매매동행요구사건)(경찰관 4명이 이 사건 ○○유흥주점에서 성매매가 이루어진다는 제보를 받고 2008. 1. 30. 21:30경부터 위 유흥주점 앞에서 잠복근무를 하다가 같은 날 22:24경 위 유흥주점에서 공소외 1과 위 유흥주점 종업원인 공소외 2가 나와 인근의 △△△ 여관으로 들어가는 것을 확인하고 여관 업주의 협조를 얻어 같은 날 22:54경 공소외 1과 공소외 2가 투숙한 여관 방문을 열고 들어간 사실, 당시 위 두 사람은 침대에 옷을 벗은 채로 약간 떨어져 누워 있었는데 경찰관들이 위 두 사람에게 '성매매로 현행범 체포한다'고 고지하였으나, 위 두 사람이 성행위를 하고 있는 상태도 아니었고 방 내부 및 화장실 등에서 성관계를 가졌음을 증명할 수 있는 화장지나 콘돔 등도 발견되지 아니하자 경찰관들은 위 두 사람을 성매매로 현행범 체포를 하지는 못하고 수사관서로 동행해 줄 것을 요구하면서 그 중 경찰관 공소외 3은 위 두 사람에게 "동행을 거부할 수도 있으나 거부하더라도 강제로 연행할 수 있다."고 말한 사실, 수사관서로 동행과정에서 공소외 2가 화장실에 가자 여자 경찰관이 공소외 2를 따라가 감시하기도 한 사실, 공소외 1과 공소외 2는 경찰관들과 괴산경찰서 증평지구대에 도착하여 같은 날 23:40경 각각 자술서를 작성하였고, 곧 이어 사법경찰리가 2008. 1. 31. 00:00경부터 01:50경까지 사이에 공소외 1과 공소외 2에 대하여 각각 제1회 진술조서를 작성한 사실 등을 알 수 있는바, 비록 사법경찰관이 공소외 1과 공소외 2를 동행할 당시에 물리력을 행사한 바가 없고, 이들이 명시적으로 거부의사를 표명한 적이 없다고 하더라도, 사법경찰관이 이들을 수사관서까지 동행한 것은 위에서 본 적법요건이 갖추어지지 아니한 채 사법경찰관의 동행 요구를 거절할 수 없는 심리적 압박 아래 행하여진 사실상의 강제연행, 즉 불법체포에 해당한다. 따라서 위와 같은 불법체포에 의한 유치 중에 공소외 1과 공소외 2가 작성한 위 각 자술서와 사법경찰리가 작성한 공소외 1, 공소외 2에 대한 각 제1회 진술조서는 체포·구속에 관한 영장주의 원칙에 위배하여 수집된 증거로서 수사기관이 피고인이 아닌 자를 상대로 적법한 절차에 따르지 아니하고 수집한 증거로 제308조의2에 의하여 그 증거능력이 부정되므로 피고인들에 대한 유죄 인정의 증거로 삼을 수 없다).

2) 대법원 2006. 7. 6. 선고 2005도6810 판결(사법경찰관이 피고인을 수사관서까지 동행한 것이 사실상의 강제연행, 즉 불법체포에 해당하고, 불법 체포로부터 6시간 상당이 경과한 후에 이루어진 긴급체포 또한 위법하므로 피고인이 불법체포된 자로서 형법 제145조 제1항에 정한 '법률에 의하여 체포 또는 구금된 자'가 아니어서 도주죄의 주체가 될 수 없다).

3. 독수의 과실이론

(1) 의 의

'독수(毒樹)의 과실(果實)이론'이란 위법하게 수집된 증거에 의하여 발견된 제2차 증거의 증거능력을 부인하는 이론을 말한다. 예를 들면 임의성 없는 자백이나 불법도청에 의한 정보를 이용하여 수집한 증거물이나 진술증거의 증거능력도 그 기초가 된 자백이나 도청의 결과와 마찬가지로 부정된다는 것이다. 이는 위법수사로 인한 제1차 증거에 대해서만 증거능력을 부인하고, 파생적 증거에 대하여 증거능력을 인정할 경우에 위법수집증거배제법칙이 무의미해지는 것을 방지하기 위한 원칙이라고 할 수 있다.

적정절차의 원리와 위법수사의 억제를 목표로 하는 위법수집증거배제법칙의 실효성을 확보하기 위해서는 위법수집증거 뿐만 아니라 그 파생증거의 증거능력도 함께 부정하여야 한다는 측면에서 적법한 절차에 따르지 아니한 위법행위를 기초로 하여 증거가 수집된 경우에는 당해 증거뿐만 아니라 그에 터 잡아 획득한 제2차 증거에 대해서도 그 증거능력은 부정되어야 할 것이다.

미국의 경우 Silverthorne 사건[1]과 Nardone 사건[2]을 통하여 독수과실이론(fruit of the poisonous tree doctrine)이 판례로서 확립되었으며, 독일의 경우 위법수집증거에 대한 증거사용금지는 그 증거를 통해 적법한 절차로 수집한 다른 증거에도 효력을 미친다고 하여, 이른바 '먼거리 효과'(Fernwirkung) 이론으로 통용되고 있다.

(2) 독수의 과실이론의 예외

위법수집증거배제법칙은 수사과정의 위법행위를 억지함으로써 국민의 기본적 인권을 보장하기 위한 것이므로 적법절차에 위배되는 행위의 영향이 차단되거나 소멸되었다고 볼 수 있는 상태에서 수집한 증거는 그 증거능력을 인정하더라도 적법절차의 실질적 내용에 대한 침해가 일어나지는 않는다고 할 것이니 그 증거능력을 부정할 이유는 없다. 따라서 증거수집 과정에서 이루어진 적법절차 위반행위의 내용과 경위 및 그 관련 사정을 종합하여 볼 때 당초의 적법절차 위반행위와 증거수집 행위의 중간에 그 행위의 위법 요소가 제거 내지 배제되었다고 볼 만한 다른 사정이 개입됨으로써 인과관계가 단절된 것으로 평가할 수 있는 예외적인 경우에는 이를 유죄 인정의 증거로 사용할 수 있다. 이에 대한 구체적인 사례는 다음과 같다.

1) 오염희석에 의한 예외

피고인이 사후에 자유의사에 의하여 행한 행위는 위법수사로 인한 제1차적 증거의 오염을 희석(the purged taint)시킨다는 이론이다. 즉 피고인이 사후에 자발적으로 동질의 증거수집에 협조한 때에는 위법수사로 인한 원래의 위법성이라는 오염이 희석되어 파생증거를 증거로 사용할

1) Silverthorne Lubmer Co. v. U.S., 251 U.S. 385 (1920).

2) Nardone v. U.S., 308. U.S. 338 (1939).

수 있다는 것이다. 예를 들면 경찰관이 위법하게 피의자의 집에 침입하여 자백을 얻은 경우에도 피의자가 며칠 후에 경찰서에 임의로 출석하여 경찰의 당시 위법수사를 알면서 자백에 서명한 때에는 자백의 증거능력이 인정된다.[1)]

판례에 의하면, ① 진술거부권을 고지하지 않은 것이 단지 수사기관의 실수일 뿐 피의자의 자백을 이끌어내기 위한 의도적이고 기술적인 증거확보의 방법으로 이용되지 않았고, 그 이후 이루어진 신문에서는 진술거부권을 고지하여 잘못이 시정되는 등 수사절차가 적법하게 진행되었다는 사정, 최초 자백 이후 구금되었던 피고인이 석방되었다거나 변호인으로부터 충분한 조력을 받은 가운데 상당한 시간이 경과하였음에도 다시 자발적으로 계속하여 동일한 내용의 자백을 하였다는 사정, 최초 자백 외에도 다른 독립된 제3자의 행위나 자료 등도 물적 증거나 증인의 증언 등 2차적 증거 수집의 기초가 되었다는 사정, 증인이 그의 독립적인 판단에 의해 형사소송법이 정한 절차에 따라 소환을 받고 임의로 출석하여 증언하였다는 사정 등은 통상 2차적 증거의 증거능력을 인정할 만한 정황에 속한다.[2)] ② 위법한 강제연행 상태에서 호흡측정의 방법에 의한 음주측정을 한 다음 그 강제연행 상태로부터 시간적·장소적으로 단절되었다고 볼 수도 없고 피의자의 심적 상태 또한 강제연행 상태로부터 완전히 벗어났다고 볼 수 없는 상황에서 피의자가 호흡측정 결과에 대한 탄핵을 하기 위하여 스스로 혈액채취 방법에 의한 측정을 할 것을 요구하여 혈액채취가 이루어졌다고 하더라도 그 사이에 위법한 체포 상태에 의한 영향이 완전하게 배제되고 피의자의 의사결정의 자유가 확실하게 보장되었다고 볼 만한 다른 사정이 개입되지 않은 이상 불법체포와 증거수집 사이의 인과관계가 단절된 것으로 볼 수는 없다. 따라서 그러한 혈액채취에 의한 측정 결과 역시 유죄 인정의 증거로 쓸 수 없다. 그리고 이는 수사기관이 위법한 체포 상태를 이용하여 증거를 수집하는 등의 행위를 효과적으로 억지하기 위한 것이므로, 피고인이나 변호인이 이를 증거로 함에 동의하였다고 하여도 달리 볼 것은 아니다.[3)] ③ 압수·수색은 영장 발부의 사유로 된 범죄 혐의사실과 관련된 증거에 한하여 할 수 있으므로, 영장 발부의 사유로 된 범죄 혐의사실과 무관한 별개의 증거를 압수하였을 경우 이는 원칙적으로 유죄 인정의 증거로 사용할 수 없다.[4)] 다만 수사기관이 별개의 증거를 피압수자 등에게 환부하고 후에 임의제출 받아 다시 압수하였다면 증거를 압수한 최초의 절차 위반행위와 최종적인 증거수집 사이의 인과관계가 단절되었다고 평가할 수 있다. 하지만 환부 후 다시 제

1) Wong Sun v. U.S., 371 U.S. 471 (1963).

2) 대법원 2009. 3. 12. 선고 2008도11437 판결(강도 현행범으로 체포된 피고인에게 진술거부권을 고지하지 아니한 채 강도범행에 대한 자백을 받고, 이를 기초로 여죄에 대한 진술과 증거물을 확보한 후 진술거부권을 고지하여 피고인의 임의자백 및 피해자의 피해사실에 대한 진술을 수집한 사안에서, 제1심 법정에서의 피고인의 자백은 진술거부권을 고지받지 않은 상태에서 이루어진 최초 자백 이후 40여 일이 지난 후에 변호인의 충분한 조력을 받으면서 공개된 법정에서 임의로 이루어진 것이고, 피해자의 진술은 법원의 적법한 소환에 따라 자발적으로 출석하여 위증의 벌을 경고받고 선서한 후 공개된 법정에서 임의로 이루어진 것이어서, 예외적으로 유죄 인정의 증거로 사용할 수 있는 2차적 증거에 해당한다).

3) 대법원 2013. 3. 14. 선고 2010도2094 판결.

4) 대법원 2018. 4. 26. 선고 2018도2624 판결(수사기관이 이 사건 외장하드에 저장된 전자정보를 탐색하던 중 이 사건 영장에 기재된 '압수할 물건'에는 포함되지 아니하지만 압수할 필요가 있다고 판단되는 이 사건 전자정보를 우연히 발견한 경우라면, 더 이상의 추가 탐색을 중단하고 법원으로부터 이 사건 전자정보에 대한 압수·수색영장을 발부받아야 함에도, 수사기관은 별도의 압수·수색영장을 발부받지 아니하였다. 따라서 이 사건 전자정보 출력물은 제308조의2에서 정한 위법수집증거에 해당하여 유죄의 증거로 쓸 수 없고, 그와 같은 절차적 위법은 헌법에 규정된 영장주의 내지 적법절차의 실질적 내용을 침해하는 경우에 해당하므로, 예외적으로 증거능력을 인정할 수도 없다); 대법원 2017. 11. 14. 선고 2017도3449 판결.

출하는 과정에서 수사기관의 우월적 지위에 의하여 임의제출 명목으로 실질적으로 강제적인 압수가 행하여질 수 있으므로, 제출에 임의성이 있다는 점에 관하여는 검사가 합리적 의심을 배제할 수 있을 정도로 증명하여야 하고, 임의로 제출된 것이라고 볼 수 없는 경우에는 증거능력을 인정할 수 없다.[1] ④ 사전에 구속영장을 제시하지 아니한 채 구속영장을 집행하고, 그 구속 중 수집한 피고인의 진술증거 중 피고인의 제1심 법정진술은, 피고인이 구속집행절차의 위법성을 주장하면서 청구한 구속적부심사의 심문 당시 구속영장을 제시받은 바 있어 그 이후에는 구속영장에 기재된 범죄사실에 대하여 숙지하고 있었던 것으로 보이고, 구속 이후 원심에 이르기까지 구속적부심사와 보석의 청구를 통하여 구속집행절차의 위법성만을 다투었을 뿐, 그 구속 중 이루어진 진술증거의 임의성이나 신빙성에 대하여는 전혀 다투지 않았을 뿐만 아니라 변호인과의 충분한 상의를 거친 후 공소사실 전부에 대하여 자백한 것이라면, 유죄 인정의 증거로 삼을 수 있는 예외적인 경우에 해당한다.[2] ⑤ 피해자의 신고를 받고 현장에 출동한 경장 甲은 피해자가 범인과 함께 술을 마신 테이블 위에 놓여 있던 맥주컵에서 지문 6점을, 물컵에서 지문 8점을, 맥주병에서 지문 2점을 각각 현장에서 직접 채취하였음을 알 수 있는바, 이와 같이 범행 현장에서 지문채취 대상물에 대한 지문채취가 먼저 이루어진 이상, 수사기관이 그 이후에 지문채취 대상물을 적법한 절차에 의하지 아니한 채 압수하였다고 하더라도, 위와 같이 채취된 지문은 위법하게 압수한 지문채취 대상물로부터 획득한 제2차 증거에 해당하지 아니함이 분명하여, 이를 가리켜 위법수집증거라고 할 수는 없다.[3] ⑥ 수사기관이 법관의 영장에 의하지 아니하고 매출전표의 거래명의자에 관한 정보를 획득한 경우, 이에 터 잡아 수집한 2차적 증거들, 예컨대 피의자의 자백이나 범죄 피해에 대한 제3자의 진술 등이 유죄 인정의 증거로 사용될 수 있는지를 판단할 때, 수사기관이 의도적으로 영장주의의 정신을 회피하는 방법으로 증거를 확보한 것이 아니라고 볼 만한 사정, 위와 같은 정보에 기초하여 범인으로 특정되어 체포되었던 피의자가 석방된 후 상당한 시간이 경과하였음에도 다시 동일한 내용의 자백을 하였다거나 그 범행의 피해품을 수사기관에 임의로 제출하였다는 사정, 2차적 증거 수집이 체포 상태에서 이루어진 자백 등으로부터 독립된 제3자의 진술에 의하여 이루어진 사정 등은 통상 2차적 증거의 증거능력을 인정할 만한 정황에 속한다고 볼 수 있다.[4]

2) 불가피한 발견의 예외

위법한 수사로 인한 제1차 증거가 없었더라도 제2차 증거가 다른 경로를 통하여 불가피하게 발견(inevitable discovery)되었을 것을 증명할 수 있을 경우에는 제2차 증거의 증거능력을 인정할 수 있다는 이론이다. 예를 들면 경찰관이 피의자에 대한 위법한 신문에 의하여 사체의 소재

---

1) 대법원 2016. 3. 10. 선고 2013도11233 판결.

2) 대법원 2009. 4. 23. 선고 2009도526 판결.

3) 대법원 2008. 10. 23. 선고 2008도7471 판결.

4) 대법원 2013. 3. 28. 선고 2012도13607 판결(수사기관이 범죄 수사를 목적으로 금융실명거래 및 비밀보장에 관한 법률(이하 '금융실명법'이라 한다) 제4조 제1항에 정한 '거래정보 등'을 획득하기 위해서는 법관의 영장이 필요하고, 신용카드에 의하여 물품을 거래할 때 '금융회사 등'이 발행하는 매출전표의 거래명의자에 관한 정보 또한 금융실명법에서 정하는 '거래정보 등'에 해당하므로, 수사기관이 금융회사 등에 그와 같은 정보를 요구하는 경우에도 법관이 발부한 영장에 의하여야 한다. 그럼에도 수사기관이 영장에 의하지 아니하고 매출전표의 거래명의자에 관한 정보를 획득하였다면, 그와 같이 수집된 증거는 원칙적으로 제308조의2에서 정하는 '적법한 절차에 따르지 아니하고 수집한 증거'에 해당하여 유죄의 증거로 삼을 수 없다).

를 알게 되었으나, 경찰관이 다른 방법에 의하여도 사체를 발견하였을 것이라는 점이 증명된 때에는 증거로 할 수 있다.[1] 다만 이러한 예외가 수사기관의 위법행위에 대한 회피수단으로 이용되어서는 안 되므로, 파생증거의 발견에 대한 불가피성의 정도는 고도의 개연성이 인정될 것을 요한다.

3) 독립된 증거원의 예외

위법한 수사가 있었더라도 그러한 절차상의 위법과는 별개로 독립된 증거(independent untainted source)임이 증명될 수 있는 때에는 이를 증거로 사용할 수 있다는 이론이다. 예를 들면 위법한 수색에 의하여 피고인의 집에서 유괴된 소녀를 발견한 경우에도, 유괴된 소녀의 진술은 위법한 수색과는 별개의 독립된 증거이므로 이를 증거로 사용할 수 있으며[2], 위법하게 용의자를 체포한 이후 이루어진 공판절차에서 피해자의 범인확인진술은 독립된 증거로서 증거능력이 인정된다.[3] 또한 진술거부권을 고지하지 아니한 채 얻은 피고인의 자백을 기초로 피해자를 알아내고, 이후 그 피해자를 증인으로 신문한 경우에는 피해자의 증언을 증거로 사용할 수 있다.[4]

4) 선의의 예외

수사기관이 다른 사람의 위법으로 인하여 증거를 수집하는 과정에서 위법이 행해졌으나 수사기관이 이를 적법한 것으로 믿었고 또 그렇게 믿을 만한 합리적인 근거가 있는 경우에는 그 증거의 증거능력을 인정할 수 있다는 이론이다. 예를 들면 경찰관이 수색영장을 적법한 것으로 믿고 수색을 하였으나 이후 그 영장이 형식적 또는 실질적 요건을 갖추지 못하여 무효임이 밝혀진 경우에 당해 수색으로 얻은 증거의 증거능력이 인정될 수 있다.[5] 이는 위법수집증거배제법칙이 원래 수사기관의 위법수사를 억제하기 위한 법칙이라는 점에서 실질적으로 수사기관에게 위법수사라고 책임을 지울 수 없는 경우에 한하여 위법수집증거배제법칙의 예외를 인정하는 것이다. 선의의 예외(good faith exception)이론은 수사기관이 법률을 신뢰하여 그 법률에 따라 증거물을 압수하였으나 그 법률이 위헌선언된 경우까지 확장되었다.[6] 그 밖에도 경찰관이 위법을 행하였으나 압수·수색영장을 신청하기 위한 보고서가 정확하다고 이성적으로 믿은 경우[7], 경찰관이 가옥에 들어오게 한 사람이 동의할 권한이 있다고 이성적으로 믿은 경우[8] 등에 있어서도 선의의 예외이론이 인정된다.

이에 대하여 판례는 「이 사건 영장은 법관의 서명날인란에 서명만 있고 날인이 없으므로,

---

1) Nix v. Williams, 467 U.S. 431 (1984).
2) State v. O'Bremski, 423 P.2d 530 (1967).
3) U.S. v. Crews, 445 U.S. 463 (1980).
4) 대법원 2009. 3. 12. 선고 2008도11437 판결.
5) Massachusetts v. Sheppard, 468 U.S. 981 (1984); U.S. v. Leon, 468 U.S. 897 (1984).
6) Illinois v. Krull, 480 U.S. 340 (1987).
7) Maryland v. Garrison, 480 U.S. 79 (1987).
8) Illinois v. Rodriguez, 497 U.S. 117 (1990).

형사소송법이 정한 요건을 갖추지 못하여 적법하게 발부되었다고 볼 수 없다. 그런데도 원심이 이와 달리 이 사건 영장이 법관의 진정한 의사에 따라 발부되었다는 등의 이유만으로 이 사건 영장이 유효라고 판단한 것은 잘못이다. 그러나 적법하게 채택된 증거에 비추어 알 수 있는 사정을 전체적·종합적으로 고려하면, 이 사건 영장에 따라 압수한 이 사건 파일 출력물과 이에 기초하여 획득한 2차적 증거는 유죄 인정의 증거로 사용할 수 있는 경우에 해당한다. … 이 사건 영장에는 야간집행을 허가하는 판사의 수기와 날인, 그 아래 서명날인란에 판사 서명, 영장 앞면과 별지 사이에 판사의 간인이 있으므로, 판사의 의사에 기초하여 진정하게 영장이 발부되었다는 점은 외관상 분명하다. 당시 수사기관으로서는 영장이 적법하게 발부되었다고 신뢰할 만한 합리적인 근거가 있었고, 의도적으로 적법절차의 실질적인 내용을 침해한다거나 영장주의를 회피할 의도를 가지고 이 사건 영장에 따른 압수·수색을 하였다고 보기 어렵다. … 이 사건 파일 출력물이 위와 같이 적법하지 않은 영장에 기초하여 수집되었다는 절차상의 결함이 있지만, 이는 법관이 공소사실과 관련성이 있다고 판단하여 발부한 영장에 기초하여 취득된 것이고, 위와 같은 결함은 피고인의 기본적 인권보장 등 법익 침해 방지와 관련성이 적다. 이 사건 파일 출력물의 취득 과정에서 절차 조항 위반의 내용과 정도가 중대하지 않고 절차 조항이 보호하고자 하는 권리나 법익을 본질적으로 침해하였다고 볼 수 없다. 오히려 이러한 경우에까지 공소사실과 관련성이 높은 이 사건 파일 출력물의 증거능력을 배제하는 것은 적법절차의 원칙과 실체적 진실 규명의 조화를 도모하고 이를 통하여 형사 사법 정의를 실현하려는 취지에 반하는 결과를 초래할 수 있다.」라고 판시[1]하여, 선의의 예외를 인정하고 있다.

제 3 절 자백배제법칙

Ⅰ. 자백배제법칙의 의의

1. 인정이유

헌법 제12조 제7항에 의하면 '피고인의 자백이 고문·폭행·협박·구속의 부당한 장기화 또는 기망 기타의 방법에 의하여 자의로 진술된 것이 아니라고 인정될 때 … 에는 이를 유죄의 증거로 삼거나 이를 이유로 처벌할 수 없다.'라고 하여 자백배제법칙을 헌법상의 원칙으로 삼고 있으며, 형사소송법 제309조에서도 '피고인의 자백이 고문·폭행·협박·신체구속의 부당한 장기화 또는 기망 기타의 방법으로 임의로 진술한 것이 아니라고 의심할 만한 이유가 있는 때[2]에

1) 대법원 2019. 7. 11. 선고 2018도20504 판결.

2) 제309조는 진술증거가 자백인 경우에 임의성 유무의 확신에 이르지 않고 단지 그 자백진술이 '임의로 진술한 것이 아니라고 의심할 만한' 정도에 이르면 자백의 증거능력을 부인하도록 하고 있다. 이와 같이 자백의 임의성 증명에 특칙을 인정한 것은 임의성에 영향을 미치는 사유의 입증곤란을 고려하였기 때문이다. 즉 공판절차에서

는 이를 유죄의 증거로 하지 못한다.'라고 하여, 그 범위를 확장하여 규정하고 있다. 이와 같이 위법한 방법에 의하여 얻어낸 자백을 유죄인정의 근거로 사용할 수 없도록 하는 원칙을 '자백배제법칙'(自白排除法則)이라고 하며, '자백의 임의성법칙'이라고도 한다. 이는 임의성 없는 자백의 증거능력을 부정한다는 측면에서 임의성 있는 자백에 대하여 다시 증명력을 제한하는 자백보강법칙(제310조)과 구별된다. 자기에게 형사상 불리한 사실을 진술하는 것은 당해 진술의 내용이 진실일 가능성이 높다고 평가할 수 있다. 하지만 자백이 가지고 있는 이와 같은 높은 가치로 인하여 수사기관의 입장에서는 무리한 수사를 통하여 자백을 얻어내고자 하는 유혹으로부터 자유로울 수가 없다. 그리하여 부당한 인권침해가 발생할 가능성이 농후하다. 이러한 점을 고려하여 현행법은 자백이라는 증거에 대하여 증거능력을 일정한 경우에 제한하는데, 이것이 바로 자백배제법칙인 것이다.

2. 연 혁

자백배제법칙은 영미법에서 발달한 이론인데, 영국에서는 18세기 후반부터 고문·폭행·협박 등의 수단으로 얻은 자백에 대하여 허위배제의 관점에서 증거능력을 부정하기 시작하였다. 이후 미국에서는 위법수사배제의 관점에서 1943년 McNabb사건[1]과 1957년 Mallory사건[2]을 통하여 체포 후 법관에게 인치하지 않고 구금한 상태에서 얻어진 자백의 증거능력을 부정하였다. 또한 1961년 Rogers사건[3], 1964년 Escobedo사건[4], 1966년 Miranda사건[5]을 통하여 위법배제에 기초한 자백배제법칙이 확립되었다.

3. 본 질

(1) 학설의 입장

1) 허위배제설

허위배제설은 임의성이 의심되는 자백은 허위일 가능성이 있으므로, 실체적 진실발견을 위하여 증거능력이 부정되어야 한다고 파악한다. 이에 의하면 임의성 없는 자백이란 허위의 진술을 할 염려가 있는 상황에서 행해진 자백을 의미한다. 그러므로 자백배제법칙의 적용 여부는

검사가 자백에 임의성이 있음을 일단 입증하면 이제 입증의 부담이 피고인에게 넘어가므로 피고인이 자백에 임의성이 없다는 사실을 입증해야 한다. 이때 피고인이 자백의 임의성에 영향을 미치는 사실을 법관이 확신을 가질 정도로 증명하는 것은 피고인의 역량에 비추어 볼 때 대단히 어렵다. 여기에서 우리 입법자는 자백의 임의성에 관한 기초사실이 확신이 아니라 단순히 '의심할 만한 이유'가 있는 정도로 입증하면 족하도록 한 것이다(신동운, 627~628면).

1) McNabb v U.S., 318 U.S. 332 (1943).

2) Mallory v U.S., 354 U.S. 449 (1957).

3) Rogers v Richmond, 365 U.S. 534 (1961).

4) Escobeodo v, Illinois, 378 U.S. 478 (1964).

5) Miranda v. Arizona, 384 U.S. 436 (1966).

자백내용의 진실성에 따라 결정된다. 결국 강요에 의한 자백이라고 할지라도 그 내용의 진실성이 확인된다면 그 자백은 증거능력을 인정할 수 있는 것이다.

하지만 자백의 임의성을 허위의 가능성과 동일한 시각에서 보는 것은 증거능력과 증명력을 혼동하는 것이라는 점, 동설에 의하면 고문에 의한 자백이라고 할지라도 그 내용의 진실성이 입증된다면 증거능력이 부여되는 부당한 결과가 초래된다는 점 등의 비판이 제기된다.

2) 인권옹호설

인권옹호설은 진술의 자유가 침해된 상태에서 행하여진 자백은 피고인의 인권보장을 위하여 증거능력이 부정되어야 한다고 파악한다. 이에 의하면 임의성 없는 자백이란 의사결정의 자유와 표현에 관한 자기결정권을 침해한 상황에서 얻어진 자백을 의미한다. 그러므로 자백의 내용이 진실한 경우에도 그 자백이 진술의 자유를 침해한 상황에서 이루어진 것이라면 증거능력을 인정할 수 없는 것이다.

하지만 유혹이나 기망에 의한 자백의 경우와 같이 진술거부권에 대한 침해 이외의 사유로 자백의 증거능력을 제한하는 경우에 대하여는 함구하고 있다는 점, 자백배제법칙의 효과와 진술거부권 불고지의 효과를 동일시한다는 점, 임의성에 의심이 있는 자백이 되기 위해서는 진술의 자유가 침해되어야 하는데 그러한 점은 자백자의 내면적 상태에 관한 사항으로서 그 판단이 주관적일 수밖에 없다는 점 등의 비판이 제기된다.

3) 위법배제설

위법배제설[1]은 자백배제법칙을 자백취득 과정의 적법절차를 보장하기 위한 원칙으로 보아, 자백의 임의성에 영향을 미칠 수 있는 사유가 확인되면 실제로 임의성이 침해되었는지 여부, 인과관계가 있는지 여부 등과 관계없이 곧바로 증거능력이 부정되어야 한다고 파악한다. 이에 의하면 자백배제법칙은 위법수집증거배제법칙의 특칙이 된다. 또한 자백배제법칙에 의하여 배제할 수 있는 자백의 범위를 확대할 뿐만 아니라 자백배제의 기준을 객관화하여 장래의 인권침해와 위법수사에 대한 보다 확실한 억제력을 발휘하는 기능을 한다.

하지만 '임의성에 의심이 있는 자백'의 증거능력을 논하면서 결과적으로 임의성과 무관한 '적법절차'에서 증거능력 배제의 근거를 찾고 있다는 점[2], 임의성을 중심으로 자백배제법칙을 논하지 않기 때문에 결과적으로 자백의 임의성이 없는 경우와 자백의 임의성은 인정되지만 단지 그 획득과정이 위법인 경우의 차이점을 무시한다는 점, 헌법이 자백배제법칙을 적법절차의 원칙과 병렬적으로 규정하여 양자를 대등한 관계로 파악하고 있음에도 불구하고 동설은 양자

1) 김인회, 553면; 손동권/신이철, 550면; 송광섭, 642면; 이은모/김정환, 619면; 이재상/조균석, 573면; 이창현, 852면; 임동규, 508면.

2) 이에 대하여 위법배제설이 모든 절차의 위법을 제309조의 적용대상에 포함시키는 것은 아니라는 점에서 적절한 비판이 아니라는 견해로는 이은모/김정환, 619면. 즉 위법배제설의 입장에서 증거능력을 배제해야 할 자백이라면 그러한 자백은 이미 중대한 절차상의 위법이 인정되는 경우로서 임의성에 의심이 있는 경우라고 보는 것이 가능하다고 한다.

를 목적과 수단의 관계로 파악하고 있다는 점 등의 비판이 제기된다.

4) 종합설

종합설[1]은 허위배제설과 인권옹호설을 결합하는 견해, 허위배제설·인권옹호설·위법배제설 모두를 결합하는 견해 등으로 다시 나누어진다. 동설에 의하면 자백배제법칙은 그 연혁적 출발점이 허위배제설이며, 한편으로 기본적 인권의 보장이라는 성격도 부인할 수 없다. 이와 같이 자백배제법칙은 증거능력을 근거지우는 요건이 아니라 그것을 배제하는 당위인 소극적 요건의 특유성으로 말미암아 얼마든지 많은 근거가 겹쳐질 수 있는 것이다. 특히 우리나라 헌법은 적법절차와 별도로 자백의 임의성을 명문화하고 있으며, 굳이 자백배제법칙을 자백에 관한 위법수집증거배제법칙이라고 해석할 이유는 없다. 즉 자백배제법칙은 형사소송법상의 증거법칙의 의미를 넘어서 헌법상의 기본권이라는 독자적 의의를 갖고 있으며, 제309조의 적용범위는 사인 간의 영역에까지도 최대한 확대되어야 한다고 파악한다. 또한 제309조의 '기타의 방법'에는 위법이 아니지만 인권침해가 수반되는 방법도 포함되어야 하는 것이다.

하지만 자백의 임의성에 대한 판단기준으로 전체상황을 고려하거나 자백자의 주관을 중시하기 때문에 자백배제법칙의 객관적 기준을 정립할 수 없다는 점, 자백배제법칙을 사인 간의 영역에 적용하는 것은 자백배제법칙만의 문제가 아니라 위법수집증거능력배제법칙 자체의 문제에 속한다는 점 등의 비판이 제기된다.

5) 삭제설

삭제설[2]은 제308조의2와 제317조 제1항의 관계상 제309조는 더 이상의 존재가치를 상실하였으므로 삭제되어야 한다고 파악한다. 이에 의하면 자백의 내용이 허위일 가능성이 많다는 사실은 자백의 임의성과 직접 관련 없는 증명력의 문제일 뿐이며, 자백의 수집과정에 진술거부권이 보장되지 않았거나 적법절차를 밟지 않았다고 하더라도 반드시 임의성이 없거나 의심스럽다고 볼 수는 없으므로 이는 제308조의2에서 규정하고 있는 위법수집증거의 문제일 뿐이다.

(2) 판례의 입장

판례에 의하면, 진술거부권을 고지하지 않은 상태에서 얻은 자백의 경우 「진술거부권은 헌법이 보장하는 형사상 자기에 불리한 진술을 강요당하지 않는 자기부죄거부의 권리에 터 잡은 것이므로 수사기관이 피의자를 신문함에 있어서 피의자에게 미리 진술거부권을 고지하지 않은 때에는 그 피의자의 진술은 위법하게 수집된 증거로서 진술의 임의성이 인정되는 경우라도 증거능력이 부인되어야 한다.」라고 판시[3]하여, 제308조의2로 해결하고 있으며, 변호인의 참여권을 제한한 상태에서 얻은 자백의 경우 「피의자가 변호인의 참여를 원한다는 의사를 명백하게

1) 배종대/홍영기, 315면; 신동운, 622면; 신양균/조기영, 784면; 이주원, 388면; 정승환, 557면; 정웅석/최창호, 544면; 최호진, 481면.

2) 김정한, 593면.

3) 대법원 2011. 11. 10. 선고 2010도8294 판결.

표시하였음에도 수사기관이 정당한 사유 없이 변호인을 참여하게 하지 아니한 채 피의자를 신문하여 작성한 피의자신문조서는 제312조에 정한 '적법한 절차와 방식'에 위반된 증거일 뿐만 아니라 제308조의2에서 정한 '적법한 절차에 따르지 아니하고 수집한 증거'에 해당하므로 이를 증거로 할 수 없다.」라고 판시[1]하여, 제312조와 제308조의2로 해결하고 있는데, 이는 기본적으로 위법배제설의 입장이라고 할 수 있다.

반면에 「임의성 없는 진술의 증거능력을 부정하는 취지는, 허위진술을 유발 또는 강요할 위험성이 있는 상태하에서 행하여진 진술은 그 자체가 실체적 진실에 부합하지 아니하여 오판을 일으킬 소지가 있을 뿐만 아니라 그 진위를 떠나서 진술자의 기본적 인권을 침해하는 위법·부당한 압박이 가하여지는 것을 사전에 막기 위한 것이므로, 그 임의성에 다툼이 있을 때에는 그 임의성을 의심할 만한 합리적이고 구체적인 사실을 피고인이 증명할 것이 아니고 검사가 그 임의성의 의문점을 없애는 증명을 하여야 하며, 검사가 그 임의성의 의문점을 없애는 증명을 하지 못한 경우에는 그 진술증거는 증거능력이 부정된다.」라고 판시[2]하여, 허위배제설과 인권옹호설을 결합한 절충설의 입장을 취하기도 한다.

한편 「피고인의 자백이 임의성이 없다고 의심할 만한 사유가 있는 때에 해당한다고 할지라도 그 임의성이 없다고 의심하게 된 사유들과 피고인의 자백과의 사이에 인과관계가 존재하지 않은 것이 명백한 때에는 그 자백은 임의성이 있는 것으로 인정된다.」라고 판시[3]하여, 임의성에 영향을 미치는 사유와 자백과의 사이에 인과관계를 요구하고 있다.[4] 하지만 어떤 형태로든 인과관계를 요구하게 되면 제309조의 적용범위는 그만큼 제한될 수밖에 없다는 점, 고문 등의 위법한 행위는 절대적으로 방지되어야 한다는 점, 헌법 제12조 제7항의 자백배제법칙은 증거능력의 문제 이전에 위법적 수사방지와 인권보장을 위한 규정이라는 점 등을 논거로 하여, 위법수단의 사용만 있으면 인과관계와 상관없이 증거능력을 부정해야 한다.

(3) 검 토

생각건대 종합설이 타당하다. 제309조에 의하면 '기타의 방법으로 임의로 진술한 것이 아니라고 의심할 만한 이유가 있는 때'에도 자백의 증거능력을 배제하고 있는데, 이는 비유형적·비정형적 사유에 의하여도 얼마든지 자백의 임의성을 배제할 수 있음을 여실히 보여주는

1) 대법원 2013. 3. 28. 선고 2010도3359 판결.

2) 대법원 2013. 7. 25. 선고 2011도6380 판결; 대법원 2012. 11. 29. 선고 2010도3029 판결; 대법원 2006. 1. 26. 선고 2004도517 판결; 대법원 2005. 11. 10. 선고 2004도42 판결; 대법원 1998. 4. 10. 선고 97도3234 판결.

3) 대법원 1984. 11. 27. 선고 84도2252 판결(송씨일가사건). 이 판결에 대한 비판으로는 김인회, 557~559면 참조.

4) 同旨 김인회, 557면; 배종대/홍영기, 316면; 손동권/신이철, 554면(제309조에 열거되어 있거나 이에 준하는 위법이 있는 경우에는 그것이 임의성에 실제로 영향을 미쳤는지 여부에 관계없이 증거능력을 부정하여야 피고인의 방어권이 충실히 보장될 수 있다); 송광섭, 647면; 이주원, 395면; 임동규, 514면; 정승환, 563면. 반면에 자백의 임의성을 의심하게 하는 사유가 중대한 위법에 해당하는 경우에는 인과관계의 존부를 묻지 않고 곧바로 자백의 임의성을 부정해야 하지만, 그 이외의 사유를 이유로 자백의 증거능력을 부정하려고 하는 경우에는 인과관계의 존부를 검토해야 한다는 견해로는 신동운, 627면.

것이다. 그러므로 허위배제, 인권옹호, 위법배제 등 모든 요소를 종합적으로 고려하여 개별 사안에 따라 구체적으로 자백의 임의성을 판단할 수밖에 없다. 한편 제309조는 자백의 '임의성'에 초점이 있는 반면에 제308조의2는 자백의 '절차'에 초점이 있으므로, 제309조의 적용대상은 자백의 절차가 적법이지만 임의성이 없거나 의심되는 자백에 한하고, 임의성은 인정되지만 자백의 절차가 위법한 경우에는 제308조의2의 적용대상으로 파악해야 한다.

4. 임의성의 판단방법

피고인이 피의자신문조서에 기재된 피고인의 진술 및 공판기일에서의 피고인의 진술의 임의성을 다투면서 그것이 허위자백이라고 다투는 경우, 법원은 구체적인 사건에 따라 피고인의 학력·경력·직업·사회적 지위·지능 정도·진술의 내용·피의자신문조서의 경우 그 조서의 형식 등 제반 사정을 참작하여 자유로운 심증으로 진술이 임의로 된 것인지의 여부를 판단해야 한다.[1] 이에 따라 검찰에서의 피고인의 자백이 법정진술과 다르다거나 피고인에게 지나치게 불리한 내용이라는 사유만으로는 그 자백의 신빙성이 의심스럽다고 할 수는 없다.[2] 또한 범죄의 피해자인 검사가 그 사건의 수사에 관여하거나 압수·수색영장의 집행에 참여한 검사가 다시 수사에 관여하였다는 이유만으로 바로 그 수사가 위법하다거나 그에 따른 참고인이나 피의자의 진술에 임의성이 없다고 볼 수는 없다.[3]

나아가 피고인이 경찰에서 가혹행위 등으로 인하여 임의성 없는 자백을 하고 그 후 검찰이나 법정에서도 임의성 없는 심리상태가 계속되어 동일한 내용의 자백을 하였다면 각 자백도 임의성 없는 자백이라고 보아야 한다.[4] 설사 피고인이 검사 이전의 수사기관에서 고문 등 가혹행위로 인하여 임의성 없는 자백을 하고 그 후 검사의 조사단계에서도 임의성 없는 심리상태가 계속[5]되어 동일한 내용의 자백을 하였다면 검사의 조사단계에서 고문 등 자백의 강요행위가 없었다고 하여도 검사 앞에서의 자백도 임의성 없는 자백이라고 볼 수밖에 없다.[6] 하지만 경찰

1) 대법원 2011. 2. 24. 선고 2010도14720 판결; 대법원 2009. 2. 26. 선고 2008도11172 판결; 대법원 2008. 6. 12. 선고 2007도7671 판결; 대법원 2004. 10. 28. 선고 2003도8238 판결; 대법원 2003. 5. 30. 선고 2003도705 판결. 이에 대하여 임의성의 기초사실은 엄격한 증명방법에 의하여야 한다는 견해로는 김인회, 560면.

2) 대법원 2010. 7. 22. 선고 2009도1151 판결(피고인들이 제1심 공판 이후 일관되게 범행을 부인하고 있고, 수사과정에서 다른 피고인들이 이미 범행을 자백한 것으로 오인하거나, 검사가 선처받을 수도 있다고 말하여 자백한 것으로 보이는 점 등 여러 정황에 비추어 피고인들의 검찰에서의 각 자백진술은 그 신빙성이 의심스럽다); 대법원 2010. 4. 29. 선고 2010도2556 판결; 대법원 2009. 4. 9. 선고 2009도675 판결; 대법원 2008. 6. 26. 선고 2008도1994 판결; 대법원 2003. 6. 24. 선고 2000도5442 판결.

3) 대법원 2013. 9. 12. 선고 2011도12918 판결.

4) 대법원 2015. 9. 10. 선고 2012도9879 판결; 대법원 2014. 12. 11. 선고 2012도15405 판결; 대법원 2012. 11. 29. 선고 2010도3029 판결; 대법원 2004. 7. 8. 선고 2002도4469 판결.

5) 이에 대하여 판례가 요구하는 '임의성 없는 심리상태의 계속'이라는 요건은 위법수사에 대한 수사와 처벌을 통해서 '고문·폭행·협박 등 위법수사를 적극적으로 제거하지 않는 이상'이라는 요건으로 변경되어야 한다는 견해로는 김인회, 554면.

6) 대법원 2012. 11. 29. 선고 2010도11788 판결; 대법원 2011. 10. 27. 선고 2009도1603 판결; 대법원 1992. 11. 24.

에서 부당한 신체구속을 당하였다고 하더라도 검사 앞에서의 피고인의 진술에 임의성이 인정된다면 그와 같은 부당한 신체구속이 있었다는 사유만으로 검사가 작성한 피의자 신문조서의 증거능력이 상실된다고 할 수 없다.[1] 이는 임의성 없는 사유와 자백 사이에 인과관계를 요구하는 입장이라고 할 수 있다.

또한 기록상 진술증거의 임의성에 관하여 의심할 만한 사정이 나타나 있는 경우에는 법원은 직권으로 그 임의성 여부에 관하여 조사를 하여야 하고, 임의성이 인정되지 아니하여 증거능력이 없는 진술증거는 피고인이 증거로 함에 동의하더라도 증거로 삼을 수 없다.[2] 그리고 범죄사실이 있다는 증거는 검사가 제시하여야 하는 것이고, 피고인은 자기에게 불리한 진술을 할 것을 강제당하지 않게 되어 있는 만큼 피고인의 주장이 불합리하여 거짓말을 하는 것 같다고 하더라도 그것 때문에 피고인에게 불리하게 판단할 수는 없는 것이다.[3]

Ⅱ. 자백배제법칙의 적용범위

1. 자 백

'자백'(自白)이란 피의자 또는 피고인이 자신의 범죄사실의 전부 또는 일부를 인정하는 진술을 말한다.[4] 먼저 자백의 주체와 관련하여, 진술을 하는 자의 법률상의 지위는 문제되지 아니

선고 92도2409 판결; 대법원 1992. 3. 10. 선고 91도1 판결(검사 작성의 피고인에 대한 제1회 피의자신문조서의 기재는 그 자백 내용에 있어 그 자체에 객관적 합리성이 없고 검사 앞에서 조사 받을 당시는 자백을 강요당한 바 없다고 하여도 경찰에서의 자백이 폭행이나 신체구속의 부당한 장기화에 의하여 임의로 진술한 것이 아니라고 의심할 만한 상당한 이유가 있어서 경찰에서 피고인을 조사한 경찰관이 검사 앞에까지 피고인을 데려간 경우 검사 앞에서의 자백도 그 임의성이 없는 심리상태가 계속된 경우라고 할 수밖에 없어 검사 작성의 피고인에 대한 제1회 피의자신문조서는 증거능력이 없다); 대법원 1984. 5. 15. 선고 84도472 판결.

1) 대법원 1986. 11. 25. 선고 83도1718 판결.

2) 대법원 2006. 11. 23. 선고 2004도7900 판결(공소외 1은 2002. 8. 4. 긴급체포된 후 검찰에서 2002. 8. 4.부터 다음날까지 2회에 걸쳐 조사를 받고 2002. 8. 5. 석방된 사실, 공소외 1은 석방되자마자 그날부터 2002. 8. 10.까지 병원에서 입원치료를 받았는데, 당시의 진료기록부에는 공소외 1이 검찰에서 구타당했다고 진술한 것으로 기재되어 있고, 진료 결과 허리와 양측 대퇴부에 통증이 있으며, 좌측 후두부에는 통증과 혹이 있는 것으로 밝혀졌으며, 실제 공소외 1에게 당시 예상 치료기간 10일의 다발성 좌상을 입었다는 내용의 상해진단서가 발급된 사실, 공소외 1이 치료를 받고 나온 며칠 후인 2002. 8. 19.자 공소외 1에 대한 제3회 검찰 진술조서에는 그전 수사에서의 강압수사를 은폐하기 위하여 강압수사가 없었다는 진술을 유도하기 위한 것으로 의심되는 이례적인 신문내용이 기재되어 있는 사실, 나아가 공소외 1은 원심에서 검찰 수사 당시 상당한 정도로 강압수사를 받았다고 구체적으로 진술한 사실을 알 수 있고, 반면에 검찰에서의 공소외 1의 진술이 임의로 이루어졌음을 인정할 만한 자료는 보이지 아니한다. 그렇다면 공소외 1에 대한 검찰 각 진술조서는 강압상태에서 이루어졌거나, 강압수사로 인한 정신적 강압상태가 계속된 상태에서 이루어진 것으로 의심되어, 그 임의성을 의심할 만한 사정이 있다고 할 것인데, 검사가 그 임의성의 의문점을 없애는 증명을 하지 못하였으므로, 증거능력이 없다).

3) 대법원 2006. 12. 22. 선고 2004도7232 판결(증여세에 관한 법률관계에서와 같은 명시적인 증여추정 조항이 존재하지 않는 형사재판에 있어서는 피고인이 자력으로 취득하였다고 인정하기 어려운 재산의 취득 경위에 관하여 납득할 만한 해명을 하지 못한다는 이유만으로 바로 그 재산을 제3자로부터 증여받았음을 전제로 하여 증여세 포탈죄의 죄책을 물을 수는 없는 것이다); 대법원 1991. 8. 13. 선고 91도1385 판결.

4) 대법원 1984. 7. 24. 선고 83도2692 판결(검사의 피고인에 대한 제1회 피의자신문시 검사가 사법경찰관 작성의 의견서 기재 무고피의사실을 읽어주자 피고인이 "예, 같습니다."라고 대답하면서도 유리한 증거가 있느냐는 물음

한다. 제309조가 '피고인의 자백'이라고 규정하고 있는 것은 증거능력을 판단하는 단계에서 피고인의 지위에 있는 자라는 의미에 불과하다. 그러므로 피고인의 진술이 어떠한 절차와 지위에서 행해졌는가를 불문한다. 다음으로 자백의 형식과 관련하여, 구두에 의한 진술은 물론이고 서면에 의한 진술도 자백에 해당한다. 또한 자백은 반드시 법원이나 수사기관에 대한 것임을 요하지 아니하므로, 사인에 대한 것이든 상대방 없이 단지 일기장이나 메모지에 기재해 놓은 것이든 상관이 없다. 마지막으로 자백의 내용과 관련하여, 범죄사실을 인정하는 진술이면 족하고 형사책임까지 인정하는 진술임을 요하지 아니한다.[1] 그러므로 구성요건에 해당하는 사실을 인정하면서 위법성조각사유 또는 책임조각사유의 존재를 주장하는 경우에도 자백에 해당한다. 전과와 같은 범죄사실 이외의 사실에 대한 진술은 자백이 될 수 없다. 민사소송과 달리 형사재판에서 자백은 일단 자백하였다가 이를 번복 내지 취소하더라도 그 효력이 없어지는 것이 아니고 여전히 증거로서의 성질을 가진다.[2]

2. 고문·폭행·협박에 의한 자백

'고문'(拷問)이란 신체적 또는 정신적으로 위해를 가하여 고통을 주는 것을 말하고[3], '폭행'(暴行)이란 신체에 대한 유형력의 행사를 말하며, '협박'(脅迫)이란 해악을 고지하여 상대방으로 하여금 공포심을 일으키는 행위를 말한다. 개념상으로는 세 가지 유형에 대한 구별이 가능하지만, 실제상으로는 구별이 쉽지 않은 경우가 많은데, 어느 유형에 해당하느냐에 따라 그 효과가 달라지지 않는다는 측면에서 구별의 실익은 미미한 편이다. 예를 들면 잠을 재우지 않는 경우, 음식물을 제공하지 않는 경우, 신체를 가격하는 경우, 주변인에게 해를 가하겠다고 고지하는 경우, 다른 사람에 대한 고문의 장면을 보여주는 경우 등이 이에 해당한다.

에 대하여는 "본인이 여러 차례에 걸쳐서 진정한 것은 너무나 억울하여 한 것이다."라고 말하고 그 전에 수사관이 작성한 피의자신문조서와 검사 작성의 제2회 피의자신문조서에서는 모두 그 범행을 부인하고 있다면 검사의 제1회 피의자신문조서의 내용은 진실한 자백으로 인정되지 아니한다).

1) 영미법에서는 단지 자기에게 불이익한 사실을 인정하는 것을 자인(admission)이라고 하여, 자기의 형사책임을 인정하는 자백(confession)과 구별하고 있지만, 우리나라에서는 자인과 자백을 구별하지 않고 있다. confession이 유죄임을 인정하는 진술인 반면에, admission은 단지 자기에게 불리한 사실을 시인하는 진술이므로 범위가 더 넓다고 할 수 있으며, 우리나라에서의 자백은 영미법에서의 admission에 보다 가까운 개념이라고 할 수 있다.

2) 대법원 1953. 2. 28. 선고 4285형상104 판결.

3) 대법원 1978. 1. 31. 선고 77도463 판결(공범자에 대한 고문이 자행되고 그 비명소리가 들리는 상황에서 행해진 자백은 임의성이 없는 심리상태하에서 행하여진 자백임이 명백하다); 대법원 1972. 8. 22. 선고 72도1469 판결(검사작성의 제1차 피의자신문조서는 피고인이 경찰에서 범행사실을 부인하다가 심한 고통을 당한 끝에 자백하던 날 아침에 검찰청에 연행되어 작성된 것이고 제2차조서도 제1차 조서작성 이후 다시 경찰에 연행되었다가 검찰청에 송치되던 날 작성되었다 하더라도 그러한 사정만 으로서는 경찰에서 피고인을 취조 내지 연행한 경찰관 면전에서 작성된 것이라 추정할 수 없고 추정에 의한 사실의 가정을 전제로 검사의 피의자신문조서 내용을 피고인이 임의로 진수한 것이 아니라고 의심할 만한 이유 있는 때라고 볼 수 없다).

3. 신체구속의 부당한 장기화에 의한 자백

'신체구속의 부당한 장기화'란 적법하게 구속되었으나 이후에 구속을 계속할 필요성이 없음에도 불구하고 이를 유지한 상태에서 행한 자백의 증거능력을 부정하는데 활용되고 있다. 이와 같은 자백은 임의성을 문제삼지 않고 구속의 부당성 때문에 자백의 증거능력이 배제되는 경우이며, 위법배제설의 색채가 나타난 것이라고 할 수 있다.[1] 이에 대하여 구속영장 없이 구금된 경우와 같이 처음부터 불법구금을 행한 결과 자백이 행해진 경우도 신체구속의 부당한 장기화에 포함된다는 견해[2]가 있지만, 부당과 불법은 서로 구별된다는 점에서 타당하지 않다. 불법포함설은 제308조의2가 신설되기 이전의 해석론으로 판단된다. 그러므로 처음부터 불법구금이 이루어진 경우에는 영장주의 위반을 이유로 위법수집증거로 파악하는 것이 타당하다.[3]

4. 기망에 의한 자백

'기망에 의한 자백'이란 기망 또는 위계를 사용하여 상대방을 착오에 빠뜨려서 얻은 자백을 말한다. 다만 여기서의 기망은 적극적인 사술에 의한 것에 국한되고 단순히 상대방의 착오를 이용하는 것만으로는 부족하다고 보아야 한다. 예를 들면 공범자가 이미 자백하였다고 기망하여 자백을 받은 경우, 범행현장에서 피고인을 목격한 사람이 있다고 기망하여 자백을 받은 경우, 거짓말탐지기의 검사결과 피의자의 진술이 허위임이 판명되었다고 기망하여 자백을 받은 경우, 피고인의 범행을 입증할 만한 증거가 발견되었다고 기망하여 자백을 받은 경우, 심문에 참여한 검찰주사가 피의사실을 자백하면 피의사실부분은 가볍게 처리하고 보호감호의 청구를 하지 않겠다는 각서를 작성하여 주면서 자백을 유도한 경우[4] 등이 이에 해당한다.

5. 기타의 방법에 의한 자백

(1) 이익의 약속에 의한 자백

'이익의 약속에 의한 자백'이란 피고인이 자백하는 대가로 법률이 허용하지 않는 일정한 이익을 제공할 것을 약속하여 얻은 자백을 말한다.[5] 다만 이익을 제공할 의사가 없이 약속한 경우에는 기망에 의한 자백에 해당한다. 또한 자백하면 담배 또는 음식물을 제공하겠다고 약속하는 것은 통상적인 편의의 제공에 불과하여 자백의 임의성을 해하지 아니한다. 이와 같이 약속

---

1) 손동권/신이철, 550면; 이재상/조균석, 575면.

2) 김인회, 555면(신체구속의 중대성과 영장주의 원칙을 고려하면 단 하루라도 불법구금된 경우 역시 포함된다); 송광섭, 645면; 신동운, 623면; 임동규, 509면; 정승환, 559면.

3) 同旨 신양균/조기영, 788면; 최호진, 482면.

4) 대법원 1985. 12. 10. 선고 85도2182 판결.

5) 제309조는 자백의 임의성이 없는 경우를 유형화하여 규정하고 있지만, 그 유형화는 제한적이 아니고 예시적인 것에 불과하다(대법원 1985. 2. 26. 선고 82도2413 판결).

에 의한 자백의 경우에 증거능력이 부정되기 위해서는 그것이 적정절차의 원칙에서 살펴볼 때 국가의 행위로서 부적절한 정도에 이르러야 한다. 그러므로 수사기관에 대한 자백의 대가로서 제공하기로 한 이익은 법률상 허용되지 않는 것이어야 하며, 자백에 영향을 미치는데 적합한 것이어야 한다. 약속의 내용이 반드시 형사처벌과 관계있는 것임을 요하지 않으므로, 가족의 부양과 같은 일반적 이익도 포함된다.

예를 들면 유죄답변협상제도(plea bargaining) 또는 사법협조자 형벌감면제도를 인정하고 있지 않는 현행법하에서 검사가 자백을 하면 기소유예를 해주겠다고 한 경우[1], 피고인이 제1심 제7회 공판조서 중 일정한 사실을 자백한 것처럼 기재되어 있으나 그 공판기일에 공판개시 이전에 검사가 피고인을 검사실로 불러 피고인에게 최소한 피해자를 밀쳤다고만 시인하면 공소장을 변경하여 벌금형이 선고되도록 하여 주겠다고 제의하므로 피고인은 당시 미결구금일수가 165일이나 되었고 혹시 검사가 신청한 피해자 등의 증언에 의하여 유죄로 인정되어 무거운 처벌을 받게 될지도 모른다는 두려움 때문에 사실과 다른 허위의 자백을 한 경우[2], 피고인이 처음 검찰조사시에 범행을 부인하다가 뒤에 자백을 하는 과정에서 200만원을 뇌물로 받은 것으로 하면 특정범죄가중처벌법 위반으로 중형을 받게 되니 200만원 중 30만원을 술값을 갚은 것으로 조서를 허위작성한 경우[3], 가족의 중대한 범죄사실에 대한 수사의 중단을 약속하고 자백을 받은 경우 등은 이를 증거로 할 수 없다.

(2) 철야신문에 의한 자백

'철야신문'(徹夜訊問)을 한 경우라고 할지라도 필요성이 있는 경우에는 그 자체만으로 위법한 수사라고 할 수는 없지만, 그로 인하여 진술의 임의성에 의심이 있는 경우, 즉 피의자가 피로로 인하여 정상적인 진술을 할 수 없었던 경우에는 자백을 증거로 사용할 수 없다. 예를 들면 피고인의 검찰에서의 자백이 검찰에 연행된 때로부터 약 30시간 동안 잠을 재우지 아니한 채 검사 2명이 교대로 신문을 하면서 회유한 끝에 받아낸 것이라면 이는 임의로 진술한 것이 아니라고 의심할 만한 이유가 있는 때에 해당한다.[4]

(3) 거짓말탐지기를 사용한 결과 얻은 자백

일정한 증거가 발견되면 피의자가 자백하겠다고 한 약속이 검사의 강요나 위계에 의하여 이루어 졌다든가 또는 불기소나 경한 죄의 소추 등 이익과 교환조건으로 된 것으로 인정되지 않는다면 위와 같은 자백이 약속된 상태에서 이루어진 자백이라고 하여 곧 임의성 없는 자백이라고 단정할 수는 없기 때문에[5], 거짓말탐지기에서 일정한 반응을 보이면 범행을 자백하겠다

1) 대법원 1983. 9. 13. 선고 83도712 판결.

2) 대법원 1987. 4. 14. 선고 87도317 판결.

3) 대법원 1984. 5. 9. 선고 83도2782 판결.

4) 대법원 1997. 6. 27. 선고 95도1964 판결. 同旨 대법원 2006. 1. 26. 선고 2004도517 판결; 대법원 2002. 10. 8. 선고 2001도931 판결; 대법원 1998. 4. 10. 선고 97도3234 판결.

5) 대법원 1983. 9. 13. 선고 83도712 판결.

고 약속하고 이후 자백한 경우에는 임의성 없는 자백이라고 단정할 수 없다.

Ⅲ. 자백배제법칙의 효과

1. 증거능력의 절대적 배제

임의성에 의심이 있는 자백은 증거능력이 없으므로 이를 유죄인정의 자료로 사용할 수는 없다.[1] 진술증거의 임의성에 관하여 의심할 만한 사정이 나타나 있는 경우에는 법원은 직권으로 그 임의성 여부에 관하여 조사를 하여야 하고, 임의성이 인정되지 아니하여 증거능력이 없는 진술증거는 피고인이 증거로 함에 동의하더라도 증거로 삼을 수 없다.[2] 또한 임의성에 의심이 있는 자백은 탄핵증거로도 사용할 수 없다.[3] 만약 임의성에 의심이 있는 자백을 기초로 유죄를 인정하게 되면 이는 자백배제법칙(제309조) 및 증거재판주의(제307조 제1항)에 반하는 법령위반으로서 상대적 상소이유가 된다(제361조의5 제1호, 제383조 제1호).

2. 임의성 없는 자백에 의하여 수집된 2차적 증거의 증거능력

수사기관이 피의자에게 가혹행위를 하여 얻은 자백을 기초로 하여 사체 또는 범행에 사용된 흉기 등을 발견하여 이를 증거로 제출한 경우와 같이 임의성 없는 자백에 의하여 수집된 2차적 증거의 증거능력을 인정한다면 가혹행위를 금지하고 있는 제309조의 취지가 반감될 가능성이 농후하므로 임의성 없는 자백에 의하여 수집된 2차적 증거의 증거능력을 부정하여야 할 것이다.[4]

제 4 절 전문법칙

Ⅰ. 전문법칙의 의의

1. 전문증거의 의의

'전문증거'(傳聞證據; hearsay evidence)란 요증사실을 직접 체험한 자의 진술(원본증거)을 내용으

1) 대법원 1990. 9. 25. 선고 90도1586 판결.

2) 대법원 2006. 11. 23. 선고 2004도7900 판결.

3) 대법원 2014. 3. 13. 선고 2013도12507 판결; 대법원 2005. 8. 19. 선고 2005도2617 판결.

4) 대법원 1977. 4. 26. 선고 77도210 판결(피고인이 수사기관에서 한 자백이 고문에 의한 허위자백이라는 주장을 가볍게 신빙력 있는 것으로 보기 어려우나 피고인이 범행을 한 뚜렷한 동기가 없고 범인이라는 혐의를 받을 수사의 단서도 없으며 피고인의 자백진술이 객관적 합리성이 결여되고 범행현장과 객관적 상황과 중요한 부분이 부합되지 않는 등의 특별 사정이 있는 경우 피고인이 수사기관에서 자백하게 된 연유가 피고인의 주장대로 고문이 아니라 할지라도 다소의 폭행 또는 기타의 방법으로 자백을 강요하여 임의로 진술한 것이 아니라고 의심할 사유가 있다).

로 하는 타인의 진술(전문진술)이나 진술을 기재한 서면(전문서류)을 말한다. 즉 사실인정의 기초가 되는 경험적 사실을 경험자 자신이 직접 법원에 진술하지 않고, 다른 형태에 의하여 간접적으로 보고하는 것을 말한다. 예를 들면 범죄현장을 실제로 목격한 자가 증인으로 채택되어 자신의 경험사실을 법원에 진술할 경우에 그 진술은 원본증거(seesay evidence)가 되지만, 목격자가 수사단계에서 작성한 참고인진술조서 또는 목격자가 제3자에게 자신의 경험사실을 진술하고 그 제3자가 증인으로 채택되어 법정에서 진술하는 경우에 있어서 그 참고인진술조서와 법정진술은 전문증거가 되는 것이다. 이와 같이 전문증거에는 제3자의 매체가 사람인 경우인 전문진술과 서류인 경우인 전문서류로 구별되며, 전문서류는 진술서·감정서 등과 같이 경험한 사람이 그 경험내용을 직접 기재한 경우(진술서)와 피의자신문조서·진술조서 등과 같이 그의 진술내용을 타인이 기재한 경우(진술기재서 또는 진술녹취서)로 다시 나누어진다.

2. 전문법칙의 내용 및 근거

'전문법칙'(傳聞法則)이란 전문증거는 증거능력이 인정되지 아니한다는 원칙(hearsay is no evidence)을 말한다.[1] 제310조의2는 '전문증거와 증거능력의 제한'이라는 표제하에 '제311조 내지 제316조에 규정한 것 이외에는 공판준비 또는 공판기일에서의 진술에 대신하여 진술을 기재한 서류나 공판준비 또는 공판기일 외에서의 타인의 진술을 내용으로 하는 진술은 이를 증거로 할 수 없다.'라고 규정하여, 이를 수용하고 있다. 전문법칙은 공판중심주의를 통한 공정한 재판의 실현에 기여하는 제도라고 할 수 있는데, 제310조의2는 사실을 직접 경험한 사람의 진술이 법정에 직접 제출되어야 하고, 이에 갈음하는 대체물인 진술 또는 서류가 제출되어서는 안 된다는 이른바 전문법칙을 선언한 것이다.

전문법칙의 이론적 근거는 첫째, 신용성이 없는 전문증거는 증거로서의 가치를 인정하기 어렵다는 점에 있다. 전문증거는 원진술자를 법정에서 직접 진술하게 하는 것을 생략한 것이므로 원진술의 진실성을 당사자의 반대신문에 의하여 음미할 수 없어 오류나 모순되는 점을 시정할 기회를 가질 수가 없다. 예를 들면 피고인의 전문증인에 대한 반대신문에 의해서는 목격자인 원진술자의 진술의 진실성을 다툴 수가 없는 것이다. 그러므로 원진술자에 대한 반대신문의 기회가 없는 증거는 사실인정의 기초가 될 수 없도록 배제할 필요성이 있는 것이다.

둘째, 불이익을 받을 당사자의 면전에서 자신의 경험사실을 거짓으로 진술하는 것은 심리적으로 어려운 일이기 때문에 공판정에 출석하지 아니한 상태에서 원진술을 내용으로 하는 전문증거는 이러한 진실담보장치를 결여하고 있다고 보아야 한다. 특히 참고인은 증인과 달리 허위진술의 가능성이 상당하므로 원칙적으로 그 진술의 증거능력을 부정해야 하는 것이다.

1) 연혁적으로 볼 때 전문법칙은 영미에서 배심제도를 보완하기 위하여 고안된 것이었다. 재판을 직업적으로 하지 않는 배심원들은 증거가치에 대한 판단능력이 상대적으로 낮을 수밖에 없으므로, 증거가치가 미약할 위험성이 있는 전문증거는 처음부터 증거로 사용하지 못하도록 한 것이다.

셋째, 전문증거를 증거로 사용하는 경우에는 원진술자의 태도증거를 판단할 수 없는 불합리한 점이 있는데, 만약 원진술자의 진술이 공판정에서 행하여질 경우에는 법관이 진술자의 진술내용뿐만 아니라 진술자의 태도를 면밀히 관찰하여 정확한 심증을 형성할 수 있는 점을 보아도 이는 자명한 일이다. 조서에 기재된 원진술자의 진술 내용의 신빙성을 판단하는데 있어서 불가결한 요소가 되는 진술 당시 원진술자의 모습·태도·진술의 뉘앙스 등을 법관이 직접 관찰할 수 없다는 점에서 조서에 기재된 원진술자의 진술 내용은 그 신빙성 평가에 있어 근본적인 한계가 있을 수밖에 없다.

넷째, 수사기관이 원진술자의 진술을 기재한 조서는 원본증거인 원진술자의 진술을 대체하는 증거방법으로, 원진술자의 진술을 처음부터 끝까지 그대로 기재한 것이 아니라 그 중 공소사실과 관련된 주요 부분의 취지를 요약하여 정리한 것이어서 본질적으로 원진술자의 진술을 있는 그대로 전달하지 못한다는 한계를 가지고 있고, 경우에 따라 조서 작성자의 선입관이나 오해로 인하여 원진술자의 진술취지와 다른 내용으로 작성될 가능성도 배제하기 어렵다.

이와 같이 우리 형사소송법이 채택하고 있는 공판중심주의는 형사사건의 실체에 대한 유죄·무죄의 심증 형성은 법정에서의 심리에 의하여야 한다는 원칙으로, 법관의 면전에서 직접 조사한 증거만을 재판의 기초로 삼을 수 있고, 증명 대상이 되는 사실과 가장 가까운 원본증거를 재판의 기초로 삼아야 하며, 원본증거의 대체물 사용은 원칙적으로 허용되어서는 안 된다는 실질적 직접심리주의를 주요 원리로 삼고 있다. 결국 수사기관이 원진술자의 진술을 기재한 조서는 원본증거인 원진술자의 진술에 비하여 본질적으로 낮은 정도의 증명력을 가질 수밖에 없다는 한계를 지니는 것이고, 특히 원진술자의 법정 출석 및 반대신문이 이루어지지 못한 경우에는 그 진술이 기재된 조서는 법관의 올바른 심증 형성의 기초가 될 만한 진정한 증거가치를 가진 것으로 인정받을 수 없는 것이 원칙이다.

Ⅱ. 전문법칙의 적용범위

1. 진술증거

전문법칙은 진술증거에 대해서만 적용되며, 증거물과 같은 비진술증거에 대해서는 그 적용이 없다.[1] 왜냐하면 비진술증거에 대하여는 반대신문이 불가능하며, 그 신용성도 구체적인 사

1) 대법원 2015. 4. 23. 선고 2015도2275 판결(피고인이 수표를 발행하였으나 예금부족 또는 거래정지처분으로 지급되지 아니하게 하였다는 부정수표단속법위반의 공소사실을 증명하기 위하여 제출되는 수표는 그 서류의 존재 또는 상태 자체가 증거가 되는 것이어서 증거물인 서면에 해당하고 어떠한 사실을 직접 경험한 사람의 진술에 갈음하는 대체물이 아니므로, 증거능력은 증거물의 예에 의하여 판단하여야 하고, 이에 대하여는 제310조의2에서 정한 전문법칙이 적용될 여지가 없다. 이때 수표 원본이 아니라 전자복사기를 사용하여 복사한 사본이 증거로 제출되었고 피고인이 이를 증거로 하는 데 부동의한 경우 위 수표 사본을 증거로 사용하기 위해서는 수표 원본을 법정에 제출할 수 없거나 제출이 곤란한 사정이 있고 수표 원본이 존재하거나 존재하였으며 증거로 제출된 수표 사본이 이를 정확하게 전사한 것이라는 사실이 증명되어야 한다); 대법원 2008. 11. 13. 선고 2006도2556 판결(정

건과 관련하여 개별적으로 판단할 수밖에 없기 때문이다. 진술증거에 해당한다면 그것이 전문진술이든 진술을 기재한 서면이든 묻지 아니한다.

2. 요증사실과의 관계

(1) 판단기준

전문법칙의 적용 여부는 그 증거에 의하여 증명하려는 사실인 요증사실과의 관계에 따라 정해지는데, 이러한 의미에서 어떠한 증거가 전문증거인가 아니면 원본증거인가의 여부는 상대적인 개념이라고 할 수 있다. 이와 같이 전문법칙은 타인의 진술이나 서류에 포함된 원진술자의 진술내용의 진실성이 요증사실로 된 경우에만 적용되는데, 전문한 증거로서 원진술의 내용인 사실을 증명하고자 하는 경우에 한하여 전문법칙이 적용된다. 반면에 원진술의 존재 자체가 요증사실인 경우에는 전문법칙의 적용이 없고, 당해 증거는 증거능력을 가지게 된다. 즉 원진술의 내용인 사실이 요증사실인 경우에는 전문증거이지만, 원진술의 존재 자체가 요증사실인 경우에는 본래증거이지 전문증거가 아니다.[1)]

(2) 전문법칙이 적용되지 않는 경우

1) 요증사실의 일부를 이루는 진술

진술내용이 요증사실의 구성요소를 이루는 경우의 진술에는 전문법칙이 적용되지 아니한

보통신망을 통하여 공포심이나 불안감을 유발하는 글을 반복적으로 상대방에게 도달하게 하는 행위를 하였다는 공소사실에 대하여 휴대전화기에 저장된 문자정보가 그 증거가 되는 경우와 같이, 그 문자정보가 범행의 직접적인 수단이 될 뿐 경험자의 진술에 갈음하는 대체물에 해당하지 않는 경우에는 제310조의2에서 정한 전문법칙이 적용될 여지가 없다).

1) 대법원 2019. 8. 29. 선고 2018도14303 전원합의체 판결; 대법원 2014. 2. 27. 선고 2013도12155 판결; 대법원 2013. 7. 26. 선고 2013도2511 판결(피고인 1, 피고인 2, 피고인 5의 특수잠입·탈출, 회합의 점에 관하여, '공소외 9 선생 앞: 2011년 면담은 1월 30일~2월 1일까지 공소외 9과 ▽▽선생과 함께 북경에서 하였으면 하는 의견입니다'라는 등의 내용이 담겨져 있는 파일들이 피고인 1의 컴퓨터에 '저장'되어 있었던 사실을 유죄 인정의 근거가 되는 간접사실 중 하나로 들고 있음을 알 수 있다. 그 내용과 같이 피고인 1, 피고인 5가 북한 공작원들과 그 일시경 실제로 회합하였음을 증명하려고 하는 경우에는 문건 내용이 진실한지가 문제 되므로 전문법칙이 적용된다고 할 것이지만, 그와 같은 내용이 담긴 파일이 피고인 1의 컴퓨터에 저장되어 있다는 사실 자체는 그 기재 내용의 진실성과 관계없는 것으로서 이 부분 공소사실을 입증하기 위한 간접사실에 해당한다고 할 것이므로, 이러한 경우까지 전문법칙이 적용된다고 할 수 없다); 대법원 2013. 2. 15. 선고 2010도3504 판결(정보저장매체에 기억된 문자정보의 내용의 진실성이 아닌 그와 같은 내용의 문자정보의 존재 자체가 직접 증거로 되는 경우에는 전문법칙이 적용되지 아니한다); 대법원 2012. 7. 26. 선고 2012도2937 판결(공소외 1은 제1심 법정에서 '피고인 1이 88체육관 부지를 공시지가로 매입하게 해 주고 KBS와의 시설이주 협의도 2개월 내로 완료하겠다고 말하였다'고 진술하였고, 공소외 2, 6도 피고인의 진술을 내용으로 한 진술을 하였음을 알 수 있는데, 피고인 1의 위와 같은 원진술의 존재 자체가 이 부분 각 사기죄 또는 변호사법 위반죄에 있어서의 요증사실이므로, 이를 직접 경험한 공소외 1 등이 피고인으로부터 위와 같은 말을 들었다고 하는 진술은 전문증거가 아니라 본래증거에 해당한다); 대법원 2008. 11. 13. 선고 2008도8007 판결(공소외 2는 전화를 통하여 피고인으로부터 2005. 8.경 건축허가 담당 공무원이 외국연수를 가므로 사례비를 주어야 한다는 말과 2006. 2.경 건축허가 담당 공무원이 4,000만원을 요구하는데 사례비로 2,000만원을 주어야 한다는 말을 들었다는 취지로 수사기관, 제1심 및 원심 법정에서 진술하였음을 알 수 있는데, 피고인의 위와 같은 원진술의 존재 자체가 이 사건 알선수재죄에 있어서의 요증사실이므로, 이를 직접 경험한 공소외 2가 피고인으로부터 위와 같은 말들을 들었다고 하는 진술들은 전문증거가 아니라 본래증거에 해당된다); 대법원 2008. 9. 25. 선고 2008도5347 판결.

다. 예를 들면 甲이 강간하는 것을 보았다는 말을 乙로부터 전해들은 丙의 증언은 甲에 대한 강간피고사건에 있어서는 전문증거가 되지만, 乙에 대한 명예훼손피고사건에 있어서는 원본증거가 된다. 왜냐하면 후자의 경우 요증사실은 乙이 명예훼손적인 말을 하였다는 사실이므로 그 사실을 체험한 자는 丙 자신이기 때문이다.

2) 정황증거로 사용된 진술

원진술자의 진술을 그 내용의 진실성과 관계없이 간접사실에 대한 정황증거로 사용하는 경우에는 전문법칙이 적용되지 아니한다. 즉 어떤 진술이 기재된 서류가 그 내용의 진실성이 범죄사실에 대한 직접증거로 사용될 때는 전문증거가 되지만, 그와 같은 진술을 하였다는 것 자체 또는 진술의 진실성과 관계없는 간접사실에 대한 정황증거로 사용될 때는 반드시 전문증거가 되는 것이 아니다.[1] 그러나 어떠한 내용의 진술을 하였다는 사실 자체에 대한 정황증거로 사용될 것이라는 이유로 서류의 증거능력을 인정한 다음 그 사실을 다시 진술 내용이나 그 진실성을 증명하는 간접사실로 사용하는 경우에 그 서류는 전문증거에 해당한다. 왜냐하면 서류가 그곳에 기재된 원진술의 내용인 사실을 증명하는 데 사용되어 원진술의 내용인 사실이 요증사실이 되기 때문이다. 이러한 경우에는 제311조부터 제316조까지 정한 요건을 충족하지 못한다면 증거능력이 없다.[2] 예를 들면 피해자가 피고인에 대하여 '피고인은 정말 무서운 사람이야' 라고 말하는 것을 들었다는 증인의 증언은 피고인이 정말 무서운 사람인지의 여부가 요증사실인 것이 아니라 피해자가 피고인을 두려워하는 심정을 가지고 있다는 피해자의 심리상태가 요증사실이기 때문에 이러한 경우는 원진술내용의 진실성이 아닌 진술의 존재 자체가 요증사실인 경우이기 때문에 전문법칙이 적용되지 아니한다.

3) 탄핵증거로 사용된 진술

증인의 신용성을 탄핵하기 위하여 공판정 외에서의 자기모순의 진술을 증거로 제출하는 경우에도 적극적으로 원진술의 진실성을 증명하기 위한 경우가 아니므로 전문법칙이 적용되지 아니한다.

---

1) 대법원 2014. 12. 24. 선고 2014도10199 판결; 대법원 2013. 6. 13. 선고 2012도16001 판결; 대법원 2000. 2. 25. 선고 99도1252 판결.

2) 대법원 2019. 8. 29. 선고 2018도14303 전원합의체 판결(피고인이 공소외 1에게 말한 내용에 관한 공소외 1의 업무수첩 등에는 '피고인이 공소외 1에게 지시한 내용'(이하 '지시 사항 부분'이라 한다)과 '피고인과 개별 면담자가 나눈 대화 내용을 피고인이 단독 면담 후 공소외 1에게 불러주었다는 내용'(이하 '대화 내용 부분'이라 한다)이 함께 있다. 첫째, 공소외 1의 진술 중 지시 사항 부분은 피고인이 공소외 1에게 지시를 한 사실을 증명하기 위한 것이라면 원진술의 존재 자체가 요증사실인 경우에 해당하여 본래증거이고 전문증거가 아니다. 그리고 공소외 1의 업무수첩 중 지시 사항 부분은 제313조 제1항에 따라 공판준비나 공판기일에서 그 작성자인 공소외 1의 진술로 성립의 진정함이 증명된 경우에는 진술증거로 사용할 수 있다. 둘째, 공소외 1의 업무수첩 등의 대화 내용 부분이 피고인과 개별 면담자 사이에서 대화한 내용을 증명하기 위한 진술증거인 경우에는 전문진술로서 제316조 제1항에 따라 그 진술이 특히 신빙할 수 있는 상태에서 한 것임이 증명된 때에 한하여 증거로 사용할 수 있다. 이 사건에서 공소외 1의 업무수첩 등이 이 요건을 충족하지 못한다. 따라서 공소외 1의 업무수첩 등은 피고인과 개별 면담자가 나눈 대화 내용을 추단할 수 있는 간접사실의 증거로 사용하는 것도 허용되지 않는다. 이를 허용하면 대화 내용을 증명하기 위한 직접증거로 사용할 수 없는 것을 결국 대화 내용을 증명하는 증거로 사용하는 결과가 되기 때문이다).

4) 증거로 사용하는 것에 동의한 진술

전문증거로서 증거능력이 부정되는 증거라고 할지라도 검사와 피고인이 증거로 할 수 있음을 동의한 서류는 진정한 것으로 인정한 때에는 증거로 할 수 있다(제318조 제1항).

Ⅲ. 전문법칙의 예외

1. 예외인정의 필요성

전문증거는 신용성이 결여되어 있기 때문에 원칙적으로 증거능력이 부정되지만, 전문법칙을 너무 엄격하게 적용하면 증거로서의 가치가 있는 증거가 공판정에 제출되지 못함으로 인하여 재판의 지연을 초래할 뿐만 아니라 실체적 진실발견을 저해할 가능성도 높아진다. 그러므로 일정한 경우에는 비록 전문증거라고 할지라도 예외적으로 증거능력을 인정해 줄 필요가 있다.

2. 예외인정의 기준

(1) 신용성의 정황적 보장

'신용성의 정황적 보장'이란 진술 당시의 외부적 상황에 비추어 공판정 외에서의 진술의 진실성을 인정할 수 있는 경우를 말한다.[1] 형사소송법은 원진술이 '특히 신빙할 수 있는 상태 하에서 행하여진 때'라는 표현을 사용하여 신용성의 정황적 보장을 예외인정의 요건으로 규정하고 있다. 여기서 '그 진술 또는 작성이 특히 신빙할 수 있는 상태하에서 행하여진 때'란 진술내용의 진실성 자체를 의미하는 것이 아니라 그 진술내용이나 조서 또는 서류의 작성에 허위개입의 여지가 거의 없고, 그 진술내용의 신빙성이나 임의성을 담보할 구체적이고 외부적인 정황이 있는 경우를 가리킨다.[2] 형사소송법에서는 법관 면전조서(제311조), 원진술자의 진정성립 인정

---

1) 대법원 1983. 3. 8. 선고 82도3248 판결(이른바 신용성의 정황적 보장이란 사실의 승인 즉 자기에게 불이익한 사실의 승인이나 자백은 재현을 기대하기 어렵고 진실성이 강하다는데 근거를 둔 것으로서 때때로 특신상태라는 표현으로 잘못 이해되는 경우가 많은 것은 우리 형사소송법 체계상으로는 아직 생소한 개념이며 어떠한 것이 이에 해당하는 것인가를 정형화하기 어려움에 기인하는 것이라고 생각되나 일반적으로 자기에게 유리한 진술은 그 신빙성이 약하나 반대로 자기에게 불이익한 사실의 승인은 진실성이나 신빙성이 강하다는 관점에서 "부지 불각 중에 한 말" "사람이 죽음에 임해서 하는 말" "어떠한 자극에 의해서 반사적으로 한 말" "경험상 앞뒤가 맞고 이론정연한 말" 또는 "범행에 접착하여 범증 은폐를 할 시간적 여유가 없을 때 한 말" "범행직후 자기의 소행에 충격을 받고 깊이 뉘우치는 상태에서 한 말" 등이 특히 신용성의 정황적 보장이 강하다고 설명되는 경우이다. 따라서 반드시 공소제기 후 법관 면전에서 한 진술이 가장 믿을 수 있고 그 앞의 수사기관에서의 진술은 상대적으로 신빙성, 진실성이 약한 것이라고 일률적으로 단정할 수 없을 뿐만 아니라 오히려 수사기관에 검거된 후 제일 먼저 작성한 청취서의 진술기재가 범행사실을 숨김없이 승인한 것이었는데 그 후의 수사과정과 공판과정에서 외부와의 접촉, 시간의 경과에 따른 자신의 장래와 가족에 대한 걱정 등이 늘어감에 따라 점차 그 진술이 진실로부터 멀어져가는 사례는 흔히 있는 것이어서 이러한 신용성의 정황적 보장의 존재 및 그 강약에 관하여서는 구체적 사안에 따라 이를 가릴 수밖에 없는 것이다).

2) 대법원 2016. 10. 13. 선고 2016도8137 판결; 대법원 2014. 8. 26. 선고 2011도6035 판결; 대법원 2012. 5. 24. 선고 2010도5948 판결; 대법원 2006. 4. 14. 선고 2005도9561 판결; 대법원 2000. 3. 10. 선고 2000도159 판결; 대법원 1999. 11. 26. 선고 99도3786 판결; 대법원 1992. 3. 13. 선고 91도2281 판결.

(제312조, 제313조), 특신상태(제313조, 제314조, 제316조), 공무상·업무상 서류의 신뢰성(제315조 제1호 및 동조 제2호), 작성상황의 신뢰성(제315조 제3호) 등을 통하여 이를 인정하고 있다.

(2) 필요성

'필요성'이란 전문증거의 사용이 필요하다는 의미가 아니라 원진술자를 공판정에 출석시켜 진술하게 하는 것이 불가능하거나 곤란하기 때문에 전문증거라도 이를 증거로 사용할 필요가 있는 경우를 말한다. 제314조 및 제316조 제2항[1]에서 말하는 '원진술자가 진술을 할 수 없는 때'에는 사망·질병·외국거주·소재불명 등 명시적으로 열거된 사유 외에도 원진술자가 공판정에서 진술을 한 경우라도 증인신문 당시 일정한 사항에 관하여 기억이 나지 않는다는 취지로 진술하여 그 진술의 일부가 재현 불가능하게 된 경우도 포함한다.[2] 형사소송법이 원진술자 또는 작성자(이하 '참고인'이라 한다)의 소재불명 등의 경우에 참고인이 진술하거나 작성한 진술조서나 진술서에 대하여 증거능력을 인정하는 것은, 제312조 또는 제313조에서 참고인 진술조서 등 서면증거에 대하여 피고인 또는 변호인의 반대신문권이 보장되는 등 엄격한 요건이 충족될 경우에 한하여 증거능력을 인정할 수 있도록 함으로써 직접심리주의 등 기본원칙에 대한 예외를 인정한 데 대하여 다시 중대한 예외를 인정하여 원진술자 등에 대한 반대신문의 기회조차 없이 증거능력을 부여할 수 있도록 한 것이므로, 그 경우 참고인의 진술 또는 작성이 '특히 신빙할 수 있는 상태하에서 행하여졌음에 대한 증명'은 단지 그러할 개연성이 있다는 정도로는 부족하고, 합리적인 의심의 여지를 배제할 정도에 이르러야 한다.[3]

3. 전문법칙의 예외규정

형사소송법은 제311조 내지 제316조에서 전문법칙의 예외를 규정하고 있다. 이 중 제311조 내지 제315조는 서류인 전문증거에 대한 예외규정이고, 제316조는 전문진술에 대한 예외규정이

1) 대법원 2014. 4. 30. 선고 2012도725 판결(제314조의 '특신상태'와 관련된 법리는 마찬가지로 원진술자의 소재불명 등을 전제로 하고 있는 제316조 제2항의 '특신상태'에 관한 해석에도 그대로 적용된다).

2) 대법원 2006. 4. 14. 선고 2005도9561 판결; 대법원 2000. 3. 10. 선고 2000도159 판결; 대법원 1999. 11. 26. 선고 99도3786 판결; 대법원 1992. 3. 13. 선고 91도2281 판결; 대법원 2006. 5. 25. 선고 2004도3619 판결; 대법원 1995. 6. 13. 선고 95도523 판결.

3) 대법원 2014. 2. 21. 선고 2013도12652 판결(검사의 상고이유 주장처럼 공소외인에 대한 검찰 피의자신문 과정에서 피고인과 대질이 이루어진 바 있기는 하나, 함께 들어간 모텔방에서 서로 다툼이 있어 피고인이 먼저 직접 112 신고를 하고 곧바로 공소외인과 함께 경찰에 가서 최초 조사를 받았고, 각 진술 내용을 보더라도 피고인의 진술은 인터넷 채팅으로 만난 공소외인이 합의하에 모텔방에 온 후에야 대가를 요구하길래 이를 신고하였다는 취지인 반면 공소외인의 진술은 인터넷 채팅으로 미리 행위의 내용과 대가를 정하였는데 피고인이 다른 행위를 요구하여 서로 다투었다는 취지로서, 대질을 포함한 각 진술 과정에서 공소사실과 같이 사전에 유사성교행위의 대가를 지급하기로 한 바가 있는지 등 공소사실의 핵심적인 사항에 관하여 두 사람의 진술이 시종일관 일치하지 않았던 사정을 알 수 있다. 더구나 원심에 이르러 피고인이 제출한 CD(乙 제1호)에 수록된 동영상에서는 공소외인이 수사기관에서 한 자신의 진술이 허위라는 취지로 진술하고 있는 점도 기록상 드러나 있다. 이와 같은 여러 정황을 종합하여 보면 공소외인의 진술이 제314조가 의미하는 '특히 신빙할 수 있는 상태하에서' 이루어진 것이라는 점, 즉 진술 내용에 허위개입의 여지가 거의 없고 진술 내용의 신빙성을 담보할 구체적이고 외부적인 정황이 있다는 점이 합리적 의심을 배제할 수 있을 만큼 확실히 증명되어 법정에서 반대신문을 통한 확인과 검증을 거치지 않아도 될 정도에 이르렀다고 보기는 어렵다).

다. 전문서류에 있어서도 제311조(법원 또는 법관의 조서)와 제315조(당연히 증거능력이 있는 서류)는 별도의 요건이 필요 없이 당연히 증거능력이 인정되는 경우이고, 제312조(검사 또는 사법경찰관리의 조서 등)와 제313조(진술서 등)는 일정한 요건 하에 증거능력이 인정되는 경우이다. 그리고 제314조는 제312조 또는 제313조의 요건을 충족하지 못한 전문증거라도 전문법칙의 예외에 대한 일반이론에 따라 보충적으로 증거능력이 인정되는 경우를 규정하고 있다.

Ⅳ. 전문서류의 증거능력

1. 법원 또는 법관의 조서

(1) 의 의

공판준비 또는 공판기일에 피고인이나 피고인 아닌 자의 진술을 기재한 조서와 법원 또는 법관의 검증의 결과를 기재한 조서는 증거로 할 수 있다. 제184조(증거보전절차) 및 제221조의2(증인신문의 청구)의 규정에 의하여 작성한 조서도 또한 같다(제311조). 이러한 조서는 그 성립이 진정하고 신용성의 정황적 보장이 높기 때문에 당사자가 증거로 함에 부동의하더라도 특별한 요건 없이 증거능력을 부여하고 있는 것이다. 그러므로 공동피의자나 공범관계에 있지 않은 공동피고인이 증거보전절차에서 증언한 증인신문조서도 당연히 증거능력이 인정된다. 그러나 피의자신문은 증거보전의 방법으로 청구할 수 없으므로 그 조서 중에 피의자의 진술을 기재한 부분은 증거능력이 없고[1], 피고인·피의자 또는 변호인의 참여 없이 행한 증인신문절차에서 작성된 증인신문조서도 그 증거능력이 없다.

(2) 공판준비 또는 공판기일에 피고인의 진술을 기재한 조서

'공판준비에 있어서 피고인의 진술을 기재한 조서'란 공판기일 전에 피고인을 신문한 조서(제273조 제1항), 공판준비기일조서(제266조의10 제2항), 공판기일 전의 법원의 검증조서(제273조 제1항) 중 피고인의 진술을 기재한 부분을 말하며, '공판기일에 있어서 피고인의 진술을 기재한 조서'란 이전의 공판심리절차에서 작성된 공판조서를 말한다. 즉 당해 사건의 공판기일에 피고인이 행한 진술은 원본증거이므로[2], 여기서 공판조서가 증거로 사용되는 경우는 공판절차갱신 전의 공판조서, 파기환송·이송 전의 공판조서, 관할위반의 재판이 확정된 후에 재기소된 경우의 공판조서 등을 의미한다. 또한 여기서 피고인은 그에 대한 심판주체(재판관)를 달리하는 동일 피고인을 의미한다.

한편 법원 또는 합의부원·검사·변호인·청구인이 구속된 피의자를 심문하고 그에 대한 피의자의 진술 등을 기재한 구속적부심문조서는 제311조가 규정한 문서에는 해당하지 않지만, 특히 신용할 만한 정황에 의하여 작성된 문서라고 할 것이므로 특별한 사정이 없는 한, 피고인이

1) 대법원 1984. 5. 15. 선고 84도508 판결; 대법원 1977. 12. 13. 선고 77도2770 판결.

2) 대법원 1956. 2. 17. 선고 4288형상308 판결.

증거로 함에 부동의하더라도 제315조 제3호에 의하여 당연히 그 증거능력이 인정된다.[1)] 결국 제311조에서 말하는 피고인의 진술을 기재한 조서는 당해 사건의 조서에 국한된다.

(3) 공판준비 또는 공판기일에 피고인 아닌 자의 진술을 기재한 조서

'공판준비에 있어서 피고인 아닌 자의 진술을 기재한 조서'란 당해 사건의 공판준비절차에서 증인·감정인·통역인·번역인 등을 신문한 조서를 말하며, '공판기일에서 피고인 아닌 자의 진술을 기재한 조서'란 이전 공판절차에서 작성된 공판조서를 말한다. 여기서 공판준비 또는 공판기일의 조서는 당해 사건의 조서에 대해서만 적용되기 때문에 다른 피고인에 대한 형사사건의 공판조서는 제315조 제3호에 정한 서류로서 당연히 증거능력이 인정된다.[2)]

한편 공범자인 공동피고인의 공판정에서의 진술에 대하여는 피고인의 반대신문권이 보장된다고 보는 입장에서 별도의 요건 없이 공판조서의 증거능력을 인정하고 있으며[3)], 이는 피고인들간에 이해관계가 상반된다고 하여도 마찬가지이다.[4)] 다만 증인적격이 없으므로 그 진술은 공판조서의 일부인 증인신문조서가 아니라 기본조서인 공판조서에 기재된다. 이와 같이 공범인 공동피고인은 '피고인 아닌 자'에 해당하며 공판정에서 공범인 공동피고인의 진술을 기재한 조서는 피고인의 동의가 없더라도 증거능력이 인정된다.[5)]

반면에 공범이 아닌 공동피고인인 절도범과 그 장물범은 서로 다른 공동피고인의 범죄사실에 관하여는 증인의 지위에 있다고 할 것이므로, 피고인이 증거로 함에 동의한 바 없는 공동피고인에 대한 피의자신문조서는 공동피고인의 증언에 의하여 그 성립의 진정이 인정되지 아니하는 한 피고인의 공소 범죄사실을 인정하는 증거로 할 수 없다.[6)] 또한 피고인과 별개의 범죄사실로 기소되어 병합심리중인 공동피고인은 피고인의 범죄사실에 관하여는 증인의 지위에 있다고 할 것이므로 선서 없이 한 공동피고인의 법정진술이나 피고인이 증거로 함에 동의한 바 없는 공동피고인에 대한 피의자신문조서는 피고인의 공소 범죄사실을 인정하는 증거로 할 수 없다.[7)] 그러므로 공판조서 중 공범이 아닌 공동피고인의 진술이 기재된 부분에 대해서는 제311조가 적용되지 아니한다.

(4) 법원 또는 법관의 검증조서

1) 의 의

공판준비 또는 공판기일에 법원 또는 법관의 검증의 결과를 기재한 조서는 증거능력이 인

1) 대법원 2004. 1. 16. 선고 2003도5693 판결.

2) 대법원 2005. 4. 28. 선고 2004도4428 판결; 대법원 1966. 7. 12. 선고 66도617 판결; 대법원 1964. 4. 28. 선고 64도135 판결.

3) 대법원 1992. 7. 28. 선고 92도917 판결; 대법원 1985. 3. 9. 선고 85도951 판결.

4) 대법원 2006. 5. 11. 선고 2006도1944 판결.

5) 대법원 1966. 5. 17. 선고 66도316 판결.

6) 대법원 2006. 1. 12. 선고 2005도7601 판결; 대법원 1982. 6. 22. 선고 82도898 판결; 대법원 1979. 3. 27. 선고 78도1031 판결.

7) 대법원 1982. 9. 14. 선고 82도1000 판결.

정된다. 당해 사건의 재판부가 공판기일 외에서 검증을 한 경우뿐만 아니라 수명법관이나 수탁판사가 검증을 한 경우와 판사가 증거보전절차에서 검증을 한 경우 등이 이에 해당하고, 당해 사건의 재판부가 공판기일에 법정에서 검증을 한 경우에는 그 검증 결과 자체가 원본증거가 되므로 전문법칙이 문제될 여지는 없다. 법원 또는 법관의 검증조서에 대하여 당연히 증거능력이 인정되는 이유는 공평한 제3자인 법원 또는 법관이 검증을 하였기 때문에 검증결과에 더욱 신용성이 인정되고, 검증에 당사자의 참여권이 인정되어 실질적으로 반대신문권이 보장되어 있으며, 현실적으로 법원 또는 법관이 검증의 결과를 증인으로 보고할 수도 없기 때문이다. 한편 수사기관의 검증조서는 제312조 제6항에 의하여 증거능력이 인정될 수 있을 뿐이다.

2) 적용대상

제311조가 적용되는 검증조서는 공판절차가 갱신된 경우 그 갱신 전의 검증조서, 수소법원이 공판기일 외에서 행한 검증(현장검증) 또는 수소법원 이외의 법원·법관이 행한 검증(수명법관·수탁판사에 의한 검증)의 결과를 기재한 조서이다. 또한 당해 사건의 검증조서에 한정되고, 다른 사건의 검증조서는 포함되지 아니한다. 왜냐하면 다른 사건의 검증에는 재판 중인 피고사건의 당사자가 참여하지 않았기 때문이다. 같은 맥락에서 당해 사건이라도 당사자에게 참여의 기회를 주지 않은 경우에는 검증절차의 적법성 결여로 증거능력이 부정된다.

3) 법관의 검증조서에 기재된 (참여인)진술의 증거능력

검증현장에 피해자·목격자·피고인 등을 참여시키는 경우가 있는데, 이에 따라 검증조서에 검증 결과 이외에 기재되는 참여인의 진술은 현장지시와 현장진술의 형태로 구분할 수 있다. 여기서 현장지시는 검증대상을 지시하는 진술이고, 현장진술은 검증현장을 이용하여 행하여지는 현장지시 아닌 진술을 의미한다. 우선 현장지시가 법원의 검증활동의 동기를 설명하는 비진술증거로 이용되는 경우에는 검증조서와 일체를 이룬다. 그러나 현장지시 자체가 범죄사실을 인정하기 위한 진술증거로 이용되는 경우에는 현장진술과 같이 취급된다. 다음으로 현장진술은 법원·법관의 면전에서 이루어진 것이므로 제311조 전단에 의하여 증거능력이 인정된다.

4) 법관의 검증조서에 첨부된 도화나 사진의 증거능력

검증조서에는 검증목적물의 현장을 명확하게 하기 위하여 도화나 사진을 첨부할 수 있다(제49조 제2항). 여기서의 도화나 사진은 검증결과의 이해를 쉽게 하기 위한 표시방법에 불과하다고 할 것이므로 검증조서와 일체를 이룬다고 해야 한다. 범행현장을 재연하는 사진은 진술하는 것이므로 현장진술과 마찬가지로 제311조 전단에 의하여 증거능력이 인정된다.

(5) 증거보전절차 및 증인신문청구절차에 의하여 작성한 조서

증거보전절차(제184조) 및 증인신문청구절차(제221조의2)에 의하여 작성한 조서도 선서를 하고 법관의 면전에서 행한 진술을 기재한 것이므로 당연히 증거능력이 인정된다.[1] 공범인 공동

1) 대법원 1976. 9. 28. 선고 76도2143 판결.

피고인도 수사단계에서 증거보전절차를 통해 미리 증인으로 신문할 수 있고[1], 그 증언 내용이 기재된 증인신문조서는 증거능력이 인정된다. 다만 증인신문조서가 증거보전절차에서 피고인이 증인으로서 증언한 내용을 기재한 것이 아니라 증인의 증언내용을 기재한 것이고 다만 피의자였던 피고인이 당사자로 참여하여 자신의 범행사실을 시인하는 전제하에 위 증인에게 반대신문한 내용이 기재되어 있을 뿐이라면, 위 조서는 공판준비 또는 공판기일에 피고인 등의 진술을 기재한 조서도 아니고, 반대신문과정에서 피의자가 한 진술에 관한 한 제184조에 의한 증인신문조서도 아니므로 위 조서 중 피의자의 진술기재 부분에 대하여는 제311조에 의한 증거능력을 인정할 수 없다.[2]

2. 검사가 작성한 피의자신문조서

(1) 의 의

1) 현행법의 태도

검사가 피고인이 된 피의자의 진술을 기재한 조서는 적법한 절차와 방식에 따라 작성된 것으로서 피고인이 진술한 내용과 동일하게 기재되어 있음이 공판준비 또는 공판기일에서의 피고인의 진술에 의하여 인정되고, 그 조서에 기재된 진술이 특히 신빙할 수 있는 상태하에서 행하여졌음이 증명된 때에 한하여 증거로 할 수 있다(제312조 제1항). 만약 피고인이 그 조서의 성립의 진정을 부인하는 경우에는 그 조서에 기재된 진술이 피고인이 진술한 내용과 동일하게 기재되어 있음이 영상녹화물이나 그 밖의 객관적인 방법에 의하여 증명되고, 그 조서에 기재된 진술이 특히 신빙할 수 있는 상태 하에서 행하여졌음이 증명된 때에 한하여 증거로 할 수 있다(제312조 제2항).

2) 제34차 개정 형사소송법의 태도 변화

2020. 2. 4. 형사소송법 개정을 통하여 제312조 제1항을 '① 검사가 작성한 피의자신문조서는 적법한 절차와 방식에 따라 작성된 것으로서 공판준비, 공판기일에 그 피의자였던 피고인 또는 변호인이 그 내용을 인정할 때에 한하여 증거로 할 수 있다.'라고 하고, 같은 조 제2항을 삭제하였다. 이는 검사 작성 피의자신문조서의 증거능력 인정요건을 사법경찰관 작성 피의자신문조서의 증거능력 인정요건(제312조 제3항)과 동일하게 하여, 피고인 또는 변호인이 내용을 부인하면 증거로 사용할 수 없도록 한 것이다. 다만 동 개정법상 제312조 제1항의 개정규정은 공포(2020. 2. 4.) 후 4년 내에 시행하되, 그 기간 내에 대통령령으로 정하는 시점부터 시행한다. 그러므로 이하에서는 현행법의 태도에 따른 서술을 하도록 한다.

---

1) 대법원 1988. 11. 8. 선고 86도1646 판결; 대법원 1966. 5. 17. 선고 66도276 판결.

2) 대법원 1984. 5. 15. 선고 84도508 판결.

(2) 검사 작성의 의미

1) 작성의 주체

제312조 제1항 및 동조 제2항에 의하여 증거능력이 인정되려면 그 피의자신문조서가 검사에 의하여 작성된 것이어야 한다.[1] 따라서 외관상 검사가 작성한 것으로 되어 있는 피고인에 대한 제1회 피의자신문조서라고 할지라도 검찰주사와 검찰주사보가 사건을 담당한 검사가 임석하지 아니한 상태에서 피의자였던 피고인을 번갈아가며 신문한 끝에 작성하고, 피의사실에 관하여 검사가 피고인을 직접·개별적으로 신문한 것이 아니라면, 제312조 제1항 소정의 '검사가 피고인이 된 피의자의 진술을 기재한 조서'로 볼 수 없다. 결국 당해 피의자신문조서는 피고인이 그 내용을 부인하는 이상 유죄의 증거로 삼을 수 없다.[2] 이 경우 검찰주사의 증언도 증거능력이 부정된다.[3]

하지만 검찰청법 제32조 제1항에 의하면, 검찰총장은 사법연수원장의 요청에 의하여 사법연수생으로 하여금 일정한 기간을 정하여 지방검찰청 또는 지청 검사의 직무를 대리할 것을 명할 수 있다고 규정하고 있고, 검찰청법 제32조 제3항은 검사의 직무를 대리하는 자는 법원조직법에 의한 합의부의 심판사건은 처리하지 못한다고 규정하고 있으므로, 사법연수생인 검사 직무대리가 검찰총장으로부터 명받은 범위 내에서 법원조직법에 의한 합의부의 심판사건에 해당하지 아니하는 사건에 관하여 검사의 직무를 대리하여 피고인에 대한 피의자신문조서를 작성할 경우 그 피의자신문조서는 제312조 제1항의 요건을 갖추고 있는 한 당해 지방검찰청 또는 지청 검사가 작성한 피의자신문조서와 마찬가지로 그 증거능력이 인정된다.[4] 하지만 검사직무대리자는 법원조직법에 규정된 합의부의 심판사건에 관하여서는 기소·불기소 등의 최종적 결정을 할 수 없음은 물론 수사도 할 수 없으므로 검사직무대리자가 작성한 합의부사건의 피고인에 대한 피의자신문조서는 증거로 할 수 없다.[5]

---

1) 대법원 1984. 7. 10. 선고 84도846 판결(검사가 피의사실에 관하여 전반적 핵심적 사항을 질문하고 이를 토대로 그 신문에 참여한 검찰주사보가 직접 문답하여 피의자신문조서를 작성함에 있어 검사가 신문한 사항중에 다소 불분명한 사항이나 또는 보조적 사항(행위일시, 장소 등)에 관하여 피의자에게 직접 질문하여 이를 조서에 기재하였다 하여도 참여주사보가 문답할 때 검사가 동석하여 이를 지켜보면서 문제점이 있을 때에는 재차 직접 묻고 참여주사보가 조서에 기재하고, 조서작성 후에는 검사가 이를 검토하여 검사의 신문결과와 일치한다고 인정하여 서명날인 하였다면 참여주사보가 불분명 또는 보조적 사항을 직접 질문하여 기재하였다 하여 이를 검사 작성의 피의자신문조서가 아니라고는 볼 수 없다).

2) 대법원 2007. 7. 13. 선고 2007도3633 판결; 대법원 2003. 10. 9. 선고 2002도4372 판결.

3) 대법원 1990. 9. 28. 선고 90도1483 판결.

4) 대법원 2010. 4. 15. 선고 2010도1107 판결(피고인은 제1심 제1회 공판기일에 검사가 원심 판시 [범죄일람표] 순번 1, 4, 5, 6번 기재 각 공소사실에 관한 증거로 제출한 사법연수생인 검사 직무대리 작성의 피고인에 대한 각 피의자신문조서에 대해 그 내용을 부인하면서도 성립의 진정은 인정하였음을 알 수 있다. 위 법리에 비추어 보면, 사법연수생인 검사 직무대리 작성의 피고인에 대한 각 피의자신문조서는 피고인이 제1심 제1회 공판기일에서 그 조서의 내용을 부인하더라도 성립의 진정이 인정된 이상 그 증거능력이 인정된다).

5) 대법원 1978. 2. 28. 선고 78도49 판결.

2) 작성의 시기

사건이 검찰에 송치되기 전에 피의자의 자백의사가 번복될 것을 우려하여 검사가 사법경찰관의 요청에 따라 경찰서 또는 검찰청에서 피의자신문조서를 작성한 경우에 이를 검사가 작성한 피의자신문조서로 볼 수 있는지 여부가 문제될 수 있는데, 이에 대하여 판례는 「검찰 송치 전 구속피의자로부터 받은 검사 작성의 피의자신문조서는 극히 이례에 속하는 일들이고, 만약 그와 같은 것이 성행한다면 그와 같은 상태에서 작성된 피의자신문조서는 내용만 부인하면 증거능력을 상실하게 되는 사법경찰관사무취급작성의 피의자신문조서상의 자백 등을 부당하게 유지하려는 수단으로 악용될 가능성이 있어 위와 같은 상태하에서의 조서는 그렇게 했어야 할 특별한 사정이 보이지 않는 한 송치 후 피의자신문조서와 마찬가지로 취급하기는 어렵다.」라고 판시[1]하여, 원칙적으로 이를 부정하고 있다. 한편 검사 작성의 피고인에 대한 진술조서가 공소제기 후에 작성된 것이라는 이유만으로는 곧 그 증거능력이 없다고 할 수 없다.[2]

3) 작성의 방식

피의자의 진술을 녹취 내지 기재한 서류 또는 문서가 수사기관에서의 조사과정에서 작성된 것이라면, 그것이 '진술조서, 진술서, 자술서'라는 형식을 취하였다고 하더라도 피의자신문조서와 달리 볼 수 없다.[3] 하지만 피의자의 진술은 조서에 기재하여야 하고(제244조 제1항), 현행법이 피의자의 진술을 녹화한 영상녹화물에 대해 독립된 증거로 인정하지 않으므로 수사과정에서 검사가 피의자를 신문하면서 나눈 대화내용과 장면을 녹화한 비디오테이프나 이에 대한 검증조서는 피의자신문조서로 취급해서는 안 된다.[4] 그리고 피의자신문조서로 작성되었더라도 그 피의자가 기소되지 아니하거나 공범 아닌 다른 공동피고인에 대한 증거로 사용될 때에는 진술조서(제312조 제4항)로 취급될 뿐이다. 또한 피고인이 다른 사건의 피의자로서 수사기관의 신문을 받으면서 작성된 피의자신문조서는 '피고인이 된 피의자'의 진술을 기재한 것이 아니므

1) 대법원 1994. 8. 9. 선고 94도1228 판결. 이에 대하여 검사가 직접 피의자를 신문하였고 그 과정에서 임의성을 부인할 만한 정황이 특별히 나타난 바도 없다면 작성주체에 따라 제312조 제1항 내지 제3항이 규정된 취지에 의해 검찰 송치 전후로 구분을 달리 할 수는 없으므로 제312조 제1항이나 제2항을 적용하여 증거능력을 판단하는 것이 타당하다는 견해로는 이재상/조균석, 614면; 이창현, 873면; 정웅석/최창호, 589면.

2) 대법원 1984. 9. 25. 선고 84도1646 판결. 이에 대하여 피고인의 진술을 기재한 조서는 제312조에 해당하지 않는다는 점, 제313조의 서류는 수사기관 아닌 자가 작성한 서류만을 의미한다는 점, 제310조의2는 제311조 내지 제316조에 규정한 것 이외에는 전문증거를 증거로 할 수 없다고 규정한 점, 공소제기 후의 피고인 조사 자체가 위법하지 않다고 하더라도 결코 바람직하지 않다는 점 등을 논거로 하여, 피고인 조사는 가능하지만 그 결과를 피고인 진술조서로 작성하더라도 증거동의가 없다면 증거능력을 부정해야 한다는 견해로는 김정한, 629면.

3) 대법원 2015. 10. 29. 선고 2014도5939 판결; 대법원 2014. 4. 10. 선고 2014도1779 판결; 대법원 2011. 11. 10. 선고 2010도8294 판결; 대법원 2010. 5. 27. 선고 2010도1755 판결; 대법원 2009. 8. 20. 선고 2008도8213 판결; 대법원 2007. 10. 25. 선고 2007도6129 판결; 대법원 2004. 9. 3. 선고 2004도3588 판결; 대법원 1992. 4. 14. 선고 92도442 판결.

4) 반면에 기존 판례(대법원 1992. 6. 23. 선고 92도682 판결)에 의하면, 검사가 피의자와 그 사건에 관하여 대화하는 내용과 장면을 녹화한 비디오테이프에 대한 법원의 검증조서는 이러한 비디오테이프의 녹화내용이 피의자의 진술을 기재한 피의자신문조서와 실질적으로 같다고 볼 것이므로 피의자신문조서에 준하여 그 증거능력을 판단해도 무방하다고 한다.

로 제312조 제1항이 아니라 '피고인이 아닌 자의 진술을 기재한 조서'로서 제312조 제4항이 적용된다.

(3) 증거능력의 인정요건

1) 적법한 절차와 방식

검사가 작성한 피의자신문조서는 적법한 절차[1]와 방식에 따라 작성된 것이어야 한다. 이는 피의자의 간인과 기명날인 또는 서명의 진정을 의미하는 형식적 진정성립 이외에도 피의자신문과 참여자(제243조), 변호인의 참여권 보장(제243조의2), 피의자신문조서의 작성방법(제244조), 진술거부권의 고지방식(제244조의3), 수사과정의 기록(제244조의4) 등 형사소송법이 정한 절차와 방식에 따라 피의자신문조서가 작성되어야 함을 의미한다.[2] 예를 들면 피고인의 서명날인 및 간인이 없는 경우[3], 피고인의 기명만 있고 날인이나 무인이 누락된 경우[4], 작성자인 검사의 서명날인이 누락된 경우[5] 등에 있어서는 증거능력이 부정된다. 이러한 적법절차의 준수 여부는 피고인의 진술에 의한 경우뿐만 아니라 영상녹화물·필적감정·조사자의 증언 등의 방법에 의해서도 증명이 가능하다. 다만 진술거부권의 고지 없이 행한 신문이나 변호인선임권이나 접견교통권을 침해하여 행한 신문 등에 의해 작성된 피의자신문조서는 제308조의2에 의하여 그 증거능력을 상실한다.[6]

2) 실질적 진정성립

① 의 의

'실질적 진정성립'이란 조서의 기재내용과 원진술자의 진술내용이 일치하는 것을 말한다. 이는 적극적으로 진술한 내용이 그 진술대로 기재되어 있다는 것뿐만 아니라 진술하지 않은 내용이 진술한 것처럼 기재되어 있지 않다는 것을 포함하고[7], 진술의 연유나 그 신빙성 여부는 고려할 것이 아니다.[8] 검사 작성 피의자신문조서의 실질적 진정성립이 인정되려면 원칙적으로 조서의 기재내용이 피고인이 진술한 내용과 동일하게 기재되어 있음이 공판준비 또는 공판기

---

1) 위법수집증거배제법칙에서의 '적법한 절차'와 전문법칙의 예외에서의 '적법한 절차'는 비록 그 표현이 동일하지만, 그 의미는 전혀 다르다. 전자는 헌법상 '적법절차'를 뜻하고, 후자는 '법률상 규정된(법정된) 절차'를 뜻한다. 다만 후자 가운데 일부 규정(진술거부권의 고지, 변호인의 신문참여 등)은 헌법상 적법절차의 내용을 구성하므로, 그 위반은 당연히 전자의 위법수집증거로서 증거배제사유가 된다. 그러나 나머지 규정은 단순한 절차방식의 적법성에 관한 사유에 불과하다(신양균/조기영, 828면; 이주원, 422면).

2) 대법원 2015. 4. 23. 선고 2013도3790 판결; 대법원 2013. 3. 28. 선고 2010도3359 판결; 대법원 2012. 5. 24. 선고 2011도7757 판결.

3) 대법원 1992. 6. 23. 선고 92도954 판결.

4) 대법원 1981. 10. 27. 선고 81도1370 판결. 설령 피고인이 날인이나 간인을 거부하여 그 뜻이 조서에 기재되었더라도 마찬가지이다(대법원 1999. 4. 13. 선고 99도237 판결).

5) 대법원 2001. 9. 26. 선고 2001도4091 판결.

6) 대법원 2013. 3. 28. 선고 2010도3359 판결.

7) 대법원 2013. 3. 14. 선고 2011도8325 판결.

8) 대법원 2005. 6. 10. 선고 2005도1849 판결.

일에서의 피고인의 진술에 의하여 인정되어야 한다. 하지만 피고인이 그 조서의 성립의 진정을 부인하는 경우에는 그 조서에 기재된 진술이 피고인이 진술한 내용과 동일하게 기재되어 있음이 영상녹화물이나 그 밖의 객관적인 방법에 의하여 증명된 때에 한하여 증거로 할 수 있다.

기존에는 검사가 작성한 피의자신문조서의 증거능력에 대하여 그 형식적 진정성립이 인정되면 특별한 사정이 없는 한 실질적 진정성립이 추정된다는 입장에 있었으나[1], 2002도537 전원합의체 판결을 통하여 형식적 진정성립뿐만 아니라 실질적 진정성립도 원진술자의 진술에 의해서만 인정될 수 있다고 하여 그 입장을 변경하였다. 즉 성립의 진정이란 간인·서명·날인 등 조서의 형식적인 진정성립과 그 조서의 내용이 원진술자가 진술한 대로 기재된 것이라는 실질적인 진정성립을 모두 의미하는 것인데, 성립의 진정은 '원진술자의 진술에 의하여' 인정되는 방법 외에 다른 방법을 규정하고 있지 아니하므로, 실질적 진정성립도 원진술자의 진술에 의하여서만 인정될 수 있는 것이라고 보아야 하며, 이는 검사 작성의 피고인이 된 피의자신문조서의 경우에도 다르지 않다고 할 것이다.[2] 또한 검사 작성의 피고인이 된 피의자신문조서에 대하여 실질적 진정성립이 인정되지 아니하는 이상 그 조서에 기재된 피고인의 진술이 특히 신빙할 수 있는 상태하에서 행하여진 경우라고 하여도 이를 증거로 사용할 수 없다고 보아야 한다.[3]

하지만 2002도537 전원합의체 판결과 같이 실질적 진정성립의 요건을 크게 강화함으로써 실질적 진정성립의 부인과 내용의 부인을 사실상 차이가 없는 것으로 만든 것으로 인하여 검찰의 반발 및 법관의 업무량 폭주라는 부작용이 초래되었다. 그리하여 현행법은 원진술자인 피고인의 진술 이외에 영상녹화물이나 그 밖의 객관적 방법에 의해서도 조서의 실질적 진정성립을 증명할 수 있도록 명문으로 규정하여, 검사가 작성한 피의자신문조서의 증거능력 인정요건을 크게 완화하였다.

이에 따라 검사가 피고인이 된 피의자의 진술을 기재한 조서는 그 작성절차와 방식의 적법성과 별도로 그 내용이 검사 앞에서 진술한 것과 동일하게 기재되어 있다는 점, 즉 실질적 진정성립이 인정되어야 증거로 사용할 수 있다.

② 피고인의 진술에 의한 인정

'피고인의 진술'이란 피고인이 당해 공판절차의 당사자로서 법관에게 행하는 그 조서의 증거능력에 관한 진술을 말한다. 피고인 본인의 진술[4]에 의한 실질적 진정성립의 인정은 공판준비 또는 공판기일에서 한 명시적인 진술에 의하여야 하고, 단지 피고인이 실질적 진정성립에 대하여 이의하지 않았다거나 조서 작성절차와 방식의 적법성을 인정하였다는 것만으로 실질적

1) 대법원 2000. 7. 28. 선고 2000도2617 판결; 대법원 1987. 9. 8. 선고 87도1507 판결.

2) 대법원 2004. 12. 16. 선고 2002도537 전원합의체 판결.

3) 대법원 2007. 1. 25. 선고 2006도7342 판결.

4) 이에 대하여 피의자의 보호자로서 신문과정에 참여했던 변호인이 이를 인정한다면 검사 작성 피의자신문조서의 증거능력이 있는 것으로 볼 수 있다는 견해로는 배종대/홍영기, 335면.

진정성립까지 인정한 것으로 보아서는 안 된다.[1] 또한 특별한 사정이 없는 한 이른바 '입증취지 부인'이라고 진술한 것만으로 이를 조서의 진정성립을 인정하는 전제에서 그 증명력만을 다투는 것이라고 가볍게 단정해서도 안 된다.[2]

검사가 피의자의 진술을 기재한 조서 중 일부에 관하여만 원진술자가 공판준비 또는 공판기일에서 실질적 진정성립을 인정하는 경우에는 법원은 당해 조서 중 어느 부분이 원진술자가 진술한 대로 기재되어 있고, 어느 부분이 달리 기재되어 있는지 여부를 구체적으로 심리한 다음 진술한 대로 기재되어 있다고 하는 부분에 한하여 증거능력을 인정하여야 하고, 그 밖에 실질적 진정성립이 부정되는 부분에 대해서는 증거능력을 부정하여야 한다.[3]

한편 피고인이나 그 변호인이 검사 작성의 당해 피고인에 대한 피의자신문조서의 성립의 진정함을 인정하는 진술을 하였다고 하더라도, 그 피의자신문조서에 대하여 증거조사가 완료되기 전에는 최초의 진술을 번복함으로써 그 피의자신문조서를 유죄 인정의 자료로 사용할 수 없도록 할 수 있다. 그러나 그 피의자신문조서에 대하여 위의 증거조사가 완료된 뒤에는 그와 같은 번복의 의사표시에 의하여 이미 인정된 조서의 증거능력이 당연히 상실되는 것은 아니다. 다만 적법절차 보장의 정신에 비추어 성립의 진정함을 인정한 최초의 진술에 그 효력을 그대로 유지하기 어려운 중대한 하자가 있고, 그에 관하여 진술인에게 귀책사유가 없는 경우에 한하여 예외적으로 증거조사 절차가 완료된 뒤에도 그 진술을 취소할 수 있고, 그 취소 주장이 이유 있는 것으로 받아들여지게 되면 법원은 증거배제결정을 통하여 그 조서를 유죄 인정의 자료에서 제외하여야 할 것이다.[4] 그리고 피고인이 당해 공판절차의 당사자로서 법관에게 검사가 제출한 자신의 진술이 기재된 조서의 진정성립을 부인함으로써 그 조서의 증거능력을 부정하는 취지의 진술을 한 이상, 비록 그 공판 진행 중 피고인신문 또는 공동피고인에 대한 증언 과정에서 그 조서의 진정성립을 인정하는 취지의 진술을 하였다고 하더라도, 이로써 그 조서의 증거능력에 관한 종전의 진술을 번복하는 것임이 분명하게 확인되는 예외적인 경우가 아니라면, 원진술자인 피고인의 진술에 의하여 그 조서의 진정성립이 인정되었다고 할 수는 없다.[5]

③ 영상녹화물이나 그 밖의 객관적인 방법에 의한 증명

피의자의 진술을 녹화한 영상녹화물은 독립된 증거로 사용할 수 없고, 조서의 실질적 진정성립을 증명하기 위한 자료로 사용할 수는 있다. 실질적 진정성립을 증명할 수 있는 방법으로서 제312조 제2항에 예시되어 있는 영상녹화물의 경우 형사소송법 및 형사소송규칙에 의하여 영상녹화의 과정·방식 및 절차 등이 엄격하게 규정되어 있는데다 피의자의 진술을 비롯하여

1) 대법원 2013. 3. 14. 선고 2011도8325 판결.

2) 대법원 2013. 3. 14. 선고 2011도8325 판결.

3) 대법원 2013. 5. 23. 선고 2010도15499 판결; 대법원 2008. 3. 27. 선고 2007도11400 판결; 대법원 2005. 6. 10. 선고 2005도1849 판결.

4) 대법원 2008. 7. 10. 선고 2007도7760 판결.

5) 대법원 2008. 10. 23. 선고 2008도2826 판결.

검사의 신문 방식 및 피의자의 답변 태도 등 조사의 전 과정이 모두 담겨 있어 피고인이 된 피의자의 진술 내용 및 취지를 과학적·기계적으로 재현해 낼 수 있으므로 조서의 내용과 검사 앞에서의 진술 내용을 대조할 수 있는 수단으로서의 객관성이 보장되어 있다고 볼 수 있다. 그러므로 영상부분이 누락된 녹음 그 자체는 객관적 방법에 의한 증명에 해당하지 아니한다.

한편 피고인을 피의자로 조사하였거나 조사에 참여하였던 자들의 증언은 오로지 증언자의 주관적 기억 능력에 의존할 수밖에 없어 객관성이 보장되어 있다고 보기 어렵다. 결국 검사 작성의 피의자신문조서에 대한 실질적 진정성립을 증명할 수 있는 수단으로서 제312조 제2항에 규정된 '영상녹화물이나 그 밖의 객관적인 방법'이란 형사소송법 및 형사소송규칙에 규정된 방식과 절차에 따라 제작된 영상녹화물 또는 그러한 영상녹화물에 준할 정도로 피고인의 진술을 과학적·기계적·객관적으로 재현해 낼 수 있는 방법만을 의미하고, 그 외에 조사관 또는 조사과정에 참여한 통역인 등의 증언은 이에 해당한다고 볼 수 없다.[1] 조사관 또는 조사과정에 참여한 통역인 등의 증언 그 자체를 제316조에 의하여 증거로 사용하는 것은 별개의 문제이다.

다만 성폭력범죄의 피해자가 19세 미만이거나 신체적인 또는 정신적인 장애로 사물을 변별하거나 의사를 결정할 능력이 미약한 경우에는 피해자의 진술 내용과 조사 과정을 비디오녹화기 등 영상물 녹화장치로 촬영·보존하여야 하고, 이에 따라 촬영한 영상물에 수록된 피해자의 진술은 공판준비기일 또는 공판기일에 피해자나 조사과정에 동석하였던 신뢰관계에 있는 사람 또는 진술조력인의 진술에 의하여 그 성립의 진정함이 인정된 경우에 증거로 할 수 있다(성폭력특례법 제30조 제6항).[2]

3) 특신상태

① 특신상태의 의미

검사가 작성한 피의자신문조서가 증거능력을 가지기 위해서는 조서에 기재된 진술이 특히 신빙할 수 있는 상태 하에서 행하여졌음이 증명되어야 한다. 여기서 '특히 신빙할 수 있는 상태'를 '특신상태'(特信狀態)라고도 하는데, 특신상태는 증거능력의 요건이므로 증명력의 문제인 진술자체의 신용성 내지 진실성과는 구별되어야 한다. 여기서 '그 진술 또는 작성이 특히 신빙할 수 있는 상태하에서 행하여진 때'란 그 진술내용이나 조서 또는 서류의 작성에 허위개입의 여지가 거의 없고, 그 진술내용의 신빙성이나 임의성을 담보할 구체적이고 외부적인 정황이 있는 경우를 가리킨다.[3]

② 특신상태의 증명

검사 작성의 피의자신문조서는 특신상태가 증명되어야 하고, 그러한 증명이 있는 경우에만

---

1) 대법원 2016. 2. 18. 선고 2015도16586 판결. 이에 대하여 조사자 등의 증언도 증명방법에 포함된다고 보아야 한다는 견해로는 정웅석/최창호, 588면.

2) 대법원 2009. 12. 24. 선고 2009도11575 판결.

3) 대법원 2014. 8. 26. 선고 2011도6035 판결; 대법원 2006. 4. 14. 선고 2005도9561 판결; 대법원 2000. 3. 10. 선고 2000도159 판결; 대법원 1999. 11. 26. 선고 99도3786 판결; 대법원 1992. 3. 13. 선고 91도2281 판결.

증거능력이 인정된다. 따라서 피의자신문조서의 증거능력을 인정하기 위해서는 특신상태의 존재를 검사가 자유로운 증명을 통하여 증명하여야 한다.[1] 여기서 '특히 신빙할 수 있는 상태 하에서 행하여졌음에 대한 증명'은 단지 그러할 개연성이 있다는 정도로는 부족하고 합리적인 의심의 여지를 배제할 정도에 이르러야 한다.[2] 하지만 성립의 진정이 인정되지 않는 이상 특신상태의 요건을 갖추고 있다고 하여도 증거능력이 인정되지 아니한다.

(4) 제314조와의 관계

제312조 또는 제313조의 경우에 공판준비 또는 공판기일에 진술을 요하는 자가 사망·질병·외국거주·소재불명 그 밖에 이에 준하는 사유로 인하여 진술할 수 없는 때에는 그 조서 및 그 밖의 서류(피고인 또는 피고인 아닌 자가 작성하였거나 진술한 내용이 포함된 문자·사진·영상 등의 정보로서 컴퓨터용디스크, 그 밖에 이와 비슷한 정보저장매체에 저장된 것을 포함한다)를 증거로 할 수 있다. 다만 그 진술 또는 작성이 특히 신빙할 수 있는 상태하에서 행하여졌음이 증명된 때에 한한다(제314조). 이는 형사소송에서 헌법이 요구하는 적법절차의 원칙을 구현하기 위하여 사건의 실체에 대한 심증 형성은 법관의 면전에서 본래 증거에 대한 반대신문이 보장된 증거조사를 통하여 이루어져야 한다는 실질적 직접심리주의와 전문법칙을 기본원리로서 채택하면서도, 원진술자의 사망 등으로 위 원칙을 관철할 수 없는 특별한 사정이 있는 경우에는 '그 진술 또는 작성이 특히 신빙할 수 있는 상태하에서 행하여졌음이 증명된 때'에 한하여 예외적으로 증거능력을 인정하고자 하는 취지이다. 그러므로 법원이 제314조에 따라 증거능력을 인정하기 위하여는 단순히 그 진술이나 조서의 작성과정에 뚜렷한 절차적 위법이 보이지 않는다거나 진술의 임의성을 의심할 만한 구체적 사정이 없다는 것만으로는 부족하고, 이를 넘어 법정에서의 반대신문 등을 통한 검증을 굳이 거치지 않더라도 진술의 신빙성과 임의성을 충분히 담보할 수 있는 구체적이고 외부적인 정황이 있어 그에 기초하여 법원이 유죄의 심증을 형성하더라도 증거재판주의의 원칙에 어긋나지 않는다고 평가할 수 있는 정도에 이르러야 한다.[3] 나아가 이러한 법리는 원진술자의 소재불명 등을 전제로 하고 있는 제316조 제2항의 경우에도 그대로 적용된다.[4]

하지만 피고인이 된 피의자의 경우에 있어서 제314조에서 말하는 필요성의 요건을 충족하는 경우를 예상하기는 어렵다. 왜냐하면 피고인의 출석은 공판개정의 요건이고(제276조), 질병으로 인하여 출정할 수 없는 경우에는 공판절차의 정지사유에 해당하며(제306조), 피고인의 출석 없이 재판할 수 있는 경우에는 증거동의가 의제되기 때문이다(제318조 제2항). 또한 피고인이 증거서류의 진정성립을 묻는 검사의 질문에 대하여 진술거부권을 행사하여 진술을 거부한 경우는 제314조의 '그 밖에 이에 준하는 사유로 인하여 진술할 수 없는 때'에 해당하지 아니한

1) 대법원 2012. 7. 26. 선고 2012도2937 판결.

2) 대법원 2014. 4. 30. 선고 2012도725 판결.

3) 대법원 2014. 8. 26. 선고 2011도6035 판결.

4) 대법원 2017. 7. 18. 선고 2015도12981 판결.

다.[1] 그러므로 제312조 제1항 및 제2항에 의하여 증거능력이 인정되지 아니한 검사 작성의 피의자신문조서를 제314조에 의하여 증거능력을 인정할 수는 없다. 다만 공범이나 공동피고인에 대한 검사 작성의 피의자신문조서는 제312조 제4항의 적용을 받게 되므로 필요성과 특신상태가 인정된다면 제314조에 의하여 증거능력이 인정될 수 있다.[2]

3. 검사 이외의 수사기관이 작성한 피의자신문조서

(1) 의 의

검사 이외의 수사기관이 작성한 피의자신문조서는 적법한 절차와 방식에 따라 작성된 것으로서 공판준비 또는 공판기일에 그 피의자였던 피고인 또는 변호인이 그 내용을 인정할 때에 한하여 증거로 할 수 있다(제312조 제3항). 검사 이외의 수사기관이 작성한 피의자신문조서에 대하여 증거능력을 엄격히 제한하고 있는 이유는 검사 이외의 수사기관에 의한 위법수사를 억제하여 피의자의 인권을 보호하기 위한 것이다. 또한 검사는 사법경찰관 등과 달리 공판정에서 당사자로서 지위를 가지고 있다는 점에서 검사가 작성한 조서의 실질적 진정성립을 피고인이 인정한 경우라면 그 조서에 담긴 내용은 당사자 사이에 공격과 방어 및 법원에 의한 자유심증의 대상이 된다. 반면에 검사가 아닌 수사기관은 공판정에 출석하는 당사자가 아니므로 이러한 수사기관이 작성한 조서의 내용이 피고인에 의하여 인정되지 않은 상황에서 그 증거능력을 인정한다면 그 내용에 대하여 다툴 상대방이 없기 때문에 사실상 검사 작성 피의자신문조서보다도 강한 증명력을 부여하는 결과를 초래할 수 있다는 점에서도 당해 조서에 대한 내용의 인정을 별도로 요구한다고 볼 수 있다.[3] 한편 제312조 제3항은 당해 사건에서 피의자였던 피고인에 대한 검사 이외의 수사기관 작성의 피의자신문조서에만 적용되는 것은 아니고, 전혀 별개의 사건에서 피의자였던 피고인에 대한 검사 이외의 수사기관 작성의 피의자신문조서도 그 적용대상으로 하고 있는 것이라고 보아야 한다.[4]

검사 이외의 수사기관이 피의자를 신문하는 경우 그 주체는 사법경찰관이지만(제243조), 판례에 의하면 사법경찰리가 사법경찰관사무취급의 자격으로 작성한 피의자신문조서도 여기에 포함된다.[5] 또한 여기서 말하는 검사 이외의 수사기관에는 달리 특별한 사정이 없는 한 외국의 권한 있는 수사기관도 포함된다.[6] 피고인이 검사 이외의 수사기관에서 범죄 혐의로 조사받는

1) 대법원 2013. 6. 13. 선고 2012도16001 판결.

2) 대법원 2014. 8. 26. 선고 2011도6035 판결; 대법원 1999. 10. 8. 선고 99도3063 판결.

3) 배종대/홍영기, 339면.

4) 대법원 1995. 3. 24. 선고 94도2287 판결.

5) 대법원 1990. 6. 26. 선고 90도827 판결; 대법원 1982. 12. 28. 선고 82도1080 판결; 대법원 1969. 12. 9. 선고 69도1884 판결.

6) 대법원 2006. 1. 13. 선고 2003도6548 판결(사법경찰관 작성의 검증조서 중 피고인이 범행 과정을 진술 또는 재연한 부분과 피고인이 미국 수사기관에 범행을 자백한 내용과 경위에 관한 증거들, 즉, 미군 범죄수사대(CID) 수사관인 공소외 1이 작성한 수사보고서, 미국 연방수사국(FBI)의 수사관 공소외 2의 검찰 및 경찰에서의 진술, 제1심

과정에서 작성하여 제출한 진술서는 그 형식 여하를 불문하고 당해 수사기관이 작성한 피의자신문조서와 달리 볼 수 없고[1], 피고인이 수사 과정에서 범행을 자백하였다는 검사 아닌 수사기관의 진술이나 같은 내용의 수사보고서 역시 피고인이 공판 과정에서 앞서의 자백의 내용을 부인하는 이상 마찬가지로 보아야 한다.

(2) 증거능력의 인정요건

1) 적법한 절차와 방식

검사 이외의 수사기관이 작성한 피의자신문조서는 적법한 절차와 방식에 따라 작성된 것이어야 한다. 그러므로 비록 사법경찰관이 피의자에게 진술거부권을 행사할 수 있음을 알려 주고 그 행사 여부를 질문하였다고 하더라도, 제244조의3 제2항에 규정한 방식에 위반하여 진술거부권 행사 여부에 대한 피의자의 답변이 자필로 기재되어 있지 아니하거나 그 답변 부분에 피의자의 기명날인 또는 서명이 되어 있지 아니한 사법경찰관 작성의 피의자신문조서는 특별한 사정이 없는 한 제312조 제3항에서 정한 '적법한 절차와 방식에 따라 작성'된 조서라고 할 수 없으므로 그 증거능력을 인정할 수 없다.[2]

2) 내용의 인정

'내용의 인정'이란 피의자신문조서의 기재내용이 진술자가 진술한 내용과 동일하게 기재되어 있음을 인정하는데 그치지 않고, 조서의 기재내용이 객관적으로 진실하다는 사실을 인정하는 것을 말한다. 즉 제312조 제3항에서 그 내용을 인정할 때란 피의자신문조서의 기재내용이 진술내용대로 기재되어 있다는 의미가 아니고, 그와 같이 진술한 내용이 실제사실과 부합한다는 것을 의미한다.[3] 따라서 사법경찰관 작성 피의자신문조서의 실질적 진정성립을 인정하는 것만으로는 증거능력이 인정되지 아니한다.

이러한 내용의 인정은 피의자였던 피고인이나 변호인의 진술에 의하여야 한다. 그러므로 피고인이나 변호인이 피의자신문조서의 내용을 부인하는 경우에는 피고인의 진술을 녹화한 영

증인 공소외 1과 공소외 2의 각 진술 및 피고인이 공소외 1, 공소외 2 및 또 다른 미국 연방수사국 수사관 공소외 3에 의한 조사를 받는 과정에서 작성하여 위 수사관들에게 제출한 진술서는 피고인이 각 그 내용을 부인하는 이상 모두 증거로 쓸 수 없다).

1) 대법원 1987. 2. 24. 선고 86도1152 판결.

2) 대법원 2014. 4. 10. 선고 2014도1779 판결; 대법원 2013. 3. 28. 선고 2010도3359 판결.

3) 대법원 2010. 6. 24. 선고 2010도5040 판결(공소사실이 최초로 심리된 제1심 제4회 공판기일부터 피고인이 공소사실을 일관되게 부인하여 경찰 작성 피의자신문조서의 진술 내용을 인정하지 않는 경우, 제1심 제4회 공판기일에 피고인이 위 서증의 내용을 인정한 것으로 공판조서에 기재된 것은 착오 기재 등으로 보아 위 피의자신문조서의 증거능력을 부정하여야 한다); 대법원 2008. 7. 24. 선고 2008도3822 판결; 대법원 2007. 5. 10. 선고 2007도1807 판결; 대법원 2006. 5. 26. 선고 2005도6271 판결; 대법원 2004. 9. 24. 선고 2004도4389 판결; 대법원 2001. 9. 28. 선고 2001도3997 판결(피고인은 검찰 이래 원심법정에 이르기까지 이 사건 공소사실 중 감금의 점에 대하여 부인하고 있으므로, 이는 감금 부분에 대하여 자백한 취지가 포함되어 있는 경찰 작성의 피의자신문조서의 진술내용을 인정하지 않는 것이라고 보아야 할 것이고, 한편 기록에 편철된 증거목록을 보면 제1심 제1회 공판기일에서 피고인이 경찰 작성의 피의자신문조서의 내용을 인정한 것으로 기재되어 있으나, 이는 착오 기재이었거나 아니면 피고인이 그와 같이 진술한 사실이 있었다는 것을 내용인정으로 조서를 잘못 정리한 것으로 이해될 뿐 이로써 위 피의자신문조서가 증거능력을 가지게 되는 것은 아니다); 대법원 1995. 5. 23. 선고 94도1735 판결.

상녹화물을 제출하거나 피고인을 조사한 경찰관이나 조사과정에서 진술을 들은 다른 사람이 증인으로 나와서 피고인이 조서에 기재된 내용대로 진술한 사실을 증언하더라도 피의자신문조서의 증거능력은 인정되지 아니한다.[1] 또한 담당 경찰관을 상대로 검사가 작성한 '피고인이 경찰에서 범행을 자백하였다'는 내용의 진술조서[2], 피고인의 경찰수사시의 진술을 그 내용으로 하는 제3자의 증언[3] 및 그 진술조서[4] 등도 피고인이 경찰에서 조사받을 때의 진술을 그 내용으로 하는 것과 다름없기 때문에 피고인이나 변호인이 경찰에서의 진술내용을 부인하는 이상 모두 증거능력이 부정된다. 다만 이들의 증언 자체가 제316조 제1항에 의하여 조사자 증언 등의 형태로서 증거로 사용될 수 있음은 별개의 문제이다.

(3) 공범자에 대한 피의자신문조서

제312조 제3항은 검사 이외의 수사기관이 작성한 당해 피고인에 대한 피의자신문조서를 유죄의 증거로 하는 경우뿐만 아니라 검사 이외의 수사기관이 작성한 당해 피고인과 공범관계에 있는 다른 피고인이나 피의자에 대한 피의자신문조서를 당해 피고인에 대한 유죄의 증거로 채택할 경우에도 적용된다.[5] 이와 같이 당해 피고인과 공범관계에 있는 다른 공동피고인 또는 피의자에 대한 검사 이외의 수사기관이 작성한 피의자신문조서의 증거능력을 피고인에 대한 그것과 마찬가지로 엄격히 제한하여야 할 이유는 그 내용이 당해 피고인에 대한 피의자신문조서의 내용과 다름없기 때문이므로, 그 증거능력은 진정성립이 인정되는 외에 당해 피고인 또는 변호인이 그 내용을 인정하여야만 부여할 수 있는 것이며, 원진술자인 피의자 또는 그의 변호인이 내용을 인정하였다고 하여 증거능력을 부여할 수는 없는 것이다.[6] 이와 같이 보지 아니하고 원진술자인 피의자가 피고인에 대한 형사 피고사건의 법정에 나와 그 내용을 인정하게 되면 증거능력이 부여된다고 보게 되면 형사재판이 각각 별도로 이루어진 경우 자기에 대한 형사 피고사건에서는 법정에서 그 내용을 부인하여 유죄의 증거가 되지 아니한 피의자신문조서도 공범관계에 있는 다른 피고인에 대한 관계에 있어서는 유죄의 증거가 될 수 있는 불합리하고 불공평한 결과가 생길 수 있다. 또한 그 피의자에 대한 형사 피고사건에서 피고인이 되었던 그 피의자 또는 변호인이 내용을 인정한 바 있다고 하여 이를 다른 피고인에 대한 형사 피고사건의 증거로 할 수 있다고 본다면 당해 피고인의 반대신문 기회도 없었던 진술만으로 증거능력을 인정하는 것이 될 것이 아니라 만일 그 피의자에 대한 형사사건에서 유죄의 증거로 되었던 이유가 그의 변호인이 피의자신문조서의 내용을 인정하였기 때문인 경우라면 당해 피고인으로서는 자기의 변호인도 아닌 사람의 소송행위로 불이익을 받는 결과가 되어 부당하기

1) 대법원 2001. 3. 27. 선고 2000도4383 판결.
2) 대법원 2002. 8. 23. 선고 2002도2112 판결; 대법원 1979. 5. 8. 선고 79도493 판결.
3) 대법원 1983. 7. 26. 선고 82도385 판결.
4) 대법원 1994. 9. 27. 선고 94도1905 판결.
5) 대법원 2010. 1. 28. 선고 2009도10139 판결.
6) 공동피고인 진술의 증거능력에 대하여 보다 자세한 논의로는 정웅석/최창호, 591~602면 참조.

때문이다.[1)]

따라서 당해 피고인과 공범관계가 있는 다른 피의자에 대하여 검사 이외의 수사기관이 작성한 피의자신문조서는 그 피의자의 법정진술에 의하여 그 성립의 진정이 인정되는 등 제312조 제4항의 요건을 갖춘 경우라고 하더라도 당해 피고인이 공판기일에서 그 조서의 내용을 부인한 이상 이를 유죄 인정의 증거로 사용할 수 없다.[2)] 그리고 이러한 경우 그 공동피고인이 법정에서 경찰수사 도중 피의자신문조서에 기재된 것과 같은 내용으로 진술하였다는 취지로 증언하였다고 하더라도, 이러한 증언은 원진술자인 공동피고인이 그 자신에 대한 경찰 작성의 피의자신문조서의 진정성립을 인정하는 취지에 불과하여 위 조서와 분리하여 독자적인 증거가치를 인정할 것은 아니므로, 위 조서의 증거능력이 부정되는 이상 위와 같은 증언 역시 이를 유죄 인정의 증거로 쓸 수 없다.[3)]

반면에 공범 아닌 공동피고인에 대한 사법경찰관 작성 피의자신문조서에는 제312조 제4항이 적용된다. 왜냐하면 공범 아닌 공동피고인은 사안을 공통으로 체험하지 아니하였으므로, 그를 상대로 작성된 피의자신문조서에 대해서 해당 피고인이 내용을 인정하는 데에는 사실상의 한계가 있기 때문이다.

4. 진술조서

(1) 의 의

'진술조서'(陳述調書)란 검사 또는 사법경찰관이 피고인이 아닌 자의 진술을 기재한 조서를 말하는데, 참고인진술조서가 그 대표적인 예이다. 진술조서는 피의자신문조서와 달리 작성 주체가 검사이든 사법경찰관이든 증거능력의 인정요건이 동일하다. 공범자에 대한 검사 작성의 피의자신문조서는 공범자가 공동피고인인지의 여부를 묻지 아니하고 진술조서에 해당한다. 반면에 사법경찰관 작성의 피의자신문조서는 공범 아닌 자에 대한 것만 피고인에 대한 관계에서 진술조서로 취급된다. 왜냐하면 공범자에 대한 사법경찰관 작성의 피의자신문조서는 제312조 제3항이 적용되기 때문이다.[4)] 한편 피의자 아닌 자가 스스로 작성한 진술서라도 수사과정에서

1) 대법원 1986. 11. 1. 선고 86도1783 판결.

2) 대법원 2019. 11. 14. 선고 2019도11552 판결(피고인은 원심공동피고인 2와 새마을금고법 위반죄의 공범으로 기소된 사실, 피고인은 제1심 제2회 공판기일에서 검사가 증거로 제출한 사법경찰관 작성의 원심공동피고인 2에 대한 피의자신문조서 및 진술조서의 내용을 모두 부인한 사실을 알 수 있는바, 원심공동피고인 2가 법정에 출석하여 위 피의자신문조서 및 진술조서의 성립의 진정을 인정하였다고 하더라도 피고인이 그 조서의 내용을 부인한 이상 이는 증거능력이 없다); 대법원 2015. 10. 29. 선고 2014도5939 판결; 대법원 2014. 4. 10. 선고 2014도1779 판결; 대법원 2010. 7. 29. 선고 2008도4449 판결; 대법원 2010. 2. 25. 선고 2009도14409 판결; 대법원 2009. 10. 15. 선고 2009도1889 판결; 대법원 2009. 7. 9. 선고 2009도2865 판결; 대법원 2008. 9. 2. 선고 2008도5189 판결; 대법원 2008. 2. 14. 선고 2005도4202 판결; 대법원 2005. 6. 24. 선고 2005도2601 판결; 대법원 2004. 7. 15. 선고 2003도7185 전원합의체 판결; 대법원 1996. 7. 12. 선고 96도667 판결.

3) 대법원 2009. 10. 15. 선고 2009도1889 판결.

4) 대법원 2009. 11. 26. 선고 2009도6602 판결(제312조 제3항은 검사 이외의 수사기관이 작성한 당해 피고인에 대한

작성한 것이라면 명칭을 불문하고 진술조서로 취급된다.[1)]

진술조서에 대하여는 '피의자의 진술은 조서에 기재하여야 한다.'와 같은 형식의 제한이 없다. 다만 성폭력특례법 제30조 제6항 및 청소년성보호법 제26조 제6항에서 예외적으로 19세 미만 또는 장애피해자의 진술을 영상물에 의하여 증거로 제출할 수 있다고 규정하고 있다. 이러한 특별규정의 취지에 비추어 보면, 일반적인 경우에는 진술조서 대신 녹음이나 영상녹화물을 증거로 제출할 수 없다.[2)]

(2) 증거능력의 인정요건

검사 또는 사법경찰관이 피고인이 아닌 자의 진술을 기재한 조서는 적법한 절차와 방식에 따라 작성된 것으로서 그 조서가 검사 또는 사법경찰관 앞에서 진술한 내용과 동일하게 기재되어 있음이 원진술자의 공판준비 또는 공판기일에서의 진술이나 영상녹화물 또는 그 밖의 객관적인 방법에 의하여 증명되고, 피고인 또는 변호인이 공판준비 또는 공판기일에 그 기재 내용에 관하여 원진술자를 신문할 수 있었던 때에는 증거로 할 수 있다. 다만 그 조서에 기재된 진술이 특히 신빙할 수 있는 상태하에서 행하여졌음이 증명된 때에 한한다(제312조 제4항).

1) 적법한 절차와 방식

검사와 사법경찰관이 작성한 진술조서는 적법한 절차와 방식에 따라 작성된 것이어야 한다. '적법한 절차와 방식'이란 형사소송법이 정한 제반 절차를 준수하고 조서의 작성방식에도 어긋남이 없어야 한다는 것을 말하는데, 진술자의 간인과 서명날인의 진정이라는 형식적 진정성립뿐만 아니라 조서의 작성방법(제48조), 제3자의 출석요구에 관한 규정(제221조), 수사과정의 기록에 관한 규정(제244조의4)에 따라 작성된 것 등을 모두 포함한다.[3)] 그러므로 서명 또는 날인

피의자신문조서를 유죄의 증거로 하는 경우뿐만 아니라 검사 이외의 수사기관이 작성한 당해 피고인과 공범관계에 있는 다른 피고인이나 피의자에 대한 피의자신문조서 또는 공동피의자에 대한 피의자신문조서를 당해 피고인에 대한 유죄의 증거로 채택할 경우에도 적용되는바, 당해 피고인과 공범관계가 있는 다른 피의자에 대한 검사 이외의 수사기관 작성의 피의자신문조서는 그 피의자의 법정진술에 의하여 그 성립의 진정이 인정되더라도 당해 피고인이 공판기일에서 그 조서의 내용을 부인하면 증거능력이 부정된다).

1) 대법원 2015. 4. 23. 선고 2013도3790 판결.

2) 대법원 2014. 7. 10. 선고 2012도5041 판결(2007. 6. 1. 법률 제8496호로 개정되기 전의 형사소송법에는 없던 수사기관에 의한 피의자 아닌 자(이하 '참고인'이라 한다) 진술의 영상녹화를 새로 정하면서 그 용도를 참고인에 대한 진술조서의 실질적 진정성립을 증명하거나 참고인의 기억을 환기시키기 위한 것으로 한정하고 있는 현행 형사소송법의 규정 내용을 영상물에 수록된 성범죄 피해자의 진술에 대하여 독립적인 증거능력을 인정하고 있는 성폭력특례법 제30조 제6항 또는 청소년성보호법 제26조 제6항의 규정과 대비하여 보면, 수사기관이 참고인을 조사하는 과정에서 제221조 제1항에 따라 작성한 영상녹화물은, 다른 법률에서 달리 규정하고 있는 등의 특별한 사정이 없는 한, 공소사실을 직접 증명할 수 있는 독립적인 증거로 사용될 수는 없다고 해석함이 타당하다).

3) 대법원 2017. 7. 18. 선고 2015도12981 판결(스리랑카인 공소외 1에 대한 제2회 검찰 진술조서 중 스리랑카인 공소외 2의 진술 부분이 형사소송법 제244조의4 제3항에서 정하고 있는 적법한 절차와 방식에 따라 작성된 것이 아니고, 이를 증거로 사용하는 데 피고인이 동의하지 않았다는 이유로 증거능력을 부정하였다); 대법원 2015. 4. 23. 선고 2013도3790 판결; 대법원 2014. 4. 10. 선고 2014도1779 판결; 대법원 1997. 4. 11. 선고 96도2865 판결(사법경찰리 작성의 피해자에 대한 진술조서가 피해자의 화상으로 인한 서명불능을 이유로 입회하고 있던 피해자의 동생에게 대신 읽어 주고 그 동생으로 하여금 서명날인하게 하는 방법으로 작성된 경우, 이는 제313조 제1항 소정의 형식적 요건을 결여한 서류로서 증거로 사용할 수 없다).

이 없는 진술조서[1], 진술자 본인의 것이 아니라 동생이 대신 서명날인한 진술조서[2] 등은 적법한 절차와 방식에 따르지 않아 증거능력이 부정된다.

한편 형사소송법은 조서에 진술자의 실명 등 인적 사항을 확인하여 이를 그대로 밝혀 기재할 것을 요구하는 규정을 따로 두고 있지는 아니하다. 따라서 「특정범죄신고자 등 보호법」 등에서처럼 명시적으로 진술자의 인적 사항의 전부 또는 일부의 기재를 생략할 수 있도록 한 경우가 아니라 하더라도, 진술자와 피고인의 관계·범죄의 종류·진술자 보호의 필요성 등 여러 사정으로 볼 때 상당한 이유가 있는 경우에는 수사기관이 진술자의 성명을 가명으로 기재하여 조서를 작성하였다고 해서 그 이유만으로 그 조서가 '적법한 절차와 방식'에 따라 작성되지 않았다고 할 것은 아니다. 그러한 조서라도 공판기일 등에 원진술자가 출석하여 자신의 진술을 기재한 조서임을 확인함과 아울러 그 조서의 실질적 진정성립을 인정하고 나아가 그에 대한 반대신문이 이루어지는 등 제312조 제4항에서 규정한 조서의 증거능력 인정에 관한 다른 요건이 모두 갖추어진 이상 그 증거능력을 부정할 것은 아니다.[3]

2) 실질적 진정성립

진술조서가 검사 또는 사법경찰관 앞에서 진술한 내용과 동일하게 기재되어 있음이 원진술자의 공판준비 또는 공판기일에서의 진술이나 영상녹화물 또는 그 밖의 객관적인 방법에 의하여 증명되어야 한다.[4] 원진술자가 조서의 실질적 진정성립을 인정한 이상 내용을 부인하거나 내용과 다른 진술을 하여도 증거능력이 인정된다.[5] 진술조서는 공판정에서 원진술자의 진술에 의하여 그 성립의 진정함이 인정된 것이 아니면 설사 공판정에서 피고인이 그 성립을 인정하여도 이를 증거로 할 수 있음에 동의한 것이 아닌 이상 증거로 할 수 없다.[6] 원진술자의 인정진술은 그 진술 자체가 증거능력이 있어야 한다. 그러므로 필요적 변호사건에서 변호인 없이 이루어진 증인신문으로 원진술자가 진정성립을 인정한 진술조서는 증거능력이 없다.[7]

진술조서의 실질적 진정성립을 인정하기 위한 원진술자의 진술은 증인신문과정에서 당해 진술조서의 내용을 열람하거나 고지받은 다음 그 진술조서의 내용이 자기가 진술한 대로 작성된 것이라는 점을 인정하는 것이어야 한다.[8] 따라서 원진술자가 공판기일에 증인으로 출석하여 검사의 신문에 대하여 수사기관에서 사실대로 진술하고 그 내용을 확인한 후 서명날인하였

1) 대법원 1993. 4. 23. 선고 92도2908 판결.

2) 대법원 1997. 4. 11. 선고 96도2865 판결.

3) 대법원 2012. 5. 24. 선고 2011도7757 판결.

4) 대법원 1976. 9. 28. 선고 76도2118 판결(증인 등이 공판정에서 증인으로 진술함에 있어서 검사 심문에 대하여 단지 검찰, 경찰에서 이 건에 대하여 사실대로 진술하고 그 진술조서에 서명무인한 사실이 있다는 취지의 진술만으로서는 동인 등의 검찰과 경찰에서의 진술조서의 진정성립을 인정하기에는 부족하다).

5) 대법원 2001. 9. 14. 선고 2001도1550 판결; 대법원 2000. 8. 18. 선고 2000도2943 판결.

6) 대법원 1983. 8. 23. 선고 83도196 판결; 대법원 1967. 4. 18. 선고 67도231 판결.

7) 대법원 1999. 4. 23. 선고 99도915 판결.

8) 대법원 1994. 11. 11. 선고 94도343 판결.

다는 취지로 증언하고 있을 뿐이어서, 과연 위 진술이 조서의 진정성립을 인정하는 취지인지 분명하지 아니하므로 위 진술만으로는 각 조서의 진정성립을 인정하기에 부족하다.[1] 즉 조서에 기재된 내용이 진술한 내용과 틀림없다는 것까지 진술되어야 한다.

또한 공범이나 제3자에 대한 검사 작성의 피의자신문조서등본이 증거로 제출된 경우 이는 당해 피고인에게는 진술조서로 취급된다. 그러므로 피고인이 공범이나 제3자에 대한 피의자신문조서를 증거로 함에 동의하지 않는 이상, 원진술자인 공범이나 제3자가 각기 자신에 대한 공판절차나 다른 공범에 대한 형사공판의 증인신문절차에서 위 수사서류의 진정성립을 인정해 놓은 것만으로는 증거능력을 부여할 수 없고, 반드시 공범이나 제3자가 현재의 사건에 증인으로 출석하여 그 서류의 성립의 진정을 인정하여야 증거능력이 인정된다.[2]

3) 반대신문의 기회보장

진술조서의 증거능력이 인정되기 위해서는 피고인 또는 변호인이 공판준비 또는 공판기일에 진술조서의 기재내용에 관하여 원진술자를 신문할 수 있었어야 한다. 수사기관이 원진술자의 진술을 기재한 조서는 원본증거인 원진술자의 진술에 비하여 본질적으로 낮은 정도의 증명력을 가질 수밖에 없다는 한계를 지니는 것이고, 특히 원진술자의 법정 출석 및 반대신문이 이루어지지 못한 경우에는 그 진술이 기재된 조서는 법관의 올바른 심증 형성의 기초가 될 만한 진정한 증거가치를 가진 것으로 인정받을 수 없는 것이 원칙이다.[3] 하지만 피고인 또는 변호인에게 반대신문의 기회가 보장되면 족하고, 반드시 현실적으로 반대신문이 행해졌어야 하는 것은 아니다.[4] 참고인진술조서가 증거능력이 인정되기 위해서는 조서에 대한 증거조사 이전에 증인신문이 있어야 하고, 이 과정에서 반대신문의 기회가 보장되어야 한다.[5]

---

1) 대법원 2013. 8. 14. 선고 2012도13665 판결; 대법원 1996. 10. 15. 선고 96도1301 판결; 대법원 1982. 10. 12. 선고 82도1865 판결; 대법원 1979. 11. 27. 선고 76도3962 전원합의체 판결; 대법원 1976. 9. 28. 선고 76도2118 판결; 대법원 1976. 4. 13. 선고 76도500 판결.

2) 대법원 1999. 10. 8. 선고 99도3063 판결.

3) 대법원 2006. 12. 8. 선고 2005도9730 판결(피고인이 공소사실 및 이를 뒷받침하는 수사기관이 원진술자의 진술을 기재한 조서 내용을 부인하였음에도 불구하고, 원진술자의 법정 출석과 피고인에 의한 반대신문이 이루어지지 못하였다면, 그 조서에 기재된 진술이 직접 경험한 사실을 구체적인 경위와 정황의 세세한 부분까지 정확하고 상세하게 묘사하고 있어 구태여 반대신문을 거치지 않더라도 진술의 정확한 취지를 명확히 인식할 수 있고 그 내용이 경험칙에 부합하는 등 신빙성에 의문이 없어 조서의 형식과 내용에 비추어 강한 증명력을 인정할 만한 특별한 사정이 있거나, 그 조서에 기재된 진술의 신빙성과 증명력을 뒷받침할 만한 다른 유력한 증거가 따로 존재하는 등의 예외적인 경우가 아닌 이상, 그 조서는 진정한 증거가치를 가진 것으로 인정받을 수 없는 것이어서 이를 주된 증거로 하여 공소사실을 인정하는 것은 원칙적으로 허용될 수 없다. 이는 원진술자의 사망이나 질병 등으로 인하여 원진술자의 법정 출석 및 반대신문이 이루어지지 못한 경우는 물론 수사기관의 조서를 증거로 함에 피고인이 동의한 경우에도 마찬가지이다).

4) 이에 대하여 단순히 반대신문의 기회를 준 데 그치지 않고 실제로 피고인 측이 반대신문권을 행사할 수 있었을 것을 요한다는 견해로는 신양균/조기영, 848면. 이에 의하면, 원진술자가 공판정에 증인으로 출석하여 피고인 또는 변호인의 반대신문에 대하여 의도적으로 증언을 회피하거나 묵묵부답으로 일관하며서 증언을 거부하는 경우에는 '원진술자를 신문할 수 있었을 때'라고 볼 수 없으므로 반대신문의 기회가 보장되지 않았다고 보아야 한다.

5) 조서에 대한 증거조사는 증인에 대한 증인신문 이후에 이루어진다. 수사서류보다 증인을 먼저 조사하므로 조서재판을 극복하는 방안 중의 하나라고 할 수 있다(김인회, 501면).

한편 반대신문권의 보장은 형식적·절차적인 것이 아니라 실질적·효과적인 것이어야 한다.[1] 그러므로 원진술자가 증인으로 출석하여 증언을 거부한 경우에는 원진술자에 대한 반대신문의 기회보장 여건을 충족하지 못한 것이 된다. 왜냐하면 실질적인 반대신문의 기회가 보장되지 않는 한 진술조서의 진술내용의 모순이나 불합리를 드러내는 것이 불가능하기 때문이다. 따라서 원진술자가 피고인의 반대신문에 대해 증언을 거부한 경우와 같이 증인에 의하여 실질적인 반대신문의 기회가 봉쇄된 경우에는 그 진술조서 자체는 증거능력이 부정된다. 이는 반대신문에 대한 원진술자의 답변 거부가 정당한 증언거부권의 행사이든 정당한 이유가 없는 사실상 증언거부이든 마찬가지이다. 다만 증인이 피고인의 반대신문에 대하여 답변을 하지 아니함으로써 묵비한 경우에도 주신문의 법정증언 자체는 증거능력이 인정될 수 있다.

4) 특신상태

진술조서에 기재된 진술이 특히 신빙할 수 있는 상태 하에서 행하여졌음이 증명되어야 한다.[2] 여기서 '특히 신빙할 수 있는 상태하에서 행하여졌음에 대한 증명'은 단지 그러할 개연성이 있다는 정도로는 부족하고, 합리적인 의심의 여지를 배제할 정도에 이르러야 한다.[3]

(3) 피고인 또는 증인에 대한 진술조서

1) 피고인에 대한 진술조서

검사 작성의 피고인에 대한 진술조서가 공소제기 후에 작성된 것이라는 이유만으로는 곧 그 증거능력이 없다고 할 수 없다.[4] 한편 공소제기 후의 피고인에 대한 검사 작성 조서가 '진술조서, 진술서, 자술서'라는 형식을 취하였다고 하더라도 피의자신문조서와 달리 볼 수 없다.[5] 그리고 이는 검사 이외의 수사기관이 작성한 당해 피고인에 대한 피의자신문조서를 유죄의 증거로 하는 경우뿐만 아니라 검사 이외의 수사기관이 작성한 당해 피고인과 공범관계가 있는 다른 피고인 또는 피의자에 대한 피의자신문조서를 피고인에 대한 유죄의 증거로 하는 경우에도

---

1) 대법원 2001. 9. 14. 선고 2001도1550 판결.

2) 대법원 2015. 10. 29. 선고 2014도5939 판결(공소외 1에 대하여 특별사법경찰관이 작성한 각 진술조서 중 피고인과 공범관계에 있는 공소사실에 관한 부분을 제외한 나머지 부분과 검사가 작성한 각 진술조서는, 공소외 1이 부당하게 장기간 계속된 사실상의 구금 상태에 있었음에도 변호인의 조력을 받을 권리도 보장받지 못한 채 심리적 불안감과 위축 속에서 수사관의 회유에 넘어가 진술한 것으로서 그 진술이 특히 신빙할 수 있는 상태하에서 행하여졌다고 보기 어려워 증거능력이 없다); 대법원 2011. 7. 14. 선고 2011도3809 판결(검찰관이 피고인을 뇌물수수 혐의로 기소한 후, 형사사법공조절차를 거치지 아니한 채 과테말라공화국에 현지출장하여 그곳 호텔에서 뇌물공여자 甲을 상대로 참고인진술조서를 작성한 사안에서, 甲이 자유스러운 분위기에서 임의수사 형태로 조사에 응하였고 조서에 직접 서명·무인하였다는 사정만으로 특신상태를 인정하기에 부족할 뿐만 아니라, 검찰관이 군사법원의 증거조사절차 외에서, 그것도 형사사법공조절차나 과테말라공화국 주재 우리나라 영사를 통한 조사 등의 방법을 택하지 않고 직접 현지에 가서 조사를 실시한 것은 수사의 정형적 형태를 벗어난 것이라고 볼 수 있는 점 등 제반 사정에 비추어 볼 때, 진술이 특별히 신빙할 수 있는 상태에서 이루어졌다는 점에 관한 증명이 있다고 보기 어려워 甲의 진술조서는 증거능력이 인정되지 아니하므로, 이를 유죄의 증거로 삼을 수 없다).

3) 대법원 2014. 2. 21. 선고 2013도12652 판결.

4) 대법원 1984. 9. 25. 선고 84도1646 판결; 대법원 1982. 6. 8. 선고 82도754 판결.

5) 대법원 2010. 5. 27. 선고 2010도1755 판결; 대법원 2009. 8. 20. 선고 2008도8213 판결; 대법원 2004. 9. 3. 선고 2004도3588 판결.

적용된다.[1] 하지만 이에 대하여 공소제기 후에 검사가 대등한 당사자인 피고인을 신문하는 것은 피고인을 피의자와 동일시하는 것으로서 당사자주의와 일치할 수 없고, 피고인의 방어권을 침해하여 공정한 재판의 이념에도 반하여 위법하게 수집한 증거로서 증거능력을 부정해야 한다고 보는 견해[2]가 있다.

2) 증인에 대한 진술조서

공판준비 또는 공판기일에서 이미 증언을 마친 증인을 검사가 소환한 후 피고인에게 유리한 그 증언 내용을 추궁하여 이를 일방적으로 번복시키는 방식으로 작성한 진술조서를 유죄의 증거로 삼는 것은 당사자주의·공판중심주의·직접주의를 지향하는 현행 형사소송법의 소송구조에 어긋나는 것일 뿐만 아니라 헌법 제27조가 보장하는 기본권, 즉 법관의 면전에서 모든 증거자료가 조사·진술되고 이에 대하여 피고인이 공격·방어할 수 있는 기회가 실질적으로 부여되는 재판을 받을 권리를 침해하는 것이므로, 이러한 진술조서는 피고인이 증거로 할 수 있음에 동의하지 아니하는 한 그 증거능력이 없다. 그 후 원진술자인 종전 증인이 다시 법정에 출석하여 증언을 하면서 그 진술조서의 성립의 진정함을 인정하고 피고인측에 반대신문의 기회가 부여되었다고 하더라도 그 증언 자체를 유죄의 증거로 할 수 있음은 별론으로 하고 위와 같은 진술조서의 증거능력이 없다는 결론은 달리할 것이 아니다.[3] 또한 이러한 법리는 검사가 공판준비기일 또는 공판기일에서 이미 증언을 마친 증인을 소환하여 피고인에게 유리한 그 증언 내용을 추궁한 다음 진술조서를 작성하는 대신 그로 하여금 본인의 증언 내용을 번복하는 내용의 진술서를 작성하도록 하여 법원에 제출한 경우에도 마찬가지로 적용된다.[4]

한편 실제로 당해 사건의 피고인이 되지 않은 자인 공범자의 진술이 기재된 검사 작성의 피의자신문조서의 경우에는 당해 사건의 피고인의 입장에서는 참고인진술조서와 실질적으로 동일한 것이기 때문에 제314조에 의하여 증거능력을 인정할 수도 있다.[5]

---

1) 대법원 2007. 10. 25. 선고 2007도6129 판결.

2) 김인회, 503면; 배종대/홍영기, 345면(반면에 피고인에게 이익이 되는 경우라면 공소제기 후 수사기관의 피고인신문이 가능하다); 이은모/김정환, 664면(다만 피고인이 자발적으로 검사의 면접을 요구한 경우 등과 같이 예외적으로 피고인신문이 허용되는 경우에는 피고인에 대한 진술조서의 증거능력이 인정될 수 있다); 이재상/조균석, 626면.

3) 대법원 2017. 5. 31. 선고 2017도1660 판결; 대법원 2013. 8. 14. 선고 2012도13665 판결; 대법원 2000. 6. 15. 선고 99도1108 전원합의체 판결.

4) 대법원 2012. 6. 14. 선고 2012도534 판결.

5) 대법원 1984. 1. 24. 선고 83도2945 판결(검사 작성의 공소외인에 대한 피의자신문조서는 제1심에서 동인에 대한 증인 소환장이 소재불명으로 송달불능이 되고 소재탐지촉탁에 의하여도 거주지를 확인할 방도가 없어 그 진술을 들을 수 없는 사정이 있고 그 조서의 내용에 의하면 특히 신빙할 수 있는 상태하에서 작성된 것으로 보여지므로 원심이 제314조에 의하여 증거능력을 인정한 조치는 정당하다).

5. 수사기관이 작성한 검증조서

(1) 의 의

수사기관이 작성한 '검증조서'(檢證調書)란 검사 또는 사법경찰관이 검증의 결과를 기재한 조서를 말한다. 수사기관의 검증에는 ① 영장에 의한 검증(제215조, 제216조 제3항), ② 영장에 의하지 않은 강제처분인 검증(제216조 제1항 및 제2항, 제217조), ③ 피검자의 승낙에 의한 승낙검증 등이 있다. 검증조서에 첨부된 도화나 사진은 검증조서와 일체가 된다.

(2) 증거능력의 인정요건

검사 또는 사법경찰관이 검증의 결과를 기재한 조서는 적법한 절차와 방식에 따라 작성된 것으로서 공판준비 또는 공판기일에서의 작성자의 진술에 따라 그 성립의 진정함이 증명된 때에는 증거로 할 수 있다(제312조 제6항). 법관의 검증조서는 무조건 증거능력이 인정되지만, 수사기관의 검증조서는 당사자의 참여권이 보장되지 않아 낮은 신용성의 보장 때문에 예외적으로 증거능력이 인정된다. 다만 수사기관이 작성한 검증조서는 검증 당시에 인식한 바를 직접 기재한 서면이므로 진술에 의하는 경우보다 정확성을 기할 수 있고, 검증 그 자체가 가치판단을 포함하지 않는 기술적인 성격을 가지기 때문에 허위가 개입될 여지가 없다는 점에서 작성자에 의한 진정성립의 인정으로 그 증거능력을 인정하는 것이다. 여기서 말하는 작성자는 당해 검증조서를 작성한 검사 또는 사법경찰관을 의미하고, 단순히 검증에 참여한 경찰관은 제외된다.[1)]

한편 당해 사건에 관하여 작성된 검증조서뿐만 아니라 다른 사건의 검증조서에 관하여도 제312조 제6항이 적용된다. 왜냐하면 수사기관이 작성한 검증조서에는 당사자의 참여권이 보장되지 못하므로 당해 사건의 검증조서이든 다른 사건의 검증조서이든 불문하고 증거능력의 인정요건에 차이를 둘 필요가 없기 때문이다.

(3) 실황조사서의 증거능력

'실황조사서'(實況調査書)란 교통사고·화재사고·산업재해사고 등의 범죄현장 기타 장소에서 수사기관이 임의수사로서 행한 실황조사의 결과를 기재한 서면을 말한다(수사지휘·준칙규정 제43조, 검찰사건사무규칙 제17조). 실황조사는 그 실질에 있어서 검증과 같지만, 검증이 원칙적으로 영장에 의해서 행해지는 강제처분임에 반하여 실황조사는 승낙에 의한 검증과 같이 수사기관의 임의처분으로 행해지는 점에서 구별된다. 또한 수사기관이 검증을 함에는 원칙적으로 피의자의 참여권이 인정되지만, 실황조사의 경우에는 그것이 인정되지 아니한다.

이러한 실황조사서가 작성된 경우 작성자의 공판기일에서의 진술에 의하여 그 성립의 진정함이 증명된다면 그 증거능력이 인정된다.[2)] 이와 같이 실황조사서는 실질적으로 검증조서와 동일하기 때문에 그 증거능력에 대해서는 검증조서에 관한 제312조 제6항이 적용된다. 왜냐하

---

1) 대법원 1990. 2. 13. 선고 89도2567 판결; 대법원 1976. 4. 13. 선고 76도500 판결.

2) 대법원 1982. 9. 14. 선고 82도1504 판결.

면 형사소송법이 검증에 대하여 원칙적으로 영장을 필요로 하고 이에 대한 엄격한 요건과 방식을 규정하고 있는 것은 검증을 받는 자의 권리를 보호하기 위한 규정이지, 검증의 내용과 방법에 대한 규정이라고 볼 수는 없기 때문이다. 그러므로 피의자이던 피고인이 사법경찰리의 면전에서 자백한 진술에 따라 사고 당시의 상황을 재현한 사진과 그 진술내용으로 된 사법경찰리 작성의 실황조사서는 피고인이 공판정에서 그 범행 재현의 상황을 모두 부인하고 있는 이상 이를 범죄사실의 인정자료로 할 수 없으며[1], 실황조사서의 내용이 사고현장을 설명하면서 수사기관의 의견을 기재한 것에 불과한 경우만으로는 증거능력을 인정할 수 없다.[2] 다만 사법경찰관 사무취급이 작성한 실황조사서가 사고발생 직후 사고장소에서 긴급을 요하여 판사의 영장 없이 시행된 것으로서 제216조 제3항에 의한 검증에 따라 작성된 것이라면 사후영장을 받지 않는 한 유죄의 증거로 삼을 수 없다.[3]

(4) 수사보고서의 증거능력

'수사보고서'(搜査報告書)란 사법경찰관리 또는 검찰수사관이 수사와 관련한 일정한 사항, 즉 수사의 경위와 결과를 내부적으로 보고하기 위하여 작성한 문서를 말한다. 외국에 거주하는 참고인과의 전화 대화내용을 문답형식으로 기재한 검찰주사보 작성의 수사보고서는 전문증거로서 제310조의2에 의하여 제311조 내지 제316조에 규정된 것 이외에는 이를 증거로 삼을 수 없는 것인데, 위 수사보고서는 제311조, 제312조, 제315조, 제316조의 적용대상이 되지 아니함이 분명하므로, 결국 제313조의 진술을 기재한 서류에 해당하여야만 제314조의 적용 여부가 문제될 것인바, 제313조가 적용되기 위하여는 그 진술을 기재한 서류에 그 진술자의 서명 또는 날인이 있어야 한다.[4] 또한 검찰관이 공판기일에 제출한 증거 중 뇌물공여자 甲이 작성한 고발장에 대하여 피고인의 변호인이 증거 부동의 의견을 밝히고, 같은 고발장을 첨부문서로 포함하고 있는 검찰주사보 작성의 수사보고에 대하여는 증거에 동의하여 증거조사가 행하여졌는데, 원심법원이 수사보고에 대한 증거동의의 효력이 첨부된 고발장에도 당연히 미친다고 보아 이를 유죄의 증거로 삼은 사안에서, 수사기관이 수사과정에서 수집한 자료를 기록에 현출시키는 방법으로 자료의 의미, 성격, 혐의사실과의 관련성 등을 수사보고의 형태로 요약·설명하고 해당 자료를 수사보고에 첨부하는 경우, 수사보고에 기재된 내용은 수사기관이 첨부한 자료를 통하여 얻은 인식·판단·추론이거나 자료의 단순한 요약에 불과하여 원 자료로부터 독립하여 공소사실에 대한 증명력을 가질 수 없고, 피고인이나 변호인도 수사보고의 증명력을 위와 같은 취지로 이해하여 공소사실을 부인하면서도 수사보고의 증거능력을 다투지 않은 것으로 보이는 등의 제반 사정에 비추어, 위 고발장은 적법한 증거신청·증거결정·증거조사 절차를 거쳤다고 볼

1) 대법원 1989. 12. 26. 선고 89도1557 판결; 대법원 1984. 5. 29. 선고 84도378 판결.
2) 대법원 1983. 6. 28. 선고 83도948 판결.
3) 대법원 1989. 3. 14. 선고 88도1399 판결.
4) 대법원 1999. 2. 26. 선고 98도2742 판결.

수 없거나 공소사실을 뒷받침하는 증명력을 가진 증거가 아니므로 이를 유죄의 증거로 삼을 수 없다.[1)]

그리고 수사보고서에 검증의 결과에 해당하는 기재가 있는 경우, 그 기재 부분은 검사가 범죄의 현장 기타 장소에서 실황조사를 한 후 작성하는 실황조서 또는 사법경찰관이 수사상 필요하다고 인정하여 범죄현장 또는 기타 장소에 임하여 실황을 조사할 때 작성하는 실황조사서에 해당하지 아니하며, 단지 수사의 경위 및 결과를 내부적으로 보고하기 위하여 작성된 서류에 불과하므로 그 안에 검증의 결과에 해당하는 기재가 있다고 하여 이를 제312조 제6항의 '검사 또는 사법경찰관이 검증의 결과를 기재한 조서'라고 할 수 없을 뿐만 아니라 이를 제312조 제5항의 '피고인 또는 피고인이 아닌 자가 작성한 진술서나 그 진술을 기재한 서류'라고 할 수도 없고, 제311조, 제315조, 제316조의 적용대상이 되지 아니함이 분명하므로 그 기재 부분은 증거로 할 수 없다.[2)]

6. 진술서

(1) 의 의

'진술서'(陳述書)란 피고인·피의자·참고인 등과 같은 서류의 작성자가 스스로 자기의 의사·사상·관념·사실관계 등을 기재한 서면을 말한다. 진술서는 피고인·피의자·참고인 등이 작성의 주체라는 점에서 법원 또는 수사기관이 작성의 주체인 진술조서와 구별된다. 또한 진술서·자술서·시말서·보고서 등 명칭은 아무런 문제가 되지 아니하며, 진술서는 당해 사건의 수사절차나 공판절차에서 작성된 것임을 요하지 아니하고, 사건과 관계없이 범행내용을 기재한 일기·메모·편지·의사가 작성한 진단서[3)]·변호사가 작성한 법률의견서[4)]·고소인이 작성한 고소장[5)] 등도 이에 해당한다. 또한 자신의 컴퓨터에 진술을 저장한 파일, 대화 상대방의 진술을 녹음한 파일, 사인 사이에서 주고받은 휴대전화의 문자 등도 이에 해당한다.

제311조 및 제312조 이외에 피고인 또는 피고인이 아닌 자가 작성한 진술서나 그 진술을 기재한 서류로서 그 작성자 또는 진술자의 자필이거나 그 서명 또는 날인이 있는 것(피고인 또는 피고인 아닌 자가 작성하였거나 진술한 내용이 포함된 문자·사진·영상 등의 정보로서 컴퓨터용디스크, 그 밖에 이와 비슷한 정보저장매체에 저장된 것을 포함한다. 이하 이 조에서 같다)은 공판준비나 공판기일에서의 그 작성자 또는 진술자의 진술에 의하여 그 성립의 진정함이 증명된 때에는 증거로 할 수 있다. 단, 피고인의 진술을 기재한 서류는 공판준비 또는 공판기일에서의 그 작성자의 진술에 의하여

1) 대법원 2011. 7. 14. 선고 2011도3809 판결.
2) 대법원 2001. 5. 29. 선고 2000도2933 판결.
3) 대법원 1967. 4. 18. 선고 67도231 판결.
4) 대법원 2012. 5. 17. 선고 2009도6788 전원합의체 판결.
5) 대법원 2012. 7. 26. 선고 2012도2937 판결.

그 성립의 진정함이 증명되고 그 진술이 특히 신빙할 수 있는 상태하에서 행하여 진 때에 한하여 피고인의 공판준비 또는 공판기일에서의 진술에 불구하고 증거로 할 수 있다(제313조 제1항). 입법론적으로 진술서와 진술기재서류는 서면의 형성경위가 매우 상이하고, 증거능력의 인정요건에도 큰 차이가 있으므로 별개의 조항으로 구분하는 것이 타당하다.

(2) 제313조의 적용범위

제312조 제1항부터 제4항까지의 규정은 피고인 또는 피고인이 아닌 자가 수사과정에서 작성한 진술서[1]에 관하여 준용한다(제312조 제5항).[2] 이에 따라 피고인이 검사의 수사과정에서 작성한 진술서는 검사 작성의 피의자신문조서에 준하여, 피고인이 경찰의 수사과정에서 작성한 진술서는 사법경찰관 작성의 피의자신문조서에 준하여, 피고인 아닌 자가 검사·경찰의 수사과정에서 작성한 진술서는 모두 참고인진술조서에 준하여 각각 증거능력이 인정된다. 결국 제313조에 의하여 증거능력이 인정되는 진술서는 수사과정 이외에서 작성한 진술서에 국한된다. 예를 들면 수사 이전에 작성한 진술서, 수사 중이라도 수사기관의 관여 없이 작성한 진술서, 공판 중에 작성한 진술서 등이 이에 해당한다. 이는 수사기관이 피의자신문조서나 진술조서의 엄격한 증거능력의 요건을 우회하기 위하여 피의자나 참고인의 진술을 진술서의 형태로 받을 가능성을 봉쇄하기 위한 것이다.

(3) 증거능력의 인정요건

1) 성립의 진정

피고인 또는 피고인이 아닌 자가 작성한 진술서로서 그 작성자의 자필이거나 서명 또는 날인이 있는 것(피고인 또는 피고인 아닌 자가 작성하였거나 진술한 내용이 포함된 문자·사진·영상 등의 정보로서 컴퓨터용디스크, 그 밖에 이와 비슷한 정보저장매체에 저장된 것을 포함한다)은 공판준비나 공판기일에서의 그 작성자 또는 진술자의 진술에 의하여 그 성립의 진정함이 증명된 때에는 증거로 할 수 있다

1) 대법원 2019. 11. 14. 선고 2019도13290 판결(피고인은 제1심 법정에서 이 부분 공소사실에 대해 자백하고 검사가 제출한 모든 서류에 대하여 증거로 함에 동의하였으며, 이는 원심에서도 그대로 유지되었다. 피고인이 위와 같이 증거로 함에 동의한 서류들 중 이 사건 휴대전화기에 대한 압수조서의 '압수경위'란에는, 이 부분 공소사실과 관련하여 "2018. 3. 26. 08:15경 지하철 ○호선 △△역 승강장 및 '가' 게이트 앞에서 경찰관이 소매치기 및 성폭력 등 지하철범죄 예방·검거를 위한 비노출 잠복 근무 중 검정재킷, 검정바지, 흰색 운동화를 착용한 20대 가량 남성이 짧은 치마를 입고 에스컬레이터를 올라가는 여성을 쫓아가 뒤에 밀착하여 치마 속으로 휴대폰을 집어넣는 등 해당 여성의 신체를 몰래 촬영하는 행동을 하였다"는 내용이 포함되어 있고, 그 하단에는 이 부분 공소사실에 관한 피고인의 범행을 직접 목격하면서 위 압수조서를 작성한 사법경찰관 및 사법경찰리의 각 기명날인이 들어가 있다. 피고인의 변호인은 원심에서 이 부분 공소사실에 대하여는 보강증거가 구비되었음을 전제로 유무죄를 다투지 않겠다는 취지의 2019. 7. 25.자 변론요지서를 제출하였다. 위와 같은 사실관계에 의하면, 이 사건 휴대전화기에 대한 압수조서 중 '압수경위'란에 기재된 상기의 내용은, 피고인이 이 부분 공소사실과 같은 범행을 저지르는 현장을 직접 목격한 사람의 진술이 담긴 것으로서 제312조 제5항에서 정한 '피고인이 아닌 자가 수사과정에서 작성한 진술서'에 준하는 것으로 볼 수 있다).

2) 과거 피의자의 진술서는 피의자신문조서와 달리 제313조 제1항의 적용을 받으면서 성립의 진정을 증거능력 인정요건으로 하고 있었다. 이에 따라 종래 사법경찰관이 피의자신문조서를 작성한 후 동 내용을 피의자로 하여금 진술서의 형태로 다시 작성하게 함으로써 피의자가 법정에서 피의자신문조서의 내용을 부인하더라도 진술서는 증거로 사용할 수 있게 하려는 편법적인 방법이 사용되었다. 이러한 관행을 탈피하기 위하여 현행법은 수사과정에서 작성한 진술서는 피의자신문조서에 준하도록 규정하게 된 것이다.

(제313조 제1항 본문).[1] 작성자의 자필이거나 서명 또는 날인이 있는 진술서는 작성자가 진정하다는 점만 확인하면 신용성이 높고, 피고인의 자백이나 불이익한 사실의 승인은 재현할 수 없어 증거로 할 필요성이 크다는 점을 고려하여 원칙적으로 작성자에 의하여 성립의 진정이 증명된 경우에는 증거로 할 수 있도록 하고 있다. 서명 또는 날인 대신에 '기명 아래 서명(싸인)'이 있는 경우도 무방하다.[2]

제313조 제1항 본문에서 말하는 성립의 진정은 형식적 진정성립과 실질적 진정성립을 포함하지만, 진술서는 작성자가 동시에 진술자이므로 실질적 진정성립의 문제는 발생할 여지가 없게 된다. 왜냐하면 형식적 진정성립은 원진술자가 해당 서류에 기재된 필적이나 서명·날인이 자신의 것임을 확인하는 것이고, 실질적 진정성립은 원진술자가 해당 서류의 기재내용이 자신의 진술내용과 일치함을 확인하는 것이기 때문이다. 그러므로 자필 등이 있다면 형식적 진정성립이 인정되는 것으로도 성립의 진정이 증명된다. 또한 진술서는 작성자가 스스로 작성하였기 때문에 '내용의 인정'을 별도로 요구하지 아니한다. 한편 '피고인 아닌 자'란 당해 피고인을 제외한 모든 제3자로서, 피해자·참고인·공범자·공동피고인 등이 이에 해당한다. 다만 '피고인 아닌 자' 가운데 '공범 아닌 공동피고인'이 진정성립을 인정하려면 증인으로서 선서하고 진술해야 한다.

2) 진정성립의 대체 증명

제313조 제1항 본문에도 불구하고 진술서의 작성자가 공판준비나 공판기일에서 그 성립의 진정을 부인하는 경우에는 과학적 분석결과에 기초한 디지털포렌식 자료·감정 등 객관적 방법으로 성립의 진정함이 증명되는 때에는 증거로 할 수 있다. 다만 피고인 아닌 자가 작성한 진술

1) 대법원 2012. 2. 9. 선고 2011도17658 판결(1심에 제출된 피고인과 공소외 2의 대화에 관한 위 녹취록은 피고인의 진술에 관한 전문증거로서 피고인이 위 녹취록에 대하여 부동의한 이 사건에서, 공소외 2가 위 대화를 자신이 녹음하였고 위 녹취록의 기재내용이 피고인의 진술내용과 맞다고 1심 법정에서 진술하였을 뿐이고, 검사가 위 녹취록 작성의 토대가 된 원본 녹음테이프 등을 증거로 제출하지도 아니하는 등 제313조 제1항에 따라 위 녹취록의 진정성립을 인정할 수 있는 요건이 전혀 갖추어지지 아니하였음을 알 수 있다. 한편 제1심은 피고인의 변호인이 위 녹취록의 기재내용을 탄핵하기 위하여 피고인의 진술내용이 녹음된 CD를 제출받아 위 녹취록의 기재내용과 그 녹음내용이 동일한지 여부에 관하여 별도의 검증을 실시한 바 있다. 그러나 위 CD는 휴대폰이나 디지털 녹음기 등에 녹음된 내용을 전자적 방법으로 전사한 사본으로 보일 뿐이고, 그것이 피고인과의 대화내용을 녹음한 원본이라거나 이를 복사하는 과정에서 그 진술내용이 편집되는 등의 인위적 개작 없이 원본의 내용 그대로 복사되었다는 점이 입증되지도 아니하였다); 대법원 2011. 9. 8. 선고 2010도7497 판결(피고인이 자신의 아들 등에게 폭행을 당하여 입원한 피해자의 병실로 찾아가 그의 母 甲과 대화하던 중 허위사실을 적시하여 피해자의 명예를 훼손하였다는 내용으로 기소된 사안에서, 원심이 유죄의 증거로 채용한 녹취록은 甲이 甲의 이웃 乙과 나눈 대화내용을 녹음한 녹음테이프 등을 기초로 작성된 것으로서, 제313조의 진술서에 준하여 피고인의 동의가 있거나 원진술자의 공판준비나 공판기일에서의 진술에 의하여 성립의 진정함이 증명되어야 증거능력을 인정할 수 있는데, 피고인이 녹취록을 증거로 함에 동의하지 않았고, 甲이 원심 법정에서 "乙이 사건 당시 피고인의 말을 다 들었다. 그래서 지금 녹취도 해왔다."고 진술하였을 뿐, 검사가 녹취록 작성의 토대가 된 대화내용을 녹음한 원본 녹음테이프 등을 증거로 제출하지 아니하고, 원진술자인 甲과 乙의 공판준비나 공판기일에서의 진술에 의하여 자신들이 진술한 대로 기재된 것이라는 점이 인정되지도 아니하는 등 제313조 제1항에 따라 녹취록의 진정성립을 인정할 수 있는 요건이 전혀 갖추어지지 않았으므로, 위 녹취록은 증거능력이 없어 이를 유죄의 증거로 사용할 수 없다).

2) 대법원 1979. 8. 31. 선고 79도1431 판결.

서는 피고인 또는 변호인이 공판준비 또는 공판기일에 그 기재 내용에 관하여 작성자를 신문할 수 있었을 것을 요한다(제313조 제2항). 예를 들면 컴퓨터나 휴대폰 등의 소유자로 의심되는 피고인 또는 제3자가 자신의 것이 아니라고 하거나 그 안에 들어 있는 내용도 자신이 작성한 것이 아니라고 주장할 때 과학적 방법을 통한 반증을 거쳐 증거로 사용하는 경우를 들 수 있다.[1] 제313조 제2항은 진술서에 대해서만 적용되고, 진술기재서류에 대해서는 그 적용이 없으므로 대체증명이 허용되지 아니한다. 그러므로 진술기재서류의 경우 원진술자가 진정성립을 부인하면 증거능력이 부정된다. 한편 제313조 제2항 단서에서는 반대신문권을 규정하면서 '피고인이 작성한 진술서'를 규율대상에 포함하고 있지 않은데, 이는 피고인 자신이 행한 진술에 대하여 반대신문권을 행사한다는 것은 논리적으로 모순이기 때문이다.

3) 특신상태

피고인의 진술을 기재한 서류는 공판준비 또는 공판기일에서의 그 작성자의 진술에 의하여 그 성립의 진정함이 증명되고 그 진술이 특히 신빙할 수 있는 상태하에서 행하여 진 때에 한하여 피고인의 공판준비 또는 공판기일에서의 진술에 불구하고 증거로 할 수 있다(제313조 제1항 단서). 그러므로 피고인 아닌 자의 진술서 또는 피고인 아닌 자의 진술을 기재한 서류는 특신상태에 대한 증명이 요구되지 아니한다.

여기서 '피고인의 진술을 기재한 서류'의 범위와 관련하여, ① 제313조 제1항 단서에서 규정하고 있는 피고인의 진술을 기재한 서류에 피고인의 진술서를 포함시키면 피고인의 진술서는 피고인의 진술에 의하여 성립의 진정함이 증명되고 특신상태가 인정되면 피고인이 그 내용을 부인하더라도 증거능력이 인정되는 결과를 초래한다는 점을 논거로 하여, 진술기재서류만을 의미한다는 견해[2], ② 피고인이 진정성립을 부인하더라도 객관적 방법으로 진정성립을 입증할 수 있게 되었기 때문에 특신상태 인정요건의 실익이 발생하였다는 점을 논거로 하여, 피고인이 작성한 진술서까지 포함한다는 견해[3] 등의 대립이 있다.

이에 대하여 판례는 「피고인의 자필로 작성된 진술서의 경우에는 서류의 작성자가 동시에 진술자이므로 진정하게 성립된 것으로 인정되어 제313조 단서에 의하여 그 진술이 특히 신빙할 수 있는 상태하에서 행하여진 때에는 증거능력이 있다.」라고 판시[4]하여, 제313조 제1항 단서에서 말하는 '피고인의 진술을 기재한 서류'에는 '피고인이 작성한 진술서'까지 포함된다는 입장을 취하고 있다.

1) 이에 대하여 수사과정에서 사법경찰관에게 제출된 피의자 진술서는 전문법칙 예외 인정을 위하여 작성자의 내용인정까지 요구되면서 객관적 입증제도도 없는 것에 비하여 수사과정 이외에서 개인적으로 작성된 피의자 진술서는 진정성립의 인정만 요구하면서 객관적 입증제도까지 인정되는 것은 형평성에 반한다는 견해로는 손동권/신이철, 630면.

2) 이은모/김정환, 670면; 이재상/조균석, 631면; 정웅석/최창호, 613면.

3) 김인회, 509면; 김정한, 657면; 이창현, 918면; 최호진, 511면.

4) 대법원 2001. 9. 4. 선고 2000도1743 판결.

생각건대 진술서의 경우에는 제312조 제2항의 완화된 요건에 따라 증거능력이 인정될 수 있지만, 제312조 제2항이 적용되지 않는 진술기재서류의 경우에도 특신상태라는 엄격한 요건을 요구하는 것은 진술서의 증거능력과 비교하여 타당하지 않다. 그러므로 제313조 제1항 단서의 '피고인의 진술을 기재한 서류'는 진술기재서류만을 의미한다고 보아야 한다.

(4) 감정서의 경우

감정의 경과와 결과를 기재한 서류도 이와 같다(제313조 제3항). '감정서'(鑑定書)란 감정의 경과와 결과를 기재한 서류를 말한다. 이러한 감정은 법원의 명령에 의한 경우(제169조)와 수사기관의 촉탁에 의한 경우(제221조)로 나누어 볼 수 있다. 법원의 감정명령을 받은 감정인은 감정보고서를 제출해야 하고(제171조), 수사기관의 촉탁을 받은 감정수탁자도 감정결과를 감정서로 보고해야 한다.[1)]

이와 같은 감정서는 진술서에 준하여 제313조 제1항 및 제2항에 의하여 증거능력이 인정되는 것이다. 즉 감정인 또는 감정수탁자의 자필이거나 그 서명 또는 날인이 있는 감정서는 공판준비나 공판기일에서의 감정인 또는 감정수탁자의 진술에 의하여 그 성립의 진정함이 증명된 때에는 증거로 할 수 있다. 감정인 또는 감정수탁자가 공판준비나 공판기일에서 그 성립의 진정을 부인하는 경우에는 과학적 분석결과에 기초한 디지털포렌식 자료·감정 등 객관적 방법으로 성립의 진정함이 증명되는 때에는 증거로 할 수 있다. 다만 피고인 또는 변호인이 공판준비 또는 공판기일에 그 기재 내용에 관하여 감정인 또는 감정수탁자를 신문할 수 있었을 것을 요한다.

7. 진술기재서류

(1) 의 의

'진술기재서류'(陳述記載書類)란 피고인 또는 피고인 아닌 자의 진술을 수사기관이나 법원 아닌 제3자가 기재한 서류를 말한다.[2)] 진술기재서류는 진술기재서·진술기재서면·진술녹취서 등으로 부르기도 하는데, 예를 들면 학교나 회사 등에서 기재한 회의록, 행정기관의 감찰공무원이 기재한 경위조서, 변호인이 피고인 등의 진술을 기재한 서면, 선거관리위원회 직원이 기재한 문답서[3)], 금융감독원 직원이 기재한 문답서[4)] 등이 이에 해당한다.

---

1) 하지만 사인이 의뢰하여 의사가 작성한 감정서 또는 진단서는 법원의 명령이나 수사기관의 촉탁에 의한 경우와 같이 신용성의 정황적 보장이 인정되지 않으므로 제313조 제3항이 아니라 진술서로 취급되어 제313조 제1항 및 제2항이 곧바로 적용된다.

2) 진술기재서류와 재전문서류는 진술자와 작성자가 불일치한다는 점에서 동일하지만, 진술기재서류는 단순전문이고, 재전문서류는 재전문이라는 점에서 차이가 있다. 즉 진술기재서류는 진술자의 진술을 작성자가 듣고 서면화한 다음, 다시 이에 대하여 진술자의 서명 또는 날인을 받는 것을 말하는데, 비록 진술자와 작성자가 다르지만 진술자 스스로 직접 서면화한 것과 다름이 없다. 반면에 재전문서류는 진술자의 진술을 작성자가 듣고 그 진술내용을 작성자가 서면화한 것 그 자체를 말하는데, 진술자의 서명이나 날인이라는 직접성 확인을 통한 간접성 해소과정이 결여됨으로써 진술자가 진술을 직접 서면화한 것과 동일하게 평가할 수 없다. 왜냐하면 재전문서류에 현출되는 서명 또는 날인은 진술자의 것이 아니라 작성자의 서명 또는 날인이기 때문이다.

3) 대법원 2014. 1. 16. 선고 2013도5441 판결.

법원이나 수사기관이 타인의 진술을 기재한 경우에도 진술기재서류라고 할 수 있으나, 이러한 경우에는 '조서'라는 명칭을 사용하고, 증거능력과 관련하여 법원의 조서에는 제311조 전단, 수사기관의 조서에는 제312조 제1항 내지 제312조 제4항이 적용되므로 제313조 제1항에서 말하는 진술기재서류는 법원이나 수사기관 아닌 자가 작성한 진술기재서류만을 의미하는 것으로 해석된다.

(2) 증거능력의 인정요건

1) 성립의 진정

피고인 또는 피고인이 아닌 자의 진술을 기재한 서류로서 그 작성자 또는 진술자의 자필이거나 서명 또는 날인이 있는 것(피고인 또는 피고인 아닌 자가 작성하였더나 진술한 내용이 포함된 문자·사진·영상 등의 정보로서 컴퓨터용디스크, 그 밖에 이와 비슷한 정보저장매체에 저장된 것을 포함한다)은 공판준비나 공판기일에서의 그 작성자 또는 진술자의 진술에 의하여 그 성립의 진정함이 증명된 때에는 증거로 할 수 있다(제313조 제1항 본문). 진술기재서류는 진술자의 서명 또는 날인이 있어야 하고, 자필의 방법은 상정할 수 없다. 또한 '그 작성자 또는 진술자의 진술에 의하여'라고 규정되어 있지만, 진술기재서류는 작성자가 아닌 원진술자의 진술에 의해서만 성립의 진정이 증명된다.

한편 피고인의 진술을 기재한 서류는 제313조 제1항 단서가 적용되는데, 단서에서 말하는 작성자는 원진술자인 피고인이 아닌 피고인의 진술을 기재한 서류의 작성자를 의미한다. 여기서 원진술자인 피고인도 성립의 진정을 인정해야 하는지 여부와 관련하여, ① 본문과 단서의 요건이 모두 중첩적으로 인정되어야 한다는 점, 제313조에 의한 증거능력의 인정은 직접주의의 예외로서 엄격하게 해석해야 한다는 점, 특신상태를 이유로 실질적 진정성립 요건을 완화하는 것은 서면 위주의 재판을 조장할 우려가 있다는 점 등을 논거로 하여, 원진술자인 피고인이 성립의 진정을 인정해야 증거능력이 인정된다고 하는 가중요건설[1], ② 진술기재서류의 내용이 피고인에게 불리하여 피고인이 진정성립을 인정하지 않는다고 하더라도 작성자의 진술에 의하여 진정성립이 증명되고 원진술의 특신상태가 인정된다면 피고인이 진정성립을 부정하고 있다는 이유만으로 증거능력을 배척할 합리적인 이유가 없다는 점을 논거로 하여, 원진술자인 피고인이 성립의 진정을 부인하더라도 증거능력이 인정된다고 하는 완화요건설[2] 등의 대립이 있다.

이에 대하여 판례는 「피고인과 피해자 사이의 대화내용에 관한 녹취서가 공소사실의 증거로 제출되어 그 녹취서의 기재내용과 녹음테이프의 녹음내용이 동일한지 여부에 관하여 법원이 검증을 실시한 경우에 증거자료가 되는 것은 녹음테이프에 녹음된 대화내용 그 자체이고, 그 중 피고인의 진술내용은 실질적으로 제311조, 제312조의 규정 이외에 피고인의 진술을 기재

4) 대법원 2015. 2. 26. 선고 2014도16973 판결.

1) 김인회, 509면; 손동권/신이철, 632면; 신양균/조기영, 861면.

2) 김정한, 655면; 이재상/조균석, 631면; 이창현, 921면; 최호진, 513면.

한 서류와 다름없어 피고인이 그 녹음테이프를 증거로 할 수 있음에 동의하지 않은 이상 그 녹음테이프 검증조서의 기재 중 피고인의 진술내용을 증거로 사용하기 위해서는 제313조 제1항 단서에 따라 공판준비 또는 공판기일에서 그 작성자인 피해자의 진술에 의하여 녹음테이프에 녹음된 피고인의 진술내용이 피고인이 진술한 대로 녹음된 것임이 증명되고 나아가 그 진술이 특히 신빙할 수 있는 상태하에서 행하여진 것임이 인정되어야 한다.」라고 판시[1]하여, 완화요건설의 입장을 취하고 있다. 생각건대 피고인이 원진술자인 경우 작성자의 진정성립 인정을 요구하기 때문에 추가적으로 '작성자 또는 원진술자의 진정성립 인정'을 요구할 실익이 없다는 점에서 완화요건설이 타당하다.

2) 특신상태

피고인의 진술을 기재한 서류는 그 진술이 특히 신빙할 수 있는 상태하에서 행하여 진 때에 한하여 피고인의 공판준비 또는 공판기일에서의 진술에 불구하고 증거로 할 수 있다(제313조 제1항 단서).

8. 제314조에 의한 증거능력의 인정

(1) 의 의

제312조 또는 제313조의 경우에 공판준비 또는 공판기일에 진술을 요하는 자가 사망·질병·외국거주·소재불명 그 밖에 이에 준하는 사유로 인하여 진술할 수 없는 때에는 그 조서 및 그 밖의 서류(피고인 또는 피고인 아닌 자가 작성하였거나 진술한 내용이 포함된 문자·사진·영상 등의 정보로서 컴퓨터용디스크, 그 밖에 이와 비슷한 정보저장매체에 저장된 것을 포함한다)를 증거로 할 수 있다. 다만 그 진술 또는 작성이 특히 신빙할 수 있는 상태하에서 행하여졌음이 증명된 때에 한한다(제314조). 제314조에 의하여 제312조의 조서나 제313조의 진술서·서류 등을 증거로 하기 위하여는 공판기일에 진술을 요하는 자가 사망·질병·외국거주·소재불명 그 밖에 이에 준하는 사유로 인하여 공판정에 출석하여 진술을 할 수 없는 경우이어야 하고, 그 진술 또는 서류의 작성이 특히 신빙할 수 있는 상태하에서 행하여진 것이어야 한다는 두 가지 요건을 갖추어야 한다. 그리고 직접주의와 전문법칙의 예외[2]를 정한 제314조의 요건 충족 여부는 엄격히 심사하여야 하고, 전문증거의 증거능력을 갖추기 위한 요건에 관한 증명책임은 검사에게 있으므로, 법원이 증인이 소재불명이거나 그 밖에 이에 준하는 사유로 인하여 진술할 수 없는 때에 해당한다고 인정할 수 있으려면, 증인의 법정 출석을 위한 가능하고도 충분한 노력을 다하였음에도 불구하고 부득이 증인의 법정 출석이 불가능하게 되었다는 사정을 검사가 증명한 경우여야 한다.[3]

---

1) 대법원 2012. 9. 13. 선고 2012도7461 판결; 대법원 2008. 12. 24. 선고 2008도9414 판결; 대법원 2008. 3. 13. 선고 2007도10804 판결; 대법원 2005. 12. 23. 선고 2005도2945 판결; 대법원 2004. 5. 27. 선고 2004도1449 판결; 대법원 2001. 10. 9. 선고 2001도3106 판결.

2) 대법원 2017. 12. 22. 선고 2016도15868 판결.

3) 대법원 2013. 10. 17. 선고 2013도5001 판결; 대법원 2013. 4. 11. 선고 2013도1435 판결(제1심법원이 증인 甲의

수사기관이 작성한 참고인 등에 대한 진술조서는 제312조 제4항에서 정한 요건을 갖추어야 예외적으로 증거능력이 인정되기 때문에 원진술자가 공판정에 나와서 성립의 진정을 인정할 수 없는 경우에는 비록 신빙성이 있는 진술조서라도 증거로 사용할 수 없는 결과가 된다. 하지만 실체적 진실발견과 소송경제의 측면에서 타당하지 않은 경우가 있으므로 다시 필요성과 신용성의 정황적 보장을 요건으로 보충적으로 진술조서의 증거능력을 인정하고 있는 것이다. 여기서 제312조 소정의 조서나 제313조 소정의 서류를 반드시 우리나라의 권한 있는 수사기관 등이 작성한 조서 및 서류에만 한정하여 볼 것은 아니고, 외국의 권한 있는 수사기관 등이 작성한 조서나 서류도 제314조 소정의 요건을 모두 갖춘 것이라면 이를 유죄의 증거로 삼을 수 있다. 그러므로 범행 직후 미합중국 주검찰 수사관이 작성한 피해자 및 공범에 대한 질문서(interrogatory)와 우리나라 법원의 형사사법공조[1]요청에 따라 미합중국 법원의 지명을 받은 수명자(미합중국 검사)가 작성한 피해자 및 공범에 대한 증언녹취서(deposition)는 이를 제315조 소정의 당연히 증거능력이 인정되는 서류로는 볼 수는 없다고 하더라도, 제312조 또는 제313조에 해당하는 조서 또는 서류로서 그 원진술자가 공판기일에서 진술을 할 수 없는 때에 해당하고, 그 각 진술 내용이나 조서 또는 서류의 작성에 허위 개입의 여지가 거의 없으며 그 진술 내용의 신빙성이나 임의성을 담보할 구체적이고 외부적인 정황이 있다고 할 것이어서 그 진술 또는 서류의 작성이 특히 신빙할 수 있는 상태하에서 행하여진 것이라고 보기에 충분하므로, 제314조의 규정에 의하여 그 증거능력을 인정할 수 있다.[2]

(2) 필요성

1) 원진술자의 사망·질병·외국거주·소재불명

제314조는 예외적으로 전문증거의 증거능력이 인정되기 위해 갖추어야 할 요건에 대하여

주소지에 송달한 증인소환장이 송달되지 아니하자 甲에 대한 소재탐지를 촉탁하여 소재탐지 불능 보고서를 제출받은 다음 甲이 '소재불명'인 경우에 해당한다고 보아 甲에 대한 경찰 및 검찰 진술조서를 증거로 채택한 사안에서, 검사가 제출한 증인신청서에 휴대전화번호가 기재되어 있고, 수사기록 중 甲에 대한 경찰 진술조서에는 집 전화번호도 기재되어 있으며, 그 이후 작성된 검찰 진술조서에는 위 휴대전화번호와 다른 휴대전화번호가 기재되어 있는데도, 검사가 직접 또는 경찰을 통하여 위 각 전화번호로 甲에게 연락하여 법정 출석의사가 있는지 확인하는 등의 방법으로 甲의 법정 출석을 위하여 상당한 노력을 기울였다는 자료가 보이지 않는 사정에 비추어, 甲의 법정 출석을 위한 가능하고도 충분한 노력을 다하였음에도 부득이 甲의 법정 출석이 불가능하게 되었다는 사정이 증명된 경우라고 볼 수 없다).

1) 대법원 2011. 7. 14. 선고 2011도3809 판결(검찰관이 피고인을 뇌물수수 혐의로 기소한 후, 형사사법공조절차를 거치지 아니한 채 과테말라공화국에 현지출장하여 그 곳 호텔에서 뇌물공여자 甲을 상대로 참고인 진술조서를 작성한 사안에서, 검찰관의 甲에 대한 참고인조사가 증거수집을 위한 수사행위에 해당하고 그 조사 장소가 우리나라가 아닌 과테말라공화국의 영역에 속하기는 하나, 조사의 상대방이 우리나라 국민이고 그가 조사에 스스로 응함으로써 조사의 방식이나 절차에 강제력이나 위력은 물론 어떠한 비자발적 요소도 개입될 여지가 없었음이 기록상 분명한 이상, 이는 서로 상대방 국민의 여행과 거주를 허용하는 우호국 사이에서 당연히 용인되는 우호국 국가기관과 그 국민 사이의 자유로운 의사연락의 한 형태에 지나지 않으므로 어떠한 영토주권 침해의 문제가 생겨날 수 없고, 더욱이 이는 우리나라와 과테말라공화국 사이의 국제법적 문제로서 피고인은 그 일방인 과테말라공화국과 국제법상 관할의 원인이 될 만한 아무런 연관성도 갖지 아니하므로, 피고인에 대한 국내 형사소송절차에서 위와 같은 사유로 인하여 위법수집증거배제법칙이 적용된다고 볼 수 없다).

2) 대법원 1997. 7. 25. 선고 97도1351 판결.

다시 그 요건마저 갖추지 않아도 되는 예외를 규정한 것이므로, 그 적용범위를 더욱 제한적으로 해석해야 한다. 그러므로 제314조가 규정하는 '사망·질병·외국거주·소재불명'은 개인의 신체적 사유나 법정 출석에 따른 장소적·거리적 제한 내지 출석을 고지할 수 없는 사정 등이 있어 물리적으로 증인이 법정에 나오는 것이 불가능하거나 나오더라도 진술을 할 수 없음이 객관적으로 분명한 경우라고 인정되어야 한다.

원진술자가 사망한 경우에는 제312조 또는 제313조에 의한 증거능력의 인정이 불가능하기 때문에 필요성이 인정되어야 하는 것은 당연하다. 원진술자의 질병은 신체적 질환뿐만 아니라 정신적 질환도 포함한다. 또한 질병은 진술을 요할 자가 공판이 계속되는 동안 임상신문이나 출장신문도 불가능할 정도의 중병임을 요한다.[1] 예를 들면 노인성치매로 인하여 기억력에 장애가 있거나 분별력을 상실한 경우는 이에 해당하지만[2], 피해자인 증인이 출산을 앞두고 있다는 이유로 출석하지 아니한 경우는 특별한 사정이 없는 한 이에 해당하지 아니한다.[3]

외국거주의 경우[4] 진술을 요할 자가 외국에 있다는 것만으로는 부족하고, 수사 과정에서 수사기관이 그 진술을 청취하면서 그 진술자의 외국거주 여부와 장래 출국 가능성을 확인하고, 만일 그 진술자의 거주지가 외국이거나 그가 가까운 장래에 출국하여 장기간 외국에 체류하는 등의 사정으로 향후 공판정에 출석하여 진술을 할 수 없는 경우가 발생할 개연성이 있다면 그 진술자의 외국 연락처를, 일시 귀국할 예정이 있다면 그 귀국 시기와 귀국시 체류 장소와 연락 방법 등을 사전에 미리 확인하고, 그 진술자에게 공판정 진술을 하기 전에는 출국을 미루거나, 출국한 후라도 공판 진행 상황에 따라 일시 귀국하여 공판정에 출석하여 진술하게끔 하는 방안을 확보하여 그 진술자로 하여금 공판정에 출석하여 진술할 기회를 충분히 제공하며, 그 밖에 그를 공판정에 출석시켜 진술하게 할 모든 수단을 강구하는 등 가능하고 상당한 수단을 다하더라도 그 진술을 요할 자를 법정에 출석하게 할 수 없는 사정이 있어야 예외적으로 그 적용이 있다.[5] 나아가 진술을 요하는 자가 외국에 거주하고 있어 공판정 출석을 거부하면서 공판정에 출석할 수 없는 사정을 밝히고 있더라도 증언 자체를 거부하는 의사가 분명한 경우가 아닌 한 거주하는 외국의 주소나 연락처 등이 파악되고, 해당 국가와 대한민국 간에 국제형사사법공조조약이 체결된 상태라면 우선 사법공조의 절차에 의하여 증인을 소환할 수 있는지를 검토해 보

1) 대법원 2006. 5. 25. 선고 2004도3619 판결.

2) 대법원 1992. 3. 13. 선고 91도2281 판결. 이에 대하여 기억상실은 증명이 곤란하고 작위가 개입될 여지가 크다는 점에서 일률적으로 인정하는 것은 곤란하다는 견해로는 정웅석/최창호, 631면.

3) 대법원 1999. 4. 23. 선고 99도915 판결.

4) 이에 대하여 참고인은 허위진술을 할 가능성이 높다는 점, 수사기관 앞에서의 참고인 진술시 피고인에게 반대신문의 기회가 없다는 점, 해외여행이 자유로운 현재의 상황, 귀국거부는 과거의 진술이 허위라는 점에 대한 반증이라는 점, 수사기관이 참고인으로부터 피고인에게 불리한 진술을 얻은 후 해외로의 도주를 방임할 수 있다는 점 등을 논거로 하여, 외국거주에 대해 일반적으로 필요성을 인정하는 것은 타당하지 않다는 견해로는 손동권/신이철, 636~637면.

5) 대법원 2008. 2. 28. 선고 2007도10004 판결; 대법원 2002. 3. 26. 선고 2001도5666 판결.

아야 하고, 소환을 할 수 없는 경우라도 외국의 법원에 사법공조로 증인신문을 실시하도록 요청하는 등의 절차를 거쳐야 하고, 이러한 절차를 전혀 시도해 보지도 아니한 것은 가능하고 상당한 수단을 다하더라도 진술을 요하는 자를 법정에 출석하게 할 수 없는 사정이 있는 때에 해당한다고 보기 어렵다.[1]

소재불명은 단순히 소환장이 주소불명 등으로 송달불능된 것만으로는 부족하다. 그러므로 증인의 주소지가 아닌 곳으로 소환장을 보내 송달불능이 되자 그 곳을 중심으로 소재탐지를 한 끝에 소재탐지불능 회보를 받은 경우[2], 원진술자가 단순히 소환에 응하지 아니한 경우[3], 소환장이 송달불능 된 자에 대하여 소재탐지촉탁을 하지 않은 경우[4], 소재탐지촉탁을 하였으나 그 회보가 오지 않은 경우[5], 주거지 아닌 곳을 중심으로 소재탐지를 한 경우[6] 등은 소재불명에 해당하지 아니한다. 하지만 송달불능이 되어 소재탐지촉탁까지 하여 소재수사를 하였음에도 불구하고, 그 소재를 확인할 수 없어 출석하지 아니한 경우[7], 원진술자에 대한 증인소환장이 송달되었으나 출석하지 아니하여 구인장을 발부하였으나 끝내 구인장의 집행이 되지 아니한 경우[8] 등은 소재불명에 해당한다.

2) 그 밖에 이에 준하는 사유

그 밖에 이에 준하는 사유는 사망·질병·외국거주·소재불명 등에 준하여 증인으로 소환될 당시부터 기억력[9]이나 분별력의 상실 상태에 있다거나 피해의 충격으로 진술하지 못하는 경우, 원진술자의 구인장 집행 불능[10]이나 가시적·위협적인 보복의 위험[11]으로 진술하지 못하는 경우 등으로 진술을 요할 자가 공판준비 또는 공판기일에 진술할 수 없는 예외적인 사유가 있어야 한다.[12]

---

1) 대법원 2016. 10. 13. 선고 2016도8137 판결; 대법원 2016. 2. 18. 선고 2015도17115 판결; 대법원 2013. 7. 26. 선고 2013도2511 판결.

2) 대법원 2006. 12. 22. 선고 2006도7479 판결; 대법원 1979. 12. 11. 선고 79도1002 판결; 대법원 1973. 10. 31. 선고 73도2124 판결.

3) 대법원 1972. 6. 27. 선고 72도969 판결.

4) 대법원 1986. 10. 28. 선고 86도1856 판결.

5) 대법원 1996. 5. 14. 선고 96도575 판결.

6) 대법원 1969. 5. 13. 선고 69도364 판결; 대법원 1967. 5. 13. 선고 69도364 판결.

7) 대법원 2010. 9. 9. 선고 2010도2602 판결; 대법원 2010. 7. 8. 선고 2008도7546 판결; 대법원 2007. 7. 26. 선고 2006도9294 판결; 대법원 2006. 10. 26. 선고 2006도5165 판결; 대법원 2004. 3. 11. 선고 2003도171 판결; 대법원 2000. 6. 9. 선고 2000도1765 판결; 대법원 1983. 5. 24. 선고 83도768 판결.

8) 대법원 1995. 6. 13. 선고 95도523 판결.

9) 대법원 2006. 4. 14. 선고 2005도9561 판결(수사기관에서 진술한 피해자인 유아가 공판정에서 진술을 하였더라도 증인신문 당시 일정한 사항에 관하여 기억이 나지 않는다는 취지로 진술하여 그 진술의 일부가 재현 불가능하게 된 경우, 제314조, 제316조 제2항에서 말하는 '원진술자가 진술을 할 수 없는 때'에 해당한다).

10) 대법원 1995. 6. 13. 선고 95도523 판결.

11) 대법원 1989. 4. 25. 선고 89도338 판결.

12) 대법원 2006. 5. 25. 선고 2004도3619 판결; 대법원 1999. 4. 27. 선고 99도800 판결; 대법원 1999. 4. 23. 선고

또한 직접주의와 전문법칙의 예외를 정한 제314조의 요건 충족 여부는 엄격히 심사하여야 하고 전문증거의 증거능력을 갖추기 위한 요건에 관한 입증책임은 검사에게 있는 것이므로, 법원이 증인에 대한 구인장 집행불능 상황을 제314조의 '기타 사유로 인하여 진술할 수 없는 때'에 해당한다고 인정할 수 있으려면, 형식적으로 구인장 집행이 불가능하다는 취지의 서면이 제출되었다는 것만으로는 부족하고, 증인에 대한 구인장의 강제력에 기하여 증인의 법정 출석을 위한 가능하고도 충분한 노력을 다하였음에도 불구하고, 부득이 증인의 법정 출석이 불가능하게 되었다는 사정을 검사가 입증한 경우여야 한다.[1)]

한편 법정에 출석한 원진술자가 증언거부권을 행사하여 증언을 거부하는 경우가 '그 밖에 이에 준하는 사유로 진술할 수 없는 때'에 해당하는지 여부가 문제되는데, 기존의 판례는 이를 인정하고 있었지만[2)], 2009도6788 전원합의체 판결로 부정하는 것으로 견해의 수정이 있었다. 즉 법정에 출석한 증인이 정당하게 증언거부권을 행사하여 증언을 거부한 경우는 제314조의 '그 밖에 이에 준하는 사유로 인하여 진술할 수 없는 때'에 해당하지 아니한다.[3)] 이에 더하여 수사기관에서 진술한 참고인이 법정에서 증언을 거부하여 피고인이 반대신문을 하지 못한 경우에는 정당하게 증언거부권을 행사한 것이 아니라도, 피고인이 증인의 증언거부 상황을 초래하였다는 등의 특별한 사정이 없는 한 제314조의 '그 밖에 이에 준하는 사유로 인하여 진술할 수 없는 때'에 해당하지 않는다고 보아야 한다.[4)] 따라서 증인이 정당하게 증언거부권을 행사하여 증언을 거부한 경우와 마찬가지로 수사기관에서 그 증인의 진술을 기재한 서류는 증거능력이 없다. 그리고 피고인이 증거서류의 진정성립을 묻는 검사의 질문에 대하여 진술거부권을 행

99도915 판결; 대법원 1992. 8. 18. 선고 92도1244 판결; 대법원 1992. 3. 13. 선고 91도2281 판결.

1) 대법원 2013. 10. 17. 선고 2013도5001 판결; 대법원 2007. 1. 11. 선고 2006도7228 판결.

2) 대법원 2006. 5. 25. 선고 2004도3619 판결; 대법원 1992. 8. 18. 선고 92도1244 판결.

3) 대법원 2012. 5. 17. 선고 2009도6788 전원합의체 판결.

4) 대법원 2019. 11. 21. 선고 2018도13945 전원합의체 판결(증인이 정당하게 증언거부권을 행사한 경우와 증언거부권의 정당한 행사가 아닌 경우를 비교하면, 피고인의 반대신문권이 보장되지 않는다는 점에서 아무런 차이가 없다. 증인의 증언거부가 정당하게 증언거부권을 행사한 것인지 여부는 피고인과는 상관없는 증인의 영역에서 일어나는 문제이고, 피고인으로서는 증언거부권이 인정되는 증인이건 증언거부권이 인정되지 않는 증인이건 상관없이 형사소송법이 정한 반대신문권이 보장되어야 한다. 증인의 증언거부권의 존부라는 우연한 사정에 따라 전문법칙의 예외규정인 제314조의 '그 밖에 이에 준하는 사유로 인하여 진술할 수 없는 때'의 해당 여부가 달라지는 것은 피고인의 형사소송절차상 지위에 심각한 불안정을 초래한다. 더구나 사안에 따라서는 증인의 증언거부에 정당한 이유가 있는지를 명확히 판별하기 쉽지 않은 경우도 있으므로, 증인이 정당하게 증언거부권을 행사했는지 여부에 따라 증인의 수사기관 조서의 증거능력에 관한 판단을 달리하는 것은 형사소송절차의 안정마저 저해할 우려가 있다. 다만 피고인이 증인의 증언거부 상황을 초래하였다는 등의 특별한 사정이 있는 경우에는 제314조의 적용을 배제할 이유가 없다. 증인이 정당하게 증언거부권을 행사한 것으로 볼 수 없는 경우를 제314조의 '그 밖에 이에 준하는 사유로 인하여 진술할 수 없는 때'에 해당한다고 보면, 참고인이 수사과정에서 피고인에게 불리한 진술을 해놓고 나중에 법정에서 증언을 거부하는 경우에는 오히려 죄가 없는 피고인이 억울하게 형사처벌을 받게 되는 결과가 발생할 수도 있다. 증인이 증언거부권이 없음에도 사실상 증언을 회피함으로써 자신이 수사기관에서 한 진술을 피고인의 면전에서 재현하지 못하는 것은 그의 수사기관에서의 진술이 허위일 수 있다는 의심을 불러일으킨다. 따라서 증인이 정당한 이유 없이 증언을 거부하는 경우에는 반대신문을 통하여 증인이 수사기관에서 한 진술의 진위 여부를 음미하여야 할 필요성이 크다).

사하여 진술을 거부한 경우도 제314조의 '그 밖에 이에 준하는 사유로 인하여 진술할 수 없는 때'에 해당하지 아니한다.[1)]

(3) 특신상태

제314조 단서에 규정된 진술 또는 작성이 특히 신빙할 수 있는 상태하에서 행하여진 때란 신용성의 정황적 보장과 같은 의미인데, 그 진술내용이나 조서 또는 서류의 작성에 허위개입의 여지가 거의 없고, 그 진술내용의 신용성이나 임의성을 담보할 구체적이고 외부적인 정황이 있는 경우를 가리킨다.[2)]

9. 당연히 증거능력이 인정되는 서류

(1) 의 의

다음에 게기한 서류는 증거로 할 수 있는데, 가족관계기록사항에 관한 증명서·공정증서등본 기타 공무원 또는 외국공무원의 직무상 증명할 수 있는 사항에 관하여 작성한 문서(제1호), 상업장부·항해일지 기타 업무상 필요로 작성한 통상문서(제2호), 기타 특히 신용할 만한 정황에 의하여 작성된 문서(제3호) 등이 그것이다(제315조). 이와 같이 제315조는 일정한 서류에 대하여 당연히 증거능력을 인정하고 있다. 원칙적으로 공무원이 직무상 작성하는 문서 또는 업무자가 업무상 작성하는 문서 등은 진술서로서 제313조에 따라 증거능력이 판단되어야 하지만, 진술서 가운데 특히 신용성이 높고 그 작성자를 증인으로 신문하는 것이 부적당하거나 의미가 없어 그 자체만으로 필요성이 인정되는 경우에는 서류작성자에 의한 진정성립의 인정이 없더라도 증거로 사용할 필요성이 있다.

1) 대법원 2013. 6. 13. 선고 2012도16001 판결.

2) 대법원 2017. 12. 22. 선고 2016도15868 판결; 대법원 2014. 8. 26. 선고 2011도6035 판결(피의자신문조서에는 피고인에 대한 공소사실을 유죄로 인정하기 위한 구성요건적 사실이나 핵심적 정황에 관한 사실들이 기재되어 있으나, 그 영상녹화물에는 위와 같은 진술이 없거나 그 내용이 다른 사실을 알 수 있는바, 이처럼 영상녹화물에 나타난 공소외인의 진술내용과 그에 대응하는 피의자신문조서의 기재 사이에 위와 같은 정도의 차이가 있다면 다른 특별한 사정이 없는 한 그 진술의 내용이나 조서의 작성이 제314조에서 말하는 '특히 신빙할 수 있는 상태하에서 행하여졌음이 증명된 때'에 해당한다고 볼 수는 없다); 대법원 2007. 6. 14. 선고 2004도5561 판결(제1심은 공소외인을 증인으로 채택하여 국내의 주소지 등으로 소환하였으나 소환장이 송달불능되었고, 공소외인이 2003. 5. 16. 미국으로 출국하여 그곳에 거주하고 있음이 밝혀지자 다시 미국 내 주소지로 증인소환장을 발송하였으나, 공소외 8이 제1심법원에 경위서를 제출하면서 장기간 귀국할 수 없음을 통보하였는바, 공소외인에 대한 특별검사 및 검사 작성의 각 진술조서와 공소외인이 작성한 각 진술서는 증인이 외국거주 등 사유로 인하여 법정에서의 신문이 불가능한 상태의 경우에 해당된다고 할 것이고, 그 진술이 이루어진 전후 사정, 그 과정과 내용 등 기록에 나타난 여러 가지 사정 등에 비추어 볼 때 그 진술내용의 신빙성이나 임의성도 인정된다고 할 것이므로, 위 각 진술조서와 진술서의 각 기재는 제314조에 의하여 증거능력이 있다); 대법원 2006. 5. 25. 선고 2004도3619 판결; 대법원 2000. 6. 9. 선고 2000도1765 판결; 대법원 1999. 11. 26. 선고 99도3786 판결; 대법원 1990. 4. 10. 선고 90도246 판결.

(2) 종 류

1) 가족관계기록사항에 관한 증명서·공정증서등본 기타 공무원 또는 외국공무원의 직무상 증명할 수 있는 사항에 관하여 작성한 문서(공권적 증명문서)

이는 '공권적 증명문서'로서 그 성질상 고도의 신용성이 보장되고, 원본을 제출하거나 공무원을 증인으로 신문하는 것이 부적당하기 때문에 그 필요성이 인정된다. 그 밖의 공권적 증명문서로는 등기부등본·초본, 인감증명, 전과조회회보, 신원증명서, 세관공무원이 작성한 범칙물자 시가감정서[1], 법원의 판결문사본[2], 외국공무원이 직무상 증명할 수 있는 사항에 관하여 작성한 문서[3], 군의관이 작성한 진단서[4], 국립과학수사연구소장이 작성한 감정의뢰회보서[5] 등을 들 수 있다. 하지만 수사기관이 작성한 문서는 이에 해당하지 아니한다.[6] 그러므로 외국 수사기관의 수사결과는 당연히 증거능력이 인정되는 서류라고 할 수 없다.[7]

한편 공무원이 공무를 수행하는 과정에서 작성된 것이라고 하더라도 그 목적이 공적인 증명에 있다기보다는 상급자 등에 대한 보고에 있는 것이라면 엄격한 증빙서류를 바탕으로 하여 작성된 것이라고 할 수 없으므로, 위와 같은 내용의 문서는 제315조에 의하여 당연히 증거능력이 있는 서류라고 할 수는 없다.[8]

2) 상업장부·항해일지 기타 업무상 필요로 작성한 통상문서(업무상 통상문서)

상업장부·항해일지·진료일지·진료기록부·영업용 컴퓨터기록[9]·전표·대차대조표·통계표 또는 이와 유사한 금전출납부 등과 같이 범죄사실의 인정 여부와는 관계없이 자기에게 맡겨진 사무를 처리한 내역을 그때그때 계속적·기계적으로 기재한 문서는 사무처리 내역을 증명하기

---

1) 대법원 1985. 4. 9. 선고 85도225 판결.

2) 대법원 1981. 11. 24. 선고 81도2591 판결.

3) 대법원 1984. 2. 28. 선고 83도3145 판결.

4) 대법원 1972. 6. 13. 선고 72도922 판결.

5) 대법원 1982. 9. 14. 선고 82도1504 판결(국립과학수사연구소장 작성의 감정의뢰 회보서와 사법경찰관 사무취급 작성의 실황조사서를 유죄의 증거로 거시하고 있는바 기록에 의하면 피고인이 위 각 서류를 증거로 함에 동의하지 않았음은 소론과 같으나 위 회보서는 공무원인 위 연구소장이 직무상 증명할 수 있는 사항에 관하여 작성한 문서라고 할 것이므로 당연히 증거능력 있는 서류라고 할 것이다).

6) 대법원 1978. 5. 23. 선고 78도575 판결(검사의 공소장은 법원에 대하여 형사재판을 청구하는 서류로서 그 기재내용이 실체적 사실인정의 증거자료가 될 수는 없다).

7) 대법원 1979. 9. 25. 선고 79도1852 판결.

8) 대법원 2007. 12. 13. 선고 2007도7257 판결.

9) 대법원 2007. 7. 26. 선고 2007도3219 판결(피고인에 관한 메모리카드의 출력물을 유죄의 증거로 삼고 있는 것이 아니라 단지 위 메모리카드의 출처와 그 기록의 주체, 경위, 위 메모리카드에 저장된 내용 및 그 진위 등에 관한 공소외 2, 3의 각 증언 및 각 피의자신문조서상의 진술기재를 유죄의 증거로 삼고 있음이 명백한데, 위 메모리카드에 기재된 내용은 공소외 2가 고용한 성매매 여성들이 성매매를 업으로 하면서 영업에 참고하기 위하여 성매매를 전후하여 상대 남성의 아이디와 전화번호 및 성매매방법 등을 메모지에 적어두었다가 직접 또는 공소외 2가 고용한 또 다른 여직원이 입력하여 작성된 것임을 알 수 있는바, 이는 실질적으로 형사소송법 제315조 제2호 소정의 영업상 필요로 작성된 통상문서로서 그 자체가 당연히 증거능력 있는 문서에 해당한다고 할 것이니, 그 내용에 관한 공소외 2, 3의 각 증언 및 피의자신문조서상의 진술기재 역시 증거능력이 없다고 할 수 없다).

위하여 존재하는 문서로서 제315조 제2호에 의하여 당연히 증거능력이 인정된다. 일상적인 업무과정에서 작성되는 이러한 문서는 업무의 기계적 반복성으로 인하여 허위가 개입될 여지가 적고, 문서의 성질에 비추어 고도의 신용성이 인정되어 반대신문의 필요가 없거나 작성자를 소환해도 서면제출 이상의 의미가 없는 것들에 해당하기 때문에 당연히 증거능력이 인정된다. 어떠한 문서가 제315조 제2호가 정하는 업무상 통상문서에 해당하는지를 구체적으로 판단함에 있어서는, 제315조 제2호 및 제3호의 입법 취지를 참작하여 당해 문서가 정규적·규칙적으로 이루어지는 업무활동으로부터 나온 것인지 여부, 당해 문서를 작성하는 것이 일상적인 업무 관행 또는 직무상 강제되는 것인지 여부, 당해 문서에 기재된 정보가 취득된 즉시 또는 그 직후에 이루어져 정확성이 보장될 수 있는 것인지 여부, 당해 문서의 기록이 비교적 기계적으로 행하여지는 것이어서 기록 과정에 기록자의 주관적 개입의 여지가 거의 없다고 볼 수 있는지 여부, 당해 문서가 공시성이 있는 등으로 사후적으로 내용의 정확성을 확인·검증할 기회가 있어 신용성이 담보되어 있는지 여부 등을 종합적으로 고려하여야 한다.[1] 다만 의사가 작성한 진단서는 업무상 필요에 의하여 순차적·기계적으로 작성되는 것이 아니라 전문지식에 의하여 개별적으로 작성되는 것이므로 특히 신용할 수 있는 정황에 의하여 작성된 문서라고 볼 수 없기 때문에 제313조 제1항에 해당하는 경우에 한하여 증거로 사용할 수 있다.[2]

3) 기타 특히 신용할 만한 정황에 의하여 작성된 문서

공권적인 증명문서 또는 업무상 통상문서에 해당하지 않는 경우라고 할지라도 이에 준할 정도의 고도의 신용성이 인정되는 문서는 당연히 증거능력이 인정된다. '기타'라는 문언에 의하여 제315조 제1호 및 제2호의 문서들을 '특히 신용할 만한 정황에 의하여 작성된 문서'의 예시로 삼고 있는 제315조 제3호의 규정형식을 종합하여 보면, 제315조 제3호에서 규정한 '기타 특히 신용할 만한 정황에 의하여 작성된 문서'는 제315조 제1호 및 제2호에서 열거된 공권적 증명문서 및 업무상 통상문서에 준하여 '굳이 반대신문의 기회 부여 여부가 문제 되지 않을 정도로 고도의 신용성의 정황적 보장이 있는 문서'를 의미한다.[3] 예를 들면 일기예보 등의 공공기

1) 대법원 2015. 7. 16. 선고 2015도2625 전원합의체 판결.

2) 대법원 1969. 3. 31. 선고 69도179 판결. 이에 대하여 군의관이 작성한 진단서는 공무원이 작성한 문서이므로 제315조 제1호에 해당하여 당연히 증거능력이 인정된다는 판례(대법원 1972. 6. 13. 선고 72도922 판결)가 있지만, 이는 공무원이 직무상 작성한 문서이기는 하여도 '증명할 수 있는 사항에 관하여 작성한 문서'에는 해당하지 않으므로 제313조에 의하여 증거능력이 인정된다고 보는 것이 타당하다.

3) 대법원 2019. 8. 29. 선고 2018도14303 전원합의체 판결(공소외 1의 업무수첩은 공소외 1이 사무처리의 편의를 위하여 자신이 경험한 사실 등을 기재해 놓은 것에 지나지 않는다. 이것은 '굳이 반대신문의 기회 부여가 문제되지 않을 정도로 고도의 신용성에 관한 정황적 보장이 있는 문서'라고 보기 어려우므로, 제315조 제3호의 '기타 특히 신용할 만한 정황에 의하여 작성된 문서'에 해당하지 않는다); 대법원 2017. 12. 5. 선고 2017도12671 판결(사무처리 내역을 계속적, 기계적으로 기재한 문서가 아니라 범죄사실의 인정 여부와 관련 있는 어떠한 의견을 제시하는 내용을 담고 있는 문서는 제315조 제3호에서 규정하는 당연히 증거능력이 있는 서류에 해당한다고 볼 수 없으므로, 이른바 보험사기 사건에서 건강보험심사평가원이 수사기관의 의뢰에 따라 그 보내온 자료를 토대로 입원진료의 적정성에 대한 의견을 제시하는 내용의 '건강보험심사평가원의 입원진료 적정성 여부 등 검토의뢰에 대한 회신'은 제315조 제3호의 '기타 특히 신용할 만한 정황에 의하여 작성된 문서'에 해당하지 않는다).

록, 정기간행물의 시장가격표, 역서(曆書), 연구보고서, 학술논문, 스포츠기록, 공무소 작성의 각종 통계와 연감, 다른 피고사건에서 공범의 (증인으로서의 증언이 아니라) 피고인으로서의 진술을 기재한 공판조서[1], 구속적부심에서 작성된 심문조서[2], 다른 피고사건의 공판조서 중 일부인 증인신문조서[3], 구속전피의자심문조서[4], 교도소장이 교도소에 보관 중인 군법회의 판결등본을 사본한 것[5], 사법경찰관 작성의 국가보안법상 이적표현물에 대한 수사보고서[6] 등이 이에 해당한다.

하지만 주민들의 진정서 사본[7], 체포·구속인접견부[8], 건강보험심사평가원이 입원진료의 적정성 여부 등을 검토의뢰 받아 작성한 회신[9], 대한민국 주중국 대사관 영사가 공적인 증명보다는 상급자 보고를 목적으로 작성한 사실확인서 중 공인 부분을 제외한 나머지 부분[10], 공소장, 외국 수사기관이 수사결과 얻은 정보를 회답하여 온 문서 등은 이에 해당하지 아니한다.

10. 사진의 증거능력

(1) 의 의

사진은 과학적 정확성과 신용성이 높게 인정되지만, 그 자체에 촬영자의 의도가 개입될 뿐만 아니라 현상 및 인화과정에 기술적 조작의 가능성을 배제할 수 없다. 사진의 증거능력 인정 여부와 관련하여서는 사진을 비진술증거로 볼 것인가 아니면 진술증거로 볼 것인가의 문제라고 할 수 있는데, 이는 다음과 같이 나누어 살펴 볼 수 있다.

(2) 증거물의 대체물인 사진

'증거물의 대체물인 사진'이란 증거물 대신 이를 촬영한 사진을 말한다. 예를 들면 문서를

---

1) 대법원 2005. 1. 14. 선고 2004도6646 판결; 대법원 1966. 7. 12. 선고 66도617 판결; 대법원 1964. 4. 28. 선고 64도135 판결.

2) 대법원 2004. 1. 16. 선고 2003도5693 판결. 이에 대하여 제315조는 당해 범죄와 관계없이 통상 업무적으로 작성되는 서류를 규정한 것으로 보아야 하기 때문에 피의자 신분으로 진술한 것을 기재한 적부심조서는 여기에 포함시키지 않는 것이 타당하다는 견해로는 손동권/신이철, 647면.

3) 대법원 2005. 4. 28. 선고 2004도4428 판결.

4) 대법원 1999. 9. 3. 선고 99도2317 판결.

5) 대법원 1981. 11. 24. 선고 81도2591 판결.

6) 대법원 1992. 8. 14. 선고 92도1211 판결(사법경찰관 작성의 새세대 16호에 대한 수사보고서는 피고인이 검찰에서 소지 탐독사실을 인정하고 있는 새세대 16호라는 유인물의 내용을 분석하고, 이를 기계적으로 복사하여 그 말미에 그대로 첨부한 문서로서 그 신용성이 담보되어 있어 제315조 제3호 소정의 '기타 특히 신용할 만한 정황에 의하여 작성된 문서'에 해당되는 문서로서 당연히 증거능력이 인정된다).

7) 대법원 1983. 12. 13. 선고 83도2613 판결.

8) 대법원 2012. 10. 25. 선고 2011도5459 판결(체포·구속인접견부는 유치된 피의자가 죄증을 인멸하거나 도주를 기도하는 등 유치장의 안전과 질서를 위태롭게 하는 것을 방지하기 위한 목적으로 작성되는 서류로 보일 뿐이어서 제315조 제2호, 제3호에 규정된 당연히 증거능력이 있는 서류로 볼 수는 없다).

9) 대법원 2017. 12. 5. 선고 2017도12671 판결.

10) 대법원 2007. 12. 13. 선고 2007도7257 판결.

촬영한 사진, 범행도구를 촬영한 사진 등이 이에 해당한다. 이러한 사진의 증거능력 인정 여부와 관련하여, ① 이는 증명력의 문제일 뿐 증거능력에는 제한이 없다는 견해, ② 원본증거를 공판정에 제출할 수 없는 사유가 인정되고, 원본의 정확한 사본임이 증명되는 경우에 한하여 증거능력을 인정하는 비진술증거설[1], ③ 제315조 제3호에 준하여 원본의 존재 및 진정성립을 인정할 자료가 구비되고, 특히 신용할 만한 정황에 의하여 작성되어야 증거능력을 인정하는 진술증거설[2], ④ 원본증거가 증거물로서 비진술증거인 경우에는 그 사진도 비진술증거가 되고, 원본증거가 진술증거인 경우에는 그 사진도 진술증거로 파악하여, 전자의 경우 그 사진은 원본의 존재·필요성·정확성이라는 사본으로서의 3가지 요건을 갖추면 증거능력이 인정되고, 후자의 경우 그 사진은 사본으로서의 3가지 요건 이외에 그 진술증거의 전문증거로서의 예외요건까지 충족되어야만 증거능력을 인정하는 구별설[3] 등의 대립이 있다.

이에 대하여 판례는 원본증거가 비진술증거인 경우 「검사는 휴대전화기 이용자가 그 문자정보를 읽을 수 있도록 한 휴대전화기의 화면을 촬영한 사진을 증거로 제출할 수도 있는데, 이를 증거로 사용하려면 문자정보가 저장된 휴대전화기를 법정에 제출할 수 없거나 그 제출이 곤란한 사정이 있고, 그 사진의 영상이 휴대전화기의 화면에 표시된 문자정보와 정확하게 같다는 사실이 증명되어야 한다.」라고 판시[4]하고 있는 반면에, 원본증거가 진술증거인 경우 「이 사건 문자메시지는 피해자가 피고인으로부터 풀려난 당일에 남동생에게 도움을 요청하면서 피고인이 협박한 말을 포함하여 공갈 등 피고인으로부터 피해를 입은 내용을 문자메시지로 보낸 것이므로, 이 사건 문자메시지의 내용을 촬영한 사진은 증거서류 중 피해자의 진술서에 준하는 것으로 취급함이 상당할 것인바, 진술서에 관한 제313조에 따라 이 사건 문자메시지의 작성자인 피해자 공소외 1이 제1심 법정에 출석하여 자신이 이 사건 문자메시지를 작성하여 동생에게 보낸 것과 같음을 확인하고, 동생인 공소외 3도 제1심 법정에 출석하여 피해자 공소외 1이 보낸 이 사건 문자메시지를 촬영한 사진이 맞다고 확인한 이상, 이 사건 문자메시지를 촬영한 사진은 그 성립의 진정함이 증명되었다고 볼 수 있으므로 이를 증거로 할 수 있다.」라고 판시[5]하

---

1) 손동권/신이철, 681면; 이은모/김정환, 689면.

2) 정승환, 622면.

3) 송광섭, 693면; 신양균/조기영, 888면; 이주원, 477면; 이재상/조균석, 649면; 이창현, 946면; 임동규, 564면; 정웅석/최창호, 653면.

4) 대법원 2008. 11. 13. 선고 2006도2556 판결. 同旨 대법원 2015. 4. 23. 선고 2015도2275 판결(피고인이 수표를 발행하였으나 예금부족 또는 거래정지처분으로 지급되지 아니하게 하였다는 부정수표단속법위반의 공소사실을 증명하기 위하여 제출되는 수표는 그 서류의 존재 또는 상태 자체가 증거가 되는 것이어서 증거물인 서면에 해당하고 어떠한 사실을 직접 경험한 사람의 진술에 갈음하는 대체물이 아니므로, 증거능력은 증거물의 예에 의하여 판단하여야 하고, 이에 대하여는 제310조의2에서 정한 전문법칙이 적용될 여지가 없다. 이때 수표 원본이 아니라 전자복사기를 사용하여 복사한 사본이 증거로 제출되었고 피고인이 이를 증거로 하는 데 부동의한 경우 위 수표 사본을 증거로 사용하기 위해서는 수표 원본을 법정에 제출할 수 없거나 제출이 곤란한 사정이 있고 수표 원본이 존재하거나 존재하였으며 증거로 제출된 수표 사본이 이를 정확하게 전사한 것이라는 사실이 증명되어야 한다).

5) 대법원 2010. 11. 25. 선고 2010도8735 판결.

여, 구별설의 입장을 취하고 있다.

생각건대 증거물의 대체물인 사진은 원본증거가 증거물이면 사진도 비진술증거가 되고, 원본증거가 서류 등과 같은 진술증거이면 사진도 진술증거로서의 성격을 가진다. 그러므로 비진술증거인 사진은 사진이 사본으로서의 요건을 갖추는 것으로 족하지만[1], 진술증거인 사진은 사본으로서의 요건과 전문증거로서의 예외의 요건을 모두 구비하여야 증거로 사용될 수 있다.[2]

(3) 진술의 일부인 사진

'진술의 일부인 사진'이란 진술자의 진술내용을 정확하게 표현하기 위하여 사진이 진술증거의 일부로 사용되는 경우를 말한다. 이는 사진이 진술의 보조자료로 사용되는 경우로서, 검증조서나 감정서 등에 첨부되어 있는 사진을 그 예로 들 수 있다. 이때의 사진은 서증의 일부이므로, 그 증거능력도 서증과 동일하게 판단되어야 한다.[3] 다만 사법경찰관 작성의 검증조서 중 피고인의 진술기재 부분과 범행재연의 사진영상에 관한 부분에 대하여 원진술자이며 행위자인 피고인에 의하여 진술 및 범행 재연의 진정함이 인정되지 아니하는 경우 그 부분은 증거능력이 없다.[4] 또한 피고인이 사진의 촬영일자 부분에 대하여 조작된 것이라고 다툰다고 하더라도 이 부분은 전문증거에 해당되어 별도로 증거능력이 있는지를 살펴보아야 한다.[5]

(4) 현장사진

'현장사진'(現場寫眞)이란 범행상황 기타 사건과 관련된 상황을 촬영한 사진을 말한다. 예를 들면 범행현장을 찍은 사진, 무인장비에 의하여 속도위반차량을 찍은 사진 등이 이에 해당한다. 이러한 현장사진의 증거능력 인정 여부와 관련하여, ① 현장사진은 렌즈의 체험에 의한 결과이지 사람의 지각에 의한 진술이 아닌 비진술증거이므로 검증의 방법으로 조사하면 족하다는 점, 조작가능성의 문제는 전문법칙의 문제가 아니라 증거의 진정성의 문제라는 점, 증거의 진정성과 관련성은 비단 전문증거뿐만 아니라 모든 증거에서 동일하게 요구되는 문제라는 점 등을 논거로 하는 비진술증거설[6], ② 현장사진은 작성과정에서 인위적인 조작의 위험성이 있

1) 대법원 2008. 11. 13. 선고 2006도2556 판결(정보통신망을 통하여 공포심이나 불안감을 유발하는 글을 반복적으로 상대방에게 도달하게 하는 행위를 하였다는 공소사실에 대하여 휴대전화기에 저장된 문자정보가 그 증거가 되는 경우, 그 문자정보는 범행의 직접적인 수단이고 경험자의 진술에 갈음하는 대체물에 해당하지 않으므로, 제310조의2에서 정한 전문법칙이 적용되지 않는다).

2) 대법원 2002. 10. 22. 선고 2000도5461 판결(피고인에 대한 검사 작성의 피의자신문조서가 그 내용 중 일부를 가린 채 복사를 한 다음 원본과 상위없다는 인증을 하여 초본의 형식으로 제출된 경우에, 위와 같은 피의자신문조서초본은 피의자신문조서원본 중 가려진 부분의 내용이 가려지지 않은 부분과 분리 가능하고 당해 공소사실과 관련성이 없는 경우에만, 그 피의자신문조서의 원본이 존재하거나 존재하였을 것, 피의자신문조서의 원본 제출이 불능 또는 곤란한 사정이 있을 것, 원본을 정확하게 전사하였을 것 등 3가지 요건을 전제로 피고인에 대한 검사 작성의 피의자신문조서원본과 동일하게 취급할 수 있다).

3) 대법원 1988. 3. 8. 선고 87도2692 판결; 대법원 1981. 4. 14. 선고 81도343 판결.

4) 대법원 1998. 3. 13. 선고 98도159 판결.

5) 대법원 1997. 9. 30. 선고 97도1230 판결.

6) 김정한, 674면; 신양균/조기영, 890면; 이주원, 475면; 이창현, 948면; 임동규, 565면; 정웅석/최창호, 655면. 다만

고, 사실의 간접적 보고라는 측면이 전문서류에 유사하므로 전문증거에 준하여 수사기관이 촬영한 사진은 검증조서에 준하여 제312조 제6항을, 일반사인이 촬영한 사진은 진술서에 준하여 제313조 제1항을 각각 적용해야 한다는 진술증거설[1], ③ 현장사진은 비진술증거이지만 조작가능성을 고려하여 예외적으로 검증의 결과를 기재한 조서에 준하여 수사기관이 촬영한 사진은 제312조 제6항을 적용하고, 일반사인이 촬영한 사진도 검증조서에 준하여 제312조 제6항을 유추적용해야 한다는 검증조서유추적용설 등의 대립이 있다.

이에 대하여 판례는 「공소외인의 상해부위를 촬영한 사진은 비진술증거로서 전문법칙이 적용되지 않는다.」라고 판시[2]하여, 현장사진은 비진술증거로서 전문법칙의 적용대상이 아니라는 입장을 취하고 있다. 그러나 모든 증거에서 동일하게 요구되는 진정성과 관련성은 증명되어야 증거능력이 인정된다. 만약 피고인이 사진조작 등을 이유로 그 진정성립을 부인하면 자유로운 증명에 의하여 진정성 여부를 판단하면 된다. 생각건대 현장사진은 진술증거에서 나타나는 표현의 과정이 없으므로 허위개입의 여지가 적고 반대신문이 불필요하므로 전문법칙도 적용될 여지가 없다는 점에서 비진술증거설이 타당하다.

(5) 증거물인 사진

음란사진과 같이 사진 자체가 증거물인 경우에는 진술증거가 아님이 명백하므로 전문법칙이 적용되지 아니한다.

11. 녹음테이프의 증거능력

(1) 진술녹음의 경우

'진술녹음'(陳述錄音)이란 사람의 진술이 녹음되어 있고 그 진술내용의 진실성이 증명의 대상이 되는 경우를 말한다. 사람의 진술을 녹음하고 그 진술내용을 증거로 사용하려는 경우에는 녹음테이프가 진술의 대용물이기 때문에 진술증거에 해당한다. 이와 같이 진술증거로 보게 되면 진술내용에 대한 반대신문권이 보장되지 않기 때문에 일종의 전문진술이 되어 전문법칙의 적용을 받을 수밖에 없다. 피고인과 피해자 사이의 대화내용에 관한 녹취서가 공소사실의 증거로 제출되어 그 녹취서의 기재내용과 녹음테이프의 녹음내용이 동일한지 여부에 관하여 법원이 검증을 실시한 경우에 증거자료가 되는 것은 녹음테이프에 녹음된 대화내용 그 자체이고, 그 중 피고인의 진술내용은 실질적으로 제311조, 제312조의 규정 이외에 피고인의 진술을 기재한 서류와 다름없어 피고인이 그 녹음테이프를 증거로 할 수 있음에 동의하지 않은 이상 그 녹음테이프 검증조서의 기재 중 피고인의 진술내용을 증거로 사용하기 위해서는 제313조 제1항

피고인으로부터 사진의 조작가능성이 주장되는 경우에 감정을 시행하거나 현장사진의 촬영자나 사진 속의 사람을 증인으로 채택하여 요증사실과의 관련성이 인정되어야 증거능력을 인정할 수가 있다.

1) 손동권/신이철, 683면; 송광섭, 692면; 이은모/김정환, 691면; 이재상/조균석, 651면; 정승환, 623면.

2) 대법원 2007. 7. 26. 선고 2007도3906 판결.

단서에 따라 공판준비 또는 공판기일에서 그 작성자인 피해자의 진술에 의하여 녹음테이프에 녹음된 피고인의 진술내용이 피고인이 진술한 대로 녹음된 것임이 증명되고 나아가 그 진술이 특히 신빙할 수 있는 상태하에서 행하여진 것임이 인정되어야 한다.[1)]

녹음테이프는 그 성질상 작성자나 진술자의 서명 또는 날인이 없을 뿐만 아니라 녹음자의 의도나 특정한 기술에 의하여 그 내용이 편집·조작될 위험성이 있음을 고려하여, 그 대화내용을 녹음한 원본이거나 혹은 원본으로부터 복사한 사본일 경우에는 복사과정에서 편집되는 등의 인위적 개작 없이 원본의 내용 그대로 복사된 사본임이 입증되어야만 하고, 그러한 입증이 없는 경우에는 쉽게 그 증거능력을 인정할 수 없다.[2)] 즉 녹음테이프의 진정성립을 위해서는 녹음의 특성상 서명·날인이 적합하지 않고 오히려 음성으로서 진술자를 판명하는 것이 적절하므로, 녹음테이프에 수록된 음성이 진술자 본인의 것임이 인정되고, 녹음의 정확성이 증명되면 족하다.[3)] 그리고 증거로 제출된 녹음파일이 대화 내용을 녹음한 원본이거나 혹은 복사 과정에서 편집되는 등 인위적 개작 없이 원본 내용을 그대로 복사한 사본이라는 점은 녹음파일의 생성과 전달 및 보관 등의 절차에 관여한 사람의 증언이나 진술, 원본이나 사본 파일 생성 직후의 해쉬(Hash)값과의 비교, 녹음파일에 대한 검증·감정 결과 등 제반 사정을 종합하여 판단할 수 있다.[4)] 녹음테이프에 수록된 대화내용이 이를 풀어쓴 녹취록의 기재와 일치한다거나 녹음테이프의 대화 내용이 중단되었다고 볼 만한 사정이 없다는 녹음테이프에 대한 법원의 검증 결과만으로는 위와 같은 증명이 있다고는 할 수 없을 것이다.[5)] 이와는 달리 녹음테이프에 대한 검증

---

1) 대법원 2012. 9. 13. 선고 2012도7461 판결.

2) 대법원 2014. 8. 26. 선고 2011도6035 판결; 대법원 2008. 12. 24. 선고 2008도9414 판결; 대법원 2008. 3. 13. 선고 2007도10804 판결; 대법원 2007. 3. 15. 선고 2006도8869 판결(식당 모임에 참석한 공소외 2는 디지털 녹음기로 당시 피고인 1의 발언 내용을 녹음하였고, 그 내용이 콤팩트디스크에 다시 복사되어 위 콤팩트디스크가 검찰에 압수되었으며, 그 콤팩트디스크에 녹음된 내용을 담은 녹취록이 증거로 제출되었고, 피고인 1은 위 녹취록을 증거로 할 수 있음에 동의하지 아니하였음을 알 수 있는바, 위 콤팩트디스크가 현장에서 피고인 1의 발언내용을 녹음하는 데 사용된 디지털 녹음기의 녹음내용 원본을 그대로 복사한 것이라는 입증이 없는 이상, 그 콤팩트디스크의 내용이나 이를 녹취한 녹취록의 기재는 증거능력이 없다 할 것이다); 대법원 2005. 12. 23. 선고 2005도2945 판결(피해자가 피고인과의 대화내용을 녹음한 디지털녹음기에 대한 증거조사절차를 거치지 아니한 채 그 녹음내용을 재녹음한 카세트테이프에 대한 제1심 검증조서 중 피고인의 진술부분을 유죄의 증거로 채택한 조치는 잘못되었다); 대법원 2005. 2. 18. 선고 2004도6323 판결; 대법원 2004. 5. 27. 선고 2004도1449 판결; 대법원 2002. 6. 28. 선고 2001도6355 판결; 대법원 2001. 10. 9. 선고 2001도3106 판결.

3) 대법원 2008. 3. 13. 선고 2007도10804 판결(피고인과의 대화내용을 녹음한 보이스펜 자체의 청취 결과 피고인의 변호인이 피고인의 음성임을 인정하고 이를 증거로 함에 동의하였고, 보이스펜의 녹음내용을 재녹음한 녹음테이프, 녹음테이프의 음질을 개선한 후 재녹음한 시디 및 녹음테이프의 녹음내용을 풀어쓴 녹취록 등에 대하여는 증거로 함에 부동의하였으나, 극히 일부의 청취가 불가능한 부분을 제외하고는 보이스펜, 녹음테이프 등에 녹음된 대화내용과 녹취록의 기재가 일치하는 것으로 확인된 사안에서, 원본인 보이스펜이나 복제본인 녹음테이프 등에 대한 검증조서(녹취록)에 기재된 진술은 그 성립의 진정을 인정하는 작성자의 법정진술은 없었으나, 피고인의 변호인이 보이스펜을 증거로 함에 동의하였고, 보이스펜, 녹음테이프 등에 녹음된 대화내용과 녹취록의 기재가 일치함을 확인하였으므로, 결국 그 진정성립이 인정된다고 할 것이고, 나아가 녹음의 경위 및 대화내용에 비추어 그 진술이 특히 신빙할 수 있는 상태하에서 행하여진 것으로 인정되므로 이를 증거로 사용할 수 있다); 대법원 2007. 3. 15. 선고 2006도8869 판결; 대법원 2005. 12. 23. 선고 2005도2945 판결.

4) 대법원 2018. 2. 8. 선고 2017도13263 판결; 대법원 2015. 1. 22. 선고 2014도10978 전원합의체 판결.

의 내용이 그 진술 당시 진술자의 상태 등을 확인하기 위한 것인 경우에는, 녹음테이프에 대한 검증조서의 기재 중 진술내용을 증거로 사용하는 경우에 관한 위 법리는 적용되지 아니하고, 따라서 위 검증조서는 법원의 검증의 결과를 기재한 조서로서 제311조에 의하여 당연히 증거로 할 수 있다.[1]

수사기관이 아닌 사인이 피고인 아닌 사람과의 대화내용을 녹음한 녹음테이프는 제311조, 제312조 규정 이외의 피고인 아닌 자의 진술을 기재한 서류와 다를 바 없으므로, 피고인이 그 녹음테이프를 증거로 할 수 있음에 동의하지 아니하는 이상 그 증거능력을 부여하기 위해서는 첫째, 대화 내용을 녹음한 파일 등 전자매체는 성질상 작성자나 진술자의 서명 또는 날인이 없을 뿐만 아니라 녹음자의 의도나 특정한 기술에 의하여 내용이 편집·조작될 위험성이 있음을 고려하여, 녹음테이프가 원본이거나 원본으로부터 복사한 사본일 경우에는 복사과정에서 편집되는 등의 인위적 개작 없이 원본의 내용 그대로 복사된 사본일 것[2], 둘째, 제313조 제1항에 따라 공판준비나 공판기일에서 원진술자의 진술에 의하여 그 녹음테이프에 녹음된 각자의 진술내용이 자신이 진술한 대로 녹음된 것이라는 점이 인정되어야 할 것이다.[3] 사인이 피고인 아닌 사람과의 대화내용을 대화 상대방 몰래 녹음하였다고 하더라도 위와 같은 조건이 갖추어진 이상 그것만으로는 그 녹음테이프가 위법하게 수집된 증거로서 증거능력이 없다고 할 수 없으며, 사인이 피고인 아닌 사람과의 대화내용을 상대방 몰래 비디오로 촬영·녹음한 경우에도 그 비디오테이프의 진술부분에 대하여도 위와 마찬가지로 취급하여야 할 것이다.[4]

(2) 현장녹음의 경우

'현장녹음'(現場錄音)이란 범행현장 등에서 당시의 상황 또는 범행에 수반된 관련자들의 음성이나 소음 기타 음향을 녹음한 것을 말한다. 사람의 진술을 녹음한 것이라고 하더라도 입증취지에 따라 현장녹음에 해당할 수도 있다. 현장녹음의 증거능력 인정 여부와 관련하여, ① 현장녹음은 비진술증거이므로 전문법칙이 적용되지 않으며 진정성만 인정되면 증거능력이 인정된

5) 대법원 2008. 12. 24. 선고 2008도9414 판결.

1) 대법원 2008. 7. 10. 선고 2007도10755 판결.

2) 대법원 2012. 9. 13. 선고 2012도7461 판결; 대법원 2010. 3. 11. 선고 2009도14525 판결.

3) 대법원 2011. 9. 8. 선고 2010도7497 판결; 대법원 2005. 2. 18. 선고 2004도6323 판결; 대법원 1997. 3. 28. 선고 96도2417 판결(피고인의 동료 교사가 학생들과의 사적인 대화 중에 피고인이 수업시간에 학생들에게 북한을 찬양·고무하는 발언을 하였다는 사실에 대한 학생들의 대화 내용을 학생들 모르게 녹음한 녹음테이프에 대하여 실시한 검증의 내용은 녹음테이프에 녹음된 대화의 내용이 검증조서에 첨부된 녹취서에 기재된 내용과 같다는 것에 불과하여 증거자료가 되는 것은 여전히 녹음테이프에 녹음된 대화의 내용이라고 할 것인바, 그 중 위와 같은 내용의 학생들의 대화의 내용은 실질적으로 제311조, 제312조 규정 이외의 피고인 아닌 자의 진술을 기재한 서류와 다를 바 없으므로, 피고인이 그 녹음테이프를 증거로 할 수 있음에 동의하지 않은 이상 녹음테이프의 녹음내용 중 위와 같은 내용의 학생들의 진술 및 이에 관한 검증조서의 기재 중 학생들의 진술내용을 공소사실을 인정하기 위한 증거자료로 사용하기 위하여서는 제313조 제1항에 따라 공판준비나 공판기일에서 원진술자인 학생들의 진술에 의하여 이 사건 녹음테이프에 녹음된 각자의 진술내용이 자신이 진술한 대로 녹음된 것이라는 점이 인정되어야 한다).

4) 대법원 1999. 3. 9. 선고 98도3169 판결.

다는 비진술증거설[1], ② 현장녹음도 구조적으로 전문서류와 동일하므로 제312조 및 제313조에 의하여 증거능력이 인정된다는 진술증거설[2], ③ 현장녹음은 비진술증거이지만 검증조서에 준하여 증거능력을 인정해야 한다는 검증조서유추적용설[3] 등의 대립이 있다. 생각건대 현장녹음은 비진술증거로서 전문법칙이 적용되지 아니한다. 다만 현장녹음이라도 녹음된 말이 그 존재 자체가 요증사실로서 문제되는 것이 아니라 그 내용의 진실성 여부가 문제되는 경우에는 진술녹음과 마찬가지로 취급된다.[4]

Ⅴ. 전문진술의 증거능력

1. 피고인의 진술을 내용으로 하는 전문진술

(1) 전문법칙에 대한 예외의 요건

'전문진술'(傳聞陳述)이란 타인으로부터 전해 들은 내용을 진술하는 것을 말하는데, 피고인이 아닌 자(공소제기 전에 피고인을 피의자로 조사하였거나 그 조사에 참여하였던 자를 포함한다)의 공판준비 또는 공판기일에서의 진술이 피고인의 진술을 그 내용으로 하는 것인 때에는 그 진술이 특히 신빙할 수 있는 상태하에서 행하여졌음이 증명된 때에 한하여 이를 증거로 할 수 있다(제316조 제1항). 이는 원진술자인 피고인이 공판정에 출석해 있어 필요성은 문제되지 않으므로, 신용성의 정황적 보장만을 조건으로 증거능력을 인정하고 있는 것이다.[5]

---

1) 김정한, 679면; 배종대/홍영기, 373면; 이주원, 481면; 이창현, 952면; 임동규, 571면; 정웅석/최창호, 658면.

2) 손동권/신이철, 680면(현장녹음은 보고적 성질을 가지는 검증과 유사한 것이므로 검증조서의 증거능력에 관한 제312조 제6항의 규정에 의해 증거능력이 결정되는 것이 합리적이다); 송광섭, 691면; 신양균/조기영, 886면; 이은모/김정환, 697면; 이재상/조균석, 655면.

3) 정승환, 621면(현장녹음은 검증조서와 같은 전문증거로 취급하되, 검증조서에 기재된 피고인 등의 진술내용은 별도의 증거능력요건을 갖추어야 하듯이 현장녹음에 담긴 사람의 진술부분은 진술녹음으로 취급하여야 한다).

4) 이에 대하여 보다 자세한 내용으로는 박찬걸, "녹음테이프의 증거능력에 관한 연구", 3사논문집 제67집 제1권, 육군3사관학교, 2008. 9, 209면 이하 참조.

5) 대법원 2012. 10. 25. 선고 2011도5459 판결(피고인을 조사하였던 경찰관 공소외인의 원심 법정진술은 '피고인이 이 사건 공소사실 기재와 같은 범행을 저질렀다'는 피고인의 진술을 그 내용으로 하고 있는바, 이를 증거로 사용할 수 있기 위해서는 피고인의 위와 같은 진술이 특히 신빙할 수 있는 상태하에서 행하여졌음이 증명되어야 하는데, 피고인이 그 진술 경위나 과정에 관하여 치열하게 다투고 있는 점, 위와 같은 진술이 체포된 상태에서 변호인의 동석없이 이루어진 점 등을 고려해 보면, 피고인의 위와 같은 진술이 특히 신빙할 수 있는 상태하에서 행하여졌다는 점이 증명되었다고 보기 어려우므로, 피고인의 위와 같은 진술을 내용으로 한 공소외인의 당심 법정에서의 진술은 증거능력이 없다); 대법원 2011. 10. 13. 선고 2011도7081 판결; 대법원 2010. 11. 25. 선고 2010도8735 판결(이 사건 문자메시지는 피해자가 피고인으로부터 풀려난 당일에 남동생에게 도움을 요청하면서 피고인이 협박한 말을 포함하여 공갈 등 피고인으로부터 피해를 입은 내용을 문자메시지로 보낸 것이므로, 이 사건 문자메시지의 내용을 촬영한 사진은 증거서류 중 피해자의 진술서에 준하는 것으로 취급함이 상당할 것인바, 진술서에 관한 제313조에 따라 이 사건 문자메시지의 작성자인 피해자 공소외 1이 제1심 법정에 출석하여 자신이 이 사건 문자메시지를 작성하여 동생에게 보낸 것과 같음을 확인하고, 동생인 공소외 3도 제1심 법정에 출석하여 피해자 공소외 1이 보낸 이 사건 문자메시지를 촬영한 사진이 맞다고 확인한 이상, 이 사건 문자메시지를 촬영한 사진은 그 성립의 진정함이 증명되었다고 볼 수 있으므로 이를 증거로 할 수 있다); 대법원 2009. 4. 23. 선고 2009도1033 판결; 대법원 2007. 7. 27. 선고 2007도3798 판결; 대법원 2000. 3. 10. 선고 2000도159 판결.

(2) 적용범위

1) 피고인과 피고인 아닌 자의 진술의 범위

제316조 제1항의 적용대상이 되는 것은 피고인 아닌 자의 공판준비 또는 공판기일에서의 진술로서 피고인의 진술을 내용으로 하는 것이어야 한다. 결국 피고인 진술의 특신상태는 전문진술의 증거능력의 요건이고, 전문진술 자체의 신빙성 여부는 전문진술의 증명력의 요건이 된다.

2) 피고인의 진술

피고인의 진술은 피고인의 지위에서 행해진 것에 국한되지 않고, 피의자·참고인·증인 등 어떤 지위에서 행해진 것이라도 무방하다. 피고인이 수사를 받기 전에 피고인으로부터 범행을 들은 사람이 공판정에서 그 내용을 증언하는 경우에도 제316조 제1항이 적용된다.[1] 여기서의 피고인은 고유한 의미에 있어서의 피고인만을 의미하므로, 공동피고인이나 공범자는 제316조 제2항의 '피고인 아닌 자'에 해당한다.[2] 예를 들면 甲·乙·丙이 재판을 받고 있는데, 甲이 乙의 공판 외의 진술을 공판정에서 증언하였다면 乙에 대해서는 제316조 제1항이 적용되지만, 丙에 대해서는 제316조 제2항이 적용된다.

3) 피고인 아닌 자의 진술: 조사자증언제도

피고인의 진술을 그 내용으로 하는 피고인 아닌 자의 진술과 관련하여 피고인을 신문한 수사기관이나 제3자가 수사기관에서 조사받을 때 범행을 자백한 피고인의 진술내용을 증언하는 경우에도 제316조 제1항의 적용을 인정하고 있는데, 이를 '조사자증언제도'(調査者證言制度)라고 한다. 기존의 판례에 의하면 사법경찰관이 작성한 피의자신문조서에 대하여 피고인이 내용을 부인하는 경우에는 피고인을 신문한 사법경찰관이나 피해자가 경찰에서의 조사시 피고인이 범행을 자백하였다는 사실을 공판정에서 증언하더라도 제312조 제3항의 취지에 비추어 증거능력을 부인하여 왔다.[3] 왜냐하면 조사자의 증언을 허용한다면 사법경찰관 작성의 피의자신문조서에 대하여 내용을 인정할 것을 요구하고 있는 형사소송법의 입법취지가 무색해지기 때문이다.

하지만 개정법은 제316조 제1항에서 피고인 아닌 자에 '공소제기 전에 피고인을 피의자로 조사하였거나 그 조사에 참여하였던 자를 포함한다.'라고 규정함으로써 조사자증언에 대해서도 증거능력을 인정하는 입장을 취하고 있다. 이에 따라 특히 내용부인으로 피의자신문조서를 증거로 사용하지 못하게 되는 경우에 있어서 실제로 조사를 행한 경찰관이 법정에 증인으로 출석하여 조사과정에 지득한 내용을 증언함으로써 경찰수사단계에서 수집한 피의자의 진술증거를 증거로 할 수 있게 되었다.[4] 이는 조사자가 위증의 부담을 안고 피고인측의 반대신문을 받으면

1) 대법원 2000. 9. 8. 선고 99도4814 판결.

2) 대법원 2006. 1. 12. 선고 2005도7601 판결; 대법원 1984. 11. 27. 선고 84도2279 판결.

3) 대법원 2005. 11. 25. 선고 2005도5831 판결; 대법원 2002. 8. 23. 선고 2002도2112 판결; 대법원 1994. 9. 27. 선고 94도1905 판결; 대법원 1983. 7. 26. 선고 82도385 판결; 대법원 1975. 2. 10. 선고 74도3787 판결; 대법원 1974. 3. 12. 선고 73도2123 판결.

서 증언을 하는 경우에 증거능력을 부여하는 길을 마련함으로써 실체적 진실발견과 피고인의 방어권 보장 사이에 조화를 도모하기 위한 것이다.

2. 피고인 아닌 자의 진술을 내용으로 하는 전문진술

(1) 전문법칙에 대한 예외의 요건

피고인 아닌 자의 공판준비 또는 공판기일에서의 진술이 피고인 아닌 타인의 진술을 그 내용으로 하는 것인 때에는 원진술자가 사망·질병·외국거주·소재불명 그 밖에 이에 준하는 사유로 인하여 진술할 수 없고, 그 진술이 특히 신빙할 수 있는 상태하에서 행하여졌음이 증명된 때에 한하여 이를 증거로 할 수 있다(제316조 제2항). 전문진술이 기재된 조서는 제312조 내지 제314조의 규정에 의하여 그 증거능력이 인정될 수 있는 경우에 해당하여야 함은 물론 나아가 제316조 제2항의 규정에 따른 조건을 갖춘 때에 예외적으로 증거능력을 인정하여야 할 것이다.[1) 이와 같이 피고인 아닌 자의 진술을 내용으로 하는 전문진술의 증거능력이 인정되기 위해서는 원진술자의 진술불능과 특신상태의 존재라는 요건이 구비되어야 한다. 현행 형사항소심이 속심 겸 사후심의 구조로 되어 있고, 제1심 법원에서 증거로 할 수 있었던 증거는 항소법원에서도 증거로 할 수 있는 점(제363조 제3항) 등에 비추어 보면, 원진술자가 제1심 법원에 출석하여 진술을 하였다가 항소심에 이르러 진술할 수 없게 된 경우를 제316조 제2항에서 정한 원진술자가 진술할 수 없는 경우에 해당한다고 할 수는 없다.[2) 이는 제1심에서의 진술 자체를 증거로 함은 별론으로 하되, 전문진술은 증거로 할 수 없다는 의미이다. 또한 피해자로부터 범죄사실에 관하여 들었다는 증인의 증언은 원진술자인 피해자가 법정에 출석하여 증언을 한 사건에 있어서는 원진술자가 진술할 수 없는 때에 해당되지 아니하므로 피해자의 진술을 그 내용으로 하는 증인의 진술은 전문증거로서 증거능력이 없다.[3)]

(2) 적용범위

제316조 제2항에서 말하는 '피고인 아닌 자'에는 제3자는 물론 공범자와 공동피고인이 포함된다.[4)] 또한 제316조 제1항에 의하면 제316조 제2항에서 말하는 '피고인 아닌 자'에는 공소제기

4) 이에 대하여 사법경찰관 작성의 피의자신문조서는 그 성립의 진정이 인정되더라도 피고인 또는 변호인이 내용을 부인하면 증거로 할 수 없는데 반하여, 피고인의 수사절차에서의 진술을 내용으로 하는 사법경찰관의 증언은 피고인에 대한 유죄의 증거로 사용될 수 있다는 측면에서 모순이라고 파악하는 견해로는 배종대/홍영기, 360면(수사과정에서의 피의자진술을 대상으로 한 조사자의 증언이 공판정에서의 피고인진술과 일치하지 아니한 때에는 제316조 제1항의 특신상태를 부정해야 한다); 신양균/조기영, 877면; 이은모/김정환, 684면; 정승환, 610면.

1) 대법원 2009. 9. 26. 선고 2008도11172 판결; 대법원 2005. 4. 28. 선고 2004도4428 판결.

2) 대법원 2001. 9. 28. 선고 2001도3997 판결.

3) 대법원 2011. 11. 24. 선고 2011도7173 판결.

4) 대법원 2019. 11. 14. 선고 2019도11552 판결(공소외인은 제1심 제4회 공판기일에 출석하여 '원심공동피고인 2로부터 피고인에게서 50만원을 받았다는 취지의 말을 들었다'고 증언한 사실, 한편 제1심 및 원심공동피고인 2는 원심에 이르기까지 일관되게 피고인으로부터 50만원을 받았다는 취지의 공소사실을 부인한 사실 등을 알 수 있다. 원심공동피고인 2가 원심에 이르기까지 금품을 제공받은 사실을 부인하는 이 사건에서는 원진술자인 원심공

전에 피고인 아닌 타인을 조사하였거나 그 조사에 참여하였던 자도 포함된다. 따라서 조사자의 증언에 증거능력이 인정되기 위해서는 원진술자가 사망·질병·외국거주·소재불명·그 밖에 이에 준하는 사유로 인하여 진술할 수 없어야 하는 것이라서, 원진술자가 법정에 출석하여 수사기관에서 한 진술을 부인하는 취지로 증언한 이상 원진술자의 진술을 내용으로 하는 조사자의 증언은 증거능력이 없다.[1)]

3. 재전문증거

'재전문증거'(再傳聞證據)란 타인의 진술을 내용으로 하는 진술인 전문진술을 다시 전문하여 진술이나 서류의 형태로 제출하는 증거를 말한다. 여기서 전문진술을 기재한 전문서류를 '재전문서류'(再傳聞書類)라고 하고, 전문진술을 내용으로 하는 전문진술을 '재전문진술'(再傳聞陳述)이라고 한다. 재전문서류와 재전문진술도 각 전문증거의 증거능력의 요건을 중첩적으로 구비하면 증거능력이 인정되는지 여부와 관련하여, ① 전문이 반복되었다고 하여 전문증거의 경우와 달리 볼 이유가 없다는 점, 형사소송법에서 이를 금지하고 있는 명문의 규정이 없다는 점, 전문진술이 기재된 조서와 재전문진술은 이중의 전문이라는 점에서 동일하다는 점, 전문증거와 재전문증거는 타인의 원진술이 요증사실의 증거로 사용된다는 점에서 실질적인 차이가 없다는 점 등을 논거로 하는 적극설[2)], ② 전문이 반복되면 오류개입의 가능성이 급격히 증가하는 반면 신빙성과 관련성은 급격히 떨어진다는 점, 제310조의2가 제311조 내지 제316조에 규정된 전문증거만 증거능력을 인정하고 있다는 점 등을 논거로 하는 소극설[3)], ③ 재전문서류는 형식에서는 이중의 전문이라는 점에서 재전문진술과 같지만 실질에서는 그와 다른 측면이 있다는 점, 현행법상 전문서류는 형식 때문에 그 자체로 전문성을 갖게 되므로 재전문의 요소를 포함하는 경우가 많은데 진정성립이 인정되는 경우에는 실질상 단순한 전문으로 환원되는 측면이 있다는 점 등을 논거로 하여, 재전문진술의 증거능력을 부정하지만, 재전문서류에 대하여는 그 성격에 따라 개별적으로 증거능력의 요건을 심사하여 증거능력을 판단해야 한다는 이분설[4)] 등의 대립이 있다.

이에 대하여 판례는 「전문진술이 기재된 조서는 제312조 내지 제314조의 규정에 의하여 증

동피고인 2가 사망, 질병, 외국거주, 소재불명 그 밖에 이에 준하는 사유로 인하여 진술할 수 없는 때에 해당하지 아니하여 원심공동피고인 2의 진술을 그 내용으로 하는 공소외인의 이 부분 법정증언은 전문증거로서 증거능력이 없다); 대법원 2011. 11. 24. 선고 2011도7173 판결; 대법원 2007. 2. 23. 선고 2004도8654 판결; 대법원 2000. 12. 27. 선고 99도5679 판결; 대법원 1984. 11. 27. 선고 84도2279 판결.

1) 대법원 2008. 9. 25. 선고 2008도6985 판결.

2) 송광섭, 689면; 신양균/조기영, 883면(반대신문권 보장과 특신상태의 증명이 가능한 경우에는 예외적으로 증거능력을 인정할 수 있다); 이은모/김정환, 688면; 이재상/조균석, 643면; 이창현, 943면; 임동규, 562면; 정웅석/최창호, 650면.

3) 김인회, 521면.

4) 배종대/홍영기, 364면; 손동권/신이철, 653면; 이주원, 473면; 정승환, 613면.

거능력이 인정되어야 할 뿐만 아니라 제316조 제1항의 규정에 따른 조건을 갖추고 있는 때에 한하여 증거능력이 있다.」라고 판시[1]하는 반면에, 「형사소송법은 전문진술에 대하여 제316조에서 실질상 단순한 전문의 형태를 취하는 경우에 한하여 예외적으로 그 증거능력을 인정하는 규정을 두고 있을 뿐, 재전문진술이나 재전문진술을 기재한 조서에 대하여는 달리 그 증거능력을 인정하는 규정을 두고 있지 아니하고 있으므로, 피고인이 증거로 하는데 동의하지 아니하는 한 제310조의2의 규정에 의하여 이를 증거로 할 수 없다.」라고 판시[2]하여, 이분설의 입장을 취하고 있다.

생각건대 재전문증거는 전문증거와 마찬가지로 원칙적으로는 증거능력이 인정되지 않지만, 예외적으로 일정한 요건 아래 증거능력이 인정될 수 있다. 또한 증거동의의 본질상 당사자의 동의가 있으면 재전문증거도 증거능력이 인정된다.

제5절 진술의 임의성

Ⅰ. 의 의

1. 의 의

피고인 또는 피고인 아닌 자의 진술이 임의로 된 것이 아닌 것은 증거로 할 수 없다(제317조 제1항). 이는 형사소송에서 증거로 사용되는 모든 진술에 대하여 적용되는 규정으로 평가된다. 다만 피고인의 자백의 임의성에 대하여는 제309조가 더욱 엄격한 요건을 규정하고 있으므로, 제317조 제1항은 당연히 피고인의 자백 이외의 일체의 진술증거에 적용된다. 따라서 제317조는 제309조와 비교하여 일반 대 특별의 관계가 된다.

2. 입법취지

제317조의 입법취지와 관련하여, ① 법원은 증거능력의 요건을 조사할 직무상의 의무가 있으므로 진술의 임의성이 의심되는 사정이 있으면 직권으로 임의성 여부를 조사하여야 한다는 점을 논거로 하여, 임의성이 증거능력의 요건이라는 점을 명백히 하고 있을 뿐이라는 증거능력 요건설[3], ② 임의성이 증거능력의 요건이라는 점 이외에도 법원에 대하여 임의성 유무에 대한

---

1) 대법원 2005. 11. 25. 선고 2005도5831 판결.

2) 대법원 2017. 7. 18. 선고 2015도12981 판결; 대법원 2014. 4. 30. 선고 2012도725 판결; 대법원 2012. 5. 24. 선고 2010도5948 판결; 대법원 2010. 7. 8. 선고 2008도7546 판결; 대법원 2006. 4. 14. 선고 2005도9561 판결; 대법원 2001. 7. 27. 선고 2001도2891 판결; 대법원 2000. 3. 10. 선고 2000도159 판결.

3) 김정한, 685면; 배종대/홍영기, 365면; 송광섭, 703면; 신양균/조기영, 809면; 이은모/김정환, 700면; 이창현, 967면; 정승환, 615면.

직권조사 의무까지 부여하고 있는 규정이라는 결합설[1] 등의 대립이 있다.

이에 대하여 판례는 「임의성 없는 진술의 증거능력을 부정하는 취지는, 허위진술을 유발 또는 강요할 위험성이 있는 상태하에서 행하여진 진술은 그 자체가 실체적 진실에 부합하지 아니하여 오판을 일으킬 소지가 있을 뿐만 아니라 그 진위를 떠나서 진술자의 기본적 인권을 침해하는 위법·부당한 압박이 가하여지는 것을 사전에 막기 위한 것이므로, 그 임의성에 다툼이 있을 때에는 그 임의성을 의심할 만한 합리적이고 구체적인 사실을 피고인이 증명할 것이 아니고 검사가 그 임의성의 의문점을 없애는 증명을 하여야 할 것이고, 검사가 그 임의성의 의문점을 없애는 증명을 하지 못한 경우에는 그 진술증거는 증거능력이 부정된다. 기록상 진술증거의 임의성에 관하여 의심할 만한 사정이 나타나 있는 경우에는 법원은 직권으로 그 임의성 여부에 관하여 조사를 하여야 하고, 임의성이 인정되지 아니하여 증거능력이 없는 진술증거는 피고인이 증거로 함에 동의하더라도 증거로 삼을 수 없다.」라고 판시[2]하여, 결합설의 입장을 취하고 있다. 생각건대 진술의 임의성이라는 증거능력의 요건은 일반적으로 법원의 직권조사사항이므로, 임의성에 대해서만 별도로 직권조사의무를 부여하였다고 판단할 수는 없다.

3. 진술의 임의성과 증거능력

(1) 임의성의 의의

진술의 '임의성'이란 고문, 폭행, 협박, 신체구속의 부당한 장기화 또는 기망 기타 진술의 임의성을 잃게 하는 사정이 없다는 것, 즉 증거의 수집과정에 위법성이 없다는 것을 말한다. 진술의 임의성을 잃게 하는 그와 같은 사정은 헌법이나 형사소송법의 규정에 비추어 볼 때 이례에 속한다 할 것이므로 진술의 임의성은 추정된다. 제309조 및 제317조는 진술내용이 자백인지의 여부에 따라 구별될 뿐이며, 임의성의 내용에는 차이가 전혀 없다.

(2) 임의성의 증명

임의성 없는 진술의 증거능력을 부정하는 취지는, 허위진술을 유발 또는 강요할 위험성이 있는 상태하에서 행하여진 진술은 그 자체가 실체적 진실에 부합하지 아니하여 오판을 일으킬 소지가 있을 뿐만 아니라 그 진위를 떠나서 진술자의 기본적 인권을 침해하는 위법·부당한 압박이 가하여지는 것을 사전에 막기 위한 것이다. 그러므로 그 임의성에 다툼이 있을 때에는 그 임의성을 의심할 만한 합리적이고 구체적인 사실을 피고인이 증명할 것이 아니고 검사가 그 임의성의 의문점을 없애는 증명을 하여야 하고, 검사가 그 임의성의 의문점을 없애는 증명을 하지 못한 경우에는 그 진술증거는 증거능력이 부정된다.[3]

---

1) 김인회, 533면; 이재상/조균석, 645면; 임동규, 583면; 정웅석/최창호, 664면.

2) 대법원 2012. 11. 29. 선고 2010도3029 판결; 대법원 2006. 11. 23. 선고 2004도7900 판결; 대법원 1998. 4. 10. 선고 97도3234 판결.

3) 대법원 2015. 9. 10. 선고 2012도9879 판결.

Ⅱ. 서증과 임의성

1. 서류작성의 임의성

진술이 기재된 서류는 그 작성 또는 내용인 진술이 임의로 되었다는 것이 증명된 것이 아니면 증거로 할 수 없다(제317조 제2항). 이와 같이 진술을 기재한 서류에 관하여는 진술의 임의성뿐만 아니라 서류작성의 임의성도 인정되어야 한다. 다만 법원 또는 수사기관이 작성한 조서는 서류 작성의 임의성이 문제될 가능성이 희박하므로, 본 조항은 주로 피의자 또는 참고인이 직접 작성하는 진술서 등에 적용될 것이다.

2. 검증조서의 경우

검증조서의 일부가 피고인 또는 피고인 아닌 자의 진술을 기재한 것인 때에는 그 부분에 한하여 원진술과 작성의 임의성이 모두 인정되는 경우에 증거능력이 인정된다(제317조 제3항 참조).

제 6 절 증거동의

Ⅰ. 증거동의의 의의 및 본질

1. 증거동의의 의의

검사와 피고인이 증거로 할 수 있음을 동의한 서류 또는 물건은 진정한 것으로 인정한 때에는 증거로 할 수 있다(제318조 제1항). 피고인의 출정 없이 증거조사를 할 수 있는 경우에 피고인이 출정하지 아니한 때에는 동의가 있는 것으로 간주한다. 다만 대리인 또는 변호인이 출정한 때에는 예외로 한다(제318조 제2항). 전문법칙에 의하여 증거능력이 부정되는 증거라고 할지라도 당사자가 증거로 하는데 동의한 경우에는 원진술자나 서류작성자를 공판기일에 소환하여 신문하지 않고도 증거능력을 인정하여 신속한 재판과 소송경제를 도모하기 위한 제도라고 할 수 있다. 증거로 함에 대한 당사자의 동의는 증거능력이 없는 전문증거에 대하여 증거능력을 부여하기 위한 당사자처분권주의적 성격이 강한 소송행위이다. 다만 형사소송법은 당사자의 동의가 있다고 하여도 곧바로 증거능력을 인정하지 않고, 법원이 진정한 것으로 인정한 경우에만 비로소 증거능력을 인정하고 있다. 이러한 의미에서 증거동의제도는 당사자주의와 직권주의를 조화한 제도로 평가된다.

2. 증거동의의 본질

증거동의의 본질과 관련하여, ① 증거로 함에 대한 당사자의 동의는 증거로 할 수 없는 증거에 대하여 증거능력을 부여하는 것이므로 그 대상이 되는 증거도 당사자의 의사에 따라 증거의 사용 여부가 좌우될 수 있는 성질의 증거에 한정되어야 한다는 점, 모든 증거가 동의의 대상이 된다고 하는 것은 증거에 대한 당사자처분권주의를 인정하는 결과가 된다는 점, 전문법칙의 주된 이유는 반대신문권의 보장에 있다는 점 등을 논거로 하여, 반대신문권의 포기로 파악하는 반대신문권포기설[1](이에 의하면 전문증거만이 증거동의의 대상이 되며, 반대신문권과 관계없는 것은 당사자의 동의가 있더라도 증거로 할 수 없게 되므로 위법수집증거와 진술증거가 아닌 모든 물적 증거는 증거동의의 대상이 되지 아니한다), ② 형사소송법의 전문법칙 규정이 순수한 전문법칙뿐만 아니라 직접심리주의적인 내용도 함께 규율하고 있다는 점, 친고죄에서의 고소권·반의사불벌죄에서의 처벌불원의사표시·토지관할에 대한 이의권 등 형사소송법은 일정한 범위에서 당사자에게 처분권을 부여하고 있다는 점, 당사자에게 처분권을 부여하더라도 법원이 진정한 것으로 인정하는 때에만 증거능력을 부여하도록 하고 있다는 점, 현행법이 동의의 대상을 '서류 또는 물건'이라고 규정하고 있는 점에 비추어 모든 증거의 증거능력 제한은 당사자의 동의를 해제조건으로 하는 것으로 보아야 한다는 점, 중대한 위법수집증거는 처음부터 동의의 대상이 되지 못한다고 해석함으로써 얼마든지 부작용을 통제할 수 있다는 점, 경미한 위법에 의하여 증거능력을 상실한 증거에 대하여 상대방의 동의를 전제로 증거능력을 회복할 수 있는 방법이 필요한 점 등을 논거로 하여, 제318조가 증거능력에 대한 당사자의 처분권을 인정한 것이므로 증거능력이 제한되는 사유를 가리지 않고 증거동의로써 증거능력이 부여되는 것으로 파악하는 처분권설[2](이에 의하면 증거동의는 전문증거뿐만 아니라 위법수집증거 기타 모든 증거에 대하여 적용된다), ③ 제318조가 동의의 대상을 '서류 또는 물건'이라고 규정하고 있는 점에서 증거동의를 단순히 전문증거에 있어서의 반대신문권의 포기만으로 볼 수 없다는 점을 논거로 하여, 피고인이 증거로 함에 동의한다는 것은 그 증거의 증거능력과 증명력을 다툴 권리를 포기하는 것으로 파악하는 권리포기설(이에 의하면 증거동의는 전문증거뿐만 아니라 위법수집증거 기타 모든 증거에 대하여 적용된다), ④ 증거동의는 반대신문권을 포기하는 의미와 함께 법원이 직접 심리를 하지 않더라도 실체적 진실발견에 지장을 초래하지 않는 증거에 대하여 소송경제와 신속한 재판의 관점에서 당사자에게 증거동의권을 부여한 것이라고 파악하는 병합설[3](이에 의하면 증거동의는 전문증거뿐만 아니라 증거물도 위법수집증거가 아니라면 증거동의의 대상이 된다) 등의 대립이 있다.

---

1) 배종대/홍영기, 375면; 손동권/신이철, 655면; 송광섭, 708면; 이은모/김정환, 705면; 이재상/조균석, 662면; 임동규, 587면; 정승환, 630면; 최호진, 544면.

2) 김정한, 690면.

3) 김인회, 535면; 신동운, 577면; 신양균/조기영, 899면; 이창현, 972면; 정웅석/최창호, 667면.

이에 대하여 판례는 「제318조 제1항은 전문증거금지의 원칙에 대한 예외로서 반대신문권을 포기하겠다는 피고인의 의사표시에 의하여 서류 또는 물건의 증거능력을 부여하려는 규정이므로, 피고인의 의사표시가 위와 같은 내용을 적극적으로 표시하는 것이라고 인정되는 경우이면 증거동의로서의 효력이 있다.」라고 판시[1]하거나 「제218조는 '사법경찰관은 소유자, 소지자 또는 보관자가 임의로 제출한 물건을 영장없이 압수할 수 있다'라고 규정하고 있는바, 위 규정을 위반하여 소유자, 소지자 또는 보관자가 아닌 자로부터 제출받은 물건을 영장 없이 압수한 경우 그 '압수물' 및 '압수물을 찍은 사진'은 이를 유죄 인정의 증거로 사용할 수 없는 것이고, 헌법과 형사소송법이 선언한 영장주의의 중요성에 비추어 볼 때 피고인이나 변호인이 이를 증거로 함에 동의하였다고 하더라도 달리 볼 것은 아니다.」라고 판시[2]하여, 반대신문권포기설의 입장을 취하고 있다.

생각건대 증거동의는 증거로 할 수 없는 증거에 대하여 증거능력을 부여하는 소송행위이므로 그 대상이 되는 증거는 당사자의 의사에 따라 증거사용의 여부가 좌우될 수 있는 성질의 것이어야 한다. 그러므로 증거동의는 전문증거에 대해서만 제한적으로 인정하는 반대신문권포기설이 타당하다. 한편 제318조는 전문법칙에 의하여 증거능력이 배제되고 제311조 내지 제316조에도 해당하지 않기 때문에 증거능력 없는 증거가 증거능력을 부여받는 경우이며, 전문법칙의 예외이론인 신용성을 이유로 증거능력이 인정되는 것이 아니라 입증절차에 당사자주의의 이념이 구현된 것에 불과하므로 전문법칙이 적용되지 않는 경우로 파악하는 것이 타당하다.

Ⅱ. 증거동의의 주체 및 상대방

1. 증거동의의 주체

(1) 검사와 피고인

증거동의의 주체는 당사자인 검사와 피고인이다. 일방당사자가 신청한 증거에 대하여는 반대편 당사자의 동의가 있으면 족하다.[3] 그러나 법원이 직권으로 수집한 전문증거에 대하여는 양 당사자의 동의가 있어야 한다.

(2) 변호인

변호인은 포괄적 대리권을 가지고 있으므로 피고인을 대리하여 동의할 수 있다. 이에 따라 변호인은 피고인의 명시한 의사에 반하지 아니하는 한 피고인을 대리하여 증거로 함에 동의할 수 있으므로, 피고인이 증거로 함에 동의하지 아니한다고 명시적인 의사표시를 한 경우 이외에는 변호인은 서류나 물건에 대하여 증거로 함에 동의할 수 있다. 이 경우 변호인의 동의에 대하

---

1) 대법원 1983. 3. 8. 선고 82도2873 판결.

2) 대법원 2010. 1. 28. 선고 2009도10092 판결.

3) 대법원 1989. 10. 10. 선고 87도966 판결.

여 피고인이 즉시 이의하지 아니하는 경우에는 변호인의 동의로 증거능력이 인정되어 증거조사 완료 전까지 그 동의가 취소 또는 철회하지 아니한 이상 일단 부여된 증거능력은 그대로 존속한다.[1] 따라서 피고인이 출석한 공판기일에서 증거로 함에 부동의한다는 의견이 진술된 경우에는 그 후 피고인이 출석하지 아니한 공판기일에 변호인만이 출석하여 종전 의견을 번복하여 증거로 함에 동의하였다고 하더라도 이는 특별한 사정이 없는 한 효력이 없다.[2] 하지만 피고인이 변호인과 함께 출석한 공판기일의 공판조서에 검사가 제출한 증거에 대하여 동의한다는 기재가 되어 있다면, 이는 피고인이 증거동의를 한 것으로 보아야 하고, 그 기재는 절대적인 증명력을 가진다.[3]

2. 증거동의의 상대방

증거동의의 상대방은 법원이다. 왜냐하면 증거동의의 본질은 반대신문권의 포기이며, 동의는 법원에 대하여 증거능력이 없는 증거에 대하여 증거조사를 허용한다는 의사표시이기 때문이다. 따라서 법정 외에서 반대당사자에게 증거로 함에 동의하더라도 증거동의로서의 효력은 발생하지 아니한다.

Ⅲ. 증거동의의 대상

1. 증거능력 없는 전문증거

증거동의의 대상은 증거능력이 없는 전문증거이다. 이미 증거능력이 인정된 증거는 증거동의의 대상이 아니다. 한편 임의성 없는 자백이나 위법수집증거는 증거동의의 대상이 아니며, 동의가 있더라도 증거능력이 인정되지 아니한다. 다만 증언을 번복한 진술조서[4], 증거보전절차에서 피의자·변호인에게 증인신문에 참여의 기회를 제공하지 아니한 증인신문조서[5] 등에 대하여 증거동의를 하면 증거능력이 인정된다. 또한 피고인의 유죄증거에 대한 반대증거로 제출된 서류는 성립의 진정이 증명되지 않거나 동의가 없더라도 증거판단의 자료로 삼을 수 있기 때문에 동의의 대상이 되지 아니한다.[6] 왜냐하면 유리한 반대증거는 굳이 증거능력이 요구되

1) 대법원 2005. 4. 28. 선고 2004도4428 판결; 대법원 1999. 8. 20. 선고 99도2029 판결; 대법원 1988. 11. 8. 선고 88도1628 판결. 이에 대하여 증거동의는 피고인의 방어권 행사에 중대한 영향을 미치는 행위이고, 형사재판에서 증거동의는 피고인의 불이익과 직결될 수 있으므로 피고인의 묵시적 의사에도 반할 수 없다는 종속대리권설의 제한해석이 타당하다는 견해로는 송광섭, 709면; 이재상/조균석, 663면; 이주원, 493면; 정승환, 631면; 정웅석/최창호, 669면.

2) 대법원 2013. 3. 28. 선고 2013도3 판결.

3) 대법원 2016. 3. 10. 선고 2015도19139 판결.

4) 대법원 2000. 6. 15. 선고 99도1108 전원합의체 판결.

5) 대법원 1988. 11. 8. 선고 86도1646 판결.

6) 대법원 1981. 12. 22. 선고 80도1547 판결; 대법원 1972. 1. 31. 선고 71도2060 판결.

지 않기 때문이다. 그러나 피고인이 제출한 증거에 대하여 검사가 행하는 반증은 증거능력 있는 증거에 의할 것을 요하므로 동의의 대상이 된다.

2. 서류 또는 진술

제318조 제1항의 '서류'는 진술증거를 의미하므로, 서류 이외의 전문증거가 되는 '진술'도 증거동의의 대상이 된다.[1] 재전문증거도 증거동의의 대상이 된다. 그 밖에도 진술조서에 서명은 있으나 날인이 착오로 누락된 것[2], 진술조서[3], 진술조서로 취급되는 공동피고인에 대한 피의자신문조서[4], 검증조서[5], 압수조서[6], 사진[7], 조서의 일부분[8], 조서나 서류의 사본[9], 사진[10], 검사 작성의 피고인에 대한 피의자신문조서[11] 등도 그 대상이 된다.

3. 물 건

장물이나 범행도구인 흉기 등이 증거동의의 대상이 될 수 있는지 여부와 관련하여, ① 물건은 반대신문과 관계없는 증거이지만, 현장사진이나 녹음 등과 같은 물건이 진정한 것으로 인정되는 경우에는 입법자가 신속한 재판과 소송경제의 관점에서 제318조를 통하여 증거능력을 부여할 수 있는 길을 열어 놓은 것이라는 점, 증거동의의 근거로 반대신문권의 포기가 주요한 것이기는 하지만 직접심리주의의 예외도 의미가 있다는 점, 증거물을 제외하면 증거동의의 대상이 거의 없다는 점 등을 논거로 하여, 명문의 규정상 물건도 증거동의의 대상이 된다는 적극설[12], ② 동의는 실질적으로 반대신문권의 포기를 의미하는 것이므로 반대신문과 관계없는 증거물은 동의의 대상에서 제외하는 것이 타당하다는 점, 물건의 경우에는 당사자의 동의와는 관계없이 원칙적으로 증거능력이 인정되고, 예외적으로 증거능력이 부정되는데, 증거능력이 부정되는 경우에는 당사자의 동의가 있더라도 증거능력이 회복될 수 없다는 점, 제318조가 물건을 규정하고 있는 것은 입법의 오류라는 점[13] 등을 논거로 하여, '서류 또는 진술'로 해석해야 한다

---

1) 대법원 1983. 9. 27. 선고 83도516 판결.

2) 대법원 1982. 3. 9. 선고 82도63 판결.

3) 대법원 1999. 10. 22. 선고 99도3273 판결; 대법원 1990. 6. 26. 선고 90도827 판결.

4) 대법원 1982. 9. 14. 선고 82도1000 판결.

5) 대법원 1990. 7. 24. 선고 90도1303 판결.

6) 대법원 1995. 1. 24. 선고 94도1476 판결.

7) 대법원 1997. 9. 30. 선고 97도1230 판결.

8) 대법원 1990. 7. 24. 선고 90도1303 판결.

9) 대법원 1991. 5. 10. 선고 90도2601 판결.

10) 대법원 1969. 8. 19. 선고 69도938 판결.

11) 대법원 1965. 7. 20. 선고 65도453 판결.

12) 김인회, 536면; 신동운, 578면 및 610면(예컨대 압수물을 증거로 제출하려면 그 물건이 원래 있던 곳으로부터 법정에 현출될 때까지 점유가 적법하게 이전되고 유지되었음을 입증하여야 한다(소위 점유의 연쇄). 그러나 검사와 피고인측이 동의하면 그와 같은 번거로움을 피할 수 있다); 정웅석/최창호, 671면.

는 소극설[1] 등의 대립이 있다. 이에 대하여 판례는 「피고인은 제1심 제1회 공판기일에 공소외인의 상해부위를 촬영한 사진을 증거로 함에 동의하였고, 이에 따라 제1심법원이 위 사진에 대한 증거조사를 완료하였음을 알 수 있으므로, 피고인이 원심에 이르러 위 사진에 대한 증거동의의 의사표시를 취소 또는 철회하였다 하여, 위 사진의 증거능력이 상실되지 않는다.」라고 판시[2]하여, 적극설의 입장을 취하고 있다. 생각건대 증거물은 물적 증거로서 전문법칙의 제한을 받지 않으므로 증거동의의 대상이 될 수 없다는 소극설이 타당하다. 다만 실무에서는 물건도 증거동의의 대상으로 취급하고 있다.

Ⅳ. 증거동의의 시기 및 방식

1. 증거동의의 시기

증거동의는 원칙적으로 증거조사 전에 하여야 한다. 왜냐하면 동의는 증거능력의 인정요건이고, 증거능력이 없는 증거에 대해서는 증거조사가 허용되지 않기 때문이다. 실무에서는 증거능력의 유무에 관한 의견진술 단계에서 상대방의 동의 여부를 확인하여 상대방이 증거동의를 하면 곧바로 증거조사를 하고, 증거동의를 하지 않으면 비로소 전문법칙의 예외규정의 요건 구비 여부를 확인하는 절차를 거쳐 증거능력의 요건을 충족한 경우에 한하여 증거조사를 실시한다. 다만 증거조사를 하는 도중이나 증거조사 후에 전문증거임이 밝혀진 경우에는 증거조사 후에도 동의할 수 있다. 이러한 사후동의는 변론종결시까지 가능하며, 사후에 동의가 있는 경우에는 하자가 치유되어 증거능력이 소급적으로 인정된다. 증거동의는 공판기일뿐만 아니라 공판준비절차 중에도 가능하다.

2. 증거동의의 방식

(1) 명시적 동의

증거동의는 증거에 유죄인정의 자료로 사용될 수 있는 자격을 인정하는 중요한 소송행위이므로 명시적 의사표시를 요한다.[3] 따라서 반드시 동의라는 용어를 사용할 필요는 없으나 반대신문권을 포기하는 의사 또는 증거능력을 부여하는 의사가 표현되어야 한다. 하지만 판례는 ① 피고인이 신청한 증인의 증언이 피고인 아닌 타인의 진술을 그 내용으로 하는 전문진술이라

13) 제정 형사소송법 제312조와 제314조에는 서류뿐만 아니라 물건이 함께 규정되어 있었지만, 1961. 9. 1. 형사소송법 개정을 통하여 이들 조문으로부터 물건을 삭제하면서 증거동의에 관한 제318조에서는 물건을 삭제하지 않은 입법의 착오가 있었다.

1) 배종대/홍영기, 377면; 손동권/신이철, 658면; 송광섭, 711면; 이은모/김정환, 708면; 이재상/조균석, 665면; 임동규, 590면; 정승환, 632면.

2) 대법원 2007. 7. 26. 선고 2007도3906 판결.

3) 김인회, 537면; 배종대/홍영기, 379면; 손동권/신이철, 659면; 송광섭, 712면; 신동운, 580면; 신양균/조기영, 904면; 정승환, 634면; 정웅석/최창호, 672면; 최호진, 546면.

고 하더라도 피고인이 그 증언에 대하여 별 의견이 없다고 진술하였다면 그 증언을 증거로 함에 동의한 것으로 볼 수 있으므로 이는 증거능력이 인정되며[1], ② 피고인이 피고인 아닌 자의 진술조서에 대하여 이견이 없다고 진술한 경우에도 증거동의로 인정되고[2], ③ 검사 작성의 피고인 아닌 자에 대한 진술조서에 관하여 피고인이 공판정 진술과 배치되는 부분은 부동의한다고 진술한 것은 조서내용의 특정부분에 대하여 증거로 함에 동의한다는 특별한 사정이 있는 때와는 달리 그 조서 (전체)를 증거로 함에 동의하지 아니한다는 취지로 해석하여야 한다[3]고 하여, 증거동의는 묵시적 의사표시로도 가능하다는 입장을 취하고 있다.

(2) 개별적 동의

증거동의를 포괄적으로 할 수 있는지 여부와 관련하여, ① 포괄적 증거동의는 개별 증거에 대하여 반대신문을 하지 않는다는 뜻이 아니라 반대신문권을 전면적으로 포기한다는 의사에 해당한다는 점을 논거로 하는 소극설[4], ② 간이공판절차를 인정하고 있는 현행법상 소송의 신속을 위하여 포괄적 증거동의도 얼마든지 가능하다는 적극설[5] 등의 대립이 있다. 생각건대 당사자의 증거동의는 개별적으로 행해져야 하며, 증거 전체에 대한 포괄적 동의는 허용되지 아니한다. 왜냐하면 제311조부터 제315조까지 또는 제318조에 따라 증거로 할 수 있는 서류나 물건이 수사기록의 일부인 때에는 검사는 이를 특정하여 개별적으로 제출함으로써 그 조사를 신청하여야 하고, 수사기록의 일부인 서류나 물건을 자백에 대한 보강증거나 피고인의 정상에 관한 증거로 낼 경우 또는 제274조에 따라 공판기일 전에 서류나 물건을 낼 경우에도 이와 같으며, 이러한 규정에 위반한 증거신청은 이를 기각할 수 있기 때문이다(규칙 제132조의3). 동 규정은 1989. 6. 7. 신설된 조문으로서, 이후 증거서류 분리제출 제도가 정착하게 된 것이다. 이에 따라 「개개의 증거에 대하여 개별적인 증거조사방식을 거치지 아니하고 검사가 제시한 모든 증거에 대하여 피고인이 증거로 함에 동의한다는 방식으로 이루어진 것이라고 하여도 증거동의로서의 효력을 부정할 이유가 되지 못한다.」 판시[6]한 대법원의 태도는 더 이상 그 효력을 유지할 수 없게 되었다.

V. 증거동의의 의제

1. 피고인의 불출정

피고인의 출정 없이 증거조사를 할 수 있는 경우에 피고인이 출정하지 아니한 때에는 증거

1) 대법원 1983. 9. 27. 선고 83도516 판결.

2) 대법원 1972. 6. 13. 선고 72도922 판결.

3) 대법원 1984. 10. 10. 선고 84도1552 판결.

4) 김인회, 538면(다만 피고인의 방어권을 고려했을 때 포괄적인 증거부동의는 허용된다); 배종대/홍영기, 379면; 신동운, 580면; 신양균/조기영, 904면; 이은모/김정환, 709면; 정승환, 634면.

5) 손동권/신이철, 659면; 이재상/조균석, 666면; 임동규, 591면; 정웅석/최창호, 673면.

6) 대법원 1983. 3. 8. 선고 82도2873 판결.

동의가 있는 것으로 간주된다. 다만 피고인의 대리인 또는 변호인이 출정한 때에는 예외로 한다(제318조 제2항). 이는 피고인이 공판정에 출석하지 아니한 경우에 전문증거의 증거능력을 결정하지 못함으로써 절차가 지연되는 것을 방지하기 위한 것이다.

'피고인의 출정 없이 증거조사를 할 수 있는 경우'란 현행법이 피고인의 출석 없이 재판할 수 있도록 인정하고 있는 경우를 말한다. ① 다액 500만원 이하의 벌금 또는 과료에 해당하는 사건, 공소기각 또는 면소의 재판을 할 것이 명백한 사건, 장기 3년 이하의 징역 또는 금고, 다액 500만원을 초과하는 벌금 또는 구류에 해당하는 사건에서 피고인의 불출석허가신청이 있고 법원이 피고인의 불출석이 그의 권리를 보호함에 지장이 없다고 인정하여 이를 허가한 사건의 경우(제277조), ② 피고인이 법인인 사건에 있어서 법인의 대표자가 출석하지 아니하고 대리인도 출석하지 아니한 경우(제27조 제1항, 제276조 단서), ③ 피고인이 출석하지 아니하면 개정하지 못하는 경우에 구속된 피고인이 정당한 사유 없이 출석을 거부하고, 교도관에 의한 인치가 불가능하거나 현저히 곤란하다고 인정되는 경우(제277조의2 제1항), ④ 피고인이 항소심의 공판기일에 정당한 사유 없이 다시 정한 기일에 출정하지 아니한 경우(제365조), ⑤ 사형·무기 또는 장기 10년이 넘는 징역이나 금고에 해당하는 사건이 아닌 제1심 공판절차에서 피고인에 대한 송달불능보고서가 접수된 때로부터 6개월이 경과하도록 소재조사촉탁·구인장의 발부·검사의 주소보정 등 필요한 조치에도 불구하고 피고인이 소재를 확인할 수 없어 공시송달에 의한 2회의 소환을 받고도 피고인이 출석하지 아니한 경우(소송촉진특례법 제23조), ⑥ 약식명령에 대하여 정식재판을 청구한 피고인이 정식재판절차의 공판기일에 2회 출석하지 아니한 경우(제458조 제2항, 제365조)[1] 등이 이에 해당한다.

한편 일단 피고인이 입정하여 개정한 후 재판장의 허가 없이 퇴정하거나 퇴정명령을 받은 경우(제330조)에도 증거동의가 의제되는지 여부와 관련하여, ① 피고인이 재판장의 허가 없이 퇴정한 경우뿐만 아니라 피고인의 귀책사유로 퇴정명령을 받은 경우에도 증거동의를 의제할 수 있다는 적극설[2], ② 증거동의의 의제는 소송진행의 편의를 위한 것이지 불출석에 대한 제재가 아니라는 점, 허가 없이 퇴정하는 경우에도 그것만으로 반대신문권의 포기를 인정하기 어렵다는 점, 증거동의를 의제하게 되면 피고인이 재정하지 않은 상황을 이용하여 증거능력이 없는 증거들이 제출될 염려가 있다는 점, 무단퇴정은 방어권의 포기가 아니라 피고인이나 변호인이

1) 대법원 2010. 7. 15. 선고 2007도5776 판결(제458조 제2항, 제365조는 피고인이 출정을 하지 않음으로써 본안에 대한 변론권을 포기한 것으로 보는 일종의 제재적 규정으로, 이와 같은 경우 피고인의 출정 없이도 심리, 판결할 수 있고 공판심리의 일환으로 증거조사가 행해지게 마련이어서 피고인이 출석하지 아니한 상태에서 증거조사를 할 수밖에 없는 경우에는 제318조 제2항의 규정상 피고인의 진의와는 관계없이 제318조 제1항의 동의가 있는 것으로 간주하게 되어 있는 점, 제318조 제2항의 입법 취지가 재판의 필요성 및 신속성 즉, 피고인의 불출정으로 인한 소송행위의 지연 방지 내지 피고인 불출정의 경우 전문증거의 증거능력을 결정하지 못함에 따른 소송지연 방지에 있는 점 등에 비추어, 약식명령에 불복하여 정식재판을 청구한 피고인이 정식재판절차에서 2회 불출정하여 법원이 피고인의 출정 없이 증거조사를 하는 경우에 제318조 제2항에 따른 피고인의 증거동의가 간주된다).

2) 임동규, 592면.

보기에는 오히려 불공정한 재판에 대한 가장 강력한 항의라는 점, 이 경우는 피고인의 진술 없이 '판결'할 수 있을 뿐이지 판결의 전제가 되는 '사실심리'는 피고인의 출석 없이 재판할 수 없다는 점, 증거동의를 의제하는 것은 불공정판 재판의 신속한 처리를 도와주는 결과가 될 수 있다는 점, 피고인을 재차 소환하면 증거조사를 할 수 있다는 점 등을 논거로 하여, 증거동의를 의제할 수 없다는 소극설[1], ③ 재판장의 퇴정명령을 받은 경우에는 피고인이 스스로 반대신문권을 포기한 것이 아니므로 증거동의가 의제되지 않지만, 피고인이 허가 없이 퇴정한 경우에는 반대신문권을 포기한 것으로 파악하여 증거동의를 의제할 수 있다는 제한적 적극설[2] 등의 대립이 있다.

이에 대하여 판례는 「필요적 변론사건이라고 하여도 피고인이 재판거부의 의사를 표시하고 재판장의 허가 없이 퇴정하고 변호인마저 이에 동조하여 퇴정해 버린 것은 모두 피고인측의 방어권의 남용 내지 변호권의 포기로 볼 수밖에 없는 것이어서 수소법원으로서는 제330조에 의하여 피고인이나 변호인의 재정 없이도 심리판결 할 수 있는 것이고, 공판심리는 사실심리와 증거조사가 행해지게 마련인데 이와 같이 피고인과 변호인들이 출석하지 않은 상태에서 증거조사를 할 수밖에 없는 경우에는 제318조 제2항의 규정상 피고인의 진의와는 관계없이 제318조 제1항의 동의가 있는 것으로 간주하게 되어 있는 것이다.」라고 판시[3]하여, 적극설 내지 제한적 적극설의 입장을 취하고 있다.

생각건대 피고인이 공판기일에 출석한 것은 당사자로서의 권리를 행사하겠다는 의사를 표시한 것이라는 점, 퇴정명령 이후 피고인을 다시 소환하여 증거조사를 하는 것도 충분히 가능한 것이라는 점 등을 논거로 하여, 재판장의 퇴정명령에 의하여 재정하지 못한 상황에서 증거동의를 의제하는 것은 공정한 재판이라고 할 수 없으므로 제한적 적극설이 타당하다.

2. 간이공판절차에서의 특칙

간이공판절차의 결정이 있는 사건의 증거에 관하여는 전문법칙에 의하여 증거능력이 부인되는 증거에 대하여 동의가 있는 것으로 간주한다(제318조의3 본문). 왜냐하면 피고인이 공판정에서 공소사실에 대하여 자백한 이상 공소사실을 증명하기 위한 개개의 증거에 대해서도 다툴 의사가 없는 것으로 추정되기 때문이다. 다만 검사·피고인 또는 변호인이 증거로 함에 이의가 있는 때에는 그러하지 아니하다(제318조의3 단서).

---

1) 김인회, 541면; 배종대/홍영기, 379면; 신양균/조기영, 906면; 이은모/김정환, 711면; 이주원, 496면; 정승환, 635면; 정웅석/최창호, 455면; 최호진, 550면.

2) 김정한, 700면; 손동권/신이철, 661면; 송광섭, 714면; 이재상/조균석, 667면; 이창현, 983면.

3) 대법원 1991. 6. 28. 선고 91도865 판결.

Ⅵ. 진정성의 조사 및 증거동의의 효과

1. 진정성의 조사

당사자가 증거로 함에 동의한 경우라도 법원이 이를 진정한 것으로 인정한 때에 한하여 증거로 할 수 있다(제318조 제1항 참조). 따라서 법원은 증거동의가 있으면 직권으로 진정성 여부를 조사하여야 한다. 여기서 '진정성'(眞正性)의 의미와 관련하여, ① 서류 또는 진술의 신용성을 의심스럽게 하는 유형적 상황으로 파악하는 유형적 상황설(예를 들면 진술서에 서명·날인이 없는 경우, 진술서의 기재내용이 진술과 상이한 경우, 진술내용이 객관적 사실과 다른 경우 등은 진정성이 인정되지 않는 상황에 해당한다)[1], ② 진정성에 대한 판단은 증거의 실질적 가치에 대한 판단이 아니라 증거수집과정에서의 임의성으로 파악하는 임의성설[2] 등의 대립이 있다.

생각건대 유형적 상황설에서 진정성이 없는 경우로 들고 있는 사례에 대하여 당사자의 동의가 있으면 증거능력을 부여하는 것이 증거동의라는 점에서 임의성설이 타당하다. 그러므로 서류나 진술의 임의성을 의심할 만한 특별한 사정이 존재하는 경우에는 예외적으로 진정성이 부정되어 증거능력이 인정되지 아니한다. 한편 진정성은 증거능력의 요건이므로 법원은 자유로운 증명으로 그 유무를 판단하면 족하다.[3] 실무상 당사자가 증거동의를 한 서류나 진술에 대하여 법원이 진정성을 부정하는 경우는 매우 드물다.

2. 증거동의의 효과

(1) 증거능력의 인정

증거동의가 있는 서류 또는 진술은 법원이 제반 사정을 참작하여 진정한 것으로 인정하면 증거로 할 수 있다.[4] 즉 당사자가 동의한 서류나 진술은 제311조 내지 제316조의 요건을 갖추지 못한 경우라도 그 진정성이 인정되면 증거능력을 가지게 된다. 이는 증거의 증거능력과 관련하여 당사자에게 일정한 처분권을 부여하면서도 증거동의가 남용되어 사법정의의 실현을 저해하는 것을 방지하기 위한 조치이다. 증거동의는 증거능력에 관한 문제이므로, 반대신문 이외

---

1) 김인회, 539면; 배종대/홍영기, 380면; 손동권/신이철, 662면; 송광섭, 716면; 신동운, 580면; 신양균/조기영, 907면; 이재상/조균석, 669면; 정승환, 636면; 정웅석/최창호, 675면; 최호진, 547면.

2) 임동규, 594면.

3) 대법원 2019. 3. 28. 선고 2018도13685 판결.

4) 대법원 2015. 8. 27. 선고 2015도3467 판결(디지털 저장매체에 저장된 로그파일의 원본이 아니라 그 복사본의 일부 내용을 요약·정리하는 방식으로 새로운 문서파일이 작성된 경우 그 문서파일 또는 거기에서 출력한 문서를 로그파일 원본의 내용을 증명하는 증거로 사용하기 위하여는 피고인이 이를 증거로 하는 데 동의하지 아니하는 이상 그 문서파일의 기초가 된 로그파일 복사본과 로그파일 원본의 동일성도 인정되어야 한다. 나아가 이때 새로운 문서파일 또는 거기에서 출력한 문서를 진술증거로 사용하는 경우 그 기재 내용의 진실성에 관하여는 전문법칙이 적용되므로 제313조 제1항에 따라 공판준비기일이나 공판기일에서 그 작성자 또는 진술자의 진술에 의하여 성립의 진정함이 증명된 때에 한하여 이를 증거로 사용할 수 있다).

의 방법인 다른 증거를 통하여 당사자가 자신이 동의한 증거의 증명력을 다투는 것은 가능하다. 다만 증거의 증명력을 다투기 위하여 원진술자를 증인으로 신청하는 것은 허용되지 아니한다. 또한 위법수집증거 또는 임의성이 인정되지 않는 진술에 대해서는 피고인이 증거로 함에 동의하더라도 증거능력이 인정되지 아니한다.

(2) 증명력 탄핵

증거동의를 한 당사자도 탄핵증거를 제출하여 그 증거의 증명력을 다툴 수는 있다. 왜냐하면 증거능력과 증명력은 서로 구별되기 때문이다. 다만 증거동의를 한 당사자는 반대신문권을 포기한 것이 되므로 당사자가 동의한 후에 법원이 진정성을 조사하기 위하여 원진술자를 증인으로 신문하는 경우에도 동의한 당사자는 반대신문을 할 수 없다. 그러나 정상증인으로 신청하는 것은 무방하다. 결국 동의한 당사자가 증명력을 다투려면 반대신문 이외의 방법을 사용하여야 한다.

(3) 증거동의의 효력범위

1) 물적 범위

증거동의의 효력은 원칙적으로 동의의 대상으로 특정된 서류나 진술의 전체에 대하여 미친다. 따라서 일부에 대한 동의는 허용되지 아니한다. 다만 서류 또는 진술의 내용이 가분적인 경우에는 그 일부에 대하여도 동의를 할 수 있다.[1)] 만약 그 기재내용이 불가분인데도 불구하고 일부 동의가 있는 경우에는 그 조서를 증거로 함에 부동의한다는 취지로 해석해야 할 것이다.

2) 인적 범위

증거동의의 효력은 동의를 한 피고인에 대해서만 미친다. 피고인이 수인인 경우에도 공동피고인은 각자 독립하여 반대신문권을 가지므로, 공동피고인 1인이 행한 동의의 효력은 다른 공동피고인에게 미치지 아니한다.[2)] 또한 공동피고인 중 1인이 증거조사를 신청한 서류에 관하여 검사가 동의한 경우에도 그 서류가 다른 공동피고인에 대하여 이해관계를 갖는 때에는 동의의 효력은 다른 공동피고인에게 미치지 아니한다.

3) 시간적 범위

증거동의의 효력은 당해 사건에 관한 재판 전체에 미치므로, 공판절차의 갱신이 있거나 심급을 달리 하는 경우에도 소멸하지 아니한다.[3)]

1) 대법원 2007. 4. 26. 선고 2007도1794 판결; 대법원 1990. 7. 24. 선고 90도1303 판결(피고인들이 제1심 법정에서 경찰의 검증조서 가운데 범행부분만 부동의하고 현장상황 부분에 대해서는 모두 증거로 함에 동의하였다면, 위 검증조서 중 범행상황 부분만을 증거로 채용한 제1심판결에 잘못이 없다); 대법원 1988. 3. 8. 선고 87도2692 판결.

2) 대법원 1984. 10. 10. 선고 84도1552 판결(검사 작성의 甲, 乙 및 丙에 대한 각 진술조서에 관하여 '공판정진술과 배치부분 부동의'라고 피고인의 의견진술이 있는 것으로 증거목록에 기재되어 있다. 이런 경우는 조서내용의 특정부분에 대하여 증거로 함에 동의한다는 특별한 사정이 있는 때와 달리 그 조서를 증거로 함에 동의 아니한다는 취지로 해석할 것이다. 그러므로 원심판결이 위 진술조서들은 원진술자들이 공판기일에서 그 성립이 진정한 것임을 인정한 바 없다하여 증거능력이 없다고 한 조치는 정당하며 동 조서들에 대하여 다른 공동피고인이 증거로 함에 동의하였다 하여 동의하지 아니한 피고인과의 관계에 있어서도 증거능력이 있다고 함은 독자적인 견해에 불과하여 채택할 바 못된다).

3) 대법원 1994. 7. 29. 선고 93도955 판결.

Ⅶ. 증거동의의 철회 및 무효

1. 증거동의의 철회

증거동의의 의사표시는 증거조사가 완료되기 전까지 취소 또는 철회할 수 있으나, 일단 증거조사가 완료된 뒤에는 취소 또는 철회가 인정되지 아니하므로[1] 제1심에서 한 증거동의를 제2심에서 취소할 수 없고, 일단 증거조사가 종료된 후에 증거동의의 의사표시를 취소 또는 철회하더라도 취소 또는 철회 이전에 이미 취득한 증거능력이 상실되지 아니한다.[2] 같은 맥락에서 피고인이 제1심 법정에서 경찰작성 조서들에 대하여 증거로 함에 동의하였다면 그 후 항소심에서 범행 인정 여부를 다투고 있다고 하여도 이미 동의한 효과에 아무런 영향을 가져오지 아니한다.[3]

2. 증거동의의 무효

절차형성적 소송행위가 착오로 인하여 행하여진 경우, 절차의 형식적 확실성을 강조하면서도 피고인의 이익과 정의의 희생이 커서는 안 된다는 측면에서 그 소송행위의 효력을 고려할 필요가 있으므로 착오에 의한 소송행위가 무효로 되기 위하여서는, ① 통상인의 판단을 기준으로 하여 만일 착오가 없었다면 그러한 소송행위를 하지 않았으리라고 인정되는 중요한 점(동기를 포함)에 관하여 착오가 있고, ② 착오가 행위자 또는 대리인이 책임질 수 없는 사유로 인하여 발생하였으며, ③ 그 행위를 유효로 하는 것이 현저히 정의에 반한다고 인정될 것 등 세 가지 요건을 필요로 한다.[4] 그러므로 이러한 경우에는 증거동의를 무효로 할 수 있다. 다만 증거동

---

1) 이에 대하여 증거동의제도가 형사소송을 민사소송화하는 변론주의의 성격을 갖고 있어서 축소운용하는 것이 바람직하다는 점, 증거조사가 끝난 후에 피고인신문이 이루어질 수 있다는 점 등을 논거로 하여, 변론종결시까지 증거동의의 철회를 허용해야 한다는 견해로는 신양균/조기영, 909면; 정승환, 638면.

2) 대법원 2015. 8. 27. 선고 2015도3467 판결; 대법원 2011. 3. 10. 선고 2010도15977 판결(피고인이 공시송달의 방법에 의한 공판기일의 소환을 2회 이상 받고도 출석하지 아니하여 법원이 피고인의 출정 없이 증거조사를 하는 경우에는 제318조 제2항에 따른 피고인의 증거동의가 있는 것으로 간주된다. 그리고 피고인이 제1심에서 공시송달의 방법에 의한 공판기일의 소환을 2회 이상 받고도 출석하지 아니하여 제318조 제2항에 따른 증거동의가 간주된 후 증거조사를 완료한 이상, 간주의 대상인 증거동의는 증거조사가 완료되기 전까지 철회 또는 취소할 수 있으나 일단 증거조사를 완료한 뒤에는 철회 또는 취소가 인정되지 아니하는 점, 증거동의 간주가 피고인의 진의와는 관계없이 이루어지는 점 등에 비추어, 비록 피고인이 항소심에 출석하여 공소사실을 부인하면서 간주된 증거동의를 철회 또는 취소한다는 의사표시를 하더라도 그로 인하여 적법하게 부여된 증거능력이 상실되는 것은 아니라고 할 것이다); 대법원 2008. 9. 11. 선고 2008도6136 판결; 대법원 2007. 7. 26. 선고 2007도3906 판결; 대법원 2005. 4. 28. 선고 2004도4428 판결; 대법원 2004. 10. 15. 선고 2003도3472 판결; 대법원 1999. 8. 20. 선고 99도2029 판결; 대법원 1997. 9. 30. 선고 97도1230 판결; 대법원 1996. 12. 10. 선고 96도2507 판결; 대법원 1991. 1. 11. 선고 90도2525 판결; 대법원 1988. 11. 8. 선고 88도1628 판결; 대법원 1983. 4. 26. 선고 83도267 판결.

3) 대법원 1990. 2. 13. 선고 89도2366 판결.

4) 대법원 2008. 7. 10. 선고 2007도7760 판결; 대법원 1995. 8. 17.자 95모49 결정(교도관이 내어 주는 상소권포기서를 항소장으로 잘못 믿은 나머지 이를 확인하여 보지도 않고 서명무인하였다는 점에 있어서는 재항고인에게 과실이 없다고 보기는 어렵고, 따라서 재항고인의 항소포기는 유효하다); 대법원 1992. 3. 13.자 92모1 결정(보호감

의가 법률적으로 어떠한 효과가 있는지 모르고 한 것이었다는 주장만으로는 그 동의에 하자가 있다고 할 수 없다.[1)]

제7절 탄핵증거

Ⅰ. 탄핵증거의 의의 및 성격

1. 탄핵증거의 의의

'탄핵증거'(彈劾證據)란 진술의 증명력을 다투기 위한 증거를 말한다. 제312조부터 제316조까지의 규정에 따라 증거로 할 수 없는 서류나 진술이라도 공판준비 또는 공판기일에서의 피고인 또는 피고인이 아닌 자(공소제기 전에 피고인을 피의자로 조사하였거나 그 조사에 참여하였던 자를 포함한다)의 진술의 증명력을 다투기 위하여 증거로 할 수 있다(제318조의2 제1항). 탄핵증거는 범죄사실을 인정하기 위한 증거가 아니기 때문에 증거능력이 없는 증거라도 이를 증거로 사용할 수 있도록 한 것이다. 예를 들면 甲의 살인 피고사건에서 증인 乙이 법정에서 '甲의 살인현장을 목격하였다.'라고 증언한 경우에 있어서, 그 전에 법정 외에서 乙로부터 '甲의 살인현장을 목격한 사실이 없다.'는 말을 전해들은 丙의 법정진술(자기모순의 진술), '乙이 평소에 거짓말을 많이 한다.'는 사실을 내용으로 하는 丙의 법정진술(증인의 신용성에 관한 보조사실) 등은 증인 乙의 증언의 증명력을 감쇄시키는데 사용될 수 있다.

한편 진술의 증명력을 다투는 방법으로 탄핵증거의 제출 이외에도 증거조사과정에서 반대신문을 하는 방법과 독립된 증거로서 반대증거를 제출하는 방법이 있다. 우선 반대신문은 진술의 신빙성을 탄핵한다는 점에서는 탄핵증거와 동일하지만, 반대신문 자체는 증거가 아니라는 점, 반대신문은 주신문에 나타난 사항과 이에 관련된 사항에 한정된다는 점, 반대신문은 서면이 아니라 구두로만 이루어진다는 점 등에서 구별된다. 다음으로 반증은 본증의 신빙성을 탄핵하는 경우도 있지만 본증의 신빙성을 인정하면서 그와 양립할 수 있는 다른 사실을 입증함으로써 결과적으로 본증의 요증사실 추정력을 깨트리는 경우도 있다는 점에서 구별된다. 또한 반증은 본증에 의하여 증명하려는 사실의 존재를 부정하기 위하여 제출하는 증거인데, 본증과 같이 증거능력이 있고 엄격한 증거조사를 거친 증거이어야 한다. 반면에 탄핵증거는 본증 또는 반증

호를 선고받은 피고인이 보호감호가 선고된 것으로 알고 일단 상고를 제기하였다가 보호감호청구가 기각되었다는 취지의 교도관의 말과 공판출정 교도관이 작성한 판결선고결과보고서의 기재를 믿은 나머지 착오에 빠져 판결등본송달을 기다리지 않고 상고취하를 함으로써 위 보호감호처분이 확정된 경우 위 상고취하에 피고인의 과실이 없었다고 단정할 수 없어 이를 무효로 볼 수 없다는 이유로 피고인의 상소절차속행신청을 기각한 사례). 반면에 형사소송의 형식적 확실성에 비추어 착오나 강박을 이유로 하는 동의의 철회는 원칙적으로 허용될 수 없다는 견해로는 이재상/조균석, 670면.

1) 대법원 1983. 6. 28. 선고 83도1019 판결.

으로 제출된 증거의 증명력을 다투기 위한 증거에 불과하므로 전문법칙이 적용되지 않으며 엄격한 증거조사가 아닌 공판정에서의 조사로도 가능하다.

2. 탄핵증거제도의 성격

탄핵증거제도는 전문법칙의 예외가 아니라 처음부터 전문법칙의 적용이 없는 경우라고 보아야 한다. 왜냐하면 탄핵증거는 원진술자의 진술내용의 진실성을 증명하려는 것이 아니라 원진술의 존재에 의하여 동일인의 법정에서의 진술의 증명력을 다투려는 목적으로 진술증거를 사용하는 경우이고, 전문법칙의 예외요건인 신용성의 정황적 보장과 필요성이라는 요건을 갖추지 않고도 증거로서의 사용이 허용되는 경우이기 때문이다. 이와 같이 탄핵증거제도는 기본적으로 법관의 증명력 판단의 합리성과 소송경제를 도모하기 위하여 인정되는 것이다. 그러나 전문증거가 진술의 증명력을 다툰다는 명목 아래 탄핵증거로서 법원에 제출되고, 이에 대한 증거조사가 이루어지면 자칫 증거능력이 없는 전문증거가 진술증거의 증명력 판단의 자료로 사용되는 정도를 넘어서 실질적으로 범죄사실의 존부에 관한 법관의 심증형성에 영향을 미칠 가능성이 있다는 점에 주의하여야 한다. 이에 따라 탄핵증거의 사용은 피고인을 보호하는 엄격한 증명의 법리와 상호 긴장관계에 놓이게 되는데, 이를 조화롭게 해결하기 위한 탄핵증거의 허용범위에 대하여는 아래에서 살펴보기로 한다.

Ⅱ. 탄핵증거의 허용범위

1. 탄핵증거의 범위

탄핵증거로 제출할 수 있는 전문증거의 범위와 관련하여, ① 탄핵증거는 타인의 진술에서 자기모순점을 지적하여 그 진술의 증명력을 감쇄시키는 것이라는 점, 진술자 자신의 진술로 증명력을 다투는 경우에는 동일인의 다른 진술을 한 사실 자체를 가지고 진술의 증명력을 다투는 것이므로 문제가 없다는 점, 타인의 진술에 의하여 증명력을 다투는 경우에는 우선 그 진술을 신용할 수가 있어야 비로소 가능하므로 전문법칙의 취지에 반한다는 점 등을 논거로 하여, 탄핵증거로 제출할 수 있는 증거는 동일인의 법정에서의 진술과 상이한 법정 외에서의 진술로 제한되는 것으로 파악하는 한정설[1], ② 제318조의2에서 진술의 증명력을 다투기 위한 전문증거의 범위에 아무런 제한을 두고 있지 않다는 점, 증거의 증명력은 최종적으로 법관이 판단하므로 탄핵증거의 범위를 엄격하게 제한할 필요가 없다는 점 등을 논거로 하여, 타인 진술의 증명력을 감쇄하는 증거라면 탄핵증거 사용에 제한이 없어 직접 범죄사실에 관한 것도 허용되는 것으로 파악하는 비한정설[2], ③ 원래 전문증거의 증거능력 배제는 전문증거를 범죄사실의 증명

1) 이은모/김정환, 719면; 이재상/조균석, 675면.

2) 김정한, 705~706면.

자료로 사용할 수 없도록 하는 것이므로 진술자의 신용성에 대한 순수한 보조사실의 증명은 증거능력이 없는 전문증거에 의하더라도 무방하다는 점, 비교법적으로 탄핵증거가 증인의 신용성을 공격하는 증거라는 점, 국민참여재판이 도입된 실정을 감안하면 검사와 피고인 모두에게 통일된 탄핵증거의 기준이 필요하다는 점, 피고인의 보호라는 요청은 피고인을 위한 탄핵증거의 허용범위를 확장함으로써 해결할 것이 아니라 오히려 반증의 제한 없는 허용으로서 해결하는 것이 바람직하다는 점 등을 논거로 하여, 범죄사실 자체에 관련된 주요사실과 간접사실에 대한 증거는 탄핵증거에 포함되지 않지만, 탄핵증거는 타인의 진술에서 자기모순점을 지적하는 이외에도 진술 자체의 신빙성에 관한 순수 보조사실(증인의 능력이나 성격, 평판, 피고인과의 이해관계, 교양, 전과사실 등)의 입증을 위한 증거까지 허용되는 것으로 파악하는 절충설[1], ④ 전문법칙에 구속되는 검사는 탄핵증거의 사용범위에 제한이 있지만, 피고인은 전문법칙을 주의해야 할 지위에 있지 아니하다는 점, 피고인은 자신에게 유리한 모든 전문증거를 제출하여 증명력 판단의 자료로 사용할 수 있다는 점 등을 논거로 하여, 피고인이 제출하는 탄핵증거에 대하여는 비한정설로 파악하고, 검사가 제출하는 탄핵증거에 대하여는 한정설로 파악하는 이원설[2] 등의 대립이 있다.

이에 대하여 판례는 우선 검사가 제출한 탄핵증거에 대하여는 범죄사실 및 간접사실을 인정하는 증거로서 허용하지 아니한다. 또한 피고인이 법정에서 한 부인진술에 대하여 내용이 부인된 경찰 작성의 피의자신문조서를 탄핵증거로 허용한다.[3] 반면에 피고인이 제출한 탄핵증거는 폭넓게 허용하고 있다. 예를 들면 공소사실에 부합하는 증언을 참고인의 진술로써 배척하는 경우[4], 피해자의 진술을 변호인이 제출한 신용카드사용승인내역서 사본 등으로써 배척하는 경우[5], 그 내용이 공무소의 직무범위를 벗어난 것으로서 증거능력이 없는 총영사의 사실조회회신을 탄핵증거로 허용하는 경우[6] 등이 이에 해당한다.

생각건대 한정설에 의하면 탄핵증거의 범위를 지나치게 제한하여 탄핵증거의 존재이유를 살리기 어렵다는 점, 비한정설에 의하면 범죄사실에 관한 전문증거가 아무런 제한 없이 현출되어 실질적으로 전문법칙이 유명무실해진다는 점, 이원설에 의하면 증거제출자가 누구인가에 따라 탄핵증거의 허용범위를 다르게 파악할 수 있는 근거가 없을 뿐만 아니라 직권의 의한 증거조사의 경우에는 기준의 제시가 어렵다는 점 등을 논거로 하여, 절충설이 타당하다.

---

1) 김인회, 544면; 손동권/신이철, 668면; 송광섭, 727면; 신동운, 585면; 이주원, 505면; 이창현, 1035면; 임동규, 599면; 정웅석/최창호, 683면.

2) 배종대/홍영기, 385면; 신양균/조기영, 914면; 정승환, 642면.

3) 대법원 2005. 8. 19. 선고 2005도2617 판결.

4) 대법원 1978. 10. 31. 선고 78도2292 판결.

5) 대법원 2006. 5. 26. 선고 2005도6271 판결.

6) 대법원 1996. 1. 26. 선고 95도1333 판결.

2. 탄핵증거의 제한

(1) 원 칙

제318조의2는 탄핵증거의 특례가 적용되는 증거의 범위를 전문법칙 때문에 증거능력을 가지지 못하는 진술증거에 한정하고 있다. 그러므로 제308조의2에 위반한 위법수집증거, 제309조 및 제317조에 위반한 임의성 없는 진술[1], 물증 등은 탄핵증거로 사용할 수 없다. 또한 탄핵증거는 진술의 증명력을 다투기 위하여 인정되는 것이므로 범죄사실이나 간접사실을 인정하기 위한 증거로 사용될 수는 없다.[2]

(2) 형식적 진정성립이 인정되지 않는 진술증거와 탄핵증거

검사가 유죄의 자료로 제출한 증거들이 그 진정성립이 인정되지 아니하고 이를 증거로 함에 상대방의 동의가 없더라도, 이는 유죄사실을 인정하는 증거로 사용하는 것이 아닌 이상 공소사실과 양립할 수 없는 사실을 인정하는 자료로 쓸 수 있다.[3] 그러므로 진정성립이 인정되지 않는 증거라도 탄핵증거로는 이를 사용할 수 있다.[4] 다만 그 증거의 실질적인 가치는 매우 낮을 수밖에 없을 것이다.

(3) 영상녹화물과 탄핵증거

피고인 또는 피고인이 아닌 자의 진술을 내용으로 하는 영상녹화물은 공판준비 또는 공판기일에 피고인 또는 피고인이 아닌 자가 진술함에 있어서 기억이 명백하지 아니한 사항에 관하여 기억을 환기시켜야 할 필요가 있다고 인정되는 때에 한하여 피고인 또는 피고인이 아닌 자에게 재생하여 시청하게 할 수 있다(제318조의2 제2항). 이에 따라 영상녹화물에 대하여는 탄핵증거로서의 사용을 허용하지 않고 있다. 그러므로 피고인이 내용을 부인하는 사법경찰관 작성 피의자신문조서를 대신하여 그 신문과정을 녹화한 영상녹화물을 탄핵증거로 제출하여 이를 법정에서 증거로서 조사하는 것은 허용되지 아니한다.[5]

---

1) 대법원 2014. 3. 13. 선고 2013도12507 판결; 대법원 2005. 8. 19. 선고 2005도2617 판결(검사가 유죄의 자료로 제출한 사법경찰리 작성의 피고인에 대한 피의자신문조서는 피고인이 그 내용을 부인하는 이상 증거능력이 없으나, 그것이 임의로 작성된 것이 아니라고 의심할 만한 사정이 없는 한 피고인의 법정에서의 진술을 탄핵하기 위한 반대증거로 사용할 수 있다).

2) 대법원 2012. 10. 25. 선고 2011도5459 판결.

3) 대법원 1994. 11. 11. 선고 94도1159 판결; 대법원 1981. 12. 22. 선고 80도1547 판결; 대법원 1974. 8. 30. 선고 74도1687 판결; 대법원 1972. 1. 31. 선고 71도2060 판결.

4) 이에 대하여 진술자의 서명이나 날인이 없는 전문서류는 진술자가 그 내용을 확인하지 않은 것으로서 진술내용의 진실성이나 정확성을 확인할 수 없으므로 탄핵증거로 사용할 수 없다는 견해로는 김인회, 545면; 손동권/신이철, 672면; 신동운, 587면; 이은모/김정환, 719면; 이재상/조균석, 679면; 이주원, 506면; 정승환, 643면.

5) 이에 대하여 제318조의2 제1항은 탄핵증거 규정인 반면에 동조 제2항은 기억환기용 규정으로서 전혀 상관없는 별개의 성격을 갖는 조문이라는 점, 본래 탄핵증거란 전문증거에 해당하여 증거능력이 없는 증거라도 진술의 증명력을 다투기 위하여 사용할 수 있는 증거이므로 영상녹화물에 한정하여 탄핵증거의 사용을 제한할 이유가 없다는 점 등을 논거로 하여, 영상녹화물을 탄핵증거로 사용해야 한다는 견해로는 손동권/신이철, 674~675면; 송광섭, 729면; 이재상/조균석, 680면; 정웅석/최창호, 688면.

(4) 공판정에서의 진술 후에 취득한 진술증거와 탄핵증거

공판정에서 진술이 있은 후에 공판정 밖에서 그와 모순되는 진술을 한 경우 위 모순진술을 들은 제3자의 증언을 공판정 진술을 탄핵하기 위한 용도로 사용할 수 있다. 다만 공판준비 또는 공판기일에서 이미 증언을 마친 증인을 검사가 소환한 후 피고인에게 유리한 그 증언 내용을 추궁하여 이를 일방적으로 번복시키는 방식으로 작성한 진술조서를 유죄의 증거로 삼는 것은 당사자주의·공판중심주의·직접주의를 지향하는 현행 형사소송법의 소송구조에 어긋나는 것일 뿐만 아니라 헌법 제27조가 보장하는 기본권, 즉 법관의 면전에서 모든 증거자료가 조사·진술되고 이에 대하여 피고인이 공격·방어할 수 있는 기회가 실질적으로 부여되는 재판을 받을 권리를 침해하는 것이므로, 이러한 진술조서는 피고인이 증거로 할 수 있음에 동의하지 아니하는 한 그 증거능력이 없다. 그 후 원진술자인 종전 증인이 다시 법정에 출석하여 증언을 하면서 그 진술조서의 성립의 진정함을 인정하고 피고인측에 반대신문의 기회가 부여되었다고 하더라도 그 증언 자체를 유죄의 증거로 할 수 있음은 별론으로 하고 위와 같은 진술조서의 증거능력이 없다는 결론은 달리할 것이 아니다.[1] 그러므로 검사가 증인의 증언을 탄핵하기 위해서는 당해 증인을 다시 신청하여 공판정에서의 증인신문을 통하여 1차 증언의 증명력을 다투는 방법을 사용하여야 한다.

(5) 탄핵증거의 유죄증거로의 전용

'증거공통의 원칙'이란 증거의 증명력은 그 제출자나 신청자의 입증취지에 구속되지 않는다는 것을 의미하는 개념적 용어에 불과할 뿐이지 형사소송법에 의하여 서증에 필요하게 되어 있는 증거능력이나 증거에 관한 조사절차를 불필요하게 할 수 있는 힘은 없다. 형사재판에 있어서는 유죄의 자료로 쓸 수 있는 서류는 그 진정성립이 인정되거나 피고인과 검사가 증거로 함에 동의해야만 하게 되어 있으며, 이 동의는 법원이 직권으로 증거조사를 할 때에는 양 당사자의 동의가 필요함은 물론이라 하겠으나 당해 서류를 제출한 당사자는 그것을 증거로 함에 동의하고 있음은 명백한 것이므로 상대방의 동의만 얻으면 충분하다. 그리고 피고인이나 변호인이 피고인의 무죄에 관한 자료로 제출한 서증 가운데 도리어 유죄임을 뒷받침하는 내용이 있다고 하여도 법원은 상대방의 원용(동의)이 없는 한 당해 서류의 진정성립 여부 등을 조사하고 아울러 당해 서류에 대한 피고인이나 변호인의 의견과 변명의 기회를 준 다음이 아니면 당해 서증을 유죄인정의 증거로 쓸 수 없다고 보아야만 범죄사실의 인정은 증거능력이 있고 적법한 증거조사를 거친 증거에 의한 증명(이른바 엄격한 증명)에 의하여야 한다는 증거재판주의가 실현된다. 그러므로 무죄의 자료가 유죄로 쓰여 질 수 있음을 피고인이나 변호인이 예기하였거나 할 수 있었을 것이라는 구실만으로 위와 같은 절차가 불필요하다고 보아서는 안 된다.[2]

---

1) 대법원 2013. 8. 14. 선고 2012도13665 판결; 대법원 2012. 6. 14. 선고 2012도534 판결; 대법원 2000. 6. 15. 선고 99도1108 전원합의체 판결.

2) 대법원 1989. 10. 10. 선고 87도966 판결.

Ⅲ. 탄핵의 대상 및 범위

1. 탄핵의 대상

(1) 진술증거

제318조의2 제1항은 탄핵의 대상으로 '피고인 또는 피고인 아닌 자의 진술의 증명력'을 규정하고 있다. 즉 탄핵증거에서 말하는 탄핵의 대상은 진술의 신빙성이다. 이와 같이 탄핵의 대상이 되는 진술에는 구두진술뿐만 아니라 진술을 기재한 서면도 당연히 포함된다. 하지만 물증은 협의의 증명력만 문제되지 신빙성이 문제되지 않기 때문에 탄핵증거에 의한 탄핵의 대상이 되지 아니한다.

(2) 피고인 또는 피고인 아닌 자의 진술

탄핵의 대상은 원칙적으로 공판준비 또는 공판기일에서의 피고인 또는 피고인 아닌 자의 진술의 증명력이다. 우선 피고인의 진술[1]은 탄핵의 대상이 된다.[2] 이에 따라 사법경찰리 작성의 피고인에 대한 피의자신문조서와 피고인이 작성한 자술서들은 모두 검사가 유죄의 자료로 제출한 증거들로서 피고인이 각 그 내용을 부인하는 이상 증거능력이 없으나, 그러한 증거라고 하더라도 그것이 임의로 작성된 것이 아니라고 의심할 만한 사정이 없는 한 피고인의 법정에서의 진술을 탄핵하기 위한 반대증거로 사용할 수 있다.[3]

다음으로 피고인 아닌 자의 진술의 대표적인 경우인 증인의 증언이 탄핵의 대상이 된다는 점에는 의문이 없다. 또한 형사소송법은 공판준비 또는 공판기일에서 행한 진술만을 탄핵의 대상으로 명시하고 있으나, 공판정 외에서 한 진술이 서면의 형식으로 증거가 된 경우에도 탄핵의 대상이 된다.

한편 당사자가 자기측 증인의 증언에 대해서도 탄핵할 수 있는지 여부가 문제될 수 있다. 자기측 증인의 증언은 일반적으로 자신에게 유리한 진술을 내용으로 하고 있으므로 탄핵할 필요가 없을 것이지만, 예상 외로 신청자에게 적대적이거나 불리한 증언을 할 경우에는 탄핵할 수 있다고 보아야 한다.

---

1) 이에 대하여 피고인의 일방적 진술에 의하여 완전히 증거능력이 부정되어버리는 사법경찰관 작성의 피의자신문조서는 피고인 부인진술의 증명력을 탄핵하는 탄핵증거의 자격을 부여할 필요성과 실익이 있다는 견해로는 손동권/신이철, 670면.

2) 이에 대하여 현행법의 해석상 피고인의 진술을 탄핵의 대상에서 제외할 수 없지만, 본래 탄핵증거가 증인의 진술의 신빙성을 다투기 위한 제도라는 점, 피고인의 수사절차에서의 진술을 탄핵증거로 사용할 수 있도록 하면 자백편중의 수사관행을 조장할 우려가 있다는 점 등에서 볼 때 입법론적인 재검토가 필요하다는 견해로는 김인회, 546면; 송광섭, 727면; 신양균/조기영, 918면; 이은모/김정환, 722면; 이재상/조균석, 677면; 정승환, 644면.

3) 대법원 2014. 3. 13. 선고 2013도12507 판결; 대법원 2005. 8. 19. 선고 2005도2617 판결; 대법원 1998. 2. 27. 선고 97도1770 판결.

2. 탄핵의 범위

탄핵증거는 진술의 증명력을 다투기 위하여 사용되어야 하며, 범죄사실이나 간접사실을 인정하기 위한 목적으로 사용할 수는 없다.[1] 여기서 진술의 증명력을 다툰다는 것은 원칙적으로 진술의 증명력을 감쇄시키는 경우를 의미한다. 하지만 일방 당사자가 탄핵증거를 사용해서 증명력을 이미 감쇄시킨 경우에 반대 당사자에게 감쇄된 증명력을 회복시키기 위한 기회를 부여하지 않으면 형평의 원칙에 어긋나기 때문에 감쇄된 증명력을 회복시키기 위한 탄핵증거의 사용도 허용되어야 한다. 이 경우에는 예외적으로 자기모순의 진술이 아닌 동일인의 일치진술이 탄핵증거로 사용되는 것이 된다. 그러므로 모순진술에 의하여 증명력이 탄핵된 경우 위와 같이 모순진술하게 된 경위 등에 대한 다른 전문진술로써 증명력을 회복하는 것이 가능하다. 결국 진술의 증명력을 다툰다는 것은 증명력을 감쇄하는 경우가 일반적이겠지만, 경우에 따라 감쇄된 증명력을 회복하는 경우도 가능하다.

Ⅳ. 탄핵증거의 조사방법

탄핵증거는 범죄사실을 인정하는 증거가 아니므로 엄격한 증거조사를 거쳐야 할 필요가 없음은 제318조의2의 규정에 따라 명백하지만, 법정에서 이에 대한 탄핵증거로서의 증거조사는 필요하다. 증거신청의 방식에 관하여 규정한 형사소송규칙 제132조의2 제1항의 취지에 비추어 보면 탄핵증거의 제출에 있어서도 상대방에게 이에 대한 공격방어의 수단을 강구할 기회를 사전에 부여하여야 한다는 점에서 그 증거와 증명하고자 하는 사실과의 관계 및 입증취지 등을 미리 구체적으로 명시하여야 할 것이므로, 증명력을 다투고자 하는 증거의 어느 부분에 의하여 진술의 어느 부분을 다투려고 한다는 것을 사전에 상대방에게 알려야 한다.[2] 그러므로 비록 증거목록에 기재되지 않았고 증거결정이 있지 아니하였다고 하더라도 공판과정에서 그 입증취지가 구체적으로 명시되고 제시까지 된 이상 탄핵증거로서의 증거조사는 이루어졌다고 보아야 할 것이다.[3] 하지만 법정에 제출되지 않아서 전혀 증거조사를 거치지 않은 채 수사기록에만 편철되어 있는 서류는 증거로 사용할 수 없다.[4]

1) 대법원 2012. 10. 25. 선고 2011도5459 판결; 대법원 1996. 9. 6. 선고 95도2945 판결.

2) 대법원 2005. 8. 19. 선고 2005도2617 판결(피고인이 내용을 부인하여 증거능력이 없는 사법경찰리 작성의 피의자신문조서에 대하여 비록 당초 증거제출 당시 탄핵증거라는 입증취지를 명시하지 아니하였지만 피고인의 법정진술에 대한 탄핵증거로서의 증거조사절차가 대부분 이루어졌다고 볼 수 있는 점 등의 사정에 비추어 위 피의자신문조서를 피고인의 법정 진술에 대한 탄핵증거로 사용할 수 있다).

3) 대법원 2006. 5. 26. 선고 2005도6271 판결.

4) 대법원 1998. 2. 27. 선고 97도1770 판결; 대법원 1978. 10. 31. 선고 78도2292 판결.

제8절 자유심증주의

Ⅰ. 의 의

'자유심증주의'(自由心證主義)란 증거의 증명력을 적극적 또는 소극적으로 법률로 정하지 아니하고 이를 법관의 자유판단에 맡기는 증거법상의 원칙을 말한다.[1] 즉 증거의 실질적 가치에 대한 판단을 법관이 개별적·구체적으로 행하도록 하는 제도이며, 제308조에서 '증거의 증명력은 법관의 자유판단에 의한다.'라고 하여 이를 명시하고 있다.[2] 이는 증거능력이 있는 증거 가운데 필요한 증거를 채택·사용하고 증거의 실질적인 가치를 평가하여 사실을 인정하는 것은 법관의 자유심증에 속한다는 것을 의미한다. 따라서 충분한 증명력이 있는 증거를 합리적인 근거 없이 배척하거나 반대로 객관적인 사실에 명백히 반하는 증거를 아무런 합리적인 근거 없이 채택·사용하는 등으로 논리와 경험의 법칙에 어긋나는 것이 아닌 이상, 법관은 자유심증으로 증거를 채택하여 사실을 인정할 수 있다.[3]

자유심증주의는 규문주의 형사절차에 있어서의 법정증거주의와 대비되는 개념이라고 할 수 있다. '법정증거주의'(法定證據主義)란 각종 증거의 증명력을 법률로 미리 정해 두고, 일정한 증거가 있으면 법관의 심증 여하와 상관없이 반드시 유죄를 인정하도록 하거나 반대로 일정한 유형의 증거가 없으면 유죄를 인정할 수 없도록 함으로써 법관의 증명력 평가에 일정한 법률적 구속을 가하는 원칙을 말한다. 이는 증거가치판단에 있어서 법관의 개인차와 자의를 배제함으로써 법적 안정성을 보장하는데 의미가 있지만, 그 가치가 각기 다른 증거의 증명력을 획일적으로 법률로 규정함으로써 구체적 사안에 있어서 타당한 사실인정을 어렵게 한다. 또한 규문절차에서는 자백이 있으면 유죄를 인정해야 하는 증거규칙으로 인하여 자백이 증거의 왕으로 취급됨에 따라 자백을 얻기 위한 강요와 고문의 폐해가 초래될 수밖에 없었다. 결국 법정증거주의는 인간의 합리적인 이성에 대한 신뢰를 그 기초로 하는 자유심증주의로 변모하게 되

---

1) 대법원 2007. 5. 10. 선고 2007도1950 판결.

2) 독일 형사소송법 제261조에서는 '법원은 변론의 전체취지로부터 자유롭게 형성된 확신에 따라 증거조사결과를 판단한다.'라고 규정하고 있다.

3) 대법원 2020. 5. 14. 선고 2020도2433 판결(미성년자인 피해자가 자신을 보호·감독하는 지위에 있는 친족으로부터 강간이나 강제추행 등 성범죄를 당하였다고 진술하는 경우에 그 진술의 신빙성을 판단함에 있어서, 피해자가 자신의 진술 이외에는 달리 물적 증거 또는 직접 목격자가 없음을 알면서도 보호자의 형사처벌을 무릅쓰고 스스로 수치스러운 피해 사실을 밝히고 있고, 허위로 그와 같은 진술을 할 만한 동기나 이유가 분명하게 드러나지 않을 뿐만 아니라, 그 진술 내용이 사실적·구체적이고, 주요 부분이 일관되며, 경험칙에 비추어 비합리적이거나 진술 자체로 모순되는 부분이 없다면, 그 진술의 신빙성을 함부로 배척해서는 안 된다. 특히 친족관계에 의한 성범죄를 당하였다는 미성년자 피해자의 진술은 피고인에 대한 이중적인 감정, 가족들의 계속되는 회유와 압박 등으로 인하여 번복되거나 불분명해질 수 있는 특수성을 갖고 있으므로, 피해자가 법정에서 수사기관에서의 진술을 번복하는 경우, 수사기관에서 한 진술 내용 자체의 신빙성 인정 여부와 함께 법정에서 진술을 번복하게 된 동기나 이유, 경위 등을 충분히 심리하여 어느 진술에 신빙성이 있는지를 신중하게 판단하여야 한다); 대법원 2015. 8. 20. 선고 2013도11650 전원합의체 판결.

었다.

Ⅱ. 내 용

1. 자유판단의 주체

증거의 증명력을 판단하는 주체는 개별적인 법관이다. 왜냐하면 자유심증주의는 증거가치에 대한 판단에 있어서 개별적인 법관의 이성에 대한 신뢰를 법률의 규제에 우선시키는 제도이기 때문이다. 합의체의 법원에 있어서도 그 구성원인 법관은 각자의 합리적 이성에 의하여 증거의 증명력을 판단한다.

2. 자유판단의 대상

법관의 자유판단의 대상은 증거의 증명력이다. '증거의 증명력'이란 사실의 인정을 위한 증거의 실질적 가치를 말하며, 증거가 될 수 있는 형식적 자격을 의미하는 것으로서 법률에 의하여 획일적으로 정해지는 증거능력은 자유판단의 대상이 아니다. 이러한 증명력은 신용력과 추인력(협의의 증명력)으로 다시 구별된다. '신용력'(信用力)이란 요증사실과의 관계를 떠나 증거 그 자체가 진실한지 여부를 판단하는 것을 말하고, '추인력'(推認力)이란 신용력을 전제로 하여 그 증거가 요증사실과의 관계에서 그 존부를 어느 정도까지 증명할 수 있는지 여부를 판단하는 것을 말한다.

3. 자유판단의 의미 및 기준

(1) 의 미

'자유판단'(自由判斷)이란 사실을 인정함에 있어서 법관이 형식적인 법률적 제한을 받지 않는다는 것을 말한다. 즉 어떤 증거를 취사선택하여 사실을 인정할 것인지 여부가 법관의 자유판단에 맡겨져 있다는 것이다. 따라서 증거능력이 있는 증거라도 증명력이 없다고 하여 이를 채용하지 않는 것은 자유이고, 증인의 증언과 같이 일정한 증거가 가분적인 경우에는 그 가운데 일부에 대해서만 증명력을 인정할 수도 있고, 반대로 수개의 증거를 결합한 종합증거에 의하여 사실을 인정할 수도 있다.

(2) 기 준

증거의 증명력 판단을 법관의 자유판단에 맡기는 것은 이러한 방법이 증명력 판단을 법률로 구속하는 경우보다 실체적 진실발견에 더 적합하다는 사고를 기초로 한다. 그리고 실체적 진실발견은 인간 이성에 기한 합리적인 증거평가에 의하여 비로소 가능하므로 자유심증주의에 있어서의 자유가 법관의 자의를 의미할 수는 없다. 그러므로 증거판단에 관한 전권을 가지고 있는 사실심 법관은 사실인정을 하면서 공판절차에서 획득된 인식과 조사된 증거를 남김없이 고려하여야 한다.[1] 또한 동일한 사실관계에 관하여 이미 확정된 형사판결이 인정한 사실은 유력한 증거자료가 되므로, 그 형사재판의 사실 판단을 채용하기 어렵다고 인정되는 특별한 사정이 없는 한 이와 배치되는 사실은 인정할 수 없는 것이다.[2]

증거의 증명력에 대한 법관의 판단은 논리와 경험칙에 합치하여야 하고[3], 형사재판에서 유죄로 인정하기 위한 심증 형성의 정도는 합리적인 의심을 할 여지가 없을 정도여야 하나, 이는 모든 가능한 의심을 배제할 정도에 이를 것까지 요구하는 것은 아니며, 증명력이 있는 것으로 인정되는 증거를 합리적인 근거가 없는 의심을 일으켜 배척하는 것은 자유심증주의의 한계를 벗어나는 것으로 허용될 수 없다. 여기에서 말하는 합리적 의심이란 모든 의문·불신을 포함하는 것이 아니라 논리와 경험칙에 기하여 요증사실과 양립할 수 없는 사실의 개연성에 대한 합리성 있는 의문을 의미하는 것으로서, 단순히 관념적인 의심이나 추상적인 가능성에 기초한 의심은 합리적 의심에 포함된다고 할 수 없다.[4] 그리고 증인의 진술이 그 주요 부분에 있어서 일관성이 있는 경우에는 그 밖의 사소한 사항에 관한 진술에 다소 일관성이 없다는 등의 사정만으로는 그 진술의 신빙성을 함부로 부정할 것은 아니다.[5]

한편 법원이 성폭행이나 성희롱 사건의 심리를 할 때에는 그 사건이 발생한 맥락에서 성차별 문제를 이해하고 양성평등을 실현할 수 있도록 '성인지 감수성'을 잃지 않도록 유의하여야 한다(양성평등기본법 제5조 제1항 참조). 우리 사회의 가해자 중심의 문화와 인식, 구조 등으로 인하여 성폭행이나 성희롱 피해자가 피해사실을 알리고 문제를 삼는 과정에서 오히려 피해자가 부정적인 여론이나 불이익한 처우 및 신분 노출의 피해 등을 입기도 하여 온 점 등에 비추어 보면, 성폭행 피해자의 대처 양상은 피해자의 성정이나 가해자와의 관계 및 구체적인 상황에 따라 다르게 나타날 수밖에 없다. 따라서 개별적, 구체적인 사건에서 성폭행 등의 피해자가 처하여 있는 특별한 사정을 충분히 고려하지 않은 채 피해자 진술의 증명력을 가볍게 배척하는 것은 정의와 형평의 이념에 입각하여 논리와 경험의 법칙에 따른 증거판단이라고 볼 수 없다.[6] 이러한 법리는, 피해자임을 주장하는 자가 성폭행 등의 피해를 입었다고 신고한 사실에 대하여 증거불충분 등을 이유로 불기소처분되거나 무죄판결이 선고된 경우 반대로 이러한 신고내용이 객관적 사실에 반하여 무고죄가 성립하는지 여부를 판단할 때에도 마찬가지로 고려되어야 한

---

1) 대법원 2018. 2. 13. 선고 2014도11441 판결; 대법원 2013. 1. 31. 선고 2012도2409 판결.

2) 대법원 2009. 6. 25. 선고 2008도10096 판결.

3) 여기서 '논리'(論理)란 인간의 추론능력에 근거하여 확립된 사고법칙을 말하며, '경험칙'(經驗則)이란 개별적인 관찰의 집적을 통하여 경험적으로 얻어진 판단법칙을 말한다. 이러한 논리와 경험칙을 가리켜서 '채증법칙'(採證法則)이라고 한다. 그리고 채증법칙의 범위 내에서 이루어진 증거취사와 사실인정을 다투는 것을 사실오인의 주장이라고 한다.

4) 대법원 2017. 5. 30. 선고 2017도1549 판결; 대법원 2012. 9. 27. 선고 2012도2658 판결; 대법원 2011. 12. 8. 선고 2010도15628 판결; 대법원 2011. 11. 10. 선고 2011도8215 판결; 대법원 2011. 10. 27. 선고 2009도1603 판결.

5) 대법원 2012. 6. 14. 선고 2012도534 판결; 대법원 2008. 3. 14. 선고 2007도10728 판결.

6) 대법원 2019. 9. 9. 선고 2019도2562 판결(충남도지사사건); 대법원 2018. 10. 25. 선고 2018도7709 판결.

다. 따라서 성폭행 등의 피해를 입었다는 신고사실에 관하여 불기소처분 내지 무죄판결이 내려졌다고 하여, 그 자체를 무고를 하였다는 적극적인 근거로 삼아 신고내용을 허위라고 단정하여서는 아니 됨은 물론, 개별적·구체적인 사건에서 피해자임을 주장하는 자가 처하였던 특별한 사정을 충분히 고려하지 아니한 채 진정한 피해자라면 마땅히 이렇게 하였을 것이라는 기준을 내세워 성폭행 등의 피해를 입었다는 점 및 신고에 이르게 된 경위 등에 관한 변소를 쉽게 배척하여서는 안 된다.[1]

4. 자유판단의 구체적인 내용

(1) 피고인의 진술

피고인의 진술은 증거자료로서 증명력 판단의 대상이 되는데, 법관은 피고인이 자백한 때에도 이와 모순되는 다른 증거에 의하여 사실을 인정할 수 있고, 법정에서의 진술을 배척하고 수사기관 앞에서의 진술을 믿을 수도 있다.[2] 왜냐하면 피고인의 진술에 증거능력이 인정되어 증명력 판단의 세계로 들어오면 그 진술의 증명력에 있어서의 형식적인 차이는 존재하지 않기 때문이다.

다만 피고인의 자백의 증명력 평가와 관련하여서는 매우 신중한 판단을 하게 된다. 즉 검찰에서의 피고인의 자백이 법정진술과 다르다거나 피고인에게 지나치게 불리한 내용이라는 사유만으로는 그 자백의 신빙성이 의심스럽다고 할 수는 없는 것이고, 자백의 신빙성 유무를 판단할 때에는 자백의 진술 내용 자체가 객관적으로 합리성을 띠고 있는지, 자백의 동기나 이유가 무엇이며, 자백에 이르게 된 경위는 어떠한지 그리고 자백 이외의 정황증거 중 자백과 저촉되거나 모순되는 것이 없는지 하는 점 등을 고려하여 피고인의 자백에 제309조에 정한 사유 또는 자백의 동기나 과정에 합리적인 의심을 갖게 할 상황이 있었는지를 판단하여야 한다.[3] 나아가 피고인이 수사기관에서부터 공판기일에 이르기까지 일관되게 범행을 자백하다가 어느 공판기일부터 갑자기 자백을 번복한 경우에는, 자백 진술의 신빙성 유무를 살피는 외에도 자백을 번복하게 된 동기나 이유 및 경위 등과 함께 수사기관 이래의 진술 경과와 진술의 내용 등에 비추어 번복 진술이 납득할 만한 것이고 이를 뒷받침할 증거가 있는지 등을 살펴보아야 한다.[4]

(2) 증인의 증언

법관은 증인의 연령이나 책임능력의 유무 등과 관계없이 합리적으로 증언의 증명력을 판단할 수 있다. 그러므로 피해자가 제1심 및 원심 법정에서 수사기관에서의 진술을 번복하였더라도, 피해자의 수사기관 진술 자체의 구체적인 내용과 그에 대한 평가 등에다가, 피해자가 법

---

1) 대법원 2019. 7. 11. 선고 2018도2614 판결.

2) 대법원 2001. 10. 26. 선고 2001도4112 판결.

3) 대법원 2014. 5. 29. 선고 2012도14295 판결; 대법원 2013. 11. 14. 선고 2013도10277 판결; 대법원 2010. 7. 22. 선고 2009도1151 판결.

4) 대법원 2016. 10. 13. 선고 2015도17869 판결.

정에서 진술을 번복하게 된 동기와 경위 등을 참작하여, 피해자의 번복된 법정 진술을 믿지 아니하고 수사기관에서의 진술을 신빙할 수도 있다.[1] 또한 선서한 증인의 증언이라도 이를 채택하지 않을 수 있을 뿐만 아니라 선서한 증인의 증언과 선서하지 않고 행한 선서무능력자의 증언이 상호 모순되는 경우에 후자를 신뢰할 수도 있다. 형사소송법은 형사사건의 실체에 대한 유죄·무죄의 심증형성은 법정에서의 심리에 의하여야 한다는 공판중심주의의 한 요소로서, 법관의 면전에서 직접 조사한 증거만을 재판의 기초로 삼을 수 있고 증명 대상이 되는 사실과 가장 가까운 원본 증거를 재판의 기초로 삼아야 하며 원본 증거의 대체물 사용은 원칙적으로 허용되어서는 안 된다는 실질적 직접심리주의를 채택하고 있다. 이는 법관으로 하여금 법정에서 직접 원본 증거를 조사하는 방법을 통하여 사건에 관하여 신선하고 정확한 심증을 형성할 수 있게 하는 한편 피고인에게 원본 증거에 관하여 직접적인 의견진술의 기회를 부여함으로써, 실체적 진실을 발견하고 공정한 재판을 실현할 수 있게 하려는 것이다.[2] 따라서 형사소송절차를 주재하는 법원으로서는 형사소송절차의 진행과 심리과정에서 법정을 중심으로, 특히 당사자의 주장과 증거조사가 이루어지는 원칙적인 절차인 제1심의 법정에서 실질적 직접심리주의의 정신이 충분하고도 완벽하게 구현될 수 있도록 하여야 한다.[3]

원래 제1심이 증인신문절차를 진행한 뒤 그 진술의 신빙성 유무를 판단함에 있어서는, 진술 내용 자체의 합리성·논리성·모순 또는 경험칙 부합 여부나 물증 또는 제3자의 진술과의 부합 여부 등은 물론, 법관의 면전에서 선서한 후 공개된 법정에서 진술에 임하고 있는 증인의 모습이나 태도, 진술의 뉘앙스 등 증인신문조서에는 기록하기 어려운 여러 사정을 직접 관찰함으로써 얻게 된 심증까지 모두 고려하여 신빙성 유무를 평가하게 된다. 반면에 현행 형사소송법상 제1심 증인이 한 진술에 대한 항소심의 신빙성 유무 판단은 원칙적으로 증인신문조서를 포함한 기록만을 그 자료로 삼게 되므로, 진술의 신빙성 유무 판단에 있어 가장 중요한 요소 중의 하나라 할 수 있는 진술 당시 증인의 모습이나 태도, 진술의 뉘앙스 등을 신빙성 유무 평가에 반영할 수 없다는 본질적인 한계를 지니게 된다. 이와 같은 제1심과 항소심의 신빙성 평가 방법의 차이를 고려할 때, 제1심판결 내용과 제1심에서 적법하게 증거조사를 거친 증거들에 비추

1) 대법원 2020. 5. 14. 선고 2020도2433 판결.

2) 대법원 2015. 8. 20. 선고 2013도11650 전원합의체 판결(한○숙사건)(국회의원인 피고인이 甲 주식회사 대표이사 乙에게서 3차례에 걸쳐 약 9억 원의 불법정치자금을 수수하였다는 내용으로 기소되었는데, 乙이 검찰의 소환 조사에서는 자금을 조성하여 피고인에게 정치자금으로 제공하였다고 진술하였다가, 제1심 법정에서는 이를 번복하여 자금 조성 사실은 시인하면서도 피고인에게 정치자금으로 제공한 사실을 부인하고 자금의 사용처를 달리 진술한 사안에서, 공판중심주의와 실질적 직접심리주의 등 형사소송의 기본원칙상 검찰진술보다 법정진술에 더 무게를 두어야 한다는 점을 감안하더라도, 乙의 법정진술을 믿을 수 없는 사정 아래에서 乙이 법정에서 검찰진술을 번복하였다는 이유만으로 조성 자금을 피고인에게 정치자금으로 공여하였다는 검찰진술의 신빙성이 부정될 수는 없고, 진술 내용 자체의 합리성, 객관적 상당성, 전후의 일관성, 이해관계 유무 등과 함께 다른 객관적인 증거나 정황사실에 의하여 진술의 신빙성이 보강될 수 있는지, 반대로 공소사실과 배치되는 사정이 존재하는지 두루 살펴 판단할 때 자금 사용처에 관한 乙의 검찰진술의 신빙성이 인정되므로, 乙의 검찰진술 등을 종합하여 공소사실을 모두 유죄로 인정한 원심판단에 자유심증주의의 한계를 벗어나는 등의 잘못이 없다).

3) 대법원 2019. 7. 24. 선고 2018도17748 판결; 대법원 2011. 11. 10. 선고 2011도11115 판결.

어 제1심 증인이 한 진술의 신빙성 유무에 관한 제1심의 판단이 명백하게 잘못되었다고 볼 만한 특별한 사정이 있거나, 제1심의 증거조사 결과와 항소심 변론종결시까지 추가로 이루어진 증거조사 결과를 종합하면 제1심 증인이 한 진술의 신빙성 유무에 관한 제1심의 판단을 그대로 유지하는 것이 현저히 부당하다고 인정되는 예외적인 경우가 아니라면, 항소심으로서는 제1심 증인이 한 진술의 신빙성 유무에 관한 제1심의 판단이 항소심의 판단과 다르다는 이유만으로 이에 관한 제1심의 판단을 함부로 뒤집어서는 안 된다.[1] 피해자를 비롯한 증인들의 진술이 대체로 일관되고 공소사실에 부합하는 경우 객관적으로 보아 도저히 신빙성이 없다고 볼 만한 별도의 신빙성 있는 자료가 없는 한 이를 함부로 배척하여서는 안 되는 것이다.[2]

한편 증거로 제출된 성추행 피해 아동이 검찰에서 한 진술의 신빙성을 판단함에 있어서는, 아동의 경우 질문자에 의한 피암시성이 강하고, 상상과 현실을 혼동하거나 기억내용의 출처를 제대로 인식하지 못할 가능성이 있는 점 등을 고려하여, 아동의 나이가 얼마나 어린지, 그 진술이 사건 발생시로부터 얼마나 지난 후에 이루어진 것인지, 사건 발생 후 그러한 진술이 이루어지기까지의 과정에서 최초로 아동의 피해 사실을 청취한 보호자나 수사관들이 편파적인 예단을 가지고 아동에게 사실이 아닌 정보를 주거나 반복적인 신문 등을 통하여 특정한 답변을 유도하는 등으로 아동 기억에 변형을 가져 올 여지는 없었는지, 그 진술 당시 질문자에 의하여 오도될 수 있는 암시적인 질문이 반복된 것은 아닌지, 같이 신문을 받은 또래 아동의 진술에 영향을 받은 것은 아닌지, 면담자로부터 영향을 받지 않은 아동 자신의 진술이 이루어진 것인지, 법정에서는 피해사실에 대하여 어떠한 진술을 하고 있는지 등을 살펴보아야 하며, 또한 검찰에서의 진술내용에 있어서도 일관성이 있고 명확한지, 세부내용의 묘사가 풍부한지, 사건·사물·가해자에 대한 특징적인 부분에 관한 묘사가 있는지, 정형화된 사건 이상의 정보를 포함하고 있는지 등도 종합적으로 검토하여야 한다.[3] 그리고 이는 지적장애가 있어 정신연령이나 사회적 연령이 아동에 해당하는 성인이 수사기관과 법정에서 한 진술이 신빙성이 있는지를 판단할 경우에도 마찬가지이다.[4]

---

1) 대법원 2017. 3. 22. 선고 2016도18031 판결; 대법원 2012. 6. 14. 선고 2011도5313 판결; 대법원 2010. 11. 11. 선고 2010도9106 판결(피해자가 평소 피고인으로부터 수시로 폭행·협박을 당하여 피고인과 대면하는 것 자체에 대하여 상당한 두려움을 갖고 있었던 점, 피해자가 제1심법정에 증인으로 출석하여 진술하던 도중 피고인의 면전에서 충분한 진술을 할 수 없음이 인정되어 피고인에 대한 퇴정이 명하여진 점, 그 퇴정을 전후하여 피해자의 진술 태도 및 내용에 변화가 있었던 점 등에 비추어 피해자의 제1심 법정진술 중 이 사건 공소사실에 배치되는 부분의 신빙성을 제1심의 판단과 달리 배척하고 거시 증거들에 의하여 이 사건 공소사실을 유죄로 인정하였다); 대법원 2010. 7. 29. 선고 2008도4449 판결; 대법원 2010. 6. 24. 선고 2010도3846 판결; 대법원 2010. 3. 25. 선고 2009도14065 판결; 대법원 2010. 2. 25. 선고 2009도14409 판결; 대법원 2009. 3. 26. 선고 2008도6895 판결; 대법원 2009. 1. 30. 선고 2008도7917 판결; 대법원 2006. 11. 24. 선고 2006도4994 판결; 대법원 2005. 5. 26. 선고 2005도130 판결; 대법원 1996. 12. 6. 선고 96도2461 판결; 대법원 1994. 11. 25. 선고 94도1545 판결; 대법원 1991. 10. 22. 선고 91도1672 판결.

2) 대법원 2012. 6. 28. 선고 2012도2631 판결; 대법원 2005. 4. 15. 선고 2004도362 판결.

3) 대법원 2008. 7. 10. 선고 2006도2520 판결.

4) 대법원 2017. 1. 25. 선고 2016도14989 판결; 대법원 2015. 9. 10. 선고 2015도7450 판결; 대법원 2014. 7. 24. 선고

(3) 감정인의 감정의견

감정인의 감정의견에 대해서 법관은 반드시 이에 구속되는 것은 아니다. 전문분야에 관한 감정의 증거가치가 일반적으로 큰 것은 사실이지만 법관은 감정결과에 반하는 사실을 인정할 수도 있다. 예를 들면 심신장애의 유무는 법원이 형벌제도의 목적 등에 비추어 판단하여야 할 법률문제로서, 그 판단에 있어서는 전문감정인의 정신감정 결과가 중요한 참고자료가 되기는 하지만, 법원으로서는 반드시 그 의견에 기속을 받는 것은 아니고, 그러한 감정 결과뿐만 아니라 범행의 경위·수단·범행 전후의 피고인의 행동 등 기록에 나타난 제반 자료 등을 종합하여 단독적으로 심신장애의 유무를 판단하여야 한다.[1)] 또한 감정인의 의견이 일치하지 않는 경우에 소수의견을 따르거나 여러 의견 가운데 각각 일부를 채택할 수도 있다.[2)] 하지만 피고인이 범행 당시 심신미약의 상태에 있었던 자가 아닌지 의심이 드는 경우에는 피고인의 심신장애 여부를 밝혀 보아야 하는데, 만약 이를 간과한 경우에는 심신장애 여부에 관한 심리미진으로 판결에 영향을 미친 위법이 있다.[3)]

한편 자유심증주의를 규정한 제308조가 증거의 증명력을 법관의 자유판단에 의하도록 한 것은 그것이 실체적 진실발견에 적합하기 때문이지 법관의 자의적인 판단을 인용한다는 것은 아니므로, 증거판단에 관한 전권을 가지고 있는 사실심 법관은 사실인정에 있어 공판절차에서 획득된 인식과 조사된 증거를 남김없이 고려하여야 한다.[4)] 특히 유전자검사나 혈액형검사 등 과학적 증거방법은 그 전제로 하는 사실이 모두 진실임이 입증되고 그 추론의 방법이 과학적으로 정당하여 오류의 가능성이 전무하거나 무시할 정도로 극소한 것으로 인정되는 경우에는 법

2014도2918 판결.

1) 대법원 2007. 11. 29. 선고 2007도8333 판결; 대법원 2007. 2. 8. 선고 2006도7900 판결; 대법원 1999. 1. 26. 선고 98도3812 판결; 대법원 1995. 2. 24. 선고 94도3163 판결; 대법원 1984. 5. 22. 선고 84도545 판결; 대법원 1971. 3. 31. 선고 71도212 판결.

2) 대법원 1976. 3. 23. 선고 75도2068 판결.

3) 대법원 1989. 9. 26. 선고 89도583 판결. 同旨 대법원 2009. 4. 9. 선고 2009도870 판결(피고인이 정신장애 3급의 장애자로 등록되어 있고, 진료소견서 등에도 병명이 '미분화형 정신분열증 및 상세불명의 간질' 등으로 기재되어 있을 뿐만 아니라 수사기관에서부터 자신의 심신장애 상태를 지속적으로 주장하여 왔으며, 변호인 또한 공판기일에서 피고인의 심신장애를 주장하는 내용의 진술을 하였다면, 비록 피고인이 항소이유서에서 명시적으로 심신장애 주장을 하지 않았다고 하더라도, 직권으로라도 피고인의 병력을 상세히 확인하여 그 증상을 밝혀보는 등의 방법으로 범행 당시 피고인의 심신장애 여부를 심리하였어야 한다).

4) 대법원 2016. 11. 25. 선고 2016도15018 판결; 대법원 2011. 11. 10. 선고 2011도8125 판결; 대법원 2011. 10. 27. 선고 2009도1603 판결; 대법원 2011. 1. 17. 선고 2010도12728 판결(상해죄의 피해자가 제출하는 상해진단서는 일반적으로 의사가 당해 피해자의 진술을 토대로 상해의 원인을 파악한 후 의학적 전문지식을 동원하여 관찰·판단한 상해의 부위와 정도 등을 기재한 것으로서 거기에 기재된 상해가 곧 피고인의 범죄행위로 인하여 발생한 것이라는 사실을 직접 증명하는 증거가 되기에 부족한 것이지만, 그 상해에 대한 진단일자 및 상해진단서 작성일자가 상해 발생시점과 시간상으로 근접하고 상해진단서 발급 경위에 특별히 신빙성을 의심할 만한 사정이 없으며 거기에 기재된 상해 부위와 정도가 피해자가 주장하는 상해의 원인 내지 경위와 일치하는 경우에는, 그 무렵 피해자가 제3자로부터 폭행을 당하는 등으로 달리 상해를 입을 만한 정황이 발견되거나 의사가 허위로 진단서를 작성한 사실이 밝혀지는 등의 특별한 사정이 없는 한, 그 상해진단서는 피해자의 진술과 더불어 피고인의 상해 사실에 대한 유력한 증거가 되고, 합리적인 근거 없이 그 증명력을 함부로 배척할 수 없다); 대법원 2010. 3. 11. 선고 2009도5858 판결.

관이 사실인정을 함에 있어 상당한 정도로 구속력을 가지므로, 비록 사실의 인정이 사실심의 전권이라 하더라도 아무런 합리적 근거 없이 함부로 이를 배척하는 것은 자유심증주의의 한계를 벗어나는 것으로서 허용될 수 없다.[1] 또한 폐수 수질검사와 같은 과학적 증거방법이 사실인정에 있어서 상당한 정도로 구속력을 갖기 위해서는, 감정인이 전문적인 지식·기술·경험을 가지고 공인된 표준 검사기법으로 분석을 거쳐 법원에 제출하였다는 것만으로는 부족하고, 시료의 채취·보관·분석 등 모든 과정에서 시료의 동일성이 인정되고 인위적인 조작·훼손·첨가가 없었음이 담보되어야 하며 각 단계에서 시료에 대한 정확한 인수·인계 절차를 확인할 수 있는 기록이 유지되어야 한다.[2]

(4) 증거서류

경찰에서의 자술서·검사 작성의 피의자신문조서·다른 형사사건의 공판조서 등의 기재와 당해 사건의 공판정에서 같은 사람의 증인으로서의 진술이 상반되는 경우 반드시 공판정에서의 증언은 믿어야 된다는 법칙은 없고, 상반된 증언이나 감정 가운데 그 어느 것을 사실인정의 자료로 인용할 것인가는 오로지 사실심법원의 자유심증에 속한다.[3] 이와 같이 피고인의 공판정에서의 진술이 증거서류에 기재된 내용에 비하여 우월한 증명력을 가지는 것은 아니다. 또한 검사의 증인신문청구에 의하여 작성된 증인신문조서의 기재내용을 채택하고 공판정에서 동일한 증인에 대해 작성된 조서의 기재내용을 배척할 수도 있다.[4] 증거보전절차에서의 진술이 법원의 관여 아래 행하여지는 것으로서 수사기관에서의 진술보다 임의성이 더 보장되는 것이기

1) 대법원 2011. 5. 26. 선고 2011도1902 판결(피고인이 자신의 처인 피해자를 승용차 조수석에 태우고 운전하던 중 교통사고를 가장하여 살해하기로 마음먹고, 도로 옆에 설치된 대전차 방호벽의 안쪽 벽면을 차량 우측 부분으로 들이받아 피해자가 차에서 탈출하거나 저항할 수 없는 상태가 되자(이하 '1차 사고'라 한다), 사고 장소로 되돌아와 다시 차량 앞범퍼 부분으로 위 방호벽 중 진행방향 오른쪽에 돌출된 부분의 모서리를 들이받아(이하 '2차 사고'라 한다) 피해자를 살해하였다는 내용으로 기소되었는데, 피고인이 범행을 강력히 부인하고 있고 달리 그에 관한 직접증거가 없는 사안에서, 제1심과 원심이 들고 있는 간접증거와 그에 기초한 인정 사실만으로는 위 공소사실 인정의 전제가 되는 '살인의 범의에 기한 1차 사고'의 존재가 합리적인 의심을 할 여지가 없을 정도로 증명되었다고 보기 어렵다); 대법원 2009. 3. 12. 선고 2008도8486 판결(유전자검사 결과 주사기에서 마약성분과 함께 피고인의 혈흔이 확인됨으로써 피고인이 필로폰을 투약한 사정이 적극적으로 증명되는 경우, 반증의 여지가 있는 소변 및 모발검사에서 마약성분이 검출되지 않았다는 소극적 사정에 관한 증거만으로 이를 쉽사리 뒤집을 수 없다); 대법원 2007. 5. 10. 선고 2007도1950 판결; 대법원 1994. 9. 13. 선고 94도1335 판결.

2) 대법원 2018. 2. 8. 선고 2017도14222 판결; 대법원 2017. 3. 15. 선고 2017도44 판결(마약류 투약사실을 밝히기 위한 모발감정은 검사 조건 등 외부적 요인에 의한 변수가 작용할 수 있고, 그 결과에 터 잡아 투약가능기간을 추정하는 방법은 모발의 성장속도가 일정하다는 것을 전제로 하고 있으나 실제로는 개인에 따라 적지 않은 차이가 있고, 동일인이라도 모발의 채취 부위, 건강상태 등에 따라 편차가 있으며, 채취된 모발에도 성장기, 휴지기, 퇴행기 단계의 모발이 혼재함으로 인해 정확성을 신뢰하기 어려운 문제가 있다. 또한 모발감정결과에 기초한 투약가능기간의 추정은 수십 일에서 수개월에 걸쳐 있는 경우가 많은데, 마약류 투약범죄의 특성상 그 기간 동안 여러 번의 투약가능성을 부정하기 어려운 점에 비추어 볼 때, 그와 같은 방법으로 추정한 투약가능기간을 공소제기된 범죄의 범행시기로 인정하는 것은, 피고인의 방어권 행사에 현저한 지장을 초래할 수 있고, 매 투약 시마다 별개의 범죄를 구성하는 마약류 투약범죄의 성격상 이중기소 여부나 일사부재리의 효력이 미치는 범위를 판단하는 데에도 곤란한 문제가 생길 수 있다. 그러므로 모발감정결과만을 토대로 마약류 투약기간을 추정하고 유죄로 판단하는 것은 신중하여야 한다); 대법원 2010. 3. 25. 선고 2009도14772 판결.

3) 대법원 1986. 9. 23. 선고 86도1547 판결.

4) 대법원 1956. 3. 16. 선고 4288형상184 판결.

는 하지만, 보전된 증거가 항상 진실이라고 단정지을 수는 없는 것이므로 법원이 그것을 믿지 않을 만한 사유가 있어서 믿지 않는 것에 자유심증주의의 남용이 있다고 볼 수 없다.[1)]

(5) 간접증거

법관은 간접증거 내지 정황증거에 의해서도 사실의 존부에 관한 심증을 형성할 수 있으며, 직접증거를 배척하고 간접증거를 채택하는 것도 가능하다. 하지만 목격자의 진술 등 직접증거가 전혀 없는 사건에 있어서는 적법한 증거들에 의하여 인정되는 간접사실들에 논리법칙과 경험칙을 적용하여 공소사실이 합리적인 의심을 할 여지가 없이 진실한 것이라는 확신을 가지게 할 정도로 추단될 수 있을 경우에만 이를 유죄로 인정할 수 있고, 이러한 정도의 심증을 형성할 수 없다면 설령 피고인에게 유죄의 의심이 간다고 하더라도 피고인의 이익으로 판단할 수밖에 없다는 것이 형사소송의 대원칙이다.[2)]

(6) 호흡측정기에 의한 혈중알코올 농도의 측정 결과

호흡측정기에 의한 혈중알코올 농도의 측정은 장에서 흡수되어 혈액 중에 용해되어 있는 알코올이 폐를 통과하면서 증발하여 호흡공기로 배출되는 것을 측정하는 것이므로, 최종 음주시로부터 상당한 시간이 경과하지 아니하였거나 트림·구토·치아보철·구강청정제 사용 등으로 인하여 입 안에 남아 있는 알코올·알코올 성분이 있는 구강 내 타액·상처부위의 혈액 등이 폐에서 배출된 호흡공기와 함께 측정될 경우에는 실제 혈중알코올의 농도보다 수치가 높게 나타나는 수가 있어, 피측정자가 물로 입 안 헹구기를 하지 아니한 상태에서 한 호흡측정기에 의한 혈중알코올 농도의 측정 결과만으로는 혈중알코올 농도가 반드시 그와 같다고 단정할 수 없고, 오히려 호흡측정기에 의한 측정수치가 혈중알코올 농도보다 높을 수 있다는 의심을 배제할 수 없다.[3)] 호흡측정기에 의한 음주측정치와 혈액검사에 의한 음주측정치가 다른 경우에 어느 음주측정치를 신뢰할 것인지는 법관의 자유심증에 의한 증거취사선택의 문제라고 할 것이다. 하지만 호흡측정기에 의한 측정의 경우 그 측정기의 상태·측정방법·상대방의 협조정도 등에 의하여 그 측정결과의 정확성과 신뢰성에 문제가 있을 수 있다는 사정을 고려하면, 혈액의 채취 또는 검사과정에서 인위적인 조작이나 관계자의 잘못이 개입되는 등 혈액채취에 의한 검사결과를 믿지 못할 특별한 사정이 없는 한, 혈액검사에 의한 음주측정치가 호흡측정기에 의한 음주측정치보다 측정 당시의 혈중알콜농도에 더 근접한 음주측정치라고 보는 것이 경험칙에 부합한다.[4)]

---

1) 대법원 1980. 4. 8. 선고 79도2125 판결.

2) 대법원 2011. 1. 13. 선고 2010도13226 판결; 대법원 2008. 5. 15. 선고 2008도1585 판결; 대법원 2000. 11. 7. 선고 2000도3507 판결; 대법원 1993. 3. 23. 선고 92도3327 판결.

3) 대법원 2010. 6. 24. 선고 2009도1856 판결(음주종료 후 4시간 정도 지난 시점에서 물로 입 안을 헹구지 아니한 채 호흡측정기로 측정한 혈중알코올 농도 수치가 0.05%로 나타난 사안에서, 위 증거만으로는 피고인이 혈중알코올 농도 0.05% 이상의 술에 취한 상태에서 자동차를 운전하였다고 인정하기 부족하다); 대법원 2006. 11. 23. 선고 2005도7034 판결.

4) 대법원 2004. 2. 13. 선고 2003도6905 판결.

한편 도로교통법 제44조 제2항, 제3항은 음주운전 혐의가 있는 운전자에게 수사를 위한 호흡측정에도 응할 것을 간접적으로 강제하는 한편 혈액 채취 등의 방법에 의한 재측정을 통하여 호흡측정의 오류로 인한 불이익을 구제받을 수 있는 기회를 보장하는 데 취지가 있으므로, 이 규정들이 음주운전에 대한 수사방법으로서의 혈액 채취에 의한 측정의 방법을 운전자가 호흡측정 결과에 불복하는 경우에만 한정하여 허용하려는 취지의 규정이라고 해석할 수는 없다. 음주운전에 대한 수사 과정에서 음주운전 혐의가 있는 운전자에 대하여 도로교통법 제44조 제2항에 따른 호흡측정이 이루어진 경우에는 그에 따라 과학적이고 중립적인 호흡측정 수치가 도출된 이상 다시 음주측정을 할 필요성은 사라졌으므로 운전자의 불복이 없는 한 다시 음주측정을 하는 것은 원칙적으로 허용되지 아니한다. 또한 도로교통법 제44조 제2항, 제3항의 내용 등에 비추어 보면, 호흡측정 방식에 따라 혈중알코올농도를 측정한 경찰공무원에게 특별한 사정이 없는 한 혈액채취의 방법을 통하여 혈중알코올농도를 다시 측정할 수 있다는 취지를 운전자에게 고지하여야 할 의무가 있다고 볼 수 없다.[1]

그러나 운전자의 태도와 외관, 운전 행태 등에서 드러나는 주취 정도, 운전자가 마신 술의 종류와 양, 운전자가 사고를 야기하였다면 경위와 피해 정도, 목격자들의 진술 등 호흡측정 당시의 구체적 상황에 비추어 호흡측정기의 오작동 등으로 인하여 호흡측정 결과에 오류가 있다고 인정할 만한 객관적이고 합리적인 사정이 있는 경우라면 그러한 호흡측정 수치를 얻은 것만으로는 수사의 목적을 달성하였다고 할 수 없어 추가로 음주측정을 할 필요성이 있으므로, 경찰관이 음주운전 혐의를 제대로 밝히기 위하여 운전자의 자발적인 동의를 얻어 혈액 채취에 의한 측정의 방법으로 다시 음주측정을 하는 것을 위법하다고 볼 수는 없다. 이 경우 운전자가 일단 호흡측정에 응한 이상 재차 음주측정에 응할 의무까지 당연히 있다고 할 수는 없으므로, 운전자의 혈액 채취에 대한 동의의 임의성을 담보하기 위하여는 경찰관이 미리 운전자에게 혈액 채취를 거부할 수 있음을 알려주었거나 운전자가 언제든지 자유로이 혈액 채취에 응하지 아니할 수 있었음이 인정되는 등 운전자의 자발적인 의사에 의하여 혈액 채취가 이루어졌다는 것이 객관적인 사정에 의하여 명백한 경우에 한하여 혈액 채취에 의한 측정의 적법성이 인정된다.[2]

(7) 범인식별절차에서 피해자의 진술

범인식별절차에서 피해자 진술의 신빙성을 높게 평가할 수 있게 하려면, 범인의 인상착의 등에 관한 목격자의 진술 내지 묘사를 사전에 상세히 기록화한 다음, 용의자를 포함하여 그와 인상착의가 비슷한 여러 사람을 동시에 목격자와 대면시켜 범인을 지목하도록 하여야 하고, 용

1) 대법원 2017. 9. 21. 선고 2017도661 판결(위드마크 공식은 운전자가 음주한 상태에서 운전한 사실이 있는지에 대한 경험법칙에 의한 증거수집 방법에 불과하다. 따라서 경찰공무원에게 위드마크 공식의 존재 및 나아가 호흡측정에 의한 혈중알코올농도가 음주운전 처벌기준 수치에 미달하였더라도 위드마크 공식에 의한 역추산 방식에 의하여 운전 당시의 혈중알코올농도를 산출할 경우 그 결과가 음주운전 처벌기준 수치 이상이 될 가능성이 있다는 취지를 운전자에게 미리 고지하여야 할 의무가 있다고 보기도 어렵다).

2) 대법원 2015. 7. 9. 선고 2014도16051 판결.

의자와 목격자 및 비교대상자들이 상호 사전에 접촉하지 못하도록 하여야 하며, 사후에 증거가치를 평가할 수 있도록 대질 과정과 결과를 문자와 사진 등으로 서면화하는 등의 조치를 취하여야 하고, 사진제시에 의한 범인식별 절차에 있어서도 기본적으로 이러한 원칙에 따라야 한다. 일반적으로 용의자의 인상착의 등에 의한 범인식별 절차에서 용의자 한 사람을 단독으로 목격자와 대질시키거나 용의자의 사진 한 장만을 목격자에게 제시하여 범인 여부를 확인하게 하는 것은, 사람의 기억력의 한계 및 부정확성과 구체적인 상황하에서 용의자나 그 사진상의 인물이 범인으로 의심받고 있다는 무의식적 암시를 목격자에게 줄 수 있는 가능성으로 인하여, 그러한 방식에 의한 범인식별 절차에서의 목격자의 진술은, 그 용의자가 종전에 피해자와 안면이 있는 사람이라든가 피해자의 진술 외에도 그 용의자를 범인으로 의심할 만한 다른 정황이 존재한다든가 하는 등의 부가적인 사정이 없는 한 그 신빙성이 낮다고 보아야 한다.[1] 그러나 범죄 발생 직후 목격자의 기억이 생생하게 살아있는 상황에서 현장이나 그 부근에서 범인식별 절차를 실시하는 경우에는, 목격자에 의한 생생하고 정확한 식별의 가능성이 열려 있고 범죄의 신속한 해결을 위한 즉각적인 대면의 필요성도 인정할 수 있으므로, 용의자와 목격자의 일대일 대면도 허용된다.[2]

Ⅲ. 증명력 판단의 합리성을 보장하기 위한 제도

1. 증거능력의 제한

증거능력이 없는 증거는 엄격한 증명을 요하는 공소범죄사실 기타 이와 관련된 사실의 인정에 있어서 심증형성의 자료로 삼을 수 없을 뿐만 아니라 공판정에서의 증거조사도 허용되지 아니한다.[3] 이와 같이 자백배제법칙, 위법수집증거배제법칙, 전문법칙 등을 통하여 신용성·합리성이 없는 증거를 증명력 판단의 대상에서 제외시키는 것은 자유심증주의를 간접적으로 억제하여 그 합리성을 보장하는 효과를 가진다. 다만 증거능력이 없는 증거라도 일정한 경우에 탄핵증거로서 진술의 증명력을 다툴 수는 있다.

1) 대법원 2015. 8. 27. 선고 2015도5381 판결; 대법원 2008. 7. 10. 선고 2006도2520 판결; 대법원 2008. 1. 17. 선고 2007도5201 판결(강간 피해자가 수사기관이 제시한 47명의 사진 속에서 피고인을 범인으로 지목하자 이어진 범인식별 절차에서 수사기관이 피해자에게 피고인 한 사람만을 촬영한 동영상을 보여주거나 피고인 한 사람만을 직접 보여주어 피해자로부터 범인이 맞다는 진술을 받고, 다시 피고인을 포함한 3명을 동시에 피해자에게 대면시켜 피고인이 범인이라는 확인을 받은 사안에서, 위 피해자의 진술은 범인식별 절차에서 목격자 진술의 신빙성을 높이기 위하여 준수하여야 할 절차를 지키지 않은 상태에서 얻어진 것으로서 범인의 인상착의에 관한 피해자의 최초 진술과 피고인의 그것이 불일치하는 점이 많아 신빙성이 낮다).

2) 대법원 2009. 6. 11. 선고 2008도12111 판결(피해자가 경찰관과 함께 범행 현장에서 범인을 추적하다 골목길에서 범인을 놓친 직후 골목길에 면한 집을 탐문하여 용의자를 확정한 경우, 그 현장에서 용의자와 피해자의 일대일 대면이 허용된다).

3) 대법원 2008. 12. 11. 선고 2008도7112 판결; 대법원 2006. 12. 8. 선고 2006도6356 판결(구성요건에 해당하는 사실은 엄격한 증명에 의하여 이를 인정하여야 하고, 증거능력이 없는 증거는 구성요건 사실을 추인하게 하는 간접사실이나 구성요건 사실을 입증하는 직접증거의 증명력을 보강하는 보조사실의 인정자료로도 사용할 수 없다).

2. 증거조사과정에의 당사자 참여

법관의 심증형성은 당사자주의적인 증거조사절차를 전제로 하여 이루어지고 있다. 즉 재판장은 피고인에게 증거의 증명력을 다툴 수 있는 기회를 주기 위하여 증거조사의 결과에 대해 의견을 묻고(제293조), 경우에 따라서는 이의신청(제296조 제1항)을 할 수 있도록 하고 있는데, 이와 같이 증거조사과정에 당사자의 의견을 반영함으로써 법관의 심증형성의 합리성을 담보할 수 있다.

3. 유죄판결의 이유에 증거요지의 기재

법관의 유죄판결에는 반드시 이유가 기재되어야 하고, 그 이유에는 사실인정의 기초가 된 증거요지를 명시하여야 한다(제323조). 판결이유에 증거의 요지를 기재하도록 요구하는 것은 당사자에게 증거평가의 오류를 시정할 수 있는 기회를 제공하고, 상소심 법원에 심사의 자료를 제공함으로써 궁극적으로 법관의 사실인정의 합리성을 담보한다. 여기서 증거요지는 어느 증거의 어느 부분에 의하여 범죄사실을 인정하였냐 하는 이유 설명까지 할 필요는 없지만, 적어도 어떤 증거에 의하여 어떤 범죄사실을 인정하였는가를 알아볼 정도로 증거의 중요부분을 표시하여야 한다.[1)]

4. 상소제도

원칙적으로 증거의 증명력은 자유심증주의에 의하여 법관의 자유판단의 대상이지만, 법관이 논리법칙과 경험법칙에 위반하여 불합리한 판단을 한 경우를 예상하여 증거판단에 대한 상소심의 통제방법을 마련하고 있다. 유죄판결에 증거요지를 명시하지 않았거나 불충분한 경우에는 '판결에 이유를 붙이지 아니한 때'에 해당하여, 그리고 판결이유에 명시한 증거로부터 당해 범죄사실을 인정하는 것이 불합리한 경우에는 '판결이유에 모순이 있는 때'에 해당하여 절대적 항소이유가 된다(제361조의5 제11호). 또한 증거의 취사선택에 있어서 불합리한 점이 존재하여 사실인정의 합리성이 의심되고 그 오인이 판결에 영향을 미친 것임이 판명된 경우에는 '사실의 오인에 있어 판결에 영향을 미친 때'의 항소사유에 해당한다(제361조의5 제14호).

Ⅳ. 자유심증주의의 예외

1. 자백보강법칙

피고인의 자백이 피고인에게 불리한 유일한 증거일 때에는 이를 유죄의 증거로 하지 못한

1) 대법원 2010. 2. 11. 선고 2009도2338 판결; 대법원 2000. 3. 10. 선고 99도5312 판결; 대법원 1984. 5. 29. 선고 84도682 판결.

다(제310조). 그러므로 자백에 대한 보강증거가 없을 경우에는 법관이 자백에 의하여 유죄의 심증을 얻은 경우에도 유죄를 선고할 수는 없다.[1] 다만 고의·과실·목적 등과 같은 주관적 구성요건요소는 자백만으로 인정할 수 있기 때문에 보강증거를 요구하지 아니한다.

2. 공판조서의 절대적 증명력

공판기일의 소송절차로서 공판조서에 기재된 것은 법관의 심증 여하를 불문하고 그 기재된 대로 인정하여야 한다(제56조). 이와 같이 공판조서의 기재가 명백한 오기인 경우[2]를 제외하고는 공판기일의 소송절차로서 공판조서에 기재된 것은 조서만으로써 증명하여야 하고, 그 증명력은 공판조서 이외의 자료에 의한 반증이 허용되지 않는 절대적인 것이다.[3]

3. 법률상의 추정

일부 특별법에 규정되어 있는 법률상의 추정조항은 전제사실의 증명이 있으면 반대사실의 증명이 없는 한 추정사실을 인정해야 한다.[4]

Ⅴ. 자유심증주의의 제한

1. 진술거부권의 행사

피고인이 진술거부권을 행사하는 경우에 법관은 피고인의 진술거부권 행사가 그 동기를 피고인에게 불리한 간접증거로 사용해서는 안 된다. 왜냐하면 피고인의 진술이 사실상 강요당할 위험성이 있기 때문이다. 다만 피고인이 진술을 하면서 개별적인 점이나 부수적인 점들에 대해서만 진술을 거부한 경우, 이러한 사정은 자유심증주의의 대상이 되며 피고인에게 불리하게 평가될 수도 있다.

2. 증언거부권의 행사

증인의 증언거부가 정당한 이유가 있는 때에는 이를 피고인에게 불리하게 해석해서는 안 되고, 증인이 처음에는 증언을 거부했다가 나중에 증언을 한 경우에도 마찬가지이다. 그러나 증인이 아무런 권한 없이 증언을 거부하거나 비록 증언을 거부할 수 있는 경우라고 할지라도

1) 대법원 1983. 7. 26. 선고 83도1372 판결.

2) 공판조서의 기재가 명백한 오기인지 여부는, 원칙적으로는 공판조서만으로 판단하여야 할 것이지만, 공판조서가 아니더라도 당해 공판절차에 제출되어 공판기록에 편철되거나 법원이 직무상 용이하게 확인할 수 있는 자료 중에서 신빙성 있는 객관적 자료에 의하여 판단을 할 수 있다.

3) 대법원 2010. 12. 9. 선고 2007도10121 판결; 대법원 2010. 7. 22. 선고 2007도3514 판결; 대법원 2008. 4. 24. 선고 2007도5944 판결; 대법원 2005. 12. 22. 선고 2005도6557 판결.

4) 이에 대하여 법률상의 추정은 증거의 증명력을 평가하는 경우가 아니기 때문에 자유심증주의의 예외에 해당하지 않는다는 견해로는 손동권/신이철, 544면; 송광섭, 594면; 임동규, 615면.

부분적으로만 증언을 거부한 때에는 피고인에 대한 심증형성에 불리하게 작용할 수 있다.

3. 의심스러운 때에는 피고인의 이익으로

자유심증주의에 의한 증거평가의 결과 법관이 확신을 가질 수 없어 범죄사실이 증명되지 아니한 때에는 in dubio pro reo 원칙을 적용하여 피고인에게 무죄를 선고하여야 한다.

제9절 자백보강법칙

Ⅰ. 의의 및 필요성

1. 의 의

'자백보강법칙'(自白補强法則)이란 증거능력과 신용성이 있는 피고인의 자백을 통하여 법관이 유죄의 심증을 얻은 경우라도 자백에 대한 보강증거가 없으면 유죄로 인정할 수 없다는 원칙을 말한다. 헌법 제12조 제7항 후단은 '정식재판에 있어서 피고인의 자백이 그에게 불리한 유일한 증거인 때에는 이를 유죄의 증거로 삼거나 이를 이유로 처벌할 수 없다.'라고 규정하고 있으며, 형사소송법 제310조에서도 '피고인의 자백이 그 피고인에게 불이익한 유일의 증거인 때에는 이를 유죄의 증거로 할 수 없다.'라고 규정하여 이를 확인하고 있다. 증거능력이 인정되는 자백에 의하여 법관이 유죄의 심증을 형성하였음에도 불구하고 자백한 사실의 진실성을 담보할 만한 보강증거가 없으면 유죄판결을 할 수 없다는 의미에서 자백보강법칙은 자유심증주의의 예외가 된다.[1] 다만 자백과 보강증거가 있다고 하여 곧바로 유죄를 인정해야 하는 것은 아니고, 자백과 보강증거가 있는 경우라도 유죄의 인정 여부는 법관의 자유판단에 속한다.

2. 필요성

자백보강법칙은 자백의 진실성을 담보하여 허위자백으로 인한 오판을 방지하는데 그 존재의의가 있다. 일반적으로 피고인이 자신의 범죄사실에 대하여 사실대로 진술하는 것은 흔한 일이 아니라고 할 수 있는데, 이러한 예외적인 현상이 발생하는데 있어서는 나름의 숨겨진 이유가 있다고 의심하는 것이 오히려 정상적인 판단방법에 해당한다. 이와 같이 피고인의 자백이 피고인에게 불리한 사실이라는 점에 대한 의심을 가져서 과연 그 자백이 진정한 사실에 기초를

---

1) 이에 대하여 제310조의 제목이 '불이익한 자백의 증거능력'이라는 점, 조문의 말미에도 '유죄의 증거로 하지 못한다.'라고 규정하고 있다는 점, 증명력에 대한 규정인 제56조에서는 '만으로 증명한다.'라고 표현하고 있다는 점, 제310조의 위치가 증거능력에 관한 규정들 사이에 있다는 점, 법관의 자유심증에 대한 예외는 엄격해야 한다는 점 등을 논거로 하여, 자백보강법칙은 증명력에 관한 법칙이 아니라 증거능력에 관한 특칙이라는 견해로는 김정한, 602~603면.

두고 이루어지고 있는지 보다 신중한 접근을 해야 한다는 점에 자백보강법칙의 가치가 있는 것이다.

다른 한편 수사기관의 입장에서 볼 때 가장 손쉬운 수사기법 중의 하나가 자백을 통하여 증거를 수집하고 사건을 해결하는 것이다. 이러한 이유로 인하여 수사기관은 항상 자백에 편중하고자 하는 유혹에 빠질 수 있어 인권침해의 위험성에 항상 노출되고 있는 것이다. 따라서 자백보강법칙은 자백의 증거능력을 제한하는 이외에 자백의 증거가치를 다시 제한함으로서 자백편중의 경향을 예방하려는 취지도 가지고 있다.

Ⅱ. 적용범위

1. 정식재판의 절차

자백보강법칙은 정식재판의 경우에 적용되는데, 여기서 정식재판은 형사소송법이 적용되는 형사사건이라는 의미이므로 정식공판절차에서는 물론이고 간이공판절차나 약식명령절차에서도 적용된다. 하지만 즉결심판절차법에 의한 즉결심판사건이나 소년법에 의한 소년보호사건[1])의 경우에는 형사소송법에 의한 절차가 아니므로 자백보강법칙이 적용되지 않기 때문에 피고인의 자백만으로 유죄를 인정하는 것이 가능하다. 한편 영장실질심사의 절차는 유죄에 대한 고도의 개연성을 요구하는 정식재판의 절차와 크게 다르므로 자백보강법칙이 적용되지 아니한다.

2. 피고인의 자백

자백보강법칙은 피고인이 어떠한 절차와 지위에 있는지를 불문하고 피고인의 자백에 대해서만 적용된다. 따라서 피고인이 피의자·증인·참고인 등의 지위에서 행한 자백은 물론이고 일반인의 입장에서 행한 자백도 자백을 한 자가 피고인이 된 경우에 증거로 사용하게 되면 자백보강법칙이 적용된다. 제3자의 진술도 피고인의 자백을 내용으로 하는 경우에는 자백보강법칙이 적용된다. 하지만 증인이나 참고인의 진술은 보강증거가 없어도 유죄 인정의 증거가 될 수 있다. 또한 구두에 의한 진술뿐만 아니라 서면에 의한 진술도 자백에 해당되기 때문에 진술서·일기장·메모지 등에 자신의 범죄사실을 기재해 놓은 것도 자백이라고 할 수 있다.

한편 자백보강법칙은 증거능력이 있는 자백을 전제로 하므로 임의성이 없는 자백 또는 전문법칙의 예외요건을 충족하지 못한 자백은 보강증거가 있더라도 유죄의 증거로 될 수 없다.

3. 공판정에서의 자백

공판정에서의 자백은 신체를 구속당하지 않고 강제수단에 의하여 자백을 강요당할 염려가

1) 대법원 1982. 10. 15.자 82모36 결정.

없는 상태에서 공판정에서의 신문 등의 절차를 통하여 이루어진다는 점에서 다른 자백에 비하여 임의성과 신용성에 있어서 우월하다. 그러나 자백보강법칙은 자백의 임의성이나 신용성과는 별도로 오판방지를 위하여 인정되는 제도이므로 공판정에서 한 피고인의 자백에 대해서도 보강증거가 요구된다.[1] 왜냐하면 공판정에서의 자백인 경우에도 허위자백 또는 자백편중으로 인한 오판의 위험성은 여전히 남아있을 뿐만 아니라 상대적으로 높은 임의성이나 신용성에 대한 신뢰를 역으로 이용하는 경우도 충분히 발생할 수 있기 때문이다.[2]

4. 공범의 자백

공범 아닌 공동피고인의 증언에 대하여는 제310조가 적용될 여지가 없다. 하지만 공범인 공동피고인의 법정진술이 다른 공범자에게도 관련되는 자백인 경우에 제310조가 적용되는지 여부와 관련하여, ① 공범은 다른 공범에게 책임을 전가하려고 허위진술을 할 위험이 있기 때문에 피고인의 자백과 같이 오판의 위험성을 배제할 필요가 있다는 점, 공범의 자백을 피고인의 자백에 포함시키지 않을 경우 공범 가운데 한 사람만 자백한 경우에 보강증거가 없다면 자백한 공범은 무죄가 되고 부인한 공범은 유죄로 되는 불합리한 결과가 발생한다는 점, 피고인이 아닌 공범의 자백을 받아내기 위한 편중된 수사를 부추기게 될 수 있다는 점, 제310조의 피고인에 공범이 포함되는 것으로 보는 것은 유추해석이지만, 피고인에게 유리한 경우에는 이를 포섭할 수 있다는 점, 공범자 자신의 범죄사실에 대하여는 묵비권을 행사할 수 있기 때문에 허위진술로 책임전가를 당한 자가 반대신문권을 철저하게 행사할 수 없다는 점 등을 논거로 하여, 공범의 자백도 피고인의 자백에 포함되므로 공범의 자백에도 보강증거가 필요하다는 보강증거필요설[3], ② 공범의 자백은 피고인과의 관계에서 제3자의 진술에 불과하다는 점, 자백보강법칙은 자유심증주의에 대한 예외이므로 엄격히 해석할 필요가 있다는 점, 제310조의 '피고인의 자백'을 '공범의 자백'으로까지 확장해석하는 것은 부당하다는 점, 보강증거가 없는 경우에 공범의 자백으로 인하여 부인한 피고인이 유죄가 되는 것은 법관의 자유심증에 따른 증명력 평가의 결과이며, 자백한 공범이 무죄로 되는 것은 자백보강법칙이 적용된 결과일 뿐 이를 불합리하다고 평가할 수 없다는 점, 공범자의 자백에는 특히 허위가 개입할 여지가 높다고 하지만, 허위개입의 우려는 피고인의 자백과 공범자의 자백 사이에 차이가 없으며, 허위개입의 문제는

1) 대법원 2008. 2. 14. 선고 2007도10937 판결; 대법원 1981. 7. 7. 선고 81도1314 판결; 대법원 1978. 6. 27. 선고 78도743 판결; 대법원 1966. 7. 26. 선고 66도634 전원합의체 판결; 대법원 1960. 6. 22.자 4292형상1043 결정.

2) 일본 형사소송법 제319조 제2항에 의하면 '피고인은 공판정에서의 자백인가의 여부를 묻지 않고 그 자백이 자기에게 불이익한 유일한 증거인 경우에는 유죄로 되지 아니한다.'라고 규정하고 있다. 반면에 영미법에서는 기소사실인부절차에서 피고인이 유죄의 답변을 하면 배심에 의한 유죄평결과 동일한 효력을 가지게 되며, 피고인이 공판정에서 자백하면 사실심리 없이 바로 양형절차로 넘어가게 되므로 공판정에서의 자백에 대해서는 보강증거를 별도로 요하지 아니한다.

3) 배종대/홍영기, 393면; 손동권/신이철, 564면(결국 다른 보강증거가 없는 상태에서 부인하는 피고인에게 유죄판결을 하기 위해서는 공동피고인의 경우에는 변론을 분리하여 자백하는 공범자를 증인으로 신문하여야 할 것이다); 송광섭, 736면; 정승환, 660면.

결국 법관이 행하는 증명력의 합리적 판단에 맡겨야 한다는 점 등을 논거로 하여, 공범의 자백이 피고인의 자백은 아니므로 공범의 자백에 대하여 보강증거가 필요하지 않다는 보강증거불요설[1], ③ 공범이 공동피고인으로 심리받고 있는 공판절차에서 자백을 한 경우에는 법관 면전에서 행하여진 것이기 때문에 법관이 그 진술태도를 관찰하고 피고인은 반대신문권을 행사할 수 있어서 보강증거가 필요 없다는 점, 공범이 피고사건의 수사절차나 별개의 사건에서 자백을 한 경우에는 이와 같은 보완장치가 없어서 법관으로 하여금 보다 신중히 심증형성을 할 수 있도록 보강증거가 필요하다는 점 등을 논거로 하여, 공범의 자백이 공판정에서 행하여진 경우에는 보강증거가 필요하지 않지만 공판정 외에서 행하여진 경우에는 보강증거가 필요하다는 공판정자백기준설[2], ④ 피고인도 자백하고 공범자도 자백한 경우에는 오판이나 반대신문권의 문제가 발생하지 않으므로 보강증거불요설이 타당하지만, 피고인은 부인하고 공범자만 자백한 경우에는 피고인의 부인진술이 유죄에 대한 직접증거가 될 수 없으므로 공범자의 자백은 보강증거가 아니라 그 자체가 직접증거에 해당한다는 점에서 별도의 보강증거가 필요하다는 자백부인분리설[3] 등의 대립이 있다.

이에 대하여 판례는 「제310조의 피고인의 자백에는 공범인 공동피고인의 진술이 포함되지 아니하므로 공범인 공동피고인의 진술은 다른 공동피고인에 대한 범죄사실을 인정하는데 있어서 증거로 쓸 수 있고, 공범인 공동피고인들의 각 진술은 상호간에 서로 보강증거가 될 수 있다.」라고 판시[4]하여, 보강증거불요설의 입장을 취하고 있다. 또한 공범인 피고인들의 각 자백은 상호 보강증거가 되므로 그들의 자백만으로 범죄사실을 인정하였다고 하여 보강증거 없이 자백만으로 범죄사실을 인정한 위법이 있다고 할 수 없다.[5]

생각건대 제310조에서 규정하고 있는 피고인의 자백을 공동피고인의 자백과 동일시할 수는 없으므로 보강증거불요설이 타당하다. 만일 공범의 1인만 자백한 경우 그 자백에 신빙성이 있고 그 외에 다른 증거가 없다면, 자백한 공범은 보강증거가 없어 무죄가 되고, 부인한 공범은 보강증거가 없더라도 그 공범자의 자백만으로 유죄로 인정할 수 있는 것이다.

---

1) 신양균/조기영, 937면; 이주원, 511면; 이재상/조균석, 687면; 이창현, 1016면; 임동규, 620면; 최호진, 563면.

2) 김인회, 577면; 신동운, 645면.

3) 정웅석/최창호, 703면.

4) 대법원 1992. 7. 28. 선고 92도917 판결; 대법원 1990. 10. 30. 선고 90도1939 판결; 대법원 1986. 10. 28. 선고 86도1773 판결; 대법원 1985. 3. 9. 선고 85도951 판결; 대법원 1984. 2. 28. 선고 83도3343 판결; 대법원 1964. 4. 21. 선고 64도98 판결; 대법원 1960. 8. 26. 선고 4293형상168 판결; 대법원 1960. 7. 8. 선고 4293형상258 판결.

5) 대법원 1983. 6. 28. 선고 83도1111 판결.

Ⅲ. 보강증거의 자격

1. 증거능력이 있는 증거일 것

보강증거는 자백과 함께 일정한 범죄사실을 증명하기 위하여 사용되는 증거이므로 그 전제로서 증거능력이 있는 증거임을 요한다. 그러므로 위법하게 수집된 증거나 전문법칙의 예외에 해당하지 않는 전문증거[1]는 보강증거로 될 수 없다.

2. 자백과는 별개의 독립증거일 것

(1) 자백 이외의 증거

자백을 보강하는 보강증거는 피고인의 자백과는 별개의 독립된 증거이어야 한다.[2] 왜냐하면 보강증거는 자백의 증명력을 보강하는 증거이므로 다시 본인의 자백으로 보강할 수는 없기 때문이다. 따라서 수사기관에서 행한 자백을 공판정의 자백에 대한 보강증거로 사용할 수 없으며, 제1심에서 행한 자백을 기재한 조서를 항소심에서 행한 자백의 보강증거로 사용할 수 없다. 또한 진술내용이 자백인 이상 그 형태가 서면이나 소송서류인 경우에도 보강증거로 사용할 수 없고, 피고인의 자백을 내용으로 하는 피고인 아닌 자의 진술도 보강증거가 될 수 없다.[3] 피고인이 범행장면을 재현하는 것을 촬영한 사진이나 녹음한 녹음테이프도 실연(實演)에 의한 자백에 지나지 않아 독립증거가 아니므로 자백에 대한 보강증거가 되지 아니한다. 피고인의 자백을 아무리 합쳐 보더라도 그것만으로는 유죄의 판결을 할 수 없다.[4]

한편 상업장부·항해일지·진료일지 또는 이와 유사한 금전출납부 등과 같이 범죄사실의 인정 여부와는 관계없이 자기에게 맡겨진 사무를 처리한 사무 내역을 그때그때 계속적·기계

---

1) 대법원 1971. 5. 31. 선고 71도415 판결.

2) 대법원 2011. 9. 29. 선고 2011도8015 판결(피해자 공소외 2는 2010. 11. 3. 1:00경 집에서 잠을 자고 있던 중 집 앞에 있는 컨테이너 박스 쪽에서 쿵쿵하는 소리가 들려 그쪽에 가서 노루발못뽑이로 컨테이너 박스 출입문의 시정장치를 부수는 피고인을 현행범으로 체포하였다고 수사기관에서 진술한 사실, 수사보고서에 첨부된 현장사진에는 범행에 사용된 노루발못뽑이와 손괴된 쇠창살의 모습이 촬영되어 있는 사실, 피고인은 수사기관 이래 원심 법정에 이르기까지 성을 알 수 없는 공소외 1이 시켜 노루발못뽑이로 컨테이너 박스 출입문의 시정장치를 부수고 들어가 재물을 절취하려고 하였고, 성을 알 수 없는 공소외 1은 망을 보았다는 취지로 이 부분 공소사실을 인정하는 진술을 유지한 사실 등을 알 수 있다. 피고인을 현행범으로 체포한 피해자 공소외 2의 수사기관에서의 진술과 앞서 본 현장사진이 첨부된 수사보고서는 피고인의 자백의 진실성을 담보하기에 충분한 보강증거가 된다); 대법원 2010. 4. 29. 선고 2010도2556 판결(피고인은 이 사건 공소사실 중 공소외 1로부터의 뇌물수수의 점에 관하여 검찰 및 제1심 법정에서 자백하였고 그 자백에 신빙성이 있다 할 것인데, 피고인은 위와 같이 자백하면서 공소외 1로부터 수수한 2억원을 포함한 뇌물의 주요 사용처에 관하여 친구인 공소외 2와 함께 양평 소재의 토지 및 잠실 1단지 상가 구입자금으로 사용하였다고 일관되게 진술하였음을 알 수 있으므로, 위와 같은 피고인의 진술과 일치하는 내용의 공소외 2 작성의 각 진술서는 이 부분 공소사실에 대한 피고인의 자백을 보강하는 증거가 된다); 대법원 2001. 9. 28. 선고 2001도4091 판결.

3) 대법원 2008. 2. 14. 선고 2007도10937 판결; 대법원 1981. 7. 7. 선고 81도1314 판결.

4) 대법원 1966. 7. 26. 선고 66도634 전원합의체 판결.

적으로 기재한 문서 등의 경우는 사무처리 내역을 증명하기 위하여 존재하는 문서로서 그 존재 자체 및 기재가 그러한 내용의 사무가 처리되었음의 여부를 판단할 수 있는 별개의 독립된 증거자료이고, 설사 그 문서가 우연히 피고인이 작성하였고 그 문서의 내용 중 피고인의 범죄사실의 존재를 추론해 낼 수 있는, 즉 공소사실에 일부 부합되는 사실의 기재가 있다고 하더라도, 이를 일컬어 피고인이 범죄사실을 자백하는 문서라고 볼 수는 없다.[1] 그러므로 피고인이 뇌물공여 혐의를 받기 전에 이와는 관계없이 준설공사에 필요한 각종 인·허가 등의 업무를 위임받아 이를 추진하는 과정에서 그 업무수행에 필요한 자금을 지출하면서, 스스로 그 지출한 자금내역을 자료로 남겨두기 위하여 뇌물자금과 기타 자금을 구별하지 아니하고 그 지출 일시·금액·상대방 등 내역을 그때그때 계속적·기계적으로 기입한 수첩의 기재 내용은, 피고인이 자신의 범죄사실을 시인하는 자백이라고 볼 수 없으므로, 증거능력이 있는 한 피고인의 금전출납을 증명할 수 있는 별개의 증거이며, 피고인의 검찰에서의 자백에 대한 보강증거가 될 수 있다.[2]

(2) 독립증거의 성질

자백 이외의 독립증거로서 증거능력이 인정되는 경우에는 그것이 물증이든 인증이든 증거서류이든 묻지 아니하고 보강증거가 될 수 있다. 또한 자백에 대한 보강증거는 범죄사실의 전부 또는 중요부분을 인정할 수 있는 정도가 되지 아니하더라도 피고인의 자백이 가공적인 것이 아닌 진실한 것임을 인정할 수 있는 정도만 되면 족할 뿐만 아니라 직접증거가 아닌 간접증거나 정황증거도 보강증거가 될 수 있다.[3] 비록 보강증거 자체만으로서 범증을 확정할 수 없다고 하더라도 자백과 보강증거가 서로 어울려서 전체로서 범죄사실을 인정할 수 있으면 유죄의 증거로 충분하다.[4] 나아가 사람의 기억에는 한계가 있는 만큼 자백과 보강증거 사이에 어느 정도의 차이가 있어도, 중요부분이 일치하고 그로써 진실성이 담보되면 보강증거로서의 자격이 있다.[5] 하지만 보강증거로서 제출한 증거의 내용이 공소사실의 객관적 부분과 관련이 없는 범행

---

1) 이에 대하여 피고인이 범죄혐의와 관계없이 작성하였다고 하더라도 범죄사실을 기재한 수첩 등의 내용은 피고인의 자백이라는 실질에 있어서 차이가 없고, 기재내용이 허위일 가능성도 여전히 존재한다는 점에서 볼 때 보강증거능력을 부정하는 것이 타당하다는 견해로는 김인회, 576면; 이은모/김정환, 631면; 정승환, 663면. 또한 수첩 등에 기재된 내용 중에서 피고인의 자백으로 평가되는 것에 대해서는 보강증거의 적격을 부정하여야 하겠지만, 피고인의 범죄사실의 존재를 추론할 수 있는 정황증거로서 평가될 뿐인 것에 대해서는 보강증거의 적격을 인정할 수 있다는 견해로는 손동권/신이철, 566면.

2) 대법원 1996. 10. 17. 선고 94도2865 전원합의체 판결.

3) 대법원 2018. 3. 15. 선고 2017도20247 판결; 대법원 1969. 6. 10. 선고 69도643 판결.

4) 대법원 2017. 12. 28. 선고 2017도17628 판결; 대법원 2011. 9. 29. 선고 2011도8015 판결; 대법원 2010. 12. 23. 선고 2010도11272 판결; 대법원 2009. 2. 12. 선고 2008도11533 판결; 대법원 2008. 11. 27. 선고 2008도7883 판결; 대법원 2008. 9. 25. 선고 2008도6045 판결; 대법원 2006. 1. 17. 선고 2005도8704 판결; 대법원 2002. 1. 8. 선고 2001도1897 판결; 대법원 1995. 6. 30. 선고 94도993 판결; 대법원 1985. 7. 9. 선고 85도826 판결; 대법원 1983. 5. 10. 선고 83도686 판결; 대법원 1967. 12. 18. 선고 67도1084 판결.

5) 이에 대하여 진실성담보설은 법관의 주관이 개입할 여지가 많고 구체적인 사건에 따라 상이한 결론이 도출되어 제310조의 취지를 몰각시킬 위험이 있다는 견해로는 송광섭, 740면.

의 동기에 관한 정황증거에 지나지 않는다면 자백에 대한 보강증거가 될 수 없다.[1)]

판례에 의하면, ① 피고인은 마약류관리에 관한 법률 위반(향정)죄로 처벌받은 전력이 3회 더 있고 누범에 해당하므로 이 부분 혐의사실을 자백함으로써 추가적인 불이익을 받으리라는 사정을 알고 있었음에도 불구하고, 경찰에서 투약 전날 공소외인으로부터 메스암페타민을 매수하여 그 중 일부를 투약하였다고 자백하면서 그 투약방법과 동기 등에 대해 매우 사실적이고 구체적으로 진술한 이래 원심에 이르기까지 일관되게 이를 그대로 유지하고 있어 그 자백의 임의성을 의심할 만한 사정을 엿볼 수 없는데다가, 공소외인의 경찰에서의 진술내용은 투약행위가 있기 바로 전날 피고인으로부터 돈 100만원을 받고 메스암페타민이 든 주사기 2개를 건네주었다는 것이어서 피고인의 자백의 진실성을 담보하기에 충분하다고 보여지므로, 위와 같은 여러 사정들에 비추어 보면 공소외인에 대한 경찰 피의자신문조서는 피고인의 자백에 대한 보강증거가 되기에 충분하다.[2)] ② 자동차등록증에 차량의 소유자가 피고인으로 등록·기재된 것이 피고인이 그 차량을 운전하였다는 사실의 자백 부분에 대한 보강증거가 될 수 있고 결과적으로 피고인의 무면허운전이라는 전체 범죄사실의 보강증거로 충분하다.[3)] ③ 오토바이를 절취당한 피해자로부터 오토바이가 세워져 있다는 신고를 받고 그 곳에 출동한 경찰관이 잠복근무하다가 피고인이 오토바이의 시동을 걸려는 것을 보고 그를 즉시 체포하면서 그로부터 오토바이를 압수하였다는 사법경찰리 작성의 압수조서의 기재는 피고인이 운전면허가 없다는 사실에 대한 직접적인 보강증거는 아니지만 오토바이를 운전하였다는 사실의 자백 부분에 대한 보강증거는 되는 것이므로 결과적으로 피고인이 운전면허 없이 운전하였다는 전체 범죄사실의 보강증거로 충분하다.[4)] ④ 검사의 피고인에 대한 피의자신문조서 기재에 피고인이 성명불상자로부터 반지 1개를 편취한 후 이 반지를 1984. 4. 20경 소송외 甲에게 매도하였다는 취지로 진술하고 있고 한편 검사의 甲에 대한 진술조서기재에 위 일시경 피고인으로부터 금반지 1개를 매입하였다고 진술하고 있다면 위 甲의 진술은 피고인이 자백하고 있는 편취물품의 소재내지 행방에 부합하는 진술로서 형식적으로 피고인의 자백의 진실성을 보강하는 증거가 될 수 있다.[5)] ⑤ 피고인이 위조신분증을 제시·행사한 사실을 자백하고 있고 제시·행사한 신분증이 현존한다면 그 자백이 임의성 없는 것이 아닌 한 위 신분증은 피고인의 자백사실의 진실성을 인정할 간접증거는 된다.[6)] ⑥ 뇌물공여의 상대방인 공무원이 뇌물을 수수한 사실을 부인하면서도 그 일시경에 뇌물공여자를 만났던 사실 및 공무에 관한 청탁을 받기도 한 사실자체는 시인하였다면, 이는 뇌물을 공여하였다는 뇌물공여자의 자백에 대한 보강증거가 될 수 있다.[7)] ⑦ 피고인이 자신이 거주하던 다세대주택의 여러 세대에

1) 대법원 1990. 12. 7. 선고 90도2010 판결(검사가 보강증거로서 제출한 증거의 내용이 피고인과 공소외 甲이 현대자동차 춘천영업소를 점거했다가 甲이 처벌받았다는 것이고, 피고인의 자백내용은 현대자동차 점거로 甲이 처벌받은 것은 학교측의 제보 때문이라고 하여 피고인이 그 보복으로 학교총장실을 침입점거했다는 것이라면, 위 증거는 공소사실의 객관적 부분인 주거침입, 점거사실과는 관련이 없는 범행의 침입동기에 관한 정황증거에 지나지 않으므로 위 증거와 피고인의 자백을 합쳐 보아도 자백사실이 가공적인 것이 아니고 진실한 것이라 인정하기에 족하다고 볼 수 없으므로 검사 제출의 위 증거는 자백에 대한 보강증거가 될 수 없다).

2) 대법원 2008. 11. 27. 선고 2008도7883 판결.

3) 대법원 2000. 9. 26. 선고 2000도2365 판결.

4) 대법원 1994. 9. 30. 선고 94도1146 판결.

5) 대법원 1985. 11. 12. 선고 85도1838 판결.

6) 대법원 1983. 2. 22. 선고 82도3107 판결.

7) 대법원 1995. 6. 30. 선고 94도993 판결.

서 7건의 절도행위를 한 것으로 기소되었는데 그 중 4건은 범행장소인 구체적 호수가 특정되지 않은 사안에서, 위 4건에 관한 피고인의 범행 관련 진술이 매우 사실적·구체적·합리적이고 진술의 신빙성을 의심할 만한 사유도 없어 자백의 진실성이 인정되므로, 피고인의 집에서 해당 피해품을 압수한 압수조서와 압수물 사진은 위 자백에 대한 보강증거가 된다.[1)]

하지만 ① 성남시 태평동 자기집 앞에 세워둔 봉고화물차 1대를 도난당하였다는 공소외인의 진술은 피고인이 위 차를 타고 그 무렵 충주까지 가서 소매치기 범행을 하였다고 자백하고 있는 경우, 위 피고인의 자백이 그 차량을 범행의 수단, 방법으로 사용하였다는 취지가 아니고 피고인이 범행장소인 충주까지 가기 위한 교통수단으로 이용하였다는 취지에 불과하여 위 소매치기범행과는 직접적으로나 간접적으로 아무런 관계가 없어 이는 위 피고인의 자백에 대한 보강증거가 될 수 없다.[2)] ② 소변검사 결과는 1995. 1. 17.자 투약행위로 인한 것일 뿐 그 이전의 4회에 걸친 투약행위와는 무관하고, 압수된 약물도 이전의 투약행위에 사용되고 남은 것이 아니므로, 위 소변검사 결과와 압수된 약물은 결국 피고인이 투약습성이 있다는 점에 관한 정황증거에 불과하다 할 것인바, 피고인의 습벽을 범죄구성요건으로 하며 포괄1죄인 상습범에 있어서도 이를 구성하는 각 행위에 관하여 개별적으로 보강증거를 요구하고 있는 점에 비추어 보면 투약습성에 관한 정황증거만으로 향정신성의약품관리법위반죄의 객관적 구성요건인 각 투약행위가 있었다는 점에 관한 보강증거로 삼을 수는 없다.[3)]

Ⅳ. 보강증거의 요부

1. 주관적 구성요건요소

'보강증거의 요부(要否)'란 구체적으로 보강증거가 필요한지 여부의 문제를 말한다. 고의·목적 등 범죄의 주관적 구성요건요소는 보강증거를 요하지 아니하고, 피고인의 자백만으로도 이를 인정할 수 있다.[4)] 왜냐하면 주관적 구성요건요소에 대해서는 보강증거를 얻기 어려울 뿐만 아니라 자백만으로 이를 인정하여도 사실인정에서 오류를 범할 위험성이 적기 때문이다. 이에 따라 사기죄의 구성요건인 편취의 범의는 피고인이 자백하지 아니하는 이상 범행 전후의 피고인의 재력·환경·범행의 내용·기망 대상 행위의 이행가능성 및 이행과정 등과 같은 객관적인 사정 등을 종합하여 판단할 수밖에 없다.[5)] 하지만 범죄의 객관적 구성요건요소에 대해서는 피고인의 자백이 있어도 보강증거가 필요하다.

2. 구성요건요소 이외의 사실

구성요건요소 이외의 사실인 객관적 처벌조건인 사실, 누범가중의 원인사실, 전과[6)], 확정

1) 대법원 2008. 5. 29. 선고 2008도2343 판결.

2) 대법원 1986. 2. 25. 선고 85도2656 판결.

3) 대법원 1996. 2. 13. 선고 95도1794 판결.

4) 대법원 1961. 8. 16. 선고 4294형상171 판결. 이에 대하여 주관적 구성요건도 피고인의 자백만이 존재할 경우에는 진범임을 보강할 만한 증거가 필요하다는 견해로는 정웅석/최창호, 708면.

5) 대법원 2017. 11. 9. 선고 2016도12460 판결.

판결[1], 정상에 관한 사실 등은 엄격한 의미에서의 범죄사실과 구별되므로 보강증거가 없어도 피고인의 자백만으로 이를 인정할 수 있다.

3. 범인과 피고인의 동일성

현실적으로 목격자가 없는 범죄의 경우에 범인과 피고인의 동일성 자체만을 확인하여 줄 수 있는 보강증거를 얻는다는 것은 거의 불가능에 가까운 반면에 이미 범죄사실에 대한 피고인의 자백과 보강증거를 통하여 법관에게 증명력이 인정되는 경우라면 굳이 범인과 피고인의 동일성에 대한 보강증거까지 요구될 필요는 없다.[2]

4. 죄 수

실체적 경합범은 과형상 수죄이므로 각 범죄사실에 관하여 자백에 대한 보강증거가 있어야 한다.[3] 상상적 경합범은 과형상 일죄이므로 중한 죄에 대한 보강증거가 있는 것으로 족하다.[4] 포괄일죄 가운데 상습범[5]이나 연속범과 같이 개별행위가 특정되는 경우에는 개개의 행위에 대하여 보강증거가 필요하지만, 영업범과 같이 다수의 행위가 일죄를 구성할 뿐 개별행위가 독립적인 의미를 가지지 않는 경우에는 개개의 행위에 대한 보강증거가 필요하지 않다. 그러므로 영업범과 같이 시간적 포괄성을 가지는 포괄일죄의 경우에는 그 포괄성의 범위 내에서 보강증거가 있으면 족하다.

Ⅴ. 자백보강법칙 위반의 효과

자백만을 유일한 증거로 하여 유죄를 인정한 경우에는 법령위반에 해당하므로 상소이유가

---

6) 대법원 1981. 6. 9. 선고 81도1353 판결; 대법원 1979. 8. 21. 선고 79도1528 판결; 대법원 1973. 3. 20. 선고 73도280 판결.

1) 대법원 1983. 8. 23. 선고 83도820 판결.

2) 이에 대하여 피고인이 곧 범인이라는 사실은 공소범죄사실의 가장 중요한 핵심이므로 피고인의 자백에 대한 보강증거가 있어야 한다는 견해로는 배종대/홍영기, 397면; 송광섭, 740면; 정웅석/최창호, 709면.

3) 대법원 2008. 2. 14. 선고 2007도10937 판결(필로폰 매수 대금을 송금한 사실에 대한 증거가 필로폰 매수죄와 실체적 경합범 관계에 있는 필로폰 투약행위에 대한 보강증거가 될 수 없다).

4) 이에 대하여 오판 방지 차원에서 상상적 경합은 실체법상 수죄인 이상 각 범죄에 대하여 보강증거가 필요하다는 견해로는 김인회, 579면(하지만 한 죄에 보강증거가 있으면 다른 죄에도 보강증거가 될 가능성이 높으므로 실무상 큰 문제는 없다); 송광섭, 741면; 신양균/조기영, 944면; 이재상/조균석, 694면.

5) 대법원 1996. 2. 13. 선고 95도1794 판결(소변검사 결과는 1995. 1. 17.자 투약행위로 인한 것일 뿐 그 이전의 4회에 걸친 투약행위와는 무관하고, 압수된 약물도 이전의 투약행위에 사용되고 남은 것이 아니므로, 위 소변검사 결과와 압수된 약물은 결국 피고인이 투약습성이 있다는 점에 관한 정황증거에 불과하다 할 것인바, 피고인의 습벽을 범죄구성요건으로 하며 포괄1죄인 상습범에 있어서도 이를 구성하는 각 행위에 관하여 개별적으로 보강증거를 요구하고 있는 점에 비추어 보면 투약습성에 관한 정황증거만으로 향정신성의약품관리법위반죄의 객관적 구성요건인 각 투약행위가 있었다는 점에 관한 보강증거로 삼을 수는 없다).

된다(제361조의5 제1호, 제383조 제1호). 만약 유죄판결이 확정된 경우에는 비상상고를 통하여 구제받을 수 있다(제441조). 하지만 유죄판결이 자백보강법칙에 위반하였다는 사실은 무죄의 증거가 새로 발견된 경우에 해당하지 않으므로 재심사유가 되지는 아니한다(제420조 제5호).

제10절 공판조서의 절대적 증명력

Ⅰ. 의 의

1. 공판조서의 의의

'공판조서'(公判調書)란 공판기일의 소송절차에 관하여 법원사무관 등이 작성한 조서를 말한다(제51조 제1항). 공판조서에는 ① 공판을 행한 일시와 법원, ② 법관·검사·법원사무관등의 관직·성명, ③ 피고인·대리인·대표자·변호인·보조인과 통역인의 성명, ④ 피고인의 출석 여부, ⑤ 공개의 여부와 공개를 금한 때에는 그 이유, ⑥ 공소사실의 진술 또는 그를 변경하는 서면의 낭독, ⑦ 피고인에게 그 권리를 보호함에 필요한 진술의 기회를 준 사실과 그 진술한 사실, ⑧ 제48조 제2항에 기재한 사항, ⑨ 증거조사를 한 때에는 증거될 서류, 증거물과 증거조사의 방법, ⑩ 공판정에서 행한 검증 또는 압수, ⑪ 변론의 요지, ⑫ 재판장이 기재를 명한 사항 또는 소송관계인의 청구에 의하여 기재를 허가한 사항, ⑬ 피고인 또는 변호인에게 최종 진술할 기회를 준 사실과 그 진술한 사실, ⑭ 판결 기타의 재판을 선고 또는 고지한 사실 기타 모든 소송절차를 기재하여야 한다(제51조 제2항). 공판조서는 기본이 되는 공판조서, 증인신문조서 등의 각종 부수조서, 증거목록으로 구성된다.

공판조서는 그 기재의 정확성을 담보하기 위하여 재판장과 공판에 참여한 법원사무관 등이 기명날인이나 서명을 하도록 하고 있으며(제53조 제1항), 재판장이 기명날인 또는 서명할 수 없는 때에는 다른 법관이 그 사유를 부기하고 기명날인 또는 서명하여야 하며 법관 전원이 기명날인 또는 서명할 수 없는 때에는 참여한 법원사무관 등이 그 사유를 부기하고 기명날인 또는 서명하여야 한다(제53조 제2항). 법원사무관 등이 기명날인 또는 서명할 수 없는 때에는 재판장 또는 다른 법관이 그 사유를 부기하고 기명날인 또는 서명하여야 한다(제53조 제3항). 공판조서의 작성자인 법원사무관의 기명날인이 없거나 공판정에 열석하지 아니한 법관이 재판장으로 기명날인한 경우[1] 등과 같이 중대한 절차상의 오류가 있는 경우에는 공판조서가 무효로 된다. 공판조서의 절대적 증명력은 유효한 공판조서가 존재할 것을 전제로 하므로 공판조서가 무효이거나 멸실된 경우에는 그 증명력이 인정되지 아니한다. 만약 공판조서가 무효이거나 멸실된 경우 항소심은 원심 공판절차의 법령위반 여부를 다른 자료에 의하여 증명할 수 있다.

1) 대법원 1983. 2. 8. 선고 82도2940 판결.

공판조서는 각 공판기일 후 신속히 정리하여야 한다(제54조 제1항). 다음 회의 공판기일에 있어서는 전회의 공판심리에 관한 주요사항의 요지를 조서에 의하여 고지하여야 한다. 다만 다음 회의 공판기일까지 전회의 공판조서가 정리되지 아니한 때에는 조서에 의하지 아니하고 고지할 수 있다(제54조 제2항). 검사·피고인 또는 변호인은 공판조서의 기재에 대하여 변경을 청구하거나 이의를 제기할 수 있으며(제54조 제3항), 이에 따른 청구나 이의가 있는 때에는 그 취지와 이에 대한 재판장의 의견을 기재한 조서를 당해 공판조서에 첨부하여야 한다(제54조 제4항). 피고인은 공판조서의 열람 또는 복사를 청구할 수 있는데(제55조 제1항), 이는 공판조서의 열람 또는 복사를 통하여 피고인으로 하여금 진술자의 진술내용과 그 기재된 조서의 기재내용의 일치 여부를 확인할 수 있도록 기회를 줌으로써 공판조서의 정확성을 담보함과 아울러 피고인의 방어권을 충실하게 보장하려는 목적에서 규정된 것이다. 만약 피고인이 공판조서를 읽지 못하는 때에는 공판조서의 낭독을 청구할 수 있으며(제55조 제2항), 피고인의 낭독청구가 있는 때에는 재판장의 명에 의하여 법원사무관 등이 낭독하거나 녹음물 또는 영상녹화물을 재생한다(규칙 제30조). 이와 같은 청구에 응하지 아니한 때에는 그 공판조서를 유죄의 증거로 할 수 없을 뿐만 아니라(제55조 제3항) 공판조서에 기재된 당해 피고인이나 증인의 진술도 증거로 할 수 없다고 보아야 한다.[1] 다만 그러한 증거들 이외에 적법하게 채택하여 조사한 다른 증거들만에 의하더라도 범죄사실을 인정하기에 충분하고, 또한 당해 공판조서의 내용 등에 비추어 보아 공판조서의 열람 또는 복사에 응하지 아니한 것이 피고인의 방어권이나 변호인의 변호권을 본질적으로 침해한 정도에 이르지는 않은 경우에는, 판결에서 공판조서 등을 증거로 사용하였다고 하더라도 그러한 잘못이 판결에 영향을 미친 위법이라고 할 수는 없다.[2] 같은 맥락에서 비록 피고인이 차회 공판기일 전 등 원하는 시기에 공판조서를 열람·복사하지 못하였다고 하더라도 그 변론종결 이전에 이를 열람·복사한 경우에는 그 열람·복사가 늦어짐으로 인하여 피고인의 방어권 행사에 지장이 있었다는 등의 특별한 사정이 없는 한 제55조 제1항 소정의 피고인의 공판조서의 열람·복사청구권이 침해되었다고 볼 수 없어, 그 공판조서를 유죄의 증거로 할 수 있다.[3]

2. 공판조서의 절대적 증명력

공판기일의 소송절차로서 공판조서에 기재된 것은 그 조서만으로써 증명한다(제56조). 이는 상소심에서 원심의 공판심리절차의 존부와 적법성에 관한 논란이 발생할 경우, 이로 인하여 상소심 사건의 실체심리가 지연되거나 심리의 초점이 흐려지는 위험을 방지하기 위함에 있다. 매번 하급심에 관여한 법관이나 법원사무관 등을 소환하여 증언을 들어야만 이전 절차의 유효성을 믿을 수 있다고 한다면 심급에 따른 재판이 불가능해 질 것이다.

---

1) 대법원 2003. 10. 10. 선고 2003도3282 판결.

2) 대법원 2012. 12. 27. 선고 2011도15869 판결.

3) 대법원 2007. 7. 26. 선고 2007도3906 판결.

이와 같이 공판조서의 기재가 명백한 오기인 경우를 제외하고는 공판기일의 소송절차로서 공판조서에 기재된 것은 조서만으로써 증명하여야 하고, 그 증명력은 공판조서 이외의 자료에 의한 반증이 허용되지 않는 절대적인 것이다.[1] 검사 제출의 증거에 관하여 동의 또는 진정 성립 여부 등에 관한 피고인의 의견이 증거목록에 기재된 경우에는 그 증거목록의 기재는 공판조서의 일부로서 명백한 오기가 아닌 이상 절대적인 증명력을 가지게 된다.[2] 공판조서의 기재에 명백한 오기가 있는 경우에는 정확한 내용에 대하여 절대적 증명력이 인정된다.[3] 특히 피고인이 일관되게 공소사실의 내용을 부인하고 있음에도 불구하고 공판조서에 경찰 작성의 피의자신문조서의 내용을 인정한 것으로 기재된 경우, 이는 착오기재 또는 피고인이 그와 같이 진술한 사실이 있었다는 것을 내용의 인정으로 조서를 잘못 정리한 것이 된다.[4]

법관은 심증내용과 상관없이 공판조서로써 공판기일의 소송절차에 관한 사실을 인정하여야 하므로 공판조서에 절대적 증명력을 인정한 것은 자유심증주의에 대한 예외가 된다. 이러한 공판조서는 특히 상소심의 재판에 있어서 중요한 의미를 가진다. 즉 원심의 공판기일에 이루어진 소송절차가 법령에 위반하였는가를 상소심에서 심리하게 되면 공판조서를 작성한 법원사무관이나 원심법관 등을 증인으로 신문해야 하므로 적절하지 않고, 오히려 절차진행의 혼란을 초래하게 된다. 하지만 공판조서의 절대적 증명력은 공판조서 기재의 정확성이 보장될 것을 그 전제로 한다.

한편 공판기일에 있어서의 소송절차의 경과를 기재한 조서인 공판조서는 전문법칙의 예외로서 당연히 증거능력이 인정된다. 그러므로 당해 피고사건에 대한 공판조서는 제311조에 의하여 증거능력이 인정되고, 다른 피고사건에 대한 공판조서는 제315조 제3호에 의하여 증거능력이 인정된다.

---

1) 대법원 2019. 3. 28. 선고 2018도13685 판결; 대법원 2018. 5. 11. 선고 2018도4075 판결; 대법원 2017. 5. 17. 선고 2017도3780 판결; 대법원 2010. 12. 9. 선고 2007도10121 판결; 대법원 2008. 4. 24. 선고 2007도5944 판결; 대법원 2005. 12. 22. 선고 2005도6557 판결; 대법원 1996. 4. 9. 선고 96도173 판결; 대법원 1993. 11. 26. 선고 93도2505 판결; 대법원 1983. 10. 25. 선고 82도571 판결; 대법원 1965. 7. 20. 선고 65도2 판결.

2) 대법원 2015. 8. 27. 선고 2015도3467 판결(검사가 제출한 증거에 관하여 동의 또는 진정성립 여부 등에 관한 피고인의 의견이 증거목록에 기재된 경우에는 그 증거목록의 기재는 공판조서의 일부로서 명백한 오기가 아닌 이상 절대적인 증명력을 가지게 된다); 대법원 2012. 6. 14. 선고 2011도12571 판결(검사가 증거로 제출한 甲에 대한 검찰 진술조서 사본 및 경찰 진술조서(2회)는 피고인이 제1심 제3회 공판기일에서 증거로 하는 데 부동의 하였다가 제7회 공판기일에서 이를 번복하여 증거로 할 수 있음을 동의한 사실을 알 수 있으므로, 위 증거들은 그것이 진정한 것으로 인정되는 한 모두 증거능력이 있다고 할 것이다); 대법원 2012. 5. 10. 선고 2012도2496 판결; 대법원 2011. 7. 28. 선고 2011도6164 판결; 대법원 2005. 12. 22. 선고 2005도6557 판결.

3) 대법원 1995. 4. 14. 선고 95도110 판결(부정수표단속법 위반사건에서 제1심이 '회수된 바 없는' 일부 수표에 대해서도 공판조서에 '회수되었음을 고지'하고 공소기각의 결정 및 고지한 것으로 기재된 경우 이는 명백한 오기에 해당한다).

4) 대법원 2010. 6. 24. 선고 2010도5040 판결.

Ⅱ. 절대적 증명력의 범위

1. 공판기일의 소송절차

공판조서의 절대적 증명력은 소송절차, 즉 피고사건의 절차면에 관련된 사항에 대해서만 인정된다. 예를 들면 피고인의 출석 여부[1], 변호인의 출석 여부[2], 진술거부권의 고지 여부[3], 증거조사에 대한 동의가 있었다는 사실의 여부[4], 최종의견 진술의 기회를 준 사실의 여부[5], 판결서에 의한 판결의 선고 여부[6], 증인신문의 여부, 증인의 선서 여부, 증거목록에 기재된 증거 동의 또는 진정성립 여부 등에 관한 피고인의 의견[7] 등이 이에 해당한다. 소송절차에 관한 것인 이상 진행된 소송절차의 적법성뿐만 아니라 소송절차의 존부에 대해서도 절대적 증명력이 인정된다. 따라서 공판조서에 압수물에 대한 증거조사를 거친 것으로 기재되어 있는 경우에는 그 조서만으로 그 사실이 증명된다.[8] 하지만 공판조서에 기재된 피고인이나 증인에 대한 신문의 내용에 대해서는 증거능력만 인정될 뿐이며(제311조 참조), 그 내용의 증명력은 다른 증거에 의하여 얼마든지 다툴 수 있다.

한편 원심과 상급심을 포함한 당해 사건의 소송절차에서만 통용되므로, 다른 사건에 대하여는 절대적 증명력을 가지지 못한다. 또한 공판기일의 소송절차에서만 통용되므로, 공판준비절차·공판기일 전의 증거보전절차·공판기일 외에서의 증인신문이나 검증 등의 절차에서 작성된 조서에 대해서는 절대적 증명력이 인정되지 아니한다. 다만 이러한 조서는 그 성질상 절차에 관한 한 상당한 증명력을 가질 수 있음은 부인할 수 없다.

2. 공판조서에 기재된 소송절차

공판조서의 절대적 증명력은 공판기일의 소송절차로서 공판조서에 기재된 것에 한정된다. 그러나 공판조서에 기재되어 있지 아니한 소송절차라고 하여 그 존재가 부인되는 것은 아니고, 공판조서 이외의 자료로 이를 증명할 수 있다. 만약 공판조서에 피고인에 대하여 인정신문을 한 기재가 없다고 하여도 같은 조서에 피고인이 공판기일에 출석하여 공소사실신문에 대하여

---

1) 대법원 1987. 4. 8.자 87모19 결정.

2) 대법원 1996. 4. 9. 선고 96도173 판결.

3) 대법원 2002. 7. 12. 선고 2002도2134 판결.

4) 대법원 2016. 3. 10. 선고 2015도19139 판결; 대법원 2015. 8. 27. 선고 2015도3467 판결; 대법원 2008. 4. 24. 선고 2007도10058 판결.

5) 대법원 2005. 12. 22. 선고 2005도6557 판결; 대법원 1993. 11. 26. 선고 93도2505 판결; 대법원 1990. 2. 27. 선고 89도2304 판결.

6) 대법원 1995. 6. 13. 선고 95도826 판결.

7) 대법원 1998. 12. 22. 선고 98도2890 판결.

8) 대법원 1959. 8. 31. 선고 4292형상182 판결.

이를 시정하고 있는 기재가 있으니 인정신문이 있었던 사실이 추정되고, 다만 조서의 기재에 이 점에 관한 누락이 있었을 따름인 것이 인정된다.[1] 이와 같이 법원이 통상 행하는 소송절차인 경우에는 기재가 없더라도 적법하게 절차가 행해졌다고 사실상 추정된다. 또한 동일한 사항에 관하여 서로 다른 내용이 기재된 2개의 공판조서가 병존하는 경우, 양자는 동일한 증명력이 있으므로 그 증명력에 우열이 있을 수 없으며, 어느 쪽이 진실한 것인지는 공판조서의 증명력을 판단하는 문제로써 법관의 자유로운 심증에 따를 수밖에 없다.[2] 또한 공판조서의 기재가 소송기록상 명백한 오기인 경우에는 그 올바른 내용에 따라 증명력을 가진다.[3] 여기서 공판조서의 기재가 명백한 오기인지 여부는 원칙적으로 공판조서만으로 판단하여야 할 것이지만, 공판조서가 아니더라도 당해 공판절차에 제출되어 공판기록에 편철되거나 법원이 직무상 용이하게 확인할 수 있는 자료 중에서 신빙성 있는 객관적 자료에 의하여 판단을 할 수 있다.[4]

반면에 공판조서에 기재된 사항이라고 할지라도 그 기재가 불명확하거나 전후 모순되는 경우에는 절대적 증명력이 인정되지 아니한다. 예를 들면 공판조서 기재의 정확성에 대하여 이의제기가 있는 경우 또는 이의제기가 방해된 경우에는 그 공판조서에 절대적 증명력을 인정할 수 없다. 이와 같이 공판조서의 절대적 증명력은 공판기일의 '소송절차'에 한해서 인정되므로 피고인의 자백, 증인의 증언, 검증결과와 같은 실체적 사항에 대해서는 절대적 증명력이 인정되지 않고, 따라서 공판조서에 기재된 자백, 증언의 증명력을 다투기 위한 증거제출과 증거조사는 허용된다.

---

1) 대법원 1972. 12. 26. 선고 72도2421 판결.

2) 대법원 1988. 11. 8. 선고 86도1646 판결.

3) 대법원 1996. 9. 10. 선고 96도1252 판결; 대법원 1995. 12. 22. 선고 95도1289 판결.

4) 대법원 2010. 7. 22. 선고 2007도3514 판결.

제3장 재　　판

제1절 재판의 기본개념

Ⅰ. 재판의 의의 및 종류

1. 재판의 의의

'좁은 의미의 재판'이란 법원이 피고사건의 실체에 대한 공권적 판단, 즉 유죄와 무죄의 실체적 종국재판을 하는 것을 말한다. 반면에 '넓은 의미의 재판'이란 법원 또는 법관의 의사표시에 기한 법률행위적 소송행위 모두를 말한다. 재판은 법원 또는 법관의 소송행위이므로 사건의 송치·공소의 제기 등과 같은 수사기관의 소송행위와 구별되며, 의사표시를 내용으로 하는 법률행위적 소송행위이므로 법원의 증거조사·피고인신문·증인신문·판결의 선고 등과 같은 사실행위적 소송행위와 구별된다.

2. 재판의 종류

(1) 재판의 기능에 따른 분류

1) 종국재판

'종국재판'(終局裁判)이란 당해 소송을 그 심급에서 종결시키는 재판을 말하는데, 유죄·무죄의 실체재판과 관할위반·면소·공소기각의 형식재판이 이에 해당한다. 상소심에서 행하는 파기자판·파기환송·파기이송 등의 파기판결이나 상소기각의 재판도 종국재판에 해당한다. 종국재판은 당해 심급의 절차를 종결시키는 재판이라는 점에서 법적 안정성이 요구되므로, 재판을 한 법원이 이를 취소 또는 변경할 수 없고, 상소를 통하여 다툴 수 있을 뿐이다.

2) 종국 전의 재판

'종국 전의 재판'이란 종국재판에 이르기까지의 절차에 관한 재판을 말하며, '중간재판'(中間裁判)이라고도 한다. 예를 들면 보석허가결정·구속취소결정·증거신청에 대한 결정·국선변호인 선정결정·공소장변경 요청에 대한 결정 등 종국재판을 제외한 결정이나 명령이 이에 해당한다. 종국 전의 재판은 절차진행과정에서 행하여지는 재판이므로 합목적성이 강조되어 법원 스스로 이를 취소 또는 변경할 수 있다. 이에 따라 종국 전의 재판에는 그 자체만을 대상으로 하는 상소가 원칙적으로 허용되지 아니한다(제403조 제1항). 다만 압수·환부, 구금, 보석, 감정유치의 결정 등은 상소가 허용된다.

(2) 재판의 형식에 따른 분류

1) 판 결

'판결'(判決)이란 수소법원이 행하는 종국재판의 원칙적인 형식을 말하는데, 판결에는 실체재판인 유죄·무죄의 판결과 형식재판인 관할위반·면소의 판결 등이 있다. 공소기각의 판단은 그 사유에 따라 판결에 의하는 경우(제327조)도 있고, 결정에 의하는 경우(제328조)도 있다. 판결을 외부에 표시하는 방법을 '선고'(宣告)라고 하고, 결정이나 명령을 외부에 표시하는 방법을 '고지'(告知)라고 한다. 다만 선고유예는 판결이지만 선고하지 아니한다.

판결은 법률에 다른 규정이 없으면 구두변론에 의하여야 하고(제37조 제1항), 판결서를 작성하며 주문은 물론 이유까지 명시하여야 한다(제39조, 제321조, 제325조). 판결에 대한 상소방법은 항소(제357조) 또는 상고(제371조)이며, 판결에 대해서만 재심(제420조, 제421조)과 비상상고(제441조)가 허용된다.

2) 결 정

'결정'(決定)이란 법원이 행하는 종국 전 재판의 원칙적인 형식을 말하는데, 절차에 관한 재판은 원칙적으로 결정에 의한다. 예를 들면 기피신청에 대한 결정(제21조), 보석허가에 관한 결정(제97조 제1항), 구속취소에 관한 결정(제97조 제2항), 구속집행정지에 관한 결정(제101조), 증거신청에 대한 결정(제295조), 공소장변경에 관한 결정(제298조 제1항) 등이 이에 해당하다. 다만 공소기각의 결정·상소기각의 결정은 종국재판에 해당한다.

결정은 구두변론을 요하지 아니하며(제37조 제2항), 필요한 경우에는 사실을 조사할 수 있다(제37조 제3항). 결정은 법정에서 구두로 고지하고 그와 같은 사실을 공판조서에 기재하는 방법으로도 할 수 있고, 결정문을 작성하여 그 등본을 관계인에게 송달하는 방법으로도 할 수 있다(제38조, 제42조). 사실조사를 위해 필요한 때에는 증인을 신문하거나 감정을 명할 수 있고, 이 경우에는 검사·피고인·피의자 또는 변호인을 참여하게 할 수 있다(규칙 제24조). 상소를 불허하는 결정을 제외하고는 결정에도 이유를 명시하여야 한다(제39조).[1] 결정에 대한 상소방법은 항고(제402조) 및 재항고(제415조)이다.

3) 명 령

'명령'(命令)이란 법원이 아닌 재판장·수명법관·수탁판사가 행하는 재판을 말한다. 예를 들면 재판장의 공판기일지정(제267조 제1항)이 이에 해당한다. 법률에 특별히 규정되지 않은 경우에도 재판장 또는 1인의 법관이 하는 재판은 모두 명령에 해당한다. 다만 수명법관·수탁판사가

---

1) 대법원 1985. 7. 23.자 85모12 결정(제39조는 상소를 불허하는 결정 또는 명령을 제외하고는 재판에 이유를 명시하도록 규정하고 있으나, 그 이유기재의 정도에 관하여는 제323조가 유죄판결에 명시할 이유에 관하여 규정할 뿐 다른 규정은 없으므로 어느 재판에 어느 정도의 이유기재를 요하느냐는 그 재판의 성격에 따라 결정할 수밖에 없다고 할 것인바, 구속의 취소 및 집행정지와 보석 등의 결정에는 재판의 간결성의 요청에 따라 그 구체적 사유에 대한 설명을 생략하고 다만 청구의 이유가 있다 또는 그 이유가 없다고 밝히면 된다고 보는 것이 일반적인 견해이고 그와 같이 처리하는 것이 우리 법원의 오랜 관행이기도 하다).

그의 직무집행에 관하여 법원의 권한을 행사할 수 있는 경우(제136조 제3항, 제145조, 제167조 제3항, 제177조 등)에는 수명법관·수탁판사의 재판이라도 결정에 해당한다. 법관의 명령은 모두 종국 전의 재판이다. 한편 약식명령은 명령이라는 명칭을 사용하고 있기는 하지만, 명령과는 다른 독립된 형태의 재판이라고 보아야 한다. 명령은 결정과 마찬가지로 구두변론을 요하지 않고, 필요한 경우에 사실조사를 할 수 있다(제37조 제2항 및 동조 제3항). 명령에 대한 일반적인 상소방법은 없는데, 다만 특수한 경우에 있어서 이의신청(제304조) 또는 준항고(제416조)를 통하여 그 법관이 소속된 법원에 재판의 취소 또는 변경을 청구할 수 있을 뿐이다. 명령을 고지하는 경우에는 재판서를 작성하지 아니하고 조서에만 기재하여 할 수 있다(제38조 단서).

(3) 재판의 내용에 따른 분류

1) 실체재판

'실체재판'(實體裁判)이란 피고사건의 실체, 즉 실체적 법률관계를 판단하는 재판을 말하는데, '본안재판'(本案裁判)이라고도 한다. 유죄판결과 무죄판결이 여기에 해당되며, 실체재판은 모두 종국재판이며 판결의 형식을 취하고 있다.

2) 형식재판

'형식재판'(形式裁判)이란 피고사건의 실체가 아닌 절차적·형식적 법률관계를 판단하는 재판을 말한다. 종국 전의 재판은 모두 형식재판이며, 종국재판 가운데에서도 관할위반·공소기각·면소의 재판은 형식재판에 해당한다. 소송조건을 구비하지 못하였으면 형식재판을 하여야 하고, 실체관계가 드러났다고 하여 실체재판을 할 수는 없다.[1)]

Ⅱ. 재판의 성립 및 재판서

1. 재판의 성립

(1) 의 의

재판은 법원 또는 법관의 의사표시적 소송행위이므로, 재판의 성립은 의사의 내부적 성립과 결정된 의사의 외부적 표시라는 두 단계를 거쳐서 이루어진다. 따라서 재판의 성립은 내부적 성립과 외부적 성립으로 구분되는데, 외부적 성립과 구별하여 내부적 성립을 논하는 실익은 재판이 내부적으로 성립하면 법관의 경질이 있는 경우에도 공판절차를 갱신할 필요가 없다는 점에 있다.

(2) 내부적 성립

'내부적 성립'이란 재판에 대한 의사표시의 내용이 재판기관의 내부에서 결정되는 것을 말

1) 대법원 1986. 11. 25. 선고 86도2106 판결(원심판결 선고 당시에는 이미 공소제기일로부터 15년이 경과하였음이 역수상 분명하고 그렇다면 이 사건 공소제기 각 범죄는 그 공소시효가 완성된 것으로 간주됨으로써 제326조 제3호에 의하여 피고인에게 면소의 판결을 하였어야 함에도 불구하고 원심이 이를 간과하고 실체에 관하여 심리한 끝에 피고인에게 유죄판결을 선고하였음은 위법하다).

한다. 여기서 '재판기관'(裁判機關)이란 당해 사건의 심리에 관여한 재판기관을 말하며, 당해 사건의 심리에 관여하지 않은 법관이 재판의 내부적 성립에 관여한 때에는 절대적 항소이유(제361조의5 제8호) 또는 상대적 상고이유(제383조 제1호)가 된다. 재판의 내부적 성립이 있은 후 선고 또는 고지만 하는 때에는 법관이 경질되어도 공판절차를 갱신할 필요가 없다(제301조 단서).

이와 같은 내부적 성립의 시기는 합의부의 경우와 단독판사의 경우가 서로 다른데, 먼저 합의부의 재판은 그 구성원인 법관의 합의에 의하여 내부적으로 성립한다. 재판의 합의는 헌법 또는 법률에 다른 규정이 없으면 과반수로 결정하며(법원조직법 제66조 제1항), 만약 합의에 관한 의견이 3설 이상 분립하여 각각 과반수에 달하지 못할 때에는 과반수에 달하기까지 피고인에게 가장 불리한 의견의 수에 순차 유리한 의견을 가하여 그 중 가장 유리한 의견에 의한다(법원조직법 제66조 제2항 제2호). 그리고 재판의 합의는 공개하지 아니한다(법원조직법 제65조). 다만 대법원의 재판서에는 합의에 관여한 모든 대법관의 의견을 표시하여야 한다(법원조직법 제15조). 다음으로 단독판사의 재판은 합의의 단계가 없으므로 재판서의 작성시, 즉 법관이 재판서에 서명·날인하여 작성을 마친 때에 내부적으로 성립한다. 다만 재판서를 작성하지 아니하고 결정 또는 명령을 고지하는 경우에는 결정 또는 명령의 고지로서 내부적 성립과 외부적 성립이 동시에 이루어지게 된다. 그리고 이 경우에는 고지한 내용을 조서에 기재하여야 한다(제38조 단서).

(3) 외부적 성립

1) 재판의 선고 또는 고지의 방법

'외부적 성립'이란 내부적으로 성립한 재판의 내용이 법원의 외부에 표시되어 재판을 받을 자가 인식할 수 있는 상태를 말하는데, 재판의 선고 또는 고지에 의하여 외부적으로 성립한다. 여기서 '재판의 선고'란 공판정에서 재판의 내용을 구술로 선언하는 행위를 말하고, '재판의 고지'란 선고 외의 적당한 방법으로 재판의 내용을 소송관계인에게 알려주는 행위를 말한다. 재판의 선고 또는 고지는 공판정에서 재판서에 의하여야 하고, 기타의 경우에는 재판서등본의 송달 또는 다른 적당한 방법으로 하여야 한다. 다만 결정이나 명령은 재판서를 작성하지 아니하고 조서에만 기재할 수 있으므로(제38조 단서), 이 경우에는 고지한 후에 조서에 기재하면 될 것이다.[1] 재판의 선고 또는 고지는 재판장이 행하는데, 판결을 선고함에는 주문을 낭독하고 이유의

1) 대법원 2014. 10. 8.자 2014마667 전원합의체 결정(판결과 달리 선고가 필요하지 않은 결정이나 명령(이하 '결정'이라고만 한다)과 같은 재판은 원본이 법원사무관등에게 교부되었을 때 성립한 것으로 보아야 하고, 일단 성립한 결정은 취소 또는 변경을 허용하는 별도의 규정이 있는 등의 특별한 사정이 없는 한 결정법원이라도 이를 취소·변경할 수 없다. 또한 결정법원은 즉시항고가 제기되었는지 여부와 관계없이 일단 성립한 결정을 당사자에게 고지하여야 하고 고지는 상당한 방법으로 가능하며(민사소송법 제221조 제1항), 재판기록이 항고심으로 송부된 이후에는 항고심에서의 고지도 가능하므로 결정의 고지에 의한 효력 발생이 당연히 예정되어 있다. 일단 결정이 성립하면 당사자가 법원으로부터 결정서를 송달받는 등의 방법으로 결정을 직접 고지받지 못한 경우라도 결정을 고지받은 다른 당사자로부터 전해 듣거나 기타 방법에 의하여 결론을 아는 것이 가능하여 본인에 대해 결정이 고지되기 전에 불복 여부를 결정할 수 있다. 그럼에도 이미 성립한 결정에 불복하여 제기한 즉시항고가 항고인에 대한 결정의 고지 전에 이루어졌다는 이유만으로 부적법하다고 한다면, 항고인에게 결정의 고지 후에 동일한 즉시항고를 다시 제기하도록 하는 부담을 지우는 것이 될 뿐만 아니라 이미 즉시항고를 한 당사자는 그 후 법원으로부터 결정서를 송달받아도 다시 항고할 필요가 없다고 생각하는 것이 통상의 경우이므로 다시 즉시항고를

요지를 설명하여야 하며(제43조), 필요한 때에는 피고인에게 적절한 훈계를 할 수 있다(규칙 제147조). 다만 선고와 고지는 이미 성립한 재판을 대외적으로 공표하는 것에 불과하므로 재판이 내부적으로 성립한 이상 내부적 성립에 관여하지 아니한 판사가 재판을 선고 또는 고지하여도 외부적 성립에는 영향이 없다.

2) 외부적 성립의 효력

종국재판이 외부적으로 성립하면 법적 안정성의 요구에 의하여 그 재판을 한 법원이 이를 철회하거나 변경하는 것은 허용되지 아니하는데, 이를 '재판의 구속력'이라고 한다. 다만 대법원은 그 판결내용에 오류가 있음을 발견한 때에는 직권이나 당사자의 신청에 의하여 판결로써 이를 정정할 수 있다(제400조 제1항). 한편 종국 전의 재판은 종국재판에 이르기까지의 절차에 관한 중간재판에 불과하므로 합목적성의 요구에 의하여 재판의 철회나 변경이 허용되는 경우가 상당수 있는데, 증거결정의 취소·보석허가결정의 취소·구속집행정지의 취소·보석조건의 변경 등이 이에 해당한다.

재판이 외부적으로 성립하면 그 때로부터 상소기간이 진행된다. 판결이 공판정에서 선고되고 판결문이 송달되는 경우에도 선고시로부터 상소기간이 진행되지만, 약식명령의 경우에는 명령서 도달시로부터 불복기간이 진행된다. 한편 무죄·면소·형의 면제·형의 선고유예·형의 집행유예·공소기각·벌금 또는 과료의 재판이 선고된 때에는 구속영장의 효력이 상실된다(제331조).

2. 재판서의 구성 및 방식

(1) 재판서의 구성

1) 주 문

'주문'(主文)이란 재판의 대상이 된 사실에 대한 최종적인 결론을 말한다. 구체적인 선고형은 물론 형의 집행유예·노역장유치기간·재산형의 가납명령·소송비용의 부담·몰수와 폐기·추징 등도 주문에 기재한다. 미결구금일수의 산입에 관한 사항은 판결에서 별도로 판단하지 아니한다.[1)]

제기하여야 한다는 것을 알게 되는 시점에서는 이미 즉시항고기간이 경과하여 회복할 수 없는 불이익을 입게 된다. 이와 같은 사정을 종합적으로 고려하면, 이미 성립한 결정에 대하여는 결정이 고지되어 효력을 발생하기 전에도 결정에 불복하여 항고할 수 있다).

1) 대법원 2010. 9. 9. 선고 2010도6924 판결(헌법재판소는 형법 제57조 제1항 중 '또는 일부' 부분은 헌법에 위반된다고 선언하였는바, 이로써 판결선고 전의 구금일수는 그 전부가 유기징역, 유기금고, 벌금이나 과료에 관한 유치기간 또는 구류에 당연히 산입되어야 하게 되었고, 병과형 또는 수 개의 형으로 선고된 경우 어느 형에 미결구금일수를 산입하여 집행하느냐는 형집행 단계에서 형집행기관이 할 일이며, 법원이 주문에서 이에 관하여 선고하였더라도 이는 마찬가지라 할 것이므로 그와 같은 사유만으로 원심판결을 파기할 수는 없다); 대법원 2009. 12. 10. 선고 2009도11448 판결(판결선고 전 미결구금일수는 그 전부가 법률상 당연히 본형에 산입하게 되었으므로, 판결에서 별도로 미결구금일수 산입에 관한 사항을 판단할 필요가 없다).

2) 이 유

'이유'(理由)란 주문에 대한 법률적 및 사실적 근거를 제시한 것을 말한다. 상소를 불허하는 결정이나 명령을 제외하고는 재판에는 이유를 명시하여야 한다(제39조). 항소심이나 상고심의 재판서에는 항소이유나 상고이유에 대한 판단을 기재하여야 한다(제369조, 제398조). 재판서에 이유를 명시하도록 한 것은 법관의 자의적인 재판을 억제하여 재판의 공정성을 담보하고, 재판을 받은 자에게 당해 재판의 당부를 심사할 기초를 제공함으로써 상소제기 여부에 대한 타당한 판단을 가능하게 하며, 상소심으로 하여금 판결의 당부를 심사할 기초를 마련해주고, 일사부재리의 효력이 미치는 범위를 명백히 하며, 집행기관에게 유죄의 판결을 받은 수형자의 처우에 대한 단서를 제공해 주는 역할을 수행한다. 판결에 이유를 붙이지 아니하거나 이유에 모순이 있는 때에는 절대적 항소이유(제361조의5 제11호) 및 상대적 상고이유(제383조 제1호)가 된다.

(2) 재판서의 방식

1) 재판서의 작성

재판은 법관이 작성한 재판서에 의하여야 한다. 다만 결정 또는 명령을 고지하는 경우에는 재판서를 작성하지 아니하고 조서에만 기재하여 할 수 있다(제38조). 재판서는 재판의 형식에 따라 판결서·결정서·명령서로 각각 구분된다. 이와 같이 '재판서'(裁判書)란 재판의 의사표시 내용을 기재한 문서를 말하는데, 작성주체가 법관이라는 점에서 법원사무관 등이 작성하는 증인신문조서·공판조서 등과 같은 조서와 구별된다. 한편 검사의 집행지휘를 요하는 재판은 재판서 또는 재판을 기재한 조서의 등본 또는 초본을 재판의 선고 또는 고지한 때로부터 10일 이내에 검사에게 송부하여야 한다. 다만 법률에 다른 규정이 있는 때에는 예외로 한다(제44조).

2) 재판서의 기재사항

재판서에는 법률에 다른 규정이 없으면 재판을 받는 자의 성명·연령·직업과 주거를 기재하여야 한다(제40조 제1항). 재판을 받는 자가 법인인 때에는 그 명칭과 사무소를 기재하여야 한다(제40조 제2항). 판결서에는 기소한 검사와 공판에 관여한 검사의 관직·성명과 변호인의 성명을 기재하여야 한다(제40조 제3항).[1] 이와 같이 공판에 관여한 검사 이외에 기소한 검사를 판결서에 기재하도록 하는 기소검사실명제는 기소검사의 보다 책임 있는 공소권행사를 실현하기 위한 것이다.

3) 법관의 서명날인

재판서에는 재판한 법관이 서명날인하여야 한다(제41조 제1항). 여기서 재판한 법관은 공판심

1) 대법원 2015. 4. 23. 선고 2014도16980 판결(피고인의 이 부분 상고이유의 요지는, 피고인의 사선변호인이 원심 선고기일 전날인 2014. 11. 19. 선임계를 제출하며 변론재개신청서를 제출하였는데, 원심은 판결문에 국선변호인의 성명만 기재하고 사선변호인의 성명을 기재하지 아니하였으므로, '판결서에는 변호인의 성명을 기재하여야 한다'고 규정되어 있는 제40조 제3항을 위반하여 원심판결이 위법하다는 취지이다. 그러나 원심이 변론종결일을 기준으로 국선변호인의 성명을 기재하였으므로 제40조 제3항을 위반하였다고 볼 수 없고, 이로 인하여 판결의 결론에 영향을 미쳤다고 볼 수도 없다).

리 및 재판의 내부적 성립에 관여한 법관을 의미하므로 재판의 선고에만 관여한 법관은 재판서에 서명날인할 수 없다.[1] 재판장이 서명날인할 수 없는 때에는 다른 법관이 그 사유를 부기하고 서명날인하여야 하며[2], 다른 법관이 서명날인할 수 없는 때에는 재판장이 그 사유를 부기하고 서명날인하여야 한다(제41조 제2항). 다만 판결서 기타 대법원규칙이 정하는 재판서를 제외한 재판서에 대하여는 서명날인에 갈음하여 기명날인할 수 있다(제41조 제3항). 이와 같이 서명날인에 갈음하여 기명날인할 수 없는 재판서는 판결과 각종 영장(감정유치장 및 감정처분허가장을 포함한다)을 말한다(규칙 제25조의2).

4) 재판서의 하자

재판서가 작성되어야 하는 재판에서 재판서가 작성되지 아니하고 선고 또는 고지된 경우에 대하여 재판서가 작성되지 아니한 위법은 항소와 상고의 이유가 된다.[3] 한편 판결은 그 선고에 의하여 효력을 발생하고 판결 원본의 기재에 의하여 효력을 발생하는 것이 아니므로, 양자의 형이 다른 경우에는 검사는 선고된 형을 집행하여야 한다.[4]

재판서에 잘못된 계산이나 기재, 그 밖에 이와 비슷한 잘못이 있음이 분명한 때에는 법원은 직권으로 또는 당사자의 신청에 따라 경정결정을 할 수 있다. 경정결정은 재판서의 원본과 등본에 덧붙여 적어야 한다. 다만 등본에 덧붙여 적을 수 없을 때에는 경정결정의 등본을 작성하여 재판서의 등본을 송달받은 자에게 송달하여야 한다. 경정결정에 대하여는 즉시 항고를 할 수 있다. 다만 재판에 대하여 적법한 상소가 있는 때에는 그러하지 아니하다(규칙 제25조). 상고법원은 그 판결의 내용에 오류가 있음을 발견한 때에는 직권 또는 검사·상고인이나 변호인의 신청에 의하여 판결로써 정정할 수 있는데, 이러한 신청은 판결의 선고가 있은 날로부터 10일 이내에 하여야 하며, 신청은 신청의 이유를 기재한 서면으로 하여야 한다(제400조).

(3) 재판서의 송달 및 교부

1) 재판서의 송달

형사재판은 검사와 피고인이 출석해 있는 법정에서 구두로 선고되는 경우가 대부분이기 때문에 재판서를 별도로 송달할 필요는 없다. 다만 법원은 피고인에 대하여 판결을 선고한 때에는 선고일부터 7일 이내에 피고인에게 그 판결서 등본을 송달하여야 한다. 다만 피고인이 동의하는 경우에는 그 판결서 초본을 송달할 수 있다(규칙 제148조 제1항). 그럼에도 불구하고 불구속 피고인과 무죄 등의 선고로 구속영장의 효력이 상실된 구속피고인에 대하여는 피고인이 송

---

1) 대법원 1963. 5. 15. 선고 63도5 판결.

2) 대법원 1990. 2. 27. 선고 90도145 판결(재판장의 서명날인이 누락되어 있고 재판장이 서명날인을 할 수 없는 사유의 부기도 없는 재판서에 의한 판결은 제383조 제1호 소정의 판결에 영향을 미친 법률위반으로서 파기사유가 된다).

3) 이에 대하여 재판은 선고나 고지된 내용에 의하여 효력을 발생하는 것이지 판결서에 의하여 효력을 발생하는 것은 아니기 때문에 항소나 상고의 이유가 되지 않는다는 견해로는 김인회, 587면; 송광섭, 757면.

4) 대법원 1981. 5. 14.자 81모8 결정.

달을 신청하는 경우에 한하여 판결서 등본 또는 판결서 초본을 송달한다(규칙 제148조 제2항). 결국 구속피고인이 실형이나 관할위반을 선고받는 경우에만 신청이 없어도 송달하게 된다.

재판의 선고 또는 고지는 공판정에서는 재판서에 의하여야 하고, 기타의 경우에는 재판서 등본의 송달 또는 다른 적당한 방법으로 하여야 한다. 다만 법률에 다른 규정이 있는 때에는 예외로 한다(제42조).

2) 재판서의 교부

피고인 기타의 소송관계인은 비용을 납입하고, 재판서 또는 재판을 기재한 조서의 등본 또는 초본의 교부를 청구할 수 있다(제45조). 여기서 '기타의 소송관계인'이란 검사·변호인·보조인·법인인 피고인의 대표자·특별대리인, 제340조 및 제341조 제1항의 규정에 의한 피고인의 법정대리인 등 당사자 이외의 상소권자를 말한다(규칙 제26조 제1항). 또한 고소인·고발인 또는 피해자는 비용을 납입하고 재판서 또는 재판을 기재한 조서의 등본 또는 초본의 교부를 청구할 수 있다. 다만 그 청구하는 사유를 소명하여야 한다(규칙 제26조 제2항). 피고인과 규칙 제26조 제1항에 규정한 소송관계인 및 고소인·고발인 또는 피해자는 소송에 관한 사항의 증명서의 교부를 청구할 수 있다. 다만 고소인·고발인 또는 피해자의 청구에 관하여는 그 청구하는 사유를 소명하여야 한다(규칙 제27조).

재판서 또는 재판을 기재한 조서의 등본 또는 초본은 원본에 의하여 작성하여야 한다. 다만 부득이한 경우에는 등본에 의하여 작성할 수 있다(제46조). 재판서 등의 등본·초본 또는 소송에 관한 사항의 증명서를 작성함에 있어서는 담당 법원서기관·법원사무관·법원주사·법원주사보가 등본·초본 또는 소송에 관한 사항의 증명서라는 취지를 기재하고 기명날인하여야 한다(규칙 제28조).

제 2 절 종국재판

Ⅰ. 유죄판결

1. 유죄판결의 의의 및 종류

(1) 의 의

'유죄판결'(有罪判決)이란 법원이 피고사건에 대하여 범죄의 증명이 있는 경우에 선고하는 실체적 종국재판을 말한다. 여기서 '피고사건'(被告事件)이란 공소장에 특정되어 있는 범죄사실 및 이에 대응하는 적용법조를 말하며, '범죄의 증명이 있는 경우'란 공판정에서 조사한 적법한 증거에 의하여 법관이 범죄사실의 존재에 대하여 확신을 가진 경우를 말한다.

(2) 종 류

유죄판결에는 형선고의 판결·형면제의 판결·선고유예의 판결[1]이 있다. 집행유예의 판결은 형을 선고하면서 그 집행만을 일정기간 유예하는 것이므로 형선고의 판결에 속한다. 피고사건에 대하여 범죄의 증명이 있는 때에는 판결로서 형을 선고하는 것이 원칙이다(제321조 제1항). 형의 집행유예 및 노역장유치기간도 형의 선고와 동시에 판결로서 선고하여야 하므로(제321조 제2항) 주문에 표시하여야 하며[2], 재산형의 가납명령(제334조)·압수장물의 피해자환부(제333조)·소송비용의 부담(제186조, 제191조)[3] 등도 주문에 표시하여야 한다.

형면제의 판결(제322조)은 과잉방위·과잉긴급피난·과잉자구행위·중지미수·불능미수·경합범 중 판결을 받지 아니한 죄·자수·자복·친족상도례 등과 같이 형벌법규에 형을 면제하는 규정이 있는 경우에만 선고할 수 있으며, '피고인에게 형을 면제한다.'라는 형식을 취한다.

선고유예의 판결(제322조)은 1년 이하의 징역이나 금고·자격정지 또는 벌금의 형을 선고할 경우에 형법 제51조의 사항을 참작하여 개전의 정상이 현저할 때에 선고할 수 있다(형법 제59조 제1항). 형의 선고를 유예하는 판결을 할 경우에도 선고가 유예된 형에 대한 판단을 하여야 하는 것이므로 선고유예 판결에서도 그 판결이유에서는 선고할 형의 종류와 양, 즉 선고형을 정해 놓아야 하고[4] 그 선고를 유예하는 형이 벌금형일 경우에는 그 벌금액뿐만 아니라 환형유치처분까지 해 두어야 한다.[5]

2. 유죄판결에 명시할 이유

(1) 의 의

형의 선고를 하는 때에는 판결이유에 범죄될 사실, 증거의 요지와 법령의 적용을 명시하여

1) 대법원 2007. 6. 28.자 2007모348 결정(형법 제60조, 제61조 제1항, 형사소송법 제335조, 제336조 제1항의 각 규정에 의하면, 형의 선고유예를 받은 자가 유예기간 중 자격정지 이상의 형에 처한 판결이 확정되더라도 검사의 청구에 의한 선고유예 실효의 결정에 의하여 비로소 선고유예가 실효되는 것이고, 또한 형의 선고유예의 판결이 확정된 후 2년을 경과한 때에는 형법 제60조가 정하는 바에 따라 면소된 것으로 간주되고, 그와 같이 유예기간이 경과함으로써 면소된 것으로 간주된 후에는 실효시킬 선고유예의 판결이 존재하지 아니하므로 선고유예 실효의 결정(선고유예된 형을 선고하는 결정)을 할 수 없으며, 이는 원결정에 대한 집행정지의 효력이 있는 즉시항고 또는 재항고로 인하여 아직 그 선고유예 실효 결정의 효력이 발생하기 전 상태에서 상소심에서 절차 진행 중에 그 유예기간이 그대로 경과한 경우에도 마찬가지이다).

2) 제321조 제2항에서는 '판결 전 구금의 산입일수'를 형의 선고와 동시에 판결로써 선고하여야 한다고 규정하고 있지만, 법정통산으로의 변화로 인하여 동 문구는 삭제하는 것이 타당하다.

3) 대법원 2016. 11. 10. 선고 2016도12437 판결(소송비용부담의 재판은 본안의 재판에 종속한다. 따라서 소송비용부담의 재판에 대하여는 본안의 재판에 관하여 상소하는 경우에 한하여 불복할 수 있고(제191조 제2항), 소송비용부담의 재판에 대한 불복은 본안의 재판에 대한 상소의 전부 또는 일부가 이유 있는 경우에 한하여 받아들여질 수 있다); 대법원 2016. 5. 24. 선고 2014도6428 판결(소송비용의 재판에 대한 불복은 본안의 재판에 대한 상소의 전부 또는 일부가 이유 있는 경우에 한하여 허용되고, 본안의 상소가 이유 없는 경우에는 허용되지 아니하며, 이러한 법리는 형사소송절차에서 소송비용의 재판에 대한 불복이 있는 경우에도 마찬가지로 적용된다); 대법원 2008. 7. 24. 선고 2008도4759 판결.

4) 대법원 1993. 6. 11. 선고 92도3437 판결.

5) 대법원 2015. 1. 29. 선고 2014도15120 판결; 대법원 1988. 1. 19. 선고 86도2654 판결.

야 한다(제323조 제1항). '이유설시'(理由說示)는 유죄판결에서 어떤 범죄사실에 대하여 어떤 법률을 적용하였는지를 객관적으로 알 수 있도록 분명하게 기재해야 한다는 의미이다. 하지만 재판의 공정성을 담보하고 피고인의 상소권을 보호하기 위해서는 제323조의 규정에 의하여 유죄판결에 명시해야 할 이유가 제한되는 것은 아니라고 할 수 있다. 만약 유죄판결을 선고하면서 판결이유에 이 중 어느 하나를 전부 누락한 경우에는 제383조 제1호에 정한 판결에 영향을 미친 법률위반으로서 파기사유가 된다.[1] 또한 법률상 범죄의 성립을 조각하는 이유 또는 형의 가중·감면의 이유되는 사실의 진술이 있은 때에는 이에 대한 판단을 명시하여야 한다(제323조 제2항). 한편 유죄판결이라고 할지라도 형을 면제하거나 형의 선고를 유예하는 판결에 대해서는 제323조가 적용되지 않으며, 이 경우에는 형을 면제하는 사유나 형의 선고를 유예하는 사유 등을 법률적으로나 사실적으로 적시하면 될 것이다.

(2) 범죄될 사실

1) 의 의

'범죄될 사실'이란 특정한 구성요건에 해당하는 위법하고 유책한 구체적 사실로서 피고인에 대한 형사처벌의 근거를 이루는 사실을 말한다.[2] 범죄될 사실은 적어도 특정 형벌법규를 적용하기에 족할 만큼 구체적으로 사실을 적시할 것을 요한다. 유죄판결에 범죄될 사실을 기재하도록 한 것은 이를 통하여 형벌법규의 적용대상을 명확히 할 뿐만 아니라 일사부재리의 효력이 미치는 범위를 명확히 하는 의미를 가진다. 또한 범죄될 사실은 엄격한 증명의 대상이 되는 사실과 밀접한 관련이 있다.

2) 범죄될 사실의 범위

① 구성요건해당사실

구성요건에 해당되는 구체적 사실은 범죄될 사실이다. 그러므로 객관적 구성요건요소인 행위의 주체·객체·태양·결과·인과관계 등의 사실과 주관적 구성요건요소인 고의·과실·목적·불법영득의사 등의 사실은 명시해야 할 범죄사실에 해당한다. 예를 들면 폭행치사죄는 폭행죄를 범하여 사람을 사망에 이르게 한 죄이므로 이를 유죄로 인정한 판결이유에는 피고인이 범한 폭행의 구체적 사실이 명시되어야 할 것인데, 피고인이 '불상의 방법으로 피해자를 가격하여 그 충격으로 피해자가 뒤로 넘어지면서 우측 후두부가 도로 바닥에 부딪쳐 사망에 이르렀다.'라고 한 기재만으로는 피고인이 범한 폭행 사실의 구체적 사실을 기재하였다고 할 수 없다.[3]

구성요건해당사실은 기본적 구성요건에 해당하는 경우뿐만 아니라 그 수정형식인 예비·음모·미수·공범 등에 해당하는 경우도 포함한다. 따라서 미수범의 경우에는 실행의 착수에 해당

1) 대법원 2017. 4. 7. 선고 2017도744 판결; 대법원 2014. 6. 26. 선고 2013도13673 판결; 대법원 2012. 6. 28. 선고 2012도4701 판결; 대법원 2010. 10. 14. 선고 2010도9151 판결; 대법원 2009. 6. 25. 선고 2009도3505 판결.

2) 대법원 2008. 12. 11. 선고 2008도8401 판결; 대법원 2007. 12. 27. 선고 2007도7879 판결.

3) 대법원 1999. 12. 28. 선고 98도4181 판결.

하는 사실은 물론 장애미수·중지미수·불능미수의 구별도 명시하여야 한다. 또한 공범의 경우에는 공동정범·교사범·방조범을 명확히 구별해야 하며, 공모공동정범의 경우[1]에는 공모도 범죄될 사실로서 명시하여야 한다.[2] 교사범·방조범의 범죄사실 적시에 있어서는 그 전제요건이 되는 정범의 범죄구성요건이 되는 사실 전부를 적시하여야 하고, 이러한 기재가 없는 교사범·방조범의 사실 적시는 죄가 되는 사실의 적시라고 할 수 없다.[3] 그러나 범죄의 일시·장소·방법은 범죄의 구성요건이 아닐 뿐만 아니라 이를 구체적으로 명확히 인정할 수 없는 경우에는 개괄적으로 설시하여도 무방하다.[4] 특히 범죄의 일시는 형벌법규 개정에 있어서의 그 적용법령을 결정하고, 행위자의 책임능력을 명확히 하며, 공소시효의 완성 여부를 명확히 할 수 있는 정도로 판시하면 족하다.[5]

② 위법성과 책임

범죄될 사실은 구성요건에 해당하는 위법하고 유책한 행위이지만, 구성요건해당사실이 인정되면 위법성과 책임은 사실상 추정되므로 별도의 판단을 요하지 아니한다. 하지만 피고인이 위법성이나 책임을 조각하는 사실을 주장하는 경우에는 제323조 제2항에서 말하는 소송관계인의 주장에 대한 판단으로서 명시하여야 한다.

③ 처벌조건

처벌조건인 사실은 범죄사실 자체는 아니지만 형벌권 발생의 조건이므로 범죄사실에 준하여 판결이유에 명시하여야 한다. 그러나 중지미수나 친족상도례와 같은 인적 처벌조각사유는 위법성과 마찬가지로 이에 해당하지 않는다는 사실을 범죄될 사실에 명시할 필요는 없으며, 주장이 배척된 경우에는 판결 이유 중 '소송관계인의 주장에 대한 판단'에서 명시하면 족하다. 한편 처벌조건을 충족하지 못한 경우에는 형의 면제판결을 선고하여야 한다.

④ 형의 가중·감면사유

누범전과와 같은 법률상 형의 가중사유 또는 법률상 형의 감면사유도 범죄사실 자체는 아니지만 형벌권의 범위와 관련된 중요한 사실이므로 범죄사실에 준하여 판결이유에 명시하여야 한다. 하지만 피고인이 자수하였다고 하더라도 자수한 이에 대하여는 법원이 임의로 형을 감경할 수 있음에 불과한 것으로서 자수감경을 하지 아니하였다거나 자수감경 주장에 대하여 판단을 하지 아니하였다고 하여 위법하다고 할 수 없다.[6]

---

1) 대법원 2008. 11. 13. 선고 2006도755 판결(공모공동정범에 있어 그 공모에 관하여는 모의의 구체적인 일시, 장소, 내용 등을 상세하게 설시하여야 할 필요는 없고, 범행에 관하여 의사가 합치되었다는 것만 설시하면 된다).

2) 대법원 2007. 4. 27. 선고 2007도236 판결.

3) 대법원 1981. 11. 24. 선고 81도2422 판결.

4) 대법원 1986. 8. 19. 선고 86도1073 판결.

5) 대법원 1971. 3. 9. 선고 70도2536 판결.

6) 대법원 2011. 12. 22. 선고 2011도12041 판결; 대법원 1980. 6. 24. 선고 80도905 판결(자수에 의한 형의 감경은 법원의 재량에 의한 것으로서 자수의 주장은 제323조 제2항 소정의 형의 가중 감면의 이유되는 사실의 진술이라고 할 수 없으므로 원심이 이를 인정하지 아니하거나 또 이에 의하여 감경할 것이라고 인정하지 않는 이상 이에

⑤ 양형사유

단순한 양형사유인 정상에 관한 사실은 반드시 명시할 필요는 없다.[1] 하지만 양형사유는 피고인의 입장에서 유·무죄의 판단 못지않게 중요한 사항에 해당하므로 체계적인 설시가 요구된다고 보아야 한다. 이러한 취지에서 법관은 양형을 함에 있어서 양형기준을 존중하여야 하고, 법원은 약식절차 또는 즉결심판절차에 의하여 심판하는 경우가 아닌 한, 양형기준을 벗어난 판결을 함에 따라 판결서에 양형의 이유를 기재하여야 하는 경우에는 양형기준의 의의·효력 등을 감안하여 당해 양형을 하게 된 사유를 합리적이고 설득력 있게 표현하는 방식으로 그 이유를 기재하여야 할 것이다.[2]

한편 항소법원은 항소이유에 포함된 사유에 관하여 심판하여야 하므로(제364조 제1항)[3], 양형부당을 이유로 항소된 경우에는 항소심판결서에 제1심의 양형의 이유가 부당한지 여부에 관한 판단을 구체적으로 설시하였다면, 항소심이 제1심판결을 파기하고 양형기준을 벗어난 판결을 하면서 같은 내용의 양형의 이유를 중복하여 설시하지 않았다고 하여 위법하다고 할 수 없다.[4]

⑥ 죄 수

실체적 경합범은 수죄이므로 개별 범죄마다 범죄될 사실을 명시하여야 하고, 상상적 경합범도 실체법상 수죄이므로 각 범죄마다 범죄될 사실을 명시하여야 한다. 하지만 포괄일죄에 있어서는 그 일죄의 일부를 구성하는 개개의 행위에 대하여 구체적으로 특정되지 아니하더라도 그 전체 범행의 시기와 종기·범행방법·피해자나 상대방·범행횟수·피해액의 합계 등을 명시하면 그로써 범죄사실은 특정된 것으로 보아야 할 것이다.[5]

3) 범죄사실의 택일적 기재 불가

형사소송법은 공소장에 기재할 공소사실과 적용법조에 관하여는 수개의 범죄사실과 적용법조를 예비적 또는 택일적으로 기재할 수 있도록 허용하고 있지만(제254조 제5항), 유죄판결의 이유에 명시하여야 할 범죄될 사실과 법령의 적용에 관하여는 택일적으로 기재하는 것을 허용

대한 판단을 표시하지 아니하였다고 하더라도 위법이 아니다).

1) 대법원 2004. 6. 11. 선고 2004도2018 판결; 대법원 1983. 4. 12. 선고 83도503 판결; 대법원 1969. 11. 18. 선고 69도1782 판결.

2) 대법원 2010. 12. 9. 선고 2010도7410 판결.

3) 대법원 2011. 3. 10. 선고 2010도17779 판결(형법 제37조 전단 경합범 관계에 있는 공소사실 중 일부에 대하여 유죄, 나머지 부분에 대하여 무죄를 선고한 제1심판결에 대하여 검사만이 항소하면서 무죄 부분에 대하여는 항소이유를 기재하고 유죄 부분에 대하여는 이를 기재하지 않았으나 항소 범위는 '전부'로 표시한 사안에서, 이 경우 제1심판결 전부가 이심되어 원심의 심판대상이 되므로, 원심으로서는 제1심판결 무죄 부분을 유죄로 인정하는 이상 제1심판결 전부를 파기하고 경합범 관계에 있는 공소사실 전부에 대하여 하나의 형을 선고하여야 한다).

4) 대법원 2010. 12. 9. 선고 2010도7410 판결(항소법원은 항소이유에 포함된 사유에 관하여 심판하여야 하므로(제364조 제1항), 양형부당을 이유로 항소된 경우 항소심판결서에 제1심 양형의 이유가 부당한지 여부에 관한 판단을 구체적으로 설시하였다면, 항소심이 제1심판결을 파기하고 양형기준을 벗어난 판결을 하면서 같은 내용의 양형의 이유를 중복하여 설시하지 않았다고 하여 위법하다고 할 수 없다).

5) 대법원 2013. 9. 26. 선고 2013도5214 판결; 대법원 2005. 11. 10. 선고 2004도1164 판결; 대법원 2002. 10. 11. 선고 2002도2939 판결; 대법원 1990. 6. 26. 선고 90도833 판결; 대법원 1983. 1. 18. 선고 82도2572 판결.

하고 있지 아니하므로(제323조 제1항), 특별한 사정이 없는 한 유죄판결의 이유에 명시하여야 할 범죄될 사실을 택일적으로 기재할 수 없을 것이다.[1] 결국 법원이 가능한 모든 심리를 다하였지만 사실을 확정할 수 없는 경우에는 피고인에게 무죄를 선고하여야 한다.

(3) 증거의 요지

1) 의 의

'증거의 요지(要旨)'란 판결이유에 나타난 범죄사실을 인정하는 자료가 된 증거의 개요를 말한다. 판결이유에 증거의 요지를 기재할 것을 요구하는 취지는 법관에 의한 사실인정의 합리성을 담보하고, 당사자에게 판결내용의 타당성을 설득시키며, 상소심에서의 심사자료를 제공하는 데 있다.[2] 다만 증거에 의하여 범죄사실을 인정한 이유를 설명할 것을 요하지 아니하고, 증거의 요지만을 기재하도록 한 것은 소송경제를 도모하기 위함이다.

2) 적시를 요하는 범위

증거의 요지는 범죄사실의 내용을 이루는 사실에 대해서만 적시하면 충분하다. 따라서 판결의 범죄사실에 대한 증거를 설시함에 있어서는 어느 증거의 어느 부분에 의하여 어느 범죄사실을 인정한다고 구체적으로 설시하지 아니하고, 범죄사실에 배치되는 증거들에 관하여 이를 배척한다는 취지의 판단이나 이유를 설시하지 아니하여도 잘못이라고 할 수 없다.[3] 이와 같이 사실인정에 배치되는 증거에 대한 판단을 반드시 판결이유에 기재하여야 하는 것은 아니므로, 피고인이 알리바이를 내세우는 증인들의 증언에 관한 판단을 하지 아니하였다고 하여 위법이라고 할 수는 없다.[4]

범죄의 원인과 동기, 일시와 장소는 범죄사실이 아니므로 증거의 적시를 요하지 아니한다.[5] 또한 소송법적 사실인 진술의 임의성이나 신빙성, 소송조건의 존부 등에 관한 사실에 대하여도 증거의 적시를 요하지 아니한다. 고의는 범죄사실의 내용을 이루지만 객관적 구성요건요소에 의하여 그 존재가 인정될 수 있으므로 이를 인정하기 위한 증거적시가 필요 없다. 하지만 누범에 해당하는 전과에 대해서는 범죄사실에 준하여 증거의 적시를 요하며, 유예기간 중에 있는 집행유예 전과나 형법 제37조 후단의 경합범 전과 등과 같이 범죄사실에 기재된 전과에 대해서도 증거의 적시가 요구된다.

3) 적시의 방법

증거의 요지는 어느 증거의 어느 부분에 의하여 범죄사실을 인정하였느냐 하는 이유에 대

1) 대법원 1993. 5. 25. 선고 93도558 판결.

2) 헌법재판소 2009. 11. 26. 선고 2008헌바25 결정.

3) 대법원 2001. 7. 27. 선고 2000도4298 판결; 대법원 1987. 10. 13. 선고 87도1240 판결; 대법원 1982. 6. 8. 선고 81도1571 판결; 대법원 1979. 10. 16. 선고 79도1384 판결.

4) 대법원 1982. 9. 28. 선고 82도1798 판결.

5) 이에 대하여 범죄의 일시와 장소는 그것이 범죄사실 자체는 아니지만 범죄사실의 특정을 위하여 반드시 기재하는 중요한 요소이므로 증거명시가 필요하다는 견해로는 신양균/조기영, 972면; 이창현, 1070면.

한 설명까지 할 필요는 없지만, 적어도 어떤 증거에 의하여 어떤 범죄사실을 인정하였는가를 알아 볼 정도로 증거의 중요부분을 표시하여야 한다.[1] 그러므로 판결에 범죄사실에 대한 증거를 설시함에 있어 어느 증거의 어느 부분에 의하여 어느 범죄사실을 인정한다고 구체적으로 설시하지 아니하였다고 하더라도 그 적시한 증거들에 의하여 판시 범죄사실을 인정할 수 있으면 이를 위법한 증거설시라고 할 수 없다.[2] 또한 법원이 인정한 범죄사실의 내용과 적시된 증거의 요지를 대조하여 어떠한 증거자료에 의하여 범죄사실을 인정하였는가를 짐작할 수 있을 정도로 기재하면 족하다.[3] 그러므로 피고인의 자백이 그 피고인에게 불이익한 유일의 증거인 때에는 이를 유죄의 증거로 하지 못하는 것이므로, '피고인의 법정 진술과 적법하게 채택되어 조사된 증거들'로만 기재된 것은 적법하다고 볼 수 없지만[4], '검사 작성 피의자신문조서 중 판시사실에 부합하는 진술기재' 등과 같이 서증내용의 일부분을 적시하는 것은 적법한 증거의 설시에 해당한다.[5] 적시한 증거는 적법한 증거조사를 거친 증거능력이 있는 증거에 한한다. 그러나 이러한 증거를 적시하면 충분하고, 증거가 적법한 이유를 설명할 것을 요하는 것은 아니다. 증거에 의하여 사실을 인정한 이유나 증거를 취사한 이유도 설명할 필요는 없다.

판결이유에 적시된 증거로부터 범죄사실을 인정하는 것이 객관적으로 불합리한 경우에는 판결이유에 모순이 있는 경우에 해당하므로 절대적 항소이유가 되며(제361조의5 제11호), 판결에 영향을 미친 법령위반으로서 상대적 상고이유(제383조 제1호)가 된다.

(4) 법령의 적용

'법령의 적용'이란 인정된 범죄사실에 대하여 적용한 구체적인 형벌법규를 밝히는 것을 말한다. 법령의 적용은 어떤 범죄사실에 대하여 어떤 법령을 적용하였는가를 객관적으로 알 수 있도록 분명하게 기재할 것을 요한다. 법령은 형사처벌의 직접적인 근거가 되는 형법 또는 특별법의 각 본조를 명시하여야 한다. 조문이 수개의 항으로 나누어져 있을 경우에는 원칙적으로 항을 특정하여 기재하여야 한다. 특히 항을 달리함에 따라 구성요건을 달리하거나 법정형이 다른 경우에는 반드시 항을 표시하여야 한다. 다만 형법각칙의 본조만 기재하고 항을 기재하지 않았다고 하더라도 판결에 영향이 없으면 상소이유가 되지 아니한다.[6] 그리고 공소사실이 아닌 법률적용의 문제에 있어서 법원은 검사가 공소장에 기재한 적용법조에 구속받지 않고, 그 심리·확정한 사실에 대하여 직권으로써 자유로이 법률을 적용할 수 있다.[7]

형법총칙의 규정도 형사책임의 기초를 명백히 하기 위하여 명시할 필요성이 있다. 예를 들

---

1) 대법원 2010. 2. 11. 선고 2009도2338 판결; 대법원 1971. 2. 23. 선고 70도2529 판결.

2) 대법원 2001. 7. 27. 선고 2000도4298 판결.

3) 대법원 1983. 7. 12. 선고 83도995 판결.

4) 대법원 2000. 3. 10. 선고 99도5312 판결.

5) 대법원 1969. 8. 26. 선고 69도1007 판결.

6) 대법원 1971. 8. 31. 선고 71도1334 판결.

7) 대법원 1972. 2. 22. 선고 71도2099 판결.

면 미수·공범·누범·심신미약 등 형의 가중·감면사유에 관한 규정, 경합범·상상적 경합범 등 죄수에 관한 규정 등이 이에 해당한다. 다만 법령적용이 누락되거나 오기가 있는 경우에도 판결에 영향이 없으면 위법이라고 할 수는 없다. 이에 따라 피고인을 공동정범으로 인정하였음이 판결 이유설시 자체에 비추어 명백한 이상 법률적용에서 형법 제30조를 빠뜨려 명시하지 않았다고 하더라도 판결에 영향을 미친 위법이 있다고 할 수 없고[1], 판결의 주문에서 부정기형을 선고하였다면 그 이유에서 적용법조를 표시하지 않았더라도 소년법 제60조 제1항에 따라 부정기형을 선고한 것이 명백하므로 위법이라고 할 수 없다.[2]

또한 몰수·추징·집행유예·보호관찰·사회봉사명령·치료감호·배상명령·소송비용의 부담·노역장유치의 선고·피해자 환부·가납명령 등의 부수처분에 대해서도 법령의 근거를 밝혀야 할 것이다. 다만 몰수와 압수장물환부를 선고하면서 적용법령을 명시하지 않은 경우에도 이 규정을 적용한 취지가 인정되는 이상 위법이라고 할 수는 없다.[3]

한편 항소심법원이 유죄판결이 확정된 甲·乙·丙 세 개의 죄와 형법 제37조 후단의 경합범 관계에 있는 丁죄에 대한 형을 선고하면서 판결 이유의 '법령의 적용' 부분에서 乙·丙죄에 대한 전과 기재를 누락하고 전과의 구체적 내용을 심리하지 아니한 경우, 형법 제37조 후단 경합범에서 당해 사건 범죄와 이미 판결이 확정된 죄를 동시에 판결할 경우와 형평을 고려하여 당해 사건 범죄에 대하여 형을 선고할 것을 요구하는 형법 제39조 제1항을 위반하여 위법하다.[4] 또한 형법 제37조 전단의 경합범으로 동시에 기소된 수 개의 공소사실에 대하여 일부 유죄, 일부 무죄를 선고하거나 수 개의 공소사실이 금고 이상의 형에 처한 확정판결 전후의 것이어서 형법 제37조 후단, 제39조 제1항에 의하여 각기 따로 유·무죄를 선고하거나 형을 정하는 등으로 판결주문이 수 개일 때에는 그 1개의 주문에 포함된 부분을 다른 부분과 분리하여 일부상소를 할 수 있고, 이때 당사자 쌍방이 상소하지 아니한 부분은 분리 확정된다. 그러므로 확정판결 전의 공소사실과 확정판결 후의 공소사실에 대하여 따로 유죄를 선고하여 두 개의 형을 정한 제1심 판결에 대하여 피고인만이 확정판결 전의 유죄판결 부분에 대하여 항소한 경우, 피고인과 검사

---

1) 대법원 1992. 10. 27. 선고 92도2196 판결; 대법원 1990. 4. 27. 선고 90도527 판결; 대법원 1983. 10. 11. 선고 83도1942 판결.

2) 대법원 1991. 3. 12. 선고 90도2869 판결.

3) 대법원 1971. 4. 30. 선고 71도510 판결(구체적인 범죄 사실에 적용하여야 할 실체 법규 이외의 법규에 관해서는 판문상 그 규정을 적용한 취지가 인정되면 되고 특히 그 법규를 판결문의 법률 적용 개소에서 표시하지 않았다 하여, 위법이라고는 할 수 없을 것이므로, 제1심판결이 그 주문에 있어서는 부가형인 몰수와 부수처분인 압수장물의 환부를 선고하였음에도 불구하고 그 이유에 있어서는 그 적용 법조를 표시하지 않았다 하여도 그 판결 이유에 의하면 그 몰수한 면도칼 1개(증10호)는 피고인의 소유물로서 그 판시 (6) 사실의 범행에 제공된 것이라 하여 형법 제48조 제1항 제1호에 따라 몰수한 취지가 완연하고, 또 그 환부한 압수물(증 5 내지 9호)은 그 판시 (8), (2), (4), (11), (7) 사실의 각 범행에서 차례로 얻은 절도장물로서 각 그 해당 피해자에게 환부할 이유가 명백한 것이라 하며, 제333조 제1항에 따라 환부처분한 것이 역력한 이상 위 설시에 따라 이를 위법이라고 까지는 말할 수 없다).

4) 대법원 2008. 10. 23. 선고 2008도209 판결.

가 항소하지 아니한 확정판결 후의 유죄판결 부분은 항소기간이 지남으로써 확정되어 항소심에 계속된 사건은 확정판결 전의 유죄판결 부분뿐이고, 그에 따라 항소심이 심리·판단하여야 할 범위는 확정판결 전의 유죄판결 부분에 한정된다.[1]

(5) 소송관계인의 주장에 대한 판단

1) 의 의

법률상 범죄의 성립을 조각하는 이유 또는 형의 가중·감면의 이유되는 사실의 진술이 있은 때에는 이에 대한 판단을 명시하여야 한다(제323조 제2항). 이는 법원이 소송관계인의 주장을 무시하지 않고 명백히 판단하였음을 표시하여 재판의 객관적 공정성을 담보하는데 그 취지가 있다. 제323조 제2항에서 규정하고 있는 주장에 대하여는 법원이 필수적으로 판단하여야 하고, 그 외의 나머지 사항에 대해서도 소송과정에서 쟁점이 된 중요사항에 대하여는 그 판단을 기재할 수 있다. 범죄성립의 조각사유나 형의 가중·감면사유가 되는 사실에 대한 소송관계인의 주장이 법원에 의하여 인정되면 무죄판결을 하거나 판결이유에서 당연히 기재될 것이므로 제323조 제2항은 그 주장이 배척된 때에 비로소 그 의미를 가진다.

2) 주장과 판단의 범위

소송관계인의 주장은 공판절차에서 사실에 대한 주장의 형식으로 이루어져야 한다. 진술이 심리의 어느 단계에서 있었는가는 문제가 되지 않으며, 반드시 증거를 들어서 주장할 필요는 없다. 하지만 수사절차에서의 진술이나 변론종결 후에 제출된 변론요지서는 이에 포함되지 아니한다. 만약 소송관계인의 주장이 명확하지 않은 경우에는 법원이 석명권을 행사하여 이를 분명하게 한 후 판단하여야 한다. 그리고 법원의 주장에 대한 판단은 명시적이어야 한다. 다만 재판의 이유명시에 있어서 그 이유를 설명하지 않아도 위법한 것은 아니다.[2]

3) 법률상 범죄의 성립을 조각하는 이유되는 사실의 주장

법률상 범죄의 성립을 조각하는 이유되는 사실의 주장이란 위법성조각사유 또는 책임조각사유의 주장을 말한다. 그러므로 범행 당시 술에 만취하였기 때문에 전혀 기억이 없다는 취지의 진술은 범행당시 심신상실 또는 심신미약의 상태에 있었다는 주장으로서 제323조 제2항 소정의 법률상 범죄의 성립을 조각하거나 형의 감면의 이유가 되는 사실의 진술에 해당하는데[3], 피고인의 심신상실의 주장에는 심신미약의 주장도 포함되어 있다고 보아 이를 함께 판단하여야 한다.[4] 또한 기대가능성이 없다는 주장에 대하여 판단을 하지 아니하였음은 법률상 범죄의 성립을 조각하는 사유의 진술에 대하여 이유를 명시하지 아니한 위법이 있다.[5]

---

1) 대법원 2018. 3. 29. 선고 2016도18553 판결.

2) 대법원 1975. 10. 25. 선고 75도2580 판결.

3) 대법원 1990. 2. 13. 선고 89도2364 판결.

4) 대법원 2004. 7. 9. 선고 2004도2116 판결.

5) 대법원 1963. 8. 31. 선고 63도165 판결.

하지만 피고인이 적극적으로 범죄사실을 부인[1]하거나 고의가 없다고 주장하는 것은 범죄의 성립을 조각하는 이유되는 사실의 주장이라고 할 수 없다.[2] 왜냐하면 범죄될 사실을 적시할 때 이미 그 주장을 배척하는 판단이 포함되었기 때문이다. 또한 범행이유에 대한 물음에 대해 피고인이 '술에 취해서 그랬습니다.'라고 답변하고 있는 경우, 이것이 법률상 범죄의 성립을 조각하는 이유 또는 형의 가중·감면의 이유되는 사실의 진술이라고는 볼 수 없다.[3]

4) 법률상 형의 가중·감면의 이유되는 사실의 주장

법률상 형의 가중·감면의 이유되는 사실의 범위와 관련하여, ① 임의적 감면사유는 그것이 인정되는 경우라고 할지라도 최종적으로 감면 여부가 법원의 재량에 의하여 결정되므로 양형사유와 마찬가지로 반드시 판단하여야 한다고 보기는 어렵다는 점을 논거로 하여, 필요적 가중·감면사유에 해당하는 사실만 포함된다는 견해[4], ② 피고인을 설득하고 재판의 공정성을 확보하는데 기여할 수 있다는 점을 논거로 하여, 필요적 가중·감면사유뿐만 아니라 임의적 감면사유에 해당하는 사실도 포함된다는 견해[5] 등의 대립이 있다.

이에 대하여 판례는 「제323조 제2항에서 말하는 '형의 가중·감면의 이유되는 사실'이란 형의 필요적 가중, 감면의 이유되는 사실을 말하고 형의 감면이 법원의 재량에 맡겨진 경우, 즉 임의적 감면사유는 이에 해당하지 않는다. 따라서 피해회복에 관한 주장이 있었더라도 이는 작량감경 사유에 해당하여 형의 양정에 영향을 미칠 수 있을지언정 유죄판결에 반드시 명시하여야 하는 것은 아니다.」라고 판시[6]하거나 「피고인이 자수하였다고 하더라도 자수한 자에 대하여는 법원이 임의로 형을 감경할 수 있음에 불과한 것으로서 원심이 자수감경을 하지 아니하였다거나 자수감경 주장에 대하여 판단을 하지 아니하였다고 하여 위법하다고 할 수 없다.」라고 판시[7]하여, 임의적 감면사유에 대해서는 유죄판결의 이유에서 판단할 필요가 없다는 입장을 취하고 있다.

생각건대 당사자의 주장을 보다 면밀하게 검토하였다는 점에 대한 신뢰성을 증진시키는 차원에서 필요적 가중·감면사유뿐만 아니라 임의적 감면사유에 해당하는 사실도 판단하는 것

---

1) 대법원 1990. 9. 28. 선고 90도427 판결; 대법원 1988. 9. 13. 선고 88도1284 판결(피고인은 1심 공판기일에서 피해자와 같이 포장마차에 술마시러 간 것은 기억하지만 칼을 집어던진 일은 술에 취해 기억이 없다고 진술하고 있으나, 그 직후에 포장마차를 나와 근처 다방후문 앞 노상에서 피해자의 얼굴 등을 때려 상처를 입힌 사실은 이를 소상히 기억하여 그대로 시인하고 있음이 인정되므로, 결국 피고인이 칼을 던진 행동을 술에 취하여 기억이 없다고 진술하고 있는 것은 그 진술의 전후 맥락에 비추어 볼 때 칼을 던진 행위에 대하여 심신장애로 인한 형의 감면을 주장하는 취지가 아니라 단순히 범행을 부인하는 취지에 지나지 않는다).

2) 대법원 1997. 7. 11. 선고 97도1180 판결; 대법원 1987. 12. 8. 선고 87도2068 판결; 대법원 1983. 10. 11. 선고 83도594 판결; 대법원 1982. 6. 22. 선고 82도409 판결; 대법원 1968. 2. 20. 선고 67도1675 판결.

3) 대법원 1986. 2. 25. 선고 85도2764 판결.

4) 송광섭, 777면; 이창현, 1078면; 임동규, 697면; 정웅석/최창호, 737면.

5) 김인회, 596면; 배종대/홍영기, 407면; 신동운, 659면; 이재상/조균석, 712면; 정승환, 685면.

6) 대법원 2017. 11. 9. 선고 2017도14769 판결.

7) 대법원 2011. 12. 22. 선고 2011도12041 판결; 대법원 2004. 6. 11. 선고 2004도2018 판결; 대법원 2001. 4. 24. 선고 2001도872 판결; 대법원 1991. 11. 12. 선고 91도2241 판결; 대법원 1985. 3. 12. 선고 84도3042 판결.

이 타당하다.

(6) 이유를 명시하지 않은 경우의 효과

제323조 제1항을 위반하여 판결이유에 범죄될 사실, 증거의 요지 및 법령의 적용을 명시하지 않은 경우에는 판결에 이유를 붙이지 아니하거나 이유에 모순이 있는 때에 해당하여 절대적 항소이유(제361조의5 제11호)가 되며, 판결에 영향을 미친 법령위반으로서 상대적 상고이유(제383조 제1호)가 된다.[1] 그리고 제323조 제2항을 위반하여 법률상 범죄의 성립을 조각하는 이유 또는 형의 가중·감면의 이유되는 사실의 진술이 있었음에도 불구하고 이에 대한 판단을 명시하지 않은 경우에도 절대적 항소이유 또는 상대적 상고이유가 된다.[2]

Ⅱ. 무죄판결

1. 의 의

'무죄판결'(無罪判決)이란 피고사건에 대하여 국가의 형벌권이 존재하지 않음을 확인하는 실체적 종국재판을 말한다. 피고사건이 범죄로 되지 아니하거나 범죄사실의 증명이 없는 때에는 판결로써 무죄를 선고하여야 한다(제325조). 무죄판결은 피고인에게 가장 유리한 판결로써 구두변론을 거쳐서 선고되며, 판결의 선고에 의하여 당해 법원이 이를 변경할 수 없는 구속력을 가진다. 또한 무죄판결이 선고되면 이에 대한 검사의 상소 여부와 관계없이 구속영장의 효력이 상실되며(제331조), 검사는 압수물을 제출자나 소유자 기타 권리자에게 환부하여야 할 의무가 발생한다(제332조). 무죄판결은 실체재판에 해당하므로 소송조건이 구비될 것이 전제가 된다. 그러므로 범죄사실의 증명이 없다고 하더라도 소송조건을 갖추지 못한 경우에는 무죄판결이 아니라 공소기각의 재판을 하여야 한다.[3]

2. 무죄판결의 사유

(1) 피고사건이 범죄로 되지 아니하는 때

'피고사건이 범죄로 되지 아니하는 때'란 공소제기된 사실 자체는 인정되지만 이러한 사실

1) 대법원 2012. 6. 28. 선고 2012도4701 판결.

2) 同旨 정승환, 679면.

3) 대법원 2004. 11. 26. 선고 2004도4693 판결(피고인이 신호를 위반하여 차량을 운행함으로써 사람을 상해에 이르게 한 교통사고로서 교통사고처리특례법 제3조 제1항, 제2항 단서 제1호의 사유가 있다고 하여 공소가 제기된 사안에 대하여, 공판절차에서의 심리 결과 피고인이 신호를 위반하여 차량을 운행한 사실이 없다는 점이 밝혀지게 되고, 한편 위 교통사고 당시 피고인이 운행하던 차량은 교통사고처리특례법 제4조 제1항 본문 소정의 자동차종합보험에 가입되어 있었으므로, 결국 교통사고처리특례법 제4조 제1항 본문에 따라 공소를 제기할 수 없음에도 불구하고 이에 위반하여 공소를 제기한 경우에 해당하고, 따라서 위 공소제기는 제327조 제2호 소정의 공소제기절차가 법률의 규정에 위반하여 무효인 때에 해당하는바, 이러한 경우 법원으로서는 위 교통사고에 대하여 피고인에게 아무런 업무상 주의의무위반이 없다는 점이 증명되었다고 하더라도 바로 무죄를 선고할 것이 아니라 제327조의 규정에 의하여 소송조건의 흠결을 이유로 공소기각의 판결을 선고하여야 한다).

이 법령의 해석상 구성요건해당성이 없거나[1] 위법성조각사유 또는 책임조각사유의 존재로 범죄를 구성하지 아니하는 경우를 말한다.[2] 또한 위헌결정으로 인하여 형벌에 관한 법률 또는 법률조항이 소급하여 그 효력을 상실한 경우[3] 또는 법원에서 위헌·무효로 선언된 경우에는 당해 법조를 적용하여 기소한 피고 사건은 범죄로 되지 아니한 때에 해당하고[4], 이러한 법리는 그 형벌에 관한 법률 또는 법률조항이 대통령령에 형벌법규를 위임한 경우 그 대통령령의 위임 근거인 법률 또는 법률조항이 위헌결정으로 인하여 소급하여 효력을 상실하고, 대통령령에 규정된 형벌법규 또한 소급하여 그 효력을 상실한 때에도 마찬가지로 적용된다.[5] 나아가 재심이 개시된 사건에서 형벌에 관한 법령이 재심판결 당시 폐지되었다고 하더라도 그 폐지가 당초부터 헌법에 위배되어 효력이 없는 법령에 대한 것이었다면 제325조 전단이 규정하는 '범죄로 되지 아니한 때'의 무죄사유에 해당하는 것이지, 제326조 제4호에서 정한 면소사유에 해당한다고 할 수 없다.[6] 이는 피고인에게 형사보상을 청구할 수 있는 기초를 마련하기 위한 것으로 평가된다. 헌법재판소가 법률조항에 대하여 헌법불합치결정을 선고하면서 개정시한을 정하여 입법개선을 촉구하였음에도 불구하고 그 시한까지 법률의 개정이 이루어지지 않은 경우에도 그 법률조항은 소급하여 효력을 상실하므로 이를 적용하여 공소가 제기된 피고사건에 대하여는 면소판결이 아니라 무죄판결을 선고하여야 한다.[7]

---

1) 대법원 2019. 4. 11. 선고 2015도1230 판결.

2) 대법원 2010. 8. 19. 선고 2008도2158 판결(피고인이 메스암페타민에 투약된 상태로 긴급체포된 사실은 인정되나 피고인이 자의로 메스암페타민을 투약하였다고 인정할 증거가 없다는 이유로 이 부분 공소사실에 대하여 무죄로 판단하였다); 대법원 2008. 6. 12. 선고 2007도5389 판결(차량 급발진으로 인한 사고로 볼 만한 여러 사정들이 있고 운전자의 업무상 과실이 있다는 점에 대하여 증명이 부족하다면 무죄를 선고하여야 한다).

3) 대법원 2020. 6. 4. 선고 2018도17454 판결(헌법재판소법 제47조 제3항 본문에 따라 형벌에 관한 법률조항에 대하여 위헌결정이 선고된 경우 그 조항은 소급하여 효력을 상실하므로, 법원은 당해 조항이 적용되어 공소가 제기된 피고사건에 대하여 제325조 전단에 따라 무죄를 선고하여야 한다).

4) 대법원 2018. 10. 25. 선고 2015도17936 판결; 대법원 2015. 3. 12. 선고 2014도12101 판결; 대법원 2011. 9. 29. 선고 2009도12515 판결; 대법원 2011. 8. 25. 선고 2008도10960 판결; 대법원 2010. 12. 16. 선고 2010도5986 전원합의체 판결; 대법원 2009. 10. 15. 선고 2008도5259 판결; 대법원 2007. 6. 28. 선고 2005도8317 판결(특정의료인의 진료방법 등에 관한 광고행위에 대한 원심의 유죄판결 선고 후 상고심 계속 중 헌법재판소가 그 처벌법규에 대해 위헌결정을 한 경우, 당해 법조를 적용하여 기소한 피고사건이 범죄로 되지 아니한 때에 해당한다); 대법원 2006. 6. 9. 선고 2006도1955 판결; 대법원 2005. 4. 15. 선고 2004도9037 판결; 대법원 2005. 3. 10. 선고 2001도3495 판결; 대법원 1999. 12. 24. 선고 99도3003 판결; 대법원 1992. 5. 8. 선고 91도2825 판결.

5) 대법원 2011. 5. 13. 선고 2009도9949 판결.

6) 대법원 2018. 11. 29. 선고 2016도14781 판결; 대법원 2013. 5. 16. 선고 2011도2631 전원합의체 판결; 대법원 2013. 4. 18.자 2011초기689 전원합의체 결정; 대법원 2010. 12. 16. 선고 2010도5986 전원합의체 판결.

7) 대법원 2011. 6. 23. 선고 2008도7562 전원합의체 판결(헌법재판소의 헌법불합치결정은 헌법과 헌법재판소법이 규정하고 있지 않은 변형된 형태이지만 법률조항에 대한 위헌결정에 해당하고, 집회 및 시위에 관한 법률 제23조 제1호는 집회 주최자가 집시법 제10조 본문을 위반할 것을 구성요건으로 삼고 있어 집시법 제10조 본문은 집시법 제23조 제1호와 결합하여 형벌에 관한 법률조항을 이루게 되므로, 집시법의 위 조항들에 대하여 선고된 헌법불합치결정(헌법재판소 2009. 9. 24. 선고 2008헌가25 결정)은 형벌에 관한 법률조항에 대한 위헌결정이다. 그리고 헌법재판소법 제47조 제2항 단서는 형벌에 관한 법률조항에 대하여 위헌결정이 선고된 경우 그 조항이 소급하여 효력을 상실한다고 규정하고 있으므로, 형벌에 관한 법률조항이 소급하여 효력을 상실한 경우에 당해 조항을 적용하여 공소가 제기된 피고사건은 범죄로 되지 아니한 때에 해당하고, 법원은 이에 대하여 제325조 전단에 따라

한편 '피고사건이 범죄로 되지 아니하는 때'란 실체심리를 통해 이러한 사실이 밝혀진 경우에 한하고, 공소장의 기재 자체만으로 이미 범죄로 되지 않음이 명백한 때에는 '공소장에 기재된 사실이 진실하다고 하더라도 범죄가 될 만한 사실이 포함되지 아니한 때'에 해당하므로 결정으로 공소를 기각해야 한다(제328조 제1항 제4호). 다만 「교통사고처리 특례법」 제3조 제1항, 제2항 단서, 형법 제268조를 적용하여 공소가 제기된 사건에서, 심리 결과 「교통사고처리 특례법」 제3조 제2항 단서에서 정한 사유가 없고 같은 법 제3조 제2항 본문이나 제4조 제1항[1] 본문의 사유로 공소를 제기할 수 없는 경우에 해당하면 공소기각의 판결을 하는 것이 원칙이다. 그런데 사건의 실체에 관한 심리가 이미 완료되어 「교통사고처리 특례법」 제3조 제2항 단서에서 정한 사유가 없는 것으로 판명되고 달리 피고인이 같은 법 제3조 제1항의 죄를 범하였다고 인정되지 않는 경우, 같은 법 제3조 제2항 본문이나 제4조 제1항 본문의 사유가 있더라도, 사실심법원이 피고인의 이익을 위하여 「교통사고처리 특례법」 위반의 공소사실에 대하여 무죄의 실체판결을 선고하였다면, 이를 위법이라고 볼 수는 없다.[2]

(2) 범죄사실의 증명이 없는 때

'범죄사실의 증명이 없는 때'란 법원의 심리 결과 공소범죄사실의 부존재가 적극적으로 증명된 경우와 공소범죄사실의 존부에 대하여 증거가 불충분하여 법관이 유죄의 확신을 갖지 못한 경우를 말한다. 증거불충분으로 인한 무죄판결은 '의심스러운 때에는 피고인의 이익으로' 원칙의 당연한 결과라고 할 수 있다. 한편 자백보강법칙에 따라 피고인의 자백이 유죄의 유일한 증거일 경우에는 보강증거가 없는 한 범죄사실의 증명이 있는 때라고 할 수 없다.

3. 무죄판결의 판시방법

(1) 주 문

무죄판결의 주문은 '피고인은 무죄'라는 형식을 취한다. 일죄의 경우에는 하나의 주문만이 있으므로 이를 분리하여 일부 유죄, 일부 무죄라는 두 개의 주문을 선고할 수는 없다. 그러므로 일죄의 일부만 무죄인 경우에는 주문에서 유죄판결만 명시하고 무죄부분은 판결이유에서 판단하면 된다. 포괄일죄의 관계에 있는 공소사실에 대하여는 그 일부가 무죄로 판단되는 경우에도

무죄를 선고하여야 한다).

1) 「교통사고처리 특례법」 제4조(보험 등에 가입된 경우의 특례) ① 교통사고를 일으킨 차가 보험업법 제4조, 제126조, 제127조 및 제128조, 「여객자동차 운수사업법」 제60조, 제61조 또는 「화물자동차 운수사업법」 제51조에 따른 보험 또는 공제에 가입된 경우에는 제3조 제2항 본문에 규정된 죄를 범한 차의 운전자에 대하여 공소를 제기할 수 없다. 다만 다음 각 호의 어느 하나에 해당하는 경우에는 그러하지 아니하다.
   1. 제3조 제2항 단서에 해당하는 경우
   2. 피해자가 신체의 상해로 인하여 생명에 대한 위험이 발생하거나 불구가 되거나 불치 또는 난치의 질병이 생긴 경우
   3. 보험계약 또는 공제계약이 무효로 되거나 해지되거나 계약상의 면책 규정 등으로 인하여 보험회사, 공제조합 또는 공제사업자의 보험금 또는 공제금 지급의무가 없어진 경우

2) 대법원 2015. 5. 28. 선고 2013도10958 판결; 대법원 2015. 5. 14. 선고 2012도11431 판결.

이를 판결 주문에 따로 표시할 필요가 없으나 이를 판결 주문에 표시하였다고 하더라도 판결에 영향을 미친 위법사유가 되는 것은 아니다.[1] 상상적 경합범의 관계에 있는 두 죄 중 하나의 죄는 사면되어 면소판결의 대상이고, 나머지 죄는 무죄일 경우에는 주문에서 따로 면소를 선고할 필요 없이 무죄만 표시하면 된다.[2]

경합범에 해당하는 수개의 공소사실이 모두 무죄인 경우에는 '피고인은 무죄'라고 기재한다. 흡수관계에 있는 인장위조죄와 사문서위조죄를 경합범으로 잘못 기소한 경우에 인장위조사실 자체가 없는 것으로 밝혀진 경우에는 경합범으로 기소한 인장위조의 공소사실에 대한 판단으로서 별도로 무죄선고를 하여야 한다.[3]

택일적으로 공소가 제기된 경우에 법원이 어느 범죄사실에 대하여 유죄를 인정하면 다른 범죄사실에 대한 무죄의 판단은 주문뿐만 아니라 판결이유에서도 행할 필요가 없다. 예비적 공소제기의 경우에 본위적 공소사실을 유죄로 인정하는 때에도 예비적 공소사실에 대한 무죄판단은 판결이유에서도 이를 설시할 필요가 없다. 하지만 예비적 공소사실에 대하여 유죄를 인정한 경우에는 판결주문에서 유죄를 선고하고 판결이유에서 본위적 공소사실에 대한 무죄판단을 밝혀야 한다.[4] 또한 심판의 대상이 된 사실이 주위적 공소사실인 폭행치사와 예비적 공소사실인 폭력행위처벌법 위반의 두 가지인 것이 명백한 경우와 같이 두 개 이상의 공소사실이 있는 경우에 그 한쪽에 대하여 유죄의 판결을 하면 그 판결은 그 반면에 있어서 그 나머지 공소사실을 배척한 취지까지도 표명한 것이라고 볼 것이므로 예비적 공소사실인 폭력행위처벌법 위반의 점에 관하여 유죄의 판결을 한 이상 다시 그 판결의 주문 및 이유에 있어서 폭행치사의 점에 관하여 판단을 표시함을 필요로 하는 것은 아니다.[5] 검사가 수 개의 가분적인 증여대상물에 대하여 증여자를 택일적으로 기재하여 증여세 포탈죄로 공소제기한 경우 법원으로서는 각 증여대상물별로 증여자를 가려 심판하여야 하므로, 특정 증여대상물에 대하여 택일적으로 기재된 증여자 중 한 쪽을 증여자로 인정하여 유죄로 판단하는 경우에는 나머지 한 쪽이 증여자에 해당하는지에 대하여 따로 심판할 필요가 없는 것이지만, 특정 증여대상물에 대하여 택일적으로 기재된 증여자 중 어느 쪽도 증여자로 인정되지 않는다고 보아 무죄로 판단하는 경우에는 택일적으로 기재된 증여자 모두에 대하여 증여자로 인정할 수 없는 이유를 밝혀야 한다.[6]

---

1) 대법원 1993. 10. 12. 선고 93도1512 판결.

2) 대법원 1996. 4. 12. 선고 95도2312 판결; 대법원 1977. 7. 12. 선고 77도1320 판결(포괄적 일죄의 일부에 대하여는 유죄의 증거가 없고 나머지 부분에 대하여 공소시효가 완성된 경우에는 피고인에게 유리한 무죄를 주문에 표시하고 면소부분은 판결이유에서만 설명하면 족하다).

3) 대법원 1978. 9. 26. 선고 78도1787 판결.

4) 대법원 1976. 5. 26. 선고 76도1126 판결.

5) 서울고등법원 1977. 6. 30. 선고 74노1322 판결(확정).

6) 대법원 2006. 12. 22. 선고 2004도7232 판결(검사로서는 특정 증여대상물에 대하여 택일적으로 기재된 증여자 중 한 쪽을 증여자로 인정하여 유죄로 판단한 부분에 관하여 나머지 한 쪽을 증여자로 인정하지 않았다는 이유로 불복할 수는 없는 것이지만, 특정 증여대상물에 대하여 택일적으로 기재된 증여자 중 어느 쪽도 증여자로 인정되

한편 피고사건에 대하여 무죄의 판결을 선고하는 경우에는 무죄판결공시의 취지를 선고하여야 한다. 다만 무죄판결을 받은 피고인이 무죄판결공시 취지의 선고에 동의하지 아니하거나 피고인의 동의를 받을 수 없는 경우에는 그러하지 아니하다(형법 제58조 제2항).

(2) 이 유

유죄판결에 명시할 이유를 명확히 규정하고 있는 제323조와 달리 제325조는 '피고사건이 범죄로 되지 아니하거나 범죄사실의 증명이 없는 때에는 판결로써 무죄를 선고하여야 한다.'라고 규정하고 있을 뿐, 무죄판결에 명시하여야 할 이유를 구체적으로 규정하고 있지 않다. 그러나 제39조 전단은 '재판에는 이유를 명시하여야 한다.'라고 규정하고 있으므로, 피고인에 대하여 무죄판결을 선고하는 때에도 공소사실에 부합하는 증거를 배척하는 이유까지 일일이 설시할 필요는 없다고 하더라도, 그 증거들을 배척한 취지를 합리적인 범위 내에서 기재하여야 한다.[1] 만일 주문에서 무죄를 선고하고도 그 판결이유에는 이에 관한 아무런 판단을 기재하지 아니하였다면, 제361조의5 제11호 전단의 항소이유 또는 제383조 제1호의 상고이유로 할 수 있고, 주문으로부터는 판단의 유무가 명확히 판명되지 아니하는 경우라도 이유 중에 판단을 하지 않은 경우에는 재판의 누락이 있다고 보아야 한다.[2] 이와 같이 무죄판결도 재판인 이상 재판의 일반원칙에 따라 이유를 명시해야 한다. 다만 무죄판결은 피고인에게 가장 유리한 판결이므로 유죄판결에 비하여 그 이유설시의 정도를 완화하여도 무방하다. 그러므로 공소사실에 부합하는 증거를 배척함에 있어서 특별한 사정이 없으면 그 배척하는 이유를 개별적·구체적으로 설시할 필요는 없다.[3] 하지만 실무에서는 공소사실에 부합하는 증거를 배척하는 이유까지 명시하여야 하므로 유죄판결의 경우와 비교하여 매우 상세하게 기재되고 있는 실정이다. 유죄판결이 피고인에게 미치는 영향이 훨씬 지대함에도 불구하고 이유의 설시에서는 정반대의 현상을 보이고 있는 점은 비판받아 마땅하다.

4. 무죄판결에 대한 비용보상

(1) 의 의

국가는 무죄판결이 확정된 경우에는 당해 사건의 피고인이었던 자에 대하여 그 재판에 소요된 비용을 보상하여야 한다(제194조의2 제1항). 다만 ① 피고인이었던 자가 수사 또는 재판을 그르칠 목적으로 거짓 자백을 하거나 다른 유죄의 증거를 만들어 기소된 것으로 인정된 경우, ② 1개의 재판으로써 경합범의 일부에 대하여 무죄판결이 확정되고 다른 부분에 대하여 유죄판결이 확정된 경우, ③ 형법 제9조 및 제10조 제1항의 사유에 따른 무죄판결이 확정된 경우, ④ 그

지 않는다는 이유로 무죄로 판단한 부분에 관하여는 택일적으로 기재된 증여자 중 적어도 어느 한 쪽은 증여자에 해당한다는 취지로 불복할 수 있다).

1) 대법원 1987. 4. 28. 선고 86도2779 판결.

2) 대법원 2014. 11. 13. 선고 2014도6341 판결.

3) 대법원 1979. 1. 23. 선고 75도3546 판결.

비용이 피고인이었던 자에게 책임지울 사유로 발생한 경우 가운데 어느 하나에 해당하는 경우에는 비용의 전부 또는 일부를 보상하지 아니할 수 있다(제194조의2 제2항). 이와 같은 무죄판결에 대한 비용보상은 재판에 소요된 비용 자체에 대한 보상이라는 점에서 미결구금이나 형집행에 대한 형사보상과 구별된다. 비용보상제도는 국가의 잘못된 형사사법권의 행사로 인하여 피고인이 무죄를 선고받기 위하여 부득이 변호사 보수 등을 지출한 경우, 국가로 하여금 피고인에게 그 재판에 소요된 비용을 보상하도록 함으로써 국가의 형사사법작용에 내재한 위험성 때문에 불가피하게 비용을 지출한 비용보상청구권자의 방어권 및 재산권을 보장하려는 데 그 목적이 있다. 이러한 입법 취지와 규정의 내용 등에 비추어 볼 때 판결 주문에서 무죄가 선고된 경우뿐만 아니라 판결 이유에서 무죄로 판단된 경우에도 재판에 소요된 비용 가운데 무죄로 판단된 부분의 방어권 행사에 필요하였다고 인정된 부분에 관하여는 보상을 청구할 수 있다고 보아야 한다.[1] 다만 법원은 이러한 경우 제194조의2 제2항 제2호를 유추적용하여 재량으로 보상청구의 전부 또는 일부를 기각할 수 있다.

(2) 보상의 범위와 절차

비용보상의 범위는 피고인이었던 자 또는 그 변호인이었던 자가 공판준비 및 공판기일에 출석하는데 소요된 여비·일당·숙박료와 변호인이었던 자에 대한 보수에 한한다. 이 경우 보상금액에 관하여는 「형사소송비용 등에 관한 법률」을 준용하되, 피고인이었던 자에 대하여는 증인에 관한 규정을, 변호인이었던 자에 대하여는 국선변호인에 관한 규정을 준용한다(제194조의4 제1항). 법원은 공판준비 또는 공판기일에 출석한 변호인이 2인 이상이었던 경우에는 사건의 성질, 심리 상황, 그 밖의 사정을 고려하여 변호인이었던 자의 여비·일당 및 숙박료를 대표변호인이나 그 밖의 일부 변호인의 비용만으로 한정할 수 있다(제194조의4 제2항).

비용의 보상은 피고인이었던 자의 청구에 따라 무죄판결을 선고한 법원의 합의부에서 결정으로 한다(제194조의3 제1항). 이러한 청구는 무죄판결이 확정된 사실을 안 날부터 3년, 무죄판결이 확정된 때부터 5년 이내에 하여야 한다(제194조의3 제2항). 비용보상의 결정에 대하여는 즉시항고를 할 수 있다(제194조의3 제3항). 한편 비용보상청구, 비용보상절차, 비용보상과 다른 법률에 따른 손해배상과의 관계, 보상을 받을 권리의 양도·압류 또는 피고인이었던 자의 상속인에 대한 비용보상에 관하여 이 법에 규정한 것을 제외하고는 형사보상법에 따른 보상의 예에 따른다

1) 대법원 2019. 7. 5.자 2018모906 결정(① 재항고인은 울산지방법원 2016고합81호로 '전처인 피해자에 대한 폭력행위로 인해 징역형의 집행유예 등을 선고받자 그 보복의 목적으로 2016. 2. 16. 피해자를 폭행하였다'는 공소사실에 대하여 특정범죄 가중처벌 등에 관한 법률 위반(보복폭행등)죄로 기소된 사실, ② 위 법원은 2016. 5. 13. 재항고인에게 보복의 목적이 있었다고 인정할 증거가 부족하다는 이유로 그 부분에 대하여 판결 이유에서 무죄 판단을 하면서 그 공소사실에 포함되어 있는 폭행죄에 대하여는 피해자의 처벌불원 의사가 담긴 합의서가 공소제기 전에 수사기관에 제출되었다는 이유로 주문에서 공소기각 판결을 선고한 사실, ③ 검사가 부산고등법원 2016노354호로 항소하였으나 항소심법원은 2016. 8. 10. 항소기각 판결을 선고하였고, 위 판결은 그대로 확정된 사실을 알 수 있다. 재항고인은 판결 이유에서 특정범죄 가중처벌 등에 관한 법률 위반(보복폭행등)의 공소사실에 대하여 무죄의 판단을 받아 확정되었으므로, 제194조의2 제1항에 따라 재판에 소요된 비용에 관해 보상을 청구할 수 있다).

(제194조의5).

Ⅲ. 면소판결

1. 의 의

'면소판결'(免訴判決)이란 피고사건에 대하여 소송을 추행할 이익이 없는 경우에 소송을 종결시키는 형식재판을 말한다. 즉 피고사건에 대하여 실체적 소송조건이 결여된 경우에 선고하는 판결이다. 면소판결은 피고사건에 대하여 ① 확정판결이 있은 때, ② 사면이 있은 때, ③ 공소의 시효가 완성되었을 때, ④ 범죄 후의 법령개폐로 형이 폐지되었을 때에 한하여 선고한다(제326조). 이와 같은 면소판결의 사유는 예시규정이 아니라 한정적 열거규정으로 파악해야 한다.

실체재판에 해당하는 유죄·무죄의 판결이 확정된 경우에는 일사부재리의 효력이 발생하여 동일사건에 대하여 다시 실체심리를 하는 것이 허용되지 아니한다. 그리고 공소기각의 재판이나 관할위반의 판결과 같이 형식재판에 있어서는 재판이 확정되어도 일사부재리의 효력이 발생하지 아니한다. 하지만 면소판결은 실체재판이 아님에도 불구하고 일사부재리의 효력이 인정된다는 점에서 그 특징이 있다. 또한 고소인 등의 소송비용부담(제188조), 판결의 공시(형법 제58조 제2항), 재심사유(제420조 제5호) 등의 판단에 있어서 면소판결은 무죄판결과 같이 취급되며, 공소시효의 재진행(제253조 제1항)에 관하여 면소판결은 관할위반·공소기각의 재판과 다르게 취급된다.

2. 법적 성격

면소판결은 피고사건에 대하여 실체적 소송조건이 결여된 경우에 공소권이 없음을 이유로 선고하는 형식재판에 해당한다.[1] 모든 면소판결의 사유는 사건에 대하여 실체심리를 하여 그 존부를 확인하는 것이 부적당하다는 공통점을 가지고 있다. 이에 의하면 면소사유가 있으면 실체심리가 허용되지 아니하고, 피고인은 면소판결에 대하여 무죄를 주장하여 상소할 수도 없게 된다.[2] 다만 형벌에 관한 법령이 헌법재판소의 위헌결정으로 인하여 소급하여 그 효력을 상실

---

1) 이에 대하여 형식적 소송조건과 실체적 소송조건의 차이를 고려할 때 면소판결은 실체적 소송조건을 결여한 경우에 선고하는 실체관계적 형식재판이라는 견해로는 송광섭, 769면. 이에 의하면 실체적 소송조건은 실체면에 관한 사유를 소송조건으로 하는 것이므로 어느 정도 실체적 심리에 들어갈 필요가 있고, 면소판결은 실체관계의 심리를 끝까지 진행시키지 않고 중간에서 종결시키는 점에서는 형식재판이지만, 그 심리를 중간에서 종결시키는 이유가 실체면을 근거로 한다는 점에서 기판력이 발생한다고 한다.

2) 대법원 2010. 7. 15. 선고 2007도7523 판결; 대법원 2005. 9. 29. 선고 2005도4738 판결; 대법원 2004. 9. 24. 선고 2004도3532 판결(피고인은 이 사건 각 사기의 범죄사실과 포괄일죄의 관계에 있는 일부에 대하여 단순사기죄로 확정판결을 받은 바 있고 이 사건 각 범죄사실은 그 확정판결 이전의 것이기는 하나 이러한 경우에는 면소를 할 수 없는 것이므로, 피고인의 주장이 받아들여진다면 피고인에게 무죄의 선고를 하여야 할 것이다. 다만 이 부분 사기의 범죄사실이 유죄로 인정될 경우에도 피고인만이 상고한 이 사건에서 불이익변경금지의 원칙상 유죄로 된 피고인의 다른 범죄와 경합범 가중하여 피고인을 무겁게 처벌할 수는 없으니 다시 면소의 선고를 할 수밖에 없다); 대법원 1986. 12. 9. 선고 86도1976 판결; 대법원 1984. 11. 27. 선고 84도2106 판결; 대법원 1969. 12. 30. 선고 69도2018 판결; 대법원 1966. 7. 26. 선고 66도634 전원합의체 판결; 대법원 1964. 4. 7. 선고 64도57 판결;

하였거나 법원에서 위헌·무효로 선언된 경우, 당해 법령을 적용하여 공소가 제기된 피고사건에 대하여 제325조에 따라 무죄를 선고하여야 한다. 따라서 면소판결에 대하여 무죄판결인 실체판결이 선고되어야 한다고 주장하면서 상고할 수 없는 것이 원칙이지만, 이와 같은 경우에는 이와 달리 면소를 할 수 없고 피고인에게 무죄의 선고를 하여야 하므로 면소를 선고한 판결에 대하여 상고가 가능하다.[1]

한편 형식재판으로 파악하게 되면 면소판결이 어떻게 일사부재리의 효력을 가지는지에 대한 설명이 별도로 요구된다. 생각건대 다른 형식재판과 달리 면소판결은 단순한 절차상의 하자를 이유로 하는 것이 아니라 중대한 내용상의 하자라고 할 수 있는 실체형성의 이익의 결여를 이유로 하고 있다는 점, 공소기각 판결의 경우에는 단순한 절차상 하자를 이유로 하고, 추후 공소기각의 사유가 된 소송조건을 구비하면 재소가 가능한 반면에 면소사유에서 한 번 결여된 실체형성의 이익은 사후에 보완될 수 있는 성질의 것이 아니라는 점[2], 면소판결은 최소한의 실체심리를 거쳐서 나온 판결이라는 점[3] 등을 논거로 하여, 법적 안정성을 고려하여 일사부재리의 효력을 인정하고 있는 것이라고 보아야 한다.

3. 면소판결의 사유

(1) 확정판결이 있은 때

'확정판결이 있은 때'란 공소사실과 동일성이 인정되는 사건에 대하여 이미 일사부재리의 효력이 미치는 재판이 확정된 경우를 말한다. 여기서 말하는 확정판결은 유죄·무죄의 실체판결과 면소판결을 의미하며, 그 밖의 형식재판은 이에 포함되지 아니한다. 또한 확정판결은 정식재판을 통한 확정판결뿐만 아니라 약식명령(제457조)[4] 또는 즉결심판(즉결심판절차법 제16조)[5]이 확정된 경우도 포함되며, 「경범죄 처벌법」이나 도로교통법 등은 일정한 범칙사건에 대한 범칙

대법원 1964. 3. 31. 선고 64도64 판결.

1) 대법원 2010. 12. 16. 선고 2010도5986 전원합의체 판결.

2) 대법원 1963. 3. 21. 선고 63도22 판결.

3) 예를 들면 기 확정된 판결과 동일한 사건인지 여부를 판단하기 위해서는 단순히 피고인이나 죄명을 형식적으로 비교하여서는 부족하고 범죄의 일시·장소와 범죄내용 등을 구체적으로 살펴 실질적인 동일성 여부를 판단하여야 할 것이고, 공소시효 완성 여부를 판단하는 경우에도 확정판결에 기재된 범죄 일시가 아니라 소송기록 중에 나오는 범죄종료 일시를 구체적으로 살펴보아야 한다. 그러나 공소사실 자체에서 이미 면소사유의 존재가 판명되는 때에는 실체심리 없이 곧바로 면소판결을 선고하여야 한다.

4) 대법원 2013. 6. 13. 선고 2013도4737 판결; 대법원 2010. 11. 25. 선고 2010도1588 판결(이 사건 각 공소사실과 피고인들에 대하여 확정된 2008. 7. 29.자 약식명령의 범죄사실은 모두 피고인들이 개설한 위디스크 사이트 회원들이 음란한 동영상을 위 사이트에 업로드하여 게시하도록 하고, 다른 회원들로 하여금 위 동영상을 다운받을 수 있도록 하는 방법으로 정보통신망을 통하여 음란한 영상을 배포, 전시하는 것을 용이하게 하여 이를 방조하였다는 것으로서 단일하고 계속된 범의 아래 일정기간 계속하여 행하고 그 피해법익도 동일한 경우에 해당하므로 포괄일죄의 관계에 있다고 보아 위 확정된 약식명령의 발령 전에 이루어진 피고인들의 이 사건 범죄사실에 각 면소를 선고하였다); 대법원 1994. 8. 9. 선고 94도1318 판결.

5) 대법원 1996. 6. 28. 선고 95도1270 판결; 대법원 1982. 5. 25. 선고 81도1307 판결.

금납부에도 확정판결에 준하는 효력을 인정하고 있으므로 이 경우의 범칙금납부도 확정판결에 해당한다.[1] 확정판결이 있는 경우에는 형이 실효되었는지 여부가 문제되지 아니한다. 하지만 기판력은 형사재판에 대해서만 인정되므로 행정법상의 징계처분, 세무공무원의 통고처분[2], 행정벌인 과태료의 부과처분[3] 등에 대해서는 기판력이 인정되지 아니한다. 피고인이 동일한 행위에 관하여 외국에서 형사처벌을 과하는 확정판결을 받았다고 하더라도 외국판결은 우리나라에서는 기판력이 없으므로 여기에 일사부재리의 원칙이 적용될 수 없다.[4] 다만 소년법상의 보호처분을 받은 사건과 동일한 사건에 관하여 다시 공소제기가 되었다면, 보호처분을 받은 소년에 대하여는 그 심리가 결정된 사건은 다시 공소를 제기하거나 소년부에 송치할 수 없다는 점(소년법 제53조)[5], 소년에 대한 보호처분은 확정판결이 아니라는 점 등을 논거로 하여, 이는 공소제기 절차가 법률의 규정에 위배하여 무효인 때에 해당한 경우이므로 제327조 제2호의 규정에 의하여 공소기각의 판결을 하여야 한다.[6]

한편 확정판결이 있는 경우에 면소판결을 할 수 있는 범위는 확정판결의 일사부재리의 효력이 미치는 범위와 동일하다. 그러므로 시간적으로는 사실심리의 가능성이 있는 최후의 시점인 사실심 판결선고시까지 행하여진 범죄사실이어야 하며[7], 객관적으로는 확정판결이 있었던

1) 대법원 2013. 9. 13. 선고 2012도6612 판결(범칙금의 납부에 따라 확정판결에 준하는 효력이 인정되는 범위는 범칙금 통고의 이유에 기재된 당해 범칙행위 자체 및 범칙행위와 동일성이 인정되는 범칙행위에 한정된다. 따라서 범칙행위와 같은 시간과 장소에서 이루어진 행위라 하더라도 범칙행위의 동일성을 벗어난 형사범죄행위에 대하여는 범칙금의 납부에 따라 확정판결에 준하는 일사부재리의 효력이 미치지 아니한다); 대법원 2007. 4. 12. 선고 2006도4322 판결(도로교통법 제119조 제3항에 의하면, 범칙금 납부 통고를 받고 범칙금을 납부한 사람은 그 범칙행위에 대하여 다시 벌 받지 아니한다고 규정하고 있는바, 범칙금의 통고 및 납부 등에 관한 같은 법의 규정들의 내용과 취지에 비추어 볼 때 범칙자가 경찰서장으로부터 범칙행위를 하였음을 이유로 범칙금 통고를 받고 그 범칙금을 납부한 경우 다시 벌 받지 아니하게 되는 행위는 범칙금 통고의 이유에 기재된 당해 범칙행위 자체 및 그 범칙행위와 동일성이 인정되는 범칙행위에 한정된다고 해석함이 상당하므로, 범칙행위와 같은 때, 같은 곳에서 이루어진 행위라 하더라도 범칙행위와 별개의 형사범죄행위에 대하여는 범칙금의 납부로 인한 불처벌의 효력이 미치지 아니한다); 대법원 2002. 11. 22. 선고 2001도849 판결.

2) 대법원 1988. 11. 8. 선고 87도1059 판결.

3) 대법원 1996. 4. 12. 선고 96도158 판결; 대법원 1992. 2. 11. 선고 91도2536 판결.

4) 대법원 2017. 8. 24. 선고 2017도5977 전원합의체 판결; 대법원 1983. 10. 25. 선고 83도2366 판결.

5) 대법원 2019. 5. 10. 선고 2018도3768 판결(소년부 판사는 심리 결과 보호처분을 할 필요가 있다고 인정하면 결정으로써 보호처분을 하여야 하고(소년법 제32조 제1항), 보호관찰처분에 따른 부가처분을 동시에 명할 수 있다(소년법 제32조의2 제1항). 소년부 판사는 위탁받은 자나 보호처분을 집행하는 자의 신청에 따라 또는 직권으로 보호처분과 부가처분을 변경할 수 있다(소년법 제37조 제1항). 한편 보호처분을 받은 소년에 대하여는 그 심리가 결정된 사건은 다시 공소를 제기하거나 소년부에 송치할 수 없다(소년법 제53조 본문). 이러한 보호처분의 변경은 보호처분결정에 따른 위탁 또는 집행 과정에서 발생한 준수사항 위반 등 사정변경을 이유로 종전 보호처분결정을 변경하는 것이다. 즉 이는 종전 보호처분 사건에 관한 재판이다. 따라서 종전 보호처분에서 심리가 결정된 사건이 아닌 사건에 대하여 공소를 제기하거나 소년부에 송치하는 것은 소년법 제53조에 위배되지 않는다).

6) 대법원 1996. 2. 23. 선고 96도47 판결; 대법원 1985. 5. 28. 선고 85도21 판결. 同旨 대법원 2017. 8. 23. 선고 2016도5423 판결. 이에 대하여 소년에 대한 보호처분 결정도 실체재판인 이상 약식명령 등과 같이 확정판결에 준하는 것으로서 기판력이 있는 것으로 보아야 하므로 면소판결이 타당하다는 견해로는 손동권/신이철, 719면; 이재상/조균석, 723면; 이창현, 1090면; 정승환, 692면; 정웅석/최창호, 729면; 최호진, 594면.

7) 대법원 2014. 1. 16. 선고 2013도11649 판결.

범죄사실과 동일성이 인정되는 사실이어야 한다.[1] 다만 약식명령의 경우에는 발령시점이 사실심리의 가능성이 있는 최후의 시점이므로 송달시가 아니라 발령시를 기준으로 한다.[2]

판례에 의하면, ① 형법 제40조 소정의 상상적 경합 관계의 경우에는 그 중 1죄에 대한 확정판결의 기판력은 다른 죄에 대하여도 미치는 것이고[3], 여기서 1개의 행위란 법적 평가를 떠나 사회 관념상 행위가 사물자연의 상태로서 1개로 평가되는 것을 의미한다.[4] ② 특정범죄가중처벌법 제5조의4 제5항은 거기서 정하는 범죄전력 및 누범가중의 요건이 갖추어진 경우에는 상습성이 인정되지 아니하는 때에도 상습범에 관한 같은 조 제1항 내지 제4항 소정의 법정형에 의하여 처벌한다는 취지로서, 위 제5항의 범죄로 기소되어 처벌받은 경우를 상습범으로 기소되어 처벌받은 경우라고 볼 수 없다. 따라서 설사 피고인에게 절도의 습벽이 인정된다고 하더라도 위 법조항으로 처벌받은 확정판결의 기판력은 그 판결의 확정 전에 범한 다른 절도행위에 대하여는 미치지 아니한다.[5] ③ 확정판결의 기판력이 미치는 범위는 확정된 사건 자체의 범죄사실과 죄명을 기준으로 정하는 것이 원칙이므로, 그 전의 확정판결에서 조세범 처벌법 제10조 제3항 각 호의 위반죄로 처단되는 데 그친 경우에는, 확정된 사건 자체의 범죄사실이 뒤에 공소가 제기된 사건과 종합하여 특정범죄가중처벌법 제8조의2 제1항 위반의 포괄일죄에 해당하는 것으로 판단된다 하더라도, 뒤늦게 앞서의 확정판결을 포괄일죄의 일부에 대한 확정판결이라고 보아 기판력이 사실심판결 선고 전의 법률조항 위반 범죄사실에 미친다고 볼 수 없다.[6] ④ 상습범으로서 포괄적 일죄의 관계에 있는 여러 개의 범죄사실 중 일부에 대하여 유죄판결이 확정된 경우에, 그 확정판결의 사실심판결 선고 전에 저질러진 나머지 범죄에 대하여 새로이 공소가 제기되었다면 그 새로운 공소는 확정판결이 있었던 사건과 동일한 사건에 대하여 다시 제기된 데 해당하므로 이에 대하여는 판결로써 면소의 선고를 하여야 하는 것인바, 다만 이러한 법리가 적용되기 위해서는 전의 확정판결에서 당해 피고인이 상습범으로 기소되어 처단되었을 것을 필요로 하는 것이고, 상습범 아닌 기본 구성요건의 범죄로 처단되는 데 그친 경우에는, 가사 뒤에 기소된 사건에서 비로소 드러났거나 새로 저질러진 범죄사실과 전의 판결에서 이미 유죄로 확정된 범죄사실 등을 종합하여 비로소 그 모두가 상습범으로서의 포괄적 일죄에 해당하는 것으로 판단된다 하더라도 뒤늦게 앞서의 확정판결을 상습범의 일부에 대한 확정판결이라고 보아 그 기판력이 그 사실심판결 선고 전의 나머지 범죄에 미친다고 보아서는 안 된다.[7] ⑤ 저작권법은 제140조 본문에서 저작재산권 침해로 인한 제136조 제1항의 죄를 친고죄로 규정하면서, 제140조 단서 제

1) 대법원 2003. 7. 11. 선고 2002도2642 판결; 대법원 1996. 6. 28. 선고 95도1270 판결.

2) 대법원 2013. 6. 13. 선고 2013도4737 판결.

3) 대법원 2017. 9. 21. 선고 2017도11687 판결; 대법원 1991. 12. 10. 선고 91도2642 판결; 대법원 1991. 6. 25. 선고 91도643 판결.

4) 대법원 2007. 2. 23. 선고 2005도10233 판결(이 사건 확정판결의 범죄사실 중 업무방해죄와 이 사건 공소사실 중 명예훼손죄(이하 '이 사건 공소사실 2'라 한다)는 모두 피고인이 같은 일시, 장소에서 피해자의 기념전시회에 참석한 손님들에게 피해자가 공사대금을 주지 않는다는 취지로 소리를 치며 소란을 피웠다는 1개의 행위에 의하여 실현된 경우로서 상상적 경합 관계에 있다고 보아, 이 사건 확정판결의 기판력이 이 사건 공소사실 2에 대해서도 미친다고 할 것이어서, 이 사건 공소사실 2에 대하여 이미 확정판결이 있다는 이유로 면소의 판결을 선고한 제1심판결은 정당하다); 대법원 1987. 2. 24. 선고 86도2731 판결.

5) 대법원 2010. 1. 28. 선고 2009도13411 판결.

6) 대법원 2015. 6. 23. 선고 2015도2207 판결.

7) 대법원 2004. 9. 16. 선고 2001도3206 전원합의체 판결.

1호에서 영리를 위하여 상습적으로 위와 같은 범행을 한 경우에는 고소가 없어도 공소를 제기할 수 있다고 규정하고 있으나, 상습으로 제136조 제1항의 죄를 저지른 경우를 가중처벌한다는 규정은 따로 두고 있지 않다. 따라서 수회에 걸쳐 저작권법 제136조 제1항의 죄를 범한 것이 상습성의 발현에 따른 것이라고 하더라도, 이는 원칙적으로 경합범으로 보아야 하는 것이지 하나의 죄로 처단되는 상습범으로 볼 것은 아니다. 그리고 저작재산권 침해행위는 저작권자가 같더라도 저작물별로 침해되는 법익이 다르므로 각각의 저작물에 대한 침해행위는 원칙적으로 각 별개의 죄를 구성한다고 할 것이다. 다만 단일하고도 계속된 범의 아래 동일한 저작물에 대한 침해행위가 일정기간 반복하여 행하여진 경우에는 포괄하여 하나의 범죄가 성립한다고 볼 수 있다.[1]

(2) 사면이 있은 때

사면(赦免)에 의하여 형벌권이 소멸한 경우에는 실체재판의 이익이 없기 때문에 면소판결을 해야 한다. 주의할 점은 면소사유로서의 사면은 일반사면에 한한다는 것이다.[2] 왜냐하면 일반사면이 있으면 형의 선고를 받은 자에 대하여는 그 선고의 효력이 상실되고 형의 선고를 받지 않은 자에 대하여는 공소권이 상실되기 때문이다(사면법 제5조 제1항 제1호). 그러므로 아직 형의 선고를 받지 않은 피고인에 대하여 면소판결의 가능성이 있는 것이다. 하지만 특별사면이 있으면 형의 선고를 받은 자에 대하여 형의 집행을 면제하는 것에 그치므로 면소판결의 여지가 없다(사면법 제5조 제3항 제2호).

(3) 공소시효가 완성되었을 때

공소시효의 완성은 미확정의 형벌권을 소멸시키는 것이므로 공소추행의 이익이 없다는 점에서 면소사유에 해당한다. 그러므로 공소제기시에 이미 공소시효가 완성된 경우 또는 판결의 확정 없이 공소가 제기된 때로부터 25년이 경과하여 공소시효가 완성된 것으로 간주되는 경우(제249조 제2항)에는 면소판결을 선고하여야 한다.[3] 공소장에 기재된 공소범죄사실을 기준으로 하면 공소시효가 완성되지 않았지만, 심리결과 인정된 사실을 기준으로 하면 공소제기시에 이미 공소시효가 완성된 경우에는 면소판결을 선고하여야 한다.

(4) 범죄 후의 법령개폐로 형이 폐지되었을 때

범죄 후 법령의 개폐로 그 형이 폐지되었을 경우[4]에는 제326조에 의하여 실체적 재판을 하기에 앞서 면소판결을 하여야 할 것이므로[5], 만약 이에 관하여 무죄로서의 실체적 재판을 한

1) 대법원 2013. 9. 26. 선고 2011도1435 판결; 대법원 2012. 5. 10. 선고 2011도12131 판결.

2) 대법원 2015. 10. 29. 선고 2012도2938 판결; 대법원 2015. 5. 21. 선고 2011도1932 전원합의체 판결; 대법원 2000. 2. 11. 선고 99도2983 판결.

3) 대법원 1986. 11. 25. 선고 86도2106 판결; 대법원 1981. 1. 31. 선고 79도1520 판결.

4) 대법원 2014. 4. 24. 선고 2012도14253 판결(구 형법 제304조에 해당하는 위계간음 행위는 제326조 제4호에 의하여 면소판결의 대상이 될 뿐이므로, 이 사건 공소사실에 대하여 직권으로 구 형법 제304조의 위계간음죄를 인정하여 처벌하여야 한다는 상고이유의 주장은 더 나아가 판단할 필요 없이 받아들일 수 없다).

5) 대법원 1969. 12. 30. 선고 69도2018 판결; 대법원 1961. 12. 7. 선고 4292형상705 판결.

것은 위법하여 파기를 면할 수 없다.[1] 여기서 법령 개폐는 처벌법규 자체의 개폐뿐만 아니라 그 전제되는 법령을 모두 포함하고[2], 형의 폐지는 법령상 명문으로 벌칙이 폐지된 경우뿐만 아니라 법령에 규정된 유효기간이 경과하거나 전법(前法)과 후법(後法)의 저촉에 의하여 실질적으로 법규의 효력이 상실된 경우를 포함한다. 그러나 폐지 전의 행위에 대하여 종전의 법률을 적용한다는 취지의 경과규정이 있는 경우에는 이에 해당하지 아니한다.[3]

한편 판례는 「형법 제1조 제2항의 규정은 형벌법령 제정의 이유가 된 법률이념의 변천에 따라 과거에 범죄로 보던 행위에 대하여 그 평가가 달라져 이를 범죄로 인정하고 처벌한 그 자체가 부당하였다거나 또는 과형이 과중하였다는 반성적 고려에서 법령을 개폐하였을 경우에 적용하여야 할 것이고, 이와 같은 법률이념의 변경에 의한 것이 아닌 다른 사정의 변천에 따라 그때 그때의 특수한 필요에 대처하기 위하여 법령을 개폐하는 경우에는 이미 그 전에 성립한 위법행위를 현재에 관찰하여도 행위 당시의 행위로서는 가벌성이 있는 것이어서 그 법령이 개폐되었다 하더라도 그에 대한 형이 폐지된 것이라고는 할 수 없다.」라고 판시[4]하여, 동기설의 입장을 취하고 있다.

4. 심리와 판단의 특칙

면소판결의 사유가 있는 경우에 사건의 동일성이 인정되는 범위 내에서 면소사유에 해당하지 않는 범죄사실로 공소장을 변경하는 것은 가능하다. 하지만 사건의 실체에 대한 심리를 종료한 후에 면소사유가 존재한다는 사실이 확인된 경우에는 실체판결을 할 수 없고, 면소판결을 하여야 한다. 피고사건에 대하여 면소의 판결을 선고하는 경우에는 면소판결 공시의 취지를 선고할 수 있다(형법 제58조 제3항). 면소의 재판을 받아 확정된 피고인이 면소의 재판을 할 만한 사유가 없었더라면 무죄재판을 받을 만한 현저한 사유가 있었을 경우에는 국가에 대하여 구금에 대한 보상을 청구할 수 있다(형사보상법 제26조 제1항 제1호).

한편 피고인이 공판기일에 출석하지 아니한 때에는 원칙적으로 개정하지 못하지만(제276조), 피고사건에 대하여 면소의 재판을 할 것으로 명백한 때에는 피고인이 사물의 변별 또는 의사의 결정을 할 능력이 없는 상태에 있는 때 또는 질병으로 인하여 출정할 수 없는 때에도 피고인의 출정 없이 재판할 수 있다(제306조 제4항 참조).

---

1) 대법원 2010. 7. 15. 선고 2007도7523 판결.

2) 대법원 1987. 3. 10. 선고 86도42 판결(새로운 고시로써 도로교통법 제48조 제9호에 의한 운전자 준수사항 고시를 개정 고시하면서 운전자의 부당요금 징수를 운전자 준수사항의 예에서 삭제하고 이를 포함하고 있던 구 고시를 폐지하였으므로 결국 운전자의 부당요금 징수행위는 범죄 후 법령의 개폐로 인하여 처벌대상에서 제외되었다고 할 것이다).

3) 대법원 1999. 7. 9. 선고 99도1695 판결.

4) 대법원 2016. 10. 27. 선고 2016도9954 판결; 대법원 1997. 12. 9. 선고 97도2682 판결.

5. 일죄의 일부에 대한 면소판결

확정판결선고 전의 범행이 확정판결과 포괄일죄를 이루고 있어서 면소판결을 할 것이나 그 부분이 확정판결 후의 범행과 포괄일죄로 기소되었고 그 중 확정판결 후의 범행이 유죄라고 하여 형을 선고하는 경우에는 따로 주문에서 면소의 선고를 하지 않는다.[1] 그러나 실체법상 포괄일죄의 관계에 있는 일련의 범행 중간에 동종의 죄에 관한 확정판결이 있는 경우에는 확정판결로 전후 범죄사실이 나뉘어져 원래 하나의 범죄로 포괄될 수 있었던 일련의 범행은 확정판결의 전후로 분리된다. 사실심판결 선고 시 이후의 범죄는 확정판결의 기판력이 미치지 않으므로 설령 확정판결 전의 범죄와 포괄일죄의 관계에 있다고 하더라도 별개의 독립적인 범죄가 된다.[2]

Ⅳ. 관할위반의 판결

1. 의 의

피고사건이 법원의 관할에 속하지 아니한 때에는 판결로써 관할위반의 선고를 하여야 한다(제319조). 관할위반의 판결은 관할권이 없는 경우에 선고되는 것이고, 그 전제가 되는 재판권이 없는 경우에는 공소기각의 판결을 선고하게 된다(제327조 제1호). 관할위반의 판결은 형식재판에 속하는 종국재판이며, 일사부재리의 효력이 미치지 아니한다. 그러므로 관할위반의 판결이 확정된 후에도 관할권이 있는 법원에 다시 공소를 제기할 수 있다. 다만 관할위반의 판결이 확정되면 공소기각의 재판과 마찬가지로 공소제기에 의하여 정지되었던 공소시효가 그때부터 다시 진행된다(제253조 제1항). 실무에서 검사가 심급관할을 위반하여 공소를 제기하는 경우는 거의 발생할 수 없는 일이고, 사물관할 위반의 경우에 동일한 지방법원 또는 지원 내의 합의부와 단독판사 사이에 사건 재배당으로 대부분 해결이 되고 있으므로 관할위반의 판결을 선고하는 경우는 매우 드문 일이다.

2. 관할위반의 사유

피고사건이 법원의 관할에 속하지 않는 경우에 관할위반의 판결을 한다. 여기의 관할에는 토지관할과 사물관할을 포함하는데, 사물관할은 공소제기시뿐만 아니라 재판시에도 존재해야 하지만, 토지관할은 공소제기시에만 존재하면 족하다.

관할권의 유무에 대한 판단은 공소장에 기재된 공소사실을 기준으로 하며, 공소장이 변경된 경우에는 변경된 공소사실을 기준으로 한다.[3] 그러므로 지방법원 단독판사는 공소장의 변

1) 대법원 1982. 2. 23. 선고 81도3277 판결; 대법원 1977. 7. 12. 선고 77도1320 판결.

2) 대법원 2017. 5. 17. 선고 2017도3373 판결.

3) 대법원 1987. 12. 22. 선고 87도2196 판결.

경에 의하여 합의부에 사물관할권이 있는 사건이 심판대상이 됨으로써 사물관할이 없게 되면 관할위반의 판결을 선고하여야 한다. 하지만 소송경제를 위하여 결정으로 사건을 관할권이 있는 합의부에 이송하여야 한다(제8조 제2항). 예를 들면 항소심에서 공소장변경에 의하여 단독판사의 관할사건이 합의부 관할사건으로 된 경우에도 법원은 사건을 관할권이 있는 법원에 이송하여야 하고, 항소심에서 변경된 위 합의부 관할사건에 대한 관할권이 있는 법원은 고등법원이라고 봄이 상당하다.[1] 이와 같이 형사소송법은 제8조 제2항에서 단독판사의 관할사건이 공소장변경에 의하여 합의부 관할사건으로 변경된 경우 합의부로 이송하도록 규정하고 있을 뿐 그 반대의 경우에 관하여는 규정하고 있지 아니하며, 「법관 등의 사무분담 및 사건배당에 관한 예규」에서도 이러한 경우를 재배당사유로 규정하고 있지 아니하므로, 사건을 배당받은 합의부는 공소장변경허가결정을 하였는지에 관계없이 사건의 실체에 들어가 심판하여야 하고, 사건을 단독판사에게 재배당할 수는 없다.[2]

한편 법원은 피고인의 신청이 없으면 토지관할에 관하여 관할위반의 선고를 하지 못한다(제320조 제1항). 왜냐하면 토지관할은 주로 피고인의 편의를 고려하여 인정되는 것이기 때문이다. 이러한 관할위반의 신청은 피고사건에 대한 진술 전에 하여야 한다(제320조 제2항). 여기서 '피고사건에 대한 진술'은 피고인의 모두진술(제286조)이 아니라 재판장의 쟁점정리(제287조 제1항) 다음에 이루어지는 피고인측의 의견진술(제287조 제2항)을 의미한다. 만약 이러한 단계까지 관할위반의 신청이 없이 피고사건에 대한 진술이 있으면 토지관할의 위반에 대한 하자가 치유되어 관할위반의 판결을 선고할 수 없게 된다.

3. 관할위반의 효과

관할위반이 인정되는 경우에도 소송행위의 효력에는 영향이 없다(제2조). 따라서 관할위반의 판결을 선고한 법원의 공판절차에서 작성된 공판조서·검증조서·증인신문조서 등은 당해 사건에 대하여 다시 공소가 제기되었거나 관할권 있는 법원으로 사건이 이송된 경우에 이를 이후의 법원의 공판절차에서 증거로 사용할 수 있다. 관할위반의 판결이 선고되면 형식재판에 따른 구속력은 발생하지만, 공소기각의 재판과는 달리 구속영장의 효력을 상실시키는 효력은 인정되지 아니한다(제331조 참조). 왜냐하면 관할권이 있는 법원에 다시 공소가 제기될 가능성이 있으므로 피고인의 구속상태를 변경할 이유가 없기 때문이다. 그리고 관할위반의 판결이 확정되면 공소시효가 다시 진행된다(제253조 제1항).

---

1) 대법원 1997. 12. 12. 선고 97도2463 판결.

2) 대법원 2013. 4. 25. 선고 2013도1658 판결.

Ⅴ. 공소기각의 판결

1. 의 의

'공소기각의 판결'이란 피고사건에 대하여 관할권 이외의 형식적 소송조건이 결여된 경우에 절차상의 하자가 중대하지 않고 명백하지도 않은 경우에 변론을 열 필요는 있지만 실체에 대한 심리를 하지 않고 소송을 종결시키는 형식재판을 말한다. 공소기각의 판결사유로는 ① 피고인에 대하여 재판권이 없는 때, ② 공소제기의 절차가 법률의 규정에 위반하여 무효인 때, ③ 공소가 제기된 사건에 대하여 다시 공소가 제기되었을 때, ④ 공소취소 후 다른 중요한 증거를 발견하지 않았음에도 불구하고 공소가 제기되었을 때, ⑤ 고소가 있어야 죄를 논할 사건에 대하여 고소의 취소가 있은 때, ⑥ 피해자의 명시한 의사에 반하여 죄를 논할 수 없는 사건에 대하여 처벌을 희망하지 아니하는 의사표시가 있거나 처벌을 희망하는 의사표시가 철회되었을 때 등을 들고 있다(제327조).

2. 구체적인 사유

(1) 피고인에 대하여 재판권이 없는 때

재판권은 형법의 효력이 미치는 범위와 일치하는 것이 원칙이다.[1] 재판권이 소송조건이라는 점을 고려하면 공소제기 전후를 구분하여 공소제기 전부터 재판권이 없었는데도 공소가 제기되었다면 그 공소제기의 절차가 법률의 규정에 위반하여 무효인 때에 해당된다. 그러므로 여기서의 피고인에 대하여 재판권이 없는 때란 공소제기 후에 재판권이 없는 경우에만 해당된다. 다만 형법의 효력이 미치더라도 국제법상 외교관의 면책특권이나 조약에 의하여 재판권이 제한되기도 하며, 군사법원의 재판권이 미치기 때문에 일반 형사법원의 재판권이 제한되기도 한다. 재판권이 없는 경우에는 공소기각의 판결을 함이 상당하지만, 소송경제를 위하여 군사법원 관할 사건이 일반 형사법원에 공소제기된 경우 법원은 결정으로 군사법원에 이송하도록 하고 있다(제16조의2).

---

1) 대법원 2017. 3. 22. 선고 2016도17465 판결(법인 소유의 자금에 대한 사실상 또는 법률상 지배·처분 권한을 가지고 있는 대표자 등은 법인에 대한 관계에서 자금의 보관자 지위에 있으므로, 법인이 특정 사업의 명목상의 주체로 특수목적법인을 설립하여 그 명의로 자금 집행 등 사업진행을 하면서도 자금의 관리·처분에 관하여는 실질적 사업주체인 법인이 의사결정권한을 행사하면서 특수목적법인 명의로 보유한 자금에 대하여 현실적 지배를 하고 있는 경우에는, 사업주체인 법인의 대표자 등이 특수목적법인의 보유 자금을 정해진 목적과 용도 외에 임의로 사용하면 위탁자인 법인에 대하여 횡령죄가 성립할 수 있다. 이는 법인의 대표자 등이 외국인인 경우에도 마찬가지이므로, 내국 법인의 대표자인 외국인이 내국 법인이 외국에 설립한 특수목적법인에 위탁해 둔 자금을 정해진 목적과 용도 외에 임의로 사용한 데 따른 횡령죄의 피해자는 당해 금전을 위탁한 내국 법인이다. 따라서 그 행위가 외국에서 이루어진 경우에도 행위지의 법률에 의하여 범죄를 구성하지 아니하거나 소추 또는 형의 집행을 면제할 경우가 아니라면 그 외국인에 대해서도 우리 형법이 적용되어(형법 제6조), 우리 법원에 재판권이 있다).

(2) 공소제기의 절차가 법률의 규정에 위반하여 무효인 때

'공소제기의 절차가 법률의 규정에 위반한 경우'란 ① 공소제기가 권한 없는 자에 의하여 이루어진 경우, ② 공소사실이 특정되지 않거나[1] 적용법조가 누락되는 등 공소제기의 방식에 중대한 하자가 있는 경우[2], ③ 친고죄에서 고소가 없거나 공소제기 전에 고소가 취소되거나 고소취소 후에 다시 고소를 하거나 반의사불벌죄에서 처벌불원의 의사표시가 있음에도 불구하고 공소가 제기되는 등 공소제기 당시부터 소송조건이 결여된 경우[3], ④ 공소의 제기가 검사의 소추재량권을 현저히 일탈하여 공소권남용으로 인정되는 경우[4], ⑤ 공소장일본주의에 위배되는 경우[5], ⑥ 중대한 위법수사가 있는 경우[6], ⑦ 성명모용사건에서 피고인표시정정에 의하여 모용관계를 바로 잡지 아니함으로써 피고인이 특정되지 않은 경우[7], ⑧ 소년법상 보호처분을 받은 사건에 대하여 다시 공소제기된 경우[8], ⑨ 가정폭력특례법상 보호처분을 받은 사건에 대하여 다시 공소가 제기된 경우[9], ⑩ 국회의원의 면책특권에 속하는 행위에 대하여 공소가 제기된 경우[10] 등을 모두 포함한다.

반면에 불법구금·구금장소의 임의적 변경 등의 위법사유가 있다고 하더라도 그 위법한 절차에 의하여 수집된 증거를 배제할 이유는 될지언정 공소제기의 절차 자체가 위법하여 무효인 경우에 해당한다고 볼 수는 없다.[11] 또한 피고인의 신병이 확보되기 전에 공소가 제기되었다고 하더라도 그러한 사정만으로 공소제기가 부적법한 것은 아니다.[12]

---

1) 대법원 1995. 3. 24. 선고 95도22 판결(공소사실 중 '피고인들이 공동하여, 성명불상 범종추측 승려 100여 명의 전신을 손으로 때리고 떠밀며 발로 차서 위 성명불상 피해자들에게 폭행을 각 가한 것이다'는 부분은 피해자의 숫자조차 특정되어 있지 않아 도대체 몇 개의 폭행으로 인한 폭력행위처벌법 위반죄를 공소제기 한 것인지조차 알 수가 없으므로, 공소장에 구체적인 범죄사실의 기재가 없어 그 공소제기의 절차가 법률의 규정에 위반하여 무효인 경우에 해당한다).

2) 대법원 2009. 8. 20. 선고 2009도9 판결(집회 및 시위에 관한 법률상 해산명령위반의 공소사실에 대한 적용법조로 처벌규정인 같은 법 제24조 제5호, 제20조 제2항만을 기재한 사안에서, 해산명령의 근거가 되는 규정과 이에 관한 사실을 기재하지 않은 것은 피고인의 방어권 행사에 실질적인 불이익을 주는 것이어서 공소제기의 절차가 무효인 경우에 해당하고, 검사가 제1심 변론종결 후 해산명령의 근거조항을 제시하였다고 하더라도 공소장변경의 절차를 밟지 아니한 이상 위 공소제기절차상의 위법이 치유된다고 할 수 없다).

3) 대법원 2012. 2. 23. 선고 2010도9524 판결; 대법원 1983. 2. 8. 선고 82도2860 판결.

4) 대법원 2012. 7. 12. 선고 2010도9349 판결.

5) 대법원 2015. 1. 29. 선고 2012도2957 판결; 대법원 2009. 10. 22. 선고 2009도7436 전원합의체 판결.

6) 대법원 2008. 10. 23. 선고 2008도7362 판결.

7) 대법원 1985. 6. 11. 선고 85도756 판결.

8) 대법원 1996. 2. 23. 선고 96도47 판결.

9) 대법원 2017. 8. 23. 선고 2016도5423 판결.

10) 대법원 1992. 9. 22. 선고 91도3317 판결.

11) 대법원 1996. 5. 14. 선고 96도561 판결; 대법원 1990. 9. 25. 선고 90도1586 판결.

12) 대법원 2017. 1. 25. 선고 2016도15526 판결.

(3) 공소가 제기된 사건에 대하여 다시 공소가 제기되었을 때

1) 의 의

‘공소가 제기된 사건에 대하여 다시 공소가 제기되었을 때’란 동일한 사건이 동일한 법원에 이중으로 공소가 제기된 경우를 말하는데, 이를 ‘이중기소’(二重起訴)라고 한다. 제327조 제3호의 취지는 동일 사건에 대하여 피고인으로 하여금 이중위험을 받지 아니하게 하고 법원이 2개의 실체판결을 하지 아니하도록 함에 있다.[1] 만약 동일한 사건이 수개의 다른 법원에 이중으로 공소가 제기된 경우에는 관할의 경합으로 공소기각 결정의 사유에 해당된다(제328조 제1항 제3호). 또한 이중기소는 이미 공소가 제기된 사건과 동일한 사건이 다시 공소가 제기된 경우이므로 하나의 공소장에 동일한 사건이 중복으로 기재된 경우에는 단순히 공소장기재의 착오에 불과하다.[2]

2) 기 준

이중기소에 해당하는지 여부는 공소사실의 동일성과 사실심리의 가능성이 있는 최후의 시점인 사실심의 판결선고시를 기준으로 판단하게 된다. 예를 들면 검사가 일단 상습사기죄로 공소제기한 후 그 공소의 효력이 미치는 사실심의 판결선고시까지의 사기행위 일부를 별개의 독립된 상습사기죄로 공소제기를 하는 것은 비록 그 공소사실이 먼저 공소제기를 한 상습사기의 범행 이후에 이루어진 사기 범행을 내용으로 한 것일지라도 공소가 제기된 동일사건에 대한 이중기소에 해당되어 허용될 수 없는 것이다.[3] 반면에 공소제기 당시에는 이중기소가 된 위법이 있었다고 하여도 그 후 공소장변경에 의하여 공소사실 및 적용법조가 적법하게 변경되어 새로운 사실의 소송계속상태가 있게 된 경우에는 이중기소에 해당하지 아니한다.[4]

3) 심 판

이중기소가 인정되면 먼저 공소가 제기된 사건을 심판하고 뒤에 공소가 제기된 사건에 대하여는 공소기각의 판결을 선고해야 한다. 뒤에 공소가 제기된 사건에 대하여 판결의 선고가 있었다고 하여도 확정되기 전이라면 먼저 공소가 제기된 사건에 대하여 심판하여야 하고[5], 뒤에 공소가 제기된 사건의 판결이 확정된 때에 한하여 먼저 공소가 제기된 사건에 대하여 공소기각의 판결을 선고한다.

4) 포괄일죄와 이중기소

검사가 단순일죄라고 하여 사기 범행을 먼저 기소하고 포괄일죄인 상습사기 범행을 추가로 기소하였으나 그 심리과정에서 전후에 기소된 범죄사실이 모두 포괄하여 상습사기의 일죄를 구성하는 것으로 밝혀진 경우, 검사로서는 원칙적으로 먼저 기소한 사건의 범죄사실에 추가

1) 대법원 2012. 1. 26. 선고 2011도15356 판결; 대법원 2009. 2. 26. 선고 2008도7334 판결; 대법원 2001. 7. 24. 선고 2001도2196 판결; 대법원 1996. 10. 11. 선고 96도1698 판결.

2) 대법원 1983. 5. 24. 선고 82도1199 판결.

3) 대법원 2004. 8. 20. 선고 2004도3331 판결.

4) 대법원 1989. 2. 14. 선고 85도1435 판결.

5) 대법원 1969. 6. 24. 선고 68도858 판결.

기소의 공소장에 기재한 범죄사실을 추가하여 전체를 상습범행으로 변경하고 그 죄명과 적용법조도 이에 맞추어 변경하는 공소장변경 신청을 하고 추가기소한 사건에 대하여는 공소취소를 하는 것이 형사소송법의 규정에 충실한 온당한 처리라고 할 것이다. 그러나 이와 같은 처리에 의하지 않더라도 검사의 추가기소에는 전후에 기소된 각 범죄사실 전부를 포괄일죄로 처벌할 것을 신청하는 취지가 포함되었다고 볼 수 있어 공소사실을 추가하는 등의 공소장변경과는 절차상 차이가 있을 뿐 그 실질에 있어서 별 차이가 없으므로, 석명에 의하여 추가기소의 공소장의 제출은 포괄일죄를 구성하는 행위로서 먼저 기소된 공소장에 누락된 것을 추가 보충하고 죄명과 적용법조를 포괄일죄의 죄명과 적용법조로 변경하는 취지의 것으로서 1개의 죄에 대하여 중복하여 공소를 제기한 것이 아님이 분명하여진 경우에는 위의 추가기소에 의하여 공소장변경이 이루어진 것으로 보아 전후에 기소된 범죄사실 전부에 대하여 실체판단을 하여야 하고 추가기소에 대하여 공소기각판결을 할 필요는 없다.[1)]

또한 검사가 수 개의 협박 범행을 먼저 기소하고 다시 별개의 협박 범행을 추가로 기소하였는데 이를 병합하여 심리하는 과정에서 전후에 기소된 각각의 범행이 모두 포괄하여 하나의 협박죄를 구성하는 것으로 밝혀진 경우, 이중기소에 대하여 공소기각판결을 하도록 한 제327조 제3호의 취지는 동일사건에 대하여 피고인으로 하여금 이중처벌의 위험을 받지 아니하게 하고 법원이 2개의 실체판결을 하지 아니하도록 함에 있으므로, 위와 같은 경우 법원이 각각의 범행을 포괄하여 하나의 협박죄를 인정한다고 하여 이중기소를 금지하는 취지에 반하는 것이 아닌 점과 법원이 실체적 경합범으로 기소된 범죄사실에 대하여 그 범죄사실을 그대로 인정하면서 다만 죄수에 관한 법률적인 평가만을 달리하여 포괄일죄로 처단하는 것이 피고인의 방어에 불이익을 주는 것이 아니어서 공소장변경 없이도 포괄일죄로 처벌할 수 있는 점에 비추어 보면, 비록 협박죄의 포괄일죄로 공소장을 변경하는 절차가 없었다거나 추가로 공소장을 제출한 것이 포괄일죄를 구성하는 행위로서 기존의 공소장에 누락된 것을 추가·보충하는 취지의 것이라는 석명절차를 거치지 아니하였다 하더라도, 법원은 전후에 기소된 범죄사실 전부에 대하여 실체판단을 할 수 있고, 추가기소된 부분에 대하여 공소기각판결을 할 필요는 없다.[2)]

5) 상상적 경합과 이중기소

상상적 경합관계에 있는 공소사실 중 일부가 먼저 기소된 후 그 나머지 공소사실이 추가기소되고 이들 공소사실이 상상적 경합관계에 있음이 밝혀진 경우라면, 그 추가기소에 의하여 전후에 기소된 각 공소사실 전부를 처벌할 것을 신청하는 취지가 포함되었다고 볼 수 있어, 공소사실을 추가하는 등의 공소장변경과는 절차상 차이가 있을 뿐 그 실질에 있어서 별 차이가 없다. 따라서 법원으로서는 석명권을 행사하여 검사로 하여금 추가기소의 진정한 취지를 밝히도록 하여 검사의 석명에 의하여 추가기소가 상상적 경합관계에 있는 행위 중 먼저 기소된 공소

1) 대법원 1999. 11. 26. 선고 99도3929 판결; 대법원 1996. 10. 11. 선고 96도1698 판결.
2) 대법원 2007. 8. 23. 선고 2007도2595 판결.

장에 누락된 것을 추가 보충하는 취지로서 1개의 죄에 대하여 중복하여 공소를 제기한 것이 아님이 분명하여진 경우에는, 그 추가기소에 의하여 공소장변경이 이루어진 것으로 보아 전후에 기소된 공소사실 전부에 대하여 실체판단을 하여야 하고 추가기소에 대하여 공소기각판결을 할 필요가 없다.[1)]

(4) 공소취소 후 다른 중요한 증거를 발견하지 않았음에도 불구하고 공소가 제기되었을 때

공소취소에 의한 공소기각의 결정이 확정된 때에는 공소취소 후 그 범죄사실에 대한 다른 중요한 증거를 발견한 경우에 한하여 다시 공소를 제기할 수 있다(제329조). 여기서 '다른 중요한 증거를 발견한 경우'란 공소취소 전의 증거만으로는 증거 불충분으로 무죄가 선고될 가능성이 있으나 새로 발견된 증거를 추가하면 충분히 유죄의 확신을 가지게 될 정도의 증거가 있는 경우를 말한다.[2)] 이는 단순일죄인 범죄사실에 대하여 공소가 제기되었다가 공소취소에 의한 공소기각의 결정이 확정된 후 다시 종전 범죄사실 그대로 재기소하는 경우뿐만 아니라 범죄의 태양·수단·피해의 정도·범죄로 얻은 이익 등 범죄사실의 내용을 추가 변경하여 재기소하는 경우에도 마찬가지로 적용된다. 따라서 단순일죄인 범죄사실에 대하여 공소취소로 인한 공소기각의 결정이 확정된 후에 종전의 범죄사실을 변경하여 재기소하기 위하여는 변경된 범죄사실에 대한 다른 중요한 증거가 발견되어야 한다.[3)]

(5) 고소가 있어야 죄를 논할 사건에 대하여 고소의 취소가 있은 때

'고소가 있어야 죄를 논할 사건에 대하여 고소의 취소가 있은 때'란 친고죄에 대하여 유효한 고소가 있어 공소가 제기되었으나 제1심판결 선고 전에 고소취소가 이루어진 경우를 말한다.[4)] 제1심판결 선고 후에 고소가 취소된 경우에는 효력이 없으므로 제327조 제5호의 공소기각의 판결을 할 수 없다.[5)] 하지만 상소심에서 제1심 공소기각의 판결을 파기하고 사건을 제1심 법원에 환송함에 따라 다시 제1심 절차가 진행된 경우, 종전의 제1심판결은 이미 파기되어 효력을 상실하였으므로 환송 후의 제1심판결 선고 전에는 고소취소의 제한사유가 되는 제1심판결 선고가 없는 경우에 해당한다. 그러므로 환송 후의 제1심판결 선고 전에 친고죄의 고소가 취소되면 제327조 제5호에 의하여 판결로써 공소를 기각하여야 한다.[6)] 만약 친고죄에 대하여 고소취소가 공소제기 전에 이루어졌음에도 불구하고 공소가 제기되었다면 제327조 제2호에 의

---

1) 대법원 2012. 6. 28. 선고 2012도2087 판결.

2) 대법원 1977. 12. 27. 선고 77도1308 판결.

3) 대법원 2009. 8. 20. 선고 2008도9634 판결.

4) 대법원 2010. 7. 29. 선고 2010도5795 판결(피고인과 친족관계에 있는 피해자에 대한 '흉기휴대 공갈'의 '폭력행위처벌법 위반죄'를 형법 제354조, 제328조에 의하여 피해자의 고소가 있어야 논할 수 있는 친고죄로 보고, 제1심판결 선고 전에 피고인의 처벌을 바라지 아니하는 의사가 표시된 합의서가 제출되었다는 이유로 제327조 제5호에 의하여 공소를 기각한 원심판결을 수긍한 사례).

5) 대법원 2012. 2. 23. 선고 2011도17264 판결.

6) 대법원 2011. 8. 25. 선고 2009도9112 판결.

한 공소기각의 판결사유에 해당한다.

(6) 피해자의 명시한 의사에 반하여 죄를 논할 수 없는 사건에 대하여 처벌을 희망하지 아니하는 의사표시가 있거나 처벌을 희망하는 의사표시가 철회되었을 때

'피해자의 명시한 의사에 반하여 죄를 논할 수 없는 사건에 대하여 처벌을 희망하지 아니하는 의사표시가 있거나 처벌을 희망하는 의사표시가 철회되었을 때'란 반의사불벌죄에 대하여 처벌을 희망하지 아니하는 의사표시 또는 그 처벌을 희망하는 의사표시의 철회가 공소제기 후 제1심판결 선고 전에 이루어진 경우를 말한다.

Ⅵ. 공소기각의 결정

1. 의 의

'공소기각의 결정'이란 피고사건에 대하여 절차상의 하자가 중대하고 명백하여 변론 없이도 소송조건의 존부를 판단할 수 있을 때 결정의 형식으로 선고하는 재판을 말한다. 공소기각의 결정에 대하여는 즉시항고를 할 수 있다(제328조 제2항).

2. 구체적인 사유

공소기각의 결정사유로는 ① 공소가 취소되었을 때, ② 피고인이 사망하거나 피고인인 법인이 존속하지 아니하게 되었을 때, ③ 관할의 경합(제12조, 제13조)에 의하여 재판할 수 없는 때, ④ 공소장에 기재된 사실이 진실하다고 하더라도 범죄가 될 만한 사실이 포함되지 아니하는 때 등을 들고 있다(제328조 제1항).

(1) 공소가 취소되었을 때

이는 적법하게 공소가 취소된 경우를 말한다. 공소는 제1심 판결의 선고 전까지 취소할 수 있다(제255조 제1항). 공소취소는 서면으로 하지만, 공판정에서는 구술로도 할 수 있다(제255조 제2항). 실체적 경합관계에 있는 수개의 공소사실 중 어느 한 공소사실을 전부 철회하는 검사의 공판정에서의 구두에 의한 공소장변경신청이 있는 경우, 이것이 그 부분의 공소를 취소하는 취지가 명백하다면 비록 공소취소 신청이라는 형식을 갖추지 아니하였더라도 이를 공소취소로 보아 공소기각의 결정을 하여야 한다.[1] 공소취소에 의한 공소기각의 결정이 확정된 때에는 공소취소 후 그 범죄사실에 대한 다른 중요한 증거를 발견한 경우에 한하여 다시 공소를 제기할 수 있다(제329조).

(2) 피고인이 사망하거나 피고인인 법인이 존속하지 아니하게 되었을 때

이는 당사자능력이 상실된 경우를 말하는데, 법인이 합병된 경우에는 합병시에 법인이 소멸되고 당사자능력도 상실된다. 회사합병이 있는 경우 피합병회사의 권리·의무는 사법상의 관

1) 대법원 1992. 4. 24. 선고 91도1438 판결.

계나 공법상의 관계를 불문하고 모두 합병으로 인하여 존속하는 회사에 승계되는 것이 원칙이지만, 그 성질상 이전을 허용하지 않는 것은 승계의 대상에서 제외된다. 양벌규정에 의한 법인의 처벌은 어디까지나 형벌의 일종으로서 행정적 제재처분이나 민사상 불법행위책임과는 성격을 달리하는 점, 제328조가 '피고인인 법인이 존속하지 아니하게 되었을 때'를 공소기각 결정의 사유로 규정하고 있는 것은 형사책임이 승계되지 않음을 전제로 한 것이라고 볼 수 있는 점 등에 비추어 보면, 합병으로 인하여 소멸한 법인이 그 종업원 등의 위법행위에 대해 양벌규정에 따라 부담하던 형사책임은 그 성질상 이전을 허용하지 않는 것으로서 합병으로 인하여 존속하는 법인에 승계되지 아니한다.[1]

(3) 관할의 경합(제12조, 제13조)에 의하여 재판할 수 없는 때

이는 동일사건이 수개의 법원에 계속된 경우에 한정된다. 즉 동일사건이 사물관할을 달리하는 수개의 법원에 계속된 경우에는 법원 합의부가 심판하고(제12조), 동일사건이 사물관할을 같이하는 수개의 법원에 계속된 경우에는 먼저 공소를 받은 법원이 심판하는데(제13조), 이 경우 계속된 사건을 심판하지 못하게 된 단독판사 또는 후소법원이 공소기각의 결정을 한다. 반면에 동일사건이 동일법원에 계속된 경우에는 제327조 제3호의 공소기각의 판결사유에 해당한다.

(4) 공소장에 기재된 사실이 진실하다고 하더라도 범죄가 될 만한 사실이 포함되지 아니하는 때

이는 공소장의 기재사실 자체에 대한 판단으로 그 사실 자체가 죄가 되지 아니함이 명백한 경우를 말한다.[2] 즉 공소장 기재사실 자체가 일견하여 법률상 범죄를 구성하지 아니함이 명백하여 공소장의 변경 등 절차에 의하더라도 그 공소가 유지될 여지가 없는 형식적 소송요건의 흠결이라고 볼 수 있는 경우를 뜻한다.[3] 예를 들면 부정수표단속법 위반사건에서 수표가 그 제시기일에 제시되지 아니한 사실이 공소사실 자체에 의하여 명백한 경우[4]가 이에 해당한다. 반면에 공소사실이 범죄를 구성하는지 여부에 대하여 의문이 있는 경우에는 실체에 대한 심리를 거쳐 유죄 또는 무죄의 실체판결을 선고하여야 한다.[5]

3. 공소기각 사유의 경합

① 하나의 사건에 대하여 결정에 의할 공소기각 사유와 판결에 의할 공소기각 사유가 경합하는 경우에는 중한 하자에 따라 공소기각의 결정을 하여야 한다. 왜냐하면 공소기각 결정의 사유가 더 명백하고 중대한 소송요건의 흠결이고, 결정은 판결에 비하여 구두변론을 거치지 않

---

1) 대법원 2007. 8. 23. 선고 2005도4471 판결.

2) 대법원 2014. 6. 26. 선고 2013도16368 판결; 대법원 2014. 5. 16. 선고 2013도929 판결; 대법원 2014. 5. 16. 선고 2012도12867 판결; 대법원 2011. 6. 30. 선고 2011도1651 판결; 대법원 1990. 4. 10. 선고 90도174 판결.

3) 대법원 1977. 9. 28. 선고 77도2603 판결.

4) 대법원 1973. 12. 11. 선고 73도2173 판결.

5) 대법원 1970. 5. 26.자 70모28 결정.

고 내리는 간명한 재판이기 때문이다. ② 결정에 의할 공소기각의 사유가 수개 있는 경우에는 먼저 발생한 사유 또는 그 하자가 중대한 사유로 공소를 기각하여야 한다. ③ 하나의 사건에 대하여 공소기각 사유와 관할위반 또는 면소사유와 경합하는 경우에는 중한 하자 및 형식적 하자를 먼저 판단하여야 하므로 공소기각의 재판을 하여야 한다. ④ 하나의 사건에 대하여 공소기각의 사유와 무죄의 사유가 경합하는 경우에는 무죄판결이 아니라 공소기각의 재판을 하여야 한다.

Ⅶ. 종국재판의 부수적 효과

1. 구속영장의 효력

무죄·면소·형의 면제·형의 선고유예·형의 집행유예·공소기각 또는 벌금이나 과료를 과하는 판결이 선고된 때에는 구속영장은 효력을 잃는다(제331조). 이러한 경우 판결의 선고와 동시에 구속영장은 효력을 상실하므로, 검사는 그 판결의 확정을 기다리지 않고 즉시 석방을 지휘하여야 한다.

2. 압수물의 효력

압수한 서류 또는 물품에 대하여 몰수의 선고가 없는 때에는 압수를 해제한 것으로 간주한다(제332조). 압수한 장물로서 피해자에게 환부할 이유가 명백한 것은 판결로써 피해자에게 환부하는 선고를 하여야 한다(제333조 제1항). 이 경우에 장물을 처분하였을 때에는 판결로써 그 대가로 취득한 것을 피해자에게 교부하는 선고를 하여야 한다(제333조 제2항). 가환부한 장물에 대하여 별단의 선고가 없는 때에는 환부의 선고가 있는 것으로 간주한다(제333조 제3항). 이러한 경우에 이해관계인이 민사소송절차에 의하여 그 권리를 주장함에 영향을 미치지 아니한다(제333조 제4항). 환부도 판결의 형태로 이루어지므로 이에 대한 불복방법은 종국판결에 대한 상소의 형태로 이루어진다.

3. 가납의 재판

법원은 벌금·과료 또는 추징의 선고를 하는 경우에 판결의 확정 후에는 집행할 수 없거나 집행하기 곤란할 염려가 있다고 인정한 때에는 직권 또는 검사의 청구에 의하여 피고인에게 벌금·과료 또는 추징에 상당한 금액의 가납을 명할 수 있다. 이러한 가납의 재판은 형의 선고와 동시에 판결로써 선고하여야 하며, 즉시로 집행할 수 있다(제334조).[1] 가납의 재판은 상소에 의

1) 대법원 2014. 2. 13. 선고 2013도15456 판결(가납의 재판이 확정된 때에는 가납한 금액의 한도에서 형의 집행이 된 것으로 간주되는 것이고 또한 가납판결은 벌금, 과료 또는 추징 그 자체의 확정 전의 집행을 명하는 것이 아니고 벌금, 과료 또는 추징에 상당한 금액의 납부를 명하는 것이므로 헌법상 재산권에 관한 규정 또는 죄형법정주의에 관한 규정 등에 위배된다고 볼 수 없다); 대법원 1977. 9. 28. 선고 77도2288 판결.

하여 정지되지 아니한다. 약식명령에 대하여도 가납명령을 할 수 있고(제448조), 벌금 또는 과료를 선고하는 즉결심판도 가납명령을 할 수 있다(즉결심판절차법 제17조 제3항). 그리고 부정수표단속법에 의하여 벌금을 선고하는 경우에는 반드시 가납을 명하여야 한다(부정수표단속법 제6조).

Ⅷ. 종국재판의 특수한 변경

1. 집행유예의 취소

(1) 사 유

집행유예의 선고를 받은 후에 그 선고를 받은 죄가 금고 이상의 형을 선고한 판결이 확정된 때로부터 그 집행을 종료하거나 면제된 후 3년까지의 기간에 범한 죄라는 것이 발각된 때에는 집행유예의 선고를 취소하고(형법 제64조 제1항), 보호관찰이나 사회봉사 또는 수강을 명한 집행유예를 받은 자가 준수사항이나 명령을 위반하고 그 정도가 무거운 때에는 집행유예의 선고를 취소할 수 있다(형법 제64조 제2항). 이러한 집행유예의 취소는 집행유예의 선고를 받은 자가 유예기간 중 고의로 범한 죄로 금고 이상의 실형을 선고받아 그 판결이 확정된 경우에 당연히 집행유예 선고의 효력이 상실되는 집행유예의 실효(형법 제63조)와 구별된다.[1)]

'집행유예의 선고를 받은 후에 발각된 때'란 집행유예 선고의 판결이 확정된 후에 비로소 위와 같은 사유가 발각된 경우를 말하고[2)], '금고 이상의 형을 선고받는다'는 것은 실형의 선고뿐만 아니라 집행유예의 선고도 포함된다.[3)] 하지만 집행유예의 선고를 받은 후 그 선고의 실효 또는 취소됨이 없이 유예기간을 경과한 때에는 형법 제65조가 정하는 바에 따라 형의 선고는 효력을 잃는 것이고, 그와 같이 유예기간이 경과함으로써 형의 선고가 효력을 잃은 후에는 형법 제62조 단행의 사유가 발각되었다고 하더라도 그와 같은 이유로 집행유예를 취소할 수 없고 그대로 유예기간 경과의 효과가 발생한다.[4)]

(2) 절 차

형의 집행유예를 취소할 경우에는 검사는 피고인의 현재지 또는 최후의 거주지를 관할하는 법원에 청구하여야 한다(제335조 제1항). 형의 집행유예취소 청구는 취소의 사유를 구체적으로 기재한 서면으로 하여야 한다(규칙 제149조). 형의 집행유예취소 청구를 한 때에는 취소의 사유가 있다는 것을 인정할 수 있는 자료를 제출하여야 한다(규칙 제149조의2). 형법 제64조 제2항의 규정에 의한 집행유예취소 청구를 한 때에는 검사는 청구와 동시에 청구서의 부본을 법원에 제출하

---

1) 대법원 1997. 4. 1.자 96모109 결정(형법 제63조의 규정에 의하면 집행유예의 실효사유에 해당하면 그 집행유예는 당연히 실효되어야 할 것이지, 집행유예의 취소제도와 같이 집행유예 결격사유인 전과의 발각시기에 따라 그 실효 여부가 달라지는 것은 아니라고 할 것이다).

2) 대법원 2001. 6. 27.자 2001모135 결정.

3) 대법원 1983. 2. 5.자 83모1 결정.

4) 대법원 1999. 1. 12.자 98모151 결정.

여야 하며(규칙 제149조의3 제1항), 법원은 이러한 부본을 받은 때에는 지체 없이 집행유예의 선고를 받은 자에게 송달하여야 한다(규칙 제149조의3 제2항).

집행유예의 취소청구를 받은 법원은 피고인 또는 그 대리인의 의견을 물은 후에 결정을 하여야 한다(제335조 제2항). 법원은 이러한 의견을 묻기 위하여 필요하다고 인정할 경우에는 집행유예의 선고를 받은 자 또는 그 대리인의 출석을 명할 수 있다(규칙 제150조). 집행유예의 취소청구에 대한 법원의 결정에 대하여는 즉시항고를 할 수 있다(제335조 제3항).

2. 선고유예된 형의 선고

(1) 사 유

형의 선고유예를 받은 자가 유예기간 중 자격정지 이상의 형에 처한 판결이 확정되거나 자격정지 이상의 형에 처한 전과가 발견된 때에는 유예한 형을 선고하고(형법 제61조 제1항), 보호관찰을 명한 선고유예를 받은 자가 보호관찰기간 중에 준수사항을 위반하고 그 정도가 무거운 때에는 유예한 형을 선고할 수 있다(형법 제61조 제2항). 형의 선고유예를 받은 자가 유예기간 중 자격정지 이상의 형에 처한 판결이 확정되더라도 검사의 청구에 의한 선고유예 실효의 결정에 의하여 비로소 선고유예가 실효되는 것이고, 또한 형의 선고유예의 판결이 확정된 후 2년을 경과한 때에는 형법 제60조가 정하는 바에 따라 면소된 것으로 간주되고, 그와 같이 유예기간이 경과함으로써 면소된 것으로 간주된 후에는 실효시킬 선고유예의 판결이 존재하지 아니하므로 선고유예 실효의 결정(선고유예된 형을 선고하는 결정)을 할 수 없으며, 이는 원결정에 대한 집행정지의 효력이 있는 즉시항고 또는 재항고로 인하여 아직 그 선고유예 실효 결정의 효력이 발생하기 전 상태에서 상소심에서 절차 진행 중에 그 유예기간이 그대로 경과한 경우에도 마찬가지이다.[1)]

(2) 절 차

형의 선고유예를 받은 자에 대하여 유예된 형을 정할 경우에는 검사는 그 범죄사실에 대한 최종판결을 한 법원에 청구하여야 한다(제336조 제1항 본문). 이러한 청구를 받은 법원은 피고인 또는 그 대리인의 의견을 물은 후에 결정을 하여야 한다(제336조 제2항). 형법 제61조의 규정에 의하여 유예한 형을 선고할 때에는 판결이유에 범죄될 사실, 증거의 요지와 법령의 적용, 법률상 범죄의 성립을 조각하는 이유 또는 형의 가중·감면의 이유되는 사실의 진술이 있은 때에는 이에 대한 판단을 명시하여야 하고, 선고유예를 해제하는 이유를 명시하여야 한다(제336조 제1항 단서, 제323조). 선고유예한 형을 선고한 결정에 대하여는 즉시항고를 할 수 있다(제335조 제4항 및 제3항).

---

1) 대법원 2007. 6. 28.자 2007모348 결정.

3. 판결선고 후 재양형

판결선고 후 누범인 것이 발각된 때에는 그 선고한 형을 통산하여 다시 형을 정할 수 있다. 다만 선고한 형의 집행을 종료하거나 그 집행이 면제된 후에는 예외로 한다(형법 제36조). 경합범에 의한 판결의 선고를 받은 자가 경합범 중의 어떤 죄에 대하여 사면 또는 형의 집행이 면제된 때에는 다른 죄에 대하여 다시 형을 정한다(형법 제39조 제3항). 여기서 '다시 형을 정한다'는 것은 그 죄에 대한 심판을 다시 한다는 것이 아니라 형의 집행부분만을 다시 정한다는 의미이다.

이와 같은 사유로 형을 다시 정할 경우에는 검사는 그 범죄사실에 대한 최종판결을 한 법원에 청구하여야 한다(제336조 제1항 본문). 이러한 청구를 받은 법원은 피고인 또는 그 대리인의 의견을 물은 후에 결정을 하여야 한다(제336조 제2항). 이러한 결정에 대하여는 즉시항고를 할 수 없지만(제336조 제2항 참조), 보통항고는 가능하다.

4. 형의 소멸의 재판

형법 제81조(형의 실효; 징역 또는 금고의 집행을 종료하거나 집행이 면제된 자가 피해자의 손해를 보상하고 자격정지 이상의 형을 받음이 없이 7년을 경과한 때에는 본인 또는 검사의 신청에 의하여 그 재판의 실효를 선고할 수 있다) 또는 형법 제82조(복권; 자격정지의 선고를 받은 자가 피해자의 손해를 보상하고 자격정지 이상의 형을 받음이 없이 정지기간의 2분의 1을 경과한 때에는 본인 또는 검사의 신청에 의하여 자격의 회복을 선고할 수 있다)의 규정에 의한 선고는 그 사건에 관한 기록이 보관되어 있는 검찰청에 대응하는 법원에 대하여 신청하여야 하는데, 이러한 신청에 의한 선고는 결정으로 한다. 이러한 신청을 각하하는 결정에 대하여는 즉시항고를 할 수 있다(제337조). 이와 같이 형의 실효는 재판에 의하는 경우와 일정한 기간의 경과로 인하여 자동적으로 발생하는 경우[1]가 있다.

제 3 절 재판의 확정 및 효력

Ⅰ. 재판의 확정

1. 의 의

'재판의 확정'이란 재판이 통상의 불복방법에 의해서는 더 이상 다툴 수 없게 되어 그 내용

1) 「형의 실효 등에 관한 법률」 제7조(형의 실효) ① 수형인이 자격정지 이상의 형을 받지 아니하고 형의 집행을 종료하거나 그 집행이 면제된 날부터 다음 각 호의 구분에 따른 기간이 경과한 때에 그 형은 실효된다. 다만 구류와 과료는 형의 집행을 종료하거나 그 집행이 면제된 때에 그 형이 실효된다. 1. 3년을 초과하는 징역·금고: 10년 2. 3년 이하의 징역·금고: 5년 3. 벌금: 2년 ② 하나의 판결로 여러 개의 형이 선고된 경우에는 각 형의 집행을 종료하거나 그 집행이 면제된 날부터 가장 무거운 형에 대한 제1항의 기간이 경과한 때에 형의 선고는 효력을 잃는다. 다만 제1항 제1호 및 제2호를 적용할 때 징역과 금고는 같은 종류의 형으로 보고 각 형기를 합산한다.

을 변경할 수 없게 된 상태를 말하며, 이러한 상태에 있는 재판을 '확정재판'(確定裁判)이라고 한다. 재판이 외부적으로 성립하면 종국재판에 있어서는 구속력이 발생하고 상소를 허용하는 재판에 있어서는 상소권이 발생하는 등 일정한 효력이 발생하지만, 이것은 정책적 고려에 의해서 재판의 성립시에 인정되는 재판의 부수적 효과에 불과하며, 재판 본래의 효력은 확정에 의하여 발생한다고 보아야 한다. 그러므로 재판확정의 시기는 재판의 본래적 효력발생시기라고도 할 수 있다. 그리고 재판의 확정에 따른 재판의 본래의 효력을 '재판의 확정력'이라고 한다.

2. 재판확정의 시기

(1) 불복신청이 허용되지 않는 재판

불복신청이 허용되지 않는 재판은 선고 또는 고지와 동시에 확정된다. 예를 들면 대법원의 판결과 결정이 이에 해당한다.[1] 또한 법원의 관할 또는 판결 전의 소송절차에 관한 결정에 대하여는 특히 즉시항고를 할 수 있는 경우 외에는 항고를 하지 못하므로(제403조 제1항), 이러한 결정은 원칙적으로 그 고지와 동시에 확정된다. 예를 들면 공소장변경의 허가결정은 즉시항고가 허용되지 않으므로 결정의 고지와 동시에 확정된다. 항고법원 또는 고등법원의 결정이나 법관의 명령에 대해서는 재판의 영향을 미친 헌법·법률·명령 또는 규칙의 위반이 있음을 이유로 하는 때에 한하여 대법원에 즉시항고를 할 수 있으므로(제415조), 이러한 결정이나 명령도 예외사유가 인정되지 않는 한 고지와 동시에 확정된다.

(2) 불복신청이 허용되는 재판

1) 불복신청기간의 도과

불복신청이 허용되는 재판이라고 할지라도 불복신청기간이 도과하면 재판은 확정된다. 항소(제358조)·상고(제374조)·약식명령(제453조)·즉결심판(즉결심판절차법 제14조 및 제16조)의 경우에는 재판의 선고 또는 고지를 받은 날로부터 7일을, 즉시항고(제405조)를 할 수 있는 결정 또는 명령의 경우에도 7일을 경과하면 재판이 확정된다. 한편 보통항고가 허용되는 결정은 그 항고기간의 제한이 없으므로 결정을 취소하여도 실익이 없게 된 때에 확정된다(제404조). 예를 들면 보석허가결정이 있은 후 무죄판결이 선고되었다면 어차피 구속영장의 효력이 상실되었으므로 보석허가에 대하여 다툴 실익이 없게 된다.

2) 불복신청의 포기 또는 취하

불복신청기간이 경과하기 전이라고 할지라도 재판에 대한 불복신청의 포기 또는 취하가

---

1) 대법원 1987. 1. 30.자 87모4 결정; 대법원 1979. 9. 11. 선고 79초54 판결(제400조에 규정된 판결 정정제도는 상고법원의 판결은 최종적 재판으로 선고와 동시에 확정되고 법률이 허용하는 재심, 비상상고의 방법에 의하지 아니하고는 일반적으로 불복을 할 수 없기 때문에 상고법원의 판결내용에 오류가 있는 것을 발견한 때에 직권 또는 신청에 의하여 정정할 수 있도록 한 취지이므로 상고법원의 판결이 아닌 항소심인 원심판결의 정정을 구함은 부적법하여 각하를 면할 수 없다); 대법원 1967. 6. 2.자 67초22 결정(대법원 판결은 그 선고로서 확정되는 것이고 제400조의 판결정정신청기간을 기다릴 필요가 없다).

있으면 재판은 확정된다. 이 때 검사와 피고인 쌍방이 모두 포기 또는 취하하여야 확정됨은 물론이다. 이와 같이 검사와 피고인은 상소를 포기 또는 취하할 수 있지만, 사형·무기징역·무기금고를 선고받은 경우에는 피고인 등은 상소를 포기할 수 없다(제349조). 한편 (피고인이 아닌) 검사는 약식명령에 대하여 정식재판을 포기할 수도 있고(제453조 제1항 단서 참조), 피고인 또는 검사는 정식재판을 청구한 경우에도 제1심판결 선고 전까지 취하할 수 있다(제454조). 즉결심판에 대한 정식재판의 청구에 있어서도 상소 또는 약식명령에 대한 정식재판의 포기 및 취하 규정이 준용된다(즉결심판절차법 제14조 제4항).

3) 불복신청을 기각하는 재판의 확정

불복신청을 하였더라도 그 신청을 기각하는 재판이 확정되면 원래의 재판이 확정된다. 즉 재판은 대법원의 상고기각의 재판에 의해서도 확정된다. 대법원은 상고의 제기가 법률상의 방식에 위반하거나 상고권 소멸 후인 것이 명백한 경우(제381조, 제376조)나 적법한 기간 내에 상고이유서가 제출되지 아니하거나(제380조 제1항) 상고장 및 상고이유서에 기재된 상고이유의 주장이 상고이유에 해당하지 아니함이 명백한 때(제380조 제2항)에는 결정으로 상고를 기각하여야 하고, 상고이유가 없다고 인정한 때(제399조, 제364조 제4항)에는 판결로서 상고를 기각하여야 한다. 이와 같이 상고기각의 재판에 의하여 원심재판이 확정된다.

Ⅱ. 확정재판의 효력

1. 형식적 확정력

(1) 의 의

재판이 통상의 불복방법에 의하여 다툴 수 없는 상태에 이른 것을 '형식적 확정'이라고 하며, 이러한 효력을 '형식적 확정력'이라고 한다. 즉 형식적 확정력은 재판의 대상이 된 사안을 더 이상 동일한 절차에서 다툴 수 없다는 것을 의미한다. 형식적 확정력은 소송관계인의 입장에서는 재판에 대한 불복이 불가능함을 의미하고(불가쟁적(不可爭的) 효력), 재판을 행한 법원의 입장에서는 법원 자신이 재판내용을 철회하거나 변경할 수 없음을 의미한다(불가변적(不可變的) 효력).

(2) 효 과

재판의 형식적 확정력은 소송의 절차면에 있어서의 효력으로서 ① 종국재판의 경우에는 사건에 대한 소송계속이 종결되며, 그 시점이 재판집행의 기준이 된다(제459조). ② 유죄판결의 경우에는 재판의 형식적 확정은 누범가중[1]·집행유예 및 선고유예의 실효·벌금과 과료의 납입·가석방의 실효·형의 시효·집행유예 및 선고유예 기간의 기산·집행유예 결격기간의 기산·

1) 이에 대하여 누범가중은 형의 확정이 아니라 집행종료 또는 면제를 요건으로 하므로 형식적 확정이 기준이 되지 않는다는 견해로는 신양균/조기영, 1018면.

형기의 기산 등에 관한 기준시점이 된다. ③ 재판의 형식적 확정은 재판의 내용적 확정의 전제가 된다. ④ 자격정지 이상의 형을 선고한 재판이 확정되면 지방검찰청 및 그 지청과 보통검찰부에서는 지체 없이 그 형을 선고받은 수형인을 수형인명부에 기재하여야 한다(형실효법 제3조).

2. 내용적 확정력

(1) 의 의

재판이 형식적으로 확정되면 이에 따라 그 의사표시적 내용도 확정되는데, 이를 '내용적 확정'이라고 하며, 재판의 내용적 확정에 의하여 그 판단내용인 법률관계를 확정하는 효력을 '내용적 확정력' 또는 '실질적 확정력'이라고 한다. 여기서 확정되는 법률관계는 절차적인 것과 실체적인 것을 모두 포함하므로 형식재판에 대해서도 내용적 확정력이 인정된다. 유죄·무죄의 실체재판이 확정되면 이에 따라 형벌권의 존부와 범위가 확정되고, 면소판결이 확정되면 공소권이 소멸하였음이 확정되는데, 이를 '실체적 확정력'이라고 한다.

(2) 효 과

1) 대내적 효과

재판이 확정되면 집행할 수 있는 내용의 재판에 있어서는 집행력이 발생하며(제459조), 특히 형을 선고하는 판결의 경우에는 형벌집행력이 발생한다. 이러한 효력은 당해 사건 자체에 대한 효력이라는 의미에서 내용적 확정력의 대내적 효과 또는 내부적 효력이라고 한다.

집행력은 원칙적으로 형을 선고하는 실체재판의 경우에 발생하지만, 형식재판 중에서도 보석허가결정·구속취소결정·구속영장의 발부 등은 석방이나 구속이라는 집행을 요하므로 집행력이 발생한다.[1] 한편 실체재판 가운데 무죄판결은 집행력을 발생시키지 않으므로 집행력이 없으며, 벌금가납판결은 확정되지 않아도 즉시 집행할 수 있다(제334조). 결정과 명령은 항고에 의하여 재판의 집행을 정지하는 효력이 없기 때문에 즉시항고를 할 수 있는 경우를 제외하고는 고지에 의하여 바로 집행력이 발생하게 된다.

2) 대외적 효과

재판이 확정되면 그 판단내용이 다른 법원을 구속하여 후소(後訴)법원도 동일한 사정 하에서는 동일한 사항에 대하여 다른 판단을 할 수 없는 효과가 발생한다. 이러한 효과를 재판의 '내용적 구속력'이라고 하며, 이는 더 이상 재판의 내용을 변경할 수 없다는 후소법원에 대한 재판의 불가변적 효력을 의미한다. 재판의 내용적 구속력은 다음과 같이 실체재판뿐만 아니라 형식재판에서도 인정된다.

---

1) 이에 대하여 보석허가결정·구속취소결정 등의 집행력은 확정에 의하여 발생하는 것이 아니라 결정 즉시 발생하기 때문에 이를 내용적 확정력의 대내적 효과라고 보는 것보다는 결정 자체의 특성에서 인정되는 효과라고 보는 것이 적절하다는 견해로는 김정한, 760면.

① 형식재판의 내용적 구속력

재판의 내용적 구속력은 법원이 현실적으로 심판한 사실의 범위 내에서만 발생하며, 이것은 실체재판과 형식재판에 있어서 차이가 없다. 따라서 실체재판뿐만 아니라 형식재판에 있어서도 재판이 확정된 후 동일한 사정 하에서 동일한 사항에 대해 재차 심리·판결하는 것은 허용되지 아니한다. 그러므로 공소기각의 재판 또는 관할위반의 판결이 확정되었는데도 다시 공소가 제기된 경우에는 이전과 동일한 형식재판을 선고해야 하는 것이 아니라 공소제기의 절차 위반을 이유로 공소기각의 판결을 선고해야 한다.

하지만 형식재판이 확정된 경우에도 판단의 기초가 되었던 사정에 변경이 있는 경우에는 더 이상 동일한 사건으로 볼 수 없기 때문에 내용적 구속력이 인정되지 않고 재기소가 허용된다. 여기서 구속력이 인정되지 않는 사정의 변경은 새로운 증거의 발견을 의미하는 것이 아니라 사실 자체의 변화를 의미한다. 예를 들면 피고인의 사망을 이유로 한 공소기각의 결정이 확정된 후 피고인의 생존사실이 밝혀진 경우에는 새로운 증거가 발견된 것에 불과할 뿐 사실관계의 변화가 전혀 없는 것이므로 내용적 구속력이 인정되어 재기소가 허용되지 아니한다.[1] 하지만 친고죄의 경우 확정재판 이후에 유효한 고소가 제기되었다면 다시 공소를 제기하는 것이 가능하다. 또한 친고죄에 대하여 적법한 고소가 없다는 등의 이유로 공소기각의 판결이 확정되었어도 이후에 비친고죄의 범죄사실이 밝혀지면 다시 공소를 제기하는 것이 가능하다. 그리고 관할위반의 판결이 확정된 경우 동일한 법원에 동일한 사건을 다시 공소제기하는 것은 허용되지 않지만 관할권이 있는 다른 법원에 공소제기하는 것은 허용된다.

② 실체재판의 내용적 구속력

실체재판에 있어서의 내용적 구속력은 보통 일사부재리의 효력의 일부로서 다루어지므로 별도로 논의할 실익은 크지 않다. 유죄판결 또는 무죄판결이 확정되면 그 대외적 효력으로서 동일사건에 대하여 후소법원의 심리가 금지되는 효과가 발생한다. 이 경우 유·무죄 판결에 부여되는 재소금지의 효력이 바로 일사부재리의 원칙인 것이다. 다만 형식재판 가운데 면소판결에 대하여도 일사부재리의 원칙이 적용됨에 주의해야 한다.

한편 확정재판의 내용 자체를 변경하는 문제가 아니라 실체재판에 의하여 확정된 사실이 별개의 사실을 대상으로 하는 다른 절차의 선결문제로 되어 있는 경우에도 법적 안정성의 보호를 위해서 구속력을 인정할 필요성이 있다는 점에서 볼 때, 실체재판에 있어서도 내용적 구속력을 독자적으로 논할 실익은 있다. 예를 들면 피고인이 방화죄에 대하여 무죄판결을 선고받아 확정된 후 보험금을 청구하였는데 검사가 피고인을 사기죄로 다시 기소한 경우에 후소법원은

1) 왜냐하면 피고인의 생존사실은 소송조건인데, 이러한 소송조건의 존부는 법원의 직권조사사항이므로 이를 사전에 충분히 해명하지 못한 책임을 피고인의 책임으로 돌리는 것은 해석에 의하여 피고인에게 불이익한 재심을 허용하는 것과 동일한 결과를 초래하기 때문이다. 반면에 재판의 오류가 피고인의 적극적인 기망행위에 의하여 다른 내용으로 이루어진 것이 분명하다면 법적 안정성이나 피고인의 보호보다는 실체적 진실발견이 더욱 중요하므로 내용적 구속력을 부정하여 다시 공소제기를 허용하는 것이 타당하다는 견해로는 이창현, 1123면.

방화행위를 인정하여 사기죄에 대하여 유죄판결을 선고할 수는 없다고 해야 한다. 이에 대하여 판례는 「과실로 교통사고를 발생시켰다는 각 교통사고처리 특례법 위반죄와 고의로 교통사고를 낸 뒤 보험금을 청구하여 수령하거나 미수에 그쳤다는 사기 및 사기미수죄는 서로 행위태양이 전혀 다르고, 각 교통사고처리 특례법 위반죄의 피해자는 교통사고로 사망한 사람들이나, 사기 및 사기미수죄의 피해자는 피고인과 운전자보험계약을 체결한 보험회사들로서 역시 서로 다르며, 따라서 위 각 교통사고처리 특례법 위반죄와 사기 및 사기미수죄는 그 기본적 사실관계가 동일하다고 볼 수 없으므로, 위 전자에 관한 확정판결의 기판력이 후자에 미친다고 할 수 없다.」라고 판시[1]하여, 선결문제인 사실에 대한 확정판결의 내용적 구속력을 인정하지 않고 있다.

Ⅲ. 일사부재리의 효력

1. 일사부재리의 효력의 의의

(1) 개 념

'일사부재리(一事不再理)의 효력'이란 유죄·무죄의 실체판결이나 면소판결이 확정되면 동일한 범죄사실에 대하여 다시 심리·판단하는 것이 허용되지 않는다는 효력을 말한다. 헌법 제13조 제1항에서는 '모든 국민은 … 동일한 범죄에 대하여 거듭 처벌받지 아니한다.'라고 규정하여, 이 원칙을 천명하고 있다. 일사부재리의 효력은 확정판결에 의하여 실체법률관계에는 아무런 영향을 미치지 않고, 후소법원(後訴法院)의 실체심리만을 차단하는 소송법적 효력이 인정된다. 이는 법적 안정성과 재판의 신뢰보호라는 요청에 따라 확정판결에 의하여 동일사건에 대한 후소법원의 심판을 금지하는 것이다. 그러므로 유죄의 확정판결은 실체법적으로 무죄를 유죄로 변경하는 힘을 가지는 것은 아니지만, 소송법적으로 다시 심판할 수 없기 때문에 재심이나 비상상고 등의 비상구제절차가 아닌 한 확정판결을 파기할 수는 없다.

(2) 기판력과의 관계

기판력과 일사부재리의 효력의 관계와 관련하여, ① 기판력은 확정재판이 후소에 대하여 가지는 불가변력이므로 실체재판뿐만 아니라 형식재판에서도 발생하는 소송법적 개념임에 반하여 일사부재리의 효력은 영미법에서 유래하는 이중위험금지의 원칙[2]을 우리나라 헌법 제13조가 피고인 보호의 법리로 수용한 정책적 개념으로서 재판의 효력과는 무관하다는 점, 일사부재리의 효력은 피고인의 보호를 위하여 정책적으로 인정된 절차적 효력으로서의 의미를 가지

1) 대법원 2010. 2. 25. 선고 2009도14263 판결.

2) 이중위험의 금지는 기소되어 증거조사에만 들어가면 판결에 이르지 않더라도 피고인에게 이미 형사처벌의 위험이 존재하였으므로 동일 사안에 대하여 다시는 형사절차를 밟을 수 없다는 영미법상의 원칙이다. 이에 따라 제1심에서 무죄판결이 선고되더라도 검사는 원칙적으로 항소할 수 없다. 반면에 대륙법계에서 말하는 기판력은 판결의 확정에 의하여 비로소 발생하기 때문에 제1심에서의 무죄판결에 대하여 검사는 당연히 항소할 수 있다는 점에서 차이가 있다. 이와 관련하여 한미행정협정 제22조에 의하면, 검사는 피고인에 대한 무죄판결이나 기타의 형식재판에 대하여 원칙적으로 상소를 할 수 없고, 예외적으로 법령위반을 이유로 하는 상소만 허용되고 있다.

는 반면에 기판력은 확정된 재판의 내용을 후소에 의하여 변경할 수 없다는 종국재판의 후소에 대한 내용적 구속력을 의미한다는 점[1], 일사부재리의 효력은 본래 실체재판에 인정되는 효력으로서 심판대상과 동일성이 인정되는 사실 전부에 미친다는 점 등을 논거로 하여, 양자를 별개의 개념으로 파악하는 구별설[2], ② 실체판결이 가지는 내용적 확정력의 대외적 효과, 즉 유·무죄의 실체판결이나 면소판결이 확정된 경우에 동일한 사건에 대하여 다시 심리·판단하는 것이 허용되지 않는다는 효력을 기판력 또는 일사부재리의 효력이라고 한다는 점, 일사부재리가 형사사법기관으로 하여금 1회의 절차만을 허용하고자 한다고 볼 때, 기판력은 그 원칙을 구체적으로 실현하는 절차법적 개념이라는 점 등을 논거로 하여, 양자를 동일한 개념으로 파악하는 일치설[3], ③ 실체재판이든 형식재판이든 재판이 확정되면 발생하는 내용적 확정력의 대외적 효과가 기판력이고, 실체재판이 가지는 내용적 확정력의 대외적 효과가 일사부재리의 효력이라는 점을 논거로 하여, 기판력의 개념에 일사부재리의 효력이 포함된다고 파악하는 포함설[4], ④ 좁은 의미의 기판력은 실체재판의 대외적 효력으로 이해하는 일치설에 해당하고, 넓은 의미의 기판력은 형식재판의 대외적 효과도 포함하는 포함설에 해당한다고 이해하는 이분설[5] 등의 대립이 있다.

생각건대 일치설이 타당하다. 기판력과 일사부재리의 효력은 재판의 확정으로부터 도출되는 개념이다. 법원은 동일한 사건에 대하여 다시 심리와 재판을 해서는 안 되는데, 이를 법원의 관점에서 보면 기판력이라고 하는 것이고, 피고인의 관점에서 보면 일사부재리의 효력이라고 하는 것이다. 다만 일사부재리의 효력은 헌법상의 기본권으로 격상되어 표현되어 있는 반면에, 기판력은 형사소송법상의 기본원칙에 머물러 있는 차이점이 있는 것에 불과하다. 이하에서는 일사부재리의 효력을 중심으로 설명하기로 한다.

2. 일사부재리의 효력이 미치는 범위

(1) 일사부재리의 효력이 인정되는 재판

1) 실체재판

유죄·무죄의 판결이 확정되면 일사부재리의 효력이 발생한다. 따라서 유죄·무죄의 판결이 확정된 후에 동일한 범죄사실에 대하여 재차 공소가 제기된 경우에는 법원은 면소의 판결을 선

---

1) 이에 의하면 확정판결은 실체법률관계를 변경하지는 않지만 소송법적으로 후소법원을 구속하기 때문에 재심이나 비상상고 등의 특별한 절차를 거치지 않으면 그 확정판결을 파기할 수 없고, 오판에 의한 형의 집행에 대해서도 정당방위가 허용되지 아니한다.

2) 이은모/김정환, 767면; 임동규, 728면.

3) 김인회, 619면; 김정한, 763면; 배종대/홍영기, 419면; 송광섭, 787면; 신동운, 685면; 이창현, 1124면; 정웅석/최창호, 750면.

4) 신양균/조기영, 1024면; 이주원, 548면; 이재상/조균석, 731면; 정승환, 707면.

5) 손동권/신이철, 716면.

고하여야 한다(제326조 제1호).[1] 약식명령이나 즉결심판[2]이 확정된 경우에도 유죄의 확정판결과 동일한 효력이 발생하므로 일사부재리의 효력이 인정된다(제457조, 즉결심판절차법 제16조).

그러나 일사부재리의 효력은 형사재판에 인정되는 것이므로, 행정법상 징계처분, 행정벌인 과태료 부과처분[3], 형집행법상 징벌[4], 세무공무원 등의 통고처분[5], 검사의 무혐의처분[6], 동일 범죄에 대한 외국의 형사확정판결[7], 전자감시제도 등 보안처분[8], 소년법상 보호처분, 가정폭력 특례법상 보호처분 또는 불처분결정[9] 등에는 미치지 아니한다. 다만 형벌적 성격을 갖는「경범죄 처벌법」제8조 제3항·도로교통법 제164조 제3항·관세법 제317조 등에 따른 통고처분을 받

1) 대법원 2007. 7. 26. 선고 2007도4404 판결(음주상태로 자동차를 운전하다가 제1차 사고를 내고 그대로 진행하여 제2차 사고를 낸 후 음주측정을 받아 도로교통법 위반(음주운전)죄로 약식명령을 받아 확정되었는데, 그 후 제1차 사고 당시의 음주운전으로 기소된 사안에서 위 공소사실이 약식명령이 확정된 도로교통법 위반(음주운전)죄와 포괄일죄 관계에 있다); 대법원 2007. 3. 15. 선고 2006도9463 판결(하나의 사건에 관하여 한 번 선서한 증인이 같은 기일에 여러 가지 사실에 관하여 기억에 반하는 허위의 진술을 한 경우 이는 하나의 범죄의사에 의하여 계속하여 허위의 진술을 한 것으로서 포괄하여 1개의 위증죄를 구성하는 것이고 각 진술마다 수 개의 위증죄를 구성하는 것이 아니므로, 당해 위증 사건의 허위진술 일자와 같은 날짜에 한 다른 허위진술로 인한 위증 사건에 관한 판결이 확정되었다면, 비록 종전 사건 공소사실에서 허위의 진술이라고 한 부분과 당해 사건 공소사실에서 허위의 진술이라고 한 부분이 다르다 하여도 종전 사건의 확정판결의 기판력은 당해 사건에도 미치게 되어 당해 위증죄 부분은 면소되어야 한다); 대법원 2005. 3. 25. 선고 2005도60 판결(나아가 행정소송사건의 같은 심급에서 변론기일을 달리하여 수차 증인으로 나가 수 개의 허위진술을 하더라도 최초 한 선서의 효력을 유지시킨 후 증언한 이상 1개의 위증죄를 구성함에 그친다); 대법원 1998. 4. 14. 선고 97도3340 판결.

2) 대법원 1996. 6. 28. 선고 95도1270 판결; 대법원 1990. 3. 9. 선고 89도1046 판결.

3) 대법원 1996. 4. 12. 선고 96도158 판결.

4) 대법원 2000. 10. 27. 선고 2000도3874 판결.

5) 대법원 2016. 9. 28. 선고 2014도10748 판결(지방국세청장 또는 세무서장이 조세범칙행위에 대하여 고발을 한 후에 동일한 조세범칙행위에 대하여 통고처분을 하였더라도, 이는 법적 권한 소멸 후에 이루어진 것으로서 특별한 사정이 없는 한 효력이 없고, 조세범칙행위자가 이러한 통고처분을 이행하였더라도 조세범 처벌절차법 제15조 제3항에서 정한 일사부재리의 원칙이 적용될 수 없다).

6) 대법원 1988. 3. 22. 선고 87도2678 판결.

7) 대법원 1983. 10. 25. 선고 83도2366 판결. 이에 대하여 일정한 요건을 갖춘 경우 외국판결에도 일사부재리의 효력을 인정하는 입법적 해결이 필요하다는 견해로는 임동규, 737면.

8) 대법원 2012. 3. 22. 선고 2011도15057 판결; 대법원 2009. 5. 14. 선고 2009도1947 판결(특정 성폭력범죄자에 대한 위치추적 전자장치 부착에 관한 법률에 의한 전자감시제도는 … 범죄행위를 한 자에 대한 응보를 주된 목적으로 그 책임을 추궁하는 사후적 처분인 형벌과 구별되어 그 본질을 달리하는 것으로서 형벌에 관한 일사부재리의 원칙이 그대로 적용되지 않으며, 성폭력범죄사건의 양형은 부착명령의 요건에 대한 심사, 그에 따른 부착명령의 선고 여부와 선고되는 부착기간의 결정 등과는 구별된다).

9) 대법원 2017. 8. 23. 선고 2016도5423 판결(가정폭력특례법에 따른 보호처분의 결정이 확정된 경우에는 원칙적으로 가정폭력행위자에 대하여 같은 범죄사실로 다시 공소를 제기할 수 없으나(제16조), 보호처분은 확정판결이 아니고 따라서 기판력도 없으므로, 보호처분을 받은 사건과 동일한 사건에 대하여 다시 공소제기가 되었다면 이에 대해서는 면소판결을 할 것이 아니라 공소제기의 절차가 법률의 규정에 위배하여 무효인 때에 해당한 경우이므로 제327조 제2호의 규정에 의하여 공소기각의 판결을 하여야 한다. 그러나 가정폭력특례법은 불처분결정에 대해서는 그와 같은 규정을 두고 있지 않을 뿐만 아니라 가정폭력범죄에 대한 공소시효에 관하여 불처분결정이 확정된 때에는 그때부터 공소시효가 진행된다고 규정하고 있으므로(제17조 제1항), 가정폭력특례법은 불처분결정이 확정된 가정폭력범죄라 하더라도 일정한 경우 공소가 제기될 수 있음을 전제로 하고 있다. 따라서 가정폭력특례법 제37조 제1항 제1호의 불처분결정이 확정된 후에 검사가 동일한 범죄사실에 대하여 다시 공소를 제기하였다거나 법원이 이에 대하여 유죄판결을 선고하였더라도 이중처벌금지의 원칙 내지 일사부재리의 원칙에 위배된다고 할 수 없다).

고 범칙금을 납부한 경우 범칙금납부는 확정판결에 준하는 효력을 가지므로 일사부재리의 효력이 인정된다. 특히 「경범죄 처벌법」상 범칙금제도는 형사절차에 앞서 경찰서장 등의 통고처분에 의하여 일정액의 범칙금을 납부하는 기회를 부여하여 그 범칙금을 납부하는 사람에 대하여는 기소를 하지 아니하고 사건을 간이하고 신속·적정하게 처리하기 위하여 처벌의 특례를 마련해 둔 것이라는 점에서 법원의 재판절차와는 제도적 취지 및 법적 성질에서 차이가 있다. 또한 범칙자가 통고처분을 불이행하였더라도 기소독점주의의 예외를 인정하여 경찰서장의 즉결심판청구를 통하여 공판절차를 거치지 않고 사건을 간이하고 신속·적정하게 처리함으로써 소송경제를 도모하되, 즉결심판 선고 전까지 범칙금을 납부하면 형사처벌을 면할 수 있도록 함으로써 범칙자에 대하여 형사소추와 형사처벌을 면제받을 기회를 부여하고 있다.[1]

이와 같이 「경범죄 처벌법」은 범칙금 납부통고서를 받은 사람이 그 범칙금을 납부한 경우 그 범칙행위에 대하여 다시 벌을 받지 아니한다고 규정하고 있는데, 이는 범칙금의 납부에 확정판결의 효력에 준하는 효력을 인정하는 취지로 해석할 것이다.[2] 그런데 원래 확정판결의 기판력이 확정판결에서 인정된 범죄사실과 공소사실의 동일성이 인정되는 범죄사실에까지 미치게 된다고 보는 것은 공소가 제기된 범죄사실과 공소사실의 동일성이 인정되는 범죄사실은 언제든지 공소장 변경을 통하여 법원의 심판대상이 되어 유죄판결을 받을 위험성이 있다는 점을 근거로 한 것인데, 범칙자가 범칙행위로 인하여 범칙금의 통고를 받아 이를 납부하는 경우에는 법원의 공판절차가 개시된 바가 없으므로 범칙금의 납부로 인하여 다시 벌 받지 아니하게 되는 범죄의 범위를 확정판결에서 기판력이 미치는 범위와 동일하게 보아야 할 근거가 없게 된다. 이러한 사정에다가 「경범죄 처벌법」이 범칙행위로 인하여 범칙금의 통고를 받고 범칙금을 납부한 경우에는 그 범칙행위에 대하여 다시 벌 받지 아니한다고 명시적으로 규정하여 이중의 처벌이 금지되는 대상을 당해 범칙행위로 한정하고 있는 점을 감안할 때, 범칙자가 경찰서장으로부터 범칙행위를 하였음을 이유로 범칙금의 통고를 받고 납부기간 내에 그 범칙금을 납부한 경우 범칙금의 납부에 확정판결에 준하는 효력이 인정됨에 따라 다시 벌받지 않게 되는 행위사실은 통고처분 시까지의 행위 중 범칙금 통고의 이유에 기재된 당해 범칙행위 자체 및 그 범칙행위와 동일성이 인정되는 범칙행위에 한정된다.[3] 그러므로 범칙행위와 같은 시간과 장소에서 이루어진 행위라고 하더라도 범칙행위의 동일성을 벗어난 형사범죄행위에 대하여는 범칙금의 납부에 따라 확정판결에 준하는 일사부재리의 효력이 미치지 아니한다.[4]

1) 대법원 2020. 4. 29. 선고 2017도13409 판결(경찰서장이 범칙행위에 대하여 통고처분을 한 이상, 범칙자의 위와 같은 절차적 지위를 보장하기 위하여 통고처분에서 정한 범칙금 납부기간까지는 원칙적으로 경찰서장은 즉결심판을 청구할 수 없고, 검사도 동일한 범칙행위에 대하여 공소를 제기할 수 없다고 보아야 한다. … 경찰서장이 공소사실과 동일한 범칙행위에 대하여 통고처분을 하였고, 검사가 범칙금 납부기간이 지나기 전에 공소를 제기하였다면, 이러한 공소제기는 그 절차가 법률의 규정에 위반되어 무효인 때에 해당하여 공소를 기각하여야 한다).

2) 대법원 2003. 7. 11. 선고 2002도2642 판결.

3) 대법원 2012. 6. 14. 선고 2011도6858 판결.

4) 대법원 2012. 9. 13. 선고 2011도6911 판결; 대법원 2012. 9. 13. 선고 2012도6612 판결; 대법원 2011. 4. 28. 선고

2) 면소판결

면소판결은 형식재판임에도 불구하고 일사부재리의 효력이 인정된다. 그 이유는 면소사유가 단순한 절차상의 하자를 대상으로 하는 것이 아니라 중대한 내용상의 하자인 실체형성의 이익의 결여를 이유로 한다는 점과 결여된 실체형성의 이익은 사후에 보완될 수 없다는 점 등을 고려한 것이다.

3) 당연무효의 판결

'당연무효의 판결'이란 판결로서 성립은 하였으나 명백하고 중대한 하자가 있기 때문에 상소 기타 불복신청을 하지 않아도 그 본래의 효력이 발생하지 않는 재판을 말한다. 예를 들면 사망한 자 또는 형사미성년자를 대상으로 형을 선고한 경우, 법률상 인정되지 않는 종류의 형벌을 선고한 경우, 합의부사건에서 내부적 성립 없이 재판장이 독단적으로 판결을 선고한 경우, 항소를 취하한 후에 선고된 항소심판결 등이 이에 해당한다.

이 경우에도 재판은 성립하여 존재하는 것이므로 그 확정에 의하여 소송절차를 종결시키는 효력으로서의 형식적 확정력은 인정할 수 있다. 왜냐하면 판결의 당연무효와 판결의 불성립은 이론적으로 엄격히 구별되기 때문이다. 그러나 재판이 당연무효이므로 그 의사표시적 내용의 확정에 따른 효과인 집행력은 발생하지 아니한다. 다만 당연무효의 판결도 일단 확정되면 그 판결은 법원이 심리를 종결하여 최종적인 판단을 한 결과이고, 이에 따라 피고인은 당해 절차에서 처벌의 위험에 처해 있었다는 점에서 일사부재리의 효력을 인정할 필요성이 있다.

4) 재심판결

상습범으로 유죄의 확정판결을 받은 사람이 그 후 동일한 습벽에 의해 범행을 저질렀는데 유죄의 확정판결에 대하여 재심이 개시된 경우(이하 앞서 저질러 재심의 대상이 된 범죄를 '선행범죄'라고 하고, 뒤에 저지른 범죄를 '후행범죄'라고 한다), 동일한 습벽에 의한 후행범죄가 재심대상판결에 대한 재심판결 선고 전에 저지른 범죄라 하더라도 재심판결의 기판력이 후행범죄에 미치지 않는다. 그리고 선행범죄에 대한 재심판결을 선고하기 전에 후행범죄에 대한 판결이 먼저 선고되어 확정된 경우에도 후행범죄에 대한 판결의 기판력은 선행범죄에 미치지 아니한다.[1)]

(2) 주관적 범위

일사부재리의 효력은 공소가 제기된 피고인에 대해서만 인정된다.[2)] 공소제기는 검사가 공소장에 피고인으로 지정한 사람 외의 다른 사람에게는 효력이 미치지 않는데(제248조 제1항), 이러한 공소제기의 주관적 효력범위는 기판력의 주관적 범위와 일치하게 된다. 공동피고인의 경우에도 1인의 피고인에 대한 판결의 효력은 다른 피고인에게 미치지 아니한다. 공범자의 한 사람에 대한 무죄판결이 다른 공범자에 대한 증거자료로 사용될 수는 있지만, 이것은 일사부재리

2009도12249 판결; 대법원 2002. 11. 22. 선고 2001도849 판결.

1) 대법원 2019. 7. 25. 선고 2016도756 판결; 대법원 2019. 6. 20. 선고 2018도20698 전원합의체 판결.

2) 대법원 2006. 9. 22. 선고 2004도4751 판결.

의 효력과는 관계가 없다. 따라서 공범자들 사이에 서로 모순되는 판결이 선고될 수도 있다.

(3) 객관적 범위

1) 동일한 범죄

① 공소사실의 동일성

일사부재리의 효력은 법원의 현실적 심판의 대상인 공소장에 기재된 공소사실뿐만 아니라 그 사실과 동일성이 인정되는 잠재적 심판의 대상에 대하여도 미친다. 피고인의 이익보호를 위하여 이중위험을 금지하고자 하는 일사부재리의 효력의 취지에 비추어 볼 때 공소사실과 동일성이 인정되는 범위에서는 피고인이 유죄로 처벌될 위험성이 있었기 때문에 일사부재리의 효력이 공소사실과 동일성이 인정되는 사실에까지 미치는 것이다.[1] 공소제기의 효력도 공소사실과 동일성이 인정되는 범죄사실 전체에 미치므로(제248조 제2항), 이러한 공소제기의 객관적 효력범위는 기판력의 객관적 범위와 일치하게 된다. 여기서 공소사실이나 범죄사실의 동일성 여부는 사실의 동일성이 갖는 법률적 기능을 염두에 두고, 피고인의 행위와 그 사회적인 사실관계를 기본으로 하면서 규범적 요소 또한 아울러 고려하여 판단하여야 한다.[2]

② 포괄일죄

일사부재리의 효력은 하나의 범죄사실의 전부에 대하여 미치므로 포괄일죄나 과형상 일죄의 일부분에 대한 확정판결의 효력은 현실적 심판의 대상이 되지 않았던 부분에까지 미친다. 따라서 포괄일죄인 상습범의 일부에 대한 확정판결의 효력은 상습범을 구성하는 범죄사실의 전부에 대하여 미친다.[3] 이와 같이 상습범으로서 포괄적 일죄의 관계에 있는 여러 개의 범죄사

---

1) 대법원 2017. 12. 5. 선고 2013도7649 판결(피고인이 유사석유제품을 판매하였다는 석유 및 석유대체연료 사업법(이하 '석유사업법'이라 한다) 위반죄의 범죄사실로 유죄판결을 받아 확정되었는데, 위와 같은 유사석유제품을 제조하여 판매하고도 그에 관한 부가가치세 등을 신고·납부하지 않고 조세를 포탈하였다는 공소사실로 기소된 사안에서, 석유사업법 위반죄의 범죄사실은 내용이나 행위 태양, 피해법익이 조세 포탈행위로 인한 공소사실과 서로 달라 석유사업법 위반죄의 범죄사실과 공소사실 사이에 기본적 사실관계의 동일성을 인정할 수 없다는 이유로, 같은 취지에서 확정판결의 기판력이 공소사실에 미치지 않는다).

2) 대법원 2019. 4. 25. 선고 2018도20928 판결; 대법원 2013. 9. 12. 선고 2012도14097 판결; 대법원 2011. 6. 30. 선고 2011도1651 판결; 대법원 2011. 4. 28. 선고 2009도12249 판결; 대법원 2010. 10. 14. 선고 2009도4785 판결; 대법원 2010. 6. 24. 선고 2009도9593 판결; 대법원 2010. 2. 25. 선고 2009도14263 판결; 대법원 1998. 8. 21. 선고 97도2487 판결; 대법원 1994. 3. 22. 선고 93도2080 전원합의체 판결.

3) 대법원 2020. 5. 14. 선고 2020도1355 판결; 대법원 2013. 6. 13. 선고 2013도4737 판결(포괄일죄의 관계에 있는 범행의 일부에 대하여 약식명령이 확정된 경우에는 그 약식명령의 발령 시를 기준으로 하여 그 이전에 이루어진 범행에 대하여는 면소의 판결을 선고하여야 한다); 대법원 2011. 5. 26. 선고 2010도6090 판결(약식명령이 확정된 (구) 성매매처벌법 위반죄의 범죄사실인 '영업으로 성매매에 제공되는 건물을 제공하는 행위'와 위 약식명령 발령 전에 행해진 (구) 성매매처벌법 위반의 공소사실인 '영업으로 성매매를 알선한 행위'가 서로 독립된 가벌적 행위로서 별개의 죄를 구성한다고 보아야 하는데도, 포괄일죄의 관계에 있다고 보아 위 공소사실에 대하여 면소를 선고한 원심판결에는 법리오해의 위법이 있다); 대법원 2011. 3. 10. 선고 2010도9317 판결; 대법원 2009. 2. 26. 선고 2009도39 판결(17개월 동안 피해자의 휴대전화로 거의 동일한 내용을 담은 문자메세지를 발송함으로써 이루어진 정보통신망 이용촉진 및 정보보호 등에 관한 법률 위반행위 중 일부 기간의 행위에 대하여 먼저 유죄판결이 확정된 후, 판결확정 전의 다른 일부 기간의 행위가 다시 기소된 사안에서, 이는 판결이 확정된 위 법률 위반죄와 포괄일죄의 관계이므로 확정판결의 기판력이 미친다); 대법원 2001. 12. 24. 선고 2001도205 판결; 대법원 1994. 8. 9. 선고 94도1318 판결.

실 중 일부에 대하여 유죄판결이 확정된 경우에, 그 확정판결의 사실심판결 선고 전에 저질러진 나머지 범죄에 대하여 새로이 공소가 제기되었다면 그 새로운 공소는 확정판결이 있었던 사건과 동일한 사건에 대하여 다시 제기된 데 해당하므로 이에 대하여는 판결로써 면소의 선고를 하여야 한다(제326조 제1호).[1] 그런데 이러한 법리가 적용되기 위해서는 전의 확정판결에서 당해 피고인이 상습범으로 기소되어 처단되었을 것을 필요로 하는 것이고, 상습범이 아닌 기본 구성요건의 범죄로 처단되는 데 그친 경우에는, 가사 뒤에 기소된 사건에서 비로소 드러났거나 새로 저질러진 범죄사실과 전의 판결에서 이미 유죄로 확정된 범죄사실 등을 종합하여 비로소 그 모두가 상습범으로서의 포괄적 일죄에 해당하는 것으로 판단된다고 하더라도 뒤늦게 앞서의 확정판결을 상습범의 일부에 대한 확정판결이라고 보아 그 기판력이 그 사실심판결 선고 전의 나머지 범죄에 미친다고 보아서는 안 된다.[2] 왜냐하면 확정판결의 기판력이 미치는 범위를 정함에 있어서는 그 확정된 사건 자체의 범죄사실과 죄명을 기준으로 하는 것이 원칙이고, 비상습범으로 기소되어 판결이 확정된 이상 그 사건의 범죄사실이 상습범 아닌 기본 구성요건의 범죄라는 점에 관하여 이미 기판력이 발생하였다고 보아야 하며, 뒤에 드러난 다른 범죄사실이나 그 밖의 사정을 부가하여 전의 확정판결의 효력을 검사의 기소내용보다 무거운 범죄유형인 상습범에 대한 판결로 바꾸어 적용하는 것은 형사소송의 기본원칙에 비추어 적절하지 않기 때문이다.[3]

③ 상상적 경합범

상상적 경합범의 경우에는 그 중 1죄에 대한 확정판결의 기판력은 다른 죄에 대하여도 미친다.[4]

④ 실체적 경합범

범의의 단일성과 계속성이 인정되지 아니하거나 범행방법이 동일하지 않은 경우 각 범행

1) 대법원 2014. 1. 16. 선고 2013도11649 판결(무면허 의료행위는 그 범죄구성요건의 성질상 동종 범죄의 반복이 예상되는 것이므로, 영리를 목적으로 무면허 의료행위를 업으로 하는 자가 반복적으로 여러 개의 무면허 의료행위를 단일하고 계속된 범의 아래 일정 기간 계속하여 행하고 그 피해법익도 동일한 경우라면 이들 각 행위를 통틀어 포괄일죄로 처단하여야 할 것이다. 한편 포괄일죄의 관계에 있는 범행 일부에 대하여 판결이 확정된 경우에는 사실심 판결선고 시를 기준으로 그 이전에 이루어진 범행에 대하여는 확정판결의 기판력이 미쳐 면소의 판결을 선고하여야 하고, 이러한 법리는 영리를 목적으로 무면허 의료행위를 업으로 하는 자의 여러 개의 무면허 의료행위가 포괄일죄의 관계에 있고 그 중 일부에 대하여 판결이 확정된 경우에도 마찬가지로 적용되며, 그 확정판결의 범죄사실이 「보건범죄 단속에 관한 특별조치법」 제5조 제1호 위반죄가 아니라 단순히 의료법 제27조 제1호 위반죄로 공소제기된 경우라고 하여 달리 볼 것이 아니다).

2) 대법원 2015. 6. 23. 선고 2015도2207 판결; 대법원 2010. 5. 27. 선고 2010도2182 판결; 대법원 2010. 2. 11. 선고 2009도12627 판결; 대법원 2009. 11. 12. 선고 2009도9550 판결; 대법원 2004. 9. 16. 선고 2001도3206 전원합의체 판결.

3) 이에 대하여 포괄일죄를 구성하는 각 범죄행위는 단일한 범죄로서 공소장변경에 의하여 추가되어 동시심판을 받을 가능성이 존재했을 뿐만 아니라 포괄일죄를 구성하는 범죄사실에 대하여 검사가 포괄일죄로 공소제기한 것인가 단순일죄로 공소제기한 것인가에 따라 일사부재리의 효력범위를 달리 해석하는 것은 피고인에게 불리한 결과를 초래할 수 있기 때문에 그 효력범위를 제한하는 것은 타당하지 않다는 견해로는 이은모/김정환, 771면.

4) 대법원 2017. 9. 21. 선고 2017도11687 판결.

은 실체적 경합범에 해당하고, 수개의 행위태양이 서로 필연적 결과이거나 필연적 수단의 관계로 볼 수 없는 경우에도 포괄일죄에 해당하지 않아 그 일부에 대하여 확정판결이 있어도 기판력이 미치지 아니한다.

2) 보충소송의 문제

'보충소송'(補充訴訟)이란 확정판결이 행위의 불법적인 내용을 모두 판단하지 않은 경우에 그 부분에 대하여 새로운 공소제기를 하는 것을 말한다. 예를 들면 피고인이 상해죄의 유죄판결로 확정된 후 피해자가 사망한 경우에 전소(前訴)에서 판단하지 못했던 치사의 결과에 대하여 재판받도록 하기 위하여 상해치사죄로 다시 공소를 제기하는 것이 이에 해당한다. 그러나 판결의 내용이 불법적인 내용을 모두 판단하지 않은 경우라고 할지라도 동일성이 있는 사실 전부에 대하여 일사부재리의 효력이 미치므로 확정판결 후에 변경된 부분에 대하여 별도로 공소를 제기하는 것은 허용되지 아니한다.[1] 또한 보충소송을 인정하는 것은 실질적으로 판결확정 후에 나타난 새로운 증거에 의한 재심을 피고인에게 불이익하게 인정하는 결과가 되어 제420조의 취지에도 어긋난다.

(4) 시간적 범위

일사부재리의 효력은 사실심리가 가능한 최후의 시점까지 미친다. 이와 관련하여 특히 상습범·영업범·계속범 등과 같이 포괄일죄에 있어서 범죄가 확정판결의 전후에 걸쳐서 행하여진 경우에 어느 시점까지 일사부재리의 효력이 미치는지 여부가 문제될 수 있는데, 판결의 확정력은 사실심리의 가능성이 있는 최후의 시점인 판결선고시를 기준으로 하여 그때까지 행하여진 행위에 대하여만 미치는 것으로서, 제1심판결에 대하여 항소가 된 경우 판결의 확정력이 미치는 시간적 한계는 현행 형사항소심의 구조와 운용실태에 비추어 볼 때 항소심판결 선고시라고 보는 것이 타당하다.[2] 사실심리가 가능한 최후의 시점을 변론종결시로 볼 수도 있지만, 변론종결 이후에도 변론의 재개가 가능하므로 사실심 판결선고시를 기준으로 기판력의 범위를 결정하는 것이 타당하다. 그러므로 포괄일죄의 경우에 그 일부에 대하여 확정판결이 있으면 사실심 판결선고 이후에 범하여진 나머지 부분은 별개의 범죄를 구성하게 되어 별도로 기소하는

---

1) 대법원 1990. 3. 9. 선고 89도1046 판결(피고인이 1988. 5. 20. 17:00경부터 23:00경까지 사이에 술에 취해 주점에 찾아와 그 곳 손님들에게 시비를 걸고 주먹과 드라이버로 술탁상을 마구치는 등 약 6시간 동안 악의적으로 영업을 방해하였다는 사실로 경범죄처벌법 제1조 제12호, 제24호, 제25호 위반으로 구류 5일의 즉결심판을 받아 확정된 사실이 있다면, 피고인이 같은 날 17:00경 같은 주점에서 그곳의 손님인 피해자와 시비를 벌여 주먹으로 피해자의 얼굴을 1회 때리고 멱살잡이를 하다가 위 주점 밖으로 끌고 나와 주먹과 발로 피해자의 복부 등을 수회 때리고 차서 피해자로 하여금 그 이튿날 19:30경 외상성 장간막 파열로 인한 출혈로 사망케 한 것이라는 이 사건 공소사실과 위 즉결심판의 범죄사실은 동일한 피고인이 동일한 일시, 장소에서 술에 취하여 그 주점의 손님들에게 시비를 걸고 행패를 부린 사실에 관한 것으로 양사실의 기초가 되는 사회적 사실관계가 기본적인 점에서 동일하기 때문에 이 사건 공소사실에 대하여는 이미 확정판결이 있었다고 보아야 한다).

2) 대법원 2014. 1. 16. 선고 2013도11649 판결; 대법원 2009. 10. 15. 선고 2009도7412 판결; 대법원 1993. 5. 25. 선고 93도836 판결; 대법원 1982. 12. 28. 선고 82도2500 판결; 대법원 1979. 2. 27. 선고 79도82 판결; 대법원 1973. 8. 31. 선고 73도1366 판결.

것이 가능하지만, 상고심의 파기환송에 의하여 포괄일죄가 항소심에 다시 계속되었다면 그 판결의 일사부재리의 효력범위는 사실심리가 가능한 환송 후 항소심의 판결선고시가 그 기준이 된다.

한편 포괄일죄의 관계에 있는 범행 일부에 관하여 약식명령이 확정된 경우, 약식명령의 발령시를 기준으로 하여 그 전의 범행에 대하여는 면소의 판결을 하여야 하고[1], 그 이후의 범행에 대하여서만 1개의 범죄로 처벌하여야 한다.[2] 포괄일죄인 영업범에서 공소제기의 효력은 공소가 제기된 범죄사실과 동일성이 인정되는 범죄사실의 전체에 미치므로, 공판심리 중에 그 범죄사실과 동일성이 인정되는 범죄사실이 추가로 발견된 경우에 검사는 공소장변경절차에 의하여 그 범죄사실을 공소사실로 추가할 수 있다. 그러나 공소제기된 범죄사실과 추가로 발견된 범죄사실 사이에 그 범죄사실들과 동일성이 인정되는 또 다른 범죄사실에 대한 유죄의 확정판결이 있는 때에는, 추가로 발견된 확정판결 후의 범죄사실은 공소제기된 범죄사실과 분단되어 동일성이 없는 별개의 범죄가 된다. 따라서 이때 검사는 공소장변경절차에 의하여 확정판결 후의 범죄사실을 공소사실로 추가할 수는 없고, 별개의 독립된 범죄로 공소를 제기하여야 한다.[3] 또한 상습범에서 공소제기의 효력이 미치는 시적 범위는 사실심리의 가능성이 있는 최후의 시점인 판결선고시를 기준으로 삼아야 하므로 공소제기의 효력과 판결의 기판력은 그때까지 행하여진 행위에 대하여만 미치기 때문에, 상습범에서 상습성에 의해 저질러진 일련의 범행 사이에 그것들과 동일한 습벽에 의해 저질러진 또 다른 범죄사실에 대한 유죄의 확정판결이 있는 경우에는 전후 범죄사실의 일죄성은 그 확정판결에 의해 분단되어 동일성이 없는 별개의 범죄가 된다. 왜냐하면 이는 유죄의 확정판결 전후의 범죄사실은 그것이 동일한 습벽에 의해 저질러졌다고 하더라도 동시에 심리할 가능성이 없기 때문이다.[4]

3. 일사부재리의 효력의 배제

일사부재리의 효력은 법적 안정성과 피고인의 지위를 보호하기 위하여 인정되는 것이다. 그러나 확정판결에 중대하고 명백한 오류가 있는 경우에도 이러한 요청만을 강조한다면 실질적 정의의 실현이라는 형사재판의 본질적 요구에 반하는 결과를 초래하게 된다. 이에 따라 형사소송법은 예외적으로 일사부재리의 효력을 배제하기 위한 제도로서 상소권의 회복(제345조 이하)·재심(제420조 이하)·비상상고(제441조 이하) 등을 인정하고 있다.

---

1) 대법원 2013. 6. 13. 선고 2013도4737 판결. 이에 대하여 약식명령의 고지시로 파악하는 견해로는 신양균/조기영, 1035면.

2) 대법원 1994. 8. 9. 선고 94도1318 판결; 대법원 1984. 7. 24. 선고 84도1129 판결.

3) 대법원 2017. 4. 28. 선고 2016도21342 판결; 대법원 2000. 6. 9. 선고 2000도1411 판결.

4) 대법원 2019. 6. 20. 선고 2018도20698 전원합의체 판결.

제 5 편

상소 · 비상구제절차 · 특별재판절차 · 재판의 집행

제 1 장 상　　소

제 1 절 상소 일반

I. 상소의 의의 및 종류

1. 상소의 의의

(1) 상소의 개념

'상소'(上訴)란 미확정의 재판에 대하여 상급법원에 구제를 구하는 불복신청제도를 말한다. 미확정의 재판을 대상으로 한다는 점에서 확정판결에 대한 비상구제절차인 재심 또는 비상상고와 구별된다. 또한 상소는 상급법원에 대한 구제신청이라는 점에서 당해 법원에 대한 이의신청이나 약식명령 또는 즉결심판에 대한 정식재판의 청구는 이에 해당하지 아니한다.

(2) 상소의 기능

상소제도는 오판을 시정하고 법령의 해석·적용의 통일을 목적으로 마련한 제도이다. 원심법원의 판단에 있어서 사실인정·법령적용·양형부당·심리미진·법리오해 등의 잘못이 있는 경우에는 이를 시정하여 당해 재판에 의하여 불이익을 받게 될 당사자의 이익을 보호할 필요가 있다. 이와 같이 원판결에 의하여 불이익을 받는 당사자를 구제하는데 상소의 주된 목적이 있다.

한편 유사한 사안에 대하여 하급심의 법령해석이 서로 다른 경우에 상급법원의 해석에 의하여 이를 통일하는 것이 법적 안정성을 위하여 필요한데, 이 또한 상소의 기능이라고 할 수 있다. 이 가운데 당사자의 구제는 항소심에서, 법령해석의 통일은 상고심에서 각각 그 기능을 발휘하고 있다. 다만 상소제도가 형사절차의 지연책으로 악용될 소지도 있으며, 남상소는 소송경제에도 반하기 때문에 형사소송법은 상소를 불허하거나(제403조 제1항) 상소이유를 제한하기도 한다(제383조).

2. 상소의 종류

상소에는 항소·상고·항고 등 총 3가지의 종류가 있다. 항소와 상고는 판결에 대한 불복인 반면에, 항고는 결정에 대한 불복이라는 점에서 차이가 있다. 항소는 제1심판결에 대한 불복이며, 상고는 제2심판결에 대한 불복이다. 상소심은 심리하는 내용에 따라 사실심과 법률심으로 나누어지는데, 항소심은 사실심으로서 사실관계와 법률관계를 모두 심리하는 반면에 상고심은 법률심으로서 법률관계만을 심리하는 것을 원칙으로 한다. 항소는 지방법원 본원 합의부 또는 고등법원이 관할하고, 상고는 대법원이 관할한다. 다만 제1심판결에 대해서도 예외적으로 상고가 가능한데(제372조), 이를 '비약적 상고'라고 한다. 항고는 보통항고와 즉시항고로 구별되며, 항고의 대상·기간·효력 등에 있어서 차이가 있다. 항고법원 또는 고등법원의 결정에 대하여는 일정한 경우에 예외적으로 대법원에의 즉시항고가 인정되는데, 이를 '재항고'(再抗告)라고 한다. 재항고는 모두 즉시항고이다(제415조).

한편 준항고는 재판장·수명법관·수탁판사 등 법관의 재판 또는 수사기관의 구금 등에 관한 처분에 대한 불복신청이다(제416조, 제417조). 이러한 준항고는 법원의 결정에 대한 불복도 아니고, 상급법원에 대한 불복도 아니라는 점에서 본질적으로 상소에 해당하지는 아니한다. 다만 그 성질이 항고와 유사하므로 형사소송법은 준항고를 항고편에 규정하고, 항고와 관련된 다수의 규정을 준용하고 있다.

〈제1심 형사공판사건 종국처리 현황〉

단위: 명(%)

구분 / 연도	계	사형	징역 또는 금고						벌금	무죄[1]	소년부 송치	기타
			무기	유 기								
				소계	정기	집유	부정기					
2007	241,486 (100)	–	96 (0.0)	119,433 (49.5)	41,547 (17.2)	77,215 (32.0)	671 (0.3)		82,452 (34.1)	3,166 (1.3)	1,597 (0.7)	34,742 (14.4)
2008	268,572 (100)	3 (0.0)	58 (0.0)	127,494 (47.5)	44,269 (16.5)	82,694 (30.8)	531 (0.2)		96,110 (35.8)	4,025 (1.5)	1,717 (0.6)	39,165 (14.6)
2009	281,495 (100)	6 (0.0)	70 (0.0)	130,892 (46.5)	47,274 (16.8)	83,031 (29.5)	587 (0.2)		102,294 (36.3)	6,240 (2.2)	1,971 (0.7)	40,022 (14.2)
2010	277,400 (100)	5 (0.0)	70 (0.0)	114,458 (41.3)	43,436 (15.7)	70,519 (25.4)	503 (0.2)		96,071 (34.6)	21,229 (7.7)	1,584 (0.6)	43,983 (15.9)
2011	278,169 (100)	1 (0.0)	32 (0.0)	104,543 (37.6)	42,154 (15.2)	61,891 (22.2)	498 (0.2)		85,449 (30.7)	47,947 (17.2)	1,958 (0.7)	38,239 (13.7)
2012	287,883 (100)	2 (0.0)	23 (0.0)	102,490 (35.6)	41,062 (14.3)	60,624 (21.1)	804 (0.3)		85,264 (29.6)	60,399 (21.0)	2,516 (0.9)	37,189 (12.9)
2013	260,155 (100)	2 (0.0)	27 (0.0)	108,492 (41.7)	44,207 (17.0)	63,609 (24.5)	676 (0.3)		81,442 (31.3)	32,543 (12.5)	2,689 (1.0)	34,960 (13.4)
2014	267,077 (100)	1 (0.0)	31 (0.0)	125,417 (47.0)	51,108 (19.1)	73,675 (27.6)	634 (0.2)		85,606 (32.1)	21,014 (7.9)	2,082 (0.8)	32,926 (12.3)
2015	257,984 (100)	–	42 (0.0)	133,111 (51.6)	55,459 (21.5)	77,022 (29.9)	630 (0.2)		78,283 (30.3)	11,858 (4.6)	1,981 (0.8)	32,709 (12.7)
2016	268,510 (100)	–	43 (0.0)	148,151 (55.2)	60,779 (22.6)	86,675 (32.3)	697 (0.3)		79,488 (29.6)	9,080 (3.4)	1,721 (0.6)	30,027 (11.2)
2017	266,433 (100)	–	32 (0.0)	149,963 (56.3)	59,745 (22.4)	89,716 (33.7)	502 (0.2)		78,591 (29.5)	8,916 (3.3)	1,428 (0.5)	27,503 (10.3)
2018	237,699 (100	5 (0.0)	29 (0.0)	139,876 (58.8)	59,180 (24.9)	80,070 (33.7)	626 (0.3)		65,985 (27.8)	7,496 (3.2)	1,419 (0.6)	23,000 (9.7)

출처: 법무연수원, 「2019 범죄백서」, 2020.

1) 2010년 이후 무죄율의 상승이유는 2009년 7월 구 도로법 제86조(양벌규정) 위헌결정에 따른 재심무죄사건이 포

Ⅱ. 상소권

1. 상소권자

(1) 고유의 상소권자

'상소권'(上訴權)이란 재판에 대하여 상소할 수 있는 소송법상의 권리를 말한다. 상소권은 재판의 선고 또는 고지에 의하여 발생하지만, 불복이 허용되지 않는 재판은 재판의 선고 또는 고지에 의하여 바로 확정되므로 상소권이 발생하지 아니한다. 이러한 상소권은 제도의 성질상 원칙적으로 소송당사자에게만 허용되며, 상소권자가 아닌 자가 상소를 제기하여도 그 효력이 발생하지 아니한다. 형사소송의 당사자는 형사소추권을 행사하는 자(검사)와 형사소추를 당한 자(피고인)이다. 이에 따라 검사 또는 피고인은 상소를 할 수 있다(제338조 제1항). 형사피해자에게 별도로 상소권을 인정하지 아니한 것은 공익의 대표자인 검사로 하여금 객관적으로 공정하게 판결에 대한 상소 여부를 판단하게 하는 것이 상소제도를 마련한 목적을 달성할 수 있는 정당성·합리성을 갖춘 수단이기 때문이다. 따라서 전문지식이 없고 개인감정에 치우칠 수 있는 형사피해자에게 상소권을 인정하지 아니한 것은 헌법에 위반되지 아니한다.

한편 검사 또는 피고인 아닌 자가 결정을 받은 때에는 항고할 수 있다(제339조). 예를 들면 ① 과태료·감치·비용부담의 결정을 받은 증인 또는 감정인(제151조, 제161조, 제177조), ② 소송비용부담의 재판을 받은 피고인 이외의 자(제190조), ③ 보석허가결정에 따라 출석보증서 제출로 석방된 피고인이 정당한 사유 없이 기일에 불출석하는 경우에 과태료 결정을 받은 출석보증인(제100조의2), ④ 과태료의 제재나 보석보증금·담보의 몰취결정을 받은 피고인 이외의 자(제100조, 제102조 제2항, 제103조), ⑤ 비용부담의 결정을 받은 재정신청인(제262조의3) 등이 이에 해당한다.

(2) 그 밖의 상소권자

피고인의 법정대리인은 피고인을 위하여 상소할 수 있다(제340조). 여기서 법정대리인의 상소권의 법적 성격과 관련하여, ① 법정대리인의 존재이유에 비추어 피고인의 상소권이 소멸된 이후에도 법정대리인을 상소할 수 있다는 점, 법정대리인이 있는 피고인이 상소의 포기 또는 취하를 함에는 법정대리인의 동의를 얻어야 한다는 점 등을 논거로 하여, 고유권이라는 견해[1], ② 피고인의 상소권이 소멸된 후에 법정대리인의 상소를 허용하는 것은 불합리하다는 점을 논거로 하여, 독립대리권이라는 견해[2] 등의 대립이 있다. 생각건대 독립대리권으로 파악해야 한

함되어 있기 때문인데, 대검찰청 자료에 의하면 도로법 재심무죄사건, 재정신청사건 제외, 약식명령 포함하여 통계를 산출할 경우 무죄율은 2011년 0.63%, 2012년 0.57%, 2013년 0.52%, 2014년 0.56%, 2015년 0.58%, 2016년 0.59% 등이다.

1) 배종대/홍영기, 426면; 이창현, 1153면; 정승환, 736면; 최호진, 619면.

2) 김인회, 626면; 손동권/신이철, 732면; 신양균/조기영, 1053면; 이은모/김정환, 785면; 이재상/조균석, 749면; 임동규, 747면; 정웅석/최창호, 764면.

다. 그러므로 피고인이 사망하거나 상소의 포기·취하 등으로 피고인의 상소권이 소멸한 후에는 상소를 제기할 수 없다.

한편 피고인의 배우자·직계친족·형제자매 또는 원심의 대리인이나 변호인[1]은 피고인을 위하여 상소할 수 있는데(제341조 제1항), 이러한 상소는 피고인의 법정대리인의 경우와 달리 피고인의 명시한 의사에 반하여 하지 못한다(제341조 제2항). 이러한 상소권의 법적 성격은 독립대리권으로 파악된다.[2] 이들의 상소권은 피고인이 상소권을 행사하지 못하거나 아니하는 경우를 예상한 보완규정에 해당한다.

2. 상소제기기간

(1) 일반론

상소는 상소제기기간 내에 이루어져야 하며, 상소제기기간이 경과하면 상소권이 소멸한다. 항소(제358조), 상고(제374조), 즉시항고(제405조), 준항고 등은 모두 7일이 상소제기기간이다. 반면에 보통항고는 기간의 제한이 없으므로 항고의 이익이 존재하는 한 언제든지 제기할 수 있다(제404조). 다만 증거보전 청구를 기각한 결정에 대하여는 예외적으로 항고기간을 3일로 제한하고 있다(제184조 제4항).

상소의 제기기간은 재판을 선고 또는 고지한 날로부터 진행된다(제343조 제2항). 다만 상소가 허용되지 아니하는 결정은 고지되더라도 상소권이 발생하지 아니한다. 상소제기기간은 기간계산의 일반원칙인 '초일 불산입의 원칙'에 따라 재판을 선고 또는 고지한 다음날부터 기산한다. 상소제기기간의 말일이 공휴일 또는 토요일이면 그 익일에 상소제기기간이 만료된다(제66조 제3항). 재판의 선고 또는 고지한 때로부터 상소권은 발생하므로 재판의 선고 또는 고지한 날에 바로 상소를 제기하는 것도 당연히 가능하다.

상소권자가 상소제기기간 내에 상소권을 포기하거나 일단 상소제기기간 내에 제기한 상소를 사후에 취하하는 경우에도 상소권은 소멸한다. 그러므로 상소를 취하한 자 또는 상소의 포기나 취하에 동의한 자는 그 사건에 대하여 다시 상소를 하지 못한다(제349조, 제354조).

(2) 재소자에 대한 특칙

교도소 또는 구치소에 있는 피고인이 상소의 제기기간 내에 상소장을 교도소장 또는 구치소장 또는 그 직무를 대리하는 자에게 제출한 때에는 상소의 제기기간 내에 상소한 것으로 간주하는데, 이러한 경우에 피고인이 상소장을 작성할 수 없는 때에는 교도소장 또는 구치소장은

1) 이에 대하여 원심의 변호인뿐만 아니라 피고인 보호를 위하여 원심판결 선고 후 상소심에서의 변호를 위하여 선임된 변호인도 원판결에 대하여 상소를 제기할 수 있다는 견해로는 김인회, 626면; 신양균/조기영, 1054면; 이은모/김정환, 785면; 이창현, 1154면; 정승환, 736면.

2) 대법원 1998. 3. 27. 선고 98도253 판결(제341조 제1항에 원심의 변호인은 피고인을 위하여 상소할 수 있다 함은 변호인에게 고유의 상소권을 인정한 것이 아니고 피고인의 상소권을 대리하여 행사하게 한 것에 불과하므로, 변호인은 피고인의 상소권이 소멸된 후에는 상소를 제기할 수 없는 것이고, 상소를 포기한 자는 제354조에 의하여 그 사건에 대하여 다시 상소를 할 수 없다).

소속 공무원으로 하여금 대서하게 하여야 한다(제344조). 이는 재소자를 위하여 법정기간 준수에 있어서의 도달주의 원칙에 대한 예외를 인정하고 있는 것이다. 이후 교도소장 등은 상소장을 제출받은 연월일을 상소장에 명기하여 즉시 원심법원에 송부하여야 한다(규칙 제152조 제1항). 하지만 재소자인 피고인이 상소장을 우편으로 원심법원에 제출한 경우에는 상소장이 원심법원에 도달한 때에 상소제기의 효력이 발생한다.

이와 같은 재소자에 대한 특칙은 ① 상소권회복의 청구 또는 상소의 포기와 그 취하(제355조), ② 항소이유서와 상고이유서의 제출(제361조의3 제1항, 제379조 제1항), ③ 재심의 청구와 그 취하(제430조), ④ 재판해석에 대한 의의신청, 재판집행에 대한 이의신청, 소송비용집행면제의 신청과 그 취하(제490조), ⑤ 즉결심판에 대한 정식재판의 청구 또는 그 포기와 취하(즉결심판절차법 제14조 제4항) 등에 관하여는 명문의 규정으로 준용되고 있고, 판례에 의하면 약식명령에 대한 정식재판청구(제453조)에는 준용되지만[1], 재정신청과 재정신청기각결정에 대한 재항고(제262조 제4항)에는 준용되지 아니한다.[2] 한편 피고인은 공소장 부본을 송달받은 날부터 7일 이내에 국민참여재판을 원하는지 여부에 관한 의사가 기재된 서면을 제출하여야 하는데, 이 경우 피고인이 서면을 우편으로 발송한 때, 교도소 또는 구치소에 있는 피고인이 서면을 교도소장·구치소장 또는 그 직무를 대리하는 자에게 제출한 때에 법원에 제출한 것으로 본다(국민참여재판법 제8조 제2항).

3. 상소권의 회복

(1) 의 의

상소할 수 있는 자는 자기 또는 대리인이 책임질 수 없는 사유로 인하여 상소의 제기기간 내에 상소를 하지 못한 때에는 상소권회복의 청구를 할 수 있다(제345조). 상소권자가 상소제기기간 내에 상소를 제기하지 않으면 그 재판은 확정되는 것이 원칙이지만, 상소권자에게 책임질 수 없는 사유로 상소제기기간이 경과한 경우까지 재판이 그대로 확정된다면 상소권자에게 너무나 불공평하게 되므로 구체적 타당성을 고려하여 상소권회복의 기회를 제공하는 것이다.

(2) 상소권회복의 요건

1) 상소권자

상소권자 또는 대리인이 책임질 수 없는 사유로 인하여 상소제기기간 내에 상소하지 못한 때에 한하여 상소권회복이 인정된다. 상소권자에는 상소대리권자가 포함되므로, 여기서 대리인은 본인의 보조인으로서 본인의 부탁을 받아 상소에 관한 서면을 작성하여 이를 제출하는 등 본인의 상소에 필요한 사실행위를 대행하는 사람을 의미한다.[3] 예를 들면 변호인의 사무원 또

1) 대법원 2006. 10. 13.자 2005모552 결정.

2) 대법원 2015. 7. 16.자 2013모2347 전원합의체 결정; 대법원 1998. 12. 14.자 98모127 결정.

3) 대법원 1991. 5. 6.자 91모32 결정(상소권회복신청의 요건을 규정한 제345조의 대리인이란 피고인을 대신하여

는 피고인의 가족이나 종업원 등이 이에 해당한다.

2) 상소제기기간의 경과

상소권회복은 상소제기기간의 경과로 인하여 상소권이 소멸한 경우에 인정되며, 상소의 포기로 인하여 상소권이 소멸한 경우에는 인정되지 아니한다.[1] 그러므로 상고를 포기한 후 그 포기가 무효라고 주장하는 경우 상고제기기간이 경과하기 전에는 상고포기의 효력을 다투면서 상고를 제기하여 그 상고의 적법 여부에 대한 판단을 받으면 되고, 별도로 상소권회복청구를 할 여지는 없다.[2]

3) 책임질 수 없는 사유

'책임질 수 없는 사유'란 상소제기기간 내에 상소하지 않은 것에 대하여 상소권자 또는 대리인의 고의 또는 과실이 없는 경우를 말한다. 이와 같이 상소권자 또는 대리인에게 귀책사유가 전혀 없는 경우는 물론, 본인 또는 대리인의 귀책사유가 있더라도 그와 상소제기기간의 도과라는 결과 사이에 다른 독립한 원인이 개입된 경우를 배제하지 아니한다. 예를 들면 천재지변과 같은 불가항력의 사유가 이에 해당한다.

판례에 의하면, ① 피고인이 소송 계속 중인 사실을 알면서도 법원에 거주지 변경 신고를 하지 않았으나, 잘못된 공시송달에 터 잡아 피고인의 진술 없이 공판이 진행되고 피고인이 출석하지 않은 기일에 판결이 선고된 경우[3], ② 교도소장이 결정정본을 송달받고 1주일이 지난 뒤에 그 사실을 피고인에게 알렸

상소에 필요한 행위를 할 수 있는 지위에 있는 자를 말하는 것이고 교도소장은 피고인을 대리하여 결정정본을 수령할 수 있을 뿐이고 상소권 행사를 돕거나 대신할 수 있는 자가 아니어서 이에 포함되지 아니하므로, 만일 교도소장이 결정정본을 송달받고 1주일이 지난 뒤에 그 사실을 피고인에게 알렸기 때문에 피고인이나 그 배우자가 소정 기간 내에 항고장을 제출할 수 없게 된 것이라면 상소권회복신청은 인용할 여지가 있을 것이다); 대법원 1986. 9. 17.자 86모46 결정.

1) 대법원 2002. 7. 23.자 2002모180 결정.

2) 대법원 2004. 1. 13.자 2003모451 결정(상소권을 포기한 후 상소제기기간이 도과하기 전에 상소포기의 효력을 다투면서 상소를 제기한 자는 원심 또는 상소심에서 그 상소의 적법 여부에 대한 판단을 받으면 되고, 별도로 상소권회복청구를 할 여지는 없다고 할 것이나, 상소권을 포기한 후 상소제기기간이 도과한 다음에 상소포기의 효력을 다투는 한편, 자기 또는 대리인이 책임질 수 없는 사유로 인하여 상소제기기간 내에 상소를 하지 못하였다고 주장하는 사람은 상소를 제기함과 동시에 상소권회복청구를 할 수 있고, 그 경우 상소포기가 부존재 또는 무효라고 인정되지 아니하거나 자기 또는 대리인이 책임질 수 없는 사유로 인하여 상소제기기간을 준수하지 못하였다고 인정되지 아니한다면 상소권회복청구를 받은 원심으로서는 상소권회복청구를 기각함과 동시에 상소기각결정을 하여야 한다); 대법원 1999. 5. 18.자 99모40 결정(형사소송규칙 제154조의 규정에 의한 상소절차속행신청은 상소가 제기된 후 피고인 등이 상소를 포기하거나 취하하는 내용의 서면을 제출하거나 또는 공판정에서 같은 내용의 진술을 하였다는 이유로 재판 없이 상소절차가 종결처리된 경우에 상소포기 또는 취하의 부존재 또는 무효를 주장하여 구제받을 수 있도록 한 제도라고 할 것인바, 피고인이 상고를 포기한 후 상고를 제기한 경우에는 피고인으로서는 그 상고에 의하여 계속된 상고절차나 원심법원의 상고기각결정에 대한 즉시항고절차 등에서 피고인의 상고포기가 부존재하거나 무효임을 주장하여 구제받을 수 있으므로, 위 규정에 의한 상소절차속행신청을 할 수는 없다).

3) 대법원 2014. 10. 16.자 2014모1557 결정; 대법원 2006. 2. 8.자 2005모507 결정(피고인이 소송이 계속된 사실을 알면서 법원에 거주지 변경 신고를 하지 않은 잘못을 저질렀다고 하더라도, 상소제기기간이란 상소의 대상이 되는 판결의 선고일자를 기준으로 정해지는 것인데, 공판의 진행과 판결의 선고에 절차상 위법이 없었다면 그 판결이 그 날짜에 선고될 수는 없는 이치로서, 그러한 법원의 직무상 위법과 피고인이 상소제기기간을 지키지 못한

기 때문에 피고인이나 그 배우자가 소정 기간 내에 항고장을 제출할 수 없게 된 경우[1], ③ 공시송달의 방법으로 피고인이 불출석한 가운데 공판절차가 진행되고 판결이 선고되었으며, 피고인으로서는 공소장 부본 등을 송달받지 못한 관계로 공소가 제기된 사실은 물론이고 판결선고 사실에 대하여 알지 못한 나머지 항소기간 내에 항소를 제기하지 못한 경우[2], ④ 위법한 공시송달결정으로 인하여 피고인의 출석 없이 이루어진 판결에 대하여 검사만이 양형부당으로 항소하였으나 항소가 기각된 후에 상고권회복결정이 확정되어 피고인이 상고에 이르게 된 경우[3], ⑤ 피고인 남편의 주소지가 기록상 나타나 있고, 피고인이 경찰에서 남편의 휴대전화번호를 진술하고 있으므로, 공시송달결정을 함에 앞서 피고인 남편의 주소지로 송달이 가능한지 여부를 살펴보거나 위 휴대전화번호로 연락하여 송달받을 장소를 확인하여 보는 등의 조치를 취하지 않고, 피고인의 소재가 확인되지 아니한다고 단정하여 곧바로 공시송달의 방법에 의한 송달을 하고 피고인의 진술 없이 판결을 한 경우[4], ⑥ 공시송달의 요건이 갖추어지지 않았음에도 제1심 법원이 피고인의 소환을 공시송달의 방법으로 하고 피고인의 진술 없이 공판절차를 진행하여 판결이 선고되고 동 판결등본이 공시송달된 경우[5], ⑦ 피고인이 출석한 가운데 제1심 형사재판이 변론종결된 후, 소송촉진특례법에 의하여 공시송달로 피고인을 소환한 최초의 공판기일에 곧바로 피고인의 불출석 상태에서 판결을 선고하여 피고인이 상소기간을 도과한 경우[6] 등에 있어서는 상소권회복의 사유에 해당한다.

하지만 ① 상소권자 또는 대리인이 단순히 질병으로 입원하였다거나 기거불능하였기 때문에 상소를 하지 못한 경우[7], ② 교도소담당직원이 재항고인에게 상소권회복청구를 할 수 없다고 하면서 형사소송규칙 제177조에 따른 편의를 제공해 주지 아니한 경우[8], ③ 재항고인이 상피고인의 기망에 의하여 항소권을 포기하였음을 항소제기 기간이 도과한 뒤에야 비로소 알게 된 경우[9], ④ 징역 1년의 실형을 선고받았으나 법정구속을 하지 않으므로 형의 집행유예를 선고받은 것으로 잘못 전해 듣고 또한 선고 당시 법정이 소란하여 판결주문을 알아들을 수 없어서 항소제기 기간 내 항소를 하지 못한 경우[10], ⑤ 형사피고사건으로, 법원에 재판이 계류 중인 재항고인으로서는 공소제기 당시의 주소지나 그 후 신고한 주소지를 옮길 때는 자기의 신주소지를 법원에 제출한다거나 기타 소송진행 상태를 알 수 있는 방법을 강구하여야 함에도 불구하고 이러한 조치를 취하지 않아서 소송서류가 송달되지 아니하여 공판기일에 출석하지 못하거나 판결선고 사실을 알지 못하여 상고기간을 도과하는 등 불이익을 받은 경우[11], ⑥ 피고인이 이사를 가면서 자신에게 오는 우편물이 도달될 수 있도록 우편집배인에게 부탁을 하였다고 하더라도 제

것 사이에 관련이 없다고 보기 어렵고, 공판과 판결의 절차에 명백한 위법이 있음에도 거주지 변경 신고의무의 해태라는 본인의 잘못을 이유로 불복의 기회를 박탈한다면, 이는 비단 피고인의 권익 보호 차원에서 부당할 뿐만 아니라 소송절차상 위법의 통제라는 형사 상소제도의 목적에도 반한다).

1) 대법원 1991. 5. 6.자 91모32 결정; 대법원 1986. 2. 12.자 86모3 결정.

2) 대법원 2007. 1. 12.자 2006모691 결정; 대법원 2004. 1. 30.자 2003모447 결정; 대법원 1985. 2. 23.자 83모37 결정.

3) 대법원 2003. 11. 14. 선고 2003도4983 판결.

4) 대법원 2014. 5. 16. 선고 2014도3037 판결.

5) 대법원 1984. 9. 28.자 83모55 결정.

6) 대법원 1991. 12. 17.자 91모23 결정.

7) 대법원 1986. 9. 17.자 86모46 결정.

8) 대법원 1986. 9. 27.자 86모47 결정.

9) 대법원 1984. 7. 11.자 84모40 결정.

10) 대법원 1987. 4. 8.자 87모19 결정.

11) 대법원 1986. 7. 23.자 86모27 결정.

1회 공판기일에 출석하여 주거를 신고한 피고인이 이사 후 신주거지를 법원에 제출하는 등의 조치를 취하지 아니한 탓으로 출석 없이 판결이 선고된 사실을 알지 못하여 상소기간을 도과한 경우[1], ⑦ 형사피고사건으로 법원에 재판이 계속되어 있는 사람은 공소제기 당시의 주소지나 그 후 신고한 주소지를 옮길 때에는 자기의 새로운 주소지를 법원에 신고하거나 기타 소송 진행 상태를 알 수 있는 방법을 강구하여야 하고, 만일 이러한 조치를 취하지 않았다면 소송서류가 송달되지 않아서 공판기일에 출석하지 못하거나 판결 선고사실을 알지 못하여 상고기간을 도과한 경우[2], ⑧ 징역형의 실형이 선고되었으나 피고인이 형의 집행유예를 선고받은 것으로 잘못 전해 듣고 또한 판결주문을 제대로 알아들을 수가 없어서 항소제기기간 내에 항소하지 못한 경우[3], ⑨ 피고인이 이미 확정되어 있던 징역형의 집행유예 판결의 선고일을 잘못 안 나머지 상고포기서를 제출한 경우[4] 등에 있어서는 상소권회복의 사유에 해당하지 아니한다.

(3) 상소권회복의 절차

1) 회복의 청구

고유의 상소권자와 상소대리권자는 상소권회복의 청구를 할 수 있다(제345조). 상소권회복의 청구는 사유가 종지한 날로부터 상소의 제기기간에 상당한 기간 내에 서면으로 원심법원에 제출하여야 하며, 상소권회복의 청구를 할 때에는 원인된 사유를 소명하여야 한다. 상소권의 회복을 청구한 자는 그 청구와 동시에 상소를 제기하여야 한다(제346조). 여기서 원인된 사유의 발생 전에 상소제기기간의 일부가 경과되었더라도 청구기간은 사유가 종료한 날로부터 새롭게 기산된다. 상소권회복의 청구가 있는 때에는 법원은 지체 없이 상대방에게 그 사유를 통지하여야 한다(제356조).

2) 법원의 결정

상소권회복의 청구를 받은 법원은 청구의 허용 여부에 관한 결정을 하여야 한다(제347조 제1항). 이러한 결정에 대하여는 즉시항고를 할 수 있다(제347조 제2항). 청구가 부적법하거나 이유 없는 때에는 결정으로 그 청구를 기각하여야 하며, 이 경우에는 상소권회복의 청구와 동시에 한 상소제기에 대해서 상소제기기간 경과 후의 상소제기라는 이유로 상소기각의 결정을 하여야 한다.[5]

3) 상소권회복 청구의 가능시점

상소권회복청구 및 그와 동시에 제기하는 상소는 상소심판결이 선고되기 전에 이루어져야 한다. 예를 들면 피고인의 항소권회복청구 및 항소는 검사의 항소에 의하여 진행된 항소심 판결선고 전까지 제기되어야 한다. 제1심판결에 대하여 피고인 또는 검사가 항소하여 항소법원이

---

1) 대법원 1991. 8. 27.자 91모17 결정.

2) 대법원 2008. 3. 10.자 2007모795 결정.

3) 대법원 2000. 6. 15.자 2000모85 결정.

4) 대법원 1996. 7. 16.자 96모44 결정.

5) 대법원 2004. 1. 13.자 2003모451 결정.

판결을 선고한 후에는 상고법원으로부터 사건이 환송 또는 이송되는 경우 등을 제외하고는 항소법원이 다시 항소심 소송절차를 진행하여 판결을 선고할 수 없다. 그러므로 항소심판결이 선고되면 제1심판결에 대한 항소권이 소멸되어 제1심판결에 대한 항소권 회복청구와 항소는 적법하다고 볼 수 없다.[1)]

(4) 상소권회복의 효력

상소권회복의 청구가 있는 때에는 법원은 상소권회복청구에 대한 결정을 할 때까지 재판의 집행을 정지하는 결정을 할 수 있다(제348조 제1항). 이러한 집행정지의 결정을 한 경우에 피고인의 구금을 요하는 때에는 구속영장을 발부하여야 한다. 다만 제70조의 요건(구속사유)이 구비된 때에 한한다(제348조 제2항).[2)] 상소권회복의 결정이 확정되면 상소권회복의 청구와 동시에 한 상소제기는 적법하게 되며, 이미 확정된 재판은 미확정의 상태로 회복된다.

Ⅲ. 상소의 이익

1. 의 의

'상소의 이익'이란 상소권자에게 불복할 만한 이익이 존재하는지 여부의 문제를 말한다. 즉 상소에 의하여 상소법원이 원심재판의 잘못을 시정함으로써 얻을 수 있는 이익을 의미한다. 상소는 재판에 대한 불복신청을 의미하는데, 당해 재판이 자신에게 불이익할 것을 전제로 하는 것은 상소권의 당연한 요청이라고 할 수 있다. 상소의 이익은 상소의 이유와 구별되는데, 상소의 이유는 원심재판의 사실인정·법령적용·양형판단 등에 있어서 구체적인 오류가 있는지 여부를 판단하는 문제이다. 그러므로 상소의 이익이 있음을 전제로 하여 상소의 이유가 있는지 여부를 판단하게 된다.

2. 검사의 상소의 이익

(1) 피고인에게 불이익한 상소

검사는 피고인에게 불이익한 상소를 할 수 있다. 이에 따라 검사는 무죄판결에 대한 상소[3)]

---

1) 대법원 2017. 3. 30.자 2016모2874 결정(이는 제1심 재판 또는 항소심 재판이 소송촉진특례법이나 형사소송법 등에 따라 피고인이 출석하지 않은 가운데 불출석 재판으로 진행된 경우에도 마찬가지이다. 따라서 제1심판결에 대하여 검사의 항소에 의한 항소심판결이 선고된 후 피고인이 동일한 제1심판결에 대하여 항소권 회복청구를 하는 경우 이는 적법하다고 볼 수 없어 제347조 제1항에 따라 결정으로 이를 기각하여야 한다).

2) 제1심 법원은 재항고인으로부터 이 사건 상소권회복청구를 받고 그 허부의 결정이 있을 때까지 형의 집행을 정지한 다음 구속영장을 발부하여 재항고인을 구금하였음이 기록상 분명하므로, 제1심이 재항고인의 상소권회복청구를 기각하는 결정을 함에 있어서는 형법 제57조를 준용하여 구속영장의 집행으로 인한 제1심 결정 전 구금일수의 전부 또는 일부를 그 본형에 산입하였어야 할 것이다(대법원 2007. 1. 12.자 2006모691 결정; 대법원 1996. 7. 16.자 96모44 결정).

3) 영미에서는 피고인에게 불이익한 검사의 상소, 특히 무죄판결에 대한 상소는 이중위험금지의 원칙에 반한다는 이유로 허용되지 아니한다.

는 물론 유죄판결에 대해서도 보다 중한 죄나 중한 형을 구하는 상소를 제기할 수 있다. 왜냐하면 검사는 피고인과 대립하는 당사자로서의 지위를 가지고 있을 뿐만 아니라 법령의 정당한 적용을 청구하여야 하는 공익의 대표자로서의 기본적 책무도 함께 가지고 있기 때문이다.

(2) 피고인의 이익을 위한 상소

검사는 공익의 대표자로서 법령의 정당한 적용을 청구할 임무를 가지므로 이의신청을 기각하는 등 반대당사자에게 불이익한 재판에 대하여도 그것이 위법일 때에는 위법을 시정하기 위하여 상소로써 불복할 수 있다.[1)] 다만 이러한 불복은 재판의 주문에 관한 것이어야 하고, 재판의 이유만을 다투기 위하여 상소하는 것은 허용되지 아니한다. 또한 피고인의 이익을 위한 검사의 상소에도 피고인에 대한 불이익변경금지의 원칙이 적용된다.[2)]

3. 피고인의 상소의 이익

(1) 상소이익의 판단기준

피고인은 원심재판이 자신에게 불이익한 경우에만 상소를 제기할 수 있고, 원심재판을 자신에게 불이익하게 변경하는 상소는 상소의 이익이 없기 때문에 허용되지 아니한다. 피고인의 상소이익을 판단하는 기준은 사회통념이 아니라 법익박탈의 대소라는 법률적·객관적 기준에 따라 판단해야 한다.[3)] 왜냐하면 사회통념에 따라 상소이익을 판단하는 것은 명확하지 않기 때문이다. 그러므로 형의 경중을 정한 형법 제50조와 불이익변경금지의 원칙에 있어서의 이익과 불이익의 판단기준이 상소의 이익의 여부에 대한 중요한 기준이 된다.

(2) 구체적인 내용

1) 유죄판결에 대한 상소

유죄판결에 대하여 무죄를 주장하거나 경한 형을 선고할 것을 주장하여 상소하는 경우에는 상소의 이익이 있다. 형의 면제판결이나 형의 선고유예·집행유예 등도 유죄판결의 일종이므로 무죄를 주장하여 상소할 수 있다. 유죄판결에 대하여 소송조건의 결여를 원인으로 한 형식재판을 구하는 것도 가능하다.

그러나 유죄판결에 대하여 피고인이 상소한 경우라도 상소의 구체적인 내용이 피고인에게 불리한 경우에는 상소의 이익이 없기 때문에 상소가 허용되지 아니한다. 예를 들면 벌금의 실형에 대하여 징역형의 집행유예를 구하는 경우[4)], 원판결이 인정한 죄보다 중한 죄에 해당한다

---

1) 대법원 2011. 8. 25. 선고 2011도6705 판결; 대법원 1993. 3. 4.자 92모21 결정; 대법원 1975. 7. 8. 선고 74도3195 판결.

2) 대법원 1971. 5. 24. 선고 71도574 판결. 이에 대하여 검사가 피고인의 이익을 위한 상소는 제368조에서 말하는 피고인을 위한 상소라고 볼 수 없다는 견해로는 이재상/조균석, 753면.

3) 김인회, 634면; 김정한, 787면; 배종대/홍영기, 427면; 손동권/신이철, 739면; 송광섭, 807면; 신동운, 712면; 신양균/조기영, 1068면; 이은모/김정환, 790면; 이재상/조균석, 754면; 이창현, 1166면; 임동규, 753면; 정승환, 741면; 정웅석/최창호, 770면.

4) 헌법재판소 2005. 3. 31. 선고 2004헌가27 결정.

고 주장하는 경우[1], 원판결이 누범가중을 하지 않은 것을 다투는 경우[2], 죄수의 증가를 주장하는 경우[3], 경한 구법 적용이 위법하다고 주장하는 경우[4], 단순일죄나 상상적 경합범에 대하여 실체적 경합범을 주장하는 경우, 정상에 관한 불이익한 사실을 주장하는 경우 등이 이에 해당한다. 다만 특정경제범죄가중처벌법이 적용되는 포괄일죄를 형법상의 경합범으로 다투는 경우에는 구체적인 사안에 따라 상소의 이익이 인정될 수도 있다.

한편 피고사건의 재판 가운데 몰수 또는 추징에 관한 부분만을 불복대상으로 삼아 상소가 제기되었다고 하더라도, 상소심으로서는 이를 적법한 상소제기로 다루어야 하고, 그 부분에 대한 상소의 효력은 그 부분과 불가분의 관계에 있는 본안에 관한 판단 부분에까지 미쳐 그 전부가 상소심으로 이심된다.[5] 피고인의 소유물에 대한 몰수뿐만 아니라 제3자의 소유물에 대한 몰수도 피고인의 유죄판결에 대한 부가형으로 선고된 경우라면 그 몰수재판에 대하여 피고인은 상소의 이익이 인정된다. 왜냐하면 그 몰수재판에 따라 피고인이 점유를 상실하여 사용·수익할 수가 없게 되고, 제3자로부터 배상청구를 받을 가능성도 있기 때문이다. 소송비용의 재판에 대한 불복은 본안의 재판에 대한 상소의 전부 또는 일부가 이유 있는 경우에 한하여 허용되고, 본안의 상소가 그 이유가 없는 경우에는 허용되지 아니한다.[6]

2) 무죄판결에 대한 상소

하급심법원의 재판이 피고인에게 불이익하지 아니하면 이에 대하여 피고인은 상소권을 가질 수 없으므로[7], 무죄판결에 대하여 다른 판결을 구하는 상소는 허용되지 아니한다. 같은 맥락에서 피고인에게 증거불충분으로 무죄가 선고된 경우에 공소범죄사실의 부존재의 증명을 구하여 상소할 수도 없다.

그러나 피고인의 심신상실을 이유로 무죄가 선고된 경우에 다른 범죄성립조각사유에 의한 무죄를 주장하여 상소를 하는 경우와 같이 무죄판결의 이유에 불복하여 상소가 허용될 수 있는지 여부와 관련하여, ① 심신상실로 인한 무죄판결로 말미암아 사회적인 불이익을 받을 수 있다는 점을 논거로 하는 적극설[8], ② 상소는 판결주문에 대하여만 허용될 뿐이라는 점, 무죄판결은 법익박탈을 내용으로 하는 것이 아니라는 점, 무죄판결과 동시에 치료감호가 선고된 경우에도 치료감호에 대한 독자적인 상소가 가능하다는 점, 무죄판결이 실제로 죄가 없다는 확인이

---

1) 대법원 1968. 9. 17. 선고 68도1038 판결.

2) 대법원 1994. 8. 12. 선고 94도1591 판결.

3) 대법원 1979. 2. 13. 선고 78도3090 판결.

4) 대법원 1994. 11. 11. 선고 93도3167 판결.

5) 대법원 2008. 11. 20. 선고 2008도5596 전원합의체 판결.

6) 대법원 2008. 7. 24. 선고 2008도4759 판결.

7) 대법원 2015. 2. 26. 선고 2013도13217 판결; 대법원 2013. 10. 24. 선고 2013도5752 판결; 대법원 2012. 12. 27. 선고 2012도11200 판결; 대법원 1987. 8. 31. 선고 87도1702 판결.

8) 정승환, 743면.

아니듯이 무죄판결의 이유도 실질적인 상황을 확정하는 것은 아니라는 점 등을 논거로 하는 소극설[1], ③ 심신상실을 이유로 무죄판결을 선고하면서 치료감호가 선고된 경우에는 상소의 이익이 인정되지만, 단순히 무죄판결만 선고된 경우에는 상소의 이익이 부정된다는 제한적 적극설[2] 등의 대립이 있다. 이에 대하여 판례는 「불복은 재판의 주문에 관한 것이어야 하고, 재판의 이유만을 다투기 위하여 상소하는 것은 허용되지 않는다.」라고 판시[3]하여, 소극설의 입장을 취하고 있다. 생각건대 피고인에게 심신상실을 이유로 무죄판결을 선고한 경우에는 치료감호가 선고될 여지가 있기 때문에 제한적 적극설이 타당하다.

3) 형식재판에 대한 상소

형식재판에 대하여 피고인이 무죄를 주장하여 상소할 수 있는지 여부와 관련하여, ① 형식재판에 비하여 무죄판결이 객관적으로 피고인에게 유리하다는 점, 무죄판결이 확정되면 일사부재리의 효력이 발생한다는 점 등을 논거로 하는 적극설[4], ② 상소의 본질이 피고인에게 불리한 재판의 시정에 있으므로 공소기각의 재판에 의하여 유죄판결을 선고받을 위험에서 벗어난 이상 상소의 이익이 없기 때문에 상소가 허용되지 않는다는 점, 형식재판과 무죄판결은 모두 피고인에게 가장 유리한 재판이라는 점, 형식재판을 받은 경우에도 무죄의 재판을 받을 만한 현저한 사유가 있었을 때에는 형사보상의 사유가 된다는 점, 형식재판에 의하여 피고인은 절차에서 보다 신속하게 해방될 수 있다는 점 등을 논거로 하는 소극설[5], ③ 면소판결의 경우에는 일사부재리의 효력이 인정되기 때문에 무죄판결을 구할 상소의 이익이 없지만, 공소기각의 재판의 경우에는 상소의 이익을 인정하는 제한적 적극설[6] 등의 대립이 있다.

이에 대하여 판례는 「피고인을 위한 상소는 피고인에게 불이익한 재판을 시정하여 이익된 재판을 청구함을 그 본질로 하는 것이므로 피고인은 재판이 자기에게 불이익하지 아니하면 이에 대한 상소권이 없다. 공소기각의 재판이 있으면 피고인은 유죄판결의 위험으로부터 벗어나는 것이므로 그 재판은 피고인에게 불이익한 재판이라고 할 수 없어서 이에 대하여 피고인은 상소권이 없다.」라고 판시[7]하거나 「공소시효가 완성되었다는 이유로 면소의 판결을 한 것이

---

1) 배종대/홍영기, 429면; 신양균/조기영, 1070면; 이은모/김정환, 791면; 이재상/조균석, 756면; 이창현, 1168면; 임동규, 754면; 정웅석/최창호, 771면; 최호진, 623면.

2) 김인회, 638면; 김정한, 790면; 손동권/신이철, 740면; 송광섭, 810면.

3) 대법원 2017. 2. 21. 선고 2016도20488 판결; 대법원 2004. 3. 26. 선고 2003도8249 판결; 대법원 1998. 11. 10. 선고 98두11915 판결(상소는 자기에게 불이익한 재판에 대하여 유리하게 취소변경을 구하기 위한 것이므로 승소판결에 대한 불복상소는 허용할 수 없고, 재판이 상소인에게 불이익할 것인지 여부는 원칙적으로 재판의 주문을 표준으로 하여 상소제기 당시를 기준으로 하여 판단하여야 하며, 상소인의 청구가 전부 인용되었다면 그 판결이유에 불만이 있더라도 상소의 이익은 없다); 대법원 1993. 3. 4.자 92모21 결정.

4) 송광섭, 809면.

5) 김인회, 638면; 배종대/홍영기, 429면; 손동권/신이철, 742면; 신동운, 713면; 이은모/김정환, 792면; 이재상/조균석, 758면; 이창현, 1170면; 임동규, 755면; 정웅석/최창호, 772면; 최호진, 623면.

6) 김정한, 791면; 신양균/조기영, 1072면; 정승환, 744면.

7) 대법원 2008. 5. 15. 선고 2007도6793 판결; 대법원 1997. 8. 22. 선고 97도1211 판결; 대법원 1986. 12. 9. 선고

명백한 경우 피고인이 이에 대하여는 실체판결을 구하여 상소를 할 수 없다.」라고 판시[1]하여, 소극설의 입장을 취하고 있다. 따라서 이러한 경우에는 항소의 제기가 법률상의 방식에 위반한 것이 명백한 때에 해당하므로 제362조 제1항 및 제360조 제1항에 의하여 피고인의 항소를 기각하는 결정을 하여야 한다. 이와 같이 면소판결에 대하여 무죄판결인 실체판결이 선고되어야 한다고 주장하면서 상고할 수 없는 것이 원칙이지만, 형벌에 관한 법령이 헌법재판소의 위헌결정으로 인하여 소급하여 그 효력을 상실하였거나 법원에서 위헌·무효로 선언된 경우, 당해 법령을 적용하여 공소가 제기된 피고사건에 대하여 제325조에 따라 무죄를 선고하여야 하는 경우에는 면소를 선고한 판결에 대하여 예외적으로 상소가 가능하다.[2] 생각건대 소송조건이 결여되어 있어 상소법원이 실체판결을 할 수 없으므로 상소의 이익 여부를 논할 필요도 없이 실체판결청구권이 인정될 수 없다는 점에서 소극설이 타당하다.

4) 항소기각판결에 대한 피고인의 상고

피고인이 항소를 제기하였다가 기각된 경우에 피고인에게 상고제기의 이익이 있음은 당연하다. 그러나 피고인이 제1심판결에 대하여 양형부당만을 항소이유로 내세운 경우, 이를 일부 인용한 항소심판결에 대하여 피고인은 법리오해나 사실오인의 점을 상고이유로 삼을 수 없고[3], 제1심의 유죄판결에 대하여 피고인은 항소를 제기하지 않고 검사만 양형부당을 이유로 항소하였으나 항소가 기각되었다면 그 항소심의 기각판결은 피고인에게 제1심판결보다 불이익한 판결이 아니므로 항소기각판결에 대하여 피고인은 상고의 이익이 없다.[4] 또한 제1심판결에 대하여 검사만이 양형부당을 이유로 항소하였을 뿐 피고인은 항소하지 아니한 경우에는, 피고인으로서는 항소심판결에 대하여 사실오인·채증법칙 위반·심리미진 또는 법령위반 등의 사유를 들어 상고이유로 삼을 수도 없다.[5] 하지만 이는 제1심이 통상적인 절차에 따라 진행되어 피고인이 공격·방어권을 제대로 행사할 수 있었던 경우에만 적용될 수 있고, 제1심 및 원심의 소송절차에서 피고인이 부당하게 배제되어 공격·방어권을 전혀 행사할 수 없었던 경우에는 적용될 수 없다.[6]

86도1976 판결; 대법원 1984. 11. 27. 선고 84도2106 판결; 대법원 1983. 12. 13. 선고 82도3076 판결; 대법원 1964. 4. 7. 선고 64도57 판결.

1) 대법원 2005. 9. 29. 선고 2005도4738 판결.

2) 대법원 2010. 12. 16. 선고 2010도5986 전원합의체 판결.

3) 대법원 2000. 12. 8. 선고 99도214 판결.

4) 대법원 2013. 3. 28. 선고 2010도14607 판결; 대법원 1991. 12. 24. 선고 91도1796 판결; 대법원 1991. 3. 27. 선고 90도2978 판결; 대법원 1990. 1. 25. 선고 89도2166 판결; 대법원 1986. 5. 27. 선고 86도479 판결; 대법원 1981. 8. 25.자 81도2110 결정.

5) 대법원 2009. 5. 28. 선고 2009도579 판결.

6) 대법원 2003. 11. 14. 선고 2003도4983 판결(만약 그렇게 해석하지 않고 피고인의 상고가 부적법하다고 해석한다면, 제1심이나 원심에서 피고인의 공격·방어권이 부당하게 침해된 사실을 인정하면서도, 그 위법을 시정하지 않고 오히려 피고인이 공격·방어권을 행사할 기회조차 영원히 박탈하는 결과에 이르고, 이는 재판을 받을 권리를 기본권으로 규정하는 한편 적법절차를 보장하고 있는 헌법의 정신에 반하기 때문이다).

4. 상소의 이익이 없는 상소제기에 대한 재판

(1) 무죄판결 및 형식재판에 대한 상소

무죄판결에 대한 상소[1] 및 형식재판에 대하여 무죄를 구하는 상소[2]와 같이 상소의 이익이 없다는 사실이 상소장의 기재에 의하여 명백히 나타나는 경우에는 원심법원의 결정으로 상소를 기각하여야 한다(제360조 제1항, 제376조 제1항, 제407조). 만약 원심법원이 이러한 결정을 하지 아니한 때에는 상소법원이 결정으로 상소를 기각하여야 한다(제362조 제1항, 제381조, 제413조).

(2) 유죄판결에 대한 상소

유죄판결에 대한 상소의 경우에는 상소의 이익이 없다는 사실이 일반적으로 상소이유에 의하여 비로소 밝혀지게 되므로 상소이유 없음을 이유로 판결로써 상소를 기각하여야 한다(제364조 제4항, 제399조, 제414조 제1항). 이 경우에는 상소의 이익 여부에 대한 실질적 검토가 이루어졌기 때문에 결정이 아닌 판결로 소송을 종결하는 것이다. 다만 항소이유 없음이 명백한 때에는 항소장·항소이유서 기타의 소송기록에 의하여 변론 없이 판결로써 항소를 기각할 수 있다(제364조 제5항).

Ⅳ. 상소의 제기 및 포기·취하

1. 상소의 제기

(1) 상소제기의 방식

상소는 상소제기기간 내에 상소장이라는 서면을 원심법원에 제출함으로써 한다(제343조 제1항, 제359조, 제375조, 제406조). 상소장을 상소법원이 아닌 원심법원에 제출하도록 한 것은 재판의 확정 여부를 신속하게 알 수 있도록 하기 위한 것이다. 이에 따라 형을 선고하는 경우에 재판장은 피고인에게 상소할 기간과 상소할 법원을 고지하여야 한다(제324조). 상소제기의 효력은 원칙적으로 상소장이 원심법원에 접수된 때에 발생한다. 상소의 제기는 서면에 의하여야 하고 구술에 의한 것은 허용되지 아니하며, 상소제기기간의 준수 여부는 상소장이 원심법원에 접수된 때를 기준으로 판단하는 것이 원칙이다. 상소의 제기가 있는 때에는 법원은 지체 없이 상대방에게 그 사유를 통지하여야 한다(제356조). 한편 상소를 제기하는 경우에 있어서 법률상의 방식을 준수하여야 한다. 만약 상소의 제기가 법률상의 방식에 위반한 경우에는 원심법원이 상소기각결정(제360조 제1항, 제376조 제1항, 제407조 제1항)을 하거나 상소법원이 상소기각결정(제362조 제1항, 제381조, 제413조)을 하게 된다.

---

1) 대법원 1994. 7. 29. 선고 93도1091 판결(피고인에게 가장 유리한 판결인 무죄판결에 대한 피고인의 상고는 부적법하다).

2) 대법원 2008. 5. 15. 선고 2007도6793 판결.

(2) 상소제기의 효력

1) 재판의 확정과 그 집행의 정지

상소를 제기하면 재판의 확정과 그 집행이 정지된다. 재판의 확정이 정지되는 효력은 상소에 의하여 언제나 발생하지만, 재판의 집행이 정지되는 효력에 대해서는 다음과 같은 예외가 존재한다. ① 항고는 즉시항고 외에는 재판의 집행을 정지하는 효력이 없다. 다만 원심법원 또는 항고법원은 결정으로 항고에 대한 결정이 있을 때까지 집행을 정지할 수 있다(제409조). ② 법원은 벌금·과료 또는 추징의 선고를 하는 경우에 판결의 확정 후에는 집행할 수 없거나 집행하기 곤란할 염려가 있다고 인정한 때에는 직권 또는 검사의 청구에 의하여 피고인에게 벌금·과료 또는 추징에 상당한 금액의 가납을 명할 수 있는데(제334조 제1항), 이러한 재판은 즉시로 집행할 수 있다(제334조 제3항). ③ 무죄, 면소, 형의 면제, 형의 선고유예, 형의 집행유예, 공소기각 또는 벌금이나 과료를 과하는 판결이 선고된 때에는 구속영장은 효력을 잃는다(제331조).

2) 이심의 효력

'이심(移審)의 효력'이란 상소의 제기에 의하여 소송계속이 원심법원에서 상소심으로 넘어가는 효력을 말한다. 이심의 효력이 구체적으로 발생하는 시기와 관련하여, ① 상소장의 제출시기를 기준으로 이심의 효력발생시기를 명확히 하여 이심의 효력이 소송기록송달의 지연 등에 의하여 좌우되는 것을 방지할 수 있다는 점, 상소기간 중 또는 상소 중의 사건에 관하여 구속기간의 갱신, 구속의 취소, 보석, 구속의 집행정지와 그 정지의 취소에 대한 결정은 소송기록이 원심법원에 있는 때에는 원심법원이 하여야 하는데(제105조), 이는 소송기록이 송부되기 전에는 원심이 일정한 처분을 할 수 있도록 특별규정을 둔 것이라는 점, 상소장을 원심법원에 접수하게 하였다고 하더라도 원심법원의 상소장 접수가 그 자체로 상소이지 원심법원이 상소장과 기록을 상소심에 송부하는 것이 상소가 아니라는 점, 제1심이 공소제기라는 법률행위적 소송행위에 의하여 시작된 것과 마찬가지로 상소심 역시 상소제기라는 법률행위적 소송행위에 의하여 시작된다고 보는 것이 소송의 구조를 파악함에 일관성이 있다는 점 등을 논거로 하여, 상소장이 원심법원에 제출된 때라고 파악하는 상소제기기준설[1], ② 상소의 제기가 법률상의 방식에 위배되거나 상소권의 소멸 후인 것이 명백한 때에는 원심법원이 상소를 기각하는 결정을 한다는 점(제360조, 제376조), 소송기록이 상소법원에 도달할 때까지는 원심법원이 구속기간의 갱신을 비롯한 구속에 관한 결정을 하여야 한다는 점, 상소기간 중 또는 상소 중의 사건에 관한 피고인의 구속·구속기간갱신·구속취소·보석·보석의 취소·구속집행정지와 그 정지의 취소의 결정은 소송기록이 상소법원에 도달하기까지는 원심법원이 이를 하여야 한다는 점(규칙 제57조 제1항), 항고의 경우에는 원심법원이 항고의 이유가 있는 것으로 인정한 때에는 원심법원이 결정을 스스로 경정하여야 한다는 점(제408조 제1항) 등을 논거로 하여, 원심법원으로부터 상소법원에 상소장

---

1) 김인회, 632면; 김정한, 794면; 배종대/홍영기, 431면; 신동운, 710면; 신양균/조기영, 1077면; 이주원, 567면; 이창현, 1174면; 정승환, 747면; 최호진, 626면.

과 증거물 및 소송기록이 송부된 때라고 파악하는 소송기록송부기준설[1] 등의 대립이 있다.

이에 대하여 판례는 「형사사건에 있어 항소법원의 소송계속은 제1심판결에 대한 항소에 의하여 사건이 이심된 때로부터 그 법원의 판결에 대하여 상고가 제기되거나 그 판결이 확정되는 때까지 유지된다.」라고 판시[2]하거나 「상소제기 후 소송기록이 상소법원에 도달하지 않고 있는 사이에는 피고인을 구속할 필요가 있는 경우에도 기록이 없는 상소법원에서 구속의 요건이나 필요성 여부에 대한 판단을 하여 피고인을 구속하는 것이 실질적으로 불가능하다는 점 등을 고려하면, 상소기간 중 또는 상소 중의 사건에 관한 피고인의 구속을 소송기록이 상소법원에 도달하기까지는 원심법원이 하도록 규정한 형사소송규칙 제57조 제1항의 규정이 형사소송법 제105조의 규정에 저촉된다고 보기는 어렵다.」라고 판시[3]하여, 상소제기기준설의 입장을 취하고 있다.

생각건대 상소제기기준설이 타당하다. 왜냐하면 이심의 효력은 상소제기의 시점으로 파악하는 것이 가장 명확하기 때문이다. 소송기록송부기준설에 의하면 상소법원의 소송계속이 상소권자의 의사가 아니라 소송기록의 송부라는 유동적인 사정에 의하여 좌우되는 불명확성이 유발될 위험이 있다. 그러므로 원심법원이 상소제기 후에도 일련의 재판을 할 수 있는 것은 상소법원에 소송계속이 있음을 전제로 하여 상소법원의 권한을 원심법원이 대행하는 것으로 파악해야 한다.

2. 상소의 포기 및 취하

(1) 의 의

'상소의 포기'란 상소권자가 상소의 제기기간 내에 원심법원에 대하여 상소권을 행사하지 않겠다는 의사표시를 말한다. 상소를 포기하면 상소제기기간의 경과 전에 재판이 확정되고 형의 집행이 시작된다. 상소의 포기는 상소제기기간 내에 상소권이 소멸되지만, 상소권의 불행사는 상소제기기간의 경과로 상소권이 소멸된다는 점에서 구별된다. 그리고 '상소의 취하'란 일단 제기한 상소를 상소법원에 대하여 철회하는 의사표시를 말한다. 상소의 포기가 상소제기 이전의 소송행위임에 반하여 상소의 취하는 상소제기 이후의 소송행위인 점에서 구별된다.

(2) 상소의 포기권자 및 취하권자

검사나 피고인 또는 제339조에 규정한 자(고유의 상소권자)는 상소의 포기 또는 취하를 할 수 있다. 다만 피고인 또는 피고인의 배우자·직계친족·형제자매 또는 원심의 대리인이나 변호인은 사형 또는 무기징역이나 무기금고가 선고된 판결에 대하여는 상소의 포기를 할 수 없다(제

---

1) 손동권/신이철, 744면; 송광섭, 821면; 이은모/김정환, 796면; 이재상/조균석, 760면; 임동규, 758면; 정웅석/최창호, 776면.

2) 대법원 1985. 7. 23.자 85모12 결정.

3) 대법원 2007. 7. 10.자 2007모460 결정. 이에 따라 불출석상태에서 징역형을 선고받고 항소한 피고인에 대하여 제1심법원이, 소송기록이 항소심법원에 도달하기 전에 구속영장을 발부한 것은 적법하다.

349조). 이는 피고인에게 중형이 선고된 경우에 상소포기의 제한 규정에 따라 피고인 등이 경솔하게 미리 상소를 포기하지 않고 상소제기기간 동안 상소 여부를 신중하게 검토하도록 하기 위한 것이다. 다만 상소를 포기할 수 없다는 것이지 상소를 하지 않더라도 자동적으로 상소가 되는 것은 아니라는 점에 주의해야 한다. 법정대리인이 있는 피고인이 상소의 포기 또는 취하를 함에는 법정대리인의 동의를 얻어야 한다(제350조 본문).[1] 이에 따라 법정대리인이 동의하는 취지의 서면을 재출하여야 한다(규칙 제153조 제1항). 다만 법정대리인의 사망 기타 사유로 인하여 그 동의를 얻을 수 없는 때에는 예외로 한다(제350조 단서).

피고인의 법정대리인 또는 피고인의 배우자·직계친족·형제자매 또는 원심의 대리인이나 변호인은 피고인의 동의를 얻어 상소를 취하할 수 있다(제351조). 이에 따라 상소의 취하를 위해서는 피고인이 동의하는 취지의 서면을 제출하여야 한다(규칙 제153조 제2항). 그러므로 변호인의 상소취하에 피고인의 동의가 없다면 그 상소취하의 효력은 발생하지 아니한다. 하지만 피고인의 동의를 얻어도 상소를 포기할 수는 없다.

(3) 상소의 포기 및 취하의 시기와 방식

상소의 포기는 상소의 제기기간 내에 언제든지 할 수 있고, 상소의 취하는 상소심의 종국재판 전까지 가능하다. 상소의 포기 또는 취하는 서면으로 하여야 한다. 다만 공판정에서는 구술로써 할 수 있다(제352조 제1항). 구술로써 상소의 포기 또는 취하를 한 경우에는 그 사유를 조서에 기재하여야 한다(제352조 제2항). 상소의 포기 또는 취하에 관한 서면의 형식에는 아무런 제한이 없다고 하더라도 상소의 포기 또는 취하는 상소권자가 법원에 대해서 하는 소송행위이므로 그 서면은 상소권자가 법원에 대하여 상소를 포기 또는 취하한다는 의사표시가 명시된 것이어야 한다.[2] 변호인이 상소취하를 할 때 원칙적으로 피고인은 이에 동의하는 취지의 서면을 제출하여야 하지만(규칙 제153조 제2항), 피고인은 공판정에서 구술로써 상소취하를 할 수 있으므로(제352조 제1항 단서), 변호인의 상소취하에 대한 피고인의 동의도 공판정에서 구술로써 할 수 있다. 다만 상소를 취하하거나 상소의 취하에 동의한 자는 다시 상소를 하지 못하는 제한을 받게 되므로(제354조), 상소취하에 대한 피고인의 구술 동의는 명시적으로 이루어져야만 한다.[3]

상소의 포기는 원심법원에 하여야 하고, 상소의 취하는 상소법원에 하여야 한다. 다만 소송기록이 상소법원에 송부되지 아니한 때에는 상소의 취하를 원심법원에 제출할 수 있다(제353조). 교도소 또는 구치소에 있는 피고인이 상소의 포기나 취하를 하는 경우도 재소자에 대한 특칙이

---

1) 대법원 1983. 9. 13. 선고 83도1774 판결(미성년자인 피고인이 상고제기 후 바로 상고취하를 하였다고 하여도 친권자의 동의가 없었으면 그 효력이 없다); 대법원 1971. 9. 28. 선고 71도1527 판결.

2) 대법원 1984. 2. 28. 선고 83도3087 판결(보석허가에 대한 의견서에 검사가 보석청구가 이유 없다는 의견을 기재하면서 내부적으로 상고를 포기하기로 하였다는 사실을 첨가한 것에 불과한 경우 「검찰상고포기, 석방지휘하였으므로 본건 보석청구 이유 없음」이를 법원에 대하여 상고를 포기한다는 의사표시를 명시한 서면이라고 볼 수는 없다).

3) 대법원 2015. 9. 10. 선고 2015도7821 판결.

준용된다(제355조).[1)]

(4) 상소의 포기 및 취하의 효력

상소를 포기 또는 취하하면 상소권이 소멸하고 재판이 확정된다. 다만 검사와 피고인이 모두 상소한 경우에는 일방의 포기나 취하만으로 재판이 확정되지 아니한다. 상소취하의 효력은 상소취하서의 접수시에 발생한다. 상소의 포기나 취하가 있는 때에는 법원은 지체 없이 상대방에게 그 사유를 통지하여야 한다(제356조). 다만 법원이 항소의 상대방에게 그 사실을 통지하지 않았다고 하여도 이를 상고이유로 삼을 수는 없다.[2)]

착오에 의한 상소의 포기 또는 취하가 무효로 되기 위하여서는 ① 통상인의 판단을 기준으로 하여 만일 착오가 없었다면 그러한 소송행위를 하지 않았으리라고 인정되는 중요한 점(동기를 포함)에 관하여 착오가 있고, ② 착오가 행위자 또는 대리인이 책임질 수 없는 사유로 인하여 발생하였으며, ③ 그 행위를 유효로 하는 것이 현저히 정의에 반한다고 인정될 것 등 세 가지 요건을 필요로 한다.[3)] 그리고 상소의 포기 또는 취하에 따른 상소권의 소멸은 당해 심급의 재판에 관한 상소권에 한정되고, 항소를 포기 또는 취하한 자라고 할지라도 상대방의 항소에 기한 항소심판결에 새로이 불복하여 상고하는 것은 상소의 이익이 있는 한 가능하다.[4)]

(5) 상소절차속행의 신청

상소의 포기 또는 취하가 부존재 또는 무효임을 주장하는 자는 그 포기 또는 취하 당시 소송기록이 있었던 법원에 절차속행의 신청을 할 수 있다(규칙 제154조 제1항). 상소절차속행의 신청은 상소가 제기된 후 피고인 등이 상소를 포기하거나 취하하는 내용의 서면을 제출하거나 또는 공판정에서 같은 내용의 진술을 하였다는 이유로 재판 없이 상소절차가 종결처리된 경우에 상소포기 또는 취하의 부존재 또는 무효를 주장하여 구제받을 수 있도록 한 제도이다. 상소절차속행의 신청은 일단 상소가 제기되었다가 상소포기나 상소취하가 있었다는 이유로 재판 없이 상소절차가 종결된 경우의 구제방법인 점에서 상소제기기간 내에 상소제기가 없었다는 이유로 상소제기가 되지 않은 경우의 구제방법인 상소권회복청구와 구별된다. 상소절차속행의 신청을

1) 대법원 2006. 3. 16. 선고 2005도9729 전원합의체 판결(제355조에서 재소자에 대한 특칙 규정이 준용되는 경우 중에 상소이유서 제출의 경우를 빠뜨리고 있다고 하더라도 제344조 제1항의 재소자에 대한 특칙 규정의 취지와 그 준용을 규정한 제355조의 법리에 비추어 상소이유서 제출에 관하여도 위 재소자에 대한 특칙 규정이 준용되는 것으로 해석함이 상당하다).

2) 대법원 1961. 10. 12. 선고 4294형상238 판결.

3) 대법원 1992. 3. 13.자 92모1 결정(보호감호를 선고받은 피고인이 보호감호가 선고된 것으로 알고 일단 상고를 제기하였다가 보호감호청구가 기각되었다는 취지의 교도관의 말과 공판출정 교도관이 작성한 판결선고결과보고서의 기재를 믿은 나머지 착오에 빠져 판결등본송달을 기다리지 않고 상고취하를 함으로써 위 보호감호처분이 확정된 경우 위 상고취하에 피고인의 과실이 없었다고 단정할 수 없어 이를 무효로 볼 수 없다는 이유로 피고인의 상소절차속행신청을 기각한 사례).

4) 대법원 1991. 2. 8. 선고 90도2619 판결(제1심 유죄판결에 대하여 피고인은 항소권을 포기하고 검사만이 양형부당을 이유로 항소를 하였으나 이유 없다고 기각한 항소심판결은 피고인에게 불이익한 재판이 아니어서 피고인은 위 판결에 대하여 상소권이 없으므로 피고인이 제기한 상고는 부적법하여 상고이유에 대한 판단을 할 것이 없이 기각을 면할 수 없다).

받은 법원은 신청이 이유 있다고 인정하는 때에는 신청을 인용하는 결정을 하고 절차를 속행하여야 하며, 신청이 이유 없다고 인정하는 때에는 결정으로 신청을 기각하여야 한다(규칙 第154조 제2항). 신청기각결정에 대하여는 즉시 항고할 수 있다(규칙 第154조 제3항). 한편 피고인이 상소를 포기한 후 상소를 제기한 경우에는 피고인으로서는 그 상소에 의하여 계속된 상소절차나 원심법원의 상소기각결정에 대한 즉시항고절차 등에서 피고인의 상소포기가 부존재하거나 무효임을 주장하여 구제받을 수 있으므로, 상소절차속행신청을 할 수는 없다.[1)]

Ⅴ. 일부상소

1. 의 의

'일부상소'(一部上訴)란 재판의 일부에 대한 상소를 말한다. 여기서 '재판의 일부'란 하나의 사건의 일부를 말하는 것이 아니라 수개의 사건이 병합심리되고, 그 결과 판결주문이 수개인 경우에 있어서 재판의 일부를 말한다. 또한 일부상소는 상소이유의 개별화와 구별되는데, 일부상소는 수개의 범죄사실을 전제로 하여 상소심의 심판대상을 객관적으로 축소하는 반면에 개별적인 상소이유는 상소심의 심리범위만을 축소하는 것이다. 사실오인·법리오해·양형부당·심리미진 등의 상소이유 가운데 일부만을 다투는 상소는 일부상소에 해당하지 아니한다.

이와 같이 판결내용 가운데 일부만을 상소이유로 한 경우에는 하나의 사건 전부에 대해서 상소심에 소송계속이 이루어지며, 상소이유에 기재되지 않은 부분도 상소심의 심판대상이 되므로 이 부분에 대한 재판이 먼저 확정되는 것도 아니다. 결국 일부상소의 경우에는 불복하지 않는 재판부분은 법원이 직권으로 심판할 수 없고 상소기간이 지나면 확정되어 그 부분은 기판력을 가지게 된다. 하지만 상소이유의 개별화로 불복하지 않은 이유 부분에 대하여도 상소법원으로 이심되어 소송계속이 발생하며 법원은 그 부분에 대하여도 직권으로 심판할 수 있고, 상소법원의 재판이 확정되기 전에는 집행할 수 없다. 이와 같은 일부상소는 잔여부분을 조속히 확정시켜 당사자의 법적 안정성에 도움을 주고 상소법원의 심판대상을 축소하여 소송경제를 꾀하는 장점이 있는 반면, 사건의 일부는 확정되고 나머지만 이심되게 함으로써 법원의 판단과 당사자의 대처가 복잡해지고 상소되지 아니한 부분에 법률적 문제점이 발견된 경우 그 해결이 곤란하다는 단점이 있다. 한편 일부상소는 재판의 객관적 범위의 일부만을 의미하고, 주관적 범위는 논의의 대상에서 제외된다. 그러므로 공동피고인 가운데 일부만 상소하는 경우에는 여기서 말하는 일부상소에 해당하지 아니하고, 그 자체가 적법한 상소로서 전부상소에 해당한다.

---

1) 대법원 1999. 5. 18.자 99모40 결정.

2. 일부상소의 허용범위

(1) 경합범의 일부에 대한 상소

상소는 재판의 일부에 대하여 할 수 있다. 일부에 대한 상소는 그 일부와 불가분의 관계에 있는 부분에 대하여도 효력이 미친다(제342조). 그러므로 일부상소가 허용되기 위해서는 원심법원의 재판내용이 가분(可分)인 경우이어야 한다. 이에 따라 경합범의 각 부분에 대하여 각각 다른 수개의 재판이 선고된 때에는 재판내용이 가분인 경우에 해당하므로 일부상소가 가능하다. 예를 들면 ① 경합범 가운데 일부에 대하여 유죄, 다른 일부에 대하여 무죄·면소·공소기각[1]·관할위반 등이 선고된 경우, ② 경합범 전부에 대하여 유죄가 선고되었더라도 일부는 징역형, 다른 일부는 벌금형이 선고된 경우와 같이 판결주문에 2개 이상의 다른 형이 병과된 경우[2], ③ 경합범의 관계에 있는 공소사실의 전부에 대하여 무죄[3]·면소·공소기각·관할위반 등이 선고된 경우, ④ 경합범의 관계에 있는 수개의 공소사실이 확정판결 전후에 범한 죄이기 때문에 수개의 형이 선고된 경우[4] 등이 이에 해당한다.

하지만 경합범이라고 할지라도 그 전부에 대하여 하나의 형이 선고된 경우에는 재판의 내용이 불가분인 것으로 되어 이에 대한 일부상소는 허용되지 아니한다.[5] 왜냐하면 이 경우에는 수개의 범죄사실이 전부의 형과 유기적으로 관련되어 있기 때문이다. 그러므로 이 경우에는 일부 범죄사실에 대하여 상소하면 그 상소의 효력이 다른 범죄사실에도 미친다.[6]

(2) 일죄의 일부에 대한 상소

일죄의 일부에 대한 상소는 허용되지 아니한다. 그러므로 일죄의 일부에 대한 상소가 제기된 경우에도 상소의 효력은 그 전부에 미치는데(제342조 제2항), 이를 '상소불가분의 원칙'이라고 한다. 여기서의 일죄는 단순일죄[7]·포괄일죄[8]·과형상의 일죄[9] 등을 모두 포함한다. 따라서 불

1) 대법원 1984. 2. 28. 선고 83도216 판결.

2) 하지만 법원이 1개의 죄에 정한 형이 징역형, 벌금형 등 수종임에도 형의 종류를 선택하지 아니한 채 수죄에 대하여 징역형과 벌금형을 병과하는 경우에는 어느 죄에 대하여 징역형이, 어느 죄에 대하여 벌금형이 선고된 것인지 알 수 없게 되어 재판의 내용이 불가분적인 것이 되므로, 징역형이나 벌금형 중 어느 하나의 형에 관한 판결 부분만을 상소의 대상으로 할 수는 없다고 할 것이어서, 징역형이나 벌금형 중 어느 하나의 형에 관한 판결 부분에 대하여만 상소를 하였다고 하더라도 그 일부와 불가분의 관계에 있는 다른 형에 관한 판결 부분에 대하여도 상소의 효력이 미친다(대법원 2004. 9. 23. 선고 2004도4727 판결).

3) 대법원 1973. 7. 10. 선고 73도142 판결.

4) 대법원 2018. 3. 29. 선고 2016도18553 판결; 대법원 2006. 11. 23. 선고 2006도5986 판결(형법 제37조 후단의 경합범의 경우 확정판결 전·후의 각 죄는 각 별개로 심리·판단되고, 분리하여 확정되는 관계에 있으므로, 위 각 죄에 대하여 원심이 각 별개의 유죄판결을 선고하고 이에 대하여 피고인이 상고를 하였는데, 대법원이 그 중 일부에 대한 상고만을 이유 있는 것으로 받아들여 이를 파기환송하고, 나머지 부분에 대한 상고를 기각한 경우에는 위 상고가 기각된 유죄 부분은 분리·확정되고, 환송을 받은 원심의 심판범위는 위 파기된 부분에 한정된다); 대법원 1999. 11. 12. 선고 99도2934 판결.

5) 대법원 2003. 5. 30. 선고 2003도1256 판결; 대법원 1961. 10. 5. 선고 4293형상403 판결.

6) 대법원 2002. 6. 20. 선고 2002도807 전원합의체 판결.

7) 대법원 2001. 2. 9. 선고 2000도5000 판결(제1심이 단순일죄의 관계에 있는 공소사실의 일부에 대하여만 유죄로

가분의 관계에 있는 재판의 일부만을 불복대상으로 삼은 경우 그 상소의 효력은 상소불가분의 원칙상 피고사건 전부에 미쳐 그 전부가 상소심에 이심되고, 예를 들면 일부 상소가 피고사건의 주위적 주문과 불가분적 관계에 있는 주문에 대한 것, 일죄의 일부에 대한 것, 경합범에 대하여 1개의 형이 선고된 경우에 있어서 경합범 가운데 일부의 죄에 대한 것 등이 이에 해당된다.[1]

또한 상상적 경합관계에 있는 두 죄에 대하여 한 죄는 무죄, 한 죄는 유죄가 선고되어 검사만이 무죄 부분에 대하여 상고하였다고 하여도 유죄 부분도 상고심의 심판대상이 된다. 공소사실 중 일부에 대하여는 유죄를, 실체적 경합관계에 있는 일부에 대하여는 무죄를 각 선고하고, 그 유죄 부분과 상상적 경합관계에 있는 다른 일부에 대하여는 무죄임을 판시하면서 주문에 별도의 선고를 하지 않은 항소심판결에 대하여, 검사가 무죄 부분 전체에 대하여 상고를 한 경우 그 유죄 부분은 형식상 검사 및 피고인 어느 쪽도 상고한 것 같아 보이지 않지만 그 부분과 상상적 경합관계에 있는 무죄 부분에 대하여 검사가 상고함으로써 그 유죄 부분은 그 무죄 부분의 유·무죄 여하에 따라 처단될 죄목과 양형을 좌우하게 되므로, 결국 그 유죄 부분도 함께 상고심의 판단대상이 된다.[2] 주위적·예비적 공소사실의 일부에 대한 상소제기의 효력은 나머지 공소사실 부분에 대하여도 미치는 것이고, 동일한 사실관계에 대하여 서로 양립할 수 없는 적용법조의 적용을 주위적·예비적으로 구하는 경우에는 예비적 공소사실만 유죄로 인정되고 그 부분에 대하여 피고인만 상소하였다고 하더라도 주위적 공소사실까지 함께 상소심의 심판대상에 포함된다.[3]

다만 포괄일죄의 일부만이 유죄로 인정된 경우 그 유죄 부분에 대하여 피고인만이 항소하였을 뿐 (무죄 또는) 공소기각으로 판단된 부분에 대하여 검사가 항소를 하지 않았다면, 상소불가분의 원칙에 의하여 유죄 이외의 부분도 항소심에 이심되기는 하지만, 그 부분은 이미 당사자간의 공격·방어의 대상으로부터 벗어나 사실상 심판대상에서부터도 이탈하게 되므로 항소심으로서도 그 부분에까지 나아가 판단할 수는 없다.[4] 하지만 포괄일죄의 관계에 있는 공소사실의

인정한 경우에 피고인만이 항소하여도 그 항소는 그 일죄의 전부에 미쳐서 항소심은 무죄부분에 대하여도 심판할 수 있다 할 것이고, 그 경우 항소심이 위 무죄부분을 유죄로 판단하였다 하여 그로써 항소심판결에 불이익변경금지원칙에 위반하거나 심판범위에 대한 법리를 오해한 위법이 있다고 할 수 없다); 대법원 1990. 1. 25. 선고 89도478 판결.

8) 대법원 1989. 4. 11. 선고 86도1629 판결; 대법원 1985. 11. 12. 선고 85도1998 판결(포괄적 1죄의 관계에 있는 공소사실의 일부에 대하여만 유죄로 인정하고 나머지는 무죄가 선고되어 검사는 위 무죄부분에 대하여 불복상고하고 피고인은 유죄부분에 대하여 상고하지 않은 경우, 공소불가분의 원칙상 경합범의 경우와는 달리 포괄적 1죄의 일부만에 대하여 상고할 수는 없으므로 검사의 무죄부분에 대한 상고에 의해 상고되지 않은 원심에서 유죄로 인정된 부분도 상고심에 이심되어 심판의 대상이 된다).

9) 대법원 2008. 12. 11. 선고 2008도8922 판결; 대법원 1995. 6. 13. 선고 94도3250 판결.

1) 대법원 2008. 11. 20. 선고 2008도5596 전원합의체 판결.

2) 대법원 2007. 6. 1. 선고 2005도7523 판결.

3) 대법원 2006. 5. 25. 선고 2006도1146 판결.

4) 대법원 2013. 7. 25. 선고 2011도12482 판결; 대법원 2010. 1. 14. 선고 2009도12934 판결(포괄일죄의 일부만이 유죄로 인정된 경우 그 유죄 부분에 대하여 피고인만이 항소하였을 뿐 공소기각으로 판단된 부분에 대하여 검사

일부에 대하여만 유죄로 인정하고 나머지는 무죄가 선고되어 검사는 위 무죄부분에 대하여 불복상고하고 피고인은 유죄부분에 대하여 상고하지 않은 경우, 공소불가분의 원칙상 경합범의 경우와는 달리 포괄일죄의 일부만에 대하여 상고할 수는 없으므로 검사의 무죄부분에 대한 상고에 의해 상고되지 않은 원심에서 유죄로 인정된 부분도 상고심에 이심되어 심판의 대상이 된다.[1] 이와 같이 서로 모순된 판례의 태도는 결국 피고인의 이익을 보호하기 위한 것이므로 궁극적으로는 타당하다고 평가할 수 있다.

(3) 주형과 일체가 된 부가형에 대한 상소

1) 몰수·추징 등

일죄의 경우에는 주문의 내용이 서로 불가분적으로 관련되어 있으므로 주형과 분리하여 몰수 또는 추징·환형처분·압수물의 환부[2] 등에 대하여만 상소할 수 없다. 필요적 몰수 또는 추징의 경우 그 요건에 해당하는 한 법원은 반드시 몰수를 선고하거나 추징을 명하여야 한다. 위와 같은 몰수 또는 추징은 범죄행위로 인한 이득의 박탈을 목적으로 하는 것이 아니라 징벌적인 성질을 가지는 처분으로 부가형으로서의 성격을 띠고 있다. 이는 피고사건 본안에 관한 판단에 따른 주형 등에 부가하여 한 번에 선고되고 이와 일체를 이루어 동시에 확정되어야 하고 본안에 관한 주형 등과 분리되어 이심되어서는 아니 되는 것이 원칙이므로, 피고사건의 주위적 주문과 몰수 또는 추징에 관한 주문은 상호 불가분적 관계에 있어 상소불가분의 원칙이 적용되는 경우에 해당한다. 따라서 피고사건의 재판 가운데 몰수 또는 추징에 관한 부분만을 불복대상으로 삼아 상소가 제기되었다고 하더라도, 상소심으로서는 이를 적법한 상소제기로 다루어야 하고, 그 부분에 대한 상소의 효력은 그 부분과 불가분의 관계에 있는 본안에 관한 판단부분에까지 미쳐 그 전부가 상소심으로 이심된다.[3] 또한 상소심에서 원심의 주형 부분을 파기

가 항소를 하지 않았다면, 상소불가분의 원칙에 의하여 유죄 이외의 부분도 항소심에 이심되기는 하나 그 부분은 이미 당사자 간의 공격·방어의 대상으로부터 벗어나 사실상 심판대상에서부터도 이탈하게 되므로 항소심으로서도 그 부분에까지 나아가 판단할 수 없다); 대법원 2008. 9. 25. 선고 2008도4740 판결; 대법원 2004. 10. 28. 선고 2004도5014 판결; 대법원 1991. 3. 12. 선고 90도2820 판결. 同旨 대법원 2008. 12. 11. 선고 2008도8922 판결(상상적 경합 관계에 있는 수죄에 대하여 모두 무죄가 선고되었고, 이에 검사가 무죄 부분 전부에 대하여 상고하였으나 그 중 일부 무죄 부분(A)에 대하여는 이를 상고이유로 삼지 않은 경우, 비록 상고이유로 삼지 아니한 무죄 부분(A)도 상고심에 이심되지만 그 부분은 이미 당사자 간의 공격방어의 대상으로부터 벗어나 사실상 심판대상에서 이탈하게 되므로, 상고심으로서도 그 무죄 부분에까지 나아가 판단할 수 없다. 따라서 상고심으로부터 다른 무죄 부분(B)에 대한 원심판결이 잘못되었다는 이유로 사건을 파기환송 받은 원심은 그 무죄 부분(A)에 대하여 다시 심리·판단하여 유죄를 선고할 수 없다).

1) 대법원 1985. 11. 12. 선고 85도1998 판결. 同旨 대법원 2003. 5. 30. 선고 2003도1256 판결(유죄 부분 중 야간감금의 폭력행위처벌법 위반죄 부분은 성폭력특례법 위반죄(강간등치상)와 상상적 경합관계에 있어, 피고인이 상고하지 아니한 위 야간감금의 폭력행위처벌법 위반죄 부분도 상고심에 이심되어 상고심의 심판대상이 되었다 할 것이고, 그 결과 원심이 위 야간감금의 폭력행위처벌법 위반죄와 형법 제37조 전단의 경합범관계에 있다고 하여 위 죄와 함께 1개의 형을 선고한 위 야간상해의 폭력행위처벌법 위반죄 부분 또한 상고심에 이심되었다 할 것인바, 따라서 원심판결 중 성폭력특례법 위반죄(강간등치상) 부분을 파기하는 이상 그와 상상적 경합관계에 있는 야간감금의 폭력행위처벌법 위반죄 부분 및 이와 형법 제37조 전단의 경합범관계에 있고 유죄로 인정되어 1개의 형이 선고된 야간상해의 폭력행위처벌법 위반죄 부분 또한 함께 파기할 수밖에 없다).

2) 대법원 1959. 10. 16. 선고 4292형상209 판결.

하는 경우 부가형인 몰수 또는 추징 부분도 함께 파기하여야 하고, 몰수 또는 추징을 제외한 나머지 주형 부분만을 파기할 수는 없다.[1]

2) 소송비용 부담 등

소송비용 부담의 재판도 독립하여 상소할 수 없고, 본안 재판에 대하여 상소하는 때에만 상소할 수 있다(제191조 제2항). 하지만 배상명령에 대하여는 독립하여 즉시항고가 허용된다. 즉 피고인은 유죄판결에 대하여 상소를 제기하지 아니하고 배상명령에 대하여만 상소 제기기간에 형사소송법에 따른 즉시항고를 할 수 있다. 다만 즉시항고 제기 후 상소권자의 적법한 상소가 있는 경우에는 즉시항고는 취하된 것으로 본다(소송촉진특례법 제33조 제5항). 이는 형사절차에서의 민사판결이라는 배상명령의 성격을 고려하여 배상명령에 대하여 상소불가분의 원칙에 대한 예외를 인정한 것이다.

3) 보안처분

아동·청소년 대상 성폭력범죄의 피고인이 위치추적 전자장치의 부착명령에 관해서는 상고를 제기하지 아니하고 피고사건에 관하여만 상고를 제기한 사안에서, 전자장치부착법 제9조 제8항의 규정에 의하여 부착명령청구사건에 관하여도 상고를 제기한 것으로 의제되고, 전자장치부착법 제9조 제5항은 부착명령청구사건의 판결은 특정범죄사건의 판결과 동시에 선고하여야 한다고 규정하고 있는 점에 비추어, 원심의 피고사건에 대한 판단이 위법하여 파기되는 경우에는 그와 함께 심리되어 동시에 판결이 선고되어야 하는 부착명령청구사건 역시 파기하여야 한다.[2]

3. 일부상소의 방식

일부상소를 하기 위해서는 상소장에 '일부 상소'라는 취지를 명시하고 불복부분을 특정해야 한다. 하지만 현행 법규상 상소장에 불복의 범위를 명시하라는 규정이 없고, 상소는 재판의 전부에 대하여 하는 것을 원칙으로 삼고, 다만 재판의 일부에 대하여도 상소할 수 있다고 규정한 제342조의 규정에 비추어 볼 때, 비록 상소장에 경합범으로서 2개의 형이 선고된 죄 중 일죄에 대한 형만을 기재하고 나머지 일죄에 대한 형을 기재하지 아니하였다고 하더라도 상소이유서에서 그 나머지 일죄에 대하여도 항소이유를 개진한 경우에는 판결 전부에 대한 상소로 파악해야 한다.[3]

한편 불복부분을 특정하지 않은 상소는 전부 상소로 보아야 한다.[4] 다만 일부무죄, 일부유

---

3) 대법원 2008. 11. 20. 선고 2008도5596 전원합의체 판결.

1) 대법원 2009. 6. 25. 선고 2009도2807 판결; 대법원 1984. 12. 11. 선고 84도1502 판결.

2) 대법원 2011. 4. 14. 선고 2011도453 판결.

3) 대법원 2004. 12. 10. 선고 2004도3515 판결. 이에 대하여 상소이유의 판단을 포함하게 되면 상소이유서의 제출기간까지 잔여부분에 대한 재판확정 여부가 불명확한 상태에 놓이게 되는 불합리가 있기 때문에 상소장의 기재만으로 판단하면 족하다는 견해로는 김인회, 643면; 손동권/신이철, 752면; 정승환, 757면; 정웅석/최창호, 781면.

4) 대법원 2014. 3. 27. 선고 2014도342 판결(형법 제37조 전단 경합범 관계에 있는 공소사실 중 일부에 대하여 유죄,

죄의 판결에 대하여 피고인이 불복부분을 특정하지 아니하였더라도 무죄부분에 대해서는 피고인에게 상소의 이익이 없으므로 유죄부분에 대한 상소로 해석하여야 한다.[1] 하지만 검사가 제출한 항소장의 불복의 범위란에 재판의 일부에 대하여서만 상소한다는 기재가 없는 한 검사의 청구대로 되지 아니한 판결 전부에 대하여 상소한 것이라고 보아야 할 것이고, 검사가 항소장에 판결주문을 기재함에 있어 재판의 일부를 기재하지 아니하였다고 하여 무죄부분에 대하여는 항소하지 아니한 것이라고 단정한 것은 성급한 조치이다.[2]

4. 상소심의 심판범위

(1) 원 칙

경합범에 대하여 일부상소를 한 경우에 상소를 제기하지 않은 부분은 상소제기기간의 경과로 확정되고, 상소를 제기한 부분에 대해서만 상소심은 심판을 할 수 있다.[3] 그러므로 일부유죄·일부무죄의 경합범에 있어서 피고인만 유죄부분에 대하여 상소한 경우에는 무죄부분은 확정되고 유죄부분만이 상소심의 심판대상이 되며, 유죄부분에 대하여 상소이유가 인정되는 경우에는 그 부분에 대해서만 파기하면 된다. 또한 상소심의 파기환송에 의하여 사건을 환송받은 법원도 일부상소된 사건에 대하여만 심판해야 하고, 확정된 사건을 심판할 수는 없다.[4]

(2) 검사의 상소이유가 인정되는 일부유죄 · 일부무죄의 경합범

경합범으로 동시에 기소된 사건에 대하여 일부유죄, 일부무죄를 선고하는 등 판결주문이 수개일 때에는 그 1개의 주문에 포함된 부분을 다른 부분과 분리하여 일부상소를 할 수 있고, 당사자 쌍방이 상소하지 아니한 부분은 분리·확정된다. 그러므로 경합범 중 일부에 대하여 무죄, 일부에 대하여 유죄를 선고한 제1심판결에 대하여 검사만이 무죄 부분에 대하여 항소를 한 경우, 피고인과 검사가 항소하지 아니한 유죄판결 부분은 항소기간이 지남으로써 확정되어 항

나머지 부분에 대하여 무죄를 선고한 제1심판결에 대하여 검사만이 항소하면서 무죄 부분에 관하여는 항소이유를 기재하고 유죄 부분에 관하여는 이를 기재하지 않았으나 항소 범위는 '전부'로 표시하였다면, 이러한 경우 제1심판결 전부가 이심되어 원심의 심판대상이 되므로, 원심이 제1심판결 무죄 부분을 유죄로 인정하는 때에는 제1심판결 전부를 파기하고 경합범 관계에 있는 공소사실 전부에 대하여 하나의 형을 선고하여야 한다); 대법원 2011. 3. 10. 선고 2010도17779 판결.

1) 대법원 1960. 10. 28. 선고 4293형상659 판결.

2) 대법원 1991. 11. 26. 선고 91도1937 판결; 대법원 1959. 9. 18. 선고 4292형상142 판결. 이에 대하여 검사가 명시적으로 무죄부분을 다투지 않은 경우에는 피고인 보호를 위하여 무죄부분은 확정되었다고 보아야 한다는 견해로는 김인회, 643면.

3) 대법원 1984. 11. 27. 선고 84도862 판결.

4) 대법원 1990. 7. 24. 선고 90도1033 판결. 同旨 대법원 1991. 5. 28. 선고 91도371 판결(공소사실을 모두 유죄로 인정한 제1심판결을 파기하여 특정범죄가중처벌법 위반죄 부분에 대하여는 공소를 기각하고 업무상횡령죄 부분만을 유죄로 인정한 환송 전 항소심판결에 대하여 피고인은 상고를 제기하지 아니하고 검사만이 공소기각 부분에 대하여 상고를 제기하여 대법원이 그 공소기각 부분을 파기환송함에 따라 환송 후 항소심인 원심이 이 부분에 대하여 무죄를 선고한 경우, 환송 전 항소심이 유죄로 인정한 위 업무상횡령죄 부분은 피고인이 상고를 제기하지 아니함에 따라 확정되었으므로 피고인이 이 부분에 대하여 불복한 상고는 부적법하다).

소심에 계속된 사건은 무죄판결 부분에 대한 공소뿐이며[1], 그에 따라 항소심에서 이를 파기할 때에는 무죄 부분만을 파기하여야 한다.[2] 이 경우 하나의 형이 선고될 수 없다는 점에서 피고인에게 불이익의 염려가 있지만, 형법 제39조 제1항[3]에 의하여 그 형을 감경 또는 면제하는 방법으로 충분히 해결이 가능하다.

판례에 의하면, ① 형법 제37조 전단의 경합범 관계에 있는 죄에 대하여 일부는 유죄, 일부는 무죄를 선고한 원심판결에 대하여 피고인은 상소하지 아니하고 검사만이 무죄 부분에 한정하지 아니하고 전체에 대하여 상소한 경우, 무죄 부분에 대한 검사의 상소만 이유 있는 때에도 원심판결의 유죄 부분은 무죄 부분과 함께 파기되어야 하므로 상소심으로서는 원심판결 전부를 파기하여야 한다.[4] ② 형법 제37조 전단 경합범 관계에 있는 공소사실 중 일부에 대하여 유죄, 나머지 부분에 대하여 무죄를 선고한 제1심 판결에 대하여 검사만이 항소하면서 무죄 부분에 관하여는 항소이유를 기재하고 유죄 부분에 관하여는 이를 기재하지 않았으나 항소 범위는 '전부'로 표시하였다면, 이러한 경우 제1심판결 전부가 이심되어 원심의 심판대상이 되므로, 원심이 제1심판결 무죄 부분을 유죄로 인정하는 때에는 제1심판결 전부를 파기하고 경합범 관계에 있는 공소사실 전부에 대하여 하나의 형을 선고하여야 한다.[5] ③ 경합범 중 일부에 대하여 무죄, 일부에 대하여 유죄를 선고한 항소심판결에 대하여 검사가 상고를 제기한 무죄부분에만 파기사유가 있는 경우, 일부 피고인들의 유죄부분에 대한 상고는 이유가 없는 것이지만 항소심이 위 피고인들에 대하여 유죄로 인정한 죄와 무죄를 선고한 죄가 형법 제37조 전단의 경합범으로 공소가 제기된 것이므로 항소심판결의 유죄부분도 함께 파기하지 아니할 수 없고, 일부 피고인들은 유죄부분에 대하여 상고를 제기하지 아니하였거나 상고를 제기하였다가 취하하였거나 상고를 포기하였다고 하더라도 당초 위 두 죄가 형법 제37조 전단의 경합범으로 공소가 제기된 만큼 형법 제38조 제1항 제2호에 따라서 단일한 형으로 처벌을 받아야 할 것이어서 양형상 불가분의 관계가 있으므로 검사의 위 피고인들에 대한 상고가 이유 있어 항소심판결의 무죄부분을 파기하는 마당에는 유죄부분도 함께 파기하는 것이 상당하다.[6] ④ 수개의 범죄사실에 대하여 항소심이 일부는 유죄, 일부는 무죄의 판결을 하고, 그 판결에 대하여 피고인 및 검사 쌍방이 상고를 제기하였으나, 유죄 부분에 대한 피고인의 상고는 이유 없고 무죄 부분에 대한 검사의 상고만 이유 있는 경우, 항소심이 유죄로 인정한 죄와 무죄로 인정한 죄가 형법 제37조 전단의 경합범 관계에 있다면 항소심판결의 유죄 부분도 무죄 부분과 함께 파기되어야 한다.[7]

---

1) 대법원 2013. 6. 20. 선고 2010도14328 전원합의체 판결; 대법원 2000. 2. 11. 선고 99도4840 판결.

2) 대법원 2019. 1. 10. 선고 2016도8783 판결; 대법원 2010. 11. 25. 선고 2010도10985 판결; 대법원 2001. 6. 1. 선고 2001도70 판결; 대법원 1995. 6. 13. 선고 94도3250 판결; 대법원 1992. 1. 21. 선고 91도1402 전원합의체 판결.

3) 형법 제39조(판결을 받지 아니한 경합범) ① 경합범 중 판결을 받지 아니한 죄가 있는 때에는 그 죄와 판결이 확정된 죄를 동시에 판결할 경우와 형평을 고려하여 그 죄에 대하여 형을 선고한다. 이 경우 그 형을 감경 또는 면제할 수 있다.

4) 대법원 2012. 6. 14. 선고 2011도12571 판결.

5) 대법원 2014. 3. 27. 선고 2014도342 판결; 대법원 2011. 3. 10. 선고 2010도17779 판결.

6) 대법원 1991. 5. 28. 선고 91도739 판결.

7) 대법원 2016. 10. 13. 선고 2016도9674 판결; 대법원 2009. 12. 10. 선고 2009도1166 판결; 대법원 2002. 6. 20. 선고 2002도807 판결; 대법원 2000. 11. 28. 선고 2000도2123 판결; 대법원 2000. 6. 13. 선고 2000도778 판결.

(3) 상소심에서 죄수에 대한 판단이 달라진 경우

원심이 두개의 죄를 경합범으로 보고 한 죄는 유죄, 다른 한 죄는 무죄를 각 선고하자 검사가 무죄부분만에 대하여 불복하였다고 하더라도 위 두죄가 상상적 경합관계에 있다면 유죄부분도 상소심의 심판대상이 된다.[1] 하지만 피고인만이 상소를 제기한 경우에는 유죄부분만이 상소심에서 계속되어 상소가 이유 있으면 유죄부분만을 파기하면 되고, 상소가 이유 없으면 원심대로 판결을 확정하면 된다.

Ⅵ. 불이익변경금지의 원칙

1. 의 의

'불이익변경금지의 원칙'이란 피고인만이 또는 피고인을 위하여 상소한 상급심 법원은 피고인이 같은 범죄사실에 대하여 이미 선고받은 형보다 중한 형을 선고하지 못한다는 원칙을 말한다. 즉 피고인만이 상소한 사건과 피고인을 위하여 상소한 사건에 대하여는 원심판결의 형보다 중한 형을 선고하지 못한다(제368조, 제396조 제2항, 제399조, 제439조). 동 원칙은 상소심에서 일체의 불이익한 변경을 금지하는 것이 아니라 원심판결의 형보다 중한 형으로 변경하는 것이 허용되지 않는다는 것이며, 이러한 점에서 '중형변경금지의 원칙'이라고도 할 수 있다.[2] 불이익변경금지의 보장은 피고인측의 상소 결과 오히려 피고인에 불이익한 결과를 받게 되어서는 피고인측의 상소권 행사에 지장이 있을 것이라는데 그 이유가 있는 것이다.[3]

2. 적용범위

(1) 피고인만이 상소한 사건

불이익변경금지의 원칙은 피고인만이 상소한 사건에 대하여 적용된다. 그러므로 검사만이 상소한 사건[4]이나 검사와 피고인 쌍방이 상소한 사건[5]에 대해서는 적용되지 아니한다. 다만 제1심판결에 대하여 피고인만이 항소한 사건에서 항소심판결에 대하여 검사가 다시 상고한 경우에는 이 원칙이 적용된다. 이에 따라 상고심이나 파기환송 후의 항소심은 제1심판결이 선고한 형보다 중한 형을 피고인에게 선고할 수 없다.[6] 또한 피고인과 검사 쌍방이 항소하였으나 검사가 항소부분에 대한 항소이유서를 제출하지 아니하여 결정으로 항소를 기각하여야 하는

1) 대법원 1995. 6. 13. 선고 94도3250 판결; 대법원 1980. 12. 9. 선고 80도384 전원합의체 판결.

2) 대법원 1999. 11. 26. 선고 99도3776 판결.

3) 대법원 2007. 7. 13. 선고 2007도3448 판결; 대법원 1964. 9. 17. 선고 64도298 전원합의체 판결.

4) 대법원 1960. 7. 13.자 4293형상229 결정. 다만 검사만이 상소한 경우에 있어서도 상소심은 피고인에게 이익이 되는 판결을 얼마든지 선고할 수 있다.

5) 대법원 2008. 11. 13. 선고 2008도7647 판결; 대법원 2007. 6. 28. 선고 2005도7473 판결; 대법원 2006. 1. 26. 선고 2005도8507 판결; 대법원 2005. 9. 29. 선고 2005도4205 판결; 대법원 1999. 10. 8. 선고 99도3225 판결.

6) 대법원 1957. 10. 4. 선고 4290형비상1 전원합의체 판결.

경우에는 실질적으로 피고인만이 항소한 경우와 같게 되므로 항소심은 불이익변경금지의 원칙에 따라 제1심판결의 형보다 중한 형을 선고하지 못한다.[1)]

(2) 피고인을 위하여 상소한 사건

'피고인을 위하여 상소한 사건'이란 당사자 이외의 상소권자, 즉 피고인의 법정대리인(제340조), 피고인의 배우자·직계친족·형제자매 또는 원심의 대리인이나 변호인(제341조)이 상소한 사건을 말한다. 여기서 검사가 피고인의 이익을 위하여 상소한 경우에도 이에 해당하는지 여부와 관련하여, ① 검사의 상소는 단순히 피고인의 이익만을 위한 것이 아니라 공익을 위한 것으로 보아야 한다는 점, 검사가 상소한 경우는 불이익변경금지의 원칙의 근거인 피고인의 상소권 보장과 아무런 관련이 없다는 점 등을 논거로 하는 소극설[2)], ② 검사가 피고인을 위하여 상소한 때에는 피고인의 상소대리권자가 피고인을 위하여 상소한 경우와 구별할 이유가 없다는 점을 논거로 하는 적극설[3)] 등의 대립이 있다. 이에 대하여 판례는「검사의 항소가 특히 피고인의 이익을 위하여 한 취지라고 볼 수 없다면 항소심에서 중한 형을 선고할 수 있다.」라고 판시[4)]하여, 적극설의 입장을 취하고 있다. 생각건대 검사는 피고인의 정당한 이익도 보호해 주어야 할 의무가 있기 때문에 적극설이 타당하다.

(3) 상소한 사건

불이익변경금지의 원칙은 피고인의 상소권을 보장하기 위한 것이므로, 항소심과 상고심의 재판에 적용되는데, 이 원칙의 적용범위와 관련하여 문제가 되는 것으로는 다음과 같다.

1) 항고사건

형사소송법은 피고인이 항소한 사건에 대하여 불이익변경금지의 원칙을 규정하고(제368조), 피고인이 상고한 사건에 이를 준용하고 있지만(제396조 제2항), 피고인이 항고한 사건에 대해서는 준용하는 규정이 없다. 이에 따라 피고인만이 항고한 항고사건에 대해서도 불이익변경금지의 원칙이 적용되는지 여부와 관련하여, ① 보호처분결정에 대한 항고와 같이 형벌과 유사한 처분을 선고하는 경우가 있다는 점, 판결선고 후에 누범이라는 것이 발각되거나 경합범에 의하여 형의 선고를 받은 자가 경합범 중 어떤 죄에 대하여 일반사면을 받거나 형의 집행이 면제됨에 따라 다시 형을 정하는 경우에는 법원이 다시 결정한 형에 대하여 항고심이 불이익하게 형을 변경할 수 없도록 할 필요가 있다는 점 등을 논거로 하는 적극설[5)], ② 항고심은 항소심이나 상

---

1) 대법원 2014. 3. 27. 선고 2013도9666 판결; 대법원 2013. 2. 28. 선고 2012도15260 판결; 대법원 1998. 9. 25. 선고 98도2111 판결; 대법원 1978. 12. 13. 선고 78도2309 판결; 대법원 1969. 3. 31. 선고 68도1870 판결.

2) 이재상/조균석, 770면.

3) 김인회, 646면; 김정한, 804면; 배종대/홍영기, 440면; 손동권/신이철, 760면; 송광섭, 829면; 신동운, 722면; 신양균/조기영, 1097면; 이은모/김정환, 806면; 이주원, 589면; 이창현, 1196면; 임동규, 771면; 정승환, 760면; 정웅석/최창호, 786면; 최호진, 633면.

4) 대법원 1971. 5. 24. 선고 71도574 판결.

5) 김인회, 647면; 신양균/조기영, 1097면; 이은모/김정환, 807면; 이창현, 1197면.

고심이 아니라는 점, 항고심에서는 형을 선고하는 경우가 없다는 점, 항고에 대하여는 불이익변경금지의 원칙을 인정하는 명문의 규정이 없다는 점 등을 논거로 하는 소극설[1] 등의 대립이 있다. 생각건대 피고인이 항고한 사건이라고 할지라도 집행유예취소결정에 대한 항고(제335조 제3항)나 선고유예의 실효에 따라 유예한 형을 선고하는 결정에 대한 항고(제336조)와 같이 예외적으로 형의 선고에 준하는 경우가 있으므로 적극설이 타당하다.

2) 정식재판청구사건

약식명령이나 즉결심판에 대한 정식재판의 청구는 상소가 아니므로 불이익변경금지의 원칙이 적용되지 않는 것이 원칙이다. 하지만 제457조의2에서는 피고인의 정식재판청구권을 보장하기 위하여 '피고인이 정식재판을 청구한 사건에 대하여는 약식명령의 형보다 중한 종류의 형을 선고하지 못한다. 피고인이 정식재판을 청구한 사건에 대하여 약식명령의 형보다 중한 형을 선고하는 경우에는 판결서에 양형의 이유를 적어야 한다.'라고 규정하여 제한적으로 그 예외를 인정하고 있다. 현행법 제457조의2는 개정 전의 규정('피고인이 정식재판을 청구한 사건에 대하여는 약식명령의 형보다 중한 형을 선고하지 못한다.')과 비교해 볼 때, 불이익변경금지의 원칙이라기보다는 '불이익한 형종변경 금지의 원칙'이라고 할 수 있다. 이는 정식재판 청구의 남용을 방지하고, 정식재판시 피고인의 불성실한 참여를 억제하기 위한 것이다.

한편 판례는 「즉결심판절차법 제14조 제1항 및 제2항의 규정에 의하면, 피고인 및 경찰서장은 즉결심판에 불복하는 경우 정식재판을 청구할 수 있고, 같은 법 제19조의 규정에 의하면 즉결심판절차에 있어서 위 법에 특별한 규정이 없는 한 그 성질에 반하지 아니한 것은 형사소송법의 규정을 준용하도록 하고 있으며, 한편 형사소송법 제453조 및 제457조의2의 규정에 의하면 검사 또는 피고인은 약식명령에 불복하는 경우 정식재판을 청구할 수 있되, 피고인이 정식재판을 청구한 사건에 대하여는 약식명령의 형보다 무거운 형을 선고하지 못하도록 하고 있는바, 약식명령에 대한 정식재판청구권이나 즉결심판에 대한 정식재판청구권 모두 벌금형 이하의 형벌에 처할 범죄에 대한 약식의 처벌절차에 의한 재판에 불복하는 경우에 소송당사자에게 인정되는 권리로서의 성질을 갖는다는 점에서 동일하고 그 절차나 효력도 유사한 점 등에 비추어, 즉결심판에 대하여 피고인만이 정식재판을 청구한 사건에 대하여도 즉결심판절차법 제19조의 규정에 따라 형사소송법 제457조의2 규정을 준용하여, 즉결심판의 형보다 무거운 형을 선고하지 못한다.」라고 판시[2]하여, 즉결심판의 경우에도 불이익변경금지의 원칙을 적용하고 있었는데, 2017. 12. 19. 제457조의2가 개정됨으로 인하여 이후에는 즉결심판에 대하여도 '불이익한 형종변경 금지의 원칙'이 적용된다고 보아야 한다.[3]

1) 배종대/홍영기, 442면; 손동권/신이철, 761면; 송광섭, 831면; 이재상/조균석, 771면; 이주원, 589면; 임동규, 772면; 정승환, 760면; 정웅석/최창호, 786면.

2) 대법원 2006. 2. 24. 선고 2005도9027 판결; 대법원 1999. 1. 15. 선고 98도2550 판결.

3) 同旨 손동권/신이철, 762면; 신동운, 816면; 신양균/조기영, 1098면; 이재상/조균석, 772면.

3) 파기환송 또는 파기이송된 사건

피고인의 상고에 의하여 상고심에서 원심판결을 파기하고, 사건을 항소심에 환송한 경우에는 환송 전 원심판결과의 관계에서도 불이익변경금지의 원칙이 적용되어 그 파기된 항소심판결보다 중한 형을 선고할 수 없다.[1] 원칙적으로 파기환송 또는 파기이송을 받은 법원은 다시 원판결을 계속하는 것이므로 상소심이라고 할 수는 없지만, 상소심이 파기자판하는 경우와 비교하여 형평의 관점에서 이를 인정하는 것이다. 그리고 이러한 법리는 환송 후의 원심에서 적법한 공소장변경이 있어 이에 따라 그 항소심이 새로운 범죄사실을 유죄로 인정하는 경우에도 마찬가지이다.[2] 한편 항소심이 제1심의 양형이 과중하다고 인정하여 피고인의 항소이유를 받아들여 제1심판결을 파기하면서 제1심 그대로의 형을 선고하면, 판결의 이유와 주문이 저촉·모순되는 위법이 있고 이러한 위법은 판결 결과에 영향이 있다.[3]

4) 병합사건

항소심이 제1심에서 별개의 사건으로 따로 두 개의 형을 선고받고 항소한 피고인에 대하여 사건을 병합심리한 후 경합범으로 처단하면서 제1심의 각 형량보다 중한 형을 선고한 것은 불이익변경금지의 원칙에 어긋나지 아니한다.[4]

5) 정식재판청구사건에 대한 병합심리

피고인이 약식명령에 대하여 정식재판을 청구한 사건에서 다른 사건을 병합심리한 후 경합범으로 처단하면서 약식명령의 형량보다 중한 형을 선고한 것은 불이익변경금지의 원칙에 어긋나지 아니할 수도 있고[5], 벌금형의 약식명령을 고지받아 정식재판을 청구한 사건과 공소

---

1) 대법원 2006. 5. 26. 선고 2005도8607 판결(두 개의 벌금형을 선고한 환송 전 원심판결에 대하여 피고인만이 상고하여 파기 환송되었는데, 환송 후 원심이 징역형의 집행유예와 사회봉사명령을 선고한 것은 불이익변경금지의 원칙에 위배된다); 대법원 1992. 12. 8. 선고 92도2020 판결(징역 8월에 집행유예 2년이 선고된 당초의 원심판결에 대하여 피고인만이 상고한 결과 상고심에서 원심판결을 파기하고 사건을 항소심에 환송한다는 판결이 선고되었는데 환송 후 원심은 피고인에 대하여 징역 8월에 집행유예 2년 및 그 판시 압수물의 몰수를 선고하였음을 알 수 있는 바, 이와 같이 환송 후 원심판결이 환송 전 원심판결에서 선고하지 아니한 몰수를 새로이 선고한 것은 불이익변경금지의 원칙에 위배하여 판결결과에 영향을 미쳤다고 하지 않을 수 없다); 대법원 1984. 3. 13. 선고 83도1735 판결(3개의 공소사실을 제1심 법원에서 유죄로 인정하여 징역 8월을 선고하고 피고인만이 항소한 사건에서 제2심 법원이 2개의 공소사실만을 유죄로 인정하여 징역 6월에 1년간 집행유예선고를 하고, 1개의 공소사실을 무죄선고하였는데 그 후 무죄부분만이 상고되어 파기환송된 경우 제2심 법원이 이 무죄부분을 다시 유죄로 인정하여 징역 6월에 1년간 집행유예 선고를 한 것은 피고인만이 항소한 사건에서 환송전후의 형을 합산하면 징역 1년을 선고한 셈이 되어 위법하다); 대법원 1964. 9. 17. 선고 64도298 전원합의체 판결.

2) 대법원 2014. 8. 20. 선고 2014도6472 판결; 대법원 1986. 9. 23. 선고 86도402 판결; 대법원 1980. 3. 25. 선고 79도2105 판결.

3) 대법원 2009. 4. 9. 선고 2008도11718 판결(동일 피고인의 확정판결 전후의 범죄에 대하여 주문 2개를 선고한 제1심의 항소심은 제1심판결의 하나의 주문 관련 부분과 그에 대한 항소이유, 또 하나의 주문 관련 부분과 그에 대한 항소이유를 살펴 개별적으로 항소이유가 있는지 여부를 판단하여야 하고, 제1심의 양형이 과중하다고 인정하여 제1심판결 전부를 파기한 경우에는 제1심판결의 각 주문보다 개별적으로 가벼운 형을 각 선고하여야 한다).

4) 대법원 2001. 9. 18. 선고 2001도3448 판결; 대법원 1980. 5. 27. 선고 80도981 판결. 다만 가중의 범위는 제1심 형량의 합산에 의한 제한(신양균/조기영, 1099면)과 경합범 가중의 상한에 의한 제한을 받아야 한다는 견해로는 손동권/신이철, 763면.

5) 대법원 2016. 5. 12. 선고 2016도2136 판결(제1심에서 피고인이 벌금 300만원의 약식명령을 고지받고 정식재판을

가 제기된 사건을 병합심리한 후 경합범으로 처단하면서 '정식재판청구된 약식명령의 벌금형을 징역형으로 변경'하여 선고한 것이 불이익한 변경에 해당할 수도 있다.[1] 이와 같이 정식재판을 청구한 사건과 다른 사건이 병합·심리된 후 경합범으로 처단되는 경우에는 당해 사건에 대하여 선고 또는 고지받은 형과 병합·심리되어 선고받은 형을 단순 비교할 것이 아니라 병합된 다른 사건에 대한 법정형·선고형 등 피고인의 법률상 지위를 결정하는 객관적 사정을 전체적·실질적으로 고찰하여 병합심판된 선고형이 불이익한 변경에 해당하는지를 판단하여야 한다.

3. 구체적인 내용

(1) 불이익변경금지의 대상

1) 중형선고의 금지

불이익변경금지의 원칙은 일체의 불이익한 변경을 금지하는 것이 아니라 원심판결의 형보다 중한 형으로의 변경을 금지하는 것이므로, 불이익변경이 금지되는 것은 형의 선고에 한한다. 그러므로 죄명이나 적용법조가 불이익하게 변경되었다고 하더라도 선고한 형이 같거나 가벼운 경우[2], 그 형이 같은 이상 원심이 인정한 죄보다 중한 죄를 인정한 경우[3], 원심에서 일죄로 인정한 것을 경합범으로 변경한 경우[4], 원심에서 경합범으로 인정한 것을 일죄로 인정한 경

청구한 甲사건과 공소가 제기된 乙사건을 병합 심리 후 위 각 죄가 경합범 관계에 있다는 이유로 하나의 형인 벌금 400만원을 선고하였는데, 피고인이 항소하여 원심이 위 병합된 甲·乙사건과 제1심에서 징역 4년이 선고된 丙사건을 병합하여 징역 3년을 선고한 사안에서, 제1심이 甲·乙사건을 병합하여 벌금 400만원을 선고한 것이나 원심이 甲·乙사건과 丙사건을 병합하여 징역 3년을 선고한 것이 불이익변경금지 원칙에 위배되지 않는다); 대법원 2004. 8. 20. 선고 2003도4732 판결(피고인이 약식명령에 대하여 정식재판을 청구한 사건과 공소가 제기된 다른 사건을 병합하여 심리한 결과 형법 제37조 전단의 경합범 관계에 있어 하나의 벌금형으로 처단하는 경우에는 약식명령에서 정한 벌금형보다 중한 벌금형을 선고하더라도 불이익변경금지의 원칙에 어긋나는 것이 아니다); 대법원 2003. 5. 13. 선고 2001도3212 판결.

1) 대법원 2004. 11. 11. 선고 2004도6784 판결(제1심이 피고인에 대한 판시 도로교통법위반(음주운전) 등 사건에, 피고인이 판시 교통사고처리특례법위반죄에 대하여 벌금 350만원의 약식명령을 고지받아 정식재판을 청구한 사건을 병합하여 심리한 후 판시 교통사고처리특례법위반죄에 대하여는 금고형을 나머지 판시 각 죄에 대하여는 각 징역형을 선택한 다음 판시 각 죄를 경합범으로 처단하면서 피고인에게 징역 6월을 선고하였고, 원심은 이러한 제1심의 조치를 유지하였는바, 불이익변경금지의 원칙에 비추어 기록을 살펴보면, 정식재판청구된 약식명령의 벌금형을 징역형으로 변경하여 선고하는 것은 불이익한 변경임이 분명하고, 약식명령으로 고지받은 벌금형과 병합·심리된 판시 도로교통법위반 등 사건의 법정형 등 피고인의 법률상 지위를 결정할 객관적 사정을 전체적·실질적으로 고찰하여도 병합심판되어 선고된 징역형이 피고인에게 불이익한 변경에 해당하지 않는다고 볼 근거는 없다).

2) 대법원 2013. 2. 28. 선고 2011도14986 판결(약식명령에 대하여 피고인만이 정식재판을 청구하였는데, 검사가 당초 사문서위조 및 위조사문서행사의 공소사실로 공소제기하였다가 제1심에서 사서명위조 및 위조사서명행사의 공소사실을 예비적으로 추가하는 내용의 공소장변경을 신청한 사안에서, 피고인에 대하여 사서명위조와 위조사서명행사의 범죄사실이 인정되는 경우에는 비록 사서명위조죄와 위조사서명행사죄의 법정형에 유기징역형만 있다 하더라도 불이익변경금지 원칙이 적용되어 벌금형을 선고할 수 있으므로, 위와 같은 불이익변경금지 원칙 등을 이유로 공소장변경을 불허할 것은 아닌데도, 이를 불허한 채 원래의 공소사실에 대하여 무죄를 선고한 제1심판결을 그대로 유지한 원심의 조치에 공소사실의 동일성이나 공소장변경에 관한 법리오해의 위법이 있다).

3) 대법원 1981. 12. 8. 선고 81도2779 판결.

4) 대법원 1988. 7. 26. 선고 88도936 판결; 대법원 1984. 4. 24. 선고 83도3211 판결(피고인에 관하여 형법 제156조만을 의율한 제1심판결에 대하여 피고인만이 항소한 경우에 있어서 항소심판결이 검사의 공소장 변경신청에 의하

우[1], 원심이 주류 판매량을 제1심보다 많이 인정하는 것과 같이 범죄사실을 불리하게 인정한 경우[2], 살인죄에 대하여 원심이 유기징역형을 선택한 제1심보다 중하게 무기징역형을 선택하였다고 하더라도 결과적으로 (감경 등에 의하여) 선고한 형이 중하게 변경되지 아니한 경우[3], 원심에서 공소사실의 일부만 유죄로 인정한 것을 공소사실의 전부를 유죄로 인정하면서 동일한 형을 선고한 경우[4] 등은 이 원칙에 반하지 아니한다. 또한 제1심이 피고인에게 각 범죄사실을 일괄하여 실체적 경합범으로 보고 징역 4년을 선고한 것을 원심이 각 범죄사실이 형법 제37조 후단의 경합범이라는 이유로 제1심판결을 파기하고 3개의 주문(징역 1년, 징역 1년, 징역 6월)으로 처단하고 있다고 하더라도, 원심판결이 주형에서 그 형기를 감축하고 있다면 주문이 3개로 나누어 선고되었다는 사실만으로 제1심판결보다 피고인에게 불이익하게 변경되었다고 할 수는 없다.[5] 특히 불이익변경금지의 원칙을 관철하는 과정에서 법정형에 없는 형이 선고되기도 하는데, 예를 들면 절도죄로 벌금형을 선고받은 피고인만이 항소한 경우 항소심에서 공소장변경을 통하여 강도죄로 인정하더라도 원심 형량 이하의 벌금형을 선고할 수밖에 없는 경우, 필요적 병과형을 누락한 경우에도 상소심이 이를 병과하지 못하는 경우 등이 이에 해당한다.

한편 불이익변경금지의 원칙은 경한 사실을 인정하거나 경한 법령을 적용한 경우에 형까지 유리하게 변경할 것을 요구하는 것은 아니다. 그러므로 피고인만이 항소한 사건에서 항소심이 피고인에 대하여 제1심이 인정한 범죄사실의 일부를 무죄로 인정하면서도 제1심과 동일한 형을 선고한 경우[6], 상소심이 원심의 경합범 인정을 위법이라고 파기하고 일죄로 처단하면서 원심과 같은 형을 선고한 경우[7] 등은 불이익변경금지 원칙에 위배된다고 볼 수 없다.

2) 형의 범위

불이익변경금지의 원칙에서 말하는 형은 형법 제41조에서 규정하고 있는 형벌에 국한되지 아니하고, 피고인에게 실질적으로 형벌과 같이 불이익을 주는 처분을 모두 포함한다.[8] 그러므

여 제1심판결의 적용법조와는 달리 형법 제37조, 동법 제38조 제1항 제2호를 의율하여 경합죄로 처단하였다고 하더라도 항소심판결의 선고형이 제1심 선고형과 동일하다면 불이익변경금지의 원칙에 위배된다고 할 수 없다).

1) 대법원 1966. 10. 18. 선고 66도567 판결(상소심이 원심의 경합범 인정을 위법이라 파기하고 1죄로 처단하는 경우 반드시 원심보다 경한 형을 선고하여야 하는 것은 아니고 원심과 같은 형을 선고하였다 하여도 위법이 아니다).

2) 대법원 1996. 3. 8. 선고 95도1738 판결.

3) 대법원 1999. 2. 5. 선고 98도4534 판결.

4) 대법원 2001. 2. 9. 선고 2000도5000 판결(제1심이 단순일죄의 관계에 있는 공소사실의 일부에 대하여만 유죄로 인정한 경우에 피고인만이 항소하여도 그 항소는 그 일죄의 전부에 미쳐서 항소심은 무죄부분에 대하여도 심판할 수 있다 할 것이고, 그 경우 항소심이 위 무죄부분을 유죄로 판단하였다 하여 그로써 항소심판결에 불이익변경금지원칙에 위반하거나 심판범위에 대한 법리를 오해한 위법이 있다고 할 수 없다); 대법원 1991. 6. 25. 선고 91도884 판결.

5) 대법원 1988. 7. 26. 선고 88도936 판결.

6) 대법원 2003. 2. 11. 선고 2002도5679 판결.

7) 대법원 1966. 10. 18. 선고 66도567 판결.

8) 대법원 1966. 12. 23. 선고 66도1500 판결(미결통산을 할 수 있는 최대한의 기간이 39일인데 40일을 통산한 제1심판결에 대하여 피고인만이 항소한 경우에는 피고인에게 불이익하게 39일로 감축하여 판결을 할 수 없다).

로 추징[1]이나 노역장유치기간 등을 중하게 변경하는 것도 금지된다. 하지만 피고인만이 항소한 사건에서 항소심법원이 제1심판결을 파기하고 새로운 형을 선고함에 있어 피고인에 대한 주형에서 그 형기를 감축하고 제1심판결이 선고하지 아니한 압수장물을 피해자에게 환부하는 선고를 추가하였더라도 그것만으로는 피고인에 대한 형이 제1심판결보다 불이익하게 변경되었다고 할 수 없다.[2] 또한 피고인만 항소한 사건에서 피해자가 항소심에 이르러 비로소 배상명령신청을 하고 항소심이 이를 받아들여 배상명령을 하였더라도 이를 불이익변경금지의 원칙에 위배된다고 할 수는 없다.[3]

한편 소송비용의 부담에 대하여 불이익변경금지의 원칙을 적용할 수 있는지 여부와 관련하여, ① 소송비용의 부담이 실질적으로는 형으로서의 성질을 가지고 있지 않지만 재산적 법익의 현실적 박탈을 수반한다는 점에서 불이익변경금지의 원칙이 적용된다는 적극설[4], ② 소송비용의 부담은 실질적으로 형의 선고로 볼 수 없다는 점에서 불이익변경금지의 원칙이 적용되지 않는다는 소극설[5] 등의 대립이 있다. 이에 대하여 판례는 「소송비용의 부담은 형이 아니고 실질적인 의미에서 형에 준하여 평가되어야 할 것도 아니므로 불이익변경금지원칙의 적용이 없다. 제1심 및 환송 전 원심이 소송비용의 부담을 명하는 재판을 하지 않은 이 사건에서 환송 후 원심이 피고인에게 제1심 및 원심 소송비용 중 각 1/2의 부담을 명한 조치는 정당하다.」라고 판시[6]하여, 소극설의 입장을 취하고 있다. 생각건대 소극설이 타당하다.

(2) 불이익변경의 판단기준

불이익변경금지의 원칙을 적용할 때에는 주문을 개별적·형식적으로 고찰할 것이 아니라 전체적·실질적으로 고찰하여 그 경중을 판단하여야 한다.[7] 선고된 형이 피고인에게 불이익하게 변경되었는지 여부는 일단 형법상 형의 경중을 기준으로 하되, 병과형·부가형·집행유예·노역장 유치기간 등 주문 전체를 고려하여 피고인에게 실질적으로 불이익한지 여부에 의하여 판단하여야 한다.[8] 더 나아가 피고인이 상소 또는 정식재판을 청구한 사건과 다른 사건이 병

---

1) 대법원 2009. 5. 14. 선고 2007도4177 판결(추징도 몰수에 대신하는 처분으로서 몰수와 마찬가지로 형에 준하여 평가하여야 할 것이므로 그에 관하여도 제368조의 불이익변경금지의 원칙이 적용된다); 대법원 2006. 11. 9. 선고 2006도4888 판결.

2) 대법원 1990. 4. 10. 선고 90도16 판결.

3) 대법원 2004. 6. 25. 선고 2004도2781 판결.

4) 김인회, 648면; 송광섭, 835면; 정승환, 763면.

5) 배종대/홍영기, 442면; 손동권/신이철 766면; 신양균/조기영, 1101면; 이은모/김정환, 810면; 이재상/조균석, 773면; 이주원, 592면; 이창현, 1201면; 임동규, 775면; 정웅석/최창호, 791면.

6) 대법원 2008. 3. 14. 선고 2008도488 판결; 대법원 2001. 4. 24. 선고 2001도872 판결.

7) 대법원 2019. 10. 17. 선고 2019도11609 판결.

8) 대법원 2018. 10. 4. 선고 2016도15961 판결; 대법원 2016. 5. 12. 선고 2016도2136 판결; 대법원 2013. 12. 12. 선고 2012도7198 판결(제1심이 뇌물수수죄를 인정하여 피고인에게 징역 1년 6월 및 추징 26,150,000원을 선고한데 대해 피고인만이 항소하였는데, 원심이 제1심이 누락한 필요적 벌금형 병과규정인 특정범죄가중처벌법 제2조 제2항을 적용하여 피고인에게 징역 1년 6월에 집행유예 3년, 추징 26,150,000원 및 벌금 50,000,000원을 선고한 사안에서, 집행유예의 실효나 취소가능성, 벌금 미납 시 노역장 유치 가능성과 그 기간 등을 전체적·실질적으로

합·심리된 후 경합범으로 처단되는 경우에는 당해 사건에 대하여 선고 또는 고지받은 형과 병합·심리되어 선고받은 형을 단순 비교할 것이 아니라 병합된 다른 사건에 대한 법정형·선고형 등 피고인의 법률상 지위를 결정하는 객관적 사정을 전체적·실질적으로 고찰하여 병합심판된 선고형이 불이익한 변경에 해당하는지를 판단하여야 한다.[1] 다만 그 병합·심리 결과 다른 사건에 대하여 무죄가 선고됨으로써 당해 사건과 다른 사건이 경합범으로 처단되지 않고 당해 사건에 대하여만 형이 선고된 경우에는, 다른 사건에 대한 법정형·선고형 등 피고인의 법률상 지위를 결정하는 객관적 사정까지 고려할 필요는 없으므로 원래대로 돌아가 당해 사건에 대하여 고지받은 약식명령의 형과 그 선고받은 형만 전체적으로 비교하여 피고인에게 실질적으로 불이익한 변경이 있었는지 여부를 판단하면 된다.[2]

(3) 형의 경중의 구체적인 비교

1) 형의 추가 및 형의 종류의 변경

상소심에서 동종의 형을 부과하면서 무거운 형을 선고하는 경우, 원심판결이 선고한 형 이외에 다른 형을 추가하는 경우[3], 원심이 선고한 징역형의 형기를 그대로 두면서 벌금형을 추가하거나 자격정지를 병과하는 경우[4], 징역형을 금고형으로 변경하면서 형기를 높이는 경우, 형기를 그대로 두면서 금고형을 징역형으로 변경하는 경우[5], 벌금형을 징역형이나 금고형으로 변경하는 경우, 벌금형은 동일하지만 노역장유치기간이 길어진 경우[6] 등에 있어서는 불이익변

고찰할 때 원심이 선고한 형은 제1심이 선고한 형보다 무거워 피고인에게 불이익하다); 대법원 2010. 2. 11. 선고 2009도12967 판결; 대법원 1998. 3. 26. 선고 97도1716 전원합의체 판결.

1) 대법원 2006. 8. 25. 선고 2005도5105 판결; 대법원 2004. 11. 11. 선고 2004도6784 판결; 대법원 1998. 5. 12. 선고 96도2850 판결.

2) 대법원 2009. 12. 24. 선고 2009도10754 판결(벌금 150만원의 약식명령을 고지받고 정식재판을 청구한 '당해 사건'과 정식 기소된 '다른 사건'을 병합·심리한 후 두 사건을 경합범으로 처단하여 벌금 900만원을 선고한 제1심판결에 대해, 피고인만이 항소한 원심에서 다른 사건의 공소사실 전부와 당해 사건의 공소사실 일부에 대하여 무죄를 선고하고 '당해 사건'의 나머지 공소사실은 유죄로 인정하면서 그에 대하여 벌금 300만원을 선고한 사안에서, 원심판결은 당해 사건에 대하여 당초 피고인이 고지받은 약식명령의 형보다 중한 형을 선고하였음이 명백하므로, 제457조의2에서 규정한 불이익변경금지의 원칙을 위반한 위법이 있다).

3) 대법원 1981. 9. 8. 선고 81도1945 판결(제368조는 피고인이 항소한 사건에 대하여는 원심판결의 형보다 중한 형을 선고하지 못하도록 하는 소위 불이익변경금지 규정을 두고 있는 바, 위 원심판결의 징역 6월과 무기징역형은 제1심판결의 무기징역형보다 중함이 분명하다고 할 것이다. 제462조에 의하면 2 이상의 형이 확정되면 그것을 모두 집행하되 원칙적으로 중한 형을 먼저 집행한다는 취지임이 분명한바, 본건 원심판결이 확정되어 이 원칙에 따라 무기징역형을 먼저 집행하면 위 징역 6월의 형은 집행할 기회가 없을 것이니 징역 6월 형이 첨가된 원심판결은 실질적으로 제1심판결의 형보다 불이익되는 점이 없는 것이라는 반론이 있을지 모르나, 위 원칙에 따라 무기징역형을 먼저 집행하였더라도 후일 사면령에 의하여 무기형이 사면 또는 감형되면 사면 또는 감형된 형기종료 후 위 징역 6월의 형을 집행하여야 할 것이니, 이런 경우를 생각하면 위 징역 6월 형의 집행가능성이 전혀 없는 것도 아니어서 제1심판결에 비하여 원심판결이 불이익함은 말할 것도 없으며, 혹은 형법 제39조 제2항, 제38조 제1항 제1호를 들고 원심판결에 첨가선고된 징역 6월의 형은 집행하지 아니한다는 이론이 있을지 모르나, 본건의 경우 원심판결이 선고한 징역 6월의 형과 무기징역형은 그 상호간에 형법 제37조 후단의 경합관계에 있는 것이 아니므로 여기에 형법 제39조가 적용될 여지도 없다고 할 것이다).

4) 대법원 1985. 6. 11. 선고 84도1958 판결.

5) 대법원 1976. 1. 27. 선고 75도1543 판결.

6) 대법원 1976. 11. 23. 선고 76도3161 판결.

경금지의 원칙에 위반된다.

하지만 벌금형을 구류형으로 변경하는 경우[1], 금고형을 징역형으로 변경하면서 형기를 단축하는 경우, 자유형을 벌금형으로 변경하면서 벌금형에 대한 노역장유치기간이 자유형의 기간을 초과하는 경우[2], 벌금형이 감경되면서 노역장유치기간이 길어진 경우[3], 제1심판결에서 선고된 추징을 항소심판결에서 몰수로 변경하는 경우[4] 등에 있어서는 불이익변경금지의 원칙에 위반되지 아니한다. 다만 징역형의 형기를 줄이면서 벌금형을 추가하는 경우에는 피고인에게 실질적으로 불이익을 초래하였는지 여부를 기준으로 그 형의 경중을 비교해야 한다. 또한 부정기형과 정기형 사이에 그 경중을 가리는 경우에는 부정기형 중 최단기형과 정기형을 비교하여야 한다.[5] 왜냐하면 피고인이 부정기형을 선고받은 때에는 단기가 경과하면 석방될 가능성이 있기 때문이다.

한편 피고인만이 상소한 사건의 상소심에서 원심보다 피고인에게 불리하게 미결구금일수의 산입을 감축하는 등의 경우에는 불이익변경금지원칙의 적용 여부를 살펴보아야 하지만, 위와 같이 판결을 선고한 법원에서 당해 판결서의 명백한 오류에 대하여 판결서의 경정을 통하여 그 오류를 시정하는 것은 피고인에게 유리 또는 불리한 결과를 발생시키거나 피고인의 상소권 행사에 영향을 미치는 것이 아니므로, 여기에 불이익변경금지원칙이 적용될 여지는 없다.[6]

2) 집행유예 및 선고유예

집행유예는 형식적으로 형벌은 아니지만 그 선고가 실효되거나 취소된 경우에는 그 형의 선고에 따른 형의 집행을 받아야 되므로 실질적으로 형벌과 같은 불이익을 부과하는 처분에 해

1) 대법원 2002. 5. 28. 선고 2001도5131 판결.

2) 대법원 2000. 11. 24. 선고 2000도3945 판결(피고인에 대한 벌금형이 제1심보다 감경되었을 뿐만 아니라 그 벌금형에 대한 노역장유치기간도 줄어든 경우라면 노역장유치 환산의 기준 금액이 제1심의 그것보다 낮아졌다 하여도 형이 불이익하게 변경되었다고 할 수는 없다. 벌금형에 대한 노역장유치기간의 산정에는 형법 제69조 제2항에 따른 제한이 있을 뿐 그 밖의 다른 제한이 없으므로, 징역형과 벌금형 가운데서 벌금형을 선택하여 선고하면서 그에 대한 노역장유치기간을 환산한 결과 선택형의 하나로 되어 있는 징역형의 장기보다 유치기간이 더 길 수 있게 되었다 하더라도 이를 위법이라고 할 수는 없다); 대법원 1994. 1. 11. 선고 93도2894 판결(징역형의 형기가 징역 1년에서 징역 10월로 단축되었다면 벌금형의 액수가 같고 벌금형에 대한 환형유치기간이 길어졌다고 하더라도 형량이 불이익하게 변경되었다고 할 수 없다); 대법원 1990. 9. 25. 선고 90도1534 판결; 대법원 1980. 5. 13. 선고 80도765 판결. 이에 대하여 노역장유치는 자유형과 실질적으로 동일한 불이익을 준다고 볼 수 있으므로 불이익변경이 된다는 견해로는 이창현, 1205면; 정승환, 765면.

3) 대법원 2008. 10. 9. 선고 2008도7341 판결; 대법원 1981. 10. 24. 선고 80도2325 판결; 대법원 1977. 9. 13. 선고 77도2114 판결.

4) 대법원 2005. 10. 28. 선고 2005도5822 판결(추징은 몰수할 물건의 전부 또는 일부를 몰수하지 못할 때 몰수에 갈음하여 그 가액의 납부를 명하는 처분으로서, 실질적으로 볼 때 몰수와 표리관계에 있어 차이가 없는 것이고, 항소심이 몰수의 가능성에 관하여 제1심과 견해를 달리하여 추징을 몰수로 변경하더라도, 그것만으로 피고인의 이해관계에 실질적 변동이 생겼다고 볼 수는 없다).

5) 대법원 2006. 4. 14. 선고 2006도734 판결; 대법원 1969. 3. 18. 선고 69도114 판결; 대법원 1959. 8. 21. 선고 4292형상242 판결.

6) 대법원 2007. 7. 13. 선고 2007도3448 판결(피고인이 항소심 계속 중 별건 확정판결의 집행에 의하여 수감 중이었으므로 항소심에서의 미결구금일수가 전혀 없음에도 불구하고 착오로 본형에 잘못 산입한 오류를 판결서의 경정을 통하여 시정함에 있어 불이익변경금지원칙이 적용될 여지가 없다).

당한다. 그러므로 집행유예를 배제하여 실형을 선고하는 경우, 집행유예의 기간을 늘리는 경우, 자유형의 형기를 줄이는 대신 집행유예를 배제하는 경우, 집행유예가 선고된 자유형의 형기를 그대로 유지하면서 집행유예의 기간만을 늘리는 경우, 자유형의 형기를 늘리면서 집행유예를 선고하는 경우 등은 불이익한 변경에 해당한다.

판례에 의하면, ① 항소심에서 형은 제1심과 같은 징역 6월이지만 제1심의 집행유예기간 1년보다 장기간인 2년간의 집행유예를 선고한 경우[1], ② 제1심에서 징역형의 집행유예를 선고한데 대하여 제2심이 그 징역형의 형기를 단축하여 실형을 선고하는 경우[2], ③ 제1심에서 징역 6월의 선고를 받고 피고인만이 항소한 사건에서 징역 8월에 집행유예 2년을 선고한 경우[3], ④ 제1심이 징역 1년 6월 및 추징 26,150,000원을 선고한 데 대해 피고인만이 항소하였는데, 원심이 징역 1년 6월에 집행유예 3년, 추징 26,150,000원 및 벌금 50,000,000원을 선고한 경우[4], ⑤ 제1심의 징역형의 선고유예의 판결에 대하여 피고인만이 항소한 경우에 제2심이 벌금형을 선고한 경우[5], ⑥ 제1심이 피고인에 대하여 금고 6월을 선고한데 대하여 피고인만이 항소하였음에도 불구하고 원심이 제1심판결을 파기하고 피고인에 대하여 징역 6월에 집행유예 1년을 선고한 경우[6], ⑦ 환송 전 원심이 선고한 벌금형보다 무거운 징역형의 집행유예와 그 부가처분인 사회봉사명령을 선고한 경우[7], ⑧ 징역 2년 6월 및 벌금 7,500,000원의 형을 선고한 1심판결에 대하여 피고인만이 항소한 항소심에서 징역 2년 6월 및 벌금 15,000,000원에 징역형에 대한 집행유예 3년의 형을 선고한 경우[8] 등에 있어서는 불이익변경금지의 원칙에 위반된다.

하지만 ① 금고 5월의 실형을 선고한 제1심판결에 대해 피고인만이 항소하였는데, 원심이 금고 5월, 집행유예 2년, 보호관찰 및 40시간의 수강명령을 선고한 경우[9], ② 징역 10월에 집행유예 2년을 선고한 제1심판결을 파기하고 벌금 10,000,000원을 선고한 경우[10], ③ 항소심에서 제1심의 징역형에 대하여는 집행유예를 하고 제1심에서 선고를 유예한 벌금형을 병과한 경우[11], ④ 제1심에서 징역 1년 6월 형의 3년간 집행유예를, 환송 전 원심에서 징역 1년 형의 선고유예를 각 선고받은 데 대하여, 환송 후 원심에서 벌금 40,000,000원의 형과 금 16,485,250원의 추징의 선고를 모두 유예한 경우[12], ⑤ 제1심의 형량인 징역 2년에 집행유예 3년 및 금 5억여원 추징을 항소심에서 징역 1년에 집행유예 2년 및 금 6억여원 추징으

1) 대법원 1983. 10. 11. 선고 83도2034 판결.

2) 대법원 2016. 3. 24. 선고 2016도1131 판결; 대법원 1986. 3. 25.자 86모2 결정; 대법원 1970. 3. 24. 선고 70도33 판결; 대법원 1965. 12. 10. 선고 65도826 전원합의체 판결.

3) 대법원 1966. 12. 8. 선고 66도1319 전원합의체 판결. 同旨 대법원 2002. 10. 25. 선고 2002도2453 판결; 대법원 1977. 10. 11. 선고 77도2713 판결.

4) 대법원 2013. 12. 12. 선고 2012도7198 판결.

5) 대법원 1999. 11. 26. 선고 99도3776 판결; 대법원 1984. 10. 10. 선고 84도1489 판결; 대법원 1966. 4. 6. 선고 65도1261 판결.

6) 대법원 1976. 1. 27. 선고 75도1543 판결.

7) 대법원 2006. 5. 26. 선고 2005도8607 판결.

8) 대법원 1981. 1. 27. 선고 80도2977 판결.

9) 대법원 2013. 12. 12. 선고 2013도6608 판결.

10) 대법원 1990. 9. 25. 선고 90도1534 판결. 同旨 대법원 1966. 9. 27. 선고 66도1026 판결.

11) 대법원 1976. 10. 12. 선고 74도1785 판결.

12) 대법원 1998. 3. 26. 선고 97도1716 전원합의체 판결.

로 변경한 경우[1] 등에 있어서는 불이익변경금지의 원칙에 위반되지 아니한다. 한편 형의 집행유예의 판결은 소정 유예기간을 특별한 사유 없이 경과한 때에는 그 형의 선고의 효력이 상실되나 형의 집행면제는 그 형의 집행만을 면제하는데 불과하여, 전자가 후자보다 피고인에게 불이익한 것이라고 할 수는 없다.[2]

3) 보안처분

판례에 의하면, ① 제1심 법원에서 치료감호처분만 선고되고 피고인만이 항소한 사건에서 원심이 공판절차이행에 따라 징역 1년 6월의 형을 선고한 경우[3], ② 다른 형은 동일하게 선고하면서 위치추적 전자장치 부착명령 기간만을 제1심판결보다 장기의 기간으로 부과한 경우[4], ③ 피고인이 벌금형의 약식명령을 발령받고 정식재판을 청구하였는데, 제1심이 약식명령에서 정한 벌금형과 동일한 벌금형을 선고하면서 일정시간의 성폭력 치료프로그램 이수명령을 병과한 경우[5], ④ 피고인에게 징역 2년에 집행유예 3년을 선고한 제1심판결에 대하여, 분리된 항소심판결은 징역 1년에 집행유예 2년을 선고하였고, 그 판결 확정 후 원심은 징역 1년에 집행유예 2년을 선고하면서 40시간의 성폭력 치료강의 수강명령을 병과한 경우[6], ⑤ 2018. 12. 11. 법률 제15904호로 개정된 장애인복지법의 시행 전에 성범죄를 범한 피고인에 대하여, 제1심이 개정법 시행일 이전에 유죄를 인정하여 징역 1년과 120시간의 성폭력 치료프로그램 이수명령, 아동·청소년 관련기관 등에 5년간의 취업제한명령을 선고하였고, 이에 대하여 피고인만 양형부당을 이유로 항소하였는데, 개정법 시행일 이후에 판결을 선고한 원심이 개정법 부칙 제2조와 개정법 제59조의3 제1항에 따라 판결 선고와 동시에 아동·청소년 관련기관 등에 대한 취업제한명령뿐 아니라 장애인복지시설에 대한 취업제한명령을 선고하여야 한다는 이유로 제1심판결을 직권으로 파기하고 유죄를 인정하면서 제1심과 동일한 형 등과 함께 장애인복지시설에 5년간의 취업제한명령을 선고한 경우[7] 등에

---

1) 대법원 1998. 5. 12. 선고 96도2850 판결.

2) 대법원 1985. 9. 24. 선고 84도2972 전원합의체 판결.

3) 대법원 1983. 6. 14. 선고 83도765 판결.

4) 대법원 2014. 3. 27. 선고 2013도9666 판결.

5) 대법원 2015. 9. 15. 선고 2015도11362 판결; 대법원 2014. 8. 20. 선고 2014도3390 판결; 대법원 2012. 9. 27. 선고 2012도8736 판결.

6) 대법원 2018. 10. 4. 선고 2016도15961 판결(성폭력특례법에 따라 병과하는 수강명령 또는 이수명령은 이른바 범죄인에 대한 사회 내 처우의 한 유형으로서 형벌 그 자체가 아니라 보안처분의 성격을 가지는 것이지만, 의무적 강의 수강 또는 성폭력 치료프로그램의 의무적 이수를 받도록 함으로써 실질적으로는 신체적 자유를 제한하는 것이 되므로, 원심이 제1심판결에서 정한 형과 동일한 형을 선고하면서 새로 수강명령 또는 이수명령을 병과하는 것은 전체적·실질적으로 볼 때 피고인에게 불이익하게 변경한 것이므로 허용되지 않는다. … 결국 제1심판결을 원심판결과 분리된 항소심판결을 전체적으로 비교하여 보면, 집행을 유예한 징역형의 합산 형기가 동일하다고 하더라도, 원심이 새로 수강명령을 병과한 것은 전체적·실질적으로 볼 때 피고인에게 불이익하게 변경한 것이므로 허용되지 않는다).

7) 대법원 2019. 10. 17. 선고 2019도11540 판결(피고인은 구 장애인복지법(2018. 12. 11. 법률 제15904호로 개정되기 전의 것) 제59조의3 제1항에 따라 취업제한을 받는 사람으로서, 개정법 시행 전에 징역 1년을 선고한 제1심판결에 대하여 검사와 피고인이 항소하지 않아 제1심판결이 확정되었다면 별도의 취업제한명령의 선고가 없더라도 개정법 부칙 제3조 제1항 제2호에 따라 장애인복지시설에 취업이 제한되는 기간은 3년이 되었을 것인데, 원심은 개정법 부칙 제2조에 따라 개정규정을 적용하여 피고인에게 제1심과 동일한 형 등과 함께 장애인복지시설에 5년간의 취업제한명령을 선고하였으므로, 결국 제1심판결에 대하여 피고인만이 항소하였는데도, 원심은 제1심과 동일한 형 등을 선고하면서 개정법 부칙에서 정한 취업제한기간보다 더 긴 5년간의 취업제한명령을 선고함으로써 피고인에게 불리하게 제1심판결을 변경한 것이어서 허용되지 않는다).

있어서는 불이익변경금지의 원칙에 위반된다.

하지만 ① 원심이 피고인에게 '징역 장기 7년, 단기 5년 및 5년 동안의 위치추적 전자장치 부착명령'을 선고한 제1심판결을 파기한 후 피고인에 대하여 '징역 장기 5년, 단기 3년 및 20년 동안의 위치추적 전자장치 부착명령'을 선고한 경우[1], ② 상급심 법원에서 등록대상자의 신상정보 제출의무 등을 새로 고지한 경우[2], ③ 피고인에게 '징역 15년 및 5년 동안의 위치추적 전자장치 부착명령'을 선고한 제1심판결을 파기한 후 '징역 9년, 5년 동안의 공개명령 및 6년 동안의 위치추적 전자장치 부착명령'을 선고한 경우[3], ④ 피고인만이 항소한 사건에서 법원이 항소심에서 처음 청구된 검사의 전자장치 부착명령 청구에 터잡아 부착명령을 선고하는 경우[4], ⑤ 2018. 1. 16. 개정된 청소년성보호법의 시행 전에 아동·청소년 대상 성범죄를 범한 피고인에 대하여, 제1심이 개정법 시행일 이전에 유죄를 인정하여 징역 5년과 성폭력치료프로그램 이수명령(40시간), 추징(18만원)을 선고하였고, 이에 대하여 피고인만 사실오인과 양형부당을 이유로 항소하였는데, 개정법 시행일 이후에 판결을 선고한 원심이 개정법 부칙 제3조와 제56조 제1항에 따라 판결 선고와 동시에 취업제한 명령을 선고하여야 한다는 이유로 제1심판결을 직권으로 파기하고 유죄를 인정하여 제1심과 동일한 형과 함께 5년간의 취업제한명령을 선고한 경우[5], ⑥ 2018. 12. 11. 법률 제15904호로 개정되어 2019. 6. 12. 시행된 장애인복지법의 시행 전에 아동·청소년 대상 성범죄를 범한 피고인에 대하여, 제1심이 개정법 시행일 이전에 유죄를 인정하여 징역 7년과 80시간의 성폭력 치료프로그램 이수명령, 아동·청소년 관련기관 등에 10년간의 취업제한명령을 선고하였고, 이에 대하여 피고인만이 양형부당으로 항소하였는데, 개정법 시행일 이후에 판결을 선고한 원심이 제1심판결을 직권으로 파기하고 유죄를 인정하면서 제1심보다 가벼운 징역 6년과 80시간의 성폭력 치료프로그램 이수명령, 아동·청소년 관련기관 등에 10년간의 취업제한명령과 함께 개정법 부칙 제2조와 개정법 제59조의3 제1항 본문에 따라 장애인복지시설에 10년간의 취업제한명령을 선고한 경우[6] 등에 있어서는 불이익변경금지의 원칙에 위반되지 아니한다.

---

1) 대법원 2010. 11. 11. 선고 2010도7955 판결.

2) 대법원 2014. 12. 24. 선고 2014도13529 판결(등록대상자의 신상정보 제출의무는 법원이 별도로 부과하는 것이 아니라 등록대상 성범죄로 유죄판결이 확정되면 성폭력특례법의 규정에 따라 당연히 발생하는 것이므로, 유죄판결을 선고하는 법원이 하는 신상정보 제출의무 등의 고지는 등록대상자에게 신상정보 제출의무가 있음을 알려주는 것에 의미가 있을 뿐이다. 따라서 설령 법원이 유죄판결을 선고하면서 고지를 누락한 잘못이 있더라도 그 법원은 적법한 내용으로 다시 신상정보 제출의무를 고지할 수 있고, 상급심 법원도 그 사유로 판결을 파기할 필요 없이 적법한 내용의 신상정보 제출의무 등을 새로 고지함으로써 잘못을 바로잡을 수 있다).

3) 대법원 2011. 4. 14. 선고 2010도16939 판결.

4) 대법원 2010. 11. 25. 선고 2010도9013 판결.

5) 대법원 2018. 10. 25. 선고 2018도13367 판결(피고인은 구 아동·청소년의 성보호에 관한 법률(2018. 1. 16. 법률 제15352호로 개정되기 전의 것) 제56조 제1항(이하 '종전 규정'이라 한다)에 따라 취업제한을 받는 사람으로서 개정법 시행 전에 징역 5년을 선고한 제1심판결이 확정될 경우 별도의 취업제한 명령의 선고가 없더라도 개정법 부칙 제4조 또는 제5조의 특례 규정에 따라 아동·청소년 관련기관 등에 5년간 취업이 제한되는데, 이러한 특례 규정은 예외 없이 일률적으로 10년간 취업제한의 효력이 당연히 발생하는 종전 규정보다 피고인에게 유리하므로, 원심이 개정법 부칙 제3조에 따라 개정규정을 적용하여 피고인에게 제1심과 동일한 형을 선고하면서 동시에 5년간의 취업제한 명령을 선고하였지만 제1심판결을 그대로 유지하는 것보다 피고인에게 특별히 신분상의 불이익이 없어 불이익변경금지원칙에 반하지 않는다).

6) 대법원 2019. 10. 17. 선고 2019도11609 판결.

4. 위반의 효과

항소심판결이 불이익변경금지의 원칙에 위반한 경우에는 판결에 영향을 미친 법령위반으로서 상고이유가 된다(제383조 제1호). 상고심판결이 불이익변경에 해당하는 경우에는 확정판결의 법령위반을 이유로 비상상고를 할 수 있다(제441조). 그리고 약식명령이나 즉결심판에 대한 정식재판에서 중한 종류의 형이 선고된 경우에는 판결에 영향을 미친 법령위반으로서 항소이유가 된다(제361조의5 제1호).

Ⅶ. 파기판결의 기속력

1. 의의 및 법적 성격

(1) 의 의

'파기판결[1]의 기속력[2]'이란 상소심이 원심판결을 파기하여 사건을 하급심으로 환송 또는 이송하는 경우에 상급심의 판단이 환송 또는 이송받은 하급심을 기속하는 효력을 말한다. 법원조직법 제8조에서는 '상급법원 재판에서의 판단은 해당 사건에 관하여 하급심을 기속한다.'라고 규정하여, 이를 확인하고 있다. 파기판결의 기속력은 파기환송 또는 이송된 판결의 하급심에 대한 효력으로서, 판결을 선고한 법원이 그 판결의 내용을 철회 또는 변경할 수 없음을 의미하는 일반적인 재판의 구속력과는 구별된다. 현행법상 항소심 법원은 파기자판을 원칙으로 하고 있어서 파기판결의 기속력이 가지는 의미가 크지 않기 때문에 주로 상고심 법원의 판단이 하급심을 기속하는 효력으로 작용하고 있다. 사건을 환송받은 법원은 상소법원이 파기이유로 한 법률상의 판단 등에 기속을 받는다고 하는 취지는, 사건을 환송받은 법원이 자신의 견해가 상소법원의 그것과 다르다는 이유로 이에 따르지 아니하고 다른 견해를 취하는 것을 허용한다면 법령의 해석적용의 통일이라는 상소법원의 임무가 유명무실하게 되고, 사건이 하급심법원과 상소법원 사이를 여러 차례 왕복할 수밖에 없게 되어 분쟁의 종국적 해결이 지연되거나 불가능하게 되며, 나아가 심급제도 자체가 무의미하게 되는 결과를 초래하게 될 것이므로, 이를 방지함으로써 법령의 해석적용의 통일을 기하고 심급제도를 유지하며 당사자의 법률관계의 안정과 소송경제를 도모하고자 하는 데 있다.[3]

---

1) 이에 대하여 기속력을 발생시키는 재판은 원칙적으로 상소심의 파기판결이지만, 대법원의 재항고심(제415조)에서는 결정에 의한 파기환송 또는 파기이송이 가능하므로 하급심에 대한 기속력은 상고심의 파기결정이 있는 경우에도 발생한다는 점에서 '파기재판'의 기속력이라고 정의하는 견해로는 신동운, 726면.

2) 파기판결의 '구속력'이라는 용어를 사용하기도 하는데, 현행법에서는 '기속력'이라는 용어를 명시적으로 사용하고 있으므로 파기판결의 기속력이 보다 정확한 표현이다. 참고로 파기판결의 구속력이라는 용어는 의용 형사소송법의 잔재로 파악된다.

3) 대법원 2001. 3. 15. 선고 98두15597 전원합의체 판결.

(2) 법적 성격

파기판결은 원심에 대하여 새로운 심리를 명하는 종국판결이라는 점, 기판력은 동일한 사건에 대하여 후소(後訴)를 금지하는 것임에 반하여 파기판결의 기속력은 동일한 소송 내의 심급간의 효력이라는 점, 파기판결의 기속력은 법률관계뿐만 아니라 사실관계에 대한 판단에도 영향을 미치므로 기판력과 다르다는 점 등을 논거로 하여, 기속력을 심급제도의 합리적 유지를 위하여 인정되고 있는 특수한 효력으로 파악하는 특수효력설[1]이 타당하다.

2. 기속력의 범위

(1) 기속력이 발생하는 재판

기속력이 발생하는 재판은 상소심의 파기판결이고, 원심법원에의 파기환송인지 원심 동급법원에의 파기이송인지는 불문한다. 상고심의 파기판결은 물론이고 항소심의 파기판결도 기속력이 발생한다. 하지만 현행법상 항소심의 판결은 파기자판이 원칙이므로(제364조 제6항), 기속력은 대부분 상고심의 판결에서 발생하게 된다. 그리고 재항고심에서는 대법원에 의한 파기환송 또는 파기이송이 가능하므로 기속력은 파기판결의 경우뿐만 아니라 파기결정의 경우에도 발생한다.

(2) 기속력이 미치는 법원

1) 해당 사건의 하급법원

상소심의 파기판결은 해당 사건의 하급법원에 대하여 기속력을 가지므로 상고법원이든 항소법원이든 파기판결을 하게 되면 그 판결은 하급법원을 기속한다. 상고심에서 항소심의 판결을 파기하여 제1심에 환송하여 다시 선고된 제1심판결에 대하여 항소가 제기된 경우에도 환송 후의 항소심은 해당 사건의 하급법원이므로 상고심의 판결에 기속된다.

2) 파기판결을 한 상급법원

상소심의 파기판결은 그 판결을 한 상급법원 자신도 기속한다.[2] 왜냐하면 하급법원의 판결이 상급법원의 판단에 따른 것인데도 파기판결을 한 상급법원이 다시 변경을 하게 된다면 불필요한 절차만 반복되어 파기판결의 기속력을 인정하는 의미가 없게 되기 때문이다. 하지만 예외적으로 대법원이 전원합의체 판결로서 자신이 내린 파기환송판결의 법률상 판단을 변경하는 경우에는 종전의 파기판결에 기속되지 아니한다.[3]

1) 김인회, 651면; 배종대/홍영기, 433면; 손동권/신이철, 773면; 송광섭, 841면; 신양균/조기영, 1105면; 이은모/김정환, 815면; 이재상/조균석, 781면; 이주원, 600면; 이창현, 1213면; 임동규, 784면; 정승환, 769면; 정웅석/최창호, 793면.

2) 대법원 2006. 1. 26. 선고 2004도517 판결; 대법원 1987. 4. 28. 선고 87도294 판결; 대법원 1986. 6. 10. 선고 85도1996 판결; 대법원 1985. 7. 9. 선고 85도263 판결; 대법원 1983. 4. 18. 선고 83도383 판결.

3) 대법원 2001. 3. 15. 선고 98두15597 전원합의체 판결.

3) 파기판결을 한 법원의 상급법원

파기판결을 한 법원이 항소심이라면 그 상급법원인 상고심은 파기판결에 기속되지 아니한다. 왜냐하면 항소심의 파기판결에 상고심이 기속된다는 것은 심급제도의 본질이나 법령해석의 통일을 위한 상고심의 기능에 반하기 때문이다.

(3) 기속력이 미치는 판단의 범위

1) 법률판단과 사실판단

법령해석의 통일을 위한다는 관점에서 파기판결의 기속력은 당연히 법률판단에 그 영향을 미친다. 또한 법원조직법 제8조는 '상급법원의 재판에 있어서의 판단은 당해 사건에 관하여 하급심을 기속한다.'라고 규정하고, 민사소송법 제436조 제2항 후문도 상고법원이 파기의 이유로 삼은 사실상 및 법률상의 판단은 하급심을 기속한다는 취지를 규정하고 있으며, 형사소송법에서는 이에 상응하는 명문의 규정은 없지만 법률심을 원칙으로 하는 상고심은 형사소송법 제383조 또는 제384조에 의하여 사실인정에 관한 원심판결의 당부에 관하여 제한적으로 개입할 수 있는 것이므로 조리상 상고심판결의 파기이유가 된 사실상의 판단도 기속력을 가진다.[1] 따라서 상고심으로부터 사건을 환송받은 법원은 그 사건을 재판함에 있어서 상고법원이 파기이유로 한 사실상 및 법률상의 판단에 대하여 환송 후의 심리과정에서 새로운 증거가 제시되어 기속적 판단의 기초가 된 증거관계에 변동이 생기지 않는 한 이에 기속된다.[2]

2) 소극적·부정적 판단과 적극적·긍정적 판단

사실판단에 있어서 파기판결의 기속력이 파기의 직접적 이유인 소극적·부정적 판단 부분에 미치는 것은 당연하다. 반면에 적극적·긍정적 판단에 대해서도 기속력이 미치는지 여부와 관련하여, ① 증거관계 변동의 문제는 소극적 판단·적극적 판단의 문제와는 구별되어야 한다는 점, 소극적 판단과 적극적 판단은 동일한 판단의 양면에 지나지 않는 일체분가분의 관계라는 점, 판단의 기초가 된 사실관계 또는 증거관계에 변동이 생기지 않았음에도 불구하고 상급심의 적극적 판단에 반하는 판단을 허용하더라도 무익한 상소의 반복을 피할 수 없다는 점 등을 논거로 하는 적극설[3], ② 현행법상 파기판결의 기속력은 파기자판이 원칙인 항소심이 아니라 파기환송이 원칙인 상고심에서 주로 문제된다는 점, 상고심에서 예외적으로 파기자판을 하는 경우에도 소송기록과 원심법원 및 제1심 법원이 조사한 증거만을 기초로 제한적인 형태로 사실판단이 이루어진다는 점, 적극적·긍정적 판단은 파기이유에 대한 연유에 불과하다는 점 등을 논거로 하는 소극설[4] 등의 대립이 있다.

---

1) 이에 대하여 파기판결의 기속력은 법률해석에 대한 판단과 사실인정에서 규범적 하자에 대한 판단에 국한된다고 보는 견해로는 정승환, 770면.

2) 대법원 2018. 12. 28. 선고 2018도6605 판결; 대법원 2009. 4. 9. 선고 2008도10572 판결; 대법원 2004. 9. 24. 선고 2003도4781 판결; 대법원 1996. 12. 10. 선고 95도830 판결.

3) 김정한, 814면; 손동권/신이철, 775면; 이재상/조균석, 782면.

4) 김인회, 652면; 배종대/홍영기, 434면; 송광섭, 844면; 신양균/조기영, 1108면; 이은모/김정환, 816면; 이주원, 602

이에 대하여 판례는 「출판물에 의한 명예훼손의 공소사실을 유죄로 인정한 환송 전 원심판결에 위법이 있다고 한 파기환송판결의 사실판단의 기속력은 파기의 직접 이유가 된 환송 전 원심에 이르기까지 조사한 증거들만에 의하여서는 출판물에 의한 명예훼손의 공소사실이 인정되지 아니한다는 소극적인 부정 판단에만 미치는 것이므로, 환송 후 원심에서 이 부분 공소사실이 형법 제307조 제2항의 명예훼손죄의 공소사실로 변경되었다면 환송 후 원심은 이에 대하여 새롭게 사실인정을 할 재량권을 가지게 되는 것이고 더 이상 파기환송판결이 한 사실판단에 기속될 필요는 없다.」라고 판시[1]하여, 소극설의 입장을 취하고 있다. 생각건대 파기판결의 기속력이 주로 문제되는 상고심은 사후심으로서 상고심에서 새로운 증거를 제출하거나 증거조사를 하는 것은 허용되지 않는다는 점에서 적극적·긍정적 판단은 독자적인 의미를 가지지 않으므로 소극설이 타당하다.

3) 경합범에 대한 판단

상소심에서 실체적 경합관계에 있는 일부 범죄사실에 대해서는 상소이유가 인정되지 않고 다른 범죄사실에 대해서는 상소이유가 인정되어 피고인을 위하여 1개의 판결이 선고되도록 그 전부가 파기된 경우에도 상소이유가 인정되지 않는다고 판단된 부분에 대해서는 더 이상 다툴 수 없으며, 환송받은 법원도 이와 배치되는 판단을 할 수 없다.[2]

(4) 기속력의 배제

1) 사실관계의 변경

파기판결의 기속력은 파기판결의 전제가 된 사실관계의 동일성을 전제로 한다. 그러므로 파기판결 후에 새로운 사실과 증거에 의하여 사실관계가 변경된 경우에는 파기판결의 기속력은 배제된다.[3] 상고심으로부터 사건을 환송받은 법원은 그 사건을 재판함에 있어서 상고법원이 파기이유로 한 사실상 및 법률상의 판단에 대하여 환송 후의 심리과정에서 새로운 증거가 제시되어 기속적 판단의 기초가 된 증거관계에 변동이 생기지 않는 한 이에 기속된다.[4] 즉 상

면; 이창현, 1216면; 임동규, 785면; 정승환, 770면; 정웅석/최창호, 794면.

1) 대법원 2018. 4. 19. 선고 2017도14322 전원합의체 판결; 대법원 2004. 4. 9. 선고 2004도340 판결; 대법원 1984. 9. 11. 선고 84도1379 판결; 대법원 1983. 2. 8. 선고 82도2672 판결(환송판결의 하급심에 대한 구속력은 파기의 이유가 된 원판결의 사실상 및 법률상의 판단이 정당하지 않다는 소극적인 면에서만 발생하는 것이므로 환송 후의 심리과정에서 새로운 사실과 증거가 제시되어 기속적 판단의 기초가 된 사실관계에 변동이 있었다면 그 구속력은 이에 미치지 아니하고 따라서 파기이유가 된 잘못된 판단을 피하면 새로운 사실과 증거에 따라 다른 가능한 견해에 의하여 환송 전의 판결과 동일한 결론을 낸다고 하여도 환송판결의 하급심 기속에 관한 법원조직법 제7조의2에 위반한 위법이 있다고 할 수 없다).

2) 대법원 2020. 6. 11. 선고 2020도2883 판결; 대법원 2012. 5. 10. 선고 2012도2496 판결(상고심에서 상고이유의 주장이 이유 없다고 판단되어 배척된 부분은 그 판결 선고와 동시에 확정력이 발생하여 이 부분에 대하여 피고인은 더 이상 다툴 수 없고, 또한 환송받은 법원으로서도 이와 배치되는 판단을 할 수 없다고 할 것이므로, 피고인으로서는 더 이상 이 부분에 대한 주장을 상고이유로 삼을 수 없으며, 비록 환송 후 원심이 이 부분 범죄사실에 대하여 일부 증거조사를 한 바 있다 하더라도 이는 의미 없는 것에 지나지 않는다); 대법원 2011. 10. 13. 선고 2011도8478 판결.

3) 대법원 2009. 4. 9. 선고 2008도10572 판결; 대법원 2003. 2. 26. 선고 2001도1314 판결; 대법원 1983. 2. 8. 선고 82도2672 판결.

4) 대법원 2009. 10. 29. 선고 2008도11036 판결.

고심 법원의 파기환송 판결의 기속력은 파기의 이유가 된 원심판결의 사실상 및 법률상의 판단이 정당하지 않다는 소극적인 면에서만 발생하는 것이므로 환송 후의 심리과정에서 제시된 새로운 증거에 의하거나 환송 전의 증거와 환송 후 제시된 새로운 증거를 결합하여 환송판결의 기속적 판단의 기초가 된 사실관계에 변동이 있었다면 환송판결의 기속력은 이에 미치지 아니하고 환송 후의 원심이나 그에 대한 상고심에서 변동된 사실관계에 따라 환송판결과 다른 결론을 낸다고 하여도 환송판결의 기속력에 저촉된다고 할 수 없다.[1]

2) 적용법령의 변경

파기판결의 기속력은 적용법령의 동일성을 전제로 한다. 따라서 파기판결 후에 법령이 변경된 경우에는 기속력이 배제된다.[2] 하지만 판례의 변경은 개별 사안에 대한 평가의 결과가 달라진 것에 불과하므로 파기판결 후에 대법원 판례가 변경된 경우에는 기속력을 배제하지 아니한다.[3]

3) 상소심이 판단을 하지 않은 부분

상소심에서 파기판결을 하면서 판단을 하지 않은 부분은 파기판결의 기속력이 미치지 아니한다. 그러므로 상소심에서 판단을 하지 않았다면 그 부분은 파기판결의 선고로 실체적으로 확정되는 것이 아니므로 환송받은 법원은 그 부분에 대하여 다시 판단할 수가 있는 것이다.[4]

3. 기속력의 효과

상소심으로부터 파기판결에 의하여 환송 또는 이송받은 하급법원은 사실관계의 변동과 같이 기속력이 배제되는 예외적인 상황이 아니라면 파기판결과 다른 판단을 할 수 없다.[5] 만약 상소심이 파기이유로 한 사실상 또는 법률상의 판단에 반하는 판단을 한 경우에는 상소심에서 법령위반을 이유로 원심판결을 파기하여야 한다.[6]

---

1) 대법원 1987. 8. 18. 선고 87누64 판결; 대법원 1984. 9. 11. 선고 84도1379 판결.

2) 대법원 1981. 4. 14. 선고 80도3089 판결.

3) 대법원 1978. 1. 31. 선고 77도3605 판결.

4) 대법원 2009. 8. 20. 선고 2007도7042 판결(종전 상고심이 피고인들의 상고이유를 받아들여 환송 전 원심판결을 전부 파기·환송하면서 피고인들이 상고이유로 삼지 아니한 부분에 대한 상고가 이유 없다는 판단을 따로 한 바 없다면, 그 환송판결의 선고로 그 부분에 대한 유죄판단이 실체적으로 확정되는 것은 아니므로, 이를 환송받은 원심이 그 부분에 대하여 다시 심리·판단하여 그 중 일부를 무죄로 선고하였다고 하여 환송판결과 배치되는 판단을 하였다고 볼 수 없다).

5) 대법원 2012. 5. 10. 선고 2012도2496 판결.

6) 대법원 1994. 12. 22. 선고 93도2023 판결.

제2절 항 소

Ⅰ. 항소심의 구조

1. 입법주의

(1) 복 심

'복심'(覆審)이란 원심의 심리와 판결이 없었던 것처럼 항소심에서 피고사건에 대하여 전반적으로 다시 심리하는 제도를 말한다. 복심제는 ① 항소심의 심판대상은 피고사건 그 자체이며, 항소심판결의 주문은 피고사건에 대한 파기자판의 형식을 취한다는 점, ② 원판결에 불복하는 이상 항소이유에 제한이 없으며, 이에 따라 항소이유서를 제출할 필요가 없다는 점, ③ 항소심의 심리는 기소요지의 진술부터 다시 시작하며, 사실심리나 증거조사에 제한을 받지 않는다는 점, ④ 일사부재리의 효력의 시간적 범위가 항소심판결 선고시라는 점 등을 그 특징으로 하고 있다. 이와 같은 복심은 항소심의 심리를 철저히 함으로써 실체적 진실발견과 당사자의 불이익을 구제하는데 크게 기여한다는 장점이 있지만, 소송경제에 반한다는 점, 제1심의 재판을 무시하여 상소권남용의 위험이 있다는 점 등의 단점이 있다.

(2) 속 심

'속심'(續審)이란 제1심의 심리를 전제로 제1심의 소송자료를 이어받아 항소심의 심리를 속행하는 제도를 말한다. 속심제는 ① 항소심의 심판대상은 피고사건의 실체라는 점, ② 항소이유에 제한이 없다는 점, ③ 항소심의 심리는 변론이 재개된 것과 같이 사실심리와 증거조사를 행하므로 제1심판결 이후에 발생한 사실이나 증거도 항소심판결의 자료가 된다는 점, ④ 항소심에서도 공소장변경이 허용된다는 점, ⑤ 일사부재리의 효력은 항소심판결 선고시를 기준으로 발생한다는 점, ⑥ 항소심판결은 원칙적으로 파기자판의 형식을 취한다는 점 등을 그 특징으로 하고 있다. 이와 같은 속심은 복심과 비교하여 상대적으로 소송경제에 도움이 된다는 장점이 있지만, 원심의 소송자료에 대한 심증을 이어받는 것은 구두변론주의와 직접주의에 반한다는 점, 남상소의 위험이 여전히 존재한다는 점 등의 단점이 있다.

(3) 사후심

'사후심'(事後審)이란 원판결 자체를 심판대상으로 삼아 원판결의 당부를 사후에 심사하는 제도를 말한다. 사후심은 ① 항소심의 심판대상은 원판결의 당부라는 점, ② 항소이유에 제한이 있어 항소이유서를 제출해야 할 뿐만 아니라 항소심의 심판범위도 항소이유에 기재된 것에 한한다는 점, ③ 원판결시를 기준으로 원심에 나타난 증거만으로 원판결의 당부를 판단할 뿐 원판결 후에 발생한 자료를 증거로 할 수 없다는 점, ④ 항소심에서 공소장변경이 허용되지 않는다는 점, ⑤ 항소이유가 있을 때에는 원칙적으로 파기환송을 하게 된다는 점, ⑥ 일사부재리의 효력의 시간적 범위는 원심판결 선고시라는 점 등을 그 특징으로 하고 있다. 이와 같은 사후심은 소송경제에 도움이 된다는 장점이 있지만, 제1심에서 심리가 제대로 이루어지지 못한 경우에는 실체적 진실발견이 어렵다는 점, 당사자의 불이익을 구제한다는 상소제도의 가치가 무시된다는 점 등의 단점이 있다.

2. 현행법상 항소심의 구조

(1) 사후심적 요소

현행법에서 ① 항소이유를 법정하고 있다는 점(제361조의5), ② 항소이유서의 제출을 의무화하고 있다는 점(제361조의3), ③ 항소법원의 심판대상은 원칙적으로 항소이유서에 포함된 사항이라는 점(제364조 제1항), ④ 항소법원은 항소이유가 없다고 인정한 때에는 판결로서 항소를 기각하고(제364조 제4항), 항소이유가 있다고 인정한 때에는 원심판결을 파기하고 다시 판결을 하여야 한다는 점(제364조 제6항), ⑤ 항소법원은 항소이유가 없음이 명백한 경우에는 변론 없이 항소를 기각할 수 있다는 점(제364조 제5항) 등을 규정하고 있는 것은 사후심적인 요소를 도입한 것이다.

(2) 속심적 요소

현행법에서 ① 항소이유로서 사실오인과 양형부당의 사유를 포함시켜(제361조의5 제14호 및 제15호) 항소심에 사실심으로서의 기능을 부여하고 있다는 점, ② 제1심판결 후에 발생한 사유라고 할지라도 판결 후에 형의 폐지나 변경 또는 사면이 있는 때(제361조의5 제2호)와 재심청구의 사유가 있는 때(동조 제13호)에는 이를 항소심판결 선고시를 기준으로 하여 판단자료로 삼아야 한다는 점, ③ 항소법원은 항소이유가 있는 경우(제364조 제6항)에는 물론 항소이유서가 제출되지 아니한 경우에도 판결에 영향을 미친 위법이 있는 경우에는 직권으로 제1심판결을 파기하고 스스로 피고사건에 관하여 다시 판결할 수 있다는 점(제364조 제2항), ④ 제1심 법원에서 증거로 할 수 있었던 증거는 항소법원에서도 증거로 할 수 있고(제364조 제3항), 항소심이 기초로 할 증거는 그에 국한되지 아니한다는 점, ⑤ 항소심의 사실심리나 증거조사 등에 법조문상 하등 제한이 없이 제1심의 공판절차가 준용된다는 점(제370조), ⑥ 항소심에서도 사실관계의 변경에 따라 공소장변경이 가능하다는 점 등을 규정하고 있는 것은 속심적인 요소를 도입한 것이다.

(3) 검 토

생각건대 현행법은 사후심적 요소와 속심적 요소를 모두 도입하고 있지만, 실체적 진실을 추구하는 면에 있어서는 사실심의 종심으로서 항소법원의 속심적 기능이 보다 강조되고 있다. 우리나라 형사실무에서는 아직도 과도한 업무의 적체현상으로 인하여 제1심법원에서의 충분한 심리가 부족한 경우가 많고, 피해배상이나 합의와 같은 양형에 중대한 영향을 미치는 요소들이 제1심 판결이 선고된 이후에 많이 발생하여 이를 새롭게 고려해야 할 필요성이 있다. 그러므로 항소심의 구조는 피고인 보호를 위하여 원칙적으로 속심의 성격을 가지고 있으며, 남상소의 폐단방지와 소송경제의 이념을 추구하기 위하여 예외적으로 사후심의 성격이 속심의 성격을 제한하고 있다고 보아야 한다.

기존의 판례는 「형사소송실무의 현장에서 보더라도 사무량의 폭주와 구속기간의 제약 때문에 제1심의 공판중심주의나 직접주의에 의한 심리가 충분히 이루어지지 못하여 실체적 진실 발견에 부족함이 있고, 양형에 영향을 줄 사유(예를 들면 피해배상이나 합의 등)가 제1심판결 이후에 발생하는 경우가 허다하여 피고인의 이익을 위한다는 점에서도 항소심의 속심으로서의 역할은 등한시될 수 없다고 할 것인바, 사후심적 요소를 도입한 형사소송법의 관계조문들은 다만 남상소의 폐단을 억제하고 항소법원의 업무부담을 줄여 준다는 소송경제적인 필요에서 항소심의 속심적 성격에 제한을 가하고 있음에 불과하다.」라고 판시[1]하여, 원칙적으로 속심설의 입장을 취하고 있었다. 이에 따라 항소심판결은 원칙적으로 파기자판의 형식을 취하며, 항소심에서도 공소장변경이 허용되고[2], 피고인의 상고에 의하여 상고심에서 원심판결을 파기하고 사건을 항소심에 환송한 경우에도 공소장변경을 허용하여 이를 심판대상으로 삼을 수도 있다.[3] 또한 일사부재리의 효력의 시간적 범위는 항소심판결 선고시를 기준으로 해야 하며[4], 항소심판결 선고 당시 성년이 되었음에도 불구하고 정기형을 선고함이 없이 부정기형을 선고한 제1심판결을 인용하여 항소를 기각한 것은 위법하다.[5] 하지만 상고심에서의 심판대상은 항소심판결 당시를 기준으로 하여 그 당부를 심사하는 데에 있는 것이므로 항소심판결 선고 당시 미성년이었던 피고인이 상고 이후에 성년이 되었다고 하여 항소심의 부정기형의 선고가 위법이 되는 것은 아니다.[6]

한편 최근의 판례는 「현행 형사소송법상 항소심은 속심을 기반으로 하되 사후심적 요소도 상당 부분 들어 있는 이른바 사후심적 속심의 성격을 가지므로 항소심에서 제1심판결의 당부를 판단할 때에는 그러한 심급구조의 특성을 고려하여야 한다. 그러므로 항소심이 심리과정에서 심증의 형성에 영향을 미칠 만한 객관적 사유가 새로 드러난 것이 없음에도 제1심의 판단을 재평가하여 사후심적으로 판단하여 뒤집고자 할 때에는, 제1심의 증거가치 판단이 명백히 잘못되었다거나 사실인정에 이르는 논증이 논리와 경험법칙에 어긋나는 등으로 그 판단을 그대로 유

1) 대법원 1983. 4. 26. 선고 82도2829 판결.

2) 대법원 2014. 1. 16. 선고 2013도7101 판결; 대법원 2011. 5. 13. 선고 2011도2233 판결; 대법원 2010. 4. 29. 선고 2007도6553 판결; 대법원 1981. 8. 20. 선고 81도698 판결.

3) 대법원 2004. 7. 22. 선고 2003도8153 판결; 대법원 2001. 3. 9. 선고 2001도192 판결; 대법원 1969. 3. 18. 선고 68도1772 판결.

4) 대법원 1993. 5. 25. 선고 93도836 판결(판결의 확정력은 사실심리의 가능성이 있는 최후의 시점인 판결선고시를 기준으로 하여 그때까지 행하여진 행위에 대하여만 미치는 것으로서, 제1심판결에 대하여 항소가 된 경우 판결의 확정력이 미치는 시간적 한계는 현행 형사항소심의 구조와 운용실태에 비추어 볼 때 항소심판결 선고시라고 보는 것이 상당한데 항소이유서를 제출하지 아니하여 결정으로 항소가 기각된 경우에도 제361조의4 제1항에 의하면 피고인이 항소한 때에는 법정기간 내에 항소이유서를 제출하지 아니하였다고 하더라도 판결에 영향을 미친 사실오인이 있는 등 직권조사사유가 있으면 항소법원이 직권으로 심판하여 제1심판결을 파기하고 다시 판결할 수도 있으므로 사실심리의 가능성이 있는 최후시점은 항소기각 결정시라고 보는 것이 옳다); 대법원 1983. 4. 26. 선고 82도2829 판결.

5) 대법원 2009. 5. 28. 선고 2009도2682 판결; 대법원 1990. 4. 24. 선고 90도539 판결; 대법원 1971. 3. 9. 선고 71도1 판결; 대법원 1966. 3. 3. 선고 65도1229 전원합의체 판결.

6) 대법원 1998. 2. 27. 선고 97도3421 판결; 대법원 1986. 12. 9. 선고 86도2181 판결; 대법원 1983. 4. 26. 선고 83도534 판결.

지하는 것이 현저히 부당하다고 볼 만한 합리적인 사정이 있어야 하고, 그러한 예외적 사정도 없이 제1심의 사실인정에 관한 판단을 함부로 뒤집어서는 안 된다. 그것이 형사사건의 실체에 관한 유죄·무죄의 심증은 법정 심리에 의하여 형성하여야 한다는 공판중심주의, 그리고 법관의 면전에서 직접 조사한 증거만을 재판의 기초로 삼는 것을 원칙으로 하는 실질적 직접심리주의의 정신에 부합한다.」라고 판시[1]하여, 사후심적 요소를 강조하기도 한다.

〈형사공판사건 항소율 현황〉

단위: 명, %

연 도	판결인원	항소인원	항소율
2007	214,005	71,454	33.4
2008	237,234	76,711	32.3
2009	248,704	79,717	32.1
2010	241,105	80,794	33.5
2011	246,619	79,421	32.2
2012	257,091	75,896	29.5
2013	230,691	78,886	34.2
2014	239,960	92,624	38.6
2015	230,559	94,366	40.9
2016	243,781	104,755	43.0
2017	244,489	100,680	41.2
2018	220,123	92,267	41.9

출처: 법무연수원, 「2019 범죄백서」, 2020.

Ⅱ. 항소이유

1. 의 의

'항소이유'(抗訴理由)란 항소권자가 적법하게 항소를 제기할 수 있는 법률상의 근거를 말한다. 항소이유는 제361조의5에서 제한적으로 열거하고 있는데, 이는 남상소의 방지와 소송경제를 위하여 속심인 항소심에 사후심적 요소를 가미한 것이다. 하지만 항소이유에는 사실오인과 양형부당이 포함되어 있어 항소이유에 해당하는지 여부는 실무상 전혀 문제되고 있지 않은 실정이다. 또한 항소법원은 판결에 영향을 미친 사유에 관하여는 항소이유서에 포함되지 아니한 경우에도 직권으로 심판할 수 있도록 함으로써(제364조 제2항) 항소법원의 심판범위를 넓히고 있다.

2. 법령위반을 이유로 하는 항소이유

법령위반은 원칙적으로 상대적 항소이유에 해당하지만, 판결에 미치는 영향이 중대하거나

1) 대법원 2017. 3. 22. 선고 2016도18031 판결.

그 영향 여부의 입증이 곤란한 경우에는 이를 절대적 항소이유로 하고 있다.

(1) 상대적 항소이유

판결에 영향을 미친 헌법·법률·명령 또는 규칙의 위반이 있는 때를 말한다(제361조의5 제1호). 헌법과 법률 등 모든 법령위반이 이에 해당하는 것이 아니라 절대적 항소이유로 규정한 법령위반(제361조의5 제3호 내지 제11호)을 제외한 나머지 법령위반이 이에 해당하다. 여기서 헌법위반은 판결의 절차나 내용이 헌법에 위반된 경우뿐만 아니라 헌법 해석에 착오가 있는 경우를 포함하며, 법령위반은 실체법령 위반과 절차법령 위반을 모두 포함한다.

우선 실체법령의 위반은 원심판결이 인정한 사실관계를 전제로 하여 형법 기타 실체법의 해석과 적용에 잘못이 있는 것을 의미한다. 예를 들면 헌법재판소의 위헌결정으로 소급하여 그 효력을 상실한 법령을 적용하는 경우[1]가 이에 해당한다. 다음으로 소송절차에 관한 법령의 위반은 원심의 심리 및 판결절차가 소송법규에 위반한 것을 의미한다.[2] 예를 들면 보강증거가 없이 피고인의 자백만을 근거로 공소사실을 유죄로 판단한 경우[3], 공소가 제기되지 않은 범죄사실에 대하여 판결이 선고된 경우[4], 필요적 변호사건을 변호인 없이 개정하여 심리한 경우[5], 증거능력이 없는 증거에 의하여 엄격한 증명을 요하는 사실을 인정하는 경우 등이 이에 해당한다. 하지만 수사절차에 관한 법령위반은 그 자체로는 항소이유가 되지 아니한다.[6]

실체법령의 위반은 원칙적으로 판결에 영향을 미치게 된다고 하지만 절차법령의 위반은 직접적으로 판결에 영향을 미치지 않기 때문에 판결 결과와의 인과관계가 특히 문제가 된다. 일반적으로 절차법령 중에서 훈시규정에 불과한 법령을 위반한 경우에는 판결에 영향을 미친 인과관계가 인정된다고 보지 않는 반면에 효력규정에 위반한 경우에는 판결에 영향을 미친 인과관계가 인정된다고 보고 있다. 이와 같은 인과관계는 법령위반이 판결 결과에 영향을 미쳤을 가능성만으로 충분하다. 그러므로 상대적 항소이유에 해당하는 사유는 그것이 있다고 하더라도 판결에 영향을 미치지 않았다면 항소이유가 되지 못한다.[7]

한편 상대적 항소이유로서의 법령위반은 그것이 판결에 영향을 미쳤다고 인정되는 경우에

---

1) 대법원 1991. 8. 13. 선고 90도637 판결.

2) 대법원 2016. 4. 15. 선고 2015도8610 판결(제1심이 증인신문 등의 증거조사 절차를 거친 후에 합리적인 의심을 배제할 만한 증명이 부족하다고 보아 공소사실을 무죄로 판단한 경우에, 항소심의 심리 결과 일부 반대되는 사실에 관한 개연성 또는 의문이 제기될 수 있다 하더라도 제1심이 일으킨 합리적인 의심을 충분히 해소할 수 있을 정도에까지 이르지 아니한다면 그와 같은 사정만으로 범죄의 증명이 부족하다는 제1심의 판단에 사실오인의 위법이 있다고 단정하여 공소사실을 유죄로 인정하여서는 안 된다); 대법원 2016. 2. 18. 선고 2015도11428 판결.

3) 대법원 2007. 11. 29. 선고 2007도7835 판결.

4) 대법원 2001. 12. 27. 선고 2001도5304 판결.

5) 대법원 2006. 1. 13. 선고 2005도5925 판결.

6) 대법원 1996. 5. 14. 선고 96도561 판결.

7) 대법원 2005. 4. 29. 선고 2005도741 판결(이 사건 공소사실에 대하여는 형법 제347조 제2항이 아닌 같은 조 제1항의 죄가 성립하는 것이라고 하더라도 형법 제347조 제1항의 죄와 제2항의 죄는 그 형이 같아 위와 같은 사정은 판결 결과에 영향을 미치는 사유가 아니므로, 이 점에 관한 상고이유의 주장도 받아들일 수 없다).

한하여 항소이유가 된다. 여기서 '판결에 영향을 미친 때'란 판결내용에 영향을 미친 것을 말하고, 판결내용에는 주문뿐만 아니라 이유도 포함된다. 그러므로 판결내용 자체가 아니고, 피고인의 신병확보를 위한 구속 등의 조치와 공판기일의 통지·재판의 공개 등 소송절차가 법령에 위반되었음에 지나지 아니한 경우에는, 그로 인하여 피고인의 방어권, 변호인의 변호권이 본질적으로 침해되고 판결의 정당성마저 인정하기 어렵다고 보여 지는 정도에 이르지 아니하는 한, 그것 자체만으로는 판결에 영향을 미친 위법이라고 할 수 없다.[1] 또한 필요적 변호사건에서 변호인 없이 심리하였지만, 무죄가 선고된 경우라면 판결에 영향을 미쳤다고 보기 어려워 항소이유가 될 수 없고[2], 검사가 양형에 관한 의견진술을 하지 않았다고 하더라도 이로써 판결에 영향을 미친 법률위반이 있는 경우에 해당한다고 할 수 없다.[3]

(2) 절대적 항소이유

1) 관할규정의 위반

관할 또는 관할위반의 인정이 법률에 위반한 때를 말한다(제361조의5 제3호). '관할의 인정이 법률에 위반한 때'란 원심법원의 관할에 속하지 않아서 관할위반의 판결을 하여야 함에도 불구하고 원심법원이 실체에 대하여 심판한 경우를 말하고[4], '관할위반의 인정이 법률에 위반한 때'란 원심법원의 관할에 속하여 실체에 대하여 심판할 수 있었음에도 불구하고 관할위반의 판결을 선고한 경우를 말한다. 이와 같은 관할규정의 위반은 소송절차에 관한 법령위반에 해당하지만, 상고심에서와 달리 항소심에서는 특별히 절대적 항소이유로 규정하고 있다.

2) 법원구성의 위반

판결법원의 구성이 법률에 위반한 때(제361조의5 제4호), 법률상 그 재판에 관여하지 못할 판사가 그 사건의 심판에 관여한 때(제361조의5 제7호), 사건의 심리에 관여하지 아니한 판사가 그 사건의 판결에 관여한 때(제361조의5 제8호) 등을 말한다. 여기서 '판결법원'(判決法院)이란 판결 및 그 기초가 되는 심리를 행한 법원으로 소송법상 의미의 법원을 말한다. 예를 들면 합의부의 구성원을 충족시키지 못한 경우, 합의부에 결격사유가 있는 법관이 구성원이 된 경우, 제척사유에 해당하는 법관이 재판의 내부적 성립에 관여한 경우, 판사의 경질에도 불구하고 공판절차를 갱신하지 않고 판결의 내부적 성립에 관여한 경우 등이 이에 해당한다.

3) 공개재판에 관한 규정 위반

공판의 공개에 관한 규정에 위반한 때를 말한다(제361조의5 제9호). 예를 들면 판결의 선고를

1) 대법원 2005. 5. 26. 선고 2004도1925 판결(원심이 지정된 선고기일에 변호인 출석 없이 피고인만 출석한 상태에서 재판부 구성의 변경을 이유로 변론을 재개할 것을 결정·고지한 다음, 공판절차를 갱신하고 다시 변론을 종결하여 판결을 선고하였으나, 그 이전의 공판기일까지 적법한 증거조사와 변호인의 변론, 피고인의 최후진술까지 모두 이루어졌다면, 공판절차에 다소의 흠이 있다고 하더라도 그로 인하여 피고인의 방어권, 변호인의 변호권이 본질적으로 침해되어 판결에 영향을 미쳤다고 볼 수는 없다).

2) 대법원 2003. 3. 25. 선고 2002도5748 판결.

3) 대법원 2001. 11. 30. 선고 2001도5225 판결.

4) 대법원 1999. 11. 26. 선고 99도4398 판결.

공개하지 않은 경우(법원조직법 제57조 제1항), 심리비공개의 결정 없이 심리를 비공개하거나 심리비공개의 결정에 이유가 없는 경우(법원조직법 제57조 제2항) 등이 이에 해당한다.

4) 이유불비 또는 이유모순

판결에 이유를 붙이지 아니하거나 이유에 모순이 있는 때를 말한다(제361조의5 제11호). '이유를 붙이지 아니한 때'란 이유를 전혀 붙이지 않은 경우뿐만 아니라 이유가 불충분한 경우를 포함하며, '이유에 모순이 있는 때'란 주문과 이유 또는 이유 상호간에 모순이 있는 때를 말한다. 예를 들면 판결이유에 설시된 증거로부터 판결이유에 적시된 사실을 인정하는 것이 불합리한 경우가 이에 해당한다.

3. 법령위반 이외의 사유를 이유로 하는 항소이유

(1) 상대적 항소이유

사실의 오인이 있어 판결에 영향을 미칠 때를 말한다(제361조의5 제14호). '사실오인'(事實誤認)이란 원심법원이 인정한 사실과 객관적 사실 사이에 차이가 있는 것을 말한다. 여기서의 사실은 재판의 기초가 된 모든 사실을 말하는 것이 아니고, 피고인의 구제라는 항소심의 기능에 비추어 볼 때 형벌권의 존부와 범위에 관한 사실, 즉 엄격한 증명을 요하는 사실을 의미한다. 즉 사실오인에 의하여 판결의 주문에 영향을 미쳤을 경우와 범죄에 대한 구성요건적 평가에 직접 또는 간접으로 영향을 미쳤을 경우를 의미한다.[1] 그러므로 소송법적 사실이나 양형의 기초가 되는 정상관계사실은 이에 해당하지 아니한다. 다만 소송법적 사실은 법령위반의 사유(제361조의5 제1호), 정상관계사실은 양형부당의 사유(제361조의5 제15호)에 각각 해당될 수 있음은 별론이다.

(2) 절대적 항소이유

1) 판결 후 형의 폐지·변경, 사면

판결 후 형의 폐지나 변경 또는 사면이 있는 때를 말한다(제361조의5 제2호). 범죄 후 법령개폐로 인하여 형이 폐지되거나 사면이 있으면 면소판결을 선고하여야 하고(제326조 제2호 및 제4호), 범죄 후 법률의 변경에 의하여 형이 경하게 된 때에는 경한 형을 선고하여야 한다(형법 제1조 제2항). 이에 따라 제1심판결 후에 형의 폐지나 변경 또는 (일반)사면이 있는 경우에는 피고인의 이익을 위하여 항소이유로 한 것이다. 여기서 말하는 형의 변경은 경한 형으로의 변경을 의미하며, 중하게 형이 변경된 경우에는 행위시법이 적용되므로 당연히 제외된다.

2) 재심청구의 사유

재심청구의 사유가 있는 때를 말한다(제361조의5 제13호). 재심청구의 사유가 있는 경우에는 판결확정 후에 재심을 청구할 수 있지만, 이는 소송경제에 반하므로 항소이유로 규정하고 있는 것이다. 헌법재판소의 위헌결정으로 인하여 형벌에 관한 법률 또는 법률의 조항이 소급하여 그

---

1) 대법원 1996. 9. 20. 선고 96도1665 판결.

효력을 상실한 경우에도 재심청구사유에 해당하므로 항소이유가 된다.[1)]

한편 검사도 재심사유를 들어 피고인에게 불리한 항소를 제기할 수 있는지 여부와 관련하여, ① 형사소송법이 재심사유 있는 때만을 규정하고 있을 뿐 누가 항소하는지 또는 누구를 위하여 항소하는지에 대하여는 함구하고 있다는 점, 항소는 피고인의 이익뿐만 아니라 실체적 진실발견도 목적으로 하고 있다는 점 등을 논거로 하는 적극설[2)], ② 재심이 피고인의 이익을 위하여만 허용된다는 점, 재심청구의 사유를 항소이유로 한 취지는 피고인의 보호를 위한 것이라는 점 등을 논거로 하는 소극설[3)] 등의 대립이 있다. 생각건대 현행법상의 재심은 이익재심만을 허용하고 있으므로 소극설이 타당하다.

3) 양형부당

형의 양정이 부당하다고 인정할 사유가 있는 때를 말한다(제361조의5 제15호).[4)] '양형부당'(量刑不當)이란 원판결의 선고형이 구체적인 사안의 내용에 비추어 볼 때 지나치게 중하거나 경하여 합리적인 양형의 범위를 벗어난 경우를 말한다. 여기서 말하는 형에는 주형뿐만 아니라 부가형·환형유치·집행유예 또는 선고유예의 여부 등을 모두 포함한다. 다만 법정형이나 처단형의 범위를 벗어난 형을 선고하거나 법정형으로부터 처단형을 산출하는 기준을 위반한 경우에는 양형부당이 아니라 법령위반에 해당한다. 제1심과 비교하여 양형의 조건에 변화가 없고 제1심의 양형이 재량의 합리적인 범위를 벗어나지 아니하는 경우에는 이를 존중함이 타당하며, 제1심의 형량이 재량의 합리적인 범위 내에 속함에도 항소심의 견해와 다소 다르다는 이유만으로 제1심판결을 파기하여 제1심과 별로 차이 없는 형을 선고하는 것은 자제함이 바람직하다. 그렇지만 제1심의 양형심리 과정에서 나타난 양형의 조건이 되는 사항과 양형기준 등을 종합하여 볼 때에 제1심의 양형판단이 재량의 합리적인 한계를 벗어났다고 평가되거나 항소심의 양형심리 과정에서 새로이 현출된 자료를 종합하면 제1심의 양형판단을 그대로 유지하는 것이 부당하다고 인정되는 등의 사정이 있는 경우에는, 항소심은 형의 양정이 부당한 제1심판결을 파기하여야 한다.[5)]

---

1) 대법원 2005. 4. 15. 선고 2003도2960 판결.

2) 임동규, 794면.

3) 김인회, 662면; 배종대/홍영기, 448면; 손동권/신이철, 779면; 송광섭, 849면; 신양균/조기영, 1123면; 이은모/김정환, 827면; 이재상/조균석, 792면; 이주원, 607면; 이창현, 1227면; 정승환, 782면; 정웅석/최창호, 803면. 다만 이 경우에도 검사는 '판결에 영향을 미친 사실오인'(제361조의5 제14호)을 이유로 항소를 제기할 수 있을 것이므로 실질적인 면에서는 차이가 없다.

4) 대법원 2010. 12. 9. 선고 2008도1092 판결(검사만이 항소한 경우 항소심이 제1심의 양형보다 피고인에게 유리한 형량을 정할 수 없다는 제한이 있는 것도 아니다. 따라서 항소법원은 제1심의 형량이 너무 가벼워서 부당하다는 검사의 항소이유에 대한 판단에 앞서 직권으로 제1심판결에 양형이 부당하다고 인정할 사유가 있는지 여부를 심판할 수 있고, 그러한 사유가 있는 때에는 제1심판결을 파기하고 제1심의 양형보다 가벼운 형을 정하여 선고할 수 있다).

5) 대법원 2015. 7. 23. 선고 2015도3260 전원합의체 판결(항소심은 제1심에 대한 사후심적 성격이 가미된 속심으로서 제1심과 구분되는 고유의 양형재량을 가지고 있으므로, 항소심이 자신의 양형판단과 일치하지 아니한다고 하여 양형부당을 이유로 제1심판결을 파기하는 것이 바람직하지 아니한 점이 있다고 하더라도 이를 두고 양형심리

한편 피고인이 제1심판결에 대하여 양형부당만을 항소이유로 내세워 항소하였다가 그 항소가 기각된 경우, 피고인은 원심판결에 대하여 사실오인 또는 법리오해의 위법이 있다는 것을 상고이유로 삼을 수 없고[1], 이는 피고인이 제1심판결에 대하여 양형부당만을 항소이유로 내세워 항소하였는데 원심이 이를 인용하여 제1심판결을 파기하고 그보다 가벼운 형을 선고한 경우[2]에도 마찬가지이다. 나아가 피고인이 제1심판결에 대하여 양형부당과 함께 다른 항소이유를 내세워 항소하였다고 하더라도 그 후 원심판결 선고 전에 양형부당 이외의 항소이유를 철회한 경우[3] 또는 제1심판결에 대하여 검사만이 양형부당을 이유로 항소한 경우[4]에도 피고인은 원심판결에 대하여 사실오인 또는 법리오해의 위법이 있다는 것을 상고이유로 삼을 수 없다.

Ⅲ. 항소심의 절차

1. 항소의 제기

(1) 항소제기의 방식

항소를 함에는 항소장을 원심법원에 제출하여야 한다(제359조). 원심법원에 항소장을 제출하도록 한 것은 어느 법원이 항소법원인지를 잘 알지 못하는 피고인의 입장을 고려할 뿐만 아니라 원심법원으로 하여금 항소가 제기되었음을 알고 소송기록 등을 송부할 수 있도록 하기 위함이다. 항소장이 착오로 항소법원에 제출된 경우에는 항소법원은 항소장을 원심법원으로 송부하여야 하며, 이 경우에는 항소장이 원심법원에 접수된 때에 항소제기의 효력이 발생한다. 다만 교도소 또는 구치소에 있는 피고인이 항소의 제기기간 내에 항소장을 교도소장 또는 구치소장 또는 그 직무를 대리하는 자에게 제출한 때에는 항소의 제기기간 내에 항소한 것으로 간주한다(제344조 제1항). 항소의 제기기간은 7일로 한다(제358조). 항소장에는 항소를 제기한다는 취지와 항소의 대상인 판결만 기재하면 족하고, 항소이유를 기재할 것을 요하지 아니한다. 다만 항소장에 항소이유를 기재한 경우에는 별도로 항소이유서를 제출하지 않아도 된다(제361조의4 제1항 단서). 제1심 법원의 판결에 대하여 불복이 있으면 지방법원 단독판사가 선고한 것은 지방법원 본원 합의부에 항소할 수 있으며, 지방법원 합의부가 선고한 것은 고등법원에 항소할 수 있

및 양형판단 방법이 위법하다고까지 할 수는 없다. 그리고 원심의 판단에 근거가 된 양형자료와 그에 관한 판단 내용이 모순 없이 설시되어 있는 경우에는 양형의 조건이 되는 사유에 관하여 일일이 명시하지 아니하여도 위법하다고 할 수 없다).

1) 대법원 2011. 3. 24. 선고 2010도14817 판결; 대법원 2010. 3. 25. 선고 2009도14793 판결; 대법원 2005. 9. 30. 선고 2005도3345 판결; 대법원 2003. 2. 11. 선고 2002도7115 판결; 대법원 2000. 12. 8. 선고 99도214 판결.

2) 대법원 2004. 4. 28. 선고 2004도927 판결; 대법원 1995. 2. 3. 선고 94도2134 판결.

3) 대법원 2011. 2. 10. 선고 2010도15986 판결; 대법원 2006. 10. 26. 선고 2005도9825 판결; 대법원 2005. 9. 9. 선고 2005도3244 판결.

4) 대법원 2009. 5. 28. 선고 2009도579 판결.

다(제357조). 일부항소를 하기 위해서는 항소장에 그 취지를 표시하여야 한다. 다만 항소장에 재판의 일부에 대한 항소라는 기재가 없는 한 원칙적으로 전부에 대한 항소로 보아야 한다.[1)]

(2) 원심법원 및 항소법원의 조치

1) 원심법원의 조치

항소의 제기가 법률상의 방식에 위반하거나 항소권 소멸 후인 것이 명백한 때에는 원심법원은 결정으로 항소를 기각하여야 한다(제360조 제1항). 이러한 결정에 대하여는 즉시항고를 할 수 있다(제360조 제2항). 원심법원은 항소기각의 결정을 하는 경우를 제외하고는 항소장을 받은 날부터 14일 이내에 소송기록과 증거물을 항소법원에 송부하여야 한다(제361조). 항소사건의 신속한 진행을 위하여 원심법원에서 검찰청을 경유하지 않고 직접 항소법원으로 송부하게 한 것이다. 상소기간 중 또는 상소 중의 사건에 관하여 구속기간의 갱신·구속의 취소·보석·구속의 집행정지와 그 정지의 취소에 대한 결정은 소송기록이 원심법원에 있는 때에는 원심법원이 하여야 한다(제105조). 상소제기 후 소송기록이 상소법원에 도달하지 않고 있는 사이에는 피고인을 구속할 필요가 있는 경우에도 기록이 없는 상소법원에서 구속의 요건이나 필요성 여부에 대한 판단을 하여 피고인을 구속하는 것이 실질적으로 불가능하다는 점을 고려하면, 상소기간 중 또는 상소 중의 사건에 관한 피고인의 구속을 소송기록이 상소법원에 도달하기까지는 원심법원이 하도록 규정한 형사소송규칙 제57조 제1항의 규정이 형사소송법 제105조의 규정에 저촉된다고 보기는 어렵다.[2)]

2) 항소법원의 조치

항소법원이 기록의 송부를 받은 때에는 즉시 항소인과 상대방에게 그 사유를 통지하여야 한다(제361조의2 제1항).[3)] 이러한 통지 전에 변호인의 선임이 있는 때에는 변호인에게도 통지를 하여야 한다(제361조의2 제2항). 항소법원은 피고인에게 소송기록접수통지를 한 후에 변호인의 선임이 있는 경우에는 변호인에게 다시 같은 통지를 할 필요가 없다. 이는 필요적 변호사건에서 항소법원이 국선변호인을 선정하고 피고인과 그 변호인에게 소송기록접수통지를 한 다음 피고인이 사선변호인을 선임함에 따라 항소법원이 국선변호인의 선정을 취소한 경우에도 마찬가지이다. 이러한 경우 항소이유서의 제출기간은 피고인이 같은 통지를 받은 날로부터 계산하면 된다.[4)] 하지만 피고인에게 소송기록접수통지가 되기 전에 변호인의 선임이 있는 때에는 변호인에게도 소송기록접수통지를 하여야 하고, 변호인의 항소이유서 제출기간은 변호인에게

1) 대법원 1991. 11. 26. 선고 91도1937 판결.

2) 대법원 2007. 7. 10.자 2007모460 결정(불출석상태에서 징역형을 선고받고 항소한 피고인에 대하여 제1심 법원이 소송기록이 항소심법원에 도달하기 전에 구속영장을 발부한 것이 적법하다).

3) 대법원 1985. 4. 16.자 84모72 결정(제361조의2 제1항에 따라 항소법원이 피고인에게 소송기록 접수통지를 함에 있어 2회에 걸쳐 그 통지서를 송달하였다고 하더라도 항소이유서 제출기간의 기산일은 최초 송달의 효력이 발생한 날의 다음날부터라고 보아야 한다).

4) 대법원 2013. 6. 27. 선고 2013도4114 판결; 대법원 2011. 5. 13.자 2010모1741 결정; 대법원 2006. 12. 7.자 2006모623 결정; 대법원 1965. 8. 25.자 65모34 결정.

이 통지를 한 날로부터 계산하여야 한다.[1] 한편 항소의 제기가 법률상의 방식에 위반하거나 항소권소멸 후인 것이 명백한 때에는 원심법원은 결정으로 항소를 기각하여야 하는데, 원심법원이 항소기각의 결정을 하지 아니한 때에는 항소법원은 결정으로 항소를 기각하여야 한다(제362조).

국선변호인에게 소송기록 접수통지를 하지 아니함으로써 항소이유서 제출기회를 주지 아니한 채 판결을 선고하는 것은 위법하므로 결정으로 피고인의 항소를 기각할 수는 없다.[2] 이 경우 기록을 송부받은 항소법원은 제33조 제1항 제1호 내지 제6호의 필요적 변호사건에 있어서 피고인에게 변호인이 없는 경우에는 지체 없이 변호인을 선정한 후 그 변호인에게 소송기록 접수통지를 하고, 항소이유서 제출기간이 도과하기 전에 한 제33조 제2항의 국선변호인 선정청구에 따라 변호인을 선정한 경우 및 제33조 제3항에 의하여 국선변호인을 선정한 경우에도 그 변호인에게 소송기록접수통지를 함으로써, 그 변호인이 통지를 받은 날로부터 기산한 소정의 기간 내에 피고인을 위하여 항소이유서를 작성·제출할 수 있도록 하여 변호인의 조력을 받을 피고인의 권리를 보호하여야 한다. 변호인의 조력을 받을 위와 같은 피고인의 권리는 제33조 제1항 제1호 내지 제6호의 필요적 변호사건에서 법원이 정당한 이유 없이 국선변호인을 선정하지 않고 있는 사이에 또는 제33조 제2항의 규정에 따른 국선변호인 선정청구를 하였으나 그에 관한 결정을 하지 않고 있는 사이에 피고인 스스로 변호인을 선임하였으나 그때는 이미 피고인에 대한 항소이유서 제출기간이 도과해 버린 후이어서 그 사선변호인이 피고인을 위하여 항소이유서를 작성·제출할 시간적 여유가 없는 경우에도 마찬가지로 보호되어야 한다. 그러므로 그 경우에는 법원은 사선변호인에게도 형사소송규칙 제156조의2를 유추적용하여 소송기록접수통지를 함으로써 그 사선변호인이 통지를 받은 날로부터 기산하여 소정의 기간 내에 피고인을 위하여 항소이유서를 작성·제출할 수 있는 기회를 주어야 한다.[3]

국선변호인 선정결정을 한 후 항소이유서 제출기간 내에 피고인이 책임질 수 없는 사유로 그 선정결정을 취소하고 새로운 국선변호인을 선정한 경우에도 그 변호인에게 소송기록접수통지를 하여야 하는데(규칙 제156조의2 제3항), 이는 피고인이 책임질 수 없는 사유로 국선변호인의 교체가 이루어지는 경우에 새로운 국선변호인이 피고인을 위하여 항소이유서를 충분히 작성·제출할 수 있도록 종전 국선변호인에 대한 항소이유서 제출기간과 별도로 새로운 항소이유서 제출기간을 부여하고 있는 것이다.[4] 하지만 형사소송규칙 제156조의2 제3항을 새로 선임된 사

1) 대법원 2007. 3. 29. 선고 2006도5547 판결; 대법원 2006. 12. 7.자 2006모623 결정; 대법원 1996. 9. 6. 선고 96도166 판결; 대법원 1994. 3. 10.자 93모82 결정.

2) 대법원 2015. 4. 23. 선고 2015도2046 판결; 대법원 1973. 10. 10. 선고 73도2142 판결; 대법원 1973. 9. 12. 선고 73도1919 판결.

3) 대법원 2010. 5. 27. 선고 2010도3377 판결; 대법원 2009. 2. 12. 선고 2008도11486 판결; 대법원 2000. 12. 22. 선고 2000도4694 판결.

4) 대법원 2006. 3. 9.자 2005모304 결정.

선변호인의 경우까지 확대해서 적용하거나 유추적용할 수는 없다.[1] 소송기록접수통지는 항소이유서 제출기간의 기산점이 되므로 소송기록접수통지를 해야 하는 경우와 그 대상이 명확해야 한다. 형사소송법과 형사소송규칙은 항소법원이 소송기록접수통지를 해야 하는 경우를 명시하고 있는데, 사선변호인에게는 피고인에 대한 소송기록접수통지를 하기 전에 선임된 경우에만 소송기록접수통지를 하도록 정하고 있을 뿐(제361조의2 제2항) 형사소송법과 형사소송규칙 어디에도 피고인에 대한 소송기록접수통지 후에 선임된 사선변호인에게 다시 같은 통지를 해야 한다고 정하고 있지 않다. 반면 국선변호인에게는 제361조의2 제2항 외에도 형사소송규칙 제156조의2가 피고인에 대한 소송기록접수통지를 한 후에 선정되더라도 소송기록접수통지를 해야 하는 경우를 추가로 정하고 있다. 이와 같이 항소법원이 피고인과 국선변호인에게 소송기록접수통지를 한 다음 피고인이 새로 사선변호인을 선임하였더라도, 그 사선변호인에게 새로운 소송기록접수통지를 해야 할 근거가 없다. 따라서 사선변호인이 피고인 또는 국선변호인의 소송기록접수통지 수령일부터 항소이유서 제출기간이 지나도록 항소이유서를 제출하지 않았다면 항소이유서 부제출의 효과가 발생한다고 보아야 한다. 항소법원이 사선변호인 선임을 이유로 국선변호인 선정을 취소한 경우에도 마찬가지이다.

한편 국선변호인 선정의 효력은 선정 이후 병합된 다른 사건에도 미치는 것이므로, 항소심에서 국선변호인이 선정된 이후 변호인이 없는 다른 사건이 병합된 경우 항소법원은 지체 없이 국선변호인에게 병합된 사건에 관한 소송기록 접수통지를 함으로써 국선변호인이 통지를 받은 날로부터 기산한 소정의 기간 내에 피고인을 위하여 항소이유서를 작성·제출할 수 있도록 하여 변호인의 조력을 받을 피고인의 권리를 보호하여야 한다.[2] 피고인이 교도소 또는 구치소에 있는 경우에는 원심법원에 대응한 검찰청 검사는 소송기록 접수의 통지를 받은 날부터 14일 이내에 피고인을 항소법원 소재지의 교도소 또는 구치소에 이송하여야 한다(제361조의2 제3항).

(3) 항소이유서 및 답변서의 제출

1) 항소이유서의 제출

① 제출기간

'항소이유서'(抗訴理由書)란 원심판결에 대한 불복의 이유를 기재한 서면을 말한다. 항소인 또는 변호인은 소송기록의 접수통지를 받은 날로부터 20일 이내에 항소이유서를 항소법원에

---

1) 대법원 2018. 11. 22.자 2015도10651 전원합의체 결정(법원이 필요적 변호사건에서 피고인에 대한 국선변호인의 선정을 정당한 이유 없이 지체하는 등 변호인의 조력을 받을 권리를 보장하여야 할 의무를 게을리한 것이 아니라면, 이후 피고인 등이 사법상 위임계약에 따라 사선변호인을 선임하는 과정에서 법원의 관리·감독 의무가 발생할 여지는 없으므로, 새로 선임된 사선변호인에게 국선변호인에 대한 소송기록접수통지에 관한 규정을 확대적용하거나 유추적용할 이유가 없다. 형사소송규칙 제156조의2 제3항은 '피고인이 책임질 수 없는 사유'로 국선변호인이 변경된 경우를 전제하고 있는데, 이 사건은 피고인이 선정된 국선변호인의 조력을 받는 것을 포기하고 자신의 책임으로 사선변호인을 선임함으로써 변호인이 사선변호인으로 변경된 경우로서 피고인이 책임질 수 없는 사유로 국선변호인이 변경된 때에 해당하지 않는다).

2) 대법원 2015. 4. 23. 선고 2015도2046 판결.

제출하여야 한다(제361조의3 제1항 전문). 교도소 또는 구치소에 있는 피고인이 항소의 제기기간 내에 항소이유서를 교도소장 또는 구치소장 또는 그 직무를 대리하는 자에게 제출한 때에는 항소의 제기기간 내에 항소한 것으로 간주한다(제361조의3 제1항 후문, 제344조 제1항). 항소법원이 피고인에게 소송기록 접수통지를 함에 있어 2회에 걸쳐 그 통지서를 송달하였다고 하더라도, 항소이유서 제출기간의 기산일은 최초 송달의 효력이 발생한 날의 다음 날부터라고 보아야 한다.[1] 항소이유서는 적법한 기간 내에 항소법원에 도달하면 되는 것으로, 그 도달은 항소법원의 지배권 안에 들어가 사회통념상 일반적으로 알 수 있는 상태에 있으면 되고 나아가 항소법원의 내부적인 업무처리에 따른 문서의 접수·결재과정 등을 필요로 하는 것은 아니다.[2]

항소심의 구조는 피고인 또는 변호인이 법정기간 내에 제출한 항소이유서에 의하여 심판되는 것이므로, 항소이유서 제출기간의 경과를 기다리지 않고는 항소사건을 심판할 수 없다.[3] 이는 국선변호인의 경우에도 국선변호인의 항소이유서 제출기간 만료 시까지 항소이유서를 제출하거나 수정·추가 등을 할 수 있는 권리는 마찬가지로 보호되어야 한다.[4] 같은 맥락에서 이미 항소이유서를 제출하였더라도 항소이유를 추가·변경·철회할 수 있으므로, 항소이유서 제출기간의 경과를 기다리지 않고는 항소사건을 심판할 수 없다.[5] 따라서 항소이유서 제출기간 내에 변론이 종결되었는데 그 후 위 제출기간 내에 항소이유서가 제출되었다면, 특별한 사정이 없는 한 항소심법원으로서는 변론을 재개하여 항소이유의 주장에 대해서도 심리를 해 보아야 한다.[6]

② 항소이유의 기재

항소이유서에는 항소이유[7]를 구체적으로 간결하게 명시하여야 한다(규칙 제155조). 항소법원은 직권조사사유에 관하여는 항소제기가 적법하다면 항소이유서가 제출되었는지 여부나 항소이유서에 포함되었는지 여부를 가릴 필요 없이 반드시 심판하여야 하지만, 직권조사사유가 아닌 것에 관하여는 그것이 항소장에 기재되었거나 소정 기간 내에 제출된 항소이유서에 포함된

1) 대법원 2010. 5. 27. 선고 2010도3377 판결.

2) 대법원 1997. 4. 25. 선고 96도3325 판결.

3) 대법원 2015. 12. 24. 선고 2015도17051 판결.

4) 대법원 2014. 8. 28. 선고 2014도4496 판결.

5) 대법원 2007. 1. 25. 선고 2006도8591 판결; 대법원 2004. 6. 25. 선고 2004도2611 판결.

6) 대법원 2018. 4. 12. 선고 2017도13748 판결; 대법원 2015. 4. 9. 선고 2015도1466 판결.

7) 대법원 2012. 9. 13. 선고 2010도11338 판결(항소심이 항소이유에 포함되지 아니한 사유를 직권으로 심리하여 제1심판결을 파기하고 자판할 때에는 피고사건의 유죄 여부에 관한 사실인정 및 법률적용에 관하여 사실심으로서 심리·판단하게 되므로 항소인이 주장하는 항소이유의 당부도 위와 같은 피고사건의 심리·판단 과정에서 판단된 것으로 볼 것이고 별도로 그 항소이유의 당부에 대한 판단을 명시하지 아니하였다고 하여 판단누락이라고 볼 것이 아니다); 대법원 2007. 6. 29. 선고 2007도3035 판결(항소심이 항소이유에 포함되지 않은 사유를 들어 제1심판결을 파기하고 자판할 때에는 항소인이 주장하는 양형부당의 항소이유에 대해서도 그 형을 정하는 과정에서 판단된 것으로 볼 것이고, 별도로 그 항소이유의 당부에 대한 판단을 명시하지 아니하였다고 하여 판단을 유탈하였다고 볼 것은 아니다); 대법원 1996. 8. 23. 선고 96도88 판결; 대법원 1988. 8. 9. 선고 87도82 판결.

경우에 한하여 심판의 대상으로 할 수 있다. 다만 판결에 영향을 미친 사유에 한하여 예외적으로 항소이유서에 포함되지 아니하였다고 하더라도 직권으로 심판할 수 있다.

한편 피고인이나 변호인이 항소이유서에 포함시키지 아니한 사항을 항소심 공판정에서 진술한다고 하더라도 그러한 사정만으로 그 진술에 포함된 주장과 같은 항소이유가 있다고 볼 수는 없다.[1] 특히 검사가 일부 유죄·일부 무죄가 선고된 제1심판결 전부에 대하여 항소하면서 유죄 부분에 대하여는 아무런 항소이유도 주장하지 않은 경우에는, 유죄 부분에 대하여 법정기간 내에 항소이유서를 제출하지 않은 것이 되고, 그 경우 설령 제1심의 양형이 가벼워 부당하다고 하더라도 그와 같은 사유는 제361조의4 제1항 단서의 직권조사사유나 제364조 제2항의 직권심판사항에 해당하지 않으므로, 항소심이 제1심판결의 형보다 중한 형을 선고하는 것은 허용되지 아니한다.[2] 이러한 법리는 검사가 유죄 부분에 대하여 아무런 항소이유를 주장하지 않은 경우뿐만 아니라 검사가 항소장이나 법정기간 내에 제출된 항소이유서에서 유죄 부분에 대하여 양형부당 주장을 하였으나, 그러한 항소이유 주장이 실질적으로 구두변론을 거쳐 심리되지 아니한 경우에도 마찬가지로 적용된다.[3]

형사소송법은 상고이유를 엄격히 제한함과 동시에 상고이유서에는 소송기록과 원심법원의 증거조사에 표현된 사실을 인용하여 그 이유를 명시하도록 규정하고 있음에 반하여 항소이유서에 대하여는 그와 같은 규정을 두고 있지 아니할 뿐 아니라 상고심은 원칙적으로 법률심으로서 사후심인 데 반하여, 항소심은 사후심적 성격이 가미된 속심인 점에 비추어 항소인들이 항소이유서에 '위 사건에 대한 원심판결은 도저히 납득할 수 없는 억울한 판결이므로 항소를 한 것입니다.'라고 기재하였다고 하더라도 항소심으로서는 이를 제1심판결에 사실의 오인이 있거나 양형부당의 위법이 있다는 항소이유를 기재한 것으로 선해하여 그 항소이유에 대하여 심리를 하여야 한다.[4] 그러므로 피고인의 항소이유서가 법정기간 내에 제출된 경우에는 항소인이 항소이유를 추상적으로 기재하였다고 하더라도 항소기각결정을 할 수는 없다. 반면에 검사가 다른 구체적인 이유의 기재 없이 단순히 항소장의 '항소의 범위'란에 '양형부당'이라는 문구가 기재되어 있다고 하여 이를 적법한 항소이유의 기재라고 볼 수는 없다.[5]

---

1) 대법원 2014. 5. 29. 선고 2011도11233 판결; 대법원 2007. 5. 31. 선고 2006도8488 판결; 대법원 2002. 2. 26. 선고 2002도167 판결; 대법원 1998. 9. 22. 선고 98도1234 판결.

2) 대법원 2014. 7. 10. 선고 2014도5503 판결; 대법원 2008. 1. 31. 선고 2007도8117 판결.

3) 대법원 2015. 12. 10. 선고 2015도11696 판결.

4) 대법원 2002. 12. 3.자 2002모265 결정.

5) 대법원 2008. 1. 31. 선고 2007도8117 판결. 同旨 대법원 2008. 4. 24. 선고 2006도2536 판결(검사가 항소장에 구체적인 항소이유를 기재하지 않은 채 항소의 범위란에 '전부', 항소의 이유란에 '사실오인 및 심리미진, 양형부당'이라고만 기재한 경우, 적법한 항소이유의 기재가 아니라고 한 사례); 대법원 2006. 3. 30.자 2005모564 결정(검사가 제출한 항소이유서에 제1심판결에 대하여 불복하는 사유로서 제361조의5에서 정하는 항소이유를 구체적으로 명시하지 않고, 단지 항소심에서 공소장변경을 한다는 취지와 변경된 공소사실에 대하여 유죄의 증명이 충분하다는 취지의 주장만 한 경우, 적법한 항소이유의 기재라고 볼 수 없다); 대법원 2003. 12. 12. 선고 2003도2219 판결(검사가 제1심 무죄판결에 대한 항소장의 '항소의 이유'란에 '사실오인 및 법리오해'라고만 기재한 경우 이를 적법한

③ 항소이유서 부본의 송달

항소이유서의 제출을 받은 항소법원은 지체 없이 그 부본 또는 등본을 상대방에게 송달하여야 한다(제361조의3 제2항). 여기서 '부본'(副本)이란 항소인이 항소이유서에 상대방의 수에 2를 더한 수만큼 여분으로 첨부한 서류를 말하고(규칙 제156조), '등본'(謄本)이란 부본이 제출되지 아니하였거나 분실 또는 멸실된 경우에 법원사무관 등이 항소이유서와 동일하게 작성한 서류를 말한다. 항소인이 제출한 항소이유서 부본이 상대방에게 송달되지 아니하였고 이로 인하여 상대방이 답변서를 제출할 기회를 갖지 못하였으나 상대방이 항소심 공판기일에 출석하여 항소이유서 부본의 불송달과 이로 인한 답변서를 제출하지 못한 점에 대하여 아무런 이의를 제기하지 않은 채 항소인이 항소이유서를 진술하고 상대방이 이에 대하여 항소가 이유 없다는 취지의 답변을 한 다음 쌍방이 이에 기하여 변론을 하는 등으로 항소심 공판절차의 진행에 협조하였다면, 항소인이 항소이유서 부본이 송달되지 아니하였음을 비난할 수 없다.[1]

④ 항소이유서의 미제출

항소인이나 변호인이 그 제출기간 내에 항소이유서를 제출하지 아니한 때에는 결정으로 항소를 기각하여야 한다(제361조의4 제1항 본문).[2] 이는 피고인의 인권보장과 함께 사법자원을 균형 있게 배치하고 신속·원활한 항소심 재판의 운영을 도모하기 위한 것이다. 만일 당사자가 법률에 정해진 항소이유서 제출기간을 지키지 못하였는데도 아무런 불이익이 없다면, 항소이유서 제출을 통한 항소심 심판대상의 확정과 신속·원활한 항소심 재판의 구현이라는 항소이유서 제출제도의 목적은 유명무실하게 된다.[3] 항소이유서 미제출을 이유로 항소기각의 결정을 하기 위해서는 항소인이 적법한 소송기록접수통지서를 받고서도 정당한 이유 없이 20일 이내에 항소이유서를 제출하지 아니하였어야 한다.[4] 다만 직권조사사유가 있거나 항소장에 항소이유의 기재가 있는 때에는 예외로 한다(제361조의4 제1항 단서). 그리고 이러한 결정에 대하여는 즉시항고를 할 수 있다(제361조의4 제2항).

항소이유의 기재가 있는 것으로 볼 수 없다).

1) 대법원 2001. 12. 27. 선고 2001도5810 판결.

2) 대법원 2006. 3. 30.자 2005모564 결정(항소인이나 변호인이 항소이유서에 항소이유를 특정하여 구체적으로 명시하지 아니하였다고 하더라도 항소이유서가 법정의 기간 내에 적법하게 제출된 경우에는 이를 항소이유서가 법정의 기간 내에 제출되지 아니한 것과 같이 보아 제361조의4 제1항에 의하여 결정으로 항소를 기각할 수는 없다).

3) 대법원 2018. 11. 22.자 2015도10651 전원합의체 결정.

4) 대법원 2018. 3. 29.자 2018모642 결정(피고인의 항소대리권자인 배우자가 피고인을 위하여 항소한 경우(제341조)에도 소송기록접수통지는 항소인인 피고인에게 하여야 하는데(제361조의2), 피고인이 적법하게 소송기록접수통지서를 받지 못하였다면 항소이유서 제출기간이 지났다는 이유로 항소기각결정을 하는 것은 위법하다); 대법원 2017. 11. 7.자 2017모2162 결정(교도소·구치소 또는 국가경찰관서의 유치장에 수감된 사람에게 할 송달을 교도소·구치소 또는 국가경찰관서의 장에게 하지 아니하고 수감되기 전의 종전 주·거소에 하였다면 부적법하여 무효이고, 법원이 피고인의 수감 사실을 모른 채 종전 주·거소에 송달하였다고 하여도 마찬가지로 송달의 효력은 발생하지 않는다. 그리고 송달명의인이 체포 또는 구속된 날 소송기록접수통지서 등의 송달서류가 송달명의인의 종전 주·거소에 송달되었다면 송달의 효력 발생 여부는 체포 또는 구속된 시각과 송달된 시각의 선후에 의하여 결정하되, 선후관계가 명백하지 않다면 송달의 효력은 발생하지 않는 것으로 보아야 한다).

⑤ 국선변호인의 선정과 제출기간

변호인의 조력을 받을 피고인의 권리는 필요적 변호사건에서 법원이 국선변호인을 선정한 후 그 변호인에게 소송기록접수 통지를 하였다가 항소이유서 제출기간 내에 피고인의 귀책사유에 의하지 아니한 사정으로 그 선정결정을 취소하고 새로운 국선변호인을 선정한 경우에도 보호되어야 한다. 국선변호인의 교체가 피고인의 귀책사유에 의하지 아니한 사정으로 이루어진 경우에는 법원은 새로이 선정된 국선변호인에게 소송기록접수 통지를 하여야 하고, 그 경우 항소이유서 제출기간은 새로이 선정된 변호인이 소송기록접수통지를 받은 날로부터 20일 이내라고 할 것이다.[1] 변호인의 조력을 받을 피고인의 권리는 필요적 변호사건에서 법원이 정당한 이유 없이 국선변호인을 선정하지 않고 있는 사이에 또는 국선변호인 선정청구를 하였으나 그에 관한 결정을 하지 않고 있는 사이에 피고인 스스로 변호인을 선임하였으나 그때는 이미 피고인에 대한 항소이유서 제출기간이 도과해버린 후이어서 그 사선변호인이 피고인을 위하여 항소이유서를 작성·제출할 시간적 여유가 없는 경우에도 보호되어야 한다. 따라서 그 경우에는 법원은 사선변호인에게도 소송기록접수 통지를 함으로써 그 사선변호인이 통지를 받은 날로부터 기산하여 소정의 기간 내에 피고인을 위하여 항소이유서를 작성·제출할 수 있는 기회를 주어야 한다.[2]

또한 피고인과 국선변호인이 모두 법정기간 내에 항소이유서를 제출하지 아니하였더라도, 국선변호인이 항소이유서를 제출하지 아니한 데 대하여 피고인에게 귀책사유가 있음이 특별히 밝혀지지 않는 한, 항소법원은 종전 국선변호인의 선정을 취소하고 새로운 국선변호인을 선정하여 다시 소송기록접수통지를 함으로써 새로운 국선변호인으로 하여금 그 통지를 받은 때로부터 20일 이내에 피고인을 위하여 항소이유서를 제출하도록 하여야 한다.[3] 그리고 이러한 법리는 항소법원이 종전 국선변호인의 선정을 취소하고 새로운 국선변호인을 선정하여 소송기록접수통지를 하기 이전에 피고인 스스로 변호인을 선임한 경우 그 사선변호인에 대하여도 마찬가지로 적용되어야 한다.[4]

하지만 필요적 변호사건이 아니고 제33조 제3항에 의하여 국선변호인을 선정하여야 하는 경우도 아닌 사건에 있어서 피고인이 항소이유서 제출기간이 도과한 후에야 비로소 제33조 제2

1) 대법원 2006. 3. 9.자 2005모304 결정.

2) 대법원 2009. 2. 12. 선고 2008도11486 판결.

3) 대법원 2012. 2. 16.자 2009모1044 전원합의체 결정.

4) 대법원 2019. 7. 10. 선고 2019도4221 판결(법정대리인이 있는 피고인이 상소를 취하할 때는 법정대리인의 동의를 얻어야 하고 법정대리인은 그와 같이 동의하는 취지의 서면을 제출하여야 한다. 미성년자인 피고인이 항소취하서를 제출하였으나 법정대리인인 피고인 아버지의 동의가 없었으므로 피고인의 항소취하는 효력이 없다. 따라서 국선변호인은 항소이유서 제출기간 내에 항소이유서를 제출하여야 함에도 법정기간 내에 항소이유서를 제출하지 아니하였다. 미성년자로서 필요적으로 변호인의 조력을 받아야 하는 피고인이 위와 같이 법정대리인의 동의 없이 항소취하서를 제출하였다는 사정만으로 국선변호인이 항소이유서 제출기간 내에 항소이유서를 제출하지 않은 것에 대하여 피고인에게 귀책사유가 있다고 볼 수는 없다).

항의 규정에 따른 국선변호인 선정청구를 하고 법원이 국선변호인 선정결정을 한 경우에는 그 국선변호인에게 소송기록접수통지를 할 필요가 없고, 이러한 경우 설령 국선변호인에게 같은 통지를 하였다고 하더라도 국선변호인의 항소이유서 제출기간은 피고인이 소송기록접수통지를 받은 날로부터 계산된다고 할 것이다.[1)]

2) 답변서의 제출

'답변서'(答辯書)란 항소이유에 대한 상대방의 반론을 기재한 서면을 말하는데, 상대방은 항소이유서의 부본 또는 등본을 송달받은 날로부터 10일 이내에 답변서를 항소법원에 제출하여야 한다(제361조의3 제3항). 답변서에도 상대방의 수에 2를 가한 수의 부본을 첨부하여야 하며(규칙 제156조), 답변서의 제출을 받은 항소법원은 지체 없이 그 부본 또는 등본을 항소인 또는 변호인에게 송달하여야 한다(제361조의3 제4항). 답변서는 항소이유서와 달리 항소법원의 심판범위를 정하는 효력이 없고, 제출하지 않아도 아무런 제재가 없기 때문에 그 제출이 의무적인 것은 아니다.

2. 항소심의 심리

(1) 의 의

항소심의 공판절차에 대해서는 제1심 공판절차에 관한 규정을 원칙적으로 준용한다(제370조). 항소인은 그 항소이유를 구체적으로 진술하여야 하며, 상대방은 항소인의 항소이유 진술이 끝난 뒤에 항소이유에 대한 답변을 구체적으로 진술하여야 하고, 피고인 및 변호인은 이익이 되는 사실 등을 진술할 수 있다(규칙 제156조의3). 법원은 항소이유와 답변에 터잡아 해당 사건의 사실상·법률상 쟁점을 정리하여 밝히고 그 증명되어야 하는 사실을 명확히 하여야 한다(규칙 제156조의4). 항소심의 증거조사와 피고인 신문절차가 종료한 때에는 검사는 원심 판결의 당부와 항소이유에 대한 의견을 구체적으로 진술하여야 하고, 재판장은 검사의 의견을 들은 후 피고인과 변호인에게도 의견을 진술할 기회를 주어야 한다(규칙 제156조의7). 항소가 이유 없음이 명백한 경우에는 구두변론 없이 기각할 수 있지만(제364조 제5항), 항소법원이 제1심판결을 파기하고 다시 판결을 함에 있어서는 제37조 제1항에 의하여 변론을 거쳐서 판결하여야 한다.[2)]

(2) 심리의 특칙

1) 피고인의 불출석재판

피고인이 공판기일에 출정하지 아니한 때에는 다시 기일을 정하여야 한다(제365조 제1항). 하지만 피고인이 정당한 사유 없이 다시 정한 기일에 출정하지 아니한 때에는 피고인의 진술 없이 판결을 할 수 있다(제365조 제2항). 이는 피고인의 의무해태에 의하여 본안에 대한 변론권을 포기한 것으로 보는 일종의 제재적 규정이며, 피고인이 항소한 경우뿐만 아니라 검사가 항소한

1) 대법원 2013. 6. 27. 선고 2013도4114 판결.

2) 대법원 1981. 7. 28. 선고 81도1482 판결.

경우에도 적용된다.[1)] 이와 같이 피고인이 불출석한 상태에서 그 진술 없이 판결할 수 있기 위해서는 피고인이 적법한 공판기일 통지를 받고서도 2회 연속으로 정당한 이유 없이 출정하지 아니한 경우에 해당하여야 한다.[2)]

2) 무변론 항소기각의 판결

항소이유가 없음이 명백한 때에는 항소장·항소이유서 기타의 소송기록에 의하여 변론 없이 판결로써 항소를 기각할 수 있다(제364조 제5항). 판결은 구두변론을 거쳐서 선고하는 것이 원칙이지만, 이에 대한 예외를 인정하고 있는 것이다. 예를 들면 항소인이 범죄사실을 다투는 주장을 한 경우에도 이유 없음이 명백한 경우에는 변론 없이 항소를 기각할 수 있다.[3)]

3) 증거조사에 대한 특칙

제1심 법원에서 증거로 할 수 있었던 증거는 항소법원에서도 증거로 할 수 있다(제364조 제3항). 그러므로 제1심 법원에서 증거능력이 인정된 증거는 항소법원에서도 그 증거능력이 유지되며, 원심에서의 증거결정의 위법 여부가 항소이유인 경우가 아니라면 항소심에서 별도로 증거능력의 유무를 다시 심사할 필요가 없다. 피고인이 항소심에 출석하여 공소사실을 부인하면서 간주된 증거동의를 철회 또는 취소한다는 의사표시를 하더라도 그로 인하여 적법하게 부여된 증거능력이 상실되는 것이 아니다.[4)] 또한 피고인이 제1심 법원에서 공소사실에 대하여 자백하여 제1심 법원이 이에 대하여 간이공판절차에 의하여 심판할 것을 결정하고, 이에 따라 제1심 법원이 제1심판결 명시의 증거들을 증거로 함에 피고인 또는 변호인의 이의가 없어 제318조의3의 규정에 따라 증거능력이 있다고 보고, 상당하다고 인정하는 방법으로 증거조사를 한 이상, 가사 항소심에 이르러 범행을 부인하였다고 하더라도 제1심 법원에서 증거로 할 수 있었던 증거는 항소법원에서도 증거로 할 수 있는 것이므로 제1심 법원에서 이미 증거능력이 있었던 증거는 항소심에서도 증거능력이 그대로 유지되어 심판의 기초가 될 수 있고, 다시 증거조사를 할 필요가 없다.[5)]

재판장은 증거조사절차에 들어가기에 앞서 제1심의 증거관계와 증거조사결과의 요지를 고

---

1) 대법원 1967. 1. 31. 선고 66도1529 판결.

2) 대법원 2018. 11. 29. 선고 2018도13377 판결; 대법원 2016. 4. 29. 선고 2016도2210 판결; 대법원 2012. 6. 28. 선고 2011도16166 판결; 대법원 2011. 2. 24. 선고 2010도16538 판결; 대법원 2007. 7. 12. 선고 2006도3892 판결(제63조 제1항에 의하면, 형사소송절차에서 피고인에 대한 공시송달은 피고인의 주거, 사무소, 현재지를 알 수 없는 때에 한하여 이를 할 수 있는 것인바, 기록상 피고인의 집 전화번호 또는 휴대 전화번호 등이 나타나 있는 경우에는 위 전화번호로 연락하여 송달받을 장소를 확인하여 보는 등의 시도를 해보아야 하고, 그러한 조치를 취하지 아니한 채 곧바로 공시송달의 방법에 의한 송달을 하고 피고인의 진술 없이 판결을 하는 것은 제63조 제1항, 제365조에 위배되어 허용되지 아니한다. 이러한 법리는 피고인이 제1심판결에 대하여 항소를 하여 소송이 계속된 사실을 알면서 법원에 거주지 변경신고를 하지 않은 잘못을 저질러서 그로 인하여 송달이 되지 아니하자 법원이 공시송달의 방법에 의한 송달을 하게 된 경우에도 마찬가지이다. 왜냐하면 법원의 공시송달 절차에 명백한 위법이 있음에도 불구하고 피고인에게 거주지 변경신고를 하지 아니한 잘못이 있다 하여 위 위법한 공시송달 절차에 기한 재판이 적법하게 되는 것은 아니기 때문이다); 대법원 2006. 2. 23. 선고 2005도9291 판결; 대법원 1998. 12. 27. 선고 88도419 판결.

3) 대법원 1982. 6. 22. 선고 82도1177 판결.

4) 대법원 2010. 7. 15. 선고 2007도5776 판결.

5) 대법원 2005. 3. 11. 선고 2004도8313 판결; 대법원 1998. 2. 27. 선고 97도3421 판결.

지하여야 한다(규칙 제156조의5 제1항). 항소심 법원은 ① 제1심에서 조사되지 아니한 데에 대하여 고의나 중대한 과실이 없고, 그 신청으로 인하여 소송을 현저하게 지연시키지 아니하는 경우, ② 제1심에서 증인으로 신문하였으나 새로운 중요한 증거의 발견 등으로 항소심에서 다시 신문하는 것이 부득이하다고 인정되는 경우, ③ 그 밖에 항소의 당부에 관한 판단을 위하여 반드시 필요하다고 인정되는 경우 중 어느 하나에 해당하는 경우에 한하여 증인을 신문할 수 있다(규칙 제156조의5 제2항).

한편 우리 형사소송법이 공판중심주의의 한 요소로서 채택하고 있는 실질적 직접심리주의의 정신에 따라 제1심과 항소심의 신빙성 평가 방법의 차이를 고려할 때, 제1심판결 내용과 제1심에서 적법하게 증거조사를 거친 증거들에 비추어 제1심 증인이 한 진술의 신빙성 유무에 관한 제1심의 판단이 명백하게 잘못되었다고 볼 만한 특별한 사정이 있거나, 제1심 증거조사 결과와 항소심 변론종결시까지 추가로 이루어진 증거조사 결과를 종합하면 제1심 증인이 한 진술의 신빙성 유무에 관한 제1심의 판단을 그대로 유지하는 것이 현저히 부당하다고 인정되는 예외적인 경우가 아니라면, 항소심으로서는 제1심 증인이 한 진술의 신빙성 유무에 관한 제1심의 판단이 항소심의 판단과 다르다는 이유만으로 이에 관한 제1심의 판단을 함부로 뒤집어서는 안 된다.[1] 특히 공소사실을 뒷받침하는 증인의 진술의 신빙성을 배척한 제1심의 판단을 뒤집는 경우에는, 무죄추정의 원칙 및 형사증명책임의 원칙에 비추어 이를 수긍할 수 없는 충분하고도 납득할 만한 현저한 사정이 나타나는 경우라야 한다.[2]

4) 피고인신문의 제한

제1심 공판절차에서는 일반적으로 검사·변호인·재판장의 순서로 피고인신문이 이루어지지만, 항소심절차에서는 그 구조상 피고인신문의 순서가 달라질 수 있다. 검사가 항소한 경우에는 검사가 먼저 항소이유의 기초사실에 관하여 신문하게 되지만, 피고인이 항소한 경우에는 변호인이 먼저 신문하고 변호인이 없을 때에는 재판장이 먼저 신문한다.

한편 검사 또는 변호인은 항소심의 증거조사가 종료한 후 항소이유의 당부를 판단함에 필요한 사항에 한하여 피고인을 신문할 수 있다. 재판장은 이에 따라 피고인신문을 실시하는 경우에도 제1심의 피고인 신문과 중복되거나 항소이유의 당부를 판단하는 데 필요 없다고 인정하는 때에는 그 신문의 전부 또는 일부를 제한할 수 있다. 재판장은 필요하다고 인정하는 때에는

1) 대법원 2013. 4. 26. 선고 2013도1222 판결; 대법원 2012. 6. 14. 선고 2011도5313 판결.

2) 대법원 2013. 1. 31. 선고 2012도2409 판결; 대법원 2010. 11. 11. 선고 2010도9106 판결; 대법원 2010. 7. 29. 선고 2008도4449 판결; 대법원 2010. 3. 25. 선고 2009도14065 판결; 대법원 2009. 3. 26. 선고 2008도6895 판결; 대법원 2009. 1. 30. 선고 2008도7917 판결; 대법원 2006. 11. 24. 선고 2006도4994 판결; 대법원 2005. 5. 26. 선고 2005도130 판결(항소심이 항소이유가 있다고 인정하는 경우에는 제1심이 조사한 증인을 다시 심문하지 아니하고 그 조서의 기재만으로 그 증언의 신빙성 유무를 판단할 수 있는 것이 원칙이지만 제1심의 피해자에 대한 증인신문조서 기재 자체에 의하여 피해자의 진술을 믿기 어려운 사정이 보이는 경우에 항소심이 그 증인을 다시 신문하여 보지도 아니하고 제1심의 증인신문조서의 기재만에 의하여 직접 증인을 신문한 제1심과 다르게 그 증언을 믿을 수 있다고 판단한 것은 심히 부당하다).

피고인을 신문할 수 있다(규칙 제156조의6).

(3) 항소심의 심판범위

항소법원은 항소이유에 포함된 사유에 관하여 심판하여야 한다(제364조 제1항). 다만 항소법원은 판결에 영향을 미친 사유에 관하여는 항소이유서에 포함되지 아니한 경우에도 직권으로 심판할 수 있다(제364조 제2항).[1] 이는 실체적 진실의 발견과 형벌법규의 공정한 실현을 위하여 법원에게 판결에 영향을 미친 사유가 항소이유서에 포함되지 않는 경우에도 직권으로 심판을 하여 판결의 적정을 기하고 당사자의 이익을 보호하려는데 있다. 제364조 제2항에서 말하는 판결에 영향을 미친 사유라는 것은 널리 항소이유가 될 수 있는 사유 중에서 직권조사사유를 제외한 것으로서 판결에 영향을 미친 경우를 포함하는 것이다.[2] 그러므로 피고인이 사실오인만을 이유로 항소한 경우에 항소심이 직권으로 양형부당을 이유로 제1심판결을 파기하고 제1심의 양형보다 가벼운 형을 정할 수도 있고[3], 검사만이 제1심 양형이 너무 가벼워 부당하다는 이유로 항소한 경우에도 항소심이 직권으로 제1심의 양형보다 가벼운 형을 정하여 선고할 수도 있으며[4], 제1심이 실체적 경합범 관계에 있는 공소사실 중 일부에 대하여 재판을 누락한 경우, 항소심으로서는 당사자의 주장이 없더라도 직권으로 제1심의 누락부분을 파기하고 그 부분에 대하여 재판하여야 한다.[5] 다만 피고인만이 항소한 경우라면 불이익변경금지의 원칙에 따라 제1심의 형보다 중한 형을 선고하지 못한다.[6]

한편 동일한 피고인에 대한 수 개의 범죄사실 중 일부에 대하여 먼저 공소가 제기되고 나머지 범죄사실에 대하여는 별도로 공소가 제기됨으로써 이를 심리한 각 제1심법원이 공소제기된 사건별로 별개의 형을 선고하였으나, 그 사건이 모두 항소되어 항소심법원이 이를 병합심리하게 되었고 또한 그 수 개의 범죄가 형법 제37조 전단의 경합범 관계에 있게 되는 경우라면 위 범죄 모두가 경합범에 관한 법률규정에 따라 처벌되어야 하는 것이므로, 공소제기된 사건별로 별개의 형을 선고한 각 제1심판결에는 사후적으로 직권조사사유가 발생하였다고 보아야 할 것이다. 따라서 이와 같은 경우 피고인이 어느 사건에 대하여 적법한 기간 내에 항소이유서를 제출하지 않았다고 하더라도, 항소심법원은 제1심판결을 모두 파기하고 피고인을 형법 제37조 전단의 경합범에 대한 처벌례에 따라 다스려야 할 것이다.[7]

1) 대법원 2008. 9. 25. 선고 2008도4740 판결; 대법원 2007. 1. 25. 선고 2006도7242 판결(피고인이 양형부당만을 항소이유로 삼아 항소한 후 항소심 공판에서 새로 사실오인 등을 주장하였다고 하더라도 그 주장이 이유 없어 판결에 영향을 미치지 아니한 경우라면 항소심이 이 점에 대하여 따로 판단하지 아니하고 양형부당의 점에 관하여만 판단한 것은 정당하다); 대법원 1996. 11. 8. 선고 96도2076 판결.

2) 대법원 1976. 3. 23. 선고 76도437 판결.

3) 대법원 1990. 9. 11. 선고 90도1021 판결.

4) 대법원 2010. 12. 9. 선고 2008도1092 판결.

5) 대법원 2013. 3. 14. 선고 2011도7259 판결.

6) 대법원 2009. 2. 12. 선고 2008도7848 판결.

7) 대법원 1998. 10. 9.자 98모89 결정.

3. 항소심의 재판

(1) 공소기각의 결정

공소기각의 결정에 해당한 사유가 있는 때에는 항소법원은 결정으로 공소를 기각하여야 한다(제363조 제1항). 이러한 결정에 대하여는 즉시항고를 할 수 있다(제363조 제2항). 공소기각결정의 사유가 있는 경우라고 할지라도 원심재판이 판결이어서 원심파기의 판결과 공소기각의 결정의 2가지 형태의 재판을 하나의 절차로 내리기가 곤란하므로 원심판결의 파기 없이 공소기각의 결정만 하도록 한 것이다. 이 경우 원심판결은 당연히 효력이 소멸된다고 해석된다. 여기서 말하는 '공소기각의 결정에 해당한 사유'에는 원심법원이 공소기각결정의 사유를 간과하여 실체판결을 한 경우뿐만 아니라 원심판결 후에 공소기각결정의 사유가 발생한 경우를 포함한다.

(2) 항소기각의 재판

1) 항소기각의 결정

항소의 제기가 법률상의 방식에 위반하거나 항소권 소멸 후인 것이 명백한 때에 해당한 경우에 원심법원이 항소기각의 결정(제360조)을 하지 아니한 때에는 항소법원은 결정으로 항소를 기각하여야 한다(제362조 제1항). 이러한 결정에 대하여는 즉시항고를 할 수 있다(제362조 제2항).

항소인이나 변호인이 항소이유서 제출기간 내에 항소이유서를 제출하지 아니한 때에는 결정으로 항소를 기각하여야 한다. 다만 직권조사사유가 있거나 항소장에 항소이유의 기재가 있는 때에는 예외로 한다(제361조의4 제1항).[1] 이러한 결정에 대하여는 즉시항고를 할 수 있다(제361조의4 제2항). 항소인 또는 변호인이 항소이유서에 추상적으로 제1심판결이 부당하다고만 기재함으로써 항소이유를 특정하여 구체적으로 명시하지 아니하였다고 하더라도 항소이유서가 법정의 기간 내에 적법하게 제출된 경우에는 이를 항소이유서가 법정의 기간 내에 제출되지 아니한 것과 같이 보아 제361조의4 제1항에 의하여 결정으로 항소를 기각할 수는 없다.[2] 하지만 법원이 직권조사사유가 있는지 여부에 관하여 심리하기 위하여 구두변론을 거쳤다고 하더라도 심리의 결과 직권조사사유가 없다고 판단된 경우에는 결정으로 항소를 기각하여야 한다.

2) 항소기각의 판결

항소이유가 없다고 인정한 때에는 판결로써 항소를 기각하여야 한다(제364조 제4항).[3] 여기

1) 대법원 1971. 3. 23. 선고 70도2752 판결(제1심에서 무죄를 선고한 판결에 가사 증거취사와 사실인정에 잘못이 있다 하여도 이는 직권조사사유에 해당된다고 할 수 없으므로 그 부분에 대하여 검사만이 항소하였으나 항소이유서 제출기간이 경과된 경우 무죄된 사실부분에 관하여 직권조사를 거쳐 유죄로 인정한 것은 잘못이다).

2) 대법원 2002. 12. 3.자 2002모265 결정.

3) 대법원 2017. 9. 21. 선고 2015도12400 판결(제1심에서 유죄가 선고되어 피고인이 항소하였는데, 원심이 판결이유에서는 이 부분에 관하여 피고인이 항소이유를 모두 철회하였다고 판단하면서도 주문에서는 항소기각의 선고를 하지 아니하였음을 알 수 있으므로, 원심판결에는 제364조 제4항을 위반한 위법이 있다); 대법원 2017. 4. 28. 선고 2017도1544 판결; 대법원 2012. 5. 24. 선고 2011도7943 판결; 대법원 2007. 1. 11. 선고 2006도7120 판결; 대법원 2006. 9. 14. 선고 2004도6432 판결(피고인에 대한 이 사건 공소사실 중 강도예비죄 부분에 대하여 제1심에서 무죄가 선고되어 검사가 항소하였는데 원심은 그 판결 이유에서는 검사의 항소가 이유 없다고 판단하면서도

서 항소이유가 없다는 것은 항소이유에 포함된 사항에 관하여 이유가 없을 뿐만 아니라 직권조사의 결과에 의하여도 판결에 영향을 미칠 사유가 없다는 것을 의미한다. 또한 항소이유가 없음이 명백한 때에는 항소장·항소이유서 기타의 소송기록에 의하여 변론 없이 판결로써 항소를 기각할 수 있는데(제364조 제5항), 이를 '무변론기각'(無辯論棄却)이라고 한다. 예를 들면 피고인이 법정형 가운데 가장 낮은 형을 선고받고도 양형부당을 이유로 항소하거나 벌금형의 납부기간을 유예받기 위하여 항소한 것이 명백한 경우 등이 이에 해당한다.

(3) 원심판결의 파기판결

1) 파기사유

항소이유가 있다고 인정한 때에는 원심판결을 파기하고 다시 판결을 하여야 한다(제364조 제6항). 항소법원은 직권조사사유에 관하여는 항소제기가 적법하다면 항소이유서가 제출되었는지 여부나 항소이유서에 포함되었는지 여부를 가릴 필요 없이 반드시 심판하여야 하지만, 직권조사사유가 아닌 것에 관하여는 그것이 항소장에 기재되었거나 소정 기간 내에 제출된 항소이유서에 포함된 경우에 한하여 심판의 대상으로 할 수 있다. 다만 판결에 영향을 미친 사유에 한하여 예외적으로 항소이유서에 포함되지 아니하였다고 하더라도 직권으로 심판할 수 있다.[1]

피고인을 위하여 원심판결을 파기하는 경우에 파기의 이유가 항소한 공동피고인에게 공통되는 때에는 그 공동피고인에게 대하여도 원심판결을 파기하여야 한다(제364조의2). 이는 피고인에 대한 원심판결의 파기이유를 공동피고인이 항소이유로 주장하지 않은 경우에도 이를 공동피고인에 대한 원심판결의 파기사유로 함으로써 항소를 제기한 공동피고인 사이의 형평을 도모하기 위한 것이다.[2] 이 때 '항소한 공동피고인'이란 원심에서 공동피고인으로 재판받은 자 중 항소한 자를 말하고, 제364조의2는 공동피고인 사이에서 파기의 이유가 공통되는 해당 범죄사실이 동일한 소송절차에서 병합심리된 경우에만 적용된다.[3] 한편 공동피고인의 항소는 적법한 것이어야 하므로, 공동피고인의 항소권이 소멸한 이후 항소가 제기된 경우에는 제364조의2가 적용되지 아니한다. 하지만 원심의 공동피고인이 항소를 적법하게 제기한 이상 항소이유서를 제출하지 않은 경우[4], 항소이유가 부적법한 경우, 항소이유에서 파기사유를 주장하지 않은 경우 등에 있어서도 항소 그 자체만 적법하였다면 제364조의2가 적용된다.

2) 파기자판

'파기자판'(破棄自判)이란 항소법원이 원심판결을 파기하고 피고사건에 대하여 직접 다시 판

주문에서는 항소기각의 선고를 하지 아니하였음을 알 수 있으므로, 원심판결에는 제364조 제4항을 위반한 위법이 있다); 대법원 2001. 4. 10. 선고 2000도2049 판결.

1) 대법원 2007. 5. 31. 선고 2006도8488 판결.

2) 대법원 2003. 2. 26. 선고 2002도6834 판결.

3) 대법원 2019. 8. 29. 선고 2018도14303 전원합의체 판결. 이에 대하여 항소심에서 병합심리가 될 것을 요하지 않는다는 견해로는 김인회, 668면; 신양균/조기영, 1146면; 이재상/조균석, 800면; 정웅석/최창호, 811면.

4) 대법원 2014. 2. 13. 선고 2013도9605 판결.

결을 하는 것을 말한다. 항소법원이 항소이유가 있다고 인정한 때에는 원심판결을 파기하고 다시 판결을 하여야 한다(제364조 제6항). 판결은 항소심에서 항소이유가 없음이 명백하여 항소기각의 판결을 하는 때와 상고심의 판결 등 예외적으로 법률에 의하여 서면심리에 의한 판결이 가능하도록 규정되어 있는 경우를 제외하고는 구두변론을 거쳐야 함이 원칙이다. 즉 검사가 공판정에서 구두변론을 통해 항소이유를 주장하지 않았고, 피고인도 그에 대한 적절한 방어권을 행사하지 못하는 등 검사의 항소이유가 실질적으로 구두변론을 거쳐 심리되지 않았다고 평가될 경우, 항소심법원이 이러한 검사의 항소이유 주장을 받아들여 피고인에게 불리하게 제1심판결을 변경하는 것은 허용되지 아니한다.[1] 그러므로 파기자판을 하는 경우에는 반드시 구두변론을 거쳐야 하며, 유·무죄의 실체판결뿐만 아니라 공소기각·면소 등의 형식판결도 할 수 있다.

3) 파기환송

공소기각 또는 관할위반의 재판이 법률에 위반됨을 이유로 원심판결을 파기하는 때에는 판결로써 사건을 원심법원에 환송하여야 한다(제366조). 원심법원이 공소기각의 사유가 없음에도 불구하고 공소기각의 판결을 하거나 관할권이 있는 원심법원이 관할위반의 판결을 한 경우에는 제1심에서 실체에 관하여 심리가 행하여지지 않았기 때문에 예외적으로 환송을 인정하는 것인데, 이는 결국 피고인의 심급이익을 보호하기 위한 규정이다. 따라서 항소심으로서는 제1심의 공소기각 판결이 법률에 위배된다고 판단한 이상 본안에 들어가 심리할 것이 아니라 제1심판결을 파기하고 사건을 제1심 법원에 환송하여야 한다.[2] 만약 항소심이 제1심의 공소기각 판결이 잘못이라고 하여 파기하면서도 사건을 제1심 법원에 환송하지 아니하고 본안에 들어가 심리한 후 피고인에게 유죄판결을 선고한다면 이는 제366조를 위반한 것이 된다.[3]

4) 파기이송

관할인정이 법률에 위반됨을 이유로 원심판결을 파기하는 때에는 판결로써 사건을 관할법원에 이송하여야 한다(제367조 본문). 여기서 '관할인정이 법률에 위반된 경우'란 원심법원이 피고사건에 대하여 관할권이 없음에도 불구하고 관할위반의 판결을 선고하지 아니하고 피고사건에 대하여 유죄·무죄·면소·공소기각의 판결을 한 경우를 말한다. 다만 항소법원이 그 사건의 제1심 관할권이 있는 때에는 제1심으로 심판하여야 한다(제367조 단서). 이는 합의부 관할사건이 단독판사에게 잘못 배당되고 단독판사가 이를 간과하여 실체판결을 하였는데, 그 판결에 대한 항소사건이 지방법원 본원 합의부에 계속된 경우, 당해 합의부가 당해 사건에 대하여 제1심 법원으로서의 관할권이 있는 때에는 소송경제상 사건을 같은 법원 합의부에 이송하지 않고 스스로 제1심으로 재판하도록 한 것이다.

파기환송 또는 파기이송판결이 확정된 경우, 항소법원은 판결확정일로부터 7일 이내에 소

1) 대법원 2015. 12. 10. 선고 2015도11696 판결; 대법원 1994. 10. 21. 선고 94도2078 판결.

2) 대법원 2012. 9. 13. 선고 2012도3166 판결.

3) 대법원 2013. 10. 11. 선고 2013도2198 판결.

송기록과 증거물을 환송 또는 이송받을 법원에 송부하고, 항소법원에 대응하는 검찰청 검사에게 그 사실을 통지하여야 한다. 이러한 송부를 받은 법원은 지체 없이 그 법원에 대응한 검찰청 검사에게 그 사실을 통지하여야 한다. 그리고 피고인이 교도소 또는 구치소에 있는 경우에는 항소법원에 대응한 검찰청 검사는 통지를 받은 날로부터 10일 이내에 피고인을 환송 또는 이송받을 법원소재지의 교도소나 구치소에 이감한다(규칙 제157조).

〈항소심 형사공판사건 처리 결과 현황〉

단위: 명(%)

구분 연도	처리 합계	판결			항소 기각 결정	항소 취하	기타
		계	파기	기각			
2007	60,865 (100)	55,248 (90.8/100)	22,596 (37.1/40.9)	32,652 (53.6/59.1)	–	2,060 (3.4)	3,557 (5.8)
2008	66,686 (100)	60,650 (90.9/100)	23,695 (35.5/39.1)	36,955 (55.4/61.9)	–	1,966 (2.9)	4,070 (6.1)
2009	70,096 (100)	64,122 (91.5/100)	25,832 (36.9/40.3)	38,290 (54.6/59.7)	–	1,880 (2.7)	4,094 (5.8)
2010	71,938 (100)	65,944 (91.7/100)	25,540 (35.5/36.9)	40,404 (56.2/63.1)	3,216 (4.5)	1,993 (2.8)	785 (1.1)
2011	69,422 (100)	63,302 (91.2/100)	24,016 (34.6/36.1)	39,286 (56.6/63.9)	3,308 (4.8)	2,039 (2.9)	773 (1.1)
2012	64,618 (100)	58,490 (90.5/100)	23,865 (36.9/38.8)	34,625 (53.6/61.2)	3,004 (4.6)	2,188 (3.4)	936 (1.4)
2013	64,908 (100)	58,680 (90.4/100)	25,044 (38.6/40.8)	33,636 (51.8/59.2)	2,707 (4.2)	2,336 (3.6)	1,185 (1.8)
2014	68,916 (100)	62,872 (91.2/100)	26,112 (37.9/40.0)	36,760 (53.3/60.0)	2,720 (3.9)	2,438 (3.5)	886 (1.3)
2015	79,043 (100)	71,834 (90.9/100)	27,820 (35.2/38.7)	44,014 (55.7/61.3)	2,771 (3.5)	2,884 (3.6)	1,554 (2.0)
2016	83,759 (100)	76,212 (91.0/100)	26,578 (31.7/34.9)	49,634 (59.3/65.1)	2,866 (3.4)	3,108 (3.7)	1,573 (1.9)
2017	87,160 (100)	80,262 (92.1/100)	25,848 (29.7/32.2)	54,414 (62.4/67.8)	2,407 (2.8)	3,227 (3.7)	1,264 (1.4)
2018	76,233 (100)	69,820 (91.6/100)	24,520 (32.2/35.1)	45,300 (59.4/64.9)	2,197 (2.9)	3,048 (4.0)	1,168 (1.5)

출처: 법무연수원, 「2019 범죄백서」, 2020.

(4) 재판서의 기재방식

항소법원의 재판서에는 항소이유에 대한 판단을 기재하여야 하며, 원심판결에 기재한 사실과 증거를 인용할 수 있다(제369조).[1] 항소를 인용하는 경우뿐만 아니라 기각하는 경우에도 판단하여야 하며, 검사와 피고인 쌍방이 항소한 경우에 쌍방의 항소가 이유 없는 경우에도 이를 모두 판단하여야 한다. 피고인이 양형부당과 함께 사실오인도 항소이유로 주장하였음에도 항소심이 양형부당의 항소이유만 있는 것으로 판단하면서 양형부당을 이유로 제1심판결을 파기·자판한 경우, 항소심은 피고인의 양형부당의 항소이유에 대하여 이유 있다고 인정하고 제1심판결을 파기한 다음 자판하면서 피고인에 대한 범죄사실을 모두 인정함으로써 결국 사실오인의 항소이유에 대하여서는 이를 배척하였다고 할 것이므로, 항소심판결에는 판단유탈의 위법이 있다고 할 수 없다.[2]

한편 항소법원이 항소한 피고인이 주장하는 항소이유를 받아들일 수 없는 것으로 인정한 때에는 재판서에 항소이유에 대한 판단을 기재하면 족하고, 판결로써 항소를 기각하는 경우에도 반드시 원심판결에 기재한 사실과 증거를 인용하거나 판결이유에 범죄사실 및 증거요지와 법령적용을 명시하여야 하는 것은 아니고[3], 양형이 과중하다는 항소이유에 대하여 그 이유가 없다고만 판시하여 항소를 기각한 항소심의 판단은 정당하다.[4] 그러나 형의 선고를 하는 때에는 판결이유에 범죄될 사실, 증거의 요지와 법령의 적용을 명시하여야 하는데(제370조, 제323조 제1항), 만약 이를 누락하면 이유불비가 된다.[5] 항소심판결에서 제1심판결에 기재한 범죄될 사실과 증거의 요지는 인용할 수 있으나, 법령의 적용은 인용할 수 없다.[6]

제 3 절 상 고

Ⅰ. 의의 및 성격

1. 의 의

'상고'(上告)란 판결에 불복하여 대법원에 상소를 제기하는 것을 말한다(제371조). 상고는 원칙적으로 제2심판결에 대한 불복이지만, 예외적으로 제1심판결에 대하여 인정되는 비약적 상고

---

1) 대법원 2008. 7. 24. 선고 2007도6721 판결(항소심이 항소이유에 포함되지 아니한 사유를 직권으로 심리하여 제1심판결을 파기하고 다시 판결하는 경우에는 항소인이 들고 있는 항소이유의 당부에 관하여 따로 판단한 바가 없다고 하더라도, 항소심이 자판을 함에 있어서 이미 항소이유의 당부는 판단되었다고 보아야 하므로, 항소심이 그 판결에서 피고인의 항소이유에 대한 판단을 따로 설시하지 않았다고 하여 위법이라고 할 수 없다. 다만 제369조의 취지와 법률심인 대법원의 적정한 기능 수행을 고려할 때, 항소심이 직권으로 제1심판결을 파기하는 경우라도 주된 항소이유에 대한 판단이 필요하다고 인정하는 때에는 이에 대한 판단을 판결서에 기재하여 주는 것이 적절하다); 대법원 2006. 6. 27. 선고 2005도4177 판결.

2) 대법원 2011. 6. 24. 선고 2011도5690 판결; 대법원 2000. 5. 16. 선고 2000도123 판결.

3) 대법원 2002. 7. 12. 선고 2002도2134 판결; 대법원 1994. 2. 8. 선고 93도3524 판결.

4) 대법원 1982. 12. 28. 선고 82도2642 판결.

5) 대법원 1987. 2. 24. 선고 86도2660 판결.

6) 대법원 2000. 6. 23. 선고 2000도1660 판결.

도 인정되고 있다(제372조). 상고심은 법령해석의 통일에 기여하고, 항소심의 오판을 시정하여 당사자의 권리를 구제하는 기능을 담당하고 있다.

2. 성 격

(1) 원칙적 법률심

상고심은 원칙적으로 법률문제를 심리·판단하는 법률심이라고 할 수 있다. 따라서 상고심은 원심판결의 실체법령적용이나 소송절차에 관한 법령위반 여부에 대하여 판단하며, 상고이유의 핵심은 판결에 영향을 미친 헌법·법률·명령·규칙의 위반이 있는 때(제383조 제1호)이다. 또한 상고심에서 변호사 아닌 자를 변호인으로 선임하지 못하며(제386조), 변호인이 아니면 피고인을 위하여 변론하지 못할 뿐만 아니라(제387조) 검사와 변호인은 상고이유서와 답변서에 의하여 변론하여야 한다는 점(제388조) 등도 모두 법률심의 성격을 보여주고 있는 것이다.

다만 중형이 선고된 사건에 있어서는 사실오인과 양형부당을 상고이유로 하고 있다는 점(제383조 제4호), 상고심에서도 파기자판을 허용하고 있다는 점(제396조 제1항) 등에 비추어 볼 때, 예외적으로 사실심으로서의 성격도 지니고 있다.

(2) 원칙적 사후심

상고심은 원칙적으로 사후심이라고 할 수 있다. 상고이유를 원칙적으로 법령위반에 엄격히 제한하고 있다는 점(제383조), 상고이유서에 포함된 사유에 관하여 심판하여야 하여야 한다는 점(제384조 본문), 상고이유가 있는 때에는 판결로써 항소심판결을 파기하여야 하는데(제391조), 파기하는 경우에도 환송 또는 이송을 통해 항소심으로 하여금 사건을 다시 심리·판단하도록 함이 원칙이며 자판은 예외적으로만 허용된다는 점(제393조 내지 제397조), 변론 없이 서면심리에 의하여 판결할 수 있도록 한 점(제390조), 상고이유서에는 소송기록과 원심법원의 증거조사에 표현된 사실을 인용하여 그 이유를 명시하여야 한다는 점(제379조 제2항), 상고심 재판서에도 상고의 이유에 대한 판단을 기재하여야 한다는 점(제398조) 등이 그 이유이다. 따라서 상고심은 원심의 소송자료만을 기초로 하여 원판결의 당부를 판단하여야 하고, 상고심에서 새로운 증거를 제출하거나 증거조사를 하는 것은 허용되지 아니하며[1], 공소장 변경도 할 수 없다.[2] 또한 상고심은 항소법원 판결에 대한 사후심이므로 항소심에서 심판대상이 되지 않은 사항은 상고심의 심판

1) 대법원 2019. 3. 21. 선고 2017도16593－1 전원합의체 판결; 대법원 2010. 10. 14. 선고 2009도4894 판결.

2) 대법원 2011. 10. 13. 선고 2011도8478 판결(상고심에서 상고이유 주장이 이유 없다고 판단되어 배척된 부분은 판결 선고와 동시에 확정력이 발생하여 이 부분에 대하여 피고인은 더 이상 다툴 수 없고, 환송받은 법원으로서도 이와 배치되는 판단을 할 수 없으므로, 피고인으로서는 더 이상 이 부분에 대한 주장을 상고이유로 삼을 수 없고, 비록 환송 후 원심이 이 부분 범죄사실에 대하여 일부 증거조사를 하였더라도 의미 없는 것에 지나지 않는다. 이러한 법리는 상고이유 주장이 사실심인 원심의 전권에 속하는 증거의 취사선택과 사실의 인정을 비난하는 것에 불과하다거나 원심이 인정한 사실과 다른 사실을 전제로 한 것이어서 부적법하다는 등의 이유로 배척된 경우에도 마찬가지로 적용된다); 대법원 2009. 2. 12. 선고 2008도8661 판결; 대법원 2006. 5. 11. 선고 2006도920 판결; 대법원 2005. 3. 24. 선고 2004도8651 판결; 대법원 1987. 12. 22. 선고 87도2111 판결.

범위에 들지 않는 것이어서, 피고인이 항소심에서 항소이유로 주장하지 아니하거나 항소심이 직권으로 심판대상으로 삼은 사항 이외의 사유에 대하여는 이를 상고이유로 삼을 수 없다.[1] 한편 원판결의 당부도 상고심 판결시점이 아니라 원판결시점을 기준으로 판단하여야 한다. 즉 상고심에서의 심판대상은 항소심판결 당시를 기준으로 하여 그 당부를 심사하는 데에 있는 것이므로 항소심판결 선고 당시 미성년이었던 피고인이 상고 이후에 성년이 되었다고 하여 항소심의 부정기형의 선고가 위법이 되는 것은 아니다.[2]

다만 상고심도 예외적으로 원심판결 이후에 나타난 사실이나 증거를 사용함으로써 속심적 성격을 지니는 경우도 있다. 예를 들면 판결 후에 형의 폐지나 변경 또는 사면이 있는 경우(제383조 제2호), 원심판결 후에 재심청구의 사유가 판명된 경우(제383조 제3호), 중형이 선고된 사건에서의 중대한 사실오인이나 양형부당이 있는 경우(제383조 제4호) 등에 있어서는 원심판결 후에 발생한 사실이나 증거가 상고심의 판단대상이 된다.

(3) 상고이유 제한의 법리

이른바 '상고이유 제한의 법리'는 형사소송법이 상고심을 사후심으로 규정한 데에 따른 귀결이라고 할 수 있다. 상고이유 제한의 법리는 피고인이 항소하지 않거나 양형부당만을 이유로 항소함으로써 항소심의 심판대상이 되지 않았던 법령위반 등 새로운 사항에 대해서는 피고인이 이를 상고이유로 삼아 상고하더라도 부적법한 것으로 취급함으로써 상고심의 심판대상을 제한하고 있다.[3] 이는 심급제도의 운영에 관한 여러 가지 선택 가능한 형태 중에서 현행 제도가 사후심제 및 법률심의 방식을 선택한 입법적 결단에 따른 결과이다. 특히 모든 사건의 제1심 형사재판절차에서 법관에 의한 사실적·법률적 심리검토의 기회가 주어지고 피고인이 제1심판결에 대해 항소할 기회가 부여되어 있음에도 항소심에서 적극적으로 이를 다투지 아니한 사정 등을 감안하여 개개 사건에서 재판의 적정, 피고인의 구제 또는 방어권 보장과 조화되는 범위 내에서 재판의 신속 및 소송경제를 도모하고 심급제도의 효율적인 운영을 실현하기 위하여 마련된 실정법상의 제약으로서 그 합리성도 인정된다. 상고심과 항소심의 직권심판권은 하급심판결에 대한 법령위반 등 잘못을 최대한 바로잡기 위한 취지이다. 그리하여 먼저 항소심의 직권심판권을 통하여 제1심판결에 대하여 피고인이 항소이유를 주장하여 적절히 다투지 아니하더라도 사실을 오인하거나 법령을 위반하는 등의 사유로 판결에 영향을 미친 잘못이 있다면 항소심에서 이를

1) 대법원 2015. 4. 23. 선고 2015도1233 판결; 대법원 2013. 11. 28. 선고 2013도4430 판결; 대법원 2013. 4. 11. 선고 2013도1079 판결; 대법원 2011. 12. 22. 선고 2011도12927 판결; 대법원 2010. 4. 29. 선고 2010도2556 판결; 대법원 2009. 2. 12. 선고 2008도8661 판결; 대법원 2008. 7. 24. 선고 2007도4310 판결; 대법원 2007. 3. 15. 선고 2006도8690 판결; 대법원 2006. 2. 9. 선고 2005도7582 판결; 대법원 2000. 3. 28. 선고 99도2831 판결.

2) 대법원 1998. 2. 27. 선고 97도3421 판결; 대법원 1990. 11. 27. 선고 90도2225 판결; 대법원 1989. 9. 29. 선고 89도1440 판결; 대법원 1986. 1. 28. 선고 85도2500 판결.

3) 대법원 2020. 3. 12. 선고 2017도5769 판결(원심판결에 고의에 관한 법리오해의 위법이 있다는 상고이유 주장은 피고인이 원심에서 항소이유로 주장하거나 원심이 직권으로 심판대상으로 삼아 판단한 사항이 아니므로 적법한 상고이유가 되지 못한다).

바로잡을 수 있고, 상고심은 항소심판결 자체에 여전히 위법이 있는 경우, 예를 들어 항소심이 제1심판결의 위법을 간과하고 항소기각 판결을 선고하거나 제1심판결을 파기 후 자판하는 항소심판결에 고유한 법령적용의 위법이 있는 경우에 직권심판권을 폭넓게 활용함으로써 최종적으로 이를 바로잡을 수 있다. 위와 같이 형사소송법상 상고심과 항소심의 두 심급에 걸쳐 마련되어 있는 직권심판권의 발동에 의해 직권심판사항에 해당한다고 판단되는 위법사유에 대해서는 피고인이 항소하지 않거나 항소이유로 주장하지 아니함에 따라 항소심의 심판대상에 속하지 않았던 사항이라도 피고인에게 이익이 되는 방향으로 그 잘못을 최대한 바로잡을 수 있는 장치가 갖추어져 있다. 이를 통해 상고심의 사후심 및 법률심으로서의 기능과 피고인의 구제는 더욱 강화된다. 형사소송법상 법관의 면전에서 당사자의 모든 주장과 증거조사가 실질적으로 이루어지는 제1심법정에서의 절차가 실질적 직접심리주의 및 공판중심주의를 구현하는 원칙적인 것이 되고, 다만 제1심의 공판절차에 관한 규정은 특별한 규정이 없으면 항소심의 심판절차에도 준용되는 만큼(제370조), 항소심도 제한적인 범위 내에서 이러한 원칙에 따른 절차로 볼 수 있다.[1)]

〈형사공판사건 상고율 현황〉

단위: 명, %

구분 / 연도	판결인원	상고인원	상고율
2007	55,248	13,991	25.3
2008	60,650	15,252	25.1
2009	64,122	19,387	30.2
2010	65,944	22,059	33.5
2011	63,302	22,160	35.0
2012	58,490	19,692	33.7
2013	58,680	20,606	35.1
2014	62,872	21,523	34.2
2015	71,834	24,765	34.5
2016	76,212	25,731	33.8
2017	80,262	26,027	32.4
2018	69,820	24,083	34.5

출처: 법무연수원, 「2019 범죄백서」, 2020.

1) 대법원 2019. 11. 28. 선고 2013도6825 판결(제1심에서 피고인에 대하여 무죄판결이 선고되어 검사가 항소한 후, 수사기관이 항소심 공판기일에 증인으로 신청하여 신문할 수 있는 사람을 특별한 사정없이 미리 수사기관에 소환하여 작성한 진술조서는 피고인이 증거로 할 수 있음에 동의하지 않는 한 증거능력이 없다고 할 것이다. 검사가 공소를 제기한 후 참고인을 소환하여 피고인에게 불리한 진술을 기재한 진술조서를 작성하여 이를 공판절차에 증거로 제출할 수 있게 한다면, 피고인과 대등한 당사자의 지위에 있는 검사가 수사기관으로서의 권한을 이용하여 일방적으로 법정 밖에서 유리한 증거를 만들 수 있게 하는 것이므로 당사자주의·공판중심주의·직접심리주의에 반하고 피고인의 공정한 재판을 받을 권리를 침해하기 때문이다. 위 참고인이 나중에 법정에 증인으로 출석하여 위 진술조서의 성립의 진정을 인정하고 피고인 측에 반대신문의 기회가 부여된다 하더라도 위 진술조서의 증거능력을 인정할 수 없음은 마찬가지이다).

Ⅱ. 상고이유

1. 판결에 영향을 미친 헌법·법률·명령 또는 규칙의 위반이 있을 때(제383조 제1호)

'판결에 영향을 미친 헌법·법률·명령 또는 규칙의 위반이 있을 때'에 해당하는지의 여부는 원심판결 당시를 기준으로 판단하는 것이 원칙이다. 그러므로 원심판결 선고 후에 비로소 별개의 범죄에 대하여 금고 이상의 형을 선고한 판결이 확정되었다면 원심판결이 형법 제39조 제1항을 적용하지 않은 것을 위법하다고 볼 수 없다. 또한 판결내용 자체가 아니고, 피고인의 신병확보를 위한 구속 등 조치와 공판기일의 통지·재판의 공개 등 소송절차가 법령에 위반되었음에 지나지 아니한 경우에는, 그로 인하여 피고인의 방어권·변호인의 변호권이 본질적으로 침해되고 판결의 정당성마저 인정하기 어렵다고 보여 지는 정도에 이르지 아니하는 한, 그것 자체만으로는 판결에 영향을 미친 위법이라고 할 수 없다.[1)]

하지만 포괄일죄로 보아야 하는 각 행위를 경합범으로 보아 경합범 가중을 하여 처단형의 범위가 더 높아진 경우에는 죄수에 관한 법리를 오해함으로써 판결에 영향을 미친 위법이 있고[2)], 항소심이 제1심의 양형이 과중하다고 인정하여 피고인의 항소이유를 받아들여 제1심판결을 파기하면서 제1심 그대로의 형을 선고하면, 판결의 이유와 주문이 저촉·모순되는 위법이 있고 이러한 위법은 판결 결과에 영향이 있다.[3)]

한편 원심의 증거의 증명력에 관한 판단과 증거취사 판단에 그와 달리 볼 여지가 상당히 있는 경우라고 하더라도, 원심의 판단이 논리법칙이나 경험법칙에 따른 자유심증주의의 한계를 벗어나지 아니하는 한 그것만으로 바로 제383조 제1호가 상고이유로 규정하고 있는 법령 위반에 해당한다고 단정할 수 없다. 또한 원심의 구체적인 논리법칙 위반이나 경험법칙 위반의 점 등을 지적하지 아니한 채 단지 원심의 증거취사와 사실인정만을 다투는 것은 특별한 사정이 없는 한 사실오인의 주장에 불과하다.[4)]

2. 판결 후 형의 폐지나 변경 또는 사면이 있는 때(제383조 제2호)

'판결 후 형의 폐지나 변경이 있는 때'란 원심판결 후 법령의 개폐로 인하여 형이 폐지되거나 변경된 경우를 말한다. 그러므로 법령의 개폐 없이 단지 형을 감경하거나 면제할 수 있는 사

---

1) 대법원 2007. 6. 1. 선고 2006도3983 판결; 대법원 1994. 11. 4. 선고 94도129 판결; 대법원 1985. 7. 23. 선고 85도1003 판결.

2) 대법원 2007. 7. 12. 선고 2007도2191 판결.

3) 대법원 2009. 4. 9. 선고 2008도11718 판결(동일 피고인의 확정판결 전후의 범죄에 대하여 주문 2개를 선고한 제1심의 항소심은 제1심판결의 하나의 주문 관련 부분과 그에 대한 항소이유, 또 하나의 주문 관련 부분과 그에 대한 항소이유를 살펴 개별적으로 항소이유가 있는지 여부를 판단하여야 하고, 제1심의 양형이 과중하다고 인정하여 제1심판결 전부를 파기한 경우에는 제1심판결의 각 주문보다 개별적으로 가벼운 형을 각 선고하여야 한다).

4) 대법원 2008. 5. 29. 선고 2007도1755 판결.

유가 되는 사실이 발생한 것에 불과한 경우는 이에 해당되지 아니한다.[1)]

3. 재심청구의 사유가 있는 때(제383조 제3호)

재심사유는 사실관계의 오류이기 때문에 원칙적으로는 법률심인 상고심의 이유가 되지 못하지만, 의도적으로 상고기간을 도과시켜 확정시킨 후 재심을 청구하도록 하는 것이 소송경제에 반하므로 재심사유를 상고이유로 하고 있는 것이다. 그러므로 피고인이 재심을 청구하지 않고 상고권회복에 의한 상고를 제기하였다면, 이는 제383조 제3호에서 상고이유로 정한 '재심청구의 사유가 있는 때'에 해당한다고 볼 수 있으므로 원심판결에 대한 파기사유가 될 수 있다.[2)] 또한 소송촉진특례법 제23조에 따라 피고인이 불출석한 채로 진행된 제1심의 재판에 대하여 검사만 항소하고 항소심도 피고인 불출석 재판으로 진행한 후에 검사의 항소를 기각하여 제1심의 유죄판결이 확정된 경우, 피고인이 귀책사유 없이 제1심과 항소심의 공판절차에 출석할 수 없었고 상고권회복에 의한 상고를 제기하였다면, 이는 제383조 제3호에서 상고이유로 정한 '재심청구의 사유가 있는 때'에 해당한다.[3)]

4. 사형 · 무기 또는 10년 이상의 징역이나 금고가 선고된 사건에 있어서 중대한 사실의 오인이 있어 판결에 영향을 미친 때 또는 형의 양정이 심히 부당하다고 인정할 현저한 사유가 있는 때(제383조 제4호)

(1) 사형 · 무기 또는 10년 이상의 징역이나 금고가 선고된 사건

사실인정이나 형의 양정을 전권사항으로 하는 하급심과 법령의 해석 · 적용의 통일을 기하는 상고심 간의 재판기능에 따라 사법자원을 적절히 분배하고, 불필요한 상고제기를 방지하며, 하급심의 충실한 재판을 도모하는 동시에 소송경제도 꾀하기 위하여 '사형 · 무기 또는 10년 이상의 징역이나 금고'가 선고된 경우에만 사실오인 또는 양형부당을 이유로 상고할 수 있도록 제한하고 있다. 이는 한정된 사법자원을 효율적으로 분배하고 상고심 재판의 법률심 기능을 제고할 필요성, 제1심과 제2심에서 사실오인이나 양형부당을 다툴 충분한 기회가 부여되어 있다는 점 등을 감안할 때, 이로 인해 당사자가 입게 되는 불이익과 이로써 달성하고자 하는 공익을 법익형량함에 있어 현저히 합리성을 결하였다고 할 수도 없으므로, 입법형성권의 한계를 현저히 벗어나 재판청구권을 침해하는 것이라고 볼 수 없다.[4)]

제383조 제4호에서 규정하고 있는 사실오인이나 양형부당은 항소이유의 경우와 대체로 동

1) 대법원 2007. 1. 12. 선고 2006도5696 판결.

2) 대법원 2015. 8. 27. 선고 2015도1054 판결.

3) 대법원 2017. 5. 17. 선고 2017도4267 판결; 대법원 2016. 10. 27. 선고 2016도11969 판결; 대법원 2015. 6. 25. 선고 2014도17252 전원합의체 판결.

4) 헌법재판소 2018. 1. 25. 선고 2016헌바272 결정; 헌법재판소 2012. 5. 31. 선고 2010헌바90 결정.

일한 내용이지만, 특히 중한 형이 선고된 사건을 대상으로 중대한 사실오인과 현저한 양형부당을 이유로 하고 있다는 점에서 항소이유와 차이가 있다. 이러한 제한은 형의 양정이 피고인 및 당해 범행에 관련한 다양한 사정을 종합적으로 참작한 판단으로 행하여지는 만큼 일반적으로 법률심인 상고심에서 양형에 관한 구체적 사정들을 심리하도록 하는 것은 적절하지 아니하지만, 다른 한편 피고인이 중형을 선고받은 경우에는 예외적으로 피고인의 이익을 위하여 그 양형의 적정 여부를 심리하도록 하려는 취지라고 할 것이다. 이와 같이 제383조 제4호의 사유는 피고인의 이익을 구제하는데 목적이 있으므로 특히 중한 형을 선고받은 피고인의 이익을 위하여 상고하는 경우에만 적용된다. 따라서 피고인에 대하여 사형·무기 또는 10년 이상의 징역이나 금고의 형이 선고된 경우에 있어서도 제383조 제4호의 해석상 검사는 그 형이 심히 가볍다는 이유로는 상고할 수 없다.[1] 또한 검사는 피고인의 이익에 반하여 양형의 전제사실의 인정에 있어서 원심에 채증법칙을 위반한 위법이 있다는 사유를 상고이유로 주장할 수도 없다.[2] 그리고 하나의 사건에서 징역형이나 금고형이 여럿 선고된 경우에는 이를 모두 합산한 형기가 10년 이상이면 '10년 이상의 징역이나 금고의 형을 선고한 경우'에 해당한다.[3]

(2) 중대한 사실의 오인이 있어 판결에 영향을 미친 때

'중대한 사실의 오인이 있어 판결에 영향을 미친 때'란 중대한 사실의 오인이 있어 판결에 영향을 미친 것을 상고법원이 확인한 경우뿐만 아니라 판결에 영향을 미칠 중대한 사실의 오인[4]이 있음을 의심하기에 족한 현저한 사유가 있는 경우를 말한다.[5] 하지만 피고인이 양형부당만을 이유로 항소를 하였고, 이에 대하여 항소심이 제1심판결을 직권으로 파기한 후 제1심과 같은 형을 선고한 사건에서 피고인은 항소심판결에 대하여 법리오해나 사실오인의 점을 상고이유로 삼을 수 없다.[6]

---

1) 대법원 2013. 7. 25. 선고 2013도6219 판결; 대법원 1994. 8. 12. 선고 94도1705 판결; 대법원 1965. 10. 5. 선고 65도667 판결.

2) 대법원 2014. 2. 13. 선고 2013도14914 판결; 대법원 2011. 10. 27. 선고 2011도8109 판결; 대법원 2005. 9. 15. 선고 2005도1952 판결.

3) 대법원 2010. 1. 28. 선고 2009도13411 판결.

4) 범행의 인정 여부와 관계없는 범행시기에 관한 단순한 착오는 중대한 사실오인이라고 볼 수 없다(대법원 1990. 4. 10. 선고 90도337 판결).

5) 대법원 2015. 1. 29. 선고 2014도9933 판결(등록대상자의 신상정보 제출의무는 법원이 별도로 부과하는 것이 아니므로, 유죄판결을 선고하는 법원이 하는 신상정보 제출의무 등의 고지는 등록대상자에게 신상정보 제출의무가 있음을 알려 주는 것에 의미가 있을 뿐이다. 따라서 설령 법원이 유죄판결을 선고하면서 고지를 누락하거나 고지한 신상정보 제출의무 대상이나 내용 등에 잘못이 있더라도, 그 법원은 적법한 내용으로 수정하여 다시 신상정보 제출의무를 고지할 수 있고, 상급심 법원도 그 사유로 판결을 파기할 필요 없이 적법한 내용의 신상정보 제출의무 등을 새로 고지함으로써 잘못을 바로잡을 수 있으므로, 제1심 또는 원심의 신상정보 제출의무 고지와 관련하여 그 대상, 내용 및 절차 등에 관한 잘못을 다투는 취지의 상고이유는 판결에 영향을 미치지 않는 사항에 관한 것으로서 적법한 상고이유가 되지 못한다); 대법원 2014. 11. 13. 선고 2014도3564 판결; 대법원 1960. 5. 6. 선고 4293형상1 판결.

6) 대법원 2000. 11. 10. 선고 2000도3483 판결. 同旨 대법원 2011. 12. 22. 선고 2011도12041 판결(양형부당만을 이유로 한 피고인의 항소를 기각한 항소심판결에 대하여는 피고인이 채증법칙 위배로 인한 사실오인이나 법령위반을 이유로 상고할 수 없다); 대법원 1990. 10. 10. 선고 90도1688 판결.

(3) 형의 양정이 심히 부당하다고 인정할 현저한 사유가 있는 때

'형의 양정이 심히 부당하다고 인정할 현저한 사유가 있는 때'란 원판결의 형이 합리적인 양형의 범위를 현저히 일탈하여 중하게 선고된 경우를 말한다. 형의 양정이 심히 부당하다고 인정할 현저한 사유가 있어 상고이유로 삼을 수 있는 경우를 '사형·무기 또는 10년 이상의 징역이나 금고가 선고된 사건'으로 제한하고 있으므로, 이에 해당하지 않는 사건에 대한 양형부당의 상고이유는 부적법하다.[1] 그리고 이러한 경우 사실심인 원심이 피고인에 대한 양형조건이 되는 범행의 동기 및 수법이나 범행 전후의 정황 등의 제반 정상에 관하여 심리를 제대로 하지 아니하였음을 들어 상고이유로 삼을 수도 없다.[2] 또한 피고인에게 10년 미만의 가벼운 형이 선고된 사건에 있어서 형의 양정이 부당하다거나 선처를 바란다는 취지의 주장은 적법한 상고이유가 되지 못한다.[3] 특히 피고인에게 벌금형이 선고된 사건에 있어서는 형의 양정이 부당하다는 사유는 적법한 상고이유가 되지 못한다.[4]

Ⅲ. 상고심의 절차

1. 상고의 제기

(1) 상고제기의 방식

제2심판결에 대하여 불복이 있으면 대법원에 상고할 수 있는데(제371조), 상고를 함에는 상고장을 원심법원에 제출하여야 하며(제375조), 상고의 제기기간은 7일로 한다(제374조). 교도소 또는 구치소에 있는 피고인이 상고의 제기기간 내에 상고장을 교도소장 또는 구치소장 또는 그 직무를 대리하는 자에게 제출한 때에는 상고의 제기기간 내에 상고한 것으로 간주한다(제344조 제1항).

(2) 원심법원 및 상고법원의 조치

1) 원심법원의 조치

상고의 제기가 법률상의 방식에 위반하거나 상고권 소멸 후인 것이 명백한 때에는 원심법원은 결정으로 상고를 기각하여야 한다(제376조 제1항). 이러한 결정에 대하여는 즉시항고를 할

---

1) 대법원 2010. 2. 11. 선고 2009도13169 판결; 대법원 2007. 11. 29. 선고 2007도8549 판결; 대법원 2007. 6. 1. 선고 2007도2144 판결.

2) 대법원 2016. 12. 27. 선고 2015도14375 판결(형법 제51조의 사항과 개전의 정상이 현저한지에 관한 사항은 형의 양정에 관한 법원의 재량사항에 속하므로, 상고심으로서는 제383조 제4호에 의하여 사형·무기 또는 10년 이상의 징역·금고가 선고된 사건에서 형의 양정의 당부에 관한 상고이유를 심판하는 경우가 아닌 이상, 선고유예에 관하여 형법 제51조의 사항과 개전의 정상이 현저한지에 대한 원심판단의 당부를 심판할 수 없다); 대법원 2012. 6. 28. 선고 2012도2628 판결; 대법원 2010. 12. 23. 선고 2010도13584 판결; 대법원 2010. 9. 30. 선고 2010도3364 판결; 대법원 2010. 2. 11. 선고 2009도12627 판결; 대법원 2008. 5. 29. 선고 2008도1816 판결; 대법원 2008. 5. 8. 선고 2008도198 판결; 대법원 2005. 11. 10. 선고 2005도6026 판결; 대법원 2003. 2. 20. 선고 2001도6138 전원합의체 판결.

3) 대법원 2010. 1. 28. 선고 2009도13875 판결.

4) 대법원 2012. 1. 27. 선고 2011도16044 판결; 대법원 2011. 4. 28. 선고 2011도1925 판결.

수 있다(제376조 제2항). 하지만 상고기각의 결정을 제외하고는 원심법원은 상고장을 받은 날부터 14일 이내에 소송기록과 증거물을 상고법원에 송부하여야 한다(제377조).

2) 상고법원의 조치

상고법원이 소송기록의 송부를 받은 때에는 즉시 상고인과 상대방에 대하여 그 사유를 통지하여야 한다(제378조 제1항). 이러한 통지 전에 변호인의 선임이 있는 때에는 변호인에 대하여도 이를 통지를 하여야 한다(제378조 제2항). 기록의 송부를 받은 상고법원은 필요적 변호사건에 있어서 변호인이 없는 경우에는 지체 없이 변호인을 선정한 후 그 변호인에게 소송기록접수통지를 하여야 한다(규칙 제164조, 제156조의2 제1항). 상고심에서는 공판기일을 지정하는 경우에도 피고인의 이감을 요하지 아니한다(규칙 제161조 제2항). 왜냐하면 상고심에서는 피고인이 공판기일에 출석하지 않는 것이 원칙이기 때문이다. 하지만 상고한 피고인에 대하여 이감이 있는 경우에는 검사는 지체 없이 이를 대법원에 통지하여야 한다(규칙 제161조 제3항).

(3) 상고이유서 및 답변서의 제출

상고인 또는 변호인이 상고법원으로부터 소송기록의 접수통지를 받은 날로부터 20일 이내에 상고이유서를 상고법원에 제출하여야 한다(제379조 제1항). 상고이유서에는 소송기록과 원심법원의 증거조사에 표현된 사실을 인용하여 그 이유를 명시하여야 한다(제379조 제2항). 상고법원은 상고이유에 의하여 불복신청한 한도 내에서만 조사·판단할 수 있으므로, 상고이유서에는 상고이유를 특정하여 원심판결의 어떤 점이 법령에 어떻게 위반되었는지에 관하여 구체적이고도 명시적인 이유의 설시가 있어야 한다. 그러므로 상고인이 제출한 상고이유서에 위와 같은 구체적이고도 명시적인 이유의 설시가 없이 상고이유로 단순히 원심판결에 사실오인 내지 법리오해의 위배가 있다고만 기재한 경우는 어느 증거에 대한 취사조치가 채증법칙에 위배되었다는 것인지, 어떠한 법령적용의 잘못이 있고 어떠한 점이 부당하다는 것인지 구체적 사유를 전혀 주장하지 않은 것이어서 적법한 상고이유가 제출된 것으로 볼 수 없다.[1] 또한 항소이유서에 기재된 항소이유를 그대로 원용하는 경우[2] 또는 항소심의 변론요지서에 기재된 주장을 그대로 원용하는 경우[3]에는 적법한 상고이유가 되지 아니한다. 이와 같이 엄격한 방식의 준수를 요구하는 이유는 사후심이자 법률심의 심리집중을 하기 위한 것이다.[4]

상고이유서의 제출을 받은 상고법원은 지체 없이 그 부본 또는 등본을 상대방에 송달하여야 한다(제379조 제3항). 상대방은 이러한 송달을 받은 날로부터 10일 이내에 답변서를 상고법원에 제출할 수 있다(제379조 제4항). 답변서의 제출을 받은 상고법원은 지체 없이 그 부본 또는 등본을 상고인 또는 변호인에게 송달하여야 한다(제379조 제5항).

---

1) 대법원 2010. 12. 9. 선고 2010도11015 판결; 대법원 2009. 4. 9. 선고 2008도5634 판결; 대법원 2000. 4. 21. 선고 99도5513 판결.

2) 대법원 1996. 2. 13. 선고 95도2716 판결.

3) 대법원 2006. 6. 9. 선고 2006도1955 판결; 대법원 1987. 11. 10. 선고 87도1408 판결.

4) 대법원 2009. 4. 9. 선고 2008도5634 판결.

한편 제1심법원이 법관의 면전에서 사실을 검토하고 법령을 적용하여 판결한 사유에 대해 피고인이 항소하지 않거나 양형부당만을 항소이유로 주장하여 항소함으로써 죄의 성부에 관한 판단 내용을 인정하는 태도를 보였다면 그에 관한 판단 내용이 잘못되었다고 주장하면서 상고하는 것은 허용될 수 없다고 보아야 한다. 양형이 원칙적으로 재량 판단이라는 점을 감안한다면, 항소심이 검사의 양형부당에 관한 항소를 받아들임으로써 제1심판결을 파기하고 보다 높은 형을 선고한 것은 심급제도하에서 양형 요소라는 동일한 심판대상에 관해 서로 다른 법원에서 고유의 권한으로 반복하여 심사가 이루어짐에 따라 부득이하게 발생된 결과라고 봄이 타당하다. 따라서 제1심과 항소심 사이의 양형 판단이 피고인에게 불리한 내용으로 달라졌다는 사정 변경이 사후심 구조에 따른 상고이유 제한 법리의 타당성 등에 영향을 미칠 만한 것이라고 보기는 어렵다.[1]

2. 상고심의 심리

(1) 상고심의 심판범위

상고법원은 상고이유서에 포함된 사유에 관하여 심판하여야 한다. 그러나 ① 판결에 영향을 미친 헌법·법률·명령 또는 규칙의 위반이 있을 때, ② 판결 후 형의 폐지나 변경 또는 사면이 있는 때, ③ 재심청구의 사유가 있는 때에는 상고이유서에 포함되지 아니한 때에도 직권으로 심판할 수 있다(제384조).[2] 그러므로 제383조 제4호의 중대한 사실오인과 양형부당에 대하여는 직권으로 심판할 수 없다. 상고법원은 원심판결에 제383조 제1호 내지 제3호의 사유가 있는 경우에는 제384조에 의하여 상고이유서에 포함되지 아니한 때에도 직권으로 심판할 수 있으므로, 이러한 점을 주장하는 상고이유는 직권발동을 촉구하는 의미는 있다.[3] 또한 상고심은 항소법원 판결의 사후심이므로 항소심에서 심판의 대상이 되지 않은 사항은 상고심의 심판대상이 될 수 없다.[4]

---

1) 대법원 2019. 3. 21. 선고 2017도16593-1 전원합의체 판결(피고인들이 약사법 위반으로 기소되어 제1심에서 각각 벌금형을 선고받은 후 항소하지 않거나 양형부당만을 이유로 항소하였고 검사도 양형부당을 이유로 항소하였는데, 항소심에서 검사의 항소이유가 인용됨으로써 제1심판결이 파기되고 피고인들에 대해 각각 그보다 높은 형이 선고되자, 피고인들이 항소심에서 심판대상이 되지 않았던 채증법칙위반, 심리미진 및 법리오해의 새로운 사유를 상고이유로 삼아 상고한 사안에서, 기존 대법원 판례가 일관되게 유지해 온 이른바 '상고이유 제한에 관한 법리'가 그대로 적용되어야 한다는 전제에서, 피고인들의 위 상고이유 주장은 항소심에서 심판대상이 되지 아니한 사항이므로 적법한 상고이유가 아니라고 한 사례).

2) 대법원 2016. 10. 27. 선고 2015도16764 판결(상고법원은 판결에 영향을 미친 법률의 위반이 있는 경우에는 상고이유서에 포함되지 아니한 때에도 직권으로 심판할 수 있는바(제384조, 제383조 제1호), 이는 법률의 해석·적용을 그르친 나머지 피고인을 유죄로 잘못 인정한 원심판결에 대하여 피고인은 상고를 제기하지 아니하고 검사만이 다른 사유를 들어 상고를 제기하였고, 검사의 상고가 피고인의 이익을 위하여 제기된 것이 아님이 명백한 경우라고 하더라도 마찬가지이다); 대법원 2008. 10. 9. 선고 2008도2588 판결; 대법원 2002. 3. 15. 선고 2001도6730 판결.

3) 대법원 2016. 12. 15. 선고 2016도16170 판결; 대법원 2016. 4. 12. 선고 2016도857 판결.

4) 대법원 2006. 6. 30. 선고 2006도2104 판결.

(2) 심리의 특칙

1) 서면심리에 의한 판결

상고법원은 상고장·상고이유서 기타의 소송기록에 의하여 변론 없이 판결할 수 있다(제390조 제1항). 판결은 구두변론에 의하는 것이 원칙이고, 상고심에서도 공판기일에 변론을 행하도록 되어 있지만(제389조 제1항) 상고심이 사후심이므로 소송경제를 고려하여 무변론판결을 허용하고 있는 것이다. 이와 같은 서면심리주의는 상고기각의 경우뿐만 아니라 원심판결을 파기하는 경우에도 적용된다.

2) 변호사에 의한 변론 및 피고인의 원칙적 불출석

상고심에는 변호사 아닌 자를 변호인으로 선임하지 못한다(제386조). 상고심은 법률심이라는 점에서 주로 법률적인 쟁점이 문제되기 때문에 법률전문가에게만 변론을 허용하고 있는 것이다. 또한 상고심에서는 변호인이 아니면 피고인을 위하여 변론하지 못하기 때문에(제387조), 피고인에 의한 변론은 원칙적으로 허용되지 아니한다.[1] 또한 상고심의 공판기일에는 피고인의 소환을 요하지 아니한다(제389조의2). 그러므로 법원사무관 등은 피고인에게 소환장이 아닌 공판기일통지서를 송달하여야 한다(규칙 제161조 제1항). 하지만 상고심에서도 사실오인에 대한 판단을 할 수 있으므로(제383조 제4호) 예외적으로 피고인의 출석을 명령할 수도 있다. 이에 따라 피고인은 재판부의 질문에 대하여 수동적으로 답변을 할 수는 있지만, 적극적으로 이익되는 사실을 진술하거나 최종의견을 진술할 권리는 없다.

3) 상고이유서에 의한 변론

검사와 변호인은 상고이유서에 의하여 변론하여야 한다(제388조). 변호인의 선임이 없거나 변호인이 공판기일에 출정하지 아니한 때에는 검사의 진술을 듣고 판결을 할 수 있다. 다만 변호인이 출석하지 아니한 때 법원이 직권으로 변호인을 선정하여야 하는 경우에는 예외로 한다(제389조 제1항). 이러한 경우에 적법한 이유서의 제출이 있는 때에는 그 진술이 있는 것으로 간주한다(제389조 제2항). 이는 상고심이 가지는 사후심으로서의 성격과 소송경제를 고려하여 구두변론의 예외를 인정하고 있는 것이다.

4) 참고인의 진술을 위한 변론

상고법원은 필요한 경우에는 특정한 사항에 관하여 변론을 열어 참고인의 진술을 들을 수 있다(제390조 제2항). 또한 국가기관과 지방자치단체는 공익과 관련된 사항에 관하여 대법원에 재판에 관한 의견서를 제출할 수 있고, 대법원은 이들에게 의견서를 제출하게 할 수 있으며, 대법원은 소송관계를 분명하게 하기 위하여 공공단체 등 그 밖의 참고인에게 의견서를 제출하게 할 수 있다(규칙 제161조의2).

이에 따라 대법원은 소송관계를 분명하게 하고 변론을 효율적이고 집중적으로 진행하기

---

1) 이에 대하여 피고인에게 상고심의 공판기일에 출석할 수 있는 권리를 보장하는 것이 타당하다는 견해로는 송광섭, 873면; 신양균/조기영, 1166면; 정승환, 797면.

위하여 필요한 경우 당사자에게 기한을 정하여 변론준비를 명할 수 있다(「대법원에서의 변론에 관한 규칙」 제2조). 당사자는 변론준비명령에서 정한 사항에 관한 변론의 요지를 적은 준비서면을 대법원이 정한 기한까지 대법원에 제출하여야 한다. 이러한 준비서면을 제출하는 때에는 상대방의 수에 20을 더한 수의 부본을 붙여야 한다(동 규칙 제3조).

대법원은 전문적 식견을 가지고 있거나 공공의 이해관계에 관하여 진술하는 것이 적합하다고 인정되는 사람을 참고인으로 지정하여 그 진술을 들을 수 있고, 참고인을 지정하기에 앞서 그 지정에 관하여 당사자·이해관계인 또는 관련 학회나 단체의 의견을 들을 수 있다. 참고인에게는 참고인 지정결정 등본과 의견서 작성에 관한 안내문, 의견서 작성에 필요한 소송서류를 송달하여야 한다. 참고인은 대법원으로부터 의견요청을 받은 사항에 관하여 대법원이 정한 기한까지 의견서를 제출하여야 한다. 이러한 의견서는 제출 즉시 그 사본을 당사자에게 송달하여야 한다(동 규칙 제4조). 당사자의 변론과 참고인의 진술은 제출된 준비서면과 의견서의 주요한 내용을 강조하고 명확하게 하는 것이어야 한다. 재판장 및 관여 대법관은 필요한 경우 언제든지 당사자와 참고인에게 질문할 수 있다. 재판장은 당사자의 변론시간과 참고인의 진술시간을 적절한 범위에서 제한할 수 있다. 다만 재판장은 필요하다고 인정하는 경우 제한한 변론시간 또는 진술시간을 연장할 수 있다. 재판장은 쟁점별·사항별로 당사자의 변론과 참고인의 진술을 하게 할 수 있고, 그 순서를 정할 수 있다. 당사자를 위하여 복수의 대리인이 있는 경우 재판장은 그 중 변론할 수 있는 대리인의 수를 제한할 수 있다. 당사자는 참고인의 진술에 관하여 의견을 진술할 수 있다. 다만 참고인의 진술이 끝나기 전에는 재판장의 허가를 받아야 한다(동 규칙 제5조).

3. 상고심의 재판

(1) 공소기각의 결정

공소기각의 결정에 해당하는 사유가 있음에도 불구하고 원심법원이 실체판결을 한 경우에는 상고법원은 결정으로 공소를 기각하여야 한다(제382조).

(2) 상고기각의 재판

1) 상고기각의 결정

상고의 제기가 법률상의 방식에 위반하거나 상고권 소멸 후인 것이 명백함에도 불구하고 원심법원이 상고기각의 결정을 하지 아니한 때에는 상고법원은 결정으로 상고를 기각하여야 한다(제381조). 상고인이나 변호인이 상고이유서 제출기간 내에 상고이유서를 제출하지 아니한 때에는 결정으로 상고를 기각하여야 한다. 다만 상고장에 이유의 기재가 있는 때에는 예외로 한다(제380조 제1항). 상고장 및 상고이유서에 기재된 상고이유의 주장이 상고이유의 어느 하나에 해당하지 아니함이 명백한 때에는 결정으로 상고를 기각하여야 한다(제380조 제2항). 여기서 말하는 '상고이유서'란 제383조 각 호에 규정한 상고이유를 포함하고 있는 서면을 말한다. 따라서 상고인이나 변호인이 '상고이유서'라는 제목의 서면을 제출하였다고 하더라도 제383조에서 상고이유로 들고 있는 어느 하나에라도 해당하는 사유를 포함하고 있지 않은 때에는 적법한 상고이유서를 제출한 것이라고 할 수 없고, 이 경우 상고법원은 제380조에 의하여 결정으로 상고를 기각할 수 있다. 다만 상고법원은 제383조 제1호 내지 제3호의 사유에 관하여는 상고이유서에 포함되지 아니한 때에도 직권으로 이를 심판할 수 있으므로(제384조 단서), 원심판결에 이에 해당하는 사유가 있는 때에는 상고법원은 판결로 그 사유에 관하여 심판할 수 있다.[1)]

2) 상고기각의 판결

상고이유가 없다고 인정한 때에는 판결로써 상고를 기각하여야 한다(제399조, 제364조 제4항). 상고심에서 상고이유 주장이 이유 없다고 판단되어 배척된 부분은 그 판결 선고와 동시에 확정력이 발생하여 이 부분에 대해 피고인은 더 이상 다툴 수 없고, 또한 환송받은 법원으로서도 이와 배치되는 판단을 할 수 없다. 따라서 피고인으로서는 더 이상 이 부분에 대한 주장을 상고이유로 삼을 수 없는데, 이러한 사정은 확정력이 발생한 부분에 대하여 새로운 주장이 추가된 경우에도 마찬가지이다.[2)] 예를 들면 사기로 인한 「특정경제범죄 가중처벌 등에 관한 법률」 위반죄가 아닌 형법 제347조의 이득사기죄가 문제되는 범죄사실의 경우, 피고인이 취득한 재산상 이익의 구체적인 가액은 양형에 관한 사항에 불과하여 범죄의 성립에 영향을 미치지 못한다고 할 것이므로, 적법한 상고이유가 될 수 없다.[3)]

(3) 원심판결의 파기판결

1) 의 의

상고이유가 있는 때에는 판결로써 원심판결을 파기하여야 한다(제391조).[4)] 상고이유가 있는지의 여부는 원심판결 당시를 기준으로 판단하여야 하고, 원심판결을 파기하는 경우에는 파기와 동시에 환송 또는 이송을 하거나 자판을 하게 된다. 피고인의 이익을 위하여 원심판결을 파기하는 경우에 파기의 이유가 상고한 공동피고인에 공통되는 때에는 그 공동피고인에 대하여도 원심판결을 파기하여야 한다(제392조). 이와 같은 공통파기는 상고 중에 있는 공동피고인 상호간의 공평을 위한 것이다.

1) 대법원 2010. 4. 20.자 2010도759 전원합의체 결정(피고인이 제출한 '상고장'에 상고이유의 기재가 없고, '상고이유서'에는 벌금을 감액하여 달라는 뜻이 기재되어 있을 뿐이어서 제383조 각 호에 규정된 사유의 어느 것에도 해당하지 아니함이 명백하고, 달리 원심판결에 직권으로 심판할 수 있는 사유가 있다고도 인정되지 아니한 사안에서, 제380조에 의하여 결정으로 상고를 기각할 수 있다).

2) 대법원 2018. 4. 19. 선고 2017도14322 전원합의체 판결.

3) 대법원 2010. 12. 9. 선고 2010도12928 판결.

4) 대법원 2017. 1. 25. 선고 2016도17679 판결(수개의 범죄사실에 대하여 항소심이 일부는 유죄, 일부는 무죄의 판결을 하고, 그 판결에 대하여 피고인 및 검사 쌍방이 상고를 제기하였으나, 유죄 부분에 대한 피고인의 상고는 이유 없고 무죄 부분에 대한 검사의 상고만 이유 있는 경우, 항소심이 유죄로 인정한 죄와 무죄로 인정한 죄가 형법 제37조 전단의 경합범 관계에 있다면 항소심판결의 유죄 부분도 무죄 부분과 함께 파기되어야 한다); 대법원 2011. 2. 24. 선고 2010도15989 판결; 대법원 2009. 12. 10. 선고 2009도1166 판결; 대법원 2009. 2. 12. 선고 2007도2733 판결; 대법원 2002. 7. 26. 선고 2001도4947 판결; 대법원 2000. 11. 28. 선고 2000도2123 판결.

2) 파기판결의 유형

① 파기환송

적법한 공소를 기각하였다는 이유로 원심판결 또는 제1심판결을 파기하는 경우에는 판결로써 사건을 원심법원 또는 제1심 법원에 환송하여야 한다(제393조). 관할위반의 인정이 법률에 위반됨을 이유로 원심판결 또는 제1심판결을 파기하는 경우에는 판결로써 사건을 원심법원 또는 제1심 법원에 환송하여야 한다(제395조). 여기서 '제1심 법원에 환송하는 경우'란 제1심이 공소기각이나 관할위반의 판결을 선고하였고 원심판결이 이에 대한 검사의 항소를 기각하였으나, 상고심에서 원심판결 및 제1심판결을 모두 파기한 경우를 말한다.

제393조 내지 제396조 이외의 사유로 원심판결을 파기한 때에는 판결로써 사건을 원심법원에 환송하여야 한다(제397조). 이와 같이 상고심에서 원심판결을 파기하는 경우에는 파기환송이 원칙이고, 파기자판은 예외에 속한다. 한편 파기환송을 받은 법원은 그 파기이유로 한 사실상 및 법률상의 판단에 기속되는 것이고, 그에 따라 판단한 판결에 대하여 다시 상고를 한 경우에 그 상고사건을 재판하는 상고법원도 앞서의 파기이유로 한 판단에 기속되므로 이를 변경하지 못한다.[1)]

② 파기이송

관할의 인정이 법률에 위반됨을 이유로 원심판결 또는 제1심판결을 파기하는 경우에는 판결로써 사건을 관할이 있는 법원에 이송하여야 한다(제394조). 관할 항소법원으로 이송할 것인지 아니면 제1심 법원으로 이송할 것인지 여부는 관할위반이 어느 심급에서 있었는가에 의하여 결정된다. 이 외에 원심판결을 파기한 때에는 판결로써 사건을 그와 동등한 다른 법원에 이송하여야 한다(제397조).

③ 파기자판

상고법원은 원심판결을 파기한 경우에 그 소송기록과 원심법원과 제1심 법원이 조사한 증거에 의하여 판결하기 충분하다고 인정한 때에는 피고사건에 대하여 직접 판결을 할 수 있다(제396조 제1항). 하지만 상고심이 새로운 증거를 조사하여 그 결과를 자판의 자료로 사용하는 것은 허용되지 아니한다. 파기자판의 경우에도 변론 없이 서면심리만으로 가능하고(제390조), 형을 선고하는 경우에는 불이익변경금지의 원칙이 적용되며(제396조 제2항, 제368조), 이 원칙을 위반한 경우에는 비상상고의 이유(제441조)가 된다. 파가자판을 할 경우 유·무죄의 실체판결뿐만 아니라 공소기각이나 면소의 형식재판도 할 수 있다.

(4) 재판서의 기재방식

재판서에는 상고의 이유에 관한 판단을 기재하여야 한다(제398조). 또한 대법원 재판서에는 합의에 관여한 모든 대법관의 의견을 표시하여야 한다(법원조직법 제15조).

---

1) 대법원 2006. 1. 26. 선고 2004도517 판결; 대법원 1987. 4. 28. 선고 87도294 판결; 대법원 1985. 7. 9. 선고 85도263 판결.

4. 상고심 판결의 정정

(1) 의 의

'상고심 판결의 정정(訂正)'이란 상고심 판결에 명백한 오류가 있는 경우에 이를 시정하는 것을 말한다. 상고심은 최종심으로서 그 판결은 선고와 동시에 확정되므로 이를 정정하는 것은 원칙적으로 허용되지 아니하지만, 상고심판결에 명백한 오류가 있음에도 불구하고 확정판결이라는 이유만으로 이를 시정할 수 없게 하는 것은 불합리하기 때문에 인정되는 제도이다. 즉 상고심 판결의 정정은 상고법원의 판결은 최종심의 재판으로서 상소에 의한 시정의 길이 없다는 점을 고려하여 그 판결자체의 내용에 오류가 있는가를 다시 검토하는 기회를 갖고자 함에 있고, 재판절차를 다시 하여 사건을 새로 심리하는 것이 아니다. 이에 따라 상고법원은 그 판결의 내용에 오류가 있음을 발견한 때에는 직권[1] 또는 검사·상고인이나 변호인의 신청에 의하여 판결로써 정정할 수 있다(제400조 제1항). 한편 상고심판결에 나타난 단순한 오자(誤字)의 정정은 재판서경정(규칙 제25조)의 방식에 의해서도 충분히 가능하므로 반드시 판결정정의 방식에 의할 필요는 없다. 이러한 재판서경정은 대법원뿐만 아니라 모든 법원이 직권 또는 당사자의 신청에 의하여 결정으로 이루어진다.

(2) 정정의 사유 및 대상

1) 정정의 사유

상고심의 판결내용에 명백한 오류가 있는 경우이다. 상고심 판결의 정정사유인 '오류'란 판결의 내용에 위산(違算), 오기(誤記) 기타 이에 유사한 것이 있는 경우를 말한다. 또한 여기서의 오류는 명백한 것에 한한다고 할 것이어서 채증법칙위배에 대한 판단을 잘못하였으니 무죄판결로 정정하여 달라는 경우[2], 유죄확정의 판결 또는 상고기각의 판결을 무죄의 판결로 정정하여 달라는 경우[3], 대법원 자판으로 무죄를 선고하거나 또는 사건을 고등법원으로 이송심리하도록 판결을 정정하여 달라는 경우[4] 등의 사유는 이에 해당하지 아니한다.

2) 정정의 대상

정정의 대상은 원칙적으로 상고심의 판결이다. 그러므로 상고법원의 판결이 아닌 항소심인 원심판결의 정정을 구하는 것은 부적법하여 각하를 면할 수 없다.[5] 한편 상고심의 결정도 정정의 대상이 되는데, 이에 따라 상고장에 상고이유를 기재하였음에도 불구하고 상고이유서의 제출이 없고 또 상고장에 이유의 기재가 없다고 하여 상고기각의 결정을 한 경우에 그 결정 내용

---

1) 대법원 1979. 11. 30. 선고 79도952 판결(직권에 의하여 판결정정을 하는 경우에는 10일간의 신청기간의 제한을 받지 아니한다).

2) 대법원 1987. 7. 31.자 87초40 결정.

3) 대법원 1981. 10. 5.자 81초60 결정.

4) 대법원 1983. 5. 19.자 83초17 결정.

5) 대법원 1979. 9. 11. 선고 79초54 판결.

에 오류가 있음이 분명하므로 제400조에 의하여 위 결정을 정정할 수 있고[1], 착오에 의한 송달일자를 신뢰하여 피고인이 법정기간 내에 상고이유서를 제출하였음에도 제출하지 아니하였다는 이유로 한 상고기각의 결정을 판결로써 정정할 수도 있다.[2]

(3) 정정의 절차

판결정정의 신청은 판결의 선고가 있은 날로부터 10일 이내에 하여야 하며(제400조 제2항), 신청의 이유를 기재한 서면으로 하여야 한다(제400조 제3항). 이러한 신청이 있는 때에는 즉시 그 취지를 상대방에게 통지하여야 한다(규칙 제163조). 정정의 판결은 변론 없이 할 수 있으며(제401조 제1항), 정정할 필요가 없다고 인정한 때에는 지체 없이 결정으로 신청을 기각하여야 한다(제401조 제2항).

(4) 상고심 판결의 확정시기

판결의 정정은 그 오류를 정정하는데 불과하고 판결내용을 다시 심리하는 것이 아니므로 상고법원의 판결은 최종적 재판으로서 선고와 동시에 확정된다.[3]

Ⅳ. 비약적 상고

1. 의 의

'비약적 상고'란 상소권자가 제1심판결에 대하여 항소를 제기하지 아니하고 직접 상고법원인 대법원에 상고하는 것을 말한다. 이는 법령해석에 관한 중요한 사항을 포함하고 있다고 인정되는 사건에 관하여 신속한 법령해석의 통일과 피고인의 이익보호를 위하여 제2심을 생략한 제도라고 할 수 있다. 비약적 상고의 대상은 제1심판결이므로 항소심판결이나 결정에 대해서는 허용되지 아니한다.[4]

2. 비약적 상고의 이유

비약적 상고의 이유에는 두 가지가 있는데, 원심판결이 인정한 사실에 대하여 법령을 적용하지 아니하였거나 법령의 적용에 착오가 있는 때(제372조 제1호)와 원심판결이 있은 후 형의 폐지나 변경 또는 사면이 있는 때(제372조 제2호)가 그것이다. '제1심판결이 인정한 사실에 대하여 법령을 적용하지 아니하거나 법령의 적용에 착오가 있는 때'란 제1심판결이 인정한 사실이 옳다는 것을 전제로 하여 볼 때 그에 대한 법령을 적용하지 아니하거나 법령의 적용을 잘못한 경우를 말한다.[5] 하지만 채증법칙의 위배와 같은 소송절차에 관한 법령위반[6]·중대한 사실오

1) 대법원 1979. 11. 30. 선고 79도952 판결.
2) 대법원 2005. 4. 29. 선고 2005도1581 판결.
3) 대법원 1979. 9. 11. 선고 79초54 판결; 대법원 1967. 6. 2.자 67초22 결정.
4) 대법원 1984. 4. 16.자 84모18 결정.
5) 대법원 2017. 2. 3. 선고 2016도20069 판결; 대법원 2013. 5. 9. 선고 2013도3261 판결; 대법원 2007. 3. 15. 선고 2006도9338 판결.

인[1]·양형부당[2] 등은 이에 해당하지 아니한다. 또한 상습성에 관한 사실인정의 잘못과 법리오해로 말미암아 결과적으로 법령적용을 잘못하였다는 사유도 비약적 상고이유가 되지 못한다.[3] 그리고 법령적용의 착오에는 형법각칙의 개별적인 구성요건을 잘못 적용한 경우뿐만 아니라 형법총칙에 관한 규정이나 형벌에 관한 규정을 잘못 적용한 경우를 포함한다.

3. 비약적 상고의 제한

제1심판결에 대한 상고는 그 사건에 대한 항소가 제기된 때에는 그 효력을 잃는다. 다만 항소의 취하 또는 항소기각의 결정이 있는 때에는 예외로 한다(제373조). 이와 같이 비약적 상고를 제기한 경우에도 상대방이 같은 사건에 대하여 항소를 제기하면 비약적 상고는 효력을 잃게 되며, 이 경우 검사의 비약적 상고는 상고로서 뿐만 아니라 항소로서도 효력이 없다.[4]

제4절 항 고

Ⅰ. 의의 및 유형

1. 의 의

'항고'(抗告)란 수소법원의 결정에 대한 상소를 말한다.[5] 판결은 종국재판의 본래적인 형식이므로 이에 대해서는 언제나 상소를 허용할 필요가 있지만, 결정은 원칙적으로 판결에 이르는 과정에 있어서 절차상의 사항에 관한 종국 전의 재판이므로 모든 결정에 대하여 상소를 인정할 필요는 없다. 그러므로 항고는 일정한 경우에 한하여 인정되며, 그 절차에 있어서도 항소 또는 상고와 비교하여 간단하다.

넓은 의미에서의 항고는 일반항고와 재항고를 포함하고, 좁은 의미에서의 항고는 일반항고만을 의미한다. '일반항고'(一般抗告)란 결정에 대한 최초의 불복절차를 말하고, '재항고'(再抗告)란 2회째의 불복절차를 말한다. 다만 지방법원 항소부 또는 고등법원에서의 결정에 대한 항고는 최초의 불복절차이지만 항고법원이 대법원이기 때문에 재항고 또는 특별항고라고 한다. 한편 좁은 의미에서의 항고인 일반항고는 다시 보통항고와 즉시항고로 나누어진다.

---

6) 대법원 2006. 10. 27. 선고 2006도619 판결; 대법원 1983. 12. 27. 선고 83도2792 판결.

1) 대법원 1994. 5. 13. 선고 94도458 판결.

2) 대법원 1984. 2. 14. 선고 83도3236 판결.

3) 대법원 2007. 3. 15. 선고 2006도9338 판결; 대법원 1988. 3. 22. 선고 88도156 판결.

4) 대법원 1971. 2. 9. 선고 71도28 판결.

5) 대법원 1997. 6. 16.자 97모1 결정.

2. 일반항고의 유형

(1) 보통항고

'보통항고'(普通抗告)란 법원의 결정에 대한 일반적인 불복방법을 말한다. 보통항고는 즉시항고와 달리 불복기간의 제한이 없어 원결정을 취소할 실익이 있는 한 언제든지 제기할 수 있다(제404조). 즉 법원의 결정에 대하여 불복이 있으면 항고를 할 수 있다. 다만 형사소송법에 특별한 규정이 있는 경우에는 예외로 한다(제402조). 보통항고가 허용되지 않는 경우로는 다음의 2가지를 상정할 수 있다.

1) 법원의 관할 또는 판결 전의 소송절차에 관한 결정

법원의 관할 또는 판결 전의 소송절차에 관한 결정에 대하여는 특히 즉시항고를 할 수 있는 경우 외에는 항고하지 못한다(제403조 제1항). 왜냐하면 일반적으로 법원의 관할 또는 판결 전의 소송절차에 관한 결정에 대해서는 종국재판에 대한 상소를 허용하면 충분하고, 개별적인 결정에 대하여 독립한 상소를 인정할 필요가 없기 때문이다. 따라서 위헌제청신청을 기각하는 하급심의 결정[1], 국선변호인의 선정청구를 기각하는 결정[2], 공소장변경의 허가에 관한 결정[3], 증거개시에 관한 결정[4], 국민참여재판으로 진행하기로 한 결정[5] 등에 대해서는 독립하여 항고할 수 없다. 다만 피고인에 대한 소년부송치 결정은 판결 전 소송절차에 관한 결정이 아니므로 검사가 항고할 수 있다.[6]

그러나 구금·보석·압수나 압수물의 환부에 관한 결정 또는 감정하기 위한 피고인의 유치에 관한 결정에 대해서는 보통항고를 할 수 있다(제403조 제2항). 왜냐하면 이러한 유형의 강제처분에 의한 권리침해의 구제는 신속을 요하여 종국재판에 대한 상소에 의해서는 그 실효성이 담보되지 않기 때문이다. 다만 체포·구속적부심사청구에 대한 법원의 기각결정과 석방결정에 대해서는 항고가 허용되지 아니한다(제214조의2 제8항).

---

1) 대법원 1986. 7. 18.자 85모49 결정(어떤 특정한 법률규정이 헌법에 위반된다는 이유로 제기된 위헌여부제청신청에 대하여 그 법률규정이 위헌이 아니라는 이유로 그 위헌제청신청을 기각하는 하급심의 결정은 중간재판적 성질을 가지는 것으로서 이는 본안에 대한 하급심판결이 상소되었을 때에 이와 함께 그 판단도 상소심의 판단을 받는데 불과하고, 위 결정에 대하여 독립하여 항고, 재항고를 할 수는 없다).

2) 대법원 1993. 12. 3.자 92모49 결정; 대법원 1986. 9. 5.자 86모40 결정.

3) 대법원 1987. 3. 28.자 87모17 결정(판결전의 소송절차에 관한 결정에 대하여는 특히 즉시항고를 할 수 있는 경우외에는 항고를 하지 못하는 것인 바, 소송사실 또는 적용법조의 추가, 철회 또는 변경의 허가에 관한 결정은 판결전의 소송절차에 관한 결정이라 할 것이므로, 그 결정을 함에 있어서 저지른 위법이 판결에 영향을 미친 경우에 한하여 그 판결에 대하여 상소를 하여 다툼으로써 불복하는 외에는 당사자가 이에 대하여 독립하여 상소할 수 없다).

4) 대법원 2013. 1. 24.자 2012모1393 결정.

5) 대법원 2009. 10. 23.자 2009모1032 결정.

6) 대법원 1986. 7. 25.자 86모9 결정; 대법원 1986. 2. 12.자 86트1 결정.

2) 성질상 항고가 허용되지 않는 결정

대법원이 한 결정에 대하여는 이유 여하를 불문하고 불복하여 항고할 수 없다.[1] 또한 항고법원 또는 고등법원의 결정에 대하여도 재판에 영향을 미친 헌법·법률·명령 또는 규칙의 위반이 있음을 이유로 하는 때에 한하여 대법원에 재항고(제415조)만이 허용되므로 보통항고는 허용되지 아니한다.

(2) 즉시항고

1) 의 의

'즉시항고'(卽時抗告)란 항고제기기간이 7일[2]로 제한되어 있고(제405조), 법률에 명문의 규정이 있을 때에 한하여 허용되는 항고를 말한다. 이와 같이 법원의 재판 중 결정에 대한 상소제도인 항고는 불복기간의 제한이 있는지 여부에 따라 보통항고와 즉시항고로 구분되는데, 그 중 불복기간의 제한이 있는 즉시항고는 당사자의 중대한 이익에 관련된 사항이나 소송절차의 원활한 진행을 위하여 신속한 결론을 얻는 것이 필요한 사항 등을 그 대상으로 하는 것으로, 법률에서 이를 개별적으로 허용하는 경우에 한하여 일정한 기간 내에 제기하여야 한다. 즉시항고는 7일의 제기기간을 준수하여야 하고(제405조), 제기기간은 결정을 고지한 날로부터 기산한다(제343조 제2항). 이와 같이 즉시항고는 당사자의 중대한 이익에 관련된 사항이나 소송절차의 원활한 진행을 위해 신속한 결론이 필요한 사항을 대상으로 하는 것으로, 한정된 사항에 대하여 간이하고 신속한 판단을 하기 위한 절차라고 할 수 있다.

즉시항고를 제기하기 위해서는 항고장을 원심법원에 제출하여야 하는데(제406조), 항고장의 기재사항에 관해서는 별도의 규정이 없다. 즉시항고는 보통항고와 달리 그 제기기간 내에 제기가 있는 때에는 원칙적으로 재판의 집행이 정지된다(제410조).[3] 이는 즉시항고의 대상이 되는 결

1) 대법원 1987. 1. 30.자 87모4 결정; 대법원 1983. 6. 30.자 83모34 결정; 대법원 1971. 8. 18.자 71모53 결정; 대법원 1967. 2. 20.자 67모1 결정.

2) 헌법재판소 2018. 12. 27. 선고 2015헌바77 결정(심판대상조항이 정하고 있는 3일이라는 즉시항고 제기기간은 민사소송(민사소송법 제444조), 민사집행(민사집행법 제15조 제2항), 행정소송(행정소송법 제8조 제2항), 형사보상절차(형사보상 및 명예회복에 관한 법률 제20조 제1항) 등의 즉시항고기간 1주와 비교하더라도 지나치게 짧다. 외국의 입법례를 보더라도 즉시항고제기기간을 3일로 두고 있는 일본을 제외하고 미국, 독일 등에서는 7일 내지 14일의 기간을 두고 있고, 프랑스에서는 청구권자 또는 불복대상에 따라 5일 내지 10일까지의 기간을 두고 있다. 형사재판의 특수성을 고려할 때 신속하게 법률관계를 확정할 필요성이 인정되지만, 동시에 형사재판에 대한 당사자의 불복권을 실질적으로 보장하여 방어권 행사에 지장이 없도록 하는 것도 중요하므로, 형사재판이라는 이유만으로 민사소송 등의 절반에도 못 미치는 즉시항고 제기기간을 둔 것이 형사절차의 특수성을 제대로 반영한 것인지에 대하여도 의문이 든다. 즉시항고 제기기간을 늘리면 당해 재판의 집행이 정지되는 기간이 늘어날 수는 있으나, 즉시항고 자체가 형사소송법상 명문의 규정이 있는 경우에만 허용되므로 기간 연장으로 인한 폐해가 크다고 볼 수도 없다. 결국 심판대상조항은 즉시항고 제기기간을 지나치게 짧게 정함으로써 실질적으로 즉시항고 제기를 어렵게 하고, 즉시항고 제도를 단지 형식적이고 이론적인 권리로서만 기능하게 함으로써 헌법상 재판청구권을 공허하게 하므로 입법재량의 한계를 일탈하여 재판청구권을 침해하는 규정이다).

3) 다만 기피신청 부적법을 이유로 간이기각 결정함에 대하여 즉시항고한 경우(제23조 제2항) 및 불출석 증인에 대한 소송비용부담·과태료부과·감치결정에 대하여 즉시항고한 경우(제151조 제8항)에는 집행정지의 효과가 발생하지 아니한다.

정이 당사자에게 중대한 영향을 미치는 경우가 많은 점을 고려하여, 즉시항고에도 불구하고 집행이 이루어져 항고인에게 회복할 수 없는 손해가 발생하는 것을 방지하기 위한 것이다. 즉시항고는 다시 통상의 즉시항고와 대법원에 제기하는 즉시항고인 재항고로 나누어진다. '재항고'(再抗告)란 항고법원·고등법원 또는 항소법원의 결정에 대한 대법원에의 즉시항고를 말한다(법원조직법 제14조 제2호). 재항고는 즉시항고의 일종이므로 그 절차도 즉시항고의 경우와 동일하다.

2) 허용범위

① 종국결정

종국재판으로서의 결정에 대해서는 즉시항고가 허용된다. 예를 들면 공소기각의 결정(제328조 제2항, 제363조 제2항), 상소기각의 결정(제360조 제2항, 제361조의4, 제362조 제2항, 제376조 제2항), 정식재판청구의 기각결정(제455조 제2항, 즉결절차심판법 제14조 제4항), 구속취소결정(제97조 제4항), 형사보상청구에 대한 결정(형사보상법 제20조) 등이 이에 해당한다. 그리고 상소권회복청구에 대한 허부결정(제347조), 정식재판청구권회복청구에 대한 허부결정(제458조), 원심법원에서의 항고기각결정(제407조) 등도 종국재판에 준하는 법원의 결정으로 이에 해당한다.

② 피고인에게 불이익을 주는 결정

집행유예의 취소결정(제335조 제3항), 선고유예한 형의 선고결정(제335조 제4항), 보석조건을 위반한 피고인에 대한 과태료부과·감치결정(제102조 제3항), 불출석 증인에 대한 소송비용부담·과태료부과·감치결정(제151조), 증인의 선서·증언거부에 대한 과태료부과결정(제161조), 감정인·통역인·번역인에 대한 소송비용부담·과태료부과결정(제177조, 제183조), 제3자에 대한 소송비용부담결정(제192조), 재판에 의하지 아니하고 소송절차가 종료되는 경우의 소송비용부담결정(제193조), 재정신청인에 대한 소송비용부담결정(제262조의3) 등이 이에 해당한다.

③ 재심청구에 관한 결정

재심청구기각결정(제433조, 제434조 제1항, 제436조 제1항), 재심개시결정(제435조 제1항) 등도 즉시항고가 허용된다(제437조). 재심청구기각결정은 유죄판결이 확정된 자에게 불리한 재판이며 달리 불복신청의 방법이 없으므로 즉시항고를 허용하는 것이고, 재심개시결정은 부당한 재심개시결정을 빨리 시정함으로서 불필요한 소송진행을 방지하기 위하여 즉시항고를 인정하고 있는 것이다.

④ 재판의 집행에 관한 결정

소송비용집행면제신청에 대한 결정(제487조), 형의 집행에 관하여 재판의 해석에 대한 의의신청(疑義申請)에 대한 결정(제488조), 재판의 집행에 관한 검사의 처분에 대한 이의신청(異議申請)에 대한 결정(제489조) 등이 이에 해당한다. 재판의 집행은 당사자에게 중대한 이해관계가 있고 원상회복이 어려우므로 재판집행의 적정을 도모하려는 취지이다.

⑤ 신속한 해결을 필요로 하는 결정

기피신청기각결정(제23조), 증거보전신청기각결정(제184조 제4항), 구속취소결정(제97조) 등과 같이 신속한 구제를 요하는 결정에 대해서도 즉시항고가 인정된다.

Ⅱ. 항고심의 절차

1. 항고의 제기

(1) 항고권자

검사는 당해 결정의 당사자가 아니더라도 공익의 대표자로서 항고를 제기할 수 있다. 하지만 피고인은 자신이 당사자로서 결정을 받은 경우이거나 자신이 관여한 절차에서 이루어진 결정에 대하여만 항고할 수 있다. 한편 결정을 받은 제3자도 항고할 수 있는데, 예를 들면 과태료의 결정은 받은 증인이 이에 해당한다.

(2) 항고의 제기방식

항고를 함에는 항고장을 원심법원에 제출하여야 한다(제406조). 항고에 대하여는 항고이유서의 제출이 명문으로 규정되어 있지 않지만, 항고장 자체에 항고이유를 기재하거나 별도로 항고이유서를 제출할 필요가 있다. 항고이유에는 별도의 제한이 없다.

(3) 원심법원의 조치

1) 항고기각의 결정

항고의 제기가 법률상의 방식에 위반하거나 항고권 소멸 후인 것이 명백한 때에는 원심법원은 결정으로 항고를 기각하여야 한다(제407조 제1항). 이러한 결정에 대하여는 즉시항고를 할 수 있다(제407조 제2항).

2) 경정결정

원심법원은 항고가 이유 있다고 인정한 때에는 결정을 경정하여야 한다(제408조 제1항). '결정의 경정(更正)'이란 원결정 자체를 취소하거나 변경하는 것을 말한다. 그러므로 경정결정이 있으면 원결정은 효력을 상실하고 항고의 목적이 달성되므로 항고심으로 이심 없이 절차는 종결된다. 원심법원이 스스로 재판을 경정할 수 있도록 한 것은 항소 및 상고의 경우에 원심법원이 항소기각(제360조) 또는 상고기각(제376조)의 결정만을 할 수 있는 것과 비교된다. 이를 '원심법원의 재검토'라고 하는데, 원결정의 신속한 수정을 통해 절차진행을 촉진하기 위하여 인정되고 있다. 법원의 결정인 이상 공소기각·항소기각·상고기각 등과 같은 종국재판에 대해서도 원심법원은 경정결정을 할 수 있다.

3) 항고장 및 소송기록 등의 송부

항고의 전부 또는 일부가 이유 없다고 인정한 때에는 항고장을 받은 날로부터 3일 이내에 의견서를 첨부하여 항고법원에 송부하여야 한다(제408조 제2항). 3일의 기간은 훈시규정에 불과하다. 또한 원심법원이 필요하다고 인정한 때에는 소송기록과 증거물을 항고법원에 송부하여야 한다(제411조 제1항).

(4) 항고제기의 효과

즉시항고의 제기기간 내와 그 제기가 있는 때에는 재판의 집행은 정지된다(제410조). 하지만 보통항고는 재판의 집행을 정지하는 효력이 없다. 다만 원심법원 또는 항고법원은 결정으로 항고에 대한 결정이 있을 때까지 집행을 정지할 수 있다(제409조). 예를 들면 피고인에 대한 보석허가결정에 대하여 검사가 항고한 경우에도 원칙적으로는 피고인을 석방해야 하지만, 예외적으로 법원이 항고심의 재판결과를 기다려서 집행하는 것이 타당하다고 판단한 경우에는 결정으로 피고인을 석방하지 않을 수도 있다.

2. 항고심의 심판

(1) 항고심의 심리

원심법원이 필요하다고 인정한 때에는 소송기록과 증거물을 항고법원에 송부하여야 한다(제411조 제1항). 판결에 대한 상소절차에서는 소송기록을 반드시 상소법원에 송부하여야 하지만, 항고절차에서는 원심법원에게 재량을 부여하고 있는 것이다. 이에 따라 송부해 오지 않을 경우 항고법원은 소송기록과 증거물의 송부를 요구할 수 있다(제411조 제2항). 항고법원이 소송기록과 증거물의 송부를 받은 날로부터 5일 이내에 당사자에게 그 사유를 통지하여야 한다(제411조 제3항). 이는 비록 항고인이 항고이유서 제출의무를 부담하는 것은 아니지만, 당사자에게 항고에 관하여 그 이유서를 제출하거나 의견을 진술하고 유리한 증거를 제출할 기회를 부여하려는 데 그 취지가 있다.[1] 이에 따라 항고법원이 제1심 법원으로부터 소송기록을 송부받고 피고인에게 소송기록접수통지서를 발송한 후 송달보고서를 통해 피고인이 이를 송달받았는지 여부를 확인하지도 않은 상태에서 피고인이 위 통지서를 수령한 다음날 곧바로 피고인의 즉시항고를 기각한 것은 위법하다.[2] 다만 피고인의 변호인이 항고심에서 검사의 항고에 대하여 의견진술을 하였다면 피고인에게 방어의 기회가 있었으므로 항고법원이 소송기록접수통지를 하지 않았다고 하여도 원심결정에 영향을 미친 위법이 있다고 할 수는 없다.[3]

1) 대법원 2018. 6. 22.자 2018모1698 결정(재항고인은 이 사건 집행유예의 취소 청구를 인용한 제1심 결정에 즉시항고를 하였는데 즉시항고장에 항고이유를 적지 않은 사실, 원심은 제1심 법원으로부터 소송기록을 송부받은 당일인 2018. 6. 1. 항고를 기각하는 결정을 하였고, 항고를 제기한 재항고인에게 소송기록과 증거물을 송부받았다는 통지를 하지 않은 사실을 알 수 있다. 원심은 재항고인에게 항고에 관하여 이유서를 제출하거나 의견을 진술하고 유리한 증거를 제출할 기회를 부여하였다고 할 수 없다. 이러한 원심결정에는 제411조에 관한 법리를 오해하여 재판에 영향을 미친 잘못이 있다); 대법원 2008. 1. 2.자 2007모601 결정; 대법원 1993. 12. 15.자 93모73 결정.

2) 대법원 2013. 1. 3.자 2002모220 결정; 대법원 2006. 7. 25.자 2006모389 결정. 同旨 대법원 2008. 1. 2.자 2007모601 결정(정식재판청구권회복청구를 기각한 제1심 결정에 대하여 재항고인이 즉시항고를 제기하자 제1심 법원은 2007. 8. 7. 항고심인 원심법원에 소송기록을 송부한 사실, 원심법원은 2007. 8. 10. 재항고인이 수감 중이던 의정부교도소 직원에게 소송기록접수통지서를 교부하였는데, 같은 날 재항고인의 즉시항고를 기각한 사실을 알 수 있는바, 원심이 제1심 법원으로부터 소송기록을 송부받고 재항고인에게 소송기록접수통지서가 송달된 날에 곧바로 재항고인의 즉시항고를 기각한 것은 당사자에게 항고에 관하여 그 이유서를 제출하거나 의견을 진술하고 유리한 증거를 제출할 기회를 부여하였다고 할 수 없다).

3) 대법원 1973. 10. 25.자 73모69 결정.

항고심은 사실문제와 법률문제를 묻지 아니하고 심사할 수 있으며, 항고이유로 주장한 사유뿐만 아니라 그 이외의 사유에 대해서도 직권으로 심사할 수 있다. 항고심은 결정을 위한 심리절차이므로 구두변론에 의할 필요는 없지만, 결정을 하는데 필요한 경우에는 사실조사를 할 수 있으며, 증인신문이나 감정을 명할 수도 있다. 한편 검사는 항고사건에 대하여 의견을 진술할 수 있다(제412조).[1)]

(2) 항고심의 재판

1) 항고기각의 결정

항고의 제기가 법률상의 방식에 위반하거나 항고권 소멸 후인 것이 명백함에도 불구하고 원심법원이 항고기각의 결정을 하지 아니한 때에는 항고법원은 결정으로 항고를 기각하여야 한다(제413조). 항고를 이유 없다고 인정한 때에도 결정으로 항고를 기각하여야 한다(제414조 제1항). 항고법원이 항고기각의 결정을 한 때에는 즉시 그 결정의 등본을 원심법원에 송부하여야 한다(규칙 제165조).

2) 항고인용의 결정

항고를 이유 있다고 인정한 때에는 결정으로 원심결정을 취소하고 필요한 경우에는 항고사건에 대하여 직접 재판을 하여야 한다(제414조 제2항). 여기서 '필요한 경우'란 원심결정을 취소하는 것만으로는 당해 사건이 완결되지 않는 경우를 말한다. 항고법원이 항고인용의 결정을 한 때에는 즉시 그 결정의 등본을 원심법원에 송부하여야 한다(규칙 제165조).

Ⅲ. 재항고

1. 의 의

'재항고'(再抗告)란 항고법원·고등법원 또는 항소법원의 결정에 대한 항고를 말한다(법원조직법 제14조 제2호 참조). 항고법원의 결정에 대한 상소가 아닌 고등법원이나 항소법원이 항소심절차에서 내린 항고는 사전의 항고를 전제로 하지 않는다는 점에서 실질적으로는 재항고라고 할 수는 없지만, 관할법원이 모두 대법원이고 절차와 효과가 동일하다는 점에서 일반적으로 모두 재항고라고 칭하고 있다. 또한 준항고에 대한 법원의 결정도 재항고의 대상이 된다(제419조).

2. 대 상

항고법원 또는 고등법원의 결정에 대하여는 재판에 영향을 미친 헌법·법률·명령 또는 규칙의 위반이 있음을 이유로 하는 때에 한하여 대법원에 즉시항고를 할 수 있다(제415조). 그러므

1) 대법원 2012. 4. 20.자 2012모459 결정(검사가 제1심 결정에 대해 항고하면서 항고이유서를 첨부하였는데 항고심인 원심법원이 검사에게 소송기록접수통지서를 송달한 다음날 항고를 기각한 사안에서, 검사가 항고장에 상세한 항고이유서를 첨부하여 제출함으로써 의견진술을 하였으므로 제412조에 따라 별도로 의견을 진술하지 아니한 상태에서 원심이 항고를 기각하였더라도 그 결정에 위법이 없다).

로 구속될 사유가 없음에도 제1심이 피고인을 계속 구속할 필요가 있다고 하여 내린 구속기간 갱신결정을 타당하다고 본 원결정이 부당하다는 재항고 이유는 원심의 재량범위에 속하는 사실의 판단을 공격하는데 지나지 아니하여 적법한 재항고 이유가 되지 아니한다.[1] 이와 같이 사실오인을 이유로 하는 재항고는 허용되지 않는데, 이는 법령해석의 통일성 확보라는 대법원의 권한을 존중함과 동시에 그 업무부담을 경감하기 위한 것이다. 한편 항소법원의 결정에 대하여도 대법원에 재항고하는 방법으로 다투어야 한다.[2]

3. 절 차

재항고의 제기 및 심판절차에 관하여는 일반항고에 관한 규정과 상고심 심판에 관한 규정이 준용된다. 이에 따라 재항고를 함에는 재항고장을 원심법원에 제출하여야 하고, 재항고장 자체에 재항고이유를 기재하거나 별도로 재항고이유서를 제출하여야 한다. 재항고는 즉시항고의 형태로만 가능하므로, 재항고가 제기되면 재판의 집행이 정지된다.

대법원의 재항고심은 법률심이면서 동시에 사후심으로서의 성격을 지닌다. 따라서 재항고심은 원심의 소송자료에 의하여 원결정의 법령위반 여부를 심사하여야 하며, 재항고심에서 새로운 증거를 제출하거나 증거조사를 하는 것은 허용되지 아니한다. 또한 원결정 후에 생긴 사유를 원결정의 법령위반 여부를 판단하는 자료로 사용할 수 없다.

대법원은 재항고를 이유 없다고 인정한 때에는 결정으로 재항고를 기각하여야 하며(제414조 제1항), 재항고를 이유 있다고 인정한 때에는 결정으로 원심결정을 취소하고, 필요한 경우에는 재항고사건에 대하여 직접 재판을 하여야 한다(제414조 제2항).

Ⅳ. 준항고

1. 의 의

'준항고'(準抗告)란 재판장 또는 수명법관의 일정한 재판이나 검사 또는 사법경찰관의 처분에 대하여 그 소속법원 또는 관할법원에 취소 또는 변경을 청구하는 불복신청방법을 말한다. 준항고는 상급법원에 대한 구제신청이 아니라는 점에서 본래의 상소방법은 아니라고 할 수 있다. 하지만 준항고도 재판 등의 취소 또는 변경을 청구하는 제도라는 점과 법관의 재판에 대한 준항고의 경우에는 합의부에 의하여 심사를 받는다는 점에서 실질적으로 항고에 준하는 성질

1) 대법원 1987. 2. 3.자 86모57 결정.

2) 대법원 2008. 4. 14.자 2007모726 결정(항소법원이 직권으로 한 판결문 경정결정에 대하여 피고인이 항고를 제기하였으면 이를 재항고로 보고 기록을 대법원으로 송부하여야 할 것임에도, 이를 새로운 경정신청으로 보아 경정신청을 기각한다고 한 항소법원의 결정에 대하여 피고인이 재항고한 사안에서, 대법원이 항소법원의 기각결정을 권한 없는 법원이 한 결정이라는 이유로 취소하고 피고인의 위 기각결정에 대한 재항고를 판결문 경정결정에 대한 재항고로 인정하여 처리한 사례).

을 가진다. 그러므로 준항고에는 항고에 관한 규정들이 준용되고 있다(제419조).

2. 대 상

(1) 재판장 또는 수명법관의 재판

1) 적용범위

재판장 또는 수명법관이 ① 기피신청을 기각한 재판, ② 구금·보석·압수 또는 압수물환부에 관한 재판, ③ 감정하기 위하여 피고인의 유치를 명한 재판, ④ 증인·감정인·통역인 또는 번역인에 대하여 과태료 또는 비용의 배상을 명한 재판 가운데 어느 하나에 해당한 재판을 고지한 경우에 불복이 있으면 그 법관 소속의 법원에 재판의 취소 또는 변경을 청구할 수 있다(제416조 제1항).

하지만 준항고는 재판장 또는 수명법관의 재판에 한하여 허용되므로 수소법원 이외의 법관이 행한 재판에 대해서는 제기할 수 없다. 이에 따라 검사의 체포영장 또는 구속영장 청구에 대한 지방법원 판사의 재판은 제402조의 규정에 의하여 항고의 대상이 되는 '법원의 결정'에 해당하지 아니하고, 제416조 제1항의 규정에 의하여 준항고의 대상이 되는 '재판장 또는 수명법관의 구금 등에 관한 재판'에도 해당하지 아니한다.[1] 또한 증거보전청구를 기각한 판사의 결정에 대하여는 제402조가 정하는 항고의 방법으로는 불복할 수 없고, 나아가 그 판사는 수소법원으로서의 재판장 또는 수명법관도 아니므로 그가 한 재판은 제416조 정하는 준항고의 대상이 되지도 않으며, 또 제403조에 관한 재판에는 그 적용이 없다고 할 것이어서 결국 증거보전청구의 기각결정에 대하여는 형사소송법상 어떠한 방법으로도 불복을 할 수가 없다.[2]

2) 기피신청을 기각한 재판

'기피신청을 기각한 재판'이란 기피신청을 당한 법관이 소송의 지연을 목적으로 함이 명백하거나 형식적 요건을 구비하지 못하여 부적법한 기피신청에 대하여 수명법관이 간이기각결정을 한 경우에 한정된다. 왜냐하면 재판장 등 합의부원의 법관에 대한 기피는 법관의 소속법원인 합의부에 하여야 하므로(제19조 제1항) 재판장에 대한 기피신청기각결정은 간이기각결정이라도 법원의 결정에 해당하여 즉시항고의 대상이 되고(제23조), 단독판사에 대한 기피신청기각결정은 그것이 간이기각결정이라고 하여도 마찬가지로 법원의 결정에 해당하여 즉시항고의 대상이 되기 때문이다.

3) 구금·보석·압수 또는 압수물환부에 관한 재판

'구금·보석·압수 또는 압수물환부에 관한 재판'이란 재판장이나 수명법관이 급속을 요하는 경우에 예외적으로 행하는 피고인의 구속에 관한 처분과 수명법관이 행하는 압수에 관한 처분만이 그 대상이 된다. 왜냐하면 보석이나 압수물의 환부에 관한 재판은 재판장이 아니라 수소법원의 권한에 속하므로 준항고가 아니라 일반적인 항고의 대상이 되기 때문이다.

---

1) 대법원 2006. 12. 18.자 2006모646 결정; 대법원 1997. 9. 29.자 97모66 결정; 대법원 1997. 6. 16.자 97모1 결정.

2) 대법원 1986. 7. 12.자 86모25 결정.

4) 감정하기 위하여 피고인의 유치를 명한 재판

'감정하기 위하여 피고인의 유치를 명한 재판'이란 재판장 또는 수명법관이 피고인의 정신 또는 신체에 관한 감정에 필요한 때에 기간을 정하여 병원 기타 적당한 장소에 피고인을 유치하게 하는 재판을 하는 경우(제175조, 제172조)를 말한다.

5) 증인·감정인·통역인 또는 번역인에 대하여 과태료 또는 비용의 배상을 명한 재판

'증인·감정인·통역인 또는 번역인에 대하여 과태료 또는 비용의 배상을 명한 재판'이란 법원이 수명법관에게 법정 외의 증인신문(제167조)이나 감정인신문(제177조)을 명한 경우를 말한다. 이러한 재판은 청구기간 내의(법문상으로는 '와') 청구가 있는 때에는 그 재판의 집행은 정지된다(제416조 제4항).

(2) 검사 또는 사법경찰관의 처분

검사 또는 사법경찰관의 구금·압수 또는 압수물의 환부에 관한 처분과 제243조의2에 따른 변호인의 참여 등에 관한 처분에 대하여 불복이 있으면 그 직무집행지의 관할법원 또는 검사의 소속 검찰청에 대응한 법원에 그 처분의 취소 또는 변경을 청구할 수 있다(제417조).

1) 구금에 관한 처분

'검사 또는 사법경찰관의 구금에 관한 처분'이란 피의자 또는 피고인에 대한 체포영장 또는 구속영장의 집행과 관련된 처분 등을 말한다. 예를 들면 신체구속 중인 피의자 또는 피고인의 접견교통권을 부당하게 제한하는 경우[1], 임의동행이 된 피의자 또는 피내사자에 대한 접견교통권을 침해하는 경우[2], 구금장소를 임의적으로 변경하는 경우[3], 구금된 피의자의 신문에 변호인의 참여를 불허한 경우[4], 검사가 구속의 취소를 불허하는 처분을 하는 경우, 영장에 의하지 않고 구금하는 경우 등이 이에 해당한다.

한편 수사기관의 구금처분에는 부작위에 의한 것도 포함된다. 예를 들면 구치소에 구속되어 검사로부터 수사를 받고 있던 피의자들의 변호인으로 선임되었거나 선임되려는 변호사들이 피의자들을 접견하려고 구치소장에게 접견신청을 하였으나 접견이 허용되지 아니하고 있었다면, 수사기관의 구금 등에 관한 처분에 대하여 불복이 있는 경우 행정소송절차와는 다른 특별절차로서 준항고 절차를 마련하고 있는 형사소송법의 취지에 비추어, 위와 같이 피의자들에 대한 접견이 접견신청일로부터 상당한 기간이 경과하도록 허용되지 않고 있는 것은 접견불허처분이 있는 것과 동일시된다.[5] 또한 검사 또는 사법경찰관이 보호장비 사용을 정당화할 예외적 사정이 존재하지 않음에도 구금된 피의자에 대한 교도관의 보호장비 사용을 용인한 채 그 해제

1) 대법원 2007. 1. 31.자 2006모656 결정.

2) 대법원 1996. 6. 3.자 96모18 결정.

3) 대법원 1996. 5. 15.자 95모94 결정.

4) 대법원 2003. 11. 11.자 2003모402 결정.

5) 대법원 1991. 3. 28.자 91모24 결정; 대법원 1990. 2. 13.자 89모37 결정.

를 요청하지 않는 경우에, 검사 및 사법경찰관의 이러한 조치를 제417조에서 정한 '구금에 관한 처분'으로 보지 않는다면 구금된 피의자로서는 이에 대하여 불복하여 침해된 권리를 구제받을 방법이 없게 된다. 따라서 검사 또는 사법경찰관이 구금된 피의자를 신문할 때 피의자 또는 변호인으로부터 보호장비를 해제해 달라는 요구를 받고도 거부한 조치는 제417조 제1항에서 정한 '구금에 관한 처분'에 해당한다.[1]

2) 압수 또는 압수물의 환부에 관한 처분

압수 또는 압수물의 환부에 관한 처분에 대한 불복은 수사기관의 압수절차에 위법이 있거나 압수물의 환부에 관한 권한행사에 위법이 인정되는 경우에 허용된다.[2] 압수물의 환부에 관한 처분에는 압수물의 가환부에 관한 처분도 포함된다.[3] 하지만 제332조에 의하여 압수가 해제된 것으로 되었음에도 불구하고 검사가 그 해제된 압수물의 인도를 거부하는 조치에 대해서는 준항고로 불복할 대상이 될 수 없다.[4] 왜냐하면 검사에게는 압수물의 환부에 관하여 처분을 할 권한이 없고 당연히 환부의무가 발생하기 때문이다(제332조 참조). 또한 수사기관의 압수물의 환부에 관한 처분의 취소를 구하는 준항고는 일종의 항고소송이므로, 통상의 항고소송에서와 마찬가지로 그 이익이 있어야 하고, 소송 계속 중 준항고로써 달성하고자 하는 목적이 이미 이루어졌거나 시일의 경과 또는 그 밖의 사정으로 인하여 그 이익이 상실된 경우에는 준항고는 그 이익이 없어 부적법하게 된다.[5]

한편 고소인 또는 고발인, 그 밖의 일반국민이 검사에 대하여 영장청구 등의 강제처분을 위한 조치를 취하도록 요구하거나 신청할 수 있는 권리를 가진다고 할 수 없고, 검사가 수사과정에서 영장의 청구 등 강제처분을 위한 조치를 취하지 아니함으로 말미암아 고소인 또는 고발인, 그 밖의 일반국민의 법률상의 지위가 직접적으로 어떤 영향을 받는다고도 할 수 없다. 따라서 검사가 수사과정에서 증거수집을 위한 압수·수색영장의 청구 등 강제처분을 위한 조치를 취하지 아니하고 그로 인하여 증거를 확보하지 못하고 불기소처분에 이르렀다면, 그 불기소처분에 대하여 형사소송법상의 재정신청이나 검찰청법상의 항고 등으로써 불복하는 것은 별론으로 하고, 검사가 압수·수색영장의 청구 등 강제처분을 위한 조치를 취하지 아니한 것 그 자체

1) 대법원 2020. 3. 17.자 2015모2357 결정(검사가 피의자신문절차에서 인정신문을 진행하기 전에 변호인으로부터 15분에 걸쳐 피의자의 수갑을 해제하여 달라는 명시적이고 거듭된 요구를 받고도 교도관에게 수갑을 해제하여 달라고 요청하지 않았으나, 당시 피의자에게 도주, 자해, 다른 사람에 대한 위해 등 형집행법 제97조 제1항 각 호에 규정된 위험이 분명하고 구체적으로 드러나는 등 특별한 사정이 있었다고 볼 만한 아무런 자료가 없었고, 오히려 특히 검사가 인정신문을 마친 후 곧바로 교도관에게 수갑 해제를 요청한 점에 비추어 보면, 인정신문 전에 수갑을 착용하도록 강제할 사유가 있었다고 보기는 더욱 어렵다).

2) 대법원 1997. 9. 29.자 97모66 결정(압수영장에 의하여 수사기관의 압수처분이 이루어진 경우에 그 처분에 대하여 제417조에서 정한 준항고의 방법으로 불복할 수는 있을 것이다).

3) 대법원 1971. 11. 12.자 71모67 결정.

4) 대법원 1984. 2. 6.자 84모3 결정.

5) 대법원 2015. 10. 15.자 2013모1970 결정; 대법원 2014. 4. 15.자 2014모686 결정; 대법원 1999. 6. 14.자 98모121 결정.

를 제417조 소정의 '압수에 관한 처분'으로 보아 이에 대해 준항고로써 불복할 수는 없다. 검사의 불기소처분에 대하여 검찰청법의 규정에 따른 항고의 결과 고등검찰청 검사장 등이 하는 이른바 재기수사명령은 검찰 내부에서의 지휘권의 행사에 지나지 아니하므로 그 재기수사명령에서 증거물의 압수·수색이 필요하다는 등의 지적이 있었다고 하여 달리 볼 것은 아니다.[1)]

3) 변호인의 참여 등에 관한 처분

변호인의 참여 등에 관한 수사기관의 처분에는 피의자와 변호인 사이의 접견을 제한하는 처분과 피의자신문시에 변호인의 참여를 제한하는 처분이 포함된다. 다만 신체구속 중인 피의자의 접견교통권을 제한하는 처분이나 이러한 피의자의 신문에 변호인의 참여를 불허하는 처분은 수사기관의 구금에 관한 처분으로서도 준항고의 대상이 되므로, 본조의 실질적인 의미는 체포 또는 구속되지 않은 피의자를 신문하는 경우에 변호인의 참여를 제한하는 처분에 대해서도 준항고를 할 수 있다는 점에 있다. 예를 들면 수사기관이 피의자신문을 하면서 변호인이 피의자신문을 방해하거나 수사기밀을 누설할 염려가 있음이 객관적으로 명백한 경우 등과 같은 정당한 사유가 없는데도 변호인에 대하여 피의자로부터 떨어진 곳으로 옮겨 앉으라고 지시를 한 다음 이러한 지시에 따르지 않았음을 이유로 변호인의 피의자신문 참여권을 제한하는 것은 허용될 수 없다.[2)]

3. 절 차

(1) 준항고의 제기

준항고의 청구는 서면으로 관할법원에 제출하여야 한다(제418조). 재판장 또는 수명법관의 재판에 대한 준항고는 그 법관 소속의 법원이 관할법원이 되고(제416조 제1항), 검사 또는 사법경찰관의 처분에 대한 준항고는 그 직무집행지의 관할법원 또는 검사의 소속 검찰청에 대응한 법원이 관할법원이 된다(제417조). 지방법원이 준항고의 청구를 받은 때에는 합의부에서 결정을 하여야 한다(제416조 제2항). 재판장 또는 수명법관의 재판에 대한 준항고의 청구는 재판의 고지가 있는 날로부터 7일 이내에 하여야 한다(제416조 제3항). 준항고도 보통항고와 마찬가지로 집행정지의 효력이 없지만, 관할법원은 결정으로 준항고에 대한 결정이 있을 때까지 집행을 정지할 수 있다(제419조, 제409조). 다만 증인·감정인·통역인 또는 번역인에 대하여 과태료 또는 비용의 배상을 명한 재판은 준항고의 청구기간 내와 청구가 있는 때에는 그 재판의 집행은 정지된다(제416조 제4항).

(2) 준항고에 대한 결정 및 불복

준항고의 청구에 대하여 관할법원은 결정을 해야 한다. 관할법원은 결정을 함에 필요한 경우에는 사실을 조사할 수 있다(제37조 제3항). 준항고의 사유에는 제한이 없으므로 법령위반과 사

1) 대법원 2007. 5. 25.자 2007모82 결정.

2) 대법원 2008. 9. 12.자 2008모793 결정.

실오인이 모두 준항고의 대상이 된다. 준항고에 대한 결정은 구두변론에 의거하지 아니 할 수 있다(제37조 제2항).

관할법원은 준항고의 이유를 심사하여 이유 없다고 인정한 때에는 결정으로 준항고를 기각하여야 하고(제419조, 제414조 제1항)[1], 이유 있다고 인정한 때에는 준항고의 대상이 된 법관의 재판이나 검사 또는 사법경찰관의 처분을 취소 또는 변경하여야 하며, 필요한 경우에는 직접 재판할 수 있다(제419조, 제414조 제2항). 준항고에 대한 법원의 결정에 대하여는 재판에 영향을 미친 헌법·법률·명령 또는 규칙의 위반이 있음을 이유로 하는 때에는 대법원에 재항고를 할 수 있다(제419조, 제415조).[2] 준항고절차는 당사자주의에 입각한 소송절차와는 달리 양 당사자의 관여를 필요로 하는 것이 아니므로 준항고법원이 상대방의 표시를 잘못하였어도 재항고이유로 되는 위법사유가 된다고 볼 수 없다.[3]

1) 대법원 2015. 10. 15.자 2013모1970 결정.

2) 대법원 1983. 5. 12.자 83모12 결정.

3) 대법원 1991. 3. 28.자 91모24 결정.

제 2 장 비상구제절차

제 1 절 재 심

Ⅰ. 의의 및 대상

1. 의 의

'재심'(再審)이란 유죄의 확정판결에 중대한 사실인정의 오류가 있는 경우에 판결을 받은 자의 이익을 위하여 이를 시정하는 비상구제절차를 말한다. 재심은 확정판결에 대한 비상구제절차라는 점에서 미확정판결에 대한 구제절차인 상소와 구별되고, 사실오인을 시정하기 위한 비상구제절차라는 점에서 법령위반을 시정하기 위한 비상구제절차인 비상상고와도 구별된다. 재심은 판결이 확정된 이상 판결의 집행 전이거나 집행 중인 경우는 물론 집행한 후에도 가능하다. 이와 같이 재심은 확정판결에 중대한 오류가 있는 경우에 피고인의 이익을 위하여 예외적으로 판결의 확정력을 제거함으로써 법적 안정성보다는 실체적 진실발견을 우선시하는 제도이다.

한편 재심은 유죄의 확정판결에 사실오인이 있다고 판단되는 경우에 이를 공판절차에서 다시 심판하는 절차이다. 그러므로 재심은 재심사유의 유무를 심사하여 다시 심판할 것인지의 여부를 결정하는 재심개시절차와 그 이후의 재심심판절차라는 2단계의 구조를 취하고 있다. 재심개시절차는 결정의 형식으로 종결되며, 재심심판절차는 통상의 공판절차와 마찬가지로 종국재판의 형식으로 종결된다.

2. 근 거

(1) 입법정책설

재심은 형사소송에 있어서 법적 안정성과 정의의 이념이 충돌하는 경우에 법적 안정성을 위태롭게 하지 않는 범위 내에서 실질적 정의를 실현하는 제도라고 보는 견해[1]이다. 이에 의하면 불이익재심을 포함하여 어느 범위에서 재심을 허용할 것인지는 입법재량의 문제이고, 현행법이 이익재심만을 인정하고 있는 것은 유죄판결이 확정된 자에 대한 구제는 법적 안정성을 희생해서라도 실현해야 할 정의의 요청인데 대하여 불이익재심의 경우에는 그렇지 않다는 입법자의 판단이라고 파악한다.

1) 손동권/신이철, 799면; 송광섭, 892면; 신양균/조기영, 1209면; 이재상/조균석, 816면; 이창현, 1287면; 임동규, 830면; 정웅석/최창호, 831면.

(2) 헌법적 근거설

헌법 제12조 제1항의 적법절차의 원칙과 헌법 제13조 제1항의 일사부재리의 원칙에서 재심제도의 근거를 도출하는 견해[1]이다. 이에 의하면 재심은 적정한 절차에 따라 공정한 재판을 받을 피고인의 헌법상 권리에 기초를 두고 있는 피고인의 인권보장이념을 실현하기 위한 제도이며, 현행법상 이익재심은 피고인을 동일한 범죄로 거듭 처벌할 수 없다는 일사부재리의 원칙의 당연한 결과라고 파악한다.

(3) 검 토

재심제도의 근거는 입법정책설과 헌법적 근거설 양자 모두에서 찾을 수 있다. 형사소송에 있어서 일단 재판이 확정되면 피고인을 보호하고 공적 판단의 지속성을 유지함으로써 법 생활의 안정을 도모하기 위하여 인정되는 효력으로서 확정력이 주어진다. 법적 안정성은 형사사법질서의 전제로서 법적 판결이 지속될 것에 대한 피고인과 일반인의 신뢰를 보호한다는 의미로서 그 전제는 판결의 정당성이다.[2] 그러나 확정력 있는 판결이 항상 정당성을 지닌다고 할 수는 없고, 판결의 오류가능성을 완전히 배제할 수도 없으므로 법적 안정성과 정의의 실현이라는 상반된 요청을 조화롭게 해야 할 필요성이 생긴다. 재심제도는 판결의 확정 후에 발생한 사유에 의하여 소송이 다시 진행된다는 점에서 단기적으로는 법적 안정성에 반하지만, 장기적으로는 정의의 이념에 부합하게 된다.

3. 대 상

(1) 유죄의 확정판결

현행법은 이익재심만을 인정하므로 재심의 대상은 원칙적으로 유죄의 확정판결에 한정된다.[3] 그러므로 무죄[4]·면소[5]·공소기각·관할위반 등의 확정판결은 그 판결에 중대한 사실오인이 있다고 할지라도 재심의 대상이 되지 아니한다. 또한 판결만 재심의 대상이 되므로 재정신청기각결정[6]·공소기각결정[7]·재항고기각결정[8] 등의 결정이나 명령의 경우에도 재심의 대상

---

1) 김인회, 686면; 이은모/김정환, 861면; 이주원, 630면.

2) 헌법재판소 2011. 6. 30. 선고 2009헌바430 결정.

3) 참고로 프랑스에서는 재심을 피고인의 이익을 위한 재심만을 인정하고 상고법원이 관할권을 가지는데 비하여, 독일에서는 불이익재심도 인정하고 원판결법원이 관할권을 가지는 점에서 차이가 있다.

4) 대법원 1983. 3. 24.자 83모5 결정.

5) 대법원 2018. 5. 2.자 2015모3243 결정(면소판결은 유죄 확정판결이라고 할 수 없으므로 면소판결을 대상으로 한 재심청구는 부적법하다).

6) 대법원 1986. 10. 29.자 86모38 결정.

7) 대법원 2013. 6. 27. 선고 2011도7931 판결. 동 판결의 사안은 원심에서 유죄의 확정판결이 선고된 상태에서 피고인의 사망으로 공소기각의 결정이 선고된 것을 형식재판이라는 이유로 재심사유에 해당하지 않는다고 판단하고 있다. 하지만 이러한 경우에는 비록 최종적으로 형식재판이 선고되기는 하였지만 그 과정에서 실체심리가 이루어져 유죄판결이 선고된 예외적인 상황이므로 피고인의 인권과 명예를 위하여 재심을 허용하는 것이 타당하다.

8) 대법원 1991. 10. 29.자 91재도2 결정.

이 되지 아니하고, 환송판결도 유죄의 확정판결이라고 할 수 없으므로 환송판결을 대상으로 한 재심청구는 부적법하며[1], 항소심에서 파기되어버린 제1심판결에 대해서도 재심을 청구할 수 없다.[2] 선고유예 기간이 경과하면 면소된 것으로 간주되기 때문에 재심의 대상이 되지 않지만, 집행유예 기간이 경과하면 형선고가 효력을 잃는 것에 불과하기 때문에 재심의 대상이 된다. 그리고 유죄의 확정판결이어야 하므로 형선고의 판결과 형의 면제판결이 확정되어야 한다. 제1심의 유죄판결이나 상소심에서의 파기자판에 의한 유죄판결이 확정되었을 경우뿐만 아니라 확정판결과 동일하거나 그에 준하는 효력이 인정되는 약식명령, 즉결심판절차법에 의한 즉결심판, 「경범죄 처벌법」에 의한 범칙금납부 또는 도로교통법에 의한 범칙금납부 등도 재심의 대상이 된다.

유죄판결 확정 후에 형선고의 효력을 상실케 하는 특별사면이 있었다고 하더라도, 형선고의 법률적 효과만 장래를 향하여 소멸될 뿐이고 확정된 유죄판결에서 이루어진 사실인정과 그에 따른 유죄 판단까지 없어지는 것은 아니므로, 유죄판결은 형선고의 효력만 상실된 채로 여전히 존재하는 것으로 보아야 한다. 제420조 각호의 재심사유가 있는 피고인으로서는 재심을 통하여 특별사면에도 불구하고 여전히 남아 있는 불이익, 즉 유죄의 선고는 물론 형선고가 있었다는 기왕의 경력 자체 등을 제거할 필요가 있다. 그리고 제420조가 유죄의 확정판결에 대하여 선고를 받은 자의 이익을 위하여 재심을 청구할 수 있다고 규정하고 있는 것은 유죄의 확정판결에 중대한 사실인정의 오류가 있는 경우 이를 바로잡아 무고하고 죄 없는 피고인의 인권침해를 구제하기 위한 것인데, 만일 특별사면으로 형선고의 효력이 상실된 유죄판결이 재심청구의 대상이 될 수 없다고 한다면, 이는 특별사면이 있었다는 사정만으로 재심청구권을 박탈하여 명예를 회복하고 형사보상을 받을 기회 등을 원천적으로 봉쇄하는 것과 다를 바 없어서 재심제도의 취지에 반하게 된다. 따라서 특별사면으로 형선고의 효력이 상실된 유죄의 확정판결도 제420조의 '유죄의 확정판결'에 해당하여 재심청구의 대상이 될 수 있다.[3]

한편 약식명령에 대하여 정식재판 청구가 이루어지고 그 후 진행된 정식재판 절차에서 유죄판결이 선고되어 확정된 경우, 재심사유가 존재한다고 주장하는 피고인 등은 효력을 잃은 약식명령이 아니라 유죄의 확정판결을 대상으로 재심을 청구하여야 한다. 그럼에도 불구하고 피고인 등이 약식명령에 대하여 재심의 청구를 한 경우, 법원으로서는 재심의 청구에 기재된 재심을 개시할 대상의 표시 이외에도 재심청구의 이유에 기재된 주장 내용을 살펴보고 재심을 청

1) 대법원 2006. 6. 27.자 2005재도18 결정; 대법원 2001. 1. 5. 선고 2000재도2 판결.

2) 대법원 2004. 2. 13.자 2003모464 결정(원심이 항소심에서 파기된 제1심판결을 대상으로 하는 재심청구가 법률상의 방식에 위반한 경우에 해당함에도 제433조에 따라 재심청구를 기각하지 아니하고 재심청구의 사유가 없다는 이유를 들어 제434조 제1항에 따라 재심청구기각결정을 하였더라도 모두 재심청구를 기각한다는 결정을 하는 점에서 주문의 내용에 차이가 없다는 등의 이유로 위와 같은 원심결정의 위법이 재판에 영향을 끼치지 아니하였다고 한 사례); 대법원 1991. 10. 29.자 91재도2 결정.

3) 대법원 2015. 10. 29. 선고 2012도2938 판결; 대법원 2015. 5. 21. 선고 2011도1932 전원합의체 판결.

구한 피고인 등의 의사를 참작하여 재심청구의 대상을 무엇으로 보아야 하는지 심리·판단할 필요가 있다. 그러나 법원이 심리한 결과 재심청구의 대상이 약식명령이라고 판단하여 그 약식명령을 대상으로 재심개시결정을 한 후 이에 대하여 검사나 피고인 등이 모두 불복하지 아니함으로써 그 결정이 확정된 때에는, 그 재심개시결정에 의하여 재심이 개시된 대상은 약식명령으로 확정되고, 그 재심개시결정에 따라 재심절차를 진행하는 법원이 재심이 개시된 대상을 유죄의 확정판결로 변경할 수는 없다. 이 경우 그 재심개시결정은 이미 효력을 상실하여 재심을 개시할 수 없는 약식명령을 대상으로 한 것이므로, 그 재심개시결정에 따라 재심절차를 진행하는 법원으로서는 심판의 대상이 없어 아무런 재판을 할 수 없다.[1)]

(2) 상소기각의 판결

재심은 항소 또는 상고의 기각판결도 그 대상으로 한다. 하지만 항소 또는 상고의 기각판결에 대하여는 제420조 제1호·제2호·제7호의 사유가 있는 경우에 한하여 그 선고를 받은 자의 이익을 위하여 재심을 청구할 수 있다(제421조 제1항). 상소기각의 판결은 유죄판결 그 자체는 아니지만, 그 확정에 의하여 원심의 유죄판결이 확정된다는 점에서 유죄판결과는 별도로 재심의 대상으로 하고 있다. 그러므로 여기서 말하는 항소 또는 상고의 기각판결이란 상소기각의 판결에 의하여 확정된 제1심 또는 항소판결을 의미하는 것이 아니고, 항소기각 또는 상고기각의 판결 그 자체를 의미한다.[2)]

Ⅱ. 재심사유

1. 유죄의 확정판결에 대한 재심사유

(1) 허위증거에 의한 재심사유(오류형 재심사유)

1) 원판결의 증거된 서류 또는 증거물이 확정판결에 의하여 위조 또는 변조인 것이 증명된 때(제420조 제1호)

'원판결의 증거된 서류 또는 증거물'이란 원판결이 범죄사실을 인정하기 위하여 증거의 요지에 기재한 증거뿐만 아니라 범죄사실의 인부에 직접 사용된 증거뿐만 아니라 위 증거의 증거능력이나 증명력 인부에 사용된 증거도 포함된다. '확정판결'이란 형사확정판결을 의미하므로 민사확정판결 등은 포함되지 않으며, 증거가 위조 또는 변조된 것이 증명되기만 하면 위법성 또는 책임이 조각됨에 따라 무죄판결이 선고되어 유죄의 확정판결이 아니어도 무방하다. 하지만 증거조사를 하였더라도 판결에 이를 인용하지 아니한 증거는 이에 해당하지 아니한다.

---

1) 대법원 2013. 6. 27. 선고 2011도7931 판결(항소심의 유죄판결에 대하여 상고가 제기되어 상고심 재판이 계속되던 중 피고인이 사망하여 제382조, 제328조 제1항 제2호에 따라 공소기각결정이 확정되었다면 항소심의 유죄판결은 이로써 당연히 그 효력을 상실하게 되므로, 이러한 경우에는 형사소송법상 재심절차의 전제가 되는 '유죄의 확정판결'이 존재하는 경우에 해당한다고 할 수 없다); 대법원 2013. 4. 11. 선고 2011도10626 판결.

2) 대법원 1984. 7. 27.자 84모48 결정.

2) 원판결의 증거된 증언·감정·통역 또는 번역이 확정판결에 의하여 허위인 것이 증명된 때(제420조 제2호)

'원판결의 증거된 증언'이란 원판결의 이유 중에서 증거로 채택되어 죄로 되는 사실(범죄사실)을 인정하는 데 인용된 증언을 말한다.[1] 그러므로 단순히 증거조사의 대상이 되었을 뿐 범죄사실을 인정하는 증거로 사용되지 않은 증언은 '증거된 증언'에 포함되지 아니한다. 하지만 원판결의 이유에서 증거로 인용된 증언이 '죄로 되는 사실'과 직·간접적으로 관련된 내용이라면 '원판결의 증거된 증언'에 해당하고, 그 증언이 나중에 확정판결에 의하여 허위인 것이 증명된 이상 허위증언 부분을 제외하고도 다른 증거에 의하여 '죄로 되는 사실'이 유죄로 인정될 것인지에 관계없이 제420조 제2호의 재심사유가 있다고 보아야 한다.[2]

또한 '원판결의 증거된 증언'이란 법률에 의하여 선서한 증인의 증언을 말하고, 공동피고인의 공판정에서의 진술은 여기에 해당하지 아니한다.[3] 그리고 재심대상이 된 피고사건과 별개의 사건에서 증언이 이루어지고 그 증언을 기재한 증인신문조서나 그 증언과 유사한 진술이 기재된 진술조서가 재심대상이 된 피고사건에 서증으로 제출되어 이것이 채용된 경우는 '원판결의 증거된 증언'에 해당한다고 할 수 없으므로, 그 증언이 확정판결에 의하여 허위인 것으로 증명되었더라도 재심사유에 포함될 수 없다.[4]

한편 '원판결의 증거된 증언이 확정판결에 의하여 허위인 것이 증명된 때'란 그 증인이 위증을 하여 그 죄에 의하여 처벌되어 그 판결이 확정된 경우를 말한다. 그러므로 원판결의 증거된 증언을 한 자가 그 재판 과정에서 자신의 증언과 반대되는 취지의 증언을 한 다른 증인을 위증죄로 고소하였다가 그 고소가 허위임이 밝혀져 무고죄로 유죄의 확정판결을 받은 경우는 재심사유에 포함되지 아니한다.[5] 또한 위증 고소사건이 수사 중에 있다는 사실만으로는 재심사유가 될 수 없고[6], 위증을 한 증인이 별도의 관련사건에서 피고인이 되어 위 증언과 명백히 배치되는 진술을 하였다고 하더라도 위증으로 처벌이 확정된 경우에 해당하지 아니한다.[7] 반면에 '원판결의 증거된 증언'이 나중에 확정판결에 의하여 허위인 것이 증명된 이상, 그 허위증언 부분을 제외하고서도 다른 증거에 의하여 그 '죄로 되는 사실'이 유죄로 인정될 것인지 여부에 관계없이 제420조 제2호의 재심사유가 있는 것으로 보아야 한다.[8]

1) 대법원 1997. 1. 16.자 95모38 결정; 대법원 1987. 4. 23.자 87모11 결정.
2) 대법원 2012. 4. 13. 선고 2011도8529 판결; 대법원 2010. 9. 30. 선고 2008도11481 판결.
3) 대법원 1985. 6. 1.자 85모10 결정.
4) 대법원 1999. 8. 11.자 99모93 결정.
5) 대법원 2005. 4. 14. 선고 2003도1080 판결.
6) 대법원 1972. 10. 31. 선고 72도1914 판결.
7) 대법원 1971. 12. 30.자 70소3 판결.
8) 대법원 1997. 1. 16.자 95모38 결정.

3) 무고로 인하여 유죄의 선고를 받은 경우에 그 무고의 죄가 확정판결에 의하여 증명된 때(제420조 제3호)

'무고로 인하여 유죄의 선고를 받은 경우'에는 고소장 또는 고소조서의 기재가 원판결의 증거로 된 경우뿐만 아니라 무고의 진술이 증거로 된 때를 포함한다. 그러나 단순히 무고로 인하여 수사가 개시되었다는 이유만으로는 재심사유가 될 수 없다.

4) 원판결의 증거된 재판이 확정재판에 의하여 변경된 때(제420조 제4호)

'원판결의 증거된 재판'이란 원판결의 이유 중에서 증거로 채택되어 죄로 되는 사실을 인정하는데 인용된 다른 재판을 말한다.[1] 여기서의 재판에는 형사재판뿐만 아니라 민사재판도 포함된다. 그러므로 원판결의 증거된 민사재판이 상소심에서 변경되어 확정된 경우에는 재심사유에 해당한다.

5) 저작권·특허권·실용신안권·의장권 또는 상표권을 침해한 죄로 유죄의 선고를 받은 사건에 관하여 그 권리에 대한 무효의 심결 또는 무효의 판결이 확정된 때(제420조 제6호)

이는 권리무효의 심결 또는 판결이 확정되면 그 권리는 처음부터 존재하지 않는 것으로 인정되기 때문에 재심사유로 인정되는 것이다.

6) 원판결·전심판결 또는 그 판결의 기초 된 조사에 관여한 법관, 공소의 제기 또는 그 공소의 기초 된 수사에 관여한 검사나 사법경찰관이 그 직무에 관한 죄를 범한 것이 확정판결에 의하여 증명된 때(제420조 제7호)

형사사법기관의 직무범죄가 증명된 경우에는 원판결에 사실오인이 있을 가능성이 크다는 점과 재판의 공정성에 대한 국민의 신뢰를 보호할 필요성이 있다는 점을 고려한 재심사유이다. 직무상의 범죄를 이유로 재심을 청구하기 위해서는 원판결이 공무원의 범죄행위로 얻어진 것이라는 점에 관하여 별도의 확정판결이나 제422조 소정의 확정판결에 대신하는 증명이 있다고 볼 수 있는 경우라야 한다.[2] 여기서 말하는 확정판결은 구성요건에 해당하는 사실이 증명됨으로써 족하고, 위법성 또는 책임조각을 이유로 무죄판결이 선고되어도 무방하다. 다만 원판결의 선고 전에 법관·검사 또는 사법경찰관에 대하여 공소의 제기가 있는 경우에는 원판결의 법원이 그 사유를 알지 못한 때에 한한다(제420조 제7호 단서). 또한 제420조 제7호의 사유에 의한 재심의 청구는 유죄의 선고를 받은 자가 그 죄를 범하게 한 경우에는 검사가 아니면 하지 못한다(제425조). 이는 유죄판결을 받은 자가 법관 등에게 공무원의 직무에 관한 죄를 범하도록 유발한 경우에는 재심을 청구할 수 없도록 제한하고 있는 것이다.

그리고 재심청구의 대상은 유죄의 확정판결이다(제420조). 판결은 선고함으로써 성립하고, 공판정에서는 판결서에 따라 판결을 선고해야 한다(제42조). 이와 같이 판결과 판결서는 개념적

1) 대법원 1986. 8. 28.자 86모15 결정.

2) 대법원 2016. 11. 9. 선고 2016도12400 판결; 대법원 1996. 8. 29.자 96모72 결정.

으로 다르다. 판결의 선고내용과 판결서의 내용이 다르면 선고된 내용에 따라 판결의 효력이 발생하고, 판결서는 판결의 내용을 확인하는 문서일 뿐 판결서가 판결 그 자체인 것은 아니다. 따라서 판결서가 작성되지 않았거나 작성된 다음 멸실되어 존재하지 않더라도 판결이 선고되었다면 판결은 성립하여 존재한다고 보아야 한다. 그것이 유죄 확정판결이라면 재심의 대상이 될 수 있다. 재심을 청구하려면 재심청구서에 원판결의 등본을 첨부하여 제출하여야 하고, 판결의 등본은 법원사무관 등이 원본에 의하여 작성하여야 한다(규칙 제166조, 제28조). 형사사건의 판결서 원본은 국가가 보존할 책임을 진다(검찰 보존사무규칙 제5조, 제18조, 군검찰 보존사무규칙 제5조, 제21조). 판결이 선고되었는데도 국가가 판결서 원본을 보존하지 않고 있는 상황에 대한 책임을 피고인이나 재심청구인에게 지울 수는 없다. 판결서가 없다는 이유로 재심의 대상성을 부정한다면 판결서 부존재에 대한 국가의 책임을 피고인 또는 재심청구인에게 지우는 것이 된다. 대법원은 재판서 등이 형집행에 절대로 필요하지는 않고 다만 증명자료로서 가장 적절하고 전형적인 것일 뿐이라며 원본이 멸실되어 등·초본의 작성이 불가능할 경우에는 형의 종류 및 범위를 구체적으로 명확히 하기에 족한 다른 증명자료를 첨부하여 재판 집행지휘를 할 수 있다고 판단하면서, 재판서 원본이 사변으로 분실된 사실을 인정한 예[1]가 있다. 또한 여순사건 재심대상판결의 판결서 원본이 작성되었으나 사변 등으로 멸실·분실되었을 가능성이 있고, 설령 처음부터 판결서가 작성되지 않았더라도 판결이 선고되고 확정되어 집행된 사실이 인정되는 이상, 판결의 성립을 인정하는 데에는 영향이 없다.[2]

제420조 제7호의 재심사유 해당 여부를 판단함에 있어 사법경찰관 등이 범한 직무에 관한 죄가 사건의 실체관계에 관계된 것인지 여부나 당해 사법경찰관이 직접 피의자에 대한 조사를 담당하였는지 여부는 고려할 사정이 아니다.[3] 그리고 사법경찰관이 자신이 근무 중인 경찰서에 첩보보고를 하여 피의자에 대한 수사가 정식으로 개시된 경우에도 공소의 기초된 수사에 관여한 경우에 해당한다.[4]

한편 형법 제124조의 불법체포·감금죄는 제420조 제7호의 재심사유가 규정하는 대표적인 직무범죄로서 헌법상 영장주의를 관철하기 위한 것이다. 수사기관이 영장주의에 어긋나는 체포·구금을 하여 불법체포·감금의 직무범죄를 범하는 상황은 일반적으로 영장주의에 관한 합헌적 법령을 따르지 아니한 경우에 문제된다. 이와 달리 영장주의를 배제하는 위헌적 법령이 시행되고 있는 동안 수사기관이 그 법령에 따라 영장 없는 체포·구금을 하였다면 법체계상 그

---

1) 대법원 1961. 1. 27.자 4293형항20 결정.

2) 대법원 2019. 3. 21.자 2015모2229 전원합의체 결정.

3) 대법원 2006. 5. 11.자 2004모16 결정(공소외인이 재항고인에 대하여 공소제기된 형사사건의 수사과정에서 비록 재항고인을 직접 조사하지는 않았으나 검사에 대해 수사지휘 품신을 올리고 재항고인에게 구속통지를 하였을 뿐 아니라 검찰에 사건 송치를 함에 있어 의견서까지 작성한 사실이 엿보이므로 이러한 과정에 관여한 이상 공소외인이 제420조 제7호의 '공소의 기초가 된 수사에 관여'하였다고 보아야 할 것이다).

4) 대법원 2008. 4. 24.자 2008모77 결정.

러한 행위를 곧바로 직무범죄로 평가하기는 어렵다. 그러나 이러한 경우에도 영장주의를 배제하는 법령 자체가 위헌이라면 결국 헌법상 영장주의에 위반하여 영장 없는 체포·구금을 한 것이고, 그로 인한 국민의 기본권 침해 결과는 수사기관이 직무범죄를 저지른 경우와 다르지 않다. 따라서 수사기관이 영장주의를 배제하는 위헌적 법령에 따라 영장 없는 체포·구금을 한 경우에도 불법체포·감금의 직무범죄가 인정되는 경우에 준하는 것으로 보아 제420조 제7호의 재심사유가 있다고 보아야 한다.[1]

(2) 새로운 증거에 의한 재심사유(신규형 재심사유)

1) 의 의

유죄의 선고를 받은 자에 대하여 무죄 또는 면소를, 형의 선고를 받은 자에 대하여 형의 면제 또는 원판결이 인정한 죄보다 경한 죄를 인정할 명백한 증거가 새로 발견된 때(제420조 제5호)에도 재심사유에 해당한다. 새로운 증거에 의한 재심은 그로 인하여 사실인정에 오류가 생긴 경우에 한하고, 법률적용에 오류가 생긴 경우는 포함하지 아니한다. 그러므로 확정판결 후의 법령의 개폐[2] 또는 대법원의 판례변경은 재심사유가 되지 아니한다.

'유죄의 선고'에는 형선고의 판결뿐만 아니라 형의 면제판결과 형의 선고유예 판결도 포함된다. '형의 면제'란 형의 필요적 면제의 경우만을 말하고, 임의적 면제는 해당하지 아니한다.[3] 왜냐하면 임의적 면제는 확정판결에서 충분히 심리되었다고 볼 수 있기 때문이다. '원판결이 인정한 죄보다 경한 죄'란 원판결이 인정한 죄와는 별개의 죄로서 그 법정형이 가벼운 죄를 말한다. 그러므로 동일한 죄에 대하여 공소기각을 선고받을 수 있는 경우[4], 필요적이든 임의적이든 형의 감경사유를 주장하는 경우[5], 원판결에서 인정한 죄 자체에는 변함이 없고 다만 양형상의 자료에 변동을 가져올 사유에 불과한 경우[6] 등은 이에 해당하지 아니한다.

2) 새로운 증거의 자격

새로운 증거가 증거능력이 있어야 하는지 여부와 관련하여, ① 새로운 증거는 증거능력이 있는 증거만을 의미한다는 적극설, ② 재심을 가능한 한 폭넓게 인정할 필요가 있다는 점, 무죄

---

1) 대법원 2018. 5. 2.자 2015모3243 결정.

2) 대법원 1991. 2. 26. 선고 90모15 판결.

3) 대법원 1984. 5. 30.자 84모32 결정. 이에 대하여 임의적 면제사유가 있음에도 불구하고 법원이 이를 전혀 고려하지 않았다면 오판이라고 할 수 있으므로 임의적 면제사유를 인정할 증거가 발견된 경우에도 재심사유에 해당한다는 견해로는 김정한, 862면.

4) 대법원 1997. 1. 13.자 96모51 결정; 대법원 1986. 8. 28.자 86모15 결정. 이에 대하여 공소기각의 판결도 피고인에게 매우 유리한 판결이라는 점을 고려할 때 제420조 제5호의 재심사유에 포함하는 것이 타당하다는 견해로는 김인회, 691면; 손동권/신이철, 805면; 신양균/조기영, 1214면; 이은모/김정환, 866면; 이재상/조균석, 822면; 이창현, 1296면; 정승환, 822면.

5) 대법원 2007. 7. 12. 선고 2007도3496 판결.

6) 대법원 2017. 11. 9. 선고 2017도14769 판결; 대법원 1992. 8. 31.자 92모31 결정; 대법원 1985. 2. 26. 선고 84도2809 판결; 대법원 1960. 9. 23.자 4293형항24 결정. 이에 대하여 새로운 양형자료가 확정판결의 형벌내용에 뚜렷한 변화를 가져올 수 있을 정도로 중요한 자료인 경우에는 이익재심을 확대한다는 의미에서 재심을 허용할 필요가 있다는 견해로는 신양균/조기영, 1215면.

의 증거는 증거능력을 요하지 않는다는 점, 현행법상 이익재심만 허용되고 있다는 점 등을 논거로 하여, 새로운 증거는 증거능력이 있는 증거에 한정할 필요가 없다는 소극설[1], ③ 엄격한 증명을 필요로 하는 사실에 관한 증거는 증거능력이 있는 증거이어야 하지만, 자유로운 증명으로 족한 사실에 관한 증거는 증거능력이 있는 증거일 필요가 없다는 이원설[2] 등의 대립이 있다. 생각건대 적극설은 재심을 거의 허용하지 않는 결과를 초래한다는 점, 이원설은 피고인에게 엄격한 증명의 책임을 전가하는 결과를 초래한다는 점에서 소극설이 타당하다. 한편 새로운 증거로 증명할 사실은 범죄사실에 직접 관련된 증거에 한하지 않고, 증거능력이나 증명력에 관한 사실에 관련된 증거도 포함된다.

3) 증거의 신규성

① 의 의

'증거의 신규성'이란 증거가 새롭게 발견된 것을 말한다. 이는 재심대상이 되는 확정판결의 소송절차에서 발견되지 못하였거나 또는 발견되었다고 하더라도 제출할 수 없었던 증거를 새로 발견하였거나 비로소 제출할 수 있게 된 경우를 포함한다.[3] 또한 형벌에 관한 법령이 당초부터 헌법에 위배되어 법원에서 위헌[4]·무효라고 선언한 때에도 역시 이에 해당한다.[5] 하지만 피고인이 재심을 청구한 경우 재심대상이 되는 확정판결의 소송절차 중에 그러한 증거를 제출하지 못한 데에 과실이 있는 경우, 그 증거는 '증거가 새로 발견된 때'에 해당하지 아니한다.[6]

② 판단기준

증거는 법원의 입장에서 볼 때 당연히 새로운 것이어야 하지만, 증거가 재심청구를 한 당사자인 피고인의 입장에서도 새로운 것이어야 하는지 여부와 관련하여, ① 재심제도의 취지에

---

1) 김인회, 691면; 손동권/신이철, 805면; 신동운, 783면; 이주원, 635면.

2) 배종대/홍영기, 464면; 신양균/조기영, 1216면; 이창현, 1297면; 임동규, 836면; 정승환, 823면; 정웅석/최창호, 837면.

3) 대법원 2015. 10. 29. 선고 2013도14716 판결(조세의 부과처분을 취소하는 행정판결이 확정된 경우 부과처분의 효력은 처분 시에 소급하여 효력을 잃게 되어 그에 따른 납세의무가 없으므로 확정된 행정판결은 조세포탈에 대한 무죄 내지 원심판결이 인정한 죄보다 경한 죄를 인정할 명백한 증거에 해당한다. 조세심판원이 재조사결정을 하고 그에 따라 과세관청이 후속처분으로 당초 부과처분을 취소하였다면 부과처분은 처분 시에 소급하여 효력을 잃게 되어 원칙적으로 그에 따른 납세의무도 없어지므로, 제420조 제5호에 정한 재심사유에 해당한다); 대법원 1987. 2. 11.자 86모22 결정; 대법원 1963. 10. 31. 선고 63로6 판결.

4) 대법원 2016. 11. 10.자 2015모1475 결정(헌법재판소법 제47조 제4항에 따라 재심을 청구할 수 있는 '위헌으로 결정된 법률 또는 법률의 조항에 근거한 유죄의 확정판결'이란 헌법재판소의 위헌결정으로 인하여 같은 조 제3항의 규정에 의하여 소급하여 효력을 상실하는 법률 또는 법률의 조항을 적용한 유죄의 확정판결을 의미한다. 따라서 위헌으로 결정된 법률 또는 법률의 조항이 같은 조 제3항 단서에 의하여 종전의 합헌결정이 있는 날의 다음 날로 소급하여 효력을 상실하는 경우 합헌결정이 있는 날의 다음 날 이후에 유죄판결이 선고되어 확정되었다면, 비록 범죄행위가 그 이전에 행하여졌더라도 그 판결은 위헌결정으로 인하여 소급하여 효력을 상실한 법률 또는 법률의 조항을 적용한 것으로서 '위헌으로 결정된 법률 또는 법률의 조항에 근거한 유죄의 확정판결'에 해당하므로 이에 대하여 재심을 청구할 수 있다).

5) 대법원 2013. 4. 18.자 2010모363 결정.

6) 대법원 2010. 10. 14. 선고 2009도4894 판결.

따라 허위의 진술을 하여 유죄판결을 받은 자에 대해서도 재심을 인정하는 것은 형평의 원칙에 반한다는 점을 논거로 하여, 증거가 법원뿐만 아니라 피고인에게도 새로운 것이어야 한다는 필요설[1], ② 재심은 비상구제절차로서 무고한 피고인의 처벌을 방지하려는데 목적이 있으므로 피고인을 폭넓게 보호할 필요가 있다는 점, 문언상 누구에 의하여 새로 발견된 것이어야 하는지 그 범위를 제한하고 있지 않다는 점, 피고인이 자신에게 유리한 증거가 있었음에도 불구하고 그 존재는 알고 있었지만 다른 범행이 발각될까 두려워 차마 제출할 수 없었던 경우도 있을 수 있다는 점 등을 논거로 하여, 증거는 법원에 대해서만 새로운 것이면 충분하고 피고인에게까지 새로운 것이어야 할 필요는 없다는 불필요설[2], ③ 재심이 무고한 자에 대한 권리구제라는 측면과 형평의 원칙을 함께 고려해야 한다는 점을 논거로 하여, 증거가 법원에 대해서는 새로운 것이어야 하고, 피고인에 대해서는 원칙적으로 새로운 것일 필요는 없으나 고의 또는 과실로 증거를 제출하지 않은 경우에는 예외적으로 그 증거의 신규성을 인정할 수 없다는 절충설[3] 등의 대립이 있다.

이에 대하여 판례는 「증거의 신규성을 누구를 기준으로 판단할 것인지에 대하여 그 범위를 제한하고 있지 않으므로 그 대상을 법원으로 한정할 것은 아니다. 그러나 재심은 당해 심급에서 또는 상소를 통한 신중한 사실심리를 거쳐 확정된 사실관계를 재심사하는 예외적인 비상구제절차이므로, 피고인이 판결확정 전 소송절차에서 제출할 수 있었던 증거까지 거기에 포함된다고 보게 되면, 판결의 확정력이 피고인이 선택한 증거제출시기에 따라 손쉽게 부인될 수 있게 되어 형사재판의 법적 안정성을 해치고, 헌법이 대법원을 최종심으로 규정한 취지에 반하여 제4심으로서의 재심을 허용하는 결과를 초래할 수 있다. 따라서 피고인이 재심을 청구한 경우 재심대상이 되는 확정판결의 소송절차 중에 그러한 증거를 제출하지 못한 데 과실이 있는 경우에는 그 증거는 '증거가 새로 발견된 때'에서 제외된다.」라고 판시[4]하여, 절충설의 입장을 취하고 있다.

생각건대 불필요설이 타당하다. 왜냐하면 재심사건에서 피고인은 수많은 증거를 법정에 제출하게 되는데, 이와 같은 증거제출과 관련하여 원판결 당시 피고인의 고의와 과실을 묻는 것은 검사의 거증책임을 인정하는 형사소송의 기본구조에 반하기 때문이다.

4) 증거의 명백성

① 의 의

'무죄 등을 인정할 명백한 증거가 발견된 때'란 확정판결의 소송절차에서 발견되지 못하였

---

1) 송광섭, 898면.

2) 김인회, 693면; 배종대/홍영기, 465면; 손동권/신이철, 807면; 신양균/조기영, 1217면; 이재상/조균석, 824면; 이주원, 637면; 정승환, 824면; 정웅석/최창호, 838면; 최호진, 668면.

3) 이창현, 1299면(피고인이 고의로 증거를 제출하지 않은 경우와 단순히 부주의로 증거를 제출하지 못한 경우는 평가가 달라져야 하므로, 고의로 증거를 제출하지 않은 경우에 한하여 증거의 신규성을 인정할 수 없다); 임동규, 837면.

4) 대법원 2009. 7. 16.자 2005모472 전원합의체 결정.

거나 발견되었어도 제출할 수 없었던 증거로서 증거가치에 있어 다른 증거에 비해 객관적으로 우위성이 인정되는 증거를 말한다. 그러므로 확정판결의 소송절차에서 이미 증거로 조사채택된 증인이 판결확정후 전의 진술내용을 번복함과 같은 것은 이에 해당하지 아니한다.[1] 한편 '명백한 증거가 새로 발견되었을 때'란 신증거의 존재가 본안판결의 전후를 불문하고 판결법원에 현출되지 아니한 당해 사건의 증거자료로서 증거가치가 다른 증거에 비하여 객관적으로 우월성이 인정될 근거가 있는 것을 말한다. 만약 법관의 자유심증으로 그 증거가치가 좌우될 정도로는 증거의 명백성을 인정할 수 없다.[2] 그러므로 당해 사건의 증거가 아니고 공범자 중 1인에 대하여는 무죄, 다른 1인에 대하여는 유죄의 확정판결이 있는 경우에 무죄확정 판결의 증거자료를 자기의 증거자료로 하지 못하였고, 새로 발견된 것이 아닌 한 무죄확정 판결 자체만으로는 유죄확정 판결에 대한 새로운 증거로서의 재심사유에 해당한다고 할 수 없다.[3]

② 판단기준

'무죄 등을 인정할 명백한 증거'에 해당하는지 여부를 판단할 때에는 법원으로서는 새로 발견된 증거만을 독립적·고립적으로 고찰하여 그 증거가치만으로 재심의 개시 여부를 판단할 것이 아니라 재심대상이 되는 확정판결을 선고한 법원이 사실인정의 기초로 삼은 증거들 가운데 새로 발견된 증거와 유기적으로 밀접하게 관련되고 모순되는 것들은 함께 고려하여 평가하여야 하고, 그 결과 단순히 재심대상이 되는 유죄의 확정판결에 대하여 그 정당성이 의심되는 수준을 넘어 그 판결을 그대로 유지할 수 없을 정도로 고도의 개연성이 인정되는 경우라면 그 새로운 증거는 '명백한 증거'에 해당한다.[4] 만일 법원이 새로 발견된 증거만을 독립적·고립적으로 고찰하여 명백성 여부를 평가·판단하여야 한다면, 그 자체만으로 무죄 등을 인정할 수 있는 명백한 증거가치를 가지는 경우에만 재심 개시가 허용되어 재심사유가 지나치게 제한되는데, 이는 새로운 증거에 의하여 이전과 달라진 증거관계 아래에서 다시 살펴 실체적 진실을 모색하도록 하기 위해 '무죄 등을 인정할 명백한 증거가 새로 발견된 때'를 재심사유의 하나로 정한

1) 대법원 1984. 2. 20.자 84모2 결정. 同旨 대법원 1993. 5. 17.자 93모33 결정; 대법원 1967. 5. 15.자 67모30 결정.

2) 대법원 1999. 8. 11.자 99모93 결정; 대법원 1986. 10. 29.자 86모44 결정; 대법원 1964. 4. 10.자 63모19 결정; 대법원 1963. 10. 31. 선고 63로6 판결.

3) 대법원 1984. 4. 13.자 84모14 결정. 이에 대하여 동일한 사실에 관하여 무죄의 확정판결이 있다는 것 자체가 유죄판결에 합리적 의심을 남긴다는 점에서 재심을 허용하는 것이 타당하다는 견해로는 김인회, 694면; 신양균/조기영, 1221면. 또한 무죄판결에 사용된 증거자료가 공범자 중 1인에 대하여 유죄판결을 선고한 원법원에 현출되지 않은 새로운 것으로서 유죄판결을 파기할 만한 명백한 것인 때에는 재심사유에 해당한다고 보는 견해로는 임동규, 839면; 정웅석/최창호, 839면.

4) 대법원 2010. 10. 14. 선고 2009도4894 판결; 대법원 2009. 7. 16.자 2005모472 전원합의체 결정(원판결이 확정된 후에 이루어진 재항고인에 대한 정액검사 결과 재항고인은 무정자증이 아니라는 사실이 밝혀졌으므로 범인이 무정자증임을 전제로 한 원판결에는 제420조·제5호의 재심사유가 있다는 주장에 대하여, 정액검사 결과가 원판결의 소송절차에서 제출될 수 없었다거나 무죄를 인정할 명백한 증거라고 볼 수 없다고 판단한 원심결정에는, 정액검사 결과가 새로 발견된 것인지 여부 등을 제대로 심리하지 않았고 정액검사 결과만의 증거가치를 기준으로 무죄를 인정할 명백한 증거인지 여부를 판단한 잘못이 있으나, 원판결의 사실인정에 기초가 된 증거들 가운데 정액검사 결과와 유기적으로 밀접하게 관련된 증거들을 함께 살펴보더라도 범인이 반드시 무정자증이라고 단정할 수 없어, 정액검사 결과가 무죄를 인정할 명백한 증거에 해당하지 않는다).

재심제도의 취지에 반하기 때문이다.[1)]

2. 상소기각의 확정판결에 대한 재심사유

(1) 의 의

항소 또는 상고의 기각판결에 대하여는 제420조 제1호·제2호·제7호의 사유가 있는 경우에 한하여 그 선고를 받은 자의 이익을 위하여 재심을 청구할 수 있다(제421조 제1항). 이는 원심의 유죄판결에 재심사유가 없는 경우에도 상소기각판결 자체에 재심사유가 있을 수 있으므로, 이러한 경우에 상소기각판결의 확정력을 배제하여 소송을 상소심에 계속된 상태로 되돌림으로써 사건의 실체를 다시 심판할 수 있도록 하기 위한 것이다. 이와 같이 상소기각의 판결은 유죄판결 자체는 아니지만 그 확정에 의하여 원심의 유죄판결도 확정된다는 점에서 유죄판결과는 별도로 이를 재심의 대상으로 한 것이다. 다만 상소기각의 판결은 재심청구가 일정한 경우로 제한된다. 여기서 항소 또는 상고의 기각판결은 상소기각의 판결에 의하여 확정된 제1심 또는 항소판결을 의미하는 것이 아니고, 항소기각 또는 상고기각의 판결 그 자체를 의미한다.[2)]

(2) 재심사유

상소기각의 확정판결에 대한 재심사유는 제420조 제1호·제2호·제7호의 3가지로 제한되어 있으므로, 본안 피고사건의 범죄사실에 관하여 증거에 의하여 사실인정을 하지 않았던 상고심 판결에 대하여 원판결 후 진범인이 검거되어 현재 공판진행 중이라는 사유를 내세워 재심청구를 할 수는 없다.[3)] 이러한 경우에는 피고인에게 유죄를 선고한 제1심 또는 제2심판결을 대상으로 제420조 제5호의 사유로서 재심을 청구함이 타당하다. 그리고 원판결에 사실오인이 있다거나 무죄를 선고할 증거가 새로 발견되었다는 사유[4)], 구체적으로 재심청구사유를 주장함이 없이 막연하게 공소제기가 허위이며 증거서류가 날조되었으니 재판을 잘못하였다는 사유[5)] 등도 재심사유가 될 수 없다. 또한 제도의 목적과 성질을 달리 하는 민사소송법상의 재심사유를 여기에 준용할 수도 없다.[6)]

---

1) 이에 대하여 판례의 제한적 종합평가설을 비판하면서, 새로운 증거가 발견된 이상 구증거들 가운데 일부만을 제한하여 고려할 필요는 없다는 점, 구증거를 포함시켜 고려할 때 어떤 증거를 고려하고 어떤 증거를 고려하지 않을지 구분이 모호하다는 점, 재심을 신청할 때 피고인이 제출할 수 있는 증거는 극히 적으므로 신증거에 의하여 증거에서 제외할 수 있는 구증거는 소수가 되고 나머지 구증거로 다시 유죄판결을 할 위험이 있다는 점, 신증거와 구증거는 다른 과정을 거쳐서 획득된 증거일 수 있고 논리필연적인 관련이 없을 수 있다는 점 등을 논거로 하여, 신증거와 구증거를 모두 함께 고려하여 종합적으로 평가해야 한다는 전면적 종합평가설의 견해로는 김인회, 695면; 신양균/조기영, 1220면; 정웅석/최창호, 840면.

2) 대법원 1984. 7. 27.자 84모48 결정.

3) 대법원 1986. 5. 14. 선고 86소1 판결.

4) 대법원 1976. 3. 24.자 75소4 결정.

5) 대법원 1985. 10. 10. 선고 85소5 판결.

6) 대법원 1995. 3. 29.자 94재도9 결정.

(3) 재심청구의 제한

원심판결 자체에는 재심사유가 없으나 상소기각 판결에 재심사유가 있을 때 확정력을 제거하여 상소심에 소송계속인 상태로 복원하기 위한 제도이므로, 재심 아닌 상소에 의해서도 소송계속이 가능하다면 굳이 재심을 허용할 필요가 없다. 그러므로 제1심 확정판결에 대한 재심청구사건의 판결이 있은 후에는 항소기각 판결에 대하여 다시 재심을 청구하지 못하고(제421조 제2항), 제1심 또는 제2심의 확정판결에 대한 재심청구사건의 판결이 있은 후에는 상고기각 판결에 대하여 다시 재심을 청구하지 못한다(제421조 제3항). 여기서 '재심청구사건의 판결'이란 재심개시절차에서의 재심개시결정이나 재심청구기각결정이 아니라 재심개시결정에 의하여 진행된 재심심판절차에서 선고된 판결을 말한다. 이는 하급심에 대한 재심청구가 받아들여져 재심개시결정이 있은 후 본안에서 재심청구가 기각되더라도 피고인은 상소를 통하여 구제받을 기회가 있으므로 상소기각판결에 대한 별도의 재심청구라는 무용한 반복을 허용하지 않는다는 취지이다.

3. 기타 특별법상의 재심사유

① 위헌으로 결정된 법률 또는 법률의 조항은 그 결정이 있는 날부터 효력을 상실하지만, 형벌에 관한 법률 또는 법률의 조항은 소급하여 그 효력을 상실한다. 다만 해당 법률 또는 법률의 조항에 대하여 종전에 합헌으로 결정한 사건이 있는 경우에는 그 결정이 있는 날의 다음 날로 소급하여 효력을 상실한다.[1] 이러한 경우에 위헌으로 결정된 법률 또는 법률의 조항에 근거한 유죄의 확정판결에 대하여는 재심을 청구할 수 있다.[2] 재심에 대하여는 형사소송법을 준용한다(헌법재판소법 제47조 제2항 내지 제5항). 또한 헌법소원이 인용된 경우에 해당 헌법소원과 관련된 소송사건이 이미 확정된 때에는 당사자는 재심을 청구할 수 있다(헌법재판소법 제75조 제7항).

② 5·18민주화운동과 관련된 행위 또는 범행을 저지하거나 반대한 행위로 유죄의 확정판결을 선고받은 자는 재심을 청구할 수 있는데, 재심의 청구는 원판결의 법원이 관할한다. 다만 군형법을 적용받지 아니한 자에 대한 원판결의 법원이 군법회의 또는 군사법원인 경우에는 그 심급에 따른 주소지의 법원이 관할한다. 재심의 관할법원은 죄를 범한 자가 그 죄로 유죄를 선고받고 그 형이 확정된 사실에 대하여 직권으로 조사하여야 한다. 재심청구인이 사면을 받았거

1) 이는 형벌조항에 대한 합헌결정이 있는 경우 그 합헌결정에 대하여 위헌결정의 소급효를 제한하는 효력을 인정함으로써 합헌결정이 있는 날까지 쌓아온 규범에 대한 사회적 신뢰와 법적 안정성을 보호하도록 한 것이다.

2) 대법원 2020. 2. 21.자 2015모2204 결정(구 특정범죄가중처벌법(2010. 3. 31. 법률 제10210호로 개정되기 전의 것) 제5조의4 제1항 중 형법 제329조 등이 적용되어 재항고인에 대한 형사 유죄판결이 확정된 사실, 그 후 헌법재판소가 2015. 2. 26. 선고 2014헌가16, 19, 23(병합) 사건에서 "특정범죄가중처벌법(2010. 3. 31. 법률 제10210호로 개정된 것, 이하 '개정 특정범죄가중처벌법'이라 한다) 제5조의4 제1항 중 형법 제329조에 관한 부분, 같은 항 중 형법 제329조의 미수죄에 관한 부분 등은 헌법에 위반된다."라는 결정(이하 '이 사건 위헌결정'이라 한다)을 선고한 사실은 인정된다. 그러나 이 사건 위헌결정의 효력은 재항고인에게 적용된 구 특정범죄가중처벌법 조항에 대하여는 미치지 아니한다. 따라서 재심대상판결이 위헌으로 결정된 법률 또는 법률의 조항에 근거한 유죄의 확정판결에 해당하므로 헌법재판소법 제47조 제4항의 재심사유가 존재한다는 재항고인의 주장은 이유 없다).

나 형이 실효된 경우 재심 관할법원은 형사소송법 제326조부터 제328조까지 및 군사법원법 제381조부터 제383조까지의 규정에도 불구하고 종국적 실체판결을 하여야 한다(「5·18민주화운동 등에 관한 특별법」 제4조).

③ 유죄판결을 받고 그 판결이 확정된 자가 책임을 질 수 없는 사유로 공판절차에 출석할 수 없었던 경우, 재심청구인이 책임을 질 수 없는 사유로 위 기간에 재심청구를 하지 못한 경우에는 그 사유가 없어진 날부터 14일 이내에 제1심 법원에 재심을 청구할 수 있다(소송촉진특례법 제23조의2 제1항).[1]

4. 확정판결에 대신하는 증명

(1) 의 의

확정판결로써 범죄가 증명됨을 재심청구의 이유로 할 경우에 그 확정판결을 얻을 수 없는 때에는 그 사실을 증명하여 재심의 청구를 할 수 있다. 다만 증거가 없다는 이유로 확정판결을 얻을 수 없는 때에는 예외로 한다(제422조). 이는 확정판결에 의하여 범죄나 증거의 허위 등을 증명할 수 없는 경우에 다른 방법으로 사실을 증명하여 재심을 청구할 수 있도록 한 것이다. 여기서 말하는 '다른 방법'으로는 과거사진상규명위원회의 조사결과가 대표적인 예이다.

(2) 요 건

1) 확정판결을 얻을 수 없는 때

'확정판결을 얻을 수 없는 때'란 유죄판결의 선고를 할 수 없는 사실상 또는 법률상의 장애가 있는 경우를 말하는데, 예를 들면 피고인의 사망·실종·심신상실·공소시효의 완성[2]·사면 등이 이에 해당한다. 현재 확정판결이 없는 경우만으로써는 부족하고, 장래에도 확정판결을 얻을 수 없음이 명백한 경우이어야 한다. 그러므로 범인에 대한 사건이 수사 중이거나 법원에 계속 중인 경우에는 제422조에 의한 재심청구가 인정되지 아니한다.[3]

---

1) 대법원 2015. 11. 26. 선고 2015도8243 판결; 대법원 2015. 11. 26. 선고 2015도11878 판결; 대법원 2015. 8. 27. 선고 2015도1054 판결(이 사건 특례 규정에 따라 진행된 제1심의 불출석 재판에 대하여 검사만 항소하고 항소심도 불출석 재판으로 진행한 후에 검사의 항소를 기각하여 제1심의 유죄판결이 확정된 경우에도 귀책사유 없이 제1심과 항소심의 공판절차에 출석할 수 없었던 피고인으로서는 이 사건 재심 규정에 따라 이 사건 재심 규정이 정한 기간 내에 제1심 법원에 그 유죄판결에 대한 재심을 청구할 수 있다고 보아야 한다. 그리고 위 경우에 피고인이 재심을 청구하지 않고 상고권회복에 의한 상고를 제기하였다면, 이는 제383조 제3호에서 상고이유로 정한 '재심청구의 사유가 있는 때'에 해당한다고 볼 수 있으므로 원심판결에 대한 파기사유가 될 수 있다. 나아가 위 사유로 파기되는 사건을 환송받아 다시 항소심 절차를 진행하는 원심으로서는 피고인의 귀책사유 없이 이 사건 특례 규정에 의하여 제1심이 진행되었다는 파기환송 판결 취지에 따라, 제1심판결에 제361조의5 제13호의 항소이유에 해당하는 이 사건 재심 규정에 의한 재심청구의 사유가 있어 직권 파기 사유에 해당한다고 보고, 다시 공소장 부본 등을 송달하는 등 새로 소송절차를 진행한 다음 새로운 심리 결과에 따라 다시 판결을 하여야 할 것이다); 대법원 2015. 6. 25. 선고 2014도17252 전원합의체 판결.

2) 대법원 2010. 10. 29.자 2008재도11 전원합의체 결정.

3) 대법원 1972. 10. 31. 선고 72도1914 판결.

2) 사실의 증명

제422조에 의하여 재심을 청구하려면 확정판결을 얻을 수 없다는 사실뿐만 아니라 재심사유로 된 범죄행위 등이 행하여졌다는 사실도 증명하여야 한다. 이러한 증명은 유죄의 확정판결을 대신하는 것이므로 그 사실의 존재에 대하여 법원에게 확신을 일으킬 정도의 것임을 필요로 한다. 그러므로 검사가 공소시효의 완성을 이유로 불기소처분을 한 경우, 이로써 제422조에 의하여 확정판결에 대신하는 증명으로 삼기 위해서는 그와 같은 불기소처분이 있었다는 것만으로 부족하고, 나아가 그와 같은 범죄사실의 존재가 적극적으로 입증되어야 한다.[1]

한편 공소의 기초가 된 수사에 관여한 사법경찰관이 불법감금죄 등으로 고소되었으나 검사에 의하여 무혐의 불기소결정이 되어 그 당부에 관한 재정신청이 있자, 재정신청을 받은 고등법원이 29시간 동안의 불법감금 사실은 인정하면서 여러 사정을 참작하여 검사로서는 기소유예의 불기소처분을 할 수 있었다는 이유로 재정신청기각결정을 하여 그대로 확정된 경우, 이는 제422조에서 정한 '확정판결로써 범죄가 증명됨을 재심청구의 이유로 할 경우에 그 확정판결을 얻을 수 없는 때로서 그 사실을 증명한 경우'에 해당하므로, 제420조 제7호의 재심사유인 '공소의 기초된 수사에 관여한 사법경찰관이 그 직무에 관한 죄를 범한 것이 확정판결에 대신하는 증명으로써 증명된 때'에 해당한다.[2]

Ⅲ. 재심개시절차

1. 재심의 관할

재심의 청구는 원판결의 법원이 관할한다(제423조). 여기서 '원판결'이란 재심청구인이 재심사유가 있다고 하여 재심청구의 대상으로 하고 있는 그 판결을 말한다.[3] 상소기각판결을 대상으로 하는 경우에는 상소법원에 관할권이 있으며, 대법원이 제2심판결을 파기자판한 경우라면 대법원이 원판결 법원으로 재심청구를 관할한다.[4] 그리고 상소심에서 파기되어버린 하급심 판결은 재심청구의 대상이 될 수 없다.[5] 다만 군사법원의 판결이 확정된 후 군에서 제적되어 군사법원에 재판권이 없는 경우에는 재심사건이라고 할지라도 그 관할은 원판결을 한 군사법원이 아니라 같은 심급의 일반법원이라고 해야 한다.[6] 그러므로 재심심판절차는 물론 재심사유의 존부를 심사하여 다시 심판할 것인지를 결정하는 재심개시절차 역시 재판권 없이는 심리와 재판을 할 수 없는 것이므로, 재심청구를 받은 군사법원으로서는 먼저 재판권 유무를 심사하여

---

1) 대법원 1994. 7. 14.자 93모66 결정.
2) 대법원 1997. 2. 26.자 96모123 결정. 同旨 대법원 2006. 5. 11.자 2004모16 결정.
3) 대법원 1986. 6. 12.자 86모17 결정; 대법원 1976. 5. 3.자 76모19 결정.
4) 대법원 1961. 12. 4.자 4294형항20 결정.
5) 대법원 2004. 2. 13.자 2003모464 결정.
6) 대법원 1985. 9. 24. 선고 84도2972 전원합의체 판결; 대법원 1981. 11. 24. 선고 81초69 판결.

군사법원에 재판권이 없다고 판단되면 재심개시절차로 나아가지 말고 곧바로 사건을 군사법원법 제2조 제3항에 따라 같은 심급의 일반법원으로 이송하여야 한다. 이와 달리 군사법원이 재판권이 없음에도 재심개시결정을 한 후에 비로소 사건을 일반법원으로 이송한다면 이는 위법한 재판권의 행사라고 할 것이다. 다만 군사법원법 제2조 제3항 후문이 '이 경우 이송 전에 한 소송행위는 이송 후에도 그 효력에 영향이 없다.'라고 규정하고 있으므로, 사건을 이송 받은 일반법원으로서는 다시 처음부터 재심개시절차를 진행할 필요는 없고, 군사법원의 재심개시결정을 유효한 것으로 보아 그 후속 절차를 진행할 수 있다.[1] 반면에 민간인이 일반법원에서 판결을 선고받아 확정된 후 군에 입대한 경우에는 군사법원에 재심관할권이 있다.

한편 재심청구가 재심관할법원인 항소심 법원이 아닌 제1심 법원에 잘못 제기된 경우 제1심 법원은 그 재심의 소를 부적법하다고 하여 각하할 것이 아니라 재심관할법원인 항소심 법원에 이송하여야 할 것인데[2], 제1심 법원이 항소심법원으로 이송결정 대신 재심청구기각결정을 하고 이에 대하여 재심청구인으로부터 항고가 제기된 경우라면 항고를 받은 법원이 마침 재심관할법원인 항소심 법원인 경우에는 그 법원으로서는 제367조를 유추적용하여 관할권이 없는 제1심 결정을 파기하고 재심관할법원으로서 그 절차를 취하여야 한다.[3] 그리고 법관이 기피 또는 제척의 원인이 되는 '법관이 사건에 관하여 전심재판 또는 그 기초되는 조사심리에 관여한 때'의 사건에 관한 전심은 불복신청을 한 당해 사건의 전심을 의미하는데, 재심청구사건에 있어서 재심대상이 되는 사건은 이에 해당하지 않으므로, 원심 법관이 재심대상판결의 제1심에 관여했다고 하더라도 재심청구사건에서 제척 또는 기피의 원인이 되는 것이 아니다.[4]

2. 재심의 청구

(1) 재심청구권자

① 검사, ② 유죄의 선고를 받은 자, ③ 유죄의 선고를 받은 자의 법정대리인, ④ 유죄의 선고를 받은 자가 사망하거나 심신장애가 있는 경우에는 그 배우자·직계친족 또는 형제자매 가운데 어느 하나에 해당하는 자는 재심의 청구를 할 수 있다(제424조). 다만 원판결·전심판결 또는 그 판결의 기초 된 조사에 관여한 법관, 공소의 제기 또는 그 공소의 기초 된 수사에 관여한 검사나 사법경찰관이 그 직무에 관한 죄를 범한 것이 확정판결에 의하여 증명된 때(제420조 제7호)의 사유에 의한 재심의 청구는 유죄의 선고를 받은 자가 그 죄를 범하게 한 경우에는 검사가 아니면 하지 못한다(제425조). 그러므로 이 경우에는 유죄의 선고를 받은 자의 의사에 반하여도 재심을 청구할 수 있다.

1) 대법원 2015. 5. 21. 선고 2011도1932 전원합의체 판결.
2) 대법원 1984. 2. 28. 선고 83다카1981 전원합의체 판결.
3) 대법원 2003. 9. 23.자 2002모344 결정.
4) 대법원 1982. 11. 15.자 82모11 결정. 이에 대하여 이미 재심청구의 대상인 원판결에 관여하여 법관의 예단이 우려되는 등 불공평한 재판을 할 염려가 있다고 보여지므로 기피의 원인은 된다는 견해로는 이창현, 1310면.

검사 이외의 자가 재심의 청구를 하는 경우에는 변호인을 선임할 수 있고(제426조 제1항), 이에 따른 변호인의 선임은 재심의 판결이 있을 때까지 그 효력이 있다(제426조 제2항). 하지만 변호인 선임의 효력은 당해 심급에 한하여 미치므로, 재심판결이 있은 후 상소하는 경우에는 심급마다 변호인을 선임하여야 한다.

(2) 재심청구의 시기

재심의 청구는 형의 집행을 종료하거나 형의 집행을 받지 아니하게 된 때에도 할 수 있다(제427조). 이와 같이 재심청구의 시기에는 제한이 없으므로 형의 집행유예기간이 경과하거나 형의 시효가 완성된 경우에도 재심청구가 가능하다. 특히 본인이 사망한 때에도 명예회복의 이익이 있고, 무죄판결을 받을 경우에는 판결의 공시, 형사보상, 집행된 벌금이나 몰수된 물건 등의 환부와 같은 이익이 있기 때문에 재심청구를 할 수 있다.

(3) 재심청구의 방식

재심의 청구를 함에는 재심청구의 취지 및 재심청구의 이유를 구체적으로 기재한 재심청구서에 원판결의 등본 및 증거자료를 첨부하여 관할법원에 제출하여야 한다(규칙 제166조). 상소기각판결에 대한 재심청구의 경우에는 상소기각판결의 등본뿐만 아니라 유죄를 선고한 원심판결의 등본도 함께 첨부하여야 한다. 교도소 또는 구치소에 있는 피고인이 재심청구서를 교도소장 또는 구치소장 또는 그 직무를 대리하는 자에게 제출한 때에는 재심을 청구한 것으로 간주한다(제430조, 제344조 제1항). 교도소장·구치소장 또는 그 직무를 대리하는 자가 재심청구서를 제출받은 때에는 그 제출받은 연월일을 재심청구서에 부기하여 즉시 이를 재심청구법원에 송부하여야 한다(규칙 제168조, 규칙 제152조 제1항). 만약 재심의 청구가 법률상의 방식에 위반하거나 청구권의 소멸 후인 것이 명백한 때에는 결정으로 기각하여야 한다(제433조).

(4) 재심청구의 효과

재심의 청구는 형의 집행을 정지하는 효력이 없다. 다만 관할법원에 대응한 검찰청 검사는 재심청구에 대한 재판이 있을 때까지 형의 집행을 정지할 수 있다(제428조). 사형의 경우에도 원칙적으로 그 집행의 여부가 검사의 재량이라고 할 수 있지만, 원상회복의 어려움을 감안하면 형의 집행을 필수적으로 정지할 필요가 있다. 다만 소송촉진특례법 제23조의2 제1항[1]에 의한 재심의 청구가 있는 경우에는 법원은 재판의 집행을 정지하는 결정을 하여야 하고(소송촉진특례법 제23조의2 제2항), 이에 따른 집행정지 결정을 한 경우에 피고인을 구금할 필요가 있을 때에는 구속영장을 발부하여야 한다(소송촉진특례법 제23조의2 제3항). 한편 증거보전은 장차 공판에 있어서 사용하여야 할 증거가 멸실되거나 또는 그 사용하기 곤란한 사정이 있을 경우에 당사자의 청구에 의하여 공판 전에 미리 그 증거를 수집·보전하여 두는 제도이므로 제1심 제1회 공판기일 전

1) 소송촉진특례법 제23조의2 ① 제23조 본문에 따라 유죄판결을 받고 그 판결이 확정된 자가 책임을 질 수 없는 사유로 공판절차에 출석할 수 없었던 경우 형사소송법 제424조에 규정된 자는 그 판결이 있었던 사실을 안 날부터 14일 이내(재심청구인이 책임을 질 수 없는 사유로 위 기간에 재심청구를 하지 못한 경우에는 그 사유가 없어진 날부터 14일 이내)에 제1심 법원에 재심을 청구할 수 있다.

에 한하여 허용되는 것이므로, 재심청구사건에서는 증거보전절차가 허용되지 아니한다.[1]

(5) 재심청구의 취하

재심의 청구는 취하할 수 있는데(제429조 제1항), 재심청구의 취하는 서면으로 하여야 한다. 다만 공판정에서는 구술로 할 수 있고(규칙 제167조 제1항), 구술로 재심청구의 취하를 한 경우에는 그 사유를 조서에 기재하여야 한다(규칙 제167조 제2항). 여기서 재심청구를 취하할 수 있는 시기는 재심개시결정이 있을 때까지가 아니라 재심의 제1심판결 선고시까지라고 파악해야 한다. 왜냐하면 재심개시결정 이후에도 청구를 취하할 실익이 있고, 형사소송규칙이 공판정에서 구술로 재심청구를 취하할 수 있도록 규정하고 있기 때문이다. 재심의 청구를 취하한 자는 동일한 이유로써 다시 재심을 청구하지 못한다(제429조 제2항).

3. 재심청구에 대한 심리 및 재판

(1) 재심청구에 대한 심리

1) 심리의 방식

재심청구에 대한 심리는 판결절차가 아니라 결정절차이므로 구두변론에 의할 필요가 없고, 절차도 공개할 필요도 없다. 그리고 원사건이 필요적 변호사건에 해당하더라도 국선변호인을 선정할 필요가 없다.

2) 사실조사

재심의 청구를 받은 법원은 필요하다고 인정한 때에는 합의부원에게 재심청구의 이유에 대한 사실조사를 명하거나 다른 법원 판사에게 이를 촉탁할 수 있다(제431조 제1항). 이러한 경우에는 수명법관 또는 수탁판사는 법원 또는 재판장과 동일한 권한이 있다(제431조 제2항). 재심개시절차에서는 형사소송법이 규정하고 있는 재심사유가 있는지 여부만을 판단하여야 하고, 나아가 재심사유가 재심대상판결에 영향을 미칠 가능성이 있는가의 실체적 사유는 고려하여서는 안 된다.[2] 그러므로 제420조 제7호의 재심사유 해당 여부를 판단함에 있어 사법경찰관 등이 범한 직무에 관한 죄가 사건의 실체관계에 관계된 것인지 여부나 당해 사법경찰관이 직접 피의자에 대한 조사를 담당하였는지 여부는 고려할 사정이 아니다.[3]

3) 당사자의 의견 청취

재심의 청구에 대하여 결정을 함에는 청구한 자와 상대방의 의견을 들어야 한다. 다만 유죄의 선고를 받은 자의 법정대리인이 청구한 경우에는 유죄의 선고를 받은 자의 의견을 들어야 한다(제432조). 이는 심리의 신중과 결정의 합리성을 도모하려는 것으로서 최소한 재심을 청구한 자와 상대방에게 명시적으로 의견을 진술할 기회를 주어야 한다. 청구한 자와 상대방의 의견을

---

1) 대법원 1984. 3. 29.자 84모15 결정.

2) 대법원 2008. 4. 24.자 2008모77 결정.

3) 대법원 2006. 5. 11.자 2004모16 결정.

들으면 되고 변호인의 의견을 들을 것은 요하지 아니하다.[1] 또한 재심청구서의 제출과 별도로 요구되는 절차라고 할 것이므로 재심청구서나 그 보충이유서에 재심청구인의 주장이 기재되어 있다고 하여도 이는 재심청구이유를 기재한 것에 지나지 아니하므로 재심청구에 대하여 결정을 함에는 별도로 제432조에 따른 의견을 진술할 기회를 주어야 한다.[2] 만약 이해관계자에게 의견진술의 기회를 주지 않고 청구기각결정을 한 경우에는 결정에 영향을 미친 중대한 위법에 해당하므로 즉시항고의 대상이 된다.[3]

한편 의견을 듣는 방법이나 시기는 원칙적으로 법원의 재량이므로 서면에 의하든 구두에 의하든 상관이 없다. 또한 재심청구인과 상대방에게 동시에 의견을 요청할 수도 있고, 별도로 할 수도 있으나 사안에 따라서는 먼저 상대방의 의견을 듣고 이에 대한 반론으로서 재심청구인의 의견을 요청하여야 합리적인 경우가 있을 것이고, 재심에서 사실조사 등의 심리를 하는 경우에는 이를 마치고 의견진술의 기회를 주는 것이 필요할 경우도 있을 수 있다. 하지만 당사자의 의견을 듣거나 의견을 진술할 기회를 부여하여야 한다는 취지이므로 재심청구인인 재항고인에게 의견요청서를 송달하여 진술의 기회를 주었음에도 불구하고 재항고인이 의견을 진술하지 아니하였다고 하여 심리절차에 위법이 있다고 할 수는 없다.[4]

(2) 재심청구에 대한 재판

1) 청구기각의 결정

① 재심청구가 부적법한 경우

재심의 청구가 법률상의 방식에 위반하거나 청구권의 소멸 후인 것이 명백한 때에는 결정으로 기각하여야 한다(제433조). 예를 들면 재심청구권자 아닌 자가 재심을 청구하는 경우, 재심청구서에 재심청구의 취지 및 이유를 구체적으로 기재하지 않은 경우, 재심청구서에 원판결의 등본 및 증거자료를 첨부하지 않은 경우, 재심청구를 취하하였다가 동일한 이유로 다시 재심청구를 한 경우, 재심청구가 이유 없음을 이유로 기각결정된 사건에 대하여 다시 재심을 청구한 경우 등이 이에 해당한다. 또한 형사소송법이나 형사소송규칙에는 재심청구인이 재심의 청구를 한 후 청구에 대한 결정이 확정되기 전에 사망한 경우에 재심청구인의 배우자나 친족 등에 의한 재심청구인 지위의 승계를 인정하거나 제438조와 같이 재심청구인이 사망한 경우에도 절차를 속행할 수 있는 규정이 없으므로, 재심청구절차는 재심청구인의 사망으로 당연히 종료하게 된다.[5] 다만 이러한 경우에 사망한 재심청구인의 배우자·직계친족 또는 형제자매는 별도로 사망자를 위한 재심청구를 할 수 있음(제424조 제4호)은 물론이다.

---

1) 대법원 1959. 6. 12.자 4291형항28 결정.

2) 대법원 1993. 2. 24.자 93모6 결정.

3) 대법원 2004. 7. 14.자 2004모86 결정; 대법원 1991. 10. 22.자 91모61 결정; 대법원 1983. 12. 20.자 83모43 결정; 대법원 1977. 7. 4.자 77모28 결정.

4) 대법원 1997. 1. 16.자 95모38 결정; 대법원 1982. 11. 15.자 82모11 결정.

5) 대법원 2014. 5. 30.자 2014모739 결정.

② 재심청구가 이유 없는 경우

재심의 청구가 이유 없다고 인정한 때에는 결정으로 기각하여야 한다(제434조 제1항). 이러한 결정이 있는 때에는 누구든지 동일한 이유로써 다시 재심을 청구하지 못한다(제434조 제2항). 이는 법률상 방식을 위배한 재심청구는 기각되더라도 방식을 보정하면 다시 청구할 수 있는 것과 구별된다.

③ 재심청구가 경합된 경우

항소기각의 확정판결과 그 판결에 의하여 확정된 제1심판결에 대하여 재심의 청구가 있는 경우에 제1심 법원이 재심의 판결을 한 때에는 항소법원은 결정으로 재심의 청구를 기각하여야 한다(제436조 제1항). 제1심 또는 제2심판결에 대한 상고기각의 판결과 그 판결에 의하여 확정된 제1심 또는 제2심의 판결에 대하여 재심의 청구가 있는 경우에 제1심 법원 또는 항소법원이 재심의 판결을 한 때에는 상고법원은 결정으로 재심의 청구를 기각하여야 한다(제436조 제2항).

항소기각의 확정판결과 그 판결에 의하여 확정된 제1심판결에 대하여 각각 재심의 청구가 있는 경우에 항소법원은 결정으로 제1심 법원의 소송절차가 종료할 때까지 소송절차를 정지하여야 하고(규칙 제169조 제1항), 상고기각의 판결과 그 판결에 의하여 확정된 제1심 또는 제2심의 판결에 대하여 각각 재심의 청구가 있는 경우에 상고법원은 결정으로 제1심 법원 또는 항소법원의 소송절차가 종료할 때까지 소송절차를 정지하여야 한다(규칙 제169조 제2항).

2) 재심개시의 결정

① 재심청구가 이유 있는 경우

재심의 청구가 이유 있다고 인정한 때에는 재심개시의 결정을 하여야 한다(제435조 제1항). 다만 재심개시의 결정은 재심심판절차에 회부하는 효력이 있을 뿐 형 집행을 정지시키는 효력이 당연히 인정되는 것은 아니다. 그러므로 재심개시의 결정을 할 때에는 결정으로 형의 집행을 정지할 수도 있고(제435조 제2항), 형집행정지의 결정과 동시에 구속영장을 발부하여 피고인을 구속할 수도 있다.[1)]

② 경합범의 일부에만 재심청구가 이유 있는 경우

경합범 관계에 있는 수개의 범죄사실을 유죄로 인정하여 한 개의 형을 선고한 불가분의 확정판결에서 그 중 일부의 범죄사실에 대하여만 재심청구의 이유가 있는 것으로 인정된 경우에는 형식적으로는 1개의 형이 선고된 판결에 대한 것이어서 그 판결 전부에 대하여 재심개시의 결정을 할 수밖에 없다.[2)] 하지만 비상구제수단인 재심제도의 본질상 재심사유가 없는 범죄사실에 대하여는 재심개시결정의 효력이 그 부분을 형식적으로 심판의 대상에 포함시키는데 그

---

1) 대법원 1965. 3. 2. 선고 64도690 판결. 하지만 동 판결 이후 형사소송법 개정을 통하여 재심개시결정으로 인한 형집행정지결정이 법원의 재량사항으로 되었기 때문에 이러한 실무는 더 이상 불필요하게 되었다.

2) 대법원 2018. 2. 28. 선고 2015도15782 판결; 대법원 2014. 11. 13. 선고 2014도10193 판결; 대법원 2011. 1. 20. 선고 2008재도11 전원합의체 판결.

치므로, 재심법원은 그 부분에 대하여는 이를 다시 심리하여 유죄인정을 파기할 수 없고, 다만 그 부분에 관하여 새로이 양형을 하여야 하므로 양형을 위하여 필요한 범위에 한하여만 심리를 할 수 있을 뿐이다.[1)] 다만 불이익변경금지의 원칙이 적용되어 원판결의 형보다 중한 형을 선고하지 못할 뿐이다. 그리고 그 부분 범죄사실에 관한 법령이 재심대상판결 후 개정·폐지된 경우에는 그 범죄사실에 관하여도 재심판결 당시의 법률을 적용하여야 하고 양형조건에 관하여도 재심대상판결 후 재심판결 시까지의 새로운 정상도 참작하여야 하며, 재심사유 있는 사실에 관하여 심리 결과 만일 다시 유죄로 인정되는 경우에는 재심사유 없는 범죄사실과 경합범으로 처리하여 한 개의 형을 선고하여야 한다.[2)]

한편 재심청구의 이유가 없다고 본 나머지 범죄사실에 대한 재심법원의 심리과정에서 명백하고 새로운 재심사유가 추가로 발견되었다면, 재심청구인으로 하여금 위 나머지 범죄사실에 대하여 새로운 재심청구를 하게 하는 것보다 진행중인 재심사건에서 이를 한꺼번에 심리·판단받을 수 있도록 하는 것이 소송경제상 타당할 뿐만 아니라 인권보장을 위한 비상구제수단이라는 재심제도의 취지와 목적에도 부합하므로, 재심의 심판범위는 재심개시결정 당시 재심사유가 인정된 범죄사실뿐만 아니라, 유·무죄 판단을 포함한 나머지 범죄사실 전부에 미친다.[3)]

(3) 결정에 대한 불복

청구기각의 결정 또는 재심개시의 결정에 대하여는 즉시항고를 할 수 있다(제437조). 만약 이러한 불복이 없이 확정된 재심개시결정의 효력에 대하여는 더 이상 다툴 수 없고, 최종심인 대법원의 결정에 대해서는 즉시항고가 허용되지 아니한다. 설령 재심개시결정이 부당하더라도 이미 확정되었다면 법원은 더 이상 재심사유의 존부에 대하여 살펴볼 필요 없이 제436조의 경우가 아닌 한 그 심급에 따라 다시 심판을 하여야 하는 것이다.[4)]

Ⅳ. 재심심판절차

1. 재심의 공판절차

(1) 심급에 따른 심판

재심개시의 결정이 확정한 사건에 대하여는 제436조(청구의 경합과 청구기각의 결정)의 경우 외에는 법원은 그 심급에 따라 다시 심판을 하여야 한다(제438조 제1항). 즉 재심개시결정에 대하여는 제437조에 규정되어 있는 즉시항고에 의하여 불복할 수 있고, 이러한 불복이 없이 확정된 재심개

1) 대법원 2018. 12. 13. 선고 2016도1397 판결; 대법원 2017. 3. 22. 선고 2016도9032 판결; 대법원 2001. 7. 13. 선고 2001도1239 판결.

2) 대법원 2016. 3. 24. 선고 2016도1131 판결; 대법원 1996. 6. 14. 선고 96도477 판결.

3) 서울고등법원 2009. 5. 21. 선고 2000재노6 판결(확정).

4) 대법원 2013. 7. 11. 선고 2011도14044 판결; 대법원 2004. 9. 24. 선고 2004도2154 판결; 대법원 1960. 10. 7. 선고 4293형상307 판결.

시결정의 효력에 대하여는 더 이상 다툴 수 없으므로, 설령 재심개시결정이 부당하더라도 이미 확정되었다면 법원은 더 이상 재심사유의 존부에 대하여 살펴볼 필요 없이 제436조의 경우가 아닌 한 그 심급에 따라 다시 심판을 하여야 한다.[1] 그러므로 제1심의 확정판결에 대한 재심의 경우에는 제1심의 공판절차에 따라, 항소심에서 파기자판된 확정판결에 대한 재심의 경우에는 항소심의 공판절차에 따라, 항소기각 또는 상고기각의 확정판결에 대한 재심의 경우에는 항소심 또는 상고심의 절차에 따라 각각 심판하여야 한다. 또한 재심의 판결에 대해서도 상소가 허용된다.

(2) 심판대상 및 사실판단

재심심판절차에서 '다시' 심판한다는 것은 재심대상판결의 당부를 심사하는 것이 아니라 피고 사건 자체를 처음부터 새로 심판하는 것을 의미하므로(이른바 '복심'(覆審)), 재심대상판결이 상소심을 거쳐 확정되었더라도 재심사건에서는 재심대상판결의 기초가 된 증거와 재심사건의 심리과정에서 제출된 증거를 모두 종합하여 공소사실이 인정되는지를 새로이 판단하여야 한다.[2] 그리고 재심사건의 공소사실에 관한 증거취사와 이에 근거한 사실인정도 다른 사건과 마찬가지로 그것이 논리와 경험의 법칙을 위반하거나 자유심증주의의 한계를 벗어나지 아니하는 한 사실심으로서 재심사건을 심리하는 법원의 전권에 속한다.[3] 즉 재심의 판단은 사건 자체를 대상으로 다시 심판하는 것이고, 원판결의 당부를 심사하는 것이 아니므로, 심리의 결과 원판결과 동일한 결론에 도달한 경우에도 사건에 대하여 다시 판결하여야 한다. 그러므로 재심개시결정이 있으면 원판결의 공판절차를 다시 진행하여야 한다. 종전의 소송절차에서 이루어진 모든 소송행위의 효력이 상실되었음을 전제로 이루어지는 완전히 새로운 소송절차이므로 증거신청이나 증거결정과 같은 절차형성행위도 효력을 잃고 증거신청과 증거결정이 새롭게 이루어져야 한다. 그러나 원판결이나 재심개시절차에서 이루어진 진술 등을 기재한 공판조서는 재심에서 증거가 될 수 있으므로 증거조사의 대상이 된다. 최종적으로 재심판결은 주문이나 이유에서 지금의 판단만 설시하면 족하고, 재심판결의 주문에는 원판결에 대한 파기 또는 재심청구의 기각을 표시하지 아니한다. 따라서 재심청구를 인용하더라도 선고할 주문만 표시하고, 재심청구를 기각하더라도 원판결과 동일한 주문을 선고할 뿐이다.

(3) 적용법령

재심이 개시된 사건에서 범죄사실에 대하여 적용하여야 할 법령은 재심판결 당시의 법령이고, 재심대상판결 당시의 법령이 변경된 경우 법원은 그 범죄사실에 대하여 재심판결 당시의 법령을 적용하여야 하며[4], 법령을 해석함에 있어서도 재심판결 당시를 기준으로 하여야 한

1) 대법원 2018. 11. 29. 선고 2016도14781 판결; 대법원 2013. 5. 16. 선고 2011도2631 전원합의체 판결; 대법원 2004. 9. 24. 선고 2004도2154 판결; 대법원 2002. 7. 12. 선고 2000도4597 판결.

2) 대법원 2018. 2. 28. 선고 2015도15782 판결; 대법원 2015. 5. 14. 선고 2014도2946 판결; 대법원 2013. 1. 24. 선고 2010도14282 판결; 대법원 2004. 9. 24. 선고 2004도2154 판결.

3) 대법원 2015. 5. 14. 선고 2014도2946 판결.

4) 대법원 2011. 1. 20. 선고 2008재도11 전원합의체 판결.

다.[1] 또한 재심이 개시된 사건에서 재심사유가 없는 범죄사실에 관한 법령이 재심대상판결 후 개정·폐지된 경우에는 그 범죄사실에 관하여도 재심판결 당시 법률을 적용하여야 하는데, 이러한 법리는 재심사유가 없지만 재심의 심판대상에 포함되는 재판 계속 중에 있는 보호감호 청구사건에 관한 법령이 재심대상판결 후 개정·폐지된 경우에도 마찬가지로 적용된다.[2] 그러므로 법원은 재심대상판결 당시의 법령이 폐지된 경우에는 제326조 제4호를 적용하여 그 범죄사실에 대하여 면소를 선고하는 것이 원칙이다.[3] 그러나 법원은 형벌에 관한 법령이 헌법재판소의 위헌결정으로 인하여 소급하여 그 효력을 상실하였거나 법원에서 위헌·무효로 선언된 경우, 당해 법령을 적용하여 공소가 제기된 피고사건에 대하여 제325조에 따라 무죄를 선고하여야 한다.[4] 나아가 형벌에 관한 법령이 재심판결 당시 폐지되었다고 하더라도 그 폐지가 당초부터 헌법에 위배되어 효력이 없는 법령에 대한 것이었다면 제325조 전단이 규정하는 '범죄로 되지 아니한 때'의 무죄사유에 해당하는 것이지, 제326조 제4호의 면소사유에 해당한다고 할 수 없다.[5] 따라서 면소판결에 대하여 무죄판결인 실체판결이 선고되어야 한다고 주장하면서 상고할 수 없는 것이 원칙이지만, 위와 같은 경우에는 이와 달리 면소를 할 수 없고 피고인에게 무죄의 선고를 하여야 하므로 면소를 선고한 판결에 대하여 상고가 가능하다.[6]

한편 종전 합헌결정일 이전의 범죄행위에 대하여 재심개시결정이 확정되었는데 그 범죄행위에 적용될 법률 또는 법률의 조항이 위헌결정으로 헌법재판소법 제47조 제3항 단서에 의하여 종전 합헌결정일의 다음 날로 소급하여 효력을 상실하였다면 범죄행위 당시 유효한 법률 또는 법률의 조항이 그 이후 폐지된 경우와 마찬가지이므로 법원은 형사소송법 제326조 제4호에 해당하는 것으로 보아 면소판결을 선고하여야 한다.[7]

---

1) 대법원 2013. 7. 25. 선고 2011도6380 판결; 대법원 2013. 7. 11. 선고 2011도14044 판결; 대법원 2011. 10. 27. 선고 2009도1603 판결.

2) 대법원 2011. 6. 9. 선고 2010도13590 판결(재심이 개시된 피고인에 대한 재심대상판결의 범죄사실 중 보호감호 청구원인사실인 상습사기죄에는 재심사유가 없으나, 그 근거 법률인 (구) 사회보호법(2005. 8. 4. 법률 제7656호로 폐지)이 재심대상판결 후 폐지된 사안에서, (구) 사회보호법 폐지법률(2005. 8. 4. 법률 제7656호) 시행 당시 재판 계속 중에 있는 보호감호 청구사건에 관하여는 청구기각 판결을 하도록 규정한 위 폐지법률 부칙 제3조에 따라 위 보호감호 청구가 기각되어야 한다).

3) 대법원 2010. 12. 16. 선고 2010도5986 전원합의체 판결; 대법원 1996. 6. 14. 선고 96도477 판결.

4) 하지만 헌법재판소가 법률 조항 자체는 그대로 둔 채 그 법률 조항에 관한 특정한 내용의 해석·적용만을 위헌으로 선언하는 이른바 한정위헌결정에 관하여는 헌법재판소법 제47조가 규정하는 위헌결정의 효력을 부여할 수 없으며, 그 결과 한정위헌결정은 법원을 기속할 수 없고 재심사유가 될 수 없다(대법원 2013. 3. 28. 선고 2012재두299 판결).

5) 대법원 2018. 11. 29. 선고 2016도14781 판결; 대법원 2013. 7. 11. 선고 2011도14044 판결; 대법원 2013. 5. 16. 선고 2011도2631 전원합의체 판결.

6) 대법원 2010. 12. 16. 선고 2010도5986 전원합의체 판결; 대법원 2004. 9. 24. 선고 2004도3532 판결; 대법원 1964. 4. 7. 선고 64도57 판결.

7) 대법원 2019. 12. 24. 선고 2019도15167 판결(이 사건 공소사실 기재 범행일이 종전 합헌결정일 이전이고, 구 형법 제241조가 이 사건 위헌결정으로 인하여 종전 합헌결정일의 다음 날인 2008. 10. 31.로 소급하여 효력을 상실하므로 이 사건 공소사실을 심판하는 제1심은 형사소송법 제326조 제4호에 따라 면소판결을 선고하여야 한다).

2. 재심심판절차의 특칙

(1) 심리의 특칙

1) 피고인의 불출석과 필요적 변호

사망자 또는 회복할 수 없는 심신장애인을 위하여 재심의 청구가 있는 때 또는 유죄의 선고를 받은 자가 재심의 판결 전에 사망하거나 회복할 수 없는 심신장애인으로 된 때에는 피고인이 출정하지 아니하여도 심판을 할 수 있다. 다만 변호인이 출정하지 아니하면 개정하지 못한다(제438조 제3항). 이 경우에 재심을 청구한 자가 변호인을 선임하지 아니한 때에는 재판장은 직권으로 변호인을 선임하여야 한다(제438조 제4항).

2) 공판절차의 정지 불필요

사망자 또는 회복할 수 없는 심신장애인을 위하여 재심의 청구가 있는 때 또는 유죄의 선고를 받은 자가 재심의 판결 전에 사망하거나 회복할 수 없는 심신장애인으로 된 때에는 공판절차를 정지할 필요 없이 심리를 계속하여야 한다(제438조 제2항, 제306조 제1항).

3) 공소취소의 제한

제1심판결이 선고되고 동 판결이 확정되어 이에 대한 재심소송절차가 진행 중에 있는 경우에는 공소취소를 할 수 없다.[1] 그러므로 비록 제1심의 유죄판결에 대하여 재심심판을 하는 경우라고 할지라도 공소취소를 할 수 없는 것이다.

4) 공소장 변경의 허용 여부

재심의 공판절차에서 공소장 변경이 허용되는지 여부와 관련하여, ① 재심절차가 개시되어 확정된 단계에서는 재심사건과 관련하여 일반 절차의 해당 심급에서 허용되는 행위를 할 수 있기 때문에 재심공판절차에 대해서는 당해 심급의 공판절차에 관한 규정이 준용된다는 점, 형사소송법은 재심의 청구는 원판결의 법원이 관할한다고 규정하고 있을 뿐(제423조) 공소장변경이나 병합심리를 금지하는 명문의 규정을 두고 있지 않다는 점, 불이익변경금지의 원칙이 적용된다는 점, 재심제도가 실체적 진실발견을 위해 판결의 확정력까지 제거하는 비상절차라는 점에서 불필요하게 공소장변경의 허용범위를 제한할 이유가 없다는 점, 재심심판절차에서 후행범죄의 범죄사실이 공소장변경으로 추가되더라도 그 자체로 이익재심의 원칙에 반하는 결과가 초래되지 아니한다는 점, 재심사건에 공소장변경으로 다른 공소사실이 추가되었는데, 나중에 재심청구가 취하되면 추가된 공소사실만 남게 되므로, 그에 대하여는 해당 심급에 따른 통상의 공판절차를 진행하면 된다는 점 등을 논거로 하는 전면적 허용설[2], ② 현행법은 이익재심만을 허용하고 있다는 점, 재심절차는 일반 절차와 그 목적을 달리하며, 그에 따라 재심절차는 일반 절차와 절차의 개시와 종결 및 구조를 달리하는 특별소송절차라는 점 등을 논거로 하여, 원판

---

1) 대법원 1976. 12. 28. 선고 76도3203 판결.

2) 신양균/조기영, 1252면; 이창현, 1321면.

결의 죄보다 중한 죄를 인정하기 위한 공소사실의 추가·변경은 허용되지 않는다는 제한적 허용설[1] 등의 대립이 있다.

이에 대하여 판례는 「재심심판절차는 원판결의 당부를 심사하는 종전 소송절차의 후속절차가 아니라 사건 자체를 처음부터 다시 심판하는 완전히 새로운 소송절차이다. 그러나 이는 재심심판법원으로 하여금 이익재심 원칙의 제한하에 재심대상판결의 내용에 구속되지 않고 재심대상사건의 유·무죄를 판단하고 형을 정하여야 한다는 취지이지, 일반 절차에 적용되는 법령이 비상구제절차인 재심심판절차에 모두 그대로 적용된다는 의미는 아니다. 일반 절차에 관한 법령은 비상구제절차인 재심의 취지와 특성에 반하지 않는 범위 내에서 재심심판절차에 적용될 수 있다. 재심의 취지와 특성, 형사소송법의 이익재심 원칙과 재심심판절차에 관한 특칙 등에 비추어 보면, 재심심판절차에서는 특별한 사정이 없는 한 검사가 재심대상사건과 별개의 공소사실을 추가하는 내용으로 공소장을 변경하는 것은 허용되지 않고, 재심대상사건에 일반절차로 진행 중인 별개의 형사사건을 병합하여 심리하는 것도 허용되지 않는다.」라고 판시[2]하여, 제한적 허용설의 입장을 취하고 있다.

생각건대 재심개시결정이 확정된 후 재심사유가 있는 공소사실에 관하여 심판하는 재심심판절차에서 공소장변경을 통해 다른 공소사실을 추가·병합하여 함께 심리하는 것은 재심청구권자가 재심의 대상으로 삼지 않은 공소사실에 대해 피고인으로 하여금 추가적인 방어의 부담을 지게 하므로 피고인의 방어권을 실질적으로 침해할 우려가 있다는 점에서 제한적 허용설이 타당하다.

(2) 재판의 특칙

1) 피고인이 사망한 경우의 특칙

통상의 공판절차에서는 피고인이 사망한 경우에 공소기각의 결정을 하여야 한다(제328조 제1항 제2호). 하지만 재심심판절차에서는 사망자를 위하여 재심청구를 하였거나 재심피고인이 재심의 판결 전에 사망한 경우에는 공소기각의 결정이 아니라 실체판결을 하여야 한다(제438조 제2항).

2) 불이익변경의 금지

재심에는 원판결의 형보다 중한 형을 선고하지 못한다(제439조). 검사가 피고인의 이익을 위하여 청구한 재심의 경우에도 마찬가지이다. 이는 실체적 정의를 실현하기 위하여 재심을 허용하지만, 피고인의 법적 안정성을 해치지 않는 범위 내에서 재심이 이루어져야 한다는 취지이다.[3] 그

1) 김인회, 703면; 배종대/홍영기, 470면; 손동권/신이철, 818면; 송광섭, 914면; 신동운, 795면; 이은모/김정환, 881면; 이재상/조균석, 833면; 이주원, 652면; 임동규, 851면; 정승환, 817면; 정웅석/최창호, 852면.

2) 대법원 2019. 6. 20. 선고 2018도20698 전원합의체 판결.

3) 대법원 2019. 2. 28. 선고 2018도13382 판결(피고인이 재심대상판결에서 정한 집행유예의 기간 중 특정범죄가중처벌법 위반(보복협박등)죄로 징역 6개월을 선고받아 그 판결이 확정됨으로써 위 집행유예가 실효되고 피고인에 대하여 유예된 형이 집행되었는데, 재심판결인 원심판결에서 새로이 형을 정하고 원심판결 확정일을 기산일로 하는 집행유예를 다시 선고한 사안에서, 재심판결에서 피고인에게 또다시 집행유예를 선고할 경우 그 집행유예 기간의 시기는 재심대상판결의 확정일이 아니라 재심판결의 확정일로 보아야 하고, 그로 인하여 재심대상판결이 선고한 집행유예의 실효 효과까지 없어지더라도, 재심판결이 확정되면 재심대상판결은 효력을 잃게 되는 재심의 본질상 당연한 결과이므로, 재심판결에서 정한 형이 재심대상판결의 형보다 중하지 않은 이상 불이익변경금지원

러므로 단순히 재심절차에서 전의 판결보다 무거운 형을 선고할 수 없다는 원칙만을 의미하고 있는 것이 아니라 피고인이 원판결 이후에 형선고의 효력을 상실하게 하는 특별사면을 받아 형사처벌의 위험에서 벗어나 있는 경우라면, 재심절차에서 형을 다시 선고함으로써 특별사면에 따라 발생한 피고인의 법적 지위를 상실하게 하여서는 안 된다는 의미도 포함되어 있다. 따라서 특별사면으로 형선고의 효력이 상실된 유죄의 확정판결에 대하여 재심개시결정이 이루어져 재심심판법원이 심급에 따라 다시 심판한 결과 무죄로 인정되는 경우라면 무죄를 선고하여야 하겠지만, 그와 달리 유죄로 인정되는 경우에는, 피고인에 대하여 다시 형을 선고하거나 피고인의 항소를 기각하여 제1심판결을 유지시키는 것은 이미 형선고의 효력을 상실하게 하는 특별사면을 받은 피고인의 법적 지위를 해치는 결과가 되어 이익재심과 불이익변경금지의 원칙에 반하게 되므로, 재심심판법원으로서는 '피고인에 대하여 형을 선고하지 아니한다.'라는 주문을 선고할 수 밖에 없다.[1] 또한 재심대상사건에서 징역형의 집행유예를 선고하였음에도 재심사건에서 원판결보다 주형을 경하게 하고, 집행유예를 없앤 경우에도 불이익변경금지의 원칙에 위배된다.[2]

3) 무죄판결의 공시

재심에서 무죄의 선고를 한 때에는 그 판결을 관보와 그 법원 소재지의 신문지에 기재하여 공고하여야 한다. 다만 제424조 제1호부터 제3호까지의 어느 하나에 해당하는 사람이 재심을 청구한 때에는 재심에서 무죄의 선고를 받은 사람 또는 제424조 제4호에 해당하는 사람이 재심을 청구한 때에는 재심을 청구한 그 사람 가운데 어느 하나에 해당하는 사람이 이를 원하지 아니하는 의사를 표시한 경우에는 그러하지 아니하다(제440조). 일반적인 판결의 공시는 무죄의 판결을 선고하는 경우에는 무죄판결공시의 취지를 선고하여야 하고(형법 제58조 제2항), 면소의 판결을 선고하는 경우에는 법원의 재량에 의하여 공시 선고가 이루어지지만(형법 제58조 제3항), 재심사건에 대한 무죄판결의 공시는 원칙적으로 의무적이며, 법원의 공시선고를 필요로 하지 않는다는 점에서 차이가 있다.

한편 일반적인 판결의 공시는 판결이 확정되는 때에 집행함에 의문이 없다. 하지만 재심판결의 공시의 집행시기와 관련하여, ① 재심사건에서 피고인의 명예회복의 긴급성을 논거로 하여, 일반적인 판결의 공시와 달리 재심에서 무죄판결이 선고되면 당연히 집행되어야 한다는 선고시설[3], ② 재심의 경우 피고인의 명예회복의 긴급성이 특별하다고 보기 어렵다는 점, 상소심에서 판결이 변경된 경우 공시의 신뢰 내지 법적 안정성에 문제가 발생한다는 점 등을 논거로 하여, 일반적인 판결의 공시와 마찬가지로 확정 후에 집행되어야 한다는 확정시설[4] 등의 대립

칙이나 이익재심원칙에 반하지 않는다); 대법원 2018. 2. 28. 선고 2015도15782 판결.

1) 대법원 2015. 10. 29. 선고 2012도2938 판결.

2) 대법원 2016. 3. 24. 선고 2016도1131 판결.

3) 신양균/조기영, 1253면; 이은모/김정환, 881면; 임동규, 852면; 정승환, 818면; 정웅석/최창호, 852면.

4) 김정한, 877면; 송광섭, 915면; 이재상/조균석, 834면; 이창현, 1323면.

이 있다. 생각건대 제440조의 경우 형법 제58조 제2항 및 동조 제3항과 달리 선고만 되면 곧바로 공고하여야 한다고 해석할 만한 특별한 문구가 없다는 점에서 확정시설이 타당하다.

4) 원판결의 효력

유죄의 확정판결 등에 대해 재심개시결정이 확정된 후 재심심판절차가 진행 중이라는 것만으로는 확정판결의 존재 내지 효력을 부정할 수 없고, 재심개시결정이 확정되어 법원이 그 사건에 대해 다시 심리를 한 후 재심의 판결을 선고하고 그 재심판결이 확정된 때에 종전의 확정판결이 효력을 상실한다.[1] 그리고 재심심판절차는 원판결의 당부를 심사하는 종전 소송절차의 후속절차가 아니라 사건 자체를 처음부터 다시 심판하는 완전히 새로운 소송절차로서 재심판결이 확정되면 원판결은 당연히 효력을 잃는다. 따라서 원판결이 선고한 집행유예가 실효 또는 취소됨이 없이 유예기간이 지난 후에 새로운 형을 정한 재심판결이 선고되는 경우에도, 그 유예기간 경과로 인하여 원판결의 형 선고 효력이 상실되는 것은 원판결이 선고한 집행유예 자체의 법률적 효과로서 재심판결이 확정되면 당연히 실효될 원판결 본래의 효력일 뿐이므로, 이를 형의 집행과 같이 볼 수는 없고, 재심판결의 확정에 따라 원판결이 효력을 잃게 되는 결과 그 집행유예의 법률적 효과까지 없어진다고 하더라도 재심판결의 형이 원판결의 형보다 중하지 않다면 불이익변경금지의 원칙이나 이익재심의 원칙에 반한다고 볼 수 없다.[2] 그러나 재심판결이 확정된 경우에도 원판결에 의한 형의 집행이 무효로 되는 것은 아니다. 따라서 원판결에 의한 자유형의 집행은 재심판결에 의한 자유형의 집행에 통산된다.[3]

5) 재심판결의 기판력

상습범으로 유죄의 확정판결(이하 앞서 저질러 재심의 대상이 된 범죄를 '선행범죄'라 한다)을 받은 사람이 그 후 동일한 습벽에 의해 범행을 저질렀는데(이하 뒤에 저지른 범죄를 '후행범죄'라 한다) 유죄의 확정판결에 대하여 재심이 개시된 경우, 동일한 습벽에 의한 후행범죄가 재심대상판결에 대한 재심판결 선고 전에 저지른 범죄라 하더라도 재심판결의 기판력이 후행범죄에 미치지 아니하는데[4], 그 이유는 다음과 같다. 첫째, 재심대상판결의 공소사실에 후행범죄를 추가하는 내용으로 공소장을 변경하거나 추가로 공소를 제기한 후 이를 재심대상사건에 병합하여 심리하는 것이 허용되지 않으므로 재심심판절차에서는 후행범죄에 대하여 사실심리를 할 가능성이 없다. 또한 재심심판절차에서 재심개시결정의 확정만으로는 재심대상판결의 효력이 상실되지 않으므로 재심대상판결은 확정판결로서 유효하게 존재하고 있고, 따라서 재심대상판결을 전후하여 범한 선행범죄와 후행범죄의 일죄성은 재심대상판결에 의하여 분단되어 동일성이 없는 별개의 상습범이 된다. 그러므로 선행범죄에 대한 공소제기의 효력은 후행범죄에 미치지 않고 선행범

1) 대법원 2005. 9. 28.자 2004모453 결정.

2) 대법원 2018. 2. 28. 선고 2015도15782 판결; 대법원 2017. 9. 21. 선고 2017도4019 판결.

3) 대법원 1991. 7. 26. 선고 91재감도58 판결.

4) 대법원 2019. 6. 20. 선고 2018도20698 전원합의체 판결.

죄에 대한 재심판결의 기판력은 후행범죄에 미치지 않는다. 둘째, 형사소송법은 재심청구의 시기에 관하여 제한을 두지 않고 있다. 만약 재심판결의 기판력이 재심판결의 선고 전에 선행범죄와 동일한 습벽에 의해 저질러진 모든 범죄에 미친다고 하면, 선행범죄에 대한 재심대상판결의 선고 이후 재심판결 선고 시까지 저지른 범죄는 동시에 심리할 가능성이 없었음에도 모두 처벌할 수 없다는 결론에 이르게 되는데, 이는 처벌의 공백을 초래하고 형평에 반한다. 셋째, 선행범죄에 대한 재심판결을 선고하기 전에 후행범죄에 대한 판결이 먼저 선고되어 확정된 경우 후행범죄에 대한 공소제기의 효력은 선행범죄에 미치지 아니한다. 후행범죄에 대해 공소를 제기하거나 심판할 때에 재심대상판결이 유효하게 존재하고, 후행범죄 심판절차에서는 유죄의 확정된 재심대상판결에 의해 선행범죄와 후행범죄의 일죄성이 분단되어 별개의 상습범이라고 보아야 하기 때문이다. 그런데 재심판결이 후행범죄에 대한 판결보다 먼저 선고되어 확정되는 경우 그와 달리 선행범죄에 대한 재심판결의 기판력이 후행범죄에 미친다고 본다면, 선행범죄에 대한 재심판결과 후행범죄에 대한 판결 중 어떤 판결이 먼저 선고되어 확정되느냐는 우연한 사정에 따라 기판력이 미치는지 여부가 달라져 형평에 반하는 결과가 발생한다.

제 2 절 비상상고

Ⅰ. 의의 및 기능

1. 의 의

'비상상고'(非常上告)란 확정판결에 대하여 그 심판의 법령위반을 이유로 이를 시정하기 위한 비상구제절차를 말한다. 비상상고는 확정판결에 대한 구제절차라는 점에서 미확정판결에 대한 구제절차인 상소와 구별된다. 그리고 비상상고는 법령위반을 이유로 하는 비상구제절차라는 점에서 사실인정의 잘못을 이유로 하는 재심과 구별된다. 또한 비상상고는 신청권자가 검찰총장이라는 점, 관할법원이 원판결을 한 법원이 아니라 대법원이라는 점, 신청을 기각할 때 결정이 아니라 판결로 한다는 점, 판결의 효력이 원칙적으로 피고인에게 미치지 않는다는 점 등에서도 재심과 구별된다.

2. 기 능

(1) 법령의 해석 · 적용의 통일

비상상고는 법령의 해석 및 적용의 통일을 목적으로 하는 제도이다. 재심제도가 확정판결 그 자체를 대상으로 하는 것과 비교하여, 비상상고는 확정판결과 그 판결이 확정되기까지의 절차 가운데 법령위반 부분을 대상으로 하고 있으며, 유·무죄 등 판결의 종류와 상관없이 법령적용의 오류를 시정하는 기능을 수행하고 있다.

(2) 피고인의 불이익 구제

비상상고가 이유 있고, 원판결이 법령에 위반한 때에는 그 위반된 부분을 파기하여야 하는 것이 원칙이지만, 원판결이 피고인에게 불이익한 때에는 원판결을 파기하고 피고사건에 대하여 다시 판결을 한다(제446조 제1호).[1] 이와 같이 비상상고는 피고인의 불이익을 구제하는 기능도 수행한다. 하지만 비상상고는 법령적용의 오류를 시정함으로써 법령의 해석·적용의 통일을 도모하려는 데에 주된 목적이 있는 것이므로[2], 피고인의 불이익 구제는 부차적인 목적이라고 할 수 있다.

3. 대 상

비상상고의 대상은 유·무죄의 판결뿐만 아니라 관할위반의 판결·공소기각의 판결·면소판결·당연무효의 판결 등을 포함한 모든 확정판결이다. 또한 상고기각의 결정은 그 형식이 판결은 아니지만 항소심판결을 확정시키는 효력이 있는 해당사건에 관한 종국적인 재판이므로, 그 결정에 대하여 법령위반이 있음을 발견한 때에는 비상상고를 할 수 있다.[3] 그리고 판결의 형식은 아니더라도 확정판결의 효력이 인정되는 약식명령[4]이나 즉결심판[5]도 확정되면 비상상고의 대상이 된다. 「경범죄 처벌법」이나 도로교통법에 의한 범칙금납부도 확정판결에 준하는 효력이 있으므로 비상상고의 대상이 된다.

Ⅱ. 비상상고의 이유

1. 판결의 법령위반과 소송절차의 법령위반

(1) 구별의 기준

원판결이 법령에 위반한 때에는 그 위반된 부분을 파기하여야 한다. 다만 원판결이 피고인에게 불이익한 때에는 원판결을 파기하고 피고사건에 대하여 다시 판결을 한다(제446조 제1호). 그리고 원심소송절차가 법령에 위반한 때에는 그 위반된 절차를 파기한다(제446조 제2호). 이와 같이 현행법은 판결의 법령위반의 경우와 소송절차의 법령위반의 경우를 구별하여 그 효과를 달리하고 있는데, 양자의 구별기준과 관련하여 다음과 같은 견해의 대립이 있다.

---

1) 대법원 2011. 2. 24. 선고 2010오1 판결(원판결 및 제1심판결이 피고인에 대하여 형의 집행을 유예하면서 보호관찰을 받을 것을 명하지 않은 채 전자장치를 부착할 것을 명한 것은 법령에 위반한 것으로서 피부착명령청구자에게 불이익한 때에 해당하므로, 제446조 제1호 단서에 의하여 원판결 및 제1심판결 중 부착명령사건 부분을 파기하고, 이 부분에 관하여 다시 판결하기로 한다).

2) 대법원 2005. 3. 11. 선고 2004오2 판결.

3) 대법원 1963. 1. 10. 선고 62오4 판결(사면된 범죄에 대하여 사면된 것을 간과하고 상고기각의 결정을 한 때에는 그 결정은 법령에 위반한 것이 되어 비상상고를 할 수 있다).

4) 대법원 2006. 10. 13. 선고 2006오2 판결.

5) 대법원 1994. 10. 14. 선고 94오1 판결; 대법원 1993. 6. 22. 선고 93오1 판결.

먼저 판결의 법령위반과 소송절차의 법령위반은 판결을 파기해야 할 법령위반인가 아닌가에 따라 실질적으로 구별해야 한다는 점, 제444조 제2항이 법원의 관할, 공소의 수리와 소송절차를 구별하고 있는 점, 제446조 제2호의 원심소송절차라는 의미 속에는 소송조건인 법원의 관할, 공소의 수리에 관한 사항은 포함되지 않는다는 의미로 해석할 수 있다는 점 등을 논거로 하여, 판결의 법령위반은 판결내용에 직접 영향을 미치는 법령위반을 의미하고, 소송절차의 법령위반은 판결내용에 직접 영향을 미치지 않는 소송절차상의 법령위반을 의미한다는 견해[1]가 있다. 이에 의하면 범죄의 성립 여부 또는 형벌에 관한 실체법령의 적용위반과 소송조건이 존재하지 않음에도 불구하고 실체판결을 한 소송법령의 적용위반의 경우에는 모두 판결의 법령위반에 해당하는 것으로 파악한다. 그러므로 공소장변경절차에 위법이 있음에도 불구하고 이를 간과하여 피고인에게 불이익한 형을 선고한 경우에는 원판결을 파기하고 자판해야 한다.

다음으로 판결내용에 직접 영향을 미치지 않았다고 하여 실체법령의 적용위반을 소송절차의 법령위반으로 평가하는 것은 타당하지 않다는 점, 판결내용에 직접 영향을 미칠 절차법령 적용위반의 대부분이 소송조건에 관한 법령위반이라는 점 등을 논거로 하여, 판결의 법령위반은 판결내용의 법령위반을 의미하고, 소송절차의 법령위반은 판결 전 소송절차의 법령위반을 의미한다는 견해[2]가 있다. 이에 의하면 판결의 법령위반에는 실체법령의 적용위반과 소송조건에 관한 법령위반이 포함되는 것으로 파악한다. 그러므로 원판결에 적용된 실체법령에 오류가 있는 경우 또는 소송조건이 없음에도 불구하고 실체판결을 한 경우는 판결내용의 법령위반에 해당되어 피고인에게 불이익한 경우에는 파기자판을 하지만, 판결 전 소송절차와 판결절차의 법령위반의 경우에는 이것이 판결의 내용에 직접 영향을 미친 경우에도 그 위반된 절차를 파기하는 것으로 그쳐야 한다.

생각건대 법령적용의 위법은 판결의 법령위반에 해당하고, 판결 전 소송절차의 위법은 소송절차의 법령위반에 해당한다. 문제는 소송조건이 결여되었음에도 불구하고 실체재판을 한 경우인데, 소송조건에 관한 법령위반 역시 원판결의 법령위반에 포함된다고 보는 것이 타당하다. 그러므로 원판결이 형식판결의 사유가 있음에도 불구하고 실체판결을 한 경우 대법원은 형식재판으로 파기판결을 하여야 한다.

(2) 판결의 법령위반의 구체적인 내용

1) 판결의 실체법 위반

이미 폐지된 법령을 적용하여 유죄판결을 선고한 경우, 형사미성년자에 대하여 유죄판결을 선고한 경우, 법정형이나 처단형을 초과하여 형을 선고한 경우[3], 벌금 24억원을 병과하면서

---

1) 손동권/신이철, 820면; 신양균/조기영, 1257면; 이은모/김정환, 885면; 이재상/조균석, 838면; 이창현, 1329면; 정승환, 831면.

2) 김인회, 711면; 김정한, 879면; 송광섭, 917면; 임동규, 855면; 정웅석/최창호, 857면.

3) 대법원 2015. 5. 28. 선고 2014오3·2014오4 판결(경범죄처벌법 제3조 제3항 제2호를 적용하여 벌금 30만원을 선고한 확정된 즉결심판에 대해 비상상고가 된 사안에서, 즉결심판절차법 제2조에 따라 벌금 20만원을 초과하지

800만원을 1일로 환산한 기간 노역장유치를 명한 사안에서 2014. 5. 14. 개정된 형법 시행 후에 공소가 제기되었으므로 개정 형법 제70조 제2항에 따라 500일 이상의 유치기간을 정하였어야 함에도 300일의 유치기간만을 정한 경우[1], 선고유예 또는 집행유예를 선고할 수 없는 형을 선택하여 선고유예 또는 집행유예를 선고한 경우[2], 형면제를 선고할 근거나 형면제의 사유가 없음에도 불구하고 형의 면제판결을 선고한 경우[3], 형의 집행을 유예하면서 보호관찰을 명하지 않은 채 위치추적전자장치의 부착을 명한 경우[4], 장물로 인정하면서도 피해자에게 환부하지 않고 몰수한 경우[5] 등이 이에 해당한다. 한편 원판결이 실체법령에 위반하여 피고인에게 무죄판결을 선고한 경우에도 원판결의 법령위반에 해당하지만, 무죄판결은 피고인에게 불이익하지 않으므로 원판결을 파기하는데 그쳐야 한다.

2) 판결의 절차법 위반

공소시효가 완성되었음에도 불구하고 공소가 제기되어 유죄판결을 선고한 경우[6], 친고죄에 있어서 고소가 부존재하거나 고소가 취소되었음에도 불구하고 유죄판결을 선고한 경우[7], 반의사불벌죄에 있어서 처벌불원의사표시가 있었음에도 불구하고 유죄판결을 선고한 경우[8], 사면되었음에도 불구하고 유죄판결을 선고한 경우[9], 군인에 대하여 일반 법원에서 유죄판결을 선고한 경우[10], 자백에 대한 보강증거가 없음에도 불구하고 유죄판결을 선고한 경우, 임의성 없는 자백을 기초로 하여 유죄판결을 선고한 경우, 소송조건의 존부에 대하여 오인을 한 경우, 직권조사사항에 관하여 심판하지 아니한 경우 등이 이에 해당한다.

(3) 소송절차의 법령위반의 구체적인 내용

소송절차에 관한 법령위반은 판결내용에 영향을 준 경우가 아니라면 판결 전 소송절차는 물론 판결절차의 법령위반도 소송절차의 법령위반으로 보아야 한다. 예를 들면 공판개정요건이나 증인신문방식이 위법한 경우, 공소장변경이 위법한 경우, 상소할 기간과 법원을 고지하지 않고 판결을 선고하는 경우 등이 이에 해당한다. 한편 적법한 증거조사의 절차를 거치지 않고 증거능력이 없는 증거를 유죄의 증거로 채택하였음은 법령에 위반한 것으로서 비상상고의 이

않는 범위 내에서 처벌하였어야 함에도, 원심이 즉결심판절차에서 허용되는 범위를 넘는 벌금 30만원의 즉결심판을 선고한 것은 심판이 법령에 위반한 경우에 해당한다).

1) 대법원 2014. 12. 24. 선고 2014오2 판결.

2) 대법원 1993. 6. 22. 선고 93오1 판결.

3) 대법원 1994. 10. 14. 선고 94오1 판결.

4) 대법원 2014. 7. 24. 선고 2014오1 판결.

5) 대법원 1960. 12. 21. 선고 4293비상1 판결.

6) 대법원 2006. 10. 13. 선고 2006오2 판결.

7) 대법원 2000. 10. 13. 선고 99오1 판결; 대법원 1947. 7. 29.자 4280비상2 결정.

8) 대법원 2010. 1. 28. 선고 2009오1 판결.

9) 대법원 1963. 1. 10. 선고 62오4 판결.

10) 대법원 2006. 4. 14. 선고 2006오1 판결.

유가 되지만, 원판결의 다른 증거자료를 종합하여서도 피고인에 대한 범죄사실을 인정할 수 있는 경우에는 소송절차의 법령위반으로 보아야 한다.[1)]

2. 사실오인으로 인한 법령위반

비상상고는 '심판의 법령위반'을 이유로 하므로 단순한 사실오인을 이유로 비상상고를 제기할 수는 없다. 다만 사실오인으로 인하여 법령위반의 오류가 발생한 경우 그 사실오인을 이유로 비상상고를 제기할 수 있는지 여부와 관련하여, ① 비상상고가 법령의 해석·적용의 통일을 목적으로 하는 제도라는 점을 논거로 하여, 사실오인을 이유로 하는 비상상고는 허용되지 않는다는 소극설, ② 비상상고가 법령의 해석·적용의 통일뿐만 아니라 피고인의 구제에도 그 목적이 있다는 점을 논거로 하여, 사실오인이 법령위반을 초래하였고 사실오인이 소송기록에 의하여 쉽게 인정될 수 있는 사항이라면 비상상고의 대상이 된다는 적극설[2)], ③ 소송법적 사실오인과 법령위반은 구별이 쉽지 않다는 점, 제444조 제2항이 소송절차에 대하여는 사실조사를 허용하고 있다는 점 등을 논거로 하여, 사실을 실체법적 사실과 소송법적 사실로 구분하여 실체법적 사실의 오인으로 법령위반을 초래한 경우에는 비상상고의 대상이 되지 않지만, 소송법적 사실의 오인으로 법령위반을 초래한 경우에는 비상상고의 대상이 된다는 절충설[3)] 등의 대립이 있다.

이에 대하여 판례는 「비상상고는 법령 적용의 오류를 시정함으로써 법령의 해석·적용의 통일을 도모하려는 데에 주된 목적이 있는 것이므로, '그 사건의 심판이 법령에 위반한 것'이란 확정판결에서 인정한 사실을 변경하지 아니하고 이를 전제로 한 실체법의 적용에 관한 위법 또는 그 사건에 있어서의 절차법상의 위배가 있음을 뜻하는 것이다. 따라서 단순히 그 법령 적용의 전제사실을 오인함에 따라 법령위반의 결과를 초래한 것과 같은 경우는 법령의 해석·적용을 통일한다는 목적에 유용하지 않으므로 '그 사건의 심판이 법령에 위반한 것'에 해당하지 아니한다.」라고 판시[4)]하여, 원칙적으로 소극설의 입장을 취하고 있다. 하지만 「피고인은 방위소집되어 판결 선고 당시 군복무중이었던 사실이 인정된다면 군사법원법 제2조 제2항에 의하여 일반법원에는 신분적 재판권이 없어 법원으로서는 형사소송법 제16조의2에 의하여 사건을 군사법원에 이송하였어야 함에도 피고인에 대하여 재판권을 행사하였음은 위법하다고 할 것이므

1) 대법원 1964. 6. 16. 선고 64오2 판결.

2) 송광섭, 918면; 신양균/조기영, 1261면; 이은모/김정환, 888면; 이재상/조균석, 840면.

3) 김인회, 708면; 배종대/홍영기, 472면; 손동권/신이철, 821면; 신동운, 801면; 이주원, 659면; 이창현, 1333면; 임동규, 857면; 정승환, 834면; 정웅석/최창호, 857면.

4) 대법원 2017. 6. 15. 선고 2017오1 판결; 대법원 2005. 3. 11. 선고 2004오2 판결(법원이 원판결의 선고 전에 피고인이 이미 사망한 사실을 알지 못하여 공소기각의 결정을 하지 않고 실체판결에 나아감으로써 법령위반의 결과를 초래하였다고 하더라도, 이는 제441조에 정한 '그 심판이 법령에 위반한 것'에 해당한다고 볼 수 없다); 대법원 1962. 9. 27. 선고 62오1 판결(누범전과가 없음에도 불구하고 누범가중을 한 판결의 법령위반은 비상상고의 사유에 해당하지 않는다).

로 이를 이유로 한 비상상고는 이유 있다.」라고 판시[1]하거나 「판결 선고 당시 20세 미만인 소년에 대하여 정기형을 선고한 것은 법령에 위반한 것으로서 비상상고의 대상이 된다.」라고 판시[2]하여, 예외적으로 적극설의 입장을 취하기도 한다.

생각건대 소송법적 사실인정은 판결이유의 설시부분에서 명시되지 않기 때문에 소송법적 사실오인과 법령위반의 구별이 쉽지 않다는 점, 소송법적 사실오인으로 인한 법령위반을 지적하는 것은 하급심에 대한 경고의 의미가 있다는 점에서 절충설이 타당하다. 그러므로 친고죄의 고소나 고소취소에 관한 사실의 오인, 피고인 사망사실의 오인 등은 소송법적 사실의 오인으로서 비상상고의 이유에 해당한다.

Ⅲ. 비상상고의 절차

1. 비상상고의 신청

비상상고의 신청권자는 검찰총장이다. 검찰총장은 판결이 확정된 후 그 사건의 심판이 법령에 위반한 것을 발견한 때에는 대법원에 비상상고를 할 수 있다(제441조). 비상상고를 함에는 그 이유를 기재한 신청서를 대법원에 제출하여야 한다(제442조). 그러므로 이와 별도로 이유서를 독립하여 제출할 필요는 없다.

비상상고의 신청기간에는 제한이 없다. 그러므로 형의 시효가 완성된 경우, 형이 소멸한 경우, 원판결을 받은 자가 사망한 경우 등에 있어서도 비상상고의 신청이 가능하다. 한편 비상상고의 취하에 대한 명문의 규정은 없지만, 비상상고에 대한 판결이 있을 때까지 검찰총장은 이를 취하할 수 있다고 보아야 한다.

2. 비상상고의 심리

(1) 공판의 개정

비상상고를 심리하기 위해서는 공판기일을 열어야 하고, 공판기일에 검사는 신청서에 의하여 진술하여야 한다(제443조). 신청서의 기재 자체만으로 비상상고의 이유가 없음이 명백한 경우에도 공판정에서 심판하여야 한다. 그러므로 공판기일을 열지 않고 신청서만으로 판결하는 것은 위법하다. 한편 비상상고의 공판기일에는 피고인의 출석을 요하지 않으므로 피고인을 소환할 필요는 없다. 다만 피고인의 변호인은 공판기일에 출석하여 의견을 진술할 수는 있다.

(2) 사실조사

대법원은 신청서에 포함된 이유에 한하여 조사하여야 한다(제444조 제1항). 이와 같이 비상상

1) 대법원 1991. 3. 27. 선고 90오1 판결.

2) 대법원 1963. 4. 4. 선고 63오1 판결. 同旨 대법원 2006. 10. 13. 선고 2006오2 판결(공소시효가 완성된 사실을 간과한 채 피고인에 대하여 약식명령을 발령한 원판결은 법령을 위반한 잘못이 있고, 또한 피고인에게 불이익하다고 할 것인바, 이 점을 지적하는 이 사건 비상상고는 이유가 있다).

고에는 법원의 직권조사사항이 인정되지 않으므로, 대법원은 그 이외의 사항에 관하여 조사할 의무와 권한이 없다. 다만 법원의 관할, 공소의 수리와 소송절차에 관하여는 사실조사를 할 수 있다(제444조 제2항). 비상상고의 청구를 받은 법원은 필요하다고 인정한 때에는 합의부원에게 비상상고 청구의 이유에 대한 사실조사를 명하거나 다른 법원 판사에게 이를 촉탁할 수 있다. 이러한 경우에는 수명법관 또는 수탁판사는 법원 또는 재판장과 동일한 권한이 있다(제444조 제3항, 제431조).

3. 비상상고의 판결

(1) 기각판결

비상상고가 이유 없다고 인정한 때에는 판결로써 이를 기각하여야 한다(제445조). 비상상고의 신청이 부적법한 경우에도 기각판결을 하여야 한다.

(2) 파기판결

1) 판결의 법령위반

① 부분파기

원판결이 법령에 위반한 때에는 그 위반된 부분을 파기하여야 한다(제446조 제1호 본문). 예를 들면 도로교통법 위반죄에 대하여는 형면제를 선고할 근거를 찾아볼 수 없고, 달리 형법상의 형면제 사유도 찾아볼 수 없다는 이유로 검찰총장의 비상상고를 받아들여 원즉결심판 중 형면제 부분을 파기한 경우[1], 구류형에 대하여는 선고유예를 할 수 없기 때문에 구류형의 선고를 유예한 법령위반 부분을 파기한 경우[2] 등이 이에 해당한다. 그리고 적법한 증거조사의 절차를 거치지 않고 증거능력이 없는 증거를 유죄의 증거로 채택하였음은 법령에 위반한 것으로서 비상상고의 이유가 되나 원판결 거시의 다른 증거자료를 종합하여서도 피고인에 대한 범죄사실을 인정할 수 있는 이상 위 적법한 증거조사절차를 거치지 않고 각 증거를 원판결이유에 부분만을 파기하면 된다.[3]

② 파기자판

원판결이 피고인에게 불이익한 때에는 원판결을 파기하고 피고사건에 대하여 다시 판결을 한다(제446조 제1호 단서). 이 경우에는 원판결의 전부가 파기된다. 여기서 '원판결이 피고인에게 불이익한 때'란 원판결의 잘못을 시정하여 다시 선고할 판결이 원판결보다 피고인에게 이익이 될 것이 명백한 경우를 말한다. 예를 들면 ① 반의사불벌죄에 있어서 처벌을 희망하지 아니하는 피해자의 의사표시가 있었음을 간과한 채 유죄로 판단한 경우[4], ② 친고죄에 있어서 고소가

1) 대법원 1994. 10. 14. 선고 94오1 판결.
2) 대법원 1993. 6. 22. 선고 93오1 판결.
3) 대법원 1964. 6. 16. 선고 64오2 판결.
4) 대법원 2010. 1. 28. 선고 2009오1 판결.

없었음에도 불구하고 유죄판결을 선고한 경우[1], ③ 공소시효가 완성된 사실을 간과한 채 약식명령을 발령한 경우[2], ④ 원판결이 불이익변경금지의 원칙에 위반하여 형을 선고한 경우[3], ⑤ 즉결심판절차에서 벌금 20만원이 넘는 금액을 선고한 경우[4], ⑥ 개정 형법 제70조 제2항에 의하여 500일 이상의 유치기간을 정하였어야 함에도 불구하고 300일의 유치기간만을 선고한 경우[5] 등이 이에 해당한다.

대법원이 파기자판하는 경우의 재판에는 유죄·무죄·면소의 판결뿐만 아니라 공소기각의 판결·결정 등이 모두 포함된다. 그리고 법령위반을 이유로 원판결을 파기하고 자판하는 경우에는 원판결시의 법령을 기준으로 하여야 한다. 왜냐하면 비상상고는 법령의 해석·통일을 목적으로 하고, 원판결 후 파기자판시까지 발생한 우연한 사정을 피고인에게 적용할 이유가 없기 때문이다. 그러므로 원판결이 확정된 이후 일반사면이 있거나 형이 폐지되더라도 이를 파기자판의 자료로 삼을 수는 없다.

한편 파기판결을 하는 경우에 대법원이 사건을 다른 법원에 환송하거나 이송할 수 있는지 여부와 관련하여, ① 상고심에서 대법원이 원심판결을 파기하는 경우에는 환송 또는 이송이 원칙이지만, 비상상고심은 대법원 단심제 재판이기 때문에 환송 또는 이송할 수 없으므로 원심판결을 파기하는 경우 자판할 수밖에 없다는 소극설[6], ② 피고인의 이익을 고려할 때 관할위반의 경우에는 원판결을 파기하고 사건을 관할법원으로 이송 또는 환송하는 것이 타당하다는 점을 논거로 하여, 불이익변경금지의 원칙을 적용하는 한도에서 파기환송이나 파기이송도 가능하다는 적극설[7] 등의 대립이 있다. 이에 대하여 판례는 「피고인에 대하여는 공소가 제기된 후 군사법원법 제2조 제2항에 의하여 군사법원이 재판권을 가지게 되었으므로 위 법원으로서는 형사소송법 제16조의2에 의하여 사건을 관할 군사법원에 이송하였어야 함에도 피고인에 대하여 재판권을 행사한 것은 위법하다고 할 것이므로, 이 비상상고는 이유 있다.」라고 판시[8]하여, 적극설의 입장을 취하고 있다. 생각건대 명문의 규정에서 파기자판만을 허용하고 있으므로 소극설이 타당하다.

2) 소송절차의 법령위반

원심소송절차가 법령에 위반한 때에는 그 위반된 절차를 파기한다(제446조 제2호). 이 경우에는 원판결 자체가 파기되는 것이 아니라 위반된 절차만이 파기된다. 절차의 법령위반이 판결에

1) 대법원 2010. 10. 13. 선고 99오1 판결; 대법원 1947. 7. 29. 선고 4280비상2 판결.
2) 대법원 2006. 10. 13. 선고 2006오2 판결.
3) 대법원 1957. 10. 4. 선고 4290비상1 판결.
4) 대법원 2015. 5. 28. 선고 2014오3 판결.
5) 대법원 2014. 12. 24. 선고 2014오2 판결.
6) 신양균/조기영, 1264면; 이재상/조균석, 843면; 정승환, 837면; 정웅석/최창호, 860면.
7) 김인회, 710면; 이은모/김정환, 892면; 이창현, 1338면; 임동규, 860면.
8) 대법원 2006. 4. 14. 선고 2006오1 판결; 대법원 1991. 3. 27. 선고 90오1 판결.

영향을 미쳤는지 여부를 불문하며, 판결의 법령위반과 달리 원판결이 피고인에게 불리하더라도 자판은 하지 아니한다.

(3) 판결의 효력

비상상고의 판결은 파기자판의 경우 이외에는 그 효력이 피고인에게 미치지 아니한다(제447조). 이에 따라 확정판결의 위법부분을 파기하고 자판하지 않은 경우나 소송절차만이 파기된 경우에는 원판결의 주문은 그대로 효력을 가지며, 소송계속은 부활하지 아니한다. 하지만 원판결이 피고인에게 불이익함을 이유로 파기자판하는 경우에는 원판결이 파기되고, 비상상고에 대한 판결의 효력이 피고인에게 미치게 된다. 그러나 부분파기의 경우에는 그 효력이 피고인에게 미치지 아니하므로 원심의 소송계속이 부활하지 않으며, 다만 잘못된 선례를 파기함으로써 향후 다른 판결의 지침이 되는 기능을 수행할 뿐이다.

제 3 장 특별재판절차

제 1 절 약식절차

Ⅰ. 의 의

'약식절차'(略式節次)란 지방법원의 관할에 속한 사건에 대하여 공판절차를 거치지 아니하고 검사의 청구에 의한 서면심리만으로 벌금·과료 또는 몰수의 형을 부과할 수 있는 절차를 말한다. 그리고 이와 같이 형을 선고하는 재판을 '약식명령'(略式命令)이라고 한다. 약식절차는 검찰의 공판유지 업무와 법원의 심판업무를 현저하게 감소시켜 소송경제의 이념을 실현하는 한편 공개재판으로 인한 피고인의 사회적·심리적 부담을 경감시키고 공판정 출석을 위한 시간과 노력을 덜어주는 기능을 한다.

약식절차는 공판절차를 거치지 아니한다는 점에서 피고인이 공판정에서 자백한 경우에 행해지는 간이공판절차와 구별된다. 또한 약식절차는 검사의 청구에 의한 서면심리만으로 벌금·과료 또는 몰수의 형을 부과하는 것을 내용으로 한다는 점에서 경찰서장의 청구에 의하여 벌금·과료 또는 구류의 형을 부과하는 것을 내용으로 하는 즉결심판절차와도 구별된다. 한편 「약식절차 등에서의 전자문서 이용 등에 관한 법률」에 의하면, 도로교통법 위반 사건 중 음주운전·무면허운전 등에 대하여 전자문서로 약식명령을 청구할 수 있는 예외를 인정하고 있다.

〈약식명령사건 처리 현황〉

단위: 건(%)

구분 연도	접 수	처 리			정식재판청구	
		계	벌 금	기 타 (직권 공판회부등)	건 수	청구율
2007	1,056,908	1,035,269 (100)	1,025,967 (99.1)	9,302 (0.9)	75,768	7.2
2008	1,145,782	1,143,013 (100)	1,134,438 (99.2)	8,575 (0.8)	86,485	7.6
2009	1,028,837	1,023,942 (100)	1,009,851 (98.6)	14,091 (1.4)	91,839	8.9
2010	868,901	893,811 (100)	866,678 (97.0)	27,133 (3.0)	88,979	10.2
2011	800,357	797,497 (100)	736,888 (92.4)	60,609 (7.6)	93,403	11.7

단위: 건(%)

구분 연도	접 수	처 리			정식재판청구	
		계	벌 금	기 타 (직권 공판회부등)	건 수	청구율
2012	751,823	726,641 (100)	660,974 (91.0)	65,667 (9.0)	93,195	12.4
2013	743,166	752,065 (100)	716,787 (95.3)	35,278 (4.7)	87,230	11.7
2014	684,644	703,810 (100)	682,564 (97.0)	21,246 (3.0)	78,472	11.5
2015	667,471	664,833 (100)	650,123 (97.8)	14,710 (2.2)	70,048	10.5
2016	684,072	684,549 (100)	673,015 (98.3)	11,534 (1.7)	66,201	9.7
2017	605,755	598,185 (100)	586,769 (98.1)	11,416 (1.9)	58,739	9.8
2018	520,947	523,215 (100)	512,929 (98.0)	10,286 (2.0)	44,924	8.6

출처: 법무연수원, 「2019 범죄백서」, 2020.

Ⅱ. 약식명령의 청구

1. 청구의 대상

지방법원은 그 관할에 속한 사건에 대하여 검사의 청구가 있는 때에는 공판절차 없이 약식명령으로 피고인을 벌금·과료 또는 몰수에 처할 수 있다(제448조 제1항). 그러므로 약식명령 청구의 대상은 지방법원의 관할에 속하는 사건으로 벌금·과료 또는 몰수에 처할 수 있는 사건에 한한다. 약식명령 청구의 여부는 검사의 재량이며, 검사의 약식명령 청구가 없으면 법원은 약식절차로 심판할 수 없다. 여기서 벌금·과료 또는 몰수의 형은 법정형에 선택적으로 규정되어 있으면 된다. 약식명령이 청구된 사건은 사건의 경중에 따라 지방법원 합의부 또는 지방법원 단독판사의 관할에 속하게 된다. 약식명령의 청구는 비교적 경미한 사건의 신속한 처리를 목적으로 하므로 약식명령이 청구된 사건은 주로 단독판사의 사물관할에 속하게 될 것이다. 하지만 사물관할을 달리하는 수 개의 사건이 관련사건을 이루어 법원 합의부가 병합관할하는 경우와 같이 지방법원 합의부가 관할법원으로 되는 경우도 충분히 상정할 수 있다. 한편 약식절차는 간이공판절차와 달리 피고인이 자백하는 경우로 한정되지 않으며, 피고인의 동의가 있어야 하는 것도 아니다.

2. 청구의 방식

약식명령의 청구는 공소의 제기와 동시에 서면으로 하여야 한다(제449조). 실무에서는 공소장에 약식명령을 청구한다는 취지를 부기하는 방법으로 약식명령을 청구하고 있다. 약식명령청구서에는 검사가 청구하는 벌금 또는 과료의 액수를 미리 기재한다. 이와 같이 약식명령의 청구는 공소제기와 동시에 행해지기는 하지만 별개의 소송행위이다. 왜냐하면 약식명령의 청구는 공소제기의 특별한 방식이 아니라 약식절차에 의할 것을 청구하는 것이기 때문이다. 검사는 약식명령의 청구와 동시에 약식명령을 하는데 필요한 증거서류 및 증거물을 법원에 제출하여야 한다(규칙 제170조). 따라서 약식명령을 청구하는 경우에는 공소장일본주의가 적용되지 아니한다. 또한 서면심리에 의하기 때문에 약식명령청구서의 부본을 첨부할 필요가 없다. 한편 구속된 피의자에 대하여 약식명령을 청구하는 경우에 검사는 피의자에 대한 구속을 취소하고, 피의자를 석방하여야 한다(검찰사건사무규칙 제65조 제3항).

한편 검사가 공소를 취소하지 아니하고 약식명령의 청구만을 취소할 수 있는지 여부와 관련하여, ① 약식명령의 청구와 공소의 제기는 별개의 소송행위이므로 약식명령의 청구만을 취소할 수 있다는 점을 논거로 하는 적극설[1], ② 약식명령만을 취소할 수 있는 명문의 규정이 없다는 점, 약식절차에서 공판절차로의 이행 여부는 법관이 결정하는 것이 바람직하다는 점 등을 논거로 하는 소극설[2] 등의 대립이 있다. 생각건대 양자의 소송행위를 일체로 파악하는 소극설이 타당하다. 그러므로 공소를 취소한 경우 약식명령이 동시에 효력을 잃는다면 그 반대로 약식명령이 취소된 경우에는 공소도 취소되고, 공소제기의 효력을 유지시키면서 약식명령만 취소할 수는 없다.

Ⅲ. 약식절차의 심판

1. 법원의 심리

(1) 서면심리의 원칙

법원에 대하여 약식명령의 청구가 있으면 검사가 제출한 서류와 증거물에 대한 서면심리를 하게 된다. 이에 따라 약식절차에서는 구두변론주의·직접주의가 적용되지 아니하며, 전문법칙의 적용도 없다. 또한 공판절차를 전제로 하는 공소장변경도 약식절차에서는 허용되지 않는데, 약식명령을 청구한 후 검사가 공소장을 변경하기 위해서는 공판절차에 의하여 심리하여야 한다.

하지만 공판절차와 직접적인 관련이 없는 증거재판주의, 자유심증주의, 위법수집증거배제법칙, 자백배제법칙, 자백보강법칙 등과 같은 증거법상의 원리는 약식절차에서도 적용된다. 즉

1) 김정한, 887면; 신양균/조기영, 1270면; 이창현, 1343면; 정승환, 841면. 이에 의하면 약식명령의 청구만 취소되고 공소제기는 여전히 유효하므로 정식재판절차로 이행된다.

2) 김인회, 717면; 손동권/신이철, 857면; 송광섭, 924면; 이은모/김정환, 895면; 이재상/조균석, 865면; 이주원, 664면; 임동규, 863면; 정웅석/최창호, 864면; 최호진, 684면.

결심판절차에서는 자백보강법칙이 적용되지 않는다는 점에서 차이가 있다.

(2) 사실조사의 한계

약식절차에서도 법원은 필요한 경우 사실조사를 할 수 있다. 하지만 이러한 사실조사는 약식절차의 본질을 해하지 않는 범위 내에서 제한적으로 허용되어야 한다. 또한 약식절차에서의 조사를 위하여 검사 또는 피고인이 필요한 범위 내에서 증거를 제출하는 것도 가능하다. 하지만 당해 증거에 대한 조사가 약식절차에서는 상당하지 않다고 인정되는 때에는 공판절차로 이행하여 심판하여야 할 것이다.

2. 공판절차의 회부

(1) 회부의 사유

약식명령의 청구가 있는 경우에 그 사건이 약식명령으로 할 수 없거나 약식명령으로 하는 것이 적당하지 아니하다고 인정한 때에는 공판절차에 의하여 심판하여야 한다(제450조). 여기서 '약식명령으로 할 수 없는 경우'란 법정형으로 벌금 또는 과료가 규정되어 있지 않거나 벌금 또는 과료가 다른 형의 병과형으로 규정되어 있는 죄에 대하여 약식명령의 청구가 있는 경우, 소송조건이 결여되어 있어 사건에 대하여 무죄·면소·공소기각 또는 관할위반의 재판을 선고해야 할 경우 등을 말한다. 다음으로 '약식명령으로 하는 것이 적당하지 아니하다고 인정한 경우'란 법률상 약식명령을 하는 것이 불가능하지는 않아도 벌금·과료 또는 몰수 이외의 형을 선고하는 것이 적당하다고 인정되는 경우, 공소장변경이 요구되는 경우, 사안이 복잡하여 공판절차에 의하는 것이 적당하다고 인정되는 경우 등을 말한다. 그 밖에도 약식명령을 청구한 후 치료감호청구가 있는 때에는 약식명령청구는 그 치료감호청구가 있는 때로부터 공판절차에 의하여 심판하여야 한다(치료감호법 제10조 제3항).

(2) 회부의 결정

법원이 약식명령 청구사건을 공판절차에 의하여 심판하기로 함에 있어서는 사실상 공판절차를 진행하면 되고, 특별한 형식상의 결정을 할 필요는 없다.[1)] 실무에서는 법원의 판단을 기록상 명백히 해두기 위하여 공판절차회부서를 작성하여 기록에 편철하는 등의 절차를 이행하고 있다. 하지만 약식명령이 공판절차에 회부된 후에는 이를 취소하고 다시 약식절차에 따라 심리하는 것은 허용되지 아니한다.

---

1) 대법원 2003. 11. 14. 선고 2003도2735 판결(법원이 약식명령 청구사건을 공판절차에 의하여 심판하기로 함에 있어서는 사실상 공판절차를 진행하면 되고, 특별한 형식상의 결정을 할 필요는 없으며, 제1심법원이 피고인에 대하여 다시 인정신문을 하고 공소장에 기하여 피고인신문을 하는 등 제2회 공판기일을 진행한 것은 위 약식명령 청구에 대하여 공판절차회부를 하여 그 공판절차를 진행한 것으로 볼 수 있다). 이에 대하여 절차의 확실성을 위하여 정식재판회부결정을 하는 것이 타당하다는 견해로는 김인회, 718면; 신양균/조기영, 1273면; 이은모/김정환, 897면; 최호진, 687면.

(3) 회부의 절차

법원사무관 등은 약식명령의 청구가 있는 사건을 공판절차에 의하여 심판하기로 한 때에는 즉시 그 취지를 검사에게 통지하여야 한다. 이러한 통지를 받은 검사는 5일 이내에 피고인 수에 상응한 공소장 부본을 법원에 제출하여야 한다. 이후 법원은 공소장 부본에 관하여 지체 없이 피고인 또는 변호인에게 송달하여야 한다(규칙 제172조). 한편 약식명령에 대한 정식재판청구가 제기되었음에도 법원이 증거서류 및 증거물을 검사에게 반환하지 않고 보관하고 있다고 하여, 그 이전에 이미 적법하게 제기된 공소제기의 절차가 위법하게 된다고 할 수 없다.[1)]

3. 약식명령의 발령

(1) 약식명령 및 고지

약식명령은 그 청구가 있은 날로부터 14일 내에 이를 하여야 한다(규칙 제171조). 하지만 동 규정은 훈시규정이므로 그 기간이 경과하더라도 약식명령은 유효하다. 약식명령의 고지는 검사와 피고인에 대한 재판서의 송달에 의하여 한다(제452조). 그러므로 약식명령은 그 재판서를 피고인에게 송달함으로써 효력이 발생하고, 변호인이 있는 경우라도 반드시 변호인에게 약식명령 등본을 송달해야 하는 것은 아니다. 따라서 정식재판 청구기간은 피고인에 대한 약식명령 고지일을 기준으로 하여 기산하여야 한다.[2)] 이에 따라 변호인이 정식재판청구서를 제출할 것으로 믿고 피고인이 스스로 적법한 정식재판의 청구기간 내에 정식재판청구서를 제출하지 못하였더라도 그것이 피고인 또는 대리인이 책임질 수 없는 사유로 인하여 정식재판의 청구기간 내에 정식재판을 청구하지 못한 때에 해당하지 아니한다.[3)]

(2) 약식명령의 내용

약식명령에는 범죄사실·적용법령·주형·부수처분과 약식명령의 고지를 받은 날로부터 7일 이내에 정식재판의 청구를 할 수 있음을 명시하여야 한다(제451조). 약식명령에는 일반적인 유죄판결의 경우와는 달리 증거의 요지를 기재할 필요가 없다. 약식명령으로 과할 수 있는 주형은 벌금·과료·몰수에 한하며, 징역이나 금고는 물론 무죄판결이나 관할위반·면소·공소기각 등의 형식재판은 할 수 없다. 또한 약식명령에 기재하는 부수처분에는 추징 이외에 압수물의 환부나 벌금·과료 또는 추징에 대한 가납재판이 포함된다. 왜냐하면 약식명령은 판결과 같은 효력을 가질 뿐만 아니라 약식절차에서 가납재판의 필요성이 적지 않기 때문이다.

한편 약식명령의 부수처분으로 벌금형에 대한 선고유예 또는 집행유예를 할 수 있는지 여부와 관련하여, ① 피고인에게 유리한 처분이라는 점, 피고인이 유예처분에 불복하는 경우에는

1) 대법원 2007. 7. 26. 선고 2007도3906 판결. 이에 대하여 공판절차에 회부되면 증거서류와 증거물을 검사에게 반환해야 한다는 견해로는 김인회, 718면; 신양균/조기영, 1274면; 이재상/조균석, 867면; 이창현, 1346면; 정승환, 844면; 정웅석/최창호, 865면.

2) 대법원 2016. 12. 2.자 2016모2711 결정.

3) 대법원 2017. 7. 27.자 2017모1557 결정; 대법원 2007. 1. 12.자 2006모658 결정.

정식재판의 청구권이 보장되어 있다는 점, 피고인에게 유리한 사정이 서면에 의해서 나타날 수도 있다는 점, 실무에서 선고유예가 실제로 선고되고 있다는 점 등을 논거로 하는 적극설[1], ② 서면심리로 진행되는 약식절차에서 범죄인의 정상에 관한 사항을 참작하기가 곤란하다는 점, 선고유예 또는 집행유예는 '판결로써 선고'하여야 한다는 점 등을 논거로 하는 소극설[2] 등의 대립이 있다. 생각건대 소극설이 타당하며, 선고유예 또는 집행유예의 필요성이 인정되는 경우에는 사건을 공판절차에 회부해야 할 것이다. 검사는 약식명령을 청구할 때 벌금의 액수를 기재하도록 되어 있는데, 이 때 선고유예 또는 집행유예를 기재하는 경우가 거의 없기 때문에 법원의 유예판결에 대하여 불복할 가능성이 매우 농후하다. 또한 유예의 판결을 대면심리가 아닌 서면심리만으로 하는 것은 그 취지에 다소 부적합한 것이므로 실무의 태도는 지양되어야 할 것이다.

(3) 약식명령의 효력

약식명령은 정식재판의 청구기간이 경과하거나 그 청구의 취하 또는 청구기각의 결정이 확정한 때에는 확정판결과 동일한 효력이 있다(제457조). 이와 같이 약식명령은 유죄의 확정판결과 동일한 효력이 있으므로 확정력과 일사부재리의 효력이 발생하며, 재심 또는 비상상고의 대상이 될 수도 있다. 포괄일죄의 관계에 있는 범행의 일부에 대하여 약식명령이 확정된 경우에는 약식명령의 송달시가 아니라 약식명령 사건에 대한 실체심리가 가능하였던 약식명령의 발령시를 기준으로 하여 그 이전에 이루어진 범행에 대하여는 면소의 판결을 선고하여야 한다.[3]

Ⅳ. 정식재판의 청구

1. 청구권자

검사 또는 피고인은 약식명령의 고지를 받은 날로부터 7일 이내에 정식재판의 청구를 할 수 있다.[4] 다만 피고인은 정식재판의 청구를 포기할 수 없다(제453조 제1항). 약식명령청구서에 기재된 벌금액은 검사의 구형량에 불과하므로 위 금액에 상응하는 약식명령이 선고된 경우라고 할지라도 검사가 이에 불복하여 정식재판을 청구할 수 있다. 피고인의 법정대리인은 피고

1) 김인회, 719면; 신동운, 807면; 이재상/조균석, 868면; 정승환, 845면; 정웅석/최창호, 866면.

2) 김정한, 891면; 손동권/신이철, 860면; 송광섭, 928면; 신양균/조기영, 1276면; 이은모/김정환, 899면; 이주원, 665면; 이창현, 1347면; 임동규, 865면; 최호진, 686면.

3) 대법원 2013. 6. 13. 선고 2013도4737 판결; 대법원 2001. 12. 24. 선고 2001도205 판결; 대법원 1994. 8. 9. 선고 94도1318 판결; 대법원 1984. 7. 24. 선고 84도1129 판결; 대법원 1981. 6. 23. 선고 81도1437 판결.

4) 대법원 2002. 9. 27.자 2002모184 결정(사무소에 나가지 아니하여 사무소로 송달된 약식명령을 송달받지 못하였다 할지라도 자신에 대하여 소추가 제기된 사실을 알고 있었던 자로서는 스스로 위 사무소에 연락하여 우편물을 확인하거나 기타 소송진행상태를 알 수 있는 방법 등을 강구하였어야 할 것이므로 이에 이르지 않은 이상, 위와 같은 사정은 자기가 책임질 수 없는 사유가 아니라 할 것이어서, 정식재판 청구기간 도과로 인하여 이미 확정된 약식명령에 대하여 적법한 정식재판청구권회복청구의 사유가 될 수 없다).

인의 의사와 관계없이 피고인을 위하여 정식재판을 청구할 수 있고, 피고인의 배우자·직계친족·형제자매 또는 약식명령의 대리인이나 변호인은 피고인의 명시한 의사에 반하지 않는 범위 내에서 피고인을 위하여 정식재판을 청구할 수 있다(제458조 제1항, 제340조, 제341조).

2. 청구의 절차

정식재판의 청구는 약식명령을 한 법원[1]에 서면으로 제출하여야 한다(제453조 제2항).[2] 정식재판의 청구가 있는 때에는 법원은 지체 없이 검사 또는 피고인에게 그 사유를 통지하여야 한다(제453조 제3항). 정식재판의 청구는 독립성이 인정되는 범위 내에서 약식명령의 일부에 대하여도 할 수 있다(제458조 제1항, 제342조). 다만 일죄의 일부에 대한 불복과 같이 공소불가분의 원칙에 반하는 경우에는 일부에 대한 정식재판의 청구가 허용되지 아니한다. 피고인에게 이미 약식명령서가 송달되어 있으므로 정식재판의 청구가 있는 경우에는 공판절차회부의 경우와 달리 법원은 공소장부본을 송달할 필요가 없다.

정식재판의 청구에 관하여는 상소권회복에 대한 규정이 준용된다(제458조 제1항, 제345조 내지 제348조).[3] 따라서 청구권자가 자기 또는 대리인이 책임질 수 없는 사유로 7일 이내에 정식재판을 청구하지 못한 때에는 정식재판청구권의 회복을 구할 수 있다.[4] 정식재판청구권의 회복청

---

1) 대법원 2006. 10. 13.자 2005모552 결정(제344조 제1항의 재소자에 대한 특칙 규정의 취지와 상소권회복청구에 관하여 그 준용을 규정한 제355조의 법리에 비추어 정식재판청구서의 제출에 관하여도 위 재소자에 대한 특칙 규정이 준용되는 것으로 해석함이 상당하다).

2) 대법원 2008. 7. 11.자 2008모605 결정(약식명령에 대한 정식재판의 청구는 서면으로 제출하여야 하고, 공무원 아닌 자가 작성하는 서류에는 연월일을 기재하고 기명날인(인장이 없으면 지장을 사용)하여야 하므로, 정식재판청구서에 청구인의 기명날인이 없는 경우에는 정식재판의 청구가 법령상의 방식을 위반한 것으로서 그 청구를 결정으로 기각하여야 하고, 이는 정식재판의 청구를 접수하는 법원공무원이 청구인의 기명날인이 없는데도 이에 대한 보정을 구하지 아니하고 적법한 청구가 있는 것으로 오인하여 청구서를 접수한 경우에도 마찬가지이다. 다만 법원공무원의 위와 같은 잘못으로 인하여 적법한 정식재판청구가 제기된 것으로 신뢰한 채 정식재판청구기간을 넘긴 피고인은 자기의 '책임질 수 없는 사유'에 의하여 청구기간 내에 정식재판을 청구하지 못한 때에 해당하여 정식재판청구권의 회복을 구할 수 있을 뿐이다).

3) 대법원 2005. 1. 17.자 2004모351 결정(정식재판청구권회복결정에 대하여는 제458조 제1항, 제347조 제2항에 규정되어 있는 즉시항고에 의하여서만 불복할 수 있고, 이러한 불복이 없이 확정된 정식재판청구권회복결정의 효력에 대하여는 더 이상 다툴 수 없다 할 것이므로, 설령 그 정식재판청구권회복결정이 부당하더라도 이미 그 결정이 확정되었다면 정식재판청구사건을 처리하는 법원으로서는 정식재판청구권회복청구가 적법한 기간 내에 제기되었는지 여부나 그 회복사유의 존부 등에 대하여는 살펴 볼 필요 없이 통상의 공판절차를 진행하여 본안에 관하여 심판하여야 할 것이다).

4) 대법원 1986. 2. 27.자 85모6 결정(공소장에 기재된 피고인의 주거지로 약식명령서를 송달하였다가 수취인불명 등으로 송달이 불능되었다고 하더라도 수사기록에 편철된 피고인에 대한 피의자신문조서 등에 피고인의 사무소가 나타나 있다면 법원으로서는 그 사무소에 다시 소송서류를 송달해 보아야 할 것임에도 바로 공시송달의 방법을 취한 것은 공시송달의 요건을 흠결한 것이며 그로 인하여 피고인이 정식재판청구기간을 도과하게 되었다면 이는 피고인이 책임질 수 없는 사유에 해당한다. 공시송달의 요건에 흠결이 있는 경우에도 법원이 명하여 그 절차가 취하여진 이상 송달로서는 유효하다 할 것이므로 약식명령을 공시송달한 경우 공시송달을 한 날로부터 2주일을 경과하면 송달의 효력이 생기고 그때부터 정식재판 청구기간을 기산하여야 할 것이며 그러한 기간계산방법에 따라 정식재판청구기간이 도과한 경우에는 제458조, 제345조, 제346조에 의하여 정식재판청구권 회복청구와 동시에 정식재판청구를 함은 별론으로 하고 따로 정식재판청구만을 할 수는 없다).

구를 하는 경우에는 회복청구와 동시에 정식재판청구를 하여야 하는데, 만약 이를 하지 않을 경우에는 그 청구는 기각되어야 한다.[1)]

한편 공범 중 1인에 대해 약식명령이 확정되고 그 후 정식재판청구권이 회복되었다고 하는 것만으로는, 그 사이에 검사가 다른 공범자에 대한 공소를 제기하지 못할 법률상 장애사유가 있다고 볼 수 없을 뿐만 아니라 그 기간 동안 다른 공범자에 대한 공소시효가 정지된다고 볼 아무런 근거도 찾을 수 없다. 더욱이 정식재판청구권이 회복되었다는 사정이 약식명령의 확정으로 인해 다시 진행된 공소시효기간을 소급하여 무효로 만드는 사유가 된다고 볼 수도 없다. 또한 형사소송법이 공범 중 1인에 대한 공소의 제기로 다른 공범자에 대하여도 공소시효가 정지되도록 한 것은 공소제기 효력의 인적 범위를 확장하는 예외를 마련하여 놓은 것이므로, 이는 엄격하게 해석하여야 하고 피고인에게 불리한 방향으로 확장하거나 축소하여 해석해서는 안 된다. 그렇다면 공범 중 1인에 대해 약식명령이 확정된 후 그에 대한 정식재판청구권회복결정이 있었다고 하더라도 그 사이의 기간 동안에는, 특별한 사정이 없는 한, 다른 공범자에 대한 공소시효는 정지함이 없이 계속 진행한다.[2)]

3. 청구의 취하

정식재판의 청구는 제1심판결 선고 전까지 취하할 수 있다(제454조). 정식재판청구를 취하한 자는 그 사건에 대하여 다시 정식재판을 청구하지 못한다(제458조 제1항, 제354조). 이 경우에 취하의 방법 등에 관하여는 상소의 취하에 관한 규정이 준용된다(제458조 제1항, 제350조 내지 제352조). 정식재판 청구를 취하하면 곧바로 재판이 종료된다.

4. 정식재판청구에 대한 재판

(1) 기각결정

정식재판의 청구가 법령상의 방식에 위반하거나 청구권의 소멸 후인 것이 명백한 때에는 결정으로 기각하여야 한다(제455조 제1항). 이러한 결정에 대하여는 즉시항고를 할 수 있다(제455조 제2항).

(2) 공판절차에 의한 심판

정식재판의 청구가 적법한 때에는 공판절차에 의하여 심판하여야 한다(제455조 제3항). 이 경우에 공판절차는 약식명령의 당부를 심판하는 것이 아니라 공소사실에 대하여 새롭게 심리하는 것이므로 공판법원은 약식명령에 구애받지 아니하고 사실인정·법령적용·양형판단 등을 할 수 있다. 약식절차와 정식재판절차는 동일한 심급이므로 약식절차에서의 변호인선임의 효력은 정식재판절차에서도 계속된다.

1) 대법원 1983. 12. 29.자 83모48 결정.

2) 대법원 2012. 3. 29. 선고 2011도15137 판결.

정식재판청구에 의한 공판절차에 있어서는 일정한 경우 궐석재판의 특례가 인정된다. 즉 정식재판절차의 공판기일에 피고인이 출석하지 않은 경우에는 다시 기일을 정하여야 하고, 피고인이 정당한 사유 없이 다시 정한 기일에 출정하지 않으면 피고인의 진술 없이 판결을 할 수 있다(제458조 제2항, 제365조).[1] 그리고 이 경우에는 피고인의 증거동의가 있는 것으로 간주된다(제318조 제2항).

(3) 형종상향금지의 원칙

피고인이 정식재판을 청구한 사건에 대하여는 약식명령의 형보다 중한 종류의 형을 선고하지 못한다(제457조의2 제1항). 피고인이 정식재판을 청구한 사건에 대하여 약식명령의 형보다 중한 형을 선고하는 경우에는 판결서에 양형의 이유를 적어야 한다(제457조의2 제2항). 기존에는 불이익변경금지의 원칙으로 되어 있었으나, 이를 악용하여 정식재판을 청구하는 피고인이 급증하였고, 정식재판 과정에서 피해의 확대, 피해자에 대한 회유, 증거의 조작 등 새로운 사실이 발견되더라도 형량에 이를 반영할 수 없게 되며, 불법영업을 계속하기 위하여 이를 악용하기도 하고[2], 벌금형의 집행유예제도가 신설됨에 따라 이러한 현상이 심화될 것을 우려하여 2017. 12. 19. 형사소송법 개정을 통하여 형종상향금지의 원칙[3]으로 변경하였다. 이에 따라 정식재판 과정에서 피고인이 자신의 억울함만을 하소연할 뿐, 자신의 행동으로 발생한 피해자들의 피해에 대하여는 책임을 느끼지 못하고 있다는 이유로 피고인에 대한 약식명령의 벌금(1,000,000원)보다 10배 무거운 벌금(10,000,000원)을 선고하는 것도 얼마든지 가능하다.[4] 하지만 검사가 정식재판을 청구한 경우 및 검사와 피고인이 모두 정식재판을 청구한 경우에는 이러한 형종상향금지의 원칙이 적용되지 아니한다.

(4) 약식명령의 실효

약식명령은 정식재판의 청구에 의한 판결이 있는 때에는 그 효력을 잃는다(제456조). 여기서의 판결은 종국재판을 의미하며, '판결이 있는 때'란 판결이 선고된 때가 아니라 판결이 확정된

---

1) 대법원 2013. 3. 28. 선고 2012도12843 판결(약식명령에 대한 정식재판청구사건에서 제1심은 소송촉진특례법 제23조 및 그 시행규칙 제19조가 정하는 '피고인에 대한 송달불능보고서가 접수된 때로부터 6개월이 지나도록 피고인의 소재를 확인할 수 없는 경우'에까지 이르지 아니하더라도 공시송달의 방법에 의하여 피고인의 진술 없이 재판을 할 수 있다).

2) 예를 들면 포괄일죄인 영업범의 기판력을 시간적으로 최대한 연장하기 위하여 정식재판을 청구하고 이어서 항소나 상고를 제기하였는데, 그 이면에는 약식명령의 형보다 중한 형이 선고되지 않는다는 법리가 있었던 것이다.

3) 대법원 2020. 3. 26. 선고 2020도355 판결(제2사건은 피고인만이 정식재판을 청구한 사건이므로 형종 상향 금지의 원칙에 따라 그 각 죄에 대하여는 약식명령의 벌금형보다 중한 종류의 형인 징역형을 선택하지 못하고, 나아가 제2사건이 항소심에서 제1사건(고단사건)과 병합·심리되어 경합범으로 처단되더라도 제2사건에 대하여는 징역형을 선고하여서는 아니 된다); 대법원 2020. 1. 9. 선고 2019도15700 판결(피고인이 절도죄 등으로 벌금 300만원의 약식명령을 발령받은 후 이에 대해 정식재판을 청구하자, 제1심 법원이 위 정식재판청구 사건을 통상절차에 의해 공소가 제기된 다른 점유이탈물횡령 등 사건들과 병합한 후 각 죄에 대해 모두 징역형을 선택한 다음 경합범 가중하여 피고인에게 징역 1년 2월을 선고한 사건에서, 제1심판결에는 제457조의2 제1항에서 정한 형종상향금지의 원칙을 위반한 잘못이 있다).

4) 대구지방법원 2019. 12. 19. 선고 2019고정1009 판결.

때를 말한다. 그러므로 검사의 공소취소에 의하여 공소기각의 결정이 확정된 때에도 약식명령은 그 효력을 상실한다. 한편 정식재판의 청구가 부적법하더라도 이 청구에 의하여 일단 확정판결이 있으면 약식명령은 효력을 상실한다.

〈약식명령사건 중 정식재판청구사건 처리 현황〉

단위: 건(%)

구분 연도	접수	처리								
		계	자유형	집행유예	재산형	선고유예	무죄	형의 면제 면소	공소기각	기타
2007	93,229	90,728 (100)	204 (0.2)	271 (0.3)	62,121 (68.5)	3,266 (3.6)	1,387 (1.5)	159 (0.2)	2,212 (2.4)	21,108 (23.3)
2008	106,473	101,617 (100)	188 (0.2)	233 (0.2)	69,253 (68.2)	3,679 (3.6)	1,871 (1.8)	293 (0.3)	2,333 (2.3)	23,767 (23.4)
2009	114,742	112,068 (100)	179 (0.2)	224 (0.2)	78,334 (69.9)	3,743 (3.3)	2,061 (1.8)	230 (0.2)	2,120 (1.9)	25,177 (22.5)
2010	101,981	110,500 (100)	169 (0.2)	174 (0.2)	72,528 (65.6)	3,741 (3.4)	2,627 (2.4)	225 (0.2)	2,092 (1.9)	28,944 (26.2)
2011	95,866	97,415 (100)	191 (0.2)	167 (0.2)	64,636 (66.4)	3,785 (3.9)	2,548 (2.6)	249 (0.3)	1,920 (2.0)	23,919 (24.4)
2012	94,786	94,585 (100)	229 (0.2)	146 (0.2)	63,757 (67.3)	4,025 (4.3)	2,425 (2.6)	223 (0.2)	1,757 (1.9)	22,023 (23.3)
2013	88,924	89,437 (100)	190 (0.2)	148 (0.2)	60,951 (68.2)	3,162 (3.5)	2,345 (2.6)	272 (0.3)	1,761 (2.0)	20,608 (23.0)
2014	80,739	84,102 (100)	178 (0.2)	126 (0.1)	58,432 (69.5)	2,856 (3.4)	2,271 (2.7)	257 (0.3)	1,472 (1.8)	18,510 (22.0)
2015	71,981	72,522 (100)	113 (0.2)	112 (0.2)	49,366 (68.1)	2,484 (3.4)	1,920 (2.6)	191 (0.3)	1,563 (2.1)	16,773 (23.1)
2016	67,414	67,616 (100)	90 (0.1)	91 (0.2)	46,874 (69.3)	2,196 (3.3)	2,032 (3.0)	132 (0.2)	1,575 (2.3)	14,626 (21.6)
2017	59,846	61,704 (100)	73 (0.1)	64 (0.1)	43,299 (70.2)	2,301 (3.7)	2,175 (3.5)	131 (0.2)	1,286 (2.1)	12,375 (20.1)
2018	45,212	47,644 (100)	77 (0.2)	59 (0.1)	33,555 (70.4)	1,611 (3.4)	2,184 (4.6)	130 (0.3)	1,258 (2.6)	8,770 (18.4)

출처: 법무연수원, 「2019 범죄백서」, 2020.

제 2 절 즉결심판절차

Ⅰ. 즉결심판의 의의

'즉결심판'(卽決審判)이란 즉결심판절차에 의한 재판을 말한다. 정식적인 형사절차가 모든 경우에 있어서 구체적으로 타당한 결과를 도출하는 것은 아니다. 특히 죄질이 가볍고 범증이 명백하며 비교적 경미한 사건의 경우에 있어서는 정식절차를 거치게 함으로써 피의자나 피고인을 장기간 형사절차에 두어 오히려 가혹한 결과를 초래하는 경우가 발생할 수 있다. 그러므로 경미한 형사사건의 경우에 사건의 신속하고 적정한 처리를 통해 소송경제를 도모할 필요성이 있는 것이다. 형사재판의 신속화라는 요청에서 볼 때 즉결심판제도는 일정 범위 내의 경미사건에 대하여 간이한 절차로 심판함으로써 피고인을 신속히 형사절차로부터 해방시키는 기능을 가진다. 또한 즉결심판은 일반 국민이 일상생활에서 자주 접할 수 있는 행위들을 그 대상으로 하고 있기 때문에 국민의 권익에도 상당한 영향력을 행사하고 있다.[1)]

이에 따라 범증이 명백하고 죄질이 경미한 범죄사건을 신속·적정한 절차로 심판하기 위하여 즉결심판에 관한 절차를 정하기 위하여 즉결심판절차법을 두고 있다. 이에 의하면 지방법원, 지원 또는 시·군법원의 판사는 즉결심판절차에 의하여 피고인에게 20만원 이하의 벌금·구류 또는 과료에 처할 수 있다(즉결심판절차법 제2조). 일반적으로 즉결심판절차법은 주로 도로교통법이나 「경범죄 처벌법」에 대한 절차법으로서의 의미를 가지지만, 형법상의 범죄도 즉결심판의 대상에서 제외되는 것은 아니다. 그 밖에도 관세법·조세범처벌법·출입국관리법·향토예비군설치법 등의 위반사범도 그 대상에 해당한다. 기존에는 연간 약 100만여건이 즉결심판절차로 진행되었지만, 2012. 7. 1.부터 도로교통법 및 「경범죄 처벌법」에 따라 종래 즉결심판대상자이었던 범칙금 미납자에 대하여 범칙금액의 1.5배를 납부하면 즉결심판을 면제해 주면서 그 대상자의 수가 연간 약 5만여건으로 급감하였다.

즉결심판절차는 심판기일에 검사가 법정에 출석하지 않는다는 점, 경미사건을 위한 절차라는 점, 신속하게 사건을 처리하기 위한 절차라는 점, 즉결심판의 청구권자가 검사가 아니라 경찰서장이라는 점, 서면심리의 형태를 취하지 않고 원칙적으로 공개된 법정에서 판사가 피고인을 출석하게 하여 직접 신문하는 형태인 구두변론에 의하여 재판이 이루어진다는 점[2)], 즉결심판절차에서는 30일 미만의 구류형 선고 또는 무죄의 선고도 가능하다는 점, 피고인의 정식재판청구에 의하여 비로소 공판절차로 이행된다는 점, 판사의 기각결정이 있을 때에는 검사에게 송

1) 하지만 즉결심판절차에서 구류형의 선고가 가능하다는 점, 선고된 즉결심판이 확정판결과 동일한 효력을 가짐에 따라 중한 범죄자에게 면죄부를 줄 수 있는 위험이 있다는 점, 경찰이 수사와 기소를 모두 행하여 남용의 위험이 있다는 점 등은 개선이 필요하다.

2) 실무에서는 즉결심판청구권자인 경찰서장이 법정에 출석하지 않을 뿐만 아니라 현실적으로 피고인의 출석 없이도 가능한 경우가 많아 당사자주의적 소송구조를 전혀 갖추지 못하고 있다(이창현, 1354면).

치함에 그친다는 점 등을 특징으로 하고 있다. 이러한 의미에서 즉결심판절차는 공판절차가 아니라 공판 前 절차라고 보는 것이 타당하다.

〈즉결심판사건 처리 내용〉

단위: 명(%)

구분 연도	계	구류	벌금	과료	선고유예	무죄	면소· 공소기각	청구기각	기타
2007	49,968 (100)	652 (1.3)	41,665 (83.4)	3,206 (6.4)	2,906 (5.8)	484 (1.0)	188 (0.4)	564 (1.1)	303 (0.6)
2008	62,486 (100)	1,145 (1.8)	50,937 (81.5)	4,000 (6.4)	3,900 (6.2)	615 (1.0)	359 (0.6)	871 (1.4)	659 (1.1)
2009	76,753 (100)	1,030 (1.3)	64,584 (84.1)	3,491 (4.5)	4,385 (5.7)	866 (1.1)	557 (0.7)	1,083 (1.4)	757 (1.0)
2010	61,348 (100)	391 (0.6)	52,069 (84.9)	3,087 (5.0)	3,323 (5.4)	459 (0.7)	328 (0.5)	888 (1.4)	803 (1.3)
2011	56,324 (100)	423 (0.8)	47,375 (84.1)	2,759 (4.9)	3,062 (5.4)	617 (1.1)	379 (0.7)	824 (1.5)	885 (1.6)
2012	53,048 (100)	260 (0.5)	45,946 (86.6)	2,314 (4.4)	2,252 (4.2)	631 (1.2)	262 (0.5)	808 (1.5)	575 (1.1)
2013	56,098 (100)	188 (0.3)	49,665 (88.5)	1,842 (3.3)	2,169 (3.9)	624 (1.1)	186 (0.3)	858 (1.5)	566 (1.0)
2014	46,435 (100)	143 (0.3)	40,898 (88.1)	1,028 (2.2)	2,373 (5.1)	452 (1.0)	177 (0.4)	1,017 (2.2)	347 (0.7)
2015	54,239 (100)	94 (0.2)	46,403 (85.6)	993 (1.8)	4,018 (7.4)	547 (1.0)	290 (0.5)	1,584 (2.9)	310 (0.6)
2016	74,551 (100)	58 (0.1)	63,155 (84.7)	982 (1.3)	5,678 (7.6)	1,272 (1.7)	464 (0.6)	2,588 (3.5)	354 (0.5)
2017	70,313 (100)	69 (0.1)	57,106 (81.2)	993 (1.4)	8,314 (11.8)	897 (1.3)	289 (0.4)	2,517 (3.6)	128 (0.2)
2018	65,274 (100)	54 (0.1)	53,912 (82.6)	953 (1.5)	7,196 (11.0)	676 (1.0)	154 (0.2)	2,253 (3.5)	76 (0.1)

출처: 법무연수원, 「2019 범죄백서」, 2020.

Ⅱ. 즉결심판의 청구

1. 즉결심판의 대상

(1) 20만원 이하의 벌금 · 구류 또는 과료에 처할 수 있는 범죄사건

즉결심판절차에 의하여 처리할 수 있는 사건은 20만원 이하의 벌금·구류[1] 또는 과료에 처

1) 대법원 1993. 6. 22. 선고 93오1 판결(형법 제59조 제1항은 1년 이하의 징역이나 금고, 자격정지 또는 벌금의

할 수 있는 범죄사건이다(즉결심판절차법 제2조). 여기서 즉결심판의 대상이 될 수 있는 범죄사건은 법정형이 아니라 선고형[1]을 그 기준으로 하고 있다. 따라서 대상사건의 범위는 매우 광범위하다고 할 수 있다. 즉 법정형의 종류와 액수를 불문하고 벌금·구류·과료가 선택형으로 규정되어 있는 범죄는 모두 즉결심판의 대상이 될 수 있는 것이다.

생각건대 즉결심판의 대상을 선고형을 기준으로 판단한다면 대상범죄를 지나치게 확장할 뿐만 아니라 정식재판과 즉결심판의 분류를 경찰서장의 청구에 의하여 좌우되게 함으로써 자의적 판단의 소지가 있게 된다. 그러므로 입법론적으로는 즉결심판의 대상범죄를 결정함에 있어서 법정형을 기준으로 하거나 즉결심판의 대상범죄를 구체적으로 열거하는 방식이 타당하다.

(2) 고소 또는 고발사건의 경우

제238조는 '사법경찰관이 고소 또는 고발을 받은 때에는 신속히 조사하여 관계 서류와 증거물을 검사에게 송부하여야 한다.'라고 규정하고 있다는 점, 검사는 기소·불기소·공소취소시 고소인·고발인에의 통지의무가 있다는 점, 고소인·고발인에게는 항고권(검찰청법 제10조)과 재정신청권(제260조)이 있다는 점 등을 논거로 하여, 이러한 권리는 수사기관의 자의적 사건처리로부터 고소인·고발인을 보호하려는 형사소송법상의 기본적 권리라고 할 것이어서 즉결심판절차에 의해 이러한 고소인·고발인의 권리를 박탈할 수 없는 것이라는 이유로 즉결심판의 대상에서 고소 또는 고발사건을 제외하는 것이 타당하다는 견해가 있다.

하지만 즉결심판절차법에서는 고소 또는 고발사건을 대상사건에서 제외한다는 명문의 규정이 없다. 또한 경찰서장에 의한 즉결심판청구는 실질적으로 검사에 의한 기소처분과 유사한 성격을 가지고 있다고 할 것이어서, 일단 범인의 처벌을 원하는 고소인 또는 고발인의 의사와 부합하여 형사소추가 행해진 이상 자의적 공소권 불행사로부터 고소인·고발인을 보호하기 위한 특별규정이 문제되는 일은 없다고 보아야 한다.

2. 청구권자

즉결심판은 관할 경찰서장 또는 관할 해양경찰서장이 관할법원에 이를 청구한다(즉결심판절차법 제3조 제1항). 법문상 청구권자는 경찰서장으로 되어 있지만, 실무상 일선 사법경찰관은 경찰서장의 대리인으로 즉결심판을 청구하고 있다. 즉결심판의 청구는 공소제기와 동일한 성격을 가진다. 다만 약식명령의 청구와 동시에 공소를 제기하여야 하는 약식절차와 달리 별도의 공소제기를 요하지 아니한다. 이러한 의미에서 경찰서장의 즉결심판청구는 검사의 기소독점주의에 대한 중대한 예외가 된다.

형을 선고할 경우 같은 법 제51조의 사항을 참작하여 개전의 정상이 현저한 때에는 선고를 유예할 수 있다고 규정하고 있어 형의 선고를 유예할 수 있는 경우는 선고할 형이 1년 이하의 징역이나 금고, 자격정지 또는 벌금의 형인 경우에 한하고 구류형에 대하여는 선고를 유예할 수 없다).

1) 이에 대하여 처단형으로 해석해야 한다는 견해로는 손동권/신이철, 867면.

3. 관할법원

즉결심판의 관할법원은 청구권자인 경찰서장을 관할하는 지방법원, 지원 또는 시·군법원이고, 그 심판권은 지방법원, 지원 또는 시·군법원의 판사가 가진다(즉결심판절차법 제2조). 형사소송법상 토지관할의 규정이 준용되므로 즉결심판이 청구된 사건에 관하여 토지관할이 없고 피고인의 관할위반의 신청이 있으면 관할위반의 판결을 선고하여야 한다. 다만 지방법원 또는 그 지원의 판사는 소속 지방법원장의 명령을 받아 소속 법원의 관할사무와 관계없이 즉결심판청구사건을 심판할 수 있다(즉결심판절차법 제3조의2). 즉결심판에서도 법관의 제척·기피·회피에 관한 규정이 준용되며, 즉결심판이 청구된 피고인이 군인 등의 이유로 군사법원이 재판권을 가지게 되었거나 재판권을 가졌음이 판명된 때에는 군사법원으로 사건을 이송하여야 할 것이다.

4. 청구의 방식 및 절차

즉결심판을 청구함에는 (경찰서장이) 즉결심판청구서를 (관할법원에) 제출하여야 하며, 즉결심판청구서에는 피고인의 성명 기타 피고인을 특정할 수 있는 사항, 죄명, 범죄사실과 적용법조를 기재하여야 한다(즉결심판절차법 제3조 제2항). 이는 즉결심판이 공소제기와 동일한 성격을 가지므로 청구서의 기재사항도 공소장의 필요적 기재사항과 동일하게 한 것이다. 그러나 약식절차와 달리 즉결심판에 의하여 선고할 형량은 기재대상이 되지 아니한다. 즉결심판을 청구할 때에는 사전에 피고인에게 즉결심판의 절차를 이해하는데 필요한 사항을 서면 또는 구두로 알려주어야 한다(즉결심판절차법 제3조 제3항). 다만 즉결심판은 그 청구가 있는 때에 즉시 심판하여야 하므로 경찰서장은 청구시에 즉결심판청구서의 부본을 첨부할 필요가 없다.

경찰서장은 즉결심판의 청구와 동시에 즉결심판을 함에 필요한 서류 또는 증거물을 판사에게 제출하여야 한다(즉결심판절차법 제4조). 이는 약식절차와 마찬가지로 경미사건을 신속하게 처리하고자 하는 취지에 따라 공소장일본주의가 적용되지 아니함을 의미한다.[1)]

한편 현행법에 의하면 즉결심판에 대하여 이의가 있는 피고인이 있는 경우에도 즉결심판을 청구할 수 있다. 이에 대하여 즉결심판의 청구시 피고인의 이의가 없을 것을 요건으로 하는 입법례를 고려해야 한다는 점, 공판절차에 의하여 형사재판을 받을 권리는 형사피고인의 헌법상 권리라는 점, 즉결심판청구에 대한 이의권을 인정하는 것이 피고인이 공판정에서 자백한 경우에 한하여 간이공판절차를 허용하는 제도와 부합한다는 점 등을 논거로 하여, 즉결피의자에게 즉결심판청구에 대한 이의권을 부여하는 것이 바람직하다는 견해가 주장되고 있다. 생각건대 즉결심판의 청구에 있어서 피의자의 동의를 요구하는 것이 반드시 필요하지는 않다. 왜냐하면 현행법에 의하면 즉결심판을 청구당한 피고인이 이에 불복하는 수단으로서 정식재판청구권을 인정하고 있어 헌법이 보장하고 있는 재판을 받을 권리를 침해하는 것이라고는 할 수 없기

1) 대법원 2011. 1. 27. 선고 2008도7375 판결.

때문이다.

Ⅲ. 즉결심판청구사건의 심리

1. 판사의 심사와 기각 여부 결정

즉결심판의 청구가 있는 경우 판사는 사건이 즉결심판을 할 수 없거나 즉결심판절차에 의하여 심판함이 적당하지 아니하다고 인정할 때에는 결정으로 즉결심판의 청구를 기각[1]하여야 한다(즉결심판절차법 제5조 제1항). 여기서 '즉결심판을 할 수 없는 경우'란 즉결심판의 대상으로 청구된 사건이 즉결심판을 하기 위한 실체법상 또는 절차법상의 적법요건을 구비하지 않은 경우를 말한다. 예를 들면 20만원 이하의 벌금·구류 또는 과료에 처할 사건이 아닌 경우, 관할위반에 해당하는 경우 등이 이에 해당한다. 다음으로 '즉결심판절차에 의하여 심판함이 적당하지 아니하는 경우'란 즉결심판을 위한 전제조건을 충족하고 있더라도 청구된 사건에 대하여 20만원 이하의 벌금·구류·과료 이외의 형을 선고함이 적당하다고 인정되는 경우, 사건의 성질이나 양형의 특수성을 고려하여 정식공판절차에서 심리하는 것이 타당하다고 인정되는 경우 등을 말한다.

2. 경찰서장의 송치

판사가 즉결심판의 청구를 기각하는 결정이 있는 때에는 경찰서장은 지체 없이 사건을 관할 지방검찰청 또는 지청의 장에게 송치하여야 한다(즉결심판절차법 제5조 제2항). 왜냐하면 경찰서장에 의한 즉결심판청구는 공판절차에서 검사의 공소제기에 해당하는 소송행위이므로 공소가 제기된 사건을 판사가 다시 검찰청에 송치하는 것은 불가능하기 때문이다. 이러한 점에서 사건이 약식명령으로 할 수 없거나 약식명령으로 하는 것이 적당하지 아니하다고 인정한 경우 법원이 별도의 형식재판을 거칠 필요 없이 공판절차로 이행할 수 있도록 되어 있는 약식절차와 구별된다. 즉결심판청구에 대한 기각결정에 의하여 사건은 즉결심판청구 이전의 상태로 돌아간다. 그러므로 경찰서장에 의해 관할 검찰청에 송치된 사건은 검사의 수사사건이 되며, 검사에 의하여 기소 여부가 결정된다. 이 경우에 검사는 경찰서장으로부터 송치받은 사건에 대하여 불

1) 대법원 2003. 11. 14. 선고 2003도2735 판결(즉결심판 청구기각의 결정이 있어 경찰서장이 관할 지방검찰청 또는 지청의 장에게 송치한 사건의 경우에는 검사만이 공소를 제기할 수 있고, 공소를 제기할 경우에는 검사는 제254조에 따른 공소장을 작성하여 법원에 제출하여야 할 것임에도, 검사가 이를 즉결심판에 대한 피고인의 정식재판청구가 있은 사건으로 오인하여 그 사건기록을 법원에 송부한 경우에는 이러한 검사의 사건기록 송부행위는 외관상 즉결심판에 대한 피고인의 정식재판청구가 있는 사건의 사건기록 송부행위와 차이가 없다고 할지라도, 공소제기의 본질적 요소라고 할 수 있는 검사에 의한 공소장의 제출이 없는 이상 기록을 법원에 송부한 사실만으로 공소제기가 성립되었다고 볼 수 없다. 따라서 이러한 경우에는 소송행위로서의 공소제기가 있었으나 공소제기의 절차가 법률의 규정에 위반하여 무효인 경우에 해당한다고 할 수 없다. 그리고 이와 같이 소송행위로서 요구되는 본질적인 개념요소가 결여되어 소송행위로 성립되지 아니한 경우에는 소송행위가 성립되었으나 무효인 경우와는 달리 하자의 치유문제는 발생하지 않으나, 추후 당해 소송행위가 적법하게 이루어진 경우에는 그 때부터 위 소송행위가 성립된 것으로 볼 수 있다 할 것이어서 이에 따른 조치를 취하여야 할 것이다).

기소처분을 하는 것도 가능하다.

3. 심리의 특칙

(1) 심리의 시기

즉결심판의 청구가 있는 때에는 판사는 사건이 즉결심판을 할 수 없거나 즉결심판절차에 의하여 심판함이 적당하지 아니하다고 인정할 때에는 결정으로 즉결심판의 청구를 기각하여야 하는 경우를 제외하고 즉시 심판을 하여야 한다(즉결심판절차법 제6조). 따라서 통상의 공판절차에서 요구되는 공소장부본의 송달(제266조), 제1회 공판기일의 유예기간(제269조) 등의 절차는 생략된다. 이는 즉시 기일을 열어 심판해야 한다는 의미이지만, 심리 후 재판의 선고까지 즉시 하여야 한다는 것은 아니므로 필요에 따라 기일을 속행하거나 변경하는 것도 가능하다.

(2) 심리의 장소

즉결심판절차에 의한 심리와 재판의 선고는 (약식절차의 경우와는 달리) 공개된 법정에서 행하되, 그 법정은 경찰관서 이외의 장소에 설치되어야 한다(즉결심판절차법 제7조 제1항). 법정은 판사와 법원서기관·법원사무관·법원주사 또는 법원주사보가 열석(列席)하여 개정한다(즉결심판절차법 제7조 제2항). 즉결심판절차에 있어서도 공개주의가 원칙이지만, 그 장소는 법원 내에 있는 법정임을 요하지 않는다는 점에서 통상의 공판절차와 구별된다. 그러나 판사는 상당한 이유가 있는 경우에는 개정 없이 피고인의 진술서와 서류 또는 증거물에 의하여 심판할 수 있다. 다만 구류에 처하는 경우에는 그러하지 아니하다(즉결심판절차법 제7조 제3항). 이를 '불개정심판'(不開廷審判)이라고 한다. 이와 같은 불개정심판은 피고인의 출석이 가능하더라도 무죄·면소·공소기각 등을 함이 명백한 사건이나 벌금이나 과료에 처할 사건임이 명백하고 피고인이 소재불명인 경우에 주로 활용된다.

(3) 피고인의 출석

피고인이 기일에 출석하지 아니한 때에는 즉결심판절차법 또는 다른 법률에 특별한 규정이 있는 경우를 제외하고는 개정할 수 없다(즉결심판절차법 제8조). 다만 벌금 또는 과료를 선고하는 경우에는 피고인이 출석하지 아니하더라도 심판할 수 있고(즉결심판절차법 제8조의2 제1항), 피고인 또는 즉결심판출석통지서를 받은 자는 법원에 불출석심판을 청구할 수 있고, 법원이 이를 허가한 때에는 피고인이 출석하지 아니하더라도 심판할 수 있다(즉결심판절차법 제8조의2 제2항). 이를 '불출석심판'(不出席審判)이라고 한다. 이와 같은 불출석심판의 청구와 그 허가절차에 관하여 필요한 사항은 「즉결심판절차에서의 불출석심판청구 등에 관한 규칙」에서 정하고 있다. 한편 경찰서장의 출석은 요구되지 아니한다.

(4) 심리의 방식

판사는 피고인에게 피고사건의 내용과 진술거부권이 있음을 알리고 변명할 기회를 주어야 한다(즉결심판절차법 제9조 제1항). 변호인은 기일에 출석하여 증거조사에 참여할 수 있으며, 의견을 진술할 수 있다(즉결심판절차법 제9조 제3항). 따라서 변호인의 출석은 임의적이며, 개정의 요건이 아니다.

즉결심판절차에 있어서 즉결심판절차법에 특별한 규정이 없는 한 그 성질에 반하지 아니한 것은 형사소송법의 규정을 준용하므로(즉결심판절차법 제19조), 공개법정에서의 구두변론주의와 직접심리주의에 의한 심리가 요구된다. 그러나 즉결심판절차는 사건의 신속한 처리를 위한 절차라는 점에서 정식공판절차에 비하여 직권주의적 성격이 강하다. 왜냐하면 공격의 당사자가 공개된 법정에 재정조차도 하지 않기 때문이다.

(5) 증거에 대한 특칙

1) 증거조사

원칙적으로 증거조사의 대상은 경찰서장이 즉결심판청구서와 함께 제출한 서류 또는 증거물이지만, 예외적으로 판사는 필요하다고 인정할 때에는 적당한 방법에 의하여 재정하는 증거에 한하여 조사할 수 있다(즉결심판절차법 제9조 제2항). 이는 심리의 신속을 위하여 증거조사의 대상과 방식을 제한하고 있는 것이다. 여기서 말하는 '재정하는 증거'에는 수사기관이 제출한 증거뿐만 아니라 피고인이나 변호인이 증거를 신청하여 재정하는 증거도 포함된다.

2) 증거능력의 제한 완화

즉결심판절차에 있어서는 제310조(자백보강법칙), 제312조 제3항 및 제313조의 규정은 적용하지 아니한다(즉결심판절차법 제10조). 따라서 즉결심판절차에서는 보강증거가 없더라도 피고인의 자백만으로 유죄를 인정할 수 있고, 사법경찰관이 작성한 피의자신문조서나 사법경찰관의 조사과정에서 피고인이 작성한 진술서에 대하여 피고인이 내용을 부인하더라도 그 진술의 임의성과 서류의 진정성립 등이 인정되면 증거능력을 인정할 수 있으며, 진술서 등에 대하여 피고인이 증거동의를 하지 않아도 진술의 임의성 등이 인정되면 이를 유죄의 증거로 할 수 있다. 한편 그 밖의 증거능력에 관한 규정은 형사소송법이 준용되므로, 자백배제법칙과 위법수집증거배제법칙은 물론 제312조 제3항 및 제313조를 제외한 전문증거에 대한 규정도 즉결심판절차에 그대로 적용된다. 그러므로 제318조 제2항에 의하여 피고인의 출석 없이 즉결심판을 할 수 있는 경우에는 증거동의가 의제된다.

Ⅳ. 즉결심판의 선고 및 효력

1. 즉결심판의 선고

(1) 선고의 방식

즉결심판의 선고는 피고인이 출석한 경우에는 선고에 의하고, 피고인 없이 심리한 경우에는 즉결심판서 등본의 교부에 의한다. 그리고 즉결심판으로 유죄를 선고할 때에는 형·범죄사실과 적용법조를 명시하고 피고인은 7일 이내에 정식재판을 청구할 수 있다는 것을 고지하여야 한다. 참여한 법원사무관 등은 선고의 내용을 기록하여야 한다. 피고인이 판사에게 정식재판청구의 의사를 표시하였을 때에는 이를 기록에 명시하여야 한다. 판사가 상당한 이유가 있다고 인정하여 개정 없이 심판한 경우(즉결심판절차법 제7조 제3항) 또는 피고인의 출석 없이 심판한 경우(즉결심판절차법 제8조의2)에는 법원사무관 등은 7일 이내에 정식재판을 청구할 수 있음을 부기한 즉결심판서의 등본을 피고인에게 송달하여 고지한다. 다만 즉결심판절차법 제8조의2 제2항의 경우에 피고인 등이 미리 즉결심판서의 등본송달을 요하지 아니한다는 뜻을 표시한 때에는 그러하지 아니하다. 판사는 사건이 무죄·면소 또는 공소기각을 함이 명백하다고 인정할 때에는 이를 선고·고지할 수 있다(즉결심판절차법 제11조).

유죄의 즉결심판서에는 피고인의 성명 기타 피고인을 특정할 수 있는 사항·주문·범죄사실과 적용법조를 명시하고 판사가 서명·날인하여야 한다. 다만 피고인이 범죄사실을 자백하고 정식재판의 청구를 포기한 경우에는 즉결심판절차법 제11조의 기록작성을 생략하고, 즉결심판서에 선고한 주문과 적용법조를 명시하고 판사가 기명·날인한다(즉결심판절차법 제12조).

(2) 유치명령과 가납명령

1) 유치명령

판사는 구류의 선고를 받은 피고인이 일정한 주소가 없거나 또는 도망할 염려가 있을 때에는 5일을 초과하지 아니하는 기간 동안 경찰서유치장에 유치할 것을 명령할 수 있다. 다만 이 기간은 선고기간을 초과할 수 없다(즉결심판절차법 제17조 제1항). 집행된 유치기간은 본형의 집행에 산입한다(즉결심판절차법 제17조 제2항). 원래 선고된 구류는 재판 확정 후 집행하는 것이 원칙이지만, 재판의 확정을 기다리는 동안 피고인이 도주할 우려가 있는 경우 구류형의 집행을 확보하기 위하여 유치명령을 하는 것이다. 그러므로 벌금형이나 과료형을 선고하는 경우에는 유치명령을 할 수가 없다. 또한 유치명령이 있는 구류가 선고된 경우에는 피고인은 정식재판을 청구하더라도 석방되지 아니한다. 유치명령도 재판장이 고지한 구금에 관한 재판(제416조 제1항 제2호)에 해당하므로 이에 대하여는 준항고[1]가 가능하다.

2) 가납명령

제334조의 규정은 판사가 벌금 또는 과료를 선고하였을 때에 이를 준용한다(즉결심판절차법 제17조 제3항). 법원은 벌금 또는 과료의 선고를 하는 경우에 판결의 확정 후에는 집행할 수 없거나 집행하기 곤란할 염려가 있다고 인정한 때에는 직권 또는 검사의 청구에 의하여 피고인에게 벌금 또는 과료에 상당한 금액의 가납을 명할 수 있는데, 이러한 가납명령은 형의 선고와 동시

1) 이에 대하여 준항고의 방법에 의하여 불복할 수 있는 재판은 재판장이나 수명법관의 재판에 한하기 때문에 즉결심판절차에서 행하여지는 유치명령은 재판부로서의 단독판사의 구금에 관한 재판이므로 준항고가 아닌 보통항고(제403조 제2항)의 대상이 된다고 파악하는 견해로는 이은모/김정환, 910면; 이창현, 1362면. 하지만 보통항고에 의하면 항고에 관한 의견서 작성, 항고법원에의 기록송부 등을 하는 사이에 이미 유치기간이 경과하게 되어 불복의 실익을 달성할 수 없는 경우가 거의 대부분이므로 실무상 피고인의 이익을 위하여 유치명령에 대하여는 준항고를 허용하여 당해 판사의 소속 법원에서 심리하게 하고 있다.

에 선고하여야 하며, 즉시로 집행할 수 있다(제334조).

이에 따라 가납명령이 있는 벌금이나 과료를 납부하지 않을 경우 노역장유치를 명할 수 있는지 여부와 관련하여, ① 가납명령은 장래의 재산형 집행이 곤란할 것을 예상하여 미리 납부를 명하는 법원의 명령으로서 재산에 대한 압류를 수단으로 하는 재산형의 보전방법이라는 점, 가납명령의 집행력은 즉결심판의 확정 전에 재산권을 집행할 수 있다는 의미라는 점 등을 논거로 하여, 가납명령이 있는 벌금 또는 과료도 재판이 확정되어야 비로소 노역장유치가 가능하다는 견해[1], ② 유치명령과 가납명령은 선고와 동시에 집행력이 발생한다는 점, 유치명령이 있는 구류는 정식재판을 청구하더라도 석방되지 않는다는 점 등을 논거로 하여, 재판의 확정 전에도 노역장유치가 가능하다는 견해[2] 등의 대립이 있다.

2. 즉결심판의 효력

(1) 즉결심판의 확정

즉결심판은 정식재판청구기간의 경과·정식재판청구권의 포기 또는 그 청구의 취하에 의하여 확정판결과 동일한 효력이 생긴다. 정식재판청구를 기각하는 재판이 확정된 때에도 같다(즉결심판절차법 제16조).[3] 따라서 즉결심판이 확정되면 확정력(집행력과 기판력)과 일사부재리의 효력이 발생하며[4], 즉결심판이 확정된 경우에는 그에 대한 불복은 재심이나 비상상고와 같은 비상구제절차에 의해서만 가능하다. 한편 즉결심판의 판결이 확정된 때에는 즉결심판서 및 관계서류와 증거는 관할 경찰서 또는 지방해양경찰관서가 이를 보존한다(즉결심판절차법 제13조).

(2) 형의 집행

즉결심판에 의한 형의 집행은 경찰서장이 하고, 그 집행결과를 지체 없이 검사에게 보고하여야 한다. 구류는 경찰서유치장·구치소 또는 교도소에서 집행하며 구치소 또는 교도소에서 집행할 때에는 검사가 이를 지휘한다. 벌금·과료·몰수는 그 집행을 종료하면 지체 없이 검사에게 이를 인계하여야 한다. 다만 즉결심판 확정 후 상당기간 내에 집행할 수 없을 때에는 검사에게 통지하여야 한다. 형의 집행정지는 사전에 검사의 허가를 얻어야 한다(즉결심판절차법 제18조).

---

1) 이창현, 1362면.

2) 신양균/조기영, 1294면; 이재상/조균석, 878면.

3) 대법원 1996. 6. 28. 선고 95도1270 판결(원심은 피고인이 이 사건에서 문제가 된 즉결심판에 의하여 유죄로 확정된 경범죄처벌법 위반죄의 범죄사실은 '피고인이 1994. 7. 30. 21:00경 경북 봉화군 소재 공소외인 경영의 담배집 마당에서 음주소란을 피웠다'는 것이고, 한편 이 사건 폭력행위처벌법 위반죄의 공소사실은 '피고인이 같은 일시경 같은 장소에서 피해자와 말다툼을 하다가 피고인 차에 실려 있던 위험한 물건인 전체길이 약 64㎝ 도끼날 약 7㎝ 가량의 도끼를 가지고 와 피해자를 향해 내리치며 도끼 머리 부분으로 피해자의 뒷머리를 스치게 하여 피해자에게 약 2주간의 치료를 요하는 두부타박상 등을 가하였다'는 것으로, 이 사건 공소사실과 즉결심판의 범죄사실은 그 기초가 되는 사회적 사실관계가 그 기본적인 점에서 동일하므로 위 즉결심판의 기판력은 이 사건 공소사실에도 미친다고 할 것이므로 피고인에 대한 이 사건 공소사실에 관하여는 이미 확정판결이 있다는 이유로 유죄판결을 선고한 제1심판결을 파기하고 면소를 선고하고 있다); 대법원 1987. 2. 10. 선고 86도2454 판결.

4) 대법원 1986. 12. 23. 선고 85도1142 판결.

V. 정식재판의 청구

1. 정식재판의 청구권자

(1) 피고인의 정식재판청구

정식재판을 청구하고자 하는 피고인은 즉결심판의 선고·고지를 받은 날부터 7일 이내에 정식재판청구서를 경찰서장에게 제출하여야 한다. 정식재판청구서를 받은 경찰서장은 지체 없이 판사에게 이를 송부하여야 한다(즉결심판절차법 제14조 제1항). 7일 이내의 기간은 즉결심판이 공개법정에서 선고된 경우에는 선고일로부터, 개정하지 아니하고 불출석심판으로 이루어진 경우에는 즉결심판서등본이 피고인에게 송달된 날로부터 각각 기산한다.

(2) 경찰서장의 정식재판청구

경찰서장은 즉결심판을 청구한 사건에 대하여 판사가 무죄·면소 또는 공소기각을 선고·고지를 한 날부터 7일 이내에 정식재판을 청구할 수 있다. 이 경우 경찰서장은 관할 지방검찰청 또는 지청의 검사의 승인을 얻어 정식재판청구서를 판사에게 제출하여야 한다(즉결심판절차법 제14조 제2항). 경찰서장은 검사의 승인을 얻는 것을 요건으로 직접 법원에 정식재판을 청구할 수 있는데, 이러한 경찰서장의 정식재판청구는 검사의 기소독점주의에 대한 중대한 예외에 해당한다.

2. 정식재판청구 후의 절차

판사는 정식재판청구서를 받은 날부터 7일 이내에 경찰서장에게 정식재판청구서를 첨부한 사건기록과 증거물을 송부하고, 경찰서장은 지체 없이 관할 지방검찰청 또는 지청의 장에게 이를 송부하여야 하며, 그 검찰청 또는 지청의 장은 지체 없이 관할법원에 이를 송부하여야 한다(즉결심판절차법 제14조 제3항). 경찰서장의 즉결심판청구가 공소제기와 동일한 소송행위이므로 정식재판청구에 의하여 검사의 공소제기가 필요한 것은 아니다. 정식재판청구에 의한 제1회 공판기일 전에 사건기록 및 증거물이 경찰서장, 관할 지방검찰청 또는 지청의 장을 거쳐 관할 법원에 송부된다고 하여 그 이전에 이미 적법하게 제기된 경찰서장의 즉결심판청구의 절차가 위법하게 된다고 볼 수 없고, 그 과정에서 정식재판이 청구된 이후에 작성된 피해자에 대한 진술조서 등이 사건기록에 편철되어 송부되었다고 하더라도 달리 볼 것은 아니다.[1)]

피고인이 경찰서장의 청구에 따라 즉결심판을 받고 적법한 정식재판청구를 한 경우 경찰서장의 즉결심판청구는 공소제기와 동일한 소송행위이므로, 관할법원은 공판절차에 따라 심판

1) 대법원 2011. 1. 27. 선고 2008도7375 판결. 이에 대하여 정식재판이 청구되었기에 공소장일본주의에 따라 사건기록과 증거물은 공판기일의 증거조사절차에서 제출될 것이므로 검사가 법원에 송부하는 것은 정식재판청구서와 즉결심판청구서에 한한다고 해석하는 견해로는 김인회, 728면; 신양균/조기영, 1296면; 이창현, 1364면; 정승환, 858면; 정웅석/최창호, 874면.

하여야 한다. 피고인이 즉결심판에 대하여 정식재판청구를 한 경우 검사가 법원에 사건기록과 증거물을 그대로 송부하지 않고 즉결심판이 청구된 위반 내용과 동일성 있는 범죄사실에 대하여 약식명령을 청구하면, 법원은 공소가 제기된 사건에 대하여 다시 공소가 제기되었을 때에 해당한다는 이유로 공소기각의 판결을 선고하여야 한다.[1)]

형사소송법 제340조 내지 제342조, 제344조 내지 제352조, 제354조, 제454조, 제455조[2)]의 규정은 정식재판의 청구 또는 그 포기·취하에 이를 준용한다(즉결심판절차법 제14조 제4항). 따라서 피고인이나 경찰서장은 정식재판의 청구를 포기할 수 있고, 제1심판결 선고 전까지 이를 취하할 수 있다. 그리고 정식재판을 포기하거나 정식재판의 청구를 취하한 자는 다시 정식재판을 청구하지 못한다.

3. 정식재판청구에 대한 재판

정식재판의 청구가 법률상 방식에 위반하거나 청구권 소멸 후인 것이 명백한 때에는 결정으로 기각하여야 하고, 이 결정에 대해서는 즉시항고를 할 수 있다(제455조 제1항 및 제2항). 하지만 정식재판의 청구가 적법할 때에는 공판절차에 의해 심판하여야 한다(제455조 제3항). 이 때 심판의 대상은 즉결심판의 당부가 아니라 공소사실 그 자체이다. 정식재판청구에 의한 공판절차는 새로운 제1심 공판절차가 개시되는 것이므로 즉결심판의 결과에 구속되지 아니한다. 또한 즉결심판절차는 통상의 공판절차에 대한 전심재판의 관계에 있지 않으므로 즉결심판에 관여한 판사가 공판절차에 관여하더라도 제척사유가 되지 아니한다. 다만 기피사유는 될 수 있다. 한편 즉결심판절차와 정식재판청구에 따른 공판절차는 동일한 심급의 재판이므로 즉결심판절차에서의 변호인 선임의 효력은 계속 유지되고, 만약 피고인에게 사선변호인이 없는 경우에 국선변호인의 선정사유에 따라 법원은 국선변호인을 선정하여야 한다(제283조).[3)]

즉결심판에 대한 정식재판절차에는 형사소송법의 규정이 준용되므로, 약식명령에 대한 정식재판절차에 인정되는 형종상향금지의 원칙(제457조의2)이 즉결심판과 정식재판 사이에도 준용된다.[4)] 이후 즉결심판은 정식재판의 청구에 의한 판결이 있는 때에는 그 효력을 잃는다(즉결심판절차법 제15조). 여기서 판결은 적법한 정식재판의 청구에 의하여 통상의 공판절차에서 행하여진 판결로서 확정판결을 의미하며, 종국재판을 의미한다는 점에서 공소기각의 결정도 포함한다.

---

1) 대법원 2019. 11. 29.자 2017모3458 결정; 대법원 2017. 10. 12. 선고 2017도10368 판결; 대법원 2012. 3. 29. 선고 2011도8503 판결.

2) 대법원 1997. 2. 14. 선고 96도3059 판결(즉결심판절차법 제14조 제4항은 형사소송법 제455조의 규정은 정식재판의 청구에 이를 준용한다고 규정하고 있고, 형사소송법 제455조 제3항은 '정식재판의 청구가 적법한 때에는 공판절차에 의하여 심판하여야 한다.'고 규정하고 있는바, 위 각 규정 내용에 비추어 보면 즉결심판을 받은 피고인이 정식재판청구를 함으로써 공판절차가 개시된 경우에는 통상의 공판절차와 마찬가지로 국선변호인의 선정에 관한 형사소송법 제283조의 규정이 적용되는 것으로 보아야 할 것이다).

3) 대법원 1997. 2. 14. 선고 96도3059 판결.

4) 대법원 1999. 1. 15. 선고 98도2550 판결.

제 3 절 소년법에 대한 형사절차

Ⅰ. 소년법의 의의

소년법은 반사회성이 있는 소년의 환경 조정과 품행 교정을 위한 보호처분 등의 필요한 조치를 하고, 형사처분에 관한 특별조치를 함으로써 소년이 건전하게 성장하도록 돕는 것을 목적으로 한다(소년법 제1조). 즉 소년법은 비행소년에 대하여 보호사건과 형사사건의 이원적 구조를 통하여 소년의 건전한 육성을 도모하고 있다. 이에 따라 소년법에 규정되어 있는 주된 내용은 크게 2가지로 분류할 수 있는데, 보호처분 등의 필요한 조치와 형사처분에 관한 특별조치[1] 등이 그것이다. 소년법은 19세 미만의 자를 소년으로 규정하면서도 이 가운데 ① 죄를 범한 소년(범죄소년), ② 형벌 법령에 저촉되는 행위를 한 10세 이상 14세 미만인 소년(촉법소년), ③ 집단적으로 몰려다니며 주위 사람들에게 불안감을 조성하는 성벽이 있는 것, 정당한 이유 없이 가출하는 것, 술을 마시고 소란을 피우거나 유해환경에 접하는 성벽이 있는 것 가운데 어느 하나에 해당하는 사유가 있고 그의 성격이나 환경에 비추어 앞으로 형벌 법령에 저촉되는 행위를 할 우려가 있는 10세 이상인 소년(우범소년)[2]을 규율대상으로 하고 있다(소년법 제4조 제1항). 한편 소년법은 19세 미만의 소년을 대상으로 한다는 점에서 인적 적용범위가 제한되고 있는 형사특별법의 일종이라고 할 수 있다. 그러므로 소년에 대한 형사사건에 관하여는 소년법에 특별한 규정이 없으면 일반 형사사건의 예에 따른다(소년법 제48조).

〈소년범죄자 연도별 검찰처리 현황〉

단위: 명(%)

연 도	계	기 소			소년 보호 송치	가정 보호 송치	불기소			기 타[3]
		소 계	구공판	구약식			소 계	기소 유예	기 타[4]	
2007	81,800 (100)	8,066 (9.9)	2,460 (3.0)	5,605 (6.9)	21,573 (26.4)	21 (0.0)	51,906 (63.5)	43,199 (52.8)	8,707 (10.7)	234 (0.3)
2008	126,213 (100)	12,308 (9.8)	4,383 (3.5)	7,925 (6.3)	28,594 (22.7)	25 (0.0)	84,928 (67.3)	60,875 (48.2)	24,053 (19.1)	358 (0.3)
2009	123,347 (100)	11,832 (9.6)	4,971 (4.0)	6,861 (5.6)	32,950 (26.7)	40 (0.0)	78,101 (63.3)	61,363 (49.7)	16,738 (13.6)	424 (0.4)

1) 이에 대하여 보다 자세한 내용으로는 박찬걸, "소년형사사건의 심판에 있어서 특례조항에 대한 검토 — 소년법 제56조 내지 제67조를 중심으로 —", 소년보호연구 제18호, 한국소년정책학회, 2012. 2, 127면 이하 참조.

2) 이에 대하여 보다 자세한 내용으로는 박찬걸, "우범소년 처리의 합리화 방안에 관한 연구", 소년보호연구 제16호, 한국소년정책학회, 2011. 6, 71면 이하 참조.

3) 참고인중지, 기소중지, 아동보호송치 인원이 포함된 것임.

4) 혐의없음, 죄가안됨, 공소권없음 인원이 포함된 것임.

연 도	계	기 소			소년 보호 송치	가정 보호 송치	불기소			기 타
		소 계	구공판	구약식			소 계	기소 유예	기 타	
2010	101,596 (10)	10,080 (9.9)	3,947 (3.9)	6,133 (6.0)	30,443 (30.0)	19 (0.0)	60,679 (59.7)	47,108 (46.4)	13,571 (13.3)	375 (0.3)
2011	100,032 (100)	10,593 (10.6)	4,451 (4.5)	6,142 (6.1)	31,630 (31.6)	16 (0.0)	57,360 (57.3)	43,352 (43.3)	14,010 (14.0)	431 (0.4)
2012	100,354 (100)	7,743 (7.7)	4,841 (4.8)	2,902 (2.9)	36,255 (36.1)	20 (0.0)	56,061 (55.9)	42,642 (42.5)	13,419 (13.4)	275 (0.2)
2013	85,364 (100)	8,604 (10.1)	5,216 (6.1)	3,388 (4.0)	29,427 (34.5)	35 (0.0)	47,014 (55.0)	34,613 (40.5)	12,401 (14.5)	284 (0.3)
2014	72,947 (100)	7,037 (9.6)	4,191 (5.7)	2,846 (3.9)	23,740 (32.5)	50 (0.1)	39,548 (54.2)	27,599 (37.8)	11,949 (16.4)	2,572 (3.5)
2015	56,050 (100)	6,252 (11.2)	4,034 (7.2)	2,218 (4.0)	18,216 (32.5)	119 (0.2)	30,198 (53.9)	19,623 (35.0)	10,575 (18.9)	1,265 (2.3)
2016	60,669 (100)	6,113 (10.1)	3,755 (6.2)	2,358 (3.9)	20,597 (33.9)	147 (0.2)	32,235 (53.1)	21,044 (34.7)	11,191 (18.4)	1,577 (2.6)
2017	58,218 (100)	5,833 (10.1)	3,449 (5.9)	2,384 (4.1)	20,578 (35.3)	136 (0.2)	31,371 (53.9)	20,108 (34.5)	11,263 (19.3)	300 (0.5)
2018	52,278 (100)	6,168 (11.8)	3,950 (7.6)	2,218 (4.2)	19,648 (37.6)	131 (0.3)	25,964 (49.7)	15,939 (30.5)	10,025 (19.2)	367 (0.7)

출처: 법무연수원, 「2019 범죄백서」, 2020.

Ⅱ. 수사에 대한 특칙

1. 검사의 결정 전 조사제도

촉법소년 또는 우범소년에 해당하는 소년이 있을 때에는 경찰서장이 직접 관할 소년부에 송치하여야 하지만(소년법 제4조 제2항), 범죄소년에 대한 형사절차의 처리에 관한 판단은 원칙적으로 검사에게 부여되어 있는데, 이를 '검사선의주의'(檢事先議主義)라고 한다. 검사는 소년 피의사건에 대하여 소년부 송치·공소제기·기소유예 등의 처분을 결정하기 위하여 필요하다고 인정하면 피의자의 주거지 또는 검찰청 소재지를 관할하는 보호관찰소의 장·소년분류심사원장 또는 소년원장에게 피의자의 품행·경력·생활환경이나 그 밖에 필요한 사항에 관한 조사를 요구할 수 있다(소년법 제49조의2 제1항). 이러한 요구를 받은 보호관찰소장 등은 지체 없이 이를 조사하여 서면으로 해당 검사에게 통보하여야 하며, 조사를 위하여 필요한 경우에는 소속 보호관찰관·분류심사관 등에게 피의자 또는 관계인을 출석하게 하여 진술요구를 하는 등의 방법으로 필요한 사항을 조사하게 할 수 있다(소년법 제49조의2 제2항). 이에 따른 조사를 할 때에는 미리 피의자 또는 관계인에게 조사의 취지를 설명하여야 하고, 피의자 또는 관계인의 인권을 존중하며, 직무상 비밀을 엄수하여야 한다(소년법 제49조의2 제3항). 검사는 보호관찰소장 등으로부터 통보받은 조사 결과를 참고하여 소년피의자를 교화·개선하는 데에 가장 적합한 처분을 결정하여야 한다(소년법 제49조의2 제4항).

2. 검사의 소년부송치

검사는 소년에 대한 피의사건을 수사한 결과 보호처분에 해당하는 사유가 있다고 인정한 경우에는 사건을 관할 소년부에 송치하여야 한다(소년법 제49조 제1항). 그러나 소년부는 이에 따라 송치된 사건을 조사 또는 심리한 결과 그 동기와 죄질이 금고 이상의 형사처분을 할 필요가 있다고 인정할 때에는 결정으로써 해당 검찰청 검사에게 송치할 수 있다(소년법 제49조 제2항). 이에 따라 송치한 사건은 다시 소년부에 송치할 수 없다(소년법 제49조 제3항).

3. 선도조건부 기소유예

검사는 피의자에 대하여 ① 범죄예방자원봉사위원의 선도, ② 소년의 선도·교육과 관련된 단체·시설에서의 상담·교육·활동 등 가운데 어느 하나에 해당하는 선도 등을 받게 하고, 피의사건에 대한 공소를 제기하지 아니할 수 있다. 이 경우 소년과 소년의 친권자·후견인 등 법정대리인의 동의를 받아야 한다(소년법 제49조의3).

4. 소년부의 검찰 송치

소년부는 조사 또는 심리한 결과 금고 이상의 형에 해당하는 범죄 사실이 발견된 경우 그 동기와 죄질이 형사처분을 할 필요가 있다고 인정하면 결정으로써 사건을 관할 지방법원에 대응한 검찰청 검사에게 송치하여야 한다(소년법 제7조 제1항). 또한 소년부는 조사 또는 심리한 결과 사건의 본인이 19세 이상인 것으로 밝혀진 경우에는 결정으로써 사건을 관할 지방법원에 대응하는 검찰청 검사에게 송치하여야 한다(소년법 제7조 제2항)

5. 구속의 제한

소년에 대한 구속영장은 부득이한 경우가 아니면 발부하지 못한다(소년법 제55조 제1항). 소년을 구속하는 경우에는 특별한 사정이 없으면 다른 피의자나 피고인과 분리하여 수용하여야 한다(소년법 제55조 제2항). 하지만 형집행기관으로서의 교도소에서는 소년교도소를 별도로 운영하는 등 분리수용이 명확하게 이루어지고 있으나, 미결구금기관인 구치소에서는 분리수용이 명확하게 이루어지고 있지 않아 소년은 분리수용의 규정을 적용받고 있지만, 성인과 함께 수용되고 있는 실정이다. 이는 악풍감염의 위험을 초래하여 소년의 인권을 침해할 뿐만 아니라 미결구금시에는 형집행법 제55조 및 동법 제2조 제1호에 의하여 그 어떠한 교육적 처우도 이루어질 수 없기 때문에 미결구금상태에서의 소년은 범죄의 감염에 무방비 상태로 노출되었다고 할 수 있다. 따라서 소년범의 신병확보를 위해 구속이 불가피하다면 소년법의 기본이념인 소년보호를 중시하여 형사사건의 소년에 대해서도 일반 성인과의 분리·수용이 어려운 구치소에 구금하는 것이 아닌 소년분류심사원에 구금하는 방안을 고려할 수 있다. 또한 형사사건으로 구속된 소년 피의자에 대해서도 환경과 특성에 대한 충분한 조사와 심사가 행해져야 대상 소년에게 적절한 처우를 결정할 수 있기 때문에 조사·평가가 행해질 수 있는 소년분류심사원에 구금하는 것이 타당하다.

Ⅲ. 심리에 대한 특칙

1. 법원의 소년부 송치

법원은 소년에 대한 피고사건을 심리한 결과 보호처분에 해당할 사유가 있다고 인정하면 결정으로써 사건을 관할 소년부에 송치하여야 한다(소년법 제50조). 소년부는 이에 따라 송치받은 사건을 조사 또는 심리한 결과 사건의 본인이 19세 이상인 것으로 밝혀지면 결정으로써 송치한 법원에 사건을 다시 이송하여야 한다(소년법 제51조).

2. 소년조사제도

법원은 소년에 대한 형사사건에 관하여 필요한 사항을 조사하도록 조사관에게 위촉할 수 있다(소년법 제56조). 소년형사사건에서 검사는 관련기관에 대하여 조사를 요구할 수 있도록 법률에 규정하고 있지만, 경찰이 관련기관에 조사를 요구할 수 있는 권한에 대하여는 침묵하고 있다. 단지 수사지휘·준칙규정 제61조(범죄의 원인 등과 환경조사) 제1항에서 경찰은 소년사건을 수사할 때에는 범죄의 원인 및 동기와 그 소년의 성격·행실·태도·경력·교육정도·가정상황·교우관계와 그 밖의 환경 등을 상세히 조사하여 소년환경 조사서를 작성하여야 한다고 하여, 경찰단계에서부터 소년형사사건에 있어서 환경조사제도를 의무화시키고 있다.

생각건대 소년에 대한 조사가 얼마나 실질적으로 행해지는지 여부에 따라 소년사법제도의 성패가 달려 있다. 소년사건을 초기의 단계에서 다루는 경찰에게 대통령령으로 환경조사제도를 의무화시키고 있으면서도 법률에서 조사요구권에 대한 명확한 법적 근거를 두고 있지 않은 것은 입법의 불비라고 보여 진다. 그러므로 경찰이 피의자의 주거지 또는 검찰청 소재지를 관할하는 보호관찰소의 장, 소년분류심사원장 또는 소년원장에게 피의자의 품행·경력·생활환경이나 그 밖에 필요한 사항에 관한 조사를 요구할 수 있도록 하는 규정을 신설하여야 한다. 또한 현행법령에 의하면 소년조사제도의 활용 여부에 대하여 검찰 및 법원단계에서는 임의적인 절차로 규정하고 있지만, 경찰단계에서는 필수적인 절차로 규정하고 있다. 소년사법의 이념을 제대로 구현하기 위해서는 개별 소년에 대한 환경이나 성행 등에 대한 심도 있는 조사가 선행되어야 하기 때문에 수리된 모든 사건에 앞서 소년이 지닌 성행과 환경을 전문적으로 조사해야 하는 필수적이고 실질적인 심리 전(前) 조사제도가 도입되는 것이 바람직하다.

3. 심리의 분리 및 소년형사사건에 있어서 심리공개

소년에 대한 형사사건의 심리는 다른 피의사건과 관련된 경우에도 심리에 지장이 없으면 그 절차를 분리하여야 한다(소년법 제57조). 또한 소년에 대한 형사사건의 심리는 친절하고 온화하게 하여야 하고(소년법 제58조 제1항), 이러한 심리에는 소년의 심신상태·품행·경력·가정상황·그 밖의 환경 등에 대하여 정확한 사실을 밝힐 수 있도록 특별히 유의하여야 한다(소년법 제58조 제2항).[1)]

생각건대 소년'형사'사건에 대한 심리의 방침을 규정하고 있는 소년법 제58조와 비교해야 할 것이 소년'보호'사건에 대한 심리의 방침을 규정하고 있는 소년법 제24조이다. 제24조 제1항은 제58조 제1항과 동일하게, 심리는 친절하고 온화하게 하여야 한다고 되어 있지만, 제24조 제2항에서는 소년형사사건과 달리 '심리는 공개하지 아니한다.'라고 규정되어 있다. 소년보호사건에 있어서 심리비공개주의는 소년의 건전한 육성을 위한 보호규정으로서 소년의 신상이 공개되는 것을 차단함과 동시에 심리를 받는 소년의 심리적 안정을 도모해 주려는 것이다. 이와 같은 심리비공개의 원칙은 소년이 법원의 재판을 받는 과정에서 받게 되는 정서적인 불안감과 혹시라도 발생할 수 있을지 모르는 소년의 신상공개로 인한 일신상의 불안감 등을 미연에 방지하기 위한 것인데, 이를 소년형사사건에 준용하고 있지 않는 것은 타당하지 않다. 오히려 소년보호사건보다는 소년형사사건의 경우가 사회적으로 미치는 영향이나 관심의 정도가 훨씬 크다는 점을 감안할 때 소년의 재사회화를 위해서 소년형사사건의 경우에도 심리의 비공개원칙이 관철되어야 하겠다.

Ⅳ. 선고형에 대한 특칙

1. 사형 및 무기형의 완화

죄를 범할 당시 18세 미만인 소년에 대하여 사형 또는 무기형으로 처할 경우에는 15년의 유기징역으로 한다(소년법 제59조).[2)] 다만 특정강력범죄를 범한 당시 18세 미만인 소년을 사형 또는 무기형에 처하여야 할 때에는 소년법 제59조에도 불구하고 그 형을 20년의 유기징역으로 한

1) 수사지휘·준칙규정에 의하면, 소년사건을 수사할 때에는 소년의 특성에 비추어 되도록 다른 사람의 이목을 끌지 아니하는 조용한 장소에서 온정과 이해를 가지고 부드러운 어조로 조사하여야 하며, 그 소년의 심정을 충분히 배려하여야 하며(동 규정 제60조), 소년범죄에 대해서는 소년법의 취지에 따라 신속히 처리하여야 하며, 소년의 주거·성명·나이·직업·용모 등에 의하여 본인을 알 수 있는 정도의 사실이나 사진이 보도되지 아니하도록 특히 주의하여야 한다(동 규정 제63조).

2) 소년사법운영에 관한 UN최저표준규칙 제17조는 '소년이 어떠한 범죄를 저질렀다고 하여도 사형에 처해서는 안된다'고 규정하고 있고, 소년사법운영에 관한 UN최저표준규칙에서 유래한 UN아동권리조약(Convention on the Rights of the Child; CRC Rules) 제37조에서도 소년에 대한 사형과 종신형을 금지하고 있다.

다(특정강력범죄특례법 제4조 제1항). 동 규정은 범죄행위시에 18세 미만이었으나 과형 당시에 성인이 된 때에도 적용된다.[1] 17세 이하의 소년에 대하여는 사형을 절대적으로 과할 수 없지만, 18세의 범죄소년은 사형의 대상이 될 수 있다.

2. 상대적 부정기형의 선고

소년이 법정형으로 장기 2년 이상의 유기형에 해당하는 죄를 범한 경우에는 그 형의 범위에서 장기와 단기를 정하여 선고한다. 다만 장기는 10년, 단기는 5년을 초과하지 못한다(소년법 제60조 제1항). 특정강력범죄를 범한 소년에 대하여 부정기형을 선고할 때에는 소년법 제60조 제1항 단서에도 불구하고 장기는 15년, 단기는 7년을 초과하지 못한다(특정강력범죄특례법 제4조 제2항). 형의 집행유예나 선고유예를 선고할 때에는 소년법 제60조 제1항을 적용하지 아니한다(소년법 제60조 제3항). 그리고 소년에 대한 부정기형을 집행하는 기관의 장은 형의 단기가 지난 소년범의 행형성적이 양호하고 교정의 목적을 달성하였다고 인정되는 경우에는 관찰 검찰청 검사의 지휘에 따라 그 형의 집행을 종료시킬 수 있다(소년법 제60조 제4항).

우리나라에서 소년범에게만 인정하고 있는 상대적 부정기형은 행형단계에서 범죄인의 개선·교화상태를 면밀히 파악하여 석방의 시기를 결정하도록 하는 특별예방적 목적이 반영된 제도이다. 즉 부정기형을 선고받은 소년범의 행형성적이 양호하고 교정의 목적을 달성하였다고 인정되는 경우에는 단기가 지난 것을 조건으로 형의 집행을 종료시킬 수 있으나, 그렇지 못한 경우에는 장기까지 구금할 수 있는 것이다. 이러한 부정기형에 대해서는 자유형의 기간이 정하여진 형벌에 비하여 법원과 소년에 대한 부정기형을 집행하는 기관의 장의 재량이 너무 크다는 점, 신뢰할 만한 예측가능성에 대한 의심이 있다는 점 등을 이유로 비판이 가해지기도 한다. 하지만 성인범죄자와 비교할 때 개선가능성이 훨씬 높다고 평가되는 소년범에 대하여 부정기형을 채택하고 있는 것 자체는 충분한 합리적인 이유가 있다.[2]

부정기형을 선고함에 있어서 소년의 기준시점은 사실심의 판결선고시이다. 그러므로 항소심판결 선고 당시 성년이 되었음에도 불구하고 정기형을 선고함이 없이 부정기형을 선고한 제1심판결을 인용한 것은 위법하다.[3] 하지만 항소심판결 선고 당시 미성년자로서 부정기형을 선고받은 피고인이 상고심 계속 중에 성년이 되었다고 하더라도 항소심의 부정기형 선고를 정기형으로 고칠 수는 없다.[4] 2007. 12. 21. 개정 소년법은 제2조에서 '소년'의 정의를 '20세 미만'에서 '19세 미만'으로 하였고, 이는 동법 부칙 제2조에 따라 위 법 시행 당시 심리중에 있는 형사

1) 대법원 1997. 2. 14. 선고 96도1241 판결.

2) 이에 대하여 보다 자세한 내용으로는 박찬걸, "소년범에 대한 형벌 부과의 문제점 및 개선방안", 비교형사법연구 제20권 제3호, 한국비교형사법학회, 2018. 10, 221면 이하 참조.

3) 대법원 1990. 4. 24. 선고 90도539 판결; 대법원 1966. 3. 3. 선고 65도1229 판결.

4) 대법원 1993. 2. 23. 선고 93도69 판결; 대법원 1990. 11. 27. 선고 90도2225 판결; 대법원 1990. 9. 28. 선고 90도1772 판결.

사건에 관하여도 적용되었다. 이에 따라 제1심은 피고인을 (구) 소년법(2007. 12. 21. 법률 제8722호로 개정되기 전의 것) 제2조에 의한 소년으로 인정하여 (구) 소년법 제60조 제1항에 의하여 부정기형을 선고하였고, 그 항소심 계속중 개정 소년법이 시행되었는데 항소심판결 선고일에 피고인이 이미 19세에 달하여 개정 소년법상 소년에 해당하지 않게 되었다면, 항소심법원은 피고인에 대하여 정기형을 선고하여야 한다.[1] 한편 피고인이 항소한 사건에서 항소심은 제1심의 형보다 중한 형을 선고할 수 없는데, 이러한 불이익변경금지 규정을 적용함에 있어, 부정기형과 정기형 사이에 그 경중을 가리는 경우에는 부정기형 중 최단기형과 정기형을 비교하여야 한다.[2]

3. 소년감경제도

소년의 특성에 비추어 상당하다고 인정되는 때에는 그 형을 감경할 수 있는데(소년법 제60조 제2항), 이를 다른 법률상의 감경규정과 비교하여 일반적으로 '소년감경규정'(小年減輕規定)이라고 한다. 소년법 제60조 제2항에 의한 감경을 하고, 다시 형법 제53조에 의한 작량감경을 할 수도 있다. 왜냐하면 소년법 제60조 제2항에 의한 감경은 형법 제56조 제4호에서 말하는 '법률상 감경'의 유형 가운데 하나이기 때문이다.

소년법 제60조 제2항에서 말하는 소년은 특별한 정함이 없는 한 소년법 제2조에서 말하는 소년을 의미하고, 소년법 제2조에서의 소년은 19세 미만자로서, 이는 심판의 조건이므로 범행시뿐만 아니라 심판시까지 계속되어야 한다고 보아야 하며, 따라서 소년법 제60조 제2항의 소년인지 여부의 판단은 원칙적으로 심판시, 즉 '사실심 판결선고시'를 기준으로 하여야 한다.[3] 소년의 인격은 형성 도중에 있어 그 개선가능성이 풍부하고 심신의 발육에 따르는 특수한 정신적 동요상태에 놓여 있으므로, 이러한 소년의 특성 때문에 현재 소년이라는 상태를 중시하여 소년의 건전한 육성을 기하려는 것이고 소년법 제60조 제2항도 이러한 취지에 기인하는 것이다.[4]

4. 소년범에 대한 벌금형의 선고

(1) 문제점

소년법 제49조는 소년사건의 처리절차와 관련하여 검사선의주의를 채택하고 있음과 동시에 일정한 경우 법원의 결정을 통한 예외를 인정하고 있는데, 그 예외의 기준이 바로 '금고 이상의 형사처분을 할 필요가 있다고 인정할 때'라고 할 수 있다. 즉 소년부의 심리 결과 당해 소년범에 대하여 자유형의 처분을 할 필요가 있는 경우에는 공소의 제기를 통한 정식재판이 요구되지만, 벌금형의 처분을 할 필요가 있는 경우에는 공소를 제기하는 대신에 보호사건으로 종결

1) 대법원 2009. 5. 28. 선고 2009도2682 판결; 대법원 2008. 10. 23. 선고 2008도8090 판결.

2) 대법원 2006. 4. 14. 선고 2006도734 판결.

3) 대법원 2009. 5. 28. 선고 2009도2682 판결; 대법원 2000. 8. 18. 선고 2000도2704 판결.

4) 대법원 1997. 2. 14. 선고 96도1241 판결; 대법원 1991. 12. 10. 선고 91도2393 판결.

처리하여도 무방한 것이다. (구) 소년법(2007. 12. 21. 법률 제8722호로 개정되기 이전의 법) 제49조 제1항에 의하면 '검사는 소년에 대한 피의사건을 수사한 결과 벌금 이하의 형에 해당하는 범죄이거나 보호처분에 해당하는 사유가 있다고 인정한 때에는 사건을 관할소년부에 송치하여야 한다.'라고 규정하여, 현행법과 달리 벌금형에 처할 사건에 대해서도 원칙적으로 통상적인 공판절차의 대상이 아니라 보호사건의 대상으로 하고 있었던 점과 비교해 보면, 현행 소년법 제49조 제1항의 문맥상으로는 재산형에 해당하는 범죄에 대해서는 소년부 송치가 배제되는 것처럼 보일지라도 소년법 제49조 제2항을 통하여 재산형에 해당하는 범죄는 소년법 개정 전후를 불문하고 소년부 송치가 가능한 것으로 충분히 해석이 가능하다.

한편 소년법 제62조 본문에서는 '18세 미만인 소년에게는 형법 제70조에 따른 유치선고를 하지 못한다.'라고 하여, 소년범의 벌금형에 대한 특칙으로써 '환형처분의 금지'를 규정하고 있는데, 이는 벌금미납이 어느 정도 예상되는 소년범에 대하여 단기구금을 통한 대체처분을 원천적으로 봉쇄하여 범죄로의 전이 및 강화현상을 방지하고 낙인의 효과를 최대한 제한하려는 취지에서 인정되는 제도로 평가되고 있다. 이와 같이 18세 미만의 소년에 대하여 노역장 유치선고를 금지시키고 있는데, 벌금형을 선고형으로 선택하면서 자력이 없는 소년에게 환형유치처분을 못하게 하는 것은 벌금형의 실효성을 제대로 담보할 수 없게 된다는 비판이 가능하다. 즉 벌금납입능력이 없는 소년에 대한 벌금형의 선고는 노역장유치의 선고와 동일한 의미를 가지는데, 벌금형을 선택하면서 자력이 없는 소년에게 환형유치처분을 관철할 수 있는 길을 원천적으로 봉쇄하고 있는 소년법의 태도에 비추어 볼 때 소년범에 대한 벌금형의 존치에 대해서는 상당한 재고의 여지가 있다.

또한 소년범에게 벌금형을 부과할 경우에 그 금액을 과연 납부할 수 있는 능력이 있는 소년이 존재할 것인가에 대해서는 회의적으로 보아야 하며, 오히려 법정대리인, 친족 등으로 하여금 벌금을 대납하게 강요하는 결과가 되어 헌법에서 금지하고 있는 연좌제의 현상까지 초래될 위험성이 있다. 소년은 고용의 기회가 매우 적을 뿐만 아니라 의무교육 과정의 재학생 신분을 유지하고 있는 경우가 많아 재력이 없는 상황이 일반적인 현상이며, 일정금액을 소유하고 있는 경우라고 할지라도 그 소득형성과정은 일반적인 성인과 달리 부모님의 용돈, 친지들의 증여 등을 저축하여 마련한 정도에 불과할 것이다. 이와 같이 경제적 자립이 부족한 소년범에 대한 벌금형의 선고는 법정대리인이 대납할 수밖에 없는 상황으로 귀결되기 때문에 소년에 대한 형벌이 법정대리인에게 전가되는 부작용을 수반하는 결과를 초래하는데, 이는 형벌의 일신전속적 성격에 정면으로 위배하게 된다.

(2) 개선방안

소년범에 대한 벌금형 선고 배제의 당위성으로는 다음의 논거를 제시할 수 있다.[1)] 첫째,

---

1) 이에 대하여 보다 자세한 내용으로는 박찬걸, "소년범에 대한 벌금형 선고의 문제점과 보호처분으로 대체의 당위성에 대한 고찰", 한양법학 제28권 제2호, 한양법학회, 2017. 5, 195면 이하 참조.

일반적으로 소년범은 중·고등학교라는 학업에 종사할 수밖에 없는 환경이 설정되어 있고, 특히 중학교의 경우에는 의무교육으로 인하여 퇴학이 불가능하기 때문에 대체적으로 재학생의 신분을 가지고 있다고 보아야 한다. 물론 예외적으로 고등학생 정도의 연령대에 해당하는 소년범 가운데에는 학교를 다니지 않는 경우가 있기는 하지만, 이들이 성인과 같은 수준의 임금이 보장되는 직업에 종사하는 것을 예상하기란 매우 어려운 일이며, 오히려 가출·무직·비정규직·시간제 근무 등이라는 열악한 환경에 처해져 있는 것이 비일비재한 현실이다. 이러한 점에 비추어 볼 때, 이들에 대한 금전적인 형사제재인 벌금형은 적정한 형사사법의 실현이라는 목적에 부합하지 아니한다.

둘째, 소년범에 대한 환형처분의 금지는 18세 미만의 소년이 벌금을 납부하지 못한 경우 노역장에 유치하게 되면 시설내처우에 의한 악풍감염의 우려가 있기 때문에 이를 방지하기 위하여 둔 규정이다. 하지만 벌금형에 대한 간접적인 담보기능을 수행하고 있는 노역장유치가 제대로 운용되지 않는다면 벌금형의 집행은 현실적으로 매우 어렵게 된다. 실무상 벌금미납자가 노역장에 유치된 경우 유치 중 벌금액의 대소를 불문하고 절대 다수가 15일 이내에 벌금액을 완납하고 있어 노역장유치의 벌금납입강제력이 상당함을 알 수 있는데, 소년범에 대하여는 이러한 벌금납부에 대한 담보기능이 전혀 기능을 하지 않게 되는 것이다. 18세 미만의 자에 의한 벌금형 미납으로 인한 환형처분이 원천적으로 봉쇄되어 있는 소년형사사법시스템 아래에서 소년범이 벌금형을 납부할 것을 기대하는 것이 오히려 모순적인 사고일지도 모르겠다.

셋째, 기존 소년형벌의 선고 및 적용의 측면에서 살펴볼 때, 소년범을 대상으로 하는 벌금형의 선고 그 자체에 대한 특칙을 별도로 마련하는 것이 체계적인 정합성에 위배되는 것은 아니다. 즉 소년에게 사형이나 무기형 또는 일정 형기 이상의 경우 정기형의 선고를 원천적으로 배제하는 것과 같은 맥락에서 벌금형에 상응하는 다른 대체적인 제재수단이 확보가 되어 있다는 전제가 충족된다면, 벌금형의 원천적인 배제도 충분히 수용이 가능할 것이다.

넷째, 벌금 미납자에 대한 노역장 유치를 사회봉사로 대신하여 집행할 수 있는 특례와 절차를 규정함으로써 경제적인 이유로 벌금을 낼 수 없는 사람의 노역장 유치로 인한 구금을 최소화하여 그 편익을 도모함을 목적으로 하기 위하여 「벌금 미납자의 사회봉사 집행에 관한 특례법」이 2009. 9. 26.부터 시행되고 있다. 이와 같은 '벌금대체 사회봉사제도'는 기존 벌금형의 문제점을 개선하기 위한 대책의 일환으로 제시된 것인데, 이는 그 동안 사회봉사명령의 시행과정을 거쳐 형법 또는 기타 형사특별법상의 사회봉사제도가 적어도 벌금형 이상의 형벌효과를 거두고 있다는 신뢰가 전제되는 상황에서 가능한 것이다. 왜냐하면 벌금형의 환형처분으로서의 노역장유치가 자유박탈을 수반하는 처벌이라면, 노역장유치의 대안으로서의 벌금대체 사회봉사는 여가시간 박탈과 무보수의 노동력제공을 통하여 벌금형 이상의 형벌효과를 기대할 수 있기 때문이다. 특히 동법에 의한 사회봉사의 집행불능사유 가운데 벌금완납이 가장 큰 비중을 차지하고 있다는 점은 벌금형과의 상호관계에서 사회봉사의 처벌효과가 결코 부족하지 않다는 점을 보여주는 근거라고 할 수 있다. 생각건대 성인사법절차에서는 인정되지 않지만 소년사법절차에서 인정되고 있는 고유한 절차가 보호처분절차인데, 이는 소년범에 대하여 원칙적으로 이러한 절차를 거치는 것이 바람직하며, 이러한 보호처분이 불가능하거나 불필요하다고 판단되는 경우에 한하여 예외적으로 소년형사절차로의 진행이 가능하다는 소년법의 기본이념을 다시금 상기할 필요가 있다.

〈제1심 소년형사공판사건 재판결과 현황〉

단위: 명(%)

연도＼구분	계	사형	무기	정기형	부정기형	집행유예	벌금	소년부송치	기타
2007	4,151 (100)	–	–	11 (0.2)	671 (16.2)	1,129 (27.2)	362 (8.7)	1,597 (38.4)	381 (9.1)
2008	5,026 (100)	–	–	215 (4.3)	531 (10.6)	1,504 (29.9)	554 (11.0)	1,717 (34.1)	505 (10.0)
2009	6,160 (100)	–	–	462 (7.5)	587 (9.5)	1,828 (29.7)	681 (11.1)	1,971 (31.9)	631 (10.2)
2010	5,294 (100)	–	–	472 (8.9)	503 (9.5)	1,577 (29.8)	590 (11.1)	1,584 (29.9)	568 (10.7)
2011	3,499 (100)	–	–	14 (0.4)	492 (14.1)	610 (17.4)	133 (3.8)	1,958 (55.9)	292 (11.2)
2012	4,377 (100)	–	–	7 (0.2)	804 (18.4)	557 (12.7)	118 (2.7)	2,516 (57.4)	375 (8.5)
2013	4,268 (100)	–	–	3 (0.1)	676 (15.8)	407 (9.5)	145 (3.4)	2,689 (63.0)	348 (8.1)
2014	3,574 (100)	–	–	14 (0.4)	634 (17.7)	405 (11.3)	110 (3.1)	2,082 (58.3)	329 (9.2)
2015	3,516 (100)	–	–	7 (0.3)	630 (17.9)	440 (12.5)	102 (2.9)	1,981 (56.3)	356 (10.1)
2016	3,242 (100)	–	–	1 (0.0)	697 (21.5)	395 (12.2)	94 (2.9)	1,721 (53.1)	334 (10.3)
2017	2,716 (100)	–	1 (0.0)	4 (0.1)	502 (18.5)	386 (14.2)	109 (4.0)	1,428 (52.6)	286 (10.5)
2018	2,841 (100)	–	–	–	626 (22.0)	367 (12.9)	77 (2.7)	1,419 (50.0)	352 (12.4)

출처: 법무연수원, 「2019 범죄백서」, 2020.

V. 형집행에 대한 특칙

1. 환형처분의 금지

18세 미만인 소년에게는 형법 제70조에 따른 유치선고를 하지 못한다. 다만 판결선고 전 구속되었거나 보호사건의 조사·심리를 위하여 소년분류심사원에 위탁된 조치가 있었을 때에는 그 구속 또는 위탁의 기간에 해당하는 기간은 노역장에 유치된 것으로 보아 형법 제57조를 적용할 수 있다(소년법 제62조). 이와 같이 현행법은 18세 미만의 소년에 대하여 노역장유치선고를 금지시키고 있는데, 벌금형을 선택하면서 자력이 없는 소년에게 환형유치처분을 못하게 하는 것은 벌금형의 실효성을 제대로 담보할 수 없게 된다는 비판이 가능하다. 또한 18세 미만자에 대하여는 범칙금통고처분도 배제되고 있으며(「경범죄 처벌법」 제5조 제3항), 18~19세의 소년에게 약식절차나 즉결심판을 거쳐 벌금형을 부과하는 것은 반사회성의 제거나 건전한 육성에 큰 도움을 주지 않는다. 생각건대 소년사건에 있어서는 벌금을 징수하는 것보다는 보호처분이나 사회봉사를 활용하는 방안이 보다 적절하므로, 법원은 벌금 미납의 가능성이 농후한 소년의 경제적 능력을 최대한 고려하여 원칙적으로 사회봉사 위주의 제재를 가하는 것이 타당하다.

2. 자유형 집행의 분리

징역 또는 금고를 선고받은 소년에 대하여는 특별히 설치된 교도소 또는 일반 교도소 안에 특별히 분리된 장소에서 그 형을 집행한다. 다만 소년이 형의 집행 중에 23세가 되면 일반 교도소에서 집행할 수 있다(소년법 제63조). 그리고 보호처분이 계속 중일 때에 징역·금고 또는 구류를 선고받은 소년에 대하여는 먼저 그 형을 집행한다(소년법 제64조).

3. 가석방 요건의 완화

소년범 이외의 징역 또는 금고의 집행 중에 있는 자가 그 행상이 양호하여 개전의 정이 현저한 때에는 무기에 있어서는 20년, 유기에 있어서는 형기의 3분의 1을 경과한 후 행정처분으로 가석방을 할 수 있지만(형법 제72조 제1항), 징역 또는 금고를 선고받은 소년에 대하여는 무기형의 경우에는 5년, 15년 유기형의 경우에는 3년, 부정기형의 경우에는 단기의 3분의 1의 기간이 각각 지나면 가석방을 허가할 수 있다(소년법 제65조). 그리고 징역 또는 금고를 선고받은 소년이 가석방된 후 그 처분이 취소되지 아니하고 가석방 전에 집행을 받은 기간과 같은 기간이 지난 경우에는 형의 집행을 종료한 것으로 한다. 다만 사형 또는 무기형이 15년의 유기형으로 감경된 경우에 15년의 기간이 먼저 지난 경우 또는 부정기형을 선고받아 장기의 기간이 먼저 지난 경우에는 그 때에 형의 집행을 종료한 것으로 한다(소년법 제66조).[1]

1) 소년사법운영에 관한 UN최저표준규칙 제19조는 '소년의 시설수용 처분은 항상 최후수단이며, 그 기간은 필요한

가석방제도는 수형자들로 하여금 자발적으로 개선·갱생의 의욕을 갖도록 하고, 기계적으로 형기만료일까지 형을 집행하는 정기형제도의 단점을 보완하여 형집행의 구체적 타당성을 꾀하고 있다. 특히 성인범과 비교할 때 소년범에 대하여 가석방의 요건으로서 복역하는 형기를 짧게 요구하는 것은 보다 원활한 사회복귀를 위한 것이다. 이러한 맥락에서 소년범의 경우에는 벌금 또는 과료가 병과되어 있는 경우에도 그 금액을 완납할 것을 가석방의 요건으로 하지 않는다고 해석해야 한다. 왜냐하면 이를 가석방의 한 요건으로 하고 있는 형법 제72조 제2항과 같은 규정이 소년법에는 없기 때문이다.

4. 자격에 관한 법령적용의 특칙

소년이었을 때 범한 죄에 의하여 형의 선고 등을 받은 자에 대하여 형을 선고받은 자가 그 집행을 종료하거나 면제받은 경우 또는 형의 선고유예나 집행유예를 선고받은 경우 자격에 관한 법령을 적용할 때 장래에 향하여 형의 선고를 받지 아니한 것으로 본다(소년법 제67조 제1항). 그럼에도 불구하고 형의 선고유예가 실효되거나 집행유예가 실효·취소된 때에는 그 때에 형을 선고받은 것으로 본다(소년법 제67조 제2항). 이와 같은 취지에서 소년의 보호처분은 그 소년의 장래의 신상에 어떠한 영향도 미치지 아니한다(소년법 제32조 제6항).[1]

이러한 규정들은 소년이 범죄를 이유로 보호처분이나 형사처분을 받았다고 할지라도 장래에 있어서 이러한 사실이 더 이상 불이익이 없도록 하여 소년에게 부과된 과거의 부정적인 낙인의 영향을 감쇄하기 위한 취지로 입법화된 것이다. 특히 소년법 제32조 제6항에 따라 보호처분을 받은 소년에게는 형의 선고를 받은 자에게 적용되는 인격적 불이익에 관한 규정(형법 제43조 및 제44조), 누범가중에 관한 규정(형법 제35조), 집행유예의 취소와 실효에 관한 규정(형법 제62조 내지 제64조) 등이 적용되지 아니한다.

판례에 의하면, 소년법에 의한 보호처분을 받은 사실도 상습성 인정의 자료로 삼을 수 있고[2], 소년부송치결정을 받은 사실을 공소장에 기재하는 것은 피고인을 특정할 수 있는 사항으

최소한에 그쳐야 한다.'라고 규정하고 있으며, 동 규칙 제28조는 '시설로부터의 조건부 석방은 적절한 부서에 의해 가능한 한 광범위하게 활용되어야 하며, 되도록 조기에 허가되어야 한다. 시설로부터 조건부 석방된 소년은 적절한 부서로부터 지원과 감독을 받으며, 지역사회로부터 충분한 지원을 받을 수 있도록 하여야 한다.'라고 규정하고 있다.

1) 한편 소년사법운영에 관한 UN최저표준규칙 제21.2조에서는 '소년 범죄자의 기록은 비밀이 엄중하게 유지되어야 하며, 제3자에게 공개되어서는 안 된다. 기록에의 접근은 해당 사건의 처분에 직접 관계되는 사람이나 정당한 권한을 가진 기타 사람에게 국한되어야 한다. 소년범죄자의 기록은 성인이 된 후에 일으킨 사건의 절차에 사용되어서는 안 된다.'라고 규정하고 있고, 아동권리협약 제40조 제2b항 제7호에서는 '사법절차의 모든 단계에서 사생활은 충분히 존중되어야 한다.'라고 규정하고 있다. 여기서 사생활은 충분히 존중되어야 한다는 것은 소년의 범죄기록을 차후의 사건에 대한 성인절차에서 양형을 가중하는데 사용하지 않도록 하는 것을 의미한다. 또한 유엔아동권리위원회(United Nations Committee on the Rights of the Child)는 18세 이전의 범죄기록을 자동 삭제하거나 2년 내 재범하지 아니한 경우에는 요청에 따라 삭제하는 제도의 도입을 권고하고 있다.

2) 대법원 1990. 6. 26. 선고 90도887 판결; 대법원 1986. 7. 8. 선고 86도963 판결; 대법원 1973. 7. 24. 선고 73도1255 판결.

로 보아 허용된다.[1] 또한 형법 제35조의 누범가중규정은 소년법 제67조 소정의 '자격에 관한 법령'에 해당하지 아니하며[2], 소년법 제67조의 규정은 사람의 자격에 관한 법령의 적용에 있어 소년으로 받은 형의 집행을 종료한 경우에는 장래에 향하여 형의 선고를 받지 아니한 것으로 본다는 취지에 불과하지 전과가 소멸된다는 것은 아니다.[3] 한편 형사실무에서 예전에 형을 선고받았다거나 심지어 보호처분을 받은 사실까지도 나중에 저지른 사건을 처리할 때에 불리한 방향으로 고려하는 사례가 적지 않고, 오히려 이를 당연한 것으로 받아들이는 태도도 쉽게 찾아 볼 수 있다.

제 4 절 범죄피해자의 보호를 위한 특별절차

Ⅰ. 형사조정절차

1. 의 의

'형사조정절차'(刑事調停節次)란 범죄피해자의 피해회복을 위한 수사절차상의 제도를 말한다. 이는 수사절차상의 제도라는 점에서 공판절차에서 행해지는 배상명령제도 또는 형사상 화해제도와 구별된다. 형사조정에 회부할 수 있는 형사사건은 ① 차용금·공사대금·투자금 등 개인 간 금전거래로 인하여 발생한 분쟁으로서 사기·횡령·배임 등으로 고소된 재산범죄 사건, ② 개인 간의 명예훼손·모욕, 경계 침범, 지식재산권 침해, 임금체불 등 사적 분쟁에 대한 고소사건, ③ 제1호 및 제2호에서 규정한 사항 외에 형사조정에 회부하는 것이 분쟁 해결에 적합하다고 판단되는 고소사건, ④ 고소사건 외에 일반 형사사건 중 제1호부터 제3호까지에 준하는 사건(범죄피해자보호법 시행령 제46조) 등이다. 다만 ① 피의자가 도주하거나 증거를 인멸할 염려가 있는 경우, ② 공소시효의 완성이 임박한 경우, ③ 불기소처분의 사유에 해당함이 명백한 경우(다만 기소유예처분의 사유에 해당하는 경우는 제외한다) 가운데 어느 하나에 해당하는 경우에는 형사조정에 회부하여서는 아니 된다(범죄피해자보호법 제41조 제2항).

2. 형사조정위원회

형사조정을 담당하기 위하여 각급 지방검찰청 및 지청에 형사조정위원회를 둔다(범죄피해자보호법 제42조 제1항). 형사조정위원회는 2명 이상의 형사조정위원으로 구성한다(범죄피해자보호법 제42조 제2항). 형사조정위원은 형사조정에 필요한 법적 지식 등 전문성과 덕망을 갖춘 사람 중에

1) 대법원 1990. 10. 16. 선고 90도1813 판결.
2) 대법원 1993. 2. 23. 선고 93도69 판결.
3) 대법원 1983. 2. 8. 선고 82도2896 판결.

서 관할 지방검찰청 또는 지청의 장이 미리 위촉한다(범죄피해자보호법 제42조 제3항). 형사조정위원의 임기는 2년으로 하며, 연임할 수 있다(범죄피해자보호법 제42조 제5항).

3. 형사조정의 절차

검사는 피의자와 범죄피해자(이하 '당사자'라고 한다) 사이에 형사분쟁을 공정하고 원만하게 해결하여 범죄피해자가 입은 피해를 실질적으로 회복하는데 필요하다고 인정하면 당사자의 신청 또는 직권으로 수사 중인 형사사건을 형사조정에 회부할 수 있다(범죄피해자보호법 제41조 제1항). 형사조정위원회는 당사자 사이의 공정하고 원만한 화해와 범죄피해자가 입은 피해의 실질적인 회복을 위하여 노력하여야 한다(범죄피해자보호법 제43조 제1항). 형사조정위원회는 형사조정이 회부되면 지체 없이 형사조정 절차를 진행하여야 한다(범죄피해자보호법 제43조 제2항). 형사조정절차를 개시하기 위해서는 당사자의 동의가 있어야 하는데, 이러한 동의권자가 제1회 형사조정절차 개시 이전까지 출석하여 또는 전화·우편·모사전송·그 밖의 방법으로 형사조정절차에 동의하지 않을 뜻을 명확히 한 경우에는 형사조정위원회는 담당 검사에게 사건을 회송하여야 한다(범죄피해자보호법 시행령 제52조). 형사조정위원회는 필요하다고 인정하면 형사조정의 결과에 이해관계가 있는 사람의 신청 또는 직권으로 이해관계인을 형사조정에 참여하게 할 수 있다(범죄피해자보호법 제43조 제3항).

형사조정위원회는 형사사건을 형사조정에 회부한 검사에게 해당 형사사건에 관하여 당사자가 제출한 서류, 수사서류 및 증거물 등 관련 자료의 사본을 보내 줄 것을 요청할 수 있다(범죄피해자보호법 제44조 제1항). 이러한 요청을 받은 검사는 그 관련 자료가 형사조정에 필요하다고 판단하면 형사조정위원회에 보낼 수 있다. 다만 당사자 또는 제3자의 사생활의 비밀이나 명예를 침해할 우려가 있거나 수사상 비밀을 유지할 필요가 있다고 인정하는 부분은 제외할 수 있다(범죄피해자보호법 제44조 제2항). 당사자는 해당 형사사건에 관한 사실의 주장과 관련된 자료를 형사조정위원회에 제출할 수 있다(범죄피해자보호법 제44조 제3항). 형사조정위원회는 자료의 제출자 또는 진술자의 동의를 받아 그 자료를 상대방 당사자에게 열람하게 하거나 사본을 교부 또는 송부할 수 있다(범죄피해자보호법 제44조 제4항).

4. 형사조정절차의 종료

형사조정위원회는 조정기일마다 형사조정의 과정을 서면으로 작성하고, 형사조정이 성립되면 그 결과를 서면으로 작성하여야 한다(범죄피해자보호법 제45조 제1항). 형사조정위원회는 조정과정에서 증거위조나 거짓 진술 등의 사유로 명백히 혐의가 없는 것으로 인정하는 경우에는 조정을 중단하고 담당 검사에게 회송하여야 한다(범죄피해자보호법 제45조 제2항). 형사조정위원회는 형사조정 절차가 끝나면 그 과정 및 결과를 기재한 서면을 붙여 해당 형사사건을 형사조정에 회부한 검사에게 보내야 한다(범죄피해자보호법 제45조 제3항). 검사는 형사사건을 수사하고 처리할 때 형사조정 결과를 고려할 수 있다. 다만 형사조정이 성립되지 아니하였다는 사정을 피의자에게 불리하게 고려하여서는 아니 된다(범죄피해자보호법 제45조 제4항).

Ⅱ. 배상명령절차

1. 의 의

'배상명령절차'(賠償命令節次)란 피고인의 범죄행위로 피해자가 입은 직접적인 재산상 손해에 대하여는 그 피해금액이 특정되고, 피고인의 배상책임의 범위가 명백한 경우에 한하여 피고인에게 그 배상을 명함으로써 간편하고 신속하게 피해자의 피해회복을 도모하고자 하는 제도를 말한다. 이는 형사절차에서 민사소송에 의한 손해배상판결과 동일한 재판을 할 수 있다는 점에서 그 특색이 있다. 배상명령절차는 피해자로 하여금 별도로 민사소송을 하지 않고 신속하게 피해를 변상 받을 수 있도록 하고, 민사판결과 형사판결의 모순점을 피할 수 있으며, 피해자로 하여금 형사절차에 참여하여 실체적 진실발견에 도움을 줄 수 있도록 하고 있다.

제1심 또는 제2심의 형사공판 절차에서 형법 제257조 제1항(상해죄), 제258조 제1항 및 제2항(중상해죄), 제258조의2 제1항(제257조 제1항의 죄로 한정한다)·제2항(제258조 제1항·제2항의 죄로 한정한다)(특수상해죄), 제259조 제1항(상해치사죄), 제262조(존속폭행치사상의 죄는 제외한다)(폭행치사상죄), 형법 제26장(과실치사상의 죄), 제32장(강간과 추행의 죄), 제38장부터 제40장까지 및 제42장에 규정된 죄(재산범죄), 성폭력특례법 제10조부터 제14조까지, 제15조(제3조부터 제9조까지의 미수범은 제외한다), 청소년성보호법 제12조 및 제14조에 규정된 죄 및 이러한 죄를 가중처벌하는 죄 및 그 죄의 미수범을 처벌하는 경우 미수의 죄 중 어느 하나에 관하여 유죄판결을 선고할 경우, 법원은 직권에 의하여 또는 피해자나 그 상속인의 신청에 의하여 피고사건의 범죄행위로 인하여 발생한 직접적인 물적 피해·치료비 손해 및 위자료의 배상을 명할 수 있다(소송촉진특례법 제25조 제1항).[1] 만약 피고사건에 대한 유죄판결이 아닌 무죄·면소·공소기각 등의 재판을 할 경우에는 배상명령을 할 수 없고, 별도의 민사소송에 의할 수밖에 없다. 법원은 제1항에 규정된 죄 및 그 외의 죄에 대한 피고사건에서 피고인과 피해자 사이에 합의된 손해배상액에 관하여도 제1항에 따라 배상을 명할 수 있다(소송촉진특례법 제25조 제2항). 이는 집행력을 부여하여 합의된 배상액에 대해 즉시 강제집행을 할 수 있도록 하기 위한 것이다. 다만 법원은 피해자의 성명·주소가 분명하지 아니한 경우, 피해 금액이 특정되지 아니한 경우, 피고인의 배상책임의 유무 또는 그 범위가 명백하지 아니한 경우[2], 배상명령으로 인하여 공판절차가 현저히 지연될 우려가 있거나 형사소

1) 그러므로 생명이나 신체를 침해하는 범죄에 의하여 발생한 기대이익의 상실은 배상명령의 범위에 포함되지 아니한다.

2) 대법원 2013. 10. 11. 선고 2013도9616 판결(피고인이 재판과정에서 배상신청인과 민사적으로 합의하였다는 내용의 합의서를 제출하였고, 합의서 기재 내용만으로는 배상신청인이 변제를 받았는지 여부 등 피고인의 민사책임에 관한 구체적인 합의 내용을 알 수 없다면, 사실심법원으로서는 배상신청인이 처음 신청한 금액을 바로 인용할

송 절차에서 배상명령을 하는 것이 타당하지 아니하다고 인정되는 경우 가운데 어느 하나에 해당하는 경우에는 배상명령을 하여서는 아니 된다(소송촉진특례법 제25조 제3항). 만약 소송촉진특례법 제25조 제3항 각호에 해당하는 사유가 발생한 경우에는 소송촉진특례법 제32조 제1항에 따라 배상명령신청을 각하하여야 한다.[1)]

2. 배상명령의 절차

(1) 직권에 의한 배상명령

법원은 직권으로 피고인에 대하여 배상명령을 할 수 있다(소송촉진특례법 제25조 제1항). 이와 같이 사법상의 손해배상청구권에 대하여 법원이 직권으로 배상명령을 하는 것은 민사소송의 당사자처분권주의에 대한 예외라고 할 수 있다.

(2) 신청에 의한 배상명령

검사는 소송촉진특례법 제25조 제1항에 규정된 죄로 공소를 제기한 경우에는 지체 없이 피해자 또는 그 법정대리인(피해자가 사망한 경우에는 그 배우자 · 직계친족 · 형제자매를 포함한다)에게 배상신청을 할 수 있음을 통지하여야 한다(소송촉진특례법 제25조의2). 피해자는 제1심 또는 제2심 공판의 변론이 종결될 때까지 사건이 계속된 법원에 피해배상을 신청할 수 있다. 이 경우 신청서에 인지를 붙이지 아니한다(소송촉진특례법 제26조 제1항). 피해자는 배상신청을 할 때에는 신청서와 상대방 피고인 수만큼의 신청서 부본을 제출하여야 한다(소송촉진특례법 제26조 제2항). 신청서에는 피고사건의 번호, 사건명 및 사건이 계속된 법원, 신청인의 성명과 주소, 대리인이 신청할 때에는 그 대리인의 성명과 주소, 상대방 피고인의 성명과 주소, 배상의 대상과 그 내용, 배상 청구금액 등의 사항을 적고 신청인 또는 대리인이 서명 · 날인하여야 한다(소송촉진특례법 제26조 제3항). 신청서에는 필요한 증거서류를 첨부할 수 있다(소송촉진특례법 제26조 제4항). 피해자가 증인으로 법정에 출석한 경우에는 말로써 배상을 신청할 수 있다. 이때에는 공판조서에 신청의 취지를 적어야 한다(소송촉진특례법 제26조 제5항). 신청인은 배상명령이 확정되기 전까지는 언제든지 배상신청을 취하할 수 있다(소송촉진특례법 제26조 제6항). 피해자는 피고사건의 범죄행위로 인하여 발생한 피해에 관하여 다른 절차에 따른 손해배상청구가 법원에 계속 중일 때에는 배상신청을 할 수 없다(소송촉진특례법 제26조 제7항). 배상신청은 민사소송에서의 소의 제기와 동일한 효력이 있다(소송촉진특례법 제26조 제8항).

것이 아니라 구체적인 합의 내용에 관하여 심리하여 피고인의 배상책임의 유무 또는 그 범위에 관하여 살펴보는 것이 합당하다).

1) 대법원 2017. 5. 11. 선고 2017도4088 판결; 대법원 2013. 10. 11. 선고 2013도9616 판결; 대법원 2012. 8. 30. 선고 2012도7144 판결; 대법원 2011. 6. 10. 선고 2011도4194 판결; 대법원 1996. 6. 11. 선고 96도945 판결.

(3) 배상신청 이후의 절차

1) 피고인에 대한 신청서 부본의 송달

법원은 서면에 의한 배상신청이 있을 때에는 지체 없이 그 신청서 부본을 피고인에게 송달하여야 한다. 이 경우 법원은 직권 또는 신청인의 요청에 따라 신청서 부본 상의 신청인 성명과 주소 등 신청인의 신원을 알 수 있는 사항의 전부 또는 일부를 가리고 송달할 수 있다(소송촉진특례법 제28조).

2) 공판기일의 통지

법원은 배상신청이 있을 때에는 신청인에게 공판기일을 알려야 한다(소송촉진특례법 제29조 제1항). 신청인이 공판기일을 통지받고도 출석하지 아니하였을 때에는 신청인의 진술 없이 재판할 수 있다(소송촉진특례법 제29조 제2항).

3) 기록의 열람과 증거조사

신청인 및 그 대리인은 공판절차를 현저히 지연시키지 아니하는 범위에서 재판장의 허가를 받아 소송기록을 열람할 수 있고, 공판기일에 피고인이나 증인을 신문할 수 있으며, 그 밖에 필요한 증거를 제출할 수 있다(소송촉진특례법 제30조 제1항). 이 경우 재판장이 허가를 하지 아니한 재판에 대하여는 불복을 신청하지 못한다(소송촉진특례법 제30조 제2항).

3. 배상신청에 대한 재판

(1) 배상신청의 각하

법원은 배상신청이 적법하지 아니한 경우, 배상신청이 이유 없다고 인정되는 경우, 배상명령을 하는 것이 타당하지 아니하다고 인정되는 경우 가운데 어느 하나에 해당하는 경우에는 결정으로 배상신청을 각하하여야 한다(소송촉진특례법 제32조 제1항). 유죄판결의 선고와 동시에 각하의 재판을 할 때에는 이를 유죄판결의 주문에 표시할 수 있다(소송촉진특례법 제32조 제2항). 법원은 배상명령을 각하할 경우 재판서에 신청인 성명과 주소 등 신청인의 신원을 알 수 있는 사항의 기재를 생략할 수 있다(소송촉진특례법 제32조 제3항). 배상신청을 각하하거나 그 일부를 인용한 재판에 대하여 신청인은 불복을 신청하지 못하며, 다시 동일한 배상신청을 할 수 없다(소송촉진특례법 제32조 제4항).[1] 이에 따라 배상신청이 각하된 경우에 그 각하결정은 즉시 확정된다. 다만 신청인이 민사소송 등에 의하여 손해배상을 청구할 수 있음은 별개의 문제이다.

(2) 배상명령의 선고

배상명령은 유죄판결의 선고와 동시에 하여야 한다(소송촉진특례법 제31조 제1항). 그러므로 무

1) 대법원 2014. 1. 23. 선고 2013도14383 판결(배상신청을 각하하거나 그 일부를 인용한 재판에 대하여 신청인은 불복을 신청하지 못하며 다시 동일한 배상신청을 할 수 없다. 제1심에서 신청인의 배상신청이 각하되었으므로 원심에서 신청인은 다시 같은 배상신청을 할 수 없고, 원심법원으로서는 신청인의 위 배상신청을 각하하였어야 한다. 그럼에도 원심이 위 배상명령을 인용한 것은 배상명령에 관한 법리를 오해하여 판결에 영향을 미친 위법이 있다).

죄뿐만 아니라 면소 또는 공소기각의 재판을 하는 경우에는 배상명령을 할 수 없다. 배상명령은 일정액의 금전 지급을 명함으로써 하고, 배상의 대상과 금액을 유죄판결의 주문에 표시하여야 한다. 배상명령의 이유는 특히 필요하다고 인정되는 경우가 아니면 적지 아니한다(소송촉진특례법 제31조 제2항). 배상명령은 가집행할 수 있음을 선고할 수 있다(소송촉진특례법 제31조 제3항). 배상명령을 하였을 때에는 유죄판결서의 정본을 피고인과 피해자에게 지체 없이 송달하여야 한다(소송촉진특례법 제31조 제5항). 배상명령의 절차비용은 특별히 그 비용을 부담할 자를 정한 경우를 제외하고는 국고의 부담으로 한다(소송촉진특례법 제35조).

(3) 배상명령에 대한 불복

1) 유죄판결에 대한 상소

유죄판결에 대한 상소가 제기된 경우에는 배상명령은 피고사건과 함께 상소심으로 이심된다(소송촉진특례법 제33조 제1항). 상소심에서 원심의 유죄판결을 파기하고 피고사건에 대하여 무죄·면소 또는 공소기각의 재판을 할 때에는 원심의 배상명령을 취소하여야 한다. 이 경우 상소심에서 원심의 배상명령을 취소하지 아니한 경우에는 그 배상명령을 취소한 것으로 본다(소송촉진특례법 제33조 제2항). 원심에서 제25조 제2항에 따라 배상명령을 하였을 때에는 유죄판결을 파기하더라도 배상명령의 효력은 상실되지 아니한다(소송촉진특례법 제33조 제3항). 상소심에서 원심판결을 유지하는 경우에도 원심의 배상명령을 취소하거나 변경할 수 있다(소송촉진특례법 제33조 제4항).

2) 배상명령에 대한 즉시항고

피고인은 유죄판결에 대하여 상소를 제기하지 아니하고 배상명령에 대하여만 상소 제기기간에 형사소송법에 따른 즉시항고를 할 수 있다(소송촉진특례법 제33조 제5항 본문). 그러므로 배상명령에 대한 즉시항고의 제기기간은 상소제기기간인 7일이다. 다만 즉시항고 제기 후 상소권자의 적법한 상소가 있는 경우에는 즉시항고는 취하된 것으로 본다(소송촉진특례법 제33조 제5항 단서). 여기서의 상소권자에는 검사가 포함되지 아니한다. 왜냐하면 검사는 민사상 손해배상청구권의 존부와 범위를 다투는 배상명령사건의 당사자는 아니므로 형사사건에 대해서만 상소할 수 있고 배상명령에 대해서는 불복할 수가 없기 때문이다. 그러므로 검사가 상소한 경우에는 검사의 상소와 피고인의 즉시항고가 병존하게 된다.

4. 배상명령의 효력과 강제집행

확정된 배상명령 또는 가집행선고가 있는 배상명령이 기재된 유죄판결서의 정본은 민사집행법에 따른 강제집행에 관하여는 집행력 있는 민사판결 정본과 동일한 효력이 있다(소송촉진특례법 제34조 제1항). 배상명령이 확정된 경우 피해자는 그 인용된 금액의 범위에서 다른 절차에 따른 손해배상을 청구할 수 없다(소송촉진특례법 제34조 제2항). 청구에 대한 이의의 주장에 관하여는 민사집행법 제44조 제2항에 규정된 제한에 따르지 아니한다(소송촉진특례법 제34조 제4항).

〈배상명령사건 신청 및 처리 현황〉

단위: 건, %, 천원

구분 연도	신 청	처 리					직권	배상명령액
		계	인 용	기 각	취하·기타	인용률		
2007	6,263	5,951	1,082	459	4,410	18.2	–	94,371,444
2008	4,904	4,824	1,075	3,363	386	22.3	–	83,326,196
2009	5,046	4,730	1,361	2,935	434	28.8	–	118,645,940
2010	4,465	4,259	1,407	2,375	477	33.0	–	111,004,919
2011	5,877	5,212	1,610	3,066	536	30.9	–	68,719,308
2012	6,548	6,349	2,269	3,101	979	35.7	–	69,102,211
2013	6,851	6,344	2,001	3,687	656	31.5	–	118,704,161
2014	6,054	6,171	1,899	3,775	497	30.8	–	146,991,095
2015	6,894	6,275	1,839	4,036	400	29.3	–	98,360,078
2016	9,447	8,975	2,298	6,270	407	25.6	–	64,969,253
2017	8,571	8,567	2,771	5,391	405	32.3	–	60,800,267
2018	10,046	9,189	3,775	5,009	405	41.1	–	66,968,409

출처: 법무연수원, 「2019 범죄백서」, 2020.

Ⅲ. 형사상 화해절차

1. 의 의

'형사상 화해절차'란 형사피고사건의 피고인과 피해자가 손해배상 등에 관하여 합의한 경우에 이들의 신청에 의하여 합의한 내용을 공판조서에 기재하면 그 공판조서에 대하여 민사재판상의 화해조서와 동일한 효력을 인정하는 제도를 말한다. 피고인과 피해자 사이에 형사재판 중 합의가 이루어졌어도 재판이 일단 확정되면 현실적으로 피고인이 합의내용을 이행하지 않는 경우가 발생하게 된다. 이에 따라 그 합의내용을 이행하도록 실효성을 확보하기 위한 것이 형사상 화해절차인 것이다.

2. 절 차

형사피고사건의 피고인과 피해자 사이에 민사상 다툼(해당 피고사건과 관련된 피해에 관한 다툼을 포함하는 경우로 한정한다)에 관하여 합의한 경우, 피고인과 피해자는 그 피고사건이 계속 중인 제1심 또는 제2심 법원에 합의 사실을 공판조서에 기재하여 줄 것을 공동으로 신청할 수 있다(소송촉진특례법 제36조 제1항). 또한 이러한 합의가 피고인의 피해자에 대한 금전 지불을 내용으로 하는 경우에 피고인 외의 자가 피해자에 대하여 그 지불을 보증하거나 연대하여 의무를 부담하기로 합의하였을 때에는 피고인 및 피해자의 신청과 동시에 그 피고인 외의 자는 피고인 및 피해자와 공동으로 그 취지를 공판조서에 기재하여 줄 것을 신청할 수 있다(소송촉진특례법 제36조 제2항). 형사상 화해의 신청은 변론이 종결되기 전까지 공판기일에 출석하여 서면으로 하여야 한다(소송촉진특례법 제36조 제3항). 화해신청서면에는 해당 신청과 관련된 합의 및 그 합의가 이루어진 민사상 다툼의 목적인 권리를 특정할 수 있는 충분한 사실을 적어야 한다(소송촉진특례법 제36조 제4항). 민사상 다툼에 관한 형사소송 절차에서의 화해 절차의 당사자 및 대리인에 관하여는 그 성질에 반하지 아니하면 민사소송법 제1편 제2장 제1절(선정당사자 및 특별대리인에 관한 규정은 제외한다) 및 제4절을 준용한다(소송촉진특례법 제38조). 한편 민사소송법에 따른 소송상 화해(민사소송법 제145조)의 경우에는 법원이 소송진행 중 화해를 권고하거나 화해권고를 위하여 당사자 본인이나 그 법정대리인의 출석을 명할 수 있지만, 형사상 화해의 경우에는 이러한 절차가 없이 사전에 당사자 사이에 합의가 존재해야 한다.

3. 효 력

합의가 기재된 공판조서는 확정판결과 같은 효력이 있다(소송촉진특례법 제36조 제5항, 민사소송법 제220조). 그러므로 합의한 내용이 이행되지 않을 경우 피해자는 민사소송을 별도로 제기할 필요 없이 피고사건을 심리한 법원의 화해조서를 가지고 강제집행을 실현할 수 있다. 그리고 화해가 성립한 경우에 화해비용은 특별한 합의가 없으면 당사자들이 각자 부담한다(소송촉진특례법 제36조 제5항, 민사소송법 제389조).

한편 공판조서에 기재된 합의를 한 자나 이해관계를 소명한 제3자는 형사소송법 제55조에도 불구하고 대법원규칙으로 정하는 바에 따라 법원서기관, 법원사무관, 법원주사 또는 법원주사보에게 해당 공판조서(해당 합의 및 그 합의가 이루어진 민사상 다툼의 목적인 권리를 특정할 수 있는 충분한 사실이 기재된 부분으로 한정한다)·해당 신청과 관련된 서면·그 밖에 해당 합의에 관한 기록 등의 열람 또는 복사, 조서의 정본·등본 또는 초본의 발급, 화해에 관한 사항의 증명서의 발급 등의 사항을 신청할 수 있다(소송촉진특례법 제37조 제1항). 여기서 '공판조서(해당 합의 및 그 합의가 이루어진 민사상 다툼의 목적인 권리를 특정할 수 있는 충분한 사실이 기재된 부분으로 한정한다)·해당 신청과 관련된 서면·그 밖에 해당 합의에 관한 기록'을 화해기록이라고 하는데, 이러한 화해기록은 형사피고사건이 종결된 후에는 그 피고사건의 제1심 법원에서 보관한다(소송촉진특례법 제37조 제4항). 형사재판의 확정기록은 제1심 법원에 대응하는 검찰청에서 보관하지만, 형사재판기록 중 화해와 관련된 부분은 이후의 강제집행이나 각종 이의신청 등에 사용되어야 하므로 별도의 기록을 만들어 제1심 법원에서 보관하도록 한 것이다.

Ⅳ. 범죄피해자구조제도

1. 의 의

'범죄피해자구조제도'(犯罪被害者救助制度)란 타인의 범죄행위로 인하여 생명·신체에 피해를 입은 국민이 국가로부터 구조를 받을 수 있는 제도를 말한다. 이는 범죄피해자가 국가로부터 보상을 받는다는 점에서 피의자나 피고인으로부터 손해의 배상을 받는 형사조정·배상명령·화해절차 등과 구별된다. 헌법 제30조에서는 '타인의 범죄행위로 인하여 생명·신체에 피해를 입은 국민은 법률이 정하는 바에 의하여 국가로부터 구조를 받을 수 있다.'라고 규정하여, 범죄피해자의 국가에 대한 범죄피해자구조청구권을 기본권으로 확인하고 있으며, 이를 근거로 하여 범죄피해자보호법이 시행되고 있다.

2. 범죄피해자구조의 요건

(1) 구조대상 범죄피해의 범위

'구조대상 범죄피해'란 대한민국의 영역 안에서 또는 대한민국의 영역 밖에 있는 대한민국의 선박이나 항공기 안에서 행하여진 사람의 생명 또는 신체를 해치는 죄에 해당하는 행위(형법 제9조, 제10조 제1항, 제12조, 제22조 제1항에 따라 처벌되지 아니하는 행위를 포함하며, 형법 제20조 또는 제21조 제1항에 따라 처벌되지 아니하는 행위 및 과실에 의한 행위는 제외한다)로 인하여 사망하거나 장해 또는 중상해를 입은 것을 말한다(범죄피해자보호법 제3조 제1항 제4호). 여기서 '장해'란 범죄행위로 입은 부상이나 질병이 치료(그 증상이 고정된 때를 포함한다)된 후에 남은 신체의 장해로서 대통령령으로 정하는 경우를 말하고(범죄피해자보호법 제3조 제1항 제5호), '중상해'란 범죄행위로 인하여 신체나 그 생리적 기능에 손상을 입은 것으로서 대통령령으로 정하는 경우를 말한다(범죄피해자보호법 제3조 제1항 제6호).

(2) 범죄피해자의 범위 및 구조금의 지급요건

'범죄피해자'란 타인의 범죄행위로 피해를 당한 사람과 그 배우자(사실상의 혼인관계를 포함한다)·직계친족 및 형제자매를 말하고(범죄피해자보호법 제3조 제1항 제1호), 그 외에 범죄피해 방지 및 범죄피해자 구조 활동으로 피해를 당한 사람도 범죄피해자로 본다(범죄피해자보호법 제3조 제2항). 그리고 구조대상인 범죄피해를 받은 사람을 구조피해자라고 하는데, 구조피해자가 피해의 전부 또는 일부를 배상받지 못하는 경우, 자기 또는 타인의 형사사건의 수사 또는 재판에서 고소·고발 등 수사단서를 제공하거나 진술·증언 또는 자료제출을 하다가 구조피해자가 된 경우 가운데 어느 하나에 해당하면 구조피해자 또는 그 유족에게 범죄피해 구조금을 지급한다(범죄피해자보호법 제16조). 구조금을 받을 권리는 양도하거나 담보로 제공하거나 압류할 수 없다(범죄피해자보호법 제32조).

(3) 구조금을 지급하지 아니할 수 있는 경우

범죄행위 당시 구조피해자와 가해자 사이에 부부(사실상의 혼인관계를 포함한다)·직계혈족·4촌 이내의 친족·동거친족 가운데 어느 하나에 해당하는 친족관계가 있는 경우에는 구조금을 지급하지 아니한다(범죄피해자보호법 제19조 제1항). 범죄행위 당시 구조피해자와 가해자 사이에 제1항 각 호의 어느 하나에 해당하지 아니하는 친족관계가 있는 경우에는 구조금의 일부를 지급하지 아니한다(범죄피해자보호법 제19조 제2항).

구조피해자가 해당 범죄행위를 교사 또는 방조하는 행위, 과도한 폭행·협박 또는 중대한 모욕 등 해당 범죄행위를 유발하는 행위, 해당 범죄행위와 관련하여 현저하게 부정한 행위, 해당 범죄행위를 용인하는 행위, 집단적 또는 상습적으로 불법행위를 행할 우려가 있는 조직에 속하는 행위(다만 그 조직에 속하고 있는 것이 해당 범죄피해를 당한 것과 관련이 없다고 인정되는 경우는 제외한다), 범죄행위에 대한 보복으로 가해자 또는 그 친족이나 그 밖에 가해자와 밀접한 관계가 있는 사람의 생명을 해치거나 신체를 중대하게 침해하는 행위 가운데 어느 하나에 해당하는 행위를 한 때에는 구조금을 지급하지 아니한다(범죄피해자보호법 제19조 제3항). 그리고 구조피해자가 폭행·협박 또는 모욕 등 해당 범죄행위를 유발하는 행위, 해당 범죄피해의 발생 또는 증대에 가공한 부주의한 행위 또는 부적절한 행위 가운데 어느 하나에 해당하는 행위를 한 때에는 구조금의 일부를 지급하지 아니한다(범죄피해자보호법 제19조 제4항). 한편 구조피해자 또는 그 유족과 가해자 사이의 관계, 그 밖의 사정을 고려하여 구조금의 전부 또는 일부를 지급하는 것이 사회통념에 위배된다고 인정될 때에는 구조금의 전부 또는 일부를 지급하지 아니할 수 있다(범죄피해자보호법 제19조 제6항).

이상과 같은 배제사유가 있음에도 불구하고 구조금의 실질적인 수혜자가 가해자로 귀착될 우려가 없는 경우 등 구조금을 지급하지 아니하는 것이 사회통념에 위배된다고 인정할 만한 특별한 사정이 있는 경우에는 구조금의 전부 또는 일부를 지급할 수 있다(범죄피해자보호법 제19조 제7항).

(4) 구조금의 종류

범죄피해구조금은 유족구조금·장해구조금 및 중상해구조금으로 구분하며, 일시금으로 지급한다. 유족구조금은 구조피해자가 사망하였을 때 맨 앞의 순위인 유족에게 지급한다. 다만 순위가 같은 유족이 2명 이상이면 똑같이 나누어 지급한다. 장해구조금 및 중상해구조금은 해당 구조피해자에게 지급한다(범죄피해자보호법 제17조).

3. 범죄피해자구조금의 신청 및 지급

(1) 관할기관

구조금 지급에 관한 사항을 심의·결정하기 위하여 각 지방검찰청에 범죄피해구조심의회를 두고 법무부에 범죄피해구조본부심의회를 둔다(범죄피해자보호법 제24조 제1항). 지구심의회는 설치된 지방검찰청 관할 구역(지청이 있는 경우에는 지청의 관할 구역을 포함한다)의 구조금 지급에 관한 사항을 심의·결정한다(범죄피해자보호법 제24조 제2항). 지구심의회 및 본부심의회는 법무부장관의 지휘·감독을 받는다(범죄피해자보호법 제24조 제4항).

(2) 구조금의 지급신청

구조금을 받으려는 사람은 법무부령으로 정하는 바에 따라 그 주소지·거주지 또는 범죄 발생지를 관할하는 지구심의회에 신청하여야 한다. 이에 따른 신청은 해당 구조대상 범죄피해의 발생을 안 날부터 3년이 지나거나 해당 구조대상 범죄피해가 발생한 날부터 10년이 지나면 할 수 없다(범죄피해자보호법 제25조).

(3) 구조금의 지급

1) 지구심의회의 심의

지구심의회는 구조금 지급에 관한 사항을 심의하기 위하여 필요하면 신청인이나 그 밖의 관계인을 조사하거나 의사의 진단을 받게 할 수 있고 행정기관·공공기관이나 그 밖의 단체에 조회하여 필요한 사항을 보고하게 할 수 있다. 지구심의회는 신청인이 정당한 이유 없이 이에 따른 조사에 따르지 아니하거나 의사의 진단을 거부하면 그 신청을 기각할 수 있다(범죄피해자보호법 제29조).

2) 지구심의회의 결정

① 구조결정

지구심의회는 구조금의 신청을 받으면 신속하게 구조금을 지급하거나 지급하지 아니한다는 결정(지급한다는 결정을 하는 경우에는 그 금액을 정하는 것을 포함한다)을 하여야 한다(범죄피해자보호법 제26조).

② 긴급구조금의 지급결정

지구심의회는 구조금의 신청을 받았을 때 구조피해자의 장해 또는 중상해 정도가 명확하지 아니하거나 그 밖의 사유로 인하여 신속하게 결정을 할 수 없는 사정이 있으면 신청 또는 직권으로 대통령령으로 정하는 금액의 범위에서 긴급구조금을 지급하는 결정을 할 수 있다(범죄피해자보호법 제28조 제1항).

③ 재심신청

지구심의회에서 구조금 지급신청을 기각(일부기각된 경우를 포함한다) 또는 각하하면 신청인은 결정의 정본이 송달된 날부터 2주일 이내에 그 지구심의회를 거쳐 본부심의회에 재심을 신청할 수 있다. 이와 같은 재심신청이 있으면 지구심의회는 1주일 이내에 구조금 지급신청 기록 일체를 본부심의회에 송부하여야 한다. 본부심의회는 재심신청에 대하여 심의를 거쳐 4주일 이내에 다시 구조결정을 하여야 한다. 본부심의회는 구조금 지급신청을 각하한 지구심의회의 결정이 법령에 위반되면 사건을 그 지구심의회에 환송할 수 있다. 본부심의회는 구조금 지급신청이 각하된 신청인이 잘못된 부분을 보정하여 재심신청을 하면 사건을 해당 지구심의회에 환송할 수 있다(범죄피해자보호법 제27조).

제 4 장 재판의 집행 및 형사보상

제 1 절 재판의 집행

Ⅰ. 재판집행의 기본원칙

1. 의 의

'재판의 집행'이란 재판의 의사표시 내용을 국가의 강제력에 의하여 실현하는 작용을 말한다. 이러한 재판의 집행에는 형의 집행 이외에 추징·소송비용 등 부수처분의 집행, 과태료·보증금몰수·비용배상 등 형벌 이외의 제재의 집행, 강제처분을 위한 영장의 집행 등이 포함된다. 형의 집행 가운데 징역형이나 금고형 등과 같은 자유형의 집행을 '행형'(行刑)이라고도 한다. 재판 중에는 그 의사표시만으로 충분하고 그 내용을 국가의 강제력에 의하여 실현할 필요가 없는 무죄판결이나 형식재판 등에 있어서는 재판의 집행이 문제되지 아니한다.

한편 '수용자'(收容者)란 수형자·미결수용자·사형확정자 등 법률과 적법한 절차에 따라 교도소·구치소 및 그 지소에 수용된 사람을 말한다. 여기서 '수형자'(受刑者)란 징역형·금고형 또는 구류형의 선고를 받아 그 형이 확정되어 교정시설에 수용된 사람과 벌금 또는 과료를 완납하지 아니하여 노역장 유치명령을 받아 교정시설에 수용된 사람을 말하며, '미결수용자'(未決收容者)란 형사피의자 또는 형사피고인으로서 체포되거나 구속영장의 집행을 받아 교정시설에 수용된 사람을 말하고, '사형확정자'(死刑確定者)란 사형의 선고를 받아 그 형이 확정되어 교정시설에 수용된 사람을 말한다(형집행법 제2조).

2. 재판집행의 시기

(1) 확정 후 즉시집행의 원칙

재판은 형사소송법에 특별한 규정이 없으면 확정한 후에 즉시 집행한다(제459조). 그러므로 우리 형법이 집행유예 기간의 시기에 관하여 명문의 규정을 두고 있지는 않지만, 집행유예를 함에 있어 그 집행유예기간의 시기는 집행유예를 선고한 판결확정일로 하여야 하고, 법원이 판결 확정일 이후의 시점을 임의로 선택할 수는 없다.[1)]

(2) 확정 후 즉시집행에 대한 예외

재판이 확정되기 전이라도 집행할 수 있는 예외적인 경우가 있다. 예를 들면 ① 결정이나 명령은 즉시항고 또는 이에 준하는 불복신청이 허용되는 경우를 제외하고는 즉시 집행할 수 있

1) 대법원 2019. 2. 28. 선고 2018도13382 판결; 대법원 2002. 2. 26. 선고 2000도4637 판결.

고(제409조, 제416조, 제419조), ② 벌금·과료 또는 추징의 선고를 하는 경우에 판결의 확정 후에는 집행할 수 없거나 집행하기 곤란할 염려가 있다고 인정한 때에는 직권 또는 검사의 청구에 의하여 피고인에게 벌금·과료 또는 추징에 상당한 금액의 가납을 명할 수 있다(제334조).

또한 재판이 확정되더라도 즉시 집행할 수 없는 예외적인 경우도 있다. 예를 들면 ① 소송비용부담의 재판은 소송비용집행면제의 신청기간 내 또는 그 신청에 대한 재판이 확정될 때까지 집행할 수 없고(제472조), ② 노역장유치는 벌금 또는 과료의 재판이 확정된 후 30일 이내에는 집행할 수 없으며(형법 제69조 제1항), ③ 사형은 법무부장관의 명령 없이는 집행할 수 없고(제463조), ④ 사형의 선고를 받은 자가 심신의 장애로 의사능력이 없는 상태에 있거나 잉태 중에 있는 여자인 때에는 법무부장관의 명령으로 집행을 정지하고(제469조 제1항), ⑤ 징역·금고 또는 구류의 선고를 받은 자가 심신의 장애로 의사능력이 없는 상태에 있는 때에는 형을 선고한 법원에 대응한 검찰청 검사 또는 형의 선고를 받은 자의 현재지를 관할하는 검찰청 검사의 지휘에 의하여 심신장애가 회복될 때까지 형의 집행을 정지하며(제470조 제1항), ⑥ 보석허가결정은 보증금의 납입 등 일정한 보석조건을 이행한 후가 아니면 집행하지 못한다(제100조 제1항).

3. 재판집행의 지휘

(1) 원칙과 예외

재판의 집행은 그 재판을 한 법원에 대응한 검찰청 검사가 지휘한다(제460조 제1항 본문). 상소의 재판 또는 상소의 취하로 인하여 하급법원의 재판을 집행할 경우에는 상소법원에 대응한 검찰청 검사가 지휘한다. 다만 소송기록이 하급법원 또는 그 법원에 대응한 검찰청에 있는 때에는 그 검찰청 검사가 지휘한다(제460조 제2항).

하지만 재판의 성질상 법원 또는 법관이 지휘할 경우에는 예외로 한다(제460조 제1항 단서). 예를 들면 급속을 요하는 경우의 재판장·수명법관 또는 수탁판사에 의한 구속영장의 집행지휘(제81조 제1항 단서), 재판장이 법원사무관 등에게 행하는 압수·수색영장의 집행지휘(제115조 제1항 단서), 법원에서 보관하고 있는 압수장물의 환부·매각·보관 등의 조치(제333조), 법정경찰권에 의한 퇴정명령의 집행지휘(제281조 제2항) 등이 이에 해당한다.

(2) 집행지휘의 방식

재판의 집행지휘는 재판서 또는 재판을 기재한 조서의 등본 또는 초본을 첨부한 서면으로 하여야 한다(제461조 본문). 이러한 서면을 '재판집행지휘서'(裁判執行指揮書)라고 한다. 검사의 집행지휘를 요하는 재판은 재판서 또는 재판을 기재한 조서의 등본 또는 초본을 재판의 선고 또는 고지한 때로부터 10일 이내에 검사에게 송부하여야 한다(제44조 본문). 다만 형의 집행을 지휘하는 경우 외에는 재판서의 원본·등본이나 초본 또는 조서의 등본이나 초본에 인정하는 날인으로 할 수 있다(제461조 단서).

재판의 집행지휘에 있어서 재판서의 등본 또는 초본의 첨부를 요하는 취지는 개인의 기본적 인권에 중대한 관계가 있는 형집행에 있어 형의 종류 및 범위를 명확하게 하기 위하여 재판서의 등본 또는 초본이라고 하는 확실한 증명자료를 첨부시켜 형의 집행에 과오가 없기를 하기 위함이다. 그러나 재판서 등은 본래 권리가 화체한 유가증권과는 상이하여 형의 집행에 절대적으로 필요한 것이 아니고, 다만 증명자료로서 가장 적절하고 전형적인 것이므로 통상의 사태를 표준하여 규정한 것이다. 그러므로 천재지변 등에 인하여 차등 서류의 원본이 멸실되어 등·초본 등의 작성이 불가능할 경우에는 형의 종류 및 범위를 구체적으로 명확하게 하기에 족한 기타의 증명자료를 첨부하여 재판 집행지휘를 할 수 있다.[1)]

4. 형의 집행을 위한 소환

사형·징역·금고 또는 구류의 선고를 받은 자가 구금되지 아니한 때에는 검사는 형을 집행하기 위하여 이를 소환하여야 한다(제473조 제1항). 벌금형에 따르는 노역장유치는 실질적으로 자유형과 동일한 것으로서 그 집행에 대하여는 자유형의 집행에 관한 규정이 준용되므로(제492조), 노역장유치의 대상자도 형집행을 위한 소환의 대상이 된다. 소환의 방식에는 아무런 제한이 없다.

만약 소환에 응하지 아니한 때에는 검사는 형집행장을 발부하여 구인하여야 한다(제473조 제2항). 형의 집행은 검사의 직무에 속하기 때문에 형집행을 위한 구인은 법관의 영장에 의하지 않고, 검사의 형집행장에 의하도록 한 것이다. 형의 선고를 받은 자가 도망하거나 도망할 염려가 있는 때 또는 현재지를 알 수 없는 때에는 소환함이 없이 형집행장을 발부하여 구인할 수 있다(제473조 제3항). 형집행장에는 형의 선고를 받은 자의 성명·주거·연령·형명·형기 기타 필요한 사항을 기재하여야 한다(제474조 제1항). 형집행장은 구속영장과 동일한 효력이 있다(제474조 제2항). 그러므로 형집행장의 집행에는 피고인의 구속에 관한 규정을 준용한다(제475조). 여기서 '피고인의 구속에 관한 규정'은 '피고인의 구속영장의 집행에 관한 규정'을 의미한다고 할 것이므로, 형집행장의 집행에 관하여는 구속의 사유에 관한 제70조나 구속이유의 고지에 관한 제72조가 준용되지 아니한다.[2)]

한편 사법경찰관리가 벌금형을 받은 이를 그에 따르는 노역장유치의 집행을 위하여 구인하려면 검사로부터 발부받은 형집행장을 상대방에게 제시하여야 하지만(제85조 제1항), 형집행장을 소지하지 아니한 경우에 급속을 요하는 때에는 상대방에 대하여 형집행 사유와 형집행장이 발부되었음을 고하고 집행할 수 있고(제85조 제3항), 여기서 형집행장의 제시 없이 구인할 수 있는 '급속을 요하는 때'란 애초 사법경찰관리가 적법하게 발부된 형집행장을 소지할 여유가 없이 형집행의 상대방을 조우한 경우 등을 가리킨다. 이때 사법경찰관리가 벌금 미납으로 인한 노역장유치의 집행의 상대방에게 형집행 사유와 더불어 벌금 미납으로 인한 지명수배 사실을 고지하였더라도 특별한 사정이 없는 한 그러한 고지를 형집행장이 발부되어 있는 사실도 고지한 것

1) 대법원 1961. 1. 27.자 4293형항20 결정; 대법원 1959. 12. 23.자 4291형항22 결정.

2) 대법원 2013. 9. 12. 선고 2012도2349 판결.

이라거나 형집행장이 발부되어 있는 사실까지도 포함하여 고지한 것이라고 볼 수 없으므로, 이와 같은 사법경찰관리의 직무집행은 적법한 직무집행에 해당한다고 할 수 없다.[1)]

Ⅱ. 형의 집행

1. 형의 집행순서

(1) 중한 형의 우선 집행

2개 이상의 형의 집행은 자격상실·자격정지·벌금·과료와 몰수 외에는 그 중한 형을 먼저 집행한다(제462조 본문). 이를 '중형우선의 원칙'이라고 한다. 자격상실·자격정지·벌금·과료와 몰수는 자유형과의 동시집행이 가능하기 때문에 2개 이상의 형의 집행이 가능하다. 형의 경중은 형법 제41조 및 동법 제50조에 의한다. 그러므로 사형·징역·금고·구류의 순서로 집행된다.

(2) 집행순서의 변경

검사는 소속장관의 허가를 얻어 중한 형의 집행을 정지하고 다른 형의 집행을 할 수 있다(제462조 단서). 동 규정은 수형자가 가석방의 요건을 빨리 충족할 수 있도록 하기 위한 것이다. 왜냐하면 중한 형의 가석방기간이 경과한 후에 그 형의 집행을 정지하고 경한 형의 집행에 착수하면 경한 형의 가석방기간이 경과함으로써 양자의 형에 대하여 동시에 가석방을 인정할 수 있기 때문이다.

한편 자유형과 벌금형은 그 집행순서를 결정할 필요 없이 동시에 집행할 수 있다. 그러나 자유형과 노역장유치가 병존하는 경우에 검사는 자유형의 집행을 정지하고 노역장유치를 먼저 집행할 수도 있다. 왜냐하면 벌금형의 시효완성을 방지하기 위하여 노역장유치의 집행을 먼저 할 필요성이 있기 때문이다.

2. 사형의 집행

(1) 집행의 절차

사형은 법무부장관의 명령에 의하여 집행한다(제463조). 다만 군형법 및 군사법원법의 적용을 받는 사건의 경우에는 국방부장관의 명령에 따라 집행한다(군사법원법 제506조). 사형을 선고한 판결이 확정한 때에는 검사는 지체 없이 소송기록을 법무부장관에게 제출하여야 한다(제464조). 사형집행의 명령은 판결이 확정된 날로부터 6월 이내에 하여야 한다(제465조 제1항). 다만 상소권회복의 청구·재심의 청구 또는 비상상고의 신청이 있는 때에는 그 절차가 종료할 때까지의 기간은 위의 기간에 산입하지 아니한다(제465조 제2항). 하지만 실무에서 위의 6월 이내의 기간은 훈시규정으로 운용되고 있다.[2)] 한편 법무부장관이 사형의 집행을 명한 때에는 5일 이내에 집행

---

1) 대법원 2017. 9. 26. 선고 2017도9458 판결.

2) 이에 대하여 법무부장관은 확정된 재판의 내용을 집행하는 집행기관에 불과하므로 본 기간규정에 구속된다고

하여야 한다(제466조).

(2) 집행의 방법

사형은 교도소 또는 구치소 내에서 교수(絞首)하여 집행한다(형법 제66조). 하지만 군형법 및 군사법원법의 적용을 받는 사건의 경우, 사형은 소속 군 참모총장 또는 군사법원의 관할관이 지정한 장소에서 총살로써 집행한다(군형법 제3조). 사형의 집행에는 검사와 검찰청 서기관과 교도소장 또는 구치소장이나 그 대리자가 참여하여야 한다(제467조 제1항). 검사 또는 교도소장 또는 구치소장의 허가가 없으면 누구든지 형의 집행장소에 들어가지 못한다(제467조 제2항). 사형의 집행에 참여한 검찰청 서기관은 집행조서를 작성하고, 검사와 교도소장 또는 구치소장이나 그 대리자와 함께 기명날인 또는 서명하여야 한다(제468조).

(3) 집행의 정지

사형의 선고를 받은 자가 심신의 장애로 의사능력이 없는 상태에 있거나 잉태 중에 있는 여자인 때에는 법무부장관의 명령으로 집행을 정지한다(제469조 제1항). 형의 집행을 정지한 경우에는 심신장애의 회복 또는 출산 후 법무부장관의 명령에 의하여 형을 집행한다(제469조 제2항).

3. 자유형의 집행

(1) 집행의 방법

징역은 교도소 또는 구치소 내에 구치하여 정역에 복무하게 한다(형법 제67조). 금고와 구류는 교도소 또는 구치소에 구치한다(형법 제68조). 검사는 자유형의 집행을 위하여 형집행장을 발부할 수 있다(제473조).[1)]

(2) 형기의 계산

형기는 판결이 확정된 날로부터 기산한다(형법 제84조 제1항). 징역·금고·구류와 유치에 있어서는 구속되지 아니한 일수는 형기에 산입하지 아니한다(형법 제84조 제2항). 형집행의 초일은 시간을 계산함이 없이 1일로 산정하고(형법 제85조), 석방은 형기종료일에 하여야 한다(형법 제86조).

(3) 집행의 정지

1) 필요적 집행정지

징역·금고 또는 구류의 선고를 받은 자가 심신의 장애로 의사능력이 없는 상태에 있는 때에는 형을 선고한 법원에 대응한 검찰청 검사 또는 형의 선고를 받은 자의 현재지를 관할하는 검찰청 검사의 지휘에 의하여 심신장애가 회복될 때까지 형의 집행을 정지한다(제470조 제1항).[2)]

보는 견해로는 신양균/조기영, 1320면; 이은모/김정환, 935면.

1) 대법원 2007. 2. 22. 선고 2006도8555 판결(하나의 자유형에 대한 일부집행유예에 관하여는 그 요건, 효력 및 일부 실형에 대한 집행의 시기와 절차, 방법 등을 입법에 의해 명확하게 할 필요가 있어, 그 인정을 위해서는 별도의 근거 규정이 필요하므로 하나의 자유형 중 일부에 대해서는 실형을, 나머지에 대해서는 집행유예를 선고하는 것은 허용되지 않는다).

2) 이에 대하여 보다 자세한 내용으로는 박찬걸, "자유형에 대한 형집행정지제도의 문제점 및 개선방안", 형사정책

이 경우에 검사는 형의 선고를 받은 자를 감호의무자 또는 지방공공단체에 인도하여 병원 기타 적당한 장소에 수용하게 할 수 있다(제470조 제2항). 형의 집행이 정지된 자는 이러한 처분이 있을 때까지 교도소 또는 구치소에 구치하고 그 기간을 형기에 산입한다(제470조 제3항).

2) 임의적 집행정지

징역·금고 또는 구류의 선고를 받은 자에 대하여 ① 형의 집행으로 인하여 현저히 건강을 해하거나 생명을 보전할 수 없을 염려가 있는 때[1], ② 연령 70세 이상인 때, ③ 잉태 후 6월 이상인 때, ④ 출산 후 60일을 경과하지 아니한 때, ⑤ 직계존속이 연령 70세 이상 또는 중병이나 장애인으로 보호할 다른 친족이 없는 때, ⑥ 직계비속이 유년으로 보호할 다른 친족이 없는 때, ⑦ 기타 중대한 사유가 있는 때 가운데 어느 하나에 해당한 사유가 있는 때에는 형을 선고한 법원에 대응한 검찰청 검사 또는 형의 선고를 받은 자의 현재지를 관할하는 검찰청 검사의 지휘에 의하여 형의 집행을 정지할 수 있다(제471조 제1항). 검사가 이러한 지휘를 함에는 소속 고등검찰청 검사장 또는 지방검찰청 검사장의 허가를 얻어야 한다(제471조 제2항).

(4) 미결구금일수의 산입

1) 의 의

'미결구금'(未決拘禁)이란 도망이나 증거인멸을 방지하여 수사·재판 또는 형의 집행을 원활하게 진행하기 위하여 무죄추정의 원칙에도 불구하고 불가피하게 피의자 또는 피고인을 일정기간 일정시설에 구금하여 그 자유를 박탈하게 하는 재판확정 전의 강제적 처분(판결선고 전의 구금)을 말하며, 형의 집행은 아니다.[2] 그러나 미결구금은 자유를 박탈하여 고통을 주는 효과면에서는 실질적으로 자유형과 유사하고, 구금의 여부 및 구금기간의 장단은 피고인의 죄책 또는 귀책사유에 정확하게 대응되는 것이 아니라 형사절차상의 사유에 의해 좌우되는 경우가 많다.[3]

한편 '미결수용자'(未決收容者)란 형사피의자 또는 형사피고인으로서 체포되거나 구속영장의 집행을 받은 사람을 말한다. 이는 징역형·금고형 또는 구류형의 선고를 받아 그 형이 확정된 사람과 벌금 또는 과료를 완납하지 아니하여 노역장 유치명령을 받은 사람을 의미하는 수형자와 구별된다. 미결수용은 공소의 목적을 달성하기 위하여 불가피하게 피고인 또는 피의자를 구

연구 제27권 제2호, 한국형사정책연구원, 2016. 6, 1면 이하 참조.

1) 제471조 제1항 제1호의 형집행정지 및 그 연장에 관한 사항을 심의하기 위하여 각 지방검찰청에 형집행정지 심의위원회를 두고(제471조의2 제1항), 심의위원회는 위원장 1명을 포함한 10명 이내의 위원으로 구성하고, 위원은 학계·법조계·의료계·시민단체 인사 등 학식과 경험이 있는 사람 중에서 각 지방검찰청 검사장이 임명 또는 위촉한다(제471조의2 제2항). 심의위원회의 구성 및 운영 등 그 밖에 필요한 사항은 법무부령으로 정하는데(제471조의2 제3항), 자유형 등에 관한 검찰집행사무규칙 제29조의2 내지 제29조의6이 그것이다.

2) 이에 대하여 보다 자세한 내용으로는 박찬걸, "미결구금일수의 법정통산에 따른 개선방안에 대한 검토", 교정연구 제56호, 한국교정학회, 2012. 9, 135면 이하 참조.

3) 헌법재판소 2009. 12. 29. 선고 2008헌가13 결정; 헌법재판소 2009. 6. 25. 선고 2007헌바25 결정; 헌법재판소 2000. 7. 20. 선고 99헌가7 결정.

금하는 강제처분이어서 형의 집행은 아니지만, 자유를 박탈하는 점이 자유형과 유사하기 때문에 인권보호의 관점에서 접근이 이루어지고 있다. 이와 같이 미결수용자는 격리된 시설에서 강제적 공동생활을 하므로 구금목적의 달성, 즉 도주·증거인멸의 방지와 규율 및 안전유지를 위한 통제의 결과 헌법이 보장하는 신체의 자유 등에 대한 제한을 받는 것이 불가피하지만, 무죄가 추정되는 미결수용자의 자유와 권리에 대한 제한은 구금의 목적을 위한 필요최소한의 합리적인 범위를 벗어나서는 안 된다.[1] 이에 따라 판결선고 전의 구금일수는 그 전부를 유기징역·유기금고·벌금이나 과료에 관한 유치 또는 구류에 산입하고, 이 경우에는 구금일수의 1일은 징역·금고·벌금이나 과료에 관한 유치 또는 구류의 기간의 1일로 계산한다(형법 제57조). 또한 판결선고 후 판결확정 전 구금일수(판결선고 당일의 구금일수를 포함한다)는 전부를 본형에 산입하고(제482조 제1항), 상소기각 결정 시에 송달기간이나 즉시항고기간 중의 미결구금일수는 전부를 본형에 산입한다(제482조 제2항).[2]

2) 내 용

① 판결선고 전 구금일수의 전부를 본형에 산입해야 하는지 여부

헌법재판소는 (구) 형법 제57조 제1항 중 '또는 일부' 부분에 대하여 '형법 제57조 제1항은 자유형의 집행과 다를 바 없는 미결구금의 본질을 충실히 고려하지 못하고 법관으로 하여금 미결구금일수 중 일부를 형기에 산입하지 않을 수 있게 허용하였는바, 이는 헌법상 무죄추정의 원칙 및 적법절차의 원칙 등을 위배하여 합리성과 정당성 없이 신체의 자유를 지나치게 제한함으로써 헌법에 위반된다.'라는 위헌결정[3]을 하였다. 이에 따라 형법 제57조 제1항은 판결선고 전 구금일수의 본형산입에 관한 법관의 재량을 배제하고 판결선고 전 구금일수의 전부를 본형에 산입하는 법정통산으로 그 성격이 변경되었다.[4] 또한 판결 전 구금의 산입일수는 형의 선고와 동시에 판결로써 선고하여야 한다고 규정하고 있는 제321조 제2항은 법정통산의 상황에서는 더 이상 규범력을 가질 수 없게 되어 사문화되었다고 볼 수 있으며, 검사가 형집행의 단계에

1) 헌법재판소 2011. 12. 29. 선고 2009헌마527 결정.

2) 대법원 2010. 4. 16.자 2010모179 결정(피고인이 상소를 제기하였다가 그 상소를 취하한 경우에는, 상소심의 판결선고가 없었다는 점에서 제482조 제1항 또는 형법 제57조가 적용될 수 없고, 상소제기 전의 상소제기기간 중의 구금일수가 아니라는 점에서 제482조 제2항이 적용될 수 없으며, 달리 이를 직접 규율하는 규정은 없다. 그러나 '상소제기 후 상소취하한 때까지의 구금' 또한 피고인의 신체의 자유를 박탈하고 있다는 점에서 실질적으로 자유형의 집행과 다를 바 없으므로 '상소제기기간 중의 판결확정 전 구금'과 구별하여 취급할 아무런 이유가 없고, 따라서 '상소제기 후 상소취하한 때까지의 구금일수'에 관하여는 제482조 제2항을 유추적용하여 그 '전부'를 본형에 산입하여야 한다).

3) 헌법재판소 2009. 6. 25. 선고 2007헌바25 결정.

4) 결국 모든 판결 선고 전의 구금일수는 그 전부가 본형에 산입되어야 한다(대법원 2010. 4. 16.자 2010모179 결정). 이에 따라 미결구금의 성질상 그 기간을 형기에 당연히 산입하여야 하는 것은 아니라고 판시한 이전의 판례(대법원 2007. 8. 10.자 2007모522 결정; 대법원 2005. 10. 14. 선고 2005도4758 판결; 대법원 1993. 11. 26. 선고 93도2505 판결; 대법원 1990. 6. 12. 선고 90도672 판결; 대법원 1989. 10. 10. 선고 89도1711 판결; 대법원 1986. 10. 28. 선고 86도1669 판결; 대법원 1983. 11. 22. 선고 82도2528 판결; 대법원 1969. 4. 22. 선고 69도269 판결)의 취지는 더 이상 그 효력을 유지할 수 없게 되었다.

서 소송기록의 확인을 통하여 미결구금일수를 구체적으로 확정해야 할 것이다.[1)]

하지만 검사가 형을 집행함에 있어 판결에서 산입을 명한 당해 사건의 미결구금일수나 그 사건에서 상소와 관련하여 제482조에 의하여 당연히 산입되는 미결구금일수를 제외하고는 다른 사건에서의 미결구금일수는 법률상 산입할 근거가 없다. 또한 구속은 원칙적으로 구속영장이 발부된 범죄사실에 대한 것이어서 그로 인한 미결구금도 당해 사건의 형의 집행과 실질적으로 동일하다고 보아 그 미결구금일수를 형에 산입하려는 것이므로, 그와 같은 제도의 취지에 비추어 보면 확정된 형을 집행함에 있어 무죄로 확정된 다른 사건에서의 미결구금일수를 산입하지 않는다고 하여 헌법상의 행복추구권이나 평등권을 침해하였다고 볼 수도 없다.[2)]

② 판결에서 별도로 미결구금일수 산입에 관한 사항을 판단할 필요가 있는지 여부

판결선고 전 미결구금일수는 그 전부가 법률상 당연히 본형에 산입되므로, 판결에서 별도로 미결구금일수 산입에 관한 사항을 판단할 필요가 없다.[3)] 그러므로 법정통산으로 인정되는 경우에 있어서는 판결 주문에 미결구금일수를 본형에 산입한다는 표시를 하지 아니한 것은 당연하다.[4)] 만약 이를 간과한 채 제1심판결 선고 전의 구금일수나 항소제기 후 원심판결 선고 전의 구금일수를 본형에 각 산입한 조치는 잘못이라고 할 것이나, 주문에서 그 산입을 선고하였다고 하더라도 이는 법률상 의미 없는 조치에 불과하므로 이 때문에 판결이 위법하게 되는 것은 아니다.[5)]

한편 대법원이 피고인의 상고이유 중 일부가 이유 있다고 보아 이 부분을 무죄 취지로 파기하면서, 이 부분과 형법 제37조 후단의 경합범 관계에 있는 나머지 부분에 관하여, 무죄 부분만을 파기하면 환송 후의 절차에서 미결구금일수를 산입할 본형이 존재하지 않게 되므로 환송 후 원심이 미결구금일수를 유죄 부분에 대한 형에 산입할 수 있도록 하기 위하여 유죄가 인정되는 나머지 부분까지 전부 파기환송하여야 한다.[6)]

③ 범죄인인도조약에 따라 체포된 후 인도절차를 밟기 위한 기간

대법원에 의하면 미결구금은 공소의 목적을 달성하기 위하여 어쩔 수 없이 피고인 또는 피

---

1) 대법원 2010. 9. 9. 선고 2010도6924 판결(병과형 또는 수 개의 형으로 선고된 경우 어느 형에 미결구금일수를 산입하여 집행하느냐는 형집행 단계에서 형집행기관이 할 일이며, 법원이 주문에서 이에 관하여 선고하였더라도 이는 마찬가지라 할 것이므로 그와 같은 사유만으로 원심판결을 파기할 수는 없다).

2) 대법원 1997. 12. 29.자 97모112 결정.

3) 대법원 2009. 12. 10. 선고 2009도11448 판결.

4) 대법원 2009. 4. 9. 선고 2009도321 판결(피고인이 상소를 제기한 경우에 원심판결이 파기된 때에는 제482조 제1항 제2호에 따라 상소제기 후의 미결구금일수 전부가 본형에 산입되는 것이므로, 항소심이 직권으로 제1심판결을 파기하고 자판한 경우에 피고인에 대한 제1심판결 선고 이후 항소심판결 선고 전의 미결구금일수 전부가 법정통산되는 것이어서, 항소심법원이 판결 주문에 항소심의 미결구금일수를 본형에 산입한다는 표시를 하지 아니한 것은 당연하다); 대법원 2007. 8. 23. 선고 2007도4913 판결.

5) 대법원 2008. 3. 14. 선고 2007도10435 판결; 대법원 2001. 3. 9. 선고 2000도5590 판결; 대법원 1996. 1. 26. 선고 95도2263 판결.

6) 대법원 2006. 11. 23. 선고 2006도5986 판결.

의자를 구금하는 강제처분이라고 전제한 다음, 피고인이 미결구금일수로서 본형에의 산입을 요구하는 기간은 피고인이 범행 후 미국으로 도주하였다가 대한민국정부와 미합중국정부 간의 범죄인인도조약에 따라 체포된 후 인도절차를 밟기 위한 기간에 불과하여 본형에 산입될 미결구금일수에 해당한다고 볼 수 없다고 판시하고 있다.[1)]

생각건대 범죄인인도를 위한 구금은 외국 정부의 주권행사이지만 우리나라의 요청에 따른 것이고, 공소의 목적을 달성하기 위해 어쩔 수 없이 행하는 강제처분의 성격을 갖고 있는 점에서 형법 제57조에 의해 형에 산입되는 미결구금과 다를 바가 없다. 즉 범죄인 인도를 위하여 구금된 기간도 국가의 형벌권 행사를 위하여 국가의 요청으로 신체의 자유가 제한된 기간이므로 국내의 미결구금기간과 달리 취급할 이유가 없는 것이다. 왜냐하면 범죄인인도조약에 의하여 우리나라로의 인도심사를 위하여 외국의 법원에 의하여 구금된 경우 절차의 개시단계에서 우리나라의 인도요청이 있었고, 이에 따른 범죄인의 인도는 후속의 형사사법절차와 연관되는 것이므로 나중에 형이 확정될 범죄의 수사와 재판을 위해 어쩔 수 없이 행해지는 강제처분이라고 볼 수 있기 때문이다. 또한 비록 범죄를 저지르고 외국으로 도주한 자라고 하더라도 판결이 확정되지 않은 동안에는 무죄의 추정을 받는 피고인에 대하여 인정되는 강제처분으로 국내에서의 판결 선고 전의 미결구금과 유사한 측면도 있는 것이 사실이다. 그러므로 범죄인 인도를 위한 구금기간도 형법 제57조의 본형 산입 대상에 포함시키는 것이 타당하다.

④ 외국에서 법률위반 혐의로 체포된 후 강제로 출국되기까지의 기간

대법원에 의하면 피고인이 필리핀 당국에 의하여 이민법위반 혐의(체류자격외 활동)로 체포된 후 필리핀에서 강제로 출국되기까지의 기간은 형법 제57조에 의하여 본형에 산입될 미결구금일수에 해당하지 아니한다고 판시하고 있다.[2)]

생각건대 미결구금의 본형통산의 본질은 피의자·피고인이 일정한 시설에서 사실상 자유를 박탈당하고 있으므로 이들이 향후 유죄판결을 받을 경우에 있어서 그 기간을 본형에 산입해 주는 것이 형평의 관점에 부합한다는 측면에서 찾을 수 있다. 미결구금의 성격 가운데 형벌적인 측면을 소홀히 하고, 신병확보라는 절차적 측면을 강조하게 된다면 외국에서 법률위반 혐의로 체포된 후 강제로 출국되기까지의 기간의 본형산입에 소극적인 태도를 취할 수밖에 없을 것이다. 하지만 이러한 사례의 경우에 있어서도 충분히 본형에 산입될 미결구금일수에 해당하는 것으로 평가할 수 있다. 한편 형사사건으로 외국 법원에 기소되었다가 무죄판결을 받은 사람은, 설령 그가 무죄판결을 받기까지 상당 기간 미결구금되었더라도 이를 유죄판결에 의하여 형이 실제로 집행된 것으로 볼 수는 없으므로, '외국에서 형의 전부 또는 일부가 집행된 사람'에 해당한다고 볼 수 없고, 그 미결구금기간은 형법 제7조에 의한 산입의 대상이 될 수 없다.[3)]

---

1) 대법원 2009. 5. 28. 선고 2009도1446 판결; 대법원 2004. 4. 27. 선고 2004도482 판결.

2) 대법원 2003. 2. 11. 선고 2002도6606 판결.

3) 대법원 2017. 8. 24. 선고 2017도5977 전원합의체 판결.

⑤ 약식명령에 기하여 피고인을 노역장에 유치한 기간

정식재판청구기간을 도과한 약식명령에 기하여 피고인을 노역장에 유치하는 것은 형의 집행이므로 그 유치기간은 형법 제57조가 규정한 미결구금일수에 해당하지 않기 때문에[1], 비록 정식재판청구권회복결정에 의하여 사건을 공판절차에 의하여 심리하는 경우라고 하더라도 법원은 노역장 유치기간을 미결구금일수로 보아 이를 본형에 산입할 수는 없고, 그 유치기간은 나중에 본형의 집행단계에서 그에 상응하는 벌금형이 집행된 것으로 간주될 뿐이다.[2]

⑥ 치료감호영장의 집행기간

살인미수로 공소제기 및 치료감호가 청구된 피고인이 제1심 법원에서 공소사실에 대한 집행유예의 형을 선고받고 치료감호영장도 발부되었으나, 아직 본형이 확정되지 않은 상태에서 치료감호영장이 집행되어 보호구금 중 공소사실과 치료감호사실에 대한 항소 및 상고를 제기한 사안에서, 항소심판결 선고 전의 보호구금일수를 전혀 본형에 산입하지 아니한 것은 위법하다.[3]

3) 미결구금기간이 본형기간을 초과한 경우

미결구금기간이 확정된 징역 또는 금고의 본형기간을 초과한다고 하여 위법하다고 할 수는 없고[4], 형법 제57조에 의하여 산입된 미결구금기간이 징역 또는 금고의 본형기간을 초과한다고 하여도 형법 제62조의 규정에 따라 그 본형의 '집행'을 유예하는 데에는 아무런 지장이 없다.[5] 또한 실제 구금일수를 초과하여 산입한 판결이 확정된 경우에도 그 초과 부분이 본형에 산입되는 효력이 생기는 것은 아니다.[6] 심지어 제1심 및 원심판결에 의하여 산입된 미결구금일수만으로도 이미 본형의 형기를 초과하고 있음이 명백한 경우에 있어서는 상고 후의 구금일수는 별도로 산입하지 않아도 된다.[7]

4) 미결구금기간과 구속기간과의 상호관계

제22조, 제298조 제4항, 제306조 제1항 및 동조 제2항에 의하여 공판절차가 정지된 기간 및 공소제기 전의 체포·구인·구금 기간은 구속기간에 산입하지 않지만(제92조 제3항), 판결선고 전의 구금일수에는 산입된다.[8] 즉 제92조 제3항의 취지는 본안의 심리기간을 확보하기 위한 것일 뿐이므로 기피신청 등으로 인하여 공판절차가 정지된 상태의 구금기간도 판결선고 전의 구금

1) 대법원 2004. 7. 9. 선고 2004도908 판결.

2) 대법원 2007. 5. 10. 선고 2007도2517 판결.

3) 대법원 2009. 3. 12. 선고 2009도202 판결.

4) 대법원 1989. 10. 10. 선고 89도1711 판결.

5) 대법원 2008. 2. 29. 선고 2007도9137 판결.

6) 대법원 2007. 7. 13. 선고 2007도3448 판결; 대법원 1994. 2. 8. 선고 93도2563 판결.

7) 대법원 2006. 11. 10. 선고 2006도4238 판결.

8) 또한 체포·구속적부심사에 있어서 법원이 수사 관계 서류와 증거물을 접수한 때부터 결정 후 검찰청에 반환된 때까지의 기간은 체포 후 구속영장 청구기간의 적용에 있어서는 그 제한기간에 산입하지 아니하고, 구속기간의 적용에 있어서는 그 구속기간에 산입하지 아니한다(제214조의2 제13항).

일수에는 산입되어야 하는 것이고, 따라서 제1심판결이 위 구금기간을 미결구금일수에 산입하지 아니한 것은 잘못이다.[1)]

다만 형의 집행과 구속영장의 집행이 경합하고 있는 경우에는 구속 여부와 관계없이 피고인 또는 피의자는 형의 집행에 의하여 구금을 당하고 있는 것이어서, 구속은 관념상은 존재하지만 사실상은 형의 집행에 의한 구금만이 존재하는 것에 불과하므로, 인권보호의 관점에서 이러한 미결구금기간을 본형에 통산할 필요가 없고, 오히려 이것을 통산한다면 하나의 구금으로써 두 개의 자유형의 집행을 동시에 하는 것과 같게 되는 불합리한 결과가 되어 피고인에게 부당한 이익을 부여하게 되므로, 이러한 경우의 미결구금은 본형에 통산하여서는 아니 될 것이다.[2)]

4. 자격형의 집행

자격상실 또는 자격정지의 선고를 받은 자에 대하여는 이를 수형자원부에 기재하고 지체 없이 그 등본을 형의 선고를 받은 자의 등록기준지와 주거지의 시·구·읍·면장에게 송부하여야 한다(제476조). 여기서 '수형자원부'(受刑者原簿)란 형실효법 제2조 제2호에서 규정하고 있는 수형인명부(자격정지 이상의 형을 받은 수형인을 기재한 명부로서 검찰청 및 군검찰부에서 관리하는 것)를 말한다(형실효법 제2조 제2호). 지방검찰청 및 그 지청과 보통검찰부에서는 자격정지 이상의 형을 선고한 재판이 확정되면 지체 없이 그 형을 선고받은 수형인을 수형인명부에 기재하여야 한다(형실효법 제3조). 지방검찰청 및 그 지청과 보통검찰부에서는 자격정지 이상의 형을 선고받은 수형인에 대한 수형인명표[3)]를 작성하여 수형인의 등록기준지 시·구·읍·면사무소에 송부하여야 한다(형실효법 제4조 제1항).

5. 재산형의 집행

(1) 집행의 방식

벌금·과료·몰수·추징·과태료·소송비용·비용배상 또는 가납의 재판은 검사의 명령에 의하여 집행한다(제477조 제1항). 이러한 명령은 집행력 있는 채무명의와 동일한 효력이 있다(제477조 제2항). 재산형 등의 집행에는 민사집행법의 집행에 관한 규정을 준용한다. 다만 집행 전에 재판의 송달을 요하지 아니한다(제477조 제3항). 하지만 재산형 등의 집행은 국세징수법에 따른 국세체납처분의 예에 따라 집행할 수 있다(제477조 제4항). 이와 같이 재산형의 집행은 효율성을 고려하여 민사집행법상 강제처분절차와 국세징수법상 강제처분절차 중에서 선택적으로 활용할 수 있는 것이다. 만약 국세징수법에 의하는 경우에는 집행공무원이 벌금 등을 납부하지 않는 자의

---

1) 대법원 2005. 10. 14. 선고 2005도4758 판결.

2) 대법원 2001. 10. 26. 선고 2001도4583 판결.

3) '수형인명표'란 자격정지 이상의 형을 받은 수형인을 기재한 명표로서 수형인의 등록기준지 시·구·읍·면사무소에서 관리하는 것을 말한다(형실효법 제2조 제3호).

재산에 대하여 직접 압류 또는 공매처분을 할 수 있다.

검사는 재산형 등을 집행하기 위하여 필요한 조사를 할 수 있다. 이 경우 검사는 공무소 기타 공사단체에 조회하여 필요한 사항의 보고를 요구할 수 있다(제477조 제5항). 한편 벌금·과료·추징·과태료·소송비용 또는 비용배상의 분할납부·납부연기 및 납부대행기관을 통한 납부 등 납부방법에 필요한 사항은 법무부령으로 정하는데(제477조 제6항), 2018. 1. 2. 개정된 「재산형 등에 관한 검찰 집행사무규칙」에 의하면, 납부의무자는 국세납부대행기관을 통하여 벌과금 등을 신용카드 및 직불카드 등으로 납부할 수 있고(동 규칙 제15조의2 제1항), 이에 따라 신용카드 등으로 벌과금 등을 납부하는 경우에는 벌과금등 납부대행기관의 승인일을 납부일로 본다(동 규칙 제15조의2 제2항). 재판집행비용은 집행을 받은 자의 부담으로 하고 민사집행법의 규정에 준하여 집행과 동시에 징수하여야 한다(제493조).

(2) 집행의 대상

재산형은 다른 형과 마찬가지로 재판을 선고받은 본인에 대하여 집행할 수 있는 것이 원칙이지만, 몰수 또는 조세·전매 기타 공과에 관한 법령에 의하여 재판한 벌금 또는 추징은 그 재판을 받은 자가 재판확정 후 사망한 경우에는 그 상속재산에 대하여 집행할 수 있다(제478조). 왜냐하면 몰수는 몰수물 자체에 대하여 집행하는 것이고, 위의 벌금 또는 추징은 국고수입을 목적으로 하는 것이므로 그 이행을 강제할 필요가 있기 때문이다. 다만 재판확정 후에 사망하였을 것을 요하므로 확정 전에 본인이 사망한 경우에는 상속재산에 대하여 집행할 수 없다.

한편 법인에 대하여 벌금·과료·몰수·추징·소송비용 또는 비용배상을 명한 경우에 법인이 그 재판확정 후 합병에 의하여 소멸한 때에는 합병 후 존속한 법인 또는 합병에 의하여 설립된 법인에 대하여 집행할 수 있다(제479조). 이는 법인이 합병을 통한 집행의 회피를 방지하기 위한 규정이다.

(3) 가납재판의 집행조정

제1심 가납의 재판을 집행한 후에 제2심 가납의 재판이 있는 때에는 제1심 재판의 집행은 제2심 가납금액의 한도에서 제2심 재판의 집행으로 간주한다(제480조). 또한 가납의 재판을 집행한 후 벌금·과료 또는 추징의 재판이 확정한 때에는 그 금액의 한도에서 형의 집행이 된 것으로 간주한다(제481조). 그러므로 가납금액이 확정재판의 금액보다 큰 경우에는 초과액을 환부하여야 하며, 상소심에서 무죄 또는 자유형을 선고하는 판결이 확정된 경우에는 그 이전에 가납재판에 의하여 집행된 금액을 전부 환부하여야 한다.

(4) 노역장유치의 집행

벌금과 과료는 판결확정일로부터 30일 내에 납입하여야 한다. 다만 벌금을 선고할 때에는 동시에 그 금액을 완납할 때까지 노역장에 유치할 것을 명할 수 있다(형법 제69조 제1항). 벌금을 납입하지 아니한 자는 1일 이상 3년 이하, 과료를 납입하지 아니한 자는 1일 이상 30일 미만의 기간 노역장에 유치하여 작업에 복무하게 한다(형법 제69조 제2항). 벌금 또는 과료를 선고할 때에는 납입하지 아니하는 경우의 유치기간을 정하여 동시에 선고하여야 한다(형법 제70조 제1항). 선고하는 벌금이 1억원 이상 5억원 미만인 경우에는 300일 이상, 5억원 이상 50억원 미만인 경우에는 500일 이상, 50억원 이상인 경우에는 1,000일 이상의 유치기간을 정하여야 한다(형법 제70조 제2항). 벌금 또는 과료의 선고를 받은 자가 그 일부를 납입한 때에는 벌금 또는 과료액과 유치기간의 일수에 비례하여 납입금액에 상당한 일수를 제한다(형법 제71조). 한편 벌금 또는 과료를 완납하지 못한 자에 대한 노역장유치의 집행에는 형의 집행에 관한 규정을 준용한다(제492조).[1)]

6. 몰수형의 집행

몰수물은 검사가 처분하여야 한다(제483조). 검사의 몰수판결 집행업무는 몰수를 명한 판결이 확정된 후 검사의 집행지휘에 의하여 몰수집행을 하는 것인데, 몰수물이 압수되어 있는 경우에는 집행지휘만으로 집행이 종료되게 되며, 몰수물이 압수되어 있지 아니한 경우에는 검사가 몰수선고를 받은 자에게 그 제출을 명하고, 이에 불응할 경우 몰수집행명령서를 작성하여 집달관에게 강제집행을 명하는 방법으로 집행한다.[2)] 몰수를 집행한 후 3월 이내에 그 몰수물에 대하여 정당한 권리가 있는 자가 몰수물의 교부를 청구한 때에는 검사는 파괴 또는 폐기할 것이 아니면 이를 교부하여야 한다(제484조 제1항). 몰수물을 처분한 후 교부의 청구가 있는 경우에는 검사는 공매에 의하여 취득한 대가를 교부하여야 한다(제484조 제2항). 한편 피고인[3)] 이외의 제3자의 소유에 속하는 물건의 경우, 몰수를 선고한 판결의 효력은 원칙적으로 몰수의 원인이 된 사실에 관하여 유죄의 판결을 받은 피고인에 대한 관계에서 그 물건을 소지하지 못하게 하는 데 그치고, 그 사건에서 재판을 받지 아니한 제3자의 소유권에 어떤 영향을 미치는 것은 아니다.[4)]

7. 압수물의 처분

압수한 서류나 물품에 대하여 몰수의 선고가 없는 때에는 압수를 해제한 것으로 간주하므로(제332조), 압수물은 정당한 권리자에게 환부하여야 한다. 그러나 위조 또는 변조한 물건을 환부하는 경우에는 그 물건의 전부 또는 일부에 위조나 변조인 것을 표시하여야 한다(제485조 제1항).[5)]

---

1) 대법원 2017. 9. 26. 선고 2017도9458 판결.

2) 대법원 1995. 5. 9. 선고 94도2990 판결.

3) 대법원 2013. 5. 23. 선고 2012도11586 판결(형법 제48조 제1항의 '범인' 속에는 '공범자'도 포함되므로 범인 자신의 소유물은 물론 공범자의 소유물도 그 공범자의 소추 여부를 불문하고 몰수할 수 있고, 이는 범죄수익은닉의 규제 및 처벌 등에 관한 법률 제9조 제1항의 '범인'의 해석에서도 마찬가지이다. 그리고 형벌은 공범자 전원에 대하여 각기 별도로 선고하여야 할 것이므로 공범자 중 1인 소유에 속하는 물건에 대한 부가형인 몰수에 관하여도 개별적으로 선고하여야 한다).

4) 대법원 2017. 9. 29.자 2017모236 결정.

5) 대법원 1984. 7. 24.자 84모43 결정(제133조의 규정에 의하면 압수를 계속할 필요가 없다고 인정되는 압수물 또는

위조 또는 변조한 물건이 압수되지 아니한 경우에는 그 물건을 제출하게 하여 그 물건의 전부 또는 일부에 위조나 변조인 것을 표시하여야 한다. 다만 그 물건이 공무소에 속한 것인 때에는 위조나 변조의 사유를 공무소에 통지하여 적당한 처분을 하게 하여야 한다(제485조 제2항).

압수물의 환부를 받을 자의 소재가 불명하거나 기타 사유로 인하여 환부를 할 수 없는 경우에는 검사는 그 사유를 관보에 공고하여야 한다(제486조 제1항). 공고한 후 3월 이내에 환부의 청구가 없는 때에는 그 물건은 국고에 귀속한다(제486조 제2항). 이 기간 내에도 가치 없는 물건은 폐기할 수 있고, 보관하기 어려운 물건은 공매하여 그 대가를 보관할 수 있다(제486조 제3항).

Ⅲ. 재판집행에 대한 구제방법

1. 재판해석에 대한 의의신청

(1) 의 의

형의 선고를 받은 자는 집행에 관하여 재판의 해석에 대한 의의(疑義)가 있는 때에는 재판을 선고한 법원에 의의신청을 할 수 있다(제488조). 이는 판결주문의 취지가 불명확하여 주문의 해석에 의문이 있는 경우에 한하여 형을 선고받은 자가 집행에 관하여 재판의 해석에 대한 의의신청을 할 수 있다는 것이다. 그러므로 판결이유의 모순·불명확 또는 부당을 주장하는 의의신청은 허용되지 아니한다.[1] 또한 재판의 내용 자체를 부당하다고 주장하는 것도 허용되지 아니한다.[2]

(2) 절 차

재판해석에 대한 의의신청이 있는 때에는 법원은 결정을 하여야 하고, 이러한 결정에 대하여는 즉시항고를 할 수 있다(제491조). 재판해석에 대한 의의신청은 법원의 결정이 있을 때까지 취하할 수 있고(제490조 제1항), 이에 대하여는 재소자에 대한 특칙이 준용된다(제490조 제2항, 제344조).

2. 재판집행에 대한 이의신청

(1) 의 의

재판의 집행을 받은 자 또는 그 법정대리인이나 배우자는 집행에 관한 검사의 처분이 부당

증거에 공할 압수물은 환부 또는 가환부할 수 있도록 되어 있는바, 이 사건 약속어음은 재항고인의 위 주장자체에 의하더라도 범죄행위로 인하여 생긴 위조문서로서 아무도 이를 소유하는 것이 허용되지 않는 물건임이 분명하므로 몰수의 대상이 되고 환부나 가환부를 할 수 없다고 보아야 할 것이다. 다만 위조문서의 소유가 허용되지 않는 것은 진정한 문서인 것처럼 통용됨을 금지하고자 하는데 그 뜻이 있으므로, 몰수의 선고가 있은 뒤에 검사가 제485조에 의하여 위조의 표시를 하여 환부한 경우에는 이를 적법하게 소지할 수 있을 뿐 아니라 민법상 권리행사의 자료로도 사용할 수 있음은 물론이다).

1) 대법원 1985. 8. 20.자 85모22 결정.

2) 대법원 1986. 9. 26.자 86모45 결정.

함을 이유로 재판을 선고한 법원에 이의(異議)신청을 할 수 있다(제489조). 이는 확정재판의 집행기관인 검사가 그 집행과 관련하여 행하는 처분이 부당함을 이유로 제기하는 불복방법이다. 검사의 집행에 대한 이의신청은 검사의 집행처분이 부적법한 경우뿐만 아니라 부당한 경우를 포함한다. 하지만 재판의 집행에 관한 것이 아니고 검사의 공소제기 또는 이를 바탕으로 한 재판 그 자체가 부당함을 이유로 하는 경우에는 신청할 수 없다.[1)] 또한 이의신청은 검사의 처분에 대해서 허용되므로 교도소장의 처분에 대해서는 할 수 없다.[2)]

한편 이의신청은 확정된 재판에 대한 집행을 전제로 하는 것이 원칙이지만, 확정되지 아니한 판결의 집행에 대하여도 이의신청을 할 수 있으며, 판결의 집행에 대하여 이의신청이 있는 때에는 그 판결의 확정 여부에 대하여 심리하여야 한다.[3)] 하지만 이미 재판의 집행이 종료된 후에는 이의신청의 실익이 없어 허용되지 아니한다.[4)]

(2) 절 차

재판집행에 대한 이의신청이 있는 때에는 법원은 결정을 하여야 하고, 이러한 결정에 대하여는 즉시항고를 할 수 있다(제491조). 재판해석에 대한 의의신청은 법원의 결정이 있을 때까지 취하할 수 있고(제490조 제1항), 이에 대하여는 재소자에 대한 특칙이 준용된다(제490조 제2항, 제344조).

3. 소송비용 집행면제의 신청

소송비용부담의 재판을 받은 자가 빈곤으로 인하여 이를 완납할 수 없는 때에는 그 재판의 확정 후 10일 이내에 재판을 선고한 법원에 소송비용의 전부 또는 일부에 대한 재판의 집행면제를 신청할 수 있다(제487조). 이러한 신청이 있는 때에는 법원은 결정을 하여야 하며, 동 결정에 대하여는 즉시항고를 할 수 있다(제491조). 소송비용부담의 재판의 집행은 집행면제신청기간 내와 그 신청이 있는 때에는 소송비용부담의 재판의 집행은 그 신청에 대한 재판이 확정될 때까지 정지된다(제472조).

---

1) 대법원 1987. 8. 20. 선고 87도1057 판결; 대법원 1987. 8. 20. 선고 87초42 판결; 대법원 1986. 9. 8.자 86모32 결정.

2) 대법원 1983. 7. 5.자 83초20 결정(항소심에서 유죄판결을 선고받고 이에 불복하여 상고를 제기한 피고인을 교도소 소장이 검사의 이송지휘도 없이 다른 교도소로 이송처분한 경우 피고인은 이에 대하여 제15조 제1호 소정의 관할이전신청이나 제489조 소정의 이의신청을 할 수 없다).

3) 대법원 1964. 6. 23.자 64모14 결정.

4) 대법원 2001. 8. 23.자 2001모91 결정.

Ⅳ. 소송비용

1. 소송비용의 부담자

(1) 피고인의 소송비용 부담

형의 선고를 하는 때에는 피고인에게 소송비용의 전부 또는 일부를 부담하게 하여야 한다. 다만 피고인의 경제적 사정으로 소송비용을 납부할 수 없는 때에는 그러하지 아니하다(제186조 제1항). 여기서 소송비용이란 ① 증인·감정인·통역인 또는 번역인의 일당, 여비 및 숙박료, ② 감정인·통역인 또는 번역인의 감정료·통역료·번역료, 그 밖의 비용, ③ 국선변호인의 일당, 여비, 숙박료 및 보수를 말한다(「형사소송비용 등에 관한 법률」 제2조). 소송비용의 부담은 형의 선고가 있는 경우에 한하므로 형의 집행유예는 포함되지만, 형의 면제 또는 선고유예의 경우에는 제외된다(제321조 제2항).

한편 피고인에게 책임지울 사유로 발생된 비용은 형의 선고를 하지 아니하는 경우에도 피고인에게 부담하게 할 수 있다(제186조 제2항). 예를 들면 피고인이 정당한 이유 없이 불출석함에 따라 증인을 다시 소환하여 여비가 이중으로 지출된 경우가 이에 해당하다. 공범의 소송비용은 공범인에게 연대부담하게 할 수 있다(제187조). 여기의 공범에는 임의적 공범뿐만 아니라 필요적 공범도 포함되지만, 공범이 공동심리를 받은 경우에 한한다. 검사만이 상소 또는 재심청구를 한 경우에 상소 또는 재심의 청구가 기각되거나 취하된 때에는 그 소송비용을 피고인에게 부담하게 하지 못한다(제189조). 하지만 피고인이 상소 또는 재심청구를 한 경우에 상소 또는 재심의 청구가 기각되거나 취하된 때에는 피고인에게 그 소송비용을 부담하게 할 수 있다(제190조 제1항). 실무상 피고인이 소송비용을 부담하는 경우는 전혀 없는 실정이다.

(2) 제3자의 소송비용 부담

고소 또는 고발에 의하여 공소를 제기한 사건에 관하여 피고인이 무죄 또는 면소의 판결을 받은 경우에 고소인 또는 고발인에게 고의 또는 중대한 과실이 있는 때에는 그 자에게 소송비용의 전부 또는 일부를 부담하게 할 수 있다(제188조). 검사 아닌 자가 상소 또는 재심청구를 한 경우에 상소 또는 재심의 청구가 기각되거나 취하된 때에는 그 자에게 그 소송비용을 부담하게 할 수 있다. 피고인 아닌 자가 피고인이 제기한 상소 또는 재심의 청구를 취하한 경우에도 마찬가지이다(제190조).

2. 소송비용 부담의 절차

(1) 재판으로 소송절차가 종료되는 경우

재판으로 소송절차가 종료되는 경우에 피고인에게 소송비용을 부담하게 하는 때에는 직권으로 재판하여야 하며, 이러한 재판에 대하여는 본안의 재판에 관하여 상소하는 경우에 한하여 불복할 수 있다(제191조). 소송비용의 재판에 대한 불복은 본안의 재판에 대한 상소의 전부 또는 일부가 이유 있는 경우에 한하여 허용되고, 본안의 상소가 그 이유가 없는 경우에는 허용되지 아니한다.[1] 소송비용부담 부분은 본안 부분과 한꺼번에 심판되어야 하고 분리 확정될 수 없는 것이므로, 상급심이 하급심의 본안 부분을 파기하는 경우에는 마땅히 소송비용부담 부분까지 함께 파기하여야 한다.[2] 또한 소송비용의 부담은 형이 아니고 실질적인 의미에서 형에 준하여 평가되어야 할 것도 아니므로 불이익변경금지원칙의 적용이 없다. 그러므로 제1심 법원이 소송비용의 부담을 명하는 재판을 하지 않았음에도 항소심 법원이 제1심의 소송비용에 관하여 피고인에게 부담하도록 재판을 한 경우, 불이익변경금지원칙에 위배되지 아니한다.[3] 한편 재판으로 소송절차가 종료되는 경우에 피고인 아닌 자에게 소송비용을 부담하게 하는 때에는 직권으로 결정을 하여야 하며, 이러한 결정에 대하여는 즉시항고를 할 수 있다(제192조).

(2) 재판에 의하지 않고 소송절차가 종료되는 경우

재판에 의하지 아니하고 소송절차가 종료되는 경우에 소송비용을 부담하게 하는 때에는 사건의 최종 계속법원이 직권으로 결정을 하여야 하며, 이러한 결정에 대하여는 즉시항고를 할 수 있다(제193조). 여기서 '재판에 의하지 아니하고 소송절차가 종료되는 경우'란 상소의 취하(제349조), 재심청구의 취하(제429조 제1항), 약식명령에 대한 정식재판청구의 취하(제454조), 즉결심판에 대한 정식재판청구의 취하(즉결심판절차법 제14조 제4항) 등을 말한다. 그리고 소송비용은 피고인에게 부담시키는 경우와 제3자에게 부담시키는 경우를 모두 포함하며, 종국재판에 의하지 않으므로 이와 독립한 결정으로 하여야 한다.

(3) 소송비용 부담액의 산정

소송비용의 부담액을 반드시 법원이 확정하여 선고할 필요는 없다. 이에 따라 소송비용의 부담을 명하는 재판에 그 금액을 표시하지 아니한 때에는 집행을 지휘하는 검사가 산정하는데(제194조), 이의가 있는 때에는 법원에 이의신청을 할 수 있다(제489조).

(4) 소송비용에 관한 재판의 집행

소송비용의 재판은 검사의 명령에 의하여 집행하고, 이러한 명령은 집행력 있는 채무명의와 동일한 효력이 있다. 소송비용의 집행에는 민사집행법의 집행에 관한 규정을 준용한다. 다만 집행 전에 재판의 송달을 요하지 아니한다. 그럼에도 불구하고 소송비용의 재판은 국세징수법에 따른 국세체납처분의 예에 따라 집행할 수 있다. 검사는 소송비용의 재판을 집행하기 위하여 필요한 조사를 할 수 있다. 이 경우 제199조 제2항을 준용한다(제477조 제1항 내지 제5항). 재판집행비용은 집행을 받은 자의 부담으로 하고 민사집행법의 규정에 준하여 집행과 동시에 징

1) 대법원 2016. 11. 10. 선고 2016도12437 판결; 대법원 2016. 5. 24. 선고 2014도6428 판결; 대법원 2008. 7. 24. 선고 2008도4759 판결.

2) 대법원 2009. 4. 23. 선고 2008도11921 판결.

3) 대법원 2001. 4. 24. 선고 2001도872 판결.

수하여야 한다(제493조).

소송비용부담의 재판을 받은 자가 빈곤으로 인하여 이를 완납할 수 없는 때에는 그 재판의 확정 후 10일 이내에 재판을 선고한 법원에 소송비용의 전부 또는 일부에 대한 재판의 집행면제를 신청할 수 있다(제487조). 법원은 이러한 신청 또는 그 취하의 서면을 제출받은 경우에는 즉시 그 취지를 검사에게 통지하여야 한다(규칙 제175조). 소송비용집행면제의 신청기간 내와 그 신청이 있는 때에는 소송비용부담의 재판의 집행은 그 신청에 대한 재판이 확정될 때까지 정지된다(제472조).

소송비용부담재판의 집행을 받은 자 또는 그 법정대리인이나 배우자는 집행에 관한 검사의 처분이 부당함을 이유로 재판을 선고한 법원에 이의신청을 할 수 있다(제489조). 이러한 신청이 있는 때에는 법원은 결정을 하여야 하며, 결정에 대하여는 즉시항고를 할 수 있다(제491조).

제 2 절 형사보상

Ⅰ. 의의 및 본질

1. 의 의

형사피의자 또는 형사피고인으로서 구금되었던 자가 법률이 정하는 불기소처분을 받거나 무죄판결을 받은 때에는 법률이 정하는 바에 의하여 국가에 정당한 보상을 청구할 수 있는데(헌법 제28조), 이를 '형사보상'(刑事補償)이라고 한다. 헌법에서는 구금되었던 자의 형사보상만을 직접 규정하고 있지만, 형사보상법에서는 사형 또는 재산형의 집행을 받은 자에 대한 형사보상도 포함시키고 있다. 국가의 형사사법절차는 법률이 규정하는 바에 따라 구체적 사건에서 범죄의 성립 여부에 관한 수사 및 재판절차를 진행하고, 법원의 심리·판단 결과 범죄의 성립이 인정되는 경우 그에 대한 형의 양정을 하고 그 형을 집행하는 절차인바, 범죄의 혐의를 받은 피의자가 수사기관의 조사를 받고 법원에 기소되었다고 하더라도 심리결과 무죄로 판명되는 경우가 발생할 수 있다. 이렇게 최종적으로 무죄 판단을 받은 피의자 또는 피고인이 수사 및 재판과정에서 상당한 기간 동안 구금되었던 경우가 있을 수 있는데, 이는 형사사법절차에 불가피하게 내재되어 있는 위험이다. 그런데 이러한 위험이 형사사법절차에 불가피하게 내재된 것이라고 하더라도 그 위험으로 인한 부담을 무죄판결을 선고받은 자 개인에게 지워서는 아니 되고, 이러한 형사사법절차를 운영하는 국가는 이러한 위험에 의하여 발생되는 손해에 대응한 보상을 하지 않으면 안 된다. 형사보상은 이러한 권리를 구체적으로 보장함으로써 국민의 기본권 보호를 강화하고 있다.[1] 이에 따라 형사소송 절차에서 무죄재판 등을 받은 자에 대한 형사보상 및

1) 헌법재판소 2010. 10. 28. 선고 2008헌마514 결정.

명예회복을 위한 방법과 절차 등을 규정함으로써 무죄재판 등을 받은 자에 대한 정당한 보상과 실질적 명예회복에 이바지함을 목적으로 형사보상법이 시행되고 있다.

2. 본 질

형사보상의 본질과 관련하여, ① 형사보상은 객관적으로 위법한 공권력의 행사가 있는 경우에 공무원의 고의·과실을 묻지 않고 국가가 이를 배상하여 주는 무과실 손해배상이라는 점, 형사보상은 공법상 손해배상의 성질을 가지고 있다는 점 등을 논거로 하여, 국가의 구속 또는 형집행처분이 객관적·사후적으로 위법한 경우에 위법한 처분에 대한 법률적 의무로서 국가가 이를 배상하여 주는 무과실손해배상으로 파악하는 법률의무설[1], ② 공평의 관점에서 국가가 행하는 조절보상으로 보아 이를 공법상의 손실보상과 유사한 것으로 파악하는 공평설[2] 등의 대립이 있다.

생각건대 공평설이 타당하다. 형사보상은 과실책임의 원리에 의하여 고의·과실로 인한 위법행위와 인과관계 있는 모든 손해를 배상하는 손해배상과는 달리, 형사사법절차에 내재하는 불가피한 위험에 대하여 형사사법기관의 귀책사유를 따지지 않고 형사보상청구권자가 입은 손실을 보상하는 것이다. 그런데 형사피고인 등으로서 구금되었던 자가 무죄판결 등을 받았다고 하더라도, 형사피고인 등이 구속된 사유나 무죄판결을 선고받게 된 이유는 매우 다양하므로, 그 모든 경우에 국가의 형사사법작용인 구금이 위법·부당한 것이었다고 단정할 수는 없다. 따라서 형사피고인 등으로서 적법하게 구금되었다가 후에 무죄판결 등을 받음으로써 발생하는 신체의 자유 제한에 대한 보상은 형사사법절차에 내재하는 불가피한 위험으로 인한 피해에 대한 보상으로서, 국가의 위법·부당한 행위를 전제로 하는 국가배상과는 그 취지 자체가 상이한 것이고, 따라서 그 보상 범위도 손해배상의 범위와 동일하여야 하는 것이 아니다. 국가의 형사사법행위가 고의·과실로 인한 것으로 인정되는 경우에는 국가배상청구 등 별개의 절차에 의하여 인과관계 있는 모든 손해를 배상받을 수 있으므로, 형사보상절차로써 인과관계 있는 모든 손해를 보상하지 않는다고 하여 반드시 부당하다고 할 수는 없다.

Ⅱ. 형사보상의 요건

1. 피의자보상의 요건

(1) 협의의 불기소처분

피의자로서 구금되었던 자 중 검사로부터 공소를 제기하지 아니하는 처분을 받은 자는 국가에 대하여 그 구금에 대한 보상을 청구할 수 있다. 다만 구금된 이후 공소를 제기하지 아니하

1) 김인회, 775면; 송광섭, 988면; 이은모/김정환, 950면; 이재상/조균석, 855면.

2) 이창현, 1409면; 정승환, 867면.

는 처분을 할 사유가 있는 경우와 공소를 제기하지 아니하는 처분이 종국적인 처분이 아니거나 형사소송법 제247조(기소유예)에 따른 것일 경우에는 그러하지 아니하다(형사보상법 제27조 제1항).

(2) 보상제한사유

① 본인이 수사 또는 재판을 그르칠 목적으로 거짓 자백을 하거나 다른 유죄의 증거를 만듦으로써 구금된 것으로 인정되는 경우, ② 구금기간 중에 다른 사실에 대하여 수사가 이루어지고 그 사실에 관하여 범죄가 성립한 경우, ③ 보상을 하는 것이 선량한 풍속이나 그 밖에 사회질서에 위배된다고 인정할 특별한 사정이 있는 경우 중 어느 하나에 해당하는 경우에는 피의자보상의 전부 또는 일부를 지급하지 아니할 수 있다(형사보상법 제27조 제2항).

2. 피고인보상의 요건

(1) 무죄재판 및 면소 · 공소기각 · 치료감호청구기각의 재판

1) 무죄재판

형사소송법에 따른 일반절차 또는 재심이나 비상상고절차에서 무죄재판을 받아 확정된 사건의 피고인이 미결구금을 당하였을 때에는 국가에 대하여 그 구금에 대한 보상을 청구할 수 있다(형사보상법 제2조 제1항). 형사보상은 재판에 의하여 무죄의 판단을 받은 자가 재판에 이르기까지 억울하게 미결구금을 당한 경우 보상을 청구할 수 있도록 하기 위한 것이므로, 판결 주문에서 무죄가 선고된 경우뿐만 아니라 판결 이유에서 무죄로 판단된 경우에도 미결구금 가운데 무죄로 판단된 부분의 수사와 심리에 필요하였다고 인정된 부분에 관하여는 보상을 청구할 수 있다. 다만 형사보상법 제4조 제3호를 유추적용하여 법원의 재량으로 보상청구의 전부 또는 일부를 기각할 수 있을 뿐이다.[1] 또한 판결 주문에서 경합범의 일부에 대하여 유죄가 선고되더라도 다른 부분에 대하여 무죄가 선고되었다면 형사보상을 청구할 수 있다. 그러나 그 경우라도 미결구금일수의 전부 또는 일부가 유죄에 대한 본형에 산입되는 것으로 확정되었다면, 그 본형이 실형이든 집행유예가 부가된 형이든 불문하고 그 산입된 미결구금일수는 형사보상의 대상이 되지 아니한다.[2] 왜냐하면 그 미결구금은 유죄에 대한 본형에 산입되는 것으로 확정된 이상, 형의 집행과 동일시되므로 형사보상을 할 미결구금 자체가 아닌 셈이기 때문이다.[3]

---

1) 대법원 2016. 3. 11.자 2014모2521 결정('재항고인은 CU편의점 종업원으로서 2013. 8. 31. 22:40경 편의점 앞 테이블에서 피해자 청구외인이 맥주를 마시고 의자 위에 놓고 간 피해자 소유인 현금 163만원이 들어 있는 검은색 가방을 가지고 갔다.'라는 공소사실에 대하여 2013. 12. 11. 징역 1년 6월을 선고받은 사실, 재항고인이 2013. 12. 17. 항소를 제기한 후 항소심에서 점유이탈물횡령의 점을 예비적 공소사실로 추가하는 공소장변경이 이루어지고, 항소심은 제1심판결을 파기하고 예비적 공소사실인 점유이탈물횡령죄의 유죄로 인정하여 재항고인에게 벌금 300만원을 선고하면서 주위적 공소사실인 특정범죄가중처벌법 위반(절도)의 점에 대하여는 판결 이유에서 무죄로 판단하였으며, 이 항소심판결은 그대로 확정된 사실을 알 수 있다).

2) 대법원 2000. 9. 25.자 99모129 결정.

3) 대법원 2017. 11. 28.자 2017모1990 결정(한편 판결 주문에서 무죄가 선고되지 아니하고 판결 이유에서만 무죄로 판단된 경우에도 미결구금 가운데 무죄로 판단된 부분의 수사와 심리에 필요하였다고 인정된 부분에 관하여는 판결 주문에서 무죄가 선고된 경우와 마찬가지로 보상을 청구할 수 있다. 그러나 미결구금 일수의 전부 또는 일부

한편 상소권회복에 의한 상소·재심 또는 비상상고의 절차에서 무죄재판을 받아 확정된 사건의 피고인이 원판결에 의하여 구금되거나 형 집행을 받았을 때에는 구금 또는 형의 집행[1]에 대한 보상을 청구할 수 있다(형사보상법 제2조 제2항). 비상상고의 절차에서 보호감호를 기각하는 재판을 받은 자가 원판결에 의하여 보호감호의 집행을 받았을 때에도 보호감호의 집행에 대한 보상을 청구할 수 있다.[2]

2) 면소 또는 공소기각의 재판·치료감호사건에 대한 청구기각의 재판

형사소송법에 따라 면소 또는 공소기각의 재판을 받아 확정된 피고인이 면소 또는 공소기각의 재판을 할 만한 사유가 없었더라면 무죄재판을 받을 만한 현저한 사유가 있었을 경우[3] 또는 치료감호법 제7조에 따라 치료감호의 독립 청구를 받은 피치료감호청구인의 치료감호사건이 범죄로 되지 아니하거나 범죄사실의 증명이 없는 때에 해당되어 청구기각의 판결을 받아 확정된 경우 가운데 어느 하나에 해당하는 경우에도 국가에 대하여 구금에 대한 보상을 청구할 수 있다(형사보상법 제26조 제1항). 이에 따른 보상에 대하여는 무죄재판을 받아 확정된 사건의 피고인에 대한 보상에 관한 규정을 준용한다. 보상결정의 공시에 대하여도 또한 같다(형사보상법 제26조 제2항).

(2) 보상제한사유

① 형법 제9조 및 제10조 제1항의 사유로 무죄재판을 받은 경우, ② 본인이 수사 또는 심판을 그르칠 목적으로 거짓 자백을 하거나 다른 유죄의 증거를 만듦으로써 기소·미결구금 또는 유죄재판을 받게 된 것으로 인정된 경우[4], ③ 1개의 재판으로 경합범의 일부에 대하여 무죄재

가 선고된 형에 산입되는 것으로 확정되었다면, 그 산입된 미결구금 일수는 형사보상의 대상이 되지 않는다); 대법원 2017. 5. 30. 선고 2015다245466 판결.

1) 형사소송법 제470조 제3항에 따른 구치(자유형의 집행이 심신장애의 사유로 정지된 경우에 병원 기타 적당한 장소에 수용할 수 있을 때까지 교도소 또는 구치소에 구치하는 경우)와 같은 법 제473조부터 제475조까지의 규정에 따른 구속(확정판결 후 검사가 사형이나 자유형을 집행하기 위하여 형집행장을 발부하여 형의 선고를 받은 자를 구금한 경우)은 제2항을 적용할 때에는 구금 또는 형의 집행으로 본다(형사보상법 제2조 제3항).

2) 대법원 2004. 10. 18.자 2004코1(2004오1) 결정.

3) 대법원 2013. 4. 18. 결정 2011초기689 전원합의체 결정(피고인이 '국가안전과 공공질서의 수호를 위한 대통령긴급조치'(이하 '긴급조치 제9호'라 한다)를 위반하였다는 공소사실로 제1, 2심에서 유죄판결을 선고받고 상고하여 상고심에서 구속집행이 정지된 한편 긴급조치 제9호가 해제됨에 따라 면소판결을 받아 확정된 다음 사망하였는데, 그 후 피고인의 처 甲이 형사보상을 청구한 사안에서, 긴급조치 제9호는 헌법에 위배되어 당초부터 무효이고, 이와 같이 위헌·무효인 긴급조치 제9호를 적용하여 공소가 제기된 경우에는 형사소송법 제325조 전단의 '피고사건이 범죄로 되지 아니한 때'에 해당하므로 법원은 무죄를 선고하였어야 하는데, 피고인이 면소판결을 받은 경위 및 그 이유, 원판결 당시 법원이 긴급조치 제9호에 대한 사법심사를 자제하는 바람에 그 위반죄로 기소된 사람으로서는 재판절차에서 긴급조치 제9호의 위헌성을 다툴 수 없었던 사정 등을 종합하여 보면, 이 결정에서 긴급조치 제9호의 위헌·무효를 선언함으로써 비로소 면소의 재판을 할 만한 사유가 없었더라면 무죄재판을 받을 만한 현저한 사유가 피고인에게 생겼다고 할 것이므로, 갑은 형사보상 및 명예회복에 관한 법률 제26조 제1항 제1호, 제3조 제1항, 제11조를 근거로 긴급조치 제9호 위반으로 피고인이 구금을 당한 데 대한 보상을 청구할 수 있다).

4) 대법원 2008. 10. 28.자 2008모577 결정(법원이 보상청구의 전부 또는 일부를 기각하기 위해서는 본인이 단순히 허위의 자백을 하거나 또는 다른 유죄의 증거를 만드는 것만으로는 부족하고 본인에게 '수사 또는 심판을 그르칠 목적'이 있어야 한다. 여기서 '수사 또는 심판을 그르칠 목적'은 헌법 제28조가 보장하는 형사보상청구권을 제한하는 예외적인 사유임을 감안할 때 신중하게 인정하여야 하고, 형사보상청구권을 제한하고자 하는 측에서 입증하여

판을 받고 다른 부분에 대하여 유죄재판을 받았을 경우 중 어느 하나에 해당하는 경우에는 법원은 재량으로 보상청구의 전부 또는 일부를 기각할 수 있다(형사보상법 제4조).

Ⅲ. 형사보상의 내용

1. 구금에 대한 보상

구금에 대한 보상을 할 때에는 그 구금일수에 따라 1일당 보상청구의 원인이 발생한 연도의 최저임금법에 따른 일급 최저임금액 이상 대통령령으로 정하는 금액 이하의 비율에 의한 보상금을 지급한다(형사보상법 제5조 제1항). 법원은 보상금액을 산정할 때 ① 구금의 종류 및 기간의 장단, ② 구금기간 중에 입은 재산상의 손실과 얻을 수 있었던 이익의 상실 또는 정신적인 고통과 신체 손상, ③ 경찰·검찰·법원의 각 기관의 고의 또는 과실 유무, ④ 무죄재판의 실질적 이유가 된 사정, ⑤ 그 밖에 보상금액 산정과 관련되는 모든 사정 등을 고려하여야 한다(형사보상법 제5조 제2항). 노역장유치의 집행을 한 경우 그에 대한 보상도 이를 준용한다(형사보상법 제5조 제5항).

2. 형의 집행에 대한 보상

(1) 사형 집행의 경우

사형 집행에 대한 보상을 할 때에는 집행 전 구금에 대한 보상금 외에 3천만원 이내에서 모든 사정을 고려하여 법원이 타당하다고 인정하는 금액을 더하여 보상한다. 이 경우 본인의 사망으로 인하여 발생한 재산상의 손실액이 증명되었을 때에는 그 손실액도 보상한다(형사보상법 제5조 제3항).

(2) 벌금 · 과료 집행의 경우

벌금 또는 과료의 집행에 대한 보상을 할 때에는 이미 징수한 벌금 또는 과료의 금액에 징수일의 다음 날부터 보상 결정일까지의 일수에 대하여 민법 제379조의 법정이율을 적용하여 계산한 금액을 더한 금액을 보상한다(형사보상법 제5조 제4항).

(3) 몰수 · 추징 집행의 경우

몰수 집행에 대한 보상을 할 때에는 그 몰수물을 반환하고, 그것이 이미 처분되었을 때에는 보상결정 시의 시가를 보상하며(형사보상법 제5조 제6항), 추징금에 대한 보상을 할 때에는 그 액수에 징수일의 다음 날부터 보상 결정일까지의 일수에 대하여 민법 제379조의 법정이율을 적용하여 계산한 금액을 더한 금액을 보상한다(형사보상법 제5조 제7항). 다만 면소 또는 공소기각의 재판을 받은 자는 구금에 대한 보상만을 청구할 수 있으므로 몰수 또는 추징금에 대한 보상을

야 한다. 수사기관의 추궁과 수사 상황 등에 비추어 볼 때 본인이 범행을 부인하여도 형사처벌을 면하기 어려울 것이라는 생각으로 부득이 자백에 이르게 된 것이라면 '수사 또는 심판을 그르칠 목적'이 있었다고 섣불리 단정할 수 없다).

청구할 수는 없다.[1)]

Ⅳ. 형사보상의 절차

1. 보상의 청구

(1) 청구권자

형사보상의 청구권자는 무죄·면소 또는 공소기각의 재판을 받아 확정된 사건의 피고인(형사보상법 제2조 및 동법 제26조 제1항 제1호), 청구기각의 판결을 받아 확정된 독립된 치료감호사건의 피치료감호청구인(형사보상법 제26조 제1항 제2호), 기소유예처분 이외의 불기소처분을 받은 피의자(형사보상법 제27조 제1항)이다. 형사보상청구권 및 보상금 지급청구권은 양도하거나 압류할 수 없지만(형사보상법 제23조), 상속의 대상은 된다. 이에 따라 보상을 청구할 수 있는 자가 그 청구를 하지 아니하고 사망하였을 때에는 그 상속인이 이를 청구할 수 있다(형사보상법 제3조 제1항). 사망한 자에 대하여 재심 또는 비상상고의 절차에서 무죄재판이 있었을 때에는 보상의 청구에 관하여는 사망한 때에 무죄재판이 있었던 것으로 본다(형사보상법 제3조 제2항). 그러므로 이 경우에는 사망시에 본인의 보상청구권이 발생하여 상속인에게 상속된다.

(2) 청구의 절차

1) 관 할

피고인보상의 청구는 무죄재판을 한 법원에 대하여 하여야 한다(형사보상법 제7조). 피의자보상을 청구하려는 자는 공소를 제기하지 아니하는 처분을 한 검사가 소속된 지방검찰청(지방검찰청 지청의 검사가 그러한 처분을 한 경우에는 그 지청이 속하는 지방검찰청을 말한다)의 심의회에 보상을 청구하여야 한다(형사보상법 제28조 제1항).

2) 청구의 시기

피고인보상의 청구는 무죄재판 등이 확정된 사실을 안 날부터 3년, 무죄재판 등이 확정된 때부터 5년 이내에 하여야 한다(형사보상법 제8조). 피의자보상의 청구는 검사로부터 공소를 제기하지 아니하는 처분의 고지 또는 통지를 받은 날부터 3년 이내에 하여야 한다(형사보상법 제28조 제3항).

3) 청구의 방식

보상청구를 할 때에는 보상청구서에 재판서의 등본과 그 재판의 확정증명서를 첨부하여 법원에 제출하여야 한다(형사보상법 제9조 제1항). 보상청구서에는 청구자의 등록기준지·주소·성명·생년월일, 청구의 원인이 된 사실과 청구액을 적어야 한다(형사보상법 제9조 제2항). 보상청구는 대리인을 통하여서도 할 수 있다(형사보상법 제13조). 피의자보상을 청구하는 자는 보상청구서에 공소를 제기하지 아니하는 처분을 받은 사실을 증명하는 서류를 첨부하여 제출하여야 한다(형

1) 대법원 1965. 5. 18. 선고 65다532 판결.

사보상법 제28조 제2항).

4) 상속인의 보상청구

상속인이 보상을 청구할 때에는 본인과의 관계와 같은 순위의 상속인 유무를 소명할 수 있는 자료를 제출하여야 한다(형사보상법 제10조). 보상청구를 할 수 있는 같은 순위의 상속인이 여러 명인 경우에 그 중 1명이 보상청구를 하였을 때에는 보상을 청구할 수 있는 모두를 위하여 그 전부에 대하여 보상청구를 한 것으로 본다. 이 경우에 청구를 한 상속인 외의 상속인은 공동청구인으로서 절차에 참가할 수 있다. 법원은 이 경우에 보상을 청구할 수 있는 같은 순위의 다른 상속인이 있다는 사실을 알았을 때에는 지체 없이 그 상속인에게 보상청구가 있었음을 통지하여야 한다(형사보상법 제11조).

(3) 보상청구의 취소

피고인보상의 경우 보상청구는 법원의 보상청구에 대한 재판이 있을 때까지 취소할 수 있다. 다만 같은 순위의 상속인이 여러 명인 경우에 보상을 청구한 자는 나머지 모두의 동의 없이 청구를 취소할 수 없다(형사보상법 제12조 제1항). 또한 보상청구를 취소한 경우에 보상청구권자는 다시 보상을 청구할 수 없다(형사보상법 제12조 제2항). 그리고 피의자보상의 경우 보상청구는 피의자보상심의회의 보상청구에 대한 결정이 있을 때까지 취소할 수 있다(형사보상법 제29조 제1항).

2. 피고인보상 청구에 대한 재판

(1) 보상청구사건의 심리

1) 심리법원과 심리방법

보상청구는 법원 합의부에서 재판한다(형사보상법 제14조 제1항). 보상청구에 대하여 법원은 검사와 청구인의 의견을 들은 후 결정을 하여야 한다(형사보상법 제14조 제2항). 보상청구를 받은 법원은 6개월 이내에 보상결정을 하여야 한다(형사보상법 제14조 제3항). 이에 따른 결정의 정본은 검사와 청구인에게 송달하여야 한다(형사보상법 제14조 제4항). 또한 법원은 보상청구의 원인이 된 사실인 구금일수 또는 형 집행의 내용에 관하여 직권으로 조사를 하여야 한다(형사보상법 제15조).

2) 보상청구의 중단과 승계

보상을 청구한 자가 청구절차 중 사망하거나 상속인 자격을 상실한 경우에 다른 청구인이 없을 때에는 청구의 절차는 중단된다(형사보상법 제19조 제1항). 이 경우에 보상을 청구한 자의 상속인 또는 보상을 청구한 상속인과 같은 순위의 상속인은 2개월 이내에 청구의 절차를 승계할 수 있다(형사보상법 제19조 제2항). 법원은 절차를 승계할 수 있는 자로서 법원에 알려진 자에게는 지체 없이 위의 기간 내에 청구의 절차를 승계할 것을 통지하여야 한다(형사보상법 제19조 제3항).

(2) 법원의 결정

1) 청구각하결정

① 보상청구의 절차가 법령으로 정한 방식을 위반하여 보정할 수 없을 경우, ② 청구인이

법원의 보정명령에 따르지 아니할 경우, ③ 보상청구의 기간이 지난 후에 보상을 청구하였을 경우 중 어느 하나에 해당하는 경우에는 보상청구를 각하하는 결정을 하여야 한다(형사보상법 제16조). 청구절차가 중단된 후 2개월 이내에 절차를 승계하는 신청이 없을 때에도 법원은 청구를 각하하는 결정을 하여야 한다(형사보상법 제19조 제2항 및 동조 제4항).

2) 청구기각결정

보상의 청구가 이유 없을 때에는 청구기각의 결정을 하여야 한다(형사보상법 제17조 제2항). 보상청구를 할 수 있는 같은 순위의 상속인이 여러 명인 경우에 그 중 1명에 대한 청구기각의 결정은 같은 순위자 모두에 대하여 한 것으로 본다(형사보상법 제18조).

한편 청구기각결정에 대하여는 즉시항고를 할 수 있다(형사보상법 제20조 제2항). 형사보상법에 따른 결정과 즉시항고에 관하여는 이 법에 특별한 규정이 있는 것을 제외하고는 형사소송법의 규정을 준용한다. 기간에 관하여도 또한 같다(형사보상법 제24조).

3) 보상결정

보상의 청구가 이유 있을 때에는 보상결정을 하여야 하며(형사보상법 제17조 제1항), 보상청구를 받은 법원은 6개월 이내에 보상결정을 하여야 한다(형사보상법 제14조 제3항). 보상결정에 대하여는 1주일 이내에 즉시항고를 할 수 있다(형사보상법 제20조 제1항). 보상청구를 할 수 있는 같은 순위의 상속인이 여러 명인 경우에 그 중 1명에 대한 보상결정은 같은 순위자 모두에 대하여 한 것으로 본다(형사보상법 제18조). 법원은 보상결정이 확정되었을 때에는 2주일 내에 보상결정의 요지를 관보에 게재하여 공시하여야 한다. 이 경우 보상결정을 받은 자의 신청이 있을 때에는 그 결정의 요지를 신청인이 선택하는 두 종류 이상의 일간신문에 각각 한 번씩 공시하여야 하며, 그 공시는 신청일로부터 30일 이내에 하여야 한다(형사보상법 제25조 제1항). 보상청구자가 동일한 원인으로 다른 법률에 의하여 충분한 손해배상을 받았다는 이유로 보상청구를 기각하는 결정이 확정되었을 때에도 그 기각결정을 공시하여야 한다(형사보상법 제25조 제2항).

한편 형사보상청구권은 형사보상법에 따라 구체적 내용을 형성하는 공법상의 권리로서 보상의 범위도 형사보상법에 규정된 내용에 따라 결정된다. 청구인이 형사보상청구권을 행사함으로써 보상결정이 확정되면, 비로소 국가에 대해 확정된 형사보상금의 지급을 청구할 수 있는 권리(형사보상금지급청구권)가 발생한다. 즉 형사보상청구권과 그러한 보상청구에 따른 법원의 보상결정이 확정된 때에 발생하는 보상금지급청구권은 구별되는 개념이다. 이러한 형사보상금지급청구권은 확정된 보상결정의 내용에 따라 청구인이 국가에 대해 확정된 금액을 지급해 달라고 요구할 수 있는 권리이다. 또한 이미 보상결정이 확정되었으므로 보상금의 범위가 추후 변동될 가능성도 없다. 따라서 형사보상금지급청구권은 성질상 국가에 대한 일반 금전채권과 다르지 않다. 국가가 확정된 형사보상금의 지급을 지체하는 경우 지연손해금을 가산하여 지급하여야 하는지에 관해서는 명문의 규정이 없다. 그러나 형사보상금지급청구권은 국가에 대한 일반 금전채권과 유사하므로, 민법의 이행지체 규정, 그 중에서도 민법 제397조의 금전채무불이행에 대한 특칙이 그대로 적용된다. 또한 형사보상금지급청구권은 형사보상법이나 보상결정에서 이행의 기한을 정하지 않고 있으므로, 국가는 미지급 형사보상금에 대하여 지급 청구일 다음 날부터 민사법정이율로 계산한 지연손해금을 가산하여 지급하여야 한다. 국가가 확정된 보상결정에 따라 청구인에게 형사보상금을 지급할 의무를 지는데도, 이를 지체한 경우 국가로서는 형사보상금에 관한 예산이 부족함을 들어 지체를 정당화할 수 없다. 이는 금전채무자가 자력이 부족하다고 하면서 금전채무의 이행지체를 정당화할 수 없는 것과 마찬가지 이치이다.[1)]

3. 피의자보상 청구에 대한 결정

피의자보상에 관한 사항을 심의·결정하기 위하여 지방검찰청에 피의자보상심의회를 두며(형사보상법 제27조 제3항), 심의회는 법무부장관의 지휘·감독을 받는다(형사보상법 제27조 제4항). 피의자보상의 청구에 대한 심의회의 결정에 대하여는 행정심판법에 따른 행정심판을 청구하거나 행정소송법에 따른 행정소송을 제기할 수 있다(형사보상법 제28조 제4항). 피의자보상에 대하여 형사보상법에 특별한 규정이 있는 경우를 제외하고는 그 성질에 반하지 아니하는 범위에서 무죄재판을 받아 확정된 사건의 피고인에 대한 보상에 관한 규정을 준용한다(형사보상법 제29조 제1항).

4. 보상금 지급의 청구

보상금 지급을 청구하려는 자는 보상을 결정한 법원에 대응하는 검찰청에 보상금 지급청구서를 제출하여야 한다(형사보상법 제21조 제1항). 보상금 지급청구서를 제출받은 검찰청은 3개월 이내에 보상금을 지급하여야 하는데(형사보상법 제21조의2 제1항), 이에 따른 기한까지 보상금을 지급하지 아니한 경우에는 그 다음 날부터 지급하는 날까지의 지연 일수에 대하여 민법 제379조의 법정이율에 따른 지연이자를 지급하여야 한다(형사보상법 제21조의2 제2항). 청구서에는 법원의 보상결정서를 첨부하여야 한다(형사보상법 제21조 제2항).

보상결정이 송달된 후 2년 이내에 보상금 지급청구를 하지 아니할 때에는 권리를 상실한다(형사보상법 제21조 제3항). 보상금을 받을 수 있는 자가 여러 명인 경우에는 그 중 1명이 한 보상금 지급청구는 보상결정을 받은 모두를 위하여 그 전부에 대하여 보상금 지급청구를 한 것으로 본다(형사보상법 제21조 제4항). 한편 보상금을 받을 수 있는 자가 여러 명인 경우에는 그 중 1명에 대한 보상금 지급은 그 모두에 대하여 효력이 발생한다(형사보상법 제22조).

---

1) 대법원 2017. 5. 30. 선고 2015다223411 판결.

Ⅴ. 명예회복의 조치

1. 청구의 방법

무죄재판을 받아 확정된 사건의 피고인은 무죄재판이 확정된 때부터 3년 이내에 확정된 무죄재판사건의 재판서를 법무부 인터넷 홈페이지에 게재하도록 해당 사건을 기소한 검사가 소속된 지방검찰청(지방검찰청 지청을 포함한다)에 청구할 수 있다(형사보상법 제30조). 명예회복의 청구를 할 때에는 무죄재판서 게재청구서에 재판서의 등본과 그 재판의 확정증명서를 첨부하여 제출하여야 한다(형사보상법 제31조 제1항). 이는 군사법원에서 무죄재판 등을 받아 확정된 자에 대한 명예회복에 대해서도 준용한다(형사보상법 제35조).

2. 청구에 대한 조치

명예회복의 청구가 있을 때에는 그 청구를 받은 날부터 1개월 이내에 무죄재판서를 법무부 인터넷 홈페이지에 게재하여야 한다. 다만 청구를 받은 때에 무죄재판사건의 확정재판기록이 해당 지방검찰청에 송부되지 아니한 경우에는 무죄재판사건의 확정재판기록이 해당 지방검찰청에 송부된 날부터 1개월 이내에 게재하여야 한다(형사보상법 제32조 제1항). 이에 따른 무죄재판서의 게재기간은 1년으로 한다(형사보상법 제32조 제4항). 다만 청구인이 무죄재판서 중 일부 내용의 삭제를 원하는 의사를 명시적으로 밝힌 경우[1] 또는 무죄재판서의 공개로 인하여 사건 관계인의 명예나 사생활의 비밀 또는 생명·신체의 안전이나 생활의 평온을 현저히 해칠 우려가 있는 경우 중 어느 하나에 해당할 때에는 무죄재판서의 일부를 삭제하여 게재할 수 있다(형사보상법 제32조 제2항). 무죄재판서를 법무부 인터넷 홈페이지에 게재한 경우에는 지체 없이 그 사실을 청구인에게 서면으로 통지하여야 한다(형사보상법 제33조 제1항).

1) 이 경우에는 청구인의 의사를 서면으로 확인하여야 한다. 다만 소재불명 등으로 청구인의 의사를 확인할 수 없을 때에는 민법 제779조에 따른 가족 중 1명의 의사를 서면으로 확인하는 것으로 대신할 수 있다(형사보상법 제32조 제3항).

사항색인

[ㅇ]

[ㅈ]

저자약력

경희대학교 법과대학 졸업(법학사)
한양대학교 대학원 석사과정 졸업(법학석사)
한양대학교 대학원 박사과정 졸업(법학박사)
한양대학교·건양대학교·영동대학교 강사
교수사관 6기 임관
육군3사관학교 법학과 교수
여성가족부 정책자문위원
대구광역시 정책자문위원
경북지방경찰청 누리캅스 회장
병무청 정보공개심의위원회·징계위원회 위원
한국소년정책학회 재무이사·한국보호관찰학회 연구이사·한국교정학회 출판이사
한국법정책학회 상임이사·한양법학회 홍보이사
한국형사법학회·한국비교형사법학회·한국형사소송법학회 이사
한국형사정책학회 감사
5급·7급·9급·소방·경찰공무원시험·중등임용시험 출제·선정·면접위원
현재 대구가톨릭대학교 사회과학대학 경찰행정학과 부교수

주요 저서

1. 『형법총론 쟁점연구』(2012)
2. 『형법각론 쟁점연구』(2012)
3. 『형사법 쟁점연구 제1권』(2013)
4. 『생활법률』(공저)(2014)
5. 『형사법 쟁점연구 제2권』(2014)
6. 『법정책학이란 무엇인가』(공저)(2015)
7. 『형사법 쟁점연구 제3권』(2016)
8. 『법의 통섭』(공저)(2018)
9. 『형법각론』(2018)

주요 연구보고서

1. 보호소년 등의 처우에 관한 법률 개정 예비연구, 법무부, 2011. 12.
2. 동남아시아 아동 성매매 관광의 현황과 대책, 한국형사정책연구원, 2012. 12.
3. 우리나라 형사법제 하에서 검·경 합동수사기구 상설화 가능성에 대한 연구, 대검찰청, 2012. 12.
4. 가정폭력행위자 대상 상담조건부 기소유예의 효과성 분석, 국회입법조사처, 2013. 9.
5. 성매매방지법상 성매매피해자 개념 확대에 관한 연구, 한국여성인권진흥원, 2013. 10.
6. 스마트 융·복합 통신환경에서의 통신비밀자료 수집·제공 등에 관한 제도 개선방안 연구, 미래창조과학부, 2013. 12.
7. 성매매특별법 10주년 성과와 과제, 한국여성인권진흥원, 2014. 9.
8. 소년의료보호시설 실태 분석 및 선진운영모형 연구, 법무부, 2014. 12.
9. 2016년 성매매 실태조사, 여성가족부, 2016. 12.
10. 교정단계에서 회복적 사법이념의 실천방안, 법무부, 2016. 12.
11. 청소년 성매매 비범죄화와 보호처분에 관한 주요국 비교 연구, 한국여성정책연구원, 2017. 12.
12. 프랑스, 독일 등 선진국 제도를 고려한 통합수사기구 연구, 대검찰청, 2017. 12.
13. 외국의 수사·기소기관간 상호협력제도 및 그 운영에 관한 연구, 경찰청, 2018. 12.
14. 다중피해 사기범죄의 유형 및 양형에 관한 연구, 대검찰청, 2019. 11.
15. 성매매 조장 사이트의 법·제도적 규제방안, 한국여성인권진흥원, 2019. 11.

주요 논문

1. 죄수결정기준에 관한 비판적 검토, 3사논문집 제64집, 육군3사관학교 논문집, 2007. 3.
2. 중지미수의 자의성에 관한 학설의 연구, 3사논문집 제65집, 육군3사관학교 논문집, 2007. 9.
3. 성매매죄의 목적에 관한 연구, 3사논문집 제66집, 육군3사관학교 논문집, 2008. 3.
4. 녹음테이프의 증거능력에 관한 연구, 3사논문집 제67집, 육군3사관학교 논문집, 2008. 9.
5. 낙태죄의 비범죄화 방안에 관한 연구, 3사논문집 제68집, 육군3사관학교 논문집, 2009. 3.
6. 성매매죄의 개념에 관한 연구, 법학논총 제26집 제1호, 한양대학교 법학연구소, 2009. 3.
7. 강간죄의 객체로서 '아내'의 인정 여부에 관한 소고, 법학논총 제26집 제2호, 한양대학교 법학연구소, 2009. 6.
8. 청소년성매수 관련 범죄의 개념에 관한 고찰, 소년보호연구 제13호, 한국소년정책학회, 2009. 12.
9. 낙태죄의 합리화 정책에 관한 연구, 법학논총 제27집 제1호, 한양대학교 법학연구소, 2010. 3.
10. 강간피해자로서 '성전환자'의 인정 여부에 관한 검토, 피해자학연구 제18권 제1호, 한국피해자학회, 2010. 4.
11. 사형폐지론의 입장에서 본 사형제도, 한양법학 제21권 제2집, 한양법학회, 2010. 5.
12. 아동대상 강력범죄방지를 위한 최근의 입법에 대한 검토, 소년보호연구 제14호, 한국소년정책학회, 2010. 6.
13. 존속대상범죄의 가중처벌규정 폐지에 관한 연구: 존속살해죄를 중심으로, 형사정책연구 제21권 2호, 한국형사정책연구원, 2010. 6.
14. 간통죄 폐지의 정당성에 관한 고찰, 경희법학 제45권 제2호, 경희대학교 법학연구소, 2010. 6.
15. 군형법상 군무이탈죄와 관련된 문제점과 개선방안, 형사정책 제22권 제1호, 한국형사정책학회, 2010. 6.
16. 비범죄화의 유형에 관한 연구, 저스티스 제117호, 한국법학원, 2010. 6.
17. 전자감시제도의 소급적용에 관한 비판적 검토, 교정학 반세기, 한국교정학회, 2010. 9.
18. 자기명의 신용카드의 '발급'과 관련된 죄책, 법과 정책연구 제10집 제3호, 한국법정책학회, 2010. 12.
19. 학교폭력대책법에 대한 비판적 검토, 소년보호연구 제15호, 한국소년정책학회, 2010. 12.
20. '흉기 기타 위험한 물건을 휴대하여'의 개정방안, 법학논총 제17집 제3호, 조선대학교 법학연구원, 2010. 12.
21. 특정성범죄자의 신상정보 활용제도의 문제점과 개선방안 — 성범죄자 등록·고지·공개 제도를 중심으로 —, 법학논총 제27집 제4호, 한양대학교 법학연구소, 2010. 12.
22. 교원에 의한 체벌행위의 정당성과 그 허용범위, 형사정책연구 제22권 제1호, 한국형사정책연구원, 2011. 3.
23. 중지미수의 '자의성'에 대한 비판적 검토, 법학논문집 제35집 제1호, 중앙대학교 법학연구원, 2011. 4.
24. 사면제도의 적절한 운영방안에 관한 연구 — 사면심사위원회 등에 의한 통제를 중심으로 —, 교정연구 제51호, 한국교정학회, 2011. 6.
25. 성충동 약물치료제도 도입의 문제점과 개선방안, 형사정책 제23권 제1호, 한국형사정책학회, 2011. 6.
26. 우범소년 처리의 합리화 방안에 관한 연구, 소년보호연구 제16호, 한국소년정책학회, 2011. 6.
27. 절도죄의 객체로서 재물의 '재산적 가치'에 대한 검토, 형사판례연구 제19권, 형사판례연구회, 2011. 6.
28. 군형법상 추행죄의 문제점과 개선방안, 한양법학 제22권 제3집, 한양법학회, 2011. 8.
29. 주취운전죄와 관련된 최근의 입법과 판례의 동향, 법학논총 제28집 제3호, 한양대학교 법학연구소, 2011. 9.
30. 군형법상 명령위반죄의 문제점과 개선방안, 형사법연구 제23권 제3호, 한국형사법학회, 2011. 9.
31. 음주측정불응에 대한 합리적 대응방안, 형사정책연구 제22권 제3호, 한국형사정책연구원, 2011. 9.
32. 함정수사의 허용요건과 법적 효과 — 대법원 2008. 10. 23. 선고 2008도7362 판결을 중심으로 —, 홍익법학 제12권 제3호, 홍익대학교 법학연구소, 2011. 10.
33. 장애인 대상 성폭력범죄에 관한 최근의 입법과 합리적 대처방안 — 일명 '도가니법'에 대한 비판적 검토를 중심으로 —, 형사정책 제23권 제2호, 한국형사정책학회, 2011. 12.
34. 제18대 국회에 제출된 소년법 개정법률안에 대한 검토, 소년보호연구 제17호, 한국소년정책학회, 2011. 12.
35. 소년형사사건의 심판에 있어서 특례조항에 대한 검토 — 소년법 제56조 내지 제67조를 중심으로 —, 소년보호연구 제18호, 한국소년정책학회, 2012. 12.
36. 사형제도의 합리적 대안에 관한 연구, 법학논총 제29권 제1호, 한양대학교 법학연구소, 2012. 3.
37. 공소시효의 정지, 연장, 배제에 관한 최근의 논의, 형사법의 신동향 제34호, 대검찰청, 2012. 3.
38. 성풍속범죄에 대한 비판적 검토 — '건전한 성풍속'이라는 보호법익을 중심으로 —, 법무연구 제3권, 대한법무사협회 법제연구소, 2012. 4.
39. 성매매처벌법상 성매매피해자규정에 대한 검토, 피해자학연구 제20권 제1호, 한국피해자학회, 2012. 4.

40. 개정 경범죄처벌법의 내용에 대한 평가 및 향후과제, 경찰학논총 제7권 제1호, 원광대학교 경찰학연구소, 2012. 5.
41. 양심적 병역거부자에 대한 형사처벌의 타당성 여부, 한양법학 제23권 제2호, 한양법학회, 2012. 5.
42. 공정거래법상 전속고발과 관련된 법리의 검토, 서울법학 제20권 제1호, 서울시립대학교 법학연구소, 2012. 5.
43. 우리나라 성매매입법의 변천과정에 대한 검토 — 2004년 성매매처벌법 제정 이전까지를 중심으로 —, 홍익법학 제13권 제2호, 홍익대학교 법학연구소, 2012. 6.
44. 청소년비행예방센터의 효율적인 운영방안 — 관련 법령의 정비방안을 중심으로 —, 소년보호연구 제19호, 한국소년정책학회, 2012. 6.
45. 스토킹의 개념 정립 및 피해자 보호방안에 관한 연구, 가천법학 제5권 제2호, 가천대학교 법학연구소, 2012. 8.
46. 청소년유해매체물의 결정 및 유통 규제에 대한 검토, 소년보호연구 제20호, 한국소년정책학회, 2012. 10.
47. 공원범죄의 피해방지를 위한 합리적인 방안, 피해자학연구 제20권 제2호, 한국피해자학회, 2012. 10.
48. 군사재판에 있어서 관할관제도 및 심판관제도의 문제점과 개선방안, 형사정책연구 제23권 제4호, 한국형사정책연구원, 2012. 12.
49. 보호처분의 결정 등에 대한 항고권자에 검사 또는 피해자 등을 포함시키지 않는 것의 타당성 여부, 소년보호연구 제21호, 한국소년정책학회, 2013. 2.
50. 성충동 약물치료제도의 시행과 향후 과제, 형사정책연구 제24권 제1호, 한국형사정책연구원, 2013. 3.
51. 성폭력피해자에 대한 의료지원의 강화 방안, 형사정책연구소식 제125호, 한국형사정책연구원, 2013. 3.
52. 성폭력범죄 대처를 위한 최근(2012. 12. 18.) 개정 형법에 대한 검토, 한양법학 제42집, 한양법학회, 2013. 5.
53. 불량식품범죄에 대한 효과적인 대응방안, 형사정책연구 제24권 제2호, 한국형사정책연구원, 2013. 6.
54. 성구매자 재범방지교육의 함축적 의미, 홍익법학 제14권 제2호, 홍익대학교 법학연구소, 2013. 6.
55. 업무방해죄에 있어서 업무의 보호가치에 대한 검토 — 대법원 2011. 10. 13. 선고 2011도7081 판결을 중심으로 —, 형사판례연구 제21권, 한국형사판례연구회, 2013. 6.
56. 배임죄의 양형기준과 구체적 사례에 있어서 형량의 문제점, 법과 정책연구 제13집 제2호, 한국법정책학회, 2013. 6.
57. 형법상 미성년자 연령 설정과 소년법상 보호처분제도와의 관계, 소년보호연구 제22호, 한국소년정책학회, 2013. 6.
58. 아동·청소년이용음란물소지죄에 대한 해석론 및 입법론적 검토, 형사정책 제25권 제2호, 한국형사정책학회, 2013. 8.
59. 해외 청소년성매매에 대한 실효적인 대응방안, 소년보호연구 제23호, 한국소년정책학회, 2013. 10.
60. 위치추적 전자감시제도의 소급적용에 대한 비판적 고찰, 헌법논총 제24집, 헌법재판소, 2013. 11.
61. 부동산 이중매매에 있어서 배임죄의 성립시기, 경희법학 제48권 제4호, 경희대학교 법학연구소, 2013. 12.
62. 아동학대의 대처현황과 가해자 및 피해자 처우의 개선방안, 소년보호연구 제24호, 한국소년정책학회, 2014. 2.
63. 가정폭력행위자 대상 상담조건부 기소유예처분의 문제점 및 개선방안, 형사법의 신동향 제42호, 대검찰청, 2014. 3.
64. 전기통신사업법상 통신자료 제공행위의 문제점과 개선방안, 법과 정책연구 제14집 제1호, 한국법정책학회, 2014. 3.
65. 최근의 성매매피해자 개념 확대 논의에 대한 검토, 형사정책연구 제25권 제1호, 한국형사정책연구원, 2014. 3.
66. 성매매범죄의 양형기준안에 대한 검토, 형사법연구 제26권 제1호, 한국형사법학회, 2014. 3.
67. 통신제한조치 협조의 현황 및 요건의 개선방안, 법학논총 제30집 제1호, 한양대학교 법학연구소, 2014. 3.
68. 통신제한조치의 집행과 관련된 쟁점 검토, 법과정책 제20집 제1호, 제주대학교 법과정책연구소, 2014. 3.
69. 7호 처분 집행의 법적 근거 명확화에 관한 연구, 소년보호연구 제25호, 한국소년정책학회, 2014. 5.
70. 「보호소년 등의 처우에 관한 법률」 제17차 개정의 주요내용과 평가, 소년보호연구 제26호, 한국소년정책학회, 2014. 8.
71. 통신사실확인자료 제공제도의 현황 및 개선방안, 형사법의 신동향 제44호, 대검찰청, 2014. 9.
72. 최근 형법정책의 현황 및 과제, 법과 정책연구 제14집 제3호, 한국법정책학회, 2014. 9.
73. 군형법상 무단이탈죄의 문제점과 개선방안, 형사정책연구 제25권 제3호, 한국형사정책연구원, 2014. 9.
74. 우리나라 의료재활교육소년원의 현황 및 발전방안, 소년보호연구 제27호, 한국소년정책학회, 2014. 11.

75. 성매매의 개념과 관련된 최근의 쟁점, 형사정책 제26권 제3호, 한국형사정책학회, 2014. 12.
76. 성매매신고보상금제도의 활성화 방안, 형사법의 신동향 제45호, 대검찰청, 2014. 12.
77. 소년보호처분의 전력을 전자장치부착명령의 요건으로 할 수 있는지 여부에 대한 검토, 소년보호연구 제28권 제1호, 한국소년정책학회, 2015. 2.
78. 성매매 알선범죄에 대한 대책으로서 행정처분 및 몰수·추징의 활용방안, 형사법의 신동향 제46호, 대검찰청, 2015. 3.
79. 우리나라 소년범죄의 최근 동향 및 평가, 소년보호연구 제28권 제2호, 한국소년정책학회, 2015. 5.
80. 청소년성매매 예방 및 피해자지원 관련 법령의 검토, 소년보호연구 제28권 제4호, 한국소년정책학회, 2015. 12.
81. 위증죄에 관한 실체법적 및 절차법적 쟁점, 형사법의 신동향 제49호, 대검찰청, 2015. 12.
82. 형법 제20조에 규정된 '사회상규에 위배되지 아니하는 행위'의 의미 및 다른 위법성조각사유와의 관계, 형사법연구 제28권 제1호, 한국형사법학회, 2016. 3.
83. 제19대 국회에 제출된 소년법 개정법률안에 대한 검토, 소년보호연구 제29권 제2호, 한국소년정책학회, 2016. 5.
84. 자유형에 대한 형집행정지제도의 문제점 및 개선방안, 형사정책연구 제27권 제2호, 한국형사정책연구원, 2016. 6.
85. 군형법상 가혹행위죄 적용의 합리화 방안, 형사정책 제28권 제2호, 한국형사정책학회, 2016. 8.
86. 아동·청소년이용음란물 관련 헌법재판소 결정에 대한 비판적 고찰, 소년보호연구 제29권 제3호, 한국소년정책학회, 2016. 8.
87. 정상적으로 발급받은 자기명의 신용카드의 '사용'과 관련된 죄책, 형사법의 신동향 제52호, 대검찰청, 2016. 9.
88. 성매매 알선범죄에 대한 행정처분의 활용방안, 형사정책연구 제27권 제3호, 한국형사정책연구원, 2016. 9.
89. 성매매 수익에 대한 몰수 및 추징제도의 활성화방안, 저스티스 제156호, 한국법학원, 2016. 10.
90. 북한형법의 변천과정 및 특징, 사회과학논총 제15집, 대구가톨릭대학교 사회과학연구소, 2016. 12.
91. 랜덤채팅을 통한 청소년 성매매의 효과적인 대응방안, 소년보호연구 제30권 제1호, 한국소년정책학회, 2017. 2.
92. 군영창제도의 문제점과 개선방안, 홍익법학 제18권 제1호, 홍익대학교 법학연구소, 2017. 2.
93. 한국 남성의 해외성매매에 대한 대응방안, 형사정책 제29권 제1호, 한국형사정책학회, 2017. 4.
94. 성접대에 대한 형사법적 대응방안, 안암법학 제53호, 안암법학회, 2017. 5.
95. 소년범에 대한 벌금형 선고의 문제점과 보호처분으로 대체의 당위성에 대한 고찰, 한양법학 제58집, 한양법학회, 2017. 5.
96. 위장형 성매매 규제를 위한 법·제도적 대응방안, 여성과 인권 제17호, 한국여성인권진흥원, 2017. 6.
97. 기소재량의 통제방안으로써 검찰시민위원회의 합리적인 운영방안, 한양법학 제59집, 한양법학회, 2017. 8.
98. 청소년성보호법상 '대상'아동·청소년을 '피해'아동·청소년으로 변경하는 입법안에 대한 비판적 고찰, 소년보호연구 제30권 제4호, 한국소년정책학회, 2017. 11.
99. 의료소년원의 운영현황과 발전방안, 형사정책 제29권 제3호, 한국형사정책학회, 2017. 12.
100. 형법각칙의 합동범 개념 폐지에 관한 시론, 홍익법학 제19권 제1호, 홍익대학교 법학연구소, 2018. 2.
101. 소년법 제67조의 위헌성에 대한 검토 — 집행유예를 선고받은 소년범을 자격에 관한 특례조항의 적용대상에서 제외할 수 있는가? — , 소년보호연구 제31권 제1호, 한국소년정책학회, 2018. 2.
102. 경찰권과 검찰권의 조정을 통한 '국가수사청' 설치에 대한 시론, 비교형사법연구 제20권 제1호, 한국비교형사법학회, 2018. 4.
103. 부동산 이중매매가 과연 형사처벌의 대상인가, 형사정책 제30권 제1호, 한국형사정책학회, 2018. 4.
104. 미투(Me Too)운동이 야기한 형사법적 쟁점 검토 — 형법 및 성폭력처벌법에 대한 개정법률안을 중심으로 — , 형사정책 제30권 제2호, 한국형사정책학회, 2018. 8.
105. 청소년성보호법상 위계에 의한 아동·청소년 간음죄에 있어서 '위계'의 해석, 소년보호연구 제31권 제3호, 한국소년정책학회, 2018. 8.
106. 성폭력피해자의 2차 피해 방지를 위한 몇 가지 쟁점에 대한 검토, 법학논총 제35집 제3호, 한양대학교 법학연구소. 2018. 9.
107. 소년범에 대한 형벌 부과의 문제점 및 개선방안, 비교형사법연구 제20권 제3호, 한국비교형사법학회, 2018. 10.
108. 업무상 위력에 의한 성범죄의 적용상 한계 및 개선방안에 대한 비판적 검토, 형사정책연구 제29권 제4호, 한국형사정책연구원, 2018. 12.

109. 검사의 독점적 영장청구권 인정의 타당성 및 이에 대한 견제방안, 형사법의 신동향 제62호, 대검찰청, 2019. 3.
110. 전자감독제도의 성과분석과 발전방향, 보호관찰 제19권 제1호, 한국보호관찰학회, 2019. 6.
111. 강력범죄 피의자 신상공개제도에 대한 비판적 검토, 형사정책 제31권 제3호, 한국형사정책학회, 2019. 10.
112. 7호 처분의 성과분석 및 개선방안, 소년보호연구 제32권 제2호, 한국소년정책학회, 2019. 12.
113. 미국의 사기죄에 대한 양형기준과 시사점, 법학논총 제36집 제4호, 한양대학교 법학연구소, 2019. 12.
114. 성매매 조장 사이트 규제의 집행력 강화를 위한 제언, 형사정책연구 제30권 제4호, 한국형사정책연구원, 2019. 12.
115. 성매매 조장 사이트와 이에 대한 형사법적 규제 분석, 홍익법학 제21권 제1호, 홍익대학교 법학연구소, 2020. 2.
116. 검·경 수사권조정에 대한 비판적 분석 — 2020. 2. 4.자 개정 형사소송법 및 검찰청법의 내용을 중심으로 —, 형사정책연구 제31권 제1호, 한국형사정책연구원, 2020. 3.
117. 고위공직자범죄수사처의 독립성 및 정치적 중립성 확보방안 검토, 형사정책 제32권 제1호, 한국형사정책학회, 2020. 4.
118. 다중피해 사기범죄의 양형인자 적용에 대한 개선방안 — 형량 강화의 구체적인 방안을 중심으로 —, 법학연구 제23집 제2호, 인하대학교 법학연구소, 2020. 6.
119. 제20대 국회에 제출된 소년법 개정법률안에 대한 검토 — 소년범의 인권 강화방안을 중심으로 —, 소년보호연구 제33권 제1호, 한국소년정책학회, 2020. 6.
120. 제20대 국회에 제출된 소년법 개정법률안에 대한 검토 — 제재강화에 대한 비판을 중심으로 —, 형사정책 제32권 제2호, 한국형사정책학회, 2020. 7.

형사소송법

초판발행 2020년 8월 10일

지은이 박찬걸
펴낸이 안종만·안상준

편 집 이승현
기획/마케팅 장규식
표지디자인 박현정
제 작 우인도·고철민·조영환

발행처 (주) 박영사
서울특별시 종로구 새문안로3길 36, 1601
등록 1959. 3. 11. 제300-1959-1호(倫)
전 화 02)733-6771
f a x 02)736-4818
e-mail pys@pybook.co.kr
homepage www.pybook.co.kr
ISBN 979-11-303-3664-0 93360

정 가 57,000원